国家社科基金重大委托项目
"中国少数民族语言与文化研究"

·中国少数民族语言与文化研究书系·
朝戈金　主编

# 中国人类起源神话母题实例与索引

A Motif-index with Instances: Human Origin Myths in China

王宪昭 | 著

中国社会科学出版社

# 图书在版编目(CIP)数据

中国人类起源神话母题实例与索引/王宪昭著.—北京：中国社会科学出版社，2016.10

（中国少数民族语言与文化研究书系）

ISBN 978-7-5161-9007-4

Ⅰ.①中… Ⅱ.①王… Ⅲ.①神话—研究—中国②神话—索引—中国 Ⅳ.①B932.2②Z89:B932.2

中国版本图书馆 CIP 数据核字（2016）第 232659 号

| 出 版 人 | 赵剑英 |
|---|---|
| 出版策划 | 赵剑英 |
| 责任编辑 | 史慕鸿　吴丽萍 |
| 责任校对 | 王　京 |
| 责任印制 | 戴　宽 |
| 出　　版 | 中国社会科学出版社 |
| 社　　址 | 北京鼓楼西大街甲 158 号 |
| 邮　　编 | 100720 |
| 网　　址 | http://www.csspw.cn |
| 发 行 部 | 010-84083685 |
| 门 市 部 | 010-84029450 |
| 经　　销 | 新华书店及其他书店 |
| 印刷装订 | 北京君升印刷有限公司 |
| 版　　次 | 2016 年 10 月第 1 版 |
| 印　　次 | 2016 年 10 月第 1 次印刷 |
| 开　　本 | 787×1092　1/16 |
| 印　　张 | 127.75 |
| 字　　数 | 2505 千字 |
| 定　　价 | 398.00 元 |

凡购买中国社会科学出版社图书，如有质量问题请与本社营销中心联系调换
电话：010-84083683
**版权所有　侵权必究**

# "中国少数民族语言与文化研究书系"编委会

主　编　朝戈金
编　委　刘魁立　仁钦道尔吉　郎　樱　文日焕　吕　微
　　　　朝　克　朱渊寿　叶　涛　巴莫曲布嫫　尹虎彬
　　　　施爱东

# 总　　序

　　经大家讨论，本套书系叫作"中国少数民族语言与文化研究书系"，与更早些时候面世的"中国社会科学院民俗学研究书系"有十分切近的关系。其立意、旨趣和风格，都可以看作是前一套书系的某种延伸。两套书系之间的区别，主要有以下几点：第一，民俗学研究书系是在"中国社会科学院院长学术基金"资助下出版的，而中国少数民族语言与文化研究书系则是国家社会科学基金重大委托项目"中国少数民族语言与文化研究"的出版类课题成果，两者的出资方不同；第二，从书系的名称上可以看出来，民俗学研究书系主要是中国各民族民俗文化研究成果的结集，其中也包括少量外国学者的相关著述，而少数民族语言与文化研究书系则集纳有关中国各少数民族语言与文化研究方面的学术成果。从各自的侧重点来说，二者之间有联系，也有区别。

　　中国少数民族语言与文化研究书系是理论探索与田野调查、资料辑录与学术迻译并重的书系。关于中国少数民族文化的知识和学问，我们长期以来痛感于许多学术重镇在国外，众多学术大师在国外，不少学术平台也在国外。即便不希冀短期内全面追上国外同行的步伐，也是期望在总体上缩小与欧美发达国家的距离。在怎样做能够有益于缩小这样的差距的问题上，大家的看法也比较一致，那就是通过建立一个有一定影响的学术平台，推出一系列具有前瞻性、创新性、代表性的少数民族语言与文化研究的学术成果，来培育人才、聚拢人气、建立人望，从而稳步推动学术建设。

　　在中国的学术文化格局中，对少数民族文化的某种轻视乃至忽略，其来有自，却非理有固然。今天在青少年人群里，特别是大都市的青少年里，对西方文化的熟稔，往往超过对国内兄弟民族文化的了解。而文化上的了解，乃是消除误解的前提，也是进而相互包容、借鉴和欣赏的前提。文化上充分的沟通和交流，又是建构多元文化的必经之路，是建构和谐社会的必经之路。从这个意义上说，本套书系的面世，小而言之，有助于推动人文学术在某些环节上的发展，有助于彰显文化多样性和文化创造力；大而言之，则有益于文化间的平等对话和相互理解，有益于中华民族优秀文化的复兴和赓续。

中国社会科学院的多位领导，特别是陈奎元院长，对少数民族文化建设事业及其相关的学术研究极为关心，多次亲自过问；全国哲学社会科学规划办公室对本课题的立项和实施，给予了大力支持和指导；中国社会科学院科研局的相关部门，在课题管理和运作的若干环节多有推动。正是因为各方面的协同合力，本书系得以面世。他们的贡献和作用，可谓功莫大焉。谨此，我代表中国社会科学院少数民族文化与语言文字研究中心，代表"中国少数民族语言与文化研究"课题组，向他们表达由衷的谢忱。

是为序。

朝戈金

2013 年 2 月 19 日于北京

# 总 目 录

说明 …………………………………………………………………………（1）
凡例（简本）………………………………………………………………（17）
凡例（详本）………………………………………………………………（18）
基本母题检索目录 …………………………………………………………（31）
正文 ……………………………………………………………………（1-1810）

## 2. 人与人类
### （代码 W2000~W2999）

**2.1 人类产生概说（W2000~W2019）** ………………………………（1）
    2.1.1 人产生的原因（W2000~W2009）………………………（1）
    2.1.2 人产生的时间（W2010~W2014）………………………（10）
    2.1.3 人产生的地点（W2015~W2019）………………………（19）

**2.2 人自然存在或来源于某个地方（W2020~W2029）** ……………（23）
    2.2.1 人自然存在（W2020~W2024）…………………………（23）
    2.2.2 人源于某个地方（W2025~W2029）……………………（44）

**2.3 造人（W2030~W2129）** ………………………………………（56）
    2.3.1 造人的时间（W2030~W2039）…………………………（56）
    2.3.2 造人的原因（W2040~W2049）…………………………（66）
    2.3.3 造人者（W2050~W2079）………………………………（87）

2.3.4　造人的材料（W2080～W2099） ………………………………（144）
　　　2.3.5　造人方法与过程（W2100～W2109） …………………………（203）
　　　2.3.6　造人的结果（W2110～W2124） ………………………………（227）
　　　2.3.7　与造人有关的其他母题（W2125～W2129） …………………（278）

## 2.4　生育产生人（生人）（W2130～W2299） ……………………………（292）
　　　2.4.1　神或神性人物生人（W2130～W2149） ………………………（292）
　　　2.4.2　人生人（W2150～W2154） ……………………………………（305）
　　　2.4.3　动物生人（W2155～W2169） …………………………………（314）
　　　2.4.4　植物生人（W2170～W2199） …………………………………（325）
　　　2.4.5　无生命物生人（W2200～W2219） ……………………………（370）
　　　2.4.6　卵生人（W2220～W2229） ……………………………………（389）
　　　2.4.7　感生人（W2230～W2279） ……………………………………（441）
　　　2.4.8　与生育产生人有关的其他母题
　　　　　　（与生人有关的其他母题）（W2280～W2299） …………………（520）

## 2.5　变化产生人（变人）（W2300～W2399） ……………………………（569）
　　　2.5.1　神或神性人物变化为人（W2300～W2309） …………………（569）
　　　2.5.2　人变化为人（W2310～W2314） ………………………………（577）
　　　2.5.3　动物变化为人（W2315～W2349） ……………………………（583）
　　　2.5.4　植物变化为人（W2350～W2359） ……………………………（630）
　　　2.5.5　自然物与无生命物变化产生人（W2360～W2379） …………（643）
　　　2.5.6　怪胎、怪物或肢体变化产生人（W2380～W2389） …………（657）
　　　2.5.7　与变化产生人有关的其他母题（W2390～W2399） …………（672）

## 2.6　婚配产生人（婚生人）（W2400～W2499） …………………………（690）
　　　2.6.1　神或神性人物婚生人（W2400～W2414） ……………………（690）
　　　2.6.2　人与神或神性人物婚生人（W2415～W2419） ………………（708）
　　　2.6.3　人的婚生人（W2420～W2449） ………………………………（716）
　　　2.6.4　人与动物婚生人（W2450～W2474） …………………………（751）
　　　2.6.5　人与植物的婚生人（W2475～W2479） ………………………（777）
　　　2.6.6　人与无生命物的婚生人（W2480～W2484） …………………（778）
　　　2.6.7　其他特殊的婚生人（W2485～W2489） ………………………（780）
　　　2.6.8　与婚生人有关的其他母题（W2490～W2499） ………………（792）

## 2.7 人类再生（W2500～W2579） ……………………………………………（806）
### 2.7.1 人类再生概说（W2500～W2529） ……………………………………（806）
### 2.7.2 洪水后人类再生（W2530～W2559） …………………………………（823）
### 2.7.3 其他灾难后人类再生（W2560～W2569） ……………………………（861）
### 2.7.4 与人类再生相关的其他母题（W2570～W2579） ……………………（869）

## 2.8 怀孕与生育（W2580～W2699） ……………………………………………（901）
### 2.8.1 怀孕（W2580～W2589） ………………………………………………（901）
### 2.8.2 生育与特殊的出生（W2590～W2599） ………………………………（943）
### 2.8.3 人生怪胎（W2600～W2669） …………………………………………（977）
### 2.8.4 弃婴（弃儿）（W2670～W2689） ……………………………………（1134）
### 2.8.5 人的抚养（W2690～W2699） …………………………………………（1162）

## 2.9 与人的产生相关的母题（W2700～W2749） ………………………………（1201）
### 2.9.1 人产生的数量（W2700～W2729） ……………………………………（1201）
### 2.9.2 人与异类的同源（W2730～W2739） …………………………………（1289）
### 2.9.3 与人的产生有关的其他母题（W2740～W2749） ……………………（1309）

## 2.10 人类的特征及相关母题（W2750～W2929） ………………………………（1323）
### 2.10.1 人的性别特征（W2750～W2799） ……………………………………（1323）
### 2.10.2 人的体征（W2800～W2899） …………………………………………（1440）
### 2.10.3 人的其他特征（W2900～W2914） ……………………………………（1629）
### 2.10.4 特定特征的人（W2915～W2929） ……………………………………（1660）

## 2.11 与人相关的其他母题（W2930～2999） ……………………………………（1693）
### 2.11.1 人的关系（W2930～W2939） …………………………………………（1693）
### 2.11.2 人的寿命与死亡（W2940～W2989） …………………………………（1706）
### 2.11.3 与人相关的其他母题（W2990～2999） ………………………………（1788）

## 附录 ……………………………………………………………………………（1811-1981）
### 附录1 中国人类起源神话母题检索表 ………………………………………（1811）
### 附录2 中国神话母题W编目10大类型简目 …………………………………（1971）

# 说　　明

神话是人类最悠久的文化记忆，也是人类漫长历史发展进程中最为珍贵的百科全书。中国神话母题 W 编目数据集成主要目的是，通过中国各民族神话数据体系的逻辑归类与数据体系建构，建立起不同地区、不同民族、不同国家间神话比较研究以及神话与历史、文化、宗教、人类学等多学科之间的信息通道，并据此积极尝试信息技术背景下的人文科学研究方法的创新。中国神话母题 W 编目神话数据集成的依据是王宪昭著《中国神话母题 W 编目》（中国社会科学出版社 2013 年版）。中国神话母题 W 编目数据集成共由"W0～W9"10 个部分构成，目前已形成文本性数据 2000 余万字，实例 4 万余条。图片与音像数据将在今后数据集成建设中逐步得到充实与完善。

本"说明"适用于"中国神话母题 W 编目数据集成"10 大类型的所有类型。

## 1　创作目的与适用对象

《中国人类起源神话母题实例与索引》是"中国神话母题 W 编目神话数据集成"中的"W2：人与人类"类型。本书序列编号为［10 - 3］。

### 1.1　创作目的

本书中的实例与索引是以人类起源神话为专题的神话母题数据资料，同时兼有中国各民族人类起源神话精华集萃的特点，可以作为神话研究与鉴赏的工具书。

本书通过对神话中"人类起源"、"人类特征"等母题的系统编码和实例展示，旨在帮助神话研究者或欣赏者宏观了解中国各民族神话对人类起源与特征的多角度叙述，借此发现其中的文化共性、个性以及文化创作规律。同时，本书作为中国神话母题综合研究资料，既可以从某些角度验证中国神话母题 W 编目的客观性与真实性，为建构神话母题学提供实证范例，也可以在数据技术环境下为神话比较研究和系统研究提供便利。

## 1.2 适用对象

本书面向神话研究者、民间文学研究者、非物质文化研究者、人文学科数据库研究者以及中国传统文化爱好者等。

## 2 书名关键词解释

《中国人类起源神话母题实例与索引》可以析出"中国神话"、"母题"、"W编目"、"实例"、"人类起源"、"人的特征"等关键词。

### 2.1 中国神话

指本书神话母题及实例涉及的对象和范围。包括中国各民族（含一定数量的古代民族）神话、中国古代典籍神话和中国近代以及现当代采集的民间口头流传的神话。

关于神话的界定是学术界莫衷一是的问题。本书从母题学本质出发，认为，神话是关涉神以及神性人物叙事性文化载体的统称。神话作为人类早期最重要的文化产品之一，起源于民间，作用于信仰，传承于生活，是人类漫长发展历程中积淀出的非物质文化遗产，兼具文学、历史、哲学、宗教、民俗、律法、民族、地理等诸多学科性质，充当着人类早期的百科全书。

### 2.2 母题

本书中"母题"指"神话母题"。

2.2.1 母题的界定 所谓"母题"，即神话叙事过程中最自然的基本元素，这些元素可以在神话的各种传承渠道中独立存在，也能在其他文类或文化产品中得以再现或重新组合。

2.2.2 母题的功能和特征 母题作为对各民族神话进行定量和定性分析的特定单位，具有关键词检索和神话含义分析等功能。

（1）母题具有客观性和直观性。母题提取时虽然会不可避免地带有主观色彩，但其本质反映的是文本叙事的客观性，其本义或内核具有稳定性。

（2）母题具有组合性和流动性。不同母题的组合形成母题链。母题链一般具有较为明确的表意。同时，母题还可以在其他文类或文化产品不同的语境下进行组合。

（3）母题具有典型性和普遍性。母题的表述一般简单明确，语义典型，同时能够作为多文类或多语境下的分析元素。

2.2.3 母题与几个相近的概念的异同 下面列举文学批评中经常出现，与"母题"关系密切，又容易混淆的几个概念。

（1）母题与主题。二者均是从表意出发得出的结论。一般情况下，"主题"表达的是较明确的观念，需要若干"母题"通过一定的组合顺序去表现；而"母题"只是叙事表义的切分。特殊情况下，"主题"可以与"母题"的描述语义相同。

（2）母题与原型。"原型"旨在找出文学、文化现象最原始的生发点；"母题"则有意识地淡化时空溯源，更关注它作为表意元素的比较功能。

（3）母题与类型。二者在文本分析中相辅相成，不同的母题组合会形成不同的类型。许多内涵丰富的母题本身也可以代表特定的类型。

2.2.4 神话母题与神话或其他文类的联系与区别　任何神话文本都由一定数量的神话母题构成，但构成神话的所有元素不一定都是神话母题。虽然神话母题主要出现在神话作品中，但不能排除其他非神话作品也会应用到神话母题的情形。

2.2.5 母题的提取与划分　中国神话母题数据集成将母题划分为4个层级。从分析角度而言，"母题"还可以划分为如下三种类型。

（1）情节性母题。这类母题一般与叙事主题密切相关，语言形式上表述为一个词组或含有主谓语的短句，有较为明确的表义，可以视为一个相对完整的叙事单元。如"人产生的原因"、"人与动物婚"、"动物感恩"、"植物变形"等。

（2）名称性母题。这类母题主要是神话传承中积淀的特定的人或事物，语言形式上表述为一个名词或名称性词组，在特定的神话语境中使用。如"天神"、"女娲"、"龙"、"神奇的武器"等。名称性母题本身不能表达出一个相对完整的叙事。

（3）语境性母题。这类母题一般是"情节性母题"和"名称性母题"的辅助性元素，其含义具有类型化的适应性，如与神话事件"产生时间"、"发生地点"等相关的一些母题。

总的来看，母题的提取就好像把一台机器拆成不同的零部件，我们从中虽然不能看到机器的整体面貌，但每一个零部件都有自己特定的存在价值，具有其特定的功能，对整体的影响不言自明。

2.2.6 母题的描述

（1）母题一般为一个名词、名词性词组或名词性短语。

（2）同类母题表述为名词性词组时，采用相同的语法结构。

（3）同类母题表述为名词性短语时，尽量采用主谓语法结构，以体现叙事表述主体的一致性。

## 2.3 W编目

该字母代码是王宪昭设计的中国神话母题编码著作权标志，也是一个兼具多种符号缩略功能的特定符号,以表示与汤普森母题索引[①]和其他一些母题分类代码的区别。

**2.3.1　作者姓氏标记**　"W"为王宪昭姓氏"Wang"的首字母代码。以显示出本母题体系与"AT"(阿尔奈-汤普森)、"ATU"(阿尔奈-汤普森-乌特)等西方民间故事类型中母题编码的不同。

**2.3.2　编目母题序列**　编目母题序列采用了以自然数顺序为主线的排列方法。

**2.3.3　母题编目具有层级关系**　编目的本质在于体现学科的内在规则。本编目在"归纳"与"演绎"的基础上,对所有神话四个层级的母题采用了小数点数位表示方法。个别自然数母题代码会出现空缺现象,这也会为今后相关母题的开放式补充保留余地。

详见本书《凡例》:"2.2.3 母题代码(一):类型"。

### 2.4　"人类起源"与"人的特征"

本书涉及的实例叙事的核心是人类起源神话。"人类起源"又可以划分为"人与人类起源"与"人的特征"等主要类型。同时,根据人类起源问题的关联性,此类型还涵盖了"怀孕与生育"、"与人的产生相关的母题"以及"与人相关的其他母题"等母题,以便读者对人类与人类起源问题有一个全面的了解。

**2.4.1　"人与人类起源"**　本书所涉及的"人与人类起源"包含多角度多层次神话叙事,既包括神话中有关个体的人的产生,也包括人类起源、族源、姓氏起源等以探索人的群体产生的母题叙事,同时在实例的选择中也兼及那些如文化英雄的出生、特殊人物的出生等一些特殊情形。一些不便于在《中国人类起源神话母题实例与索引》中展现的部分,可以根据关联项提示,参见其他相关类型《实例与索引》。

**2.4.2　"人的特征"**　关于"人的特征",既是一个生理学概念,也是一个社会学概念。神话在表述对人的认知过程中会有不同的角度和侧重,人的许多特征的起源与人类起源在神话叙事中往往形成一个相互关联的整体。因此,本书将"人的特征"中的"人的性别特征"、"人的体征"、"人的性格特征"、"特定特征的人"以及"人的寿命与死亡"等有代表性的母题,列为相应母题类型实例。

神话对"人类起源"、"人的特征"等问题的阐释往往表现出模糊性,带有理性与非理性的双重特点。鉴于此,本书所列举的实例对某些有争议的问题,不作相应的考证。

---

[①] Stith Thompson, *Motif-index of Folk-literature: A Classification of Narrative Elements in Folktales, Ballads, Myths, Fables, Mediaeval Romances, Exempla, Fabliaux, Jestbooks, and Local Legends* (V1-6), Bloomington, Indiana Universty Press, 1989. 汤普森在《民间故事母题索引》中,将神话母题列为"A"类。据汤普森母题编码共包括2877个一级母题(自然数母题,中间存在若干号码空缺),如果包含5个层级的母题,母题总数为5707个。

## 3 W 编目与本书母题范围

### 3.1 本书母题的依据

《中国人类起源神话母题实例与索引》以《中国神话母题 W 编目》（中国社会科学出版社 2013 年版）为依据，但在成书过程中对原母题编目进行了相应的增补与修订。

### 3.2 本书母题的范围

本书与《中国神话母题 W 编目》相对应的母题类型名称为"人与人类"，母题类型代码为"W2"，本类母题编码范围是"W2000～W2999"。

### 3.3 《中国神话母题 W 编目》简介

《中国神话母题 W 编目》10 大类型母题的名称、代码与母题代码范围，列举如下：

(1) 神与神性人物 [类型代码 W0]，范围 W0～W0999；
(2) 世界与自然物 [类型代码 W1]，范围 W1000～W1999；
(3) 人与人类 [类型代码 W2]，范围 W2000～W2999；
(4) 动物与植物 [类型代码 W3]，范围 W3000～W3999；
(5) 自然现象与自然秩序 [类型代码 W4]，范围 W4000～W4999；
(6) 社会组织与社会秩序 [类型代码 W5]，范围 W5000～W5999；
(7) 有形文化与无形文化 [类型代码 W6]，范围 W6000～W6999；
(8) 婚姻与性爱 [类型代码 W7]，范围 W7000～W7999；
(9) 灾难与争战 [类型代码 W8]，范围 W8000～W8999；
(10) 其他母题 [类型代码 W9]，范围 W9000～W9999。

### 3.4 与本书母题有关的母题类型

"人与人类"产生与特征方面的母题，在其他类型神话母题中也常有体现。尽管本母题编目实例反映的是人类起源神话的主要内容，但并非人类起源神话的全部。上述《中国神话母题 W 编目》中的若干主要类型都可以与"人与人类"起源与特征有直接关系。即：

(1) "W0 神与神性人物"中的关于神、神性人物产生的母题；
(2) "W1 世界与自然物"中的关于万物产生的母题；
(3) "W3 动物与植物"中的有关动物、植物的产生与特征的母题；
(4) "W5 社会组织与社会秩序"中的家庭、氏族、民族、国家的产生相关母题；
(5) "W6 有形文化与无形文化"中的有关图腾的母题；

(6) "W7　婚姻与性爱"中的有关"婚姻类型"的母题。

## 4　母题实例的选取

母题实例是母题编码的基础和依据，同时与母题编码又有相辅相成的关系。

### 4.1　母题实例

母题实例是为说明相对应母题的存在而从神话作品或相关文类中提取的例证。这些实例一般以言简意赅的形式对相应母题做出叙事性补充性说明。有些例证也可以视为该母题下一层级的母题。

### 4.2　神话材料范围

**4.2.1　实例源于特定的神话材料**　本书所有母题实例主要来源于目前公开出版发行的中国各民族神话文本，同时，也包括其他一些可以考证的文本或田野调查。

**4.2.2　神话文本的主要来源**　由于母题的重点并不在关注一部作品的完整叙事，所以关注的材料也没有必要完全专注它是不是一个真正的"神话文本"，重点在于看它是不是属于"神话元素"。本书使用的材料一方面以学术界公认的神话文本为主体，同时兼顾史诗、传说、民间故事等叙事文学或其他宗教典籍乃至仪式阐释中带有神话元素的叙事。W编目共涉及中国神话文本2万余篇。这些神话资料的主要来源如下：

（1）国内外公开出版发行的民间文学类丛书。如中国民间文学集成全国编辑委员会编《中国民间故事集成》（中国ISBN中心出版，各省、直辖市、自治区卷本）、中华民族故事大系编委会编《中华民族故事大系》（上海文艺出版社1995年版，16卷本）、白庚胜总主编《中国民间故事全书》（知识产权出版社，县卷本）、中国少数民族民间文学丛书《故事大系》系列的《各族民间故事选》（上海文艺出版社，分年度分民族卷本）等。

（2）神话作品结集或集成类出版物。如满都呼主编《中国阿尔泰语系诸民族神话故事》（民族出版社1997年版），谷德明编《中国少数民族神话》（中国民间文艺出版社1987年版），陶阳、钟秀编《中国神话》（商务印书馆2008年版），姚宝瑄主编《中国各民族神话》（山西出版传媒集团·书海出版社2014年版，15卷本），农冠品编注《壮族神话集成》（广西民族出版社2007年版）等。

（3）能够进行神话析出的代表性工具书。如中国各民族宗教与神话大词典编审委员会编《中国各民族宗教与神话大词典》（学苑出版社1990年版），吕大吉、何耀华总主编《中国各民族原始宗教资料集成》（中国社会科学出版社，分民族卷本），袁珂编著《中国神话传说词典》（上海辞书出版社1985年版），云南省民族事务委员会编《各民族族文化大观》（云南民族出版社 1999 年版，分民族卷本）等。

（4）与中国各民族神话有关的学术著作。如马昌仪编《中国神话学文论选萃》（中国广播电视出版社 1994 年版），那木吉拉《中国阿尔泰语系诸民族神话比较研究》（学习出版社 2010 年版），王宪昭《中国少数民族人类起源神话研究》（中国社会科学出版社 2012 年版），杨利慧、张成福编著《中国神话母题索引》（陕西师范大学出版总社有限公司 2013 年版）等。

（5）中国少数民族文学史及各民族单行本文学史。如马学良、梁庭望、张公瑾主编《中国少数民族文学史》（中央民族大学出版社 2001 年版），毛星主编《中国少数民族文学》（湖南人民出版社 1983 年版），攸延春《怒族文学史》（云南民族出版社 2003 年版）等。

（6）未公开出版但具有权威性的内部资料性质的出版物。如各省（市、州、县、区）三套集成办公室或领导小组收集整理的《中国民间故事集成》（县、市、区卷本），研究机构或各地文化部门编印的地方性文化资料，如陶立璠、赵桂芳等编《中国少数民族神话汇编》（中央民族学院少数民族古籍整理出版规划领导小组办公室印）等。

（7）公开发行的学术期刊、报纸中涉及的神话。如《民族文学研究》、《黑龙江文艺》、《山茶》等。

（8）个人田野调研搜集的神话材料。包括笔者 20 世纪 80 年代开始在民族地区采集的各类神话故事。如 2005 年云南澜沧拉祜族自治县、西盟佤族自治县对拉祜族、佤族神话调查采集整理等。

（9）网络资料。如中国知网、中国民俗学网、中国少数民族文学网、读秀、一些少数民族地方性网站等。

本书所使用出版物信息在文中已作出详细标注，以示致谢。

### 4.3 材料的使用

4.3.1 **实事求是地使用神话材料** 本书认为，在神话母题实例选取过程中，既要对神话文本做出科学的界定，同时又不能强求所有的人按照同一个标准去分析所有的问题。有时一个看似固化了的神话文本，由于时代的变迁也会滋生出许多新的含义，从这个角度看，实例的质量与选择的材料数量或质量有关。

4.3.2 **关注神话文本的多样性** 从神话文本提取母题实例过程中，兼顾了神话文本的异文。主要包括以下几种情况：

（1）流传于不同地区的同一部作品。

（2）不同讲述人讲述的同一部作品。

（3）不同搜集者搜集的同一部作品。

（4）不同出版物收集的表述上有差异的同一部作品。

### 4.4 母题实例提取

从理论上讲，任何一个具体母题的实例都应该完全反映该母题的内涵与外延。事实上，在具体母题实例的选择与表述上，更多体现出的是实例与母题的相似性。这与特定文化现象分析的个体差异性有关。

### 4.5 本书关于母题实例的提取遵循的原则

4.5.1 **关联性原则** 实例的选取力求与相对应的母题具有最直接的例证关系。

4.5.2 **客观性原则** 实例的生成力求源于资料的真实可信。

4.5.3 **概括性原则** 实例的表述力求言简意赅，并能引导读者对相应母题的信息有所了解。

### 4.6 母题实例的表述

4.6.1 **母题实例表述的具体内容与形式** 参见本书《凡例》："4.1 实例表述的构成"和"4.2 实例表述内容"。

4.6.2 **一个母题实例的数量** 本书在表述过程中，会有以下几种情况：

（1）有的母题暂时没有合适的实例。这类情况在行文中保持空缺。

（2）一个母题有一个实例。这种情况并不代表这个母题没有其他实例。只是因为目前文本或实例取样对象的限制，暂时只选取一个。

（3）一个母题有多个"实例"。一个母题有多个实例是非常普遍的现象，也体现出母题的基本特征。其中，这些实例可以表现为一个民族有多个不同神话文本，也可以表现为不同民族的不同神话文本。如，在一个民族有多个不同神话文本的情况下，为了凸现某些母题的具体表述细节或流传情况，同一个民族对同一个母题的相似描述也会一一列出，如"［W1713.2］日月婚生星星"母题，不同地区的壮族神话文本对此有不同的叙述：

| 【壮族】 | 太阳和月亮结婚生下许多星星。[广西壮族自治区·（南宁市）·上林县] | 罗苏英等讲，韦建其搜集整理：《太阳、月亮和星星》，见曹廷伟编著《广西民间故事辞典》，南宁：广西教育出版社1993年版，第3页。 |

续表

| 【壮族】 | 星星是太阳和月亮的孩子。[广西壮族自治区·南宁市·江南区] | 邓承学讲:《太阳和月亮》,见张声震总主编,农冠品编注《壮族神话集成》,南宁:广西民族出版社2007年版,第185页。 |
|---|---|---|
| 【壮族】 | 特桃射太阳后把日月阉掉了,生的孩子不成熟,就成了天上的星星。[云南省·文山(文山壮族苗族自治州);广西壮族自治区·河池(河池市)] | 蓝鸿恩整理:《射太阳》,见张声震总主编,农冠品编注《壮族神话集成》,南宁:广西民族出版社2007年版,第51页。 |

4.6.3 实例的出处

4.6.3.1 关于出处的标注 在现有条件下,本书采取神话来源出版信息全面呈现的形式,对原作品信息缺失的情况,本书则尽可能加以核实补充。书中增加部分用"()"标出,以便于使用者进一步考证。其作用是有助于中国神话母题W编目数据集成的网络检索的精准定位与神话数据的规范化应用。

4.6.3.2 关于多个出处 同一个"实例描述"有时会有两个以上"文本出处",这类情况有的源于不同讲述人,有的源于不同的采录者,有的源于不同的出版物,具体情况需要查对出版物原文。列举这些文本及出处便于读者查找出版物信息和进行全面的比较分析。通过这些数据呈现的文本细微差异,也可以帮助读者了解不同出版物对相同或相近神话文本的处理情况,进而进行版本比较研究。

**4.7 本书母题实例采集和表述可能会出现的一些问题**

4.7.1 实例表述的不完整性 本书母题实例的表述力求短小精悍,有的作出了必要的注释。但根据有限的表述空间,有的实例可能会因为语境的切割造成理解方面的困难。对此,需要研究者根据该母题的出处提示,查阅原文。

4.7.2 关于神话母题的民族标识 汉语古代典籍(诸如《山海经》、《淮南子》、《穆天子传》、《水经注》等)中的许多神话母题的民族归属已难以作出明确的考察和界定,根据流传版本的语言归属,在本书中暂列为汉族神话。

## 5 编排体例说明

本书在编排中突出了工具书的特点。对于不同类型、不同层次的诸多信息力求使用符合读者接受习惯和相对统一的编排标准。如对母题分类、母题编码、实例编排、民族排序等均作出相应的规范。

### 5.1 母题编码的编排

母题编目是一项系统性的工作。面对数以万计的神话母题需要体现符合逻辑的编排方式。总体设计上，W母题编目遵循时间顺序、空间顺序或其他逻辑顺序。

**5.1.1 母题编码的编排依据**　本书母题编码的编排遵循《中国神话母题W编目》编排体例的所有规则。

**5.1.2 《中国神话母题W编目》编排规则**　《中国神话母题W编目》的母题编排规则主要表现在4个方面：

（1）具有时间维度的母题，按时间顺序排列。

（2）具有空间维度的母题，按空间顺序排列。

（3）具有叙事逻辑关系的母题，按叙事逻辑关系排列。

（4）具有音序等其他逻辑关系的母题，按相应逻辑规则排列。

需要说明的是，任何一种规则所引导的顺序设定，都会遇到特定语境的限制，有时还会受到编目者自身局限性的影响。因此，这种情况在神话母题编码中有时会根据实际需要作出相应调整，以更符合母题编排的认知规律。

**5.1.3 《中国神话母题W编目》母题层级的编排**　中国神话母题W编目为了明确区分母题类型间的逻辑关系，对所有母题进行了层级区分。

（1）《中国神话母题W编目》目前暂划分到第四层级母题。母题代码由"W + 数字"构成。

（2）母题层级主要是通过母题代码中的"数字"来表示。这些数字包括自然数与小数。凡自然数表示的母题一般为"第一层级"或"第二层级"。

层级的表述主要照顾到母题的总体编排，有时"第一层级"和"第二层级"可能均采用自然数代码，其层级关系在《中国神话母题W编目》列表中通过不同的"列"区分，在本编目实例的非表格编排形式中，可以通过表意加以区别。如一级母题"W1601 太阳的性别"是一级母题，其下面包含的"W1602 太阳有男有女"、"W1603 太阳是男的"、"W1604 太阳是女的"等二级母题，根据母题编码的需要，这里的二级母题均有自然数表示。为加以区别彼此之间的从属关系，行文中在"W1601"之前用"＊"符号的形式表示。参见本书《凡例》："5.1"。

（3）小数包括1个小数点和2个小数点两种情况，一般为"第二层级"和"第三层级"。关于小数的设定并非按"十进制"的数学法则。小数点表示母题类型划分中的层级关系。在一级母题之后，可以逐级划分出若干母题。参见本书《凡例》："2.2.4　母题代码（二）：层级"。

（4）小数包括2个小数点和3个小数点，同（3），也有两种情况，一般为"第三层级"或"第四层级"。

**5.1.4《中国神话母题W编目》编排规则的其他事项**　母题编目在力求遵循逻辑分

类方法的同时，也使用了经验性的编排方法。如依照读者的接受心理或认知习惯等。

如，关于动植物母题的编排，由于动植物的性质和功能非常复杂，神话中所叙述的动植物分类与编排与我们今天生物学中动植物分类有很大区别。对此，汤普森（TPS）在《民间故事母题索引》的分类与表述中很明显地注意到现代生物学的分类标准，如按生物学意义上的界、门、纲、目、科、属、种等对动物加以区分，结果则会造成读者对需求母题的检索困难。本书的母题编目，在兼顾专业的科学分类的同时，对一些特殊的母题类型采用习惯性模糊检索的方式，以更突出神话自身的特点。

### 5.2 W1 母题实例的编排

5.2.1 **本书中全部母题实例顺序** 本书中所有母题实例的编排顺序按《中国神话母题 W 编码》的顺序排列，即按照一级母题、二级母题、三级母题、四级母题的自然数字延续的方式编排。

5.2.2 **具体母题的实例的顺序** 当同一个母题有多个实例时，这些实例按本书设定的民族音序顺序编排。参见本书《说明》："5.3 民族顺序的编排"。

### 5.3 民族顺序的编排

5.3.1 "**实例**"**的民族属性**

（1）本书"实例"中所标注的"民族属性"，是指该实例所选自的原文本中所标注的民族属性。

（2）"民族属性"的界定。根据目前少数民族文学研究中普遍认可的规则，"民族属性"主要指该文本讲述人的民族身份。

（3）本书"实例"析出的原文本未标注民族属性的，本书采取空缺的处理方法。

5.3.2 **民族顺序** 中国各民族是平等的，不应有特定的排序。根据研究以及表述的需要，我们会根据不同的观察视角，拟定出不同的民族排列顺序。如按地域划分[1]、语系划分等都会产生不同的编排顺序。

5.3.3 **本书 56 个民族的排列顺序** 中国 56 个民族在实例中涉及民族排序时，

---

[1] 如马学良、梁庭望、张公瑾主编的《中国少数民族文学史》（修订本）（中央民族大学出版社 2001 年版），该书将按地理区位将少数民族划分为不同的地区：①北方地区 7 个民族：包括朝鲜、达斡尔、鄂伦春、鄂温克、赫哲、满、蒙古；②西北地区 14 个民族：包括保安、东乡、俄罗斯、哈萨克、回、柯尔克孜、撒拉、塔吉克、塔塔尔、土、裕固、维吾尔、乌孜别克、锡伯；③西南地区 20 个民族：包括阿昌、白、布朗、德昂、独龙、哈尼、基诺、景颇、拉祜、傈僳、珞巴、纳西、怒、门巴、羌、普米、土家、佤、彝、藏；④华南地区 10 个民族：包括布依、傣、侗、仡佬、京、黎、毛南、仫佬、水、壮；⑤中东南地区 4 个民族：包括高山、苗、畲、瑶。而陶阳、牟钟秀的《中国创世神话》（上海人民出版社 2006 年版）一书则按地域将 55 个少数民族划分为：①西北地区 14 个民族：包括回、东乡、土、撒拉、保安、裕固、维吾尔、哈萨克、柯尔克孜、锡伯、塔吉、乌孜别克、俄罗斯、塔塔尔；②西南地区 25 个民族：包括藏、门巴、珞巴、羌、彝、白、哈尼、傣、傈僳、佤、拉祜、纳西、景颇、布朗、阿昌、普米、怒、德昂、独龙、基诺、苗、布依、侗、水、仡佬；③中南和东南地区 9 个民族，包括壮、瑶、仫佬、毛南、京、土家、黎、畲、高山；④东北和内蒙古地区 7 个民族：包括满、朝鲜、蒙古、达斡尔、鄂温克、鄂伦春、赫哲。这种情况表明，在民族编排顺序的设定上具有研究的个性差异性。

一律按民族汉语拼音的首字母在《字母表》中的排序。见下表：

**中国各民族排序表（音序排列）**

| 序号 | 民族名称 | 序号 | 民族名称 | 序号 | 民族名称 | 序号 | 民族名称 |
|---|---|---|---|---|---|---|---|
| 1 | 阿昌族 | 15 | 鄂温克族 | 29 | 傈僳族 | 43 | 水 族 |
| 2 | 白 族 | 16 | 高山族 | 30 | 珞巴族 | 44 | 塔吉克族 |
| 3 | 保安族 | 17 | 仡佬族 | 31 | 满 族 | 45 | 塔塔尔族 |
| 4 | 布朗族 | 18 | 哈尼族 | 32 | 毛南族 | 46 | 土家族 |
| 5 | 布依族 | 19 | 哈萨克族 | 33 | 门巴族 | 47 | 土 族 |
| 6 | 朝鲜族 | 20 | 汉 族 | 34 | 蒙古族 | 48 | 佤 族 |
| 7 | 达斡尔族 | 21 | 赫哲族 | 35 | 苗 族 | 49 | 维吾尔族 |
| 8 | 傣 族 | 22 | 回 族 | 36 | 仫佬族 | 50 | 乌孜别克族 |
| 9 | 德昂族 | 23 | 基诺族 | 37 | 纳西族 | 51 | 锡伯族 |
| 10 | 东乡族 | 24 | 京 族 | 38 | 怒 族 | 52 | 瑶 族 |
| 11 | 侗 族 | 25 | 景颇族 | 39 | 普米族 | 53 | 彝 族 |
| 12 | 独龙族 | 26 | 柯尔克孜族 | 40 | 羌 族 | 54 | 裕固族 |
| 13 | 俄罗斯族 | 27 | 拉祜族 | 41 | 撒拉族 | 55 | 藏 族 |
| 14 | 鄂伦春族 | 28 | 黎 族 | 42 | 畲 族 | 56 | 壮 族 |

**5.3.4　"实例"民族属性的其他说明**　本书在标注"实例"的民族属性时，可能有以下几种情况：

（1）因文本本身的原因，选取该实例的文本不能代表所标注民族的典型叙事情况。

（2）文本讲述人本身民族身份不确定或原文本标注错误。

（3）因历史或文化原因，一些文本不能被当今民族所认可。

上述情况，将会随着研究的深入得到进一步解决。

**5.4　"流传地区"的编排**

5.4.1　母题及母题实例流传地区　本书在列举相应母题的实例时，对该母题实例的流传地区作出了行政区划的全方位标注。

（1）本书关于母题及母题实例"流传地区"的表示的几种情况：

①母题流传地区的排序。这些地区的表示按"省（直辖市、自治区）"、"县（市、区）"、"乡（镇）"、"村"、"街道"等的顺序编排。各区划名称中间用"·"隔开。

②所采集神话中没有流传地区的文本（包括口头文本），保持自然空缺。如"西藏自治区·米林县·纳玉乡"，表示原神话中没有关于流传在哪一个"村"的

记录。

③如果原文本中没有记载某一神话在某一地区的具体流传地点，而是辑录了在这个地区的哪一个氏族流传，在标注时为了表示与具体地点的区别，中间不使用"·"，如"西藏博嘎尔部落"

（2）流传地区栏目中，有些神话文本的"流传地"与今天的行政区划的名称不一致，为尊重文本原貌，对此保留了原来文本中的行政区划名称，以便研究者与现行行政区划对比研究。

（3）有些神话文本的流传地区由于神话版本或采录者的原因，同一部神话或同一个讲述人讲述的神话，在出版物中的流传地点并不相同。例如：

①《中国民间故事集成》（云南卷），收入的哈尼族神话《永生不死的姑娘》，讲述者是朱小和，史军超采录，注明的采录地点为云南元阳攀枝花洞铺寨，故在本书实例的出处列表中表示为"云南省·（红河哈尼族彝族自治州）·元阳县·（攀枝花乡·硐蒲寨）"。

②《中国民间故事集成》（云南卷）收入的朱小和讲，史军超采录的《动植物的家谱》，与上面的①相比，虽然是同一个讲述人（朱小和），但在神话流传地区中只标明了流传地为"云南元阳县"，本书实例的出处列表中则表示为"云南省·（红河哈尼族彝族自治州）·元阳县"。

③朱小和讲，芦朝贵等整理的《天、地、人的形成》，收入在（a）《山茶》1983年第4期；（b）谷德明编：《中国少数民族神话》（中国民间文艺出版社1987年版）；（c）陶立璠、赵桂芳等编：《中国少数民族神话汇编》（开天辟地篇）（中央民族学院少数民族古籍整理出版规划领导小组办公室印，未署出版时间）的同文本神话，则没有注明这则神话的流传地点。本书只能根据讲述人和哈尼族的生产生活地区初步把流传地区定位"云南省"，一些难以确认的情况在"流传地区"项显示空白。

对于诸如此类的情况在本书中为了保持原神话文本的科学性，不再进一步考证，并作出推测性标示。

**5.4.2 "流传地区"中增补的新信息**　为了使读者更便捷地对"流传地区"进行区域定位，本书对母题实例流传的特定地区增补了"地市级"和"民族自治（区、县、乡）"的信息。为显示增补部分与原文本标注的流传地区的区别，凡本系列丛书新增补的地名信息和民族信息，均采用了"（）"表示的方式。如"W1190.1鱼生地"实例的流传地区，本书标注为"云南省·（红河哈尼族彝族自治州）·元阳县·（黄草岭乡）·树皮寨（树皮寨村）"，其中，这里的"（红河哈尼族彝族自治州）"、"（黄草岭乡）"和"（树皮寨村）"，均是根据目前新的行政区划增补的新信息。具体行政属地的确定时间以本书出版时的标注时间为准。

为保证增补地名信息的科学性和今后检索的完整性，对一些包含民族信息的各级地名采取原文简称标注与本书完整名称标注相结合的方式。在"【流传】"一栏加上了流传地信息，通过在流传地名的前后增加"（ ）"的形式，表示为本书所加。如云南省·（普洱市）·澜沧县（澜沧拉祜族自治县）中的"（澜沧拉祜族自治县）"；"云南省·（玉溪市）·新平县（新平彝族傣族自治县）·嘎洒镇"中的"（新平彝族傣族自治县）"，均为本书标出的完整名称标注，目的是便于今后数据库平台的对神话母题流传地的精准地理检索定位，既可以通过不同检索词找到该地区的神话母题情况，也能引起读者对该地区的民族聚居或分布情况的关注。

### 5.5 文本出处

为便于读者进一步查找、核对母题实例原来的语境，本统计表一律注明所引用的文本出处，这里的"文本"主要指作为神话母题实例出处的神话作品。

**5.5.1 文本出处的表述** 采用国家学术论文注释通用体例。

**5.5.2 文本出处** 原文本信息全部摘录，一般顺序为讲述者、翻译者、搜集整理者、作品名称、所刊载的刊物名称、刊物的发表年限、期号以及实例在相应出版物中的页码等。当某些数据不完整时，一般不改变表述顺序。具体情况参见本书《凡例》："4.3 实例表述具体内容与形式"。

## 6 母题实例的查找

本书为方便读者从不同的角度查找相应的母题，设定了"目录"、"基本母题编码检索"和"关联性母题提示"等6种查找方式，这些方式相互联系又各有其不同功能。

### 6.1 六种检索方式的自由切换

具体方法详见本书"基本母题检索目录"注释。

### 6.2 其他潜在的检索功能

中国神话母题W编目数据集成是依托当今信息网络背景的学术方法创新，使用者可利用当今数字化信息检索平台，采用软件或网络检索的方式，通过输入相应"母题"或母题中的"关键词"迅速查找出需要的母题或母题关联，进行跨学科、多层次的学术研究和文化比较研究。随着这一工具书的不断完善，最终将与社会科学研究方法的现代化和信息化接轨。

以上具体操作方法，请参见本书"凡例"中相应的例证说明。

## 7 其他说明

### 7.1 本书的创新

**7.1.1 研究领域的创新** 《中国神话母题W编目》是一部系统表述中国神话母题的编码与检索的资料学著作，兼有神话研究新型工具书的特点。其中大量的关联性母题可以看作构建跨学科母题研究信息通道的一个有效路径。

**7.1.2 实例体例的创新** 《中国神话母题W编目实例与索引》的所有母题实例是中国神话母题编码系统的实证性数据，均源自王宪昭对2万余篇中国各民族神话文本的提取和概括。

**7.1.3 神话母题表述的创新** 《中国神话母题W编目》与《中国神话母题W编目实例与索引》以系列成果的形式，拟构出中国神话的母题编目体例与数据集成体系。

**7.1.4 社科研究方法创新** 中国神话母题W编目及数据集成的最终目的是，将系统的符合思维逻辑的数字型母题代码引介到目前各图书馆数字资源以及数字网络资源的关键词（母题）文本检索中，以母题代替目前普遍应用的传统的图书检索（著作者、书名、出版信息检索）形式，进而提高研究资料来源的检索速度、精准性与实用性。

本母题编排与实例检索模式，同样适用于其他社会科学学科的数据库研究与应用。

### 7.2 母题编目与母题实例的局限

**7.2.1 母题编目的局限** 中国各民族神话数量浩瀚，情形复杂。《中国神话母题W母题编目》建立在作者个人的神话资料积累与特定研究方向的基础上，在母题的提取、表述与结构编排方面依赖于个人的主观理解、分析与判断。

（1）母题的提取与描述会有偏颇与不完善之处。

（2）神话叙事中出现母题的交叉和杂糅是母题编码与表述中经常遇到的情况。

**7.2.2 母题实例的局限** 母题实例源于不同的神话文本，这些文本会受到文献自身不规范的影响，再加上神话解读的差异，可能会有如下情形：

（1）有些实例可能与母题并不能建立完全吻合的对应关系。

（2）有些母题很难找出一个准确的例证。

（3）由于现存作品本身原因造成某些内容或母题的残缺，只能在表述时保持残缺的本貌。

本书在选取母题实例过程中，涉及神话文本数以万计。由于我国民族成分自身的多样性和时空变化，一个民族之中可能流传一些截然不同的观念或母题元素，或者由于神话传说作品搜集时间、采录背景、翻译等方面的原因，有时对每种图书观点的可信度进行鉴定比较困难。对此，作者只能采取客观辑录的方式。这样会致使有些实例难以较准确地反映一个民族的神话传说母题传承的主流。若出现某些观点的疏漏或错误，希望使用者及时删除并予以指正。

### 7.3 其他补充说明

7.3.1 **著作版权** 《中国神话母题W编目》以及实例系列中的全部母题代码、母题描述、关联项设定、实例选取、图表设计、编排体例、出版版式等均为王宪昭研究成果，适用《中华人民共和国著作权法》的保护。该成果所有内容未经作者本人授权，任何单位和个人不得擅自修改、翻译和应用于变相商业用途的传播。

7.3.2 **使用授权** 《中国神话母题W编目》以及数据集成的中所有内容凡经正式出版发行，读者将获得正式出版物的所有权利，包括发表引用、批评等。

7.3.3 **解释与修订** 本书作者对本书具有最终解释权和修订权利。

# 凡　　例

## （简　本）

《中国人类起源神话母题实例与索引》是"中国神话母题W编目神话数据集成"系列丛书10个母题类型之一。为便于读者快速使用本丛书，特编制本凡例（简本）。如使用者需要进一步详细了解相关具体信息，可以查阅凡例（详本）。

|  | 体例构成 | 正文标注 | 说明 | 应用功能 |
|---|---|---|---|---|
| 1 | 母题代码与描述 |  | 按《中国神话母题W编目》顺序编排 | 母题体系与母题检索 |
| 2 | 与汤普森母题代码对照项 | 【汤普森】 |  | 通过与汤普森母题代码对照，建立中国神话与世界神话母题的比较研究 |
| 3 | 关联项 | 【关联】 | 主要是与《中国神话母题W编目》10大母题类型中其他母题的关联 | 形成不同神话叙事相关联的立体通道，拟构跨类型母题叙事链，复原母题生存语境 |
| 4 | 实例项 | 实　例 | 母题实例的标示性符号 | 便于使用者了解母题使用情况 |
| 5 | [民族名称] | [××族] | 母题实例的民族归属 | 从民族角度考察母题的民族属性 |
| 6 | 信息项 | 【流传】 | 流传地点采取了全部地名归属信息呈现的方式 | 便于使用者从地理或地域的角度考察母题分布与流传状况 |
| 7 | 信息项 | 【出处】 | 母题实例的文本出处的详细信息 | 便于使用者准确了解神话文本的全面信息，也可直接应用于学术研究成果 |

# 凡 例

## （详　本）

《中国人类起源神话母题实例与索引》是《中国神话母题W编目实例》系列丛书10个母题类型之一。为便于读者方便使用本丛书，特编制本凡例。

## 1　凡例概说

**1.1　母题实例的基础**

《中国神话母题W编目实例与索引》系列丛书的基础是《中国神话母题W编目》。

1.1.1　《中国神话母题W编目》包括中国神话10大母题类型。详见本书《说明》中的"3.3《中国神话母题W编目》简介"和本书"附表2.《中国神话母题W编目》10大类型简目"。

1.1.2　《中国神话母题W编目》包括与汤普森"民间文学母题索引"中相应母题代码的对照。

**1.2　凡例中实例的选取**

本书凡例在母题实例的选用上，涉及神话母题W0～W9所有母题范围的案例。选取的其他一些不属于本书母题范围的例证，仅做凡例之用。

**1.3　正文的构成**

本书正文的构成包括2个部分。

1.3.1　中国神话母题"W2人与人类"全部编目　划分有一级母题、二级母题、三级母题、四级母题共4个层级。

1.3.2　每个母题的实例　根据目前掌握的神话资料的情况，有的母题会有多个实例，个别母题实例目前暂时空缺。

### 1.4 凡例的形式

为便于直观比对，凡例采用图表的形式。凡例中的各项按照在正文中出现的顺序排列。

### 1.5 凡例适用范围

本凡例适用于神话母题 W0～W9 编目全部母题类型及相关母题实例。

## 2 神话母题编目

### 2.1 本书神话母题代码、名称

2.1.1 本书神话母题代码、名称以及编目排序以《中国神话母题 W 编目》中的"W2 人与人类"母题编目为基础，并适当作出相应增补与修订。

2.1.1 母题层级的划分与表示

| W 编码 | 母题描述 ||||
|---|---|---|---|---|
| | 一级母题 | 二级母题 | 三级母题 | 四级母题 |
| ✿ W0270 | 日月神 | | | |
| W0276 | 太阳神的生活 | | | |
| W0276.1 | | 太阳神的住所 | | |
| W0276.1.1 | | | 太阳神住宫殿（太阳宫） | |
| W0276.1.1.1 | | | | 太阳神住9层天的太阳宫 |
| W0276.1.2 | | | 太阳神住太阳山 | |
| W0276.1.3 | | | 太阳神为什么住在天上 | |

上表为直观了解母题类型层次与排序的样表。在本书中以文字版表示。

### 2.2 神话母题 W2 编目具体内容

如下表：

| 序号 | 项目或符号 | 位置 | 示例 | 解释与说明 |
|---|---|---|---|---|
| 2.2.1 | 表述中的标题 | 出现在正文标题中 | ◆1.1 世界（宇宙）起源概说<br>◆2.3 造人 | ❶母题编目类型中的第一层级序号。<br>❷由1个小数点构成。<br>❸前面的"1"表示"W1"母题类型，小数点后的数字表示W1编目类型中的一级序号。 |
|  |  | 出现在正文的次级标题中 | ◆1.1.1 世界的产生<br>◆2.3.1 造人的时间 | ❶母题编目类型中的第二层级序号。<br>❷由2个小数点构成。<br>❸表示母题编目类型第一层级的下一级母题类型。 |
| 2.2.2 | W | 母题数字之前 | ◆（1）W4546<br>◆（2）W0167.1<br>◆（3）W0167.1.1 | ❶中国神话母题W编目的标志。<br>❷"W"，为王宪昭姓氏"Wang"的首字母代码。<br>❸表示与汤普森母题索引和其他一些母题分类代码的区别。 |
| 2.2.3 | 母题代码（一）：类型 |  | ◆（1）W4546<br>◆（2）W0167.1<br>◆（3）W0167.1.1 | ❶母题代码由"W+数字"构成。<br>❷W之后的第一个数字，表示母题类型。① 如"W0167"中的"0"表示的是该母题属于"神与神性人物"，类型代码是W0；"W4546"中的"4"表示的是该母题属于"自然现象与自然秩序"，类型代码是W4。 |
| 2.2.4 | 母题代码（二）：层级 |  | ◆（1）① W0276 太阳神的生活<br>② W0276.1 太阳神的住所<br>③ W0276.1.1 太阳神住宫殿（太阳宫）<br>④ W0276.1.1.1 太阳神住9层天的太阳宫<br>◆（2）W0276.1.2 太阳神住太阳山 | ❶母题代码中的"数字"可以是自然数，也可以是小数。小数并非按"十进制"的数学法则。<br>❷小数点表示母题类型划分中的层级关系。如W0276的下一级母题可以分为"W0276.1"、"W0276.2"、"W0167.3"等二级母题；二级母题可以根据神话叙事的情形生成三级母题，如"W0276.1"之下划分出"W0276.1.1"、"W0276.1.2"等；三级母题之下可划分出四级母题，如"W0276.1.1.1"等。<br>❸《中国神话母题W编目》目前暂划分到第四层级母题。 |

---

① 母题编目共分10个大类，在"W"之后按"0~9"顺序排列。各数字具体代表的类型为：（1）W0 神与神性人物；（2）W1 世界与自然物；（3）W2 人与人类；（4）W3 动物与植物；（5）W4 自然现象与自然秩序；（6）W5 社会组织与社会秩序；（7）W6 有形文化与无形文化；（8）W7 婚姻与性爱；（9）W8 灾难与争战；（10）W9 其他母题。其他具体情况参见本书《说明》中的"3.3《中国神话母题W编目》简介"。

续表

| 序号 | 项目或符号 | 位置 | 示例 | 解释与说明 |
|---|---|---|---|---|
| 2.2.5 | 母题描述 | "母题描述"位置在母题代码之后 | ◆（W0181）天神<br>◆（W2500）人类再生 | ❶母题描述是对母题含义的概述。<br>❷母题一般表述为一个名词、名词性词组或名词性短语。<br>❸母题描述的作用具有检索关键词的功能，绝大多数可以用于作品相关信息的检索。 |
| 2.2.6 | 母题编码 | 新增母题编码 | ◆W2022 世上最早有2人<br>……<br>◆W2022.2.3.2 世上最早只有盘古和三皇五帝两人<br>◆W2022a 世上最早有3人<br>◆W2022a.1 世上最早有一对夫妻和1个女儿<br>◆W2022b 世上最早有多人<br>◆W2022b.1 世上最早的人子孙很多<br>…… | 本书对《中国神话母题W编目》（2013年版）中的母题进行了增补。增补方法如下：<br>❶原编目中已预留空位的母题项，直接增补，不再特殊显示。<br>❷在原母题编码后加".0"，表示增补的母题代码。<br>❸以"a、b、c……"为后缀新增加母题的顺序排在该母题编码所有层级母题之后。如W2022a、W2022b表示的是《中国神话母题W编目》新加的母题，排列在W2022原各层级母题之后。<br>❹在"a、b、c、d、f、g……"后缀后，再加数字为标记的新增加母题编码。如"W2632.0.3f 姜央兄妹生肉疙瘩"之后的"W2632.0.3f1 '央'、'美'兄妹生肉团"、"W2632.0.3f2 志男志妹兄妹生肉疙瘩"等。这类情况表示的是"W2632.0.3f"已是四级母题，因目前暂不设计五级母题，采取"f"后加数字的数字的形式表示，与第四级母题排在同一列中。 |

# 3 关联项

## 3.1 本书的关联项包括2项

3.1.1 W母题与汤普森（TPS）"民间文学母题索引"中母题的对照

3.1.2 特定母题与《中国神话母题W编目》中其他相关母题的关联

### 3.2 关联项具体内容

如下表：

| 序号 | 项目或符号 | 位置 | 示例 | 解释与说明 |
|---|---|---|---|---|
| 3.2.1 | 【汤普森】 | 正文中W母题代码与描述之后 | ◆【汤普森】A62 | ❶此项是汤普森母题代码中与W母题表意相同或相似的代码。汤普森民间文学母题共分为23类，分别用23个英文字母表示。①<br>❷读者可以据此对照神话母题W代码与汤普森母题代码。 |
| 3.2.2 | 【关联】 | 正文中"W母题代码"或【汤普森】之后 | ◆【关联】<br>［W2480］人与太阳婚生人<br>◆【关联】<br>①［W5298.1］母系氏族<br>②［W6866.1］母子联名 | ❶主要表示本母题与其他母题意义上的关联性，包括对象相同、功能相似、含义互补等情形。<br>❷【关联】之后有若干关联母题时，用①②③等序号表示。 |
| 3.2.3 | ≈ | 部分汤普森母题代码之前 | ◆【汤普森】<br>≈A654 | ❶表意性符号。<br>❷加"≈"的汤普森母题，表示此母题的含义只与W代码具有一定的相似性。 |

---

① 关于汤普森（TPS）民间文学母题索引母题的23个类型的代码、类型名称、母题代码范围和主要次级类型，如下：(1) A 神话（A0～A2899），包括造物主、三界神、半神、文化英雄、世界起源、世界灾难、自然秩序、人类起源、动植物起源等。(2) B 动物（B0～B899），包括神话中的动物、特异的动物、有人的特征的动物、友好的动物、人与动物婚、想象的动物等。(3) C 禁忌（C0～C999），包括与超自然有关的禁忌、性的禁忌、饮食禁忌、视听禁忌、接触禁忌、等级禁忌、奇特的禁律、犯禁受罚等。(4) D 魔法（D0～D2199），包括变形、魔力的消除、法宝、魔力及表现等。(5) E 死亡（E0～E799），包括复活、鬼与幽灵、再生、灵魂等。(6) F 奇异（F0～F1099），包括到另一个世界、奇异的灵怪、奇异的人、奇异的地点、奇异的物质、奇异的事情等。(7) G 妖魔（G0～G699），包括妖魔的种类、吃人和吃同类的妖魔、陷身魔网、战胜妖魔等。(8) H 考验（H0～H1599），包括识别身份、检验真假、考验婚姻、考验智勇、考验能力等。(9) J 聪明与愚蠢（J0～J2799），包括智慧的获得、聪明与愚蠢的表现、智者与傻瓜等。(10) K 欺骗（K0～K2399），包括靠欺骗获胜、靠欺骗逃生、骗婚等、骗子自食其果等。(11) L 命运颠倒（L0～L499），包括幼者胜出、败势逆转、谦卑得赏、弱者获胜、倨傲遭贬等。(12) M 注定未来（M0～M499），包括命运天定、誓言、协议、承诺、预言、咒语等。(13) N 机遇与命运（N0～N899），包括运气博弈、走运与倒运、幸运的事情、意外遭遇、帮助者等。(14) P 社会（P0～P799），包括皇室贵族、社会各界、家庭亲缘、行业工艺、政府、习俗等。(15) Q 奖励与惩罚（Q0～Q599），包括受奖的行为、奖赏的性质、受罚的行为、惩罚的类型等。(16) R 被俘与逃脱（R0～R399），包括身陷囹圄、营救、逃脱与追捕、避难、第二次被捉等。(17) S 残虐（S0～S499），包括残忍的亲属、谋杀与残害、残酷的祭献、抛弃与残害童孩、虐待等。(18) T 性（T0～T699），包括爱情、婚姻、贞洁与禁欲、不正当的性关系、怀孕与生育、照管童孩等。(19) U 生命的本性（U0～U299），包括人的不同本性的来历、动物的不同本性的来历、贫贱及罪恶等本性等。(20) V 宗教（V0～V599），包括神职人员、宗教仪式、宗教场所、宗教信仰、施舍与戒律等。(21) W 品格（W0～W299），包括优秀的品格、恶劣的品格、其他。(22) X 笑话（X0～X1899），包括关于困窘的笑话、身体残障的笑话、社会各界笑话、性笑话、醉酒笑话、骗子笑话。(23) Z 其他母题（Z0～Z599），包括规则母题、象征母题、英雄母题、特例母题、历史地理生物类母题、恐怖故事母题。

## 4 实例

### 4.1 实例表述的构成

实例表述部分包括4项,即:

(1) 母题实例的"民族属性"。用"[民族名称]"表示。
(2) 母题"实例描述"。用概括语言叙述该母题在相关文本中的叙事情况。
(3) 该母题实例的流传地区。用"【流传】"表示。
(4) 该母题实例对应的出处。用"【出处】"表示。

上述项表示该母题实例析出文本的基本信息。(2)、(3)、(4)三项在行文的表达中关系密切,为表述的简洁和节约行文空间,有时会采取标注时互见的方法,具体情形见本凡例"4.3 实例表述具体内容与形式凡例"。

### 4.2 实例表述的具体内容与使用方法

现对上述4.1所涉及的4项做出具体示例性介绍。

#### 4.2.1 实例

| 序号 | 项目或符号 | 位置 | 示例 | 解释与说明 |
| --- | --- | --- | --- | --- |
| 4.2.1.1 | 实例 | 关联项之后 | 实例 | ❶提示性文字。<br>❷表示下文为上述特定母题的例证。<br>❸目前没有找到母题相应的实例时,该项空缺。 |

#### 4.2.2 民族属性

文中标号为:[民族名称]

| | 位置或情形 | 示例 | 解释与说明 |
| --- | --- | --- | --- |
| 4.2.2.1 | 实例<br>(1项实例) | [W1101.1] 世界自然存在<br>实例<br>[彝族](实例描述) | ❶"[彝族]"表示其后的母题实例描述的民族归属是彝族神话。<br>❷有些神话文本民族没有民族归属信息,该项空缺。<br>❸其他情况参见本书《说明》:"5.3 民族顺序的编排"。 |

续表

| | 位置或情形 | 示例 | 解释与说明 |
|---|---|---|---|
| 4.2.2.2 | 实 例<br>（该项包含多个实例时的排序） | ［W1104.1］盘古开天辟地<br>实 例<br>❶［白族］（实例描述）<br>❷［布依族］（实例描述）<br>❸［朝鲜族］（实例描述）<br>❹［汉族］（实例描述）<br>…… | ❶一个母题有多个民族的神话文本实例时，按民族汉语名称音序排列。①<br>❷多个实例的排序使用"❶❷❸❹❺❻……"表示。 |

### 4.2.3 实例描述

文中无标号，直接排列在"［民族名称］"之后

| | 位置或情形 | 示例 | 解释与说明 |
|---|---|---|---|
| 4.2.3.1 | 实 例<br>（标志之后） | W2069.4.3 女娲和众神造人<br>实 例<br>［汉族］女娲跟众神合作，共同创造了人。<br>…… | ❶"实例描述"是从神话文本中提取的关于母题的例证，也是相对应母题的更具体的描述。<br>❷该实例描述是本书作者对原文的分析概述，并非原文本原文。 |
| 4.2.3.2 | 同上 | 实 例<br>（参见下级母题实例） | 为避免同一个实例的重复使用，该母题的实例可以从下级母题列举的实例中得到证明。 |
| 4.2.3.3 | 同上 | 实 例<br>（参见关联项母题实例） | 为避免同一个实例的重复使用，该母题的实例可以从关联项对应的母题编码的实例中得到证明。 |
| 4.2.3.4 | 同上 | 实 例<br>（参见关联项及下级母题实例） | 表示本项包括上面序号2、3两种情形。 |
| 4.2.3.5 | 同上 | 实 例<br>（实例待考） | 表示该母题的存在源于自然推理或汤普森、ATU等母题索引中已列出。但目前在中国神话中还没有找到合适的实例。 |
| 4.2.3.6 | 同上 | 实 例<br>［鄂温克族］（实例待考） | 表示该母题实例流传于鄂温克族神话中，因资料局限目前还没有找到合适实例。 |

---

① 具体民族排序参见本书《说明》："5.3.3 本书56个民族的排列顺序"。

### 4.2.4 实例流传地区

文中标号为：【流传】

| 序号 | 位置或情形 | 示例 | 解释与说明 |
| --- | --- | --- | --- |
| 4.2.4.1 | 实例<br>（第3项） | ①［拉祜族］两兄妹创造世界。<br>【流传】云南省·（普洱市）·澜沧县（澜沧拉祜族自治县）<br>②［藏族］蚂蚁创造世界。<br>【流传】四川省·（阿坝藏族羌族自治州）·若尔盖县·求吉乡·下王则村 | ❶表示母题实例流传地区。<br>❷神话母题实例所涉及文本凡是原文标有"流传地（流传地点、流传地区、流传区域、流传地带等）"的神话，在实例中一律收入并注明。<br>❸行政区划地名的排序：按照省（直辖市、自治区）→市（区、地区）→县（市、区）→乡镇（区、街道）→村（组）。不同层级归属之间用"·"隔开。<br>❹原神话文本行政区划地名不完整或空缺时，尊重原貌。<br>❺其他情况。参见本书《说明》："5.4 流传地区的编排"。 |
| 4.2.4.2 | 地名分级归属的表示 | 【流传】（云南省·楚雄彝族自治州·双柏县，红河哈尼族彝族自治州等地） | 在【流传】栏后面的"()"中的流传地点，表述原出处作品中并没有注明此出处，而是本书根据相关资料推测出的出处，可以供使用者参考使用。 |
| 4.2.4.3 | 地名增加信息 | 【流传】四川省·（凉山彝族自治州）·德昌县·热和乡·田村 | ❶（凉山彝族自治州），表示"凉山彝族自治州"是本书增加的内容。<br>❷作用是强化数据库检索定位功能。 |
| 4.2.4.4 | 地名增加信息 | 【流传】云南省·怒江傈僳族自治州·兰坪（兰坪白族普米族自治县） | ❶兰坪（兰坪白族普米族自治县），表示"兰坪白族普米族自治县"是本书增加的完整的地名表述。<br>❷作用是增强地名的准确性，强化数据库检索定位功能。 |
| 4.2.4.5 | 地名增加信息 | 【流传】云南省·丽江县（丽江市） | ❶丽江县（丽江市），表示"丽江市"是原流传地区"丽江县"的当前行政区划名称。<br>❷作用是增强地名检索的准确性。 |
| 4.2.4.6 | 地名增加信息 | 【流传】贵州省·黔东南苗族侗族自治州·三穗县·款场（款场乡） | ❶款场（款场乡），表示"款场乡"是原标注流传地区"款场"的当前行政区划名称全称。<br>❷增强表述的准确性。 |
| 4.2.4.7 |  | 【流传】（无考） | "（无考）"指原文本没有标注出处，本书根据相关信息及文本内容难以推测流传地区。 |

### 4.2.5 实例文本出处
文中标号为:【出处】

| 序号 | 位置或情形 | 示例 | 解释与说明 |
|---|---|---|---|
| 4.2.5.1 | 实例<br>(第4项) | 【出处】苏力坦阿里·包尔布代讲,阿布都克热木·阿山采录,依斯哈别克·别克别克等翻译《人的由来》,见《中国民间故事集成》(新疆卷),北京:中国ISBN中心2008年版,第33页。 | ❶表示母题实例析出文本的出版物信息。<br>❷出版物信息包括讲述人、采录者、翻译者、作品名称、该作品析出的出版物名称、出版者、出版时间、该实例在出版物中的页码等。<br>❸一个母题实例涉及多篇神话文本时,文本依次排列。<br>❹为便于版本比较研究,出处中原出版物一些不同名称或文本自身的错误本书不做更改。 |

## 4.3 实例表述具体内容与形式

在母题实例的"描述"、"流传地区"和"文本出处"的具体表述中,根据这三项所涉及信息的对应性,为了避免表达中的重复冗杂,一些同类项采用了(a)、(b)、(c)等表述方式。文中出现的几种对应关系,通过下面列表加以说明。

### 4.3.1 一个"实例描述"有一个"文本出处"

这种情况下"实例描述"、"实例流传地区"和"文本出处"是一一对应关系。

| 实例表述示例 ||| 解释与说明 |
|---|---|---|---|
| 实例描述 | 流传地区 | 文本出处 | |
| [布依族]玉皇大帝派盘古开天地。 | 贵州省·贵阳市 | 陈素兰讲,张羽超等搜集,夏云昆整理:《开天辟地》,见中华民族故事大系编委会编《中华民族故事大系》第3卷(彝族、壮族、布依族),上海:上海文艺出版社1995年版,第687页。 | 这类情况在母题实例较为常见。 |
| [鄂伦春族]雷神举起凿子锤子打沙加翁卡伊(鱼鹰)。 | 内蒙古自治区·(呼伦贝尔市)·鄂伦春自治旗 | 旃诛枚讲,巴图宝音采录:《逗雷神》,见中国民间文学集成全国编辑委员会编《中国民间故事集成》(宁夏卷),北京:中国ISBN中心2007年版,第21页。 | ❶"实例描述"中的"( )"中的内容是本书所加,是对原文的解释。<br>❷"流传地区"中的"内蒙古·鄂伦春自治旗"为原文本标记的流传地区。 |

### 4.3.2 一个"实例描述"有两个"文本出处"

这种情况下"实例描述"与"实例流传地区"和"文本出处"的对应分两种情况，一般会使用（a）、（b）代号，合并相同的内容。

| 实例表述示例 ||| 解释与说明 |
|---|---|---|---|
| 母题与实例描述 | 流传地区 | 文本出处 | |
| [汉族] 天上原来有7个太阳。 | （a）陕西省（咸阳市）·彬县·小章乡·赵寨村。（b）北京市·通县（通州区） | （a）池老犟讲，纪笑强采录：《二郎担山压太阳》，见中国民间文学集成全国编辑委员会编《中国民间故事集成》（陕西卷），北京：中国ISBN中心1996年版，第21页。（b）王月珍讲，蔺再山采录：《二郎担山捉太阳》，见中国民间文学集成全国编辑委员会编《中国民间故事集成》（北京卷），北京：中国ISBN中心1999年版，第6页。 | ❶1个实例对应（a）（b）2个"流传地区"和2个"文本出处"❷（a）（b）等代码表示的是作为神话母题实例来源的不同文本。❸【出处】中的（a）（b）分别与【流传】中的（a）（b）相对应。 |
| [壮族] 太阳被阉过，所以他的孩子长不成小太阳，长成了星星。 | 广西壮族自治区·（南宁市）·上林县·西燕乡 | （a）韦奶讲，蓝鸿恩采录翻译：《太阳、月亮和星星》，见中国民间文学集成全国编辑委员会编《中国民间故事集成》（广西卷），北京：中国ISBN中心2001年版，第38页。（b）同（a），见张声震总主编，农冠品编注《壮族神话集成》，南宁：广西民族出版社2007年版，第310页。 | ❶1个实例对应1个"流传地区"和2个"文本出处"❷当（a）（b）两个文本的"实例描述"和"流传地区"相同时，行文中的"实例描述"和"流传地区"中省去（a）（b）等标记。 |
| [白族] 阿白是白族先民想象中的天神。 | （a）云南省·（怒江傈僳族自治州）·泸水县（b）云南省·（怒江傈僳族自治州）·碧江县（已撤销，今属福贡县）·四区二村 | （a）阿普介爹讲，普六介译，周天纵采录：《氏族来源》，见中国民间文学集成全国编辑委员会编《中国民间故事集成》（云南卷），北京：中国ISBN中心2003年版，第228页。（b）同（a），见谷德明编《中国少数民族神话》，北京：中国民间文艺出版社1987年版，第305页。 | ❶1个实例对应2个"流传地区"和2个"文本出处"。❷【流传】中的（a）（b）两个地点，分别与【出处】中的（a）（b）两个出版物对应。❸【出处】中的"（b）同（a）"，表示（b）的作品讲述人、翻译者、采录者、作品名称等与（a）相同，不再重复标出。 |

续表

| 实例表述示例 ||| 解释与说明 |
|---|---|---|---|
| 母题与实例描述 | 流传地区 | 文本出处 | |
| [苗族](a)……盘古(开天立地的神人……不是槃瓠)开天。(b)认为，盘古是开天巨神。 | (b)湖南省·湘西(湘西土家族苗族自治州) | (a)龙王六诵，龙炳文翻译：《开天立地》，见陶立璠、赵桂芳等编《中国少数民族神话汇编》（开天辟地篇），中央民族学院少数民族古籍整理出版规划领导小组办公室，内部资料，第42页。(b)过竹：《苗族神话研究》，南宁：广西人民出版社1988年版，第220页。 | ❶"实例描述"中，出现的(a)(b)与"文本出处"中的(a)(b)相对应。❷(a)(b)相同部分不作标记。 |

### 4.3.3 一个"实例描述"有两个以上"文本出处"

这种情况下"实例描述"与"实例流传地区"和"文本出处"的对应除了具有4.3.2的情形之外，使用（a）、（b）、（c）等代号，在"实例描述"、"流传地区"、"文本出处"中会有一些替代或合并现象。

| 实例表述示例 ||| 解释与说明 |
|---|---|---|---|
| 实例描述 | 流传地区 | 文本出处 | |
| [黎族]蛇卵孵出……始祖。 | (a)海南省·琼中县(琼中黎族苗族自治县)·五指山公社·番龙村(今属五指山市·水满乡·番龙村)(b)海南省 | (a)王克福……《黎母的神话》(b)[清]《琼州府志》(c)广东民族学院……《黎母山》(d)《黎母山传说》 | ❶具体例子参见本注释。①❷"文本出处"中的代码表示文本数量，如(a)(b)(c)(d)，表示本母题实例有4个不同的文本。❸在"流传地区"中没有显示该文本相对应的代码的，如没有(c)(d)，表示(c)(d)原文本中没有流传地区的信息。|

---

① [黎族]蛇卵孵出一个女孩，雷公给她起了个名字，叫黎母，成为黎族的始祖。
【流传】(a)海南省·琼中县(琼中黎族苗族自治县)·五指山公社·番龙村(今属五指山市·水满乡·番龙村)
(b)海南省
【出处】
(a)王克福讲，符策超采录：《黎母的神话》，见中国民间文学集成全国编辑委员会编《中国民间故事集成》（海南卷），北京：中国ISBN中心2002年版，第5页。
(b)[清]《琼州府志》，见《古今图书集成·职方典》卷一三九二，见吕大吉、何耀华总主编《中国各民族原始宗教资料集成》（土家族卷、瑶族卷、壮族卷、黎族卷），北京：中国社会科学出版社1998年版，第664页。
(c)广东民族学院中文系采风组搜集整理：《黎母山》，见谷德明编《中国少数民族神话》，北京：中国民间文艺出版社1987年版，第202页。
(d)《黎母山传说》，见广东民族学院中文系编《黎族民间故事选》，上海：上海文艺出版社1982年版，第12页。

续表

| 实例表述示例 ||| 解释与说明 |
|---|---|---|---|
| 实例描述 | 流传地区 | 文本出处 | |
| [毛南族]<br>盘哥和古妹<br>结婚…… | (a) ……下南村·松现屯<br>(b) ……环江县上、中、下南地区<br>(c) ……环江县、<br>(de) ……环江县·下南乡<br>(f) 广西壮族自治区 | (a) 覃启仁……《盘哥古妹》<br>(b) 谭金田……《盘兄和古妹》<br>(c) 覃启仁……《盘古的传说》<br>(d) 谭中意……《盘古的故事》<br>(e) 谭金田……《盘古的传说》<br>(f) 覃启仁……《盘古的传说》 | ❶具体例子参见本注释。①<br>❷"文本出处"中的 (a) (b) (c) (d) (e) (f)，表示本母题实例有6个不同的文本。<br>❸相应项目合并。如"流传地区"中"(de)"对应"文本出处"中的"(d)"和"(e)"两个不同的文本，因流传地相同而合并。|

---

① [毛南族] 盘哥和古妹结婚后，用泥捏成人崽，叫乌鸦衔去丢，成活。
【流传】
(a) 广西壮族自治区·（河池市）·环江县（环江毛南族自治县）·下南乡·下南村·松现屯
(b) 广西壮族自治区·（河池市）·环江县（环江毛南族自治县）上（上南乡）、中（中南乡）、下南地区（下南乡）
(c) 广西壮族自治区·（河池市）·环江县（环江毛南族自治县）
(de) 广西壮族自治区·（河池市）·环江县（环江毛南族自治县）·下南乡
(f) 广西壮族自治区
【出处】
(a) 覃启仁讲，蒋志雨采录翻译：《盘哥古妹》，见中国民间文学集成全国编辑委员会编《中国民间故事集成》（广西卷），北京：中国ISBN中心2001年版，第70页。
(b) 谭金田等翻译整理：《盘兄和古妹》，见谷德明编《中国少数民族神话》，北京：中国民间文艺出版社1987年版，第153页。
(c) 覃启仁讲，谭金田等翻译整理：《盘古的传说》，见曹廷伟编著《广西民间故事辞典》，南宁：广西教育出版社1993年版，第23页。
(d) 谭中意整理：《盘古的故事》，见《毛南族：广西环江县南昌屯调查》，昆明：云南大学出版社2004年版，第295~296页。
(e) 谭金田等翻译整理：《盘古的传说》，见中华民族故事大系编委会编《中华民族故事大系》第12卷（布朗族、撒拉族、毛南族），上海：上海文艺出版社1995年版，第479~485页。
(f) 覃启仁讲，谭金田翻译整理：《盘古的传说》，见袁凤辰编《毛难族民间故事集》，北京：中国民间文艺出版社1984年版，第1~7页。

## 5 其他

### 5.1 本书中其他一些项目或符号

| 序号 | 项目或符号 | 位置 | 示例 | 解释与说明 |
|---|---|---|---|---|
| 1 | ✿ | 正文、附录1 | ✿ W1070 三界 | ❶母题类型提示性符号。<br>❷带"✿"标注的母题可以作为类型名称看待，包含带"❋"的母题以及"❋"之下所有母题。 |
| 2 | ❋ | 正文、附录1 | ❋ W1071 上界（天堂）<br>❋ W1075 人界（人世、人间、阳世） | ❶母题类型提示性符号。<br>❷带"❋"标注的母题下面会包含以自然数为代码的若干母题。<br>❸带"❋"标注的母题隶属带"✿"标注的母题。 |
| 3 | * | 出现的作品名称前 | *《白石支天》，见《藏族原始宗教资料丛编》…… | ❶前面带"*"的神话篇名，表示原神话文本没有题目，本书为了表达方便而添加的题目。 |
| 4 | ☆ | 文本标题之前 | ☆姜子牙钓到西北角支撑天的鳌鱼 | 前面带"☆"的母题实例，表示此项并不是一般意义上的神话，带有明显的传说或故事性质，但与神话母题有密切联系。 |
| 5 | ◎ | 正文、附录1 | ◎ [天地的支撑] | ❶母题编目提示性符号。<br>❷不表示任何具体母题，无编码。 |

### 5.2 补充说明

本凡例未涉及之处，以本书表述的实际发生为准。

# 基本母题检索目录[①]

## 2.1 人类产生概说
（W2000～W2019）

### 2.1.1 人产生的原因
（W2000～W2009）【1】

✿ W2000　人类的产生（人的产生）【1】
　W2001　人类的产生没有原因【8】
✽ W2002　人类产生有特定的原因【8】
　W2003　人的产生与神有关【8】
　W2004　人的产生与世界变化有关【9】
　W2005　人的产生与特定的需要有关【9】
　W2006　人类产生的其他特定原因【9】
　W2007　与人类产生原因有关的其他母题【9】

### 2.1.2 人产生的时间
（W2010～W2014）【10】

✽ W2010　人产生的时间【10】
　W2011　远古时产生人【11】
　W2012　大灾难之前产生人【15】
　W2012a　大灾难之后产生人【15】
　W2013　人有特定产生时间【16】
　W2014　与人产生的时间有关的

---

[①] 《中国人类起源神话母题实例与索引》（2016版）为方便使用者检索母题及母题实例，共设置了不同类型的6种检索方式，即❶总目；❷基本母题检索目录；❸附录1：人类起源神话母题W编目检索表；❹附录2：《中国神话母题W编目》10大类型简目；❺正文［汤普森］项；❻正文［关联］项。其中第❶❷❸项分别反映出母题类型的不同层级关系，展示的是人类起源母题宏观到微观的逻辑关系。
　（1）通过"❶总目"，可以了解全书母题类型的宏观结构。
　（2）通过"❷基本母题检索目录"，可以大致查阅到本书第一层级或相当于基本母题的所有以自然数为代码的人类起源、人的特征等相关母题。
　（3）通过"❸附录1：人类起源神话母题W编目检索表"，可以查阅到本书全部层级的母题。
　（4）通过"❹附录2：《中国神话母题W编目》10大类型简目"，可以进行《中国神话母题W编目》10大类型母题的跨界检索，形成对一部神话文本的全方位母题分析。
　（5）通过"❺正文［汤普森］项"可以将带有标示的母题与汤普森《世界民间故事母题索引》中的世界性民间叙事母题相关联并进行比较研究。
　（6）通过"❻正文［关联］项"可以实现标示母题与相关叙事母题的迅速关联，扩大类型叙事或关联性叙事的多视角比较研究。使用者可以根据自己的具体需要选择相关检索方式。

| | | |
|---|---|---|
| 其他母题 | 【18】 | |

## 2.1.3 人产生的地点
### （W2015 ~ W2019） 【19】

W2015　人产生在天上　【19】
W2016　人产生在地上　【20】
W2017　人产生于其他某个特定的地点　【21】
W2018　与人的产生地点有关的其他母题　【22】

## 2.2 人自然存在或来源于某个地方
### （W2020 ~ W2029）

### 2.2.1 人自然存在
### （W2020 ~ W2024） 【23】

W2020　人自然存在　【23】
W2021　世上出现的第一个人　【25】
W2022　世上最早有2人　【36】
W2022a　世上最早有3人　【42】
W2022b　世上最早有多人　【42】
W2023　与人的自然存在有关的其他母题　【43】

### 2.2.2 人源于某个地方
### （W2025 ~ W2029） 【44】

W2025　人从天降（天降人）　【44】
W2026　人从神界到人间　【52】
W2027　人从地下来　【52】
W2028　人从其他地方来　【54】
W2029　与人源于某地有关的其他母题　【55】

## 2.3 造人
### （W2030 ~ W2129）

### 2.3.1 造人的时间
### （W2030 ~ W2039） 【56】

✿W2030　人是造出来的（造人）　【56】
✲W2031　造人的时间　【56】
W2032　很早以前造人　【56】
W2033　混沌之后造人　【56】
W2034　开天辟地时造人　【56】
W2035　开天辟地后造人　【57】
W2036　特定的年代造人　【60】
W2037　特定时间造人　【60】
W2038　特定事件后造人　【62】
W2039　与造人时间有关的其他母题　【63】

### 2.3.2 造人的原因
### （W2040 ~ W2049） 【66】

✲W2040　造人的原因　【66】
W2041　无目的的造人　【67】
W2042　为管理世界造人　【67】
W2042a　因为地上缺少生机造人　【71】
W2043　因原来的人灭绝造人　【73】
W2044　为消除孤独造人（因孤独造人）　【74】
W2045　因特定人物的指令造人【79】
W2046　因繁衍人类的需要造人【80】
W2047　与造人原因有关的其他母题　【84】

### 2.3.3 造人者
(W2050 ~ W2079) 【87】

- ✿ W2050　造人者　【87】
- ✤ W2051　神或神性人物造人　【87】
- W2052　神造人　【87】
- W2053　天神造人　【88】
- W2054　地神造人　【93】
- W2055　男神造人　【94】
- W2056　女神造人　【94】
- W2057　众神共同造人　【97】
- W2058　造物主造人（造物神造人）　【100】
- W2059　神仙造人　【102】
- W2060　祖先造人（始祖造人）　【103】
- W2061　其他神或神性人物造人　【105】
- ✤ W2062　特定名称的神或神性人物造人　【114】
- W2063　盘古造人　【114】
- W2064　伏羲造人　【116】
- W2065　女娲造人　【118】
- W2066　佛祖造人　【122】
- W2067　真主造人　【123】
- W2068　其他特定名称的神或神性人物造人　【127】
- W2069　与神或神性人物造人有关的其他母题　【129】
- ✤ W2070　人造人　【132】
- W2071　世上最早出现的一个人造人　【132】
- W2072　男子造人（男人造人）　【132】
- W2073　女子造人（女人造人）　【133】
- W2074　两个人造人　【134】
- W2075　其他特定的人造人　【136】
- W2075a　与人造人有关的奇特母题　【137】
- W2076　动物造人　【137】
- W2077　其他造人者　【140】
- W2078　与造人者相关的其他母题　【140】

### 2.3.4 造人的材料
(W2080 ~ W2099) 【144】

- ✤ W2080　造人的材料　【144】
- W2081　用身体造人　【144】
- W2082　用特定的肢体造人　【147】
- W2083　用人或动物等的体液、排泄物等造人　【151】
- W2084　动物作为造人材料　【154】
- W2085　植物作为造人材料　【156】
- ✤ W2086　无生命物作为造人材料　【163】
- W2087　用泥造人（用土造人）　【163】
- W2088　与用泥造人相关的其他母题　【179】
- W2089　用其他无生命物造人　【183】
- ✤ W2090　用多种材料造人　【188】
- W2091　混合不同物质造人　【188】
- W2092　用2种材料造人　【188】
- W2093　用3种材料造人　【191】
- W2094　用4种材料造人　【193】
- W2095　用5种材料造人　【193】
- W2096　用更多数量的材料造人　【194】
- W2097　不成功的造人材料　【195】

| | | |
|---|---|---|
| W2098 | 与造人材料有关的其他母题 | 【201】 |

### 2.3.5 造人方法与过程
（W2100 ~ W2109）　【203】

| | | |
|---|---|---|
| ✽ W2100 | 造人的方法 | 【203】 |
| W2101 | 造人方法的获得 | 【203】 |
| W2102 | 造人的参照 | 【205】 |
| W2103 | 和泥造人 | 【214】 |
| W2104 | 通过手工制作造人 | 【219】 |
| W2105 | 用特定的器物造人 | 【221】 |
| W2106 | 用魔法造人 | 【221】 |
| W2107 | 与造人方法有关的其他母题 | 【222】 |
| W2108 | 造人的过程 | 【225】 |
| W2109 | 与造人过程有关的其他母题 | 【227】 |

### 2.3.6 造人的结果
（W2110 ~ W2124）　【227】

| | | |
|---|---|---|
| ✿ W2110 | 造人成活 | 【227】 |
| ✽ W2111 | 造人成活的条件 | 【228】 |
| W2112 | 造人自然成活 | 【228】 |
| W2113 | 造人经特定的意念或力量成活 | 【228】 |
| W2114 | 造人经吹气后成活 | 【229】 |
| W2114a | 造人经吹风后成活 | 【240】 |
| W2115 | 造人经抚摸后成活 | 【240】 |
| W2116 | 造人经法术的力量成活 | 【241】 |
| W2117 | 造人干燥后成活 | 【242】 |
| W2118 | 造人进食后成活 | 【246】 |
| W2119 | 造人经洗礼后成活 | 【247】 |
| W2120 | 造人得到灵魂后成活 | 【248】 |
| W2121 | 造人放特定地点后成活 | 【249】 |
| W2122 | 造人成活的其他条件 | 【255】 |
| W2123 | 造人结果 | 【260】 |
| W2124 | 造人不成功 | 【270】 |

### 2.3.7 与造人有关的其他母题
（W2125 ~ W2129）　【278】

| | | |
|---|---|---|
| W2125 | 造人使用的时间 | 【278】 |
| W2126 | 造人的地点 | 【281】 |
| W2127 | 造人的次数 | 【284】 |
| W2128 | 与造人有关的其他母题 | 【286】 |

## 2.4 生育产生人（生人）
（W2130 ~ W2299）

### 2.4.1 神或神性人物生人
（W2130 ~ W2149）　【292】

| | | |
|---|---|---|
| ✿ W2130 | 神或神性人物生人 | 【292】 |
| ✽ W2131 | 神生人 | 【292】 |
| W2132 | 神生人类最早的父母 | 【292】 |
| W2133 | 天神生人 | 【292】 |
| W2134 | 地母生人 | 【294】 |
| W2135 | 世界之母生人 | 【294】 |
| W2136 | 水神生人 | 【295】 |
| W2137 | 女神生人 | 【295】 |
| W2138 | 男神生人 | 【296】 |
| W2139 | 其他神生人 | 【297】 |
| ✽ W2140 | 神性人物生人 | 【299】 |
| W2141 | 创世者生人 | 【299】 |
| W2142 | 仙生人 | 【300】 |
| W2143 | 祖先生人 | 【300】 |
| W2144 | 文化英雄生人 | 【300】 |
| W2145 | 怪物生人 | 【303】 |
| W2146 | 其他神性人物生人 | 【303】 |

| | | | | | | |
|---|---|---|---|---|---|---|
| W2147 | 与神或神性人物生人有关的其他母题 | 【303】 | | W2172 | 竹生人 | 【331】 |
| | | | ✽ | W2173 | 树的特定部位生人 | 【336】 |
| | | | | W2174 | 树根生人 | 【336】 |

### 2.4.2 人生人
（W2150～W2154） 【305】

| | | | | | | |
|---|---|---|---|---|---|---|
| ✽ W2150 | 人生人 | 【305】 | | W2175 | 树芽生人 | 【336】 |
| W2151 | 第一个母亲生人 | 【306】 | | W2176 | 树叶生人 | 【337】 |
| W2152 | 处女生人 | 【306】 | | W2177 | 树洞生人 | 【338】 |
| W2153 | 特殊的人生人 | 【307】 | | W2178 | 树桠生人 | 【339】 |
| W2154 | 与人生人有关的其他母题 | 【311】 | | W2179 | 树枝生人 | 【339】 |
| | | | | W2180 | 树的其他特定部位生人 | 【340】 |
| | | | | W2181 | 树的果实生人 | 【341】 |
| | | | | W2182 | 与树生人有关的其他母题 | 【342】 |

### 2.4.3 动物生人
（W2155～W2169） 【314】

| | | | | | | |
|---|---|---|---|---|---|---|
| ✿ W2155 | 动物生人 | 【314】 | ✿ | W2183 | 瓜果花草生人 | 【345】 |
| ✽ W2156 | 哺乳动物生人 | 【314】 | ✽ | W2184 | 葫芦生人 | 【345】 |
| W2157 | 狗生人 | 【314】 | | W2185 | 祖先出自葫芦 | 【347】 |
| W2158 | 猴生人 | 【314】 | | W2186 | 特定形状的葫芦生人 | 【348】 |
| W2159 | 虎生人 | 【315】 | | W2187 | 特定来历的葫芦生人 | 【349】 |
| W2160 | 狼生人 | 【316】 | | W2188 | 与葫芦生人有关的其他母题 | 【357】 |
| W2161 | 其他哺乳动物生人 | 【316】 | ✽ | W2189 | 瓜生人 | 【362】 |
| ✽ W2162 | 鸟类动物生人 | 【318】 | | W2190 | 南瓜生人 | 【363】 |
| W2163 | 鸟生人 | 【319】 | | W2191 | 冬瓜生人 | 【364】 |
| W2164 | 鹰生人 | 【319】 | | W2192 | 其他瓜生人 | 【364】 |
| W2165 | 其他鸟生人 | 【319】 | | W2193 | 与瓜生人有关的其他母题 | 【365】 |
| W2166 | 鱼生人 | 【320】 | | W2194 | 花生人 | 【366】 |
| W2167 | 其他动物生人 | 【321】 | | W2195 | 水果生人 | 【368】 |
| W2168 | 与动物生人有关的其他母题 | 【324】 | | W2196 | 蔬菜生人 | 【368】 |
| | | | | W2196a | 其他植物的果实生人 | 【369】 |

### 2.4.4 植物生人
（W2170～W2199） 【325】

| | | | | | | |
|---|---|---|---|---|---|---|
| ✿ W2170 | 植物生人 | 【325】 | | W2197 | 与植物生人有关的其他母题 | 【369】 |
| W2171 | 树生人 | 【325】 | | | | |

## 2.4.5 无生命物生人
**（W2200 ~ W2219）** 【370】

- ✽ W2200　无生命物生人　【370】
- W2201　混沌中生人（混沌生人）　【370】
- W2202　人生于无　【371】
- W2203　天地生人　【371】
- W2204　日月星辰生人　【374】
- W2205　洞生人　【375】
- W2206　风生人　【377】
- W2207　气生人　【377】
- W2208　水生人　【378】
- W2209　山生人　【382】
- W2210　石生人　【383】
- W2211　器皿生人　【392】
- W2212　袋子生人　【393】
- W2213　柜生人　【394】
- W2214　鼓生人　【394】
- W2215　光生人　【395】
- W2216　排泄物中生人　【396】
- W2217　其他无生命物生人　【397】
- W2218　与无生命物生人有关的其他母题　【398】

## 2.4.6 卵生人
**（W2220 ~ W2229）** 【399】

- ✽ W2220　卵生人　【399】
- W2221　神的卵生人　【401】
- W2222　人的卵生人　【406】
- W2223　动物卵生人　【408】
- W2224　植物的卵生人　【414】
- W2225　无生命物的卵生人　【414】
- W2226　卵的特殊部分生人　【416】
- W2227　其他特定来历的卵生人　【417】
- W2228　卵生人的条件　【425】
- W2229　与卵生人有关的其他母题　【438】

## 2.4.7 感生人
**（W2230 ~ W2279）** 【441】

- ✿ W2230　感生人　【441】
- W2231　感神孕生人　【441】
- W2232　感神性人物孕生人　【443】
- W2233　感人孕生人　【445】
- ✽ W2234　感动物孕生人　【448】
- W2235　感牛孕生人　【448】
- W2236　感虎孕生人　【449】
- W2237　感象孕生人　【449】
- W2238　感猴孕生人　【450】
- W2239　感狗孕生人　【451】
- W2240　感鸟生人　【451】
- W2241　感鹰孕生人　【452】
- W2242　感喜鹊孕生人　【453】
- W2243　感鱼孕生人　【454】
- W2244　感昆虫孕生人　【454】
- W2245　感蛇孕生人　【454】
- W2246　感蛙孕生人　【454】
- W2247　感龙孕生人　【455】
- W2248　感其他动物孕生人　【457】
- W2249　与感动物生人有关的其他母题　【457】
- ✽ W2250　感植物孕生人　【460】
- W2251　感树孕生人　【460】
- W2252　感花孕生人　【461】
- W2253　感草孕生人　【462】
- W2254　吃水果孕生人　【462】
- W2255　感瓜生人　【469】
- W2256　感作物生人　【469】

| | | | | | | |
|---|---|---|---|---|---|---|
| W2257 | 感蔬菜生人 | 【471】 | | W2281 | 祈祷神生子 | |
| W2258 | 与感植物生人有关的 | | | | （向神祈子） | 【520】 |
| | 其他母题 | 【471】 | | W2282 | 祈祷其他特定的神或 | |
| ✣ W2260 | 感无生命物孕生人 | 【471】 | | | 神性人物生子 | 【524】 |
| W2261 | 感石孕生人 | 【472】 | | W2283 | 祈祷特定的物生子 | 【526】 |
| W2262 | 感水孕生人 | 【473】 | | W2284 | 与祈祷生人有关的 | |
| W2263 | 感某种液体孕生人 | 【478】 | | | 其他母题 | 【530】 |
| W2264 | 感木头孕生人 | 【480】 | | ✣ W2285 | 生人的帮助者 | 【534】 |
| W2265 | 感柱子孕生人 | 【482】 | | W2286 | 神或神性人物作为 | |
| W2266 | 摸洞孕生人 | 【482】 | | | 生人的帮助者 | 【535】 |
| W2267 | 感其他无生命物生人 | 【482】 | | W2287 | 人作为生人时的 | |
| W2268 | 与感无生命物生人 | | | | 帮助者 | 【537】 |
| | 有关的其他母题 | 【484】 | | W2288 | 动物作为生人时的 | |
| ✣ W2269 | 感自然现象孕生人 | 【484】 | | | 帮助者 | 【537】 |
| W2270 | 感天孕生人 | 【484】 | | W2289 | 植物作为生人时的 | |
| W2271 | 感太阳孕生人 | 【484】 | | | 帮助者 | 【541】 |
| W2272 | 感月亮孕生人 | 【485】 | | W2290 | 无生命物作为生人时 | |
| W2273 | 感星孕生人 | 【485】 | | | 的帮助者 | 【541】 |
| W2274 | 感光孕生人 | 【486】 | | W2291 | 与生人的帮助者有 | |
| W2275 | 感其他自然现象生人 | 【489】 | | | 关的其他母题 | 【542】 |
| W2276 | 感其他特殊物生人 | 【494】 | | W2292 | 生人的特定地点 | 【542】 |
| W2277 | 感生的方式 | | | W2293 | 化合型孕生人 | 【543】 |
| | （感生的媒介） | 【499】 | | W2294 | 生人后的改造 | 【544】 |
| W2277a | 感生的时间 | 【507】 | | W2294a | 生人前对人的改造 | 【544】 |
| W2278 | 感生的地点 | 【507】 | | W2295 | 人种 | 【545】 |
| W2279 | 与感生人有关的 | | | W2296 | 不成功的生人 | 【562】 |
| | 其他母题 | 【510】 | | W2297 | 与生人有关的其他母题 | 【562】 |

### 2.4.8 与生育产生人有关的其他母题（与生人有关的其他母题）
（W2280 ~ W2299） 【520】

✣ W2280 祈祷生人（祈祷生子、祈子） 【520】

## 2.5 变化产生人（变人）
（W2300 ~ W2399）

### 2.5.1 神或神性人物变化为人
（W2300 ~ W2309） 【569】

✿ W2300 人是变化产生的

|   |   | （变人） | 【569】 |   | W2322 | 熊变成人 | 【599】 |
|---|---|---|---|---|---|---|---|
| ✽ | W2301 | 神变成人 | 【569】 |   | W2323 | 其他哺乳动物变 |   |
|   | W2302 | 特定的神变成人 | 【569】 |   |   | 成人 | 【600】 |
|   | W2303 | 神下凡变成人 | 【571】 | ✽ | W2324 | 鸟类动物变成人 | 【603】 |
|   | W2304 | 与神变成人有关的 |   |   | W2325 | 鸟变成人 | 【603】 |
|   |   | 其他母题 | 【572】 |   | W2326 | 鸡变成人 | 【603】 |
| ✽ | W2305 | 神性人物变成人 | 【574】 |   | W2327 | 天鹅变成人 | 【604】 |
|   | W2306 | 仙人变成人 | 【574】 |   | W2328 | 雁变成人 | 【605】 |
|   | W2307 | 宗教人物变成人 | 【574】 |   | W2329 | 鹰变成人 | 【605】 |
|   | W2308 | 魔鬼变成人 | 【574】 |   | W2330 | 其他鸟变成人 | 【605】 |
|   | W2309 | 与神性人物变成人 |   | ✽ | W2331 | 水中动物变成人 | 【606】 |
|   |   | 有关的其他母题 | 【575】 |   | W2332 | 鱼变成人 | 【606】 |
|   |   |   |   |   | W2333 | 虾变成人 | 【606】 |
| 2.5.2 | 人变化为人 |   |   | W2334 | 其他水中动物变成人 | 【606】 |
|   | （W2310~W2314） | 【577】 | ✽ | W2335 | 昆虫变成人 | 【606】 |
|   | W2310 | 人变成其他人 | 【577】 |   | W2336 | 虫子变成人 | 【607】 |
|   | W2311 | 特定的人的变成人 | 【578】 |   | W2337 | 特定名称的虫子 |   |
|   | W2312 | 动物体征的人变成人 | 【578】 |   |   | 变成人 | 【608】 |
|   | W2313 | 人的怪胎变成人 | 【579】 |   | W2338 | 昆虫变成人的条件 | 【611】 |
|   | W2314 | 与人变化为人有关的 |   |   | W2339 | 与昆虫变成人有关的 |   |
|   |   | 其他母题 | 【581】 |   |   | 其他母题 | 【611】 |
|   |   |   |   | ✽ | W2340 | 两栖或爬行动物 |   |
| 2.5.3 | 动物变化为人 |   |   |   | 变成人 | 【612】 |
|   | （W2315~W2349） | 【583】 |   | W2341 | 蛇变成人 | 【612】 |
| ✽ | W2315 | 哺乳动物变成人 | 【583】 |   | W2342 | 蚯蚓变成人 | 【614】 |
|   | W2316 | 狗变成人（犬 |   |   | W2343 | 蛙变成人 | 【614】 |
|   |   | 变成人） | 【584】 |   | W2344 | 蜥蜴变成人 | 【618】 |
|   | W2317 | 猴变成人（猴子 |   |   | W2345 | 其他两栖或爬行动物 |   |
|   |   | 变成人） | 【584】 |   |   | 变成人 | 【618】 |
|   | W2318 | 与猴变成人有关的 |   |   | W2346 | 龙变成人 | 【618】 |
|   |   | 其他母题 | 【590】 |   | W2347 | 动物变成人的方法 | 【620】 |
|   | W2319 | 狼变成人 | 【598】 |   | W2348 | 与动物变成人有关的 |   |
|   | W2320 | 鹿变成人 | 【598】 |   |   | 其他母题 | 【626】 |
|   | W2321 | 牛变成人 | 【598】 |   |   |   |   |

## 2.5.4 植物变化为人（W2350～W2359）【630】

- ✤ W2350 植物变化为人（植物变成人）【630】
- W2351 树木变化为人【631】
- W2352 树的果实变化为人（树的果实变成人）【633】
- W2353 树叶变化为人（树叶变成人）【635】
- W2354 瓜果变化为人（瓜果变成人）【636】
- W2355 种子变化为人（种子变成人）【637】
- W2356 谷物变化为人【639】
- W2357 花变化为人（花变成人）【640】
- W2358 草变化为人（草变成人）【640】
- W2359 与植物变化为人有关的其他母题【640】

## 2.5.5 自然物与无生命物变化产生人（W2360～W2379）【643】

- ✤ W2360 自然物变化为人（自然物变成人）【643】
- W2361 太阳变成人【643】
- W2362 月亮变成人【645】
- W2363 星星变成人【645】
- W2364 石头变成人【646】
- W2365 土化生人【647】
- W2366 水化生人【647】
- W2367 气化生人【648】
- W2368 其他自然物化为人【649】
- ✤ W2369 无生命物变化为人【651】
- W2370 特定器物化生人【651】
- W2371 排泄物化生人【652】
- W2372 其他无生命物变化为人【654】
- ✤ W2373 人造物变成人【654】
- W2374 雕塑物变成人【654】
- W2375 泥人变成人【655】
- W2376 绳子变成人【655】
- W2377 与人造物变成人有关的其他母题【655】
- W2378 其他自然物或无生命物变化产生人【657】

## 2.5.6 怪胎、怪物或肢体变化产生人（W2380～W2389）【657】

- ✤ W2380 怪胎、怪物或神、动物等的肢体变化为人【657】
- W2381 怪胎变化为人【657】
- W2382 怪物变化为人【658】
- ✤ W2383 特定的肢体变化为人【658】
- W2384 人的肢体变成人【658】
- W2385 内脏变成人【659】
- W2386 肉化生人【661】
- W2387 与肢体变化为人有关的其他母题【665】
- W2388 与怪胎、怪物或肢体化生人有关的其他母题【667】

## 2.5.7 与变化产生人有关的其他母题（W2390～W2399）【672】

- W2390 演化生成人【672】
- W2391 变成人的时间【673】

|  |  |  |  |  |  |
|---|---|---|---|---|---|
| W2392 | 变成人的地点 | 【675】 |  | 生人 | 【703】 |
| ✻W2393 | 变化成人的条件 | 【678】 | W2413 | 与神性人物婚生人 |  |
| W2394 | 神或神性人物在变人 |  |  | 有关的其他母题 | 【706】 |
|  | 中的作用 | 【678】 |  |  |  |
| W2395 | 动物在变人中的作用 | 【680】 | **2.6.2** | **人与神或神性人物婚生人** |  |
| W2396 | 其他特定人物在变人 |  |  | （W2415 ~ W2419） | 【708】 |
|  | 中的作用 | 【681】 | ✻W2415 | 人与神婚生人 | 【708】 |
| W2397 | 与变人条件有关的 |  | W2416 | 人与神女婚生人 | 【709】 |
|  | 其他母题 | 【682】 | W2417 | 女子与神婚生人 | 【715】 |
| W2398 | 与变化产生人有关的 |  | W2418 | 与神或神性人物婚生 |  |
|  | 其他母题 | 【684】 |  | 人有关的其他母题 | 【715】 |

## 2.6 婚配产生人（婚生人）
### （W2400 ~ W2499）

### 2.6.3 人的婚生人
（W2420 ~ W2449） 【716】

### 2.6.1 神或神性人物婚生人
（W2400 ~ W2414） 【690】

|  |  |  |
|---|---|---|
| ✻W2420 | 人正常婚生人 | 【716】 |
| W2421 | 年龄相当的婚生人 | 【716】 |
| W2422 | 相差年龄大的男女 |  |
|  | 婚生人 | 【716】 |
| W2423 | 不同地区的男女婚生人 | 【717】 |
| W2424 | 不同族群的男女婚生人 | 【718】 |
| W2425 | 与正常婚生人有关的 |  |
|  | 其他母题 | 【718】 |
| ✻W2426 | 特殊来历的人婚生人 | 【720】 |
| W2427 | 天降的男女婚生人 | 【721】 |
| W2428 | 造出的男女婚生人 | 【721】 |
| W2429 | 特定物质生育的人 |  |
|  | 婚生人 | 【725】 |
| W2430 | 变化出的人婚生人 | 【727】 |
| W2431 | 相同来源的男女 |  |
|  | 婚生人 | 【729】 |
| W2432 | 不同来源的男女 |  |
|  | 婚生人 | 【730】 |
| W2433 | 其他特殊来历的人 |  |

|  |  |  |
|---|---|---|
| ✻W2400 | 神婚生人 | 【690】 |
| W2401 | 天神婚生人 | 【690】 |
| W2402 | 对偶神婚生人 | 【691】 |
| W2402a | 神的血缘婚生人 | 【691】 |
| W2403 | 神的子女婚生人 | 【691】 |
| W2404 | 神与异类婚生人 | 【693】 |
| W2405 | 有名字的神婚生人 | 【694】 |
| W2406 | 与神婚生人有关的 |  |
|  | 其他母题 | 【696】 |
| ✻W2407 | 神性人物婚生人 | 【699】 |
| W2408 | 神仙（仙）婚生 |  |
|  | 人类 | 【699】 |
| W2409 | 祖先婚生人 | 【700】 |
| W2410 | 神性人物与异类婚 |  |
|  | 生人 | 【700】 |
| W2411 | 神性动物婚生人 | 【702】 |
| W2412 | 有名字的神性人物婚 |  |

婚生人 【734】
✿ W2435 人的血缘婚生人 【735】
❊ W2436 兄妹婚生人 【735】
W2437 同胞兄妹婚生人 【738】
W2438 多胞胎兄妹婚生人 【738】
W2439 特殊来历的兄妹婚生人 【740】
W2440 与兄妹婚生人有关的其他母题 【741】
W2441 姐弟婚生人 【745】
W2442 父女婚生人 【747】
W2443 女子与长辈婚生人 【747】
W2444 母子婚生人 【747】
W2445 娘侄婚生人 【748】
W2446 叔侄婚生人 【749】
W2447 姑侄婚生人 【749】
W2448 与人的血缘婚有关的其他母题 【749】
W2449 与人婚生人有关的其他母题 【750】

**2.6.4 人与动物婚生人（W2450～W2474）** 【751】

✿ W2450 人与动物婚生人 【751】
❊ W2451 人与哺乳动物婚生人 【751】
W2452 人与虎婚生人 【752】
W2453 人与狼婚生人 【753】
W2454 人与熊婚生人 【754】
W2455 人与猴婚生人 【755】
W2456 人与鹿婚生人 【757】
W2457 人与牛婚生人 【758】
W2458 人与犬婚生人（人与狗婚生人） 【759】
W2459 人与其他哺乳动物婚生人 【764】
❊ W2460 人与鸟婚生人 【766】
W2461 人与鸡婚生人 【766】
W2462 人与凤婚生人 【766】
W2463 人与鹰婚生人 【766】
W2464 人与其他鸟婚生人 【767】
W2465 人与水中动物婚生人 【768】
W2466 人与昆虫婚生人 【768】
W2467 人与两栖类动物婚生人 【769】
W2468 人与爬行动物婚生人 【770】
W2469 人与其他特定动物婚生人 【773】
W2470 人与想象中的动物婚生人 【773】
W2471 人与多种动物婚生人 【776】
W2472 与人与动物婚生人有关的其他母题 【777】

**2.6.5 人与植物的婚生人（W2475～W2479）** 【777】

❊ W2475 人与树婚生人 【777】
W2476 人与柳枝婚生人 【777】
W2477 人与桦树婚生人 【778】
W2478 人与花草婚生人 【778】
W2479 与人与植物婚生人有关的其他母题 【778】

**2.6.6 人与无生命物的婚生人（W2480～W2484）** 【778】

W2480 人与太阳婚生人 【778】
W2481 人与月亮婚生人 【779】
W2482 人与星星婚生人 【779】
W2483 与人与无生命物婚生

人有关的其他母题 【780】

#### 2.6.7 其他特殊的婚生人
（W2485 ~ W2489）【780】

W2485 动物与动物婚生人 【780】
W2486 植物与植物婚生人 【785】
W2487 无生命物相配生人 【786】
W2488 其他特殊的婚生人 【790】

#### 2.6.8 与婚生人有关的其他母题
（W2490 ~ W2499）【792】

W2490 婚生人的时间 【792】
W2491 婚生人的特殊地点 【792】
W2492 婚生人的条件 【793】
W2493 婚生正常人 【793】
W2494 生不正常的人 【799】
W2495 结婚不生育 【799】
W2496 与婚生人有关的其他母题 【803】

### 2.7 人类再生
（W2500 ~ W2579）

#### 2.7.1 人类再生概说
（W2500 ~ W2529）【806】

✿ W2500 人类再生 【806】
✽ W2501 人类再生的原因 【806】
W2502 第一代人被毁灭后再生 【806】
W2503 第二代人被毁灭后再生 【809】
W2504 其他特定时代的人被毁灭后再生 【811】
W2505 灾难后人类再生 【812】
W2506 人全死光是人类再生的原因 【812】
W2507 洪水是人类再生的原因 【812】
W2508 地震是人类再生的原因 【813】
W2509 天塌地陷是人类再生的原因 【813】
W2510 旱灾是人类再生的原因 【813】
W2511 火灾是人类再生的原因 【813】
W2512 瘟疫是人类再生的原因 【813】
W2513 疾病是人类再生的原因 【814】
W2514 特殊的天气是人类再生的原因 【814】
W2515 神或神性人物是人类再生的原因 【814】
W2516 动物是人类再生的原因 【816】
W2517 战争是人类再生的原因 【817】
W2518 与人类再生原因有关的其他母题 【817】
✽ W2520 人类再生的方式 【818】
W2521 人自然再生 【818】
W2522 幸存的残疾人再生人类 【819】
W2523 通过造人再生人类 【819】
W2524 通过生育再生人类 【819】
W2525 通过婚姻再生人类 【821】
W2526 通过变化再生人 【822】

| W2527 | 与人类再生方式有关的其他母题 【822】 |  | 人类 【850】 |
|---|---|---|---|
| W2528 | 与人类再生相关的其他母题 【822】 | W2547 | 洪水后其他血缘婚再生人类 【850】 |
|  |  | W2548 | 洪水后神与动物婚再生人类 【850】 |

**2.7.2 洪水后人类再生**
**（W2530 ~ W2559） 【823】**

| W2530 | 洪水后自然出现人 【823】 | W2549 | 洪水后人与化生（造）的女子婚再生人类 【851】 |
|---|---|---|---|
| ✤ W2531 | 洪水后再造人类 【825】 | W2550 | 洪水后人与神女婚再生人类 【851】 |
| W2532 | 洪水后神或神性人物再造人 【825】 | W2551 | 洪水后人与龙婚再生人类 【853】 |
| W2533 | 洪水后人再造人类 【826】 | W2552 | 洪水后人与动物婚再生人类 【853】 |
| W2534 | 与洪水后再造人类有关的其他母题 【827】 | W2553 | 洪水后动物与动物婚再生人类 【855】 |
| ✤ W2535 | 洪水后通过生育再生人类 【827】 | W2554 | 洪水后动物与其他物婚再生人类 【856】 |
| W2536 | 洪水后神的子女再生人类 【828】 | W2555 | 洪水后无生命物婚再生人类 【856】 |
| W2537 | 洪水后幸存的人再生人类 【828】 | W2556 | 洪水后其他特定的婚再生人类 【856】 |
| W2538 | 洪水后保留的人种再生人类 【829】 | W2557 | 与洪水后再生人类有关的其他母题 【860】 |
| W2539 | 洪水后动物再生人类 【830】 |  |  |
| W2540 | 洪水后植物再生人类 【830】 | **2.7.3 其他灾难后人类再生** |  |
| W2541 | 洪水后无生命物再生人类 【833】 | **（W2560 ~ W2569） 【861】** |  |
| W2542 | 洪水后感生再生人类 【833】 | W2560 | 天塌地陷后再生人类 【861】 |
| W2543 | 与洪水后再生人类有关的其他母题 【834】 | W2561 | 天塌后再生人类 【863】 |
| ✤ W2544 | 洪水后婚生人类 【834】 | W2562 | 地震后再生人类 【863】 |
| W2544a | 洪水后神婚再生人类 【834】 | W2563 | 世界大火后人类再生 【863】 |
| W2545 | 洪水后兄妹（姐弟）婚再生人类 【835】 | W2564 | 战争后人类再生 【865】 |
|  |  | W2565 | 瘟疫后人类再生 【866】 |
| W2546 | 洪水后母子婚再生 | W2566 | 旱灾后人类再生 【866】 |
|  |  | W2567 | 天寒地冻后人类再生 【866】 |

| W2568 | 多种灾难后再生人类 | 【867】 |
| W2569 | 其他灾难后再生人类 | 【869】 |

### 2.7.4 与人类再生相关的其他母题
（W2570 ~ W2579）【869】

| W2570 | 人类再生的次数 | 【869】 |
| ✿ W2571 | 繁衍不同代的人 | 【870】 |
| W2572 | 第一代人 | 【871】 |
| W2573 | 第二代人 | 【883】 |
| W2574 | 第三代人 | 【890】 |
| W2575 | 第四代人 | 【896】 |
| W2576 | 其他特定时代的人 | 【897】 |
| W2576a | 与各代人产生有关的其他母题 | 【898】 |
| W2577 | 人类的延续 | 【899】 |
| W2578 | 与人类再生有关的其他母题 | 【900】 |

## 2.8 怀孕与生育
（W2580 ~ W2699）

### 2.8.1 怀孕（W2580 ~ W2589）【901】

| ✿ W2580 | 怀孕 | 【901】 |
| W2581 | 神奇的怀孕 | 【906】 |
| W2582 | 正常的怀孕时间 | 【911】 |
| W2583 | 较短时间的怀孕 | 【914】 |
| W2584 | 长时间的怀孕 | 【916】 |
| W2585 | 怀孕时间不确定 | 【930】 |
| W2586 | 特殊的怀孕形式 | 【931】 |
| W2587 | 与怀孕有关的其他母题 | 【933】 |

### 2.8.2 生育与特殊的出生
（W2590 ~ W2599）【943】

| ✿ W2590 | 出生（分娩） | 【943】 |
| W2591 | 出生时间的确定 | 【943】 |
| W2592 | 出生的地点 | 【944】 |
| W2593 | 出生的准备与情形 | 【946】 |
| ✿ W2594 | 特殊的出生 | 【948】 |
| W2595 | 从人的五官中出生 | 【948】 |
| W2596 | 从人的其他特定部位出生 | 【948】 |
| W2597 | 出生时特殊的情形 | 【959】 |
| W2598 | 与出生有关的其他母题 | 【962】 |

### 2.8.3 人生怪胎
（W2600 ~ W2669）【977】

| ✿ W2600 | 人生怪胎 | 【977】 |
| W2601 | 生怪人 | 【977】 |
| W2602 | 生小人 | 【979】 |
| W2603 | 生巨婴 | 【981】 |
| W2604 | 生毛孩 | 【982】 |
| W2605 | 生其他体征特殊的人 | 【984】 |
| W2606 | 生身体残缺的人 | 【986】 |
| W2607 | 生动物特征的人 | 【993】 |
| W2608 | 生植物特征的人 | 【999】 |
| W2609 | 生其他形状的人 | 【1000】 |
| W2610 | 生卵 | 【1001】 |
| ✿ W2611 | 生无生命的人 | 【1006】 |
| W2612 | 生死婴（死胎） | 【1006】 |
| W2613 | 生泥人 | 【1008】 |
| W2614 | 生石人 | 【1008】 |
| ✿ W2615 | 人生动物 | 【1009】 |
| W2616 | 人生狗 | 【1009】 |
| W2617 | 人生猴 | 【1009】 |
| W2618 | 人生熊 | 【1010】 |
| W2619 | 人生羊 | 【1011】 |
| W2620 | 人生猪 | 【1011】 |

| | | | | | | |
|---|---|---|---|---|---|---|
| W2621 | 人生鸟 | 【1011】 | | | 怪胎 | 【1072】 |
| W2622 | 人生鱼 | 【1011】 | W2651 | 怪胎的父母处理怪胎 | 【1076】 |
| W2623 | 人生蛙 | 【1011】 | W2652 | 怪胎的其他处置者 | 【1084】 |
| W2624 | 人生蛇 | 【1015】 | W2652a | 怪胎处置的指点者 | 【1086】 |
| W2625 | 人生多种动物 | 【1016】 | ✻W2653 | 怪胎变成人的方式 | 【1091】 |
| W2626 | 人生其他动物 | 【1018】 | W2654 | 怪胎自然变化为人 | 【1091】 |
| ✻W2627 | 人生植物 | 【1020】 | W2655 | 切（砍、碾、砸） | |
| W2628 | 人生葫芦 | 【1020】 | | 碎怪胎后变成人 | 【1091】 |
| W2629 | 人生瓜 | 【1024】 | W2656 | 火烧怪胎变成人 | 【1101】 |
| W2630 | 人生其他植物 | 【1025】 | W2657 | 施巫术使怪胎变成人 | 【1102】 |
| ✻W2631 | 生肉（血）类怪胎 | 【1026】 | W2658 | 特定人物使怪胎变 | |
| W2632 | 生肉块（生肉疙瘩、 | | | 成人 | 【1103】 |
| | 肉坨坨、生肉团） | 【1026】 | W2659 | 与怪胎处置有关的 | |
| W2633 | 生肉球（肉蛋、 | | | 其他母题 | 【1105】 |
| | 肉丸） | 【1042】 | ✻W2660 | 怪胎变成人的地点 | 【1116】 |
| W2634 | 生血块（生血球） | 【1049】 | W2661 | 怪胎撒地上变成人 | 【1116】 |
| W2635 | 生血肉混合物 | 【1051】 | W2662 | 怪胎挂在树上变成人 | 【1119】 |
| W2636 | 生肠子 | 【1052】 | W2663 | 怪胎送到天上后变 | |
| W2637 | 生其他肉类怪胎 | 【1052】 | | 成人 | 【1120】 |
| ✻W2638 | 生无生命物 | 【1053】 | W2664 | 怪胎放水中变成人 | 【1120】 |
| W2639 | 生石头类物件 | 【1053】 | W2665 | 怪胎放山上变成人 | |
| W2640 | 生绳子类物件 | 【1056】 | | （怪胎放山间变 | |
| W2641 | 生布类物件 | 【1056】 | | 成人） | 【1120】 |
| W2642 | 生其他无生命物 | 【1057】 | W2666 | 与怪胎变人地点有 | |
| W2643 | 生其他怪胎 | 【1061】 | | 关的其他母题 | 【1122】 |
| ✻W2644 | 生怪胎的原因 | 【1065】 | W2667 | 与生怪胎有关的其 | |
| W2645 | 血缘婚造成怪胎 | 【1065】 | | 他母题 | 【1122】 |
| W2646 | 因惩罚生怪胎 | 【1068】 | | | |
| W2647 | 不敬祖先生怪胎 | 【1068】 | **2.8.4 弃婴（弃儿）** | | |
| W2648 | 与生怪胎原因有 | | | **（W2670 ~ W2689）** | **【1134】** |
| | 关的其他母题 | 【1068】 | ✿W2670 | 弃婴（弃儿） | 【1134】 |
| ✻W2649 | 怪胎的处置者 | | ✻W2671 | 弃婴的原因 | 【1134】 |
| | （处理怪胎者） | 【1072】 | W2672 | 因无夫而孕抛弃婴儿 | |
| W2650 | 神或神性人物处理 | | | （因无夫生子弃婴） | 【1134】 |

| W2673 | 残疾孩子被弃 | 【1135】 |
| W2674 | 生的怪物被抛弃 | |
|  | （生的怪胎被抛弃） | 【1136】 |
| W2675 | 与弃婴原因有关的 | |
|  | 其他母题 | 【1137】 |
| ✽W2676 | 弃婴被抛地点 | 【1141】 |
| W2677 | 弃婴被抛水中 | 【1142】 |
| W2678 | 弃婴被抛树林 | 【1142】 |
| W2679 | 弃婴被抛荒原 | |
|  | （弃婴被抛野外） | 【1142】 |
| W2680 | 弃婴被抛山上 | 【1143】 |
| W2681 | 弃婴被放在其他地点 | 【1144】 |
| ✿W2682 | 弃婴的获救与抚养 | |
|  | （弃婴的命运） | 【1146】 |
| ✽W2683 | 弃婴被救 | 【1146】 |
| W2684 | 弃婴被神所救 | 【1146】 |
| W2685 | 弃婴被神性人物所救 | 【1146】 |
| W2686 | 弃婴被人所救 | 【1147】 |
| W2687 | 弃婴被动物所救 | |
|  | （动物抚养弃婴） | 【1148】 |
| W2688 | 与弃婴的抚养或获救 | |
|  | 有关的其他母题 | 【1153】 |
| W2689 | 与弃婴有关的其他 | |
|  | 母题 | 【1157】 |

## 2.8.5 人的抚养
（W2690 ~ W2699） 【1162】

| ✽W2690 | 人的抚养 | 【1162】 |
| W2691 | 神或神性人物抚养 | |
|  | 人类 | 【1162】 |
| W2692 | 人抚养人 | 【1166】 |
| W2693 | 动物抚养人 | 【1172】 |
| W2694 | 植物抚养人 | 【1177】 |
| W2695 | 无生命物抚养人 | 【1178】 |

| W2696 | 抚养人类的方法 | 【1178】 |
| W2697 | 与人类抚养有关的 | |
|  | 其他母题 | 【1183】 |

## 2.9 与人的产生相关的母题
（W2700 ~ W2749）

### 2.9.1 人产生的数量
（W2700 ~ W2729） 【1201】

| ✽W2700 | 人产生时的数量 | |
|  | （人的数量） | 【1201】 |
| W2701 | 产生 1 人 | 【1204】 |
| W2702 | 产生 2 人 | 【1209】 |
| W2703 | 产生 3 人 | 【1219】 |
| W2704 | 产生 4 人 | 【1223】 |
| W2705 | 产生 5 人 | 【1225】 |
| W2706 | 产生 6 人 | 【1229】 |
| W2707 | 产生 7 人 | 【1231】 |
| W2708 | 产生 8 人 | 【1234】 |
| W2709 | 产生 9 人 | 【1237】 |
| W2710 | 产生 10 人 | 【1241】 |
| W2711 | 人刚产生时数量很少 | 【1243】 |
| W2712 | 产生多人 | 【1244】 |
| W2713 | 产生 36 人 | 【1245】 |
| W2714 | 产生 72 人 | 【1246】 |
| W2715 | 产生 99 人 | 【1248】 |
| W2716 | 产生 100 人 | 【1248】 |
| W2716a | 产生 100 多人 | 【1250】 |
| W2717 | 产生 200 人 | 【1251】 |
| W2718 | 产生 360 人 | 【1252】 |
| W2719 | 产生其他数目的人 | 【1253】 |
| ✽W2720 | 胎生的人数 | 【1273】 |
| W2721 | 单胎 | 【1273】 |
| W2722 | 双胞胎（孪生） | 【1274】 |

## 2.9 与人的产生相关的母题 — 2.10 人类的特征及相关母题

| W2723 | 龙凤胎 | 【1278】 |
| W2724 | 三胞胎 | 【1280】 |
| W2725 | 四胞胎 | 【1281】 |
| W2726 | 五胞胎 | 【1281】 |
| W2727 | 一胎生更多的人 | 【1281】 |
| W2727a | 连生多胎 | 【1284】 |
| W2728 | 与人产生数量有关的其他母题 | 【1286】 |

### 2.9.2 人与异类的同源
（W2730 ~ W2739）【1289】

| W2730 | 人与万物同源 | 【1289】 |
| W2731 | 人与神同源 | 【1290】 |
| W2732 | 人与神性人物同源 | 【1292】 |
| W2732a | 人与特定的人同源 | 【1293】 |
| W2733 | 人与动物同源 | 【1293】 |
| W2734 | 人与植物同源 | 【1302】 |
| W2735 | 人与动植物同源 | 【1302】 |
| W2736 | 人与无生命物同源 | 【1304】 |
| W2737 | 人与其他诸物同源 | 【1305】 |
| W2738 | 人与异类同源有关的其他母题 | 【1309】 |

### 2.9.3 与人的产生有关的其他母题（W2740 ~ W2749）【1309】

| W2740 | 人的产生源于多种形式 | 【1309】 |
| ✢W2741 | 人产生的顺序 | 【1310】 |
| W2742 | 先有万物后有人 | 【1310】 |
| W2743 | 与人的产生顺序有关的其他母题 | 【1313】 |
| ✢W2744 | 男人女人产生顺序 | 【1313】 |
| W2745 | 先有男后有女 | 【1313】 |
| W2746 | 先有女后有男 | 【1316】 |

| W2747 | 特定的人（神性人物）产生的顺序 | 【1318】 |
| W2748 | 与人的产生有关的其他母题 | 【1318】 |

## 2.10 人类的特征及相关母题
（W2750 ~ W2929）

### 2.10.1 人的性别特征
（W2750 ~ W2799）【1323】

| ❀W2750 | 人的特征 | 【1323】 |
| W2751 | 人的特征的产生 | 【1323】 |
| ❀W2752 | 人的性别特征 | 【1323】 |
| ✢W2753 | 人的性别的产生 | 【1323】 |
| W2754 | 原来的人不分男女 | 【1323】 |
| W2755 | 最早只有女人 | 【1325】 |
| W2756 | 最早只有男人 | 【1328】 |
| W2757 | 人类产生时自然分出男女 | 【1330】 |
| W2758 | 造人时分出男女 | 【1331】 |
| W2759 | 生育出男女（生男女） | 【1345】 |
| W2760 | 变形出现男女 | 【1364】 |
| ✢W2761 | 划分男女的方法 | 【1370】 |
| W2762 | 神划分出男女 | 【1370】 |
| W2763 | 神性人物划分出男女 | 【1371】 |
| W2764 | 吃特定的食物划分出男女 | 【1372】 |
| W2765 | 通过称人的重量，划分男女 | 【1372】 |
| W2766 | 利用植物使人具有性别 | 【1373】 |
| W2767 | 根据生殖器变化划分出人的男女 | 【1374】 |

| | | | | | |
|---|---|---|---|---|---|
| W2768 | 与划分男女性别有关的其他母题 | 【1375】 | W2795 | 男人为什么比女人须发多 | 【1420】 |
| W2769 | 男女性别产生的先后 | 【1376】 | W2796 | 与男女特征区别有关的其他母题 | 【1421】 |
| ✽W2770 | 生殖器的来历 | 【1381】 | W2797 | 与性别有关的其他母题 | 【1428】 |
| W2771 | 男性生殖器的来历 | 【1383】 | | | |
| W2772 | 女性生殖器的来历 | 【1387】 | **2.10.2 人的体征** | | |
| W2773 | 生殖器的特征 | 【1390】 | **(W2800 ~ W2899)** | | 【1440】 |
| W2774 | 生殖器的变化 | 【1392】 | W2800 | 人的体征的来历（人的体征的安排） | 【1440】 |
| ✽W2775 | 男人的其他体征 | 【1393】 | ✽W2801 | 人早期的体征 | 【1442】 |
| W2776 | 男人喉头的来历 | 【1393】 | W2802 | 以前的人长着古怪的相貌 | 【1442】 |
| W2777 | 男人没有乳房的来历 | 【1398】 | W2803 | 以前的人会发光 | 【1444】 |
| W2778 | 男人不再怀孕的原因（男人为什么不生孩子） | 【1398】 | W2804 | 最早出现的人不完美 | 【1445】 |
| W2779 | 与男性特征有关的其他母题 | 【1400】 | W2805 | 以前的人像动物 | 【1446】 |
| ✽W2780 | 女人特殊的性别特征 | 【1403】 | W2806 | 以前的人像植物 | 【1448】 |
| W2781 | 女人生孩子的来历 | 【1403】 | W2807 | 与人的早期体征有关的其他母题 | 【1449】 |
| W2782 | 女人皮白肉嫩的来历 | 【1404】 | ✽W2808 | 人的高矮（人的身高） | 【1452】 |
| W2783 | 女人有乳房的来历 | 【1405】 | W2809 | 人的高矮的原因 | 【1452】 |
| W2784 | 女人特殊的乳房 | 【1406】 | W2809a | 人的正常身高 | 【1454】 |
| W2785 | 女人月经的来历 | 【1409】 | W2810 | 身体高大的人 | 【1454】 |
| W2786 | 女人为什么没喉头和胡子 | 【1411】 | W2811 | 矮小的人（矮人、小矮人、小人、侏儒） | 【1457】 |
| W2787 | 女人的其他特性 | 【1413】 | ✽W2812 | 人的胖瘦 | 【1461】 |
| W2788 | 与女人特征有关的其他母题 | 【1418】 | W2813 | 胖人 | 【1463】 |
| ✽W2790 | 男女特征的区别（男女差异、男女有别） | 【1418】 | W2814 | 瘦人 | 【1463】 |
| | | | ✽W2815 | 人的头 | 【1463】 |
| W2791 | 男女性差别的原因 | 【1418】 | W2816 | 人的头的产生 | 【1464】 |
| W2792 | 男女不平等的原因 | 【1418】 | W2817 | 人长着动物的头 | 【1464】 |
| W2793 | 男人比女人大 | 【1418】 | | | |
| W2794 | 女人比男人大 | 【1420】 | | | |

## 2.10 人类的特征及相关母题

| | | | | | |
|---|---|---|---|---|---|
| W2818 | 长着多个头的人 | 【1465】 | W2846 | 脚 | 【1518】 |
| W2819 | 与头部有关的其他母题 | 【1465】 | W2847 | 与人的四肢有关的其他母题 | 【1521】 |
| ✤ W2820 | 人的面部 | 【1467】 | W2848 | 人的躯体的其他部位 | 【1527】 |
| W2821 | 人的面部特征的来历（五官的产生） | 【1467】 | ✤ W2850 | 人的毛发 | 【1533】 |
| W2822 | 与人的面部特征有关的其他母题 | 【1469】 | W2851 | 人以前全身是毛 | 【1533】 |
| | | | W2852 | 人的头发 | 【1535】 |
| ✤ W2823 | 人的眼睛 | 【1473】 | W2853 | 人的腋毛 | 【1539】 |
| W2824 | 人原来没有眼睛 | 【1473】 | W2854 | 胡须 | 【1540】 |
| W2825 | 人的眼睛的来历 | 【1474】 | W2855 | 睫毛 | 【1541】 |
| W2826 | 人的眼睛的特征 | 【1476】 | W2856 | 眉毛 | 【1541】 |
| W2827 | 长着特殊眼睛的人 | 【1478】 | W2857 | 汗毛 | 【1543】 |
| W2828 | 独眼人 | 【1478】 | W2857a | 私处的毛 | 【1543】 |
| W2829 | 横眼人 | 【1484】 | W2858 | 人身上不长毛的来历 | 【1544】 |
| W2830 | 竖眼人 | 【1487】 | W2859 | 体毛脱落的原因 | 【1544】 |
| W2831 | 直眼人 | 【1490】 | W2860 | 与人的毛发有关的其他母题 | 【1548】 |
| W2832 | 长着多只眼睛的人 | 【1495】 | ✤ W2861 | 人的尾巴 | 【1548】 |
| W2833 | 眼睛的特殊位置 | 【1496】 | W2862 | 人的尾巴的产生 | 【1548】 |
| W2833a | 眼睛的演化 | 【1498】 | W2862a | 人的尾巴的特征 | 【1551】 |
| W2834 | 与人的眼睛有关的其他母题 | 【1498】 | W2863 | 人的尾巴的消失 | 【1552】 |
| | | | W2864 | 人的尾巴的作用 | 【1558】 |
| W2835 | 人的嘴 | 【1501】 | W2865 | 与人的尾巴有关的其他母题 | 【1558】 |
| W2836 | 人的舌头 | 【1502】 | ✤ W2866 | 人的皮肤 | 【1559】 |
| W2837 | 人的牙齿 | 【1503】 | W2867 | 人的皮肤的产生 | 【1559】 |
| W2838 | 人的耳朵 | 【1504】 | W2868 | 人的肤色 | 【1560】 |
| W2839 | 人的鼻子 | 【1508】 | W2869 | 与人的皮肤有关的其他母题 | 【1567】 |
| ✤ W2840 | 人的四肢 | 【1511】 | ✤ W2870 | 人的五脏六腑 | 【1567】 |
| W2841 | 四肢的产生 | 【1511】 | W2871 | 五脏六腑 | 【1567】 |
| W2842 | 手 | 【1511】 | W2872 | 心脏 | 【1568】 |
| W2843 | 手掌 | 【1513】 | W2873 | 肝脏 | 【1570】 |
| W2844 | 手指 | 【1513】 | W2874 | 肺 | 【1570】 |
| W2844a | 手臂 | 【1515】 | | | |
| W2845 | 腿 | 【1515】 | | | |

| W2875 | 人的肠子 | 【1572】 |
| W2876 | 与人的五脏六腑有关的其他母题 | 【1573】 |
| W2877 | 人的肚脐 | 【1574】 |
| W2878 | 人的体液与排泄物 | 【1576】 |
| W2879 | 人的其他体征的来历 | 【1578】 |
| ✽W2880 | 体征异常的人 | 【1583】 |
| W2881 | 长腿人 | 【1583】 |
| W2882 | 长脚人 | 【1584】 |
| W2883 | 长臂人 | 【1584】 |
| W2884 | 无臂人 | 【1585】 |
| W2885 | 连体人 | 【1585】 |
| W2886 | 多体人 | 【1586】 |
| W2887 | 合体人 | 【1586】 |
| W2888 | 有动物体征的人 | 【1586】 |
| W2889 | 与怪异体征有关的其他母题 | 【1590】 |
| ✽W2890 | 身体残缺的人（残疾者） | 【1591】 |
| W2891 | 身体残缺者的产生 | 【1591】 |
| W2892 | 造人中产生残疾 | 【1601】 |
| W2893 | 与残疾者有关的其他母题 | 【1603】 |
| ✽W2894 | 人的体征的变化 | 【1604】 |
| W2895 | 人的体型的变化 | 【1604】 |
| W2896 | 人蜕皮（人脱皮） | 【1605】 |
| W2897 | 与人的体征变化有关的其他母题 | 【1613】 |
| W2898 | 与人的体征有关的其他母题 | 【1615】 |

## 2.10.3 人的其他特征（W2900 ~ W2914）【1629】

| ✽W2900 | 人的最初特征 | 【1629】 |
| W2901 | 最早时人鬼神不分 | 【1630】 |
| W2902 | 人在最初时是不完善的 | 【1630】 |
| W2903 | 人最早会飞 | 【1630】 |
| W2904 | 人原来跑得很快 | 【1635】 |
| W2905 | 以前的人很懒 | 【1639】 |
| W2905a | 以前的人很勤劳 | 【1640】 |
| W2906 | 与人最初特征有关的其他母题 | 【1640】 |
| ✽W2907 | 人的性格特征 | 【1641】 |
| W2908 | 人有不同性格的原因 | 【1641】 |
| W2910 | 人的勇敢性格的来历 | 【1644】 |
| W2911 | 人的其他性格的来历 | 【1645】 |
| W2911a | 人的七情六欲 | 【1649】 |
| W2912 | 与人的性格有关的其他母题 | 【1652】 |
| W2913 | 与人的特征有关的其他母题 | 【1653】 |

## 2.10.4 特定特征的人（W2915 ~ W2929）【1660】

| W2915 | 混沌人 | 【1660】 |
| W2916 | 无影子的人 | 【1661】 |
| ✽W2917 | 有特殊能力的人（能人） | 【1661】 |
| W2918 | 人与生俱来的特殊本领 | 【1661】 |
| W2919 | 神造出人的特殊本领 | 【1662】 |
| W2920 | 人吃特殊的物质后获得非凡本领 | 【1662】 |
| W2921 | 语言能人 | 【1662】 |
| W2922 | 眼力很好的人（千里眼） | 【1664】 |
| W2923 | 听力很远的人（顺风 |

## 2.11 与人相关的其他母题

耳、千里耳) 【1666】
W2924　其他有特殊能力的人 【1668】
W2925　智者 【1674】
W2926　圣人 【1677】
W2926a　贤人 【1678】
W2927　傻子 【1680】
W2927a　笨人 【1682】
W2928　处女 【1683】
W2929　其他特定特征的人 【1683】

### 2.11 与人相关的其他母题
（W2930～2999）

#### 2.11.1 人的关系
（W2930～W2939）【1693】
W2930　人的亲缘的确立 【1693】
W2931　人的非血缘亲属 【1694】
W2931a　人的非人类亲属 【1695】
✿ W2932　人的朋友 【1695】
W2933　人与神是朋友 【1695】
W2933a　人与特定的人是朋友 【1696】
W2934　人与动物是朋友 【1696】
W2935　与人的朋友有关的其他母题 【1701】
W2936　人的敌人 【1702】
W2937　人的关系的改变 【1705】
W2938　与人的关系有关的其他母题 【1705】

#### 2.11.2 人的寿命与死亡
（W2940～W2989）【1706】
✿ W2940　人的寿命 【1706】
W2941　人原来不死（以前的人不死）【1706】
✽ W2942　人的寿命的制定 【1711】
W2943　神或神性人物规定人的寿命 【1711】
W2944　造人者规定人的寿命 【1714】
W2945　星宿决定人的生死（寿命）【1714】
W2946　特定事件决定人的寿命 【1715】
W2947　与人的寿命的制定有关的其他母题 【1716】
W2948　人最初的寿命很短（短命鬼）【1717】
W2949　人最早时寿命长 【1718】
W2950　长寿 【1719】
W2951　长寿的人 【1719】
W2951a　长生不老的人 【1722】
W2952　与长寿有关的其他母题 【1723】
✽ W2953　人的寿命变化 【1728】
W2954　人本来该有的寿命（人的正常寿命）【1728】
W2955　人为什么会变老 【1729】
W2956　人的寿命的增加（延寿）【1729】
W2957　人的寿命的变短 【1731】
W2958　人与动物交换调整寿限 【1733】
W2959　人从多种动物那里得到不同的寿命 【1734】
W2960　与人的寿命变化有关的其他母题 【1734】
W2961　人的寿命的重新获得 【1735】
W2962　人的寿命为什么

|  |  |  |  |  |  |
|---|---|---|---|---|---|
|  | 是有限的 | 【1735】 |  | 死亡 | 【1756】 |
| W2963 | 人变衰老 | 【1736】 | W2980 | 与死亡原因有关的 |  |
| ✽W2964 | 人的各年龄段特征的 |  |  | 其他母题 | 【1756】 |
|  | 来历 | 【1738】 | ✽W2981 | 人的死亡的形式 | 【1761】 |
| W2965 | 人童年时的特征 | 【1738】 | W2982 | 人被杀死 | 【1762】 |
| W2966 | 人青年时的特征 | 【1739】 | W2983 | 人自然死亡（人 |  |
| W2967 | 人其他年龄阶段的 |  |  | 正常死亡） | 【1762】 |
|  | 特征 | 【1739】 | W2984 | 人被饿死 | 【1763】 |
| W2968 | 与人的寿命有关的 |  | W2985 | 人被晒死 | 【1764】 |
|  | 其他母题 | 【1740】 | W2986 | 人死亡的其他形式 | 【1765】 |
| ✿W2970 | 人的死亡 | 【1746】 | W2987 | 与人的死亡有关的 |  |
| W2971 | 以前没有死亡 | 【1746】 |  | 其他母题 | 【1770】 |
| W2972 | 人死亡的产生 | 【1746】 |  |  |  |

### 2.11.3 与人相关的其他母题
（W2990～2999） 【1788】

|  |  |  |
|---|---|---|
| ✽W2990 | 人的种类 | 【1788】 |
| W2991 | 人有3种 | 【1788】 |
| W2992 | 人有9种 | 【1789】 |
| W2993 | 人有72种 | 【1789】 |
| W2994 | 人有360种 | 【1790】 |
| W2995 | 与人的种类有关 |  |
|  | 其他母题 | 【1790】 |
| W2996 | 奇特的人（特殊 |  |
|  | 的人） | 【1792】 |
| W2997 | 与人相关的其他 |  |
|  | 母题 | 【1794】 |

|  |  |  |
|---|---|---|
| ✽W2973 | 人死亡的原因 | 【1746】 |
| W2973a | 人自然死亡 | 【1746】 |
| W2974 | 特定的人物规定人的 |  |
|  | 死亡 | 【1747】 |
| W2975 | 人失去灵魂后死亡 |  |
|  | （人丢魂而死） | 【1750】 |
| W2975a | 人失去心死亡 | 【1753】 |
| W2976 | 特定的语言导致人的 |  |
|  | 死亡 | 【1754】 |
| W2977 | 人不再蜕皮后产生 |  |
|  | 死亡 | 【1754】 |
| W2978 | 人的死亡是对不敬 |  |
|  | 神的惩罚 | 【1756】 |
| W2979 | 因为地上人太多产生 |  |

## 2.1 人类产生概说[①]
（W2000～W2019）

### 2.1.1 人产生的原因
（W2000～W2009）

#### ❀ W2000
**人类的产生（人的产生）**

【汤普森】①A1200；②T589.6

【关联】

① ［W001］ 神的产生
② ［W1500］ 万物的产生
③ ［W3001］ 动物的产生
④ ［W3600］ 植物的产生

**实　例**

（参见下级母题实例）

#### W2000.1
**以前没有人类**

【关联】［W1500a］以前没有万物

**实　例**

❶［布依族］最早的时候，天下没有人，到处都是白茫茫的一片。

【流传】（无考）

【出处】罗仁山讲：《人和动物是怎么产生的》，见姚宝瑄主编《中国各民族神话》（布依族、仡佬族、苗族），太原：山西出版传媒集团·书海出版社2014年版，第20页。

❷［汉族］很久以前，地下人都没得一个。

【流传】四川省·巴县（今重庆市·巴南区）

【出处】钟丽碧讲，罗桂英记录，金祥度搜集整理：《女娲创世》（1988.04），见姚宝瑄主编《中国各民族神话》（汉族），太原：山西出版传媒集团·书海出版社2014年版，第30～31页。

❸［汉族］老早的辰光，天呀，地呀，海呀，山呀，人呀，统无没的。

【流传】浙江省·舟山市·（定海区）·干览乡（干览镇）·南岙村

【出处】顾阿登讲，林胜强记录，周明搜集整理：《女娲补天》（1987.06.15），见姚宝瑄主编《中国各民族神话》（汉族），太原：山西出版传媒集团·书海出版社2014年版，第57～58页。

---

① "2.1 人类产生概说"：（1）表示的是王宪昭著《中国神话母题W编目》（中国社会科学出版社2013年版）中的母题编目中的第3个类型，母题代码编号为"W2"。（2）下面的"2.1.1"中的"2"表示"中国神话母题数据库"中的类型代码，以便于信息平台中对该标题的准确定位。"2.1.1"中的"1.1"表示本大类的"第1章第1节"，下面各标题相同。（3）本书对原编目有所完善和补充。（4）此章编目主要列举人与人类产生中一些带有共性特征的母题。人的"自然产生"、"造人"、"生人"、"变化为人"等各章母题类型中一般包括人类产生原因、时间、地点等基本问题，为避免母题交叉重复，在此一并提出。

❹ [汉族] 早先，天底下没有人。
【流传】浙江省·宁波市·镇海区
【出处】何薇强讲，沈志远记录整理：《太阳追月亮》，见姚宝瑄主编《中国各民族神话》（汉族），太原：山西出版传媒集团·书海出版社2014年版，第198~199页。

❺ [门巴族] 很早以前，天上没有日、月，地上没有人类。
【流传】西藏自治区
【出处】
(a)《门巴族的来源》，见张江华等编《门巴族封建农奴社会》，成都：四川民族出版社1988年版。
(b) 同(a)，见姚宝瑄主编《中国各民族神话》（门巴族、珞巴族、怒族、藏族），太原：山西出版传媒集团·书海出版社2014年版，第4页。

❻ [怒族] 很早以前，天下无人。
【流传】云南省·怒江州（怒江傈僳族自治州）·碧江县（碧江县已撤销，现为怒江傈僳族自治州中部）
【出处】何叔涛：《碧江怒族命名法的历史演变》，原载《民族文化》1981年第4期，见吕大吉、何耀华总主编《中国各民族原始宗教资料集成》（纳西族卷、羌族卷、独龙族卷、傈僳族卷、怒族卷），北京：中国社会科学出版社2000年版，第854页。

❼ [怒族] 从前，地上没有人烟。
【流传】云南省
【出处】鲁绒西纳讲，张化文翻译，杨秉礼、杨开应记录：《从天上来的人》，见姚宝瑄主编《中国各民族神话》（门巴族、珞巴族、怒族、藏族），太原：山西出版传媒集团·书海出版社2014年版，第55页。

❽ [维吾尔族] 很早以前，没有日月星辰，更没有人。
【流传】新疆维吾尔自治区·伊犁州（伊犁哈萨克自治州）·察布查尔县（察布查尔锡伯自治县）
【出处】牙库布讲，阿不都拉搜集翻译，姚宝瑄整理：《女天神创世》，见姚宝瑄主编《中国各民族神话》（乌孜别克族、哈萨克族、柯尔克孜族、俄罗斯族、维吾尔族、塔吉克族、塔塔尔族、锡伯族），太原：山西出版传媒集团·书海出版社2014年版，第225页。

❾ [彝族] 很久以前，地上没有人烟。
【流传】云南省·红河（红河哈尼族彝族自治州）·元阳、绿春、石屏等县，（玉溪市）·元江（元江哈尼族彝族傣族自治县），（普洱市）·墨江（墨江哈尼族自治县）等
【出处】龙保贵搜集整理，黄建明摘录：《祭龙的根由》，见吕大吉、何耀华总主编《中国各民族原始宗教资料集成》（彝族卷、白族卷、基诺族卷），北京：中国社会科学出版社1996年版，第280~281页。

## W2000.1.1
### 天地混沌时没有人
【关联】[W1040] 最早的世界是混沌

**实　例**

[彝族] 当天地混沌未分的时期，找不着一个人。

【流传】（无考）

【出处】柯象峰：《猡猡文字之初步研究》，转引自吕大吉、何耀华总主编《中国各民族原始宗教资料集成》（彝族卷、白族卷、基诺族卷），北京：中国社会科学出版社1996年版，第274~275页。

## W2000.1.2

### 远古时代没有人

**实　例**

❶ [白族] 在远古时代，世上没有人类和万物。

【流传】云南省

【出处】《人类和万物的起源》，见云南省民间文学集成办公室编《白族神话传说集成》，北京：中国民间文艺出版社1986年版，第1~11页。

❷ [汉族] 很古的时候，世界上没有人。

【流传】江苏省·宿迁市

【出处】刘汉飞讲，刘汉飞记录：《女娲哭天》（1986.10.22），见姚宝瑄主编《中国各民族神话》（汉族），太原：山西出版传媒集团·书海出版社2014年版，第61~62页。

❸ [苗族] 远古的时候，田没有人开，地没有人种，布没有人织，树没有人栽。

【流传】广西壮族自治区·（柳州市）·融水苗族自治县

【出处】

（a）杨达香讲，梁彬搜集整理：《创世纪》（一、开天辟地，地始天初），见广西各族民间文学丛书：梁彬、王天若编《苗族民间故事选》，南宁：广西人民出版社1986年版。

（b）同（a），见姚宝瑄主编《中国各民族神话》（布依族、仡佬族、苗族），太原：山西出版传媒集团·书海出版社2014年版，第168页。

❹ [瑶族] 很古的时候，世上没有人。

【流传】（无考）

【出处】龚政宇搜集：《天上掉下的肉砗》，见姚宝瑄主编《中国各民族神话》（土家族、毛南族、侗族、瑶族），太原：山西出版传媒集团·书海出版社2014年版，第146页。

❺ [彝族] 远古的时候，世上没有人。

【流传】（四川省·凉山彝族自治州）

【出处】

（a）冯元蔚译：《勒俄特依》，成都：四川民族出版社1986年版。

（b）冯元蔚译，蔷紫改写：《勒俄特依》，见姚宝瑄主编《中国各民族神话》（羌族、彝族），太原：山西出版传媒集团·书海出版社2014年版，第154页。

❻ [藏族] 远古的时候，世界上还没有人。

【流传】藏族地区

【出处】《猕猴与岩魔女同居》，见姚宝瑄主编《中国各民族神话》（门巴族、珞巴族、怒族、藏族），太原：山西出版传媒集团·书海出版社2014年版，第 85 页。

## W2000.1.2.1
### 洪荒时代没有人

【关联】

① ［W1091.1］世界经历洪荒时代

② ［W2011.1.1］洪荒时代产生人

实 例

❶ ［独龙族］在荒远的古代，地上没有人。

【流传】云南省

【出处】李子贤等搜集整理：《创世纪神话故事六则·嘎美嘎莎造人》，见中国作家协会云南分会编《云南民族民间故事选》，昆明：云南人民出版社1981年版，第582~583页。

❷ ［独龙族］洪荒时代，地上没有人。

【流传】（无考）

【出处】《嘎美嘎莎造人》，原载陶立璠、赵桂芳等编《中国少数民族神话汇编》，见陶阳、钟秀编《中国神话》（下），北京：商务印书馆2008年版，第1082~1083页。

## W2000.1.2.2
### 盘古时代没有人

【关联】

① ［W0721.3.1］混沌生盘古

② ［W2011.3］天地形成以后产生人（天地分开后产生人）

实 例

［汉族］盘古王开出天地后，地上就是没得人，阴惨惨的。

【流传】四川省·（凉山彝族自治州）·德昌县·热和乡·田村

【出处】刘廷香讲，汤应照采录：《女娲造人》（1986），见中国民间文学集成全国编辑委员会编《中国民间故事集成》（四川卷·上），北京：中国ISBN中心1998年版，第27页。

## W2000.1.2.3
### 上古时没有人

实 例

［侗族］上古时候，世上没有人类。

【流传】贵州省·（黔东南苗族侗族自治州）·黎平县

【出处】

（a）吴生贤、吴金松讲，杨国仁、涛声搜集整理：《龟婆孵蛋》，载《民间文学》1986年第1期。

（b）同（a），见姚宝瑄主编《中国各民族神话》（土家族、毛南族、侗族、瑶族），太原：山西出版传媒集团·书海出版社2014年版，第101页。

## W2000.1.2.4
### 天地初分时没有人

【关联】

① ［W1100］天地的产生

② ［W1275］天地的分开

实 例

❶ ［汉族］扁鼓王刚刚开天，那时天上还没星星，地上也没柴草，也没有人种。

【流传】浙江省·（丽水市）·缙云县一带

【出处】上官旭昌讲，上官新友搜集整理：《扁鼓王劈地》（1985），见姚宝瑄主编《中国各民族神话》（汉族），太原：山西出版传媒集团·书海出版社 2014 年版，第 18～20 页。

❷ [羌族] 世界开初时，地上没有人。

【流传】四川省·阿坝藏族羌族自治州·茂汶羌族自治县

【出处】
（a）《开咂酒曲子》，见杨亮才、陶立璠、邓敏文《中国少数民族文学》（上册），北京：人民出版社 1985 年版。
（b）《索依迪朗夫妇造人》，原名《人是咋个来的》，郑友富、周贵友讲，王康、龚剑雄、吴文光采录，王康整理，原载西南民族学院图书馆与西南民族学院《羌族文学简史》编写组《羌族民间文学资料集》（一），1987 年编，见姚宝瑄主编《中国各民族神话》（羌族、彝族），太原：山西出版传媒集团·书海出版社 2014 年版，第 6 页。

❸ [土家族] 张古老、李古老把天地做成后，凡间没有人，空空荡荡。

【流传】湖南省土家族居住地区

【出处】《依罗娘娘造人》，见姚宝瑄主编《中国各民族神话》（土家族、毛南族、侗族、瑶族），太原：山西出版传媒集团·书海出版社 2014 年版，第 4 页。

## W2000.1.2.5
## 洪水前没有人

【关联】
① [W2012.1] 大洪水前产生人
② [W2012a.1] 大洪水后产生人
③ [W8100～W8549] 洪水

实 例

[汉族] 在发生大洪水前，没有人类。

【流传】湖南省·（娄底市）·涟源市

【出处】姚长清讲，姚永放采录：《东山老人与南山小妹造人》，见《民间故事集成》中国民间文学集成全国编辑委员会编《中国民间故事集成》（湖南卷），北京：中国 ISBN 中心 2002 年版，第 32 页。

## W2000.1.3
## 以前特定的地方没有人

实 例

[黎族] 古老的时候，海南岛思河的峒（峒，新中国成立前海南岛黎族原有的政治组织名称，黎族称"贡"。有固定的地域，以山岭、河流等为界。大峒包括若干小峒。有处理全峒事务的峒头）上没有人类。

【流传】海南省

【出处】广东民族学院中文系采风组搜集整理：《黎母山》，原载《黎族民间故事选》，见陶阳、钟秀编《中国神话》（中），北京：商务印书馆 2008 年版，第 776 页。

## W2000.1.3.1
### 以前特定的岛上没有人

【关联】［W1265.6.8］特定的岛

实 例

❶［黎族］古老的时候，海南岛思河的峒（新中国成立前海南岛黎族原有的政治组织名称，黎族称"贡"）上没有人类。

【流传】海南省

【出处】

（a）广东民族学院中文系七七级采风组搜集整理：《黎母山传说》，见广东民族学院中文系编《黎族民间故事选》，上海：上海文艺出版社1983年版。

（b）同（a），见姚宝瑄主编《中国各民族神话》（高山族、黎族、畲族），太原：山西出版传媒集团·书海出版社2014年版，第63页。

❷［高山族］远古的时候，台湾岛上还没有人类。

【流传】（无考）

【出处】《纹面断齿成亲》，原载蔡铁民编《高山族民间故事选》，见陶阳、钟秀编《中国神话》（下），北京：商务印书馆2008年版，第1505～1506页。

## W2000.1.3.2
### 以前特定的山上没有人

【关联】［W1852］特定的山

实 例

［满族］很古的时候，长白山一带还没有人烟。

【流传】黑龙江省·（哈尔滨市）·双城（双城区）一带

【出处】

（a）赵焕讲，王宏刚、马亚川、程迅整理：《女真族传说》（1982），见乌丙安、李文刚等编《满族民间故事选》，上海：上海文艺出版社1983年版。

（b）同（a），见姚宝瑄主编《中国各民族神话》（满族、赫哲族、朝鲜族），太原：山西出版传媒集团·书海出版社2014年版，第40～43页。

## W2000.1.3.3
### 以前特定的坝子没有人

【关联】［W1259.4］特定的坝子

实 例

［白族］很久以前，剑川坝子里还没有人类，山上长满了树，坝子里长满了草。

【流传】云南省·（大理白族自治州）·剑川县

【出处】云南省民间文学集成办公室编：《东瓜佬与西瓜姥》，见《白族神话传说集成》，北京：中国民间文艺出版社1986年版，第19～20页。

## W2000.1.4
### 以前有万物没有人

【关联】

① ［W1996.1］世界最早产生的是人
② ［W2742］先有万物后有人

实 例

❶［彝族（罗鲁泼）］天和地都有了，

万物也有了，却还没有人。

【流传】云南省·（楚雄彝族自治州）·永仁县

【出处】

(a) 李德宝演唱，李必荣、李荣才搜集，夏光辅、诺海阿苏翻译：《冷斋调》（1984），见云南省社会科学院楚雄彝族文化研究所编《彝族民间文学》（第二辑），1985年。

(b) 夏光辅、诺海阿苏翻译，古梅改写：《冷斋调》，见姚宝瑄主编《中国各民族神话》（羌族、彝族），太原：山西出版传媒集团·书海出版社2014年版，第115页。

❷ [彝族] 天地造成之后，万物都有了，但是还没有人。

【流传】（云南省·楚雄彝族自治州·姚安县·官屯乡·马游村，大姚县·昙华乡等）

【出处】

(a) 郭天元（马游村）、李申呼颇（昙华乡）、李福玉颇（苴）演唱，郭思九、许明学、龚维顺、张宝省、陈志群、胡炳文等搜集，刘德虎、龚维顺、陈志群、李树荣、郭天元等整理：《梅葛》（第一部"创世"），见云南省民族民间文学楚雄调查队《梅葛》（1959），昆明：云南人民出版社2009年版。

(b)《打虎开天辟地》，蓄紫据云南省民族民间文学楚雄调查队著《梅葛》（云南人民出版社2009年版）改写，见姚宝瑄主编《中国各民族神话》（羌族、彝族），太原：山西出版传媒集团·书海出版社2014年版，第198页。

## W2000.1.5
### 以前有动植物没有人

【关联】[W1527.2.3.1] 先产生动植物后有人

**实 例**

❶ [汉族] 天地开辟以后，地上有了山川草木，鸟兽虫鱼，单单没有人类。

【流传】（无考）

【出处】《女娲创造人类》，原载袁珂编译《中国神话故事》，见陶阳、钟秀编《中国神话》（上），北京：商务印书馆2008年版，第317~319页。

❷ [满族] 远古的时候，大地上已有很多树林和花草，什么动物也都有了，但这么大的地方，连个人影都看不见。

【流传】黑龙江省·（哈尔滨市）·双城县（双城区）

【出处】穆晔骏讲，孟慧英搜集整理：《恰喀拉人是怎么来的》，原载《黑龙江民间文学》第19集，见陶阳、钟秀编《中国神话》（上），北京：商务印书馆2008年版，第320页。

❸ [蒙古族] 很早以前，没有蒙古人，也没有一个活着的人，只有动物和植物。

【流传】新疆维吾尔自治区·卫拉特蒙古族居住地区

【出处】

(a) 阿·太白讲，姚宝瑄整理：《苍狼和母鹿》，见张越、姚宝瑄编《新疆民族神话故事选》，乌鲁木齐：新疆人民出版社1989年版。

（b）同（a），见姚宝瑄主编《中国各民族神话》（达斡尔族、鄂伦春族、鄂温克族、蒙古族），太原：山西出版传媒集团·书海出版社2014年版，第138页。

❹ ［怒族］天神创世之时，大地上开始有了高山、平原、江河、湖海、树木、花草、虫鱼、禽兽，但唯独没有人类。

【流传】（无考）

【出处】《人的由来》，编者根据叶世富的《怒族民间故事》（云南人民出版社1988年版）重新整理，见吕大吉、何耀华总主编《中国各民族原始宗教资料集成》（纳西族卷、羌族卷、独龙族卷、傈僳族卷、怒族卷），北京：中国社会科学出版社2000年版，第895~896页。

## W2001
### 人类的产生没有原因

【关联】

① ［W2020.1］人自然产生

② ［W2028.1］人来源于不知名的地方

实 例

［汉族］最早时，不知怎么就出现了一个小姑娘。

【流传】（a）四川省·（绵阳市）·三台县·石安乡

【出处】

（a）叶明胜讲，何金华采录：《人狗配婚》，见中国民间文学集成全国编辑委员会编《中国民间故事集成》（四川卷·上），北京：中国ISBN中心

1998年版，第47页。

（b）同（a），见陶阳、钟秀编《中国神话》（中），北京：商务印书馆2008年版，第625~626页。

## ❈ W2002
### 人类产生有特定的原因

【关联】

① ［W2040］造人的原因

② ［W2044.1］神感到孤独造人

实 例

（参见下级母题实例）

## W2003
### 人的产生与神有关

【关联】

① ［W2025.4.7.1］老天爷派人到人间

② ［W2147.2］人产生于神的意念

实 例

❶ ［水族］以前，地上无人。天神的第九个女儿牙线（仙婆），触犯了天规，天神恼怒，被惩罚降到大地上来。

【流传】贵州省·（黔东南苗族侗族自治州）·榕江县·平永乡

【出处】潘开雄等讲，杨路塔采录：《十二个仙蛋》，见中国民间文学集成全国编辑委员会编《中国民间故事集成》（贵州卷），北京：中国ISBN中心2003年版，第10页。

❷ ［维吾尔族］两棵树生的5个男孩，是全能真主赏赐的。

【流传】（无考）

【出处】

（a）《不可汗》，见满都呼主编《中国阿尔泰语系诸民族神话故事》，北京：民族出版社1997年版，第39页。

（b）《不可汗》，见〔伊朗〕志费尼著《世界征服者史》，呼和浩特：内蒙古人民出版社1981年版。

❸〖藏族〗人类是老天爷派来的。

【流传】四川省白马藏区

【出处】扎嘎才札等讲，谢世廉等搜集：《创世传说》，见陶立璠、赵桂芳等编《中国少数民族神话汇编》（开天辟地篇），中央民族学院少数民族古籍整理出版规划领导小组办公室印（未署时间），第1页。

## W2003.1

### 人的产生源于神的意志

实 例

〖彝族〗人类的产生是神的意志决定的。

【流传】（无考）

【出处】《勒俄特依》，转引自胡庆钧《凉山彝族奴隶制社会形态》，北京：中国社会科学出版社1985年版，第392～393页。

## W2004

### 人的产生与世界变化有关

【关联】〔W1068.2.1〕神使世界变化

实 例

（实例待考）

## W2005

### 人的产生与特定的需要有关

【关联】〔W2042〕为管理世界造人

实 例

〖水族〗牙线（汉译为"仙婆"，女性神性人物，相当于女娲）从天上下来，见到世上果子没有人摘，泉水没有人喝，飞禽走兽没有人管，于是想到通过造人来管理世界。

【流传】贵州省·（黔南布依族苗族自治州）·三都县（三都水族自治县）·恒丰乡

【出处】韦行公讲，韦荣康采录：《牙线剪纸造人》，见中国民间文学集成全国编辑委员会编《中国民间故事集成》（贵州卷），北京：中国ISBN中心2003年版，第12页。

## W2006

### 人类产生的其他特定原因

实 例

（实例待考）

## W2007

### 与人类产生原因有关的其他母题

实 例

（参见下级母题实例）

## W2007.1

### 人的产生与天气有关

实 例

（实例待考）

## W2007.2
### 人的产生源于神的争斗

**实 例**

[满族] 阿布卡赫赫（女天神）打不过恶魔耶鲁里，只好往天上飞去。耶鲁里紧追不放，一爪子把她的下胯抓住，抓下来的是一把披身柳叶，柳叶飘落人间，生育出人类万物。

【流传】吉林省·（延边朝鲜族自治州）·珲春市

【出处】《柳叶繁衍人类》（一），选自富育光翻译《喜塔拉氏萨满神谕》，见吕大吉、何耀华总主编《中国各民族原始宗教资料集成》（鄂伦春族卷、鄂温克族卷、赫哲族卷、达斡尔族卷、锡伯族卷、满族卷、蒙古族卷、藏族卷），北京：中国社会科学出版社1999年版，第485页。

## 2.1.2 人产生的时间[①]
（W2010~W2014）

### ✱ W2010
### 人产生的时间

【关联】[W2031] 造人的时间

**实 例**

（参见下级母题实例）

## W2010.1
### 最早产生的人 (最早的人)

【关联】

① [W2021.4.1] 骨头棒子是世上最早的人

② [W2802.5.1] 最早的人很小

③ [W2806.1] 最早的人像大冬瓜

④ [W2807.7] 最早的人是影子

⑤ [W2963.1.2.1] 最早的人一天内变老

**实 例**

（参见下级母题实例）

## W2010.1.1
### 原始人

**实 例**

（参见下级母题实例）

## W2010.1.1.1
### 卵生原始人

【关联】[W2220] 卵生人

**实 例**

[纳西族] 蛋中孵出了原始人。

---

① 人产生的时间，关于神话中人或人类产生的时间并不是一个真正的时间概念。有的神话在叙事中为了表达的需要，会设置一定的时间，有的采用"开天辟地时"、"出现万物后"之类模糊的说法，有的则表述为"太昊时代"、"1万年前"等较为确切的时段，无论哪一种都不是叙事真实。但从母题学的角度，把这些问题提取出来，可以作为进一步了解和研究神话叙事规律或某些神话流传情况的参考。以下各类人类产生的情况与此相同。

【流传】云南省·丽江（丽江市）

【出处】和芳讲：《崇搬图》，见《东巴经文资料》（1963~1964），中国社会科学院图书馆单册复印云南丽江县文化馆资料合订本，第9页。

## W2011
### 远古时产生人

实 例

（参见下级母题实例）

## W2011.1
### 太古时代产生人

实 例

[高山族（赛夏）] 太古时，世上已有了人类。

【流传】台湾

【出处】《高山族各种人的始祖：犬生赛夏人始祖》，见姚宝瑄主编《中国各民族神话》（高山族、黎族、畲族），太原：山西出版传媒集团·书海出版社2014年版，第11页。

## W2011.1.1
### 洪荒时代产生人

实 例

（参见下级母题实例）

## W2011.1.1.1
### 洪荒时代天降人

【关联】

① [W2022.1.0.1] 天降最早1对男女

② [W2025] 人从天降（天降人）

实 例

[布朗族] 洪荒时代，从天上漏下人来。

【流传】云南省

【出处】

(a) 岩三搜集整理：《人是从天上漏下来的》，见陶阳、牟钟秀著《中国创世神话》，上海：上海人民出版社2006年版，第158页。

(b) 王亚南：《民间口承文化中的社群源流史》，载《民族文学研究》1996年第2期。

## W2011.2
### 天地形成时产生人

【关联】

① [W2020.2] 混沌初开时自然有人类

② [W2034] 开天辟地时造人

③ [W2035.1] 天地形成后造人

实 例

❶ [汉族] 最古老的时候，天地初分，出现了一个人叫盘古。

【流传】宁夏回族自治区·（固原市）·固原县·彭堡乡（彭堡镇）

【出处】孙振旺讲，郭宏毅采录：《盘古开天地》，见中国民间文学集成全国编辑委员会编《中国民间故事集成》（宁夏卷），北京：中国ISBN中心1999年版，第3页。

❷ [苗族] 天地刚形成时，生出1对人类始祖。

【流传】云南省·（昭通市）·彝良县

【出处】王建国讲：《人类始祖返老还

童》，见中国民间文学集成全国编辑委员会编《中国民间故事集成》（云南卷），北京：中国 ISBN 中心 2003 年版，第 280～282 页。

❸ [纳西族（摩梭）] 天地初分之时，出现摩梭人的女祖先。

【流传】云南省·（丽江市）·宁蒗（宁蒗彝族自治县）

【出处】《昂姑咪》，载《山茶》1986 年第 3 期。

❹ [普米族] 天地洞开时，女神与巴窝石人结婚生人类。

【流传】云南省·（怒江傈僳族自治州）·兰坪（兰坪白族普米族自治县）

【出处】《久木鲁的故事》，见陶阳、牟钟秀著《中国创世神话》，上海：上海人民出版社 2006 年版，第 52 页。

## W2011.2.1
### 天地分开时天上掉下人

【关联】[W2025] 人从天降（天降人）

实 例

[珞巴族] 天和地分开以后，人就从天上掉下来，生活在地上。

【流传】西藏自治区·（林芝地区）·察隅县

【出处】腊荣讲，明珠译，杨毓骧整理：《虎哥与人弟》，载《山茶》1985 年第 5 期。

## W2011.3
### 天地形成以后产生人

实 例

（参见下级母题实例）

## W2011.3.0
### 天地形成后自然产生人

【关联】[W2020.1] 人自然产生（自然产生人）

实 例

（参见下级母题实例）

## W2011.3.0.1
### 盘古开天辟地后产生人

【关联】[W1104.1] 盘古造天地（盘古开天辟地）

实 例

❶ [布依族] 很古的时候，自盘古王开天辟地后，世间有了人。

【流传】（无考）

【出处】班琅王等讲，汛河记录整理：《洪水滔天》，见谷德明编《中国少数民族神话》，北京：中国民间文艺出版社 1987 年版，第 614 页。

❷ [汉族] 盘古开天地，后来世界上有了人。

【流传】江苏省·（南通市）·海安县

【出处】陈锦彪讲：《盘古造日月》，见中国民间文学集成全国编辑委员会编《中国民间故事集成》（江苏卷），北京：中国 ISBN 中心 1998 年版，第 3 页。

## W2011.3.1
### 天产生后产生人

实 例

（参见下级母题实例）

## W2011.3.1.1
### 盘古开天后产生人

【实 例】

［汉族］盘古开天后，女娲造人。

【流传】浙江省·（衢州市）·江山市·峡口镇

【出处】谢鸣讲，吴疆采录：《女娲造器》，见中国民间文学集成全国编辑委员会编《中国民间故事集成》（浙江卷），北京：中国 ISBN 中心 1997年版，第 59 页。

## W2011.3.2
### 地产生后产生人

【关联】

① ［W1173］地是造出来的（造地）

② ［W1186.3］造地的时间

【实 例】

（参见下级母题实例）

## W2011.3.2.1
### 动物造地后产生人

【关联】［W1177］动物造地

【实 例】

［柯尔克孜族］野鸭鲁弗尔造陆地之后，出现人类。

【流传】（无考）

【出处】《艾特玛托夫小说集》（下），北京：外国文学出版社 1981 年版，第 422～423 页。

## W2011.3.2.2
### 地产生后特定时间产生人

【关联】［W2013］人有特定产生时间

【实 例】

［汉族］地产生之后，又过了一万零八百年，才产生了人。

【流传】湖北省·（十堰市）·丹江口市·狮子沟

【出处】葛朝荣讲，李征康采录：《风云雷雨雾的来历》，见中国民间文学集成全国编辑委员会编《中国民间故事集成》（湖北卷），北京：中国 ISBN 中心 1999 年版，第 25 页。

## W2011.3.3
### 开天辟地后生人

【关联】［W1124.1］天地产生的时间

【实 例】

［汉族］盘古开天地后，水中爬出浑身长毛的男性怪物。这个怪物就成为世上第一人。

【流传】甘肃省·（庆阳市）·宁县·新宁镇

【出处】任孝忠讲：《世神造人》，见中国民间文学集成全国编辑委员会编《中国民间故事集成》（甘肃卷），北京：中国 ISBN 中心 2001 年版，第 9～10 页。

## W2011.3.3.1
### 开天辟地后始祖生人

【关联】［W2143］祖先生人

**实例**

〖哈尼族〗开天辟地后,哈尼的先祖塔坡生下二十一个儿子。

【流传】云南省·(红河哈尼族彝族自治州)·元阳县·(攀枝花乡·硐蒲寨)

【出处】朱小和讲,卢朝贵搜集整理:《塔坡取种》,载《山茶》1985年第1期。

## W2011.3.3.2
### 开天辟地后生怪人

【关联】[W0855]怪人

**实例**

〖侗族〗天地形成后,生怪人星郎。

【流传】(无考)
(a) 贵州省·(黔东南苗族侗族自治州)·从江县、黎平县
(b) 贵州省·(黔东南苗族侗族自治州)·从江县·高增乡

【出处】
(a) 梁普安讲:《物种的起源》,见燕宝、张晓编《贵州神话传说》,贵阳:贵州人民出版社1997年版,第71页。
(b) 《物种的起源》,见中国民间文学集成全国编辑委员会编《中国民间故事集成》(贵州卷),北京:中国ISBN中心2003年版,第31页。

## W2011.3.4
### 开天辟地特定时间后产生人

**实例**

(参见下级母题实例)

## W2011.3.4.1
### 开天辟地后8个月形成人

**实例**

〖汉族〗开天辟地8个月后,地上才有了人。

【流传】山东省·(菏泽市)·东明县·东明集镇

【出处】任随菊讲,东明集镇文化站采录:《日月运行》,见中国民间文学集成全国编辑委员会编《中国民间故事集成》(山东卷),北京:中国ISBN中心2007年版,第3页。

## W2011.3.4.2
### 开天辟地后9个月形成人

**实例**

〖汉族〗盘古用神力开天辟地之后,到9个月,地上就有了人。

【流传】浙江省·(嘉兴市)·海宁县(海宁市)

【出处】沈关勇等讲,郑伟成记录,王钱松整理:《日月平升》,载《民间文学》1983年第10期。

## W2011.3.5
### 开天辟地后产生特定的人

**实例**

(参见下级母题实例)

## W2011.3.5.1
### 开天辟地后产生伏羲姊妹

**实例**

〖瑶族〗盘古开天地后,产生伏羲姊妹

二人。

【流传】湖南省·（永州市）·江华县·中河乡·大坑村

【出处】赵富祥等讲：《人是怎样来的》，见湖南民委民族民间文学整理组编《民族民间文学资料》24集，《瑶族民间传说故事选》，1980刻印本，第67页。

## W2012
### 大灾难之前产生人

实例

（参见下级母题实例）

## W2012.1
### 大洪水前产生人

【关联】

① ［W2000.1.2.5］洪水前没有人
② ［W2530~W2559］洪水后人类再生
③ ［W8100］洪水

实例

[汉族] 在洪水潮天以前，地上就有人。

【流传】贵州省·（遵义市）·余庆县·敖溪区

【出处】毛光美讲，李业成采录：《布、都找火》，见中国民间文学集成全国编辑委员会编《中国民间故事集成》（贵州卷），北京：中国ISBN中心2003年版，第60页。

## W2012.2
### 与大灾难之前产生人有关的其他母题

实例

[汉族] 在发生大洪水前，世上没有人类。

【流传】湖南省·（娄底市）·涟源市

【出处】姚长清讲，姚永放采录：《东山老人与南山小妹造人》，见中国民间文学集成全国编辑委员会编《中国民间故事集成》（湖南卷），北京：中国ISBN中心2002年版，第32页。

## W2012a
### 大灾难之后产生人

【关联】

① ［W2523.1］灾难后再造人
② ［W2524.1］人类毁灭后神性人物生育人类
③ ［W2525.1］人类毁灭后结婚再生人类

实例

（参见下级母题实例）

## W2012a.1
### 大洪水后产生人

【关联】

① ［W2000.1.2.5］洪水前没有人
② ［W2530~W2559］洪水后人类再生

实例

❶ [达斡尔族] 洪水泛滥之后，一切生命、人类又都重新开始一点一点地繁衍起来。

【流传】（无考）

【出处】

(a)《仙鹤支地》，见毛星主编《中国少数民族文学》，长沙：湖南人民出版社1983年版。

(b) 同(a)，见姚宝瑄主编《中国各

民族神话》（达斡尔族、鄂伦春族、鄂温克族、蒙古族），太原：山西出版传媒集团·书海出版社2014年版，第5页。

❷ [汉族] 大洪水前，没有人类，经过洪水之后造出人类。
【流传】湖南省·（娄底市）·涟源市
【出处】姚长清讲，姚永放采录：《东山老人与南山小妹造人》，见中国民间文学集成全国编辑委员会编《中国民间故事集成》（湖南卷），北京：中国ISBN中心2002年版，第32页。

## W2013
### 人有特定产生时间
【关联】[W2011.3.2.2] 地产生后特定时间产生人

实例

[汉族] 地产生后，再过一万零八百年就生了人。
【流传】湖北省·（十堰市）·丹江口市·狮子沟
【出处】葛朝荣讲，李征康采录：《风云雷雨雾的来历》，见中国民间文学集成全国编辑委员会编《中国民间故事集成》（湖北卷），北京：中国ISBN中心1999年版，第25页。

## W2013.1
### 亿万年前产生人

实例

[汉族]（实例待考）

## W2013.2
### 数万年前产生人

实例

（参见下级母题实例）

## W2013.2.1
### 数万年前产生伏羲兄妹
【关联】[W0680.2] 伏羲兄妹

实例

[壮族] 几十万年前，世上降生伏羲兄妹。
【流传】广西壮族自治区·贵港市·（港北区·中里乡）·龙山屯（龙山圩）
【出处】欧有恒讲：《伏羲兄妹》，见张声震总主编，农冠品编注《壮族神话集成》，南宁：广西民族出版社2007年版，第325页。

## W2013.3
### 神产生1万年后产生人

实例

[傣族]（实例待考）

## W2013.4
### 特定人物出现时产生人

实例

（参见下级母题实例）

## W2013.4.1
### 伏羲时代产生人
【关联】
① [W0675] 伏羲

② ［W2036.1］伏羲时代造人

**实 例**

【汉族】地球最先长出动物，一直传到伏羲氏时，才造出人来。

【流传】江苏省·（镇江市）·丹阳市·云林乡·伦地村

【出处】徐书明讲，康新民采录：《绿鸭淘沙造大地》，见中国民间文学集成全国编辑委员会编《中国民间故事集成》（江苏卷），北京：中国 ISBN 中心 1998 年版，第 13 页。

## W2013.5
### 正月初七产生人

【关联】［W2039.5］第 7 天时造出人

**实 例**

❶ 【汉族】古历正月初一，世神把泥人埋在土里，过了七天就是正月初七，泥人变成活人。

【流传】甘肃省·（庆阳市）·宁县·新宁镇·柏庄村

【出处】任孝忠采录：《世神造人》，见中国民间文学集成全国编辑委员会编《中国民间故事集成》（甘肃卷），北京：中国 ISBN 中心 2001 年版，第 9 页。

❷ 【汉族】正月一日为鸡，二日为狗，三日为猪，四日为羊，五日为牛，六日为马，七日为人。

【流传】（无考）

【出处】《北史·魏收传》，引［晋］董勋《答问礼俗说》。

## W2013.6
### 龙日产生人

**实 例**

【哈尼族】（实例待考）

## W2013.7
### 特定事件时产生人

【关联】［W2038］特定事件后造人

**实 例**

（参见下级母题实例）

## W2013.7.1
### 补天补地后产生人

【关联】［W1377］修补天地

**实 例**

（参见下级母题实例）

## W2013.7.1.1
### 女娲补天后产生人

【关联】

① ［W1386.2］女娲补天

② ［W2065.1］女娲补天之后造人

**实 例**

【汉族】女娲补天后，用剩的泥造人。

【流传】浙江省·嘉兴（嘉兴市）·海宁（海宁市）

【出处】陈桂珍讲：《女娲造人》，见中国民间文学集成全国编辑委员会编《中国民间故事集成》（浙江卷），北京：中国 ISBN 中心 1997 年版，第 39 页。

## W2013.7.1.2
### 仙女补天补地后产生人

实例

[苗族] 两个巧仙女把天和地补好后，人烟生起来了，草木长起来了。从此，生命开始繁殖了。

【流传】（无考）

【出处】陶春保讲，刘永鸿整理：《生天养地的爹娘》，见姚宝瑄主编《中国各民族神话》（布依族、仡佬族、苗族），太原：山西出版传媒集团·书海出版社 2014 年版，第 135 页。

## W2013.7.2
### 伏羲化辰光时产生人

【关联】
① [W0675] 伏羲
② [W2013.4.1] 伏羲时代产生人

实例

[汉族] 地球形成后，先有动物。一直传到伏羲化辰光，才造出人类。

【流传】江苏省·（镇江市）·丹阳市

【出处】徐书明讲：*《绿鸭淘沙造大地》，见中国民间文学集成全国编辑委员会编《中国民间故事集成》（江苏卷），北京：中国 ISBN 中心 1998 年版，第 14 页。

## W2014
### 与人产生的时间有关的其他母题

【关联】[W2742] 先有万物后有人

实例

（参见下级母题实例）

## W2014.1
### 特定的神管着人产生的时间

实例

（实例待考）

## W2014.2
### 射日后人类开始繁衍

【关联】[W9700] 射日的原因

实例

（参见下级母题实例）

## W2014.2.1
### 人祖射日后人类开始繁衍

【关联】[W9733] 祖先射日

实例

[汉族] 人的祖宗头射日后，公婆耕地，种田。月亮出来了，公婆纺织，歇息。从此，人就繁衍起千万子孙。

【流传】福建省·（宁德市）·寿宁县·大安乡·鳌阳镇

【出处】吴兰妃讲，刘善林记录整理：《射日》（1987.05.08），见姚宝瑄主编《中国各民族神话》（汉族），太原：山西出版传媒集团·书海出版社 2014 年版，第 150～151 页。

## 2.1.3 人产生的地点[①]
(W2015 ~ W2019)

### W2015
**人产生在天上**

【关联】
① [W2025] 人从天降（天降人）
② [W2997.0] 天上的人

【实例】

（参见下级母题实例）

### W2015.1
**人最先出现在天上**

【实例】

[哈萨克族] 天神安拉造的第一个男人阿达姆阿塔，住在天上。

【流传】新疆维吾尔自治区

【出处】《阿达姆阿塔》，斯丝根据别克苏勒坦、佟中明撰写的《哈萨克族宗教与神话》改写，见姚宝瑄主编《中国各民族神话》（乌孜别克族、哈萨克族、柯尔克孜族、俄罗斯族、维吾尔族、塔吉克族、塔塔尔族、锡伯族），太原：山西出版传媒集团·书海出版社2014年版，第27页。

### W2015.2
**人产生在空气中**

【关联】[W2207] 气生人

【实例】

[布依族] 天空中的清气与凡尘中的浊气互相碰撞摩擦，混合变成的一个葫芦形的东西，这个葫芦生出了人类祖先。

【流传】贵州省布依族地区

【出处】杨正荣、祝登甕讲，岭玉清、汛河搜集整理，古梅改写：《翁戛造万物》，见姚宝瑄主编《中国各民族神话》（布依族、仡佬族、苗族），太原：山西出版传媒集团·书海出版社2014年版，第7页。

### W2015.3
**与人产生在天上有关的其他母题**

【关联】[W2025.3] 人从月亮中来

【实例】

（实例待考）

### W2015.3.1
**人产生在天上的特定地方**

【实例】

[汉族]（实例待考）

---

① 人产生的地点，人类起源包括一些有关人类产生的特殊情况，即神话叙事中并没有把"产生地点"这类情况作为人类产生的事例，如作为个体的人的出生，特殊的变形为人等情况，只是一种个案，通过分析若干个案可以找出一些带有共性的结论。因关于人类产生的地点往往受到人类产生方式的影响，这里只选取某些带有普遍性的母题。

## W2015.3.2
### 人天上生地上养

**实例**

（实例待考）

## W2016
### 人产生在地上

**【关联】**

① ［W2126.2］在世界各处造人

② ［W2203.2］地生人

**实例**

（参见下级母题实例）

## W2016.1
### 人产生在山上[①]

**【汤普森】** A1234.2

**【关联】** ［W2209］山生人

**实例**

❶ ［纳西族］人类都是从居那若偎山上迁来的。

**【流传】** 云南省·丽江县（丽江市）

**【出处】** 和才等讲，赵银棠采录：《卜筮术的来历》，见中国民间文学集成全国编辑委员会编《中国民间故事集成》（云南卷），北京：中国ISBN中心2003年版，第320页。

❷ ［汉族］开始只有女娲兄妹两个在昆仑山。

**【流传】**（无考）

**【出处】**［唐］李冗《独异志》卷下。

## W2016.1.1
### 人产生在山洞中

**【关联】**［W2205.2］山洞生人（人从山洞出来）

**实例**

❶ ［鄂温克族］一对夫妇生活在洞中繁衍人类。

**【流传】** 内蒙古自治区·（呼伦贝尔市）·额尔古纳旗（额尔古纳旗，旧旗名。额尔古纳右旗现为额尔古纳市，额尔古纳左旗现为根河市）

**【出处】**《鄂温克族社会历史调查报告》，呼和浩特：内蒙古人民出版社1986年版，第243页。

❷ ［满族］萨满安排小伙子温地与群女在洞中定居，繁衍女真后代。

**【流传】** 辽宁省·双城·希勤乡·希叶村（应为黑龙江省·哈尔滨市·双城区·希勤满族乡·希业村）

**【出处】** 马亚川讲：《温地痕和捅门水》，见马亚川遗稿，黄任远等整理《女真萨满神话》，哈尔滨：黑龙江人民出版社2006年版，第3~4页。

❸ ［土家族］武落钟离山，其山有赤黑二穴，巴氏之子生于赤穴，四姓之子生于黑穴。

---

[①] 人产生在山上，该母题与"山生人"的区别主要在于，"人产生在山上"强调人从山中"出现"，而"山生人"强调山生出人。

【流传】湖北省

【出处】陈金祥：《土家族族源》，见长阳土家族网：http://www.cy-tujia.com/list_body.php? id, 2005.12.10。

❹ [佤族] 山洞中跑出各种人。

【流传】云南省

【出处】《人类出洞》，见高明强编《创世的神话和传说》，上海：上海三联书店1988年版，第52页。

## W2016.2
### 人产生在水中

【关联】[W2208] 水生人

实 例

❶ [哈尼族] 哈尼祖先最早诞生在大水里。

【流传】云南省

【出处】《哈尼阿培聪坡坡》，中国各民族宗教与神话大词典编审委员会编：《中国各民族宗教与神话大词典》，北京：学苑出版社1990年版，第174页。

❷ [汉族] 女娲炼石补天以后，从水中爬出世上第一个人。

【流传】甘肃省·（庆阳市）·宁县·新宁镇·柏庄村

【出处】任孝忠采录：《世神造人》，见中国民间文学集成全国编辑委员会编《中国民间故事集成》（甘肃卷），北京：中国ISBN中心2001年版，第9页。

## W2016.2.1
### 人产生在特定的湖中

【关联】[W2208.3] 湖生人

实 例

（实例待考）

## W2017
### 人产生于其他某个特定的地点

实 例

（参见下级母题实例）

## W2017.1
### 人类从冰雪里诞生

【关联】[W2208.2] 雪生人

实 例

[彝族] 人类从冰雪里诞生以后，又传来9代人。

【流传】四川省·（凉山彝族自治州）·喜德县

【出处】倮木和铁讲，白芝搜集：《天地万物的起源》，见白芝（执笔）《中国民间文学三套集成四川喜德卷·凉山彝族民间故事选》，成都：四川民族出版社1990年版，第1页。

## W2017.2
### 人产生在植物中

【关联】[W2170] 植物生人

实 例

（参见植物生人母题实例）

## W2018

与人的产生地点有关的其他母题

实例

（参见下级母题实例）

## W2018.1

人产生地点的选择

【关联】［W2592］出生的地点

实例

[汉族]（实例待考）

## W2018.2

人产生地点的变化

实例

（参见下级母题实例）

## W2018.2.1

人从天上迁到地上繁衍

【关联】［W2025.4.7.2］天神从天上派人到人间

实例

[怒族] 洪水毁灭全部人类后，天神派还没有成年的腊普和亚妞兄妹俩去人间，要他们在大地上繁衍人类。

【流传】云南省

【出处】

（a）赛阿局讲，吴广甲记录，光付益翻译，陈荣祥整理：《腊普和亚妞》，载《山茶》1983年第3期。

（b）同（a），见姚宝瑄主编《中国各民族神话》（门巴族、珞巴族、怒族、藏族），太原：山西出版传媒集团·书海出版社2014年版，第57页。

## 2.2 人自然存在或来源于某个地方（W2020～W2029）

### 2.2.1 人自然存在（W2020～W2024）

**W2020**
**人自然存在**

实例

［汉族］很久以前，世上就有蛮多人。
【流传】江西省·宜春市·（袁州区）·寨下乡（寨下镇）·台上村
【出处】孙伟宏讲，施绍辉采录：《伏羲和女娲》，见中国民间文学集成全国编辑委员会编《中国民间故事集成》（江西卷），北京：中国ISBN中心2002年版，第12页。

**W2020.1**
**人自然产生（自然产生人）**

【关联】［W2001］人类的产生没有原因

实例

❶ ［侗族］天地原来是一大团，在这团东西上慢慢地有了人。

【流传】贵州省·（黔东南苗族侗族自治州）·三穗县·款场（款场乡）
【出处】杨引兰讲，周昌武采录：《开天辟地》，见中国民间文学集成全国编辑委员会编《中国民间故事集成》（贵州卷），北京：中国ISBN中心2003年版，第5页。

❷ ［哈尼族］原来地上无人，后来才慢慢有了人。第一代到第二代是人、鬼、神不分的洪荒年代。
【流传】云南省红河沿岸
【出处】刘庆元整理：《兄妹传人类》，见中国少数民族民间文学《故事大系》系列丛书之《哈尼族民间故事选》，上海：上海文艺出版社1988年版，第10～13页。

❸ ［汉族］远古那时，世间有了人。
【流传】天津市·河东区
【出处】高振环讲，王维刚采录：《人为嘛穿上了衣裳》，见中国民间文学集成全国编辑委员会编《中国民间故事集成》（天津卷），北京：中国ISBN中心2004年版，第7页。

❹ ［柯尔克孜族］野鸭先造陆地，后生出人类。
【流传】（无考）
【出处】《艾特玛托夫小说集》（下），北京：外国文学出版社1981年版，第422～423页。

❺ ［苗族］洪水退去后，在东方一块沃野千里放光的大地上，出现了苗族的先人。
【流传】贵州省

【出处】吾雄讲，波雄搜集整理：《稻谷的来历》，载《南风》1981年第2期。

❻ [藏族] 天地中间产生了人类。

【流传】（无考）

【出处】佟锦华：《藏族文学研究》，北京：中国藏学出版社1992年版，第386页。

## W2020.1.1
### 天地产生时自然产生人类

【关联】

① [W2011.3] 天地形成以后产生人（天地分开后产生人）

② [W2034] 开天辟地时造人

实例

❶ [汉族] 在开天辟地时就有过人了，后来发生了一次天塌地崩，人统统死光了。

【流传】上海市·上海县（闵行区）·华漕乡（华漕镇）·吴家巷（吴家巷村）

【出处】王忠明讲，秦复兴采录：《人是哪里来的》，见中国民间文学集成全国编辑委员会编《中国民间故事集成》（上海卷），北京：中国ISBN中心2007年版，第6页。

❷ [藏族] 天升地降，自然产生人类。

【流传】（无考）

【出处】佟锦华：《藏族文学研究》，北京：中国藏学出版社1992年版，第386页。

❸ [壮族] 天地刚分开时，大地上只有重甲人（未确定族别，有属壮族说）。

【流传】云南省·（大理白族自治州）·鹤庆县

【出处】王华青等讲，鹤庆县集成办公室采录：《铜鼓老祖包登》，见中国民间文学集成全国编辑委员会编《中国民间故事集成》（云南卷），北京：中国ISBN中心2003年版，第278页。

## W2020.1.2
### 太古时自然产生人类

【关联】[W2011.1] 太古时代产生人

实例

[高山族（赛夏）] 太古时，世上已有了人类。

【流传】台湾

【出处】《高山族各种人的始祖：犬生赛夏人始祖》，见姚宝瑄主编《中国各民族神话》（高山族、黎族、畲族），太原：山西出版传媒集团·书海出版社2014年版，第11页。

## W2020.2
### 混沌初开时自然出现人

【关联】

① [W0721.3.1] 混沌生盘古

② [W1057.1] 混沌（混沌卵）

实例

[水族] 混沌初开，有了人类。

【流传】云南省·（曲靖市）·富源县·古敢乡

【出处】《仙翁授字》，见高明强编《创世的神话和传说》，上海：上海三联书店 1988 年版，第 117 页。

## W2020.2.1
### 开辟天地后自然产生人
【关联】
① ［W2011.3.3］开天辟地后生人
② ［W2035］开天辟地后造人

**实例**

［汉族］盘古开天辟地后，一个月生山，两个月有河，三个月出草，四个月长树，接着虫、鱼、禽、兽都生出来，到九个月时，地上就有了人。

【流传】浙江省·（嘉兴市）·海宁市·斜桥（斜桥镇）·祝场（祝场村）等地及毗邻的海盐县部分农村

【出处】沈关勇、汪彩贞讲，郑伟成、王钱松记录，王钱松整理：《日月平升》（1981），见姚宝瑄主编《中国各民族神话》（汉族），太原：山西出版传媒集团·书海出版社 2014 年版，第 191~192 页。

## W2020.2.2
### 混沌分开后特定的地方出现人

**实例**

（参见下级母题实例）

## W2020.2.2.1
### 混沌分开后不周山下出现人

**实例**

［汉族］在很古的时候，世界上没有人。后来混沌分开，不周山下出现一对男女。

【流传】江苏省·宿迁市

【出处】刘汉飞讲，刘汉飞记录：《女娲哭天》（1986.10.22），见姚宝瑄主编《中国各民族神话》（汉族），太原：山西出版传媒集团·书海出版社 2014 年版，第 61~62 页。

## W2021
### 世上出现的第一个人
【汤普森】①A1230；②A1280

**实例**

❶ ［汉族］骨头棒子（托骨佛）是世上最早的人。

【流传】黑龙江省·（哈尔滨市）·五常县·拉林镇

【出处】李录讲，赵广礼采录：《五挡神、洪钧老祖和托骨佛》，见中国民间文学集成全国编辑委员会编《中国民间故事集成》（黑龙江卷），北京：中国 ISBN 中心 2005 年版，第 6 页。

❷ ［苗族］天和地生的头一个人叫榜香猷。

【流传】贵州省·（黔东南苗族侗族自治州·凯里市）·黄平县·红梅乡·波洞村

【出处】张其富讲，杨付昌等采录：《榜香猷》，见中国民间文学集成全国编辑委员会编《中国民间故事集成》（贵州卷），北京：中国 ISBN 中心 2003 年版，第 78 页。

## W2021.1
### 世上最早只有 1 个老人

【关联】
① [W2022.1.5] 世上最早有男女两位老人
② [W2926b] 老人（长者）

实例

❶ [景颇族] 古时候，一位看守着一块果园的老人是传说中的天下第一个人。

【流传】云南省·（怒江傈僳族自治州）·泸水县·片马乡（片马镇）

【出处】枪能讲，苏建华采录：《天下第一个人》，见中国民间文学集成全国编辑委员会编《中国民间故事集成》（云南卷），北京：中国 ISBN 中心 2003 年版，第 66 页。

❷ [苗族] 爷里比是最初生活在大地上的一位老人。

【流传】云南省·（曲靖市）·宣威市

【出处】张树民讲，张绍祥采录：《太阳月亮守天边》，见中国民间文学集成全国编辑委员会编《中国民间故事集成》（云南卷），北京：中国 ISBN 中心 2003 年版，第 144 页。

## W2021.2
### 世上最早只有 1 个女人
### （第一个女人）

【关联】[W2755.1] 产生第一个母亲（人类之母）

实例

[汉族] 很早以前，世界上只有 1 个娘娘。

【流传】山西省·太原市

【出处】李连生讲，张余采录：《娘娘捏人》，见中国民间文学集成全国编辑委员会编《中国民间故事集成》（山西卷），北京：中国 ISBN 中心 1999 年版，第 7 页。

## W2021.2.1
### 第一个女人的产生

【关联】
① [W2021.3.0] 第一个男人的产生
② [W2297.0.2] 最早生的人都是女人

实例

（参见下级母题实例）

## W2021.2.1.0
### 自然存在的第一个女人

【关联】[W2020.1] 人自然产生（自然产生人）

实例

[汉族] 厥初生民，时维姜嫄。

【流传】（无考）

【出处】《诗·大雅·生民》。

## W2021.2.1.1
### 天降第一个女人

【关联】
① [W2015] 人产生在天上
② [W2025] 人从天降（天降人）
③ [W2997.0] 天上的人

实例

[怒族] 天降女始祖茂英充。

【流传】云南省·（怒江傈僳族自治

州）·福贡县·匹河乡（匹河怒族乡）

【出处】企扒冲讲：《女始祖》，见中国民间文学集成全国编辑委员会编《中国民间故事集成》（云南卷），北京：中国 ISBN 中心 2003 年版，第 268 页。

## W2021.2.1.2
### 神婚生第一个女人

【关联】［W2400］神婚生人

实例

［德昂族］ 天王和地母结成夫妻，生 1 个女孩。

【流传】

（a）云南省·德宏州（德宏傣族景颇族自治州）

（b）云南省

【出处】

（a）满坎木讲，杨毓骧采录：《人类的起源》，见中国民间文学集成全国编辑委员会编《中国民间故事集成》（云南卷），北京：中国 ISBN 中心 2003 年版，第 105 页。

（b）《天王与地母》，见中国各民族宗教与神话大词典编审委员会编《中国各民族宗教与神话大词典》，北京：学苑出版社 1990 年版，第 94~95 页。

## W2021.2.1.3
### 神造第一个女人

实例

（实例待考）

## W2021.2.1.4
### 世上最早出现的是地母的女儿

实例

［纳西族（摩梭）］ 天神和地母生猴子，猴子吞下神鹰的蛋，后来蛋炸开，蛋壳、蛋白、蛋黄变成的粉末，到处乱飞。其中的蛋核滚来滚去变成了一个美丽的姑娘。这个姑娘成为摩梭人的老祖宗昂姑咪阿斯。

【流传】云南省·（丽江市）·宁蒗县（宁蒗彝族自治县）

【出处】桑直若史、益依关若讲，章天锡、章天铭搜集，章虹宇整理：《昂姑咪》，载《山茶》1986 年第 3 期。

## W2021.2.2
### 第一个女人的特征

【关联】［W2021.1］世上最早只有 1 个老人

实例

（参见下级母题实例）

## W2021.2.2.1
### 第一个女人是肉核

【关联】［W2386.4］肉核变成人

实例

［白族］ 最早出现的一个女子是肉核姑娘。

【流传】云南省·（大理白族自治州）·鹤庆（鹤庆县）·城郊

【出处】朱二爷等讲，章虹宇等记录整

理：《人类是从哪里来的》，见谷德明编《中国少数民族神话》，北京：中国民间文艺出版社1987年版，第299页。

## W2021.2.3
### 第一个女人的名字
【关联】［W0654.2.1］第一个女祖先

实例

（参见下级母题实例）

## W2021.2.3.1
### 第一个女人是女娲（女娲是第一个女人）
【关联】［W0710］女娲

实例

❶［汉族］女娲娘娘降生后，地上没有人，没有鸡狗猪羊牛马，也没有五谷和瓜果蔬菜。
【流传】中原一带
【出处】陈明绍讲，冬禾搜集整理：《女娲捏泥造人畜》，原载张楚北编《中原神话》，见陶阳、钟秀编《中国神话》（下），北京：商务印书馆2008年版，第1192~1193页。

❷［汉族］女娲氏是最早的人，人住在天与地的中间。
【流传】浙江省·舟山市·（定海区）马目（马目乡）、烟墩（烟墩乡）
【出处】张友夫讲，于海辰、林海峰记录整理：《兄妹分天地》（1987.05.15），见姚宝瑄主编《中国各民族神话》（汉族），太原：山西出版传媒集团·书海出版社2014年版，第38~39页。

❸［汉族］很早很早以前，世界上只有女娲一个人。
【流传】甘肃省·（白银市）·会宁县·老君乡·杏树村
【出处】冯德璋讲，胡俊红采录：《女娲捏人》，见中国民间文学集成全国编辑委员会编《中国民间故事集成》（宁夏卷），北京：中国ISBN中心1999年版，第5页。

## W2021.2.3.2
### 第一个女人是夏娃

实例

❶［哈萨克族］上帝造了人祖和人母夏娃。
【流传】（无考）
【出处】依曼阿力·萨萨诺甫讲，安蕾、毕桐译：《人类是怎样在大地上繁衍开来的》，见满都呼主编《中国阿尔泰语系诸民族神话故事》，北京：民族出版社1997年版，第66~67页。

❷［维吾尔族］女天神先造了亚当，又用亚当的一根肋骨创造了一个女人，起名夏娃，让她作亚当的妻子。
【流传】新疆维吾尔自治区
【出处】
（a）张越、姚宝瑄译：《女天神创造人类》，见满都呼主编《中国阿尔泰语系诸民族神话故事》，北京：民族出版社1997年版，第31页。

(b) 张越、姚宝瑄：《新疆民族神话选·女天神创造亚当》，乌鲁木齐：新疆人民出版社1989年版。

## W2021.2.3.3
### 第一个女人是阿娲阿娜

【关联】［W2022.1.6.3］第1对男女是阿娲阿塔和阿娲阿娜

实 例

［哈萨克族］迦萨甘做的第一个男人叫阿娲阿塔，第一个女人叫阿娲阿娜。

【流传】新疆维吾尔自治区

【出处】阿吾里汗·哈里、刘兆云等记录整理：《迦萨甘造人》，见姚宝瑄主编《中国各民族神话》（乌孜别克族、哈萨克族、柯尔克孜族、俄罗斯族、维吾尔族、塔吉克族、塔塔尔族、锡伯族），太原：山西出版传媒集团·书海出版社2014年版，第26页。

## W2021.2.3.4
### 第一个女人是黎母

实 例

❶ ［黎族］雷公放在山上的一颗蛇卵孵出一个女孩，这个女孩就是黎母。

【流传】
(a) 海南省·琼中县（琼中黎族苗族自治县）·五指山公社·番龙村（今属五指山市水满乡番龙村）
(b) 海南省

【出处】
(a) ［清］《琼州府》，见《古今图书集成·职方典》卷一三九二。

(b) 王克福讲，符策超采录：《黎母的神话》，见中国民间文学集成全国编辑委员会编《中国民间故事集成》（海南卷），北京：中国ISBN中心2002年版，第5页。

❷ ［黎族］雷公把放在山中的蛇卵轰破，从卵壳里跳出一个女孩，取名"黎母"。

【流传】海南省

【出处】
(a) 广东民族学院中文系七七级采风组搜集整理：《黎母山传说》，见广东民族学院中文系编《黎族民间故事选》，上海：上海文艺出版社1983年版。
(b) 同(a)，见姚宝瑄主编《中国各民族神话》（高山族、黎族、畲族），太原：山西出版传媒集团·书海出版社2014年版，第63页。

## W2021.2.3.5
### 第一个女人是塔婆然

实 例

［哈尼族］天和地分开的时候，天底下的人只有一个叫塔婆然的妇女。

【流传】云南省·（红河哈尼族彝族自治州）·元阳县

【出处】陈布勤讲，杨万智搜集整理：《始祖塔婆然》，载《山茶》1986年第6期。

## W2021.2.3.6
### 第一个女人是姆六甲

【关联】［W0705］姆六甲

**实例**

[壮族] 很古的时候，地上只有一个人，就是我们的始祖娘姆洛甲。

【流传】广西壮族自治区·（河池市）·大化县（大化瑶族自治县）·羌圩乡·那康村

【出处】

（a）覃鼎琨讲，覃承勤采录翻译：《姆洛甲造三批人》，见中国民间文学集成全国编辑委员会编《中国民间故事集成》（广西卷），北京：中国 ISBN 中心 2001 年版，第 4 页。

（b）同（a），见张声震总主编，农冠品编注《壮族神话集成》，南宁：广西民族出版社 2007 年版，第 22 页。

## W2021.2.3.7
### 其他有名字的第一个女人

**实例**

❶ [哈尼族] 古时候，世上没有男人，只有一个女人那聋。

【流传】云南省·（红河哈尼族彝族自治州）·元阳县

【出处】小和讲：《侯波与那聋》，见中国民间文学集成全国编辑委员会编《中国民间故事集成》（云南卷），北京：中国 ISBN 中心 2003 年版，第 40～42 页。

❷ [佤族] 达能（人神）朝妈农（人类第一个母亲）的身上吐了一口唾沫，这样，妈农就生下女儿安木拐，即地球上诞生的第一个人。

【流传】云南省·（普洱市）·西盟县（西盟佤族自治县）

【出处】达老屈等讲，隋嘎等采录：《司岗里》，见中国民间文学集成全国编辑委员会编《中国民间故事集成》（云南卷），北京：中国 ISBN 中心 2003 年版，第 96 页。

## W2021.2.4
### 与第一个女人有关的其他母题

**实例**

（参见下级母题实例）

## W2021.2.4.1
### 孤独的女人

**实例**

[藏族] 在古代，只有女娲和几百种动物。女娲感到很孤独和苦闷。

【流传】云南省·迪庆藏族自治州·汤美村

【出处】

（a）马龙祥、李子贤记录：《女娲娘娘补天》（1960s），见《钟敬文民间文学论集》（上），上海：上海文艺出版社 1982 年版。

（b）同（a），见姚宝瑄主编《中国各民族神话》（门巴族、珞巴族、怒族、藏族），太原：山西出版传媒集团·书海出版社 2014 年版，第 81 页。

## W2021.2.4.2
### 第一个女人生人

【关联】

① [W2146.1.2] 姆六甲生人

② ［W2297.3］女人生孩子后有了人类

**实例**

❶ ［瑶族］世上的第一个女人密洛陀（又可视为"女神"）迎着风怀孕了，生人类。

【流传】广西壮族自治区·（河池市）都安瑶族自治县、江水河一带瑶族地区

【出处】《密洛陀创世》，蓝田根据莎红整理的《密洛陀》和潘泉脉整理的《密洛陀》两部不同版本的长诗《密洛陀》改写，见姚宝瑄主编《中国各民族神话》（土家族、毛南族、侗族、瑶族），太原：山西出版传媒集团·书海出版社2014年版，第152页。

❷ ［壮族］世上最早出现的女人姆六甲，因登山受了海水而孕，生下人类。

【流传】（无考）

【出处】覃圣敏主编：《壮泰民族传统文化比较研究》，南宁：广西人民出版社2003年版，第2770页。

## W2021.2.4.3
### 世界最早只有一个女人和动物

**实例**

［汉族］很古以前，世界上只有一个老婆子和一些狼虫虎豹。

【流传】甘肃省·天水市·北道区·中滩乡

【出处】雷兴旺讲，杨晓学采录：《伏羲女娲成婚》，见中国民间文学集成全国编辑委员会编《中国民间故事集成》（甘肃卷），北京：中国ISBN中心2001年版，第10页。

## W2021.2.4.4
### 灾难后再生的第一个女人

【关联】［W2500］人类再生

**实例**

［哈萨克族］洪水过后，人都死光了。天神安拉造了男子阿达姆阿塔和女人哈瓦娜结为夫妇，让他们繁衍人类。

【流传】新疆维吾尔自治区

【出处】《阿达姆阿塔》，斯丝根据别克苏勒坦、佟中明撰写的《哈萨克族宗教与神话》改写，见姚宝瑄主编《中国各民族神话》（乌孜别克族、哈萨克族、柯尔克孜族、俄罗斯族、维吾尔族、塔吉克族、塔塔尔族、锡伯族），太原：山西出版传媒集团·书海出版社2014年版，第27页。

## W2021.3
### 世上最早只有1个男人

【关联】

① ［W2022.2.1］世上最早只有兄弟2人

② ［W2297.0.1］最早生的人都是男人

③ ［W2756］最早只有男人

**实例**

（参见下级母题实例）

## W2021.3.0
### 第一个男人的产生

**实例**

（参见下级母题实例）

## W2021.3.0.1
### 天降第一个男人

**实例**

[傣族] 天上一个叫亚桑盖的女子下凡到大地上,万年后,男子布桑盖也从天而降,他们结为夫妻,成为人类第一对祖先。

【流传】云南省

【出处】《布桑盖与亚桑盖》,见张公瑾著《傣族文化研究》,昆明:云南民族出版社1988年版,第39~40页。

## W2021.3.0.2
### 神造第一个男人

【关联】[W2052] 神造人

**实例**

❶ [独龙族] 天神格孟在门德龙戛用泥造了一个人,泥人放到地上后成活。从此地上就有了第一个男人。

【流传】(无考)

【出处】《"格孟"造人》,见彭义良《创世记》,载《民族文化》1987年第1期。

❷ [维吾尔族] 女天神在地球上很寂寞,就用地上的泥土捏了一个人,是男的。

【流传】新疆维吾尔自治区

【出处】《女天神创造人类》,见满都呼主编《中国阿尔泰语系诸民族神话故事》,北京:民族出版社1997年版,第31页。

## W2021.3.0.3
### 神生第一个男人

【关联】[W2131] 神生人

**实例**

[哈尼族] 天神俄玛来到空空的世上,生下了第二代人神玛窝,这是世上的头一个男人。

【流传】云南省·(红河哈尼族彝族自治州)·元阳县

【出处】卢朝贵讲,史军超采录:《神和人的家谱》,见中国民间文学集成全国编辑委员会编《中国民间故事集成》(云南卷),北京:中国ISBN中心2003年版,第23页。

## W2021.3.1
### 第一个男人是盘古

【关联】[W0720] 盘古

**实例**

❶ [汉族] 遂分天地,首生盘古。

【流传】(无考)

【出处】[三国]徐整:《三五历记》,原书已佚,据《绎史》引文。

❷ [汉族] 最古老的时候,天地初分,有一个人叫盘古。

【流传】宁夏回族自治区·(固原市)·固原县·彭堡乡(彭堡镇)

【出处】孙振旺讲,郭宏毅采录:《盘古开天地》,见中国民间文学集成全国编辑委员会编《中国民间故事集成》(宁夏卷),北京:中国ISBN中心

1999 年版，第 3 页。

❸［汉族］远古时候，唯一的生命是盘古。

【流传】福建省·（泉州市）·永春县·蓬壶乡（蓬壶镇）

【出处】林烈火讲，林绥国采录：《盘古分天地》，见中国民间文学集成全国编辑委员会编《中国民间故事集成》（福建卷），北京：中国 ISBN 中心 1998 年版，第 3 页。

❹［汉族］先有盘古，后有老子，后来才有三皇五帝。

【流传】吉林省·（通化市）·集安市

【出处】于连才讲：《先有老子后有天》，见中国民间文学集成全国编辑委员会编《中国民间故事集成》（吉林卷），中国文联出版公司 1992 年版，第 2 页。

❺［畲族］天地混沌时，首先生出的是盘古。

【流传】畲族地区

【出处】《盘古》，钟后根根据畲族蓝国运、蓝国根《畲族古老神话传说及人物》改写，见姚宝瑄主编《中国各民族神话》（高山族、黎族、畲族），太原：山西出版传媒集团·书海出版社 2014 年版，第 84 页。

## W2021.3.1.1

### 天地生的第一个人是盘古

【关联】［W2021.3.0］第一个男人的产生

实　例

［苗族］天地生的头一个人是盘古。

【流传】贵州省·（黔东南苗族侗族自治州）·台江（台江县）、凯里（凯里市）

【出处】张其富讲，杨付昌等采录：《榜香尤》注释，见中国民间文学集成全国编辑委员会编《中国民间故事集成》（贵州卷），北京：中国 ISBN 中心 2003 年版，第 78 页。

## W2021.3.1.2

### 混沌生的第一个人是盘古

【关联】［W2201］混沌中生人（混沌生人）

实　例

❶［汉族］盘古从混沌中出来后，成了地上的第一个人。

【流传】甘肃省·（陇南市）·徽县·城关

【出处】杨世荣讲，田雪采录：《盘古王开天地》，见中国民间文学集成全国编辑委员会编《中国民间故事集成》（甘肃卷），北京：中国 ISBN 中心 2001 年版，第 4 页。

❷［汉族］盘古用斧子劈开大气包出来，成为地上第一人。

【流传】河南省·（南阳市）·桐柏县·二郎山乡

【出处】刘国山讲：《开天辟地》，见中国民间文学集成全国编辑委员会编《中国民间故事集成》（河南卷），北京：中国 ISBN 中心 2001 年版，第 4 页。

## W2021.3.2
### 第一个男人是亚当

**【实例】**

❶ [回族] 真主造化的第一个人就是阿丹圣人。

**【流传】** 宁夏回族自治区·(固原市)·泾源县·惠台乡·暖水村

**【出处】** 郡生财讲，安文斌采录：*《人祖阿丹和好娃》，见中国民间文学集成全国编辑委员会编《中国民间故事集成》(宁夏卷)，北京：中国ISBN中心1999年版，第8页。

❷ [维吾尔族] 女天神造出来第一个泥人，真主吹气使这个泥人成活。这个人就是亚当。

**【流传】** 新疆维吾尔自治区·伊犁州(伊犁哈萨克自治州)、新疆南疆一带

**【出处】** 阿不都拉搜集翻译，姚宝瑄整理：《女天神创造亚当》，见姚宝瑄主编《中国各民族神话》(乌孜别克族、哈萨克族、柯尔克孜族、俄罗斯族、维吾尔族、塔吉克族、塔塔尔族、锡伯族)，太原：山西出版传媒集团·书海出版社2014年版，第224页。

## W2021.3.3
### 其他有名字的第一个男人

**【实例】**

[怒族] 大地上第一个男人是朋更朋。

**【流传】** 云南省·(怒江傈僳族自治州)·贡山(贡山独龙族怒族自治县)

**【出处】** 《聪明勇敢的朋更朋》，见攸延春《怒族文学史》，昆明：云南民族出版社2003年版，第39页。

## W2021.3.3.1
### 第一个男人阿达姆阿塔

**【实例】**

[哈萨克族] 天神安拉创造了第一个人，叫阿达姆阿塔，是个男人。

**【流传】** 新疆维吾尔自治区

**【出处】** 《阿达姆阿塔》，斯丝根据别克苏勒坦、佟中明撰写的《哈萨克族宗教与神话》改写，见姚宝瑄主编《中国各民族神话》(乌孜别克族、哈萨克族、柯尔克孜族、俄罗斯族、维吾尔族、塔吉克族、塔塔尔族、锡伯族)，太原：山西出版传媒集团·书海出版社2014年版，第27页。

## W2021.3.4
### 与第一个男人有关的其他母题

**【关联】** [W2021.2.4] 与第一个女人有关的其他母题

**【实例】**

(参见下级母题实例)

## W2021.3.4.1
### 孤独的男人

**【实例】**

[土族] 地球翻动之后，只剩下打柴郎一人，非常孤独。

**【流传】** (无考)

【出处】《打柴郎的故事》，见邢海燕《土族口头传统与民俗文化》，兰州：甘肃人民出版社2008年版，第42页。

## W2021.3.4.2
### 第一个男人是男性怪物

【关联】
① ［W0855］怪人
② ［W0860］怪物
③ ［W2643.2］生怪物

实 例

［汉族］盘古开天地后，水中爬出浑身长毛的男性怪物为世上第一人。

【流传】甘肃省·（庆阳市）·宁县·新宁镇

【出处】任孝忠讲：《世神造人》，见中国民间文学集成全国编辑委员会编《中国民间故事集成》（甘肃卷），北京：中国 ISBN 中心 2001 年版，第9～10页。

## W2021.4
### 与世上出现的第一个人有关的其他母题

实 例

（参见下级母题实例）

## W2021.4.1
### 骨头棒子是世上最早的人

实 例

［汉族］骨头棒子（托骨佛）是世上最早的人。

【流传】黑龙江省·（哈尔滨市）·五常县·拉林镇

【出处】李录讲，赵广礼采录：《五挡神、洪钧老祖和托骨佛》，见中国民间文学集成全国编辑委员会编《中国民间故事集成》（黑龙江卷），北京：中国 ISBN 中心 2005 年版，第6页。

## W2021.4.2
### 天地生的第一个人是榜香猷

实 例

［苗族］天地生的世上的第一个人榜香猷，活了7万9千岁。

【流传】贵州省·（黔东南苗族侗族自治州·凯里市）黄平县（原名旧州）·红梅乡·波洞村

【出处】张其富讲，杨付昌等采录：《榜香猷》，见中国民间文学集成全国编辑委员会编《中国民间故事集成》（贵州卷），北京：中国 ISBN 中心 2003 年版，第78页。

## W2021.4.3
### 世上第一个人有特定住所

实 例

（参见下级母题实例）

## W2021.4.3.1
### 世上第一个人住在天上

【关联】［W2997.0］天上的人

实 例

［哈萨克族］天神安拉创造的第一个男

人阿达姆阿塔，住在天上。

【流传】新疆维吾尔自治区

【出处】《阿达姆阿塔》，斯丝根据别克苏勒坦、佟中明撰写的《哈萨克族宗教与神话》改写，见姚宝瑄主编《中国各民族神话》（乌孜别克族、哈萨克族、柯尔克孜族、俄罗斯族、维吾尔族、塔吉克族、塔塔尔族、锡伯族），太原：山西出版传媒集团·书海出版社2014年版，第27页。

## W2022
### 世上最早有2人

实 例

（参见下级母题实例）

## W2022.1
### 世上最早有1男1女（第1对男女）

实 例

❶ [哈尼族] 大鱼从脊背里送出来的那对人，男的叫直塔，女的叫塔婆。

【流传】云南省

【出处】

（a）朱小和讲，芦朝贵等整理：《天、地、人的形成》，载《山茶》1983年第4期。

（b）同（a），见谷德明编《中国少数民族神话》，北京：中国民间文艺出版社1987年版，第313页。

（c）朱小和讲，芦朝贵等整理：《天、地、人的传说》，见陶立璠、赵桂芳等编《中国少数民族神话汇编》（开天辟地篇），中央民族学院少数民族古籍整理出版规划领导小组办公室印（未署时间），第261页。

❷ [黎族] 很久以前，大地上没有人类。一个很大的葫芦瓜，随着洪水漂流，后来两个人破瓜而出，一个男，一个女。

【流传】海南省·琼中县（琼中黎族苗族自治县）·五指山公社（五指山市）·（水满乡）·番龙村

【出处】王克福讲，冯秀梅采录：《黎族汉族的来源》，见中国民间文学集成全国编辑委员会编《中国民间故事集成》（海南卷），北京：中国ISBN中心2002年版，第11页。

## W2022.1.0
### 最早1对男女的产生

【关联】

① [W2061.10.1] 鬼造1对男女

② [W2181.3.1] 桃核生1对男女

③ [W2208.7.3.1] 水生1对男女

④ [W2702.0.3] 自然存在1对男女

⑤ [W2702.1.3] 造1对男女

⑥ [W2702.1a.1] 变成1对男女

⑦ [W2702.2.3] 生1对男女

⑧ [W2702.3.3] 婚生1对男女

⑨ [W2760.5.1] 肉核炸成的两半成为最早的1对男女

实 例

[阿昌族] 在古老的时候，大地上仅有遮帕麻和遮米麻这一对人类的始祖。

【流传】云南省·（德宏傣族景颇族自

治州）·梁河县

【出处】赵安贤讲述，杨叶生翻译，智克整理：《遮帕麻与遮米麻》，载《山茶》1981 年第 2 期。

## W2022.1.0.1
### 天降最早 1 对男女

【关联】[W2025] 人从天降（天降人）

实 例

[佤族] 天降的 1 男 1 女结婚后繁衍佤族的祖先。

【流传】云南省

【出处】大林太良：《印度支那北部佤族的人类起源神话》，见陶阳、钟秀编《中国神话》（第一辑），上海：上海文艺出版社 1996 年版。

## W2022.1.0.2
### 最早变化出 1 对男女

实 例

[高山族（布农）] 最早时，大地上只有两条叫古古拉特的芋虫，这两条虫子变成两个男女。

【流传】台湾·布农人卡社群

【出处】《高山族各种人的始祖：虫生布农人的始祖》，见姚宝瑄主编《中国各民族神话》（高山族、黎族、畲族），太原：山西出版传媒集团·书海出版社 2014 年版，第 11 页。

## W2022.1.1
### 世上最早只有一对夫妻

【汤普森】A1270

实 例

❶ [汉族] 最早的人是两口子。

【流传】湖北省·（十堰市）·丹江口市·（六里坪镇）·狮子沟（狮子沟村）

【出处】葛朝荣讲，李征康采录：《风云雷雨雾的来历》，见中国民间文学集成全国编辑委员会编《中国民间故事集成》（湖北卷），北京：中国 ISBN 中心 1999 年版，第 25 页。

❷ [苗族] 在天地刚刚形成的时候，有一对夫妇，女的叫波里毕，男的叫爷里毕（b 为波丽萍和岳利华）。

【流传】

(a) 贵州省·威宁县（威宁彝族回族苗族自治县）·龙街（龙街镇）

(b) 云南省·（昭通市）·彝良县

【出处】

(a) 韩庆安记录者：《波里毕和爷里毕》，见中国民间文学集成全国编辑委员会编《中国民间故事集成》（贵州卷），北京：中国 ISBN 中心 2003 年版，第 14 页。

(b) 王建国讲，陆兴凤翻译，杨光汉采录：《人类始祖返老还童》，见中国民间文学集成全国编辑委员会编《中国民间故事集成》（云南卷），北京：中国 ISBN 中心 2003 年版，第 280 页。

❸ [佤族] 天降的 1 男 1 女两人结成夫妻，他们繁衍佤族的祖先。

【流传】云南省

【出处】大林太良：《印度支那北部佤族的人类起源神话》，见陶阳、钟秀编

《中国神话》（第一辑），上海：上海文艺出版社 1996 年版。

### W2022.1.1.1
### 世上最早只有 1 对人祖

实例

❶ [傣族] 天上女子亚桑盖首先下凡到地上，万年后男子布桑盖也从天而降，他们结为夫妻，成为人类第 1 对祖先。

【流传】云南省

【出处】《布桑盖与亚桑盖》，见张公瑾《傣族文化研究》，昆明：云南民族出版社 1988 年版，第 39~40 页。

❷ [汉族] 最早的混沌中生出人祖盘古爷和盘古奶两个人。

【流传】河南省·（南阳市）·桐柏县·二郎山乡·田口村

【出处】李新超讲，马卉欣整理：《盘古开天》，见 http：//tongbai.01ny.cn（桐柏网）2001.01.26。

### W2022.1.1.2
### 最早的混沌中只有 1 对夫妻

实例

[汉族] 从前，没天没地，四面八方好像打翻的鸡卵丸。混沌里厮守着一公一婆。

【流传】福建省·（宁德市）·寿宁县·大安乡·伏际村

【出处】吴兰妃讲，刘善林记录：《天地人》（1986.03.17），见姚宝瑄主编《中国各民族神话》（汉族），太原：山西出版传媒集团·书海出版社 2014 年版，第 58~61 页。

### W2022.1.1.3
### 最早 1 对夫妻是田公和地母

实例

[德昂族] 最早时，宇宙间只有田公和地母，他俩结成了夫妻。

【流传】云南省·保山县（保山市）

【出处】李仁光、姚世清讲，杨玉骧搜集整理：《百片树叶百个人》，载《山茶》1985 年第 6 期。

### W2022.1.1.4
### 世上最早只有 1 对老夫妻

【关联】[W2021.1] 世上最早只有 1 个老人

实例

[汉族] 远古的时候，没有天和地，全天下只有天下翁和天下婆两位老人。

【流传】福建省·（宁德市）·周宁县·李墩乡·里东山村

【出处】章永红讲，陈凤禧搜集整理：《天下翁与天下婆》（1987.08.05），见姚宝瑄主编《中国各民族神话》（汉族），太原：山西出版传媒集团·书海出版社 2014 年版，第 34~35 页。

### W2022.1.2
### 世上最早只有兄妹 2 人

实例

[阿昌族] 开天辟地的时候，人间只有

兄妹两人。

【流传】云南省·（德宏傣族景颇族自治州）·梁河县

【出处】孙广强讲，江朝泽采录：《九种蛮夷本是一家人》，见中国民间文学集成全国编辑委员会编《中国民间故事集成》（云南卷），北京：中国ISBN中心2003年版，第183页。

## W2022.1.2.1

### 最早只有伏羲女娲兄妹

【关联】[W0680.2.2] 伏羲女娲是兄妹

实例

（实例待考）

## W2022.1.2.2

### 世上最早有伏羲兄妹2人

实例

❶ [畲族] 在天下还没有人类时，在一座大山之中住着兄妹两人，哥哥叫伏羲，妹妹叫女娲。

【流传】（无考）

【出处】

(a) 蓝国运、蓝国根记录整理：《伏羲与女娲》，见《中国各民族宗教与神话大词典》，北京：学苑出版社1993年版。

(b) 同（a），见姚宝瑄主编《中国各民族神话》（高山族、黎族、畲族），太原：山西出版传媒集团·书海出版社2014年版，第86页。

❷ [瑶族] 盘古开天地后，有伏羲姊妹二人。

【流传】湖南省·（永州市）·江华县（江华瑶族自治县）·中河乡（码市镇）·大坑村

【出处】赵富祥等讲：《人是怎样来的》，见湖南民委民族民间文学整理组编《民族民间文学资料》24集，《瑶族民间传说故事选》，1980刻印本，第67页。

❸ [壮族] 几十万年前，世上降生伏羲兄妹。

【流传】广西壮族自治区·贵港市·（港北区·中里乡）·龙山屯（龙山圩）

【出处】欧有恒讲：《伏羲兄妹》，见张声震总主编，农冠品编注《壮族神话集成》，南宁：广西民族出版社2007年版，第325页。

## W2022.1.2.3

### 人类再生时最早的兄妹2人

实例

❶ [汉族] 洪水后，只剩下伏羲女娲兄妹。他俩见天底下没有了人类，就用泥巴来做了一些人。

【流传】四川省

【出处】李茂生讲，陈钧搜集整理：《伏羲兄妹制人烟》，见姚宝瑄主编《中国各民族神话》（汉族），太原：山西出版传媒集团·书海出版社2014年版，第91~94页。

❷ [怒族] 洪水淹死全部人类后，天神派了还没有成年的腊普和亚妞兄妹俩

来到人间。

【流传】云南省

【出处】

(a) 赛阿局讲，吴广甲记录，光付益翻译，陈荣祥整理：《腊普和亚妞》，载《山茶》1983年第3期。

(b) 同（a），见姚宝瑄主编《中国各民族神话》（门巴族、珞巴族、怒族、藏族），太原：山西出版传媒集团·书海出版社2014年版，第57页。

## W2022.1.3
### 世上最早只有姐弟2人

实例

[赫哲族] 最初，大地上只有两个人，一个是弟弟霍代，一个是姐姐米亚门迪。

【流传】（无考）

【出处】

(a) 徐昌翰、黄任远：《赫哲族文学》，哈尔滨：北方文艺出版社1991年版，第72页。

(b) 洛帕金：《戈尔德人》，见喻权中《死亡的超越与转化——赫哲-那乃族初始萨满神话考疑》，载《民族研究》1998年第3期。

## W2022.1.4
### 世上最早有父女2人

实例

[仡佬族] 原来，地上除了土王和他的女儿，没有别的人。

【流传】贵州省·（遵义市）·遵义县·平正乡（平正仡佬族乡）

【出处】陈保和讲，唐文新采录：《十弟兄》，见中国民间文学集成全国编辑委员会编《中国民间故事集成》（贵州卷），北京：中国ISBN中心2003年版，第64页。

## W2022.1.5
### 世上最早有男女两位老人

【关联】[W2022.1.1.4] 世上最早只有1对老夫妻

实例

[白族] 最早时，五台峰下的两位老人种南瓜，在南瓜中跳出一个小姑娘。

【流传】云南省·大理（大理白族自治州）苍山一带

【出处】http://history.1001n.com.cn，2002.09.25。

## W2022.1.6
### 世上最早有一对有名字的男女

实例

(参见下级母题实例)

## W2022.1.6.1
### 第1对男女是羲男和羲女

实例

[汉族] 宇宙混沌时，只有羲男和羲女兄妹。

【流传】浙江省·（嘉兴市）·海盐（海盐县）

【出处】《伏羲王》，载《民间文学论

## W2022.1.6.2
### 第1对男女是亚当和夏娃

实例

[哈萨克族] 真主安拉先造了亚当，又从亚当的身上取下一根肋骨创造了夏娃。

【流传】新疆维吾尔自治区·（伊犁哈萨克自治州）·新源县

【出处】依玛纳勒·萨萨诺夫讲，阿勒木别克·加玛里采录，多里坤·阿米尔等译：《人的来历》，见中国民间文学集成全国编辑委员会编《中国民间故事集成》（新疆卷），北京：中国ISBN中心2008年版，第27页。

## W2022.1.6.3
### 第1对男女是阿娲阿塔和阿娲阿娜

【关联】[W2021.2.3.3] 第一个女人是阿娲阿娜

实例

[哈萨克族] 迦萨甘做的第一个男人，叫阿娲阿塔；第一个女人，叫阿娲阿娜。

【流传】新疆维吾尔自治区

【出处】阿吾里汗·哈里、刘兆云等记录整理：《迦萨甘造人》，见姚宝瑄主编《中国各民族神话》（乌孜别克族、哈萨克族、柯尔克孜族、俄罗斯族、维吾尔族、塔吉克族、塔塔尔族、锡伯族），太原：山西出版传媒集团·书海出版社2014年版，第26页。

## W2022.2
### 世上最早有2男

【关联】[W2756] 最早只有男人

实例

[高山族（雅美）] 最早只有两个男人。

【流传】（台湾）

【出处】[俄]李福清：《神话与鬼话——台湾原住民神话故事比较研究》（增订本），北京：社会科学文献出版社2001年版，第77页。

## W2022.2.1
### 世上最早只有兄弟2人

实例

[俄罗斯族（雅库特人）] 最初，只有汪洋大水和兄弟二人。

【流传】（无考）

【出处】http://www.chinesefolklore.org.cn/xrwc/xrzj/cgl/mgzqs.htm。

## W2022.2.2
### 世上最早有父子2人

【关联】[W5135] 父与子

实例

[哈尼族] 最早的人种是父子俩，后来的人种是母女俩，第三种人种是兄弟俩。

【流传】云南省

【出处】《哈尼阿培聪坡坡》，中国各民族宗教与神话大词典编审委员会编：

《中国各民族宗教与神话大词典》，北京：学苑出版社1990年版，第174页。

## W2022.2.3
### 世上最早有其他特定的两个人

**实例**

（参见下级母题实例）

## W2022.2.3.1
### 最早有2个男始祖

【关联】［W0654.1］男祖先

**实例**

[高山族（雅美）] 最早只有两个男人，他俩繁衍后人。

【流传】（台湾）

【出处】［俄］李福清：《神话与鬼话——台湾原住民神话故事比较研究》（增订本），北京：社会科学文献出版社2001年版，第77页。

## W2022.2.3.2
### 世上最早只有盘古和三皇五帝两人

**实例**

[苗族] 远古的时候，世上只有两个人，一个叫盘古，另一个叫三皇五帝。

【流传】四川省·（凉山彝族自治州）·木里县（木里藏族自治县）·李子坪乡

【出处】陶乔讲，孟燕等采录：《人的起源》，见中国民间文学集成全国编辑委员会编《中国民间故事集成》（四川卷·下），北京：中国ISBN中心1998年版，第1322页。

## W2022a
### 世上最早有3人

**实例**

（参见下级母题实例）

## W2022a.1
### 世上最早有一对夫妻和1个女儿

【关联】［W2022.1.1］世上最早只有1对夫妻

**实例**

[傈僳族] 很早以前的宇宙间荒无人烟，除了神匠和他的妻及一个女儿外，并没有什么人。

【流传】碧罗雪山（云南省·怒江傈僳族自治州·贡山独龙族怒族自治县与云南省·迪庆藏族自治州·德钦县交界一带）

【出处】*《神匠造人》，原载陶云逵《碧罗雪山之傈僳族》，见国立中央研究院《历史语言研究所集刊》第17本，商务印书馆民国三十七年（1948），第404页。

## W2022b
### 世上最早有多人

**实例**

（参见下级母题实例）

## W2022b.1
世上最早的人子孙很多

实例

（参见下级母题实例）

## W2022b.1.1
世上最早的人因灵魂不离身体繁衍很多

实例

[彝族] 最早的人由于灵魂不会离开身体，他们的子孙越来越多。

【流传】四川省·凉山（凉山彝族自治州）

【出处】何耀华调查整理：*《人为什么死亡》，见吕大吉、何耀华总主编《中国各民族原始宗教资料集成》（彝族卷、白族卷、基诺族卷），北京：中国社会科学出版社1996年版，第109页。

## W2023
与人的自然存在有关的其他母题

实例

（参见下级母题实例）

## W2023.1
人自然产生的情形

实例

（实例待考）

## W2023.2
世上最早只有4人

【关联】[W2704] 产生4人

实例

[彝族] 从前，有三兄弟和一个妹妹，一起生活。

【流传】云南省·（昆明市）·石林彝族自治县·圭山乡（圭山镇）·海宜村

【出处】黄志发讲：《洪水和人类起源神话》，见李德君采录《彝族撒尼人民间文学作品采集实录》，北京：中央民族大学出版社2009年版，第500页。

## W2023.3
世上最早有一家人

【关联】[W2556.4] 洪水后生存的一家人再生人类

实例

（实例待考）

## W2023.4
世上最早有2家人

实例

[彝族] 古时世上只有"按遮"、"瓦沙"这两户人。

【流传】四川省·凉山（凉山彝族自治州）

【出处】何耀华调查整理：*《人为什么死亡》，见吕大吉、何耀华总主编

《中国各民族原始宗教资料集成》（彝族卷、白族卷、基诺族卷），北京：中国社会科学出版社1996年版，第109页。

## 2.2.2 人源于某个地方[①]
（W2025～W2029）

### W2025
**人从天降（天降人）**

【汤普森】A1231

【关联】

① ［W2011.1.1.1］洪荒时代天降人
② ［W2022.1.0.1］天降最早1对男女

*实例*

❶ ［布朗族］天上的人降临人间。

【流传】云南省·（临沧市）·双江县（双江拉祜族佤族布朗族傣族自治县）

【出处】(a)《岩布林嘎·伊梯林嘎》，见中国各民族宗教与神话大词典编审委员会编《中国各民族宗教与神话大词典》，北京：学苑出版社1990年版，第31页。

(b) http://smth.edu.cn, 2005.07.16；

(c) 王亚南：《民间口承文化中的社群源流史》，载《民族文学研究》1996年第2期。

❷ ［珞巴族］从天上掉下几个人。

【流传】（西藏自治区）·西藏纳部落

【出处】于乃昌：《珞巴族文学史》，西藏人民出版社、江苏教育出版社2001年版，第149页。

❸ ［壮族］布洛陀向地上放了人。

【流传】广西壮族自治区·红水河流域

【出处】《布洛陀经诗》，见中国民间文学集成全国编辑委员会编《中国民间故事集成》（广西卷），北京：中国ISBN中心2001年版，第37页。

❹ ［怒族（斗霍）］远古时候，蜂与蛇交配，生下了"斗霍"女始祖"茂英充"。（"茂"，怒苏语，意为"天"；"茂英充"意为天上掉下来的人。）

【流传】云南省·怒江州（怒江傈僳族自治州）·碧江县（碧江县已撤销，现为怒江傈僳族自治州中部）

【出处】(a) 田家祺等：《碧江县一区九村怒族社会调查》，见《怒族社会历史调查》，昆明：云南人民出版社1981年版，第37页。

(b) 同(a)，见吕大吉、何耀华总主编《中国各民族原始宗教资料集成》（纳西族卷、羌族卷、独龙族卷、傈僳族卷、怒族卷），北京：中国社会科学出版社2000年版，第852页。

❺ ［珞巴族］天和地分开后，人从天上掉下来，生活在地上。

【流传】西藏自治区·（林芝地区）·

---

① "天地生人"、"天生人"、"地生人"等母题列入此类索引，而没有列入下面的"生人"母题类型，主要考虑神话叙事中强调人的自然出现，并没有明确强调"生"的执行者和过程。

察隅县

【出处】腊荣讲，明珠译，杨毓骧整理：《虎哥与人弟》，载《山茶》1985年第5期。

## W2025.1

### 天漏后落下人

实 例

❶ [布朗族] 人是天上漏下来的，共有4个兄弟。

【流传】云南省·（临沧市）·双江县（双江拉祜族佤族布朗族傣族自治县）

【出处】《布朗族文学概况》，见中国社会科学院云南少数民族文学研究所等编《云南少数民族文学资料》（第1辑），内部编印，1980年，第62页。

❷ [布朗族] 一天刮起狂风暴雨使天漏后落下人，共落下4胎5人。

【流传】云南省

【出处】

（a）岩三搜集整理：《人是从天上漏下来的》，见陶阳、牟钟秀著《中国创世神话》，上海：上海人民出版社2006年版，第158页。

（b）王亚南：《民间口承文化中的社群源流史》，载《民族文学研究》1996年第2期。

## W2025.2

### 人从太阳那里来

【关联】[W2204.1] 太阳生人

实 例

❶ [水族] 水户是从热头（即太阳）出的地方来的。

【流传】云南省·（曲靖市）·富源县·古敢乡（古敢水族乡）

【出处】郎国气讲，要国光等采录：《祖先的来历》，见中国民间文学集成全国编辑委员会编《中国民间故事集成》（云南卷），北京：中国ISBN中心2003年版，第205页。

❷ [佤族] 太阳给一个男子一副弓箭，让他从天而降。

【流传】云南省

【出处】大林太良：《印度支那北部佤族的人类起源神话》，见陶阳、钟秀编《中国神话》（第一辑），上海：上海文艺出版社1996年版。

## W2025.3

### 人从月亮中来

【关联】[W2277.4.5.3] 梦感月亮生人

实 例

❶ [彝族] 人是从月亮中来的。人类原来居住在月球上，因为月球上面临着饥荒，到后来终于寸草不生，人类才移居到地球上来。

【流传】四川省

【出处】http://blog.yfo.com，2006.08.16。

❷ [彝族] 人从月亮上到地上。

【流传】四川省·攀枝花市·仁和区

【出处】《哥哥留在月亮上》，见中国民间文学集成全国编辑委员会编《中国民间故事集成》（四川卷·上），北京：中国 ISBN 中心 1998 年版，第 752 页。

## W2025.3.1
### 月亮让一个女子从天而降

实例

[佤族] 月亮给一个妇女一根带子，这个妇女是从天上下来的第一个人。

【流传】云南省
【出处】大林太良：《印度支那北部佤族的人类起源神话》，见《中国神话》第 1 辑。

## W2025.3.2
### 人从月亮重返大地

实例

[普米族] 洪水后，到月亮上逃生的老三骑着老神雕从月亮上回到了荒无人烟的大地上。

【流传】（无考）
【出处】
（a）马六斤等讲，季志超米记录整理：《洪水滔天》，载《山茶》1983 年第 3 期。
（b）同（a），见谷德明编《中国少数民族神话》，北京：中国民间文艺出版社 1987 年版，第 503 页。

## W2025.4
### 与人从天降有关的其他母题

实例

[布朗族] 天上 4 个兄弟降临人间。

【流传】云南省·（临沧市）·双江县（双江拉祜族佤族布朗族傣族自治县）
【出处】
（a）《岩布林嘎·伊梯林嘎》，见中国各民族宗教与神话大词典编审委员会编《中国各民族宗教与神话大词典》，北京：学苑出版社 1990 年版，第 31 页。
（b）见《布朗族神话》，见 http://smth.edu.cn，2005.07.16。

## W2025.4.0
### 人从天上被逐到地上

实例

❶ [回族] 人祖阿丹与好娃，魔鬼引诱他们吃禁果，因此被赶下天堂。

【流传】宁夏回族自治区
【出处】《阿丹和好娃》，见毛星主编《中国少数民族文学》（上），长沙：湖南人民出版社 1983 年版，第 4 页。

❷ [回族] 阿丹和好娃因为吃麦果犯天规，被安拉贬降到地上。

【流传】宁夏回族自治区贺兰山一带
【出处】《人祖阿丹》，见马广德《回族口头文化览胜》，银川：宁夏人民出版社 2009 年版，第 53 页。

❸ [维吾尔族] 人祖亚当和麦穗是同时被真主赶出天堂的，现在吃的是真主赐给狗的食物。

【流传】（无考）
【出处】艾尔布丁·塔提力克讲，凯赛尔·库尔班译：《麦穗是真主留给狗的》，见满都呼主编《中国阿尔泰语系诸民族神话故事》，北京：民族出版社1997年版，第33~34页。

### W2025.4.0.1
### 天上的人违反禁忌被罚到地上

**实例**

[回族] 真主让阿丹和海尔玛去看守天堂时，因他们受诱惑违背禁令偷食禁果，真主把他们赶出天堂，降到黑暗的大地上。

【流传】（无考）

【出处】《阿丹和海尔玛》，马奔根据《中国回族民间文学概观》（宁夏大学出版社1984年版）等改写，见姚宝瑄主编《中国各民族神话》（土族、东乡族、回族、保安族、裕固族、撒拉族），太原：山西出版传媒集团·书海出版社2014年版，第49页。

### W2025.4.0.2
### 神造的男女犯忌被罚到地上

**实例**

[哈萨克族] 天神安拉造出的第一对男女因为受到魔鬼艾礼则尔的诱惑，违反了安拉的禁条，被安拉逐出天庭。

【流传】新疆维吾尔自治区

【出处】《阿达姆阿塔》，斯丝根据别克苏勒坦、佟中明撰写的《哈萨克族宗教与神话》改写，见姚宝瑄主编《中国各民族神话》（乌孜别克族、哈萨克族、柯尔克孜族、俄罗斯族、维吾尔族、塔吉克族、塔塔尔族、锡伯族），太原：山西出版传媒集团·书

海出版社2014年版，第27页。

### W2025.4.1
### 人吃禁果被赶下天堂

【汤普森】A1331.1.1

**实例**

[哈萨克族] 人祖和夏娃受魔鬼诱惑吃麦子，被赶下天堂，结婚繁衍人类。

【流传】（无考）

【出处】依曼阿力·萨萨诺甫讲，安蕾、毕枸译：《人类是怎样在大地上繁衍开来的》，见满都呼主编《中国阿尔泰语系诸民族神话故事》，北京：民族出版社1997年版，第66~67页。

### W2025.4.2
### 天降女祖先

【关联】[W0654.2] 女祖先

**实例**

[怒族] 天降女始祖茂英充。

【流传】云南省·（怒江傈僳族自治州）·福贡县·匹河乡（匹河怒族乡）

【出处】企扒冲讲：《女始祖》，见中国民间文学集成全国编辑委员会编《中国民间故事集成》（云南卷），北京：中国ISBN中心2003年版，第268页。

### W2025.4.3
### 天上下来的小人

【汤普森】F205

【实例】

（实例待考）

## W2025.4.4
### 特定人物让人降到地上

【实例】

❶ ［仡佬族］天仙老祖（盘古王的大儿子）看盘古王在地上创业辛苦，顾不上管教儿孙，就决定让子孙到地上生活。

【流传】贵州省·（六盘水市）·六枝特区·店子乡·那义村青桐林

【出处】程少先等讲，叶正乾采录：《盘古王和他的儿孙们》，见中国民间文学集成全国编辑委员会编《中国民间故事集成》（贵州卷），北京：中国ISBN中心2003年版，第62页。

❷ ［珞巴族］母亲（太阳女神）揭开了苍天，先放下了马，又放下了牛、绵羊、山羊、老虎和豹子，随后又放下了人。

【流传】西藏自治区·珞巴族苏龙部落

【出处】阿岗讲，郭翠琴整理：《藏族人民为什么在世界屋脊上定居》，见《珞巴族民间故事》：http://www.tibet-web.com/old/minjian/ync/gushi/mulu.htm，2003.10.02。

❸ ［蒙古族］天上的诸神又把天神模样的人送到了地上。

【流传】（无考）

【出处】齐木道吉翻译：《天地起源》，见谷德明编《中国少数民族神话》，北京：中国民间文艺出版社1987年版，第31~32页。

❹ ［蒙古族］诸神从天上造人后送到地上。

【流传】（无考）

【出处】赵永铣：《蒙古族创世神话与萨满教九十九天说探新》，载《内蒙古社会科学》1989年第4期。

❺ ［彝族］一位年纪与归伟（人名）不相上下的天女，带归伟踏着云彩下凡。

【流传】广西壮族自治区·（百色市）·那坡县·城厢镇·达腊村

【出处】梁绍安讲，王光荣采录翻译：《威志和米义兄妹》，见中国民间文学集成全国编辑委员会编《中国民间故事集成》（广西卷），北京：中国ISBN中心2001年版，第63页。

## W2025.4.4.1
### 天神从天缝中降下第一个女人

【关联】［W2021.2.1］第一个女人的产生

【实例】

［哈尼族］最早的一个女人是天神从天缝中丢到地下来的。

【流传】云南省·（红河哈尼族彝族自治州）·元阳县

【出处】陈布勤讲，杨万智搜集整理：《始祖塔婆然》，载《山茶》1986年第6期。

## W2025.4.4.2
### 文化始祖让人降到地上

【关联】［W0640］祖先

### 实例

[壮族] 布洛陀把万物放到地上。第一放鸡，第二放狗，第三猪，第四羊，第五水牛，第六马，第七放的是人。

【流传】广西红水河流域

【出处】《布洛陀经诗》，见中国民间文学集成全国编辑委员会编《中国民间故事集成》（广西卷），北京：中国ISBN中心2001年版，第37页。

## W2025.4.4.3
### 神把人从天上骗到地上

### 实例

[仡佬族] 金星大仙用果子把仡佬族的先人从天上诓到地上。

【流传】贵州省·（六盘水市）·六枝特区·店子乡·那义村青桐林

【出处】程少先等讲，叶正乾采录：《盘古王和他的儿孙们》，见中国民间文学集成全国编辑委员会编《中国民间故事集成》（贵州卷），北京：中国ISBN中心2003年版，第62页。

## W2025.4.5
### 特定的人物从天降

### 实例

❶ [汉族] 一男子从天而降，自称叫"杜宇"。

【流传】（无考）

【出处】《望帝化鹃》，见金麦田《中国古代神话故事全集》，北京：京华出版社2004年版，第175页。

❷ [汉族] 女娲是天上掉下来。

【流传】（无考）

【出处】《女娲和伏羲》，见陶阳、牟钟秀《中国创世神话》，上海：上海人民出版社1989年版，第239页。

## W2025.4.5.1
### 太阳的儿女从天降

【关联】[W1682] 太阳的儿女

### 实例

[珞巴族] 太阳的儿子达西和月亮的女儿亚姆从天而降。

【流传】西藏自治区·（林芝市）·墨脱县

【出处】《珞巴五兄弟》，见中国民间文学集成全国编辑委员会编《中国民间故事集成》（西藏卷），北京：中国ISBN中心2001年版，第16页。

## W2025.4.5.2
### 天降众兄弟

### 实例

[布朗族] 从天上落下兄弟4人。

【流传】云南省·（临沧市）·双江县（双江拉祜族佤族布朗族傣族自治县）

【出处】《布朗族文学概况》，见中国社会科学院云南少数民族文学研究所等编《云南少数民族文学资料》（第1辑），内部编印，1980年，第62页。

## W2025.4.5.3
### 天降1对母子

【关联】[W5131] 母与子

【实例】

[珞巴族] 一对母子从天上降到地上。
【流传】 西藏自治区·米古巴
【出处】 于乃昌：《珞巴族的原始宗教与文化》，见于乃昌个人网，2003.10.20。

## W2025.4.6
### 为看管万物天降人

【实例】

[怒族] 天神见地上没人看管万物，就派了个叫摩英充（怒族语，又译为"茂英充"，即"从天上来的人"之意）的姑娘下到地上。
【流传】 云南省
【出处】 鲁绒西纳讲，张化文翻译，杨秉礼、杨开应记录：《从天上来的人》，见姚宝瑄主编《中国各民族神话》（门巴族、珞巴族、怒族、藏族），太原：山西出版传媒集团·书海出版社2014年版，第55页。

## W2025.4.7
### 神从天上派人到人间

【关联】
① [W2003] 人的产生与神有关
② [W2018.2.1] 人从天上迁到地上繁衍

【实例】

（实例待考）

## W2025.4.7.1
### 老天爷派人到人间

【实例】

[藏族] 人类是老天爷派来的。
【流传】 四川省白马藏区
【出处】 扎嘎才札等讲，谢世廉等搜集：《创世传说》，见陶立璠、赵桂芳等编《中国少数民族神话汇编》（开天辟地篇），中央民族学院少数民族古籍整理出版规划领导小组办公室印（未署时间），第1页。

## W2025.4.7.2
### 天神从天上派人到人间

【实例】

[怒族] 洪水淹死全部人类。天神看到大地荒无人烟，就派了还没有成年的腊普和亚妞兄妹俩来到人间，繁衍人类。
【流传】 云南省
【出处】
（a）赛阿局讲，吴广甲记录，光付益翻译，陈荣祥整理：《腊普和亚妞》，载《山茶》1983年第3期。
（b）同（a），见姚宝瑄主编《中国各民族神话》（门巴族、珞巴族、怒族、藏族），太原：山西出版传媒集团·书海出版社2014年版，第57页。

## W2025.4.8
### 天地分离造成天降人

【关联】 [W1275] 天地的分开

【实例】

[珞巴族] 天和地分开以后，人就从天上掉下来，生活在地上。
【流传】 西藏自治区
【出处】 腊荣老人讲，明珠翻译：《虎哥与人弟》，见姚宝瑄主编《中国各民族神话》（门巴族、珞巴族、怒族、藏族），太原：山西出版传媒集团·书海出版社2014年版，第22页。

## W2025.4.9
### 人从光中降落人间

【关联】［W2215］光生人

*实例*

[维吾尔族] 乌古斯可汗正在祈祷天帝，夜幕降临时，忽然从天上降下一道蓝光，蓝光中有一位少女，独自坐着。

【流传】新疆维吾尔自治区

【出处】
（a）郑关中翻译整理：《乌古斯》，见《中国少数民族文学作品选》（第二分册），上海：上海文艺出版社1981年版。
（b）同（a），见姚宝瑄主编《中国各民族神话》（乌孜别克族、哈萨克族、柯尔克孜族、俄罗斯族、维吾尔族、塔吉克族、塔塔尔族、锡伯族），太原：山西出版传媒集团·书海出版社2014年版，第244页。

## W2025.4.10
### 天补好后才能降生

【关联】［W1384］补天

*实例*

[汉族] 很早以前，天母娘娘怀了一个孩子，这孩子只有在天修补好之后才能降生，若是日子长了，天修补不好，不但不能降生，还得死在娘胎里。

【流传】辽宁省·沈阳市

【出处】马素梅讲，徐海燕搜集整理：《北方的天气为什么比南方冷》（1986.04），见姚宝瑄主编《中国各民族神话》（汉族），太原：山西出版传媒集团·书海出版社2014年版，第66页。

## W2025.4.11
### 天降的特定物中生人

*实例*

（参见下级母题实例）

## W2025.4.11.1
### 天降的蜂筒生人

【关联】［W2217.3］木筒生人

*实例*

[怒族] 很早以前，从天上掉下一个大蜂筒，从中钻出一个人叫"茂允冲"（女始祖名）。

【流传】云南省·怒江州（怒江傈僳族自治州）·碧江县（碧江县已撤销，现为怒江傈僳族自治州中部）

【出处】何叔涛：《碧江怒族命名法的历史演变》，原载《民族文化》1981年第4期，见吕大吉、何耀华总主编《中国各民族原始宗教资料集成》（纳西族卷、羌族卷、独龙族卷、傈僳族卷、怒族卷），北京：中国社会科学出版社2000年版，第854页。

## W2025.4.11.2
### 天降的棉团生人

*实例*

[汉族] 一对老夫妻没有儿女。老太太

念叨孩子时，天就打起雷来，从空中飘飘悠悠落下一个大棉花团，正好落在他们的脚下。老太太把棉花团拾起来，突然这个棉花团在老太太的手里开了，里面有一个白胖胖的男孩。

【流传】辽宁省·（沈阳市）·新民县北部农村

【出处】刘赵氏讲，刘秀岩搜集整理：《补天的故事》，见姚宝瑄主编《中国各民族神话》（汉族），太原：山西出版传媒集团·书海出版社2014年版，第63~65页。

## W2025.4.12
### 天上先降动物后降人

【关联】［W2733］人与动物同源

实 例

[珞巴族（苏龙部落）] 母亲（太阳女神）揭开了苍天，先放下了马，又放下了牛、绵羊、山羊、老虎和豹子，随后又放下了人。

【流传】西藏自治区

【出处】阿岗讲，郭翠琴整理：《藏族人民为什么在世界屋脊上定居》，见《珞巴族民间故事》：http://www.tibet-web.com/old/minjian/ync/gushi/mulu.htm，2003.10.02。

## W2026
### 人从神界到人间

【关联】［W2301］神变成人

实 例

❶ [纳西族] 天神盘神的9个儿子留在人间，他们繁衍的后代就是纳西族。

【流传】（无考）

【出处】东巴经书《迎请日月·引水》。

❷ [纳西族] 东部落的首领米利东主从神界来到人界，他是天神盘神的儿子。

【流传】（无考）

【出处】《黑白战争》，陈烈《英雄史诗〈黑白战争〉主题思想的形成》，载《民族文学研究》1998年第2期。

## W2027
### 人从地下来

【汤普森】A1232

【关联】［W2203.2］地生人

实 例

❶ [高山族（布农）] 地生人达给斯当依库伦氏族是来自地底下的有尾人。

【流传】台湾

【出处】《来自地底下的达给斯当依库伦氏族》，见达西乌拉弯·毕马（田哲益）、达给斯海方岸·娃莉丝（全妙云）著《布农族口传神话传说》，台北：台原出版社1998年版，第226页。

❷ [哈尼族] 人类原是住在地下，先变成猴子钻出来，后来才变成人。

【流传】云南省·（红河哈尼族彝族自治州）·金平县（金平苗族瑶族傣族自治县）

【出处】《地下人》，载《山茶》1986年第6期。

❸ [拉祜族] 从地下钻出来1个人。

【流传】云南省

【出处】杨铜搜集整理：《扎努扎别》，载《山茶》1982 年第 4 期。

## W2027.1
### 人从地面中出现

【汤普森】A1234

【关联】［W2203.2］地生人

实　例

［珞巴族（博嘎尔部落）］达洛（人名）跳进了地缝里，过了三年，达洛和核桃树一起从地缝里钻出来了。

【流传】西藏自治区·（林芝市）·米林县

【出处】东娘讲，于乃昌整理：《阿巴达尼和阿巴达洛捕老鼠》，见《珞巴族民间故事》：http://www.tibet-web.com/old/minjian/ync/gushi/mulu.htm，2003.10.02。

## W2027.2
### 人从下界来

【汤普森】T589.6.3

【关联】［W1078］下界

实　例

（实例待考）

## W2027.3
### 人从井里来（人从井边来）

【汤普森】T589.6.4

实　例

❶［朝鲜族］首领苏伐都利发现杨山下罗井旁有异气如电光垂地，旁有一紫卵，卵生童男。

【流传】（无考）

【出处】金永奎改写：《赫居世神话》，见姚宝瑄主编《中国各民族神话》（满族、赫哲族、朝鲜族），太原：山西出版传媒集团·书海出版社 2014 年版，第 165～166 页。

❷［汉族］☆丁氏穿家井，井中得一人。

【流传】（无考）

【出处】［汉］王充：《论衡·书虚》。

## W2027.4
### 与人从地下来有关的其他母题

【关联】

① ［W2398.12］地下的人先变成猴子钻出来然后变成人

② ［W2997.0b］下界的人（地下的人）

实　例

（参见下级母题实例）

## W2027.4.1
### 人通过特定渠道从地下来到地上

【关联】［W1086］通往下界（阴间）的路

实　例

（参见下级母题实例）

## W2027.4.1.1
### 人通过隧道从地下来到地上

实　例

［高山族］地下的居民常常通过隧道到

地上来。

【流传】台湾

【出处】《蜜蜂与地震》，原载陈国强编《高山族神话传说》，见陶阳、钟秀编《中国神话》（上），北京：商务印书馆2008年版，第201页。

## W2027.4.2
### 人从地下的岩石层来到地上

实例

[毛南族] 原先，人们都住在地壳的石层底下。昆屯剥开了石层，人才爬到地上来，才得透口气。

【流传】广西壮族自治区·（河池市）·环江毛南族自治县·上南（上南乡）、中南（中南乡）、下南（下南乡）·上纳屯

【出处】蒙贵章讲，蒙国荣、韦志华、谭贻生记录翻译，蒙国荣整理：《昆屯开天盖》（1984.07），见姚宝瑄主编《中国各民族神话》（土家族、毛南族、侗族、瑶族），太原：山西出版传媒集团·书海出版社2014年版，第61页。

## W2028
### 人从其他地方来

实例

（参见下级母题实例）

## W2028.0
### 人来源于有名字的地方

实例

（参见下级母题实例）

## W2028.0.1
### 人来源于一个叫"阿鲁妈哈"的地方

实例

[高山族（鲁凯）] 人类都是从叫"阿鲁妈哈"的那个地方散向各地的。

【流传】台湾

【出处】勒楞讲述，杜玉英口译：《人类的诞生》，原载金荣华主编《台湾鲁凯族口头文学》，见陶阳、钟秀编《中国神话》（上），北京：商务印书馆2008年版，第349页。

## W2028.1
### 人来源于不知名的地方

实例

[德昂族] 狂风吹出黑糊糊的东西，撕成两半，中间掉出一个人。

【流传】云南省·德宏州（德宏傣族景颇族自治州）

【出处】陈志鹏采录：《祖先创世纪》，见中国民间文学集成全国编辑委员会编《中国民间故事集成》（云南卷），北京：中国ISBN中心2003年版，第106~112页。

## W2028.2
### 人从远方来

实例

[满族]（实例待考）

## W2028.3
### 人从海的对岸来
【关联】［W2208.4］海生人

实　例

（实例待考）

## W2028.4
### 人从山上来
【关联】［W2209］山生人

实　例

（参见下级母题实例）

## W2028.4.1
### 人从特定的山上来
【关联】［W2209.0］特定的山生人

实　例

［鄂温克族］拉玛湖的周围有很多大山。树不多，山中有猴子，又有鬼，也是鄂温克人及人类的发源地。

【流传】（内蒙古自治区·呼伦贝尔市·额尔古纳市）

【出处】

（a）《额尔古纳旗使用驯鹿鄂温克人的调查报告》，见内蒙古自治区编辑组《鄂温克族社会历史调查》，呼和浩特：内蒙古人民出版社1986年版，第233页。

（b）《"舍卧刻"来源的传说》，见吕大吉、何耀华总主编《中国各民族原始宗教资料集成》（鄂伦春族卷、鄂温克族卷、赫哲族卷、达斡尔族卷、锡伯族卷、满族卷、蒙古族卷、藏族卷），北京：中国社会科学出版社1999年版，第112页。

## W2029
### 与人源于某地有关的其他母题

实　例

（参见下级母题实例）

## W2029.1
### 人从宇宙中来

实　例

［毛南族］（实例待考）

## W2029.2
### 人自然降生

实　例

（实例待考）

## W2029.3
### 人是动物从某个地方带来的

实　例

（实例待考）

## W2029.3.1
### 人是鸟从某个地方叼来的
【汤普森】≈T589.6.1

实　例

（实例待考）

# 2.3 造人
# (W2030~W2129)

## 2.3.1 造人的时间
## (W2030~W2039)

### ✿ W2030
### 人是造出来的（造人）
【汤普森】 ≈A1200

实 例

（参见下级母题实例）

### ✿ W2031
### 造人的时间
【关联】[W2010] 人产生的时间

实 例

（参见下级母题实例）

### W2032
### 很早以前造人

实 例

[回族] 很早以前，天堂上的仙人们结伙到大地取土造人。
【流传】青海省·黄南州（黄南藏族自治州）·同仁县·隆务镇·民主街
【出处】周尚杰（保安族，该文本注明他讲的是回族神话）讲，赵清阳采录：《阿丹的诞生》，见中国民间文学集成全国编辑委员会编《中国民间故事集成》（青海卷），北京：中国ISBN中心2007年版，第11页。

### W2033
### 混沌之后造人

实 例

[汉族] 混沌之后，高公高婆兄妹造人。
【流传】吉林省·（长春市）·农安县
【出处】万中山讲：《高公高婆》，见中国民间文学集成全国编辑委员会编《中国民间故事集成》（吉林卷），中国文联出版公司1992年版，第12页。

### W2034
### 开天辟地时造人
【关联】[W2011.2] 天地形成时产生人

实 例

❶ [苗族] 开天辟地时，一个妻子把丈夫驱走后生12只蛋，生12兄弟。
【流传】贵州省·（黔东南苗族侗族自治州）·炉山（今凯里）、麻江、丹江、八寨等县
【出处】《八寨黑苗的传说》，见吴泽霖《苗族中祖先来历的传说》，见马昌仪编《中国神话学文论选萃》（上编），北京：中国广播电视出版社1994年版，第442页。

❷ [土家族] 盘古开天地时，依罗娘娘造人。
【流传】四川省（今重庆市）·黔江县（黔江区）
【出处】刘世清讲：*《依罗娘娘造人》，见中国民间文学集成全国编辑委员会编《中国民间故事集成》（四川卷·下），北京：中国ISBN中心1998年版，第1212页。

## W2034.1
### 开天辟地时天神造人
【关联】[W2053] 天神造人

实例

[达斡尔族] 天地开辟时，天神造出人。
【流传】（无考）
【出处】白亨安：《人类起源神话》，见中国各民族宗教与神话大词典编审委员会编《中国各民族宗教与神话大词典》，北京：学苑出版社1990年版，第72~73页。

## W2034.1.1
### 开天辟地时天神用泥造人
【关联】[W2087] 用泥造人（用土造人）

实例

[达斡尔族] 天地开辟时，天神用泥土捏造人类。
【流传】（无考）
【出处】《天神捏人》，见姚宝瑄主编《中国各民族神话》（达斡尔族、鄂伦春族、鄂温克族、蒙古族），太原：山西出版传媒集团·书海出版社2014年版，第4~5页。

## W2034.2
### 开天时造人

实例

[哈尼族] 大神们造天时还造出三个最能干的人，头人查听德门、贝玛（亦称摩批、摩匹，原始宗教祭师）罗赫阿波和工匠（工匠又是天神摩米的姑娘）。
【流传】云南省·（红河哈尼族彝族自治州）·元阳县
【出处】朱小和讲，史军超等采录：《神的古今》，见中国民间文学集成全国编辑委员会编《中国民间故事集成》（云南卷），北京：中国ISBN中心2003年版，第19页。

## W2035
### 开天辟地后造人
【关联】
① [W2011.3.3] 开天辟地后生人
② [W2061.9.1] 巨人分开天地后造人

实例

❶ [汉族] 盘古开天地死后，女娲造人。
【流传】浙江省·（金华市）·东阳县（东阳市）·青联乡（马宅镇）
【出处】屠和兰讲：《女娲造人》，见中国民间文学集成全国编辑委员会编《中国民间故事集成》（浙江卷），北京：中国 ISBN 中心 1997 年版，第 39 页。

❷ [汉族] 盘古王开天地以后造人。
【流传】浙江省·（金华市）·永康县（永康市）·（芝英街道）·柿后村
【出处】陈望高采录：《盘古造人》，见中国民间文学集成全国编辑委员会编《中国民间故事集成》（浙江卷），北京：中国 ISBN 中心 1997 年版，第 37 页。

❸ [汉族] 盘古王开出天地后，女娲造了人。
【流传】浙江省·（金华市）·东阳县（东阳市）·（城东街道）·罗屏（罗屏乡）
【出处】楼良秀讲，马烈商采录：《神农尝百草》，见中国民间文学集成全国编辑委员会编《中国民间故事集成》（浙江卷），北京：中国 ISBN 中心 1997 年版，第 58 页。

❹ [汉族] 盘古开天地后，女娲造人。
【流传】山西省·（阳泉市）·平定县·（锁簧镇）·东锁簧村
【出处】朱翠兰讲：《兄妹神婚与东西磨山》，见中国民间文学集成全国编辑委员会编《中国民间故事集成》（山西卷），北京：中国 ISBN 中心 1999 年版，第 12~14 页。

❺ [汉族] 盘古开天地后，女娲娘娘造人。
【流传】四川省·（凉山彝族自治州）·德昌县·热和乡
【出处】刘廷香讲：《女娲造人》，见中国民间文学集成全国编辑委员会编《中国民间故事集成》（四川卷·上），北京：中国 ISBN 中心 1998 年版，第 27 页。

❻ [汉族] 巨人开天地过了许多万年，伏羲兄妹开始造人烟。
【流传】四川省·（成都市）·崇庆县（崇州市）
【出处】吴道士讲：《盘古开天地》，见中国民间文学集成全国编辑委员会编《中国民间故事集成》（四川卷·上），北京：中国 ISBN 中心 1998 年版，第 22 页。

❼ [汉族] 盘古王开天地后，女娲娘娘造人类。
【流传】四川省·德阳（德阳市）·市中区（旌阳区、罗江县）
【出处】胡能才讲：《女娲娘娘的眼泪》，见中国民间文学集成全国编辑委员会编《中国民间故事集成》（四川卷·上），北京：中国 ISBN 中心 1998 年版，第 56 页。

❽ [汉族] 天王老子分开天地后造人。
【流传】云南省·（大理白族自治州）·鹤庆县
【出处】杨五一讲：《地母三姑造万物》，见中国民间文学集成全国编辑委员会编《中国民间故事集成》（云南卷），北京：中国 ISBN 中心 2003 年版，第 113~114 页。

❾ [苗族] 网尼和沙相分开天地之后，他俩生婆婆。
【流传】贵州省·（黔东南苗族侗族自治州）·凯里（凯里市）、丹寨（丹

寨县）、麻江（麻江县）等

【出处】洋洛译：《说古歌》，见中国作家协会贵州分会等编印《民间文学资料》第6集。

❿ [苗族] 巨人分开天地后造人。

【流传】广西壮族自治区·（柳州市）·融水县（融水苗族自治县）·滚贝乡（滚贝侗族乡）

【出处】杨达香讲：《纳罗引勾开天辟地造人》，见中国民间文学集成全国编辑委员会编《中国民间故事集成》（广西卷），北京：中国ISBN中心2001年版，第24~30页。

⓫ [土族] 开天辟地后，玉皇大帝造人。

【流传】（无考）

【出处】《黄牛大力士》，见中国各民族宗教与神话大词典编审委员会编《中国各民族宗教与神话大词典》，北京：学苑出版社1990年版，第577页。

## W2035.1
### 天地形成后造人

**实例**

❶ [汉族] 地球形成后，到伏羲化辰光，才造出人类。

【流传】江苏省·（镇江市）·丹阳市

【出处】徐书明讲：*《绿鸭淘沙造大地》，见中国民间文学集成全国编辑委员会编《中国民间故事集成》（江苏卷），北京：中国ISBN中心1998年版，第14页。

❷ [汉族] 天地形成后造人。

【流传】四川省·（德阳市）·绵竹县（绵竹市）·遵道乡（遵道镇）

【出处】叶青云讲：《无极老祖造人》，见中国民间文学集成全国编辑委员会编《中国民间故事集成》（四川卷·上），北京：中国ISBN中心1998年版，第27~28页。

## W2035.2
### 造出天地之后造人

**实例**

❶ [土家族] 张古老制天、李古老造地之后，依罗娘娘造出了人。

【流传】湖南省土家族居住地区

【出处】彭迪搜集整理：《虎儿娃》，见姚宝瑄主编《中国各民族神话》（土家族、毛南族、侗族、瑶族），太原：山西出版传媒集团·书海出版社2014年版，第5页。

❷ [土家族] 张古老、李古老造天地后，依罗娘娘造人。

【流传】四川省（今重庆市）·秀山县（秀山土家族苗族自治县）·海洋乡

【出处】彭国然讲：《依罗娘娘造人》，见中国民间文学集成全国编辑委员会编《中国民间故事集成》（四川卷·下），北京：中国ISBN中心1998年版，第1211页。

## W2035.2.1
### 造出天地之后女娲造人

【关联】

① [W2065] 女娲造人

② [W2065.1] 女娲补天之后造人

## 实例

[汉族] 绿鸭道士淘沙造大地后，女娲氏开始造人。

【流传】江苏省·（盐城市）·阜宁县

【出处】张俊之讲，孙友光采录：《绿鸭淘沙造大地》（1987.06.19），见中国民间文学集成全国编辑委员会编《中国民间故事集成》（江苏卷），北京：中国ISBN中心1998年版，第13页。

## W2035.3
### 开天辟地后神造人

【关联】[W2052] 神造人

（参见下级母题实例）

## W2035.3.1
### 开天辟地后天神造人

【关联】[W2053] 天神造人

## 实例

[羌族] 开天辟地以后，木巴（天神）造下了人种。

【流传】四川省·（阿坝藏族羌族自治州）·汶川县·雁门乡

【出处】刘光元讲，罗世泽采录：《阿巴补摩》，见中国民间文学集成全国编辑委员会编《中国民间故事集成》（四川卷·下），北京：中国ISBN中心1998年版，第1123页。

## W2036
### 特定的年代造人

## 实例

（参见下级母题实例）

## W2036.1
### 伏羲时代造人

【关联】[W2013.4.1] 伏羲出现时产生人

## 实例

[汉族] 地球最先长出动物，一直传到伏羲氏时，才造出了人来。

【流传】江苏省·（镇江市）·丹阳市·云林乡·伦地村

【出处】徐书明讲，康新民采录：《绿鸭淘沙造大地》（1985.12.05），见中国民间文学集成全国编辑委员会编《中国民间故事集成》（江苏卷），北京：中国ISBN中心1998年版，第13~14页。

## W2036.2
### 太昊时代造人

## 实例

[汉族] 太昊时代，伏羲造人。

【流传】甘肃省·天水市·北道区·渭南乡

【出处】王生林讲：《伏羲封姓》，见中国民间文学集成全国编辑委员会编《中国民间故事集成》（甘肃卷），北京：中国ISBN中心2001年版，第14~15页。

## W2037
### 特定时间造人

【关联】[W2078.4.1] 武当喇嘛1500

岁时开始造人

【实例】

❶ 〔汉族〕 女娲第 7 天造出人。
【流传】（无考）
【出处】杨明春讲：《女娲造六畜》，载《民间文学》1986 年第 1 期。

❷ 〔汉族〕 女娲娘娘用泥巴第 1 至 7 天，分别捏造出鸡、狗、猪、羊、牛、马和人。
【流传】湖北省·孝感市·明兴乡
【出处】杨明春讲：《女娲造六畜》，见中国民间文学集成全国编辑委员会编《中国民间故事集成》（湖北卷），北京：中国 ISBN 中心 1999 年版，第 9~10 页。

❸ 〔回族〕 安拉创世后的第 6 天造出了人祖阿丹。
【流传】黑龙江省·（牡丹江市）·绥芬河市
【出处】杨明岱讲：《阿丹人祖》，见中国民间文学集成全国编辑委员会编《中国民间故事集成》（黑龙江卷），北京：中国 ISBN 中心 2005 年版，第 20~22 页。

## W2037.1
### 几万年前造人

【实例】

〔瑶族〕 几万年前，女始祖密洛陀用蜜蜂造出人类。
【流传】广西壮族自治区·（河池市）·巴马县（巴马瑶族自治县）
【出处】蓝有荣讲：《密洛陀》，见陶阳、钟秀编《中国神话》（第一辑），上海：上海文艺出版社 1996 年版，第 91 页。

## W2037.2
### 特定年份造人

【实例】

（参见下级母题实例）

## W2037.2.1
### 寅年造人

【实例】

〔彝族〕 天上的托罗神和沙罗神，这两个大神在寅年造了人。
【流传】云南省·（红河哈尼族彝族自治州）·弥勒县、泸西县，（昆明市）·路南县（石林彝族自治县）等地
【出处】毕荣亮讲，光未然采集整理，古梅改写：《创世纪》，见姚宝瑄主编《中国各民族神话》（羌族、彝族），太原：山西出版传媒集团·书海出版社 2014 年版，第 93 页。

## W2037.3
### 特定日子造人

【实例】

（参见下级母题实例）

## W2037.3.1
### 戊日造人

【实例】

〔羌族〕 阿巴木比塔（天神、天帝）在

戊日造九对小木人。每天给小木人儿呵三口气，到第一个戊日，小木人儿开始眨眼了；到第二个戊日，小木人在摆头甩手了；到第三个戊日，小木人说话了。

【流传】四川省·（阿坝藏族羌族自治州）·茂县

【出处】《羊角花》，见茂县文化馆编《羌族民间故事》（三），1982年12月，转引自吕大吉、何耀华总主编《中国各民族原始宗教资料集成》（纳西族卷、羌族卷、独龙族卷、傈僳族卷、怒族卷），北京：中国社会科学出版社2000年版，第583页。

## W2038
### 特定事件后造人

实例

（参见下级母题实例）

## W2038.1
### 结婚后开始造人

实例

[汉族] 青哥和红姐成亲后，开始做泥人。

【流传】河北省·（邢台市）·内邱县（内丘县）·（五郭店乡）·紫草沟村

【出处】赵丙银讲，张少鹏采录：《哥姐庙》，见中国民间文学集成全国编辑委员会编《中国民间故事集成》（河北卷），北京：中国ISBN中心2003年版，第23页。

## W2038.2
### 大灾难后造人

【关联】
① ［W2505］灾难后人类再生
② ［W2566］旱灾后人类再生

实例

（参见下级母题实例）

## W2038.2.1
### 烈日洪水后造人

【关联】［W2531］洪水后再造人类

实例

[壮族] 烈日洪水后，从宗爷爷夫妻捏泥造人。

【流传】云南省·文山（文山壮族苗族自治州）

【出处】云南大学中文系：《云南民族文学资料集》第22集。

## W2038.3
### 盘古死后造人

【关联】［W0726.2］盘古的死亡

实例

（参见下级母题实例）

## W2038.3.1
### 盘古死后许多万年造人

实例

[汉族] 盘古死后，过了许多万年，伏羲兄妹才造人烟。

【流传】四川省·（成都市）·崇庆县（现为崇州市）

【出处】吴道士讲，毛甫澄采录：《盘古开天地》，见中国民间文学集成全国编辑委员会编《中国民间故事集成》（四川卷·上），北京：中国 ISBN 中心 1998 年版，第 22 页。

## W2038.3.2
### 盘古死后女娲造人

【关联】[W2065] 女娲造人

实例

[汉族] 盘古开天累死后，女娲造人。

【流传】河南省·（驻马店市）·汝南县·老君庙乡（老君庙镇）

【出处】丁李氏讲：《女娲造人》，见中国民间文学集成全国编辑委员会编《中国民间故事集成》（河南卷），北京：中国 ISBN 中心 2001 年版，第 19～20 页。

## W2038.3.3
### 盘古死后伏羲兄妹造人

实例

[汉族] 盘古死了许多万年后，伏羲兄妹造了人烟。

【流传】四川省·（成都市）·崇庆县（现为崇州市）

【出处】吴道士讲，毛甫澄采录：《盘古开天地》，见中国民间文学集成全国编辑委员会编《中国民间故事集成》（四川卷·上），北京：中国 ISBN 中心 1998 年版，第 22 页。

## W2039
### 与造人时间有关的其他母题

实例

[蒙古族] 当高山峻岭初为小丘的时候，天神用泥土造人。

【流传】（无考）

【出处】

（a）却拉布吉译：《天神造人》，见谷德明编《中国少数民族神话》，北京：中国民间文艺出版社 1987 年版，第 29 页。

（b）[蒙古] 斯仁·索德那木编：《蒙古民间故事集》，乌兰巴托斯拉夫，1979 年。

## W2039.0
### 产生万物后造人

【关联】[W1500] 万物的产生

实例

[彝族] 有了天地万物后，格兹天神来造人。

【流传】（云南省·楚雄彝族自治州·姚安县·官屯乡·马游村，大姚县·昙华乡等）

【出处】

（a）郭天元（马游村）、李申呼颇（昙华乡）、李福玉颇（苴）演唱，郭思九、许明学、龚维顺、张宝省、陈志群、胡炳文等搜集，刘德虎、龚维顺、陈志群、李树荣、郭天元等整理：《梅葛》（第一部"创世"），见云南省民族民间文学楚雄调查队《梅葛》(1959)，昆明：云南人民出版社 2009 年版。

(b)《打虎开天辟地》，蔷紫据云南省民族民间文学楚雄调查队著《梅葛》(云南人民出版社 2009 年版) 改写，见姚宝瑄主编《中国各民族神话》(羌族、彝族)，太原：山西出版传媒集团·书海出版社 2014 年版，第 198 页。

## W2039.0.1
### 产生万物后神造人

【关联】[W1500] 万物的产生

实 例

[羌族] 世界上有了山川、河流、岩石、树木和动物之后，天上的神索依迪和地上的神索依朗想方设法造出人类。

【流传】四川省·阿坝藏族羌族自治州·茂汶羌族自治县（今归属茂县）

【出处】

(a)《开咂酒曲子》，见杨亮才、陶立璠、邓敏文《中国少数民族文学》(上册)，北京：人民出版社 1985 年版。

(b)《索依迪朗夫妇造人》，原名《人是咋个来的》，郑友富、周贵友讲，王康、龚剑雄、吴文光采录，王康整理，原载西南民族学院图书馆与西南民族学院《羌族文学简史》编写组《羌族民间文学资料集》(一)，1987 年编，见姚宝瑄主编《中国各民族神话》(羌族、彝族)，太原：山西出版传媒集团·书海出版社 2014 年版，

第 6 页。

## W2039.0.2
### 产生天地日月和草木后造人

【关联】

① [W1100] 天地的产生
② [W1540] 日月的产生

实 例

[彝族（俚颇）] 有天了，有地了，天上有日月星宿了，地上长出了草和木了，可是，还没有人和动物。天神盘颇就决定造人和动物。

【流传】云南省·（楚雄彝族自治州）·大姚县·昙华山区（昙华乡）

【出处】

(a) 陆颇梭颇（毕摩）演唱，夏光辅、诺海阿苏翻译：《俚泼古歌》，云南省社会科学院楚雄彝族文化研究所编：《彝族民间文学》（第二辑），1985 年。

(b) 陆颇梭颇（毕摩）演唱，夏光辅、诺海阿苏翻译，古梅改写：《赤梅葛——俚泼古歌》，见姚宝瑄主编《中国各民族神话》（羌族、彝族），太原：山西出版传媒集团·书海出版社 2014 年版，第 96 页。

## W2039.1
### 日月刚刚形成时造人

实 例

[蒙古族] 当明亮的日月刚刚形成的时候，天神用泥土造人。

【流传】（无考）

【出处】

（a）却拉布吉译：《天神造人》，见谷德明编《中国少数民族神话》，北京：中国民间文艺出版社1987年版，第29页。

（b）［蒙古］斯仁·索德那木编：《蒙古民间故事集》，乌兰巴托斯拉夫，1979年。

## W2039.2
### 世界出现光时造人

实 例

［蒙古族］当寰宇有微微曙光的时候，天神用泥土造人。

【流传】（无考）

【出处】

（a）却拉布吉译：《天神造人》，见谷德明编《中国少数民族神话》，北京：中国民间文艺出版社1987年版，第29页。

（b）［蒙古］斯仁·索德那木编：《蒙古民间故事集》，乌兰巴托斯拉夫，1979年。

## W2039.3
### 大海变小泊时造人

实 例

［蒙古族］当汪洋大海初为小泊的时候，天神用泥土造人。

【流传】（无考）

【出处】

（a）却拉布吉译：《天神造人》，见谷德明编《中国少数民族神话》，北京：中国民间文艺出版社1987年版，第29页。

（b）［蒙古］斯仁·索德那木编：《蒙古民间故事集》，乌兰巴托斯拉夫，1979年。

## W2039.4
### 树木花草发芽时造人

实 例

［蒙古族］当树木花草刚刚发芽的时候，天神用泥土造人。

【流传】（无考）

【出处】

（a）却拉布吉译：《天神造人》，见谷德明编《中国少数民族神话》，北京：中国民间文艺出版社1987年版，第29页。

（b）［蒙古］斯仁·索德那木编：《蒙古民间故事集》，乌兰巴托斯拉夫，1979年。

## W2039.5
### 第7天时造出人

实 例

［汉族］女娲娘娘降生后，第七天用泥巴捏了人。

【流传】河南省·（许昌市）·襄城县·山头店乡·陈庄

【出处】陈明绍讲，陈辉欣采录：《女娲捏人畜》，见中国民间文学集成全国编辑委员会编《中国民间故事集成》（河南卷），北京：中国ISBN中心2001年版，第20页。

## W2039.5.1
### 前6天造动物，第7天造出人

**实例**

（参见下级母题实例）

## W2039.5.1.1
### 女娲前6天造动物，第7天造出人

【关联】［W2065］女娲造人

**实例**

［汉族］女娲先造六畜后造人，第1至7天造出的分别是鸡、狗、猫、羊、牛、马、人。其中第7天的人是用泥巴拌水捏出的。

【流传】湖北省·孝感（孝感市）

【出处】杨明春讲：《女娲造六畜》，载《民间文学》1986年第1期。

## W2039.6
### 特定的时间造人

【关联】
① ［W2229.0.3］特定的时间孵卵不成功
② ［W6544］特定时间的禁忌

**实例**

（参见下级母题实例）

## W2039.6.1
### 年月日与时辰属性相同时造人

**实例**

（参见下级母题实例）

## W2039.6.1.1
### 年月日与时辰都属虎时造人

**实例**

［彝族（阿细）］男神阿热和女神阿咪要造人，属虎的那年到了，属虎的那月到了，属虎的那日到了，属虎的那时到了，是造人的时候了。

【流传】（a）云南省·红河哈尼族彝族自治州·弥勒县·（西山镇）

【出处】

（a）潘正兴等唱述，云南省民族民间文学红河调查队搜集翻译整理：《阿细的先基》，昆明：云南人民出版社1959年版。

（b）云南省民族民间文学红河调查队搜集整理，古梅改写：《最古的时候》，见姚宝瑄主编《中国各民族神话》（羌族、彝族），太原：山西出版传媒集团·书海出版社2014年版，第141页。

## 2.3.2 造人的原因
（W2040～W2049）

### ❋ W2040
### 造人的原因

【关联】［W2002］人类产生有特定的原因

**实例**

❶ ［鄂伦春族］天神从上往下看，觉得

地上没人不好，就造了人。

【流传】（无考）

【出处】孟兴全讲：《鄂伦春人是怎么来的》，见满都呼主编《中国阿尔泰语系诸民族神话故事》，北京：民族出版社1997年版，第319页。

❷［哈萨克族］有了大地以后，上帝想，应该用生命装点它。

【流传】（无考）

【出处】依曼阿力·萨萨诺甫讲，阿里木别克·加玛力搜集，安蕾、毕桪译：《人类是怎样在大地上繁衍开来的》，见满都呼主编《中国阿尔泰语系诸民族神话故事》，北京：民族出版社1997年版，第66页。

## W2041
### 无目的的造人

实例

（参见下级母题实例）

## W2041.1
### 无意中造人

实例

［汉族］盘古王开天地以后，闲着没事，就在桃园里扒了一把黄泥造人。

【流传】浙江省·（金华市）·永康县·柿后村

【出处】陈望高采录：《盘古造人》，见中国民间文学集成全国编辑委员会编《中国民间故事集成》（浙江卷），北京：中国ISBN中心1997年版，第37页。

## W2041.1.1
### 造人者闲着没事造人

实例

［满族］以前，世上出现动植物，但没有人。一个老妈妈神闲着没事，就造了一些人。

【流传】（无考）

【出处】穆晔骏讲，孟慧英整理：《恰喀拉人是怎么来的》，原载中国民间文艺研究会黑龙江分会编《黑龙江民间文学》第7集，1983年，内部资料，转引自姚宝瑄主编《中国各民族神话》（满族、赫哲族、朝鲜族），太原：山西出版传媒集团·书海出版社2014年版，第19~20页。

## W2042
### 为管理世界造人

【汤普森】A1201

【关联】［W4622］以前世界没有秩序

实例

［水族］牙线（相当于汉族神话中的"女娲"）从天上下来，见这世上果子没有人摘，泉水没有人喝，飞禽走兽没有人管，就造人来主宰世界。

【流传】贵州省·（黔南布依族苗族自治州）·三都县（三都水族自治县）·恒丰乡

【出处】韦行公讲，韦荣康采录：《牙线剪纸造人》，见中国民间文学集成全国编辑委员会编《中国民间故事集成》（贵州卷），北京：中国 ISBN 中心 2003 年版，第 12 页。

## W2042.0
### 神为管理世界造人

**实例**

（参见下级母题实例）

## W2042.0.1
### 天神为管理世界造人

【关联】［W2053］天神造人

**实例**

［鄂伦春族］恩都力莫里根神看见天上有日月星辰，地上有山川和草木，就是没有人。他决心造人，来管理世界。

【流传】（中国东北部地区）

【出处】《恩都力创造了鄂伦春人》，见姚宝瑄主编《中国各民族神话》（达斡尔族、鄂伦春族、鄂温克族、蒙古族），太原：山西出版传媒集团·书海出版社 2014 年版，第 20~21 页。

## W2042.1
### 为管理天地造人

**实例**

［撒拉族］胡大为了管理天地，想出了造人的主意。

【流传】（无考）

【出处】
（a）大漠、马英生搜集整理：《泥捏阿丹》，见满都呼主编《中国阿尔泰语系诸民族神话故事》，北京：民族出版社 1997 年版，第 96 页。

（b）大漠等整理：《天、地、人的诞生》，见中华民族故事大系编委会编《中华民族故事大系》第 12 卷（布朗族、撒拉族、毛南族），上海：上海文艺出版社 1995 年版，第 261 页。

## W2042.1.1
### 为管理大地造人

**实例**

❶ ［苗族］纳罗引勾（祖先，半人半兽巨人）认为"地由人来管，地就不丢荒"。于是开始捏人造人。

【流传】
（a）广西壮族自治区·（柳州市）·融水县（融水苗族自治县）·滚贝乡
（b）广西壮族自治区·（柳州市）·融水县（融水苗族自治县）
（c）广西壮族自治区·（柳州市）·融水苗族自治县

【出处】
（a）杨达香讲，梁彬采录翻译：《纳罗引勾开天辟地造人》，见中国民间文学集成全国编辑委员会编《中国民间故事集成》（广西卷），北京：中国 ISBN 中心 2001 年版，第 24 页。

（b）杨达香讲，梁彬搜集整理：《创世记》，见谷德明编《中国少数民族神话》，北京：中国民间文艺出版社 1987 年版，第 545 页。

（c）同（b），见广西各族民间文学丛书：梁彬、王天若编《苗族民间故事选》，南宁：广西人民出版社 1986 年版。

❷ ［苗族］纳罗引勾（半人半兽的巨人）认为："天有太阳管，天上亮堂堂；地由人来管，地就不丢荒。"于是捏人造人。

【流传】广西壮族自治区·（柳州市）·融水苗族自治县

【出处】杨达香讲，梁彬搜集整理：《创世记》，见姚宝瑄主编《中国各民族神话》（布依族、仡佬族、苗族），太原：山西出版传媒集团·书海出版社2014年版，第174页。

## W2042.1a
### 为管理万物造人

实例

［羌族］阿巴木比塔（羌语，意为天神或天帝）看到大地造好了，万物也有了，但无人掌管大地万物。于是他就开始造人了。

【流传】四川省·（阿坝藏族羌族自治州）·茂县

【出处】《羊角花》，见茂县文化馆编《羌族民间故事》（三），1982年12月，转引自吕大吉、何耀华总主编《中国各民族原始宗教资料集成》（纳西族卷、羌族卷、独龙族卷、傈僳族卷、怒族卷），北京：中国社会科学出版社2000年版，第583页。

## W2042.1a.1
### 创世神为管理万物造人

【关联】［W2058.1］创世神造人

实例

［侗族］天上有了众神，地下有了万物。可是因为动物是不能领悟神的旨意和愿望，没有人去管理，地上乱糟糟的。萨天巴（蜘蛛，女祖神，创世神）决定造人。

【出处】广西壮族自治区·（柳州市）·三江（三江侗族自治县），（桂林市）·龙胜（龙胜各族自治县）

【流传】杨卜林喜、杨卜松林、杨明世讲，杨国仁、涛声搜集整理，蒿紫改写：《创世女神萨天巴》，过伟改写自侗族创世史诗《嘎茫莽道时嘉——远祖歌》（未出版稿），见姚宝瑄主编《中国各民族神话》（土家族、毛南族、侗族、瑶族），太原：山西出版传媒集团·书海出版社2014年版，第89页。

## W2042.2
### 为看管某个处所造人

实例

（参见下级母题实例）

## W2042.2.1
### 为看管4个方位造人

实例

［傣族］英叭在地上又做了8个人，每两个人一起，分别去看守东、南、西、北四个方向。

【流传】云南省·西双版纳州（西双版纳傣族自治州）

【出处】岩英祁讲，仓霁华翻译，朱宜初等采录：《英叭开天辟地》，见中国民间文学集成全国编辑委员会编《中国民间故事集成》（云南卷），北京：中国 ISBN 中心 2003 年版，第 82 页。

## W2042.2.2
### 为看管花园造人

**实例**

（参见下级母题实例）

## W2042.2.2.1
### 为看管天宫的花园造人

【关联】［W1792.1］天上的花园

**实例**

［汉族］王母为了看管天宫花园造人。
【流传】浙江省·（台州市）·仙居县
【出处】朱世林讲：《男人有喉突、女人大肚皮》，见中国民间文学集成全国编辑委员会编《中国民间故事集成》（浙江卷），北京：中国 ISBN 中心 1997 年版，第 38 页。

## W2042.2.2.2
### 为看管桃园造人

**实例**

［汉族］天神造人代管桃园。
【流传】浙江省·（丽水市）·云和县
【出处】刘仙明讲：《男人为什么有喉结》，见中国民间文学集成全国编辑委员会编《中国民间故事集成》（浙江卷），北京：中国 ISBN 中心 1997 年版，第 38 页。

## W2042.2a
### 为管理动植物造人

**实例**

❶ ［汉族］女娲为了解决动植物的争吵而造人。
【流传】河南省·（驻马店市）·汝南县·老君庙乡·王庄
【出处】丁李氏讲，丁国运采录：《女娲造人》，见中国民间文学集成全国编辑委员会编《中国民间故事集成》（河南卷），北京：中国 ISBN 中心 2001 年版，第 19 页。

❷ ［汉族］女娲为了管理动植物和避免它们的争吵造人。
【流传】浙江省·（金华市）·东阳县（东阳市）·青联乡·雅坑村
【出处】申屠和兰讲，周耀明采录：《女娲造人》，见中国民间文学集成全国编辑委员会编《中国民间故事集成》（浙江卷），北京：中国 ISBN 中心 1997 年版，第 39 页。

## W2042.3
### 为管理动物造人

**实例**

❶ ［汉族］地上动物无秩序，盘古就动手造管理大地生机的人。
【流传】福建省·（龙岩市）·上杭县·（临城镇）·北路村
【出处】谢魏延讲，邱松林采录：《盘古

女娲成亲》，见中国民间文学集成全国编辑委员会编《中国民间故事集成》（福建卷），北京：中国ISBN中心1998年版，第5页。

❷ [汉族] 大地上的动物喧闹，盘古就用泥捏了两个人管理它们。

【流传】陕西省（渭南市）·合阳县·东王乡·莘野村

【出处】张甲民讲，梁浩秋采录：《男人喉咙的疙瘩》，见中国民间文学集成全国编辑委员会编《中国民间故事集成》（陕西卷），北京：中国ISBN中心1996年版，第9页。

## W2042.3.1
### 为管理六畜造人

【关联】[W3075.9.2] 六畜

实例

❶ [汉族] 女娲娘娘造出六畜后，但无人管理，鸡乱飞，狗乱跳，为了照管六畜，于是女娲又造人，由人做主，所以叫主人。

【流传】湖北省·孝感市

【出处】杨明春讲，宋虎搜集整理：《女娲造六畜》，载《民间文学》1986年第1期。

❷ [汉族] 为了照管六畜，女娲才造人，由人作主，所以叫主人。

【流传】湖北省·孝感市·（孝南区）·朋兴乡·联合村

【出处】杨明春讲，宋虎采录：《女娲造六畜》，见中国民间文学集成全国编辑委员会编《中国民间故事集成》（湖北卷），北京：中国ISBN中心1999年版，第9页。

❸ [汉族] 女娲造出六畜后无人管理，鸡乱飞，狗乱跳，尤其是蛮牛力气大，光触角打架。为了照管六畜，女娲才又造人，由人做主，所以叫主人。

【流传】湖北省

【出处】杨明春讲，宋虎搜集整理：《女娲造六畜》，见姚宝瑄主编《中国各民族神话》（汉族），太原：山西出版传媒集团·书海出版社2014年版，第33~34页。

## W2042a
### 因为地上缺少生机造人

实例

[汉族] 姝六甲（女始祖）见大地上仅有高山峻岭，江河湖海，缺乏生机，就想起造人来。

【流传】辽宁省·（大连市）·瓦房店市·炮台镇·长岭村、老染房村

【出处】秦淑慧讲，孙波搜集整理：《姝六甲》（1986.03），见姚宝瑄主编《中国各民族神话》（汉族），太原：山西出版传媒集团·书海出版社2014年版，第36~38页。

## W2042a.1
### 因为地上没有人造人

【关联】[W2000.1] 以前没有人类

实例

❶ [彝族] 造好天地万物后，就是没有

人，于是格滋天神来造人。

【流传】云南省·楚雄彝族自治州·姚安县、大姚县等彝族地区

【出处】《创世·人类起源》，见云南省民族民间文学楚雄调查队整理编写《梅葛》，昆明：云南人民出版社2009年版，第20页。

❷ [纳西族（摩梭）] 天神格尔美对众神认为，大地上什么都有了，就是没有人类，于是派一个神到地上去创造人。

【流传】云南省·（丽江市）·宁蒗县（宁蒗彝族自治县）

【出处】巴采若、桑绒尼搓讲，章虹宇搜集整理：《喇氏族的来源》，载《民间文学》1986年第3期。

## W2042a.1.1
### 因为地上有万物没有人造人

实例

[瑶族] 田地开好了，村场选定了，密洛陀（万物之母，女始祖，女神）开始着手造人。

【流传】广西壮族自治区·（河池市）大化县（大化瑶族自治县）·七百弄乡

【出处】蓝阿勇（72岁）讲，蒙冠雄采录翻译：《密洛陀》（1982），见中国民间文学集成全国编辑委员会编《中国民间故事集成》（广西卷），北京：中国ISBN中心2001年版，第11~22页。

## W2042a.1.2
### 因为地上只有动物没有人造人

【关联】[W2042.3] 为管理动物造人

实例

[鄂伦春族] 天神恩都力见地面上只有野兽，并无人烟，于是就用老桦树皮扎了许多人。

【流传】（中国东北部地区）

【出处】马名超、崔焱编写：《桦皮造人》，见姚宝瑄主编《中国各民族神话》（达斡尔族、鄂伦春族、鄂温克族、蒙古族），太原：山西出版传媒集团·书海出版社2014年版，第22页。

## W2042a.1.3
### 因有的地方没有人造人

实例

[鄂伦春族] 天上的恩都力看到别处都有了人，唯独兴安岭没有人，就开始造人。

【流传】内蒙古自治区·（呼伦贝尔市）·鄂伦春自治旗

【出处】德兴德讲，巴图宝音采录：《族源神话》，见中国民间文学集成全国编辑委员会编《中国民间故事集成》（宁夏卷），北京：中国ISBN中心2007年版，第23页。

## W2042a.2
### 担心大地苍凉造人

实例

[傈僳族] 神匠以为这茫茫大地，倘再

无人类繁殖起来，将成地老天荒，于是到山中造人。

【流传】碧罗雪山（云南省·怒江傈僳族自治州·贡山独龙族怒族自治县与云南省·迪庆藏族自治州·德钦县交界一带）

【出处】＊《神匠造人》，原载陶云逵《碧罗雪山之傈僳族》，见国立中央研究院《历史语言研究所集刊》第17本，商务印书馆民国三十七年（1948），第404页。

## W2042a.2.1
### 为让地上热闹造人

实例

（参见下级母题实例）

## W2042a.2.1.1
### 地神为让地上热闹造人

【关联】
① ［W2054］地神造人
② ［W2302.2］地神变成人

实例

[汉族] 地神公公看到地上荒凉，就想让地面上闹猛一点，于是就做了很多泥人。

【流传】上海市·嘉定县（嘉定区）·黄渡乡·杨家村

【出处】金世英讲，徐忠良采录：《人的起源》，见中国民间文学集成全国编辑委员会编《中国民间故事集成》（上海卷），北京：中国ISBN中心2007年版，第6页。

## W2043
### 因原来的人灭绝造人

【关联】［W2500］人类再生

实例

[土家族]"原生人"灭绝，天神造人。

【流传】（无考）

【出处】《制天制地》，见曹毅《土家族原始意识形态的核心：生命原点意识》，载《民族论坛》1997年第1期。

## W2043.1
### 因灾难后人类被毁灭造人

【关联】［W2505］灾难后人类再生

实例

[苗族] 很久以前，洪水潮天，地上已经没有人烟了。

【流传】四川省·（乐山市）·马边县·民主乡

【出处】陶艮高讲，林宽民采录：《狗带来五谷》，见中国民间文学集成全国编辑委员会编《中国民间故事集成》（四川卷·下），北京：中国ISBN中心1998年版，第1324页。

## W2043.2
### 因婚生的人死掉造人

【关联】［W2400～W2499］婚配产生人（婚生人）

实例

❶ [汉族] 盘古兄妹的8个儿子死后，

他们开始捏泥人。

【流传】河南省·（驻马店市）·泌阳县

【出处】《盘古开天地》，见 http://club.chinaren.com/bbs. 2009. 08. 16。

❷ [汉族] 大雨淹没大地，盘古兄妹成婚，生8子，不到百年全死掉，只好捏泥造人。

【流传】河南省·（南阳市）·桐柏县

【出处】

（a）姚义雨等讲：《盘古兄妹》，见刘魁立主编《玉皇大帝的传说》，北京：中国社会出版社 2008 年版，第 79～85 页。

（b）马卉欣搜集整理：《盘古开天》，见中华民族故事大系编委会编《中华民族故事大系》第 1 卷（汉族、蒙古族、回族），上海：上海文艺出版社 1995 年版，第 5～9 页。

## W2043.3
### 因原来的人死亡造人

【关联】[W2970] 人的死亡

实例

[毛南族] 汉王造了一些人，但全都死亡，于是天皇又造了一代人。

【流传】广西壮族自治区

【出处】《盘古兄妹和他们的神祖神孙》，见《广西少数民族与汉族·民歌与民间故事》（七）（下），南宁师院广西民族民间文学研究室编，第 660 页。

## W2043.3.1
### 生育的孩子死后造人

【关联】[W2612] 生死婴（死胎）

实例

（参见下级母题实例）

## W2043.3.1.1
### 盘古夫妻的全部儿子死后造人

【关联】

① [W0725.4.1] 盘古女娲是夫妻
② [W0725.4.2] 盘古爷与盘古奶是夫妻

实例

[汉族] 盘古夫妻失去了八个儿子以后，开始捏泥造人。

【流传】河南省·（南阳市）·桐柏县

【出处】姚义雨等讲，马卉欣搜集整理：《盘古兄妹》，载《民间文学》1986 年第 1 期。

## W2044
### 为消除孤独造人（因孤独造人）

实例

（参见下级母题实例）

## W2044.1
### 神感到孤独造人

实例

[汉族] 大神女娲感到非常孤独，偶然看到水里自己的影子后，决定造像自

己一样的生物。

【流传】（a）四川省·（凉山彝族自治州）·德昌县·热和乡·田村。

【出处】

（a）刘廷香讲，汤应照采录：《女娲造人》（1986），见中国民间文学集成全国编辑委员会编《中国民间故事集成》（四川卷·上），北京：中国ISBN中心1998年版，第27页。

（b）《女娲创造人类》，原载袁珂编译《中国神话故事》，见陶阳、钟秀编《中国神话》（上），北京：商务印书馆2008年版，第317~319页。

## W2044.1.1
### 神感到寂寞造人

【关联】[W2052] 神造人

实　例

（参见下级母题实例）

## W2044.1.1.1
### 女天神感到寂寞造人

【关联】[W2053.1.2] 女天神造人

实　例

❶ [维吾尔族] 女天神吐出太阳、月亮、星星、地球后，没有办法与它们说话，觉得仍然很寂寞，就想创造一些人。

【流传】新疆维吾尔自治区·伊犁州（伊犁哈萨克自治州）·察布查尔县（察布查尔锡伯自治县）

【出处】牙库布讲，阿不都拉搜集翻译，姚宝瑄整理：《女天神创世》，见姚宝瑄主编《中国各民族神话》（乌孜别克族、哈萨克族、柯尔克孜族、俄罗斯族、维吾尔族、塔吉克族、塔塔尔族、锡伯族），太原：山西出版传媒集团·书海出版社2014年版，第226页。

❷ [维吾尔族] 女天神在地球上很寂寞，就用地上的泥土捏了一个人，是男的。

【流传】新疆维吾尔自治区

【出处】《女天神创造人类》，见满都呼主编《中国阿尔泰语系诸民族神话故事》，北京：民族出版社1997年版，第31页。

## W2044.1.1.2
### 妈妈神感到寂寞造人

实　例

[满族] 一个老妈妈神在自己的林子里生活，她感到很寂寞，闲着没事，于是造人。

【流传】黑龙江省·（哈尔滨市）·双城县（双城区）

【出处】穆晔骏讲，孟慧英搜集整理：《恰喀拉人是怎么来的》，原载《黑龙江民间文学》第19集，见陶阳、钟秀编《中国神话》（上），北京：商务印书馆2008年版，第320页。

## W2044.1.2
### 神因为没有玩伴造人

实　例

（参见下级母题实例）

## W2044.1.2.1
### 天神下凡因为没有玩伴造人

实 例

[布依族] 天上的神来到地上发现只有树木没有动物，也没有人来和他们玩，感到实在是没有意思，就想到造人和动物。

【流传】（无考）

【出处】罗仁山讲：《人和动物是怎么产生的》，见姚宝瑄主编《中国各民族神话》（布依族、仡佬族、苗族），太原：山西出版传媒集团·书海出版社2014年版，第20页。

## W2044.2
### 创世者感到孤独造人

【关联】[W1015] 创世者（造物主）

实 例

[汉族] 皇天、后土公婆俩造出天地后，越发孤孤零零，于是开始造人。

【流传】福建省·（宁德市）·寿宁县·大安乡·伏际村

【出处】吴兰妃讲，刘善林记录：《天地人》（1986.03.17），见姚宝瑄主编《中国各民族神话》（汉族），太原：山西出版传媒集团·书海出版社2014年版，第58~61页。

## W2044.2.1
### 创世的夫妻神感到孤独造人

【关联】[W2022.1.1.4] 世上最早只有1对老夫妻

实 例

[汉族] 天下翁和天下婆一对老人把天和地都做好后，觉得很孤单，就开始用山上的土拿来捏成人。

【流传】福建省·（宁德市）·周宁县·李墩乡·里东山村

【出处】章永红讲，陈凤禧搜集整理：《天下翁与天下婆》（1987.08.05），见姚宝瑄主编《中国各民族神话》（汉族），太原：山西出版传媒集团·书海出版社2014年版，第34~35页。

## W2044.3
### 特定的人感到孤独造人

实 例

（参见下级母题实例）

## W2044.3.1
### 最早出现的人感到孤独造人

【关联】[W2010.1] 最早产生的人（最早的人）

实 例

[哈萨克族] 安拉造亚当后，觉得亚当一个人太寂寞，就从他的身上取下一根肋骨创造了夏娃。

【流传】新疆维吾尔自治区·（伊犁哈萨克自治州）·新源县

【出处】依玛纳勒·萨萨诺夫讲，阿勒木别克·加玛里采录，多里坤·阿米尔等译：《人的来历》，见中国民间文学集成全国编辑委员会编《中国民间

2.3.2 造人的原因　　‖W2044.3.1 — W2044.3.4‖　77

故事集成》（新疆卷），北京：中国 ISBN 中心 2008 年版，第 27 页。

## W2044.3.2
### 灾难后幸存的人感到孤独造人

【关联】［W8086］灾难幸存者

实 例

❶ ［汉族］混沌之后，兄妹感到孤单，手捏黄泥人。

【流传】吉林省·（长春市）·农安县·华家乡

【出处】万中山讲，王福义采录：《高公高婆》，见中国民间文学集成全国编辑委员会编《中国民间故事集成》（吉林卷），北京：中国文联出版公司 1992 年版，第 10 页。

❷ ［土族］地球翻动之后，只有打柴郎一人逃生，为解除孤独用泥造人。

【流传】（无考）

【出处】《打柴郎的故事》，见邢海燕《土族口头传统与民俗文化》，兰州：甘肃人民出版社 2008 年版，第 42 页。

## W2044.3.3
### 盘古感到孤独造人

【关联】［W2063］盘古造人

实 例

❶ ［汉族］盘古大仙一个人觉得没有意思，便用河里的泥沙捏了个粗棒棒人。

【流传】新疆维吾尔自治区·哈密市·陶家宫乡·沙枣园村

【出处】马耀辉讲，韩爱荣等采录：《人是怎么来的》，见中国民间文学集成全国编辑委员会编《中国民间故事集成》（新疆卷），北京：中国 ISBN 中心 2008 年版，第 30 页。

❷ ［汉族］盘古天地辟开后，觉着孤单，就用黄土捏了许多人。

【流传】陕西省·宝鸡县（宝鸡市）·（渭滨区）·马营镇·永清村

【出处】张世爱讲，李浡采录：《开天辟地》，见中国民间文学集成全国编辑委员会编《中国民间故事集成》（陕西卷），北京：中国 ISBN 中心 1996 年版，第 4 页。

## W2044.3.4
### 伏羲女娲感到孤独造人

【关联】［W2064.2］伏羲女娲造人

实 例

❶ ［汉族］盘古开天辟地之后，伏羲和女娲兄妹觉得太冷清，一道去向盘古提出造人的想法。

【流传】上海市·黄浦区

【出处】曹鸿翔讲，方卡采录：《女娲娘娘造人》，见中国民间文学集成全国编辑委员会编《中国民间故事集成》（上海卷），北京：中国 ISBN 中心 2007 年版，第 4 页。

❷ ［汉族］天塌地陷后，伏羲女娲兄妹孤单，开始造人。

【流传】河南省·（周口市）·宛丘（淮阳县）

【出处】《人祖创世传说》，杨复俊：《人祖传说故事》，郑州：海燕出版社1987年版，第1~5页。

## W2044.3.5
### 女娲感到孤独造人
【关联】[W2065] 女娲造人

实 例

❶ [汉族] 女娲因一个人感到孤独，于是造人。

【流传】甘肃省·（白银市）·会宁县·老君乡·杏树村

【出处】冯德璋讲，胡俊红采录：《女娲捏人》，见中国民间文学集成全国编辑委员会编《中国民间故事集成》（宁夏卷），北京：中国 ISBN 中心1999年版，第5页。

❷ [藏族] 在古代，只有女娲和几百种动物。女娲感到很孤独和苦闷，决定造人。

【流传】云南省·迪庆藏族自治州·汤美村

【出处】
(a) 马龙祥、李子贤记录：《女娲娘娘补天》（1960s），见《钟敬文民间文学论集》（上），上海：上海文艺出版社1982年版。
(b) 同（a），见姚宝瑄主编《中国各民族神话》（门巴族、珞巴族、怒族、藏族），太原：山西出版传媒集团·书海出版社2014年版，第81页。

❸ [藏族] 女娲很孤独和苦闷，想教会动物说话，可是动物听不懂，她就坐在河边用手捏泥巴人。

【流传】
(a) 云南省·（迪庆藏族自治州）·中甸县（香格里拉县）
(b) 云南省·迪庆州（迪庆藏族自治州）·汤美村

【出处】
(a) 马祥龙采录，谷子等整理：《女娲娘娘》，见中国民间文学集成全国编辑委员会编《中国民间故事集成》（云南卷），北京：中国 ISBN 中心2003年版，第67页。
(b) 马祥龙记录：《女娲娘娘补天》，见谷德明编《中国少数民族神话》，北京：中国民间文艺出版社1987年版，第699页。
(c) 马祥龙记录：《女娲娘娘补天》原始稿，见田兵等编《中国少数民族神话论文集》，南宁：广西民族出版社1984年版，第112页。

## W2044.4
### 其他特定的人物感到孤独造人

实 例

[水族] 牙线（仙婆，天神的女儿）来到大地上，看不到一个人的影子，很是寂寞。她决心要为大地创造人类和万物。

【流传】贵州省·（黔东南苗族侗族自治州）·榕江县·平永乡

【出处】潘开雄等讲，杨路塔采录：《十二个仙蛋》，见中国民间文学集成全国编辑委员会编《中国民间故事集成》（贵州卷），北京：中国 ISBN 中心 2003 年版，第 10 页。

## W2045
### 因特定人物的指令造人

【关联】

① ［W2056.6.1］神王派造人女神造人

② ［W2059.2.1］真主让天仙造人

③ ［W2067.1］真主派天神造人

④ ［W2067.3］真主派天使造人

实例

［维吾尔族］真主派女天神造人。

【流传】新疆维吾尔自治区

【出处】张越、姚宝瑄：《新疆民族神话选·女天神创造亚当》，乌鲁木齐：新疆人民出版社 1989 年版。

## W2045.1
### 玉帝下旨意造人

【关联】［W0777］玉皇大帝

实例

［土家族］玉帝让依罗娘娘造人。

【流传】湖南省·湘西（湘西土家族苗族自治州）土家族聚居区

【出处】《依罗娘娘造人》，见谷德明编《中国少数民族神话》，北京：中国民间文艺出版社 1987 年版，第 167 页。

## W2045.1.1
### 玉帝下旨女娲造人

【关联】

① ［W2047.6.1］女娲被罚下凡造人

② ［W2065］女娲造人

实例

❶ ［汉族］女娲奉玉帝旨意造人。

【流传】广东省·湛江市·坡头区

【出处】林轩讲：《女娲与海龟》，见中国民间文学集成全国编辑委员会编《中国民间故事集成》（广东卷），北京：中国 ISBN 中心 2006 年版，第 4 页。

❷ ［汉族］玉皇大帝派女娲落凡间造人。

【流传】山西省·（阳泉市）·平定县·（锁簧镇）·东锁簧村

【出处】朱翠兰讲：《兄妹神婚与东西磨山》，见中国民间文学集成全国编辑委员会编《中国民间故事集成》（山西卷），北京：中国 ISBN 中心 1999 年版，第 12~14 页。

## W2045.2
### 天神下旨造人

【关联】［W2053.6.1］天神派的神造人

实例

［彝族］地上没有人，天神恩体古兹遣吾子结知下凡来创造。

【流传】（无考）

【出处】《勒俄特衣》，见吕大吉、何耀华总主编《中国各民族原始宗教资料集成》（彝族卷、白族卷、基诺族卷），北京：中国社会科学出版社 1996 年版，第 51 页。

## W2046
### 因繁衍人类的需要造人

实例

（参见下级母题实例）

## W2046.1
### 因婚后不能生育造人

实例

（参见下级母题实例）

## W2046.1.1
### 兄妹婚不能生育造人

实例

［拉祜族］兄妹结婚不能生儿育女，只好造人。

【流传】（无考）

【出处】《刻木造人》，见云南省民族事务委员会编《拉祜族文化大观》，昆明：云南民族出版社1999年版，第178页。

## W2046.1.1.1
### 盘和古兄妹婚不能生育造人

【关联】［W0725.6.3］盘和古是兄妹俩

实例

［毛南族］盘和古兄妹结婚不生育，用泥捏人。

【流传】广西壮族自治区·（河池市）·环江县（环江毛南族自治县）·下南乡

【出处】
（a）谭中意整理：《盘古的故事》，见《毛南族：广西环江县南昌屯调查》，昆明：云南大学出版社2004年版，第295~296页。
（b）覃启仁讲，谭金田翻译整理：《盘古的传说》，见袁凤辰编《毛难族民间故事集》，北京：中国民间文艺出版社1984年版，第1~7页。
（c）谭金田等翻译整理：《盘古的传说》，见中华民族故事大系编委会编《中华民族故事大系》第12卷（布朗族、撒拉族、毛南族），上海：上海文艺出版社1995年版，第479~485页。

## W2046.1.1.2
### 伏羲女娲兄妹婚不能生育造人

【关联】［W0682.2.1］伏羲女娲兄妹婚

实例

［汉族］女娲与哥哥伏羲成婚后，觉得自己肚皮里没动静，因性急，决定靠神力来造人。

【流传】上海市·黄浦区

【出处】曹鸿翔讲，方卡采录：《女娲娘娘造人》，见中国民间文学集成全国编辑委员会编《中国民间故事集成》（上海卷），北京：中国ISBN中心2007年版，第5页。

## W2046.1.2
### 姐弟婚不能生育造人

【关联】［W7350］姐弟婚

## 2.3.2 造人的原因

> 实 例

[汉族] 姐姐和弟弟结为夫妻以后，因结婚不生育，开始不分日夜地赶做泥人。

【流传】湖北省·（宜昌市）·当阳市·育溪镇·春河村

【出处】徐复生讲，李幸文采录：《葫芦姐弟》，见中国民间文学集成全国编辑委员会编《中国民间故事集成》（湖北卷），北京：中国 ISBN 中心 1999 年版，第 13 页。

### W2046.1.3
### 因夫妻年龄悬殊不能生育造人

> 实 例

[汉族] 洪水后逃生的东山老人与南山小妹年龄相差大，只好捏泥人。

【流传】湖南省·（娄底市）·涟源市

【出处】姚长清讲：《东山老人与南山小妹造人》，见中国民间文学集成全国编辑委员会编《中国民间故事集成》（湖南卷），北京：中国 ISBN 中心 2002 年版，第 32 页。

### W2046.2
### 因婚后没有生育造人

> 实 例

[毛南族] 盘哥和古妹结婚三年，还没有生娃崽，就用泥捏成人崽。

【流传】

（a）广西壮族自治区·（河池市）·环江县（环江毛南族自治县）·下南乡·下南村·松现屯

（b）广西壮族自治区·（河池市）·环江县（环江毛南族自治县）·上（上南乡）、中（中南乡）、下南地区（下南乡）

（c）广西壮族自治区·（河池市）·环江县（环江毛南族自治县）

（d）广西壮族自治区

【出处】

（a）覃启仁讲，蒋志雨采录翻译：《盘哥古妹》，见中国民间文学集成全国编辑委员会编《中国民间故事集成》（广西卷），北京：中国 ISBN 中心 2001 年版，第 70 页。

（b）谭金田等翻译整理：《盘兄和古妹》，见谷德明编《中国少数民族神话》，北京：中国民间文艺出版社 1987 年版，第 153 页。

（c）覃启仁讲，谭金田等翻译整理：《盘古的传说》，见曹廷伟编著《广西民间故事辞典》，南宁：广西教育出版社 1993 年版，第 23 页。

（d）《盘、古兄妹》，见中央民族学院少数民族文艺研究所编《中国民族民间文学》（下），北京：中央民族学院出版社 1987 年版，第 445 页。

### W2046.2.1
### 兄妹因婚后没有生育造人

【关联】[W7300] 兄妹婚

> 实 例

❶ [毛南族] 盘和古兄妹婚后不生娃仔，他们把泥巴捏成泥人。

【流传】（无考）

【出处】

（a）《盘古的传说》，转引自蒙贵章讲，蒙国荣、韦志华、谭贻生记录翻译，蒙国荣整理：《天皇到盘、古》附记，见杨光富《回、彝、水、仡佬、毛南、京六族故事选》，南宁：广西人民出版社 1988 年。

（b）同（a），见姚宝瑄主编《中国各民族神话》（土家族、毛南族、侗族、瑶族），太原：山西出版传媒集团·书海出版社 2014 年版，第 53 页。

❷ [毛南族] 盘和古兄妹二人结婚三年，还没有生娃仔，于是就用泥捏成人仔，叫乌鸦衔去丢后，都变成了人。

【流传】广西壮族自治区·（河池市）·环江毛南族自治县

【出处】

（a）覃启仁讲，谭金田、蒋志雨记录整理：《盘古的传说》，见袁凤辰等编《毛南族、京族民间故事选》，上海：上海文艺出版社 1987 年版。

（b）同（a），见姚宝瑄主编《中国各民族神话》（土家族、毛南族、侗族、瑶族），太原：山西出版传媒集团·书海出版社 2014 年版，第 48 页。

## W2046.3
结婚后生人太慢造人

实 例

（参见下级母题实例）

## W2046.3.1
兄妹婚后嫌生人太慢造人

【关联】[W2436] 兄妹婚生人

实 例

❶ [汉族] 兄妹结婚嫌生育太慢，女娲用泥土捏人。

【流传】（无考）

【出处】《女娲和伏羲》，见陶阳、牟钟秀《中国创世神话》，上海：上海人民出版社 1989 年版，第 239 页。

❷ [汉族] 两兄妹结婚，为了繁殖得更快，他们又用黄土造人。

【流传】河南省·商丘（商丘市）

【出处】《两兄妹》，见中国民间文艺家协会河南分会编《中原神话专题资料》，1987 年编印，内部资料，第 127~130 页。

❸ [汉族] 兄妹结为夫妻，嫌怀孕慢，用泥捏人。

【流传】四川省·（南充市）·西充县·双凤镇

【出处】黄光华讲：《兄妹造人烟》，见中国民间文学集成全国编辑委员会编《中国民间故事集成》（四川卷·上），北京：中国 ISBN 中心 1998 年版，第 52 页。

## W2046.3.1.1
盘古兄妹婚后嫌生人太慢造人

【关联】[W2412.1] 盘古兄妹结婚生人

## 实例

[汉族] 盘古兄妹成亲开始生孩子，怕孩子不多，就用泥捏人。

【流传】河南省·（南阳市）·桐柏县·二郎山乡·黄楝沟村

【出处】马献占讲，河南大学中原神话调查组采录：《兄妹结婚》（桐柏县），见中国民间文学集成全国编辑委员会编《中国民间故事集成》（河南卷），北京：中国ISBN中心2001年版，第4页。

### W2046.3.1.2
### 伏羲女娲兄妹婚后嫌生人太慢造人

【关联】[W2412.6.1] 伏羲女娲兄妹婚生人

## 实例

❶ [汉族] 伏羲女娲兄妹婚后觉得生育人类繁衍太慢，就想法造人。

【流传】江苏省·（淮安市）·涟水县·南集乡·禹庄村

【出处】徐学尧讲，徐省生搜集整理：《世界的由来》（1983），见姚宝瑄主编《中国各民族神话》（汉族），太原：山西出版传媒集团·书海出版社2014年版，第24~28页。

❷ [汉族] 天翻地覆后，只剩下伏羲、女娲兄妹，结为夫妻生儿育女，嫌慢用黄土捏人。

【流传】浙江省·（衢州市）·江山县（江山市）·凤林镇

【出处】管兰吉讲：《兄妹造人》，见中国民间文学集成全国编辑委员会编《中国民间故事集成》（浙江卷），北京：中国ISBN中心1997年版，第40页。

### W2046.4
### 因生的人有残疾造人

【关联】[W2890] 身体残缺的人（残疾者）

## 实例

（实例待考）

### W2046.5
### 为接人间烟火造人

【关联】[W6495.2] 祭祖

## 实例

[汉族] 洪水后，伏羲女娲兄妹见天底下只剩下他兄妹俩了，伏羲就和他妹妹商量：用泥巴来造一些人，好把世上的人烟接起。女娲一听，立刻就答应了。兄妹俩就挖起泥巴掺和些水，揉成团团，动手做人。

【流传】四川省

【出处】李茂生讲，陈钧搜集整理：《伏羲兄妹制人烟》，见姚宝瑄主编《中国各民族神话》（汉族），太原：山西出版传媒集团·书海出版社2014年版，第91~94页。

### W2046.6
### 因年老不能生育造人

【关联】[W2587.8.1] 年老不能生育

实例

（参见下级母题实例）

### W2046.6.1
### 女始祖因年龄大不能生育造人

【关联】［W2060.1］女祖先造人（女始祖造人）

实例

［瑶族］密洛陀（女神名）生的九个孩子中只有一个女孩，那就是老七花密样。可是花密样死了，密洛陀知道公鸡不会下蛋，男人不会生育。密洛陀越来越老了，她的八个儿子的头发也白了，于是开始造人。

【流传】广西壮族自治区·（河池市）·都安瑶族自治县江水河一带

【出处】《密洛陀创世》，蓝田根据莎红整理的《密洛陀》和潘泉脉整理的《密洛陀》两部不同版本的长诗《密洛陀》改写，见姚宝瑄主编《中国各民族神话》（土家族、毛南族、侗族、瑶族），太原：山西出版传媒集团·书海出版社2014年版，第174页。

### W2047
### 与造人原因有关的其他母题

实例

（参见下级母题实例）

### W2047.1
### 因没有配偶造人

【关联】［W2758.2.1.1］造女人是为了给男人作配偶（为男人的婚配造女人）

实例

［汉族］人类毁灭后做人种的姐弟不能结婚，老道就让他们用土造人。

【流传】黑龙江省·（绥化市）·青冈县·劳动乡·新富村

【出处】樊老太太讲，赵鸽采录：《高祖公高祖婆》，见中国民间文学集成全国编辑委员会编《中国民间故事集成》（黑龙江卷），北京：中国ISBN中心2005年版，第9页。

### W2047.1.1
### 男子造出自己的妻子

实例

［藏族］洪水后，幸存的老三与天神的三姑娘结婚。后来三姑娘离开，老三就用灰做成姑娘，成活后作为自己的妻子。

【流传】四川省·（凉山彝族自治州）·木里县（木里藏族自治县）·桃坝乡

【出处】扎西仁青讲：《洪水潮天》，见中国民间文学集成全国编辑委员会编《中国民间故事集成》（四川卷·上），北京：中国ISBN中心1998年版，第938页。

### W2047.2
### 为了让人修整大地造人

实例

［壮族］大仙认为地上东西很多，但没

有人类有缺陷，造人类是为了让人修整大地。

【流传】广西壮族自治区·（崇左市）·天等县·上映乡

【出处】许承武讲：《人体油腻子的来由》，见张声震总主编，农冠品编注《壮族神话集成》，南宁：广西民族出版社2007年版，第385页。

## W2047.3
### 为了帮自己干活造人

实 例

（实例待考）

## W2047.3.1
### 神为了让人代替自己劳作造人

实 例

（实例待考）

## W2047.3.2
### 喇嘛为了让人代替自己劳作造人

【关联】［W2066.2］喇嘛造人

实 例

［蒙古族］创造万物的喇嘛造人的目的就是用来帮助干活和做伴。

【流传】新疆维吾尔自治区·（巴音郭楞蒙古自治州）·和硕县·布尔图一牧场

【出处】根登讲，布·孟克采录，乌恩奇译：《乌旦喇嘛创造了世界》，见中国民间文学集成全国编辑委员会编《中国民间故事集成》（新疆卷），北京：中国ISBN中心2008年版，第6页。

## W2047.4
### 因地上缺少有智慧的生命造人

实 例

［塔吉克族］因为安拉造出各类动植物之后，天地之间恰好缺少一种有智慧的生命，于是安拉决心在大地上用泥土造人。

【流传】新疆维吾尔自治区·（喀什地区）·塔什库尔干塔吉克自治县·瓦尔西代乡

【出处】马达里汗讲，西仁·库尔班等采录翻译：《人类的来历》，见中国民间文学集成全国编辑委员会编《中国民间故事集成》（新疆卷），北京：中国ISBN中心2008年版，第34页。

## W2047.4.1
### 因地上的动物不会说话造人

【关联】［W3083a］动物为什么不会说话

实 例

［藏族］女娲因大地上成百上千种的动物都不能说话，她想教会这些动物说话，可是它们又听不懂，只好造人。

【流传】云南省·迪庆藏族自治州

【出处】马龙祥、李子贤搜集整理：《女娲娘娘》，载《民间文学》1985年第4期。

## W2047.5
### 怕人类灭绝造人

【关联】［W2046.5］为接人间烟火造人

实　例

[高山族（赛夏）] 神灵乌兹帕赫崩恐洪水后人类灭绝，开始用剩下的1个人造人。

【流传】台湾

【出处】《碎尸生始祖》，见中国各民族宗教与神话大词典编审委员会编《中国各民族宗教与神话大词典》，北京：学苑出版社1990年版，第144页。

## W2047.6
### 被惩罚下凡造人

实　例

（参见下级母题实例）

## W2047.6.1
### 女娲被罚下凡造人

【关联】［W2065］女娲造人

实　例

[汉族] 女娲因为偷王母娘娘的逍遥宫，被罚下凡造人。

【流传】山西省·（阳泉市）·平定县

【出处】冯富国讲，光爱华采录：《女娲补天留冠山》，见中国民间文学集成全国编辑委员会编《中国民间故事集成》（山西卷），北京：中国ISBN中心1999年版，第5页。

## W2047.7
### 受某种启发造人

实　例

（参见下级母题实例）

## W2047.7.1
### 受影子的启发造人

实　例

[汉族] 女娲在水中照影子，想到造人。

【流传】四川省·（凉山彝族自治州）·德昌县·热和乡·田村

【出处】刘廷香讲，汤应照采录：《女娲造人》，见中国民间文学集成全国编辑委员会编《中国民间故事集成》（四川卷·上），北京：中国ISBN中心1998年版，第27页。

## W2047.7.1.1
### 看到自己水中的影子想到造人

实　例

[汉族] 大神女娲感到非常孤独，偶然看到水里的自己的影子后，决定造像自己一样的生物。

【流传】（a）四川省·（凉山彝族自治州）·德昌县·热和乡·田村

【出处】

（a）刘廷香讲，汤应照采录：《女娲造人》（1986），见中国民间文学集成全国编辑委员会编《中国民间故事集成》（四川卷·上），北京：中国IS-BN中心1998年版，第27页。

(b)《女娲创造人类》，原载袁珂编译《中国神话故事》，见陶阳、钟秀编《中国神话》（上），北京：商务印书馆2008年版，第317～319页。

## W2047.8
### 因天神看到地上有兽无人造人

【关联】［W2053］天神造人

实例

［鄂伦春族］天神恩都力见地上只有野兽，并无人烟，便用老桦树皮扎成人。

【流传】黑龙江省·黑河（黑河市）

【出处】《桦皮造人》，见中国各民族宗教与神话大词典编审委员会编《中国各民族宗教与神话大词典》，北京：学苑出版社1990年版，第131页。

## 2.3.3 造人者
（W2050～W2079）

## ✿ W2050
### 造人者

【关联】［W1015］创世者（造物主）

实例

（参见下级母题实例）

## ✿ W2051
### 神或神性人物造人①

实例

（参见下级母题实例）

## W2052
### 神造人②

【汤普森】A179.6

【关联】［W2131］神生人

实例

［布依族］神造出人。

【流传】（无考）

【出处】佟德富：《中国少数民族原始意识与哲学宇宙观之萌芽》，载《中央民族大学学报》1995年第4期。

## W2052.1
### 大神造人

实例

［藏族］世界出现森林后，大神德绕高又造了一个人，取名阿加尼（文化英雄名）。

【流传】西藏自治区

【出处】（a）旺秋搜集：《僜人创世神话》，根据

---

① 神或神性人物造人，此类造人主体比较复杂，有的神话对神或神性人物并没有严格界定，同一个神话形象在不同的神话文本中可能具有不同的角色，如一些神或神性人物存在于多种叙事环境之中，有时是宗教中的人物，有时可能是人类早期神化的人，或者纯粹的神话形象，如西王母、玉皇大帝等可以出现在不同的神话语境之中，在此，选择个案，不再一一细分或重复列举。神或神性人物在编排中身份和地位不分先后。

② 神造人，与"神性人物造人"在不同的语境中有时会产生交叉。此处所列母题及实例中的某些神有时也可以看作是神性人物。

中国社科院民族研究所编《僜人社会历史调查》（云南人民出版社1990年版）、西藏民间文艺研究会主办《邦锦梅朵》1984年第8期中的《僜人创世神话》整理。

（b）同（a），见姚宝瑄主编《中国各民族神话》（门巴族、珞巴族、怒族、藏族），太原：山西出版传媒集团·书海出版社2014年版，第87~88页。

## W2052.2
### 最高神造人

【关联】
① ［W0122］至高无上的神
② ［W2797.3.3.2a］最高神造7男1女

实例

［蒙古族］最高神乌尔根最早创造了7男1女。

【流传】（无考）

【出处】［日］大林太良等：《世界神话事典》，第442~445页，转引自陈岗龙、乌日古木勒《蒙古民间文学》，银川：宁夏人民出版社2008年版，第47页。

## W2053
### 天神造人

【关联】［W2128.3.1］天神重新造人（天神第二次造人）

实例

❶ ［鄂伦春族］天上的恩都力看到别处都有了人，只有独兴安岭没有人，于是开始造人。

【流传】内蒙古自治区·（呼伦贝尔市）·鄂伦春自治旗

【出处】德兴德讲，巴图宝音采录：《族源神话》，见中国民间文学集成全国编辑委员会编《中国民间故事集成》（宁夏卷），北京：中国ISBN中心2007年版，第23页。

❷ ［汉族］天神用泥捏了向东、爱吾1男1女。

【流传】浙江省·（丽水市）·云和县

【出处】刘仙明讲，叶俊采录：《男人为何有喉结》，见中国民间文学集成全国编辑委员会编《中国民间故事集成》（浙江卷），北京：中国ISBN中心1997年版，第37页。

❸ ［满族］天神造人之前先造地。

【流传】（无考）

【出处】《托佛妈妈》，见傅英仁口述，张爱云整理《傅英仁满族故事》（上），哈尔滨：黑龙江人民出版社2006年版，第10页。

❹ ［满族］天神造1男1女，在罐子中男女婚配，人越来越多，在世界上生出各色人种。

【流传】（无考）

【出处】傅英仁讲，余金整理：《天神创世》，见《满族民间故事选》，上海：上海文艺出版社1983年版。

❺ ［蒙古族］天神造人类。

【流传】（无考）

【出处】《天地之形成》，见陈岗龙译自

［日本］中田千亩编《蒙古神话》，东京郁文社，昭和十六年（1941）。

❻ [土家族]"原生人"灭绝之后，天神造人。

【流传】（无考）

【出处】《制天制地》，见曹毅《土家族原始意识形态的核心：生命原点意识》，载《民族论坛》1997年第1期。

## W2053.1
### 男女天神造人

实例

❶ [布朗族] 天神布桑改沙和雅桑改西造人。

【流传】云南省

【出处】见《布桑改沙和雅桑改西》：http://history.1001n.com.cn。

❷ [独龙族] 天上的大神嘎美和嘎莎造人。

【流传】云南省

【出处】《嘎美嘎莎造人》，见中央民族学院少数民族文艺研究所编《中国民族民间文学》（上），北京：中央民族学院出版社1987年版，第161页。

❸ [独龙族] 男神嘎美和女神嘎莎创造了人类第一对始祖普（男）和姆（女）。

【流传】云南省

【出处】《嘎美夫妇和普姆》，见高明强编《创世的神话和传说》，上海：上海三联书店1988年版，第79页。

❹ [独龙族] 天神嘎美、嘎沙捏泥人。

【流传】云南独龙江南与缅甸相邻的马库、拉瓦夺

【出处】《嘎美嘎沙造人》，李金明：《独龙族文学简史》，昆明：云南民族出版社2004年版，第72页。

## W2053.1.1
### 男天神造人

实例

[哈萨克族] 天神安拉创造了第一个人。

【流传】新疆维吾尔自治区

【出处】《阿达姆阿塔》，斯丝根据别克苏勒坦、佟中明撰写的《哈萨克族宗教与神话》改写，见姚宝瑄主编《中国各民族神话》（乌孜别克族、哈萨克族、柯尔克孜族、俄罗斯族、维吾尔族、塔吉克族、塔塔尔族、锡伯族），太原：山西出版传媒集团·书海出版社2014年版，第27页。

## W2053.1.2
### 女天神造人

实例

❶ [维吾尔族] 女天神先造了亚当，又用亚当的一根肋骨创造了一个女人，起名夏娃，让她做亚当的妻子。

【流传】新疆维吾尔自治区

【出处】

(a)《女天神创造人类》，见满都呼主编《中国阿尔泰语系诸民族神话故事》，北京：民族出版社1997年版，第31页。

(b) 张越、姚宝瑄译：《女天神创造人类》，见满都呼主编《中国阿尔泰语系

系诸民族神话故事》，北京：民族出版社1997年版，第31页。

❷ [维吾尔族] 真主派女天神造人。

【流传】新疆维吾尔自治区

【出处】张越、姚宝瑄：《新疆民族神话选·女天神创造亚当》，乌鲁木齐：新疆人民出版社1989年版。

## W2053.1.3
### 天神夫妻造人

【关联】[W2057.2] 夫妻神造人

> 实例

[畲族] 天神皇天爷和皇天姆看到世间没人世界，就下凡到地上造人。

【流传】福建省·（宁德市）·福鼎县（福鼎市）·桐山（桐城街道）·浮柳村

【出处】蓝升兴讲，蓝俊德等采录：《皇天爷和皇天姆造人》，见中国民间文学集成全国编辑委员会编《中国民间故事集成》（福建卷），北京：中国ISBN中心1998年版，第6页。

## W2053.2
### 众天神造人

> 实例

[傣族] 8位天神来到大地上，他们共同造人类。

【流传】云南省

【出处】岩峰、王松：《变扎贡帕》，见中国各民族宗教与神话大词典编审委员会编《中国各民族宗教与神话大词典》，北京：学苑出版社1990年版，第82页。

## W2053.3
### 天神下凡后造人

【关联】[W0199.2] 天神下凡

> 实例

❶ [达斡尔族] 恩都日（天神）下凡用泥捏人。

【流传】内蒙古自治区·（呼伦贝尔市）·莫力达瓦旗（莫力达瓦达斡尔族自治旗）

【出处】孟志东搜集：《人是恩都日造的》，见中央民族学院文艺研究所编《中国民族民间文学》，北京：中央民族学院出版社1987年版。

❷ [畲族] 天神皇天爷和皇天姆看到世间没人做世界，就下凡到地上造人。

【流传】福建省·（宁德市）·福鼎县（福鼎市）·桐山（桐城街道）·浮柳村

【出处】蓝升兴讲，蓝俊德等采录：《皇天爷和皇天姆造人》，见中国民间文学集成全国编辑委员会编《中国民间故事集成》（福建卷），北京：中国ISBN中心1998年版，第6页。

## W2053.4
### 天神与弟子造人

> 实例

[满族] 阿不凯恩都里率众弟子造飞禽走兽和人。

【流传】黑龙江省·（牡丹江市）·宁

安县（宁古塔）

【出处】关振川讲：《阿不凯恩都里》，见中国民间文学集成全国编辑委员会编《中国民间故事集成》（黑龙江卷），北京：中国 ISBN 中心 2005 年版，第 17～19 页。

## W2053.5
### 天神造人不成功

【关联】［W2124］造人不成功

实 例

（参见下级母题实例）

## W2053.5.1
### 天神多次造人不成功

实 例

［彝族］大神恩体谷自虽然多次努力，也没有造出人类。

【流传】（无考）

【出处】《勒俄特衣》，转引自胡庆钧《凉山彝族奴隶制社会形态》，北京：中国社会科学出版社 1985 年版，第 392～393 页。

## W2053.6
### 与天神造人有关的其他母题

实 例

（参见下级母题实例）

## W2053.6.1
### 天神派的神造人

实 例

［彝族］地上没有人，天神恩体古兹遭吾子结知下凡来创造。

【流传】（无考）

【出处】《勒俄特衣》，见吕大吉、何耀华总主编《中国各民族原始宗教资料集成》（彝族卷、白族卷、基诺族卷），北京：中国社会科学出版社 1996 年版，第 51 页。

## W2053.6.2
### 特定名称的天神造人

【关联】［W0208］特定名称的天神

实 例

❶［鄂温克族］天神保如很把格西用泥土造人。

【流传】内蒙古自治区·（呼伦贝尔市）·阿巴尔虎旗

【出处】那木吉拉：《蒙古神话和英雄史诗中的印度日蚀月蚀神话影响》，载《民族文学研究》2001 年第 2 期。

❷［拉祜族］天神厄霞创造人类。

【流传】云南省

【出处】《神人斗法》，见高明强编《创世的神话和传说》，上海：上海三联书店 1988 年版，第 59 页。

❸［傈僳族］天神木布帕创造人类。

【流传】云南省·（怒江傈僳族自治州）·碧江县（1986 年撤销县制，今属福贡县等）

【出处】刘辉豪搜集整理：《天、地、人的由来》，见中华民族故事大系编委会编《中华民族故事大系》第 7 卷（黎族、傈僳族、佤族），上海：上海文艺出版社 1995 年版，第 261～

263页。

❹ [傈僳族] 天神俄沙扒莫造人。

【流传】（无考）

【出处】左玉堂：《傈僳族文学简史》，昆明：云南民族出版社1999年版，第94页。

❺ [满族] 至高无上的天神阿布卡恩都里在创造人类。

【流传】（无考）

【出处】傅英仁、余金讲述整理：《耶路里》，见姚宝瑄主编《中国各民族神话》（满族、赫哲族、朝鲜族），太原：山西出版传媒集团·书海出版社2014年版，第86~88页。

❻ [羌族] 开天辟地以后，木巴（天神）造下了人种。

【流传】四川省·（阿坝藏族羌族自治州）·汶川县·雁门乡

【出处】刘光元讲，罗世泽采录：《阿巴补摩》，见中国民间文学集成全国编辑委员会编《中国民间故事集成》（四川卷·下），北京：中国ISBN中心1998年版，第1121~1123页。

❼ [彝族] 天地万物产生后，格兹天神开始造人。

【流传】（a）（云南省·楚雄彝族自治州·姚安县·官屯乡·马游村，大姚县·昙华乡等）

【出处】

（a）郭天元（马游村）、李申呼颇（昙华乡）、李福玉颇（苴）演唱，郭思九、许明学、龚维顺、张宝省、陈志群、胡炳文等搜集，刘德虎、龚维顺、陈志群、李树荣、郭天元等整理：《梅葛》（第一部"创世"），见云南省民族民间文学楚雄调查队《梅葛》（1959），昆明：云南人民出版社2009年版。

（b）《拉天缩地》，见高明强编《创世的神话和传说》，上海：上海三联书店1988年版，第33页。

# W2053.6.3
## 不知名的天神造人

实例

❶ [锡伯族] 一位天神造人。

【流传】（无考）

【出处】《天神与大地》，见中国各民族宗教与神话大词典编审委员会编《中国各民族宗教与神话大词典》，北京：学苑出版社1990年版，第631页。

❷ [彝族] 一位天神在滨河的平原上创造了人。

【流传】（无考）

【出处】《人类和石头的战争》，原载谷德明编《中国少数民族神话选》，见陶阳、钟秀编《中国神话》（下），北京：商务印书馆2008年版，第1084~1085页。

# W2053.6.4
## 天老爷造人

实例

[傈僳族] 天老爷是创造人类者。

【流传】云南省·怒江州（怒江傈僳族

自治州）

【出处】祝发清调查整理：《"阔时节"祭祀》（1990），见吕大吉、何耀华总主编《中国各民族原始宗教资料集成》（纳西族卷、羌族卷、独龙族卷、傈僳族卷、怒族卷），北京：中国社会科学出版社 2000 年版，第 755 页。

## W2053.6.5
### 天神用石头造人

【关联】

① ［W2089.7］用石头造人

② ［W2097.2］用石头造人没有成功（用石头造人不成功）

**实 例**

[鄂伦春族] 天神恩都力玛发用石头造人类。

【流传】小兴安岭一带鄂伦春猎人中

【出处】马名超、崔焱编写：《人类生死的由来》，见姚宝瑄主编《中国各民族神话》（达斡尔族、鄂伦春族、鄂温克族、蒙古族），太原：山西出版传媒集团·书海出版社 2014 年版，第 22~23 页。

## W2053.6.6
### 天神用泥土造人

【关联】

① ［W2087］用泥造人（用土造人）

② ［W2758.1.1］天神用泥土捏成男人

**实 例**

[鄂温克族] 天神保鲁根巴格西用地面上的泥土捏造世上的万物和人类。

【流传】内蒙古自治区·呼伦贝尔市·陈巴尔虎旗

【出处】赛金苏龙讲，马名超记录整理：《天神保鲁根巴格西造万物》，见姚宝瑄主编《中国各民族神话》（达斡尔族、鄂伦春族、鄂温克族、蒙古族），太原：山西出版传媒集团·书海出版社 2014 年版，第 119 页。

## W2054
### 地神造人

① ［W2042a.2.1.1］地神为让地上热闹造人

② ［W2302.2］地神变成人

**实 例**

[汉族] 地神公公想让地面上闹猛一点，就做了很多泥人。

【流传】上海市·嘉定县（嘉定区）·黄渡乡·杨家村

【出处】金世英讲，徐忠良采录：《人的起源》，见中国民间文学集成全国编辑委员会编《中国民间故事集成》（上海卷），北京：中国 ISBN 中心 2007 年版，第 6 页。

## W2054.1
### 特定名称的地神造人

**实 例**

[佤族] 人类是地神"西拥"创造的。

【流传】云南省

【出处】《论佤族支系"巴饶"的含义及其形成》，载《云南民族大学学报》2004 年第 5 期。

## 2.3.3 造人者

### W2055
**男神造人**

【关联】［W2056］女神造人

实例

［满族］天神阿布卡恩都里（男神）造出1男1女，繁衍人类。

【流传】（无考）

【出处】（a）张石头讲，富育光整理：《天神创世》，见刘江华编《中国神话故事》（天、地、人物卷），北京：中国世界语出版社1999年版，第9页。

（b）乌丙安：《满族民间故事》，上海：上海文艺出版社1983年版，第1页。

### W2056
**女神造人**①

【关联】

① ［W065］女神

② ［W2053.1.2］女天神造人

③ ［W2055］男神造人

实例

（参见下级母题实例）

### W2056.0
**创世女神造人**

【关联】［W068.1］创世女神

实例

［瑶族］十二个创世女神中的大姐花也伢在密洛陀造人时，采花粉做蜂蜡，做造人缸，负责育人。

【流传】（无考）

【出处】《密洛陀神谱》，蓝田根据农学冠等撰写的《瑶族神话传说中的人物》编写，见姚宝瑄主编《中国各民族神话》（土家族、毛南族、侗族、瑶族），太原：山西出版传媒集团·书海出版社2014年版，第150～151页。

### W2056.1
**神的女儿造人**

【关联】［W0155.4］特定的神的女儿

实例

［瑶族（布努）］密洛陀（万物之母，女始祖，女神）生了12个女孩，她让这12个女孩造人。

【流传】广西壮族自治区·（河池市）·都安县（都安瑶族自治县）、巴马县（巴马瑶族自治县）、南丹县，（百色市）·田东县、平果县等地

【出处】桑布郎等传，蒙凤标（83岁）、罗仁祥（73岁）等唱：《密洛陀》（1983），见蓝怀昌、蓝书京、蒙通顺搜集翻译整理《密洛陀》，北京：中国民间文艺出版社1988年版，第306～309页。

---

① 女神，在各民族神话中并不是一个精准的概念，包括讲述人与翻译者对待女神的问题都有一定的灵活性。在这里只能根据神话叙事的文本归为女神类型。如瑶族神话中的"密洛陀造人"，有的神话把密洛陀称为"女神"，而有的神话则说她是"万物之母"或"女始祖"。

## W2056.2
### 女神姐妹造人

实例

[高山族（排湾）] 最高神巴拉洛扬的妹妹女神摩阿盖和莎拉宛是创造人类之神。

【流传】台湾排湾人地区

【出处】《太阳神的后裔》，海云根据曾思奇《高山族古老神话传说中的人物与境域》整理，见姚宝瑄主编《中国各民族神话》（高山族、黎族、畲族），太原：山西出版传媒集团·书海出版社 2014 年版，第 9 页。

## W2056.3
### 老妈妈神造人

实例

[满族] 老妈妈神造人。

【流传】（无考）

【出处】穆晔骏讲：《恰喀拉人是怎么来的》，载《黑龙江民间文学》第 19 集，1983 年。

## W2056.3.1
### 老妈妈神刻木造人

实例

❶ [满族] 老妈妈神闲着没事，就用石片刀刻了一些木头人，后来这些人成活。

【流传】（无考）

【出处】穆晔骏讲，孟慧英整理：《恰喀拉人是怎么来的》，原载中国民间文艺研究会黑龙江分会编《黑龙江民间文学》第 19 集，1983 年，内部资料，转引自姚宝瑄主编《中国各民族神话》（满族、赫哲族、朝鲜族），太原：山西出版传媒集团·书海出版社 2014 年版，第 19~20 页。

❷ [满族] 以前，一个老妈妈神，在自己的林子里生活。她用石片刀刻了几个木头人。

【流传】黑龙江省·（哈尔滨市）·双城县（双城区）

【出处】穆晔骏讲，孟慧英搜集整理：《恰喀拉人是怎么来的》，原载《黑龙江民间文学》第 19 集，见陶阳、钟秀编《中国神话》（上），北京：商务印书馆 2008 年版，第 320 页。

## W2056.4
### 妈祖造人

【关联】[W2087.2.2] 玛祖用黄泥造人（妈祖用黄泥造人）

实例

[高山族] 天上的玛祖婆路过台湾岛时，用黄泥捏了两个泥人。

【流传】（无考）

【出处】《纹面断齿成亲》，原载蔡铁民编《高山族民间故事选》，见陶阳、钟秀编《中国神话》（下），北京：商务印书馆 2008 年版，第 1505~1506 页。

## W2056.5
### 其他特定女神造人

**实例**

❶ [水族] 牙巫（女神名）造人、兽和万物。

**【流传】**

(a) 贵州省·（黔南布依族苗族自治州）·三都（三都水族自治县）、荔波（荔波县）、独山（独山县），（黔东南苗族侗族自治州）·榕江（榕江县）、雷山（雷山县）等

**【出处】**

(a) 《开天地造人烟》，见范禹主编《水族文学史》，贵阳：贵州人民出版社1987年版，第39~40页。

(b) 同（a），见陶阳、钟秀《中国创世神话》，上海：上海人民出版社1993年版，第64页。

❷ [瑶族] 女神密洛陀造人。

**【流传】**（无考）

**【出处】**

(a) 蓝有荣口述，黄书光等搜集，韦编联整理：《密洛陀》，见谷德明编《中国少数民族神话》，北京：中国民间文艺出版社1987年版，第122页。

(b) 《密洛陀》，见高明强编《创世的神话和传说》，上海：上海三联书店1988年版，第41页。

(c) 《萨当琅》，见陶阳、牟钟秀著《中国创世神话》，上海：上海人民出版社2006年版，第63页。

(d) 蓝阿勇讲：《密洛陀》，见中国民间文学集成全国编辑委员会编《中国民间故事集成》（广西卷），北京：中国ISBN中心2001年版，第11~22页。

## W2056.6
### 女神被派遣造人

**【关联】** [W2067.1] 真主派女神造人

**实例**

[维吾尔族] 真主派女天神造人，但女天神造出来的泥人没有灵魂，不会说话，不会走路，于是向真主祷告。真主在天上听到了祈祷，答应了她的请求，向泥人吹了一口气，灵魂飞进了泥人的身体，泥人成活。

**【流传】** 新疆维吾尔自治区·伊犁州（伊犁哈萨克自治州）、新疆南疆一带

**【出处】** 阿不都拉搜集翻译，姚宝瑄整理：《女天神创造亚当》，见姚宝瑄主编《中国各民族神话》（乌孜别克族、哈萨克族、柯尔克孜族、俄罗斯族、维吾尔族、塔吉克族、塔塔尔族、锡伯族），太原：山西出版传媒集团·书海出版社2014年版，第224页。

## W2056.6.1
### 神王派造人女神造人

**【关联】** [W068.1.1] 造人女神

**实例**

[彝族] 神王涅侬俸佐颇根据龙王的姑娘赛依列的建议，派儿依得罗娃（造人女神）去造人。

**【流传】**（云南省·楚雄彝族自治州·双

柏县，红河哈尼族彝族自治州等地）

【出处】

（a）云南省民族民间文学楚雄、红河调查队搜集，郭思九、陶学良整理：《查姆》，昆明：云南人民出版社1981年版.

（b）郭思九、陶学良整理，古梅改写：《彝家的古根》，选自《云南民族文学资料》第七集中的《查姆》上部前三章，见姚宝瑄主编《中国各民族神话》（羌族、彝族），太原：山西出版传媒集团·书海出版社2014年版，第60页。

## W2057

### 众神共同造人

【汤普森】A1218

【关联】［W2053.1］男女天神造人

实　例

❶［傣族］8天神到大地上开创人类。

【流传】云南省

【出处】岩峰、王松：《变扎贡帕》，见中国各民族宗教与神话大词典编审委员会编《中国各民族宗教与神话大词典》，北京：学苑出版社1990年版，第82页。

❷［哈尼族］大神们造天时还造出三个最能干的人，头人查听德门、贝玛（亦称摩批、摩匹，原始宗教祭师）罗赫阿波和工匠（工匠又是天神摩米的姑娘）。

【流传】云南省·（红河哈尼族彝族自治州）·元阳县

【出处】朱小和讲，史军超等采录：《神的古今》，见中国民间文学集成全国编辑委员会编《中国民间故事集成》（云南卷），北京：中国 ISBN 中心 2003 年版，第19页。

❸［满族］阿不凯恩都里率众弟子造飞禽走兽和人。

【流传】黑龙江省·（牡丹江市）·宁安县

【出处】关振川讲：《阿不凯恩都里》，见中国民间文学集成全国编辑委员会编《中国民间故事集成》（黑龙江卷），北京：中国 ISBN 中心 2005 年版，第17~19页。

❹［蒙古族］99尊天神造人。

【流传】（无考）

【出处】吴彤：《蒙古族神话传说中的自然题材和观念》，载《内蒙古社会科学》1995年第2期。

❺［蒙古族］天地初分时，诸神把按照天神模样造的人送到地上。

【流传】（无考）

【出处】《蒙古神话》，赵永铣《蒙古族创世神话与萨满教九十九天说探新》，载《内蒙古社会科学》1989年第4期。

❻［佤族］利吉神和路安神创造了人。

【流传】（无考）

【出处】《司岗里》，见云南省民族事务委员会编《佤族文化大观》，昆明：云南民族出版社1999年版，第160页。

## W2057.1
### 男神女神共同造人

【关联】

① ［W2276.5.1］男神女神同时吃特定东西孕生人

② ［W2572.1.2］男神女神下凡婚生第一代人

【实例】

❶ [布朗族] 宇宙神的儿子和月亮女神削木成男人和女人。

【流传】云南省·西双版纳（西双版纳傣族自治州）·勐海县

【出处】《帕雅英与十二瓦席》，见云南省民族事务委员会编《布朗族文化大观》，昆明：云南民族出版社1999年版，第173页。

❷ [彝族（阿细）] 最古的时候，谁来造人呢？造人的就是男神阿热，就是女神阿咪。

【流传】（a）云南省·红河哈尼族彝族自治州·弥勒县·（西山镇）

【出处】

(a) 潘正兴等唱述，云南省民族民间文学红河调查队搜集翻译整理：《阿细的先基》，昆明：云南人民出版社1959年版。

(b) 云南省民族民间文学红河调查队搜集整理，古梅改写：《最古的时候》，见姚宝瑄主编《中国各民族神话》（羌族、彝族），太原：山西出版传媒集团·书海出版社2014年版，第140～141页。

## W2057.2
### 夫妻神造人

【关联】

① ［W2139.6］夫妻神生人

② ［W2745.1.4］夫妻神先造男后造女

【实例】

❶ [傣族] 英叭神王让布桑该、雅桑该夫妇到地球上，创造人类和万物。

【流传】云南省·（西双版纳傣族自治州）·景洪市

【出处】波岩扁讲，岩温扁、征鹏翻译：《布桑该雅桑该》，见中国民间文学集成全国编辑委员会编《中国民间故事集成》（云南卷），北京：中国ISBN中心2003年版，第85页。

❷ [傣族] 布尚改、雅尚改是夫妻神，布尚改用泥巴造男人，雅尚改用泥巴造女人。

【流传】云南省

【出处】《布尚改雅尚改》，见岩温扁、征鹏编译《傣族民间传说》，北京：中国旅游出版社1982年版，第1页。

❸ [羌族] 自从索依迪朗夫妇创造出三儿子丹巴协惹以后，地球上开始有了人烟。

【流传】四川省·（阿坝藏族羌族自治州）·汶川县·威州乡·黄岩村

【出处】尤增富讲，西南民院中文系采风队采录：《丹巴协惹上天要粮种》，见中国民间文学集成全国编辑委员会编《中国民间故事集成》（四川卷·下），北京：中国ISBN中心1998年版，第1127页。

❹ ［羌族］索依迪和索依朗夫妻神是造人神（"迪"意为阿爸，"朗"意为阿妈）。

【流传】四川省·（阿坝藏族羌族自治州）·茂县·太平乡·牛尾巴村

【出处】郑友富讲，王康男采录：《索依迪朗造人》注释，见中国民间文学集成全国编辑委员会编《中国民间故事集成》（四川卷·下），北京：中国ISBN中心1998年版，第1118页。

❺ ［畲族］皇天爷与皇天姆造人。

【流传】福建省·（宁德市）·福鼎县（福鼎市）·畲乡

【出处】蓝升兴讲：《皇天爷和皇天姆造人》，见中国民间文学集成全国编辑委员会编《中国民间故事集成》（福建卷），北京：中国ISBN中心1998年版，第6~7页。

## W2057.3
### 天神和地神造人

【关联】
① ［W2053］天神造人
② ［W2054］地神造人

实　例

［苗族］8个天神和8个地神造人。

【流传】贵州省·（黔东南苗族侗族自治州）·凯里（凯里市）、丹寨县

【出处】王凤刚整理：《混沌天地》，见《丹寨民间文学资料》第2集，内部资料。

## W2057.4
### 母子神造人

实　例

（参见下级母题实例）

## W2057.4.1
### 创世神母子造人

【关联】［W2058.1］创世神造人

实　例

［蒙古族］创世神母子巴巴额吉造人。

【流传】（无考）

【出处】布·孟和搜集，哈斯翻译：《巴巴额吉造人》，载《汗腾格里》（托忒文）1988年第1期。

## W2057.5
### 雷公风神共同造人

【关联】［W2405.3］风神与雷神婚生人

实　例

［满族］（实例待考）

## W2057.6
### 兄妹神造人

【关联】［W2544a.1］洪水后一对兄妹神婚再生人类

实　例

［汉族］兄妹两大神，相约以泥造人。

【流传】浙江省·丽水（丽水市）

【出处】徐三妹讲，唐宗龙采录：《兄妹造人》，见中国民间文学集成全国编

辑委员会编《中国民间故事集成》（浙江卷），北京：中国ISBN中心1997年版，第41页。

## W2058
### 造物主造人（造物神造人）①
【汤普森】A1210
【关联】
① ［W1015］创世者（造物主）
② ［W2087.0b.2］造物主用泥造人（用土造人）
③ ［W2120.2.1］造物主给泥人灵魂后泥人成活

实例

❶ ［独龙族］造物神格蒙造人。
【流传】云南省·（怒江傈僳族自治州）·贡山县（贡山独龙族怒族自治县）·独龙江乡
【出处】约翰讲：《创世纪》，见中国民间文学集成全国编辑委员会编《中国民间故事集成》（云南卷），北京：中国ISBN中心2003年版，第187～189页。

❷ ［哈萨克族］造物主迦萨甘造人。
【流传】新疆维吾尔自治区
【出处】尼合迈德·蒙加尼搜集：《迦萨甘创世》，载《新疆民族文学》1982年第2期。

❸ ［景颇族］能贯娃（造物主、创世神）用泥巴捏小泥人。
【流传】云南省
【出处】岳志明、杨国治翻译整理：《驾驭太阳的母亲》，见谷德明编《中国少数民族神话》，北京：中国民间文艺出版社1987年版，第468页。

❹ ［蒙古族］创世神巴巴额吉母子造人。
【流传】（无考）
【出处】布·孟和搜集，哈斯翻译：《巴巴额吉造人》，见《汗腾格里》（托忒文）1988年第1期。

## W2058.1
### 创世神造人
【关联】
① ［W2042.1a.1］创世神为管理万物造人
② ［W2057.4.1］创世神母子造人

实例

❶ ［毛南族］创世神天皇造人。
【流传】广西壮族自治区
【出处】中国各民族宗教与神话大词典编审委员会编：《中国各民族宗教与神话大词典》，北京：学苑出版社1990年版，第417页。

❷ ［毛南族］创世神汉王造人。
【流传】广西壮族自治区
【出处】中国各民族宗教与神话大词典

---

① 造物主造人，关于"造物主"的确切身份，在神话叙事中并没有严格界定，如基督教认为上帝创造万物，因此称上帝为"造物主"；而在某些民族中，"造物主"指的是普遍意义上的万物的创造者。有时无论是神话讲述人还是文本的翻译记录者常常把"造物主"、"造物神"、"创世者"等混用。当某些带有这类性质的神话形象难以进行更细致辨析时，也归为此类。

编审委员会编：《中国各民族宗教与神话大词典》，北京：学苑出版社1990年版，第417页。

❸ [佤族] 创造神达能创造了人类第一个母亲妈农。

【流传】云南省·（普洱市）·西盟县（西盟佤族自治县）

【出处】《司岗里》，见尚仲豪《佤族民间故事集成》，昆明：云南民族出版社1990年版。

## W2058.2
### 创世者造人

【关联】［W1015］创世者（造物主）

**实 例**

[布依族] 造物者翁杰将岩山踩炸在江海之中，变出游泳的猴崽，成了人类的祖先。

【流传】（无考）

【出处】《布依族古歌叙事歌选·造万物歌·造人篇》，贵阳：贵州人民出版社1982年版，第48页。

## W2058.2.1
### 天神让创世者造人

【关联】
① ［W2053.6.1］天神派的神造人
② ［W2061.2.1］天神派人神造人

**实 例**

[土家族] 张古老、李古老把天地做成后，凡间没有人。有一天，墨特巴（天神名）对张古老说："张古老，你做个人吧！"

【流传】湖南省土家族居住地区

【出处】《依罗娘娘造人》，见姚宝瑄主编《中国各民族神话》（土家族、毛南族、侗族、瑶族），太原：山西出版传媒集团·书海出版社2014年版，第5页。

## W2058.3
### 创世主造人

【关联】［W2087.2.3］创世主用黄泥造人

**实 例**

❶ [哈萨克族] 人类是创世主迦萨甘创造的。

【流传】新疆维吾尔自治区

【出处】尼哈迈提·蒙加尼搜集，校仲彝翻译整理《神与灵魂》，见姚宝瑄主编《中国各民族神话》（乌孜别克族、哈萨克族、柯尔克孜族、俄罗斯族、维吾尔族、塔吉克族、塔塔尔族、锡伯族），太原：山西出版传媒集团·书海出版社2014年版，第31~32页。

❷ [哈萨克族] 创世主迦萨甘用黄泥捏了一对空心小泥人，后来成活。

【流传】新疆维吾尔自治区

【出处】

（a）《造物主创世》，见满都呼主编《中国阿尔泰语系诸民族神话故事》，北京：民族出版社1997年版，第63页。

（b）尼合迈德·蒙加尼搜集，校仲彝翻

译整理：《迦萨甘创世》，见谷德明编《中国少数民族神话》，北京：中国民间文艺出版社1987年版，第727页。

## W2059
神仙造人

【关联】［W2408］神仙（仙）婚生人类

实例

❶ [布依族] 人是神仙用劈开的树木制造而成的。

【流传】（无考）

【出处】《人和动物是怎样出生的》，转引自何积全、陈立浩主编《布依族文学史》，贵阳：贵州民族出版社1992年版，第43页。

❷ [黎族] 洪水前，神仙用泥土捏成哥妹两人，然后把这两个泥人放进开了口的葫芦瓜中，洪水后经过日光和水的作用，成为活人。

【流传】海南省·琼中县（琼中黎族苗族自治县）·五指山公社·水满村（今属五指山市·水满乡）

【出处】王知会讲，云博生采录：《人类的起源》，见中国民间文学集成全国编辑委员会编《中国民间故事集成》（海南卷），北京：中国ISBN中心2002年版，第3页。

❸ [羌族] 神仙看到地上无人烟，就从自己身上割肉投向人间，于是有了人类。

【流传】四川省·（阿坝藏族羌族自治州）·汶山县（旧县名已撤销，今属汶川县）·（龙溪乡）·阿尔村

【出处】《洪水滔天》，见何斯强《羌族：四川汶山县阿尔村调查》，昆明：云南大学出版社2004年版，第224~225页。

## W2059.1
仙造人

实例

[壮族] 大仙用泥造出人类。

【流传】广西壮族自治区·（崇左市）·天等县·上映乡

【出处】许承武讲：《人体油腻子的来由》，见张声震总主编，农冠品编注《壮族神话集成》，南宁：广西民族出版社2007年版，第385页。

## W2059.2
天仙造人

【关联】
① ［W0825］天仙
② ［W2877.2］天仙剜出人的肚脐眼

实例

[回族] 很早以前，世界上根本没有人，天堂上的仙人们结伙到大地取土造人。

【流传】青海省·黄南州（黄南藏族自治州）·同仁县·隆务镇·民主街

【出处】周尚杰（保安族，该文本注明他讲的是回族神话）讲，赵清阳采录：《阿丹的诞生》，见中国民间文学集成全国编辑委员会编《中国民间故事集成》（青海卷），北京：中国IS-

BN 中心 2007 年版，第 11 页。

## W2059.2.1
### 真主让天仙造人

【关联】［W2067.3］真主派天使造人

实例

［回族］以前没有人，真主让天仙造人。

【流传】宁夏回族自治区·（中卫市）·海原县·海城镇

【出处】田富珍讲：《人祖阿丹和好娃》，见中国民间文学集成全国编辑委员会编《中国民间故事集成》（宁夏卷），北京：中国 ISBN 中心 1999 年版，第 7~8 页。

## W2059.3
### 多个仙人造人

实例

❶［回族］天上的仙人们造人。

【流传】青海省·（黄南藏族自治州）·同仁县·隆务镇

【出处】周尚杰讲：《阿丹的诞生》，见中国民间文学集成全国编辑委员会编《中国民间故事集成》（青海卷），北京：中国 ISBN 中心 2007 年版，第 11~13 页。

❷［羌族］几位神仙用泥巴造人。

【流传】四川省

【出处】《神仙造人》，见李明等《羌族文学史》，成都：四川民族出版社 1994 年版，第 64 页。

## W2059.3.1
### 太极和无极造人

【关联】［W058.3.5］无极老祖出现最早

实例

［汉族］娲儿公主和太极（仙名）、无极（仙名）造人。

【流传】辽宁省·阜新市·细河区

【出处】吴振清讲，郝殿玺搜集整理：《人的来历》，原载阜新市细河区民间文学集成编委会编《细河区资料本》，见陶阳、钟秀编《中国神话》（上），北京：商务印书馆 2008 年版，第 324~326 页。

## W2060
### 祖先造人（始祖造人）

【关联】

① ［W0640~W0659］祖先（祖先神、始祖神）

② ［W2143］祖先生人

实例

［独龙族］老祖目朋创造人类。

【流传】云南省·（怒江傈僳族自治州）·贡山县（贡山独龙族怒族自治县）·独龙江乡

【出处】孔志清讲，辛一采录：《行米戛朋》，见中国民间文学集成全国编辑委员会编《中国民间故事集成》（云南卷），北京：中国 ISBN 中心 2003 年版，第 275 页。

## W2060.1
### 女祖先造人（女始祖造人）

【关联】［W2143.1］女祖先生人

实例

［苗族］女祖宗一次又一次地造族人。

【流传】贵州省·（安顺市）·紫云（紫云苗族布依族自治县）麻山苗区

【出处】杨再华唱诵，杨正江译：《亚鲁族源》，见中国民间文艺家协会主编《亚鲁王》，北京：中华书局 2011 年版，第 54 页。

## W2060.1.1
### 特定名称的女祖先造人

实例

❶［瑶族］女祖先务告造人。

【流传】贵州省·（黔南布依族苗族自治州）·荔波县·洞塘乡

【出处】韦老根讲：《务告造人》，见中国民间文学集成全国编辑委员会编《中国民间故事集成》（贵州卷），北京：中国 ISBN 中心 2003 年版，第 13～14 页。

❷［壮族］始祖娘姆洛甲用蜂蛋和蝶蛋做人，生养后代。

【流传】广西壮族自治区·（河池市）·大化县（大化瑶族自治县）·羌圩乡

【出处】《姆洛甲造三批人》，见中国民间文学集成全国编辑委员会编《中国民间故事集成》（广西卷），北京：中国 ISBN 中心 2001 年版，第 4～5 页。

## W2060.1.2
### 女祖先的女儿造人

实例

［瑶族（布努）］密洛陀（万物之母，女始祖，女神）生 12 个女孩，她们用花蜡（蜂蜜）造人时，大姐包生育，二姐包采花，三姐捏人仔，四姐接孩来，五姐包养奶，六姐打扮孩。

【流传】广西壮族自治区·（河池市）·都安县（都安瑶族自治县）、巴马县（巴马瑶族自治县）、南丹县，（百色市）·田东县、平果县等地

【出处】桑布郎等传，蒙凤标（83 岁）、罗仁祥（73 岁）等唱：《密洛陀》（1983），见蓝怀昌、蓝书京、蒙通顺搜集翻译整理《密洛陀》，北京：中国民间文艺出版社 1988 年版，第 306 页。

## W2060.2
### 男祖先造人（男始祖造人）

【关联】［W2153.5］男人生孩子（男人生人）

实例

［苗族］博咚（男性人名，祖先）生觥斗曦（男性人名，祖先），觥斗曦造了人。

【流传】贵州省·（安顺市）·紫云（紫云苗族布依族自治县）麻山苗区

【出处】杨再华唱诵，杨正江译：《亚鲁族源》，见中国民间文艺家协会主编《亚鲁王》，北京：中华书局 2011 年

## W2060.3
### 祖先神[①]造人（始祖神造人）

【关联】［W0641］祖先神

实例

❶ ［侗族］男女始祖神丈良、丈美造人进村寨。

【流传】（无考）

【出处】三江侗族自治县集成办公室编：《侗族款词耶歌酒歌》，内部资料，1987年，第130页。

❷ ［土家族］人类始祖神咿罗娘娘造人。

【流传】（无考）

【出处】《摆手歌》，见彭继宽等《土家族文学史》，长沙：湖南文艺出版社1989年版，第61页。

## W2060.4
### 男女祖先共同造人（男女始祖造人）

【关联】［W2282.3.1］向男女祖先祈子

实例

（参见下级母题实例）

## W2060.4.1
### 人祖爷和人祖奶姐弟俩造人

实例

［汉族］人祖爷和人祖奶姐弟俩捏泥人，天底下有了人。

【流传】河南省·（周口市）·西华县·逍遥镇

【出处】刘炎讲：《姊妹成婚》，见中国民间文学集成全国编辑委员会编《中国民间故事集成》（河南卷），北京：中国ISBN中心2001年版，第13~14页。

## W2060.4.2
### 始祖遮帕麻和遮米麻造人

实例

［阿昌族］人类的始祖遮帕麻和遮米麻创造人类。

【流传】云南省·（德宏傣族景颇族自治州）·梁河县

【出处】赵安贤讲述，杨叶生翻译，智克整理：《遮帕麻与遮米麻》，载《山茶》1981年第2期。

## W2061
### 其他神或神性人物造人

实例

（参见下级母题实例）

## W2061.0
### 天女造人

实例

［普米族］天女捏灰姑娘。

---

① 祖先神，在一些神话叙事中又称"始祖神"、"文化始祖"或"祖先"，许多民族神话中的"祖先"与"始祖神"不分。为了忠实文本，把"祖先神造人"单独列出。

【流传】云南省

【出处】马六斤、曹新民讲，季志超米记录整理：《洪水滔天的故事》，载《山茶》1983年第3期。

## W2061.0.1
### 天神的第九个女儿造人

实例

[水族] 以前，地上无人。天神的第九个女儿牙线（仙婆），被惩罚降到大地上来。

【流传】贵州省·（黔东南苗族侗族自治州）·榕江县·平永乡

【出处】潘开雄等讲，杨路塔采录：《十二个仙蛋》，见中国民间文学集成全国编辑委员会编《中国民间故事集成》（贵州卷），北京：中国ISBN中心2003年版，第10页。

## W2061.1
### 上帝造人

实例

[哈萨克族] 上帝用土、水、火和风造人祖和人母夏娃。

【流传】（无考）

【出处】依曼阿力·萨萨诺甫讲，阿里木别克·加玛力搜集，安蕾、毕梓译：《人类是怎样在大地上繁衍开来的》，见满都呼主编《中国阿尔泰语系诸民族神话故事》，北京：民族出版社1997年版，第66页。

## W2061.2
### 人神造人①

实例

[苗族] 人神老格米·爷觉朗努用泥巴捏人。

【流传】云南省·（曲靖市）·宣威县

【出处】苏正学讲：《人蜕皮》，见中国民间文学集成全国编辑委员会编《中国民间故事集成》（云南卷），北京：中国ISBN中心2003年版，第282~283页。

## W2061.2.1
### 天神派人神造人

【关联】［W2053.6.1］天神派的神造人

实例

[彝族] 远古时，世上没有人。天神恩体古兹请人神俄惹结志去造人。

【流传】（四川省·凉山彝族自治州）

【出处】

（a）冯元蔚译：《勒俄特依》，成都：四川民族出版社1986年版。

（b）冯元蔚译，蔷紫改写：《勒俄特依》，见姚宝瑄主编《中国各民族神话》（羌族、彝族），太原：山西出版传媒集团·书海出版社2014年版，

---

① 人神造人，该母题也可以归属于"神性人物造人"。在有些民族神话的表述或翻译中使用"人神"这个概念，既有人神混杂的意思，也可以理解为带有人的性质的神或具有超能力的"神人"。

第 154~155 页。

## W2061.3
### 万能神造人
【关联】［W0497.3］万能神

实 例

❶ ［高山族（赛夏）］万能的神创造出一批人。
【流传】台湾
【出处】
（a）《高山族和汉族的由来》，见谷德明编《中国少数民族神话》，北京：中国民间文艺出版社 1987 年版，第 236 页。
（b）陈国强搜集：《高山族和汉族的来历》，见陈庆浩等《中国民间故事全集·台湾民间故事集》，台北：远流出版公司 1993 年版，第 355 页。

❷ ［景颇族］万能神格莱格桑造人类。
【流传】云南省
【出处】尚正兴整理：《神金木沙阿朗》，见中国各民族宗教与神话大词典编审委员会编《中国各民族宗教与神话大词典》，北京：学苑出版社 1990 年版，第 362 页。

❸ ［高山族］很早以前，在台湾的崇山峻岭中，万能的神创造出一批人来。
【流传】台湾
【出处】
（a）《高山族和汉族的来源》，见陈国强编《高山族神话传说》，福州：福建人民出版社 1980 年版。
（b）同（a），见姚宝瑄主编《中国各民族神话》（高山族、黎族、畲族），

太原：山西出版传媒集团·书海出版社 2014 年版，第 17 页。

## W2061.4
### 玉皇大帝造人
【关联】［W0777］玉皇大帝

实 例

❶ ［汉族］玉皇大帝照自己的样子用泥土造人。
【流传】陕西省·（汉中市）·南郑县·协税镇、周家坪镇
【出处】何章讲，李小曼搜集整理：《人的出世》，见南郑县民间故事集成编委会《中国民间故事集成陕西卷·南郑县故事集成》，内部编印，1988 年，第 3 页。

❷ ［土族］玉皇大帝把造好的人安置在广阔无垠的大地上。
【流传】青海省·（海东地区）·互助县（互助土族自治县）·东山乡
【出处】王文庭讲，席元麟搜集整理：《黄牛大力士下凡》，见满都呼主编《中国阿尔泰语系诸民族神话故事》，北京：民族出版社 1997 年版，第 212 页。

## W2061.4.1
### 天王造人
【关联】［W0204］天帝（天王、天皇、天君）

实 例

❶ ［傣族］天王因帕雅普创造万物与人类。

【流传】云南省

【出处】

（a）《因帕雅普》，见张公瑾著《傣族文化研究》，昆明：云南民族出版社1988年版，第44页。

（b）《因帕雅普》，见中央民族学院少数民族文艺研究所编《中国民族民间文学》（上），北京：中央民族学院出版社1987年版，第110页。

❷ [汉族] 天王老子造大黑、二白、三姑娘三人。

【流传】云南省·（大理白族自治州）·鹤庆县

【出处】杨五一讲：《地母三姑造万物》，见中国民间文学集成全国编辑委员会编《中国民间故事集成》（云南卷），北京：中国ISBN中心2003年版，第113~114页。

## W2061.4.2
### 天皇造人

实例

❶ [毛南族] 汉王死后到天皇（天皇，毛南语音译，神名），他又造就他的这一代子孙。

【流传】广西壮族自治区·（河池市）·环江毛南族自治县·上南（上南乡）、中南（中南乡）、下南（下南乡）·上纳屯

【出处】

（a）蒙贵章讲，蒙国荣、韦志华、谭贻生记录翻译，蒙国荣整理：《天皇到盘古》（1984.07），见杨光富《回、彝、水、仡佬、毛南、京六族故事选》，南宁：广西人民出版社1988年版。

（b）同（a），见姚宝瑄主编《中国各民族神话》（土家族、毛南族、侗族、瑶族），太原：山西出版传媒集团·书海出版社2014年版，第49页。

❷ [毛南族] 汉王造了一些人死亡后，天皇又造一代人。

【流传】广西壮族自治区

【出处】《盘古兄妹和他们的神祖神孙》，见广西少数民族与汉族《氏歌与民间故事》（七）（下），南宁师院广西民族民间文学研究室编，第660页。

## W2061.5
### 独身神造人

【关联】[W0192.1] 独身天神

实例

❶ [独龙族] 独身天神莫明更娶神母的女儿——"一只眼睛的姑娘念坚"，念坚生下雁子。

【流传】云南省

【出处】李子贤辑：《念坚与念勒姆》，见中国各民族宗教与神话大词典编审委员会编《中国各民族宗教与神话大词典》，北京：学苑出版社1990年版，第121页。

❷ [佤族] 一个独身神造人。

【流传】云南省

【出处】《我们是怎样生存到现在的》，见《云南民族民间故事选》，昆明：云南人民出版社1981年版，第413页。

## W2061.6
### 神匠造人

**实 例**

[傈僳族] 神匠造人。

【流传】（无考）

【出处】《神匠》，见中国各民族宗教与神话大词典编审委员会编《中国各民族宗教与神话大词典》，北京：学苑出版社1990年版，第386页。

## W2061.7
### 天管师造人

**实 例**

[傈僳族] 天管师造人类。造出的地的上层、下层的人都很顺当。

【流传】（b）四川省·（凉山彝族自治州）·德昌（德昌县）

【出处】

（a）左玉堂：《傈僳族文学简史》，昆明：云南民族出版社1999年版，第95页。

（b）谷万才讲，李文华等翻译采录：《人类的起源》，见中国民间文学集成全国编辑委员会编《中国民间故事集成》（四川卷·下），北京：中国ISBN中心1998年版，第1432~1435页。

## W2061.8
### 文化英雄造人

【关联】

① [W0560] 文化英雄

② [W2144] 文化英雄生人

**实 例**

[苗族] 以前地上没有人。半人半兽的纳罗引勾（巨人，被认为是"祖先"）捏人造人。

【流传】

（a）广西壮族自治区·（柳州市）·融水县（融水苗族自治县）·滚贝乡

（b）广西壮族自治区·（柳州市）·融水县（融水苗族自治县）

（c）广西壮族自治区·（柳州市）·融水苗族自治县

【出处】

（a）杨达香讲，梁彬采录翻译：《纳罗引勾开天辟地造人》，见中国民间文学集成全国编辑委员会编《中国民间故事集成》（广西卷），北京：中国ISBN中心2001年版，第24页。

（b）杨达香讲，梁彬搜集整理：《创世记》，见谷德明编《中国少数民族神话》，北京：中国民间文艺出版社1987年版，第545页。

（c）同（b），见梁彬、王天若编《苗族民间故事选》，南宁：广西人民出版社1986年版。

## W2061.9
### 巨人造人

**实 例**

[佤族] 巨人达能创造了妈农（人类第一个母亲）。

【流传】云南省·（普洱市）·西盟县（西盟佤族自治县）

【出处】达老屈等讲，隋嘎等采录：《司岗里》，见中国民间文学集成全国编辑委员会编《中国民间故事集成》（云南卷），北京：中国 ISBN 中心 2003 年版，第 96 页。

## W2061.9.1
### 巨人分开天地后造人

【关联】［W2035］开天辟地后造人

实例

［苗族］巨人先分开天地，然后开始造人。

【流传】广西壮族自治区·（柳州市）·融水县（融水苗族自治县）·滚贝乡（滚贝侗族乡）

【出处】杨达香讲：《纳罗引勾开天辟地造人》，见中国民间文学集成全国编辑委员会编《中国民间故事集成》（广西卷），北京：中国 ISBN 中心 2001 年版，第 24～30 页。

## W2061.10
### 鬼造人

【关联】［W2295.1.5.3］鬼生育人种

实例

（参见下级母题实例）

## W2061.10.1
### 鬼造 1 对男女

实例

［景颇族］神鬼诺强和他的妻子造了两个人，一个姐姐和一个弟弟。

【流传】（a）云南省

【出处】

（a）殷江腊讲，永生译，东耳等整理：《人类始祖》，载《山茶》1982 年第 6 期。

（b）同（a），见谷德明编《中国少数民族神话》，北京：中国民间文艺出版社 1987 年版，第 458 页。

## W2061.10.2
### 鬼神造人的生命

实例

［鄂温克族］人的生命是神和鬼造成的。

【流传】内蒙古自治区·（呼伦贝尔市）·阿荣旗·查巴奇乡（查巴奇鄂温克族乡）

【出处】

（a）《阿荣旗查巴奇乡鄂温克族调查报告》，见内蒙古自治区编辑组《鄂温克族社会历史调查》，呼和浩特：内蒙古人民出版社 1986 年版，第 113 页。

（b）《生命的来源》，见吕大吉、何耀华总主编《中国各民族原始宗教资料集成》（鄂伦春族卷、鄂温克族卷、赫哲族卷、达斡尔族卷、锡伯族卷、满族卷、蒙古族卷、藏族卷），北京：中国社会科学出版社 1999 年版，第 107 页。

## W2061.11
### 妖造人

实例

（实例待考）

## W2061.12
### 人皇造人

【关联】

① ［W2087.0a.4］人皇用泥造人（人皇用土造人）

② ［W2114.4.3］人皇吹仙气使造的人成活

【实例】

❶ ［汉族］人皇造人，女娲帮助修改。

【流传】河北省·（唐山市）·遵化县（遵化市）·（堡子店镇）·马坊岭村

【出处】杨秀珍讲：《三皇治世》，见中国民间文学集成全国编辑委员会编《中国民间故事集成》（河北卷），北京：中国ISBN中心2003年版，第7~8页。

❷ ［汉族］人皇氏造人。

【流传】宁夏回族自治区·（固原市）·彭阳县·孟原乡·白阳庄村

【出处】高荣贵讲，梁志强采录：《拜天地》，见中国民间文学集成全国编辑委员会编《中国民间故事集成》（宁夏卷），北京：中国ISBN中心1999年版，第16页。

## W2061.13
### 神性的兄妹造人

【关联】

① ［W2063.1］盘古兄妹造人

② ［W2064.1］伏羲兄妹造人

③ ［W2074.2.1］伏羲女娲兄妹造人

【实例】

（参见关联项实例）

## W2061.14
### 萨满造人

【关联】［W9146］萨满

【实例】

❶ ［鄂温克族］最早产生的萨满造人。

【流传】（无考）

【出处】中央民族学院少数民族文艺研究所编：《中国民族民间文学》（上），北京：中央民族学院出版社1987年版，第198页。

❷ ［满族］勒顿妈妈（天神女侍从、女萨满）敲了第五声神鼓，才慢慢地、慢慢地生出了生灵万物与人类。

【流传】（无考）

【出处】王宏刚：《论萨满教创世神话中的文化精神》，载《萨满学术论坛》2006年第1期。

## W2061.15
### 娘娘造人

【实例】

［汉族］天下无人，娘娘造人。

【流传】山西省·太原市

【出处】李连生讲：《娘娘捏人》，见中国民间文学集成全国编辑委员会编《中国民间故事集成》（山西卷），北京：中国ISBN中心1999年版，第7~8页。

## W2061.15.1
### 女娲娘娘造人

【关联】［W2065］女娲造人

实 例

❶［汉族］盘古开天地后，女娲娘娘造人。

【流传】四川省·（凉山彝族自治州）·德昌县·热和乡

【出处】刘廷香讲：《女娲造人》，见中国民间文学集成全国编辑委员会编《中国民间故事集成》（四川卷·上），北京：中国ISBN中心1998年版，第27页。

❷［汉族］盘古王开天地后，女娲娘娘造人类。

【流传】四川省·德阳（德阳市）·市中区（旌阳区、罗江县）

【出处】胡能才讲：《女娲娘娘的眼泪》，见中国民间文学集成全国编辑委员会编《中国民间故事集成》（四川卷·上），北京：中国ISBN中心1998年版，第56页。

❸［汉族］女娲娘娘用泥巴第1至7天，分别摔造出鸡、狗、猪、羊、牛、马和人。

【流传】湖北省·孝感市·明兴乡

【出处】杨明春讲：《女娲造六畜》，见中国民间文学集成全国编辑委员会编《中国民间故事集成》（湖北卷），北京：中国ISBN中心1999年版，第9~10页。

❹［汉族］女娲娘娘降生后，地上没有人，于是造人。

【流传】中原一带

【出处】陈明绍讲，冬禾搜集整理：《女娲捏泥造人畜》，原载张楚北编《中原神话》，见陶阳、钟秀编《中国神话》（下），北京：商务印书馆2008年版，第1192~1193页。

❺［藏族］女娲娘娘用泥捏人。

【流传】云南省·（迪庆藏族自治州）·中甸县（香格里拉县）

【出处】《女娲娘娘》，见中国民间文学集成全国编辑委员会编《中国民间故事集成》（云南卷），北京：中国ISBN中心2003年版，第67~69页。

## W2061.15.2
### 依罗娘娘造人

实 例

［土家族］玉帝让依罗娘娘造人。

【流传】湖南省·湘西（湘西土家族苗族自治州）·酉水（酉水河一带）

【出处】向廷龙讲，彭勃搜集翻译整理：《依罗娘娘造人》，原载谷德明编《中国少数民族神话》，见陶阳、钟秀编《中国神话》（上），北京：商务印书馆2008年版，第313页。

## W2061.16
### 皇天后土造人

【关联】［W0147.7］皇天后土

实 例

（参见下级母题实例）

## W2061.16.1
### 皇天后土用泥造人
【关联】
① ［W2087］用泥造人（用土造人）
② ［W2087.0］神用泥造人（神用土造人）

实 例

［汉族］皇天、后土公婆俩造出天地后，就依各自的模样用泥巴捏人仔。

【流传】福建省·（宁德市）·寿宁县·大安乡·伏际村

【出处】吴兰妃讲，刘善林记录：《天地人》（1986.03.17），见姚宝瑄主编《中国各民族神话》（汉族），太原：山西出版传媒集团·书海出版社2014年版，第58~61页。

## W2061.17
### 金童玉女造人
【关联】［W0764］金童玉女

实 例

（参见下级母题实例）

## W2061.17.1
### 金童玉女用黏土造人
【关联】［W2087.9］用黏土造人

实 例

［汉族］金童和玉女来到地上，照女娲娘娘的吩咐造人。他们挖来一些黏土，用水调匀，按照对方的模样捏人。

【流传】江苏省·（徐州市）·新沂市

【出处】徐太凤讲，孟玉红搜集整理：《人的来历和女娲补天》（1986.03.14），见姚宝瑄主编《中国各民族神话》（汉族），太原：山西出版传媒集团·书海出版社2014年版，第58~61页。

## W2061.18
### 人王公人王婆造人
【关联】［W2057.2］夫妻神造人

实 例

❶ ［白族］人王公和人王婆是天地分开时，用黄泥捏人和万物的祖师。

【流传】云南省·（大理白族自治州）·鹤庆县·朵美乡

【出处】鹤庆县民间文学集成办公室编：《石家什》，见《鹤庆民间故事集成》，昆明：云南人民出版社1989年版，第30~32页。

❷ ［白族］最早时，人王夫妻造人种。人王公和人王婆是天地分开时，用黄泥捏人和万物的祖师。

【流传】云南省·（大理白族自治州）·鹤庆县

【出处】彭独豹、杨凤魁讲，章天柱、曹溪涌记录：《石傢什》，原载《中国民间故事全书》（云南省·鹤庆卷），见陶阳、钟秀编《中国神话》（下），北京：商务印书馆2008年版，第1490~1492页。

## W2061.18.1
### 天下翁天下婆造人
【关联】［W2057.2］夫妻神造人

> 实 例

[汉族] 天下翁和天下婆一对老人造人。

【流传】福建省·（宁德市）·周宁县·李墩乡·里东山村

【出处】章永红讲，陈风禧搜集整理：《天下翁与天下婆》（1987.08.05），见姚宝瑄主编《中国各民族神话》（汉族），太原：山西出版传媒集团·书海出版社 2014 年版，第 34～35 页。

## W2061.19
### 世神下凡造人

> 实 例

[汉族] 世神下凡造人。

【流传】甘肃省·（庆阳市）·宁县·新宁镇·柏庄村

【出处】任孝忠采录：《世神造人》，见中国民间文学集成全国编辑委员会编《中国民间故事集成》（甘肃卷），北京：中国 ISBN 中心 2001 年版，第 9 页。

## W2061.20
### 特定方位的神造人

> 实 例

（参见下级母题实例）

## W2061.20.1
### 北方神造人

【关联】[W0254] 北方神

> 实 例

[景颇族] 南方的松昌（神鬼名）要与北方的诺强（神鬼名）比赛建造时，诺强造了两个人，一个姐姐和一个弟弟。

【流传】（无考）

【出处】殷江腊讲，永生翻译，东耳、永生整理：《人类始祖》，载《山茶》1982 年第 6 期。

## ❋ W2062
### 特定名称的神或神性人物造人

> 实 例

（参见下级母题实例）

## W2063
### 盘古造人

【关联】

① [W0720] 盘古

② [W2114.2.3] 盘古造人吹气后成活

> 实 例

❶ [汉族] 盘古开天辟地后，觉得孤单，开始造人。

【流传】陕西省·宝鸡县（宝鸡市）·（渭滨区）·马营镇

【出处】张世爱讲，李淳采录：《开天辟地》，见中国民间文学集成全国编辑委员会编《中国民间故事集成》（陕西卷），北京：中国 ISBN 中心 1996 年版，第 4 页。

❷ [汉族] 盘古造人。

【流传】陕西省·（渭南市）·合阳县·东王乡

【出处】张甲民讲：《男人喉咙的疙

瘩》，见中国民间文学集成全国编辑委员会编《中国民间故事集成》（陕西卷），北京：中国 ISBN 中心 1996 年版，第 9 页。

❸ [汉族] 盘古大仙一个人觉得没有意思，便用河里的泥沙捏了个粗棒棒人。

【流传】新疆维吾尔自治区·哈密市·陶家宫乡·沙枣园村

【出处】马耀辉讲，韩爱荣等采录：《人是怎么来的》，见中国民间文学集成全国编辑委员会编《中国民间故事集成》（新疆卷），北京：中国 ISBN 中心 2008 年版，第 30 页。

❹ [汉族] 盘古捏了许多许多血泥人。

【流传】山西省·（运城市）·闻喜县（旧称桐乡）·（桐城镇）·峪堡村

【出处】王有山讲，王更元采录：《盘古出生》，见中国民间文学集成全国编辑委员会编《中国民间故事集成》（山西卷），北京：中国 ISBN 中心 1999 年版，第 3 页。

❺ [汉族] 盘古对捏的泥人吹气后成活。

【流传】河南省·（驻马店市）·泌阳县

【出处】《盘古捏泥人的传说》，见李同春《中国民间故事集成·河南泌阳卷》，第 26~27 页。

❻ [汉族] 盘古王开天地以后，用黄泥捏出两个人。

【流传】浙江省·（金华市）·永康县·（芝英镇）·柿后村

【出处】陈望高采录：《盘古造人》，见中国民间文学集成全国编辑委员会编《中国民间故事集成》（浙江卷），北京：中国 ISBN 中心 1997 年版，第 37 页。

❼ [汉族] 盘古用菜刀刮丁板造出 1 人。

【流传】江西省·（吉安市）·万安县·潞田乡

【出处】郭隆士讲：*《伏羲和女娲》，见中国民间文学集成全国编辑委员会编《中国民间故事集成》（江西卷），北京：中国 ISBN 中心 2002 年版，第 10~11 页。

❽ [汉族] 盘古用泥巴捏人。

【流传】四川省·（眉山市）·彭山县·建和乡·纱溪村

【出处】杨连陆讲，杨进莹采录：《残疾人的来历》，见中国民间文学集成全国编辑委员会编《中国民间故事集成》（四川卷·上），北京：中国 ISBN 中心 1998 年版，第 28 页。

❾ [汉族] 盘古王开天地以后，用黄泥捏出两个人。

【流传】浙江省·（金华市）·永康县·（芝英镇）·柿后村

【出处】陈望高采录：《盘古造人》，见中国民间文学集成全国编辑委员会编《中国民间故事集成》（浙江卷），北京：中国 ISBN 中心 1997 年版，第 37 页。

## W2063.1

### 盘古兄妹造人

【关联】[W0725.2] 盘古的兄妹

‖W2063.1 — W2064‖　2.3.3 造人者

> 实　例

[汉族] 以前没有人烟，盘古兄妹俩造人。

【流传】河南省·（驻马店市）·泌阳县

【出处】
（a）《盘古捏泥人的传说》，见李同春《中国民间故事集成·河南泌阳卷》，第 26 ~ 27 页；
（b）《盘古开天地》，见 http：//club. chinaren. com/bbs. 2009. 08. 16。

## W2063.1.1
### 盘古兄妹婚后造人

【关联】
① ［W2114.2.3.1］盘古兄妹造人吹气后成活
② ［W2412.1］盘古兄妹结婚生人

> 实　例

[汉族] 洪水后，盘古兄妹成婚后就来捏泥人。今天捏，明天捏，捏的泥人成千上万。

【流传】河南省桐柏山一带

【出处】马卉欣、梁燕搜集，马卉欣整理：《盘古山》，原载中国民间文艺研究会河南分会编《河南民间故事集》，见姚宝瑄主编《中国各民族神话》（汉族），太原：山西出版传媒集团·书海出版社 2014 年版，第 95 ~ 100 页。

## W2063.1.2
### 盘古与天女婚后造人

【关联】［W2114.2.3.2］盘古与天女造人吹气后成活

> 实　例

❶ [汉族] 盘古与玉帝的三女儿结婚，夫妻做泥人，吹气变成活人。

【流传】（无考）

【出处】姚义雨等讲，马卉欣整理：《盘古开天》，见蔚家麟选编《中国民间故事精选》，武汉：长江文艺出版社 2005 年版，第 1 ~ 5 页。

❷ [汉族] 盘古和玉帝三女儿兄妹结婚，捏泥人成活。

【流传】河南省·（南阳市）·桐柏县

【出处】姚义雨讲：《盘古兄妹》，载《民间文学》1986 年第 1 期。

## W2064
### 伏羲造人

【关联】
❶ ［W0675］伏羲
❷ ［W2013.4.1］伏羲出现时产生人
❸ ［W2036.1］伏羲时代造人
❹ ［W2087.2.7］伏羲用黄泥造人（伏羲用黄土造人）
❺ ［W2103.6.1.2］伏羲用绳甩泥造人
❻ ［W2144.2］伏羲生人

> 实　例

❶ [汉族] 伏羲在封台山上创造了人。

【流传】甘肃省·天水市·北道区·渭南乡

【出处】王生林讲：《伏羲封姓》，见中国民间文学集成全国编辑委员会编《中国民间故事集成》（甘肃卷），北京：中国 ISBN 中心 2001 年版，第

14~15 页。

❷ [汉族] 以前无人，伏羲造人。

【流传】甘肃省·天水市·北道区·利桥乡

【出处】王奠华讲，田良采录：《蛇为啥没有脚》，见中国民间文学集成全国编辑委员会编《中国民间故事集成》（甘肃卷），北京：中国 ISBN 中心 2001 年版，第 13 页。

❸ [壮族] 伏羲造人。

【流传】（ab）广西壮族自治区·（贺州市）·钟山（钟山县）·清塘乡（清塘镇）

【出处】

（a）陀神昌：《古事歌》，见赵春甲《广西民间文学作品精选（2）》（钟山卷），南宁：广西民族出版社 1991 年版。

（b）覃少华唱：《世间万物从哪来》，见张声震总主编，农冠品编注《壮族神话集成》，南宁：广西民族出版社 2007 年版，第 11 页。

（c）《壮族麽经布洛陀影印译注》，南宁：广西民族出版社 2004 年版，第 1926~1927 页。

## W2064.1
### 伏羲兄妹造人

【关联】

① [W0680.2] 伏羲兄妹

② [W2038.3.3] 盘古死后伏羲兄妹造人

③ [W2295.4.1.1] 伏羲兄妹种人

④ [W2412.5] 伏羲兄妹婚生人

⑤ [W2533.2.1] 洪水后幸存的伏羲兄妹造人

**实 例**

❶ [汉族] 玉帝叫伏羲兄妹到人间种人，生出男女。

【流传】宁夏回族自治区·（石嘴山市）·惠农县（惠农区）·庙台乡

【出处】李生枝讲：《世上为啥女人比男人少》，见中国民间文学集成全国编辑委员会编《中国民间故事集成》（宁夏卷），北京：中国 ISBN 中心 1999 年版，第 14~15 页。

❷ [汉族] 女娲与哥哥伏羲成婚后，觉得自己肚皮里没动静，因性急，决定靠神力来造人。

【流传】上海市·黄浦区

【出处】曹鸿翔讲，方卡采录：《女娲娘娘造人》，见中国民间文学集成全国编辑委员会编《中国民间故事集成》（上海卷），北京：中国 ISBN 中心 2007 年版，第 5 页。

❸ [汉族] 伏羲兄妹造了人烟。

【流传】四川省·（成都市）·崇庆县（崇州市）

【出处】吴道士讲：《盘古开天地》，见中国民间文学集成全国编辑委员会编《中国民间故事集成》（四川卷·上），北京：中国 ISBN 中心 1998 年版，第 22 页。

❹ [汉族] 伏羲兄妹造出人烟。

【流传】四川省·（成都市）·灌县（今都江堰市）·胥家乡

【出处】卿上伦讲，兰字尧搜集整理：《为啥有白天黑夜》（1987.06.28），见姚宝瑄主编《中国各民族神话》（汉族），太原：山西出版传媒集团·书海出版社2014年版，第73~74页。

❺ [汉族] 伏羲兄妹制了人烟以后，世间一天比一天热闹起来。

【流传】四川省·（德阳市）·中江县

【出处】

（a）李茂生讲，陈钧整理：《伏羲，伏羲，教人打鱼》，载《民间文学》1964年3期。

（b）同（a），见姚宝瑄主编《中国各民族神话》（汉族），太原：山西出版传媒集团·书海出版社2014年版，第390~393页。

## W2064.2

### 伏羲女娲造人

【关联】

① [W0675] 伏羲

② [W0710] 女娲

③ [W0680.2.1] 伏羲女娲是双胞胎

④ [W0680.2.2] 伏羲女娲是兄妹

⑤ [W0680.3.1] 伏羲女娲是姐弟

⑥ [W0682.2.1] 伏羲女娲兄妹婚

⑦ [W0682.3.1] 伏羲女娲姐弟婚

⑧ [W0691.1.1] 伏羲女娲造黄帝

⑨ [W0714.1.1] 女娲变成伏羲的样子

⑩ [W0715.3.4] 女娲是伏羲的女儿

⑪ [W0725.2.2] 盘兄古妹即伏羲女娲

⑫ [W2044.3.4] 伏羲女娲感到孤独造人

⑬ [W2046.1.1.2] 伏羲女娲兄妹婚不能生育造人

⑭ [W2046.3.1.2] 伏羲女娲兄妹婚后嫌生人太慢造人

⑮ [W2069.2.2.1] 伏羲女娲一起造人

⑯ [W2074.2.1] 伏羲女娲兄妹造人

⑰ [W2103.1.1.1] 伏羲女娲用清水和土造人

⑱ [W2187.5.4] 伏羲女娲种的葫芦生人

⑲ [W2187.8.1] 伏羲女娲兄妹种的葫芦生人

⑳ [W2412.6] 伏羲女娲婚生人

㉑ [W2412.6.1] 伏羲女娲兄妹婚生人

㉒ [W2412.6.2] 人面蛇身的伏羲女娲婚生人

㉓ [W2639.2.1] 伏羲女娲兄妹婚生磨刀石

㉔ [W2702.0.3.1] 混沌分开后出现伏羲女娲

实 例

[汉族] 伏羲和女娲一起用黄土造人类。

【流传】甘肃省·（平凉市）·静宁县·李店乡·店子村

【出处】李俊源讲，王知三搜集整理：《伏羲降生》，见静宁县民间文学三套集成编辑组编《中国民间故事集成甘肃卷·静宁民间故事》，内部编印，1989年，第9页。

## W2065

### 女娲造人

【关联】

① [W2035.2.1] 造出天地之后女娲造人

② ［W2038.3.2］盘古死后女娲造人
③ ［W2039.5.1.1］女娲前6天造动物，第7天造出人
④ ［W2044.3.5］女娲感到孤独造人
⑤ ［W2045.1.1］玉帝下旨女娲造人
⑥ ［W2047.6.1］女娲被罚下凡造人
⑦ ［W2061.15.1］女娲娘娘造人
⑧ ［W2069.4.3］女娲与众神造人
⑨ ［W2087.0d.2］女娲用泥造人（女娲用土造人）
⑩ ［W2102.2.1.5］女娲按照自己的样子造人
⑪ ［W2102.2.2.1］女娲仿照水中自己的影子造人
⑫ ［W2102.3.2.1］女娲仿照哥哥伏羲的样子造人
⑬ ［W2102.3.2.2］女娲仿照伏羲神农的样子造人
⑭ ［W2103.6.1.1］女娲用绳甩泥造人
⑮ ［W2103.6.2.1］女娲用柳枝蘸泥造人
⑯ ［W2103.6.2.2］女娲用桃枝蘸泥造人
⑰ ［W2103.6.3.1］女娲用藤条蘸泥造人
⑱ ［W2112.1.1］女娲造人捏一个活一个
⑲ ［W2113.1.1］女娲用神力使造的人成活
⑳ ［W2114.2.4］女娲造人吹气后成活
㉑ ［W2114.4.2］女娲吹仙气使造的人成活
㉒ ［W2114.7.4.1］女娲造人后不经意吹气泥人成活
㉓ ［W2121.8.1.2］女娲造泥人放地上成活
㉔ ［W2122.11.1.1］女娲用奶汁洒泥人后泥人成活
㉕ ［W2144.3］女娲生人
㉖ ［W2712.3.1］女娲造无数人
㉗ ［W2712.3.1.1］女娲造无数男女
㉘ ［W2746.1.1］女娲先造女后造男
㉙ ［W2758.3.4.1］女娲造人后分出男女
㉚ ［W2769.1.1.3］女娲同时造出男女
㉛ ［W2809.1.1］女娲造人甩出的泥点子的大小形成人的大小不同
㉜ ［W2838.1.2.2］女娲给人造耳朵

实 例

❶ ［汉族］女娲抟黄土作人，剧务，力不暇供，乃引绳于泥中，举以为人。

【流传】（无考）

【出处】《太平御览》卷七八引《风俗通义》。

❷ ［汉族］玉皇大帝派女娲落凡间造人。

【流传】山西省·（阳泉市）·平定县·（锁簧镇）·东锁簧村

【出处】朱翠兰讲：《兄妹神婚与东西磨山》，见中国民间文学集成全国编辑委员会编《中国民间故事集成》（山西卷），北京：中国ISBN中心1999年版，第12～14页。

❸ ［汉族］女娲奉玉帝旨意造人。

【流传】广东省·湛江市·坡头区

【出处】林轩讲：《女娲与海龟》，见中国民间文学集成全国编辑委员会编

❹ [汉族] 地上的人是女娲用泥巴捏的，有的人矮些，本领也小。
【流传】湖北省·（黄冈市）·浠水县·清泉镇·关山村
【出处】廖康成讲，詹承宗采录：《天父地母》，见中国民间文学集成全国编辑委员会编《中国民间故事集成》（湖北卷），北京：中国 ISBN 中心 1999 年版，第 6 页。

❺ [汉族] 女娲氏造人。
【流传】江苏省·（盐城市）·阜宁县
【出处】张俊之讲：《绿鸭淘沙造大地》，见中国民间文学集成全国编辑委员会编《中国民间故事集成》（江苏卷），北京：中国 ISBN 中心 1998 年版，第 13 页。

❻ [汉族] 女娲用土捏一对男女。
【流传】贵州省·（遵义市）·余庆县
【出处】毛尖美讲：《布、都和火》，见燕宝、张晓编《贵州神话传说》，贵阳：贵州人民出版社 1997 年版，第 68 页。

❼ [汉族] 很早以前，女娲造出了人类。
【流传】
（a）陕西省·（榆林市）·绥德县·辛店乡
（b）陕西省·（安康市）·平利县
【出处】
（a）马世厚讲：《女娲造就人世》，见中国民间文学集成全国编辑委员会编《中国民间故事集成》（陕西卷），北京：中国 ISBN 中心 1996 年版，第 5~6 页。
（b）毛海峰：《陕西平利县发现女娲碑》，载《解放日报》2004.09.10。

❽ [汉族] 女娲造人。
【流传】山西省·（阳泉市）·平定县·（锁簧镇）·东锁簧村
【出处】朱翠兰讲：《兄妹神婚与东西磨山》，见中国民间文学集成全国编辑委员会编《中国民间故事集成》（山西卷），北京：中国 ISBN 中心 1999 年版，第 12~14 页。

❾ [汉族] 盘古开天后，女娲造人。
【流传】浙江省·（衢州市）·江山市·峡口镇
【出处】谢鸣讲，吴疆采录：《女娲造器》，见中国民间文学集成全国编辑委员会编《中国民间故事集成》（浙江卷），北京：中国 ISBN 中心 1997 年版，第 59 页。

❿ [汉族] 女娲造人。
【流传】浙江地区北部的长兴、杭州市、海宁、舟山、兰溪，南部永嘉、松阳、青田、丽水、龙泉、庆元、苍南等市县
【出处】《女娲神话分布图》，见中国民间文学集成全国编辑委员会编《中国民间故事集成》（浙江卷），北京：中国 ISBN 中心 1997 年版，附表。

⓫ [汉族] 最初世上没有人，女娲造人。

【流传】河南省的林县、安阳、濮阳、浚县、卫辉、范县、济源、武陟、杞县、宁陵、巩义、义马、登封、太康、郾城、舞阳、南召、西陕、桐柏、确山、汝南、上蔡、沈丘等市县

【出处】《河南省主要神话分布图》，见中国民间文学集成全国编辑委员会编《中国民间故事集成》（河南卷），北京：中国 ISBN 中心 2001 年版，附表。

⑫ [汉族] 女娲和了一堆黄泥捏泥人。

【流传】甘肃省·（白银市）·会宁县·老君乡·杏树村

【出处】冯德璋讲，胡俊红采录：《女娲捏人》，见中国民间文学集成全国编辑委员会编《中国民间故事集成》（宁夏卷），北京：中国 ISBN 中心 1999 年版，第 5 页。

⑬ [汉族] 女娲制人烟过后，轩辕黄帝给人造了衣裳。

【流传】（a）四川省·巴县（今重庆市·巴南区）·鱼洞镇

【出处】
（a）罗桂英讲，李子硕采录：《字是怎样造出来的》（1988），见中国民间文学集成全国编辑委员会编《中国民间故事集成》（四川卷·上），北京：中国 ISBN 中心 1998 年版，第 81 页。
（b）同（a），见陶阳、钟秀编《中国神话》（下），北京：商务印书馆 2008 年版，第 1235~1237 页。

⑭ [藏族] 世上只有女娲和各种动物，动物不会说话，女娲很苦闷，用泥巴造人。

【流传】
（a）云南省·（迪庆藏族自治州）·中甸县（香格里拉县）
（bcd）云南省·迪庆州（迪庆藏族自治州）·汤美村

【出处】
（a）马祥龙采录，谷子等整理：《女娲娘娘》，见中国民间文学集成全国编辑委员会编《中国民间故事集成》（云南卷），北京：中国 ISBN 中心 2003 年版，第 67 页。
（b）马祥龙记录：《女娲娘娘补天》，见谷德明编《中国少数民族神话》，北京：中国民间文艺出版社 1987 年版，第 699 页。
（c）《女娲娘娘补天》，见《钟敬文民间文学论集》（上），上海：上海文艺出版社 1985 年版。
（d）马祥龙记录：《女娲娘娘补天》（原始稿），见田兵等编《中国少数民族神话论文集》，南宁：广西民族出版社 1984 年版，第 112 页。

## W2065.1

### 女娲补天之后造人

【关联】[W1386.2] 女娲补天

实 例

[汉族] 女娲补了天，造了人。

【流传】中原一带

【出处】金河讲，甘心田搜集：《女娲造水牛》，原载张楚北编《中原神话》，见陶阳、钟秀编《中国神话》（下），

北京：商务印书馆 2008 年版，第 1194 页。

## W2065.1.1
### 女娲捏出泥人
【关联】[W2103] 和泥造人

实例

[汉族] 女娲娘娘用地上的土掺水和成泥巴坨，捏成了很多很多的泥巴人。

【流传】湖北省·（荆门市）·京山县

【出处】程正福讲，高式儒采录：《人是泥巴捏的》，原载《京山民间故事》，见陶阳、钟秀编《中国神话》（上），北京：商务印书馆 2008 年版，第 323 页。

## W2065.1.2
### 女娲甩出泥人
【关联】
① [W2103.6.1.1] 女娲用绳甩泥造人
② [W2103.6.3.1] 女娲用藤条甩泥造人

实例

[汉族] 女娲手拿一条枯藤，伸入一个泥潭里，搅浑了浑黄的泥浆，向地面上挥洒，泥点溅落的地方，出现了许多小人。

【流传】（无考）

【出处】《女娲创造人类》，原载袁珂编译《中国神话故事》，见陶阳、钟秀编《中国神话》（上），北京：商务印书馆 2008 年版，第 317~319 页。

## W2066
### 佛祖造人
【关联】[W0787] 佛（佛祖）

实例

❶ [傣族] 人是佛祖用泥巴捏成的。

【流传】云南省·（普洱市）·景谷县（景谷傣族彝族自治县）·永平乡

【出处】陶老五讲，米自民采录：《谷魂》，见中国民间文学集成全国编辑委员会编《中国民间故事集成》（云南卷），北京：中国 ISBN 中心 2003 年版，第 312 页。

❷ [蒙古族] 煞介土巴佛祖捏泥造人。

【流传】辽宁省·（朝阳市）·喀左县（喀喇沁左翼蒙古族自治县）·东哨乡·十家子村

【出处】武德胜讲，乌忠恕采录翻译：《太阳和月亮是两口子》，见中国民间文学集成全国编辑委员会编《中国民间故事集成》（辽宁卷），北京：中国 ISBN 中心 1994 年版，第 5~6 页。

## W2066.1
### 佛师造人

实例

[鄂温克族] 保鲁恨巴格西（意为"佛师"），以泥捏成人形，有了人类。

【流传】（无考）

【出处】《天神用泥土造人》，见中国各民族宗教与神话大词典编审委员会编《中国各民族宗教与神话大词典》，北京：

学苑出版社 1990 年版，第 136 页。

## W2066.2
### 喇嘛造人

【关联】［W2078.4.1］武当喇嘛 1500 岁时开始造人

实 例

❶ [蒙古族] 扎萨喇嘛就用天上的雨和地上的泥土合在一起，做了一个男人。

【流传】内蒙古自治区·哲里木盟（今通辽市）·（科尔沁左翼后旗）·甘旗卡镇

【出处】哈拉巴拉讲，徐少义采录：《扎萨喇嘛》，见中国民间文学集成全国编辑委员会编《中国民间故事集成》（宁夏卷），北京：中国 ISBN 中心 2007 年版，第 6 页。

❷ [蒙古族] 武当喇嘛造人。

【流传】吉林省·（松原市）·前郭尔罗斯（前郭尔罗斯蒙古族自治县）·乌兰敖都乡

【出处】《武当喇嘛创世》，见白庚胜总主编《中国民间故事全书》（吉林省前郭尔罗斯县卷），北京：知识产权出版社 2009 年版，第 4 页。

❸ [蒙古族] 武当喇嘛造人后，繁衍了蒙古人。

【流传】（无考）

【出处】宝音特古斯讲，苏赫巴鲁等搜集：《人和国家》，载《吉林民间文学》1982 年第 3～4 期。

## W2066.3
### 观音娘娘造人

【关联】

① ［W0790.4］观音菩萨

② ［W2214.1.1］观音的金鼓生人

实 例

[汉族] 观音娘娘造了人。

【流传】湖南省·（怀化市）·洪江市·贮木场

【出处】向培风讲，向艺采录：《盘古开天辟地》，见中国民间文学集成全国编辑委员会编：《中国民间故事集成》（湖南卷），北京：中国 ISBN 中心 2002 年版，第 3 页。

## W2067
### 真主造人[①]

【关联】

① ［W0793］真主

② ［W2114.2.5］真主造人吹气后成活

③ ［W2114.3］真主吹气后造的人成活

④ ［W2114.5.2］真主吹灵气使造的人成活

⑤ ［W2580.2.3］真主决定人的生育

⑥ ［W2745.1.5］真主先造男后造女

实 例

❶ [回族] 真主造化出人祖阿丹。

---

① 真主，音译"安拉胡"，俗称"安拉"，通用中文的穆斯林因其是唯一真实的主宰而称为真主。通用突厥语、波斯语和乌尔都语民族的真主又汉译为"胡达"、"胡大"等。

【流传】宁夏回族自治区

【出处】《阿丹和好娃》，见陶阳、钟秀《中国创世神话》，上海：上海人民出版社1993年版，第54页。

❷ [塔吉克族] 真主造出了人。

【流传】新疆维吾尔自治区

【出处】《造人神话》，见中国各民族宗教与神话大词典编审委员会编《中国各民族宗教与神话大词典》，北京：学苑出版社1990年版，第568页。

❸ [塔吉克族] 创世之初，安拉（伊斯兰教所信奉的唯一神的名称）创造了人类。

【流传】新疆维吾尔自治区·（喀什地区）·塔什库尔干塔吉克自治县

【出处】马达里汗讲，西仁·库尔班等采录翻译：《太阳神话》，见中国民间文学集成全国编辑委员会编《中国民间故事集成》（新疆卷），北京：中国ISBN中心2008年版，第16页。

## W2067.1
### 真主派天神造人

实 例

（参见下级母题实例）

## W2067.1.1
### 真主派女天神造人

【关联】

① [W2056] 女神造人

② [W2114.3.1] 真主为天神造的人吹气后成活

实 例

[维吾尔族] 真主派女天神造人，但女天神造出来的泥人没有灵魂，不会说话，不会走路，于是向真主祷告。真主在天上听到了祈祷，答应了她的请求，向泥人吹了一口气，灵魂飞进了泥人的身体，泥人成活。

【流传】新疆维吾尔自治区·伊犁州（伊犁哈萨克自治州）、新疆南疆一带

【出处】阿不都拉搜集翻译，姚宝瑄整理：《女天神创造亚当》，见姚宝瑄主编《中国各民族神话》（乌孜别克族、哈萨克族、柯尔克孜族、俄罗斯族、维吾尔族、塔吉克族、塔塔尔族、锡伯族），太原：山西出版传媒集团·书海出版社2014年版，第224页。

## W2067.2
### 真主的侍从造人

实 例

[回族] 真主手下人哈牛姆用泥捏人。

【流传】宁夏回族自治区·固原县（固原市）·大湾乡

【出处】马继贤讲：*《真主造人》，见中国民间文学集成全国编辑委员会编《中国民间故事集成》（宁夏卷），北京：中国ISBN中心1999年版，第11页。

## W2067.3
### 真主派天使造人

【关联】

① [W2059.2.1] 真主让天仙造人

② ［W2114.3.2］真主为天使造的人吹气后成活

实例

［塔吉克族］安拉让众天使造人。天使造出泥人后，真主取天堂中的空气给人造了气息。

【流传】新疆维吾尔自治区·（喀什地区）·塔什库尔干塔吉克自治县·瓦尔西代乡

【出处】马达里汗讲，西仁·库尔班等采录翻译：《人类的来历》，见中国民间文学集成全国编辑委员会编《中国民间故事集成》（新疆卷），北京：中国ISBN中心2008年版，第34页。

## W2067.4
**真主造人类祖先**

实例

（参见下级母题实例）

## W2067.4.1
**真主造人祖亚当夏娃**

【关联】

① ［W2022.1.6.2］第1对男女是亚当和夏娃

② ［W2412.7］亚当、夏娃婚生人

实例

❶ ［柯尔克孜族］真主创造了人类祖先阿达姆和阿瓦。

【流传】（无考）

【出处】《洪水再生》，见中央民族学院少数民族文艺研究所编《中国民族民间文学》（上），北京：中央民族学院出版社1987年版，第346页。

❷ ［柯尔克孜族］真主创造了大地、万物、宇宙以及其他自然现象，然后创造了人类最早的祖先阿达姆和阿瓦。

【流传】新疆维吾尔自治区

【出处】

（a）《创世的传说》，见毛星主编《中国少数民族文学》，长沙：湖南人民出版社1983年版。

（b）同（a），见姚宝瑄主编《中国各民族神话》（乌孜别克族、哈萨克族、柯尔克孜族、俄罗斯族、维吾尔族、塔吉克族、塔塔尔族、锡伯族），太原：山西出版传媒集团·书海出版社2014年版，第144页。

## W2067.4.2
**真主造人类之父**

实例

［柯尔克孜族］造物主安拉用泥土缔造人类之父后赋予他生命。

【流传】新疆维吾尔自治区·（克孜勒苏柯尔克孜自治州）·阿合奇县·哈拉奇乡

【出处】苏力坦阿里·包尔布代讲，阿布都克热木·阿山采录，依斯哈别克·别克别克等翻译《人类之母》，见中国民间文学集成全国编辑委员会编《中国民间故事集成》（新疆卷），北京：中国ISBN中心2008年版，第33页。

## W2067.5
### 真主用土造人

【关联】

① ［W2087］用泥造人（用土造人）

② ［W2087.0］神用泥造人（神用土造人）

实例

（参见下级母题实例）

## W2067.5.1
### 真主用土造亚当

【关联】

① ［W2021.3.2］第一个男人是亚当

② ［W2412.7］亚当、夏娃婚生人

实例

［回族］真主先用土捏造成了阿丹圣人。

【流传】（a）青海省·黄南州（黄南藏族自治州）·同仁县·隆务镇·民主街

【出处】

(a) 周尚杰（保安族，该文本注明他讲的是回族神话）讲，赵清阳采录：《阿丹的诞生》，见中国民间文学集成全国编辑委员会编《中国民间故事集成》（青海卷），北京：中国ISBN中心2007年版，第11页。

(b)《阿丹好娃》，见谷德明编《中国少数民族神话》，北京：中国民间文艺出版社1987年版，第711页。

## W2067.6
### 真主用肋骨造人

【关联】［W2082.1］用肋骨造人

实例

（参见下级母题实例）

## W2067.6.1
### 真主用肋骨造夏娃

【关联】［W2082.1.2］用肋骨造女人

实例

❶ ［回族］真主用自己造的阿丹的第三根肋骨做成女人好娃。

【流传】宁夏回族自治区·银川（银川市）

【出处】《人是怎样来的》，见马乐群等《银川民间故事》（上），内部印刷，1988年，第2~3页。

❷ ［回族］真主先造化了人祖阿丹，又从阿丹的左肋巴取了第三个肋骨造化出女人好娃。

【流传】宁夏回族自治区·（中卫市）·海原县·海城镇·周台村

【出处】田富珍讲，王红久采录者：《人祖阿丹和好娃》，见中国民间文学集成全国编辑委员会编《中国民间故事集成》（宁夏卷），北京：中国ISBN中心1999年版，第7页。

❸ ［回族］真主造化第一个阿丹圣人，真主又从他的左肋上拿一截造化成好娃。

【流传】宁夏回族自治区·（固原市）·泾源县·惠台乡

【出处】鄢生财讲：*《人祖阿丹和好娃》，见中国民间文学集成全国编辑委员会编《中国民间故事集成》（宁夏卷），北京：中国ISBN中心1999

## W2068
### 其他特定名称的神或神性人物造人

**实例**

❶ [汉族] 洪水后逃生的东山老人与南山小妹年龄相差大，只好捏泥人。
【流传】湖南省·（娄底市）·涟源市
【出处】姚长清讲：《东山老人与南山小妹造人》，见中国民间文学集成全国编辑委员会编《中国民间故事集成》（湖南卷），北京：中国 ISBN 中心 2002 年版，第 32 页。

❷ [毛南族] 盘哥和古妹结婚三年，还没有生娃崽，就用泥捏成人崽。
【流传】
（a）广西壮族自治区·（河池市）·环江县（环江毛南族自治县）·下南乡·下南村·松现屯
（b）广西壮族自治区·（河池市）·环江县（环江毛南族自治县）·上、中、下南地区
（c）广西壮族自治区·（河池市）·环江县（环江毛南族自治县）
【出处】
（a）覃启仁讲，蒋志雨采录翻译：《盘哥古妹》，见中国民间文学集成全国编辑委员会编《中国民间故事集成》（广西卷），北京：中国 ISBN 中心 2001 年版，第 70 页。
（b）谭金田等翻译整理：《盘兄和古妹》，见谷德明编《中国少数民族神话》，北京：中国民间文艺出版社 1987 年版，第 153 页。
（c）覃启仁讲，谭金田等翻译整理：《盘古的传说》，见曹廷伟编著《广西民间故事辞典》，南宁：广西教育出版社 1993 年版，第 23 页。

❸ [佤族] 相传人类是达梅吉（神名）创造的。
【流传】云南省·（临沧市）·沧源县（沧源佤族自治县）
【出处】白老大讲，张云采录：《兄妹神》，见中国民间文学集成全国编辑委员会编《中国民间故事集成》（云南卷），北京：中国 ISBN 中心 2003 年版，第 334 页。

❹ [佤族] 古时，莫伟创造了人。
【流传】云南省·（普洱市）·西盟（西盟佤族自治县），（临沧市）·沧源（沧源佤族自治县）
【出处】《司岗里》，载《山茶》1988 年第 1 期

❺ [裕固族] 一个名叫九尊卓玛的大神创造人类。
【流传】甘肃省
【出处】《九尊卓玛》，见色音《论中国少数民族萨满教哲学的滥觞》，http://www.aoism.org.hk。

## W2068.1
### 王母造人

【关联】[W2061.15] 娘娘造人

**实例**

[汉族] 王母造了男女两人看管天宫花园。

【流传】浙江省·（台州市）·仙居（仙居县）

【出处】朱世林讲，应秀华采录：《男人有喉突、女人有大肚皮》，见中国民间文学集成全国编辑委员会编《中国民间故事集成》（浙江卷），北京：中国ISBN中心1997年版，第37页。

## W2068.2
### 黄帝造人

【关联】［W0793］真主

实 例

［汉族］（实例待考）

## W2068.3
### 老子造人①

实 例

［汉族］老子用泥做人。

【流传】吉林省·（通化市）·集安县·头道镇

【出处】于连才讲，黄绍文采录：《先有老子后有天》，见中国民间文学集成全国编辑委员会编《中国民间故事集成》（吉林卷），中国文联出版公司1992年版，第2页。

## W2068.4
### 洪钧老祖造人

【关联】［W0687］洪钧老祖

实 例

［汉族］盘古开天地后，洪钧老祖炼出4男4女。

【流传】湖北省·（黄冈市）·罗田县·（三里畈镇）·邱家河村

【出处】邱玉堂讲：《洪钧老祖造人》，见中国民间文学集成全国编辑委员会编《中国民间故事集成》（湖北卷），北京：中国ISBN中心1999年版，第6页。

## W2068.5
### 无极老祖与徒弟造人

【关联】［W058.3.5］无极老祖出现最早

实 例

［汉族］天上降下的无极老祖叫他两个徒弟去做泥巴娃儿。

【流传】四川省·（德阳市）·绵竹县（绵竹市）·遵道乡（遵道镇）

【出处】叶青云讲，王仲齐采录：《无极老祖造人》，见中国民间文学集成全国编辑委员会编《中国民间故事集成》（四川卷·上），北京：中国ISBN中心1998年版，第27页。

## W2068.6
### 密洛陀造人

【关联】［W0704］密洛陀

实 例

［瑶族］密洛陀用蜂蜡造人，经过9个月，全部成活。

【流传】（无考）

---

① 老子，一般认为是道教人物。

## W2068.7
### 姆六甲造人

【关联】
① ［W0705］姆六甲
② ［W2087.2.4］姆六甲用黄泥造人

实例

［壮族］米洛甲（又译为"姆六甲"）用黄泥造人类。

【流传】（无考）

【出处】蓝鸿恩：《壮族神话简论》，载《三月三》1983年第1期。

## W2069
### 与神或神性人物造人有关的其他母题

实例

（参见下级母题实例）

## W2069.1
### 龙女造人

【关联】［W0535.3］龙女

实例

（参见下级母题实例）

## W2069.1.1
### 东海龙王的女儿造人

实例

［彝族］东海龙王的姑娘赛依列造世上最先的一代人。

【流传】云南省·（红河哈尼族彝族自治州）·弥勒县（弥勒市）

【出处】石旺讲，戈隆阿弘采录：《独眼人、直眼人和横眼人》，见中国民间文学集成全国编辑委员会编《中国民间故事集成》（云南卷），北京：中国ISBN中心2003年版，第215页。

## W2069.2
### 合作造人

【关联】［W2057］众神共同造人

实例

（参见下级母题实例）

## W2069.2.1
### 神合作造人

实例

（参见下级母题实例）

## W2069.2.1.1
### 女神姐妹合作造人

【关联】［W2056］女神造人

实例

［满族］女天神阿布卡赫赫、女地神巴那姆赫赫、女星神卧勒多赫赫三姐妹神合力造人。

【流传】黑龙江省·黑河地区（黑河市）·孙吴县·（沿江满族达斡尔族乡）·四季屯

【出处】吴纪贤、富希陆讲：《天宫大战——黑水女真人传世神话》（1939，选自富育光、郭淑云整理的手稿），见姚宝瑄主编《中国各民族神话》（满族、赫哲族、朝鲜族），太原：山西出版传媒集团·书海出版社 2014 年版，第 22 页。

## W2069.2.2
### 祖先合作造人

【实例】

（参见下级母题实例）

## W2069.2.2.1
### 伏羲女娲一起造人

【关联】［W2064.2］伏羲女娲造人

【实例】

［汉族］伏羲和女娲一起用黄土造人类。

【流传】甘肃省·（平凉市）·静宁县·李店乡·店子村

【出处】李俊源讲，王知三搜集整理：《伏羲降生》，见静宁县民间文学三套集成编辑组编《中国民间故事集成甘肃卷·静宁民间故事》，内部编印，1989 年，第 9 页。

## W2069.2.2.2
### 盘和古夫妻造人

【实例】

（参见 W2533.2.1 母题实例）

## W2069.2.3
### 神和神仙造人

【实例】

（参见下级母题实例）

## W2069.2.3.1
### 天神和神仙下凡造人

【实例】

［傣族］开创天地的英叭造出和他一样有本事的神仙，下到地球去开创人类。

【流传】云南省

【出处】《布桑夏西与雅桑夏赛》，原载谷德明编《中国少数民族神话》，见陶阳、钟秀编《中国神话》（上），北京：商务印书馆 2008 年版，第 45～47 页。

## W2069.3
### 银男和金女造人

【实例】

（参见下级母题实例）

## W2069.3.1
### 银男和金女造人不成功

【实例】

［彝族］人神俄惹结志派了银男和金女来到大地上造人类，结果失败了。

【流传】（四川省·凉山彝族自治州）

【出处】

（a）冯元蔚译：《勒俄特依》，成都：四川民族出版社 1986 年版。

（b）冯元蔚译，蔷紫改写：《勒俄特依》，见姚宝瑄主编《中国各民族神话》（羌族、彝族），太原：山西出版传媒集团·书海出版社 2014 年版，第155页。

## W2069.4
### 不同类的神或神性人物共同造人
实例

（参见下级母题实例）

## W2069.4.1
### 天神和萨满造人
实例

[鄂温克族] 宝勒哈（天神，有时亦称"宝勒哈·巴格西"，"巴格西"为"佛师"之意）和尼桑萨满一起，用金土银水和成的泥团塑造出人类。

【流传】内蒙古自治区·（呼伦贝尔市）·陈巴尔虎旗·部温克苏木

【出处】托玛讲，耐登采录，白杉翻译：《天神宝勒哈创世纪》，见中国民间文学集成全国编辑委员会编《中国民间故事集成》（宁夏卷），北京：中国ISBN中心2007年版，第10页。

## W2069.4.2
### 盘古和天女造人
【关联】[W2063.1.2] 盘古与天女婚后造人

实例

❶ [汉族] 盘古与天女婚后造人。

【流传】河南省·（南阳市）·桐柏县

【出处】马卉欣搜集整理：《盘古开天》，见中华民族故事大系编委会编《中华民族故事大系》第1卷（汉族、蒙古族、回族），上海：上海文艺出版社1995年版，第5~9页。

❷ [汉族] 盘古与玉皇大帝的三女成兄妹后，捏泥人造人。

【流传】（河南省）

【出处】马卉欣：《盘古山》，见《河南民间故事文集》，北京：中国民间文艺出版社1985年版，第8页。

## W2069.4.3
### 女娲和众神造人
【关联】[W2065] 女娲造人

实例

[汉族] 女娲跟众神合作，共同创造了人。

【流传】河南省·（南阳市）·桐柏县

【出处】《女娲造人》，见么书仪选注《神话传说三百篇》，大连：大连出版社1999年版，第8~9页。

## W2069.4.4
### 神仙和人造人
实例

[苗族] 人的产生经过了神仙造人、神仙和人造人、母子造人和兄妹造人烟四次。

【流传】云南省·文山州（文山壮族苗族自治州）·麻栗坡（麻栗坡县）

【出处】刘德荣整理：《造人烟的传说》，见刘德荣编《苗族民间故事》，昆明：云南人民出版社1988年版。

## W2069.4.5
### 龙女和人造人

实例

［藏族］洪水后，幸存的老三与现出了龙原形的三姑娘造泥人。

【流传】四川省

【出处】《洪水滔天》，见 http://history.1001n.com.cn，2004.09.02。

## ✽ W2070
### 人造人

实例

（参见下级母题实例）

## W2071
### 世上最早出现的一个人造人

【关联】［W2010.1］最早产生的人（最早的人）

实例

［佤族］原来世上只有一人，他用泥捏了2人，繁育人类。

【流传】云南省

【出处】《人类的祖先》，见陶阳、牟钟秀著《中国创世神话》，上海：上海人民出版社2006年版，第56页。

## W2072
### 男子造人（男人造人）

【关联】［W2081.2.2］哥哥用妹妹的尸体造人

实例

❶［蒙古族］光棍青年鲁俄俄造男女灰娃，后来成活。

【流传】四川省

【出处】扎西玛、何杜基讲，李述唐搜集整理：《鲁俄俄》，载《民间文学》1987年第7期。

❷［土族］山崩地裂后，剩下的一个打柴郎捏泥人全都复活。

【流传】（a）青海省·（海东地区）·互助县（互助土族自治县）

【出处】

（a）扎什讲，星全成、席元麟记录整理：《打柴郎的故事》，见满都呼主编《中国阿尔泰语系诸民族神话故事》，北京：民族出版社1997年版，第210~211页。

（b）《打柴郎的故事》，见邢海燕《土族口头传统与民俗文化》，兰州：甘肃人民出版社2008年版，第43页。

## W2072.1
### 洪水后幸存的男子造人

实例

❶［蒙古族］洪水后幸存的男子鲁俄俄做的男女灰娃儿，成了人类的祖先。

【流传】（无考）

【出处】

（a）扎西玛、何杜基讲，李述唐搜集整理：《鲁俄俄》，载《民间文学》1987年第7期。

（b）《鲁俄俄》，见满都呼主编《中国阿尔泰语系诸民族神话故事》，北京：民族出版社1997年版，第158页。

❷［普米族］洪水后，幸存的老三用火

塘灰捏成的灰姑娘成活。

【流传】云南省

【出处】《直呆南木》，见中国各民族宗教与神话大词典编审委员会编《中国各民族宗教与神话大词典》，北京：学苑出版社1990年版，第520页。

## W2072.2
### 最早兄弟二人中的弟弟造人

实例

[俄罗斯族] 最早出现的兄弟二人中的弟弟创造了人类。

【流传】雅库特人

【出处】http://www.chinesefolklore.org.cn/xrwc/xrzj/cgl/mgzqs.htm。

## W2072.3
### 九个兄弟造人

实例

❶ [侗族] 人王九兄弟造人。

【流传】贵州省·（黔东南苗族侗族自治州）·从江县·高增公社（高增乡）

【出处】梁普安等讲，龙玉成采录：《古老和盘古》，见中国民间文学集成全国编辑委员会编《中国民间故事集成》（贵州卷），北京：中国ISBN中心2003年版，第4页。

❷ [侗族] 很早以前，九兄弟造人。

【流传】贵州省·（黔东南苗族侗族自治州）·黎平县·岩洞镇·岩洞村

【出处】吴良修讲：《盘古》，王宪昭采

集，2009年8月。

## W2072.4
### 其他特定来历的男子造人

实例

（参见下级母题实例）

## W2072.4.1
### 木筒生的男人造人

【关联】[W2217.3] 木筒生人

实例

[傈僳族] 木筒中生的男孩后来做木人成活。

【流传】云南省·（怒江傈僳族自治州）·福贡县

【出处】普阿冒讲：《木筒里出来的人》，见中国民间文学集成全国编辑委员会编《中国民间故事集成》（云南卷），北京：中国ISBN中心2003年版，第248~249页。

## W2073
### 女子造人（女人造人）

实例

（参见下级母题实例）

## W2073.1
### 一个女子造人

实例

[苗族] 好姑娘谷夫造人。

【流传】贵州省·（毕节市）·织金县

【出处】罗伯清唱：《谷夫》，见潘定智等编《苗族古歌》，贵阳：贵州人民出版社 1997 年版，第 271 页。

## W2073.2
### 始祖生的女儿造人

【关联】
① [W2011.3.3.1] 开天辟地后始祖生人
② [W2143] 祖先生人

实 例

（参见下级母题实例）

## W2073.2.1
### 始祖生的 12 个女儿造人

实 例

[瑶族（布努）]密洛陀（万物之母，女始祖，女神）生的 12 个女孩造人。

【流传】广西壮族自治区·（河池市）·都安县（都安瑶族自治县）、巴马县（巴马瑶族自治县）、南丹县，（百色市）·田东县、平果县等地

【出处】桑布郎等传，蒙凤标（83 岁）、罗仁祥（73 岁）等唱：《密洛陀》（1983），见蓝怀昌、蓝书京、蒙通顺搜集翻译整理《密洛陀》，北京：中国民间文艺出版社 1988 年版，第 306~309 页。

## W2074
### 2 个人造人

实 例

（参见下级母题实例）

## W2074.1
### 夫妻造人

实 例

❶ [傣族]英叭造的 2 个人配成夫妻生了 1 男 1 女后，丈夫又用泥土捏了 30 个小伙子，妻子用泥土捏了 30 个姑娘。

【流传】云南省·西双版纳州（西双版纳傣族自治州）

【出处】岩英祁讲，仓霁华翻译，朱宜初等采录：《英叭开天辟地》，见中国民间文学集成全国编辑委员会编《中国民间故事集成》（云南卷），北京：中国 ISBN 中心 2003 年版，第 82 页。

❷ [回族]人类始祖阿丹和妻子好娃创造人类。

【流传】（无考）

【出处】《古兰经》。

## W2074.1.1
### 一对夫妻造人

实 例

（实例待考）

## W2074.1.2
### 多对夫妻造人

实 例

（实例待考）

## W2074.2
### 兄妹造人

【关联】
① [W2061.13] 神性的兄妹造人

② ［W2063.1］盘古兄妹造人
③ ［W2064.1］伏羲兄妹造人
④ ［W2533.2］洪水后幸存的兄妹造人

【实例】

❶ ［汉族］两兄妹成婚后做泥人成活。

【流传】黑龙江·（哈尔滨市）·呼兰县（呼兰区）·呼兰镇

【出处】徐和讲：《高祖公高祖婆》，见中国民间文学集成全国编辑委员会编《中国民间故事集成》（黑龙江卷），北京：中国ISBN中心2005年版，第9~10页。

❷ ［傈僳族］兄妹结婚，兄妹用泥土捏成虎和捏荞氏族。

【流传】（无考）

【出处】毛星主编：《中国少数民族文学》（下），长沙：湖南人民出版社1983年版，第519页。

## W2074.2.1
### 伏羲女娲兄妹造人

【关联】

① ［W0680.2.2］伏羲女娲是兄妹
② ［W0682.2.1］伏羲女娲兄妹婚

【实例】

❶ ［汉族］伏羲女娲兄妹婚后觉得生育人类太慢，就想法造人。

【流传】江苏省·（淮安市）·涟水县·南集乡·禹庄村

【出处】徐学尧讲，徐省生搜集整理：《世界的由来》（1983），见姚宝瑄主编《中国各民族神话》（汉族），太原：山西出版传媒集团·书海出版社2014年版，第24~28页。

❷ ［汉族］洪水后，幸存的伏羲女娲兄妹见天底下没有了人类，就用泥巴做了一些人。

【流传】四川省

【出处】李茂生讲，陈钧搜集整理：《伏羲兄妹制人烟》，见姚宝瑄主编《中国各民族神话》（汉族），太原：山西出版传媒集团·书海出版社2014年版，第91~94页。

❸ ［汉族］天塌地陷后，伏羲女娲兄妹孤单，开始造人。

【流传】河南省·（周口市）·宛丘（淮阳县）

【出处】《人祖创世传说》，见杨复俊《人祖传说故事》，郑州：海燕出版社1987年版，第1~5页。

## W2074.2.2
### 阿根和阿莲兄妹造人

【实例】

［汉族］洪水过后，幸存的阿根和阿莲兄妹造人。

【流传】广西壮族自治区·（贵港市）·桂平县·龙山一带

【出处】《百家姓的来历》，见刘经元《民间故事集成》（广西桂平县），内部刊印，1989年，第14页。

## W2074.3
### 姐弟造人

【关联】［W2441］姐弟婚生人

## 2.3.3 造人者

> 实 例

[满族] 鄂云和兜姐弟俩用泥做人。

【流传】辽宁省·（鞍山市）·岫岩县（岫岩满族自治县）·李家堡子

【出处】李成明讲：《人的来历》，见中国民间文艺研究会辽宁分会编《满族三老人故事集》，沈阳：春风文艺出版社1984年版，第3~6页。

## W2074.4
### 母子造人

【关联】

① ［W2057.4.1］创世神母子造人

② ［W5131］母与子

> 实 例

❶ [苗族] 人的产生经过了神仙造人、神仙和人造人、母子造人和兄妹造人烟四次。

【流传】云南省·文山州（文山壮族苗族自治州）·麻栗坡（麻栗坡县）

【出处】刘德荣整理：《造人烟的传说》，见刘德荣编《苗族民间故事》，昆明：云南人民出版社1988年版。

❷ [蒙古族] 创世神母子造装土的皮人，创世神念咒吹气，变成了男子和女子。

【流传】（无考）

【出处】

(a) 布·孟和搜集，哈斯翻译：《巴巴额吉造人》，载《汗腾格里》（托忒文）1988年第1期。

(b) 布·孟和搜集整理，哈斯翻译：《巴巴额吉造人》，见满都呼主编《中国阿尔泰语系诸民族神话故事》，北京：民族出版社1997年版，第156页。

## W2075
### 其他特定的人造人

> 实 例

❶ [纳西族] 洪水后，一个白胡子老爷爷为洪水后幸存的锉治路一苴（三兄弟中的老三）造伴侣。

【流传】（无考）

【出处】(a) 阿啊打把等讲，杨尔车翻译整理：《锉治路一苴》，载《山茶》1982年第3期。

(b) 同 (a)，见谷德明编《中国少数民族神话》，北京：中国民间文艺出版社1987年版，第445页。

❷ [藏族] 洪水后，老三与现出了龙原形的三姑娘造泥人。

【流传】四川省

【出处】《洪水滔天》，见 http://history.1001n.com.cn，2004.09.02。

## W2075.1
### 鲁班造人

> 实 例

[壮族（侬人）] 鲁班做木人帮助自己干活。

【流传】云南省·（红河哈尼族彝族自治州）·开远市·（中和营镇）·八家寨行政村·迤马邑下寨

【出处】李道和、刀洁：《开远市壮族传

统文化及其现代适应》，昆明：云南出版集团公司·云南人民出版社 2010 年版，第 20 页。

## W2075.2
### 恶人造人

【关联】［W2929.5］坏人（恶毒的人、恶人）

实 例

〖毛南族〗恶人用泥捏成人仔。

【流传】广西壮族自治区

【出处】《盘兄和古妹》，见谷德明编《中国少数民族神话》，北京：中国民间文艺出版社 1987 年版，第 153 页。

## W2075a
### 与人造人有关的其他母题

【关联】［W2102.2.1.4］特定的人按照自己的样子造人

实 例

［土族］打柴郎仿照自己的样子用泥造人后泥人成活。

【流传】（无考）

【出处】《打柴郎的故事》，见邢海燕《土族口头传统与民俗文化》，兰州：甘肃人民出版社 2008 年版，第 43 页。

## W2075a.1
### 特定的时代人会造人

实 例

（参见下级母题实例）

## W2075a.1.1
### 在 22 到 24 个小劫时人会造人

实 例

［满族］从二十二到二十四个小劫时，人会变得越来越聪明，不用生育后代，他们自己也会制造人，一直到末劫都是如此。

【流传】（黑龙江省）·宁古塔（黑龙江省牡丹江市一带）；（吉林省）·长白山地区

【出处】傅英人（疑"人"应为"仁"）讲述，张爱云整理：《阿布凯赫赫创造天地人》，原载《满族萨满神话》，见陶阳、钟秀编《中国神话》（上），北京：商务印书馆 2008 年版，第 140~154 页。

## W2076
### 动物造人

【关联】［W2155］动物生人

实 例

（参见下级母题实例）

## W2076.1
### 超自然的动物创造人

【汤普森】A1291

实 例

（参见下级母题实例）

## W2076.1.1
### 龙造人

【关联】

① ［W2167.7］龙生人

② ［W2277.4.3.1］梦龙生人

【实例】

［彝族］诺谷（龙的名字）造山川河流动植物后，造出两个人。

【流传】云南省·红河（红河哈尼族彝族自治州）·元阳、绿春、石屏等县，（玉溪市）·元江（元江哈尼族彝族傣族自治县），（普洱市）·墨江（墨江哈尼族自治县）等

【出处】龙倮贵搜集整理，黄建明摘录：《祭龙的根由》，转引自吕大吉、何耀华总主编《中国各民族原始宗教资料集成》（彝族卷、白族卷、基诺族卷），北京：中国社会科学出版社1996年版，第280~281页。

## W2076.2
### 鸟造人

【关联】［W2163］鸟生人

【实例】

［景颇族］以前有两只八哥（鸟名）造的人像变成人。

【流传】云南省·（怒江傈僳族自治州）·泸水县·片马乡

【出处】枪能讲，苏建华采录：《天下第一个人》，见中国民间文学集成全国编辑委员会编《中国民间故事集成》（云南卷），北京：中国ISBN中心2003年版，第66页。

## W2076.3
### 蜥蜴造人

【关联】［W2167.3］蜥蜴生人

【实例】

❶ ［壮族］布洛陀派四脚王（会变色的蜥蜴）到地上造人。

【流传】（无考）

【出处】张声震主编：《布洛陀经诗》，见张声震总主编，农冠品编注《壮族神话集成》，南宁：广西民族出版社2007年版，第102页。

❷ ［壮族］四脚王（蜥蜴，是雷王妻子的情夫）到地上造人。

【流传】广西壮族自治区红水河流域

【出处】《布洛陀经诗》，见中国民间文学集成全国编辑委员会编《中国民间故事集成》（广西卷），北京：中国ISBN中心2001年版，第37页。

## W2076.4
### 蜘蛛造人

【关联】［W2337.1］蜘蛛变成人

【实例】

［侗族］萨天巴（蜘蛛，女祖神，创世神）用白泥捏出了人。

【流传】广西壮族自治区·（柳州市）·三江（三江侗族自治县），（桂林市）·龙胜（龙胜各族自治县）

【出处】杨卜林喜、杨卜松林、杨明世讲，杨国仁、涛声搜集整理，蒿紫改写：《创世女神萨天巴》，过伟改写自侗族创世史诗《嘎茫莽道时嘉——远祖歌》（未出版稿），见姚宝瑄主编《中国各民族神话》（土家族、毛南族、侗族、瑶族），太原：山西出版

## W2076.5
### 其他动物造人

实 例

（参见下级母题实例）

## W2076.5.1
### 甲虫造人

实 例

[高山族（布农）] 没有任何一个人类的远古时代，有一个叫做撒拿儿的甲虫制造了人类。

【流传】台湾

【出处】达西乌拉弯·毕马（田哲益）、达给斯海方岸·娃莉丝（全妙云）著：《布农族口传神话传说》，台北：台原出版社1998年版，第236页。

## W2076.6
### 其他与动物造人有关的母题

实 例

（参见下级母题实例）

## W2076.6.1
### 两个动物造人

实 例

❶ [布朗族] 男的叫艾布林嘎，女的叫依娣林嘎，这两个动物通过猜谜结合在一起，生出8男8女。

【流传】云南省

【出处】《岩布林嘎·伊梯林嘎》，见中国各民族宗教与神话大词典编审委员会编《中国各民族宗教与神话大词典》，北京：学苑出版社1990年版，第31页。

❷ [布朗族] 两个动物用泥巴捏成人形放在野外后成活。

【流传】云南省·西双版纳（西双版纳傣族自治州）·勐海县·布朗山乡

【出处】《艾布林嘎与依娣林嘎》，见云南省民族事务委员会编《布朗族文化大观》，昆明：云南民族出版社1999年版，第175页。

## W2076.6.2
### 动物造人的成活

【关联】[W2111] 造人成活的条件

实 例

（参见下级母题实例）

## W2076.6.2.1
### 动物造的人吹气后成活

【关联】[W2114] 造人经吹气后成活

实 例

[景颇族] 最早的一个人往八哥（鸟）造的人像的嘴里吹气，人像成活。

【流传】云南省·（怒江傈僳族自治州）·泸水县·片马乡

【出处】枪能讲，苏建华采录：《天下第一个人》，见中国民间文学集成全国编辑委员会编《中国民间故事集成》

（云南卷），北京：中国 ISBN 中心 2003 年版，第 66 页。

## W2077
### 其他造人者
实例

（参见下级母题实例）

## W2077.1
### 植物造人
【汤普森】A1255

实例

（实例待考）

## W2077.2
### 无生命物造人
实例

（参见下级母题实例）

## W2077.2.1
### 日月造人
【关联】［W2204］日月星辰生人

实例

［蒙古族］日月夫妻造了人类。
【流传】（无考）
【出处】《蒙古族自然神灵的信仰和崇拜》，见吕大吉、何耀华主编《中国各民族原始宗教资料集成》（鄂伦春族卷、鄂温克族卷、赫哲族卷、达斡尔族卷、锡伯族卷、满族卷、蒙古族卷、藏族卷），北京：中国社会科学出版社 1999 年版，第 601 页。

## W2078
### 与造人者有关的其他母题
实例

（参见下级母题实例）

## W2078.1
### 造人的帮助者
【关联】［W9987］帮助者

实例

（参见下级母题实例）

## W2078.1.1
### 神或神性人物是造人的帮助者
实例

（参见下级母题实例）

## W2078.1.1.1
### 造人时天神是帮助者
【关联】［W2053］天神造人

实例

❶ ［柯尔克孜族］安拉要造人类时，便招来天神让他到大地上给取回一把泥土。
【流传】新疆维吾尔自治区・（克孜勒苏柯尔克孜自治州）・阿合奇县・哈拉奇乡
【出处】苏力坦阿里・包尔布代讲，阿布都克热木・阿山采录，依斯哈别克・别克别克等翻译《人的由来》，见中国民间文学集成全国编辑委员会编《中国民间故事集成》（新疆卷），北京：中国 ISBN 中心 2008 年版，第 32 页。

❷ [维吾尔族] 造人时女天神当真主的助手。

【流传】新疆维吾尔自治区

【出处】张越、姚宝瑄译：《女天神创造人类》，见满都呼主编《中国阿尔泰语系诸民族神话故事》，北京：民族出版社 1997 年版，第 31 页。

## W2078.1.1.2
### 造人时王母娘娘是帮助者

实 例

[汉族] 姐弟婚后，王母下凡帮他们再造人世。

【流传】山西省·临汾市·东张乡·东张村

【出处】张子安讲，鲍槐记采录：《兄妹神婚与东西磨山》，见中国民间文学集成全国编辑委员会编《中国民间故事集成》（山西卷），北京：中国 ISBN 中心 1999 年版，第 13 页。

## W2078.1.1.3
### 造人时观音是帮助者

实 例

[汉族] 王母娘娘让观音娘娘去帮助地神公公造人。

【流传】上海市·嘉定县·黄渡乡·杨家村

【出处】金世英讲，徐忠良采录：《人的起源》，见中国民间文学集成全国编辑委员会编《中国民间故事集成》（上海卷），北京：中国 ISBN 中心 2007 年版，第 6 页。

## W2078.1.1.4
### 造人时天使是帮助者

实 例

（实例待考）

## W2078.1.1.5
### 造人时女娲是帮助者

【关联】[W2065] 女娲造人

实 例

[汉族] 人皇造人，女娲帮助修改。

【流传】河北省·（唐山市）·遵化县（遵化市）·（堡子店镇）·马坊岭村

【出处】杨秀珍讲：《三皇治世》，见中国民间文学集成全国编辑委员会编《中国民间故事集成》（河北卷），北京：中国 ISBN 中心 2003 年版，第 7～8 页。

## W2078.1.1.6
### 造人时萨满是帮助者

实 例

❶ [鄂温克族] 尼桑（萨满）帮天神射跑压着造人泥土的大乌龟造人类。

【流传】（无考）

【出处】

(a) 松格布讲：《宝拉哈和尼桑创造人

间》，见满都呼主编《中国阿尔泰语系诸民族神话故事》，北京：民族出版社 1997 年版，第 302 页。

（b）松格布讲：《宝拉哈和尼桑创造人间》，见朝克、敖嫩等编《鄂温克族民间故事》，海拉尔：内蒙古文化出版社 1988 年版。

❷ ［鄂温克族］尼桑萨满帮保鲁恨巴格西佛师射龟取土造人。

【流传】黑龙江省·（黑河市）·嫩江县·二十里屯

【出处】杜拉尔瑞依讲：《保鲁恨巴格西造人》，见中国民间文学集成全国编辑委员会编《中国民间故事集成》（黑龙江卷），北京：中国 ISBN 中心 2005 年版，第 22 页。

## W2078.1.2
### 动物是造人的帮助者

【关联】［W2076］动物造人

实例

（参见下级母题实例）

## W2078.1.2.1
### 燕子是造人的帮助者

实例

［汉族］燕子提示伏羲伏姬兄妹砍碎生育的肉团去造人。

【流传】广西壮族自治区·（玉林市·兴业县）·葵阳乡（葵阳镇）·新荣村

【出处】谢显英讲，梁孙才采录：《伏羲伏姬兄妹造人》，见中国民间文学集成全国编辑委员会编《中国民间故事集成》（广西卷），北京：中国 ISBN 中心 2001 年版，第 67 页。

## W2078.1.2.2
### 乌鸦是造人的帮助者

实例

［毛南族］盘哥和古妹结婚后，用泥捏成人崽，叫乌鸦衔去丢，成活。

【流传】

（a）广西壮族自治区·（河池市）·环江县（环江毛南族自治县）·下南乡·下南村·松现屯

（b）广西壮族自治区·（河池市）·环江县（环江毛南族自治县）·上（上南乡）、中（中南乡）、下南地区（下南乡）

（c）广西壮族自治区·（河池市）·环江县（环江毛南族自治县）

（de）广西壮族自治区·（河池市）·环江县（环江毛南族自治县）·下南乡

（f）广西壮族自治区

【出处】

（a）覃启仁讲，蒋志雨采录翻译：《盘哥古妹》，见中国民间文学集成全国编辑委员会编《中国民间故事集成》（广西卷），北京：中国 ISBN 中心 2001 年版，第 70 页。

（b）谭金田等翻译整理：《盘兄和古妹》，见谷德明编《中国少数民族神话》，北京：中国民间文艺出版社 1987 年版，第 153 页。

（c）覃启仁讲，谭金田等翻译整理：

《盘古的传说》，见曹廷伟编著《广西民间故事辞典》，南宁：广西教育出版社1993年版，第23页。

（d）谭中意整理：《盘古的故事》，见《毛南族：广西环江县南昌屯调查》，昆明：云南大学出版社2004年版，第295~296页。

（e）谭金田等翻译整理：《盘古的传说》，见中华民族故事大系编委会编《中华民族故事大系》第12卷（布朗族、撒拉族、毛南族），上海：上海文艺出版社1995年版，第479~485页。

（f）覃启仁讲，谭金田翻译整理：《盘古的传说》，见袁凤辰编《毛难族民间故事集》，北京：中国民间文艺出版社1984年版，第1~7页。

## W2078.1.2.3
### 蜜蜂是造人的帮助者

**实例**

[瑶族] 女神密洛陀在蜜蜂的帮助下创造出人类。

【流传】广西壮族自治区·（河池市）·巴马县（巴马瑶族自治县）

【出处】蓝有荣口述，黄书光等搜集，韦编联整理：《密洛陀》，见谷德明编《中国少数民族神话》，北京：中国民间文艺出版社1987年版，第122页。

## W2078.1.3
### 造人时的其他帮助者

**实例**

（实例待考）

## W2078.2
### 造人的破坏者

**实例**

（参见下级母题实例）

## W2078.2.1
### 魔鬼破坏造人（魔鬼是造人破坏者）

**实例**

[蒙古族] 天神造人时，魔鬼破坏天神造的泥人。

【流传】（无考）

【出处】满都呼译：《为什么狗有毛而人无毛》，见满都呼主编《中国阿尔泰语系诸民族神话故事》，北京：民族出版社1997年版，第155页。

## W2078.2.2
### 管雨者浇坏泥人

**实例**

[汉族] 女娲捏的泥人，让天上管雨的咕咕浇了。

【流传】辽宁省·大连市沿海渔民中

【出处】刘则亭讲，邵秀荣搜集整理：《女娲补天》，见姚宝瑄主编《中国各民族神话》（汉族），太原：山西出版传媒集团·书海出版社2014年版，第55~57页。

## W2078.3
### 不同造人者合作造人

【关联】

[W2069.2] 合作造人

[W2069.4] 不同类的神或神性人物共同造人

实例

（参见关联母题实例）

## W2078.4
### 造人者造人的条件

实例

（参见下级母题实例）

## W2078.4.1
### 武当喇嘛1500岁时开始造人

【关联】[W016.1] 喇嘛造神

实例

[蒙古族] 武当喇嘛1500岁时开始造人。

【流传】吉林省·（松原市）·前郭县（前郭尔罗斯蒙古族自治县）

【出处】宝音特古斯：《武当喇嘛创世》，见中国民间文学集成全国编辑委员会编《中国民间故事集成》（吉林卷），北京：中国文联出版公司1992年版，第3页。

# 2.3.4 造人的材料
（W2080 ~ W2099）

## ✳ W2080
### 造人的材料

实例

（参见下级母题实例）

## W2081
### 用身体造人

实例

（参见下级母题实例）

## W2081.1
### 用神的身体造人

【关联】
① [W2052] 神造人
② [W2082] 用特定的肢体造人

实例

[满族] 天母和布星女神用自己身上的慈肉、烈肉造人。

【流传】黑龙江省·黑河地区（黑河市）·孙吴县·（沿江满族达斡尔族乡）·四季屯

【出处】白蒙古讲：《天宫大战》（三胖凌），转引自王宏刚《满洲萨满教创世神话中的人本主义曙光》，载《西北民族研究》2007年第4期。

## W2081.1.1
### 造人者（神等）用自己的身体造人

【汤普森】A1211

实例

（参见 W2081.1 母题实例）

## W2081.2
### 用人的身体造人

实例

❶ [高山族（平埔）] 始祖的直系孙姊

弟结婚生 2 个儿子，将 2 个儿子的身体切成块，遂各成青年人。

【流传】台湾

【出处】李卉：《台湾及东南亚的同胞配偶型洪水传说》，载《中国民族学报》1955 年第 1 期。

❷ [黎族] 雷公抢走兄妹婚生的男孩，把小孩砍碎造人。

【流传】（a）海南省·琼中县（琼中黎族苗族自治县）·五指山公社·水满村（今属五指山市·水满乡）

【出处】
（a）王知会讲，云博生采录：《人类的起源》，见中国民间文学集成全国编辑委员会编《中国民间故事集成》（海南卷），北京：中国 ISBN 中心 2002 年版，第 3 页。
（b）云博生搜集：《人类的起源》，见谷德明编《中国少数民族神话》，北京：中国民间文艺出版社 1987 年版，第 185 页。

## W2081.2.1
### 用洪水后的幸存者造人
【关联】[W8400] 洪水幸存者

实例

（参见下级母题实例）

## W2081.2.1.1
### 神用洪水后的幸存者造人
【关联】[W2052] 神造人

实例

❶ [高山族] 洪水后，西士比亚山的神把一个幸存男人的皮肉投入山脚下波涛滚滚的大海里，一碰到海水，就变成一个个活蹦乱跳的人儿。

【流传】台湾

【出处】
（a）《高山族和汉族的由来》，见谷德明编《中国少数民族神话》，北京：中国民间文艺出版社 1987 年版，第 236 页。
（b）《高山族和汉族的来源》，见中央民族学院少数民族文艺研究所编《中国民族民间文学》（上），北京：中央民族学院出版社 1987 年版，第 222 页。

❷ [高山族（赛夏）] 洪水后，一男子幸运逃生，一位神用这个男人的皮肉造出赛夏人，用肠子造出台湾汉人祖先。

【流传】台湾

【出处】陈国强搜集：《高山族和汉族的来历》，见陈庆浩等编《中国民间故事全集·台湾民间故事集》，台北：远流出版社 1993 年版，第 355 页。

❸ [高山族（赛夏）] 神灵乌兹帕赫崩恐洪水后人类灭绝，开始用剩下的 1 个人造人。

【流传】台湾

【出处】《碎尸生始祖》，见中国各民族宗教与神话大词典编审委员会编《中国各民族宗教与神话大词典》，北京：学苑出版社 1990 年版，第 144 页。

❹ [高山族（赛夏）] 神杀洪水中逃难的男子，剁碎后变成不同的人。

【流传】台湾

【出处】藤崎济之助：《台湾の蕃族》，

见浦忠诚《台湾原住民的口传文学》，台北：常民文化事业股份有限公司1996年版，第85页。

❺ [高山族] 欧支波也荷彭神把避洪水的男子切碎投入海中，变成人类。
【流传】台湾·阿拉万社
【出处】鹿忆鹿：《台湾原住民与大陆南方民族的洪水神话比较》，载《民间文学论坛》1997年第1期。

## W2081.2.2
### 哥哥用妹妹的尸体造人

实 例

❶ [高山族] 朱姓的兄妹帕有峨柏伊、玛雅欧布未结婚之后，妹妹死去。哥哥把妹妹的尸体切成小块变成豆姓、日姓、风姓等十家族祖先。
【流传】台湾·吉雅亚荷社
【出处】鹿忆鹿：《台湾原住民与大陆南方民族的洪水神话比较》，载《民间文学论坛》1997年第1期。

❷ [高山族（赛夏）] 洪水后，哥哥用妹妹的尸体再造人类。
【流传】台湾
【出处】李卉：《台湾及东南亚的同胞配偶型洪水传说》，载《中国民族学报》1955年第1期。

## W2081.2.3
### 用婚生的怪娃造人

【关联】
① [W2600] 人生怪胎
② [W2601] 生怪娃

实 例

❶ [汉族] 伏羲伏姬兄妹结婚生肉团，把肉团分成肉粒磨进禾秆人胸脯，并用血点禾秆人的头、手、脚，于是个个成活，生儿育女，代代相传。
【流传】广西壮族自治区·玉林市·葵阳乡
【出处】谢显英讲：《伏羲伏姬兄妹造人》，见中国民间文学集成全国编辑委员会编《中国民间故事集成》（广西卷），北京：中国ISBN中心2001年版，第67~68页。

❷ [黎族] 洪水后，雷公抢走兄妹婚生的男孩，用这个男孩造4男4女。
【流传】（a）海南省·琼中县（琼中黎族苗族自治县）·五指山公社·水满村（今属五指山市·水满乡）
【出处】
（a）王知会讲，云博生采录：《人类的起源》，见中国民间文学集成全国编辑委员会编《中国民间故事集成》（海南卷），北京：中国ISBN中心2002年版，第3页。
（b）云博生搜集：《人类的起源》，见谷德明编《中国少数民族神话》，北京：中国民间文艺出版社1987年版，第185页。

❸ [瑶族] 伏羲兄妹结婚生像冬瓜的娃，剁碎后用来造人。
【流传】云南省·（红河哈尼族彝族自治州）·河口（河口瑶族自治县），（文山壮族苗族自治州）·富宁（富宁县）
【出处】《伏羲兄妹》，见卓小清《试论瑶

族洪水神话》，转引自戴庆夏主编《中国民族语言文学研究论集·文学专集》(3)，北京：民族出版社 2002 年版。

## W2082
### 用特定的肢体造人

实 例

（参见下级母题实例）

## W2082.1
### 用肋骨造人

【关联】［W2596.2］从肋骨生人

实 例

（参见下级母题实例）

## W2082.1.1
### 用自己的肋骨造人

实 例

［汉族］盘古取自己的两根肋骨，吹气成 1 对男女，生育子孙。

【流传】陕西省·（咸阳市）·三原县·独李乡

【出处】杜春梅讲：*《开天辟地》，见中国民间文学集成全国编辑委员会编《中国民间故事集成》（陕西卷），北京：中国 ISBN 中心 1996 年版，第 5 页。

## W2082.1.1.1
### 造人者用自己的肋骨造人

实 例

［汉族］（实例待考）

## W2082.1.2
### 用肋骨造女人

【关联】
① ［W2758.2］造出女人（造女人）
② ［W2758.2.2］造女人方法

实 例

（参见下级母题实例）

## W2082.1.2.1
### 用男人的肋骨造女人

【汤普森】A1263

【关联】［W2753］人的性别的产生

实 例

❶ ［哈萨克族］安拉造亚当后，觉得亚当一个人太寂寞，就从他的身上取下一根肋骨创造了他的妻子夏娃。

【流传】新疆维吾尔自治区·（伊犁哈萨克自治州）·新源县

【出处】依玛纳勒·萨萨诺夫讲，阿勒木别克·加玛里采录，多里坤·阿米尔等译：《人的来历》，见中国民间文学集成全国编辑委员会编《中国民间故事集成》（新疆卷），北京：中国 ISBN 中心 2008 年版，第 27 页。

❷ ［哈萨克族］天神安拉见造出第一个男人阿达姆阿塔后，抽出阿达姆阿塔的肋骨，又创造了一个女人。

【流传】新疆维吾尔自治区

【出处】《阿达姆阿塔》，斯丝根据别克苏勒坦、佟中明撰写的《哈萨克族宗教与神话》改写，见姚宝瑄主编《中国各民族神话》（乌孜别克族、哈萨克族、柯尔克孜族、俄罗斯族、维吾尔族、塔吉克族、塔塔尔族、锡伯族），太原：山西出版传媒集团·书海出版社 2014 年版，第 27 页。

❸ [哈萨克族] 上帝命令两个精灵，从人祖的左肋上拿一根肋骨，从人祖身上的各处取下一些肌肉，造出夏娃。

【流传】（无考）

【出处】 波勒泰·比达克买提等搜集，安蕾、毕桐译：《上帝用泥土造人》，见满都呼主编《中国阿尔泰语系诸民族神话故事》，北京：民族出版社 1997 年版，第 67 页。

❹ [汉族] 世神按玉皇大帝旨令，从水中爬出浑身长毛的男性怪物身上抽一根肋骨，造成女人。

【流传】 甘肃省·（庆阳市）·宁县·新宁镇

【出处】 任孝忠讲：《世神造人》，见中国民间文学集成全国编辑委员会编《中国民间故事集成》（甘肃卷），北京：中国 ISBN 中心 2001 年版，第 9～10 页。

❺ [回族] 真主造化了人祖阿丹圣人，不久又给阿丹造化了一个配偶，是从他的肋骨里生长的，她就是好娃。

【流传】（无考）

【出处】《阿丹好娃》，见谷德明编《中国少数民族神话》，北京：中国民间文艺出版社 1987 年版，第 711 页。

❻ [回族] 安拉用造的男人阿丹的一根肋骨造了一个女人，起名叫好娲。

【流传】 黑龙江省·（牡丹江市）·绥芬河市

【出处】 杨明岱讲，周爱民采录：《阿丹人祖》，见中国民间文学集成全国编辑委员会编《中国民间故事集成》（黑龙江卷），北京：中国 ISBN 中心 2005 年版，第 20 页。

❼ [回族] 真主造化第一个阿丹圣人，真主又从他的左肋上拿一截造化成好娃。

【流传】 宁夏回族自治区·（固原市）·泾源县·惠台乡

【出处】 鄢生财讲：*《人祖阿丹和好娃》，见中国民间文学集成全国编辑委员会编《中国民间故事集成》（宁夏卷），北京：中国 ISBN 中心 1999 年版，第 9～10 页。

❽ [回族] 人祖阿丹圣人的肋骨里造化了一个配偶，叫好娃（一说韩吾）。

【流传】（无考）

【出处】《阿丹好娃》，见王十仪主编《中国回族民间文学概观》，银川：宁夏人民出版社 1984 年版。

❾ [柯尔克孜族] 根据安拉提的命令，吉毕热里（四大天神之一）趁人类之父熟睡不备之时，从他的左侧肋骨中取下一条，并创造了一位美丽的姑娘。

【流传】 新疆维吾尔自治区·（克孜勒苏柯尔克孜自治州）·阿合奇县·哈拉奇乡

【出处】 苏力坦阿里·包尔布代讲，阿布都克热木·阿山采录，依斯哈别克·别克别克等翻译：《人类之母》，见中国民间文学集成全国编辑委员会编《中国民间故事集成》（新疆卷），北京：中国ISBN中心2008年版，第34页。

⑩ [傈僳族] 天神用泥捏女人，从男人身上取下一根肋骨放在女人身上，成活。

【流传】云南省·（德宏傣族景颇族自治州）·陇川县·邦外公社（陇把镇）

【出处】李有华讲：《天地人的来历》，见中国民间文学集成全国编辑委员会编《中国民间故事集成》（云南卷），北京：中国ISBN中心2003年版，第44~46页。

⑪ [撒拉族] 胡大从阿丹肋上取下了一根肋条，造了海娃，配给阿丹，让他们过着夫妻生活。

【流传】（无考）

【出处】

(a) 大漠、马英生搜集整理：《犯禁落尘》，见满都呼主编《中国阿尔泰语系诸民族神话故事》，北京：民族出版社1997年版，第97页。

(b) 大漠、马英生搜集整理：《生养后人》，见满都呼主编《中国阿尔泰语系诸民族神话故事》，北京：民族出版社1997年版，第99页。

⑫ [维吾尔族] 女天神用造出的第一个男人亚当的一根肋骨创造了女人夏娃。

【流传】新疆维吾尔自治区·伊犁州（伊犁哈萨克自治州）及南疆一带

【出处】阿不都拉搜集翻译，姚宝瑄整理：《女天神创造亚当》，见姚宝瑄主编《中国各民族神话》（乌孜别克族、哈萨克族、柯尔克孜族、俄罗斯族、维吾尔族、塔吉克族、塔塔尔族、锡伯族），太原：山西出版传媒集团·书海出版社2014年版，第224页。

## W2082.1.2.2
### 用男人祖一根肋骨和一些肌肉造女人

实　例

[哈萨克族] 上帝用人祖的肋骨和一些肌肉创造了人母夏娃。

【流传】（无考）

【出处】依曼阿力·萨萨诺甫讲，阿里木别克·加玛力搜集，安蕾、毕桪译：《人类是怎样在大地上繁衍开来的》，见满都呼主编《中国阿尔泰语系诸民族神话故事》，北京：民族出版社1997年版，第66页。

## W2082.1.2.3
### 用其他特定的肋骨造女人

实　例

❶ [回族] 真主用自己造的阿丹的第三根肋骨做成女人好娃。

【流传】宁夏回族自治区·银川（银川市）

【出处】《人是怎样来的》，见马乐群等《银川民间故事》（上），1988年，内部资料，第2~3页。

❷ [回族] 真主先造化了人祖阿丹，又从阿丹的左肋巴取了第三个肋骨造化出女人好娃。
【流传】宁夏回族自治区·（中卫市）·海原县·海城镇·周台村
【出处】田富珍讲，王红久采录者：《人祖阿丹和好娃》，见中国民间文学集成全国编辑委员会编《中国民间故事集成》（宁夏卷），北京：中国ISBN中心1999年版，第7页。

## W2082.2
### 用皮肉造人

实 例

[高山族] 神用1个男人的肉造了高山族。
【流传】（无考）
【出处】《高山族和汉族的来源》，见中央民族学院少数民族文艺研究所编《中国民族民间文学》（上），北京：中央民族学院出版社1987年版，第222页。

## W2082.3
### 用肠子造人

【关联】[W2385.2.2] 人的肠子化生为人

实 例

❶ [高山族（泰雅）] 神人的肠截断，投入海中，成为人类。
【流传】台湾
【出处】鹿忆鹿：《台湾原住民与大陆南方民族的洪水神话比较》，载《民间文学论坛》1997年第1期。
❷ [高山族] 神用1个男人的肠造了汉族。
【流传】（无考）
【出处】《高山族和汉族的来源》，见中央民族学院少数民族文艺研究所编《中国民族民间文学》（上），北京：中央民族学院出版社1987年版，第222页。

## W2082.4
### 用生殖器造人

实 例

（实例待考）

## W2082.4.1
### 用文化英雄的生殖器造人

【汤普森】A1263.6

实 例

（实例待考）

## W2082.5
### 用亲属的尸体造人

【关联】[W2081.2.2] 哥哥用妹妹的尸体造人

实 例

（参见关联母题实例）

## W2082.6
### 切碎生育的怪胎造人

【关联】[W2081.2.3] 用婚生的怪娃造人

### 实例

（参见关联母题实例）

## W2083
### 用人或动物等的体液、排泄物等造人
【汤普森】A1263

### 实例

（参见下级母题实例）

## W2083.1
### 用唾液造人
【关联】［W2371.3］唾液化生人

### 实例

（实例待考）

## W2083.1.1
### 创世者用唾液造人
【汤普森】A1211.3

### 实例

（实例待考）

## W2083.1.2
### 用圣人的唾液造人
【汤普森】A1263.4

### 实例

（实例待考）

## W2083.2
### 用汗水造人
【汤普森】A1262

【关联】［W2103.2］用汗和泥造人

### 实例

［傣族］神派桑该和牙桑到地上，用汗和泥捏人，繁衍后代。
【流传】云南省
【出处】曹成章、张元庆著：《傣族》，北京：民族出版社1984年版，第63页。

## W2083.2.1
### 创世者用汗水造人
【汤普森】A1211.2

### 实例

（实例待考）

## W2083.3
### 用汗渍（体垢）造人
【关联】
① ［W2087.8］用泥垢造人
② ［W2088.1.0］从身上搓出泥造人
③ ［W2879.1.1.1］人身上产生泥垢是因为人是用泥造的

### 实例

［汉族］天王老子用从腋下抠出三条汗渍捏成大黑、二白2个男子和1个姑娘。
【流传】云南省·（大理白族自治州）·鹤庆县
【出处】杨五一、李鸿钧讲：《地母三姑造万物》，见中国民间文学集成全国编辑委员会编《中国民间故事集成》（云南卷），北京：中国 ISBN 中心2003年版，第113页。

## W2083.3.1
### 创世者用汗垢造人
【汤普森】A1211.5

实例

（实例待考）

## W2083.4
### 用血造人
【汤普森】A1263.1

实例

[壮族] 洪水后幸存的姐弟用血造人。

【流传】广西壮族自治区·（南宁市）·横县·云表乡

【出处】黄家香讲：《姐弟造人伦》，见张声震总主编，农冠品编注《壮族神话集成》，南宁：广西民族出版社2007年版，第347页。

## W2083.4.1
### 用血泥造人
【关联】［W2087］用泥造人（用土造人）

实例

[汉族] 盘古用血泥造的人经过了七七四十九个七七四十九天，全都成活了。

【流传】山西省·（运城市）·闻喜县（旧称桐乡）·（桐城镇）·峪堡村

【出处】王有山讲，王更元采录：《盘古出生》，见中国民间文学集成全国编辑委员会编《中国民间故事集成》（山西卷），北京：中国ISBN中心1999年版，第3页。

## W2083.5
### 用指甲等造人
【汤普森】A1263.2

实例

（实例待考）

## W2083.5.1
### 创世者用指甲等造人
【汤普森】A1211.5.1

实例

（实例待考）

## W2083.6
### 用皮屑造人
【汤普森】A1263.3

实例

（实例待考）

## W2083.7
### 用胎盘造人
【汤普森】≈T588.1

实例

（实例待考）

## W2083.8
### 用粪便造人[①]
【关联】［W2216.1］粪便中生人

---

[①] 用粪便造人，该母题虽然从表象上看应该为"用无生命物造人"母题，但从本意上主要强调了人类与相应动物的关联，故列在此处。

## 实例

（参见下级母题实例）

### W2083.8.1
### 用鸡屎造人

**实例**

〖苗族〗天神和地神用鸡屎造人。
【流传】贵州省·（黔东南苗族侗族自治州）·凯里（凯里市）、丹寨县
【出处】王凤刚整理：《混沌天地》，见《丹寨民间文学资料》第 2 集，内部资料。

### W2083.8.2
### 用牛粪造人

**实例**

〖普米族〗老妈妈用牛粪造成一个大姑娘。
【流传】云南省
【出处】严汝娴、王树五：《普米族简史》，昆明：云南人民出版社 1988 年版，第 31 页。

### W2083.9
### 用蜂蜡造人

【关联】
① ［W2295.1.4.4］用蜂蜡造人做人种
② ［W2587.5.1］蜂蜡使人怀孕

**实例**

❶〖瑶族〗密洛陀拿蜂仔造人，用蜂蜡捏头，用蜂蜡捏手，用蜂蜡捏脚，捏成了人样。
【流传】（无考）
【出处】莎红整理：《密洛陀》，南宁：广西人民出版社 1981 年版，第 54 页。

❷〖瑶族〗万物之母密洛陀，用蜂蜡捏人。
【流传】广西壮族自治区·（河池市）·大化县（大化瑶族自治县）·七百弄
【出处】蓝阿勇（72 岁）讲：《密洛陀》（1982），见中国民间文学集成全国编辑委员会编《中国民间故事集成》（广西卷），北京：中国 ISBN 中心 2001 年版，第 11~22 页。

### W2083.9.1
### 用多种蜂蜡混合造人

**实例**

（参见下级母题实例）

### W2083.9.1.1
### 用蜜蜂、古蜂、黄蜂、马蜂的蜡和蜜汁造人

**实例**

〖瑶族〗密洛陀（万物之母，女始祖，女神）命令大神把蜜蜂、古蜂、黄蜂、马蜂的蜡和蜜汁一起端回来，捧起蜂蜡，搓的蜂蜡粘如胶，开始动手捏人。
【流传】广西壮族自治区·（河池市）大化县（大化瑶族自治县）·七百弄乡

【出处】蓝阿勇（72岁）讲，蒙冠雄采录翻译：《密洛陀》（1982），见中国民间文学集成全国编辑委员会编《中国民间故事集成》（广西卷），北京：中国ISBN中心2001年版，第11~22页。

## W2083.9.2
### 用蜂泥造人

实 例

（参见下级母题实例）

## W2083.9.2.1
### 用蜂蛹、黄蜡做的蜂泥造人

实 例

[瑶族] 密洛陀（女神名）取出蜂蛹，用蜂窝制成黄蜡，又把蜂蛹和黄蜡捏在一起，用这种蜂泥造人。

【流传】广西壮族自治区·（河池市）都安瑶族自治县、江水河一带瑶族地区

【出处】《密洛陀创世》，蓝田根据莎红整理的《密洛陀》和潘泉脉整理的《密洛陀》两部不同版本的长诗《密洛陀》改写，见姚宝瑄主编《中国各民族神话》（土家族、毛南族、侗族、瑶族），太原：山西出版传媒集团·书海出版社2014年版，第175页。

## W2084
### 动物作为造人材料

实 例

（参见下级母题实例）

## W2084.1
### 用鸟造人

【关联】[W2163] 鸟生人

实 例

[鄂伦春族] 恩都利（神）扎鸟毛鸟肉造人。

【流传】（无考）

【出处】《鄂伦春族人类起源神话浅探》，载《民族文学研究》1987年第3期。

## W2084.2
### 用动物的肢体造人

实 例

（参见下级母题实例）

## W2084.2.1
### 用动物骨骼造人

【汤普森】A1263.7

实 例

（参见下级母题实例）

## W2084.2.1.1
### 用兽骨造人

实 例

[鄂伦春族] 天神恩都力用野兽骨头造人。

【流传】（中国东北部地区）

【出处】《恩都力创造了鄂伦春人》，见姚宝瑄主编《中国各民族神话》（达

斡尔族、鄂伦春族、鄂温克族、蒙古族），太原：山西出版传媒集团·书海出版社 2014 年版，第 20~21 页。

## W2084.2.2
### 用狗尾巴造女人

【汤普森】A1224.3

实 例

（实例待考）

## W2084.2.3
### 用羊皮缝制皮人

实 例

[蒙古族] 创世神的老母巴巴额吉感到寂寞，剪下盘羊皮坐垫的一角，缝制皮人。

【流传】（无考）

【出处】

（a）和搜集整理，哈斯翻译：《巴巴额吉造人》，载《汗腾格里》（托忒文）1988 年第 1 期。

（b）布·孟和搜集整理，哈斯翻译：《巴巴额吉造人》，见满都呼主编《中国阿尔泰语系诸民族神话故事》，北京：民族出版社 1997 年版，第 156 页。

## W2084.2.4
### 用飞禽的骨头和肉造人

实 例

（参见下级母题实例）

## W2084.2.4.1
### 神用飞禽的骨头和肉造人

【关联】[W2052] 神造人

实 例

[鄂伦春族] 恩都力莫里根神用飞禽的骨头和肉来造人。

【流传】（中国东北部地区）

【出处】《恩都力创造了鄂伦春人》，见姚宝瑄主编《中国各民族神话》（达斡尔族、鄂伦春族、鄂温克族、蒙古族），太原：山西出版传媒集团·书海出版社 2014 年版，第 20~21 页。

## W2084.3
### 用动物的卵造人

实 例

（参见下级母题实例）

## W2084.3.1
### 用蜂蛋和蝶蛋造人

【关联】[W2083.9] 用蜂蜡造人

实 例

[壮族] 姆洛甲用蜂蛋和蝶蛋做第三代人。

【流传】广西壮族自治区·（河池市）·大化县（大化瑶族自治县）·羌圩乡·那康村

【出处】

（a）覃鼎琨讲，覃承勤采录翻译：《姆洛甲造三批人》，见中国民间文学集成全国编辑委员会编《中国民间故事集成》（广西卷），北京：中国 ISBN 中心 2001 年版，第 4 页。

（b）同（a），见张声震总主编，农冠品编注《壮族神话集成》，南宁：广西民族出版社 2007 年版，第 22 页。

## W2084.4
### 与用动物造人有关的其他母题

实例

[瑶族] 几万年前，密洛陀用蜜蜂造了人。

【流传】广西壮族自治区·（河池市）·巴马县（巴马瑶族自治县）

【出处】蓝有荣讲：《密洛陀》，见陶阳、钟秀编《中国神话》，上海：上海文艺出版社 1996 年版，第 91 页。

## W2085
### 植物作为造人材料
【汤普森】①A1250；②A1255

实例

（参见下级母题实例）

## W2085.1
### 用树木造人
【汤普森】A1251

【关联】[W2097.4.0] 用木头造人不成功

实例

❶ [布朗族] 一个叫岩胆的男人用一截树干削成的人形木枕变成一个姑娘。

【流传】云南省

【出处】晓风整理：《布朗族的来历》，见谷德明编《中国少数民族神话》，北京：中国民间文艺出版社 1987 年版，第 487 页。

❷ [布依族] 神砍树木造人。

【流传】（无考）

【出处】佟德富：《中国少数民族原始意识与哲学宇宙观之萌芽》，载《中央民族大学学报》1995 年第 4 期。

❸ [满族] 老妈妈用石片刀刻了一些木头人，后来成活。

【流传】（无考）

【出处】穆晔骏讲，孟慧英整理：《恰喀拉人是怎么来的》，原载中国民间文艺研究会黑龙江分会编《黑龙江民间文学》第 19 集，1983 年，内部资料，转引自姚宝瑄主编《中国各民族神话》（满族、赫哲族、朝鲜族），太原：山西出版传媒集团·书海出版社 2014 年版，第 19~20 页。

## W2085.1.1
### 刻木造人
【汤普森】A1252

实例

❶ [拉祜族] 洪水后，兄妹结婚后，哥哥进山刻造木人。

【流传】云南省

【出处】《刻木造人》，见云南省民族事务委员会编《拉祜族文化大观》，昆明：云南民族出版社 1999 年版，第 178 页。

❷ [傈僳族] 斯尼冉（人名）按龙王公

子教的办法，用木头造出一个与自己一模一样的人。

【流传】云南省·（怒江傈僳族自治州）·福贡县

【出处】普阿冒讲，木玉璋采录：《木筒里出来的人》，见中国民间文学集成全国编辑委员会编《中国民间故事集成》（云南卷），北京：中国 ISBN 中心 2003 年版，第 248 页。

❸［满族］远古时，老妈妈神用石片刀刻木头人。

【流传】（无考）

【出处】穆晔骏讲：《恰喀拉人是怎么来的》，载《黑龙江民间文学》第 19 集。

❹［满族］一个老妈妈神用石片刀刻了几个木头人。

【流传】黑龙江省·（哈尔滨市）·双城县（双城区）

【出处】穆晔骏讲，孟慧英搜集整理：《恰喀拉人是怎么来的》，原载《黑龙江民间文学》第 19 集，见陶阳、钟秀编《中国神话》（上），北京：商务印书馆 2008 年版，第 320 页。

## W2085.1.1.1
**木头刻人成活**

【汤普森】A1252.1

【关联】[W2110] 造人成活

实 例

❶［白族］鲁班就刻了许多木人，那木人一个个都是活的。

【流传】云南省·（大理白族自治州）·剑川（剑川县）

【出处】赵鹤松讲，周天纵搜集整理：《木神》，见中华民族故事大系编委会编《中华民族故事大系》第 5 卷（瑶族、白族、土家族），上海：上海文艺出版社 1995 年版，第 626～627 页。

❷［布朗族］一男人在圆木上刻上眼、耳、口、鼻、手、脚，木头人成活。

【流传】云南省

【出处】http://history.1001n.com.cn，2004.02.29。

❸［满族］一个老妈妈，自己在林子感到很寂寞，就刻几个木头人。木人成活，成为恰喀拉人。

【流传】黑龙江省·哈尔滨市·阿城市（阿城区）

【出处】穆尔察·晔骏讲，孟慧英采录：《恰喀拉人是怎么来的》，见中国民间文学集成全国编辑委员会编《中国民间故事集成》（黑龙江卷），北京：中国 ISBN 中心 2005 年版，第 20 页。

## W2085.1.2
**用树枝造人**

【关联】[W2179] 树枝生人

实 例

（实例待考）

## W2085.1.3
**用树皮造人**

实 例

（参见下级母题实例）

## W2085.1.3.1
### 用桦树皮造人

实例

❶ [鄂伦春族] 天神扎桦树皮造人。

【流传】（无考）

【出处】《鄂伦春族人类起源神话浅探》，载《民族文学研究》1987年第3期。

❷ [鄂伦春族] 天神恩都力用老桦树皮扎了许多人。

【流传】（中国东北部地区）

【出处】马名超、崔焱编写：《桦皮造人》，见姚宝瑄主编《中国各民族神话》（达斡尔族、鄂伦春族、鄂温克族、蒙古族），太原：山西出版传媒集团·书海出版社2014年版，第22页。

## W2085.1.4
### 用木棍造人

实例

[汉族] 盘古用木棍子做男女，繁衍更快。

【流传】福建省·（龙岩市）·上杭县·（临城镇）·北路村

【出处】谢魏延讲：《盘古女娲成亲》，见中国民间文学集成全国编辑委员会编《中国民间故事集成》（福建卷），北京：中国ISBN中心1998年版，第5~6页。

## W2085.1.5
### 用特定的树木造人（用特定的木头造人）

实例

（参见下级母题实例）

## W2085.1.5.1
### 用竹子造人

【关联】

① [W2097.4.1.3] 用竹子造人不成功

② [W2848.2.0.1] 造人时用竹竿做骨架

实例

[土家族] 女神依罗娘娘做人时，砍些竹子做成骨架。

【流传】

(a) 四川省（今重庆市）·秀山县（秀山土家族苗族自治县）·海洋乡

(b) 四川省（今重庆市）·黔江县（黔江区）

(c) 湖南省·湘西（湘西土家族苗族自治州）·酉水（酉水河一带）

【出处】

(a) 彭国然讲，李绍明采录：《依罗娘娘造人》，见中国民间文学集成全国编辑委员会编《中国民间故事集成》（四川卷·下），北京：中国ISBN中心1998年版，第1211页。

(b) 刘世清讲，何须芳采录：《依罗娘娘造人》，见中国民间文学集成全国编辑委员会编《中国民间故事集成》（四川卷·下），北京：中国ISBN中心1998年版，第1211页。

(c) 向廷龙讲，彭勃搜集、翻译、整理：《依罗娘娘造人》，见谷德明编《中国少数民族神话》，北京：中国民间文艺出版社1987年版，第167页。

## W2085.1.6
### 用树干造人

实例

[布依族] 第一个神拔来许多树木，用自己的神斧把树干砍成一截一截的，然后就开始造人。

【流传】（无考）

【出处】罗仁山讲：《人和动物是怎么产生的》，见姚宝瑄主编《中国各民族神话》（布依族、仡佬族、苗族），太原：山西出版传媒集团·书海出版社2014年版，第21页。

## W2085.1.6.1
### 用杜鹃花的树干造人

实例

❶ [羌族] 阿巴木比塔（羌语，意为天神或天帝）造人时，照着自身的模样，用宝刀刻削杜鹃花的树干造了九对小木人。

【流传】四川省·（阿坝藏族羌族自治州）·茂县

【出处】《羊角花》，见茂县文化馆编《羌族民间故事》（三），1982年12月，转引自吕大吉、何耀华总主编《中国各民族原始宗教资料集成》（纳西族卷、羌族卷、独龙族卷、傈僳族卷、怒族卷），北京：中国社会科学出版社2000年版，第583页。

❷ [羌族] 神刻杜鹃花树干造人。

【流传】四川省·（阿坝藏族羌族自治州）·汶川县

【出处】罗世泽讲，周礼明翻译：《羊角姻缘》，见中华民族故事大系编委会编《中华民族故事大系》第11卷（达斡尔族、仫佬族、羌族），上海：上海文艺出版社1995年版，第643页。

## W2085.2
### 用花造人

【汤普森】D435.1.3

实例

[羌族] 用羊角花枝造人。

【流传】四川省·（阿坝藏族羌族自治州）·理县

【出处】余青海讲，罗世泽搜集：《阿补曲格创世》，见中华民族故事大系编委会编《中华民族故事大系》第11卷（达斡尔族、仫佬族、羌族），上海：上海文艺出版社1995年版，第634页。

## W2085.2.1
### 用花种花粉造人

实例

[瑶族（布努）] 密洛陀（万物之母，女始祖，女神）生的12个女孩造人，她们用千山花种和万样花粉造成人。

【流传】广西壮族自治区·（河池市）·都安县（都安瑶族自治县）、巴马县（巴马瑶族自治县）、南丹县，（百色市）·田东县、平果县等地

【出处】桑布郎等传，蒙凤标（83岁）、

罗仁祥（73岁）等唱：《密洛陀》（1983），见蓝怀昌、蓝书京、蒙通顺搜集翻译整理《密洛陀》，北京：中国民间文艺出版社1988年版，第311页。

## W2085.3
### 用草造人
【汤普森】A1256

实例

❶ [仡佬族] 天神造第二曹人用草扎。
【流传】贵州省
【出处】《四曹人》，见毛星主编《中国少数民族文学》（中），长沙：湖南人民出版社1983年版，第793页。

❷ [壮族] 洪水后，伏依兄妹没有结婚。为了繁衍人类，两兄妹用茅草扎成许多个草人，草人变成人。
【流传】（无考）
【出处】韦其麟：《壮族民间文学概观》，南宁：广西人民出版社1988年版。

## W2085.4
### 用蔬菜类造人
【汤普森】A1250

实例

❶ [苗族] 董冬穹（男性人名，祖先）造人时拿南瓜做肉。
【流传】贵州省·（安顺市）·紫云（紫云苗族布依族自治县）麻山苗区
【出处】杨再华唱诵，杨正江译：《亚鲁族源》，见中国民间文艺家协会主编《亚鲁王》，北京：中华书局2011年版，第35页。

❷ [土家族] 女神依罗娘娘做人时，摘段豇豆做肠子。
【流传】
（a）四川省（今重庆市）·秀山县（秀山土家族苗族自治县）·海洋乡
（b）四川省（今重庆市）·黔江县（黔江区）
（c）湖南省·湘西（湘西土家族苗族自治州）·酉水（酉水河一带）
【出处】
（a）彭国然讲，李绍明采录：《依罗娘娘造人》，见中国民间文学集成全国编辑委员会编《中国民间故事集成》（四川卷·下），北京：中国ISBN中心1998年版，第1211页。
（b）刘世清讲，何须芳采录：《依罗娘娘造人》，见中国民间文学集成全国编辑委员会编《中国民间故事集成》（四川卷·下），北京：中国ISBN中心1998年版，第1211页。
（c）向廷龙讲，彭勃搜集、翻译、整理：《依罗娘娘造人》，见谷德明编《中国少数民族神话》，北京：中国民间文艺出版社1987年版，第167页。

❸ [土家族] 依罗娘娘做人，用萝卜做肉。
【流传】湖南省·湘西（湘西土家族苗族自治州）·酉水（酉水河一带）
【出处】向廷龙讲，彭勃搜集、翻译、整理：《依罗娘娘造人》，见谷德明编《中国少数民族神话》，北京：中国民间文艺出版社1987年版，第167页。

## W2085.5
### 用水果造人
【汤普森】A1253

实例

[壮族] 始祖娘姆洛甲第二次用生芭蕉创人，也不合意。

【流传】广西壮族自治区·（河池市）·大化县（大化瑶族自治县）·羌圩乡

【出处】《姆洛甲造三批人》，见中国民间文学集成全国编辑委员会编《中国民间故事集成》（广西卷），北京：中国ISBN中心2001年版，第4～5页。

## W2085.6
### 用作物种子造人
【汤普森】A1254

实例

[瑶族] 洪水后，莎方三姑侄俩造好天地，又撒葫芦籽造人类。

【流传】广东省·（清远市）·连南县（连南瑶族自治县）·寨岗镇

【出处】唐罗古三等讲，许文清等采录：《洪水淹天》，见中国民间文学集成全国编辑委员会编《中国民间故事集成》（广东卷），北京：中国ISBN中心2006年版，第8页。

## W2085.7
### 用多种植物造人

实例

❶ [纳西族] 洪水后，一个白胡子老爷用杜鹃木和山茶木做人。

【流传】（无考）

【出处】
（a）阿啊打把等讲，杨尔车翻译整理：《锉治路一苴》，载《山茶》1982年第3期。

（b）同（a），见谷德明编《中国少数民族神话》，北京：中国民间文艺出版社1987年版，第445页。

❷ [土家族] 依罗娘娘（依罗娘娘，有的神话译为"咿罗娘娘"）用竹竿做骨架，荷叶做肝肺，豆做肠，萝卜做肉，葫芦做脑壳，造了人。

【流传】湖南省·湘西（湘西土家族苗族自治州）土家族聚居区

【出处】向廷龙讲，彭勃搜集、翻译、整理，《依罗娘娘造人》，见谷德明编《中国少数民族神话》，北京：中国民间文艺出版社1987年版，第167页。

❸ [土家族] 天神用葫芦瓜、竹子等造人。

【流传】（无考）

【出处】《制天制地》，见曹毅《土家族原始意识形态的核心：生命原点意识》，载《民族论坛》1997年第1期。

❹ [土家族] 人类始祖神"咿罗娘娘"用竹子做骨架，用树皮做皮肤，树叶做肝肺，豇豆做肠子，葫芦做脑袋，造成人。

【流传】（无考）

【出处】《摆手歌》，见彭继宽等《土家族文学史》，长沙：湖南文艺出版社

❺ [土家族] 女娘依罗娘用葫芦做脑壳，竹子做骨架，泥土做肌肉，树叶做肝肺，豇豆做肠子，茅草做汗毛，造出了人。

【流传】四川省（今重庆市）·秀山县（秀山土家族苗族自治县）·海洋乡

【出处】彭国然讲：《依罗娘娘造人》，见中国民间文学集成全国编辑委员会编《中国民间故事集成》（四川卷·下），北京：中国ISBN中心1998年版，第1211页。

❻ [瑶族] 女神密洛陀用蜜柚、冬瓜等做人，放四个箱子中，守候270日，第一代人问世。

【流传】（无考）

【出处】刘江华编：《中国神话故事》（天、地、人物卷），北京：中国世界语出版社1999年版，第54页。

## W2085.8
### 与用植物造人有关的其他母题
（参见下级母题实例）

## W2085.8.1
### 葫芦做人的脑壳

【关联】[W2816] 人的头的产生

实 例

[土家族] 女神依罗娘娘做人时，先摘了个葫芦做脑壳。

【流传】

（a）四川省（今重庆市）·秀山县（秀山土家族苗族自治县）·海洋乡

(b) 四川省（今重庆市）·黔江县（黔江区）

(c) 湖南省·湘西（湘西土家族苗族自治州）·酉水（酉水河一带）

【出处】

(a) 彭国然讲，李绍明采录：《依罗娘娘造人》，见中国民间文学集成全国编辑委员会编《中国民间故事集成》（四川卷·下），北京：中国ISBN中心1998年版，第1211页。

(b) 刘世清讲，何须芳采录：《依罗娘娘造人》，见中国民间文学集成全国编辑委员会编《中国民间故事集成》（四川卷·下），北京：中国ISBN中心1998年版，第1211页。

(c) 向廷龙讲，彭勃搜集、翻译、整理：《依罗娘娘造人》，见谷德明编《中国少数民族神话》，北京：中国民间文艺出版社1987年版，第167页。

## W2085.8.2
### 叶子做人的内脏

【关联】[W2870] 人的五脏六腑

实 例

[土家族] 女神依罗娘娘做人。她摘张树叶（b为荷叶）做肝肺。

【流传】

(a) 四川省（今重庆市）·秀山县（秀山土家族苗族自治县）·海洋乡

(b) 四川省（今重庆市）·黔江县（黔江区）

【出处】

(a) 彭国然讲，李绍明采录：《依罗娘

娘造人》，见中国民间文学集成全国编辑委员会编《中国民间故事集成》（四川卷·下），北京：中国 ISBN 中心 1998 年版，第 1211 页。

（b）刘世清讲，何须芳采录：《依罗娘娘造人》，见中国民间文学集成全国编辑委员会编《中国民间故事集成》（四川卷·下），北京：中国 ISBN 中心 1998 年版，第 1211 页。

## ❋ W2086
### 无生命物作为造人材料
【汤普森】A1240

**实 例**

（参见下级母题实例）

## W2087
### 用泥造人（用土造人）
【汤普森】A1241

**实 例**

[佤族] 最早的人是用泥捏出来的。

【流传】云南省

【出处】《人类的祖先》，见毛星主编《中国少数民族文学》（下），长沙：湖南人民出版社 1983 年版，第 386 ~ 387 页。

## W2087.0
### 神用泥造人（神用土造人）
【关联】[W2052] 神造人

**实 例**

[佤族] 神用泥造人。

【流传】云南省

【出处】《人类的祖先》，见毛星主编《中国少数民族文学》（下），长沙：湖南人民出版社 1983 年版，第 386 ~ 387 页。

## W2087.0.1
### 天神用泥造人（天神用土造人）
【关联】[W2053] 天神造人

**实 例**

❶ [布朗族] 天神布桑改沙和雅桑改西分别用泥土捏成男人和女人。

【流传】云南省

【出处】《布桑改沙和雅桑改西》，见 http://history.1001n.com.cn。

❷ [达斡尔族] 天地开辟时，天神用泥土捏造人类。

【流传】（无考）

【出处】

（a）中央民族学院少数民族文艺研究所编：《中国民族民间文学》（上），北京：中央民族学院出版社 1987 年版，第 91 页。

（b）《天神捏人》，见姚宝瑄主编《中国各民族神话》（达斡尔族、鄂伦春族、鄂温克族、蒙古族），太原：山西出版传媒集团·书海出版社 2014 年版，第 4 ~ 5 页。

❸ [独龙族] 天神用泥巴造人。

【流传】云南省

【出处】《嘎美嘎莎造人》，见云南省民族事务委员会编《独龙族文化大观》，昆明：云南民族出版社 1999 年版，第 193 页。

❹ [鄂温克族] 天神保如很巴格西（有的文本译为保鲁恨巴格西），以泥捏人。

【流传】（a）（b）内蒙古自治区·（呼伦贝尔市）·陈巴尔虎旗·鄂温克分必鲁图村

【出处】

(a) 赛金苏龙讲，马名超搜集整理：《用泥土造人和万物的传说》，见满都呼主编《中国阿尔泰语系诸民族神话故事》，北京：民族出版社 1997 年版，第 299 页。

(b) 同 (a) 见《鄂温克族民间故事》，上海：上海文艺出版社 1989 年版。

(c)《天神用泥土造人》，见中国各民族宗教与神话大词典编审委员会编《中国各民族宗教与神话大词典》，北京：学苑出版社 1990 年版，第 136 页。

❺ [仡佬族] 天神用泥造头曹人。

【流传】贵州省

【出处】《四曹人》，见毛星主编《中国少数民族文学》（中），长沙：湖南人民出版社 1983 年版，第 793 页。

❻ [汉族] 天神用泥捏人。

【流传】浙江省·（丽水市）·云和县

【出处】刘仙明讲：《男人为什么有喉结》，见中国民间文学集成全国编辑委员会编《中国民间故事集成》（浙江卷），北京：中国 ISBN 中心 1997 年版，第 38 页。

❼ [傈僳族] 天神木布帕用泥捏猕猴成人形，地上有了人。

【流传】云南省·（怒江傈僳族自治州）·泸水县

【出处】胡贵讲：《木布帕造天地人》，见中国民间文学集成全国编辑委员会编：《中国民间故事集成》（云南卷），北京：中国 ISBN 中心 2003 年版，第 42~44 页。

❽ [苗族] 远古的时候，天神列老列格米·爷觉朗努用泥巴捏成人。

【流传】云南省·（曲靖市）·宣威县

【出处】

(a) 苏正学讲，张绍祥采录：《人蜕皮》，见中国民间文学集成全国编辑委员会编《中国民间故事集成》（云南卷），北京：中国 ISBN 中心 2003 年版，第 282 页。

(b) 张树民讲，张绍祥采录：《太阳月亮守天边》，见中国民间文学集成全国编辑委员会编《中国民间故事集成》（云南卷），北京：中国 ISBN 中心 2003 年版，第 144 页。

## W2087.0.2
### 特定名称的神用土造人

**实　例**

❶ [鄂温克族] 巴日肯巴格其神用泥土造人类。

【流传】（无考）

【出处】《尼桑萨满》，见中央民族学院少数民族文艺研究所编《中国民族民间文学》（上），北京：中央民族学院出版社 1987 年版，第 198 页。

❷ [彝族] 造人女神儿依得罗娃动手造

人时，先用泥塑出两个泥人。

【流传】（云南省·楚雄彝族自治州·双柏县，红河哈尼族彝族自治州等地）

【出处】

（a）云南省民族民间文学楚雄、红河调查队搜集，郭思九、陶学良整理：《查姆》，昆明：云南人民出版社1981年版。

（b）郭思九、陶学良整理，古梅改写：《彝家的古根》，选自《云南民族文学资料》第七集中的《查姆》上部前三章，见姚宝瑄主编《中国各民族神话》（羌族、彝族），太原：山西出版传媒集团·书海出版社2014年版，第60页。

## W2087.0a

### 神性人物造人

【关联】［W0560～W0769］神性人物

实 例

（参见下级母题实例）

## W2087.0a.1

### 祖先用泥造人（祖先用土造人）

【关联】［W2060］祖先造人（始祖造人）

实 例

［瑶族］女祖先捏泥巴造男人和女人。

【流传】贵州省·（黔南布依族苗族自治州）·荔波县·洞塘乡

【出处】韦老根讲：《务告造人》，见中国民间文学集成全国编辑委员会编《中国民间故事集成》（贵州卷），北京：中国ISBN中心2003年版，第13～14页。

## W2087.0a.2

### 巨人用泥造人（巨人用土造人）

【关联】［W2061.9］巨人造人

实 例

［苗族］半人半兽的巨人纳罗引勾用泥做男娃女娃。

【流传】广西壮族自治区·（柳州市）·融水县（融水苗族自治县）·滚贝乡

【出处】杨达香讲：《纳罗引勾开天辟地造人》，见中国民间文学集成全国编辑委员会编《中国民间故事集成》（广西卷），北京：中国ISBN中心2001年版，第24～30页。

## W2087.0a.3

### 神仙用泥造人（神仙用土造人）

【关联】［W2059］神仙造人

实 例

［黎族］神仙用泥捏成哥妹两人。

【流传】海南省·琼中县（琼中黎族苗族自治县）·五指山（今五指山市）

【出处】王知会讲：《人类的起源》，见中国民间文学集成全国编辑委员会编《中国民间故事集成》（海南卷），北京：中国ISBN中心2002年版，第4页。

## W2087.0a.4

### 人皇用泥造人（人皇用土造人）

【关联】［W2061.12］人皇造人

> 实例

❶ [仡佬族] 人皇用泥捏千百泥人。
【流传】贵州省
【出处】《人皇与四曹人》，见高明强编《创世的神话和传说》，上海：上海三联书店1988年版，第11页。

❷ [汉族] 人皇是用土和泥造人。
【流传】河北省·（唐山市）·遵化县（遵化市）·堡子店镇·马坊岭村
【出处】杨秀珍讲，米景利采录：《三皇治世》，见中国民间文学集成全国编辑委员会编《中国民间故事集成》（河北卷），北京：中国ISBN中心2003年版，第7页。

## W2087.0b
### 宗教神或神性人物造人

> 实例

（参见下级母题实例）

## W2087.0b.1
### 上帝用泥造人（上帝用土造人）

【关联】[W2061.1] 上帝造人

> 实例

[哈萨克族] 上帝用泥巴造了个人。
【流传】（无考）
【出处】波勒泰·比达克买提、胡扎依尔·萨杜瓦哈斯搜集，安蕾、毕桙翻译：《上帝用泥土造人》，见满都呼主编《中国阿尔泰语系诸民族神话故事》，北京：民族出版社1997年版，第67~70页。

## W2087.0b.2
### 造物主用泥造人（造物主用土造人）

> 实例

[柯尔克孜族] 造物主安拉造出骨骼、血液、皮肤、各种内脏器官，精心拼凑着用那一把泥土造了一个人。这便是人类的始祖。
【流传】新疆维吾尔自治区·（克孜勒苏柯尔克孜自治州）·阿合奇县·哈拉奇乡
【出处】苏力坦阿里·包尔布代讲，阿布都克热木·阿山采录，依斯哈别克·别克别克等翻译：《人的由来》，见中国民间文学集成全国编辑委员会编《中国民间故事集成》（新疆卷），北京：中国ISBN中心2008年版，第33页。

## W2087.0b.3
### 佛祖用泥造人

【关联】[W2066] 佛祖造人

> 实例

[鄂温克族] 佛师保鲁恨巴格西用土造人和万物。
【流传】黑龙江省·（黑河市）·嫩江县·嫩江镇
【出处】杜拉尔瑞依讲：《师保鲁恨巴格西造人》，见中国民间文学集成全国编辑委员会编《中国民间故事集成》（黑龙江卷），北京：中国ISBN中心2005年版，第22页。

## W2087.0b.4
### 真主用泥造人

【关联】［W2067］真主造人

实 例

❶［回族］真主胡达让天仙用泥土造人。

【流传】宁夏回族自治区·（固原市）·西吉县·田坪乡

【出处】马金刚讲：《人祖阿丹和好娃》，见中国民间文学集成全国编辑委员会编《中国民间故事集成》（宁夏卷），北京：中国 ISBN 中心 1999 年版，第 11 页。

❷［撒拉族］以前没有人，胡大（即真主）用泥捏出人祖阿丹。

【流传】（无考）

【出处】大漠、马英生搜集：《生养后人》，见满都呼主编《中国阿尔泰语系诸民族神话故事》，北京：民族出版社 1997 年版，第 99 页。

❸［撒拉族］真主用泥土捏出人形阿丹。

【流传】（无考）

【出处】大漠、马英生搜集整理：《泥捏阿丹》，见《土族、撒拉族民间故事选》，上海：上海文艺出版社 1992 年版。

❹［塔吉克族］真主用泥造人。

【流传】新疆维吾尔自治区

【出处】《造人神话》，见中国各民族宗教与神话大词典编审委员会编《各民族宗教与神话大词典》，北京：学苑出版社 1990 年版，第 568 页。

❺［塔吉克族］安拉命众天使下降到大地上，用泥土造人。

【流传】新疆维吾尔自治区·（喀什地区）·塔什库尔干塔吉克自治县·瓦尔西代乡

【出处】马达里汗讲，西仁·库尔班等采录翻译：《人类的来历》，见中国民间文学集成全国编辑委员会编《中国民间故事集成》（新疆卷），北京：中国 ISBN 中心 2008 年版，第 34 页。

## W2087.0c
### 1 对男女用泥造人（1 对男女用土造人）

实 例

（参见下级母题实例）

## W2087.0c.1
### 天下翁和天下婆用土造人

【关联】［W2057.2］夫妻神造人

实 例

［汉族］天下翁和天下婆一对老人用土造人。

【流传】福建省·（宁德市）·周宁县·李墩乡·里东山村

【出处】章永红讲，陈风禧搜集整理：《天下翁与天下婆》（1987.08.05），见姚宝瑄主编《中国各民族神话》（汉族），太原：山西出版传媒集团·书海出版社 2014 年版，第 34~35 页。

## W2087.0c.2
### 1对兄妹用泥造人

【关联】［W2063.1］盘古兄妹造人

实例

［汉族］盘古兄妹用泥土捏人。

【流传】河南省·（南阳市）·桐柏县

【出处】马卉欣：《盘古开天》，见中华民族故事大系编委会编《中华民族故事大系》第1卷（汉族、蒙古族、回族），上海：上海文艺出版社1995年版，第5~9页。

## W2087.0c.3
### 1对姐弟用泥造人

【关联】［W2074.3］姐弟造人

实例

［汉族］人祖爷和人祖奶姐弟俩捏泥人，天底下有了人。

【流传】河南省·（周口市）·西华县·逍遥镇

【出处】刘炎讲：《姊妹成婚》，见中国民间文学集成全国编辑委员会编《中国民间故事集成》（河南卷），北京：中国ISBN中心2001年版，第13~14页。

## W2087.0c.4
### 1对夫妻用泥造人

【关联】［W2074.1］夫妻造人

实例

［苗族］洪水后，幸存的央与一个姑娘成亲，用泥捏人。

【流传】贵州省·（黔东南苗族侗族自治州）·镇远县·金堡乡

【出处】杨世兰讲：《阿央斗天王》，见中国民间文学集成全国编辑委员会编《中国民间故事集成》（贵州卷），北京：中国ISBN中心2003年版，第41~42页。

## W2087.0d
### 其他特定人物用泥造人

实例

（参见下级母题实例）

## W2087.0d.1
### 盘古用泥造人

【关联】［W2063］盘古造人

实例

［汉族］盘古用泥捏人。

【流传】陕西省·（渭南市）·合阳县·东王乡

【出处】张甲民讲：《男人喉咙的疙瘩》，见中国民间文学集成全国编辑委员会编《中国民间故事集成》（陕西卷），北京：中国ISBN中心1996年版，第9页。

## W2087.0d.2
### 女娲用泥造人（女娲用土造人）

【关联】［W2065］女娲造人

实例

❶［汉族］女娲用泥土造人。

【流传】宁夏回族自治区·（石嘴山市）·平罗县·前进乡

【出处】郜永山讲：*《世上为啥女人比男人少》，见中国民间文学集成全国编辑委员会编《中国民间故事集成》（宁夏卷），北京：中国ISBN中心1999年版，第15页。

❷［汉族］地上的人是女娲用泥捏的。

【流传】湖北省·（黄冈市）·浠水县·清泉镇

【出处】廖康成讲：《天父地母》，见中国民间文学集成全国编辑委员会编《中国民间故事集成》（湖北卷），北京：中国ISBN中心1999年版，第6~7页。

❸［汉族］女娲用补天剩下的一块泥捏成1男1女两个人。

【流传】吉林省·（白山市）·靖宇县·靖宇镇

【出处】孙风兰讲，李艳玲采录：《人的来历》，见中国民间文学集成全国编辑委员会编《中国民间故事集成》（吉林卷），中国文联出版公司1992年版，第1页。

❹［汉族］女娲捏泥造人。

【流传】辽宁省·大连市沿海渔民中

【出处】刘则亭讲，邵秀荣搜集整理：《女娲补天》，见姚宝瑄主编《中国各民族神话》（汉族），太原：山西出版传媒集团·书海出版社2014年版，第55~57页。

❺［藏族］女娲用泥巴造人。

【流传】云南省·迪庆（迪庆藏族自治州）·汤美村

【出处】《女娲娘娘补天》，见《钟敬文民间文学论集》（上），上海：上海文艺出版社1985年版。

❻［藏族］女娲娘娘用泥捏人。

【流传】云南省·（迪庆藏族自治州）·中甸县（香格里拉县）

【出处】《女娲娘娘》，见中国民间文学集成全国编辑委员会编《中国民间故事集成》（云南卷），北京：中国ISBN中心2003年版，第67~69页。

## W2087.0d.3
### 依罗娘娘用泥造人

实 例

［土家族］女神依罗娘娘做人。她和些泥土做肌肉。

【流传】四川省（今重庆市）·秀山县（秀山土家族苗族自治县）·海洋乡

【出处】彭国然讲，李绍明采录：《依罗娘娘造人》，见中国民间文学集成全国编辑委员会编《中国民间故事集成》（四川卷·下），北京：中国ISBN中心1998年版，第1211页。

## W2087.1
### 用补天剩下的泥造人

【关联】［W2088.1］造人的泥土的获得

实 例

❶［汉族］女娲补天时用剩下的一块泥捏成1对男女。

【流传】吉林省·（白山市）·靖宇县

【出处】孙凤兰讲：《人的来历》，见中国民间文学集成全国编辑委员会编《中国民间故事集成》（吉林卷），中国文联出版公司1992年版，第1~2页。

❷［汉族］女娲补天后，用剩的泥造人。
【流传】浙江省·嘉兴（嘉兴市）·海宁（海宁市）
【出处】陈桂珍讲：《女娲造人》，见中国民间文学集成全国编辑委员会编《中国民间故事集成》（浙江卷），北京：中国ISBN中心1997年版，第39页。

❸［汉族］女娲补天时还剩了一堆黄泥巴，就用它捏人。
【流传】湖南省·常德县（常德市）·（鼎城区）·灌溪乡（灌溪镇）·中兴桥村
【出处】唐万顺讲，唐孟元采录：《女娲补天造人》，见中国民间文学集成全国编辑委员会编《中国民间故事集成》（湖南卷），北京：中国ISBN中心2002年版，第22页。

## W2087.2
### 用黄泥造人（用黄土造人）

实例

（参见下级母题实例）

## W2087.2.0
### 神用黄泥造人
【关联】［W2052］神造人

实例

❶［哈尼族］地上的三神用黄泥巴做成了人。
【流传】云南省·（玉溪市）·元江县（元江哈尼族彝族傣族自治县）·咪哩乡、羊岔街乡及因远镇一带
【出处】《开天辟地歌》，见元江县哈尼文化学会、元江县史志编组办公室编：《元江哈尼族古歌集》，2005年，内部编印，第10页。

❷［彝族（阿细）］男神阿热和女神阿咪造人时，称了九钱黄泥，用黄泥造男人。
【流传】（a）云南省·红河哈尼族彝族自治州·弥勒县·（西山镇）
【出处】
（a）潘正兴等唱述，云南省民族民间文学红河调查队搜集翻译整理：《阿细的先基》，昆明：云南人民出版社1959年版。
（b）云南省民族民间文学红河调查队搜集整理，古梅改写：《最古的时候》，见姚宝瑄主编《中国各民族神话》（羌族、彝族），太原：山西出版传媒集团·书海出版社2014年版，第141页。

❸［彝族］天上的托罗神和沙罗神两个大神造人时，先拿了黄土，捏成了人的身子。
【流传】云南省·（红河哈尼族彝族自治州）·弥勒县、泸西县，（昆明市）·路南县（石林彝族自治县）等地

【出处】毕荣亮讲，光未然采集整理，古梅改写：《创世纪》，见姚宝瑄主编《中国各民族神话》（羌族、彝族），太原：山西出版传媒集团·书海出版社2014年版，第93页。

## W2087.2.1
### 用黄胶泥造人

实例

❶ [汉族] 女娲用黄胶泥造人。

【流传】河南省·（周口市）·西华县·聂堆乡·思都岗村

【出处】张慎重讲，陈连忠采录：《女娲造人》，见中国民间文学集成全国编辑委员会编《中国民间故事集成》（河南卷），北京：中国 ISBN 中心 2001 年版，第 19 页。

❷ [汉族] 女娲用黄胶泥造人。

【流传】河南省·（驻马店市）·汝南县·老君庙乡

【出处】丁李氏讲：《女娲造人》，见中国民间文学集成全国编辑委员会编《中国民间故事集成》（河南卷），北京：中国 ISBN 中心 2001 年版，第 19～20 页。

## W2087.2.2
### 玛祖用黄泥造人（妈祖用黄泥造人）

实例

[高山族] 玛祖用黄泥造人。

【流传】（无考）

【出处】《兄妹结婚——附录：纹面断齿成亲》，见中华民族故事大系编委会编《中华民族故事大系》第8卷（畲族、高山族、拉祜族），上海：上海文艺出版社1995年版，第426页。

## W2087.2.3
### 创世主用黄泥造人

【关联】[W2058.3] 创世主造人

实例

❶ [哈萨克族]（创世主）迦萨甘用黄泥造人。

【流传】新疆维吾尔自治区

【出处】阿吾里汗·哈里、刘兆云等记录整理：《迦萨甘造人》，见姚宝瑄主编《中国各民族神话》（乌孜别克族、哈萨克族、柯尔克孜族、俄罗斯族、维吾尔族、塔吉克族、塔塔尔族、锡伯族），太原：山西出版传媒集团·书海出版社 2014 年版，第 26 页。

❷ [哈萨克族] 创世主迦萨甘用黄泥捏了一对空心小泥人，成活后成为人类的始祖。

【流传】（a）新疆维吾尔自治区·乌鲁木齐县·白杨沟夏牧场

【出处】

（a）谢热亚孜旦·马尔萨克讲，尼合买提·蒙加尼采录：《迦萨甘创世》，见中国民间文学集成全国编辑委员会编《中国民间故事集成》（新疆卷），北京：中国 ISBN 中心 2008 年版，第 3 页。

（b）尼合迈德·蒙加尼搜集：《迦萨甘创世》，载《新疆民族文学》1982 年

## W2087.2.4
### 姆六甲用黄泥造人类
【关联】［W2068.7］姆六甲造人

实 例

［壮族］米洛甲（又译为"姆六甲"）用黄泥造人类。

【流传】（无考）

【出处】蓝鸿恩：《壮族神话简论》，载《三月三》1983年第1期。

## W2087.2.5
### 盘古用黄泥造人（盘古用黄土造人）
【关联】［W2063］盘古造人

实 例

❶［汉族］盘古把手上沾的黄泥巴刮下来捏着玩，捏成了一个小泥人。

【流传】河南省·（驻马店市）·泌阳县

【出处】《盘古捏泥人的传说》，见 http://club.chinaren.com/bbs/index，2007.06.17。

❷［汉族］盘古用黄土捏泥人。

【流传】陕西省·宝鸡县（宝鸡市）·（渭滨区）·马营镇

【出处】张世爱讲：《开天辟地》，见中国民间文学集成全国编辑委员会编《中国民间故事集成》（陕西卷），北京：中国 ISBN 中心 1996 年版，第 4 页。

❸［汉族］盘古王开天地以后，用黄泥捏出两个人。

【流传】浙江省·（金华市）·永康县·（芝英镇）·柿后村

【出处】陈望高采录：《盘古造人》，见中国民间文学集成全国编辑委员会编《中国民间故事集成》（浙江卷），北京：中国 ISBN 中心 1997 年版，第 37 页。

## W2087.2.6
### 伏羲和女娲一起用黄土造人
【关联】［W2064.2］伏羲女娲造人

实 例

❶［汉族］伏羲和女娲一起用黄土造人类。

【流传】甘肃省·（平凉市）·静宁县·李店乡·店子村

【出处】李俊源讲，王知三搜集整理：《伏羲降生》，见静宁县民间文学三套集成编辑组编《中国民间故事集成甘肃卷·静宁民间故事》，内部编印，1989 年，第 9 页。

❷［汉族］伏羲女娲成亲后用黄土捏人。

【流传】河南省·（周口市）·沈丘县·刘庄店乡

【出处】耿如林讲：《避难创世》，见中国民间文学集成全国编辑委员会编《中国民间故事集成》（河南卷），北京：中国 ISBN 中心 2001 年版，第 9~10 页。

## W2087.2.7
### 伏羲用黄泥造人（伏羲用黄土造人）

【关联】［W2064］伏羲造人

实例

［汉族］伏羲用黄泥造出1对男女。

【流传】甘肃省·天水市·北道区·利桥乡

【出处】王奠华讲：《蛇为啥没有脚》，见中国民间文学集成全国编辑委员会编《中国民间故事集成》（甘肃卷），北京：中国ISBN中心2001年版，第13页。

## W2087.2.8
### 女娲用黄泥造人（女娲用黄土造人）

【关联】［W2065］女娲造人

实例

❶ ［汉族］女娲从池边掘起一团黄泥，掺合了水，在手里揉团着揉团成了第一个娃娃样的人。

【流传】（无考）

【出处】《女娲创造人类》，原载袁珂编译《中国神话故事》，见陶阳、钟秀编《中国神话》（上），北京：商务印书馆2008年版，第317~319页。

❷ ［汉族］女娲第5天用黄泥捏了50个金童，第6天捏了50个玉女。

【流传】山西省·（阳泉市）·平定县·（锁簧镇）·东锁簧村

【出处】朱翠兰讲：《兄妹神婚与东西磨山》，见中国民间文学集成全国编辑委员会编《中国民间故事集成》（山西卷），北京：中国ISBN中心1999年版，第12~14页。

❸ ［汉族］女娲造好天地和山水草木，又用黄泥造了人。人传宗接代，世界便热闹了。

【流传】浙江省·舟山市·干览乡·南岙村

【出处】顾阿登讲，林胜强记录，周明搜集整理：《女娲补天》（1987.06.15），见姚宝瑄主编《中国各民族神话》（汉族），太原：山西出版传媒集团·书海出版社2014年版，第57~58页。

❹ ［汉族］女娲和了一堆黄泥捏泥人。

【流传】甘肃省·（白银市）·会宁县·老君乡

【出处】冯德璋讲，胡俊红采录：《女娲捏人》，见中国民间文学集成全国编辑委员会编《中国民间故事集成》（宁夏卷），北京：中国ISBN中心1999年版，第5页。

❺ ［汉族］女娲用黄泥造人。

【流传】浙江省·（金华市）·东阳县（东阳市）·青联乡

【出处】屠和兰讲：《女娲造人》，见中国民间文学集成全国编辑委员会编《中国民间故事集成》（浙江卷），北京：中国ISBN中心1997年版，第39页。

❻ ［汉族］女娲用黄泥捏人。

【流传】浙江省·临安（临安市）
【出处】俞维仁讲：《人是黄泥变的》，见中国民间文学集成全国编辑委员会编《中国民间故事集成》（浙江卷），北京：中国ISBN中心1997年版，第40页。

❼［汉族］女娲造天地之后，又用黄泥造了人。
【流传】浙江省·舟山市·定海区·干览乡·南岙村
【出处】顾阿登讲，林胜强采录：《女娲造天地》，见中国民间文学集成全国编辑委员会编《中国民间故事集成》（浙江卷），北京：中国ISBN中心1997年版，第17页。

❽［藏族］女娲用黄土造人。
【流传】云南省·迪庆（迪庆藏族自治州）
【出处】《女娲娘娘补天》，见云南大学中文系少文教研室编《云南民族文学资料集》第13集，内部资料，1979年。

## W2087.2.9
### 人王公婆用黄泥造人

实例

［白族］人王公和人王婆用黄泥捏人。
【流传】云南省·（大理白族自治州）·鹤庆县·朵美乡
【出处】鹤庆县民间文学集成办公室编：《石家什》，见《鹤庆民间故事集成》，昆明：云南人民出版社1989年版，第30～32页。

## W2087.2.10
### 高氏兄妹用黄泥造人

实例

［汉族］高氏兄妹用黄泥捏人。
【流传】吉林省·（长春市）·农安县
【出处】万中山讲：《高公高婆》，见中国民间文学集成全国编辑委员会编《中国民间故事集成》（吉林卷），北京：中国文联出版公司1992年版，第12页。

## W2087.3
### 用红土泥造人

实例

［怒族］天神用红土沾泥造人。
【流传】云南省·（怒江傈僳族自治州）·福贡县·利沙底乡
【出处】颜其香：《中国少数民族风土漫记》，北京：农村读物出版社2001年版，第457～458页。

## W2087.3a
### 用白泥造人

【关联】［W2097.1.1］用白泥捏人没成功

实例

（参见下级母题实例）

## W2087.3a.1
### 神用白泥造人

实例

［彝族（阿细）］造人的男神阿热和造人

的女神阿咪造人时，他们称了八钱的白泥造女人。

【流传】（a）云南省·红河哈尼族彝族自治州·弥勒县（弥勒市）·（西山镇）

【出处】
（a）潘正兴等唱述，云南省民族民间文学红河调查队搜集翻译整理：《阿细的先基》，昆明：云南人民出版社1959年版。
（b）云南省民族民间文学红河调查队搜集整理，古梅改写：《最古的时候》，见姚宝瑄主编《中国各民族神话》（羌族、彝族），太原：山西出版传媒集团·书海出版社2014年版，第141页。

## W2087.4
### 用各种颜色的土造人

实 例

❶ [汉族] 女娲用地上的黄土、白土、黑土掺了水和成泥团造人。男的照哥哥伏羲的样子捏，女的照自己模样捏。

【流传】上海市·黄浦区

【出处】曹鸿翔讲，方卡采录：《女娲娘娘造人》，见中国民间文学集成全国编辑委员会编《中国民间故事集成》（上海卷），北京：中国 ISBN 中心2007年版，第5页。

❷ [回族] 真主用不同颜色的泥巴堆成1个人，取名阿诞。

【流传】四川省·（乐山市）·犍为县·罗城镇

【出处】苏德奎讲：《阿诞和哈娃》，见中国民间文学集成全国编辑委员会编《中国民间故事集成》（四川卷·下），北京：中国 ISBN 中心1998年版，第1411页。

## W2087.5
### 用多种泥造人

【汤普森】≈A1241.5

实 例

[汉族] 女娲仿照伏羲、神农的模样和自己的模样用不同的泥捏人，捏出黄泥人、白泥人、黑泥人。

【流传】陕西省·（榆林市）·绥德县·辛店乡

【出处】马世厚讲：《女娲造就人世》，见中国民间文学集成全国编辑委员会编《中国民间故事集成》（陕西卷），北京：中国 ISBN 中心1996年版，第5~6页。

## W2087.6
### 用五色土造人

【关联】［W1252.4.3］五色土

实 例

❶ [回族] 真主用红、黄、蓝、白、黑五色土和泥，做了一个大人儿。这个人是躺着的，名叫阿丹。

【流传】（无考）

【出处】《阿丹和海尔玛》，见谷德明编《中国少数民族神话》，北京：中国民间文艺出版社1987年版，第713页。

❷【回族】安拉用红、白、蓝、黄、黑五色土造出一个有特殊本领的人，起名叫阿丹，把他安排在伊甸园，叫他在园里耕种、看管。

【流传】黑龙江省·（牡丹江市）·绥芬河市

【出处】杨明岱讲，周爱民采录：《阿丹人祖》，见中国民间文学集成全国编辑委员会编《中国民间故事集成》（黑龙江卷），北京：中国ISBN中心2005年版，第20页。

❸【回族】天堂上的仙人们结伙到大地准备取土造人，但大地说："真主没有命令，不能给五色土。"仙人们先后来了六次，没有取上五色土，每次相隔一千万年。

【流传】青海省·黄南州（黄南藏族自治州）·同仁县·隆务镇·民主街

【出处】周尚杰（保安族，该文本注明他讲的是回族神话）讲，赵清阳采录：《阿丹的诞生》，见中国民间文学集成全国编辑委员会编《中国民间故事集成》（青海卷），北京：中国ISBN中心2007年版，第11页。

❹【畲族】皇天爷和皇天姆用地上的五色土来捏人。

【流传】福建省·（宁德市）·福鼎县（福鼎市）·桐山·浮柳村

【出处】蓝升兴讲，蓝俊德等采录：《皇天爷和皇天姆造人》，见中国民间文学集成全国编辑委员会编《中国民间故事集成》（福建卷），北京：中国ISBN中心1998年版，第6页。

## W2087.6.1
### 真主用五色土造人

【关联】[W2067] 真主造人

实 例

[回族] 真主用红、黄、蓝、白、黑五种颜色的五方土和泥，捏造了一个大人。

【流传】（无考）

【出处】《阿丹和海尔玛》，马奔根据《中国回族民间文学概观》（宁夏大学出版社1984年版）等改写，见姚宝瑄主编《中国各民族神话》（土族、东乡族、回族、保安族、裕固族、撒拉族），太原：山西出版传媒集团·书海出版社2014年版，第48页。

## W2087.7
### 用净土造人

实 例

[回族] 真主命阿兹拉伊来（天仙名）用洁净的土造化人。天仙用净土造化出人祖阿丹。

【流传】宁夏回族自治区·（中卫市）·海原县·海城镇·周台村

【出处】田富珍讲，王红久采录者：《人祖阿丹和好娃》，见中国民间文学集成全国编辑委员会编《中国民间故事集成》（宁夏卷），北京：中国ISBN中心1999年版，第7页。

## W2087.8
### 用泥垢造人

【关联】

① [W2088.1.0] 从身上搓出泥造人

② ［W2088.3］用汗泥造人

实　例

❶ ［傣族］英叭做出和自己长得一模一样的鹏玛乍。鹏玛乍搓自己的汗泥捏了个人，起名为玛哈鹏。

【流传】云南省·西双版纳州（西双版纳傣族自治州）

【出处】岩英祁讲，仓霁华翻译，朱宜初等采录：《英叭开天辟地》，见中国民间文学集成全国编辑委员会编《中国民间故事集成》（云南卷），北京：中国ISBN中心2003年版，第82页。

❷ ［傣族］天神英叭用他身上的泥垢捏造出1男1女。

【流传】云南省

【出处】史诗《巴塔麻嘎捧尚罗》，见中国各民族宗教与神话大词典编审委员会编《中国各民族宗教与神话大词典》，北京：学苑出版社1990年版，第82页。

❸ ［基诺族］阿嫫腰白（神名，创世女神）搓下自己身上的污垢，做出了人。

【流传】云南省·（西双版纳傣族自治州）·景洪县（景洪市）

【出处】白桂林等讲，刘怡采录：《阿嫫腰白造天地》，见中国民间文学集成全国编辑委员会编《中国民间故事集成》（云南卷），北京：中国ISBN中心2003年版，第77页。

❹ ［拉祜族］父母神厄莎用手垢脚垢造出儿女扎努扎别。

【流传】云南省

【出处】《扎努扎别》，见苏翠薇《拉祜族的伦理道德和审美意识初探》，载《云南社会科学》1998年第3期。

## W2087.9
### 用黏土造人

【关联】［W2061.17.1］金童玉女用黏土造人

实　例

［汉族］金童和玉女挖来一些黏土，用水调匀，按照对方的模样捏人。

【流传】江苏省·（徐州市）·新沂市

【出处】徐太凤讲，孟玉红搜集整理：《人的来历和女娲补天》（1986.3.14），见姚宝瑄主编《中国各民族神话》（汉族），太原：山西出版传媒集团·书海出版社2014年版，第58~61页。

## W2087.10
### 用五方土造人

实　例

（参见下级母题实例）

## W2087.10.1
### 真主用五方土造人

【关联】［W2067］真主造人

实　例

［回族］真主用五方土和泥，捏造了一个大人。

【流传】（无考）

【出处】《阿丹和海尔玛》，马奔根据

《中国回族民间文学概观》（宁夏大学出版社1984年版）等改写，见姚宝瑄主编《中国各民族神话》（土族、东乡族、回族、保安族、裕固族、撒拉族），太原：山西出版传媒集团·书海出版社2014年版，第48页。

## W2087.11
### 用神土造人
【关联】［W2152.1］神奇之土（神土）

实例

（参见下级母题实例）

## W2087.11.1
### 用七彩神土造人
【关联】［W2152.1.1］七彩神土

实例

［满族］阿布凯赫赫（第一代天神，天母）在第二小劫以前用七彩神土造人。

【流传】（黑龙江省）·宁古塔（黑龙江省牡丹江市一带）；（吉林省）·长白山地区

【出处】傅英人（疑"人"应为"仁"）讲述，张爱云整理：《阿布凯赫赫创造天地人》，原载《满族萨满神话》，见陶阳、钟秀编《中国神话》（上），北京：商务印书馆2008年版，第140~154页。

## W2087.12
### 用山上的土造人

实例

（参见下级母题实例）

## W2087.12.1
### 夫妻神用山上的土造人
【关联】
① ［W2044.2.1］创世的夫妻神感到孤独造人
② ［W2057.2］夫妻神造人

实例

［汉族］天下翁和天下婆1对老人把天和地都做好后，又开始造人。他俩就把山上的土拿来捏人。

【流传】福建省·（宁德市）·周宁县·李墩乡·里东山村

【出处】章永红讲，陈风禧搜集整理：《天下翁与天下婆》（1987.08.05），见姚宝瑄主编《中国各民族神话》（汉族），太原：山西出版传媒集团·书海出版社2014年版，第34~35页。

## W2087.13
### 用烂泥造人

实例

［汉族］人是用烂泥捏出来的。

【流传】上海市·上海县（闵行区）·华漕乡（华漕镇）·吴家巷（吴家巷村）

【出处】王忠明讲，秦复兴采录：《人是哪里来的》，见中国民间文学集成全国编辑委员会编《中国民间故事集成》（上海卷），北京：中国ISBN中心2007年版，第5页。

## W2088
### 与用泥造人有关的其他母题

【关联】［W2083.4.1］用血泥造人

实 例

（参见下级母题实例）

## W2088.1
### 造人的泥土的获得

【关联】［W1246］土的产生

实 例

❶ ［独龙族］ 上天的大神嘎美和嘎莎（b 为格蒙天神）用双手在岩石上搓出了泥土造人。

【流传】云南省

【出处】

（a）《嘎美嘎莎造人》，见中央民族学院少数民族文艺研究所编《中国民族民间文学》（上），北京：中央民族学院出版社 1987 年版，第 161 页。

（b）《人类的诞生》，见中国各民族宗教与神话大词典编审委员会编《中国各民族宗教与神话大词典》，北京：学苑出版社 1990 年版，第 122 页。

（c）《嘎美嘎莎造人》，见谷德明编《中国少数民族神话》，北京：中国民间文艺出版社 1987 年版，第 530 页。

❷ ［俄罗斯族］ 最初，只有汪洋大水和兄弟二人，弟弟潜入水底找来泥土，用泥创造了人类。

【流传】雅库特人

【出处】 http://www.chinesefolklore.org.cn/xrwc/xrzj/cgl/mgzqs.htm。

## W2088.1.0
### 从身上搓出泥造人

【关联】［W2087.8］用泥垢造人

实 例

❶ ［傣族］ 叭英叭（世上第一个人）出生后十万年，洗澡时搓下了许多汗泥，捏了个"猴宾"（一种具有人的性质的动物）。

【流传】云南省·西双版纳州（西双版纳傣族自治州）

【出处】岩英祁讲，仓霁华翻译，朱宜初等采录：《英叭开天辟地》，见中国民间文学集成全国编辑委员会编《中国民间故事集成》（云南卷），北京：中国 ISBN 中心 2003 年版，第 82 页。

❷ ［满族］ 阿布卡恩都力（天神）用身上搓落的泥做成人。

【流传】（黑龙江省·牡丹江市·宁安县）

【出处】

（a）郭淑云：《满族古文化遗存探考》，载《满族研究》1991 年第 3 期。

（b）《神谕的主要内容》，见吕大吉、何耀华总主编《中国各民族原始宗教资料集成》（鄂伦春族卷、鄂温克族卷、赫哲族卷、达斡尔族卷、锡伯族卷、满族卷、蒙古族卷、藏族卷），北京：中国社会科学出版社 1999 年版，第 510 页。

❸ ［满族］ 阿布卡恩都里（天神）用身上搓落的泥做成的人。

‖ W2088.1.0 — W2088.1.3 ‖　2.3.4　造人的材料

【流传】黑龙江省·牡丹江地区（牡丹江市）

【出处】《柳叶繁衍人类》（四），选自富育光翻译《富察哈拉神谕》，见吕大吉、何耀华总主编《中国各民族原始宗教资料集成》（鄂伦春族卷、鄂温克族卷、赫哲族卷、达斡尔族卷、锡伯族卷、满族卷、蒙古族卷、藏族卷），北京：中国社会科学出版社1999年版，第486页。

❹ [满族（富察氏）] 天神用身上搓落的泥做的人。

【流传】黑龙江省·牡丹江（牡丹江市）一带

【出处】
(a)《天神创世》，见季永海等《满族民间文学概论》，北京：中央民族学院出版社1991年版，第9页。
(b) 同（a），见季永海《满族神话》，中国民俗网，2006.01.23。

## W2088.1.1
### 从岩石上搓出造人的泥土

实　例

❶ [独龙族] 上天的大神嘎美和嘎莎来到了姆逯义陇嘎地方，打算在这里造人。这里是一块大得望不到边的岩石，嘎美和嘎莎用双手在岩石上搓出了泥土，用泥土揉成了泥巴团，又用泥巴团来捏人。

【流传】云南省

【出处】李子贤等搜集整理：《创世纪神话故事六则·嘎美嘎莎造人》，见中国作家协会云南分会编《云南民族民间故事选》，昆明：云南人民出版社1981年版，第582~583页。

❷ [独龙族] 天神嘎美和嘎莎用双手在岩石上搓出了泥土，用泥土揉成了泥巴团，又用泥巴团捏人。

【流传】（无考）

【出处】《嘎美嘎莎造人》，原载陶立璠、赵桂芳等编《中国少数民族神话汇编》，见陶阳、钟秀编《中国神话》（下），北京：商务印书馆2008年版，第1082~1083页。

## W2088.1.2
### 潜水获得造人的泥土

实　例

[俄罗斯族] 最初，只有汪洋大水。兄弟二人中的弟弟潜入水底找来泥土，然后用这泥土创造了人类。

【流传】雅库特人

【出处】http://www.chinesefolklore.org.cn/xrwc/xrzj/cgl/mgzqs.htm。

## W2088.1.3
### 从动物处获得造人的泥土

实　例

[鄂温克族] 保鲁根巴格西天神从神龟移走的地方挖取了泥土，开始捏造世上的人类和万物。

【流传】内蒙古自治区·呼伦贝尔市·陈巴尔虎旗

【出处】赛金苏龙讲，马名超记录整理：

《天神保鲁根巴格西造万物》，见姚宝瑄主编《中国各民族神话》（达斡尔族、鄂伦春族、鄂温克族、蒙古族），太原：山西出版传媒集团·书海出版社2014年版，第120页。

## W2088.1.4
### 偷泥造人

**实例**

［汉族］人是伏羲兄妹偷管山的仙人的泥造的。

【流传】四川省·（资阳市）·简阳县（简阳市）·壮溪乡

【出处】吴别洞讲，邓文康采录：《伏羲兄妹造人》，见中国民间文学集成全国编辑委员会编《中国民间故事集成》（四川卷·上），北京：中国ISBN中心1998年版，第49页。

## W2088.1.5
### 借土造人（借泥造人）

**实例**

［汉族］姐弟俩到土地佬那里去借土，回来捏成泥人。

【流传】黑龙江省·（绥化市）·青冈县·劳动乡·新富村

【出处】樊老太太讲，赵鸽采录：《高祖公高祖婆》，见中国民间文学集成全国编辑委员会编《中国民间故事集成》（黑龙江卷），北京：中国ISBN中心2005年版，第9页。

## W2088.1.6
### 通过帮助得到造人的泥土

【关联】［W9987］帮助者

**实例**

❶［鄂温克族］尼桑（萨满）帮天神射跑压着造人泥土的大乌龟造人类。

【流传】（无考）

【出处】
（a）松格布讲：《宝拉哈和尼桑创造人间》，见满都呼主编《中国阿尔泰语系诸民族神话故事》，北京：民族出版社1997年版，第302页。

（b）松格布讲：《宝拉哈和尼桑创造人间》，见朝克、敖嫩等编《鄂温克族民间故事》，海拉尔：内蒙古文化出版社1988年版。

❷［鄂温克族］天神造人的泥土是得到尼桑萨满帮助，从神龟处得到的。

【流传】（无考）

【出处】《用泥土造人和造万物的传说》，见王士媛等编《鄂温克族民间故事》，上海：上海文艺出版社1995年版。

❸［鄂温克族］尼桑萨满帮保鲁恨巴格西佛师射龟取土造人。

【流传】黑龙江省·（黑河市）·嫩江县·二十里屯

【出处】杜拉尔瑞依讲：《保鲁恨巴格西造人》，见中国民间文学集成全国编辑委员会编《中国民间故事集成》（黑龙江卷），北京：中国ISBN中心2005年版，第22页。

## W2088.2
### 泥土是造人的辅料

**实例**

[鄂伦春族] 天神恩都力用飞禽的骨头和肉造人时，不够用，又加上一些泥土来造人。

【流传】（无考）

【出处】《恩都力造人》，见中国各民族宗教与神话大词典编审委员会编《中国各民族宗教与神话大词典》，北京：学苑出版社1990年版，第131页。

## W2088.3
### 用汗泥造人

【关联】[W2087.8] 用泥垢造人

**实例**

[傣族] 英叭先用汗泥做出儿子鹏，然后又做出和自己长得一模一样的鹏玛乍。

【流传】云南省·西双版纳州（西双版纳傣族自治州）

【出处】岩英祁讲，仓霁华翻译，朱宜初等采录：《英叭开天辟地》，见中国民间文学集成全国编辑委员会编《中国民间故事集成》（云南卷），北京：中国ISBN中心2003年版，第82页。

## W2088.4
### 用泥沙砾石造人

**实例**

[景颇族] 两只八哥（鸟名）用从天外海边抬来泥沙砾石照人的样子塑了一个人。

【流传】云南省·（怒江傈僳族自治州）·泸水县·片马乡

【出处】枪能讲，苏建华采录：《天下第一个人》，见中国民间文学集成全国编辑委员会编《中国民间故事集成》（云南卷），北京：中国ISBN中心2003年版，第66页。

## W2088.4.1
### 用泥沙造人

**实例**

[汉族] 盘古大仙一个人觉得没有意思，便用河里的泥沙捏了个粗棒棒人。

【流传】新疆维吾尔自治区·哈密市·陶家宫乡·沙枣园村

【出处】马耀辉讲，韩爱荣等采录：《人是怎么来的》，见中国民间文学集成全国编辑委员会编《中国民间故事集成》（新疆卷），北京：中国ISBN中心2008年版，第30页。

## W2088.5
### 用身上的泥造人

【关联】[W2088.1.0] 从身上搓出的泥造人

**实例**

[满族] 天神用身上的泥做人。

【流传】黑龙江省·牡丹江（牡丹江市）

【出处】季永海等：《满族民间文学概论》，北京：中央民族学院出版社1991年版，第9页。

## W2088.6
### 用香灰造人

【关联】

① ［W2092.10］用香灰和泥团造人

②［W2093.6］用香灰、泥土和肋骨造人

实 例

［回族］安拉用香灰拌泥造人。

【流传】广西壮族自治区·南宁市

【出处】马傅氏讲，田云青等记录整理：《人祖传说》，见曹廷伟编著《广西民间故事辞典》，南宁：广西教育出版社1993年版，第21页。

## W2088.7
### 用尿泥造人

【关联】

①［W2098.3.1］用感风的尿泥造人

②［W2103.3］用尿和泥造人

实 例

（参见下级母题实例）

## W2088.7.1
### 女始祖用尿泥造人

实 例

❶［汉族］姝六甲（女始祖名）用尿泥造的人成活。这些人都很爱劳动，这使中界大地有了生机。

【流传】辽宁省·（大连市）·瓦房店市·炮台镇、长岭村、老染房村一带

【出处】秦淑慧讲，孙波搜集整理：《姝六甲》（1986.03），见姚宝瑄主编《中国各民族神话》（汉族），太原：山西出版传媒集团·书海出版社2014年版，第36~38页。

❷［壮族］姆洛甲（女始祖名，多译为"姆六甲"）来到地上，撑开两脚站立在两座大山上，撒一泡尿，她把湿泥挖起来，造了很多人。

【流传】广西壮族自治区·（河池市）·大化县（大化瑶族自治县）·都阳镇

【出处】

（a）覃奶讲，蓝鸿恩采录翻译：《姆洛甲出世》，见中国民间文学集成全国编辑委员会编《中国民间故事集成》（广西卷），北京：中国ISBN中心2001年版，第3页。

（b）同（a），见张声震总主编，农冠品编注《壮族神话集成》，南宁：广西民族出版社2007年版，第21页。

（c）蓝鸿恩整理：《神弓宝剑》，北京：中国民间文艺出版社1985年版，第2页。

## W2089
### 用其他无生命物造人

实 例

（参见下级母题实例）

## W2089.1
### 用食物造人

【汤普森】A1266

实 例

（参见下级母题实例）

## W2089.1.1
### 用面造人

实 例

[蒙古族] 喇嘛抓起身边的面粉和成面团，用面团捏塑了人，念咒复活。

【流传】新疆维吾尔自治区·和布克赛尔蒙古自治县·国营牧场

【出处】伊登加甫讲，布白采录：《日蚀月蚀的由来》，见中国民间文学集成全国编辑委员会编《中国民间故事集成》（新疆卷），北京：中国ISBN中心2008年版，第14页。

## W2089.2
### 用板子造人

实 例

[汉族] 以前没有人，盘古用菜刀刮丁板造成1个人。

【流传】江西省·（吉安市）·万安县潞·田乡

【出处】郭隆士讲：*《伏羲和女娲》，见中国民间文学集成全国编辑委员会编《中国民间故事集成》（江西卷），北京：中国ISBN中心2002年版，第10~11页。

## W2089.3
### 用水造人

【汤普森】A1261

实 例

（实例待考）

## W2089.4
### 用海里的泡沫造人

【汤普森】A1261.1

实 例

（实例待考）

## W2089.5
### 用雪造人

【关联】[W2368.5] 雪变成人

实 例

（参见下级母题实例）

## W2089.5.1
### 天神用雪造人

【关联】[W2053] 天神造人

实 例

❶ [彝族] 天神撒雪造第三批人。

【流传】（无考）

【出处】《拉天缩地》，见高明强编《创世的神话和传说》，上海：上海三联书店1988年版，第33页。

❷ [彝族] 有了天地万物后，格兹天神来造人。格兹天神撒下了三把雪，雪落到地上，变成了人。

【流传】（云南省·楚雄彝族自治州·姚安县·官屯乡·马游村，大姚县·昙华乡等）

【出处】
(a) 郭天元（马游村）、李申呼颇（昙华乡）、李福玉颇（苴）演唱，郭思九、许明学、龚维顺、张宝省、陈志群、胡炳文等搜集，刘德虎、龚维顺、陈志群、李树荣、郭天元等整理：《梅葛》（第一部"创世"），见云南省民族民间文学楚雄调查队《梅葛》（1959），昆明：云南人民出版社2009年版，第20页。

(b)《打虎开天辟地》，蔷紫据云南省民族民间文学楚雄调查队著《梅葛》（云南人民出版社2009年版）改写，见姚宝瑄主编《中国各民族神话》（羌族、彝族），太原：山西出版传媒集团·书海出版社2014年版，第198页。

## W2089.6
### 用金属造人

实 例

（参见下级母题实例）

## W2089.6.1
### 始祖用铜造出小铜人

实 例

［瑶族］密洛陀（万物之母，女始祖，女神）用铜造出的小铜人长大了武艺高强，会变法术。

【流传】广西壮族自治区·（河池市）·巴马县（巴马瑶族自治县）·东山乡·崀山村

【出处】蒙老三（70岁）讲，蒙灵记录翻译：《密洛陀》（1981），原载南宁师范学院编《广西少数民族与汉族民歌民间故事》，见陶阳、钟秀编《中国神话》（上），北京：商务印书馆2008年版，第106~109页。

## W2089.6.2
### 始祖用锌造出小锌人

实 例

［瑶族］密洛陀（万物之母，女始祖，女神）用锌造出的小锌人长大了武艺高强，会变法。

【流传】广西壮族自治区·（河池市）·巴马县（巴马瑶族自治县）·东山乡·崀山村

【出处】蒙老三（70岁）讲，蒙灵记录翻译：《密洛陀》（1981），原载南宁师范学院编《广西少数民族与汉族民歌民间故事》，见陶阳、钟秀编《中国神话》（上），北京：商务印书馆2008年版，第106~109页。

## W2089.6.3
### 用铁造人变成小铁人

实 例

［瑶族］密洛陀（万物之母，女始祖，女神）用石头和铁来造人，但变成了小石人和小铁人。

【流传】广西壮族自治区·（河池市）·巴马县（巴马瑶族自治县）·东山乡·崀山村

【出处】蒙老三（70岁）讲，蒙灵记录翻译：《密洛陀》（1981），原载南宁师范学院编《广西少数民族与汉族民歌民间故事》，见陶阳、钟秀编《中国神话》（上），北京：商务印书馆2008年版，第106~109页。

## W2089.7
### 用石头造人
【汤普森】A1245

实例

[鄂伦春族] 用石头创造了一黑一红两个石人。红的是魏拉依尔氏族的祖先，黑的是葛瓦依尔氏族的祖先。后来觉得不够，又造了一个人起名叫玛尼依尔，让葛瓦依尔氏族的人变成女人与玛尼依尔氏族结婚。

【流传】（无考）

【出处】《鄂伦春族的传说时代》，见吕光天《北方民族原始社会形态研究》，银川：宁夏人民出版社1981年版，第82页。

## W2089.7.1
### 石头刻人成活（刻石造人成活）
【汤普森】≈A1245.2

实例

❶ [鄂伦春族] 恩都力玛刻石人，逐一抚摸后，都能灵活行动了。

【流传】小兴安岭一带

【出处】《人类生死的由来》，见中国各民族宗教与神话大词典编审委员会编《中国各民族宗教与神话大词典》，北京：学苑出版社1990年版，第131页。

❷ [满族] 老妈妈用石片刀刻了一些木头人，后来成活。

【流传】（无考）

【出处】穆晔骏讲，孟慧英整理：《恰喀拉人是怎么来的》，原载中国民间文艺研究会黑龙江分会编《黑龙江民间文学》第19集，1983年，内部资料，转引自姚宝瑄主编《中国各民族神话》（满族、赫哲族、朝鲜族），太原：山西出版传媒集团·书海出版社2014年版，第19~20页。

## W2089.7.2
### 用石头造出石人
【关联】
① ［W2364.1］石人成变人
② ［W2996.2］会说话的石人

实例

[鄂伦春族] 恩都力玛发刻石造出石头人。石头人后来成活。

【流传】小兴安岭一带

【出处】《人类生死的由来》，见中国各民族宗教与神话大词典编审委员会编《中国各民族宗教与神话大词典》，北京：学苑出版社1990年版，第131页。

## W2089.7.3
### 用天上的石头造人

实例

[鄂伦春族] 天神恩都力玛发从天上搬下巨石，造出最初的人类。

【流传】小兴安岭一带鄂伦春猎人中

【出处】马名超、崔焱编写：《人类生死的由来》，见姚宝瑄主编《中国各民族神话》（达斡尔族、鄂伦春族、鄂温克族、蒙古族），太原：山西出版

## W2089.8
### 用沙造人

【关联】[W2088.4] 用泥沙砾石造人

实 例

[汉族] 盘古大仙用河里的泥沙捏了个粗棒棒人，后来成活。

【流传】新疆维吾尔自治区·哈密市·陶家宫乡·沙枣园村

【出处】马耀辉讲，韩爱荣等采录：《人是怎么来的》，见中国民间文学集成全国编辑委员会编《中国民间故事集成》（新疆卷），北京：中国ISBN中心2008年版，第30页。

## W2089.9
### 用灰造人

【汤普森】A1268

实 例

（参见下级母题实例）

## W2089.9.1
### 神用灰造人

【关联】[W2052] 神造人

实 例

[普米族] 神菩萨的九姑娘捏灰成人。

【流传】云南省

【出处】《洪水滔天》，见中央民族学院少数民族文艺研究所编《中国民族民间文学》（上、下），北京：中央民族学院出版社1987年版，第530~531页。

## W2089.9.2
### 人用灰造人

【关联】[W2070] 人造人

实 例

❶ [蒙古族] 洪水幸存的男子鲁俄俄做的那些男女灰娃儿，便成了人类的祖先。

【流传】四川省与云南省交界处的泸沽湖一带

【出处】
（a）扎西玛、何杜基讲，李述唐搜集整理：《鲁俄俄》，载中国民间文艺家协会《民间文学》1987年第7期。

（b）同（a），见姚宝瑄主编《中国各民族神话》（达斡尔族、鄂伦春族、鄂温克族、蒙古族），太原：山西出版传媒集团·书海出版社2014年版，第148页。

❷ [藏族] 洪水后，水神的三姑娘指点幸存的老三用灰做成灰娃，灰娃后来成活。

【流传】四川省·（凉山彝族自治州）·木里县（木里藏族自治县）·桃坝乡

【出处】扎西仁青讲：《洪水潮天》，见中国民间文学集成全国编辑委员会编《中国民间故事集成》（四川卷·下），北京：中国ISBN中心1998年版，第938页。

## W2089.10
### 用光造人

实例

[哈萨克族] 上帝用光来创造出智者"努尔赛吾列",用它来照管地上的生灵。

【流传】（无考）

【出处】波勒泰·比达克买提、胡扎依尔·萨杜瓦哈斯搜集,安蕾、毕栒翻译：《上帝用泥土造人》,见满都呼主编《中国阿尔泰语系诸民族神话故事》,北京：民族出版社1997年版,第67~70页。

## W2089.11
### 与用无生命物造人有关的其他母题

实例

（实例待考）

## ※ W2090
### 用多种材料造人
【汤普森】A1260

实例

（参见下级母题实例）

## W2091
### 混合不同物质造人
【汤普森】A1260.1

实例

❶ [哈萨克族] 安拉为了使它具有生命活力,就把世界上的好东西混在土中,用水和成泥造人。

【流传】新疆维吾尔自治区·（伊犁哈萨克自治州）·新源县

【出处】依玛纳勒·萨萨诺夫讲,阿勒木别克·加玛里采录,多里坤·阿米尔等译：《人的来历》,见中国民间文学集成全国编辑委员会编《中国民间故事集成》（新疆卷）,北京：中国ISBN中心2008年版,第27页。

❷ [汉族] 伏羲伏姬兄妹用禾秆扎男人女人,然后把生育的肉团分成的肉粒塞进禾秆人胸脯里,咬破手指头,将血点在禾秆人的头上、手上、脚上,禾秆人个个都活了。

【流传】广西壮族自治区·（玉林市·兴业县）·葵阳乡（葵阳镇）·新荣村

【出处】谢显英讲,梁孙才采录：《伏羲伏姬兄妹造人》,见中国民间文学集成全国编辑委员会编《中国民间故事集成》（广西卷）,北京：中国ISBN中心2001年版,第67页。

❸ [瑶族] 女神密洛陀用蜜柚、冬瓜、筷子等做人。

【流传】（无考）

【出处】刘江华编：《中国神话故事》（天、地、人物卷）,北京：中国世界语出版社1999年版,第54页。

## W2092
### 用2种材料造人

实例

（参见下级母题实例）

## W2092.1
### 用怪胎和泥巴造人

**实例**

[土家族] 兄妹婚生肉坨坨，他们把肉坨坨砍成120块，并取出40坨在地上和上3斗3升泥巴，和好后朝右方撒出去，都成了人。

【流传】四川省（今重庆市）·酉阳县（酉阳土家族苗族自治县）·可大乡·老店村

【出处】徐元科讲，胡长辉等采录：《补所和雍尼》，见中国民间文学集成全国编辑委员会编《中国民间故事集成》（四川卷·下），北京：中国ISBN中心1998年版，第1213页。

## W2092.2
### 用金土和银水造人

**实例**

[鄂温克族] 天神宝勒哈（天神，有时亦称"宝勒哈·巴格西"，"巴格西"为"佛师"之意）从五洲取来金土，从四海舀来银水和成泥团，用它塑造人类。

【流传】内蒙古自治区·（呼伦贝尔市）·陈巴尔虎旗·部温克苏木

【出处】托玛讲，耐登采录，白杉翻译：《天神宝勒哈创世纪》，见中国民间文学集成全国编辑委员会编《中国民间故事集成》（宁夏卷），北京：中国ISBN中心2007年版，第9页。

## W2092.3
### 用黄土和人的肋骨造人

【关联】

① ［W2087.2］用黄泥造人（用黄土造人）

② ［W2082.1］用肋骨造人

**实例**

[彝族] 天上的托罗神和沙罗神两个大神先造出男人，又从男人的身上，抽出一根肋巴骨，把这根肋巴骨加在女人的肋骨上，就造出了女人。

【流传】云南省·（红河哈尼族彝族自治州）·弥勒县、泸西县，（昆明市）·路南县（石林彝族自治县）等地

【出处】毕荣亮讲，光未然采集整理，古梅改写：《创世纪》，见姚宝瑄主编《中国各民族神话》（羌族、彝族），太原：山西出版传媒集团·书海出版社2014年版，第93页。

## W2092.4
### 用人种与仙药造人

**实例**

[傣族] 布桑嘎回到天上的神王山，寻找到人种果，与仙药拌和，造出人。

【流传】云南省

【出处】史诗《巴塔麻嘎捧尚罗》，见中国各民族宗教与神话大词典编审委员会编《中国各民族宗教与神话大词典》，北京：学苑出版社1990年版，第82页。

## W2092.5
### 用人参果与仙药造人
**实  例**

[傣族]（待考）

## W2092.6
### 用银水与金土造人
**实  例**

[鄂温克族] 天神用银水拌着金土，造出人类和万物。

【流传】（无考）

【出处】

（a）松格布讲：《宝拉哈和尼桑创造人间》，见满都呼主编《中国阿尔泰语系诸民族神话故事》，北京：民族出版社1997年版，第302页。

（b）松格布，满都呼译讲：《宝拉哈和尼桑创造人间》，见朝克、敖嫩等编《鄂温克族民间故事》，海拉尔：内蒙古文化出版社1988年版。

## W2092.7
### 用黏土和芦苇造人
**实  例**

[蒙古族] 最高神乌尔根用黏土和芦苇创造了人类。

【流传】（无考）

【出处】[日]大林太良等：《世界神话事典》，第442~445页，转引自陈岗龙等《蒙古民间文学》，银川：宁夏人民出版社2008年版，第47页。

## W2092.8
### 用兽皮和泥土造人
**实  例**

（参见下级母题实例）

## W2092.8.1
### 用羊皮缝的皮人装泥土造人
【关联】[W2084.2.3] 用羊皮缝制皮人

**实  例**

❶ [蒙古族] 母亲神在羊皮缝的人形中填塞了泥土造成人，吹入灵魂形成人类。

【流传】（无考）

【出处】陈岗龙、乌日古木勒：《蒙古民间文学》，银川：宁夏人民出版社2008年版，第9页。

❷ [蒙古族] 创世神的老母巴巴额吉剪下盘羊皮坐垫的一角，缝制皮人。

【流传】（无考）

【出处】

（a）和搜集整理，哈斯翻译：《巴巴额吉造人》，载《汗腾格里》（托忒文）1988年第1期。

（b）布·孟和搜集整理，哈斯翻译：《巴巴额吉造人》，见满都呼主编《中国阿尔泰语系诸民族神话故事》，北京：民族出版社1997年版，第156页。

## W2092.9
### 用光和泥造人
**实  例**

（参见下级母题实例）

## W2092.9.1
### 上帝用光和泥造人

【关联】［W2061.1］上帝造人

**实 例**

［哈萨克族］上帝用光和泥两次造人。

【流传】（无考）

【出处】波勒泰·比达克买提、胡扎依尔·萨杜瓦哈斯搜集，安蕾、毕桦翻译：《上帝用泥土造人》，见满都呼主编《中国阿尔泰语系诸民族神话故事》，北京：民族出版社1997年版，第67~70页。

## W2092.10
### 用香灰和泥团造人

**实 例**

［回族］安拉将香灰和泥团捏人后成活。

【流传】广西壮族自治区·南宁市

【出处】马傅氏讲，田云青等记录整理：《人祖传说》，见曹廷伟编著《广西民间故事辞典》，南宁：广西教育出版社1993年版，第21页。

## W2092.11
### 用肉和泥造人

**实 例**

［鄂伦春族］"恩都日"神把肉和泥拌在一起，做成人形，后来成活成为鄂伦春人。

【流传】（无考）

【出处】孟兴全讲：《鄂伦春人是怎么来的》，见满都呼主编《中国阿尔泰语系诸民族神话故事》，北京：民族出版社1997年版，第319页。

## W2092.12
### 用肉和毛造人

**实 例**

❶［鄂伦春族］天神恩都力用鸟兽肉、毛造男人，用泥土造女人。

【流传】黑龙江省·黑河（黑河市）

【出处】《人类为什么分男女》，见中国各民族宗教与神话大词典编审委员会编《中国各民族宗教与神话大词典》，北京：学苑出版社1990年版，第131页。

❷［鄂伦春族］天神恩都里用野兽的肉和毛扎成10男，用泥做成10女。

【流传】黑龙江省·黑河市·（逊克县）·新兴乡

【出处】莫庆云讲：《男人和女人》，见中国民间文学集成全国编辑委员会编《中国民间故事集成》（黑龙江卷），北京：中国ISBN中心2005年版，第23页。

## W2093
### 用3种材料造人

**实 例**

（参见下级母题实例）

## W2093.1
### 用飞禽走兽的骨、肉和泥土造人

**实 例**

❶［鄂伦春族］天神恩都力造人，由于

飞禽的骨头和肉不够用，又用泥土来造人。

【流传】（无考）

【出处】《恩都力造人》，见中国各民族宗教与神话大词典编审委员会编《中国各民族宗教与神话大词典》，北京：学苑出版社1990年版，第131页。

❷［鄂伦春族］用飞禽走兽的骨、肉和泥土造人。

【流传】内蒙古自治区；黑龙江省

【出处】孟古古善讲，谭玉昆翻译，黑龙江少数民族文学艺术调查组搜集，隋军整理：《恩都力创造了鄂伦春人》，见中华民族故事大系编委会编《中华民族故事大系》第15卷（德昂族、保安族、裕固族、京族、塔塔尔族、独龙族、鄂伦春族），上海：上海文艺出版社1995年版，第697页。

## W2093.2
### 用仙土、神水与人的身体造人

实 例

［汉族］世神按照玉皇大帝旨令，从男人身上抽一根肋骨，然后用仙土和神水在肋骨上造出人。

【流传】甘肃省·（庆阳市）·宁县·新宁镇

【出处】任孝忠讲：《世神造人》，见中国民间文学集成全国编辑委员会编《中国民间故事集成》（甘肃卷），北京：中国ISBN中心2001年版，第9～10页。

## W2093.3
### 用2种植物与泥造人

实 例

（参见下级母题实例）

## W2093.3.1
### 用梨树、柳树和天泥造人

实 例

［满族］天神用天上的白梨树和地上的柳树做骨架，用天泥造人的身子，造成男女2人。

【流传】（无考）

【出处】《托佛妈妈》，见傅英仁口述，张爱云整理《傅英仁满族故事》（上），哈尔滨：黑龙江人民出版社2006年版，第10页。

## W2093.4
### 用灵魂、血与气造人

【关联】

① ［W2083.4］用血造人
② ［W2114］造人经吹气后成活
③ ［W2120］造人得到灵魂后成活

实 例

［彝族］始祖希母遮、昭穆二先人，他是自然造，身体赋灵魂，血与气攸分。

【流传】（无考）

【出处】彝文经典《说文·论人道》，见吕大吉、何耀华总主编《中国各民族原始宗教资料集成》（彝族卷、白族卷、基诺族卷），北京：中国社会科学出版社1996年版，第109页。

## W2093.5
### 用黄土、黑炭、白泥造人

**实例**

[彝族] 天上的托罗神和沙罗神两个大神看见地面的山脚下，一边有黄土，一边有黑炭，还有一边是白泥。他们用这三种东西造人。

【流传】云南省·（红河哈尼族彝族自治州）·弥勒县、泸西县，（昆明市）·路南县（石林彝族自治县）等地

【出处】毕荣亮讲，光未然采集整理，古梅改写：《创世纪》，见姚宝瑄主编《中国各民族神话》（羌族、彝族），太原：山西出版传媒集团·书海出版社2014年版，第93页。

## W2093.6
### 用香灰、泥土和肋骨造人

【关联】

① ［W2082.1］用肋骨造人
② ［W2087］用泥造人（用土造人）
③ ［W2088.6］用香灰造人

**实例**

[回族] 安拉先将香灰和泥团捏成一个人，又从小伙的胳肢窝取出一节肋巴骨，吹口气成为另一个人。

【流传】广西壮族自治区·南宁市

【出处】马傅氏讲，田云青等记录整理：《人祖传说》，见曹廷伟编著《广西民间故事辞典》，南宁：广西教育出版社1993年版，第21页。

## W2094
### 用4种材料造人

【汤普森】A1260.1.1

**实例**

（参见下级母题实例）

## W2094.1
### 用土、水、火和风造人

**实例**

[哈萨克族] 上帝最先用土、水、火和风制作了人祖。

【流传】（无考）

【出处】依曼阿力·萨萨诺甫讲，阿里木别克·加玛力搜集，安蕾、毕桪译：《人类是怎样在大地上繁衍开来的》，见满都呼主编《中国阿尔泰语系诸民族神话故事》，北京：民族出版社1997年版，第66页。

## W2095
### 用5种材料造人

**实例**

[汉族] 世神从男人身上抽下一根肋骨，又取出从王母娘娘蟠桃园中带来的仙土和观音菩萨净瓶中的神水、净泥和一只狗腿造人。

【流传】甘肃省·（庆阳市）·宁县·新宁镇·柏庄村

【出处】任孝忠采录：《世神造人》，见中国民间文学集成全国编辑委员会编《中国民间故事集成》（甘肃卷），北

京：中国 ISBN 中心 2001 年版，第 9 页。

## W2095.1
### 用 5 种植物造人

【关联】［W2085.7］用多种植物造人

实 例

（参见下级母题实例）

## W2095.1.1
### 用竹竿、荷叶、豇豆、萝卜、葫芦造人

实 例

[土家族]依罗娘娘用竹竿做骨架，用荷叶做肝肺，用豇豆做肠，用萝卜做肉，用葫芦做脑壳，通了七个眼眼，吹了一口仙气，坐着能出气了，站起来能走路了，做人成功。

【流传】湖南省·湘西（湘西土家族苗族自治州）·酉水（酉水河一带）

【出处】向廷龙讲，彭勃搜集翻译整理：《依罗娘娘造人》，原载谷德明编《中国少数民族神话》，见陶阳、钟秀编《中国神话》（上），北京：商务印书馆 2008 年版，第 313 页。

## W2095.2
### 用 5 种元素造人

实 例

（参见下级母题实例）

## W2095.2.1
### 用金木水火土元素造人

【关联】［W2227.10.1］金、木、水、火、土之精华聚成的卵生人

实 例

（实例待考）

## W2095.2.2
### 用 5 种金属造人

实 例

（实例待考）

## W2096
### 用更多数量的材料造人

实 例

（参见下级母题实例）

## W2096.1
### 用水和五样土造人

实 例

（参见下级母题实例）

## W2096.1.1
### 用香水和红、黄、兰、白、黑五样土造人

【关联】［W1252.4.3］五色土的来历

实 例

[回族]天使按真主的指令，取红、黄、兰、白、黑五样土后带回天堂，真主用香水和五样土，造人。

【流传】宁夏回族自治区·银川（银川市）

【出处】《人是怎样来的》，见马乐群等《银川民间故事》（上），内部印刷，1988年，第1~2页。

## W2096.2
### 用蜜柚、冬瓜、筷子等造人

实 例

[瑶族] 女神密洛陀用蜜柚、冬瓜、筷子等做人。

【流传】（无考）

【出处】刘江华编：《中国神话故事》（天、地、人物卷），北京：中国世界语出版社1999年版，第54页。

## W2096.3
### 用动物卵、黄泥、米汤、露水等造人

实 例

[壮族] 姆洛甲（女始祖）第三次造人时，把蜂蛋和蝶蛋放在醋缸里，铺上稻草，盖上黄泥，白天时用米汤去烧，夜里用露水去洒，最后出来人。

【流传】广西壮族自治区·（河池市）·大化县（大化瑶族自治县）·羌圩乡·那康村

【出处】
（a）覃鼎琨讲，覃承勤采录翻译：《姆洛甲造三批人》，见中国民间文学集成全国编辑委员会编《中国民间故事集成》（广西卷），北京：中国ISBN中心2001年版，第4页．

（b）同（a），见张声震总主编，农冠品编注《壮族神话集成》，南宁：广西民族出版社2007年版，第22页。

## W2097
### 不成功的造人材料

【关联】［W2127］造人不成功

实 例

（参见下级母题实例）

## W2097.1
### 泥造人没有成功 (用泥造人不成功)

【关联】［W2087］用泥造人（用土造人）

实 例

❶ [土家族] 李古老用泥巴做人，头有了，身子有了，脚手都有了，但坐着不会出气，站起来不会走路，没有做成。

【流传】湖南省·湘西（湘西土家族苗族自治州）·酉水（酉水河一带）

【出处】向廷龙讲，彭勃搜集、翻译、整理：《依罗娘娘造人》，见谷德明编《中国少数民族神话》，北京：中国民间文艺出版社1987年版，第167页。

❷ [瑶族] 密洛陀（创世者，女始祖）先用泥土来造人，没有造成。

【流传】广西壮族自治区·（河池市）·巴马瑶族自治县

【出处】蓝有荣讲，黄书光、覃光群搜集，韦编联整理：《密洛陀》，原载苏

❸ [壮族] 始祖娘姆洛甲第一次用泥造人，不合所意。

【流传】广西壮族自治区·（河池市）·大化县（大化瑶族自治县）·羌圩乡

【出处】《姆洛甲造三批人》，见中国民间文学集成全国编辑委员会编《中国民间故事集成》（广西卷），北京：中国ISBN中心2001年版，第4～5页。

## W2097.1.1
### 用白泥造人没成功

【关联】[W2087.3a] 用白泥造人

实 例

[侗族] 神婆萨天巴开始时用白泥造人不成样。

【流传】（无考）

【出处】《开天辟地》，见杨保愿《嘎茫莽道时嘉》（《侗族远祖歌》），北京：中国民间文艺出版社1986年版，第30页。

## W2097.1.1.1
### 用白泥造人成为怪人

【关联】[W2124.0.1] 造出怪人

实 例

[侗族] 萨天巴（蜘蛛，女祖神，创世神）造人时，先用白泥捏出人像。他们头顶上长了三只弯弯的角，额头上安了三只又圆又亮的眼，下身捏出四只脚，上身捏出四只手。

【流传】广西壮族自治区·（柳州市）·三江（三江侗族自治县）、（桂林市）·龙胜（龙胜各族自治县）

【出处】杨卜林喜、杨卜松林、杨明世讲，杨国仁、涛声搜集整理，蒿紫改写：《创世女神萨天巴》，过伟改写自侗族创世史诗《嘎茫莽道时嘉——远祖歌》（未出版稿），见姚宝瑄主编《中国各民族神话》（土家族、毛南族、侗族、瑶族），太原：山西出版传媒集团·书海出版社2014年版，第90页。

## W2097.1.2
### 用泥巴造人变成器物

实 例

[瑶族] 密洛陀（人类始祖，女神）用泥巴来造人，但造的人变成了坛、罐、缸、缶。

【流传】广西壮族自治区·（河池市）·巴马县（巴马瑶族自治县）·东山乡

【出处】蒙老三讲，蒙灵记录翻译：《密洛陀》，见中国民间文学集成全国编辑委员会编《中国民间故事集成》（广西卷），北京：中国ISBN中心2001年版，第22页。

## W2097.1.2.1
### 用泥巴造人变成水缸

**实 例**

❶ [瑶族] 密洛陀用泥土造人，结果造出水缸。

【流传】广西壮族自治区·（河池市）·巴马县（巴马瑶族自治县）

【出处】

（a）蓝有荣讲，黄书光等搜集：《密洛陀》，见谷德明编《中国少数民族神话》，北京：中国民间文艺出版社1987年版，第123页。

（b）同（a），见陶立璠、赵桂芳等编《中国少数民族神话汇编》（开天辟地篇），中央民族学院少数民族古籍整理出版规划领导小组办公室印（未署时间），第235页。

❷ [瑶族] 密洛陀（女神，女始祖，瑶族最高神）造人时，先用泥土来造人，没有造成，却造出了水缸。

【流传】广西壮族自治区·（河池市）·巴马瑶族自治县

【出处】

（a）蓝有荣讲，黄书光、覃光群搜集，韦编联整理：《密洛陀》，见苏胜兴、刘保元、韦文俊、王矿新等编《瑶族民间故事选》，上海：上海文艺出版社1980年版，第15页。

（b）同（a），见姚宝瑄主编《中国各民族神话》（土家族、毛南族、侗族、瑶族），太原：山西出版传媒集团·书海出版社2014年版，第141页。

## W2097.1.3
### 用泥巴造人不会走

**实 例**

（参见下级母题实例）

## W2097.1.3.1
### 祖先用泥巴造人不会走

【关联】[W2060] 祖先造人（始祖造人）

**实 例**

[土家族] 李古老用泥巴做人，做了七天七夜，头有了，身子有了，脚手都有了，坐着不会出气，站起来不会走路，结果做人没有做成。

【流传】湖南省·湘西（湘西土家族苗族自治州）·酉水（酉水河一带）

【出处】向廷龙讲，彭勃搜集翻译整理：《依罗娘娘造人》，原载谷德明编《中国少数民族神话》，见陶阳、钟秀编《中国神话》（上），北京：商务印书馆2008年版，第313页。

## W2097.2
### 用石头造人没有成功 (用石头造人不成功)

【关联】[W2089.7] 用石头造人

**实 例**

## W2097.2.1
### 女神用石头造人不成功

【关联】[W2056] 女神造人

## 实例

[瑶族] 密洛陀（女神名）拿来石头，放进瓦缸里造人，过了九个月，石头却变成了老虎仔。

【流传】广西壮族自治区·（河池市）都安瑶族自治县江水河一带瑶族地区

【出处】《密洛陀创世》，蓝田根据莎红整理的《密洛陀》和潘泉脉整理的《密洛陀》两部不同版本的长诗《密洛陀》改写，见姚宝瑄主编《中国各民族神话》（土家族、毛南族、侗族、瑶族），太原：山西出版传媒集团·书海出版社 2014 年版，第 168 页。

## W2097.2.2
### 特定人物用石头造人不成功

## 实例

（参见下级母题实例）

## W2097.2.2.1
### 张古老用石头造人不成功

## 实例

[土家族] 张古老用石头做人，做了七天七夜，头有了，身子有了，脚手都有了，坐着不会出气，站起来不会走路，结果没有做成。

【流传】湖南省·湘西（湘西土家族苗族自治州）·酉水（酉水河一带）

【出处】
（a）向廷龙讲，彭勃搜集、翻译、整理：《依罗娘娘造人》，见谷德明编《中国少数民族神话》，北京：中国民间文艺出版社 1987 年版，第 167 页。

（b）同（a），陶阳、钟秀编《中国神话》（上），北京：商务印书馆 2008 年版，第 313 页。

## W2097.3
### 用金属造人没有成功 (用金属造人不成功)

## 实例

（参见下级母题实例）

## W2097.3.1
### 用金银造人没有成功

## 实例

（实例待考）

## W2097.3.2
### 用铁造人没有成功

## 实例

[瑶族] 密洛陀（人类始祖，女神）用石头和铁来造，但变成了小石人和小铁人。

【流传】广西壮族自治区·（河池市）·巴马县（巴马瑶族自治县）·东山乡

【出处】蒙老三讲，蒙灵记录翻译：《密洛陀》，见中国民间文学集成全国编辑委员会编《中国民间故事集成》（广西卷），北京：中国 ISBN 中心 2001 年版，第 22 页。

## W2097.3.2.1
### 用铁做骨头造人没有成功

实 例

[苗族] 董冬穹（男性人名，祖先）造人用铁做骨头，拿南瓜做肉，用地胶做油，造人不兴旺。

【流传】贵州省·（安顺市）·紫云（紫云苗族布依族自治县）麻山苗区

【出处】杨再华唱诵，杨正江译：《亚鲁族源》，见中国民间文艺家协会主编《亚鲁王》，北京：中华书局2011年版，第35页。

## W2097.4
### 用植物造人不成功（用特定植物造人不成功）

实 例

（参见下级母题实例）

## W2097.4.0
### 用木头造人不成功

【关联】[W2085.1.5] 用木头造人

实 例

[蒙古族] 鲁俄俄感到很孤独。一天，他用木桩做了三个木头人。可是木头人不会说话、不会动。

【流传】四川省与云南省交界处的泸沽湖一带

【出处】

（a）扎西玛、何杜基讲，李述唐搜集整理：《鲁俄俄》，载中国民间文艺家协会《民间文学》1987年第7期。

（b）同（a），见姚宝瑄主编《中国各民族神话》（达斡尔族、鄂伦春族、鄂温克族、蒙古族），太原：山西出版传媒集团·书海出版社2014年版，第141页。

## W2097.4.1
### 用特定树木造人不成功

实 例

（参见下级母题实例）

## W2097.4.1.1
### 用杜鹃树木造人没有成功

实 例

[纳西族] 崇顶吕英英左边高山上，砍制细杜鹃木人，右边低山林砍制宽杜鹃木人，制成六个木偶人，放在挖好之地坑。第三天早晨去看：原说会走动，只是扭一扭；原说会讲话，只会缩喉头；有手只摇晃，有嘴只歪歪，不会说句话，做不成人种。

【流传】云南省·（丽江市·宁蒗彝族自治县）·永宁（永宁乡）一带

【出处】阿窝都之诵，陈福全调查记录，和志武翻译整理：《崇顶吕英英·泽亨金金米》（祭天神和祖先）（1962，1989），见吕大吉、何耀华总主编《中国各民族原始宗教资料集成》（纳西族卷、羌族卷、独龙族卷、傈僳族卷、怒族卷），北京：中国社会科学出版社2000年版，第228页。

## W2097.4.1.2
### 用杉树造人不成功

实例

（实例待考）

## W2097.4.1.3
### 用竹子造人不成功

实例

（实例待考）

## W2097.4.2
### 用芭蕉造人没有成功

实例

[壮族] 始祖娘姆洛甲第二次用生芭蕉创人，也不合意。

【流传】广西壮族自治区·（河池市）·大化县（大化瑶族自治县）·羌圩乡

【出处】《姆洛甲造三批人》，见中国民间文学集成全国编辑委员会编《中国民间故事集成》（广西卷），北京：中国ISBN中心2001年版，第4~5页。

## W2097.4.2.1
### 用芭蕉叶造人没有成功

实例

[瑶族] 密洛陀（创世者，女始祖）拿芭芒叶来造人，却造成了蝗虫。

【流传】广西壮族自治区·（河池市）·巴马瑶族自治县

【出处】蓝有荣讲，黄书光、覃光群搜集，韦编联整理：《密洛陀》，原载苏胜兴等编《瑶族民间故事选》，见陶阳、钟秀编《中国神话》（上），北京：商务印书馆2008年版，第365~368页。

## W2097.4.3
### 用瓜、薯造人没有成功

实例

[瑶族] 密洛陀（创世者，女始祖）拿南瓜、红薯造人，变成了猴子。

【流传】广西壮族自治区·（河池市）·巴马瑶族自治县

【出处】蓝有荣讲，黄书光、覃光群搜集，韦编联整理：《密洛陀》，原载苏胜兴等编《瑶族民间故事选》，见陶阳、钟秀编《中国神话》（上），北京：商务印书馆2008年版，第365~368页。

## W2097.5
### 用黄油造出的人融化

【汤普森】A1226.1

实例

（实例待考）

## W2097.6
### 其他不成功的造人材料

实例

（参见下级母题实例）

## W2097.6.1
### 用石头和铁造人不成功

**【关联】**

① [W2089.6.3] 用铁造人变成小铁人
② [W2089.7] 用石头造人

**实 例**

**[瑶族]** 女始祖密洛陀用石头和铁造人，结果成为小石人和小铁人，没有成为真正的人。

**【流传】** 广西壮族自治区·（河池市）·巴马县（巴马瑶族自治县）·东山乡·崀山村

**【出处】** 蒙老三（70岁）讲，蒙灵记录翻译：《密洛陀》（1981），原载南宁师范学院编《广西少数民族与汉族民歌民间故事》，见陶阳、钟秀编《中国神话》（上），北京：商务印书馆2008年版，第106～109页。

## W2097.6.2
### 用云彩造人不成功

**实 例**

（参见下级母题实例）

## W2097.6.2.1
### 用黄云和红云造人不成功

**实 例**

**[彝族]** 人神俄惹结志派黄云和红云来到大地上，它们没有造出人类。

**【流传】**（四川省·凉山彝族自治州）

**【出处】**

(a) 冯元蔚译：《勒俄特依》，成都：四川民族出版社1986年版。

(b) 冯元蔚译，蔷紫改写：《勒俄特依》，见姚宝瑄主编《中国各民族神话》（羌族、彝族），太原：山西出版传媒集团·书海出版社2014年版，第155页。

## W2098
### 与造人材料有关的其他母题

**实 例**

（参见下级母题实例）

## W2098.1
### 造人材料在特定的地方

**实 例**

**[鄂温克族]** 保鲁恨巴格西佛师造人和万物的一些泥土压在阿尔腾雨雅尔神龟的肚子底下。

**【流传】** 黑龙江省·（黑河市）·嫩江县·二十里屯

**【出处】** 杜拉尔瑞依讲：《保鲁恨巴格西造人》，见中国民间文学集成全国编辑委员会编《中国民间故事集成》（黑龙江卷），北京：中国ISBN中心2005年版，第22页。

## W2098.1.1
### 造人的泥土在神龟的肚子底下

**【关联】**[W1246] 土的产生

**实 例**

**[鄂温克族]** 保鲁恨巴格西天神从神龟

移走的地方挖取了泥土，开始捏造世上的人类和万物。

【流传】内蒙古自治区·呼伦贝尔市·陈巴尔虎旗

【出处】赛金苏龙讲，马名超记录整理：《天神保鲁根巴格西造万物》，见姚宝瑄主编《中国各民族神话》（达斡尔族、鄂伦春族、鄂温克族、蒙古族），太原：山西出版传媒集团·书海出版社2014年版，第120页。

## W2098.1.2
### 造人的土源于岩石

实例

[独龙族] 上天的大神嘎美和嘎莎（或格蒙天神）用双手在岩石上搓出了泥土造人。

【流传】云南省

【出处】

（a）《嘎美嘎莎造人》，见中央民族学院少数民族文艺研究所编《中国民族民间文学》（上），北京：中央民族学院出版社1987年版，第161页。

（b）《人类的诞生》，见中国各民族宗教与神话大词典编审委员会编《中国各民族宗教与神话大词典》，北京：学苑出版社1990年版，第122页。

（c）《嘎美嘎莎造人》，见谷德明编《中国少数民族神话》，北京：中国民间文艺出版社1987年版，第530页。

## W2098.2
### 造人材料的获取

【关联】[W2088.1] 造人的泥土的获得

实例

[鄂温克族] 天神造人的泥土是得到尼桑萨满帮助，从神龟处得到的。

【流传】（无考）

【出处】《用泥土造人和造万物的传说》，见王士媛等编《鄂温克族民间故事》，上海：上海文艺出版社1995年版。

## W2098.3
### 用感生的特定物造人

【关联】[W2230] 感生人

实例

（参见下级母题实例）

## W2098.3.1
### 用感风的尿泥造人

【关联】[W2088.7] 用尿泥造人

实例

[汉族] 姝六甲（女始祖）叉开两腿，站在两座大山上，突然吹来一阵风，觉得肚里憋得慌，便撒了一泡尿，尿湿了地上的土。这些尿泥造人成活。

【流传】辽宁省·（大连市）·瓦房店市·炮台镇、长岭村、老染房村一带

【出处】秦淑慧讲，孙波搜集整理：《姝六甲》（1986.03），见姚宝瑄主编《中国各民族神话》（汉族），太原：山西出版传媒集团·书海出版社2014

### W2098.4
造男女的材料不同

【关联】［W2758］造人时分出男女

实 例

（参见下级母题实例）

### W2098.4.1
造男人用骨肉，造女人用泥

实 例

［鄂伦春族］恩都力莫里根神造人。造完男人之后，飞禽的骨头和肉已快用完，只好用泥来补充，这样才得以才造完女人。

【流传】（中国东北部地区）

【出处】《恩都力创造了鄂伦春人》，见姚宝瑄主编《中国各民族神话》（达斡尔族、鄂伦春族、鄂温克族、蒙古族），太原：山西出版传媒集团·书海出版社2014年版，第20~21页。

## 2.3.5　造人的方法与过程
（W2100～W2109）

### ✱ W2100
造人的方法

实 例

（参见下级母题实例）

### W2101
造人方法的获得

实 例

（参见下级母题实例）

### W2101.1
造人者偶然会造人

实 例

［汉族］女娲偶然看到水里的自己的影子后，知道了造人的方法，于是决定造出像自己一样的人。

【流传】（a）四川省·（凉山彝族自治州）·德昌县·热和乡·田村

【出处】

（a）刘廷香讲，汤应照采录：《女娲造人》（1986），见中国民间文学集成全国编辑委员会编《中国民间故事集成》（四川卷·上），北京：中国ISBN中心1998年版，第27页。

（b）《女娲创造人类》，原载袁珂编译《中国神话故事》，见陶阳、钟秀编《中国神话》（上），北京：商务印书馆2008年版，第317~319页。

### W2101.2
特定的人物传授造人方法

实 例

（参见下级母题实例）

## W2101.2.1
### 特定的神传授造人方法

**实例**

（参见下级母题实例）

## W2101.2.1.1
### 老天爷传授造人方法

**实例**

[汉族] 老天爷见人间幸存的1对兄妹生孩子太少了，用泥捏了几个人样子教他们造人。

【流传】北京市·门头沟区

【出处】张广民讲，张万顺采录：《兄妹创世》，见中国民间文学集成全国编辑委员会编《中国民间故事集成》（福建卷），北京：中国ISBN中心1999年版，第3页。

## W2101.2.1.2
### 神女传授造人方法

**实例**

[藏族] 洪水后，幸存的老三与天神的三姑娘结婚。三姑娘指点老三用灰做成灰娃，灰娃后来成活。

【流传】四川省·（凉山彝族自治州）·木里县（木里藏族自治县）·桃坝乡

【出处】扎西仁青讲：《洪水潮天》，见中国民间文学集成全国编辑委员会编《中国民间故事集成》（四川卷·下），北京：中国ISBN中心1998年版，第938页。

## W2101.2.2
### 特定的神性人物传授造人方法

**实例**

（参见下级母题实例）

## W2101.2.2.1
### 道人传授造人方法

**实例**

[汉族] 姐弟俩捏成泥人，晒干以后，经过老道的点化，变成真人。

【流传】黑龙江省·（绥化市）·青冈县·劳动乡·新富村

【出处】樊老太太讲，赵鸰采录：《高祖公高祖婆》，见中国民间文学集成全国编辑委员会编《中国民间故事集成》（黑龙江卷），北京：中国ISBN中心2005年版，第9页。

## W2101.3
### 获得造人方法的其他途径

【关联】［W2128.0.8］造人前咨询

**实例**

[赫哲族] 神树告诉人感生的办法。

【流传】黑龙江省·（佳木斯市）·同江市

【出处】尤青山讲，黄任远整理：《青龙山与寒葱沟》，见中华民族故事大系编委会编《中华民族故事大系》第16卷（赫哲族、门巴族、珞巴族、基诺族），上海：上海文艺出版社1995年版，第204页。

## W2101.3.1
### 商议造人方法
实 例

（参见下级母题实例）

## W2101.3.1.1
### 众神研讨造人方法
【关联】［W0983］神的聚会

实 例

［侗族］萨天巴（蜘蛛，女祖神，创世神）决定造人时，传令把天钟、天鼓敲响，召集众神来商量。

【流传】广西壮族自治区·（柳州市）·三江（三江侗族自治县），（桂林市）·龙胜（龙胜各族自治县）

【出处】杨卜林喜、杨卜松林、杨明世讲，杨国仁、涛声搜集整理，蒿紫改写：《创世女神萨天巴》，过伟改写自侗族创世史诗《嘎茫莽道时嘉——远祖歌》（未出版稿），见姚宝瑄主编《中国各民族神话》（土家族、毛南族、侗族、瑶族），太原：山西出版传媒集团·书海出版社 2014 年版，第 89 页。

## W2102
### 造人的参照
实 例

（参见下级母题实例）

## W2102.1
### 仿照神的样子造人
实 例

（参见下级母题实例）

## W2102.1.1
### 仿照天神的样子造人
实 例

❶［汉族］娘娘按照老天爷的模样捏 100 个男人。

【流传】山西省·太原市

【出处】李连生讲，张余采录：《娘娘捏人》，见中国民间文学集成全国编辑委员会编《中国民间故事集成》（山西卷），北京：中国 ISBN 中心 1999 年版，第 7 页。

❷［蒙古族］天地初分时，诸神把按照天神模样造的人送到地上。

【流传】（无考）

【出处】《蒙古神话》，见赵永铣《蒙古族创世神话与萨满教九十九天说探新》，载《内蒙古社会科学》1989 年第 4 期。

## W2102.1.2
### 仿照男神女神的样子造人
实 例

［苗族］纳罗引勾（半人半兽的巨人）要捏人造人前询问神婆婆务罗务素时，务罗务素说："女的照我脸，男的依你相，眼珠镶两个，鼻子一条

梁，胳膊捏两只，脚柱安一双。"

【流传】广西壮族自治区·（柳州市）·融水苗族自治县

【出处】

（a）杨达香讲，梁彬搜集整理：《创世纪》（二、捏人捏兽、栽果撒谷），见梁彬、王天若编《苗族民间故事选》，南宁：广西人民出版社1986年版；

（b）同（a），见姚宝瑄主编《中国各民族神话》（布依族、仡佬族、苗族），太原：山西出版传媒集团·书海出版社2014年版，第174页。

## W2102.2
### 仿照造人者的样子造人

实 例

❶ [蒙古族] 天神按自己的模样儿做人，放到世界上。

【流传】内蒙古自治区

【出处】《天神之战》，见中国民间文学集成全国编辑委员会编《中国民间故事集成》（宁夏卷），北京：中国ISBN中心2007年版，第4页。

❷ [羌族] 阿巴木比塔（羌语，意为天神或天帝）照着自身的模样造了九对小木人。

【流传】四川省·（阿坝藏族羌族自治州）·茂县

【出处】《羊角花》，见茂县文化馆编《羌族民间故事》（三），1982年，转引自吕大吉、何耀华总主编《中国各民族原始宗教资料集成》（纳西族卷、羌族卷、独龙族卷、傈僳族卷、怒族卷），北京：中国社会科学出版社2000年版，第583页。

## W2102.2.1
### 造人者按照自己的样子造人

实 例

❶ [傣族] 英叭用汗泥做出儿子鹏之后，又做出和自己长得一模一样的鹏玛乍。

【流传】云南省·西双版纳州（西双版纳傣族自治州）

【出处】岩英祁讲，仓霁华翻译，朱宜初等采录：《英叭开天辟地》，见中国民间文学集成全国编辑委员会编《中国民间故事集成》（云南卷），北京：中国ISBN中心2003年版，第82页。

❷ [汉族] 女娲先按自己样子用泥捏了女人，后来捏了男人。

【流传】浙江省·（丽水市）·青田（青田县）

【出处】余碎笑讲，陈志望采录：《人是怎样造出来的》，见中国民间文学集成全国编辑委员会编《中国民间故事集成》（浙江卷），北京：中国ISBN中心1997年版，第39页。

## W2102.2.1.1
### 神按照自己的样子造人

实 例

❶ [傈僳族] 神匠往山中削木偶，使之

能行动，能言语，能饮食，且能生育，和自己的形状一样。

【流传】碧罗雪山（云南省·怒江傈僳族自治州·贡山独龙族怒族自治县与云南省·迪庆藏族自治州·德钦县交界一带）

【出处】*《神匠造人》，原载陶云逵《碧罗雪山之傈僳族》，见国立中央研究院《历史语言研究所集刊》第17本，商务印书馆民国三十七年（1948），第404页。

❷ [景颇族] 能贯娃（造物主、创世神）照着自己的形象用泥巴捏小泥人。

【流传】云南省

【出处】岳志明、杨国治翻译整理：《驾驭太阳的母亲》，见谷德明编《中国少数民族神话》，北京：中国民间文艺出版社1987年版，第468页。

❸ [满族] 天神阿布卡恩都里照自己的样子造人。

【流传】（无考）

【出处】

（a）《天神创世·天和地》，见乌丙安《满族民间故事》，上海：上海文艺出版社1983年版，第1页。

（b）季永海：《满族神话》，中国民俗网，2006.01.23。

❹ [满族] 天神阿布卡恩都里照着自己的样子，造了一男一女两个人。

【流传】（无考）

【出处】《天神创世》，见姚宝瑄主编《中国各民族神话》（满族、赫哲族、朝鲜族），太原：山西出版传媒集团·书海出版社2014年版，第15~16页。

❺ [维吾尔族] 女天神按照自己的样子创造人。

【流传】新疆维吾尔自治区·伊犁州（伊犁哈萨克自治州）·察布查尔县（察布查尔锡伯自治县）

【出处】牙库布讲，阿不都拉搜集翻译，姚宝瑄整理：《女天神创世》，见姚宝瑄主编《中国各民族神话》（乌孜别克族、哈萨克族、柯尔克孜族、俄罗斯族、维吾尔族、塔吉克族、塔塔尔族、锡伯族），太原：山西出版传媒集团·书海出版社2014年版，第226页。

## W2102.2.1.2
### 天公地母按照自己的样子造人

【关联】[W0142] 天公地母

实 例

❶ [汉族] 天下翁和天下婆一对老人把天和地都做好后，觉得孤单，就想做出许多和他们两人一样有鼻、有嘴、有眼的人，于是就把山上的土拿来捏成人。

【流传】福建省·（宁德市）·周宁县·李墩乡·里东山村

【出处】章永红讲，陈风禧搜集整理：《天下翁与天下婆》（1987.08.05），见姚宝瑄主编《中国各民族神话》（汉族），太原：山西出版传媒集团·书海出版社2014年版，第34~35页。

❷ [汉族] 皇天、后土公婆俩造出天地后，就依各自的模样用泥巴捏人仔。

【流传】福建省·（宁德市）·寿宁县·大安乡·伏际村

【出处】吴兰妃讲，刘善林记录：《天地人》（1986.03.17），见姚宝瑄主编《中国各民族神话》（汉族），太原：山西出版传媒集团·书海出版社2014年版，第58~61页。

## W2102.2.1.3
### 祖先按照自己的样子造人

【关联】[W2060] 祖先造人（始祖造人）

实 例

[壮族] 姆洛甲（女始祖）照着自己的样子捏了很多人。

【流传】广西壮族自治区·（河池市）·大化县（大化瑶族自治县）·都阳镇

【出处】
(a) 覃奶讲，蓝鸿恩采录翻译：《姆洛甲出世》，见中国民间文学集成全国编辑委员会编《中国民间故事集成》（广西卷），北京：中国ISBN中心2001年版，第3页。
(b) 同（a），见张声震总主编，农冠品编注《壮族神话集成》，南宁：广西民族出版社2007年版，第21页。

## W2102.2.1.4
### 盘古按照自己的样子造人

【关联】[W2063] 盘古造人

实 例

[汉族] 盘古王仿自己的样子造人。

【流传】浙江省·（金华市）·永康县（永康市）·溪岸乡

【出处】陈望高采录：《盘古造人》，见中国民间文学集成全国编辑委员会编《中国民间故事集成》（浙江卷），北京：中国ISBN中心1997年版，第37页。

## W2102.2.1.5
### 女娲按照自己的样子造人

【关联】[W2065] 女娲造人

实 例

❶ [汉族] 女娲捏泥人时，女的就照自己的模样儿捏。

【流传】陕西省·（榆林市）·绥德县·城关镇

【出处】马世厚讲，刘汉腾采录：《女娲造就人世》，见中国民间文学集成全国编辑委员会编《中国民间故事集成》（陕西卷），北京：中国ISBN中心1996年版，第5页。

❷ [汉族] 女娲照自己的样子捏泥人。

【流传】四川省·（凉山彝族自治州）·德昌县·热和乡

【出处】刘廷香讲：《女娲造人》，见中国民间文学集成全国编辑委员会编《中国民间故事集成》（四川卷·上），北京：中国ISBN中心1998年版，第27页。

❸ [汉族] 女娲照自己的样子捏起泥人。

【流传】甘肃省·（白银市）·会宁县·老君乡·杏树村

【出处】冯德璋讲，胡俊红采录：《女娲捏人》，见中国民间文学集成全国编辑委员会编《中国民间故事集成》（宁夏卷），北京：中国 ISBN 中心 1999 年版，第 5 页。

## W2102.2.1.6
### 特定的人按照自己的样子造人

【关联】［W2070］人造人

实 例

❶ ［满族］柳树变成的佛赫婚生 4 对儿女，第 1 对男女是正常的人，按照自己的模样，造出了男男女女。

【流传】黑龙江省·（牡丹江市）·宁安县（宁古塔）·江东（已撤销）·缸窑村

【出处】关振川讲，傅英仁采录：《佛赫妈妈和乌申阔玛发》，见中国民间文学集成全国编辑委员会编《中国民间故事集成》（黑龙江卷），北京：中国 ISBN 中心 2005 年版，第 12~15 页。

❷ ［土族］打柴郎仿照自己的样子用泥造人。

【流传】（无考）

【出处】《打柴郎的故事》，见邢海燕《土族口头传统与民俗文化》，兰州：甘肃人民出版社 2008 年版，第 43 页。

## W2102.2.2
### 造人者参照自己的影子造人

实 例

❶ ［汉族］女娲照自己的影子造人。

【流传】浙江省·（杭州市）·临安（临安市）

【出处】俞维仁讲：《人是黄泥变的》，见中国民间文学集成全国编辑委员会编《中国民间故事集成》（浙江卷），北京：中国 ISBN 中心 1997 年版，第 40 页。

❷ ［苗族］神婆婆务罗务素把想造人的纳罗引勾（半人半兽的巨人）带到井边，指着他的水影说："造的人的样子额头凸又凸，下巴尖又尖，耳朵两大块，嘴巴两大片。"

【流传】广西壮族自治区·（柳州市）·融水苗族自治县

【出处】

（a）杨达香讲，梁彬搜集整理：《创世纪》（二、捏人捏兽、栽果撒谷），见梁彬、王天若编《苗族民间故事选》，南宁：广西人民出版社 1986 年版。

（b）同（a），见姚宝瑄主编《中国各民族神话》（布依族、仡佬族、苗族），太原：山西出版传媒集团·书海出版社 2014 年版，第 174 页。

## W2102.2.2.1
### 女娲仿照水中自己的影子造人

实 例

❶ ［汉族］娲儿公主照着水中的自己的影子，做了好多像自己一样的泥人。

【流传】辽宁省·阜新市·细河区

【出处】吴振清讲，郝殿玺搜集整理：《人的来历》，原载阜新市细河区民间文学集成编委会编《细河区资料本》，见陶阳、钟秀编《中国神话》（上），

❷ [汉族] 女娲照着水里自己的影子造人。

【流传】浙江省·（杭州市）·临安（临安市）

【出处】俞维仁讲，张涛采录：《人是黄泥变的》，见中国民间文学集成全国编辑委员会编《中国民间故事集成》（浙江卷），北京：中国ISBN中心1997年版，第39页。

❸ [汉族] 女娲娘娘抠起一坨泥巴，洒上些水，颠来倒去地揉。照着水里自己的影子揉，揉来有脑壳，有身体，有手，有脚，跟自己一模一样。然后，把它放在地上。这块泥巴娃儿一落地就成活了。女娲娘娘喜欢得不得了，就把娃儿叫做"人"。

【流传】四川省·（凉山彝族自治州）·德昌县·热和乡·田村

【出处】刘廷香讲，汤应照采录：《女娲造人》（1986），见中国民间文学集成全国编辑委员会编《中国民间故事集成》（四川卷·上），北京：中国ISBN中心1998年版，第27页。

## W2102.2.2.2
### 天使仿照水中人的影子造人

【关联】[W2067.3] 真主派天使造人

实例

[塔吉克族] 众天使飞到大地，取土和泥，照他们在天堂湖水中看到的人的形象捏出了人形。

【流传】新疆维吾尔自治区·（喀什地区）·塔什库尔干塔吉克自治县·瓦尔西代乡

【出处】马达里汗讲，西仁·库尔班等采录翻译：《人类的来历》，见中国民间文学集成全国编辑委员会编《中国民间故事集成》（新疆卷），北京：中国ISBN中心2008年版，第34页。

## W2102.3
### 仿照别人的样子造人

实例

（参见下级母题实例）

## W2102.3.1
### 男女造人时以对方为参照造人

【关联】[W2074] 两个人造人

实例

[汉族] 金童和玉女来到地上，挖来一些黏土，用水调匀，按照对方的模样捏人。

【流传】江苏省·（徐州市）·新沂市

【出处】徐太凤讲，孟玉红搜集整理：《人的来历和女娲补天》（1986.03.14），见姚宝瑄主编《中国各民族神话》（汉族），太原：山西出版传媒集团·书海出版社2014年版，第58~61页。

## W2102.3.1.1
### 配偶神分别对照对方的样子造出男女

【关联】[W2057.2] 夫妻神造人

> 实 例

[布朗族] 配偶神分别对照对方的样子造出男女。

【流传】云南省·（西双版纳傣族自治州）·勐海（勐海县）

【出处】康朗罕讲，岩温扁整理：《布桑西和雅桑赛》，见中华民族故事大系编委会编《中华民族故事大系》第12卷（布朗族、撒拉族、毛南族），上海：上海文艺出版社1995年版，第13页。

## W2102.3.2
### 女子仿照特定的男子造人

> 实 例

（参见下级母题实例）

## W2102.3.2.1
### 女娲仿照哥哥伏羲的样子造人

【关联】
① [W2064.2] 伏羲女娲造人
② [W2065] 女娲造人

> 实 例

[汉族] 女娲造人时，男的照哥哥伏羲的样子捏，女的照自己模样捏。

【流传】上海市·黄浦区

【出处】曹鸿翔讲，方卡采录：《女娲娘娘造人》，见中国民间文学集成全国编辑委员会编《中国民间故事集成》（上海卷），北京：中国ISBN中心2007年版，第5页。

## W2102.3.2.2
### 女娲仿照伏羲神农的样子造人

> 实 例

[汉族] 女娲捏泥人时，男的都照伏羲和神农的模样儿捏。

【流传】陕西省·（榆林市）·绥德县·城关镇

【出处】马世厚讲，刘汉腾采录：《女娲造就人世》，见中国民间文学集成全国编辑委员会编《中国民间故事集成》（陕西卷），北京：中国ISBN中心1996年版，第5页

## W2102.3.3
### 男人仿照特定的女人造人

> 实 例

（参见下级母题实例）

## W2102.3.3.1
### 盘古仿照盘古奶造人

【关联】[W2063] 盘古造人

> 实 例

[汉族] 盘古爷仿照盘古奶的样子捏女的。

【流传】河南省·（南阳市）·桐柏县·二郎山乡·田口村

【出处】李新超讲，马卉欣整理：《盘古开天》，见 http://tongbai.01ny.cn（桐柏网）2001.01.26。

## W2102.3.3.2
### 人仿照天女造人

【关联】[W2070] 人造人

实例

[蒙古族] 青年鲁俄俄仿天女做的样子，做了许多灰娃。

【流传】四川省·（凉山彝族自治州）·木里藏族自治县泸沽湖畔

【出处】扎西玛讲：《鲁俄俄》，见中国民间文学集成全国编辑委员会编《中国民间故事集成》（四川卷·下），北京：中国 ISBN 中心 1998 年版，第 1481~1484 页。

## W2102.3.4
### 仿照多个人的样子造人

实例

[汉族] 女娲仿照伏羲、神农的模样和自己的模样捏男女，捏出黄泥人、白泥人和黑泥人。

【流传】陕西省·（榆林市）·绥德县·辛店乡

【出处】马世厚讲，刘汉腾采录：《女娲造就人世》，见中国民间文学集成全国编辑委员会编《中国民间故事集成》（陕西卷），北京：中国 ISBN 中心 1996 年版，第 5~6 页。

## W2102.4
### 仿照动植物的样子造人

实例

（参见下级母题实例）

## W2102.4.1
### 仿照动物的样子造人

实例

[侗族] 萨天巴（蜘蛛，女祖神，创世神）造人去寻找参照时，只见四个萨狨（萨狨，这里应是一种动物名称。后来俨狨，代指我国古代的民族之一，也作猿狨、荤粥、荤允等）在山岗上嬉戏玩耍。于是就以萨狨为样子造人。

【流传】广西壮族自治区·（柳州市）·三江（三江侗族自治县），（桂林市）·龙胜（龙胜各族自治县）

【出处】杨卜林喜、杨卜松林、杨明世讲，杨国仁、涛声搜集整理，蒿紫改写：《创世女神萨天巴》，过伟改写自侗族创世史诗《嘎茫莽道时嘉——远祖歌》（未出版稿），见姚宝瑄主编《中国各民族神话》（土家族、毛南族、侗族、瑶族），太原：山西出版传媒集团·书海出版社 2014 年版，第 91 页。

## W2102.4.1.1
### 仿照飞禽走兽造四肢

实例

[瑶族] 密洛陀（万物之母，女始祖，女神）造人捏到四肢时，仿照飞鸟和走兽，捏双脚来走路，捏双手来做工。

【流传】广西壮族自治区·（河池市）

大化县（大化瑶族自治县）·七百弄乡

【出处】蓝阿勇（72岁）讲，蒙冠雄采录翻译：《密洛陀》（1982），见中国民间文学集成全国编辑委员会编《中国民间故事集成》（广西卷），北京：中国ISBN中心2001年版，第11～22页。

## W2102.4.2
### 仿照植物的样子造人

实例

（参见下级母题实例）

## W2102.4.2.1
### 仿照蜜柚造人头

实例

[瑶族] 密洛陀（万物之母，女始祖，女神）造人时，照着蜜柚做人头。

【流传】广西壮族自治区·（河池市）大化县（大化瑶族自治县）·七百弄乡

【出处】蓝阿勇（72岁）讲，蒙冠雄采录翻译：《密洛陀》（1982），见中国民间文学集成全国编辑委员会编《中国民间故事集成》（广西卷），北京：中国ISBN中心2001年版，第11～22页。

## W2102.4.2.2
### 仿照冬瓜造人身

实例

[瑶族] 密洛陀（万物之母，女始祖，女神）造人时，仿着冬瓜做人身，耳朵嘴巴捏成后，又捏鼻子和眼睛。

【流传】广西壮族自治区·（河池市）大化县（大化瑶族自治县）·七百弄乡

【出处】蓝阿勇（72岁）讲，蒙冠雄采录翻译：《密洛陀》（1982），见中国民间文学集成全国编辑委员会编《中国民间故事集成》（广西卷），北京：中国ISBN中心2001年版，第11～22页。

## W2102.5
### 仿照自然物的构造造人

实例

[鄂伦春族] 天神恩都力仿效日、月、星辰和山、川、草、木的构造，才用飞禽的骨头和肉，做成人。

【流传】（无考）

【出处】《恩都力造人》，见中国各民族宗教与神话大词典编审委员会编《中国各民族宗教与神话大词典》，北京：学苑出版社1990年版，第131页。

## W2102.6
### 按照想象的样子造人

【关联】[W2493.2.0] 神设计人的样子

实例

[侗族] 萨天巴（蜘蛛，女祖神，创世神）决定造人时，风雨之神"风曼"奏道："我们神族无一相同，长的貌相各有各的模样，就请按你的想法去造人吧！"

【流传】广西壮族自治区·（柳州市）·三江（三江侗族自治县），（桂林市）·龙胜（龙胜各族自治县）

【出处】杨卜林喜、杨卜松林、杨明世讲，杨国仁、涛声搜集整理，蒿紫改写：《创世女神萨天巴》，过伟改写自侗族创世史诗《嘎茫莽道时嘉——远祖歌》（未出版稿），见姚宝瑄主编《中国各民族神话》（土家族、毛南族、侗族、瑶族），太原：山西出版传媒集团·书海出版社 2014 年版，第 90 页。

## W2102.7
造人时的局部参照

实 例

（参见下级母题实例）

## W2102.7.1
造人的各个部位分别参照不同对象

实 例

（参见下级母题实例）

## W2102.7.1.1
造人的肢体五官各有参照

【关联】
① ［W2841］四肢的产生
② ［W2821］人的面部特征的来历（五官的产生）

实 例

［瑶族］密洛陀（女神名）造人，她采来九十九种花卉，蒸了三斗米；把花卉和米捞成一堆，先捏成个柚子的形状做人头，捏成个冬瓜的形状做人的身子，捏成根舂米的木杵形状做人的腿，捏成树枝形状做人的手，再来捏人的鼻子、耳朵、嘴巴和眼睛，最后造成了人形。

【流传】广西壮族自治区·（河池市）都安瑶族自治县江水河一带瑶族地区

【出处】《密洛陀创世》，蓝田根据莎红整理的《密洛陀》和潘泉脉整理的《密洛陀》两部不同版本的长诗《密洛陀》改写，见姚宝瑄主编《中国各民族神话》（土家族、毛南族、侗族、瑶族），太原：山西出版传媒集团·书海出版社 2014 年版，第 174 页。

## W2103
和泥造人

【关联】［W2092］用 2 种材料造人

实 例

［汉族］人皇用土和泥捏泥人。

【流传】河北省·（唐山市）·遵化县（遵化市）·（堡子店镇）·马坊岭村

【出处】杨秀珍讲：《三皇治世》，见中国民间文学集成全国编辑委员会编《中国民间故事集成》（河北卷），北京：中国 ISBN 中心 2003 年版，第 7~8 页。

## W2103.1
用水和泥造人

【汤普森】A1241.2

### 实例

❶ [哈萨克族] 上帝把全宇宙的精华掺和在土里，放上水，全成泥，制成人形。

【流传】（无考）

【出处】依曼阿力·萨萨诺甫讲，阿里木别克·加玛力搜集，安蕾、毕垿译：《人类是怎样在大地上繁衍开来的》，见满都呼主编《中国阿尔泰语系诸民族神话故事》，北京：民族出版社1997年版，第66页。

❷ [汉族] 女娲造人是泥巴拌水捏出的。

【流传】湖北省·孝感（孝感市）

【出处】杨明春讲：《女娲造六畜》，载《民间文学》1986年第1期。

## W2103.1.1
### 用清水和土造人

### 实例

（参见下级母题实例）

## W2103.1.1.1
### 伏羲女娲用清水和土造人

【关联】[W2064.2] 伏羲女娲造人

### 实例

[汉族] 伏羲女娲兄妹结婚以后，觉得人类繁衍太慢，就用清水和土捏泥造人。

【流传】江苏省·（淮安市）·涟水县·南集乡·禹庄村

【出处】徐学尧讲，徐省生搜集整理：《世界的由来》（1983），见姚宝瑄主编《中国各民族神话》（汉族），太原：山西出版传媒集团·书海出版社2014年版，第24～28页。

## W2103.2
### 用汗和泥造人

### 实例

[傣族] 神派桑该和牙桑到地上，用汗和泥捏人，繁衍后代。

【流传】云南省

【出处】曹成章、张元庆著：《傣族》，北京：民族出版社1984年版，第63页。

## W2103.3
### 用尿和泥造人

### 实例

[壮族] 姆洛甲（女始祖）撑开两脚站立在两座大山上，撒一泡尿，她把湿泥挖起来，造了很多人。

【流传】广西壮族自治区·（河池市）·大化县（大化瑶族自治县）·都阳镇

【出处】

（a）覃奶讲，蓝鸿恩采录翻译：《姆洛甲出世》，见中国民间文学集成全国编辑委员会编《中国民间故事集成》（广西卷），北京：中国ISBN中心2001年版，第3页。

（b）同（a），见张声震总主编，农冠品编注《壮族神话集成》，南宁：广西民族出版社2007年版，第21页。

（c）蓝鸿恩整理：《神弓宝剑》，北京：中国民间文艺出版社1985年版，第2页。

## W2103.4
### 用血和泥造人

【汤普森】≈ A1241.4

实 例

［汉族］盘古用自己的血来和泥，捏了许多许多血泥人儿。

【流传】山西省·（运城市）·闻喜县（旧称桐乡）·（桐城镇）·峪堡村

【出处】王有山讲，王更元采录：《盘古出生》，见中国民间文学集成全国编辑委员会编《中国民间故事集成》（山西卷），北京：中国 ISBN 中心 1999 年版，第 3 页。

## W2103.5
### 用特定的水和泥造人

【关联】［W2096.1.1］用香水和红、黄、兰、白、黑五样土造人

实 例

［回族］天使取红、黄、兰、白、黑五样土后带回天堂后，真主用香水和五样土造出人。

【流传】宁夏回族自治区·银川（银川市）

【出处】《人是怎样来的》，见马乐群等《银川民间故事》（上），内部印刷，1988 年，第 1～2 页。

## W2103.5.1
### 雨水和泥造人

实 例

❶［蒙古族］创造万物的喇嘛用天上的雨水和地上的土和成泥团，捏了一个名叫伊优木的壮汉。

【流传】新疆维吾尔自治区·（巴音郭楞蒙古自治州）·和硕县·布尔图一牧场

【出处】根登讲，布·孟克采录，乌恩奇译：《乌旦喇嘛创造了世界》，见中国民间文学集成全国编辑委员会编《中国民间故事集成》（新疆卷），北京：中国 ISBN 中心 2008 年版，第 6 页。

❷［蒙古族］武当喇嘛用天上的雨水和地上的泥造人。

【流传】（a）吉林省·（松原市）·前郭尔罗斯（前郭尔罗斯蒙古族自治县）·乌兰敖都乡

【出处】

（a）《武当喇嘛创世》，见白庚胜总主编《中国民间故事全书》（吉林省前郭尔罗斯县卷），北京：知识产权出版社 2009 年版，第 4 页。

（b）宝音特古斯讲，苏赫巴鲁等搜集：《人和国家》，载《吉林民间文学》1982 年第 3～4 期。

（c）中央民族学院少数民族文艺研究所编：《中国民族民间文学》（下），北京：中央民族学院出版社 1987 年版，第 464 页。

## W2103.5.2
### 用天河水和黄土造人

实 例

［汉族］娘娘从天河上取一葫芦水与一

些黄土和成泥，开始捏人。

【流传】山西省·太原市

【出处】李连生讲，张余采录：《娘娘捏人》，见中国民间文学集成全国编辑委员会编《中国民间故事集成》（山西卷），北京：中国 ISBN 中心 1999 年版，第 7 页。

## W2103.5.3
### 用海水和泥造人

【关联】[W2103] 和泥造人

实 例

[赫哲族] 天神恩都里用泥土和海水造人。

【流传】（无考）

【出处】徐昌翰、黄任远：《赫哲族文学》，哈尔滨：北方文艺出版社 1991 年版，第 45 页。

## W2103.5.4
### 用银水和金土造人

实 例

[鄂温克族] 天神用银水和好了金土，造出人类和万物。

【流传】（无考）

【出处】

(a) 松格布讲：《宝拉哈和尼桑创造人间》，见满都呼主编《中国阿尔泰语系诸民族神话故事》，北京：民族出版社 1997 年版，第 302 页。

(b) 松格布讲，满都呼译：《宝拉哈和尼桑创造人间》，见朝克、敖嫩等编《鄂温克族民间故事》，海拉尔：内蒙古文化出版社 1988 年版。

## W2103.5.5
### 用神水和仙土造人

【关联】[W2093.2] 用仙土、神水与人的身体造人

实 例

[汉族] 世神按玉皇大帝旨令，从男人身上抽一根肋骨，用仙土和神水在肋骨上堆泥造人。

【流传】甘肃省·（庆阳市）·宁县·新宁镇

【出处】任孝忠讲：《世神造人》，见中国民间文学集成全国编辑委员会编《中国民间故事集成》（甘肃卷），北京：中国 ISBN 中心 2001 年版，第 9~10 页。

## W2103.6
### 蘸泥造人

实 例

[汉族] 女娲把腰带放在泥滩乱抽，出现各色人种。

【流传】陕西省·（榆林市）·绥德县·辛店乡

【出处】马世厚讲：《女娲造就人世》，见中国民间文学集成全国编辑委员会编《中国民间故事集成》（陕西卷），北京：中国 ISBN 中心 1996 年版，第 5~6 页。

## W2103.6.1
### 用绳蘸泥造人

实 例

（参见下级母题实例）

## W2103.6.1.1
### 女娲用绳甩泥造人

【关联】［W2809.1.1］女娲造人甩出的泥点子的大小形成人的大小不同

实 例

［汉族］女娲用长绳蘸泥甩出许多人来。
【流传】吉林省·（白山市）·靖宇县
【出处】孙凤兰讲：《人的来历》，见中国民间文学集成全国编辑委员会编《中国民间故事集成》（吉林卷），中国文联出版公司1992年版，第1~2页。

## W2103.6.1.2
### 伏羲用绳甩泥造人

【关联】［W2064］伏羲造人

实 例

［汉族］伏羲女娲兄妹婚后造人时，伏羲采来藤草，搓了一条又长又粗的绳子，放在泥中搅拌，然后提绳猛甩，大泥团落地变成人。
【流传】江苏省·（淮安市）·涟水县·南集乡·禹庄村
【出处】徐学尧讲，徐省生搜集整理：《世界的由来》（1983），见姚宝瑄主编《中国各民族神话》（汉族），太原：山西出版传媒集团·书海出版社2014年版，第24~28页。

## W2103.6.2
### 用树枝蘸泥造人

实 例

（参见下级母题实例）

## W2103.6.2.1
### 女娲用柳枝蘸泥造人

实 例

❶［汉族］女娲用柳条蘸稀泥糊，向四处甩泥点子造人。
【流传】河北省·（保定市）·涿州市、高碑店（高碑店市）
【出处】《女娲造人》，见中国民间文学集成全国编辑委员会编《中国民间故事集成》（河北卷），北京：中国ISBN中心2003年版，第8页。

❷［汉族］女娲撩过根柳条甩黄泥造人。
【流传】浙江省·（杭州市）·临安（临安市）
【出处】俞维仁讲，张涛采录：《人是黄泥变的》，见中国民间文学集成全国编辑委员会编《中国民间故事集成》（浙江卷），北京：中国ISBN中心1997年版，第39页。

## W2103.6.2.2
### 女娲用桃枝蘸泥造人

实 例

［汉族］女娲折了七根桃枝蘸着泥浆甩，甩出的泥点也成了人。
【流传】浙江省·（丽水市）·青田（青田县）
【出处】余碎笑讲，陈志望采录：《人是怎样造出来的》，见中国民间文学集成全国编辑委员会编《中国民间故事集成》（浙江卷），北京：中国ISBN中心1997年版，第39页。

## W2103.6.3
### 用藤条蘸泥造人
**实 例**

（参见下级母题实例）

## W2103.6.3.1
### 女娲用藤条蘸泥造人
**实 例**

[汉族] 女娲从崖壁上拉下一条枯藤，伸入一个泥潭里，搅浑了浑黄的泥浆，向地面上挥洒，泥点溅落的地方，就出现了许多小小的叫着跳着的人。

【流传】（无考）

【出处】《女娲创造人类》，原载袁珂编译《中国神话故事》，见陶阳、钟秀编《中国神话》（上），北京：商务印书馆2008年版，第317～319页。

## W2103.7
### 揉泥巴造人
**实 例**

❶ [独龙族] 格蒙（创造万物之神）在石板上揉泥巴造人。

【流传】云南省·（怒江傈僳族自治州）·贡山县（贡山独龙族怒族自治县）·独龙江乡

【出处】约翰讲，孙敏、李昆采录：《创世纪》，见中国民间文学集成全国编辑委员会编《中国民间故事集成》（云南卷），北京：中国ISBN中心2003年版，第187页。

❷ [景颇族] 造物主能贯娃用泥巴捏了很多很多的小泥人。

【流传】云南省

【出处】岳志明、杨国治翻译整理：《驾驭太阳的母亲》，见谷德明编《中国少数民族神话》，北京：中国民间文艺出版社1987年版，第468～479页。

## W2104
### 通过手工制作造人
**实 例**

（参见下级母题实例）

## W2104.1
### 刻石造人
【关联】[W2089.7] 用石头造人

**实 例**

❶ [鄂伦春族] 天神恩都力玛发用5块巨石，刻成5个石人。

【流传】（a）小兴安岭一带

【出处】

(a)《人类生死的由来》，见中国各民族宗教与神话大词典编审委员会编《中国各民族宗教与神话大词典》，北京：学苑出版社1990年版，第131页。

(b)《鄂伦春族人类起源神话浅探》，载《民族文学研究》1987年第3期。

❷ [汉族] ☆小石匠刻的石姑娘有了生命。

【流传】江苏省·（盐城市）·滨海县
【出处】丁香萍讲：《石姑娘换心》，见中国民间文学集成全国编辑委员会编《中国民间故事集成》（江苏卷），北京：中国 ISBN 中心 1998 年版，第 582~58 页。

## W2104.2
### 削木造人

【关联】［W2085.1.5］用木头造人

**实例**

❶［布朗族］一男子削成的木头人变成人。

【流传】云南省·西双版纳州（西双版纳傣族自治州）·勐海县

【出处】
(a)《削木成人》，见云南省民族事务委员会编《布朗族文化大观》，昆明：云南民族出版社 1999 年版，第 175 页。
(b) 中央民族学院少数民族文艺研究所编：《中国民族民间文学》（上），北京：中央民族学院出版社 1987 年版，第 55 页。

❷［布朗族］宇宙神的儿子和月亮女神削木成男人和女人。

【流传】云南省·西双版纳（西双版纳傣族自治州）·勐海县

【出处】《帕雅英与十二瓦席》，见云南省民族事务委员会编《布朗族文化大观》，昆明：云南民族出版社 1999 年版，第 173 页。

❸［傈僳族］神匠削的 12 个木偶都成为活人。

【流传】（无考）

【出处】《神匠》，见中国各民族宗教与神话大词典编审委员会编《中国各民族宗教与神话大词典》，北京：学苑出版社 1990 年版，第 386 页。

## W2104.3
### 剪纸造人

**实例**

❶［汉族］姐弟俩嫌用泥造人太慢，就拿纸剪人，把纸一层一层折起来，一剪几十张，朝天上一撒，几十个人就产生了。

【流传】江苏省·（泰州市）·兴化市

【出处】周广富讲，康新民采录：《姐弟成亲传人》，见中国民间文学集成全国编辑委员会编《中国民间故事集成》（江苏卷），北京：中国 ISBN 中心 1998 年版，第 19 页。

❷［水族］伢俣剪纸造人。

【流传】（无考）

【出处】《旭济·造人》，见范禹《水族文学史》，贵阳：贵州人民出版社 1987 年版，第 49 页。

## W2104.4
### 缝制物装泥造人

【关联】［W2092.8.1］用羊皮缝的皮人装泥土造人

**实例**

［蒙古族］创世神母子缝制皮人后，装

泥土造人。
【流传】（无考）
【出处】布·孟和搜集，哈斯翻译：《巴巴额吉造人》，见《汗腾格里》（托忒文）1988年第1期。

## W2105
### 用特定的器物造人

实 例

[黎族] 雷公把兄妹婚生的男孩砍碎，然后用筛子来筛，只见筛出的肉块一下子就变成人。

【流传】（a）海南省·琼中县（琼中黎族苗族自治县）·五指山公社·水满村（今属五指山市·水满乡）

【出处】
（a）王知会讲，云博生采录：《人类的起源》，见中国民间文学集成全国编辑委员会编《中国民间故事集成》（海南卷），北京：中国ISBN中心2002年版，第3页。
（b）云博生搜集：《人类的起源》，见谷德明编《中国少数民族神话》，北京：中国民间文艺出版社1987年版，第185页。

## W2105.1
### 用炼丹炉造人

实 例

[汉族] 洪钧老祖用人参、何首乌在炼丹炉里炼出人。

【流传】湖北省·（黄冈市）·罗田县·（三里畈镇）·邱家河村

【出处】邱玉堂讲：《洪钧老祖造人》，见中国民间文学集成全国编辑委员会编《中国民间故事集成》（湖北卷），北京：中国ISBN中心1999年版，第6页。

## W2105.2
### 用宝瓶造人

实 例

[汉族] 原始天尊手拿宝瓶轻轻点了几下，出现了一对童男童女。

【流传】宁夏回族自治区·中宁县·恩和乡·秦庄村

【出处】杨生荣讲，宋福采录：《原始天尊造人》，见中国民间文学集成全国编辑委员会编《中国民间故事集成》（宁夏卷），北京：中国ISBN中心1999年版，第6页。

## W2106
### 用魔法造人

【汤普森】D2178.5
【关联】[W9000] 魔法

实 例

❶ [鄂伦春族] 天上的恩都力造女人时，禽骨禽肉不够用，就找来泥土做补充。结果女人浑身没劲，恩都力就用神术给了一点力气。

【流传】内蒙古自治区·（呼伦贝尔市）·鄂伦春自治旗

【出处】德兴德讲，巴图宝音采录：《族源神话》，见中国民间文学集成全国编辑委员会编《中国民间故事集成》

（宁夏卷），北京：中国 ISBN 中心 2007 年版，第 23 页。

❷ [门巴族] 一位白发老翁（地仙王）用手杖敲敲脚下的泥土，一股青烟升了上来，变成一群小伙、姑娘。

【流传】西藏自治区

【出处】肖龙辉搜集整理：《多雄拉山的传说》，见《门巴族民间故事》：http://www.tibet-web.com/old/minjian/ync/gushi/mulu.htm，2003.10.02。

## W2106.1
### 造人时念咒语

【关联】

① [W2116.1] 造的人经念咒吹气成活

② [W2581.3] 通过魔咒怀孕

③ [W2657.1] 神仙念咒语使怪胎变成人

④ [W9175] 咒语

实 例

（参见下级母题实例）

## W2106.1.1
### 女神造人时念咒语

【关联】[W2056] 女神造人

实 例

[瑶族] 密洛陀（女神名）用蜂泥造出人的形状后，把他们放进四只箱子里，连吹了三口气，又默默念了三回咒语，解下她贴身的衣服，盖在箱子上。

【流传】广西壮族自治区·（河池市）都安瑶族自治县、江水河一带瑶族地区

【出处】《密洛陀创世》，蓝田根据莎红整理的《密洛陀》和潘泉脉整理的《密洛陀》两部不同版本的长诗《密洛陀》改写，见姚宝瑄主编《中国各民族神话》（土家族、毛南族、侗族、瑶族），太原：山西出版传媒集团·书海出版社 2014 年版，第 175 页。

## W2107
### 与造人方法有关的其他母题

实 例

（参见下级母题实例）

## W2107.1
### 先成亲后造人

【关联】[W2038.1] 结婚后开始造人

实 例

❶ [汉族] 盘古与玉帝的三女儿结婚后，夫妻开始做泥人。

【流传】（无考）

【出处】姚义雨等讲，马卉欣整理：《盘古开天》，见蔚家麟选编《中国民间故事精选》，武汉：长江文艺出版社 2005 年版，第 1~5 页。

❷ [汉族] 青哥和红姐为繁衍人类先成亲，然后开始用泥造人。

【流传】河北省·（邢台市）·内邱县（内丘县）·（五郭店乡）·紫草沟村

【出处】赵丙银讲，张少鹏采录：《哥姐

庙》，见中国民间文学集成全国编辑委员会编《中国民间故事集成》（河北卷），北京：中国 ISBN 中心 2003 年版，第 23 页。

## W2107.2
### 造人前祭神

实 例

（参见下级母题实例）

## W2107.2.1
### 造人前祭天神

实 例

[彝族] 天神恩体古兹看到以物变人没有成功，就用酒祭神后，出现人类。

【流传】（无考）

【出处】《乌哲惹策》，见云南省民族事务委员会编《彝族文化大观》，昆明：云南民族出版社 1999 年版，第 324 页。

## W2107.3
### 凭意念造出人

【汤普森】A1212

【关联】[W2147.2] 人产生于神的意念

实 例

[哈萨克族] 天神腾格里让 9 个树枝生出 9 个人。

【流传】（无考）

【出处】热依曼：《突厥语民族原始树木崇拜与民族地区生态保护探析》，载《西北民族大学学报》2009 年第 3 期。

## W2107.4
### 从万物中洗出人类

实 例

[独龙族] 雪山之神"格哇卡尔普"用雪水化成的清水洗礼圆块状的万物，出现一男一女。

【流传】云南省

【出处】

（a）《嘎美嘎沙造人》，见李金明《独龙族文学简史》，昆明：云南民族出版社 2004 年版，第 73 页。

（b）李子贤辑：《卡窝卡蒲分万物》，见中国各民族宗教与神话大词典编审委员会编《中国各民族宗教与神话大词典》，北京：学苑出版社 1990 年版，第 121 页。

（c）云南省民族事务委员会编：《独龙族文化大观》，昆明：云南民族出版社 1999 年版，第 194 页。

（d）陶阳、牟钟秀《中国创世神话》，上海：上海人民出版社 2006 年版，第 24 页。

## W2107.4.1
### 雪水洗涤出人

【关联】[W2208.2] 雪生人

实 例

[独龙族] 最早时的一切生物，均是蠢然圆块，混沌无别。卡窝卡菁（雪山之神）化雪成水，洗涤后首先显出人类，成为一男一女。

【流传】云南省

【出处】陶云逵：《几个云南藏缅语系土族的创世故事》，原载金陵大学中国文化研究所《边疆研究论丛》1942～1944 年，见吕大吉、何耀华总主编《中国各民族原始宗教资料集成》（纳西族卷、羌族卷、独龙族卷、傈僳族卷、怒族卷），北京：中国社会科学出版社 2000 年版，第 666 页。

## W2107.5
### 造特定器官后产生人

实 例

[柯尔克孜族] 造物主安拉用泥捏制了三百多条脉管，三百多条筋，造出骨骼、血液、皮肤、各种内脏器官，精心拼凑着用那一把泥土造了一个人。最后造出人类的始祖。

【流传】新疆维吾尔自治区·（克孜勒苏柯尔克孜自治州）·阿合奇县·哈拉奇乡

【出处】苏力坦阿里·包尔布代讲，阿布都克热木·阿山采录，依斯哈别克·别克别克等翻译《人的由来》，见中国民间文学集成全国编辑委员会编《中国民间故事集成》（新疆卷），北京：中国 ISBN 中心 2008 年版，第 33 页。

## W2107.6
### 用火烧制泥人

【关联】[W2117.2.1] 用火烧干泥人成活

实 例

[哈萨克族] 迦萨甘用黄泥先做出人的模型，然后用火烧制。

【流传】新疆维吾尔自治区

【出处】阿吾里汗·哈里、刘兆云等记录整理：《迦萨甘造人》，见姚宝瑄主编《中国各民族神话》（乌孜别克族、哈萨克族、柯尔克孜族、俄罗斯族、维吾尔族、塔吉克族、塔塔尔族、锡伯族），太原：山西出版传媒集团·书海出版社 2014 年版，第 26 页。

## W2107.6.1
### 在窑中烧制泥人

【关联】[W2117.4] 放进窑中烧后泥人成活

实 例

（参见下级母题实例）

## W2107.6.1.1
### 巨人在窑中烧制泥人

实 例

[苗族] 纳罗引勾（半人半兽的巨人）拿水来拌浆和泥，又挖又撮、又拌又和、又搓又捏。捏成了女娃男仔后，就竖脚灶，立笼窑，把他们放进窑里去烧。

【流传】广西壮族自治区·（柳州市）·融水苗族自治县

【出处】

(a) 杨达香讲，梁彬搜集整理：《创世纪》（二、捏人捏兽、栽果撒谷），见梁彬、王天若编《苗族民间故事选》，南宁：广西人民出版社 1986 年版。

(b) 同 (a)，见姚宝瑄主编《中国各民族神话》（布依族、仡佬族、苗族），太原：山西出版传媒集团·书海出版社 2014 年版，第 174 ~ 175 页。

## W2107.7
### 男女造法不同

【关联】
① ［W2098.4］造男女的材料不同
② ［W2758.3］造出男女

实 例

[彝族] 造人女神儿依得罗娃造出的男的泥人有八只眼睛和九只耳朵；女的泥人有四只手和两只脚。

【流传】（云南省·楚雄彝族自治州·双柏县，红河哈尼族彝族自治州等地）

【出处】
（a）云南省民族民间文学楚雄、红河调查队搜集，郭思九、陶学良整理：《查姆》，昆明：云南人民出版社 1981 年版。
（b）郭思九、陶学良整理，古梅改写：《彝家的古根》，选自《云南民族文学资料》第七集中的《查姆》上部前三章，见姚宝瑄主编《中国各民族神话》（羌族、彝族），太原：山西出版传媒集团·书海出版社 2014 年版，第 61 页。

## W2108
### 造人的过程

【关联】［W2128.0］造人前的准备

实 例

（参见下级母题实例）

## W2108.1
### 造人一次性完成

实 例

[汉族] 女娲娘娘用泥巴造人时，捏出的娃儿捏一个活一个。

【流传】四川省·巴县（今重庆市·巴南区）

【出处】钟丽碧讲，罗桂英记录，金祥度搜集整理：《女娲创世》（1988.04），见姚宝瑄主编《中国各民族神话》（汉族），太原：山西出版传媒集团·书海出版社 2014 年版，第 30 ~ 31 页。

## W2108.2
### 造人有复杂过程

实 例

[汉族] 女娲用泥巴拌水捏出泥人后，又吐唾沫吹口气，这样才有了灵气。

【流传】湖北省

【出处】杨明春讲，宋虎搜集整理：《女娲造六畜》，见姚宝瑄主编《中国各民族神话》（汉族），太原：山西出版传媒集团·书海出版社 2014 年版，第 33 ~ 34 页。

## W2108.2.1
### 造人有 3 道工序

实 例

（实例待考）

## W2108.2.2
### 造人有8道工序

实 例

[瑶族(布努)] 密洛陀（万物之母，女始祖，女神）生的12个女孩造人时，三姐取花蜡，细心捏人仔：一捏人的肝脏，二捏人的全身，三捏人的手脚，四捏人的头颅，五捏人的眼睛，六捏人的嘴巴，七捏人的耳朵，八捏人的鼻子，人头捏来两半分，两半捏好又合拢。两半眼耳各捏一只，鼻子嘴巴各捏半边。

【流传】广西壮族自治区·（河池市）·都安县（都安瑶族自治县）、巴马县（巴马瑶族自治县）、南丹县，（百色市）·田东县、平果县等地

【出处】桑布郎等传，蒙凤标（83岁）、罗仁祥（73岁）等唱：《密洛陀》（1983），见蓝怀昌、蓝书京、蒙通顺搜集翻译整理《密洛陀》，北京：中国民间文艺出版社1988年版，第309页。

## W2108.2.3
### 造人过程的分工

【关联】
① ［W2758.5］男女分工分别造男女
② ［W5082］社会分工

实 例

[瑶族] 十二个创世女神在密洛陀造人时，大姐花也伢采花粉做蜂蜡、造人缸，负责育人；二姐花宜伢采花粉；花三伢负责捏蜂蜡为人形；四姐花发练造人中充当接生婆；五姐喂伢昂负责喂奶；六姐喂牙背负责给小孩穿着打扮；七姐喂伢轻负责保护；八姐喂刹东负责养猪；九姐喂偿旧负责给小孩冲洗和服用；其余三位女神花炯伢和花依伢、花玉伢都被密洛陀命令去造虫类。

【流传】（无考）

【出处】《密洛陀神谱》，蓝田根据农学冠等撰写的《瑶族神话传说中的人物》编写，见姚宝瑄主编《中国各民族神话》（土家族、毛南族、侗族、瑶族），太原：山西出版传媒集团·书海出版社2014年版，第150~151页。

## W2108.3
### 造人环节的顺序（造人程序）

实 例

（参见下级母题实例）

## W2108.3.1
### 造人先造肝脏再造全身

实 例

（实例待考）

## W2108.3.2
### 造人先造心

实 例

（实例待考）

## W2108.3.3
### 造人先造四肢再造五官

【关联】
① ［W2821］人的面部特征的来历（五

官的产生）

② ［W2841］四肢的产生

**实 例**

[**彝族（阿细）**] 男神阿热和女神阿咪用泥造人时，先造两只手，然后造两只脚，手造成了，脚造成了，再造眼睛和鼻子，造了眼睛和鼻子，再造嘴巴和耳朵。

【流传】（a）云南省·红河哈尼族彝族自治州·弥勒县·（西山镇）

【出处】

（a）潘正兴等唱述，云南省民族民间文学红河调查队搜集翻译整理：《阿细的先基》，昆明：云南人民出版社1959年版。

（b）云南省民族民间文学红河调查队搜集整理，古梅改写：《最古的时候》，见姚宝瑄主编《中国各民族神话》（羌族、彝族），太原：山西出版传媒集团·书海出版社2014年版，第141页。

## W2109
### 与造人过程有关的其他母题

**实 例**

（参见下级母题实例）

## W2109.1
### 造人过程被打乱

【关联】［W2128.1］造人中的干扰

**实 例**

（实例待考）

## W2109.2
### 造人过程注意到微小细节

**实 例**

（参见下级母题实例）

## W2109.2.1
### 造人时肚脐屁眼都不能忘记

**实 例**

[**土家族**] 女神依罗娘娘做人，连肚上的肚脐都没有忘记，还有屙屎屙尿的和生儿育女的也一并做齐。这样人的嘴巴一张出了气，做成功了。

【流传】四川省（今重庆市）·秀山县（秀山土家族苗族自治县）·海洋乡

【出处】彭国然讲，李绍明采录：《依罗娘娘造人》，见中国民间文学集成全国编辑委员会编《中国民间故事集成》（四川卷·下），北京：中国ISBN中心1998年版，第1211页。

## 2.3.6 造人的成活与结果
（W2110 ~ W2124）

## ❀ W2110
### 造人成活

**实 例**

（参见下级母题实例）

## ✽ W2111
### 造人成活的条件
【关联】[W2076.6.2] 动物造人的成活

实例

（参见下级母题实例）

## W2112
### 造人自然成活

实例

❶ [傈僳族] 两兄妹从瓜里出来，用泥捏成人和各种飞禽走兽，全部成活。
【流传】云南省
【出处】＊《人类的来源》，见中国社会科学院云南少数民族文学研究所等编《云南少数民族文学资料》（第1辑），内部编印，1980年，第151页。

❷ [土族] 打柴郎捏的泥人全都复活。
【流传】青海省·（海东地区）·互助县（互助土族自治县）
【出处】扎什讲，星全成、席元麟记录整理：《打柴郎的故事》，见满都呼主编《中国阿尔泰语系诸民族神话故事》，北京：民族出版社1997年版，第210～211页。

## W2112.1
### 造一个人活一个

实例

（参见下级母题实例）

## W2112.1.1
### 女娲造人捏一个活一个

【关联】[W2065] 女娲造人

实例

[汉族] 女娲娘娘用泥巴造人，捏出一个泥娃儿就活一个。
【流传】四川省·巴县（今重庆市·巴南区）
【出处】钟丽碧讲，罗桂英记录，金祥度搜集整理：《女娲创世》（1988.04），见姚宝瑄主编《中国各民族神话》（汉族），太原：山西出版传媒集团·书海出版社2014年版，第30～31页。

## W2113
### 造人经特定的意念或力量成活

【关联】
① [W2107.3] 凭意念造出人
② [W2147.2] 人产生于神的意念

实例

（参见下级母题实例）

## W2113.1
### 造人经神或神性人物的意念或力量成活

实例

❶ [哈萨克族] 受尽寂寞煎熬的神母哀叹孤苦伶仃时，她捏出的两个泥娃娃成活。
【流传】新疆维吾尔自治区·（乌鲁木

齐市）·乌鲁木齐县·白杨沟夏牧场

【出处】谢热亚孜旦·马尔萨克讲，尼合买提·蒙加尼采录，杨凌等翻译：《光身祖先》，见中国民间文学集成全国编辑委员会编《中国民间故事集成》（新疆卷），北京：中国 ISBN 中心 2008 年版，第 40 页。

❷ [苗族] 纳罗引勾（祖先，半人半兽巨人）拿手指在泥人的天灵盖上轻轻敲，细细摩，一连敲了 360 个时辰，娃娃成活。

【流传】
(a) 广西壮族自治区·（柳州市）·融水县（融水苗族自治县）·滚贝乡
(b) 广西壮族自治区·（柳州市）·融水县（融水苗族自治县）

【出处】
(a) 杨达香讲，梁彬采录翻译：《纳罗引勾开天辟地造人》，见中国民间文学集成全国编辑委员会编《中国民间故事集成》（广西卷），北京：中国 ISBN 中心 2001 年版，第 24 页。
(b) 杨达香讲，梁彬搜集整理：《创世记》，见谷德明编《中国少数民族神话》，北京：中国民间文艺出版社 1987 年版，第 545 页。

## W2113.1.1
### 女娲用神力使造的人成活

【关联】[W2065] 女娲造人

实 例

[汉族] 姐弟俩捏泥人，靠女娲的神力，泥人成活。

【流传】辽宁省·（本溪市）·本溪县（本溪满族自治县）

【出处】《姐弟成亲》，见本溪县三套集成领导小组《民间文学集成本溪县资料本》（上），1987 年。

## W2113.1.2
### 造人者发指令后造的人成活

实 例

[汉族] 女娲向捏出的泥人发令，这些泥人成活。

【流传】陕西省·（榆林市）·绥德县·辛店乡

【出处】马世厚讲：《女娲造就人世》，见中国民间文学集成全国编辑委员会编《中国民间故事集成》（陕西卷），北京：中国 ISBN 中心 1996 年版，第 5~6 页。

## W2114
### 造人经吹气后成活

实 例

❶ [汉族] 娲儿公主下到凡间，向泥做泥人吹口气，泥人成活。

【流传】辽宁省·阜新（阜新市）

【出处】吴振清讲：《人的来历》，见阜新市细河区民间文学集成编委会编《细河区资料本》。

❷ [景颇族] 最早的一个人往八哥（鸟）造的人像的嘴里吹气，人像成活。

【流传】云南省·（怒江傈僳族自治

州）·泸水县·片马乡

【出处】枪能讲，苏建华采录：《天下第一个人》，见中国民间文学集成全国编辑委员会编《中国民间故事集成》（云南卷），北京：中国ISBN中心2003年版，第66页。

❸ [撒拉族] 泥土捏出人形阿丹，吹气后变成肉身。

【流传】（无考）

【出处】大漠、马英生搜集整理：《泥捏阿丹》，见《土族、撒拉族民间故事选》，上海：上海文艺出版社1992年版。

## W2114.1
### 神吹气后造的人成活

实例

❶ [独龙族] 嘎美和嘎莎（神名）往捏的一对泥人身上吹了一口气，顿时他俩身上有了血液，开始呼吸。

【流传】（无考）

【出处】《嘎美嘎莎造人》，见谷德明编《中国少数民族神话》，北京：中国民间文艺出版社1987年版，第530页。

❷ [汉族] 开天辟地时，玉皇大帝的女儿挖出心脏，吹气后变成一对男女。

【流传】江西省·宜春市·（袁州区·湖田乡）·双湖村

【出处】易世才讲：《玉皇大帝的女儿》，见中国民间文学集成全国编辑委员会编《中国民间故事集成》（江西卷），北京：中国ISBN中心2002年版，第3页。

## W2114.1.1
### 天神吹气后造的人成活

【关联】[W2053] 天神造人

实例

❶ [傈僳族] 天神对着泥人吹了一口气，泥人竟真的活起来了。

【流传】云南省·（德宏傣族景颇族自治州）·陇川县·邦外公社（陇把镇）

【出处】李有华讲，黄云松等采录：《天地人的来历》，见中国民间文学集成全国编辑委员会编《中国民间故事集成》（云南卷），北京：中国ISBN中心2003年版，第44页。

❷ [彝族] 天上的托罗神和沙罗神两个大神用黄土、黑炭、白泥造出男人和女人。太阳晒了7天之后会动，但还不会呼吸，托罗神和沙罗神就朝男人和女人的嘴里吹了一口气，人就会呼吸了。

【流传】云南省·（红河哈尼族彝族自治州）·弥勒县·泸西县，（昆明市）·路南县（石林彝族自治县）等地

【出处】毕荣亮讲，光未然采集整理，古梅改写：《创世纪》，见姚宝瑄主编《中国各民族神话》（羌族、彝族），太原：山西出版传媒集团·书海出版社2014年版，第94页。

## W2114.1.2
### 创世神吹气后造的人成活

实例

[独龙族] 格蒙（创造万物之神）对着

泥人吹了一口气，泥人就活了。

**【流传】** 云南省·（怒江傈僳族自治州）·贡山县（贡山独龙族怒族自治县）·独龙江乡

**【出处】** 约翰讲，孙敏、李昆采录：《创世纪》，见中国民间文学集成全国编辑委员会编《中国民间故事集成》（云南卷），北京：中国 ISBN 中心 2003 年版，第 187 页。

## W2114.1.3
### 男神女神吹气后造的人成活

**实 例**

[**彝族（阿细）**] 男神阿热和女神阿咪造出的泥人会呼吸但不会动。阿热和阿咪一起向泥人吹了一口气，这对泥人就能向他们点头了。

**【流传】** （a）云南省·红河哈尼族彝族自治州·弥勒县（弥勒市）·（西山镇）

**【出处】**

（a）潘正兴等唱述，云南省民族民间文学红河调查队搜集翻译整理：《阿细的先基》，昆明：云南人民出版社 1959 年版。

（b）云南省民族民间文学红河调查队搜集整理，古梅改写：《最古的时候》，见姚宝瑄主编《中国各民族神话》（羌族、彝族），太原：山西出版传媒集团·书海出版社 2014 年版，第 141~142 页。

## W2114.1.4
### 神给予呼吸后造的人成活

**【关联】** [W2874.3.1] 人为什么呼吸

**实 例**

[**景颇族**] 万能神格莱格桑把劈开的怪胎雕刻成人形，给他们灌气呼吸，成了人类的祖先。

**【流传】** 云南省

**【出处】** 尚正兴整理：《神金木沙阿朗》，见中国各民族宗教与神话大词典编审委员会编《中国各民族宗教与神话大词典》，北京：学苑出版社 1990 年版，第 362 页。

## W2114.1.4.1
### 神吹气后产生血液使造的人成活

**【关联】** [W2878.3.0] 人的血液的来历

**实 例**

[**独龙族**] 嘎美、嘎莎两个大神用泥土造出一对男女。这两个人的身上没有血液，也不会呼吸。嘎美和嘎莎就往他俩身上吹了一口气，顿时他俩身上有了血液，也会呼吸了。

**【流传】** 云南省

**【出处】** 李子贤等搜集整理：《创世纪神话故事六则·嘎美嘎莎造人》，见中国作家协会云南分会编《云南民族民间故事选》，昆明：云南人民出版社 1981 年版，第 582~583 页。

## W2114.2
### 造人者吹气后造的人成活

**【关联】** [W2050] 造人者

**实 例**

（参见下级母题实例）

## W2114.2.1
### 神造人吹气后成活

【关联】［W2114.1］神吹气后造的人成活

实 例

［傣族］男神与女神用泥巴做男人和女人，吹气变成了活人。

【流传】云南省

【出处】《开天辟地》，见谷德明编《中国少数民族神话》，北京：中国民间文艺出版社1987年版，第341页。

## W2114.2.2
### 天神造人吹气后成活

【关联】［W2114.1.1］天神吹气后造的人成活

实 例

［独龙族］天神捏泥人，吹气有了气和血液。

【流传】云南独龙江南与缅甸相邻的马库、拉瓦寸

【出处】《嘎美嘎沙造人》，见李金明编《独龙族文学简史》，昆明：云南民族出版社2004年版，第72页。

## W2114.2.3
### 盘古造人吹气后成活

【关联】［W2063］盘古造人

实 例

❶［汉族］盘古对捏的泥人吹气后成活。

【流传】河南省·（驻马店市）·泌阳县

【出处】《盘古捏泥人的传说》，见李同春《中国民间故事集成·河南泌阳卷》，内部资料，第26～27页。

❷［汉族］盘古朝他捏的泥人吹了一口气，泥人就长得和盘古一样高了。

【流传】河南省·（驻马店市）·泌阳县

【出处】《盘古捏泥人的传说》，见 http://club.chinaren.com/bbs/index，2007.06.17。

❸［汉族］盘古造的泥人，吹气后成活。

【流传】陕西省·宝鸡县（宝鸡市）·（渭滨区）·马营镇

【出处】张世爱讲：《开天辟地》，见中国民间文学集成全国编辑委员会编《中国民间故事集成》（陕西卷），北京：中国ISBN中心1996年版，第4页。

## W2114.2.3.1
### 盘古兄妹造人吹气后成活

【关联】［W2063.1］盘古兄妹造人

实 例

［汉族］盘古兄妹造泥人后，妹妹朝泥人一吹气，泥人就会说话了。

【流传】河南省·（南阳市）·桐柏县

【出处】姚义雨讲，马卉欣搜集整理：《盘古开天》，见中华民族故事大系编委会编《中华民族故事大系》第1卷（汉族、蒙古族、回族），上海：上海

文艺出版社1995年版，第8~9页。

## W2114.2.3.2
### 盘古与天女造人吹气后成活

【关联】［W2064.1.2］盘古与天女婚后造人

**实　例**

［汉族］盘古与玉帝的三女儿结婚，夫妻做泥人，吹气变成活人。

【流传】（无考）

【出处】姚义雨等讲，马卉欣整理：《盘古开天》，见蔚家麟选编《中国民间故事精选》，武汉：长江文艺出版社2005年版，第1~5页。

## W2114.2.4
### 女娲造人吹气后成活

【关联】［W2065］女娲造人

**实　例**

❶［汉族］女娲用黄泥巴做的个男女，吹气成活。

【流传】湖南省·常德县（常德市）·（鼎城区）·灌溪乡（灌溪镇）

【出处】唐万顺讲：《女娲补天造人》，见中国民间文学集成全国编辑委员会编《中国民间故事集成》（湖南卷），北京：中国ISBN中心2002年版，第21页。

❷［汉族］女娲对着泥人吹了口气，这些泥人都成活了。

【流传】甘肃省·（白银市）·会宁县·老君乡·杏树村

【出处】冯德璋讲，胡俊红采录：《女娲捏人》，见中国民间文学集成全国编辑委员会编《中国民间故事集成》（宁夏卷），北京：中国ISBN中心1999年版，第5页。

❸［汉族］女娲捏的泥人晒干后用嘴吹口气儿，全部成活。

【流传】河南省·（周口市）·西华县·聂堆乡·思都岗村

【出处】张慎重讲，陈连忠采录：《女娲造人》，见中国民间文学集成全国编辑委员会编《中国民间故事集成》（河南卷），北京：中国ISBN中心2001年版，第19页。

## W2114.2.5
### 真主造人吹气后成活

【关联】［W2067］真主造人

**实　例**

［撒拉族］胡大对着泥捏的阿丹的躯体吹了口气，阿丹的泥身子变成了肉身子。

【流传】（无考）

【出处】

（a）大漠、马英生搜集整理：《泥捏阿丹》，见满都呼主编《中国阿尔泰语系诸民族神话故事》，北京：民族出版社1997年版，第96页。

（b）大漠、马英生搜集整理：《生养后人》，见满都呼主编《中国阿尔泰语系诸民族神话故事》，北京：民族出版社1997年版，第99页。

## W2114.2.6
### 造人的老夫妻吹气后造的人成活

【关联】［W2074.1］夫妻造人

实 例

［汉族］天下翁和天下婆一对老人用土造人。两人用口风一吹，这些人都活起来了。

【流传】福建省·（宁德市）·周宁县·李墩乡·里东山村

【出处】章永红讲，陈风禧搜集整理：《天下翁与天下婆》（1987.08.05），见姚宝瑄主编《中国各民族神话》（汉族），太原：山西出版传媒集团·书海出版社 2014 年版，第 34~35 页。

## W2114.2.7
### 人为自己造的人吹气后成活

【关联】［W2070］人造人

实 例

［佤族］一个人用泥巴捏了两个泥人，用嘴一吹，泥人变成了活人。

【流传】云南省

【出处】《人类的祖先》，见云南省民族事务委员会编《佤族文化大观》，昆明：云南民族出版社 1999 年版，第 162 页。

## W2114.2.7.1
### 一个男人为自己造的人吹气后成活

【关联】［W2072］男子造人（男人造人）

实 例

［傈僳族］男孩做木人，吹气变成与他一样的人。

【流传】云南省·（怒江傈僳族自治州）·福贡县

【出处】普阿冒讲：《木筒里出来的人》，见中国民间文学集成全国编辑委员会编《中国民间故事集成》（云南卷），北京：中国 ISBN 中心 2003 年版，第 248~249 页。

## W2114.3
### 真主吹气后造的人成活

实 例

［回族］真主给阿兹拉伊来天仙造的泥人度了灵气，造化出一个有血有肉的活人，并起名叫阿丹，因他是第一个人，所以称人祖阿丹。

【流传】宁夏回族自治区·（中卫市）·海原县·海城镇·周台村

【出处】田富珍讲，王红久采录：《人祖阿丹和好娃》，见中国民间文学集成全国编辑委员会编《中国民间故事集成》（宁夏卷），北京：中国 ISBN 中心 1999 年版，第 7 页。

## W2114.3.1
### 真主为天神造的人吹气后成活

【关联】［W2067.1.1］真主派女天神造人

实 例

❶ ［维吾尔族］女天神造出来的泥人没

有灵魂，不会说话，不会走路。就向真主祷告。真主在天上听到了女天神的祈祷和要求，答应了她的请求，向女天神捏的泥人吹了一口气，灵魂飞进了泥人的身体，泥人有了生命。

【流传】新疆维吾尔自治区·伊犁州（伊犁哈萨克自治州）及南疆一带

【出处】阿不都拉搜集翻译，姚宝瑄整理：《女天神创造亚当》，见姚宝瑄主编《中国各民族神话》（乌孜别克族、哈萨克族、柯尔克孜族、俄罗斯族、维吾尔族、塔吉克族、塔塔尔族、锡伯族），太原：山西出版传媒集团·书海出版社 2014 年版，第 224 页。

❷ [维吾尔族] 真主向女天神造的泥人吹了口气，于是泥人有了生命。

【流传】新疆维吾尔自治区

【出处】《女天神创造人类》，见满都呼主编《中国阿尔泰语系诸民族神话故事》，北京：民族出版社 1997 年版，第 31 页。

## W2114.3.2
### 真主为天使造的人吹气后成活

【关联】[W2067.3] 真主派天使造人

实 例

[塔吉克族] 安拉让众天使造泥人后，取天堂中的空气给人造了气息。

【流传】新疆维吾尔自治区·（喀什地区）·塔什库尔干塔吉克自治县·瓦尔西代乡

【出处】马达里汗讲，西仁·库尔班等采录翻译：《人类的来历》，见中国民间文学集成全国编辑委员会编《中国民间故事集成》（新疆卷），北京：中国 ISBN 中心 2008 年版，第 34 页。

## W2114.4
### 吹仙气使造的人成活

实 例

[傣族] 布桑戛西和雅桑戛赛不停地对他们造的两个泥人吹仙气，泥巴人变成了活人。

【流传】（无考）

【出处】《布桑戛西与雅桑戛赛》，见谷德明编《中国少数民族神话》，北京：中国民间文艺出版社 1987 年版，第 346 页。

## W2114.4.1
### 神吹仙气使造的人成活

实 例

[傣族] 两个神用黄土做人，吹仙气变成活人，即人类祖先。

【流传】云南省

【出处】《巴塔麻戛捧尚罗》（经书），见祐巴勐《论傣族诗歌》，北京：中国民间文艺出版社 1981 年版，第 15~16 页。

## W2114.4.1.1
### 神吹仙气使树干造的人成活

【关联】[W2085.1.6] 用树干造人

实 例

❶ [布依族] 神向做成人形的树木哈仙

气，第一个人就活了。

【流传】（无考）

【出处】佟德富：《中国少数民族原始意识与哲学宇宙观之萌芽》，载《中央民族大学学报》1995年第4期。

❷［布依族］第一个神用神斧劈树干造人造出四肢和头后，还没有生命。神就朝人哈了一口仙气，这第一个人就活了。

【流传】（无考）

【出处】罗仁山讲：《人和动物是怎么产生的》，见姚宝瑄主编《中国各民族神话》（布依族、仡佬族、苗族），太原：山西出版传媒集团·书海出版社2014年版，第21页。

## W2114.4.2
### 女娲吹仙气使造的人成活

【关联】［W2065］女娲造人

实 例

［汉族］女娲造的1对男女，吹仙气成活后下凡间生儿育女。

【流传】吉林省·（白山市）·靖宇县

【出处】孙凤兰讲：《人的来历》，见中国民间文学集成全国编辑委员会编《中国民间故事集成》（吉林卷），中国文联出版公司1992年版，第1~2页。

## W2114.4.3
### 人皇吹仙气使造的人成活

【关联】［W2065］女娲造人

实 例

［汉族］人皇捏男女泥人，吹仙气后成活人。

【流传】河北省·（唐山市）·遵化县·（堡子店镇）·马坊岭村

【出处】杨秀珍讲：《三皇治世》，见中国民间文学集成全国编辑委员会编《中国民间故事集成》（河北卷），北京：中国ISBN中心2003年版，第7~8页。

## W2114.4.4
### 无极老祖吹仙气使造的人成活

【关联】［W2068.5］无极老祖与徒弟造人

实 例

［汉族］无极老祖朝泥巴娃儿吹了一口仙气，全部成活。

【流传】四川省·（德阳市）·绵竹县（绵竹市）·遵道乡（遵道镇）

【出处】叶青云讲，王仲齐采录：《无极老祖造人》，见中国民间文学集成全国编辑委员会编《中国民间故事集成》（四川卷·上），北京：中国ISBN中心1998年版，第27页。

## W2114.4.5
### 其他特定人物吹仙气使造的人成活

实 例

（参见下级母题实例）

## W2114.4.5.1
### 造人者吹仙气使造的人成活

【关联】［W2114.2］造人者吹气后造的

人成活

**实例**

❶ [傣族] 开创天地的英叭用他的污垢造出男神布桑戛西和女神雅桑戛赛。二神到地球上用黄泥巴做人，布桑戛西做女的，雅桑戛赛做男的。泥巴人捏好后，平排放在一起，布桑戛西和雅桑戛赛就不停地对他们吹仙气，两个泥巴人就变成了活人。

【流传】云南省

【出处】《布桑戛西与雅桑戛赛》，原载谷德明编《中国少数民族神话》，见陶阳、钟秀编《中国神话》（上），北京：商务印书馆2008年版，第45～47页。

❷ [土家族] 依罗娘娘用竹竿、豆、葫芦等造人，通了七个眼，吹了一口仙气，地上有了人。

【流传】湖南省·湘西（湘西土家族苗族自治州）土家族聚居区

【出处】
（a）《依罗娘娘造人》，见谷德明编《中国少数民族神话》，北京：中国民间文艺出版社1987年版，第167页。
（b）《摆手歌》，见彭继宽等《土家族文学史》，长沙：湖南文艺出版社1989年版，第61页。

❸ [土家族] 依罗娘娘按天神的要求默默去造人。她用葫芦做的脑袋，脑袋上捅了七个眼，耳、鼻、口、眼都有了；又用竹子做骨架；用荷叶做肝肺；用豇豆做肠子；又做了屙屎屙尿的；再捅了肚脐眼；最后，依罗娘娘朝做好的人吹了口仙气，人睡着有气了，站着能走路了。做人做成了。

【流传】湖南省土家族居住地区

【出处】《依罗娘娘造人》，见姚宝瑄主编《中国各民族神话》（土家族、毛南族、侗族、瑶族），太原：山西出版传媒集团·书海出版社2014年版，第5页。

## W2114.4.6
### 造的人得仙气后成活

**实例**

[回族] 安拉将香灰和泥团捏成物件，得仙气成了人的样子。

【流传】广西壮族自治区·南宁市

【出处】马傅氏讲，田云青等记录整理：《人祖传说》，见曹廷伟编著《广西民间故事辞典》，南宁：广西教育出版社1993年版，第21页。

## W2114.5
### 吹灵气使造的人成活

【关联】[W2997.10.1] 造人者吹气成为人的灵气

**实例**

（参见下级母题实例）

## W2114.5.1
### 天神吹灵气使造的人成活

【关联】[W2114.2.2] 天神造人吹气后成活

**实例**

（参见下级母题实例）

## W2114.5.1.1
### 天神夫妻吹灵气使造的人成活

实例

［畲族］皇天爷与皇天姆用五色土造出的男女，吹灵气成活。

【流传】福建省·（宁德市）·福鼎县（福鼎市）·畲乡

【出处】蓝升兴讲：《皇天爷和皇天姆造人》，见中国民间文学集成全国编辑委员会编《中国民间故事集成》（福建卷），北京：中国 ISBN 中心 1998 年版，第 6~7 页。

## W2114.5.2
### 真主吹灵气使造的人成活

【关联】［W2114.3］真主吹气后造的人成活

实例

［回族］阿兹拉伊来天仙用泥土造人，真主给泥人度了灵气，造化出一个有血有肉的活人。

【流传】宁夏回族自治区·（中卫市）·海原县·海城镇·周台村

【出处】田富珍讲，王红久采录：《人祖阿丹和好娃》，见中国民间文学集成全国编辑委员会编《中国民间故事集成》（宁夏卷），北京：中国 ISBN 中心 1999 年版，第 7 页。

## W2114.6
### 吹阴阳之气使造的人成活

实例

［畲族］皇天爷与皇天姆吹出两大口像风一样的灵气，一股是阳气，一股是阴气，造的泥人成活。

【流传】福建省·（宁德市）·福鼎县（福鼎市）·桐山·浮柳村

【出处】蓝升兴讲，蓝俊德等采录：《皇天爷和皇天姆造人》，见中国民间文学集成全国编辑委员会编《中国民间故事集成》（福建卷），北京：中国 ISBN 中心 1998 年版，第 6 页。

## W2114.7
### 与造人时吹气有关的其他母题

实例

（参见下级母题实例）

## W2114.7.1
### 扎孔后吹气使造的人成活

【关联】［W2116.1］造的人经念咒吹气成活

实例

［土家族］依罗娘娘用竹做架，上面放葫芦，戳 7 孔，吹气变成人。

【流传】四川省·黔江县（今重庆市·黔江区）

【出处】刘世清讲：*《依罗娘娘造人》，见中国民间文学集成全国编辑委员会编《中国民间故事集成》（四川卷·下），北京：中国 ISBN 中心 1998 年版，第 1212 页。

## W2114.7.2
### 造的人吹三口气成活

实例

［独龙族］天神格孟在门德龙夏造人。

他先取了一把泥土，放在石板上，捏呀捏，捏得很透细，捏上了嘴巴、鼻子、眼睛等，但泥人身上没有血液，不会呼吸。格孟就向泥人吹了三口气，泥人就慢慢地会说话、会走路了。

【流传】（无考）

【出处】《"格孟"造人》，见彭义良《创世记》，载《民族文化》1987年第1期。

## W2114.7.2.1
### 每天向造的人吹三口气成活

实 例

[羌族] 阿巴木比塔（天神、天帝）把造的九对小木人放到一个地坑里，盖上石板。每天轻轻揭开石板，给小木人儿呵三口气。

【流传】四川省·（阿坝藏族羌族自治州）·茂县

【出处】《羊角花》，见茂县文化馆编《羌族民间故事》（三），1982年，转引自吕大吉、何耀华总主编《中国各民族原始宗教资料集成》（纳西族卷、羌族卷、独龙族卷、傈僳族卷、怒族卷），北京：中国社会科学出版社2000年版，第583页。

## W2114.7.3
### 向泥人腹中充气成活

实 例

（参见下级母题实例）

## W2114.7.3.1
### 造人者向泥人腹中充气成活

实 例

[哈萨克族] 迦萨甘用黄泥先做出人的模型，然后用火烧制，向腹内打气，并给予生命。

【流传】新疆维吾尔自治区

【出处】阿吾里汗·哈里、刘兆云等记录整理：《迦萨甘造人》，见姚宝瑄主编《中国各民族神话》（乌孜别克族、哈萨克族、柯尔克孜族、俄罗斯族、维吾尔族、塔吉克族、塔塔尔族、锡伯族），太原：山西出版传媒集团·书海出版社2014年版，第26页。

## W2114.7.4
### 造人者不经意吹气后造的人成活

实 例

（参见下级母题实例）

## W2114.7.4.1
### 女娲造人后不经意吹气泥人成活

【关联】[W2065] 女娲造人

实 例

[汉族] 娲儿公主见一片草叶粘在自己做的一个泥人的脸上，就吹了一口气，想把草叶吹跑，这个泥人就此成活。

【流传】辽宁省·阜新市·细河区

【出处】吴振清讲，郝殿玺搜集整理：《人的来历》，原载阜新市细河区民间文学集成编委会编《细河区资料本》，见陶阳、钟秀编《中国神话》（上），北京：商务印书馆 2008 年版，第 324～326 页。

## W2114.7.5
### 造人时吹气没有成活
【关联】［W2124］造人不成功

实例

（实例待考）

## W2114a
### 造人经吹风后成活
【关联】［W2117.1］风吹干后泥人成活

实例

（参见下级母题实例）

## W2114a.1
### 造的石人风吹后成活
【关联】［W2089.7］用石头造人

实例

［汉族］造的 500 个小石头人被风吹活后成活。
【流传】云南省·（大理白族自治州）·洱源县
【出处】芮丰等讲：《"雷楔子"炸人种》，见中国民间文学集成全国编辑委员会编《中国民间故事集成》（云南卷），北京：中国 ISBN 中心 2003 年版，第 154～156 页。

## W2114a.2
### 风吹进泥人口中成活

实例

［彝族（阿细）］男神阿热和女神阿咪造出的泥人不会说话。天上刮起一阵大风，大风吹进泥人的嘴里，泥人的肚子就"呱呱呱"响了起来，泥人便会说话了。
【流传】（a）云南省·红河哈尼族彝族自治州·弥勒县（弥勒市）·（西山镇）
【出处】
（a）潘正兴等唱述，云南省民族民间文学红河调查队搜集翻译整理：《阿细的先基》，昆明：云南人民出版社 1959 年版。
（b）云南省民族民间文学红河调查队搜集整理，古梅改写：《最古的时候》，见姚宝瑄主编《中国各民族神话》（羌族、彝族），太原：山西出版传媒集团·书海出版社 2014 年版，第 142 页。

## W2115
### 造人经抚摸后成活

实例

［汉族］盘古兄妹造泥人后，盘古把泥人一摆弄，泥人就能走会跑了。
【流传】河南省·（南阳市）·桐柏县
【出处】姚义雨讲，马卉欣搜集整理：《盘古开天》，见中华民族故事大系编委会编《中华民族故事大系》第 1 卷（汉族、蒙古族、回族），上海：上海文艺出版社 1995 年版，第 8~9 页。

## W2115.1
### 造人经神的抚摸后成活

实 例

[鄂伦春族] 天神恩都力玛发造的石人开始时不会动，不会呼吸，没有嗅觉。天神恩都力玛发往每一个石人脸上一摸，石人的脸有了表情。又往两只眼睛上一摸，石人的眼睛也转动起来了。

【流传】小兴安岭一带鄂伦春猎人中

【出处】马名超、崔焱编写：《人类生死的由来》，见姚宝瑄主编《中国各民族神话》（达斡尔族、鄂伦春族、鄂温克族、蒙古族），太原：山西出版传媒集团·书海出版社 2014 年版，第 22~23 页。

## W2115.2
### 造人经敲打后成活

实 例

（参见下级母题实例）

## W2115.2.1
### 造人经造人者敲打后成活

实 例

[苗族] 纳罗引勾（半人半兽的巨人）捏出男女泥人后放窑里烧。烧一百零八个时辰。女娃不哭，男仔不笑，他就拿手指在他们天灵盖上轻轻敲、细细摩。一连敲了三百六十个时辰，女娃才哭，男娃才笑。

【流传】广西壮族自治区·（柳州市）·融水苗族自治县

【出处】
(a) 杨达香讲，梁彬搜集整理：《创世纪》（二、捏人捏兽、栽果撒谷），见梁彬、王天若编《苗族民间故事选》，南宁：广西人民出版社 1986 年版。
(b) 同（a），见姚宝瑄主编《中国各民族神话》（布依族、仡佬族、苗族），太原：山西出版传媒集团·书海出版社 2014 年版，第 175 页。

## W2116
### 造人经法术的力量成活

【关联】[W9002] 魔法的作用

实 例

[傈僳族] 神匠削的木偶人，用神术使它们有了生命。

【流传】（无考）

【出处】《神匠》，见中国各民族宗教与神话大词典编审委员会编《中国各民族宗教与神话大词典》，北京：学苑出版社 1990 年版，第 386 页。

## W2116.1
### 造的人经念咒吹气成活

【关联】[W9175] 咒语

实 例

❶ [汉族] 女娲就照玉皇大帝教给她的办法，向泥人念咒语后，泥人成活。

【流传】陕西省·（榆林市）·绥德县·城关镇

【出处】马世厚讲，刘汉腾采录：《女娲造就人世》，见中国民间文学集成全国编辑委员会编《中国民间故事集成》（陕西卷），北京：中国 ISBN 中心 1996 年版，第 5 页。

❷［蒙古族］创世神母子造装土的皮人，创世神念咒吹气，变成了男子和女子。

【流传】（无考）

【出处】

（a）布·孟和搜集，哈斯翻译：《巴巴额吉造人》，载《汗腾格里》（托忒文）1988 年第 1 期。

（b）布·孟和搜集整理，哈斯翻译：《巴巴额吉造人》，见满都呼主编《中国阿尔泰语系诸民族神话故事》，北京：民族出版社 1997 年版，第 156 页。

## W2116.2
### 对泥人又喊又跳后成活

【关联】［W9150］巫术

*实例*

［瑶族］务告（女祖先）拿一坨泥巴捏成一个像她一样的泥人。她围着泥人又喊又跳，泥人成活。

【流传】贵州省·（黔南布依族苗族自治州）·荔波县·洞塘乡

【出处】韦老根讲，全心华等采录：《务告造人》，见中国民间文学集成全国编辑委员会编《中国民间故事集成》（贵州卷），北京：中国 ISBN 中心 2003 年版，第 13 页。

## W2117
### 造人干燥后成活

*实例*

（参见下级母题实例）

## W2117.1
### 风吹干后泥人成活

*实例*

❶［哈萨克族］上帝造人后，用风吹干，赋予了生命。

【流传】（无考）

【出处】依曼阿力·萨萨诺甫讲，阿里木别克·加玛力搜集，安蕾、毕桦译：《人类是怎样在大地上繁衍开来的》，见满都呼主编《中国阿尔泰语系诸民族神话故事》，北京：民族出版社 1997 年版，第 66 页。

❷［哈萨克族］上帝用泥巴造了个人，然后用风把泥人吹干。

【流传】（无考）

【出处】波勒泰·比达克买提等搜集，安蕾、毕桦译：《上帝用泥土造人》，见满都呼主编《中国阿尔泰语系诸民族神话故事》，北京：民族出版社 1997 年版，第 67 页。

❸［哈萨克族］从泥土里挖出的一对男女，经过几个月的风吹日晒之后才有了生命，然后才变成了人。

【流传】新疆维吾尔自治区·（乌鲁木齐市）·乌鲁木齐县·白杨沟夏牧场

【出处】谢热亚孜旦·马尔萨克讲，尼

合买提·蒙加尼采录，杨凌等译：《阿依祖父和阿依祖母》，见中国民间文学集成全国编辑委员会编《中国民间故事集成》（新疆卷），北京：中国ISBN中心2008年版，第32页。

❹ [汉族] 女娲甩在地上的泥点都成了泥人。她用大叶片朝这些泥人扇了几扇，泥人一个个都活了。

【流传】上海市·黄浦区

【出处】曹鸿翔讲，方卡采录：《女娲娘娘造人》，见中国民间文学集成全国编辑委员会编《中国民间故事集成》（上海卷），北京：中国ISBN中心2007年版，第5页。

❺ [汉族] 兄妹手捏的黄泥人，风吹干后成活人。

【流传】吉林省·（长春市）·农安县·华家乡

【出处】万中山讲，王福义采录：《高公高婆》，见中国民间文学集成全国编辑委员会编《中国民间故事集成》（吉林卷），北京：中国文联出版公司1992年版，第10~12页。

## W2117.2

### 泥人经火烤风吹后成活

实 例

❶ [哈萨克族] 安拉捏了个泥人，风吹晾干，然后用火烧烤，赋予它生命，这就是亚当。

【流传】新疆维吾尔自治区·（伊犁哈萨克自治州）·新源县

【出处】依玛纳勒·萨萨诺夫讲，阿勒木别克·加玛里采录，多里坤·阿米尔等译：《人的来历》，见中国民间文学集成全国编辑委员会编《中国民间故事集成》（新疆卷），北京：中国ISBN中心2008年版，第27页。

❷ [哈萨克族] 上帝把全宇宙的精华掺和在土里，用河水和成泥，制成人形，用火烘烤，用风吹干，成为人祖。

【流传】（无考）

【出处】依曼阿力·萨萨诺甫讲，安蕾、毕桪译：《人类是怎样在大地上繁衍开来的》，见满都呼主编《中国阿尔泰语系诸民族神话故事》，北京：民族出版社1997年版，第66~67页。

## W2117.2.1

### 泥人用火烧干后成活

【关联】[W6251] 陶器的产生

实 例

[高山族（泰雅）] 神用泥土捏成人形后，放进火里去烧。

【流传】台湾·桃竹苗地区

【出处】陈光松讲，许端容采录整理：《各色人种的由来》，原载金荣华编《台湾桃竹苗地区民间故事》，见陶阳、钟秀编《中国神话》（上），北京：商务印书馆2008年版，第316页。

## W2117.3

### 造的人晒后成活（造人晒干成活）

实 例

❶ [汉族] 女娲用黄胶泥造的泥人，晒

后成活。

【流传】河南省·（驻马店市）·汝南县·老君庙乡

【出处】丁李氏讲：《女娲造人》，见中国民间文学集成全国编辑委员会编《中国民间故事集成》（河南卷），北京：中国ISBN中心2001年版，第19~20页。

❷ [汉族] 姐弟俩捏成泥人，晒干以后，经过老道的点化，变成真人。

【流传】黑龙江省·（绥化市）·青冈县·劳动乡·新富村

【出处】樊老太太讲，赵鸽采录：《高祖公高祖婆》，见中国民间文学集成全国编辑委员会编《中国民间故事集成》（黑龙江卷），北京：中国ISBN中心2005年版，第9页。

❸ [汉族] 伏羲女娲用泥造人时，泥人捏好了，要晒干，才能成活。

【流传】江苏省·（淮安市）·涟水县·南集乡·禹庄村

【出处】徐学尧讲，徐省生搜集整理：《世界的由来》（1983），见姚宝瑄主编《中国各民族神话》（汉族），太原：山西出版传媒集团·书海出版社2014年版，第24~28页。

## W2117.3.1
### 泥人经太阳晒后成活

实 例

❶ [汉族] 女娲娘娘把泥人搬到场上去晒，等晒干以后，穿上衣裳，就可以活起来配对。

【流传】上海市·上海县·华漕乡·吴家巷

【出处】王忠明讲，秦复兴采录：《人是哪里来的》，见中国民间文学集成全国编辑委员会编《中国民间故事集成》（上海卷），北京：中国ISBN中心2007年版，第6页。

❷ [汉族] 金童和玉女来到地上，按照对方的模样捏人，把捏好的泥人放在地上晒。这些泥人都活了。

【流传】江苏省·（徐州市）·新沂市

【出处】徐太凤讲，孟玉红搜集整理：《人的来历和女娲补天》（1986.03.14），见姚宝瑄主编《中国各民族神话》（汉族），太原：山西出版传媒集团·书海出版社2014年版，第58~61页。

## W2117.3.2
### 木头人经太阳晒后成活

实 例

❶ [满族] 老妈妈用石片刀刻了一些木头人，把这些木头人拿到太阳底下一晒，就活了。

【流传】（无考）

【出处】穆晔骏讲，孟慧英整理：《恰喀拉人是怎么来的》，原载中国民间文艺研究会黑龙江分会编《黑龙江民间文学》第19集，1983年，内部资料，见姚宝瑄主编《中国各民族神话》（满族、赫哲族、朝鲜族），太原：山西出版传媒集团·书海出版社2014年版，第19~20页。

❷ [满族] 一个老妈妈神造好木头人

## 2.3.6 造人的成活与结果 ‖W2117.3.2 — W2117.4‖ 245

后，把它们拿到太阳底下去晒，一晒这些人就活了。

【流传】黑龙江省·（哈尔滨市）·双城县（双城区）

【出处】

（a）穆晔骏讲，孟慧英搜集整理：《恰喀拉人是怎么来的》，原载《黑龙江民间文学》第 19 集，见陶阳、钟秀编《中国神话》（上），北京：商务印书馆 2008 年版，第 320 页。

❸ [满族] 老妈妈刻的几个木头人，拿到太阳底下晒，就活了。

【流传】黑龙江省·（哈尔滨市）·阿城市（阿城区）

【出处】穆尔察·晔骏讲，孟慧英采录：《恰喀拉人是怎么来的》，见中国民间文学集成全国编辑委员会编《中国民间故事集成》（黑龙江卷），北京：中国 ISBN 中心 2005 年版，第 20 页。

### W2117.3.3
**造的人晒特定时间后成活**

实例

（参见下级母题实例）

### W2117.3.3.1
**泥人经太阳晒 7 天成活**

【关联】［W2391.2.1.1］特定的动物变成人需要 7 天

实例

❶ [彝族] 天上的托罗神和沙罗神两个大神用山脚下的黄土、黑炭、白泥造出男人和女人。可是人还不会动。托罗神和沙罗神就把他们放在太阳底下，让太阳整整晒了七天，人就会动了。

【流传】云南省·（红河哈尼族彝族自治州）·弥勒县、泸西县，（昆明市）·路南县（石林彝族自治县）等地

【出处】毕荣亮讲，光未然采集整理，古梅改写：《创世纪》，见姚宝瑄主编《中国各民族神话》（羌族、彝族），太原：山西出版传媒集团·书海出版社 2014 年版，第 93~94 页。

❷ [彝族（阿细）] 男神阿热和女神阿咪造出泥人。阿热和阿咪就把一对泥人拿去晒太阳，晒了七天，泥人便晒活了。

【流传】（a）云南省·红河哈尼族彝族自治州·弥勒县·（西山镇）

【出处】

（a）潘正兴等唱述，云南省民族民间文学红河调查队搜集翻译整理：《阿细的先基》，昆明：云南人民出版社 1959 年版。

b）云南省民族民间文学红河调查队搜集整理，古梅改写：《最古的时候》，见姚宝瑄主编《中国各民族神话》（羌族、彝族），太原：山西出版传媒集团·书海出版社 2014 年版，第 142 页。

### W2117.4
**泥人放进窑中烧后成活**

【关联】

① ［W2117.2.1］用火烧干泥人成活

② ［W6251］陶器的产生

> 实 例

❶ [苗族] 用泥做的男娃女娃，放进窑烧成人。

【流传】广西壮族自治区·（柳州市）·融水县（融水苗族自治县）·滚贝乡

【出处】杨达香讲：《纳罗引勾开天辟地造人》，见中国民间文学集成全国编辑委员会编《中国民间故事集成》（广西卷），北京：中国 ISBN 中心 2001 年版，第 24～30 页。

❷ [畲族] 上帝捏泥人，经烤烧后成为现在的人。

【流传】福建省·（泉州市）·石狮市

【出处】王荣发讲，王人秋采录：《造人》，见中国民间文学集成全国编辑委员会编《中国民间故事集成》（福建卷），北京：中国 ISBN 中心 1998 年版，第 6 页。

## W2118
### 造的人进食后成活

【关联】[W2690] 人的抚养

> 实 例

（参见下级母题实例）

## W2118.0
### 泥人进食后成活

> 实 例

（参见下级母题实例）

## W2118.1
### 神用粮食喂泥人后成活

【关联】[W2052] 神造人

> 实 例

[藏族] 神用粮食喂泥巴灰做的娃娃，变成现在人的祖先。

【流传】

(a) 四川省·（凉山彝族自治州）·木里县（木里藏族自治县）·桃坝乡

(b) 四川省

【出处】

(a) 扎西仁青讲：《洪水潮天》，见中国民间文学集成全国编辑委员会编《中国民间故事集成》（四川卷·上），北京：中国 ISBN 中心 1998 年版，第 938 页。

(b)《洪水滔天》，见 http://history.1001n.com.cn，2004.09.02。

## W2118.2
### 泥人吃露水后成活

【关联】[W2262.8] 喝露水孕生人（接触露水孕生人）

> 实 例

❶ [汉族] 伏羲兄妹造的泥巴人吃了露水全部成活。

【流传】四川省·（资阳市）·简阳县（简阳市）·壮溪乡

【出处】吴别洞讲，邓文康采录：《伏羲兄妹造人》，见中国民间文学集成全国编辑委员会编《中国民间故事集成》（四川卷·上），北京：中国 ISBN 中心 1998 年版，第 49 页。

❷ [汉族] 伏羲兄妹造的泥巴人吃了露水都活了，成双成对的十分快活。

【流传】（无考）

【出处】吴别洞讲，邓文康采录：《伏羲兄妹造人》，见陶阳、钟秀编《中国神话》（上），北京：商务印书馆2008年版，第509~512页。

❸［蒙古族］造的泥人喝了生命的甘露才能成活。
【流传】（无考）
【出处】
（a）却拉布吉译：《天神造人》，见谷德明编《中国少数民族神话》，北京：中国民间文艺出版社1987年版，第29~31页。
（b）［蒙古］斯仁·索德那木编：《蒙古民间故事集》，乌兰巴托斯拉夫1979年。

## W2118.3
### 生命水使泥人成活

**实 例**

［蒙古族］天神用生命之水使造的泥人活起来。
【流传】（无考）
【出处】满都呼译：《为什么狗有毛而人无毛》，见满都呼主编《中国阿尔泰语系诸民族神话故事》，北京：民族出版社1997年版，第155页。

## W2119
### 造人经洗礼后成活
【关联】［W6456］宗教仪式

**实 例**

（参见下级母题实例）

## W2119.1
### 泥人经洗礼后成活

**实 例**

［傣族］人类始祖布桑族和雅桑族夫妇，分别用泥捏男女，经洗礼变成人。
【流传】云南省·（西双版纳傣族自治州）·景洪（景洪市）
【出处】波岩扁讲：《布桑族雅桑族》，见中国民间文学集成全国编辑委员会编《中国民间故事集成》（云南卷），北京：中国ISBN中心2003年版，第85~86页。

## W2119.1.1
### 泥人经日光和风雨洗礼成活
（泥人经日光和风雨作用成活）

**实 例**

❶［傣族］布尚改、雅尚改（造物神）造的泥人经过日光和风雨的洗礼后成活。
【流传】云南省
【出处】《布尚改雅尚改》，见岩温扁、征鹏编译《傣族民间传说》，北京：中国旅游出版社1982年版，第1页。

❷［黎族］很久以前，神仙把葫芦瓜开了个口，把用泥土捏成的哥妹两人放进去，洪水后经过日光和水的作用，成活。
【流传】海南省·琼中县（琼中黎族苗族自治县）·五指山公社·水满村（今属五指山市·水满乡）
【出处】王知会讲，云博生采录：《人类

的起源》，见中国民间文学集成全国编辑委员会编《中国民间故事集成》（海南卷），北京：中国 ISBN 中心 2002 年版，第 3 页。

## W2120
### 造人得到灵魂后成活
【关联】
① ［W2114.5］吹灵气使造的人成活
② ［W2659.9a］怪胎剁碎得到灵魂后变成人

实例

（参见下级母题实例）

## W2120.0
### 泥人得到灵魂后成活
【关联】［W0870］灵魂（鬼）

实例

［塔吉克族］安拉让众天使造泥人后，凭借自己的灵光给人注入了生命。
【流传】新疆维吾尔自治区·（喀什地区）·塔什库尔干塔吉克自治县·瓦尔西代乡
【出处】马达里汗讲，西仁·库尔班等采录翻译：《人类的来历》，见中国民间文学集成全国编辑委员会编《中国民间故事集成》（新疆卷），北京：中国 ISBN 中心 2008 年版，第 34 页。

## W2120.0.1
### 最早造出的人没有灵魂

实例

（参见下级母题实例）

## W2120.0.1.1
### 最早造出的泥人没有灵魂

实例

［维吾尔族］女天神造出来的泥人没有灵魂，不会说话，不会走路。
【流传】新疆维吾尔自治区·伊犁州（伊犁哈萨克自治州）、新疆南疆一带
【出处】阿不都拉搜集翻译，姚宝瑄整理：《女天神创造亚当》，见姚宝瑄主编《中国各民族神话》（乌孜别克族、哈萨克族、柯尔克孜族、俄罗斯族、维吾尔族、塔吉克族、塔塔尔族、锡伯族），太原：山西出版传媒集团·书海出版社 2014 年版，第 223～224 页。

## W2120.0.2
### 把灵魂吹进泥人体内后成活
【关联】［W2114］造人经吹气后成活

实例

❶ ［哈萨克族］迦萨甘用黄泥捏出泥人，取来灵魂，从小泥人的嘴巴里吹进去，一对小泥人成活了。
【流传】新疆维吾尔自治区
【出处】
（a）尼哈迈提·蒙加尼整理，校仲彝记录整理：《迦萨甘创世》，见《新疆民族神话故事选》，乌鲁木齐：新疆人民出版社 1989 年版。
（b）同（a），见姚宝瑄主编《中国各民族神话》（乌孜别克族、哈萨克族、柯尔克孜族、俄罗斯族、维吾尔族、塔吉克族、塔塔尔族、锡伯族），太

原：山西出版传媒集团·书海出版社2014年版，第23页。

❷ [蒙古族] 母亲神用羊皮缝的人形中填塞泥土后，吹入灵魂形成人类。
【流传】（无考）
【出处】陈岗龙、乌日古木勒：《蒙古民间文学》，银川：宁夏人民出版社2008年版，第9页。

## W2120.1
### 空心泥人得到灵魂后成活

实 例

[哈萨克族] 创世主迦萨甘造的空心小泥人得到灵魂后成活。
【流传】（a）新疆维吾尔自治区
【出处】
（a）《造物主创世》，见满都呼主编《中国阿尔泰语系诸民族神话故事》，北京：民族出版社1997年版，第63页。
（b）尼合迈德·蒙加尼搜集，校仲彝翻译整理：《迦萨甘创世》，见谷德明编《中国少数民族神话》，北京：中国民间文艺出版社1987年版，第727页。

## W2120.2
### 特定的人物给泥人灵魂后泥人成活

实 例

（参见下级母题实例）

## W2120.2.1
### 造物主给泥人灵魂后泥人成活

【关联】［W2058］造物主造人（造人神造人）

实 例

[哈萨克族] 创世主迦萨甘造出一对空心小泥人，然后取来灵魂，从小泥人的嘴巴里吹入腹中，小泥人成活。
【流传】（a）新疆维吾尔自治区
【出处】
（a）《造物主创世》，见满都呼主编《中国阿尔泰语系诸民族神话故事》，北京：民族出版社1997年版，第63页。
（b）尼合迈德·蒙加尼搜集，校仲彝翻译整理：《迦萨甘创世》，见谷德明编《中国少数民族神话》，北京：中国民间文艺出版社1987年版，第727页。

## W2120.2.2
### 真主给泥人灵魂后泥人成活

【关联】［W2067］真主造人

实 例

[维吾尔族] 女天神用泥造人，真主向用泥造人吹气，给人灵魂，成活后叫亚当。
【流传】新疆维吾尔自治区
【出处】张越、姚宝瑄：《新疆民族神话选·女天神创造亚当》，乌鲁木齐：新疆人民出版社1989年版。

## W2121
### 造人放特定地点后成活

【关联】［W2126］造人的地点

实 例

（参见下级母题实例）

## W2121.1
### 造人放野外成活

实 例

（参见下级母题实例）

## W2121.1.1
### 泥人放野外成活

实 例

[布朗族] 两个动物用泥巴捏成人形，把它放在野外后成活。

【流传】云南省·西双版纳（西双版纳傣族自治州）·勐海县·布朗山乡

【出处】《艾布林嘎与依娣林嘎》，见云南省民族事务委员会编《布朗族文化大观》，昆明：云南民族出版社1999年版，第175页。

## W2121.2
### 造人放口中后成活

实 例

（参见下级母题实例）

## W2121.2.1
### 造人放鱼嘴里后成活

【关联】[W2166] 鱼生人

实 例

[赫哲族] 天神把泥人放鱼口中，跳出后有了人类。

【流传】（无考）

【出处】徐昌翰、黄任远：《赫哲族文学》，哈尔滨：北方文艺出版社1991年版，第45页。

## W2121.3
### 造的人放葫芦中成活

【关联】[W2184] 葫芦生人

实 例

[黎族] 很久以前，有个神仙把葫芦瓜开了个口，把用泥土捏成的哥妹两人放进去。洪水后经过日光和水的作用，成为活人。

【流传】海南省·琼中县（琼中黎族苗族自治县）·五指山公社·水满村（今属五指山市·水满乡）

【出处】王知会讲，云博生采录：《人类的起源》，见中国民间文学集成全国编辑委员会编《中国民间故事集成》（海南卷），北京：中国ISBN中心2002年版，第3页。

## W2121.4
### 造人放罐中成活

实 例

（参见下级母题实例）

## W2121.4.1
### 造人放石罐中成活

实 例

[满族] 天神阿布卡恩都里造了一男一女两个人，然后把他们放在一个石头罐子里，又把石头罐子放到水里，罐子就在水面上漂着。

【流传】（无考）

【出处】《天神创世》，见姚宝瑄主编《中国各民族神话》（满族、赫哲族、朝鲜族），太原：山西出版传媒集团·书海出版社2014年版，第15~16页。

## W2121.5
### 造人放洞中成活

实例

（参见下级母题实例）

## W2121.5.1
### 造人放到山洞后成活

【关联】［W6178.2］人住山洞

实例

（实例待考）

## W2121.5.2
### 造人放石洞中成活

实例

❶ ［佤族］莫伟（传说中的人神，旧译"木依吉"、"慕依走"）把造的人放在石洞里。小米雀啄开石洞后，人从石洞里挤挤攘攘地走出来。

【流传】云南省·（普洱市）·西盟县（西盟佤族自治县），（临沧市）·沧源县（沧源佤族自治县）

【出处】随戛、岩扫、岩瑞等讲述，艾荻、张开达搜集整理：《司岗里》，载《山茶》1988年第1期。

❷ ［佤族］利吉神和陆安神把造的人放进石洞里，后来成活。

【流传】云南省阿佤山一带

【出处】《西岗里》，见中国社会科学院云南少数民族文学研究所等编《云南少数民族文学资料》（第1辑），内部编印，1980年，第8页。

## W2121.6
### 造人放箱子后成活

实例

❶ ［水族］牙线把剪好的纸人放在箱子里，过了10天，打开箱盖，从箱里面跳出来无数的男男和女女。

【流传】贵州省·（黔南布依族苗族自治州）·三都县（三都水族自治县）·恒丰乡

【出处】韦行公讲，韦荣康采录：《牙线剪纸造人》，见中国民间文学集成全国编辑委员会编《中国民间故事集成》（贵州卷），北京：中国ISBN中心2003年版，第12页。

❷ ［瑶族］密洛陀（女神名）用蜂泥造出人的形状后，放进箱子。过了三百六十天后成活。

【流传】广西壮族自治区·（河池市）都安瑶族自治县、江水河一带瑶族地区

【出处】《密洛陀创世》，蓝田根据莎红整理的《密洛陀》和潘泉脉整理的《密洛陀》两部不同版本的长诗《密洛陀》改写，见姚宝瑄主编《中国各民族神话》（土家族、毛南族、侗族、瑶族），太原：山西出版传媒集团·

❸ [瑶族] 密洛陀用蜂蜡捏人，放 4 个箱子中，后来分别出现了人。

【流传】广西壮族自治区·（河池市）·大化县（大化瑶族自治县）·七百弄

【出处】蓝阿勇讲：《密洛陀》，见中国民间文学集成全国编辑委员会编《中国民间故事集成》（广西卷），北京：中国 ISBN 中心 2001 年版，第 11～22 页。

## W2121.7
### 造人放进缸中成活

实例

[瑶族（布努）] 密洛陀（万物之母，女始祖，女神）生的 12 个女孩造人时，把花蜡造的人装在缸中，缸放在大姐腹中，人在缸里天天肥胖长大。

【流传】广西壮族自治区·（河池市）·都安县（都安瑶族自治县）、巴马县（巴马瑶族自治县）、南丹县，（百色市）·田东县、平果县等地

【出处】桑布郎等传，蒙凤标（83 岁）、罗仁祥（73 岁）等唱：《密洛陀》（1983），见蓝怀昌、蓝书京、蒙通顺搜集翻译整理《密洛陀》，北京：中国民间文艺出版社 1988 年版，第 310 页。

## W2121.7.1
### 造人放瓦缸中成活

实例

[瑶族] 密洛陀拿蜂蜡造人，放进瓦缸里，经过 9 个月，蜂仔已成人。

【流传】（无考）

【出处】莎红整理：《密洛陀》，南宁：广西人民出版社 1981 年版，第 54 页。

## W2121.8
### 造人放地上成活

实例

（参见下级母题实例）

## W2121.8.1
### 泥人放地上成活

实例

[藏族] 女娲在河边用手去捏泥巴。她把泥巴做成像她一样的人，放在地上时，这个泥巴娃娃就走起路来。

【流传】云南省·迪庆藏族自治州·汤美村

【出处】

(a) 马龙祥、李子贤记录：《女娲娘娘补天》（1960s），见《钟敬文民间文学论集》（上），上海：上海文艺出版社 1982 年版。

(b) 同 (a)，见姚宝瑄主编《中国各民族神话》（门巴族、珞巴族、怒族、藏族），太原：山西出版传媒集团·书海出版社 2014 年版，第 81 页。

## W2121.8.1.1
### 泥人接触地面成活

实例

❶ [汉族] 女娲用泥揉成的人，刚一接

触到地面，马上就活了起来。

【流传】（a）四川省·（凉山彝族自治州）·德昌县·热和乡·田村。

【出处】

（a）刘廷香讲，汤应照采录：《女娲造人》（1986），见中国民间文学集成全国编辑委员会编《中国民间故事集成》（四川卷·上），北京：中国 ISBN 中心 1998 年版，第 27 页。

（b）《女娲创造人类》，原载袁珂编译《中国神话故事》，见陶阳、钟秀编《中国神话》（上），北京：商务印书馆 2008 年版，第 317～319 页。

❷［藏族］女娲把捏成的泥巴人一放到地上，都能说话会走路。

【流传】

（a）云南省·（迪庆藏族自治州）·中甸县（香格里拉县）。

（b）云南省·迪庆州（迪庆藏族自治州）·汤美村。

【出处】

（a）马祥龙采录，谷子等整理：《女娲娘娘》，见中国民间文学集成全国编辑委员会编《中国民间故事集成》（云南卷），北京：中国 ISBN 中心 2003 年版，第 67 页。

（b）马祥龙记录：《女娲娘娘补天》，见谷德明编《中国少数民族神话》，北京：中国民间文艺出版社 1987 年版，第 699 页。

## W2121.8.1.2
### 女娲造泥人放地上成活

【关联】［W2065］女娲造人

实 例

［藏族］女娲在河边用泥巴捏成了一个个像她自己一样的人。泥巴人一放到地上，就成活了。

【流传】云南省·迪庆藏族自治州

【出处】马龙祥、李子贤搜集整理：《女娲娘娘》，载《民间文学》1985 年第 4 期。

## W2121.8.2
### 泥人埋在土里成活

实 例

［汉族］平女娲补天用泥土做了许多双双对对的男人和女人，埋在土里，泥人成活。

【流传】宁夏回族自治区·（石嘴山市）·平罗县

【出处】邰永山讲：《世上人为啥女人比男人少》，见中国民间文学集成全国编辑委员会编《中国民间故事集成》（宁夏卷），北京：中国 ISBN 中心 1999 年版，第 14 页。

## W2121.8.2.1
### 泥人埋在土里 7 天后成活

实 例

［汉族］世神把泥人埋在土里，过七天就变成活人，是个母的。

【流传】甘肃省·（庆阳市）·宁县·新宁镇·柏庄村

【出处】任孝忠采录：《世神造人》，见中国民间文学集成全国编辑委员会编

《中国民间故事集成》（甘肃卷），北京：中国 ISBN 中心 2001 年版，第 9 页。

## W2121.9
### 造人放坑里成活

实例

（参见下级母题实例）

## W2121.9.1
### 造的木头人放坑里成活

实例

[羌族] 阿巴木比塔（羌语，意为天神或天帝）造时，用宝刀刻削了九对小木人，把木头小人放到一个地坑里，坑沿上盖上石板。

【流传】四川省·（阿坝藏族羌族自治州）·茂县

【出处】《羊角花》，见茂县文化馆编《羌族民间故事》（三），1982 年 12 月，转引自吕大吉、何耀华总主编《中国各民族原始宗教资料集成》（纳西族卷、羌族卷、独龙族卷、傈僳族卷、怒族卷），北京：中国社会科学出版社 2000 年版，第 583 页。

## W2121.9.2
### 造的木头人放坑里没有成人

实例

[纳西族] 崇顶吕英英用杜鹃木制成六个木偶人，放在挖好之地坑。但没有做成人种。

【流传】云南省·（丽江市·宁蒗彝族自治县）·永宁（永宁乡）一带

【出处】阿窝都之诵，陈福全调查记录，和志武翻译整理：《崇顶吕英英·泽亨金金米》（祭天神和祖先）（1962，1989），见吕大吉、何耀华总主编《中国各民族原始宗教资料集成》（纳西族卷、羌族卷、独龙族卷、傈僳族卷、怒族卷），北京：中国社会科学出版社 2000 年版，第 228 页。

## W2121.10
### 造人放神前成活

实例

（参见下级母题实例）

## W2121.10.1
### 造人放神母那里成活

实例

[哈萨克族] 泥娃娃到了神母面前，在神母这儿度过了九个月后，真的获得了生命。

【流传】新疆维吾尔自治区·（乌鲁木齐市）·乌鲁木齐县·白杨沟夏牧场

【出处】谢热亚孜旦·马尔萨克讲，尼合买提·蒙加尼采录，杨凌等翻译：《光身祖先》，见中国民间文学集成全国编辑委员会编《中国民间故事集成》（新疆卷），北京：中国 ISBN 中心 2008 年版，第 40 页。

## W2122
### 造人成活的其他条件
实 例

（参见下级母题实例）

## W2122.1
### 造人受日月之精后成活
实 例

（参见下级母题实例）

## W2122.1.1
### 泥人受日月精华成活
实 例

❶ [汉族] 女娲娘娘捏成的很多泥巴人，放在高山顶上，受山川正气的熏陶，日月精华的照晒，这些泥巴人都变成了活人。

【流传】湖北省·（荆门市）·京山县

【出处】程正福讲，高式儒采录：《人是泥巴捏的》，原载《京山民间故事》，见陶阳、钟秀编《中国神话》（上），北京：商务印书馆2008年版，第323页。

❷ [汉族] 盘古造的血泥人儿吸收天地灵气、日月精华后成活。

【流传】山西省·（运城市）·闻喜县（旧称桐乡）·（桐城镇）·峪堡村

【出处】王有山讲，王更元采录：《盘古出生》，见中国民间文学集成全国编辑委员会编《中国民间故事集成》（山西卷），北京：中国ISBN中心1999年版，第3页。

## W2122.1.1.1
### 泥人受100天日月精华成活
实 例

❶ [汉族] 兄妹婚后做的小泥人，经100天日月精华，晒干后成活。

【流传】吉林省·通化（通化市）

【出处】《人是怎么留下来的》，见柳竹等采集整理《吉林省民间文学集成通化卷·黄显孚故事集》，内部编印，1980年，第2页。

❷ [汉族] 泥人受日精月华，100天后成为活人。

【流传】吉林省·（四平市）·伊通县（伊通满族自治县）

【出处】王洪义讲，王福金采录：《高公高婆》，见中国民间文学集成全国编辑委员会编《中国民间故事集成》（吉林卷），北京：中国文联出版公司1992年版，第10页。

## W2122.2
### 泥人用草盖起来后成活
实 例

[壮族] 姆洛甲（女始祖）捏了很多泥人，用草盖起来，后来泥人活起来。

【流传】

(ab) 广西壮族自治区·（河池市）·大化县（大化瑶族自治县）·羌圩乡·那康村

(cd) 广西壮族自治区·（河池市）·

【出处】

（a）覃鼎琨讲，覃承勤采录翻译：《姆洛甲造三批人》，见中国民间文学集成全国编辑委员会编《中国民间故事集成》（广西卷），北京：中国ISBN中心2001年版，第4页。

（b）同（a），见张声震总主编，农冠品编注《壮族神话集成》，南宁：广西民族出版社2007年版，第22页。

（c）覃奶讲，蓝鸿恩采录翻译：《姆洛甲出世》，见中国民间文学集成全国编辑委员会编《中国民间故事集成》（广西卷），北京：中国ISBN中心2001年版，第3页。

（d）同（c），见张声震总主编，农冠品编注《壮族神话集成》，南宁：广西民族出版社2007年版，第21页。

## W2122.3
### 泥人身上滴血后成活

【关联】［W2263.4］接触血液孕生人（感血孕生人）

实例

❶［壮族］伏羲兄妹往做的泥人身上滴了自己的血，泥人成活。

【流传】广西壮族自治区·贵港市·（港北区·中里乡）·龙山屯（龙山圩）

【出处】欧有恒讲：《伏羲兄妹》，见张声震总主编，农冠品编注《壮族神话集成》，南宁：广西民族出版社2007年版，第326页。

❷［壮族］伏依兄妹用黄泥做成千万个泥人，然后在每个泥人身上滴下一滴鲜血而变为有血有肉的人。

【流传】（无考）

【出处】韦其麟：《壮族民间文学概观》，南宁：广西人民出版社1988年版。

## W2122.3.1
### 造人者把中指的血洒到泥人身上后成活

实例

［高山族］玛祖婆咬开中指，把中指的血洒在两个泥人的身上，然后，把两个泥人放在一座高山顶上。过了不大工夫，这两个泥人就变成有血有肉、有筋骨的真人了。

【流传】（无考）

【出处】《纹面断齿成亲》，原载蔡铁民编《高山族民间故事选》，见陶阳、钟秀编《中国神话》（下），北京：商务印书馆2008年版，第1505~1506页。

## W2122.4
### 借助于男人使女人成活

实例

［彝族］天上的托罗神和沙罗神两个大神先造出男人，又从男人的身上，抽出一根肋巴骨，把这根肋巴骨加在女人的肋骨上，才造出了女人。

【流传】云南省·（红河哈尼族彝族自治州）·弥勒县、泸西县，（昆明市）·路南县（石林彝族自治县）等地

【出处】毕荣亮讲，光未然采集整理，

古梅改写：《创世纪》，见姚宝瑄主编《中国各民族神话》（羌族、彝族），太原：山西出版传媒集团·书海出版社2014年版，第93页。

## W2122.5
### 泥人被昆虫推动后成活

**实例**

❶ [维吾尔族] 女神吐出的小泥人被昆虫推动后成活。
【流传】（无考）
【出处】《天神创世》，见阿布都拉等《维吾尔族女天神创世神话试析》，载《民间文学》1985年第9期。

❷ [维吾尔族] 泥人经女神唾沫星子化成的小昆虫推动，变成活人。
【流传】新疆维吾尔自治区·伊犁哈萨克自治州·查布察尔锡伯自治县
【出处】《女天神创世》，见陶阳、牟钟秀著《中国创世神话》，上海：上海人民出版社2006年版，第115页。

## W2122.6
### 造人滴水后成活

【关联】[W2275.5] 感雨孕生人

**实例**

[布朗族] 神用水滴在用木头削的人像身上，木人成了有生命的人。
【流传】云南省·西双版纳（西双版纳傣族自治州）·勐海县
【出处】《帕雅英与十二瓦席》，见云南省民族事务委员会编《布朗族文化大观》，昆明：云南民族出版社1999年版，第173页。

## W2122.6.1
### 泥人淋雨后成活

**实例**

（参见下级母题实例）

## W2122.6.1.1
### 泥人淋仙水后成活

**实例**

[汉族] 地神公公造的泥人，经过淋仙水之后一个个都变活了。
【流传】上海市·嘉定县（嘉定区）·黄渡乡·杨家村
【出处】金世英讲，徐忠良采录：《人的起源》，见中国民间文学集成全国编辑委员会编《中国民间故事集成》（上海卷），北京：中国ISBN中心2007年版，第7页。

## W2122.6.2
### 神往造的人身上滴水后成活

**实例**

[汉族] 观音娘娘用杨柳枝蘸仙水化成雨滴从空中洒下来，洒到地神公公造的泥人身上，一个个泥人都变活了。
【流传】上海市·嘉定县（嘉定区）·黄渡乡·杨家村
【出处】金世英讲，徐忠良采录：《人的起源》，见中国民间文学集成全国编辑委员会编《中国民间故事集成》

（上海卷），北京：中国 ISBN 中心 2007 年版，第 7 页。

## W2122.7
### 造的人经过几次变化成活
【关联】［W2127］造人的次数

实 例

［羌族］阿巴木比塔（天神、天帝）把造的九对小木人放到一个地坑里并盖上石板。每天给小木人呵三口气。到第一个戊日，小木人开始眨眼了；到第二个戊日，小木人在摆头甩手了；到第三个戊日，小木人说话了。于是揭开坑盖石板，小木人跑了出来。

【流传】四川省·（阿坝藏族羌族自治州）·茂县

【出处】《羊角花》，见茂县文化馆编《羌族民间故事》（三），1982 年，转引自吕大吉、何耀华总主编《中国各民族原始宗教资料集成》（纳西族卷、羌族卷、独龙族卷、傈僳族卷、怒族卷），北京：中国社会科学出版社 2000 年版，第 583 页。

## W2122.8
### 造的人肚里放进神果成活

实 例

（参见下级母题实例）

## W2122.8.1
### 天神往造的人肚里放进神果后成活
【关联】［W2053］天神造人

实 例

［满族］南山红果树结的是神果，天神阿不凯恩都哩制造人类的时候，每人肚子里都放一枚红果，人才有了生命。

【流传】（无考）

【出处】《托阿恩都哩》，原载傅英仁编《满族神话故事》，见陶阳、钟秀编《中国神话》（下），北京：商务印书馆 2008 年版，第 1136～1141 页。

## W2122.9
### 造人经摆弄成活
【关联】
① ［W2115］造人经抚摸后成活
② ［W2697.1.5］神的抚摸使人成长
③ ［W9150］巫术

实 例

（参见下级母题实例）

## W2122.9.1
### 造人者的摆弄使泥人成活

实 例

［汉族］盘古夫妻捏泥做人，捏了成千上万，晒了满场满院。盘古把泥人一摆弄，泥人就能走会跑了。

【流传】河南省·（南阳市）·桐柏县

【出处】姚义雨等讲，马卉欣搜集整理：《盘古兄妹》，载《民间文学》1986 年第 1 期。

## W2122.9.1.1
### 男性造人者的摆弄使泥人成活

实 例

〖汉族〗洪水后,盘古兄妹成婚后捏泥人,捏的泥人成千上万,晒得满场满院。盘古把泥人一摆弄,泥人就能走会跑了。

【流传】河南省桐柏山一带

【出处】马卉欣、梁燕搜集,马卉欣整理:《盘古山》,原载中国民间文艺研究会河南分会编《河南民间故事集》,见姚宝瑄主编《中国各民族神话》(汉族),太原:山西出版传媒集团·书海出版社2014年版,第95~100页。

## W2122.9.2
### 泥人受刺激后成活

实 例

(参见下级母题实例)

## W2122.9.2.1
### 泥人受昆虫刺激后成活

实 例

〖维吾尔族〗女天神吐出的泥巴变成的小人们既不会动,又不会跑,也不会说话。于是女天神又吐出昆虫、小飞蛾等,小昆虫在一个小泥人旁边又推又拱,小泥人都成活了。

【流传】新疆维吾尔自治区·伊犁州(伊犁哈萨克自治州)·察布查尔县(察布查尔锡伯自治县)

【出处】牙库布讲,阿不都拉搜集翻译,姚宝瑄整理:《女天神创世》,见姚宝瑄主编《中国各民族神话》(乌孜别克族、哈萨克族、柯尔克孜族、俄罗斯族、维吾尔族、塔吉克族、塔塔尔族、锡伯族),太原:山西出版传媒集团·书海出版社2014年版,第226页。

## W2122.10
### 造的人经母腹孕养成活

实 例

(参见下级母题实例)

## W2122.10.1
### 妹妹造的人经姐姐的肚子孕养成活

实 例

〖瑶族(布努)〗密洛陀(万物之母,女始祖,女神)生的12个女孩造人时,三姐把蜡仔造成24个人,一个个装进人缸后,由大姐用肚孕养。

【流传】广西壮族自治区·(河池市)·都安县(都安瑶族自治县)、巴马县(巴马瑶族自治县)、南丹县,(百色市)·田东县、平果县等地

【出处】桑布郎等传,蒙凤标(83岁)、罗仁祥(73岁)等唱:《密洛陀》(1983),见蓝怀昌、蓝书京、蒙通顺搜集翻译整理《密洛陀》,北京:中国民间文艺出版社1988年版,第310页。

## W2122.11
造的人经洒奶水成活

实例

（参见下级母题实例）

## W2122.11.1
泥人洒奶水后成活

实例

（参见下级母题实例）

## W2122.11.1.1
女娲用奶汁洒泥人后泥人成活

实例

[汉族] 女娲用自己的奶汁往泥人一洒，泥人就成活了。

【流传】浙江省·（衢州市）·江山县（江山市）·凤林镇

【出处】管兰吉讲，杜鹃采录：《兄妹造人》，见中国民间文学集成全国编辑委员会编《中国民间故事集成》（浙江卷），北京：中国 ISBN 中心 1997 年版，第 40 页。

## W2122.12
造的人听到音乐成活

实例

（参见下级母题实例）

## W2122.12.1
泥人听到歌声后成活

实例

[苗族] 一千对男女泥人听了芦声和歌声，都活了。

【流传】贵州省·（黔东南苗族侗族自治州）·镇远县·金堡乡

【出处】杨世兰讲，孙潮采录：《阿央斗天王》，见中国民间文学集成全国编辑委员会编《中国民间故事集成》（贵州卷），北京：中国 ISBN 中心 2003 年版，第 41 页。

## W2123
造人结果

【关联】[W2892] 造人中产生残疾

实例

（参见下级母题实例）

## W2123.0
造出真正的人

【关联】
① [W2124.3] 造人变成恶鬼
② [W2124.3a] 造人变成动物
③ [W2124.3b] 造人变成器物

实例

（参见下级母题实例）

## W2123.0.1
第二代才造出真正的人

【关联】[W2573] 第二代人

实例

[瑶族（布努）] 密洛陀（万物之母，女始祖，女神）造人变成鬼。她生的 12 个女孩造人，造出的这一代是人不是神也不是鬼，而是真的造出了人。

【流传】广西壮族自治区·（河池市）·都安县（都安瑶族自治县）、巴马县（巴马瑶族自治县）、南丹县，（百色市）·田东县、平果县等地

【出处】桑布郎等传，蒙凤标（83岁）、罗仁祥（73岁）等唱：《密洛陀》（1983），见蓝怀昌、蓝书京、蒙通顺搜集翻译整理《密洛陀》，北京：中国民间文艺出版社1988年版，第312页。

## W2123.1
### 造人成活的时间

实例

（参见下级母题实例）

## W2123.1.0
### 造人经3天成活

【关联】[W2125.1.0.1]造人用3天3夜

实例

[土家族] 依罗娘娘按天神的要求默默去造人，三天三夜造人成活。

【流传】湖南省土家族居住地区

【出处】《依罗娘娘造人》，见姚宝瑄主编《中国各民族神话》（土家族、毛南族、侗族、瑶族），太原：山西出版传媒集团·书海出版社2014年版，第5页。

## W2123.1.1
### 造人经10天成活

实例

[水族] 牙线把剪好的纸人放在箱子里，过了10天，打开箱盖，从箱里面跳出来无数的男男和女女。

【流传】贵州省·（黔南布依族苗族自治州）·三都县（三都水族自治县）·恒丰乡

【出处】韦行公讲，韦荣康采录：《牙线剪纸造人》，见中国民间文学集成全国编辑委员会编《中国民间故事集成》（贵州卷），北京：中国ISBN中心2003年版，第12页。

## W2123.1.1a
### 造人经12天成活

实例

（参见下级母题实例）

## W2123.1.1a.1
### 泥人经12天成活

实例

[彝族（阿细）] 男神阿热和女神阿咪用黄泥造出男人，用白泥造出女人，都不会呼吸。他们就每天去看，一天看一次，两天看两次。一天一天地看，便一天一天地变。看到第十二天的时候，泥人的嘴巴有气会呼吸了。

【流传】(a) 云南省·红河哈尼族彝族自治州·弥勒县（弥勒市）·（西山镇）

【出处】

(a) 潘正兴等唱述，云南省民族民间文学红河调查队搜集翻译整理：《阿细的先基》，昆明：云南人民出版社1959年版。

(b) 云南省民族民间文学红河调查队搜集

整理，古梅改写：《最古的时候》，见姚宝瑄主编《中国各民族神话》（羌族、彝族），太原：山西出版传媒集团·书海出版社2014年版，第141页。

## W2123.1.2
### 造人经49天成活

【关联】

① ［W2125.1.2］造人用49天

② ［W2228.12.1］卵经过49天孵化生人（孵卵49天）

③ ［W2896.9.1］人脱皮要用49天

实 例

（参见下级母题实例）

## W2123.1.2.1
### 泥人经49天成活

实 例

❶ ［汉族］女娲用黄泥揉捏人，晒了49天成为男人和女人。

【流传】浙江省·（金华市）·东阳县（东阳市）

【出处】申屠荷兰讲：《女娲造人》，载《民间文学》1986年第11期。

❷ ［汉族］泥人经过49天成活。

【流传】

（a）河南省·（驻马店市）·汝南县·老君庙乡·王庄

（b）浙江省·（金华市）·东阳县（东阳市）·青联乡·雅坑村

【出处】

（a）丁李氏讲，丁国运采录：《女娲造人》，见中国民间文学集成全国编辑委员会编《中国民间故事集成》（河南卷），北京：中国ISBN中心2001年版，第19页。

（b）申屠和兰讲，周耀明采录：《女娲造人》，见中国民间文学集成全国编辑委员会编《中国民间故事集成》（浙江卷），北京：中国ISBN中心1997年版，第39页。

❸ ［汉族］盘古造的血泥人经过了七七四十九个七七四十九天，全都成活。

【流传】山西省·（运城市）·闻喜县（旧称桐乡）·（桐城镇）·峪堡村

【出处】王有山讲，王更元采录：《盘古出生》，见中国民间文学集成全国编辑委员会编《中国民间故事集成》（山西卷），北京：中国ISBN中心1999年版，第3页。

❹ ［壮族］姆洛甲（女始祖）捏了很多泥人，用草盖起来，经过49天，这些泥人活起来了。

【流传】

（ab）广西壮族自治区·（河池市）·大化县（大化瑶族自治县）·羌圩乡·那康村

（cd）广西壮族自治区·（河池市）·大化县（大化瑶族自治县）·都阳镇

【出处】

（a）覃鼎琨讲，覃承勤采录翻译：《姆洛甲造三批人》，见中国民间文学集成全国编辑委员会编《中国民间故事集成》（广西卷），北京：中国ISBN中心2001年版，第4页。

(b) 同（a），见张声震总主编，农冠品编注《壮族神话集成》，南宁：广西民族出版社 2007 年版，第 22 页。

(c) 覃奶讲，蓝鸿恩采录翻译：《姆洛甲出世》，见中国民间文学集成全国编辑委员会编《中国民间故事集成》（广西卷），北京：中国 ISBN 中心 2001 年版，第 3 页。

(d) 同（c），见张声震总主编，农冠品编注《壮族神话集成》，南宁：广西民族出版社 2007 年版，第 21 页。

## W2123.1.3
### 造人经 81 天成活

实例

❶ ［汉族］兄妹造人，过了 81 天后，吹气成活。

【流传】河北省·（邢台市）·内邱县·（五郭店乡）·紫草沟村

【出处】赵丙银讲：《哥姐庙》，见中国民间文学集成全国编辑委员会编《中国民间故事集成》（河北卷），北京：中国 ISBN 中心 2003 年版，第 23～24 页。

## W2123.1.3.1
### 泥人经 81 天成活

实例

［汉族］盘古捏泥人，过了九九八十一天全部成活。

【流传】河北省·（沧州市）·青县·（盘古乡）·大盘古村

【出处】王锡英讲，王汝芳采录：《盘古造人》，见中国民间文学集成全国编辑委员会编《中国民间故事集成》（河北卷），北京：中国 ISBN 中心 2003 年版，第 4 页。

## W2123.1.4
### 造人经 9 个月成活

【关联】
① ［W2391.2.2］9 个月变成人
② ［W2582.2］怀孕 9 个月

实例

［瑶族］密洛陀拿蜂蜡造人，放进瓦缸里，经过 9 个月，蜂仔已成人。

【流传】（无考）

【出处】莎红整理：《密洛陀》，南宁：广西人民出版社 1981 年版，第 54 页。

## W2123.1.4.1
### 造的人经 270 天成活

实例

［瑶族］密洛陀（万物之母，女始祖，女神）把捏好的人形放在四只大箱里，解下自己贴身的衣裙，把他们严严实实地盖起来。为了抚育这些新生命，她用慈母的血气，一连二百七十个日夜不离开。旋风吹开四只箱盖，刹那间传来一声婴儿啼哭声，第一代人出世了！

【流传】广西壮族自治区·（河池市）大化县（大化瑶族自治县）·七百弄乡

【出处】蓝阿勇（72 岁）讲，蒙冠雄采

录翻译：《密洛陀》（1982），见中国民间文学集成全国编辑委员会编《中国民间故事集成》（广西卷），北京：中国 ISBN 中心 2001 年版，第 11～22 页。

## W2123.1.5
### 造人经 1 年成活

实 例

（参见下级母题实例）

## W2123.1.5.1
### 造的人经 360 天成活

【关联】

① ［W2228.12.2a］卵经过 360 天孵化生人（孵卵 360 天）

② ［W2584.1.1］怀孕 1 年（怀孕 360 天）

实 例

[瑶族] 密洛陀（女神名）用蜂泥造出人的形状后，放进箱子。过了 360 天后成活。

【流传】广西壮族自治区·（河池市）都安瑶族自治县、江水河一带瑶族地区

【出处】《密洛陀创世》，蓝田根据莎红整理的《密洛陀》和潘泉脉整理的《密洛陀》两部不同版本的长诗《密洛陀》改写，见姚宝瑄主编《中国各民族神话》（土家族、毛南族、侗族、瑶族），太原：山西出版传媒集团·书海出版社 2014 年版，第 175 页。

## W2123.1.6
### 造人经数年成活

实 例

（参见下级母题实例）

## W2123.1.6.1
### 泥人经 19 年成活

实 例

[毛南族] 盘哥和古妹结婚后，捏了七七四十九天泥人，乌鸦衔泥人，整整衔了 19 年。从此，不论是峒场和村庄，山上和河边，都有了人烟。

【流传】

（a）广西壮族自治区·（河池市）·环江县（环江毛南族自治县）·下南乡·下南村·松现屯

（b）广西壮族自治区·（河池市）·环江县（环江毛南族自治县）上（上南乡）、中（中南乡）、下（下南乡）南地区

（c）广西壮族自治区·（河池市）·环江县（环江毛南族自治县）

【出处】

（a）覃启仁讲，蒋志雨采录翻译：《盘哥古妹》，见中国民间文学集成全国编辑委员会编《中国民间故事集成》（广西卷），北京：中国 ISBN 中心 2001 年版，第 70 页。

（b）谭金田等翻译整理：《盘兄和古妹》，见谷德明编《中国少数民族神话》，北京：中国民间文艺出版社 1987 年版，第 153 页。

(c) 覃启仁讲，谭金田等翻译整理：《盘古的传说》，见曹廷伟编著《广西民间故事辞典》，南宁：广西教育出版社1993年版，第23页。

## W2123.2
### 造出不同类型的人
【汤普森】≈A1227

实 例

（参见下级母题实例）

## W2123.2.1
### 造的人有大有小
【关联】[W2800] 人的体征的来历（人的体征的安排）

实 例

❶ [汉族] 女娲用土捏出了一对较大的男女布（男）和都（女），又造了一些体形小的人类。
【流传】贵州省·（遵义市）·余庆县
【出处】毛尖美讲：《布、都和火》，见燕宝、张晓编《贵州神话传说》，贵阳：贵州人民出版社1997年版，第68页。

❷ [汉族] 女娲甩出的泥点子有大有小，有薄有厚，所以造出的人，有个子大的，有个子小的。
【流传】河北省·（保定市）·涿州市、高碑店（高碑店市）
【出处】《女娲造人》，见中国民间文学集成全国编辑委员会编《中国民间故事集成》（河北卷），北京：中国IS-BN中心2003年版，第8页。

## W2123.2.2
### 造的人有生有熟

实 例

[苗族] 纳罗引勾（半人半兽的巨人）造人时，进窑烧制的泥人有生有熟。
【流传】广西壮族自治区·（柳州市）·融水苗族自治县
【出处】
（a）杨达香讲，梁彬搜集整理：《创世纪》（二、捏人捏兽、栽果撒谷），见梁彬、王天若编《苗族民间故事选》，南宁：广西人民出版社1986年版。
（b）同（a），见姚宝瑄主编《中国各民族神话》（布依族、仡佬族、苗族），太原：山西出版传媒集团·书海出版社2014年版，第175页。

## W2123.2.3
### 造出9种人
【关联】[W2992] 人有9种

实 例

[汉族] 女娲造了"九种"人，人间就留下"一娘养九种"的说法。
【流传】陕西省·（榆林市）·绥德县·城关镇
【出处】马世厚讲，刘汉腾采录：《女娲造就人世》，见中国民间文学集成全国编辑委员会编《中国民间故事集成》（陕西卷），北京：中国ISBN中心1996年版，第5页。

## W2123.3
### 造的动物变成人

【关联】［W2315～W2349］动物变化为人

实例

（参见下级母题实例）

## W2123.3.1
### 造的猕猴变成人

【关联】［W2318.10.1］猕猴变成人

实例

［傈僳族］天神木布帕用泥捏猕猴成人形，地上有了人。

【流传】云南省·（怒江傈僳族自治州）·泸水县

【出处】胡贵讲：《木布帕造天地人》，见中国民间文学集成全国编辑委员会编《中国民间故事集成》（云南卷），北京：中国ISBN中心2003年版，第42～44页。

## W2123.4
### 天神造的人下凡

【关联】

① ［W2053］天神造人

② ［W2997.6.2］人从天上迁徙到地上

实例

❶ ［独龙族］天神造的男女下凡，繁衍后代。

【流传】云南独龙江南与缅甸相邻的马库、拉瓦夺

【出处】《嘎美嘎沙造人》，见李金明《独龙族文学简史》，昆明：云南民族出版社2004年版，第72页。

❷ ［哈萨克族］安拉从天上造出人祖和夏娃，然后把他们发落到东边的光明山和西边的袋子山。

【流传】（无考）

【出处】比达克买提·木海等搜集，安蕾、毕杼译：《婚姻的起源》，见满都呼主编《中国阿尔泰语系诸民族神话故事》，北京：民族出版社1997年版，第70页。

❸ ［哈萨克族］人祖和夏娃在天堂吃了麦子（禁果）以后，上帝非常生气，就把人祖发落到一座名叫塞兰德普的山（b为西边的光明山）上，把夏娃发落到一座名叫朱达的山（b为东边的袋子山）上，二人分开。

【流传】（无考）

【出处】

（a）依曼阿力·萨萨诺甫讲，阿里木别克·加玛力搜集，安蕾、毕杼译：《人类是怎样在大地上繁衍开来的》，见满都呼主编《中国阿尔泰语系诸民族神话故事》，北京：民族出版社1997年版，第66页。

（b）波勒泰·比达克买提等搜集，安蕾、毕杼译：《上帝用泥土造人》，见满都呼主编《中国阿尔泰语系诸民族神话故事》，北京：民族出版社1997年版，第67页。

❹ ［哈萨克族］安拉把造的人祖和夏娃发落到袋子山。

**【流传】**（无考）

**【出处】** 比达克买提·木海、胡扎依尔·萨杜瓦哈斯搜集，安蕾、毕桉翻译：《婚姻的起源》，见满都呼主编《中国阿尔泰语系诸民族神话故事》，北京：民族出版社1997年版，第70页。

❺ [柯尔克孜族] 真主最早造1男1女，后被贬到地上。

**【流传】**（无考）

**【出处】** 董秀团、万雪玉主编《柯尔克孜族：新疆乌恰县库拉日克村吾依组调查》，昆明：云南大学出版社2004年版，第249页。

## W2123.5
### 造的人与真人的区别是鼻尖不冒汗

**实 例**

[傈僳族] 斯尼冉（人名）刻木造的人会说话，会做事，会打仗，只是鼻子尖上不冒汗。

**【流传】** 云南省·（怒江傈僳族自治州）·福贡县

**【出处】** 普阿冒讲，木玉璋采录：《木筒里出来的人》，见中国民间文学集成全国编辑委员会编《中国民间故事集成》（云南卷），北京：中国ISBN中心2003年版，第248页。

## W2123.6
### 造的人不听使唤

**【关联】** [W2123.7.7] 造的人逃走

**实 例**

[布依族] 第一个神用神斧劈树干造人，造出了四肢和头，这个木头人吹一口仙气成活后，因恐惧急忙跑进了森林。

**【流传】**（无考）

**【出处】** 罗仁山讲：《人和动物是怎么产生的》，见姚宝瑄主编《中国各民族神话》（布依族、仡佬族、苗族），太原：山西出版传媒集团·书海出版社2014年版，第21页。

## W2123.7
### 与造人结果有关的其他母题

**实 例**

（参见下级母题实例）

## W2123.7.1
### 造的人像百步蛇

**【关联】** [W2228.6.5.1] 百步蛇孵卵生人

**实 例**

[高山族] 天上的玛祖婆路过台湾岛，用黄泥捏了两个泥人，其中一个是男子是百步蛇身体。

**【流传】**（无考）

**【出处】**《纹面断齿成亲》，原载蔡铁民编《高山族民间故事选》，见陶阳、钟秀编《中国神话》（下），北京：商务印书馆2008年版，第1505~1506页。

## W2123.7.2
### 造的人人首鸟身

【关联】［W2607.9.5］生人首鸟身的人

**实 例**

[高山族] 天上的玛祖婆路过台湾岛，用黄泥捏了两个泥人：一个是男头百步蛇身；一个是女头西稀利（一种小鸟的名字）身。

【流传】（无考）

【出处】《纹面断齿成亲》，原载蔡铁民编《高山族民间故事选》，见陶阳、钟秀编《中国神话》（下），北京：商务印书馆 2008 年版，第 1505～1506 页。

## W2123.7.3
### 造出超强的人

【关联】［W2996.8］超人

**实 例**

[彝族] 造人女神儿依得罗娃亲手捏了一男一女两个泥人。她给女人捏了六只脚，六只脚走路快如飞。

【流传】（云南省·楚雄彝族自治州·双柏县，红河哈尼族彝族自治州等地）

【出处】

（a）云南省民族民间文学楚雄、红河调查队搜集，郭思九、陶学良整理：《查姆》，昆明：云南人民出版社 1981 年版。

（b）郭思九、陶学良整理，古梅改写：《彝家的古根》，选自《云南民族文学资料》第七集中的《查姆》上部前三章，见姚宝瑄主编《中国各民族神话》（羌族、彝族），太原：山西出版传媒集团·书海出版社 2014 年版，第 61 页。

## W2123.7.3.1
### 造出视听超强的人

【关联】

① ［W2922］眼力很好的人（千里眼）

② ［W2923］听力很远的人（顺风耳）

**实 例**

[彝族] 造人女神儿依得罗娃亲手捏了一男一女两个泥人。男人塑了八只眼睛，八只眼睛都能看见万山；又塑了九只耳朵，九只耳朵能听见远方的声音。

【流传】（云南省·楚雄彝族自治州·双柏县，红河哈尼族彝族自治州等地）

【出处】

（a）云南省民族民间文学楚雄、红河调查队搜集，郭思九、陶学良整理：《查姆》，昆明：云南人民出版社 1981 年版。

（b）郭思九、陶学良整理，古梅改写：《彝家的古根》，选自《云南民族文学资料》第七集中的《查姆》上部前三章，见姚宝瑄主编《中国各民族神话》（羌族、彝族），太原：山西出版传媒集团·书海出版社 2014 年版，第 61 页。

## W2123.7.4
### 造的人会动不会说话

【关联】

① ［W2606.4］生哑巴孩子

② ［W2891.4］哑巴

实例

[彝族（阿细）] 男神阿热和女神阿咪造出的泥人12天之后会呼吸，但不会动，还不会说话。

【流传】（a）云南省·红河哈尼族彝族自治州·弥勒县·（西山镇）

【出处】

（a）潘正兴等唱述，云南省民族民间文学红河调查队搜集翻译整理：《阿细的先基》，昆明：云南人民出版社1959年版。

（b）云南省民族民间文学红河调查队搜集整理，古梅改写：《最古的时候》，见姚宝瑄主编《中国各民族神话》（羌族、彝族），太原：山西出版传媒集团·书海出版社2014年版，第141~142页。

## W2123.7.5
### 批量造人

【关联】［W2719.9.12］生多批人

实例

[鄂伦春族] 恩都力莫里根神用飞禽的骨头和肉来造人。他先做了十个男人和十个女人，做成功后，又造一百对男女。

【流传】（中国东北部地区）

【出处】《恩都力创造了鄂伦春人》，见姚宝瑄主编《中国各民族神话》（达斡尔族、鄂伦春族、鄂温克族、蒙古族），太原：山西出版传媒集团·书海出版社2014年版，第20~21页。

## W2123.7.6
### 最早造出的人与现在人不同

【关联】［W2801］人早期的体征

实例

[彝族] 造人女神儿依得罗娃用泥塑出男女两个泥人。男的泥人有八只眼睛和九只耳朵；女的泥人有四只手和两只脚。

【流传】（云南省·楚雄彝族自治州·双柏县，红河哈尼族彝族自治州等地）

【出处】

（a）云南省民族民间文学楚雄、红河调查队搜集，郭思九、陶学良整理：《查姆》，昆明：云南人民出版社1981年版。

（b）郭思九、陶学良整理，古梅改写：《彝家的古根》，选自《云南民族文学资料》第七集中的《查姆》上部前三章，见姚宝瑄主编《中国各民族神话》（羌族、彝族），太原：山西出版传媒集团·书海出版社2014年版，第60~61页。

## W2123.7.7
### 造的人逃走

【关联】

① ［W2123.6］造的人不听使唤

② ［W2892.3］没造好的人逃走成为残疾人

实例

[布依族] 第一个神用神斧劈树干造人

造出四肢和头后，哈了一口仙气就活了。这个人睁开眼睛站起来，看到这陌生的世界心里十分害怕，急忙跑进了森林。

【流传】（无考）

【出处】罗仁山讲：《人和动物是怎么产生的》，见姚宝瑄主编《中国各民族神话》（布依族、仡佬族、苗族），太原：山西出版传媒集团·书海出版社2014年版，第21页。

## W2124

### 造人不成功

【关联】

① ［W2053.5］天神造人不成功

② ［W2097］不成功的造人材料

③ ［W2114.7.5］造人时吹气没有成活

实 例

（参见下级母题实例）

## W2124.0

### 造出特殊的人

【关联】

① ［W2880］体征异常的人

② ［W2890］身体残缺的人（残疾者）

实 例

（参见下级母题实例）

## W2124.0.1

### 造出怪人

【关联】

① ［W0855］怪人

② ［W2097.1.1］用白泥造人成为怪人

实 例

[侗族] 萨天巴（蜘蛛，女祖神，创世神）造人时，造的人头顶上长了三只角，三只角弯弯的、长又长，额头上安了三只眼，三只眼又圆又亮；下身捏出四只脚，四只脚乱踢乱蹬；上身捏出四只手，四只手乱舞又乱晃。

【流传】广西壮族自治区·（柳州市）·三江（三江侗族自治县），（桂林市）·龙胜（龙胜各族自治县）

【出处】杨卜林喜、杨卜松林、杨明世讲，杨国仁、涛声搜集整理，蒿紫改写：《创世女神萨天巴》，过伟改写自侗族创世史诗《嘎茫莽道时嘉——远祖歌》（未出版稿），见姚宝瑄主编《中国各民族神话》（土家族、毛南族、侗族、瑶族），太原：山西出版传媒集团·书海出版社2014年版，第90页。

## W2124.1

### 造人经历了多次不成功的尝试

【汤普森】A1226

实 例

（参见下级母题实例）

## W2124.1.0

### 开始时造人不成功

实 例

（参见下级母题实例）

## W2124.1.0.1
### 开始时因缺少原料造人不成功

【关联】［W2080］造人的材料

实　例

［苗族］纳罗引勾（半人半兽的巨人）开始造人时，没有水，直接把土挖来，把泥撮来，捣捣戳戳，揉揉搓搓。结果捏头头崩，捏鼻鼻塌，捏腿腿断，捏肚肚炸。

【流传】广西壮族自治区·（柳州市）·融水苗族自治县

【出处】

（a）杨达香讲，梁彬搜集整理：《创世纪》（二、捏人捏兽、栽果撒谷），见梁彬、王天若编《苗族民间故事选》，南宁：广西人民出版社 1986 年版。

（b）同（a），见姚宝瑄主编《中国各民族神话》（布依族、仡佬族、苗族），太原：山西出版传媒集团·书海出版社 2014 年版，第 174 页。

## W2124.1.1
### 造到第三个人时才成功

【关联】［W2127.2］经历了 3 次造人

实　例

［羌族］索依迪朗（羌语，意为"娘老子"。迪，意为"老汉"，即"父亲"；朗，意为"阿妈"，即"母亲"）造到第三儿子时，才成为造出来的第一个完整的人，取名"雅呷确呷丹巴协惹"。

【流传】（无考）

【出处】《索依迪朗：设计造人》，见西南民族学院《羌族文学简史》编写组编《羌族民间文学资料集》（一），1987 年 4 月，转引自吕大吉、何耀华总主编《中国各民族原始宗教资料集成》（纳西族卷、羌族卷、独龙族卷、傈僳族卷、怒族卷），北京：中国社会科学出版社 2000 年版，第 578 页。

## W2124.1.2
### 造的人从第四个开始才成功

【关联】［W2127.3］经历了 4 次造人

实　例

［佤族］莫伟（传说中的人神，旧译"木依吉"、"慕依走"）把造的人放在石洞里。小米雀啄开石洞后，人从石洞里挤挤攘攘地走出来。豹子守在洞旁边，人出来一个就咬死一个，一连咬死三个。从第四个起，人才活了下来。

【流传】云南省·（普洱市）·西盟县（西盟佤族自治县），（临沧市）·沧源县（沧源佤族自治县）

【出处】随戛、岩扫、岩瑞等讲述，艾荻、张开达搜集整理：《司岗里》，载《山茶》1988 年第 1 期。

## W2124.2
### 做泥人不成活

实　例

（参见下级母题实例）

## W2124.2.1
### 造的泥人不会眨眼

实 例

[彝族] 造人女神儿依得罗娃造出的男女一对泥人，不会眨眼睛。

【流传】（云南省·楚雄彝族自治州·双柏县，红河哈尼族彝族自治州等地）

【出处】

（a）云南省民族民间文学楚雄、红河调查队搜集，郭思九、陶学良整理：《查姆》，昆明：云南人民出版社1981年版。

（b）郭思九、陶学良整理，古梅改写：《彝家的古根》，选自《云南民族文学资料》第七集中的《查姆》上部前三章，见姚宝瑄主编《中国各民族神话》（羌族、彝族），太原：山西出版传媒集团·书海出版社2014年版，第61页。

## W2124.2.2
### 造的泥人不会呼吸

实 例

[彝族（阿细）] 男神阿热和女神阿咪用泥造人，造好后脑壳光秃秃的，没有气，也不会呼吸。

【流传】（a）云南省·红河哈尼族彝族自治州·弥勒县·（西山镇）

【出处】

（a）潘正兴等唱述，云南省民族民间文学红河调查队搜集翻译整理：《阿细的先基》，昆明：云南人民出版社1959年版。

（b）云南省民族民间文学红河调查队搜集整理，古梅改写：《最古的时候》，见姚宝瑄主编《中国各民族神话》（羌族、彝族），太原：山西出版传媒集团·书海出版社2014年版，第141页。

## W2124.3
### 造人变成鬼

实 例

[瑶族（布努）] 密洛陀（万物之母，女始祖，女神）造人变成鬼。

【流传】广西壮族自治区·（河池市）·都安县（都安瑶族自治县）、巴马县（巴马瑶族自治县）、南丹县，（百色市）·田东县、平果县等地

【出处】桑布郎等传，蒙凤标（83岁）、罗仁祥（73岁）等唱：《密洛陀》（1983），见蓝怀昌、蓝书京、蒙通顺搜集翻译整理《密洛陀》，北京：中国民间文艺出版社1988年版，第312页。

## W2124.3.1
### 造人变成恶鬼

【关联】[W0902] 恶灵（恶鬼）

实 例

[瑶族] 密洛陀（万物之母，女始祖，女神）造人时，先造了哥告、哥夷、哥卜、哥娘、三兵比磨、三路情郎，但他们都成了恶鬼。

【流传】广西壮族自治区·（河池市）·巴马县（巴马瑶族自治县）·

东山乡·峎山村

【出处】蒙老三（70岁）讲，蒙灵记录翻译：《密洛陀》（1981），原载南宁师范学院编《广西少数民族与汉族民歌民间故事》，见陶阳、钟秀编《中国神话》（上），北京：商务印书馆2008年版，第106~109页。

## W2124.3a
### 造人变成动物

实 例

（参见下级母题实例）

## W2124.3a.1
### 造人变成猴子

【关联】［W2317］猴变成人（猴子变成人）

实 例

［瑶族］女始祖密洛陀用南瓜、红薯造人，结果变成了猴子。

【流传】广西壮族自治区·（河池市）·巴马瑶族自治县

【出处】蓝有荣讲，黄书光、覃光群搜集，韦编联整理：《密洛陀》，原载苏胜兴等编《瑶族民间故事选》，见陶阳、钟秀编《中国神话》（上），北京：商务印书馆2008年版，第365~368页。

## W2124.3a.2
### 造人变成虫子

实 例

（参见下级母题实例）

## W2124.3a.2.1
### 用叶子造人造出蝗虫

实 例

［瑶族］密洛陀（万物之母，女始祖，女神）用芭芒叶、玉米叶造人，但造成了蝗虫。

【流传】广西壮族自治区·（河池市）·巴马县（巴马瑶族自治县）·东山乡·峎山村

【出处】蒙老三（70岁）讲，蒙灵记录翻译：《密洛陀》（1981），原载南宁师范学院编《广西少数民族与汉族民歌民间故事》，见陶阳、钟秀编《中国神话》（上），北京：商务印书馆2008年版，第106~109页。

## W2124.3b
### 造人变成器物

【关联】
① ［W2097.1.2］用泥巴造人变成器物
② ［W6250］生活用品的产生

实 例

（参见下级母题实例）

## W2124.3b.1
### 造人变成水缸

实 例

（参见下级母题实例）

## W2124.3b.1.1
### 用泥土造人变成水缸

【关联】［W2097.1.2.1］用泥巴造人变

成水缸

实例

[瑶族] 密洛陀（创世者，女始祖）先用泥土来造人，没有造成人，却造出了水缸。

【流传】广西壮族自治区·（河池市）·巴马瑶族自治县

【出处】蓝有荣讲，黄书光、覃光群搜集，韦编联整理：《密洛陀》，原载苏胜兴等编《瑶族民间故事选》，见陶阳、钟秀编《中国神话》（上），北京：商务印书馆2008年版，第365~368页。

## W2124.3b.2
### 造人变成罐子

【关联】[W6253] 罐的产生

实例

（参见下级母题实例）

## W2124.3b.2.1
### 用泥土造人变成罐子

实例

[瑶族] 密洛陀（万物之母，女始祖，女神）用泥巴来造人，但又变成了坛、罐、缸、缶。

【流传】广西壮族自治区·（河池市）·巴马县（巴马瑶族自治县）·东山乡·崀山村

【出处】蒙老三（70岁）讲，蒙灵记录翻译：《密洛陀》（1981），原载南宁师范学院编《广西少数民族与汉族民歌民间故事》，见陶阳、钟秀编《中国神话》（上），北京：商务印书馆2008年版，第106~109页。

## W2124.3c
### 造人变成食物

【关联】[W6141] 人类食物的产生

实例

（参见下级母题实例）

## W2124.3c.1
### 造人造成了酒

【关联】[W6155] 酒

实例

❶ [瑶族] 密洛陀（女神，女始祖，瑶族最高神）造人时，拿米饭来造人，却酿成了酒。

【流传】广西壮族自治区·（河池市）·巴马瑶族自治县

【出处】
(a) 蓝有荣讲，黄书光、覃光群搜集，韦编联整理：《密洛陀》，见苏胜兴、刘保元、韦文俊、王矿新等编《瑶族民间故事选》，上海：上海文艺出版社1980年版，第15页。
(b) 同（a），见姚宝瑄主编《中国各民族神话》（土家族、毛南族、侗族、瑶族），太原：山西出版传媒集团·书海出版社2014年版，第141页。

❷ [瑶族] 密洛陀用米饭造人，结果造成了酒。

【流传】广西壮族自治区·（河池

市）·巴马县（巴马瑶族自治县）

【出处】

（a）蓝有荣讲，黄书光等搜集：《密洛陀》，见谷德明编《中国少数民族神话》，北京：中国民间文艺出版社1987年版，第123页。

（b）同（a），见陶立璠、赵桂芳等编《中国少数民族神话汇编》（开天辟地篇），中央民族学院少数民族古籍整理出版规划领导小组办公室印（未署时间），第235页。

## W2124.3c.1.1
### 蒸米造的人变成酒

实例

[瑶族] 密洛陀（女神名）造人，用九十九种花卉和蒸米造成人形，把做好的人形放进大瓦缸里，过了九天九夜，满屋都飘着香气。密洛陀打开瓦缸，却酿成一瓦缸美酒。

【流传】广西壮族自治区·（河池市）都安瑶族自治县、江水河一带瑶族地区

【出处】《密洛陀创世》，蓝田根据莎红整理的《密洛陀》和潘泉脉整理的《密洛陀》两部不同版本的长诗《密洛陀》改写，见姚宝瑄主编《中国各民族神话》（土家族、毛南族、侗族、瑶族），太原：山西出版传媒集团·书海出版社2014年版，第174页。

## W2124.4
### 剪纸造人失败

【关联】［W2104.3］剪纸造人

实例

❶［水族］牙仙剪了许多纸人压在木箱里首次造人失败。

【流传】（无考）

【出处】《牙仙造人》，见范禹《水族文学史》，贵阳：贵州人民出版社1987年版，第48页。

❷［水族］牙线剪纸造的人变成小人，不成器，被仙公、仙奶放出的虎、鹰吃掉。

【流传】贵州省·（黔南布依族苗族自治州）·三都县（三都水族自治县）·恒丰乡

【出处】韦行公讲：《牙线剪纸造人》，见中国民间文学集成全国编辑委员会编《中国民间故事集成》（贵州卷），北京：中国ISBN中心2003年版，第12~13页。

## W2124.5
### 违背禁忌造人失败

【关联】［W6510~W6549］禁忌

实例

（参见下级母题实例）

## W2124.5.1
### 违背时间禁忌造人没有形成完人

【关联】［W6544］特定时间的禁忌

实例

[纳西族] 白胡子老爷爷为洪水后幸存的锉治路一苴（三兄弟中的老三）造伴侣，说要用七个月时间，但锉治路

一苴心急，没有到时间就把木人挖了出来，结果杜鹃人只会弯弯腰，山茶人只会招招手，都不会走路，也不会说话。

【流传】（无考）

【出处】

（a）阿啊打把等讲，杨尔车翻译整理：《锉治路一苴》，载《山茶》1982年第3期。

（b）同（a），见谷德明编《中国少数民族神话》，北京：中国民间文艺出版社1987年版，第445页。

## W2124.5.2
### 违背看的禁忌木人没有成活

【关联】[W6530] 看的禁忌

实例

[纳西族] 洪水后，地上没有了人类。阳神老公公做下九对木人和木马，送给了丽恩（幸存的祖先），嘱咐他"不到九天九夜不能看"。崇仁丽恩不满九天看了一下，结果有眼不会看，只会眨眨眼；有舌不会说，只会张张嘴；有手不会拿，只会摇摇手；有脚不会走，只会匍匐爬。

【流传】云南省·丽江（丽江市）

【出处】和芳（东巴）读经，和志武翻译整理：《崇邦统》（人类迁徙记）（1954），见吕大吉、何耀华总主编《中国各民族原始宗教资料集成》（纳西族卷、羌族卷、独龙族卷、傈僳族卷、怒族卷），北京：中国社会科学出版社2000年版，第324页。

## W2124.6
### 造人时间不足没变成正常人

【关联】[W2125] 造人使用的时间

实例

❶ [纳西族] 米利东阿普把造的男女木偶给人祖从忍利恩做伴侣，嘱咐九个月才能成活，利恩因为好奇刚3天就去看木偶，结果木偶有眼不会看，只会眨；有手不能拿，只会拍；有脚不会走，只会跺。

【流传】（a）云南省·丽江县（丽江市）

【出处】

（a）和芳讲，和志武采录：《人类迁徙记》，见中国民间文学集成全国编辑委员会编《中国民间故事集成》（云南卷），北京：中国ISBN中心2003年版，第49页。

（b）和志武翻译整理：《人类迁徙记》，见谷德明编《中国少数民族神话》，北京：中国民间文艺出版社1987年版，第395页。

❷ [水族] 牙线剪了许多纸人压在箱子里，让他们在10天内变成人，因为只过了7天便打开箱盖，箱子里便跳出来了一群小人。

【流传】贵州省·（黔南布依族苗族自治州）·三都县（三都水族自治县）·恒丰乡

【出处】韦行公讲，韦荣康采录：《牙线剪纸造人》，见中国民间文学集成全国编辑委员会编《中国民间故事集成》（贵州卷），北京：中国 ISBN 中心 2003 年版，第 12 页。

❸ [水族] 造人时提前打开造成小人（造人）。

【流传】贵州省·（黔南布依族苗族自治州）·独山（独山县），（黔东南苗族侗族自治州）·榕江（榕江县）

【出处】潘家云等讲，韦荣康等整理：《牙线造人的故事》，见中华民族故事大系编委会编《中华民族故事大系》第 9 卷（水族、东乡族、纳西族），上海：上海文艺出版社 1995 年版，第 5 页。

❹ [瑶族] 公主嫁龙犬后，要蒸 7 天 7 夜才能变成人。到 6 天 6 夜时，公主担心蒸死丈夫，就掀开盖，结果龙犬头上和脚胫毛未脱净。

【流传】

（a）广西壮族自治区·（来宾市）·金秀县（金秀瑶族自治县）·六巷乡·古陈村

（b）广西壮族自治区·（来宾市）·金秀县（金秀瑶族自治县）

【出处】

（a）盘日新等讲，王矿新等采录翻译：《盘瓠王》，见中国民间文学集成全国编辑委员会编《中国民间故事集成》（广西卷），北京：中国 ISBN 中心 2001 年版，第 93 页。

（b）盘日新等讲，王矿新等搜集整理：《盘王的传说》，见曹廷伟编著《广西民间故事辞典》，南宁：广西教育出版社 1993 年版，第 30 页。

❺ [瑶族] 犬形的盘王要通过蒸 7 天 7 夜除去身上的毛，因时间不够，头上、腋窝等处的毛没有脱去。

【流传】广西壮族自治区·（玉林市）·桂平县（桂平市）·紫荆乡（紫荆镇）

【出处】《瑶族"盘王节"》，见刘经元《民间故事集成》（广西桂平县），内部资料，1989 年，第 10 页。

## W2124.7
### 造人没有屁股眼不能成活（造的人不能排泄没成活）

【关联】[W2109.2.1] 造人时肚脐屁眼都不能忘记

**实例**

❶ [土家族] 张古老、李古老做人，做了九天九夜，什么都做好了，忘了做屁股眼，人没有做成。

【流传】四川省（今重庆市）·秀山县（秀山土家族苗族自治县）·海洋乡

【出处】彭国然讲，李绍明采录：《依罗娘娘造人》，见中国民间文学集成全国编辑委员会编《中国民间故事集成》（四川卷·下），北京：中国 IS-BN 中心 1998 年版，第 1211 页。

❷ [土家族] 张古老（创世者）做了五天五夜的人，人的脑袋、手和脚、耳、鼻、眼都做了，只是没有做屙屎屙尿的，站着又不会走路，睡着又不会出气，造人没有成功。

【流传】湖南省土家族居住地区

【出处】《依罗娘娘造人》，见姚宝瑄主编《中国各民族神话》（土家族、毛

### W2124.8
**造人没有肚脐不能成活**

【关联】［W2877.1］造人时造出人的肚脐眼

实例

［土家族］李古老（创世者）做了六天六夜的人，人的脑袋、手、脚、耳、眼、口、鼻都做了，屙屎的做了，只是没有做肚脐，站着不会走路，睡下不会出气。李古老做人没有成功。

【流传】湖南省土家族居住地区

【出处】《依罗娘娘造人》，见姚宝瑄主编《中国各民族神话》（土家族、毛南族、侗族、瑶族），太原：山西出版传媒集团·书海出版社2014年版，第5页。

## 2.3.7 与造人有关的其他母题
（W2125 ~ W2129）

### W2125
**造人使用的时间**

实例

（参见下级母题实例）

### W2125.1
**造人需要特定的天数**

实例

（参见下级母题实例）

### W2125.1.0
**造人用3天**

实例

（参见下级母题实例）

### W2125.1.0.1
**造人用3天3夜**

实例

［土家族］依罗娘娘按天神的要求默默去造人，只用了三天三夜就造成了。

【流传】湖南省土家族居住地区

【出处】《依罗娘娘造人》，见姚宝瑄主编《中国各民族神话》（土家族、毛南族、侗族、瑶族），太原：山西出版传媒集团·书海出版社2014年版，第5页。

### W2125.1.1
**造人用7天**

【关联】

① ［W2117.3.3.1］泥人经太阳晒7天成活

② ［W2121.8.2.1］泥人埋在土里7天后成活

③ ［W2583.1.1］怀孕7天7夜

实例

［土家族］李古老用泥巴做人，做了七

## 2.3.7　与造人有关的其他母题

天七夜。

【流传】湖南省·湘西（湘西土家族苗族自治州）·酉水（酉水河一带）

【出处】向廷龙讲，彭勃搜集翻译整理：《侬罗娘娘造人》，原载谷德明编《中国少数民族神话》，见陶阳、钟秀编《中国神话》（上），北京：商务印书馆2008年版，第313页。

## W2125.1.2
### 造人用49天

实　例

❶ [汉族] 女娲造人，四十九天成活。

【流传】

（a）河南省·（驻马店市）·汝南县·老君庙乡·王庄

（b）浙江省·（金华市）·东阳县（东阳市）·青联乡·雅坑村

【出处】

（a）丁李氏讲，丁国运采录：《女娲造人》，见中国民间文学集成全国编辑委员会编《中国民间故事集成》（河南卷），北京：中国ISBN中心2001年版，第19页。

（b）申屠和兰讲，周耀明采录：《女娲造人》，见中国民间文学集成全国编辑委员会编《中国民间故事集成》（浙江卷），北京：中国ISBN中心1997年版，第39页。

❷ [汉族] 盘古用血泥造的人经过了七七四十九个七七四十九天，全都成活了。

【流传】山西省·（运城市）·闻喜县（旧称桐乡）·（桐城镇）·峪堡村

【出处】王有山讲，王更元采录：《盘古出生》，见中国民间文学集成全国编辑委员会编《中国民间故事集成》（山西卷），北京：中国ISBN中心1999年版，第3页。

## W2125.2
### 造人需要特定的月数

实　例

（参见下级母题实例）

## W2125.2.1
### 造人用7个月时间

【关联】[W2583.7] 怀孕7个月

实　例

[纳西族] 洪水后，一个白胡子老爷爷要用七个月时间造成人。

【流传】（无考）

【出处】

（a）阿啊打把等讲，杨尔车翻译整理：《锉治路一苴》，载《山茶》1982年第3期。

（b）同（a），见谷德明编《中国少数民族神话》，北京：中国民间文艺出版社1987年版，第445页。

## W2125.2.2
### 造人用9个月时间

【关联】

① [W2391.2.2] 9个月变成人

② [W2582.2] 怀孕9个月

### 实例

[纳西族] 米利东阿普把造的男女木偶给人祖从忍利恩做伴侣，嘱咐 9 个月才能成活，利恩因为好奇刚 3 天就去看木偶，结果木偶有眼不会看，只会眨；有手不能拿，只会拍；有脚不会走，只会跺。

【流传】（a）云南省·丽江县（丽江市）

【出处】

（a）和芳讲，和志武采录：《人类迁徙记》，见中国民间文学集成全国编辑委员会编《中国民间故事集成》（云南卷），北京：中国 ISBN 中心 2003 年版，第 49 页。

（b）和志武翻译整理：《人类迁徙记》，见谷德明编《中国少数民族神话》，北京：中国民间文艺出版社 1987 年版，第 395 页。

## W2125.3
### 造人需要若干年

### 实例

（参见下级母题实例）

## W2125.3.1
### 造人用 19 年

【关联】[W2123.1.6.1] 泥人经 19 年成活

### 实例

[毛南族] 盘和古兄妹结婚三年，还没有生娃仔，就用泥捏成人仔，叫乌鸦衔去丢。盘和古捏泥人，捏了七七四十九天，乌鸦衔泥人，却整整衔了十九年。

【流传】广西壮族自治区·（河池市）·环江县（环江毛南族自治县）

【出处】覃启仁等讲述，谭金田、蒋志雨翻译整理：《盘古的传说》，原载袁凤辰等编《毛南族、京族民间故事选》，见陶阳、钟秀编《中国神话》（上），北京：商务印书馆 2008 年版，第 22～28 页。

## W2125.3.2
### 造人用 80 年

【关联】[W2584.13.6a.1] 怀孕 80 年

### 实例

[回族] 真主用香水和五样土，80 年后造成人。

【流传】宁夏回族自治区·银川（银川市）

【出处】《人是怎样来的》，见马乐群等《银川民间故事》（上），内部资料，1988 年，第 1～2 页。

## W2125.4
### 造人用其他特定的时间

### 实例

（实例待考）

## W2125.5
### 与造人使用的时间有关的其他母题

### 实例

（参见下级母题实例）

## W2125.5.1
### 造特定的人需要的时间

实 例

（参见下级母题实例）

## W2125.5.1.1
### 造男人用的时间

【关联】［W2758.1］造出男人

实 例

（实例待考）

## W2125.5.1.2
### 造女人用的时间

【关联】［W2758.2］造出女人

实 例

（实例待考）

## W2125.5.2
### 每次造人相隔一千万年

实 例

［回族］天堂上的仙人们结伙到大地准备取土造人时，大地说："真主没有命令，不能给五色土。"仙人们先后来了六次，没有取上五色土，每次相隔一千万年。

【流传】青海省·黄南州（黄南藏族自治州）·同仁县·隆务镇·民主街

【出处】周尚杰（保安族，该文本注明他讲的是回族神话）讲，赵清阳采录：《阿丹的诞生》，见中国民间文学集成全国编辑委员会编《中国民间故事集成》（青海卷），北京：中国ISBN中心2007年版，第11页。

## W2126
### 造人的地点

实 例

（参见下级母题实例）

## W2126.1
### 在天上造人

【关联】［W2015］人产生在天上

实 例

［柯尔克孜族］真主用泥土在天堂造人。

【流传】（无考）

【出处】董秀团、万雪玉主编：《柯尔克孜族：新疆乌恰县库拉日克村吾依组调查》，昆明：云南大学出版社2004年版，第249页。

## W2126.2
### 在世界各处造人

实 例

［汉族］娲儿公主做人做遍了全世界，累死在中国。

【流传】辽宁省·阜新（阜新市）

【出处】吴振清讲：《人的来历》，见阜新市细河区民间文学集成编委会编《细河区资料本》。

## W2126.2.1
### 在山上造人

【关联】［W2016.1］人产生在山上

> 实 例

[汉族] 伏羲在卦台山上创造了人类。
【流传】甘肃省·天水市·北道区·渭南乡
【出处】王生林讲，曹玉桂采录：《伏羲封姓》，见中国民间文学集成全国编辑委员会编《中国民间故事集成》（甘肃卷），北京：中国ISBN中心2001年版，第14页。

## W2126.3
### 在炼丹炉中造人

> 实 例

[汉族] 洪钧老祖把山中采来人参和何首乌，放在炼丹炉里，炼出了4对男女婴儿。
【流传】湖北省·（黄冈市）·罗田县·（三里畈镇）·邱家河村
【出处】邱玉堂讲，邱玉潮采录：《洪钧老祖造人》，见中国民间文学集成全国编辑委员会编《中国民间故事集成》（湖北卷），北京：中国ISBN中心1999年版，第6页。

## W2126.4
### 在器物中造人

> 实 例

（参见下级母题实例）

## W2126.4.1
### 在海上的石罐中造人

> 实 例

[满族] 天神造人，放在石头罐子里漂水面上。
【流传】（无考）
【出处】傅英仁讲，余金整理：《天神创世》，见《满族民间故事选》，上海：上海文艺出版社1983年版。

## W2126.4.2
### 在缸中造人

> 实 例

（参见下级母题实例）

## W2126.4.2.1
### 在瓦缸中造人

【关联】［W2121.7.1］造人放瓦缸中成活

> 实 例

[瑶族] 密洛陀拿蜂蜡造人，放进瓦缸里，经过9个月，蜂仔已成人。
【流传】（无考）
【出处】莎红整理：《密洛陀》，南宁：广西人民出版社1981年版，第54页。

## W2126.5
### 在卵中造人

【关联】［W2220］卵生人

> 实 例

[汉族] 盘古爷和盘古奶在混沌的大卵里捏了10对人。
【流传】河南省·（南阳市）·桐柏县·二郎山乡·田口村
【出处】李新超讲，马卉欣整理：《盘古

2.3.7 与造人有关的其他母题　‖W2126.5 — W2126.6.2.1‖　283

开天》，见 http://tongbai.01ny.cn（桐柏网）2001.01.26。

## W2126.6
### 在其他特定地点造人

**实　例**

（参见下级母题实例）

## W2126.6.1
### 在河边造人

**实　例**

[藏族] 女娲在河边捏泥人，后来成活。

【流传】云南省·迪庆（迪庆藏族自治州）·汤美村

【出处】马祈龙记录：《女娲娘娘补天》原始稿，见田兵等编《中国少数民族神话论文集》，南宁：广西民族出版社1984年版，第112页。

## W2126.6.1.1
### 在河边的平原上造人

**实　例**

❶ [彝族] 天神在滨河的平原上创造了人。

【流传】云南省·路南（石林彝族自治县）·圭山

【出处】

（a）王伟收集：＊《天神创世》，见谷德明编《中国少数民族神话》，北京：中国民间文艺出版社1987年版，第309～310页。

（b）同上，见吕大吉、何耀华总主编《中国各民族原始宗教资料集成》（彝族卷、白族卷、基诺族卷），北京：中国社会科学出版社1996年版，第25页。

❷ [彝族] 一位天神在滨河的平原上创造了人。

【流传】（无考）

【出处】《人类和石头的战争》，原载谷德明编《中国少数民族神话选》，见陶阳、钟秀编《中国神话》（下），北京：商务印书馆2008年版，第1084～1085页。

## W2126.6.2
### 在有太阳的地方造人

**实　例**

（参见下级母题实例）

## W2126.6.2.1
### 在太阳升起的地方造人

**实　例**

[彝族] 克兹（神名）和加结（神名）为请求大地让他们制造一个人，渡过一条大河，来到太阳升起的那一边（东边）拿起一块泥土来，造成一个人。

【流传】（无考）

【出处】柯象峰：《猡猡文字之初步研究》，转引自吕大吉、何耀华总主编《中国各民族原始宗教资料集成》（彝族卷、白族卷、基诺族卷），北京：中国社会科学出版社1996年版，第274～275页。

## W2126.6.2.2
### 在太阳底下造人

实 例

［水族］初造人，在罕洞脚，白云脚下，在太阳的底下。

【流传】贵州省·（黔南布依族苗族自治州）·三都（三都水族自治县）、荔波（荔波县）、都匀（都匀市）、独山（独山县）；广西壮族自治区·（河池市）·南丹县

【出处】王英、莫妹、蒙蕊、韦新建讲，潘朝霖、王品魁搜集整理：《人类起源》，原载《水族民间故事选》，见陶阳、钟秀编《中国神话》（上），北京：商务印书馆2008年版，第350～356页。

## W2126.6.3
### 在一个知名地点造人

实 例

（参见下级母题实例）

## W2126.6.3.1
### 在姆逮义陇嘎（神话中的地名）造人

实 例

❶［独龙族］天上的大神嘎美和嘎莎来到姆逮义陇嘎（神话中的地名）地方，在这里造人。

【流传】（无考）

【出处】《嘎美嘎莎造人》，原载陶立璠、赵桂芳等编《中国少数民族神话汇编》，见陶阳、钟秀编《中国神话》（下），北京：商务印书馆2008年版，第1082～1083页。

❷［独龙族］天上的大神嘎美和嘎莎来到姆逮义陇嘎地方造人。

【流传】（无考）

【出处】《嘎美嘎莎造人》，见谷德明编《中国少数民族神话》，北京：中国民间文艺出版社1987年版，第530页。

## W2127
### 造人的次数

【关联】［W2741］人产生的顺序

实 例

［回族］天堂上的仙人们结伙到大地准备取土造人，但大地说："真主没有命令，不能给五色土。"仙人们先后来了六次，没有取上五色土，每次相隔一千万年。

【流传】青海省·黄南州（黄南藏族自治州）·同仁县·隆务镇·民主街

【出处】周尚杰（保安族，该文本注明他讲的是回族神话）讲，赵清阳采录：《阿丹的诞生》，见中国民间文学集成全国编辑委员会编《中国民间故事集成》（青海卷），北京：中国ISBN中心2007年版，第11页。

## W2127.1
### 两次造人

实 例

（参见下级母题实例）

## W2127.1.1
### 上帝两次造人

【关联】［W2061.1］上帝造人

实 例

（参见下级母题实例）

## W2127.1.1.1
### 上帝用光和泥两次造人

【关联】

① ［W2089.10］用光造人
② ［W2092.9］用光和泥造人

实 例

［哈萨克族］上帝用光和泥两次造人。

【流传】（无考）

【出处】波勒泰·比达克买提、胡扎依尔·萨杜瓦哈斯搜集，安蕾、毕桪翻译：《上帝用泥土造人》，见满都呼主编《中国阿尔泰语系诸民族神话故事》，北京：民族出版社1997年版，第67~70页。

## W2127.1.2
### 第 2 次造人成功

实 例

［水族］牙线头次剪纸造人失败，再次剪纸造人成功。

【流传】贵州省·（黔南布依族苗族自治州）·三都县（三都水族自治县）·恒丰乡

【出处】韦行公讲：《牙线剪纸造人》，见中国民间文学集成全国编辑委员会编《中国民间故事集成》（贵州卷），北京：中国 ISBN 中心 2003 年版，第12~13页。

## W2127.2
### 经历了 3 次造人

实 例

❶ ［傈僳族］天管师造大地的中层的人，前前后后造了三回。

【流传】四川省·（凉山彝族自治州）·德昌县

【出处】谷万才讲，李文华等翻译采录：《人类的起源》，见中国民间文学集成全国编辑委员会编《中国民间故事集成》（四川卷·下），北京：中国 ISBN 中心 1998 年版，第1432页。

❷ ［瑶族］女神密洛陀造人造了三次才成功。

【流传】广西壮族自治区·（河池市）·巴马县（巴马瑶族自治县）

【出处】蓝有荣口述，黄书光等搜集，韦编联整理：《密洛陀》，见谷德明编《中国少数民族神话》，北京：中国民间文艺出版社1987年版，第122页。

❸ ［壮族］姆洛甲对前两次造的人不满意，就决定第三次造人。

【流传】广西壮族自治区·（河池市）·大化县（大化瑶族自治县）·羌圩乡·那康村

【出处】

（a）覃鼎琨讲，覃承勤采录翻译：《姆洛甲造三批人》，见中国民间文学集成全国编辑委员会编《中国民间故事集成》（广西卷），北京：中国ISBN中心2001年版，第4页。
（b）同（a），见张声震总主编，农冠品编注《壮族神话集成》，南宁：广西民族出版社2007年版，第22页。

## W2127.3
经历了4次造人

实例

[苗族] 造人烟用了4次。神仙造、神仙和人造、母子造和兄妹造人烟。

【流传】云南省·文山州（文山壮族苗族自治州）·麻栗坡（麻栗坡县）

【出处】刘德荣整理：《造人烟的传说》，见刘德荣编《苗族民间故事》，昆明：云南人民出版社1988年版。

## W2128
与造人有关的其他母题

【关联】[W2741] 人产生的顺序

实例

（参见下级母题实例）

## W2128.0
造人准备（造人前的准备）

实例

（参见下级母题实例）

## W2128.0.1
造人前要先造庄稼

实例

[瑶族（布努）] 密洛陀（万物之母，女始祖，女神）造人前，要为人类先造出庄稼，要为人群先造出食粮。

【流传】广西壮族自治区·（河池市）·都安县（都安瑶族自治县）、巴马县（巴马瑶族自治县）、南丹县，（百色市）·田东县、平果县等地

【出处】桑布郎等传，蒙凤标（83岁）、罗仁祥（73岁）等唱：《密洛陀》（1983），见蓝怀昌、蓝书京、蒙通顺搜集翻译整理《密洛陀》，北京：中国民间文艺出版社1988年版，第134页。

## W2128.0.2
造人前先造地

实例

（参见下级母题实例）

## W2128.0.2.1
天神造人前先造地

实例

[满族] 天神造人之前先造地。

【流传】（无考）

【出处】《托佛妈妈》，见傅英仁口述，张爱云整理《傅英仁满族故事》（上），哈尔滨：黑龙江人民出版社2006年版，第10页。

## W2128.0.2a
造人前先治理日月

实例

（参见下级母题实例）

## W2128.0.2a.1
### 天神造人前先治理日月

实例

[彝族] 格兹天神看到造的人都被晒死，看看不能再造人，于是想到先把天上的9个太阳和9个月亮治一治，治好后再造人。

【流传】（云南省·楚雄彝族自治州·姚安县·官屯乡·马游村，大姚县·昙华乡等）

【出处】

（a）郭天元（马游村）、李申呼颇（昙华乡）、李福玉颇（苴）演唱，郭思九、许明学、龚维顺、张宝省、陈志群、胡炳文等搜集，刘德虎、龚维顺、陈志群、李树荣、郭天元等整理：《梅葛》（第一部"创世"），见云南省民族民间文学楚雄调查队《梅葛》（1959），昆明：云南人民出版社2009年版。

（b）《打虎开天辟地》，蔷紫据云南省民族民间文学楚雄调查队著《梅葛》（云南人民出版社2009年版）改写，见姚宝瑄主编《中国各民族神话》（羌族、彝族），太原：山西出版传媒集团·书海出版社2014年版，第199页。

## W2128.0.3
### 造人前要先造房子

【关联】[W2154.0.1] 有了房子生的孩子才成活

实例

❶ [瑶族] 密洛陀（女神，女始祖，瑶族最高神）同牙佑、诰恩等造出了房子后，密洛陀要造人。

【流传】广西壮族自治区·（河池市）·巴马瑶族自治县

【出处】

（a）蓝有荣讲，黄书光、覃光群搜集，韦编联整理：《密洛陀》，见苏胜兴、刘保元、韦文俊、王矿新等编《瑶族民间故事选》，上海：上海文艺出版社1980年版。

（b）同（a），见姚宝瑄主编《中国各民族神话》（土家族、毛南族、侗族、瑶族），太原：山西出版传媒集团·书海出版社2014年版，第141页。

❷ [瑶族（布努）] 密洛陀（万物之母，女始祖，女神）认为造人前先造好房子，造好房子给人住。

【流传】广西壮族自治区·（河池市）·都安县（都安瑶族自治县）、巴马县（巴马瑶族自治县）、南丹县，（百色市）·田东县、平果县等地

【出处】桑布郎等传，蒙凤标（83岁）、罗仁祥（73岁）等唱：《密洛陀》（1983），见蓝怀昌、蓝书京、蒙通顺搜集翻译整理《密洛陀》，北京：中国民间文艺出版社1988年版，第289页。

## W2128.0.4
### 造人前先选地点

【关联】[W2126] 造人的地点

【实例】

❶ [瑶族] 要造出人，必须选个好地方。

【流传】广西壮族自治区·（河池市）·巴马瑶族自治县

【出处】

（a）蓝有荣讲，黄书光、覃光群搜集，韦编联整理：《密洛陀》，原载苏胜兴等编《瑶族民间故事选》，见陶阳、钟秀编《中国神话》（上），北京：商务印书馆2008年版，第365~368页。

（b）蓝有荣讲，黄书光、覃光群搜集，韦编联整理：《密洛陀》，见苏胜兴、刘保元、韦文俊、王矿新等编《瑶族民间故事选》，上海：上海文艺出版社1980年版。

❷ [瑶族] 密洛陀（女神，女始祖，瑶族最高神）造人时，经过多次失败，她觉得要造出人，必须选个好地方。

【流传】广西壮族自治区·（河池市）·巴马瑶族自治县

【出处】蓝有荣讲，黄书光、覃光群搜集，韦编联整理：《密洛陀》，见姚宝瑄主编《中国各民族神话》（土家族、毛南族、侗族、瑶族），太原：山西出版传媒集团·书海出版社2014年版，第141页。

## W2128.0.5
### 造人前先吹气

【关联】[W2114]造人经吹气后成活

【实例】

（参见下级母题实例）

## W2128.0.5.1
### 造人前先吹3口气

【实例】

[瑶族] 密洛陀（万物之母，女始祖，女神）命令大神把蜜蜂、古蜂、黄蜂、马蜂的蜡和蜜汁一起端回来，捧起蜂蜡，搓的蜂蜡粘如胶。密洛陀又对蜂蜡连吹三口气后，动手捏人。

【流传】广西壮族自治区·（河池市）大化县（大化瑶族自治县）·七百弄乡

【出处】蓝阿勇（72岁）讲，蒙冠雄采录翻译：《密洛陀》（1982），见中国民间文学集成全国编辑委员会编《中国民间故事集成》（广西卷），北京：中国ISBN中心2001年版，第11~22页。

## W2128.0.6
### 先射日后造人

【关联】[W9700]射日的原因

【实例】

[瑶族] 密洛陀一想起将来要造人，心里就十分着急，知道天上的12个太阳射不下来，人类就不能造。

【流传】广西壮族自治区·（河池市）·都安瑶族自治县、江水河一带瑶族地区

【出处】《密洛陀创世》，蓝田根据莎红整理的《密洛陀》和潘泉脉整理的《密洛陀》两部不同版本的长诗《密洛陀》改写，见姚宝瑄主编《中国各民族神话》（土家族、毛南族、侗族、

瑶族），太原：山西出版传媒集团·书海出版社 2014 年版，第 165 页。

## W2128.0.7
### 造人前先分出万物的雌雄

实例

[彝族（阿细）] 男神阿热和女神阿咪造人的时候商量，要想造人就要先分出雌雄，山就要先分雌雄，树就要分雌雄，石头就要分雌雄，草就要分雌雄。不分出雌雄，就无法造人。

【流传】（a）云南省·红河哈尼族彝族自治州·弥勒县（弥勒市）·（西山镇）

【出处】

（a）潘正兴等唱述，云南省民族民间文学红河调查队搜集翻译整理：《阿细的先基》，昆明：云南人民出版社 1959 年版。

（b）云南省民族民间文学红河调查队搜集整理，古梅改写：《最古的时候》，见姚宝瑄主编《中国各民族神话》（羌族、彝族），太原：山西出版传媒集团·书海出版社 2014 年版，第 141 页。

## W2128.0.8
### 造人前咨询

【关联】[W2101] 造人方法的获得

实例

（参见下级母题实例）

## W2128.0.8.1
### 造人前求教神婆

【关联】[W2101.2] 特定的人物传授造人方法

实例

[苗族] 纳罗引勾（半人半兽的巨人）要捏人造人时，不知道人是什么样，也不知道眼睛有多大，鼻梁有多长，胳膊有几只，脚柱有几双，就去找天河边上的神婆婆务罗务素商量。

【流传】广西壮族自治区·（柳州市）·融水苗族自治县

【出处】

（a）杨达香讲，梁彬搜集整理：《创世纪》（二、捏人捏兽、栽果撒谷），见梁彬、王天若编《苗族民间故事选》，南宁：广西人民出版社 1986 年版。

（b）同（a），见姚宝瑄主编《中国各民族神话》（布依族、仡佬族、苗族），太原：山西出版传媒集团·书海出版社 2014 年版，第 174 页。

## W2128.0.9
### 先消灭野兽后造人

实例

（参见下级母题实例）

## W2128.0.9.1
### 先杀光老虎再造人

实例

[瑶族] 卡亨巧妙地杀绝了山中的老虎，对他母亲密洛陀说："山上的老虎已被杀光了，你要造人只管造吧。"

【流传】广西壮族自治区·（河池市）·都安瑶族自治县、江水河一带瑶族地区。

【出处】《密洛陀创世》，蓝田根据莎红整理的《密洛陀》和潘泉脉整理的《密洛陀》两部不同版本的长诗《密洛陀》改写，见姚宝瑄主编《中国各民族神话》（土家族、毛南族、侗族、瑶族），太原：山西出版传媒集团·书海出版社2014年版，第171页。

## W2128.1
### 造人中的干扰

实例

（参见下级母题实例）

## W2128.1.1
### 特定的神干扰造人

实例

（参见下级母题实例）

## W2128.1.1.1
### 玉皇大帝干扰造人

【关联】［W0777］玉皇大帝

实例

［汉族］玉皇大帝晓得女娲下了凡，又制起了人烟，怕地下的人晓得了天上的事，就派雷公活闪到凡间来收女娲。

【流传】四川省·巴县（今重庆市·巴南区）

【出处】钟丽碧讲，罗桂英记录，金祥度搜集整理：《女娲创世》（1988.04），见姚宝瑄主编《中国各民族神话》（汉族），太原：山西出版传媒集团·书海出版社2014年版，第30~31页。

## W2128.2
### 总结造人经验

实例

（参见下级母题实例）

## W2128.2.1
### 总结前辈造人经验

实例

［毛南族］天皇（天皇，毛南语音译，神名）造他的一代人时，总结了前辈神祖的经验。

【流传】广西壮族自治区·（河池市）·环江毛南族自治县·上南（上南乡）、中南（中南乡）、下南（下南乡）·上纳屯

【出处】
（a）蒙贵章讲，蒙国荣、韦志华、谭贻生记录翻译，蒙国荣整理：《天皇到盘、古》（1984.07），见杨光富《回、彝、水、仡佬、毛南、京六族故事选》，南宁：广西人民出版社1988年版。
（b）同（a），见姚宝瑄主编《中国各民族神话》（土家族、毛南族、侗族、瑶族），太原：山西出版传媒集团·书海出版社2014年版，第49页。

## W2128.3
### 重新造人（第二次造人）

【关联】

① ［W2127.1］两次造人

② ［W2530.1］洪水后人重新从某个地方出来

③ ［W2961］人的寿命的重新获得

**实 例**

（参见下级母题实例）

## W2128.3.1
### 天神重新造人（天神第二次造人）

【关联】

① ［W2053］天神造人

② ［W2505］灾难后人类再生

**实 例**

［鄂伦春族］天神恩都力玛发开始时造的石人不会死，地上人满为患，于是重新造人。

【流传】小兴安岭一带鄂伦春猎人中

【出处】马名超、崔焱编写：《人类生死的由来》，见姚宝瑄主编《中国各民族神话》（达斡尔族、鄂伦春族、鄂温克族、蒙古族），太原：山西出版传媒集团·书海出版社2014年版，第22~23页。

## W2128.3.2
### 用泥土代替石头重新造人

【关联】

① ［W2087］用泥造人（用土造人）

② ［W2089.7］用石头造人

③ ［W2097.2］用石头造人没有成功（用石头造人不成功）

**实 例**

［鄂伦春族］天神恩都力玛发造的石人不会死，地上人满为患，于是天神把石人全打死。之后，改用泥土重新造人。

【流传】小兴安岭一带鄂伦春猎人中

【出处】马名超、崔焱编写：《人类生死的由来》，见姚宝瑄主编《中国各民族神话》（达斡尔族、鄂伦春族、鄂温克族、蒙古族），太原：山西出版传媒集团·书海出版社2014年版，第22~23页。

## 2.4 生育产生人（生人）[①]
（W2130 ~ W2299）

### 2.4.1 神或神性人物生人[②]
（W2130 ~ W2149）

#### ✿ W2130
神或神性人物生人

【汤普森】①A188.2；②A1216

实例

（参见下级母题实例）

#### ✿ W2131
神生人

实例

[羌族] 一对神生羌族的祖先。
【流传】四川省
【出处】《人的由来》，见中国各民族宗教与神话大词典编审委员会编《中国各民族宗教与神话大词典》，北京：学苑出版社1990年版，第528页。

#### W2132
神生人类最早的父母

【汤普森】A1271.3
【关联】[W5085] 家庭（家族）

实例

[壮族] 姆洛甲的父母是天界的神仙。
【流传】广西壮族自治区·（百色市）·西林县·那佐乡
【出处】《巨人夫妻》，见中国民间文学集成全国编辑委员会编《中国民间故事集成》（广西卷），北京：中国ISBN中心2001年版，第55~60页。

#### W2133
天神生人

【关联】[W0181] 天神

实例

❶ [哈尼族] 天神俄玛生下人神玛窝，依次生出以后各代。
【流传】云南省·（红河哈尼族彝族自治州）·元阳县
【出处】卢朝贵讲：《神和人的家谱》，

---

[①] 生育产生人，此类母题包括多种类型。为全面比较"生人"母题的丰富内涵，此处也搜集了一些历史上真实人物如孔子等带有传说色彩的故事，通过这些母题我们可以观察神话母题的生活化与神话母题在后世的流传。

[②] 神或神性人物生人，"神生人"、"神性人物生人"、"人生人"等母题在神话中可能与"感生"有关，考虑到"生人"仍可以作为一个基本母题或神话元素，故某些带有"感生"性质的母题也列入此类。

见中国民间文学集成全国编辑委员会编《中国民间故事集成》（云南卷），北京：中国ISBN中心2003年版，第23~28页。

❷ ［哈尼族］ 自从天神俄玛传下了人神的家谱，世上就有了传宗接代的事情。

【流传】云南省·（红河哈尼族彝族自治州）·元阳县

【出处】朱小和讲，史军超采录：《动植物的家谱》，见中国民间文学集成全国编辑委员会编《中国民间故事集成》（云南卷），北京：中国ISBN中心2003年版，第346页。

❸ ［藏族］ 第一代赞普是天神之子。

【流传】（无考）

【出处】《聂赤赞普》，见中央民族学院少数民族文艺研究所编《中国民族民间文学》（下），北京：中央民族学院出版社1987年版，第774页。

❹ ［藏族］ 始祖赞普自言天神所生。

【流传】（无考）

【出处】《通典·边防·吐蕃传》。

## W2133.1
### 天神的儿女生人

【关联】［W0202.2］天神的子女

实例

［汉族］天神的一对儿女偷吃蟠桃，被王母娘娘打下人间，罚他们给人间繁衍后代。

【流传】天津市·北郊区

【出处】于学萍讲，张义书采录：《男人为嘛有喉结》，见中国民间文学集成全国编辑委员会编《中国民间故事集成》（天津卷），北京：中国ISBN中心2004年版，第6页。

## W2133.2
### 特定的天神下凡生人

【关联】［W0203］特定的天神

实例

❶ ［高山族］ 玛基雅瓦斯下凡人间，繁衍子孙。

【流传】平埔巴则海人

【出处】《巴则海人始祖》，见中国各民族宗教与神话大词典编审委员会编《中国各民族宗教与神话大词典》，北京：学苑出版社1990年版，第144页。

❷ ［苗族］ 女神敖玉和男神敖古下凡成婚，繁衍人烟，成第一朝人。

【流传】云南省·（文山壮族苗族自治州）·富宁县

【出处】罗正明讲：《谁来造人烟》，见中国民间文学集成全国编辑委员会编《中国民间故事集成》（云南卷），北京：中国ISBN中心2003年版，第92~95页。

## W2133.3
### 天母生人

【关联】［W0207］天母

实例

［汉族］很早以前，天母娘娘怀了一个

孩子，但这孩子只有在天修补好之后才能降生。

【流传】辽宁省·沈阳市

【出处】马素梅讲，徐海燕搜集整理：《北方的天气为什么比南方冷》（1986.04），见姚宝瑄主编《中国各民族神话》（汉族），太原：山西出版传媒集团·书海出版社 2014 年版，第 66 页。

## W2133.4
### 天上的祖母生人

【关联】
① ［W0648.1］女祖先神
② ［W2143.2］始祖母生人

实 例

［哈尼族］"俄玛"（天上的老祖母）生人。

【流传】云南省·（红河哈尼族彝族自治州）·元阳县·攀枝花区·洞铺寨、黄草岭区树皮寨

【出处】《神和人的家谱》，见史军超《哈尼族神话传说中记载的人类第一次脑体劳动大分工》，载《云南民族学院学报》1997 年第 3 期。

## W2133.5
### 天女生人

【关联】［W0215］天女

实 例

❶ ［珞巴族］天女麦冬海依洗澡，喝天河里的水，生下了 1 个男孩。

【流传】西藏自治区

【出处】
（a）于乃昌：《珞巴族文学史》，西藏人民出版社、江苏教育出版社 2001 年版，第 15 页。
（b）于乃昌个人网，2003.10.20。

❷ ［彝族］3 个天女各生了 2 个儿子。

【流传】贵州省·毕节（毕节市）

【出处】陈世鹏：《彝族婚媾类洪水神话琐议》，载《贵州民族研究》1993 年第 1 期。

## W2134
### 地母生人

【关联】［W0238］地母

实 例

❶ ［哈萨克族］大地母亲怀中生 1 万 8 千子孙降临世间。

【流传】（无考）

【出处】《大地母亲》，见中国民俗网，2006.12.11。

❷ ［珞巴族］天地结婚，地母生人类。

【流传】西藏自治区

【出处】《创世歌》，见中央民族学院少数民族文艺研究所编《中国民族民间文学》（上下），北京：中央民族学院出版社 1987 年版，第 404 页。

## W2135
### 世界之母生人

【汤普森】A1282.1

实 例

（实例待考）

## W2136
### 水神生人
【关联】［W0400］水神

实 例

［满族］人是水神生出来的。

【流传】东海窝集部

【出处】《天神创世》，见季永海《满族神话》，中国民俗网，2006.01.23。

## W2137
### 女神生人
【关联】

① ［W2056］女神造人

② ［W2295.1.4.2］女神造人种

实 例

［满族］东海生命女神生人。

【流传】（无考）

【出处】

（a）富育光：《萨满教与神话》，沈阳：辽宁大学出版社1990年版，第50页。

（b）《都金恩都力生人》，见吕大吉、何耀华总主编《中国各民族原始宗教资料集成》（鄂伦春族卷、鄂温克族卷、赫哲族卷、达斡尔族卷、锡伯族卷、满族卷、蒙古族卷、藏族卷），北京：中国社会科学出版社1999年版，第485页。

## W2137.1
### 始母神生人
【关联】［W0648.1］女祖先神

实 例

❶ ［侗族］天外的一只金斑大蜘蛛是神婆（祖母神），她生下了天地、万物、众神和千个姑妈。

【流传】广西壮族自治区·（柳州市）·三江（三江侗族自治县）、（桂林市）·龙胜（龙胜各族自治县）

【出处】杨卜林喜、杨卜松林、杨明世讲，杨国仁、涛声搜集整理，蒿紫改写：《创世女神萨天巴》，过伟改写自侗族创世史诗《嘎茫莽道时嘉—远祖歌》（未出版稿），见姚宝瑄主编《中国各民族神话》（土家族、毛南族、侗族、瑶族），太原：山西出版传媒集团·书海出版社2014年版，第72页。

❷ ［满族］始母神赫赫满尼在震天动地的战鼓声中，生下了人类的始祖。

【流传】（无考）

【出处】《阿布卡赫赫女神创世》，王松根据富育光、孟慧英、王宏刚撰写的《满族宗教与神话》改写，见姚宝瑄主编《中国各民族神话》（满族、赫哲族、朝鲜族），太原：山西出版传媒集团、书海出版社2014年版，第4~14页。

## W2137.1.1
### 第一个女神生人
【关联】［W058.3.1］第一个神

实 例

［瑶族］世上的第一个女神密洛陀迎风

怀孕生人。

【流传】广西壮族自治区·（河池市）·都安瑶族自治县、江水河一带瑶族地区

【出处】《密洛陀创世》，蓝田根据莎红整理的《密洛陀》和潘泉脉整理的《密洛陀》两部不同版本的长诗《密洛陀》改写，见姚宝瑄主编《中国各民族神话》（土家族、毛南族、侗族、瑶族），太原：山西出版传媒集团·书海出版社2014年版，第152页。

## W2137.2
### 东海生命母神生人

实例

（参见下级母题实例）

## W2137.2.1
### 东海生命母神从毛孔生人

【关联】[W2596.8.1]女神从毛孔中生人

实例

[满族]东海生命之母神都金恩都力每个毛孔都能生出人和鱼。

【流传】（无考）

【出处】
(a) 富育光：《萨满教与神话》，沈阳：辽宁大学出版社1990年版，第50页。
(b)《都金恩都力生人》，见吕大吉、何耀华总主编《中国各民族原始宗教资料集成》（鄂伦春族卷、鄂温克族卷、赫哲族卷、达斡尔族卷、锡伯族卷、满族卷、蒙古族卷、藏族卷），北京：中国社会科学出版社1999年版，第485页。

## W2137.3
### 神女生人

实例

[汉族]女岐，神女，无夫而生九子。

【流传】（无考）

【出处】《楚辞·天问》，王逸注。

## W2138
### 男神生人

【关联】[W2055]男神造人

实例

❶ [高山族]两位男神并枕安眠，一个神的右膝生出了一个男孩，另一个神的左膝生下了一个女孩。

【流传】台湾

【出处】《神膝相擦生人类》，见谷德明编《中国少数民族神话》，北京：中国民间文艺出版社1987年版，第240页。

## W2138.1
### 男神死后生人

实例

❶ [汉族]鲧死后，从其肚皮里跳出了禹。

【流传】浙江省·（宁波市）·宁海县·柴溪乡·铁江村

【出处】邬荣绍讲，麻承照采录：《鲧山

禹河》，见中国民间文学集成全国编辑委员会编《中国民间故事集成》（浙江卷），北京：中国 ISBN 中心 1997 年版，第 63 页。

❷ ［汉族］鲧复（腹）生禹。

【流传】（无考）

【出处】《山海经·海内经》。

## W2138.2
### 特定来历的男神生人

实　例

（参见下级母题实例）

## W2138.2.1
### 石生的男神生人

【关联】［W2210］石生人

实　例

❶ ［高山族（雅美）］石生的男神和竹子中生的男神并枕安眠，彼此的膝头相互摩擦了一下，结果各自生出一个孩子。

【流传】（无考）

【出处】《神膝相擦生出了人类》，原载陈国强编《高山族神话传说》，见陶阳、钟秀编《中国神话》（上），北京：商务印书馆 2008 年版，第 321 页。

❷ ［高山族（雅美）］石生的男神生 1 男 1 女。

【流传】台湾

【出处】《石生、竹生雅美人始祖》，见中国各民族宗教与神话大词典编审委员会编《中国各民族宗教与神话大词典》，北京：学苑出版社 1990 年版，第 145 页。

## W2138.2.2
### 竹生的男神生人

【关联】［W2172］竹生人

实　例

［高山族（雅美）］竹生的男神生 1 男 1 女。

【流传】台湾

【出处】《石生、竹生雅美人始祖》，见中国各民族宗教与神话大词典编审委员会编《中国各民族宗教与神话大词典》，北京：学苑出版社 1990 年版，第 145 页。

## W2139
### 其他神生人

实　例

（参见下级母题实例）

## W2139.1
### 特定名称的神生人

实　例

［哈尼族］大神阿匹梅烟生了 9 天，生出 9 个姑娘。

【流传】云南省·（红河哈尼族彝族自治州）·元阳（元阳县）·攀枝花（攀枝花区）·洞铺寨·洞铺寨

【出处】朱小和讲：《永生不死的姑娘》，见中国民间文学集成全国编辑委员会编《中国民间故事集成》（云南卷），北京：中国 ISBN 中心 2003 年版，第 130~132 页。

## W2139.1.1
### 古神松土生人

实例

[侗族] 远古神松土生七子张良公公和八女张妹婆婆。

【流传】广西壮族自治区·（柳州市）·三江县（三江侗族自治县）·独洞乡

【出处】《祖先的事》，见中国民间文学集成全国编辑委员会编《中国民间故事集成》（广西卷），北京：中国 ISBN 中心 2001 年版，第 60~63 页。

## W2139.1.2
### 天坤神生人

实例

[彝族] 若没天坤神，亦没有彝人，也没有人类。

【流传】云南省·（红河哈尼族彝族自治州）·红河（红河县）·元阳（元阳县）、绿春（绿春县），（玉溪市）元江（哈尼族彝族傣族自治县）等

【出处】龙保贵搜集翻译整理：《祭天地经》，转引自吕大吉、何耀华总主编《中国各民族原始宗教资料集成》（彝族卷、白族卷、基诺族卷），北京：中国社会科学出版社 1996 年版，第 284~285 页。

## W2139.2
### 全能神生人

【关联】[W2061.3] 万能神造人

实例

[哈尼族] 万能的大神阿匹梅烟生人。

【流传】云南省·（红河哈尼族彝族自治州）·元阳（元阳县）·攀枝花（攀枝花区）·洞铺寨

【出处】朱小和讲：《永生不死的姑娘》，见中国民间文学集成全国编辑委员会编《中国民间故事集成》（云南卷），北京：中国 ISBN 中心 2003 年版，第 130~132 页。

## W2139.3
### 太阳神生人

【关联】[W2221.2.1] 太阳神婚生的卵生人

实例

[景颇族] 景颇族是太阳神的子孙。

【流传】云南省

【出处】段晓林：《从宗教祭典到民族节日——景颇族"目脑总过"历史考察》，载《民族艺术研究》1996 年第 4 期。

## W2139.3a
### 火神生人

实例

[鄂温克族] 火神是人类的祖先。

【流传】（无考）

【出处】《火神》，见吕大吉、何耀华主编《中国各民族原始宗教资料集成》（鄂伦春族卷、鄂温克族卷、赫哲族卷、达斡尔族卷、锡伯族卷、满族卷、蒙古族卷、藏族卷），北京：中国社会科学出版社1999年版，第102页。

## W2139.4
### 山神生人
【关联】[W2209] 山生人

实　例

[东乡族] 某地的人是山神的子孙。
【流传】（无考）
【出处】自祥等整理：《葡萄山和高陵峁》，见中华民族故事大系委员会编《中华民族故事大系》第9卷（水族、东乡族、纳西族），上海：上海文艺出版社1995年版，第398页。

## W2139.5
### 树神生人
【关联】[W2171] 树生人

实　例

[汉族] 地上的人都是人间正神（树神）的子孙。
【流传】河南省·（驻马店市）·正阳县·袁寨乡·袁寨村
【出处】张昀讲，张振犁采录：《玉人和玉姐》，见中国民间文学集成全国编辑委员会编《中国民间故事集成》（河南卷），北京：中国ISBN中心2001年版，第11页。

## W2139.6
### 夫妻神生人
【关联】[W2057.2] 夫妻神造人

实　例

（参见下级母题实例）

## W2139.6.1
### 天上的夫妻神生人

实　例

[汉族] 月宫里有对老夫妻，生了一个乖女，名叫月月。
【流传】江西省·宜春市·（袁州区）·水江乡·吴家村
【出处】吴种有讲，彭发生采录：《十五的月亮格外圆》，见中国民间文学集成全国编辑委员会编《中国民间故事集成》（江西卷），北京：中国ISBN中心2002年版，第6页。

## ❋ W2140
### 神性人物生人

实　例

（参见下级母题实例）

## W2141
### 创世者生人
【汤普森】A1216
【关联】[W2058.2] 创世者造人

实　例

（实例待考）

## W2142
### 仙生人
实 例

（参见下级母题实例）

## W2142.1
### 仙女生人
实 例

[满族] 仙女生爱新觉罗·布库里雍顺。
【流传】黑龙江·（哈尔滨市）·依兰县
【出处】张其卓等整理：《天鹅仙女》，见蔚家麟选编《中国民间故事精选》，武汉：长江文艺出版社 2005 年版，第 41~45 页。

## W2143
### 祖先生人
【关联】[W0640~W0659] 祖先（祖先神、始祖神）

实 例

[哈尼族] 人类始祖塔婆生 18 人。
【流传】云南省
【出处】《大鱼与天地、人类》，见高明强编《创世的神话和传说》，上海：上海三联书店 1988 年版，第 74 页。

## W2143.1
### 女祖先生人
【关联】[W2060.1] 女祖先造人（女始祖造人）

实 例

[佤族] 安木拐（佤族女祖先名）生育阿佤人。
【流传】云南省·（普洱市）·西盟佤族自治县、澜沧拉祜族自治县等地
【出处】毕登程、隋嘎编著：《司岗里——佤族创世史诗》，昆明：云南出版集团公司·云南人民出版社 2009 年版，第 51 页。

## W2143.2
### 始祖母生人
【关联】[W2133.4] 天上的祖母生人

实 例

[哈尼族] 开天辟地后，哈尼的先祖塔坡（人类的始祖母）在岩洞里生下 21 个儿子。
【流传】云南省·（红河哈尼族彝族自治州）·元阳县·（攀枝花乡·硐蒲寨）
【出处】朱小和讲，卢朝贵搜集整理：《塔坡取种》，载《山茶》1985 年第 1 期。

## W2144
### 文化英雄生人
【关联】
① [W0560] 文化英雄
② [W2061.8] 文化英雄造人

实 例

（参见下级母题实例）

## W2144.1
### 盘古生人

【关联】［W0720］盘古

实例

❶［汉族］"彭呼"（盘古）吃得肚子大了起来。一日朝头日头起山的时候，"哇"的一声生下了一个胖乎乎的囝；到月亮起山的时候，又"哇"的一声生下了一个细皮白肉的囡。

【流传】（无考）

【出处】姜引军讲，姜曾诰搜集整理：《天地分开出盘古》，见姚宝瑄主编《中国各民族神话》（汉族），太原：山西出版传媒集团·书海出版社 2014 年版，第 15~16 页。

❷［汉族］盘古肚子大了起来，生 1 男 1 女。

【流传】浙江省·（杭州市）·淳安县·姜家镇·姜家村

【出处】姜引军讲，姜曹诰采录：《盘古生囝囡》，见中国民间文学集成全国编辑委员会编《中国民间故事集成》（浙江卷），北京：中国 ISBN 中心 1997 年版，第 38 页。

❹［汉族］盘古生 1 个囝（男）1 个囡（女）。

【流传】浙江省·淳安县·姜家镇·姜家村

【出处】
(a) 姜引军讲：《盘古生囝囡》，见中国民间文学集成全国编辑委员会编《中国民间故事集成》（浙江卷），北京：中国 ISBN 中心 1997 年版，第 38~39 页。

(b) 姜引军讲，姜增浩记录整理：《天地分开是盘古》，见淳安县民间文学征集办公室编《中国民间文学集成浙江省·淳安县故事、歌谣、谚语卷》，内部编印，1988 年，第 1 页。

## W2144.1.1
### 盘古的儿孙生人

实例

［仡佬族］盘古的儿孙古老到地上生人。

【流传】贵州省·（六盘水市）·六枝特区·店子乡

【出处】程少先讲：《盘古王和他的儿孙们》，见中国民间文学集成全国编辑委员会编《中国民间故事集成》（贵州卷），北京：中国 ISBN 中心 2003 年版，第 62~63 页。

## W2144.1.2
### 张古王和盘古老生人

实例

［侗族］人是张古王和盘古老的儿孙。

【流传】广西壮族自治区·（柳州市）·三江县（三江侗族自治县）·独洞乡

【出处】《祖先的事》，见中国民间文学集成全国编辑委员会编《中国民间故事集成》（广西卷），北京：中国 ISBN 中心 2001 年版，第 60~63 页。

## W2144.1.3
### 古老和盘古生人

实例

［侗族］古老和盘古生人王 9 兄弟。

【流传】贵州省·（黔东南苗族侗族自治州）·从江县·高增（高增乡）

【出处】《古老和盘古》，见中国民间文学集成全国编辑委员会编《中国民间故事集成》（贵州卷），北京：中国ISBN中心2003年版，第4页。

## W2144.2
### 伏羲生人

【关联】［W0675］伏羲

实 例

（参见下级母题实例）

## W2144.2.1
### 伏羲生女娲

【关联】［W0715.3.4］女娲是伏羲的女儿

实 例

[汉族] 女娲氏是伏羲帝的女儿。

【流传】山东省·济南市·经七路办事处

【出处】宋汉南讲，刘恩芳采录：《女娲补天》，见中国民间文学集成全国编辑委员会编《中国民间故事集成》（山东卷），北京：中国ISBN中心2007年版，第4页

## W2144.3
### 女娲生人

【关联】［W2065］女娲造人

实 例

[汉族] 天地刚分开时，女娲生了1男1女。

【流传】河北省·（石家庄市）·藁城县（藁城市）·（常安镇）·耿村

【出处】王连镇讲，时文鸽采录：《北斗七星》，见中国民间文学集成全国编辑委员会编《中国民间故事集成》（河北卷），北京：中国ISBN中心2003年版，第14页。

## W2144.4
### 华胥生人

【关联】［W0689］华胥

实 例

（参见下级母题实例）

## W2144.4.1
### 华胥生女娲

【关联】［W0711.3.3］女娲是华胥的女儿

实 例

[汉族] 华胥（人神名）生1对男女。生男子为伏羲，生女子为女娲。

【流传】（无考）

【出处】［清］梁玉绳《汉书人表考》卷二引《春秋世谱》。

## W2144.5
### 其他文化英雄生人

实 例

（参见下级母题实例）

## W2144.5.1
### 鲧生禹

【关联】

① ［W0686］鲧

② ［W0751］禹（大禹）

实例

[汉族] 鲧治水无功被杀，从其肚皮里生禹。

【流传】浙江省·（宁波市）·宁海县·柴溪乡·铁江村

【出处】邬荣绍讲，麻承照采录：《鲧山禹河》，见中国民间文学集成全国编辑委员会编《中国民间故事集成》（浙江卷），北京：中国ISBN中心1997年版，第63页。

## W2145
### 怪物生人

【关联】［W0860］怪物

实例

（实例待考）

## W2146
### 其他神性人物生人

实例

（参见下级母题实例）

## W2146.1
### 特定名称的神性人物生人

【关联】［W2135］世界之母生人。

## W2146.1.1
### 姆六甲生人

实例

❶ [壮族] 壮族子孙为花王圣母姆六甲所生。

【流传】广西壮族自治区·（河池市）·东兰县、武鸣县（武鸣区）等

【出处】覃圣敏主编：《壮泰民族传统文化比较研究》，南宁：广西人民出版社2003年版，第1990页。

❷ [壮族] 姆洛甲生12崽女。

【流传】广西壮族自治区·（河池市）·大化县（大化瑶族自治县）·羌圩乡

【出处】《姆洛甲叫崽女分家》，见中国民间文学集成全国编辑委员会编《中国民间故事集成》（广西卷），北京：中国ISBN中心2001年版，第5~6页。

## W2146.2
### 二神合生人

实例

（实例待考）

## W2147
### 与神或神性人物生人有关的其他母题

实例

[瑶族] 帝舜生戏，戏生摇民。

【流传】（无考）

【出处】《山海经·大荒东经》。

## W2147.1
### 圣人生人

【关联】［W2926］圣人

实例

[汉族] 古之神圣人母，感天而生子，

故称天子。

【流传】（无考）

【出处】［汉］许慎：《说文》。

## W2147.2
### 人产生于神的意念

【汤普森】A1211.0.1

【关联】

① ［W2107.3］凭意念造出人

② ［W2113.1］造人经神或神性人物的意念或力量成活

实 例

（实例待考）

## W2147.3
### 神的特定肢体变成人生出

【关联】［W2304.2］神的肢体或排泄物变成人

实 例

（参见下级母题实例）

## W2147.3.1
### 神的一半心变成人生出

实 例

❶ ［汉族］开天辟地时，玉皇大帝的女儿挖出心脏，吹气后变成一对男女。

【流传】江西省·宜春市·（袁州区·湖田乡）·双湖村

【出处】易世才讲：《玉皇大帝的女儿》，见中国民间文学集成全国编辑委员会编《中国民间故事集成》（江西卷），北京：中国ISBN中心2002年版，第3页。

❷ ［彝族］太古时，玛支玛珂神树就进入天神之母蒲依的腹中，成为她的心伴。当蒲依感到孤独需要玩伴时，玛支玛珂神树说："我把你的心割一半，加上我的心一半，给你造个玩伴，让他出来跟你玩。"这样蒲依一翘尾巴，生出了人模人样的小男孩。

【流传】云南省·（楚雄彝族自治州）·永仁县

【出处】

（a）曲木阿石等讲，罗有能整理：《更资天神》，见云南省楚雄州文教局、云南省楚雄州民委会编《楚雄民间文学资料》，内部资料，1979年。

（b）同（a），见姚宝瑄主编《中国各民族神话》（羌族、彝族），太原：山西出版传媒集团·书海出版社2014年版，第177页。

## W2147.3.2
### 神的一半肝变成人生出

实 例

［彝族］天神更资缠着母亲蒲依要玩伴，蒲依拍着胸口让心里的玛支玛珂神树丈夫割下她的一半肝，于是她的肚子里又掉出来一个人模人样的小男孩。

【流传】云南省·（楚雄彝族自治州）·永仁县

【出处】

（a）曲木阿石等讲，罗有能整理：《更资天神》，见云南省楚雄州文教局、云南省楚雄州民委会编《楚雄民间文学资料》，内部资料，1979 年。
(b) 同（a），见姚宝瑄主编《中国各民族神话》（羌族、彝族），太原：山西出版传媒集团·书海出版社 2014 年版，第 179~180 页。

## 2.4.2 人生人
（W2150~W2154）

### ✳ W2150

**人生人**

【关联】［W2070］人造人

实例

（参见下级母题实例）

### W2150.1

**以前的人不生育**

【关联】

① ［W2587.8］不能生育的原因

② ［W2495］结婚不生育

③ ［W2495.2］兄妹婚不能生育

④ ［W2580.1.1］早期因没有女人不会怀孕

⑤ ［W2580.1.1.1］早期的人因不婚配不怀孕

实例

❶ ［白族］古老时代，人类没有生育能力。

【流传】云南省·（大理白族自治州）·鹤庆县

【出处】彭独豹、杨凤魁讲，章天柱、曹溪涌记录：《石傢什》，原载《中国民间故事全书》（云南省·鹤庆卷），见陶阳、钟秀编《中国神话》（下），北京：商务印书馆 2008 年版，第 1490~1492 页。

❷ ［毛南族］人刚从地下的岩层爬上地面的时候，没有男女配成夫妻，他们都不会生儿育女。

【流传】广西壮族自治区·（河池市）·环江毛南族自治县·上南（上南乡）、中南（中南乡）、下南（下南乡）·上纳屯

【出处】蒙贵章讲，蒙国荣、韦志华、谭贻生记录翻译，蒙国荣整理：《昆屯开天盖》（1984.07），见姚宝瑄主编《中国各民族神话》（土家族、毛南族、侗族、瑶族），太原：山西出版传媒集团·书海出版社 2014 年版，第 61 页。

### W2150.1.1

**以前人因为会造人不生育**

【关联】［W2075a.1］特定的时代人会造人

实例

［满族］从二十二到二十四个小劫时，人很聪明，不用生育后代，因为他们自己会制造人。

【流传】（黑龙江省）·宁古塔（黑龙江省牡丹江市一带）；（吉林省）长白山地区（长白山一带）

【出处】傅英仁（疑"人"应为"仁"）

讲述，张爱云整理：《阿布凯赫赫创造天地人》，原载《满族萨满神话》，见陶阳、钟秀编《中国神话》（上），北京：商务印书馆 2008 年版，第 140 ~ 154 页。

## W2150.1.2
### 以前人因为会变化不生育
【关联】
① ［W2924.7.1］以前人会变形
② ［W9530］人的变形

实 例

[苗族] 人的两位男女始祖，每天都要变化几次，从奶娃娃变成老人，变得很快很快。因为一天之中变得太多太快，虽然他们活了很多日子了，却来不及生儿育女。

【流传】云南省

【出处】王建国讲，陆兴凤翻译：《人类始祖返老还童的故事》，原载《云南苗族民间故事集成》，见陶阳、钟秀编《中国神话》（下），北京：商务印书馆 2008 年版，第 1100 ~ 1103 页。

## W2151
### 第一个母亲生人
【关联】
① ［W2755.1］产生第一个母亲（人类之母）
② ［W2781］女人生孩子的来历

实 例

[佤族] 人类第一个母亲妈农生了女儿木拐。

【流传】云南省·（普洱市）·西盟县（西盟佤族自治县）

【出处】《司岗里》，见尚仲豪《佤族民间故事集成》，昆明：云南民族出版社 1990 年版。

## W2152
### 处女生人
【汤普森】T547
【关联】
① ［W2230］感生人
② ［W2581.1］女子无夫怀孕

实 例

（参见下级母题实例）

## W2152.1
### 处女感梦生人
【关联】
① ［W2277.4］梦感（感梦生人）
② ［W9290 ~ W9299］梦

实 例

[苗族] 湘西鸦溪地方，有位处女浣于溪时，只见天上阴阳瑞气交流，直射自己怀中。到了晚上她又梦见一个骑白马穿白袍、长雪白头发银白胡须的老翁与一个跨金龙穿百龙袍、携龙头手杖的老妇来到住处，从白发老妇怀里取出三个雪白肥胖的婴孩送给她。过了一年，她一胎生下三个儿子。

【流传】（湖南省·湘西土家族苗族自治州）

【出处】
（a）石宗仁整理：《白帝天王》，见中国

各民族宗教与神话大词典编审委员会编《中国各民族宗教与神话大词典》，北京：学苑出版社1990年版。

（b）同（a），见姚宝瑄主编《中国各民族神话》（布依族、仡佬族、苗族），太原：山西出版传媒集团·书海出版社2014年版，第318页。

## W2153
### 特殊的人生人
【关联】
① [W2586.2] 男人怀孕
② [W2586.2.2] 男人变女人生孩子

实例

（参见下级母题实例）

## W2153.1
### 天上的人下凡生育人
【关联】
① [W1444.1] 下凡
② [W2069.2.3.1] 天神和神仙下凡造人

实例

[汉族] 天上的玉帝派遣人到凡间繁衍人类。

【流传】 福建省·（三明市）·宁化县·城关

【出处】 薛其康讲，张锡电采录：《人死蛇蜕壳》，见中国民间文学集成全国编辑委员会编《中国民间故事集成》（福建卷），北京：中国 ISBN 中心1998年版，第10页。

## W2153.2
### 仙体凡人生人
实例

[仡佬族] 告佬（仡佬）开荒辟草，出现了仙体凡人生的人，这些人繁衍人类。

【流传】 贵州省·安顺（安顺市）

【出处】

（a）《兄弟赶山》，见贵州省安顺地区民委《仡佬族古歌》，贵阳：贵州民族出版社1991年版，第5页。

（b）《兄弟赶山》，见张勤《夜郎文化中的濮》，载《民族文学研究》2007年第2期。

## W2153.3
### 动物生的人生人
【关联】 [W2155] 动物生人

实例

[哈尼族] 鱼脊背里生出男人直塔和女人塔婆。后来塔婆浑身怀孕，生出虎、鹰、龙和9对人。

【流传】 云南省·（红河哈尼族彝族自治州·元阳县·攀枝花乡·硐蒲寨）

【出处】 朱小和讲：《天、地、人的形成》，载《山茶》1983年第4期。

## W2153.4
### 变化出的人生人
【关联】 [W2300] 人是变化产生的（变人）

【实例】

[满族] 柳树变成的佛赫婚生4对儿女。

【流传】黑龙江省·（牡丹江市）·宁安县（宁古塔）·江东（已撤销，现为江南朝鲜族满族乡）·缸窑村

【出处】关振川讲，傅英仁采录：《佛赫妈妈和乌申阔玛发》，见中国民间文学集成全国编辑委员会编《中国民间故事集成》（黑龙江卷），北京：中国 ISBN 中心 2005 年版，第 12～15 页。

## W2153.5
### 男人生孩子

【关联】

① [W2153.5.7] 原来男人怀孕充满痛苦

② [W2586.2.1] 男人从小腿怀孕生人

③ [W2778] 男人不再怀孕的原因

【实例】

❶ [汉族] 鲧复（腹）生禹。

【流传】（无考）

【出处】《山海经·海内经》。

❷ [汉族] 盘古肚子大了起来生1男1女。

【流传】浙江省·（杭州市）·淳安县·姜家镇·姜家村

【出处】姜引军讲，姜曹诰采录：《盘古生团囝》，见中国民间文学集成全国编辑委员会编《中国民间故事集成》（浙江卷），北京：中国 ISBN 中心 1997 年版，第 38 页。

## W2153.5.1
### 神让男人生孩子

【实例】

（参见下级母题实例）

## W2153.5.1.1
### 神因失误让男人生孩子

【实例】

[佤族] 人从司岗出来时，不知道该让谁生娃娃，就去问醉酒的莫伟（人神，又译"木依吉"）。结果莫伟说成了让男人生娃娃。

【流传】云南省·（普洱市）·西盟县（西盟佤族自治县），（临沧市）·沧源县（沧源佤族自治县）

【出处】隋嘎岩妇等讲，艾荻等搜集整理：《司岗里》，见尚仲豪、郭九思等编《佤族民间故事选》，上海：上海文艺出版社 1989 年版，第 1 页。

## W2153.5.2
### 以前男人从膝盖怀孕生娃娃

【关联】

① [W2594] 特殊的出生

② [W2596.14] 从膝盖生人

【实例】

[佤族] 以前，男人在膝盖上怀孕生娃娃。

【流传】云南省·（普洱市）·西盟县（西盟佤族自治县），（临沧市）·沧源县（沧源佤族自治县）

【出处】隋嘎岩妇等讲，艾荻等搜集整理：《司岗里》，见尚仲豪、郭九思等编《佤族民间故事选》，上海：上海文艺出版社1989年版，第1页。

### W2153.5.3
### 男人从肛门中生人

【关联】［W2596.19］从肛门中生人

实例

［哈尼族］青蛙的儿子纳得怀孕后，从肛门里生出的一碗东西变成了女娃娃。

【流传】云南省·（普洱市）·墨江县（墨江哈尼族自治县）

【出处】金开兴讲，蓝明红采录：《青蛙造天地》，见中国民间文学集成全国编辑委员会编《中国民间故事集成》（云南卷），北京：中国ISBN中心2003年版，第34页。

### W2153.5.4
### 男人从腹中生人

实例

［汉族］鲧死后，从其肚皮里跳出了禹。

【流传】浙江省·（宁波市）·宁海县·柴溪乡·铁江村

【出处】邬荣绍讲，麻承照采录：《鲧山禹河》，见中国民间文学集成全国编辑委员会编《中国民间故事集成》（浙江卷），北京：中国ISBN中心1997年版，第63页。

### W2153.5.5
### 以前男人生的孩子小

【关联】［W2602］生小人

实例

（参见下级母题实例）

### W2153.5.5.1
### 以前男人生的孩子只有蟋蟀大小

【关联】
① ［W2573.12.2］第二代人是蟋蟀
② ［W2829.4.1］蟋蟀横眼人

实例

［佤族］以前，男人在膝盖上怀孕生娃娃，生的只有蟋蟀那么大，莫伟（人神，又译"木依吉"）改成让女人生娃娃。

【流传】云南省·（普洱市）·西盟县（西盟佤族自治县）、沧源县

【出处】隋嘎岩妇等讲，艾荻等搜集整理：《司岗里》，见尚仲豪、郭九思等编《佤族民间故事选》，上海：上海文艺出版社1989年版，第1页。

### W2153.5.6
### 男人生异类

【关联】［W2600］人生怪胎

实例

（参见下级母题实例）

## W2153.5.6.1
### 男始祖生公猴

【关联】［W2617］人生猴

实 例

［普米族］男始祖生公猴。

【流传】云南省·（丽江市）·宁蒗县（宁蒗彝族自治县）；四川省·（凉山彝族自治州）·西昌（西昌市）、木里（木里藏族自治县）等地

【出处】编玛讲，章虹宇整理：《巴弄明和巴弄姆》，见中华民族故事大系编委会编《中华民族故事大系》第14卷（普米族、塔吉克族、怒族、俄罗斯族、鄂温克族），上海：上海文艺出版社1995年版，第38页。

## W2153.5.7
### 原来男人怀孕充满痛苦

【关联】［W2778.4］男人害怕生人的痛苦，天神把生孩子转给女人

实 例

（参见下级母题实例）

## W2153.5.7.1
### 男人怀孕因生不出而痛苦

实 例

❶［白族］男子们怀的娃娃没出路出生，在他们的肚子里又蹬又弹，痛得哭天嚎地。

【流传】云南省·（大理白族自治州）·鹤庆县·朵美乡·朵美街

【出处】彭独豹讲，鹤庆县集成办公室采录：《石家什》，见中国民间文学集成全国编辑委员会编《中国民间故事集成》（云南卷），北京：中国ISBN中心2003年版，第233页。

❷［白族］男子们怀的娃娃没出路出生，在他们的肚子里又蹬又撞，痛得哭天嚎地，跌碰打滚。

【流传】云南省·（大理白族自治州）·鹤庆县·朵美乡

【出处】鹤庆县民间文学集成办公室编：《石家什》，载《鹤庆民间故事集成》，昆明：云南人民出版社1989年版，第30~32页。

## W2153.5.8
### 父亲生子

【关联】

［W2598.11］产翁

［W5135］父与子

实 例

［汉族］舜看到鲧治水没有功效，就把鲧杀死。鲧尸的腹部发出了话音："父已逝，子要生！"

【流传】（无考）

【出处】

（a）钟伟今搜集整理：《禹的诞生》，载《山海经》1981年第4期。

（b）同（a），见姚宝瑄主编《中国各民族神话》（汉族），太原：山西出版传媒集团·书海出版社2014年版，第107~110页。

## W2153.5.9
### 男人用灵气孕育人

【关联】

① ［W2114.5］吹灵气使造的人成活

② ［W2997.10］人的灵气

实例

[汉族] 鲧死后回到了羽山，用他的全部精灵，在肚子里孕育着一个新的生命。

【流传】淮河流域

【出处】

(a) 常山讲述：《鲧王治水》，原载茆文斗搜集整理《河蚌姑娘》，见陶阳、钟秀编《中国神话》（上），北京：商务印书馆2008年版，第412~418页。

(b) 同（a），见姚宝瑄主编《中国各民族神话》（汉族），太原：山西出版传媒集团·书海出版社2014年版，第100~106页。

## W2153.5.10
### 特殊来历的男子生人

实例

（参见下级母题实例）

## W2153.5.10.1
### 树干化为男子身躯生人

【关联】［W2351］树木变化为人

实例

[高山族（泰雅）] 树干化为男子身躯之后，复生男女始祖。

【流传】台湾

【出处】《树生泰雅人兄妹始祖》，见中国各民族宗教与神话大词典编审委员会编《中国各民族宗教与神话大词典》，北京：学苑出版社1990年版，第145页。

## W2154
### 与生人有关的其他母题

实例

[汉族] 女嬉剖胁而产高密。

【流传】（无考）

【出处】［汉］赵晔：《吴越春秋·越王无余外传》。

## W2154.0
### 生人的成活

【关联】［W2110］造人成活

实例

（参见下级母题实例）

## W2154.0.1
### 有了房子生的孩子才成活

【关联】

① ［W2128.0.3］造人前要先造房子

② ［W6165］人的特定的居所

实例

[瑶族（布努）] 女始祖密洛陀要造人，认为造人前先造好房子，不然生了孩子也不会成活。

【流传】广西壮族自治区·（河池市）·都安县（都安瑶族自治县）、

巴马县（巴马瑶族自治县）、南丹县，（百色市）·田东县、平果县等地

【出处】桑布郎等传，蒙凤标（83岁）、罗仁祥（73岁）等唱：《密洛陀》（1983），见蓝怀昌、蓝书京、蒙通顺搜集翻译整理《密洛陀》，北京：中国民间文艺出版社1988年版，第289页。

## W2154.0.1.1
### 始祖学会做房子后生的孩子才成活

实例

（实例待考）

## W2154.1
### 女人的血胞生人

实例

（实例待考）

## W2154.2
### 两性人生人

【关联】［W2797.2］两性人

实例

［汉族］男女同体的双性人，自己能生孩子。

【流传】辽宁省·（沈阳市）·辽中县·于家坊子乡·插拉村

【出处】任泰芳讲，李明采录：《双性人》，见中国民间文学集成全国编辑委员会编《中国民间故事集成》（辽宁卷），北京：中国 ISBN 中心1994年版，第15页。

## W2154.3
### 兄弟中的最小者传人类

实例

［藏族］世界上最早出现的混沌人与叫水滴的女人结合，生了3个儿子，此三子中幼子下传数代，便形成了藏人的原始四大氏族。

【流传】（无考）

【出处】贡乔泽登整理：《始祖神话》，见 BBS 水木清华站：http://www.smth.edu.cn 2006.07.20。

## W2154.4
### 年老生子

【关联】［W2926b］老人（长者）

实例

❶［蒙古族］有一对夫妇结婚多年，但一直没有生育。到了耄耋之年，老太太突然怀孕生了个胖小子。

【流传】新疆维吾尔自治区·乌苏县

【出处】瑙·乌兰巴特尔采录：《嘎勒丹巴的传说》，见中国民间文学集成全国编辑委员会编《中国民间故事集成》（新疆卷），北京：中国 ISBN 中心2008年版，第99页。

❷［普米族］远古时，一位老妈妈生了3个儿子。

【流传】云南省

【出处】严汝娴、王树五：《普米族简史》，昆明：云南人民出版社1988年版，第31页。

❸ [彝族] 古时候，两个老人生了3个儿子。
【流传】（无考）
【出处】《洪水泛滥的故事》，见中央民族大学少数民族语言文学学院编《马学良文集》（中），北京：中央民族大学出版社2009年版，第360页。

## W2154.5
### 死后生子

实 例

[汉族] 一女闻屋檐下的谷穗而孕，死后尸生1子。
【流传】山西省·（阳泉市）·盂县·（上社镇）·刘家沟（刘家沟村）
【出处】贾俊妮讲：《王昌老祖》，见盂县民间文学集成办公室编《山西省民间文学集成·盂县卷》，内部资料，1988年，第7~8页。

## W2154.6
### 特定氏族传人类

【关联】[W5250] 氏族

实 例

[白族] 现在的人们是由四个氏族传下来的。
【流传】云南碧江一带
【出处】阿普介爹讲，周天纵搜集，普六介翻译：《氏族来源的传说》，见中华民族故事大系编委会编《中华民族故事大系》第5卷（瑶族、白族、土家族），上海：上海文艺出版社1995年版，第323页。

## W2154.7
### 胎盘

实 例

（参见下级母题实例）

## W2154.7.1
### 胎盘是婴儿的伙伴

实 例

[基诺族] 胎盘被认为是婴儿的伙伴、好友。
【流传】云南省·（西双版纳傣族自治州·景洪市）·基诺山巴亚中寨、戛里果箐
【出处】不拉孜等讲，杜玉亭调查整理：《巴亚寨产妇分期礼俗》（1989），见吕大吉、何耀华总主编《中国各民族原始宗教资料集成》（彝族卷、白族卷、基诺族卷），北京：中国社会科学出版社1996年版，第884页。

## W2154.7.2
### 胎盘的处置

实 例

（参见下级母题实例）

## W2154.7.2.1
### 胎盘要埋在猪厩里

实 例

[纳西族] 处置胎盘的方法是，把它埋在猪厩里，称为"让猪把它埋在地下"。
【流传】云南省·丽江县（丽江市）·塔城乡·依陇行政村·巴甸村

【出处】和崇义（50岁）讲，杨福泉调查整理：《丽江塔城依陇地区的生育卜算仪式》（1989），见吕大吉、何耀华总主编《中国各民族原始宗教资料集成》（纳西族卷、羌族卷、独龙族卷、傈僳族卷、怒族卷），北京：中国社会科学出版社2000年版，第303页。

## W2154.7.2.2
### 胎盘要埋在父母睡觉的地方

**实例**

[基诺族] 婴儿的胎盘要放进一个从中砍断的洗婴儿的竹筒内（因竹筒有两个结砍断才能放进），埋在父母睡处的竹楼房间下面。

【流传】云南省·（西双版纳傣族自治州·景洪市）·基诺山巴亚中寨、戛里果箐

【出处】不拉孜等讲，杜玉亭调查整理：《巴亚寨产妇产期礼俗》（1989），见吕大吉、何耀华总主编《中国各民族原始宗教资料集成》（彝族卷、白族卷、基诺族卷），北京：中国社会科学出版社1996年版，第884页。

## 2.4.3　动物生人
（W2155～W2169）

### ✿ W2155
#### 动物生人

【汤普森】①A1224；②B631；③T566

**实例**

（参见下级母题实例）

### ✿ W2156
#### 哺乳动物生人

【关联】[W3105～W3274] 常见哺乳动物

**实例**

（参见下级母题实例）

### W2157
#### 狗生人

**实例**

❶ [黎族] 黎人"自云本系狗种"。

【流传】海南省

【出处】[明] 顾岕：《海槎余录》。

❷ [畲族] 畲族始祖盘瓠立下奇功，不畏艰难繁衍出盘、蓝、雷、钟4姓子孙。

【流传】（无考）

【出处】《高皇歌》，又称《盘古歌》、《龙皇歌》、《盘瓠王歌》等，见千里原主编《民族工作大全》，国家民委网站 http：//www.china.org.cn/ch-shaoshu/index41.hm。

### W2158
#### 猴生人

【关联】[W2485.1.1] 猴与猴婚生人

**实例**

❶ [纳西族] 天地初开时，公猴母猴相配生下了人类。

【流传】云南省·（迪庆藏族自治州）·中甸县（香格里拉县）·三坝

【出处】刘毓庆：《"女娲补天"与生殖崇拜》，载《文艺研究》1998年第6期。

❷ [土族] 猴子是人的祖先。

【流传】青海省·黄南州（黄南藏族自治州）·同仁县·年都乎乡·年都乎村

【出处】吉洛讲，赵清阳采录：《狗、猴子和人》，见中国民间文学集成全国编辑委员会编《中国民间故事集成》（青海卷），北京：中国ISBN中心2007年版，第13页。

❸ [瑶族] 黄姓瑶族的祖妣是母猴。

【流传】广西壮族自治区·（河池市）·南丹县

【出处】《广西瑶族社会历史调查》（三），南宁：广西人民出版社1985年版，第45页。

## W2158.1
### 猕猴生人

实例

❶ [羌族]（党项羌）自称猕猴种。

【流传】（无考）

【出处】《北史·党项羌传》。

❷ [藏族] 猕猴生人，是藏族祖先。

【流传】西藏自治区·（山南市·乃东区）·泽当地区（泽当镇）

【出处】陶阳、牟钟秀：《中国创世神话》，上海：上海人民出版社2006年版，第44页。

## W2159
### 虎生人

【汤普森】B631.6

实例

❶ [珞巴族] 祖先达尼是老虎冬日的儿子。达尼先后与众多的鬼女、竹女、岩女，还有虫豸、老鼠、蟒蛇等结成夫妻。

【流传】西藏自治区

【出处】于乃昌：《珞巴族三大史诗》，载《民族文学研究》1998年第4期。

❷ [珞巴族] 老虎生两个儿子。

【流传】西藏博嘎尔部落

【出处】于乃昌：《珞巴族文学史》，西藏人民出版社、江苏教育出版社2001年版，第156页。

❸ [纳西族（摩梭）] 喇姓人的祖先是老虎。

【流传】云南省·（丽江市）·宁蒗县（宁蒗彝族自治县）

【出处】巴采若等讲：《喇氏族的来源》，载《民间文学》1986年第3期。

❹ [纳西族] 白地东巴大师阿明是纳西族古代"叶"氏族的后裔，阿明的第一代祖先为"叶本叶老"，意为"叶氏族出自虎"，即"叶"为虎氏族。

【流传】云南省·丽江地区（丽江市）

【出处】和志武调查整理：《人名以虎为姓》（1989），见吕大吉、何耀华总主编《中国各民族原始宗教资料集成》（纳西族卷、羌族卷、独龙族卷、傈傈僳族卷、怒族卷），北京：中国社会科学出版社 2000 年版，第 35 页。

❺ ［彝族］彝巫认为彝人须火化，其实化为虎，有三分之一的人自称或曾自称为"罗罗"。

【流传】四川省·涂州（地名不详）

【出处】钟仕民：《彝族母石崇拜及其神话传说》，昆明：云南人民出版社 1993 年版，第 2 页。

## W2160
### 狼生人

实例

［古突厥］突厥之先，出于索国，在匈奴之北。其部落大人曰阿谤步，兄弟十七人，其一曰伊质泥师都，狼所生也。

【流传】（西北地区）

【出处】

(a)《突厥传》，见《周书》卷五十。

(b)《古突厥的来历》，见满都呼主编《中国阿尔泰语系诸民族神话故事》，北京：民族出版社 1997 年版，第 11 页。

## W2161
### 其他哺乳动物生人

实例

（参见下级母题实例）

## W2161.1
### 熊生人

【关联】

① ［W2406.3.2］神与熊婚生人

② ［W2454］人与熊婚生人

实例

［朝鲜族］熊变成女人后，没有人和它婚配，就每天在神庙前面那棵大树下祷告，希望自己能够怀孕生子，最后与天神之子婚配后生子。

【流传】（无考）

【出处】李政文翻译，谷德明整理：《天王与熊女婚配》，原载谷德明编著《中国少数民族神话选》，西北民族学院研究所 1983 年编印，内部发行，王松选编时润色，见姚宝瑄主编《中国各民族神话》（满族、赫哲族、朝鲜族），太原：山西出版传媒集团·书海出版社 2014 年版，第 154～155 页。

## W2161.2
### 鹿生人

【关联】［W2456］人与鹿婚生人

实例

❶ ［汉族］梁时，有村人韩文秀见一鹿产一女子。

【流传】（无考）

【出处】［梁］任昉：《述异记》。

❷ ［藏族］牝鹿生 1 个小女孩。

【流传】西藏自治区·（昌都市）·左贡县

【出处】阿边讲：《牝鹿姑娘》，见中国民间文学集成全国编辑委员会编《中国民间故事集成》（西藏卷），北京：中国 ISBN 中心 2001 年版，第 380 页。

## W2161.3
### 牛生人

【汤普森】①A1224.4；②B631.5

【关联】

① ［W2404.3］神与牛婚生人
② ［W2457］人与牛婚生人

实 例

❶ ［黎族］（有些黎族）自称为水牛的孩子。

【流传】海南省

【出处】马姿燕：《黎族图腾探析》，见《广东民族研究论丛》第 1 辑，广州：广东人民出版社 1986 年版，第 104 页。

❷ ［佤族］人是母牛的后代。

【流传】云南省·（临沧市）·沧源（沧源佤族自治县）

【出处】肖二贡讲，学良整理：《青蛙大王与母牛》，见中华民族故事大系编委会编《中华民族故事大系》第 7 卷（黎族、傈僳族、佤族），上海：上海文艺出版社 1995 年版，第 636 页。

## W2161.4
### 马生人

实 例

❶ ［汉族］马生一人。

【流传】（无考）

【出处】［晋］干宝：《搜神记》卷六，钱振民校点，长沙：岳麓书社 1997 年版，第 45 页。

❷ ［撒拉族］马生阿腾其根麻斯睦。

【流传】（无考）

【出处】《阿腾其根麻斯睦》，见中国各民族宗教与神话大词典编审委员会编《中国各民族宗教与神话大词典》，北京：学苑出版社 1990 年版，第 535 页。

❸ ［裕固族］马生下的一个又圆又大的肉球，切开后蹦出一个小男孩。

【流传】（无考）

【出处】郭西功等讲，钟进文搜集翻译：《树大石二马三哥》，见满都呼主编《中国阿尔泰语系诸民族神话故事》，北京：民族出版社 1997 年版，第 128 页。

## W2161.4.1
### 白骒马生人

实 例

［撒拉族］从前白骒马怀孕，生下一个尕娃。

【流传】（无考）

【出处】马草牙讲，马秀兰记录：《阿腾其根马生宝》，见满都呼主编《中国阿尔泰语系诸民族神话故事》，北京：民族出版社 1997 年版，第 106~108 页。

## W2161.4.2
### 黑骒马生人

实 例

❶ ［土族］黑骒马生一个肉包，肉包内有一个男娃娃。

【流传】青海省

【出处】李松多讲：《黑马张三哥》，见中国民间文艺研究会青海省分会编《土族民间故事选》，北京：中国民间文艺出版社 1985 年版，第 23～30 页。

❷ [土族] 老阿奶的一匹黑骒马生了个衣胞胎。阿奶用刀慢慢割开衣胞，原来是一个白胖胖的尕男娃（即"小男孩"的意思）。

【流传】（无考）

【出处】

（a）王殿、许可权、李桂兰、王漠搜集整理：《黑马张三哥》，见《中国少数民族民间故事选》（下），北京：中国民间文艺出版社 1982 年版。

（b）同（a），见姚宝瑄主编《中国各民族神话》（土族、东乡族、回族、保安族、裕固族、撒拉族），太原：山西出版传媒集团·书海出版社 2014 年版，第 6 页。

## W2161.4.3
### 母马误吞红布后生人

【关联】[W2230] 感生人

实 例

[撒拉族] 一匹母马误吞红布后生人。

【流传】（无考）

【出处】马学义整理：《阿腾其根·麻斯睦》，见中华民族故事大系编委会编《中华民族故事大系》第 12 卷（布朗族、撒拉族、毛南族），上海：上海文艺出版社 1995 年版，第 326 页。

## W2161.5
### 猪生人

【关联】[W2216.2] 猪粪生人

实 例

❶ [汉族] 晋有豕生人。

【流传】（无考）

【出处】[晋] 干宝：《搜神记》卷六，钱振民校点，长沙：岳麓书社 1997 年版，第 44 页。

❷ [珞巴族] 认为自己的祖先是猪生的。

【流传】西藏自治区珞巴族米日人

【出处】刘志群：《珞巴族原始文化》（上），载《民族艺术》1997 年第 1 期。

❸ [珞巴族] 剖开母猪肚子，里面出来了好多人。

【流传】西藏自治区米古巴部落嘎窝氏族

【出处】于乃昌：《珞巴族文学史》，西藏人民出版社、江苏教育出版社 2001 年版，第 160～161 页。

## W2161.6
### 狮生人

【汤普森】B631.4

实 例

（实例待考）

## ✻ W2162
### 鸟类动物生人

实 例

（参见下级母题实例）

## W2163
### 鸟生人
**实例**

（参见下级母题实例）

## W2163.1
### 玄鸟生人
**实例**

❶ [汉族] 天命玄鸟，降而生商。
【流传】（无考）
【出处】《诗经·商颂·玄鸟》。

❷ [汉族] 玄王，契也。或曰，以玄鸟降而生也。
【流传】（无考）
【出处】《诗经·商颂·长发》，朱熹注。

## W2164
### 鹰生人
【关联】
① [W2223.3] 鹰卵生人
② [W2329] 鹰变成人

**实例**

[纳西族] 山鹰格美屙了一个银亮的白蛋，这个白蛋被猴子吞下又吐出，撞碎后蛋黄变成一个姑娘。
【流传】云南省·丽江县（丽江市）
【出处】木丽春采集整理：《格古命的故事》，见木丽春编著《纳西族民间故事集》，昆明：云南人民出版社 2007 年版，第 28 页。

## W2165
### 其他鸟生人
**实例**

（参见下级母题实例）

## W2165.1
### 天鹅生人
【关联】[W2464.1] 人与天鹅婚生人

**实例**

❶ [哈萨克族] 牧羊青年与变为姑娘的天鹅结婚生儿女。
【流传】（无考）
【出处】《牧羊人和天鹅女》，见《哈萨克民间故事》，乌鲁木齐：新疆人民出版社 1982 年版，第 258~260 页。

❷ [哈萨克族] 西征中，留在沙漠的年轻的将领与白天鹅变成的美丽的姑娘结了婚，天鹅姑娘生了一个男孩。
【流传】新疆维吾尔自治区
【出处】尼哈迈提·蒙加尼搜集，校仲彝翻译整理：《白天鹅》，见姚宝瑄主编《中国各民族神话》（乌孜别克族、哈萨克族、柯尔克孜族、俄罗斯族、维吾尔族、塔吉克族、塔塔尔族、锡伯族），太原：山西出版传媒集团·书海出版社 2014 年版，第 37 页。

## W2165.2
### 燕子生人
【关联】[W2227.2] 燕子衔的卵生人

> 实例

[高山族] 燕子衔的卵生人。

【流传】（无考）

【出处】汪梅田整理：《燕子和鹅卵石》，见中华民族故事大系编委会编《中华民族故事大系》第 8 卷（畲族、高山族、拉祜族），上海：上海文艺出版社 1995 年版，第 423 页。

## W2165.3
### 凤凰生人

【关联】[W2223.4] 凤凰卵生人

> 实例

❶ [畲族] 凤凰蛋中生出一个小伙阿郎。阿郎与龙王的大女儿嫒连结婚，生 3 个孩子。

【流传】（无考）

【出处】钟福兴等讲，冬日搜集整理：《畲族祖宗的传说》，见陶立璠、李耀宗编《中国少数民族神话传说选》，成都：四川民族出版社 1985 年版，第 293 页。

❷ [畲族] 凤凰蛋中诞生的"凤哥"娶龙女为妻，繁衍畲族。

【流传】浙江省·（丽水市）·景宁（景宁畲族自治县）

【出处】沈其新：《图腾文化故事百则》，长沙：湖南出版社 1991 年版，第 140~142 页。

## W2165.4
### 鸭生人

> 实例

[柯尔克孜族] 野鸭造陆地之后，生出人。

【流传】（无考）

【出处】《艾特玛托夫小说集》（下），北京：外国文学出版社 1981 年版，第 422~423 页。

## W2165.5
### 乌鸦生人

> 实例

[布依族] 汉人称布依人"老娲儿"，即方言"乌的儿子"之意。

【流传】贵州省·（安顺市）·镇宁县（镇宁布依族苗族自治县）·扁担山区

【出处】韦泽周讲，韦兴标采录：《大乌》附记，见中国民间文学集成全国编辑委员会编《中国民间故事集成》（贵州卷），北京：中国 ISBN 中心 2003 年版，第 68 页。

## W2166
### 鱼生人

【汤普森】B631.3

【关联】[W3413.2] 人生鱼

> 实例

（参见下级母题实例）

## W2166.1
### 人是鱼的后代

【汤普森】A1224.6

> 实例

（实例待考）

## W2166.2
### 鱼的脊背生人

**实例**

[哈尼族] 雾变汪洋大海，海生大鱼。这条大鱼从脊背里生出7对神和1对人。

【流传】云南省·（红河哈尼族彝族自治州·元阳县·攀枝花乡·硐蒲寨）

【出处】朱小和讲：《天、地、人的形成》，载《山茶》1983年第4期。

## W2166.3
### 特定的鱼生人

**实例**

（参见下级母题实例）

## W2166.3.1
### 金鱼生人

**实例**

[哈尼族] 密乌艾西艾玛大金鱼生万物及人。

【流传】云南省

【出处】《烟本霍本》，见史军超《哈尼族文化英雄论》，载《民族文学研究》1998年第3期。

## W2167
### 其他动物生人

**实例**

（参见下级母题实例）

## W2167.1
### 虫生人

**实例**

[高山族] 虫生出人。

【流传】（无考）

【出处】陈建宪：《神话解读》，武汉：湖北教育出版社1997年版，第135页。

## W2167.2
### 蛇生人

【关联】[W2341] 蛇变成人

**实例**

（参见下级母题实例）

## W2167.2.1
### 蛇生女人

**实例**

[彝族] 蛇的肚子被太阳晒裂后，里面跑出来的是一些数不清的女人。

【流传】（a）云南省·（大理白族自治州）·祥云县

【出处】

（a）鲁文珍讲，鲁顺祥采录：《葫芦里出来的人》（1986），见中国民间文学集成全国编辑委员会编《中国民间故事集成》（云南卷），北京：中国ISBN中心2003年版，第162页。

（b）同（a），见陶阳、钟秀编《中国神话》（上），北京：商务印书馆2008年版，第492~495页。

## W2167.2.2
### 蛇裂开肚子生人

实例

[彝族] 蛇肚炸开后跑出无数女人。

【流传】云南省·（大理白族自治州）·祥云县

【出处】《葫芦里出来的人》，见中国民间文学集成全国编辑委员会编《中国民间故事集成》（云南卷），北京：中国ISBN中心2003年版，第162~164页。

## W2167.3
### 蜥蜴生人

【关联】[W2076.3] 蜥蜴造人

实例

（实例待考）

## W2167.4
### 蛙生人

【关联】[W2343] 蛙变成人

实例

[哈尼族] 青蛙先生出巨人纳得和阿依兄妹。后来青蛙又生出女娃。

【流传】云南省·（普洱市）·墨江县（墨江哈尼族自治县）

【出处】金开兴讲：《青蛙造天地》，见中国民间文学集成全国编辑委员会编《中国民间故事集成》（云南卷），北京：中国ISBN中心2003年版，第34~37页。

## W2167.5
### 贝壳生人

【汤普森】①A1246；②T561.1

【关联】[W2626.4] 人生贝壳

实例

（实例待考）

## W2167.6
### 螺生人

实例

[汉族] 晋安郡有一书生于海岸观涛，得一大螺……割之，中有美女令为君作妇。

【流传】（无考）

【出处】[梁] 任昉：《述异记》。

## W2167.7
### 龙生人

【关联】[W5608.4] 龙生汉族

实例

（参见下级母题实例）

## W2167.7.1
### 人是龙的子孙

实例

❶ [傣族] 傣族的祖先是龙，世世代代都是龙变的。

【流传】云南省·西双版纳（西双版纳傣族自治州）

【出处】李子泉：《西双版纳傣族文身调

查》，见云南编辑委员会《傣族社会历史调查》（西双版纳之十），北京：民族出版社 2009 年版，第 98 页。

❷ [德昂族] 哀牢人系龙的后代子孙。
【流传】汉晋时期永昌（今云南省·保山市）
【出处】云南省民族事务委员会编：《德昂族文化大观》，昆明：云南民族出版社 1999 年版，第 119 页。

❸ [彝族] 龙子传九代。
【流传】四川省·凉山（凉山彝族自治州）
【出处】《俄勒特依》，见王凤春《试论感生神话源于生殖崇拜》，载《松辽学刊》1994 年第 4 期。

❹ [彝族] 龙生龙族子孙。
【流传】四川省·（凉山彝族自治州）·雷波县·乌角乡
【出处】《支格阿龙出生不凡》，见中国民间文学集成全国编辑委员会编《中国民间故事集成》（四川卷·下），北京：中国 ISBN 中心 1998 年版，第 769 页。

## W2167.7.2
### 阴龙生人

实 例

[土家族] 阴龙生下两个子龙，一个是人头龙身，一个是龙头人身。它们不断生子，子又生孙，慢慢地变成了人形。
【流传】湖北省·（宜昌市）·长阳县（长阳土家族自治县）·贺家坪区·火麦溪村
【出处】郑文仕讲，杜荣东采录：《神龙造天造地造人》，见中国民间文学集成全国编辑委员会编《中国民间故事集成》（湖北卷），北京：中国 ISBN 中心 1999 年版，第 7 页。

## W2167.7.3
### 鸡龙生人

实 例

❶ [朝鲜族] 沙梁里的阏英井边出现一只鸡龙，鸡龙从左肋生下了一个童女。
【流传】（无考）
【出处】金净伊译：《赫居世神话》，见《朝鲜古典文学选集（1）——古代传说传记选》，北京：民族出版社 1988 年版。

❷ [朝鲜族] 这一天，沙梁里的阏英井（一作娥利英井）边出现一只鸡龙，从左肋生童女（一云龙现，死而剖其腹得之），姿色艳丽，天下无双。
【流传】（无考）
【出处】金永奎改写：《赫居世神话》，见姚宝瑄主编《中国各民族神话》（满族、赫哲族、朝鲜族），太原：山西出版传媒集团·书海出版社 2014 年版，第 165~166 页。

## W2167.7.4
### 九龙圣母生人

实 例

[白族] 白王的母亲是九龙圣母。
【流传】（无考）
【出处】《白王开辟云南的神话》，见田

兵等编《中国少数民族神话论文集》，南宁：广西民族出版社 1984 年版，第 193 页。

## W2167.7.5
### 青龙生人

实 例

[裕固族] 释迦牟尼请青龙创立天地后，胎子生人。

【流传】（无考）

【出处】托瓦讲，增才整理：《阿斯哈斯》，载《陇苗》1981 年第 12 期。

## W2167.7.6
### 与龙生人有关的其他母题

实 例

（参见下级母题实例）

## W2167.7.6.1
### 龙死后生人

实 例

[朝鲜族] 一条龙死后，剖开龙肚，出生了一个女孩。

【流传】（无考）

【出处】金净伊译：《赫居世神话》，见《朝鲜古典文学选集（1）——古代传说传记选》，北京：民族出版社 1988 年版。

## W2167.7.6.2
### 龙的后代生人

实 例

[彝族] 滇池龙王的孙女补莫乃日怀孕生怪人（怪人后来成为英雄）。

【流传】云南省·（楚雄彝族自治州）·大姚县

【出处】《阿鲁举热》，见中国民间文学集成全国编辑委员会编《中国民间故事集成》（云南卷），北京：中国ISBN 中心 2003 年版，第 341 页。

## W2168
### 与动物生人有关的其他母题

实 例

（参见下级母题实例）

## W2168.1
### 动物生的人有动物特征

【关联】[W2607] 生动物特征的人

实 例

（实例待考）

## W2168.2
### 动物的窝中生人

实 例

（参见下级母题实例）

## W2168.2.1
### 蜂窝中生人

实 例

[怒族] 从天上掉下一个大蜂筒，落在今天的怒江边的腊甲地村，从中钻出一个人叫"茂允冲"（女始祖名）。

【流传】云南省·怒江州（怒江傈僳族

自治州）·碧江县（碧江县已撤销，现为怒江傈僳族自治州中部）

【出处】何叔涛：《碧江怒族命名法的历史演变》，原载《民族文化》1981年第4期，第33页，见吕大吉、何耀华总主编《中国各民族原始宗教资料集成》（纳西族卷、羌族卷、独龙族卷、傈僳族卷、怒族卷），北京：中国社会科学出版社2000年版，第854页。

## W2168.3
### 动物的特定肢体生人

实 例

（参见下级母题实例）

## W2168.3.1
### 象牙生人

实 例

［独龙族］马葛捧（人名）的大象父亲死时给他一个象牙，象牙中生出来一个姑娘。

【流传】（无考）

【出处】

（a）约翰讲，陈凤楼搜集整理：《大象的儿子》，见谷德明编《中国少数民族神话》，北京：中国民间文艺出版社1987年版，第517页。

（b）同（a），载《山茶》1983年第3期。

## W2168.3.2
### 牛角生人

实 例

［藏族］王妃梦感生的血球放在牛角里，牛角放在母马身边，被母马的体温孵出可爱的小人，起名叫"茹勃杰"（牛角里出生的男孩）。

【流传】（无考）

【出处】李学琴、马中玉翻译整理：《王子茹勃杰复仇记》，见廖东凡主编《神山之祖》，武汉：湖北少年儿童出版社2001年版，第45~47页。

# 2.4.4 植物生人
（W2170~W2199）

## ✽ W2170
### 植物生人

【汤普森】T543

【关联】［W2350］植物变化为人（植物变成人）

实 例

（参见下级母题实例）

## W2171
### 树生人

【汤普森】①A1236；②T543.1

实 例

❶［独龙族］远古时代，有一个能干的年轻人是从树木里走出来的，称他"行米戛朋"（独龙语"树生的人"）。

【流传】云南省·（怒江傈僳族自治州）·贡山县（贡山独龙族怒族自治县）·独龙江乡

【出处】孔志清讲，辛一采录：《行米戛朋》，见中国民间文学集成全国编辑委员会编《中国民间故事集成》（云南卷），北京：中国 ISBN 中心 2003 年版，第 275 页。

❷ [高山族（阿美）] 一棵参天大树生男女 2 人。

【流传】台湾

【出处】《雷劈大树生阿美人始祖》，见中国各民族宗教与神话大词典编审委员会编《中国各民族宗教与神话大词典》，北京：学苑出版社 1990 年版，第 145 页。

❸ [哈萨克族] 一棵大树生了 9 个孩子。

【流传】（无考）

【出处】《新疆社会科学》（哈文版）1992 年第 4 期。

❹ [蒙古族] 树是小孩子的生母。

【流传】（无考）

【出处】《绰罗斯准噶尔的起源》，见贺·宝音巴图：《论蒙古族神话〈天女之惠〉的多彩组合美》，载《内蒙古师范大学学报》2003 年第 3 期。

❺ [撒拉族] 树木的儿子"木尼古"。

【流传】（无考）

【出处】《阿腾其根麻斯睦》，见中国各民族宗教与神话大词典编审委员会编《中国各民族宗教与神话大词典》，北京：学苑出版社 1990 年版，第 535 页。

❻ [裕固族] 一棵大树中蹦出一个人。

【流传】甘肃省

【出处】郭西功等讲，钟进文搜集翻译：《树大石二马三哥》，见满都呼主编《中国阿尔泰语系诸民族神话故事》，北京：民族出版社 1997 年版，第 128 页。

❼ [维吾尔族] 两棵树生的 5 个男孩，是全能真主赏赐的。

【流传】（无考）

【出处】

（a）《不可汗》，见满都呼主编《中国阿尔泰语系诸民族神话故事》，北京：民族出版社 1997 年版，第 39 页。

（b）《不可汗》，见 [伊朗] 志费尼著《世界征服者史》，呼和浩特：内蒙古人民出版社 1981 年版。

❽ [维吾尔族] 树是人类的母亲。

【流传】新疆维吾尔自治区·伊犁州（伊犁哈萨克自治州）·察布查尔县（察布查尔锡伯自治县）

【出处】

（a）牙库布讲，阿布都拉搜集翻译，姚宝瑄整理：《神树母亲》，载《民间文学》1985 年第 9 期。

（b）同（a），见姚宝瑄主编《中国各民族神话》（乌孜别克族、哈萨克族、柯尔克孜族、俄罗斯族、维吾尔族、塔吉克族、塔塔尔族、锡伯族），太原：山西出版传媒集团·书海出版社 2014 年版，第 241 页。

## W2171.1

梨树生人

【关联】[W3768] 梨树

#### 实例

[彝族] 梨树洞中生女孩。

【流传】（无考）

【出处】《竹男和梨女》，见高明强编《创世的神话和传说》，上海：上海三联书店 1988 年版，第 36 页。

### W2171.2
### 桑树生人

【关联】[W3779] 桑树

#### 实例

[汉族] 一棵老桑树柯杈上有个光肚儿娃娃。

【流传】河南省·（郑州市）·新郑县·郭店乡·张辛庄

【出处】张曹氏讲，张永林采录：《黄帝娶妻》，见中国民间文学集成全国编辑委员会编《中国民间故事集成》（河南卷），北京：中国 ISBN 中心 2001 年版，第 31 页。

### W2171.3
### 杨树生人

【关联】[W3791] 与杨树有关的其他母题

#### 实例

（参见下级母题实例）

### W2171.3.1
### 白杨树生人

#### 实例

[柯尔克孜族] 人类繁衍于一棵繁茂的白杨树。

【流传】（无考）

【出处】《神树》，见《吉尔吉斯民间故事》，哈萨克斯坦阿拉木图，1988 年。

### W2171.4
### 榕树生人

#### 实例

[高山族（鲁凯）] "阿鲁妈哈"地方有一棵榕树，人类刚开始，有些是从榕树生出来的。卑南族人就是从这榕树生出来的。

【流传】台湾

【出处】勒楞讲，杜玉英口译：《人类的诞生》，原载金荣华主编《台湾鲁凯族口头文学》，见陶阳、钟秀编《中国神话》（上），北京：商务印书馆 2008 年版，第 349 页。

### W2171.5
### 柳树生人

【关联】

[W2176.1] 柳叶生人

[W3767] 与柳树有关的其他母题

#### 实例

[锡伯族] 锡伯族称柳树为"佛多霍玛法"，认为与自身繁衍有关。

【流传】（无考）

【出处】《锡伯族的历史与文化》，乌鲁木齐：新疆人民出版社 1989 年版，第 181 页。

## W2171.5.1
### 神树生的柳树生人

实例

[满族] 世界最早出现的是水中生的佛朵（神树），越变越多，长成了佛多毛（又称"佛佛毛"，即柳叶树）。人就是从这"佛多毛"中生出来的。

【流传】（无考）

【出处】

（a）富育光：《萨满教与神话》，沈阳：辽宁大学出版社1990年版，第50页。

（b）《柳叶繁衍人类》（二），见吕大吉、何耀华总主编《中国各民族原始宗教资料集成》（鄂伦春族卷、鄂温克族卷、赫哲族卷、达斡尔族卷、锡伯族卷、满族卷、蒙古族卷、藏族卷），北京：中国社会科学出版社1999年版，第486页。

## W2171.5.2
### 婚生的柳树生人

实例

（参见下级母题实例）

## W2171.5.2.1
### 玲珑树与猫头鹰婚生的柳树生人

实例

[蒙古族] 祖先是以玲珑树做父亲，以猫头鹰做母亲的柳树。

【流传】卡尔梅克蒙古人中的绰罗斯部族、杜尔伯特部

【出处】仁钦道尔吉、郎樱编：《阿尔泰语系民族叙事文学与萨满文化》，呼和浩特：内蒙古大学出版社1990年版。

## W2171.6
### 松树生人

【关联】[W3783]与松树有关的其他母题

实例

[彝族] 青松是我父。

【流传】四川省·凉山（凉山彝族自治州）

【出处】钟仕民：《彝族母石崇拜及其神话传说》，昆明：云南人民出版社1993年版，第52页。

## W2171.7
### 桦树生人

【关联】[W3763]与桦树有关的其他母题

实例

[赫哲族] 达赫苏尔是由桦树里生出来的一个小小子。

【流传】（无考）

【出处】（a）[俄]施腾伯格：《关于基利亚克人、奥罗奇人、戈尔德人、涅基达尔人、阿伊努人的著作与资料集》，见喻权中《死亡的超越与转化——赫哲-那乃族初始萨满神话考疑》，载《黑龙江民族丛刊》1998年第3期。

(b) 同（a），俄文版，哈巴罗夫斯克，1933 年，第 492~494 页。

## W2171.8
### 梭罗树生人

【关联】［W3784］梭罗树

**实例**

［汉族］盘古砍梭罗树，树里钻出一个人。

【流传】湖北省·神农架林区·盘水乡·盘水村

【出处】贺久恒讲，胡崇峻采录：《盘古杀雾神》，见中国民间文学集成全国编辑委员会编《中国民间故事集成》（湖北卷），北京：中国 ISBN 中心 1999 年版，第 4 页。

## W2171.8.1
### 神种的梭罗树生人

**实例**

［彝族（俚颇）］天神盘颇用他那"卡利是利"万物的种子，在天上栽种了一棵热兹树（梭罗树）。热兹树长出来了，这是一棵生人和动物的神树。

【流传】云南省·（楚雄彝族自治州）·大姚县·昙华山区（昙华乡）

【出处】
（a）陆颇梭颇（毕摩）演唱，夏光辅、诺海阿苏翻译：《俚颇古歌》，见云南省社会科学院楚雄彝族文化研究所编《彝族民间文学》（第二辑），1985 年。
（b）陆颇梭颇（毕摩）演唱，夏光辅、诺海阿苏翻译，古梅改写：《赤梅葛——俚颇古歌》，见姚宝瑄主编《中国各民族神话》（羌族、彝族），太原：山西出版传媒集团·书海出版社 2014 年版，第 99 页。

## W2171.9
### 马桑树生人

【关联】［W3772］与马桑树有关的其他母题

**实例**

［汉族］盘古砍马桑树，树里钻出一个人。

【流传】湖北省·神农架林区·盘水乡·盘水村

【出处】贺久恒讲，胡崇峻采录：《盘古杀雾神》，见中国民间文学集成全国编辑委员会编《中国民间故事集成》（湖北卷），北京：中国 ISBN 中心 1999 年版，第 4 页。

## W2171.10
### 榆树生人

【关联】［W3792］榆树

**实例**

［满族］大榆树洞里出来一个留子（原指男性生殖器，神话中凡指青年男子）。

【流传】辽宁省·（鞍山市）·岫岩县（岫岩满族自治县）

【出处】《野女定居》，见马亚川遗稿，黄任远等整理《女真萨满神话》，哈尔滨：黑龙江人民出版社 2006 年版，第 5~8 页。

## W2171.11
### 枣树生人

实例

（实例待考）

## W2171.12
### 其他的树生人

实例

[汉族] 马桑树和梭罗树中各钻出1人。

【流传】湖北省·（神农架林区）·盘水乡

【出处】贺久恒讲：《盘古杀雾神》，见中国民间文学集成全国编辑委员会编《中国民间故事集成》（湖北卷），北京：中国ISBN中心1999年版，第4页。

## W2171.12.1
### 枫树生人

【关联】

① [W2223.7.2.1] 枫树生的蝴蝶的卵生人

② [W2353.2] 枫树叶变化为人

③ [W2352.1] 枫树果变成人

④ [W3757] 枫树

实例

（参见下级母题实例）

## W2171.12.1.1
### 枫树生人类的母亲

实例

[苗族] 远古的时候，在太阳出来的东海之滨有一座山叫宋山，山上的枫木砍倒后，树干生下一只妹榜，妹榜就是人类的母亲。

【流传】贵州省；云南省苗族地区

【出处】《十二个兄弟争天下》，苗地根据《枫木歌》、《十二个蛋》等文本改写，见姚宝瑄主编《中国各民族神话》（布依族、仡佬族、苗族），太原：山西出版传媒集团·书海出版社2014年版，第137页。

## W2171.12.2
### 不长叶子的树生人

实例

[蒙古族] 一个找不见猎物的猎人发现一棵很粗很高、不长叶子的大树下仰面躺着一个不满周岁的婴儿。

【流传】（新疆维吾尔自治区）

【出处】那木吉拉、姚宝瑄根据巴吐尔·吐门的《四个卫拉特的历史》整理编译《错罗斯的传说》，见姚宝瑄主编《中国各民族神话》（达斡尔族、鄂伦春族、鄂温克族、蒙古族），太原：山西出版传媒集团·书海出版社2014年版，第218页。

## W2171.12.3
### 女树生人

实例

[汉族] 海中有银山，生树，名女树。天明时皆生婴儿，日出能行，至食时皆成少年，日中壮盛，日昃衰老，日没死，日出复然。

**【流传】**（无考）

**【出处】**《旧小说·戊集二·笔尘》"海中银山"条。

## W2171.12.4
### 特定来历的树生人

实　例

（参见下级母题实例）

## W2171.12.4.1
### 人婚生的树生人

实　例

[苗族（青苗）] 太古时，兄妹结婚生9种树，树生人类。

**【流传】** 贵州省·安顺（安顺市）

**【出处】**［日］鸟居龙藏：《苗族调查报告》，见马昌仪编《中国神话学文论选萃》（上编），北京：中国广播电视出版社1994年版，第386～387页。

## W2171.12.4.2
### 银山生的树生人

[汉族] 海中有银山，生树，名女树。天明时银树皆生婴儿。

**【流传】**（无考）

**【出处】**《旧小说·戊集二·笔尘》"海中银山"条。

## W2172
### 竹生人

**【关联】**［W3796］与竹子有关的其他母题

实　例

❶ [高山族（排湾）] 祖先 Salimudzudo（男）与 Sarumai（女）由竹子出生。

**【流传】** 台湾

**【出处】** 尹建中：《台湾山胞各族传统神话故事与传说文献编纂研究》，台湾"内政部"，1994年，第184页。

❷ [高山族（卑南）] 竹子产生出卑南人祖先。

**【流传】** 台湾

**【出处】** 宋龙生：《卑南（南王）部落的形成和发展》，台湾原住民历史文化学术研讨会，台北，1997年，第3～4页。

❸ [仡佬族] 竹子里生出7寸长的男孩。

**【流传】** 梵净山一带

**【出处】** 章海荣：《梵净山神》，贵阳：贵州人民出版社1997年版，第124～125页

❹ [汉族] 白日忽见一人，长丈许，面如方相，从竹中出。

**【流传】**（无考）

**【出处】**《竹中长人》，见［晋］干宝《新辑搜神记》卷十八，李剑国辑校，北京：中华书局2007年版，第296页。

❺ [彝族（青彝）] 竹子生族群的始祖。

**【流传】** 贵州省·（毕节市）·威宁县（威宁彝族回族苗族自治县）·马街村

**【出处】** 芮逸夫：《苗族的洪水故事与伏羲女娲的传说》，载《人类学集刊》

1938年第1期。

❻ [藏族] 竹子中生出孩子。
【流传】四川省
【出处】[俄] 李福清：《神话与鬼话——台湾原住民神话故事比较研究》（增订本），北京：社会科学文献出版社2001年版，85页。

## W2172.1
### 斑竹生人

实 例

[藏族] 斑竹被吹倒后，里面有1个女孩。
【流传】（无考）
【出处】潜明滋：《中国古代神话与传说》，北京：商务印书馆1996年版，第35页。

## W2172.2
### 楠竹生人

实 例

[彝族] 河里漂来的一节兰竹筒中出来一个男子。
【流传】滇、桂相连处（云南省、广西壮族自治区接壤地带）
【出处】马学良：《宣威罗族白夷（彝）的丧葬制度》，载《西南边疆》1942年第12期。

## W2172.3
### 兰竹生人

【关联】[W2172.5.3.1] 兰竹筒生人

实 例

[彝族] 太古时代，一个兰竹筒中爆出一个人。
【流传】广西壮族自治区
【出处】*《竹生人》，见雷金流《广西镇边县的罗罗及其图腾遗迹》，载《公余生活》第3卷第8~9期。

## W2172.4
### 特定来历的竹子生人

实 例

（参见下级母题实例）

## W2172.4.1
### 女神手里的竹子生人

实 例

[高山族（雅美）] 一个女神左手握的竹子里出现卑南社的始祖。
【流传】（无考）
【出处】佐山融吉：《蕃族调查报告书》，台北，1913年，第1页。

## W2172.4.2
### 神种的竹子生人

实 例

[高山族（排湾）] 雷劈开神种的竹子，出来1个女人。
【流传】台湾
【出处】龙宝麒：《排湾族的创始神话》，载《边政学报》1964年第3期。

## W2172.4.3
### 天神扔的竹竿生人

【实例】

[高山族] 天神扔的竹竿落地，迸出 1 个人。

【流传】（无考）

【出处】董玛女等搜集：《红头始祖的传说》，见陈庆浩等《中国民间故事全集·台湾民间故事集》，台北：远流出版公司1993年版，第360页。

## W2172.4.4
### 河里漂的竹筒生人

【实例】

❶ [仡佬族] 从前，一姑娘河边捞得一竹筒，打开后蹦出娃娃，这个娃娃就是后来的"竹王"。

【流传】贵州省·（毕节市）·黔西县·关区

【出处】平朝书讲：《竹王的传说》，见中国民间文学集成全国编辑委员会编《中国民间故事集成》（贵州卷），北京：中国ISBN中心2003年版，第85～86页。

❷ [彝族] 河里漂来的一节兰竹筒中生出一个男子。

【流传】滇（云南省）、桂（广西壮族自治区）相连处

【出处】马学良：《宣威罗族白夷（彝）的丧葬制度》，载《西南边疆》1942年第12期。

## W2172.4.5
### 海里面的竹子生人

【实例】

[高山族（雅美）] 海边有一些竹子，竹子裂开，生出了人。

【流传】伊摩鲁得社

【出处】鹿忆鹿：《台湾原住民与大陆南方民族的洪水神话比较》，载《民间文学论坛》1997年第1期。

## W2172.4.6
### 山洪中的竹子生人

【实例】

[彝族] 一个放牧人，从山洪中取得一筒竹子，划开内有5子。

【流传】黔西北（贵州省西北部）

【出处】钟仕民：《彝族母石崇拜及其神话传说》，昆明：云南人民出版社1993年版，第36页。

## W2172.4.6.1
### 山洪中漂来的竹子生5人

【关联】[W2705.2.3.1] 竹生5人

【实例】

[彝族（青彝）] 山洪中漂来的竹子，取一筒划开后内有五个孩儿。

【流传】贵州省·（毕节市）·威宁（威宁彝族回族苗族自治县）·龙街区（龙街镇）·马街公社（已撤销）·马街村

【出处】何耀华：《中国西南历史民族学论集》，昆明：云南人出版社民1988

年版，第 433~440 页。

## W2172.5
### 竹生人的情形

实例

（参见下级母题实例）

## W2172.5.0
### 破竹生人

实例

[彝族] 破开竹子，生 5 子。

【流传】（无考）

【出处】庹修明：《贵州少数民族民间文学作品选讲》，贵阳：贵州民族出版社 1987 年版，第 415~423 页。

## W2172.5.0.1
### 女子破竹生人

实例

❶ [布依族] 一女破大竹得 1 男儿。

【流传】（无考）

【出处】常璩：《华阳国志校补图注》，上海：上海古籍出版社 1987 年版，第 230 页。

❷ [彝族] 一女子浣于水，三节大竹流入足间，破之，得一男儿。

【流传】（无考）

【出处】《华南国志·南中志》。

## W2172.5.1
### 竹子裂后生人

实例

（参见下级母题实例）

## W2172.5.1.1
### 竹子晒裂后生人

实例

[彝族] 竹子经过太阳暴晒，"咔嚓"一声响，就炸裂开来，跳出了数不完的男人。

【流传】（a）云南省·（大理白族自治州）·祥云县

【出处】

（a）鲁文珍讲，鲁顺祥采录：《葫芦里出来的人》（1986），见中国民间文学集成全国编辑委员会编《中国民间故事集成》（云南卷），北京：中国 ISBN 中心 2003 年版，第 162 页。

（b）同（a），见陶阳、钟秀编《中国神话》（上），北京：商务印书馆 2008 年版，第 492~495 页。

## W2172.5.1.2
### 竹子炸裂后生人

实例

[彝族] 竹子炸开逃出数不完的男人。

【流传】云南省·（大理白族自治州）·祥云县

【出处】《葫芦里出来的人》，见中国民间文学集成全国编辑委员会编《中国民间故事集成》（云南卷），北京：中国 ISBN 中心 2003 年版，第 162~164 页。

## W2172.5.1.3
### 竹子敲裂后生人

实例

[彝族] 姑娘敲开了竹子，竹子里跳出 5

个儿子。

【流传】（无考）

【出处】

(a)《竹的儿子》，见中国各民族宗教与神话大词典编审委员会编《中国各民族宗教与神话大词典》，北京：学苑出版社1990年版，第681页。

(b) 同 (a)，见云南省民族事务委员会编《彝族文化大观》，昆明：云南民族出版社1999年版，第325页。

## W2172.5.1.4
### 竹子被雷劈后生人

【关联】[W2182.1.2] 大树被惊雷劈开后生人

实 例

[高山族（排湾）] 雷劈开神种的竹子，竹子中生出来1个女人。

【流传】台湾

【出处】龙宝麒：《排湾族的创始神话》，载《边政学报》1964年第3期。

## W2172.6
### 与竹生人有关的其他母题

实 例

(参见下级母题实例)

## W2172.6.1
### 竹节中生人

实 例

(参见下级母题实例)

## W2172.6.1.1
### 水中漂来的竹节生人

实 例

[布依族] 豚水里漂流的三节大竹中生出一个男孩。

【流传】贵州省豚水河流域

【出处】《竹王传说》，见何积全、陈立浩主编《布依族文学史》，贵阳：贵州民族出版社1992年版，第74页。

## W2172.6.2
### 竹筒生人

实 例

❶ [仡佬族] 竹筒中生出一个男孩。

【流传】贵州省·毕节（毕节市）

【出处】魏绪文整理：《竹王的传说》，见中华民族故事大系编委会编《中华民族故事大系》第13卷（仡佬族、锡伯族、阿昌族），上海：上海文艺出版社1995年版，第18页。

❷ [彝族（青彝）] 一个耕牧的人从水中取一竹筒，划开后出现5个孩子。

【流传】贵州省·（毕节市）·威宁（威宁彝族回族苗族自治县）·龙街区（龙街镇）·马街村

【出处】杨俊峰：《图腾崇拜文化》，北京：大众文艺出版社2000年版，第89页。

## W2172.6.2.1
### 兰竹筒生人

【关联】[W2172.3] 兰竹生人

> 实 例

[彝族] 河里漂来的一节兰竹筒中生出一个男子。
【流传】滇（云南省）、桂（广西壮族自治区）相连处
【出处】马学良：《宣威罗族白夷（彝）的丧葬制度》，载《西南边疆》1942年第12期。

## W2172.6.3
### 竹生男女

> 实 例

[高山族（排湾）] 祖先 Salimudzudo（男）与 Sarumai（女）由竹子出生。
【流传】台湾
【出处】尹建中：《台湾山胞各族传统神话故事与传说文献编纂研究》，台湾"内政部"，1994年，第184页。

## W2172.6.3.1
### 竹生男人

【关联】[W2759] 生育出男女

> 实 例

[彝族] 竹子中生出数不完的男人。
【流传】云南省·（大理白族自治州）·祥云县
【出处】《葫芦里出来的人》，见中国民间文学集成全国编辑委员会编《中国民间故事集成》（云南卷），北京：中国ISBN中心2003年版，第162～164页。

## W2172.6.3.2
### 竹生女人

> 实 例

[高山族（排湾）] 雷劈开的神种的竹子，生出1个女人。
【流传】台湾
【出处】龙宝麒：《排湾族的创始神话》，载《边政学报》1964年第3期。

## ※ W2173
### 树的特定部位生人

> 实 例

（参见下级母题实例）

## W2174
### 树根生人

> 实 例

[拉祜族] 一妇女把神树烧光，树根冒出1男1女，繁衍人类。
【流传】云南省
【出处】谷德明根据云南大学中文系民族民间文学资料整理《人类起源》，见谷德明编《中国少数民族神话》，北京：中国民间文艺出版社1987年版，第541页。

## W2175
### 树芽生人

【汤普森】A1236.1

> 实 例

（实例待考）

## W2176
### 树叶生人

实 例

[德昂族] 一棵大树的 100 片树叶变成 100 个人。那棵落叶大树称为"生人树"。

【流传】
（a）云南省·保山县（保山市）
（b）云南省·德宏州（德宏傣族景颇族自治州）

【出处】
（a）李仁光、姚世清讲述，杨玉骧收集整理：《百片树叶百个人》，载《山茶》1985 年第 6 期。
（b）满坎木讲，杨毓骧采录：《人类的起源》，见中国民间文学集成全国编辑委员会编《中国民间故事集成》（云南卷），北京：中国 ISBN 中心 2003 年版，第 105 页。

## W2176.1
### 柳叶生人

【关联】[W2171.5] 柳树生人

实 例

[满族] 柳叶上长出人。

【流传】（无考）
【出处】富育光：《萨满教与神话》，沈阳：辽宁大学出版社 1990 年版。

## W2176.1.1
### 水生的柳叶生人

实 例

[满族] 世界最早出现的是水中生的佛朵（神树），它越变越多，长成了佛多毛（又称"佛佛毛"，即柳叶树）。"佛多毛"中生出人来。

【流传】（无考）
【出处】
（a）富育光：《萨满教与神话》，沈阳：辽宁大学出版社 1990 年版，第 50 页。
（b）《柳叶繁衍人类》（二），见吕大吉、何耀华总主编《中国各民族原始宗教资料集成》（鄂伦春族卷、鄂温克族卷、赫哲族卷、达斡尔族卷、锡伯族卷、满族卷、蒙古族卷、藏族卷），北京：中国社会科学出版社 1999 年版，第 486 页。

## W2176.1.2
### 神腰间的柳叶生人

实 例

❶ [满族] 阿布卡恩都里摘下几片围腰的柳叶，柳叶中长出了飞虫和人。
【流传】吉林省·（延边朝鲜族自治州）·珲春（珲春市）
【出处】汪芬玲：《论满族水神及洪水神话传说》，载《民间文学论坛》1986 年第 4 期。

❷ [满族] 阿布凯恩都力从腰上摘下的几片柳叶，柳叶上长出了飞虫、爬虫和人。
【流传】吉林省·（延边朝鲜族自治州）·珲春（珲春市）
【出处】李景江：《女真图腾神话初探》，见袁珂《中国神话》，北京：中

❸ [满族] 阿布卡赫赫（女天神）打不过恶魔耶鲁里，只好往天上飞去，耶鲁时紧追不放，一爪子把她的下胯抓住，抓下来的是一把披身柳叶，柳叶飘落人间，生育出许多人和动植等。

【流传】吉林省·（延边朝鲜族自治州）·珲春市

【出处】《柳叶繁衍人类》（一），选自富育光翻译《喜塔拉氏萨满神谕》，见吕大吉、何耀华总主编《中国各民族原始宗教资料集成》（鄂伦春族卷、鄂温克族卷、赫哲族卷、达斡尔族卷、锡伯族卷、满族卷、蒙古族卷、藏族卷），北京：中国社会科学出版社1999年版，第485页。

❹ [满族] 阿布卡恩都里（满语，阿布卡：天；恩都里：神。阿布卡恩都里即天神）把围腰的细柳叶摘下了几片，柳叶上便长出了飞虫、爬虫和人，大地上从此有了人烟。

【流传】吉林省·（延边朝鲜族自治州）·珲春市

【出处】《柳叶繁衍人类》（三），选自富育光翻译《那木都鲁哈喇神谕》，见吕大吉、何耀华总主编《中国各民族原始宗教资料集成》（鄂伦春族卷、鄂温克族卷、赫哲族卷、达斡尔族卷、锡伯族卷、满族卷、蒙古族卷、藏族卷），北京：中国社会科学出版社1999年版，第486页。

## W2177
### 树洞生人

【关联】［W2205］洞生人

实 例

[汉族] 伊尹生空桑（"空桑"后成为地名）。

【流传】（无考）

【出处】《吕氏春秋·本味》。

## W2177.1
### 母亲变成的树洞生人

实 例

[汉族] 伊尹从母亲变的空桑树洞出生。

【流传】（无考）

【出处】洪兴祖补注《楚辞·天问》，引《列子》。

## W2177.2
### 水中的树洞生人

实 例

（参见下级母题实例）

## W2177.2.1
### 水中的树洞生1女

实 例

[古突厥] 乌古斯可汗出外狩猎，看到湖水中间有一棵树，树窟窿中有位少女独坐着。

【流传】（无考）

【出处】耿世民译：《乌古斯可汗的传

说》，见满都呼主编《中国阿尔泰语系诸民族神话故事》，北京：民族出版社1997年版，第14页。

## W2177.3
### 榆树洞生人
【关联】［W2171.10］榆树生人

实 例

（参见下级母题实例）

## W2177.3.1
### 榆树洞生1男

实 例

［满族］大榆树洞里出来一个留子（原指男性生殖器，神话中凡指青年男子）。
【流传】辽宁省·（鞍山市）·岫岩县（岫岩满族自治县）
【出处】《野女定居》，见马亚川遗稿，黄任远等整理《女真萨满神话》，哈尔滨：黑龙江人民出版社2006年版，第5~8页。

## W2177.4
### 梨树洞中生人
【关联】［W2171.1］梨树生人

实 例

（参见下级母题实例）

## W2177.4.1
### 梨树洞中生1女

实 例

［彝族］梨树洞中生女孩。

【流传】（无考）
【出处】《竹男和梨女》，见高明强编《创世的神话和传说》，上海：上海三联书店1988年版，第36页。

## W2178
### 树桠生人

实 例

［独龙族］坛嘎朋是从树桠巴中爆出来的人。
【流传】云南省·（怒江傈僳族自治州）·贡山（贡山独龙族怒族自治县）独龙江两岸
【出处】
（a）约翰讲，陶学良、陶立璠搜集整理：《坛嘎朋》，见谷德明编《中国少数民族神话》，北京：中国民间文艺出版社1987年版，第523~528页。
（b）《坛嘎朋》，见《云南民族民间故事选》，昆明：云南民族出版社1981年版。

## W2179
### 树枝生人

实 例

［独龙族］树枝中生出1个男人。
【流传】云南省·（怒江傈僳族自治州·贡山独龙族怒族自治县）独龙江南部
【出处】《西坛嘎·彭》，见李金明《独龙族文学简史》，昆明：云南民族出版社2004年版，第70页。

## W2180
### 树的其他特定部位生人

实 例

（实例待考）

## W2180.1
### 树瘤生人

实 例

❶ [蒙古族] 一棵大树中间有瘤，瘤洞空里躺着一个婴儿。

【流传】（新疆维吾尔自治区）

【出处】

(a)《绰罗斯准噶尔的起源》，见贺·宝音巴图《论蒙古族神话〈天女之惠〉的多彩组合美》，载《内蒙古师范大学学报》2003年第3期。

(b)《绰罗斯准噶尔的起源》，见宝音贺希格编《蒙古族历史传说》，呼和浩特：内蒙古人民出版社1982年版。

❷ [维吾尔族] 最早统治维吾尔的国王，不是人生的，而是树浆在树皮上所结的，叫做 esca 的一个树瘿所生。

【流传】新疆维吾尔自治区

【出处】[伊朗]志费尼著，何高济译：《世界征服者史》（上），呼和浩特：内蒙古人民出版社1981年版，第63～64页。

❸ [维吾尔族] 两树交合处长一瘿，崩裂后生5婴。

【流传】新疆维吾尔自治区

【出处】

(a)《树婴人可汗》，见高明强编《创世的神话和传说》，上海：上海三联书店1988年版，第17页。

(b) [元] 黄溍：《辽阳等处行中书省左丞亦辇真公神道碑》，见 [元] 黄溍《黄学士文集》卷二十四。

## W2180.1.1
### 树感光结瘤生人

【关联】[W2182.3] 树感光生人

实 例

[维吾尔族] 天光降于树，树生瘿，瘿裂生5人。

【流传】新疆维吾尔自治区

【出处】

(a) 黄文弼：《亦都护高昌王世勋碑复原并校记》，见满都呼主编《中国阿尔泰语系诸民族神话故事》，北京：民族出版社1997年版，第38页。

(b)《高昌王世勋之碑》，见（元）虞集《道园学古录》卷二十四。

(c) [伊朗] 志费尼著，何高济译：《世界征服者史》（上），呼和浩特：内蒙古人民出版社1981年版，第63～64页。

## W2180.2
### 树心生人

实 例

（实例待考）

## W2181
### 树的果实生人
【关联】［W2195］水果生人

实例

（参见下级母题实例）

## W2181.1
### 李子生人

实例

（参见下级母题实例）

## W2181.1.1
### 祈子后李树结的李子生人

实例

［白族］段思平母阿垣无男女，每日焚香告天求嗣后，园中李树结实，夜半堕地而有声，往视之，李实破两半，生一女，收而育之，名曰阿垣。

【流传】（无考）

【出处】《南诏通记》。

## W2181.1.2
### 李树结的李子生1女
【关联】
① ［W2220.2］卵生1女
② ［W2701.2.2］生1女

实例

❶ ［白族］一老人种的一株李树结了一个大果子，果子坠地而生一女子，即白姐。

【流传】云南省·大理（大理白族自治州）

【出处】［明］《三灵庙记》，见《大理丛书·金石篇》（影印本）第10册，第49页。

❷ ［白族］园中李树结实，夜半堕地而有声，往视之，李实破两半，生一女。

【流传】（无考）

【出处】《南诏通记》。

## W2181.2
### 橘子生人（桔子生人）
【汤普森】T543.3.1

实例

［汉族］☆从橘子中出现一个姑娘。

【流传】山东省·（青岛市）·平度（平度市）

【出处】李述莲讲：《蟠龙的传说》，见《平度民间故事》，北京：方志出版社2008年版，第352页。

## W2181.3
### 桃核生人

实例

（参见下级母题实例）

## W2181.3.1
### 桃核生1对男女

实例

❶ ［苗族］地间的桃树结了一个很大的桃子，桃核里生出了两个人，一男一

女，男的叫杨佬，女的叫杨芳。

【流传】贵州省·（安顺市）·镇宁县（镇宁布依族苗族自治县）·板阳乡

【出处】朱顺清讲，杨文金等采录：《杨亚射日月》，见中国民间文学集成全国编辑委员会编《中国民间故事集成》（贵州卷），北京：中国ISBN中心2003年版，第23页。

❷ [苗族] 大桃树的果核生出1男1女。

【流传】贵州省·（安顺市）黄果树一带

【出处】朱顺清讲，杨文金采录：《杨亚射日月》，见燕宝、张晓编《神话传说》，贵阳：贵州人民出版社1997年版，第18~19页。

## W2181.4
### 其他树的果实生人

【关联】[W2195.3] 桃生人

实 例

（实例待考）

## W2182
### 与树生人有关的其他母题

实 例

（参见下级母题实例）

## W2182.0
### 特定来历的树生人

【关联】[W3710] 树的产生

实 例

（参见下级母题实例）

## W2182.0.1
### 神造的树生人

【关联】[W3718] 神造树

实 例

[彝族] 天神之母的蒲依造出的四棵树里有婴儿的哭声，她撕开四棵树的树干，各跳出1个小人。

【流传】云南省·（楚雄彝族自治州）·永仁县

【出处】

（a）曲木阿石等讲，罗有能整理：《更资天神》，见云南省楚雄州文教局、云南省楚雄州民委会编《楚雄民间文学资料》，内部资料，1979年。

（b）同（a），见姚宝瑄主编《中国各民族神话》（羌族、彝族），太原：山西出版传媒集团·书海出版社2014年版，第178页。

## W2182.1
### 树被砍（劈）开后生人

实 例

（参见下级母题实例）

## W2182.1.1
### 树被砍开后生人

实 例

（参见下级母题实例）

## W2182.1.1.1
### 祖先砍开树后树生人

实 例

[傈僳族] 荞氏族的祖先刮目卑里用荞

子哑巴的铜斧去砍柴，将树砍开得了 1 小男孩。

【流传】（无考）

【出处】《荞氏族的由来》，见中国各民族宗教与神话大词典编审委员会编《中国各民族宗教与神话大词典》，北京：学苑出版社 1990 年版，第 387 页。

## W2182.1.2
### 大树被惊雷劈开后生人

【关联】[W2172.5.1.4] 竹子被雷劈后生人

实 例

❶ [高山族（阿美）] 一参天大树被惊雷劈开后生男女 2 人。

【流传】（台湾）

【出处】《雷劈大树生阿美人始祖》，见中国各民族宗教与神话大词典编审委员会编《中国各民族宗教与神话大词典》，北京：学苑出版社 1990 年版，第 145 页。

❷ [高山族（阿美）] 太古年代，阿里雅巴奈地方有一棵参天大树，树被惊雷劈开后生出一男一女。

【流传】台湾·花莲县·光复乡太巴塱

【出处】《高山族各种人的始祖：太巴塱阿美人始祖》，见姚宝瑄主编《中国各民族神话》（高山族、黎族、畲族），太原：山西出版传媒集团·书海出版社 2014 年版，第 14 页。

## W2182.1.3
### 树倒后生人

实 例

（参见下级母题实例）

## W2182.1.3.1
### 树被射倒后生人

【关联】[W2182.2] 射树生人

实 例

[土族] 黑马（马生的男孩的名字）在学艺的途中遇见一棵大树，他一箭就把大树射倒了，大树底下出来一个身材高大的人。

【流传】（无考）

【出处】

（a）王殿、许可权、李桂兰、王漠搜集整理：《黑马张三哥》，见《中国少数民族民间故事选》（下），北京：中国民间文艺出版社 1982 年版。

（b）同（a），见姚宝瑄主编《中国各民族神话》（土族、东乡族、回族、保安族、裕固族、撒拉族），太原：山西出版传媒集团·书海出版社 2014 年版，第 7 页。

## W2182.2
### 射树生人

【关联】[W2182.1.3.1] 树被射倒后生人

实 例

[土族] 肉包中生的一个男娃娃张弓射

大树，从大树底下走出一个少年。

【流传】青海省

【出处】李松多讲：《黑马张三哥》，见中国民间文艺研究会青海省分会编《土族民间故事选》，北京：中国民间文艺出版社1985年版，第23~30页。

## W2182.3
### 树感光生人

【关联】

① ［W2180.1.1］树感光结瘤生人

② ［W2230］感生人

实 例

❶ ［维吾尔族］有天光降于树。树生瘿，瘿裂生五男。

【流传】（无考）

【出处】

(a)《树生人》，见满都呼主编《中国阿尔泰语系诸民族神话故事》，北京：民族出版社1997年版，第38页。

(b) 黄文弼：《亦都护高昌王世勋碑复原并校记》，见《新疆考古三十年》，乌鲁木齐：新疆人民出版社1983年版，第458页。

(c) *《树生人》，见张碧波、董国尧主编《中国古代北方民族文化史》（上），哈尔滨：黑龙江人民出版社2001年版，第475页。

❷ ［维吾尔族］光照两树间的大丘，丘裂生人。

【流传】新疆维吾尔自治区

【出处】《不可汗》，见［伊朗］志费尼著《世界征服者史》，呼和浩特：内蒙古人民出版社1981年版。

## W2182.4
### 木头生人

实 例

［撒拉族］木头缝里出来一个人。

【流传】（无考）

【出处】马草牙讲，马秀兰记录：《阿腾其根马生宝》，见满都呼主编《中国阿尔泰语系诸民族神话故事》，北京：民族出版社1997年版，第106页。

## W2182.4.1
### 砍开木头生人

【关联】［W2182.1.1］树被砍开后生人

实 例

［白族］最早的祖先叫牙木亚，无儿无女砍开木头以后，里面有一个男孩。

【流传】云南省·怒江州（怒江傈僳族自治州）·泸水县·洛本卓乡（洛本卓白族乡）·西木当、伯德、决洼等村

【出处】詹承绪等调查整理：《怒江白族木图腾崇拜遗迹》（1982），见吕大吉、何耀华总主编《中国各民族原始宗教资料集成》（彝族卷、白族卷、基诺族卷），北京：中国社会科学出版社1996年版，第532~533页。

## W2182.4.2
### 香木生人

实 例

［纳西族］木氏认为，世爷爷乘一大香

木而到金沙江，祖先源于香木。

【流传】云南省

【出处】吕大吉、何耀华总主编：《中国各民族原始宗教资料集成》（纳西族卷、羌族卷、独龙族卷、傈僳族卷、怒族卷），北京：中国社会科学出版社 2000 年版，第 21 页。

## W2182.5
### 树变化后生人

【关联】[W2351] 树木变化为人

实例

[高山族（泰雅）] 树干化为男子身躯之后，复生男女始祖。

【流传】台湾

【出处】《树生泰雅人兄妹始祖》，见中国各民族宗教与神话大词典编审委员会编《中国各民族宗教与神话大词典》，北京：学苑出版社 1990 年版，第 145 页。

## W2182.6
### 人从树下出来

【关联】

① [W2174] 树根生人

② [W2182.1.4.1] 树被射倒后生人

实例

[土族] 黑马（男孩名）在学艺的途中遇见一棵大树，他把大树射倒后，从大树底下出来一个身材高大的人。

【流传】（无考）

【出处】

（a）王殿、许可权、李桂兰、王漠搜集整理：《黑马张三哥》，见《中国少数民族民间故事选》（下），北京：中国民间文艺出版社 1982 年版。

（b）同（a），见姚宝瑄主编《中国各民族神话》（土族、东乡族、回族、保安族、裕固族、撒拉族），太原：山西出版传媒集团·书海出版社 2014 年版，第 7 页。

## ❀ W2183
### 瓜果花草生人

实例

（参见下级母题实例）

## ❀ W2184
### 葫芦生人

【汤普森】T543.5

实例

❶ [傣族] 葫芦中走出人类。

【流传】云南省·德宏（德宏傣族景颇族自治州）

【出处】《葫芦生蛋》，见刀承华《傣族文学史》，昆明：云南民族出版社 2005 年版，第 257 页。

❷ [德昂族] 很早以前，崩龙族人（现改称"德昂族"）是从葫芦里出来的。

【流传】云南省

【出处】《崩龙族文学概况》，见中国社会科学院云南少数民族文学研究所等编《云南少数民族文学资料》（第 1 辑），内部编印，1980 年，第 41 页。

❸ [德昂族] 葫芦中生出人。

【流传】云南省

【出处】《葫芦与人》，见中国各民族宗教与神话大词典编审委员会编《中国各民族宗教与神话大词典》，北京：学苑出版社1990年版，第94页。

❹ [德昂族] 洪水退了以后，人从葫芦里面走了出来。

【流传】

（a）云南省·德宏州（德宏傣族景颇族自治州）

（b）云南省·（德宏傣族景颇族自治州）·潞西县（芒市）·三台山公社（三台山乡）

【出处】

（a）李来岩等讲，李岩牙等翻译，朱宜初采录：《葫芦传人种》，见中国民间文学集成全国编辑委员会编《中国民间故事集成》（云南卷），北京：中国ISBN中心2003年版，第208页。

（b）早腊摆讲，李岩牙翻译，朱宜初整理：《人与葫芦》，见谷德明编《中国少数民族神话》，北京：中国民间文艺出版社1987年版，第513页。

❺ [珞巴族] 葫芦中生人。

【流传】西藏自治区·下珞渝

【出处】维·埃尔温搜集：《费夫阿》，见中华民族故事大系编委会编《中华民族故事大系》第16卷（赫哲族、门巴族、珞巴族、基诺族），上海：上海文艺出版社1995年版，第513页。

❻ [水族] 人出自葫芦。

【流传】贵州省

【出处】刘尧汉：《中华民族龙虎文化论》，见《中国文明源头新探》，昆明：云南人民出版社1985年版，第228页。

❼ [佤族] 人类原本是一个葫芦里出来的。

【流传】云南省·（普洱市）·西盟县（西盟佤族自治县）永不列部落

【出处】尼嘎、阿香采录：《上下葫芦国的由来》，见中国民间文学集成全国编辑委员会编《中国民间故事集成》（云南卷），北京：中国ISBN中心2003年版，第192页。

❽ [佤族] "司岗"为"葫芦"，即人是从葫芦里出来的。

【流传】云南省·（临沧市）·沧源县（沧源佤族自治县）

【出处】达老屈等讲，隋嘎等采录：《司岗里》注释，见中国民间文学集成全国编辑委员会编《中国民间故事集成》（云南卷），北京：中国ISBN中心2003年版，第96页。

❾ [佤族] 人从葫芦出。

【流传】云南省·（临沧市）·沧源县（沧源佤族自治县）班洪一带

【出处】《人类的由来》，见中国各民族宗教与神话大词典编审委员会编《中国各民族宗教与神话大词典》，北京：学苑出版社1990年版，第591页。

❿ [佤族] 人从葫芦生出。

【流传】云南省·（临沧市）·沧源县（沧源佤族自治县）小瓦一带

【出处】陶阳、牟钟秀：《中国创世神

❶ [彝族] 洪水后，大葫芦掉落在一个山头上，从里面钻出1男1女两个人。
【流传】云南省·昭通市
【出处】陈友才讲，朱冬才采录：《创世纪》，见中国民间文学集成全国编辑委员会编《中国民间故事集成》（云南卷），北京：中国ISBN中心2003年版，第164页。

❷ [彝族] 洪水淹死独眼人和圆眼人后，葫芦中生出两兄妹。
【流传】云南省·楚雄彝族自治州
【出处】罗文荣演唱，李世忠翻译，薔紫改写：《老人梅葛》附记，见姚宝瑄主编《中国各民族神话》（羌族、彝族），太原：山西出版传媒集团·书海出版社2014年版，第125页。

❸ [彝族] 葫芦里走出了人。
【流传】（无考）
【出处】《虎氏族》，见云南省民族事务委员会编《彝族文化大观》，昆明：云南民族出版社1999年版，第325页。

## W2185
**祖先出自葫芦**

实 例

❶ [阿昌族] 天公遮帕麻与地母遮米结婚后，9年生一个葫芦籽，又9年葫芦籽开花结葫芦，葫芦生人类祖先。
【流传】云南省
【出处】刘江：《阿昌族文化史》，昆明：云南民族出版社2001年版，第289页。

❷ [德昂族] 祖先出自葫芦。
【流传】云南省·（德宏傣族景颇族自治州）·潞西县（芒市）、镇康等县
【出处】http://www.shezu.net，2006.12.15。

❸ [德昂族] 洪水后，葫芦里出来的人是德昂人等的祖先。
【流传】云南省·保山（保山市）
【出处】杨毓骧搜集整理：《百片树叶百个人》，见中华民族故事大系编委会编《中华民族故事大系》第15卷（德昂族、保安族、裕固族、京族、塔塔尔族、独龙族、鄂伦春族），上海：上海文艺出版社1995年版，第16~17页。

❹ [高山族（布农）] 葫芦中出来1男1女，成为始祖。
【流传】台湾Ivaxo社
【出处】小川尚义、浅井惠伦：《原语よにる台湾高砂族传说集》，台北：帝国大学，1935年，第296页。

❺ [傈僳族] 葫芦生出两个人祖，男的叫西沙，女的叫勒沙，他们结合产生了人类。
【流传】（无考）
【出处】《岩石月亮》，见孙正国《中国族源性女神母题的文化阐释》，载《思想战线》2003年第3期。

❻ [彝族] 葫芦是彝族的祖公。
【流传】云南省·红河哈尼族彝族自治州·建水县

## W2186
### 特定形状的葫芦生人

**实 例**

（参见下级母题实例）

## W2186.1
### 大葫芦生人

**实 例**

[佤族] 人类的首领达惹嘎木和小母牛婚生葫芦籽，种出一个小山那么大的葫芦。

【流传】云南省·（临沧市）·沧源县（沧源佤族自治县）

【出处】肖则贡讲，学良采录：《葫芦里出来的人烟》，见中国民间文学集成全国编辑委员会编《中国民间故事集成》（云南卷），北京：中国 ISBN 中心 2003 年版，第 194 页。

## W2186.2
### 长葫芦生人

**实 例**

[傈僳族] 长葫芦中生出人。

【流传】四川省·（凉山彝族自治州）·德昌县·金沙乡（金沙傈僳族乡）·王家山

【出处】张长贵讲：《冰天鹅、冰蚂蚁造天地》，见中国民间文学集成全国编辑委员会编《中国民间故事集成》（四川卷·下），北京：中国 ISBN 中心 1998 年版，第 1431~1432 页。

## W2186.3
### 金葫芦生人

**实 例**

[哈尼族] 金葫芦里出来阿嘎拉优。

【流传】云南省·（普洱市）·孟连县（孟连傣族拉祜族佤族自治县）

【出处】李格、王富帮讲：《天、地、人和万物的起源》，见《哈尼族神话传说集成》，北京：中国民间文艺出版社 1990 年版，第 34~37 页。

## W2186.4
### 葫芦花中生人

**实 例**

[汉族] 葫芦花中爬出男人和女人，成为黄坪村的祖先。

【流传】云南省·（大理白族自治州）·鹤庆县·黄坪村

【出处】唐元清讲：《山生葫芦传人种》，见中国民间文学集成全国编辑委员会编《中国民间故事集成》（云南卷），北京：中国 ISBN 中心 2003 年版，第 213~214 页。

## W2186.5
### 葫芦瓜生人

**实 例**

[黎族] 葫芦瓜生出 1 对男女。

【出处】吕大吉、何耀华总主编：《中国各民族原始宗教资料集成》（彝族卷、白族卷、基诺族卷），北京：中国社会科学出版社 1996 年版，第 26 页。

【流传】海南省·琼中县（琼中黎族苗族自治县）·五指山公社（今五指山市）

【出处】王克福讲：《黎族汉族的来源》，见中国民间文学集成全国编辑委员会编《中国民间故事集成》（海南卷），北京：中国 ISBN 中心 2002 年版，第 11 页。

## W2186.6
### 肉葫芦中孕育人

实 例

[布朗族] 肉葫芦中先孕育了人，后来天鹅啄开葫芦，人从里面走了出来。

【流传】云南省·（西双版纳傣族自治州）·勐海（勐海县）

【出处】岩温门讲，艾扬整理：《葫芦传人的故事》，见中华民族故事大系编委会编《中华民族故事大系》第 12 卷（布朗族、撒拉族、毛南族），上海：上海文艺出版社 1995 年版，第 15 页。

## W2187
### 特定来历的葫芦生人

实 例

（参见下级母题实例）

## W2187.1
### 天降的葫芦生人

实 例

❶ [高山族（布农）] 太古时，天上掉下了一个葫芦，葫芦里生出 1 男 1 女。

【流传】台湾

【出处】《葫芦的禁忌》，见达西乌拉弯·毕马（田哲益）、达给斯海方岸·娃莉丝（全妙云）著《布农族口传神话传说》，台北：台原出版社 1998 年版，第 103 页。

❷ [高山族（布农）] 天上掉下来葫芦生人。

【流传】Ivaxo 社

【出处】小川尚义、浅井惠伦：《原语ょにる台湾高砂族传说集》，台北："帝国大学"，1935 年，第 296 页。

❸ [傈僳族] 天空掉下两个大葫芦生出 2 个人。

【流传】（无考）

【出处】《岩石月亮》，见孙正国《中国族源性女神母题的文化阐释》，载《思想战线》2003 年第 3 期。

## W2187.1.1
### 天神从天上放下的葫芦生人

实 例

[哈尼族] 天地间出来天神阿库拉布和地神鲁阿嬷夫妻，丈夫从天上放下 1 个会生人的大葫芦。

【流传】云南省·思茅（今普洱市）

【出处】《天、地、人和万物的起源》，见中国各民族宗教与神话大词典编审委员会编《中国各民族宗教与神话大词典》，北京：学苑出版社 1990 年版，第 169 页。

## W2187.2
### 特定人物送的葫芦籽种出的葫芦生人

实例

（参见下级母题实例）

## W2187.2.1
### 神授葫芦籽种出的葫芦生人

实例

（实例待考）

## W2187.2.2
### 燕子送葫芦籽种出的葫芦生人

【关联】［W2193.4.1］燕子送来瓜籽种出的瓜生人

实例

[彝族（阿细）] 洪水后幸存的兄妹二人从燕子那里得到瓜子，栽种出的葫芦瓜里繁衍出了各种动物和筷子横眼人即现在的人类。

【流传】云南省·红河哈尼族彝族自治州·弥勒县（弥勒市）

【出处】潘正兴等唱述，云南省民族民间文学红河调查队搜集翻译整理：《阿细的先基》，昆明：云南人民出版社1959年版。

## W2187.3
### 释迦牟尼给的葫芦生人

实例

[德昂族] 人和动物从释迦牟尼给的葫芦里走出来。

【流传】云南省

【出处】《螃蟹发洪水》，见中国各民族宗教与神话大词典编审委员会编《中国各民族宗教与神话大词典》，北京：学苑出版社1990年版，第95页。

## W2187.4
### 特定地方生出的葫芦生人

实例

[高山族（布农）] 太古，在Lamogana之地生出1个葫芦中生人。

【流传】台湾

【出处】施始来：《八代湾的神话》，台中：晨星出版社1992年版，第118页。

## W2187.4.1
### 海里出现的葫芦生人

实例

[佤族] 大海飘来的葫芦被黄牛舔开，里面葫芦籽飞上高山出苗长藤结了新葫芦，生出人。

【流传】（无考）

【出处】刘允提、陈学明整理：《葫芦的传说》，昆明：云南民族出版社1980年版。

## W2187.4.2
### 牛腹中得到的葫芦籽种出的葫芦生人

实例

[佤族] 达摆卡木（先辈）用长刀杀了

黑母牛，划开牛肚子，只见肚里有一颗葫芦籽（人种）。

【流传】云南省·（普洱市）·西盟县（西盟佤族自治县）

【出处】包永红等讲，高登智采录：《佤族姓氏的形成》，见中国民间文学集成全国编辑委员会编《中国民间故事集成》（云南卷），北京：中国ISBN中心2003年版，第336页。

## W2187.5

### 神或神性人物种的葫芦生人

**实例**

[拉祜族] 厄莎（神名）用汗垢、汗水植（种）的葫芦生1对兄妹。

【流传】云南省

【出处】
(a)《扎迪娜迪》、《寻找葫芦》、《拉祜族的祖先》，见云南省民族事务委员会编《拉祜族文化大观》，昆明：云南民族出版社1999年版，第178页。

(b)《太阳月亮洗澡池》，见云南省民族事务委员会编《拉祜族文化大观》，昆明：云南民族出版社1999年版，第180页。

(c)《勐呆密呆》，见陶阳、牟钟秀著《中国创世神话》，上海：上海人民出版社2006年版，第55页。

## W2187.5.1

### 天神种的葫芦生人

**实例**

❶ [拉祜族] 天神厄莎种葫芦。葫芦中出来扎笛、娜笛兄妹。

【流传】(ab) 云南省·（普洱市）·澜沧（澜沧拉祜族自治县）、孟连（孟连傣族拉祜族佤族自治县），（临沧市）·双江（双江拉祜族佤族布朗族傣族自治县）等地

【出处】
(a)《勐呆密呆》，见陶阳、牟钟秀著《中国创世神话》，上海：上海人民出版社2006年版，第55页。

(b) 刘辉豪整理：《牡帕密帕》，见陶阳、牟钟秀著《中国创世神话》，上海：上海人民出版社2006年版，第95页。

(c) 刘辉豪整理：《牡帕密帕》，昆明：云南人民出版社1979年版。

❷ [拉祜族] 厄莎天神培种葫芦用葫芦育人。

【流传】云南省

【出处】《根古》，见中国各民族宗教与神话大词典编审委员会编《中国各民族宗教与神话大词典》，北京：学苑出版社1990年版，第376页。

❸ [拉祜族] 厄莎天神种了一棵葫芦，从葫芦里出来1男1女。

【流传】云南省

【出处】《牡帕密帕》，见张福《从民族学材料寻觅西南民族的远古图腾》，载《云南师范大学学报》1997年第1期。

## W2187.5.2

### 天王种的葫芦生人

**实例**

[德昂族] "天王"在海边种的葫芦生

出人。

【流传】云南省

【出处】《葫芦与人》，见中国各民族宗教与神话大词典编审委员会编《中国各民族宗教与神话大词典》，北京：学苑出版社1990年版，第94页。

## W2187.5.3
### 创世女神种的葫芦生人

实例

[拉祜族] 厄莎（有多种说法，如天神、天帝、创世女神、始祖等）在大树下搭起窝棚，拿出一颗葫芦籽，种在地上，盖上草木灰。过了七轮（一轮为12天）零七天，葫芦发芽了。又过了七轮，葫芦开始伸藤，藤子就像手杆一样粗，叶子比簸箕还要大。又过了七轮，藤子爬满了大树，开了一朵白花，结了一个大葫芦。又过了七个月，叶子落了，藤子也干了，葫芦长老了。之后，葫芦中生出人。

【流传】云南省·（普洱市）·澜沧县（澜沧拉祜族自治县）

【出处】李云保讲述，扎约采录：《牡帕密帕的故事》，见陶阳、钟秀编《中国神话》（上），北京：商务印书馆2008年版，第129~139页。

## W2187.5.4
### 伏羲女娲种的葫芦生人

【关联】
① [W2064.2] 伏羲女娲造人
② [W2412.6] 伏羲女娲婚生人

实例

[水族] 伏羲、女娲兄妹栽培的葫芦中繁衍出人类。

【流传】贵州省

【出处】http://www.shezu.net。

## W2187.5.5
### 其他名称的神或神性人物种的葫芦生人

实例

[黎族] 老宜和老艾种的大葫芦里面装着人。

【流传】海南省·（三亚市）·乐东县（乐东黎族自治县）昌化江流域

【出处】《人的由来》，见李露露《海南黎族古老的水上交通工具》，载《中国历史博物馆馆刊》1994年第1期。

## W2187.6
### 神或神性人物婚生的葫芦生人

【关联】[W2131] 神生人

实例

（实例待考）

## W2187.6.1
### 始祖婚生的葫芦籽种出的葫芦生人

【关联】[W2628.2.1] 始祖婚生葫芦籽

实例

[阿昌族] 遮帕麻（男始祖，后来成为"天公"）和遮米麻（女始祖，后来成为"地母"）婚后生的葫芦籽种出

的葫芦秧只结了一个葫芦。遮帕麻用大木棒打开了一个洞，立即从葫芦里跳出来九个小娃娃。最初的人类就这样被创造出来。

【流传】云南省·（德宏傣族景颇族自治州）·梁河县

【出处】赵安贤讲述，杨叶生翻译，智克整理：《遮帕麻与遮米麻》，载《山茶》1981 年第 2 期。

## W2187.6.2
### 天公地母婚生的葫芦籽种出的葫芦生人

实例

❶ [阿昌族] 天公遮帕麻和地母遮米麻结婚生下一颗葫芦籽，这颗葫芦籽种出的葫芦生人。

【流传】云南省

【出处】赵安贤唱，杨叶生译，兰克、杨智辉整理：《遮帕麻和遮米麻》，昆明：云南人民出版社 1983 年版。

❷ [阿昌族] 遮帕麻（天公）与遮米麻（地母）结婚生的葫芦中生人。

【流传】云南省

【出处】《遮帕麻与遮米麻》，见中国各民族宗教与神话大词典编审委员会编《中国各民族宗教与神话大词典》，北京：学苑出版社 1990 年版，第 3 页。

## W2187.6.3
### 人神婚生的葫芦生人

实例

[哈尼族] 两个人种神依沙然哈（男）和依莫然玛（女）结为夫妻，生葫芦，葫芦中生 77 个人。

【流传】云南省·红河州（红河哈尼族彝族自治州）

【出处】张牛郎、涂伙沙等演唱，赵官禄等搜集整理：《十二奴局》，昆明：云南人民出版社 1989 年版，第 6 页。

## W2187.7
### 人婚生的葫芦生人

实例

（参见下级母题实例）

## W2187.7.1
### 兄妹婚生的葫芦生人

实例

❶ [阿昌族] 遮帕麻和遮咪麻兄妹结婚，遮咪麻生下一粒金光闪闪的葫芦籽，葫芦籽种出的葫芦生人。

【流传】云南省·（德宏傣族景颇族自治州）·梁河县

【出处】孙广强讲，江朝泽采录：《九种蛮夷本是一家人》，见中国民间文学集成全国编辑委员会编《中国民间故事集成》（云南卷），北京：中国ISBN 中心 2003 年版，第 183 页。

❷ [布朗族] 两兄妹结为夫妻生的一个葫芦里面走出许多人。

【流传】云南省·（保山市）·施甸（施甸县）

【出处】http://smth.edu.cn，2005.07.16。

❸ [哈尼族] 者比与帕玛兄妹婚生的葫芦中跳出几十对男女。

【流传】云南省·（普洱市）·墨江县（墨江哈尼族自治县）

【出处】李灿伟搜集整理：《兄妹传人类》（二），见中华民族故事大系编委会编《中华民族故事大系》第 6 卷，（哈尼族、哈萨克族、傣族），上海：上海文艺出版社 1995 年版，第 20 ~ 21 页。

❹ [哈尼族] 17 岁的者比与 15 岁的帕玛兄妹成亲，生葫芦。后来打开葫芦，出来几十对男女。

【流传】云南省·（普洱市）·墨江县（墨江哈尼族自治县）

【出处】李恒忠讲：《兄妹传人》，见中国民间文学集成全国编辑委员会编《中国民间故事集成》（云南卷），北京：中国 ISBN 中心 2003 年版，第 165 ~ 168 页。

❺ [哈尼族] 灾难后，幸存的其卑和里收两兄妹婚生一个肉团子，剁碎抛出长出的大葫芦中生出人。

【流传】（无考）

【出处】张牛朗讲，李期博记录翻译：《葫芦出人种》，原载《哈尼族神话传说集成》，见陶阳、钟秀编《中国神话》（上），北京：商务印书馆 2008 年版，第 496 ~ 497 页。

❻ [彝族] 兄妹婚生的葫芦中走出横眼人。

【流传】云南省·红河州（红河哈尼族彝族自治州）·弥勒县

【出处】《倮族》，见《云南民族文学资料》（第十八集），内部资料，1963 年，第 223 ~ 232 页。

❼ [彝族] 天神用锥子锥开兄妹婚生的葫芦，葫芦中生出汉族、傣族、彝族、傈僳族、藏族、苗族、白族、回族。

【流传】云南省·楚雄彝族自治州·姚安县、大姚县等彝族地区

【出处】《创世·人类起源》，见云南省民族民间文学楚雄调查队整理编写《梅葛》，昆明：云南人民出版社 2009 年版，第 48 ~ 50 页。

❽ [彝族] 神造的兄妹结婚后，妻子生一个葫芦，其中盛满了我们的祖先（意即葫芦中蕴含着人类的种子）。

【流传】（无考）

【出处】柯象峰：《罗罗文字之初步研究》，转引自吕大吉、何耀华总主编《中国各民族原始宗教资料集成》（彝族卷、白族卷、基诺族卷），北京：中国社会科学出版社 1996 年版，第 274 ~ 275 页。

## W2187.8
### 兄妹婚后种的葫芦生人

实例

[傈僳族] 兄妹结婚后没有生育，他们种的葫芦生出 3 个女孩。

【流传】（无考）

【出处】刘江华编：《中国神话故事》（天、地、人物卷），北京：中国世界语出版社 1999 年版，第 5 ~ 8 页。

## W2187.8.1
### 伏羲女娲兄妹种的葫芦生人
【关联】［W2187.5.4］伏羲女娲种的葫芦生人

**实例**

［水族］ 伏羲、女娲兄妹栽培的葫芦，繁衍出人类。
【流传】贵州省
【出处】http：//www.shezu.net。

## W2187.9
### 动物生的葫芦生人

**实例**

（参见下级母题实例）

## W2187.9.1
### 母牛生的葫芦籽种出的葫芦生人
【关联】［W2187.10.2］人与母牛交配生的葫芦生人

**实例**

❶［佤族］ 洪水之后，幸存的一个男人与小母牛成婚，他们生的葫芦籽种出一个大的葫芦，这个葫芦中走出人和各种动物。
【流传】云南省·（临沧市）·沧源县（沧源佤族自治县）
【出处】肖则贡讲，学良采录：《葫芦里出来的人烟》，见中国民间文学集成全国编辑委员会编《中国民间故事集成》（云南卷），北京：中国 ISBN 中心 2003 年版，第 194 页。

❷［佤族］ 母牛生的葫芦籽种出的大葫芦走出人。
【流传】云南省·（临沧市）·沧源县（沧源佤族自治县）
【出处】《青蛙大王与母牛》，载《山茶》1985 年第 6 期。

## W2187.9.2
### 动物卵生的葫芦生人

**实例**

［傣族］（实例待考）

## W2187.10
### 异类婚生的葫芦生人

**实例**

（参见下级母题实例）

## W2187.10.1
### 神与母牛交配生的葫芦生人
【关联】［W2457.1］人与母牛婚生人

**实例**

［佤族］ 达梅吉神和母牛交配生的一个大葫芦，新的人类就在其中。
【流传】云南省
【出处】《西岗里》，见陶立璠《民族民间文学理论基础》，北京：中央民族学院出版社 1990 年版，第 26 页。

## W2187.10.2
### 人与母牛交配生的葫芦生人

**实例**

❽［佤族］ 人与小母牛婚生的葫芦籽种

出的一个大的葫芦，经青蛙大王指点砍开后，走出人和动物。

【流传】云南省·（临沧市）·沧源县（沧源佤族自治县）

【出处】肖则贡讲，学良采录：《葫芦里出来的人烟》，见中国民间文学集成全国编辑委员会编《中国民间故事集成》（云南卷），北京：中国ISBN中心2003年版，第194页。

## W2187.11
### 杀动物得到的葫芦生人

实例

（参见下级母题实例）

## W2187.11.1
### 杀牛得到的葫芦生人

实例

[佤族]达摆卡木（先辈）用长刀杀了黑母牛，划开牛肚子，只见肚里有一颗葫芦籽（人种）。

【流传】云南省·（普洱市）·西盟县（西盟佤族自治县）

【出处】包永红等讲，高登智采录：《佤族姓氏的形成》，见中国民间文学集成全国编辑委员会编《中国民间故事集成》（云南卷），北京：中国ISBN中心2003年版，第336页。

## W2187.12
### 种在特定地方的葫芦生人

实例

（参见下级母题实例）

## W2187.12.1
### 种在特定的山上的葫芦生人

实例

[佤族]生人的葫芦是在公莫伟努（公明山）种的。

【流传】云南省·（普洱市）·西盟佤族自治县、澜沧拉祜族自治县等地

【出处】毕登程、隋嘎编著：《司岗里——佤族创世史诗》，昆明：云南出版集团公司·云南人民出版社2009年版，第109页。

## W2187.13
### 气生的葫芦生人

实例

（参见下级母题实例）

## W2187.13.1
### 清气浊气生成的葫芦生人

实例

[布依族]天空中的清气"呼呼呼"蒸腾腾，凡尘中的浊气"卟卟卟"往上升，清气和浊气互相碰撞摩擦，交混成为一个葫芦形，这个葫芦中生出祖先。

【流传】贵州省布依族地区

【出处】杨正荣、祝登壅讲，岭玉清、汛河搜集整理，古梅改写：《翁戛造万物》，见姚宝瑄主编《中国各民族神话》（布依族、仡佬族、苗族），太原：山西出版传媒集团·书海出版社

2014 年版，第 7 页。

## W2187.14
### 生人葫芦非同凡响

【关联】［W3891.1］特殊的葫芦

实例

［基诺族］洪水后，幸存的玛黑和玛妞兄妹俩种出的葫芦秧接触大大小小的许多葫芦，结果这些葫芦长着长着都枯死烂掉了。只有一个长大成熟，圆鼓鼓的肚子，黄爽爽的硬壳，这个葫芦中生出人类。

【流传】（a）云南省·（西双版纳傣族自治州）·景洪县（景洪市）

【出处】

（a）沙车讲，禺尺采录：《敬献祖先的来历》，见中国民间文学集成全国编辑委员会编《中国民间故事集成》（云南卷），北京：中国 ISBN 中心 2003 年版，第 189 页。

（b）同（a），见陶阳、钟秀编《中国神话》（中），北京：商务印书馆 2008 年版，第 603 页。

（c）沙车讲，仲录整理：《祭祖的由来》，见谷德明编《中国少数民族神话》，北京：中国民间文艺出版社 1987 年版，第 536 页。

## W2188
### 与葫芦生人有关的其他母题

实例

（参见下级母题实例）

## W2188.1
### 葫芦变形后生人

实例

（实例待考）

## W2188.1.1
### 葫芦变山洞后山洞生人

实例

（实例待考）

## W2188.2
### 生人的葫芦的成长

实例

（参见下级母题实例）

## W2188.2.1
### 生人的葫芦 18 年长成

实例

［阿昌族］兄妹种出葫芦秧，抽藤开花，到了 18 个年头才结了一个能生人的葫芦。

【流传】云南省·（德宏傣族景颇族自治州）·梁河县

【出处】孙广强讲，江朝泽采录：《九种蛮夷本是一家人》，见中国民间文学集成全国编辑委员会编《中国民间故事集成》（云南卷），北京：中国 IS-BN 中心 2003 年版，第 183 页。

## W2188.2.2
### 生人的葫芦 30 年长成

实例

［哈尼族］17 岁的者比与 15 岁的帕玛兄

妹成亲，生葫芦，等帕玛 30 岁时打开葫芦，葫芦生出人。

【流传】云南省·（普洱市）·墨江县（墨江哈尼族自治县）

【出处】李恒忠讲：《兄妹传人》，见中国民间文学集成全国编辑委员会编《中国民间故事集成》（云南卷），北京：中国 ISBN 中心 2003 年版，第 165~168 页。

## W2188.3
### 葫芦状的物件生人

实例

（参见下级母题实例）

## W2188.3.1
### 葫芦状的植物生人

实例

[高山族（排湾）] 葫芦状的植物生 1 个男人。

【流传】台湾

【出处】陈国钧：《台湾土著社会始祖传说》，台北：幼狮出版社 1964 年版，第 61 页。

## W2188.4
### 特定方式打开葫芦后生人

实例

（参见下级母题实例）

## W2188.4.1
### 烙开葫芦生出人

实例

[基诺族] 玛黑和玛妞兄妹俩种出一个大葫芦中传出人的说话声。兄妹为了让他们出来，却始终不忍心用火棍往葫芦身上烙。最后烙开了葫芦的肚脐，人从中走了出来。

【流传】（a）云南省·（西双版纳傣族自治州）·景洪县（景洪市）

【出处】

（a）沙车讲，禹尺采录：《敬献祖先的来历》，见中国民间文学集成全国编辑委员会编《中国民间故事集成》（云南卷），北京：中国 ISBN 中心 2003 年版，第 189 页。

（b）同（a），见陶阳、钟秀编《中国神话》（中），北京：商务印书馆 2008 年版，第 603 页。

（c）沙车讲，仲录整理：《祭祖的由来》，见谷德明编《中国少数民族神话》，北京：中国民间文艺出版社 1987 年版，第 536 页。

## W2188.4.2
### 劈开葫芦生出人

实例

[德昂族] 劈开葫芦后，有男有女有动物。

【流传】云南省

【出处】《葫芦与人》，见中国各民族宗教与神话大词典编审委员会编《中国各民族宗教与神话大词典》，北京：学苑出版社 1990 年版，第 94 页。

## W2188.4.3
### 啄开葫芦生出人

实例

[布朗族] 肉葫芦中孕育出人。天鹅啄

开葫芦后，人从葫芦中走出来。

【流传】云南省·（西双版纳傣族自治州）·勐海（勐海县）

【出处】岩温门讲，艾扬整理：《葫芦传人的故事》，见中华民族故事大系编委会编《中华民族故事大系》第12卷（布朗族、撒拉族、毛南族），上海：上海文艺出版社1995年版，第15页。

## W2188.5
### 葫芦生特定数量的人

实 例

（参见下级母题实例）

## W2188.5.1
### 葫芦生1人

实 例

[哈尼族] 金葫芦里出来阿嘎拉优（英雄名）。

【流传】云南省·（普洱市）·孟连县（孟连傣族拉祜族佤族自治县）

【出处】李格、王富帮讲：《天、地、人和万物的起源》，见《哈尼族神话传说集成》，北京：中国民间文艺出版社1990年版，第34～37页。

## W2188.5.2
### 葫芦生2人

实 例

❶ [拉祜族] 葫芦里出来1男1女，即扎迪和娜迪。扎迪和娜迪结合在一起，生下了13对儿女。

【流传】云南省

【出处】《牡帕密帕》，见张福《从民族学材料寻觅西南民族的远古图腾》，载《云南师范大学学报》1997年第1期。

❷ [傈僳族] 天空掉下两个大葫芦生出2个人。

【流传】（无考）

【出处】《岩石月亮》，见孙正国《中国族源性女神母题的文化阐释》，载《思想战线》2003年第3期。

❸ [彝族] 葫芦里生兄妹2人。

【流传】云南省·（红河哈尼族彝族自治州）·弥勒县（弥勒市）

【出处】《独眼人、直眼人和横眼人》，见中国民间文学集成全国编辑委员会编《中国民间故事集成》（云南卷），北京：中国ISBN中心2003年版，第218～224页。

## W2188.5.3
### 葫芦生3人

实 例

[傈僳族] 兄妹结婚后没有生育，他们种葫芦生出3个女孩。

【流传】（无考）

【出处】刘江华编：《中国神话故事》（天、地、人物卷），北京：中国世界语出版社1999年版，第5～8页。

## W2188.5.4
### 葫芦生9种人

实 例

[阿昌族] 葫芦里出来9种蛮夷。

【流传】云南省

【出处】云南省编辑委员会：《阿昌族社会历史调查》（民族问题五种丛书），昆明：云南民族出版社1983年版，第90页。

## W2188.5.5
### 葫芦生9个人

**实 例**

[阿昌族] 葫芦生9个小娃。

【流传】（无考）

【出处】《遮帕麻与遮米麻》，见中国各民族宗教与神话大词典编审委员会编《中国各民族宗教与神话大词典》，北京：学苑出版社1990年版，第3页。

## W2188.5.6
### 葫芦生许多人

**实 例**

❶ [布朗族] 昔有大葫芦，内盛多人。

【流传】云南省

【出处】
(a) 袁珂编著：《中国神话传说词典》，上海：上海辞书出版社1985年版，第321页。
(b) 中央民族学院少数民族文艺研究所编：《中国民族民间文学》（上），北京：中央民族学院出版社1987年版，第55页。
(c) http://history.1001n.com.cn, 2004.02.29。

❷ [哈尼族] 兄妹婚生的葫芦中跳出几十对男女。

【流传】云南省·（普洱市）·墨江县（墨江哈尼族自治县）

【出处】李灿伟搜集整理：《兄妹传人类》（二），见中华民族故事大系编委会编《中华民族故事大系》第6卷（哈尼族、哈萨克族、傣族），上海：上海文艺出版社1995年版，第20~21页。

❸ [哈尼族] 两个人种神依沙然哈（男）和依莫然玛（女）结为夫妻，生葫芦，葫芦生77个人。

【流传】云南省·红河州（红河哈尼族彝族自治州）

【出处】张牛郎、涂伙沙等演唱，赵官禄等搜集整理：《十二奴局》，昆明：云南人民出版社1989年版，第6页。

## W2188.5.7
### 葫芦生所有民族

**实 例**

[德昂族] 远古时，所有的民族共居一个巨大的葫芦。

【流传】云南省

【出处】云南省民族事务委员会编：《德昂族文化大观》，昆明：云南民族出版社1999年版，第118页。

## W2188.6
### 葫芦生特定性别的人

**实 例**

（参见下级母题实例）

## W2188.6.1
### 葫芦生男女

实 例

❶ [傈僳族] 远古的时候，地上只有从葫芦里出来的兄妹两人。

【流传】云南省·丽江（丽江市）·宁蒗县（宁蒗彝族自治县）

【出处】《兄妹成婚》，见 http://bbs.e2400.com/showtopic.aspx? topicid，2008.12.30。

❷ [哈尼族] 者比与帕玛两兄妹结婚生的葫芦中跳出几十对男女。

【流传】云南省·（普洱市）·墨江县（墨江哈尼族自治县）

【出处】李灿伟搜集整理：《兄妹传人类》（二），见中华民族故事大系编委会编《中华民族故事大系》第 6 卷（哈尼族、哈萨克族、傣族），上海：上海文艺出版社（1995 年版），第 20~21 页。

❸ [彝族] 葫芦里生兄妹 2 人。

【流传】云南省·（红河哈尼族彝族自治州）·弥勒县（弥勒市）

【出处】《独眼人、直眼人和横眼人》，见中国民间文学集成全国编辑委员会编《中国民间故事集成》（云南卷），北京：中国 ISBN 中心 2003 年版，第 218~224 页。

❹ [彝族] 洪水淹死独眼人和圆眼人后，葫芦中生出两兄妹。

【流传】云南省·楚雄彝族自治州

【出处】罗文荣演唱，李世忠翻译，蔷紫改写：《老人梅葛》附记，见姚宝瑄主编《中国各民族神话》（羌族、彝族），太原：山西出版传媒集团·书海出版社 2014 年版，第 125 页。

## W2188.6.2
### 葫芦生男人

实 例

[德昂族] 洪水退了以后，人从葫芦里面走了出来。但只剩下了男人，没有女人。

【流传】

（a）云南省·德宏州（德宏傣族景颇族自治州）

（b）云南省·（德宏傣族景颇族自治州）·潞西县（芒市）·三台山公社（三台山乡）

【出处】

（a）李来岩等讲，李岩牙等翻译，朱宜初采录：《葫芦传人种》，见中国民间文学集成全国编辑委员会编《中国民间故事集成》（云南卷），北京：中国 ISBN 中心 2003 年版，第 208 页。

（b）早腊摆讲，李岩牙翻译，朱宜初整理：《人与葫芦》，见谷德明编《中国少数民族神话》，北京：中国民间文艺出版社 1987 年版，第 513 页。

## W2188.6.3
### 葫芦生女人

实 例

[傈僳族] 盘古发现三颗葫芦籽，把葫芦籽种在路旁。七七四十九天以后，

葫芦瓜成熟了。盘古抽刀在瓜底上一旋，里面走出三个姑娘来。

【流传】（无考）

【出处】禾青：《盘古造人》，见祝发清、左玉堂、尚仲豪编《傈僳族民间故事选》，上海：上海文艺出版社1985年版，第7~11页。

## W2188.7
### 葫芦生特定体征的人

实例

（参见下级母题实例）

## W2188.7.1
### 葫芦生巨大的人

实例

[傈僳族] 葫芦破开后滚出一个很大很大的人。

【流传】四川省·（凉山彝族自治州）·德昌县·金沙乡（金沙傈僳族乡）·王家山

【出处】张长贵讲：《冰天鹅、冰蚂蚁造天地》，见中国民间文学集成全国编辑委员会编《中国民间故事集成》（四川卷·下），北京：中国ISBN中心1998年版，第1431~1432页。

## W2188.8
### 葫芦生人和其他物类

实例

（参见下级母题实例）

## W2188.8.1
### 葫芦生人和动物

实例

❶ [布朗族] 葫芦中走出人、飞禽和兽。

【流传】云南省

【出处】艾扬整理：《葫芦传人的故事》，见中华民族故事大系编委会编《中华民族故事大系》第12卷（布朗族、撒拉族、毛南族），上海：上海文艺出版社1995年版，第14~15页。

❷ [德昂族] 人和动物从葫芦里走了出来。

【流传】云南省·（德宏傣族景颇族自治州）·潞西县（芒市）·三台山公社（三台山乡）

【出处】腊腊久讲，何腊飘翻译，朱宜初整理：《人与葫芦》，见谷德明编《中国少数民族神话》，北京：中国民间文艺出版社1987年版，第513页。

❸ [佤族] 葫芦生人和动物。

【流传】（无考）

【出处】李子贤：《论佤族神话》，载《思想战线》（云南大学）1987年第6期。

## ※ W2189
### 瓜生人

实例

❶ [汉族] 人从瓜出。

【流传】滇东北（云南省东北部）

【出处】刘尧汉：《论中华葫芦文化》，载《民间文学论坛》1987年第3期。

❷ [傈僳族] 兄妹年老结婚种出的瓜中生出人类。

【流传】（无考）

【出处】杨海生记述，蜂汝铨翻译，谷德明整理：《洪水》，见谷德明编《中国少数民族神话》，北京：中国民间文艺出版社1987年版，第358页。

❸ [傈僳族] 洪水后，幸存的兄妹俩让狗从天神那里取种子，后来种出一棵瓜秧，结一个大瓜。闻瓜内有叫喊声时，忽自天上掉下一把刀，兄妹拿刀切开瓜，生出人。

【流传】碧罗雪山（云南省·怒江傈僳族自治州·贡山独龙族怒族自治县与云南省·迪庆藏族自治州·德钦县交界一带）

【出处】*《鬼的由来》，原载陶云逵《碧罗雪山之傈僳族》，见国立中央研究院《历史语言研究所集刊》第17本，商务印书馆民国三十七年（1948年），第402～403页。

## W2190

### 南瓜生人

实 例

❶ [汉族] 水里漂来的大南瓜炸开，从里面走出来东山老人和南山小妹2人。

【流传】湖南省·（娄底市）·涟源市

【出处】姚长清讲，姚永放采录：《东山老人与南山小妹造人》，见中国民间文学集成全国编辑委员会编《中国民间故事集成》（湖南卷），北京：中国ISBN中心2002年版，第32页。

❷ [汉族] 绵绵瓜瓞，民之初生。

【流传】（无考）

【出处】《诗经·大雅·绵》。

❸ [傈僳族] 南瓜中走出一对兄妹。

【流传】（无考）

【出处】《盘古造人》，见陶阳、牟钟秀著《中国创世神话》，上海：上海人民出版社2006年版，第59页。

❹ [傈僳族] 南瓜生3个男人。

【流传】（无考）

【出处】刘江华编：《中国神话故事》（天、地、人物卷），北京：中国世界语出版社1999年版，第5～8页。

## W2190.1

### 盘古种的南瓜生人

【关联】[W0720] 盘古

实 例

[傈僳族] 盘古种下三颗南瓜子，发芽长秧，结南瓜，南瓜里走出一对兄妹。

【流传】四川省·（凉山彝族自治州）·德昌县

【出处】李国才讲：《盘古造人》，见陶阳、钟秀编《中国神话》，上海：上海文艺出版社1996年版，第131页。

## W2190.2

### 兄妹种的南瓜生人

实 例

[傈僳族] 兄妹结婚种出的南瓜生人。

**【流传】**（无考）

**【出处】** 刘江华编：《中国神话故事》（天、地、人物卷），北京：中国世界语出版社1999年版，第5~8页。

## W2190.3
### 兄弟种的南瓜生人

`实例`

（参见下级母题实例）

## W2190.3.1
### 兄弟俩种的南瓜生人

`实例`

[黎族] 老当老定两兄弟，种的南瓜开花育男女。

**【流传】** 海南省五指山区

**【出处】** 王国全搜集整理：《南瓜的故事》，原载广东民族学院中文系编《黎族民间故事选》，见陶阳、钟秀编《中国神话》（上），北京：商务印书馆2008年版，第374~377页。

## W2190.4
### 老人种的南瓜生人

`实例`

（参见下级母题实例）

## W2190.4.1
### 俩老人种的南瓜生人

`实例`

❶ [白族] 五台峰下的两位老人种的南瓜中跳出一个小姑娘。

**【流传】** 云南省·大理（大理白族自治州）苍山一带

**【出处】** http://history.1001n.com.cn, 2002.09.25。

❷ [白族] 年近六旬的老夫妻俩种的南瓜结了个大瓜，从瓜中跳出一个小姑娘，老两口遂收养为女儿，取名白姐阿妹。

**【流传】** 云南省·大理（大理白族自治州）

**【出处】**《白姐阿妹》，见BBS水木清华站：http://www.smth.edu.cn, 2002.09.25。

## W2191
### 冬瓜生人

`实例`

[瑶族] 太阳变的小伙和月亮变的姑娘婚生一个冬瓜，撒到地里的冬瓜籽，生出人类的第一代。

**【流传】**（无考）

**【出处】**

(a) 赵老大讲，梅中泉记录整理：《日月成婚》，见谷德明编《中国少数民族神话》，北京：中国民间文艺出版社1987年版，第140页。

(b) 同(a)，载《山茶》1983年第3期。

## W2192
### 其他瓜生人

`实例`

（参见下级母题实例）

## W2192.1
### 倭瓜生人
【实例】

[汉族] 白胡子老人给老两口的能生人的倭瓜籽生人。

【流传】甘肃省·（陇南市）·徽县·伏镇（伏家镇）

【出处】朱老大讲，陈革宁采录：《伏羲女娲成婚》，见中国民间文学集成全国编辑委员会编《中国民间故事集成》（甘肃卷），北京：中国ISBN中心2001年版，第10页。

## W2192.2
### 甜瓜生人
【汤普森】A1236.2

【实例】

（实例待考）

## W2192.3
### 红瓜生人
【实例】

[白族] 很久以前，东山的紫土青石山上长出一蓬瓜，结了一个紫红的瓜，大瓜成熟后从瓜中走出一个脸色紫红的小伙子。

【流传】云南省·（大理白族自治州）·剑川县

【出处】云南省民间文学集成办公室编：《东瓜佬与西瓜姥》，见《白族神话传说集成》，北京：中国民间文艺出版社1986年版，第19~20页。

## W2193
### 与瓜生人有关的其他母题
【实例】

（参见下级母题实例）

## W2193.1
### 人种的瓜生人
【关联】

① [W2092.4] 用人种的瓜果与仙药造人

② [W2190.4] 老人种的南瓜生人

【实例】

[汉族] 老两口种的倭瓜中生1对男女。

【流传】甘肃省·（陇南市）·徽县·伏镇（伏家镇）

【出处】朱老大讲：*《兄妹成婚》，见中国民间文学集成全国编辑委员会编《中国民间故事集成》（甘肃卷），北京：中国ISBN中心2001年版，第12~13页。

## W2193.2
### 瓜壳生人
【关联】[W2167.5] 贝壳生人

【实例】

[黎族] 瓜壳里出现人和动物。

【流传】海南省

【出处】《伟代》，见中国各民族宗教与神话大词典审委员会编《中国各民族宗教与神话大词典》，北京：学苑出版社1990年版，第379页。

## W2193.3
### 天神带来的瓜生人

**实例**

[傈僳族] 一个叫a-yi-pá的天神下凡时带来一粒瓜子，种于田中，结出高约一丈围二丈余的大瓜。天神拔刀割瓜，自北而南，分为两半。其在东半瓜中，有一男孩，名叫a-heng-pá；在西半瓜中，有一女孩，名叫a-heng-ma。

【流传】碧罗雪山（云南省·怒江傈僳族自治州·贡山独龙族怒族自治县与云南省·迪庆藏族自治州·德钦县交界一带）

【出处】《巫师的由来》，见陶云逵《碧罗雪山之傈僳族》，转引自国立中央研究院《历史语言研究所集刊》第17本，商务印书馆民国三十七年（1948年），第403~404页。

## W2193.4
### 动物送来的瓜生人

**实例**

（参见下级母题实例）

## W2193.4.1
### 燕子送来瓜籽种出的瓜生人

【关联】[W2187.2.2] 燕子送葫芦籽种出的葫芦生人

**实例**

❶ [彝族（阿细）] 洪水后幸存的兄妹二人从燕子那里得到瓜子，栽种出的瓜里繁衍出了各种动物和筷子横眼人即现在的人类。

【流传】云南省·红河哈尼族彝族自治州·弥勒县（弥勒市）

【出处】潘正兴等唱述，云南省民族民间文学红河调查队搜集翻译整理：《阿细的先基》，昆明：云南人民出版社1959年版。

❷ [彝族] 燕子衔来的瓜种种出瓜，瓜中出来的人成为汉族和其他民族。

【流传】云南省·（红河哈尼族彝族自治州）·弥勒县（弥勒市）·罗多村

【出处】何奉章讲：《人是怎样来的》，见李德君《彝族阿细人民间文学作品采集实录》，北京：中央民族大学出版社2009年版，第329页。

## W2194
### 花生人

【汤普森】①T543.1；②T589.6.5

**实例**

（参见下级母题实例）

## W2194.1
### 莲花生人（荷花生人）

【关联】T543.2.1

**实例**

（参见下级母题实例）

## W2194.1.1
### 莲花吸收日月精华天地灵气后生人

**实例**

[汉族] 盘古的眼睛变成的大湖中生出

了莲叶，长出花梗，结出的两个花骨朵吸收了日月的精华，天地的灵气，越长越大，开花后中间坐着一男一女两个娃娃。

【流传】中原一带

【出处】郭云梦搜集：《莲生伏羲女娲》，原载张梦北编《中原神话》，见陶阳、钟秀编《中国神话》（上），北京：商务印书馆 2008 年版，第 359 页。

**W2194.2**
**百合花生人**

实 例

（参见下级母题实例）

**W2194.2.1**
**天降的百合花生人**

实 例

[侗族] 天降的百合花中生男娃甫刚雅常。

【流传】（无考）

【出处】《甫刚雅常》，见杨保愿《嘎茫莽道时嘉》（《侗族远祖歌》），北京：中国民间文艺出版社 1986 年版，第 174 页。

**W2194.3**
**其他特定的花生人**

实 例

（实例待考）

**W2194.4**
**与花生人有关的其他母题**

实 例

（参见下级母题实例）

**W2194.4.1**
**花生男人**

【关联】

[W2759] 生育出男女

[W2759.3a.1] 植物生男

实 例

[藏族] 花中间跳出了个小男孩，他的名字叫格拉角。

【流传】四川省·（阿坝藏族羌族自治州）·若尔盖县·向东牧场

【出处】索朗讲，阿强采录：《人类三始祖》，见中国民间文学集成全国编辑委员会编《中国民间故事集成》（四川卷·下），北京：中国 ISBN 中心 1998 年版，第 937 页。

**W2194.4.2**
**花生女人**

【关联】[W2759.3a.2] 植物生女

实 例

（参见下级母题实例）

**W2194.4.2.1**
**花生女祖先**

实 例

[壮族] 花生的女人姆洛甲是女祖先。

【流传】广西壮族自治区·（河池市）·大化县（大化瑶族自治县）·都阳镇

【出处】

（a）覃奶讲：《姆洛甲》，见中国民间文学集成全国编辑委员会编《中国民间故事集成》（广西卷），北京：中国 ISBN 中心 2001 年版，第 3~4 页。

（b）蓝鸿恩整理：《神弓宝剑》，北京：中国民间文艺出版社 1985 年版，第 2 页。

## W2195
### 水果生人

【汤普森】T543.3

【关联】[W2181] 树的果实生人

实 例

（参见下级母题实例）

## W2195.1
### 苹果生人

【关联】[W2254.2] 吃苹果孕生人

实 例

（实例待考）

## W2195.2
### 香蕉生人

实 例

[苗族] 驼背老老种出的芭蕉树结出许多香蕉。一个最大的香蕉裂开后生出一个白胖胖的小孩。

【流传】广西壮族自治区·（柳州市）·大苗山（融水苗族自治县）

【出处】肖甘牛整理：《驼背老老和香蕉崽崽》，见中华民族故事大系编委会编《中华民族故事大系》第 2 卷（藏族、维吾尔族、苗族），上海：上海文艺出版社 1995 年版，第 674 页。

## W2195.3
### 桃生人

【关联】

① [W2181.3] 桃核生人

② [W2254.1] 吃桃孕生人

③ [W2352.2] 桃变化为人（桃变成人）

实 例

[畲族] 无儿无女的老夫妻在畲山下种了一棵桃树。桃树开了一朵大红花，结出一个大桃子。桃子裂开后，发现里面躺着一个胖娃娃。

【流传】浙江省·丽水（丽水市）

【出处】唐宗龙等整理：《林神和花神的传说》，见中华民族故事大系编委会编《中华民族故事大系》第 8 卷（畲族、高山族、拉祜族），上海：上海文艺出版社 1995 年版，第 46 页。

## W2195.4
### 其他水果生人

实 例

（实例待考）

## W2196
### 蔬菜生人

【汤普森】T543.7

**实例**

（参见下级母题实例）

### W2196.1
### 菜叶生人

**实例**

[壮族] 人类从菜叶里生长出来。

【流传】广西壮族自治区右江一带

【出处】崔妈林森讲：《布洛陀造人》，见张声震总主编，农冠品编注《壮族神话集成》，南宁：广西民族出版社2007年版，第164页。

### W2196a
### 其他植物的果实生人

**实例**

（参见下级母题实例）

### W2196a.1
### 莲蓬生人

【关联】[W2194.1]莲花生人（荷花生人）

**实例**

[土家族] 天塘湖中不知什么时候长了玉莲，一只最大的莲蓬炸开了，里面有个胖娃娃，正在伸手蹬脚地向外爬。

【流传】（湖南省·湘西土家族苗族自治州·保靖县）

【出处】罗轶整理：《铁塔娶龙女》（原名为《撒珠湖》），见姚宝瑄主编《中国各民族神话》（土家族、毛南族、侗族、瑶族），太原：山西出版传媒集团·书海出版社2014年版，第31页。

### W2197
### 与植物生人有关的其他母题

**实例**

（参见下级母题实例）

### W2197.1
### 谷物生人

【汤普森】T543.6

**实例**

（实例待考）

### W2197.2
### 草丛中生人

**实例**

[藏族] 立着一块白石头的草丛下，生长出一个叫草拉角的人。

【流传】四川省·（阿坝藏族羌族自治州）·若尔盖县·向东牧场

【出处】索朗讲，阿强采录：《人类三始祖》，见中国民间文学集成全国编辑委员会编《中国民间故事集成》（四川卷·下），北京：中国ISBN中心1998年版，第937页。

### W2197.3
### 刺丛中生人

**实例**

[藏族] 立着一块白石头的刺丛下，生长出一个叫刺拉角的人。

【流传】四川省·（阿坝藏族羌族自治

州）·若尔盖县·向东牧场

【出处】索朗讲，阿强采录：《人类三始祖》，见中国民间文学集成全国编辑委员会编《中国民间故事集成》（四川卷·下），北京：中国 ISBN 中心 1998 年版，第 937 页。

### W2197.4
### 金果生人

实 例

（参见下级母题实例）

### W2197.4.1
### 天降的金果生人

实 例

[侗族] 天降的金果中生男娃甫刚。

【流传】（无考）

【出处】《甫刚雅常》，见杨保愿《嘎茫莽道时嘉》（《侗族远祖歌》），北京：中国民间文艺出版社 1986 年版，第 173 页。

## 2.4.5 无生命物生人[①]
（W2200 ~ W2219）

### ✻ W2200
### 无生命物生人

【汤普森】≈T544

实 例

（参见下级母题实例）

### W2201
### 混沌中生人

【关联】[W0721.3.1] 混沌生盘古

实 例

（参见下级母题实例）

### W2201.1
### 天地混沌中生人

实 例

（参见下级母题实例）

### W2201.1.1
### 风吹开天地混沌后生人

实 例

[德昂族] 最早时，狂风在天地混沌中吹出一团黑糊糊的东西，被撕成两半后，从中间掉出了一个人。

【流传】云南省·德宏州（德宏傣族景颇族自治州）

【出处】陈志鹏采录：《祖先创世纪》，见中国民间文学集成全国编辑委员会编《中国民间故事集成》（云南卷），北京：中国 ISBN 中心 2003 年版，第 106 页。

---

① 无生命物生人，此类母题包括自然物生人。该母题与"自然生人"母题有很多交叉，如一些神话中的"海生人"，从神话叙事的角度分析，既表现出人是自然产生的情形，同时又强调人是从"海水"这种无生命物中产生的，为了兼不同的分析角度，采取两处互见的方法。

## W2201.2
### 混沌中生特定的人

实例

（参见下级母题实例）

## W2201.2.1
### 混沌中生盘古夫妻

实例

[汉族] 混沌中生盘古爷和盘古奶2人。
【流传】河南省·（南阳市）·桐柏县·二郎山乡·田口村
【出处】李新超讲，马卉欣整理：《盘古开天》，见 http://tongbai.01ny.cn（桐柏网）2001.01.26。

## W2201.2.2
### 混沌中生4个有名字的人

实例

[彝族] 以前的天地黑暗混沌，不知过了多少年，出现了四个人——八哥、典尼、支格阿龙和结支戛鲁。
【流传】（无考）
【出处】
（a）马海鸟黎讲，谷德明整理：《开天辟地》，见谷德明编《中国少数民族神话选》，西北民族学院研究所编印，内部资料，1983年。
（b）同（a），见姚宝瑄主编《中国各民族神话》（羌族、彝族），太原：山西出版传媒集团·书海出版社 2014 年版，第 116 页。

## W2201.3
### 混沌中生多人

实例

（参见下级母题实例）

## W2201.3.1
### 混沌中生百姓

实例

[毛南族] 混沌中生养百姓超过千年。
【流传】广西壮族自治区
【出处】《红筵开坛》，见谭亚洲等《论毛南族的唱师文学》，载《民族文学研究》1997年第4期。

## W2202
### 人生于无

实例

[汉族] 稽古太初，人生于无。
【流传】（无考）
【出处】《淮南子·诠言训》。

## W2203
### 天地生人[①]

实例

（参见下级母题实例）

---

[①] 天地生人，根据神话叙事的不同版本，会发现"天地生人"与"天地结婚生人"两个母题在一些神话中往往混淆，只是由于神话讲述人或文本编写者的原因，常常在表述中把"天地结婚生人"说成是"天地生人"，反之亦然。其本质上可以归入"无生命物生人"母题。

## W2203.1
### 天生人

【关联】［W2025］人从天降

实 例

❶［珞巴族］珞巴族的崩如部落始祖是天的女儿，叫列德罗登。
【流传】西藏自治区
【出处】于乃理整理：《列德罗登》，见廖东凡主编《神山之祖》，武汉：湖北少年儿童出版社2001年版，第202页。

❷［珞巴族］麦冬海依是天的女儿。
【流传】西藏自治区
【出处】于乃昌个人网，2003.10.20。

❸［裕固族］祖先是胡儿穆斯特腾格尔英库克（天之子）。
【流传】甘肃省·祁连山肃南（张掖市·肃南裕固族自治县）·杨哥牧场
【出处】铁穆尔：《裕固民族尧熬尔千年史》，北京：民族出版社1999年版，第4页。

## W2203.2
### 地生人

【汤普森】T545
【关联】［W2027］人从地下来

实 例

（参见下级母题实例）

## W2203.2.1
### 土生人

【关联】［W2087］用泥造人（用土造人）

实 例

［鄂温克族］天地生成以后，人类从土里生长出来。
【流传】内蒙古自治区·（呼伦贝尔市）·鄂温克族自治旗·乌兰托海队
【出处】哈日诺亥讲，杜·道尔基口译，白杉记录整理：《人和野兽是怎么分开的》，见中国民间文学集成全国编辑委员会编《中国民间故事集成》（宁夏卷），北京：中国ISBN中心2007年版，第19页。

## W2203.2.1.1
### 山洞中的土生人

【关联】［W2205］洞生人

实 例

［哈萨克族］克普恰克部落的祖先"阿依祖父"和"阿依祖母"是从灌满洪水的山洞里的泥土中挖出来的。
【流传】新疆维吾尔自治区·（乌鲁木齐市）·乌鲁木齐县·白杨沟夏牧场
【出处】谢热亚孜旦·马尔萨克讲，尼合买提·蒙加尼采录，杨凌等译：《阿依祖父和阿依祖母》，见中国民间文学集成全国编辑委员会编《中国民间故事集成》（新疆卷），北京：中国ISBN中心2008年版，第32页。

## W2203.2.2
### 地下钻出人

实 例

［拉祜族］很古的时候，地上还没有人，

从地下钻出一个人，名叫扎努扎别。

【流传】云南省

【出处】杨铜搜集整理：《扎努扎别》，载《山茶》1982年第4期。

## W2203.2.2.1
### 地下的人变成水泡从地下钻出来

【关联】［W2398.12］地下的人先变成猴子钻出来然后变成人

实例

［哈尼族］以前，人和鬼、水、石头一起，住在地底下。天神犁地时划通了盖在人住的地方的地壳，冒出水。刚开始时，人的胆子小，还不敢钻出来，后来，有几个胆大的人，变成水泡泡，浮到水面上。

【流传】云南省·（红河哈尼族彝族自治州）·金平（金平苗族瑶族傣族自治县）

【出处】批则讲，杨万智搜集整理：《地下人》，载《山茶》1986年第6期。

## W2203.2.3
### 地生1人

实例

（参见下级母题实例）

## W2203.2.3.1
### 地生一个有名字的人

实例

❶［汉族］伏羲是从地下拱出来的。

【流传】（无考）

【出处】《女娲和伏羲》，见陶阳、牟钟秀《中国创世神话》，上海：上海人民出版社1989年版，第239页。

❷［拉祜族］很古的时候，地上还没有人。后来从地下钻出一个人，名叫扎努扎别。

【流传】（无考）

【出处】

（a）杨铜搜集整理：《扎努扎别》，载《山茶》1982年第4期。

（b）同（a），见谷德明编《中国少数民族神话》，北京：中国民间文艺出版社1987年版，第389页。

## W2203.2.4
### 地生2人

【关联】［W2702］产生2人

实例

（参见下级母题实例）

## W2203.2.4.1
### 地生2兄弟

实例

❶［珞巴族］大地母亲生了两个小儿子，哥哥阿巴达尼和弟弟阿巴达洛。

【流传】西藏自治区

【出处】

（a）《斯金金巴巴娜达明和金尼麦包》，见谷德明编《中国少数民族神话》，北京：中国民间文艺出版社1987年版，第252页。

（b）达牛、东娘、达农讲，于乃昌整理：

《斯金金巴巴娜达明和金尼麦包》，见《珞巴族民间故事》：http://www.tibet-web.com/old/minjian/ync/gushi/mulu.htm，2003.10.02。

❷ [珞巴族] 有兄弟俩，一个叫普苏达东，一个叫罗马达当，都是大地生的孩子。

【流传】西藏洛渝地区（采集于西藏自治区·林芝地区·米林县·纳玉区）

【出处】

(a) 达农讲，于乃昌整理：《普苏达东和罗马达当》（1979.08），见于乃昌《西藏民间故事》（第五集），拉萨：西藏人民出版社1989年版。

(b) 同（a），见姚宝瑄主编《中国各民族神话》（门巴族、珞巴族、怒族、藏族），太原：山西出版传媒集团·书海出版社2014年版，第28~29页。

## W2203.2.4.2
### 地生1对男女

实例

（实例待考）

## W2203.2.4.3
### 地生2个有名字的人

实例

[珞巴族] 大地生的第一对孩子叫君顿德日和特日忍让。

【流传】（无考）

【出处】《君顿德日和特日忍让》，见于乃昌《珞巴族文学史》，西藏人民出版社、江苏教育出版社2001年版，第144页。

## W2203.2.5
### 地生多人

实例

（参见下级母题实例）

## W2203.2.5.1
### 地生1万8千人

实例

[哈萨克族] 大地母亲怀中1万8千子孙降临世间。

【流传】（无考）

【出处】玛丽娅·科别杰讲，穆哈买提拜·拜吉格铁甫搜集，安蕾等译：《大地母亲》，见满都呼主编《中国阿尔泰语系诸民族神话故事》，北京：民族出版社1997年版，第58页。

## W2204
### 日月星辰生人

实例

（参见下级母题实例）

## W2204.1
### 太阳生人

【关联】[W2361] 太阳变成人

实例

[白族] 太阳进入龙腹，变肉团，肉团撞碎，变万物、男人和女人。

【流传】（a）云南省·（大理白族自治州）·鹤庆（鹤庆县），丽江（丽江市）·永胜（永胜县）

【出处】
（a）李剑飞讲：《人类和万物的起源》，见陶阳、钟秀编《中国神话》，上海：上海文艺出版社 1996 年版，第 94 页。
（b）《人类是从哪里来的》，见谷德明编《中国少数民族神话》，北京：中国民间文艺出版社 1987 年版，第 299 页。

## W2204.1.1
### 人是太阳的外孙

实例

[珞巴族]（实例待考）

## W2204.1.2
### 大地与太阳婚后太阳生人

【关联】[W2487.3] 地和太阳生人

实例

[黎族] 人类是大地和太阳姑娘结婚的儿女。

【流传】海南省五指山一带

【出处】《大地和太阳成亲》，见姚宝瑄主编《中国各民族神话》（高山族、黎族、畲族），太原：山西出版传媒集团·书海出版社 2014 年版，第 50 页。

## W2204.2
### 星星生人

【关联】[W2363] 星星变成人

实例

[苗族] 天上星星掉天火（流星），就是星星来生的，生个（射日月的）桑札英雄汉。

【流传】原文无流传地，据文本及注释推测该神话流传于贵州省·黔东南苗族侗族自治州·凯里市、台江县等地。

【出处】张启庭、张荣光、张正玉、张启德演唱，张明搜集，燕宝整理译注：《创造宇宙·射日射月》，见贵州省少数民族古籍整理出版规划小组办公室编，燕宝整理译注《苗族古歌》，贵阳：贵州民族出版社 1993 年版，第 379 页。

## W2204.2.1
### 星星家族繁衍人类

实例

[白族] 星星家族便在大地定居。他们播种五谷、栽花种果、繁衍后代，成了人类的始祖。

【流传】云南省·（大理白族自治州）·鹤庆县

【出处】章虹宇：《云南鹤庆白族的地母节》，载《民俗》1990 年第 1 期。

## W2205
### 洞生人

【汤普森】A1232.3

实例

❶ [彝族] 远古，天地相连，洞中出来

1 对人。

【流传】云南省·（召通市·镇雄县）

【出处】《创世歌天地是怎样分开的》，见《云南彝族歌谣集成》，昆明：云南民族出版社1986年版，第16~19页。

❷ [壮族] 洞中走出人类始祖布洛陀。

【流传】（无考）

【出处】《布洛陀》，见中国各民族宗教与神话大词典编审委员会编《中国各民族宗教与神话大词典》，北京：学苑出版社1990年版，第783页。

## W2205.1
### 石洞生人（人从石洞出来）

实 例

（参见下级母题实例）

## W2205.1.1
### 石洞被啄开后生人

实 例

（参见下级母题实例）

## W2205.1.1.1
### 鸟啄开石洞后石洞生人

实 例

[佤族] 小米雀啄开石洞后，石洞中出来人和兽。

【流传】云南省·（普洱市）·西盟县（西盟佤族自治县）

【出处】达老屈等讲，隋嘎等采录：《司岗里》，见中国民间文学集成全国编辑委员会编《中国民间故事集成》（云南卷），北京：中国ISBN中心2003年版，第96~104页。

## W2205.2
### 山洞生人（人从山洞出来）

【关联】[W2188.1] 葫芦变山洞后山洞生人

实 例

❶ [佤族] 很早以前，出人的山洞叫养贺。

【流传】（a）云南省·（普洱市）·西盟县（西盟佤族自治县），（临沧市）沧源县（沧源佤族自治县）

【出处】

（a）潘春辉整理：《我们是怎样生存到现在的》，见尚仲豪、郭九思等编《佤族民间故事选》，上海：上海文艺出版社1989年版，第20页。

（b）同（a），见《云南民族民间故事选》，昆明：云南人民出版社1981年版，第413页。

❷ [佤族] 人从山洞中出来。

【流传】云南省·普洱市·西盟佤族自治县旧县城一带

【出处】王宪昭调查，2005年。

❸ [佤族] 神让小米雀啄开山洞，跑出各种人。

【流传】云南省

【出处】《人类出洞》，见高明强编《创世的神话和传说》，上海：上海三联书店1988年版，第52页。

## W2205.2.1
### 特定的山洞生人

**实 例**

[佤族] 洪水后，漂来的葫芦沉入水中，变成葫芦山，从葫芦山的洞中生出人。

【流传】云南省

【出处】《青蛙大王与母牛的传说》，见http：//www.nihaoyn.com，2008.09.25。

## W2205.3
### 地洞生人（人从地洞生）

**实 例**

❶ [佤族] 不知道是几千年，还是几万年以前，出人的地洞叫养贺。

【流传】云南省

【出处】潘春辉整理：《我们是怎样生存到现在的》，见谷德明编《中国少数民族神话》，北京：中国民间文艺出版社1987年版，第382页。

❷ [佤族] 人从地洞里出来。

【流传】云南省·（普洱市）·西盟（西盟佤族自治县），（临沧市）·沧源（沧源佤族自治县）

【出处】潘春辉整理：《我们是怎样生存到现在的》，见中华民族故事大系编委会编《中华民族故事大系》第7卷（黎族、傈僳族、佤族），上海：上海文艺出版社1995年版，第626页。

## W2205.4
### 圣洞生人（人从圣洞生）

**实 例**

[佤族] 人从圣洞出来。

【流传】云南省·（普洱市）·西盟地区（西盟佤族自治县）

【出处】随夏、岩打等讲：《司岗里》，载《山茶》1988年第1期。

## W2205.5
### 与洞生人有关的其他母题

【关联】

① [W2177] 树洞生人

② [W2225.3] 山洞生的卵生人

**实 例**

（实例待考）

## W2206
### 风生人

【关联】[W2275.1] 感风孕生人

**实 例**

（实例待考）

## W2207
### 气生人

【关联】[W2367] 气化生人

**实 例**

❶ [傣族] 水火土风四物的精气结合，成为一男一女2个人。

【流传】（无考）

【出处】王松：《活的历史和死的概念》，见田兵等编《中国少数民族神话论文集》，南宁：广西民族出版社1984年版，第62~63页。

❷ [汉族] 一气为人。

【流传】（无考）

【出处】道教经典《夷狄自伏法》，见向柏松《道教与水崇拜》，载《中南民族学院学报》1999年第1期。

❸ [汉族] 太初者，气之始也故曰浑沦……冲和气者为人。

【流传】（无考）

【出处】《列子·天瑞篇》。

## W2207.1
### 气爆炸生人

实例

[彝族] 远古，天地混沌，混沌中的气球炸出兄妹2人。

【流传】云南省·楚雄（楚雄彝族自治州）

【出处】楚雄彝文研究所：《彝族民间文学》第2辑，第60~70页。

## W2207.2
### 阴阳元气孕生人

实例

❶ [汉族] 古未有天地之时，有二神混生，经天营地，于是乃别为阴阳，烦气为虫，精气为人。

【流传】（无考）

【出处】《淮南子·精神训》。

❷ [汉族] 元气濛鸿，萌芽兹始，遂分天地，肇立乾坤。启阴感阳，分布元气，乃孕中和，是为人也。

【流传】（无考）

【出处】

(a)《绎史》引《五运历年记》。

(b) [三国] 徐整：《三五历记》，原书已佚，据《绎史》引文。

## W2208
### 水生人

【汤普森】①A1232.2.1；②T546

实例

（参见下级母题实例）

## W2208.1
### 水中自然产生人

实例

[傣族] 洪水后，水中生出1对男女。

【流传】（无考）

【出处】李子贤：《试论云南少数民族洪水神话》，见田兵等编《中国少数民族神话论文集》，南宁：广西民族出版社1984年版，第147页。

## W2208.2
### 雪生人

【关联】[W2368.5] 雪变成人

实例

（参见下级母题实例）

## W2208.2.1
### 红雪生人

【关联】［W2368.5.1］红雪变成人

实 例

［彝族］红雪里生出六种身上有血的动物，第六种是人。

【流传】四川省·（凉山彝族自治州）·喜德县·城郊

【出处】倮木和铁讲，白芝采录：《雪子十二支》，见中国民间文学集成全国编辑委员会编《中国民间故事集成》（四川卷·下），北京：中国 ISBN 中心 1998 年版，第 753 页。

## W2208.2.2
### 白雪生人

实 例

［彝族］人是白雪之子。

【流传】四川省

【出处】四川省民委彝文工作组译：《古候》（公史篇），第 20 ~ 25 页。

## W2208.3
### 湖生人

【汤普森】A1232.2

实 例

（实例待考）

## W2208.4
### 海生人

实 例

❶［赫哲族］生命来自大海。

【流传】野人女真部

【出处】《天神创世》，见季永海《满族神话》，中国民俗网，2006.01.23。

❷［纳西族］大海中生出恨仍（恨古），恨仍（恨古）生每仍。每仍以后七代，便是人类的祖先。

【流传】（ab）云南省·丽江县（丽江市）

【出处】

（a）和芳讲，和志武采录：《人类迁徙记》，见中国民间文学集成全国编辑委员会编《中国民间故事集成》（云南卷），北京：中国 ISBN 中心 2003 年版，第 49 页。

（b）和志武翻译整理：《人类迁徙记》，见中华民族故事大系编委会编《中华民族故事大系》第 9 卷（水族、东乡族、纳西族），上海：上海文艺出版社 1995 年版，第 644 ~ 668 页。

（c）和志武翻译整理：《人类迁徙记》，见谷德明编《中国少数民族神话》，北京：中国民间文艺出版社 1987 年版，第 395 页。

（d）《人祖利恩》，见谷德明编《中国少数民族神话》，北京：中国民间文艺出版社 1987 年版，第 415 页。

❸［纳西族］声音和气息结合生白露，白露变大海，大海生人祖。

【流传】（无考）

【出处】和志武整理：《人类迁徙记》，见刘江华编《中国神话故事》（天、地、人物卷），北京：中国世界语出版社 1999 年版，第 143 ~ 159 页。

❹ [纳西族] 海里生出的猴子，是人类的第一代。
【流传】云南省·（迪庆藏族自治州）·中甸（香格里拉县）
【出处】《云南民族民俗和宗教调查》，昆明：云南民族出版社 1985 年版，第 256 页。

## W2208.4.1
### 海的泡沫生人
【汤普森】T546.1
【关联】[W2089.4] 用海里的泡沫造人

实 例

（实例待考）

## W2208.4.2
### 雾化生的海生人

实 例

[纳西族] 声音、气息变化成的白露变化成大海，大海生出人类的祖先：海史海古、海古美古、美古初初、初初慈禹、慈禹初居、初居具仁、具仁迹仁、迹仁崇仁、崇仁丽恩。
【流传】云南省·丽江（丽江市）
【出处】和芳（东巴）读经，和志武翻译整理：《崇邦统》（人类迁徙记）（1954），见吕大吉、何耀华总主编《中国各民族原始宗教资料集成》（纳西族卷、羌族卷、独龙族卷、傈僳族卷、怒族卷），北京：中国社会科学出版社 2000 年版，第 322 页。

## W2208.5
### 汗水生人
【关联】[W2083.2] 用汗水造人

实 例

[维吾尔族] 善神阿胡拉·玛孜达因吃惊与气愤头上沁出汗珠，汗珠中诞生始祖库马尔斯。
【流传】新疆维吾尔自治区
【出处】《库尔马斯》，载《新疆大学学报》1985 年第 2 期。

## W2208.6
### 其他特定的水（液体）生人

实 例

（参见下级母题实例）

## W2208.6.1
### 泉生人
【关联】[W2227.17] 泉水中生成的卵生人

实 例

[达斡尔族] 人诞生在生命之泉。
【流传】（无考）
【出处】吕大吉、何耀华主编：《中国各民族原始宗教资料集成》（鄂伦春族卷、鄂温克族卷、赫哲族卷、达斡尔族卷、锡伯族卷、满族卷、蒙古族卷、藏族卷），北京：中国社会科学出版社 1999 年版，第 299 页。

## W2208.6.2
### 男女精气凝成的水生人
【关联】[W2314.1.1] 人的精气化生人

实例

[汉族] 人，水也。男女精气合而水流形。水凝塞而为人，而九窍五虑出焉。

【流传】（无考）

【出处】《管子·水地篇》。

## W2208.7
### 与水生人有关的其他母题

实例

（参见下级母题实例）

## W2208.7.1
### 水中生怪人
【关联】[W0856] 怪人的产生

实例

（参见下级母题实例）

## W2208.7.1.1
### 水中生的人会飞
【关联】[W2607.4] 生像虫能飞的孩子

实例

[彝族] 人从水中生出后，形状似人似雁，可水中飞，可水中游。

【流传】云南省·（楚雄彝族自治州·武定县）·万德（万德镇）

【出处】罗希吾戈翻译：《夷僰榷濮》（六祖史诗），昆明：云南民族出版社1986年版，第22页。

## W2208.7.2
### 水生特定的人

实例

[彝族] 人祖来自水，我祖水中生。

【流传】云南省乌蒙山一带

【出处】《六祖史诗》，见刘尧汉《中国文明源头初探》，昆明：云南人民出版社1985年版，第37页。

## W2208.7.3
### 水生一定数量的人

实例

（参见下级母题实例）

## W2208.7.3.1
### 水生 1 对男女

实例

❶ [傣族] 洪水后，水中生 1 男 1 女。

【流传】（无考）

【出处】李子贤：《试论云南少数民族洪水神话》，见田兵等编《中国少数民族神话论文集》，南宁：广西民族出版社1984年版，第147页。

❷ [独龙族] 水中生出 1 男 1 女。

【流传】云南省

【出处】李子贤辑：《卡窝卡蒲分万物》，见中国各民族宗教与神话大词典编审委员会编《中国各民族宗教与神话大词典》，北京：学苑出版社

1990年版，第121页。

## W2208.7.4
### 水中生的特定物成为人

实例

（参见下级母题实例）

## W2208.7.4.1
### 水眼中生出的肉团变成人

【关联】［W2386.3］肉团变成人

实例

［白族］远古时代，没有万物和人类。后来从水眼中飘出一个五光十色的大肉团，撞在岸边的崖壁上形成的肉核变成了一对男女。

【流传】云南省·（大理白族自治州）·鹤庆县

【出处】王承权调查整理：《鹤庆白族奇岩大石祭祀》（1988），见吕大吉、何耀华总主编《中国各民族原始宗教资料集成》（彝族卷、白族卷、基诺族卷），北京：中国社会科学出版社1996年版，第482页。

## W2209
### 山生人

【汤普森】A1245.5

【关联】［W2205.2］山洞生人（人从山洞出来）

实例

❶ ［撒拉族］撒拉人的祖先撒鲁儿是乌古斯第五子达合（即山）的长子。

【流传】（无考）

【出处】马成俊：《撒拉族文化对突厥及萨满文化的传承》，载《青海社会科学》1995年第2期。

❷ ［普米族］人们的最早祖先是山。

【流传】云南省·（丽江市）·宁蒗（宁蒗彝族自治县），四川省·（凉山彝族自治州）·木里（木里藏族自治县）

【出处】曹匹初讲，章虹宇搜集整理：《石头阿祖和石头子孙》，载《山茶》1986年第5期。

## W2209.0
### 特定的山生人

【关联】［W2028.4.1］人从特定的山上来

实例

［鄂温克族］拉玛湖的周围有很多大山，是鄂温克人及人类的发源地。

【流传】内蒙古自治区·呼伦贝尔市·额尔古纳市

【出处】

（a）《额尔古纳旗使用驯鹿鄂温克人的调查报告》，见内蒙古自治区编辑组《鄂温克族社会历史调查》，呼和浩特：内蒙古人民出版社1986年版，第233页。

（b）《"舍卧刻"来源的传说》，见吕大吉、何耀华总主编《中国各民族原始宗教资料集成》（鄂伦春族卷、鄂温克族卷、赫哲族卷、达斡尔族卷、锡伯族卷、满族卷、蒙古族卷、藏族

## W2209.1
### 山丘生人

实例

[维吾尔族] 后丘陵裂开一扇门有五间内室，各坐着1个男孩，是全能真主赏赐的。

【流传】新疆维吾尔自治区
【出处】《不可汗》，见[伊朗]志费尼著《世界征服者史》，呼和浩特：内蒙古人民出版社1981年版。

## W2209.2
### 山沟生人

实例

（实例待考）

## W2209.3
### 不同的山生不同的人

实例

（参见下级母题实例）

## W2209.3.1
### 一座山生男，一座山生女

【关联】[W2759] 生育出男女

实例

[藏族] 洪水消除之后，世界上便再也没有人了。这时，阿真山忽的生下一个女孩，波龙山则生下一个男孩。

【流传】西藏自治区
【出处】
（a）旺秋搜集：《僜人创世神话》，根据中国社科院民族研究所编《僜人社会历史调查》（云南人民出版社1990年版）和西藏民间文艺研究会主办《邦锦梅朵》（1984年第8期）中的《僜人创世神话》整理。
（b）同（a），见姚宝瑄主编《中国各民族神话》（门巴族、珞巴族、怒族、藏族），太原：山西出版传媒集团·书海出版社2014年版，第89页。

## W2210
### 石生人

【汤普森】①T544.1；②T589.6.6

实例

❶ [高山族（泰雅）] 一石迸裂，内孕男女2人。

【流传】台湾
【出处】《鸟推大石生泰雅人始祖》，见中国各民族宗教与神话大词典编审委员会编《中国各民族宗教与神话大词典》，北京：学苑出版社1990年版，第145页。

❷ [高山族（泰雅）] 一巨石迸裂，生1个女子。

【流传】台湾
【出处】《女人感风生泰雅人始祖》，见中国各民族宗教与神话大词典编审委员会编《中国各民族宗教与神话大词典》，北京：学苑出版社1990年版，第145页。

❸ [高山族（布农）] 太古时，emebalu 山的顶峰上有一块巨石，巨石裂开，从里面跑出很多人。
【流传】台湾
【出处】达西乌拉弯·毕马（田哲益）、达给斯海方岸·娃莉丝（全妙云）著：《布农族口传神话传说》，台北：台原出版社 1998 年版，第 216 页。

❹ [高山族（雅美）] 石生人。
【流传】台湾
【出处】鹿忆鹿：《台湾原住民与大陆南方民族的洪水神话比较》，载《民间文学论坛》1997 年第 1 期。

❺ [高山族] 也米巴路山顶上有一块巨大的石头，从石头里出现许多人。
【流传】台湾布农卡社群的达马洛旺社
【出处】鹿忆鹿：《台湾原住民与大陆南方民族的洪水神话比较》，载《民间文学论坛》1997 年第 1 期。

❻ [高山族（鲁凯）] 鲁凯族是从石头里生出来的。
【流传】台湾
【出处】勒楞讲述，杜玉英口译：《人类的诞生》，原载金荣华主编《台湾鲁凯族口头文学》，见陶阳、钟秀编《中国神话》（上），北京：商务印书馆 2008 年版，第 349 页。

❼ [高山族（卑南）] 石头裂开，出现有人形模样的东西。
【流传】台湾
【出处】宋龙生：《卑南（南王）部落的形成和发展》，台湾原住民历史文化学术研讨会，台北，1997 年，第 3~4 页。

❽ [高山族（卑南）] 一巨石迸裂，生 1 女。
【流传】台湾
【出处】《石生卑南人始祖》，见中国各民族宗教与神话大词典编审委员会编《中国各民族宗教与神话大词典》，北京：学苑出版社 1990 年版，第 145 页。

❾ [高山族] 石生一对兄妹。石生的人的手里拿着谷种、香蕉。
【流传】泰郁尔人
【出处】无言搜集：《兄妹结婚》，见中华民族故事大系编委会编《中华民族故事大系》第 8 卷（畲族、高山族、拉祜族），上海：上海文艺出版社 1995 年版，第 424 页。

❿ [哈尼族] 远古，巨石里面炸出一个汉子。
【流传】云南省·思茅地区（普洱市）
【出处】《天、地、人和万物的起源》，见中国各民族宗教与神话大词典编审委员会编《中国各民族宗教与神话大词典》，北京：学苑出版社 1990 年版，第 169 页。

⓫ [汉族] 禹生于石。
【流传】（无考）
【出处】《淮南子·修务训》。

⓬ [汉族] 夏启从石中出生。
【流传】重庆（重庆市）·南岸区
【出处】《重庆南岸区志·附录》。

⓭ [苗族（青苗）] 太古之世，岩石破裂生 1 男 1 女。

【流传】贵州省·安顺（安顺市）附近

【出处】吴泽霖：《苗族中的神话传说》，载《社会研究》1940 年第 1 期。

⑭ [撒拉族] 从石头缝里走出一个人。

【流传】（无考）

【出处】马草牙讲，马秀兰记录：《阿腾其根马生宝》，见满都呼主编《中国阿尔泰语系诸民族神话故事》，北京：民族出版社 1997 年版，第 106 页。

⑮ [撒拉族] 石头的儿子"达西达古"。

【流传】（无考）

【出处】《阿腾其根麻斯睦》，见中国各民族宗教与神话大词典编审委员会编《中国各民族宗教与神话大词典》，北京：学苑出版社 1990 年版，第 535 页。

⑯ [瑶族] 一对老夫妇老年无子伤心落泪时，山顶滚来的一块圆石，裂开生出个男孩。

【流传】广西壮族自治区

【出处】萧甘牛搜集整理：《龙牙颗颗钉满天》，见曹廷伟编著《广西民间故事辞典》，南宁：广西教育出版社 1993 年版，第 15 页。

⑰ [裕固族] 石头里蹦出一个人。

【流传】甘肃省

【出处】郭西功、安秀珍讲，钟进文搜集翻译：《树大石二马三哥》，见满都呼主编《中国阿尔泰语系诸民族神话故事》，北京：民族出版社 1997 年版，第 128~133 页。

⑱ [彝族] 人是从石中来。

【流传】云南省·楚雄（楚雄彝族自治州）·元谋县小凉山

【出处】钟仕民：《彝族母石崇拜及其神话传说》，昆明：云南人民出版社 1993 年版，第 52 页。

## W2210.0
### 灵石生人

实 例

（参见下级母题实例）

## W2210.0.1
### 千年灵石生人

实 例

[高山族（泰雅）] 南投县仁爱乡的一颗千年灵石忽然裂开了，从里面跑出三个人。

【流传】台湾

【出处】陈初得讲，刘秀美采录整理：《泰雅族的起源》，原载金荣华编《台湾泰雅族民间故事》，见陶阳、钟秀编《中国神话》（中），北京：商务印书馆 2008 年版，第 617 页。

## W2210.1
### 白石生人

实 例

❶ [高山族（阿美）] 兄妹婚生白石。兄亡后，妹守护白石艰难度日，后来白石生人。

【流传】台湾

【出处】《山地人与平地人始祖》，见中国各民族宗教与神话大词典编审委员会编《中国各民族宗教与神话大词典》，北京：学苑出版社1990年版，第145页。

❷ [高山族（阿美）] 两女一男兄妹结婚生的白石中生出4个孩子。
【流传】台湾马兰社
【出处】鹿忆鹿：《台湾原住民与大陆南方民族的洪水神话比较》，载《民间文学论坛》1997年第1期。

❸ [彝族] 白石是我母。
【流传】四川省·（凉山彝族自治州）
【出处】钟仕民：《彝族母石崇拜及其神话传说》，昆明：云南人民出版社1993年版，第52页。

❹ [藏族] 白石中生2少年。
【流传】四川省·（阿坝藏族羌族自治州）·若尔盖县·向东牧场
【出处】索朗讲：《人类三始祖》，见中国民间文学集成全国编辑委员会编《中国民间故事集成》（四川卷·下），北京：中国ISBN中心1998年版，第937页。

## W2210.2
### 特定来历的石头生人

实 例

（参见下级母题实例）

## W2210.2.1
### 女神手里的石头生人

实 例

[高山族（雅美）] 一个女神右手握的石头里出现马兰社的始祖。
【流传】（无考）
【出处】佐山融吉：《蕃族调查报告书》，台北：1913年，第1页。

## W2210.2.2
### 女神放在腋下的石头生人

实 例

[高山族（雅美）] 2个女神捡地上的石头挟在腋下，由石头出现了许多男女。
【流传】台湾Iralai社
【出处】许世珍：《台湾高山族的始祖创生传说》，载《民族学研究所集刊》1955年第2期。

## W2210.2.3
### 人化成的石头生人

实 例

❶ [汉族] 大禹的妻子变成的巨大的岩石裂开，跳出了大禹的儿子（启）。
【流传】河南省
【出处】宫熙讲，冯辉等搜集整理：《启母石》，见中华民族故事大系编委会编《中华民族故事大系》第1卷（汉族、蒙古族、回族），上海：上海文艺出版社1995年版，第29页。

❷ [汉族] 启母化石生启。
【流传】（无考）
【出处】《山海经·中山经》。

❸ [汉族] 大禹妻涂山化石而生启。
【流传】（无考）
【出处】《汉书·武帝纪》。

❹ [汉族] 禹娶涂山氏，涂山氏化石，石生启。
【流传】（无考）
【出处】[清]马骕：《绎史》卷十二引《随巢子》。

## W2210.2.3.1
### 人生的石头生人
实 例

## W2210.2.3.2
### 人婚生的石头生人
实 例

❶ [高山族] 兄妹婚生白石。兄亡后，妹妹守护白石艰难度日时，白石膨胀迸裂，生两对兄妹。
【流传】（无考）
【出处】曾思奇、田中山讲：《山地人与平地人的始祖》，见姚宝瑄主编《中国各民族神话》（高山族、黎族、畲族），太原：山西出版传媒集团·书海出版社2014年版，第27页。

❷ [高山族（阿美）] 神的兄妹婚生的白石中生4子。
【流传】台湾
【出处】陈国钧：《台湾土著社会始祖传说》，台北：幼狮书店1964年版。

## W2210.2.4
### 天神扔的石头生人
实 例

❶ [高山族（卑南）] 太古时，巴那巴那扬女神奴奴勒右手投石，石裂生马兰社阿美人的始祖。
【流传】（台湾）
【出处】《卑南人始祖》，见中国各民族宗教与神话大词典编审委员会编《中国各民族宗教与神话大词典》，北京：学苑出版社1990年版，第146页。

❷ [高山族] 天神扔的石头落地，迸出1个人。
【流传】台湾
【出处】董玛女等搜集：《红头始祖的传说》，见陈庆浩等《中国民间故事全集·台湾民间故事集》，台北：远流出版公司1993年版，第360页。

❸ [高山族（雅美）] 天神把巨大的岩石抛到地上，石头裂开，里面生出了人。
【流传】台湾伊摩鲁得社
【出处】鹿忆鹿：《台湾原住民与大陆南方民族的洪水神话比较》，载《民间文学论坛》1997年第1期。

## W2210.2.5
### 天上掉下的石头生人
实 例

[哈尼族] 天上掉下的3块大石生出人类祖先阿托拉扬。
【流传】云南省
【出处】刘锡诚：《石头先人：石头——母题的象征》，载《民间文学论坛》1994年第1期。

## W2210.2.6
### 其他特定的石头生人

实例

（参见下级母题实例）

## W2210.2.6.1
### 五彩石生人

实例

（参见下级母题实例）

## W2210.2.6.1.1
### 五彩鹅卵石生人

实例

[高山族] 五彩鹅卵石生人。

【流传】（无考）

【出处】汪梅田整理：《燕子和鹅卵石》，见中华民族故事大系编委会编《中华民族故事大系》第8卷（畲族、高山族、拉祜族），上海：上海文艺出版社1995年版，第423页。

## W2210.2.6.2
### 特定的山上的石头生人

实例

（参见下级母题实例）

## W2210.2.6.2.1
### 七重山上的石头生人

实例

[高山族] 古老的七重山上，石头炸开生兄妹。

【流传】台湾

【出处】无言搜集：《兄妹结婚》，见陈庆浩等《中国民间故事全集·台湾民间故事集》，台北：远流出版公司1993年版，第365页。

## W2210.2.6.3
### 树根环绕的石头生人

实例

[高山族（泰雅）] 大树根环绕一巨石，石裂生男女2人。

【流传】（无考）

【出处】《树与石共生泰雅人始祖》，见中国各民族宗教与神话大词典编审委员会编《中国各民族宗教与神话大词典》，北京：学苑出版社1990年版，第145页。

## W2210.2.6.4
### 巨石生人

实例

（参见下级母题实例）

## W2210.2.6.4.1
### 高入云端的巨石生人

实例

[朝鲜族] 笼罩在白云之中的巨石上有一男婴。

【流传】（无考）

【出处】《南平文氏家谱》，原载文日焕《朝鲜古代神话考略》，见满都呼主编

《中国阿尔泰语系诸民族神话故事》，北京：民族出版社1997年版，第346页。

## W2210.3
### 与石生人有关的其他母题

实例

（参见下级母题实例）

## W2210.3.1
### 石室生人

【关联】［W2205］洞生人

实例

❶ [汉族] 汉宣帝使人上郡发盘石，石室中得一人。

【流传】（无考）

【出处】《山海经·海内西经》郭璞注。

❷ [珞巴族（阿迪）] 从一个叫做"基宁·利当"的石室中走出来。

【流传】西藏自治区

【出处】于乃昌：《珞巴族文学史》，西藏人民出版社、江苏教育出版社2001年版，第149页。

## W2210.3.2
### 石缝生人

实例

❶ [撒拉族] 从石头缝里走出一个人。

【流传】（无考）

【出处】马草牙讲，马秀兰记录：《阿腾其根马生宝》，见满都呼主编《中国阿尔泰语系诸民族神话故事》，北京：民族出版社1997年版，第106页。

❷ [壮族] 姆洛甲在大石头分开时，从石缝里出来，她是世间第一个女人。

【流传】广西壮族自治区·（河池市）·东兰县·大同乡·和龙村

【出处】覃凤平等讲，覃剑萍采录翻译：《姆洛甲断案》，见中国民间文学集成全国编辑委员会编《中国民间故事集成》（广西卷），北京：中国ISBN中心2001年版，第8页。

## W2210.3.3
### 石裂生人

实例

（参见下级母题实例）

## W2210.3.3.1
### 巨石遇水裂开生人

实例

[高山族（泰雅）] 太古时大霸尖山峰上有一巨石刚一接触到水，就在一声巨响中裂开了，生下一男一女。

【流传】台湾

【出处】《高山族各种人的始祖：石生泰雅人的始祖》，见姚宝瑄主编《中国各民族神话》（高山族、黎族、畲族），太原：山西出版传媒集团·书海出版社2014年版，第12页。

## W2210.3.3.2
### 石炸开生人

实例

❶ [哈尼族] 大石头炸开跳出顶天立地

的汉子阿托拉扬。

【流传】云南省·（普洱市）·孟连县（孟连傣族拉祜族佤族自治县）

【出处】李格、王富帮讲：《天、地、人和万物的起源》，见《哈尼族神话传说集成》，北京：中国民间文艺出版社1990年版，第34～37页。

❷ [哈尼族] 远古，巨石里面炸出一个汉子。

【流传】云南省·思茅地区（普洱市）

【出处】《天、地、人和万物的起源》，见中国各民族宗教与神话大词典编审委员会编《中国各民族宗教与神话大词典》，北京：学苑出版社1990年版，第169页。

## W2210.3.4
### 两石相撞生人

实例

（参见下级母题实例）

## W2210.3.4.1
### 绿石与红石相撞生人

实例

[布依族] 由宇宙间一个绿扁石和一个红圆砣相碰起火花后生出布灵（布依语"人猿"）。

【流传】（无考）

【出处】《造万物》，见刘毓庆《"女娲补天"与生殖崇拜》，载《文艺研究》1998年第6期。

## W2210.3.5
### 射石生人

实例

[土族] 肉包中生的男娃娃张三哥张弓射大石头，从石头底下出来一个年轻人。

【流传】青海省

【出处】李松多讲：《黑马张三哥》，见中国民间文艺研究会青海省分会编《土族民间故事选》，北京：中国民间文艺出版社1985年版，第23～30页。

## W2210.3.6
### 石头下面生人

实例

[朝鲜族] 国王路遇一个流泪的石头，叫人把大石头翻开一看，发现石头底下有个小男孩。

【流传】（无考）

【出处】

（a）金德顺讲，裴永镇整理：《朱蒙》，见《朝鲜族民间故事讲述家金德顺故事集》，上海：上海文艺出版社1983年版。

（b）同（a），见姚宝瑄主编《中国各民族神话》（满族、赫哲族、朝鲜族），太原：山西出版传媒集团·书海出版社2014年版，第170～181页。

## W2210.3.6.1
### 翻开石头后生人

实例

[土族] 黑马（马生的男孩的名字）碰见一块大石头，像房子一样。他一箭把石头射翻了，石头底下出来一个又高又大的人。

【流传】（无考）

【出处】

（a）王殿、许可权、李桂兰、王漠搜集整理：《黑马张三哥》，见《中国少数民族民间故事选》（下），北京：中国民间文艺出版社 1982 年版。

（b）同（a），见姚宝瑄主编《中国各民族神话》（土族、东乡族、回族、保安族、裕固族、撒拉族），太原：山西出版传媒集团·书海出版社 2014 年版，第 7 页。

## W2210.3.7
### 石生特定的人

实 例

（参见下级母题实例）

## W2210.3.7.1
### 石生祖先

【关联】[W0642] 祖先的产生

实 例

❶ [高山族（阿美）] 白石生的一对赤脚者是山地人始祖，生出的一对穿鞋者是平地人始祖。

【流传】台湾

【出处】《山地人与平地人始祖》，见中国各民族宗教与神话大词典编审委员会编《中国各民族宗教与神话大词典》，北京：学苑出版社 1990 年版，

第 145 页。

❷ [普米族] 大石生女始祖塔娜。

【流传】云南省

【出处】章虹宇：《大石崇拜及其习俗——普米族民俗调查报告》，载《民间文学论坛》1986 年第 3 期。

❸ [壮族] 女祖先姆洛甲是从大石头分开时的石缝里出来的。

【流传】广西壮族自治区·（河池市）·东兰县·大同乡·和龙村

【出处】覃凤平等讲，覃剑萍采录翻译：《姆洛甲断案》，见中国民间文学集成全国编辑委员会编《中国民间故事集成》（广西卷），北京：中国 ISBN 中心 2001 年版，第 8 页。

## W2210.3.8
### 石生的异类变成人

实 例

（参见下级母题实例）

## W2210.3.8.1
### 石生的猴类变成人

【关联】[W2317] 猴变成人

实 例

[高山族（排湾）] 自巨石中出来了猴子与胡獶，后又出来老虎、鸢及百步蛇。猴子与胡獶变成真正的人。

【流传】台湾

【出处】[俄] 李福清：《神话与鬼话——台湾原住民神话故事比较研究》（增订本），北京：社会科学文献

## W2211
### 器皿生人

【汤普森】≈T561

实例

（参见下级母题实例）

## W2211.1
### 金器生人

实例

[蒙古族] 从一个金器里生出了3个男孩。

【流传】（无考）

【出处】[瑞典] 多桑著，冯承钧译：《多桑蒙古史》上卷，北京：东方出版社2013年版，第163页。

## W2211.2
### 金盆生人

实例

[蒙古族] 一个猎人打猎时拾到一个金盆，金盆里生出3个男孩。

【流传】吉林省·（松原市）·前郭尔罗斯（前郭尔罗斯蒙古族自治县）·库里屯

【出处】《郭尔罗斯始祖传说》，见白庚胜总主编《中国民间故事全书》（吉林省前郭尔罗斯县卷），北京：知识产权出版社2009年版，第12~13页。

## W2211.3
### 罐子生人

【汤普森】≈T561.4

实例

[满族] 天神造的1男1女在罐子中男女婚配，人越来越多，于是在世界上生出各色人种。

【流传】（无考）

【出处】傅英仁讲，余金整理：《天神创世》，见《满族民间故事选》，上海：上海文艺出版社1983年版。

## W2211.4
### 锅生人

实例

❶ [高山族（布农）] 从陶锅出来1女。

【流传】（无考）

【出处】施始来：《八代湾的神话》，台中：晨星出版社1992年版，第118页。

❷ [高山族（布农）] 太古时，从陶锅里出来一个女人。

【流传】台湾

【出处】《葫芦的禁忌》，见达西乌拉弯·毕马（田哲益）、达给斯海方岸·娃莉丝（全妙云）著《布农族口传神话传说》，台北：台原出版社1998年版，第103页。

## W2211.5
### 壶生人
实例

（参见下级母题实例）

## W2211.5.1
### 陶壶生人
实例

❶ [高山族（排湾）] 陶壶生的 1 男 1 女长大后，女的远走，男的留在原处成为该社的祖先之一。
【流传】台湾
【出处】尹建中：《台湾山胞各族传统神话故事与传说文献编纂研究》，台湾"内政部"，1994 年，第 185 页。

❷ [高山族（鲁凯）] 祖先是男女两个陶壶所生的。
【流传】台湾·高雄县·茂林乡
【出处】任先民：《台湾排湾族的古陶壶》，载《民族学研究所集刊》1960 年第 9 期。

## W2211.5.2
### 壶状的物生人
实例

[高山族（排湾）] 壶状的物产生 1 个女人。
【流传】台湾
【出处】陈国钧：《台湾土著社会始祖传说》，台北：幼狮书店 1964 年版，第 61 页。

## W2211.6
### 其他器皿生人
实例

（实例待考）

## W2212
### 袋子生人
【汤普森】T561.3
【关联】[W2637.1] 生肉口袋
实例

❶ [白族] 两兄妹成婚后，生狗皮口袋，口袋内有 10 子。
【流传】云南省·（大理白族自治州）·大理（大理市）、洱源等（市）县
【出处】李国政讲：《开天辟地》，见中国民间文学集成全国编辑委员会编《中国民间故事集成》（云南卷），北京：中国 ISBN 中心 2003 年版，第 9~13 页。

❷ [白族] 沙壹（女子名）生 10 个皮口袋，一条母狗舔开这些皮口袋，里面钻出 10 个小婴孩。
【流传】云南省·大理（大理白族自治州）·大理市、洱源县
【出处】杨惠讲，杨宪典采录：《九隆神》，见中国民间文学集成全国编辑委员会编《中国民间故事集成》（云南卷），北京：中国 ISBN 中心 2003 年版，第 235 页。

## W2213
### 柜生人

【关联】［W2392.7.1］放入柜子中变成人

实 例

❶ ［朝鲜族］柜子中生出一个男童，这个男童长大后就是昔脱解王。
【流传】（无考）
【出处】辛敬默译：《昔脱解王神话》，见《朝鲜古典文学选集（1）——古代传说传记选》，北京：民族出版社 1988 年版。

❷ ［朝鲜族］紫云从天降，云中有黄金柜挂于树枝，打开金柜，出现一个童男。因名阏智。
【流传】（无考）
【出处】
(a)《金瘀智神话》，见金富轼《三国史记》。
(b) 僧一然：《三国遗事》。

## W2213.1
### 水中漂浮的柜子生人

实 例

［纳西族］江中捞出的木匣里面有一个婴儿。
【流传】（无考）
【出处】周汝诚讲，牛相奎整理：《叶古年的传说》，见中华民族故事大系编委会编《中华民族故事大系》第 9 卷（水族、东乡族、纳西族），上海：上海文艺出版社 1995 年版，第 748 页。

## W2213.2
### 土中挖出的柜子生人

实 例

（实例待考）

## W2214
### 鼓生人

【关联】［W2297.1.1］人生鼓，鼓生人

实 例

（参见下级母题实例）

## W2214.1
### 特定来历的鼓生人

实 例

［壮族］虎生的铜鼓中，生出一个身穿铁胄铁甲的重甲人（未确定族别，有属壮族说）来，额头上有一个大"王"字，老虎就给他取名叫包登（人王之意）。
【流传】云南省·（大理白族自治州）·鹤庆县
【出处】王华青等讲，鹤庆县集成办公室采录：《铜鼓老祖包登》，见中国民间文学集成全国编辑委员会编《中国民间故事集成》（云南卷），北京：中国 ISBN 中心 2003 年版，第 278 页。

## W2214.1.1
### 观音的金鼓生人

实 例

［白族］老鼠咬开观音的金鼓，金鼓中

出来一对兄妹。

【流传】（无考）

【出处】李康德等讲：《创世纪》，见杨亮才等选编《白族民间故事诗集》，北京：中国民间文艺出版社1984年版。

## W2214.2
### 铜鼓生人

**实例**

[壮族]铜鼓中生出的包登（"人王"之意）不停地敲打铜鼓。铜鼓每响一声，就从鼓中钻出一个人。钻出来的人手里也同样有一面铜鼓。他们效仿包登，不停敲击铜鼓。鼓声中也有无数的人从铜鼓里钻出来。

【流传】云南省·（大理白族自治州）·鹤庆县

【出处】王华青等讲，鹤庆县集成办公室采录：《铜鼓老祖包登》，见中国民间文学集成全国编辑委员会编《中国民间故事集成》（云南卷），北京：中国ISBN中心2003年版，第278页。

## W2214.2.1
### 铜鼓生女人

**实例**

（参见下级母题实例）

## W2214.2.1.1
### 铜鼓生第一个女人

【关联】[W2021.2.1]第一个女人的产生

**实例**

[瑶族]最早时，天地之间有一面铜鼓。铜鼓中间睡着一个女人，头枕着一对鼓槌，旁边还有九个浮游的影子。

【流传】广西壮族自治区·（河池市）·大化县（大化瑶族自治县）·七百弄乡

【出处】蓝阿勇（72岁）讲，蒙冠雄采录翻译：《密洛陀》（1982），见中国民间文学集成全国编辑委员会编《中国民间故事集成》（广西卷），北京：中国ISBN中心2001年版，第11～22页。

## W2214.2.2
### 人与虎婚虎生的铜鼓生人

**实例**

[壮族]人与虎婚生的铜鼓中，生出一个身穿铁青铁甲的人。

【流传】云南省·（大理白族自治州）·鹤庆县

【出处】王华青等讲，鹤庆县集成办公室采录：《铜鼓老祖包登》，见中国民间文学集成全国编辑委员会编《中国民间故事集成》（云南卷），北京：中国ISBN中心2003年版，第278页。

## W2215
### 光生人

【关联】

① [W2025.4.9]人从光中降落人间

② [W2274]感光孕生人

【实例】

（参见下级母题实例）

### W2215.1
### 白光生人

【关联】［W2274.4］感白光生人

【实例】

❶［哈尼族］白光中生人。

【流传】云南省·（西双版纳傣族自治州）·勐腊县

【出处】李万福讲：《天与地》，载《山茶》1986年第6期。

❷［藏族］在太阳、月亮产生以前，从白光里衍生出1个白人，名叫沃色丹。

【流传】（无考）

【出处】魏强：《藏族宗教文学的文化学价值》，载《民族文学研究》1995年第4期。

### W2215.2
### 黑光生人

【实例】

［藏族］从黑光里衍生出1个黑人，名叫门瓦那保。

【流传】（无考）

【出处】魏强：《藏族宗教文学的文化学价值》，载《民族文学研究》1995年第4期。

### W2215.3
### 红光生人

【实例】

（实例待考）

### W2215.4
### 蓝光生人

【实例】

❶［古突厥］乌古斯可汗正在祈祷上天，从天上降下一道蓝光，蓝光中有一位少女。

【流传】（无考）

【出处】耿世民译：《乌古斯可汗的传说》，见满都呼主编《中国阿尔泰语系诸民族神话故事》，北京：民族出版社1997年版，第14页。

❷［维吾尔族］从天上降下一道蓝光，蓝光中有一位少女。

【流传】（无考）

【出处】郝关中译：《乌古斯》，见谷德明编《中国少数民族神话》，北京：中国民间文艺出版社1987年版，第737页。

### W2216
### 排泄物中生人

【关联】［W2371］排泄物化生人

【实例】

（参见下级母题实例）

### W2216.1
### 粪便中生人

【汤普森】T541.8.1

【实例】

❶［高山族］粪中诞生男女2人。

【流传】台湾卓万社布农人

【出处】《洞生布农人始祖》，见中国各民

族宗教与神话大词典编审委员会编《中国各民族宗教与神话大词典》，北京：学苑出版社1990年版，第144页。

❷ [高山族（布农）] 蜘蛛搓成的圆状粪便生成达纳毕马氏族。
【流传】台湾
【出处】黄顺利牧师：《布农人家谱》，未刊稿，1990年，第22页。

## W2216.2
### 猪粪生人①

实 例

[高山族（泰雅）] 太古时世上无人，两块猪粪生人。
【流传】泰雅人 Sedeq 和 aroko 部落
【出处】[俄] 李福清：《神话与鬼话——台湾原住民神话故事比较研究》（增订本），北京：社会科学文献出版社2001年版，第102页。

## W2217
### 其他无生命物生人

【关联】
① [W2168.3.1] 象牙生人
② [W2168.3.2] 牛角生人

实 例

（参见下级母题实例）

## W2217.1
### 人是太阳的儿子
【汤普森】A736.10

【关联】
① [W1682] 太阳的儿女
② [W2204.1] 太阳生人

实 例

[黎族] 太阳姑娘与大地结婚后，太阳姑娘生的儿女成为现在的人类。
【流传】海南省五指山一带
【出处】《大地和太阳成亲》，见姚宝瑄主编《中国各民族神话》（高山族、黎族、畲族），太原：山西出版传媒集团·书海出版社2014年版，第50页。

## W2217.2
### 冰中炸出人
【关联】[W2017.1] 人类从冰雪里诞生

实 例

（实例待考）

## W2217.2.1
### 冰中炸出女祖先

实 例

[基诺族]（实例待考）

## W2217.3
### 木筒生人
【关联】[W2172.6.2] 竹筒生人

实 例

❶ [傈僳族] 傈僳族祖先叶木言（人

---

① 猪粪生人，主要叙事侧重于对"猪"的强调，故列入此类。本书母题编目中的其他相似情况多采取这种方式。

名）没有儿女，劈开从江里拾到的一个木筒，得到1个男孩。

【流传】云南省·（怒江傈僳族自治州）·福贡县

【出处】普阿冒讲，木玉璋采录：《木筒里出来的人》，见中国民间文学集成全国编辑委员会编《中国民间故事集成》（云南卷），北京：中国ISBN中心2003年版，第248页。

❷ [彝族] 太古时，兰竹筒爆出一人。

【流传】桂西（广西壮族自治区西部）

【出处】芮逸夫：《苗族的洪水故事与伏羲女娲的传说》，载《人类学集刊》1938年第1期。

## W2217.4
### 靴子生人

实例

[土族] 腾格里（天）降旨意，从天降1只靴子，7天后靴子中生出一个婴儿。

【流传】青海省·（海东地区）·互助县（互助土族自治县）

【出处】邢海燕：《土族口头传统与民俗文化》，兰州：甘肃人民出版社2008年版，第43页。

## 2217.5
### 沙堆生人

【关联】[W2203.2.1] 土生人

实例

[白族] 沙堆里生出来一位神童。

【流传】云南省·大理·洱海县·沙登村

【出处】《沙漠大王》，见BBS水木清华站 http://www.smth.edu.cn，2006.07.21。

## W2217.6
### 不知名的无生命物生人

实例

（实例待考）

## W2218
### 与无生命物生人有关的其他母题

实例

（参见下级母题实例）

## W2218.1
### 特定的地方生人

实例

（参见下级母题实例）

## W2218.1.1
### 特定的地名处生人

实例

[佤族] 距离西盟山百多里的岳信也是生出人的地方。

【流传】云南省

【出处】潘春辉整理：《我们是怎样生存到现在的》，见谷德明编《中国少数民族神话》，北京：中国民间文艺出版社1987年版，第382页。

## W2218.1.2
### 特定的土丘生人

【关联】［W2209.1］山丘生人

实例

［维吾尔族］两棵树中间冒出的大丘裂开一扇门，中有五间像营帐一样分开的内室，室内各坐着一个男孩。

【流传】（a）新疆维吾尔自治区

【出处】

（a）《树的儿子》，见谷德明编《中国少数民族神话》，北京：中国民间文艺出版社1987年版，第736页。

（b）《不可汗》，见满都呼主编《中国阿尔泰语系诸民族神话故事》，北京：民族出版社1997年版，第39页。

（c）《不可汗》，见［伊朗］志费尼著《世界征服者史》，呼和浩特：内蒙古人民出版社1981年版。

（d）＊《树生人》，见郭应德《维吾尔史略》，上海：上海东方书店1952年版。

## W2218.2
### 多种物质共同生人

【关联】

① ［W2090］用多种材料造人
② ［W2279.5］感多种物质孕生人

实例

（参见下级母题实例）

## W2218.2.1
### 树与土生人

【关联】

① ［W2171］树生人
② ［W2203.2.1］土生人

实例

［维吾尔族］两树间的大丘裂开后生人。

【流传】新疆维吾尔自治区

【出处】《不可汗》，见［伊朗］志费尼著《世界征服者史》，呼和浩特：内蒙古人民出版社1981年版。

## W2218.2.2
### 树与石共同生人

【关联】

① ［W2171］树生人
② ［W2210］石生人

实例

［高山族（泰雅）］一棵大树的根环绕的一巨石裂开，生男女两人。

【流传】台湾

【出处】《高山族各种人的始祖：树与石共生泰雅人始祖》，见姚宝瑄主编《中国各民族神话》（高山族、黎族、畲族），太原：山西出版传媒集团·书海出版社2014年版，第13页。

# 2.4.6 卵生人
（W2220 ~ W2229）

## ＊W2220
### 卵生人

【汤普森】①A1222；②T542

【关联】

① ［W0645.3］卵生祖先

② ［W2915.1］卵生混沌人
③ ［W5874］国王是卵生的

实例

（参见下级母题实例）

## W2220.1
### 卵生人类

实例

（参见下级母题实例）

## W2220.1.1
### 太古时卵生人

【关联】［W2011.1］太古时代产生人

实例

［苗族］太古的蛋孵出人。

【流传】贵州省

【出处】［俄］李福清：《神话与鬼话——台湾原住民神话故事比较研究》（增订本），北京：社会科学文献出版社 2001 年版，第 96 页。

## W2220.2
### 卵生特定性别的人

【关联】
① ［W2759］生育出男女
② ［W2759.10.1］卵生男
③ ［W2759.10.2］卵生女

实例

❶［朝鲜族］一男婴从蛋里破壳而出。

【流传】（无考）

【出处】崔羲秀：《朝鲜族与满族始祖传说、神话之比较》，载《延边大学学报》1998 年第 2 期。

❷［黎族］雷摄一个卵至山中，卵炸开后生一女。

【流传】海南省

【出处】［清］陆次云：《峒溪纤志》。

## W2220.3
### 卵生文化英雄[①]

【关联】［W0561］文化英雄的产生母题

实例

［汉族］最早时，巨人远古用丹田气血在体内孕育一个大卵。这个大卵孵化出一个巨人盘古。

【流传】浙江省·丽水市

【出处】邹瑾讲，唐宗龙搜集整理：《远古和盘古》，见姚宝瑄主编《中国各民族神话》（汉族），太原：山西出版传媒集团·书海出版社 2014 年版，第 8 页。

## W2220.4
### 卵生特殊身份的人

实例

（参见下级母题实例）

---

① 卵生文化英雄关于"文化英雄"的更多相关母题及实例参见"［W0561］文化英雄的产生"母题及实例。

## W2220.4.1
### 卵生人祖

【关联】［W0642］祖先的产生

实 例

［苗族］蛋孵出人祖。

【流传】贵州省·（毕节市·七星关区）·八寨（八寨镇）

【出处】《八寨黑苗的传说》，见马昌仪编《中国神话学文论选萃》（上编），北京：中国广播电视出版社1994年版，第440~441页。

## W2220.4.2
### 卵生能人

【关联】［W2917］有特殊能力的人（能人）

实 例

❶ ［哈尼族］神蛋孵化出能人。

【流传】云南省

【出处】中国各民族宗教与神话大词典编审委员会编：《中国各民族宗教与神话大词典》，北京：学苑出版社1990年版，第171页。

❷ ［哈尼族］红石、黑石之间的3个大蛋生出3个能人。

【流传】云南省·（红河哈尼族彝族自治州）·红河县

【出处】周维顺：《三个神蛋》，见中国民间文学集成全国编辑委员会编《中国民间故事集成》（云南卷），北京：中国ISBN中心2003年版，第241页。

## W2220.4.3
### 卵生不同身份者

实 例

［哈尼族］官人、贝玛、工匠是由3个不同颜色的神蛋孵出来的。

【流传】云南省·（红河哈尼族彝族自治州）·红河（红河县）、绿春（绿春县），（玉溪市）·元江（元江哈尼族彝族傣族自治县），（普洱市）·墨江（墨江哈尼族自治县）等县

【出处】《哈尼族神话传说集成》，北京：中国民间文艺出版社1990年版。

## W2221
### 神的卵生人

【关联】［W2131］神生人

实 例

［纳西族］神生蛋，蛋生人。

【流传】（无考）

【出处】《人类迁徙记》，见谷德明编《中国少数民族神话》，北京：中国民间文艺出版社1987年版，第395~404页。

## W2221.1
### 神蛋生人

实 例

［哈尼族］3个神蛋里边装着头人、贝玛、工匠3种能人。

【流传】云南省·（玉溪市）·元江县（元江哈尼族彝族傣族自治县）·羊街乡、那诺乡及因远镇清水河流城一带

【出处】《能人歌》，见元江县哈尼文化学会、元江县史志编组办公室编《元江哈尼族古歌集》，内部编印，2005年，第59页。

## W2221.1.1
### 树生的神蛋生人
【关联】[W2224.1] 树生的卵生人

实例

[傣族] 树生的第四个神蛋吹落到人间，滚到一条江河里，一年轻的妇女捧起神蛋，神蛋中跳出一个少年。

【流传】（无考）

【出处】龚玉贤等讲，方峰群翻译：《阿銮的由来》，见谷德明编《中国少数民族神话》，北京：中国民间文艺出版社1987年版，第351页。

## W2221.2
### 太阳神生的卵生人
【关联】[W2139.3] 太阳神生人

实例

[高山族] 太阳神生的三枚蛋生出1女2男。

【流传】北排湾群望嘉社

【出处】许功明：《鲁凯族的文化与艺术》，台北：稻乡出版社1991年版，第60页。

## W2221.3
### 天神生的卵生人
【关联】[W2133] 天神生人

实例

[苗族]（实例待考）

## W2221.4
### 天女生的卵生人
【关联】
① [W0215] 天女
② [W2133.5] 天女生人

实例

❶ [水族] 牙线（仙婆，天神的女儿）生下12个能孵出人和动物的仙蛋。

【流传】贵州省·（黔东南苗族侗族自治州）·榕江县·平永乡

【出处】潘开雄等讲，杨路塔采录：《十二个仙蛋》，见中国民间文学集成全国编辑委员会编《中国民间故事集成》（贵州卷），北京：中国ISBN中心2003年版，第10页。

❷ [彝族] 天女生天蛋，人类重新繁衍。

【流传】云南省·（玉溪市）·新平县（新平彝族傣族自治县）

【出处】《天蛋》，见马昌仪编《中国神话故事》，北京：中国广播电视出版社1996年版，第98~102页。

## W2221.5
### 动物神生的卵生人
【关联】
① [W2155] 动物生人
② [W2415.1] 人与动物神生人

实例

（实例待考）

## W2221.5.1
### 龙女的卵生人
【关联】
① ［W2069.1］龙女造人
② ［W2410.3］神性人物与龙女婚生人

实 例

[傣族] 龙公主生的卵中生1个男孩。

【流传】 云南省·德宏（德宏傣族景颇族自治州）

【出处】 德宏州傣学会：《勐卯弄傣族历史研究》，昆明：云南民族出版社2005年版，第22页。

## W2221.5.2
### 神鸟的卵生人
【关联】［W2223.2］鸟卵生人

实 例

[哈尼族] 神鸟生下三个蛋，三个蛋生出三个人。

【流传】
（a）云南省·（红河哈尼族彝族自治州）·红河县
（b）云南省·（红河哈尼族彝族自治州）·红河（红河县）、绿春（绿春县），（玉溪市）·元江（元江哈尼族彝族傣族自治县），（普洱市）·墨江（墨江哈尼族自治县）等县

【出处】
（a）鲁然讲，黄世荣采录：《三个神蛋》，见中国民间文学集成全国编辑委员会编《中国民间故事集成》（云南卷），北京：中国 ISBN 中心 2003年版，第237页。
（b）同（a），见《哈尼族神话传说集成》，北京：中国民间文艺出版社1990年版。

## W2221.5.3
### 神鸡的卵生人
【关联】［W2223.9］鸡蛋生人

实 例

[哈尼族] 大神烟沙饲养的神鸡生下的神蛋孵化出人。

【流传】 云南省

【出处】 中国各民族宗教与神话大词典编审委员会编：《中国各民族宗教与神话大词典》，北京：学苑出版社1990年版，第171页。

## W2221.5.4
### 神鹰的卵生人
【关联】
① ［W2164］鹰生人
② ［W2223.3］鹰卵生人

实 例

[纳西族（摩梭）] 在木山石洞里，神鹰下一蛋。神猴吞下这枚蛋后，从肚脐眼里进出，飞到崖壁上撞碎，蛋核变成一位姑娘，便是摩梭人的女始祖，名叫"儿姑咪"，是地上唯一的人种。

【流传】 云南省·（丽江市）·宁蒗（宁蒗彝族自治县）

【出处】《盘答歌》，见陶阳、牟钟秀著《中国创世神话》，上海：上海人民出版社2006年版，第164~165页。

## W2221.6
### 与神卵生人有关的其他母题

实 例

（参见下级母题实例）

## W2221.6.1
### 神的特定部位变的卵生人

【关联】［W2227.5.3.3］女子身上肉痣变成的卵生人

实 例

［侗族］萨天巴从身上扯下的肉痣变成肉蛋，这个肉蛋生人。

【流传】（无考）

【出处】

（a）《开天辟地》，见杨保愿《嘎茫莽道时嘉》（《侗族远祖歌》），北京：中国民间文艺出版社 1986 年版，第 30 页。

（b）廖开顺：《侗族远古神话传说的美学基因》，载《贵州民族研究》1995 年第 3 期。

## W2221.6.2
### 仙蛋生人

实 例

［水族］牙线（仙婆，天神的女儿）生的仙蛋孵出人。

【流传】贵州省·（黔东南苗族侗族自治州）·榕江县·平永乡

【出处】潘开雄等讲，杨路塔采录：《十二个仙蛋》，见中国民间文学集成全国编辑委员会编《中国民间故事集成》（贵州卷），北京：中国 ISBN 中心 2003 年版，第 10 页。

## W2221.6.3
### 神带来的卵生人

实 例

［黎族］雷公放在山上的一颗蛇卵孵出一个女孩。这个女孩就是始祖黎母。

【流传】

（a）海南省·琼中县（琼中黎族苗族自治县）·五指山公社·番龙村（今属五指山市·水满乡·番龙村）

（b）海南省

【出处】

（a）［清］《琼州府》，见《古今图书集成·职方典》卷一三九二。

（b）王克福讲，符策超采录：《黎母的神话》，见中国民间文学集成全国编辑委员会编《中国民间故事集成》（海南卷），北京：中国 ISBN 中心 2002 年版，第 5 页。

## W2221.6.3.1
### 创世神交给的卵生人

实 例

［侗族］萨天巴（蜘蛛，女祖神，创世神）从身上扯下四颗肉痣（侗家人叫"倍"）交给萨狲（这里应是一种动物名称），其中的好卵孵出人类。

【流传】广西壮族自治区·（柳州市）·三江（三江侗族自治县），（桂林市）·龙胜（龙胜各族自治县）

【出处】杨卜林喜、杨卜松林、杨明世讲，杨国仁、涛声搜集整理，蒿紫改写：《创世女神萨天巴》，过伟改写自侗族创世史诗《嘎茫莽道时嘉——远祖歌》（未出版稿），见姚宝瑄主编《中国各民族神话》（土家族、毛南族、侗族、瑶族），太原：山西出版传媒集团·书海出版社 2014 年版，第 93 页。

## W2221.6.4
### 神婚生的卵生人

实 例

（参见下级母题实例）

## W2221.6.4.1
### 女神与太阳神婚生卵

【关联】[W2417.1] 女子与太阳神婚生人

实 例

[高山族（排湾）] 太古时候，女神嘎妲与太阳神相爱，在洛帕宁家的屋檐下生下了两个蛋。这两个蛋孵出了人。

【流传】台湾

【出处】《高山族各种人的始祖：排湾人的来历》，见姚宝瑄主编《中国各民族神话》（高山族、黎族、畲族），太原：山西出版传媒集团·书海出版社 2014 年版，第 14 页。

## W2221.6.4.2
### 女神与风神婚生的卵生人

实 例

[水族] 风神与牙巫（女神名）相配生了 12 个仙蛋，生出了人和动物。

【流传】贵州省

【出处】中国各民族宗教与神话大词典编审委员会编：《中国各民族宗教与神话大词典》，北京：学苑出版社 1990 年版，第 555 页。

## W2221.6.5
### 玉帝的妈生的卵生人

实 例

[汉族] 玉帝的妈生下了个肉蛋，肉蛋破后出现千千万万个人芽子。

【流传】宁夏回族自治区·（石嘴山市）·惠农县（惠农区）·庙台乡

【出处】李生枝讲，艾天恩采录：《世上人为啥女人比男人少》，见中国民间文学集成全国编辑委员会编《中国民间故事集成》（宁夏卷），北京：中国 ISBN 中心 1999 年版，第 14 页。

## W2221.6.6
### 神祖生的卵生人

实 例

[哈尼族] 太阳孵神祖生的蛋孵出了能人。

【流传】云南省·（玉溪市）·元江县（元江哈尼族彝族傣族自治县）·咪哩乡、羊岔街乡及因远镇一带

【出处】《能人歌》，见元江县哈尼文化学会、元江县史志编组办公室编《元江哈尼族古歌集》，内部编印，2005 年，第 55 页。

## W2221.6.7
### 神鸟生的卵生人

【关联】［W2223.2］鸟卵生人

*实例*

[藏族] 神鸟生的十八个蛋中，飞出的六个五彩蛋滚落在人间，很快就变出了人。

【流传】云南省·迪庆（藏族自治州）

【出处】才旦旺堆搜集，蔷紫整理：《神蛋创世纪》，见姚宝瑄主编《中国各民族神话》（门巴族、珞巴族、怒族、藏族），太原：山西出版传媒集团·书海出版社2014年版，第75页。

## W2222
### 人的卵生人

【关联】［W2150］人生人

*实例*

（参见下级母题实例）

## W2222.1
### 特定的人生的卵生人

*实例*

❶ [汉族] 徐国宫人娠而生卵，弃之水滨，有犬衔卵以归，遂生儿。

【流传】（无考）

【出处】［晋］干宝：《搜神记》卷十四，钱振民校点，长沙：岳麓书社1997年版，第114页。

❷ [汉族] 附宝生的肉疙瘩，落地后越变越大，里面钻出来个半大孩子。

【流传】河南省·新郑县·城关镇·南街

【出处】蔡英生讲·蔡柏顺采录：《黄帝下凡》，见中国民间文学集成全国编辑委员会编《中国民间故事集成》（河南卷），北京：中国ISBN中心2001年版，第30页。

## W2222.1.1
### 老人生的卵生人

*实例*

（参见下级母题实例）

## W2222.1.1.1
### 老太太生的肉蛋生人

*实例*

❶ [鄂伦春族] 老太太祈子后生一个肉蛋。老夫妻到山顶尖用一个桦皮大碗扣上。三天三宿后绽开，从里边跳出一个约三寸长的小孩。

【流传】黑龙江·（大兴安岭地区）·呼玛县·（十八站）

【出处】

（a）孟古古善讲，谭玉昆、李宝玉口译，隋书金记录整理：《吴达内的故事》，见隋书金编《鄂伦春民间故事选》，上海：上海文艺出版社1988年版。

（b）同（a），见姚宝瑄主编《中国各民族神话》（达斡尔族、鄂伦春族、鄂温克族、蒙古族），太原：山西出版传媒集团·书海出版社2014年版，第45~46页。

❷ [鄂伦春族] 老太太生的肉蛋生人。

【流传】黑龙江省·（大兴安岭地区）·呼玛（呼玛县），（黑河市）·爱辉（爱辉区）、逊克（逊克县）一带

【出处】孟古古善讲，谭玉昆等翻译，隋书今整理：《吴达内的故事》，见中华民族故事大系编委会编《中华民族故事大系》第15卷（德昂族、保安族、裕固族、京族、塔塔尔族、独龙族、鄂伦春族），上海：上海文艺出版社1995年版，第764页。

## W2222.1.2
### 特定的人生的特定的卵生人

实 例

（参见下级母题实例）

## W2222.1.2.1
### 寡妇生的玉珠生人

【关联】[W2225.5] 玉卵生人

实 例

[京族] 寡妇生的玉珠中跳出一个小孩。

【流传】广西壮族自治区·防城（防城港市）·（东兴市·江平镇）·万尾岛

【出处】
(a) 苏锡权讲，苏维光等搜集：《珠子降龙》，见袁凤辰、苏维光等编《毛南族、京族民间故事选》，上海：上海文艺出版社1987年版，第391页。

(b) 同（a），见苏润光等编《京族民间故事选》，北京：中国民间文艺出版社1984年版，第10页。

## W2222.1.3
### 男人的卵生人

实 例

（参见下级母题实例）

## W2222.1.3.1
### 父亲的卵生儿子

【关联】
① [W2153.5] 男人生孩子（男人生人）
② [W5135] 父与子

实 例

[汉族] 世界上最早出现的巨人是远古。远古不能开辟天地，只好运用丹田气血，凝聚成一团血块。不久，就从体内排出一个大卵。远古排出大卵后，他就把大卵紧捂在胸腹，三日三，九日九，大卵里孵化出一个巨人盘古。

【流传】浙江省·丽水市

【出处】邹瑾讲，唐宗龙搜集整理：《远古和盘古》，见姚宝瑄主编《中国各民族神话》（汉族），太原：山西出版传媒集团·书海出版社2014年版，第8页。

## W2222.2
### 特定人物婚生的卵生人

实 例

（参见下级母题实例）

## W2222.2.1
### 兄妹婚生的卵生人

【关联】

① ［W2436］兄妹婚生人

② ［W2645.0］兄妹婚生怪胎

③ ［W7300］兄妹婚

**实 例**

❶ ［畲族］盘哥云囡兄妹婚生的 1 个肉蛋蛋中生出 5 男 5 女。

【流传】（无考）

【出处】马学良、梁庭望、李云忠主编：《中国少数民族文学比较研究》，北京：中央民族大学出版社 1997 年版，第 47 页。

❷ ［畲族］兄妹婚生的卵中生出 5 对男女。

【流传】浙江省·丽水（丽水市）

【出处】唐宗龙等整理：《盘石郎》，见中华民族故事大系编委会编《中华民族故事大系》第 8 卷（畲族、高山族、拉祜族），上海：上海文艺出版社 1995 年版，第 94 页。

❸ ［壮族］雷公砍碎盘和古兄妹婚生的肉球，派老鹰、乌鸦到处撒，有了人烟。

【流传】（无考）

【出处】《盘和古》，见陶立璠等编《中国少数民族神话传说选》，成都：四川民族出版社 1985 年版，第 156 ~ 159 页。

## W2222.2.2
### 父女婚生的卵生人

【关联】

① ［W2442］父女婚生人

② ［W7293］父女婚

**实 例**

［畲族］盘哥、云囡兄妹婚生肉蛋。肉蛋中生出五个男孩和五个女孩。

【流传】（无考）

【出处】

（a）兰石女、钟伟琪、项次欣讲，唐宗龙记录：《桐油火和天洪》，见陶立璠、李耀宗编《中国少数民族神话传说选》，成都：四川民族出版社 1985 年版。

（b）同（a），见姚宝瑄主编《中国各民族神话》（高山族、黎族、畲族），太原：山西出版传媒集团·书海出版社 2014 年版，第 102 页。

## W2223
### 动物卵生人

**实 例**

（参见下级母题实例）

## W2223.0
### 龙蛋生人

【关联】［W2167.7］龙生人

**实 例**

（参见下级母题实例）

## W2223.0.1
### 天上的龙蛋生人

实例

（参见下级母题实例）

## W2223.0.1.1
### 天上的第二个龙蛋孵出女人

【关联】［W2759.10.2.1］卵生1女

实例

［汉族］九重天上的第二个龙蛋孵出的第二个人是个女子。

【流传】河南省·（桐柏县·二郎山乡）

【出处】刘太举、姚义亮讲述，马卉欣录音整理：《盘古出世》，原载马卉欣编著《盘古之神》，见陶阳、钟秀编《中国神话》（上），北京：商务印书馆2008年版，第11~12页。

## W2223.1
### 蛇卵生人

实例

❶［黎族］雷公放在山上的一颗蛇卵孵出一个女孩。

【流传】
（a）海南省·琼中县（琼中黎族苗族自治县）·五指山公社·番龙村（今属五指山市水满乡番龙村）
（b）海南省

【出处】
（a）王克福讲，符策超采录：《黎母神话》，见中国民间文学集成全国编辑委员会编《中国民间故事集成》（海南卷），北京：中国ISBN中心2002年版，第5页。
（b）［清］《琼州府》，见《古今图书集成·职方典》卷一三九二。

❷［黎族］雷公把放在山中的蛇卵轰破，从卵壳里跳出一个女孩。

【流传】海南省

【出处】
（a）广东民族学院中文系七七级采风组搜集整理：《黎母山传说》，见广东民族学院中文系编《黎族民间故事选》，上海：上海文艺出版社1983年版。
（b）同（a），见姚宝瑄主编《中国各民族神话》（高山族、黎族、畲族），太原：山西出版传媒集团·书海出版社2014年版，第63页。

## W2223.1.1
### 雷公带来的蛇卵生人

实例

［黎族］雷公带来的一颗蛇卵放山中，后来雷公把蛇卵轰破，从卵壳里跳出一个女孩子。

【流传】海南省

【出处】广东民族学院中文系采风组搜集整理：《黎母山》，原载《黎族民间故事选》，见陶阳、钟秀编《中国神话》（中），北京：商务印书馆2008年版，第776页。

## W2223.2
### 鸟卵生人

实例

[藏族] 5只鸟生5个蛋。第二个蛋派往拉萨，拉萨人群由此而来。

【流传】西藏自治区·山南地区·错那县

【出处】《五个蛋派用场》，见中国民间文学集成全国编辑委员会、中国歌谣集成西藏卷编辑委员会编《中国歌谣集》（西藏卷），中国ISBN中心1995年版，第74页。

## W2223.2.1
### 鸟生的卵生人

【关联】
① [W2163] 鸟生人
② [W2221.1.1] 神鸟生的卵生人

实例

[满族] 水中小洲有鸟生蛋，蛋生6个兄弟。

【流传】（无考）

【出处】富育光：《论萨满教的天穹观》，载《世界宗教研究》1987年第4期。

## W2223.2.1.1
### 两鸟相配生的卵生人

实例

[藏族] 湖中的一个卵孵出一光亮一黑暗的两只鸟，两鸟相配生了白、黑、花三个卵，从而繁衍出神和人类。

【流传】（无考）

【出处】《黑头矮子的起源》，转引自林继富《西藏卵生神话源流》，载《西藏研究》2002年第4期。

## W2223.3
### 鹰卵生人

【关联】[W2164] 鹰生人

实例

[纳西族] 山鹰格美屙了一个银亮的白蛋。白蛋被猴子吞下又吐出后，撞得粉碎，蛋黄变成一个美貌如月亮的姑娘。

【流传】云南省·丽江县（丽江市）

【出处】木丽春采集整理：《格古命的故事》，见木丽春编著《纳西族民间故事集》，昆明：云南人民出版社2007年版，第28页。

## W2223.4
### 凤凰卵生人

实例

[畲族] 祖先为凤凰蛋所生。

【流传】福建省、广东省、江西省等地

【出处】中国各民族宗教与神话大词典编审委员会编：《中国各民族宗教与神话大词典》，北京：学苑出版社1990年版，第555页。

## W2223.4.1
### 金凤凰的卵生人

实例

❶ [畲族] 一只金凤凰吃了颗白玛瑙，

生凤凰蛋，蛋孵出人。

【流传】闽东（福建东部）；浙南（浙江南部）

【出处】http://bbs.uland.com。

❷ [畲族] 金凤凰吃一颗白玛瑙生的凤凰蛋中生出一个娃娃，叫阿郎。

【流传】（无考）

【出处】钟福兴等讲，冬日搜集整理：《畲族祖宗的传说》，见陶立璠、李耀宗编《中国少数民族神话传说选》，成都：四川民族出版社1985年版，第293页。

❸ [畲族] 金凤凰生下一个凤凰蛋生人。

【流传】浙江省·丽水（丽水市）·景宁（景宁畲族自治县）

【出处】沈其新：《图腾文化故事百则》，长沙：湖南出版社1991年版，第140~142页。

## W2223.4.1.1
### 凤凰卵孵出1男

实例

[畲族] 凤凰的卵孵出一个娃娃（男孩）。

【流传】福建省、浙江省等地

【出处】
(a)《畲族祖宗的传说》，见谷德明编《中国少数民族神话选》，西北民族学院研究所1983年编印，内部资料。

(b) 同（a），见姚宝瑄主编《中国各民族神话》（高山族、黎族、畲族），太原：山西出版传媒集团·书海出版社2014年版，第89页。

## W2223.4.2
### 巨大的凤凰卵生人

【关联】
① [W2165.3] 凤凰生人
② [W2279.2.5] 凤凰感生人

实例

（参见下级母题实例）

## W2223.4.2.1
### 斗大的凤凰卵生人

实例

[畲族] 斗大的凤凰蛋生出个胖娃娃。

【流传】福建省、浙江省等地

【出处】
(a)《畲族祖宗的传说》，见谷德明编《中国少数民族神话选》，西北民族学院研究所1983年编印，内部资料。

(b) 同（a），见姚宝瑄主编《中国各民族神话》（高山族、黎族、畲族），太原：山西出版传媒集团·书海出版社2014年版，第89页。

## W2223.5
### 鹅卵生人

【关联】[W2165.1] 天鹅生人

实例

[苗族] 母鹅生的蛋孵出"央"和"美"两兄妹。

【流传】贵州省·（黔东南苗族侗族自治州）·从江县

## W2223.6
### 雁的卵生人

【关联】［W2328］雁变成人

实例

［苗族］大雁生的蛋中孵出哥哥、弟弟和妹妹。

【流传】贵州省·（黔东南苗族侗族自治州）·台江县

【出处】吴晓东：《苗族图腾与神话》，北京：社会科学文献出版社 2002 年版，第 85 页。

## W2223.7
### 蝴蝶的卵生人

【关联】［W2248.2］感蝴蝶孕生人

实例

❶［苗族］一公一母蝴蝶交配后产生 5 个蛋，其中一个生出又毒又丑的女人羊卡。

【流传】广西壮族自治区北部地区

【出处】过竹：《苗族神话研究》，南宁：广西人民出版社 1988 年版，第 216 页。

❷［苗族］蝴蝶生下的蛋孵出人类的始祖顶洛。

【流传】广西壮族自治区·（柳州市）·大苗山（融水苗族自治县）

【出处】农冠品整理：《顶洛》（资料稿）。

## W2223.7.1
### 蝴蝶卵中生第一个人

【关联】［W2021］世上出现第一个人

实例

［苗族］妹留（蝴蝶妈妈、蝴母蝶娘之意）生的央腊蛋。从十二个蛋里孵出第一个人类的祖先叫姜央，又称"腊"或"央腊"。

【流传】原文无流传地，据文本及注释推测该神话流传于贵州省·黔东南苗族侗族自治州·凯里市、台江县等地。

【出处】耆富演唱，苗丁搜集，燕宝整理译注：《枫木生人·十二个蛋》注释，见贵州省少数民族古籍整理出版规划小组办公室编，燕宝整理译注《苗族古歌》，贵阳：贵州民族出版社 1993 年版，第 488 页。

## W2223.7.2
### 树生的蝴蝶的卵生人

【关联】［W2171］树生人

实例

（参见下级母题实例）

## W2223.7.2.1
### 枫树生的蝴蝶的卵生人

【关联】［W2171.12.1］枫树生人

实例

［苗族］枫树生的一公一母蝴蝶交配后产生 5 个蛋，其中一个蛋养出顶洛（人神名）。

【流传】广西壮族自治区北部地区
【出处】过竹：《苗族神话研究》，南宁：广西人民出版社1988年版，第216页。

## W2223.7.3
### 蝴蝶婚生的卵生人

实 例

（参见下级母题实例）

## W2223.7.3.1
### 蝴蝶与水泡婚生的卵生人

实 例

[苗族] 妹榜（即蝴蝶妈妈、蝴母蝶娘）长大要谈情，她和水泡沫谈情。谈情谈了十二夜，妹榜生下十二个蛋。这些卵中孵出始祖。

【流传】原文无流传地，据文本及注释推测该神话流传于贵州省·黔东南苗族侗族自治州·凯里市、台江县等地。

【出处】耇富演唱，苗丁搜集，燕宝整理译注：《枫木生人·妹榜妹留》，见贵州省少数民族古籍整理出版规划小组办公室编，燕宝整理译注《苗族古歌》，贵阳：贵州民族出版社1993年版，第486页。

## W2223.8
### 牛生的卵生人

【关联】[W2161.3] 牛生人

实 例

[傣族] 天神派了一只鹞子和一头母牛到地上。母牛生下3个蛋，鹞子孵蛋孵出1个葫芦，葫芦里走出人。

【流传】云南省

【出处】中国各民族宗教与神话大词典编审委员会编：《中国各民族宗教与神话大词典》，北京：学苑出版社1990年版，第82页。

## W2223.9
### 鸡蛋生人

【关联】[W2326] 鸡变成人

实 例

[彝族（撒梅）] 洪水后，一个幸存者从土坑中爬出来。不小心腋下夹着的两个鸡蛋摔掉在地上砸碎了。其中一个蛋里生出两兄妹。

【流传】云南省彝族撒梅人地区

【出处】李成文讲，杨毓骧采录：《人类的起源》，原载李子贤编《云南少数民族神话选》，见陶阳、钟秀编《中国神话》（上），北京：商务印书馆2008年版，第331~332页。

## W2223.10
### 鱼卵生人

【关联】[W2166] 鱼生人

实 例

[高山族]（实例待考）

## W2223.11
### 其他动物的卵生人

实 例

（参见下级母题实例）

## W2223.11.1
### 海螺的卵生人

实例

[藏族] 从海螺的白卵之中产生人及动物。

【流传】（无考）

【出处】大司徒·绛求坚赞著，赞拉、阿旺等译：《朗氏家族史》，拉萨：西藏人民出版社1989年版，第4页。

## W2224
### 植物的卵生人

实例

（参见下级母题实例）

## W2224.1
### 树生的卵生人

【关联】[W2221.1.3] 树生的神蛋生人

实例

（参见关联母题实例）

## W2224.2
### 花生的卵生人

【关联】[W2194] 花生人

实例

[哈尼族] 遥远的天边的3大块地坪上的3棵大树的花中生的3个大蛋分别生出3个能人。

【流传】云南省·（玉溪市）·元江县（元江哈尼族彝族傣族自治县）·羊街乡、那诺乡及因远镇清水河流域一带

【出处】《能人歌》，见元江县哈尼文化学会、元江县史志编组办公室编《元江哈尼族古歌集》，内部编印，2005年，第58～59页。

## W2225
### 无生命物的卵生人

实例

（参见下级母题实例）

## W2225.1
### 天地生的卵生人

【关联】[W2227.6] 天地卵生人

实例

[苗族] 天地生的一个卵破成四块，有一块变成个马嘴人榜香尤。

【流传】贵州省·（黔东南苗族侗族自治州·凯里市）黄平县（原名旧州）·红梅乡·波洞村

【出处】张其富讲，杨付昌等采录：《榜香尤》，见中国民间文学集成全国编辑委员会编《中国民间故事集成》（贵州卷），北京：中国 ISBN 中心2003年版，第78页。

## W2225.2
### 太阳生的卵生人

【关联】[W2204.1] 太阳生人

实例

[白族] 远古时代，从水眼中飘出一个五光十色的大肉团（太阳）。肉团撞在岸边的崖壁上形成的肉核变成了一对男女。

【流传】云南省·（大理白族自治州）·鹤庆县

【出处】王承权调查整理：《鹤庆白族奇岩大石祭祀》（1988），见吕大吉、何耀华总主编《中国各民族原始宗教资料集成》（彝族卷、白族卷、基诺族卷），北京：中国社会科学出版社1996年版，第482页。

## W2225.3
### 山洞生的卵生人

【关联】［W2016.1.1］人产生在山洞中

实 例

[苗族（黑苗）]山洞生的蛋孵出人。

【流传】（无考）

【出处】《八寨黑苗的传说》，原载吴泽霖《苗族中祖先来历的传说》，见马昌仪编《中国神话学文论选萃》（上编），北京：中国广播电视出版社1994年版，第440页。

## W2225.4
### 石卵生人

实 例

（参见下级母题实例）

## W2225.4.1
### 石卵生始祖布洛陀

【关联】［W0670］布洛陀

实 例

[壮族]石头蛋中爆出始祖布洛陀。

【流传】（无考）

【出处】《布洛陀经传》，见覃圣敏主编《壮泰民族传统文化比较研究》，南宁：广西人民出版社2003年版，第2771页。

## W2225.5
### 玉卵生人

实 例

❶ [京族]寡妇生的玉珠中跳出一个小孩。

【流传】广西壮族自治区·防城（防城港市）·（东兴市·江平镇）·万尾岛

【出处】

（a）苏锡权讲，苏维光等搜集：《珠子降龙》，见袁凤辰、苏维光等编《毛南族、京族民间故事选》，上海：上海文艺出版社1987年版，第391页。

（b）同（a），见苏润光等编《京族民间故事选》，北京：中国民间文艺出版社1984年版，第10页。

❷ [纳西族]玉色大蛋爆开，生出人类之祖恒矢恒仁和他的妻子。

【流传】（无考）

【出处】《若保山·牛皮囊》，见高明强编《创世的神话和传说》，上海：上海三联书店1988年版，第68页。

## W2225.6
### 陶壶生的卵生人

实 例

[高山族（排湾）]女神陶壶原系嘎姐，

与太阳相爱，生1卵。

【流传】台湾

【出处】《排湾人的来历》，见中国各民族宗教与神话大词典编审委员会编《中国各民族宗教与神话大词典》，北京：学苑出版社1990年版，第145页。

## W2225.6.1
### 陶壶感太阳生的卵生人

【关联】［W2271］感太阳孕生人

实 例

［高山族（排湾）］一个女陶壶受阳光照射，孵出1个女性的蛋中生人。

【流传】台湾

【出处】尹建中：《台湾山胞各族传统神话故事与传说文献编纂研究》，台湾"内政部"，1994年，第184页。

## W2225.6.2
### 陶壶与太阳婚生的卵生人

【关联】［W2487］无生命物相配生人

实 例

［高山族（鲁凯）］太阳与陶壶结婚，生下1个蛋，这个蛋生人。

【流传】台湾

【出处】尹建中：《台湾山胞各族传统神话故事与传说文献编纂研究》，台湾"内政部"，1994年，第270页。

## W2225.7
### 金卵生人（金蛋生人）

【关联】

① ［W2227.4.2］天降的黄金卵生人

② ［W2388.1.1］黄金卵化生人

实 例

［藏族］无世界的太空中，下了三十八个蛋；六个金蛋飞上天，从此形成上神界；六个金蛋落下地，从此形成下龙界；六个金蛋飞中间，从此形成人世间；一个蛋生出一个人，从此世上有人类。

【流传】西藏自治区·昌都地区（昌都市）·左贡县

【出处】《鸟在树上说世界》，见中国民间文学集成全国编辑委员会、中国歌谣集成西藏卷编辑委员会编《中国歌谣集》（西藏卷），中国ISBN中心1995年版，第61页。

## W2226
### 卵的特殊部分生人

实 例

（参见下级母题实例）

## W2226.1
### 蛋黄生人

【关联】［W2348.7.1］蛋黄变成人

实 例

［纳西族］山鹰格美屙了一个银亮的白蛋，这个白蛋被猴子吞下又吐出，撞碎后蛋黄变成一个姑娘。

【流传】云南省·丽江县（丽江市）

【出处】木丽春采集整理：《格古命的故事》，见木丽春编著《纳西族民间故事集》，昆明：云南人民出版社2007年版，第28页。

## W2227
### 其他特定来历的卵生人

**实例**

[藏族] 无世界的太空中，下了38个蛋，其中的一个蛋生人。

【流传】西藏自治区·昌都地区（昌都市）·左贡县

【出处】《鸟在树上说世界》，见中国民间文学集成全国编辑委员会、中国歌谣集成西藏卷编辑委员会编《中国歌谣集》（西藏卷），中国ISBN中心1995年版，第61页。

## W2227.1
### 自然形成的卵

**实例**

[藏族] 元始之初自然形成一只大蛋又化生出18只蛋，其中第二只蛋中生成了一位没有五官和肢体的混沌人。

【流传】（无考）

【出处】贡乔泽登整理：《始祖神话》，见BBS水木清华站：http://www.smth.edu.cn 2006.07.20。

## W2227.1.1
### 五种本源物质形成的卵生人

**实例**

[藏族] 南喀东丹却松国王有五种本源物质，本源物质形成的2个卵生人。

【流传】（无考）

【出处】《斯巴佐普》，见魏强《藏族宗教文学的文化学价值》，载《民族文学研究》1995年第4期。

## W2227.2
### 燕子衔的卵生人

【关联】
① ［W2165.2］燕子生人
② ［W2248.1］感燕子孕生人

**实例**

[高山族] 燕子衔来的一个卵生人。

【流传】（无考）

【出处】汪梅田整理：《燕子和鹅卵石》，见中华民族故事大系编委会编《中华民族故事大系》第8卷（畲族、高山族、拉祜族），上海：上海文艺出版社1995年版，第423页。

## W2227.3
### 混沌凝成的卵生人

【关联】［W1057.1］混沌（混沌卵）

**实例**

❶ [汉族] 世界最早是混混沌沌像鸡蛋样的东西里面包着两个胎胚，孕育了两个"人"。

【流传】湖北省·（黄冈市）·浠水县·清泉镇·关山村

【出处】廖康成讲，詹承宗采录：《天父地母》，见中国民间文学集成全国编辑委员会编《中国民间故事集成》（湖北卷），北京：中国ISBN中心1999年版，第6页。

❷ [纳西族] 天地混沌时，真与实相配合生球团、球团生人。

【流传】（无考）
【出处】《崇般崇笮》，见《纳西东巴古籍译注》（一），昆明：云南民族出版社1986年版。

## W2227.4
### 天降的卵生人
【关联】[W2025] 人从天降（天降人）

实例

[纳西族] 人类之蛋由天下，人类之蛋由地孵。
【流传】云南省
【出处】东巴经《人类起源》，见吕大吉、何耀华总主编《中国各民族原始宗教资料集成》（纳西族卷、羌族卷、独龙族卷、傈僳族卷、怒族卷），北京：中国社会科学出版社2000年版，第20页。

## W2227.4.1
### 天降的玉色大蛋生人

实例

[纳西族] 天上掉下的玉色大蛋生出人类之祖。
【流传】（无考）
【出处】《若倮山·牛皮囊》，见高明强编《创世的神话和传说》，上海：上海三联书店1988年版，第68页。

## W2227.4.2
### 天降的黄金卵生人

实例

[朝鲜族] 紫绳从天而下。绳端系用红袱包着的金盒。打开盒一看，里面静静地躺着六个黄金卵。翌日开盒，六卵化为仪表堂堂的六个童子。
【流传】（无考）
【出处】金永奎改写：《首露王神话》，见姚宝瑄主编《中国各民族神话》（满族、赫哲族、朝鲜族），太原：山西出版传媒集团·书海出版社2014年版，第168~170页。

## W2227.5
### 肉卵生人

实例

❶ [朝鲜族] 一女左腋生肉蛋，肉生男孩，取名朱蒙。
【流传】（无考）
【出处】李政文译：《朱蒙神话》，见谷德明编《中国少数民族神话》，北京：中国民间文艺出版社1987年版，第21~25页。

❷ [侗族] 肉蛋中孵出女性始祖松桑。
【流传】（无考）
【出处】《开天辟地》，见杨保愿《嘎茫莽道时嘉》（《侗族远祖歌》），北京：中国民间文艺出版社1986年版，第39页。

❸ [裕固族] 马生出一个肉球，肉球里蹦出一个小男孩。
【流传】甘肃省
【出处】郭西功、安秀珍讲，钟进文搜集翻译：《树大石二马三哥》，见满都呼主编《中国阿尔泰语系诸民族神话故事》，北京：民族出版社1997年版，第 128~133 页。

## W2227.5.1
### 人生的肉卵生人

**实例**

（参见下级母题实例）

## W2227.5.1.1
### 人感光生的肉卵生人

【关联】［W2274］感光孕生人

**实例**

❶ ［朝鲜族］河伯的女儿感光后生一个大肉蛋。这个肉蛋扔给猪狗，猪狗不吃；弃在路上，牛马躲避；扔进深山，飞禽走兽守护。柳花将肉蛋裹好，放在热炕头上，几天后生出一个小男孩。

【流传】（无考）

【出处】

（a）《高朱蒙》，见《三国史记》。

（b）《高朱蒙》，见《三国遗事》。

❷ ［朝鲜族］河伯的女儿柳花感白灵光而怀孕，生大肉蛋，肉蛋被抛弃，1男孩破壳而出，即东明王朱蒙。

【流传】吉林省·延边（延边朝鲜族自治州）；辽宁省·（沈阳市）·苏家屯（苏家屯区）

【出处】黄龟渊、金德顺等讲：《高朱蒙神话》，中国传统文化网。

## W2227.5.1.2
### 人祈子生的肉卵生人

【关联】［W2280］祈祷生人（祈祷生子、祈子）

**实例**

［鄂伦春族］老太太祈子后生出一个肉蛋，老夫妻到山顶尖用一个桦皮大碗扣上。三天三宿后，它自己就绽开了，从里边跳出一个约三寸长的小孩。

【流传】黑龙江·（大兴安岭地区）·呼玛县·（十八站）

【出处】

（a）孟古古善讲，潭玉昆、李宝玉口译，隋书金记录整理：《吴达内的故事》，见隋书金编《鄂伦春民间故事选》，上海：上海文艺出版社1988年版。

（b）同（a），见姚宝瑄主编《中国各民族神话》（达斡尔族、鄂伦春族、鄂温克族、蒙古族），太原：山西出版传媒集团·书海出版社2014年版，第 45~46 页。

## W2227.5.2
### 人变成的卵生人

**实例**

［彝族］兄妹婚生的婴儿长成一个坨肉，剥开肉坨坨，生出七对男女。

【流传】云南省·（昆明市）·路南（路南石林彝族自治县）

【出处】李春富翻译，赵光汉整理：《洪水滔天史》，见云南省少数民族古籍整理出版规划办公室编《洪水泛滥》，昆明：云南民族出版社1987年版，第 53~54 页。

## W2227.5.3
**身上长出的肉卵生人**

实例

（参见下级母题实例）

## W2227.5.3.1
**男子身上生的肉瘤生人**

实例

[回族] 真主造的男子阿丹的左肋骨下边长出一个包，包里生出一个女人。

【流传】（无考）

【出处】《阿丹和海尔玛》，马奔根据《中国回族民间文学概观》（宁夏大学出版社1984年版）等改写，见姚宝瑄主编《中国各民族神话》（土族、东乡族、回族、保安族、裕固族、撒拉族），太原：山西出版传媒集团·书海出版社2014年版，第48页。

## W2227.5.3.2
**女子身上生的肉瘤生人**

实例

[达斡尔族]（实例待考）

## W2227.5.3.3
**女子身上肉痣变成的卵生人**

【关联】[W2221.6.1] 神的特定部位变的卵生人

实例

[侗族] 萨天巴（女祖先名）从身上扯下的肉痣变成肉蛋，这个肉蛋中生出人。

【流传】（无考）

【出处】

（a）《开天辟地》，见杨保愿《嘎茫莽道时嘉》（《侗族远祖歌》），北京：中国民间文艺出版社1986年版，第30页。

（b）廖开顺：《侗族远古神话传说的美学基因》，载《贵州民族研究》1995年第3期。

## W2227.6
**天地卵生人**

【关联】[W2203] 天地生人

实例

（参见下级母题实例）

## W2227.6.1
**天地卵长大后生人**

实例

（参见下级母题实例）

## W2227.6.1.1
**天地卵中的盘古长大后生出**

【关联】[W0720] 盘古

实例

[汉族] 天地蛋中的盘古盘手盘脚在蛋里面盘着。他慢慢大起来，蛋也慢慢大起来。盘古长大后生出。

【流传】浙江省·舟山市

【出处】张才德讲，管文祖搜集整理：

《盘古开天地》（1963），见姚宝瑄主编《中国各民族神话》（汉族），太原：山西出版传媒集团·书海出版社2014年版，第16～17页。

## W2227.7
### 某种颜色的卵生人

**实例**

[藏族] 5个树桠上有5只雌鸟生5个不同颜色的蛋。打开绿色松石蛋，生出少女三千八。

【流传】西藏自治区·日喀则·谢通门县

【出处】《五棵树上五雌鸟》，见中国民间文学集成全国编辑委员会、中国歌谣集成西藏卷编辑委员会编《中国歌谣集》（西藏卷），中国ISBN中心1995年版，第73页。

## W2227.7.1
### 紫色的卵生人（紫卵生人）

**实例**

❶ [朝鲜族] 杨山下罗井旁有异气如电光垂地，旁有一紫卵（一曰青大卵），剖卵得童男，取名为赫居世。

【流传】（无考）

【出处】

（a）《赫居世神话》，见金富轼：《三国史记》。

（b）金净伊译：《赫居世神话》，见《三国遗事》卷第一。

❷ [朝鲜族] 首领苏伐都利发现杨山下罗井旁有异气如电光垂地，旁有一紫卵（一曰青大卵）。剖卵后，得一个形仪端美的童男。

【流传】（无考）

【出处】金永奎改写：《赫居世神话》，见姚宝瑄主编《中国各民族神话》（满族、赫哲族、朝鲜族），太原：山西出版传媒集团·书海出版社2014年版，第165～166页。

## W2227.7.2
### 红色的卵生人（红卵生人）

【汤普森】≈T542.1

**实例**

（实例待考）

## W2227.7.3
### 彩色的卵生人（彩卵生人）

**实例**

（参见下级母题实例）

## W2227.7.3.1
### 五彩卵生人

**实例**

[藏族] 神鸟生的神蛋里孕育的是人类。人类由6个五彩蛋变成了红、黄、白、黑各种人。

【流传】云南省·迪庆（迪庆藏族自治州）

【出处】才旦旺堆搜集，蔷紫整理：《神蛋创世纪》，见姚宝瑄主编《中国各民族神话》（门巴族、珞巴族、怒族、藏族），太原：山西出版传媒集团·

## W2227.8
### 发光的卵生人

实例

[藏族] 发光卵上出现的青蓝色的女人。

【流传】（无考）

【出处】《斯巴佐普》，见魏强《藏族宗教文学的文化学价值》，载《民族文学研究》1995 年第 4 期。

## W2227.8.1
### 发光卵

实例

（参见下级母题实例）

## W2227.8.1.1
### 女子生的卵阴天和晚上会发光

实例

[朝鲜族] 河伯的女儿柳花感日光生了一个肉蛋子，足有五升大，到了阴天和晚上，这肉蛋就闪闪发光。

【流传】长白山等地

【出处】金德顺讲，裴永镇记录整理：《东明王的传说》，原载《金德顺故事集》，见陶阳、钟秀编《中国神话》（中），北京：商务印书馆 2008 年版，第 886～897 页。

## W2227.9
### 石洞中的卵生人

【关联】[W2205.1] 石洞生人（人从石洞出来）

实例

[纳西族（摩梭）] 在木山石洞里，神鹰下的一个蛋经神猴吞又从肚脐眼里进出，飞到崖壁上撞碎，蛋核变成一位姑娘，便是摩梭人的女始祖，名叫"儿姑咪"。

【流传】云南省·（丽江市）·宁蒗（宁蒗彝族自治县）

【出处】《盘答歌》，见陶阳、牟钟秀著《中国创世神话》，上海：上海人民出版社 2006 年版，第 164～165 页。

## W2227.10
### 特定物质化生的卵生人

实例

（参见下级母题实例）

## W2227.10.1
### 金、木、水、火、土之精华聚成的卵生人

实例

[藏族] 金、木、水、土之精华聚成的卵生育出人类。

【流传】（无考）

【出处】《朗氏家族，天神的后裔》，见廖东凡主编《神山之祖》，武汉：湖北少年儿童出版社 2001 年版，第 175～180 页。

## W2227.10.2
### 地、水、火、风、空中产生卵生人

实例

[藏族] 从地、水、火、风、空中产生

一卵，后由卵壳、卵清生成白岩石和海螺湖中生出人。

【流传】（无考）

【出处】大司徒·绛求坚赞著，赞拉、阿旺等译：《朗氏家族史》，拉萨：西藏人民出版社1989年版，第4页。

## W2227.11
血泡生人

【关联】［W2634.1］生血球

实例

（参见下级母题实例）

## W2227.11.1
女人身体上的血泡生人

实例

[普米族] 妻子被丈夫打的头上产生的血泡中生出1个男孩。

【流传】云南省

【出处】《斯端若达祖》，见中央民族学院少数民族文艺研究所编《中国民族民间文学》（下），北京：中央民族学院出版社1987年版，第532页。

## W2227.11.2
太阳怀孕的血泡生人

【关联】［W2204.1］太阳生人

实例

[汉族]（实例待考）

## W2227.12
肉泡生人

实例

（参见下级母题实例）

## W2227.12.1
老太太头上的肉泡生人

实例

[普米族] 老婆婆头上的肉泡中生出一个人。

【流传】云南省·（丽江市）·宁蒗（宁蒗彝族自治县）

【出处】曹三农等讲，王丹整理：《罗多斯白》，见中华民族故事大系编委会编《中华民族故事大系》第14卷（普米族、塔吉克族、怒族、俄罗斯族、鄂温克族），上海：上海文艺出版社1995年版，第91页。

## W2227.13
两物相配生的卵生人

【关联】［W2400～W2499］婚配产生人（婚生人）

实例

（参见下级母题实例）

## W2227.13.1
天神婚生的卵生人

【关联】［W2401］天神婚生人

实例

[苗族] 天神嘎养和嘎交感怀孕生的蛋中生出人类始祖姜央。

【流传】贵州省·（黔东南苗族侗族自治州）·凯里（凯里市）、丹寨（丹寨县）、麻江（麻江县）

【出处】洋洛译：《说古歌》，见中国作

家协会贵州分会等单位编印《民间文学资料》第6集。

## W2227.13.2
### 人与龙女生的卵生人
【关联】［W2470.1.1］人与龙女婚生人

实例

［傣族］放牛的小伙与龙女成亲，随龙女到龙宫居住。后来放牛的小伙带着龙女产的蛋到了人间，蛋生1男。

【流传】云南省·德宏（德宏傣族景颇族自治州）

【出处】《姐等贺的混等王》，见《傣族简史》编写组编《傣族简史》，北京：民族出版社2009年版，第291页。

## W2227.14
### 神生的卵生人
【关联】
① ［W2131］神生人
② ［W2221.2］太阳神生的卵生人

实例

［高山族（排湾）］太阳神生了3枚蛋。这3枚蛋生出1女2男。

【流传】北排湾群望嘉社

【出处】许功明：《鲁凯族的文化与艺术》，台北：稻乡出版社1991年版，第60页。

## W2227.15
### 水中生的卵生人
【关联】
① ［W2208］水生人
② ［W2208.7.4］水中生的特定物成为人
③ ［W2760.5.1.1］水中生的肉核的两半成为最早的1对男女

实例

（参见下级母题实例）

## W2227.15.1
### 泉水中生成的卵生人
【关联】［W2208.6.1］泉生人

实例

［达斡尔族］掌管后嗣子孙的老妈妈奥蔑·额倭的庭院里有九眼永远汩汩喷涌的泉水。中间的一眼泉水里生的胎卵生人。

【流传】（内蒙古自治区、黑龙江省等地）

【出处】

（a）奥登挂：《达斡尔族古代的萨满教信仰》，载《北方民族》1991年第2期。

（b）《生命的海泉》，见吕大吉、何耀华总主编《中国各民族原始宗教资料集成》（鄂伦春族卷、鄂温克族卷、赫哲族卷、达斡尔族卷、锡伯族卷、满族卷、蒙古族卷、藏族卷），北京：中国社会科学出版社1999年版，第299页。

## W2227.16
### 水中漂来的卵生人

实例

（参见下级母题实例）

## W2227.16.1
### 水中漂来的柜子中的卵生人

【关联】［W2213.1］水中漂浮的柜子生人

实例

［朝鲜族］王后生下一个卵，被置于柜中漂到鸡林国东侧的阿珍浦。一个老妪小心翼翼地打开柜子，发现柜子里坐着一个英俊男孩。

【流传】（无考）

【出处】金永奎改写：《昔脱解王神话》，见姚宝瑄主编《中国各民族神话》（满族、赫哲族、朝鲜族），太原：山西出版传媒集团·书海出版社2014年版，第166~168页。

## W2228
### 卵生人的条件

实例

（参见下级母题实例）

## W2228.1
### 好卵生出人

实例

❶［侗族］两个好蛋中分别孵出女孩松桑和男孩松恩。

【流传】贵州省·（黔东南苗族侗族自治州）·从江县·高增乡

【出处】
（a）《龟婆孵蛋》，见中国民间文学集成全国编辑委员会编《中国民间故事集成》（贵州卷），北京：中国ISBN中心2003年版，第43页。
（b）同（a），又见龙玉成主编《贵州侗族民间故事选》，成都：西南交通大学出版社1993年版，第9页。

❷［侗族］上古时，没有人类。四个龟婆先在寨脚孵了四个蛋，其中三个坏了，只剩下了一个好蛋，孵出一个男孩叫松恩。龟婆又去坡脚孵了四个蛋，结果只剩下一个好蛋，孵出一个姑娘叫松桑。

【流传】贵州省·（黔东南苗族侗族自治州）·黎平县

【出处】
（a）吴生贤、吴金松讲，杨国仁、涛声搜集整理：《龟婆孵蛋》，载《民间文学》1986年第1期。
（b）同（a），见姚宝瑄主编《中国各民族神话》（土家族、毛南族、侗族、瑶族），太原：山西出版传媒集团·书海出版社2014年版，第101页。

## W2228.2
### 日月孵卵生人

【关联】
①［W2204］日月星辰生人
②［W2204.1］太阳生人

实例

［哈尼族］太阳和月亮孵三个神蛋，孵出了官人、贝玛和工匠。

【流传】云南省·（红河哈尼族彝族自治州）·红河（红河县）、绿春（绿春县），（玉溪市）·元江（元江哈

尼族彝族傣族自治县），（普洱市）·墨江（墨江哈尼族自治县）等县

【出处】鲁然讲，黄世荣采录：《三个神蛋》附记，见中国民间文学集成全国编辑委员会编《中国民间故事集成》（云南卷），北京：中国 ISBN 中心 2003 年版，第 237 页。

## W2228.2.1
### 太阳孵卵生人

实例

[哈尼族] 太阳孵神祖生的蛋孵出能人。

【流传】云南省·（玉溪市）·元江县（元江哈尼族彝族傣族自治县）·咪哩乡、羊岔街乡及因远镇一带

【出处】《能人歌》，见元江县哈尼文化学会、元江县史志编组办公室编《元江哈尼族古歌集》，内部编印，2005 年，第 55 页。

## W2228.2.2
### 太阳之母孵卵生人

【关联】[W1680.3] 太阳的母亲

实例

[苗族] 太阳之母孵太古出现的蛋，孵出了 9 个孩子。

【流传】贵州省

【出处】[俄] 李福清：《神话与鬼话——台湾原住民神话故事比较研究》（增订本），北京：社会科学文献出版社 2001 年版，第 96 页。

## W2228.2.3
### 卵经光露滋润生人

实例

（参见下级母题实例）

## W2228.2.3.1
### 卵经光露滋润 1 个月后生人

实例

[畲族] 凤凰蛋受了三十天的露水，晒了三十天的太阳，蛋壳裂开，生出一个胖娃娃。

【流传】福建省、浙江省等地

【出处】

（a）《畲族祖宗的传说》，见谷德明编《中国少数民族神话选》，西北民族学院研究所 1983 年编印，内部资料。

（b）同（a），见姚宝瑄主编《中国各民族神话》（高山族、黎族、畲族），太原：山西出版传媒集团·书海出版社 2014 年版，第 89 页。

## W2228.3
### 天地孵卵生人

【关联】[W2203] 天地生人

实例

[哈尼族] 天地孵红石、黑石之间的 3 个大蛋，蛋生人。

【流传】云南省·（红河哈尼族彝族自治州）·红河县

【出处】周维顺：《三个神蛋》，见中国民间文学集成全国编辑委员会编《中国

## W2228.3.1
### 天地孵神卵生人

【关联】［W2221.1］神蛋生人

实例

［哈尼族］天和地孵三个神蛋，孵出官人、贝玛和工匠。

【流传】云南省·（红河哈尼族彝族自治州）·红河（红河县）、绿春（绿春县），（玉溪市）·元江（元江哈尼族彝族傣族自治县），（普洱市）·墨江（墨江哈尼族自治县）等县

【出处】鲁然讲，黄世荣采录：《三个神蛋》附记，见中国民间文学集成全国编辑委员会编《中国民间故事集成》（云南卷），北京：中国ISBN中心2003年版，第237页。

## W2228.3.2
### 天孵卵生人

实例

［纳西族］人类从天孵抱的蛋生出。

【流传】云南省

【出处】《东巴经》，见《中国原始宗教资料丛编纳西等族卷》，上海：上海人民出版社1990年版，第320页。

## W2228.3.3
### 地孵卵生人

实例

［纳西族］人类从天孵抱的蛋生出，从地孵抱的蛋里生出。

【流传】云南省

【出处】《东巴经》，见《中国原始宗教资料丛编纳西等族卷》，上海：上海人民出版社1990年版，第320页。

## W2228.3.3.1
### 地孵天降的卵生人

【关联】［W2025］人从天降（天降人）

实例

［纳西族］人类之蛋由天下，这个人类之蛋由地来孵。

【流传】云南省

【出处】东巴经《人类起源》，见吕大吉、何耀华总主编《中国各民族原始宗教资料集成》（纳西族卷、羌族卷、独龙族卷、傈僳族卷、怒族卷），北京：中国社会科学出版社2000年版，第20页。

## W2228.3.4
### 天地孵卵3年生人

实例

［哈尼族］太阳和月亮共同做的窝里的3个大蛋靠天地来孵，三年之后，孵出人。

【流传】云南省·（红河哈尼族彝族自治州）·红河县

【出处】周德顺讲，李明荣采录：《三个神蛋》，见中国民间文学集成全国编辑委员会编《中国民间故事集成》（云南卷），北京：中国ISBN中心2003年版，第240页。

## W2228.4
### 神孵卵生人
实 例

（参见下级母题实例）

## W2228.4.1
### 神鸟孵卵生人
【关联】［W2163］鸟生人

实 例

[哈尼族] 神鸟孵三个神蛋，孵出官人、贝玛和工匠。

【流传】云南省·（红河哈尼族彝族自治州）·红河（红河县）、绿春（绿春县），（玉溪市）·元江（元江哈尼族彝族傣族自治县），（普洱市）·墨江（墨江哈尼族自治县）等县

【出处】鲁然讲，黄世荣采录：《三个神蛋》附记，见中国民间文学集成全国编辑委员会编《中国民间故事集成》（云南卷），北京：中国 ISBN 中心 2003 年版，第 237 页。

## W2228.5
### 人孵卵生人
实 例

[苗族] 能人汪通孵蝴蝶的卵，孵出人类的始祖顶洛。

【流传】广西壮族自治区大苗山地区

【出处】农冠品整理：《顶洛》（资料稿）。

## W2228.5.1
### 灾难幸存者孵卵生人
【关联】［W8086］灾难幸存者

实 例

（参见下级母题实例）

## W2228.5.1.1
### 洪水后一个幸存者孵卵生人
【关联】［W2535］洪水后通过生育再生人类

实 例

[彝族（撒梅）] 洪水后，一个幸存者从土坑中爬出来，腋下夹着的两个鸡蛋中里生出一对男女。

【流传】云南省彝族撒梅人地区

【出处】李成文讲，杨毓骧采录：《人类的起源》，原载李子贤编《云南少数民族神话选》，见陶阳、钟秀编《中国神话》（上），北京：商务印书馆 2008 年版，第 331~332 页。

## W2228.6
### 动物孵卵生人
实 例

[侗族] 四个萨狖（这里应是一种动物名称）孵化萨天巴（蜘蛛，女祖神，创世神）交给的四个卵，孵了三百六十个日夜，一个蛋里出来了始祖松恩。第二次孵化萨天巴交给的四个卵，过了三百六十天，其中一个卵中孵出女始祖松桑。

【流传】广西壮族自治区·（柳州市）·三江（三江侗族自治县），（桂林市）·龙胜（龙胜各族自治县）

【出处】杨卜林喜、杨卜松林、杨明世讲，杨国仁、涛声搜集整理，蒿紫改写：《创世女神萨天巴》，过伟改写自侗族创世史诗《嘎茫莽道时嘉——远祖歌》（未出版稿），见姚宝瑄主编《中国各民族神话》（土家族、毛南族、侗族、瑶族），太原：山西出版传媒集团·书海出版社 2014 年版，第 95~96 页。

## W2228.6.1
### 龙孵卵生人

【关联】［W2167.7］龙生人

实例

［傣族］树生的第三个神蛋吹落到龙的王国，由龙孵出了人。

【流传】（无考）

【出处】龚玉贤等讲，方峰群翻译：《阿銮的由来》，见谷德明编《中国少数民族神话》，北京：中国民间文艺出版社 1987 年版，第 351 页。

## W2228.6.2
### 猿孵卵生人

【关联】［W2318.11］猿变成人

实例

［侗族］4 个萨犹（猿婆）孵肉蛋，其中一个蛋生出男性始祖松恩。

【流传】（无考）

【出处】

(a)《开天辟地》，见杨保愿《嘎茫莽道时嘉》（《侗族远祖歌》），北京：中国民间文艺出版社 1986 年版，第 37 页。

(b) 廖开顺：《侗族远古神话传说的美学基因》，载《贵州民族研究》1995 年第 3 期。

## W2228.6.3
### 龟孵卵生人

【关联】

① ［W2468.2］人与龟婚生人
② ［W2805.1］人以前像乌龟

实例

［侗族］古时候有四个龟婆，在河边孵了四个蛋，只有一个是好蛋，孵出了一个女孩叫松桑。

【流传】贵州省·（黔东南苗族侗族自治州）·从江县·高增乡

【出处】

(a) 梁普安讲，龙玉成采录：《龟婆孵蛋》，见中国民间文学集成全国编辑委员会编《中国民间故事集成》（贵州卷），北京：中国 ISBN 中心 2003 年版，第 43 页。

(b) 龙玉成主编：《贵州侗族民间故事选》，成都：西南交通大学出版社 1993 年版，第 9 页。

## W2228.6.3.1
### 龟婆孵卵生人

实例

❶ ［侗族］以前没有人，四个龟婆孵出一对男女。

【流传】贵州省·（黔东南苗族侗族自

治州）·黎平县

【出处】吴生贤、吴金松讲，杨国仁、涛声搜集整理：《龟婆孵蛋》，载《民间文学》1986 年第 1 期。

❷ [侗族] 四个龟婆分别在寨脚和坡脚孵蛋，并先后孵出 1 男 1 女。

【流传】贵州省·（黔东南苗族侗族自治州）·黎平县

【出处】吴生贤、吴金松讲，杨国仁、涛声搜集整理：《龟婆孵蛋》，见姚宝瑄主编《中国各民族神话》（土家族、毛南族、侗族、瑶族），太原：山西出版传媒集团·书海出版社 2014 年版，第 101 页。

## W2228.6.4
### 鸡孵卵生人

【关联】
① [W2223.9] 鸡蛋生人
② [W2326] 鸡变成人

实 例

[傣族] 树生的第一个神蛋飘落到鸡的王国，由鸡孵了出来，变成一个人。

【流传】（无考）

【出处】龚玉贤等讲，方峰群翻译：《阿銮的由来》，见谷德明编《中国少数民族神话》，北京：中国民间文艺出版社 1987 年版，第 351 页。

## W2228.6.5
### 蛇孵卵生人

【关联】
① [W2167.2] 蛇生人
② [W2279.2.1] 蛇感人生人
③ [W2295.2.2.1] 蛇卵是人种
④ [W2341] 蛇变成人

实 例

[高山族] 百步蛇孵太阳的蛋，生出的男女 2 神（人），是排湾族的贵族的祖先。

【流传】排湾人

【出处】[日] 吉野裕子：《蛇——日本的蛇信仰》，东京：讲谈社 1999 年版，第 189~199 页。

## W2228.6.5.1
### 百步蛇孵卵生人

【关联】[W2228.6.8.1] 太阳的卵让蛇去孵

实 例

[高山族] 百步蛇巴乌隆孵太阳的卵生人。

【流传】（无考）

【出处】《万物的由来》，见姚宝瑄主编《中国各民族神话》（高山族、黎族、畲族），太原：山西出版传媒集团·书海出版社 2014 年版，第 9 页。

## W2228.6.6
### 牛孵卵生人

【关联】[W2161.3] 牛生人

实 例

[藏族]（实例待考）

## W2228.6.7
### 其他动物孵卵生人

实例

[侗族] 萨天巴（蜘蛛，女祖神，创世神）把孵化人类的重担交给萨狁（这里应是一种动物名称）去承担。她从身上扯下四颗肉痣（侗族称之为"倍"），排放在地上对萨狁说："我是万物万类的亲娘，造人的重担就由你们承担。"

【流传】广西壮族自治区·（柳州市）·三江（三江侗族自治县），（桂林市）·龙胜（龙胜各族自治县）

【出处】杨卜林喜、杨卜松林、杨明世讲，杨国仁、涛声搜集整理，蒿紫改写：《创世女神萨天巴》，过伟改写自侗族创世史诗《嘎茫莽道时嘉——远祖歌》（未出版稿），见姚宝瑄主编《中国各民族神话》（土家族、毛南族、侗族、瑶族），太原：山西出版传媒集团·书海出版社2014年版，第93页。

## W2228.6.7.1
### 马孵蛋生人

【关联】[W2161.4] 马生人

实例

[藏族] 王妃梦感生的血球放在牛角里，牛角放在母马身边，被母马的体温孵出可爱的小人，起名叫"茹勃杰"（牛角里出生的男孩）。

【流传】（无考）

【出处】李学琴、马中玉翻译整理：《王子茹勃杰复仇记》，见廖东凡主编《神山之祖》，武汉：湖北少年儿童出版社2001年版，第45~47页。

## W2228.6.7.2
### 鹞孵蛋生人

实例

[傣族] 天神让1条母牛与1只鹞子到地上，母牛生蛋，鹞孵蛋，孵出1个葫芦，生人类。

【流传】云南省

【出处】李子贤：《傣族葫芦神话溯源》，见《探寻一个尚未崩溃的神话王国》，昆明：云南人民出版社1991年版，第137页。

## W2228.6.7.3
### 继尾鸟孵蛋生人

实例

[苗族] 继尾鸟孵蝴蝶妈妈生的蛋，生出姜央（始祖名）。

【流传】（无考）

【出处】《苗族史诗·十二个蛋》，北京：中国民间文艺出版社1983年版。

## W2228.6.8
### 自己的卵需要其他动物去孵

实例

（参见下级母题实例）

## W2228.6.8.1
### 太阳的卵让蛇去孵

【关联】［W2228.6.5］蛇孵卵生人

**实 例**

[高山族] 太阳神生红、白两个蛋之后，让百步蛇巴乌隆去孵。

【流传】（无考）

【出处】《万物的由来》，见姚宝瑄主编《中国各民族神话》（高山族、黎族、畲族），太原：山西出版传媒集团·书海出版社2014年版，第9页。

## W2228.6.8.2
### 鸡孵鸭卵

**实 例**

[汉族]（实例待考）

## W2228.6.8.3
### 鱼孵马卵

**实 例**

[蒙古族] 仙女昌翁吉吉米嫁给人间的鲁俄俄时，从天上偷来马蛋。因没有母马不能孵出马，他们只有到东海去找鱼儿帮忙孵马蛋。

【流传】四川省与云南省交界处的泸沽湖一带

【出处】
（a）扎西玛、何杜基讲，李述唐搜集整理：《鲁俄俄》，载中国民间文艺家协会《民间文学》1987年第7期。
（b）同（a），见姚宝瑄主编《中国各民族神话》（达斡尔族、鄂伦春族、鄂温克族、蒙古族），太原：山西出版传媒集团·书海出版社2014年版，第145页。

## W2228.7
### 卵放柜中生人

【关联】［W2213］柜生人

**实 例**

[朝鲜族] 孕生的一个大卵，放大柜中送入大海，孵化出一个男孩，取名为脱解。

【流传】（无考）

【出处】《昔脱解王神话》，见僧一然《三国遗事》、《帝王韵记》等。

## W2228.8
### 多种动物促成卵生人

**实 例**

[纳西族]（实例待考）

## W2228.9
### 卵炸开后生人

**实 例**

❶[黎族] 雷摄一个卵到山中，卵炸开后生一女。

【流传】海南省

【出处】［清］陆次云：《峒溪纤志》。

❷[黎族] 雷公带来的一颗蛇卵放山中，后来雷公把蛇卵轰破，从卵壳里跳出一个女孩子。

【流传】海南省

【出处】广东民族学院中文系采风组搜

集整理：《黎母山》，原载《黎族民间故事选》，见陶阳、钟秀编《中国神话》（中），北京：商务印书馆 2008 年版，第 776 页。

## W2228.10
### 卵放海中孵化为人

实例

[朝鲜族]（实例待考）

## W2228.11
### 卵放热炕头上孵出人

实例

[朝鲜族] 河伯的女儿柳花生一个大肉蛋。柳花将肉蛋裹好，放在热炕头上，几天后生出一个小男孩。

【流传】（无考）

【出处】

(a)《高朱蒙》，见《三国史记》。

(b)《高朱蒙》，见《三国遗事》。

## W2228.12
### 卵的孵化的特定时间

实例

（参见下级母题实例）

## W2228.12.0
### 卵经过 30 天孵化生人（孵卵 30 天）

【关联】[W2583.2] 怀孕 1 个月

实例

[畲族] 凤凰蛋受了三十天的阳光与露水之后，蛋壳裂开生出个胖娃娃。

【流传】 福建省、浙江省等地

【出处】

(a)《畲族祖宗的传说》，见谷德明编《中国少数民族神话选》，西北民族学院研究所编印，内部资料，1983 年。

(b) 同 (a)，见姚宝瑄主编《中国各民族神话》（高山族、黎族、畲族），太原：山西出版传媒集团·书海出版社 2014 年版，第 89 页。

## W2228.12.1
### 卵经过 49 天孵化生人（孵卵 49 天）

【关联】

① [W2123.1.2] 造人经 49 天成活

② [W2125.1.2] 造人用 49 天

实例

[水族] 牙线（仙婆，天神的女儿）生的 12 个仙蛋，过了七七四十九天，这 12 个仙蛋变成 12 种人和动物。

【流传】 贵州省·（黔东南苗族侗族自治州）·榕江县·平永乡

【出处】 潘开雄等讲，杨路塔采录：《十二个仙蛋》，见中国民间文学集成全国编辑委员会编《中国民间故事集成》（贵州卷），北京：中国 ISBN 中心 2003 年版，第 10 页。

## W2228.12.2
### 卵经过 99 天孵化生人（孵卵 99 天）

实例

[哈尼族] 太阳和月亮轮流孵神蛋，99

天孵出人。

【流传】云南省·（玉溪市）·元江县（元江哈尼族彝族傣族自治县）·羊街乡、那诺乡及因远镇清水河流域一带

【出处】《能人歌》，见元江县哈尼文化学会、元江县史志编组办公室编《元江哈尼族古歌集》，内部编印，2005年，第60页。

## W2228.12.2a
### 卵经过360天孵化生人（孵卵360天）

【关联】

① ［W2123.1.5.1］造的人经360天成活

② ［W2584.1.1］怀孕1年（怀孕360天）

实例

[侗族] 萨天巴（蜘蛛，女祖神，创世神）交给四个萨狖（这里应是一种动物名称）孵化人类的卵。四个萨狖一共孵了三百六十个日夜。一个蛋里出来了始祖松恩。

【流传】广西壮族自治区·（柳州市）·三江（三江侗族自治县）、（桂林市）·龙胜（龙胜各族自治县）

【出处】杨卜林喜、杨卜松林、杨明世讲，杨国仁、涛声搜集整理，蒿紫改写《创世女神萨天巴》，过伟改写自侗族创世史诗《嘎茫莽道时嘉——远祖歌》（未出版稿），见姚宝瑄主编《中国各民族神话》（土家族、毛南族、侗族、瑶族），太原：山西出版传媒集团·书海出版社2014年版，第94页。

## W2228.12.3
### 卵经过9999天孵化生人（孵卵9999天）

实例

[黎族] 一颗蛇卵经过9999个日夜，孵出一个女孩。

【流传】海南省·琼中县（琼中黎族苗族自治县）·五指山公社·番龙村（今属五指山市水满乡番龙村）

【出处】王克福讲，符策超采录：《黎母的神话》，见中国民间文学集成全国编辑委员会编《中国民间故事集成》（海南卷），北京：中国ISBN中心2002年版，第5页。

## W2228.12.4
### 卵经过3年孵化（孵卵3年）

【关联】

① ［W2228.3.4］天地孵卵3年生人

② ［W2584.7］怀孕3年

③ ［W2584.7.4.1］结婚后3年生人

实例

[苗族] 远古时候有一个央腊蛋（蝴蝶妈妈生的生出人类祖先的卵），（鹡宇鸟）孵了足足三年整，三个冬天到冬天，孵久了也不生。

【流传】原文无流传地，据文本及注释推测该神话流传于贵州省·黔东南苗族侗

族自治州·凯里市、台江县等地。
【出处】耇富演唱，苗丁搜集，燕宝整理译注：《枫木生人·十二个蛋》，见贵州省少数民族古籍整理出版规划小组办公室编，燕宝整理译注《苗族古歌》，贵阳：贵州民族出版社 1993 年版，第 493 ~ 494 页。

## W2228.12.5
### 卵经过 12 年孵化（孵卵 12 年）

【关联】［W2584.13.1］怀孕 12 年

实例

［苗族］鹡鸰为蝴蝶孵卵孵，整整孵了十二个年头，才孵出生命。

【流传】贵州省、云南省苗族地区

【出处】《十二个兄弟争天下》，苗地根据《枫木歌》、《十二个蛋》等文本改写，见姚宝瑄主编《中国各民族神话》（布依族、仡佬族、苗族），太原：山西出版传媒集团·书海出版社 2014 年版，第 139 ~ 140 页。

## W2228.12.6
### 卵经过很长时间孵化（孵卵需要很长时间）

实例

（实例待考）

## W2228.13
### 与孵卵有关的其他母题

实例

（参见下级母题实例）

## W2228.13.1
### 通过吞入腹中孵卵

实例

（参见下级母题实例）

## W2228.13.1.1
### 猴吞鹰卵孵出人

实例

［纳西族］气团与天空、大海恋爱后生的山鹰格美厮了一个银亮的白蛋。这个蛋被猴子吞下有吐出后，撞得粉碎，蛋黄在蠕蠕地动，东滚西蹦，闪起七彩的光环，从七彩光海中走出了一个美貌如月亮的姑娘。

【流传】云南省·丽江县（丽江市）

【出处】木丽春采集整理：《格古命的故事》，见木丽春编著《纳西族民间故事集》，昆明：云南人民出版社 2007 年版，第 28 页。

## W2228.13.2
### 寻找孵卵者

【关联】［W9930］寻找

实例

❶［侗族］萨天巴（蜘蛛，女祖神，创世神）发现四个萨狏（这里应是一种动物名称）心地善良，就拿定了主意，把孵化人类的重担交给萨狏去承担。

【流传】广西壮族自治区·（柳州市）·三江（三江侗族自治县），

（桂林市）·龙胜（龙胜各族自治县）

【出处】杨卜林喜、杨卜松林、杨明世讲，杨国仁、涛声搜集整理，蒿紫改写：《创世女神萨天巴》，过伟改写自侗族创世史诗《嘎茫莽道时嘉——远祖歌》（未出版稿），见姚宝瑄主编《中国各民族神话》（土家族、毛南族、侗族、瑶族），太原：山西出版传媒集团·书海出版社 2014 年版，第 91~93 页。

❷ [苗族] 神婆婆务罗务素给纳罗引勾（半人半兽的巨人）12 个宝蛋，让他拿宝蛋到乌筛乌列（天河）河头，用白花花的泉水把蛋淘洗干净，再到芬疏英能找鹇鹏榜留（母鸟名），鹇鹏榜留会替他孵蛋。

【流传】广西壮族自治区·（柳州市）·融水苗族自治县

【出处】
(a) 杨达香讲，梁彬搜集整理：《创世纪》（一、开天辟地，地始天初），见梁彬、王天若编《苗族民间故事选》，南宁：广西人民出版社 1986 年版。
(b) 同 (a)，见姚宝瑄主编《中国各民族神话》（布依族、仡佬族、苗族），太原：山西出版传媒集团·书海出版社 2014 年版，第 171 页。

## W2228.13.2.1
### 生卵者不会孵卵

【关联】[W2228.6.8] 自己的卵需要其他动物去孵

【实例】

[苗族] 蝴蝶生下了白蛋、黄蛋、花蛋、黑蛋、灰蛋、红蛋、蓝蛋等 12 个各种颜色的蛋，可是，蝴蝶妈妈不会孵蛋。

【流传】贵州省、云南省苗族地区

【出处】《十二个兄弟争天下》，苗地根据《枫木歌》、《十二个蛋》等文本改写，见姚宝瑄主编《中国各民族神话》（布依族、仡佬族、苗族），太原：山西出版传媒集团·书海出版社 2014 年版，第 137~138 页。

## W2228.13.3
### 辛苦的孵卵者

【实例】

❶ [侗族] 萨天巴（蜘蛛，女祖神，创世神）交给四个萨犹（这里应是一种动物名称）孵化人类的卵。四个萨犹不吃不喝，就像鸡婆孵鸡蛋。

【流传】广西壮族自治区·（柳州市）·三江（三江侗族自治县），（桂林市）·龙胜（龙胜各族自治县）

【出处】杨卜林喜、杨卜松林、杨明世讲，杨国仁、涛声搜集整理，蒿紫改写：《创世女神萨天巴》，过伟改写自侗族创世史诗《嘎茫莽道时嘉——远祖歌》（未出版稿），见姚宝瑄主编《中国各民族神话》（土家族、毛南族、侗族、瑶族），太原：山西出版传媒集团·书海出版社 2014 年版，第 94 页。

❷ [苗族] 木楼搭成了，孵窝铺好了，鹡鹏榜留（母鸟名）也成了新娘。她为纳罗引勾（半人半兽的巨人）的12个宝蛋孵窝的时候，不吃不喝，不哼不唱，不伸颈，不拍翅膀。线毛脱了，翅膀断完了，终于孵出了宝宝。

【流传】广西壮族自治区·（柳州市）·融水苗族自治县

【出处】
(a) 杨达香讲，梁彬搜集整理：《创世纪》（一、开天辟地，地始天初），见梁彬、王天若编《苗族民间故事选》，南宁：广西人民出版社1986年版。
(b) 同（a），见姚宝瑄主编《中国各民族神话》（布依族、仡佬族、苗族），太原：山西出版传媒集团·书海出版社2014年版，第172页。

## W2228.13.4
### 孵卵前的准备

实 例

（参见下级母题实例）

## W2228.13.4.1
### 孵卵前要铺窝

实 例

❶ [侗族] 萨天巴（蜘蛛，女祖神，创世神）交给四个萨狳（这里应是一种动物名称）孵化人类的四颗肉痣长成大卵。四个萨狳各孵一个，轻轻歌唱，把白晃晃的大圆蛋抱在自己的心口上，然后才小心翼翼抱进树洞里，又用草、花铺成窝塘，开始孵大圆蛋。

【流传】广西壮族自治区·（柳州市）·三江（三江侗族自治县）、（桂林市）·龙胜（龙胜各族自治县）

【出处】杨卜林喜、杨卜松林、杨明世讲，杨国仁、涛声搜集整理，蒿紫改写：《创世女神萨天巴》，过伟改写自侗族创世史诗《嘎茫莽道时嘉——远祖歌》（未出版稿），见姚宝瑄主编《中国各民族神话》（土家族、毛南族、侗族、瑶族），太原：山西出版传媒集团·书海出版社2014年版，第94页。

❷ [苗族] 鹡鸰给蝴蝶孵卵时，有个叫府方的巨人神给鹡鸰砌窝；又有个叫修妞的巨兽为鹡鸰铺草，鹡鸰才愿意孵。

【流传】贵州省、云南省苗族地区

【出处】《十二个兄弟争天下》，苗地根据《枫木歌》、《十二个蛋》等文本改写，见姚宝瑄主编《中国各民族神话》（布依族、仡佬族、苗族），太原：山西出版传媒集团·书海出版社2014年版，第138页。

❸ [苗族] 纳罗引勾（半人半兽的巨人）拿着12个宝蛋找鹡鹏榜留（母鸟名）替他孵蛋时，鹡鹏榜留说："宝宝我来孵，你帮挑干草；宝宝我来抱，你帮扛柴枝；柴枝搭木楼，干草铺窝巢；窝房造好了，我就回来孵。"

【流传】广西壮族自治区·（柳州

市)·融水苗族自治县

【出处】

(a) 杨达香讲，梁彬搜集整理：《创世纪》（一、开天辟地，地始天初），见梁彬、王天若编《苗族民间故事选》，南宁：广西人民出版社1986年版。

(b) 同（a），见姚宝瑄主编《中国各民族神话》（布依族、仡佬族、苗族），太原：山西出版传媒集团·书海出版社2014年版，第171~172页。

## W2228.13.5
### 艰难的孵卵过程

实 例

（参见下级母题实例）

## W2228.13.5.1
### 孵卵时不吃不喝

实 例

[苗族] 纳罗引勾（半人半兽的巨人）生出12个宝蛋。鹓鹏榜留（母鸟名）孵卵时，木楼搭成了，孵窝铺好了，鹓鹏榜留孵窝的时候，不吃不喝，不哼不唱，不伸颈，不拍翅膀。线毛脱了，翅膀断完了，最后才孵出了宝宝。

【流传】广西壮族自治区·（柳州市）·融水苗族自治县

【出处】

(a) 杨达香讲，梁彬搜集整理：《创世纪》（一、开天辟地，地始天初），见梁彬、王天若编《苗族民间故事选》，南宁：广西人民出版社1986年版。

(b) 同（a），见姚宝瑄主编《中国各民族神话》（布依族、仡佬族、苗族），太原：山西出版传媒集团·书海出版社2014年版，第172页。

## W2229
### 与卵生人有关的其他母题

【关联】［W2898.1.3.1］卵生健康的人

实 例

[侗族] 萨犹（一种动物名称）孵萨天巴（蜘蛛，女祖神）交给的卵，孵出的始祖松恩白皮嫩肉肥又胖。

【流传】广西壮族自治区·（柳州市）·三江（三江侗族自治县），（桂林市）·龙胜（龙胜各族自治县）

【出处】杨卜林喜、杨卜松林、杨明世讲，杨国仁、涛声搜集整理，蒿紫改写：《创世女神萨天巴》，过伟改写自侗族创世史诗《嘎茫莽道时嘉——远祖歌》（未出版稿），见姚宝瑄主编《中国各民族神话》（土家族、毛南族、侗族、瑶族），太原：山西出版传媒集团·书海出版社2014年版，第95页。

## W2229.0
### 孵卵不成功（孵卵失败）

实 例

（参见下级母题实例）

## W2229.0.1
### 动物孵神蛋不成功

【关联】［W2221.1］神蛋生人

### 实例

[纳西族] 神鸡下蛋，天上的神鹰来给它抱蛋，抱了三天三夜孵不出来。

【流传】（无考）

【出处】周耀华翻译整理：《马的来历》，原载中共丽江地委宣传部编《纳西族民间故事选》，见陶阳、钟秀编《中国神话》（下），北京：商务印书馆 2008 年版，第 1200~1203 页。

## W2229.0.2
### 神孵神蛋不成功

### 实例

[纳西族] 神鸡下蛋，东神来给它抱蛋，抱了三天三夜也孵不出来；云神来给它抱蛋，抱了三天三夜也孵不出来；风神来给它抱蛋，抱了三天三夜也孵不出来；石神和水神来给它抱蛋，抱了三天三夜还是孵不出来。

【流传】（无考）

【出处】周耀华翻译整理：《马的来历》，原载中共丽江地委宣传部编：《纳西族民间故事选》，见陶阳、钟秀编《中国神话》（下），北京：商务印书馆 2008 年版，第 1200~1203 页。

## W2229.0.3
### 特定的时间孵卵不成功

【关联】[W2228.12] 卵的孵化的特定时间

### 实例

（参见下级母题实例）

## W2229.0.3.1
### 孵卵 6 年没有孵出任何东西

### 实例

[苗族] 鹈鸪为蝴蝶孵卵，孵了一个春，又孵了一冬，孵了六个冬，孵了六个春，整整孵了六年，什么也没有孵出来。

【流传】贵州省、云南省苗族地区

【出处】《十二个兄弟争天下》，苗地根据《枫木歌》、《十二个蛋》等文本改写，见姚宝瑄主编《中国各民族神话》（布依族、仡佬族、苗族），太原：山西出版传媒集团·书海出版社 2014 年版，第 139 页。

## W2229.1
### 无名的卵生人

### 实例

（实例待考）

## W2229.2
### 神生女性的卵

【关联】[W2221.1] 神蛋生人

### 实例

[高山族（排湾）] 一个女陶壶受阳光照射，孵出一个女性的蛋。

【流传】台湾

【出处】尹建中：《台湾山胞各族传统神话故事与传说文献编纂研究》，台湾"内政部"，1994 年，第 184 页。

## W2229.3
### 不同颜色的卵孵出不同的物种

实例

[苗族] 蝴蝶生下了白蛋、黄蛋、花蛋、黑蛋、灰蛋、红蛋、蓝蛋等12个各种颜色的蛋，孵出不同的物种。

【流传】贵州省、云南省苗族地区

【出处】《十二个兄弟争天下》，苗地根据《枫木歌》、《十二个蛋》等文本改写，见姚宝瑄主编《中国各民族神话》（布依族、仡佬族、苗族），太原：山西出版传媒集团·书海出版社2014年版，第137~138页。

## W2229.4
### 不同颜色的神蛋孵出不同的人

实例

（参见下级母题实例）

## W2229.4.1
### 白蛋、红蛋、花蛋分别孵出头人、铁匠和毕摩

实例

[拉祜族（苦聪）] 头人是天鸡下的白蛋变成的，铁匠是红蛋变成的，毕摩是花蛋变成的。

【流传】（无考）

【出处】刘辉豪整理：《阿娜、阿罗造天地》，见中国各民族宗教与神话大词典编审委员会编《中国各民族宗教与神话大词典》，北京：学苑出版社1990年版，第375页。

## W2229.5
### 卵生者的外貌与孵卵者相同

实例

[纳西族] 奇异的白蛋中孵出千千万万的优玛天将。太阳月亮曾经孵抱过三天，所以天将面如日月；天上青龙孵抱过三天，龙头优玛天将出世了。海螺白的雄狮孵抱过三天，狮头优玛天将出世了。杉林猛虎孵抱过三天，虎头优玛天将出世了。什罗山顶飞蛇孵抱过三天，蛇尾优玛天将出世了。宝达树尖神鹏孵抱过三天，鹏翅优玛天将出世了。海鲁石旁神狼孵抱过三天，狼头优玛天将出世了。达吉大海鳌鱼孵抱过三天，鳌头优玛天将出世了。

【流传】云南省·中甸县（迪庆藏族自治州香格里拉）·三坝乡·白地一带

【出处】和牛恒（东巴）读经，和志武翻译整理：《东埃术埃》（1962），见吕大吉、何耀华总主编《中国各民族原始宗教资料集成》（纳西族卷、羌族卷、独龙族卷、傈僳族卷、怒族卷），北京：中国社会科学出版社2000年版，第355页。

## W2229.6
### 孵出人的卵会自己生长

【关联】[W2277.6.1] 天地卵长大后生人

实例

[侗族] 萨天巴（蜘蛛，女祖神，创世神）交给萨狔（这里应是一种动物名称）孵

化人类的四颗肉痣，很快就成为四个大圆蛋，那四个大圆蛋发着金光。

【流传】广西壮族自治区·（柳州市）·三江（三江侗族自治县），（桂林市）·龙胜（龙胜各族自治县）

【出处】杨卜林喜、杨卜松林、杨明世讲，杨国仁、涛声搜集整理，蒿紫改写：《创世女神萨天巴》，过伟改写自侗族创世史诗《嘎茫莽道时嘉——远祖歌》（未出版稿），见姚宝瑄主编《中国各民族神话》（土家族、毛南族、侗族、瑶族），太原：山西出版传媒集团·书海出版社2014年版，第94页。

## 2.4.7 感生人[①]
(W2230 ~ W2279)

### ✿ W2230
**感生人**

实例

（参见下级母题实例）

### W2231
**感神孕生人**

实例

（参见下级母题实例）

### W2231.1
**梦感天神生人**

【关联】[W2277.4] 梦感

实例

[汉族] 刘媪尝息大泽之陂，梦与神遇，产高祖。

【流传】（无考）

【出处】[西汉] 司马迁：《汉书·高帝纪》。

### W2231.1a
**感特定的神生人**

实例

（参见下级母题实例）

### W2231.1a.1
**感太阳神生人**

【关联】[W0271] 太阳神（日神）

实例

[塔吉克族] 公主在途中的城堡感太阳神后无夫生子。

【流传】（无考）

【出处】麦德等搜集，朱华等翻译：《公主堡的传说》，见中华民族故事大系编委会编《中华民族故事大系》第14卷（普米族、塔吉克族、怒族、俄

---

[①] 感生人，有的神话中的"感生人"母题可以看做是"婚生人"母题的一种特殊形式，也在一定程度上强调了两性间的交合。本类"感生人"母题中有些是关于半人半神或文化英雄的出生，因为神话中的"神""人"有时难以从本质上区别，这与第一大类"神与神性人物"母题中的"[W0561]文化英雄的产生"的部分内容有些交叉。很多情形下，神话中的"感卵"母题一般与动物有关，也有的没有交代"卵"的属性。因此，把"感卵"列为一种类型。未特别说明，一律指人的感生。

罗斯族、鄂温克族），上海：上海文艺出版社1995年版，第450页。

## W2231.1a.1.1
### 感太阳神之子生人

**实例**

[傣族] 公主感太阳神的儿子苏利亚，生子。

【流传】云南省·德宏（德宏傣族景颇族自治州）

【出处】郗保常翻译，萌舟等整理：《金皇冠阿銮》，见赵洪顺编《德宏傣族民间故事》，芒市：德宏民族出版社1993年版，第51页。

## W2231.1a.2
### 感雷神生人

【关联】
① ［W0305］雷神
② ［W2232.1.2.3］女子踏雷泽中的巨人脚印怀孕
③ ［W2274.4.1］感雷电中的白光生人
④ ［W2278.2.1］在雷泽感生

**实例**

（参见关联项母题实例）

## W2231.1a.3
### 感山神生人

【关联】［W0391］山神

**实例**

[藏族] 一个放牧牛羊的姑娘梦见从念青唐古拉山上下来一个穿白衣、戴白帽、骑白马的男子（念青唐古拉山神）来和她幽会。不久，她生下一个男孩。

【流传】西藏北部

【出处】何宗英整理：《纳木错》，见BBS水木清华站：http://www.smth.edu.cn 2006.07.20。

## W2231.2
### 接触神的身体孕生人

【关联】［W2277.1］通过接触感生

**实例**

[纳西族] 妇女求子祭石祖（象征男性祖先神）之后，撩起裙子，与石祖接触数次，就可以生儿育女。

【流传】云南省·（丽江市·宁蒗彝族自治县）·永宁；四川省·（凉山彝族自治州）·木里县（木里藏族自治县）、盐源县

【出处】杨学政调查整理：＊《摩梭人的性器官崇拜》，见云南省社会科学院宗教研究所编：《宗教调查与研究》，内部编印，1986年，第199~201页。

## W2231.3
### 感神的残余物孕生人

**实例**

（实例待考）

## W2231.4
### 与感神孕生人有关的其他母题

**实例**

（参见下级母题实例）

## W2231.4.1
### 感似神似人的人生人

实 例

[苗族] 缟莎（女子名）在睡梦中，有人来与她相依相偎，不知是神还是人。从此，缟莎怀孕了。

【流传】云南省·（昭通市）·昭通、彝良县、（曲靖市）·宣威（市）、（昆明市）·寻甸（回族彝族自治县）；贵州省·（毕节市）·威宁（彝族回族苗族自治县）

【出处】
（a）杨秀、杨芝、张新民、王友清讲，陆兴凤、张绍祥记录整理，里晴、景山校正：《则福老》，见杨光汉主编《云南苗族民间故事集成》，北京：中国民间文艺出版社1988年版。
（b）同（a），见姚宝瑄主编《中国各民族神话》（布依族、仡佬族、苗族），太原：山西出版传媒集团·书海出版社2014年版，第295页。

## W2232
### 感神性人物孕生人

实 例

（参见下级母题实例）

## W2232.1
### 踏巨人足印孕生人

【关联】[W0660] 巨人

实 例

❶ [汉族] 姜原出野，见巨人迹，践之而身动，居期而生子。

【流传】（无考）

【出处】[汉] 司马迁：《史记·周本纪》。

❷ [羌族] 姜原踩大脚印孕生人。

【流传】四川省·（阿坝藏族羌族自治州）·汶川县

【出处】高云安讲，王世云搜集：《尔尔神》，见中华民族故事大系编委会编《中华民族故事大系》第11卷（达斡尔族、仫佬族、羌族），上海：上海文艺出版社1995年版，第712页。

## W2232.1.1
### 踏特定巨人的脚印怀孕

实 例

（参见下级母题实例）

## W2232.1.1.1
### 华胥踏巨人防风的脚印怀孕

实 例

[汉族] 华胥女在巨人防风的脚印里跑了一圈，怀孕。

【流传】浙江省·（湖州市）·德清县·三合乡

【出处】沈益民讲，钟铭等采录：《大禹找防风》，见中国民间文学集成全国编辑委员会编《中国民间故事集成》（浙江卷），北京：中国 ISBN 中心1997年版，第68页。

## W2232.1.2
### 踏特定地点的巨人脚印怀孕

【实例】

（参见下级母题实例）

## W2232.1.2.1
### 女子踏河中巨人脚印怀孕

【实例】

［汉族］老婆子在河湾里踏垫泥里的一个很大的脚印怀孕。

【流传】甘肃省·天水市·北道区·中滩乡

【出处】雷兴旺讲，杨晓学采录：《伏羲女娲成婚》，见中国民间文学集成全国编辑委员会编《中国民间故事集成》（甘肃卷），北京：中国 ISBN 中心 2001 年版，第 10 页。

## W2232.1.2.2
### 女子踏池边巨人脚印怀孕

【实例】

［汉族］太古时一个安不上名字的女子踩了池边的几丈长的大脚印，孕生伏羲。

【流传】甘肃省·（平凉市）·静宁县·李店乡·店子村

【出处】李俊源讲，王知三搜集整理：《伏羲降生》，见静宁县民间文学三套集成编辑组编《中国民间故事集成甘肃卷·静宁民间故事》，内部编印，1989 年，第 9 页。

## W2232.1.2.3
### 女子踏雷泽中的巨人脚印怀孕

【关联】［W2278.2.1］在雷泽感生

【实例】

［汉族］大迹出雷泽，华胥履之，生宓牺（又作伏牺）。

【流传】（无考）

【出处】《太平御览》卷七八，引《诗含神雾》。

## W2232.1.2.4
### 女子踏窑洞外巨人脚印怀孕

【实例】

［汉族］女娲之前一个女人华胥在窑洞外踏大脚印，怀孕生人。

【流传】陕西省·（西安市）·蓝田县·华胥县·上许村

【出处】许存义讲：《华胥图》，见中国民间文学集成全国编辑委员会编《中国民间故事集成》（陕西卷），北京：中国 ISBN 中心 1996 年版，第 6～7 页。

## W2232.2
### 感巨人的唾液孕生人

【关联】

① ［W2083.1］用唾液造人
② ［W2263.3］接触唾液孕生人

【实例】

［佤族］达能（神名）朝人类第一个母亲妈农身上吐唾沫，妈农生女儿安木

拐（地球上诞生的第一人）。

【流传】云南省·（普洱市）·西盟县（西盟佤族自治县）

【出处】《司岗里》，见中国民间文学集成全国编辑委员会编《中国民间故事集成》（云南卷），北京：中国 ISBN 中心 2003 年版，第 96 ~ 104 页。

## W2232.3

### 与感神性人物孕生人有关的其他母题

实例

（参见下级母题实例）

## W2232.3.1

### 女子感龙形沉木孕生人

【关联】

[W2247] 感龙孕生人

[W2276.6.1] 感龙的化身孕生人

实例

[白族] 沙壹（女始祖）感龙（沉木）生始祖。

【流传】（无考）

【出处】[南朝] 范晔：《后汉书·西南夷列传》。

## W2232.3.2

### 女子梦中被巨人摸头孕生人

【关联】[W2277.4] 梦感（感梦生人）

实例

[傈僳族] 老太婆梦中被巨人踏头而孕。

【流传】云南省·（怒江傈僳族自治州）·泸水（泸水县）

【出处】李才扒讲，李兴等整理：《额头人》，见中华民族故事大系编委会编《中华民族故事大系》第 7 卷（黎族、傈僳族、佤族），上海：上海文艺出版社 1995 年版，第 297 页。

## W2233

### 感人孕生人

实例

（参见下级母题实例）

## W2233.1

### 偶然接触男人孕生人

【汤普森】T531

实例

[珞巴族]（实例待考）

## W2233.2

### 感人的阳气孕生人

【关联】[W2275.2.1] 感阳气孕生人

实例

（参见下级母题实例）

## W2233.2.1

### 妻子得到丈夫的阳气孕生人

实例

[黎族]（实例待考）

## W2233.2.2

### 妹妹感哥哥的阳气孕生人

【关联】[W2436] 兄妹婚生人

‖ W2232.2.2 — W2232.3 ‖　2.4.7　感生人

【实例】

❶ [黎族] 哥哥家生的是男孩老先与弟弟家生的女孩荷发，分睡两张床上，南风把老先的阳气吹进荷发的体内，荷发怀了孕。

【流传】

（a）海南省·（三亚市）·保亭县（保亭黎族苗族自治县）·保城镇

（bc）海南省五指山区

（d）海南省

【出处】

（a）王老黎讲，王国全采录：《三个民族同一源》，见中国民间文学集成全国编辑委员会编《中国民间故事集成》（海南卷），北京：中国ISBN中心2002年版，第9页。

（b）王国全搜集整理：《南瓜的故事》，见谷德明编《中国少数民族神话》，北京：中国民间文艺出版社1987年版，第196页。

（c）同（b），见陶阳、钟秀编《中国神话》（上），上海：上海文艺出版社2008年版，第374页。

（d）《海南三族传说》，见中央民族学院少数民族文艺研究所编《中国民族民间文学》（上），北京：中央民族学院出版社1987年版，第377页。

❷ [黎族] 洪水后，幸存老先和荷发兄妹俩，哥哥老先睡在两层格床的下层，妹妹睡在上层。日子长了，南风把老先的阳气吹进了睡在上层的荷发体内，荷发就怀了孕。

【流传】海南省五指山一带

【出处】

（a）王国全搜集整理：《土地公与土地婆》，见广东民族学院中文系编《黎族民间故事选》，上海：上海文艺出版社1983年版。

（b）同（a），见姚宝瑄主编《中国各民族神话》（高山族、黎族、畲族），太原：山西出版传媒集团·书海出版社2014年版，第55页。

## W2233.2.3

### 女儿国的女子感外来男子的阳气孕生人

【关联】[W5928]女儿国

【实例】

[彝族] 每年一到三月，女儿国的女人都要"找野"，即跑到花山顶迎风站几天感风而孕，生孩子。花山上的风，每到三月，就会从天下各地把男人的阳气刮来。

【流传】云南省·（楚雄彝族自治州）·永仁县

【出处】苏绍相等讲，基默热阔采录：《搓日阿补征服女儿国》，见中国民间文学集成全国编辑委员会编《中国民间故事集成》（云南卷），北京：中国ISBN中心2003年版，第353页。

## W2233.3

### 梦感男子孕生人

【实例】

（参见下级母题实例）

## W2233.3.1
### 梦到特殊的男子孕生人

**实例**

[藏族] 一位牧民姑娘，在放牧牛羊时梦见从念青唐古拉山上下来一个穿白衣、戴白帽、骑白马的男子，遂生下1个男孩。

【流传】西藏自治区·当雄县、班戈县

【出处】《纳木错》，见 http://history.1001n.com.cn，2004.09.02。

## W2233.4
### 吃人的某些部位孕生人

【汤普森】T511.6

**实例**

（实例待考）

## W2233.5
### 感人的残余物孕生人

【关联】[W2262.9] 喝骨灰水孕生人

**实例**

（实例待考）

## W2233.6
### 与感人孕生人有关的其他母题

**实例**

（参见下级母题实例）

## W2233.6.1
### 梦见来人孕生人

【关联】[W2277.4] 梦感（感梦生人）

**实例**

（参见下级母题实例）

## W2233.6.1.1
### 梦见来4人孕生4子

【关联】
① [W2277.2.2] 吃的数量等于生的数量
② [W2700] 人产生时的数量（人的数量）
③ [W2704] 产生4人

**实例**

[瑶族] 一个长期不孕的人求大仙后，妻子梦见房门开处，进来四个人，遂怀孕四子。

【流传】广东省·（韶关市）·乳源县（乳源瑶族自治县）·必背镇

【出处】赵良保讲，莫泽坚采录：《春夏秋冬四兄弟》，见中国民间文学集成全国编辑委员会编《中国民间故事集成》（广东卷），北京：中国ISBN中心2006年版，第4页。

## W2233.6.2
### 不知是感神还是人后生人

【关联】[W2231.4.1] 感似神似人的人生人

**实例**

[苗族] 美丽勤劳健壮的姑娘缟莎在睡梦中，有人来与她相依相偎，是神还是人，谁也不知道。缟莎怀孕了，生下一个胖儿子。

【流传】云南省

【出处】杨秀、杨芝、张新民、王友清讲，张绍祥、陆兴凤记录翻译：《则福老》，原载《云南苗族民间故事集成》，见陶阳、钟秀编《中国神话》（下），北京：商务印书馆2008年版，第1428~1435页。

## ❋ W2234
### 感动物孕生人

【关联】［W2450］人与动物婚生人

实　例

（参见下级母题实例）

## W2235
### 感牛孕生人

【关联】［W2457］人与牛婚生人

实　例

（参见下级母题实例）

## W2235.1
### 喝牛的尿孕生人

实　例

[傣族] 一个穷姑娘喝了牛的尿之后，生1个男孩。

【流传】云南省

【出处】《苏扎晚那阿銮》，见刀承华《傣族古老文学中的动物图腾崇拜》，载《中央民族大学学报》2009年第4期。

## W2235.2
### 吃牛吃剩的东西孕生人

实　例

（参见下级母题实例）

## W2235.2.1
### 女子吃牛吃剩的椰子孕生人

实　例

❶ [傣族] 一个老妇带着她的独生女看守菜园，独生女因吃了野牛嚼剩的半个椰子怀孕，生叭阿拉武（人名）。

【流传】云南省·西双版纳（西双版纳傣族自治州）一带

【出处】《叭阿拉武的故事》，见曹成章、张元庆《傣族》，北京：民族出版社1984年版，第63页。

❷ [傣族] 女子吃牛王啃剩的椰子，怀孕生牛孩巴阿拉武。

【流传】云南省

【出处】《追马鹿》，见高明强编《创世的神话和传说》，上海：上海三联书店1988年版，第47页。

## W2235.2.2
### 女子吃牛吃剩的菠萝孕生人

实　例

[傣族] 一女吃了牛王咬过的菠萝，孕生1女。

【流传】云南省·西双版纳（西双版纳傣族自治州）

【出处】

(a)《神牛之女》，见《傣族简史》编写组编《傣族简史》，北京：民族出版社2009年版，第291页。

(b)《神牛之女》，见岩峰《傣族文学史》，昆明：云南民族出版社1995年

## W2236

### 感虎孕生人

【关联】［W2452］人与虎婚生人

实例

（参见下级母题实例）

### W2236.1

梦与虎交而孕

【关联】［W2277.4］梦感

实例

❶［白族］有一位白族姑娘，梦与虎交而孕，生1个男孩。

【流传】云南省·（大理白族自治州）·祥云县·（刘厂镇）·乐甸（东甸村）

【出处】杨俊峰：《图腾崇拜文化》，北京：大众文艺出版社2000年版，第95页。

❷［赫哲族］有个女人在梦中见到一个男人，原来是老虎和她睡觉。遂生氏族。

【流传】黑龙江下游姓毕的氏族

【出处】徐昌汉、黄任远：《赫哲族文学》，哈尔滨：北方文艺出版社1991年版，第40页。

### W2236.2

吃虎肉孕生人

实例

［苗族］姑娘妮仰吃了虎肉，生1女。

【流传】广西壮族自治区·（柳州市）·融水县（融水苗族自治县）·滚贝乡

【出处】杨达香讲：《段略和埋耶兄妹》，见中国民间文学集成全国编辑委员会编《中国民间故事集成》（广西卷），北京：中国ISBN中心2001年版，第74~86页。

### W2236.3

喝虎尿孕生人

实例

［傣族］一个女子喝了虎尿，生1女。

【流传】云南省·（临沧市）·耿马（耿马傣族佤族自治县）

【出处】《白虎》，见尹绍亭《中国云南耿马傣文古籍编目》，昆明：云南民族出版社2005年版，第249页。

## W2237

### 感象孕生人

实例

［傣族］一女子吃了红牙白象啃过的芒果，怀孕生1子。

【流传】云南省·（临沧市）·耿马（耿马傣族佤族自治县）

【出处】《红牙白象》，见尹绍亭《中国云南耿马傣文古籍编目》，昆明：云南民族出版社2005年版，第249页。

### W2237.1

喝象脚印中的水孕生人

实例

［独龙族］一个名叫妮泰姑娘喝大象脚

印中的水怀孕。

【流传】（无考）

【出处】

（a）约翰讲，陈凤楼搜集整理：《大象的儿子》，见谷德明编《中国少数民族神话》，北京：中国民间文艺出版社 1987 年版，第 517 页。

（b）约翰（独龙族）讲，李凡人、陈凤楼搜集整理：《大象的儿子》，载《山茶》1983 年第 3 期。

## W2237.2
### 喝象的尿孕生人

【关联】［W2263.1］喝尿孕生人

实 例

（参见下级母题实例）

## W2237.2.1
### 喝神象的尿孕生人

实 例

［傣族］古时，一个傣族妇女喝了神象撒下的尿怀孕，生 1 个女儿。女儿长大后与 1 个青年产生了爱情，生育了许多儿女，都是神象的后裔。

【流传】云南省

【出处】《白象之神——傣族象崇拜》，http://www.yunnaninfo.com

## W2237.2.2
### 寡妇喝象的尿孕生人

实 例

［傣族］一个寡妇喝菜地里象的尿，生 1 女。

【流传】（无考）

【出处】《傣族简史》编写组编：《傣族简史》，北京：民族出版社 2009 年版，第 291 页。

## W2237.2.3
### 老姑娘喝公象的尿孕生人

实 例

［傣族］一个老姑娘喝了公象的尿，生 1 子。

【流传】云南省·德宏（德宏傣族景颇族自治州）

【出处】《为国王看守花园的老姑娘》，见刀承华《傣族古老文学中的动物图腾崇拜》，载《中央民族大学学报》2009 年第 4 期。

## W2237.2.4
### 女子误喝象的尿孕生人

实 例

［傣族］古代有一妇人，误喝了神象之尿而有了身孕。

【流传】云南省

【出处】《象的女儿》，见中国各民族宗教与神话大词典编审委员会编《中国各民族宗教与神话大词典》，北京：学苑出版社 1990 年版，第 85 页。

## W2238
### 感猴孕生人

【关联】［W2455］人与猴婚生人

实 例

（参见下级母题实例）

## W2238.1
### 梦猴孕生人
【关联】[W2277.4] 梦感

实 例

[傈僳族] 一对夫妻久而无子,妻子梦见一只小雌猴朝自己怀里扑来,不久生下一个女儿。

【流传】云南省·怒江傈僳族自治州

【出处】阿普讲,余新等采录:《傈僳猴氏族》,见中国民间文学集成全国编辑委员会编《中国民间故事集成》(云南卷),北京:中国 ISBN 中心 2003 年版,第 256 页。

## W2239
### 感狗孕生人
【关联】
① [W2274.5] 感黄狗似的光生人
② [W2458] 人与犬婚生人(人与狗婚生人)

实 例

[蒙古族] 朵奔·篾儿干的妻子阿阑·豁阿的 3 个儿子都是因为黄犬般伏行的光透入腹中而生。

【流传】(无考)

【出处】余大钧译注:《蒙古秘史》,石家庄:河北人民出版社 2001 年版,第 17~18 页。

## W2240
### 感鸟孕生人
【关联】[W2460] 人与鸟婚生人

实 例

(参见下级母题实例)

## W2240.1
### 吃鸟孕生人
【汤普森】T511.5.4

实 例

(实例待考)

## W2240.2
### 吃与鸟有关的物孕生人

实 例

(参见下级母题实例)

## W2240.2.1
### 吃鸟衔来的红果孕生人
【关联】[W2254.3] 吃红果孕生人

实 例

[满族] 从森林里飞来了一只喜鹊,嘴里叼着一颗红果,送给三天女中最小的天女佛库伦。佛库伦把它含到嘴里咽下,不久便怀孕生爱新觉罗·布库里雍顺。

【流传】吉林省·(延边朝鲜族自治州)·敦化市·额穆镇

【出处】

(a) 伊化山、纪祥春讲,李果钧、刘忠义搜集整理:《天女浴躬池》,见《满族民间故事选》,上海:上海文艺出版社 1983 年版。

(b) 同 (a),见姚宝瑄主编《中国各民族神话》(满族、赫哲族、朝鲜族），太原：山西出版传媒集团·书海出版社2014年版，第95~99页。

## W2241
### 感鹰孕生人
【关联】［W2463］人与鹰婚生人

实 例

［土家族］部落征战后幸存的姑娘感鹰而孕。

【流传】湖北省

【出处】谭大玉等讲，方筱君等搜集整理：《佘氏婆婆》，见中华民族故事大系编委会编《中华民族故事大系》第5卷（瑶族、白族、土家族），上海：上海文艺出版社1995年版，第672~674页。

## W2241.1
### 感鹰血孕生人
【关联】［W2263.4］接触血液孕生人（感血孕生人）

实 例

（参见下级母题实例）

## W2241.1.1
### 女子感神鹰血后生人

实 例

❶［彝族］一个叫蒲么列日的姑娘，正坐在地上吃炒面，一只神鹰掠过头顶掉了一滴血在她身上。从此，她就怀孕生下一个儿子。

【流传】（无考）

【出处】蒋汉章翻译，李仲舒整理：《创造万物的巨人支格阿鲁》，见陶立璠、李耀宗主编《中国少数民族神话传说选》，成都：四川民族出版社1985年版，第86页。

❷［彝族］神鹰飞过女神蒲么列日的头顶，掉了一滴血在她的身上，由此而孕，生1子，叫尼支呷洛。

【流传】云南省·楚雄（楚雄彝族自治州）

【出处】《创造万物的巨人尼支呷洛》，见谷德明编《中国少数民族神话》，北京：中国民间文艺出版社1987年版，第280页。

## W2241.1.2
### 女子感龙鹰血后生人

实 例

［彝族］补莫乃日（龙女）感神龙鹰的血，生了一个儿子。

【流传】云南省·（楚雄彝族自治州）·大姚县

【出处】肖开亮讲，李世忠等采录：《阿鲁举热》，见中国民间文学集成全国编辑委员会编《中国民间故事集成》（云南卷），北京：中国ISBN中心2003年版，第341页。

## W2241.1.3
### 女子感岩鹰血后生人

实 例

［彝族］一女在屋檐下织布时，沾上了一滴岩鹰的血而怀孕。

【流传】（无考）

【出处】《英雄支格阿龙的传说》，见《彝族民间故事选》，上海：上海文艺出版社1983年版，第1页。

## W2241.1.4
### 女子裙子上滴岩鹰血后生人

实例

[彝族] 有个女子在屋檐下织布时，空中飞来一只岩鹰，滴了一滴血在她的裙子上，她怀了孕，生了支格阿龙。

【流传】四川省·凉山州（凉山彝族自治州）

【出处】比雀阿立讲，上元、邹志诚整理：《认妈妈》，节选自《英雄支格阿龙》，原载李德君、陶学良编《彝族民间故事选》，见陶阳、钟秀编《中国神话》（中），北京：商务印书馆2008年版，第675~686页。

## W2241.1.5
### 梦鹰入怀孕生人

【关联】[W2277.4] 梦感（感梦生人）

实例

[土家族] 争战后幸存的姑娘佘（蛇）香香与天上飞来的岩鹰一起生活，她干活累了，在树下歇脚时睡着了，梦见两只小岩鹰突然撞进她的怀里，便怀了孕，生下一男一女。

【流传】（无考）

【出处】《鹰氏公公和佘（蛇）氏婆婆》（彭迪供稿），见姚宝瑄主编《中国各民族神话》（高山族、黎族、畲族），

太原：山西出版传媒集团·书海出版社2014年版，第7页。

## W2242
### 感喜鹊孕生人

【关联】[W2277.4.3.2] 梦感喜鹊生人

实例

（参见下级母题实例）

## W2242.1
### 老太太感喜鹊孕生人

实例

❶ [满族] 一个60多岁的老婆婆梦大喜鹊入怀，生1个男孩。

【流传】（无考）

【出处】《沙克沙恩都哩》，见傅英仁口述，张爱云整理《傅英仁满族故事》（上），哈尔滨：黑龙江人民出版社2006年版，第24页。

❷ [满族] 老婆婆梦见一只大喜鹊向她怀里扑来，于是生一个白胖小子。

【流传】（a）黑龙江省·（牡丹江市）·宁安县·江东乡（江南朝鲜族满族乡）·缸窑村

【出处】

(a) 关振川讲，傅英仁采录：《沙克沙恩都哩》，见中国民间文学集成全国编辑委员会编《中国民间故事集成》（黑龙江卷），北京：中国ISBN中心2005年版，第63~64页。

(b) 傅英仁搜集：《沙克沙恩都哩》，见《满族神话故事》，哈尔滨：北方文艺出版社1985年版。

(c)《沙克沙恩都哩》，见满都呼主编《中国阿尔泰语系诸民族神话故事》，北京：民族出版社1997年版，第277~278页。

## W2243
### 感鱼孕生人
【关联】[W2465.1] 人与鱼婚生人

实例

（实例待考）

## W2243.1
### 吃鱼孕生人
【汤普森】T511.5.1

实例

（实例待考）

## W2244
### 感昆虫孕生人

实例

（实例待考）

## W2244.1
### 吃（误饮）昆虫孕生人
【汤普森】T511.5.2

实例

（实例待考）

## W2245
### 感蛇孕生人
【关联】[W2468.1] 人与蛇婚生人

实例

[汉族] 帝女游于华胥之渊，感蛇而孕。

【流传】（无考）

【出处】《路史·后纪一》注引《宝椟记》。

## W2245.1
### 梦与蛇交孕生人
【关联】[W2277.4] 梦感

实例

（实例待考）

## W2245.2
### 女子被蛇缠身后孕生人

实例

（实例待考）

## W2245.3
### 女子与蛇亲热后孕生人

实例

[纳西族] 女人与蛙蛇亲热像蜂与花一样，说是蛙蛇亲热了女人，女人才会生孩子。

【流传】云南省·丽江县（丽江市）

【出处】木丽春采集整理：《父亲易位的故事》，见木丽春编著《纳西族民间故事集》，昆明：云南人民出版社2007年版，第15页。

## W2246
### 感蛙孕生人
【关联】[W2167.4] 蛙生人

实例

（参见下级母题实例）

## W2246.1
### 摸青蛙孕生人

【关联】［W2277.1］通过接触感生

实 例

［傈僳族］一个姑娘因为摸青蛙而怀孕。

【流传】（无考）

【出处】《戈叶缠的故事》，见田兵等编《中国少数民族神话论文集》，南宁：广西民族出版社1984年版，第174页。

## W2246.2
### 与蛙亲热孕生人

实 例

［纳西族］女人与蛙、蛇亲热像蜂与花一样。蛙、蛇亲热了女人才会生孩子。

【流传】云南省·丽江县（丽江市）

【出处】木丽春采集整理：《父亲易位的故事》，见木丽春编著《纳西族民间故事集》，昆明：云南人民出版社2007年版，第15页。

## W2247
### 感龙孕生人

【关联】［W2470.1］人与龙婚生人

实 例

［羌族］神女感龙生了一个长牛角的孩子。

【流传】四川省·（阿坝藏族羌族自治州）·汶川县

【出处】刘光元讲，罗世泽搜集：《阿巴补摩》，见中华民族大系编委会编《中华民族故事大系》第11卷（达斡尔族、仫佬族、羌族），上海：上海文艺出版社1995年版，第690页。

## W2247.1
### 感神龙孕生人

实 例

❶［汉族］少典妃感神龙首而生炎帝神农。

【流传】（无考）

【出处】［晋］皇甫谧：《帝王世纪》。

❷［汉族］少典妃女登，感神龙而生炎帝。

【流传】（无考）

【出处】［唐］司马贞：《史记·补三皇本纪》。

## W2247.2
### 感雷龙孕生人

实 例

［汉族］高祖之母，造次怀妊，遭逢雷龙，生刘邦。

【流传】（无考）

【出处】［东汉］王充：《论衡·奇怪篇》。

## W2247.3
### 感金龙孕生人

实 例

［傣族］一女感金龙生子。

【流传】云南省

【出处】《九隆》，见高明强编《创世的

神话和传说》，上海：上海三联书店1988年版，第89页。

## W2247.4
### 吞龙蛋孕生人
【关联】［W2223.0］龙蛋生人

实例

（参见下级母题实例）

## W2247.4.1
### 吃黄龙蛋孕生人

实例

［汉族］圣母吞黄龙产的蛋怀孕，生下子。

【流传】湖北省·（襄阳市）·保康县·百峰乡

【出处】《黑暗传·彭本》，见张春香：《文化奇胎〈黑暗传〉》，载《广西民族学院学报》2003年第3期。

## W2247.4.2
### 女娲吃龙蛋孕生人
【关联】［W2144.3］女娲生人

实例

［汉族］女娲吞3个龙蛋，生3子。

【流传】（无考）

【出处】高明强编：《创世的神话和传说》，上海：上海三联书店1988年版，第6页。

## W2247.5
### 梦龙孕生人
【关联】［W2247.6.1］梦红龙缠身孕生人

实例

（参见关联项母题实例）

## W2247.6
### 感红龙孕生人
【关联】［W2277.4.3.1a］神女梦红龙生人

实例

（参见下级母题实例）

## W2247.6.1
### 梦红龙缠身孕生人

实例

［羌族］女神姜顿夜里梦到一根很大的红龙缠着她不放，生了一个娃儿。

【流传】四川省·（阿坝藏族羌族自治州）·汶川县·雁门乡

【出处】刘光元讲，罗世泽采录：《阿巴补摩》，见中国民间文学集成全国编辑委员会编《中国民间故事集成》（四川卷·下），北京：中国ISBN中心1998年版，第1123页。

## W2247.7
### 感白龙孕生人

实例

（参见下级母题实例）

## W2247.7.1
### 女神感白龙孕生人

实例

［土家族］蒙易神婆感白龙生人。

【流传】湖南省·（湘西土家族苗族自治州）·酉水（酉水河）、武水流域

【出处】杨昌鑫：《一首古老的土家族军葬战歌》，载《民间文学》1985第10期。

## W2247.8
### 感黄龙孕生人

【关联】［W2247.4.1］吃黄龙蛋孕生人

实 例

（参见关联项母题实例）

## W2248
### 感其他动物孕生人

实 例

［汉族］（孕妇）见麋而子四目。

【流传】（无考）

【出处】《淮南子·说山训》，见［汉］刘安等著，陈广忠译注《淮南子译注》，长春：吉林文史出版社1990年版，第795页。

## W2248.1
### 感燕子孕生人

【关联】

① ［W2165.2］燕子生人

② ［W2227.2］燕子衔的卵生人

实 例

（实例待考）

## W2248.1.1
### 感燕子的卵孕生人

【关联】

① ［W2247.4］吞龙卵孕生人

② ［W2276.1.1.1］吃鸡蛋孕生人

实 例

［汉族］天令燕降卵于有娀氏女，吞之生契。

【流传】（无考）

【出处】《吕氏春秋·音初》高诱注。

## W2248.2
### 感蝴蝶孕生人

【关联】［W2223.7］蝴蝶的卵生人

实 例

（实例待考）

## W2248.3
### 感虫孕生人

【关联】［W2335］昆虫变成人

实 例

（参见下级母题实例）

## W2248.3.1
### 神感虫而孕

【关联】［W2131］神生人

实 例

［土家族］生育祖神春巴妈帕感昆虫有孕生人。

【流传】（无考）

【出处】游俊：《土家族祖先崇拜略论》，载《世界宗教研究》2000年第4期。

## W2249
### 与感动物生人有关的其他母题

实 例

（参见下级母题实例）

## W2249.1
### 吃动物孕生人
【汤普森】T511.5
【关联】[W2236.2]吃虎肉孕生人

**实 例**

(参见关联项母题实例)

## W2249.2
### 感动物的残余物(肢体)孕生人①
【关联】
① [W2237.2.1]喝神象的尿孕生人
② [W2241.1]感鹰血孕生人

**实 例**

(参见关联项母题实例)

## W2249.3
### 感动物吃剩的残余物孕生人
【关联】
[W2235.2.1]女子吃牛吃剩的椰子孕生人
[W2235.2.2]女子吃牛吃剩的菠萝孕生人

**实 例**

(参见关联项母题实例)

## W2249.4
### 感动物的卵孕生人
【汤普森】T511.7.2

**实 例**

(实例待考)

## W2249.5
### 吃动物的卵孕生人
【关联】[W2247.4]吞龙卵孕生人

**实 例**

(参见关联项及W2249.6母题实例)

## W2249.6
### 吃鸟卵孕生人
【关联】
① [W2248.1.1]感燕子的卵孕生人
② [W2276.1.1.1]吃鸡蛋孕生人

**实 例**

❶ [汉族]天令燕降卵于有娀氏女,吞之生契。

【流传】(无考)

【出处】《吕氏春秋·音初》高诱注。

❷ [柯尔克孜族]吃鸡蛋怀孕生子。

【流传】(无考)

【出处】玛科西等讲,张运隆整理,朱玛拉依翻译:《巴依西和江尼西》,见中华民族故事大系编委会编《中华民族故事大系》.第10卷(景颇族、柯尔克孜族、土族),上海:上海文艺出版社1995年版,第405页。

---

① 感动物的残余物母题中强调的是动物,而不是这些残余物本身。据此,我们也可以把这种叙事中的"动物"作为图腾物对待,具体情形参见"[W6290~W6349]常见的图腾物"实例。

## W2249.6.1
### 吃玄鸟卵孕生人

**实例**

❶ [汉族] 殷契母简狄，见玄鸟堕其卵，简狄取吞之，生契。

【流传】（无考）

【出处】[汉] 司马迁：《史记·殷本纪》。

❷ [汉族] 简狄吞玄鸟遗卵，生契。

【流传】（无考）

【出处】《史记索隐》引谯周《古史考》。

## W2249.6.2
### 吃特定来历的卵孕生人

**实例**

[畲族] 吃土地公给的鸡蛋生子。

【流传】福建省·（宁德市）·福鼎（福鼎市）

【出处】蓝成祖讲，蓝清盛整理：《千里眼兄弟》，见中华民族故事大系编委会编《中华民族故事大系》第8卷（畲族、高山族、拉祜族），上海：上海文艺出版社1995年版，第204页。

## W2249.7
### 感动物孕生该动物

**实例**

（参见下级母题实例）

## W2249.7.1
### 感青蛙孕生青蛙

【关联】

① [W2246] 感蛙孕生人
② [W2343.1] 青蛙变成人
③ [W2600] 人生怪胎
④ [W2607.12.1] 生蛙人
⑤ [W2623.1] 人生青蛙

**实例**

❶ [傈僳族] 有个姑娘因为摸青蛙而怀孕，后来生了一只青蛙。这只青蛙变成人。

【流传】（无考）

【出处】《戈叶缠的故事》，见田兵等编《中国少数民族神话论文集》，南宁：广西民族出版社1984年版，第174页。

❷ [傈僳族] 有个叫沃木列的姑娘感青蛙生下个青蛙。

【流传】云南省

【出处】《戈叶缠的故事》，载云南德宏傣族景颇自治州文联编《孔雀》1982年第4期。

## W2249.8
### 感动物的口中物孕生人

**实例**

（参见下级母题实例）

## W2249.8.1
### 吃鸟衔来的东西孕生人

【关联】[W2254.13.1] 吃神鸦衔来的

果子孕生人

实例

❶ [满族] 三仙女在天池洗澡时,飞来一只喜鹊,将嘴里衔着的东西吐在老三佛库伦的衣服上,她捡起来含在嘴里,结果滑进肚子里。因此怀了孕,生1个男孩。

【流传】辽宁省·(鞍山市)·岫岩县(岫岩满族自治县)

【出处】李成明讲,张其卓、董明搜集整理:《天鹅仙女》,原载张其卓、董明编《满族三老人故事集》,见陶阳、钟秀编《中国神话》(中),北京:商务印书馆2008年版,第590~594页。

❷ [满族] 三天女共浴,一女吞神鹊所衔的果子,遂生男,取姓爱新觉罗。

【流传】(无考)

【出处】《满洲源流考》(卷一)。

❸ [满族] 天女三,曰恩古伦,次正古伦,次佛库伦,浴于池。浴毕,季女因食神鹊之朱果而孕。

【流传】(无考)

【出处】《爱新觉罗氏族源神话》,原载《清太祖武皇帝实录》,见吕大吉、何耀华总主编《中国各民族原始宗教资料集成》(鄂伦春族卷、鄂温克族卷、赫哲族卷、达斡尔族卷、锡伯族卷、满族卷、蒙古族卷、藏族卷),北京:中国社会科学出版社1999年版,第488页。

※ **W2250**
感植物孕生人

【汤普森】T511.2

实例

(参见下级母题实例)

**W2251**
感树孕生人

【关联】[W2171] 树生人

实例

(参见下级母题实例)

**W2251.1**
感神树孕生人

实例

(参见下级母题实例)

**W2251.1.1**
梦感神树孕生人

【关联】

① [W2277.4] 梦感(感梦生人)

② [W2277.4.1.1] 老夫妻梦感神树生人

实例

[哈萨克族] 老夫妻梦感神树生人。

【流传】(无考)

【出处】木塔里甫、吾云:《史诗中的神树母题》,载《民族文学研究》1997年第2期。

**W2251.2**
接触特殊的树孕生人

实例

[珞巴族] 太阳的女儿冬尼下凡,在一种叫"卡让辛"的树上搔痒而孕,生

下世界上第1个人。

【流传】西藏新巴部落

【出处】刘志群：《珞巴族原始文化》（下），载《民族艺术》1997年第2期。

## W2251.3
### 感柏树根孕生人

实 例

❶ [白族] 一位姑娘撞到了洪水中的一个柏树根，孕生9子。

【流传】云南省·大理（大理白族自治州）

【出处】《白王打天下》，见中国社会科学院云南少数民族文学研究所等编《云南少数民族文学资料》（第1辑），内部编印，1980年，第232页。

❷ [白族] 大理的一个独姑娘到河边洗衣时撞到一条柏木根（龙）而孕，生9子。

【流传】（无考）

【出处】《白王打天下》，见田兵等编《中国少数民族神话论文集》，南宁：广西民族出版社1984年版，第193页。

## W2251.4
### 女子爬树孕生人

实 例

[珞巴族] 姑娘刚刚爬上树，忽然感到受孕了。

【流传】西藏自治区

【出处】腊荣老人讲，明珠翻译：《虎哥与人弟》，见姚宝瑄主编《中国各民族神话》（门巴族、珞巴族、怒族、藏族），太原：山西出版传媒集团·书海出版社2014年版，第22页。

## W2252
### 感花孕生人

【关联】[W2194] 花生人

实 例

（参见下级母题实例）

## W2252.1
### 闻花孕生人

【汤普森】T532.1.1.1

【关联】[W2252.2] 吃花孕生人

实 例

（实例待考）

## W2252.2
### 吃花孕生人

【汤普森】T511.4

实 例

（参见下级母题实例）

## W2252.2.1
### 吃红花孕生人

实 例

[土家族] 姑娘在河边洗衣服时吞下从河里飘来的红花怀孕生子。

【流传】湖南省·（湘西土家族苗族自治州）·永顺县·双凤村

【出处】马炜、陆群：《土家族：湖南永顺县双凤村调查》，昆明：云南大学

## W2252.2.2
### 吃仙花孕生人

实 例

[**彝族**] 一股气叫蒲依，吞仙花（神树），生1男孩。

【流传】云南省·（楚雄彝族自治州）·永仁县

【出处】《更资天神》，见中国民间文学集成全国编辑委员会编《中国民间故事集成》（云南卷），北京：中国 ISBN 中心 2003 年版，第 9 页。

## W2252.2.3
### 吃特定的花孕生人

实 例

[**汉族**] 林默母梦吞南海观音的优钵花，14 个月生林默（妈祖）。

【流传】（无考）

【出处】《三教搜神大全》。

## W2253
### 感草孕生人

实 例

（参见下级母题实例）

## W2253.1
### 食仙草孕生人

【关联】[W0934] 神草（仙草）

实 例

[**畲族**] 高辛帝祈求自己造的太阳，得仙草，妻子食仙草汁而孕。

【流传】（无考）

【出处】《三公主和龙犬》，见高明强编《创世的神话和传说》，上海：上海三联书店 1988 年版，第 127 页。

## W2254
### 吃水果孕生人

【汤普森】①T511.1；②≈T532.8

【关联】[W2195] 水果生人

实 例

（参见下级母题实例）

## W2254.1
### 吃桃孕生人

【汤普森】T511.1.6

实 例

❶ [**白族**] 一未婚女子砍柴时，吃下一颗桃子，怀孕生下一个男孩。

【流传】云南省·大理（大理白族自治州）·苍山一带

【出处】《白族民间故事》，昆明：云南人民出版社 1982 年版，第 104 页。

❷ [**白族**] 村妇发现一棵桃子树上有一个绿茵茵的硕果，就顺手摘下囫囵下肚了。不久，她就怀孕生下了一个男孩。

【流传】云南省·大理（大理白族自治州）

【出处】大理市文化局编：《龙神话传说》，昆明：云南人民出版社 1985 年版，第 87~89 页。

## W2254.1.1
### 吃仙桃孕生人

实例

[瑶族] 一女人得仙人的 7 个仙桃后，生 7 娃。

【流传】湖南省·（永州市）·江华县（江华瑶族自治县）·大锡公社（大锡乡）

【出处】盘才坤讲：《兄妹成亲》，见湖南民委民族民间文学整理组编《民族民间文学资料》24 集之《瑶族民间传说故事选》，1980 刻印本，第 69 页。

## W2254.1.2
### 吃红桃孕生人

实例

[普米族] 女子吃了红桃受了孕，生下小孩。

【流传】云南省·（怒江傈僳族自治州）·兰坪县（兰坪白族普米族自治县）

【出处】《红桃》，见兰坪县民间文学编写组《兰坪白族普米族自治县民间文学选集》，内部发行，1988 年，第 7 页。

## W2254.1.3
### 吃绿桃孕生人

实例

❶ [白族] 绿桃村的一个姑娘看见水里流下一个小碗大的绿桃，捞起来充饥后，就此怀了孕。

【流传】云南省·大理（大理白族自治州）·下关

【出处】杨佑讲，马泽斌搜集整理：《段赤诚》，见中华民族故事大系编委会编《中华民族故事大系》第 5 卷（瑶族、白族、土家族），上海：上海文艺出版社 1995 年版，第 487~489 页。

❷ [白族] 女子摘下绿桃吃了下去，过了些日子，就有了孕。

【流传】（无考）

【出处】徐嘉瑞搜集整理：《龙母》，见中华民族故事大系编委会编《中华民族故事大系》第 5 卷（瑶族、白族、土家族），上海：上海文艺出版社 1995 年版，第 445~446 页。

❸ [白族] 大理绿桃村一女子因食山水冲来的一颗绿桃而孕，生 1 个男孩，后来男孩入水化为小黄龙，成为绿桃村本主。

【流传】云南省·大理（大理白族自治州）

【出处】杨国才：《浅论藏族本教和白族本主》，载《西藏民族学院学报》1996 年第 1 期。

## W2254.1.4
### 吃像桃的果子孕生人

实例

[土家族] 有对年过半百的夫妻无儿无女。妻子吃了一位白发老母给的八颗像桃子一样的果子怀孕。

【流传】湖南省·湘西（湘西土家族苗族自治州）·龙山（龙山县）
【出处】覃仁安搜集整理：《八部大王》，见中华民族故事大系编委会编《中华民族故事大系》第 5 卷（瑶族、白族、土家族），上海：上海文艺出版社 1995 年版，第 683 页。

## W2254.1.5
### 吃丈夫的桃孕生人

实 例

[普米族] 女子吃了死去丈夫坟上的红桃孕生人。
【流传】（无考）
【出处】罗世宝整理：《红桃》，见中华民族故事大系编委会编《中华民族故事大系》第 14 卷（普米族、塔吉克族、怒族、俄罗斯族、鄂温克族），上海：上海文艺出版社 1995 年版，第 111 页。

## W2254.1.6
### 吃仙婆送来的桃孕生人

实 例

❶ [侗族] 仙婆为 50 多岁的大妈送来了 7 个桃子，大妈吃后怀孕。
【流传】湖南省·（怀化市）·新晃县（新晃侗族自治县）·李树乡·茂溪村
【出处】吴贻刚讲，杨顺成等采录：《姜郎姜妹》，见中国民间文学集成全国编辑委员会编《中国民间故事集成》（湖南卷），北京：中国 ISBN 中心 2002 年版，第 28 页。

❷ [侗族] 一女子不育，吃了仙婆送的 7 颗桃而孕。
【流传】湖南省·（怀化市）·新晃县（新晃侗族自治县）·李村（疑为"李树乡"）
【出处】《张良张妹》，见《新晃侗族民间传说故事选》，1980 刻印本，第 1~3 页。

## W2254.1.7
### 吃喜鹊送来的桃孕生人

实 例

[满族] 天的三女儿在白山的泉池洗澡，吃喜鹊衔来的大桃，生 1 男孩。
【流传】（无考）
【出处】《天三女儿》，见爱新觉罗·乌拉希春《满族古神话》，呼和浩特：内蒙古人民出版社 1987 年版，第 3~9 页。

## W2254.1.8
### 龙母吃桃孕生人

【关联】[W3582] 龙母（龙的母亲）

实 例

[白族] 大理龙母吞绿桃有娠，生子。
【流传】（无考）
【出处】徐嘉瑞：《大理古代文化史稿》，北京：中华书局 1984 年版。

## W2254.1.9
### 老太太吃桃孕生人

【关联】[W2222.1.1] 老人生的卵生人

> 实 例

❶ [侗族] 50 多岁的大妈吃了仙婆送来桃子，怀孕生子。

【流传】湖南省·（怀化市）·新晃县（新晃侗族自治县）·李树乡·茂溪村

【出处】吴贻刚讲，杨顺成等采录：《姜郎姜妹》，见中国民间文学集成全国编辑委员会编《中国民间故事集成》（湖南卷），北京：中国 ISBN 中心 2002 年版，第 28 页。

❷ [回族] ☆一个没儿没女的老婆子尿尿时，一桃落怀中，吃后生子。

【流传】宁夏回族自治区·（固原市）·泾源县·惠台乡

【出处】马恩桂讲：《蛤蟆儿子》，见中国民间文学集成全国编辑委员会编《中国民间故事集成》（宁夏卷），北京：中国 ISBN 中心 1999 年版，第 338~340 页。

## W2254.2
### 吃苹果孕生人

【汤普森】T511.1.1

> 实 例

[乌孜别克族] 妻子吃老人给的苹果孕生 1 个男孩。

【流传】（无考）

【出处】巴哈尔·热合木搜集，王黎明翻译：《塔伊尔与佐合拉》，见中华民族故事大系编委会编《中华民族故事大系》第 14 卷（普米族、塔吉克族、怒族、俄罗斯族、鄂温克族），上海文艺出版社 1995 年版，第 694 页。

## W2254.3
### 吃红果孕生人

【关联】[W2240.2.1] 吃鸟衔来的红果孕生人

> 实 例

❶ [满族] 仙女佛库伦天地浴时唼吞喜鹊的红果而孕，生爱新觉罗·布库里雍顺。

【流传】黑龙江·（哈尔滨市）·依兰县

【出处】张其卓等整理：《天鹅仙女》，见蔚家麟选编《中国民间故事精选》，武汉：长江文艺出版社 2005 年版，第 41~45 页。

❷ [满族] 老三佛库伦在天池洗浴时吞喜鹊衔的红果而孕。仙女三佛库伦（佛库伦：在《清太祖武皇帝实录》卷一《满文老档·天聪五年九月》中又译为"佛固伦"）。

【流传】辽宁省·（鞍山市）·岫岩县（岫岩满族自治县）

【出处】

（a）李成明讲：《天鹅仙女》，见陶阳、钟秀编《中国神话》，上海：上海文艺出版社 1996 年版，第 261 页。

（b）同（a）见中国民间文艺研究会辽宁分会编《满族三老人故事集》，沈阳：春风文艺出版社 1984 年版，第 15~20 页。

❸ [满族] 天女佛库伦吃喜鹊叼的红果

而孕，生1男孩，即爱新觉罗·布库里雍顺。

【流传】（无考）

【出处】伊化山、纪祥春讲，李果钧、刘忠义搜集：《天女浴躬池》，见《满族民间故事选》，上海：上海文艺出版社1983年版。

## W2254.3.1
### 女神吃红果孕生人

【关联】[W2279.1.2] 神吃红果生人

实例

[苗族] 女神吞吃一位老人送给她的红果，生7子。

【流传】（无考）

【出处】《落天女的子孙》，见刘守华《中国民间故事精选》，武汉：华中理工大学出版社1993年版，第30~34页。

## W2254.3.2
### 天女吃红果孕生人（仙女吃红果孕生人）

【关联】
① [W0215] 天女
② [W2133.5] 天女生人

实例

❶ [满族] 从森林里飞来了一只喜鹊，嘴里叼着一颗红果，送给天女佛库伦。佛库伦拿到红果，闻到一股奇异的清香。她好奇地把它含到嘴里，这红果一滑竟滚进了她的肚子里，不久便怀孕了。

【流传】吉林省·（延边朝鲜族自治州）·敦化市·额穆镇

【出处】
(a) 伊化山、纪祥春讲，李果钧、刘忠义搜集整理：《天女浴躬池》，见《满族民间故事选》，上海：上海文艺出版社1983年版。
(b) 同（a），见姚宝瑄主编《中国各民族神话》（满族、赫哲族、朝鲜族），太原：山西出版传媒集团·书海出版社2014年版，第95~99页。

❷ [满族] 神鹊衔一朱果，被下凡到人间沐浴的仙女佛库伦吞入口中，感而成孕生子。

【流传】（无考）

【出处】《天女佛库伦生满洲始祖》，见[日]今西春秋译《满和蒙和对译满洲实录》，刀水书房1992年版。

❸ [满族] 天女三，曰恩古伦，次正古伦，次佛库伦，浴于池。浴毕，有神鹊衔朱果置季女衣，季女爱之不忍置诸地，含口中，忽已入腹，遂有身。

【流传】（无考）

【出处】《爱新觉罗氏族源神话》，原载《清太祖武皇帝实录》，见吕大吉、何耀华总主编《中国各民族原始宗教资料集成》（鄂伦春族卷、鄂温克族卷、赫哲族卷、达斡尔族卷、锡伯族卷、满族卷、蒙古族卷、藏族卷），北京：中国社会科学出版社1999年版，第488页。

## W2254.3.3
### 女子吃天神给的红果孕生人

【关联】［W2281.2］求天神得子

**实 例**

❶ ［羌族］天上的火神蒙格西爱慕女首领阿勿巴吉，便从怀中取出一个鲜红的果子送到阿勿巴吉口中，她由此怀上孩子。

【流传】四川省·（阿坝藏族羌族自治州）·茂县

【出处】《燃比娃取火》，见茂县文化馆编《羌族民间故事》（三），1982年12月，转引自吕大吉、何耀华总主编《中国各民族原始宗教资料集成》（纳西族卷、羌族卷、独龙族卷、傈僳族卷、怒族卷），北京：中国社会科学出版社2000年版，第580页。

❷ ［羌族］女子吃了天神给的红果孕生人。

【流传】四川省·（阿坝藏族羌族自治州）·汶川县

【出处】罗世泽搜集：《燃比娃取火》，见中华民族故事大系编委会编《中华民族故事大系》第11卷（达斡尔族、仫佬族、羌族），上海：上海文艺出版社1995年版，第662页。

## W2254.4
### 吃梨孕生人

**实 例**

（实例待考）

## W2254.5
### 吃枣孕生人

【关联】［W2171.11］枣树生人

**实 例**

［汉族］一个老婆婆吃两颗枣，怀上了胎。

【流传】河北省·（邢台市）·内邱县·（五郭店乡）·紫草沟村

【出处】赵丙银讲，张少鹏采录：《哥姐庙》，见中国民间文学集成全国编辑委员会编《中国民间故事集成》（河北卷），北京：中国ISBN中心2003年版，第23页。

## W2254.6
### 吃杏孕生人

**实 例**

［畲族］一个女子吃杏而孕。

【流传】浙江省

【出处】唐宗龙搜集，陈玮君整理：《一颗杏儿一颗心》，见中华民族故事大系编委会编《中华民族故事大系》第8卷（畲族、高山族、拉祜族），上海：上海文艺出版社1995年版，第106页。

## W2254.7
### 吃石榴孕生人

**实 例**

［汉族］常善（人名）救的黄狗从山上衔回来一个大石榴。常善的媳妇把大

石榴吃了。没过多久，常善媳妇就生下了一个虎头虎脑的胖小子。

【流传】河南省

【出处】魏敏搜集整理：《狗头帽》，原载《河南民俗传说故事》，见陶阳、钟秀编《中国神话》（下），北京：商务印书馆2008年版，第1493~1495页。

## W2254.8
### 吃杨梅孕生人

实例

❶［瑶族］女子吞下一颗鲜红的杨梅，生下一个圆头红脸的孩子。给孩子取了个名字叫杨梅仔。

【流传】（无考）

【出处】肖甘牛整理：《金芦笙》，见中华民族故事大系编委会编《中华民族故事大系》第5卷（瑶族、白族、土家族），上海：上海文艺出版社1995年版，第187~191页。

❷［瑶族］一个失去爱女的女人被一株杨树的枝丫勾住白头发。她解脱头发，看见枝丫上结有一颗鲜红的杨梅，顺手摘下，吞进肚里，回家以后，生下一个圆头红脸的孩子。

【流传】（无考）

【出处】田稼、梁承佑、吴钟镇、刘为志、马敬宝搜集：《金芦笙》，见姚宝瑄主编《中国各民族神话》（土家族、毛南族、侗族、瑶族），太原：山西出版传媒集团·书海出版社2014年版，第216页。

## W2254.9
### 吃菠萝孕生人

【关联】［W2235.2.2］女子吃牛吃剩的菠萝孕生人

实例

［傣族］一女吃了牛王咬过的菠萝，孕生1女，后来这个女儿长大后寻找到了牛王父亲。

【流传】云南省·西双版纳（西双版纳傣族自治州）

【出处】《神牛之女》，见《傣族简史》编写组《傣族简史》，北京：民族出版社2009年版，第291页。

## W2254.10
### 吃椰子孕生人

【关联】［W2235.2.1］女子吃牛吃剩的椰子孕生人

实例

［傣族］巴阿拉吾的母亲因食牛王吃过的半个椰子而孕。

【流传】云南省

【出处】《巴阿拉吾射金鹿》，见张公瑾著《傣族文化研究》，昆明：云南民族出版社1988年版，第44页。

## W2254.11
### 吃槟榔孕生人

实例

［高山族（鲁凯）］头目长女果莎尤拾到太阳神降落的槟榔果，吞食口中，生

1个男孩。

【流传】台湾

【出处】《果莎尤生子》，见中国各民族宗教与神话大词典编审委员会编《中国各民族宗教与神话大词典》，北京：学苑出版社1990年版，第144页。

## W2254.12
吃芭蕉孕生人

【关联】[W2195.2] 香蕉生人

实例

[苗族] 雷公上天取来5个芭蕉，交给夫妇俩，妇人吃后，怀上了5个孩子。

【流传】海南省·（海口市）·昌江县（昌江黎族自治县）·七差乡·霸王苗村

【出处】蒋明新讲，马仲川采录：《雷公教人传种》，见中国民间文学集成全国编辑委员会编《中国民间故事集成》（海南卷），北京：中国ISBN中心2002年版，第12页。

## W2254.13
与吃水果孕生人有关的其他母题

实例

（参见下级母题实例）

## W2254.13.1
吃神鸦衔来的果子孕生人

【关联】
① [W2240.2] 吃与鸟有关的物孕生人
② [W2249.8.1] 吃鸟衔来的东西孕生人

实例

[满族] 天女佛库伦在白山的湖里洗澡，吃神鸦衔来的果子，生子。

【流传】（无考）

【出处】《清太宗高皇帝实录》，见 http://zhidao.baidu.com，2006.01.07。

## W2255
感瓜孕生人

【关联】[W2189] 瓜生人

实例

（参见下级母题实例）

## W2255.1
吃瓜孕生人

【关联】[W2277.2.1] 通过吃瓜子感生

实例

[朝鲜族] 新罗人崔氏园中有瓜，崔氏女食之，有娠，弥月生子。

【流传】（无考）

【出处】《东国舆地胜览》卷三五。

## W2256
感作物孕生人

实例

（参见下级母题实例）

## W2256.1
吃豆子孕生人

实例

（参见下级母题实例）

## W2256.1.1
### 吃豌豆孕生人

实例

[达斡尔族] 一个女子吃豌豆后孕生人。

【流传】内蒙古自治区·（呼伦贝尔市）·莫力达瓦（莫力达瓦达斡尔族自治旗）

【出处】德恭瑞讲，孟志东整理：《宝布和莎佳》，见中华民族故事大系编委会编《中华民族故事大系》第11卷（达斡尔族、仫佬族、羌族），上海：上海文艺出版社1995年版，第121页。

## W2256.1.2
### 吃黄豆孕生人

实例

❶ [瑶族] 一女子吃老人给的12粒黄豆，生12个孩子。

【流传】湖南省·（永州市）·江华县（江华瑶族自治县）·两岔河公社（两岔河乡）·蕉叶坪（蕉叶坪村）

【出处】邓京华讲：《淹天底》，见湖南民委民族民间文学整理组编《民族民间文学资料》24集之《瑶族民间传说故事选》，1980刻印本，第72~74页。

❷ [瑶族] 有一个名叫洛神乔（又称"样命婆"）的风流姑娘婚后不孕育。一个名叫雷都仙念神仙送给她7粒黄豆，吃后孕生7子。

【流传】广东省·（清远市）·连南县（连南瑶族自治县）·寨岗镇

【出处】唐罗古三等讲，许文清等采录：《洪水淹天》，见中国民间文学集成全国编辑委员会编《中国民间故事集成》（广东卷），北京：中国ISBN中心2006年版，第8页。

## W2256.2
### 吃种子孕生人

【汤普森】T511.8.8

实例

（实例待考）

## W2256.3
### 吃荞麦孕生人

实例

❶ [傈僳族] 古时有一女子，因食荞而受孕，生下后代。

【流传】（无考）

【出处】《荞氏族的由来》，见中国各民族宗教与神话大词典编审委员会编《中国各民族宗教与神话大词典》，北京：学苑出版社1990年版，第387页。

❷ [傈僳族] 有一女子因食荞而受孕。

【流传】云南省·（怒江傈僳族自治州）·（原碧江县五区）·（泸水县·洛本卓白族乡）·色德乡（行政村）·德一登村

【出处】田家祺等：《碧江县五区色德乡德一登村傈僳族社会经济调查》，见云南省编辑委员会编《傈僳族社会历史调查》，昆明：云南人民出版社

1981 年版，第 69 页。

### W2256.4
**吃薏苡孕生人**

实　例

[汉族] 女嬉吞薏苡妊孕。

【流传】（无考）

【出处】[汉] 赵晔：《吴越春秋·越王无余外传》。

### W2257
**感蔬菜孕生人**

实　例

（参见下级母题实例）

### W2257.1
**吃蔬菜孕生人**

【汤普森】T511.3

实　例

（参见下级母题实例）

### W2257.1.1
**吃白菜孕生人**

实　例

[壮族] 姆王的小女儿吃了泡白菜怀孕生人。

【流传】广西壮族自治区·（河池市）·东兰县·武篆镇·那烈村

【出处】韦钟祥唱：《再创世歌》，见张声震总主编，农冠品编注《壮族神话集成》，南宁：广西民族出版社 2007 年版，第 142 页。

### W2258
**与感植物生人有关的其他母题**

实　例

[彝族] 老妇人吃开白花的青杠子，生 1 女。

【流传】贵州省·（六盘水市）·盘县

【出处】《铁树妹》，见高昂《盘县彝族民间文学选》，贵阳：贵州人民出版社 2002 年版，第 15~16 页。

### W2258.1
**吃植物的特定部位孕生人**

实　例

（实例待考）

### W2258.1.1
**吃植物的根孕生人**

【汤普森】T511.2.0.1

实　例

（实例待考）

### W2258.1.2
**吃植物的叶孕生人**

【汤普森】T511.2.0.2

实　例

（实例待考）

### ✻ W2260
**感无生命物孕生人**

【关联】[W2200] 无生命物生人

实　例

（参见下级母题实例）

## W2261
**感石孕生人**

【关联】［W2210］石生人

**实例**

（参见下级母题实例）

## W2261.1
**感石子孕生人**

**实例**

（实例待考）

## W2261.2
**坐石孕生人**

**实例**

［朝鲜族］朱蒙之母"坐石而出"。

【流传】（无考）

【出处】《朝鲜旧三国史东明本记》，见谷德明编《中国少数民族神话》，北京：中国民间文艺出版社1987年版，第21～25页。

## W2261.3
**梦石孕生人**

【关联】

① ［W2277.4］梦感（感梦生人）
② ［W2277.4.2.1］女子梦与石头人结婚生人

**实例**

［满族］姑娘梦中与石头人结婚，遂有孕生子。

【流传】辽宁省·（鞍山市）·岫岩县（岫岩满族自治县）·（韭菜沟乡）·佟家沟（佟家村）

【出处】佟凤乙讲：《石头儿子》，见中国民间文艺研究会辽宁分会编《满族三老人故事集》，沈阳：春风文艺出版社1984年版，第324～333页。

## W2261.4
**吃石孕生人**

【汤普森】T511.8.1

**实例**

❶ ［汉族］女狄得石子而吞之，十四月生子。

【流传】（无考）

【出处】［清］马骕：《绎史》卷十一，引《遁甲开山图》。

❷ ［汉族］神姓江氏，笄未嫁，浣纱见石，吞之遂有娠。

【流传】浙江省·温州（温州市）

【出处】《神怪大典·龙神部》，中华书局，1934年。

## W2261.4.1
**吃特定名称的石头孕生人**

**实例**

［土族］圆月妇人吞琨石后生孔子。

【流传】（无考）

【出处】《混沌周末歌》，见席元麟、星全成《土族神话》，中国民俗网，2007.06.23。

## W2261.5
### 与感石孕生人有关的其他母题
实例

（参见下级母题实例）

## W2261.5.1
### 女子打赌篮子套在石上孕生人
实例

[怒族] 姐妹打赌说"咱俩来打赌，谁能把篮子套在崖石上，谁就做他的妻子吧！"结果妹妹套上了。妹妹一个月后就怀了孕，一年后生了一个儿子，取名"卢让让"（怒族语，即石头的儿子）。

【流传】（无考）

【出处】《崖神娶人妻传说之三》，根据和光益等整理的《怒族民间故事》（云南人民出版社 1988 年版）重新整理，见吕大吉、何耀华总主编《中国各民族原始宗教资料集成》（纳西族卷、羌族卷、独龙族卷、傈僳族卷、怒族卷），北京：中国社会科学出版社 2000 年版，第 906~907 页。

## W2261.5.2
### 感石的精气孕生人
【关联】[W2275.2.2] 感精气孕生人

实例

[纳西族（摩梭）] 摩梭人的老祖宗昂姑咪阿斯最早产生，她经常亲吻一个模样像人的石头，吸到石人的精气怀了孕。

【流传】云南省·（丽江市）·宁蒗县（宁蒗彝族自治县）

【出处】桑直若史、益依关若讲，章天锡、章天铭搜集，章虹宇整理：《昂姑咪》，载《山茶》1986 年第 3 期。

## W2261.5.3
### 摸石洞孕生人
【关联】
① [W2205.1] 石洞生人（人从石洞出来）
② [W2277.1] 通过接触感生

实例

[汉族] 太昊陵显仁殿东有青石，青石上有窀窆，摸之而能生子。

【流传】河南省

【出处】《子孙窑儿》，见杨复俊《人祖传说故事》，郑州：海燕出版社 1987 年版，第 29~33 页。

## W2262
### 感水孕生人
【关联】
① [W2208] 水生人
② [W2277.9] 通过水感生

实例

（参见下级母题实例）

## W2262.1
### 接触水孕生人
实例

（参见下级母题实例）

### W2262.1.1
#### 女子喝水孕生人

【实 例】

[彝族] 兄妹结婚后，妹妹饮水而怀孕。

【流传】云南省·楚雄州（楚雄彝族自治州）

【出处】李子贤：《试论云南少数民族的洪水神话》，见田兵等《中国少数民族神话论文集》，南宁：广西民族出版社1984年版，第157页。

### W2262.1.2
#### 女儿国女子入水则孕

【关联】[W5928] 女儿国

【实 例】

[汉族] 女国女子，入水则妊娠。

【流传】（无考）

【出处】《梁书·东夷传》。

### W2262.2
#### 感水井孕生人

【实 例】

[土家族] 女人从龙葵花井上跨过，就能怀孕。

【流传】湖北省·（宜昌市）·长阳（长阳土家族自治县）·（都镇湾镇）·椿树坪（椿树坪村）

【出处】孙家香讲：《女人国》，见白庚胜主编《中国民间故事全书》（湖北省·长阳卷），北京：专利文献出版社（现为知识产权出版社）2007年版，第9页。

### W2262.3
#### 窥视神井孕生人

【实 例】

[汉族] 东夷有神井，窥之即生子。

【流传】（无考）

【出处】[南朝] 范晔：《后汉书·东夷列传》。

### W2262.4
#### 水中洗浴孕生人

【关联】[W2277.9] 通过水感生

【实 例】

（参见下级母题实例）

### W2262.4.1
#### 男女同浴孕生人

【实 例】

❶ [布依族] 兄妹结婚后，妹妹因洗澡而孕。

【流传】贵州省·（黔西南布依族苗族自治州）·望谟（望谟县）

【出处】毛星主编：《中国少数民族文学》（中），长沙：湖南人民出版社1983年版，第752~754页。

❷ [苗族] 两兄妹隔着几道河弯洗了澡。九个月后，妹妹生下了三男三女。

【流传】云南省·（曲靖市）·宣威市

【出处】张树成等讲，张绍祥采录：《洪水漫天下》，见中国民间文学集成全国编辑委员会编《中国民间故事集成》（云南卷），北京：中国ISBN中心 2003 年版，第 196 页。

## W2262.5
### 在特殊的水中洗澡孕生人

**实例**

（参见下级母题实例）

## W2262.5.1
### 在男子浸染过的水中洗浴孕生人

**实例**

[柯尔克孜族] 一对夜游的兄弟被国王处死，投入河中。国王的 40 个女儿下这条河洗浴而孕，被赶出家门，繁衍柯尔克孜族。

【流传】新疆维吾尔自治区西南部

【出处】《国王的四十个女儿》，见高明强编《创世的神话和传说》，上海：上海三联书店 1988 年版，第 21 页。

## W2262.5.2
### 在特定人物浸染过的水中洗浴孕生人

**实例**

[壮族] 祖宜婆在水潭的下游洗身时感上游混沌洗身时的汗水，生 7 子。

【流传】（无考）

【出处】张声震主编：《壮族麽经布洛陀影印译注》，南宁：广西民族出版社 2004 年版，第 1970～1976 页。

## W2262.6
### 喝特定的水孕生人

【汤普森】T512.3

**实例**

（参见下级母题实例）

## W2262.6.1
### 喝生育神水孕生人

**实例**

[纳西族（摩梭）] 求孕妇女在生殖器象征物附近的幽泉里舀一碗泉水饮下，或用麦秸汲三口泉水。此泉水表示生育神水，能洗涤不孕妇女身上的污秽，达到怀孕的目的。

【流传】云南省·（丽江市·宁蒗彝族自治县）·永宁（永宁乡）一带

【出处】杨学政调查整理：*《摩梭人的性器官崇拜》，见云南省社会科学院宗教研究所编：《宗教调查与研究》，内部编印，1986 年，第 199～201 页。

## W2262.6.2
### 喝水中的泡沫怀孕

**实例**

[柯尔克孜族] 公主和 40 个宫女喝了水中的泡沫怀孕。

【流传】新疆维吾尔自治区

【出处】陶阳据新疆维吾尔自治区《玛纳斯》工作组 1961 年 11 月居素甫·玛玛依唱本重述：《柯尔克孜的来历》，见陶阳、钟秀编《中国神话》（中），北京：商务印书馆 2008 年版，第 620~624 页。

## W2262.6.3
### 喝天河水孕生人

实 例

❶ [珞巴族] 天的女儿麦冬海依成天在天河里洗澡游玩。有一天口干舌燥时喝了几口天河里的水。肚子渐渐地大了起来。不知过了多少日子，生下了一个男孩。

【流传】西藏自治区

【出处】达地讲，于乃昌、张力凤、陈理明整理：《麦冬海依》，原载《西藏民间故事——珞巴族、门巴族专辑》，见陶阳、钟秀编《中国神话》（中），北京：商务印书馆 2008 年版，第 646~647 页。

❷ [珞巴族] 麦冬海依（天的女儿）喝天河里的水，怀孕生下了一个男孩。

【流传】西藏自治区·（林芝市）·米林县·（丹娘乡）·鲁霞村

【出处】达地讲，于乃昌等整理：《麦冬海依》，见《珞巴族民间故事》：http://www.tibet-web.com/old/minjian/ync/gushi/mulu.htm, 2003.10.02。

## W2262.7
### 感海水孕生人

【关联】
① [W2208.4] 海生人
② [W2293.1] 血水与海水孕生人

实 例

（参见下级母题实例）

## W2262.7.1
### 喝海水孕生人

实 例

（实例待考）

## W2262.7.2
### 接触海水孕生人

实 例

❶ [壮族] 姆洛甲感布洛陀喷的海水，生 12 个孩子。

【流传】广西壮族自治区·大化瑶族自治县·羌圩乡

【出处】覃卜兵讲：《姆洛甲生仔》，见张声震总主编，农冠品编注《壮族神话集成》，南宁：广西民族出版社 2007 年版，第 22~23 页。

❷ [壮族] 姆六甲登山受了海水怀孕，生育人类。

【流传】（无考）

【出处】覃圣敏主编：《壮泰民族传统文化比较研究》，南宁：广西人民出版社 2003 年版，第 2770 页。

## W2262.8
### 喝露水孕生人 (接触露水孕生人)

【汤普森】T512.7

实 例

（参见下级母题实例）

## W2262.8.1
### 女子露水擦头孕生人

实 例

[汉族] 小姑娘慈娘与竹子为伴，喜欢用竹叶上的露水当头油擦在头发上，时间长了就有了孕。

【流传】 上海市·宝山区·马泾桥街道

【出处】 潘阿英讲，秦文明采录：《宝山孝良竹》，见中国民间文学集成全国编辑委员会编《中国民间故事集成》（上海卷），北京：中国 ISBN 中心2007年版，第546页。

## W2262.9
### 喝骨灰水孕生人

【关联】 [W2267.3] 接触骨灰水孕生人

实 例

[柯尔克孜族] 四十个姑娘饮骨灰水而孕。

【流传】（无考）

【出处】 居善普·玛玛依唱：《玛纳斯》，见陶阳、钟秀《中国创世神话》，上海：上海人民出版社1993年版，第58页。

## W2262.9.1
### 喝男子的骨灰水怀孕

实 例

[柯尔克孜族] 夏依克满苏尔圣人被含冤处死，骨灰被撒到河里。正好国王的40个女儿在花园里游玩，听见从水上闪亮的水泡里发出的"我也是清白的"的声音，非常好奇，一个个争着把水泡掬上来喝了，结果一个个不婚而孕。

【流传】 新疆维吾尔自治区·克孜勒苏柯尔克孜自治州·阿合奇县

【出处】

(a) 居鲁斯讲，《玛纳斯》工作组搜集，张运隆整理，朱玛拉依翻译：《柯尔克孜人的由来》，见《新疆民族神话故事选》，乌鲁木齐：新疆人民出版社1989年版。

(b) 同（a），见姚宝瑄主编《中国各民族神话》（乌孜别克族、哈萨克族、柯尔克孜族、俄罗斯族、维吾尔族、塔吉克族、塔塔尔族、锡伯族），太原：山西出版传媒集团·书海出版社2014年版，第141~142页。

## W2262.9.2
### 喝圣人的骨灰水怀孕

【关联】 [W2926] 圣人

实 例

[柯尔克孜族] 圣人夏依克满苏尔被国王误杀，将骨灰撒河中，国王的40个女儿喝骨灰水，生20对男女，繁衍成柯尔克孜族。

【流传】 新疆阿合奇县

【出处】 居鲁斯讲：《柯尔克孜族人的由来》，见陶阳、钟秀编《中国神话》，上海：上海文艺出版社1996年版，第294页。

## W2262.10

### 感男子洗浴的水孕生人

【关联】［W2233］感人孕生人

实例

（参见下级母题实例）

## W2262.10.1

### 妹妹喝哥哥洗浴的水孕生人

【关联】［W2436］兄妹婚生人

实例

❶［彝族］洪水后，葫芦中生出的两兄妹没有结婚，哥在河头洗澡，妹在河尾喝水，妹妹怀孕了。

【流传】云南省·楚雄彝族自治州

【出处】罗文荣演唱，李世忠翻译，蔷紫改写：《老人梅葛》附记，见姚宝瑄主编《中国各民族神话》（羌族、彝族），太原：山西出版传媒集团·书海出版社2014年版，第125页。

❷［彝族］妹妹喝了哥洗澡的河水怀孕。

【流传】云南省·楚雄州（楚雄彝族自治州）·姚安（姚安县）、大姚（大姚县）

【出处】云南省民族民间文学楚雄调查队搜集整理：《梅葛》，昆明：云南人民出版社1978年版，第18~46页。

❸［彝族］天神劝洪水后幸存的一对兄妹结婚传人烟，兄妹不同意。两兄妹说："我们两兄妹，同胞父母生，成亲太害羞。要传人烟有办法，属猪那一天，哥哥河头洗身子，属狗那一天，妹妹河尾捧水吃，吃水来怀孕。"

【流传】云南省·楚雄彝族自治州·姚安县、大姚县等彝族地区

【出处】《创世·人类起源》，见云南省民族民间文学楚雄调查队整理编写《梅葛》，昆明：云南人民出版社2009年版，第46页。

## W2263

### 感某种液体孕生人

【汤普森】T512

【关联】

①［W2237.2.1］喝神象的尿孕生人

②［W2262.8］喝露水孕生人（接触露水孕生人）

③［W2262.9］喝骨灰水孕生人

实例

（参见下级母题实例）

## W2263.1

### 喝尿孕生人

【汤普森】T512.2

【关联】［W2237.2.1］喝神象的尿孕生人

实例

（参见关联项母题实例）

## W2263.2

### 接触精液孕生人

【汤普森】≈T512.6

实例

（实例待考）

## W2263.3
### 接触唾液孕生人

【汤普森】①≈T512.5；②T533

实例

（参见下级母题实例）

## W2263.3.1
### 女始祖感唾沫生人

【关联】［W2143.1］女祖先生人

实例

❶ [佤族] 妈侬（始祖母，佤族的原初妈妈）吃达能（大力神，肤色很黑）的唾沫，后来生了个小白人。

【流传】云南省·（普洱市）·西盟佤族自治县、澜沧拉祜族自治县等地

【出处】毕登程、隋嘎编著：《司岗里——佤族创世史诗》，昆明：云南出版集团公司·云南人民出版社2009年版，第11页。

❷ [佤族] 达能（人神）朝妈农（人类第一个母亲）的身上吐了一口唾沫，这样，妈农就生下女儿安木拐，即地球上诞生的第一个人。

【流传】云南省·（普洱市）·西盟县（西盟佤族自治县）

【出处】达老屈等讲，隋嘎等采录：《司岗里》，见中国民间文学集成全国编辑委员会编《中国民间故事集成》（云南卷），北京：中国ISBN中心2003年版，第96页。

## W2263.4
### 接触血液孕生人（感血孕生人）

【汤普森】T534

【关联】［W2241.1］感鹰血孕生人

实例

❶ [彝族] 神龙鹰滴的三滴血和天龙滴的三滴水，分别滴落在补莫乃日（龙女）的锣锅帽和裙子上，她因此怀孕九月零九天，生了一个儿子。

【流传】云南省·（楚雄彝族自治州）·大姚县

【出处】肖开亮讲，李世忠等采录：《阿鲁举热》，见中国民间文学集成全国编辑委员会编《中国民间故事集成》（云南卷），北京：中国ISBN中心2003年版，第341页。

❷ [彝族] 一个叫蒲么列日的女神，正坐在地上吃炒面，一只神鹰掠过头顶掉了一滴血在她身上。从此，她就怀孕生下一个儿子。

【流传】（无考）

【出处】《创造万物的巨人尼支呷咯》，见谷德明编《中国少数民族神话》，北京：中国民间文艺出版社1987年版，第280页。

## W2263.4.1
### 感观音的血孕生人

【关联】［W2997.5.0.2］观音送子

实例

[汉族] 观音的手指的血，滴下凡界来。

这时福建古田县陈上元的妻子正在洗衣服，伸手接了一点，放进口中吞了下去。从此怀了胎，后来生下一个女儿，这就是陈十四。

【流传】浙江省·（丽水市）·青田县·东源镇、船寮镇

【出处】余碎笑讲，叶茂搜集整理：《三块补天石》（1987.07.15），见姚宝瑄主编《中国各民族神话》（汉族），太原：山西出版传媒集团·书海出版社2014年版，第58~60页。

## W2263.5
### 人的经血感猴尿孕生人

实 例

（实例待考）

## W2264
### 感木头孕生人

【关联】［W2182.4］木头生人

实 例

（参见下级母题实例）

## W2264.1
### 感龙化作的木头孕生人

【关联】
①［W2232.3.1］女子感龙形沉木孕生人
②［W2247］感龙孕生人

实 例

［傣族］一女儿在河中感金龙化作的木头，生10子。

【流传】（无考）

【出处】《九隆》，见高明强编《创世的神话和传说》，上海：上海三联书店1988年版，第89页。

## W2264.2
### 感水中沉木生人

【关联】［W2232.3.1］女子感龙形沉木孕生人

实 例

［白族］有一妇人名沙壶（旧校云后汉时作"沙壹"），忽于水中触有一沉木，遂感而有娠。

【流传】云南省

【出处】［晋］常璩撰：《华阳国志》卷四，嘉庆十九年刊本。

## W2264.3
### 感木棍生人

【关联】［W2276.2］感生殖器孕生人

实 例

（参见下级母题实例）

## W2264.3.1
### 女子把在河中捡到木棍放到床下生子

实 例

［高山族（邹）］一个温娴的少女在河中捡到木棍放到床下，怀孕生子。

【流传】（无考）

【出处】《太阳和月亮》，见谷德明编《中国少数民族神话》，北京：中国民间文艺出版社1987年版，第243页。

## W2264.4
### 特定的人感木生人

实 例

（参见下级母题实例）

## W2264.4.1
### 王妃感木而娠

实 例

［白族］王妃感木而娠，生下2子。

【流传】云南省·大理（大理白族自治州）·苍山一带

【出处】http://history.1001n.com.cn，2002.09.25。

## W2264.4.2
### 白姐感木生人

实 例

❶［白族］白姐洗濯感而受孕的一段木头乃是三灵之一化身的龙。

【流传】云南省·大理（大理白族自治州）

【出处】［明］《三灵庙记》，见《大理丛书·金石篇》（影印本）第10册，第49页。

❷［白族］白姐阿妹到江边洗澡，触一根逆水而上的木头，有了妊娠，生段思平和段思良。

【流传】云南省·大理（大理白族自治州）

【出处】王政：《腿·脚·鞋——生殖民俗的典型符号》，载《民间文学论坛》1998年第3期。

❸［白族］瓜生的白姐阿妹到江边洗澡被一逆水而上的木头碰了脚后，遂感而娠，生下段思平和段思良。

【流传】云南省·大理（大理白族自治州）

【出处】《白姐阿妹》，见BBS水木清华站：http://www.smth.edu.cn，2002.09.25。

## W2264.4.3
### 沙壹感木生人（沙壶感木生人）

实 例

❶［白族］有妇名沙壶，因捕鱼触一沉木而感生十子，后木化为龙。

【流传】（无考）

【出处】阮元声：《南诏野史》。

❷［白族］女子沙壹水中骑黄木头并做梦而孕，生10个皮口袋。

【流传】云南省·大理（大理白族自治州）

【出处】杨惠讲：《九隆种》，见中国民间文学集成全国编辑委员会编《中国民间故事集成》（云南卷），北京：中国ISBN中心2003年版，第235~236页。

❸［白族］沙壹感沉木生九隆。

【流传】（无考）

【出处】《九隆神话》，见中国各民族宗教与神话大词典编审委员会编《中国各民族宗教与神话大词典》，北京：学苑出版社1990年版，第17~18页。

## W2265
### 感柱子孕生人
【关联】
① ［W2264.3］感木棍生人
② ［W2276.2］感生殖器孕生人

实 例

（参见下级母题实例）

## W2265.1
### 感石柱生人
【关联】
［W2261］感石孕生人
［W2276.2.2］感生殖器状物怀孕

实 例

[纳西族] 最早蛋生的女子格古命很孤独，走到一根跟她一样高大的石柱面前，对石柱唱起了情歌，并抱着石柱睡觉，睡醒后感觉自己扁瘪的肚子突凸出来，怀了孕。

【流传】云南省·丽江县（丽江市）

【出处】木丽春采集整理：《格古命的故事》，见木丽春编著《纳西族民间故事集》，昆明：云南人民出版社2007年版，第28～29页。

## W2266
### 摸洞孕生人
【关联】［W2261.5.3］摸石洞孕生人

实 例

[汉族] 太昊陵显仁殿东有青石，青石上有窟窦，摸之能生子。

【流传】河南省

【出处】《子孙窦儿》，见杨复俊《人祖传说故事》，郑州：海燕出版社1987年版，第29～33页。

## W2267
### 感其他无生命物生人
【关联】［W2161.4.3］母马误吞红布后生人

实 例

（参见下级母题实例）

## W2267.1
### 感珠孕生人
【关联】［W2276.1］感卵孕生人

实 例

（参见下级母题实例）

## W2267.1.1
### 感神珠孕生人

实 例

[汉族] 禹母修己，吞神珠如薏苡，生禹。

【流传】（无考）

【出处】《世本·帝系篇》。

## W2267.1.2
### 感夜明珠孕生人
【关联】［W2277.4.6.1］女子梦吞夜明珠生人

实 例

[京族] 女子梦吞夜明珠即可生子。

【流传】广西壮族自治区·（防城港市·东兴市·江平镇）·澫尾岛

【出处】苏锡权讲，苏维光等搜集，符

达升整理：《珠子降龙》，见中华民族故事大系编委会编《中华民族故事大系》第 15 卷（德昂族、保安族、裕固族、京族、塔塔尔族、独龙族、鄂伦春族），上海：上海文艺出版社 1995 年版，第 327 页。

## W2267.2
### 吃某些特殊食物孕生人

【汤普森】T511.7

【关联】

① ［W2256.2］吃种子孕生人

② ［W2276.5.1］男神女神同时吃特定东西孕生人

**实例**

❶ ［羌族］两个名叫索依迪（老汉）和朗（阿妈）的神。迪吃了天上叫"洪泽甲"的东西，朗吃了地下叫"迟拉甲莫"的东西后怀孕。

【流传】四川省

【出处】《人的由来》，见中国各民族宗教与神话大词典编审委员会编《中国各民族宗教与神话大词典》，北京：学苑出版社 1990 年版，第 528 页。

❷ ［羌族］迪（阿爸）吃了天上的叫"洪泽甲"的东西，朗（阿妈）吃了地下的叫"迟拉甲莫"的东西，之后怀孕。

【流传】四川省·（阿坝藏族羌族自治州）·茂县·太平乡

【出处】《索依迪朗造人》，见中国民间文学集成全国编辑委员会编《中国民间故事集成》（四川卷·下），北京：中国 ISBN 中心 1998 年版，第 1118 页。

❸ ［羌族］天上的神索依迪和地上的神索依朗都想造出人类。于是索依迪在天上吃了一种叫"洪泽甲"的东西，下到地上来了；索依朗则吃了地上的一种叫"迟拉甲嗫"的东西，就怀了孕，没隔多久，便生下了第一个儿子。

【流传】四川省·阿坝藏族羌族自治州·茂汶羌族自治县

【出处】

（a）《开咂酒曲子》，见杨亮才、陶立璠、邓敏文《中国少数民族文学》（上册），北京：人民出版社 1985 年版。

（b）《索依迪朗夫妇造人》，原名《人是咋个来的》，郑友富、周贵友讲，王康、龚剑雄、吴文光采录，王康整理，原载西南民族学院图书馆与西南民族学院《羌族文学简史》编写组《羌族民间文学资料集》（一），1987 年编，见姚宝瑄主编《中国各民族神话》（羌族、彝族），太原：山西出版传媒集团·书海出版社 2014 年版，第 6 页。

## W2267.2.1
### 吃肉孕生人

【汤普森】T511.7.3

**实例**

［鄂伦春族］老太太煮肋条肉时，从笊篱上蹦出一个圆圆的小肉球，肉球跳进老太太嘴里后，老太太怀孕生子。

【流传】（无考）

【出处】

（a）李水花讲，孟淑珍整理：《召日姑姑神》，见黑龙江省民族研究所《鄂伦春民间文学》，内部资料。

（b）《召日姑姑神》，见满都呼主编《中国阿尔泰语系诸民族神话故事》，北京：民族出版社1997年版，第329页。

## W2267.3
### 接触骨灰水孕生人

【关联】［W2262.9］喝骨灰水孕生人

实 例

［柯尔克孜族］国王的40个姑娘出于好奇心，伸手摸了一下流在水中的骨灰（汉满素尔和妹妹阿娜丽被处死后的骨灰）。不久，这40个姑娘都怀了孕。

【流传】（无考）

【出处】

（a）《四十个姑娘》，见谷德明编《中国少数民族神话》，北京：中国民间文艺出版社1987年版，第735页。

（b）《四十个姑娘》，见《文化知识》（黑龙江）1982年第3辑。

## W2268
### 与感无生命物生人有关的其他母题

实 例

（实例待考）

## ※ W2269
### 感自然现象孕生人

实 例

（参见下级母题实例）

## W2270
### 感天孕生人①

【关联】［W2203.1］天生人

实 例

❶［汉族］古之神圣人母，感天而生子，故称天子。

【流传】（无考）

【出处】［汉］许慎：《说文》。

❷［汉族］孔子为其母感天而生。

【流传】（无考）

【出处】《周灵王》，见［晋］王嘉撰，［梁］萧绮录，齐治平校注：《拾遗记》卷三，北京：中华书局1981年版，第70页。

## W2271
### 感太阳孕生人

【关联】

①［W2204.1］太阳生人

②［W2231.1a.1］感太阳神生人

③［W2274.1］感日光孕生人

④［W2279.2.2］龙感太阳生人

---

① 感天孕生人，这里的感某物生人，在神话表述中一般首先以感物而孕的形式出现，但最后的结果则是"生出人"。

## W2271.1
### 吞食太阳孕生人

实例

（参见下级母题实例）

## W2271.1.1
### 梦吞食太阳孕生人

【关联】[W2277.4.5.2] 梦感白光生人

实例

［汉族］帝喾之妃梦吞日，则生1子，凡经8梦，则生8子。

【流传】（无考）

【出处】［晋］王嘉：《拾遗记》。

## W2271.2
### 感太阳中来的人孕生人

实例

［塔吉克族］一位美丈夫从太阳上下来，与公主相会后，公主怀孕。

【流传】新疆维吾尔自治区·（喀什地区）·塔什库尔干地区（塔什库尔干塔吉克自治县）

【出处】《汉日天种》，见谷德明编《中国少数民族神话》，北京：中国民间文艺出版社1987年版，第747页。

## W2272
### 感月亮孕生人

实例

（参见下级母题实例）

## W2272.1
### 感月精孕生人

【关联】[W0284.2] 月精

实例

［汉族］女狄含水中月精，生夏禹。

【流传】（无考）

【出处】《太平御览》卷四，引《遁甲开山图荣氏解》。

## W2272.2
### 望月孕生人

实例

（实例待考）

## W2273
### 感星孕生人

【汤普森】T525

【关联】[W2277.4.5.1] 梦感星生人

实例

（参见关联项及下级母题实例）

## W2273.1
### 感流星生人

实例

［汉族］（实例待考）

## W2273.2
### 感北斗星生人

实例

［汉族］黄帝母附宝，见大雷绕北斗，枢星光照郊野，感而孕。

【流传】（无考）

【出处】《初学记》引《诗含神雾》。

## W2273.3
### 梦星入怀生人

**实例**

[侗族] 女子央香梦见怀中飞来一颗星，孕生1女。

【流传】（无考）

【出处】黄才贵：《女神与泛神——侗族"萨玛"文化研究》，贵阳：贵州人民出版社2006年版，第125页。

## W2274
### 感光孕生人

【汤普森】T521

**实例**

[哈萨克族] 大地母亲同渴望已久的光友好相处后生人。

【流传】（无考）

【出处】《大地母亲》，见中国民俗网，2006.12.11。

## W2274.1
### 感日光孕生人

【汤普森】T521

**实例**

❶ [朝鲜族] 日光照在河伯的女儿柳花身上，遂有了身孕。

【流传】（无考）

【出处】
(a) 金净伊译：《朱蒙神话》，原载《东国李相国集》卷三《东明王篇》。
(b) 《魏书·高句丽传》。

❷ [朝鲜族] 河伯的女儿柳花一个人被关在别宫里，她能见到的只有日光，却出奇地怀孕了。

【流传】（无考）

【出处】
(a) 金德顺讲，裴永镇整理：《朱蒙》，见《朝鲜族民间故事讲述家金德顺故事集》，上海：上海文艺出版社1983年版。
(b) 同(a)，见姚宝瑄主编《中国各民族神话》（满族、赫哲族、朝鲜族），太原：山西出版传媒集团·书海出版社2014年版，第170~181页。

❸ [朝鲜族] 河伯的女儿柳花一个人被关在别宫里，没有一个男人接触她，能见到她的只有日光，可是她却出奇地怀孕了。

【流传】长白山等地

【出处】金德顺讲，裴永镇记录整理：《东明王的传说》，原载《金德顺故事集》，见陶阳、钟秀编《中国神话》（中），北京：商务印书馆2008年版，第886~897页。

❹ [维吾尔族] 王后阿兰库娃在自己的卧室入睡，突然从天窗射进来一道太阳般明亮的光芒。光中走出一位英俊的年轻人，向阿兰库娃求爱。阿兰库娃在兴奋之中就怀孕了。

【流传】（无考）

【出处】
(a) 《女王感孕生子》，见满都呼主编《中国阿尔泰语系诸民族神话故事》，北京：民族出版社1997年版，第

38 页。

（b）艾赛提·苏来曼译：《女王感孕生子》，见阿布都克里木·热合曼编《丝路神话传说》，乌鲁木齐：新疆人民出版社 1985 年版。

## W2274.1.1
### 感光中出现的男子生人

【关联】［W2233.3］梦感男子孕生人

实 例

［塔吉克族］中原的公主嫁给波斯国王的出嫁途中，公主和宫女们被安置在陡峭高山上的一座城堡里的宫室。每天日上中天时，便有一位美貌英俊的男子，从太阳光中下来和公主相会。后来，公主因此而孕。

【流传】新疆维吾尔自治区

【出处】麦德力罕搜集，夏羿、朱华翻译整理：《公主堡的传说》，见姚宝瑄主编《中国各民族神话》（乌孜别克族、哈萨克族、柯尔克孜族、俄罗斯族、维吾尔族、塔吉克族、塔塔尔族、锡伯族），太原：山西出版传媒集团·书海出版社 2014 年版，第 281 页。

## W2274.1.2
### 感天光孕生人

【关联】［W2203.1］天生人

实 例

［维吾尔族］大树下的土丘经天光照射，裂开后有五间帐篷一样的内室，每间室内坐着一个孩子。

【流传】新疆维吾尔自治区

【出处】张越改写：《树的儿子》，见姚宝瑄主编《中国各民族神话》（乌孜别克族、哈萨克族、柯尔克孜族、俄罗斯族、维吾尔族、塔吉克族、塔塔尔族、锡伯族），太原：山西出版传媒集团·书海出版社 2014 年版，第 233 页。

## W2274.2
### 感月光孕生人

【汤普森】T521.1

实 例

（实例待考）

## W2274.3
### 感瑶光生人

实 例

［汉族］女枢感瑶光，生颛顼。

【流传】（无考）

【出处】［清］马骕《绎史》卷七注，引《诗纬含神雾》。

## W2274.4
### 感白光生人

实 例

❶［朝鲜族］一缕强烈的白灵光照在河伯的女儿柳花身上而神奇怀孕。

【流传】（无考）

【出处】

（a）《高朱蒙》，见《三国史记》。

（b）《高朱蒙》，见《三国遗事》。

❷ [朝鲜族] 河伯神的大女儿柳花被白灵光照而孕。

【流传】吉林省·延边（延边朝鲜族自治州）；辽宁省·（沈阳市）·苏家屯（苏家屯区）

【出处】《高朱蒙神话》，见《后汉书·东夷传》。

## W2274.4.1
### 感雷电中的白光生人

实 例

[汉族] 公孙少典的妻子附宝感风雷中的一道白光怀孕。

【流传】河南省·（郑州市）·新郑县（新郑市）·城关镇·南街

【出处】蔡英生讲，蔡柏顺采录：《黄帝下凡》，见中国民间文学集成全国编辑委员会编《中国民间故事集成》（河南卷），北京：中国 ISBN 中心 2001 年版，第 30 页。

## W2274.5
### 感黄狗似的光生人

【关联】[W2239] 感狗孕生人

实 例

❶ [蒙古族] 朵奔·篾儿干的妻子阿阑·豁阿的3个儿子都是因为黄犬般伏行的光透入腹中而生。

【流传】（无考）

【出处】余大钧译注：《蒙古秘史》，石家庄：河北人民出版社 2001 年版，第 17~18 页。

❷ [蒙古族] 酋长之妻阿阑豁阿感应黄狗似的光生子。

【流传】（无考）

【出处】奥其译：《感光即孕》，见《蒙古秘史》，北京：新华出版社 2006 年版。

## W2274.6
### 感人形的光孕生人

【关联】[W2233] 感人孕生人

实 例

[蒙古族] 阿阑豁阿母亲解释无夫生子的原因是，每夜，在从天窗照进来的光中有一个黄白色的人进来，抚摩她的肚腹，光透入肚腹。那个人随着日月的光像黄狗似地爬着出去。

【流传】（无考）

【出处】
（a）奥其翻译：《感光即孕》，见谷德明编《中国少数民族神话》，北京：中国民间文艺出版社 1987 年版，第 58~61 页。

（b）《阿兰豁阿五箭训子》，见《蒙古秘史》，北京：新华出版社 2006 年版。

## W2274.7
### 感龙的光孕生人

【汤普森】T521.3

【关联】[W2247] 感龙孕生人

实 例

（实例待考）

## W2274.8
### 感异性的光孕生人

**实 例**

[蒙古族] 女神只要从远处看见异性发出的光亮，就会怀孕生孩子。

【流传】新疆维吾尔自治区·（巴音郭楞蒙古自治州）·博湖县·才干淖尔乡

【出处】图格吉优讲，特·敖如格欣采录：《日月的形成和日蚀月蚀的由来》，见中国民间文学集成全国编辑委员会编《中国民间故事集成》（新疆卷），北京：中国 ISBN 中心 2008 年版，第 12 页。

## W2274.9
### 感特定人物发出的光孕生人

**实 例**

（参见下级母题实例）

## W2274.9.1
### 感观音的光孕生人

【关联】[W2997.5.0.2] 观音送子

**实 例**

[藏族] ☆观世音菩萨心间射出的一道光，聚入没庐萨脱噶玛的胎中，就生下了"头上有阿弥陀佛相，手上和脚上都有法轮相，头发为青蓝色"的松赞干布。

【流传】（无考）

【出处】《王统世系明鉴》，见刘锡诚《旅游与传说》，见民俗学博客：http://www.chinafolklore.org，2010.11.07。

## W2275
### 感其他自然现象生人

**实 例**

（参见下级母题实例）

## W2275.1
### 感风孕生人

【汤普森】①E524；②T524

【关联】[W4290.1] 风是男人的阳气

**实 例**

❶ [高山族（布农）] 从前，一个村子里的女人到山上张开两腿，让风吹入股间，就会怀孕。

【流传】台湾

【出处】达西乌拉弯·毕马（田哲益）、达给斯海方岸·娃莉丝（全妙云）著：《布农族口传神话传说》，台北：台原艺术文化基金会·台原出版社 1998 年版，第 238 页。

❷ [哈尼族] 母女俩感风而孕。

【流传】云南省·西双版纳（西双版纳傣族自治州）

【出处】《母女俩的传说》，见毛星主编《中国少数民族文学》（下），长沙：湖南人民出版社 1983 年版，第 241~242 页。

❸ [黎族] 洪水后，兄妹婚后妹妹感风受孕。

【流传】海南省五指山一带

【出处】王国全搜集整理：《南瓜的故事》，见中华民族故事大系编委会编《中华民族故事大系》第7卷（黎族、傈僳族、佤族），上海：上海文艺出版社1995年版，第1~13页。

## W2275.1.1
### 感凉风孕生人

实例

❶［布依族］盘果的母亲是被凉风吹而有孕。

【流传】（无考）

【出处】《祖王和安王》，见王清士等编《布依族文学史》，贵阳：贵州人民出版社1983年版，第62页。

❷［高山族（泰雅）］巨石生1女子，凉风吹入胯间，生1子。

【流传】台湾

【出处】《女人感风生泰雅人始祖》，见中国各民族宗教与神话大词典编审委员会编《中国各民族宗教与神话大词典》，北京：学苑出版社1990年版，第145页。

## W2275.1.2
### 感春风孕生人

实例

［哈尼族］2女子感春风怀孕。

【流传】云南省

【出处】兰克：《原始的宗教和神话》，载《民间文艺集刊》1985年第4期。

## W2275.1.3
### 感南风孕生人

实例

［汉族］女人遇南风裸形，感风而生。

【流传】（无考）

【出处】［元］周致中：《异域志》卷下。

## W2275.1.4
### 感山风孕生人

实例

［彝族］木古搓日（人名）寻找丈夫时，香呼呼的山风扑面吹来，热热地吹进她的嘴里，她全身发烫，感到自己好像咽下了什么美味的东西，昏倒在草地上了。从山上走下来，便知道自己怀孕了。

【流传】云南省·（楚雄彝族自治州）·永仁县

【出处】苏绍相等讲，基默热阔采录：《搓日阿补征服女儿国》，见中国民间文学集成全国编辑委员会编《中国民间故事集成》（云南卷），北京：中国ISBN中心2003年版，第353页。

## W2275.1.5
### 感龙吹的风孕生人

实例

［瑶族］世界上最早的师父吹气变成的巨龙吹了口气，变成了大风，大风吹呀吹的便怀了孕，生下了密洛陀。

【流传】广西壮族自治区·（河池市）都安瑶族自治县、江水河一带瑶族地区

【出处】《密洛陀创世》，蓝田根据莎红整理的《密洛陀》和潘泉脉整理的《密洛陀》两部不同版本的长诗《密洛陀》改写，见姚宝瑄主编《中国各民族神话》（土家族、毛南族、侗族、瑶族），太原：山西出版传媒集团·书海出版社2014年版，第152页。

## W2275.1.6
### 感狂风孕生人

实 例

❶ [哈尼族] 一个叫塔婆然的妇女被狂风吹而孕生下77个小娃娃。

【流传】云南省·（红河哈尼族彝族自治州）·元阳县

【出处】陈布勤讲：《始祖塔婆然》，载《山茶》1986年第6期。

❷ [瑶族] 密洛陀（女神名）走到山上，迎着山那边吹来的一阵大风，她怀了孕，不久生下9个男孩。

【流传】广西壮族自治区·（河池市）都安瑶族自治县、江水河一带瑶族地区

【出处】《密洛陀创世》，蓝田根据莎红整理的《密洛陀》和潘泉脉整理的《密洛陀》两部不同版本的长诗《密洛陀》改写，见姚宝瑄主编《中国各民族神话》（土家族、毛南族、侗族、瑶族），太原：山西出版传媒集团·书海出版社2014年版，第155页。

## W2275.1.7
### 始祖天门口挡风孕生人

实 例

[瑶族（布努）] 密洛陀（万物之母，女始祖，女神）在天门口挡风，通过挡风受孕怀胎。

【流传】广西壮族自治区·（河池市）·都安县（都安瑶族自治县）、巴马县（巴马瑶族自治县）、南丹县，（百色市）·田东县、平果县等地

【出处】桑布郎等传，蒙凤标（83岁）、罗仁祥（73岁）等唱：《密洛陀》（1983），见蓝怀昌、蓝书京、蒙通顺搜集翻译整理《密洛陀》，北京：中国民间文艺出版社1988年版，第21页。

## W2275.1.8
### 睡觉时感风孕生人

实 例

[哈尼族] 世上最早的一个女人塔婆然睡着的时候，迷迷糊糊地觉得身上被狂风吹了一阵，从这以后，她发现自己的肚子一天比一天大起来。

【流传】云南省·（红河哈尼族彝族自治州）·元阳县

【出处】陈布勤讲，杨万智搜集整理：《始祖塔婆然》，载《山茶》1986年第6期。

## W2275.1.9
### 休息时感风孕生人

实 例

[哈尼族] 妇人它朋然夏阿玛在树荫下休息，风使她的肚子、脚、大腿、手、膀子、脚指头、手指头，统统怀了孕。

【流传】云南省

【出处】毛佑全整理：《它朋然夏阿玛》，见谷德明编《中国少数民族神话》，北京：中国民间文艺出版社1987年版，第325页。

## W2275.1.10
### 特定人物感风孕生人

实 例

❶ [瑶族（布努）] 神母密洛陀迎风受孕生下12神男12神女，神男神女交欢后生下石头、泥块。

【流传】（无考）

【出处】《密洛陀》，见何颖《历史视野下的瑶族民间文学》，载《广西大学学报》2005年第5期。

❷ [壮族] 女人部族的母王迎风受孕。

【流传】（无考）

【出处】张声震主编：《壮族麽经布洛陀影印译注》第6卷，南宁：广西民族出版社2003年版，第2085页。

❸ [壮族] 姆洛甲（女始祖）怀了风孕后，生下6男6女。

【流传】广西壮族自治区·（河池市）·东兰县·大同乡·和龙村

【出处】覃凤平等，讲覃剑萍采录翻译：《姆洛甲断案》，见中国民间文学集成全国编辑委员会编《中国民间故事集成》（广西卷），北京：中国ISBN中心2001年版，第8页。

❹ [壮族] 姆六甲感风而孕。

【流传】（无考）

【出处】潘春见：《"花"图腾信仰与姆六甲神话》，载《广西大学学报》1998年第1期。

## W2275.2
### 感气孕生人

【关联】[W2207] 气生人

实 例

（参见下级母题实例）

## W2275.2.0
### 感阴阳之气孕生人

实 例

[苗族] 有位处女浣于溪，只见天上阴阳瑞气交流，直射自己怀中，后来又梦见一个骑白马穿白袍、长雪白头发银白胡须的老翁与一个跨金龙穿百龙袍、携龙头手杖的老妇来到住处给她送子，后来一胎生下三个儿子。

【流传】（湖南省·湘西土家族苗族自治州）

【出处】

(a) 石宗仁整理：《白帝天王》，见中国各民族宗教与神话大词典编审委员会编《中国各民族宗教与神话大词典》，北京：学苑出版社1990年版。
(b) 同(a)，见姚宝瑄主编《中国各民族神话》（布依族、仡佬族、苗族），太原：山西出版传媒集团·书海出版社2014年版，第318页。

## W2275.2.1
### 感阳气孕生人

【关联】［W2233.2］感人的阳气孕生人

实例

［黎族］山上的蚂蟥多，老先（堂兄）用沉香木做了两层格床，荷发（堂妹）手巧编织了两张草席。老先睡在下层，荷发睡在上层，日子长了，南风把老先的阳气，吹进了睡在上层格床荷发的身体内，没有多长时间，荷发就怀了孕，肚子一天天地大起来。

【流传】海南省五指山区

【出处】王国全搜集整理：《南瓜的故事》，原载广东民族学院中文系编《黎族民间故事选》，见陶阳、钟秀编《中国神话》（上），北京：商务印书馆2008年版，第374~377页。

## W2275.2.2
### 感精气孕生人

【关联】［W2261.5.2］感石的精气孕生人

实例

［满族］一妇祈祷时，有神龟天蟒相交，吸入其精气而孕生建州女真民族英雄。

【流传】（无考）

【出处】《两世罕王传》，见富育光《论萨满教的天穹观》，载《世界宗教研究》1987年第4期。

## W2275.2.3
### 感天降的气孕生人

实例

［汉族］一侍婢感从天而降的像鸡子一样的气而有娠。

【流传】（无考）

【出处】［晋］干宝：《搜神记》卷十四，钱振民校点，长沙：岳麓书社1997年版，第114页。

## W2275.3
### 感火孕生人

【汤普森】T535

实例

（实例待考）

## W2275.4
### 感雷生人

【汤普森】T528

【关联】
① ［W0305］雷神
② ［W4408.1］神奇的雷

实例

［汉族］子路（人名）感雷精而生。

【流传】（无考）

【出处】
(a)《风俗通义·佚文》引《御览》卷

八六五，见［东汉］应劭著，赵泓译注：《风俗通义全译》，贵阳：贵州人民出版社1998年版，第464页。

(b)［清］卢文弨：《群书拾补》辑《风俗通逸文》。

## W2275.5
### 感雨孕生人

【汤普森】T522

实 例

[水族] 仙婆牙线在月亮山下淋雨，生下12个仙蛋，其中一个仙蛋生人孕生人类和动物。

【流传】(a) 贵州省·（黔东南苗族侗族自治州）·榕江县·平永乡

【出处】

(a) 潘开雄讲：《十二个仙蛋》，见中国民间文学集成全国编辑委员会编《中国民间故事集成》（贵州卷），北京：中国ISBN中心2003年版，第10～11页。

(b)《十二个仙蛋》，见范禹《水族文学史》，贵阳：贵州人民出版社1987年版，第48页。

## W2275.6
### 感虹孕生人

【汤普森】T521.2

【关联】

① ［W2247］感龙孕生人
② ［W2276.6.1］感龙的化身孕生人

实 例

❶ [汉族] 神母游华胥之洲，有青虹绕之，即觉有娠，生庖牺。

【流传】（无考）

【出处】［晋］王嘉：《拾遗记》。

❷ [汉族] 舜母握登见大虹意感而生舜。

【流传】（无考）

【出处】《宋书·符瑞志》。

❸ [汉族] 神母游华胥之洲，有青虹绕神母，即觉有娠。

【流传】（无考）

【出处】《春皇庖牺》，见［晋］王嘉撰，［梁］萧绮录，齐治平校注《拾遗记》卷一，北京：中华书局1981年版，第1页。

## W2276
### 感其他特殊物生人

实 例

（参见下级母题实例）

## W2276.0
### 感神给的物生人

【关联】［W2281.1］求神孕生子

实 例

（参见下级母题实例）

## W2276.0.1
### 吃神给的果实孕生人

【关联】［W2254.3.3］女子吃天神给的红果孕生人

实 例

[羌族] 女首领阿勿巴吉吃了天上的火神蒙格西爱慕给她的一个鲜红的果

子，顿时觉得腹中实腾腾的，由此有孕生子。

【流传】四川省·（阿坝藏族羌族自治州）·茂县

【出处】《燃比娃取火》，见茂县文化馆编《羌族民间故事》（三），1982年12月，转引自吕大吉、何耀华总主编《中国各民族原始宗教资料集成》（纳西族卷、羌族卷、独龙族卷、傈僳族卷、怒族卷），北京：中国社会科学出版社2000年版，第580页。

## W2276.1
### 感卵孕生人

【关联】
① [W2249.4] 感动物的卵孕生人
② [W2267.1] 感珠孕生人

实　例

（参见下级母题实例）

## W2276.1.1
### 感特定的卵孕生人

【关联】[W2249.4] 感动物的卵孕生人

实　例

[汉族] 一个姑娘吞井中的卵怀孕。

【流传】浙江省·（温州市）·永嘉（永嘉县）

【出处】《周龙娘上苍山》，见《民间故事集成》（浙江永嘉县）内部油印本，无编印时间，第52页。

## W2276.1.1.1
### 吃鸡蛋孕生人

【关联】[W2249.5] 吃动物的卵孕生人

实　例

❶ [柯尔克孜族] 六十岁的汗王在向真主祈求子嗣的途中，遇到一个白发苍苍的老汉，老汉给他一个鸡蛋让他回家。汗王把鸡蛋给老婆吃了。不久，汗王的老婆果然怀了孕。

【流传】新疆维吾尔自治区

【出处】《卵生子与日月姑娘》，见姚宝瑄主编《中国各民族神话》（乌孜别克族、哈萨克族、柯尔克孜族、俄罗斯族、维吾尔族、塔吉克族、塔塔尔族、锡伯族），太原：山西出版传媒集团·书海出版社2014年版，第150页。

❷ [柯尔克孜族] 吃鸡蛋怀孕生子。

【流传】（无考）

【出处】玛科西等讲，张运隆整理，朱玛拉依翻译：《巴依西和江尼西》，见中华民族故事大系编委会编《中华民族故事大系》第10卷（景颇族、柯尔克孜族、土族），上海：上海文艺出版社1995年版，第405页。

❸ [畲族] 吃土地公给的鸡蛋生子。

【流传】福建省·（宁德市）·福鼎（福鼎市）

【出处】蓝成祖讲，蓝清盛整理：《千里眼兄弟》，见中华民族故事大系编委会编《中华民族故事大系》第8卷（畲族、高山族、拉祜族），上海：上海文艺出版社 1995 年版，第 204 页。

## W2276.1.1.2
### 吃肉球孕生人

**实例**

[鄂伦春族] 老太太煮肋条肉时，从笊篱上蹦出个圆圆的小肉球，跳进老太太嘴里，老太太因此怀孕生子。

【流传】（无考）

【出处】

(a) 李水花讲，孟淑珍整理：《召日姑姑神》，见黑龙江省民族研究所《鄂伦春民间文学》，内部资料。

(b)《召日姑姑神》，见满都呼主编《中国阿尔泰语系诸民族神话故事》，北京：民族出版社 1997 年版，第 329 页。

## W2276.2
### 感生殖器孕生人

（参见下级母题实例）

## W2276.2.1
### 感祖先的生殖器孕生人

**实例**

[白族] 世界上只剩下一个孤老妈妈在人王婆的胯缝里泡了泡，又到人王公的胯根上坐了坐，果真怀孕。

【流传】云南省·（大理白族自治州）·鹤庆县·朵美乡·朵美街

【出处】彭独豹讲，鹤庆县集成办公室采录：《石家什》，见中国民间文学集成全国编辑委员会编《中国民间故事集成》（云南卷），北京：中国 ISBN 中心 2003 年版，第 233 页。

## W2276.2.2
### 感生殖器状物怀孕

**实例**

[白族] 一塘热水分别从形似一具男生殖器和形似一套女生殖器形状的石缝中冒出，不怀孕的妇女洗个澡，并在男石家什上坐一坐，就会有喜。

【流传】云南省·（大理白族自治州）·鹤庆县·朵美乡·朵美街

【出处】彭独豹讲，鹤庆县集成办公室采录：《石家什》，见中国民间文学集成全国编辑委员会编《中国民间故事集成》（云南卷），北京：中国 ISBN 中心 2003 年版，第 233 页。

## W2276.3
### 感魔物孕生人

【汤普森】T532.1

【关联】[W9015~W9099] 魔物

**实例**

（参见下级母题实例）

## W2276.3.1
### 不孕者感魔力怀孕

【汤普森】T591

【关联】[W2581] 神奇的怀孕

**实例**

（实例待考）

## W2276.4
### 感特定痕迹孕生人

【实例】

（参见下级母题实例）

## W2276.4.1
### 感脚印孕生人

【关联】

① ［W2237.1］喝象脚印中的水孕生人
② ［W2276.9.1.1］感雷神的脚印生人
③ ［W2279.5.3］感脚印和彩虹生人

【实例】

［羌族］一个女子下山去背水，无意中踩了一个脚印，回来后就怀孕了。

【流传】四川省·（阿坝藏族羌族自治州）·松潘县·镇平乡·双泉下村

【出处】王河民讲，吴文光、王康、龚剑雄采录：《人神和"犊疫"王》，原载西南民族学院编印：《羌族民间文学资料》，见姚宝瑄主编《中国各民族神话》（羌族、彝族），太原：山西出版传媒集团·书海出版社 2014 年版，第 37 页。

## W2276.4.1.1
### 感雷神的脚印孕生人

【实例】

［汉族］大迹出雷泽，华胥履之，生宓牺（又作伏牺）。

【流传】（无考）

【出处】《太平御览》卷七八，引《诗含神雾》。

## W2276.4.1.2
### 感巨人脚印孕生人

【关联】

① ［W2232.1］踏巨人足印孕生人
② ［W2232.1.1］踏特定巨人的脚印怀孕
③ ［W2232.1.2］踏特定地点的巨人脚印怀孕

【实例】

❶ ［汉族］姜原出野，见巨人迹，践之而身动，居期而生子。

【流传】（无考）

【出处】 ［汉］司马迁：《史记·周本纪》。

## W2276.5
### 夫妻同时感特殊物生人

【实例】

（参见下级母题实例）

## W2276.5.1
### 男神女神同时吃特定东西孕生人

【关联】［W2279.1］神感生人

【实例】

❶ ［羌族］世界上有了山、水、岩石、树木等万事万物以后，索依迪朗（羌语，意为"娘老子"。迪，意为"老汉"，即"父亲"；朗，意为"阿妈"，即"母亲"）就想：要是世界上有人，那该多好啊！于是迪吃了天

上一种叫"洪泽甲"的东西，朗吃了地下一种叫"迟拉甲嗅"的东西后，就怀孕了。

【流传】（无考）

【出处】《索依迪朗：设计造人》，见西南民族学院《羌族文学简史》编写组编《羌族民间文学资料集》（一），1987年4月，转引自吕大吉、何耀华总主编《中国各民族原始宗教资料集成》（纳西族卷、羌族卷、独龙族卷、傈僳族卷、怒族卷），北京：中国社会科学出版社2000年版，第578页。

❷ [羌族] 天上的神索依迪和地上的神索依朗都想造出人类。于是索依迪在天上吃了一种叫"洪泽甲"的东西，下到地上来了；索依朗则吃了地上的一种叫"迟拉甲嗅"的东西，就怀了孕，没隔多久，便生下了第一个儿子。

【流传】四川省·阿坝藏族羌族自治州·茂汶羌族自治县（今属茂县）

【出处】

(a)《开咂酒曲子》，见杨亮才、陶立璠、邓敏文《中国少数民族文学》（上册），北京：人民出版社1985年版。

(b)《索依迪朗夫妇造人》，原名《人是咋个来的》，郑友富、周贵友讲，王康、龚剑雄、吴文光采录，王康整理，原载西南民族学院图书馆与西南民族学院《羌族文学简史》编写组《羌族民间文学资料集》（一），1987年，见姚宝瑄主编《中国各民族神话》（羌族、彝族），太原：山西出版

传媒集团·书海出版社2014年版，第6页。

## W2276.5.2
### 丈夫梦武士时妻子梦感白光生男子

实 例

[藏族] 葛姆（女子名，龙女）梦见空中出现一道白光从帐房破洞中射到自己身上的同时，丈夫森隆（人名，穷人）也梦见有个身穿金甲、手持弓箭的武士向他躬腰施礼。两人梦醒后，各自把梦说了一遍，都觉得有些奇异。不久，葛姆孕生格萨尔。

【流传】（无考）

【出处】徐国琼搜集整理：《雄师大王格萨尔》，见陶阳、钟秀编《中国神话》（中），北京：商务印书馆2008年版，第702~711页。

## W2276.6
### 感某种化身孕生人

实 例

（参见下级母题实例）

## W2276.6.1
### 感龙的化身孕生人

【关联】[W2247] 感龙孕生人

实 例

[白族] 女子寻夫时，见江中有木，逆流而上，惊迷若梦，见一美男子，乃黄龙所化，夜至房中，因而怀孕，后

生9子。

【流传】云南省·金齿·龙泉村（具体归属不详）

【出处】《白国因由》卷一《天生细奴罗主白国》第七。

## W2276.7
### 感魂孕生人

实例

[汉族] 司幽生思士，不妻；思女，不夫。魄合而生子。

【流传】（无考）

【出处】《山海经·大荒东经》郭璞注。

## W2276.7.1
### 感丈夫的阴魂孕生人

实例

[仫佬族] 妻子感丈夫的阴魂孕生人。

【流传】广西壮族自治区·（河池市）·罗城（罗城仫佬族自治县）

【出处】吴禧干等讲，包玉堂等整理：《稼》，见中华民族故事大系编委会编《中华民族故事大系》第11卷（达斡尔族、仫佬族、羌族），上海：上海文艺出版社1995年版，第317页。

## W2276.8
### 感特定的地点孕生人

实例

（参见下级母题实例）

## W2276.8.1
### 感特定的井孕生人

【关联】[W2262.2] 感水井孕生人

实例

（参见下级母题实例）

## W2276.8.1.1
### 女子从龙葵花井上跨过怀孕

实例

[土家族] 女人如果从龙葵花井上跨过，就能怀孕。

【流传】湖北省·（宜昌市）·长阳（长阳土家族自治县）·（都镇湾镇）·椿树坪（椿树坪村）

【出处】孙家香讲：《女人国》，见白庚胜主编《中国民间故事全书》（湖北省·长阳卷），北京：专利文献出版社（现为知识产权出版社）2007年版，第9页。

## W2277
### 感生的方式（感生的媒介）

实例

（参见下级母题实例）

## W2277.1
### 通过接触感生

实例

[白族] 王妃在江边洗澡时被一逆水而上的木头碰了她的脚，遂感而娠。

【流传】云南省·大理（大理白族自治州）苍山一带

【出处】http://history.1001n.com.cn，2002.09.25。

## W2277.2
### 通过吃（喝）感生

实 例

❶ [傣族] 一个姑娘吃牛咬的菠萝生人。

【流传】云南省·西双版纳（西双版纳傣族自治州）

【出处】《神牛之女》，见岩峰《傣族文学史》，昆明：云南民族出版社1995年版，第104页。

❷ [傣族] 一女子怀孕是因为吃了象啃过的芒果。

【流传】云南省·（临沧市）·耿马（耿马傣族佤族自治县）

【出处】《红牙白象》，见尹绍亭《中国云南耿马傣文古籍编目》，昆明：云南民族出版社2005年版，第249页。

❸ [珞巴族] 兄妹吃果子成了夫妻，生一个小人。

【流传】西藏自治区·（林芝地区）·墨脱县

【出处】于乃昌：《人的诞生》，见于乃昌个人网，2003.09.12。

## W2277.2.1
### 通过吃瓜子感生

实 例

（参见下级母题实例）

## W2277.2.1.1
### 通过吃神泉泡过的瓜子感生

实 例

[白族] 人们把石宝灵泉的泉水当成神物。认为婚后的妇女，喝了泉水和吃了泉水浸泡的瓜子后，就能生育小孩。

【流传】云南省·（大理白族自治州）·剑川县·沙溪乡·石龙村

【出处】张文调查整理：《剑川沙溪白族祭石宝灵泉》（1984），见昌大吉、何耀华总主编《中国各民族原始宗教资料集成》（彝族卷、白族卷、基诺族卷），北京：中国社会科学出版社1996年版，第495页。

## W2277.2.2
### 吃的数量等于生的数量

【关联】[W2700] 人产生时的数量（人的数量）

实 例

[汉族] 女娲吞食3个龙蛋后，生3子。

【流传】（无考）

【出处】高明强编：《创世的神话和传说》，上海：上海三联书店1988年版，第6页。

## W2277.2.2.1
### 吃7个桃生7子

【关联】[W2254.1] 吃桃孕生人

实 例

[侗族] 仙婆为50多岁的大妈送来了7

个桃子，吃后怀孕生 7 子。

【流传】湖南省·（怀化市）·新晃县（新晃侗族自治县）·李树乡·茂溪村

【出处】吴贻刚讲，杨顺成等采录：《姜郎姜妹》，见中国民间文学集成全国编辑委员会编《中国民间故事集成》（湖南卷），北京：中国 ISBN 中心 2002 年版，第 28 页。

## W2277.3
### 通过窥视感生

【关联】［W2262.3］窥视神井孕生人

实 例

[汉族] 东夷有神井，窥之即生子。

【流传】（无考）

【出处】[南朝] 范晔：《后汉书·东夷列传》。

## W2277.4
### 梦感（感梦生人）

【汤普森】T516

【关联】
① ［W2152.1］处女感梦生人
② ［W9290～W9299］梦

实 例

（参见下级母题实例）

## W2277.4.1
### 梦感神生人

【关联】［W2231.1］梦感天神生人

实 例

（参见下级母题实例）

## W2277.4.1.1
### 老夫妻梦感神树生人

【关联】［W2251.1.1］梦感神树孕生人

实 例

[哈萨克族] 老夫妻梦感神树生人。

【流传】（无考）

【出处】木塔里甫、吾云：《史诗中的神树母题》，载《民族文学研究》1997 年第 2 期。

## W2277.4.2
### 梦中与男子交合生人

实 例

[藏族] 王妃梦中与美男子交合，生子。

【流传】（无考）

【出处】李学琴、马中玉翻译整理：《王子茹勃杰复仇记》，见廖东凡主编《神山之祖》，武汉：湖北少年儿童出版社 2001 年版，第 45～47 页。

## W2277.4.2.1
### 女子梦与石头人结婚生人

【关联】［W2261.3］梦石孕生人

实 例

[满族] 一个姑娘梦中与石头人结婚，遂有孕生子。

【流传】辽宁省·（鞍山市）·岫岩县（岫岩满族自治县）·（韭菜沟乡）·佟家沟（佟家村）

【出处】佟凤乙讲：《石头儿子》，见中国民间文艺研究会辽宁分会编《满族三老人故事集》，沈阳：春风文艺出版社 1984 年版，第 324~333 页。

## W2277.4.2.2
### 女子梦与天神结婚生人
【关联】［W2415］人与神婚生人

实例

［藏族］（实例待考）

## W2277.4.3
### 梦感动物生人
【关联】
① ［W2238.1］梦猴孕生人
② ［W2241.1.2］梦鹰入怀孕生人

实例

❶［傈僳族］一对年轻夫妻久婚无子，妻梦雌猴入怀，生 1 女。
【流传】云南省·怒江州（怒江傈僳族自治州）
【出处】阿普讲：《傈僳族猴氏族》，见中国民间文学集成全国编辑委员会编《中国民间故事集成》（云南卷），北京：中国 ISBN 中心 2003 年版，第 256~258 页。

❷［土家族］争战后幸存的姑娘佘（蛇）香香，梦见两只小岩鹰突然撞进她的怀里，于是便怀孕，生下一男一女。
【流传】（无考）
【出处】《鹰氏公公和佘（蛇）氏婆婆》（彭迪供稿），见姚宝瑄主编《中国各民族神话》（土家族、毛南族、侗族、瑶族），太原：山西出版传媒集团·书海出版社 2014 年版，第 7 页。

## W2277.4.3.1
### 梦龙生人
【关联】
① ［W2247］感龙孕生人
② ［W2274.7］感龙的光孕生人
③ ［W2276.6.1］感龙的化身孕生人

实例

［彝族］"玛贺尼"（未婚女）因梦龙感应生子，繁衍百姓子孙。
【流传】四川省（疑为云南省·玉溪市）·峨山县（峨山彝族自治县）·（富良棚乡）·咱拉黑村
【出处】杨甫旺：《蛇崇拜与生殖文化初探》，载《贵州民族研究》1997 年第 1 期。

## W2277.4.3.1a
### 神女梦红龙生人
【关联】
① ［W2247］感龙孕生人
② ［W2247.6］感红龙孕生人
③ ［W2247.6.1］梦红龙缠身孕生人

实例

［羌族］神女姜顿梦大红龙缠身，不久生娃。后成为羌人首领，称为"阿巴补摩"（阿巴，即爷爷；补摩，即龙）。
【流传】（无考）
【出处】《阿巴补摩》，见李明等《羌族文学史》，成都：四川民族出版社 1994 年版。

## W2277.4.3.2
### 梦感喜鹊生人

【关联】[W2242] 感喜鹊孕生人

**实 例**

❶ [满族] 一对60多岁的老夫妇做梦梦见大喜鹊飞入怀中,老太太后来生1个男孩。

【流传】(无考)

【出处】《沙克沙恩都哩》,见傅英仁口述,张爱云整理《傅英仁满族故事》(上),哈尔滨:黑龙江人民出版社2006年版,第24页。

❷ [满族] 老婆婆梦见一只大喜鹊向她怀里扑来,后来就生了一个白胖小子,取名"沙克沙"。

【流传】(a)黑龙江省·(牡丹江市)·宁安县·江东乡(江南朝鲜族满族乡)·缸窑村

【出处】

(a)关振川讲,傅英仁采录:《沙克沙恩都哩》,见中国民间文学集成全国编辑委员会编《中国民间故事集成》(黑龙江卷),北京:中国ISBN中心2005年版,第63~64页。

(b)傅英仁搜集:《沙克沙恩都哩》,见《满族神话故事》,哈尔滨:北方文艺出版社1985年版。

(c)《沙克沙恩都哩》,见满都呼主编《中国阿尔泰语系诸民族神话故事》,北京:民族出版社1997年版,第277~278页。

## W2277.4.4
### 梦感植物生人

【关联】[W2170] 植物生人

**实 例**

(参见下级母题实例)

## W2277.4.4.1
### 梦感树生人

【关联】[W2251.1.1] 梦感神树孕生人

**实 例**

(参见关联项母题实例)

## W2277.4.5
### 梦感无生命物生人

**实 例**

(参见下级母题实例)

## W2277.4.5.1
### 梦感星生人

【关联】[W2273] 感星孕生人

**实 例**

[汉族] 女节梦接大星,意感而生白帝朱宣(少昊氏)。

【流传】(无考)

【出处】《春秋纬元命苞》,见[清]马国翰《玉函山房辑佚书》。

## W2277.4.5.2
### 梦感白光生人

【关联】

① [W2215.1] 白光生人

② ［W2274.4］感白光生人

③ ［W2276.5.2］丈夫梦武士时妻子梦感白光生男子

实 例

［藏族］葛姆梦见空中出现一道白光从帐房破洞中射到自己身上，感到全身温暖，遂孕生格萨尔。

【流传】（无考）

【出处】徐国琼搜集整理：《雄师大王格萨尔》，见陶阳、钟秀编《中国神话》（中），北京：商务印书馆2008年版，第702~711页。

## W2277.4.5.3
### 梦感月亮生人

【关联】

① ［W2025.3］人从月亮中来

② ［W2272］感月亮孕生人

实 例

［赫哲族］女子梦中看见明月落入自己的怀中，惊醒之后，因此怀孕。

【流传】（松花江下游地区依兰至抚远）

【出处】《武步奇五》，见凌纯声《松花江下游的赫哲族》（原1934年南京刊印本），北京：民族出版社2012年版，第791页。

## W2277.4.6
### 梦中饮食生人（梦中吃特定食物生人）

实 例

（参见下级母题实例）

## W2277.4.6.1
### 女子梦吞夜明珠生人

【关联】［W2267.1.2］感夜明珠孕生人

实 例

［京族］女子如果梦中吞下夜明珠，就会怀孕生子。

【流传】广西壮族自治区·（防城港市·东兴市·江平镇）·潲尾岛

【出处】苏锡权讲，苏维光等搜集，符达升整理：《珠子降龙》，见中华民族故事大系编委会编《中华民族故事大系》第15卷（德昂族、保安族、裕固族、京族、塔塔尔族、独龙族、鄂伦春族），上海：上海文艺出版社1995年版，第327页。

## W2277.4.6.2
### 女子梦吃馒头生人

实 例

［赫哲族］萨步勾汗年过四十无子，于是在春祭时，祭祀神树祈子后，其妻夜间梦到一白发老人给她一个馒头吃。从此腹中有孕，产下一胎双男。

【流传】（松花江下游地区依兰至抚远一带）

【出处】《香草》，见凌纯声《松花江下游的赫哲族》，（原1934年南京刊印本），北京：民族出版社2012年版，第672页。

## W2277.4.7
### 特定地点梦感生人

实例

（参见下级母题实例）

## W2277.4.7.1
### 庙中梦娃生子

实例

［京族］一个京族女子在庙中梦到一个娃娃，后生一子。

【流传】广西壮族自治区·（防城港市·东兴市·江平镇）·澫尾岛

【出处】苏锡权讲，苏世强搜集，符达升整理：《蟾蜍将军》，见中华民族故事大系编委会编《中华民族故事大系》第15卷（德昂族、保安族、裕固族、京族、塔塔尔族、独龙族、鄂伦春族），上海：上海文艺出版社1995年版，第347页。

## W2277.4.8
### 与梦感生人有关的其他母题

实例

（参见下级母题实例）

## W2277.4.8.1
### 梦特定物进入体内生人

实例

［珞巴族］（实例待考）

## W2277.5
### 通过身体特殊部位感生

实例

（参见下级母题实例）

## W2277.5.1
### 通过肚脐感生

实例

［壮族］布洛陀从大海中向米洛甲口喷海水，射中其肚脐。米洛甲怀孕。

【流传】广西壮族自治区·（河池市）·大化县（大化瑶族自治县）·羌圩乡

【出处】

（a）农冠品：《女神歌仙英雄——壮族民间故事新选》，南宁：广西民族出版社1992年版。

（b）《布洛陀与姆洛甲》，见中国民间文学集成全国编辑委员会编《中国民间故事集成》（广西卷），北京：中国ISBN中心2001年版，第5页。

## W2277.6
### 通过衣服感生

实例

（参见下级母题实例）

## W2277.6.1
### 通过裙子感生

【关联】［W2241.1.4］女子裙子上滴岩鹰血后生人

【实例】

[彝族] 有个女子在屋檐下织布时，空中飞来一只岩鹰，滴了一滴血在她的裙子上，由此怀了孕，生支格阿龙。

【流传】四川省·凉山州（凉山彝族自治州）

【出处】比雀阿立讲，上元、邹志诚整理：《认妈妈》，节选自《英雄支格阿龙》，原载李德君、陶学良编《彝族民间故事选》，见陶阳、钟秀编《中国神话》（中），北京：商务印书馆2008年版，第675~686页。

## W2277.7
### 通过动物感生

【关联】

① [W2235.2] 吃牛吃剩的东西孕生人

② [W2240.2.1] 吃鸟衔来的红果孕生人

③ [W2249.3] 感动物吃剩的残余物孕生人

④ [W2249.8.1] 吃鸟衔来的东西孕生人

⑤ [W2254.13.1] 吃神鸦衔来的果子孕生人

【实例】

（参见关联项母题实例）

## W2277.8
### 通过植物感生

【实例】

[傣族] 一个老妇带着她的独生女看守菜园，独生女因吃了野牛嚼剩的半个椰子怀孕，生叭阿拉武（人名）。

【流传】云南省·西双版纳（西双版纳傣族自治州）一带

【出处】《叭阿拉武的故事》，见曹成章、张元庆《傣族》，北京：民族出版社1984年版，第63页。

## W2277.9
### 通过水感生

【关联】[W2262] 感水孕生人

【实例】

（参见下级母题实例）

## W2277.9.1
### 洗浴时感孕

【汤普森】T523

【关联】

① [W2262.4] 水中洗浴孕生人

② [W2262.5] 在特殊的水中洗澡孕生人

③ [W2262.10] 感应男子洗浴的水孕生人

【实例】

（参见关联项母题实例）

## W2277.10
### 与感生媒介有关的其他母题

【实例】

（实例待考）

## W2277a
### 感生的时间

**实例**

（参见下级母题实例）

## W2277a.1
### 在特定的时间感应怀孕

**实例**

[彝族] 洪水后幸存的一对兄妹在属猪那一天，哥哥河头洗身子，属狗那一天，妹妹河尾捧水吃后怀孕。

【流传】云南省·楚雄彝族自治州·姚安县、大姚县等彝族地区

【出处】《创世·人类起源》，见云南省民族民间文学楚雄调查队整理编写《梅葛》，昆明：云南人民出版社2009年版，第46页。

## W2277a.1.1
### 女子劳作时感生怀孕

**实例**

[彝族] 一女在屋檐下织布时，沾上了一滴岩鹰的血而怀孕。

【流传】（无考）

【出处】《英雄支格阿龙的传说》，见《彝族民间故事选》，上海：上海文艺出版社1983年版，第1页。

## W2277a.1.2
### 女子在婚前感生怀孕

**实例**

[汉族]（实例待考）

## W2277a.1.3
### 女子在婚后感生怀孕

[黎族] 洪水后，幸存的一对兄妹结婚后妹妹感风受孕。

【流传】海南省五指山一带

【出处】王国全搜集整理：《南瓜的故事》，见中华民族故事大系编委会编《中华民族故事大系》第7卷（黎族、傈僳族、佤族），上海：上海文艺出版社1995年版，第1~13页。

## W2278
### 感生的地点

【关联】[W2276.8] 感特定的地点孕生人

**实例**

（参见下级母题实例）

## W2278.1
### 祈祷处感生

【关联】

① [W2280] 祈祷生人（祈祷生子、祈子）

② [W2397.3] 祈祷后化生人

**实例**

[满族] 一妇祈祷时，有神龟天蟒相交，吸入其精气而孕生建州女真民族英雄。

【流传】（无考）

【出处】《两世罕王传》，见富育光《论萨满教的天穹观》，载《世界宗教研究》1987年第4期。

## W2278.2
### 在大泽感生

实例

（参见下级母题实例）

## W2278.2.1
### 在大泽之陂感生

实例

[汉族] 高祖，沛丰人，父曰太公，母曰刘媪。其先刘媪尝息大泽之陂，梦与神遇。是时雷电晦冥，太公往视，则见蛟龙于其上。已而有身，遂产高祖。

【流传】（无考）

【出处】[西汉] 司马迁：《史记·高祖本纪》。

## W2278.2.2
### 在雷泽感生

【关联】[W2232.1.2.3] 女子踏雷泽中的巨人脚印怀孕

实例

[汉族] 大迹出雷泽，华胥履之，生宓牺（又作伏牺）。

【流传】（无考）

【出处】《太平御览》卷七八，引《诗含神雾》。

## W2278.3
### 在水中感生

【关联】

① [W2262.4] 水中洗浴孕生人

② [W2277.9] 通过水感生

实例

（参见关联项及下级母题实例）

## W2278.3.1
### 在河水中感生（在池水中感生）

【关联】[W2232.1.2.1] 女子踏河中巨人脚印怀孕

实例

❶ [傣族] 一女儿在河中感金龙化作的木头，生10子。

【流传】（无考）

【出处】《九隆》，见高明强编《创世的神话和传说》，上海：上海三联书店1988年版，第89页。

❷ [汉族] 一个老婆子有一天在河湾里踏了河泥中的一个很大的脚印，于是怀孕。

【流传】甘肃省·天水市·北道区·中滩乡

【出处】雷兴旺讲，杨晓学采录：《伏羲女娲成婚》，见中国民间文学集成全国编辑委员会编《中国民间故事集成》（甘肃卷），北京：中国ISBN中心2001年版，第10页。

## W2278.3.2
### 在湖水中感生

实例

（参见下级母题实例）

## W2278.3.2.1
### 在长白山湖水中感生

**实例**

[满族] 三个天女在长白山的天池洗浴时,森林里飞来了一只喜鹊,嘴里叼着一颗红果,送给三天女中最小的天女佛库伦。佛库伦吃红果怀了孕。

【流传】吉林省·(延边朝鲜族自治州)·敦化市·额穆镇

【出处】
(a) 伊化山、纪祥春讲,李果钧、刘忠义搜集整理:《天女浴躬池》,见《满族民间故事选》,上海:上海文艺出版社1983年版。
(b) 同(a),见姚宝瑄主编《中国各民族神话》(满族、赫哲族、朝鲜族),太原:山西出版传媒集团·书海出版社2014年版,第95~99页。

## W2278.3.3
### 在水边感生

**实例**

(参见下级母题实例)

## W2278.3.3.1
### 在河边感生

【关联】[W2126.6.1] 在河边造人

**实例**

[白族] 大理的一个独姑娘到河边洗衣时撞到一条柏木根(龙的化身)而孕,生9个儿子。

【流传】(无考)

【出处】《白王打天下》,见田兵等编《中国少数民族神话论文集》,南宁:广西民族出版社1984年版,第193页。

## W2278.4
### 在山顶感生

**实例**

[高山族] 也米巴路山顶上有一块巨大的石头。这块石头感阳光风雨后,孕生许多人。

【流传】台湾布农卡社群的达马洛旺社

【出处】鹿忆鹿:《台湾原住民与大陆南方民族的洪水神话比较》,载《民间文学论坛》1997年第1期。

## W2278.5
### 在石缝中感生

【关联】
❶ [W2210.3.2] 石缝生人
❷ [W2279.4.2] 石感血生人

**实例**

[鄂伦春族] 七仙女太阳姑娘在石缝中尿了一泡尿,小伙子在目送七仙女后,也在石缝中尿了一泡尿,石缝里发出婴儿哭声。

【流传】白嘎拉山一带

【出处】《小伙子和太阳姑娘》,见赵复兴《鄂伦春族文学简论》,载《内蒙古社会科学》1995年第3期。

[藏族] 母猴的月经流进石缝,石炸开

生 2 娃。

【流传】四川省·（阿坝藏族羌族自治州）·阿坝县·城关

【出处】大纳柯讲：《其公和月玛依》，见中国民间文学集成全国编辑委员会编《中国民间故事集成》（四川卷·下），北京：中国 ISBN 中心 1998 年版，第 936 页。

## W2278.6
### 树下休息时感生

【关联】［W2275.1.9］休息时感风孕生人

实 例

[哈尼族] 妇人它朋然夏阿玛休息时受风而孕，肚子、脚、大腿、手、膀子、脚趾等，统统怀了孕。

【流传】云南省

【出处】毛佑全整理：《它朋然夏阿玛》，见谷德明编《中国少数民族神话》，北京：中国民间文艺出版社 1987 年版，第 325 页。

## W2278.7
### 在床上感生

实 例

（实例待考）

## W2278.7.1
### 感应物放在床下后感生

实 例

[高山族（邹）] 一个少女在河中捡到一根木棍，她把木棍放到床下，由此怀孕生子。

【流传】（无考）

【出处】《太阳和月亮》，见谷德明编《中国少数民族神话》，北京：中国民间文艺出版社 1987 年版，第 243 页。

## W2278.8
### 其他特定的感生地点

实 例

（参见下级母题实例）

## W2278.8.1
### 在特定的地方感生

【关联】

① ［W2232.1.2.3］女子踏雷泽中的巨人脚印怀孕

② ［W2277.4.7］特定地点梦感生人

③ ［W2278.2.2］在雷泽感生

实 例

（参见关联项及下级母题实例）

## W2278.8.1.1
### 在华阳感生

实 例

[汉族]（实例待考）

## W2279
### 与感生人有关的其他母题

实 例

（参见下级母题实例）

## W2279.0
### 多次感应后怀孕

**实例**

[蒙古族] 猎人哈斯的妻子多次向佛祖祷告，孕生1个男孩。

【流传】（无考）

【出处】赛野搜集整理：《乌恩射太阳》，见谷德明编《中国少数民族神话》，北京：中国民间文艺出版社1987年版，第49~58页。

## W2279.0.1
### 多次相同感应孕生人

**实例**

（参见下级母题实例）

## W2279.0.1.1
### 每月相同的时辰感水9个月怀孕

**实例**

[彝族] 一对兄妹为了传人烟，在属猪那一天，哥哥河头洗身子，属狗那一天，妹妹河尾捧水吃，吃水来怀孕。一月吃一次，吃了九个月，妹妹怀孕了。

【流传】云南省·楚雄彝族自治州·姚安县、大姚县等彝族地区

【出处】《创世·人类起源》，见云南省民族民间文学楚雄调查队整理编写《梅葛》，昆明：云南人民出版社2009年版，第46页。

## W2279.0.2
### 感气又感梦后孕生人

【关联】

① ［W2275.2］感气孕生人

② ［W2277.4］梦感（感梦生人）

**实例**

[苗族] 有个处女浣于溪时，天上阴阳瑞气交流直射怀中。到了晚上她又梦见一个骑白马穿白袍、长雪白头发银白胡须的老翁与一个跨金龙穿百龙袍、携龙头手杖的老妇来到住处，送婴孩给她。过了一年，生下三个儿子。

【流传】（湖南省·湘西土家族苗族自治州一带）

【出处】

（a）石宗仁整理：《白帝天王》，见中国各民族宗教与神话大词典编审委员会编《中国各民族宗教与神话大词典》，北京：学苑出版社1990年版。

（b）同（a），见姚宝瑄主编《中国各民族神话》（布依族、仡佬族、苗族），太原：山西出版传媒集团·书海出版社2014年版，第318页。

## W2279.0a
### 多人同时感生人

**实例**

[高山族（布农）] 从前，一个村子全是女人，她们到山上张开两腿，让风吹入股间，就会怀孕。

【流传】台湾

【出处】达西乌拉弯·毕马（田哲益）、

达给斯海方岸·娃莉丝（全妙云）著：《布农族口传神话传说》，台北：台原出版社1998年版，第238页。

## W2279.0a.1
### 母女同时感生人

**实例**

[哈尼族] 母女俩感风而孕。

【流传】 云南省·西双版纳（西双版纳傣族自治州）

【出处】《母女俩的传说》，见毛星主编《中国少数民族文学》（下），长沙：湖南人民出版社1983年版，第241~242页。

## W2279.0a.2
### 2个女子同时感生人

**实例**

[哈尼族] 两个女子同时感春风怀孕。

【流传】 云南省

【出处】 兰克：《原始的宗教和神话》，载《民间文艺集刊》1985年第4期。

## W2279.0a.2.1
### 姐妹同时感生人

**实例**

[汉族]（实例待考）

## W2279.1
### 神感生人

**实例**

[朝鲜族] 天女感木神后生1男。

【流传】（无考）

【出处】 金东勋：《朝鲜族的洪水神话》，见中国各民族宗教与神话大词典编审委员会编《中国各民族宗教与神话大词典》，北京：学苑出版社1990年版，第61页。

## W2279.1.1
### 男女天神交感生人

【关联】[W2401] 天神婚生人

**实例**

[苗族] 天神嘎养和嘎交感，怀孕生蛋，蛋中生出人类始祖姜央。

【流传】 贵州省·（黔东南苗族侗族自治州）·凯里（凯里市）、丹寨（丹寨县）、麻江（麻江县）

【出处】 洋洛译：《说古歌》，见中国作家协会贵州分会等单位编印《民间文学资料》第6集。

## W2279.1.2
### 神吃红果生人

【关联】

① [W2254.3] 吃红果孕生人

② [W2254.3.1] 女神吃红果生人

**实例**

[苗族] 女神吃了一位老人送给她的红果，遂孕生7个孩子。

【流传】（无考）

【出处】《落天女的子孙》，见刘守华编《中国民间故事精选》，武汉：华中理工大学出版社1993年版，第30~34页。

## W2279.1.3
### 神感风神生人
【关联】[W2275.1] 感风孕生人

实例

（参见下级母题实例）

## W2279.1.3.1
### 女神感风神生人
【关联】[W2137] 女神生人

实例

〖水族〗牙巫（女神名）与风神相配，感风神生12个仙蛋，蛋中生出了人和动物。

【流传】贵州省

【出处】中国各民族宗教与神话大词典编审委员会编：《中国各民族宗教与神话大词典》，北京：学苑出版社1990年版，第555页。

## W2279.1.4
### 神感虫生人
【关联】[W2131] 神生人

实例

（实例待考）

## W2279.1a
### 神性人物感生人

实例

（参见下级母题实例）

## W2279.1a.1
### 神婆感白龙生人
【关联】[W2247.7.1] 女神感白龙孕生人

实例

〖土家族〗一个叫蒙易的神婆感白龙后生子。

【流传】湖南省·（湘西土家族苗族自治州）·酉水（酉水河）、武水流域

【出处】杨昌鑫：《一首古老的土家族军葬战歌》，载《民间文学》1985第10期。

## W2279.2
### 动物感生人
【关联】[W2155] 动物生人

实例

（参见下级母题实例）

## W2279.2.1
### 蛇感人生人
【关联】[W2167.2] 蛇生人

实例

〖鄂温克族（索伦）〗大湖中有长着两只犄角的大蛇，因遇上留辫子的人而孕，生儿女，繁衍索伦人。

【流传】（无考）

【出处】乌云达赉：《鄂温克族族源》，呼和浩特：内蒙古大学出版社1998年版，第68页。

## W2279.2.2
### 龙感生人

【关联】［W2167.7］龙生人

实例

［高山族（排湾）］雷把石头打开生一条龙，龙吞下竹生的女人后生1男1女。

【流传】（台湾）

【出处】龙宝麒：《排湾族的创始神话》，载《边政学报》1964年第3期。

## W2279.2.2.1
### 龙感太阳生人

【关联】［W2271］感太阳孕生人

实例

［白族］（实例待考）

## W2279.2.3
### 龙母感桃生人

【关联】［W2254.1］吃桃孕生人

实例

［白族］大理龙母吞绿桃有娠，生子。

【流传】（无考）

【出处】徐嘉瑞：《大理古代文化史稿》，北京：中华书局1984年版。

## W2279.2.4
### 鱼感生人

【关联】［W2166］鱼生人

实例

（参见下级母题实例）

## W2279.2.4.1
### 鱼感明珠生人

【关联】

① ［W2267.1.2］感夜明珠孕生人

② ［W2277.4.6.1］女子梦吞夜明珠生人

实例

［哈尼族］（实例待考）

## W2279.2.5
### 凤凰感生人

【关联】

① ［W2165.3］凤凰生人

② ［W2223.4］凤凰卵生人

实例

（参见下级母题实例）

## W2279.2.5.1
### 凤凰食玛瑙生人

实例

［畲族］金凤凰吃玛瑙生的蛋中孵出人。

【流传】闽东（福建东部）；浙南（浙江南部）

【出处】http://bbs.uland.com。

## W2279.2.6
### 羊感生人

【关联】［W2719.7.3］羊生10对男女

实例

（参见下级母题实例）

## W2279.2.6.1
### 羊喝泉水生人

【关联】[W2262]感水孕生人

实 例

[白族] 尚无人类时,西山羊泉地方来了一只黑山羊,吃了羊泉边的青草,喝了羊泉水之后,一胎生下10对儿女。

【流传】云南省·(大理白族自治州)·鹤庆县

【出处】章虹宇调查整理:《鹤庆朵西薄的法器》,见吕大吉、何耀华总主编《中国各民族原始宗教资料集成》(彝族卷、白族卷、基诺族卷),北京:中国社会科学出版社1996年版,第613页。

## W2279.3
### 植物感生人

【关联】[W2170]植物生人

实 例

(参见下级母题实例)

## W2279.3.1
### 树感天光生人

【关联】
① [W2180.1.1]树感光结瘤生人
② [W2182.3]树感光生人
③ [W2274.1.2]感天光孕生人

实 例

[维吾尔族] 天光降于树,树生瘿,树瘿中裂生5人。

【流传】新疆维吾尔自治区

【出处】
(a) 黄文弼:《亦都护高昌王世勋碑复原并校记》,见满都呼主编《中国阿尔泰语系诸民族神话故事》,北京:民族出版社1997年版,第38页。
(b) 《高昌王世勋之碑》,见虞集《道园学古录》第24卷。
(c) [伊朗]志费尼著,何高济译:《世界征服者史》(上),呼和浩特:内蒙古人民出版社1981年版,第63~64页。

## W2279.4
### 无生命物感生人

【关联】[W2200]无生命物生人

实 例

(参见下级母题实例)

## W2279.4.1
### 山感光生人

【关联】[W2209]山生人

实 例

(参见下级母题实例)

## W2279.4.1.1
### 土山感光生人

实 例

[维吾尔族] 大树下的土丘经天光照射,裂开后有五间帐篷一样的内室,每间室内坐着一个孩子。

【流传】新疆维吾尔自治区

【出处】张越改写：《树的儿子》，见姚宝瑄主编《中国各民族神话》（乌孜别克族、哈萨克族、柯尔克孜族、俄罗斯族、维吾尔族、塔吉克族、塔塔尔族、锡伯族），太原：山西出版传媒集团·书海出版社2014年版，第233页。

## W2279.4.2
### 石感血生人

【关联】

① ［W2210］石生人

② ［W2263.4］接触血液孕生人（感血孕生人）

实 例

❶ [汉族] 血流润大石，石生庆都。

【流传】（无考）

【出处】《春秋合诚图》。

❷ [藏族] 母猴的月经流进石缝，石炸开生2娃。

【流传】四川省·（阿坝藏族羌族自治州）·阿坝县·城关

【出处】大纳柯讲：《其公和月玛依》，见中国民间文学集成全国编辑委员会编《中国民间故事集成》（四川卷·下），北京：中国 ISBN 中心 1998 年版，第936页。

## W2279.4.3
### 气感植物生人

【关联】［W2207］气生人

实 例

[彝族]（实例待考）

## W2279.4.4
### 石缝感男女的小便生人

【关联】

① ［W2210］石生人

② ［W2210.3.2］石缝生人

实 例

❶ [鄂伦春族] 7天女中的七妹太阳姑娘湖中沐浴时，在大石上小解，绽开一道缝隙。莫日根猎手也向缝隙中小解，经四十九天，育成一个婴儿。

【流传】大、小兴安岭一带

【出处】《太阳姑娘》，见中国各民族宗教与神话大词典编审委员会编《中国各民族宗教与神话大词典》，北京：学苑出版社1990年版，第130页。

❷ [鄂伦春族] 七仙女太阳姑娘在石缝中尿了一泡尿，小伙子在目送七仙女后，也在石缝中尿了一泡尿，石缝里发出婴儿哭声。

【流传】白嘎拉山一带

【出处】《小伙子和太阳姑娘》，见赵复兴《鄂伦春族文学简论》，载《内蒙古社会科学》1995年第3期。

❸ [鄂伦春族] 男女分别往石缝小便生娃。

【流传】内蒙古自治区

【出处】莫希那讲，王朝阳整理：《小伙子与太阳姑娘》，见中华民族故事大系编委会编《中华民族故事大系》第 15 卷（德昂族、保安族、裕固族、京族、塔塔尔族、独龙族、鄂伦春族），上海：上海文艺出版社1995年版，第719页。

## W2279.5
### 感多种物质孕生人

实例

（参见下级母题实例）

## W2279.5.1
### 食桃子和桃花孕生人

实例

[土家族]"卵玉娘娘"在河边吞吃了八颗桃子和一朵桃花而怀孕。

【流传】（无考）

【出处】杨昌鑫：《土家族风俗志》，北京：中央民族学院出版社1989年版，第10~12页。

## W2279.5.2
### 感雷与光孕生人

【关联】
① [W2274.4.1] 感雷电中的白光生人
② [W2275.4] 感雷生人

实例

[汉族]公孙少典的妻子附宝感风雷中的一道白光后怀孕生子。

【流传】河南省·（郑州市）·新郑县（新郑市）·城关镇·南街

【出处】蔡英生讲，蔡柏顺采录：《黄帝下凡》，见中国民间文学集成全国编辑委员会编《中国民间故事集成》（河南卷），北京：中国ISBN中心2001年版，第30页。

## W2279.5.3
### 感脚印和彩虹生人

实例

[汉族]华胥踏大脚印和遇两道彩虹孕生1男1女。

【流传】陕西省·（西安市）·蓝田县·华胥乡·上许村

【出处】许存义讲，许洪轩采录：《华胥国》，见中国民间文学集成全国编辑委员会编《中国民间故事集成》（陕西卷），北京：中国ISBN中心1996年版，第6页。

## W2279.5.4
### 感血和云孕生人

实例

（参见下级母题实例）

## W2279.5.4.1
### 感神鹰血和云中水生人

实例

[彝族]龙女朴莫乃日感神龙鹰的三滴血和云的三滴水，生1子。

【流传】云南省金河江沿岸

【出处】《阿鲁举热》，见张永祥《彝族民间故事》，昆明：云南出版集团2009年版，第72页。

## W2279.6
### 感生不成功

实例

（实例待考）

## W2279.7
### 感生方法的获得
**实例**

（参见下级母题实例）

## W2279.7.1
### 神树告诉人感生的办法
【关联】［W2281.4］祈祷神树生子（向树神祈子）

**实例**

［赫哲族］萨步勾汗年过四十无子，在春祭时，向神树祈子后，他的妻子夜间梦到一白发老人给她一个馒头吃。从此腹中有孕，产下一胎双男。

【流传】（松花江下游地区依兰至抚远一带）

【出处】《香草》，见凌纯声《松花江下游的赫哲族》，（原1934年南京刊印本），北京：民族出版社2012年版，第672页。

## W2279.7.2
### 真主安排感生
**实例**

［柯尔克孜族］真主是独一无二的，真主安排阿尔汗宫中的公主和40个宫女喝过了水中的泡沫，使她们没有结婚却都怀了孕。40个姑娘的肚子都大了起来。

【流传】新疆维吾尔自治区

【出处】陶阳据新疆维吾尔自治区《玛纳斯》工作组采集居素甫·玛玛依唱本重述：《柯尔克孜的来历》（1961.11）整理，见陶阳、钟秀编《中国神话》（中），北京：商务印书馆2008年版，第620~624页。

## W2279.8
### 感生的促成者
**实例**

（参见下级母题实例）

## W2279.8.1
### 神促成感生
**实例**

［汉族］光严妙乐国皇后祈祷众真圣后，梦太上道君乘无彩龙送子，遂生太子。

【流传】（无考）

【出处】《玉皇经》，见王德恒等《造神史话》，天津：百花文艺出版社2002年版，第84页。

## W2279.8.2
### 仙人促成感生
**实例**

［瑶族］一女人吃了仙人给她的7个仙桃后，生7娃。

【流传】湖南省·（永州市）·江华县（江华瑶族自治县）·大锡公社（大锡乡）

【出处】盘才坤讲：《兄妹成亲》，见湖南民委民族民间文学整理组编《民族民间文学资料》24集之《瑶族民间传说故事选》，1980刻印本，第69页。

## W2279.8.2.1
### 仙婆送桃促成感生

【关联】

① ［W2254.1］吃桃孕生人

② ［W2254.1.1］吃仙桃孕生人

③ ［W2254.1.6］吃仙婆送来的桃孕生人

实 例

[侗族] 仙婆送给一位 50 多岁的大妈 7 个桃子，大妈吃后怀孕生 7 子。

【流传】湖南省·（怀化市）·新晃县（新晃侗族自治县）·李树乡·茂溪村

【出处】吴贻刚讲，杨顺成等采录：《姜郎姜妹》，见中国民间文学集成全国编辑委员会编《中国民间故事集成》（湖南卷），北京：中国 ISBN 中心 2002 年版，第 28 页。

## W2279.8.3
### 异性的帮助促成感生

【关联】［W2274.8］感异性的光孕生人

实 例

[壮族]（实例待考）

## W2279.8.4
### 动物的帮助促成感生

【关联】［W2078.1.2］动物是造人的帮助者

实 例

❶ [汉族] 兄妹成亲一年没有喜，野物们天天帮他们向老天爷求喜。

【流传】湖南省·（常德市）·石门（石门县）

【出处】覃清贞讲，鲍明清搜集整理：《人是怎么来的》，见中华民族故事大系编委会编《中华民族故事大系》第 1 卷（汉族、蒙古族、回族），上海：上海文艺出版社 1995 年版，第 13 页。

❷ [满族] 一个 60 多岁的老夫妇梦一个大喜鹊飞入怀中，后来孕生一子。

【流传】（无考）

【出处】《沙克沙恩都哩》，见傅英仁口述，张爱云整理《傅英仁满族故事》（上），哈尔滨：黑龙江人民出版社 2006 年版，第 24 页。

## W2279.8.5
### 鸟送感应物促成感生

实 例

❶ [满族] 天的三女儿在白山的泉池洗澡时，喜鹊衔来一个大桃，吃后孕生 1 个男孩。

【流传】（无考）

【出处】《天三女儿》，见爱新觉罗·乌拉希春《满族古神话》，呼和浩特：内蒙古人民出版社 1987 年版，第 3~9 页。

❷ [满族] 从森林里飞来了一只喜鹊，嘴里叼着一颗红果，送给三天女中最小的天女佛库伦。佛库伦吃后怀孕。

【流传】吉林省·（延边朝鲜族自治州）·敦化市·额穆镇

【出处】

（a）伊化山、纪祥春讲，李果钧、刘忠义搜集整理：《天女浴躬池》，见《满族民间故事选》，上海：上海文艺出版社1983年版。

（b）同（a），见姚宝瑄主编《中国各民族神话》（满族、赫哲族、朝鲜族），太原：山西出版传媒集团·书海出版社2014年版，第95~99页。

## W2279.8.6
### 神投放感应物促成感生

【关联】[W2779.8.1]神促成感生

**实 例**

[土家族] 有对老夫妻无儿无女。妻子吃了八颗像桃子一样的果子怀孕。

【流传】湖南省·湘西（湘西土家族苗族自治州）·龙山（龙山县）

【出处】覃仁安搜集整理：《八部大王》，见中华民族故事大系编委会编《中华民族故事大系》第5卷（瑶族、白族、土家族），上海：上海文艺出版社1995年版，第683页。

## 2.4.8 与生育产生人有关的其他母题（与生人有关的其他母题）
（W2280~W2299）

## ✱ W2280
### 祈祷生人（祈祷生子，祈子）

【汤普森】①Q192；②T548.1

【关联】[W6506] 祈祷

**实 例**

（参见下级母题实例）

## W2281
### 祈祷神生子（向神祈子）

【关联】[W2997.5.0] 特定的神或神性人物送子

**实 例**

（参见下级母题实例）

## W2281.1
### 求神孕生子

【汤普森】①≈D1766.1；②T526

**实 例**

❶ [鄂伦春族] 老太太求神后生女孩召日姑姑罕。

【流传】（无考）

【出处】

（a）李水花讲，孟淑珍整理：《召日姑姑神》，见黑龙江省民族研究所《鄂伦春民间文学》，内部资料。

（b）《召日姑姑神》，见满都呼主编《中国阿尔泰语系诸民族神话故事》，北京：民族出版社1997年版，第329页。

❷ [柯尔克孜族] 加库善老人没儿女，就让老伴到树林中独居，向神祈求，果然怀孕。

【流传】（无考）

【出处】《玛纳斯》，见热依曼《突厥语民族原始树木崇拜与民族地区生态保护探析》，载《西北民族大学学报》

2009 年第 3 期。

### W2281.1.1
### 当事人亲自祈神得子

**实例**

[汉族] 女子结婚成为新娘后要祈子。

【流传】福建省·（福州市·仓山区·盖山镇）·义序村

【出处】林耀华：《义序的宗族研究》(1934)，北京：生活·读书·新知三联书店 2000 年版，第 108～109 页。

### W2281.1.2
### 通过其他人祈神得子

【关联】[W2284.6.1] 请萨满祈子

**实例**

[鄂温克族] 鄂温克人在年纪已大，还没有孩子，或孩子经常死亡，或孩子经常生病的时候，都要请萨满向神求子。

【流传】（内蒙古自治区·呼伦贝尔市·鄂温克族自治旗·辉索木）

【出处】
（a）《鄂温克族自治旗辉索木调查报告》，见内蒙古自治区编辑组《鄂温克族社会历史调查》，呼和浩特：内蒙古人民出版社 1986 年版，第 492 页。
（b）《为族众求子女》，见吕大吉、何耀华总主编《中国各民族原始宗教资料集成》（鄂伦春族卷、鄂温克族卷、赫哲族卷、达斡尔族卷、锡伯族卷、满族卷、蒙古族卷、藏族卷），北京：中国社会科学出版社 1999 年版，第 129 页。

### W2281.2
### 求天神得子（向天神祈子）

**实例**

[鄂温克族] 老两口天天一早起来就祭奠敖包，向荷日穆斯腾格里（最高的天神），求儿求女。

【流传】内蒙古自治区·（呼伦贝尔市）·鄂温克族自治旗

【出处】鲁勒利那讲，郭永明翻译：《尼桑萨满》，见中国民间文学集成全国编辑委员会编《中国民间故事集成》（宁夏卷），北京：中国 ISBN 中心 2007 年版，第 27 页。

### W2281.2.1
### 夫妻给老天爷磕头后生子

**实例**

[鄂伦春族] 一对夫妻无儿无女，天天给老天爷磕头，不久妻子有孕生子。

【流传】内蒙古自治区·（呼伦贝尔市）·鄂伦春自治旗·古里（古里乡）

【出处】黄玉玲讲，王朝阳采录：《尼顺萨满》(1987.04)，见中国民间文学集成全国编辑委员会编《中国民间故事集成》（黑龙江卷），北京：中国 ISBN 中心 2005 年版，第 83～85 页。

## W2281.3
### 求生育神生子（向生育神祈子）

【关联】［W0477］生育神

实例

[鄂温克族] 无儿女的老公母俩敬加奇神（生育神）后，一连串生了不少孩子。

【流传】黑龙江省·黑河市

【出处】莫春安讲：《加奇神》，见中国民间文学集成全国编辑委员会编《中国民间故事集成》（黑龙江卷），北京：中国 ISBN 中心 2005 年版，第 39～41 页。

## W2281.3.1
### 求生殖母神送子

实例

[朝鲜族]（实例待考）

## W2281.4
### 祈祷神树生子（向树神祈子）

实例

[赫哲族] 老太婆天天给大树磕头求子，感动树神后得到生子的方法。

【流传】黑龙江省·（佳木斯市·同江市）·街津口（街津口赫哲族乡）

【出处】黄任远：《通古斯满语族神话比较》，哈尔滨：黑龙江人民出版社 2000 年版，第 78 页。

## W2281.5
### 祈祷佛生子（向佛祈子）

实例

❶ [蒙古族] 猎人哈斯的妻子多次向佛祖祷告，生 1 男孩。

【流传】（无考）

【出处】赛野搜集整理：《乌恩射太阳》，见谷德明编《中国少数民族神话》，北京：中国民间文艺出版社 1987 年版，第 49～58 页。

❷ [蒙古族] 快五十岁的猎人哈斯夫妻无子。妻子一次又一次向佛祖祷告，三年后哈斯的妻子怀了孕，生下一个男孩。

【流传】内蒙古自治区·昭乌达盟（今赤峰市）·林西县巴林桥北侧

【出处】阿拉塔希热讲，赛野采录：《半拉山的传说》，见中国民间文学集成全国编辑委员会编《中国民间故事集成》（宁夏卷），北京：中国 ISBN 中心 2007 年版，第 221 页。

❸ [蒙古族] 哈斯的不怀孕的妻子反复向佛祖祷告，过了三年，怀了孕。

【流传】内蒙古自治区·昭乌达盟（今赤峰市）

【出处】一位老牧民讲，赛野搜集整理：《半拉山的故事》，见中华民族故事大系编委会编《中华民族故事大系》第 1 卷（汉族、蒙古族、回族），上海：上海文艺出版社 1995 年版，第 487 页。

## W2281.5.1
### 供佛后生子

实例

[朝鲜族] 一对夫妻没有子女,精心供佛后,得一女儿。

【流传】(无考)

【出处】《三公本本歌》,见金东勋《朝鲜族的神话传说》,http://www.chinactwh.com,2003.09.02。

## W2281.5.2
### 感化佛后生子

实例

[锡伯族] 一对老无子女,夫妻俩经常上寺院拜神求佛,祈求儿女。佛感化他们的真诚,到60岁那年,老婆婆怀孕了。

【流传】(无考)

【出处】安吉讲,伊明搜集,佟清福翻译:《布谷鸟》,见满都呼主编《中国阿尔泰语系诸民族神话故事》,北京:民族出版社1997年版,第292页。

## W2281.6
### 祈祷菩萨生子(向菩萨祈子)

实例

[汉族] (实例待考)

## W2281.7
### 求娘娘神生子(向娘娘神祈子)

【关联】[W068.3] 娘娘神

实例

[土族] 一对夫妻祈求神娘娘后生育孩子。

【流传】青海省

【出处】斯仙索讲:《巴蛙莫日特》,见中国民间文艺研究会青海省分会编《土族民间故事选》,北京:中国民间文艺出版社1985年版,第1~9页。

## W2281.7.1
### 求送子娘娘神生子(向送子娘娘神祈子)

实例

[满族] 在送子娘娘塑像背后立一柳枝,上面用草秸筑成鸟巢的形状,这就是小孩灵魂寄托的地方,向其祈拜,就能得子。

【流传】(黑龙江省)

【出处】王宏刚、富育光:《满族风俗志》,北京:中央民族学院出版社1991年版,第151页。

## W2281.8
### 求崖神生子(向崖神祈子)

实例

[怒族] 不育夫妇还要划着独木舟渡江到石门关对面的"双石雀神洞",向崖神祈求儿女。

【流传】云南省·(怒江傈僳族自治州)·贡山(贡山独龙族怒族自治县)

【出处】何叔涛调查整理:《贡山地区接

"仙乳"与求子》（1988），见吕大吉、何耀华总主编《中国各民族原始宗教资料集成》（纳西族卷、羌族卷、独龙族卷、傈僳族卷、怒族卷），北京：中国社会科学出版社2000年版，第854页。

## W2281.9
### 求瘟神生子（向瘟神祈子）

【关联】［W0483］瘟神（疾病神、病魔）

**实 例**

❶ ［锡伯族］把瘟神"抬上轿"送瘟神时，沿途的群众准备丰盛的佳肴为之送行，死去婴儿的妇女或求子的女人都争相前去为纸轿里的"瘟神"叩头。

【流传】（新疆维吾尔自治区·伊犁哈萨克自治州·察布查尔锡伯自治县）·金泉镇

【出处】吴景石、灵梅等讲，贺灵采录整理：《送瘟神仪式》（1984.10），见吕大吉、何耀华总主编《中国各民族原始宗教资料集成》（鄂伦春族卷、鄂温克族卷、赫哲族卷、达斡尔族卷、锡伯族卷、满族卷、蒙古族卷、藏族卷），北京：中国社会科学出版社1999年版，第454页。

❷ ［锡伯族］送瘟神时，沿途群众备丰盛佳肴为之送行，死去婴儿的妇女或求子的男女都争相前去为纸轿里的"安巴玛法"神磕头。

【流传】（无考）

【出处】

（a）佟克力：《锡伯族历史与文化》，乌鲁木齐：新疆人民出版社1989年版，第184页。

（b）《瘟神》，见吕大吉、何耀华总主编《中国各民族原始宗教资料集成》（鄂伦春族卷、鄂温克族卷、赫哲族卷、达斡尔族卷、锡伯族卷、满族卷、蒙古族卷、藏族卷），北京：中国社会科学出版社1999年版，第401页。

## W2281.10
### 祈祷祖神生子（向祖神祈子）

**实 例**

（参见下级母题实例）

## W2281.10.1
### 老夫妻在祖宗神龛前祈祷生子

**实 例**

［满族］一对老夫妻在祖宗神龛前祈祷后，得子。

【流传】（无考）

【出处】富希陆整理：《尼姜萨满》，见荆文礼、富育光编《尼山萨满传》，长春：吉林人民出版社2007年版，第4页。

## W2282
### 祈祷其他特定的神或神性人物生子

**实 例**

［瑶族］一对夫妻到天王庙求拜掌管人

间生育的旺丁大仙赐给他们儿子后，得孕。

【流传】广东省·（韶关市）·乳源县（乳源瑶族自治县）·必背镇

【出处】赵良保讲，莫泽坚采录：《春夏秋冬四兄弟》，见中国民间文学集成全国编辑委员会编《中国民间故事集成》（广东卷），北京：中国 ISBN 中心 2006 年版，第 4 页。

## W2282.1
### 向真主祈子

【关联】

❶ ［W2067］真主造人

❷ ［W2279.7.2］真主安排感生

**实 例**

［柯尔克孜族］有个汗王整六十了还没有一个孩子，就亲自骑上白母马到阿孜莱特去向真主祈求子嗣。

【流传】新疆维吾尔自治区

【出处】《卵生子与日月姑娘》，见姚宝瑄主编《中国各民族神话》（乌孜别克族、哈萨克族、柯尔克孜族、俄罗斯族、维吾尔族、塔吉克族、塔塔尔族、锡伯族），太原：山西出版传媒集团·书海出版社 2014 年版，第 149~150 页。

## W2282.2
### 向老天爷磕头生子

【关联】

① ［W2101.2.1.1］老天爷传授造人方法

② ［W2281.2.1］夫妻给老天爷磕头后生子

**实 例**

（参见 W2281.2.1 母题实例）

## W2282.3
### 向祖先祈子

【关联】

① ［W2060］祖先造人（始祖造人）

② ［W2143］祖先生人

③ ［W2281.10］祈祷祖神生子（向祖神祈子）

**实 例**

（参见下级母题实例）

## W2282.3.1
### 向男女祖先祈子

**实 例**

［苗族］洪水后，幸存的德龙、爸龙兄妹婚生人类。不生儿育女的夫妻，还要求德龙、爸龙赠男送女，代代相传，形成风俗。

【流传】湖南省·湘西（湘西土家族苗族自治州）一带；贵州省·（铜仁市）·松桃地区（松桃苗族自治县）

【出处】

（a）滕树宽、龙炳文搜集，江波整理：《阿陪果本》，见燕宝编《苗族民间故事选》，上海：上海文艺出版社 1981 年版。

（b）同（a），见姚宝瑄主编《中国各民族神话》（布依族、仡佬族、苗族），太原：山西出版传媒集团·书海出版社2014年版，第156页。

## W2282.3.2
### 向代表祖神的金竹祈子

【关联】[W2172] 竹生人

**实例**

[彝族] 不妊娠之彝妇，须前往竹山求子，向金竹（祖神）拜祷。

【流传】云南省·（昆明市）·澄江（澄江县）·（海口镇）·松子园（松子园村）

【出处】雷金流：《云南澄江僰僰的祖先崇拜》，载《边政公论》第3卷第4期。

## W2282.4
### 向神马祈子

**实例**

（参见下级母题实例）

## W2282.4.1
### 向象征神马的白石马祈子

**实例**

[纳西族] 婚后不育的妇女，可以向神马（白石马）祈求赐子，然后到江边喝几口金沙江的水，并带一些江水回去，放在火塘边祭祀一下祖先，再喝几口，可以使妇女怀孕。

【流传】四川省·（凉山彝族自治州）·木里县（木里藏族自治县）·俄亚乡（俄亚纳西族乡）

【出处】刘龙初调查整理：《祭白石》，见《四川省纳西族社会历史调查》，四川省社会科学院1987年，第119页。

## W2283
### 祈祷特定的物生子

**实例**

（参见下级母题实例）

## W2283.1
### 祈祷天地得子（向天地祈子）

【关联】[W2203] 天地生人

**实例**

[赫哲族] 一对年过四十的夫妻，因常祝祷天地神明祈子而有孕。

【流传】松花江下游地区依兰至抚远一带

【出处】《一新萨满》，见凌纯声《松花江下游的赫哲族》，（原1934年南京刊印本），北京：民族出版社2012年版，第916页。

## W2283.1.1
### 祈天得子（向天祈子）

【关联】
① [W2203.1] 天生人
② [W6498.1] 祭天

**实例**

❶ [朝鲜族] 龙城国国王常祈天求子，七年后王后怀孕生下一个大卵。大卵生一子。

【流传】（无考）

【出处】《昔脱解王神话》，见僧一然

❷ [朝鲜族] 古时有个叫龙城国的国家，国王含达婆即位后，久无子，常祈天求子。

【流传】（无考）

【出处】金永奎改写：《昔脱解王神话》，见姚宝瑄主编《中国各民族神话》（满族、赫哲族、朝鲜族），太原：山西出版传媒集团·书海出版社2014年版，第166~168页。

## W2283.2

### 祈祷山川得子（拜山祈子）

【关联】

① [W2209] 山生人

② [W6498.6] 祭山

实例

❶ [朝鲜族] 扶余国国王解夫娄向山川祈祷求子，得1男。

【流传】吉林省·延边（延边朝鲜族自治州）；辽宁省·（沈阳市）·苏家屯（苏家屯区）

【出处】《高朱蒙神话》，见《后汉书·东夷传》。

❷ [朝鲜族] 夫余王解夫娄老无子，祭山求嗣，得金色蛙形小儿，名曰金蛙。

【流传】（无考）

【出处】[汉] 王充：《论衡·吉验篇》。

## W2283.2.1

### 拜大山祈子

【关联】[W6427] 山体崇拜

实例

❶ [朝鲜族] 扶余国的国王七老八十了还没有儿子。他就天天到七星堂去拜大山，请求赐给他一个儿子。

【流传】（无考）

【出处】

（a）金德顺讲，裴永镇整理：《朱蒙》，见《朝鲜族民间故事讲述家金德顺故事集》，上海：上海文艺出版社1983年版。

（b）同（a），见姚宝瑄主编《中国各民族神话》（满族、赫哲族、朝鲜族），太原：山西出版传媒集团·书海出版社2014年版，第170~181页。

❷ [朝鲜族] 很古以前，我国东北有个扶余国。扶余国的国王七老八十了还没有儿子，就天天上七星堂去拜大山，请求赐给他一个儿子。

【流传】长白山等地

【出处】金德顺讲，裴永镇记录整理：《东明王的传说》，原载《金德顺故事集》，见陶阳、钟秀编《中国神话》（中），北京：商务印书馆2008年版，第886~897页。

## W2283.2.2

### 祈祷特定名称的山生子

实例

[汉族] 孔子的父亲叔梁纥先娶施氏，生9女而无子，娶妾生跛子，后娶颜氏，到尼丘山祈祷，生孔子。

【流传】山东省·（济宁市）·曲阜（曲阜市）

【出处】《圣人诞生》，见孟昭正编《孔子故里的传说》，济南：山东文艺出版社1987年版，第1~3页。

## W2283.3
### 拜庙得子

**实例**

❶ [瑶族] 一对不育的夫妻拜天王庙，生娃。

【流传】广东省·（韶关市）·乳源县（乳源瑶族自治县）·必背镇

【出处】赵良保讲：《春夏秋冬四兄弟》，见中国民间文学集成全国编辑委员会编《中国民间故事集成》（广东卷），北京：中国ISBN中心2006年版，第4~5页。

❷ [彝族] 三个仙女与笃慕（洪水后幸存者，彝族祖先名）婚后不生育，到庙房里烧香敬神之后，生子女。

【流传】云南省·（玉溪市）·新平（新平彝族傣族自治县）

【出处】普学旺搜集翻译：《洪水泛滥史》，见云南省少数民族古籍整理出版规划办公室编：《洪水泛滥》，昆明：云南民族出版社1987年版，第68~69页。

## W2283.3.1
### 拜娘娘庙得子

【关联】[W2281.7] 求娘娘神生子

**实例**

（参见关联项母题实例）

## W2283.4
### 祈树得子

【关联】[W2281.4] 祈祷神树生子（向树神祈子）

**实例**

[朝鲜族] 熊变成女人后，没有人和它婚配，所以只好每天在神庙前面那棵大树下祷告，希望自己能够怀孕生子。后来生子。

【流传】（无考）

【出处】李政文翻译，谷德明整理：《天王与熊女婚配》，原载谷德明编著《中国少数民族神话选》，西北民族学院研究所1983年编印，内部发行，王松选编时润色，见姚宝瑄主编《中国各民族神话》（满族、赫哲族、朝鲜族），太原：山西出版传媒集团·书海出版社2014年版，第154~155页。

## W2283.4.1
### 祈庙前的特定的树得子

**实例**

[白族] 求本主庙前种一棵柳树，能得子。

【流传】云南省·（大理白族自治州）·剑川县·沙溪乡·北龙村

【出处】张文调查整理：《剑川沙溪白族崇拜树》（1991），见吕大吉、何耀华总主编《中国各民族原始宗教资料集成》（彝族卷、白族卷、基诺族卷），北京：中国社会科学出版社1996年版，第 513~514 页。

## W2283.5
### 向生殖器象征物祈子

【关联】［W6377.4］生殖器崇拜（性崇拜）

实 例

（参见下级母题实例）

## W2283.5.1
### 女子向石祖祈子

【关联】［W2284.4.2］接触石祖祈子

实 例

〖普米族〗婚后不孕的妇女，也到移木洞向石祖求子。

【流传】云南省·（丽江市）·宁蒗（宁蒗彝族自治县）；四川省·（凉山彝族自治州）·木里（木里藏族自治县）

【出处】曹匹初讲，章虹宇搜集整理：《石头阿祖和石头子孙》，载《山茶》1986 年第 5 期。

## W2283.6
### 祈祷星晨得子

【关联】［W2580.2.7.1］北斗星赋予人的生育能力

实 例

〖锡伯族〗人是星辰的化身。所以人们要举行向星辰求子的仪式，即"抢千烛"的仪式。

【流传】（无考）

【出处】

（a）佟克力：《锡伯族历史与文化》，乌鲁木齐：新疆人民出版社 1989 年版，第 178~179 页。

（b）《星辰崇拜》，见吕大吉、何耀华总主编《中国各民族原始宗教资料集成》（鄂伦春族卷、鄂温克族卷、赫哲族卷、达斡尔族卷、锡伯族卷、满族卷、蒙古族卷、藏族卷），北京：中国社会科学出版社 1999 年版，第 396 页。

## W2283.6.1
### 祈北斗星得子

【关联】

① ［W2273.2］感北斗星生人

② ［W2284.8.1］腊月二十七向北斗星祈子

③ ［W2580.2.7.1］北斗星赋予人的生育能力

实 例

〖鄂温克族〗没有小孩的人，在阴历十二月二十七日晚，给北斗星点上七个灯以祈求孩子。

【流传】内蒙古自治区·（呼伦贝尔市）·阿荣旗·查巴奇乡（查巴奇鄂温克族乡）

【出处】

（a）《阿荣旗查巴奇乡鄂温克族调查报告》，见内蒙古自治区编辑组《鄂温克族社会历史调查》，呼和浩特：内蒙古人民出版社 1986 年版，第 113 页。

(b)《生命的来源》，见吕大吉、何耀华总主编《中国各民族原始宗教资料集成》（鄂伦春族卷、鄂温克族卷、赫哲族卷、达斡尔族卷、锡伯族卷、满族卷、蒙古族卷、藏族卷），北京：中国社会科学出版社1999年版，第107页。

## W2283.7
### 祈敖包得子（祭敖包祈子）

【关联】［W2580.2.9］祭敖包怀孕

**实 例**

❶ ［鄂伦春族］老两口听人家说采点野果或达子香花代替鹿茸到"敖宝"（一般译为"敖包"）那里去供奉，求求"敖宝"就能得到儿子。

【流传】黑龙江·（大兴安岭地区）·呼玛县·（十八站）

【出处】

(a) 孟古古善讲，潭玉昆、李宝玉口译，隋书金记录整理：《吴达内的故事》，见隋书金编《鄂伦春民间故事选》，上海：上海文艺出版社1988年版。

(b) 同（a），见姚宝瑄主编《中国各民族神话》（达斡尔族、鄂伦春族、鄂温克族、蒙古族），太原：山西出版传媒集团·书海出版社2014年版，第43页。

❷ ［鄂温克族］老两口天天一早起来就祭奠敖包，并向荷日穆斯塔腾格里（最高的天神），求儿求女，后来如愿以偿。

【流传】内蒙古自治区·（呼伦贝尔市）·鄂温克族自治旗

【出处】鲁勒利那讲，郭永明翻译：《尼桑萨满》，见中国民间文学集成全国编辑委员会编《中国民间故事集成》（宁夏卷），北京：中国ISBN中心2007年版，第27页。

## W2283.8
### 祈特定动物得子（祭动物祈子）

**实 例**

（参见下级母题实例）

## W2283.8.1
### 祈龙得子

【关联】

① ［W2167.7］龙生人
② ［W2247］感龙孕生人

**实 例**

［彝族］从前，鲁肯舍夷（女）海边洗线遇小金龙，带回家设坛祭奉，第二年生1子。

【流传】（无考）

【出处】《祭龙经》，见马学良《彝族文化史》，上海：上海人民出版社1989年版，第224页。

## W2284
### 与祈祷生人有关的其他母题

**实 例**

［赫哲族］☆老两口祭神生蛤蟆儿子。

【流传】黑龙江省·（佳木斯市）·富

锦县·富锦镇

【出处】毕淑芬讲：《蛤蟆英根》，见中国民间文学集成全国编辑委员会编《中国民间故事集成》（黑龙江卷），北京：中国 ISBN 中心 2005 年版，第 766～769 页。

## W2284.0
### 祈子的原因

实 例

（参见下级母题实例）

## W2284.0.1
### 因老来无子祈子

实 例

[柯尔克孜族] 有个汗王，因为长年和入侵的卡尔玛克人交战，整六十了还没有一个孩子。就把政事交给手下，亲自骑上白母马到阿孜莱特去向真主祈求子嗣。

【流传】新疆维吾尔自治区

【出处】《卵生子与日月姑娘》，见姚宝瑄主编《中国各民族神话》（乌孜别克族、哈萨克族、柯尔克孜族、俄罗斯族、维吾尔族、塔吉克族、塔塔尔族、锡伯族），太原：山西出版传媒集团·书海出版社 2014 年版，第 149 页。

## W2284.0.2
### 因原来的孩子不成器祈子

【关联】

① [W2128.3] 重新造人（第二次造人）

② [W2528.3] 人回炉再生

③ [W2598.15] 出生后回炉

实 例

[哈尼族] 一对老夫妻生 8 个儿子不成器，求神得女。

【流传】云南省·（红河哈尼族彝族自治州）·红河县

【出处】李克郎讲：《砍遮天大树》，见中国民间文学集成全国编辑委员会编《中国民间故事集成》（云南卷），北京：中国 ISBN 中心 2003 年版，第 156～160 页。

## W2284.1
### 许愿生子

【汤普森】T513

实 例

（实例待考）

## W2284.2
### 祈祷后剖卵生子

【关联】[W2220] 卵生人

实 例

[苗族]（实例待考）

## W2284.3
### 动物帮助祈祷生子

【关联】[W2279.8.4] 动物的帮助促成感生

实 例

（实例待考）

## W2284.4
### 接触式祈子

【关联】［W2277.1］通过接触感生

实例

（参见关联项及下级母题实例）

## W2284.4.1
### 喝特定的水祈子

【关联】［W2277.9］通过水感生

实例

［白族］石宝灵泉的泉水当成神物，认为婚后的妇女，喝了泉水就能生育小孩。

【流传】云南省·（大理白族自治州）·剑川县·沙溪乡·石龙村

【出处】张文调查整理：《剑川沙溪白族祭石宝灵泉》（1984），见吕大吉、何耀华总主编《中国各民族原始宗教资料集成》（彝族卷、白族卷、基诺族卷），北京：中国社会科学出版社1996年版，第495页。

## W2284.4.2
### 接触石祖祈子

【关联】［W2283.5.1］女子向石祖祈子

实例

［纳西族］妇女求子祭石祖之后，撩起裙子，与石祖接触数次，以求石祖神灵保佑，达到生儿育女的目的。

【流传】云南省·（丽江市·宁蒗彝族自治县）·永宁（永宁乡）；四川省·（凉山彝族自治州）·木里县（木里藏族自治县）、盐源县

【出处】杨学政调查整理：＊《摩梭人的性器官崇拜》，见云南省社会科学院宗教研究所编《宗教调查与研究》，内部编印，1986年，第199~201页。

## W2284.4.3
### 男性通过接触女性生殖器状物祈子

【关联】
① ［W2276.2］感生殖器孕生人
② ［W2276.2.2］感生殖器状物怀孕

实例

［白族］洗澡时，男子到女性生殖器水塘（下塘），洗浴并祈祷回去后妻子就能生子。

【流传】云南省·（大理白族自治州）·鹤庆县·黄坪乡·黄坪村

【出处】张海福等调查整理：《鹤庆白族鬼的种类》（1989），见吕大吉、何耀华总主编《中国各民族原始宗教资料集成》（彝族卷、白族卷、基诺族卷），北京：中国社会科学出版社1996年版，第717页。

## W2284.4.4
### 女性通过接触男性生殖器状物祈子

实例

［白族］洗澡时，女人到男性生殖器水塘（上塘），男子到女性生殖器水塘（下塘）。妇女们下塘洗澡前，要先向男性生殖器"石麻雀"和女性生殖器烧香

礼拜，未育的少妇和将婚的姑娘默默祈祷回去后生个好孩子、胖儿子。

【流传】云南省·（大理白族自治州）·鹤庆县·黄坪乡·黄坪村

【出处】张海福等调查整理：《鹤庆白族鬼的种类》（1989），见吕大吉、何耀华总主编《中国各民族原始宗教资料集成》（彝族卷、白族卷、基诺族卷），北京：中国社会科学出版社1996年版，第717页。

## W2284.5
### 通过巫术祈子

【关联】［W9152］巫术的作用

实 例

（参见下级母题实例）

## W2284.5.1
### 通过巫师作法生子

【关联】［W2657］施巫术使怪胎变成人

实 例

［彝族］阿塞拉子（毕摩的祖师）给一老年寡妇作法，老妇三年后就喜生了一男儿。

【流传】四川省、云南省大小凉山一带

【出处】何耀华：《彝族社会中的毕摩》，载《云南社会科学》1988年第2期。

## W2284.6
### 委托特定的人祈子

实 例

（参见下级母题实例）

## W2284.6.1
### 请萨满祈子

【关联】

① ［W2281.1.2］通过其他人祈神得子
② ［W9146］萨满

实 例

❶ ［鄂温克族］鄂温克人如果年纪大了还没有生育，或孩子经常死亡，都要请萨满向神求子。

【流传】（内蒙古自治区·呼伦贝尔市·鄂温克族自治旗·辉索木）

【出处】

(a)《鄂温克族自治旗辉索木调查报告》，见内蒙古自治区编辑组《鄂温克族社会历史调查》，呼和浩特：内蒙古人民出版社1986年版，第492页。

(b)《为族众求子女》，见吕大吉、何耀华总主编《中国各民族原始宗教资料集成》（鄂伦春族卷、鄂温克族卷、赫哲族卷、达斡尔族卷、锡伯族卷、满族卷、蒙古族卷、藏族卷），北京：中国社会科学出版社1999年版，第129页。

❷ ［满族］满族人年过三十而不得子，便请萨满求子。

【流传】（无考）

【出处】王宏刚、富育光：《满族风俗志》，北京：中央民族学院出版社1991年版，第151页。

## W2284.7
### 长时间祈子

实 例

（参见下级母题实例）

## W2284.7.1
### 祈子 7 年生子

实例

[朝鲜族] 国王含达婆即位后，久无子，常祈天求子。七年后王后终于有孕。

【流传】（无考）

【出处】金永奎改写：《昔脱解王神话》，见姚宝瑄主编《中国各民族神话》（满族、赫哲族、朝鲜族），太原：山西出版传媒集团·书海出版社 2014 年版，第 166~168 页。

## W2284.8
### 特定时间向特定物祈子

实例

（参见下级母题实例）

## W2284.8.1
### 腊月二十七向北斗星祈子

【关联】[W2283.6] 祈北斗星得子

实例

[鄂温克族] 没有小孩的人，要在阴历十二月二十七日晚，给北斗星点上七个灯以祈求生育孩子。

【流传】内蒙古自治区·（呼伦贝尔市）·阿荣旗·查巴奇乡（查巴奇鄂温克族乡）

【出处】(a)《阿荣旗查巴奇乡鄂温克族调查报告》，见内蒙古自治区编辑组《鄂温克族社会历史调查》，呼和浩特：内蒙古人民出版社 1986 年版，第 113 页。

(b)《生命的来源》，见吕大吉、何耀华总主编《中国各民族原始宗教资料集成》（鄂伦春族卷、鄂温克族卷、赫哲族卷、达斡尔族卷、锡伯族卷、满族卷、蒙古族卷、藏族卷），北京：中国社会科学出版社 1999 年版，第 107 页。

## W2284.9
### 特定的祈子者

实例

（参见下级母题实例）

## W2284.9.1
### 婆家为媳妇祈子

【关联】[W2281.1.1] 当事人亲自祈神得子

实例

[汉族] 婆家为娶进门的媳妇祈子。

【流传】福建省·（福州市·仓山区·盖山镇）·义序村

【出处】林耀华：《义序的宗族研究》（1934），北京：生活·读书·新知三联书店 2000 年版，第 108~109 页。

## ※W2285
### 生人的帮助者

【关联】[W9987] 帮助者

实例

（参见下级母题实例）

## W2286
### 神或神性人物作为生人的帮助者

【关联】[W2187.5] 神或神性人物种的葫芦生人

实 例

(参见下级母题实例)

## W2286.1
### 女神作为生人时的帮助者

实 例

[瑶族（布努）] 神母密洛陀迎风受孕生12神男12神女，密洛陀用蜂蜡让女儿们怀孕，繁衍人类。

【流传】（无考）

【出处】《密洛陀》，见何颖《历史视野下的瑶族民间文学》，载《广西大学学报》2005年第5期。

## W2286.2
### 人神作为生人时的帮助者

实 例

[土族]（实例待考）

## W2286.3
### 雷公作为生人时的帮助者

实 例

❶ [德昂族] 雷神劈开葫芦，人从葫芦里出来。

【流传】云南省

【出处】云南省民族事务委员会编：《德昂族文化大观》，昆明：云南民族出版社1999年版，第118页。

❷ [黎族] 雷公把蛇卵轰破，从卵壳里跳出一个女孩子。

【流传】海南省

【出处】

(a) 广东民族学院中文系采风组搜集整理：《黎母山》，见谷德明编《中国少数民族神话》，北京：中国民间文艺出版社1987年版，第202页。

(b)《黎母山传说》，见广东民族学院中文系《黎族民间故事选》，上海：上海文艺出版社1982年版，第12页。

## W2286.4
### 祖先作为生人时的帮助者

【关联】

① [W2060] 祖先造人（始祖造人）
② [W2143] 祖先生人
③ [W2276.2.1] 感祖先的生殖器孕生人

实 例

[独龙族] 马葛捧（人名）的大象父亲死时给他一个象牙，这个象牙中生出一个姑娘。

【流传】（无考）

【出处】

(a) 约翰讲，陈凤楼搜集整理：《大象的儿子》，见谷德明编《中国少数民族神话》，北京：中国民间文艺出版社1987年版，第517页。

(b) 同(a)，载《山茶》1983年第3期。

## W2286.5
### 其他神或神性人物作为生人的帮助者

【实例】

（参见下级母题实例）

## W2286.5.1
### 天王作为生人的帮助者

【关联】［W0204］天帝（天王、天皇、天君）

【实例】

［德昂族］天王种出葫芦，劈开这个葫芦后出现了103人。

【流传】云南省

【出处】《葫芦与人》，见中国各民族宗教与神话大词典编审委员会编《中国各民族宗教与神话大词典》，北京：学苑出版社1990年版，第94页。

## W2286.5.2
### 盘古作为生人的帮助者

【关联】

① ［W0720］盘古
② ［W2063］盘古造人
③ ［W2144.1］盘古生人
④ ［W2190.1］盘古种的南瓜生人
⑤ ［W2336.2.1］盘古身上的虫子变成人
⑥ ［W2412.0］盘古结婚生人

【实例】

❶ ［侗族］盘古王把怪人星郎杀死后，尸体丢在河沙坝化为人和万物。

【流传】

（a）贵州省·（黔东南苗族侗族自治州）·从江县·高增乡
（b）贵州省·（黔东南苗族侗族自治州）·从江（从江县）、黎平（黎平县）等侗族地区

【出处】

（a）梁普安等讲，龙玉成采录：《物种的起源》，见中国民间文学集成全国编辑委员会编《中国民间故事集成》（贵州卷），北京：中国ISBN中心2003年版，第31页。
（b）同（a），见燕宝、张晓编《神话传说》，贵阳：贵州人民出版社1997年版，第71页。

❷ ［傈僳族］盘古把大南瓜中劈开后，南瓜生出一对兄妹。

【流传】四川省·（凉山彝族自治州）·德昌县

【出处】李国才讲：《盘古造人》，见中国少数民族民间文学丛书《傈僳族民间故事选》，上海：上海文艺出版社1982年版，第7~11页。

## W2286.5.3
### 佛祖作为生人的帮助者

【关联】

① ［W0787］佛（佛祖）
② ［W2066］佛祖造人
③ ［W2187.3］释迦牟尼给的葫芦生人

【实例】

［德昂族］人和动物从释迦牟尼给的葫芦里走出来。

## 2.4.8 与生育产生人有关的其他母题 ‖ W2286.5.3 — W2288.1 ‖

【流传】云南省

【出处】《螃蟹发洪水》，见中国各民族宗教与神话大词典编审委员会编《中国各民族宗教与神话大词典》，北京：学苑出版社1990年版，第95页。

## W2286.5.4
### 天管师作为生人的帮助者

实 例

〔傈僳族〕天管师从南瓜中挖出两姐弟。

【流传】四川省·（凉山彝族自治州）·德昌县

【出处】谷万才讲：《人类的起源》，见中国民间文学集成全国编辑委员会编《中国民间故事集成》（四川卷·下），北京：中国ISBN中心1998年版，第1432~1435页。

## W2286.5.5
### 鸿均老祖作为生人的帮助者

实 例

〔汉族〕开天辟地后，鸿均老祖从大海中捞起五龙捧着的葫芦，打破后里面跳出1男1女。

【流传】湖北省·（襄阳市）·保康县·百峰乡

【出处】《黑暗传·彭本》，见张春香《文化奇胎〈黑暗传〉》，载《广西民族学院学报》2003年第3期。

## W2287
### 人作为生人时的帮助者

实 例

（参见下级母题实例）

## W2287.1
### 母性在生人时的作用

实 例

〔高山族〕（实例待考）

## W2287.2
### 人击鼓生人

【关联】〔W2214〕鼓生人

实 例

〔壮族〕铜鼓中生出的包登（人王之意）不停地打鼓，每响一声，就从铜鼓中钻出一人。钻出来的人手里也握着一面铜鼓。他们效学包登，不停敲击自己手里的铜鼓。鼓声中，也有无数的人从铜鼓里钻出来。从此，大地上又有了人类。

【流传】云南省·（大理白族自治州）·鹤庆县

【出处】王华青等讲，鹤庆县集成办公室采录：《铜鼓老祖包登》，见中国民间文学集成全国编辑委员会编《中国民间故事集成》（云南卷），北京：中国ISBN中心2003年版，第278页。

## W2288
### 动物作为生人时的帮助者

实 例

（参见下级母题实例）

## W2288.1
### 老鼠是生人时的帮助者

实 例

（参见下级母题实例）

## W2288.1.1
### 老鼠咬开装着人的器物

【实 例】

❶ [白族] 老鼠从观音的金鼓中取出一对兄妹。

【流传】（无考）

【出处】李康德等讲：《创世纪》，见杨亮才等选编《白族民间故事诗集》，北京：中国民间文艺出版社1984年版。

❷ [拉祜族] 厄莎（有多种说法，如天神、天帝、创世女神、始祖等）种出的葫芦中产生人。老鼠咬了三天三夜，终于把葫芦咬开一个洞，一男一女从葫芦里笑哈哈地走出来。

【流传】云南省·（普洱市）·澜沧县（澜沧拉祜族自治县）

【出处】李云保讲述，扎约采录：《牡帕密帕的故事》，见陶阳、钟秀编《中国神话》（上），北京：商务印书馆2008年版，第129~139页。

❸ [拉祜族] 一只老鼠啃开葫芦后，从葫芦里爬出人。

【流传】（无考）

【出处】《牡帕密帕》，见刘辉豪整理《牡帕密帕》，昆明：云南人民出版社1979年版。

## W2288.2
### 鸟是生人时的帮助者

【关联】[W2279.8.5] 鸟送感应物促成感生

【实 例】

❶ [高山族（泰雅）] 一只鸟飞到露出海面的大岩上，啄衔石头，出现男子。后出现女子。

【流传】台湾

【出处】［俄］李福清：《神话与鬼话——台湾原住民神话故事比较研究》（增订本），北京：社会科学文献出版社2001年版，第75页。

❷ [高山族（泰雅）] 一石迸裂出男女2人，比勒雅克鸟将他们衔到地上。

【流传】台湾

【出处】《鸟推大石生泰雅人始祖》，见中国各民族宗教与神话大词典编审委员会编《中国各民族宗教与神话大词典》，北京：学苑出版社1990年版，第145页。

## W2288.2.1
### 鸟凿开装着人的葫芦

【实 例】

[佤族] 一只小米雀啄开葫芦，人从葫芦里出来。

【流传】（无考）

【出处】刘允提、陈学明整理：《葫芦的传说》，昆明：云南民族出版社1980年版。

## W2288.3
### 天鹅是生人时的帮助者

【实 例】

[傈僳族] 天鹅用翅膀撞破葫芦壳，葫

芦里滚出一个很大的人。

【流传】四川省·（凉山彝族自治州）·德昌县·金沙乡·王家山

【出处】张长贵讲，李国才翻译采录：《冰天鹅、冰蚂蚁造天地》，见中国民间文学集成全国编辑委员会编《中国民间故事集成》（四川卷·下），北京：中国 ISBN 中心 1998 年版，第 1431 页。

## W2288.3.1
### 天鹅啄开装着人的葫芦

实 例

❶ [布朗族] 天外飞来一只大天鹅，啄开装着人的葫芦口，人们从葫芦里走出来。

【流传】云南省

【出处】

（a）《布朗族文学概况》，见中国社会科学院云南少数民族文学研究所等编《云南少数民族文学资料》（第 1 辑），内部编印，1980 年，第 62 页。

（b） http://history.1001n.com.cn，2004.02.29。

❷ [布朗族] 天鹅啄开葫芦口，人始从中出。

【流传】云南省

【出处】

（a）袁珂编著：《中国神话传说词典》，上海：上海辞书出版社 1985 年版，第 321 页。

（b）中央民族学院少数民族文艺研究所编：《中国民族民间文学》（上），北京：中央民族学院出版社 1987 年版，第 55 页。

❸ [布朗族] 天神派天鹅啄开葫芦，葫芦中走出人类。

【流传】云南省

【出处】岩温门讲，艾扬整理：《葫芦传人的故事》，见中华民族故事大系编委会编《中华民族故事大系》第 12 卷（布朗族、撒拉族、毛南族），上海：上海文艺出版社 1995 年版，第 14~15 页。

## W2288.4
### 乌鸦是生人时的帮助者

实 例

（参见下级母题实例）

## W2288.4.1
### 乌鸦吞吐怪胎的碎肉产生人

【关联】

① ［W2652.2.1］乌鸦把剁碎的怪胎撒到各地

② ［W2658.2.3］乌鸦的帮助使怪胎变成人

实 例

[水族] 兄妹婚生一个肉疙瘩剁成的肉渣，成群结队的乌鸦吞下肚又吐出来，变成各地的人。

【流传】贵州省·（黔南布依族苗族自治州）·三都县（三都水族自治县）、荔波（荔波县）、都匀（都匀市）、独山（独山县）；广西壮族自治区·

（河池市）·南丹（南丹县）等县
【出处】王英等讲，潘朝霖等搜集整理：《人类起源》，见谷德明编《中国少数民族神话》，北京：中国民间文艺出版社1987年版，第633页。

## W2288.5
鹰是生人时的帮助者

实 例

（参见下级母题实例）

## W2288.5.1
鹞鹰是生人时的帮助者

实 例

[毛南族] 鹞鹰把剁碎的肉胎衔撒到各地，繁衍人类。
【流传】广西壮族自治区·河池（河池市）
【出处】《女娲歌》，见蒙国荣等著《毛南族文学史》，南宁：广西人民出版社1992年版，第51~52页。

## W2288.6
狗是生人时的帮助者

实 例

（参见下级母题实例）

## W2288.6.1
狗舔开装着人的口袋生人

实 例

[白族] 母狗舔开兄妹婚生的皮口袋后，里面出来人。
【流传】云南省·大理（大理白族自治州）
【出处】杨惠讲：《九隆种》，见中国民间文学集成全国编辑委员会编《中国民间故事集成》（云南卷），北京：中国ISBN中心2003年版，第235~236页。

## W2288.7
鹿是生人时的帮助者

实 例

（参见下级母题实例）

## W2288.7.1
母鹿是生人时的帮助者

实 例

[柯尔克孜族] 很久以前，敌人趁机洗劫，只有两个男孩和女孩得以幸免，敌酋可汗要杀掉他们时，一头白色的母鹿及时相救使他们结为夫妻，生儿育女。
【流传】布务部落
【出处】《鹿为圣母》，见［吉尔吉斯］钦额斯·艾特玛托夫：《白轮船》。

## W2288.8
多种动物是生人时的帮助者

实 例

（参见下级母题实例）

## W2288.8.1
### 鹰、乌鸦等帮助撒人种

【关联】

[W2295.1.5.7] 生的怪胎剁成的肉渣变成人种

实例

[壮族] 雷公砍碎盘和古兄妹婚生的肉球，派老鹰、乌鸦到处撒，变成人后有了人烟。

【流传】（无考）

【出处】《盘和古》，见陶立璠等编《中国少数民族神话传说选》，成都：四川民族出版社1985年版，第156~159页。

## W2289
### 植物作为生人时的帮助者

实例

（参见下级母题实例）

## W2289.1
### 树是生人的帮助者

实例

[高山族]（实例待考）

## W2289.2
### 草是生人的帮助者

实例

[高山族（卑南）] 洪水中，怀孕的女孩抓着芦因草，生育后代。

【流传】台湾

【出处】金荣华：《台东卑南族口传文学选》，台北：中国文化大学中国文学研究所1989年，第199页。

## W2290
### 无生命物作为生人时的帮助者

实例

（参见下级母题实例）

## W2290.1
### 太阳是生人时的帮助者

实例

[高山族（排湾）] 一个女陶壶受阳光照射，孵出1个女性的蛋。

【流传】台湾

【出处】尹建中：《台湾山胞各族传统神话故事与传说文献编纂研究》，台湾"内政部"，1994年，第184页。

## W2290.2
### 石头是生人时的帮助者

实例

[汉族] 天上落下一块石头砸出的一道裂缝里生出1个男孩。

【流传】甘肃省·天水市·北道区·街子乡

【出处】刘氏讲，刘银梅采录：《天使织五彩布补天》，见中国民间文学集成全国编辑委员会编《中国民间故事集成》（甘肃卷），北京：中国ISBN中心2001年版，第8页。

## W2291
### 与生人的帮助者有关的其他母题

**实例**

（参见下级母题实例）

## W2291.1
### 刺激特定物后该物生人

【关联】［W2122.9.2］泥人受刺激后成活

**实例**

（参见下级母题实例）

## W2291.1.1
### 向葫芦撒尿后葫芦生人

【关联】［W2184］葫芦生人

**实例**

［基诺族］创世母亲给洪水幸存的兄妹3颗葫芦籽，种出的葫芦成熟后里边的人和生物出不来，创世母亲告诉哥哥玛黑说："你向葫芦撒尿它们就能出来。"

【流传】云南省·（西双版纳傣族自治州·景洪市）·基诺山（基诺山基诺族乡）·戛里果箐、巴亚新寨、茶叶大地、巴卡寨

【出处】不拉塞等讲，杜玉亭调查整理：《卓巴、牛皮木鼓与寨鬼》（1980~1990），见吕大吉、何耀华总主编《中国各民族原始宗教资料集成》（彝族卷、白族卷、基诺族卷），北京：中国社会科学出版社1996年版，第873~874页。

## W2292
### 生人的特定地点

【关联】

① ［W2017］人产生于其他某个特定的地点

② ［W2018.1］人产生地点的选择

③ ［W2126］造人的地点

④ ［W2278］感生的地点

⑤ ［W2392］变成人的地点

⑥ ［W2491］婚生人的特殊地点

⑦ ［W2660］怪胎变成人的地点

**实例**

（参见下级母题实例）

## W2292.1
### 在岩石上生人

**实例**

［高山族］（实例待考）

## W2292.2
### 在特定的山上生人

**实例**

［高山族］（实例待考）

## W2292.3
### 在洞中生人

【关联】

① ［W2205］洞生人

② ［W6178］人穴居

**实例**

（参见下级母题实例）

## W2292.3.1
### 在岩洞中生人

【关联】［W2205.1］石洞生人（人从石洞出来）

实 例

[哈尼族] 开天辟地后，在那个叫虎呢虎那（相传是人类始祖母生活的地方）的地方，哈尼的女先祖塔坡在岩洞里生下21个儿子。

【流传】云南省·（红河哈尼族彝族自治州）·元阳县·（攀枝花乡·硐蒲寨）

【出处】朱小和讲，卢朝贵搜集整理：《塔坡取种》，载《山茶》1985年第1期。

## W2292.3.2
### 特定的人在洞中生人

实 例

（参见下级母题实例）

## W2292.3.2.1
### 始祖在洞中生人

【关联】［W2143］祖先生人

实 例

[佤族] 安木拐（女祖先，人类的圣祖母，本段诗又说她是人类的二祖母）在洞中生下一对龙凤胎"岗"（人名，弟弟）和"里"（人名，姐姐，本段又说岗和里是兄妹二人）。

【流传】云南省·（普洱市）·西盟佤族自治县、澜沧拉祜族自治县等地

【出处】毕登程、隋嘎编著：《司岗里——佤族创世史诗》，昆明：云南出版集团公司·云南人民出版社2009年版，第31页。

## W2292.4
### 把某物投放到地上生人

实 例

[高山族（雅美）] 天神把巨大的岩石抛到地上，石头裂开，里面生出了人。

【流传】台湾伊摩鲁得社

【出处】鹿忆鹿：《台湾原住民与大陆南方民族的洪水神话比较》，载《民间文学论坛》1997年第1期。

## W2293
### 化合型孕生人

实 例

（参见下级母题实例）

## W2293.1
### 血水与海水孕生人

实 例

[汉族] 昆仑长成五龙形，五个嘴唇往下伸，五龙嘴里流血水，一齐流到海洋里，聚集了天精与地灵，结了个胞胎水上存，长成盘古一个人。

【流传】（无考）

【出处】陶阳根据《黑暗传》资料重述：《盘古老祖是龙之子》，见陶阳、钟秀编《中国神话》（中），北京：商务印书馆2008年版，第539~540页。

## W2293.2
### 水与土孕生人类

**实例**

[傣族] 土与水气孕育了人类的祖先布桑该和亚桑该。

【流传】云南省·西双版纳（西双版纳傣族自治州）

【出处】云南大学中文系编：《云南民族文学资料集》（油印本）第六、七、八卷。

## W2294
### 生人后的改造

**实例**

❶ [羌族] 神感生后生下3子，对老三不断改造成人形。

【流传】四川省

【出处】《人的由来》，见中国各民族宗教与神话大词典编审委员会编《中国各民族宗教与神话大词典》，北京：学苑出版社1990年版，第528页。

❷ [羌族] 神对三次生的人进行不断改进变成正常人。

【流传】四川省·（阿坝藏族羌族自治州）·茂汶（茂汶羌族自治县，今归属茂县）

【出处】郑友富等讲，王康等搜集：《人是咋个来的》，见中华民族故事大系编委会编《中华民族故事大系》第11卷（达斡尔族、仫佬族、羌族），上海：上海文艺出版社1995年版，第638页。

## W2294.1
### 生怪胎后改造为人

【关联】[W2653] 怪胎变成人的方式

**实例**

[景颇族] 把鬼生的人种改造后变成人。

【流传】（无考）

【出处】何峨整理：《万物诞生》，见中华民族故事大系编委会编《中华民族故事大系》第10卷（景颇族、柯尔克孜族、土族），上海：上海文艺出版社1995年版，第10页。

## W2294a
### 生人前对人的改造

**实例**

（参见下级母题实例）

## W2294a.1
### 生育前修改孩子的体征

【关联】
① [W2493.2] 设计生出正常人
② [W2800] 人的体征的来历（人的体征的安排）

**实例**

[羌族] 天上的神索依迪和地上的神索依朗相见后生儿子安耶节毕·托慢姆祖。索依迪和索依朗认为儿子体格太大，样子难看，无法给他修高大的房子。于是决定再生一个儿子，并对人胚体格作了一些更改。

【流传】四川省·阿坝藏族羌族自治州·茂汶羌族自治县（今属茂县）

【出处】

（a）《开咂酒曲子》，见杨亮才、陶立璠、邓敏文《中国少数民族文学》（上册），北京：人民出版社 1985 年版。

（b）《索依迪朗夫妇造人》，原名《人是咋个来的》，郑友富、周贵友讲，王康、龚剑雄、吴文光采录，王康整理，原载西南民族学院图书馆与西南民族学院《羌族文学简史》编写组编《羌族民间文学资料集》（一），1987 年，见姚宝瑄主编《中国各民族神话》（羌族、彝族），太原：山西出版传媒集团·书海出版社 2014 年版，第 6 页。

## W2294a.2
### 生育前对胎儿不断改进

【关联】［W2587.9.3.1］胎儿的发育

实 例

（参见下级母题实例）

## W2294a.2.1
### 天神对前两胎不满不断改进

实 例

[羌族] 天上的神索依迪和地上的神索依朗对前两次生的儿子体形太大不满意。第三次怀孕时，对人体又作了进一步的修改。几个月之后，第三个儿子平安出世，身长一庹，头长一卡，手掌长脚板长一卡。两位大神左看右看，觉得这次造的人的身坯还差不多。

【流传】四川省·阿坝藏族羌族自治州·茂汶羌族自治县（今属茂县）

【出处】

（a）《开咂酒曲子》，见杨亮才、陶立璠、邓敏文《中国少数民族文学》（上册），北京：人民出版社 1985 年版。

（b）《索依迪朗夫妇造人》，原名《人是咋个来的》，郑友富、周贵友讲，王康、龚剑雄、吴文光采录，王康整理，原载西南民族学院图书馆与西南民族学院《羌族文学简史》编写组编《羌族民间文学资料集》（一），1987 年，见姚宝瑄主编《中国各民族神话》（羌族、彝族），太原：山西出版传媒集团·书海出版社 2014 年版，第 7 页。

## W2295
### 人种

【关联】［W2295.4.2］人是种出来的

实 例

（参见下级母题实例）

## W2295.1
### 人种的产生

【关联】［W2000］人类的产生（人的产生）

实 例

（参见下级母题实例）

## W2295.1.0
### 人种自然存在

实 例

[哈尼族] 世间本来就有人种。

【流传】云南省·（玉溪市）·元江县

（元江哈尼族彝族傣族自治县）·咪哩乡、羊岔街乡及因远镇一带

【出处】《洪水歌》，见元江县哈尼文化学会、元江县史志编组办公室编《元江哈尼族古歌集》，内部编印，2005年，第27页。

## W2295.1.1
神留下人种

**实 例**

（参见下级母题实例）

## W2295.1.1.1
天神留下人种

【关联】［W2053］天神造人

**实 例**

［德昂族］天神卜帕法留人种。

【流传】云南省

【出处】《葫芦传人种》，见中国各民族宗教与神话大词典编审委员会编《中国各民族宗教与神话大词典》，北京：学苑出版社1990年版，第95页。

## W2295.1.1.2
女神到大地上做人种

**实 例**

［普米族］天上降下一个叫"吉泽乍玛"的女神到大地上做人种。

【流传】云南省·（怒江傈僳族自治州）·兰坪（兰坪白族普米族自治县）·卡瓦村（目前无此村，具体所属不详）

【出处】《久木鲁》，见中国各民族宗教与神话大词典编审委员会编《中国各民族宗教与神话大词典》，北京：学苑出版社1990年版，第520页。

## W2295.1.1.3
一对夫妻神下凡做人种

**实 例**

［苗族］（实例待考）

## W2295.1.2
神选派人种

**实 例**

（参见下级母题实例）

## W2295.1.2.1
神选派特定的人做人种

**实 例**

❶［哈尼族］莫米（天神）从天上派下两个人种，男的叫依沙然哈（人种神），女的叫依莫然玛（人种神）。

【流传】云南省·红河州（红河哈尼族彝族自治州）

【出处】张牛郎、涂伙沙等演唱，赵官禄等搜集整理：《十二奴局》，昆明：云南人民出版社1989年版，第6页。

## W2295.1.2.2
神选善良的人做人种

**实 例**

［满族］洪水后，幸存的一对男女生下

了一个女儿。天神阿布卡赫赫就把她作为将来的人种。

【流传】（无考）

【出处】《阿布卡赫赫女神创世》，王松根据富育光、孟慧英、王宏刚《满族宗教与神话》改写，见姚宝瑄主编《中国各民族神话》（满族、赫哲族、朝鲜族），太原：山西出版传媒集团、书海出版社 2014 年版，第 4~14 页。

## W2295.1.2.3
### 神选灾后幸存者做人种

【关联】
① ［W2295.1.3.5］灾难幸存者做人种
② ［W8086］灾难幸存者

实 例

❶ ［基诺族］阿嫫腰白（神名，创世女神）发洪水毁灭世界时，决定选择一对兄妹做人种。

【流传】云南省·（西双版纳傣族自治州）·景洪县（景洪市）

【出处】白桂林等讲，刘怡采录：《阿嫫腰白造天地》，见中国民间文学集成全国编辑委员会编《中国民间故事集成》（云南卷），北京：中国 ISBN 中心 2003 年版，第 77 页。

❷ ［怒族］天神发洪水惩罚恶鬼坏人时，要选定一对善良又勤快的同胞兄妹做人种。

【流传】云南省·（怒江傈僳族自治州）·贡山县（贡山独龙族怒族自治县）

【出处】

(a) 彭兆清搜集整理：*《洪水神话》，见攸延春《怒族文学史》，昆明：云南民族出版社 2003 年版，第 24 页。

(b) 庚松等讲，彭兆清整理：《创世记》，见中华民族故事大系编委会编《中华民族故事大系》第 14 卷（普米族、塔吉克族、怒族、俄罗斯族、鄂温克族），上海：上海文艺出版社 1995 年版，第 518 页。

## W2295.1.3
### 特定的人物传人种

实 例

（参见下级母题实例）

## W2295.1.3.1
### 天上来的人传人种

【关联】［W2025］从天降（天降人）

实 例

［高山族（赛夏）］太古时，人间没有人类。厄帕·那奔和妹妹玛雅·那奔是专门来世间传人种的。

【流传】台湾

【出处】《高山族各种人的始祖：厄帕·那奔兄妹传人》，见姚宝瑄主编《中国各民族神话》（高山族、黎族、畲族），太原：山西出版传媒集团·书海出版社 2014 年版，第 12 页。

## W2295.1.3.2
### 龙王给人间人种

【关联】［W2295.1.6.2］洪水后龙王给

人种

**实例**

[彝族] 众神之王涅侬俫佐颇与人神入黄炸当地、龙王罗阿玛、水王罗塔纪共同商议，要毁掉心不好的独眼睛这一代人，并由龙王给人间留下人种。

【流传】云南省·楚雄彝族自治州·双柏县，红河哈尼族彝族自治州等地

【出处】

（a）云南省民族民间文学楚雄、红河调查队搜集，郭思九、陶学良整理：《查姆》，昆明：云南人民出版社1981年版。

（b）郭思九、陶学良整理，古梅改写：《彝家的古根》，选自《云南民族文学资料》第七集中的《查姆》上部前三章，见姚宝瑄主编《中国各民族神话》（羌族、彝族），太原：山西出版传媒集团·书海出版社2014年版，第66页。

## W2295.1.3.3
### 用女人做人种

**实例**

[侗族] 张良、张妹兄妹把婚生的1女做人种，切成颗粒。拿去三山来撒，拿去五山来播，都变成了人。

【流传】广西壮族自治区·（柳州市）·三江县（三江侗族自治县）·独洞乡·牙龙村

【出处】公包芳讲，吴浩采录翻译：《祖先的事》，见中国民间文学集成全国编辑委员会编《中国民间故事集成》（广西卷），北京：中国ISBN中心2001年版，第60页。

## W2295.1.3.4
### 女人传人种

**实例**

[哈尼族] 德摩诗匹（人的先祖）生的两个姑娘传下了新的人种。

【流传】云南省·（红河哈尼族彝族自治州）·元阳县

【出处】朱小和讲，史军超采录：《动植物的家谱》，见中国民间文学集成全国编辑委员会编《中国民间故事集成》（云南卷），北京：中国ISBN中心2003年版，第346页。

## W2295.1.3.5
### 灾难幸存者做人种

【关联】[W8086] 灾难幸存者

**实例**

❶ [独龙族] 洪水后，地上的人全都没有了，幸存的两兄妹就是人的种子。

【流传】（无考）

【出处】蔡家麒：《独龙族社会历史综合考察报告》，载中国西南民族研究学会、云南省民族研究所编印《民族调查研究》（专刊）1983年第1期。

❷ [黎族] 地神出米让洪水后的幸存者老先和荷发做人种。

【流传】

（a）海南省·（三亚市）·保亭县（保亭黎族苗族自治县）·保城镇

（bc）海南省·五指山区

2.4.8　与生育产生人有关的其他母题

【出处】

（a）王老黎讲，王国全采录：《三个民族同一源》，见中国民间文学集成全国编辑委员会编《中国民间故事集成》（海南卷），北京：中国 ISBN 中心 2002 年版，第 9 页。

（b）王国全搜集整理：《南瓜的故事》，见谷德明编《中国少数民族神话》，北京：中国民间文艺出版社 1987 年版，第 196 页。

（c）同（b），见陶阳、钟秀编《中国神话》（上），上海：上海文艺出版社 2008 年版，第 374 页。

❸［彝族］天神淹死第二代直眼人前留下好心的阿朴多莫兄妹做人种。

【流传】云南省·楚雄（楚雄彝族自治州）

【出处】＊《洪水神话》，转引自扬继中、芮增瑞、左玉堂编《楚雄彝族文学简史》，北京：中国民间文艺出版社 1986 年版，第 51 页。

## W2295.1.4
造人种

【关联】［W2030］人是造出来的（造人）

实　例

（参见下级母题实例）

## W2295.1.4.1
天神造人种

【关联】［W2053］天神造人

实　例

❶［羌族］木巴（天神名）造下了人种，大地上渐渐有了人烟。

【流传】四川省·（阿坝藏族羌族自治州）·汶川县·雁门乡

【出处】刘光元讲，罗世泽采录：《阿巴补摩》，见中国民间文学集成全国编辑委员会编《中国民间故事集成》（四川卷·下），北京：中国 ISBN 中心 1998 年版，第 1123 页。

❷［羌族］天神造出人种。

【流传】四川省·（阿坝藏族羌族自治州）·汶川（汶川县）

【出处】刘光元讲，罗世泽搜集：《阿巴补摩》，见中华民族故事大系编委会编《中华民族故事大系》第 11 卷（达斡尔族、仫佬族、羌族），上海：上海文艺出版社 1995 年版，第 690 页。

## W2295.1.4.2
女神造人种

【关联】［W2295.1.1.2］女神到大地上做人种

实　例

（参见关联项母题实例）

## W2295.1.4.3
夫妻神造人种

【关联】［W2057.2］夫妻神造人

实　例

［白族］最早时，人王夫妻造人种。人王公和人王婆是天地分开时，用黄泥捏人和万物的祖师。

【流传】云南省·（大理白族自治州）·鹤庆县

【出处】彭独豹、杨凤魁讲，章天柱、曹溪涌记录：《石僳什》，原载《中国民间故事全书》（云南省鹤庆卷），见陶阳、钟秀编《中国神话》（下），北京：商务印书馆 2008 年版，第 1490～1492 页。

## W2295.1.4.4
### 女娲造人种

【关联】［W2065］女娲造人

实例

［汉族］女娲造了"九种"人。

【流传】陕西省·（榆林市）·绥德县·城关镇

【出处】马世厚讲，刘汉腾采录：《女娲造就人世》，见中国民间文学集成全国编辑委员会编《中国民间故事集成》（陕西卷），北京：中国 ISBN 中心 1996 年版，第 5 页。

## W2295.1.4.5
### 用灵光造人做人种

实例

（实例待考）

## W2295.1.4.6
### 用蜂蜡造人做人种

【关联】［W2083.9］用蜂蜡造人

实例

❶［瑶族（布努）］用蜂蜡造的人在缸里成长，变成了人样，变成了人种。

【流传】广西壮族自治区·（河池市）·都安县（都安瑶族自治县）、巴马县（巴马瑶族自治县）、南丹县，（百色市）·田东县、平果县等地

【出处】桑布郎等传，蒙凤标（83 岁）、罗仁祥（73 岁）等唱：《密洛陀》（1983），见蓝怀昌、蓝书京、蒙通顺搜集翻译整理《密洛陀》，北京：中国民间文艺出版社 1988 年版，第 308 页。

❷［瑶族］密洛陀（女神名）用蜂泥造出人的形状后，放进箱子，后来成活，成为人种。

【流传】广西壮族自治区·（河池市）·都安瑶族自治县、江水河一带瑶族地区

【出处】《密洛陀创世》，蓝田根据莎红整理的《密洛陀》和潘泉脉整理的《密洛陀》两部不同版本的长诗《密洛陀》改写，见姚宝瑄主编《中国各民族神话》（土家族、毛南族、侗族、瑶族），太原：山西出版传媒集团·书海出版社 2014 年版，第 175 页。

## W2295.1.4.7
### 砍碎特定的人做人种

实例

［景颇族］把姐弟生的孩子砍碎后做人种。

【流传】（无考）

【出处】何峨整理：《人种流传》，见中华民族故事大系编委会编《中华民族

故事大系》第 10 卷（景颇族、柯尔克孜族、土族），上海：上海文艺出版社 1995 年版，第 27 页。

## W2295.1.5
### 生育人种
【关联】［W2130～W2299］生育产生人（生人）

实 例

（参见下级母题实例）

## W2295.1.5.1
### 神生育人种

实 例

（实例待考）

## W2295.1.5.2
### 天帝的母亲孕育人种

实 例

［汉族］（实例待考）

## W2295.1.5.3
### 鬼生育人种
【关联】［W2061.10］鬼造人

实 例

［景颇族］鬼生人种。
【流传】（无考）
【出处】何峨整理：《万物诞生》，见中华民族故事大系编委会编《中华民族故事大系》第 10 卷（景颇族、柯尔克孜族、土族），上海：上海文艺出版社 1995 年版，第 10 页。

## W2295.1.5.4
### 兄妹婚生的怪胎做人种
【关联】［W2645.1］兄妹婚生怪胎

实 例

❶ ［苗族］兄妹结婚三年生的一团肉坨坨是人种。
【流传】广西壮族自治区·（柳州市）·融水苗族自治县
【出处】
（a）杨达香讲，梁彬搜集整理：《创世纪》（六、再造世人，接烟接烛），见梁彬、王天若编《苗族民间故事选》，南宁：广西人民出版社 1986 年版。
（b）同（a），见姚宝瑄主编《中国各民族神话》（布依族、仡佬族、苗族），太原：山西出版传媒集团·书海出版社 2014 年版，第 219 页。

❷ ［水族］兄妹婚生一个肉疙瘩，被兄妹剁成肉渣后变成人种。
【流传】贵州省·（黔南布依族苗族自治州）·三都县（三都水族自治县）、荔波（荔波县）、都匀（都匀市）、独山（独山县）；广西壮族自治区·（河池市）·南丹（南丹县）等县
【出处】王英等讲，潘朝霖等搜集整理：《人类起源》，见谷德明编《中国少数民族神话》，北京：中国民间文艺出版社 1987 年版，第 633 页。

## W2295.1.5.5
### 姐弟生的孩子砍碎后做人种

【关联】[W2645.2] 姐弟婚生怪胎

实例

（参见关联项母题实例）

## W2295.1.5.6
### 生的怪胎是人种

【关联】[W2600] 人生怪胎

实例

[土家族] 甫梭和冗妮兄妹把婚生的肉疙瘩抱起给帕帕嬷妈（女神）看一下，帕帕嬷妈说这是人种。

【流传】湖南省·（湘西土家族苗族自治州）·永顺（永顺县）、古丈（古丈县）、保靖（保靖县）、龙山（龙山县）沿酉水一带

【出处】彭勃、彭继宽等搜集整理：《齐天大水》，见谷德明编《中国少数民族神话》，北京：中国民间文艺出版社1987年版，第168页。

## W2295.1.5.7
### 生的怪胎剁成的肉渣变成人种

【关联】

① [W2295.1.4.7] 砍碎特定的人做人种
② [W2653] 怪胎变成人的方式

实例

[水族] 兄妹婚生一个肉疙瘩被兄妹剁成的肉渣，这些肉渣变成人种。

【流传】贵州省·（黔南布依族苗族自治州）·三都县（三都水族自治县）、荔波（荔波县）、都匀（都匀市）、独山（独山县）；广西壮族自治区·（河池市）·南丹（南丹县）等县

【出处】王英等讲，潘朝霖等搜集整理：《人类起源》，见谷德明编《中国少数民族神话》，北京：中国民间文艺出版社1987年版，第633页。

## W2295.1.5.8
### 卵生人种

【关联】[W2220] 卵生人

实例

[汉族] 肉蛋里生人苗，人苗出世，世上有了众百姓。

【流传】湖北省西南部和西北部

【出处】《黑暗传》，见刘守华《〈黑暗传〉与明代通俗小说》，载《郧阳师范高等专科学校学报》2001年第4期。

## W2295.1.6
### 灾难后留下的人种

【关联】

① [W2295.1.2.2] 神选灾后幸存者做人种
② [W2295.1.3.5] 灾难幸存者做人种

实例

[汉族] 人类遭受死劫时，有个女人被留作"人种"。

【流传】云南省·（大理白族自治州）·洱源县

【出处】芮丰、李泽民讲述，李佩玖采录：《"雷楔子"炸人种》，见中国民间文学集成全国编辑委员会编《中国民间故事集成》（云南卷），北京：中国ISBN中心2003年版，第154页。

## W2295.1.6.1
洪水中留下人种

【关联】[W2538.1] 神在洪水前保留人种

实 例

（参见关联项母题实例）

## W2295.1.6.2
洪水后龙王给人种

【关联】[W2295.1.3.2] 龙王给人间人种

实 例

[白族]（实例待考）

## W2295.1.6.3
天塌地陷后幸存的1对男女做人种

【关联】[W8570] 天塌地陷

实 例

[鄂温克族]（实例待考）

## W2295.1.7
心善的人做人种

【关联】[W2295.4.7.0a] 因人心不好换人种

实 例

[彝族]众神之王涅依保佐颇的次子涅依撒萨歇到人间查看直眼人的良心，只有阿朴独姆乐善好施。涅依撒萨歇对他说出真情："直眼睛这一代人心肠实在差，天上决定要重换一代人，要在世上重开一次花。世上只留你们兄妹传后代。"

【流传】（云南省·楚雄彝族自治州·双柏县，红河哈尼族彝族自治州等地）

【出处】

(a) 云南省民族民间文学楚雄、红河调查队搜集，郭思九、陶学良整理：《查姆》，昆明：云南人民出版社1981年版。

(b) 郭思九、陶学良整理，古梅改写：《彝家的古根》，选自《云南民族文学资料》第七集中的《查姆》上部前三章，见姚宝瑄主编《中国各民族神话》（羌族、彝族），太原：山西出版传媒集团·书海出版社2014年版，第80页。

## W2295.2
特定的人种

实 例

（参见下级母题实例）

## W2295.2.1
植物种子是人种

【关联】[W2170] 植物生人

实 例

（参见下级母题实例）

## W2295.2.1.1
### 葫芦籽是人种

【关联】［W2184］葫芦生人

实 例

❶ ［阿昌族］能种出生人类的葫芦的种子是天公遮帕麻和地母遮米麻结婚生出的。

【流传】云南省

【出处】赵安贤唱，杨叶生译，兰克、杨智辉整理：《遮帕麻和遮米麻》，昆明：云南人民出版社1983年版。

❷ ［佤族］达摆卡木（先辈）用长刀杀了黑母牛，划开牛肚子，只见肚里有一颗葫芦籽。这颗葫芦籽就是繁衍人类的人种。

【流传】云南省·（普洱市）·西盟县（西盟佤族自治县）

【出处】包永红等讲，高登智采录：《佤族姓氏的形成》，见中国民间文学集成全国编辑委员会编《中国民间故事集成》（云南卷），北京：中国 ISBN 中心 2003 年版，第 336 页。

## W2295.2.1.2
### 谷种是人种

实 例

［瑶族］小伙子撒的谷种就变成（生出）男人。水仙姑撒的谷种变成女人。

【流传】广东省·（清远市）·连山壮族瑶族自治县·（三排镇）·油岭寨

【出处】

（a）唐丁、乔二公讲，广西民族调查组搜集，廖国柱整理：《开天辟地的传说》，见苏胜兴、刘保元、韦文俊、王矿新等编《瑶族民间故事选》，上海：上海文艺出版社1980年版。

（b）同（a），见姚宝瑄主编《中国各民族神话》（土家族、毛南族、侗族、瑶族），太原：山西出版传媒集团·书海出版社2014年版，第145页。

## W2295.2.2
### 特定的卵是人种

【关联】［W2220］卵生人

实 例

（参见下级母题实例）

## W2295.2.2.1
### 蛇卵是人种

【关联】［W2167.2］蛇生人

实 例

［黎族］雷公经过海南岛思河的峒（新中国成立前海南岛黎族原有的政治组织名称，黎族称"贡"）上，觉得是繁殖人种的好地方，便带来一颗蛇卵（人种），放在这座山中。

【流传】海南省

【出处】

（a）广东民族学院中文系七七级采风组搜集整理：《黎母山传说》，见广东民族学院中文系编《黎族民间故事选》，上海：上海文艺出版社1983年版。

（b）同（a），见姚宝瑄主编《中国各

民族神话》（高山族、黎族、畲族），太原：山西出版传媒集团·书海出版社2014年版，第63页。

## W2295.2.3
### 特定鬼神的子孙是人种
【关联】［W2131］神生人

实例

（参见下级母题实例）

## W2295.2.3.1
### 天地鬼的子孙是人种

实例

[怒族] 天地鬼"冻尼"的儿孙是人类的种子，是继承财产的人。
【流传】（无考）
【出处】
（a）《西南少数民族风俗志》，北京：中国民间文艺出版社1982年版，第342页。
（b）同（a），见吕大吉、何耀华总主编《中国各民族原始宗教资料集成》（纳西族卷、羌族卷、独龙族卷、傈僳族卷、怒族卷），北京：中国社会科学出版社2000年版，第878页。

## W2295.2.4
### 最早的人种是父子俩

实例

[哈尼族] 最早的人种是父子俩，后来的人种是母女俩，第三种人种是兄弟俩。
【流传】云南省

【出处】《哈尼阿培聪坡坡》，见中国各民族宗教与神话大词典编审委员会编《中国各民族宗教与神话大词典》，北京：学苑出版社1990年版，第174页。

## W2295.2.5
### 第二代人种是母女俩

实例

（参见 W2295.2.4 母题实例）

## W2295.2.6
### 第三代人种是兄弟俩

实例

（参见 W2295.2.4 母题实例）

## W2295.2.7
### 蛋核是人种

实例

[纳西族（摩梭）] 神鹰下一蛋，蛋核变成一位姑娘，是摩梭人的女始祖，也是地上唯一的人种。
【流传】云南省·（丽江市）·宁蒗县（宁蒗彝族自治县）
【出处】《盘答歌》，见陶阳、牟钟秀著《中国创世神话》，上海：上海人民出版社2006年版，第164~165页。

## W2295.3
### 人种的保存

实例

（参见下级母题实例）

## W2295.3.1
### 人种在葫芦中

【关联】［W2295.2.1.1］葫芦籽是人种

实 例

❶［德昂族］天神卜帕法用葫芦留人种。

【流传】云南省

【出处】《葫芦传人种》，见中国各民族宗教与神话大词典编审委员会编《中国各民族宗教与神话大词典》，北京：学苑出版社1990年版，第95页。

❷［拉祜族］天神厄莎把人种放到葫芦中。

【流传】云南省

【出处】《人是怎样传下来的》，见毛星主编《中国少数民族文学》（下），长沙：湖南人民出版社1983年版，第361页。

## W2295.4
### 与人种有关的其他母题

实 例

（参见下级母题实例）

## W2295.4.1
### 种人

实 例

❶［汉族］玉帝叫伏羲兄妹到人间种人，生出男女。

【流传】宁夏回族自治区·（石嘴山市）·惠农县·庙台乡

【出处】李生枝讲：《世上为啥女人比男人少》，见中国民间文学集成全国编辑委员会编《中国民间故事集成》（宁夏卷），北京：中国ISBN中心1999年版，第14~15页。

❷［黎族］雷公发现海南岛思河上游的一座高山，是繁殖人种的好地方，便把一颗蛇卵放在这座山中。

【流传】（a）海南省·琼中县（琼中黎族苗族自治县）·五指山公社·番龙村（今属五指山市·水满乡·番龙村）

【出处】

（a）王克福讲，符策超采录：《黎母的神话》，见中国民间文学集成全国编辑委员会编《中国民间故事集成》（海南卷），北京：中国ISBN中心2002年版，第5页。

（b）广东民族学院中文系采风组搜集整理：《黎母山》，见谷德明编《中国少数民族神话》，北京：中国民间文艺出版社1987年版，第202页。

（c）《黎母山传说》，见广东民族学院中文系编《黎族民间故事选》，上海：上海文艺出版社1982年版，第12页。

## W2295.4.1.1
### 伏羲兄妹种人

【关联】

❶［W2295.4.5］男人种出男人

❷［W2412.5］伏羲兄妹婚生人

## 2.4.8 与生育产生人有关的其他母题

> 实 例

[汉族] 伏羲兄妹种人芽子，伏羲种出来的是男的。

【流传】宁夏回族自治区·（石嘴山市）·惠农县（惠农区）·庙台乡

【出处】李生枝讲，艾天恩采录：《世上人为啥女人比男人少》，见中国民间文学集成全国编辑委员会编《中国民间故事集成》（宁夏卷），北京：中国ISBN中心1999年版，第14页。

### W2295.4.2
### 人是种出来的

【关联】[W2203.2] 地生人

> 实 例

❶ [汉族] 伏羲兄妹各拿了7个人芽子到凡间去种。

【流传】宁夏回族自治区·（石嘴山市）·惠农县（惠农区）·庙台乡

【出处】李生枝讲，艾天恩采录：《世上人为啥女人比男人少》，见中国民间文学集成全国编辑委员会编《中国民间故事集成》（宁夏卷），北京：中国ISBN中心1999年版，第14页。

❷ [瑶族] 小伙子撒的谷种，长出了男人。

【流传】广东省·（清远市）·连山壮族瑶族自治县·（三排镇）·油岭寨

【出处】
（a）唐丁、乔二公讲，广西民族调查组搜集，廖国柱整理：《开天辟地的传说》，见苏胜兴、刘保元、韦文俊、王矿新等编《瑶族民间故事选》，上海：上海文艺出版社1980年版。

（b）同（a），见姚宝瑄主编《中国各民族神话》（土家族、毛南族、侗族、瑶族），太原：山西出版传媒集团·书海出版社2014年版，第145页。

### W2295.4.3
### 在山上播撒人种

【关联】[W2209] 山生人

> 实 例

[侗族] 张良、张妹兄妹把婚生的1女做人种，切成颗粒。拿去三山来撒，拿去五山来播，结果都变成了人。

【流传】广西壮族自治区·（柳州市）·三江县（三江侗族自治县）·独洞乡·牙龙村

【出处】公包芳讲，吴浩采录翻译：《祖先的事》，见中国民间文学集成全国编辑委员会编《中国民间故事集成》（广西卷），北京：中国ISBN中心2001年版，第60页。

### W2295.4.4
### 天神撒人种

【关联】[W2053] 天神造人

> 实 例

[普米族] 天神撒人种后产生人类。

【流传】云南省·（丽江市）·宁蒗县（宁蒗彝族自治县），（怒江傈僳族自治州）·兰坪县（兰坪白族普米族自治县）；四川省·（凉山彝族自治州）·盐源（盐源县）、木里（木里藏族自治县）等

【出处】王震亚整理：《开天辟地》，见中华民族故事大系编委会编《中华民族故事大系》第 14 卷（普米族、塔吉克族、怒族、俄罗斯族、鄂温克族），上海：上海文艺出版社 1995 年版，第 5 页。

## W2295.4.5
### 男人种出男人
【关联】［W2753］人的性别的产生

实　例

［汉族］伏羲兄妹种人芽子，哥哥伏羲种出来的都是男的。

【流传】宁夏回族自治区·（石嘴山市）·惠农县（惠农区）·庙台乡

【出处】李生枝讲，艾天恩采录：《世上人为啥女人比男人少》，见中国民间文学集成全国编辑委员会编《中国民间故事集成》（宁夏卷），北京：中国 ISBN 中心 1999 年版，第 14 页。

## W2295.4.6
### 女人种出女人
【关联】［W2753］人的性别的产生

实　例

［汉族］伏羲兄妹种人芽子，妹妹种出来的是女的。

【流传】宁夏回族自治区·（石嘴山市）·惠农县（惠农区）·庙台乡

【出处】李生枝讲，艾天恩采录：《世上人为啥女人比男人少》，见中国民间文学集成全国编辑委员会编《中国民间故事集成》（宁夏卷），北京：中国 ISBN 中心 1999 年版，第 14 页。

## W2295.4.7
### 换人种

实　例

（参见下级母题实例）

## W2295.4.7.0
### 换人种的原因
【关联】［W2518.1］因为以前人多神毁灭人类

实　例

（参见下级母题实例）

## W2295.4.7.0a
### 因人心不好换人种
【关联】
① ［W2502.5］第一代人心不好被毁掉
② ［W2503.3］第二代人不善良被毁掉
③ ［W2515.2.1］观音毁灭良心不好的人后人类再生

实　例

❶ ［彝族］众神之王涅侬倮佐颇与人神入黄炸当地、龙王罗阿玛、水王罗塔纪共同商议认为，独眼睛这一代人心不好，要换掉这代人。

【流传】（云南省·楚雄彝族自治州·双柏县，红河哈尼族彝族自治州等地）

【出处】
（a）云南省民族民间文学楚雄、红河调查队搜集，郭思九、陶学良整理：《查姆》，昆明：云南人民出版社

2.4.8　与生育产生人有关的其他母题　‖ W2295.4.7.0a — W2295.4.7.1a ‖

1981年版。

（b）郭思九、陶学良整理，古梅改写：《彝家的古根》，选自《云南民族文学资料》第七集中的《查姆》上部前三章，见姚宝瑄主编《中国各民族神话》（羌族、彝族），太原：山西出版传媒集团·书海出版社2014年版，第66页。

❷ [彝族] 第三代人的心不好，把五谷粮食拿来糟蹋，谷子拿去打埂子，麦粑把拿去堵水口，糊墙也要用苦荞和甜荞。格兹天神想："不该这样糟蹋粮食，这一代人的心不好，该换一换。"

【流传】（云南省·楚雄彝族自治州·姚安县·官屯乡·马游村，大姚县·昙华乡等）

【出处】

（a）郭天元（马游村）、李申呼颇（昙华乡）、李福玉颇（苴）演唱，郭思九、许明学、龚维顺、张宝省、陈志群、胡炳文等搜集，刘德虎、龚维顺、陈志群、李树荣、郭天元等整理：《梅葛》（第一部"创世"），见云南省民族民间文学楚雄调查队《梅葛》（1959），昆明：云南人民出版社2009年版。

（b）《打虎开天辟地》，蕾紫据云南省民族民间文学楚雄调查队著《梅葛》（云南人民出版社2009年版）改写，见姚宝瑄主编《中国各民族神话》（羌族、彝族），太原：山西出版传媒集团·书海出版社2014年版，第201页。

## W2295.4.7.1
### 通过毁灭人类换人种

【关联】[W8690] 人类的毁灭

实　例

[彝族] 因为第三代人糟蹋五谷粮食，格滋天神认为这代人的心不好，必须换掉。

【流传】云南省·楚雄彝族自治州·姚安县、大姚县等彝族地区

【出处】《创世·人类起源》，见云南省民族民间文学楚雄调查队整理编写《梅葛》，昆明：云南人民出版社2009年版，第24页。

## W2295.4.7.1a
### 通过洪水毁灭人类换人种

【关联】[W2530～W2559] 洪水后人类再生

实　例

❶ [彝族] 策耿纪（掌管天地万物的天神，又叫"更资天神"、"恩体古资"等）到人间考察人心的好坏。发现富人心都坏，只有穷人笃慕（祖先名）心善好施，于是告诉他："等到一年零一百天的时候，我就要用洪水来整治人间，另外换一拨人。"

【流传】贵州省西部、云南省东北部、四川省西南部彝族地区

【出处】阿危·热默讲，阿乍·芮芝整理：《人祖的由来》，见姚宝瑄主编《中国各民族神话》（羌族、彝族），太原：山西出版传媒集团·书海出版

❷ [彝族] 洪水淹过天后，天神说："世上要重换一代人，地上要重开一次花。"

【流传】（a）云南省·（楚雄彝族自治州）·大姚县·昙华乡

【出处】

（a）李申呼颇讲，郭恩九采录：《虎氏族》，见中国民间文学集成全国编辑委员会编《中国民间故事集成》（云南卷），北京：中国 ISBN 中心 2003 年版，第 225 页。

（b）同（a），见陶阳、钟秀编《中国神话》（中），北京：商务印书馆 2008 年版，第 570~575 页。

## W2295.4.7.2
### 独眼人换成横眼人

【关联】

① [W2504.1] 独眼人时代的人被毁灭后再生

② [W2828] 独眼人

③ [W2829] 横眼人

实 例

[彝族] 独眼人和圆眼人欺侮了天，欺侮了地，欺侮了粮。结果老天发怒把他们收了（即用洪水淹死人）。收了独眼人和圆眼人，才出横眼人。真正的人一出，才迎来风调雨顺。

【流传】云南省·楚雄彝族自治州

【出处】罗文荣演唱，李世忠翻译，蔷紫改写：《老人梅葛》，见姚宝瑄主编《中国各民族神话》（羌族、彝族），太原：山西出版传媒集团·书海出版社 2014 年版，第 125 页。

## W2295.4.7.3
### 神换人种

实 例

[彝族] 格兹天神派武姆勒娃下凡去，叫他把心不好的第三代人换掉。

【流传】（云南省·楚雄彝族自治州·姚安县·官屯乡·马游村，大姚县·昙华乡等）

【出处】

（a）郭天元（马游村）、李申呼颇（昙华乡）、李福玉颇（苴）演唱，郭思九、许明学、龚维顺、张宝省、陈志群、胡炳文等搜集，刘德虎、龚维顺、陈志群、李树荣、郭天元等整理：《梅葛》（第一部"创世"），见云南省民族民间文学楚雄调查队《梅葛》（1959），昆明：云南人民出版社 2009 年版。

（b）《打虎开天辟地》，蔷紫据云南省民族民间文学楚雄调查队著《梅葛》（云南人民出版社 2009 年版）改写，见姚宝瑄主编《中国各民族神话》（羌族、彝族），太原：山西出版传媒集团·书海出版社 2014 年版，第 201 页。

## W2295.4.8
### 传人种

【关联】

① [W2295.1.3] 特定的人物传人种

② [W2295.1.3.1] 天上来的人传人种

③ ［W2295.1.3.4］女人传人种

实例

（参见关联项及下级母题实例）

## W2295.4.8.1
### 特定族群向四方传人种

【关联】
① ［W5298.4］氏族的迁徙
② ［W5770］民族的迁徙

实例

［佤族］安木拐（佤族女祖先名）见阿佤人越来越多，就让阿佤向四方传人种。

【流传】云南省·（普洱市）·西盟佤族自治县、澜沧拉祜族自治县等地

【出处】毕登程、隋嘎编著：《司岗里——佤族创世史诗》，昆明：云南出版集团公司·云南人民出版社2009年版，第51页。

## W2295.4.9
### 人种改造为人

【关联】［W2294］生人后的改造

实例

（参见关联项及下级母题实例）

## W2295.4.9.1
### 把鬼生的人种改造为人

【关联】［W2294.1］生怪胎后改造为人

实例

［景颇族］把鬼生的人种改造了人。

【流传】（无考）

【出处】何峨整理：《万物诞生》，见中华民族故事大系编委会编《中华民族故事大系》第10卷（景颇族、柯尔克孜族、土族），上海：上海文艺出版社1995年版，第10页。

## W2295.4.10
### 人种的灭绝（绝种）

【关联】
① ［W2502.6］第一代人种"污垢泥人"被大火灭绝
② ［W2043］因原来的人灭绝造人

实例

（参见下级母题实例）

## W2295.4.10.1
### 人因不敬神绝种

【关联】［W6512］渎神禁忌

实例

［彝族］第九代猴子阿吕居子已有了人的模样。它生的八个儿子中有一个叫居子格俄。格俄不作帛，格俄不送鬼，结果到九代就绝了种。

【流传】（四川省·凉山彝族自治州）

【出处】

（a）冯元蔚译：《勒俄特依》，成都：四川民族出版社1986年版。

（b）冯元蔚译，蔷紫改写：《勒俄特依》，见姚宝瑄主编《中国各民族神话》（羌族、彝族），太原：山西出版传媒集团·书海出版社2014年版，第159页。

## W2296
### 不成功的生人
【关联】［W2279.6］感生不成功

实例

（参见下级母题实例）

## W2296.1
### 人祖娶貌美女子不能生人
【关联】［W2409］祖先婚生人

实例

［纳西族］崇仁丽恩（祖先名）违背阳神老公公的盼咐，不理睬貌丑横眼女，而把美貌的直眼女领回，两个结缘做一家。生出不该生的东西：一胎生下蛇和蛙，一胎生下松和栗，一胎生下猪和熊，一胎生下猴和鸡。

【流传】云南省·丽江（丽江市）

【出处】和芳（东巴）读经，和志武翻译整理：《崇邦统》（人类迁徙记）（1954），见吕大吉、何耀华总主编《中国各民族原始宗教资料集成》（纳西族卷、羌族卷、独龙族卷、傈僳族卷、怒族卷），北京：中国社会科学出版社 2000 年版，第 324 页。

## W2297
### 与生人有关的其他母题

实例

（参见下级母题实例）

## W2297.0
### 最早生人与现在不同

实例

（参见下级母题实例）

## W2297.0.1
### 最早生的人都是男人
【关联】［W2756］最早只有男人

实例

［佤族］刚从葫芦里出来的人都是男的，没有女人。

【流传】云南省·（普洱市）·西盟县（西盟佤族自治县）

【出处】包永红等讲，高登智采录：《佤族姓氏的形成》，见中国民间文学集成全国编辑委员会编《中国民间故事集成》（云南卷），北京：中国 ISBN 中心 2003 年版，第 336 页。

## W2297.0.2
### 最早生的人都是女人
【关联】
① ［W2755］最早只有女人
② ［W2755.5］生的人全是女孩

实例

（参见关联项母实例）

## W2297.0.3
### 最早生的人是怪人
【关联】
① ［W2011.3.3.2］开天辟地后生怪人
② ［W2601］生怪人

【实 例】

[侗族] 天地形成后，首先生出的是怪人星郎。

【流传】

(a) 贵州省·（黔东南苗族侗族自治州）·从江县、黎平县

(b) 贵州省·（黔东南苗族侗族自治州）·从江县·高增乡

【出处】

(a) 梁普安讲：《物种的起源》，见燕宝、张晓编《贵州神话传说》，贵阳：贵州人民出版社1997年版，第71页。

(b) 《物种的起源》，见中国民间文学集成全国编辑委员会编《中国民间故事集成》（贵州卷），北京：中国ISBN中心2003年版，第31页。

## W2297.1
### 多次连续性的生人

【实 例】

（参见下级母题实例）

## W2297.1.1
### 虎生鼓，鼓生人

【关联】[W2214.1] 特定来历的鼓生人

【实 例】

[壮族] 虎生的铜鼓中，生出一个身穿铁胄铁甲的重甲人（未确定族别，有属壮族说），老虎就给他取名叫包登（人王之意）。

【流传】云南省·（大理白族自治州）·鹤庆县

【出处】王华青等讲，鹤庆县集成办公室采录：《铜鼓老祖包登》，见中国民间文学集成全国编辑委员会编《中国民间故事集成》（云南卷），北京：中国ISBN中心2003年版，第278页。

## W2297.2
### 有辈次的生人

【关联】

① [W2741] 人产生的顺序

② [W2829.2] 竖眼人生横眼人

【实 例】

（参见 W2829.2 母题实例）

## W2297.3
### 女人生孩子后有了人类

【关联】

① [W2021.2.4.2] 第一个女人生人

② [W2781] 女人生孩子的来历

【实 例】

❶ [赫哲族] 女人生孩子后，大地上有了人类。

【流传】（无考）

【出处】徐昌翰、黄任远：《赫哲族文学》，哈尔滨：北方文艺出版社1991年版，第72页。

❷ [赫哲族] 女子流出的第1滴血变成1男2女。女人开始生孩子，所有的人便这样生了出来。

【流传】（无考）

【出处】洛帕金：《戈尔德人》，见喻权

中《死亡的超越与转化——赫哲－那乃族初始萨满神话考疑》，载《黑龙江民族丛刊》1998年第3期。

❸ [赫哲族（那乃）] 一位姑娘和老虎成亲，生下1男孩。

【流传】（无考）

【出处】《阿克坚克氏族的来历》，见黄任远《满－通古斯语族民族有关熊、虎、鹿神话比较研究》，载《黑龙江民族丛刊》1996年第3期。

## W2297.4
### 物体相互作用生人

实例

（参见下级母题实例）

## W2297.4.1
### 两男神摩擦膝盖生人

【关联】
① [W2400] 神婚生人
② [W7993.2] 同性婚（同性恋）

实例

❶ [高山族（雅美）] 两位男神并枕安眠，彼此的膝头相互摩擦了一下，一个神的右膝生出了一个男孩，另一个神的左膝生下了一个女孩。

【流传】台湾

【出处】
（a）《神膝相擦生人类》，谷德明编《中国少数民族神话》，北京：中国民间文艺出版社1987年版，第240页。

（b）《神膝相擦生出了人类》，见中央民族学院少数民族文艺研究所编《中国民族民间文学》（上），北京：中央民族学院出版社1987年版，第222页。

（c）陈建宪：《神话解读》，武汉：湖北教育出版社1997年版，第135页。

❷ [高山族（雅美）] 两个男神并枕安眠时，彼此的膝头相互摩擦了一下。其中一个神的右膝生出了一个男孩，另一个神的左膝生了一个女孩。

【流传】台湾

【出处】《神膝相擦生人类》，见姚宝瑄主编《中国各民族神话》（高山族、黎族、畲族），太原：山西出版传媒集团·书海出版社2014年版，第5页。

## W2297.4.2
### 阴阳结合生人

【关联】[W2207.2] 阴阳元气孕生人

实例

（参见下级母题实例）

## W2297.4.2.1
### 乾坤卦结合生人

实例

[彝族] 哎哺（指乾坤二卦的卦名）相结合，降生了贤人。

【流传】贵州省·（毕节市）·威宁县（威宁彝族回族苗族自治县）、赫章县一带

【出处】罗正清翻译，黄建明摘录：《弥

神与觉神》（未刊稿），转引自吕大吉、何耀华总主编《中国各民族原始宗教资料集成》（彝族卷、白族卷、基诺族卷），北京：中国社会科学出版社1996年版，第280页。

## W2297.5
### 通过抽象规则生出人

实 例

（参见下级母题实例）

## W2297.5.1
### 通过地支推算生出人

实 例

[汉族] 天化了，12地支按字向前推，过很长时间，生出人。

【流传】湖北省·（十堰市）·丹江口市·（六里坪镇）·狮子沟（狮子沟村）

【出处】葛朝荣讲：《风云雷雨雾的来历》，见中国民间文学集成全国编辑委员会编《中国民间故事集成》（湖北卷），北京：中国ISBN中心1999年版，第25~26页。

## W2297.6
### 通过其他特定行为生人

实 例

（参见下级母题实例）

## W2297.6.1
### 通过架桥孕生人

【关联】[W2280] 祈祷生人（祈祷生子、祈子）

实 例

[苗族] 架桥在那山坳上，这才生出妮姬顿（娘娥姗的另一个爱称，一个美女的名字，又译为"仰阿莎"）。

【流传】原文无流传地，据文本及注释推测该神话流传于贵州省·黔东南苗族侗族自治州·凯里市、台江县等地。

【出处】张启庭、张荣光、张正玉、张启德演唱，张明搜集，燕宝整理译注：《创造宇宙·运金运银》，见贵州省少数民族古籍整理出版规划小组办公室编，燕宝整理译注《苗族古歌》，贵阳：贵州民族出版社1993年版，第240页。

## W2297.6.1.1
### 特定时间架桥孕生人

实 例

[苗族] 西汪婆婆好心人，架起那座远古桥，天空架桥才能生（苗族认为架桥可以生儿育女，每年古历二月初二是敬桥节）。

【流传】原文无流传地，据文本及注释推测该神话流传于贵州省·黔东南苗族侗族自治州·凯里市、台江县等地。

【出处】张启庭、张荣光、张正玉、张启德演唱，张明搜集，燕宝整理译注：《创造宇宙·开天辟地》，见贵州省少数民族古籍整理出版规划小组办公室编，燕宝整理译注《苗族古歌》，贵阳：贵州民族出版社1993年版，第 38 页。

## W2297.6.2
### 吃催生药生人

【关联】［W0954.2］催生药

**实例**

❶ ［景颇族］遥远的年代，阿公阿祖有催生药，吃后能孕生人。

【流传】云南省·（德宏傣族景颇族自治州）·陇川县

【出处】孔勒锐等讲，何峨采录：《吉露归天》，见中国民间文学集成全国编辑委员会编《中国民间故事集成》（云南卷），北京：中国 ISBN 中心 2003 年版，第 391 页。

❷ ［景颇族］彭干直伦·木章温舜（神名）吃催生药后，生改天整地的宁贯娃。

【流传】云南省·（德宏傣族景颇族自治州）·陇川县

【出处】施戛崩等讲，何峨采录：《宁贯娃改天整地》，见中国民间文学集成全国编辑委员会编《中国民间故事集成》（云南卷），北京：中国 ISBN 中心 2003 年版，第 61 页。

## W2297.7
### 尸体生人

【关联】
① ［W2304.4］神垂死化生人
② ［W2309.4］神性人物垂死化生人

**实例**

（参见下级母题实例）

## W2297.7.1
### 父亲的尸体孕生儿子

【关联】［W0751.1］鲧生禹

**实例**

［汉族］鲧被杀死后，尸体三年没有腐烂，肚子里逐渐孕育着新的生命，即他的儿子禹。

【流传】（无考）

【出处】袁珂重述：《鲧偷取息壤平治洪水》，原载袁珂编译《中国神话故事》，见陶阳、钟秀编《中国神话》（上），北京：商务印书馆 2008 年版，第 407~411 页。

## W2297.8
### 与生人有关的征象

**实例**

（参见下级母题实例）

## W2297.8.1
### 人开花后生育

**实例**

［彝族（俚颇）］补好天地后，万物仿照天上都会开花了。人类的儿女也要开花了，也要生育了。

【流传】云南省·（楚雄彝族自治州）·大姚县·昙华山区（昙华乡）

【出处】
（a）陆颇梭颇（毕摩）演唱，夏光辅、诺海阿苏翻译：《俚泼古歌》，见云南省社会科学院楚雄彝族文化研究所编

《彝族民间文学》（第二辑），1985 年。
（b）陆颇梭颇（毕摩）演唱，夏光辅、诺海阿苏翻译，古梅改写：《赤梅葛——俚泼古歌》，见姚宝瑄主编《中国各民族神话》（羌族、彝族），太原：山西出版传媒集团·书海出版社 2014 年版，第 110 页。

## W2297.8.2
### 人出生时天上降下一颗星

实 例

[侗族] 四个萨犹（这里应是一种动物名称）孵化萨天巴（蜘蛛，女祖神，创世神）交给的四个卵，孵了三百六十个夜晚时，天上突然降下一颗星。始祖松恩就降生在世上。

【流传】广西壮族自治区·（柳州市）·三江（三江侗族自治县）、（桂林市）·龙胜（龙胜各族自治县）

【出处】杨卜林喜、杨卜松林、杨明世讲，杨国仁、涛声搜集整理，蒿紫改写：《创世女神萨天巴》，过伟改写自侗族创世史诗《嘎茫莽道时嘉——远祖歌》（未出版稿），见姚宝瑄主编《中国各民族神话》（土家族、毛南族、侗族、瑶族），太原：山西出版传媒集团·书海出版社 2014 年版，第 94 页。

## W2297.9
### 女子生的人是自己的心肝变成的

实 例

[彝族] 天神更资缠着母亲蒲依要玩伴，蒲依让腹中的玛支玛珂神树丈夫割掉自己的一半心生出一个男孩后，又拍着胸口让腹中的丈夫割下她的一半肝，接着蒲依肚子里又掉出来一个人模人样的小男孩。

【流传】云南省·（楚雄彝族自治州）·永仁县

【出处】
（a）曲木阿石等讲，罗有能整理：《更资天神》，见云南省楚雄州文教局、云南省楚雄州民委会编《楚雄民间文学资料》，内部资料，1979 年。
（b）同（a），见姚宝瑄主编《中国各民族神话》（羌族、彝族），太原：山西出版传媒集团·书海出版社 2014 年版，第 179~180 页。

## W2297.10
### 生的孩子的处理

【关联】[W2670] 弃婴（弃儿）

实 例

（参见下级母题实例）

## W2297.10.1
### 把生的孩子一分为二父母各半

【关联】[W5398.2] 族的分化

实 例

[鄂温克族] 猎人与母熊婚后生一个熊孩。猎人逃走时，母熊把小熊当场撕成两半，一半抛往猎人，一半留在身边。

【流传】（内蒙古自治区、黑龙江省一带）

【出处】涂敖氏讲，隋书金记录整理：《鄂温克人的起源》，见姚宝瑄主编《中国各民族神话》（达斡尔族、鄂伦春族、鄂温克族、蒙古族），太原：山西出版传媒集团·书海出版社2014年版，第121页。

## 2.5 变化产生人（变人）[①]
## （W2300～W2399）

### 2.5.1 神或神性人物变化为人
### （W2300～W2309）

#### ✿ W2300
**人是变化产生的（变人）**

【汤普森】A1220

【关联】

① ［W2000］人类的产生（人的产生）
② ［W2030～W2129］造人
③ ［W2400～W2499］婚配产生人（婚生人）

实 例

（参见下级母题实例）

#### ✷ W2301
**神变成人**

实 例

（参见下级母题实例）

#### W2302
**特定的神变成人**

实 例

（参见下级母题实例）

#### W2302.1
**天神变成人**

【关联】

① ［W2053］天神造人
② ［W2133］天神生人

实 例

［蒙古族］四洲之人类生灵，以其为天神之显化。

【流传】（无考）

【出处】＊《内部生命之生成》，见满都呼主编《中国阿尔泰语系诸民族神话故事》，北京：民族出版社1997年版，第156页。

#### W2302.1.1
**天神变成女人**

【关联】［W2760.1］神变成男女

---

① 变化产生人（变人），这类母题的情形非常复杂，从变化为人的原物是否发生根本变化或本质改变的角度，大致可以分为"变形成人"、"化生为人"、"难以确认的变为人或化为人"三个类型。其中这三个类型又可以根据变化物的数量划分为"变形"与"化合"两种类型。对此，在类型的划定上，采取综合表述的方法，在类型上力求涵盖面适中，只对一些典型母题单独标出。其他相关问题可参见"W9其他母题"中的"［W9500～W9599］变形与化生"母题实例。

【实例】

[傣族] 8个天神中的4个天神变成4个女人。

【流传】云南省

【出处】岩峰、王松:《变扎贡帕》,见中国各民族宗教与神话大词典编审委员会编《中国各民族宗教与神话大词典》,北京:学苑出版社1990年版,第82页。

## W2302.1.2
### 天神吃土后变成人

【实例】

[德昂族] 几个天神飞到地上吃香土后就不会飞了,只好留在地上,后来变成了人。

【流传】云南省·德宏州(德宏傣族景颇族自治州)

【出处】李来岩等讲,李岩牙等翻译,朱宜初采录:《葫芦传人种》,见中国民间文学集成全国编辑委员会编《中国民间故事集成》(云南卷),北京:中国ISBN中心2003年版,第208页。

## W2302.2
### 地神变成人

【关联】[W2054] 地神造人

【实例】

[蒙古族] 地神变化为老太婆。

【流传】内蒙古自治区·(赤峰市)·林西县

【出处】赛野搜集整理:《天上人间》,见中华民族故事大系编委会编《中华民族故事大系》第1卷(汉族、蒙古族、回族),上海:上海文艺出版社1995年版,第578~523页。

## W2302.3
### 山神变成人

【关联】
① [W2139.4] 山神生人
② [W2968.2.0.1] 山神爷给人生命

【实例】

(参见下级母题实例)

## W2302.3.1
### 一对山神夫妻变成人

【实例】

[苗族] 远古时,有一家山神两口子变作大户人家住在山脚下。

【流传】云南省

【出处】张树清、张树民讲,张绍祥记录翻译:《山神女》,原载《云南苗族民间故事集成》,见陶阳、钟秀编《中国神话》(下),北京:商务印书馆2008年版,第1406~1411页。

## W2302.4
### 火神变成人

【关联】
① [W0466] 火神
② [W2139.3a] 火神生人

【实例】

(参见下级母题实例)

## W2302.4.1
### 火神商伯变成人

【实例】

[汉族] 天上的火神商伯下到凡间变成了人。

【流传】河南省·商丘县（商丘市）·郭村乡·谢寨村

【出处】谢善行讲，谢书民采录：《商伯盗火》，见中国民间文学集成全国编辑委员会编《中国民间故事集成》（河南卷），北京：中国ISBN中心2001年版，第42页。

## W2303
### 神下凡变成人

【汤普森】A1215

【关联】[W0106] 神下凡

【实例】

❶ [德昂族] 大火和洪水后，有几个天神飞到地上，变成了人。

【流传】云南省·德宏州（德宏傣族景颇族自治州）

【出处】李来岩等讲，李岩牙等翻译，朱宜初采录：《葫芦传人种》，见中国民间文学集成全国编辑委员会编《中国民间故事集成》（云南卷），北京：中国ISBN中心2003年版，第208页。

❷ [汉族] 天上的火神商伯下凡变成人。

【流传】河南省·商丘县（商丘市）·郭村乡·谢寨村

【出处】谢善行讲，谢书民采录：《商伯盗火》，见中国民间文学集成全国编辑委员会编《中国民间故事集成》（河南卷），北京：中国ISBN中心2001年版，第42页。

## W2303.1
### 天神下凡投胎为人

【关联】[W9375] 投胎

【实例】

[蒙古族] 7位天神下凡投胎人间。

【流传】（无考）

【出处】陈岗龙、乌日古木勒：《蒙古民间文学》，银川：宁夏人民出版社2008年版，第44页。

## W2303.2
### 神下凡变成男人

【关联】

① [W2753] 人的性别的产生
② [W2760] 变形出现男女

【实例】

[德昂族] 天上下来8个神，其中4个变成男人。

【流传】云南省

【出处】陶阳、牟钟秀著：《中国创世神话》，上海：上海人民出版社2006年版，第158页。

## W2303.3
### 神下凡变成女人

【关联】

① [W2753] 人的性别的产生
② [W2760] 变形出现男女

【实例】

[德昂族] 天上下来8个神，其中4个

变成女人，4 个变成男人，成了人类最早的父母。

【流传】云南省

【出处】陶阳、牟钟秀著：《中国创世神话》，上海：上海人民出版社 2006 年版，第 158 页。

## W2304
### 与神变成人有关的其他母题

实例

（参见下级母题实例）

## W2304.1
### 神的影子变成人

【关联】

① ［W2047.7.1］受影子的启发造人

② ［W2807.7］最早的人是影子

实例

［苗族］敖玉（女神）和敖古（男神）身影投射到的地方显现出女人和男人，成为第一代人。

【流传】云南省·（文山壮族苗族自治州）·富宁县

【出处】罗正明讲，王忠林等采录：《谁来造人烟》，见中国民间文学集成全国编辑委员会编《中国民间故事集成》（云南卷），北京：中国 ISBN 中心 2003 年版，第 92 页。

## W2304.1.1
### 神的身影投射到地上成为人

实例

［苗族］貌丑的男神敖古在天上追赶美丽的女神敖玉，他们的身影投射到的地方，显现出了女人和男人。

【流传】云南省

【出处】

（a）《造人烟的传说》，见杨光汉主编《云南苗族民间故事集成》，北京：中国民间文艺出版社 1988 年版。

（b）同（a），见姚宝瑄主编《中国各民族神话》（布依族、仡佬族、苗族），太原：山西出版传媒集团·书海出版社 2014 年版，第 288 页。

## W2304.2
### 神的肢体或排泄物变成人

【关联】

① ［W2083］用人或动物等的体液、排泄物等造人

② ［W2216］排泄物中生人

③ ［W2371］排泄物化生人

实例

［汉族］开天辟地时，玉皇大帝的女儿挖出心脏，吹气后变成一对男女。

【流传】江西省·宜春市·（袁州区·湖田乡）·双湖村

【出处】易世才讲：《玉皇大帝的女儿》，见中国民间文学集成全国编辑委员会编《中国民间故事集成》（江西卷），北京：中国 ISBN 中心 2002 年版，第 3 页。

## W2304.2.1
### 神的毛发化为人

【关联】［W2387.6］人的毛发化为人

|实 例|

[布依族]（实例待考）

## W2304.2.2
## 神的唾液化为人

【关联】[W2371.3] 唾液化生人

|实 例|

❶ [佤族] 达能（人神）吐出的唾沫变成人。

【流传】云南省·（普洱市）·西盟（西盟佤族自治县）

【出处】达老屈等讲，隋嘎等采录：《司岗里》，见中国民间文学集成全国编辑委员会编《中国民间故事集成》（云南卷），北京：中国ISBN中心2003年版，第96页。

❷ [佤族] 创造神达能吐出的唾沫变成了人。

【流传】云南省·（普洱市）·西盟（西盟佤族自治县）

【出处】《司岗里》，见尚仲豪《佤族民间故事集成》，昆明：云南民族出版社1990年版。

## W2304.2.3
## 神的肉瘤变成人

【关联】

① [W2220] 卵生人
② [W2227.5.3] 身上长出的肉卵生人
③ [W2386.2] 肉球变成人
④ [W2388.1] 卵化生人
⑤ [W2388.1.6] 肉瘤化人
⑥ [W2633.1] 生肉瘤

|实 例|

[满族] 女天神阿布卡赫赫额上的肉瘤变化成一个美女。

【流传】吉林省·长春市

【出处】富希陆讲：《天宫大战》，见中国民间文学集成全国编辑委员会编《中国民间故事集成》（吉林卷），中国文联出版公司1992年版，第4页。

## W2304.2.4
## 神割肉变成人

【关联】[W2386] 肉变化成人

|实 例|

[羌族] 神仙看到地上无人烟，于是从自己身上割了一块肉投向人间，变成了地上的人。

【流传】四川省·（阿坝藏族羌族自治州）·汶山县（旧县名已撤销，今属汶川县）·（龙溪乡）·阿尔村

【出处】朱金龙讲，陈安强整理：《洪水滔天》，见何斯强、蒋彬主编《羌族：四川汶山县阿尔村调查》，昆明：云南大学出版社2004年版，第224～225页。

## W2304.3
## 以前神能变成人

【关联】[W0132] 神的变化（神的变形）

|实 例|

[苗族] 远古的时候，神会变成人。

【流传】云南省

【出处】张树清、张树民讲，张绍祥记录翻译：《山神女》，原载《云南苗族民间故事集成》，见陶阳、钟秀编《中国神话》（下），北京：商务印书馆 2008 年版，第 1406~1411 页。

### W2304.4
### 神垂死化生人

【关联】［W2309.4.1］盘古垂死化生人

实 例

（参见关联项母题实例）

### ※ W2305
### 神性人物变成人

实 例

（参见下级母题实例）

### W2306
### 仙人变成人

实 例

❶ ［汉族］老天爷叫风婆刮了一阵大风，吹掉了盘古兄妹身上的仙气，他俩成为凡人，开始了人间生活。
【流传】河南省·（驻马店市）·泌阳县
【出处】《盘古开天地》，见 http://club.chinaren.com/bbs. 2009.08.16。

❷ ［黎族］仙人变成乞丐试人心。
【流传】（无考）
【出处】华南师院中文系整理：《五指山大仙》，见中华民族故事大系编委会编《中华民族故事大系》第 7 卷（黎族、傈僳族、佤族），上海：上海文艺出版社 1995 年版，第 141 页。

❸ ［苗族］仙人头上凡人跨，仙人变成凡人。
【流传】贵州省·（毕节市）·赫章县·古木乡
【出处】黄三妹讲，杨明忠采录：《体仑米和爷梭》，见中国民间文学集成全国编辑委员会编《中国民间故事集成》（贵州卷），北京：中国 ISBN 中心 2003 年版，第 51 页。

### W2307
### 宗教人物变成人

实 例

（参见下级母题实例）

### W2307.1
### 罗刹女[①]变成人

实 例

［藏族］（实例待考）

### W2308
### 魔鬼变成人

【关联】［W0830］妖魔

实 例

［傣族］魔鬼羡慕人的生活，一些也变成人。

---

① 罗刹女，在藏族的同类神话叙事中由于讲述人或翻译的不同，"罗刹女"的角色或身份有时译为"岩女"、"魔女"、"妖女"等。

【流传】云南省

【出处】《谷子的故事》，见本书编写组著《傣族简史》，昆明：云南人民出版社1986年版，第30页。

## W2308.1
### 鬼变成人

实 例

［苗族］远古的时候，鬼会变成人。

【流传】云南省

【出处】张树清、张树民讲，张绍祥记录翻译：《山神女》，原载《云南苗族民间故事集成》，见陶阳、钟秀编《中国神话》（下），北京：商务印书馆2008年版，第1406～1411页。

## W2308.2
### 妖怪变成人（怪物变成人）

【关联】［W0860］怪物

实 例

［彝族］一个妖怪变成了新媳妇。

【流传】云南省·（红河哈尼族彝族自治州）·弥勒县（弥勒市）·罗多村

【出处】何奉章讲：《烧妖精》，见李德君《彝族阿细人民间文学作品采集实录》，北京：中央民族大学出版社2009年版，第345页。

## W2308.2.1
### 精怪变成人

实 例

［苗族］嘎波（蛤蟆精）变成了一个出众的苗家后生，做起了修沟挖塘、立房造屋的活路，使雷公坪变成苗山里的一座皇城。

【流传】贵州省·（黔东南苗族侗族自治州）·雷山（雷山县）·西江地区（西江镇）

【出处】

（a）杨正光、侯昌德讲，杨正光、侯昌德搜集整理：《雷公坪》，载《南风》1981年第1期。

（b）同（a），见姚宝瑄主编《中国各民族神话》（布依族、仡佬族、苗族），太原：山西出版传媒集团·书海出版社2014年版，第136页。

## W2309
### 与神性人物变成人有关的其他母题

实 例

［汉族］盘古慢慢化形人形。

【流传】湖北省·（黄冈市）·黄冈县·马庙

【出处】周海山讲：《盘古斩蟒开天地》，见中国民间文学集成全国编辑委员会编《中国民间故事集成》（湖北卷），北京：中国ISBN中心1999年版，第5页。

## W2309.0
### 鬼神变成人

【关联】

① ［W2301］神变成人

② ［W2308.1］鬼变成人

实 例

（参见下级母题实例）

### W2309.0.1
#### 以前鬼神能变成人

实 例

[苗族] 远古的时候，神鬼、虫虫、蚂蚁、野兽都会变成人。

【流传】（无考）

【出处】张树民、张树清、张绍祥记录翻译：《山神女》，见姚宝瑄主编《中国各民族神话》（布依族、仡佬族、苗族），太原：山西出版传媒集团·书海出版社2014年版，第279页。

### W2309.1
#### 仙女的经血化生人

【关联】[W0826] 仙女

实 例

[蒙古族] 天仙女下凡到湖里沐浴，在石头上滴了几滴经血，一个公猴在其经血上小解，过了九千九百九十九年以后，经血变成了人。

【流传】（无考）

【出处】格日乐图整理：《人类之起源》，见中国各民族宗教与神话大词典编审委员会编《中国各民族宗教与神话大词典》，北京：学苑出版社1990年版，第455页。

### W2309.2
#### 天上的生灵下凡变成人

【关联】[W2303] 神下凡变成人

实 例

[汉族] 天宫后园守护仙桃树的两个生灵偷吃仙桃被赶出天宫后，变成男人和女人。

【流传】上海市·虹口区·广中路街道

【出处】刘曼芳讲，吴本雄采录：《喉节与乳房》，见中国民间文学集成全国编辑委员会编《中国民间故事集成》（上海卷），北京：中国ISBN中心2007年版，第8页。

### W2309.3
#### 天女的心变成人

【关联】[W2147.3.1] 神的一半心变成人生出

实 例

（实例待考）

### W2309.4
#### 神性人物垂死化生人

实 例

（参见下级母题实例）

### W2309.4.1
#### 盘古垂死化生人

【关联】[W2336.2.1] 盘古身上的虫子变成人

实 例

❶ [汉族] 盘古垂死，身之诸虫，因风所感，化为黎氓。

【流传】（无考）

【出处】[清] 马骕：《绎史》卷一，引《五运历年纪》。

❷ [畲族] 盘古身上的许许多多小虫变成人。

【流传】畲族地区

【出处】《盘古》，钟后根据畲族蓝国

运、蓝国根《畲族古老神话传说及人物》改写，见姚宝瑄主编《中国各民族神话》（高山族、黎族、畲族），太原：山西出版传媒集团·书海出版社2014年版，第84页。

## W2309.5
### 神性人物的肢体化生人

实　例

（参见下级母题实例）

## W2309.5.1
### 盘古的脏腑化生人

【关联】[W2309.4.1] 盘古垂死化生人

实　例

[汉族] 盘古死后，他身上许多脏腑，受日月风云长期感化，渐渐变化成为黎民百姓。

【流传】福建省·（泉州市）·永春县（古称桃源）·蓬壶乡

【出处】林烈火讲，林绥国采录：《盘古分天地》，见中国民间文学集成全国编辑委员会编《中国民间故事集成》（福建卷），北京：中国ISBN中心1998年版，第3页。

# 2.5.2　人变化为人
（W2310 ~ W2314）

## W2310
### 人变成其他人

【关联】[W9530] 人的变形

实　例

[黎族] 砍碎兄妹婚生的1个男孩，变为4男4女。

【流传】海南省

【出处】

（a）《人类的起源》，见毛星主编《中国少数民族文学》（中），长沙：湖南人民出版社1983年版，第373~374页。

（b）《人类的起源》，见谷德明编《中国少数民族神话》，北京：中国民间文艺出版社1987年版，第184页。

## W2310.1
### 天上的人变成地上的人

【关联】

① [W2015.3.1] 天上的人

② [W2153.1] 天上的人下凡生育人

③ [W2309.2] 天上的生灵下凡变成人

实　例

[汉族] 天上的玉帝派遣天上的人到凡间繁衍人类。

【流传】福建省·（三明市）·宁化县·城关

【出处】薛其康讲，张锡电采录：《人死蛇蜕壳》，见中国民间文学集成全国编辑委员会编《中国民间故事集成》（福建卷），北京：中国ISBN中心1998年版，第10页。

## W2310.2
### 一人化生多人

【关联】[W2712] 产生多人

> 实例

[畲族] 最早只有盘古一人，他身上的许许多多小虫，经过风吹雨打后变成了千千万万的人。

【流传】畲族地区

【出处】《盘古》，钟后根据畲族蓝国运、蓝国根《畲族古老神话传说及人物》改写，见姚宝瑄主编《中国各民族神话》（高山族、黎族、畲族），太原：山西出版传媒集团·书海出版社2014年版，第84页。

## W2310.2.1
### 首领变成众人

【关联】[W5030] 首领

> 实例

（参见下级母题实例）

## W2310.2.1.1
### 怪胎化生的头人变成千百人

【关联】[W2313] 人的怪胎变成人

> 实例

[壮族] 一个怪胎变成了头人。这个头人后来变成千百个人。

【流传】（无考）

【出处】张声震主编：《布洛陀经诗》，见张声震总主编，农冠品编注《壮族神话集成》，南宁：广西民族出版社2007年版，第115~116页。

## W2311
### 特定的人的变成人

> 实例

（参见下级母题实例）

## W2311.1
### 人的部分肢体化成人

【关联】

① [W2082] 用特定的肢体造人
② [W2304.2] 神的肢体或排泄物变成人
③ [W2384.3] 婚生1子后碎尸化生人类
④ [W2384.4] 婚生2子后碎尸化生人类

> 实例

[高山族（赛夏）] 神杀死逃难的一个男子，剁碎后，肉骨肝变成人类。

【流传】台湾

【出处】鹿忆鹿：《台湾原住民与大陆南方民族的洪水神话比较》，载《民间文学论坛》1997年第1期。

## W2312
### 动物体征的人变成人

【关联】

① [W2168.1] 动物生的人有动物特征
② [W2607] 生动物特征的人

> 实例

（参见下级母题实例）

## W2312.1
### 人熊变成人

【关联】

① [W2322] 熊变成人
② [W2347.3.2] 熊通过遵守禁忌变成人

③ ［W2348.5.2］ 熊的一半变成人

④ ［W2387.1］ 人熊的一半变成人

⑤ ［W2454］ 人与熊婚生人

⑥ ［W2607.9.1］ 生的孩子半人半熊

⑦ ［W2618.1］ 人与母熊生熊孩

实 例

［鄂温克族］黑瞎子本名熊，原本是人。

【流传】内蒙古自治区

【出处】

（a）乌云达赉整理：《熊，原本是人》，见满都呼主编《中国阿尔泰语系诸民族神话故事》，北京：民族出版社1997年版，第306页。

（b）《熊，原本是人》，见内蒙古自治区鄂温克族研究会编《鄂温克族研究文集》第二辑（上），内部编印。

## W2312.1.1
### 人熊劈开后的一半变成人

实 例

［鄂温克族］一猎人与一只母熊同居生1只幼熊（人熊）。后来，猎人逃走时，母熊把幼熊撕为两半，扔给猎人的一半变成人。

【流传】（无考）

【出处】秋浦：《鄂温克人的原始社会形态》，北京：中华书局1962年版，第163页。

## W2312.2
### 人猴变成人

【关联】

① ［W2317］ 猴变成人

② ［W2390.1.1］ 猴子演化成人

实 例

［藏族］猴子和罗刹女成亲之后，生下六个似人非人、似猴非猴的儿女。这些人猴后来演化成人

【流传】西藏自治区

【出处】廖东凡记译：《泽当——西藏猴子变人的地方》，原载吴一虹编《风物传说》，见陶阳、钟秀编《中国神话》（上），北京：商务印书馆2008年版，第361~362页。

## W2313
### 人的怪胎变成人

【关联】

① ［W2381］ 怪胎变化为人

② ［W2600］ 人生怪胎

实 例

❶［黎族］雷公砍碎兄妹婚生的1男变成人。

【流传】海南省

【出处】《人类的起源》，见毛星主编《中国少数民族文学》（中），长沙：湖南人民出版社1983年版，第373~374页。

❷［土家族］兄妹把婚生的肉坨坨砍成120块，取出40坨在地上和上3斗3升泥巴，二人和力朝右方撒出去，变成了人。

【流传】四川省（今重庆市）·酉阳县（酉阳土家族苗族自治县）·可大乡·老店村

【出处】徐元科讲，胡长辉等采录：《补

所和雍尼》，见中国民间文学集成全国编辑委员会编《中国民间故事集成》（四川卷·下），北京：中国ISBN中心1998年版，第1213页。

## W2313.1
### 嫩树枝使怪胎变成人
【关联】［W2653］怪胎变成人的方式

实 例

［土家族］兄妹把婚生的肉坨坨砍成120块，取出40坨在地上和上3斗3升嫩树枝，朝左方撒出去，变成人。从此，世上有了苗族人。

【流传】四川省（今重庆市）·酉阳县（酉阳土家族苗族自治县）·可大乡·老店村

【出处】徐元科讲，胡长辉等采录：《补所和雍尼》，见中国民间文学集成全国编辑委员会编《中国民间故事集成》（四川卷·下），北京：中国ISBN中心1998年版，第1213页。

## W2313.2
### 10个月孕生的怪胎变成人

实 例

［黎族］两兄妹结婚，10个月生肉团，砍碎变成人。

【流传】海南省·琼中县（琼中黎族苗族自治县）·五指山

【出处】马文光、盘启昌等讲，陈葆真、饶明龙等记录，陈葆真、谢盛圻等整理：《螃蟹精》，见谷德明编《中国少数民族神话》，北京：中国民间文艺出版社1987年版，第193～196页。

## W2313.3
### 怪胎变成特定的人

实 例

（参见下级母题实例）

## W2313.3.1
### 怪胎变成男女
【关联】［W2600］人生怪胎

实 例

（参见下级母题实例）

## W2313.3.1.1
### 婚生的怪胎变成7对男女
【关联】
① ［W2418.1］人与神婚生怪胎
② ［W2418.2］人与神性人物婚生怪胎
③ ［W2645.1］兄妹婚生怪胎
④ ［W2645.2］姐弟婚生怪胎
⑤ ［W2645.3］母子婚生怪胎
⑥ ［W2719.3.3］变成7对男女

实 例

［苗族］神农的公主与黄狗结婚后，生一个大血球，砍碎血球后从里面跳出来7对男女。

【流传】贵州省·（铜仁市）·松桃地区（松桃苗族自治县）；湖南省·湘西（湘西土家族苗族自治州）苗族居住区一带

## 【出处】

（a）龙炳文搜集，燕宝整理：《神母狗父》，见燕宝编《苗族民间故事选》，上海：上海文艺出版社 1981 年版。

（b）同（a），见姚宝瑄主编《中国各民族神话》（布依族、仡佬族、苗族），太原：山西出版传媒集团·书海出版社 2014 年版，第 147 页。

## W2314
### 与人变化为人有关的其他母题

【关联】[W2384] 人的肢体变成人

实 例

（参见下级母题实例）

## W2314.1
### 人化生人

【关联】[W2310] 人变成其他人

实 例

（参见下级母题实例）

## W2314.1.1
### 人的精气化生人

【关联】[W2367.1] 水火土风的精气化为人

实 例

[汉族] 人，水也。男女精气合而水流形。水凝塞而为人，而九窍五虑出焉。

【流传】（无考）

【出处】《管子·水地篇》。

## W2314.1.2
### 人的气息化生人

【关联】
① [W2207] 气生人
② [W2367] 气化生人

实 例

[高山族] 为繁育后代，姐弟将婚生 2 子杀死，切成碎块，吹以气息，即化生为人。

【流传】平埔巴则海人

【出处】《巴则海人始祖》，见中国各民族宗教与神话大词典编审委员会编《中国各民族宗教与神话大词典》，北京：学苑出版社 1990 年版，第 144 页。

## W2314.1.2.1
### 男女的气息化生人

实 例

[汉族] 人，水也。男女精气合而水流形。水凝塞而为人，而九窍五虑出焉。

【流传】（无考）

【出处】《管子·水地篇》。

## W2314.2
### 杀死的人的肢体变成人

实 例

[黎族] 老先用刀子把妹妹感自己的阳气而生的肉包分为三份，第三块肉包起来后分别顺水漂流到不同地方，都是十个月后，分别变成汉人、苗人和黎人。

【流传】海南省五指山一带

【出处】

（a）王国全搜集整理：《土地公与土地婆》，见广东民族学院中文系编《黎族民间故事选》，上海：上海文艺出版社1983年版。

（b）同（a），见姚宝瑄主编《中国各民族神话》（高山族、黎族、畲族），太原：山西出版传媒集团·书海出版社2014年版，第56页。

## W2314.2.1
### 小孩被砍碎后变成很多人

实例

［景颇族］姐弟俩婚生一个小孩。这个小孩天天哭，而且越哭越厉害。看管小孩的老爷爷怎样哄他都不管用。老爷爷就把小孩子砍了，把他的肉剁碎，撒到九岔路上。又把他的肚脏洗了煮成稀粥。后来那些肉每一块都变成了一个人。

【流传】（无考）

【出处】殷江腊讲，永生翻译，东耳、永生整理：《人类始祖》，载《山茶》1982年第6期。

## W2314.2.1.1
### 杀死自己的孩子繁衍人类

实例

❶［高山族（赛夏）］传人种的厄帕·那奔和玛雅·那奔兄妹婚生一个男孩。为了繁衍人类，二人经商量就把儿子杀了，砍成一节一节尸体后投到河里。投一节就会变成一个人。

【流传】台湾

【出处】《高山族各种人的始祖：厄帕·那奔兄妹传人》，见姚宝瑄主编《中国各民族神话》（高山族、黎族、畲族），太原：山西出版传媒集团·书海出版社2014年版，第12页。

❷［藏族］大山生下的夫妻只生了3个儿子，觉得这世界人少太凄凉，又想不出个更好办法。他们就决定卜卦。卦的符号显示，若要繁衍后代，使后代兴旺发达，就必须杀死最喜爱的孩子，用这个孩子的血和肉去繁衍后代。

【流传】西藏自治区

【出处】

（a）《僜人创世神话》，旺秋根据中国社科院民族研究所编《僜人社会历史调查》（云南人民出版社1990年版）以及西藏民间文艺研究会主办《邦锦梅朵》1984年第8期中《僜人创世神话》整理。

（b）同（a），见姚宝瑄主编《中国各民族神话》（门巴族、珞巴族、怒族、藏族），太原：山西出版传媒集团·书海出版社2014年版，第89页。

## W2314.2.2
### 人劈为两半，其中一半变成人

【汤普森】T589.2

【关联】［W2312.1.1］人熊劈开后的一半变成人

实例

[鄂温克族] 一猎人被一只母熊捉住同居后，母熊生一只幼熊（可理解为人熊、熊孩或像熊的人）。后来，猎人逃走时，母熊把幼熊撕为两半，扔给猎人的一半变成人。

【流传】（无考）

【出处】秋浦：《鄂温克人的原始社会形态》，北京：中华书局1962年版，第163页。

## W2314.3
### 人的排泄物化生人

【关联】

① ［W2304.2］神的肢体或排泄物变成人

② ［W2369］无生命物变化为人

实例

（参见下级母题实例）

## W2314.3.1
### 女子流血变成人

【关联】

① ［W2309.1］仙女的经血化生人

② ［W2388.2.3］经血化生人

③ ［W2388.2.3.1］经血感尿化生人

实例

❶ [赫哲族] 大地上出现的女子米亚门迪咬破了手指，第一滴血落到地上变成了人。

【流传】（无考）

【出处】洛帕金：《戈尔德人》，见喻权中《死亡的超越与转化——赫哲-那乃族初始萨满神话考疑》，载《黑龙江民族丛刊》1998年第3期。

❷ [赫哲族] 姐姐米亚门迪手指上的第一滴血化成一男两女三个人。

【流传】（无考）

【出处】徐昌翰、黄任远：《赫哲族文学》，哈尔滨：北方文艺出版社1991年版，第72页。

## 2.5.3 动物变化为人[①]
（W2315～W2349）

## ※ W2315
### 哺乳动物变成人

实例

（参见下级母题实例）

---

[①] 动物变化为人，在神话表述中有性质不同的两种情况，分别列为两种母题类型。一种是作为"人类产生"意义上的"动物变人"；另一种具有魔法性质或强调动物变形能力方面的"动物变人"。后者的类型列在"W9. 其他母题"类的"［W9500～W9599］变形与化生"母题类型中。有时二者的关系又难以区分，故为了避免重复出现和过于繁冗，两类母题采用不重复编号的互见方式。在此选取神话中较为常见的与人的产生有关的动物变人母题做个案。一般表述为"××变化为人"或"××变成人"。具体情况参见［W9500～W9599］相关母题实例。

## 2.5.3 动物变化为人

## W2316
### 狗变成人（犬变成人）
【汤普森】D341
【关联】
① ［W2157］狗生人
② ［W2239］感狗孕生人
③ ［W2371.1.2］狗粪变成人

**实例**

❶ ［瑶族］公主嫁龙犬后，龙犬蒸7天7夜变成人。
【流传】
（a）广西壮族自治区·（来宾市）·金秀县（金秀瑶族自治县）·六巷乡·古陈村
（b）广西壮族自治区·（来宾市）·金秀县（金秀瑶族自治县）
【出处】
（a）盘日新等讲，王矿新等采录翻译：《盘瓠王》，见中国民间文学集成全国编辑委员会编《中国民间故事集成》（广西卷），北京：中国ISBN中心2001年版，第93页。

（b）盘日新等讲，王矿新等搜集整理：《盘王的传说》，见曹廷伟编著《广西民间故事辞典》，南宁：广西教育出版社1993年版，第30页。

❷ ［瑶族（过山瑶）］龙犬盘护蒸7天7夜后变成人。
【流传】（无考）
【出处】盘日新等讲，王矿新等整理：《盘王的传说》，见刘江华编《中国神话故事》（天、地、人物卷），北京：中国世界语出版社1999年版，第101~103页。

## W2317
### 猴变成人（猴子变成人）
【汤普森】D318.1
【关联】
① ［W2390.1.1］猴子演化成人
② ［W9561.5］猴变成人

**实例**

❶ ［汉族］天长日久，猴子渐渐变成了人。
【流传】浙江省·（丽水市）·缙云县·舒洪镇·分水坑村
【出处】上官旭昌讲，上官新友采录：《扁古盘古造生灵》，见中国民间文学集成全国编辑委员会编《中国民间故事集成》（浙江卷），北京：中国ISBN中心1997年版，第48页。

❷ ［门巴族］地上的猴子变成人。
【流传】西藏自治区·（林芝地区）·墨脱县
【出处】《听话的猴子变成人》，见廖东凡主编《神山之祖》，武汉：湖北少年儿童出版社2001年版，第10~11页。

❸ ［彝族］猴子变成人。
【流传】（无考）
【出处】《门咪间扎节》，载《彝文文献译丛》第1辑。

## W2317.1
### 猴子去（砍）掉尾巴后变成人

【汤普森】A1224.5.1

【关联】[W2863.0.1] 猴子变成人后尾巴自然消失

**实例**

[土族] 原来猴子的尾巴很长，经过了好多年，不知什么原因，尾巴逐渐变短、脱落，身上的毛也脱了，就逐渐变成了人。

【流传】青海省·黄南州（黄南藏族自治州）·同仁县·保安乡·下庄村

【出处】夏吾才让讲，赵清阳采录：《粮食是怎么来的》，见中国民间文学集成全国编辑委员会编《中国民间故事集成》（青海卷），北京：中国 ISBN 中心 2007 年版，第 13 页。

## W2317.1.1
### 猴子的尾巴变短后变成人

【关联】[W2318.10.2] 短尾巴猴变成人

**实例**

[藏族] 猴与罗刹女结婚 3 年生 500 个小猴。猴子的尾巴变短后，成为人。

【流传】（无考）

【出处】潜明滋：《中国古代神话与传说》，北京：商务印书馆 1996 年版，第 67 页。

## W2317.2
### 死猴变成人

**实例**

[拉祜族] 死猴变成了人（拉祜族的祖先）。

【流传】云南省

【出处】《人和雪的传说》，见云南省民族事务委员会编《拉祜族文化大观》，昆明：云南民族出版社 1999 年版，第 177 页。

## W2317.3
### 婚生的猴子变成人

【关联】[W2617] 人生猴

**实例**

（参见下级母题实例）

## W2317.3.1
### 神猴与天女婚生的猴变成人

**实例**

[门巴族] 神猴江求深巴和天神侍女扎深木婚生的猴子，变成人。

【流传】西藏自治区

【出处】《猴子变人》，见中国各民族宗教与神话大词典编审委员会编《中国各民族宗教与神话大词典》，北京：学苑出版社 1990 年版，第 420 页。

## W2317.3.2
### 人与天女婚生的猴变成人

【关联】[W7267] 人与天女婚

<u>实 例</u>

[纳西族（摩梭）] 人与天王之女姆米年扎梅婚配生的猴变成人。

【流传】云南省

【出处】阿阿打把等讲，杨尔车翻译整理：《锉治路一苴—摩梭人的洪水神话》，载《山茶》1982 年第 3 期。

## W2317.3.3
罗刹女与猴婚生的猴变成人

<u>实 例</u>

❶ [藏族] 一只猕猴与崖女结婚生的小猴变成人类。

【流传】雅鲁藏布江和雅隆河汇合口附近

【出处】乌珠、景布、素郎乌珠讲：《西藏猴子变人的传说》，见廖东凡主编《神山之祖》，武汉：湖北少年儿童出版社 2001 年版，第 7~9 页。

❷ [藏族] 猕猴与岩罗刹女婚生的 7 个（或 6 个）猴雏，逐渐转化为人类。

【流传】（无考）

【出处】

（a）琼珠：《藏族创世神话散论》，载《民族文学研究》1989 年第 2 期。

（b）格明多杰：《藏族神话传说—灵猴繁衍之人种》，见水木清华站 http：//smth.edu.cn，2005.03.13。

（c）《西藏王统记》、《吐蕃王统世系明鉴》、《青史》等。

❸ [藏族] 猕猴和岩罗刹女生的猕猴，慢慢变化而成人类。

【流传】西部的山南地区雅隆河谷一带

【出处】

（a）佟锦华：《藏族文学研究》，北京：中国藏学出版社 1992 年版，第 391 页。

（b）《玛尼全集》、《西藏王统世系明鉴》、《贤者喜宴》、《西藏王臣记》等。

## W2317.3.4
狗与猴婚生的猴变成人

<u>实 例</u>

[土族] 很早以前，狗和猴子交配，猴生下许多猴子猴孙，时间长了，满世界到处是猴子猴孙。后来有些猴子变成了人。

【流传】青海省·黄南州（黄南藏族自治州）·同仁县·年都乎乡·年都乎村

【出处】吉洛讲，赵清阳采录：《狗、猴子和人》，见中国民间文学集成全国编辑委员会编《中国民间故事集成》（青海卷），北京：中国 ISBN 中心 2007 年版，第 13 页。

## W2317.4
神造的猴变成人

【关联】[W2052] 神造人

<u>实 例</u>

（参见下级母题实例）

## W2317.4.1
天神造的猴子变成人

【关联】[W2053] 天神造人

> 实　例

❶ [傈僳族] 天神木布帕造地后，又用泥土捏了一对猕猴，猕猴慢慢长大变成人形，从此地上开始有了人。

【流传】（a）云南省·（怒江傈僳族自治州）·泸水县

【出处】

（a）胡贵讲，刘辉豪采录：《木布帕造天地人》，见中国民间文学集成全国编辑委员会编《中国民间故事集成》（云南卷），北京：中国 ISBN 中心2003年版，第42页。

（b）刘辉豪、胡贵搜集整理：《天、地、人的形成》，见谷德明编《中国少数民族神话》，北京：中国民间文艺出版社1987年版，第370页。

❷ [傈僳族] 天神用泥土捏出1对猕猴，长大后成为地球上的人类。

【流传】（无考）

【出处】《天地人的形成》，载《山茶》1982年第2期。

❸ [傈僳族] 天神木布帕用泥土捏猕猴，猕猴繁衍人。

【流传】云南省·（怒江傈僳族自治州）·碧江县（1986年撤销县制，今属福贡县等）

【出处】刘辉豪搜集整理：《天、地、人的由来》，见中华民族故事大系编委会编《中华民族故事大系》第7卷（黎族、傈僳族、佤族），上海：上海文艺出版社1995年版，第261~263页。

❹ [傈僳族] 天神木布帕造用泥捏一对猕猴，猕猴育子女（人类）。

【流传】云南省·怒江州（怒江傈僳族自治州）·碧江县（1986年撤销县制，今属福贡县等）、泸水县

【出处】刘辉豪整理：《猕猴育孩》，见《傈僳族民间故事》，上海：上海文艺出版社1982年版，第3页。

❺ [怒族] 天神造的猴子中的一部分慢慢地变成了人。

【流传】云南省·（怒江傈僳族自治州）·贡山县（贡山独龙族怒族自治县）

【出处】彭兆清提供：《创世纪》，见攸延春《怒族文学简史》，昆明：云南民族出版社2003年版，第18~20页。

## W2317.5

### 猴子破戒变成人

> 实　例

[藏族] 观世音菩萨让一只猕猴到西藏修行，因为他与罗刹女结婚破戒而做了人。

【流传】西藏自治区·（拉萨市）·林周县

【出处】益西索巴讲：《猕猴与罗刹女》，见中国民间文学集成全国编辑委员会编《中国民间故事集成》（西藏卷），北京：中国 ISBN 中心2001年版，第4页。

## W2317.6

### 一部分猴子变成人

> 实　例

[傣族] 因为羡慕人的生活，一些猴子

变成人，一些魔鬼变成人；熊、虎、鹿也竞相变成人。
【流传】云南省
【出处】《谷子的故事》，见本书编写组著《傣族简史》，昆明：云南人民出版社1986年版，第30页。

## W2317.7
### 猴子不长毛变成人

实例

[珞巴族] 短尾巴的猴子有了火后，就把弄来的食物烧熟了吃，从此，身上不再长毛了，便成了人。
【流传】西藏自治区·（林芝地区）·米林县
【出处】东娘讲，于乃昌整理：《猴子变人》，原载于乃昌编《西藏民间故事——珞巴族、门巴族专辑》，见陶阳、钟秀编《中国神话》（上），北京：商务印书馆2008年版，第363页。

## W2317.7.1
### 猴子退毛变成人

【关联】
① [W2347.4.3] 猴子退掉毛变成人
② [W2858] 人身上不长毛的来历

实例

[珞巴族] 猴子发明火吃熟食后，身上就不再长毛了，变成了人。
【流传】西藏自治区·（林芝地区）·米林县（采集于西藏自治区·林芝地区·米林县）

【出处】
（a）东娘讲，于乃昌整理：《猴子变人》（1979.07），见于乃昌《西藏民间故事》（第五集），拉萨：西藏人民出版社1989年版。
（b）东娘讲，于乃昌整理：《猴子敲石得火》（1979.07），见姚宝瑄主编《中国各民族神话》（门巴族、珞巴族、怒族、藏族），太原：山西出版传媒集团·书海出版社2014年版，第29页。

## W2317.7.2
### 人与天女生的猴子退毛变成人

【关联】
① [W2317.3.2] 人与天女婚生的猴变成人
② [W2416.1] 人与天女婚生人

实例

[纳西族（摩梭）] 人与天王之女姆米年扎梅婚配生猴，这些猴子后来退掉毛，变成了人。
【流传】云南省
【出处】阿阿打把等讲，杨尔车翻译整理：《锉治路一苴—摩梭人的洪水神话》，载《山茶》1982年第3期。

## W2317.7.3
### 猴子烧掉毛变成人

实例

[纳西族] 天王的三姑娘姆米年扎梅与猴婚生了一个猴儿，她用火把猴儿身上的毛烧掉，变成后来的人。

【流传】（无考）

【出处】

(a) 阿啊打把等讲，杨尔车翻译整理：《锉治路一直》，原载《山茶》1982年第3期，见谷德明编《中国少数民族神话》，北京：中国民间文艺出版社1987年版，第445页。

## W2317.8
### 猴子进化变成人

【关联】［W2390.2］按时间演进产生人

实 例

［藏族］观音菩萨转世的男子与女鬼婚生六个猴儿子，长大后分别结婚居在雅鲁藏布江边。观世音用粮食哺育他们，他们的尾巴慢慢消失，逐渐进化为人。

【流传】（无考）

【出处】

(a)《人的由来》，见谷德明编《中国少数民族神话选》，西北民族学院研究所编印，内部资料，1983年。

(b) 同(a)，见姚宝瑄主编《中国各民族神话》（门巴族、珞巴族、怒族、藏族），太原：山西出版传媒集团·书海出版社2014年版，第84～85页。

## W2317.8.1
### 猴子与魔女婚生的猴子演化成人

实 例

［藏族］一只猕猴与一个岩魔女同居后，生下了六只小猴，这些猴子不断繁衍，学会吃野生谷物，毛变短，尾巴消失了，又学会了说话，便变成了人。

【流传】藏族地区（西藏自治区）

【出处】《猕猴与岩魔女同居》，见姚宝瑄主编《中国各民族神话》（门巴族、珞巴族、怒族、藏族），太原：山西出版传媒集团·书海出版社2014年版，第86页。

## W2317.8.2
### 猴子长时间进化变成人

实 例

［怒族］不知过了多少代，有一部分猴子变成了人。

【流传】云南省·（怒江傈僳族自治州）·贡山县（贡山独龙族怒族自治县）

【出处】

(a) 彭兆清提供，攸延春整理：《创世纪》，见攸延春《怒族文学史》，昆明：云南民族出版社2003年版，第18页。

(b) 庚松等讲，彭兆清整理：《创世记》，见中华民族故事大系编委会编《中华民族故事大系》第14卷（普米族、塔吉克族、怒族、俄罗斯族、鄂温克族），上海：上海文艺出版社1995年版，第515页。

## W2317.8.3
### 猴子逐渐有了人的特征

实 例

［汉族］猴子日久天长逐渐有了人的特征。

【流传】四川省·（成都市）·都江堰（都江堰市）·天马乡（天马镇）

【出处】夏玉刚讲：《伏羲兄妹与石头》，中国民间文学集成全国编辑委员会编《中国民间故事集成》（四川卷·上），北京：中国ISBN中心1998年版，第54页。

## W2317.9
### 猴子改变容貌变成人

实 例

（实例待考）

## W2317.9.1
### 猴捂住脸后变成人

实 例

[珞巴族]（实例待考）

## W2317.10
### 其他特定来历的猴子变成人

实 例

（实例待考）

## W2318
### 与猴变成人有关的其他母题

实 例

（参见下级母题实例）

## W2318.0
### 猴的特定后代变成人

【关联】[W2158]猴生人

实 例

（参见下级母题实例）

## W2318.0.1
### 猴的第9代变成人

实 例

[彝族]红雪变化成的雪族的子孙十二种，其中有血的动物中的第五种是猴。猴类又分九代。到了第九代阿吕居子这一代，形状虽然像人，叫声却仍然是猴音。

【流传】（四川省·凉山彝族自治州）

【出处】

(a) 冯元蔚译：《勒俄特依》，成都：四川民族出版社1986年版。

(b) 冯元蔚译，蔷紫改写：《勒俄特依》，见姚宝瑄主编《中国各民族神话》（羌族、彝族），太原：山西出版传媒集团·书海出版社2014年版，第158页。

## W2318.1
### 神把猴子变成人

【关联】

① [W2078.1.1]神或神性人物是造人的帮助者

② [W2286]神或神性人物作为生人的帮助者

实 例

[彝族]恩体古兹（天神名）叫猴子变成人。

【流传】（云南省）

【出处】《破土歌》，见《云南彝族歌谣集成》，昆明：云南民族出版社1986年版。

## W2318.1a
### 猴子靠自己变成人

实例

[苗族] 猴子要变人，只有靠自己。

【流传】云南省苗族地区

【出处】祝先先讲，燕宝整理，蓝田改写：《竺妞造田地》，见姚宝瑄主编《中国各民族神话》（布依族、亿佬族、苗族），太原：山西出版传媒集团·书海出版社2014年版，第162页。

## W2318.2
### 猴子学会耕种变成人

实例

（参见下级母题实例）

## W2318.2.1
### 神教猴子耕作后猴子变成人

【关联】[W6042] 神或神性人物教人耕种

实例

[布依族] 翁杰吼声使岩石崩裂，变出大地第一代主人——猴，翁杰、布杰二神教他们耕作，变成真正人类。

【流传】（无考）

【出处】《翁杰和布杰》，见高明强编《创世的神话和传说》，上海：上海三联书店1988年版，第94页。

## W2318.2.2
### 猴学会种五谷后变成人

实例

[藏族] 小猴学会种五谷后变成为藏族人的祖先。

【流传】雅鲁藏布江和雅隆河汇合口附近

【出处】乌珠、景布、素郎乌珠讲：《西藏猴子变人的传说》，见廖东凡主编《神山之祖》，武汉：湖北少年儿童出版社2001年版，第7~9页。

## W2318.3
### 猴子发明火变成人

【关联】[W6935] 动物发明火

实例

[珞巴族] 短尾巴的猴子有了火后，开始吃熟食。从此，身上不再长毛了，变成了人。

【流传】西藏自治区·（林芝地区）·米林县

【出处】东娘讲，于乃昌整理：《猴子变人》，原载于乃昌编《西藏民间故事——珞巴族、门巴族专辑》，见陶阳、钟秀编《中国神话》（上），北京：商务印书馆2008年版，第363页。

## W2318.3.1
### 会敲击取火的猴子变成人

【关联】[W6950] 击打取火

## 实例

❶ [珞巴族（博嘎尔部落）] 红毛短尾巴猴子敲出火，便成了人。

【流传】西藏自治区

【出处】于乃昌：《珞巴族文学史》，西藏人民出版社、江苏教育出版社 2001 年版，第 150 页。

❷ [珞巴族] 起初，有两种猴子，其中红毛短尾巴的猴子敲出火后，变成人。

【流传】西藏自治区·（林芝地区）·米林县

【出处】于乃昌整理：《猴子变人》，见于乃昌个人网，2003.10.20。

## W2318.4
### 猴子因为经常站立变成人

## 实例

[汉族] 最早产生的动物中，猴子做大王，自己便站着。一日一次，召集凤凰、老虎、龙王跪着拜。天长日久，猴子渐渐变成了人。

【流传】浙江省·（丽水市）·缙云县一带

【出处】上官旭昌讲，上官新友搜集整理：《扁鼓王劈地》（1985），见姚宝瑄主编《中国各民族神话》（汉族），太原：山西出版传媒集团·书海出版社 2014 年版，第 18~20 页。

## W2318.5
### 猴子吃特定物后变成人

【关联】[W2397.5] 吃特定的食物变人

## 实例

（参见下级母题实例）

## W2318.5.1
### 猴子吃熟食变成人

## 实例

❶ [门巴族] 猴子们有了火，开始喜爱熟食，渐渐脱掉了身上的长毛，尾巴也都缩回去了，变成了人。

【流传】西藏自治区·（林芝地区）·墨脱县·东布村

【出处】伊西平措讲，于乃昌等整理：《猴子变人》，见《门巴族民间故事》：http://www.tibet-web.com/old/minjian/ync/gushi/mulu.htm，2003.10.02。

❷ [珞巴族] 红毛短尾猴用火烧熟食吃，遂不再长毛，渐变成人。

【流传】（无考）

【出处】《猴子变人》，载中央民族学院《中国少数民族神话汇编》（人类起源篇），内部编印。

❸ [门巴族] 因为地上的火种少，只有一些猴子能吃到熟食。从那时起，吃熟食的猴子变得越来越聪明，最后就变成了人类。而吃生食的猴子模样却丝毫未变，至今仍然是猴子。

【流传】西藏自治区

【出处】

（a）《门巴族的来源》，见张江华等编《门巴族封建农奴社会》，成都：四川民族出版社 1988 年版。

（b）同（a），见姚宝瑄主编《中国各

民族神话》（门巴族、珞巴族、怒族、藏族），太原：山西出版传媒集团·书海出版社 2014 年版，第 4 页。

❹ [彝族] 很久以前，猴子学会煮熟吃食，一天学一样，最后变成人。

【流传】（无考）

【出处】《门米间扎节》，见中央民族学院古籍整理出版小组编《中国少数民族汇编》（人类起源篇），内部发行，第 147~157 页。

## W2318.5.2
### 猴子吃粮食后变成人

实 例

❶ [藏族] 修行的公猴与女魔结婚，生 6 只小猴，繁衍的后代吃五谷变成人。

【流传】西藏自治区泽当贡布圣山

【出处】

（a）《猴子与人》，见高明强编《创世的神话和传说》，上海：上海三联书店 1988 年版，第 24 页。

（b）佟锦华：《藏族文学研究》，北京：中国藏学出版社 1992 年版，第 391 页。

（c）《玛尼全集》《西藏王统世系明鉴》《贤者喜宴》《西藏王臣记》等。

❷ [藏族] 罗刹女用魔法变了 6 个姑娘与自己生的 6 个猴子之结婚，之后观世音用粮食哺育他们，他们的尾巴慢慢消失，逐渐进化为人形。

【流传】（a）西藏西南部地区

【出处】

（a）《人的由来》，见谷德明编《中国少数民族神话》，北京：中国民间文艺出版社 1987 年版，第 672 页。

（b）中国传统文化网，2003.09.10。

❸ [藏族] 一只猕猴与一个岩魔女同居后，生下了六只小猴，后来小猴繁衍食物不够吃，老猕猴就领他们到一处长满野生谷类的山坡上。众猴就吃那些不用耕种的野生谷物，毛变短，尾巴也慢慢消失了，最后变成了人。

【流传】藏族地区（西藏自治区）

【出处】《猕猴与岩魔女同居》，见姚宝瑄主编《中国各民族神话》（门巴族、珞巴族、怒族、藏族），太原：山西出版传媒集团·书海出版社 2014 年版，第 85~86 页。

## W2318.5.3
### 猴子吃仙丹变成人

实 例

[彝族] 猴子按地神米资莫的吩咐，分别吞下一颗仙丹，都变成人。

【流传】云南省·（玉溪市）·元江县（元江哈尼族彝族傣族自治县）红河谷两岸的彝族村寨

【出处】白仲和搜集整理：《兄妹夫妻》，见彝学网：http://222.210.17.136/mzwz/index.htm，2006.10.25。

## W2318.6
### 猴子会说话后变成人

【关联】[W6701] 语言的产生

实 例

[藏族] 诸猴饱食其谷，毛尾转短，能

作言语，遂变成人，称雪国之人。
【流传】西藏自治区
【出处】王沂暖译：《西藏王统记》，北京：商务印书馆1949年版。

## W2318.6.1
猕猴会说话后变成人

【关联】[W2318.10.1]猕猴变成人

实例

[藏族]（实例待考）

## W2318.7
猴子听经书变成人

实例

[门巴族] 地上只有猴子，天神讲经时把它们变成人。
【流传】西藏自治区·（林芝地区）·墨脱县
【出处】《听话的猴子变成人》，见廖东凡主编《神山之祖》，武汉：湖北少年儿童出版社2001年版，第10～11页。

## W2318.7.1
听话的猴子变成人

实例

[门巴族] 讲经时，闭口听话的猴子变成人。
【流传】西藏自治区·（林芝地区）·墨脱县
【出处】《听话的猴子变成人》，见廖东凡主编《神山之祖》，武汉：湖北少年儿童出版社2001年版，第10～11页。

## W2318.8
猩猩变成人

实例

[汉族] 女娲造人时嫌造得太慢，就向猩猩吹气，这些猩猩都变成人。
【流传】浙江省·（丽水市）·青田（青田县）一带
【出处】余碎笑讲，陈志望采集：《人是怎样造出来的》，见中国民间文学集成全国编辑委员会编《中国民间故事集成》（浙江卷），北京：中国ISBN中心1997年版，第39～40页。

## W2318.9
猢狲变成人

实例

[汉族] 几千万年前，猢狲成精变成人。
【流传】浙江省·（宁波市）·鄞县（鄞州区）·云龙镇·甲村
【出处】王茂裕讲，王文华采录：《天神割尾巴》，见中国民间文学集成全国编辑委员会编《中国民间故事集成》（浙江卷），北京：中国ISBN中心1997年版，第41页。

## W2318.10
特定类型的猴子变成人

实例

（参见下级母题实例）

## W2318.10.1
### 猕猴变成人

【关联】

① [W2158.1] 猕猴生人
② [W2318.6.1] 猕猴会说话后变成人
③ [W2404.1.1] 天神与猕猴婚生人
④ [W2455.4] 人与猕猴婚生人
⑤ [W2617.1] 人生猕猴

实 例

❶ [傈僳族] 天神木布帕用泥土捏了一对猕猴，这些猕猴慢慢长大变成人。

【流传】（a）云南省·（怒江傈僳族自治州）·泸水县

【出处】

(a) 胡贵讲，刘辉豪采录：《木布帕造天地人》，见中国民间文学集成全国编辑委员会编《中国民间故事集成》（云南卷），北京：中国 ISBN 中心 2003 年版，第 42 页。

(b) 刘辉豪、胡贵搜集整理：《天、地、人的形成》，见谷德明编《中国少数民族神话》，北京：中国民间文艺出版社 1987 年版，第 370 页。

❷ [傈僳族] 天神用泥土捏出 1 对猕猴，长大后成为地球上的人类。

【流传】（无考）

【出处】《天地人的形成》，载《山茶》1982 年第 2 期。

❸ [傈僳族] 天神木布帕用泥土捏猕猴，猕猴繁衍人。

【流传】云南省·（怒江傈僳族自治州）·碧江县（已撤销，今属福贡县等）

【出处】刘辉豪搜集整理：《天、地、人的由来》，见中华民族故事大系编委会编《中华民族故事大系》第 7 卷（黎族、傈僳族、佤族），上海：上海文艺出版社 1995 年版，第 261～263 页。

❹ [藏族] 猕猴和岩罗刹女婚生的 6 只小猕猴，这些猕猴后来变成人类。

【流传】西藏山南地区雅隆河谷

【出处】《猕猴繁衍人类》，见中央民族学院《藏族文学史》编写组《藏族文学史》，成都：四川民族出版社 1985 年版，第 17 页。

## W2318.10.2
### 短尾巴猴变成人

实 例

[藏族] 诸猴饱食其谷（圣者所赐），毛尾转短，能作言语，遂变成人，称雪国之人。

【流传】西藏自治区

【出处】王沂暖译：《西藏王统记》，北京：商务印书馆 1949 年版。

## W2318.10.3
### 短尾猴不长毛变成人

实 例

[珞巴族] 短尾巴的猴子有了火后，就把弄来的食物烧熟了吃，再也不吃生冷的食物了。从此，这些短尾巴的猴子身上不再长毛了，便成了人。

【流传】西藏自治区·（林芝地区）·米林县

【出处】东娘讲，于乃昌整理：《猴子变人》，原载于乃昌编《西藏民间故事——珞巴族、门巴族专辑》，见陶阳、钟秀编《中国神话》（上），北京：商务印书馆2008年版，第363页。

## W2318.10.4
### 红毛短尾猴变成人

实例

❶ [珞巴族] 红毛短尾猴用火烧熟食吃，遂不再长毛，渐变成人。

【流传】（无考）

【出处】《猴子变人》，载中央民族学院《中国少数民族神话汇编》（人类起源篇），内部编印。

❷ [珞巴族] 红毛短尾巴猴子成了人。

【流传】西藏自治区博嘎尔部落

【出处】于乃昌：《珞巴族文学史》，西藏人民出版社、江苏教育出版社2001年版，第150页。

## W2318.10.5
### 石猴变成人

实例

[汉族]（实例待考）

## W2318.10.6
### 白猴变成人

实例

[哈尼族] 小白猴变成男孩。

【流传】（云南省·红河哈尼族彝族自治州·元阳县）

【出处】朱小和讲：《英雄玛麦》，载《山茶》1982年第2期。

## W2318.11
### 猿变成人

实例

[汉族] 灵部（神名）往地上放出的雄雌猿猴后来变成人。

【流传】广东省·（茂名市）·电白县·羊角镇·柏屋村

【出处】李德才讲，陈明心采录：《盘古开天辟地》，见中国民间文学集成全国编辑委员会编《中国民间故事集成》（广东卷），北京：中国ISBN中心2006年版，第3页。

## W2318.12
### 人变成的猴子重新变成人

实例

（实例待考）

## W2318.12.1
### 地下的人钻出地面先变成猴子然后变成人

【关联】

① [W2203.2] 地生人

② [W2203.2.2.1] 地下的人变成水泡从地下钻出来

实例

[哈尼族] 地下的人到地面之后，想变

成人的模样，心里又有点害怕。于是就先变成猴子来到地面上。过了很久，他们仔细观察后，认为不会受到伤害后，才慢慢变成现在人的样子。

【流传】云南省·（红河哈尼族彝族自治州）·金平县（金平苗族瑶族傣族自治县）

【出处】批则讲，杨万智搜集整理：《地下人》，载《山茶》1986年第6期。

## W2318.13
### 猴子变成特定的人

实例

（参见下级母题实例）

## W2318.13.1
### 猴子变成独眼人

【关联】[W2828.1] 独眼人的产生

实例

[彝族] 猴子变成独眼人。

【流传】（无考）

【出处】《彝族创世史》，昆明：云南民族出版社1990年版。

## W2318.13.2
### 猴子变成竖眼人

【关联】[W2830] 竖眼人

实例

❶ [彝族] 最早时，群猴变成竖眼人。

【流传】云南省·（玉溪市）·元江县（元江哈尼族彝族傣族自治县）红河谷两岸的彝族村寨

【出处】白仲和搜集整理：《兄妹夫妻》，见彝学网：http://222.210.17.136/mzwz/index.htm，2006.10.25。

❷ [彝族] 猴子变成独眼人和竖眼人。

【流传】（无考）

【出处】《彝族创世史》，昆明：云南民族出版社1990年版。

## W2318.13.3
### 猴子变成特定的祖先

实例

[拉祜族] 猴子变成了拉祜族的祖先。

【流传】云南省·（普洱市）·孟连县（孟连傣族拉祜族佤族自治县）

【出处】

（a）扎俄等讲：《拉祜人的祖先》，见中国民间文学集成全国编辑委员会编《中国民间故事集成》（云南卷），北京：中国ISBN中心2003年版，第261页。

（b）刘辉豪整理：《人和雪的传说》，见中国各民族宗教与神话大词典编审委员会编《中国各民族宗教与神话大词典》，北京：学苑出版社1990年版，第375页。

## W2318.14
### 猴子在特定地方变成人

实例

（参见下级母题实例）

## 2.5.3 动物变化为人

### W2318.14.1
### 猴子到坝子后变成人

【关联】
① ［W2392］变成人的地点
② ［W2392.7.4］特定的坝子是变人的地方

实 例

［藏族］猴子在西藏泽当城所在的坝子上，变成了人。

【流传】西藏自治区
【出处】廖东凡记译：《泽当——西藏猴子变人的地方》，原载吴一虹编《风物传说》，见陶阳、钟秀编《中国神话》（上），北京：商务印书馆 2008 年版，第 361~362 页。

### W2319
### 狼变成人

【汤普森】D313.2
【关联】
① ［W2160］狼生人
② ［W2453］人与狼婚生人

实 例

［柯尔克孜族］帮助青年的苍狼变成姑娘。

【流传】（无考）
【出处】张彦平译：《红苹果》，见满都呼主编《中国阿尔泰语系诸民族神话故事》，北京：民族出版社 1997 年版，第 86 页。

### W2320
### 鹿变成人

【关联】
① ［W2161.2］鹿生人
② ［W2456］人与鹿婚生人

实 例

（参见下级母题实例）

### W2320.1
### 鹿变成女人

【汤普森】D314.1.3

实 例

［黎族］在蛮荒时期，鹿变成黎族姑娘。

【流传】海南省
【出处】杨俊峰：《图腾崇拜文化》，北京：大众文艺出版社 2000 年版，第 168 页。

### W2321
### 牛变成人

【汤普森】≈D333.1
【关联】
① ［W2083.8.2］用牛粪造人
② ［W2161.3］牛生人
③ ［W2223.8］牛生的卵生人
④ ［W2235］感牛孕生人
⑤ ［W2404.3］神与牛婚生人
⑥ ［W2457］人与牛婚生人

实 例

［汉族］两只牛变成 1 男 1 女。

【流传】山西省·（长治市）·长子县

【出处】高孟征讲，高炯采录：《人是哪里来的》，见中国民间文学集成全国编辑委员会编《中国民间故事集成》（山西卷），北京：中国 ISBN 中心 1999 年版，第 8 页。

## W2321.1
### 牛生的牛变成人

【关联】

① [W2187.9.1] 母牛生的葫芦籽种出的葫芦生人

② [W2223.8] 牛生的卵生人

实例

（参见下级母题实例）

## W2321.1.1
### 天降的母牛生的小牛变成人

实例

[彝族（撒尼）] 天上的呗耄神下凡时骑的一条母牛生下了一条小牛犊，变成一个胖乎乎的娃娃。

【流传】云南省·昆明（昆明市）·尾依初村

【出处】撒尼支宗教祭司张琼讲，张福记录：《撒尼人的土主崇拜》，转引自吕大吉、何耀华总主编《中国各民族原始宗教资料集成》（彝族卷、白族卷、基诺族卷），北京：中国社会科学出版社 1996 年版，第 76~77 页。

## W2321.2
### 人变成牛重新变成人

【关联】

① [W2528.3] 人回炉再生

② [W2318.12] 人变成的猴子重新成人

③ [W2997.8] 重新做人

④ [W9380] 复原

实例

[壮族] 一个当官的人被拉下台后，人们让他的子孙做牛犁地，到第 10 代时，雷公把牛劈开，化作成人还了原形。

【流传】广西壮族自治区·（南宁市）·隆安（隆安县）·丁当乡

【出处】覃金财讲：《人和牛》，见张声震总主编，农冠品编注《壮族神话集成》，南宁：广西民族出版社 2007 年版，第 405 页。

## W2322
### 熊变成人

【汤普森】D313.3

【关联】

① [W2161.1] 熊生人

② [W2312.1] 人熊变成人

③ [W2347.3.2] 熊通过遵守禁忌变成人

④ [W2348.5.2] 熊的一半变成人

⑤ [W2406.3.2] 神与熊婚生人

⑥ [W2454] 人与熊婚生人

⑦ [W2485.1.3] 虎与熊婚生人

⑧ [W2485.1.3a] 熊与熊婚生人

⑨ [W2607.9.1] 生的孩子半人半熊

⑩ [W2618] 人生熊

实例

[达斡尔族] 熊原来是个人形。

【流传】内蒙古自治区·（呼伦贝尔

市）·莫力达瓦旗（莫力达瓦达斡尔族自治旗）·腾克

【出处】［英］卡罗琳·汉弗蕾著，朝戈金译：《一则关于熊和男孩变为男人的达斡尔神话》，载《民族文学研究》1994年第4期。

## W2322.1
### 熊孩变成人

【关联】［W2607.9.1］生的孩子半人半熊

实例

［鄂伦春族］一个猎手与一头母熊生小熊，猎手逃跑，母熊把小熊扔给猎手，小熊触到木排，变成人，成为鄂伦春人祖先。

【流传】（无考）

【出处】《人熊一家》，见高明强编《创世的神话和传说》，上海：上海三联书店1988年版，第15页。

## W2323
### 其他哺乳动物变成人

实例

（参见下级母题实例）

## W2323.1
### 虎变成人

【关联】

① ［W2159］虎生人

② ［W2236］感虎孕生人

③ ［W2323.11.1］熊、虎、鹿同时变成人

实例

［水族］虎变成人后吃人。

【流传】（无考）

【出处】潘文昭讲，彭小青整理：《虎小伙》，见中华民族故事大系编委会编《中华民族故事大系》第9卷（水族、东乡族、纳西族），上海：上海文艺出版社1995年版，第199页。

## W2323.1.1
### 人变的虎重新变成人

【关联】

① ［W2318.12］人变成的猴子重新成人

② ［W2321.2］人变成牛重新变成人

实例

［土家族］人变成老虎，老虎又变成人。

【流传】（无考）

【出处】《孙家香故事集》，见http://www.pkucn.com。

## W2323.2
### 羊变成人

【汤普森】D334

【关联】

① ［W2279.2.6］羊感生人

② ［W2459.2］人与羊婚生人

实例

［蒙古族］母羊变成女人。

【流传】（无考）

【出处】满德胡：《蒙古族民间文学》，

见中央民族学院少数民族文艺研究所编《中国民族民间文学》（上），北京：中央民族学院出版社1987年版，第464页。

## W2323.2.1
### 绵羊变成女人

**实 例**

［蒙古族］7只母绵羊投在北方变成女人。

【流传】（a）内蒙古自治区·科尔沁地区

【出处】

（a）《天神造人》，见满都呼主编《中国阿尔泰语系诸民族神话故事》，北京：民族出版社1997年版，第154页。

（b）齐木道吉：《母鸡、绵羊》，见谷德明编《中国少数民族神话》，北京：中国民间文艺出版社1987年版，第38页。

## W2323.3
### 狮子变成人

【关联】［W2161.6］狮生人

**实 例**

［傣族］大地最初只有2只狮子，1千年后在海边脱壳，变成1男1女。

【流传】（无考）

【出处】王松：《活的历史和死的概念》，见田兵等编《中国少数民族神话论文集》，南宁：广西民族出版社1984年版，第63页。

## W2323.4
### 胡獾变成人

**实 例**

［高山族（排湾）］胡獾变成真正的人。

【流传】台湾

【出处】［俄］李福清著：《神话与鬼话——台湾原住民神话故事比较研究》（增订本），北京：社会科学文献出版社2001年版，第77页。

## W2323.5
### 象变成人

【汤普森】D314.3

【关联】

［W2168.3.1］象牙生人

［W2237］感象孕生人

**实 例**

（实例待考）

## W2323.6
### 猪变成人

【汤普森】D336.1

【关联】

① ［W2161.5］猪生人

② ［W2348.5.1］猪肉变成人

③ ［W2620］人生猪

**实 例**

（参见W2348.5.1母题实例）

## W2323.7
### 鼠变成人

【关联】［W2348.4.1］蜜蜂、猴子、熊、老鼠、蛇、鸟等变成人

> 实 例

[怒族] 云南省碧江一区的六个家族分别是由蜜蜂、猴子、熊、老鼠、蛇、鸟变来的。

【流传】云南省·（怒江傈僳族自治州）·碧江一区（碧江县 1986 年撤销县制，今属福贡县等）

【出处】《怒族社会历史调查》，昆明：云南人民出版社 1981 年版，第 103~114 页。

## W2323.8
### 狐狸变成人

> 实 例

[鄂温克族] 非常遥远的古代，只有一个猎人和一只狐狸。狐狸请求天神把它变成了世上的第一个女人。

【流传】内蒙古自治区

【出处】白杉整理：《人类和不同种族的起源》，见中国民间文学集成全国编辑委员会编《中国民间故事集成》（宁夏卷），北京：中国 ISBN 中心 2007 年版，第 17 页。

## W2323.9
### 獐子变成人

> 实 例

（参见下级母题实例）

## W2323.9.1
### 白獐子变成人

> 实 例

[彝族] 白獐变成一位美丽的姑娘紫孜妮楂。

【流传】四川省·（凉山彝族自治州）·美姑县

【出处】《紫孜妮楂》，见巴莫曲布嫫《彝族鬼灵信仰田野调查手记》，http://www.ihchina.cn/inc/detail.jsp?info_id=2421。

## W2323.10
### 野兽变成人

> 实 例

（参见下级母题实例）

## W2323.10.1
### 以前野兽能变成人

> 实 例

[苗族] 远古的时候，神鬼、虫虫、蚂蚁、野兽都会变成人。

【流传】云南省

【出处】张树清、张树民讲，张绍祥记录翻译：《山神女》，原载《云南苗族民间故事集成》，见陶阳、钟秀编《中国神话》（下），北京：商务印书馆 2008 年版，第 1406~1411 页。

## W2323.10.2
### 黑头野兽变成人

【关联】[W2997.4.1] 人被称为黑头扁角虫

> 实 例

[藏族] 黑头野兽吃了知识肉并被其他动物拔掉身上的毛变成人。

【流传】西藏自治区·（林芝市）·波密县·旭木新村

【出处】曲嘎讲，大丹增翻译，扎西罗布采录：《人身上为什么没有毛》，见中国民间文学集成全国编辑委员会编《中国民间故事集成》（西藏卷），北京：中国 ISBN 中心 2001 年版，第 9 页。

## W2323.11
### 多种动物同时变成人

【关联】[W2348.4] 多种动物变成不同的人

**实例**

（参见下级母题实例）

## W2323.11.1
### 熊、虎、鹿同时变成人

**实例**

[傣族] 熊、虎、鹿竞相变成人之后，人类开始繁衍。

【流传】云南省

【出处】《谷子的故事》，见《傣族简史》编写组著《傣族简史》，昆明：云南人民出版社 1986 年版，第 30 页。

## ✳ W2324
### 鸟类动物变成人

【汤普森】D350

**实例**

（参见下级母题实例）

## W2325
### 鸟变成人

【关联】

① [W2076.2] 鸟造人
② [W2163] 鸟生人
③ [W2223.2] 鸟卵生人
④ [W2240] 感鸟生人
⑤ [W2460] 人与鸟婚生人
⑥ [W2485.3] 鸟婚生人
⑦ [W2621] 人生鸟

**实例**

[怒族] 云南省碧江一区的六个家族分别是由蜜蜂、猴子、熊、老鼠、蛇、鸟变来的。

【流传】云南省·（怒江傈僳族自治州）·碧江一区（碧江县 1986 年撤销县制，今属福贡县等）

【出处】《怒族社会历史调查》，昆明：云南人民出版社 1981 年版，第 103～114 页。

## W2325.1
### 鸟化为人

**实例**

（实例待考）

## W2326
### 鸡变成人

【关联】[W2223.9] 鸡蛋生人

**实例**

[苗族] 洪水后没有女子，小鸡变成 1

个姑娘。

【流传】云南省·（曲靖市）·宣威市

【出处】张树成讲：《洪水漫天下》，见中国民间文学集成全国编辑委员会编《中国民间故事集成》（云南卷），北京：中国ISBN中心2003年版，第196~200页。

## W2326.1
### 母鸡变成女人

实 例

❶ ［蒙古族］母鸡投到了南方变成女人。

【流传】（a）内蒙古自治区·科尔沁地区

【出处】

（a）《天神造人》，见满都呼主编《中国阿尔泰语系诸民族神话故事》，北京：民族出版社1997年版，第154页。

（b）齐木道吉：《母鸡、绵羊》，见谷德明编《中国少数民族神话》，北京：中国民间文艺出版社1987年版，第38页。

❷ ［蒙古族］母鸡变成女人。

【流传】（无考）

【出处】满德胡：《蒙古族民间文学》，见中央民族学院少数民族文艺研究所编《中国民族民间文学》（上），北京：中央民族学院出版社1987年版，第464页。

## W2326.2
### 天降的野雉变成人

实 例

［满族］天神恩都里从笼子里放出的乌勒胡玛（野雉）从天而降，化成世上的人。

【流传】（无考）

【出处】富育光：《萨满教与神话》，沈阳：辽宁大学出版社1990年版，第259页。

## W2326.3
### 天鸡变成人

实 例

［满族］很古的时候，阿布卡恩都里（天神）从笼子里放出心爱的五只彩色斑斓的乌勒胡玛（野雉），彩雉从天上降下来，变成了世上的人类。

【流传】黑龙江省·（黑河市）·爱辉县（爱辉区）·大五家子村

【出处】张石头讲，采集富希陆：《民族起源神话》，原载富希陆《瑷珲祖风遗拾》，见吕大吉、何耀华总主编《中国各民族原始宗教资料集成》（鄂伦春族卷、鄂温克族卷、赫哲族卷、达斡尔族卷、锡伯族卷、满族卷、蒙古族卷、藏族卷），北京：中国社会科学出版社1999年版，第487页。

## W2327
### 天鹅变成人

【汤普森】D361

【关联】

① ［W2165.1］天鹅生人

② ［W2464.1］人与天鹅婚生人

③ ［W2997.5.1］天鹅送子

实 例

［哈萨克族］西征中，留在沙漠的年轻将领在危难中遇见了白天鹅变成的美丽的姑娘。

【流传】新疆维吾尔自治区

【出处】尼哈迈提·蒙加尼搜集，校仲彝翻译整理《白天鹅》，见姚宝瑄主编《中国各民族神话》（乌孜别克族、哈萨克族、柯尔克孜族、俄罗斯族、维吾尔族、塔吉克族、塔塔尔族、锡伯族），太原：山西出版传媒集团·书海出版社2014年版，第37页。

## W2328

### 雁变成人

【关联】

① ［W2223.6］雁的卵生人

② ［W2626.1］人生雁

实 例

❶ ［独龙族］雁子变成了人。

【流传】云南省

【出处】《人类的诞生》见中国各民族宗教与神话大词典编审委员会编《中国各民族宗教与神话大词典》，北京：学苑出版社1990年版，第122页。

❷ ［独龙族］天神莫明更娶神母的女儿生下雁子，后来这些雁子变成了人。

【流传】云南省

【出处】李子贤辑：《念坚与念勒姆》，见中国各民族宗教与神话大词典编审委员会编《中国各民族宗教与神话大词典》，北京：学苑出版社1990年版，第121页。

❸ ［满族］一群大雁落到地上变成了小男孩和小女孩。

【流传】黑龙江省·牡丹江市·铁岭河

【出处】郭鹤令讲，傅英仁采录：《鄂多玛发》，见中国民间文学集成全国编辑委员会编《中国民间故事集成》（黑龙江卷），北京：中国ISBN中心2005年版2005，第46页。

## W2329

### 鹰变成人

【汤普森】①D352.1；②D352.2

【关联】

① ［W2164］鹰生人

② ［W2221.5.4］神鹰的卵生人

③ ［W2241］感鹰孕生人

④ ［W2388.1.7］鹰卵化生人

⑤ ［W2463］人与鹰婚生人

⑥ ［W2607.1.2］生的孩子长着鹰头

实 例

（实例待考）

## W2330

### 其他鸟变成人

实 例

（参见下级母题实例）

## W2330.1

### 乌鸦变成人

【关联】［W2165.5］乌鸦生人

> 实 例

（参见下级母题实例）

## W2330.1.1
### 怪胎化成的乌鸦变成人

> 实 例

[布依族] 洪水后，兄妹婚生的怪胎砍碎后化成乌鸦分散各地。三天之后，所有乌鸦都变成人类，从此到处便都有人烟了。

【流传】（无考）

【出处】

（a）《王姜射日》，见谷德明编《中国少数民族神话选》，西北民族学院研究所编印，内部资料，1983年。

（b）同（a），见姚宝瑄主编《中国各民族神话》（布依族、仡佬族、苗族），太原：山西出版传媒集团·书海出版社2014年版，第58页。

## ✻ W2331
### 水中动物变成人

> 实 例

（参见下级母题实例）

## W2332
### 鱼变成人

【关联】

① [W2166] 鱼生人

② [W2223.10] 鱼卵生人

③ [W2243] 感鱼孕生人

④ [W2279.2.4] 鱼感生人

⑤ [W2465.1] 人与鱼婚生人

⑥ [W2607.9.4] 生的孩子半人半鱼

⑦ [W2622] 人生鱼

> 实 例

[哈尼族] 祖先鱼生出天、地、有、无、红、绿、黑等共77个，后来祖先变成人的样子。

【流传】云南省·（红河哈尼族彝族自治州）·元阳县·（黄草岭区）·树皮寨

【出处】杨批斗讲：《祖先鱼上山》，见中国民间文学集成全国编辑委员会编《中国民间故事集成》（云南卷），北京：中国 ISBN 中心 2003 年版，第 37~40 页。

## W2333
### 虾变成人

> 实 例

（实例待考）

## W2334
### 其他水中动物变成人

> 实 例

（实例待考）

## ✻ W2335
### 昆虫变成人

【汤普森】D380

【关联】

① [W2167.1] 虫生人

② [W2244] 感昆虫孕生人

③［W2733.9］人与虫类同源

**实例**

（参见下级母题实例）

## W2336
### 虫子变成人

**实例**

（参见下级母题实例）

## W2336.1
### 不知名的虫化生人

**实例**

［汉族］世上最早出现的土虫被老天爷的老小儿的尿一冲，变成了眼下的人。

【流传】天津市·河西区

【出处】黄老太太讲，李昶采录：《土虫变人》，见中国民间文学集成全国编辑委员会编《中国民间故事集成》（天津卷），北京：中国ISBN中心2004年版，第5页。

## W2336.2
### 特定来历的虫子变成人

**实例**

（参见下级母题实例）

## W2336.2.1
### 盘古身上的虫子变成人

【关联】

①［W2309.4.1］盘古垂死化生人

②［W2337.3.1］盘古身上的虱子变成黎民百姓

**实例**

❶［汉族］盘古把身上的虫子抓一把往地上一甩，那活物子就变成了人。

【流传】四川省·巴县（今重庆市·巴南区）

【出处】王国珍讲，罗桂英采录：《盘古开天地》，见中国民间文学集成全国编辑委员会编《中国民间故事集成》（四川卷·上），北京：中国ISBN中心1998年版，第22页。

❷［汉族］盘古垂死，身之诸虫，因风所感，化为黎氓。

【流传】（无考）

【出处】［清］马骕：《绎史》卷一，引《五运历年纪》。

❸［畲族］盘古身上的许许多多小虫变成人。

【流传】畲族地区

【出处】《盘古》，钟后根据畲族蓝国运、蓝国根《畲族古老神话传说及人物》改写，见姚宝瑄主编《中国各民族神话》（高山族、黎族、畲族），太原：山西出版传媒集团·书海出版社2014年版，第84页。

## W2336.2.2
### 朽木中的虫子变成人

【关联】［W2352.5］木头变成人

**实例**

［怒族］有人说，怒族祖先是朽木桩里的虫子变出来的。

【流传】云南省·（怒江傈僳族自治州）·福贡县·（鹿马登乡）·鹿马登村

【出处】

（a）《福贡鹿马登村的神话传说》，见胡正生搜集、杨如锋整理《鹿马登怒族创世传说》，原载《怒江文史资料》第八辑，1987年，第8~11页。

（b）同（a），见吕大吉、何耀华总主编《中国各民族原始宗教资料集成》（纳西族卷、羌族卷、独龙族卷、傈僳族卷、怒族卷），北京：中国社会科学出版社2000年版，第902~903页。

## W2336.2.3
### 天降的虫子变成人

【关联】［W2025］人从天降（天降人）

实例

［汉族］天上放落许多虫子，虫子变成了人。

【流传】浙江省·舟山市·定海区·岑港镇·舌次村

【出处】陈如福讲，于海辰采录：《人狗成亲》，见中国民间文学集成全国编辑委员会编《中国民间故事集成》（浙江卷），北京：中国ISBN中心1997年版，第47页。

## W2337
### 特定名称的虫子变成人

实例

（参见下级母题实例）

## W2337.1
### 蜘蛛变成人

实例

［高山族（布农）］蜘蛛变成达纳毕马氏族的祖先。

【流传】台湾

【出处】达西乌拉弯·毕马（田哲益）、达给斯海方岸·娃莉丝（全妙云）著：《布农族口传神话传说》，台湾：台原出版社1998年版，第225页。

## W2337.2
### 蜜蜂变成人

【关联】［W2338］蜜蜂变成人

实例

［瑶族］九大公得到一高阿黄（蜜蜂类），变成各种人。

【流传】广西壮族自治区·（河池市）·巴马县（巴马瑶族自治县）·东山乡

【出处】蒙老三讲：《密洛陀》，见中国民间文学集成全国编辑委员会编《中国民间故事集成》（广西卷），北京：中国ISBN中心2001年版，第22~24页。

## W2337.2.1
### 树枝与蜂窝装进箱子后变成人

实例

❶［瑶族］密洛陀（创世者，女始祖）将树砍下来，连树带蜜蜂窝一起扛

回，然后装进箱子里。过了九个月，密洛陀听见箱子里有哭叫声，打开箱子一看，见一个个蜜蜂都成了人。

【流传】广西壮族自治区·（河池市）·巴马瑶族自治县

【出处】蓝有荣讲，黄书光、覃光群搜集，韦编联整理：《密洛陀》。原载苏胜兴等编《瑶族民间故事选》，见陶阳、钟秀编《中国神话》（上），北京：商务印书馆2008年版，第365~368页。

❷ [瑶族] 密洛陀（女神，女始祖，瑶族最高神）要造人。她见到蜜蜂在树洞里做窝，就将那棵树砍下来，连树带蜜蜂窝一起扛回，然后装进箱子里。过了九个月，打开箱子一看，一个个蜜蜂都成了人。

【流传】广西壮族自治区·（河池市）·巴马瑶族自治县

【出处】

（a）蓝有荣讲，黄书光、覃光群搜集，韦编联整理：《密洛陀》，见苏胜兴、刘保元、韦文俊、王矿新等编《瑶族民间故事选》，上海：上海文艺出版社1980年版。

（b）同（a），见姚宝瑄主编《中国各民族神话》（土家族、毛南族、侗族、瑶族），太原：山西出版传媒集团·书海出版社2014年版，第142页。

## W2337.2.2

**蜜蜂炼成人**

实 例

[瑶族] 卡恩等九大公上山打野猪，山

坳上遇一窝阿黄（蜜蜂类）。密洛陀（万物之母，女始祖，女神）叫他们装阿黄回来，经过五炼十炼，装进金箱银柜。九个月后打开盖子一看，全是人像，发出呱呱的叫声。

【流传】广西壮族自治区·（河池市）·巴马（瑶族自治）县·东山乡·岜山村

【出处】蒙老三（70岁）讲，蒙灵记录翻译：《密洛陀》（1981），原载南宁师范学院编《广西少数民族与汉族民歌民间故事》，见陶阳、钟秀编《中国神话》（上），北京：商务印书馆2008年版，第106~109页。

## W2337.3

**虱子变成人**

实 例

（参见下级母题实例）

## W2337.3.1

**盘古身上的虱子变成黎民百姓**

【关联】

① [W2336.2.1] 盘古身上的虫子变成人

② [WW5015] 人的贵贱

实 例

[汉族] 盘古为改造世界仆地而死，将自己的身上虱子变成黎民百姓。

【流传】江苏省·（淮安市）·涟水县·南集乡·禹庄村

【出处】徐学尧讲，徐省生搜集整理：《世界的由来》（1983），见姚宝瑄主编《中国各民族神话》（汉族），太原：山西出版传媒集团·书海出版社2014年版，第24～28页。

## W2337.4
### 蚂蚁变成人

【关联】

① ［W2805.5］人以前像蚂蚁

② ［W2831.3.1］人由蚂蚱瞎子发展到蚂蚁直眼人

实 例

［苗族］远古的时候，虫虫、蚂蚁、野兽等都会变成人。

【流传】（无考）

【出处】张树民、张树清、张绍祥记录翻译：《山神女》，见姚宝瑄主编《中国各民族神话》（布依族、仡佬族、苗族），太原：山西出版传媒集团·书海出版社2014年版，第279页。

## W2337.4.1
### 以前蚂蚁能变成人

实 例

［苗族］在远古的时候，神鬼、虫虫、蚂蚁都会变成人。

【流传】云南省

【出处】张树清、张树民讲，张绍祥记录翻译：《山神女》，原载《云南苗族民间故事集成》，见陶阳、钟秀编《中国神话》（下），北京：商务印书馆2008年版，第1406～1411页。

## W2337.5
### 蚂蚱变成人

【关联】

① ［W2572.13.2］第一代人是蚂蚱

② ［W2831.3.1］人由蚂蚱瞎子发展到蚂蚁直眼人

③ ［W2831.4.2］蚂蚱直眼人

实 例

（参见下级母题实例）

## W2337.5.1
### 怪胎生的蚂蚱变成人

【关联】［W2600］人生怪胎

实 例

［彝族］天女撒赛歌与凡间直眼人小伙婚生一个皮口袋。众神之王的长子撒赛萨若埃把皮口袋剪成三节。口袋里跳出一群蚂蚱。上一节有四十只，中节也有四十只，下节还是四十只，一共一百二十只蚂蚱。蚂蚱跳三跳，突然变成一百二十个胖娃娃。

【流传】（云南省·楚雄彝族自治州·双柏县，红河哈尼族彝族自治州等地）

【出处】

（a）云南省民族民间文学楚雄、红河调查队搜集，郭思九、陶学良整理：《查姆》，昆明：云南人民出版社1981年版。

（b）郭思九、陶学良整理，古梅改写：《彝家的古根》，选自《云南民族文学资料》第七集中的《查姆》上部前三章，见姚宝瑄主编《中国各民族神

## W2337.6
### 其他特定名称的虫子变成人
实 例

❶ [高山族（布农）] 最早时，大地上只有两条叫古古拉特的芋虫变成了两个男女。
【流传】台湾布农人卡社群
【出处】《高山族各种人的始祖：虫生布农人的始祖》，见姚宝瑄主编《中国各民族神话》（高山族、黎族、畲族），太原：山西出版传媒集团·书海出版社2014年版，第11页。

❷ [高山族（布农）] 有两条古古特拉芋虫（一说人形软体物）变成人。
【流传】台湾布农人卡社群
【出处】《虫生布农人始祖》，见中国各民族宗教与神话大词典编审委员会编《中国各民族宗教与神话大词典》，北京：学苑出版社1990年版，第144页。

## W2338
### 昆虫变成人的条件
实 例

（参见下级母题实例）

## W2338.1
### 虫感风化人
【关联】[W2275.1] 感风孕生人

实 例

[汉族]（实例待考）

## W2338.2
### 虫子经风吹雨打变成人
实 例

[畲族] 盘古身上的小虫经过风吹雨打之后，变成了千千万万的人。
【流传】畲族地区
【出处】《盘古》，钟后根据畲族蓝国运、蓝国根《畲族古老神话传说及人物》改写，见姚宝瑄主编《中国各民族神话》（高山族、黎族、畲族），太原：山西出版传媒集团·书海出版社2014年版，第84页。

## W2339
### 与昆虫变成人有关的其他母题
实 例

（参见下级母题实例）

## W2339.1
### 以前虫能变成人
实 例

[苗族] 远古的时候，虫虫会变成人。
【流传】云南省
【出处】张树清、张树民讲，张绍祥记录翻译：《山神女》，原载《云南苗族民间故事集成》，见陶阳、钟秀编《中国神话》（下），北京：商务印书馆2008年版，第1406~1411页。

## W2339.2
### 虫子的粪变成人[1]

【关联】
① ［W2216.1］粪便中生人
② ［W2371.1］粪化生人

实 例

［高山族］一种虫的粪变成了人。
【流传】台湾·南投县·信义乡·人和村
【出处】［俄］李福清著：《神话与鬼话——台湾原住民神话故事比较研究》（增订本），北京：社会科学文献出版社2001年版，第100页。

## ※ W2340
### 两栖或爬行动物变成人

实 例

（参见下级母题实例）

## W2341
### 蛇变成人

【汤普森】D391

【关联】
① ［W2167.2］蛇生人
② ［W2245］感蛇孕生人
③ ［W2468.1］人与蛇婚生人
④ ［W2624］人生蛇
⑤ ［W9561.17］蛇变人

实 例

（参见下级母题实例）

## W2341.1
### 蛇化生人

实 例

❶ ［高山族（排湾）］竹裂生的蛇成长后化成人。
【流传】台湾
【出处】尹建中：《台湾山胞各族传统神话故事与传说文献编纂研究》，台湾"内政部"，1994年，第173页。

❷ ［高山族（排湾）］竹子裂开出现的灵蛇化成男女2人。
【流传】台湾排湾人Asudas社
【出处】许世珍：《台湾高山族的始祖创生传说》，载《民族学研究所集刊》1955年第2期。

## W2341.2
### 蛇卵化生人

【关联】
① ［W2223.1］蛇卵生人
② ［W2295.2.2.1］蛇卵是人种

实 例

［黎族］祖母为蛇卵所化。
【流传】海南省
【出处】马姿燕：《黎族图腾探析》，见《广东民族研究论丛》（1），广州：

---

[1] "虫子的粪变人"母题，该母题具有化生的意味，但鉴于此母题带有明显的虫子图腾性质或借助于昆虫排泄物类似生育的联想，归为此类。

广东人民出版社 1986 年版，第 104 ~ 111 页。

## W2341.3
### 蛇先变虫后再变人
【关联】［W2348.2］动物多次变形成为人

实 例

［怒族］从前一条大蛇，先变成一只小虫，然后这只小虫变成人。

【流传】云南省

【出处】《蛇郎故事在亚洲》，见《东方比较文学论文集》，长沙：湖南文艺出版社 1987 年版，第 10 页。

## W2341.4
### 蛇卵变成人①
【关联】［W2223.1］蛇卵生人

实 例

［黎族］雷公放在山上的蛇卵变成女人黎母。

【流传】海南省

【出处】《黎母山》，见谷德明编《中国少数民族神话》，北京：中国民间文艺出版社 1987 年版，第 202 页。

## W2341.5
### 蛇女变成人
【关联】［W2468.1.3］人与蛇女婚生人

实 例

［鄂伦春族］蛇女变成真正的人。

【流传】（无考）

【出处】孟廷杰讲，莫贵文翻译，白杉整理：《蛇王的女儿》，见本社编《鄂伦春民间故事集》，呼和浩特：内蒙古人民出版社 1981 年版，第 135 ~ 139 页。

## W2341.6
### 与蛇变成人有关的其他母题

实 例

（参见下级母题实例）

## W2341.6.1
### 怪物变成的蛇变成人
【关联】［W2308.2］妖怪变成人（怪物变成人）

实 例

［彝族（罗鲁泼）］人类怎么来呢？水上漂浮起一个东西，这个怪物就叫布哥。布哥一上岸，首先变成蛇，蛇又变成人。

【流传】云南省·（楚雄彝族自治州）·永仁县

【出处】

（a）李德宝演唱，李必荣、李荣才搜集，夏光辅、诺海阿苏翻译：《冷斋调》（1984），云南省社会科学院楚雄彝族文化研究所编《彝族民间文学》（第二辑），1985 年。

（b）夏光辅、诺海阿苏翻译，古梅改

---

① 蛇卵变成人母题，一般神话表述为蛇卵生人。此处为尊重文本原文，将此母题列出。

写:《冷斋调》,见姚宝瑄主编《中国各民族神话》(羌族、彝族),太原:山西出版传媒集团·书海出版社2014年版,第115页。

## W2341.6.2
### 蛇变成小伙(蛇郎)

实例

❶ [侗族] 蛇郎变成一个小伙。

【流传】湖南省·(怀化市)·新晃县(新晃侗族自治县)·新寨(新寨乡)

【出处】《蛇郎》,见湖南民委民族民间文学整理组编《民族民间文学资料》14集,第20页。

❷ [怒族] 姑娘答应蛇的请求后,蛇变成一个漂亮的小伙子。

【流传】云南省·(怒江傈僳族自治州)·福贡县·匹河乡

【出处】和纪堂讲,李卫才采录:《蛇和人结姻缘》,见中国民间文学集成全国编辑委员会编《中国民间故事集成》(云南卷),北京:中国ISBN中心2003年版,第273页。

## W2342
### 蚯蚓变成人

【汤普森】D392

【关联】[W3596.3] 人生蚯蚓

实例

(实例待考)

## W2343
### 蛙变成人

【汤普森】D395

【关联】

① [W2167.4] 蛙生人
② [W2246] 感蛙孕生人
③ [W2467.1] 人与青蛙婚生人
④ [W2596.13.1.1] 女子腿生的青蛙变成人
⑤ [W2607.12.1] 生蛙人
⑥ [W2623] 人生蛙

实例

❶ [壮族] 蚂拐(壮语,即蛙)摇身变成人。

【流传】广西壮族自治区·(河池市)·天峨(天峨县)·(六排镇)·云榜乡

【出处】向保业唱:《蚂拐歌》,见张声震总主编,农冠品编注《壮族神话集成》,南宁:广西民族出版社2007年版,第351页。

## W2343.1
### 青蛙变成人

【关联】[W2246.1] 摸青蛙孕生人

实例

[壮族] 青蛙变成一个漂亮的姑娘。

【流传】(无考)

【出处】《青蛙姑娘》,见黄革编《广西少数民族民间故事》,南宁:广西民族出版社1984年版,第447页。

## W2343.1.1
### 捡到的青蛙变成孩子

【关联】

① ［W2997.5 孩子的获得］

② ［W9560］动物的变形

**实 例**

［蒙古族］一对相依为命无儿无女的老夫妻，捡到一只冻僵了的青蛙，带回家后将青蛙放在地毯上，盖上被子。第二天变成一个白胖白胖的小男孩。

【流传】（无考）

【出处】都·罗拉搜集，那木吉拉、姚宝瑄记录整理：《青蛙儿子》，见姚宝瑄主编《中国各民族神话》（达斡尔族、鄂伦春族、鄂温克族、蒙古族），太原：山西出版传媒集团·书海出版社 2014 年版，第 233 页。

## W2343.1.2
### 青蛙脱皮变成人

**实 例**

❶ ［俄罗斯族］青蛙脱皮变成了公主。

【流传】（无考）

【出处】瓦·古巴诺娃讲，留霞翻译，王国春整理：《青蛙公主瓦西丽萨》，见中华民族故事大系编委会编《中华民族故事大系》第 14 卷（普米族、塔吉克族、怒族、俄罗斯族、鄂温克族），上海：上海文艺出版社 1995 年版，第 773 页。

❷ ［门巴族］☆青蛙脱皮后变成一个青年小伙。

【流传】西藏自治区·（林芝地区）·墨脱县·（达木乡）·达木村

【出处】顿加等讲：*《青蛙求亲》，见中国民间文学集成全国编辑委员会编《中国民间故事集成》（西藏卷），北京：中国 ISBN 中心 2001 年版，第 680 页。

## W2343.1.3
### 青蛙食仙草后变成人

**实 例**

［布朗族］青蛙食仙草变成今天的人类。

【流传】云南省·（西双版纳傣族自治州）·勐海（勐海县）

【出处】康朗三等讲，艾扬整理：《帕雅戈的传说》，见中华民族故事大系编委会编《中华民族故事大系》第 12 卷（布朗族、撒拉族、毛南族），上海：上海文艺出版社 1995 年版，第 67 页。

## W2343.1.4
### 泪水使青蛙变成人

**实 例**

（实例待考）

## W2343.2
### 人生的青蛙变成人

【关联】［W2623］人生蛙

**实 例**

❶ ［傈僳族］老大妈膝盖生出的青蛙变小伙。

【流传】云南省·（怒江傈僳族自治州）·贡山县（贡山独龙族怒族自治县）

【出处】李文华搜集：《青蛙伙子》，见中国少数民族民间文学丛书《傈僳族民间故事选》，上海：上海文艺出版社1982年版，第82~88页。

❷ [门巴族] ☆女子腿砸肿后跳出的青蛙变成人。

【流传】西藏自治区·（林芝地区）·墨脱县

【出处】达瓦讲：《青蛙求亲》，见中国民间文学集成全国编辑委员会编《中国民间故事集成》（西藏卷），北京：中国 ISBN 中心 2001 年版，第 675~679 页。

## W2343.3
### 蟾蜍变成人

实 例

❶ [京族] 一对老实的夫妇生的一个蟾蜍儿子，后来变成了一个英俊小伙。

【流传】广西壮族自治区·防城（防城港市）·（东兴市·江平镇）·万尾岛

【出处】苏锡权讲，苏世强等搜集：《蟾蜍将军》，见袁凤辰、苏维光等编《毛南族、京族民间故事选》，上海：上海文艺出版社1987年版，第411页。

❷ [黎族] ☆蟾蜍变成小伙。

【流传】海南省·白沙县（白沙黎族自治县）·南开乡

【出处】符德明讲：《蟾蜍求婚》，见中国民间文学集成全国编辑委员会编《中国民间故事集成》（海南卷），北京：中国 ISBN 中心 2002 年版，第 386~387 页。

## W2343.4
### 蛤蟆王变成人

实 例

（参见下级母题实例）

## W2343.4.1
### 蛤蟆王变成老人

实 例

[苗族] 嘎波王（蛤蟆王）变成苗家老人。

【流传】（无考）

【出处】贵州省文管会办公室编：《贵州文物古迹传说选》，贵阳：贵州人民出版社1985年版，第40~42页。

## W2343.5
### 蛤蟆变成人

实 例

❶ [侗族] ☆一对无儿女的老夫妻劳作时得到一个托依托（蛤蟆），变成小伙。

【流传】湖南省·（怀化市）·新晃县（新晃侗族自治县）·中寨

【出处】《托依托》，见《新晃侗族民间传说故事选》，1980 刻印本，第 18 页。

❷ [东乡族] 老两口无儿无女。一只蛤蟆变成一位小伙子，做了他们的孙子。

【流传】（无考）

【出处】《巧蛤蟆》，见中国各民族宗教与神话大词典编审委员会编《中国各民族宗教与神话大词典》，北京：学苑出版社 1990 年版，第 98 页。

❸ [壮族] 蛤蟆变成英俊少年。

【流传】广西壮族自治区·（河池市）·东兰（东兰县）、宜州（宜州市），来宾（来宾市）等地

【出处】蓝鸿恩：《神弓宝剑》，北京：中国民间文艺出版社 1985 年版，第 188 页。

## W2343.5.1
### 人生的蛤蟆变成人

【关联】[W2623.2] 人生蛤蟆

实 例

[回族] ☆一个没儿没女的老婆子生的蛤蟆变俊小伙。

【流传】宁夏回族自治区·（固原市）·泾源县·惠台乡

【出处】马恩桂讲：《蛤蟆儿子》，见中国民间文学集成全国编辑委员会编《中国民间故事集成》（宁夏卷），北京：中国 ISBN 中心 1999 年版，第 338～340 页。

## W2343.5.2
### 癞蛤蟆变成人

实 例

❶ [布朗族] 一只癞蛤蟆变成人。

【流传】云南省

【出处】《癞蛤蟆讨伐叭亚天》，见中国各民族宗教与神话大词典编审委员会编《中国各民族宗教与神话大词典》，北京：学苑出版社 1990 年版，第 31 页。

❷ [羌族] 癞蛤蟆投胎生为姑娘。

【流传】四川省·（阿坝藏族羌族自治州）·茂汶（茂汶羌族自治县，今归属茂县）·赤不苏区

【出处】《山沟平坝的形成》，见中央民族学院少数民族文艺研究所编《中国民族民间文学》（下），北京：中央民族学院出版社 1987 年版，第 543 页。

## W2343.6
### 巴蛙变成人

实 例

[土族] 一对夫妻生的巴蛙变成小伙子。

【流传】青海省

【出处】斯仙索讲：《巴蛙莫日特》，见中国民间文艺研究会青海省分会编《土族民间故事选》，北京：中国民间文艺出版社 1985 年版，第 1～9 页。

## W2343.7
### 黑青蛙变成人

实 例

（参见下级母题实例）

## W2343.7.1
### 黑青蛙变成女子

实 例

（参见下级母题实例）

[壮族] 黑青蛙变成美丽的姑娘。
【流传】广西壮族自治区·（百色市）·隆林（隆林各族自治县）
【出处】《青蛙仙子》，见丘振声《壮族图腾考》，南宁：广西教育出版社1996年版，第110页。

## W2344
### 蜥蜴变成人
【汤普森】D397
【关联】
① ［W2076.3］蜥蜴造人
② ［W2167.3］蜥蜴生人

**实 例**

（实例待考）

## W2345
### 其他两栖或爬行动物变成人
**实 例**

（参见下级母题实例）

## W2345.1
### 蜈蚣变成人
**实 例**

（参见下级母题实例）

## W2345.1.1
### 山神的儿子蜈蚣变成人
**实 例**

[毛南族] 蜈蚣是山神的儿子，脱去外壳变成了一个少年。

【流传】（无考）
【出处】覃公杰讲，蓝常耀记录，谭金田整理：《孤儿和蜈蚣》，见袁凤辰编《毛难族民间故事集》，北京：中国民间文艺出版社1984年版，第51页。

## W2346
### 龙变成人
【关联】
① ［W2076.1.1］龙造人
② ［W2167.7］龙生人
③ ［W2247］感龙孕生人
④ ［W2470.1］人与龙婚生人
⑤ ［W2485.4.1］龙婚生人
⑥ ［W2626.9］人生龙
⑦ ［W3550］龙

**实 例**

（参见下级母题实例）

## W2346.1
### 龙变化成人
**实 例**

[土家族] 阴龙生2个子龙，一是人头龙身，一是龙头人身，他们不断生子生孙，慢慢成人。
【流传】湖北省·（宜昌市）·长阳县（长阳土家族自治县）·贺家坪区
【出处】郑文仕讲：《神龙造天造地造人》，见中国民间文学集成全国编辑委员会编《中国民间故事集成》（湖北卷），北京：中国ISBN中心1999年版，第7~8页。

## W2346.2
### 龙太子变成人

**实例**

[土家族] 阴龙生下的两个龙子，不断生育，后代慢慢变成人。

【流传】湖北省·（宜昌市）·长阳县（长阳土家族自治县）·贺家坪区·火麦溪

【出处】《神龙造天、造地、造人》，见白庚胜总主编《中国民间故事全书》（湖北省·长阳卷），北京：知识产权出版社2007年版，第3页。

## W2346.3
### 半龙半人变成人

**实例**

[苗族] 龙身人首的乌基、人首龙身的代基变成人。

【流传】（无考）

【出处】《龙变人》，见佟德富《中国少数民族原始意识与哲学宇宙观之萌芽》，载《中央民族大学学报》1995年第4期。

## W2346.4
### 龙身人首的龙人演变成人

**实例**

[苗族] 盘古开天，龙身人首的乌基和代基，这种龙人演变成人。

【流传】湖南省·湘西（湘西土家族苗族自治州）

【出处】《龙人》，见石宗仁整理《苗族史诗》。

## W2346.5
### 毒龙变成人

**实例**

[藏族] 毒龙变为七位骑士。

【流传】（无考）

【出处】汤开建：《党项源流新证》，载《宁夏社会科学》1996年第1期。

## W2346.6
### 火龙变成人

**实例**

[汉族] 佛爷让火龙变皇帝。

【流传】黑龙江省·（大兴安岭地区）·呼玛县·鸥浦乡

【出处】曹秀英讲：《鳌鱼地球》，见中国民间文学集成全国编辑委员会编《中国民间故事集成》（黑龙江卷），北京：中国ISBN中心2005年版，第4~5页。

## W2346.7
### 海里的龙族演变成人

【关联】[W2208.4] 海生人

**实例**

[汉族] 海中的龙族两兄妹到地上后变成一对少男少女。

【流传】四川省·（南充市）·西充县

【出处】张世英讲，张吉德、张武德采录：《伏羲兄妹造人》，见陶阳、钟秀编《中国神话》（上），北京：商务印书馆 2008 年版，第 509~512 页。

**W2346.8**
**与龙变成人有关的其他母题**

实例

（参见下级母题实例）

**W2346.8.1**
**龙族两兄妹变成人**

实例

［汉族］龙族两兄妹从海中来到地上，变成一对少男少女，自己动手盖房屋，采野果，捕野兽，过着愉快的生活。

【流传】四川省·（南充市）·西充县

【出处】张世英讲，张吉德、张武德采录：《伏羲兄妹造人》，见陶阳、钟秀编《中国神话》（上），北京：商务印书馆 2008 年版，第 509~512 页。

**W2346.8.2**
**龙没有完全变成人**

【关联】［W9583］不完全的变形（局部变形）

实例

（参见下级母题实例）

**W2346.8.2.1**
**龙变成人头龙身的人**

【关联】［W0712.2］女娲人头蛇身

实例

［畲族］高辛帝的皇后耳中生的金虫变为丈二长的龙螟，断定 7 日能变成人，高辛帝第 6 日打开，结果只变成人头龙身。

【流传】浙江省·（杭州市）·淳安县·淡竹乡·富泽村

【出处】雷春华讲唱，王召里等记录：《盘古皇》（畲族始祖由来歌），见淳安县民间文学征集办公室《中国民间文学集成·淳安县故事、歌谣、谚语卷》，内部编印，1988 年，第 110 页。

**W2347**
**动物变成人的方法**

实例

（参见下级母题实例）

**W2347.1**
**动物吃特殊的食物后变成人**

实例

（参见下级母题实例）

**W2347.1.1**
**动物吃知识肉后变成人**

实例

（参见下级母题实例）

**W2347.1.1.1**
**野兽吃知识肉后变成人**

实例

［藏族］黑头野兽因吃了天神给的"知识肉"而变成人。

【流传】西藏自治区·林芝地区·米林县

【出处】大丹增翻译：《人身上为什么没有毛》，见廖东凡主编《神山之祖》，武汉：湖北少年儿童出版社 2001 年版，第 12~13 页。

## W2347.1.2
### 动物吃五谷后变成人

【关联】

① [W2318.5.2] 猴子吃粮食后变成人

② [W2397.5] 吃特定的食物变人

实 例

❶ [藏族] 修行的公猴与女魔婚生的 6 只小猴吃了五谷变成人。

【流传】西藏自治区泽当贡布圣山

【出处】

(a)《猴子与人》，见高明强编《创世的神话和传说》，上海：上海三联书店 1988 年版，第 24 页。

(b) 佟锦华：《藏族文学研究》，北京：中国藏学出版社 1992 年版，第 391 页。

(c)《玛尼全集》、《西藏王统世系明鉴》、《贤者喜宴》、《西藏王臣记》等。

❷ [藏族] 罗刹女用魔法变了 6 个姑娘与自己生的 6 个猴子结婚，它们吃了观世音给的粮食，逐渐进化为人形。

【流传】(a) 西藏西南部地区

【出处】

(a)《人的由来》，见谷德明编《中国少数民族神话》，北京：中国民间文艺出版社 1987 年版，第 672 页。

(b) 同 (a)，中国传统文化网，2003.09.10。

## W2347.1.3
### 动物吃盐后变成人

【关联】

① [W2847.2.2] 人吃盐以后才开始长膝盖

② [W2859.5] 人吃盐后体毛退掉

实 例

[鄂伦春族] 毛人吃盐后，毛脱落变成现在样子。

【流传】（无考）

【出处】《毛人与盐》，见高明强编《创世的神话和传说》，上海：上海三联书店 1988 年版，第 13 页。

## W2347.2
### 动物获得文化后变成人

【关联】[W6000] 文化的产生（文化的获得）

实 例

(参见下级母题实例)

## W2347.2.1
### 动物通过劳动变成人

【关联】[W2859.4] 人学会劳动后身上的毛退掉

实 例

[藏族] 猴子与魔女结婚，生 6 子，后来劳动中创造了人类。

【流传】西藏自治区·拉萨市

【出处】桑杰讲：《藏族的起源》，见中国民间文学集成全国编辑委员会编《中国民间故事集成》（西藏卷），北京：中国ISBN中心2001年版，第3页。

## W2347.3
### 动物通过自身努力变成人

**实例**

（参见下级母题实例）

## W2347.3.1
### 猴子听话变成人

【关联】［W2318.7.1］听话的猴子变成人

**实例**

［门巴族］讲经时，闭口听话的猴子变成人。

【流传】西藏自治区·（林芝地区）·墨脱县

【出处】《听话的猴子变成人》，见廖东凡主编《神山之祖》，武汉：湖北少年儿童出版社2001年版，第10～11页。

## W2347.3.2
### 熊通过遵守禁忌变成人

【关联】［W2322］熊变成人

**实例**

［朝鲜族］熊女根据天神的吩咐，遵照吃大蒜艾叶后不见光的禁忌，最后变成女人。

【流传】（无考）

【出处】李政文翻译，谷德明整理：《天王与熊女婚配》，原载谷德明编著《中国少数民族神话选》，西北民族学院研究所1983年编印，内部发行，王松选编时润色，见姚宝瑄主编《中国各民族神话》（满族、赫哲族、朝鲜族），太原：山西出版传媒集团·书海出版社2014年版，第154～155页。

## W2347.3.3
### 虫子站立后变成人

【关联】

① ［W2318.4］猴子因为经常站立变成人

② ［W2336］虫子变成人

**实例**

（参见下级母题实例）

## W2347.3.3.1
### 虫子受刺激站立后变成人

**实例**

［高山族（布农）］最早时，大地上只有两条叫古古拉特的芋虫匍匐在地上，它们看到蚂蚁、蚊子和蛆等小虫要来咬它，吓得站立起来，变成了两个男女。

【流传】台湾布农人卡社群

【出处】《高山族各种人的始祖：虫生布农人的始祖》，见姚宝瑄主编《中国各民族神话》（高山族、黎族、畲族），太原：山西出版传媒集团·书海出版社 2014 年版，第 11 页。

## W2347.4
### 动物掉毛后变成人

【关联】［W2343.1.2］青蛙脱皮变成人

实 例

（参见下级母题实例）

## W2347.4.1
### 野兽被拔毛变成人

【关联】［W2317.7.1］猴子退毛变成人

实 例

❶ ［羌族］天神让野物们就把猴人的毛拔了，从这个时候起，猴人身上就不长毛了，变成现在的人。

【流传】（a）四川省·（阿坝藏族羌族自治州）·松潘县·小姓乡

【出处】

（a）索芝公讲，泽黑木翻译，阿坝羌族民间文学采风队采录：《猴变人》，见中国民间文学集成全国编辑委员会编《中国民间故事集成》（四川卷·下），北京：中国 ISBN 中心 1998 年版，第 1120 页。

（b）《猴变人》，见李明主编《羌族文学史》，成都：四川民族出版社 1994 年版，第 45 页。

❷ ［藏族］黑头野兽因为吃知识肉，被其他兽类拔毛变成人。

【流传】西藏自治区·（林芝市）·波密县

【出处】曲嘎讲：《人身上为什么没有毛》，见中国民间文学集成全国编辑委员会编《中国民间故事集成》（西藏卷），北京：中国 ISBN 中心 2001 年版，第 9~10 页。

## W2347.4.2
### 毛孩洗掉毛变成人

【关联】

① ［W2387.2］人生的毛孩变成人

② ［W2604］生毛孩

实 例

❶ ［门巴族］男子与罗刹女结婚生毛孩，男子用窝麻的叶子水给孩子们洗澡，洗去了孩子们身上的毛。毛孩就成了今天人的模样。

【流传】西藏自治区·（林芝地区）·墨脱县·墨脱区·墨脱村

【出处】拉巴次仁讲，于乃昌等整理：《三兄弟和扎深姆》，见《门巴族民间故事》：http://www.tibet-web.com/old/minjian/ync/gushi/mulu.htm，2003.10.02。

❷ ［门巴族］男孩与天女扎木神婚生的毛孩，后来洗去长毛变成人。

【流传】（无考）

【出处】《三兄弟和扎木深》，见http://www.ibeology.ac.cn。

## W2347.4.3
### 猴子退掉毛变成人

【关联】

① ［W2317.7.1］猴子退毛变成人

② ［W2317.7.2］猴子烧掉毛变成人

## 实例

❶ [珞巴族] 短尾巴的猴子身上不再长毛了，便成了人。

【流传】西藏自治区·（林芝地区）·米林县·纳玉区

【出处】

（a）东娘讲：《人为什么和猴子不一样》，见谷德明编《中国少数民族神话》，北京：中国民间文艺出版社 1987 年版，第 262 页。

（b）东娘讲，于乃昌整理：《猴子变人》，见《珞巴族民间故事》：http://www.tibet-web.com/old/minjian/ync/gushi/mulu.htm, 2003. 10. 02。

❷ [纳西族] 天王的三姑娘姆米年扎梅与猴婚生了一个猴儿，她用火把猴儿身上的毛烧掉，变成后来的人。

【流传】（无考）

【出处】

（a）阿啊打把等讲，杨尔车翻译整理：《锉治路一苴》，载《山茶》1982 年第 3 期。

（b）同（a），见谷德明编《中国少数民族神话》，北京：中国民间文艺出版社 1987 年版，第 445 页。

❸ [纳西族（摩梭）] 人与天女生的猴子退毛变成人。

【流传】云南省

【出处】阿阿打把等讲，杨尔车翻译整理：《锉治路一苴—摩梭人的洪水神话》，载《山茶》1982 年第 3 期。

❹ [羌族] 猴身上不长毛后，变成现在的人。

【流传】四川省·（阿坝藏族羌族自治州）·松潘县·小姓乡

【出处】《猴变人》，见中国民间文学集成全国编辑委员会编《中国民间故事集成》（四川卷·下），北京：中国 ISBN 中心 1998 年版，第 1120 页。

## W2347.5
### 动物失去尾巴变成人

实例

（参见下级母题实例）

## W2347.5.1
### 猴子失去尾巴变成人

【关联】[W2317.1] 猴子去（砍）掉尾巴后变成人

实例

（参见关联项母题实例）

## W2347.6
### 动物被热蒸后变成人

【关联】[W2697.3.4] 婴儿蒸煮后迅速成长

实例

（参见下级母题实例）

## W2347.6.1
### 犬被蒸后变成人

实例

[瑶族（过山瑶）] 龙犬盘护蒸 7 天 7 日后变成人。

【流传】（无考）

【出处】盘日新等讲，王矿新等整理：《盘王的传说》，见刘江华编《中国神话故事》（天、地、人物卷），北京：中国世界语出版社 1999 年版，第 101～103 页。

## W2347.6.1.1
### 犬蒸 7 天 7 夜能变成人

【关联】［W2391.2.1.1］特定的动物变成人需要 7 天

实　例

［瑶族］龙犬对妻子三公主说："你将我放在蒸笼里蒸七天七夜，我便可脱掉身上的毛而变成人。"

【流传】广西壮族自治区·（来宾市）·金秀瑶族自治县

【出处】
（a）盘日新、盘振松、黄金贵、黄元林、赵成庆讲，王矿新、苏胜兴、刘保元搜集整理：《过山瑶的来历》，见陶立璠、李耀宗编《中国少数民族神话传说选》，成都：四川民族出版社，1985 年版。

（b）同（a），见姚宝瑄主编《中国各民族神话》（土家族、毛南族、侗族、瑶族），太原：山西出版传媒集团·书海出版社 2014 年版，第 209 页。

## W2347.7
### 与动物变成人的方法有关的其他母题

实　例

（参见下级母题实例）

## W2347.7.1
### 动物被尿冲后变成人

实　例

［汉族］世上最早出现的土虫被老天爷的老小儿的尿一冲，变成了眼下的人。

【流传】天津市·河西区

【出处】黄老太太讲，李昶采录：《土虫变人》，见中国民间文学集成全国编辑委员会编《中国民间故事集成》（天津卷），北京：中国 ISBN 中心 2004 年版，第 5 页。

## W2347.7.2
### 动物变瘦后变成人

实　例

（参见下级母题实例）

## W2347.7.2.1
### 天神把瘦的动物变成人

【关联】［W2394.1］天神把动物变成人

实　例

［鄂温克族］以前，人和兽没有什么区别。天神特日瑟古勒把瘦的兽变成人类。

【流传】内蒙古自治区·（呼伦贝尔市）·鄂温克族自治旗·乌兰托海队

【出处】哈日诺亥讲，杜·道尔基口译，白杉记录整理：《人和野兽是怎么分开的》，见中国民间文学集成全国编辑委员会编《中国民间故事集成》

（宁夏卷），北京：中国ISBN中心2007年版，第19页。

## W2348
### 与动物变成人有关的其他母题

实例

[布依族] 介于人和猿之间的高级动物"独零"（有的译作"布灵"）逐渐变化为人。

【流传】贵州省·黔西南（黔西南布依族苗族自治州）

【出处】何积全、陈立浩主编：《布依族文学史》，贵阳：贵州民族出版社1992年版，第52页。

## W2348.1
### 人生的动物变成人

【关联】[W2615] 人生动物

实例

（参见下级母题实例）

## W2348.1.1
### 人生的蛤蟆变成小伙

【关联】[W2343.5.1] 人生的蛤蟆变成人

实例

[回族] ☆一个没儿没女的老婆子生了一只蛤蟆，蛤蟆变成俊小伙。

【流传】宁夏回族自治区·（固原市）·泾源县·惠台乡

【出处】马恩桂讲：《蛤蟆儿子》，见中国民间文学集成全国编辑委员会编《中国民间故事集成》（宁夏卷），北京：中国ISBN中心1999年版，第338~340页。

## W2348.1.2
### 人的肿块中生的青蛙变成人

【关联】
① [W2220] 卵生人
② [W2343.1] 青蛙变成人

实例

[门巴族] ☆女子腿被砸肿后，肿块中跳出的青蛙变成人。

【流传】西藏自治区·（林芝地区）·墨脱县

【出处】达瓦讲：《青蛙求亲》，见中国民间文学集成全国编辑委员会编《中国民间故事集成》（西藏卷），北京：中国ISBN中心2001年版，第675~679页。

## W2348.2
### 动物多次变形成为人

【关联】[W2341.3] 蛇先变虫后再变人

实例

（参见关联项及下级母题实例）

## W2348.2.1
### 先变成龙人，龙人变成人

实例

[苗族] 人是由先演变成人首龙身的龙人，龙人再演变成人。

【流传】湖南省·湘西（湘西土家族苗族自治州）

【出处】过竹:《苗族神话研究》,南宁:广西人民出版社1988年版,第223页。

## W2348.2.2
### 大蛇变成小虫,小虫变成人

实例

[怒族] 从前一条大蛇先变成小虫,然后变成人。

【流传】云南省

【出处】《蛇郎故事在亚洲》,见《东方比较文学论文集》,长沙:湖南文艺出版社1987年版,第10页。

## W2348.2.3
### 蛤蟆先变成猴子,猴子变成人

【关联】[W2318.12] 人变成的猴子重新变成人

实例

[羌族] 癞疙宝(癞蛤蟆)变成了猴子,猴子又慢慢变成了人。

【流传】四川省·(阿坝藏族羌族自治州)·理县·桃坪乡·增头村

【出处】杨步山讲,昂旺斯丹珍采录:《癞疙宝变人》,见中国民间文学集成全国编辑委员会编《中国民间故事集成》(四川卷·下),北京:中国ISBN中心1998年版,第1121页。

## W2348.3
### 多种动物同时变成人

实例

[高山族(排湾)] 猴子与胡獾变成真正的人。

【流传】台湾

【出处】[俄]李福清著:《神话与鬼话——台湾原住民神话故事比较研究》(增订本),北京:社会科学文献出版社2001年版,第77页。

## W2348.4
### 多种动物变成不同的人

【关联】[W2323.11] 多种动物同时变成人

实例

(参见下级母题实例)

## W2348.4.1
### 蜜蜂、猴子、熊、老鼠、蛇、鸟等变成人

实例

[怒族] 云南省碧江一区的六个家族分别是由蜜蜂、猴子、熊、老鼠、蛇、鸟变来的。

【流传】云南省·(怒江傈僳族自治州)·碧江一区(已撤销县制,今属福贡县等)

【出处】《怒族社会历史调查》,昆明:云南人民出版社1981年版,第103~114页。

## W2348.5
### 动物的肢体(其他体内物)变成人

【关联】

① [W2082] 用特定的肢体造人

② ［W2084.2］用动物的肢体造人
③ ［W2168.3］动物的特定肢体生人
④ ［W2249.2］感动物的残余物（肢体）孕生人
⑤ ［W2380］怪胎、怪物或神、动物等的肢体变化为人

【实例】

（参见下级母题实例）

## W2348.5.1
### 猪肉变成人

【关联】
① ［W2161.5］猪生人
② ［W2323.6］猪变成人

【实例】

❶ [珞巴族（米古巴、米辛巴部落）] 男孩子照着猪说的，把切成块的猪肉一坨一坨放在有竹子的地方，变成了人。

【流传】西藏自治区·（林芝地区）·墨脱县

【出处】宾珠讲，于乃昌等整理：《猪救母子》，见《珞巴族民间故事》：http://www.tibet-web.com/old/minjian/ync/gushi/mulu.htm，2003.10.02。

❷ [珞巴族] 达洛（人名，藏族祖先）把家里的猪杀死，用竹叶把猪肉包好放到东、西、南、北四方。第二天，放猪肉的地方有了4户人家。

【流传】西藏自治区·珞渝地区（包括上珞渝，泛指古称的白马岗即今林芝市墨脱县、马尼岗、梅楚卡一带，下珞渝则泛指永木河、锡约尔河、巴恰西仁河流域）

【出处】宾珠讲，乃昌等整理：《达尼和达洛》，见《珞巴族民间故事》：http://www.tibet-web.com/old/minjian/ync/gushi/mulu.htm，2003.10.02。

## W2348.5.1.1
### 母猪肉变成男女

【实例】

[珞巴族] 母猪的肉变成了男女。

【流传】西藏自治区·上珞渝（泛指古称的白马岗即今林芝市墨脱县、马尼岗、梅楚卡一带）

【出处】呷穷等讲，刘芳贤等整理，李向阳翻译：《母猪、种子和人的祖先》，见中华民族故事大系编委会编《中华民族故事大系》第16卷（赫哲族、门巴族、珞巴族、基诺族），上海：上海文艺出版社1995年版，第549页。

## W2348.5.2
### 熊的一半变成人

【关联】
① ［W2312.1］人熊变成人
② ［W2322］熊变成人

【实例】

❶ [鄂伦春族] 人与母熊生的幼仔被撕成两片，随母熊的一半化为熊，随父者即成为鄂伦春人的祖先。

【流传】（无考）

【出处】《熊与猎手》，见中国各民族宗教与神话大词典编审委员会编《中国

❷［鄂温克族］一猎人与一只母熊同居生1只幼熊。母熊把幼熊撕为两半，一半变成人。

【流传】（无考）

【出处】秋浦：《鄂温克人的原始社会形态》，北京：中华书局1962年版，第163页。

## W2348.5.3
### 犀牛的脑浆化生人

实例

［布朗族］犀牛的骨头脑浆变成人，骨髓变成鸟兽虫鱼。

【流传】云南省

【出处】朱嘉禄整理：《顾米亚》，见陶阳、钟秀编《中国神话》，上海：上海文艺出版社1996年版，第105页。

## W2348.5.3.1
### 神把犀牛的脑浆变成人

【关联】［W2078.1.1］神或神性人物是造人的帮助者

实例

❶［布朗族］神巨人顾米亚把犀牛的脑浆变成人。

【流传】云南省

【出处】朱嘉禄整理：《顾米亚》，原载《中国民间故事选》第2集，见陶阳、钟秀编《中国神话》（上），北京：商务印书馆2008年版，第38~44页。

❷［布朗族］顾米亚（神名）把犀牛的脑浆变成人。

【流传】（无考）

【出处】

(a)《顾米亚》，见中央民族学院少数民族文艺研究所编《中国民族民间文学》（上），北京：中央民族学院出版社1987年版，第53页。

(b)《顾米亚造天造地》，见中国各民族宗教与神话大词典编审委员会编《中国各民族宗教与神话大词典》，北京：学苑出版社1990年版，第31页。

❸［布朗族］神巨人顾来亚把犀牛的脑浆变成人。

【流传】云南省·（西双版纳傣族自治州）·勐海县

【出处】岩的兴讲：《顾米亚》，见中国民间文学集成全国编辑委员会编《中国民间故事集成》（云南卷），北京：中国 ISBN 中心2003年版，第151页。

## W2348.6
### 动物中聪明的变成人

实例

（参见下级母题实例）

## W2348.6.1
### 聪明的动物装上灵魂变成人

【关联】［W2120.0.1］最早造出的人没有灵魂

**实例**

【满族】上一代人造地时全部累死。阿布凯赫赫（第一代天神，天母）从动物中选些头脑聪明、能够站立起来、前后肢能够分开的，然后找佛托妈妈（柳树神）造些人的灵魂装上，便形成了现在的人类。

【流传】（黑龙江）·宁古塔（黑龙江省牡丹江市一带）；（吉林）·长白山地区

【出处】傅英人（疑"人"应为"仁"）讲述，张爱云整理：《阿布凯赫赫创造天地人》，原载《满族萨满神话》，见陶阳、钟秀编《中国神话》（上），北京：商务印书馆2008年版，第140~154页。

## W2348.7
### 卵变成人

【关联】［W2220］卵生人

**实例**

（参见下级母题实例）

## W2348.7.1
### 蛋黄变成人

**实例**

（参见下级母题实例）

## W2348.7.1.1
### 鹰蛋的蛋黄变成女子

**实例**

【纳西族】气团与天空、大海恋爱后生卵生的山鹰格美㑚了一个银亮的白蛋，被猴子吞下有吐出后，撞得粉碎，蛋黄在蠕蠕地动了，东滚西蹦，突然闪起七彩的光环，从七彩光海里，生出了一个美貌如月亮的姑娘。

【流传】云南省·丽江县（丽江市）

【出处】木丽春采集整理：《格古命的故事》，见木丽春编著《纳西族民间故事集》，昆明：云南人民出版社2007年版，第28页。

# 2.5.4 植物变化为人[①]
（W2350~W2359）

## ※ W2350
### 植物变化为人（植物变成人）

【汤普森】D431.6

【关联】［W2170］植物生人

**实例**

（参见下级母题实例）

---

① 植物变化为人，"植物变化为人"与"动物变化为人"母题有些相似，但由于植物变成人与动物变成人相比更具有间接性，且关于植物变人的神话在叙事中"变人"与"化生人"较为含混。据此，在母题表述上，鉴于神话文本的多样性，采用了"变化为人"、"变成人"等不同语词。

## W2351
### 树木变化为人

【汤普森】D431.2

【关联】[W2171] 树生人

实 例

[独龙族] 一棵大树变成人，叫做美嘎朋。

【流传】云南省

【出处】李子贤：《独龙族文学概况》，见中国社会科学院云南少数民族文学研究所等编《云南少数民族文学资料》（第2辑），内部编印，1981年，第140页。

## W2351.1
### 树变化为女子（树变成女人）

实 例

[哈萨克族] 万能的上帝见人们非常敬重森林树木，便将一棵树变成一位美丽的姑娘。

【流传】（无考）

【出处】《新疆社会科学》（哈文版）1992年第4期。

## W2351.1.1
### 柳树变成女子

实 例

[满族] 柳树变成了具有巨大乳房的女人。

【流传】黑龙江省·宁古塔（黑龙江省牡丹江市一带）、（吉林）·长白山地区

【出处】傅英人（疑"人"应为"仁"）讲述，张爱云整理：《阿布凯赫赫创造天地人》，原载《满族萨满神话》，见陶阳、钟秀编《中国神话》（上），北京：商务印书馆2008年版，第140~154页。

## W2351.2
### 树变化为男子（树变成男人）

实 例

[独龙族] 一棵树变成第1个男子。

【流传】云南省

【出处】《人类的诞生》，见中国各民族宗教与神话大词典编审委员会编《中国各民族宗教与神话大词典》，北京：学苑出版社1990年版，第122页。

## W2351.3
### 树干变化为男人（树干变成男人）

实 例

[高山族（泰雅）] 太古时，里基嘎布嘎布一大树，树干化为男子身躯。

【流传】（无考）

【出处】《树生泰雅人兄妹始祖》，见中国各民族宗教与神话大词典编审委员会编《中国各民族宗教与神话大词典》，北京：学苑出版社1990年版，第145页。

## W2351.4
### 树枝变成人

实例

［独龙族］树枝变人类。

【流传】云南省

【出处】《坛嘎朋》，见云南省民族事务委员会编《独龙族文化大观》，昆明：云南民族出版社1999年版，第193页。

## W2351.4.1
### 柳枝变成人

实例

［满族］一个人在大水中抓到一根柳枝，这枝柳枝幻化成一个美女。

【流传】（无考）

【出处】赵庆显：《女真族文学发展轨迹概说》，载《辽宁广播电视大学学报》1998年第1期。

## W2351.5
### 鬼栽的树变成人

【关联】
① ［W3715］树是神性人物给予的
② ［W3730.5］怪物的尾巴变成树

实例

❶ ［怒族］怒族最早的祖先阿铁与妻子伊娃的门口有棵鬼栽的树，树变成人。

【流传】云南省·怒江（怒江傈僳族自治州）·碧江县（已撤销）·（福贡县·匹河怒族乡）·普乐村、果科村

【出处】
（a）《碧江普乐、果科等村的神话传说》，见云南民族调查组怒江分组《碧江县一区老母登、普乐、知子罗三乡怒族族源和民族关系调查》，原载《怒族社会历史调查》，昆明：云南人民出版社1981年版，第103~104页。
（b）同（a），见吕大吉、何耀华总主编《中国各民族原始宗教资料集成》（纳西族卷、羌族卷、独龙族卷、傈僳族卷、怒族卷），北京：中国社会科学出版社2000年版，第902页。

❷ ［怒族］住在丽江的阿铁（人名）的妻子伊娃死后，门前的树变成了人，并把女儿嫁给他。

【流传】（无考）

【出处】
（a）《祖先阿铁》，见毛星主编《中国少数民族文学》，长沙：湖南人民出版社1983年。
（b）同（a），见姚宝瑄主编《中国各民族神话》（门巴族、珞巴族、怒族、藏族），太原：山西出版传媒集团·书海出版社2014年版，第60页。

## W2351.6
### 特定名称的树变成人

实例

［怒族］木古甲村的"图朗提起"（木桩氏族）认为自己的祖先是由叫"图

朗"的树木变来的，因而必须保护它。

【流传】云南省·（怒江傈僳族自治州）·福贡县·（上帕镇·木古甲村）

【出处】
（a）杨建和：《怒族的宗教观念》，《中国少数民族宗教初编》，昆明：云南人民出版社1985年版，第165页。
（b）同（a），见吕大吉、何耀华总主编《中国各民族原始宗教资料集成》（纳西族卷、羌族卷、独龙族卷、傈僳族卷、怒族卷），北京：中国社会科学出版社2000年版，第854页。

## W2351.6.1
### 柳树变成人

【关联】
① ［W2171.5］柳树生人
② ［W2351.1.1］柳树变成女子
③ ［W2351.4.1］柳枝变成人

实 例

［满族］洪水后，一株柳树修炼成人形。

【流传】黑龙江省·（牡丹江市）·宁安县（宁古塔）·江东（江南朝鲜族满族乡）·缸窑村

【出处】关振川讲，傅英仁采录：《佛赫妈妈和乌申阔玛发》，见中国民间文学集成全国编辑委员会编《中国民间故事集成》（黑龙江卷），北京：中国ISBN中心2005年版，第12~15页。

## W2352
### 树的果实变化为人（树的果实变成人）

实 例

［哈尼族］烟蝶蝶玛（人神名）等摘下茨菇果，撒茨菇果的地方，有数不清的人种爬出来。

【流传】云南省·（红河哈尼族彝族自治州）·元阳县·黄草岭区·树皮寨

【出处】
（a）杨批斗讲，史军超采录：《年月树》，见中国民间文学集成全国编辑委员会编《中国民间故事集成》（云南卷），北京：中国ISBN中心2003年版，第289页。
（b）同（a）《哈尼族神话传说集成》，北京：中国民间文艺出版社1990年版。

## W2352.1
### 枫树果变成人

【关联】
① ［W2171.12.1］枫树生人
② ［W2223.7.2.1］枫树生的蝴蝶的卵生人
③ ［W2353.2］枫树叶变化为人

实 例

［高山族（邹人）］天神摇枫树，枫树果落地后变成人。

【流传】台湾

【出处】浦忠成：《台湾邹族的风土神话》，台北：台原出版社1993年版，第137页。

## W2352.2
### 桃变化为人（桃变成人）
【关联】［W2357.1］桃花变成人

**实 例**

（参见下级母题实例）

## W2352.2.1
### 桃片变成人

**实 例**

［侗族］小姑娘切出的桃片后来变成小孩。
【流传】湖北省·（恩施土家族苗族自治州）·宣恩县
【出处】杨汉：《侗族民间文学史》，北京：中央民族学院出版社1992年版，第57页。

## W2352.3
### 李子变化为人（李子变成人）
【关联】［W2181.1］李子生人

**实 例**

［白族］三灵庙旁一老人无后嗣，向神祝祷后种的一株李树结了一个大果子，果子坠地而生一女子，即白姐。
【流传】（无考）
【出处】［明］《三灵庙记》，见《大理丛书·金石篇》第10册，第49页。

## W2352.4
### 树籽化生人

**实 例**

（参见下级母题实例）

## W2352.4.1
### 黑树籽化生女人

**实 例**

❶［怒族］黑树籽化生为一个姑娘。
【流传】云南省·（怒江傈僳族自治州）·碧江县（已撤销，今归属泸水县和福贡县）
【出处】云南民族调查组怒江分组：《碧江县一区老母登、普乐、知子罗三乡怒族族源和民族关系调查》，见云南省编辑委员会编：《怒族社会历史调查》，昆明：云南人民出版社1981年版，第103~104页。

❷［怒族］祖先阿铁家门前的黑籽树变成了人。
【流传】
（a）云南省·（怒江傈僳族自治州）·福贡县
（b）云南省
【出处】
（a）《祖先阿铁》，见攸延春《怒族文学史》，昆明：云南民族出版社2003年版，第23页。
（b）《祖先阿铁》，见中国社会科学院云南少数民族文学研究所等编《云南少数民族文学资料》（第2辑），内部编印，1981年，第124页。

## W2352.5
### 木头变成人
【关联】［W2085.1.1］刻木造人

**实 例**

［白族］一支白族自称"色才"，意为

"由木头变来的人"。直到现在，他们自己和其他白族都称之为木氏族。

【流传】云南省·怒江州（怒江傈僳族自治州）·泸水县·洛本卓乡（洛本卓白族乡）·西木当、伯德、决洼等村

【出处】詹承绪等调查整理：《怒江白族木图腾崇拜遗迹》（1982），见吕大吉、何耀华总主编《中国各民族原始宗教资料集成》（彝族卷、白族卷、基诺族卷），北京：中国社会科学出版社1996年版，第532～533页。

## W2353
### 树叶变化为人（树叶变成人）

**实 例**

（参见下级母题实例）

## W2353.1
### 茶树叶变化为人

**实 例**

❶ [德昂族] 100片茶树叶变成了100人，他们男女各半，后来结成夫妻，繁衍德昂族。

【流传】云南省

【出处】《天王与地母》，见中国各民族宗教与神话大词典编审委员会编《中国各民族宗教与神话大词典》，北京：学苑出版社1990年版，第94～95页。

❷ [德昂族] 小茶树身上的102片茶叶飘出天门，转了三万年，化出了102个人。

【流传】云南省·德宏州（德宏傣族景颇族自治州）

【出处】陈志鹏采录：《祖先创世纪》，见中国民间文学集成全国编辑委员会编《中国民间故事集成》（云南卷），北京：中国ISBN中心2003年版，第106页。

❸ [德昂族] 茶树叶变成小伙子，茶树叶变成姑娘。

【流传】云南省

【出处】《天王地母说》，见云南省民族事务委员会编《德昂族文化大观》，昆明：云南民族出版社1999年版，第120页。

❹ [德昂族] 混沌初开时，茶树叶变人类。

【流传】云南省

【出处】《藤篾腰箍》、《不献坟的传说》，见云南省民族事务委员会编《德昂族文化大观》，昆明：云南民族出版社1999年版，第120页。

## W2353.2
### 枫树叶变化为人

【关联】[W2171.12.1] 枫树生人

**实 例**

[高山族（邹人）] 天神摇枫树，树叶落地变人。

【流传】台湾

【出处】浦忠成：《台湾邹族的风土神话》，台北：台原出版社1993年版，第137页。

## W2353.3
### 百片树叶变成百人

实 例

[德昂族] 一百片树叶变成了一百个人，有 50 个男子和 50 个女子。

【流传】云南省·保山县（保山市）

【出处】李仁光、姚世清讲，杨玉骧搜集整理：《百片树叶百个人》，载《山茶》1985 年第 6 期。

## W2354
### 瓜果变化为人（瓜果变成人）

【汤普森】D431.4

【关联】[W2183] 瓜果花草生人

实 例

（参见下级母题实例）

## W2354.1
### 瓜变化为人

实 例

（参见下级母题实例）

## W2354.1.1
### 气葫芦变成人

【关联】[W2184] 葫芦生人

实 例

[汉族] 人是气葫芦变成的。

【流传】甘肃省·（定西市）·岷县·中寨乡·温家山村

【出处】汪珍生讲，景生魁采录：《气葫芦》，见中国民间文学集成全国编辑委员会编《中国民间故事集成》（甘肃卷），北京：中国 ISBN 中心 2001 年版，第 5 页。

## W2354.1.2
### 冬瓜变成人

【关联】

① [W2191] 冬瓜生人
② [W2355.3] 冬瓜籽变成人
③ [W2629.1] 生冬瓜

实 例

[瑶族] 刘三哥和刘三妹结婚生的冬瓜，瓜肉和瓜籽变成人。

【流传】湖南省·（永州市）·江华县（江华瑶族自治县）·两岔河公社（两岔河乡）·蕉叶坪（蕉叶坪村）

【出处】邓京华讲：《淹天底》，见湖南民委民族民间文学整理组编《民族民间文学资料》24 集之《瑶族民间传说故事选》，1980 年，刻印本，第 72~74 页。

## W2354.2
### 瓜切后变成人

实 例

[瑶族] 切碎伏羲兄妹婚生的冬瓜，变为人。

【流传】湖南省·永州（永州市）、郴州（郴州市），（郴州市）·桂东（桂东县）；广东省·（韶关市）·粤北（南雄市、始兴县、仁化县、乐昌市、乳源瑶族自治县、曲江区、翁

源县、新丰县、浈江区、武江区等）

【出处】郑德宏、李本高整理译释《盘王大歌》，长沙：岳麓书社1988年版。

## W2354.2.1
### 瓜切四瓣变成人

【关联】［W2392.7.3］怪胎砍碎后落到村子的变成人

实 例

［彝族］兄妹结婚后，种的瓜切成四瓣，都变成人。

【流传】（无考）

【出处】《阿细的先基》，见沙马拉毅主编《彝族文学概论》，太原：山西教育出版社2001年版，第33页。

## W2354.3
### 葡萄变成人

【关联】［W2630.1］人生葡萄

实 例

（参见下级母题实例）

## W2354.3.1
### 婚生的葡萄变成人

【关联】［W2400～W2499］婚配产生人（婚生人）

实 例

❶［土家族］罗神爷爷和罗神娘娘兄妹婚生一串葡萄。罗神爷爷和罗神娘娘一起把这串葡萄拿出去扔，摘一颗就扔一颗，结果，每一颗扔出去都会变成一个人。

【流传】重庆市·酉阳土家族苗族自治县·老寨（老寨乡）

【出处】
（a）《马桑树的变迁和百家姓的由来》，见刘长贵、彭林绪搜集整理《土家族民间故事》，重庆：重庆出版社1986年版。
（b）同（a），见姚宝瑄主编《中国各民族神话》（土家族、毛南族、侗族、瑶族），太原：山西出版传媒集团·书海出版社2014年版，第25页。

❷［土家族］兄妹占卜成亲后生一串葡萄，葡萄生出（变成）人。

【流传】四川省·酉阳（今重庆市·酉阳土家族苗族自治县）

【出处】何云搜集整理：《孙猴子上天》，见中华民族故事大系编委会编《中华民族故事大系》第5卷（瑶族、白族、土家族），上海：上海文艺出版社1995年版，第651~653页。

## W2355
### 种子变化为人（种子变成人）

【关联】［W2295］人种

实 例

［瑶族］小伙与仙女结婚后撒种子，变成男女。

【流传】广东省·（清远市）·连南县（连南瑶族自治县）

【出处】广西少数民族社会历史调查组等搜集整理：《开天辟地的传说》，见中华民族故事大系编委会编《中华民族故事大系》第5卷（瑶族、白族、土家族），上海：上海文艺出版社1995 年版，第 27～29 页。

## W2355.1
### 葫芦籽变化为人（葫芦籽变成人）

【实例】

❶ [瑶族] 葫芦种变成了一个小男娃娃，只有芝麻那么大。

【流传】云南省·（大理白族自治州）·鹤庆县

【出处】杨五一、李鸿钧讲：《地母三姑造万物》，见中国民间文学集成全国编辑委员会编《中国民间故事集成》（云南卷），北京：中国 ISBN 中心 2003 年版，第 113 页。

❷ [瑶族] 伏羲姊妹结婚后生葫芦瓜，撒瓜籽后，地上有了人烟。

【流传】湖南省·（永州市）·江华县（江华瑶族自治县）·中河乡（码市镇）·大坑村

【出处】赵富祥等讲：《人是怎样来的》，见湖南民委民族民间文学整理组编《民族民间文学资料》24 集之《瑶族民间传说故事选》，1980 年，刻印本，第 67 页。

## W2355.2
### 芝麻种变化为人（芝麻种变成人）

【实例】

[壮族] 在布越一带，花和姓兄妹结婚生 1 子，取名黄帝，兄妹撒的芝麻籽也变成很多人，后来繁衍人类，都是黄帝子孙。

【流传】广西壮族自治区·百色（百色市）·（右江区）·达江乡·达金村

【出处】龙明朗讲：《花和姓》，见张声震总主编，农冠品编注《壮族神话集成》，南宁：广西民族出版社 2007 年版，第 348～349 页。

## W2355.2.1
### 剁碎的怪胎变成的芝麻籽撒后变成人

【关联】

❶ [W2313] 人的怪胎变成人

❷ [W2667.3.2] 怪胎变成芝麻种子

【实例】

[瑶族] 洪水后，伏羲兄妹剁碎婚生一个像冬瓜般的肉团，经过七天七夜的暴晒，变成芝麻和青菜籽，夫妻俩拿到山上去撒，多数落到平地，平地火烟升腾，变为汉人。

【流传】广西壮族自治区·（来宾市）·金秀瑶族自治县

【出处】

(a) 巴柏讲，刘保元、苏胜兴搜集整理：《伏羲兄妹的故事》，见苏胜兴、刘保元、韦文俊、王矿新等编《瑶族民间故事选》，上海：上海文艺出版社 1980 年版．

(b) 同 (a)，见姚宝瑄主编《中国各民族神话》（土家族、毛南族、侗族、瑶族），太原：山西出版传媒集团·

## W2355.3
### 冬瓜籽变成人

【关联】［W2354.1.2］冬瓜变成人

实 例

❶［瑶族］太阳和月亮把婚生的冬瓜籽撒到地上，成为瑶人。

【流传】（无考）

【出处】《日月成婚》，见谷德明编《中国少数民族神话》，北京：中国民间文艺出版社1987年版，第141页。

❷［瑶族］洪水后日月兄妹结婚生冬瓜，瓜籽中再生人类。

【流传】（无考）

【出处】《日月成婚》，见中央民族学院少数民族文艺研究所编《中国民族民间文学》（下），北京：中央民族学院出版社1987年版，第715页。

## W2356
### 谷物变化为人

【汤普森】D431.8

【关联】［W2197.1］谷物生人

实 例

（参见下级母题实例）

## W2356.1
### 谷种变成人

【关联】［W2295.2.1.2］谷种是人种

实 例

（参见下级母题实例）

## W2356.1.1
### 女神撒的谷种变成女人

实 例

❶［瑶族］水仙姑与地上的小伙结婚下凡带来谷种、芝麻种。水仙姑撒的谷种变成女人，小伙撒的谷种变成男人。

【流传】广东省·（清远市）·连南县（连南瑶族自治县）·（三排镇）·油岭村

【出处】

（a）唐丁乔二公讲，少数民族社会历史调查组搜集，盘承乾抄录，廖国柱整理：《开天辟地》，见谷德明编《中国少数民族神话》，北京：中国民间文艺出版社1987年版，第126页。

（b）唐丁乔二公讲：《天地的分离》，见刘魁立主编《玉皇大帝的传说》，北京：中国社会出版社2008年版，第62~64页。

❷［瑶族］仙姑撒下的谷种变成女人。

【流传】

（a）广东省·（清远市）·连南县（连南瑶族自治县）·（三排镇）·油岭（油岭村）一带

（b）广东省·（清远市）·连南县（连南瑶族自治县）·（三排镇）·油岭村

【出处】

（a）唐丁乔二公讲，广西少数民族社会历史调查组搜集：《水仙姑》，见曹廷伟编著《广西民间故事辞典》，南宁：

广西教育出版社1993年版，第14页。

（b）《水仙姑》，见中国各民族宗教与神话大词典编审委员会编《中国各民族宗教与神话大词典》，北京：学苑出版社1990年版，第654页。

## W2357
### 花变化为人（花变成人）

**实例**

（参见下级母题实例）

## W2357.1
### 桃花变成人

**实例**

❶ [苗族] 博苔（女神）和蒙老（不详）婚后爬上桃树采了很多花，撒向四面八方，桃花变成凡间的第二朝人。

【流传】云南省·（文山壮族苗族自治州）·富宁县

【出处】罗正明讲，王忠林等采录：《谁来造人烟》，见中国民间文学集成全国编辑委员会编《中国民间故事集成》（云南卷），北京：中国ISBN中心2003年版，第92页。

❷ [苗族] 女神博苔到人间与小伙蒙老成婚。博苔和蒙老爬上桃树，把花朵抛到空中，这些桃花变成无数的女人和男人。

【流传】云南省

【出处】

（a）《造人烟的传说》，杨光汉主编《云南苗族民间故事集成》，北京：中国民间文艺出版社1988年版。

（b）同（a），见姚宝瑄主编《中国各民族神话》（布依族、仡佬族、苗族），太原：山西出版传媒集团·书海出版社2014年版，第290页。

## W2358
### 草变化为人（草变成人）

【汤普森】D431.5
【关联】[W2085.3] 用草造人

**实例**

[壮族] 今天的人是茅草变成的。

【流传】广西壮族自治区·崇左县（崇左市）·（江州区·驮卢镇）·岜白村

【出处】黄体正讲：《雷公换世》，见张声震总主编，农冠品编注《壮族神话集成》，南宁：广西民族出版社2007年版，第216页。

## W2359
### 与植物变化为人有关的其他母题

**实例**

（参见下级母题实例）

## W2359.1
### 地瓜变化为人（地瓜变成人）

**实例**

[高山族（布农）] 布农族峦社群的达纳毕马氏族的祖先是地瓜变的人。

【流传】台湾

【出处】达西乌拉弯·毕马（田哲益）、达给斯海方岸·娃莉丝（全妙云）著：《布农族口传神话传说》，台北：台原出版社1998年版，第181页。

## W2359.2
### 植物经多次变化为人

【关联】

① ［W2348.2］动物多次变形成为人

② ［W2398.1］多次变化产生人

实例

（实例待考）

## W2359.3
### 变成人的植物的来历

【关联】［W3600］植物的产生

实例

（参见下级母题实例）

## W2359.3.1
### 人生的植物变化为人

［汤普森］≈T543.0.1

实例

［瑶族］伏羲兄妹婚生一个冬瓜，切碎冬瓜变成人。

【流传】湖南省·永州（永州市）、郴州（郴州市），（郴州市）·桂东（桂东县）；广东省·（韶关市）·粤北（南雄市、始兴县、仁化县、乐昌市、乳源瑶族自治县、曲江区、翁源县、新丰县、浈江区、武江区等）

【出处】郑德宏、李本高整理译释：《盘王大歌》，长沙：岳麓书社1988年版。

## W2359.4
### 植物变成人的条件

实例

（参见下级母题实例）

## W2359.4.1
### 通过意念植物变成人

【关联】［W2107.3］凭意念造出人

实例

（参见下级母题实例）

## W2359.4.1.1
### 按神的意念树叶变化为人

实例

［德昂族］一阵狂风吹落一棵大树的100片树叶，田公（天王）说："如果这些树叶能够变成人，我们就不会孤单了。"于是这一百片树叶突然变成一个个的人。

【流传】

（a）云南省·保山县（保山市）

（b）云南省·德宏州（德宏傣族景颇族自治州）

【出处】

（a）李仁光、姚世清讲述，杨玉骧收集整理：《百片树叶百个人》，载《山茶》1985年第6期。

（b）满坎木讲，杨毓骧采录：《人类的起源》，见中国民间文学集成全国编辑委员会编《中国民间故事集成》（云南卷），北京：中国 ISBN 中心 2003 年版，第 105 页。

## W2359.4.2
### 通过吹气植物变成人
【关联】［W2114］造人经吹气后成活

实例

（参见下级母题实例）

## W2359.4.2.1
### 羊角花枝吹气后变成人

实例

［羌族］阿补曲格掰了九节羊角花枝枝，每天给它们呵三口气，三天后，羊角花枝变成人的样子。

【流传】四川省·（阿坝藏族羌族自治州）·汶川县

【出处】《造人种》，见 http://qiang-people.51.ne/sory/20051001.hm。

## W2359.4.3
### 植物通过修炼变成人

实例

（参见下级母题实例）

## W2359.4.3.1
### 柳枝修炼变成人

【关联】［W2351.4.1］柳枝变成人

实例

［满族］柳树修炼成人和石矸修炼成的巨人成婚，繁衍人类。

【流传】黑龙江省·（牡丹江市）·宁安县·江东（江南朝鲜族满族乡）·缸窑村

【出处】关振川讲：《佛赫妈妈和乌申阔玛发》，见中国民间文学集成全国编辑委员会编《中国民间故事集成》（黑龙江卷），北京：中国 ISBN 中心 2005 年版，第 12~16 页。

## W2359.4.4
### 植物位置变化后变成人

实例

（参见下级母题实例）

## W2359.4.4.1
### 树叶落地变成人

【关联】［W2121.8］造人放地上成活

实例

❶［德昂族］田公砍柴时，100 片树叶落到地上变成 50 对男女。

【流传】云南省

【出处】陶阳、钟秀编：《中国神话》，上海：上海文艺出版社 1996 年版，第 138 页。

❷［德昂族］一阵狂风吹落一棵大树的 100 片树叶，田公（天王）说："如果这些树叶能够变成人，我们就不会孤单了。"于是这一百片树叶突然变成一个个人。

【流传】

(a) 云南省·保山县（保山市）

(b) 云南省·德宏州（德宏傣族景颇族自治州）

【出处】

(a) 李仁光、姚世清讲述，杨玉骧收集整理：《百片树叶百个人》，载《山茶》1985年第6期。

(b) 满坎木讲，杨毓骧采录：《人类的起源》，见中国民间文学集成全国编辑委员会编《中国民间故事集成》（云南卷），北京：中国ISBN中心2003年版，第105页。

## W2359.5
### 植物没有变成人

实例

（实例待考）

## W2359.6
### 植物变成的人被毁灭

实例

（参见下级母题实例）

## W2359.6.1
### 植物变成的人被风吹到天上

实例

[德昂族] 茶树叶变成的51对男女，50个姐妹被风吹上天。

【流传】

(a) 云南省·德宏州（德宏傣族景颇族自治州）

(b) 云南省

【出处】

(a) 陈志鹏采录：《祖先创世纪》，见中国民间文学集成全国编辑委员会编《中国民间故事集成》（云南卷），北京：中国ISBN中心2003年版，第106～112页。

(b) 陈志鹃整理：《达古达楞格莱标》，载《山茶》1981年第2期。

# 2.5.5 自然物或无生命物变化产生人
（W2360～W2379）

## ※ W2360
### 自然物变化为人（自然物变成人）

【关联】

① [W2077.2] 无生命物造人
② [W2200] 无生命物生人

实例

（参见下级母题实例）

## W2361
### 太阳变成人

【关联】

① [W2025.2] 人从太阳那里来
② [W2025.4.5.1] 太阳的儿女从天降
③ [W2204.1] 太阳生人
④ [W2225.2] 太阳生的卵生人
⑤ [W2271] 感太阳孕生人
⑥ [W2480] 人与太阳婚生人

实例

[瑶族] 太阳变成一个后生。

【流传】（无考）

【出处】《日月成婚》，见谷德明编《中国少数民族神话》，北京：中国民间文艺出版社1987年版，第141页。

## W2361.1
### 太阳化生人

**实例**

[白族] 太阳最后化生为男人和女人。

【流传】云南省·（大理白族自治州）·鹤庆（鹤庆县），丽江（丽江市），（丽江市）·永胜（永胜县）

【出处】李剑飞讲：《人类和万物的起源》，见陶阳、钟秀编《中国神话》，上海：上海文艺出版社1996年版，第94页。

## W2361.2
### 太阳的肉核变成人

【关联】[W2220] 卵生人

**实例**

❶ [白族] 落到海里的一个太阳被大金龙吞进腹内，变成一个肉团后从龙腮中进出来。未碎的肉核炸开成两半，左边一半变成一个女人，右边一半变成一个男人。

【流传】云南省

【出处】《人类和万物的起源》，见云南省民间文学集成办公室编《白族神话传说集成》，北京：中国民间文艺出版社1986年版，第1~11页。

❷ [白族] 一个太阳掉进大海的水眼洞中，洞中漂出一个五光十色的肉团团。肉团团到处撞来碰去，被撞得七零八碎。大肉团最中心的那团大肉核也一炸两半，变成了一个英俊的小伙子和一个漂亮的姑娘。从此，鹤庆地方才有了人烟。

【流传】云南省·（大理白族自治州）·鹤庆县·城郊（城郊乡）、西山区

【出处】朱二爷、徐元讲，章虹宇、傅光宇整理：《人类是从哪里来的》，见谷德明编《中国少数民族神话》，北京：中国民间文艺出版社1987年版，第299~302页。

## W2361.3
### 太阳的肉末变成人

**实例**

[白族] 一个太阳掉进大海的水眼洞中，洞中漂出一个五光十色的肉团团。肉团团到处撞来碰去，被撞得七零八碎，肉末、肉丝、肉片到处飞溅，其中，落在地上的，小一点的肉丝肉末变成了虫虫，大一点的肉片都变成了人。

【流传】云南省·（大理白族自治州）·鹤庆县·城郊（城郊乡）、西山区

【出处】朱二爷、徐元讲，章虹宇、傅光宇整理：《人类是从哪里来的》，见谷德明编《中国少数民族神话》，北京：中国民间文艺出版社1987年版，第299~302页。

2.5.5 自然物或无生命物变化产生人　‖W2362 — W2363.2.1‖　**645**

## W2362
### 月亮变成人

【汤普森】D439.5.1

【关联】

① ［W2025.3］人从月亮中来

② ［W2272］感月亮孕生人

③ ［W2481］人与月亮婚生人

实　例

［瑶族］月亮变成一个姑娘。

【流传】（无考）

【出处】《日月成婚》，见谷德明编《中国少数民族神话》，北京：中国民间文艺出版社1987年版，第141页。

## W2363
### 星星变成人

【汤普森】D439.5.2

【关联】

① ［W2204.2］星星生人

② ［W2482］人与星星婚生人

③ ［W2487.4］星星婚生人

④ ［W2736.2］人与星星同源

实　例

［锡伯族］人们生儿育女，认为都是星辰的化身。

【流传】（无考）

【出处】

（a）佟克力：《锡伯族历史与文化》，乌鲁木齐：新疆人民出版社1989年版，第178～179页。

（b）《星辰崇拜》，见吕大吉、何耀华总主编《中国各民族原始宗教资料集成》（鄂伦春族卷、鄂温克族卷、赫哲族卷、达斡尔族卷、锡伯族卷、满族卷、蒙古族卷、藏族卷），北京：中国社会科学出版社1999年版，第396页。

## W2363.1
### 星星家族到地上变成人类的始祖

实　例

［白族］（实例待考）

## W2363.2
### 特定的星星变成人

实　例

（参见下级母题实例）

## W2363.2.1
### 北斗星化身人

【关联】

① ［W2273.2］感北斗星生人

② ［W2283.6］祈北斗星辰得子

③ ［W2580.2.7.1］北斗星赋予人的生育能力

④ ［W1731］北斗星（北斗七星）

实　例

［哈尼族］秀墨姑娘（太阳和月亮的七女儿）是北斗星的化身。

【流传】（无考）

【出处】威东讲，朗确搜集整理：《孤儿和秀墨姑娘》，原载《哈尼族神话传说集成》，见陶阳、钟秀编《中国神话》（中），北京：商务印书馆2008年版，第1006～1013页。

## W2364
### 石头变成人

【汤普森】D432.1

【关联】

① [W2210] 石生人

② [W2261] 感石孕生人

实 例

❶ [高山族（卑南）] 男女 2 人成婚生的石头成为女孩与男孩。

【流传】台湾

【出处】宋龙生：《卑南（南王）部落的形成和发展》，台湾原住民历史文化学术研讨会论文集，台北，1997年，第 3~4 页。

❷ [汉族] 伏羲兄妹成婚，没有后人，弹的石子最后变成人。

【流传】四川省·（成都市）·都江堰（都江堰市）·天马乡（天马镇）

【出处】夏玉刚讲：《伏羲兄妹与石头》，见中国民间文学集成全国编辑委员会编《中国民间故事集成》（四川卷·上），北京：中国 ISBN 中心 1998 年版，第 54 页。

❸ [满族] 石矸修炼成巨人，起名乌申阔。

【流传】黑龙江省·（牡丹江市）·宁安县（宁古塔）·江东（江南朝鲜族满族乡）·缸窑村

【出处】关振川讲：《佛赫妈妈和乌申阔玛发》，见中国民间文学集成全国编辑委员会编《中国民间故事集成》（黑龙江卷），北京：中国 ISBN 中心 2005 年版，第 12~16 页。

## W2364.1
### 石人变成人

【关联】

① [W2089.7.2] 用石头造出石人

② [W2114a.1] 造的石人风吹后成活

③ [W2614] 生石人

④ [W2996.2] 会说话的石人

⑤ [W2996.3] 会长的石人

实 例

[白族] 一个怀孕多年的妇女从肚子里跳出 360 个小石人，这些石人变成人。

【流传】云南省·（大理白族自治州）·洱源县·茈碧乡·官营村

【出处】王承权调查整理：《洱源官营白族离家乡求平安祭》（1988），见吕大吉、何耀华总主编《中国各民族原始宗教资料集成》（彝族卷、白族卷、基诺族卷），北京：中国社会科学出版社 1996 年版，第 729 页。

## W2364.2
### 鹅卵石变成人

【关联】[W2210.2.6.1.1] 五彩鹅卵石生人

实 例

（参见下级母题实例）

## W2364.2.1
### 特定地点的鹅卵石变成人

实 例

[高山族] 一对燕子从日月潭衔起两块

鹅卵石。鹅卵石变化成人。

【流传】（无考）

【出处】《破天》，见高明强编《创世的神话和传说》，上海：上海三联书店1988年版，第139页。

## W2365
### 土化生人

【关联】

① ［W2087］用泥造人（用土造人）

② ［W2203.2.1］土生人

实例

（参见下级母题实例）

## W2365.1
### 泥巴变成人

实例

［高山族］很早以前，有一个叫 puklav 的甲虫推成的泥土大圆团成了人类的祖先。

【流传】台湾

【出处】达西乌拉弯·毕马（田哲益）、达给斯海方岸·娃莉丝（全妙云）著：《布农族口传神话传说》，台北：台原出版社1998年版，第237页。

## W2365.1.1
### 神吐出的泥巴变成人

实例

❶［维吾尔族］女天神吞进去的尘土都吐出来了，成了泥巴。这些泥巴星星点点从天上飞下来落在了地球上的各个地方，变成了许多矮小个子的人。

【流传】新疆维吾尔自治区·伊犁州（伊犁哈萨克自治州）·察布查尔县（察布查尔锡伯自治县）

【出处】牙库布讲，阿不都拉搜集翻译，姚宝瑄整理：《女天神创世》，见姚宝瑄主编《中国各民族神话》（乌孜别克族、哈萨克族、柯尔克孜族、俄罗斯族、维吾尔族、塔吉克族、塔塔尔族、锡伯族），太原：山西出版传媒集团·书海出版社2014年版，第226页。

❷［维吾尔族］古时，女神把吸进肚中的尘土吐出后变成人，繁衍为各民族。

【流传】新疆维吾尔自治区·喀什噶尔一带（今喀什市东南郊）

【出处】牙库布老人讲：《女天神创世》，见阿布都拉等《维吾尔族女天神创世神话试析》，载《民间文学》1985年第9期。

## W2366
### 水化生人

【关联】

① ［W2208］水生人

② ［W2262］感水孕生人

实例

［拉祜族］人就由露水珠变出来的。

【流传】云南省·（普洱市）·镇沅县（镇沅彝族哈尼族拉祜族自治县）

【出处】范清莲讲，自力采录：《天地日月的来历》，见中国民间文学集成全国编辑委员会编《中国民间故事集成》（云南卷），北京：中国ISBN中心2003年版，第47页。

## W2367
### 气化生人①

【关联】[W2314.1.1] 人的精气化生人

**实例**

[汉族] 混沌别为阴阳，离为八极；刚柔相成，万物乃形，精气为人。

【流传】（无考）

【出处】《淮南子·精神训》，见[汉]刘安等著，陈广忠译注《淮南子译注》，长春：吉林文史出版社1990年版，第302页。

## W2367.1
### 水火土风的精气化为人

**实例**

[傣族] 水火土风四物的精气结合，成为2个人，第1个是女人，叫雅桑该，住在太阳出来的左边；第2个是男人，叫布桑该，住在太阳的右边。

【流传】（无考）

【出处】王松：《活的历史和死的概念》，见田兵等编《中国少数民族神话论文集》，南宁：广西民族出版社1984年版，第62~63页。

## W2367.2
### 土与水气化生人

**实例**

[傣族] 土与水气孕育了人类的祖先布桑该和亚桑该。

【流传】云南省·西双版纳（西双版纳傣族自治州）

【出处】云南大学中文系：《云南民族文学资料集》（油印本）第六、七、八卷。

## W2367.3
### 冲和之气化生人

**实例**

[汉族] 太初者，气之始也，为浑沦。冲和气者为人。

【流传】（无考）

【出处】《列子·天瑞篇》。

## W2367.4
### 元气凝结化生人

**实例**

[汉族] 混沌卵中的两种元气各自结成精华，阳气结成的人。

【流传】浙江省·（温州市）·苍南县·南宋乡

---

① 气化生人，"气化生人"与"自然产生人"类型中的"气生人"具有细微的区别，主要表现在叙事上"气化生人"更注重"化"的过程和特点。

【出处】林道进讲，林子周采录：《天公地母开天地》，见中国民间文学集成全国编辑委员会编《中国民间故事集成》（浙江卷），北京：中国 ISBN 中心 1997 年版，第 19 页。

## W2367.5
### 多种气化生人

实例

（参见下级母题实例）

## W2367.5.1
### 玄气、元气、始气化生人

实例

[汉族] 幽冥生空洞，空洞生太无，太无变化玄气、元气、始气，三气混沌相因化生玄妙玉女。玉女生后，混气凝结，化生老子。

【流传】（无考）
【出处】《道藏》（第 28 册），北京：文物出版社 1988 年版，第 413 页。

## W2368
### 其他自然物化为人

实例

（参见下级母题实例）

## W2368.1
### 火焰凝结为人

实例

[傣族] 最早时风吹火焰结成了一团东西，这一团东西慢慢地变成了人。

【流传】云南省·西双版纳州（西双版纳傣族自治州）
【出处】岩英祁讲，仓霁华翻译，朱宜初等采录：《英叭开天辟地》，见中国民间文学集成全国编辑委员会编《中国民间故事集成》（云南卷），北京：中国 ISBN 中心 2003 年版，第 82 页。

## W2368.1.1
### 祖灵烧的烟火变成人

【关联】[W2060] 祖先造人（始祖造人）

实例

[彝族] 祖灵燃烧的烟柱和火光一直在变，变来变去，变出个松身愚人。

【流传】（四川省·凉山彝族自治州）
【出处】
（a）冯元蔚译：《勒俄特依》，成都：四川民族出版社 1986 年版。
（b）冯元蔚译，蔷紫改写：《勒俄特依》，见姚宝瑄主编《中国各民族神话》（羌族、彝族），太原：山西出版传媒集团·书海出版社 2014 年版，第 155 页。

## W2368.2
### 多种无生命物变化为人

实例

[傣族] 气体、烟雾和狂风的混合体产生出蒸汽人。

【流传】（无考）
【出处】《开天辟地》，见谷德明编《中

国少数民族神话》，北京：中国民间文艺出版社 1987 年版，第 341 页。

### W2368.3
### 雨滴变成人

【关联】［W2275.5］感雨孕生人

**实例**

（参见下级母题实例）

### W2368.3.1
### 神的眼泪变成的雨滴变成人

**实例**

［怒族］天神流下了两滴泪水。泪水变成了雨水，落在怒江东岸的架怒地方。雨水一落地，一滴变成一位英俊的男子，另一滴变成一位美丽的女子。

【流传】（无考）

【出处】《人的由来》，编者根据叶世富的《怒族民间故事》（云南人民出版社 1988 年版）重新整理，见吕大吉、何耀华总主编《中国各民族原始宗教资料集成》（纳西族卷、羌族卷、独龙族卷、傈僳族卷、怒族卷），北京：中国社会科学出版社 2000 年版，第 895～896 页。

### W2368.4
### 露珠变成人

【关联】［W2392.6.1］露水落到树根上变成人。

**实例**

［拉祜族］升腾到树叶上的露水珠，一颗一颗地从树叶上滴渗到地中，从一棵棵的树根上，变出一个个的人。

【流传】云南省·（普洱市）·镇沅县（镇沅彝族哈尼族拉祜族自治县）

【出处】范清莲讲，自力采录：《天地日月的来历》，见中国民间文学集成全国编辑委员会编《中国民间故事集成》（云南卷），北京：中国 ISBN 中心 2003 年版，第 47 页。

### W2368.5
### 雪变成人

【关联】［W2089.5］用雪造人

**实例**

［彝族］格滋天神来造人时，天上撒下三把雪，落地变成三代人。撒下第一把是第一代，撒下第二把是第二代，撒下第三把是第三代。

【流传】云南省·楚雄彝族自治州·姚安县、大姚县等

【出处】《创世·人类起源》，见云南省民族民间文学楚雄调查队整理编写《梅葛》，昆明：云南人民出版社 2009 年版，第 20 页。

### W2368.5.1
### 红雪变成人

【关联】［W2208.2.1］红雪生人

**实例**

❶［彝族］天上降了三场红雪，出现了雪族子孙十二种，其中有一种变成人类，后来分布到天下各地。

【流传】（无考）

【出处】《勒俄特衣》，见胡庆钧《凉山彝族奴隶制社会形态》，北京：中国社会科学出版社 1985 年版，第 392～393 页。

❷ [彝族] 天上降下三场红雪来，降在地面上。九天化到晚，九夜化到亮，为成人类化，为成祖先化。

【流传】四川省·凉山（凉山彝族自治州）

【出处】《勒俄特衣》，见冯元蔚、曲比石美整理校订《凉山彝文资料选译》第 1 集，西南民族学院印刷厂内部编印，1978 年，第 29～35 页。

## W2368.6
### 光变成人
【关联】
① [W2215] 光生人
② [W2295.1.4.5] 用灵光造人做人种

实　例

（参见下级母题实例）

## W2368.6.1
### 日月的灵光变成人
【关联】
① [W2077.2.1] 日月造人
② [W2122.1] 造人受日月之精后成活

实　例

[瑶族] 洪水后，太阳和月亮把灵光变成了一对非常漂亮的年轻人做人种再生人类。

【流传】（无考）

【出处】
（a）赵老大讲，梅中泉记录整理：《日月成婚》，见谷德明编《中国少数民族神话》，北京：中国民间文艺出版社 1987 年版，第 140 页。
（b）同（a），载《山茶》1983 年第 3 期。

## ✽ W2369
### 无生命物变化为人
实　例

（参见下级母题实例）

## W2370
### 特定器物化生人
实　例

[高山族（排湾）] 一个女陶壶受阳光照射，孵出的 1 个女性的蛋。

【流传】台湾

【出处】尹建中：《台湾山胞各族传统神话故事与传说文献编纂研究》，台湾"内政部"，1994 年，第 184 页。

## W2370.1
### 宝物化生人
【关联】[W9650～W9699] 宝物

实　例

[汉族] 原始天尊手拿宝瓶轻轻点了几下，宝瓶中化生出一对童男童女。

【流传】宁夏回族自治区·（中卫市）·中宁县·恩和乡·秦庄村

【出处】杨生荣讲，宋福采录：《原始天

尊造人》，见中国民间文学集成全国编辑委员会编《中国民间故事集成》（宁夏卷），北京：中国 ISBN 中心 1999 年版，第 6 页。

## W2371
### 排泄物化生人

【关联】［W2216］排泄物中生人

实　例

（参见下级母题实例）

## W2371.1
### 粪化生人

【关联】［W2339.2］虫子的粪变成人

实　例

（参见下级母题实例）

## W2371.1.1
### 粪球变成人

【关联】［W2220］卵生人

实　例

❶ ［高山族（布农）］粪丸子变成了两个漂亮的年轻人，一男一女。

【流传】台湾卓万社

【出处】《高山族各种人的始祖：那勒哈勒虫屎与洞穴结合生男女》，见姚宝瑄主编《中国各民族神话》（高山族、黎族、畲族），太原：山西出版传媒集团·书海出版社 2014 年版，第 11 页。

❷ ［高山族（布农）］蜘蛛推磨成圆团状的粪便，渐渐变成了人，成为达西乌拉弯氏族的祖先。

【流传】台湾

【出处】《蜘蛛粪便变成达西乌拉弯氏族》，见达西乌拉弯·毕马（田哲益）、达给斯海方岸·娃莉丝（全妙云）著《布农族口传神话传说》，台北：台原出版社 1998 年版，第 224 页。

❸ ［高山族（布农）］蜘蛛把粪团推入两个洞中，分别化生出一个男孩和一个女孩，二人结婚，繁衍后代。

【流传】台湾

【出处】达西乌拉弯·毕马（田哲益）、达给斯海方岸·娃莉丝（全妙云）著：《布农族口传神话传说》，台北：台原出版社 1998 年版，第 225 页。

## W2371.1.2
### 狗粪变成人

实　例

［高山族（布农）］有一座山，山里有一堆狗粪，狗粪变成小孩，被达西乌拉弯氏族的人带回家，这堆狗粪就是丹西基安氏族的祖先。

【流传】台湾

【出处】达西乌拉弯·毕马（田哲益）、达给斯海方岸·娃莉丝（全妙云）著：《布农族口传神话传说》，台北：台原出版社 1998 年版，第 180 页。

## W2371.2
### 眼泪化生人

【关联】［W2368.3］雨滴变成人

## 2.5.5 自然物或无生命物变化产生人 ‖W2371.2 — W2371.4‖

> 实 例

❶ [怒族] 天神滴下了两颗眼泪，一滴变成了1个男人，另一滴变成了1个女人。

【流传】云南省

【出处】攸延春：《怒族文学简史》，昆明：云南民族出版社2003年版，第29~30页。

❷ [怒族] 天神的两滴眼泪变1男1女。

【流传】（无考）

【出处】金阿友讲，叶世昌整理：《天上为什么闪电打雷下雨》，见中华民族故事大系编委会编《中华民族故事大系》第14卷（普米族、塔吉克族、怒族、俄罗斯族、鄂温克族），上海：上海文艺出版社1995年版，第525页。

## W2371.3
### 唾液化生人

【汤普森】D437.5

【关联】

① [W2083.1] 用唾液造人

② [W2304.2.2] 神的唾液化为人

> 实 例

（参见下级母题实例）

## W2371.3.1
### 神的唾液化生人

> 实 例

❶ [佤族] 达能（人神）吐出的唾沫变成人和其他动物，滴出的汗水会变成汪洋大海。

【流传】云南省·（普洱市）·西盟（西盟佤族自治县）

【出处】达老屈等讲，隋嘎等采录：《司岗里》，见中国民间文学集成全国编辑委员会编《中国民间故事集成》（云南卷），北京：中国ISBN中心2003年版，第96页。

❷ [佤族] 创造神达能吐出的唾沫会变成人。

【流传】云南省·（普洱市）·西盟（西盟佤族自治县）

【出处】《司岗里》，见尚仲豪《佤族民间故事集成》，昆明：云南民族出版社1990年版。

## W2371.3.2
### 萨满的唾液化生人

> 实 例

[鄂温克族] 尼桑（萨满）的唾沫变成了后来的萨满和氏族。

【流传】（无考）

【出处】《尼桑萨满》，见中央民族学院少数民族文艺研究所编《中国民族民间文学》（上），北京：中央民族学院出版社1987年版，第198页。

## W2371.4
### 鼻涕化生人

> 实 例

（参见下级母题实例）

## W2371.4.1
### 鼻涕中的泥点子变成人

【实例】

[维吾尔族] 远古，女神吸空气和尘气，喷嚏中的泥点子变成泥人，后来变成活人。

【流传】新疆维吾尔自治区·伊犁哈萨克自治州·查布察尔锡伯自治县

【出处】《女天神创世》，见陶阳、牟钟秀著《中国创世神话》，上海：上海人民出版社2006年版，第115页。

## W2372
### 其他无生命物变化为人

【实例】

[普米族] 石头灰、石头粉聚合化成女人。

【流传】云南省·（丽江市）·宁蒗县（宁蒗彝族自治县）；四川省·（凉山彝族自治州）·木里县（木里藏族自治县）

【出处】草木绒讲，章虹宇整理：《九木鲁》，见中华民族故事大系编委会编《中华民族故事大系》第14卷（普米族、塔吉克族、怒族、俄罗斯族、鄂温克族），上海：上海文艺出版社1995年版，第24页。

## ✳ W2373
### 人造物变成人

【关联】[W2030~W2129] 造人

【实例】

（参见下级母题实例）

## W2374
### 雕塑物变成人

【汤普森】D435.1

【实例】

❶ [拉祜族] 兄妹结婚后，哥哥进山刻造木人，妹妹顺手把拦路的小木人挪动，小木人成活变成人。

【流传】云南省

【出处】《刻木造人》，见云南省民族事务委员会编《拉祜族文化大观》，昆明：云南民族出版社1999年版，第178页。

❷ [壮族] 姆洛甲第二次造人是用生芭蕉刻的人。她把生芭蕉雕成人样，用稻草包起来，又藏到岩洞里。四十九天过去了，姆洛甲又打开岩洞，看见人崽会动了，个个白嫩嫩的，只是身子不够硬朗。

【流传】广西壮族自治区·（河池市）·大化县（大化瑶族自治县）·羌圩乡·那康村

【出处】

（a）覃鼎琨讲，覃承勤采录翻译：《姆洛甲造三批人》，见中国民间文学集成全国编辑委员会编《中国民间故事集成》（广西卷），北京：中国ISBN中心2001年版，第4页。

（b）同（a），见张声震总主编，农冠品编注《壮族神话集成》，南宁：广西民族出版社2007年版，第22页。

## W2375
### 泥人变成人

【关联】

① ［W2087］用泥造人（用土造人）

② ［W2110］造人成活

**实 例**

❶ ［瑶族］生存下来的人类，都是泥人的后代。

【流传】贵州省·（黔南布依族苗族自治州）·荔波县·洞塘乡

【出处】韦老根讲，全心华等录采：《务告造人》，见中国民间文学集成全国编辑委员会编《中国民间故事集成》（贵州卷），北京：中国 ISBN 中心 2003 年版，第 13 页。

❷ ［藏族］女娲捏的泥巴人变成人。

【流传】云南省·迪庆（迪庆藏族自治州）

【出处】《女娲娘娘》，载《民间文学》1985 年第 4 期。

## W2376
### 绳子变成人

【汤普森】①D434.2；②D436.2

【关联】［W2313］怪胎变成人

**实 例**

［高山族（布农）］布农族卓社有一位达西发路岸氏族的人，看到一棵大树浮在水面，被粗大的藤绳捆绑，后来藤绳慢慢变成人。

【流传】台湾

【出处】达西乌拉弯·毕马（田哲益）、达给斯海方岸·娃莉丝（全妙云）著：《布农族口传神话传说》，台北：台原出版社 1998 年版，第 172 页。

## W2377
### 与人造物变成人有关的其他母题

**实 例**

（参见下级母题实例）

## W2377.1
### 木匣变成人

【关联】［W2213］柜生人

**实 例**

［高山族（布农）］古时候，木匣子变成人。

【流传】（无考）

【出处】郑恒雄：《从道家的观点看汉族和布农族的变形神话》，载《汉学研究》1990 年第 8 期。

## W2377.2
### 藤萎变成人

**实 例**

［高山族（布农）］藤萎变成男人。

【流传】（无考）

【出处】郑恒雄：《从道家的观点看汉族和布农族的变形神话》，载《汉学研究》1990 年第 8 期。

## W2377.3
### 饺子变成人

**实例**

（参见下级母题实例）

## W2377.3.1
### 老夫妻包的饺子变成孩子

**实例**

[维吾尔族] 有一对无儿女的做苦工的老夫妻。妻子尼莎罕包菜饺子时，祈祷有个孩子，一只饺子一下子变成了一个小孩子，从锅里一下跳到灶前，成为她的孩子。

【流传】新疆维吾尔自治区

【出处】

（a）图热合满托夫讲，新疆文联组织翻译整理：《饺子英雄》，见刘发俊编《维吾尔族民间故事选》，上海：上海文艺出版社1980年版，第153~165页。

（b）同（a），见姚宝瑄主编《中国各民族神话》（乌孜别克族、哈萨克族、柯尔克孜族、俄罗斯族、维吾尔族、塔吉克族、塔塔尔族、锡伯族），太原：山西出版传媒集团·书海出版社2014年版，第260~261页。

## W2377.4
### 草人变成人

【关联】[W2085.3] 用草造人

**实例**

（参见下级母题实例）

## W2377.4.1
### 草人燃烧变成人

**实例**

[壮族] 用草扎的草人被点燃后变成人。

【流传】广西壮族自治区·崇左（崇左市）·濑湍乡·九岸村

【出处】李旭亮讲：《人头草》，见张声震总主编，农冠品编注《壮族神话集成》，南宁：广西民族出版社2007年版，第340~341页。

## W2377.5
### 面人变成人

【关联】[W2089.1.1] 用面造人

**实例**

[哈萨克族] 一个没有怀孕的妻子顺手用面团捏成了一个小孩的形体，放在面单上，结果变成一个白白胖胖的小子。

【流传】新疆维吾尔自治区

【出处】

（a）《镶巴图尔》，见《哈萨克族民间故事选》，上海：上海文艺出版社1986年版。

（b）同（a）见姚宝瑄主编《中国各民族神话》（乌孜别克族、哈萨克族、柯尔克孜族、俄罗斯族、维吾尔族、塔吉克族、塔塔尔族、锡伯族），太原：山西出版传媒集团·书海出版社2014年版，第49页。

## W2378
### 其他自然物或无生命物变化产生人

**实例**

（参见下级母题实例）

## W2378.1
### 声音化生人

**实例**

（参见下级母题实例）

## W2378.1.1
### 声音化生为男女

【关联】［W2760］变形出现男女

**实例**

（参见下级母题实例）

## W2378.1.1.1
### 母子的声音化生为男女

**实例**

［苗族］第二代人时遭遇大火，只剩下母亲博巴个儿子右略母子二人。右略发现打扮成姑娘与他成亲的是他的母亲后，吓得用手捂着脸，奔出山洞，边跑边叫。博巴也奔出山洞追赶狂呼。母子俩的声音不断在山间回响，传遍凡间的山川原野，母子俩的声音传到哪里，哪里就有了女人和男人。

【流传】云南省

【出处】

（a）《造人烟的传说》，杨光汉主编《云南苗族民间故事集成》，北京：中国民间文艺出版社 1988 年版。

（b）同（a），见姚宝瑄主编《中国各民族神话》（布依族、仡佬族、苗族），太原：山西出版传媒集团·书海出版社 2014 年版，第 291~292 页。

## 2.5.6 怪胎、怪物或肢体变化产生人
（W2380 ~ W2389）

## ❋ W2380
### 怪胎、怪物或神、动物等的肢体变化为人[①]

【汤普森】D437

**实例**

（参见下级母题实例）

## W2381
### 怪胎变化为人

【关联】［W2600］人生怪胎

**实例**

（参见下级母题实例）

---

[①] 怪胎或神、动物等的肢体变人，该母题中的"怪胎变人"的其他情况可以参见"［W2653］怪胎变成人的方式"中的相关实例。

## W2381.1
### 怪胎化生人

**实例**

❶ [壮族] 伏羲兄妹把婚生的磨刀石撒到各处，撒到河里的变成鱼虾，撒到山上的变成鸟兽，撒到村里、城里的变成人。

【流传】广西壮族自治区·桂西地区

【出处】李振文讲：《洪水淹天的传说》，见张声震总主编，农冠品编注《壮族神话集成》，南宁：广西民族出版社2007年版，第318~319页。

❷ [壮族] 1个怪胎变成的头人变成千百个人。

【流传】（无考）

【出处】张声震主编：《布洛陀经诗》，见张声震总主编，农冠品编注《壮族神话集成》，南宁：广西民族出版社2007年版，第115~116页。

## W2382
### 怪物变化为人

【关联】[W0860] 怪物

**实例**

（参见下级母题实例）

## W2382.1
### 最早出现的怪物变化为人

**实例**

[汉族] 女娲炼石补天以后，从水中爬出一只公的怪物，即世上第一个人。

【流传】甘肃省·（庆阳市）·宁县·新宁镇·柏庄村

【出处】任孝忠采录：《世神造人》，见中国民间文学集成全国编辑委员会编《中国民间故事集成》（甘肃卷），北京：中国ISBN中心2001年版，第9页。

## W2382.2
### 与怪物变化为人有关的其他母题

**实例**

（参见下级母题实例）

## ※ W2383
### 特定的肢体变化为人

【关联】
① [W2348.5.1] 猪肉变成人
② [W2375] 泥人变成人

**实例**

（参见下级母题实例）

## W2384
### 人的肢体变成人

**实例**

（参见下级母题实例）

## W2384.1
### 人的肢体切（砍）碎后变成人

【关联】[W2314.2.1] 小孩被砍碎后变成很多人

**实例**

（参见关联项母题实例）

## W2384.2
### 乳房变成人

**实 例**

（实例待考）

## W2384.2.1
### 丈夫割下妻子的乳房变成女婴

**实 例**

［珞巴族］（实例待考）

## W2384.3
### 婚生 1 子后碎尸化生人类

【关联】

① ［W2600］人生怪胎

② ［W2314.2.1］小孩被砍碎后变成很多人

**实 例**

［高山族（赛夏）］兄妹结婚后生 1 子，为繁衍后人，兄妹杀子碎尸。碎尸化生为许多赛夏人的始祖。

【流传】台湾

【出处】《厄帕·那奔兄妹传说》，见中国各民族宗教与神话大词典编审委员会编《中国各民族宗教与神话大词典》，北京：学苑出版社 1990 年版，第 144 页。

## W2384.4
### 婚生 2 子后碎尸化生人类

**实 例**

［高山族］为繁育后代，姐弟将婚生 2 子杀死，切成碎块，吹以气息，即化生为人。

【流传】台湾平埔巴则海人

【出处】《巴则海人始祖》，见中国各民族宗教与神话大词典编审委员会编《中国各民族宗教与神话大词典》，北京：学苑出版社 1990 年版，第 144 页。

## W2385
### 内脏变成人

**实 例**

［侗族］把肉坨砍碎，内脏变成瑶人。

【流传】湖南省·（怀化市）·新晃县（新晃侗族自治县）·李树乡

【出处】《姜郎姜妹》，见中国民间文学集成全国编辑委员会编《中国民间故事集成》（湖南卷），北京：中国ISBN中心 2002 年版，第 28～30 页。

## W2385.1
### 心脏变成人

【关联】［W2388.3］心肝变化为人

**实 例**

（参见下级母题实例）

## W2385.1.1
### 天女的心脏变成人

**实 例**

［汉族］玉皇大帝的小女儿把自己的心挖出来，用嘴一吹，变成了 1 对男女。

【流传】江西省·宜春市·（袁州区）·湖田乡·双湖村

【出处】易世才讲，李鉴采录：《玉皇大帝的女儿》，见中国民间文学集成全国编辑委员会编《中国民间故事集成》（江西卷），北京：中国ISBN中心2002年版，第3页。

## W2385.2
### 肠变成人

【关联】
① ［W2082.3］用肠子造人
② ［W2636］生肠子

实 例

[侗族] 切碎肉球后，里面的肠子变成汉族。

【流传】（无考）

【出处】《侗族创世纪》，见中央民族学院少数民族文艺研究所编《中国民族民间文学》（上），北京：中央民族学院出版社1987年版，第135页。

## W2385.2.1
### 神人的肠子变成人

实 例

[侗族]（实例待考）

## W2385.2.2
### 人的肠子化生为人

实 例

❶ [高山族] 洪水后。西士比亚山神又把幸存的一个男人的肠子投入海水中，肠子立即也变成一串长长的人群，他们弯曲迂回地也到岛上安居下来，成为台湾汉族的祖先。

【流传】台湾

【出处】

（a）《高山族和汉族的来源》，见陈国强编《高山族神话传说》，福州：福建人民出版社1980年版。

（b）同（a），见姚宝瑄主编《中国各民族神话》（高山族、黎族、畲族），太原：山西出版传媒集团·书海出版社2014年版，第18页。

❷ [藏族] 劈碎姐弟结婚生的肠子，变成人。

【流传】（无考）

【出处】李魏加讲，王强记录：*《洪水》，见陶立璠、赵桂芳等编《中国少数民族神话汇编》（洪水篇），中央民族学院少数民族古籍整理出版规划领导小组办公室印（未署出版时间）。

## W2385.3
### 肝变成人

实 例

[侗族] 切碎肉球，肝变成瑶族。

【流传】（无考）

【出处】《侗族创世纪》，见中央民族学院少数民族文艺研究所编《中国民族民间文学》（上），北京：中央民族学院出版社1987年版，第135页。

## W2386
### 肉变化成人（肉化生人）

【关联】[W2348.5.1] 猪肉变成人

**实例**

❶ [侗族] 切碎肉球，肉变成侗族。

【流传】（无考）

【出处】《侗族创世纪》，见中央民族学院少数民族文艺研究所编《中国民族民间文学》（上），北京：中央民族学院出版社1987年版，第135页。

❷ [侗族] 把肉坨砍碎，肉变成了侗人。

【流传】湖南省·（怀化市）·新晃县（新晃侗族自治县）·李树乡

【出处】《姜郎姜妹》，见中国民间文学集成全国编辑委员会编《中国民间故事集成》（湖南卷），北京：中国ISBN中心2002年版，第28~30页。

❸ [黎族] 劈开兄妹结婚生的肉团变成人。

【流传】海南省·（三亚市）·乐东县（乐东黎族自治县）昌化江流域

【出处】李露露：《海南黎族古老的水上交通工具》，见 http://www.shezu.net，2004.05.06。

❹ [羌族] 神仙看到地上无人烟从自己身上割肉投向人间于是有了人类。

【流传】四川省·（阿坝藏族羌族自治州）·汶山县（旧县名已撤销，今属汶川县）·（龙溪乡）·阿尔村

【出处】朱金龙讲，陈安强整理：《洪水滔天》，见何斯强、蒋彬主编《羌族：四川汶山县阿尔村调查》，昆明：云南大学出版社2004年版，第224~225页。

❺ [水族] 剁烂兄妹婚生的怪胎让乌鸦走，肉渣变成人种。

【流传】贵州省·（黔南布依族苗族自治州）·三都县（三都水族自治县）

【出处】《古歌》，见王孝廉《岭云关雪——民族神话学论集》，北京：学苑出版社2002年版，第131页。

❻ [土家族] 切碎姐弟结婚生的肉疙瘩，变成人。

【流传】湖北省·（宜昌市）·长阳县（长阳土家族自治县）·都镇湾（都镇湾镇）·杜家冲

【出处】《洪水泡天》，见白庚胜总主编《中国民间故事全书》（湖北省·长阳卷），北京：知识产权出版社2007年版，第8页。

## W2386.1
### 肉块变成人（肉块化生人）

**实例**

❶ [高山族] 神灵乌兹帕赫崩将1人杀死，碎成肉块，抛撒于水中，肉块变成人。

【流传】（无考）

【出处】《碎尸生始祖》，见中国各民族宗教与神话大词典编审委员会编《中国各民族宗教与神话大词典》，北京：学苑出版社1990年版，第144页。

❷ [汉族] 100块肉变成51男49女。

【流传】四川省·巴县（今重庆市·巴

南区）·姜家乡

【出处】《伏羲兄妹结亲》，见李子硕《民间故事集成》（重庆巴县），内部资料，1989年，第32页。

❸ [京族] 把肉球砍成肉块后变成人。

【流传】广西壮族自治区

【出处】王孝廉：《岭云关雪——民族神话学论集》，北京：学苑出版社2002年版，第132~133页。

❹ [珞巴族] 天上而降的母子二人躲进猪圈，儿子听从了母猪的吩咐将猪肉切成块。这些肉块变成米古巴部落各氏族。

【流传】西藏自治区米古巴

【出处】于乃昌：《珞巴族的原始宗教与文化》，见于乃昌个人网，2003.10.20。

## W2386.1.1
### 人与天女婚生的肉块变成人

【关联】[W2416.1] 人与天女婚生人

实 例

[彝族] 洪水后幸存的老三与天神的三女儿结婚。三仙女孕生下一个大肉口袋。老三把它砍碎，有一大坨肉块被老三砍了丢在竹子上，肉块落地就变成四个男娃娃和四个女娃娃。

【流传】云南省·（曲靖市）·罗平（罗平县），宣威（宣威市）

【出处】
(a) 李育才讲，陶学良记录：《葫芦里出来的人》，载《山茶》1966年第4期。

(b) 同(a)，见陶阳、钟秀编《中国神话》（中），北京：商务印书馆2008年版，第911~919页。

## W2386.1.2
### 娘侄婚生的肉块变成人

【关联】[W2445] 娘侄婚生人

实 例

[壮族] 娘侄成婚生的一个会动的肉砖变成人类。

【流传】云南省·（文山壮族苗族自治州）·西畴县

【出处】陆开富讲：《布洛陀》，见中国民间文学集成全国编辑委员会编《中国民间故事集成》（云南卷），北京：中国ISBN中心2003年版，第86~89页。

## W2386.1.3
### 兄妹婚生的肉块变成人

【关联】[W2645.1] 兄妹婚生怪胎

实 例

[黎族] 雷公切碎兄妹婚生1个男孩，用筛子筛，肉块一下子变成人。

【流传】海南省

【出处】
(a) 云博生搜集：《人类的起源》，见陶阳、钟秀编《中国神话》，上海：上海文艺出版社1996年版，第184页。

(b) 王知会讲：《人类的起源》，见中国民间文学集成全国编辑委员会编《中国民间故事集成》（海南卷），北京：中国 ISBN 中心 2002 年版，第 4 页。

（c）《人类的起源》，见谷德明编《中国少数民族神话》，北京：中国民间文艺出版社 1987 年版，第 184 页。

## W2386.1.4
### 人与犬婚生的肉块变成人

【关联】［W2458］人与犬婚生人（人与狗婚生人）

实 例

［瑶族］一犬盘瓠与公主结婚，公主生的块肉变成人。

【流传】（无考）

【出处】［唐］樊绰：《蛮书》卷十，引王通明《广异记》。

## W2386.2
### 肉球变成人（肉球化生人）

【关联】
① ［W2220］卵生人
② ［W2227.5.3］身上长出的肉卵生人
③ ［W2388.1］卵化生人
④ ［W2388.1.6］肉瘤化人
⑤ ［W2633.1］生肉瘤

实 例

❶ ［达斡尔族］老太婆膝盖长的肉瘤中生人。

【流传】（无考）

【出处】孟志东整理：《金光闪闪的儿子》，见中华民族故事大系编委会编《中华民族故事大系》第 11 卷（达斡尔族、仫佬族、羌族），上海：上海文艺出版社 1995 年版，第 92 页。

❷ ［藏族］肉球生出眼、鼻、耳、牙、脚、手等，这些东西成为小孩。

【流传】（无考）

【出处】《朗氏家族，天神的后裔》，见廖东凡主编《神山之祖》，武汉：湖北少年儿童出版社 2001 年版，第 175～180 页。

## W2386.3
### 肉团变成人

实 例

［哈尼族］布希布妞兄妹把婚生的肉团，闭着眼睛四处丢去，丢在腿上的肉团变成七对娃娃。

【流传】云南省·（玉溪市）·元江县（元江哈尼族彝族傣族自治县）·因远镇·卡腊一带

【出处】《造天地歌》，见元江县哈尼文化学会、元江县史志编组办公室编《元江哈尼族古歌集》，内部编印，2005 年，第 19 页。

## W2386.3.1
### 海中生的肉团变成人

【关联】［W2208.4］海生人

实 例

［白族］大海水眼洞底漂出的肉团团，大肉团最中心的肉核炸成两半，变成 1 对男女。

【流传】云南省·（大理白族自治州）·鹤庆（鹤庆县）·城郊

【出处】朱二爷等讲，章虹宇等记录整理：《人类是从哪里来的》，见谷德明编《中国少数民族神话》，北京：中国民间文艺出版社1987年版，第299页。

## W2386.3.2
### 太阳生的肉团变成人

【关联】

① ［W2204.1］太阳生人
② ［W2225.2］太阳生的卵生人

**实 例**

［白族］两个太阳碰撞生肉团团。大肉团中心的那团大肉核一炸两半，变成1男1女，从此有了人烟。

【流传】（无考）

【出处】《人类是从哪里来的》，见谷德明编《中国少数民族神话》，北京：中国民间文艺出版社1987年版，第299页。

## W2386.4
### 肉核变成人

【关联】

［W2021.2.2.1］第一个女人是肉核
［W2361.2］太阳的肉核变成人

**实 例**

［白族］大海水眼洞底漂出的肉团团，大肉团最中心的肉核炸成两半，变成了一个小伙子和一个姑娘。

【流传】云南省·（大理白族自治州）·鹤庆（鹤庆县）·城郊

【出处】朱二爷等讲，章虹宇等记录整理：《人类是从哪里来的》，见谷德明编《中国少数民族神话》，北京：中国民间文艺出版社1987年版，第299页。

## W2386.5
### 血肉化生人

【关联】［W2635.1］生血肉

**实 例**

（参见下级母题实例）

## W2386.5.1
### 人的血肉化生人

【关联】［W2081.2］用人的身体造人

**实 例**

［藏族］大山生下的夫妻为了繁衍更多的后代，杀死了生育的最喜爱的孩子，把孩子的肉和上泥土和石头，切成碎片，撒在东方，再把孩子的血洒在这些碎片上。这些洒上孩子的血的碎片便都成了人。

【流传】西藏自治区

【出处】

(a)《僜人创世神话》，旺秋根据中国社科院民族研究所编《僜人社会历史调查》（云南人民出版社1990年版）以及西藏民间文艺研究会主办《邦锦梅朵》1984年第8期中的《僜人创世神话》整理。

(b) 同（a），见姚宝瑄主编《中国各民族神话》（门巴族、珞巴族、怒族、藏族），太原：山西出版传媒集团·书海出版社2014年版，第89~90页。

## W2386.5.2
### 肉雨化生人

实 例

[纳西族] 陆色兄妹（男女神名）劈碎婚的生一团红肉坨，朝着大地把碎肉抛撒了出来。肉雨像一阵春雨一样落地，肉雨最后幻化出了三男和三女。

【流传】云南省·丽江县（丽江市）
【出处】木丽春采集整理：《男女结合生人的故事》，见木丽春编著《纳西族民间故事集》，昆明：云南人民出版社 2007 年版，第 86 页。

## W2386.5.3
### 人肉化生人

实 例

[景颇族] 姐弟俩婚生一个小孩。老爷爷就把他砍了，把肉剁碎，撒到九岔路上。又把他的肚脏洗了煮成稀粥。后来那些肉每一块都变成了一个人。

【流传】（无考）
【出处】殷江腊讲，永生翻译，东耳、永生整理：《人类始祖》，载《山茶》1982 年第 6 期。

## W2386.6
### 肉化生人的条件

实 例

（参见下级母题实例）

## W2386.6.1
### 人的皮肉在水中化生人

实 例

[高山族] 洪水后，山神发现人类灭绝。他看到一个幸存的男人，重造人类的希望涌上心头。他抓起那个男人，把他的皮肉投入山脚大海里。结果男人的皮肉一碰到海水，就变成一个个活蹦乱跳的人。

【流传】台湾
【出处】
(a)《高山族和汉族的来源》，见陈国强编《高山族神话传说》，福州：福建人民出版社 1980 年版。
(b) 同 (a)，见姚宝瑄主编《中国各民族神话》（高山族、黎族、畲族），太原：山西出版传媒集团·书海出版社 2014 年版，第 17～18 页。

## W2387
### 与肢体变化为人有关的其他母题

实 例

（参见下级母题实例）

## W2387.1
### 人熊的一半变成人

【关联】[W2348.5.2] 熊的一半变成人

实 例

[鄂温克族] 一猎人与一只母熊同居生 1 只幼熊（人熊）。后来，猎人逃走时，母熊把幼熊撕为两半，扔给猎人的一

半变成人。

【流传】（无考）

【出处】秋浦：《鄂温克人的原始社会形态》，北京：中华书局1962年版，第163页。

## W2387.2
### 人生的毛孩变成人

【关联】

① ［W2347.4.2］毛孩洗掉毛变成人

② ［W2604］生毛孩

实例

[门巴族] 男孩与天女扎木神婚生的毛孩，后来洗去长毛变成人。

【流传】西藏自治区

【出处】《三兄弟和扎木深》，见 http://www.ibeology.ac.cn

## W2387.3
### 子宫变成人

实例

（实例待考）

## W2387.4
### 骨头变成人

【汤普森】D437.1

【关联】［W2596.15］从骨头中生人

实例

❶ ［高山族（泰雅）］神人的骨头变成凶猛而强悍的泰雅人。

【流传】（无考）

【出处】鹿忆鹿：《台湾原住民与大陆南方民族的洪水神话比较》，载《民间文学论坛》1997年第1期。

❷ ［侗族］切碎肉球后，里面的骨头变成苗族。

【流传】（无考）

【出处】《侗族创世纪》，见中央民族学院少数民族文艺研究所编《中国民族民间文学》（上），北京：中央民族学院出版社1987年版，第135页。

❸ ［侗族］把肉坨砍碎，骨头变苗人。

【流传】湖南省·（怀化市）·新晃县（新晃侗族自治县）·李树乡

【出处】《姜郎姜妹》，见中国民间文学集成全国编辑委员会编《中国民间故事集成》（湖南卷），北京：中国ISBN中心2002年版，第28~30页。

❹ ［汉族］盘古为了繁衍后代，取下自己的两根肋骨，吹了一口气，变成一对男女，生育子孙，出现了人类。

【流传】陕西省·（咸阳市）·三原县·独李乡

【出处】杜春梅讲，宋克明采录：《开天辟地》，见中国民间文学集成全国编辑委员会编《中国民间故事集成》（陕西卷），北京：中国ISBN中心1996年版，第4页。

## W2387.5
### 脑变成人

实例

（实例待考）

## W2387.6
### 人的毛发化为人

【关联】[W2304.2.1] 神的毛发化为人

实 例

[布依族] 布灵（布依语，"人猿"，含祖先之意）把汗毛全部拔光丢到地上，根根汗毛冒出青烟后变成一个一个的人。

【流传】（无考）

【出处】

（a）《造万物》第七章，见 BBS 水木清华站：http://www.smth.edu.cn 2006.07.20。

（b）《造万物》，见中国各民族宗教与神话大词典编审委员会编《中国各民族宗教与神话大词典》，北京：学苑出版社1990年版，第44页。

## W2388
### 与怪胎、怪物或肢体化生人有关的其他母题

实 例

（参见下级母题实例）

## W2388.1
### 卵化生人

【关联】[W2220] 卵生人

实 例

❶ [高山族（排湾）] 高山族排湾人是两粒蛋变成的。

【流传】台湾

【出处】陈炜萍：《两烂光闪闪的圆蛋》，见陈庆浩等《中国民间故事全集·台湾民间故事集》，台北：远流出版公司1993年版，第362页。

❷ [高山族] 蛋变成人。

【流传】（无考）

【出处】陈炜萍整理：《始祖的传说》，见中华民族故事大系编委会编《中华民族故事大系》第8卷（畲族、高山族、拉祜族），上海：上海文艺出版社1995年版，第421页。

❸ [苗族] 蛋中孵化出祖婆祖爷。

【流传】云南省·（昭通市）·彝良县

【出处】王建英讲：《造天造地》，见中国民间文学集成全国编辑委员会编《中国民间故事集成》（云南卷），北京：中国ISBN中心2003年版，第91页。

## W2388.1.1
### 黄金卵化生人[1]

实 例

[朝鲜族] 天地开辟之后，从龟旨峰传来异常声响，黄金卵化为童子。

【流传】（无考）

【出处】《首露王神话》，见一然撰，李载浩译注《三国遗事·驾洛国记》。

---

[1] 此类型中的"黄金卵化生人"、"太阳卵化生人"等，与"卵生"母题有共性也有区别，主要表现在叙事表述方面的差异。

## W2388.1.2
### 太阳的卵孵化生人

实 例

❶ [高山族（排湾）] 太阳神在太武山上生黄、青卵，化生洛摩兹、基宁男女2人。

【流传】（无考）

【出处】《卵生排湾人兄妹始祖》，见中国各民族宗教与神话大词典编审委员会编《中国各民族宗教与神话大词典》，北京：学苑出版社1990年版，第144页。

❷ [高山族（鲁凯）] 太阳产两个卵，孵化出部落头目的祖先。

【流传】（无考）

【出处】[日] 古野裕子：《蛇——日本的蛇信仰》，讲谈社1999年，第189~199页。

❸ [高山族（排湾）] 太阳之蛋孵化而生人。

【流传】（无考）

【出处】李亦园：《台湾土著民族的社会与文化》，见陶阳、牟钟秀著《中国创世神话》，上海：上海人民出版社2006年版，第68页。

## W2388.1.3
### 海螺卵化生人

【关联】[W2223.11.1] 海螺的卵生人

实 例

[藏族] 五行之卵的软体部分共变成18枚卵，其中中间一个是海螺卵，这是一个无形的人，既无四肢也无感官，但却有思想。根据他的意愿，感觉器官生出来，它变成了一个年轻人。

【流传】（无考）

【出处】[法] 石泰安著，耿昇译：《西藏的文明》，北京：中国藏学出版社1999年版，第227页。

## W2388.1.4
### 蛋核变成人

【关联】[W2386.4] 肉核变成人

实 例

❶ [纳西族（摩梭人）] 神鹰下的蛋，蛋核变成一位姑娘。

【流传】云南省·（丽江市）·宁蒗县（宁蒗彝族自治县）

【出处】《盘答歌》，见陶阳、牟钟秀著《中国创世神话》，上海：上海人民出版社2006年版，第164~165页。

❷ [纳西族] 蛋核变出阿斯（女始祖"埃姑命"）。

【流传】（无考）

【出处】《埃姑命》，见云南省民族事务委员会编《纳西族文化大观》，昆明：云南民族出版社1999年版，第327页。

❸ [纳西族（摩梭人）] 石洞中的大蛋，蛋核变成摩梭人的女祖先昂姑咪阿斯。

【流传】云南省·（丽江市）·宁蒗县（宁蒗彝族自治县）

【出处】《昂姑咪》，载《山茶》1986年第3期。

## W2388.1.5
### 蛋黄化为人

【关联】［W2226.1］蛋黄生人

实 例

［藏族］元始之初，自然形成一只大蛋，蛋黄化为人和各种动物。

【流传】（无考）

【出处】

（a）贡乔泽登：《藏族神话传说——始祖神话》，见水木清华站 http：//smth.edu.cn，2005.03.13。

（b）《始祖神话》，http：//www.xiaoshuo.com，2007.04.06。

## W2388.1.6
### 肉瘤化为人

【关联】

① ［W2386］肉化生人
② ［W2386.2］肉球变成人

实 例

［满族］阿布卡赫赫额上的肉瘤化成一个美女。

【流传】吉林省·长春市

【出处】富希陆讲：《天宫大战》，见中国民间文学集成全国编辑委员会编《中国民间故事集成》（吉林卷），中国文联出版公司1992年版，第4页。

## W2388.1.7
### 鹰卵化生人

【关联】

① ［W2164］鹰生人
② ［W2228.13.1.1］猴吞鹰卵孵出人

实 例

［纳西族（摩梭）］天神和地母生的猴子吞下神鹰的蛋。蛋从猴儿的肚脐眼中迸飞出来，撞在一块崖壁上，砸个粉碎，蛋壳、蛋白、蛋黄变成的粉末，到处乱飞，有的飞到空中，有的粘在崖上，有的落进海里。蛋核没有撞烂，在洞中滚来滚去变成了一个美丽的姑娘。她就是摩梭人的老祖宗昂姑咪阿斯。

【流传】云南省·（丽江市）·宁蒗县（宁蒗彝族自治县）

【出处】桑直若史、益依关若讲，章天钖、章天铭搜集，章虹宇整理：《昂姑咪》，载《山茶》1986年第3期。

## W2388.2
### 血化生人（血变成人）

【关联】［W0721.4.2］龙的血化为盘古

实 例

❶［赫哲族］血落到地上变成了1男2女3个人。

【流传】（无考）

【出处】洛帕金：《戈尔德人》，见喻权中《死亡的超越与转化——赫哲-那乃族初始萨满神话考疑》，载《民族研究》1998年第3期。

## W2388.2.1
### 血水化生人

实 例

❶［汉族］日月兄妹婚，月亮把太阳生

的血胞砍烂，血水就变成了人。

【流传】四川省·（攀枝花市）·米易县·黄草乡

【出处】徐钟氏讲，张勇采录：《太阳妹妹和月亮哥哥》，见中国民间文学集成全国编辑委员会编《中国民间故事集成》（四川卷·上），北京：中国ISBN中心1998年版，第55页。

❷ [壮族] 三兄妹互婚生3子。生产后的血水变成的蝌蚪形的小动物变成人。

【流传】广西壮族自治区·（南宁市）·隆安（隆安县）·都结乡

【出处】黄会勤讲：《造人》，见张声震总主编，农冠品编注《壮族神话集成》，南宁：广西民族出版社2007年版，第342页。

## W2388.2.2
### 人的血化生人

实 例

（参见 W2309.1 母题实例）

## W2388.2.2.1
### 女子流的血变成人

实 例

[赫哲族]（实例待考）

## W2388.2.3
### 经血化生人

【关联】[W2309.1] 仙女的经血化生人

实 例

（参见关联项母题实例）

## W2388.2.3.1
### 经血感尿化生人

实 例

[蒙古族] 天仙女下凡到湖里沐浴，在石头上滴了几滴经血，一个公猴在其经血上小解，过了九千九百九十九年以后，经血变成了人。

【流传】（无考）

【出处】格日乐图整理：《人类之起源》，见中国各民族宗教与神话大词典编审委员会编《中国各民族宗教与神话大词典》，北京：学苑出版社1990年版，第455页。

## W2388.2.4
### 鬼血变成人

实 例

[独龙族] 在很古以前，大自然界还没有人生存。独龙河下游孟登木地区最老的德梅当氏族，传说是天上落下的鬼血（"卜郎舍里木"）变的。

【流传】云南省·（怒江傈僳族自治州）·贡山县（贡山独龙族怒族自治县）·第四区·第三行政村·巴坡村

【出处】陈燮章等：《贡山县第四区第四行政村巴坡独龙族社会经济调查》之注释，见中国科学院民族研究所云南民族调查组等编印《云南省怒江独龙族社会调查》（七），内部编印，1964年，第234页。

## W2388.2.5
### 血团变成人

实 例

[独龙族] 以前没有人，有一个鬼，从自己口中吐出一点血，放在手中，经过团乱后，这一点血便变成了一男一女。

【流传】云南省·（怒江傈僳族自治州）·贡山县（贡山独龙族怒族自治县）·第四区·第三行政村·巴坡村

【出处】陈燮章等：《贡山县第四区第四行政村巴坡独龙族社会经济调查》，见中国科学院民族研究所云南民族调查组等编印《云南省怒江独龙族社会调查》（七），内部编印，1964年，第234页。

## W2388.2.6
### 心血化生人

实 例

（参见下级母题实例）

## W2388.2.6.1
### 男人的心血化生1子

实 例

[汉族] 禹是父亲鲧的一生心血化育出来的。

【流传】（无考）

【出处】钟伟今搜集整理：《禹的诞生》，载《山海经》1981年第4期。

## W2388.3
### 心肝变化为人

【关联】［W2297.9］女子生的人是自己的心肝变成的

实 例

（参见下级母题实例）

## W2388.3.1
### 女神的心肝变化为人

【关联】［W2137］女神生人

实 例

[彝族]"更"（天神更资）缠着母亲蒲依要玩伴，蒲依拍着胸口对心里的玛支玛珂神树说："你把你的心和我的心再割一点，给更做个伙伴吧。"玛支玛珂神树说："心是不能再割了，我割一半肝试试。"接着蒲依昏天黑地地痛了一会儿，肚子里又掉出来一个人模人样的小男孩，蒲依给他取了个名字叫"阿尔"。

【流传】云南省·（楚雄彝族自治州）·永仁县

【出处】

(a) 曲木阿石等讲，罗有能整理：《更资天神》，见云南省楚雄州文教局、云南省楚雄州民委会编《楚雄民间文学资料》，内部资料，1979年。

(b) 同（a），见姚宝瑄主编《中国各民族神话》（羌族、彝族），太原：山西出版传媒集团·书海出版社2014年版，第179~180页。

## 2.5.7 与变化产生人有关的其他母题
（W2390～W2399）

### W2390
**演化生成人**

【关联】［W2913.8］人的演进

实例

（参见下级母题实例）

### W2390.1
**动物演化成人（动物演变成人）**

【关联】［W2347.5.1］猴子失去尾巴变成人

实例

（参见下级母题实例）

### W2390.1.1
**猿演化成人**

【关联】［W2318.11］猿变成人

实例

［布依族］介于人和猿之间的高级动物"独零"（有的译作"布灵"）逐渐变化为人。

【流传】贵州省·黔西南（黔西南布依族苗族自治州）

【出处】何积全、陈立浩主编：《布依族文学史》，贵阳：贵州民族出版社1992年版，第52页。

### W2390.1.2
**猴子演化成人**

【关联】［W2312.2］人猴变成人

实例

（参见关联项及下级母题实例）

### W2390.1.2.1
**猴子演化为人没有成功**

实例

［彝族］第九代猴子阿吕居子还不能算是人类。它又生了八个儿子。其中居子石涉又分八支。但是石涉不说灵，石涉不祭祖，石涉不娶妻，石涉不嫁女，石涉到十代就绝嗣了。

【流传】（四川省·凉山彝族自治州）

【出处】

（a）冯元蔚译：《勒俄特依》，成都：四川民族出版社1986年版。

（b）冯元蔚译，蔷紫改写：《勒俄特依》，见姚宝瑄主编《中国各民族神话》（羌族、彝族），太原：山西出版传媒集团·书海出版社2014年版，第159页。

### W2390.2
**按时间演进产生人**

实例

［汉族］（实例待考）

## W2390.3
### 不正常的人演化成正常人

【关联】

① ［W2605］生其他体征特殊的人

② ［W2833a.1］眼睛长在膝盖的人生眼长在脸上的人

实 例

（实例待考）

## W2391
### 变成人的时间

实 例

（参见下级母题实例）

## W2391.1
### 变化成人需要漫长的时间

实 例

（参见下级母题实例）

## W2391.1.1
### 经万年化生人

实 例

［德昂族］小茶树身上的 102 片茶叶飘出天门，转了三万年，化生出 102 个人。

【流传】云南省·德宏州（德宏傣族景颇族自治州）

【出处】陈志鹏采录：《祖先创世纪》，见中国民间文学集成全国编辑委员会编《中国民间故事集成》（云南卷），北京：中国 ISBN 中心 2003 年版，第 106 页。

## W2391.1.2
### 999 年化生为人

实 例

［蒙古族］天仙女下凡到湖里沐浴，在石头上滴了几滴经血，一个公猴在其经血上小解，经过九千九百九十九年，经血变成了人。

【流传】（无考）

【出处】格日乐图整理：《人类之起源》，见中国各民族宗教与神话大词典编审委员会编《中国各民族宗教与神话大词典》，北京：学苑出版社 1990 年版，第 455 页。

## W2391.2
### 变化成人需要特定的时间

实 例

（参见下级母题实例）

## W2391.2.1
### 变成人需要较短时间

实 例

（参见下级母题实例）

## W2391.2.1.1
### 特定的动物变人需要 7 天

【关联】

① ［W2125.1.1］造人用 7 天

② ［W2583.1.1］怀孕 7 天 7 夜

【实例】

[瑶族（过山瑶）] 龙犬盘护蒸 7 天 7 日变成人。

【流传】（无考）

【出处】盘日新等讲，王矿新等整理：《盘王的传说》，见刘江华编《中国神话故事》（天、地、人物卷），北京：中国世界语出版社 1999 年版，第 101～103 页。

## W2391.2.1.2
### 无生命物化生人用了 9 天

【实例】

[彝族] 天上降下的三场红雪，九天化到晚，九夜化到亮，作了九种黑白醮。

【流传】四川省·凉山一带（凉山彝族自治州）

【出处】《勒俄特衣》，见冯元蔚、曲比石美整理校订《凉山彝文资料选译》第 1 集，西南民族学院印刷厂内部编印，1978 年，第 29～35 页。

## W2391.2.2
### 9 个月变成人

【关联】
① [W2123.1.4] 造人经 9 个月成活
② [W2125.2.2] 造人用 9 个月时间
③ [W2582.2] 怀孕 9 个月

【实例】

（参见下级母题实例）

## W2391.2.2.1
### 蜡造的人 9 个月变成人

【实例】

[瑶族（布努）] 密洛陀（万物之母，女始祖，女神）生的 12 个女孩造人时，把花蜡造的人装在缸中，再把缸放在大姐腹中，人在缸里天天变肥胖。密洛陀判他们九个月变成人，九个月就出缸。

【流传】广西壮族自治区·（河池市）·都安县（都安瑶族自治县）、巴马县（巴马瑶族自治县）、南丹县，（百色市）·田东县、平果县等地

【出处】桑布郎等传，蒙凤标（83 岁）、罗仁祥（73 岁）等唱：《密洛陀》（1983），见蓝怀昌、蓝书京、蒙通顺搜集翻译整理《密洛陀》，北京：中国民间文艺出版社 1988 年版，第 310 页。

## W2391.2.2.2
### 蜂窝 9 个月变成人

【关联】
① [W2168.2.1] 蜂窝中生人
② [W2337.2.1] 树枝与蜂窝装进箱子后变成人

【实例】

[瑶族] 密洛陀（女神，女始祖，瑶族最高神）造人时，把蜜蜂在树洞里做的窝连同那棵树砍下来，装进箱子里。过了九个月，打开箱子一看，一个个蜜蜂都成了人。

【流传】广西壮族自治区·（河池市）·巴马瑶族自治县

【出处】

（a）蓝有荣讲，黄书光、覃光群搜集，韦编联整理：《密洛陀》，见苏胜兴、刘保元、韦文俊、王矿新等编《瑶族民间故事选》，上海：上海文艺出版社1980年版。

（b）同（a），见姚宝瑄主编《中国各民族神话》（土家族、毛南族、侗族、瑶族），太原：山西出版传媒集团·书海出版社2014年版，第142页。

## W2391.2.3
### 10个月变成人

【关联】

① ［W2313.2］10个月孕生的怪胎变成人

② ［W2582.1］怀孕10个月

实　例

（参见下级母题实例）

## W2391.3
### 与变成人时间有关的其他母题

实　例

（实例待考）

## W2392
### 变成人的地点

实　例

（参见下级母题实例）

## W2392.1
### 在泥中变成人

实　例

［高山族］一种虫的粪掉落在泥土里，变成了人。

【流传】台湾·南投县·信义乡·人和村

【出处】［俄］李福清著：《神话与鬼话——台湾原住民神话故事比较研究》（增订本），北京：社会科学文献出版社2001年版，第100页。

## W2392.2
### 在卵中变成人

实　例

（实例待考）

## W2392.3
### 放入洞中变成人

【关联】［W2121.5］造人放洞中成活

实　例

❶ ［高山族（布农）］那勒哈勒虫团粪成丸，推入洞穴遂变成男女2人。

【流传】台湾卓万社

【出处】《洞生布农人始祖》，见中国各民族宗教与神话大词典编审委员会编《中国各民族宗教与神话大词典》，北京：学苑出版社1990年版，第144页。

❷ ［羌族］造的人放进地洞中，成活变成了人。

【流传】四川省·（阿坝藏族羌族自治州）·理县
【出处】余青海讲，罗世泽搜集：《阿补曲格创世》，见中华民族故事大系编委会编《中华民族故事大系》第11卷（达斡尔族、仫佬族、羌族），上海：上海文艺出版社1995年版，第634页。

## W2392.3.1
### 粪球放洞穴变成人
【关联】
① ［W2339.2］虫子的粪变成人
② ［W2371.1.2］狗粪变成人

实 例

［高山族（布农）］世界最早出现的硬壳虫那勒哈勒把自己的粪便推进两个山洞里，粪丸子一落入洞穴里，立刻变成了人。
【流传】台湾卓万社
【出处】《高山族各种人的始祖：那勒哈勒虫屎与洞穴结合生男女》，见姚宝瑄主编《中国各民族神话》（高山族、黎族、畲族），太原：山西出版传媒集团·书海出版社2014年版，第11页。

## W2392.4
### 接触地面后变成人
【关联】
① ［W2121.8.1.1］泥人接触地面成活
② ［W2359.4.4.1］树叶落地变成人

③ ［W2697.3.1］婴儿落地长大

实 例

［高山族（邹人）］天神摇枫树，掉下的树果落地后变成人。
【流传】台湾
【出处】浦忠成：《台湾邹族的风土神话》，台北：台原出版社1993年版，第137页。

## W2392.5
### 投放到水中变成人

实 例

（参见下级母题实例）

## W2392.5.1
### 把肢体投入海中化生人

实 例

［高山族（泰雅）］神把肠、骨头投入海中，分别变成不同的人。
【流传】台湾
【出处】鹿忆鹿：《台湾原住民与大陆南方民族的洪水神话比较》，载《民间文学论坛》1997年第1期。

## W2392.5.2
### 把肉块投入河中化生人①

实 例

❶ ［高山族（赛夏）］兄妹为繁衍后人，将生的一个儿子碎尸，投掷河流，每

---

① 把肉块投入河中化生人，一些神话虽然在叙述中表述为肉块变化为人，但一般认为强调的是"化"的成分，故列为化生类型。

投一块，就化生为一个人。

【流传】台湾

【出处】《厄帕·那奔兄妹传说》，见中国各民族宗教与神话大词典编审委员会编《中国各民族宗教与神话大词典》，北京：学苑出版社1990年版，第144页。

❷ [高山族（赛夏）] 洪水只剩下兄妹两人，没有结婚，妹妹死后，哥哥把尸体切成小块，投入水中，这些肉块变成了人。

【流传】台湾

【出处】李卉：《台湾及东南亚的同胞配偶型洪水传说》，载《中国民族学报》1955年第1期。

## W2392.6
### 落到树根上变成人

实 例

（参见下级母题实例）

## W2392.6.1
### 露水落到树根上变成人

【关联】[W2366] 水化生人

实 例

[拉祜族] 树叶上的露水珠滴到树根上，变出人。

【流传】云南省·（普洱市）·镇源县（镇沅彝族哈尼族拉祜族自治县）

【出处】范清莲讲：《天地日月的来历》，见中国民间文学集成全国编辑委员会编《中国民间故事集成》（云南卷），北京：中国ISBN中心2003年版，第47~48页。

## W2392.7
### 其他特殊的地点变化成人

实 例

（参见下级母题实例）

## W2392.7.1
### 放入柜子中变成人

【关联】
① [W2213] 柜生人
② [W2228.7] 卵放柜中生人

实 例

[瑶族] 卡恩等几大公上山打野猪，山坳上遇一窝阿黄（蜜蜂类）。密洛陀（万物之母，女始祖，女神）叫他们装阿黄回来，经过五炼十炼，装进金箱银柜。过了九个月打开盖子一看，都变成了人。

【流传】广西壮族自治区·（河池市）·巴马县（巴马瑶族自治县）·东山乡·崇山村

【出处】蒙老三（70岁）讲，蒙灵记录翻译：《密洛陀》（1981），原载南宁师范学院编《广西少数民族与汉族民歌民间故事》，见陶阳、钟秀编《中国神话》（上），北京：商务印书馆2008年版，第106~109页。

## W2392.7.2
### 放入缸中变成人

【关联】[W2121.7] 造人放进缸中成活

【实例】

［瑶族］密洛陀拿蜂蜡造人，放进瓦缸里，经过9个月，蜂仔已成人。

【流传】（无考）

【出处】莎红整理：《密洛陀》，南宁：广西人民出版社1981年版，第54页。

## W2392.7.3
### 怪胎砍碎后落到村子的变成人

【关联】［W2600］人生怪胎

【实例】

［汉族］伏羲女娲兄妹婚生一块磨刀石，打碎后从昆仑山顶撒到山下。这些碎石跌到山里的，就变成了飞禽走兽；跌到村子里的，就变成了人。

【流传】江西省·南昌市

【出处】周仑讲，稚翁搜集整理：《洪水的传说》，原载南昌市民间文学集成编委会编《南昌民间故事集成》，见姚宝瑄主编《中国各民族神话》（汉族），太原：山西出版传媒集团·书海出版社2014年版，第87～89页。

## W2392.7.4
### 特定的坝子是变人的地方

【实例】

（参见下级母题实例）

## W2392.7.4.1
### 特定的坝子是猴子变成人的地方

【关联】［W2318.14.1］猴子到坝子后变成人

【实例】

［藏族］泽当城所在的坝子上，就是西藏猴子变人的地方。

【流传】西藏自治区

【出处】廖东凡记译：《泽当——西藏猴子变人的地方》，原载吴一虹编《风物传说》，见陶阳、钟秀编《中国神话》（上），北京：商务印书馆2008年版，第361～362页。

## ※ W2393
### 变化成人的条件

【关联】［W2111］造人成活的条件

【实例】

（参见下级母题实例）

## W2394
### 神或神性人物在变人中的作用

【关联】［W2078.1.1］神或神性人物是造人的帮助者

【实例】

［羌族］阿补曲格（神名）每天给九节羊角花枝枝呵三口气，变成人。

【流传】四川省·（阿坝藏族羌族自治州）·汶川县

【出处】《造人种》，见http://qiangpeople.51.ne/sory/20051001.hm

## W2394.1
### 天神把动物变成人

【关联】［W2347.7.2.1］天神把瘦的动

## 2.5.7 与变化产生人有关的其他母题 ‖W2394.1 — W2394.2‖

物变成人

**实 例**

(参见下级母题实例)

### W2394.1.1
### 天神把飞禽走兽变成人

【关联】

① ［W2323.10］野兽变成人

② ［W2325］鸟变成人

**实 例**

[彝族] 天上的母资莫（神名）和地上的米资莫（神名）派一种飞禽或走兽去变人。

【流传】云南省·（玉溪市）·元江县（元江哈尼族彝族傣族自治县）红河谷两岸的彝族村寨

【出处】白仲和搜集整理：《兄妹夫妻》，见彝学网：http://222.210.17.136/mzwz/index.htm，2006.10.25。

### W2394.1.2
### 天神把牛变成人

【关联】［W2321］牛变成人

**实 例**

[汉族] 老天爷把牛变成人。

【流传】山西省·（长治市）·长子县

【出处】高孟征讲：《人是哪里来的》，见中国民间文学集成全国编辑委员会编《中国民间故事集成》（山西卷），北京：中国ISBN中心1999年版，第8页。

### W2394.1.3
### 天神把猴子变成人

【关联】

① ［W2317］猴变成人（猴子变成人）

② ［W2318.1］神把猴子变成人

**实 例**

❶ [高山族（邹人）] 天神摇枫树，树的果实和叶子落地变成人。

【流传】台湾

【出处】浦忠成：《台湾邹族的风土神话》，台北：台原出版社1993年版，第137页。

❷ [彝族] 恩体古兹（天神名）把猴子变成了人。

【流传】（云南省）

【出处】《破土歌》，见《云南彝族歌谣集成》，昆明：云南民族出版社1986年版。

### W2394.2
### 智慧女神的作用变成人

【关联】［W0496.1］智慧女神

**实 例**

[德昂族] 智慧女神让狂风吹落茶树的叶子，叶子变成人。

【流传】云南省

【出处】《藤篾腰箍》、《不献坟的传说》，见云南省民族事务委员会编《德昂族文化大观》，昆明：云南民族出版社1999年版，第120页。

## W2394.3
### 受宗教人物的命令变成人
【实例】

（参见下级母题实例）

## W2394.3.1
### 受佛祖的命令变成人
【实例】

[汉族] 佛爷让火龙变成了皇帝（人）。

【流传】黑龙江省·（大兴安岭地区）·呼玛县·鸥浦乡

【出处】曹秀英讲：《鳌鱼地球》，见中国民间文学集成全国编辑委员会编《中国民间故事集成》（黑龙江卷），北京：中国ISBN中心2005年版，第4~5页。

## W2394.3.2
### 受法师的命令变成人
【实例】

[汉族] 姐弟婚生一个肉团切成百块后，元始天尊命令南极仙翁、灵宝大法师使还魂法将肉块复活成男女。

【流传】广西壮族自治区·（贺州市）·钟山县·回龙乡

【出处】董贵清讲，董世松采录：《葫芦姐弟》，见曹廷伟编著《广西民间故事辞典》，南宁：广西教育出版社1993年版，第24页。

## W2394.4
### 其他神或神性人物在变人中的作用
【实例】

（参见下级母题实例）

## W2394.4.1
### 天降的大汉把怪胎变成人
【关联】

① [W2650.4.4] 天降的大汉剁碎怪胎

② [W2652a.1.1] 天降的大汉指点砍碎怪胎

【实例】

[土家族] 洪水后，补所和雍民两兄妹婚生肉坨，天降的大汉把肉坨剁碎后变成了人。

【流传】四川省（今重庆市）·西阳县（酉阳土家族苗族自治县）·可大乡

【出处】徐元科讲：《补所和雍尼》，见中国民间文学集成全国编辑委员会编《中国民间故事集成》（四川卷·下），北京：中国ISBN中心1998年版，第1213~1214页。

## W2395
### 动物在变人中的作用
【关联】[W2078.1.2] 动物是造人的帮助者

【实例】

（参见下级母题实例）

2.5.7 与变化产生人有关的其他母题

## W2395.1
### 经昆虫的叮咬变成人

实 例

❶ [高山族（布农）] 最早时，大地上只有两条叫古古拉特的芋虫匍匐在地上。它们看到蚂蚁、蚊子和蛆等小虫要来咬它，吓得站立起来，变成了两个男女。

【流传】台湾布农人卡社群

【出处】《高山族各种人的始祖：虫生布农人的始祖》，见姚宝瑄主编《中国各民族神话》（高山族、黎族、畲族），太原：山西出版传媒集团·书海出版社2014年版，第11页。

❷ [高山族（布农）] 有两条古古特拉芋虫（一说人形软体物），被蚁、蚊、蛆等所围，奋然而立，遂成男女2人。

【流传】台湾卡社群

【出处】《虫生布农人始祖》，见中国各民族宗教与神话大词典编审委员会编《中国各民族宗教与神话大词典》，北京：学苑出版社1990年版，第144页。

## W2395.2
### 经猴子的咀嚼化生人

实 例

[纳西族]（实例待考）

## W2395.3
### 经燕子的叼衔变成人

实 例

[高山族] 一对燕子从日月潭衔起两块鹅卵石。这两块鹅卵石变化成人。

【流传】（无考）

【出处】《破天》，见高明强编《创世的神话和传说》，上海：上海三联书店1988年版，第139页。

## W2396
### 其他特定人物在变人中的作用

实 例

（参见下级母题实例）

## W2396.1
### 蜘蛛在变人中的作用

实 例

[高山族（布农）] 蜘蛛推磨形成了两个圆团状的粪便，并把这两个粪团推入两个洞中。这两个粪团渐渐变成了1男1女。

【流传】台湾

【出处】《蜘蛛粪便变成达西乌拉弯氏族》，达西乌拉弯·毕马（田哲益）、达给斯海方岸·娃莉丝（全妙云）著《布农族口传神话传说》，台北：台原出版社1998年版，第224页。

## W2397
### 与变人条件有关的其他母题

**实 例**

（参见下级母题实例）

## W2397.1
### 吹气后变成人

【关联】

① ［W2114］造人经吹气后成活
② ［W2114.1］神吹气后造的人成活
③ ［W2114.2］造人者吹气后造的人成活
④ ［W2359.4.2］通过吹气植物变成人
⑤ ［W2997.10.1］造人者吹气成为人的灵气

**实 例**

[汉族] 开天辟地时，玉皇大帝的女儿挖出心脏，吹气后变成一对男女。

【流传】江西省·宜春市·（袁州区·湖田乡）·双湖村

【出处】易世才讲：《玉皇大帝的女儿》，见中国民间文学集成全国编辑委员会编《中国民间故事集成》（江西卷），北京：中国 ISBN 中心 2002 年版，第 3 页。

## W2397.2
### 祭祀神灵后变成人

【关联】

① ［W2493.4］祭祀祖先后生正常人
② ［W2657］施巫术使怪胎变成人

**实 例**

[独龙族] 一女与天上的鬼神婚生蜜蜂、岩蜂、燕子，祭祀神灵，这些孩子才变成了人。

【流传】云南省·（怒江傈僳族自治州·贡山独龙族怒族自治县）·独龙江（独龙江乡）·龙元村、冷木当村、迪政当村

【出处】《木彭九和木尼斤》，见李金明《独龙族文学简史》，昆明：云南民族出版社 2004 年版，第 67 ~ 69 页。

## W2397.3
### 祈祷后化生人

**实 例**

[维吾尔族] 一对做苦工的夫妻，无儿女，妻子祈祷后，包的饺子变成儿子。

【流传】新疆维吾尔自治区

【出处】新疆文联翻译整理：《饺子英雄》，见刘发俊编《维吾尔族民间故事选》，上海：上海文艺出版社 1980 年版，第 153 ~ 165 页。

## W2397.4
### 用魔法变成人

**实 例**

[藏族] 扎生魔（女鬼）使用魔法变成了 6 个美丽的姑娘。

【流传】西藏自治区西南部地区

【出处】《人的由来》，见谷德明编《中国少数民族神话》，北京：中国民间

文艺出版社1987年版，第672页。

## W2397.5
### 吃特定的食物变成人
【关联】［W2318.5.2］猴子吃粮食后变成人

实例

（参见下级母题实例）

## W2397.5.1
### 吃酒使狗变成人
【关联】［W2316］狗变成人（犬变成人）

实例

[土家族] 寨老的女崽翠翠与狗结婚，按照结婚的礼节，新娘新郎要喝交杯酒，她把敬酒给狗吃了，狗一下子变成了英俊的小伙子。

【流传】贵州省·（黔东南苗族侗族自治州）·岑巩县

【出处】代国才讲，田花采录：《狗带谷种》，见中国民间文学集成全国编辑委员会编《中国民间故事集成》（贵州卷），北京：中国ISBN中心2003年版，第67页。

## W2397.5.2
### 吃仙丹使猴子变成人
【关联】［W2317］猴变成人（猴子变成人）

实例

[彝族] 猴子按地神米资莫的吩咐，各自吞下一颗仙丹，结果都变成人。

【流传】云南省·（玉溪市）·元江县（元江哈尼族彝族傣族自治县）红河谷两岸的彝族村寨

【出处】白仲和搜集整理：《兄妹夫妻》，见彝学网：http：//222.210.17.136/mzwz/index.htm，2006.10.25。

## W2397.6
### 神使尸体化生人

实例

[侗族] 盘古王把怪人星郎杀死后，尸体丢在河沙坝上，化生为人和万物。

【流传】

（a）贵州省·（黔东南苗族侗族自治州）·从江县·高增乡

（b）贵州省·（黔东南苗族侗族自治州）·从江（从江县）、黎平（黎平县）等侗族地区

【出处】

（a）梁普安等讲，龙玉成采录：《物种的起源》，见中国民间文学集成全国编辑委员会编《中国民间故事集成》（贵州卷），北京：中国ISBN中心2003年版，第31页。

（b）同（a），见燕宝、张晓编《神话传说》，贵阳：贵州人民出版社1997年版，第71页。

## W2397.7
### 天气作用下化生人

实例

（实例待考）

## W2397.8
### 感风化生人
【关联】［W2275.1］感风孕生人

实例

［汉族］盘古垂死化生，身之诸虫，因风所感，化为黎甿。

【流传】（无考）

【出处】［三国］徐整：《三五历记》，原书已佚，据《绎史》引文。

## W2397.9
### 特定气候下化生人
【关联】［W6544］特定时间的禁忌

实例

（参见下级母题实例）

## W2397.9.1
### 雪结冰成骨头，下雪成肌肉

实例

［彝族］天上降下的三场红雪，九天化到晚，九夜化到亮，作了九种黑白醮，结冰成骨头，下雪成肌肉，吃风来做气，下雨来做血，星星做眼珠，最后变成血族的种类。

【流传】四川省·凉山（凉山彝族自治州）一带

【出处】《勒俄特衣》，见冯元蔚、曲比石美整理校订《凉山彝文资料选译》第1集，西南民族学院印刷厂内部编印，1978年，第29~35页。

## W2397.10
### 变成人要举行巫术仪式
【关联】
① ［W2657］施巫术使怪胎变成人
② ［W9152］巫术的作用

实例

［彝族］恩体古兹天神告诉人神俄惹结志："要做九次黑白醮（即打清醮，一种迷信仪式。黑是指清醮中的两种，专可除污秽，求吉利）就可以变成人。"

【流传】（四川省·凉山彝族自治州）

【出处】

（a）冯元蔚译：《勒俄特依》，成都：四川民族出版社1986年版。

（b）冯元蔚译，蔷紫改写：《勒俄特依》，见姚宝瑄主编《中国各民族神话》（羌族、彝族），太原：山西出版传媒集团·书海出版社2014年版，第156页。

## W2398
### 与变化产生人有关的其他母题

实例

（参见下级母题实例）

## W2398.0
### 早期的人只能化生

实例

（参见下级母题实例）

## 2.5.7 与变化产生人有关的其他母题

### W2398.0.1
早期的人不能胎生只能化生

**实 例**

[蒙古族] 世界6种生灵不自胎生，皆由化生。

【流传】（无考）

【出处】萨囊彻辰：《新译校注〈蒙古源流〉》，呼和浩特：内蒙古人民出版社1987年版，第6~7页。

### W2398.1
多次变化产生人

【关联】

① [W2318.12.1] 地下的人钻出地面先变成猴子然后变成人

② [W2348.2] 动物多次变形成为人

**实 例**

（参见下级母题实例）

### W2398.1.1
化生人经过多次变化

**实 例**

（参见下级母题实例）

### W2398.1.1.1
太阳化生的肉团成为肉末后化生人

【关联】

① [W2204.1] 太阳生人

② [W2361] 太阳变成人

**实 例**

[白族] 落到海里的一个太阳被大金龙吞进腹内，变成一个肉团后从龙腮中迸出来。未碎的肉核炸开成两半，左边一半变成一个女人，右边一半变成一个男人，前者叫劳泰（意为女始祖），后者叫劳谷（意为男始祖），从此世上有了人类。

【流传】云南省

【出处】《人类和万物的起源》，见云南省民间文学集成办公室编《白族神话传说集成》，北京：中国民间文艺出版社1986年版，第1~11页。

### W2398.1.1.2
山变龙，龙滴血，血聚天精地灵化生人

**实 例**

[汉族] 昆仑长成五龙形，五个嘴唇往下伸，五龙嘴里流血水，一齐流到海洋里，聚集了天精与地灵，结了个胞胎水上存，长成盘古一个人。

【流传】（无考）

【出处】陶阳根据《黑暗传》资料重述：《盘古老祖是龙之子》，见陶阳、钟秀编《中国神话》（中），北京：商务印书馆2008年版，第539~540页。

### W2398.1.1.3
无中化生气，气化生玉女，玉女化生人

**实 例**

[汉族] 幽冥生空洞，空洞生太无，太无变化玄气、元气、始气，三气混沌

相因化生玄妙玉女。玉女生后，混气凝结，化生老子。

【流传】（无考）

【出处】《道藏》（第28册），北京：文物出版社1988年版，第413页。

## W2398.1.2
### 动物多次变化成为人

实例

（参见下级母题实例）

## W2398.1.2.1
### 水中生物变青蛙，青蛙变猴子，猴子变成人

实例

[傣族] 小乘佛教经书说水中的生物变成青蛙，青蛙变成猴子，猴子再变成人。

【流传】云南省

【出处】颜思久：《云南小乘佛教考察报告》，见《宗教调查与研究》，云南省社会科学院宗教研究所，1986年。

## W2398.1.3
### 其他情况的多次变化产生人

实例

（参见下级母题实例）

## W2398.1.3.1
### 怪胎化生猴，猴变成人

实例

[瑶族] 切碎兄妹结婚后生的肉块，先变成猴，猴再变成人。

【流传】滇桂边境（云南省、广西壮族自治区接壤地带）

【出处】杨毓骧：《云南少数民族的人类起源神话》，见《民族学报》第1期，云南省民族学院民族研究所1981年，第287页。

## W2398.1.3.2
### 怪胎变成植物种，种子变成人

实例

[瑶族] 伏羲兄妹结婚生肉团，砍碎先变成芝麻和青菜籽，之后变成人类。

【流传】广西壮族自治区·（来宾市）·金秀县（金秀瑶族自治县）

【出处】刘保元等搜集整理：《伏羲兄妹的故事》，见中华民族故事大系编委会编《中华民族故事大系》第5卷（瑶族、白族、土家族），上海：上海文艺出版社1995年版，第21~26页。

## W2398.2
### 人的退化

【汤普森】A1220.1

实例

（实例待考）

## W2398.3
### 两物结合化生人

实例

（参见下级母题实例）

## W2398.3.1
### 血与石结合化生人
实 例

（实例待考）

## W2398.3.2
### 肉与沙石结合化生人
实 例

[土家族] 兄妹把婚生的肉坨坨砍成 120 块，取出 40 坨在地上和上 3 斗 3 升石砂子后朝前方撒出去，都变成了人。

【流传】四川省（今重庆市）·西阳县（酉阳土家族苗族自治县）·可大乡·老店村

【出处】徐元科讲，胡长辉等采录：《补所和雍尼》，见中国民间文学集成全国编辑委员会编《中国民间故事集成》（四川卷·下），北京：中国 ISBN 中心 1998 年版，第 1213 页。

## W2398.4
### 多物结合化生为人
实 例

（参见下级母题实例）

## W2398.4.1
### 血水、天精与地灵结合化生为人
实 例

[汉族] 昆仑长成的五龙嘴里流血水，一齐流到海洋里，聚集了天精与地灵，结了个胞胎水上存，长成盘古一个人。

【流传】（无考）

【出处】陶阳根据《黑暗传》资料重述：《盘古老祖是龙之子》，见陶阳、钟秀编《中国神话》（中），北京：商务印书馆 2008 年版，第 539~540 页。

## W2398.5
### 无形化生为人
实 例

[藏族] 五行之卵的软体部分共变成 18 枚卵，其中中间一个是海螺卵，这是一个无形的人，既无四肢也无感官，但却有思想。根据他的意愿，感觉器官生出来，它变成了一个年轻人。

【流传】（无考）

【出处】[法] 石泰安著，耿昇译：《西藏的文明》，北京：中国藏学出版社 1999 年版，第 227 页。

## W2398.6
### 天数化生人
【关联】[W9482] 命运天定

实 例

[汉族]（实例待考）

## W2398.7
### 灵魂变成人
【关联】[W0870] 灵魂（鬼）

【实例】

[汉族] 人是盘古的灵魂变成的。

【流传】河南省·济源市·郊区

【出处】程玉林讲，缪华采录：《开天辟地》，见中国民间文学集成全国编辑委员会编《中国民间故事集成》（河南卷），北京：中国 ISBN 中心 2001 年版，第 3 页。

## W2398.8
### 变成人时失败（变人不成功）

【实例】

（参见下级母题实例）

## W2398.8.1
### 违背禁忌变人失败

【关联】[W6548.1] 犯忌遭受惩罚

【实例】

[纳西族] 聪明能干的神米利东阿普做了许多男男女女的木偶，他变成一个老人去见从忍利恩（人的祖先名），把木偶给了他说："你的伴侣不久就会有了。你把这些木偶拿去，但是不满九个月，你不要去看他们。"从忍利恩过了三天以后，心里放不下，就去看看木偶。木偶有眼不会看，只会眨；有手不能拿，只会拍；有脚不能走，只会顿。没有变成人，也不能做妻子。

【流传】云南省·丽江市

【出处】和志武翻译整理：《人类迁徙记》，原载中共丽江地委宣传部编《纳西族民间故事选》，见陶阳、钟秀编《中国神话》（中），北京：商务印书馆 2008 年版，第 856 ~ 876 页。

## W2398.8.2
### 变人时的禁忌

【关联】[W6544] 特定时间的禁忌

【实例】

[朝鲜族] 熊与虎要变成女人时，在洞中的特定时间内不能见光。

【流传】（无考）

【出处】李政文翻译，谷德明整理：《天王与熊女婚配》，原载谷德明编著《中国少数民族神话选》，西北民族学院研究所 1983 年编印，内部发行，王松选编时润色，见姚宝瑄主编《中国各民族神话》（满族、赫哲族、朝鲜族），太原：山西出版传媒集团·书海出版社 2014 年版，第 154 ~ 155 页。

## W2398.8.3
### 火没有变成人

【关联】[W2368.1] 火焰凝结为人

【实例】

[彝族] 祖灵燃烧的烟柱和火光一直在变，变来变去，生出一对哑物，既矮小又难看，不会说话，又弱不禁风，又经不起寒冷，不能变成人。

【流传】（四川省·凉山彝族自治州）

【出处】

(a) 冯元蔚译：《勒俄特依》，成都：四川民族出版社 1986 年版。

2.5.7 与变化产生人有关的其他母题

(b) 冯元蔚译,蔷紫改写:《勒俄特依》,见姚宝瑄主编《中国各民族神话》(羌族、彝族),太原:山西出版传媒集团·书海出版社 2014 年版,第 155 页。

## W2398.9
## 幻化为人

实 例

(参见下级母题实例)

## W2398.9.1
## 生灵幻化为人

实 例

(参见下级母题实例)

## W2398.9.1.1
## 地上的万类生灵幻化为人

实 例

[纳西族] 陆色兄妹(男女神名)劈碎婚的生一团红肉坨,朝着大地把碎肉抛撒形成肉雨,肉雨幻化成了大地上的万类物种,大地上繁衍起了万类生灵,万类生灵里幻化出了三男和三女的人类。

【流传】云南省·丽江县(丽江市)

【出处】木丽春采集整理:《男女结合生人的故事》,见木丽春编著《纳西族民间故事集》,昆明:云南人民出版社 2007 年版,第 86 页。

# 2.6 婚配产生人（婚生人）[①]
（W2400～W2499）

## 2.6.1 神或神性人物婚生人
（W2400～W2414）

### ❋ W2400
#### 神婚生人

【关联】[W7200] 神的婚姻

> 实 例

❶ [高山族（阿美）] 神的子女兄妹俩结婚，生育的2子女成婚，繁衍阿美人。

【流传】（无考）

【出处】《太巴朗兄妹始祖》，见中国各民族宗教与神话大词典编审委员会编《中国各民族宗教与神话大词典》，北京：学苑出版社1990年版，第145页。

❷ [哈萨克族] 男神与女神结合创造人类。

【流传】（无考）

【出处】《迦萨甘创世》，见谷德明编《中国少数民族神话》，北京：中国民间文艺出版社1987年版，第727～729页。

❸ [满族] 小神交合生许多人。

【流传】黑龙江省·（牡丹江市）·宁安县（宁古塔）·宁安镇

【出处】关振川讲，傅英仁采录：《阿不凯恩都哩创世》，见中国民间文学集成全国编辑委员会编《中国民间故事集成》（黑龙江卷），北京：中国ISBN中心2005年版，第17～18页。

### W2401
#### 天神婚生人

> 实 例

[景颇族] 天神夫妇生人类创世祖宁贯娃。

【流传】云南省·（德宏傣族景颇族自治州）·陇川县

【出处】施夏崩讲《宁贯娃改天整地》，见中国民间文学集成全国编辑委员会编《中国民间故事集成》（云南卷），北京：中国ISBN中心2003年版，第61～66页。

---

[①] 婚配产生人（婚生人），本类型强调的重点是神话文本中与"人类起源"相关的"婚姻"方面的母题。关于其他目的或一般意义的婚姻母题归入"婚姻母题"类型。

## W2401.1
### 天神兄妹婚生人

**实例**

[怒族] 天神腊普和亚妞兄妹结婚，生7个子女。

【流传】云南省

【出处】

(a) 赛阿局讲，光付益翻译，吴广甲记录，陈荣祥整理:《腊普和亚妞》，载《山茶》1983年第3期。

(b) 赛阿局讲:《腊普和亚妞》，见中国民间文学集成全国编辑委员会编《中国民间故事集成》（云南卷），北京：中国 ISBN 中心 2003 年版，第 184~185 页。

## W2402
### 对偶神婚生人

【关联】

① [W0141] 对偶神（夫妻神）

② [W2405] 有名字的神婚生人

③ [W2405.1] 天公与地母婚生人

**实例**

（参见关联项母题实例）

## W2402a
### 神的血缘婚生人

【关联】

① [W2442.1] 父女神婚生人

② [W2442.1.1] 无头神父女婚生人

③ [W7285] 血缘婚

**实例**

（参见 W2442.1.1；W2403.3 母题实例）

## W2403
### 神的子女婚生人

【关联】[W0155] 神的子女

**实例**

[哈尼族] 年迈的天神之子侯波娶天神阿匹梅烟的女儿阿贝，成亲后，生下许多后代（人）。

【流传】云南省

【出处】《侯波与娜隆》，见中国各民族宗教与神话大词典编审委员会编《中国各民族宗教与神话大词典》，北京：学苑出版社 1990 年版，第 169 页。

## W2403.1
### 太阳神的独子和龙女婚生人

【关联】[W2410.3] 神性人物与龙女婚生人

**实例**

[景颇族] 太阳神的一对儿女婚生了一个独儿子，名叫宁冠哇摩甘。这个独儿子和龙王的女儿依若玛扎邦结婚，生育了很多子女（人）。

【流传】云南省

【出处】

(a) 木然瑙都搜集整理:《宁冠娃》，载《山茶》1983年第3期。

(b) 同（a）见谷德明编《中国少数民族神话》，北京：中国民间文艺出版社 1987 年版，第 465 页。

## W2403.2
### 神与天女婚生人

【关联】［W7220］神与神性人物婚

实 例

（参见下级母题实例）

## W2403.2.1
### 天神之子与天女婚生人

实 例

[哈尼族] 天神的儿子侯波变小伙并改名后与天女成婚，人烟发展起来。

【流传】云南省·（红河哈尼族彝族自治州）·元阳县

【出处】小和讲：《侯波与那聋》，见中国民间文学集成全国编辑委员会编《中国民间故事集成》（云南卷），北京：中国 ISBN 中心 2003 年版，第 40～42 页。

## W2403.2.2
### 神人与天女婚生人

实 例

[汉族] 神人与天女相为配偶生子。

【流传】（无考）

【出处】［明］陈仁锡：《潜确类书》卷十七，引《舆地考》。

## W2403.2.3
### 天神的后代与天女婚生人

实 例

[纳西族] 开天男神的后代利恩与天女衬红褒难题成婚，生 3 子。

【流传】云南省·丽江（丽江市）

【出处】和芳讲：《人类迁徙记》，见中国民间文学集成全国编辑委员会编《中国民间故事集成》（云南卷），北京：中国 ISBN 中心 2003 年版，第 49～60 页。

## W2403.3
### 日月神的子女婚生人

【关联】［W0275.3］太阳神的子女

实 例

[白族] 日月神婚生许多娃娃。有些娃娃在天上过不惯苦日子，就逃到地面上来居住，相互婚配，结成夫妻，生儿育女。从此，大地上就有了人类。

【流传】云南省·（大理白族自治州）·鹤庆（鹤庆县）

【出处】罗玉生讲，艺叟记录：《日月甲马》，原载《中国民间故事全书》（云南省·鹤庆卷），见陶阳、钟秀编《中国神话》（下），北京：商务印书馆 2008 年版，第 1463～1466 页。

## W2403.3.1
### 太阳神的儿子与月亮神的女儿婚生人

实 例

[珞巴族] 太阳的儿子达西和月亮的女儿亚姆结婚后生 5 个儿子。

【流传】西藏自治区·（林芝地区）·墨脱县·卡布村

【出处】安布讲，冀文正采录：《珞巴五

兄弟》，见中国民间文学集成全国编辑委员会编《中国民间故事集成》（西藏卷），北京：中国 ISBN 中心 2001 年版，第 16 页。

## W2404
### 神与异类婚生人

【关联】［W2406.3］神与动物婚生人

实 例

（参见下级母题实例）

## W2404.1
### 神与猴婚生人

【关联】［W7229.2.4］神与猴婚

实 例

❶ ［珞巴族］天神的侍女扎深木下凡后变成一只美丽的猴子，与神猴江求深巴传为夫妻，所生后代就是最早的人类。

【流传】西藏自治区

【出处】于乃昌搜集：《扎深木》，见姚宝瑄主编《中国各民族神话》（门巴族、珞巴族、怒族、藏族），太原：山西出版传媒集团·书海出版社 2014 年版，第 25 页。

❷ ［羌族］天神木巴之女木姐珠与地上的公猴冉必娃相爱成婚，繁衍人类。

【流传】四川省·（阿坝藏族羌族自治州）·汶川县等地

【出处】林向：《木姐珠与冉必娃：羌族的〈创世纪〉传说》，见《人类学研究》第 1 辑，北京：中国社会科学出版社 1984 年版。

## W2404.1.1
### 天神与猕猴婚生人

实 例

［藏族］天神帕巴见日色与泽当的母猕猴姘合生育了人类。

【流传】（无考）

【出处】赵家烈：《泽当传说和古迹小谈》，载《民族团结》1963 年第 2～3 期。

## W2404.2
### 神与鱼婚生人

实 例

［布依族］（实例待考）

## W2404.3
### 神与牛婚生人

【关联】［W7229.2.2］神与牛婚

实 例

［柯尔克孜族］黠戛斯先人"所生之窟，在曲漫山北，自谓上代有神与牸牛交于此窟"。

【流传】（无考）

【出处】［唐］段成式：《酉阳杂俎》。

## W2404.4
### 神与虎婚生人

实 例

（参见下级母题实例）

## W2404.4.1
### 女山神与神虎婚生人

**实例**

[纳西族（摩梭）] 喇神（虎神）与干木女神（山神）结成夫妻，10 年后干木女神生下了一对儿女。

【流传】云南省·（丽江市）·宁蒗县（宁蒗彝族自治县）

【出处】巴采若、桑绒尼搓讲，章虹宇搜集整理：《喇氏族的来源》，载《民间文学》1986 年第 3 期。

## W2404.5
### 女神与石人婚生人

【关联】[W2406.4.1] 女神与石头婚生人

**实例**

[普米族] 天地洞开时，女神与巴窝石人结婚生人类。

【流传】云南省·怒江傈僳族自治州·兰坪（兰坪白族普米族自治县）

【出处】《久木鲁的故事》，见陶阳、牟钟秀著《中国创世神话》，上海：上海人民出版社 2006 年版，第 52 页。

## W2404.6
### 神与蛇婚生人

**实例**

（参见下级母题实例）

## W2404.6.1
### 太阳神女与蛇婚生人

【关联】[W2413.3] 蛇与太阳的女儿婚生人

**实例**

[高山族（排湾人）] 蛇与太阳的女儿结婚，生 1 男 2 女。

【流传】台湾

【出处】[日] 吉野裕子：《蛇——日本的蛇信仰》，东京：讲谈社 1999 年版，第 189~199 页。

## W2405
### 有名字的神婚生人

**实例**

（参见下级母题实例）

## W2405.1
### 天公与地母婚生人（天公地母婚生人）[①]

【关联】

① [W0142] 天公地母

② [W7213] 天神与地神是夫妻（天公与地母是夫妻）

**实例**

[阿昌族] 天公遮帕麻和地母遮米麻是

---

① 天公地母婚生人，由于在不同的神话叙事中侧重点不同，这里侧重于把"天公"、"地母"看做神的名称。有的表述为"天地婚生人"，这种情况也可以归类为"无生命物婚生人"。

地上仅有的一对始祖，结婚后，生育人类。

【流传】云南省·（德宏傣族景颇族自治州）·梁河县

【出处】赵安贤讲：《遮帕麻与遮米麻》，见梁河县文化馆编《阿昌族民间文学资料》（第一辑），内部资料，第 7 页。

## W2405.1.1
### 天王与地母婚生人

实 例

❶ [德昂族] "天王"和"地母"结为夫妻，生女孩。

【流传】云南省

【出处】《天王与地母》，见中国各民族宗教与神话大词典编审委员会编《中国各民族宗教与神话大词典》，北京：学苑出版社 1990 年版，第 94～95 页。

❷ [德昂族] 天王和地母结成夫妻，生了 1 个女孩。

【流传】云南省·德宏州（德宏傣族景颇族自治州）

【出处】满坎木讲，杨毓骧采录：《人类的起源》，见中国民间文学集成全国编辑委员会编《中国民间故事集成》（云南卷），北京：中国 ISBN 中心 2003 年版，第 105 页。

## W2405.2
### 田公地母婚生人

【关联】[W0147.4] 田公地母

实 例

[德昂族] 太古，田公与地母结成夫妇，生 1 个女儿。

【流传】云南省

【出处】陶阳、钟秀编：《中国神话》，上海：上海文艺出版社 1996 年版，第 138 页。

## W2405.3
### 风神与雷神婚生人

【关联】
① [W2057.5] 雷公风神共同造人
② [W2221.6.4.2] 女神与风神婚生的卵生人

实 例

[满族] 风神把雷神的妻子"其其旦"抢走后，想繁衍子孙，送到大地上去。

【流传】（无考）

【出处】富希陆讲，富育光采录：《天宫大战》，原载富育光编《满族神话选》，见陶阳、钟秀编《中国神话》（中），北京：商务印书馆 2008 年版，第 736～737 页。

## W2405.4
### 其他特定名字的神婚生人

实 例

❶ [高山族（阿美）] 男神阿波苦拉扬与女神塔里布拉扬结合创造了人类。

【流传】台湾

【出处】

(a)《神鸟的启示》，见谷德明编《中

国少数民族神话》，北京：中国民间文艺出版社 1987 年版，第 238 页。

（b）陈国强搜集：《神鸟的启示》，见陈庆浩等《中国民间故事全集·台湾民间故事集》，台北：远流出版公司 1993 年版，第 356 页。

❷ [景颇族] 德鲁贡桑和木干贡潘（对偶神名）生了人的后代。

【流传】云南省·（德宏傣族景颇族自治州）·陇川县

【出处】施戛崩等讲，何峨采录：《宁贯娃改天整地》，见中国民间文学集成全国编辑委员会编《中国民间故事集成》（云南卷），北京：中国 ISBN 中心 2003 年版，第 61 页。

❸ [满族] 天神的大徒弟教佛赫妈妈和乌申阔玛发懂得夫妻之事后，婚后生 4 男 4 女。

【流传】（无考）

【出处】《佛赫妈妈和乌申阔玛发》，见傅英仁口述，张爱云整理《傅英仁满族故事》（上），哈尔滨：黑龙江人民出版社 2006 年版，第 4 页。

## W2405.4.1
### 盘皇神与天仙婚生人

实例

[苗族] 盘皇神与天仙结婚，生 5 个仙女，分别嫁给邓、蒋、李、赵、黄等五个姓的女婿，成了 5 个姓氏的苗族人。

【流传】海南省·（三亚市）·陵水县（陵水黎族自治县）·祖关镇

【出处】邓文安讲：《盘皇造万物》，见中国民间文学集成全国编辑委员会编《中国民间故事集成》（海南卷），北京：中国 ISBN 中心 2002 年版，第 3 页。

## W2405.4.2
### 罗神爷爷和罗神娘娘婚生人

实例

[土家族] 罗神爷爷和罗神娘娘繁衍人类。

【流传】（无考）

【出处】许济才讲：《太阳和月亮》，见蔚家麟选编《中国民间故事精选》，武汉：长江文艺出版社 2005 年版，第 25~27 页。

## W2406
### 与神婚生人有关的其他母题

实例

（参见下级母题实例）

## W2406.1
### 神投胎的男女婚生人

【关联】

① [W9375] 投胎

② [W9376.1] 神投胎为人

实例

[仡佬族] 天上两星宿（星神）下凡投胎成亲后，生儿子。

【流传】贵州省

【出处】《十兄弟》，见中央民族学院少

数民族文艺研究所编《中国民族民间文学》（上），北京：中央民族学院出版社1987年版，第228页。

## W2406.2
### 神下凡婚生人类

【关联】[W0106] 神下凡

实例

❶ [德昂族] 天上下来的8个神，变成4对男女，结婚后成了人类最早的父母。

【流传】云南省
【出处】陶阳、牟钟秀著：《中国创世神话》，上海：上海人民出版社2006年版，第158页。

❷ [汉族] 天上的神仙有1对小孩，一个叫男，一个叫女，后来下凡繁衍人类。

【流传】天津市·北郊区
【出处】于学萍讲：《男人为嘛有喉结》，见中国民间故事集成全国编辑委员会编《中国民间故事集成》（天津卷），北京：中国ISBN中心2004年版，第6页。

❸ [土家族] 两位大神下凡结为夫妻，繁衍人类。

【流传】湖南省·湘西（湘西土家族苗族自治州）
【出处】《八部大王》，见刘黎光《中国民间故事集成湖南卷湘西州分卷》（上），吉首资料本，1989年，第72页。

## W2406.2.1
### 1对男女神下凡婚生人类

实例

[苗族] 天上的大神生老见凡间没有人烟，冷冷清清，就派女神敖玉、男神敖古，下到凡间成亲，繁衍人烟。

【流传】云南省
【出处】
（a）《造人烟的传说》，杨光汉主编《云南苗族民间故事集成》，北京：中国民间文艺出版社1988年版。

（b）同（a），见姚宝瑄主编《中国各民族神话》（布依族、仡佬族、苗族），太原：山西出版传媒集团·书海出版社2014年版，第287页。

## W2406.3
### 神与动物婚生人

【关联】
① [W2404] 神与异类婚生人
② [W2404.1] 神与猴婚生人
③ [W2404.2] 神与鱼婚生人
④ [W2404.3] 神与牛婚生人
⑤ [W2404.4] 神与虎婚生人
⑥ [W7229] 神与动物婚

实例

（参见关联项及下级母题实例）

## W2406.3.1
### 神与狗婚生人

【关联】[W2410.1] 天女与狗婚生人

> 实 例

❶ [苗族] 神母狗父。

【流传】（湖南省·湘西土家族苗族自治州）

【出处】龙从汉、龙炳文整理：《德归马簪》，见贵州省民间文学工作组编《民间文学资料》第21集。

❷ [苗族] 犬父与神母生下的是7个代雄代益和代杂（汉族）代卡。

【流传】东部苗族

【出处】吴晓东：《东部方言苗族自称与姓氏来源考》，载《怀化师专学报》1997年第2期。

## W2406.3.2
### 神与熊婚生人

【关联】[W2449.5.1] 人与熊人婚生人

> 实 例

[朝鲜族] 熊变成女人后，没有人和它婚配，就祷告怀孕生子。恒雄（其他文本写为桓雄）天王便变成一个男人同熊女婚配。熊女便怀了孕，生下一个男孩，取名坛君王俭。大地上从此才有了人，并且慢慢繁衍了起来。

【流传】（无考）

【出处】李政文翻译，谷德明整理：《天王与熊女婚配》，原载谷德明编著《中国少数民族神话选》，西北民族学院研究所1983年编印，内部发行，王松选编时润色，见姚宝瑄主编《中国各民族神话》（满族、赫哲族、朝鲜族），太原：山西出版传媒集团·书海出版社2014年版，第154~155页。

## W2406.4
### 神与无生命物婚生人

> 实 例

（参见下级母题实例）

## W2406.4.1
### 女神与石头婚生人

> 实 例

❶ [普米族] 天地洞开时，女神与巴窝石人结婚生人类。

【流传】云南省·（怒江傈僳族自治州）·兰坪（兰坪白族普米族自治县）

【出处】《久木鲁的故事》，见陶阳、牟钟秀著《中国创世神话》，上海：上海人民出版社2006年版，第52页。

❷ [普米族] 一个叫"吉泽乍玛"的女神与生在石洞边的石头"巴窝"婚配，生育了众多儿女。

【流传】云南省·（怒江傈僳族自治州）·兰坪县（兰坪白族普米族自治县）·卡瓦村（地名不详）

【出处】

(a)《久木鲁》，见中国各民族宗教与神话大词典编审委员会编《中国各民族宗教与神话大词典》，北京：学苑出版社1990年版，第520页。

(b) 章虹宇：《大石崇拜及其习俗——普米族民俗调查报告》，载《民间文学论坛》1986年第3期。

## W2406.5
### 特定来历的神婚生人

实 例

（参见下级母题实例）

## W2406.5.1
### 竹生的神婚生人

【关联】［W2172］竹生人

实 例

［高山族（卑南）］女神奴奴勒左手插竹，竹生男女2神。两神相婚，生育子女。

【流传】（无考）

【出处】《卑南人始祖》，见中国各民族宗教与神话大词典编审委员会编《中国各民族宗教与神话大词典》，北京：学苑出版社1990年版，第146页。

## ✱ W2407
### 神性人物婚生人

【关联】［W7240～W7254］神性人物的婚姻

实 例

（参见下级母题实例）

## W2408
### 神仙（仙）婚生人[①]

【关联】［W7221］神与仙婚

实 例

❶［傣族］仙女与仙人结婚生了一个大葫芦，里面走出8个人。

【流传】云南省

【出处】《金葫芦生万物》，见中国各民族宗教与神话大词典编审委员会编《中国各民族宗教与神话大词典》，北京：学苑出版社1990年版，第82页。

❷［高山族（泰雅）］开天辟地时，神仙结婚生下孩子，成为人类的祖先。

【流传】（无考）

【出处】http://www.smth.edu.cn，2002.04.23。

## W2408.1
### 仙女与雨神婚生人

实 例

［普米族］仙女与司雨神吉西尼婚生人。

【流传】云南省

【出处】《石头阿祖和石头子孙》，见中国各民族宗教与神话大词典编审委员会编《中国各民族宗教与神话大词典》，北京：学苑出版社1990年版，第520页。

## W2408.2
### 天降的神仙婚生人

实 例

［高山族（泰雅）］天上下来的1男1女二位神仙在台湾的绝顶山岩上结婚生下孩子，成为人类的祖先。

---

① 神仙（仙）婚生人有的民族神话叙事中"神"、"神仙"与"仙"不分，为尊重原文本表述，将"仙"与"神仙"归为一类。

【流传】（无考）
【出处】http://www.smth.edu.cn，2002.04.23。

## W2409
### 祖先婚生人①
【关联】
① ［W2405］有名字的神性人物婚生人
② ［W2425.1］男女始祖婚生人类

实 例

（参见 W2425.1 母题实例）

## W2409.1
### 世公世婆婚生人

实 例

［苗族］世公、世婆婚生 2 男 1 女。
【流传】贵州省大花苗居住区
【出处】杨汉翻译：《洪水滔天歌》（之二），见马昌仪编《中国神话学文论选萃》（上编），北京：中国广播电视出版社 1994 年版，第 436～440 页。

## W2410
### 神性人物与异类婚生人

实 例

（参见下级母题实例）

## W2410.0
### 天女与猴婚生人
【关联】［W7242.2.2］天女与猴婚

实 例

［纳西族］公猴骗波白命（天女名，男祖先利恩若的妻子）做了妻子，生下了一对儿女。
【流传】云南省·丽江县（丽江市）
【出处】木丽春采集整理：《人的头发和腋窝毛的来历》，见木丽春编著《纳西族民间故事集》，昆明：云南人民出版社 2007 年版，第 61 页。

## W2410.1
### 天女与狗婚生人
【关联】［W2406.3.1］神与狗婚生人

实 例

（参见下级母题实例）

## W2410.1.1
### 天女与天狗婚生人

实 例

（实例待考）

## W2410.1.2
### 天皇的女儿与天狗婚生人

实 例

［黎族］天狗与天皇女儿成亲，生 1 男。
【流传】海南省·崖县（今三亚市）·田独公社（田独镇）
【出处】李亚游讲：《天狗》，见中国民间文学集成全国编辑委员会编《中国

---

① 始祖婚生人，是一个内涵复杂的母题，神话中关于结婚生人的"始祖"来源，有"同来于天上"、"同来于原始的卵中"等不同情况，有的还强调男女始祖还具有一定的"血缘关系"，因一般认为，"始祖"往往带有明显的神性色彩，故列入此类。具体情况参见 W0 关于始祖的其他母题和相关实例。

民间故事集成》（海南卷），北京：中国 ISBN 中心 2002 年版，第 18～19 页。

## W2410.2
### 天女与喜鹊婚生人

**实 例**

［满族］来去随意的天女与喜鹊结合，留下女真祖先。
【流传】建州女真
【出处】李景江：《女真图腾神话初探》，见袁珂《中国神话》，北京：中国民间文艺出版社 1987 年版。

## W2410.3
### 神性人物与龙女婚生人

【关联】［W0535.3］龙女

**实 例**

（参见下级母题实例）

## W2410.3.1
### 祖先与龙女婚生人

**实 例**

❶ ［景颇族］半人半神的宁贯瓦与龙女结婚，生各族人。
【流传】云南省
【出处】《人类始祖宁贯瓦》，见中央民族学院少数民族文艺研究所编《中国民族民间文学》（上），北京：中央民族学院出版社 1987 年版，第 325 页。

❷ ［景颇族］创世祖宁贯娃娶龙女，人类子孙代代相传。
【流传】云南省·（德宏傣族景颇族自治州）·陇川县
【出处】施戛崩讲《宁贯娃改天整地》，见中国民间文学集成全国编辑委员会编《中国民间故事集成》（云南卷），北京：中国 ISBN 中心 2003 年版，第 61～66 页。

## W2410.3.2
### 鬼的儿子与龙女婚生人

**实 例**

［景颇族］鬼的儿子与龙女婚，繁衍人类。
【流传】（无考）
【出处】何峨整理：《宁贯娃改天整地》，见中华民族故事大系编委会编《中华民族故事大系》第 10 卷（景颇族、柯尔克孜族、土族），上海：上海文艺出版社 1995 年版，第 22 页。

## W2410.3.3
### 仙人与龙女婚生人

**实 例**

［德昂族］山洞中的龙女变为美人与仙人结婚，生育德昂人。
【流传】云南省
【出处】中央民族学院少数民族文艺研究所编《中国民族民间文学》（上），北京：中央民族学院出版社 1987 年版，第 116 页。

## W2410.3.4
### 太阳神的后代与龙女婚生人

【关联】［W2403.1］太阳神的独子和龙女生人

**实 例**

（参见关联项母题实例）

## W2410.3.5
### 凤凰的儿子与龙女婚生人

**实 例**

[畲族] 阿郎（英雄名，凤凰的儿子）与龙女媛连成婚，媛连临盆时，乌云黑暗，风雨交作，当第一声雷鸣的时候，白白胖胖的孩子出世了。

【流传】福建省、浙江省等地

【出处】

（a）《畲族祖宗的传说》，见谷德明编《中国少数民族神话选》，西北民族学院研究所编印，内部资料，1983 年。

（b）同（a），见姚宝瑄主编《中国各民族神话》（高山族、黎族、畲族），太原：山西出版传媒集团·书海出版社 2014 年版，第 93 页。

## W2410.3.6
### 格萨尔与龙女婚生人

【关联】［W2470.1.1］人与龙女婚生人

**实 例**

[藏族] 洪水后，幸存的格萨尔与龙女结婚，生 6 个儿女，其中 3 个男的，3 个女的。

【流传】四川省·（凉山彝族自治州）·木里县（木里藏族自治县）

【出处】苏郎讲，李锦川采录：《洪水潮天》，见中国民间文学集成全国编辑委员会编《中国民间故事集成》（四川卷·下），北京：中国 ISBN 中心1998 年版，第 940 页。

## W2410.3.7
### 天与龙女婚生人

**实 例**

[佤族] 龙是人类的母亲。认为人类是天父龙母。

【流传】（无考）

【出处】http://www.jnwst.com。

## W2411
### 神性动物婚生人

【关联】［W7511］神性动物婚配

**实 例**

（参见下级母题实例）

## W2411.1
### 神猴与女妖婚生人

【关联】［W2413.2］妖魔与猴婚生人

**实 例**

[藏族] 神猴和山崖女妖结合，生子。

【流传】（无考）

【出处】贡乔泽登：《藏族神话传说—始祖神话》，见水木清华站 http://smth.edu.cn，2005.03.13。

## W2411.1.1
### 神变的猕猴与岩精婚生人

实例

[藏族] 神变的猕猴与岩精结婚生 6 个猕猴（人的祖先）。
【流传】西藏自治区
【出处】王沂暖译：《西藏王统记》，北京：商务印书馆 1949 年版。

## W2412
### 有名字的神性人物婚生人

实例

（参见下级母题实例）

## W2412.0
### 盘古结婚生人

【关联】
① ［W0720］盘古
② ［W0725.4］盘古的妻子

实例

[汉族] 盘古的妻子生了 1 万个孩子。
【流传】河南省·（焦作市）·武陟县·阳城乡·郭下村
【出处】李持见讲，王广先采录：《避难创世》，见中国民间文学集成全国编辑委员会编《中国民间故事集成》（河南卷），北京：中国 ISBN 中心 2001 年版，第 9 页。

## W2412.1
### 盘古兄妹结婚生人

【关联】［W0727］盘古的婚姻

实例

[汉族] 盘古兄妹结婚生 8 子。
【流传】河南省·（南阳市）·桐柏县
【出处】马卉欣：《盘古开天》，见中华民族故事大系编委会编《中华民族故事大系》第 1 卷（汉族、蒙古族、回族），上海：上海文艺出版社 1995 年版，第 5~9 页。

## W2412.2
### 盘和古婚生人①

【关联】［W0725.6.3］盘和古是兄妹俩

实例

❶ [汉族] 盘儿和古儿两人结婚，生儿育女，天下有了人。
【流传】河北省·（秦皇岛市）·卢龙县·陈官屯
【出处】夏本讲：《皇儿和古儿》，见中国民间文学集成全国编辑委员会编《中国民间故事集成》（河北卷），北京：中国 ISBN 中心 2003 年版，第 24~25 页。

❷ [毛南族] 盘和古结婚生人。
【流传】广西壮族自治区
【出处】古歌《创世歌》，见中国民间文学集成全国编辑委员会编《中国民

---

① 盘和古婚生人，此类神话叙事中没有交代"盘"和"古"具有兄妹或其他血缘关系。

间故事集成》（广西卷），北京：中国 ISBN 中心 2001 年版，第 74 页。

## W2412.3
### 盘古女娲婚生人

【关联】[W0727] 盘古的婚姻

**实例**

❶ [汉族] 盘古和女娲结婚，生儿育女，代代相传。

【流传】宁夏回族自治区·（固原市）·西吉县·平峰乡

【出处】高贵良讲：《人间婚姻咋开始的》，见中国民间文学集成全国编辑委员会编《中国民间故事集成》（宁夏卷），北京：中国 ISBN 中心 1999 年版，第 13～14 页。

❷ [汉族] 盘古氏和女娲结成夫妻后，忙于生男育女，每胎都是 1 男 1 女。

【流传】福建省·（龙岩市）·上杭县·（临城镇）·北路村

【出处】谢魏延讲，邱松林采录：《盘古女娲成亲》，见中国民间文学集成全国编辑委员会编《中国民间故事集成》（福建卷），北京：中国 ISBN 中心 1998 年版，第 5 页。

## W2412.4
### 盘古与天女婚生人

【关联】[W0727.1] 盘古与天女婚

**实例**

（参见下级母题实例）

## W2412.4.1
### 盘古与九天女婚生人

**实例**

[瑶族] 盘古和九天女结婚生人类。

【流传】广西壮族自治区·（百色市）·西林县

【出处】《盘古造天地》，见中国各民族宗教与神话大词典编审委员会编《中国各民族宗教与神话大词典》，北京：学苑出版社 1990 年版，第 654 页。

## W2412.5
### 伏羲兄妹婚生人

【关联】[W0682.2] 伏羲兄妹婚

**实例**

❶ [汉族] 玉帝让伏羲兄妹二人下凡，结成夫妻后在世上生育后代。

【流传】宁夏回族自治区·（石嘴山市）·惠农县（惠农区）·庙台乡

【出处】李生枝讲，艾天恩采录：《世上人为啥女人比男人少》，见中国民间文学集成全国编辑委员会编《中国民间故事集成》（宁夏卷），北京：中国 ISBN 中心 1999 年版，第 14 页。

❷ [汉族] 伏羲兄妹制了人烟以后，世间一天比一天热闹起来。

【流传】四川省·（德阳市）·中江县

【出处】李茂生讲，陈钧整理：《伏羲伏羲，教人打鱼》，载《民间文学》1964 年第 3 期。

## W2412.6
### 伏羲女娲婚生人①

【关联】［W0682.1］伏羲与女娲婚

实　例

❶［汉族］伏羲女娲成亲后生人。
【流传】河南省·（周口市）·沈丘县·刘庄店乡
【出处】耿如林讲：《避难创世》，见中国民间文学集成全国编辑委员会编《中国民间故事集成》（河南卷），北京：中国ISBN中心2001年版，第9~10页。

❷［汉族］女娲伏义成婚生人。
【流传】河北省
【出处】《百家姓的传说》，见杨利慧《女娲的神话及其信仰》，北京师范大学博士论文，1993年。

❸［汉族］不周山下出现一对男女，男的叫伏羲，女的叫女娲。他们俩结了婚，才传下了儿孙，有了人类。
【流传】江苏省·宿迁市
【出处】刘汉飞讲，刘汉飞记录：《女娲哭天》（1986.10.22），见姚宝瑄主编《中国各民族神话》（汉族），太原：山西出版传媒集团·书海出版社2014年版，第61~62页。

## W2412.6.1
### 伏羲女娲兄妹婚生人

【关联】
①［W0682.2.1］伏羲女娲兄妹婚

②［W2022.1.2.1］最早只有伏羲女娲兄妹
③［W2046.1.1.2］伏羲女娲兄妹婚不能生育造人
④［W2046.3.1.2］伏羲女娲兄妹婚后嫌生人太慢造人
⑤［W2074.2.1］伏羲女娲兄妹造人
⑥［W2187.8.1］伏羲女娲兄妹种的葫芦生人
⑦［W2639.2.1］伏羲女娲兄妹婚生磨刀石
⑧［W2639.5.2］伏羲女娲兄妹婚生磨石

实　例

［汉族］盘古对伏羲女娲兄妹说，女娲是阴，伏羲是阳，阴阳相交，必定有人出世。
【流传】上海市·黄浦区
【出处】曹鸿翔讲，方卡采录：《女娲娘娘造人》，见中国民间文学集成全国编辑委员会编《中国民间故事集成》（上海卷），北京：中国ISBN中心2007年版，第4页。

## W2412.6.2
### 人面蛇身的伏羲女娲婚生人

实　例

［汉族］画中二人，右为伏羲，左为女娲，面泐，身同伏羲，尾亦环绕与右相交生人。
【流传】（无考）

---

① 伏羲女娲婚生人，根据具体神话叙事的情形有两种不同的情况，一种是伏羲、女娲作为人类的始祖；另一种是伏羲、女娲作为一般的兄妹关系出现，为便于比较研究在母题实例索引中分别列出。

【出处】容庚：《武梁祠·画像考释》，北京：燕京大学考古社，1936年。

## W2412.7
### 亚当、夏娃婚生人

【关联】

① ［W2022.1.6.2］第1对男女是亚当和夏娃

② ［W2425.1］男女始祖婚生人类

实例

❶ ［回族］阿旦（男天使名，人祖）和韩吾（天女名，人祖）生了七十三胎，前七十二胎都是一男一女。

【流传】宁夏回族自治区·银川（银川市）

【出处】王甫成讲，谢荣搜集整理：《人祖阿旦》，见中华民族故事大系编委会编《中华民族故事大系》第1卷（汉族、蒙古族、回族），上海：上海文艺出版社1995年版，第746~747页。

❷ ［维吾尔族］女天神造的亚当、夏娃结婚，地球上有了人类。

【流传】新疆维吾尔自治区

【出处】张越、姚宝瑄译：《女天神创造人类》，见满都呼主编《中国阿尔泰语系诸民族神话故事》，北京：民族出版社1997年版，第31页。

## W2413
### 与神性人物婚生人有关的其他母题

实例

（参见下级母题实例）

## W2413.1
### 天神的侍女与神猴婚生人

实例

❶ ［门巴族］天神的侍女扎深木与神猴结为夫妇，生下人的始祖。

【流传】西藏自治区

【出处】过伟：《中国女神之特色的理论思考》，载《广西民族研究》2000年第1期。

❷ ［门巴族］天神的侍臣神猴江求深巴和侍女扎深木降临大地，结为夫妻，生的猴子。

【流传】西藏自治区

【出处】《猴子变人》，见中国各民族宗教与神话大词典编审委员会编《中国各民族宗教与神话大词典》，北京：学苑出版社1990年版，第420页。

## W2413.2
### 妖魔与猴婚生人

【关联】［W2411.1］神猴与女妖婚生人

实例

（参见下级母题实例）

## W2413.2.1
### 罗刹女与猕猴婚生人

实例

❶ ［藏族］很早以前，一只猕猴和岩罗刹女结为夫妻，生6只猕猴，这些猕猴就是人类祖先。

【流传】西藏自治区山南地区雅隆河谷

一带

【出处】

(a) 佟锦华：《藏族文学研究》，北京：中国藏学出版社 1992 年版，第 391 页。

(b)《玛尼全集》、《西藏王统世系明鉴》、《贤者喜宴》、《西藏王臣记》等。

❷ [藏族] 一只猕猴到西藏修行，与罗刹女结婚破戒而做了人，同睡一张床，从此人类繁衍。

【流传】西藏自治区·（拉萨市）·林周县

【出处】益西索巴讲：《猕猴与罗刹女》，见中国民间文学集成全国编辑委员会编《中国民间故事集成》（西藏卷），北京：中国 ISBN 中心 2001 年版，第 4 页。

❸ [藏族] 观音点化的猕猴同岩罗刹女（或女鬼扎生魔）结为夫妻，生育猴雏。

【流传】（无考）

【出处】琼珠：《藏族创世神话散论》，载《民族文学研究》1989 年第 2 期。

## W2413.2.2
### 魔女与猴婚生人

实 例

[藏族] 猕猴便与魔女结成伴侣。后来，这对夫妻生下 6 只小猴。

【流传】西藏自治区·拉萨市

【出处】桑杰讲，强巴班宗翻译：《藏族的起源》附记，见中国民间文学集成全国编辑委员会编《中国民间故事集成》（西藏卷），北京：中国 ISBN 中心 2001 年版，第 3 页。

## W2413.2.3
### 女鬼与猴婚生人

实 例

❶ [藏族] 观音菩萨转世猕猴和女鬼婚生育 6 个儿子。

【流传】西藏自治区西南部地区

【出处】《人的由来》，见谷德明编《中国少数民族神话》，北京：中国民间文艺出版社 1987 年版，第 672 页。

❷ [藏族] 洪水后，人变猕猴与女鬼结婚，繁衍人类。

【流传】（无考）

【出处】《人的由来》，载《西北民族学院学报》1983 年第 1 期。

## W2413.2.4
### 岩妖与公猴婚生人

实 例

[藏族] 大山上的公猴与女岩妖结合并生下 6 个孩子，各地人类由此繁衍而来。

【流传】云南省·迪庆藏族自治州

【出处】《大地和人的由来》，载《民间文学》1984 年第 10 期。

## W2413.2.5
### 妖怪与猴婚生人

实 例

[土族] 妖怪与猴子成亲生人类。

【流传】青海省·（黄南藏族自治州）·同仁县·保安乡

【出处】夏吾才让讲：《粮食是怎么来的》，见中国民间文学集成全国编辑委员会编《中国民间故事集成》（青海卷），北京：中国 ISBN 中心 2007 年版，第 13～14 页。

## W2413.3
### 蛇与太阳的女儿婚生人

【关联】［W2404.6.1］太阳神女与蛇婚生人

实例

（参见关联项母题实例）

## 2.6.2 人与神或神性人物婚生人
（W2415～W2419）

## ※ W2415
### 人与神婚生人

【关联】［W7260］人神婚

实例

（参见下级母题实例）

## W2415.1
### 人与动物神生人

实例

❶［塔吉克族］揭盘陀国第一代国王认为祖先之出，母则汉土之人，父乃日天之种，故其自称汉日天种。

【流传】新疆维吾尔自治区

【出处】

（a）《汉日天种》，见谷德明编《中国少数民族神话》，北京：中国民间文艺出版社 1987 年版，第 747～748 页。

（b）《大唐西域记》之《揭盘陀国》。

❷［土家族］天上白虎神与人间凡女结婚，生下 7 个儿女。

【流传】（无考）

【出处】《白虎神》，见中国各民族宗教与神话大词典编审委员会编《中国各民族宗教与神话大词典》，北京：学苑出版社 1990 年版，第 586 页。

## W2415.1.1
### 人与神鸟婚生人类

实例

［傣族］（实例待考）

## W2415.1.2
### 女祖先与牦牛山神婚生人

实例

［普米族］女始祖塔娜与牦牛山神婚配，繁衍后代。

【流传】云南省

【出处】章虹宇：《大石崇拜及其习俗——普米族民俗调查报告》，载《民间文学论坛》1986 年第 3 期。

## W2415.2
### 人与雷神婚生人

【关联】［W2416.5.2］男子与雷女婚生人

> 实 例

❶ [汉族] 华胥部落有位姑娘做了雷神的妻子，生 1 男。
【流传】甘肃省·天水市·北道区·马跑泉镇
【出处】刘永生讲，洪良琪采录：《葫芦河与伏羲》，见中国民间文学集成全国编辑委员会编《中国民间故事集成》（甘肃卷），北京：中国 ISBN 中心 2001 年版，第 15 页。

❷ [黎族] 雷女与男子结合，生"黎人"。
【流传】海南省雷州半岛
【出处】《雷蚕》，见高明强编《创世的神话和传说》，上海：上海三联书店 1988 年版，第 135 页。

## W2415.3
### 变化产生的人与神婚生人

> 实 例

[满族] 柳叶变成美女，天神阿布卡都里与之婚配，生后代。
【流传】黑龙江省·牡丹江（牡丹江市）满族富察氏
【出处】富育光：《萨满教与神话》，沈阳：辽宁大学出版社 1990 年版。

## W2415.4
### 人与女神婚生人

【关联】[W7260] 人神婚

> 实 例

（参见下级母题实例）

## W2415.4.1
### 人与下凡的女神婚生人

【关联】[W0106] 神下凡

> 实 例

[苗族] 瘟疫使地上的第一代人只剩下一个名叫蒙老的小伙子。天神生老回到天上，派女神博苦飞到凡间与蒙老成亲，繁衍人类。
【流传】云南省
【出处】
（a）《造人烟的传说》，见杨光汉主编《云南苗族民间故事集成》，北京：中国民间文艺出版社 1988 年版。
（b）同（a），见姚宝瑄主编《中国各民族神话》（布依族、仡佬族、苗族），太原：山西出版传媒集团·书海出版社 2014 年版，第 289 页。

## W2416
### 人与神女婚生人[①]

> 实 例

[普米族] 人与神女结婚生了 3 个孩子。
【流传】云南省·丽江地区（丽江市）
【出处】《洪水冲天》，见云南省民族事务委员会编《普米族文化大观》，昆

---

① 人与神女婚生人，为避免表述的繁琐，此处的"神女"包括"女神"、"天女"、"仙女"等，相应母题表述中的"人"，能从母题明显辨析出"男子"或者"女人"的情况不再一一标明，一律指人间的"男人"或"女人"，其他母题中出现的"男子"指"人间的男子"，"女子"指"人间的女子"。

明：云南民族出版社1999年版，第125页。

## W2416.1
### 人与天女婚生人

【关联】［W7267］人与天女婚

实 例

［德昂族］德昂族男子拴住天女，他们成婚后繁衍人类。
【流传】云南省
【出处】《螃蟹发洪水》，见中国各民族宗教与神话大词典编审委员会编《中国各民族宗教与神话大词典》，北京：学苑出版社1990年版，第95页。

## W2416.1.1
### 人祖与天女婚生人

实 例

［珞巴族］列德罗登（天女）来到地上以后，与阿巴达尼（人名，人的始祖）结了婚，生了6个儿子。列德罗登把从天上带到大地上的牛、马和羊统统分给了他的六个儿子。这六个儿子的后裔，发展成六个部落，它们是玛雅、巴依、达足、达能、崩如和苏龙。
【流传】珞巴族崩如部落
【出处】阿岗讲，于乃昌整理：《列德罗登》，见《珞巴族民间故事》：http://www.tibet-web.com/old/minjian/ync/gushi/mulu.htm，2003.10.02。

## W2416.1.2
### 猎人与天女婚生人

实 例

［蒙古族］天女跟猎人结合，生1男孩，成为杜尔伯特部、绰罗斯系的祖先。
【流传】（无考）
【出处】齐木道吉译：《天女之惠》，见谷德明编《中国少数民族神话》，北京：中国民间文艺出版社1987年版，第35页。

## W2416.1.3
### 灾难幸存的人与天女婚生人

实 例

❶［苗族］人间发生黄瘟，天女下凡与幸存的小伙成婚，繁衍第二朝人。
【流传】云南省·（文山壮族苗族自治州）·富宁县
【出处】罗正明讲：《谁来造人烟》，见中国民间文学集成全国编辑委员会编《中国民间故事集成》（云南卷），北京：中国ISBN中心2003年版，第92~95页。

❷［彝族］洪水后，唯一幸存的男子老三曲布伍午与天女（天神的三女儿）结婚生育人类。
【流传】四川省·凉山彝族自治州
【出处】《洪水潮天的故事》，见中华民族故事大系编委会编《中华民族故事大系》第3卷（彝族、壮族、布依族），上海：上海文艺出版社1995年

❸ [彝族] 洪水后，幸存的年轻人笃慕与天女结婚，生6子6女。
【流传】云南省·（玉溪市）·新平彝族傣族自治县
【出处】《洪水泛滥》，昆明：云南教育出版社1987年版，第56~69页。

❹ [彝族] 洪水后，幸存的笃慕与天女成亲，繁衍人类。
【流传】贵州省·毕节（毕节市）
【出处】王子尧等翻译整理：《洪水纪》，北京：民族出版社1988年版。

## W2416.1.4
### 特定名字的人与天女婚生人

实 例

❶ [独龙族] 居住在天上的木朋九把女儿嫁给住在地上的木尼斤，他们结婚生人类。
【流传】云南省
【出处】《木朋九与木尼斤》，见云南省民族事务委员会编《独龙族文化大观》，昆明：云南民族出版社1999年版，第192页。

❷ [蒙古族] 圣武帝与天女受命相遇，婚媾得子。
【流传】（无考）
【出处】[北魏]《圣武帝之婚》。

❸ [苗族] 召亚（一男子）与天神之女结婚，生儿女。
【流传】贵州省
【出处】高芝、马学明等唱，贵州省民间文学工作组整理：《洪水滔天歌》，载《民间文学》1960年第10期。

❹ [纳西族（摩梭人）] 老三锉治路一苴与天女结婚，生下1个猴儿，繁衍人类。
【流传】云南省·（丽江市）·宁蒗县（宁蒗彝族自治县）
【出处】杨尔车整理：《锉治路一苴》，见中华民族故事大系编委会编《中华民族故事大系》第9卷（水族、东乡族、纳西族），上海：上海文艺出版社1995年版，第669~678页。

❺ [彝族] 人类就是由乔姆石奇与天女婚配繁衍而来的。
【流传】川、滇、黔（四川省、云南省、贵州省）等彝区
【出处】白获：《西康罗罗杂记》，载《京沪周刊》1947年第1卷第9期。

## W2416.1.5
### 人与仙女婚生人

【关联】[W7273] 人与仙女婚

实 例

[汉族] 七仙女常下凡寻凡间人作乐，并与人间后生仔成婚。其中七仙女中的七妹妹在凡间生下了个孩子。
【流传】福建省·（宁德市）·周宁县·浦源乡、纯池乡
【出处】邱端素讲，李晓云记录整理：《七仙女和北斗星》（1987.09.01），见姚宝瑄主编《中国各民族神话》（汉族），太原：山西出版传媒集团·书海出版社2014年版，第334~335页。

## W2416.1.6
### 人与太阳的女儿婚生人

【关联】［W2413.3］蛇与太阳的女儿婚生人

实 例

［珞巴族］阿巴达尼（文化祖先名）娶了太阳的女儿冬尼海依，不久海依生了两个孩子。

【流传】西藏自治区·林芝市·米林县

【出处】东娘、达农讲，于乃昌整理：《阿巴达尼遇难》，见姚宝瑄主编《中国各民族神话》（门巴族、珞巴族、怒族、藏族），太原：山西出版传媒集团·书海出版社2014年版，第36页。

## W2416.1.7
### 树生的人与天女婚生人

实 例

❶ ［独龙族］从树桠巴中爆出来的坛嘎朋与天神四姑娘结婚生下1个男孩。

【流传】云南省·（怒江傈僳族自治州）·贡山（贡山独龙族怒族自治县）独龙江两岸

【出处】约翰讲，陶学良、陶立璠搜集整理：《坛嘎朋》，见谷德明编《中国少数民族神话》，北京：中国民间文艺出版社1987年版，第523~528页。

❷ ［独龙族］树枝中生的男人跟天鬼"格蒙"的女儿成亲，繁衍人类。

【流传】云南省·（怒江傈僳族自治州）·贡山县（贡山独龙族怒族自治县）·独龙江（独龙江乡）南部

【出处】《西坛嘎·彭》，见李金明《独龙族文学简史》，昆明：云南民族出版社2004年版，第70页。

## W2416.2
### 人与织女婚生人

【关联】［W7278］人与织女婚

实 例

［蒙古族］☆穷苦的天牛与织女结婚生1女1男。

【流传】内蒙古自治区·（巴彦淖尔市）·乌拉牧前旗

【出处】秦地女讲：《天牛朗配夫妻》，见蔚家麟选编《中国民间故事精选》，武汉：长江文艺出版社2005年版，第142~151页。

## W2416.2a
### 人与螺女婚生人

实 例

［汉族］侯官谢端，曾于海中得一大螺，中有美女，即云天汉中白水素女，天矜卿贫，令为卿妻。二者婚后生人。

【流传】（无考）

【出处】《初学记》引［晋］束皙《发蒙记》。

## W2416.3
### 人与鬼女婚生人

【关联】［W7282.3.1］人与鬼女婚

实 例

［珞巴族］祖先达尼曾与众多的鬼女结

成夫妻。

【流传】西藏自治区

【出处】于乃昌：《珞巴族三大史诗》，载《民族文学研究》1998年第4期。

## W2416.3.1
### 猎人与女鬼婚生人

实例

[彝族]猎人乌来界作打猎时，与鬼装扮成的漂亮姑娘结为伴侣，不久以后生下一个儿子。

【流传】四川省·凉山（凉山彝族自治州）·昭觉县

【出处】胡庆钧：《凉山彝族奴隶制社会形态》，北京：中国社会科学1985年版，第400页。

## W2416.4
### 外地的男子与女神婚生人

【关联】[W7381]族外婚

实例

[黎族]海南岛诞生的黎母与从大陆渡海而来的一位男子婚生人。

【流传】海南省

【出处】《黎母山》，见孙正国《中华先祖英雄故事》，重庆：重庆出版社2002年版，第202页。

## W2416.5
### 特定的人与神女婚生人

【关联】[W2416.1.4]特定名字的人与天女婚生人

实例

[鄂伦春族]神猎手鄂尔德穆莫日根与山神之女生人类。

【流传】（无考）

【出处】赵复兴：《鄂伦春族文学简论》，载《内蒙古社会科学》1995年第3期。

## W2416.5.1
### 猎人与女猎神婚生人

实例

[怒族]猎人与女猎神结婚生子。

【流传】云南省高黎贡山一带

【出处】付加仁等讲：《猎人与女猎神》，见中国作家协会云南分会编《云南民族民间故事选》，昆明：云南人民出版社1981年版，第543页。

## W2416.5.2
### 男子与雷女婚生人

【关联】[W2415.2]人与雷神婚生人

实例

[黎族]雷女与男子结合，生"黎人"。

【流传】海南省雷州半岛

【出处】《雷蚕》，见高明强编《创世的神话和传说》，上海：上海三联书店1988年版，第135页。

## W2416.5.3
### 特定的人与仙女婚

【关联】[W7273]人与仙女婚

实例

❶ [布依族]一个名叫达若的后生遇天

池洗浴的仙女，成家生子。

【流传】贵州省·都匀县（都匀市）·新城区

【出处】《天池仙女》，见贵州省社会科学院文学研究所等编《布依族民间故事》，贵阳：贵州人民出版社1982年版，第247~250页。

❷ [朝鲜族] 牧童与七仙女成亲，生2子。

【流传】吉林省长白山一带

【出处】

（a）裴永镇整理：《牧童和仙女》，见蔚家麟选编《中国民间故事精选》，武汉：长江文艺出版社2005年版，第85~94页。

（b）《牧童和仙女》，见《朝鲜族民间故事讲述家金德顺故事集》，上海：上海文艺出版社1983年版，第24~35页。

❸ [达斡尔族] 达斡尔人两个猎人与两个仙女结婚生下后代。

【流传】内蒙古自治区·（呼伦贝尔市）·莫力达瓦达斡尔族自治旗

【出处】巴达荣嘎讲，萨音塔娜采录翻译：《代尼乌音和莫日根——达斡尔族先人神话》，见中国民间文学集成全国编辑委员会编《中国民间故事集成》（宁夏卷），北京：中国ISBN中心2007年版，第15页。

❹ [达斡尔族] 两兄弟烧掉两个仙女羽衣，分别成亲，生达斡尔人。

【流传】（无考）

【出处】巴达荣嘎讲，萨音塔娜整理《代尼乌音和莫日根》，见《达斡尔民间故事选》，呼和浩特：内蒙古人民出版社1987年版。

❺ [黎族] 孤儿阿德与七仙妹结婚生人。

【流传】海南省

【出处】王家业讲，苏海鸥搜集整理：《阿德哥和七仙妹》，见海南黎族苗族自治州文化局编《黎族民间故事集》，广州：花城出版社1982年版，第35~37页。

❻ [满族] 猎人同胞三兄弟与天上三仙女分别结婚，各生一子。

【流传】黑龙江省·（哈尔滨市）·依兰县

【出处】张其卓等整理：《天鹅仙女》，见蔚家麟选编《中国民间故事精选》，武汉：长江文艺出版社2005年版，第41~45页。

❼ [蒙古族] 天女与凡人婚后生1对儿女，后来带儿女回天界。

【流传】（无考）

【出处】《宝木勒的传说》，见吕大吉、何耀华主编《中国各民族原始宗教资料集成》（鄂伦春族卷、鄂温克族卷、赫哲族卷、达斡尔族卷、锡伯族卷、满族卷、蒙古族卷、藏族卷），北京：中国社会科学出版社1999年版，第657页。

❽ [纳西族] 利恩和仙女结婚后，二胎生了三个儿子。

【流传】（无考）

【出处】《人祖利恩》，见谷德明编《中国少数民族神话》，北京：中国民间文艺出版社1987年版，第415页。

❾ [锡伯族] 放牛娃娶七仙女为妻，生

2 个孩子。

【流传】新疆维吾尔自治区·（伊犁哈萨克自治州）·察布查尔（察布查尔锡伯自治县）

【出处】格吐肯讲：《放牛娃与仙女》，见中国少数民族民间文学丛书《故事大系》系列《锡伯族民间故事选》，上海：上海文艺出版社 1991 年版，第 178 ~ 193 页。

⑩ [锡伯族] 一个穷小伙与小仙女成亲，生 1 男。

【流传】新疆维吾尔自治区·（伊犁哈萨克自治州）·察布查尔（察布查尔锡伯自治县）

【出处】戛尔图讲：《扎鲁山与梅翠》，见关宝学编《锡伯族民间故事集》，沈阳：辽宁民族出版社 2002 年版，第 157 页。

⑪ [彝族] 男子笃慕与仙女结婚，生葫芦。

【流传】云南省·（玉溪市）·峨山县（峨山彝族自治县）

【出处】《洪水泛滥》，昆明：云南教育出版社 1987 年版，第 38 ~ 45 页。

## W2417
### 女子与神或神性人物婚生人

实　例

（参见下级母题实例）

## W2417.1
### 女子与太阳神婚生人

实　例

[塔吉克族] 公主（汉族）与太阳神（来自太阳的英俊青年）结婚，生男孩。

【流传】新疆维吾尔自治区

【出处】《公主堡》，见马学良、梁庭望、张公瑾《中国少数民族文学史》，北京：中央民族大学出版社 2001 年版。

## W2417.2
### 女子与神性人物婚生人

实　例

（参见下级母题实例）

## W2417.2.1
### 伏羲姐妹与天上来的哥哥婚生人

实　例

[布依族] 洪水后，伏羲姐妹与玉皇派来的哥哥结婚，繁衍后代。

【流传】（无考）

【出处】马学良、梁庭望等：《中国少数民族文学比较研究》，北京：中央民族大学出版社 1997 年版，第 49 页。

## W2418
### 与神或神性人物婚生人有关的其他母题

实　例

（参见下级母题实例）

## W2418.1
### 人与神婚生怪胎

【关联】

① [W2600] 人生怪胎
② [W2644] 生怪胎的原因

③ [W7260] 人与神婚

实例

[独龙族] 白发老人把女儿给天上的鬼神盘格蒙做妻子，生蜜蜂、岩蜂和燕子。

【流传】云南省·（怒江傈僳族自治州）·贡山县（贡山独龙族怒族自治县·独龙江乡）·龙元、冷木当、迪政当村

【出处】《木彭九和木尼斤》，见李金明《独龙族文学简史》，昆明：云南民族出版社 2004 年版，第 67~69 页。

## W2418.2
### 人与神性人物婚生怪胎

【关联】
① [W2600] 人生怪胎
② [W7266] 人与神性人物婚

实例

（实例待考）

## 2.6.3 人的婚生人
（W2420~W2449）

## ✽ W2420
### 人正常婚生人

【关联】[W7360~W7379] 正常男女婚

实例

（参见下级母题实例）

## W2421
### 年龄相当的婚生人

【关联】[W7100] 结婚的年龄

实例

[黎族] 老当和老定兄弟两家生一对表兄妹。洪水后，这对逃生的表兄妹结婚再生人类。

【流传】海南省·（三亚市）·保亭县（保亭黎族苗族自治县）·保城镇

【出处】王老黎讲：《三个民族同一源》，见中国民间文学集成全国编辑委员会编《中国民间故事集成》（海南卷），北京：中国 ISBN 中心 2002 年版，第 9~10 页

## W2422
### 相差年龄大的男女婚生人

【关联】[W7102] 结婚年龄男女有差距

实例

❶ [鄂伦春族] 全身是毛的动物（人的初形）全是男性，世上只有一个女性老太婆。其中一个男性与老太婆同居，生 1 男 1 女。

【流传】（无考）

【出处】《鄂伦春族的传说时代》，见吕光天《北方民族原始社会形态研究》，银川：宁夏人民出版社 1981 年版，第 78 页。

❷ [鄂温克族] 萨满造人后，一个姑娘和她的一位长辈，结婚生子。

【流传】（无考）

## W2423

### 不同地区的男女婚生人

【关联】

① ［W7372］不同地方的男女成婚

② ［W7381］族外婚

实 例

❶ ［高山族（雅美）］太古时，支比嘎贡山居住的男性与支扎古勒曼山居住的女性相互婚配，生儿育女。

【流传】（无考）

【出处】《雅美人的由来》，见中国各民族宗教与神话大词典编审委员会编《中国各民族宗教与神话大词典》，北京：学苑出版社1990年版，第144页。

❷ ［黎族］海南岛上的黎母与从大陆渡海而来的一位男子婚生人。

【流传】海南省

【出处】《黎母山》，见孙正国《中华先祖英雄故事》，重庆：重庆出版社2002年版，第202页。

❸ ［黎族］黎母与交趾蛮结配，子孙众多。

【流传】海南省·琼州（琼州市）

【出处】［清］《古今图书集成职方典》卷1392《琼州府》。

## W2423.1

### 天上的男子与地上的女子婚生人

【关联】［W2417.2.1］伏羲姐妹与天上来的哥哥婚生人

实 例

（参见关联项母题实例）

## W2423.2

### 不同寨子的男女婚生人

实 例

❶ ［布依族］远古时，红河边一个寨子住的全是纳米（姑娘），外寨的后生蒙嫁给姑娘们，天下的人烟慢慢多起来。

【流传】贵州省·（黔南布依族苗族自治州）·罗甸县·罗悃镇

【出处】《纳米寨》，见中国民间文学集成全国编辑委员会编《中国民间故事集成》（贵州卷），北京：中国ISBN中心2003年版，第63~64页。

❷ ［赫哲族］小小子被哈人抓住，放入猪圈中，与哈族的头人的女儿马迈尔迪偷睡了几年，马迈尔迪怀孕，生儿子祖尔丘。

【流传】（无考）

【出处】施腾伯格：《关于基利亚克人、奥罗奇人、戈尔德人、涅基达尔人、阿伊努人的著作与资料集》（俄文版），哈巴罗夫斯克，1933年，第492~494页。

【出处】中央民族学院少数民族文艺研究所编《中国民族民间文学》（上），北京：中央民族学院出版社1987年版，第198页。

## W2424　不同族群的男女婚生人[①]

【关联】[W7381] 族外婚

**实例**

[裕固族] 地面上唯一生存的祯格尔斯汗王和鲍黛尔斯汗王的王子、公主结婚，繁衍人类。

【流传】甘肃省

【出处】《阿斯哈斯》，见杨进智《裕固族研究论文集》，兰州：兰州大学出版社 1996 年版，第 346～347 页。

## W2425
### 与正常婚生人有关的其他母题

**实例**

❶ [傣族] 有 1 男 1 女邂逅结合，繁衍后代。

【流传】云南省三江并流一带

【出处】《南师巴塔麻竜帕萨傣》，见刀国栋著《傣族历史文化漫谭》，北京：民族出版社 1992 年版，第 1～2 页。

❷ [鄂伦春族] 1 个姑娘和 1 个小伙日久天长成了夫妻，生 5 子。

【流传】内蒙古自治区·呼伦贝尔市·额尔古纳旗（额尔古纳市）

【出处】关吉瑞讲，白文整理：《五姓兄弟的传说》，见《鄂伦春族民间故事选》，上海：上海文艺出版社 1988 年版。

❸ [鄂温克族] 以前，一对夫妻生了 8 个孩子，7 男 1 女。这 7 个男孩变成后来的 7 个民族，即鄂温克族、蒙古族等。女孩 15 岁时嫁人。

【流传】（无考）

【出处】《鄂温克社会历史调查报告》，呼和浩特：内蒙古人民出版社 1986 年版，第 243 页。

❹ [彝族] 男女结婚，生 7 个姑娘。

【流传】（无考）

【出处】《虎氏族》，见云南省民族事务委员会编《彝族文化大观》，昆明：云南民族出版社 1999 年版，第 325 页。

❺ [彝族] 地上的人彼此婚配，繁衍人类。

【流传】云南省·红河州（红河哈尼族彝族自治州）

【出处】李八一昆等：《尼苏夺节》，昆明：云南民族出版社 1985 年版。

## W2425.1
### 男女始祖婚生人类

【关联】[W2409] 祖先婚生人

**实例**

❶ [独龙族] 最早出现的 1 男 1 女自相交配，繁殖成现在人类。

【流传】云南省

【出处】

(a)《木彭哥》，原载《俅人神话》，见何愈《西南少数民族及其神话》，广州：新世纪出版社 1951 年版，第 61 页。

---

[①] 不同族群，包括氏族、部落、民族以及不同姓氏等。详见"[W5200] 氏族部落"、"[W5400] 民族"等相关母题及实例。

(b)《木彭哥》，见谷德明编《中国少数民族神话》，北京：中国民间文艺出版社1987年版，第529页。

❷ [苗族] 祖婆祖爷相交生1对男女。
【流传】云南省·（昭通市）·彝良县
【出处】王建英讲：《造天造地》，见中国民间文学集成全国编辑委员会编《中国民间故事集成》（云南卷），北京：中国ISBN中心2003年版，第91页。

**W2425.1.1**
**有名字的男女始祖婚生人类**

实 例

❶ [侗族] 始祖松恩与松桑结婚，生1男1女，取名公楼、萨当。
【流传】（无考）
【出处】《开天辟地》，见杨保愿《嘎茫莽道时嘉》（《侗族远祖歌》），北京：中国民间文艺出版社1986年版，第45页。

❷ [侗族] 人类祖先松桑和松恩结合后，才开始生育儿女，繁衍人类。
【流传】湖南省
【出处】《棉必仙婆》，见中国各民族宗教与神话大词典编审委员会编《中国各民族宗教与神话大词典》，北京：学苑出版社1990年版，第116页。

❸ [侗族] 最早产生的女孩松桑与男孩松恩配成夫妻，生人类。
【流传】贵州省·（黔东南苗族侗族自治州）·从江县·高增乡
【出处】

(a)《龟婆孵蛋》，见中国民间文学集成全国编辑委员会编《中国民间故事集成》（贵州卷），北京：中国ISBN中心2003年版，第43页。
(b) 同（a），见龙玉成主编《贵州侗族民间故事选》，成都：西南交通大学出版社1993年版，第9页。

❹ [苗族] 最早时，高加良和妻子胡加修生育一对子女。
【流传】贵州省·（黔东南苗族侗族自治州麻江县）·麻江县、雷山县
【出处】《短裙黑苗中的传说》，见马昌仪编《中国神话学文论选萃》（上编），北京：中国广播电视出版社1994年版，第442~443页。

❺ [羌族] 木姐珠（女始祖）和斗安珠（男始祖）结婚，生了9个儿子。
【流传】四川省·（阿坝藏族羌族自治州）·汶川县·雁门乡·索桥村
【出处】袁世琨讲，周辉枝采录：《羌戈大战》，见中国民间文学集成全国编辑委员会编《中国民间故事集成》（四川卷·下），北京：中国ISBN中心1998年版，第1128页。

❻ [维吾尔族] 始祖亚当与夏娃繁衍人类。
【流传】新疆维吾尔自治区
【出处】《女天神创造人类》，见满都呼主编《中国阿尔泰语系诸民族神话故事》，北京：民族出版社1997年版，第31页。

❼ [壮族] 姆洛甲与布洛陀成婚后，连生9个男婴。

【流传】广西壮族自治区·（百色市）·西林县·那佐乡

【出处】《巨人夫妻》，见中国民间文学集成全国编辑委员会编《中国民间故事集成》（广西卷），北京：中国ISBN中心2001年版，第55~60页。

## W2425.2
### 首领与特定女子婚生人

实例

[仡佬族] 土王和张大姐（非兄妹）结婚，制人烟。

【流传】贵州省·遵义（遵义市）·遵义县·平正公社（平正仡佬族乡）·堡上村

【出处】山兴才讲，田兴才、唐文新等搜集：《土王和张大姐制人烟》（1980.07），见《贵州民间文学资料》第49集，内部编印。

## W2425.3
### 特定名字的男女婚生人

实例

❶ [哈尼族] 其早和里收一对兄妹结婚生人。

【流传】云南省·（红河哈尼族彝族自治州）·红河县

【出处】张牛郎讲：《兄妹传人》，见中国民间文学集成全国编辑委员会编《中国民间故事集成》（云南卷），北京：中国ISBN中心2003年版，第168~169页。

❷ [怒族] 阿铁和姑娘结婚生4男4女，天上、地上、内地、俅江各一对。

【流传】云南省·（怒江傈僳族自治州）·碧江县（1986年撤销县制，今属福贡县等）

【出处】云南民族调查组怒江分组：《碧江县一区老母登、普乐、知子罗三乡怒族族源和民族关系调查》，见云南省编辑委员会编《怒族社会历史调查》，昆明：云南人民出版社1981年版，第103~104页。

## W2425.4
### 创世神让男女婚生人

实例

[独龙族] 格蒙（创造万物之神）使男人和女人成了一家，生了娃娃，人烟陆续发展起来。

【流传】云南省·（怒江傈僳族自治州）·贡山县（贡山独龙族怒族自治县）·独龙江乡

【出处】约翰讲，孙敏、李昆采录：《创世纪》，见中国民间文学集成全国编辑委员会编《中国民间故事集成》（云南卷），北京：中国ISBN中心2003年版，第187页。

## ※ W2426
### 特殊来历的人婚生人

实例

（参见下级母题实例）

## W2427
### 天降的男女婚生人

【关联】
① ［W2025］人从天降（天降人）
② ［W2997.0］天上的人

**实 例**

❶ [傣族] 天上女子亚桑盖下凡到大地上。万年后，男子布桑盖也从天而降，结为夫妻，成为人类第 1 对祖先。

【流传】云南省

【出处】《布桑盖与亚桑盖》，见张公瑾著《傣族文化研究》，昆明：云南民族出版社 1988 年版，第 39~40 页。

❷ [蒙古族] 从天而降的 18 对男女繁衍人类。

【流传】（无考）

【出处】陈岗龙、乌日古木勒：《蒙古民间文学》，银川：宁夏人民出版社 2008 年版，第 44 页。

❸ [苗族] 洪水潮天后，地上没有了人烟。天神派了一对夫妻下到凡间，为人类传宗接代。

【流传】四川省·（乐山市）·马边县（马边彝族自治县）·民主乡

【出处】陶艮高讲，林宽民采录：《狗带来五谷》，见中国民间文学集成全国编辑委员会编《中国民间故事集成》（四川卷·下），北京：中国 ISBN 中心 1998 年版，第 1324 页。

❹ [佤族] 天降的 1 男 1 女两人结成夫妻，繁衍佤族祖先。

【流传】云南省

【出处】大林太良：《印度支那北部佤族的人类起源神话》，见陶阳、钟秀编《中国神话》，上海：上海文艺出版社 1996 年版。

## W2427.1
### 男子与天上来的女子婚生人

【关联】［W2416.1］人与天女婚生人

**实 例**

[德昂族] 人与天上飞下的女人结婚，繁衍人类。

【流传】云南省

【出处】宜初搜集：《葫芦的故事》，见中华民族故事大系编委会编《中华民族故事大系》第 15 卷（德昂族、保安族、裕固族、京族、塔塔尔族、独龙族、鄂伦春族），上海：上海文艺出版社 1995 年版，第 20~21 页。

## W2428
### 造出的男女婚生人

【关联】
① ［W2030］人是造出来的（造人）
② ［W2758.3］造出男女

**实 例**

[彝族] 从前，神用黄土做成两个人。这两个人结婚后生很多人。

【流传】云南省·（昆明市）·石林彝族自治县·（圭山镇）·亩竹箐村

【出处】李德君采录：《彝族撒尼人民间文学作品采集实录》，北京：中央民族大学出版社 2009 年版，第 501 页。

## W2428.1
### 神或神性人物造的男女婚生人

【关联】

① [W2051] 神或神性人物造人

② [W2052] 神造人

③ [W2087.0a] 神性人物造人

实例

❶ [傣族] 布桑嘎回到天上的神王山，寻找到人种果，与仙药拌和，捏了3对人，都是1男1女。他们结婚繁衍人类。

【流传】云南省

【出处】史诗《巴塔麻嘎捧尚罗》，见中国各民族宗教与神话大词典编审委员会编《中国各民族宗教与神话大词典》，北京：学苑出版社1990年版，第82页。

❷ [独龙族] 神创造的人类第1对男女始祖普和姆结婚生子女。

【流传】云南省

【出处】《嘎美夫妇和普姆》，见高明强编《创世的神话和传说》，上海：上海三联书店1988年版，第79页。

## W2428.1.1
### 天神造的男女婚生人

【关联】[W2053] 天神造人

实例

❶ [布朗族] 天神用泥土捏成男人和女人，并让他们婚配生育人类。

【流传】云南省

【出处】《布桑改沙和雅桑改西》，http://history.1001n.com.cn。

❷ [傣族] 世间本来没有人，天神用手捏泥巴，捏了1男1女，他们结婚，一代一代的流传下来。

【流传】（无考）

【出处】《变扎戛帕》，见缪俊杰《多元一体与民族特色——论西南地区兄弟民族文学与汉文化的关系》，载《社会科学战线》1995年第5期。

❸ [满族] 天神阿布卡恩都里造了一男一女两个人，然后把他们放在一个石头罐子里，又把石头罐子放到水里，罐子就在水面上漂着。这一男一女婚配生了许许多多人，一代又一代。

【流传】（无考）

【出处】《天神创世》，见姚宝瑄主编《中国各民族神话》（满族、赫哲族、朝鲜族），太原：山西出版传媒集团·书海出版社2014年版，第15~16页。

❹ [维吾尔族] 女天神造的亚当、夏娃结婚，地球上有了人类。

【流传】新疆维吾尔自治区

【出处】张越、姚宝瑄译：《女天神创造人类》，见满都呼主编《中国阿尔泰语系诸民族神话故事》，北京：民族出版社1997年版，第31页。

## W2428.1.2
### 喇嘛造的男女婚生人

【关联】[W2066.2] 喇嘛造人

> 实 例

［蒙古族］武当喇嘛让造出来的男女结婚繁衍蒙古人。

【流传】吉林省·（松原市）·前郭县（前郭尔罗斯蒙古族自治县）

【出处】宝音特古斯：《武当喇嘛创世》，见中国民间文学集成全国编辑委员会编《中国民间故事集成》（吉林卷），中国文联出版公司1992年版，第3页。

## W2428.1.3

### 真主造的男女婚生人

【关联】［W2067］真主造人

> 实 例

［回族］真主造的阿丹和海尔玛结婚繁衍的一百四十四子女，被吹到人间各个角落传子传孙，培育后代。

【流传】（无考）

【出处】《阿丹和海尔玛》，马奔根据《中国回族民间文学概观》（宁夏大学出版社1984年版）等改写，见姚宝瑄主编《中国各民族神话》（土族、东乡族、回族、保安族、裕固族、撒拉族），太原：山西出版传媒集团·书海出版社2014年版，第50页。

## W2428.1.4

### 神仙造的男女婚生人

【关联】［W2059］神仙造人

> 实 例

［黎族］神仙用泥捏成哥妹两人，他们结婚生人类。

【流传】海南省·琼中县（琼中黎族苗族自治县）五指山一带

【出处】王知会讲：《人类的起源》，见中国民间文学集成全国编辑委员会编《中国民间故事集成》（海南卷），北京：中国ISBN中心2002年版，第4页。

## W2428.1.5

### 女娲造的男女婚生人

【关联】［W2065］女娲造人

> 实 例

❶［汉族］女娲娘娘造的男女配对，结婚传后代。

【流传】四川省·（凉山彝族自治州）·德昌县·热和乡

【出处】刘廷香讲：《女娲造人》，见中国民间文学集成全国编辑委员会编《中国民间故事集成》（四川卷·上），北京：中国ISBN中心1998年版，第27页。

❷［汉族］女娲造人形成的男女，结婚后代代传人。

【流传】浙江省·（金华市）·东阳县（东阳市）·青联乡

【出处】屠和兰讲：《女娲造人》，见中国民间文学集成全国编辑委员会编《中国民间故事集成》（浙江卷），北京：中国ISBN中心1997年版，第39页。

❸［汉族］女娲造人后，一对对男女相配，世上有了人。

【流传】浙江省·（杭州市）·临安（临安市）

【出处】俞维仁讲：《人是黄泥变的》，见中国民间文学集成全国编辑委员会编《中国民间故事集成》（浙江卷），北京：中国 ISBN 中心 1997 年版，第 40 页。

❹ [汉族] 女娲造的男女配对成婚后，地上人丁兴旺。

【流传】（无考）

【出处】胡惠青讲：《女娲造人》，见中国民间文学集成全国编辑委员会编《中国民间故事集成》（湖南卷），北京：中国 ISBN 中心 2002 年版，第 22 页。

## W2428.1.6
### 女祖先造的男女婚生人

【关联】[W2060.1] 女祖先造人（女始祖造人）

实例

[哈尼族] 塔婆（女祖先名）用泥人捏成的兄妹结婚繁衍人类。

【流传】云南省·（红河哈尼族彝族自治州·元阳县）

【出处】朱小和讲：《天、地、人的形成》，载《山茶》1983 年第 4 期。

## W2428.2
### 男人与自己造的女人婚生人

【关联】
① [W2070] 人造人
② [W2072] 男子造人（男人造人）

实例

（参见下级母题实例）

## W2428.2.1
### 男子与自己做的灰姑娘婚生人

实例

[普米族] 三兄弟中的老三与用火塘灰捏成的灰姑娘婚配，生育儿女。

【流传】云南省

【出处】《直呆南木》，见中国各民族宗教与神话大词典编审委员会编《中国各民族宗教与神话大词典》，北京：学苑出版社 1990 年版，第 520 页。

## W2428.2.2
### 男子与刻木造出的姑娘婚生人

实例

[布朗族] 岩胆与造的人形木变成的姑娘结成夫妻，生育子女。

【流传】云南省

【出处】《布朗族的来历》，见谷德明编《中国少数民族神话》，北京：中国民间文艺出版社 1987 年版，第 487 页。

## W2428.3
### 男子与别人造的女子婚生人

实例

（参见下级母题实例）

## W2428.3.1
### 男子与母亲造的女子婚生人

实例

❶ [普米族] 洪水后，只剩下一对母子。老妈妈用牛粪做成姑娘，让这个姑娘与儿子结婚，繁衍了人类。

【流传】云南省

【出处】《抟粪造人》，见中国各民族宗教与神话大词典编审委员会编《中国各民族宗教与神话大词典》，北京：学苑出版社1990年版，第520页。

❷ [普米族] 老妈妈用牛粪造成一个大姑娘与她的3个儿子结婚生人。

【流传】云南省

【出处】严汝娴、王树五：《普米族简史》，昆明：云南人民出版社1988年版，第31页。

## W2428.4
### 动物造的女子婚生人

实例

[布朗族] 动物造出的1男1女结为夫妻，生下8男8女。

【流传】

（a）云南省

（b）云南省·西双版纳（西双版纳傣族自治州）·勐海县·布朗山乡

【出处】

（a）《岩布林嘎·伊梯林嘎》，见中国各民族宗教与神话大词典编审委员会编《中国各民族宗教与神话大词典》，北京：学苑出版社1990年版，第31页。

（b）《艾布林嘎与依娣林嘎》，见云南省民族事务委员会编《布朗族文化大观》，昆明：云南民族出版社1999年版，第175页。

## W2429
### 特定物质生育的人婚生人

实例

（参见下级母题实例）

## W2429.1
### 水中生的男女婚生人

【关联】[W2208] 水生人

实例

[独龙族] 水中生的1男1女自相交配，繁衍子孙，有了人类。

【流传】云南省

【出处】李子贤辑：《卡窝卡蒲分万物》，见中国各民族宗教与神话大词典编审委员会编《中国各民族宗教与神话大词典》，北京：学苑出版社1990年版，第121页。

## W2429.2
### 卵化生的男女婚生人

【关联】[W2220] 卵生人

实例

❶ [高山族（排湾）] 两卵化生的一对男女洛摩兹与基宁互婚，生众多子女。

【流传】（无考）

【出处】《卵生排湾人兄妹始祖》，见中国各民族宗教与神话大词典编审委员会编《中国各民族宗教与神话大词典》，北京：学苑出版社1990年版，第144页。

❷ [高山族（排湾）] 太阳生的两卵，化生男女2神，2神相婚，生排湾人。

【流传】（无考）

【出处】《人间万物的由来》，见中国各民族宗教与神话大词典编审委员会编《中国各民族宗教与神话大词典》，北京：学苑出版社1990年版，第145页。

## W2429.3
### 感生的男女婚生人

【关联】[W2230] 感生人

实 例

（参见下级母题实例）

## W2429.3.1
### 感龙而生的男女婚生人

【关联】[W2247] 感龙孕生人

实 例

[傣族] 一女感金龙生10子，10子与同样感金龙而生的10女结婚，西北大地上有了龙的子孙。

【流传】云南省

【出处】《九隆》，见高明强编《创世的神话和传说》，上海：上海三联书店1988年版，第89页。

## W2429.4
### 葫芦生的男女婚生人

【关联】[W2184] 葫芦生人

实 例

❶ [德昂族] 葫芦里出来的男女婚配，繁衍德昂族。

【流传】云南省

【出处】朱宜初整理：《葫芦的故事》（五则），载《山茶》1981年第2期。

❷ [拉祜族] 葫芦生的兄妹扎迪和娜迪（扎迪和娜迪，在其他神话文本又译为"扎笛与娜笛"）婚生人。

【流传】云南省

【出处】

(a)《扎迪娜迪》、《寻找葫芦》、《拉祜族的祖先》，见云南省民族事务委员会编《拉祜族文化大观》，昆明：云南民族出版社1999年版，第178页。

(b)《勐呆密呆》，见陶阳、牟钟秀著《中国创世神话》，上海：上海人民出版社2006年版，第55页。

❸ [傈僳族] 洪水后，天降的两葫芦中生出男人西沙和女人勒沙结婚再生人类。

【流传】（无考）

【出处】《岩石月亮》，见陶阳、牟钟秀著《中国创世神话》，上海：上海人民出版社2006年版，第59页。

❹ [黎族] 很久以前，一个很大的葫芦瓜生出的1对男女结成夫妻后繁衍人类。

【流传】海南省·琼中县（琼中黎族苗

族自治县）·五指山公社·番龙村（今属五指山市·水满乡·番龙村）

【出处】王克福讲，冯秀梅采录：《黎族汉族的来源》，见中国民间文学集成全国编辑委员会编《中国民间故事集成》（海南卷），北京：中国 ISBN 中心 2002 年版，第 11 页。

## W2429.5
### 石头与竹子生的男女婚生人

【关联】

① ［W2172］竹生人
② ［W2210］石生人

实 例

[高山族] 洪水后，竹生人和石生人后交换婚配，才生健康后代。

【流传】伊摩鲁得社的雅美族

【出处】李卉：《台湾及东南亚的同胞配偶型洪水传说》，载中国民族学会编《中国民族学报》（台北）1955 年第 1 期。

## W2429.6
### 植物生的男女婚生人

【关联】［W2170］植物生人

实 例

[维吾尔族] 植物中长出了 1 男 1 女合卺婚配，生儿育女。子孙繁衍后大地上有了人类。

【流传】新疆维吾尔自治区

【出处】关纪新主编：《中国少数民族俗文学》，呼和浩特：内蒙古教育出版社 2001 年版，第 71 页。

## W2430
### 变化出的男女婚生人

【关联】

① ［W2300］人是变化产生的（变人）
② ［W2464.1.1］人与天鹅变成的女子婚生人

实 例

（参见下级母题实例）

## W2430.1
### 神变的男女婚生人

实 例

[德昂族]（实例待考）

## W2430.2
### 化生的男女婚生人

实 例

❶ [傈僳族] ☆打柴小伙阿宝与蜂变的牧女生蜂氏族。

【流传】云南省·怒江州（怒江傈僳族自治州）

【出处】阿普讲：《傈僳蜂氏族》，见中国民间文学集成全国编辑委员会编《中国民间故事集成》（云南卷），北京：中国 ISBN 中心 2003 年版，第 258～259 页。

[满族] 洪水后，剩存的一人，与柳枝变成的姑娘结婚，繁衍后代。

【流传】黑龙江省·牡丹江（牡丹江市）

【出处】季永海等：《满族民间文学概论》，北京：中央民族学院出版社

1991年版，第9页。

❷ [满族] 一个人在大水中抓到柳枝，柳枝幻化成美女，与他共同繁衍子孙后代。

【流传】（无考）

【出处】赵庆显：《女真族文学发展轨迹概说》，载《辽宁广播电视大学学报》1998年第1期。

## W2430.2.1
### 混沌中化生的男女婚生人

**实 例**

[独龙族] 混沌生命中用雪水洗涤产生的一男一女，自相交配，繁殖成今日之人类。

【流传】云南省

【出处】陶云逵：《几个云南藏缅语系土族的创世故事》，原载金陵大学中国文化研究所《边疆研究论丛》1942～1944年，见吕大吉、何耀华总主编《中国各民族原始宗教资料集成》（纳西族卷、羌族卷、独龙族卷、傈僳族卷、怒族卷），北京：中国社会科学出版社2000年版，第666页。

## W2430.2.2
### 血化生的男女婚生人

【关联】[W2388.2] 血化生人（血变成人）

**实 例**

[独龙族] 鬼的血变成的一男一女结为夫妻，开始生养子女，于是人便一代代地发展起来。

【流传】云南省·（怒江傈僳族自治州）·贡山县（贡山独龙族怒族自治县）·第四区·第三行政村·巴坡村

【出处】陈燮章等：《贡山县第四区第四行政村巴坡独龙族社会经济调查》，见中国科学院民族研究所云南民族调查组等编印《云南省怒江独龙族社会调查》（七），内部编印，1964年，第234页。

## W2430.3
### 树叶变成的男女婚生人

**实 例**

❶ [德昂族] 茶树叶变的姑娘亚楞和小伙达楞留在大地上，他们开始繁衍人类。

【流传】云南省

【出处】《藤篾腰箍》、《不献坟的传说》，见云南省民族事务委员会编《德昂族文化大观》，昆明：云南民族出版社1999年版，第120页。

❷ [德昂族] 100片树叶变成100人，男女各半，结成夫妻，成为德昂族的祖先。

【流传】云南省

【出处】《天王与地母》，见中国各民族宗教与神话大词典编审委员会编《中国各民族宗教与神话大词典》，北京：学苑出版社1990年版，第94～95页。

❸ [德昂族] 树叶变成50对男女，结为夫妻，繁衍人类。

【流传】云南省·德宏州（德宏傣族景

颇族自治州）

【出处】满坎木讲：《人类的起源》，见中国民间文学集成全国编辑委员会编《中国民间故事集成》（云南卷），北京：中国 ISBN 中心 2003 年版，第 105～106 页。

## W2430.4
### 猴子变成的男女婚生人

【关联】
① ［W2317］猴变成人（猴子变成人）
② ［W7518］猴子的婚配（猴与猴婚）

实 例

［布依族］最早出现的一对猴子变成人并分出男女后成婚，这样人世间才开始有了人烟。

【流传】贵州省布依族地区

【出处】杨正荣、祝登壅讲，岭玉清、汛河搜集整理，古梅改写：《翁戛造万物》，见姚宝瑄主编《中国各民族神话》（布依族、亿佬族、苗族），太原：山西出版传媒集团·书海出版社 2014 年版，第 11 页。

## W2430.5
### 虫子变成的男女婚生人

【关联】［W2336］虫子变成人

实 例

［高山族（布农）］虫子变成的男女 2 人，结为夫妻，生儿育女，成为布农人始祖。

【流传】台湾卡社群

【出处】《虫生布农人始祖》，见中国各民族宗教与神话大词典编审委员会编《中国各民族宗教与神话大词典》，北京：学苑出版社 1990 年版，第 144 页。

## W2431
### 相同来源的男女婚生人①

【关联】
① ［W2430.3］树叶变成的男女婚生人
② ［W2430.4］猴子变成的男女婚生人
③ ［W2430.5］虫子变成的男女婚生人

实 例

（参见关联项及下级母题实例）

## W2431.1
### 同母生的男女婚生人

实 例

（参见下级母题实例）

## W2431.1.1
### 人与公猴婚生的男女婚生人

【关联】［W2455］人与猴婚生人

实 例

［鄂温克族］老妈妈与一只公猴生的 5 对男女又结为夫妻，繁衍后代。

【流传】（无考）

【出处】佟德富：《中国少数民族原始意

---

① 相同来源的男女婚生人，这种情况一般表现为具有同一个族群标识的男女结婚生人。这类情况与"图腾"母题、"同源"母题等多有交叉，在此只选取一些典型母题作为示例。

## W2431.2
### 石生的男女婚生人

【关联】[W2210] 石生人

**实 例**

❶ [高山族（泰雅）] 巨石生的男女 2 人结为夫妻，生子女 4 人。

【流传】（无考）

【出处】《石生泰雅人始祖》，见中国各民族宗教与神话大词典编审委员会编《中国各民族宗教与神话大词典》，北京：学苑出版社 1990 年版，第 144～145 页。

❷ [高山族（泰雅）] 石中生的男女长成后相婚，生子女 7 人，相互婚配后繁衍泰雅人。

【流传】（无考）

【出处】《鸟推大石生泰雅人始祖》，见中国各民族宗教与神话大词典编审委员会编《中国各民族宗教与神话大词典》，北京：学苑出版社 1990 年版，第 145 页。

❸ [高山族（泰雅）] 石裂生的男女 2 人相婚生 1 子 1 女。

【流传】（无考）

【出处】《树与石共生泰雅人始祖》，见中国各民族宗教与神话大词典编审委员会编《中国各民族宗教与神话大词典》，北京：学苑出版社 1990 年版，第 145 页。

❹ [高山族] 石头炸开生出的兄妹成婚，慢慢形成一个大族。

【流传】（无考）

【出处】无言搜集：《兄妹结婚》，见陈庆浩等《中国民间故事全集·台湾民间故事集》，台北：远流出版公司 1993 年版，第 365 页。

❺ [高山族（阿美）] 白石中生出 4 个孩子，互为兄妹婚，生的穿鞋的孩子为汉人祖先。

【流传】台湾马兰社

【出处】鹿忆鹿：《台湾原住民与大陆南方民族的洪水神话比较》，载《民间文学论坛》1997 年第 1 期。

❻ [苗族] 岩石裂开生 1 男 1 女结婚，其子孙为今日苗族。

【流传】（无考）

【出处】[日] 鸟居龙藏：《苗族调查报告》，见马昌仪编《中国神话学文论选萃》，北京：中国广播电视出版社 1994 年版，第 386～387 页。

## W2432
### 不同来源的男女婚生人

**实 例**

（参见下级母题实例）

## W2432.1
### 女子与虎生的男子婚生人

【关联】

① [W2429.5] 石头与竹子生的男子婚生人

① [W2452] 人与虎婚生人

> 实 例

[土家族] 老虎与人婚生的孩子与皇帝的三公主成亲，繁衍土家人。

【流传】（无考）

【出处】《虎儿娃》，见朱世学《论土家族白虎崇拜的起源与表现功能》，载《湖北民族学院学报》1996 年第 1 期。

## W2432.2

### 葫芦生的女子与石生的男子婚生人

【关联】

① [W2184] 葫芦生人

① [W2210] 石生人

> 实 例

❶ [哈尼族] 石头生的阿托拉扬与金葫芦里出来的阿嘎拉优成亲，成为人类和魔鬼的祖先。

【流传】云南省·（普洱市）·孟连县（孟连傣族拉祜族佤族自治县）

【出处】李格、王富帮讲：《天、地、人和万物的起源》，见《哈尼族神话传说集成》，北京：中国民间文艺出版社 1990 年版，第 34～37 页。

❷ [哈尼族] 葫芦里走出 1 个女人和从石头里炸出的汉子相配，生出许多娃娃。

【流传】云南省·思茅（普洱市）

【出处】《天、地、人和万物的起源》，见中国各民族宗教与神话大词典编审委员会编《中国各民族宗教与神话大词典》，北京：学苑出版社 1990 年版，第 169 页。

## W2432.3

### 瓜生的人与葫芦生的人婚生人

【关联】

① [W2184] 葫芦生人

① [W2189] 瓜生人

> 实 例

❶ [傈僳族] 兄妹结婚后种的南瓜生 3 男，与种葫芦生出的 3 女结婚，代代繁衍。

【流传】（无考）

【出处】刘江华编《中国神话故事》（天、地、人物卷），北京：中国世界语出版社 1999 年版，第 5～8 页。

❷ [傈僳族] 盘古从南瓜中劈出兄妹结婚生的 3 男孩，与葫芦中出的 3 个姑娘结婚，繁衍后代。

【流传】四川省·（凉山彝族自治州）·德昌县

【出处】李国才讲：《盘古造人》，见《傈僳族民间故事》，上海：上海文艺出版社 1982 年版，第 7～11 页。

## W2432.4

### 葫芦生的男子与陶锅生的女子婚生人

> 实 例

❶ [高山族（布农）] 葫芦出来 1 男子，陶锅出来 1 女，结为夫妇，生育子女。

【流传】（无考）

【出处】施始来：《八代湾的神话》，台中：晨星出版社1992年版，第118页。

❷ [高山族（布农）] 葫芦中生的男子与土锅中生的女子结婚，成为始祖。

【流传】（无考）

【出处】[日]佐山融吉，《生蕃传说集》，杉田重藏书店，1923年，第25页。

## W2432.5

### 两座山生的男女婚生人

实 例

[藏族] 洪水后，两座山分别生出一男一女成婚，生下了三个儿子。

【流传】西藏自治区

【出处】
(a)《僜人创世神话》，旺秋根据中国社科院民族研究所编《僜人社会历史调查》（云南人民出版社1990年版）以及西藏民间文艺研究会主办《邦锦梅朵》1984年第8期中《僜人创世神话》整理。
(b) 同(a)，见姚宝瑄主编《中国各民族神话》（门巴族、珞巴族、怒族、藏族），太原：山西出版传媒集团·书海出版社2014年版，第89页。

## W2432.6

### 人与鹿变成的女子婚生人

【关联】
① [W2161.2] 鹿生人
② [W2320] 鹿变成人
③ [W2320.1] 鹿变成女人
④ [W2456] 人与鹿婚生人
⑤ [W2456.2] 人与母鹿婚生人

实 例

[赫哲族] 猎人与鹿变的姑娘成为夫妻，生1男孩。

【流传】（无考）

【出处】《金鹿的传说》，见黄任远《满-通古斯语族民族有关熊、虎、鹿神话比较研究》，载《黑龙江民族丛刊》1996年第3期。

## W2432.7

### 人与熊变成的女子婚生人

实 例

[满族] 一个猎人同变成姑娘的熊结婚生1子。

【流传】（无考）

【出处】《三年等于三百年》，见傅英仁口述，张爱云整理《傅英仁满族故事》（上），哈尔滨：黑龙江人民出版社2006年版，第120~122页。

## W2432.8

### 人与虎变的男子婚生人

实 例

[彝族] 小七妹与虎变的男子结婚，生9子4女。

【流传】云南省·（楚雄彝族自治州）·大姚县

【出处】《虎氏族》，见《山茶》1986年第1期。

## W2432.9
### 人与龙变的男子婚生人
【关联】［W2449.4］食肉女子与龙变的人婚生人

实 例

［藏族］一个食肉的女子与毒龙变的七骑士的首领交合，生1个儿子。

【流传】（无考）

【出处】汤开建：《党项源流新证》，载《宁夏社会科学》1996年第1期。

## W2432.10
### 人与蛙变的男子婚生人

实 例

［门巴族］☆青蛙变人，娶了国王的三女儿，生孩子。

【流传】西藏自治区·（林芝地区）·墨脱县

【出处】达瓦讲：《青蛙求亲》，见中国民间文学集成全国编辑委员会编《中国民间故事集成》（西藏卷），北京：中国ISBN中心2001年版，第675~679页。

## W2432.11
### 人与树生的人婚生人
【关联】［W2171］树生人

实 例

❶［哈萨克族］乌古斯可汗与树生的姑娘结婚生天、山、海3个儿子。

【流传】古代钦察人

【出处】《乌古斯传》，见耿世民《乌古斯可汗的传说》，乌鲁木齐：新疆人民出版社1982年版。

❷［傈僳族］荞氏族的祖先砍树得1个小男孩，小男孩结婚生7子。

【流传】（无考）

【出处】《荞氏族的由来》，见中国各民族宗教与神话大词典编审委员会编《中国各民族宗教与神话大词典》，北京：学苑出版社1990年版，第387页。

## W2432.11.1
### 人与竹生的男子婚生人

实 例

［仡佬族］一女子与从竹筒里生的男孩兄妹相称后结婚，繁衍人类。

【流传】梵净山一带

【出处】章海荣：《梵净山神》，贵阳：贵州人民出版社1997年版，第124~125页。

## W2432.12
### 人与石生的人婚生人

实 例

［高山族（卑南）］石生的女子拉宁与鲁凯太南社男子沙卡朗成婚，生洛帕洛帕与扎达2个女孩。

【流传】（无考）

【出处】《石生卑南人始祖》，见中国各民族宗教与神话大词典编审委员会编《中国各民族宗教与神话大词典》，北京：学苑出版社1990年版，第145页。

## W2432.13
### 天上的人与地上的人婚生人

【关联】

① ［W2417.2.1］伏羲姐妹与天上来的哥哥婚生人

② ［W2423.1］天上的男子与地上的女子婚生人

③ ［W2427.1］男子与天上来的女子婚生人

实 例

［高山族（布农）］天上5男与地上7女生下兄弟2人。

【流传】（无考）

【出处】谢继昌：《布农族神话传说思维的探讨》，见《中国神话与传说学术研讨会论文集》，台北：汉学研究中心，1996年，第637~648页。

## W2433
### 其他特殊来历的人婚生人

实 例

［黎族］卵生的女子与交趾蛮相合，生黎族。

【流传】海南省

【出处】［清］陆次云：《峒溪纤志》。

## W2433.1
### 造的男人与动物变成的女人婚生人

实 例

❶［蒙古族］天神捏泥造的男人，与母鸡、母羊变成的女人结婚，繁衍人。

【流传】（无考）

【出处】满德胡：《蒙古族民间文学》，见中央民族学院少数民族文艺研究所编《中国民族民间文学》（上），北京：中央民族学院出版社1987年版，第464页。

❷［蒙古族］天神捏土造泥男人，把7只母绵羊做了他们的妻子，生蒙古人。

【流传】内蒙古自治区·科尔沁地区

【出处】齐木道吉搜集：《天神造人》，载《民族文艺论丛》1981年创刊号。

## W2433.2
### 变成的女人与造的男人婚生人

【关联】

① ［W2351 树木变化为人

② ［W2758.1］造出男人

实 例

（参见下级母题实例）

## W2433.2.1
### 柳树变成的女人与造出的男人婚生人

【关联】［W2351.1.1］柳树变成女子

实 例

［满族］天神的造的女人被风吹到西方后，老柳树变成一个女子与最早造出的男子结婚，产子1胎四五个。

【流传】（无考）

【出处】《托佛妈妈》，见傅英仁口述，

张爱云整理《傅英仁满族故事》（上），哈尔滨：黑龙江人民出版社 2006 年版，第 11 页。

## W2433.3
### 植物变成的人与无生命物变成的人婚生人

实例

（参见下级母题实例）

## W2433.3.1
### 柳树变成的人和石矸变成的人婚生人

实例

[满族] 柳树修炼成人和石矸修炼成的巨人成婚，繁衍人类。

【流传】黑龙江省·（牡丹江市）·宁安县·江东（江南朝鲜族满族乡）·缸窑村

【出处】关振川讲：《佛赫妈妈和乌申阔玛发》，见中国民间文学集成全国编辑委员会编《中国民间故事集成》（黑龙江卷），北京：中国 ISBN 中心 2005 年版，第 12~16 页。

## ❀ W2435
### 人的血缘婚生人

【关联】[W7285] 血缘婚

实例

（参见下级母题实例）

## ❀ W2436
### 兄妹婚生人[①]

【关联】[W7300] 兄妹婚

实例

❶ [白族] 一对兄妹结婚，生 10 子。

【流传】（无考）

【出处】李康德等讲：《创世纪》，见杨亮才等选编《白族民间故事诗集》，北京：中国民间文艺出版社 1984 年版。

❷ [布朗族] 兄妹成婚生下 4 子。

【流传】云南省·（西双版纳傣族自治州）·勐海县

【出处】

（a）门图搜集整理：《兄妹成婚》，见中华民族故事大系编委会编《中华民族故事大系》第 12 卷（布朗族、撒拉族、毛南族），上海：上海文艺出版社 1995 年版，第 18~19 页。

（b）岩三玛讲，门图采录：《兄妹成婚》，见中国民间文学集成全国编辑委员会编《中国民间故事集成》（云南卷），北京：中国 ISBN 中心 2003 年版，第 205~206 页。

❸ [傣族] 兄妹结婚，产生人类第一对始祖。

【流传】云南省

【出处】《因帕雅普》，见张公瑾著《傣

---

[①] 兄妹婚生人，此处指神话中没有具体说明是什么原因形成的兄妹关系，只是交代二人为兄妹。

❹ [独龙族] 兄妹婚后不久，就生了2男2女。

【流传】云南省·（怒江傈僳族自治州）·贡山县（贡山独龙族怒族自治县）·独龙江乡

【出处】马巴恰开、伊里亚讲，董国华采录：《半边刀壳》，见中国民间文学集成全国编辑委员会编《中国民间故事集成》（云南卷），北京：中国ISBN中心2003年版，第80页。

❺ [高山族（泰雅）] 兄妹结为夫妻，传宗接代。

【流传】（无考）

【出处】《树与石共生泰雅人始祖》，见中国各民族宗教与神话大词典编审委员会编《中国各民族宗教与神话大词典》，北京：学苑出版社1990年版，第145页。

❻ [高山族（阿美）] 兄妹婚生6男6女，繁衍的各部落阿美人被系谱化统称"木曰传人"。

【流传】（无考）

【出处】《木曰传人》，见中国各民族宗教与神话大词典编审委员会编《中国各民族宗教与神话大词典》，北京：学苑出版社1990年版，第145页。

❼ [仡佬族] 兄妹结婚生一对娃娃。

【流传】（无考）

【出处】高兴文讲：《阿力和达勒》，见刘魁立主编《玉皇大帝的传说》，北京：中国社会出版社2008年版，第114页。

❽ [哈尼族（豪尼）] 一对始祖兄妹塔甫与睦耶生了77个娃，存活38对男女。

【流传】（云南省）

【出处】《豪尼人的祖先》，见王亚南《民间口承文化中的社群源流史》，载《民族文学研究》1996年第2期。

❾ [拉祜族] 兄妹成婚，生9兄弟。

【流传】云南省·（玉溪市）·元江县（哈尼族彝族傣族自治县）

【出处】尚正兴搜集：《一娘养九子》，见中华民族故事大系编委会编《中华民族故事大系》第8卷（畲族、高山族、拉祜族），上海：上海文艺出版社1995年版，第697页。

❿ [拉祜族] 兄妹结婚生9子。

【流传】（无考）

【出处】刘辉豪整理：《一娘生九子》，见中国各民族宗教与神话大词典编审委员会编《中国各民族宗教与神话大词典》，北京：学苑出版社1990年版，第375页。

⓫ [傈僳族] 兄妹成婚后，生下22个孩子。

【流传】云南省·丽江（丽江市）·宁蒗县（宁蒗彝族自治县）

【出处】《兄妹成婚》，见http://bbs.e2400.com/showtopic.aspx？topicid，2008.12.30。

⓬ [苗族] 洪水潮天之后，伏羲兄妹婚生了3个娃娃。

【流传】四川省·（攀枝花市）·盐边

县·红宝乡·干坪子村

【出处】马顺友讲,叶大槐采录:《苗、汉、彝族本一家》,见中国民间文学集成全国编辑委员会编《中国民间故事集成》(四川卷·下),北京:中国ISBN中心1998年版,第1324页。

❸ [苗族(鸦雀苗)] 兄妹结婚后生2子。

【流传】贵州省·贵阳(贵阳市)南部

【出处】《鸦雀苗的洪水故事》,见马昌仪编《中国神话学文论选萃》(上编),北京:中国广播电视出版社1994年版,第392页。

❹ [怒族] 兄妹成婚生7男7女。

【流传】云南省

【出处】李卫才讲:《兄妹结婚》,见中国民间文学集成全国编辑委员会编《中国民间故事集成》(云南卷),北京:中国ISBN中心2003年版,第186页。

❺ [怒族] 兄妹结婚生下9男7女。

【流传】云南省

【出处】《瘟神歌》,见叶世富《论怒族宗教和文学》,载《怒江民族研究》1985年创刊号。

❻ [怒族] 兄妹结婚生9子9女。

【出处】

(a) 彭兆清提供:《腊普和亚妮》,见攸延春《怒族文学简史》,昆明:云南民族出版社2003年版,第25~27页。

(b) 彭兆清搜集整理:《创世纪》,见中华民族故事大系编委会编《中华民族故事大系》第14卷(普米族、塔吉克族、怒族、俄罗斯族、鄂温克族),上海:上海文艺出版社1995年版,第518~522页。

❼ [怒族] 兄妹婚结婚,生9男7女。

【流传】云南省·(怒江傈僳族自治州)·碧江县(1986年撤销县制,今属福贡县等)

【出处】

(a) 宝山屹搜集整理:《碧江怒族虎、麂子、蜂、鸡氏族的族源传说》,见碧江县政协文史资料编写组《碧江县文史料选集》,内部资料,1987年,第53~64页。

(b)《创世歌》,见叶世富《论怒族宗教与文学》,载《怒江民族研究》1985年第1期。

❽ [怒族] 兄妹成婚生的7男7女相互婚配,繁衍不同民族。

【流传】云南省七条江畔

【出处】

(a)《射太阳月亮》,见中央民族学院少数民族文艺研究所编《中国民族民间文学》(下),北京:中央民族学院出版社1987年版,第520页。

(b)《射太阳月亮》,见攸延春《怒族文学简史》,昆明:云南民族出版社2003年版,第21~22页。

❾ [畲族] 兄妹俩结成公婆,生下了5男4女。

【流传】浙江省·(丽水市)·景宁县(景宁畲族自治县)·(东坑镇)·大张坑村

【出处】雷正发讲，萧坚采录：《火烧天》，见中国民间文学集成全国编辑委员会编《中国民间故事集成》（浙江卷），北京：中国 ISBN 中心 1997 年版，第 45 页。

⑳ ［佤族］两兄妹结婚繁衍人类。
【流传】云南省
【出处】《我们是怎样生存到现在的》，见《云南民族民间故事选》，昆明：云南人民出版社 1981 年版，第 413 页。

㉑ ［彝族］兄妹婚生 7 女。
【流传】云南省·（楚雄彝族自治州）·大姚县
【出处】《虎氏族》，载《山茶》1986 年第 1 期。

㉒ ［彝族（撒尼）］兄妹结婚生人。
【流传】云南省
【出处】《阿霹刹、洪水和人的祖先》，载《民间文学》1956 年第 12 期。

## W2437
### 同胞兄妹婚生人

实例

（参见 W2436 母题及下级母题实例）

## W2437.1
### 双胞胎兄妹婚生人

【关联】［W2723］龙凤胎

实例

[傣族（花腰傣）] 双胞胎（龙凤胎）生的一男一女，可以做夫妻，也不用从小分家住。
【流传】云南省·（玉溪市）·新平县（新平彝族傣族自治县）·嘎洒镇
【出处】屈永仙搜集整理：＊《龙凤胎结婚繁衍人类》，见屈永仙《傣族洪水神话及其特点》，《云南开远兄妹婚神话与信仰民俗国际学术研讨会会议论文》，昆明：2010 年 8 月。

## W2438
### 多胞胎兄妹婚生人

【关联】
① ［W2724］三胞胎
② ［W2725］四胞胎
③ ［W2726］五胞胎
④ ［W2727］一胎生更多的人
⑤ ［W2727a］连生多胎

实例

❶ ［傣族］有 1 男 1 女，生 4 男 4 女，父母劝其结为 4 对夫妻后，繁衍后代。
【流传】云南省三江并流一带
【出处】《南师巴塔麻竜帕萨傣》，见刀国栋著《傣族历史文化漫谭》，北京：民族出版社 1992 年版，第 1~2 页。

❷ ［独龙族］兄妹被劝婚生的 2 男 2 女结为夫妻。大儿子大姑娘结婚身边，二儿子二姑娘结婚去外拓荒，分别繁衍后代。
【流传】云南省·（怒江傈僳族自治州）·贡山县（贡山独龙族怒族自治县）·独龙江乡
【出处】马巴恰开等讲：《半边刀壳》，

见中国民间文学集成全国编辑委员会编《中国民间故事集成》(云南卷)，北京：中国 ISBN 中心 2003 年版，第 80~81 页。

❸ [独龙族] 兄妹婚生的 9 男 9 女，自相婚配，子孙成为汉、独龙、怒族的祖先。

【流传】云南省

【出处】屈友诚等搜集整理：《洪水泛滥》，见中华民族故事大系编委会编《中华民族故事大系》第 15 卷（德昂族、保安族、裕固族、京族、塔塔尔族、独龙族、鄂伦春族），上海：上海文艺出版社 1995 年版，第 575~580 页。

❹ [高山族（泰雅）] 夫妻生子女 4 人，互为婚姻，传宗接代。

【流传】（无考）

【出处】《石生泰雅人始祖》，见中国各民族宗教与神话大词典编审委员会编《中国各民族宗教与神话大词典》，北京：学苑出版社 1990 年版，第 144~145 页。

❺ [高山族（布农）] 1 对男女婚生的 4 个子女相互婚配，生儿育女繁衍布农人。

【流传】台湾卓万社

【出处】《洞生布农人始祖》，见中国各民族宗教与神话大词典编审委员会编《中国各民族宗教与神话大词典》，北京：学苑出版社 1990 年版，第 144 页。

❻ [拉祜族] 兄妹婚育 9 男 9 女相互婚配，繁衍人类。

【流传】云南省

【出处】《扎迪娜迪》、《寻找葫芦》、《拉祜族的祖先》，见云南省民族事务委员会编《拉祜族文化大观》，昆明：云南民族出版社 1999 年版，第 178 页。

❼ [黎族] 兄妹结婚生的 4 男 4 女成婚，繁衍人类。

【流传】海南省

【出处】云博生搜集：《人类的起源》，见陶阳、钟秀编《中国神话》，上海：上海文艺出版社 1996 年版，第 184 页。

❽ [怒族] 兄妹婚生 9 男 7 女。其中老大娥席与老么娥恶成婚，迁丽江，繁衍后代。

【流传】云南省·（怒江傈僳族自治州）·碧江县（已撤销县制，今属福贡县等）

【出处】宝山屹搜集整理：《碧江怒族虎、麂子、蜂、鸡氏族的族源传说》，见碧江县政协文史资料编写组《碧江县文史料选集》，内部资料，1987 年，第 53~64 页。

❾ [怒族] 洪水后，兄妹结婚，生 9 子 9 女，配成 9 对夫妻生育后代。

【流传】云南省·（怒江傈僳族自治州）·贡山县（贡山独龙族怒族自治县）

【出处】

(a) 彭兆清提供：《腊普和亚妮》，见攸延春《怒族文学简史》，昆明：云南民族出版社 2003 年版，第 25~27 页。

（b）彭兆清搜集整理：《创世纪》，见中华民族故事大系编委会编《中华民族故事大系》第 14 卷（普米族、塔吉克族、怒族、俄罗斯族、鄂温克族），上海：上海文艺出版社 1995 年版，第 518～522 页。

❿ [畲族] 兄妹俩成亲生 5 男 4 女，大哥大姐、二哥二姐等分别成婚，繁衍后代。

【流传】浙江省·（丽水市）·景宁县（景宁畲族自治县·东坑镇）·大张坑村

【出处】雷正发讲：《火烧天》，见中国民间文学集成全国编辑委员会编《中国民间故事集成》（浙江卷），北京：中国 ISBN 中心 1997 年版，第 45～46 页。

⓫ [畲族] 盘哥云囡兄妹婚生的 5 男 5 女占卜后自相婚配，繁衍后代。

【流传】（无考）

【出处】马学良、梁庭望、李云忠主编：《中国少数民族文学比较研究》，北京：中央民族大学出版社 1997 年版，第 47 页。

⓬ [瑶族] 兄妹结婚生 6 男 6 女，互相婚配，繁衍瑶族。

【流传】广东省·（清远市）连山县（连山壮族瑶族自治县）·三水公社（三水镇）

【出处】赵添才讲：《太阳与月亮》，见中国民间文学集成全国编辑委员会编《中国民间故事集成》（广东卷），北京：中国 ISBN 中心 2006 年版，第 6 页。

## W2439
### 特殊来历的兄妹婚生人

实 例

[普米族] 女神与石头"巴窝"婚配生育的众多儿女，这些兄弟姐妹长大成人后相互结合，繁衍人类。

【流传】云南省·（怒江傈僳族自治州）·兰坪县（兰坪白族普米族自治县）·卡瓦村

【出处】《久木鲁》，见中国各民族宗教与神话大词典编审委员会编《中国各民族宗教与神话大词典》，北京：学苑出版社 1990 年版，第 520 页。

## W2439.1
### 从天上返回的兄妹婚生人

实 例

[仡佬族] 织女把接到天上避灾的仡佬族八个小孩中的老七阿力和老八女孩达勒送回到人间后，兄妹婚生人。

【流传】贵州省

【出处】高兴文讲，刘文澜搜集，张德昌、冯家一整理：《阿力和达勒》，见谷德明编《中国少数民族神话》，北京：中国民间文艺出版社 1987 年版，第 664～668 页。

## W2439.2
### 造出的兄妹婚生人

【关联】[W2030] 人是造出来的（造人）

### 实 例

[哈尼族] 鱼脊背里生出男人直塔和女人塔婆，他们用泥人捏成的兄妹结婚繁衍人类。

【流传】云南省·（红河哈尼族彝族自治州·元阳县）

【出处】朱小和讲：《天、地、人的形成》，载《山茶》1983年第4期。

## W2439.3
### 神生的兄妹婚生人

### 实 例

[高山族（阿美）] 神生的兄妹俩结婚，生育的2子女成婚，繁衍阿美人。

【流传】（无考）

【出处】《太巴朗兄妹始祖》，见中国各民族宗教与神话大词典编审委员会编《中国各民族宗教与神话大词典》，北京：学苑出版社1990年版，第145页。

## W2439.4
### 植物生的兄妹婚生人

【关联】[W2170] 植物生人

### 实 例

## W2439.4.1
### 树生的兄妹婚生人

### 实 例

[高山族（泰雅）] 大树生人类的1对兄妹始祖。这对兄妹成人后相婚，仅生1子。

【流传】（无考）

【出处】《树生泰雅人兄妹始祖》，见中国各民族宗教与神话大词典编审委员会编《中国各民族宗教与神话大词典》，北京：学苑出版社1990年版，第145页。

## W2439.4.2
### 南瓜生的兄妹婚生人

### 实 例

[傈僳族] 盘古种的南瓜里走出一对兄妹，兄妹成亲生子繁衍人类。

【流传】四川省·（凉山彝族自治州）·德昌县

【出处】李国才讲：《盘古造人》，见陶阳、钟秀编《中国神话》，上海：上海文艺出版社1996年版，第131页。

## W2439.5
### 龙族变成的两兄妹婚生人

### 实 例

[汉族] 海中的龙族两兄妹到地上后变成一对少男少女，结婚繁衍后代。

【流传】四川省·（南充市）·西充县

【出处】张世英讲，张吉德、张武德采录：《伏羲兄妹造人》，见陶阳、钟秀编《中国神话》（上），北京：商务印书馆2008年版，第509~512页。

## W2440
### 与兄妹婚生人有关的其他母题

### 实 例

（参见下级母题实例）

## W2440.1
### 特定名称的兄妹婚生人

**实例**

❶ [白族] 玉配兄妹成婚，一胎生1男。
【流传】（无考）
【出处】《吃龙王·造天地·分节气》，见高明强编《创世的神话和传说》，上海：上海三联书店1988年版，第62页。

❷ [白族（勒墨人）] 阿卜弟、阿仪娣兄妹结婚生7个女儿。
【流传】云南省·怒江（怒江傈僳族自治州）
【出处】吕大吉、何耀华主编：《中国各民族原始宗教资料集成》（白族卷等），北京：中国社会科学出版社1999年版，第527页。

❸ [高山族（赛夏）] 厄帕·那奔与玛雅·那奔兄妹结为夫妻，生1子。
【流传】（无考）
【出处】《厄帕·那奔兄妹传说》，见中国各民族宗教与神话大词典编审委员会编《中国各民族宗教与神话大词典》，北京：学苑出版社1990年版，第144页。

❹ [仡佬族] 阿力、达勒兄妹结婚后，达勒生下了一对胖娃娃，仡佬民族就这样一代一代地传了下来。
【流传】（无考）
【出处】高兴文讲，刘国润搜集，张德昌、冯家一整理：《阿力和达勒》，见姚宝瑄主编《中国各民族神话》（布依族、仡佬族、苗族），太原：山西出版传媒集团·书海出版社2014年版，第107页。

❺ [哈尼族] 莫佐佐龙和莫佐佐梭兄妹结婚，不久生出许多孩子。
【流传】云南省
【出处】刘元庆，阿罗搜集整理：《兄妹传人类》，载《山茶》1983年第4期。

❻ [哈尼族] 佐罗佐白兄妹成婚，妹妹生下72种人。
【流传】云南省·红河地区（红河哈尼族彝族自治州）
【出处】史军超：《哈尼族神话传说中记载的人类第一次脑体劳动大分工》，载《云南民族学院学报》1997年第3期。

❼ [哈尼族（豪尼）] 一对始祖兄妹塔甫与睦耶生了77个娃。
【流传】（无考）
【出处】《豪尼人的祖先》，见王亚南《民间口承文化中的社群源流史》，载《民族文学研究》1996年第2期。

❽ [汉族] 女娲造的伏羲兄妹结婚生子。
【流传】山西省
【出处】《兄妹神婚与东西磨山》，见《中国民间故事集成·山西卷》，送审稿。

❾ [汉族] 盘古开天辟地后，伏羲、女娲兄妹婚生18对子女。
【流传】江苏省·常州（常州市）
【出处】杨利慧：《女娲的神话与信

仰》，北京：中国社会科学出版社 1997 年版，第 39~40 页。

❿ [基诺族] 玛黑玛妞兄妹成亲，生下了 7 个儿女，老大被蜂吃了，老二到老七，六个子女中三个儿子、三个姑娘又分别成了亲，繁衍了人类，形成了基诺族乌尤、阿哈和阿西三个胞族。

【流传】云南省·（西双版纳傣族自治州）·景洪县（景洪市）

【出处】白桂林等讲，刘怡采录：《阿嫫腰白造天地》，见中国民间文学集成全国编辑委员会编《中国民间故事集成》（云南卷），北京：中国 ISBN 中心 2003 年版，第 77 页。

⓫ [黎族] 老先、荷发兄妹同房 3 年，生人。

【流传】海南省·琼中县（琼中黎族苗族自治县）五指山一带

【出处】王国金搜集整理：《南瓜的故事》，见陶立璠、赵桂芳等编《中国少数民族神话汇编》（洪水篇），中央民族学院少数民族古籍整理出版规划领导小组办公室印（未署出版时间）。

⓬ [傈僳族] 列喜列刹和沙喜沙刹兄妹结婚，生 5 子。

【流传】（无考）

【出处】

(a)《洪荒劫世》，见《傈僳族简史》，昆明：云南人民出版社 1983 年版，第 5~7 页。

(b)《创世纪》，见中国各民族宗教与神话大词典编审委员会编《中国各民族宗教与神话大词典》，北京：学苑出版社 1990 年版，第 385 页。

⓭ [苗族] 召亚与妹妹成婚，生 3 男 3 女。

【流传】云南省·（曲靖市）·宣威市

【出处】张树成讲：《洪水漫天下》，见中国民间文学集成全国编辑委员会编《中国民间故事集成》（云南卷），北京：中国 ISBN 中心 2003 年版，第 196~200 页。

⓮ [怒族] 腊普和亚妞兄妹婚生 7 个子女。

【流传】(a) 云南省·（怒江傈僳族自治州）·福贡县·匹河乡

【出处】

(a) 赛阿局讲，光付益翻译，吴广甲采录：《腊普和亚妞》，见中国民间文学集成全国编辑委员会编《中国民间故事集成》（云南卷），北京：中国 ISBN 中心 2003 年版，第 184 页。

(b) 同 (a)，载《山茶》1983 年第 3 期。

(c) 同 (a)，见谷德明编《中国少数民族神话》，北京：中国民间文艺出版社 1987 年版，第 510 页。

⓯ [畲族] 盘石郎、蓝禾姑兄妹成亲，生盘哥、云因两兄妹。

【流传】浙江省·丽水（丽水市）

【出处】唐宗龙等搜集整理：《盘石郎》，见中华民族故事大系编委会编《中华民族故事大系》第 8 卷（畲族、高山族、拉祜族），上海：上海文艺出版社 1995 年版，第 94~101 页。

⑯ [畲族] 盘哥云囡兄妹婚生的5男5女占卜自相婚配，繁衍后代。
【流传】（无考）
【出处】马学良、梁庭望、李云忠主编：《中国少数民族文学比较研究》，北京：中央民族大学出版社1997年版，第47页。

⑰ [土族] 伏羲女娲兄妹通婚留下了人烟。
【流传】（无考）
【出处】《混沌周末歌》，见满都呼主编《中国阿尔泰语系诸民族神话故事》，北京：民族出版社1997年版，第205页。

⑱ [土族] 伏羲女娲兄妹婚配，繁衍人类。
【流传】（无考）
【出处】《混沌周末》，见马光星《略论土族的神话史诗〈混沌周末〉》，载《中国少数民族学术讨论会文集》（下），中国少数民族文学学会编印，1984年。

⑲ [瑶族] 伏羲兄妹结婚生子女。
【流传】湖南省·（永州市）·蓝山县
【出处】赵贵学讲：《伏羲兄妹》，见中国民间文学集成全国编辑委员会编《中国民间故事集成》（湖南卷），北京：中国ISBN中心2002年版，第27～28页。

⑳ [壮族] 特依和达依兄妹婚生106个子女。
【流传】广西壮族自治区·（南宁市）·武鸣县（武鸣区）

【出处】覃娅平讲：《卜伯》，见张声震总主编，农冠品编注《壮族神话集成》，南宁：广西民族出版社2007年版，第256～257页。

## W2440.2
### 创世的兄妹婚生人

实　例

[拉祜族]（实例待考）

## W2440.3
### 两个孤儿兄妹婚生人

实　例

[佤族] 两个孤儿兄妹结婚生人，繁衍人类。
【流传】云南省阿佤山一带
【出处】《"司岗离"的传说》，见颜其香《中国少数民族风土漫记》，北京：农村读物出版社2001年版，第147～148页。

## W2440.4
### 神在灾难中保留的兄妹婚生人

【关联】[W8086] 灾难幸存者

实　例

[白族] 洪水后幸存的兄妹是龙王给的人种，他们结婚繁衍人类。
【流传】（无考）
【出处】罗真堂，罗贵寿（白族）讲，尹国堂翻译，邓承礼搜集：《开天辟地传说》，载《山茶》1981年第4期。

## W2440.5
### 表兄妹婚生人

**实 例**

[汉族] 洪水后，幸存的丫头与表哥结婚，繁衍人类。

【流传】新疆维吾尔自治区·哈密市·陶家宫乡·沙枣园村

【出处】金生云讲，郭晓东等采录：《兄妹成婚》，见中国民间文学集成全国编辑委员会编《中国民间故事集成》（新疆卷），北京：中国ISBN中心2008年版，第37页。

## W2440.6
### 兄妹未婚而孕生人

**实 例**

[彝族] 两兄妹在一座大山上住下，住的日子久了，生下7个姑娘。

【流传】云南省·（楚雄彝族自治州）·大姚县·昙华乡

【出处】李申呼颇讲，郭思九采录：《虎氏族》，见中国民间文学集成全国编辑委员会编《中国民间故事集成》（云南卷），北京：中国ISBN中心2003年版，第225页。

## W2440.6.1
### 堂兄妹未同床而孕生人

**实 例**

[黎族] 洪水后，神留下作为人种的老先、荷发两个堂兄妹。为他们举行形式上的婚姻后，再生人类。

【流传】海南省·琼中县（琼中黎族苗族自治县）五指山一带

【出处】王国金搜集整理：《南瓜的故事》，见陶立璠、赵桂芳等编《中国少数民族神话汇编》（洪水篇），中央民族学院少数民族古籍整理出版规划领导小组办公室印（未署出版时间）。

## W2441
### 姐弟婚生人

【关联】[W7350]姐弟婚

**实 例**

❶ [独龙族] 洪水后，幸存的姐弟成婚，生9子9女。

【流传】云南省·（怒江傈僳族自治州）·贡山县（贡山独龙族怒族自治县）

【出处】祝发清等翻译整理：《聪明勇敢的朋更朋》，见中华民族故事大系编委会编《中华民族故事大系》第15卷（德昂族、保安族、裕固族、京族、塔塔尔族、独龙族、鄂伦春族），上海：上海文艺出版社1995年版，第581~595页。

❷ [鄂伦春族] 姐弟两人结婚繁衍后代。

【流传】（无考）

【出处】《鄂伦春族五姓的由来》，见中国各民族宗教与神话大词典编审委员会编《中国各民族宗教与神话大词典》，北京：学苑出版社1990年版，第131页。

❸ [傈僳族] 姐弟婚生 9 男 9 女，他们繁衍了人类。
【流传】云南省·保山市
【出处】余学珍讲：《依采和依妞》，见中国民间文学集成全国编辑委员会编《中国民间故事集成》（云南卷），北京：中国 ISBN 中心 2003 年版，第 176～178 页。

❹ [满族] 姐弟俩成亲后，姐姐生了 10 孩子。
【流传】辽宁省·（鞍山市）·岫岩县（岫岩满族自治县）·城南蓝旗堡子
【出处】
（a）李成明讲，张其卓采录：《人的来历》，见中国民间文学集成全国编辑委员会编《中国民间故事集成》（辽宁卷），北京：中国 ISBN 中心 1994 年版，第 10 页。
（b）《人的来历》，见满都呼主编《中国阿尔泰语系诸民族神话故事》，北京：民族出版社 1997 年版，第 25 页。

❺ [纳西族] 窝英都奴（纳西族历史上"七个英雄贤能女子"之一）与其弟窝高来结缘，生下儿子高来秋。
【流传】云南省
【出处】《高来秋沃受》、《猛厄绪》等，见吕大吉、何耀华总主编《中国各民族原始宗教资料集成》（纳西族卷、羌族卷、独龙族卷、傈僳族卷、怒族卷），北京：中国社会科学出版社 2000 年版，第 18 页。

❻ [羌族] 姐弟结婚，生育人类。

【流传】四川省
【出处】《造人类的故事》，见中央民族学院少数民族文艺研究所编《中国民族民间文学》（下），北京：中央民族学院出版社 1987 年版，第 542 页。

## W2441.1
### 弟弟与同父异母的姐姐婚生人

实例

[苗族] 小弟与同父异母的姐姐撒扬成婚，生出的怪物后来都变成人。
【流传】贵州省·（黔东南苗族侗族自治州）·炉山（今凯里）、麻江（麻江县）、（雷山县）·丹江（丹江镇），（毕节市·七星关区）·八寨（八寨镇）等地
【出处】《八寨黑苗的传说》，见吴泽霖《苗族中祖先来历的传说》，转引自马昌仪编《中国神话学文论选萃》，北京：中国广播电视出版社 1994 年版，第 442 页。

## W2441.2
### 瓜生的姐弟婚生人

【关联】[W2189] 瓜生人

实例

[傈僳族] 南瓜中出来的两姐弟成婚生人。
【流传】四川省·（凉山彝族自治州）·德昌县
【出处】谷万才讲：《人类的起源》，见中国民间文学集成全国编辑委员会编

《中国民间故事集成》（四川卷·下），北京：中国 ISBN 中心 1998 年版，第 1432~1435 页。

## W2441.3
### 同父母的男女（1 对或多个）婚生人①

【关联】

① ［W2437］同胞兄妹婚生人
② ［W2438］多胞胎兄妹婚生人

实 例

（参见关联项母题实例）

## W2441.4
### 与姐弟婚生人有关的其他母题

实 例

（实例待考）

## W2442
### 父女婚生人

【关联】［W7293］父女婚

实 例

[鄂温克族] 父女两人结婚，生 7 个儿子。

【流传】（无考）

【出处】

(a)《索伦人姓氏的传说》，载《黑龙江民间文学》1983 年第 6 期。

(b) 同 (a)，见满都呼主编《中国阿尔泰语系诸民族神话故事》，北京：民族出版社 1997 年版，第 303 页。

## W2442.1
### 父女神婚生人

实 例

（参见下级母题实例）

## W2442.1.1
### 无头神父女婚生人

实 例

[鄂伦春族] 有一个"无头神"，他同自己的十来个女儿成亲，繁衍人类。

【流传】小兴安岭东麓那翁河和脑温江流域

【出处】《无头神》，见中国各民族宗教与神话大词典编审委员会编《中国各民族宗教与神话大词典》，北京：学苑出版社 1990 年版，第 130 页。

## W2443
### 女子与长辈婚生人

实 例

[鄂温克族]（实例待考）

## W2444
### 母子婚生人

【关联】［W7294］母子婚

---

① 同父母的男女（1 对或多个）婚生人，与"兄妹婚生人"、"姐弟婚生人"母题的区别在于神话叙事中没有交代这些男女的兄妹或姐弟身份。

【实 例】

❶ [**高山族（泰雅）**] 一女子生 1 子，后来母子婚配，繁育后人。

【流传】（无考）

【出处】《女人感风生泰雅人始祖》，见中国各民族宗教与神话大词典编审委员会编《中国各民族宗教与神话大词典》，北京：学苑出版社 1990 年版，第 145 页。

❷ [**高山族（赛夏）**] 洪水后，世上只剩一对母子结婚，生了好几个小孩。

【流传】台湾

【出处】日繁雄讲，蔡春雅、王俊胜采录，蔡春雅撰：《各族群的由来》，原载金荣华编《台湾赛夏族民间故事》，见陶阳、钟秀编《中国神话》（中），北京：商务印书馆 2008 年版，第 618 页。

❸ [**高山族（阿美）**] 一对母子结婚后，人类逐渐逐渐地繁衍起来了。

【流传】台湾·花莲（花莲县）

【出处】谢阿发讲，朱忠义、林雪星翻译：《始祖的传说》，原载金荣华编《台湾花莲阿美族民间故事》，见陶阳、钟秀编《中国神话》（中），北京：商务印书馆 2008 年版，第 648 ~ 649 页。

❹ [**黎族**] 母亲纹面后与儿子成婚繁衍后代。

【流传】海南省·白沙县（白沙黎族自治县）·细水区

【出处】王亚板讲：*《母子成婚》，见中国民间文学集成全国编辑委员会编《中国民间故事集成》（海南卷），北京：中国 ISBN 中心 2002 年版，第 20 ~ 21 页。

❺ [**珞巴族**] 天女麦冬海依与儿子婚后生下的孩子，才是人的始祖。

【流传】西藏自治区

【出处】于乃昌个人网，2003.10.20。

## W2444.1
## 母亲改变容貌后与儿子婚生人

【关联】[W6588] 纹面的来历

【实 例】

[**高山族（泰雅）**] 兄妹成人后相婚，仅生 1 子。兄亡后，母黥面与其子结为夫妻，繁衍泰雅人。

【流传】（无考）

【出处】《树生泰雅人兄妹始祖》，见中国各民族宗教与神话大词典编审委员会编《中国各民族宗教与神话大词典》，北京：学苑出版社 1990 年版，第 145 页。

## W2445
## 娘侄婚生人

【关联】

① [W2386.1.2] 娘侄婚生的肉块变成人

② [W7296.2] 娘侄婚

【实 例】

[**壮族**] 洪水后，娘侄结婚，怀到十六个月，婴儿生下地。

【流传】云南省·（文山壮族苗族自治

州）·西畴县

【出处】陆开富等讲，王明富采录：《布洛陀》，见中国民间文学集成全国编辑委员会编《中国民间故事集成》（云南卷），北京：中国 ISBN 中心 2003 年版，第 86 页。

## W2446
### 叔侄婚生人

【关联】[W7295] 叔侄婚

实 例

[柯尔克孜族] 叔叔与侄女结婚，繁衍柯尔克孜族。

【流传】（无考）

【出处】张彦平编译：《山中脚印》，见满都呼主编《中国阿尔泰语系诸民族神话故事》，北京：民族出版社 1997 年版，第 87~89 页。

## W2447
### 姑侄婚生人

【关联】[W7296.1] 姑侄婚

实 例

[瑶族] 洪水后，莎方三姑侄俩结婚繁衍人类。

【流传】广东省·（清远市）·连南县（连南瑶族自治县）·寨岗镇

【出处】唐罗古三等讲，许文清等采录：《洪水淹天》，见中国民间文学集成全国编辑委员会编《中国民间故事集成》（广东卷），北京：中国 ISBN 中心 2006 年版，第 8 页。

## W2448
### 与人的血缘婚有关的其他母题

实 例

（参见下级母题实例）

## W2448.1
### 爷孙婚生人

【关联】[W7292] 祖孙婚

实 例

（实例待考）

## W2448.2
### 不纯正的血缘婚生人

实 例

（参见下级母题实例）

## W2448.2.1
### 姑侄血缘婚生人前姑姑曾偷情

【关联】[W2447] 姑侄婚生人

实 例

[瑶族] 姑姑沙房三和侄子盘十六结婚前与一男子偷情有孕。

【流传】广东省·（清远市）·连南县（连南瑶族自治县）

【出处】《洪水的传说》，见中国各民族宗教与神话大词典编审委员会编《中国各民族宗教与神话大词典》，北京：学苑出版社 1990 年版，第 654 页。

## W2449
### 与人婚生人有关的其他母题

实例

（参见下级母题实例）

## W2449.1
### 同性婚生人

实例

（参见下级母题实例）

## W2449.1.1
### 两男交合生人

实例

[高山族（雅美）] 石生的男神和竹子中生的男神并枕安眠，彼此的膝头相互摩擦了一下，结果各自生出一个孩子。

【流传】（无考）

【出处】《神膝相擦生出了人类》，原载陈国强编《高山族神话传说》，见陶阳、钟秀编《中国神话》（上），北京：商务印书馆2008年版，第321页。

## W2449.1.2
### 女性相互婚配生人

实例

（实例待考）

## W2449.2
### 龙的传人婚生人

【关联】[W2167.7] 龙生人

实例

[藏族] 格萨尔与龙女结婚生的3男3女互婚后，繁衍人类。

【流传】四川省·（凉山彝族自治州）·木里县（木里藏族自治县）·县城

【出处】苏郎讲：*《洪水潮天》，见中国民间文学集成全国编辑委员会编《中国民间故事集成》（四川卷·下），北京：中国ISBN中心1998年版，第940页。

## W2449.3
### 混沌人与女子婚生人

实例

❶ [藏族] 世界上最早出现的混沌人与叫水滴的女人结合，生了3个儿子。

【流传】（无考）

【出处】贡乔泽登整理：《始祖神话》，见BBS水木清华站：http://www.smth.edu.cn，2006.07.20。

❷ [藏族] 蛋中生混沌人与一个叫水滴的女人结合，生3个儿子。

【流传】（无考）

【出处】《始祖神话》，http://www.xiaoshuo.com，2007.04.06。

## W2449.4
### 食肉女子与龙变的人婚生人

实例

[藏族] 一个食肉的女子与毒龙变的七骑士的首领交合，生1个儿子。

【流传】（无考）

【出处】汤开建：《党项源流新证》，载《宁夏社会科学》1996年第1期。

## W2449.5
### 男子与怪人婚生人

实例

（参见下级母题实例）

## W2449.5.1
### 人与熊人婚生人

【关联】［W7454］人与熊婚

实例

❶ ［哈萨克族］熊英雄（熊的名字）和阿依苏鲁（女子名）结为夫妻，阿依苏鲁怀孕，生下了一对龙凤胎。

【流传】新疆维吾尔自治区·乌鲁木齐县（乌鲁木齐市·天山区）·大湾乡

【出处】阿海·卡热亚讲，阿·恩特克拜采录，杨凌等翻译：《阿依苏鲁和熊英雄》，见中国民间文学集成全国编辑委员会编《中国民间故事集成》（新疆卷），北京：中国 ISBN 中心 2008 年版，第 42 页。

❷ ［仫佬族］一个妹仔婚后回娘家，被人熊（野人）背走成亲，生仔。

【流传】广西壮族自治区·（河池市）·宜山县（宜州市）·拉浪乡

【出处】杨春兰讲《人熊仔》，见包玉堂等《仫佬族民间故事选》，上海：上海文艺出版社1988年版，第150~156页。

## 2.6.4　人与动物婚生人[①]
（W2450~W2474）

### ✸ W2450
### 人与动物婚生人[②]

【汤普森】① A1221.6；② A1224.0.1

【关联】

① ［W2234］感动物孕生人

② ［W7401］人与动物婚

实例

（参见下级母题实例）

### ✸ W2451
### 人与哺乳动物婚生人

【汤普森】A1224.0.1

【关联】［W7419］人兽婚

实例

（参见下级母题实例）

---

[①] 人与动物婚生人，此类情况在神话叙事中，"人"与"动物"在描述的主体方面具有双向性，有的强调动物为主体，有的强调人为主体。为了编目的简洁，全部归为"人与动物婚生人"母题，具体区别可以对照相对应实例。

[②] 人与动物婚生人，此处列举的母题和实例在神话叙事中往往具有深刻的文化含义。所涉及的动物往往具有图腾的性质。母题的具体应用可以参照"婚姻与性爱"母题类型和本书相关项加以比较。为便于检索，此类母题参考汤普森动物母题的分类方法，将动物划分为"哺乳动物、鸟类"等不同类型。

## W2452

### 人与虎婚生人

【关联】

① [W2432.8] 人与虎变的男子婚生人
② [W7430] 人与虎婚

**实 例**

[土家族] 老虎与人婚生孩子。

【流传】（无考）

【出处】《虎儿娃》，见朱世学《论土家族白虎崇拜的起源与表现功能》，载《湖北民族学院学报》1996年第1期。

## W2452.1

### 女子与虎婚生子

**实 例**

❶ [白族] 兄妹结婚生的7女与老虎成婚生子。

【流传】（无考）

【出处】《虎氏族》，见中国各民族宗教与神话大词典编审委员会编《中国各民族宗教与神话大词典》，北京：学苑出版社1990年版，第19页。

❷ [白族（勒墨人）] 七姑娘与虎生2个男孩。

【流传】云南省·怒江（怒江傈僳族自治州）

【出处】吕大吉、何耀华主编：《中国各民族原始宗教资料集成·白族等卷》，中国社会科学出版社1999年版，第527页。

❸ [傈僳族] 姑娘与虎结婚，生的儿女成虎氏族。

【流传】云南省·怒江州（怒江傈僳族自治州）

【出处】阿登讲：《傈僳虎氏族》，见中国民间文学集成全国编辑委员会编《中国民间故事集成》（云南卷），北京：中国ISBN中心2003年版，第254~256页。

❹ [苗族] 召采（人名）的妻子卯蛋彩娥翠被三只老虎抢走后，与老虎结婚生子。

【流传】云南东部（云南省·昭通、曲靖、文山、红河、楚雄等地州）

【出处】马兴才讲，杨忠伦记录翻译：《召采与卯蛋彩娥翠》，原载《云南苗族民间文学集成》，见陶阳、钟秀编《中国神话》（中），北京：商务印书馆2008年版，第1037~1053页。

❺ [彝族] 7个姑娘与老虎结婚生儿女。

【流传】（无考）

【出处】《虎氏族》，见云南省民族事务委员会编《彝族文化大观》，昆明：云南民族出版社1999年版，第325页。

❻ [彝族] 老虎与人间的七姑娘结婚生下9儿4女。

【流传】云南省·（楚雄彝族自治州）·大姚县·昙华乡

【出处】李申呼颇讲，郭思九采录：《虎氏族》，见中国民间文学集成全国编辑委员会编《中国民间故事集成》（云南卷），北京：中国ISBN中心2003年版，第225页。

## W2452.1.1
### 虎变成人与女子婚生人

实例

[彝族] 老虎变成人跟七妹成亲后，生下九子四女。

【流传】（a）云南省·（楚雄彝族自治州）·大姚县·昙华乡

【出处】

（a）李申呼颇讲，郭恩九采录：《虎氏族》，见中国民间文学集成全国编辑委员会编《中国民间故事集成》（云南卷），北京：中国 ISBN 中心 2003 年版，第 225 页。

（b）同（a），见陶阳、钟秀编《中国神话》（中），北京：商务印书馆 2008 年版，第 570~575 页。

## W2452.2
### 男子与虎婚生子

实例

[汉族] ☆小伙子与变成人的虎成亲，生 1 男 1 女。

【流传】陕西省·（咸阳市）·礼泉县

【出处】刘怀明讲：《虎妻》，见中国民间文学集成全国编辑委员会编《中国民间故事集成》（陕西卷），北京：中国 ISBN 中心 1996 年版，第 484~485 页。

## W2453
### 人与狼婚生人

【关联】[W7438] 人与狼

实例

❶ [古突厥族] 弃儿及长，与狼交合，遂有孕焉，遂生 10 男。

【流传】古突厥阿史那部落

【出处】《北史》卷九十九。

❷ [鄂温克族] 猎人的三女儿嫁狼，繁衍鄂温克族。

【流传】黑龙江省·（齐齐哈尔市）·讷河市

【出处】讷河市民间文学三套集成办公室编印：《讷河民间文学集成》，内部资料，1988 年。

## W2453.1
### 人与母狼婚生人

实例

❶ [古突厥族] 人与母狼结合，生子。

【流传】古突厥阿史那部落

【出处】《周书·突厥传》。

❷ [哈萨克族] 年老力衰的巴特尔与母狼成为夫妻，繁衍乃蛮人子孙。

【流传】（无考）

【出处】http://www.eduol.net，2007.08.20。

❸ [彝族] 男子与牝狼结合而生族祖。

【流传】九连山（位于赣粤边界、南岭东部）

【出处】张福：《从民族学材料寻觅西南民族的远古图腾》，载《云南师范大学学报》（哲社版）1997 年第 1 期。

## W2454
### 人与熊婚生人

【关联】

① ［W2432.7］人与熊变成的女子婚生人

② ［W2449.5.1］人与熊人婚生人

③ ［W7454］人与熊婚

实 例

❶ ［赫哲族］黑熊与抢来的姑娘同居生子。

【流传】松花江一带

【出处】Fun& Wangmalls, *Standard Dicionary of Folklore, Mythology and Lengend*, San Francisco, Harper and Row, 1972, p. 127.

❷ ［维吾尔族］善良的熊抢掠少女玛丽克为妻，生下长着黄毛的小英雄艾里·库尔班。

【流传】新疆维吾尔自治区

【出处】《英雄艾里·库尔班》，见《维吾尔族民间故事》，上海：上海文艺出版社 1980 年版，第 293 页。

## W2454.1
### 女子与大公熊婚生人

实 例

［傈僳族］一寡妇的女儿与大公熊结婚，生 1 子。

【流传】云南省·怒江州（怒江傈僳族自治州）

【出处】欧学兴讲：《傈僳熊氏族》，见中国民间文学集成全国编辑委员会编《中国民间故事集成》（云南卷），北京：中国 ISBN 中心 2003 年版，第 250～254 页。

## W2454.2
### 猎手与母熊婚生人

实 例

❶ ［鄂伦春族］猎人与母熊生鄂伦春人。

【流传】（无考）

【出处】《熊的传说》，见巴图宝音搜集整理《鄂伦春民间故事集》，北京：中国民间文艺出版社 1984 年版。

❷ ［鄂伦春族］猎手莫日根为母熊所获，禁于洞穴中。数年后，生 1 幼仔。

【流传】（无考）

【出处】《熊与猎手》，见中国各民族宗教与神话大词典编审委员会编《中国各民族宗教与神话大词典》，北京：学苑出版社 1990 年版，第 131 页。

❸ ［鄂伦春族］打猎为生的毛尔汗的妻子死后，有一天他被黑母熊打昏抱回山洞。熊与他一起生活并生下一双浑身长毛的儿女。

【流传】（无考）

【出处】《毛尔汗与黑熊》，见讷河市民间文学三套集成办公室编《讷河民间文学集成》，内部资料，1988 年。

## W2454.2.1
### 有名字的猎手与母熊婚生人

实 例

［鄂温克族］母熊与猎人巴特尔桑结婚，

生下一男一女两个孩子。

【流传】内蒙古·（呼伦贝尔市）·鄂温克族自治旗·伊敏索木

【出处】顺格布讲，朝克搜集整理：《人和熊成亲》，见吕大吉、何耀华总主编《中国各民族原始宗教资料集成》（鄂伦春族卷、鄂温克族卷、赫哲族卷、达斡尔族卷、锡伯族卷、满族卷、蒙古族卷、藏族卷），北京：中国社会科学出版社1999年版，第104页。

## W2455

### 人与猴婚生人

【汤普森】A1224.5

【关联】

① ［W2158］猴生人

② ［W2238］感猴孕生人

③ ［W2263.5］人的经血感猴尿孕生人

④ ［W2317.3.3］罗刹女与猴婚生的猴变成人

⑤ ［W2404.1］神与猴婚生人

⑥ ［W2410.0］天女与猴婚生人

⑦ ［W2413.2］妖魔与猴婚生人

⑧ ［W2485.1.1］猴与猴婚生人

⑨ ［W2572.13.10］第一代人与猴不分

⑩ ［W2617］人生猴

⑪ ［W2733.2］人与猴同源

实 例

（参见下级母题实例）

### W2455.1

### 人与公猴婚生人

【关联】

① ［W2413.2.4］岩妖与公猴婚生人

② ［W2431.1.1］人与公猴婚生的男女婚生人

实 例

（参见下级母题实例）

## W2455.1.1

### 老妈妈与公猴婚生人

实 例

❶ ［鄂伦春族］老妈妈与一只公猴结为夫妇，生下5对男女，后来这5对男女又结为夫妻，繁衍后代。

【流传】（无考）

【出处】*《猴子育人的传说》，见佟德富《中国少数民族原始意识与哲学宇宙观之萌芽》，载《中央民族大学学报》1995年第4期。

❷ ［鄂伦春族］雄性猴子与老妈妈同居繁衍鄂伦春人。

【流传】（无考）

【出处】孟兴全讲，孟淑珍整理：《鄂伦春人是怎么来的》，见黑龙江省民族研究所《鄂伦春民间文学》，内部资料。

❸ ［鄂温克族］老妈妈与一只公猴结为夫妇，繁衍人类。

【流传】（无考）

【出处】佟德富：《中国少数民族原始意识与哲学宇宙观之萌芽》，载《中央民族大学学报》1995年第4期。

## W2455.1.2
### 老太婆与神仙变的公猴婚生人

**实例**

[鄂伦春族] 一个老太婆与神仙变的公猴同居，生1男1女，繁衍鄂伦春人。

【流传】（无考）

【出处】毅松、涂建军等：《达斡尔族、鄂温克族、鄂伦春族文化研究》，呼和浩特：内蒙古教育出版社2007年版，第474页。

## W2455.1.3
### 女子与长臂公猴婚生人

**实例**

[纳西族] 公主与一个长臂雄猴同居生子。

【流传】（无考）

【出处】《崇仁利恩解秽经》，丽江县文化馆1964年石印本。

## W2455.2
### 人与母猴婚生人

**实例**

❶ [拉祜族] 两兄弟与母猴结婚，生人类。

【流传】云南省·（普洱市）·镇沅县（镇沅彝族哈尼族拉祜族自治县）

【出处】
（a）郑显文搜集：《猴子婆》，见中华民族故事大系编委会编《中华民族故事大系》第8卷（畲族、高山族、拉祜族），上海：上海文艺出版社1995年版，第698~700页。

（b）《猴子婆》，见云南省民族事务委员会编《拉祜族文化大观》，昆明：云南民族出版社1999年版，第177页。

❷ [怒族] 很古有兄弟俩，母猴子与哥哥配成了亲，生下2男1女。

【流传】云南省

【出处】《人猴成亲》，见攸延春《怒族文学简史》，昆明：云南民族出版社2003年版，第104页。

## W2455.3
### 人与猿猴婚生人

【关联】[W7429.1] 男子与猿女婚

**实例**

❶ [傈僳族] 神匠造的木偶成活后与山林中的猿猴交配，便产生了世间的各种人类。

【流传】（无考）

【出处】
（a）《神匠》，见中国各民族宗教与神话大词典编审委员会编《中国各民族宗教与神话大词典》，北京：学苑出版社1990年版，第386页。

（b）袁珂：《中国神话史》，上海：上海文艺出版社1988年版，第419页。

❷ [傈僳族] 一个姑娘与猿猴成婚，生人类。

【流传】云南省·怒江（怒江傈僳族自治州）

【出处】杨毓骧：《云南少数民族的人类起源神话》，载云南省民族学院民族研究所《民族学报》1981 第 1 期，第 287 页。

❸ [傈僳族] 神匠造出的十二木偶，避山林中，与猿猴配，遂产出各种人类。

【流传】碧罗雪山（云南省·怒江傈僳族自治州·贡山独龙族怒族自治县与云南省·迪庆藏族自治州·德钦县交界一带）

【出处】*《神匠造人》，原载陶云逵《碧罗雪山之傈僳族》，见国立中央研究院编《历史语言研究所集刊》第 17 本，商务印书馆民国三十七年（1948），第 404 页。

## W2455.4
### 人与猕猴婚生人

【关联】

① [W2158.1] 猕猴生人

② [W2318.6.1] 猕猴会说话后变成人

③ [W2318.10.1] 猕猴变成人

④ [W2404.1.1] 天神与猕猴婚生人

⑤ [W2411.1.1] 神变的猕猴与岩精婚生人

⑥ [W2413.2.1] 罗刹女与猕猴婚生人

⑦ [W2617.1] 人生猕猴

实 例

[彝族] 人与似猿之猕子结合而生"罗罗"（彝族一支）。

【流传】广西壮族自治区·桂西一带

【出处】芮逸夫：《苗族的洪水故事与伏羲女娲的传说》，载《人类学集刊》1938 年第 1 期。

## W2455.5
### 与人猴婚生人有关的其他母题

实 例

[藏族] 猕猴和岩罗刹女结为夫妻，生小猕猴，这些猕猴后来变成人。

【流传】西藏自治区·山南地区雅隆河谷

【出处】《猕猴繁衍人类》，见中央民族学院《藏族文学史》编写组编《藏族文学史》，成都：四川民族出版社 1985 年版，第 17 页。

## W2456
### 人与鹿婚生人

【关联】

① [W2161.2] 鹿生人

② [W2320] 鹿变成人

③ [W2432.6] 人与鹿变成的女子婚生人

④ [W7442] 人与鹿婚

实 例

（参见下级母题实例）

## W2456.1
### 猎手与梅花鹿婚生人

实 例

[黎族] 梅花鹿与猎手结为夫妻，繁衍子孙。

【流传】海南省

【出处】《鹿回头》，见《崖州志》卷二。

## W2456.2
### 人与母鹿婚生人

实例

❶ [柯尔克孜族] 白色的母鹿嫁给阿依勒的一个小伙子，生1个男孩。

【流传】（新疆维吾尔自治区）

【出处】张彦平译：《神鹿》，见[吉尔吉斯]卡尔拜克·巴依吉格莫夫《柯尔克孜神话传说及故事》（柯尔克孜文），1985年版。

❷ [黎族] 蛮荒时期，一位青年猎手与鹿变成的黎族姑娘相亲相爱，繁衍子孙。

【流传】海南省

【出处】杨俊峰：《图腾崇拜文化》，北京：大众文艺出版社2000年版，第168页。

## W2456.3
### 人与母麂婚生人

实例

[怒族] 洪水后，幸存的茂英其汝咪与一只母麂子婚生了一个儿子，名叫其汝汪。

【流传】云南省·怒江州（怒江傈僳族自治州）·碧江县（已撤销，现为怒江傈僳族自治州中部）

【出处】宝山屹：《碧江怒族虎、麂子、蜂、鸡氏族的族源传说》，原载碧江县政协文史资料编写组编《碧江文史资料选辑》，1987年，转引自吕大吉、何耀华总主编《中国各民族原始宗教资料集成》（纳西族卷、羌族卷、独龙族卷、傈僳族卷、怒族卷），北京：中国社会科学出版社2000年版，第900页。

## W2457
### 人与牛婚生人

【关联】[W7446] 人与牛婚

实例

[蒙古族] 布丹·哈坦公主与公牛生孪生子。

【流传】布里亚特部落布拉加特人

【出处】《蒙古族图腾崇拜》，见吕大吉、何耀华主编《中国各民族原始宗教资料集成》（鄂伦春族卷、鄂温克族卷、赫哲族卷、达斡尔族卷、锡伯族卷、满族卷、蒙古族卷、藏族卷），北京：中国社会科学出版社1999年版，第647页。

## W2457.1
### 人与母牛婚生人

实例

[佤族] 小伙与小母牛成亲，生人类。

【流传】云南省·（临沧市）·沧源县（沧源佤族自治县）

【出处】肖则贡讲：《葫芦里出来的人烟》，见中国民间文学集成全国编辑委员会编《中国民间故事集成》（云南卷），北京：中国ISBN中心2003

年版，第 194～196 页。

## W2457.2
### 女祖先与牦牛婚生人

【关联】［W2415.1.2］女祖先与牦牛山神婚生人

实 例

（参见关联项母题实例）

## W2457.3
### 女巫与牦牛相交生人

实 例

［蒙古族］女巫与牦牛相交，繁衍生息。

【流传】布里亚特一带

【出处】隆布策仍：《蒙古布里亚特史》，见德·僧格仁钦编《蒙古族神话选》，呼和浩特：内蒙古教育出版社 1990 年版，第 149～151 页。

## W2458
### 人与犬婚生人（人与狗婚生人）

【关联】

① ［W2157］狗生人

② ［W2239］感狗孕生人

③ ［W2316］狗变成人（犬变成人）

④ ［W2317.3.4］狗与猴婚生的猴变成人

⑤ ［W2406.3.1］神与狗婚生人

⑥ ［W2410.1］天女与狗婚生人

⑦ ［W2485.1.4］狗与猴婚生人

⑧ ［W2487.4.1.1］女星变成女子与楼星变成的狗婚生人

⑨ ［W2563.1.6］火灾后人与狗婚再生人类

⑩ ［W2607.1.1］生的孩子长着狗头

⑪ ［W2616］人生狗

⑫ ［W2642.1.1］生狗皮口袋

⑬ ［W7422］人与犬婚（人与狗婚）

实 例

❶ ［高山族（赛夏）］身体畸形的女子和犬繁衍赛夏人后代。

【流传】（无考）

【出处】《犬生赛夏人始祖》，见中国各民族宗教与神话大词典编审委员会编《中国各民族宗教与神话大词典》，北京：学苑出版社 1990 年版，第 144 页。

❷ ［汉族］盘瓠（犬名）得女，负而走入南山，经三年生 6 男 6 女。

【流传】太行山一带

【出处】范晔：《后汉书》卷一百一十六。

❸ ［汉族］华胥和狗配了夫妻，养出了伏羲、祝融、女娲和共工四个人。

【流传】浙江省·湖州市·镇西乡·赵家坪

【出处】冯雨轩讲，钟铭采录：《华胥补天》，见中国民间文学集成全国编辑委员会编《中国民间故事集成》（浙江卷），北京：中国 ISBN 中心 1997 年版，第 18 页。

❹ ［黎族］有女航海而来，入山中与狗为配，生长子孙。

【流传】海南省

【出处】

(a) ［清］张庆长：《黎歧纪闻》，见马昌仪编《中国神话学文论选萃》，北京：中国广播电视出版社1994年版，第549页。

(b) 成有子：《黎族多支现象解析》，http: //forum.0898.net, 2003.04.30。

## W2458.1
### 公主与犬婚生人

**实 例**

❶ [汉族] 公主与犬婚生了4个孩子。

【流传】广东省（今海南省）·海康县

【出处】詹南生讲，谭明晃采录：《神犬》，见中国民间文学集成全国编辑委员会编《中国民间故事集成》（广东卷），北京：中国ISBN中心2006年版，第17页。

❷ [黎族] 狗变的后生与公主婚生一个男孩。

【流传】海南省·白沙县（白沙黎族自治县）·细水区·罗任村

【出处】王亚板讲，黄元师采录：《天狗》，见中国民间文学集成全国编辑委员会编《中国民间故事集成》（海南卷），北京：中国ISBN中心2002年版，第18页。

## W2458.1.1
### 皇帝的女儿与犬婚生人

**实 例**

❶ [朝鲜族] 从前，黄帝轩辕氏有一女，与狗婚。现在的□□（原文缺两字）人就是他们的后裔。

【流传】（无考）

【出处】钟敬文：《槃瓠神话的考察》，见《钟敬文民间文学论集》（下），上海：上海文艺出版社1985年版。

❷ [柯尔克孜族] 国为人破后，王女与四十女侍外逃，仅一红狗相随，女郎们也愿意接受与狗婚配，小天地人口倍增。

【流传】（无考）

【出处】陈庆隆：《坚昆、黠戛斯与布鲁特考》，载《大陆杂志》（台北）第51卷第5期，1975年。

❸ [黎族] 狗娶皇帝的公主，到海南岛繁衍后代。

【流传】（无考）

【出处】《狗与公主结婚》，见中央民族学院少数民族文艺研究所编《中国民族民间文学》（上），北京：中央民族学院出版社1987年版，第377页。

❹ [黎族] 一只狗与皇帝的公主婚生1男叫亚黎。

【流传】海南省·白沙县（白沙黎族自治县）·细水区

【出处】王亚板讲：*《母子成婚》，见中国民间文学集成全国编辑委员会编《中国民间故事集成》（海南卷），北京：中国ISBN中心2002年版，第20~21页。

❺ [苗族] 有一个王，他的脸上长的肉瘤变成一条小狗。狗娶王的姑娘，生养3子。

【流传】贵州省·（黔东南苗族侗族自

治州)·台江县·台拱寨(台拱镇)

【出处】今旦：《台江苗族的盘瓠传说》，载《贵州民族研究》1987年第3期。

❻ [畲族] 一只狗娶某皇帝的女儿，婚后生人。

【流传】浙江省南部

【出处】钟敬文：《槃瓠神话的考察》，见《钟敬文民间文学论集》（下），上海：上海文艺出版社1985年版。

❼ [畲族] 昔盘瓠杀戎王，高辛以美女妻之，繁衍狗封国。

【流传】（无考）

【出处】《山海经·海内北经》卷十二，郭璞注。

❽ [瑶族（盘瑶）] 盘瓠与公主婚后，先后生下6男6女。

【流传】（无考）

【出处】《评皇券牒》，见宇晓《瑶族的汉式姓氏和字辈制度：瑶汉文化涵化的一个横断面》，载《贵州民族研究》1995年第4期。

❾ [瑶族] 槃瓠（犬）与王之女成婚，生子数人。

【流传】（无考）

【出处】刘锡蕃：《岭表纪蛮》第一章。

## W2458.1.2
**皇帝的三女儿与犬婚生人**

实例

❶ [畲族] 始祖盘瓠娶高辛帝三公主，生3男1女。

【流传】福建省·（宁德市）·柘荣县

【出处】蓝维讲：《畲族姓氏及世居山脚的来历》，见中国民间文学集成全国编辑委员会编《中国民间故事集成》（福建卷），北京：中国ISBN中心1998年版，第21~22页。

❷ [瑶族] 盘瓠（龙犬）和三公主在南京十宝殿生下六男六女。

【流传】（a）广西壮族自治区·（来宾市）·金秀县（金秀瑶族自治县）·六巷乡·古陈村

【出处】

(a) 盘振松、盘日新讲，王矿新、刘保元采录翻译：《盘瓠王》（1979），见中国民间文学集成全国编辑委员会编《中国民间故事集成》（广西卷），北京：中国ISBN中心2001年版，第93页。

(b) 同（a），见陶阳、钟秀编《中国神话》（中），北京：商务印书馆2008年版，第541~546页。

❸ [瑶族] 龙犬（盘瓠）与评王的三公主结婚，生6男6女。

【流传】广西壮族自治区·（来宾市）·金秀县（金秀瑶族自治县）·六巷乡

【出处】盘日新讲：《盘瓠王》，见中国民间文学集成全国编辑委员会编《中国民间故事集成》（广西卷），北京：中国ISBN中心2001年版，第93~95页。

❹ [瑶族] 黄狗盘瓠与高王的三公主结婚后，到南岭定居，繁衍后代。

【流传】湖南省·（永州市）·江永县·千家峒乡

【出处】蒋正讲：《盘瓠》，见中国民间文学集成全国编辑委员会编《中国民间故事集成》（湖南卷），北京：中国 ISBN 中心 2002 年版，第 18 页。

## W2458.2

### 女子与黄狗婚生人

【关联】［W2274.5］感黄狗似的光生人

实 例

❶ [汉族] 世间没有人时，一个小姑娘与黄狗结婚，现在的人就是他们的后代。

【流传】四川省·（绵阳市）·三台县·石安乡

【出处】叶明胜讲：《人狗配婚》，见中国民间文学集成全国编辑委员会编《中国民间故事集成》（四川卷·上），北京：中国 ISBN 中心 1998 年版，第 47 页。

❷ [黎族] 南海俚国的丹雅公主带小黄狗到在海南岛生男孩。

【流传】海南省

【出处】王辉光整理：《丹雅公主》，见符震等《黎族民间故事》，广州：花城出版社 1982 年版，第 4 页。

❸ [苗族] 黄狗与公主辛女结婚生 2 个孩子。这两个孩子结婚后繁衍苗家人。

【流传】湖南省·（湘西土家族苗族自治州）·泸溪县·苗ής瓦乡

【出处】侯自鹏讲：《盘瓠和辛女》，见中国民间文学集成全国编辑委员会编《中国民间故事集成》（湖南卷），北京：中国 ISBN 中心 2002 年版，第 19～20 页。

❹ [畲族] 黄狗娶皇帝老子三公主，生 3 男 1 女。

【流传】江西省·（赣州市）·兴国县·城岗乡

【出处】雷恩波讲：《盘瓠王》，见中国民间文学集成全国编辑委员会编《中国民间故事集成》（江西卷），北京：中国 ISBN 中心 2002 年版 2002，第 13～14 页。

## W2458.3

### 女子与龙犬婚生人

【关联】

① ［W2386.1.4］人与犬婚生的肉块变成人

② ［W7424.1］女子与龙犬婚

实 例

❶ [畲族] 龙犬娶公主生 3 子 1 女。

【流传】（无考）

【出处】雷德明、雷可华口述：《龙麒传说》，见石奕龙、张实主编《畲族：福建罗源县八井村调查》，昆明：云南大学出版社 2005 年版，第 344～345 页。

❷ [瑶族] 龙犬与公主婚，生瑶人。

【流传】广西壮族自治区·（桂林市）·龙胜各族自治县

【出处】盘成坤讲：《龙犬救主》，见中国民间文学集成全国编辑委员会编

《中国民间故事集成》（广西卷），北京：中国 ISBN 中心 2001 年版，第 95 页。

## W2458.3.1
## 公主与龙犬婚生人

**实 例**

❶ [畲族] 龙犬与高辛的三公主结婚，生 3 男 1 女。
【流传】（无考）
【出处】
（a）《狗王哥哥》，见陶阳、牟钟秀著《中国创世神话》，上海：上海人民出版社 2006 年版，第 67 页。
（b）《狗头王的传说》，载《南方都市报》2006.02.02。

❷ [畲族] 大耳婆耳中生蛋，蛋生龙犬，龙犬娶高辛帝三公主，生 3 男 1 女。
【流传】广东省·潮州市
【出处】雷潮辉讲：《龙犬驸马》，见中国民间文学集成全国编辑委员会编《中国民间故事集成》（广东卷），北京：中国 ISBN 中心 2006 年版，第 13～14 页。

❸ [畲族] 高辛帝耳中的金虫变龙犬盘瓠与三公主成婚，生盘、蓝、雷、钟四姓。
【流传】（无考）
【出处】《三公主和龙犬》，见高明强编《创世的神话和传说》，上海：上海三联书店 1988 年版，第 127 页。

❹ [瑶族（勉）] 龙犬与公主婚生 6 男 6 女。
【流传】湘桂粤（湖南省、广西壮族自治区、广东省）等瑶族"勉"支系
【出处】《盘瓠神话》，见中国各民族宗教与神话大词典编审委员会编《中国各民族宗教与神话大词典》，北京：学苑出版社 1990 年版，第 654 页。

❺ [瑶族] 平王皇帝养的龙犬娶三公主，生 6 男 6 女。
【流传】广西壮族自治区·（金秀瑶族自治县）·大瑶山
【出处】《盘古的传说》，见中央民族学院少数民族文艺研究所编《中国民族民间文学》（下），北京：中央民族学院出版社 1987 年版，第 716 页。

❻ [瑶族（过山瑶）] 龙犬盘护娶高辛王的三公主，生 6 男 6 女。
【流传】（无考）
【出处】盘日新等讲，王矿新等整理：《盘王的传说》，见刘江华编《中国神话故事》（天、地、人物卷），北京：中国世界语出版社 1999 年版，第 101～103 页。

❼ [瑶族] 盘获三郎的龙犬与平王的小公主成亲，生 12 子。
【流传】（无考）
【出处】江华整理：《盘获三郎》，见刘江华编《中国神话故事》（天、地、人物卷），北京：中国世界语出版社 1999 年版，第 110～113 页。

❽ [瑶族] 盘护王（龙犬）和公主在南京十宝殿共生了六男六女，他们一家人日子过得比蜜糖还甜。

【流传】广西壮族自治区·（来宾市）·金秀瑶族自治县

【出处】

(a) 盘日新、盘振松、黄金贵、黄元林、赵成庆讲，王矿新、苏胜兴、刘保元搜集整理：《过山瑶的来历》，见陶立璠、李耀宗编《中国少数民族神话传说选》，成都：四川民族出版社，1985年版。

(b) 同(a)，见姚宝瑄主编《中国各民族神话》（土家族、毛南族、侗族、瑶族），太原：山西出版传媒集团·书海出版社2014年版，第210页。

❾ [瑶族] 龙犬娶高辛王的女儿，生6男6女。

【流传】贵州省·（黔东南苗族侗族自治州）·从江县·高芒乡

【出处】邓启华讲：*《瑶族的来历》，见《从江县民间故事集成》，内部资料。

❿ [瑶族] 龙犬（盘王）与平王的三公主婚生6男6女。

【流传】贵州省·（黔南布依族苗族自治州）·三都县（三都水族自治县）·巫不乡

【出处】盘顺荣讲：《平王与盘王》，见中国民间文学集成全国编辑委员会编《中国民间故事集成》（贵州卷），北京：中国ISBN中心2003年版，第66~67页。

## W2458.4
### 投胎形成的人与犬婚生人

【关联】[W9375] 投胎

实 例

[仡佬族] 女星下凡变土王的女儿与楼星下凡投胎变成的黄狗成婚生人。

【流传】贵州省·（遵义市）·遵义县·平正乡（平正仡佬族乡）

【出处】陈保和讲：《十弟兄》，见中国民间文学集成全国编辑委员会编《中国民间故事集成》（贵州卷），北京：中国ISBN中心2003年版，第64~65页。

## W2458.5
### 两姊妹与狗婚生人

实 例

[彝族] 两姊妹和狗成亲，生子繁衍人类。

【流传】云南省·（大理白族自治州）·云龙县

【出处】马继才讲，施连山采录：《狗氏族》，原载《中国民间故事全书》（云南省·云龙卷），见陶阳、钟秀编《中国神话》（中），北京：商务印书馆2008年版，第576~578页。

## W2459
### 人与其他哺乳动物婚生人

实 例

（参见下级母题实例）

## W2459.1
### 人与狐狸婚生人

实 例

[鄂温克族] 狐狸姑娘与房主人结婚，

繁衍鄂温克族和汉人。

【流传】（无考）

【出处】《鄂温克族社会历史调查报告》，呼和浩特：内蒙古人民出版社1986年版，第243页。

## W2459.2
### 人与羊婚生人

实 例

［蒙古族］天神捏泥造的男人，与母鸡、母羊变成的女人结婚，繁衍人。

【流传】（无考）

【出处】满德胡：《蒙古族民间文学》，见中央民族学院少数民族文艺研究所编《中国民族民间文学》（上），北京：中央民族学院出版社1987年版，第464页。

## W2459.3
### 人与鼠婚生人

【汤普森】A1006.4

实 例

［白族］洪水后，两兄妹结婚生5个女儿，四姑娘和鼠结婚生鼠氏族。

【流传】云南省·（怒江傈僳族自治州）·碧江县（已撤销县制，今属福贡县等）·四区二村

【出处】

（a）阿普介爹讲，普六介翻译：《氏族来源的传说》（勒墨人），见谷德明编《中国少数民族神话》，北京：中国民间文艺出版社1987年版，第86～88页。

（b）阿普介爹讲：《氏族来源的传说》，见大理州《白族民间故事》编辑组《白族民间故事》，昆明：云南人民出版社1982年版，第81页。

## W2459.4
### 人与猫婚生人

实 例

（参见下级母题实例）

## W2459.4.1
### 男子与猫婚生人

实 例

❶［鄂伦春族］洪水后只幸存一个猎人和小花猫，小花猫与猎人成婚后生五子。

【流传】大兴安岭一带

【出处】《五大姓的来历》，见隋书今《鄂伦春族民间故事选》，哈尔滨：黑龙江人民出版社1980年版，第368～370页。

❷［鄂伦春族］几万年前，洪水和火山把人类毁灭，只剩下一个男子只好与一只猫结婚，生许多孩子。

【流传】（无考）

【出处】《鄂伦春族的传说时代》，见吕光天《北方民族原始社会形态研究》，银川：宁夏人民出版社1981年版，第82页。

## W2459.5
### 人与兔婚生人

【关联】［W7450］人与兔婚

【实例】

（参见下级母题实例）

## W2459.5.1
### 人与兔变成的女子婚生人

【实例】

[鄂伦春族] 一个小伙与他在水中救出的一个小白兔变成的姑娘结婚，生儿育女，留下了鄂伦春人。

【流传】内蒙古·（呼伦贝尔市）·鄂伦春族自治旗

【出处】

（a）德兴德讲，巴图宝音记录整理：《大水的故事》（1980），见隋书金编《鄂伦春族民间故事选》，上海：上海文艺出版社1988年版。

（b）同（a），见姚宝瑄主编《中国各民族神话》（达斡尔族、鄂伦春族、鄂温克族、蒙古族），太原：山西出版传媒集团·书海出版社2014年版，第25～28页。

## ※W2460
### 人与鸟婚生人

【关联】[W7460] 人与鸟婚

【实例】

[汉族] 男子与女鸟生2女。

【流传】（无考）

【出处】[北魏] 郦道元：《水经注·江水》。

## W2461
### 人与鸡婚生人

【实例】

[蒙古族] 天神捏泥造的男人，与母鸡、母羊变成的女人结婚，繁衍人。

【流传】（无考）

【出处】满德胡：《蒙古族民间文学》，见中央民族学院少数民族文艺研究所编《中国民族民间文学》（上），北京：中央民族学院出版社1987年版，第464页。

## W2462
### 人与凤婚生人

【实例】

（实例待考）

## W2463
### 人与鹰婚生人

【关联】[W7467] 人与鹰婚

【实例】

（参见下级母题实例）

## W2463.1
### 女人与鹰婚生人类

【关联】[W7467] 人与鹰婚

【实例】

[蒙古族] 鹰和女人相交，使她怀孕生人。

【流传】（无考）

【出处】乌丙安：《神秘的萨满世界》，上海：上海三联书店1989年版，第89页。

## W2463.2
### 首领与鹰婚生人

实 例

［蒙古族］鹰降落人间与部落首领结婚，生女孩。

【流传】（无考）

【出处】乌丙安：《神秘的萨满世界》，上海：上海三联书店1989年版，第216页。

## W2464
### 人与其他鸟婚生人

实 例

（参见下级母题实例）

## W2464.1
### 人与天鹅婚生人

【关联】［7464］人与天鹅婚

实 例

［哈萨克族］一个受伤首领卡迪尔被白天鹅所救，与白天鹅结婚生哈萨克人。

【流传】（无考）

【出处】《美丽的天鹅》，见高明强编《创世的神话和传说》，上海：上海三联书店1988年版，第19页。

## W2464.1.1
### 人与天鹅变成的女子婚生人

实 例

❶ ［哈萨克族］西征中，留在沙漠的年轻的将领与白天鹅变成的美丽的姑娘结了婚，生了一个男孩。

【流传】新疆维吾尔自治区

【出处】尼哈迈提·蒙加尼搜集，校仲彝翻译整理：《白天鹅》，见姚宝瑄主编《中国各民族神话》（乌孜别克族、哈萨克族、柯尔克孜族、俄罗斯族、维吾尔族、塔吉克族、塔塔尔族、锡伯族），太原：山西出版传媒集团·书海出版社2014年版，第37页。

❷ ［哈萨克族］牧羊青年与天鹅变成的姑娘结婚生儿女。

【流传】（无考）

【出处】《牧羊人和天鹅女》，见《哈萨克民间故事》，乌鲁木齐：新疆人民出版社1982年版，第258～260页。

## W2464.2
### 女祖先与猫头鹰婚生人

实 例

［纳西族（摩梭人）］女始祖与虎、猫头鹰、鱼、蛇、树等相配，生育了许多孩子，这便是大地上的人类。

【流传】云南省·（丽江市）·宁蒗县（宁蒗彝族自治县）

【出处】《盘答歌》，见陶阳、牟钟秀著《中国创世神话》，上海：上海人民出

## W2464.3
### 人与白水鸟交配生人

实例

[满族] 白水鸟与人交配，生人类后代。
【流传】（无考）
【出处】富育光：《论萨满教的天穹观》，载《世界宗教研究》1987年第4期。

## W2465
### 人与水中动物婚生人
【关联】[W7470~W7473] 人与水中动物婚

实例

（参见下级母题实例）

## W2465.1
### 人与鱼婚生人
【关联】[W7470] 人与鱼婚

实例

（参见下级母题实例）

## W2465.1.1
### 女祖先与鱼婚生人

实例

[纳西族（摩梭人）] 女始祖与虎、猫头鹰、鱼、蛇、树等相配，生育了许多孩子，这便是大地上的人类。
【流传】云南省·（丽江市）·宁蒗县（宁蒗彝族自治县）
【出处】《盘答歌》，见陶阳、牟钟秀著《中国创世神话》，上海：上海人民出版社2006年版，第164~165页。

## W2465.1.2
### 人与鲶鱼婚生人

实例

[布依族] 人与鲶鱼结合生人。
【流传】（无考）
【出处】《安王和祖王》，见贵州民间文艺研究会编《民间文学资料》第41集，1986年。

## W2465.2
### 人与其他水中动物婚生人

实例

（实例待考）

## W2466
### 人与昆虫婚生人
【关联】[W7477.3] 女子与昆虫婚

实例

（参见下级母题实例）

## W2466.1
### 人与蜂婚生人

实例

[傈僳族] ☆打柴小伙阿宝与蜂变的牧女生蜂氏族。
【流传】云南省·怒江州（怒江傈僳族

自治州）

【出处】阿普讲：《傈僳蜂氏族》，见中国民间文学集成全国编辑委员会编《中国民间故事集成》（云南卷），北京：中国 ISBN 中心 2003 年版，第 258~259 页。

## W2466.2
### 人与蚂蚁婚生人

实 例

（参见下级母题实例）

## W2466.2.1
### 土王与蚁大姐婚生人

实 例

[仡佬族] 洪水后，土王与蚁大王的小妹蚁大姐结婚传世上的人烟。

【流传】贵州省·（遵义市）·遵义县·平正乡（平正仡佬族乡）·堡上

【出处】山兴才讲：《土王夫妻制人烟》，中国民间文学集成全国编辑委员会编《中国民间故事集成》（贵州卷），北京：中国 ISBN 中心 2003 年版，第 49~50 页。

## W2466.3
### 人与其他昆虫婚生人

实 例

（实例待考）

## W2467
### 人与两栖类动物婚生人

实 例

（参见下级母题实例）

## W2467.1
### 人与青蛙婚生人

【关联】
① ［W2167.4］蛙生人
② ［W2246］感蛙孕生人
③ ［W2249.7.1］感青蛙孕生青蛙
④ ［W2343.1］青蛙变成人
⑤ ［W2343.2］人生的青蛙变成人
⑥ ［W2467.1］人与青蛙婚生人
⑦ ［W2596.13.1.1］女子腿生的青蛙变成人
⑧ ［W2607.12.1］生蛙人
⑨ ［W2623］人生蛙
⑩ ［W2623.1］人生青蛙
⑪ ［W2888.9］像青蛙的人（像蛙的人）
⑫ ［W6321］蛙崇拜
⑬ ［W6396］蛙图腾
⑭ ［W7476］人与蛙婚

实 例

（参见下级母题实例）

## W2467.1.1
### 女子与青蛙王子婚生人

实 例

（实例待考）

## W2467.1.2
### 公主与青蛙婚生人

实例

[壮族] 青蛙御寇有功，被国王招为驸马，与公主生儿育女，成为壮人祖先。

【流传】（无考）

【出处】《青蛙皇帝》，见马学良、梁庭望、李云忠主编《中国少数民族文学比较研究》，北京：中央民族大学出版社1997年版，第29页。

## W2468
### 人与爬行动物婚生人

实例

（参见下级母题实例）

## W2468.1
### 人与蛇婚生人

【汤普森】B631.9

【关联】

① [W2167.2] 蛇生人
② [W2223.1] 蛇卵生人
③ [W2245] 感蛇孕生人
④ [W2295.2.2.1] 蛇卵是人种
⑤ [W2341] 蛇变成人
⑥ [W2341.1] 蛇化生人
⑦ [W2404.6] 神与蛇婚生人
⑧ [W2413.3] 蛇与太阳的女儿婚生人
⑨ [W2470.1.1a.2] 男子与龙女化身的蛇婚生人
⑩ [W2539.1] 洪水后蛇再生人类
⑪ [W2610.3.5] 人与蛇婚生卵
⑫ [W2624] 人生蛇
⑬ [W2624.3] 生像蛇的孩子
⑭ [W2733.3] 人蛇同源
⑮ [W6396] 人与蛇婚

实例

（参见下级母题实例）

## W2468.1.1
### 女子与蛇婚生人

实例

❶ [高山族（排湾）] 太阳生的1个女儿和蛇结婚生人。

【流传】（无考）

【出处】[日] 吉野裕子：《蛇——日本的蛇信仰》，讲谈社1999年，第189~199页。

[怒族] 大蛇与姑娘结婚，生儿育女。

【流传】云南省

【出处】《蛇郎故事在亚洲》，见《东方比较文学论文集》，长沙：湖南文艺出版社1987年版，第10页。

❷ [怒族] 蛇和三姑娘婚生许多后代，他们分别住在老母登、果课、普乐等地。

【流传】云南省·怒江州（怒江傈僳族自治州）·碧江县（已撤销，现为怒江傈僳族自治州中部）·一区老母登、普乐、知子罗三乡

【出处】

(a)《蛇图腾传说》，见云南民族调查组怒江分组《碧江县一区老母登、普乐、知子罗三乡怒族族源和民族关系

调查》，原载《怒族社会历史调查》，昆明：云南人民出版社 1981 年版，第 103 页。

(b) 同 (a)，吕大吉、何耀华总主编《中国各民族原始宗教资料集成》（纳西族卷、羌族卷、独龙族卷、傈僳族卷、怒族卷），北京：中国社会科学出版社 2000 年版，第 899 页。

❸ [怒族] 一女子嫁给蛇，生了许多后代。

【流传】云南省·（怒江傈僳族自治州）·碧江县（1986 年撤销县制，今属福贡县等）

【出处】《蛇变人》，见中国各民族宗教与神话大词典编审委员会编《中国各民族宗教与神话大词典》，北京：学苑出版社 1990 年版，第 515 页。

❹ [怒族] 一个姑娘与蛇婚，生子女成蛇氏族。

【流传】云南省·（怒江傈僳族自治州）·福贡县

【出处】和纪堂讲：《蛇和人结姻缘》，见中国民间文学集成全国编辑委员会编《中国民间故事集成》（云南卷），北京：中国 ISBN 中心 2003 年版，第 273 页。

## W2468.1.1.1
### 幺女与蛇婚生人

实 例

[怒族] 老母亲的幺女儿嫁给蛇生了许多后代。

【流传】云南省

【出处】攸延春：《怒族文学简史》，昆明：云南民族出版社 2003 年版，第 36 页。

## W2468.1.2
### 女子与蛇郎婚生人

实 例

[彝族] 蛇郎与七妹结为夫妻，生 1 男 1 女。

【流传】（无考）

【出处】《赛玻嫫》（蛇和人做夫妻），见杨甫旺《蛇崇拜与生殖文化初探》，载《贵州民族研究》1997 年第 1 期。

## W2468.1.3
### 人与蛇女婚生人

实 例

（参见下级母题实例）

## W2468.1.3.1
### 男子与蛇卵生的女子婚生人

实 例

[黎族] 蛇卵变成的人与大陆来的年轻人结婚，繁衍后代。

【流传】海南省

【出处】《黎母山》，见谷德明编《中国少数民族神话》，北京：中国民间文艺出版社 1987 年版，第 202 页。

## W2468.1.4
### 人与特殊的蛇婚生人

实 例

（参见下级母题实例）

## W2468.1.4.1
### 人与长辫子的蛇婚生人

实例

[满族]（实例待考）

## W2468.1.4.2
### 两角蛇与萨满姑娘婚生人

实例

[鄂温克族（索伦人）] 人首蛇尾的两角蛇与萨满姑娘结婚，生索伦人。

【流传】（无考）

【出处】《两角蛇》，见高明强编《创世的神话和传说》，上海：上海三联书店1988年版，第155页。

## W2468.1.4.3
### 女子与会说话的蛇婚生人

实例

[怒族] 能说话的蛇与砍柴女结婚，生蛇氏族。

【流传】云南省

【出处】《蛇变人》，见中央民族学院少数民族文艺研究所编《中国民族民间文学》（下），北京：中央民族学院出版社1987年版，第521页。

## W2468.1.4.4
### 女子与百步蛇婚生人

实例

❶ [高山族（排湾）] 卵与精灵布依厄安成亲，生1女娃阿隆。娃阿隆长大后与百步蛇结为夫妻，生2子女。

【流传】（无考）

【出处】《排湾人的来历》，见中国各民族宗教与神话大词典编审委员会编《中国各民族宗教与神话大词典》，北京：学苑出版社1990年版，第145页。

❷ [高山族] 从前，有一位头目的女儿玛嫩，与高山上一条百步蛇结婚，繁衍后代。

【流传】台湾·鲁凯村

【出处】杜玉英讲：《蛇郎君》，见金荣华整理《台东大南村鲁凯族口传文学》，台北：中国文化大学出版社1989年版，第55~60页。

## W2468.1.5
### 与人蛇婚生人有关的其他母题

实例

（实例待考）

## W2468.2
### 人与龟婚生人

实例

（实例待考）

## W2468.3
### 人与其他爬行动物婚生人

实例

（实例待考）

## W2469
### 人与其他特定动物婚生人

**实例**

（实例待考）

## W2470
### 人与想象中的动物婚生人
### （人与神话动物婚生人）

【关联】［W3000］神话动物

**实例**

（参见下级母题实例）

## W2470.1
### 人与龙婚生人

【关联】

① ［W2167.7］龙生人

② ［W2247］感龙孕生人

③ ［W2432.9］人与龙变的男子婚生人

④ ［W2449.4］食肉女子与龙变的人婚生人

⑤ ［W2551］洪水后人与龙婚再生人类

⑥ ［W2626.9］人生龙

⑦ ［W2733.1］人与龙同源

⑧ ［W7478］人与龙婚

**实例**

（参见下级母题实例）

## W2470.1.1
### 人与龙女婚生人

【关联】

① ［W2410.3］神性人物与龙女婚生人

② ［W2410.3.6］格萨尔与龙女婚生人

③ ［W7479.2］渔夫与龙女婚

④ ［W7479.3］孤儿与龙女婚

⑤ ［W7479.4］放牛郎与龙女婚

⑥ ［W7479.5］牧羊人与龙女婚

**实例**

［拉祜族］天下只有一个男人，跟龙女悄悄结婚。怀孕三年，生得1对男女。

【流传】（无考）

【出处】《龙生虎养鹰遮荫》，见云南省民族事务委员会编《拉祜族文化大观》，昆明：云南民族出版社1999年版，第178页。

## W2470.1.1.1
### 帝王与龙女婚生人

**实例**

［汉族］☆龙的三女儿做秦始皇的妃子，生项羽。

【流传】黑龙江省·（双鸭山市）·集贤县·集贤镇

【出处】曹玉环讲：《龙生虎奶雕打伞》，见中国民间文学集成全国编辑委员会编《中国民间故事集成》（黑龙江卷），北京：中国ISBN中心2005年版，第115页。

## W2470.1.1.2
### 凤凰卵生的男子与龙女婚生人

**实例**

❶ ［畲族］凤凰蛋中生的阿郎与大海水

晶宫中龙王的大女儿媛连结婚，生3个孩子，分别取雷、蓝、钟三姓。这三个男孩分别与媛连的三个侄女婚配，繁衍畲族子孙。

【流传】（无考）

【出处】钟福兴等讲，冬日搜集整理：《畲族祖宗的传说》，见陶立璠、李耀宗编《中国少数民族神话传说选》，成都：四川民族出版社1985年版，第293页。

❷ [畲族] 凤凰蛋生的阿郎与东海龙女婚生3子。

【流传】闽东（福建省东部），浙南（浙江省南部）

【出处】http://bbs.uland.com。

❸ [畲族] 凤凰蛋中诞生的"凤哥"娶龙女为妻，繁衍畲族。

【流传】浙江省·（丽水市），（丽水市）·景宁县（景宁畲族自治县）

【出处】沈其新：《图腾文化故事百则》，长沙：湖南出版社1991年版，第140～142页。

## W2470.1.1.3

### 造的人与龙女婚生人

实 例

[怒族] 天神造的启沙与龙女结婚，生7女9男。

【流传】云南省·（怒江傈僳族自治州）·福贡县·利沙底乡

【出处】颜其香：《中国少数民族风土漫记》，北京：农村读物出版社2001年版，第457～458页。

## W2470.1.1a

### 人与龙女的化身婚生人

实 例

（参见下级母题实例）

## W2470.1.1a.1

### 孤儿与龙女化身的蚌婚生人

实 例

[苗族] 孤儿与小蚌壳（龙王的小女儿）结婚生子。

【流传】贵州省

【出处】《孤儿和龙女》，见刘守华《中国螺女故事的形态演变》，载《华中师范大学学报》1999年第2期。

## W2470.1.1a.2

### 男子与龙女化身的蛇婚生人

实 例

[怒族] 男子与小白蛇（龙公主）结婚生人。

【流传】云南省·（怒江傈僳族自治州）·贡山县（贡山独龙族怒族自治县）·丙中洛

【出处】阿旺讲：*《蛇和人结姻缘》，见中国民间文学集成全国编辑委员会编《中国民间故事集成》（云南卷），北京：中国ISBN中心2003年版，第273～275页。

## W2470.1.1a.3

### 男子与龙女化身的鲤鱼婚生人

实 例

[壮族] 渔夫与鲤鱼（龙女）变成的姑

娘结婚,生姆洛甲。
【流传】广西壮族自治区
【出处】中国民间文学集成全国编辑委员会编《中国民间故事集成》(广西卷),北京:中国 ISBN 中心 2001 年版,第 60 页。

## W2470.1.2
### 女子与龙婚生人

实 例

❶ [白族] 黄龙潭边,住着一个叫摩妮蔷的姑娘。黄龙变成年轻男子来同她睡觉,姑娘有了身孕,生下 9 个儿子。
【流传】云南省·保山县(保山市)·易罗·丛村
【出处】
(a)《白王的传说》,见中国各民族宗教与神话大词典编审委员会编《中国各民族宗教与神话大词典》,北京:学苑出版社 1990 年版,第 20 页。
(b) http://history.1001n.com.cn。

❷ [汉族] 尧母庆都与赤龙合而生尧。
【流传】(无考)
【出处】
(a)《史记·帝王世纪》,见《宋书·符瑞志》。
(b)《成阳灵台碑》,[宋]洪适:《隶释》卷一,北京:中华书局 1985 年版,第 14 页。

❸ [汉族] 刘媪得交龙而孕季(汉高祖)。
【流传】(无考)
【出处】[西汉] 司马迁:《史记·高祖本纪》。

❹ [汉族] 刘媪交龙于其上,已而有娠,遂产高祖。
【流传】(无考)
【出处】[东汉] 班固:《汉书·高帝纪》。

❺ [畲族] 古时候,高辛皇帝的刘皇后梦娄金星降凡,耳中取出一物如蚕虫变的龙娶公主,生育人类。
【流传】(无考)
【出处】雷德明、雷可华讲:《龙麒传说》,见石奕龙、张实主编《畲族:福建罗源县八井村调查》,昆明:云南大学出版社 2005 年版,第 344~345 页。

❻ [彝族] 女人与龙结婚生祖先。
【流传】水边氏族
【出处】张福:《从民族学材料寻觅西南民族的远古图腾》,载《云南师范大学学报》(哲社版) 1997 年第 1 期。

## 2470.1.3
### 与人龙婚有关的其他母题

实 例

(参见下级母题实例)

## W2470.1.3.1
### 龙的传人与龙女婚生人

实 例

[德昂族] 龙的传人大鸟变小伙子与龙女相会,结为夫妻,生儿育女。
【流传】云南省·(德宏傣族景颇族自治州)·陇川(陇川县)·章凤

（章凤镇）一带

【出处】云南省民族事务委员会编：《德昂族文化大观》，昆明：云南民族出版社1999年版，第119页。

## W2470.1.3.2
### 女子与赤龙婚生人

实例

[汉族] 庆都与赤龙交而生伊尧。

【流传】（无考）

【出处】《帝尧碑》，见[宋]洪适《隶释》卷一，北京：中华书局1985年版，第13页。

## W2470.1.3.3
### 孤儿与龙女婚生人

实例

[苗族] 孤儿与龙王的小女儿结婚生子。

【流传】贵州省

【出处】《孤儿和龙女》，见刘守华《中国螺女故事的形态演变》，载《华中师范大学学报》1999年第2期。

## W2470.1.3.4
### 人与龙交配人丁兴旺

实例

[彝族] 人与龙交配，人丁兴旺。

【流传】云南省·红河（红河哈尼族彝族自治州）

【出处】师有福：《论龙图腾起源于生殖崇拜》，载《红河民族研究》1989年第1期。

## W2470.2
### 人与麒麟婚生人

实例

（参见下级母题实例）

## W2470.2.1
### 女子与蛋生的麒麟婚生人

实例

[畲族] 高辛王耳中生白蛋，蛋生的麒麟（龙麟）娶高帝王三公主，生3男1女。

【流传】广东省·潮州市

【出处】李国俊采录：*《龙犬附马》，见中国民间文学集成全国编辑委员会编《中国民间故事集成》（广东卷），北京：中国ISBN中心2006年版，第15~17页。

## W2470.3
### 人与其他想象中的动物婚生人

实例

（实例待考）

## W2471
### 人与多种动物婚生人

实例

❶ [怒族] 女始祖茂英充与虎、蜂、蛇、麂子、马鹿交配，生出相应的氏族。

【流传】云南省·（怒江傈僳族自治州）·碧江县（已撤销县制，今属福贡县等）

【出处】

(a)《怒族简史简志合编》（初稿），中

2.6.4 人与动物婚生人—2.6.5 人与植物婚生人 ‖W2471 — W2476‖ 777

国社科院民族研究所云南少数民族社会历史调查组编印。

(b) 攸延春：《怒族文学简史》，昆明：云南民族出版社 2003 年版，第 29～30 页。

❷ [怒族] 腊普和亚妮兄妹婚生许多儿女，这些儿女跟会说话的蛇、松鼠、鱼等动物结婚，生不同氏族。

【流传】云南省·（怒江傈僳族自治州）·贡山县（贡山独龙族怒族自治县）

【出处】

(a) 彭兆清提供：《腊普和亚妮》，见攸延春《怒族文学简史》，昆明：云南民族出版社 2003 年版，第 24～25 页。

(b) 毛星主编：《中国少数民族文学》（下），长沙：湖南人民出版社 1983 年版，第 544 页。

❸ [怒族] 兄妹婚生的 7 个子女，有的兄妹婚，有的与蛇、蜂、鱼、虎结姻，繁育下一代。

【流传】云南省·（怒江傈僳族自治州）·福贡县·匹河乡

【出处】赛阿局讲：《腊普和亚妞》，见中国民间文学集成全国编辑委员会编《中国民间故事集成》（云南卷），北京：中国 ISBN 中心 2003 年版，第 184～185 页。

## W2472
### 与人与动物婚生人有关的其他母题

实 例

（参见下级母题实例）

## W2472.1
### 人与动物婚没有生育

实 例

（实例待考）

## 2.6.5　人与植物婚生人
（W2475～W2479）

## ✳ W2475
### 人与树婚生人

【关联】

① [W2171] 树生人

② [W2251] 感树孕生人

③ [W2432.11] 人与树生的人婚生人

④ [W2479.1] 人与树洞生的姑娘婚生人

⑤ [W2485.9.1] 鸟与树婚生人

⑥ [W2486.1] 树与树婚生人

⑦ [W7491] 人与树婚

实 例

（参见下级母题实例）

## W2476
### 人与柳枝婚生人

实 例

[满族] 大水时，一个男人在水中抓住柳枝逃生。后来，柳枝载着他漂进了一个半淹在水里的石洞，柳枝化成了一个美丽的女人，和他媾合，生下了后代。

【流传】黑龙江省·牡丹江地区（牡丹江市）

【出处】《柳叶繁衍人类（四）》，选自富育光翻译《富察哈拉神谕》，见吕大吉、何耀华总主编《中国各民族原始宗教资料集成》（鄂伦春族卷、鄂温克族卷、赫哲族卷、达斡尔族卷、锡伯族卷、满族卷、蒙古族卷、藏族卷），北京：中国社会科学出版社1999年版，第486页。

## W2477
### 人与桦树婚生人

实例

[满族] ☆一个苦命山民与桦树姑娘结婚，生子。

【流传】辽宁省·（鞍山市）·岫岩（岫岩满族自治县）·佟家沟

【出处】佟凤乙讲：《桦树姑娘》，见中国民间文艺研究会辽宁分会编《满族三老人故事集》，沈阳：春风文艺出版社1984年版，第402~409页。

## W2478
### 人与花草婚生人

【关联】
① [W7492] 人与花婚
② [W7493] 人与草婚

实例

[珞巴族] 祖先达尼曾与竹女结成夫妻生育孩子。

【流传】西藏自治区

【出处】于乃昌：《珞巴族三大史诗》，载《民族文学研究》1998年第4期。

## W2479
### 与人与植物婚生人有关的其他母题

【关联】[W7490~W7499] 人与植物的婚配

实例

（参见下级母题实例）

## W2479.1
### 人与树洞生的姑娘婚生人

实例

[哈萨克族] 可汗与树洞中生的姑娘结合生人。

【流传】（无考）

【出处】《乌古斯可汗·爱情书》，阿拉木图，1986年，第38页。

## 2.6.6 人与无生命物婚生人
（W2480~W2484）

## W2480
### 人与太阳婚生人

【关联】[W7502] 人与太阳婚

实例

（参见下级母题实例）

## W2480.1
### 花生的男子与太阳姑娘婚生人

**实例**

[藏族] 花生与白石生的少年分别与太阳、月亮、星星姑娘结婚，人类繁衍。

【流传】四川省·（阿坝藏族羌族自治州）·若尔盖县·向东牧场

【出处】索朗讲：《人类三始祖》，见中国民间文学集成全国编辑委员会编《中国民间故事集成》（四川卷·下），北京：中国 ISBN 中心 1998 年版，第 937 页。

## W2480.2
### 人与男太阳婚生人

**实例**

[塔吉克族] 公主（汉族）与太阳神（也可以作为来自太阳的英俊青年）结婚，生男孩。

【流传】新疆维吾尔自治区

【出处】《公主堡》，见马学良等《中国少数民族文学史》，北京：中央民族大学出版社 2001 年版。

## W2480.3
### 人与女太阳婚生人

【关联】[W2416.1.6] 人与太阳的女儿婚生人

**实例**

（参见关联项母题实例）

## W2481
### 人与月亮婚生人

【关联】[W7503] 人与月亮婚

**实例**

（参见下级母题实例）

## W2481.1
### 人与月亮姑娘婚生人

**实例**

[布依族] 后生六六与月亮公主成婚生子。

【流传】贵州省·（黔南布依族苗族自治州）·平塘县

【出处】《天王石》，见谷因《祭祀大禹：布依族"六月六"节探源》，载《贵州民族学院学报》1996 年第 1 期。

## W2481.2
### 人与月亮小伙婚生人

**实例**

（实例待考）

## W2482
### 人与星星婚生人

【关联】
① [W2204.2] 星星生人
② [W2273] 感星孕生人
③ [W7504] 人与星星婚

**实例**

[藏族] 花生与白石生的少年分别与太阳、月亮、星星姑娘结婚，繁衍人类。

【流传】四川省·（阿坝藏族羌族自治

州）·若尔盖县·向东牧场

【出处】索朗讲：《人类三始祖》，见中国民间文学集成全国编辑委员会编《中国民间故事集成》（四川卷·下），北京：中国 ISBN 中心 1998 年版，第 937 页。

## W2482.1
### 祖先（男）与星星（女）婚生人

实例

[藏族]（实例待考）

## W2483
### 与人与无生命物婚生人有关的其他母题

实例

（参见下级母题实例）

## W2483.1
### 人与石婚生人

【关联】［W2432.12］人与石生的人婚生人

实例

（参见下级母题实例）

## W2483.1.1
### 女子与石头婚生人

实例

❶ [纳西族] 蛋核变出的女始祖"埃姑命"与洞里酷似男人的石头结婚，一胎生下 6 男 6 女。

【流传】（无考）

【出处】《埃姑命》，见云南省民族事务委员会编《纳西族文化大观》，昆明：云南民族出版社 1999 年版，第 327 页。

❷ [怒族] 姐妹打赌，妹妹做了石头的妻子。妹妹一个月后就怀了孕，一年后生了一个儿子，取名"卢让让"（怒语，即石头的儿子）。

【流传】（无考）

【出处】《崖神娶人妻传说之三》，根据和光益等整理的《怒族民间故事》（云南人民出版社 1988 年版）重新整理，见吕大吉、何耀华总主编《中国各民族原始宗教资料集成》（纳西族卷、羌族卷、独龙族卷、傈僳族卷、怒族卷），北京：中国社会科学出版社 2000 年版，第 906~907 页。

## 2.6.7 其他特殊的婚生人（W2485~W2489）

### W2485
#### 动物与动物婚生人[①]

【关联】［W7510~W7529］动物之间的婚配。

---

[①] 动物与动物婚生人，此处的"动物婚生人"与下面的"植物婚生人"等母题一般与动植物图腾有关，动、植物往往代表的是一个族体的名称。为了尊重神话本身的叙事表述，作为相关的母题列出。"一般动物结婚生人"母题，主要指一些没有明确指出具体动物名称的婚生人。

**实例**

[布朗族] 两个动物结婚生出 8 男 8 女。

【流传】云南省·西双版纳（西双版纳傣族自治州）·勐海县·布朗山乡

【出处】《艾布林嘎与依娣林嘎》，见云南省民族事务委员会编《布朗族文化大观》，昆明：云南民族出版社 1999 年版，第 175 页。

## W2485.0
### 神性动物婚生人

**实例**

（参见下级母题实例）

## W2485.0.1
### 神猴婚生人

**实例**

[珞巴族] 天神的侍女扎深木下凡后变成一只美丽的猴子，与神猴江求深巴传为夫妻，所生后代就是最早的人类。

【流传】西藏自治区

【出处】于乃昌搜集：《扎深木》，见姚宝瑄主编《中国各民族神话》（门巴族、珞巴族、怒族、藏族），太原：山西出版传媒集团·书海出版社 2014 年版，第 25 页。

## W2485.1
### 哺乳动物婚生人

**实例**

（参见下级母题实例）

## W2485.1.1
### 猴与猴婚生人

**实例**

（参见下级母题实例）

## W2485.1.1.1
### 猕猴与猩猩婚生人

**实例**

[藏族] 菩萨化身的雄猕猴与度母化身的雌岩猩结为夫妇，生人。

【流传】（无考）

【出处】

(a) 格明多杰：《藏族神话传说—灵猴繁衍之人种》，见水木清华站 http: //smth.edu.cn, 2005.03.13。

(b) 同 (a)，http: //www.tibet3.com, 2007.04.27。

## W2485.1.2
### 狼与鹿婚生人

**实例**

[蒙古族] 天生一个苍色的狼与一个惨白色的鹿相配生元朝的人祖。

【流传】（无考）

【出处】《蒙古秘史》校勘本，呼和浩特：内蒙古人民出版社 1980 年版，第 913 页。

## W2485.1.3
### 虎与熊婚生人

**实例**

（实例待考）

### W2485.1.3a
### 熊与熊婚生人

**实例**

[鄂温克族] 鄂温克人的传说中把公熊称为"合克",即祖父;母熊称作"额我",即祖母。

【流传】(内蒙古·呼伦贝尔市·额尔古纳市)

【出处】

(a)《额尔古纳旗使用驯鹿鄂温克人的调查报告》,见内蒙古自治区编辑组《鄂温克族社会历史调查》,呼和浩特:内蒙古人民出版社1986年版,第233~234页。

(b)《熊崇拜》,见吕大吉、何耀华总主编《中国各民族原始宗教资料集成》(鄂伦春族卷、鄂温克族卷、赫哲族卷、达斡尔族卷、锡伯族卷、满族卷、蒙古族卷、藏族卷),北京:中国社会科学出版社1999年版,第106~107页。

### W2485.1.4
### 狗与猴婚生人

**实例**

[土族] 原来世上只有一个狗和一只猴,二者交配,生人类。

【流传】青海省·(黄南藏族自治州)·同仁县·都乎乡

【出处】吉洛讲:《狗、猴子和人》,见中国民间文学集成全国编辑委员会编《中国民间故事集成》(青海卷),北京:中国 ISBN 中心2007年版,第13页。

### W2485.1.5
### 犬与母狼婚生人

**实例**

(参见下级母题实例)

### W2485.1.5.1
### 犬与母狼婚生人不成活

**实例**

[古突厥] 天降一赤色、一黑色两獒犬,遇一母狼,与之合,乃共营生,所生子息均未成活。

【流传】(无考)

【出处】王尧、陈践译注:《敦煌吐蕃文献选》,成都:四川民族出版社1983年版,第164~165页。

### W2485.2
### 爬行动物婚生人

**实例**

(实例待考)

### W2485.3
### 鸟婚生人

【关联】
① [W2163] 鸟生人
② [W7522] 鸟的婚配

**实例**

(参见下级母题实例)

## W2485.3.1
### 银雀相配生人

**实例**

❶ [彝族] 天边飞来一对银雀,叫哎和哺。哎与哺相配,产生了人类。

【流传】(无考)

【出处】《人祖的由来》,见中国各民族宗教与神话大词典编审委员会编《中国各民族宗教与神话大词典》,北京:学苑出版社1990年版,第679页。

❷ [彝族] 从天边飞来一对银雀,这对银雀叫哎(哎,即"乾",为阳)和哺(哺,即"坤",为阴),哎与哺相配就有了人类。

【流传】贵州省西部、云南省东北部、四川省西南部彝族地区

【出处】阿危·热默讲,阿乍·芮芝整理:《人祖的由来》,见姚宝瑄主编《中国各民族神话》(羌族、彝族),太原:山西出版传媒集团·书海出版社2014年版,第185页。

## W2485.4
### 水中动物婚生人

**实例**

(参见下级母题实例)

## W2485.4.1
### 龙婚生人

【关联】[W2167.7] 龙生人

**实例**

❶ [汉族] 人类是由海里的龙族两兄妹成亲后繁衍而来的。

【流传】四川省·(南充市)·南充区

【出处】http://blog.fo.com,2006.07.06。

❷ [汉族] 龙族中的两兄妹成婚,人类传宗接代。

【流传】四川省·(南充市)·西充县·金山乡

【出处】张世英讲:《伏羲兄妹造人》,见中国民间文学集成全国编辑委员会编《中国民间故事集成》(四川卷·上),北京:中国ISBN中心1998年版,第50页。

## W2485.5
### 昆虫婚生人

【关联】[W7526] 昆虫的婚配

**实例**

(实例待考)

## W2485.6
### 龙与凤婚生人(龙凤婚生人)

**实例**

[畲族] 凤凰蛋孵的胖娃娃阿郎长大后娶了东海龙女,生人。

【流传】闽东、浙南(广东省东部、浙江省南部)

【出处】http://bbs.uland.com。

## W2485.6.1
### 凤凰之子与龙女婚生人

**实例**

[畲族] 凤凰蛋中诞生的"凤哥"娶龙女为妻，繁衍畲族。

【流传】浙江省·（丽水市），（丽水市）·景宁县（景宁畲族自治县）

【出处】沈其新：《图腾文化故事百则》，长沙：湖南出版社1991年版，第140~142页。

## W2485.7
### 多种动物婚生人

【关联】[W2471] 人与多种动物婚生人

**实例**

（参见下级母题实例）

## W2485.7.1
### 蜂与蛇、虎交配生人

**实例**

❶ [怒族] 天降群蜂与蛇、虎交配生女始祖茂英充。

【流传】云南省·（怒江傈僳族自治州）·福贡县·匹河乡

【出处】企扒冲讲：《女始祖》，见中国民间文学集成全国编辑委员会编《中国民间故事集成》（云南卷），北京：中国ISBN中心2003年版，第268页。

❷ [怒族] 古时，天降群蜂，蜂与蛇交配，生女始祖茂英充。

【流传】云南省·（怒江傈僳族自治州）·碧江县（已撤销县制，今属福贡县等）

【出处】

(a)《怒族简史简志合编》（初稿），中国社科院民族研究所云南少数民族社会历史调查组编印。

(b) 攸延春：《怒族文学简史》，昆明：云南民族出版社2003年版，第29~30页。

## W2485.8
### 动物与其他物婚生人

**实例**

（参见下级母题实例）

## W2485.8.1
### 蝴蝶与水泡婚生人

**实例**

❶ [苗族] 蝴蝶与水泡结婚生的12个蛋中孵出人。

【流传】（无考）

【出处】唐春芳、桂舟人搜集，燕宝整理：《苗族古歌》，贵阳：贵州民族出版社1993年版。

❷ [苗族] 蝴蝶榜略（妹榜妹留）与池塘的泡沫结婚，生的蛋孵出人祖姜央。

【流传】（无考）

【出处】《古枫·蝶母》，见高明强编《创世的神话和传说》，上海：上海三联书店1988年版，第98页。

## W2485.9
### 动物与植物婚生人
实 例

（参见下级母题实例）

## W2485.9.1
### 鸟与树婚生人
【关联】

① ［W6301］鸟图腾
② ［W6331］树木图腾

实 例

［蒙古族］森林中有一个婴儿，树木的乳汁通过木头管子流到了他嘴里，又有鸟儿在周围保护着他。所以人们就叫他是"树妈妈鸟爸爸的儿子"。

【流传】（新疆维吾尔自治区）

【出处】那木吉拉、姚宝瑄根据巴吐尔·吐门的《四个卫拉特的历史》整理编译《错罗斯的传说》，见姚宝瑄主编《中国各民族神话》（达斡尔族、鄂伦春族、鄂温克族、蒙古族），太原：山西出版传媒集团·书海出版社2014年版，第218页。

## W2486
### 植物与植物婚生人
【关联】［W7530］植物的婚配

实 例

（参见下级母题实例）

## W2486.1
### 树与树婚生人
实 例

［苗族（青苗）］9种桃、杨树，桃、杨等树互为夫妇，遂生在苗、青苗、黑苗、红苗、白苗等。

【流传】贵州安顺

【出处】［日］鸟居龙藏：《苗族调查报告》，见马昌仪编《中国神话学文论选萃》，北京：中国广播电视出版社1994年版，第386~387页。

## W2486.2
### 树与藤婚生人
【汤普森】A1221.4

实 例

（实例待考）

## W2486.3
### 瓜婚生人
实 例

（参见下级母题实例）

## W2486.3.1
### 东瓜小伙与西瓜姑娘婚生人
实 例

［白族］东瓜小伙与西瓜姑娘做夫妻，生儿育女。

【流传】云南省·（大理白族自治州）·剑川县

【出处】松泉整理：《东瓜佬和西瓜姥》，见大理州《白族民间故事》编辑组《白族民间故事》，昆明：云南人民出版社1982年版，第79页。

## W2486.4
### 芦苇婚生人

【汤普森】A1221.3

实例

（实例待考）

## W2486.5
### 植物与无生命物婚生人

【关联】［W7530］植物的婚配

实例

（参见下级母题实例）

## W2486.5.1
### 松树与白石婚生人

实例

［彝族］白石是我母，青松是我父。

【流传】四川省·凉山（凉山彝族自治州）

【出处】钟仕民：《彝族母石崇拜及其神话传说》，昆明：云南人民出版社1993年版，第52页。

## W2487
### 无生命物相配生人①

【关联】［W7531］无生命物之间的婚配

实例

（参见下级母题实例）

## W2487.1
### 天地婚生人

【关联】［W7532］天地婚

实例

❶［汉族］（人）以天为父，以地为母。

【流传】（无考）

【出处】《淮南子·精神训》，见［汉］刘安等著，陈广忠译注《淮南子译注》，长春：吉林文史出版社1990年版，第302页。

❷［珞巴族］天地婚生了儿子和女儿，叫做斯金金巴巴娜达明和金尼麦包。

【流传】西藏自治区

【出处】《斯金金巴巴娜达明和金尼麦包》，见谷德明编《中国少数民族神话》，北京：中国民间文艺出版社1987年版，第252页。

❸［珞巴族］天地结婚生的阿巴达尼有2子1女。

【流传】西藏自治区·（山南市）·隆子县·（斗玉乡）·斗玉村

【出处】亚松讲：《阿巴达尼和他的孩子》，见中国民间文学集成全国编辑委员会编《中国民间故事集成》（西藏卷），北京：中国ISBN中心2001

---

① 无生命物相配生人，在一些神话叙事中表现得比较含蓄，如两块石头相碰生出人类祖先的说法，从本质上讲，强调了二者的结合，代表着两个以石头为图腾的族体的结合，或隐藏着一定的婚配阴阳关系，故列入此类型。

❹ [珞巴族] 天和地结婚以后，斯金金巴巴娜达明和金尼麦包姐弟俩降生了。

【流传】西藏自治区·珞巴族博嘎尔部落

【出处】达牛、东娘、达农讲：《斯金金巴巴娜达明和金尼麦包》，原载《西藏民间故事——珞巴族、门巴族专辑》，见陶阳、钟秀编《中国神话》（中），北京：商务印书馆2008年版，第643~645页。

❺ [门巴族] 天和地结婚，生人。

【流传】（a）西藏自治区·（林芝地区）·墨脱县

【出处】

（a）益西平措讲：《创世说》，见中国民间文学集成全国编辑委员会编《中国民间故事集成》（西藏卷），北京：中国ISBN中心2001年版，第4~6页。

（b）《创世说》，见孙正国《中国族源性女神母题的文化阐释》，载《思想战线》2003年第3期。

❻ [纳西族] 苍天在上，大地在下，二者媾和乃生人类。

【流传】（无考）

【出处】陶阳、牟钟秀著《中国创世神话》，上海：上海人民出版社2006年版，第159页。

❼ [纳西族] 天和地在黑夜里偷偷地结婚了，大地上繁衍了人类。

【流传】云南省·丽江县（丽江市）

【出处】木丽春采集整理：《鹰术争斗的故事》，见木丽春编著《纳西族民间故事集》，昆明：云南人民出版社2007年版，第93页。

## W2487.1.1

### 天父地母婚生人

实例

❶ [鄂温克族] 地是母亲，天是父亲，人是地上长的。

【流传】鄂温克族农区

【出处】《天父地母》，见《鄂温克族民间故事选》，上海：上海文艺出版社1989年版，第17页。

❷ [汉族] 天父（盘古）与地母（女娲）生了许多后代。

【流传】湖北省·（黄冈市）·浠水县·清泉镇

【出处】廖康成讲：《天父地母》，见中国民间文学集成全国编辑委员会编《中国民间故事集成》（湖北卷），北京：中国ISBN中心1999年版，第6~7页。

❸ [珞巴族] 天父地母结合生达蒙、达宁姐弟。

【流传】西藏博嘎尔部落

【出处】《珞巴族简史》，拉萨：西藏人民出版社1987年版，第152页。

❹ [门巴族] 人的母亲是地，父亲是天。

【流传】西藏自治区·（林芝地区）·墨脱县

【出处】益西平措讲，冀文正采录：《创世说》，见中国民间文学集成全国编辑委员会编《中国民间故事集成》（西藏卷），北京：中国ISBN中心2001年版，第4页。

❺ [蒙古族（布里亚特人）] 大地为母，天空为父。

【流传】（无考）

【出处】《蒙古族生殖崇拜》，见吕大吉、何耀华主编《中国各民族原始宗教资料集成》（鄂伦春族卷、鄂温克族卷、赫哲族卷、达斡尔族卷、锡伯族卷、满族卷、蒙古族卷、藏族卷），北京：中国社会科学出版社1999年版，第649页。

❻ [彝族] 天神是阿父，地神是阿母。

【流传】贵州省

【出处】彝文经典《献酒经》，转引自吕大吉、何耀华总主编《中国各民族原始宗教资料集成》（彝族卷、白族卷、基诺族卷），北京：中国社会科学出版社1996年版，第27页。

## W2487.2
### 日月婚生人

【关联】[W7533] 日月婚

实 例

❶ [朝鲜族] 大使者牟头娄口奴客文曰：河伯之孙，日月之子，邹牟圣王，元出北夫余。

【流传】（无考）

【出处】《高丽大兄冉牟墓志》，见孙进己等编《东北古史资料丛编》第2卷，沈阳：辽沈书社1989年版，第476~479页。

❷ [鄂温克族] 人要向太阳母亲月亮父亲祈祷。

【流传】内蒙古自治区·（呼伦贝尔市）·额尔古纳右旗·阿龙山镇

【出处】《萨满的祷词》，见吕大吉、何耀华主编《中国各民族原始宗教资料集成》（鄂伦春族卷、鄂温克族卷、赫哲族卷、达斡尔族卷、锡伯族卷、满族卷、蒙古族卷、藏族卷），北京：中国社会科学出版社1999年版，第161页。

❸ [汉族] 日月兄妹成婚，生育地上的人烟。

【流传】四川省·（攀枝花市）·米易县·黄草乡

【出处】徐钟氏讲，张勇采录：《太阳妹妹和月亮哥哥》，见中国民间文学集成全国编辑委员会编《中国民间故事集成》（四川卷·上），北京：中国ISBN中心1998年版，第55页。

❹ [纳西族（阮可人）] 太阳和月亮一个做阿术（阿爸），一个做阿美（阿妈），婚生人。

【流传】云南省·中甸（迪庆藏族自治州）·（香格里拉县）·洛吉（洛吉乡）·阮可村

【出处】木丽春采集整理：《弑父的故事》，见木丽春编著《纳西族民间故事集》，昆明：云南人民出版社2007年版，第30页。

❺ [瑶族] 太阳和月亮结婚，生冬瓜，冬瓜生人。

【流传】（无考）

【出处】

（a）《日月成婚》，见谷德明编《中国少数民族神话》，北京：中国民间文艺出版社1987年版，第141页。

（b）《日月成婚》，载《山茶》1983年第3期。

❻ [裕固族] 天地刚分开时，月亮和太阳是人类的父母。

【流传】新疆维吾尔自治区

【出处】

（a）《日母月父》，原载钟进文《裕固族神话》，见满都呼主编《中国阿尔泰语系诸民族神话故事》，北京：民族出版社1997年版，第130页。

（b）杨进智：《裕固族研究论文集》，兰州：兰州大学出版社1996年版，第350页。

## W2487.3

### 地和太阳婚生人

实 例

[黎族] 今天我们这些人，都是大地和太阳的后代。

【流传】

（a）海南省·（三亚市）·乐东县（乐东黎族自治县）·三平乡

（b）海南省·（三亚市）·乐东县（乐东黎族自治县）

【出处】

（a）邢国精讲，华南师范学院中文系搜集整理：《月亮为什么夜里出来》，见中国民间文学集成全国编辑委员会编《中国民间故事集成》（海南卷），北京：中国ISBN中心2002年版，第23页。

（b）邢国精讲：《月亮为什么只在夜间出来》，见海南黎族苗族自治州文化局编《黎族民间故事集》，广州：花城出版社1982年版，第17页。

## W2487.4

### 星星婚生人

实 例

（参见下级母题实例）

## W2487.4.1

### 星星变成人和动物后婚生人

实 例

（参见下级母题实例）

## W2487.4.1.1

### 女星变成女子与楼星变成的狗婚生人

实 例

[仡佬族] 女星下凡变土王的女儿与楼星下凡变成的黄狗成婚生人。

【流传】贵州省·（遵义市）·遵义县·平正乡（平正仡佬族乡）

【出处】陈保和讲：《十弟兄》，见中国民间文学集成全国编辑委员会编《中国民间故事集成》（贵州卷），北京：中国ISBN中心2003年版，第64~65页。

## W2487.5
### 两座山婚生人

实例

[普米族] 两山走到一起，结婚生人。

【流传】云南省·（丽江市）·宁蒗县（宁蒗彝族自治县）；四川省·（凉山彝族自治州）·木里县（木里藏族自治县）、左所、盐源等地

【出处】曹匹初讲，章虹宇整理：《石头阿祖和石头子孙》，见中华民族故事大系编委会编《中华民族故事大系》第14卷（普米族、塔吉克族、怒族、俄罗斯族、鄂温克族），上海：上海文艺出版社1995年版，第45页。

## W2487.6
### 石头与石头相碰生人

实例

[布依族]（实例待考）

## W2487.7
### 山与河婚生人

实例

[柯尔克孜族] 祖父是山（天山），祖母是河（凯姆河）。

【流传】（无考）

【出处】《凯姆河》，见中国各民族宗教与神话大词典编审委员会编《中国各民族宗教与神话大词典》，北京：学苑出版社1990年版，第371页。

## W2487.8
### 山与水婚生人

实例

[柯尔克孜族] 山是父，水是母。

【流传】（无考）

【出处】中央民族学院少数民族文艺研究所编：《中国民族民间文学》（上），北京：中央民族学院出版社1987年版，第352页。

## W2488
### 其他特殊的婚生人

实例

❶ [高山族（鲁凯）] 女性的蛋与由岩石出生的男人结婚，生出1个女孩。

【流传】台湾

【出处】尹建中：《台湾山胞各族传统神话故事与传说文献编纂研究》，台湾"内政部"，1994年，第270页。

❷ [纳西族（摩梭人）] 女始祖与虎、猫头鹰、鱼、蛇、树等相配，生育了许多孩子，这便是大地上的人类。

【流传】云南省·（丽江市）·宁蒗县（宁蒗彝族自治县）

【出处】《盘答歌》，见陶阳、牟钟秀著《中国创世神话》，上海：上海人民出版社2006年版，第164~165页。

❸ [普米族] 人与灰造的姑娘结婚生育儿女。

【流传】（无考）

【出处】《直呆南木》，见中国各民族宗

教与神话大词典编审委员会编《中国各民族宗教与神话大词典》，北京：学苑出版社 1990 年版，第 520 页。

❹ [普米族] 老三先与天女结婚未育，与做的灶灰姑娘结婚生人。

【流传】云南省·（丽江市）·宁蒗县（宁蒗彝族自治县）

【出处】王震亚等搜集整理：《帕米查列》，见中华民族故事大系编委会编《中华民族故事大系》第 14 卷（普米族、塔吉克族、怒族、俄罗斯族、鄂温克族），上海：上海文艺出版社 1995 年版，第 12~20 页。

## W2488.1
### 灵魂与泥人婚生人

实 例

[哈萨克族] 造物主栽生命树结出的灵魂与造物主用黄泥捏的一对空心小泥人结婚，生出人类之父阿达姆阿塔和人类之母阿达母阿娜。

【流传】（无考）

【出处】《造物主创世》，见满都呼主编《中国阿尔泰语系诸民族神话故事》，北京：民族出版社 1997 年版，第 73~75 页。

## W2488.2
### 神生的卵与精灵婚生人

实 例

[高山族（排湾）] 女神与太阳相爱生的卵与精灵布依厄安成亲，生 1 女娃阿隆。

【流传】

【出处】《排湾人的来历》，见中国各民族宗教与神话大词典编审委员会编《中国各民族宗教与神话大词典》，北京：学苑出版社 1990 年版，第 145 页。

## W2488.3
### 女性的蛋与男性的灵魂婚生人

实 例

[高山族（排湾）] 一个女陶壶受阳光照射，孵出的 1 个女性的蛋与一个男性的灵魂结婚，生 1 女。

【流传】台湾

【出处】尹建中：《台湾山胞各族传统神话故事与传说文献编纂研究》，台湾"内政部"，1994 年，第 184 页。

## W2488.4
### 造的木偶与猿猴婚生人

实 例

[傈僳族] 神匠造的木偶成活后与山林中的猿猴交配，便产生了世间的各种人类。

【流传】（无考）

【出处】

（a）《神匠》，见中国各民族宗教与神话大词典编审委员会编《中国各民族宗教与神话大词典》，北京：学苑出版社 1990 年版，第 386 页。

（b）袁珂：《中国神话史》，上海：上海文艺出版社 1988 年版，第 419 页。

## 2.6.8 与婚生人有关的其他母题
（W2490 ~ W2499）

### W2490
**婚生人的时间**

【关联】［W2010］人产生的时间

**实 例**

（参见下级母题实例）

### W2490.1
**灾难后开始婚生人**

【关联】［W8000］世界灾难

**实 例**

（参见下级母题实例）

### W2490.2
**人鬼分开后婚生人类**

**实 例**

［景颇族］人鬼分开后，德鲁贡桑和木干清婚生了人的后代。

【流传】云南省·（德宏傣族景颇族自治州）·陇川县

【出处】施戛崩讲《宁贯娃改天整地》，见中国民间文学集成全国编辑委员会编《中国民间故事集成》（云南卷），北京：中国 ISBN 中心 2003 年版，第 61~66 页。

### W2491
**婚生人的特殊地点**

**实 例**

（参见下级母题实例）

### W2491.1
**在动物居所婚生人**

【关联】［W6187］人与动物杂居

**实 例**

（参见下级母题实例）

### W2491.1.1
**猪圈中婚生人**

**实 例**

［赫哲族］小小子被哈人抓住，放入猪圈中，他与哈族的头人的女儿马迈尔迪偷睡了几年，马迈尔迪怀孕，生儿子祖尔丘。

【流传】（无考）

【出处】施腾伯格：《关于基利亚克人、奥罗奇人、戈尔德人、涅基达尔人、阿伊努人的著作与资料集》（俄文版），哈巴罗夫斯克，1933 年，第 492~494 页。

### W2491.2
**山顶上婚生人**

**实 例**

［高山族］（实例待考）

## W2491.3
### 冰山上婚生人

**实例**

[回族] 人祖阿丹和好娃在冰川上结婚后繁衍人类。

【流传】宁夏回族自治区·银川（银川市）

【出处】《人是怎样来的》，见马乐群等《银川民间故事》（上），内部资料，1988年，第2~3页。

## W2492
### 婚生人的条件

**实例**

（参见下级母题实例）

## W2492.1
### 男方更名后始能生人

【关联】

① [W6875] 人的命名
② [W6876] 人的姓名（名字）的产生

**实例**

[哈尼族] 天神的儿子侯波变小伙婚后不育，改名后与天女成婚，人烟才发展起来。

【流传】云南省·（红河哈尼族彝族自治州）·元阳县

【出处】小和讲：《侯波与那聋》，见中国民间文学集成全国编辑委员会编《中国民间故事集成》（云南卷），北京：中国 ISBN 中心 2003 年版，第 40~42 页。

## W2493
### 婚生正常人

【关联】[W2600] 人生怪胎

**实例**

（参见下级母题实例）

## W2493.1
### 特定婚姻生正常人

**实例**

（参见下级母题实例）

## W2493.1.1
### 兄妹婚生正常人

【关联】

① [W2436] 兄妹婚生人
② [W7300] 兄妹婚

**实例**

❶ [黎族] 兄妹婚后生了一个白白胖胖的男孩。

【流传】（a）海南省·琼中县（琼中黎族苗族自治县）·五指山公社（今为五指山市）·水满村（水满乡）

【出处】

(a) 王知会讲，云博生采录：《人类的起源》，见中国民间文学集成全国编辑委员会编《中国民间故事集成》（海南卷），北京：中国 ISBN 中心 2002 年版，第 3 页。

(b) 云博生搜集：《人类的起源》，见谷德明编《中国少数民族神话》，北

❷ [满族] 兄妹婚生4男4女，第一对长得四脚五官都很端正。
【流传】黑龙江省·（牡丹江市）·宁安县·江东（江南朝鲜族满族乡）·缸窑村
【出处】关振川讲，傅英仁采录：《佛赫妈妈和乌申阔玛发》，见中国民间文学集成全国编辑委员会编《中国民间故事集成》（黑龙江卷），北京：中国ISBN中心2005年版，第13页。

## W2493.1.1.1
### 第三代时兄妹婚生正常人
【关联】［W2493.6］婚生的特定胎次成为正常人

实 例

[高山族（排湾）] 兄妹结婚，生子女皆有残疾，第二代互婚，转好，第三代互婚已趋健全，从此子孙繁衍。
【流传】（b）台湾大鸟万社、枋寮番等
【出处】
（a）《兄妹婚繁衍排湾人》，见中国各民族宗教与神话大词典编审委员会编《中国各民族宗教与神话大词典》，北京：学苑出版社1990年版，第145页。
（b）李卉：《台湾及东南亚的同胞配偶型洪水传说》，载中国民族学会编印《中国民族学报》（台北）1955年第1期。

## W2493.1.1.2
### 灾难后兄妹婚生正常人
【关联】［W2505］灾难后人类再生

实 例

[黎族] 洪水后，兄妹结婚生1正常男孩。
【流传】海南省
【出处】云博生整理：《人类的起源》，见符震等《黎族民间故事》，广州：花城出版社1982年版，第1~3页。

## W2493.2
### 设计生出正常人

实 例

（参见下级母题实例）

## W2493.2.0
### 神设计人的样子

实 例

（参见下级母题实例）

## W2493.2.0.1
### 神生育人时设计出人的样子

实 例

[羌族] 索依迪朗（羌语，意为"娘老子"。迪，意为"老汉"，即"父亲"；朗，意为"阿妈"，即"母亲"。这里可作为一对祖神）孕生人后，共同设计了人的样子。
【流传】（无考）

## 2.6.8 与婚生人有关的其他母题

【出处】《索依迪朗：设计造人》，见西南民族学院《羌族文学简史》编写组编《羌族民间文学资料集》（一），1987年4月，转引自吕大吉、何耀华总主编《中国各民族原始宗教资料集成》（纳西族卷、羌族卷、独龙族卷、傈僳族卷、怒族卷），北京：中国社会科学出版社2000年版，第578页。

### W2493.2.1
### 孩子的样子是父母神设计的

实例

[羌族] 索依迪朗（夫妻神）共同设计了人的样子后，生下了第一个儿子。

【流传】四川省·（阿坝藏族羌族自治州）·茂县·太平乡·牛尾巴村

【出处】郑友富讲，王康男采录：《索依迪朗造人》，见中国民间文学集成全国编辑委员会编《中国民间故事集成》（四川卷·下），北京：中国ISBN中心1998年版，第1118页。

### W2493.2.1.1
### 一对夫妻设计孩子的样子

实例

[羌族] 索依迪朗（羌语，意为"娘老子"。迪，意为"老汉"，即"父亲"；朗，意为"阿妈"，即"母亲"）孕生的第三个儿子身体大小才正常，但没有五官内脏。索依迪朗商量决定：以后身怀有孕时，胎儿先生头发，后生眉毛，然后再生眼、耳、鼻、舌、嘴、心肺和肠肚等。

【流传】（无考）

【出处】《索依迪朗：设计造人》，见西南民族学院《羌族文学简史》编写组编《羌族民间文学资料集》（一），1987年4月，转引自吕大吉、何耀华总主编《中国各民族原始宗教资料集成》（纳西族卷、羌族卷、独龙族卷、傈僳族卷、怒族卷），北京：中国社会科学出版社2000年版，第578页。

### W2493.2.2
### 设计的第三个孩子形体正常

【关联】[W2493.6.2] 婚生的第三个孩子才是正常人

实例

[羌族] 索依迪朗（羌语，意为"娘老子"。迪，意为"老汉"，即"父亲"；朗，意为"阿妈"，即"母亲"。这里作为一对祖神）吃特定食物后孕生的前两个儿子体型太大，不满意，决心修改。几个月后三儿子出世了，他身长一排（长度单位），头长一卡（长度单位），手掌长一卡，脚板长一卡。索依迪朗仔细看了又看，才觉得这次造的人的体格还差不多。

【流传】（无考）

【出处】《索依迪朗：设计造人》，见西南民族学院《羌族文学简史》编写组编《羌族民间文学资料集》（一），1987年4月，转引自吕大吉、何耀华总主编《中国各民族原始宗教资料集成》（纳西族卷、羌族卷、独龙族卷、傈僳族卷、怒族卷），北京：中国社会科学出版社2000年版，第578页。

## W2493.3
### 交换结婚后生正常人

【关联】

① ［W7081.2.1］因生育残疾孩子交换妻子

② ［W7081.5］交换式兄妹婚

实 例

❶ ［**高山族（雅美）**］两男神各自生的1男1女相婚，交换婚配，生育正常人。

【流传】（无考）

【出处】《石生、竹生雅美人始祖》，见中国各民族宗教与神话大词典编审委员会编《中国各民族宗教与神话大词典》，北京：学苑出版社1990年版，第145页。

❷ ［**高山族**］洪水后，竹生人和石生人后交换婚配，才生健康后代。

【流传】伊摩鲁得社的雅美族

【出处】李卉：《台湾及东南亚的同胞配偶型洪水传说》，载中国民族学会编印《中国民族学报》（台北）1955年第1期。

## W2493.4
### 祭祀后生正常人

【关联】［W6474.3］祭祀求子

实 例

（参见下级母题实例）

## W2493.4.1
### 祭祀祖先后生正常人

【关联】

① ［W6474.3］祭祀求子

② ［W6495.2］祭祖

实 例

❶ ［**独龙族**］人类的老祖目朋的独眼姑娘与行米戛朋结婚，每到庄稼收获时节，他们酿制美酒，备上五谷，祭祀祖先目朋后，独眼姑娘才不再生石头、青蛙和虫子，生了一个正常的胖娃娃。

【流传】云南省·（怒江傈僳族自治州）·贡山县（贡山独龙族怒族自治县）·独龙江乡

【出处】孔志清讲，辛一采录：《行米戛朋》，见中国民间文学集成全国编辑委员会编《中国民间故事集成》（云南卷），北京：中国ISBN中心2003年版，第275页。

❷ ［**高山族（阿美）**］太阳神下凡察访时，见拉拉干和拉兹乌兄妹生的都是动物十分同情，就亲自为他们禳灾，教他们祭祖之道，不久他们才生育两个正常子女。

【流传】台湾·花莲县·光复乡·太巴塱

【出处】《高山族各种人的始祖：太巴塱阿美人始祖》，见姚宝瑄主编《中国各民族神话》（高山族、黎族、畲族），太原：山西出版传媒集团·书海出版社2014年版，第14页。

## W2493.5
### 婚生几对男女，只有第一对是正常人

【关联】［W2759.9.3］婚生多对男女

实例

［满族］柳树变成的佛赫婚生4对儿女，其中第1对男女是正常的人。

【流传】黑龙江省·（牡丹江市）·宁安县·江东（江南朝鲜族满族乡）·缸窑村

【出处】关振川讲，傅英仁采录：《佛赫妈妈和乌申阔玛发》，见中国民间文学集成全国编辑委员会编《中国民间故事集成》（黑龙江卷），北京：中国ISBN中心2005年版，第13页。

## W2493.6
### 婚生的特定胎次成为正常人

实例

（参见下级母题实例）

## W2493.6.1
### 婚后第二胎开始生正常人

实例

［傈僳族］姐弟婚头一胎生下个肉坨坨，第二胎才生了9个正常的娃娃。

【流传】四川省·（凉山彝族自治州）·德昌县

【出处】谷万才讲，李文华等翻译采录：《人类的起源》，见中国民间文学集成全国编辑委员会编《中国民间故事集成》（四川卷·下），北京：中国ISBN中心1998年版，第1432页。

## W2493.6.2
### 婚生的第三个孩子才是正常人

实例

［羌族］索依迪朗（羌语，迪，意为"老汉"，即"父亲"；朗，意为"阿妈"，即"母亲"）孕生的第三个儿子身体大小才正常。

【流传】（无考）

【出处】《索依迪朗：设计造人》，见西南民族学院《羌族文学简史》编写组编《羌族民间文学资料集》（一），1987年4月，转引自吕大吉、何耀华总主编《中国各民族原始宗教资料集成》（纳西族卷、羌族卷、独龙族卷、傈僳族卷、怒族卷），北京：中国社会科学出版社2000年版，第578页。

## W2493.6.2.1
### 神对三次生的人进行改进变成正常人

实例

［壮族］姆洛甲（女祖先名）造出前2批人不满意，又造了第3批人。

【流传】广西壮族自治区·（河池市）·大化瑶族自治县·那康村

【出处】覃鼎琨讲：《姆洛甲造三批人》，见张声震总主编，农冠品编注《壮族神话集成》，南宁：广西民族出版社2007年版，第22页。

## W2493.6.3
### 婚生的第7胎才是正常人

**实例**

[纳西族（摩梭）]曹都努依（父系祖先）和泽洪几几咪（母系祖先）是一对兄妹，兄妹通婚后生育了七胎，前六胎都是长满长毛的毛婴。只到第七胎才生出褪尽长毛的婴儿，繁衍出摩梭人。

【流传】云南省·（丽江市·宁蒗彝族自治县）·永宁、前所、左所等地

【出处】《曹都努依·泽洪几几咪》，原载杨学政调查整理：*《摩梭人祭祖》，见云南省社会科学院宗教研究所编《宗教调查与研究》，内部编印，1986年，第195~198页。

## W2493.7
### 生正常人的条件

【关联】
① ［W2492］婚生人的条件
② ［W2492.1］男方更名后始能生人

**实例**

（参见关联项母题实例）

## W2493.8
### 与生正常人有关的其他母题

**实例**

（参见下级母题实例）

## W2493.8.1
### 生的孩子又白又胖

【关联】［W2898.1］健康的人

**实例**

[黎族]兄妹结婚，生的一个男孩白白胖胖。

【流传】（a）海南省·琼中县（琼中黎族苗族自治县）·五指山公社（今为五指山市）·水满村（水满乡）

【出处】
（a）王知会讲，云博生采录：《人类的起源》，见中国民间文学集成全国编辑委员会编《中国民间故事集成》（海南卷），北京：中国ISBN中心2002年版，第3页。
（b）云博生搜集：《人类的起源》，见谷德明编《中国少数民族神话》，北京：中国民间文艺出版社1987年版，第185页。

## W2493.8.2
### 生的孩子五官端正

**实例**

[满族]兄妹婚生4男4女，其中第一对孩子长得四肢五官都很端正。

【流传】黑龙江省·（牡丹江市）·宁安县·江东（江南朝鲜族满族乡）·缸窑村

【出处】关振川讲，傅英仁采录：《佛赫妈妈和乌申阔玛发》，见中国民间文学集成全国编辑委员会编《中国民间故事集成》（黑龙江卷），北京：中国

ISBN 中心 2005 年版，第 13 页。

## W2494
### 生不正常的人
【关联】［W2600］人生怪胎

实 例

（参见下级母题实例）

## W2494.1
### 婚生爱哭的孩子

实 例

❶［景颇族］姐弟俩婚生一个小孩。这个小孩天天哭，而且越哭越厉害。

【流传】云南省

【出处】

（a）岳志明、杨国治翻译整理：《驾驭太阳的母亲》，见谷德明编《中国少数民族神话》，北京：中国民间文艺出版社 1987 年版，第 468 页。

（b）殷江腊讲，永生译，东耳、永生等整理：《人类始祖》，载《山茶》1982 年第 6 期。

（c）同（b），见谷德明编《中国少数民族神话》，北京：中国民间文艺出版社 1987 年版，第 458 页。

## W2494.2
### 婚生的几对孩子相貌古怪
【关联】［W2601］生怪人

实 例

［满族］婚生 4 男 4 女，除第一对是正常人外；第二对是尖嘴，一身羽毛，两只翅膀；第三对只有四只脚，人头，浑身披毛；第四对没手没脚，身长头小。

【流传】黑龙江省·（牡丹江市）·宁安县·江东（江南朝鲜族满族乡）·缸窑村

【出处】关振川讲，傅英仁采录：《佛赫妈妈和乌申阔玛发》，见中国民间文学集成全国编辑委员会编《中国民间故事集成》（黑龙江卷），北京：中国 ISBN 中心 2005 年版，第 13 页。

## W2495
### 结婚不生育
【关联】［W7000］婚姻

实 例

（参见下级母题实例）

## W2495.0
### 结婚不生育的原因

实 例

（参见下级母题实例）

## W2495.0.1
### 特定人物使结婚不生育
【关联】［W2495.6.1］仙婆使毒妇不会生崽

实 例

（参见关联项母题实例）

### W2495.0.2
**妻子失去灵魂导致不生育**

【关联】［W0916.11］灵魂的丢失（离去）

**实例**

（参见下级母题实例）

### W2495.0.2.1
**妻子的灵魂随了鬼魂后不会生育**

**实例**

［锡伯族］萨满认为，女人婚后不育是因为夜间睡眠时，人虽与丈夫同床，但灵魂并不同丈夫在一起，而是同鬼魂一起鬼混去了。

【流传】（新疆维吾尔自治区·伊犁哈萨克自治州·察布查尔锡伯自治县·金泉镇）

【出处】

（a）夏之乾、满都尔图：《金泉村锡伯族萨满教及文化习俗调查》，见《民族文化习俗及萨满教调查报告》，北京：民族出版社1993年版，第183~184页。

（b）《跳神治病（一）》，见吕大吉、何耀华总主编《中国各民族原始宗教资料集成》（鄂伦春族卷、鄂温克族卷、赫哲族卷、达斡尔族卷、锡伯族卷、满族卷、蒙古族卷、藏族卷），北京：中国社会科学出版社1999年版，第410页。

### W2495.1
**人与神婚未生育**

**实例**

（参见下级母题实例）

### W2495.1.1
**人与天女婚不生育**

【关联】［W7267］人与天女婚

**实例**

［普米族］洪水后，老三先与天女结婚没生育。

【流传】云南省·（丽江市）·宁蒗县（宁蒗彝族自治县）

【出处】王震亚等搜集整理：《帕米查列》，见中华民族故事大系编委会编《中华民族故事大系》第14卷（普米族、塔吉克族、怒族、俄罗斯族、鄂温克族），上海：上海文艺出版社1995年版，第12~20页。

### W2495.1.2
**天神与人间凡女结婚不孕**

**实例**

［藏族］天神转世化身的芒东达赞，与人间凡女结婚不孕。后与仙女门尊玛成亲后方能生子。

【流传】（无考）

【出处】《朗氏家族，天神的后裔》，见廖东凡主编《神山之祖》，武汉：湖北少年儿童出版社2001年版，第175~180页。

## W2495.1.3
### 天神之子与人间凡女结婚不孕

实 例

[哈尼族] 世上仅有的一个女人那聋与天神的儿子侯波成婚，没有生育。

【流传】云南省·（红河哈尼族彝族自治州）·元阳县

【出处】小和讲：《侯波与那聋》，见中国民间文学集成全国编辑委员会编《中国民间故事集成》（云南卷），北京：中国 ISBN 中心 2003 年版，第 40～42 页。

## W2495.2
### 兄妹婚不能生育

【关联】

① ［W2046.1.1］兄妹婚不能生育造人
② ［W2046.1.1.1］盘和古兄妹婚不能生育造人
③ ［W2046.1.1.2］伏羲女娲兄妹婚不能生育造人
④ ［W6517.4.1］兄妹不能结婚

实 例

[毛南族] 盘和古兄妹结婚后，过了 3 年也没有生育。

【流传】广西壮族自治区·（河池市）·环江县（环江毛南族自治县）·下南乡

【出处】（a）谭中意整理：《盘古的故事》，见《毛南族：广西环江县南昌屯调查》，昆明：云南大学出版社 2004 年版，第 295～296 页。

（b）覃启仁讲，谭金田翻译整理：《盘古的传说》，见袁凤辰编《毛难族民间故事集》，北京：中国民间文艺出版社 1984 年版，第 1～7 页。

（c）谭金田等翻译整理：《盘古的传说》，见中华民族故事大系编委会编《中华民族故事大系》第 12 卷（布朗族、撒拉族、毛南族），上海：上海文艺出版社 1995 年版，第 479～485 页。

## W2495.3
### 外甥婚后不育，是因为得罪了舅父

实 例

[怒族] 外甥婚后不育，认为是得罪了舅父的缘故。

【流传】云南省

【出处】﹡《氏族神话》，见攸延春《怒族文学史》，昆明：云南民族出版社 2003 年版，第 34 页。

## W2495.4
### 人与虫婚不生育

【关联】

① ［W2466］人与昆虫婚生人
② ［W7477.3］女子与昆虫婚

实 例

[白族] 洪水后，两兄妹结婚生 5 个女儿。五姑娘和毛虫结婚，没有后代。

【流传】云南省·（怒江傈僳族自治州）·碧江县（1986 年撤销县制，

今属福贡县等）·四区二村

【出处】

（a）阿普介爹讲，普六介翻译：《氏族来源的传说》（勒墨人），见谷德明编《中国少数民族神话》，北京：中国民间文艺出版社1987年版，第86~88页。

（b）阿普介爹讲：《氏族来源的传说》，见大理州《白族民间故事》编辑组《白族民间故事》，昆明：云南人民出版社1982年版，第81页。

## W2495.5
毒妇不生育

【关联】[W9415] 恶有恶报

实 例

（参见下级母题实例）

## W2495.5.1
仙婆使毒妇不会生崽

【关联】[W9152] 巫术的作用

实 例

[布依族] 布翁（部落首领、王）的大妻子心太狠，管生崽的花仙婆使她不会生崽。

【流传】贵州省·（安顺市）·镇宁县（镇宁布依族苗族自治县）·扁担山区

【出处】韦泽周讲，韦兴标采录：《大鸟》，见中国民间文学集成全国编辑委员会编《中国民间故事集成》（贵州卷），北京：中国ISBN中心2003年版，第68页。

## W2495.6
残疾者婚后不生育

【关联】
① [W2522] 幸存的残疾人再生人类
② [W2890] 身体残缺的人（残疾者）

实 例

（实例待考）

## W2495.7
与结婚不生育有关的其他母题

实 例

（参见下级母题实例）

## W2495.7.1
婚后不生育被咒骂

【关联】[W9175] 咒语

实 例

（参见下级母题实例）

## W2495.7.1.1
女儿不生育被娘骂

实 例

[瑶族] 从前有两娘女，女儿不生育被娘骂。

【流传】湖南省·（永州市）·江华县（江华瑶族自治县）·两岔河公社（两岔河乡）·蕉叶坪（蕉叶坪村）

【出处】邓京华讲：《淹天底》，见湖南民委民族民间文学整理组编《民族民间文学资料》24集之《瑶族民间传说故事选》，刻印本，1980年，第72~74页。

## W2495.7.2
### 婚后不生育没地位
实 例

（参见下级母题实例）

## W2495.7.2.1
### 女人因不生育被丈夫看不起
实 例

［瑶族］从前，一女人因不生育被丈夫看不起。

【流传】湖南省·（永州市）·江华县（江华瑶族自治县）·大锡公社（大锡乡）

【出处】盘才坤讲：《兄妹成亲》，见湖南民委民族民间文学整理组编《民族民间文学资料》24集之《瑶族民间传说故事选》，刻印本，1980年，第69页。

## W2495.7.3
### 夫妻因不生育相互埋怨
【关联】［W8921］夫妻之争

实 例

［蒙古族］猎人哈斯快五十岁了，仍没有孩子。夫妻二人每到晚上常常唉声叹气，互相埋怨。

【流传】（无考）

【出处】

（a）赛野搜集整理：《乌恩射太阳》，见谷德明编《中国少数民族神话选》，西北民族学院研究所编印，内部资料，1983年。

（b）赛野搜集整理：《乌恩战妖龙》，见姚宝瑄主编《中国各民族神话》（达斡尔族、鄂伦春族、鄂温克族、蒙古族），太原：山西出版传媒集团·书海出版社2014年版，第179页。

## W2496
### 与婚生人有关的其他母题
实 例

（参见下级母题实例）

## W2496.1
### 人婚生人、人与动物婚生人同时存在
实 例

［怒族］（实例待考）

## W2496.2
### 婚生的人有母无父
【关联】
① ［W2230］感生人
② ［W2581.1］无夫而孕
③ ［W5298.1］母系氏族

实 例

❶ ［满族］从前有姐弟俩，他们没有阿玛（满语，爸爸），家中只有老讷讷（满语，妈妈）。

【流传】辽宁省·（鞍山市）·岫岩县（岫岩满族自治县）·城南蓝旗堡子

【出处】

（a）李成明讲，张其卓采录：《人的来历》，见中国民间文学集成全国编辑委员会编《中国民间故事集成》（辽宁卷），北京：中国 ISBN 中心 1994 年版，第 10 页。

（b）《人的来历》，见满都呼主编《中国阿尔泰语系诸民族神话故事》，北京：民族出版社 1997 年版，第 25 页。

❷ [彝族] 彝族诺苏支系的史拉俄特长大后向母亲询问父亲，母亲不知。

【流传】云南省·（丽江市）·永胜（永胜县）

【出处】《史拉俄特"买"父亲》，见张永祥《彝族民间故事》，昆明：云南出版集团 2009 年版，第 32 页。

## W2496.3
### 多次婚姻后生人

实 例

[藏族] 天神转世化身的芒东达赞，与人间凡女结婚不孕。后与仙女门尊玛成亲方生子。

【流传】（无考）

【出处】《朗氏家族，天神的后裔》，见廖东凡主编《神山之祖》，武汉：湖北少年儿童出版社 2001 年版，第 175～180 页。

## W2496.4
### 婚生人与造人同时进行

实 例

❶ [汉族] 伏羲女娲兄妹婚后觉得生育人太慢，就开始造人。

【流传】江苏省·（淮安市·）涟水县·南集乡·禹庄村

【出处】徐学尧讲，徐省生搜集整理：《世界的由来》（1983），见姚宝瑄主编《中国各民族神话》（汉族），太原：山西出版传媒集团·书海出版社 2014 年版，第 24～28 页。

❷ [汉族] 天翻地覆后，幸存的伏羲女娲兄妹，结为夫妻生儿育女，觉得这样太慢，就用黄土捏人。

【流传】浙江省·（衢州市）·江山县（江山市）·凤林镇

【出处】管兰吉讲：《兄妹造人》，见中国民间文学集成全国编辑委员会编《中国民间故事集成》（浙江卷），北京：中国 ISBN 中心 1997 年版，第 40 页。

## W2496.5
### 婚生人后的后续事情

【关联】[W5086] 家庭的产生

实 例

（参见下级母题实例）

## W2496.5.1
### 男子结婚生子后寻找父亲

【关联】

① [W5298.2] 父系氏族

② [W9935] 寻找父亲

实 例

[彝族] 史拉俄特长大后找不到父亲。

他与仙子史色结婚生子后，养子才能见到父亲。

【流传】云南省·（丽江市）·永胜（永胜县）

【出处】《史拉俄特"买"父亲》，见张永祥《彝族民间故事》，昆明：云南出版集团2009年版，第32页。

## 2.7 人类再生
(W2500~W2579)

### 2.7.1 人类再生概说
(W2500~W2529)

#### ❀ W2500
人类再生

【汤普森】E600

实 例

(参见下级母题实例)

#### ❀ W2501
人类再生的原因

实 例

(参见下级母题实例)

#### W2502
第一代人被毁灭后再生

【关联】[W2572]第一代人

实 例

[佤族] 岩洞中出来第一代人，被毁灭。

【流传】云南省

【出处】李子贤：《论佤族神话》，载《思想战线》（云南大学）1987年第6期。

#### W2502.1
神毁灭第一代人再造人类

实 例

[鄂伦春族]（实例待考）

#### W2502.2
第一代人造孽被毁掉

实 例

[傈僳族] 天管师看见第一代人很造孽，请来太阳七姐妹和月亮九弟兄晒大地，毁灭了第一代人。

【流传】四川省·（凉山彝族自治州）·德昌县

【出处】谷万才讲，李文华等翻译采录：《人类的起源》，见中国民间文学集成全国编辑委员会编《中国民间故事集成》（四川卷·下），北京：中国ISBN中心1998年版，第1432页。

#### W2502.2.1
第一代人因吃人被毁掉

实 例

[彝族] 造人女神儿依得罗娃造出的第一代独眼人时代，人与野兽互相争斗，有时还会人吃人。所以女神决定毁掉他们换人种。

【流传】（云南省·楚雄彝族自治州·双柏县，红河哈尼族彝族自治州等地）

【出处】

(a) 云南省民族民间文学楚雄、红河调

查队搜集，郭思九、陶学良整理：《查姆》，昆明：云南人民出版社1981年版。

（b）郭思九、陶学良整理，古梅改写：《彝家的古根》，选自《云南民族文学资料》第七集中的《查姆》上部前三章，见姚宝瑄主编《中国各民族神话》（羌族、彝族），太原：山西出版传媒集团·书海出版社2014年版，第61页。

## W2502.3
### 第一代人是小人被毁掉

【实例】

❶ [水族] 第一批人是矮人，被鸡鹰咬死后，改换为第二代人。
【流传】贵州省·（黔南布依族苗族自治州）·独山（独山县）、榕江（榕江县）
【出处】韦荣康等搜集整理：《牙线造人的故事》，见中华民族故事大系编委会编《中华民族故事大系》第9卷（水族、东乡族、纳西族），上海：上海文艺出版社1995年版，第5~11页。

❷ [水族] 牙线造的第一代人是小人，不能下地干活，又没有力气打败野兽，仙公仙奶告诉她，这些矮小的人不能主宰世界，不应该留下，要换掉。
【流传】贵州省·（黔南布依族苗族自治州）·三都县（三都水族自治县）·恒丰乡
【出处】韦行公讲，韦荣康采录：《牙线剪纸造人》，见中国民间文学集成全国编辑委员会编《中国民间故事集成》（贵州卷），北京：中国ISBN中心2003年版，第12页。

## W2502.4
### 第一代人不中用被毁掉

【关联】[W2929.8.1] 无能的小人

【实例】

❶ [藏族] 世界上最早的人是"一寸人"，实在太软弱，庄稼也种不出来，后来慢慢就死绝了。
【流传】四川省白马藏区
【出处】扎嘎才札等讲，谢世廉等搜集：《创世传说》，见陶立璠、赵桂芳等编《中国少数民族神话汇编》（开天辟地篇），中央民族学院少数民族古籍整理出版规划领导小组办公室印（未署时间），第1页。

❷ [壮族] 姆洛甲第一次用泥巴造人，天下有了第一批人，但这批人不大中用，雨天出不了门，一挨雨淋就软巴巴的，于是毁掉，重新造人。
【流传】广西壮族自治区·（河池市）·大化县（大化瑶族自治县）·羌圩乡·那康村
【出处】
（a）覃鼎琨讲，覃承勤采录翻译：《姆洛甲造三批人》，见中国民间文学集成全国编辑委员会编《中国民间故事集成》（广西卷），北京：中国ISBN中心2001年版，第4页。
（b）同（a），见张声震总主编，农冠品编注《壮族神话集成》，南宁：广西民族出版社 2007 年版，第 22 页。

## W2502.5
### 第一代人心不好被毁掉

实 例

❶ [汉族] 第一代人没名没姓，没仁没义，被上帝给收了。

【流传】宁夏回族自治区·（固原市）·彭阳县·草庙乡

【出处】阎德武讲，梁志强采录：《第二代人》，见中国民间文学集成全国编辑委员会编《中国民间故事集成》（宁夏卷），北京：中国 ISBN 中心 1999 年版，第 15 页。

❷ [彝族] 众神认为独眼这代人心不好，该换掉这代人。

【流传】云南省·（红河哈尼族彝族自治州）·弥勒县（弥勒市）

【出处】石旺讲，戈隆阿弘采录：《独眼人、直眼人和横眼人》，见中国民间文学集成全国编辑委员会编《中国民间故事集成》（云南卷），北京：中国 ISBN 中心 2003 年版，第 215 页。

❸ [彝族] 因为第一代人心不好，不认爹妈，不讲道理，天神使天下大旱，晒死第一代人，更换为第二代人。

【流传】云南省·楚雄（楚雄彝族自治州）

【出处】*《洪水神话》，见扬继中、芮增瑞、左玉堂编《楚雄彝族文学简史》，北京：中国民间文艺出版社 1986 年版，第 51 页。

## W2502.6
### 第一代人种"污垢泥人"被大火灭绝

实 例

[傣族] 最早的第一代人种"污垢泥人"被一场大火灭绝。

【流传】云南省·西双版纳（西双版纳傣族自治州）

【出处】屈永仙：《傣族洪水神话及其特点》，见《云南开远兄妹婚神话与信仰民俗国际学术研讨会会议论文》，昆明，2010 年 8 月。

## W2502.7
### 第一代人被风毁掉

实 例

❶ [仡佬族] 头一曹人遇到刮罡风（意为天风、神风），被风吹化了。

【流传】贵州省·遵义县（遵义市）·平正乡（平正仡佬族乡）

【出处】陈保合讲，田兴才采录：《四曹人》，见中国民间文学集成全国编辑委员会编《中国民间故事集成》（贵州卷），北京：中国 ISBN 中心 2003 年版，第 38 页。

❷ [仡佬族] 大地第一曹人，被风毁掉。

【流传】贵州省

【出处】

（a）《人皇与四曹人》，见高明强编《创世的神话和传说》，上海：上海三联书店1988年版，第11页。

（b）中央民族学院少数民族文艺研究所编《中国民族民间文学》（上），北京：中央民族学院出版社1987年版，第228页。

## W2502.8
### 第一代人被洪水毁掉

**实 例**

[壮族] 洪水毁灭了直眼人一代人。

【流传】广西壮族自治区·（南宁市）·马山（马山县）·片联乡

【出处】韦天京唱：《人类始祖歌》，见张声震总主编，农冠品编注《壮族神话集成》，南宁：广西民族出版社2007年版，第332页。

## W2502.9
### 第一代人死光后人类再生

**实 例**

（参见下级母题实例）

## W2502.9.1
### 第一代人因生活艰难死光后人类再生

**实 例**

[毛南族] 因为看不见月亮，看不见太阳，没有一件衣，没有一颗粮。没有多久，第一代神祖就几乎死光了。于是再生第二代人。

【流传】广西壮族自治区·（河池市）·环江毛南族自治县上南（上南乡）、中南（中南乡）、下南（下南乡）·上纳屯

【出处】蒙贵章讲，蒙国荣、韦志华、谭贻生记录翻译，蒙国荣整理：《昆屯开天盖》（1984.07），见姚宝瑄主编《中国各民族神话》（土家族、毛南族、侗族、瑶族），太原：山西出版传媒集团·书海出版社2014年版，第62页。

## W2503
### 第二代人被毁灭后再生

【关联】[W2573] 第二代人

**实 例**

（参见下级母题实例）

## W2503.1
### 第二代人不纯真被毁掉

**实 例**

[傣族] 神见第二代人不好，不纯真，就把第二代人种毁灭。

【流传】（无考）

【出处】《金葫芦》，见岩峰、王松、刀保尧《傣族文学史》，昆明：云南民族出版社1995年版，第86页。

## W2503.2
### 神毁掉前两代人再造人类

**实 例**

[傈僳族] 盘古因前2代直眼人和竖眼人爱发牢骚又非常懒惰，盘古就用7个太阳和7个月亮把他们晒死。

【流传】四川省·（凉山彝族自治州）·德昌县

【出处】李国才讲：《盘古造人》，见中国少数民族民间文学丛书《傈僳族民间故事选》，上海：上海文艺出版社1982年版，第7~11页。

## W2503.3
### 第二代人不善良被毁掉

实例

[彝族] 第二代人因为不讲道理，不善良，天神用洪水淹天，淹死了第二代人。

【流传】云南省·楚雄（楚雄彝族自治州）

【出处】*《洪水神话》，转引自扬继中、芮增瑞、左玉堂编《楚雄彝族文学简史》，北京：中国民间文艺出版社1986年版，第51页。

## W2503.4
### 第二代人身体不够硬朗被毁掉

实例

[壮族] 姆洛甲用生芭蕉刻的第二代人身子不够硬朗，同样不能做活路，姆洛甲于是想造第三批人。

【流传】广西壮族自治区·（河池市）·大化县（大化瑶族自治县）·羌圩乡·那康村

【出处】(a) 覃鼎琨讲，覃承勤采录翻译：《姆洛甲造三批人》，见中国民间文学集成全国编辑委员会编《中国民间故事集成》（广西卷），北京：中国ISBN中心2001年版，第4页。

(b) 同（a），见张声震总主编，农冠品编注《壮族神话集成》，南宁：广西民族出版社2007年版，第22页。

## W2503.5
### 第二代人坐吃山空被毁掉

实例

[藏族] 第二代人"立目人"把身边能吃的东西都吃光了，立目人也渐渐饿死了。

【流传】四川省白马藏区

【出处】扎嘎才札等讲，谢世廉等搜集：《创世传说》，见陶立璠、赵桂芳等编《中国少数民族神话汇编》（开天辟地篇），中央民族学院少数民族古籍整理出版规划领导小组办公室印（未署时间），第1页。

## W2503.6
### 第二代人被毁掉的其他原因

实例

（实例待考）

## W2503.7
### 第二代人被毁掉的方式

实例

（参见下级母题实例）

## W2503.7.1
### 第二代人被洪水淹死

实例

[傣族] 第二代人种"神果园人"被大

洪水毁灭。

【流传】云南省·西双版纳（西双版纳傣族自治州）

【出处】屈永仙：《傣族洪水神话及其特点》，见《云南开远兄妹婚神话与信仰民俗国际学术研讨会会议论文》，昆明，2010 年 8 月。

## W2503.7.2
### 第二代人被火烧死

实例

❶ [仡佬族] 第二曹人被雷神用火烧光。
【流传】贵州省
【出处】
（a）《人皇与四曹人》，见高明强编《创世的神话和传说》，上海：上海三联书店1988 年版，第 11 页。
（b）中央民族学院少数民族文艺研究所编《中国民族民间文学》（上），北京：中央民族学院出版社 1987 年版，第 228 页。

❷ [仡佬族] 第二曹人被天火烧光了
【流传】贵州省·遵义县（遵义市）·平正公社（平正仡佬族乡）
【出处】陈保合讲，田兴才采录：《四曹人》，见中国民间文学集成全国编辑委员会编《中国民间故事集成》（贵州卷），北京：中国 ISBN 中心 2003 年版，第 38 页。

## W2504
### 其他特定时代的人被毁灭后再生

实例

（参见下级母题实例）

## W2504.1
### 第三代人被毁灭后再生

【关联】[W2574] 第三代人

实例

❶ [仡佬族] 第三曹人遇着洪水潮天，淹死了无数。
【流传】贵州省·遵义县（遵义市）·平正乡（平正仡佬族乡）
【出处】陈保合讲，田兴才采录：《四曹人》，见中国民间文学集成全国编辑委员会编《中国民间故事集成》（贵州卷），北京：中国 ISBN 中心 2003 年版，第 38 页。

❷ [仡佬族] 第三曹人，好吃懒做，被洪水淹死。
【流传】贵州省
【出处】
（a）《人皇与四曹人》，见高明强编《创世的神话和传说》，上海：上海三联书店1988 年版，第 11 页。
（b）中央民族学院少数民族文艺研究所编《中国民族民间文学》（上），北京：中央民族学院出版社 1987 年版，第 228 页。

❸ [藏族] 第三代人"八尺人"没有充足的食物，知道自己只有死了，于是不断地哭，也逐渐灭亡了。
【流传】四川省白马藏区
【出处】扎嘎才札等讲，谢世廉等搜集：《创世传说》，见陶立璠、赵桂芳等编《中国少数民族神话汇编》（开天辟地篇），中央民族学院少数民族古籍整

## W2504.2
### 独眼人时代的人被毁灭后再生

【关联】[W2828] 独眼人

实例

[彝族] 独眼的儿子，吃食不祭神，不礼貌，不讲道理。天神兹阿玛，请来九太阳，邀来八月亮，晒死了这代人。

【流传】云南省·楚雄（楚雄彝族自治州）

【出处】李忠祥等翻译：《洪水泛滥》，见云南省少数民族古籍整理出版规划办公室编《洪水泛滥》，昆明：云南民族出版社1987年版，第1~2页。

## W2505
### 灾难后人类再生[①]

【汤普森】≈A1006.1

实例

（参见相关母题实例）

## W2506
### 人全死光是人类再生的原因

实例

[普米族] 世上人死光后，两兄妹只好结婚再生人类。

【流传】云南省·（怒江傈僳族自治州）·兰坪县（白族普米族自治县）

【出处】熊美珍讲：《月亮妹》，中国民间文学集成全国编辑委员会编《中国民间故事集成》（云南卷），北京：中国ISBN中心2003年版，第134~135页。

## W2507
### 洪水是人类再生的原因

【关联】
① [W2530~W2559] 洪水后人类再生
② [W8100~W8549] 洪水

实例

❶ [汉族] 地上发生洪水，泥土做成的人，通通都淹死，只得重新制造人类。

【流传】福建省·（龙岩市）·上杭县·北路村

【出处】谢魏延讲，邱松林采录：《盘古女娲成亲》，见中国民间文学集成全国编辑委员会编《中国民间故事集成》（福建卷），北京：中国ISBN中心1998年版，第5页。

❷ [纳西族] 人耕田耕到了天神住的地方，惹怒天神子劳阿普，子劳阿普发洪水毁灭人类后再生人类。

【流传】云南省

【出处】《创世纪》，见中国社会科学院云南少数民族文学研究所等编《云南少数民族文学资料》（第2辑），内部

---

① 灾难后人类再生，"灾难"是人类再生最常见的原因和背景，具体灾难类型及其各层级母题可参见[W8000~W8999]灾难与争战"中的"[W8000~W8699]灾难"母题及实例。

❸ [彝族] 天神放水洗大地，淹死直眼人这一代人后重新造人。

【流传】云南省·（红河哈尼族彝族自治州）·弥勒县（弥勒市）

【出处】石旺讲，戈隆阿弘采录：《独眼人、直眼人和横眼人》，见中国民间文学集成全国编辑委员会编《中国民间故事集成》（云南卷），北京：中国 ISBN 中心 2003 年版，第 215 页。

## W2508
### 地震是人类再生的原因

【关联】

[W2562] 地震后再生人类

[W8550] 地震

实 例

（参见关联项母题实例）

## W2509
### 天塌地陷是人类再生的原因

【关联】

① [W2560] 天塌地陷后再生人类

② [W8570] 天塌地陷

实 例

（参见关联项母题实例）

## W2510
### 旱灾是人类再生的原因

【关联】

① [W2566] 旱灾后人类再生

② [W8600] 旱灾

实 例

（参见关联项母题实例）

## W2511
### 火灾是人类再生的原因

【关联】

① [W2563] 世界大火后再生人类

② [W8620] 火灾

实 例

[汉族] 发生了一场弥天大火，木棍做成的人通通被烧死后，重新造人类。

【流传】福建省·（龙岩市）·上杭县·北路村

【出处】谢魏延讲，邱松林采录：《盘古女娲成亲》，见中国民间文学集成全国编辑委员会编《中国民间故事集成》（福建卷），北京：中国 ISBN 中心 1998 年版，第 5 页。

## W2512
### 瘟疫是人类再生的原因

【关联】

① [W2565] 瘟疫后人类再生

② [W8640~W8659] 瘟疫、疾病

实 例

[汉族] 凶神放出瘟虫毁灭人类后，人类重新产生。

【流传】河北省·（邢台市）·内邱县·（五郭店乡）·紫草沟村

【出处】赵丙银讲：《哥姐庙》，见中国民间文学集成全国编辑委员会编《中国民间故事集成》（河北卷），北京：

中国 ISBN 中心 2003 年版，第 23 页。

**W2513**

疾病是人类再生的原因

【关联】

① ［W2986.9］人病死（疾病使人死亡）

② ［W8640～W8659］瘟疫、疾病

实 例

（参见关联项母题实例）

**W2514**

特殊的天气是人类再生的原因

实 例

（参见下级母题实例）

**W2514.1**

风毁灭人类

实 例

［汉族］风灾把人刮跑刮死。

【流传】山西省·（阳泉市）·平定县

【出处】冯冰峰采录：《大风刮了陈家庄》，见中国民间文学集成全国编辑委员会编《中国民间故事集成》（山西卷），北京：中国 ISBN 中心 1999 年版，第 16 页。

**W2514.2**

大雪毁灭人类

实 例

（实例待考）

**W2514.3**

寒冷毁灭人类

【关联】［W8667］寒冷

实 例

［土家族］寒冷的天气把人类冻死，只剩下两兄妹。

【流传】湖北省·（恩施土家族苗族自治州）·利川市·谋道镇

【出处】朱林山讲：《上天梯》，见中国民间文学集成全国编辑委员会编《中国民间故事集成》（湖北卷），北京：中国 ISBN 中心 1999 年版，第 16～17 页。

**W2515**

神或神性人物是人类再生的原因

实 例

（参见下级母题实例）

**W2515.0**

神毁灭人类后人类再生

实 例

（参见下级母题实例）

**W2515.0.1**

天神毁灭人类后人类再生

实 例

❶ ［哈尼族］很古时，世人又多又坏，天神摸咪觉察后，决定发洪水更换人种。

【流传】（无考）

【出处】毛佑全等搜集整理：《族源歌》，载《红河民族语文古籍研究》1986年第4期。

❷ [彝族] 群猴变成的竖眼人心肠非常毒辣，天神决定重新换人种。

【流传】云南省·（玉溪市）·元江县（元江哈尼族彝族傣族自治县）红河谷两岸的彝族村寨

【出处】白仲和搜集整理：《兄妹夫妻》，见彝学网：http://222.210.17.136/mzwz/index.htm，2006.10.25。

## W2515.0.2
### 天神吃掉人类后人类再生

实 例

[彝族] 以前，很多人到天上去以后，被天公吃掉。

【流传】广西壮族自治区·（百色市）·那坡县·城厢镇·达腊村

【出处】梁绍安讲，王光荣采录翻译：《威志和米义兄妹》，见中国民间文学集成全国编辑委员会编《中国民间故事集成》（广西卷），北京：中国ISBN中心2001年版，第63页。

## W2515.0.3
### 神把人类打死后人类再生

实 例

[鄂伦春族] 天神恩都力玛发一狠心，用掌击脚踢，将石人的后代尽皆致死。此后再繁衍正常人类。

【流传】小兴安岭一带鄂伦春猎人中

【出处】马名超、崔焱编写：《人类生死的由来》，见姚宝瑄主编《中国各民族神话》（达斡尔族、鄂伦春族、鄂温克族、蒙古族），太原：山西出版传媒集团·书海出版社2014年版，第22~23页。

## W2515.0.4
### 雷神毁灭人类后人类再生

实 例

[汉族] 老天爷叫雷公、风婆和雨师毁掉娘娘造的200个人，然后再生人类。

【流传】山西省·太原市

【出处】李连生讲，张余采录：《娘娘捏人》，见中国民间文学集成全国编辑委员会编《中国民间故事集成》（山西卷），北京：中国ISBN中心1999年版，第7页。

## W2515.1
### 盘古毁灭人类后人类再生

【关联】[W0720] 盘古

实 例

（参见下级母题实例）

## W2515.1.1
### 盘古毁灭前2代懒人

实 例

[傈僳族] 盘古因前2代直眼人和竖眼人爱发牢骚又非常懒惰，就派日月把

他们晒死。

【流传】四川省·（凉山彝族自治州）·德昌县

【出处】李国才讲：《盘古造人》，见中国少数民族民间文学丛书《傈僳族民间故事选》，上海：上海文艺出版社1982年版，第7～11页。

## W2515.2
### 观音毁灭人类后人类再生

实 例

（参见下级母题实例）

## W2515.2.1
### 观音毁灭良心不好的人后人类再生

实 例

［彝族］观音老母要换掉良心不好的一代人后人类再生。

【流传】云南省·（大理白族自治州）·祥云县

【出处】鲁文珍讲，鲁顺祥采录：《葫芦里出来的人》，见中国民间文学集成全国编辑委员会编《中国民间故事集成》（云南卷），北京：中国ISBN中心2003年版，第162～163页。

## W2515.3
### 妖魔毁灭人类后人类再生

实 例

［满族］地下魔王把四对夫妻造出的生灵全部杀光后，人类再次繁衍起来。

【流传】黑龙江省·（牡丹江市）·宁安县·江东（江南朝鲜族满族乡）·缸窑村

【出处】关振川讲，傅英仁采录：《佛赫妈妈和乌申阔玛发》，见中国民间文学集成全国编辑委员会编《中国民间故事集成》（黑龙江卷），北京：中国ISBN中心2005年版，第12～15页。

## W2516
### 动物是人类再生的原因

实 例

（参见下级母题实例）

## W2516.1
### 首次造的人动物吃掉后再生

【关联】［W8690.3.1］野兽吃人类

实 例

（参见下级母题实例）

## W2516.1.1
### 首次造的人被鸡、鹰咬死

实 例

［水族］第一批矮人，被仙人放出的鸡、鹰咬死后，改换为第二代人。

【流传】贵州省·（黔南布依族苗族自治州）·独山（独山县）、榕江（榕江县）

【出处】韦荣康等搜集整理：《牙线造人的故事》，见中华民族故事大系编委会编《中华民族故事大系》第9卷（水族、东乡族、纳西族），上海：上海文艺出版社 1995 年版，第 5~11 页。

## W2516.1.2
### 首次造的小人被仙人放出的动物吃掉
**实例**

（参见 W2516.1.1 母题实例）

## W2516.2
### 人被动物吃掉后再生
**实例**

（参见下级母题实例）

## W2516.2.1
### 人被蜂吃掉后再生
**实例**

[基诺族] 玛黑玛妞兄妹成亲，生下了 7 个儿女，老大被蜂吃了。

【流传】云南省·（西双版纳傣族自治州）·景洪县（景洪市）

【出处】白桂林等讲，刘怡采录：《阿嬷腰白造天地》，见中国民间文学集成全国编辑委员会编《中国民间故事集成》（云南卷），北京：中国 ISBN 中心 2003 年版，第 77 页。

## W2516.2.2
### 人被豹子吃掉后再生
**实例**

[佤族] 莫伟（传说中的人神，旧译"木依吉"、"慕依走"）把造的人放在石洞里。小米雀啄开石洞后，人从石洞里挤挤攘攘地走出来。豹子守在洞旁边，人出来一个就咬死一个。

【流传】云南省·（普洱市）·西盟县（西盟佤族自治县），（临沧市）·沧源县（沧源佤族自治县）

【出处】随戛、岩扫、岩瑞等讲述，艾荻、张开达搜集整理：《司岗里》，载《山茶》1988 年第 1 期。

## W2517
### 战争是人类再生的原因
**实例**

[柯尔克孜族] 古代柯尔克孜人遭遇了一次毁灭性的战争时，只有一男一女两个小孩幸存。他们重新繁衍后代。

【流传】新疆维吾尔自治区

【出处】多里昆·吐尔地、阿地力·朱玛吐尔地整理：《鹿妈妈》，见姚宝瑄主编《中国各民族神话》（乌孜别克族、哈萨克族、柯尔克孜族、俄罗斯族、维吾尔族、塔吉克族、塔塔尔族、锡伯族），太原：山西出版传媒集团·书海出版社 2014 年版，第 149 页。

## W2518
### 与人类再生原因有关的其他母题
**实例**

（参见下级母题实例）

## W2518.1
### 因为以前人多神毁灭人类

实 例

❶ [鄂伦春族] 以前地上人满为患。天神恩都力很苦恼于是决定重新造人，要让人有生有死，大地才能装下人类。

【流传】小兴安岭一带鄂伦春猎人中

【出处】马名超、崔焱编写：《人类生死的由来》，见姚宝瑄主编《中国各民族神话》（达斡尔族、鄂伦春族、鄂温克族、蒙古族），太原：山西出版传媒集团·书海出版社2014年版，第22～23页。

❷ [汉族] 地上人多，开始偷和抢，天帝决定通过灭绝这些人更换新的人类。

【流传】浙江省·舟山市·定海区·岑港镇·舌次村

【出处】陈如福讲，于海辰采录：《人狗成亲》，见中国民间文学集成全国编辑委员会编《中国民间故事集成》（浙江卷），北京：中国ISBN中心1997年版，第47页。

## W2518.2
### 为消灭魔鬼毁灭人类

实 例

[汉族] 玉皇为把那些逃走了的魔鬼全部收拾干净，只好毁灭人类。

【流传】江西省·宜春市·（袁州区）·寨下乡（寨下镇）·台上村

【出处】孙伟宏讲，施绍辉采录：《伏羲和女娲》，见中国民间文学集成全国编辑委员会编《中国民间故事集成》（江西卷），北京：中国ISBN中心2002年版，第12页。

## ✴ W2520
### 人类再生的方式

实 例

（参见下级母题实例）

## W2521
### 人自然再生

【关联】［W2020.1］人自然产生（自然产生人）

实 例

❶ [汉族] 上帝灭天之后，人还会慢慢多起来。

【流传】浙江省·（丽水市）·缙云县·仙都乡·仙岩铺村

【出处】施巧邓讲，丁周林记录：《灭天之后》，见缙云县民间文学征集办公室编《中国民间文学集成浙江省·缙云县故事、歌谣、谚语卷》，内部编印，1988年，第3页。

❷ [普米族] 第一次洪水潮天后，大地上的人又渐渐地生殖繁衍起来。

【流传】云南省·（丽江市）·宁蒗县（宁蒗彝族自治县）

【出处】曹南久讲，杨曾烈采录：《土箭射日》，见中国民间文学集成全国编辑委员会编《中国民间故事集成》（云南卷），北京：中国 ISBN 中心 2003 年版，第 136 页。

## W2522
### 幸存的残疾人再生人类

【关联】［W2890］身体残缺的人（残疾者）

实 例

〖满族〗（实例待考）

## W2523
### 通过造人再生人类

【关联】［W2030］人是造出来的（造人）

实 例

〖傣族〗大火毁灭了天地和人类之后，神又再造了天地和人类。

【流传】（无考）

【出处】《金葫芦》，见岩峰、王松、刀保尧《傣族文学史》，昆明：云南民族出版社 1995 年版，第 86 页。

## W2523.1
### 灾难后再造人

【关联】

① ［W2030］人是造出来的（造人）

② ［W2502.1］神毁灭第一代人再造人类

③ ［W2533］洪水后人再造人类

④ ［W2560.1］天塌地陷后再造人类

实 例

（参见关联项母题实例）

## W2524
### 通过生育再生人类

【关联】

① ［W2493.1.1.2］灾难后兄妹婚生正常人

② ［W2545］洪水后兄妹（姐弟）婚再生人类

③ ［W2563.1.1］天火后兄妹婚再生人类

实 例

（参见关联项及下级母题实例）

## W2524.1
### 人类毁灭后神性人物生育人类

【关联】［W2140］神性人物生人

实 例

❶ 〖布依族〗洪水后，伏羲姐妹与玉皇派来的哥哥结婚，繁衍后代。

【流传】（无考）

【出处】马学良、梁庭望等：《中国少数民族文学比较研究》，北京：中央民族大学出版社 1997 年版，第 49 页。

❷ 〖苗族〗洪水潮天后，地上没有了人烟。天神派了一对夫妻下到凡间，为人类传宗接代。

【流传】四川省·（乐山市）·马边县（马边彝族自治县）·民主乡

【出处】陶艮高讲，林宽民采录：《狗带来五谷》，见中国民间文学集成全国编辑委员会编《中国民间故事集成》（四川卷·下），北京：中国 ISBN 中心 1998 年版，第 1324 页。

## W2524.2
### 人类毁灭后葫芦生育人类

【关联】［W2184］葫芦生人

实例

［傈僳族］人类毁灭之后，天神发出长啸使天空掉下两个大葫芦，葫芦中生出人。

【流传】（无考）

【出处】《岩石月亮》，见孙正国《中国族源性女神母题的文化阐释》，载《思想战线》2003 年第 3 期。

## W2524.3
### 人类毁灭后其他特定人物生育人类

【关联】［W2525］通过婚姻再生人类

实例

（参见关联项及下级母题实例）

## W2524.3.1
### 人类毁灭后一个老妈妈生育人类

实例

［白族］只死不生的世界上，只剩下一个孤老妈妈。老妈妈感先祖的生殖器而怀孕再生人类。

【流传】云南省·（大理白族自治州）·鹤庆（鹤庆县）·朵美乡·朵美街

【出处】彭独豹讲，鹤庆县集成办公室采录：《石家什》，见中国民间文学集成全国编辑委员会编《中国民间故事集成》（云南卷），北京：中国 ISBN 中心 2003 年版，第 233 页。

## W2524.3.2
### 人类毁灭后人与神生育人类

实例

❶［门巴族］洪水后，幸存的男子与罗刹女结婚后，再生育人类。

【流传】西藏自治区·（林芝地区）·墨脱县·墨脱区·墨脱村

【出处】拉巴次仁讲，于乃昌等整理：《三兄弟和扎深姆》，见《门巴族民间故事》：http：//www.tibet－web.com/old/minjian/ync/gushi/mulu.htm，2003.10.02。

❷［彝族］洪水后，唯一幸存的男子老三曲布伍午与天神的三女儿结婚，再繁衍人类。

【流传】四川省·凉山彝族自治州

【出处】《洪水潮天的故事》，见中华民族故事大系编委会编《中华民族故事大系》第 3 卷（彝族、壮族、布依族），上海：上海文艺出版社 1995 年版，第 19～34 页。

## W2524.3.3
### 人类毁灭后 1 对兄妹生育人类

实例

❶［基诺族］洪水后，幸存的玛黑和玛妞兄妹俩种出一个大葫芦，大葫芦中再次产生人类。

【流传】（a）云南省·（西双版纳傣族自治州）·景洪县（景洪市）

【出处】

（a）沙车讲，禺尺采录：《敬献祖先的来历》，见中国民间文学集成全国编辑委员会编《中国民间故事集成》（云南卷），北京：中国 ISBN 中心 2003 年版，第 189 页。

（b）同（a），见陶阳、钟秀编《中国神话》（中），北京：商务印书馆 2008 年版，第 603 页。

（c）沙车讲，仲录整理：《祭祖的由来》，见谷德明编《中国少数民族神话》，北京：中国民间文艺出版社 1987 年版，第 536 页。

❷ [黎族] 洪水后，幸存的一对青年男女生兄妹俩。这对兄妹结婚逐渐繁衍人类。

【流传】海南省·（三亚市）·乐东县（乐东黎族自治县）·抱由公社（抱由镇）

【出处】符亚时讲：《黎族支系的来源》，见中国民间文学集成全国编辑委员会编《中国民间故事集成》（海南卷），北京：中国 ISBN 中心 2002 年版，第 6~8 页。

## W2525

### 通过婚姻再生人类

【关联】

① [W2400~W2499] 婚配产生人

② [W2544] 洪水后婚生人类

③ [W7000] 婚姻

实 例

（参见下级母题实例）

## W2525.1

### 人类毁灭后结婚再生人类

实 例

[仡佬族] 灾难后幸存的兄妹结婚再生人类。

【流传】（无考）

【出处】高兴文讲：《阿力和达勒》，见刘魁立主编《玉皇大帝的传说》，北京：中国社会出版社 2008 年版，第 114 页。

## W2525.2

### 人类毁灭后通过血缘婚再生人类

【汤普森】A1006.2

【关联】[W7285] 血缘婚

实 例

（参见 W2545 等母题实例）

## W2525.3

### 人类毁灭后兄妹婚再生人类

【关联】

① [W2545] 洪水后兄妹（姐弟）婚再生人类

② [W2563.1.1] 天火后兄妹婚再生人类

③ [W2563.1.3] 大火后兄妹婚再生人类

④ [W7300] 兄妹婚

实 例

（参见关联项母题实例）

## W2525.4
### 人类毁灭后姐弟婚再生人类
【关联】
① ［W2563.1.2］天火后姐弟婚再生人类
② ［W2545］洪水后兄妹（姐弟）婚再生人类
③ ［W2545.2］洪水后幸存的姐弟结婚再生人类
④ ［W7350］姐弟婚

实例

（参见关联项母题实例）

## W2525.5
### 人类毁灭后其他特定的婚姻再生人类
【关联】
① ［W2546］洪水后母子婚再生人类
② ［W2547.1］洪水后姑侄婚再生人类
③ ［W2548］洪水后神与动物婚再生人类
④ ［W2550］洪水后人与神婚再生人类
⑤ ［W2552］洪水后人与动物婚再生人类
⑥ ［W2553］洪水后动物与动物婚再生人类
⑦ ［W2555］洪水后无生命物婚再生人类
⑧ ［W2556］洪水后其他特定的婚再生人类
⑨ ［W2563.1.6］火灾后人与狗婚再生人类

实例

（参见关联项母题实例）

## W2526
### 通过变化再生人类
【关联】［W2300］人是变化产生的（变人）

实例

[满族] 洪水后，只剩下长白山上的一株柳树和北海中的一个石矸，柳树修炼成人形，石矸变成一个高大巨人。

【流传】（无考）

【出处】《佛赫妈妈和乌申阔玛发》，见傅英仁口述，张爱云整理《傅英仁满族故事》（上），哈尔滨：黑龙江人民出版社2006年版，第3页。

## W2527
### 与人类再生方式有关的其他母题

实例

（参见下级母题实例）

## W2527.1
### 人类再生方式的获得
【关联】
① ［W2101］造人方法的获得
② ［W2580.2］生育能力的获得

实例

（参见关联项母题实例）

## W2528
### 与人类再生相关的其他母题

实例

（参见下级母题实例）

## W2528.1
### 世界再次混沌后再生人类

【关联】
① ［W8000］世界灾难
② ［W8673.4］世界毁灭的周期

实例

（参见关联项母题实例）

## W2528.2
### 人死后心再化生为人

【关联】［W2309.5］神性人物的肢体化生人

实例

[汉族] 无启民，居穴食土。其人死，其心不朽，埋之，百年化为人。

【流传】（无考）

【出处】《境异》，见［唐］段成式《酉阳杂俎》前集卷四。

## W2528.3
### 人回炉再生

【关联】［W2598.15］出生后回炉

实例

[德昂族] 以前地上有103人。世上突然洪水猛涨，人们就躲进巨大的葫芦里。大葫芦有一天靠了岸，葫芦口被炸开了，这103人就走了出来。

【流传】云南省·保山县（保山市）
【出处】李仁光、姚世清讲，杨玉骧搜集整理：《百片树叶百个人》，载《山茶》1985年第6期。

# 2.7.2 洪水后人类再生[①]
（W2530～W2559）

## W2530
### 洪水后自然出现人

【关联】［W2020.1］人自然产生（自然产生人）

实例

❶ [达斡尔族] 洪水泛滥后，一切生命和人类又重新繁衍。

【流传】（无考）
【出处】《达斡尔族民间神话》，见毅松、涂建军等《达斡尔族、鄂温克族、鄂伦春族文化研究》，呼和浩特：内蒙古教育出版社2007年版，第83页。

❷ [高山族（泰雅）] 洪水退后，河谷出现鱼、虾，始生人类。

【流传】台湾
【出处】鹿忆鹿：《台湾原住民与大陆南方民族的洪水神话比较》，载《民间文学论坛》1997年第1期。

❸ [佤族] 洪水后，人出来重新生活。

---

[①] 洪水后人类再生，该类母题一般与较为详细的洪水叙事相联系，关于洪水的起因、制造者、征兆、预言、幸存者、消退等母题的编目，参见"灾难"母题类型中的"［W8100～W8549］洪水"母题及实例。

【流传】云南省

【出处】《人类的祖先》，见毛星主编《中国少数民族文学》（下），长沙：湖南人民出版社1983年版，第386~387页。

## W2530.1
### 洪水后人重新从某个地方出来

实 例

（参见下级母题实例）

## W2530.1.1
### 洪水后人从天上来

【关联】[W2025] 人从天降（天降人）

实 例

[柯尔克孜族] 洪水后，努赫及其一家从天上返回大地，繁衍人类。

【流传】（无考）

【出处】《努赫》，见中国各民族宗教与神话大词典编审委员会编《中国各民族宗教与神话大词典》，北京：学苑出版社1990年版，第370页。

## W2530.1.2
### 洪水后人从地下来

【关联】[W2027] 人从地下来

实 例

[仡佬族] 洪水后，地府家把土王放到世上来。

【流传】贵州省·遵义县（遵义市）·平正乡（平正仡佬族乡）·堡上

【出处】山兴才讲，田兴才等采录：《土王夫妻制人烟》，见中国民间文学集成全国编辑委员会编《中国民间故事集成》（贵州卷），北京：中国ISBN中心2003年版，第49页。

## W2530.2
### 洪水后人自然产生一定数量的人

实 例

（参见下级母题实例）

## W2530.2.1
### 洪水后人自然产生2人

实 例

（参见下级母题实例）

## W2530.2.1.1
### 洪水后人自然产生兄妹2人

实 例

[布依族] 水淹天，退去之后，世界上出现两兄妹。

【流传】云南省·（曲靖市）·罗平（罗平县）

【出处】《开天辟地》，见刘建国《罗平布依族民间文学的神性意识》，载《曲靖师范学院学报》2003年第2期。

## W2530.2.1.2
### 洪水后人自然产生始祖2人

实 例

[彝族] 洪水后，有女始祖与男始祖繁

衍人类。

【流传】（无考）

【出处】《迭咪开益得》，见《彝文文献译丛》第一辑，第87~91页。

## W2530.2.2
### 洪水后人自然产生一些人

实例

❶ [独龙族] 洪水泛滥以后，人又逐步多了起来。

【流传】云南省

【出处】李子贤等：《创世纪神话故事六则·彭根朋上天娶媳妇》，见中国作家协会云南分会编《云南民族民间故事选》，昆明：云南人民出版社1981年版，第582~591页。

❷ [柯尔克孜族] 洪水后，努赫及其一家从天上返回后繁衍人类。

【流传】（无考）

【出处】《努赫》，见中国各民族宗教与神话大词典编审委员会编《中国各民族宗教与神话大词典》，北京：学苑出版社1990年版，第370页。

## ✱ W2531
### 洪水后再造人类

【关联】[W2030] 人是造出来的（造人）

实例

（参见下级母题实例）

## W2532
### 洪水后神或神性人物再造人

实例

（参见下级母题实例）

## W2532.1
### 洪水后神再造人

【关联】[W2052] 神造人

实例

❶ [高山族] 洪水后，西士比亚山的神用一个逃生的男人重造人类。

【流传】台湾

【出处】《高山族和汉族的由来》，见谷德明编《中国少数民族神话》，北京：中国民间文艺出版社1987年版，第236页。

❷ [高山族] 洪水后，欧支波也荷彭神造人。

【流传】台湾阿拉万社

【出处】鹿忆鹿：《台湾原住民与大陆南方民族的洪水神话比较》，载《民间文学论坛》1997年第1期。

## W2532.2
### 洪水后神性人物再造人

实例

（参见下级母题实例）

## W2532.2.1
### 洪水后女娲造人

【关联】[W2065] 女娲造人

**实例**

[汉族] 洪水后,女娲捏泥人再造人类。

【流传】河南省北部

【出处】陈建宪:《中国洪水神话的类型与分布——对433篇异文的初步宏观分析》,载《民间文学论坛》1996年第3期。

## W2533
### 洪水后人再造人类

**实例**

(参见下级母题实例)

## W2533.1
### 洪水后幸存的男人造人

【关联】[W2072.1]洪水后幸存的男子造人

**实例**

[蒙古族] 洪水后,只幸存一个叫鲁俄俄的男子。他做的男女灰娃儿成了人类的祖先。

【流传】(无考)

【出处】

(a) 扎西玛、何杜基讲,李述唐搜集整理:《鲁俄俄》,载《民间文学》1987年第7期。

(b)《鲁俄俄》,见满都呼主编《中国阿尔泰语系诸民族神话故事》,北京:民族出版社1997年版,第158页。

## W2533.2
### 洪水后幸存的兄妹造人

【关联】[W2074.2]兄妹造人

**实例**

❶ [汉族] 洪水后,兄妹用黄泥捏人。

【流传】辽宁省·(本溪市)·桓仁县

【出处】陈建宪:《神话解读》,武汉:湖北教育出版社1997年版,第44~45页。

❷ [汉族] 洪水后,女娲和哥哥做夫妻后用泥捏人。

【流传】河北省·(邯郸市)·涉县·(西戌镇)·东戌村

【出处】李杨氏讲:《女娲捏泥人》,见中国民间文学集成全国编辑委员会编《中国民间故事集成》(河北卷),北京:中国ISBN中心2003年版,第8~9页。

❸ [傈僳族] 洪水后,幸存的兄妹结婚后用泥土造人。

【流传】(无考)

【出处】毛星主编:《中国少数民族文学》(下),长沙:湖南人民出版社1983年版,第519页。

## W2533.2.1
### 洪水后幸存的盘和古兄妹造人

【关联】

① [W2046.1.1.1]盘和古兄妹婚不能生育造人

② [W2069.2.2.2]盘和古夫妻造人

③ [W2412.2]盘和古婚生人

**实例**

[毛南族] 洪水后,盘和古兄妹用泥再造人类。

【流传】广西壮族自治区·(河池

市）·环江县（环江毛南族自治县）·下南乡

【出处】

（a）谭中意整理：《盘古的故事》，见《毛南族：广西环江县南昌屯调查》，昆明：云南大学出版社2004年版，第295~296页。

（b）覃启仁讲，谭金田翻译整理：《盘古的传说》，见袁凤辰编《毛难族民间故事集》，北京：中国民间文艺出版社1984年版，第1~7页。

## W2533.2.2
### 洪水后幸存的伏羲兄妹造人

【关联】［W8429.1］洪水时伏羲兄妹幸存

实 例

[汉族]洪水后，幸存的伏羲兄妹就用黄泥巴做了许多人。

【流传】（无考）

【出处】吴别洞讲，邓文康采录：《伏羲兄妹造人》，见陶阳、钟秀编《中国神话》（上），北京：商务印书馆2008年版，第509~512页。

## W2533.3
### 洪水后幸存的姐弟造人

实 例

[汉族]洪水后，姐弟两个就弄泥捏出人儿。

【流传】江苏省·（泰州市）·兴化市

【出处】周广富讲，康新民采录：《姐弟成亲传人》，见中国民间文学集成全国编辑委员会编《中国民间故事集成》（江苏卷），北京：中国ISBN中心1998年版，第19页。

## W2533.4
### 洪水后幸存的1对男女造人

实 例

[汉族]洪水后，逃生的东山老人与南山小妹再造人类。

【流传】湖南省·（娄底市）·涟源市

【出处】姚长清讲：《东山老人与南山小妹造人》，见中国民间文学集成全国编辑委员会编《中国民间故事集成》（湖南卷），北京：中国ISBN中心2002年版，第32页。

## W2534
### 与洪水后再造人类有关的其他母题

实 例

（参见下级母题实例）

## W2534.1
### 洪水后人与神共同造人类

【关联】［W2078.3］不同造人者合作造人

实 例

[藏族]（实例待考）

## ※ W2535
### 洪水后通过生育再生人类

【关联】［W2130~W2299］生育产生人

(生人)

**实例**

(参见下级母题实例)

## W2536
### 洪水后神的子女再生人类

**实例**

[高山族（阿美）] 洪水后，神的子女拉拉干与拉兹乌兄妹结婚，生育2子女。

【流传】（无考）

【出处】《太巴朗兄妹始祖》，见中国各民族宗教与神话大词典编审委员会编《中国各民族宗教与神话大词典》，北京：学苑出版社1990年版，第145页。

## W2537
### 洪水后幸存的人再生人类

**实例**

❶ [布朗族] 洪水后，昭树贡（掌管万物的神）派法雅英来到地上寻找幸存的人，让人类重新繁衍和发展。

【流传】云南省·（临沧市）·双江县（双江拉祜族佤族布朗族傣族自治县）

【出处】植万七讲，傣春华采录：《兄妹成婚衍人类》，见中国民间文学集成全国编辑委员会编《中国民间故事集成》（云南卷），北京：中国ISBN中心2003年版，第206页。

❷ [德昂族] 洪水后，剩下的亚楞和达楞生下儿女。

【流传】云南省·德宏州（德宏傣族景颇族自治州）

【出处】陈志鹏采录：《祖先创世纪》，见中国民间文学集成全国编辑委员会编《中国民间故事集成》（云南卷），北京：中国ISBN中心2003年版，第106~112页。

❸ [仡佬族] 洪水后，地上的人只剩下伏羲、女娲。伏羲女娲二人成亲后又重新繁衍出现在的人类。

【流传】贵州省·（六盘水市）·六枝特区·店子乡

【出处】程少先讲：《盘古王和他的儿孙们》，见中国民间文学集成全国编辑委员会编《中国民间故事集成》（贵州卷），北京：中国ISBN中心2003年版，第62~63页。

❹ [蒙古族] 大洪水后，逃生的一个人繁衍了人类。

【流传】布里亚特蒙古人

【出处】[日] 播磨楢吉：《布里亚特族的世界创造说》（日文），第39页，转引自陈岗龙、乌日古木勒《蒙古民间文学》，银川：宁夏人民出版社2008年版，第56页。

## W2537.1
### 洪水后特定容器中保留的人再生人类

**实例**

(参见下级母题实例)

## W2537.1.1
### 洪水后木箱中保留的人再生人类

【关联】［W2213］柜生人

实 例

［哈尼族］洪水后，燕子打开木箱，走出1对男女。

【流传】云南省·（玉溪市）·元江县（元江哈尼族彝族傣族自治县）

【出处】段卡里讲：《燕子救人种》，见中国民间文学集成全国编辑委员会编《中国民间故事集成》（云南卷），北京：中国ISBN中心2003年版，第172~173页。

## W2537.1.2
### 洪水后葫芦中保留的人再生人类

实 例

［土家族］洪水后，躲葫芦中的"补所"与"雍尼"结为夫妻，生肉坨坨。肉坨变成人。

【流传】（无考）

【出处】彭继宽等：《土家族文学史》，长沙：湖南文艺出版社1989年版，第53~54页。

## W2537.2
### 洪水后幸存的特定女子再生人类

实 例

［朝鲜族］洪水后，木道令与老妪的亲生女、邪恶男子与老妪的养女都成为人类的始祖。

【流传】吉林省·（吉林市）·磐石市·烧锅朝鲜族村

【出处】

（a）尹龙鲁讲：《洪水神话》，见瞿健文、崔明龙主编《朝鲜族：吉林磐石市烧锅朝鲜族村调查》，昆明：云南大学出版社2004年版，第265~267页。

（b）同（a），见孙晋泰《朝鲜民谭集》，东京，1930年。

## W2537.3
### 洪水后幸存的男子再生人类

实 例

（实例待考）

## W2538
### 洪水后保留的人种再生人类

【关联】

① ［W2295］人种

② ［W2537.1］洪水后特定容器中保留的人再生人类

实 例

❶ ［白族］洪水后的兄妹是龙王给的人种，通过他俩再生人类。

【流传】（无考）

【出处】罗真堂，罗贵寿（白族）讲，尹国堂翻译，邓承礼搜集：《开天辟地传说》，载《山茶》1981年第4期。

❷ ［德昂族］洪水后，大葫芦也保留了一些人和动物，使人类得以再生。

【流传】云南省·德宏州（德宏傣族景颇族自治州）

【出处】李来岩等讲：《葫芦传人种》，见中国民间文学集成全国编辑委员会编《中国民间故事集成》（云南卷），北京：中国 ISBN 中心 2003 年版，第 208～209 页。

## W2538.1
### 神在洪水前保留人种

实例

[怒族] 天神看到洪水后大地荒无人烟，就派还没有成年的腊善和亚妞兄妹俩来到人间，繁衍人类。

【流传】（a）云南省·（怒江傈僳族自治州）·福贡县·匹河乡

【出处】

(a) 赛阿局讲，光付益翻译，吴广甲采录：《腊普和亚妞》，见中国民间文学集成全国编辑委员会编《中国民间故事集成》（云南卷），北京：中国 IS-BN 中心 2003 年版，第 184 页。

(b) 同（a），载《山茶》1983 年第 3 期。

(c) 同（a），见谷德明编《中国少数民族神话》，北京：中国民间文艺出版社 1987 年版，第 510 页。

## W2539
### 洪水后动物再生人类

【关联】[W2155] 动物生人

实例

（参见下级母题实例）

## W2539.1
### 洪水后蛇再生人类

【关联】[W2167.2] 蛇生人

实例

（参见下级母题实例）

## W2539.1.1
### 洪水后蛇被晒裂再生人类

实例

[彝族] 洪水后，竹子和蛇被太阳晒裂后分别生出无数的男人和女人，这些男男女女繁衍后代，山南海北又有了人烟。

【流传】（a）云南省·（大理白族自治州）·祥云县

【出处】

(a) 鲁文珍讲，鲁顺祥采录：《葫芦里出来的人》（1986），见中国民间文学集成全国编辑委员会编《中国民间故事集成》（云南卷），北京：中国 IS-BN 中心 2003 年版，第 162 页。

(b) 同（a），见陶阳、钟秀编《中国神话》（上），北京：商务印书馆 2008 年版，第 492～495 页。

## W2540
### 洪水后植物再生人类

【关联】[W2170] 植物生人

实例

（参见下级母题实例）

## W2540.1
### 洪水后葫芦再生人类

【关联】［W2184］葫芦生人

实　例

❶ ［布朗族］洪水后，葫芦中走出人、飞禽和兽。

【流传】云南省

【出处】艾扬整理：《葫芦传人的故事》，见中华民族故事大系编委会编《中华民族故事大系》第 12 卷（布朗族、撒拉族、毛南族），上海：上海文艺出版社 1995 年版，第 14~15 页。

❷ ［德昂族］洪水后，人从葫芦里来。

【流传】云南省西部

【出处】毛星主编：《中国少数民族文学》（下），长沙：湖南人民出版社 1983 年版，第 485~486 页。

❸ ［德昂族］洪水后，人和动物葫芦里走出来。

【流传】云南省

【出处】《螃蟹发洪水》，见中国各民族宗教与神话大词典编审委员会编《中国各民族宗教与神话大词典》，北京：学苑出版社 1990 年版，第 95 页。

❹ ［德昂族］洪水退了以后，人从葫芦里面走了出来，只剩下了男人，没有女人。

【流传】

（a）云南省·德宏州（德宏傣族景颇族自治州）（德宏傣族景颇族自治州）

（b）云南省·（德宏傣族景颇族自治州）·潞西县（芒市）·三台山公社（三台山乡）

【出处】

（a）李来岩等讲，李岩牙等翻译，朱宜初采录：《葫芦传人种》，见中国民间文学集成全国编辑委员会编《中国民间故事集成》（云南卷），北京：中国 ISBN 中心 2003 年版，第 208 页。

（b）早腊摆讲，李岩牙翻译，朱宜初整理：《人与葫芦》，见谷德明编《中国少数民族神话》，北京：中国民间文艺出版社 1987 年版，第 513 页。

❺ ［彝族］洪水后，大葫芦掉落在一个山头上，从里面钻出 1 男 1 女两个人。

【流传】云南省·昭通市

【出处】陈友才讲，朱冬才采录：《创世纪》，见中国民间文学集成全国编辑委员会编《中国民间故事集成》（云南卷），北京：中国 ISBN 中心 2003 年版，第 164 页。

## W2540.1.1
### 洪水后婚生的葫芦再生人类

【关联】

① ［W2187.6］神或神性人物婚生的葫芦生人

② ［W2187.7］人婚生的葫芦生人

③ ［W2187.7.1］兄妹婚生的葫芦生人

④ ［W2187.10］异类婚生的葫芦生人

实　例

［白族］洪水后，天神派老鼠咬开兄妹婚生的葫芦，葫芦生人。

【流传】云南省·（大理白族自治州）·洱源（洱源县）

【出处】杨育凡记录：《兄妹成亲和百家姓的由来》，见云南省民间文学集成办公室编《白族神话传说集成》，北京：中国民间文艺出版社1986年版，第32~34页。

## W2540.1.2
### 洪水后牛腹中的葫芦再生人类

实例

❶ [佤族] 洪水后，只剩善人达姆依和母牛，达姆杀母牛，牛肚中的葫芦籽再生人类。

【流传】云南省

【出处】赵明生：《论佤族支系"巴饶"的含义及其形成》，载《云南民族大学学报》2004年第5期。

❷ [佤族] 洪水后，阿祖杀母牛得到的葫芦再生人类。

【流传】云南省·（普洱市）·西盟县（西盟佤族自治县）永不列部落

【出处】尼嘎讲：《上下葫芦国的由来》，见中国民间文学集成全国编辑委员会编《中国民间故事集成》（云南卷），北京：中国ISBN中心2003年版，第192~194页。

## W2540.1.3
### 洪水中的金葫芦再生人类

实例

[傣族] 洪水上面飘着一个金葫芦碰在一个石头上，炸开后从里面走出1男1女俩兄妹。

【流传】（无考）

【出处】《金葫芦》，见岩峰、王松、刀保尧《傣族文学史》，昆明：云南民族出版社1995年版，第86页。

## W2540.2
### 洪水后竹子再生人类

【关联】[W2172] 竹生人

实例

[高山族（雅美）] 洪水后，竹子生出人。

【流传】台湾伊摩鲁得社

【出处】李卉：《台湾及东南亚的同胞配偶型洪水传说》，载中国民族学会编印《中国民族学报》（台北）1955年第1期。

## W2540.2.1
### 洪水后竹子被晒裂再生人类

实例

[彝族] 洪水后，竹子被太阳晒裂后分别生出无数的男人和女人。

【流传】（a）云南省·（大理白族自治州）·祥云县

【出处】

（a）鲁文珍讲，鲁顺祥采录：《葫芦里出来的人》（1986），见中国民间文学集成全国编辑委员会编《中国民间故事集成》（云南卷），北京：中国IS-BN中心2003年版，第162页。

（b）同（a），见陶阳、钟秀编《中国

神话》（上），北京：商务印书馆 2008 年版，第 492~495 页。

## W2540.3
### 洪水后瓜中再生人类

【关联】［W2189］瓜生人

**实 例**

❶ ［傈僳族］洪水后，兄妹结婚后种瓜，瓜中生人类。

【流传】（无考）

【出处】杨海生记录，蜂汝铨翻译，谷德明整理：《洪水》，见谷德明编《中国少数民族神话》，北京：中国民间文艺出版社 1987 年版，第 358~367 页。

❷ ［彝族（阿细）］洪水后幸存的兄妹二人栽种出的瓜里繁衍出了各种动物和筷子横眼人，横眼人即现在的人类。

【流传】云南省·红河哈尼族彝族自治州·弥勒县（弥勒市）

【出处】潘正兴等唱述，云南省民族民间文学红河调查队搜集翻译整理：《阿细的先基》，昆明：云南人民出版社 1959 年版。

## W2541 洪水后无生命物再生人类

【关联】［W2200］无生命物生人

**实 例**

（参见下级母题实例）

## W2541.1
### 洪水后石头再生人类

【关联】［W2210］石生人

**实 例**

［高山族（雅美）］洪水毁灭人类后，石头生出人。

【流传】台湾伊摩鲁得社

【出处】李卉：《台湾及东南亚的同胞配偶型洪水传说》，载中国民族学会编印《中国民族学报》（台北）1955 年第 1 期。

## W2541.2
### 洪水后鼓再生人类

【关联】［W2214］鼓生人

**实 例**

［壮族］洪水毁灭大地后，鼓中生人。

【流传】云南省·（大理白族自治州）·鹤庆县

【出处】王华青讲：《铜鼓老祖包登》，见中国民间文学集成全国编辑委员会编《中国民间故事集成》（云南卷），北京：中国 ISBN 中心 2003 年版，第 278~280 页。

## W2542
### 洪水后感生再生人类

【关联】［W2230~W2279］感生人

**实 例**

（实例待考）

## W2543

### 与洪水后再生人类有关的其他母题

**实例**

（参见下级母题实例）

## W2543.1

### 洪水后祖先繁衍人类

【关联】［W2143］祖先生人

**实例**

[彝族] 在远古的年代的洪水时期，乔姆石奇（祖先名）延续了人类的根苗。

【流传】川（四川省）、滇（云南省）、黔（贵州省）等彝区

【出处】白荻：《西康罗罗杂记》，载《京沪周刊》1947年第1卷第9期。

## W2543.2

### 洪水后动植物繁衍人类

**实例**

[彝族]（实例待考）

## W2543.3

### 洪水后特定物变化出人类

**实例**

[满族] 十万年前，洪水为灾，只剩下长白山上的一株柳树和北海中的一个石矸，柳树修炼成人形，石矸变成一个高大巨人。

【流传】（无考）

【出处】《佛赫妈妈和乌申阔玛发》，见傅英仁口述，张爱云整理《傅英仁满族故事》（上），哈尔滨：黑龙江人民出版社2006年版，第3页。

## ※ W2544

### 洪水后婚生人类[①]

【关联】［W2400～W2499］婚配产生人（婚生人）

**实例**

（参见下级母题实例）

## W2544a

### 洪水后神婚再生人类

【关联】［W2400］神婚生人

**实例**

（参见下级母题实例）

## W2544a.1

### 洪水后1对兄妹神婚再生人类

**实例**

[土家族] 洪水后，玉皇大帝让到天上躲避洪水的罗神爷爷和罗神娘娘一对兄妹回到地面，繁衍人类。

【流传】重庆市·酉阳土家族苗族自治县·老寨（老寨乡）一带

---

[①] 洪水后婚生人类，这类母题包括人、神等多种生人的主体，与"婚姻"母题、"婚生人"母题具有密切联系，具体情况可参照"［W7000～W7999］婚姻与性爱"母题及实例。

## 【出处】

（a）《马桑树的变迁和百家姓的由来》，见刘长贵、彭林绪搜集整理《土家族民间故事》，重庆：重庆出版社 1986 年版。

（b）同（a），见姚宝瑄主编《中国各民族神话》（土家族、毛南族、侗族、瑶族），太原：山西出版传媒集团·书海出版社 2014 年版，第 23 页。

## W2545

### 洪水后兄妹（姐弟）婚再生人类[①]

【关联】

① ［W2436］兄妹婚生人
② ［W2441］姐弟婚生人
③ ［W2556.1］洪水后幸存的一对男女婚再生人类
④ ［W7300］兄妹婚

实 例

（参见下级母题实例）

## W2545.1

### 洪水后幸存的兄妹结婚再生人类

实 例

（参见下级母题实例）

## W2545.1.1

### 洪水后无名字的兄妹结婚再生人类

实 例

❶ ［白族］洪水后，一对兄妹婚生 5 女。

【流传】（无考）

【出处】《大姑娘与熊氏族》，见陶阳、牟钟秀著《中国创世神话》，上海：上海人民出版社 2006 年版，第 53 页。

❷ ［白族］洪水后，一对兄妹尊观音旨意结婚，繁衍为百家姓。

【流传】云南省·（大理白族自治州）·洱源县

【出处】《天地起源》，见谷德明编《中国少数民族神话》，北京：中国民间文艺出版社 1987 年版，第 293 页。

❸ ［布朗族］洪水后，幸存的两兄妹婚生人类。

【流传】云南省·（保山市）·施甸市

【出处】云南省民族事务委员会编：《布朗族文化大观》，昆明：云南民族出版社 1999 年版，第 176 页。

❹ ［布依族］洪水过后，幸存的两兄妹只好配婚成对，接续了人类的香火。

【流传】贵州省·（黔南布依族苗族自治州）·望谟县·油亭公社（郊纳乡油亭村）·拉怀大队拉怀寨

【出处】罗老文讲，祖岱年搜集：《洪水潮天（三）》，见姚宝瑄主编《中国各民族神话》（布依族、仡佬族、苗族），太原：山西出版传媒集团·书海出版社 2014 年版，第 55 页。

❺ ［傣族（花腰傣）］洪水后，幸存的兄妹结婚，因为年龄大，只能生两个孩子。

---

① 洪水后兄妹（姐弟），包括神话叙事中所提出的各类兄妹关系，包括同胞兄妹、表兄妹等。

【流传】云南省·（玉溪市）·新平县（新平彝族傣族自治县）·嘎洒镇

【出处】屈永仙搜集整理：*《龙凤胎结婚繁衍人类》，见屈永仙《傣族洪水神话及其特点》，转引自《云南开远兄妹婚神话与信仰民俗国际学术研讨会会议论文》，昆明，2010年8月。

❻ [独龙族] 洪水后，兄妹成婚再生人类。

【流传】云南省·（怒江傈僳族自治州）·贡山县（贡山独龙族怒族自治县）·独龙江乡

【出处】马巴恰开等讲：《半边刀壳》，见中国民间文学集成全国编辑委员会编《中国民间故事集成》（云南卷），北京：中国ISBN中心2003年版，第80~81页。

❼ [独龙族] 洪水后，兄妹婚合生9男9女，再生人类。

【流传】云南省·（怒江傈僳族自治州）·贡山县（贡山独龙族怒族自治县）

【出处】

(a) 颜其香：《中国少数民族风土漫记》，北京：农村读物出版社2001年版，第480~481页。

(b) 李子贤辑：《念坚与念勒姆》，见中国各民族宗教与神话大词典编审委员会编《中国各民族宗教与神话大词典》，北京：学苑出版社1990年版，第121页。

(c) 李金明：《独龙族文学简史》，昆明：云南民族出版社2004年版，第74~78页。

❽ [高山族（阿美）] 洪水后，兄妹结婚，生1男1女。

【流传】（无考）

【出处】《捣粟的兄妹》，见中华民族故事大系编委会编《中华民族故事大系》第8卷（畲族、高山族、拉祜族），上海：上海文艺出版社1995年版，第434~435页

❾ [高山族（阿美）] 洪水后，逃生的一对兄妹婚生人类。

【流传】（无考）

【出处】

(a) 《木臼传人》，见中国各民族宗教与神话大词典编审委员会编《中国各民族宗教与神话大词典》，北京：学苑出版社1990年版，第145页。

(b) 鹿忆鹿：《台湾原住民与大陆南方民族的洪水神话比较》，载《民间文学论坛》1997年第1期。

❿ [仡佬族] 洪水后，兄妹结婚繁衍出人烟。

【流传】贵州省·（安顺市）·关岭（关岭布依族苗族自治县）·（关索镇）·龙滩（龙滩村）、（新铺乡）·麻凹（麻凹村）

【出处】田光茂讲，潘定智：《洪水潮天》（1982.02），见《贵州民间文学资料》第49集，内部编印。

⓫ [哈尼族] 洪水后，兄妹结为夫妻，繁衍出人类。

【流传】云南省

【出处】《里斗和里收》，见李光荣《论

⑫ [汉族] 洪水毁灭人类后，兄妹结婚生人。

【流传】（无考）

【出处】[唐] 李冗：《独异志》。

⑬ [汉族] 洪水遗民一对兄妹结婚，繁衍人类。

【流传】河南省·开封（开封市）、（开封市）·杞县等

【出处】中国各民族宗教与神话大词典编审委员会编《中国各民族宗教与神话大词典》，北京：学苑出版社1990年版，第263页。

⑭ [汉族] 洪水后，人类只留下两兄妹，现在的人全是他们俩婚生的后代。

【流传】湖南省·（邵阳市），（邵阳市）·武冈（武冈市）

【出处】刘达临：《中国古代性文化》第2章，西宁：宁夏人民出版社1993年版。

⑮ [回族] 洪水后，逃生的兄妹滚石磨成婚，大地重新有了人类。

【流传】甘肃省·（天水市）·张家川（张家川回族自治县）·马鹿乡

【出处】王玉莲讲：《伏羲女娲成婚》，见中国民间文学集成全国编辑委员会编《中国民间故事集成》（甘肃卷），北京：中国ISBN中心2001年版，第10~11页。

⑯ [京族] 洪水后，兄妹成婚繁衍人类。

【流传】广西壮族自治区

【出处】王孝廉：《岭云关雪——民族神话学论集》，北京：学苑出版社2002年版，132~133页。

⑰ [拉祜族] 洪水后，幸存的兄妹成婚再生人类。

【流传】云南省·（普洱市）·镇沅县（镇沅彝族哈尼族拉祜族自治县）

【出处】何正才等讲：《洪水后幸存的两兄妹》，见中国民间文学集成全国编辑委员会编《中国民间故事集成》（云南卷），北京：中国ISBN中心2003年版，第178~180页。

⑱ [拉祜族] 洪水后，兄妹结婚再生人类。

【流传】云南省

【出处】刘辉豪整理：《一娘生九子》，见中国各民族宗教与神话大词典编审委员会编《中国各民族宗教与神话大词典》，北京：学苑出版社1990年版，第375页。

⑲ [黎族] 洪水后，一对青年男女的兄妹俩结婚，繁衍人类。

【流传】海南省·（三亚市）·乐东县（乐东黎族自治县）·抱由公社（抱由镇）

【出处】符亚时讲：《黎族支系的来源》，见中国民间文学集成全国编辑委员会编《中国民间故事集成》（海南卷），北京：中国ISBN中心2002年版，第6~8页。

⑳ [黎族] 远古时发洪水，妹妹纹身后

兄妹成婚，繁衍黎族。

【流传】海南省·（海口市）·昌江县（昌江黎族自治县）

【出处】李露露：《海南黎族古老的水上交通工具》，见 http://www.shezu.net, 2004.05.06。

㉑ [黎族] 洪水后，两兄妹结婚再生人类。

【流传】海南省

【出处】

（a）马文光、盘启昌等讲，陈葆真、饶明龙等记录，陈葆真、谢盛圻等整理：《螃蟹精》，见谷德明编《中国少数民族神话》，北京：中国民间文艺出版社 1987 年版，第 193~196 页。

（b）《人类的起源》，见毛星主编《中国少数民族文学》（中），长沙：湖南人民出版社 1983 年版，第 373~374 页。

㉒ [傈僳族] 洪水后，幸存的兄妹婚生下了 9 男 9 女，人类渐渐多起来。

【流传】云南省·（德宏傣族景颇族自治州）·陇川县·邦外公社（陇把镇）

【出处】李有华讲，黄云松等采录：《天地人的来历》，见中国民间文学集成全国编辑委员会编《中国民间故事集成》（云南卷），北京：中国 ISBN 中心 2003 年版，第 44 页。

㉓ [满族] 洪水后，姐弟结婚繁衍人类。

【流传】（无考）

【出处】《人的来历》，见《满族三老人故事集》，沈阳：春风文艺出版社 1984 年版，第 3 页。

㉔ [仫佬族] 洪水后，小兄妹成婚再生人类。

【流传】广西壮族自治区·（河池市）·罗城县（罗城仫佬族自治县）

【出处】龙殿保等搜集整理：《伏羲兄妹的传说》，见中华民族故事大系编委会编《中华民族故事大系》第 11 卷（达斡尔族、仫佬族、羌族），上海：上海文艺出版社 1995 年版，第 279~285 页。

㉕ [苗族] 洪水后，人祖的一对儿女兄妹结婚，成为现在人类的祖先。

【流传】贵州省·（毕节市·七星关区）·八寨（八寨镇）

【出处】《八寨黑苗的传说》，见马昌仪编《中国神话学文论选萃》，北京：中国广播电视出版社 1994 年版，第 440~441 页。

㉖ [苗族（大花苗）] 洪水后，兄妹婚生儿育女。

【流传】贵州省·（毕节市）·咸宁（威宁彝族回族苗族自治县）

【出处】杨汉译：《洪水滔天歌》，见《贵州日报》大夏大学社会研究所主编《社会研究副刊》第 9 期。

㉗ [苗族（大花苗）] 洪水后，一对幸存的兄妹结婚后生儿育女。

【流传】贵州省

【出处】杨汉翻译：《洪水滔天歌》（之二），见马昌仪编《中国神话学文论选萃》（上编），北京：中国广播电视出版社1994年版，第436~440页。

㉘ [苗族] 洪水后，兄妹结婚再生人类。

【流传】湖南省·湘西（湘西土家族苗族自治州）

【出处】马昌仪编《中国神话学文论选萃》（上编），北京：中国广播电视出版社1994年版，第371~374页。

㉙ [苗族] 洪水后，兄妹结婚，生下苗、汉、彝的祖先。

【流传】（无考）

【出处】韩绍昌等搜集：《召亚兄妹》，见陶立璠等编《中国少数民族神话传说选》，成都：四川民族出版社1985年版，第175页。

㉚ [苗族] 洪水后，逃生的一对兄妹成婚，遗传人类。

【流传】湖南省·（湘西土家族苗族自治州）·凤凰县

【出处】吴良佐讲：《洪水故事》，见《人类学集刊》1938年第1卷第1期。

㉛ [苗族] 洪水后，兄妹通过结婚再生人类。

【流传】（无考）

【出处】芮逸夫：《苗族的洪水故事与伏羲女娲的传说》，载《人类学集刊》，1938年第1卷第1期。

㉜ [怒族] 洪水后，幸存的兄妹结婚再生人类。

【流传】云南省

【出处】
（a）《瘟神歌》，见叶世富《论怒族宗教和文学》，载《怒江民族研究》创刊号。

（b）宝山屹搜集整理：《碧江怒族虎、麂子、蜂、鸡氏族的族源传说》，见碧江县政协文史资料编写组编《碧江县文史料选集》，1987年，第53~64页。

（c）《射太阳月亮》，见毛星主编《中国少数民族文学》（下），长沙：湖南人民出版社1983年版，第543~544页。

（d）李卫才讲：《兄妹结婚》，见中国民间文学集成全国编辑委员会编《中国民间故事集成》（云南卷），北京：中国ISBN中心2003年版，第186页。

（e）田家祺等：《碧江县一区九村怒族社会调查》，见云南省编辑委员会编《怒族社会历史调查》，昆明：云南人民出版社1981年版，第39页。

㉝ [羌族] 洪水滔天以后，俩兄妹经过重重磨难，终于克服困难成婚繁衍了人类。

【流传】四川省·（阿坝藏族羌族自治州）·松潘县·镇平乡·双泉上村

【出处】扎西讲，王康、吴文光、龚剑雄采录，王康整理：《五谷粮食的来历》，原载西南民族学院图书馆与西南民族学院《羌族文学简史》编写组1987年合编《羌族民间文学资料集》（一），见姚宝瑄主编《中国各民族神话》（羌族、彝族），太原：山西出版传媒集团·书海出版社2014年版，第15页。

㉞【羌族】洪水后，兄妹结婚造人烟。

【流传】四川省

【出处】《兄妹射日治人烟》，见李明等《羌族文学史》，成都：四川民族出版社1994年版，第61页。

㉟【水族】洪水后，兄妹成婚再生人类。

【流传】贵州省·（黔南布依族苗族自治州）·独山（独山县）、榕江（榕江县）

【出处】韦荣康等搜集整理：《牙线造人的故事》，见中华民族故事大系编委会编《中华民族故事大系》第9卷（水族、东乡族、纳西族），上海：上海文艺出版社1995年版，第5～11页。

㊱【水族】洪水后，兄妹成婚再生人类。

【流传】（无考）

【出处】

（a）《人类起源》，见范禹主编《水族文学史》，贵阳：贵州人民出版社1987年版，第51页。

（b）《旭济·开天地造人烟》，见范禹主编《水族文学史》，贵阳：贵州人民出版社1987年版，第51～52页。

（c）《古歌》，见王孝廉《岭云关雪——民族神话学论集》，北京：学苑出版社2002年版，第131页。

（d）潘家云讲，韦荣康、杨元龙搜集整理：《牙线造人的故事》，见燕宝、张晓编《神话传说》，贵阳：贵州人民出版社1997年版，第53～56页。

（e）郎国气等讲：《祖先的来历》，见中国民间文学集成全国编辑委员会编《中国民间故事集成》（云南卷），北京：中国ISBN中心2003年版，第205页。

㊲【土家族】洪水后，兄妹成婚再生人类。

【流传】湖北省

【出处】全明村搜集整理：《土家人的祖先》，见中华民族故事大系编委会编《中华民族故事大系》第5卷（瑶族、白族、土家族），上海：上海文艺出版社1995年版，第667～668页。

㊳【土家族】洪水后，兄妹成亲再生人类。

【流传】四川省（今重庆市）·酉阳（酉阳土家族苗族自治县）

【出处】何云搜集整理：《孙猴子上天》，见中华民族故事大系编委会编《中华民族故事大系》第5卷（瑶族、白族、土家族），上海：上海文艺出版社1995年版，第651～653页。

㊴【佤族】古时，两个孤儿兄妹洪水后结婚，再生人类。

【流传】云南省阿佤山一带

【出处】《"司岗离"的传说》，见颜其香《中国少数民族风土漫记》，北京：农村读物出版社2001年版，第147～148页。

㊵【瑶族】洪水后，兄妹结婚生6男6女。

【流传】广东省·（清远市）·连山县（连山壮族瑶族自治县）·三水公社

（三水镇）

【出处】赵添才讲：《太阳与月亮》，见中国民间文学集成全国编辑委员会编《中国民间故事集成》（广东卷），北京：中国 ISBN 中心 2006 年版，第 6 页。

㊶ [瑶族] 洪水后，兄妹俩不得已成亲，再次繁衍了人类。

【流传】广东省·（清远市）·连山县（连山壮族瑶族自治县）·六冲尾寨

【出处】赵中山讲：*《洪水淹天》，见中国民间文学集成全国编辑委员会编《中国民间故事集成》（广东卷），北京：中国 ISBN 中心 2006 年版，第 11~12 页。

㊷ [彝族（撒尼）] 洪水后，逃生的俩兄妹成婚繁衍人类。

【流传】云南省·（昆明市）·石林彝族自治县·亩竹箐村

【出处】昂迈娘讲：《洪水和人类起源神话》，见李德君采录《彝族撒尼人民间文学作品采集实录》，北京：中央民族大学出版社 2009 年版，第 501 页。

㊸ [彝族（撒尼）] 洪水后，兄妹结婚，生撒尼人。

【流传】（无考）

【出处】《木箱中漂来的两兄妹》，见高明强编《创世的神话和传说》，上海：上海三联书店 1988 年版，第 72 页。

㊹ [彝族] 洪水后，兄妹结婚生第一代、第二代是独脚人。

【流传】云南省·楚雄州（楚雄彝族自治州）·姚安（姚安县）、大姚（大姚县）

【出处】云南省民族民间文学楚雄调查队搜集整理：《梅葛》，昆明：云南人民出版社 1978 年版，第 18~46 页。

㊺ [彝族] 洪水后，兄妹结婚传人类。

【流传】（无考）

【出处】

(a) 于希贤：《近几千年来的地理环境灾变》，载《云南社会科学》1997 年第 4 期。

(b)《拉天缩地》，见高明强编《创世的神话和传说》，上海：上海三联书店 1988 年版，第 33 页。

㊻ [藏族] 洪水后，兄妹成亲后有了人烟。

【流传】四川省·（绵阳市）·平武县·白马乡

【出处】旭世林讲：《皮绳造人》，见中国民间文学集成全国编辑委员会编《中国民间故事集成》（四川卷·下），北京：中国 ISBN 中心 1998 年版，第 938 页。

## W2545.1.2
## 洪水后有名字的兄妹结婚再生人类

❶ [白族（勒墨）] 洪水后，阿布贴和阿约贴兄妹结婚生 5 个女儿。

【流传】云南省·怒江傈僳族自治州

【出处】《氏族来源的传说》，见中国社会科学院云南少数民族文学研究所等编《云南少数民族文学资料》（第 1

辑），内部编印，1980年，第231页。

❷ [白族] 阿布帖和阿约帖两兄妹洪水后再生人类。

【流传】云南省·（怒江傈僳族自治州）·泸水县

【出处】阿普介爹讲，普六介译，周天纵采录：《氏族来源》，见中国民间文学集成全国编辑委员会编《中国民间故事集成》（云南卷），北京：中国ISBN中心2003年版，第228页。

❸ [白族] 阿布帖和阿约帖两兄妹洪水逃生，兄妹结婚后再生人类。

【流传】云南省·（怒江傈僳族自治州）·碧江县（1986年撤销县制，今属福贡县等）·四区二村

【出处】阿普介爹讲，普六介译，周天纵采录：《氏族来源》，见谷德明编《中国少数民族神话》，北京：中国民间文艺出版社1987年版，第305页。

❹ [白族（勒墨）] 洪水后，阿布帖与阿约帖兄妹结婚，繁衍后代。

【流传】云南省

【出处】《氏族的来源》，见陶阳、牟钟秀著《中国创世神话》，上海：上海人民出版社2006年版，第53页。

❺ [白族（勒墨）] 洪水后，阿十弟和阿仪娣兄妹结婚生人。

【流传】云南省·怒江（怒江傈僳族自治州）、曲江一带

【出处】
(a) 阿鲁扒讲：《虎氏族的来历》，见云南省民间文学集成办公室《白族神话传说集成》，北京：中国民间文艺出版社1986年版，第43页。

(b)《虎氏族》，见中国各民族宗教与神话大词典编审委员会编《中国各民族宗教与神话大词典》，北京：学苑出版社1990年版，第19页。

❻ [布依族] 洪水后，伏哥和羲妹结婚，生5个儿子。

【流传】四川省·（凉山彝族自治州）·宁南县·（松新镇）·上游（上游村）

【出处】《洪水朝天》，见贵州省社会科学院文学研究所等编《布依族民间故事》，贵阳：贵州人民出版社1982年版，第321~323页。

❼ [布依族] 洪水后，羲妹兄妹结婚繁衍人类。

【流传】（无考）

【出处】《洪水潮天》，见王清士等《布依族文学史》，贵阳：贵州人民出版社1983年版，45页。

❽ [侗族] 洪水后，丈良、丈美兄妹结婚再生人类。

【流传】贵州省·（黔东南苗族侗族自治州）·黎平县

【出处】《龟婆孵蛋》，载《民间文学》1986年第1期。

❾ [侗族] 洪水后，张良、张妹结婚繁衍人类。

【流传】广西壮族自治区·（柳州市）·三江县（三江侗族自治县）·平溪村

【出处】《沸腾酒歌·张良张妹》，见杨通山《侗族民歌选》，上海：上海文

❿ [高山族（阿美）] 洪水后，兄妹始祖比洛嘎劳乌与玛洛基洛克自相婚配繁殖阿美族人。

【流传】（无考）

【出处】曾思奇：《高山族的雕绘艺术与原始崇拜》，载《中国典籍与文化》1996年第1期。

⓫ [仡佬族] 洪水后，阿仰与妹结婚再生人类。

【流传】贵州省·六圭河泮，（六盘水市）·水城特区（水城县）·蟠龙（蟠龙镇）

【出处】

（a）赵银同讲：《阿仰兄妹制人烟》，见中国各民族宗教与神话大词典编审委员会编《中国各民族宗教与神话大词典》，北京：学苑出版社1990年版，第154页。

（b）《阿仰兄妹制人烟》，见中国民间文学集成全国编辑委员会编《中国民间故事集成》（贵州卷），北京：中国ISBN中心2003年版，第54~57页。

（c）赵云同、赵青云等讲，李道、罗懿群等搜集，罗懿群执笔整理：《阿仰兄妹制人烟》，载《南风》1983年第3期。

⓬ [仡佬族] 洪水后，伏羲兄妹结婚再生人类。

【流传】贵州省·（安顺市）·关岭（关岭布依族苗族自治县）·（关索镇）·龙滩（龙滩村）、（新铺乡）·麻凹（麻凹村）

【出处】詹仰奎、田应昌讲，潘定智搜集：《伏羲兄妹制人烟》，见《贵州民间文学资料》第49集，内部编印。

⓭ [哈尼族] 洪水后，者比和帕玛兄妹结婚传人种。

【流传】云南省·（普洱市）·墨江县（墨江哈尼族自治县）

【出处】李灿伟讲：《兄妹传人类》（一），见中华民族故事大系编委会编《中华民族故事大系》第6卷（哈尼族、哈萨克族、傣族），上海：上海文艺出版社1995年版，第13~18页。

⓮ [拉祜族（苦聪）] 洪水后，阿牟拨和阿牟玛兄妹结婚，生了许多子女。

【流传】云南省

【出处】刘辉豪整理：《阿牟拨与阿牟玛》，见中国各民族宗教与神话大词典编审委员会编《中国各民族宗教与神话大词典》，北京：学苑出版社1990年版，第375页。

⓯ [傈僳族] 洪水后，勒散和双散兄妹结婚再生人类。

【流传】（无考）

【出处】裴阿欠讲，木玉璋记录整理：《洪水滔天和兄妹成家》，见《傈僳族民间故事》，昆明：云南人民出版社1984年版。

⓰ [傈僳族] 洪水后，列喜列刹和沙喜沙刹兄妹结婚再生人类

【流传】（无考）

【出处】

（a）《洪荒劫世》，见《傈僳族简史》，昆明：云南人民出版社1983年版，

第 5~7 页。

(b)《创世纪》，见中国各民族宗教与神话大词典编审委员会编《中国各民族宗教与神话大词典》，北京：学苑出版社1990年版，第385页。

⑰ [傈僳族] 洪水后，依妞和依采姐弟，顾不得害羞结婚再生人类。

【流传】云南省·保山市

【出处】余学珍讲：《依采和依妞》，见中国民间文学集成全国编辑委员会编《中国民间故事集成》（云南卷），北京：中国 ISBN 中心 2003 年版第176~178 页。

⑱ [毛南族] 洪水后，盘与古兄妹结婚，再生人类。

【流传】广西壮族自治区

【出处】《盘古兄妹和他们的神祖神孙》，见《广西少数民族与汉族民歌与民间故事》（七）（下），南宁师院广西民族民间文学研究室编，第660页。

⑲ [毛南族] 洪水后，伏羲女娲兄妹成婚，再生人类。

【流传】广西壮族自治区·河池（河池市）

【出处】《女娲歌》，见蒙国荣等著《毛南族文学史》，南宁：广西人民出版社1992年版，第51~52 页。

⑳ [仫佬族] 洪水后，幸存的伏羲兄妹结婚再生人类。

【流传】广西壮族自治区·（河池市）·罗城县（罗城仫佬族自治县）·四把乡

【出处】

（a）包启宽讲：《伏羲兄妹》，见中国民间文学集成全国编辑委员会编《中国民间故事集成》（广西卷），北京：中国 ISBN 中心 2001 年版，第69 页。

（b）包启宽等讲：《伏羲兄妹的传说》，见包玉堂主编《仫佬族民间故事》，桂林：漓江出版社1982年版，第1~4 页。

（c）《伏羲兄妹制人伦》，见黄敏珍《广西罗城县仫佬族与壮族的族群关系研究》，载《广西广播电视大学学报》2006年第1期。

（d）中国各民族宗教与神话大词典编审委员会编《中国各民族宗教与神话大词典》，北京：学苑出版社1990年版，第490 页。

㉑ [仫佬族] 洪水后，阿伏和阿兮兄妹成婚，再生人类。

【流传】贵州省·安顺地区（安顺市）

【出处】《三月三》，见贵州省安川地区民委编《仫佬族古歌》，贵阳：贵州民族出版社1991年版，第3~5 页。

㉒ [苗族] 洪水后，伏羲兄妹结婚，繁衍苗族子孙。

【流传】（无考）

【出处】刘守华：《中国民间故事精选》，武汉：华中理工大学出版社1993年版，第30~34 页。

㉓ [苗族] 洪水后，姜央和妮央两兄妹结婚，生儿育女。

【流传】贵州省·（黔东南苗族侗族自治州）·剑河县·观么乡

【出处】张贵华讲，万必轩采录：《谷种是怎么来的》（1986），见燕宝、张晓编《贵州神话传说》，贵阳：贵州人民出版社1997年版，第72~73页。

㉔ [怒族] 洪水过后幸存的腊普和亚妮兄妹婚配再生人类。

【流传】云南省·（怒江傈僳族自治州）·贡山县（贡山独龙族怒族自治县）

【出处】

（a）彭兆清提供：《腊普和亚妮》，见攸延春《怒族文学简史》，昆明：云南民族出版社2003年版，第24~25页。

（b）毛星主编：《中国少数民族文学》（下），长沙：湖南人民出版社1983年版，第544页。

㉕ [怒族] 洪水后，勒阐和齿阐兄妹成婚，生下皇帝和多个民族。

【流传】云南省·（怒江傈僳族自治州）·碧江县（1986年撤销县制，今属福贡县等）

【出处】胡正生等搜集整理：《鹿马登怒族创世传说》，见怒江傈僳族自治州政协文史资料研究组编《怒江文史资料选辑》（第八辑），1987年，第8~11页。

㉖ [羌族] 洪水后，伏羲兄妹生人烟。

【流传】四川省·（阿坝藏族羌族自治州）·汶川县

【出处】《伏羲兄妹治人烟》，见中华民族故事大系编委会编《中华民族故事大系》第11卷（达斡尔族、仫佬族、羌族），上海：上海文艺出版社1995年版，第684~685页。

㉗ [畲族] 洪水后，盘哥、云囡兄妹结婚再生人类。

【流传】（无考）

【出处】

（a）蓝石女、钟伟琪等口述，唐宗龙记录：《桐油火和天洪》，见《畲族民间故事》，杭州：浙江人民出版社1979年版。

（b）马学良、梁庭望、李云忠主编：《中国少数民族文学比较研究》，北京：中央民族大学出版社1997年版，第47页。

㉘ [土家族] 洪水后，补所和雍民两兄妹成亲再生人类。

【流传】四川省（今重庆市）·西阳县（西阳土家族苗族自治县）·可大乡

【出处】徐元科讲：《补所和雍尼》，见中国民间文学集成全国编辑委员会编《中国民间故事集成》（四川卷·下），北京：中国ISBN中心1998年版，第1213~1214页。

㉙ [土家族] 洪水后，布索、雍妮兄妹成婚再生人类。

【流传】湖南省西北部；湖北省

【出处】覃仁安搜集整理：《布索和雍妮》，见中华民族故事大系编委会编《中华民族故事大系》第5卷（瑶族、白族、土家族），上海：上海文艺出版社1995年版，第641~650页。

㉚ [土家族] 洪水后，甫梭和冗妮兄妹结婚再生人类。

【流传】湖南省·湘西（湘西土家族苗

族自治州）土家族聚居区

【出处】《齐天大水》，见谷德明编《中国少数民族神话》，北京：中国民间文艺出版社1987年版，第168页。

㉛ [土家族] 洪水后，布索和雍妮兄妹成婚再生人类。

【流传】（无考）

【出处】《梯玛神歌》，见中央民族学院少数民族文艺研究所编《中国民族民间文学》（下），北京：中央民族学院出版社1987年版，第652页。

㉜ [瑶族] 洪水后，刘三妹兄妹成亲再生人类。

【流传】湖南省·（郴州市）·临武县·西山林场

【出处】盘廷远讲：《刘三妹兄妹再造世界》，见中国民间文学集成全国编辑委员会编《中国民间故事集成》（湖南卷），北京：中国ISBN中心2002年版，第33～34页。

㉝ [壮族] 洪水后，伏依兄妹结婚再生人类。

【流传】广西壮族自治区·红水河流域

【出处】蓝鸿恩搜集整理：《布伯的故事》，见中华民族故事大系编委会编《中华民族故事大系》第3卷（彝族、壮族、布依族），上海：上海文艺出版社1995年版，第373～384页。

## W2545.1.3
### 洪水后老三与妹妹结婚再生人类

实 例

❶ [彝族] 洪水后，老三和妹妹成婚，人类重新繁衍。

【流传】云南省

【出处】《倮族》，见马昌仪编《中国神话学文论选萃》（上编），北京：中国广播电视出版社1994年版，第405～406页。

❷ [彝族] 洪水后，三弟和小妹结婚再生人类。

【流传】云南省·（昆明市）·路南县（路南石林彝族自治县）

【出处】《阿霹刹、洪水和人的祖先》，见中华民族故事大系编委会编《中华民族故事大系》第3卷（彝族、壮族、布依族），上海：上海文艺出版社1995年版，第35～37页。

## W2545.1.4
### 洪水后生存的几对兄妹结婚再生人类

实 例

❶ [怒族] 洪水后，兄妹结婚生9子9女。这9对兄妹配成9对夫妻繁衍后代。

【流传】云南省·（怒江傈僳族自治州）·贡山县（贡山独龙族怒族自治县）

【出处】

(a) 彭兆清提供：《腊普和亚妮》，见攸延春《怒族文学简史》，昆明：云南民族出版社2003年版，第25～27页。

(b) 彭兆清搜集整理：《创世纪》，见中华民族故事大系编委会编《中华民族故事大系》第14卷（普米族、塔吉克族、怒族、俄罗斯族、鄂温克族），上海：上海文艺出版社 1995 年版，第 518~522 页。

❷ [壮族] 洪水后，布伯的多对子女兄妹婚再生人类。

【流传】（无考）

【出处】《布伯》，见梁庭望、农学冠《壮族文学概要》，南宁：广西民族出版社 1991 年版，第 12 页。

❸ [壮族] 洪水后剩下三兄妹互婚生 3 子。

【流传】广西壮族自治区·（南宁市）·隆安（隆安县）·都结乡

【出处】黄会勤讲：《造人》，见张声震总主编，农冠品编注《壮族神话集成》，南宁：广西民族出版社 2007 年版，第 342 页。

## W2545.1.5
### 洪水后生存的 1 对好心的兄妹结婚再生人类

实 例

❶ [哈尼族] 洪水后，一对好心的兄妹结婚再生人类。

【流传】云南省

【出处】王文清讲：《俄八美八》，见谷德明编《中国少数民族神话》，北京：中国民间文艺出版社 1987 年版，第 332 页。

❷ [壮族] 洪水后，好心的两兄妹结婚再生人类。

【流传】云南省·文山（文山壮族苗族自治州）

【出处】云南大学中文系编：《云南民族文学资料集》第 22 集。

## W2545.2
### 洪水后幸存的姐弟结婚再生人类

【关联】[W2441] 姐弟婚生人

实 例

（参见下级母题实例）

## W2545.2.1
### 洪水后无名字的姐弟结婚再生人类

实 例

❶ [独龙族] 洪水后，姐弟成婚生 9 子 9 女。

【流传】云南省·（怒江傈僳族自治州）·贡山县（贡山独龙族怒族自治县）

【出处】祝发清等翻译整理：《聪明勇敢的朋更朋》，见中华民族故事大系编委会编《中华民族故事大系》第 15 卷（德昂族、保安族、裕固族、京族、塔塔尔族、独龙族、鄂伦春族），上海：上海文艺出版社 1995 年版，第 581~595 页。

❷ [鄂伦春族] 洪水后，姐弟两人结婚生 5 子。

【流传】（无考）

【出处】《鄂伦春族五姓的由来》，见中国各民族宗教与神话大词典编审委员会编《中国各民族宗教与神话大词典》，北京：学苑出版社 1990 年版，第 131 页。

❸ [高山族（平埔）] 洪水后，只有始祖的直系孙姊弟结婚生 2 个儿子。
【流传】台湾
【出处】李卉：《台湾及东南亚的同胞配偶型洪水传说》，载中国民族学会编印《中国民族学报》（台北）1955 年第 1 期。

❹ [汉族] 洪水后，姐弟婚生一个肉团，切成百块撒到各处，重新繁衍出人类。
【流传】广西壮族自治区·（贺州市）·钟山（钟山县）·回龙乡
【出处】董贵清讲，董世松采录：《葫芦姐弟》，见曹廷伟编著《广西民间故事辞典》，南宁：广西教育出版社 1993 年版，第 24 页。

❺ [赫哲族] 滔天洪水后，姊姊与弟弟婚合生 1 子。
【流传】黑龙江省·（佳木斯市）富锦（富锦市）、同江（同江市）
【出处】《姊弟俩》，见汉学研究中心编印《中国神话与传说学术研讨会论文集》（下），台北，内部交换本，1995 年，第 464 页。

❻ [羌族] 姐弟婚后，姐姐生了个肉坨坨。弟弟让姐姐休息时把肉坨坨拿出门外，割成很多小坨坨。小坨坨变成人后重新繁衍人类。
【流传】（无考）
【出处】
（a）何天云讲，李明、林忠亮、刘光辉采录，林忠亮整理：《黄水滔天的故事》，见西南民族学院图书馆与西南民族学院《羌族文学简史》编写组《羌族民间文学资料集》（一），1987 年。
（b）同（a），见姚宝瑄主编《中国各民族神话》（羌族、彝族），太原：山西出版传媒集团·书海出版社 2014 年版，第 11~12 页。

❼ [羌族] 洪水后，两姐弟结婚繁衍人类。
【流传】四川省
【出处】《造人类》，见中国各民族宗教与神话大词典编审委员会编《中国各民族宗教与神话大词典》，北京：学苑出版社 1990 年版，第 528 页。

❽ [土家族] 洪水后，两姐弟成婚再生人类。
【流传】湖南省·（湘西土家族苗族自治州）·永顺县
【出处】彭武东讲：《罗神公主和乌神娘娘》，见中国民间文学集成全国编辑委员会编《中国民间故事集成》（湖南卷），北京：中国 ISBN 中心 2002 年版，第 31 页。

❾ [土家族] 洪水后，姐弟成婚再生人类。
【流传】湖北省·（宜昌市）·长阳县（长阳土家族自治县）·龙潭坪乡
【出处】罗青林讲：《姐弟成亲》，见中国民间文学集成全国编辑委员会编《中国民间故事集成》（湖北卷），北京：中国 ISBN 中心 1999 年版，第 12~13 页。

❿ [藏族] 洪水后，姊弟结婚，繁衍人类。

【流传】（无考）

【出处】

（a）扎嘎才礼等讲，小石桥译，谢世廉等搜集：《洪水故事》，见中国民研会四川分会等编《民间文学资料集》。

（b）《洪水泛滥，姐弟成亲》，见中央民族学院编写组《藏族文学史》，成都：四川民族出版社1985年版，第18页。

（c）中央民族学院编写组：《藏族文学史》，成都：四川民族出版社1985年版，第391页。

## W2545.2.2
### 洪水后有名字的姐弟结婚再生人类

实例

❶ [高山族] 洪水后，莎崩嘎基与瓦那盖基姐弟结婚，生2子。

【流传】平埔巴则海人

【出处】《巴则海人始祖》，见中国各民族宗教与神话大词典编审委员会编《中国各民族宗教与神话大词典》，北京：学苑出版社1990年版，第144页。

❷ [怒族] 洪水暴发后，幸存的阿铁（人名）夫妻二人到澜沧江边住下，繁衍了人类。

【流传】（无考）

【出处】

（a）《祖先阿铁》，见毛星主编《中国少数民族文学》，长沙：湖南人民出版社1983年。

（b）同（a），见姚宝瑄主编《中国各民族神话》（门巴族、珞巴族、怒族、藏族），太原：山西出版传媒集团·书海出版社2014年版，第60页。

❸ [土家族] 洪水后，阿可笔、阿大笔姐弟成婚。再生人类。

【流传】（无考）

【出处】彭继宽、彭勃搜集，彭勃记录稿整理，彭燕郊发表稿整理：《摆手歌》，载《楚风》1981年第1～2期。

## W2545.3
### 洪水后兄妹下凡结婚再生人类

实例

（参见下级母题实例）

## W2545.3.1
### 洪水后天神派兄妹下凡结婚再生人类

实例

[怒族] 洪水后，天神看到大地荒无人烟，就派了还没有成年的腊普和亚妞兄妹俩来到人间，繁衍人类。

【流传】（无考）

【出处】赛阿局讲，光付益翻译，吴广甲记录，陈荣祥整理：《腊普和亚妞》，载《山茶》1983年第3期。

## W2545.4
### 洪水后表兄妹结婚再生人类

【关联】

① [W7330.1] 堂表兄妹婚

② ［W7330.2］姑表兄妹婚

【实例】

［黎族］老当和老定兄弟两家生一对表兄妹。洪水后，这对逃生的表兄妹再生人类。

【流传】海南省·（三亚市）·保亭县（保亭黎族苗族自治县）·保城镇

【出处】王老黎讲：《三个民族同一源》，见中国民间文学集成全国编辑委员会编《中国民间故事集成》（海南卷），北京：中国ISBN中心2002年版，第9~10页

## W2545.5
### 洪水后神生的1对兄妹结婚再生人类

【实例】

［高山族（阿美）］洪水后，神的子女拉拉干与拉兹乌兄妹结婚，生育2子女。

【流传】（无考）

【出处】《太巴朗兄妹始祖》，见中国各民族宗教与神话大词典编审委员会编《中国各民族宗教与神话大词典》，北京：学苑出版社1990年版，第145页。

## W2546
### 洪水后母子婚再生人类

【关联】

① ［W2444］母子婚生人

② ［W2645.3］母子婚生怪胎

【实例】

［黎族］洪水后，天女刺面与儿子配婚，生育子女。

【流传】海南省·崖县（今三亚市）·田独公社（田独镇）

【出处】李亚游讲：《天狗》，见中国民间文学集成全国编辑委员会编《中国民间故事集成》（海南卷），北京：中国ISBN中心2002年版，第18~19页。

## W2547
### 洪水后其他血缘婚再生人类

【实例】

（参见下级母题实例）

## W2547.1
### 洪水后姑侄婚再生人类

【关联】［W2447］姑侄婚生人

【实例】

［瑶族］洪水后，莎方三与房十六姑侄结婚再生人类。

【流传】广东省·（清远市）·连南县（连南瑶族自治县）

【出处】《水淹天》，见中国少数民族神话学学术讨论会论文集《神话新探》，贵阳：贵州人民出版社1986年版，第458~462页。

## W2548
### 洪水后神与动物婚再生人类

【关联】［W2406.3］神与动物婚生人

【实例】

［佤族］洪水时代，只剩达梅吉神和一

条小母牛交配再生人类。

【流传】云南省

【出处】《西岗里》，见陶立璠《民族民间文学理论基础》，北京：中央民族学院出版社1990年版，第26页。

## W2549

### 洪水后人与化生（造）的女子婚再生人类

实 例

❶ [怒族] 洪水后，阿铁和黑树籽化生的姑娘结婚生人。

【流传】云南省·（怒江傈僳族自治州）·碧江县（已撤销县制，今属福贡县等）

【出处】云南民族调查组怒江分组：《碧江县一区老母登、普乐、知子罗三乡怒族族源和民族关系调查》，见云南省编辑委员会编《怒族社会历史调查》，昆明：云南人民出版社1981年版，第103～104页。

❷ [普米族] 洪水后，幸存的老三与天女捏的灰姑娘结婚再生人类。

【流传】云南省

【出处】马六斤、曹新民讲，季志超米记录整理：《洪水滔天的故事》，载《山茶》1983年第3期。

## W2549.1

### 洪水后人与树枝化生的女子婚再生人类

实 例

[满族] 洪水后，幸存的一个人与柳枝化成的女人媾合，生下了后代。

【流传】（黑龙江省·牡丹江市·宁安县）

【出处】

（a）郭淑云：《满族古文化遗存探考》，载《满族研究》1991年第3期。

（b）《神谕的主要内容》，见吕大吉、何耀华总主编《中国各民族原始宗教资料集成》（鄂伦春族卷、鄂温克族卷、赫哲族卷、达斡尔族卷、锡伯族卷、满族卷、蒙古族卷、藏族卷），北京：中国社会科学出版社1999年版，第510～511页。

## W2550

### 洪水后人与神女婚再生人类

【关联】[W2416] 人与神女婚生人

实 例

❶ [黎族] 洪水后，黎母（女祖先、神性人物）与她所救的青年结婚，生许多子孙。

【流传】海南省·琼中县（琼中黎族苗族自治县）五指山一带

【出处】王克福讲：《黎母的神话》，见中国民间文学集成全国编辑委员会编《中国民间故事集成》（海南卷），北京：中国ISBN中心2002年版，第5～6页。

❷ [普米族] 洪水后，人与神女结婚再生人类。

【流传】云南省·丽江地区（丽江市）

【出处】《洪水冲天》，见云南省民族事务委员会编《普米族文化大观》，昆明：云南民族出版社1999年版，第125页。

## W2550.1
### 洪水后人与天女婚再生人类

**实 例**

❶ [德昂族] 洪水后，幸存的一个男子与天女结婚，繁衍人类。

【流传】云南省·（德宏傣族景颇族自治州）·潞西县（芒市）·三台山公社（三台山乡）

【出处】岩牙翻译，朱宜初整理：《人与葫芦》，见谷德明编《中国少数民族神话》，北京：中国民间文艺出版社1987年版，第513页。

❷ [门巴族] 洪水后，剩下的男孩与天女扎木神结婚，生再生人类。

【流传】西藏自治区

【出处】《三兄弟和扎木深》，见 http://www.ibeology.ac.cn.

❸ [纳西族（摩梭）] 洪水后，老三锉治路一苴与天女结婚，生下1个猴儿，繁育了摩梭人。

【流传】云南省·（丽江市）·宁蒗（宁蒗彝族自治县）

【出处】杨尔车整理：《锉治路一苴》，见中华民族故事大系编委会编《中华民族故事大系》第9卷（水族、东乡族、纳西族），上海：上海文艺出版社1995年版，第669~678页。

❹ [彝族] 洪水后，么弟居木吾吾与天女（天女尼托）结婚，人类重新繁衍。

【流传】四川省·凉山州（凉山彝族自治州）·西昌（西昌市）

【出处】《勒俄特依》，见陶立璠、赵桂芳等编《中国少数民族神话汇编》（人类起源），中央民族学院少数民族古籍整理出版规划领导小组办公室印（未署出版时间）。

## W2550.2
### 洪水后人与仙女婚再生人类

**实 例**

[纳西族] 洪水后，宋则利力与仙女崔合白泊密结婚，生3男。

【流传】（无考）

【出处】《洪水神话》，见陶立璠、赵桂芳等编《中国少数民族神话汇编》（洪水篇），中央民族学院少数民族古籍整理出版规划领导小组办公室印（未署出版时间）。

## W2550.3
### 洪水后人与神的妻子婚再生人类

**实 例**

（参见下级母题实例）

## W2550.3.1
### 洪水后人与雷公的老婆婚再生人类

**实 例**

[苗族] 洪水后，老二体仑米讨要雷公爷梭的老婆，生3子。

【流传】贵州省·（毕节市）·赫章

县·古木乡

【出处】黄三妹讲：《休仑米和爷梭》，见中国民间文学集成全国编辑委员会编《中国民间故事集成》（贵州卷），北京：中国 ISBN 中心 2003 年版，第 51～54 页。

## W2551
### 洪水后人与龙婚再生人类

实 例

（参见下级母题实例）

## W2551.1
### 洪水后人与龙女婚再生人类

【关联】[W2470.1.1] 人与龙女生人

实 例

❶ [怒族] 洪水后，幸存的 1 个男子与小白蛇（龙公主）结婚再生人类。

【流传】云南省·（怒江傈僳族自治州）·贡山县（贡山独龙族怒族自治县）·丙中洛

【出处】阿旺讲：*《蛇和人结姻缘》，见中国民间文学集成全国编辑委员会编《中国民间故事集成》（云南卷），北京：中国 ISBN 中心 2003 年版，第 273～275 页。

❷ [藏族] 洪水后，幸存的格萨尔与龙女结婚繁衍人类。

【流传】四川省·（凉山彝族自治州）·木里县（木里藏族自治县）

【出处】苏郎讲：*《洪水潮天》，见中国民间文学集成全国编辑委员会编《中国民间故事集成》（四川卷·下），北京：中国 ISBN 中心 1998 年版，第 940 页。

## W2552
### 洪水后人与动物婚再生人类

【关联】[W2450] 人与动物婚生人

实 例

（参见下级母题实例）

## W2552.1
### 洪水后人与哺乳动物婚再生人类

实 例

（参见下级母题实例）

## W2552.1.1
### 洪水后人与猴婚再生人类

实 例

❶ [拉祜族（苦聪）] 洪水后剩下的两兄弟和大母猴婚配繁衍人类。

【流传】云南省·（普洱市）·镇沅（镇沅彝族哈尼族拉祜族自治县）

【出处】《猴子婆》，见《拉祜族苦聪人民间文学集成》，昆明：云南人民出版社 1990 年版。

❷ [拉祜族（苦聪）] 洪水后，兄弟俩中的哥哥与母猴婚配，生下了人。

【流传】云南省

【出处】刘辉豪整理：《猴婆传人种》，见中国各民族宗教与神话大词典编审委员会编《中国各民族宗教与神话大词典》，北京：学苑出版社 1990 年版，第375页。

### W2552.1.2
### 洪水后人与猿婚再生人类

实 例

[布依族] 洪水后，幸存的兄弟二人分别与猿猴婚配，从而繁衍了后代。

【流传】（无考）
【出处】《造物歌》，见王清士等编《布依族文学史》，贵阳：贵州人民出版社1983年版，第47~48页。

### W2552.1.3
### 洪水后人与牛婚再生人类

【关联】[W2457] 人与牛婚生人

实 例

❶ [佤族] 洪水后，幸存的人类首领达惹嘎木与小母牛结婚再生人类。

【流传】云南省
【出处】《青蛙大王与母牛的传说》，见 ht-tp：//www.nihaoyn.com，2008.09.25。

❷ [佤族] 洪水后，小伙与小母牛成亲再生人类。

【流传】云南省·（临沧市）·沧源县（沧源佤族自治县）
【出处】肖则贡讲：《葫芦里出来的人烟》，见中国民间文学集成全国编辑委员会编《中国民间故事集成》（云南卷），北京：中国ISBN中心2003年版，第194~196页。

❸ [佤族] 洪水后，达提卡木与小母牛结婚，生子女。

【流传】云南省·（普洱市）·西盟县（西盟佤族自治县）
【出处】包永红等讲：《佤族姓氏的形成》，见中国民间文学集成全国编辑委员会编《中国民间故事集成》（云南卷），北京：中国ISBN中心2003年版，第336页。

### W2552.1.4
### 洪水后人与狗婚再生人类

实 例

[苗族（瓦乡）] 洪水后，黄狗（神狗盘瓠）与皇上的公主辛女结婚，生2个孩子。

【流传】湖南省·（湘西土家族苗族自治州）·泸溪县
【出处】侯自鹏讲：《盘瓠和辛女》，见中国民间文学集成全国编辑委员会编《中国民间故事集成》（湖南卷），北京：中国ISBN中心2002年版，第19~20页。

### W2552.2
### 洪水后人与鸟婚生人

【关联】[W2460] 人与鸟婚生人

实 例

（参见下级母题实例）

### W2552.2.1
### 洪水后女人与鹰婚生人类

【关联】[W2463.1] 女人与鹰婚生人类

实 例

[满族] 大洪水后，大地上幸存的代敏

大鹰和一个女人存世，繁衍了人类。

【流传】黑龙江省·黑河地区（黑河市）·孙吴县·（沿江满族达斡尔族乡）·四季屯

【出处】吴纪贤、富希陆讲：《天宫大战——黑水女真人传世神话》（1939，选自富育光、郭淑云整理的手稿），见姚宝瑄主编《中国各民族神话》（满族、赫哲族、朝鲜族），太原：山西出版传媒集团·书海出版社 2014 年版，第 36 页。

## W2552.3
### 洪水后人与水中动物婚生人

实例

（实例待考）

## W2552.4
### 洪水后人与两栖或爬行动物婚生人

实例

（参见下级母题实例）

## W2552.4.1
### 洪水后人与蛇婚生人

实例

[白族] 洪水后兄妹婚生的三姑娘（第三个女儿）与青蛇结婚，生了十几个蛇孩子。

【流传】
(a) 云南省·（怒江傈僳族自治州）·泸水县

(b) 云南省·（怒江傈僳族自治州）·碧江县（已撤销县制，今属福贡县等）·四区二村

【出处】
(a) 阿普介爹讲，普六介译，周天纵采录：《氏族来源》，见中国民间文学集成全国编辑委员会编《中国民间故事集成》（云南卷），北京：中国 ISBN 中心 2003 年版，第 228 页。

(b) 同 (a)，见谷德明编《中国少数民族神话》，北京：中国民间文艺出版社 1987 年版，第 305 页。

(c) 《氏族来源的传说》：见中华民族故事大系编委会编《中华民族故事大系》第 5 卷（瑶族、白族、土家族），上海：上海文艺出版社 1995 年版，第 323 页。

## W2552.5
### 洪水后人与昆虫婚生人

实例

（实例待考）

## W2552.6
### 洪水后人与其他动物婚生人

实例

（实例待考）

## W2553
### 洪水后动物婚再生人类

实例

（参见下级母题实例）

## W2553.1
### 洪水后同类动物婚再生人类

【关联】［W2485］动物与动物婚生人

**实例**

（实例待考）

## W2553.2
### 洪水后异类动物婚再生人类

**实例**

（参见下级母题实例）

## W2553.2.1
### 洪水后青蛙与母牛婚再生人类

**实例**

［佤族］洪水后，青蛙达惹嘎木和小母牛成家，再生人类。

【流传】云南省·（临沧市）·沧源县（沧源佤族自治县）

【出处】《青蛙大王与母牛》，载《山茶》1985年第6期。

## W2554
### 洪水后动物与其他物婚再生人类

**实例**

（参见下级母题实例）

## W2554.1
### 洪水后动物与妖（鬼）婚再生人类

**实例**

［藏族］（实例待考）

## W2555
### 洪水后无生命物婚再生人类

**实例**

（参见下级母题实例）

## W2555.1
### 洪水后日月婚再生人类

【关联】

① ［W2487.2］日月婚生人

② ［W7533］日月婚

**实例**

［瑶族］洪水后，地上的人类灭亡。太阳哥哥和月亮妹妹结婚繁衍人类。

【流传】（无考）

【出处】
(a) 赵老大讲，梅中泉记录整理：《日月成婚》，载《山茶》1983年第3期。
(b) 同（a），见姚宝瑄主编《中国各民族神话》（土家族、毛南族、侗族、瑶族），太原：山西出版传媒集团·书海出版社2014年版，第178页。

## W2556
### 洪水后其他特定的婚再生人类

**实例**

（参见下级母题实例）

## W2556.1
### 洪水后幸存的1对男女婚再生人类

【关联】［W2545］洪水后兄妹（姐弟）

婚再生人类

实 例

❶ [鄂伦春族] 洪水后，幸存的 1 个大姑娘和 1 个小伙子成婚生 5 子，各自成家立业。

【流传】黑龙江省·黑河市·爱珲区·新生乡

【出处】关吉瑞讲：《五姓的由来》，见中国民间文学集成全国编辑委员会编《中国民间故事集成》（黑龙江卷），北京：中国 ISBN 中心 2005 年版，第 43～45 页。

❷ [毛南族] 洪水的幸存的 1 对男女结婚生人。

【流传】广西壮族自治区

【出处】《盘古的传说》，见千里原主编《民族工作大全》，北京：中国经济出版社 1994 年版。

❸ [苗族] 洪水后，幸存者央和姑娘成亲，捏泥造了一千对男女。

【流传】贵州省·（黔东南苗族侗族自治州）·镇远县·金堡乡

【出处】杨世兰讲，孙潮采录：《阿央斗天王》，见中国民间文学集成全国编辑委员会编《中国民间故事集成》（贵州卷），北京：中国 ISBN 中心 2003 年版，第 41 页。

❹ [土家族] 洪水后，幸存的"补所"与"雍尼"结为夫妻再生人类。

【流传】（无考）

【出处】彭继宽等：《土家族文学史》，长沙：湖南文艺出版社 1989 年版，第 53～54 页。

## W2556.1.1

### 洪水后幸存的 1 对夫妇再生人类

实 例

[傈僳族] 洪水后，幸存的"杞濮约耶"夫妇生下许多子女。

【流传】云南省·（楚雄彝族自治州）·元谋地区（元谋县）·姜驿乡

【出处】张桥贵：《武定、元谋地区婚仪中的祭神》（1988），见吕大吉、何耀华总主编《中国各民族原始宗教资料集成》（纳西族卷、羌族卷、独龙族卷、傈僳族卷、怒族卷），北京：中国社会科学出版社 2000 年版，第 796 页。

## W2556.1.2

### 洪水后幸存的 1 对恋人再生人类

实 例

[黎族] 洪水后，幸存的一对恋人结婚生儿育女。

【流传】海南省·（海口市·昌江黎族自治县）·昌化（昌化镇）

【出处】《三月三的来历》，见 http://www.huaxia.com，2005.04.07。

## W2556.1.3

### 洪水后神救的 1 对男女再生人类

实 例

[满族] 洪水时，远处来一位保佑人的

海豹神灵，把男女驮到身上，到岛上洞里生育后嗣。

【流传】吉林省·（延边朝鲜族自治州）·珲春地区（珲春市）

【出处】富育光搜集摘录并汉译：《萨满神本》（清光绪十六年），见吕大吉、何耀华总主编《中国各民族原始宗教资料集成》（鄂伦春族卷、鄂温克族卷、赫哲族卷、达斡尔族卷、锡伯族卷、满族卷、蒙古族卷、藏族卷），北京：中国社会科学出版社1999年版，第514页。

## W2556.1.4
### 洪水后男子与他所救的女子再生人类

实例

[鄂伦春族] 洪水后，猎手与为他所救助者结成夫妻繁衍后代。

【流传】（无考）

【出处】《洪水神话》，见中国各民族宗教与神话大词典编审委员会编《中国各民族宗教与神话大词典》，北京：学苑出版社1990年版，第131页。

## W2556.2
### 洪水后人仙婚再生人类

【关联】［W2416.1.5］人与仙女婚生人

实例

❶ [瑶族] 洪水后，小伙与仙女结婚再生人类。

【流传】广东省·（清远市）·连南县（连南瑶族自治县）

【出处】广西少数民族社会历史调查组等搜集整理：《开天辟地的传说》，见中华民族故事大系编委会编《中华民族故事大系》第5卷（瑶族、白族、土家族），上海：上海文艺出版社1995年版，第27~29页。

❷ [彝族] 洪水后，年轻人笃慕与仙女结婚，生人类。

【流传】云南省·（玉溪市）·峨山县（峨山彝族自治县）

【出处】《洪水泛滥》，昆明：云南教育出版社1987年版，第38~45页。

## W2556.3
### 洪水后造的人结婚再生人类

实例

❶ [普米族] 洪水后，老三俊戛载先与神菩萨的九姑娘结婚，又与九姑娘捏的灰人结婚，生儿育女。

【流传】云南省

【出处】《洪水滔天》，见中央民族学院少数民族文艺研究所编《中国民族民间文学》（下），北京：中央民族学院出版社1987年版，第530~531页。

❷ [佤族] 洪水后，剩下的一个人用泥巴捏了两个泥人，结婚生了儿女。

【流传】云南省

【出处】《人类的祖先》，见云南省民族事务委员会编《佤族文化大观》，昆明：云南民族出版社1999年版，第162页。

## W2556.3.1
### 洪水后神造的男女婚生人类

实例

[哈萨克族] 洪水过后，人都死光了。天神安拉造的阿达姆阿塔和哈瓦娜结为夫妇，他们每年生一对孪生男女。安拉又允许他们结为夫妻，这样才繁衍了人类。

【流传】新疆维吾尔自治区

【出处】《阿达姆阿塔》，斯丝根据别克苏勒坦、佟中明撰写的《哈萨克族宗教与神话》改写，见姚宝瑄主编《中国各民族神话》（乌孜别克族、哈萨克族、柯尔克孜族、俄罗斯族、维吾尔族、塔吉克族、塔塔尔族、锡伯族），太原：山西出版传媒集团·书海出版社2014年版，第27页。

## W2556.4
### 洪水后幸存的一家人再生人类

实例

[柯尔克孜族] 洪水中，只有努赫（真主造的人类祖先阿达姆的儿子）和他的撒姆、哈姆、贾帕斯三个儿子和三个媳妇共七个人幸免于难。后来，三个儿子分散在地球上的各个角落，开发了这些地区。

【流传】新疆维吾尔自治区

【出处】
（a）《创世的传说》，见毛星主编《中国少数民族文学》，长沙：湖南人民出版社1983年版。

（b）同（a），见姚宝瑄主编《中国各民族神话》（乌孜别克族、哈萨克族、柯尔克孜族、俄罗斯族、维吾尔族、塔吉克族、塔塔尔族、锡伯族），太原：山西出版传媒集团·书海出版社2014年版，第144页。

## W2556.5
### 洪水后天上的人与地上的人结婚再生人类

实例

[高山族（布农）] 洪水后，天上5男与地上7女婚生人。

【流传】（无考）

【出处】谢继昌：《布农族神话传说思维的探讨》，见《中国神话与传说学术研讨会论文集》，台北：汉学研究中心编印，1996年，第637~648页。

## W2556.6
### 洪水后2个生灵结婚再生人类

实例

[满族] 洪水后出现的两个生灵结婚，生了4男4女。

【流传】黑龙江省·（牡丹江市）·宁安县·江东（江南朝鲜族满族乡）·缸窑村

【出处】关振川讲，傅英仁采录：《佛赫妈妈和乌申阔玛发》，见中国民间文学集成全国编辑委员会编《中国民间故事集成》（黑龙江卷），北京：

中国 ISBN 中心 2005 年版，第 12 页。

## W2556.7
### 洪水后 2 男与 1 女婚再生人类
【关联】［W7967］一妻二夫

实例

［拉祜族］洪水后，只剩兄弟二人与一个婆娘结婚，怀孕繁衍人类。
【流传】云南省·（普洱市）·镇沅县（镇沅彝族哈尼族拉祜族自治县）
【出处】王二讲：《猴子婆》，见中国民间文学集成全国编辑委员会编《中国民间故事集成》（云南卷），北京：中国 ISBN 中心 2003 年版，第 262~264 页。

## W2556.8
### 洪水后 1 男与 2 女婚再生人类
【关联】［W7962］一夫二妻

实例

［布依族］洪水后，伏羲姐妹与玉皇派来的哥哥结婚，繁衍后代。
【流传】（无考）
【出处】马学良、梁庭望等：《中国少数民族文学比较研究》，北京：中央民族大学出版社 1997 年版，第 49 页。

## W2557
### 与洪水后再生人类有关的其他母题

实例

（参见下级母题实例）

## W2557.1
### 洪水后婚生人并造人

实例

［汉族］大水之后，女娲与哥哥伏羲结婚，他们觉得生育人太慢，就开始造人。
【流传】江苏省·（淮安市）·涟水县·南集乡·禹庄村
【出处】徐学尧讲，徐省生搜集整理：《世界的由来》（1983），见姚宝瑄主编《中国各民族神话》（汉族），太原：山西出版传媒集团·书海出版社 2014 年版，第 24~28 页。

## W2557.2
### 洪水后通过特定仪式再生人类再生人类
【关联】［W6457］宗教仪式

实例

（实例待考）

## W2557.2.1
### 洪水后杀牛祭祀后再生人类
【关联】［W2493.4］祭祀后生正常人

实例

［佤族］（实例待考）

## W2557.3
### 洪水后种人
【关联】［W2295.4.1］种人

实例

（参见下级母题实例）

## W2557.3.1

洪水后用谷种种人

【关联】［W2295.2.1.2］谷种是人种

实 例

（参见下级母题实例）

## W2557.3.1.1

洪水后仙姑用谷种种人

【关联】［W2059.1］仙造人

实 例

［瑶族］天神对洪水中幸存的小伙子说："你把我的女儿水仙姑带下去吧，我们送给你们一百二十斤谷种和一百二十斤芝麻种，你们拿到各地去撒，撒一把，吐一泡口水，地面上的一切生物就可以重新恢复了。"

【流传】广东省·（清远市）·连山壮族瑶族自治县·（三排镇）·油岭寨

【出处】

（a）唐丁、乔二公讲，广西民族调查组搜集，廖国柱整理：《开天辟地的传说》，见苏胜兴、刘保元、韦文俊、王矿新等编《瑶族民间故事选》，上海：上海文艺出版社1980年版。

（b）同（a），见姚宝瑄主编《中国各民族神话》（土家族、毛南族、侗族、瑶族），太原：山西出版传媒集团·书海出版社2014年版，第144~145页。

## 2.7.3 其他特定灾难后人类再生
（W2560~W2569）

## W2560

天塌地陷后人类再生①

【关联】

① ［W8550~W8569］地震
② ［W8570~W8589］天塌地陷

实 例

（参见下级母题实例）

## W2560.1

天塌地陷后再造人类

实 例

❶［汉族］天塌地陷后，兄妹结婚，用泥土造了新人类。

【流传】辽宁省·（丹东市）·东沟县（东港市）

【出处】陈建宪：《神话解读》，武汉：湖北教育出版社1997年版，第45~46页。

---

① 天塌地陷后人类再生，该类母题一般与较为详细的"天塌地陷"或"地震"类型的叙事相联系，关于相关起因、制造者、征兆等母题的编目，参见"灾难"类型中的"［W8570~W8589］天塌地陷"或"［W8550~W8569］地震"等母题。

❷ [汉族] 天塌地陷后人死完了，伏羲兄妹俩成亲，用泥做人。
【流传】河南省·（周口市）·西华县·聂堆乡
【出处】张慎重讲：《女娲造人》，见中国民间文学集成全国编辑委员会编《中国民间故事集成》（河南卷），北京：中国ISBN中心2001年版，第20页。

❸ [汉族] 天塌地陷后，伏羲女娲兄妹造人。
【流传】河南省·（周口市）·宛丘（淮阳县）
【出处】《人祖创世传说》，见杨复俊《人祖传说故事》，郑州：海燕出版社1987年版，第1~5页。

❹ [佤族] 天塌地陷后，利吉神和路安神（有的译为"俚神"和"伦神"，有的认为是天神和地神）重新创造了人。
【流传】云南省·（普洱市）·西盟县（西盟佤族自治县）
【出处】包永红等讲，高登智采录：《以祖先的职务及居住过的地方命姓氏》，见中国民间文学集成全国编辑委员会编《中国民间故事集成》（云南卷），北京：中国ISBN中心2003年版，第338页。

## W2560.2
### 天塌地陷后结婚再生人类
实 例

❶ [鄂温克族] 世界闹天塌地陷后，只剩下1男1女，他们结婚养育后代。
【流传】嫩江流域鄂温克族聚居村屯
【出处】杜忠寿讲：《开天辟地的传说》，《鄂温克族民间故事选》，上海：上海文艺出版社1989年版。

❷ [鄂温克族] 天塌地陷后，1男1女结婚传后代。
【流传】（无考）
【出处】
（a）阿拉诺海讲，道尔吉译：《人类是从哪里来的》，载《黑龙江民间文学》1983年第6期。
（b）《人类是从哪里来的》，见满都呼主编《中国阿尔泰语系诸民族神话故事》，北京：民族出版社1997年版，第301页。

❸ [满族] 天塌地陷后，姐弟结婚生10子。
【流传】（无考）
【出处】张其卓等整理：《人的来历》，见满都呼主编《中国阿尔泰语系诸民族神话故事》，北京：民族出版社1997年版，第257~259页。

## W2560.3
### 天塌地陷后结婚先生人再造人类
实 例

[满族] 天塌地陷后，姐弟结婚生10子，然后又造人，繁衍人类。
【流传】（无考）
【出处】张其卓等整理：《人的来历》，见满都呼主编《中国阿尔泰语系诸民族神话故事》，北京：民族出版社

1997年版，第257~259页。

## W2561
### 天塌后人类再生

实 例

（参见下级母题实例）

## W2561.1
### 天塌后逃生的姐弟再生人类

【关联】［W7350］姐弟婚

实 例

［汉族］天压下来，地上只剩姐弟2人，姐弟俩再生人类。

【流传】浙江省·（绍兴市）·诸暨县（诸暨市）·草塔镇

【出处】杨和芬讲：《石狮破天》，见中国民间文学集成全国编辑委员会编《中国民间故事集成》（浙江卷），北京：中国ISBN中心1997年版，第44~45页。

## W2562
### 地震后人类再生

实 例

［白族］大理一带大地震后出现洪水，一对幸存的兄妹结婚生子孙。

【流传】云南省·大理（大理白族自治州）

【出处】邓英鹦搜集：《鹤拓》，见大理州《白族民间故事》编辑组编《白族民间故事》，昆明：云南人民出版社1982年版，第68页。

## W2562.1
### 地震后幸存的人造人类

实 例

［土族］（实例待考）

## W2563
### 火灾后人类再生

【汤普森】A1038

【关联】［W8620］火灾

实 例

（参见下级母题实例）

## W2563.1
### 火灾后婚生人类

实 例

（参见下级母题实例）

## W2563.1.1
### 天火后兄妹婚再生人类

实 例

❶［汉族］天火后，兄妹结婚传人种。

【流传】福建省·（宁德市）·柘荣县

【出处】彭郑宝讲：*《油火烧天下》，见中国民间文学集成全国编辑委员会编《中国民间故事集成》（福建卷），北京：中国ISBN中心1998年版，第9页。

❷［汉族］天火后，兄妹成亲，生下二世人。

【流传】福建省·（宁德市）·福鼎

县·沙埕乡·敏灶村

【出处】董欣严讲,董思全采录:《油火烧天下》,见中国民间文学集成全国编辑委员会编《中国民间故事集成》（福建卷），北京：中国 ISBN 中心 1998 年版，第 8 页。

❸ [畲族] 天火后，祖兄和先妹两兄妹结婚再生人类。

【流传】福建省·宁德市·（霞浦县·崇儒畲族乡）·畲村

【出处】雷清泉讲:《天火》，见中国民间文学集成全国编辑委员会编《中国民间故事集成》（福建卷），北京：中国 ISBN 中心 1998 年版，第 9～10 页。

❹ [畲族] 火烧天，兄妹俩成亲再生人类。

【流传】浙江省·（丽水市）·景宁县（景宁畲族自治县）·（东坑镇）·大张坑村

【出处】雷正发讲:《火烧天》，见中国民间文学集成全国编辑委员会编《中国民间故事集成》（浙江卷），北京：中国 ISBN 中心 1997 年版，第 45～46 页。

## W2563.1.2
### 天火后姐弟婚再生人类

【关联】[W2441] 姐弟婚生人

实 例

[畲族] 天火之后，姐弟结婚再生人类。

【流传】福建省东部

【出处】郑万生搜集整理：《姐弟结婚》，见中华民族故事大系编委会编《中华民族故事大系》第 8 卷（畲族、高山族、拉祜族），上海：上海文艺出版社 1995 年版，第 10～11 页。

## W2563.1.3
### 大火后兄妹婚再生人类

实 例

❶ [畲族] 上古火灾使万物毁灭，元仙和元英兄妹二人结婚，再生人类。

【流传】（无考）

【出处】《两姐妹》，见中央民族学院少数民族文艺研究所编《中国民族民间文学》（下），北京：中央民族学院出版社 1987 年版，第 587 页。

❷ [藏族] 大火毁灭人类后，兄妹成婚生很多子女。

【流传】四川省·（阿坝藏族羌族自治州）·若尔盖县·求吉乡

【出处】达文讲:《兄妹成亲》，见中国民间文学集成全国编辑委员会编《中国民间故事集成》（四川卷·下），北京：中国 ISBN 中心 1998 年版，第 942 页。

## W2563.1.4
### 大火后 1 对男女婚再生人类

实 例

[畲族] 火灾后，幸存的石匠盘石郎和打柴的姑娘蓝禾姑婚生的一男一女盘哥和云图繁衍后代。

【流传】（无考）

【出处】

(a) 兰石女、钟伟琪、项次欣讲，唐宗龙记录：《桐油火和天洪》，见陶立瑶、李耀宗编《中国少数民族神话传说选》，成都：四川民族出版社 1985 年版。

(b) 同（a），见姚宝瑄主编《中国各民族神话》（高山族、黎族、畲族），太原：山西出版传媒集团·书海出版社 2014 年版，第 98 页。

## W2563.1.5
### 山火后兄妹婚再生人类

实例

[畲族] 出现山火之后，盘石郎、蓝禾姑兄妹成亲，再生人类。

【流传】浙江省丽水一带

【出处】唐宗龙等搜集整理：《盘石郎》，见中华民族故事大系编委会编《中华民族故事大系》第 8 卷（畲族、高山族、拉祜族），上海：上海文艺出版社 1995 年版，第 94~101 页。

## W2563.1.6
### 火灾后人与狗婚再生人类

实例

[汉族] 油火烧天后，姨婆和狗成婚，生儿育女。

【流传】江西省·（抚州市）·南丰县

【出处】李爱容讲：《油火烧天》，见中国民间文学集成全国编辑委员会编《中国民间故事集成》（江西卷），北京：中国 ISBN 中心 2002 年版，第 8~9 页。

## W2563.1.7
### 火灾后其他形式的婚姻再生人类

实例

[傣族] 大地被火烧之后，天神到大地上生男育女。

【流传】云南省·德宏（德宏傣族景颇族自治州）

【出处】《芒市历代土司简史》，见华林《傣文历史谱牒档案研究》，载《思想战线》1996 年第 4 期。

## W2564
### 战争后人类再生

【关联】

① [W2517] 战争是人类再生的原因
② [W8700] 争战

实例

[柯尔克孜族] 古代柯尔克孜人遭遇了一次毁灭性的战争时，幸存的一男一女两个小孩重新繁衍后代。

【流传】新疆维吾尔自治区

【出处】多里昆·吐尔地、阿地力·朱玛吐尔地整理：《鹿妈妈》，见姚宝瑄主编《中国各民族神话》（乌孜别克族、哈萨克族、柯尔克孜族、俄罗斯族、维吾尔族、塔吉克族、塔塔尔族、锡伯族），太原：山西出版传媒集团·书海出版社 2014 年版，第 149 页。

## W2565
### 瘟疫后人类再生

【关联】［W8640～W8659］瘟疫、疾病

实 例

［汉族］瘟虫毁灭人类后，青哥和红姐造人。

【流传】河北省·（邢台市）·内邱县·（五郭店乡）·紫草沟村

【出处】赵丙银讲：《哥姐庙》，见中国民间文学集成全国编辑委员会编《中国民间故事集成》（河北卷），北京：中国ISBN中心2003年版，第23～24页。

## W2565.1
### 瘟疫后人与神婚再生人类

【关联】［W8640～W8659］瘟疫、疾病

实 例

［苗族］瘟疫使地上的第一代人只剩下一个名叫蒙老的男子。天神生老就派女神博苔飞到凡间与蒙老成亲，繁衍人类。

【流传】云南省

【出处】
(a)《造人烟的传说》，杨光汉主编《云南苗族民间故事集成》，北京：中国民间文艺出版社1988年版。
(b) 同(a)，见姚宝瑄主编《中国各民族神话》（布依族、仡佬族、苗族），太原：山西出版传媒集团·书海出版社2014年版，第289页。

## W2565.1.1
### 发生黄疸后天女与人再生人类

实 例

［苗族］（实例待考）

## W2566
### 旱灾后人类再生

【关联】［W8600～W8619］旱灾

实 例

（参见相关母题实例）

## W2567
### 天寒地冻后人类再生

【汤普森】A1045

【关联】［W8667］寒冷

实 例

（参见下级母题实例）

## W2567.1
### 严寒后人类再生

【汤普森】A1051

【关联】［W8667］寒冷

实 例

（参见W2567.2母题实例）

## W2567.2
### 冻灾后的幸存者结婚再生人类

实 例

［土家族］人类冻死后，只剩下两兄妹。这两个兄妹结婚再生人类。

【流传】湖北省·（恩施土家族苗族自治州）·利川市·谋道镇

【出处】朱林山讲：《上天梯》，见中国民间文学集成全国编辑委员会编《中国民间故事集成》（湖北卷），北京：中国ISBN中心1999年版，第16～17页。

## W2568
### 多种灾难后再生人类

【关联】［W8696.1］各种灾难相继发生

实 例

（参见下级母题实例）

## W2568.1
### 天塌地陷与洪水后人类再生

实 例

［汉族］有对姓高的兄妹，天塌地陷发大水后逃生，成婚后生儿育女。

【流传】吉林省·（四平市）·伊通县（伊通满族自治县）

【出处】王焕明讲：《高公高婆》，见中国民间文学集成全国编辑委员会编《中国民间故事集成》（吉林卷），北京：中国文联出版公司1992年版，第12页。

## W2568.2
### 干旱与洪水后人类再生

实 例

［基诺族］（实例待考）

## W2568.3
### 大火与洪水后人类再生

实 例

［哈尼族］大火与洪水后，兄妹婚再生人类。

【流传】云南省·（普洱市）·墨江县（墨江哈尼族自治县）

【出处】王定均讲：《豪尼人的祖先》，载《山茶》1986年第3期。

## W2568.4
### 大火（山火、天火）与洪水后人类再生

实 例

❶［鄂伦春族］山火与洪水后，剩下的1对男女结婚再生人类。

【流传】黑龙江省·呼玛县（今为大兴安岭地区）·十八站（今为塔河县）

【出处】

（a）孟古古善讲：《九姓的来历》，见中国民间文学集成全国编辑委员会编《中国民间故事集成》（黑龙江卷），北京：中国ISBN中心2005年版，第43～45页。

（b）《九姓人的来历》，见《鄂伦春族民间故事选》，上海：上海文艺出版社1988年版。

（c）《九姓人的来历》，见满都呼主编《中国阿尔泰语系诸民族神话故事》，北京：民族出版社1997年版，第315页。

❷ [黎族] 洪水和火烧山后，1对兄妹成婚再生人类。

【流传】海南省·琼中县（琼中黎族苗族自治县）·五指山公社（五指山一带）

【出处】王克福讲：《黎族汉族的来源》，见中国民间文学集成全国编辑委员会编《中国民间故事集成》（海南卷），北京：中国 ISBN 中心 2002 年版，第 11 页。

## W2568.5
### 洪水、大火与第二次洪水后人类再生

**实例**

[德昂族]（实例待考）

## W2568.6
### 寒风、热风和稀泥水毁灭人类后人类再生

**实例**

[汉族] 寒风、热风和稀泥水毁灭人类后，人类再一次繁衍起来。

【流传】河南省·（驻马店市）·正阳县·袁寨乡

【出处】张昀讲：《玉人和玉姐》，见中国民间文学集成全国编辑委员会编：《中国民间故事集成》（河南卷），北京：中国 ISBN 中心 2001 年版，第 11~12 页。

## W2568.7
### 风灾、火灾与洪灾后人类再生

**实例**

[傣族] 火灾、风灾和洪灾之后，天神英叭用他的泥垢捏造出 1 男 1 女。

【流传】云南省

【出处】史诗《巴塔麻嘎捧尚罗》，中国各民族宗教与神话大词典编审委员会编《中国各民族宗教与神话大词典》，北京：学苑出版社 1990 年版，第 82 页。

## W2568.8
### 地震、洪水后人类再生

**实例**

[白族] 大理一带大地震后出现洪水，一对幸存的兄妹结婚，繁衍子孙后代。

【流传】云南省·大理（大理白族自治州）

【出处】邓英鹦搜集：《鹤拓》，见大理州《白族民间故事》编辑组编《白族民间故事》，昆明：云南人民出版社 1982 年版，第 68 页。

## W2568.9
### 瘟疫、洪水后再生人类

**实例**

[汉族] 瘟疫过后，又出现第二次灾难洪水，之后人类再次繁衍。

【流传】河北省·（邢台市）·内邱

县·（五郭店乡）·紫草沟村

【出处】赵丙银讲：《哥姐庙》，见中国民间文学集成全国编辑委员会编《中国民间故事集成》（河北卷），北京：中国ISBN中心2003年版，第23～24页。

## W2569
### 其他灾难后人类再生

实例

（实例待考）

## 2.7.4 与人类再生相关的其他母题
（W2570～W2579）

## W2570
### 人类再生的次数

实例

（参见下级母题实例）

## W2570.1
### 地上的人换了多茬

实例

❶［仡佬族］经过几番几复的兴衰，有了人烟。

【流传】贵州省·遵义县（遵义市）·平正乡（平正仡佬族乡）

【出处】陈保合讲，田兴才采录：《四曹人》，见中国民间文学集成全国编辑委员会编《中国民间故事集成》（贵州卷），北京：中国ISBN中心2003年版，第38页。

❷［撒拉族］地上的人换了多茬。

【流传】（无考）

【出处】大漠等搜集整理：《天、地、人的诞生》，见中华民族故事大系编委会编《中华民族故事大系》第12卷（布朗族、撒拉族、毛南族），上海：上海文艺出版社1995年版，第265～266页。

## W2570.2
### 人类经历3次繁衍

【关联】［W2127.2］经历了3次造人

实例

❶［苗族］女神敖玉和男神敖古下凡成婚，繁衍第一朝人。人间发生黄瘟后天女下凡与幸存的小伙成婚，生为第二朝人。后来发洪水，志男和志妹兄妹成婚，繁衍人类。

【流传】云南省·（文山壮族苗族自治州）·富宁县

【出处】罗正明讲：《谁来造人烟》，见中国民间文学集成全国编辑委员会编《中国民间故事集成》（云南卷），北京：中国ISBN中心2003年版，第92～95页。

❷［彝族］人们经历"拉爹"、"拉拖"、"拉文"三个时代。"洪水"淹死直眼人，才进入"拉文"时代。

【流传】（无考）

【出处】《洪水淹天》，见毛星主编《中国少数民族文学》（下），长沙：湖南人民出版社 1983 年版，第 322 页。

❸ [彝族] 人起源后，由蚂蚱瞎子发展到蚂蚁直眼人，火灾后剩下的两口子繁衍出蟋蟀横眼人。

【流传】（无考）

【出处】《阿细的先基》，见沙马拉毅主编《彝族文学概论》，太原：山西教育出版社 2001 年版，第 33 页。

❹ [壮族] 姆洛甲造出前 2 批人不满意，又造了第 3 批人。

【流传】广西壮族自治区·（河池市）·大化瑶族自治县·那康村

【出处】覃鼎琨讲：《姆洛甲造三批人》，见张声震总主编，农冠品编注《壮族神话集成》，南宁：广西民族出版社 2007 年版，第 22 页。

## W2570.3
### 人类经历 4 次繁衍

【关联】[W2128.3] 经历了 4 次造人

实 例

❶ [仡佬族] 人皇用泥捏第一曹人，用草扎第二曹人，天神下凡繁殖第三曹人，人皇的两个儿女阿仰兄妹繁衍今天的第四曹人。

【流传】(a) 贵州省

【出处】

(a)《人皇与四曹人》，见高明强编《创世的神话和传说》，上海：上海三联书店 1988 年版，第 11 页。

(b)《四曹人》，见毛星主编《中国少数民族文学》（中），长沙：湖南人民出版社 1983 年版，第 793 页。

❷ [仡佬族] 世间产生人的情况是风吹一曹，火烧二曹，水淹三曹，现在人是洪水后阿仰兄妹成婚，传的第四曹人。

【流传】贵州省·（遵义市）·遵义县·平正乡

【出处】陈保合讲：《四曹人》，见中国民间文学集成全国编辑委员会编《中国民间故事集成》（贵州卷），北京：中国 ISBN 中心 2003 年版，第 38~39 页。

## W2570.4
### 现在的人类是第二代人

实 例

[汉族] 我们现在的人类是第二代人。

【流传】宁夏回族自治区·（固原市）·彭阳县·草庙乡

【出处】阎德武讲，梁志强采录：《第二代人》，见中国民间文学集成全国编辑委员会编《中国民间故事集成》（宁夏卷），北京：中国 ISBN 中心 1999 年版，第 15 页。

## ✳ W2571
### 繁衍不同代的人

实 例

（参见下级母题实例）

2.7.4 与人类再生相关的其他母题 ‖W2572 — W2572.1.1‖

## W2572
### 第一代人

**实例**

❶ [傣族] 最早的第一代人种称为"污垢泥人"。

【流传】云南省·西双版纳（西双版纳傣族自治州）

【出处】屈永仙：《傣族洪水神话及其特点》，见《云南开远兄妹婚神话与信仰民俗国际学术研讨会会议论文》，昆明，2010年8月。

❷ [苗族] 天下第一代人代熊代夷（东部方言苗族自称）生活在水边肥沃的地方。

【流传】湖南省·（湘西土家族苗族自治州）·花垣县·排碧、排料等地

【出处】老佬喀等唱，巴青代喀记录：《涉水爬山》，见苗青主编《东部民间文学作品选》，贵阳：贵州民族出版社2003年版，第177页。

## W2572.1
### 第一代人的产生

**实例**

（参见下级母题实例）

## W2572.1.0
### 天神造第一代人

【关联】

① [W2034.1] 开天辟地时天神造人
② [W2035.3.1] 开天辟地后天神造人
③ [W2053] 天神造人
④ [W2295.1.4.1] 天神造人种

**实例**

[仡佬族] 头一曹人是天神用泥巴捏的。

【流传】

（a）贵州省·（遵义市）·遵义县·平正乡（平正仡佬族乡）
（b）贵州省

【出处】

（a）陈保合讲，田兴才采录：《四曹人》，见中国民间文学集成全国编辑委员会编《中国民间故事集成》（贵州卷），北京：中国ISBN中心2003年版，第38页。
（b）中央民族学院少数民族文艺研究所编《中国民族民间文学》（上），北京：中央民族学院出版社1987年版，第228页。

## W2572.1.1
### 第一把雪变成第一代人

**实例**

[彝族] 格滋天神来造人时，天上撒下三把雪，落地变成三代人。其中撒下的第一把雪变成了第一代人。

【流传】云南省·楚雄彝族自治州·姚安县、大姚县等

【出处】《创世·人类起源》，见云南省民族民间文学楚雄调查队整理编写《梅葛》，昆明：云南人民出版社2009年版，第20页。

## W2572.1.2
### 日月星辰生第一代人

【关联】

① ［W2204.1］太阳生人
② ［W2204.2］星星生人

实 例

［彝族］第一代人类独眼人"拉爹"是天与地生的儿女，是太阳的儿女，是月亮的儿女，是星星的儿女。

【流传】（云南省·楚雄彝族自治州·双柏县，红河哈尼族彝族自治州等地）

【出处】

（a）云南省民族民间文学楚雄、红河调查队搜集，郭思九、陶学良整理：《查姆》，昆明：云南人民出版社1981年版。

（b）郭思九、陶学良整理，古梅改写：《彝家的古根》，选自《云南民族文学资料》第七集中的《查姆》上部前三章，见姚宝瑄主编《中国各民族神话》（羌族、彝族），太原：山西出版传媒集团·书海出版社2014年版，第61页。

## W2572.1.3
### 男神女神的影子变成第一代人

实 例

［苗族］貌丑的男神敖古在天上追赶美丽的女神敖玉，他们的身影投射到的地方生出的女人和男人，就是凡间第一朝人。

【流传】云南省

【出处】

（a）《造人烟的传说》，杨光汉主编《云南苗族民间故事集成》，北京：中国民间文艺出版社1988年版。

（b）同（a），见姚宝瑄主编《中国各民族神话》（布依族、仡佬族、苗族），太原：山西出版传媒集团·书海出版社2014年版，第288页。

## W2572.1.4
### 男神女神下凡婚生第一代人

实 例

［苗族］天上的大神生老派女神敖玉、男神敖古，下到凡间成亲，首先生育出第一代人。

【流传】云南省

【出处】

（a）《造人烟的传说》，杨光汉主编《云南苗族民间故事集成》，北京：中国民间文艺出版社1988年版。

（b）同（a），见姚宝瑄主编《中国各民族神话》（布依族、仡佬族、苗族），太原：山西出版传媒集团·书海出版社2014年版，第287页。

## W2572.1.5
### 两个人种神婚生第一代人

实 例

［哈尼族］两个人种神婚生的第一代人都是一个样子的独眼人。

【流传】云南省·红河州（红河哈尼族彝族自治州）

【出处】张牛郎、涂伙沙等演唱，赵官

禄等搜集整理：《十二奴局》，昆明：云南人民出版社 1989 年版，第 7 页。

### W2572.1.6
### 女娲造第一代人

【关联】

① ［W2035.2.1］造出天地之后女娲造人

② ［W2038.3.2］盘古死后女娲造人

③ ［W2065］女娲造人

【实例】

[汉族] 女娲造出的男人和女人是第一代人。

【流传】上海市·黄浦区

【出处】曹鸿翔讲，方卡采录：《女娲娘娘造人》，见中国民间文学集成全国编辑委员会编《中国民间故事集成》（上海卷），北京：中国 ISBN 中心 2007 年版，第 5 页。

### W2572.1.7
### 龙女造第一代人

【关联】

［W2069.1］龙女造人

［W2572.3.1］龙女造第一代人独眼人

【实例】

（参见 W2572.3.1 母题实例）

### W2572.2
### 第一代人是猴子

【关联】［W2317］猴变成人

【实例】

（参见下级母题实例）

### W2572.2.1
### 第一代人是海中生的猴子

【关联】

① ［W2208］水生人

② ［W2208.4］海生人

【实例】

[纳西族] 7 天 7 夜，海里生出 1 公 1 母两只猴子，是人类的第一代。

【流传】云南省·（迪庆藏族自治州）·中甸（香格里拉县）

【出处】《云南民族民俗和宗教调查》，昆明：云南民族出版社 1985 年版，第 256 页。

### W2572.2.2
### 第一代人是岩石变成的猴子

【关联】

① ［W2364］石头变成人

② ［W3140.4］石头变成猴子

【实例】

[布依族] 祖先翁戛使两座山炸裂，各自落入水中的岩石变成两只小猴子，他们生活在江海之中。天上的一位神仙爷爷吩咐道："你们仰游的为阴，扑游的为阳。你们就是人类的第一代。"

【流传】贵州省布依族地区

【出处】杨正荣、祝登銮讲，岭玉清、汛河搜集整理，古梅改写：《翁戛造万物》，见姚宝瑄主编《中国各民族神话》（布依族、仡佬族、苗族），太原：山西出版传媒集团·书海出版社2014年版，第11页。

## W2572.3
### 第一代人是独眼人

【关联】［W2828］独眼人

实例

❶ ［彝族］第一代人都是独眼人，他们不会用火、种田、穿衣，与野兽住在一起。

【流传】云南省·楚雄（楚雄彝族自治州）

【出处】 ＊《洪水神话》，见扬继中、芮增瑞、左玉堂编《楚雄彝族文学简史》，北京：中国民间文艺出版社1986年版，第51页。

❷ ［彝族］从前有三家：先是独眼家，切爸是祖先，切爸不懂理；直眼有一家，补能是祖先，补能不懂道；后是横眼家，祖先是补歹，祖先不讲理。

【流传】云南省·（普洱市）·江城（江城哈尼族彝族自治县）

【出处】白金恒等翻译，白生福等整理：《洪水连天》，见云南省少数民族古籍整理出版规划办公室编《洪水泛滥》，昆明：云南民族出版社1987年版，第27~28页。

❸ ［彝族］世上最先的一代人只有一只眼睛。

【流传】云南省·（红河哈尼族彝族自治州）·弥勒县（弥勒市）

【出处】石旺讲，戈隆阿弘采录：《独眼人、直眼人和横眼人》，见中国民间文学集成全国编辑委员会编《中国民间故事集成》（云南卷），北京：中国ISBN中心2003年版，第215页。

❹ ［彝族］人类最早的先驱只有一只眼睛，长在脑眉上。

【流传】云南省·楚雄（楚雄彝族自治州）

【出处】李忠祥等翻译：《洪水泛滥》，见云南省少数民族古籍整理出版规划办公室编《洪水泛滥》，昆明：云南民族出版社1987年版，第1页。

❺ ［彝族］独眼睛人的时代，是人类最早的那一代。

【流传】（云南省·楚雄彝族自治州·双柏县，红河哈尼族彝族自治州等地）

【出处】

（a）云南省民族民间文学楚雄、红河调查队搜集，郭思九、陶学良整理：《查姆》，昆明：云南人民出版社1981年版。

（b）郭思九、陶学良整理，古梅改写：《彝家的古根》，选自《云南民族文学资料》第七集中的《查姆》上部前三章，见姚宝瑄主编《中国各民族神话》（羌族、彝族），太原：山西出版传媒集团·书海出版社2014年版，第60页。

## W2572.3.1
### 龙女造第一代人独眼人

【关联】［W2572.1.7］龙女造第一代人

#### 实例

[**彝族**] 世上最先的一代人独眼人，是东海龙王的女儿所造。

【流传】云南省·（红河哈尼族彝族自治州）·弥勒县（弥勒市）

【出处】石旺讲，戈隆阿弘采录：《独眼人、直眼人和横眼人》，见中国民间文学集成全国编辑委员会编《中国民间故事集成》（云南卷），北京：中国ISBN中心2003年版，第215页。

## W2572.4
### 第一代人是竖眼人

#### 实例

[**土家族**] 眼睛竖竖的初劫的人。

【流传】（无考）

【出处】彭继宽搜集，彭勃整理：《开天辟地》，见陶立璠、赵桂芳等编《中国少数民族神话汇编》（开天辟地篇），中央民族学院少数民族古籍整理出版规划领导小组办公室印（未署时间），第325页。

## W2572.5
### 第一代人是"一寸人"

【关联】[W2811] 矮小的人（矮人）

#### 实例

❶ [**藏族**] 天老爷先派来了"一寸人"，是人间的第一代人。

【流传】四川省白马藏区

【出处】扎嘎才札等讲，谢世廉等搜集：《创世传说》，见陶立璠、赵桂芳等编《中国少数民族神话汇编》（开天辟地篇），中央民族学院少数民族古籍整理出版规划领导小组办公室印（未署时间），第1页。

❷ [**藏族（白马）**] 天老爷最先往地上派来的第一代人是身材很小的"一寸人"。

【流传】四川省

【出处】

（a）扎嘎梳、小石桥、顶牵讲，谢世廉、周盖华、妆志成、周贡中搜集：《老天爷派来三代人》，见中国民间文艺研究会四川分会编《四川白马藏族民间文学资料集》，本书编委会1982年编印。

（b）同（a），见姚宝瑄主编《中国各民族神话》（门巴族、珞巴族、怒族、藏族），太原：山西出版传媒集团·书海出版社2014年版，第86页。

## W2572.6
### 第一代人是直眼人

【关联】[W2831] 直眼人

#### 实例

❶ [**彝族**] 天女撒赛歇与直眼人婚生的皮口袋中跳出的120只蚂蚱变成120个胖娃娃。他们有60个是儿子，还有60个是姑娘，这就是直眼人的第一代。

【流传】（云南省·楚雄彝族自治州·双柏县，红河哈尼族彝族自治州等地）

【出处】

（a）云南省民族民间文学楚雄、红河调查队搜集，郭思九、陶学良整理：《查姆》，昆明：云南人民出版社1981年版。

（b）郭思九、陶学良整理，古梅改写：《彝家的古根》，选自《云南民族文学资料》第七集中的《查姆》上部前三章，见姚宝瑄主编《中国各民族神话》（羌族、彝族），太原：山西出版传媒集团·书海出版社2014年版，第78页。

❷[壮族]始祖最早造出的是直眼人。

【流传】广西壮族自治区·（南宁市）·马山（马山县）·片联乡

【出处】韦天京唱：《人类始祖歌》，见张声震总主编，农冠品编注《壮族神话集成》，南宁：广西民族出版社2007年版，第332页。

## W2572.7
### 第一代人是瞎子人

【关联】[W2891.2]盲人（瞎子、眼瞎者）

实 例

[彝族]第一代是瞎子人，第二代是斜眼人。

【流传】云南省·（红河哈尼族彝族自治州）·米勒县（弥勒市）

【出处】*《洪水》见《云南民族文学资料》（第十八集），内部资料，1963年，第315~340页。

## W2572.8
### 第一代人脸朝着天

实 例

[傈僳族]天管师在大地上造的第一代人，一个个脸朝着天上，脑壳朝背后。

【流传】四川省·（凉山彝族自治州）·德昌县

【出处】谷万才讲，李文华等翻译采录：《人类的起源》，见中国民间文学集成全国编辑委员会编《中国民间故事集成》（四川卷·下），北京：中国ISBN中心1998年版，第1432页。

## W2572.9
### 第一代人眼睛长在头顶

【关联】[W2826.6.1]眼睛从头顶搬到额头上

实 例

[傈僳族]最早的人的眼睛长在头顶上。

【流传】（无考）

【出处】禾青：《盘古造人》，见祝发清、左玉堂、尚仲豪编《傈僳族民间故事选》，上海：上海文艺出版社1985年版，第7~11页。

## W2572.10
### 第一代人是独脚人

【关联】[W2891.0]独腿人（独脚人）

实 例

❶[彝族]天神造出第一批人是独脚

人。

【流传】（无考）

【出处】《拉天缩地》，见高明强编《创世的神话和传说》，上海：上海三联书店1988年版，第33页。

❷ [彝族] 天神造的第一代人独脚人，月亮照着活得下去，太阳晒着活不下去，这代人无法生存，这代人被晒死了。

【流传】云南省·楚雄彝族自治州·姚安县、大姚县等彝族地区

【出处】《创世·人类起源》，见云南省民族民间文学楚雄调查队整理编写《梅葛》，昆明：云南人民出版社2009年版，第20～21页。

❸ [彝族] 格兹天神来造人时，从天上撒下了三把雪，头把雪变成的第一代人是独脚人。

【流传】（云南省·楚雄彝族自治州·姚安县·官屯乡·马游村，大姚县·昙华乡等）

【出处】

（a）郭天元（马游村）、李申呼颇（昙华乡）、李福玉颇（苴）演唱，郭思九、许明学、龚维顺、张宝省、陈志群、胡炳文等搜集，刘德虎、龚维顺、陈志群、李树荣、郭天元等整理：《梅葛》（第一部"创世"），见云南省民族民间文学楚雄调查队编《梅葛》（1959），昆明：云南人民出版社2009年版。

（b）《打虎开天辟地》，蔷紫据云南省民族民间文学楚雄调查队著《梅葛》（云南人民出版社2009年版）改写，见姚宝瑄主编《中国各民族神话》（羌族、彝族），太原：山西出版传媒集团·书海出版社2014年版，第198页。

## W2572.10.1
### 第一代人独脚人不会走路

实 例

[彝族] 格兹天神从天上撒下头把雪变成第一代人独脚人，他们独自一个人不会走路。

【流传】（云南省·楚雄彝族自治州·姚安县·官屯乡·马游村，大姚县·昙华乡等）

【出处】

（a）郭天元（马游村）、李申呼颇（昙华乡）、李福玉颇（苴）演唱，郭思九、许明学、龚维顺、张宝省、陈志群、胡炳文等搜集，刘德虎、龚维顺、陈志群、李树荣、郭天元等整理：《梅葛》（第一部"创世"），见云南省民族民间文学楚雄调查队编《梅葛》（1959），昆明：云南人民出版社2009年版。

（b）《打虎开天辟地》，蔷紫据云南省民族民间文学楚雄调查队著《梅葛》（云南人民出版社2009年版）改写，见姚宝瑄主编《中国各民族神话》（羌族、彝族），太原：山西出版传媒集团·书海出版社2014年版，第198页。

## W2572.11
### 第一代人是小人（第一代人是矮人）

【关联】

① ［W2025.4.3］天上下来的小人
② ［W2572.5］第一代人是"一寸人"
③ ［W2602］生小人
④ ［W2811］矮小的人（矮人）

实例

❶ ［水族］牙线剪了许多纸人压在箱子里，造出的第一代人是无用的一群小人。

【流传】贵州省·（黔南布依族苗族自治州）·三都县（三都水族自治县）·恒丰乡

【出处】韦行公讲，韦荣康采录：《牙线剪纸造人》，见中国民间文学集成全国编辑委员会编《中国民间故事集成》（贵州卷），北京：中国ISBN中心2003年版，第12页。

❷ ［藏族（白马）］世界上最早的人是"一寸人"，长得很小。老鹰要叼他，乌鸦要啄他，土耗子要咬他，连小蚂蚁也要欺侮他。一寸人实在太软弱，庄稼也种不出来，后来慢慢就死绝了。

【流传】四川省

【出处】扎嘎才札等讲，谢世廉等搜集：《创世传说》，见陶立璠、赵桂芳等编《中国少数民族神话汇编》（开天辟地篇），中央民族学院少数民族古籍整理出版规划领导小组办公室印（未署时间），第1页。

## W2572.11.1
### 第一代人1尺2寸

实例

［彝族］格滋天神从天上撒下的第一把雪头变成第一代人。这代人是独脚人，只有一尺二寸长。

【流传】云南省·楚雄彝族自治州·姚安县、大姚县等彝族地区

【出处】《创世·人类起源》，见云南省民族民间文学楚雄调查队整理编写《梅葛》，昆明：云南人民出版社2009年版，第20~21页。

## W2572.11.2
### 第一代人5寸

实例

［傈僳族］洪荒之世的第一个时代名为chu-fulja，人身仅五寸许。

【流传】碧罗雪山（云南省·怒江傈僳族自治州·贡山独龙族怒族自治县与云南省·迪庆藏族自治州·德钦县交界一带）

【出处】《巫师的由来》，见陶云逵《碧罗雪山之傈僳族》，转引自国立中央研究院编《历史语言研究所集刊》第17本，商务印书馆民国三十七年（1948），第403~404页。

## W2572.11.3
### 第一代人2尺

实例

［彝族］祖灵燃烧的烟柱和火光一直在

变，变来变去，变出个松身愚人。初生的第一代人，只有两尺高。

【流传】（四川省·凉山彝族自治州）

【出处】

（a）冯元蔚译：《勒俄特依》，成都：四川民族出版社 1986 年版。

（b）冯元蔚译，蔷紫改写：《勒俄特依》，见姚宝瑄主编《中国各民族神话》（羌族、彝族），太原：山西出版传媒集团·书海出版社 2014 年版，第 155 页。

## W2572.13
### 第一代人的其他特殊特征

实 例

（参见下级母题实例）

## W2572.13.1
### 第一代生的人有时变男，有时变女

【关联】

① ［W2758.3.4］造出非男非女的人

② ［W2797.2］两性人

③ ［W2797.2.2］人原来有时变男有时变女

实 例

［满族］从远方来的第一代生下来的人，有时变男，有时变女。

【流传】黑龙江省·牡丹江市·铁岭河

【出处】郭鹤令讲：《鄂多玛发》，见中国民间文学集成全国编辑委员会编：《中国民间故事集成》（黑龙江卷），北京：中国 ISBN 中心 2005 年版，第 46~50 页。

## W2572.13.2
### 第一代人是蚂蚱

【关联】

① ［W2337.5］蚂蚱变成人

② ［W2831.3.1］人由蚂蚱瞎子发展到蚂蚁直眼人

实 例

［彝族］最早产生的三代人中，第一代人是蚂蚱。

【流传】云南省·（红河哈尼族彝族自治州）·弥勒县（弥勒市）

【出处】《倮族》，见《云南民族文学资料》（第十八集），1963 年，第 223~232 页。

## W2572.13.3
### 第一代人不会耕种

【关联】［W2980.12］人因不能耕种死亡

实 例

［彝族］造人女神儿依得罗娃造出的第一代独眼人，不会种田。

【流传】（云南省·楚雄彝族自治州·双柏县，红河哈尼族彝族自治州等地）

【出处】

（a）云南省民族民间文学楚雄、红河调查队搜集，郭思九、陶学良整理：《查姆》，昆明：云南人民出版社 1981 年版。

（b）郭思九、陶学良整理，古梅改写：《彝家的古根》，选自《云南民族文学资料》第七集中的《查姆》上部前三章，见姚宝瑄主编《中国各民族神话》（羌族、彝族），太原：山西出版传媒集团·书海出版社 2014 年版，第 61 页。

## W2572.13.4
### 第一代人草木为食

【关联】［W6146.3］人以前吃草木

实例

［彝族］造人女神儿依得罗娃造出的第一代人独眼睛人，渴了喝凉水，饿了伸手摘下野果充饥，野果吃完了，又拿草根树皮当粮食。

【流传】（云南省·楚雄彝族自治州·双柏县，红河哈尼族彝族自治州等地）

【出处】

（a）云南省民族民间文学楚雄、红河调查队搜集，郭思九、陶学良整理：《查姆》，昆明：云南人民出版社 1981 年版。

（b）郭思九、陶学良整理，古梅改写：《彝家的古根》，选自《云南民族文学资料》第七集中的《查姆》上部前三章，见姚宝瑄主编《中国各民族神话》（羌族、彝族），太原：山西出版传媒集团·书海出版社 2014 年版，第 61 页。

## W2572.13.5
### 第一代人树叶为衣

【关联】［W6133.1］树叶蔽体

实例

❶［彝族］造人女神儿依得罗娃造出的

独眼睛人是第一代人，他们没有衣裳穿，天冷的时候，用树叶、树皮做衣裳。

【流传】（云南省·楚雄彝族自治州·双柏县，红河哈尼族彝族自治州等地）

【出处】

（a）云南省民族民间文学楚雄、红河调查队搜集，郭思九、陶学良整理：《查姆》，昆明：云南人民出版社 1981 年版。

（b）郭思九、陶学良整理，古梅改写：《彝家的古根》，选自《云南民族文学资料》第七集中的《查姆》上部前三章，见姚宝瑄主编《中国各民族神话》（羌族、彝族），太原：山西出版传媒集团·书海出版社 2014 年版，第 61 页。

❷［彝族］第一批人是顶目人，木叶做衣穿。

【流传】贵州省·毕节（毕节市）·赫章县

【出处】贵州省毕节地区民族事务委员会编，王子尧等译：《物始纪略》（第一集），成都：四川民族出版社 1990 年版，第 156 页。

## W2572.13.6
### 第一代人没有嗅觉

【关联】［W2839.5.4］鼻子为什么有嗅觉

实例

［彝族］第一代人独眼睛人不知酸甜味，他们苦辣不能分。

【流传】（云南省·楚雄彝族自治州·双柏县，红河哈尼族彝族自治州等地）

【出处】

（a）云南省民族民间文学楚雄、红河调查队搜集，郭思九、陶学良整理：《查姆》，昆明：云南人民出版社1981年版。

（b）郭思九、陶学良整理，古梅改写：《彝家的古根》，选自《云南民族文学资料》第七集中的《查姆》上部前三章，见姚宝瑄主编《中国各民族神话》（羌族、彝族），太原：山西出版传媒集团·书海出版社2014年版，第62页。

## W2572.13.7
### 第一代人情感怪异

实 例

[彝族] 第一代人独眼睛这代人，困倦了就在树下睡，病了就躺在树下哼哼。高兴时拉着树枝跳、唱、狂笑、尖叫，有时哭，有时又笑，不知道什么叫痛苦和欢乐。

【流传】（云南省·楚雄彝族自治州·双柏县，红河哈尼族彝族自治州等地）

【出处】

（a）云南省民族民间文学楚雄、红河调查队搜集，郭思九、陶学良整理：《查姆》，昆明：云南人民出版社1981年版。

（b）郭思九、陶学良整理，古梅改写：《彝家的古根》，选自《云南民族文学资料》第七集中的《查姆》上部前三章，见姚宝瑄主编《中国各民族神话》（羌族、彝族），太原：山西出版传媒集团·书海出版社2014年版，第62页。

## W2572.13.8
### 第一代人识兽性

【关联】［W6016］狩猎的产生

实 例

[彝族] 第一代人独眼睛人，说笨也笨，说聪明也聪明，他们慢慢认识了野兽的习性。知道野猪力大，老虎凶猛，鹿子胆小，马鹿善良。

【流传】（云南省·楚雄彝族自治州·双柏县，红河哈尼族彝族自治州等地）

【出处】

（a）云南省民族民间文学楚雄、红河调查队搜集，郭思九、陶学良整理：《查姆》，昆明：云南人民出版社1981年版。

（b）郭思九、陶学良整理，古梅改写：《彝家的古根》，选自《云南民族文学资料》第七集中的《查姆》上部前三章，见姚宝瑄主编《中国各民族神话》（羌族、彝族），太原：山西出版传媒集团·书海出版社2014年版，第62页。

## W2572.13.9
### 第一代人像野兽

实 例

❶ [彝族] 造人女神儿依得罗娃造出的第一代独眼人像野兽一样过日子，今

天跟老虎打架，明天又和豹子拼命。

【流传】（云南省·楚雄彝族自治州·双柏县，红河哈尼族彝族自治州等地）

【出处】

（a）云南省民族民间文学楚雄、红河调查队搜集，郭思九、陶学良整理：《查姆》，昆明：云南人民出版社1981年版。

（b）郭思九、陶学良整理，古梅改写：《彝家的古根》，选自《云南民族文学资料》第七集中的《查姆》上部前三章，见姚宝瑄主编《中国各民族神话》（羌族、彝族），太原：山西出版传媒集团·书海出版社2014年版，第61页。

❷ [彝族] 第一代人独眼人不会说话，不会种田种地，像野兽一样过日子。

【流传】云南省·（红河哈尼族彝族自治州）·弥勒县（弥勒市）

【出处】石旺讲，戈隆阿弘采录：《独眼人、直眼人和横眼人》，见中国民间文学集成全国编辑委员会编《中国民间故事集成》（云南卷），北京：中国ISBN中心2003年版，第215页。

## W2572.13.10
### 第一代人人与猴不分

【关联】[W2317] 猴变成人（猴子变成人）

实例

[彝族] 第一代人独眼睛人时代，猴子和人分不清。(

【流传】云南省·楚雄彝族自治州·双柏县，红河哈尼族彝族自治州等地）

【出处】

（a）云南省民族民间文学楚雄、红河调查队搜集，郭思九、陶学良整理：《查姆》，昆明：云南人民出版社1981年版。

（b）郭思九、陶学良整理，古梅改写：《彝家的古根》，选自《云南民族文学资料》第七集中的《查姆》上部前三章，见姚宝瑄主编《中国各民族神话》（羌族、彝族），太原：山西出版传媒集团·书海出版社2014年版，第62页。

## W2572.13.11
### 第一代人会用石器

【关联】[W6097.1] 石器

实例

[彝族] 第一代人独眼睛人时代，用石头当工具，把木棒当武器，在风雨雷电之中生活。

【流传】（云南省·楚雄彝族自治州·双柏县，红河哈尼族彝族自治州等地）

【出处】

（a）云南省民族民间文学楚雄、红河调查队搜集，郭思九、陶学良整理：《查姆》，昆明：云南人民出版社1981年版。

（b）郭思九、陶学良整理，古梅改写：《彝家的古根》，选自《云南民族文学资料》第七集中的《查姆》上部前三章，见姚宝瑄主编《中国各民族神话》（羌族、彝族），太原：山西出版传媒集团·书海出版社 2014 年版，第 61 页。

## W2572.13.12
### 第一代人住在森林

【关联】［W6174］人居住在林中

**实例**

[彝族] 造人女神儿依得罗娃造出的第一代人独眼人，他们都把深山老林当房屋。

【流传】（云南省·楚雄彝族自治州·双柏县，红河哈尼族彝族自治州等地）

【出处】

（a）云南省民族民间文学楚雄、红河调查队搜集，郭思九、陶学良整理：《查姆》，昆明：云南人民出版社 1981 年版。

（b）郭思九、陶学良整理，古梅改写：《彝家的古根》，选自《云南民族文学资料》第七集中的《查姆》上部前三章，见姚宝瑄主编《中国各民族神话》（羌族、彝族），太原：山西出版传媒集团·书海出版社 2014 年版，第 61 页。

## W2572.13.13
### 第一代人怕光

**实例**

[彝族] 天神造的第一代人独脚人，月亮照着活得下去，太阳晒着活不下去。

【流传】云南省·楚雄彝族自治州·姚安县、大姚县等彝族地区

【出处】《创世·人类起源》，见云南省民族民间文学楚雄调查队整理编写《梅葛》，昆明：云南人民出版社 2009 年版，第 20~21 页。

## W2573
### 第二代人

**实例**

[傣族] 神造的第二代人种叫"神果园人"。

【流传】云南省·西双版纳（西双版纳傣族自治州）

【出处】屈永仙：《傣族洪水神话及其特点》，见《云南开远兄妹婚神话与信仰民俗国际学术研讨会会议论文》，昆明，2010 年 8 月。

## W2573.1
### 第二代人的产生

**实例**

（参见下级母题实例）

## W2573.1.1
### 天神造第二代人

【关联】

① ［W2053］天神造人

② ［W2572.1.0］天神造第一代人

**实例**

❶ [仡佬族] 第二曹人是天神用草扎成的。

【流传】贵州省·（遵义市）·遵义县·平正乡（平正仡佬族乡）

【出处】陈保合讲，田兴才采录：《四曹人》，见中国民间文学集成全国编辑委员会编《中国民间故事集成》（贵州卷），北京：中国 ISBN 中心 2003 年版，第 38 页。

❷ [彝族] 天神造出第二代是独眼人。
【流传】（无考）
【出处】《拉天缩地》，见高明强编《创世的神话和传说》，上海：上海三联书店 1988 年版，第 33 页。

## W2573.1.2
### 人皇造第二代人

实例

[仡佬族] 人皇用草扎第二曹人。
【流传】贵州省
【出处】
（a）《人皇与四曹人》，见高明强编《创世的神话和传说》，上海：上海三联书店 1988 年版，第 11 页。
（b）中央民族学院少数民族文艺研究所编：《中国民族民间文学》（上），北京：中央民族学院出版社 1987 年版，第 228 页。

## W2573.1.3
### 神女生第二代人

实例

[彝族] 尼依保佐大神的姑娘到凡间，肚子自然变大，生第二代人。
【流传】云南省·（红河哈尼族彝族自治州）·弥勒县（弥勒市）

【出处】《独眼人、直眼人和横眼人》，见中国民间文学集成全国编辑委员会编《中国民间故事集成》（云南卷），北京：中国 ISBN 中心 2003 年版，第 218～224 页。

## W2573.1.4
### 女娲造的男女婚生第二代人

实例

[汉族] 女娲造的男人和女人相配生出的男女，成为世上的第二代人。
【流传】上海市·黄浦区
【出处】曹鸿翔讲，方卡采录：《女娲娘娘造人》，见中国民间文学集成全国编辑委员会编《中国民间故事集成》（上海卷），北京：中国 ISBN 中心 2007 年版，第 5 页。

## W2573.1.5
### 人与天女婚生第二代人

实例

[彝族] 洪水后，老三笃米与天女婚，繁衍第二代人类。
【流传】贵州省·（毕节市）·威宁县（威宁彝族回族苗族自治县），（毕节市）·赫章（赫章县）
【出处】
（a）《笃米》，见燕宝等编《神话传说》，贵阳：贵州人民出版社 1997 年版，第 63～65 页。
（b）《笃米》，见中国民间文学集成全国编辑委员会编《中国民间故事集成》（贵州卷），北京：中国 ISBN 中

## W2573.1.6
### 第二把雪变成第二代人

【实例】

❶ [彝族] 格滋天神从天上撒下的第二把雪变成第二代人。

【流传】云南省·楚雄彝族自治州·姚安县、大姚县等彝族地区

【出处】《创世·人类起源》,见云南省民族民间文学楚雄调查队整理编写《梅葛》,昆明:云南人民出版社2009年版,第21页。

❷ [彝族] 格兹天神撒下的第二把天雪,变成了人间的第二代人。

【流传】(云南省·楚雄彝族自治州·姚安县·官屯乡·马游村,大姚县·昙华乡等)

【出处】

(a) 郭天元(马游村)、李申呼颇(昙华乡)、李福玉颇(亘)演唱,郭思九、许明学、龚维顺、张宝省、陈志群、胡炳文等搜集,刘德虎、龚维顺、陈志群、李树荣、郭天元等整理:《梅葛》(第一部"创世"),见云南省民族民间文学楚雄调查队编《梅葛》(1959),昆明:云南人民出版社2009年版。

(b) 《打虎开天辟地》,蔷紫据云南省民族民间文学楚雄调查队著《梅葛》(云南人民出版社2009年版)改写,见姚宝瑄主编《中国各民族神话》(羌族、彝族),太原:山西出版传媒集团·书海出版社2014年版,第198页。

## W2573.1.7
### 桃花变成第二代人

【关联】[W2357.1] 桃花变成人

【实例】

[苗族] 女神博苕到人间与小伙蒙老成婚后,二人撒桃花变成的人是第二朝人。

【流传】云南省

【出处】

(a) 《造人烟的传说》,见杨光汉主编《云南苗族民间故事集成》,北京:中国民间文艺出版社1988年版。

(b) 同(a),见姚宝瑄主编《中国各民族神话》(布依族、仡佬族、苗族),太原:山西出版传媒集团·书海出版社2014年版,第290页。

## W2573.2
### 第二代人是竖眼人和横眼人

【实例】

[傣族](实例待考)

## W2573.3
### 第二代人是竖眼人

【关联】

① [W2572.4] 第一代人是竖眼人

② [W2574.6.1] 第三代人是四只眼的竖眼人

③ [W2576.1] 前36代人是竖眼人

④ ［W2830］竖眼人

【实例】

［傣族］神造的第二代人种不纯真，有的眼睛竖着。

【流传】（无考）

【出处】《金葫芦》，见岩峰、王松、刀保尧《傣族文学史》，昆明：云南民族出版社1995年版，第86页。

## W2573.4
### 第二代人是横眼人

【关联】

① ［W2574.3］第三代人是横眼人
② ［W2576.2］第36代人是横眼人
③ ［W2829］横眼人

【实例】

［傣族］神造的第二代人种不纯真，有的眼睛横着。

【流传】（无考）

【出处】《金葫芦》，见岩峰、王松、刀保尧《傣族文学史》，昆明：云南民族出版社1995年版，第86页。

## W2573.5
### 第二代人是直眼人

【关联】

① ［W2572.6］第一代人是直眼人
② ［W2574.3.1］第三代人是直眼人
③ ［W2831］直眼人

【实例】

❶ ［彝族］第二代人都是直眼人。这代人兄妹相婚不管爹娘，爹娘死后拴住脖子扔进山中。

【流传】云南省·楚雄（楚雄彝族自治州）

【出处】＊《洪水神话》，见扬继中、芮增瑞、左玉堂编《楚雄彝族文学简史》，北京：中国民间文艺出版社1986年版，第51页。

❷ ［彝族］从前有三家：先是独眼家，切爸是祖先，切爸不懂理；直眼有一家，补能是祖先，补能不懂道；后是横眼家，祖先是补歹，祖先不讲理。

【流传】云南省·（普洱市）·江城（江城哈尼族彝族自治县）

【出处】白金恒等翻译，白生福等整理：《洪水连天》，见云南省少数民族古籍整理出版规划办公室编《洪水泛滥》，昆明：云南民族出版社1987年版，第27~28页。

❸ ［彝族］第一代独眼人"拉爹"的下一代，是名字叫"拉拖"的直眼人。他们有两只直眼睛，两只直眼朝上生。

【流传】（云南省·楚雄彝族自治州·双柏县，红河哈尼族彝族自治州等地）

【出处】

（a）云南省民族民间文学楚雄、红河调查队搜集，郭思九、陶学良整理：《查姆》，昆明：云南人民出版社1981年版。

（b）郭思九、陶学良整理，古梅改写：《彝家的古根》，选自《云南民族文学资料》第七集中的《查姆》上部前三章，见姚宝瑄主编《中国各民族神

## W2573.6
### 第二代人是立目人

【关联】[W2830.3] 竖眼人即立目人

实 例

❶ [藏族] 天老爷派来的第二代人"立目人"。立目人太懒惰，不会种庄稼，又不学，天天坐起来就吃喝。身边能吃的东西都吃光了，立目人也渐渐饿死了。

【流传】四川省白马藏区

【出处】扎嘎才札等讲，谢世廉等搜集：《创世传说》，见陶立璠、赵桂芳等编《中国少数民族神话汇编》（开天辟地篇），中央民族学院少数民族古籍整理出版规划领导小组办公室印（未署时间），第1页。

❷ [藏族（白马）] 天老爷派来的第一代人"一寸人"灭绝后，又派来了"立目人"。

【流传】四川省

【出处】

（a）扎嘎梳、小石桥、顶牵讲，谢世廉、周盖华、妆志成、周贡中搜集：《老天爷派来三代人》，见中国民间文艺研究会四川分会编《四川白马藏族民间文学资料集》，本书编委会1982年编印。

（b）同（a），见姚宝瑄主编《中国各民族神话》（门巴族、珞巴族、怒族、藏族），太原：山西出版传媒集团·书海出版社2014年版，第86页。

❸ [藏族（白马）] 最早派来的"一寸人"死绝后，天老爷又派来了"立目人"。

【流传】四川省

【出处】扎嘎才礼、小石桥、顶专讲述，谢世廉、周益华、姜志成、周贤中搜集：《天、地、人的起源》，原载中国民间文艺研究会四川分会编《四川白马藏族民间文学资料集》，见陶阳、钟秀编《中国神话》（上），北京：商务印书馆2008年版，第35~37页。

## W2573.6.1
### 第二代人眼睛长在膝盖上

实 例

[哈尼族] 第二代人的两只眼睛长在膝盖上。

【流传】云南省·红河州（红河哈尼族彝族自治州）一带

【出处】张牛郎、涂伙沙等演唱，赵官禄等搜集整理：《十二奴局》，昆明：云南人民出版社1989年版，第8页。

## W2573.7
### 第二代人是横耳朵人

实 例

[土家族] 耳朵横横的二劫人时，天和地隔得很近。

【流传】（无考）

【出处】彭继宽搜集，彭勃整理：《开天

## W2573.8
### 第二代人种有数张脸
【关联】
① ［W0692.1］黄帝四面
② ［W2822.3］三张脸的人

【实例】

［傣族］神造的第二代人种不纯真，有的有两张脸，有的有三张脸。

【流传】（无考）

【出处】《金葫芦》，见岩峰、王松、刀保尧《傣族文学史》，昆明：云南民族出版社1995年版，第86页。

## W2573.9
### 第二代人膝盖朝后

【实例】

［傈僳族］天管师造第二代人。这些人膝盖生来朝后头，摔倒了站不起来，简直没法做活路。

【流传】四川省·（凉山彝族自治州）·德昌县

【出处】谷万才讲，李文华等翻译采录：《人类的起源》，见中国民间文学集成全国编辑委员会编《中国民间故事集成》（四川卷·下），北京：中国ISBN中心1998年版，第1432页。

## W2573.10
### 第二代人是独脚人

【实例】

［彝族］（实例待考）

## W2573.11
### 第二代人非常懒怠

【实例】

［藏族］第二代人"立目人"太懒怠，不会种庄稼，又不学，天天坐起来就吃喝。

【流传】四川省白马藏区

【出处】扎嘎才札等讲，谢世廉等搜集：《创世传说》，见陶立璠、赵桂芳等编《中国少数民族神话汇编》（开天辟地篇），中央民族学院少数民族古籍整理出版规划领导小组办公室印（未署时间），第1页。

## W2573.12
### 第二代人有其他特殊特征

【实例】

（参见下级母题实例）

## W2573.12.1
### 第二代人很高

【关联】
① ［W0660］巨人
② ［W2574.4.1］第三代人很高
③ ［W2810.1］人原来身体很高
④ ［W2810.4.2］特定时代的人很高

## 2.7.4 与人类再生相关的其他母题 ‖ W2573.12.1 — W2573.13.2 ‖

实 例

（参见 W2573.12.2 母题实例）

## W2573.12.2
### 第二代人 1 丈 3 尺

【关联】[W2810.6] 人身高 1 丈 3 尺

实 例

[彝族] 格滋天神撒雪变成的第二代人，有一丈三尺长。

【流传】云南省·楚雄彝族自治州·姚安县、大姚县等彝族地区

【出处】《创世·人类起源》，见云南省民族民间文学楚雄调查队整理编写《梅葛》，昆明：云南人民出版社 2009 年版，第 21 页。

## W2573.12.3
### 第二代人身高正常

实 例

[彝族] 祖灵燃烧形成的烟柱和火光一直在变，变来变去变出的第二代人，长大后与后来的人一样高。

【流传】（四川省·凉山彝族自治州）

【出处】

（a）冯元蔚译：《勒俄特依》，成都：四川民族出版社 1986 年版。

（b）冯元蔚译，蔷紫改写：《勒俄特依》，见姚宝瑄主编《中国各民族神话》（羌族、彝族），太原：山西出版传媒集团·书海出版社 2014 年版，第 155 页。

## W2573.12.4
### 第二代人是蟋蟀

实 例

[彝族] 前三代人中的第二代是"蟋蟀"层。

【流传】云南省·（红河哈尼族彝族自治州）·弥勒县（弥勒市）

【出处】《倮族》，见《云南民族文学资料》（第十八集），1963 年，第 223~232 页。

## W2573.13
### 与第二代人有关的其他母题

实 例

（参见下级母题实例）

## W2573.13.1
### 第二代人不纯真

【关联】[W2503.1] 第二代人不纯真被毁掉

实 例

[傣族] 神造的第二代人种不纯真。

【流传】（无考）

【出处】《金葫芦》，见岩峰、王松、刀保尧《傣族文学史》，昆明：云南民族出版社 1995 年版，第 86 页。

## W2573.13.2
### 第二代人全部被火烧死

【关联】[W2503.7.2] 第二代人被火烧死

**实例**

[苗族] 第二代人时，凡间起了黄火，把山上的树、地上的草都烧光，人也全烧死。

【流传】云南省

【出处】

(a)《造人烟的传说》，见杨光汉主编《云南苗族民间故事集成》，北京：中国民间文艺出版社1988年版。

(b) 同（a），见姚宝瑄主编《中国各民族神话》（布依族、仡佬族、苗族），太原：山西出版传媒集团·书海出版社2014年版，第290页。

## W2573.13.3
### 第二代人皮厚

**实例**

[傣族] 神造的第二代人种不纯真，有的皮比土厚。

【流传】（无考）

【出处】《金葫芦》，见岩峰、王松、刀保尧《傣族文学史》，昆明：云南民族出版社1995年版，第86页。

## W2573.13.4
### 第二代人嗜睡

**实例**

（实例待考）

## W2573.13.4a
### 第二代人一觉百年

**实例**

（实例待考）

## W2574
### 第三代人

**实例**

（参见下级母题实例）

## W2574.0
### 第三代人的产生

**实例**

（参见下级母题实例）

## W2574.0.1
### 天神造第三代人

【关联】

① ［W2572.1.0］天神造第一代人

② ［W2573.1.1］天神造第二代人

**实例**

[彝族] 格兹天神来造人时，从天上撒下了三把雪，撒下的第一把天雪，就变成第一代人；撒下的第二把天雪，就变成第二代人；天神撒下的第三把天雪，就变成第三代人。

【流传】（云南省·楚雄彝族自治州·姚安县·官屯乡·马游村，大姚县·昙华乡等）

【出处】

(a) 郭天元（马游村）、李申呼颇（昙华乡）、李福玉颇（苴）演唱，郭思九、许明学、龚维顺、张宝省、陈志群、胡炳文等搜集，刘德虎、龚维顺、陈志群、李树荣、郭天元等整理：《梅葛》（第一部"创世"），见云南省民族民间文学楚雄调查队编

《梅葛》（1959），昆明：云南人民出版社 2009 年版。

（b）《打虎开天辟地》，蔷紫据云南省民族民间文学楚雄调查队著《梅葛》（云南人民出版社 2009 年版）改写，见姚宝瑄主编《中国各民族神话》（羌族、彝族），太原：山西出版传媒集团·书海出版社 2014 年版，第 198 页。

## W2574.0.2
### 始祖造第三代人

**实例**

[壮族] 姆洛甲（女始祖名）用蜂蛋和蝶蛋做第三代人。

【流传】广西壮族自治区·（河池市）·大化县（大化瑶族自治县）·羌圩乡·那康村

【出处】

（a）覃鼎琨讲，覃承勤采录翻译：《姆洛甲造三批人》，见中国民间文学集成全国编辑委员会编《中国民间故事集成》（广西卷），北京：中国 ISBN 中心 2001 年版，第 4 页。

（b）同（a），见张声震总主编，农冠品编注《壮族神话集成》，南宁：广西民族出版社 2007 年版，第 22 页。

## W2574.0.3
### 人皇生第三代人

**实例**

[仡佬族] 人皇生育繁殖第三曹人。

【流传】贵州省

【出处】

（a）《人皇与四曹人》，见高明强编《创世的神话和传说》，上海：上海三联书店 1988 年版，第 11 页。

（b）中央民族学院少数民族文艺研究所编《中国民族民间文学》（上），北京：中央民族学院出版社 1987 年版，第 228 页。

（c）《四曹人》，见毛星主编《中国少数民族文学》（中），长沙：湖南人民出版社 1983 年版，第 793 页。

## W2574.0.4
### 星宿下凡变成第三代人

**实例**

[仡佬族] 第三曹人是天上星宿下凡来投生发展的。

【流传】贵州省·遵义县（遵义市）·平正乡（平正仡佬族乡）

【出处】陈保合讲，田兴才采录：《四曹人》，见中国民间文学集成全国编辑委员会编《中国民间故事集成》（贵州卷），北京：中国 ISBN 中心 2003 年版，第 38 页。

## W2574.0.5
### 声音化成第三代人

**实例**

[苗族] 大火后只剩下一对母子，他们的叫声使凡间有了人类。这就是第三朝人。

【流传】云南省

【出处】

（a）《造人烟的传说》，见杨光汉主编

《云南苗族民间故事集成》，北京：中国民间文艺出版社1988年版。

（b）同（a），见姚宝瑄主编《中国各民族神话》（布依族、仡佬族、苗族），太原：山西出版传媒集团·书海出版社2014年版，第292页。

## W2574.0.6
### 雪变成第三代人

【实 例】

❶ [彝族] 格兹天神撒下了第三把雪。第三把雪变成了第三代人。

【流传】（云南省·楚雄彝族自治州·姚安县·官屯乡·马游村，大姚县·昙华乡等）

【出处】

（a）郭天元（马游村）、李申呼颇（昙华乡）、李福玉颇（苴）演唱，郭思九、许明学、龚维顺、张宝省、陈志群、胡炳文等搜集，刘德虎、龚维顺、陈志群、李树荣、郭天元等整理：《梅葛》（第一部"创世"），见云南省民族民间文学楚雄调查队编《梅葛》（1959），昆明：云南人民出版社2009年版。

（b）《打虎开天辟地》，蔷紫据云南省民族民间文学楚雄调查队著《梅葛》（云南人民出版社2009年版）改写，见姚宝瑄主编《中国各民族神话》（羌族、彝族），太原：山西出版传媒集团·书海出版社2014年版，第199页。

❷ [彝族] 格滋天神从天上撒下三把雪，落地变成三代人。撒下第一把是第一代，撒下第二把是第二代，撒下第三把是第三代。

【流传】云南省·楚雄彝族自治州·姚安县、大姚县等彝族地区

【出处】《创世·人类起源》，见云南省民族民间文学楚雄调查队整理编写《梅葛》，昆明：云南人民出版社2009年版，第20页。

## W2574.1
### 到第三代人时生正常人

【实 例】

[高山族] 兄妹结婚繁衍人类，开始时都是残疾，到第三代才正常。

【流传】台湾·大鸟万社、枋寮番等

【出处】李卉：《台湾及东南亚的同胞配偶型洪水传说》，载中国民族学会编印《中国民族学报》（台北）1955年第1期。

## W2574.2
### 第三代人是葫芦人

【关联】[W2184] 葫芦生人

【实 例】

[傣族] 第二代人被毁灭后，俩兄妹结婚繁衍人类，成为第三代人——葫芦人。

【流传】（a）云南省·西双版纳（西双版纳傣族自治州）

【出处】

（a）屈永仙：《傣族洪水神话及其特点》，见《云南开远兄妹婚神话与信仰民俗国际学术研讨会会议论文》，

昆明，2010 年 8 月。
(b)《金葫芦》，见岩峰、王松、刀保尧《傣族文学史》，昆明：云南民族出版社 1995 年版，第 86 页。

## W2574.3
### 第三代人是横眼人
【关联】
① ［W2573.4］第二代人是横眼人
② ［W2576.2］第 36 代人是横眼人

实 例

❶ ［彝族］第三代人为横眼人。
【流传】云南省·（红河哈尼族彝族自治州）·弥勒县（弥勒市）
【出处】《独眼人、直眼人和横眼人》，见中国民间文学集成全国编辑委员会编《中国民间故事集成》（云南卷），北京：中国 ISBN 中心 2003 年版，第 218~224 页。

❷ ［彝族］第三代人是横眼睛人"拉文"时代。
【流传】云南省·楚雄（楚雄彝族自治州）
【出处】 *《洪水神话》，转引自扬继中、芮增瑞、左玉堂编《楚雄彝族文学简史》，北京：中国民间文艺出版社 1986 年版，第 51 页。

❸ ［彝族］从前有三家：先是独眼家，切爸是祖先，切爸不懂理；直眼有一家，补能是祖先，补能不懂道；后是横眼家，祖先是补歹，祖先不讲理。
【流传】云南省·（普洱市）·江城（江城哈尼族彝族自治县）

【出处】白金恒等翻译，白生福等整理：《洪水连天》，见云南省少数民族古籍整理出版规划办公室编《洪水泛滥》，昆明：云南民族出版社 1987 年版，第 27~28 页。

## W2574.3.1
### 第三代人是直眼人
【关联】
① ［W2572.6］第一代人是直眼人
② ［W2573.5］第二代人是直眼人
③ ［W2831］直眼人

实 例

❶ ［彝族］格滋天神造出的第三代人，人的两只眼睛朝上生。
【流传】云南省·楚雄彝族自治州·姚安县、大姚县等彝族地区
【出处】《创世·人类起源》，见云南省民族民间文学楚雄调查队整理编写《梅葛》，昆明：云南人民出版社 2009 年版，第 23 页。

❷ ［彝族］格兹天神撒下了第三把雪变成的第三代人有两只眼睛，两只眼睛都朝上生。
【流传】（云南省·楚雄彝族自治州·姚安县·官屯乡·马游村，大姚县·昙华乡等）
【出处】
（a）郭天元（马游村）、李申呼颇（昙华乡）、李福玉颇（苴）演唱，郭思九、许明学、龚维顺、张宝省、陈志群、胡炳文等搜集，刘德虎、龚维顺、陈志群、李树荣、郭天元等整

理：《梅葛》（第一部"创世"），见云南省民族民间文学楚雄调查队编《梅葛》（1959），昆明：云南人民出版社2009年版。

（b）《打虎开天辟地》，蔷紫据云南省民族民间文学楚雄调查队著《梅葛》（云南人民出版社2009年版）改写，见姚宝瑄主编《中国各民族神话》（羌族、彝族），太原：山西出版传媒集团·书海出版社2014年版，第199页。

## W2574.3.2
### 第三代人是独眼人

【关联】

① [W2572.3] 第一代人是独眼人
② [W2828] 独眼人

实例

[彝族]（实例待考）

## W2574.4
### 第三代人的身高

实例

（参见下级母题实例）

## W2574.4.1
### 第三代人很高

实例

[彝族] 第三代人长成松树一样高。

【流传】（四川省·凉山彝族自治州）

【出处】

（a）冯元蔚译：《勒俄特依》，成都：四川民族出版社1986年版。

（b）冯元蔚译，蔷紫改写：《勒俄特依》，见姚宝瑄主编《中国各民族神话》（羌族、彝族），太原：山西出版传媒集团·书海出版社2014年版，第155页。

## W2574.4.2
### 第三代人是"八尺人"

实例

❶ [藏族] 天老爷派下来的第三代人是"八尺人"，八尺人身高力大。

【流传】四川省白马藏区

【出处】扎嘎才札等讲，谢世廉等搜集：《创世传说》，见陶立璠、赵桂芳等编《中国少数民族神话汇编》（开天辟地篇），中央民族学院少数民族古籍整理出版规划领导小组办公室印（未署时间），第1页。

❷ [藏族（白马）] 天老爷派到地上的前两代人灭绝后，又派下来"八尺人"。

【流传】四川

【出处】

（a）扎嘎梳、小石桥、顶牵讲，谢世廉、周盖华、妆志成、周贡中搜集：《老天爷派来三代人》，见中国民间文艺研究会四川分会编《四川白马藏族民间文学资料集》，本书编委会1982年编印。

（b）同（a），见姚宝瑄主编《中国各民族神话》（门巴族、珞巴族、怒族、藏族），太原：山西出版传媒集团·书海出版社2014年版，第86页。

## 2.7.4 与人类再生相关的其他母题

### W2574.5
#### 第三代人饭量很大

**实例**

[藏族] 天老爷派下来的第三代人，身材高力大，食量也大得吓人。

【流传】四川省白马藏区

【出处】扎嘎才札等讲，谢世廉等搜集：《创世传说》，见陶立璠、赵桂芳等编《中国少数民族神话汇编》（开天辟地篇），中央民族学院少数民族古籍整理出版规划领导小组办公室印（未署时间），第1页。

### W2574.6
#### 第三代人有其他特殊特征

**实例**

（参见下级母题实例）

### W2574.6.1
#### 第三代人是四只眼的竖眼人

**实例**

[彝族] 天神造的第三代人是四只眼的竖眼人。

【流传】（无考）

【出处】《拉天缩地》，见高明强编《创世的神话和传说》，上海：上海三联书店1988年版，第33页。

### W2574.6.2
#### 第三代人很懒

**实例**

[彝族] 天神造的第三代人心不好，贪吃又懒惰。他们不耕田、不种地，只等老天给他们生长。

【流传】（云南省·楚雄彝族自治州·姚安县·官屯乡·马游村，大姚县·昙华乡等）

【出处】

（a）郭天元（马游村）、李申呼颇（昙华乡）、李福玉颇（苴）演唱，郭思九、许明学、龚维顺、张宝省、陈志群、胡炳文等搜集，刘德虎、龚维顺、陈志群、李树荣、郭天元等整理：《梅葛》（第一部"创世"），见云南省民族民间文学楚雄调查队编《梅葛》（1959），昆明：云南人民出版社2009年版。

（b）《打虎开天辟地》，蔷紫据云南省民族民间文学楚雄调查队著《梅葛》（云南人民出版社2009年版）改写，见姚宝瑄主编《中国各民族神话》（羌族、彝族），太原：山西出版传媒集团·书海出版社2014年版，第200页。

### W2574.7
#### 与第三代人有关的其他母题

**实例**

（参见下级母题实例）

### W2574.7.1
#### 第三代人会用火

**实例**

[彝族] 天上的老龙，教地上的第三代人用火铳打火。

【流传】（云南省·楚雄彝族自治州·姚安县·官屯乡·马游村，大姚县·昙华乡等）

【出处】

（a）郭天元（马游村）、李申呼颇（昙华乡）、李福玉颇（苴）演唱，郭思九、许明学、龚维顺、张宝省、陈志群、胡炳文等搜集，刘德虎、龚维顺、陈志群、李树荣、郭天元等整理：《梅葛》（第一部"创世"），见云南省民族民间文学楚雄调查队编《梅葛》（1959），昆明：云南人民出版社2009年版。

（b）《打虎开天辟地》，蔷紫据云南省民族民间文学楚雄调查队著《梅葛》（云南人民出版社2009年版）改写，见姚宝瑄主编《中国各民族神话》（羌族、彝族），太原：山西出版传媒集团·书海出版社2014年版，第200页。

## W2574.7.2
### 第三代人心不好

【关联】[W2502.5]第一代人心不好被毁掉

实 例

[彝族] 格滋天神造出的第三代人，他们人心不好，不耕田不种地，不薅草不拔草。

【流传】云南省·楚雄彝族自治州·姚安县、大姚县等彝族地区

【出处】《创世·人类起源》，见云南省民族民间文学楚雄调查队整理编写《梅葛》，昆明：云南人民出版社2009年版，第24页。

## W2575
### 第四代人

实 例

（参见下级母题实例）

## W2575.0
### 第四代人的产生

实 例

（参见下级母题实例）

## W2575.0.1
### 天老爷派来第四代人

实 例

[藏族] 天老爷没有办法，最后才派来了我们现在的"人"（第四代人）。

【流传】四川省白马藏区

【出处】扎嘎才札等讲，谢世廉等搜集：《创世传说》，见陶立璠、赵桂芳等编《中国少数民族神话汇编》（开天辟地篇），中央民族学院少数民族古籍整理出版规划领导小组办公室印（未署时间），第1页。

## W2575.0.2
### 兄妹婚生第四代人

【关联】[W2436]兄妹婚生人

实 例

[仡佬族] 人皇的两个儿女阿仰兄妹，

繁衍今天的第四曹人。

【流传】贵州省

【出处】

（a）《人皇与四曹人》，见高明强编《创世的神话和传说》，上海：上海三联书店 1988 年版，第 11 页。

（b）《四曹人》，见毛星主编《中国少数民族文学》（中），长沙：湖南人民出版社 1983 年版，第 793 页。

## W2575.1

### 现在的人是第四代人

【关联】［W2929.5.3］现在的恶人是第四代人

实　例

［仡佬族］现在的人，已是第四曹人。

【流传】贵州省·（遵义市）·遵义县·平正乡（平正仡佬族乡）

【出处】陈保合讲，田兴才采录：《四曹人》，见中国民间文学集成全国编辑委员会编《中国民间故事集成》（贵州卷），北京：中国 ISBN 中心 2003 年版，第 38 页。

## W2575.2

### 第四代人是巨人

【关联】

① ［W2573.12.1］第二代人很高

② ［W2574.4.1］第三代人很高

③ ［W2810.1］人原来身体很高

④ ［W2810.4.2］特定时代的人很高

⑤ ［W0660］巨人

实　例

［彝族］祖灵燃烧形成的烟柱和火光一直在变，变成的第四代人都长成山峰一样高。

【流传】（四川省·凉山彝族自治州）

【出处】

（a）冯元蔚译：《勒俄特依》，成都：四川民族出版社 1986 年版。

（b）冯元蔚译，蔷紫改写：《勒俄特依》，见姚宝瑄主编《中国各民族神话》（羌族、彝族），太原：山西出版传媒集团·书海出版社 2014 年版，第 155 页。

## W2576

### 其他特定时代的人

实　例

（参见下级母题实例）

## W2576.1

### 前 36 代人是竖眼人

【关联】［W2830］竖眼人

实　例

［彝族］（实例待考）

## W2576.2

### 第 36 代人是横眼人

【关联】［W2574.3］第三代人是横眼人

实　例

［彝族］笃慕（彝族的祖先）出世后，三十有六世，三十六代中，横眼人出世。

【流传】云南省·楚雄（楚雄彝族自治州）

## W2576a
### 与各代人产生有关的其他母题

【实例】

(参见下级母题实例)

## W2576a.1
### 几代人同时产生

【实例】

(参见下级母题实例)

## W2576a.1.1
### 前三代人同时产生

【关联】

① [W2572] 第一代人

② [W2573] 第二代人

③ [W2574] 第三代人

【实例】

❶ [彝族（罗鲁泼）] 怪物变成的蛇变成人，一变变成三代人。

【流传】云南省·（楚雄彝族自治州）·永仁县

【出处】

(a)（李德宝演唱，李必荣、李荣才搜集，夏光辅、诺海阿苏翻译）《冷斋调》（1984），云南省社会科学院楚雄彝族文化研究所编《彝族民间文学》（第二辑），1985年。

(b) 夏光辅、诺海阿苏翻译，古梅改写：《冷斋调》，见姚宝瑄主编《中国各民族神话》（羌族、彝族），太原：山西出版传媒集团·书海出版社2014年版，第115页。

❷ [彝族] 有了天地万物后，格兹天神来造人。格兹天神撒下了三把雪，三把天上的雪落到地上，就变成了三代人。

【流传】（云南省·楚雄彝族自治州·姚安县·官屯乡·马游村，大姚县·昙华乡等）

【出处】

(a) 郭天元（马游村）、李申呼颇（昙华乡）、李福玉颇（苴）演唱，郭思九、许明学、龚维顺、张宝省、陈志群、胡炳文等搜集，刘德虎、龚维顺、陈志群、李树荣、郭天元等整理：《梅葛》（第一部"创世"），见云南省民族民间文学楚雄调查队编《梅葛》（1959），昆明：云南人民出版社2009年版.

(b)《打虎开天辟地》，蕾紫据云南省民族民间文学楚雄调查队著《梅葛》（云南人民出版社2009年版）改写，见姚宝瑄主编《中国各民族神话》（羌族、彝族），太原：山西出版传媒集团·书海出版社2014年版，第198页。

## W2576a.2
### 人类灾难前是不正常的人

【实例】

(参见下级母题实例)

## W2576a.2.1
### 洪水前是独脚人和独眼人

**实例**

［彝族］洪水前是独脚人和独眼人。

【流传】贵州省·毕节（毕节市）

【出处】王子尧等翻译、整理：《洪水纪》，北京：民族出版社1988年版。

## W2576a.3
### 最早时代的人以动物命名

【关联】
① ［W6290］动物图腾
② ［W6867.2］用动物命名

**实例**

［彝族］前三代人"蚂蚱层"、"蟋蟀层"和"独眼人"。

【流传】云南省·（红河哈尼族彝族自治州）·弥勒县（弥勒市）

【出处】《俫族》，见《云南民族文学资料》（第十八集），1963年，第223～232页。

## W2577
### 人类的延续

【关联】［W2913.8］人的演进

**实例**

## W2577.1
### 灾难后大多数存活

【关联】
① ［W2505］灾难后人类再生
② ［W8086］灾难幸存者

**实例**

［哈尼族］（实例待考）

## W2577.2
### 特定的氏族繁衍人类

**实例**

（参见下级母题实例）

## W2577.2.1
### 现在的人由4个氏族传下来

【关联】［W2577.2］特定的氏族繁衍人类

**实例**

［白族］现在的人们是由四个氏族传下来的。

【流传】云南省碧江一带

【出处】阿普介爹讲，周天纵搜集，普六介翻译：《氏族来源的传说》，见中华民族故事大系编委会编《中华民族故事大系》第5卷（瑶族、白族、土家族），上海：上海文艺出版社1995年版，第323页。

## W2577.3
### 人的换代

【关联】［W2295.4.7］换人种

**实例**

（参见关联项母题实例）

## W2577.4
### 灾难后人类延续

**实例**

（参见下级母题实例）

## W2577.4.1
### 洪水后人类延续至今

**实例**

［独龙族］洪水后地上人逐渐多起来。

【流传】（无考）

【出处】当色·顶等讲，李子贤整理：《彭根朋上天娶媳妇》，见《云南民族民间故事选》，昆明：云南人民出版社1960年版。

## W2578
### 与人类再生有关的其他母题

**实例**

（参见下级母题实例）

## W2578.1
### 人类经历数次兴衰

**实例**

［仡佬族］经过几番几复的兴衰，才有了人烟。

【流传】贵州省·（遵义市）·遵义县·平正乡（平正仡佬族乡）

【出处】陈保合讲，田兴才采录：《四曹人》，见中国民间文学集成全国编辑委员会编《中国民间故事集成》（贵州卷），北京：中国ISBN中心2003年版，第38页。

## W2578.2
### 人死后复活再生人类

【关联】［W9304］以前的人能死后复活

**实例**

［独龙族］死人救活以后再不能生殖繁衍。

【流传】云南省·（怒江傈僳族自治州）·贡山县（贡山独龙族怒族自治县）·独龙江乡

【出处】孔志清讲，辛一采录：《行米戛朋》，见中国民间文学集成全国编辑委员会编《中国民间故事集成》（云南卷），北京：中国ISBN中心2003年版，第275页。

## 2.8 怀孕与生育
（W2580～W2699）

### 2.8.1 怀孕
（W2580～W2589）

### ❋ W2580
怀孕

【汤普森】①T500；②T570

【关联】
① ［W2130～W2299］生育产生人
② ［W2400～W2499］婚配产生人

实 例

（参见下级母题实例）

### W2580.1
以前的人不怀孕

实 例

（参见下级母题实例）

### W2580.1.1
早期因没有女人不会怀孕

【关联】［W2753］人的性别的产生

实 例

［佤族］刚从葫芦里出来的人，没有女人，也不晓得生娃娃。

【流传】云南省·（普洱市）·西盟县（西盟佤族自治县）

【出处】包永红等讲，高登智采录：《佤族姓氏的形成》，见中国民间文学集成全国编辑委员会编《中国民间故事集成》（云南卷），北京：中国ISBN中心2003年版，第336页。

### W2580.1.1.1
早期的人因不婚配不怀孕

【关联】［W2495］结婚不生育

实 例

［毛南族］人刚从地下的岩层爬上地面的时候，没有男女配成夫妻，没有生儿育女。

【流传】广西壮族自治区·（河池市）·环江毛南族自治县上南（上南乡）、中南（中南乡）、下南（下南乡）·上纳屯

【出处】蒙贵章讲，蒙国荣、韦志华、谭贻生记录翻译，蒙国荣整理：《昆屯开天盖》（1984.07），见姚宝瑄主编《中国各民族神话》（土家族、毛南族、侗族、瑶族），太原：山西出版传媒集团·书海出版社2014年版，第61页。

### W2580.1.2
以前的人没有生育能力

【关联】［W2150.1］以前的人不生育

实 例

❶［白族］远古时代，人类没有生育能力。

【流传】云南省·（大理白族自治州）·鹤庆县·朵美乡

【出处】鹤庆县民间文学集成办公室编：《石家什》，载《鹤庆民间故事集成》，昆明：云南人民出版社1989年版，第30~32页。

❷［白族］老古时代，人类没有生育能力。

【流传】云南省·（大理白族自治州）·鹤庆县·朵美乡·朵美街

【出处】彭独豹讲，鹤庆县集成办公室采录：《石家什》，见中国民间文学集成全国编辑委员会编《中国民间故事集成》（云南卷），北京：中国ISBN中心2003年版，第233页。

## W2580.2
### 生育能力的获得

实例

（参见下级母题实例）

## W2580.2.0
### 神赐予人生育能力

实例

（参见下级母题实例）

## W2580.2.0.1
### 神规定人的生育

实例

［羌族］天上的神索依迪和地上的神依朗生育人时商议决定：以后怀娃娃的时候，要先生头发，再生眉毛，再生耳朵、眼睛、鼻子、嘴巴、舌头、心肺、肚肠等东西，并且规定，这些东西都要按照一定的样子生长。

【流传】四川省·阿坝藏族羌族自治州·茂汶羌族自治县（今归属茂县）

【出处】

（a）《开咂酒曲子》，见杨亮才、陶立璠、邓敏文《中国少数民族文学》（上册），北京：人民出版社1985年版。

（b）郑友富、周贵友讲，王康、龚剑雄、吴文光采录，王康整理：《索依迪朗夫妇造人》，原名《人是咋个来的》，原载西南民族学院图书馆与西南民族学院《羌族文学简史》编写组《羌族民间文学资料集》（一），1987年编，见姚宝瑄主编《中国各民族神话》（羌族、彝族），太原：山西出版传媒集团·书海出版社2014年版，第7页。

## W2580.2.1
### 供奉神获得生育能力

【关联】［W2281］祈祷神生子（向神祈子）

实例

［鄂温克族］生育神加奇神让老夫妻供养两个用马鬃马尾扎巴成的神像，后生了许多孩子。

【流传】黑龙江省·黑河市

【出处】莫春安讲，白水夫采集：《加奇

神》，见中国民间文学集成全国编辑委员会编《中国民间故事集成》（黑龙江卷），北京：中国 ISBN 中心 2005 年版，第 39 页。

## W2580.2.2
### 造人者教人生育

**实 例**

（参见下级母题实例）

## W2580.2.2.1
### 造人的天神教人生育

**实 例**

［独龙族］天上神嘎美、嘎莎用泥土造的一对男女普和姆什么也不懂，什么也不会。嘎美和嘎莎又教会他俩怎么生育后代。

【流传】（无考）

【出处】《嘎美嘎莎造人》，原载陶立璠、赵桂芳等编《中国少数民族神话汇编》，见陶阳、钟秀编《中国神话》（下），北京：商务印书馆 2008 年版，第 1082~1083 页。

## W2580.2.3
### 真主决定人的生育

【关联】［W2279.7.2］真主安排感生

**实 例**

［柯尔克孜族］神圣的真主的意志必须遵从，让四十个姑娘因喝下骨灰水怀孕，都生下了孩子，二十个男孩，二十个女孩。

【流传】新疆维吾尔自治区

【出处】陶阳据新疆维吾尔自治区《玛纳斯》工作组 1961 年 11 月居素甫·玛玛依唱本重述《柯尔克孜的来历》，见陶阳、钟秀编《中国神话》（中），北京：商务印书馆 2008 年版，第 620~624 页。

## W2580.2.4
### 始祖去掉变化特征后获得生育能力

**实 例**

［苗族］天地刚形成时，男人爷里毕和女人波里毕去掉了每日都变化的特征后，开始生儿育女。

【流传】贵州省·（毕节市）·威宁县（威宁彝族回族苗族自治县）·龙街

【出处】韩庆安讲：《波里毕和爷里毕》，见中国民间文学集成全国编辑委员会编《中国民间故事集成》（贵州卷），北京：中国 ISBN 中心 2003 年版，第 14~15 页。

## W2580.2.5
### 人应许了神的条件后开始生孩子

**实 例**

（参见下级母题实例）

## W2580.2.5.1
### 人为了年轻答应了神提出的人生孩子的条件

**实 例**

[苗族] 以前，人的始祖一天内就会衰老，第二天返老还童。始祖恳求天神元告杜开恩，让他们永远不会衰老。天神说："要答应你们永远年轻，必须劳累筋骨，耗费心血，不仅要生儿女，还要种粮盖屋，辛辛苦苦地哺育他们。要让子孙一代又一代地繁衍下去，要让子孙布满人间，布满天空。"两位始祖欣然答应。

【流传】云南省

【出处】王建国讲，陆兴凤翻译：《人类始祖返老还童的故事》，原载《云南苗族民间故事集成》，见陶阳、钟秀编《中国神话》（下），北京：商务印书馆2008年版，第1100~1103页。

## W2580.2.6
### 神让人用生育代替了蜕皮

实 例

（参见下级母题实例）

## W2580.2.6.1
### 神让一个女人不再蜕皮后人开始生育

实 例

[苗族] 天上老爷爷答应一个妇女不再想蜕皮的请求时，说道："人活在世上，哪个都有生老病死，就不消蜕皮了！不过你得生儿育女，繁衍人烟！"女人从此开始怀孕生孩子。

【流传】云南省

【出处】王建国讲，陆兴凤翻译：《人为何会生会死》，原载《云南苗族民间故事集成》，见陶阳、钟秀编《中国神话》（下），北京：商务印书馆2008年版，第1078~1079页。

## W2580.2.7
### 生育能力源于自然物的赋予

实 例

（参见下级母题实例）

## W2580.2.7.1
### 北斗星赋予人的生育能力

【关联】[W2283.6] 祈北斗星辰得子

实 例

[鄂温克族] 人生的小孩是北斗星给的。

【流传】内蒙古·（呼伦贝尔市）·阿荣旗·查巴奇乡（查巴奇鄂温克族乡）

【出处】

（a）《阿荣旗查巴奇乡鄂温克族调查报告》，见内蒙古自治区编辑组《鄂温克族社会历史调查》，呼和浩特：内蒙古人民出版社1986年版，第113页。

（b）《生命的来源》，见吕大吉、何耀华总主编《中国各民族原始宗教资料集成》（鄂伦春族卷、鄂温克族卷、赫哲族卷、达斡尔族卷、锡伯族卷、满族卷、蒙古族卷、藏族卷），北京：中国社会科学出版社1999年版，第107页。

## W2580.2.8
### 生育能力是萨满赋予的

【关联】［W9146］萨满

实 例

［鄂温克族］生小孩是萨满给予的。

【流传】内蒙古·（呼伦贝尔市）·阿荣旗·查巴奇（查巴奇鄂温克族乡）

【出处】

(a)《阿荣旗查巴奇乡鄂温克族调查报告》，见内蒙古自治区编辑组《鄂温克族社会历史调查》，呼和浩特：内蒙古人民出版社1986年版，第113页。

(b)《生命的来源》，见吕大吉、何耀华总主编《中国各民族原始宗教资料集成》（鄂伦春族卷、鄂温克族卷、赫哲族卷、达斡尔族卷、锡伯族卷、满族卷、蒙古族卷、藏族卷），北京：中国社会科学出版社1999年版，第107页。

## W2580.2.9
### 祭敖包怀孕

【关联】
① ［W2230］感生人
② ［W2283.7］祈敖包得子

实 例

（参见下级母题实例）

## W2580.2.9.1
### 老太太祭敖包怀孕

实 例

［鄂伦春族］一对老夫妇就到"敖宝"（一般译为"敖包"）前祈祷求子。过了几天之后，老太太就怀孕了。

【流传】黑龙江省·（大兴安岭地区）·呼玛县·（十八站）

【出处】

(a) 孟古古善讲，潭玉昆、李宝玉口译，隋书金记录整理：《吴达内的故事》，见隋书金编《鄂伦春民间故事选》，上海：上海文艺出版社1988年版。

(b) 同(a)，见姚宝瑄主编《中国各民族神话》（达斡尔族、鄂伦春族、鄂温克族、蒙古族），太原：山西出版传媒集团·书海出版社2014年版，第43~44页。

## W2580.2.10
### 生育能力源于发誓

【关联】［W5976］誓约

实 例

（参见下级母题实例）

## W2580.2.10.1
### 人因犯错发誓用生育惩罚自己

【关联】［W9906］惩罚

实 例

［布依族］伏羲兄妹为报复雷神制造洪水殃及百姓生命，太白金星决定把他们烧死。伏羲兄妹很害怕，就跪下来向太白金星发誓说他们愿意结婚，生儿育女来还天下人。太白金星同意了他们的请求。

【流传】（无考）

【出处】

（a）祝登雍讲：《伏羲兄妹》，见谷德明编《中国少数民族神话选》，西北民族学院研究所编印，内部资料，1983年。

（b）同（a），见姚宝瑄主编《中国各民族神话》（布依族、仡佬族、苗族），太原：山西出版传媒集团·书海出版社2014年版，第60页。

## W2580.2.11
### 与生育能力的获得有关的其他母题

实例

（参见下级母题实例）

## W2580.2.11.1
### 感生能力的失去

【关联】[W2230]感生人

实例

[彝族] 女儿国的女人系上搓日阿补（英雄名）的花围腰，再不能迎风怀孕了。

【流传】云南省·（楚雄彝族自治州）·永仁县

【出处】苏绍相等讲，基默热阔采录：《搓日阿补征服女儿国》，见中国民间文学集成全国编辑委员会编《中国民间故事集成》（云南卷），北京：中国ISBN中心2003年版，第353页。

## W2581
### 神奇的怀孕

【汤普森】T510

实例

（参见下级母题实例）

## W2581.1
### 女子无夫而孕

【关联】

① [W2151] 处女生人

② [W2230] 感生人

③ [W9914.1] 无夫而孕被惩罚

实例

（参见下级母题实例）

## W2581.1.1
### 因感应某物无夫而孕

【关联】[W2230]感生人

实例

❶ [高山族（邹人）] 一个姑娘捞了一个木材，拿到家里放在床下，而受孕。

【流传】台湾

【出处】[俄]李福清著：《神话与鬼话——台湾原住民神话故事比较研究》（增订本），北京：社会科学文献出版社2001年版，第13页。

❷ [傈僳族] 有个沃木列姑娘因抚摸过青蛙而得孕。

【流传】云南省

【出处】《戈叶缠的故事》，载云南德宏

傣族景颇自治州文联编《孔雀》1982年第4期。

❸ [彝族] 女儿国的女人迎风站在山头上也能怀孕。
【流传】云南省·（楚雄彝族自治州）·永仁县
【出处】苏绍相等讲，基默热阔采录：《搓日阿补征服女儿国》，见中国民间文学集成全国编辑委员会编《中国民间故事集成》（云南卷），北京：中国 ISBN 中心 2003 年版，第 353 页。

## W2581.1.2
### 在特定处所无夫而孕
实例

[汉族] 洪水中躲在南瓜里的俩姐妹自然怀孕。
【流传】湖南省·（岳阳市）·临湘（临湘市）
【出处】李清云讲，李学文采录：《葫芦姐弟》，见中国民间文学集成全国编辑委员会编《中国民间故事集成》（湖北卷），北京：中国 ISBN 中心 1999 年版，第 15 页。

## W2581.1.3
### 在特定地方的女人无夫而孕
实例

（参见下级母题实例）

## W2581.1.3.1
### 女儿国的女子无夫而孕
实例

[汉族] 女国女子，六七月产子。
【流传】（无考）
【出处】《梁书·东夷传》。

## W2581.1.4
### 特定的途中无夫而孕
实例

❶ [塔吉克族] 西域波斯国王就派两名大臣到中国求亲，西行中公主身孕生了 1 个男孩。
【流传】新疆维吾尔自治区
【出处】
（a）《汉日天种》，见谷德明编《中国少数民族神话》，北京：中国民间文艺出版社 1987 年版，第 747~748 页。
（b）《大唐西域记》之《揭盘陀国》。

❷ [塔吉克族] 汉民族居住的中原大地恶皇帝答应了波利剌斯国（即波斯国）国王的求婚，挑选了最小的一位公主嫁给波利剌斯国国王。出嫁途中，公主和宫女们被安置在陡峭高山上的一座城堡里的宫室。后来，大臣们突然发现公主已有身孕。
【流传】新疆维吾尔自治区
【出处】麦德力罕搜集，夏羿、朱华翻译整理：《公主堡的传说》，见姚宝瑄主编《中国各民族神话》（乌孜别克

## W2581.1.5
### 根据意愿无夫而孕

**实例**

[汉族] 洪水后，只有一家人幸存，老夫妻焦急时，两个女儿说自己怀了孕。

【流传】湖北省·（咸宁市）·通城县·北港乡

【出处】李清云讲：*《洪水后再生人类》，见中国民间文学集成全国编辑委员会编《中国民间故事集成》（湖北卷），北京：中国ISBN中心1999年版，第15页。

## W2581.1.5.1
### 女子思夫而孕

**实例**

[汉族] 思士不妻而感，思女不夫而孕。

【流传】（无考）

【出处】《列子·天瑞》。

## W2581.1.6
### 丈夫死后妻子无夫而孕

**实例**

❶ [毛南族] 社王的父亲早死，他的母亲一次赶坪回到半路，突然感到肚里怀了孕，有了社王。

【流传】（无考）

【出处】
（a）《社王》，见《中国各民族宗教与神话大词典》，北京：学苑出版社1990年版。
（b）同（a），见姚宝瑄主编《中国各民族神话》（土家族、毛南族、侗族、瑶族），太原：山西出版传媒集团·书海出版社2014年版，第67页。

❷ [蒙古族] 朵奔篾儿干死后，他的妻子阿阑豁阿没有丈夫又生了3个儿子。

【流传】（无考）

【出处】
（a）奥其翻译：《感光即孕》，见谷德明编《中国少数民族神话》，北京：中国民间文艺出版社1987年版，第58~61页。
（b）《阿兰豁阿五箭训子》，见《蒙古秘史》，北京：新华出版社2006年版。

## W2581.2
### 自然孕生人

**实例**

（参见下级母题实例）

## W2581.2.1
### 神自然怀孕人

【关联】[W2131] 神生人

**实例**

（参见关联项母题实例）

## W2581.2.2
### 混沌中孕生人

**实例**

[汉族] 混沌中生出盘（女）和古（男）。
【流传】河南省·（南阳市）·桐柏县
【出处】《创世传说》，见桐柏网 http://tongbai.01ny.cn，2005.09.27。

## W2581.2.3
### 男人自然孕生人

**实例**

[哈尼族] 青蛙的儿子纳得开始造天时怀了孕。
【流传】云南省·（普洱市）·墨江县（墨江哈尼族自治县）
【出处】金开兴讲，蓝明红采录：《青蛙造天地》，见中国民间文学集成全国编辑委员会编《中国民间故事集成》（云南卷），北京：中国ISBN中心2003年版，第34页。

## W2581.2.4
### 女人自然孕生人

**实例**

[珞巴族] 女子自然怀孕后生人。
【流传】西藏自治区·（林芝市）·米林（米林县）
【出处】达大讲，李坚尚等整理，达嘎翻译：《布隆阿乃》，见中华民族故事大系编委会编《中华民族故事大系》第16卷（赫哲族、门巴族、珞巴族、基诺族），上海：上海文艺出版社1995年版，第429页。

## W2581.3
### 通过魔咒怀孕

【汤普森】T527
【关联】
① [W9000] 魔法
② [W9100] 魔力
③ [W9119.1] 魔力的语言
④ [W9175] 咒语

**实例**

（参见 W2580.2.10 母题实例）

## W2581.4
### 年龄老时怀孕

【汤普森】T538

**实例**

❶ [汉族] 六十多岁的老婆吃两颗枣后怀上了胎。
【流传】河北省·（邢台市）·内邱县·（五郭店乡）·紫草沟村
【出处】赵丙银讲，张少鹏采录：《哥姐庙》，见中国民间文学集成全国编辑委员会编《中国民间故事集成》（河北卷），北京：中国ISBN中心2003年版，第23页。

❷ [锡伯族] 六十岁老婆婆感化佛神，怀孕生子。
【流传】（无考）
【出处】安吉讲，伊明搜集，佟清福译：

## W2581.5
### 神奇怀孕的其他母题

【汤普森】T539

【关联】［W0574.4］英雄回到母胎再生

实例

（参见下级母题实例）

## W2581.5.1
### 神赐孕

【关联】［W2580.2.0］神赐予人生育能力

实例

［古突厥］雅菲瑟（诺亚的第三个儿子）在秦国境内建起了一座美丽的城市，腾格里赐予他十一个儿子。

【流传】（无考）

【出处】艾赛提·苏来曼译《人类懂得了吃盐》，见满都呼主编《中国阿尔泰语系诸民族神话故事》，北京：民族出版社1997年版，第13页。

## W2581.5.2
### 天神赐孕

【关联】［W2230］感生人

实例

❶［满族］一户好心老人不孕，天神赐子。

【流传】黑龙江省·（牡丹江市）·宁安县·江东乡（江南朝鲜族满族乡）

【出处】关振川讲：《阿克沙恩都里》，见中国民间文学集成全国编辑委员会编《中国民间故事集成》（黑龙江卷），北京：中国ISBN中心2005年版，第63~65页。

❷［苗族］洪水后，盘古和三皇五帝让胡秋兄妹成家。但这两兄妹根本就没有做夫妻。后来，妹妹总算怀上娃儿了，但不是她哥哥的，也不是哪个人的，是天神赐给她的。

【流传】四川省·（凉山彝族自治州）·木里县（木里藏族自治县）·李子坪乡

【出处】陶乔讲，孟燕等采录：《人的起源》，见中国民间文学集成全国编辑委员会编《中国民间故事集成》（四川卷·下），北京：中国ISBN中心1998年版，第1322页。

## W2581.5.3
### 其他特定的名称的神或神性人物赐孕

实例

（参见下级母题实例）

## W2581.5.3.1
### 生育女神赐孕

实例

［朝鲜族］生殖母神堂金姑娘给人们送来子孙，使人们得以传宗接代。

【流传】（无考）

【出处】《堂金姑娘》，见许辉勋《对朝

鲜民族文化心理本原的神话学阐释》，载《延边大学学报》1998年第4期。

## W2581.5.3.2
### 太白老君赐孕

**实例**

[汉族] 太上道君乘无彩龙送子。

【流传】（无考）

【出处】《玉皇经》，见王德恒等《造神史话》，天津：百花文艺出版社2002年版，第84页。

## W2581.5.3.3
### 七星神赐孕

**实例**

[朝鲜族] 从前朝鲜族民间信奉七星神，认为七星神可以给人们赐儿赐女。

【流传】（无考）

【出处】金德顺讲，裴永镇整理：《朱蒙》注释，见姚宝瑄主编《中国各民族神话》（满族、赫哲族、朝鲜族），太原：山西出版传媒集团·书海出版社2014年版，第170~181页。

## W2581.5.4
### 两女子同居怀孕

**实例**

[珞巴族] 与姐姐住在一起妹妹怀孕。

【流传】西藏自治区·下珞渝（泛指永木河、锡约尔河、巴恰西仁河流域）

【出处】维·埃尔温搜集：《尼尼莫和她的孩子》，见中华民族故事大系编委会编《中华民族故事大系》第16卷（赫哲族、门巴族、珞巴族、基诺族），上海：上海文艺出版社1995年版，第566页。

## W2581.6
### 男女共同怀孕

**实例**

[普米族] 男女共同怀孕。

【流传】云南省·（丽江市）·宁蒗（宁蒗彝族自治县）；四川省·（凉山彝族自治州）·西昌（西昌市）、木里县（木里藏族自治县）等地

【出处】编玛讲，章虹宇整理：《巴弄明和巴弄姆》，见中华民族故事大系编委会编《中华民族故事大系》第14卷（普米族、塔吉克族、怒族、俄罗斯族、鄂温克族），上海：上海文艺出版社1995年版，第38页。

## W2582
### 正常的怀孕时间

**实例**

（参见下级母题实例）

## W2582.1
### 怀孕10个月

**实例**

❶ [朝鲜族] 国王含达婆常祈天求子，因此王后十月怀胎，一朝分娩。

【流传】（无考）

【出处】金永奎改写：《昔脱解王神话》，见姚宝瑄主编《中国各民族神话》（满族、赫哲族、朝鲜族），太

❷ [朝鲜族] 河伯的女儿柳花怀胎满十个月后，从左夹肢窝下生下一个肉蛋子，肉丸子变成人。

【流传】长白山等地

【出处】金德顺讲，裴永镇记录整理：《东明王的传说》，原载《金德顺故事集》，见陶阳、钟秀编《中国神话》（中），北京：商务印书馆2008年版，第886~897页。

❸ [蒙古族] 鹰和女人相交，足月（10个月）时生了1个男孩。

【流传】（无考）

【出处】乌丙安：《神秘的萨满世界》，上海：上海三联书店1989年版，第89页。

❹ [羌族] 女首领阿勿巴吉吃了天上的火神蒙格西给的果子怀孕。十个月后，生了一个男孩。

【流传】四川省·（阿坝藏族羌族自治州）·茂县

【出处】
(a)《燃比娃取火》，见茂县文化馆编《羌族民间故事》（三），1982年12月。
(b) 同（a），见吕大吉、何耀华总主编《中国各民族原始宗教资料集成》（纳西族卷·羌族卷·独龙族卷·傈僳族卷·怒族卷），北京：社会科学出版社2000年版，第580页。

❺ [壮族] 天神母亲刚怀姆洛甲时，腹中一天就胀大半节竹子长。怀到十月时，就生了一个巨婴。

【流传】
(a) 广西壮族自治区·（百色市）·西林县·那佐乡·那来村
(b) 广西壮族自治区

【出处】
(a) 黄公受讲，岑护双采录翻译：《巨人夫妻》，中国民间文学集成全国编辑委员会编《中国民间故事集成》（广西卷），北京：中国 ISBN 中心 2001年版，第55~60页。
(b) 同（a），见陶阳、钟秀编《中国神话》（中），北京：商务印书馆2008年版，第659~667页。

## W2582.1.1
### 十月怀胎的来历

实 例

（参见下级母题实例）

## W2582.1.1.1
### 管人的神规定怀胎十月

实 例

[汉族] 管蛇的神仙和管人的神仙在确定生死的时候已经讲好：人一次怀孕十个月，而蛇一年生十几个蛋，孵出来就是十几条蛇，二年长大。

【流传】湖北省

【出处】冯帮贵、冯德清讲，冯本林搜集整理：《人死蛇蜕皮的来历》，见陶阳、钟秀编《中国神话》（下），北京：商务印书馆2008年版，第1077页。

## W2582.1.2
### 蛋怀生命 10 个月

【关联】［W2220］卵生人

**实 例**

［汉族］天地蛋中的盘古慢慢大起来，蛋也慢慢大起来，等到十月怀胎足了，就撑破大蛋出来了。

【流传】浙江省·舟山市

【出处】张才德讲，管文祖搜集整理：《盘古开天地》（1963），见姚宝瑄主编《中国各民族神话》（汉族），太原：山西出版传媒集团·书海出版社2014年版，第16~17页。

## W2582.2
### 怀孕 9 个月

【关联】［W2123.1.4］泥人经 9 个月成活

**实 例**

［佤族］以前，男人在膝盖上怀孕九个月后生娃娃。

【流传】云南省·（普洱市）·西盟县（西盟佤族自治县），（临沧市）·沧源县（沧源佤族自治）

【出处】随戛、岩扫、岩瑞等讲述，艾荻、张开达搜集整理：《司岗里》，载《山茶》1988年第1期。

## W2582.2.1
### 怀孕 9 个月零 9 天

**实 例**

［哈萨克族］六十岁的老太婆怀胎九个月零九天，生下了一个大头儿子。

【流传】新疆维吾尔自治区

【出处】哈巴斯讲：《骑黑骏马的肯得克依勇士》，见姚宝瑄主编《中国各民族神话》（乌孜别克族、哈萨克族、柯尔克孜族、俄罗斯族、维吾尔族、塔吉克族、塔塔尔族、锡伯族），太原：山西出版传媒集团·书海出版社2014年版，第107页。

## W2582.2.2
### 怀孕 9 个月零 10 天

**实 例**

［维吾尔族］树感光而孕，9 个月零 10 天，树瘿生 5 子。

【流传】新疆维吾尔自治区

【出处】

（a）《高昌王世勋之碑》，见虞集《道园学古录》卷二十四。

（b）［伊朗］志费尼：《世界征服者史》（上），乌鲁木齐：新疆人民出版社1992年版。

## W2582.2.3
### 怀孕 9 个月零 13 天

**实 例**

［纳西族］父亲老布通苟出世了，母亲苏绕来自金母出世了，两个结缘成一家。他们两个做变化，到了不足期的九个月零十三天，生出孩子。

【流传】（无考）

【出处】《什罗飒》，见吕大吉、何耀华总主编《中国各民族原始宗教资料集成》（纳西族卷、羌族卷、独龙族卷、傈僳族卷、怒族卷），北京：中国社会科学出版社2000年版，第341页。

## W2583
### 较短时间的怀孕
【汤普森】①J1276；②T573

**实例**

（参见下级母题实例）

## W2583.0
### 怀孕1天
**实例**

（参见下级母题实例）

## W2583.0.1
### 女子感龙鹰后1天生子
【关联】［W2230］感生人

**实例**

[彝族] 蒲莫列衣（女子名）感龙鹰的血，早晨起白雾，下午生阿龙（神人）。

【流传】四川省·凉山（凉山彝族自治州）一带

【出处】《勒俄特衣》，见冯元蔚、曲比石美整理校订《凉山彝文资料选译》第1集，西南民族学院印刷厂印，1978年，第38~46页。

## W2583.0.2
### 女子感铁柱当天生铁块
【关联】［W2642.6.1］女子摸铁柱后生铁块

**实例**

[汉族] 楚王的王妃白天摸了一下铁柱子，晚上就生下了一块铁，这自然是块奇铁。

【流传】河南·（驻马店市）·汝南县

【出处】刘珊记录整理：《汝南三王墓的传说》，见陶阳、钟秀编《中国神话》（中），北京：商务印书馆2008年版，第712~714页。

## W2583.1
### 怀孕数日
【汤普森】T573.1

**实例**

（参见下级母题实例）

## W2583.1.1
### 怀孕7天7夜
**实例**

[瑶族] 兄妹成亲，7天7夜后生冬瓜。冬瓜中生出人。

【流传】湖南省·（永州市）·江华县（江华瑶族自治县）·大锡公社（大锡乡）

【出处】盘才坤讲：《兄妹成亲》，见湖南民委民族民间文学整理组编《民族民间文学资料》24集，《瑶族民间传说故事选》，1980年刻印本，第69页。

## W2583.2
### 怀孕1个月
【汤普森】①J1276.1；②T586.5.1

【实例】

（实例待考）

## W2583.3
### 怀孕 2 个月

【汤普森】J1276.2

【实例】

（实例待考）

## W2583.4
### 怀孕 100 天

【实例】

[汉族] 伏羲女娲婚后百日，女娲生一个肉团。

【流传】四川省·（德阳市）·中江县

【出处】陈钧搜集：《伏羲兄妹制人烟》，载《民间文学》1964 年第 3 期。

## W2583.4.1
### 婚后百日生人

【实例】

（参见下级母题实例）

## W2583.4.1.1
### 兄妹婚后 100 天生孩子

【关联】[W2436] 兄妹婚生人

【实例】

[土家族] 罗神爷爷和罗神娘娘兄妹成亲百日后，罗神娘娘生孩子了。

【流传】重庆市·酉阳土家族苗族自治县·老寨（老寨乡）

【出处】

（a）《马桑树的变迁和百家姓的由来》，见刘长贵、彭林绪搜集整理《土家族民间故事》，重庆：重庆出版社 1986 年版。

（b）同（a），见姚宝瑄主编《中国各民族神话》（土家族、毛南族、侗族、瑶族），太原：山西出版传媒集团·书海出版社 2014 年版，第 25 页。

## W2583.4.1.2
### 伏羲兄妹婚后百日生一个怪胎

【关联】[W2412.5] 伏羲兄妹婚生人

【实例】

[汉族] 伏羲兄妹成亲百日以后，女娲生下一个肉团。

【流传】四川省

【出处】李茂生讲，陈钧搜集整理：《伏羲兄妹制人烟》，见姚宝瑄主编《中国各民族神话》（汉族），太原：山西出版传媒集团·书海出版社 2014 年版，第 91~94 页。

## W2583.5
### 怀孕 4 个月

【实例】

[彝族] 兄妹婚后怀孕 4 个月生婴儿。

【流传】云南省·（玉溪市）·元江县（元江哈尼族彝族傣族自治县）红河谷两岸的彝族村寨

【出处】白仲和搜集整理：《兄妹夫妻》，见彝学网 http://222.210.17.136/

mzwz/index. htm，2006.10.25。

## W2583.6
### 怀孕6个月

**实例**

（参见下级母题实例）

## W2583.6.1
### 怀孕半年

**实例**

❶ [布依族] 伏羲兄妹成亲半年后，就生下个无手无脚的肉坨坨。
【流传】（无考）
【出处】班琅王等讲，汛河记录整理：《洪水滔天》，见谷德明编《中国少数民族神话》，北京：中国民间文艺出版社1987年版，第614页。

❷ [布依族] 伏羲兄妹成亲半年后，就生下个怪胎。
【流传】（a）整个布依族地区
【出处】
(a) 班琅王、王鲁文、刘阿季讲，汛河记录整理：《洪水滔天》（1955），见陶立璠等编《中国少数民族神话汇编》（洪水篇），中央民族学院少数民族古籍整理出版规划领导小组办公室印，内部资料，第133~139页。
(b) 同(a)，汛河搜集整理：《布依族民间故事集》，北京：中国民间文艺出版社1982年版。
(c) 同(a)，见姚宝瑄主编《中国各民族神话》（布依族、仡佬族、苗族），太原：山西出版传媒集团·书海出版社2014年版，第71页。

## W2583.7
### 怀孕7个月

**实例**

[汉族]（实例待考）

## W2584
### 长时间的怀孕

【汤普森】T574

**实例**

（参见下级母题实例）

## W2584.1
### 怀孕12个月

【汤普森】T574.1

**实例**

[满族] 仙女佛库伦吃红果怀孕后，留在人间，过了十二个月，生下一个浓眉大眼的孩子。
【流传】辽宁省·（鞍山市）·岫岩县（岫岩满族自治县）
【出处】李成明讲，张其卓、董明搜集整理：《天鹅仙女》，原载张其卓、董明编《满族三老人故事集》，见陶阳、钟秀编《中国神话》（中），北京：商务印书馆2008年版，第590~594页。

## W2584.1.1
### 怀孕1年（怀孕360天）

【关联】[W2228.12.2a] 卵经过360天

孵化生人（孵卵 360 天）

【实例】

（参见 W2584.1.2 母题实例）

## W2584.1.2
### 兄妹婚怀孕 12 个月生人

【实例】

[土家族] 甫梭、冗妮兄妹成婚后，冗妮怀了十二个月。

【流传】湖南省·（湘西土家族苗族自治州）·永顺（永顺县）、古丈（古丈县）、保靖（保靖县）、龙山（龙山县）沿酉水一带土家族聚居区

【出处】

（a）田德华、向廷龙（巫师）、田光南讲，彭勃、彭继宽、田德风记录，彭勃整理：《齐天大水》（1962.05），见谷德明编《中国少数民族神话》，北京：中国民间文艺出版社 1987 年版。

（b）同（a），见姚宝瑄主编《中国各民族神话》（土家族、毛南族、侗族、瑶族），太原：山西出版传媒集团·书海出版社 2014 年版，第 19 页。

## W2584.2
### 怀孕 14 个月

【实例】

❶ [汉族] 尧母庆都有娠孕 14 月而生尧。

【流传】（无考）

【出处】《史记·帝王世纪》，见《宋书·符瑞志》。

❷ [汉族] 女狄孕十四月，生夏禹。

【流传】（无考）

【出处】《太平御览》卷四，引《遁甲开山图荣氏解》。

## W2584.3
### 怀孕 15 个月

【实例】

[满族] 老太太足足怀了 15 个月，生 1 男孩。

【流传】（a）黑龙江省·宁安县·江东乡（江南朝鲜族满族乡）·缸窑村

【出处】

（a）关振川讲，傅英仁采录：《沙克沙恩都哩》，见中国民间文学集成全国编辑委员会编《中国民间故事集成》（黑龙江卷），北京：中国 ISBN 中心 2005 年版，第 63~64 页。

（b）《沙克沙恩都哩》，见《满族神话故事》，哈尔滨：北方文艺出版社 1985 年版。

（c）《沙克沙恩都哩》，见满都呼主编《中国阿尔泰语系诸民族神话故事》，北京：民族出版社 1997 年版，第 277~278 页。

## W2584.4
### 怀孕 16 个月

【实例】

[壮族] 洪水后，娘侄结婚，怀到十六个月，婴儿生下地。

【流传】云南省·（文山壮族苗族自治州）·西畴县

【出处】陆开富等讲，王明富采录：《布洛陀》，见中国民间文学集成全国编辑委员会编《中国民间故事集成》（云南卷），北京：中国ISBN中心2003年版，第86页。

## W2584.5
### 怀孕其他特定的月份
**实例**

（参见下级母题实例）

## W2584.5.1
### 怀孕27个月
**实例**

[瑶族] 七女（人名，土司的女儿），在娘肚里整整度过了三九二十七个月。

【流传】广西壮族自治区·（河池市）·巴马县（巴马瑶族自治县）

【出处】蓝东文等讲，蓝正祥搜集，韦文俊整理：《五条金龙》，见中华民族故事大系编委会编《中华民族故事大系》第5卷（瑶族、白族、土家族），上海：上海文艺出版社1995年版，第72页。

## W2584.5.2
### 怀孕49个月
**实例**

[汉族] 兄妹结婚后，妹妹怀胎七七四十九个月后生子。

【流传】山西省·（临汾市）·吉县

【出处】落永恩讲，孙苍梅采录：《人祖山的来历》，见中国民间文学集成全国编辑委员会编《中国民间故事集成》（山西卷），北京：中国ISBN中心1999年版，第15页。

## W2584.6
### 怀孕2年
**实例**

[汉族] 黄帝母曰附宝，见大电绕北斗枢星，感而怀孕，24月而生黄帝于寿丘。

【流传】（无考）

【出处】《史记正义》。

## W2584.7
### 怀孕3年
【关联】[W2586.2.3] 男人怀孕3年

**实例**

❶ [汉族] 伏羲和女娲结婚，怀孕三年。

【流传】湖北省·（荆州市）·江陵县

【出处】《女娲配伏羲》，见《湖北省民间故事卷》编辑部编《湖北省民间故事集成编辑工作会议资料选编》，内部资料，1989年。

❷ [汉族] 一个老婆婆怀孕第三年生下一对儿女。

【流传】河北省·（邢台市）·内邱县·（五郭店乡）·紫草沟村

【出处】赵丙银讲，张少鹏采录：《哥姐庙》，见中国民间文学集成全国编辑委员会编《中国民间故事集成》（河北卷），北京：中国ISBN中心2003

❸ [汉族] 女娲和伏羲成亲后，怀了三年身孕，一胎生下个肉球。

【流传】

（a）湖北省·（荆州市）·江陵县·纪南乡·松柏村

（b）湖北省·（孝感市）·安陆市·烟店镇

【出处】

（a）杨士景讲，舒齐全采录：《女娲配伏羲》，见中国民间文学集成全国编辑委员会编《中国民间故事集成》（湖北卷），北京：中国 ISBN 中心1999 年版，第 10 页。

（b）万大江讲，蔡建刚采录：《女娲配伏羲》，见中国民间文学集成全国编辑委员会编《中国民间故事集成》（湖北卷），北京：中国 ISBN 中心1999 年版，第 10 页。

❹ [汉族] 舜看到鲧治水没有功效，就把鲧杀死。鲧腹中的儿子对见到鲧的尸体的豹胆牧童说："我要等月亮圆过三十六回才出世。"

【流传】（无考）

【出处】

（a）钟伟今搜集整理：《禹的诞生》，载《山海经》1981 年第 4 期。

（b）同（a），见姚宝瑄主编《中国各民族神话》（汉族），太原：山西出版传媒集团·书海出版社 2014 年版，第 107～110 页。

❺ [回族] 一对老夫妇因为祈祷慈悯的主而孕。怀孕三年生一个男孩，叫赶旱。

【流传】云南省

【出处】《插龙牌》，见中国社会科学院云南少数民族文学研究所等编《云南少数民族文学资料》（第 3 辑），内部编印，1981 年，第 3 页。

❻ [京族] 兄妹成婚，怀孕三年。

【流传】广西壮族自治区

【出处】王孝廉：《岭云关雪——民族神话学论集》，北京：学苑出版社 2002 年版，132～133 页。

❼ [黎族] 妹妹荷发感哥哥老先的阳气怀孕。荷发怀孕三年才分娩。

【流传】海南省五指山一带

【出处】

（a）王国全搜集整理：《土地公与土地婆》，见广东民族学院中文系编《黎族民间故事选》，上海：上海文艺出版社 1983 年版。

（b）同（a），见姚宝瑄主编《中国各民族神话》（高山族、黎族、畲族），太原：山西出版传媒集团·书海出版社 2014 年版，第 56 页。

❽ [黎族] 荷发（女子名）怀孕三年才分娩。

【流传】海南省五指山区

【出处】王国全搜集整理：《南瓜的故事》，原载广东民族学院中文系编《黎族民间故事选》，见陶阳、钟秀编《中国神话》（上），北京：商务印书馆 2008 年版，第 374～377 页。

❾ [黎族] 在远古的时候，有两兄弟，他们的妻子都怀孕三年了，还没把小

孩生下来。

【流传】

(a) 海南省·（三亚市）·保亭县（保亭黎族苗族自治县）·保城镇

(b) 海南省五指山区

【出处】

(a) 王老黎讲，王国全采录：《三个民族同一源》，见中国民间文学集成全国编辑委员会编《中国民间故事集成》（海南卷），北京：中国ISBN中心2002年版，第9页。

(b) 王国全搜集整理：《南瓜的故事》，见谷德明编《中国少数民族神话》，北京：中国民间文艺出版社1987年版，第196页。

❿ [满族] 一姑娘三年生1子。

【流传】辽宁省·（鞍山市）·岫岩县（岫岩满族自治县）·（韭菜沟乡）·佟家沟（佟家村）

【出处】佟凤乙讲：《石头儿子》，见中国民间文艺研究会辽宁分会编《满族三老人故事集》，沈阳：春风文艺出版社1984年版，第324~333页。

⓫ [蒙古族] 牧人的妻子怀孕三年生子。

【流传】内蒙古自治区

【出处】张然明采录整理：《"查玛"的来历》，见中国民间文学集成全国编辑委员会编《中国民间故事集成》（宁夏卷），北京：中国ISBN中心2007年版，第406页。

⓬ [苗族] 兄妹成婚后，妹妹怀孕，一直怀了三年才分娩，生下来的是一个肉团。

【流传】云南省

【出处】

(a) 李应得讲，李应得整理：《洪水滔天的故事》，见李子贤编《云南少数民族神话选》，昆明：云南人民出版社1990年版。

(b) 同(a)，见姚宝瑄主编《中国各民族神话》（布依族、仡佬族、苗族），太原：山西出版传媒集团·书海出版社2014年版，第250页。

⓭ [水族] 兄妹婚后妹妹有了身孕，怀了三年也没生下娃儿。

【流传】贵州省·（黔南布依族苗族自治州）·三都（三都水族自治县）、荔波（荔波县）、都匀（都匀市）、独山（独山县）；广西壮族自治区·（河池市）·南丹县

【出处】王英等讲，潘朝霖等搜集整理：《人类起源》，见谷德明编《中国少数民族神话》，北京：中国民间文艺出版社1987年版，第633页。

⓮ [土族] 圆月妇人怀胎三年，生孔子。

【流传】（无考）

【出处】《混沌周末歌》，见席元麟、星全成编《土族神话》，中国民俗网，2007.06.23。

⓯ [裕固族] 格萨尔在母胎中三年。

【流传】（无考）

【出处】杨发源讲，武文整理：《格萨尔的故事》，见中华民族故事大系编委会编《中华民族故事大系》第15卷

（德昂族、保安族、裕固族、京族、塔塔尔族、独龙族、鄂伦春族），上海：上海文艺出版社1995年版，第166页。

## W2584.7.0
### 怀孕 810 天

**实例**

❶ ［苗族］美丽勤劳健壮的姑娘缟莎怀孕九九八百一十天，生下一个沉甸甸的胖儿子。

【流传】云南省

【出处】杨秀、杨芝、张新民、王友清讲，张绍祥、陆兴凤记录翻译：《则福老》，原载《云南苗族民间故事集成》，见陶阳、钟秀编《中国神话》（下），北京：商务印书馆2008年版，第1428~1435页。

❷ ［苗族］缟莎（女子名）在睡梦中与不知是神还是人的男子偎依后怀孕。怀了八百一十天，生下一个沉甸甸的胖儿子。

【流传】云南省·（昭通市）·昭通、彝良县、（曲靖市）·宣威（宣威市）、（昆明市）·寻甸（回族彝族自治县）；贵州省·（毕节市）·威宁（彝族回族苗族自治县）

【出处】

（a）杨秀、杨芝、张新民、王友清讲，陆兴凤、张绍祥记录整理，里晴、景山校正：《则福老》，见杨光汉主编《云南苗族民间故事集成》，北京：中国民间文艺出版社1988年版。

（b）同（a），见姚宝瑄主编《中国各民族神话》（布依族、仡佬族、苗族），太原：山西出版传媒集团·书海出版社2014年版，第295页。

## W2584.7.1
### 怀孕 999 天

**实例**

❶ ［侗族］张良、张妹兄妹婚后，张妹怀孕999日，才有一女生下地，给她取名叫果妹。

【流传】广西壮族自治区·（柳州市）三江县（三江侗族自治县）·独洞乡·牙龙村

【出处】公包芳讲，吴浩采录翻译：《祖先的事》，见中国民间文学集成全国编辑委员会编《中国民间故事集成》（广西卷），北京：中国ISBN中心2001年版，第60页。

❷ ［哈尼族］青蛙造天地时怀孕，一直怀了999天，生下了一对双胞胎巨人兄妹，男的阿哥叫纳得，女的阿妹叫阿依。

【流传】云南省·（普洱市）·墨江县（墨江哈尼族自治县）

【出处】金开兴讲，蓝明红采录：《青蛙造天地》，见中国民间文学集成全国编辑委员会编《中国民间故事集成》（云南卷），北京：中国ISBN中心2003年版，第34页。

## W2584.7.1a
### 怀孕3年零3个月

实例

❶ [纳西族] 兄妹婚配后，司巴吉姆妹妹怀孕了，怀孕了三年零三个月的时间，突然妹妹分娩了。

【流传】云南省·丽江县（丽江市）

【出处】木丽春采集整理：《"抽秽"俗礼的来历》，见木丽春编著《纳西族民间故事集》，昆明：云南人民出版社2007年版，第232页。

❷ [纳西族] 东巴教的教主神丁巴什罗，在母亲的肚子里孕育了三年零三个月。

【流传】云南省·丽江县（丽江市）

【出处】木丽春采集整理：《什罗和古基比法》，见木丽春编著《纳西族民间故事集》，昆明：云南人民出版社2007年版，第355页。

## W2584.7.1a.1
### 仙女怀孕3年零3个月

【关联】[W2142.1] 仙女生人

实例

[朝鲜族] 牧童和仙女成亲整整三年零三个月了，生下了两个胖小子。

【流传】辽宁省·沈阳市郊区

【出处】金德顺讲，裴永镇整理：《牧童和仙女》，原载《金德顺故事集》，见陶阳、钟秀编《中国神话》（中），北京：商务印书馆2008年版，第920~930页。

## W2584.7.2
### 怀孕3年零6个月

实例

❶ [汉族] 兄妹结婚3年零6个月而孕，又3年零6个月才生了一个很大的圆肉球。

【流传】湖南省·（常德市）·石门（石门县）

【出处】覃清贞讲，鲍明清搜集整理：《人是怎么来的》，见中华民族故事大系编委会编《中华民族故事大系》第1卷（汉族、蒙古族、回族），上海：上海文艺出版社1995年版，第13页。

❷ [土家族] "卵玉娘娘"怀孕3年6个月生子女。

【流传】（无考）

【出处】杨昌鑫：《土家族风俗志》，北京：中央民族学院出版社1989年版，第10~12页。

❸ [土家族] 年过半百的妻子吃了一位白发老母给的像桃子一样的果子，怀孕三年六个月生子。

【流传】湖南省·湘西（湘西土家族苗族自治州）·龙山（龙山县）

【出处】覃仁安搜集整理：《八部大王》，见中华民族故事大系编委会编《中华民族故事大系》第5卷（瑶族、白族、土家族），上海：上海文艺出版社1995年版，第683页。

## W2584.7.3
### 怀孕3年零7个月

【实例】

[汉族] 太阳怀孕三年零七个月。

【流传】四川省·（攀枝花市）·米易县·黄草乡

【出处】徐钟氏讲，张勇采录：《太阳妹妹和月亮哥哥》，见中国民间文学集成全国编辑委员会编《中国民间故事集成》（四川卷·上），北京：中国ISBN中心1998年版，第55页。

## W2584.7.4
### 与怀孕3年有关的其他母题

【实例】

（参见下级母题实例）

## W2584.7.4.1
### 结婚后3年生人

【实例】

[白族] 劳谷和劳泰（男女始祖）结成了夫妻，螺峰山顶上的杜鹃花开了三次，螺眼洞外的布谷鸟唱了三回，劳泰怀了孕，生出孩子。

【流传】云南省·大理州（大理白族自治州）

【出处】云南省民间文学集成办公室编：《人类和万物的起源》，见《白族神话传说集成》，北京：中国民间文艺出版社1986年版，第1~10页。

## W2584.7.4.2
### 怀孕3年成死胎

【关联】[W2612] 生死婴（死胎）

【实例】

（实例待考）

## W2584.7.4.3
### 怀孕时江水绿了三回又泛黄三次

【实例】

[纳西族] 最早蛋生的女子格古命怀孕后，记得江水泛绿了三回，又泛黄了三次，生出九男七女。

【流传】云南省·丽江县（丽江市）

【出处】木丽春采集整理：《格古命的故事》，见木丽春编著《纳西族民间故事集》，昆明：云南人民出版社2007年版，第28~29页。

## W2584.7.4.4
### 怀孕时月亮变化36次

【关联】[W2584.7] 怀孕3年

【实例】

[汉族] 大禹在鲧的尸体中等月亮圆过三十六回才出世。

【流传】（无考）

【出处】钟伟今搜集整理：《禹的诞生》，载《山海经》1981年第4期。

## W2584.7.4.5
### 婚后（同房）3年生人

【实例】

[黎族] 老先、荷发兄妹同房3年，生

了孩子。

【流传】海南省·琼中县（琼中黎族苗族自治县）五指山一带

【出处】王国金搜集整理：《南瓜的故事》，见陶立璠、赵桂芳等编《中国少数民族神话汇编》（洪水篇），中央民族学院少数民族古籍整理出版规划领导小组办公室印（未署出版时间）。

## W2584.7.4.6
### 怀孕3年孩子生不出

【关联】[W2598.6] 人对出生方式的选择

**实例**

❶ [黎族] 哥哥老当和弟弟老定两兄弟的妻子都怀孕三年却还没把小孩生下来。

【流传】海南省五指山区

【出处】王国全搜集整理：《南瓜的故事》，原载广东民族学院中文系编《黎族民间故事选》，见陶阳、钟秀编《中国神话》（上），北京：商务印书馆2008年版，第374~377页。

❷ [水族] 兄妹婚后不久，妹妹有了身孕，可是怀了三年也没生下娃儿。

【流传】贵州省·（黔南布依族苗族自治州）·三都（三都水族自治县）、荔波（荔波县）、都匀（都匀市）、独山（独山县）；广西壮族自治区·（河池市）·南丹县

【出处】王英、莫妹、蒙蕊、韦新建讲，潘朝霖、王品魁搜集整理：《人类起源》，原载《水族民间故事选》，见陶阳、钟秀编《中国神话》（上），北京：商务印书馆2008年版，第350~356页。

## W2584.8
### 怀孕4年

**实例**

[壮族] 伏羲兄妹结婚，同住四年，生怪物。

【流传】（无考）

【出处】《壮族麽经布洛陀影印译注》，南宁：广西民族出版社2004年版，第2056~2059页。

## W2584.9
### 怀孕5年

**实例**

[瑶族] 伏羲兄妹结婚不久，妹妹就怀孕了。等了一年、两年、三年都不见生，一直等了五年才生下一团肉瘤。

【流传】（无考）

【出处】
（a）盘国金搜集：《伏羲兄妹》，载《山茶》1982年第1期。
（b）同（a），见姚宝瑄主编《中国各民族神话》（土家族、毛南族、侗族、瑶族），太原：山西出版传媒集团·书海出版社2014年版，第186页。

## W2584.10
### 怀孕7年

【汤普森】T574.2

### 实例

❶ [布朗族] 两兄妹交合后怀孕七年。
【流传】云南省
【出处】云南省民族事务委员会编：《布朗族文化大观》，昆明：云南民族出版社1999年版，第176页。

❷ [苗族] 两兄妹成亲后，志妹怀了七年孕，生下一个没头没脚的肉疙瘩，有南瓜那般大，志妹生气地用刀砍成九九八十一坨。
【流传】云南省·（文山壮族苗族自治州）·富宁县
【出处】罗正明讲，王忠林等采录：《谁来造人烟》，见中国民间文学集成全国编辑委员会编《中国民间故事集成》（云南卷），北京：中国ISBN中心2003年版，第92页。

## W2584.10.1
### 婚后7年孕生人

### 实例

❶ [纳西族] 公猴骗波白命（天女名，男祖先利恩若的妻子）做了妻子，花开花落的七次时间里，生下了一对儿女。
【流传】云南省·丽江县（丽江市）
【出处】木丽春采集整理：《人的头发和腋窝毛的来历》，见木丽春编著《纳西族民间故事集》，昆明：云南人民出版社2007年版，第61~64页。

❷ [彝族] 一人与三仙女相配，七年后第二个仙女生下一个葫芦。
【流传】云南省·玉溪（玉溪市）·新平县（新平彝族傣族自治县）·鲁魁山地区
【出处】
（a）*《獐子氏族的来历》，见吕大吉、何耀华总主编《中国各民族原始宗教资料集成》（彝族卷、白族卷、基诺族卷），北京：中国社会科学出版社1996年版，第22~23页。
（b）同（a），见陶云逵《大寨里彝之宗族与图腾制》，载《边疆人文》第6卷第4期。

## W2584.11
### 怀孕9年

### 实例

❶ [景颇族] 彭干直伦·木章温舜（神名）怀了九年生娃娃。
【流传】云南省·（德宏傣族景颇族自治州）·陇川县
【出处】施戛崩等讲，何峨采录：《宁贯娃改天整地》，见中国民间文学集成全国编辑委员会编《中国民间故事集成》（云南卷），北京：中国ISBN中心2003年版，第61页。

❷ [壮族] 姆洛甲（女祖先名）怀胎9年生子女。
【流传】广西壮族自治区·（河池市）·东兰县·三石乡·长筒村
【出处】覃剑萍搜集：《姆洛甲》，见张声震总主编，农冠品编注《壮族神话集成》，南宁：广西民族出版社2007年版，第17页。

## W2584.11.1
### 婚后9年怀孕

**实例**

[阿昌族] 遮帕麻和遮咪麻兄妹结婚，婚后九年遮咪麻才怀了孕。

【流传】云南省·（德宏傣族景颇族自治州）·梁河县

【出处】孙广强讲，江朝泽采录：《九种蛮夷本是一家人》，见中国民间文学集成全国编辑委员会编《中国民间故事集成》（云南卷），北京：中国ISBN中心2003年版，第183页。

## W2584.11.2
### 婚后9年零9个月生人

**实例**

[水族] 兄妹成婚，9年9个月生90斤重的肉坨。

【流传】贵州省·（黔南布依族苗族自治州）·独山（独山县）、榕江（榕江县）

【出处】韦荣康等搜集整理：《牙线造人的故事》，见中华民族故事大系编委会编《中华民族故事大系》第9卷（水族、东乡族、纳西族），上海：上海文艺出版社1995年版，第5~11页。

## W2584.12
### 怀孕10年

**实例**

❶ [汉族] 地母怀胎10年生儿女。

【流传】湖南省·常德县（常德市）·（鼎城区）·灌溪乡（灌溪镇）

【出处】唐万顺讲，唐孟元采录：《盘古开天辟地》，见中国民间文学集成全国编辑委员会编《中国民间故事集成》（湖南卷），北京：中国ISBN中心2002年版，第3页。

❷ [景颇族] 怀孕10年生子。

【流传】（无考）

【出处】段胜鸥等整理：《一个头儿》，见中华民族故事大系编委会编《中华民族故事大系》第10卷（景颇族、柯尔克孜族、土族），上海：上海文艺出版社1995年版，第134页。

## W2584.13
### 其他长时间的怀孕

**实例**

（参见下级母题实例）

## W2584.13.0
### 怀孕多年

**实例**

[白族] 一个怀孕多年的妇女从肚子里跳出360个小石人。

【流传】云南省·（大理白族自治州）·洱源县·茈碧乡·官营村

【出处】王承权调查整理：《洱源官营白族离家乡求平安祭》（1988），见吕大吉、何耀华总主编《中国各民族原始宗教资料集成》（彝族卷、白族卷、基诺族卷），北京：中国社会科学出版社 1996 年版，第 729 页。

### W2584.13.1
**怀孕 12 年**

**实例**

[汉族] 神母有娠，历 12 年而生庖牺（伏羲）。

【流传】（无考）

【出处】《春皇庖牺》，见 [晋] 王嘉撰，[梁] 萧绮录，齐治平校注《拾遗记》卷一，北京：中华书局 1981 年版，第 1 页。

### W2584.13.2
**怀孕 13 年**

**实例**

❶ [汉族] 帝女感蛇而孕，十三年成庖牺。

【流传】（无考）

【出处】《路史·后纪一》注引《宝椟记》。

❷ [汉族] 羲男和羲女兄妹成婚后 13 年生 1 条怪蛇。

【流传】浙江省·（嘉兴市）·海盐（海盐县）

【出处】《伏羲王》，载《民间文学论坛》1983 年第 3 期。

### W2584.13.3
**怀孕 15 年**

**实例**

[壮族] 一对老夫妻，妻子怀孕 15 年生一只蛤蟆，蛤蟆变成人。

【流传】广西壮族自治区·（崇左市）·龙州（龙州县）

【出处】广西龙州县民间故事编辑组：《癞蛤蟆娶员外女》，见《龙州民间故事集》，内部资料。

### W2584.13.4
**怀孕 18 年**

**实例**

[汉族] 老君在娘的肚子里呆了 18 年才出生。

【流传】河北省·衡水市

【出处】安广恩讲，孙海玉采录：《开天辟地老君生》，见中国民间文学集成全国编辑委员会编《中国民间故事集成》（河北卷），北京：中国 ISBN 中心 2003 年版，第 5 页。

### W2584.13.5
**怀孕 36 年**

**实例**

[汉族] 大人国，其人孕三十六年。

【流传】（无考）

【出处】《博物志·外国》。

### W2584.13.6
**怀孕 72 年**

**实例**

[汉族]（老子）其母怀 72 年乃生。

【流传】（无考）

【出处】[晋] 葛洪：《神仙传》。

## W2584.13.6a
### 怀孕几十年

实 例

[白族] 一个妇女住在山洞里，不知什么时候肚子越来越大，几十年不见生儿育女。

【流传】云南省·（大理白族自治州）·洱源县·茈碧乡·官营村

【出处】王承权调查整理：《洱源官营白族离家乡求平安祭》（1988），见吕大吉、何耀华总主编《中国各民族原始宗教资料集成》（彝族卷、白族卷、基诺族卷），北京：中国社会科学出版社 1996 年版，第 729 页。

## W2584.13.6a.1
### 怀孕 80 年

实 例

[汉族] 盘古开天地时，他的儿子太上老君在娘肚里怀了八十年，胡子都白了。

【流传】河南·（南阳市）·镇平县

【出处】贺天祥讲，贺海成、姜典凯搜集整理：《天为什么是蓝的》，见姚宝瑄主编《中国各民族神话》（汉族），太原：山西出版传媒集团·书海出版社 2014 年版，第 66～67 页。

## W2584.13.6a.2
### 怀孕 82 年

实 例

[汉族] 老妇怀孕 82 年生老子。

【流传】浙江省·（温州市）·永嘉（永嘉县）

【出处】《太上老君》，见《民间故事集成》（浙江永嘉县），内部油印本，无编印时间，第 6 页。

## W2584.13.7
### 怀孕 100 年

实 例

[汉族] 盘古爷和盘古奶婚配一百年的时候，生了一个大肉包。

【流传】河南省·（南阳市）·桐柏县·朱庄乡·官驿村

【出处】雷德坤转述，马卉欣整理：《盘古创世》，见桐柏网 http：//tongbai.01ny.cn，2005.10.13。

## W2584.13.7a
### 怀孕数百年

实 例

（实例待考）

## W2584.13.8
### 怀孕 1 千年

实 例

[壮族] 一个男子和一头母虎相处了 9 年后，老虎怀孕。老虎怀孕足足怀了 1000 年。

【流传】云南省·（大理白族自治州）·鹤庆（鹤庆县）

【出处】王华青等讲，鹤庆县集成办公室采录：《铜鼓老祖包登》，见中国民间文学集成全国编辑委员会编《中国民间故事集成》（云南卷），北京：中国ISBN中心2003年版，第278页。

### W2584.13.8.1
### 怀孕1千多年

**实 例**

[汉族] 女娲为了补天，让自己怀着的太上老君1千多年才撞折肋骨出生。

【流传】河北省·秦皇岛市·抚宁县·宋庄乡

【出处】孙本营讲：《女娲造人》，见本县集成办公室编《抚宁民间故事卷》第1集，1987年，第18～19页。

### W2584.13.9
### 怀孕3千年

**实 例**

（参见下级母题实例）

### W2584.13.9.1
### 女神怀孕3千年

**实 例**

[普米族] 纳可穆玛（昆仑山女神）怀孕，又过了三千年，她一胎生下了十个娃娃。

【流传】云南省·（丽江市）·宁蒗（宁蒗彝族自治县）；四川省·（凉山彝族自治州）·木里（木里藏族自治县）

【出处】曹匹初讲，章虹宇搜集整理：《石头阿祖和石头子孙》，载《山茶》1986年第5期。

### W2584.13.10
### 怀孕9千年

**实 例**

[纳西族（摩梭）] 摩梭人的老祖宗昂姑咪阿斯最早产生，她亲吻石头而孕。天门又开了九千回（天门每年正月初一开一次），昂姑咪生孩子了，一胎生下了六个女娃、六个男娃。

【流传】云南省·（丽江市）·宁蒗县（宁蒗彝族自治县）

【出处】桑直若史、益依关若讲，章天锡、章天铭搜集，章虹宇整理：《昂姑咪》，载《山茶》1986年第3期。

### W2584.13.11
### 怀孕9千9百年

**实 例**

[瑶族] 世上的第一个女神密洛陀迎着风怀孕了。过了九千九百年，过了九千九百岁，生下一对双胞胎。

【流传】广西壮族自治区·（河池市）·都安瑶族自治县、江水河一带瑶族地区

【出处】《密洛陀创世》，蓝田根据莎红整理的《密洛陀》和潘泉脉整理的《密洛陀》两部不同版本的长诗《密洛陀》改写，见姚宝瑄主编《中国各民族神话》（土家族、毛南族、侗族、瑶族），太原：山西出版传媒集团·书海出版社2014年版，第152页。

## W2584.13.12
### 怀孕数千年
实例

（实例待考）

## W2584.13.13
### 怀孕数万年
实例

（实例待考）

## W2584.13.14
### 与长时间怀孕有关的其他母题
实例

（参见下级母题实例）

## W2584.13.14.1
### 因长时间怀孕孩子在母腹中变成老人

【关联】［W2587.0.1］孩子在母腹中长胡须

实例

［汉族］女娲忙于补天，孩子怀孕太长，在肚子里变成了老头彭祖。

【流传】河北省·（沧州市）·献县·西禅房

【出处】宋锡铭讲：《六月六祭女娲》，见献县民间文学《三套集成》办公室编《中国民间文学集成·献县资料卷》，内部编印，1988年，第2~3页。

## W2585
### 怀孕时间不确定
实例

（参见下级母题实例）

## W2585.1
### 怀孕六七个月
实例

［汉族］女国女子，六七月产子。

【流传】（无考）

【出处】《梁书·东夷传》。

## W2585.2
### 怀孕两三年
实例

［侗族］兄妹结婚后两三年生一怪胎。

【流传】贵州省·（黔南布依族苗族自治州）·榕江县·三宝（三宝乡）

【出处】《丈良丈美歌》，见《侗族祖先哪里来》，贵阳：贵州人民出版社1981年版。

## W2585.3
### 怀孕几年
实例

［瑶族］刘三妹兄妹成亲，怀孕几年生一个大肉团。

【流传】湖南省·（郴州市）·临武县·西山林场

【出处】盘廷远讲：《刘三妹兄妹再造世

界》，见中国民间文学集成全国编辑委员会编《中国民间故事集成》（湖南卷），北京：中国ISBN中心2002年版，第33~34页。

## W2585.4
### 怀孕几百年

**实 例**

[汉族] 一个妇人怀孕几百年，孩子还没出世。

【流传】山西省·（临汾市）·吉县

【出处】落永恩讲，孙苍梅采录：《人祖山的来历》，见中国民间文学集成全国编辑委员会编《中国民间故事集成》（山西卷），北京：中国ISBN中心1999年版，第15页。

## W2586
### 特殊的怀孕形式

**实 例**

（参见下级母题实例）

## W2586.1
### 全身怀孕

**实 例**

（参见下级母题实例）

## W2586.1.1
### 女祖先浑身怀孕

**实 例**

❶ [哈尼族] 最早的一个女人它朋然夏阿玛（女祖先）被奇妙的风一吹，从肚子到手指头，全身统统怀了孕。

【流传】云南省

【出处】毛佑全搜集整理：《它朋然夏阿玛》，见谷德明编《中国少数民族神话》，北京：中国民间文艺出版社1987年版，第325页。

❷ [哈尼族] 始祖母塔婆的头发、额头、鼻梁、嘴唇、胸肩、手脚，直到脚趾甲上都生出了人。

【流传】（无考）

【出处】《哈尼阿培聪坡坡》，中国各民族宗教与神话大词典编审委员会编《中国各民族宗教与神话云南大词典》，北京：学苑出版社1990年版，第174页。

❸ [哈尼族] 鱼脊背里出来的塔婆（女始祖）浑身怀孕。

【流传】云南省·（红河哈尼族彝族自治州·元阳县）

【出处】朱小和讲：《天、地、人的形成》，载《山茶》1983年第4期。

## W2586.1.2
### 兄妹婚后全身怀孕

**实 例**

❶ [哈尼族] 好心的兄妹结婚，妹妹全身上下，两手两脚连指头，都生下了孩子。

【流传】云南省

【出处】王文清讲：《俄八美八》，见谷德明编《中国少数民族神话》，北京：中国民间文艺出版社1987年版，第332页。

❷ [哈尼族] 莫佐佐龙兄妹结婚，妹妹

全身怀孕生 5 子。

【流传】

（a）云南省·红河州（红河哈尼族彝族自治州）

（b）云南省

【出处】

（a）刘庆元等搜集整理：《兄妹传人类》（一），见中华民族故事大系编委会编《中华民族故事大系》第 6 卷（哈尼族、哈萨克族、傣族），上海：上海文艺出版社 1995 年版，第 14~17 页。

（b）刘庆元整理：《兄妹传人类》，见刘江华编《中国神话故事》（天、地、人物卷），北京：中国世界语出版社 1999 年版，第 161~162 页。

❸ [哈尼族] 佐罗佐白兄妹成婚，妹妹佐白浑身怀孕。

【流传】云南省·红河地区（红河哈尼族彝族自治州）

【出处】史军超：《哈尼族神话传说中记载的人类第一次脑体劳动大分工》，载《云南民族学院学报》1997 年第 3 期。

## W2586.1.3
### 母女全身怀孕

实 例

（参见下级母题实例）

## W2586.1.3.1
### 母女感风全身怀孕

实 例

[哈尼族] 母女俩吹春风后浑身怀孕，连头发都怀孕了。

【流传】云南省·西双版纳（西双版纳傣族自治州）

【出处】《母女俩的故事》，见中国社会科学院云南少数民族文学研究所等编《云南少数民族文学资料》（第 2 辑），内部编印，1981 年，第 6 页。

## W2586.1.4
### 女子全身怀孕

实 例

（参见下级母题实例）

## W2586.1.4.1
### 2 女感风全身怀孕

实 例

[哈尼族] 洪水后，幸存的 2 女子感春风全身上下都怀了孕，再生人类。

【流传】云南省

【出处】兰克：《原始的宗教和神话》，见《民间文艺集刊》（4），1985 年。

## W2586.2
### 男人怀孕

【汤普森】T578

【关联】

① [W2153.5] 男人生孩子

② [W2778] 男人不再怀孕的原因

实 例

（参见下级母题实例）

## W2586.2.1
**男人从小腿怀孕生人**

【汤普森】T578.1

【关联】［W2594］特殊的出生

【实例】

［拉祜族］古代男人在腿上怀孕生人。

【流传】云南省

【出处】刘辉豪整理：《男人生育》，见中国各民族宗教与神话大词典编审委员会编《中国各民族宗教与神话大词典》，北京：学苑出版社 1990 年版，第 375 页。

## W2586.2.2
**男人变女人生孩子**

【汤普森】①D695；②T578.2

【关联】

① ［W2153.5］男人生孩子

② ［W2797.8.1］男人变女人

【实例】

［佤族］一次岩佤（人名、族名）砍金竹，不小心被竹叶划破胯子，两股间流了不少的血，从那以后有的男人就变成了女人，并能生孩子。

【流传】云南省·（普洱市）·西盟县（西盟佤族自治县）

【出处】包永红等讲，高登智采录：《佤族姓氏的形成》，见中国民间文学集成全国编辑委员会编《中国民间故事集成》（云南卷），北京：中国 ISBN 中心 2003 年版，第 336 页。

## W2586.2.3
**男人怀孕 3 年**

【关联】［W2584.7］怀孕 3 年

【实例】

［汉族］大禹在鲧的尸体中等月亮圆过三十六回才出世。

【流传】（无考）

【出处】钟伟今搜集整理：《禹的诞生》，载《山海经》1981 年第 4 期。

## W2587
**与怀孕有关的其他母题**

【汤普森】T579

【关联】

① ［W2768.1］胎儿变化性别

② ［W6518.1］孕期禁忌

③ ［W9238.3］怀孕的征兆

【实例】

（参见下级母题实例）

## W2587.0
**怀的孩子有异常体征**

【实例】

（参见下级母题实例）

## W2587.0.1
**孩子在母腹中长胡须**

【关联】［W2584.13.14.1］因长时间怀孕孩子在母腹中变成老人

【实例】

❶ ［汉族］盘古开天地时，他的儿子太上老君在娘肚里学会了说话，年复一

年又长出了胡子。

【流传】河南·（南阳市）·镇平县

【出处】

（a）贺天祥讲，贺海成、姜典凯搜集整理：《天为什么是蓝的》，载《民间文学》1986年第1期。

（b）同（a），见姚宝瑄主编《中国各民族神话》（汉族），太原：山西出版传媒集团·书海出版社2014年版，第66~67页。

## W2587.1
### 男女魂合生子

实例

[汉族]（实例待考）

## W2587.2
### 高龄怀孕

实例

（参见下级母题实例）

## W2587.2.1
### 60岁的女人怀孕

【关联】

① [W2021.2] 世上最早只有1个女人（第一个女人）

② [W2222.1.1] 老人生的卵生人

实例

[哈萨克族] 哈扎卡甫尔老两口都快六十了，还没有一个孩子。在企盼中，哈扎卡甫尔的老伴儿终于怀了孕。

【流传】新疆维吾尔自治区

【出处】哈巴斯讲：《骑黑骏马的肯得克依勇士》，见姚宝瑄主编《中国各民族神话》（乌孜别克族、哈萨克族、柯尔克孜族、俄罗斯族、维吾尔族、塔吉克族、塔塔尔族、锡伯族），太原：山西出版传媒集团·书海出版社2014年版，第107页。

## W2587.3
### 女子偷情怀孕

【关联】[W7990] 偷情

实例

[瑶族] 姑姑沙房三和侄子盘十六结婚前与一男子偷情有孕，生下的肉块变成人。

【流传】广东省·（清远市）·连南县（连南瑶族自治县）

【出处】《洪水的传说》，见中国各民族宗教与神话大词典编审委员会编《中国各民族宗教与神话大词典》，北京：学苑出版社1990年版，第654页。

## W2587.3.1
### 因幽会怀孕

【关联】[W7191] 恋人相会（情人相会）

实例

（参见下级母题实例）

## W2587.3.1.1
### 山神雨神幽会怀孕

实例

[普米族] 纳可穆玛（昆仑山女神）与

吉西尼（玉龙雪山神，雨神，纳可穆玛情人）在云神的帮助下每天相会，后来纳可穆玛怀孕了。

【流传】云南省·（丽江市）·宁蒗（宁蒗彝族自治县）；四川省·（凉山彝族自治州）·木里（木里藏族自治县）

【出处】曹匹初讲，章虹宇搜集整理：《石头阿祖和石头子孙》，载《山茶》1986年第5期。

## W2587.4
### 祈子后怀孕

【关联】

① ［W2280］祈祷生人（祈祷生子、祈子）

② ［W2581.5.2］天神赐孕

实 例

［朝鲜族］国王含达婆即位后，因常祈天求子，终于有孕。

【流传】（无考）

【出处】金永奎改写：《昔脱解王神话》，见姚宝瑄主编《中国各民族神话》（满族、赫哲族、朝鲜族），太原：山西出版传媒集团·书海出版社2014年版，第166~168页。

## W2587.5
### 特殊物质使女子怀孕

【关联】［W2230］感生人

实 例

（参见下级母题实例）

## W2587.5.1
### 蜂蜡使人怀孕

实 例

［瑶族］（实例待考）

## W2587.5.2
### 风使女子怀孕

【关联】

① ［W2230］感生人

② ［W2275.1］感风孕生人

实 例

❶ ［黎族］兄妹婚后妹妹感风受孕。

【流传】海南省五指山一带

【出处】王国全搜集整理：《南瓜的故事》，见中华民族故事大系编委会编《中华民族故事大系》第7卷（黎族、傈僳族、佤族），上海：上海文艺出版社1995年版，第1~13页。

❷ ［瑶族（布努）］密洛陀（万物之母，女始祖，女神）感风怀孕。

【流传】广西壮族自治区·（河池市）·都安县（都安瑶族自治县）、巴马县（巴马瑶族自治县）、南丹县，（百色市）·田东县、平果县等地

【出处】桑布郎等传，蒙凤标（83岁）、罗仁祥（73岁）等唱：《密洛陀》（1983），见蓝怀昌、蓝书京、蒙通顺搜集翻译整理《密洛陀》，北京：中国民间文艺出版社1988年版，第31~32页。

## W2587.6
### 孩子在母腹中说话

【汤普森】T575.1

【关联】［W2598.7］孩子出生就会说话

**实例**

［苗族］远古时候央腊蛋（蝴蝶妈妈生的生出人类祖先姜央的卵），（鹟宇鸟）孵了足足三年整。姜央蛋里说话啦："再孵一夜就要生，丢了一夜就会坏。"

【流传】原文无流传地，据文本及注释推测该神话流传于贵州省·黔东南苗族侗族自治州·凯里市、台江县等地。

【出处】耆富演唱，苗丁搜集，燕宝整理译注：《枫木生人·十二个蛋》，见贵州省少数民族古籍整理出版规划小组办公室编，燕宝整理译注《苗族古歌》，贵阳：贵州民族出版社1993年版，第496页。

## W2587.6.1
### 双胞胎在母腹中争吵

【汤普森】T575.1.3

【关联】［W2722］双胞胎（孪生）

**实例**

（实例待考）

## W2587.6.2
### 人在葫芦中未生出前说话

**实例**

［基诺族］洪水后，幸存的玛黑和玛妞兄妹俩种出一个大葫芦，大葫芦中传出人的说话声。

【流传】(a) 云南省·（西双版纳傣族自治州）·景洪县（景洪市）

【出处】

(a) 沙车讲，禹尺采录：《敬献祖先的来历》，见中国民间文学集成全国编辑委员会编《中国民间故事集成》（云南卷），北京：中国ISBN中心2003年版，第189页。

(b) 同(a)，见陶阳、钟秀编《中国神话》（中），北京：商务印书馆2008年版，第603页。

(c) 沙车讲，仲录整理：《祭祖的由来》，见谷德明编《中国少数民族神话》，北京：中国民间文艺出版社1987年版，第536页。

## W2587.6.3
### 孩子在母腹中问外面的事情

**实例**

［汉族］天母娘娘怀了一个孩子，当补天当修补到一半的时候，孩子在娘肚子里就问："天修补好了没有？"

【流传】辽宁省·沈阳（沈阳市）一带

【出处】马素梅讲，徐海燕搜集整理：《北方的天气为什么比南方冷》（1986.04），见姚宝瑄主编《中国各民族神话》（汉族），太原：山西出版传媒集团·书海出版社2014年版，第66页。

## W2587.6.4
### 孩子在母腹中学会说话

实例

[汉族] 盘古开天地时，他的儿子太上老君在娘肚里正赶上这场天地演变。他虽然不能眼看到外界的事情，却学会了说话。

【流传】河南·（南阳市）·镇平县

【出处】贺天祥讲，贺海成、姜典凯搜集整理：《天为什么是蓝的》，见姚宝瑄主编《中国各民族神话》（汉族），太原：山西出版传媒集团·书海出版社 2014 年版，第 66~67 页。

## W2587.6.5
### 出生前孩子在母腹中说话

实例

（参见下级母题实例）

## W2587.6.5.1
### 出生前一天孩子在母腹中向母亲提要求

实例

[纳西族] 东巴教的教主神丁巴什罗，当他要出生的前一天，在母亲的肚里说话，提出要从腋下出生的要求。

【流传】云南省·丽江县（丽江市）

【出处】木丽春采集整理：《什罗和古基比法》，见木丽春编著《纳西族民间故事集》，昆明：云南人民出版社 2007 年版，第 355 页。

## W2587.7
### 借腹生人

实例

（参见下级母题实例）

## W2587.7.1
### 胎儿转到另一个母亲腹中

【汤普森】T577

实例

（实例待考）

## W2587.7.2
### 人借动物的肚子怀孕

实例

❶ [白族] 老虎、白鹤、麻蛇、蜜蜂、蚂蚁等愿借她们的肚子给一个老妈妈传种，老妈妈谢绝。

【流传】云南省·（大理白族自治州）·鹤庆（鹤庆县）·朵美乡·朵美街

【出处】彭独豹讲，鹤庆县集成办公室采录：《石家什》，见中国民间文学集成全国编辑委员会编《中国民间故事集成》（云南卷），北京：中国 ISBN 中心 2003 年版，第 233 页。

❷ [白族] 麻蛇、蜜蜂、蚂蚁、蚯蚓都来安慰植祖（人名，地上的人死亡后剩下的唯一一个老妈妈），愿借她的肚子给它们传种，植祖都谢绝了。

【流传】云南省·（大理白族自治州）·鹤庆县

【出处】彭独豹、杨凤魁讲，章天柱、

曹溪涌记录：《石俅什》，原载《中国民间故事全书》（云南省·鹤庆卷），见陶阳、钟秀编《中国神话》（下），北京：商务印书馆2008年版，第1490~1492页。

## W2587.8
### 不能生育的原因

【关联】

① ［W2150.1］以前的人不生育

② ［W2495］结婚不生育

③ ［W2495.2］兄妹婚不能生育

④ ［W2580.1.1］早期因没有女人不会怀孕

⑤ ［W2580.1.1.1］早期的人因不婚配不怀孕

实例

（参见下级母题实例）

## W2587.8.1
### 年老不能生育

【关联】［W2587.2］高龄怀孕

实例

（参见下级母题实例）

## W2587.8.1.1
### 年老时才结婚不能生育

实例

［基诺族］洪水后，幸存的玛黑和玛妞兄妹俩年老时才结婚，他们都已经是老人了，已经不会生儿育女了，多少年过去，他们仍然过着寂寞凄凉的日子。

【流传】（a）云南省·（西双版纳傣族自治州）·景洪县（景洪市）

【出处】

（a）沙车讲，禹尺采录：《敬献祖先的来历》，见中国民间文学集成全国编辑委员会编《中国民间故事集成》（云南卷），北京：中国ISBN中心2003年版，第189页。

（b）同（a），见陶阳、钟秀编《中国神话》（中），北京：商务印书馆2008年版，第603页。

（c）沙车讲，仲录整理：《祭祖的由来》，见谷德明编《中国少数民族神话》，北京：中国民间文艺出版社1987年版，第536页。

## W2587.8.2
### 不祭天不能生育

【关联】［W2493.4］祭祀后生正常人

实例

［纳西族］纳西始祖崇仁丽恩和夫人策恒布白命二人，从天上迁徙回到人间之后，因不懂祭天礼仪，三年没有生育子女。

【流传】云南省·丽江（丽江市）

【出处】《祭天·崇邦飒》，见吕大吉、何耀华总主编《中国各民族原始宗教资料集成》（纳西族卷、羌族卷、独龙族卷、傈僳族卷、怒族卷），北京：中国社会科学出版社2000年版，第44页。

## W2587.8.3
### 阴阳错位不生育

实例

（参见下级母题实例）

## W2587.8.3.1
### 天地阴阳错位不生育

**实例**

[纳西族] 男祖先利恩若与波白命（天女名）婚后不生育孩子，是天翻转来做了地，而地又翻转上去做了天，不是天盖地，而是地盖了天，是天和地错位造成的。只有他们夫妻俩扶正了天和地的位置才能生育。

【流传】云南省·丽江县（丽江市）

【出处】木丽春采集整理：《迁徙三受阻的传说》，见木丽春编著《纳西族民间故事集》，昆明：云南人民出版社2007年版，第66页。

## W2587.8.3.2
### 夫妻阴阳错位不生育

**实例**

（参见 W2587.8.3.1 母题实例）

## W2587.8.4
### 因偷盗不生育

【关联】[W9912] 偷盗被惩罚

**实例**

（参见下级母题实例）

## W2587.8.4.1
### 因偷了娘家的东西不能生育

**实例**

[纳西族] 男子崇仁丽恩到天上与天女册恒布白命婚后回到人间。因为他们从天上下来时，偷了天神父亲阿普不愿送给的家猫和蔓菁种，因此遭到天神报复，不让他俩生儿育女。

【流传】云南省·丽江（丽江市）

【出处】和芳（东巴）读经，和志武翻译整理：《崇邦统》（人类迁徙记）（1954），见吕大吉、何耀华总主编《中国各民族原始宗教资料集成》（纳西族卷、羌族卷、独龙族卷、傈僳族卷、怒族卷），北京：中国社会科学出版社2000年版，第329页。

## W2587.9
### 怀孕的烦恼

**实例**

（参见下级母题实例）

## W2587.9.1
### 怀孕很痛苦

【关联】

①［W2153.5.7］原来男人怀孕充满痛苦

②［W2778.4］男人害怕生人的痛苦，天神把生孩子转给女人

**实例**

（参见下级母题实例）

## W2587.9.1.1
### 孕妇腹胀如山

【关联】

①［W2587.9.3.4.1］像山一样的胎儿

②［W2603］生巨婴

**实例**

❶ [哈尼族] 阿妈梅烟恰（始祖神）怀

孕时肚子胀得比 77 座大山还大。

【流传】云南省·（红河哈尼族彝族自治州）·元阳县

【出处】朱小和讲，史军超采录：《动植物的家谱》，见中国民间文学集成全国编辑委员会编《中国民间故事集成》（云南卷），北京：中国 ISBN 中心 2003 年版，第 346 页。

❷ [壮族] 天神母亲刚怀姆洛甲时，腹中一天就胀大半节竹子长。怀到八个月时，母腹已隆起像半座小山。

【流传】

（a）广西壮族自治区·（百色市）·西林县·那佐乡·那来村

（b）广西壮族自治区

【出处】

（a）黄公受讲，岑护双采录翻译：《巨人夫妻》，中国民间文学集成全国编辑委员会编《中国民间故事集成》（广西卷），北京：中国 ISBN 中心 2001 年版，第 55~60 页。

（b）黄公受讲，岑护双采录翻译：《巨人夫妻——姆洛甲与布洛陀》，原载中国民间文学集成全国编辑委员会编《中国民间故事集成》（广西卷），北京：中国 ISBN 中心 2001 年版，见陶阳、钟秀编《中国神话》（中），北京：商务印书馆 2008 年版，第 659~667 页。

## W2587.9.2
### 姐弟婚后姐姐因怀孕寻死

实 例

[景颇族] 姐弟婚后，姐姐发现自己怀孕，羞愧难当，姐姐想走到后面的山坡上寻死。

【流传】（无考）

【出处】殷江腊讲，永生翻译，东耳、永生整理：《人类始祖》，载《山茶》1982 年第 6 期。

## W2587.10
### 特定人物怀孕

实 例

（参见下级母题实例）

## W2587.10.1
### 几个妻子只有一个怀孕

实 例

[彝族] 一个男子与三仙女成婚七年后，只有第二个仙女生下一个葫芦。

【流传】云南省·玉溪（玉溪市）·新平县（新平彝族傣族自治县）·鲁魁山地区

【出处】

（a）*《獐子氏族的来历》，见吕大吉、何耀华总主编《中国各民族原始宗教资料集成》（彝族卷、白族卷、基诺族卷），北京：中国社会科学出版社 1996 年版，第 22~23 页。

（b）同（a），见陶云逵：《大寨里彝之宗族与图腾制》，载《边疆人文》第 6 卷第 4 期。

## W2587.10.2
### 第一个怀孕的女人

实 例

（参见下级母题实例）

## W2587.10.2.1
### 神的意愿产生第一个怀孕的女人

【关联】[W2580.2.6.1] 神让一个女人不再蜕皮后人开始生育

实例

[苗族] 以前的人能通过脱皮长生不老。天上老爷爷答应了一个妇女不再想蜕皮的请求时，告诉她说："人活在世上都有生老病死，就不消蜕皮了。从今后你得生儿育女，繁衍人烟！"女人怀孕从此开始。

【流传】云南省

【出处】王建国讲，陆兴凤翻译：《人为何会生会死》，原载《云南苗族民间故事集成》，见陶阳、钟秀编《中国神话》（下），北京：商务印书馆2008年版，第1078~1079页。

## W2587.11
### 胎儿

实例

（参见下级母题实例）

## W2587.11.1
### 胎儿的发育

【关联】[W2821.3.1] 父母设计胎儿的五官

实例

（参见下级母题实例）

## W2587.11.1.1
### 胎儿先生头发

实例

[羌族] 索依迪朗（羌语，"父亲"和"母亲"）孕生时商量决定：以后身怀有孕时，胎儿先生头发，后生眉毛，然后再生眼、耳、鼻、舌、嘴、心肺和肠肚等。

【流传】（无考）

【出处】
（a）《索依迪朗：设计造人》，见西南民族学院《羌族文学简史》编写组编《羌族民间文学资料集》（一），1987年4月。
（b）同（a），见吕大吉、何耀华总主编《中国各民族原始宗教资料集成》（纳西族卷、羌族卷、独龙族卷、傈僳族卷、怒族卷），北京：中国社会科学出版社2000年版，第578页。

## W2587.11.2
### 胎儿的性别

【关联】[W2768.1] 胎儿变化性别

实例

（实例待考）

## W2587.11.3
### 胎儿化为血水

实例

（参见下级母题实例）

## W2587.11.3.1
### 男人的胎儿化为血水

实例

[白族] 男子们怀的娃娃没出路出生，在他们的肚子里又蹬又撞，痛得哭天嚎地。植祖（祖先名）看着自己的男

娃受苦，就去跟山神要来化胎药，给男娃们吃，胎化成血水屙出，他们才万事大吉。

【流传】云南省·（大理白族自治州）·鹤庆县·朵美乡

【出处】鹤庆县民间文学集成办公室编：《石家什》，载《鹤庆民间故事集成》，昆明：云南人民出版社1989年版，第30~32页。

## W2587.11.4
### 巨大的胎儿（巨胎）

【关联】［W2603］生巨婴

实 例

［壮族］女始祖姆洛甲怀胎了。怀到三个月，她肚子像大猪栏一样；怀到五个月，像座小山一般；怀到七个月，像一座大山了，还天天往外凸出。

【流传】

（a）广西壮族自治区·（百色市）·西林县·那佐乡·那来村

（b）广西壮族自治区

【出处】

（a）黄公受讲，岑护双采录翻译：《巨人夫妻》，中国民间文学集成全国编辑委员会编《中国民间故事集成》（广西卷），北京：中国ISBN中心2001年版，第55~60页。

（b）同（a），见陶阳、钟秀编《中国神话》（中），北京：商务印书馆2008年版，第659~667页。

## W2587.11.4.1
### 像山一样的胎儿

【关联】［W2587.9.1.1］孕妇腹胀如山

实 例

［壮族］天神母亲刚怀姆洛甲时，腹中一天就胀大半节竹子长。怀到五个月，母腹已胀的像母牛吃饱时的肚子了。怀到八个月时，母腹已隆起像半座小山。怀到十月时，母亲大腹像一座小山，肚皮被胀得薄薄的发亮了，再也不能往外胀了，就生了一个巨婴。

【流传】

（a）广西壮族自治区·（百色市）·西林县·那佐乡·那来村

（b）广西壮族自治区

【出处】

（a）黄公受讲，岑护双采录翻译：《巨人夫妻》，中国民间文学集成全国编辑委员会编《中国民间故事集成》（广西卷），北京：中国ISBN中心2001年版，第55~60页。

（b）同（a），见陶阳、钟秀编《中国神话》（中），北京：商务印书馆2008年版，第659~667页。

## W2587.11.5
### 胎儿迅速成长

【关联】［W2697.3］新生儿快速成长（婴儿迅速成长）

实 例

（参见下级母题实例）

## W2587.11.5.1
### 胎儿一天就长半截竹子长

【关联】［W2697.3］新生儿快速成长（婴儿迅速成长）

实 例

［壮族］天神母亲刚怀姆洛甲时，腹中

一天就胀大半节竹子长。

【流传】

(a) 广西壮族自治区·(百色市)·西林县·那佐乡·那来村

(b) 广西壮族自治区

【出处】

(a) 黄公受讲，岑护双采录翻译：《巨人夫妻》，中国民间文学集成全国编辑委员会编《中国民间故事集成》（广西卷），北京：中国 ISBN 中心 2001 年版，第 55~60 页。

(b) 同（a），见陶阳、钟秀编《中国神话》（中），北京：商务印书馆 2008 年版，第 659~667 页。

## W2587.12

### 孕妇被掠

实 例

（参见下级母题实例）

## W2587.12.1

### 怀孕的女子被掠到他处

实 例

[傣族] 七八百年前，勐卯（今云南德宏自治州瑞丽县）地方王的一位公主已有身孕，被老鹰衔到孟定，住在攀枝花树上的老鹰窝里。

【流传】 云南省·临沧（临沧市）·（耿马县）·孟定（孟定镇）

【出处】 张元庆搜集：《孟定傣族来源的传说》，见云南省编辑组编《临沧地区傣族社会历史调查》，北京：民族出版社 2009 年版，第 106 页。

## 2.8.2 出生与特殊的出生[①]
（W2590 ~ W2599）

## ✿ W2590

### 出生（分娩）

【汤普森】T580

实 例

（参见下级母题实例）

## W2591

### 出生时间的确定

实 例

（参见下级母题实例）

## W2591.1

### 特定的时辰出生

【关联】[W4694] 时辰

实 例

[苗族]（蝴蝶妈妈生育 12 个蛋），姜央生在寅辰时，丑日吉日他才起；雷公生在卯日里；寅日老虎才出生；蛇出生在巳日里。

【流传】原文无流传地，据文本及注释

---

[①] 这里"特殊的出生"与"生人"基本类型中的"特殊的出生"性质不同，此处强调了先有怀孕过程，然后在从怀孕者的特殊部位生出人。

推测该神话流传于贵州省·黔东南苗族侗族自治州·凯里市、台江县等地。

【出处】耇富演唱，苗丁搜集，燕宝整理译注：《枫木生人·十二个蛋》，见贵州省少数民族古籍整理出版规划小组办公室编，燕宝整理译注《苗族古歌》，贵阳：贵州民族出版社1993年版，第497~498页。

## W2591.2
### 特定事件决定降生时间

实 例

（参见下级母题实例）

## W2591.2.1
### 孕期最后三个月赐灵魂才能降生

实 例

[基诺族] 丕嫫（造人母亲）能在女子孕期最后三个月把灵魂赐给胎儿并使其降生。

【流传】云南省

【出处】吕大吉、何耀华总主编：《中国各民族原始宗教资料集成》（彝族卷、白族卷、基诺族卷），北京：中国社会科学出版社1996年版，第797页。

## W2591.3
### 以植物为标志的出生时间

实 例

（参见下级母题实例）

## W2591.3.1
### 南瓜结果时分娩

实 例

[黎族] 南瓜花结果的那一天，老当和老定（人名）的妻子分别安然无恙地把孩子生了下来。

【流传】

（a）海南省·（三亚市）·保亭县（保亭黎族苗族自治县）·保城镇

（bc）海南省五指山区

【出处】

（a）王老黎讲，王国全采录：《三个民族同一源》，见中国民间文学集成全国编辑委员会编《中国民间故事集成》（海南卷），北京：中国ISBN中心2002年版，第9页。

（b）王国全搜集整理：《南瓜的故事》，见谷德明编《中国少数民族神话》，北京：中国民间文艺出版社1987年版，第196页。

（c）同（b），见陶阳、钟秀编《中国神话》（上），上海：上海文艺出版社2008年版，第374页。

## W2592
### 出生的地点

【汤普森】T581

实 例

（参见下级母题实例）

## W2592.1
### 人生在树上（树上分娩）

【关联】［W6175］人居住树上

实 例

［傣族］一个公主住在攀枝花树上的老鹰窝，生1男孩，被一位仙人从树上接下来抚养。

【流传】云南省·临沧（临沧市）·（耿马傣族佤族自治县）·孟定（孟定镇）

【出处】张元庆搜集：《孟定傣族来源的传说》，见云南省编辑组《临沧地区傣族社会历史调查》，北京：民族出版社2009年版，第106页。

## W2592.2
### 人生在卵中（卵中分娩）

【关联】［W2220］卵生人

实 例

❶［哈尼族］分别孵出头人、贝玛和铁匠的3个大蛋生在太阳和月亮共同做的窝里。

【流传】云南省·（红河哈尼族彝族自治州）·红河县

【出处】周德顺讲，李明荣采录：《三个神蛋》，见中国民间文学集成全国编辑委员会编《中国民间故事集成》（云南卷），北京：中国ISBN中心2003年版，第240页。

❷［哈尼族］先祖乌突里前面的先辈，生小娃不会用手去接，小娃生在薄薄的蛋壳里。

【流传】云南省·（红河哈尼族彝族自治州）·元阳县

【出处】卢朝贵讲，史军超采录：《神和人的家谱》，见中国民间文学集成全国编辑委员会编《中国民间故事集成》（云南卷），北京：中国ISBN中心2003年版，第23页。

## W2592.3
### 人生在洞中（洞中分娩）

【关联】［W6178］人穴居

实 例

［哈尼族］哈尼的先祖塔婆在岩洞里生下许多儿子。

【流传】云南省·（红河哈尼族彝族自治州）·元阳县

【出处】朱小和讲，卢朝贵采录：《塔婆取种》，见中国民间文学集成全国编辑委员会编《中国民间故事集成》（云南卷），北京：中国ISBN中心2003年版，第300页。

## W2592.4
### 人生在水中（水中分娩）

【关联】［W2208］水生人

实 例

［满族］怀孕临盆的女真（女子名）被水冲入天池后，湖面上升起彩虹，天池里传来了两个婴儿的哭声。完达（女真的丈夫）循声看见女真躺在一个巨大的荷叶上，身旁两朵莲花，每个莲花上托着一个婴儿，一个男孩，一个女孩。完达急忙把女真和孩子接

上岸来。

【流传】黑龙江省

【出处】

（a）赵书搜集整理：《女真定水》，见乌丙安等编《满族民间故事选》，上海：上海文艺出版社1983年版，第66~76页。

（b）同（a），见姚宝瑄主编《中国各民族神话》（满族、赫哲族、朝鲜族），太原：山西出版传媒集团·书海出版社2014年版，第50~60页。

## W2592.5
### 人只能在地上生（地上分娩）

【关联】[W6518]生育禁忌

实 例

〖纳西族〗生小孩时，要在房间里的地上生（不能在正房），因为在金木水火土五行中，土在中央。

【流传】云南省·丽江县（丽江市）·塔城乡·依陇行政村·巴甸村

【出处】和崇义（50岁）讲，杨福泉调查整理：《丽江塔城依陇地区的生育卜算仪式》（1989），见吕大吉、何耀华总主编《中国各民族原始宗教资料集成》（纳西族卷、羌族卷、独龙族卷、傈僳族卷、怒族卷），北京：中国社会科学出版社2000年版，第302~303页。

## W2593
### 出生的准备与情形

实 例

（参见下级母题实例）

## W2593.1
### 出生的防护

【汤普森】T582

实 例

（实例待考）

## W2593.2
### 出生躲避恶魔

【汤普森】T582.1

【关联】[W6680]生育习俗

实 例

（实例待考）

## W2593.3
### 雷击后才分娩

【关联】

① [W2172.5.1.4]竹子被雷劈后生人

② [W2182.1.2]大树被惊雷劈开后生人

③ [W2274.4.1]感雷电中的白光生人

④ [W2275.4]感雷生人

⑤ [W2291.1]刺激特定物后该物生人

⑥ [W2597.0.2]惊雷一声孩子出生

实 例

（参见下级母题实例）

## W2593.3.1
### 雷击孕妇腹部后分娩

实 例

〖白族〗一个怀孕多年的妇女正在祭天时，

被雷公一雷击中其腹，人才出生。

【流传】云南省·（大理白族自治州）·洱源县·茈碧乡·官营村

【出处】王承权调查整理：《洱源官营白族离家乡求平安祭》（1988），见吕大吉、何耀华总主编《中国各民族原始宗教资料集成》（彝族卷、白族卷、基诺族卷），北京：中国社会科学出版社1996年版，第729页。

## W2593.4
### 通过向某物撒尿帮助分娩

实例

[基诺族] 创世母亲给洪水幸存的兄妹3颗葫芦籽。葫芦籽种出的葫芦成熟后，里边的人和生物出不来，创世母亲对哥哥玛黑说："你向葫芦撒尿它们就能出来。"

【流传】云南省·（西双版纳傣族自治州·景洪市）·基诺山（基诺族乡）·戛里果箐、巴亚新寨、茶叶大地、巴卡寨

【出处】不拉塞等讲，杜玉亭调查整理：《卓巴、牛皮木鼓与寨鬼》（1980~1990），见吕大吉、何耀华总主编《中国各民族原始宗教资料集成》（彝族卷、白族卷、基诺族卷），北京：中国社会科学出版社1996年版，第873~874页。

## W2593.5
### 婴儿出生要通报神灵

实例

（参见下级母题实例）

## W2593.5.1
### 婴儿出生要通报祖先神

实例

[基诺族] 婴儿降生后，父亲要为新生命杀一只鸡祭献各路神灵。其中之一是祭献丕嬷（造人母亲），向其通报婴儿的降生，目的是请其保佑新生命的成长。

【流传】云南省

【出处】吕大吉、何耀华总主编：《中国各民族原始宗教资料集成》（彝族卷、白族卷、基诺族卷），北京：中国社会科学出版社1996年版，第791页。

## W2593.5.2
### 婴儿出生要通报去世的父母

实例

[基诺族] 婴儿降生后，父亲要为新生命杀一只鸡祭献各路神灵。其中包括去世父母，通报婴儿的降生的目的是请其保佑新生命的成长。

【流传】云南省

【出处】吕大吉、何耀华总主编：《中国各民族原始宗教资料集成》（彝族卷、白族卷、基诺族卷），北京：中国社会科学出版社1996年版，第791页。

## W2593.5.3
### 婴儿出生要通报寨神

【关联】[W0440] 村寨保护神（寨神）

实例

[基诺族] 婴儿降生后，父亲要为新生

命杀一只鸡祭献各路神灵。其中之一是寨鬼,请其保佑新生命的成长。

【流传】云南省

【出处】吕大吉、何耀华总主编:《中国各民族原始宗教资料集成》(彝族卷、白族卷、基诺族卷),北京:中国社会科学出版社1996年版,第791页。

## W2593.6
### 预产期

实例

(参见下级母题实例)

## W2593.6.1
### 预产期13天

实例

[纳西族] 丁巴什罗(东巴教主)在母亲怀孕九个月,产期不足十三天,就预备出世了。

【流传】云南省·丽江地区(丽江市)

【出处】赵银棠讲,杨润光整理:《丁巴什罗》,载《山茶》1982年第3期。

## ❋ W2594
### 特殊的出生

【汤普森】T540

【关联】[W035] 神的特殊出生

实例

(参见下级母题实例)

## W2595
### 从人的五官中出生

【汤普森】T541

实例

(参见下级母题实例)

## W2595.1
### 从头上生人

【汤普森】T541.4

【关联】[W2586.1] 全身怀孕

实例

(参见关联项母题实例)

## W2595.2
### 从口中生人

【汤普森】T541.4.1

【关联】[W2586.1] 全身怀孕

实例

(参见关联项母题实例)

## W2595.3
### 从眼睛中生人

【汤普森】T541.7

【关联】[W2586.1] 全身怀孕

实例

(参见关联项母题实例)

## W2596
### 从人的其他特定部位出生

【关联】[W2586] 特殊的怀孕形式

实例

(参见关联项及下级母题实例)

## W2596.1
### 从肋骨生人

【关联】[W2596.15] 从骨头中生人

实例

❶ [汉族] 老子从母亲的肋骨缝儿蹦出来。

【流传】吉林省·（通化市）·柳河县·柳河镇

【出处】潘竹松讲，张月照采录：《先有老子后有天》，见中国民间文学集成全国编辑委员会编《中国民间故事集成》（吉林卷），中国文联出版公司1992年版，第2~3页。

❷ [回族] 人祖阿丹的肋骨中生出配偶好娃。

【流传】宁夏回族自治区

【出处】《阿丹和好娃》，见陶阳、钟秀《中国创世神话》，上海：上海人民出版社1993年版，第54页。

## W2596.2
### 从两肋生人

【汤普森】T584.1

实例

❶ [汉族] 陆终娶于鬼方氏之妹，孕而不育，3年启其右胁，3人出焉；启其左胁，3人出焉。

【流传】（无考）

【出处】《世本·氏姓篇》。

❷ [汉族] 一对男女婚后，怀孕三年不育，剖开两肋生人。

【流传】（无考）

【出处】《世本·帝系篇》。

## W2596.2.1
### 人从左肋出生

实例

[回族] 阿丹左肋骨下边长了个包，掉出个人来，真主赐名叫海尔玛。

【流传】（无考）

【出处】《阿丹和海尔玛》，见谷德明编《中国少数民族神话》，北京：中国民间文艺出版社1987年版，第713页。

## W2596.2.2
### 人从右肋出生

实例

[纳西族] 十世单传的圣祖丁巴什罗为拯救人类投人类母胎，出生时选择了母亲的右肋。

【流传】（无考）

【出处】杨正文记录整理，年恒、更嘎等讲：《东（丁）巴什罗法事一览》，载《中甸县志通讯》1989年第2期。

## W2596.3
### 从肋腔生人

实例

[回族] 从开天圣人的肋腔中出来1个女人叫哈娃。

【流传】四川省·（乐山市）·犍为县·罗城镇

【出处】苏德奎讲：《阿诞和哈娃》，见

中国民间文学集成全国编辑委员会编《中国民间故事集成》（四川卷·下），北京：中国 ISBN 中心 1998 年版，第 1411 页。

## W2596.4
### 从肚子（腹部）生人

【实例】

（参见下级母题实例）

## W2596.4.1
### 炸开女人肚子生人

【实例】

［汉族］雷公用"雷楔子"炸开"人种"的肚子后，跳出了人。

【流传】云南省·（大理白族自治州）·洱源县

【出处】芮丰、李泽民讲述，李佩玖采录：《"雷楔子"炸人种》，见中国民间文学集成全国编辑委员会编《中国民间故事集成》（云南卷），北京：中国 ISBN 中心 2003 年版，第 154 页。

## W2596.4.2
### 从肚子里喷出人

【实例】

［独龙族］从肚子里喷出一个孩子。

【流传】云南省·（怒江傈僳族自治州）·贡山县（贡山独龙族怒族自治县）·独龙江（独龙江乡）

【出处】才主松讲，李新明整理：《金社除恶龙》，见中华民族故事大系编委会编《中华民族故事大系》第 15 卷（德昂族、保安族、裕固族、京族、塔塔尔族、独龙族、鄂伦春族），上海：上海文艺出版社 1995 年版，第 621 页。

## W2596.4.3
### 肚脐中生人

【关联】［W2277.5.1］通过肚脐感生

【实例】

［藏族］葛姆（女子名，龙女）从脐上发出一道七彩虹光，虹光中出现了一个身穿羽毛衣服的女子。

【流传】（无考）

【出处】徐国琼搜集整理：《雄师大王格萨尔》，见陶阳、钟秀编《中国神话》（中），北京：商务印书馆 2008 年版，第 702～711 页。

## W2596.5
### 从胸中生人

【实例】

［汉族］禹母修己，胸拆生禹。

【流传】

【出处】《世本·帝系篇》。

## W2596.6
### 从腋窝生人

【关联】［W2596.2］从两肋生人

【实例】

［普米族］纳可穆玛（昆仑山女神）教儿孙们生孩子时，要从腋窝下生。

【流传】云南省·（丽江市）·宁蒗（宁蒗彝族自治县）；四川省·（凉山彝族自治州）·木里（木里藏族自治县）

【出处】曹匹初讲，章虹宇搜集整理：《石头阿祖和石头子孙》，载《山茶》1986年第5期。

## W2596.6.1
### 从左腋生人

实例

❶ [朝鲜族] 河伯的女儿柳花感日光怀孕，怀胎满十个月从左胳肢窝下生了一个肉蛋子，足有五升大。

【流传】（无考）

【出处】

（a）金德顺讲，裴永镇整理：《朱蒙》，见《朝鲜族民间故事讲述家金德顺故事集》，上海：上海文艺出版社1983年版。

（b）同（a），见姚宝瑄主编《中国各民族神话》（满族、赫哲族、朝鲜族），太原：山西出版传媒集团·书海出版社2014年版，第170~181页。

❷ [朝鲜族] 河伯的女儿柳花怀胎满十个月，从左夹肢窝下生了一个肉蛋子。

【流传】长白山等地

【出处】金德顺讲，裴永镇记录整理：《东明王的传说》，原载《金德顺故事集》，见陶阳、钟秀编《中国神话》（中），北京：商务印书馆2008年版，第886~897页。

❸ [纳西族] 丁巴什罗（东巴教主）在母亲怀孕九个月，产期不足十三天，就预备出世了。母亲抬了一下左臂，丁巴什罗就从母亲的夹肢窝里出来了。

【流传】云南省·丽江地区（丽江市）

【出处】赵银棠讲，杨润光整理：《丁巴什罗》，载《山茶》1982年第3期。

## W2596.6.1.1
### 孩子要求从母亲左腋出生

实例

❶ [纳西族] 东巴教的教主神丁巴什罗要出生的前一天，在母亲的肚里说话，请求母亲抬一下你的左手臂，要从阿妈的腋窝里出生。

【流传】云南省·丽江县（丽江市）

【出处】木丽春采集整理：《什罗和古基比法》，见木丽春编著《纳西族民间故事集》，昆明：云南人民出版社2007年版，第355页。

❷ [纳西族] 战神里萨敬久从娘胎里出生时问道："妈妈，我要从哪里出世呵？"苏绕来自金母让他从"人生路里"出世。他认为人类出生之路秽气，不洁不净，要求从母亲左手腋下窝出生。过了三天后，战神里萨敬久就从母亲左腋窝下出世了。

【流传】（无考）

【出处】《什罗飒》，见吕大吉、何耀华总主编《中国各民族原始宗教资料集成》（纳西族卷、羌族卷、独龙族卷、傈僳族卷、怒族卷），北京：中国社会科学出版社 2000 年版，第 341 页。

## W2596.6.2
### 特定的人从腋窝生孩子

【实例】

（参见下级母题实例）

## W2596.6.2.1
### 姆六甲从腋窝生孩子

【关联】［W0705］姆六甲

【实例】

［壮族］姆六甲的孩子是腋生的。

【流传】（无考）

【出处】兰鸿恩：《论布伯的故事》，见田兵等编《中国少数民族神话论文集》，南宁：广西民族出版社 1984 年版，第 144 页。

## W2596.6.3
### 特定的人从腋窝出生

【关联】［W2598.1.1］圣人不一般的出生

【实例】

［汉族］开天辟地的老君生在娘胎中得知天的西北角长严实后，从娘的胳肢窝降生。

【流传】河北省·衡水市

【出处】安广恩讲：《开天辟地老君生》，见中国民间文学集成全国编辑委员会编《中国民间故事集成》（河北卷），北京：中国 ISBN 中心 2003 年版，第 5~6 页。

## W2596.6.3.1
### 老子从母亲的腋窝出生

【关联】［W0789］老子

【实例】

［羌族］老子从母亲的腋窝出生。

【流传】四川省·（阿坝藏族羌族自治州）·茂县

【出处】何定光等讲：《老子和鲁班的故事》，见中华民族故事大系编委会编《中华民族故事大系》第 11 卷（达斡尔族、仫佬族、羌族），上海：上海文艺出版社 1995 年版，第 733 页。

## W2596.7
### 从乳头生人

【实例】

［朝鲜族］一女子从膝下生初公，从腋下生二公，从乳头生三公。

【流传】（无考）

【出处】《三公本本歌》，见金东勋《朝鲜族的神话传说》，http://www.chinactwh.com，2003.09.02。

## W2596.8
### 从毛孔中生人

【实例】

（参见下级母题实例）

## W2596.8.1
### 女神从毛孔中生人

【关联】［W2137］女神生人

2.8.2 出生与特殊的出生 ‖W2596.8.1 — W2596.11.1.1‖ 953

【实例】

❶ [满族] 女神从出水的毛孔中生出人来。

【流传】东海窝集部

【出处】《天神创世》，见季永海《满族神话》，中国民俗网，2006.01.23。

❷ [满族] 东海生命母神都金恩都力的每个毛孔都生出人和鱼。

【流传】（无考）

【出处】

（a）富育光：《萨满教与神话》，沈阳：辽宁大学出版社 1990 年版，第 50 页。

（b）《都金恩都力生人》，见吕大吉、何耀华总主编《中国各民族原始宗教资料集成》（鄂伦春族卷、鄂温克族卷、赫哲族卷、达斡尔族卷、锡伯族卷、满族卷、蒙古族卷、藏族卷），北京：中国社会科学出版社 1999 年版，第 485 页。

## W2596.9
### 从伤口中生人
【汤普森】T541.2

【实例】

（实例待考）

## W2596.10
### 从背中生人
【汤普森】T541.15

【实例】

[哈尼族] 最早出现的大鱼的脊背里送出来七对神和一对人。

【流传】（bc）云南省·（红河哈尼族彝族自治州·元阳县）

【出处】

（a）朱小和讲，芦朝贵等整理：《天、地、人的形成》，载《山茶》1983 年第 4 期。

（b）同（a），见谷德明编《中国少数民族神话》，北京：中国民间文艺出版社 1987 年版，第 313 页.

（c）朱小和讲，芦朝贵等整理：《天、地、人的传说》，见陶立璠、赵桂芳等编《中国少数民族神话汇编》（开天辟地篇），中央民族学院少数民族古籍整理出版规划领导小组办公室印（未署时间），第 261 页。

## W2596.11
### 从手脚中生人

【实例】

（参见下级母题实例）

## W2596.11.1
### 从手（脚）指尖出生
【汤普森】T541.2.1.1

【实例】

（参见下级母题实例）

## W2596.11.1.1
### 从大拇指生人

【实例】

[回族] ☆一老婆婆的大拇指破后跳出

一个蛤蟆娃。

【流传】宁夏回族自治区·（固原市）·固原县·红庄乡

【出处】李福兰讲：*《蛤蟆儿子》，见中国民间文学集成全国编辑委员会编《中国民间故事集成》（宁夏卷），北京：中国ISBN中心1999年版，第341~342页。

### W2596.11.1.2
### 从脚丫指生人

实例

[苗族] 波咪冬（女祖先名）在脚丫怀胎生人。

【流传】贵州省·（安顺市）·紫云县（紫云苗族布依族自治县）麻山苗区

【出处】杨再华唱诵，杨正江译：《亚鲁族源》，见中国民间文艺家协会主编《亚鲁王》，北京：中华书局2011年版，第54页。

### W2596.11.2
### 手臂中生人

实例

（参见下级母题实例）

### W2596.11.2.1
### 手臂中生彝族

【关联】[W5704] 彝族的产生

实例

[哈尼族] 天神塔婆全身怀孕。傣族从脚趾生，瑶从鬓发生，彝从手臂生，哈尼从肚皮生，苗从髀骨生等。

【流传】云南省

【出处】刘辉豪等整理：《奥色密色》，载《山茶》1980年第3期。

### W2596.11.3
### 男人脚中生人

实例

[拉祜族] 男人在腿上怀孕，胎儿成熟后便从脚肚上生出来。

【流传】云南省

【出处】刘辉豪整理：《男人生育》，见中国各民族宗教与神话大词典编审委员会编《中国各民族宗教与神话大词典》，北京：学苑出版社1990年版，第375页。

### W2596.12
### 从胳膊生人

【汤普森】T541.6

【关联】[W2596.11.2] 手臂中生人

实例

（参见关联项母题实例）

### W2596.13
### 从腿肚中生人

【汤普森】T541.5

实例

[高山族（卑南）] 有人形模样的东西的右小腿肚里怀着小孩。

【流传】台湾

【出处】宋龙生：《卑南（南王）部落的

形成和发展》，台湾原住民历史文化学术研讨会，台北，1997年，第3~4页。

## W2596.13.1
### 女子从腿上生人

实 例

[纳西族] 一个孤老太婆用一把刀轻轻地在小腿肚上划了一下，从刀口里跳出来一只黑亮亮的小石蛙。

【流传】云南省·丽江县（丽江市）

【出处】木丽春采集整理：《石蛙变将军》，见木丽春编著《纳西族民间故事集》，昆明：云南人民出版社2007年版，第3页。

## W2596.13.1.1
### 女祖先从小腿生人

实 例

[苗族] 波咪霸（女祖先名）在小腿怀孕。

【流传】贵州省·（安顺市）·紫云县（紫云苗族布依族自治县）麻山苗区

【出处】杨再华唱诵，杨正江译：《亚鲁族源》，见中国民间文艺家协会主编《亚鲁王》，北京：中华书局2011年版，第54页。

## W2596.13.1.2
### 女子腿生青蛙变成人

实 例

[门巴族] ☆女子腿砸肿后跳出的青蛙变成人。

【流传】西藏自治区·（林芝地区）·墨脱县

【出处】达瓦讲：《青蛙求亲》，见中国民间文学集成全国编辑委员会编《中国民间故事集成》（西藏卷），北京：中国ISBN中心2001年版，第675~679页。

## W2596.13.2
### 男人从腿上生人

【关联】[W2596.11.3] 男人脚中生人

实 例

❶ [白族] 古代由男人从小腿肚弯里生娃。

【流传】云南省·（大理白族自治州）·洱源县

【出处】杨茂堂讲：《男人坐月子》，见云南省民间文学集成办公室《白族神话传说集成》，北京：中国民间文艺出版社1986年版，第49页。

❷ [高山族（雅美）] 最早的男人由小腿肚生孩子。

【流传】台湾

【出处】[俄]李福清著：《神话与鬼话——台湾原住民神话故事比较研究》（增订本），北京：社会科学文献出版社2001年版，第77页。

## W2596.14
### 从膝盖生人

【关联】[W2153.5.2] 以前，男人从膝盖怀孕生娃娃

实 例

[羌族] 膝盖上生娃。

【流传】四川省·（阿坝藏族羌族自治州）·松潘（松潘县）

【出处】王河民讲，王康等搜集：《癞疙宝少年》，见中华民族故事大系编委会编《中华民族故事大系》第 11 卷（达斡尔族、仫佬族、羌族），上海：上海文艺出版社 1995 年版，第 822 页。

## W2596.14.1
### 男神的两膝生人

【关联】［W2138］男神生人

实 例

❶ ［高山族（雅美）］竹生的男神右膝生 1 男孩，左膝生 1 女孩。

【流传】（无考）

【出处】《石生、竹生雅美人始祖》，见中国各民族宗教与神话大词典编审委员会编《中国各民族宗教与神话大词典》，北京：学苑出版社 1990 年版，第 145 页。

❷ ［高山族］一个神的右膝生出了一个男孩，另一个神的左膝生下了一个女孩。

【流传】台湾

【出处】《神膝相擦生人类》，见谷德明编《中国少数民族神话》，北京：中国民间文艺出版社 1987 年版，第 240 页。

## W2596.14.1.1
### 两个男神同居后两膝生人

【关联】［W2449.1］同性婚生人

实 例

［高山族（雅美）］并枕安眠的两个男神，一个的右膝生出了一个男孩；另一个左膝生了一个女孩。

【流传】台湾

【出处】

（a）《神膝相擦生人类》，见谷德明编《中国少数民族神话》，北京：中国民间文艺出版社 1987 年版，第 240 页。

（b）同（a），见姚宝瑄主编《中国各民族神话》（高山族、黎族、畲族），太原：山西出版传媒集团·书海出版社 2014 年版，第 5 页。

## W2596.14.2
### 女人从膝盖生人

实 例

（参见下级母题实例）

## W2596.14.2.1
### 老太太从膝盖生的青蛙变成人

实 例

［傈僳族］老大妈膝盖生出的青蛙变成小伙。

【流传】云南省·（怒江傈僳族自治州）·贡山县（贡山独龙族怒族自治县）

【出处】李文华搜集：《青蛙伙子》，见中国少数民族民间文学丛书《傈僳族民间故事选》，上海：上海文艺出版社 1982 年版，第 82～88 页。

## W2596.14.3
**特定来历的人从膝盖生人**

实例

（参见下级母题实例）

## W2596.14.3.1
**石生的人膝盖生人**

【关联】
① ［W2210］石生人
② ［W6344］石图腾

实例

❶ ［高山族］石头生的人与竹竿生的人膝盖中各迸出1个男婴和1个女婴。

【流传】（无考）

【出处】董玛女等搜集：《红头始祖的传说》，见陈庆浩等《中国民间故事全集·台湾民间故事集》，台北：远流出版社1993年版，第360页。

❷ ［高山族（雅美）］石生的人和竹生的人相遇后，他们的右膝各自生下男人，左膝生下女人。

【流传】台湾伊摩鲁得社

【出处】鹿忆鹿：《台湾原住民与大陆南方民族的洪水神话比较》，载《民间文学论坛》1997年第1期。

## W2596.14.3.2
**竹生的人膝盖生人**

【关联】
① ［W2172］竹生人
② ［W6403］竹子崇拜

实例

（参见W2596.14.3.1母题实例）

## W2596.14.4
**不同膝盖生不同性别的人**

实例

（参见下级母题实例）

## W2596.14.4.1
**右膝生男，左膝生女**

实例

［高山族（雅美）］石生的人和竹生的人相遇后，他们的右膝各自生下男人，左膝生下女人。

【流传】台湾伊摩鲁得社

【出处】鹿忆鹿：《台湾原住民与大陆南方民族的洪水神话比较》，载《民间文学论坛》1997年第1期。

## W2596.15
**从骨头中生人**

实例

（参见下级母题实例）

## W2596.15.1
**从头颅出生**

实例

［哈尼族］天神塔婆全身怀孕后，头中生皇帝，肩生丞相，手腕生铁匠等。

【流传】云南省

【出处】刘辉豪等整理：《奥色密色》，

载《山茶》1980 年第 3 期。

## W2596.15.2
### 从髀骨中生人

【实例】

（参见下级母题实例）

## W2596.15.2.1
### 从髀骨中生苗族

【关联】［W5653］苗族的产生

【实例】

［哈尼族］天神塔婆全身怀孕后，傣族从脚趾生，瑶从鬓发生，彝从手臂生，哈尼从肚皮生，苗从髀骨生等。

【流传】云南省

【出处】刘辉豪等整理：《奥色密色》，载《山茶》1980 年第 3 期。

## W2596.16
### 从头发中生人

【实例】

（参见 W2596.15.2.1 母题实例）

## W2596.17
### 不同的身体部位生不同的人

【实例】

❶［朝鲜族］一女子从膝下生初公，从腋下生二公，从乳头生三公。

【流传】（无考）

【出处】《三公本本歌》，见金东勋《朝鲜族的神话传说》，http://www.chinactwh.com，2003.09.02。

❷［哈尼族］天神塔婆的头中生皇帝，肩生丞相，手腕生铁匠等。又一种说法是傣族从脚趾生，瑶从鬓发生，彝从手臂生，哈尼从肚皮生，苗从髀骨生。

【流传】云南省

【出处】刘辉豪等整理：《奥色密色》，载《山茶》1980 年第 3 期。

## W2596.18
### 从分泌物中出生

【汤普森】T541.8

【关联】［W2216.1］粪便中生人

【实例】

（参见关联项母题实例）

## W2596.19
### 从肛门中生人

【关联】［W2153.5.3］男人从肛门中生人

【实例】

［哈尼族］青蛙的儿子纳得怀孕，从肛门里掉下的一碗东西，转眼变成了女娃娃。

【流传】云南省·（普洱市）·墨江县（墨江哈尼族自治县）

【出处】金开兴讲，蓝明红采录：《青蛙造天地》，见中国民间文学集成全国编辑委员会编《中国民间故事集成》（云南卷），北京：中国 ISBN 中心 2003 年版，第 34 页。

## W2597
### 出生时特殊的情形
实例

（参见下级母题实例）

## W2597.0
### 出生时有异兆
【关联】[W9200] 征兆

实例

（参见下级母题实例）

## W2597.0.1
### 出生时天有异兆
实例

（参见下级母题实例）

## W2597.0.1.1
### 出生时天地震动
实例

[朝鲜族] 剖开紫卵，生形仪端美的童男。六部之人领这个男孩到东泉沐浴，顿时他身上光彩夺目。此时，不知从何地赶来无数鸟兽，翩翩起舞，而且天震地动，日清月明。

【流传】（无考）

【出处】金永奎改写：《赫居世神话》，见姚宝瑄主编《中国各民族神话》（满族、赫哲族、朝鲜族），太原：山西出版传媒集团·书海出版社2014年版，第165~166页。

## W2597.0.2
### 惊雷一声孩子出生
实例

[畲族] 阿郎（英雄名，凤凰的儿子）与龙女媛连成婚，媛连临盆时，乌云黑暗，风雨交作，当第一声雷鸣的时候，白白胖胖的孩子出世了。

【流传】福建省、浙江省等地

【出处】

（a）《畲族祖宗的传说》，见谷德明编《中国少数民族神话选》，西北民族学院研究所编印，内部资料，1983年。

（b）同（a），见姚宝瑄主编《中国各民族神话》（高山族、黎族、畲族），太原：山西出版传媒集团·书海出版社2014年版，第93页。

## W2597.1
### 出生时有祥兆
【关联】[W9235] 好的征兆（祥兆）

实例

（参见下级母题实例）

## W2597.1.1
### 出生时出现吉星祥云
实例

[纳西族] 圣祖丁巴什罗从母亲的右肋出生之初，吉星高照，祥云缭绕，百鸟云集，百兽欢舞。

【流传】（无考）

【出处】杨正文记录整理，年恒、更嘎

等讲：《东（丁）巴什罗法事一览》，载《中甸县志通讯》1989 年第 2 期。

## W2597.1.1.1
### 圣人出生时出现五星

【关联】

① ［W2926］圣人

② ［W2926.1］圣人的产生

【实例】

［汉族］孔子出生时，有五老列于徵在（即颜徵在，孔子之母）之庭，则五星之精也。

【流传】（无考）

【出处】《周灵王》，见［晋］王嘉撰，［梁］萧绮录，齐治平校注《拾遗记》卷三，北京：中华书局 1981 年版，第 70 页。

## W2597.1.2
### 出生时出现彩虹

【实例】

［满族］怀孕临盆的女真（女子名）被水冲入天池后，湖面上升起彩虹，两个婴儿出生了。

【流传】黑龙江省

【出处】

(a) 赵书搜集整理：《女真定水》，见乌丙安等编《满族民间故事选》，上海：上海文艺出版社 1983 年版，第 66~76 页。

(b) 同 (a)，见姚宝瑄主编《中国各民族神话》（满族、赫哲族、朝鲜族），太原：山西出版传媒集团·书

海出版社 2014 年版，第 50~60 页。

## W2597.2
### 出生时出现光芒

【实例】

（参见下级母题实例）

## W2597.2.1
### 出生时出现红光

【实例】

［羌族］女神姜顿（梦感红龙）生娃，娃儿下地时，满屋子一片红光。

【流传】四川省·（阿坝藏族羌族自治州）·汶川县·雁门乡

【出处】刘光元讲，罗世泽采录：《阿巴补摩》，见中国民间文学集成全国编辑委员会编《中国民间故事集成》（四川卷·下），北京：中国 ISBN 中心 1998 年版，第 1123 页。

## W2597.2.2
### 出生时婴儿周身发光

【实例】

［塔吉克族］公主感太阳神的光生的男儿，出生时像一轮初升的太阳，周身发出灿烂的光辉。

【流传】新疆维吾尔自治区

【出处】麦德力罕搜集，夏羿、朱华翻译整理：《公主堡的传说》，见姚宝瑄主编《中国各民族神话》（乌孜别克族、哈萨克族、柯尔克孜族、俄罗斯族、维吾尔族、塔吉克族、塔塔尔族、锡

伯族），太原：山西出版传媒集团·书海出版社 2014 年版，第 282 页。

## W2597.3
### 出生时有特定声音

【关联】［W2597.0.2］惊雷一声孩子出生

实例

（参见关联项母题实例）

## W2597.3.1
### 出生时出现音乐

实例

［汉族］（实例待考）

## W2597.4
### 出生时婴儿有特殊形态

实例

（参见下级母题实例）

## W2597.4.1
### 人背靠背出生

实例

（实例待考）

## W2597.4.1.1
### 人背靠背连体出生

实例

［汉族］（实例待考）

## W2597.5
### 孩子出生时为什么要用手臂夹一夹

【关联】［W6680］生育习俗

实例

（参见下级母题实例）

## W2597.5.1
### 孩子出生时用手臂夹一夹是为防止孩子长得太大

实例

［普米族］昆仑山女神纳可穆玛教儿孙们生孩子时，要从腋窝下生，并且娃娃快要爬出来时，要用手臂夹一夹。儿孙们都照着这办法做，生出的娃娃不再那么大了，高不过七尺，粗只有一尺半，这就是人。

【流传】云南省·（丽江市）·宁蒗（宁蒗彝族自治县）；四川省·（凉山彝族自治州）·木里（木里藏族自治县）

【出处】曹匹初讲，章虹宇搜集整理：《石头阿祖和石头子孙》，载《山茶》1986 年第 5 期。

## W2597.6
### 圣洁的出生（圣诞）

【关联】

① ［W2594］特殊的出生
② ［W2597］出生时特殊的情形
③ ［W2596］从人的其他特定部位出生

【实例】

（参见关联项母题实例）

## W2598
### 与出生有关的其他母题
【汤普森】T589
【关联】［W9187.7］咒语使分娩容易

【实例】

（参见下级母题实例）

## W2598.1
### 特定人物的特殊出生

【实例】

（参见下级母题实例）

## W2598.1.1
### 圣人不一般的出生
【汤普森】T540.1
【关联】
① ［W2926］圣人
② ［W2597.1.1.1］圣人出生时出现五星

【实例】

［汉族］孔子出生时，有五老列于徵在（即颜徵在，孔子之母）之庭，则五星之精也。

【流传】（无考）

【出处】《周灵王》，见［晋］王嘉撰，［梁］萧绮录，齐治平校注《拾遗记》卷三，北京：中华书局 1981 年版，第 70 页。

## W2598.2
### 特殊出生的孩子有神力
【汤普森】T550.2
【关联】
① ［W0560］文化英雄
② ［W0561］文化英雄的出生

【实例】

（参见关联项母题实例）

## W2598.3
### 人出生时为什么先生头

【实例】

［羌族］索依迪朗（夫妻神）最后设计生出正常的孩子。他们决定，以后怀娃娃的时候，要先生头发，后生眉毛，再生耳朵、眼睛、鼻子、嘴巴等，出生时先生头。

【流传】四川省·（阿坝藏族羌族自治州）·茂县·太平乡·牛尾巴村

【出处】郑友富讲，王康男采录：《索依迪朗造人》，见中国民间文学集成全国编辑委员会编《中国民间故事集成》（四川卷·下），北京：中国 ISBN 中心 1998 年版，第 1118 页。

## W2598.4
### 新生儿早熟（婴儿早熟）
【汤普森】T585
【关联】［W2697.3］新生儿快速成长（婴儿迅速成长）

### 实例

[**古突厥**] 阿依汗眼发异彩生下一个男孩。这孩子只吮吸了母亲的初乳，就不再吃奶了，他要吃生肉、饭和喝麦酒。

【流传】（无考）

【出处】耿世民译：《乌古斯可汗的传说》，见满都呼主编《中国阿尔泰语系诸民族神话故事》，北京：民族出版社1997年版，第14页。

## W2598.4.1
### 孩子出生时长满牙齿

【汤普森】T585.5

### 实例

（实例待考）

## W2598.4.2
### 孩子一生下来就会走路

### 实例

（参见下级母题实例）

## W2598.4.2.1
### 孩子落地会走

### 实例

❶ [**傈僳族**] 姑娘与熊结婚生的儿子，一生下来就会走路，半岁就能跟着父亲外出找食了。

【流传】云南省·怒江傈僳族自治州

【出处】欧学兴讲，剑恒采录：《傈僳熊氏族》，见中国民间文学集成全国编辑委员会编《中国民间故事集成》（云南卷），北京：中国ISBN中心2003年版，第250页。

❷ [**畲族**] 凤凰的卵生出的娃娃一落地就会走。

【流传】福建省、浙江省等地

【出处】

（a）《畲族祖宗的传说》，见谷德明编《中国少数民族神话选》，西北民族学院研究所编印，内部资料，1983年。

（b）同（a），见姚宝瑄主编《中国各民族神话》（高山族、黎族、畲族），太原：山西出版传媒集团·书海出版社2014年版，第89页。

## W2598.4.2.2
### 人从葫芦中生出就会走

【关联】[W2184] 葫芦生人

### 实例

[**基诺族**] 玛黑和玛妞兄妹俩种出一个大葫芦中生出汉人。他一出来就到处走。

【流传】（a）云南省·（西双版纳傣族自治州）·景洪县（景洪市）

【出处】

（a）沙车讲，禹尺采录：《敬献祖先的来历》，见中国民间文学集成全国编辑委员会编《中国民间故事集成》（云南卷），北京：中国ISBN中心2003年版，第189页。

（b）同（a），见陶阳、钟秀编《中国神话》（中），北京：商务印书馆2008年版，第603页。

（c）沙车讲，仲录整理：《祭祖的由

来》，见谷德明编《中国少数民族神话》，北京：中国民间文艺出版社1987年版，第536页。

## W2598.4.2.3
**孩子出生第7天会走路**

【实例】

[壮族] 女始祖姆洛甲出生后，三早会说话，七早会走路。

【流传】
（a）广西壮族自治区·（百色市）·西林县·那佐乡·那来村
（b）广西壮族自治区

【出处】
（a）黄公受讲，岑护双采录翻译：《巨人夫妻》，中国民间文学集成全国编辑委员会编《中国民间故事集成》（广西卷），北京：中国 ISBN 中心2001年版，第55~60页。
（b）同（a），见陶阳、钟秀编《中国神话》（中），北京：商务印书馆2008年版，第659~667页。

## W2598.4.2.4
**孩子出生1个月会跑**

【实例】

[朝鲜族] 卵生的小男孩高朱蒙神奇得很，刚满月就会说话，就能走路了。

【流传】长白山等地

【出处】金德顺讲，裴永镇记录整理：《东明王的传说》，原载《金德顺故事集》，见陶阳、钟秀编《中国神话》（中），北京：商务印书馆2008年版，第886~897页。

## W2598.4.2.5
**孩子出生2个月会跑**

【实例】

[朝鲜族] 牧童和仙女成亲，两个胖小子生下一个月就会叫阿爸基、阿妈妮，两个月就会在地上乱跑。

【流传】辽宁省·沈阳市郊区

【出处】金德顺讲，裴永镇整理：《牧童和仙女》，原载《金德顺故事集》，见陶阳、钟秀编《中国神话》（中），北京：商务印书馆2008年版，第920~930页。

## W2598.4.3
**孩子出生就会跑**

【汤普森】T585.7

【关联】[W2697.7] 生的小人迅速长大

【实例】

（实例待考）

## W2598.4.4
**孩子出生就会说话**

【汤普森】①T585.2；②≈T615.1

【关联】

① [W0589.2.1] 文化英雄在母胎中说话

② [W2587.6] 孩子在母腹中说话

【实例】

❶ [侗族] 吴勉（人名）刚落地就会喊妈，三岁时已能光着屁股满山跑，连

老虎豹子也不怕，五岁那年他骑在牛背上，可以放牧全寨的牛。

【流传】贵州省·（黔东南苗族侗族自治州）·黎平县

【出处】

（a）杨明桃、李如璧、陈士贵讲，杨国仁搜集整理：《吴勉》，见毛星《中国少数民族文学》，长沙：湖南人民出版社1983年版。

（b）同（a），见姚宝瑄主编《中国各民族神话》（土家族、毛南族、侗族、瑶族），太原：山西出版传媒集团·书海出版社2014年版，第127页。

❷ [古突厥] 阿依汗眼发异彩生下一个男孩，开始会说话了。

【流传】（无考）

【出处】耿世民译：《乌古斯可汗的传说》，见满都呼主编《中国阿尔泰语系诸民族神话故事》，北京：民族出版社1997年版，第14页。

❸ [满族] 天女佛库伦食神鹊之朱果而孕，生产一男。生而能言，体貌奇异。

【流传】（无考）

【出处】《爱新觉罗氏族源神话》，原载《清太祖武皇帝实录》，见吕大吉、何耀华总主编《中国各民族原始宗教资料集成》（鄂伦春族卷、鄂温克族卷、赫哲族卷、达斡尔族卷、锡伯族卷、满族卷、蒙古族卷、藏族卷），北京：中国社会科学出版社1999年版，第488页。

❹ [苗族] 金松冈（理老的名字），刚生下地会讲话。

【流传】原文无流传地，据文本及注释推测该神话流传于贵州省·黔东南苗族侗族自治州·凯里市、台江县等地。

【出处】耇富演唱，苗丁搜集，燕宝整理译注：《枫木生人·犁东耙西》，见贵州省少数民族古籍整理出版规划小组办公室编，燕宝整理译注《苗族古歌》，贵阳：贵州民族出版社1993年版，第453页。

❺ [苗族] 缟莎（女子名）梦中感应生下一个沉甸甸的胖儿子。孩子一出生就开口喊："阿妈！"

【流传】云南省·（昭通市）·昭通、彝良县、（曲靖市）·宣威市，（昆明市）·寻甸（寻甸回族彝族自治县）；贵州省·（毕节市）·威宁（威宁彝族回族苗族自治县）

【出处】

（a）杨秀、杨芝、张新民、王友清讲，陆兴凤、张绍祥记录整理，里晴、景山校正：《则福老》，见杨光汉主编《云南苗族民间故事集成》，北京：中国民间文艺出版社1988年版。

（b）同（a），见姚宝瑄主编《中国各民族神话》（布依族、仡佬族、苗族），太原：山西出版传媒集团·书海出版社2014年版，第295页。

❻ [羌族] 女首领阿勿巴吉吃火神蒙格西给的果子怀孕，生的男孩下地就会开口说话。

【流传】四川省·（阿坝藏族羌族自治

州)·茂县

【出处】

(a)《燃比娃取火》，见茂县文化馆编《羌族民间故事》(三)，1982年12月。

(b) 同(a)，见吕大吉、何耀华总主编《中国各民族原始宗教资料集成》(纳西族卷、羌族卷、独龙族卷、傈僳族卷、怒族卷)，北京：中国社会科学出版社2000年版，第580页。

❼ [羌族] 女神姜顿生长角的孩子，她的男人要动手弃儿时，娃儿突然说话，只好收养下来。

【流传】四川省·(阿坝藏族羌族自治州)·汶川县·雁门乡

【出处】刘光元讲，罗世泽采录：《阿巴补摩》，见中国民间文学集成全国编辑委员会编《中国民间故事集成》(四川卷·下)，北京：中国ISBN中心1998年版，第1123页。

❽ [塔吉克族] 公主感太阳神的光生的男儿，小孩一出生就能开口说话，聪慧异常。

【流传】新疆维吾尔自治区

【出处】麦德力罕搜集，夏羿、朱华翻译整理：《公主堡的传说》，见姚宝瑄主编《中国各民族神话》(乌孜别克族、哈萨克族、柯尔克孜族、俄罗斯族、维吾尔族、塔吉克族、塔塔尔族、锡伯族)，太原：山西出版传媒集团·书海出版社2014年版，第282页。

# W2598.4.4.1
## 孩子出生第3天会说话

实 例

❶ [白族] 木头中生出的孩子长得很快，十分聪明，养到第三天晚上就会说话了。

【流传】云南省·怒江州(怒江傈僳族自治州)·泸水县·洛本卓乡(洛本卓白族乡)·西木当、伯德、决洼等村

【出处】詹承绪等调查整理：《怒江白族木图腾崇拜遗迹》(1982)，见吕大吉、何耀华总主编《中国各民族原始宗教资料集成》(彝族卷、白族卷、基诺族卷)，北京：中国社会科学出版社1996年版，第532~533页。

❷ [壮族] 女始祖姆洛甲出生后，三早会说话。

【流传】

(a) 广西壮族自治区·(百色市)·西林县·那佐乡·那来村

(b) 广西壮族自治区

【出处】

(a) 黄公受讲，岑护双采录翻译：《巨人夫妻》，中国民间文学集成全国编辑委员会编《中国民间故事集成》(广西卷)，北京：中国ISBN中心2001年版，第55~60页。

(b) 同(a)，见陶阳、钟秀编《中国神话》(中)，北京：商务印书馆2008年版，第659~667页。

## W2598.4.4.2
### 孩子出生第 7 天会说话

【关联】［W2598.4.2.3］孩子出生第 7 天会走路

实 例

［朝鲜族］王后生下一个卵，被置于柜中漂到鸡林国东侧的阿珍浦。一个老妪打开柜子发现一个男孩。过了七天之后，柜中男孩开口说话。

【流传】（无考）

【出处】金永奎改写：《昔脱解王神话》，见姚宝瑄主编《中国各民族神话》（满族、赫哲族、朝鲜族），太原：山西出版传媒集团·书海出版社 2014 年版，第 166～168 页。

## W2598.4.4.3
### 孩子出生 1 个月会说话

【关联】［W2598.4.2.4］孩子出生 1 个月会跑

❶ 实 例

［朝鲜族］牧童和仙女成亲，两个胖小子生下一个月就会叫阿爸基、阿妈妮。

【流传】辽宁省·沈阳市郊区

【出处】金德顺讲，裴永镇整理：《牧童和仙女》，原载《金德顺故事集》，见陶阳、钟秀编《中国神话》（中），北京：商务印书馆 2008 年版，第 920～930 页。

❷ ［彝族］天女撒赛歇与直眼人婚生的皮口袋中跳出的 120 只蚂蚱变成 120 个胖娃娃。娃娃有两只眼睛，两只眼睛亮晶晶，不到一个月就会说话。

【流传】（云南省·楚雄彝族自治州·双柏县，红河哈尼族彝族自治州等地）

【出处】
（a）云南省民族民间文学楚雄、红河调查队搜集，郭思九、陶学良整理：《查姆》，昆明：云南人民出版社 1981 年版。
（b）郭思九、陶学良整理，古梅改写：《彝家的古根》，选自《云南民族文学资料》第七集中的《查姆》上部前三章，见姚宝瑄主编《中国各民族神话》（羌族、彝族），太原：山西出版传媒集团·书海出版社 2014 年版，第 78 页。

## W2598.4.5
### 孩子出生后就会自己做事

实 例

［羌族］一个女子在山上割草时生一个儿娃子，取名叫"嘎莎"（讲述者认为是羌语译的藏语"格萨尔"）。嘎莎看到妈妈走了，就翻身飞出了那篓篓，来到埃溪山上的一个大石岩上，用手敲起放在那里的石鼓来。

【流传】四川省·（阿坝藏族羌族自治州）·松潘县·小姓乡·大耳边村

【出处】林波讲，王康、龚剑雄、吴文光采录，王康、龚剑雄整理：《阿里·嘎莎》，原载西南民族学院编印《羌族民间文学资料》，见姚宝瑄主编

《中国各民族神话》（羌族、彝族），太原：山西出版传媒集团·书海出版社2014年版，第27页。

## W2598.4.5.1
### 孩子出生后就会生火

【实例】

[珞巴族] 兄妹婚生小人次列久巴。次列久巴一生下来就会生火。

【流传】 西藏自治区·（林芝地区）·墨脱县

【出处】 宾珠讲，于乃昌等整理：《人的诞生》，见《珞巴族民间故事》：http://www.tibet-web.com/old/minjian/ync/gushi/mulu.htm，2003.10.02。

## W2598.4.6
### 孩子出生后就有多种能力

【实例】

（参见下级母题实例）

## W2598.4.6.1
### 孩子出生后就会走、说、唱、跳

【实例】

[瑶族] 七女（人名，土司的女儿）一生下来就会走、会说、会唱、会跳。

【流传】 广西壮族自治区·（河池市）·巴马县（巴马瑶族自治县）

【出处】 蓝东文等讲，蓝正祥搜集，韦文俊整理：《五条金龙》，见中华民族故事大系编委会编《中华民族故事大系》第5卷（瑶族、白族、土家族），上海：上海文艺出版社1995年版，第72页。

## W2598.5
### 出生的征兆

【关联】

① [W2597.0] 出生时有异兆

② [W2597.1] 出生时有祥兆

【实例】

（参见关联项及下级母题实例）

## W2598.5.1
### 特定的树叶发芽表示人出生

【关联】 [W2598.13.2.1] 种的瓜结果时分娩

【实例】

❶ [哈萨克族] 生命树的叶子是人的灵魂。新生命诞生就会长出一片新叶。同样，有人死去，一片叶子便枯萎掉落。

【流传】 新疆维吾尔自治区

【出处】 尼哈迈提·蒙加尼搜集，校仲彝翻译整理《神与灵魂》，见姚宝瑄主编《中国各民族神话》（乌孜别克族、哈萨克族、柯尔克孜族、俄罗斯族、维吾尔族、塔吉克族、塔塔尔族、锡伯族），太原：山西出版传媒集团·书海出版社2014年版，第31~32页。

❷ [哈萨克族] 有一棵象征人类生命的神杨树。当代表某人的生命的树叶发芽时，这个人便出世。

【流传】新疆维吾尔自治区

【出处】别克苏勒坦、佟中明整理：《神杨树》，见姚宝瑄主编《中国各民族神话》（乌孜别克族、哈萨克族、柯尔克孜族、俄罗斯族、维吾尔族、塔吉克族、塔塔尔族、锡伯族），太原：山西出版传媒集团·书海出版社2014年版，第43页。

## W2598.6
### 人对出生方式的选择

实 例

（参见下级母题实例）

## W2598.6.1
### 人不愿意出生

实 例

（参见下级母题实例）

## W2598.6.1.1
### 腹中的儿子要等3年才出生

【关联】［W2598.13］难产

实 例

[汉族] 大禹在鲧的尸体中等月亮圆过三十六回才出世。

【流传】（无考）

【出处】钟伟今搜集整理：《禹的诞生》，载《山海经》1981年第4期。

## W2598.7
### 孩子自己出生

实 例

（参见下级母题实例）

## W2598.7.1
### 卵中的人自己破卵而出

实 例

（参见下级母题实例）

## W2598.7.1.1
### 天地卵中的盘古自己破卵而出

【关联】［W2220］卵生人

实 例

[汉族] 天地蛋中的盘古慢慢大起来，蛋也慢慢大起来，后来撑破大蛋出来了。

【流传】浙江省·舟山市

【出处】张才德讲，管文祖搜集整理：《盘古开天地》（1963），见姚宝瑄主编《中国各民族神话》（汉族），太原：山西出版传媒集团·书海出版社2014年版，第16~17页。

## W2598.7.2
### 婴儿咬断脐带自己出生

实 例

[汉族] 太上老君在娘肚里听说天已长严，就咬断娘的三根肋巴骨呱呱出世了。

【流传】河南省·（南阳市）·镇平县

【出处】贺天祥讲，贺海成、姜典凯搜集整理：《天为什么是蓝的》，见姚宝瑄主编《中国各民族神话》（汉族），太原：山西出版传媒集团·书海出版社2014年版，第66~67页。

## W2598.8
### 孩子出生时有奇特特征
【关联】［W2587.0］怀的孩子有异常体征

*实例*

（参见下级母题实例）

## W2598.8.1
### 孩子出生时长有金牙齿
【关联】
① ［W2598.4.1］孩子出生时长满牙齿
② ［W2837.3.2］金牙齿

*实例*

［傣族］国王有个儿子，生下来就有 4 颗金牙齿。

【流传】云南省·德宏（德宏傣族景颇族自治州）

【出处】银老二讲，杨国强等搜集：《金牙齿阿銮》，见赵洪顺编《德宏傣族民间故事》，德宏傣族景颇族自治州（芒市镇）：德宏民族出版社 1993 年版，第 16 页。

## W2598.9
### 生人时有伴随物
【汤普森】①T552；②T583

*实例*

［汉族］（实例待考）

## W2598.10
### 生育的帮助者
【关联】［W2598.12.1.1］神做接生婆

*实例*

（参见下级母题实例）

## W2598.10.1
### 动物是生育的帮助者
【关联】
① ［W2288］动物作为生人时的帮助者
② ［W2516］动物是人类再生的原因

*实例*

❶ ［毛南族］盘和古兄妹婚生一个包衣小孩。他俩把小孩剁成碎块，让乌鸦、老鹰啄去撒在四方，三天以后，到处都有人了。

【流传】（无考）

【出处】
(a) 《盘和古》，见谷德明编《中国少数民族神话选》，西北民族学院研究所编印，1983 年。
(b) 同 (a)，见姚宝瑄主编《中国各民族神话》（土家族、毛南族、侗族、瑶族），太原：山西出版传媒集团·书海出版社 2014 年版，第 55 页。

❷ ［彝族］兄妹婚生死婴，他们将尸体包好放在大树脚下，一群麻雀来把婴孩尸体啄了一遍后复活。

【流传】广西壮族自治区·（百色市）·那坡县·城厢镇·达腊村

【出处】梁绍安讲，王光荣采录翻译：《威志和米义兄妹》，见中国民间文学集成全国编辑委员会编《中国民间故事集成》（广西卷），北京：中国 ISBN 中心 2001 年版，第 63 页。

## W2598.10.2
### 植物是生育的帮助者

【关联】［W2289］植物作为生人时的帮助者

实 例

（参见关联项及下级母题实例）

## W2598.10.2.1
### 葫芦是生人的帮助者

【关联】

① ［W2184］葫芦生人
② ［W2667.1.3］人生的葫芦生人
③ ［W9987］帮助者

实 例

（参见 W2667.1.3 母题实例）

## W2598.10.2.2
### 特定的草是生人的帮助者

实 例

〖高山族（卑南）〗洪水中，怀孕的女孩抓着芦因草，生育后代。

【流传】台湾

【出处】金荣华：《台东卑南族口传文学选》（台北），中国文化大学中国文学研究所编印，1989 年，第 199 页。

## W2598.11
### 产翁

【汤普森】T583.1

【关联】［W2153.5］男人生孩子（男人生人）

实 例

（参见关联项母题实例）

## W2598.12
### 接生

实 例

（参见下级母题实例）

## W2598.12.1
### 接生婆

实 例

（参见下级母题实例）

## W2598.12.1.1
### 神做接生婆

【关联】［W2598.10］生育的帮助者

实 例

〖汉族〗兄妹结婚，妹妹临产时请对面山岗顶有一个老仙婆接生。

【流传】浙江省·（温州市）·泰顺县·洲岭乡·洲滨村

【出处】魏朝银讲，张之冰采录：《石磨合婚》，见中国民间文学集成全国编辑委员会编《中国民间故事集成》（浙江卷），北京：中国 ISBN 中心 1997 年版，第 42 页。

## W2598.12.2
### 巫师接生

【关联】［W9120］巫师

实 例

〖达斡尔族〗鄂图士（又译"斡托西"，

能治天花的巫师）专门从事天然痘的祈祷。有时还兼接生职能。

【流传】（内蒙古自治区、黑龙江省等地）

【出处】

（a）［日］池尻登著，奥登挂译：《达斡尔族》，内蒙古达斡尔族历史语言文字学会编印，1982年，第62页。

（b）《土地神》，见吕大吉、何耀华总主编《中国各民族原始宗教资料集成》（鄂伦春族卷、鄂温克族卷、赫哲族卷、达斡尔族卷、锡伯族卷、满族卷、蒙古族卷、藏族卷），北京：中国社会科学出版社1999年版，第357页。

## W2598.12.3
### 老年妇女接生

【关联】［W2652a.6］老人指点处理怪胎

实 例

［达斡尔族］巴列沁是助产者，一般都是妇女担任，特别是多次接产中积累经验的老年妇女较多。

【流传】（内蒙古自治区、黑龙江省等地）

【出处】

（a）珠荣嘎、满都尔图主编：《达斡尔族社会历史调查》，呼和浩特：内蒙古人民出版社1985年出版，第267页。

（b）《巴列沁》，见吕大吉、何耀华总主编《中国各民族原始宗教资料集成》（鄂伦春族卷、鄂温克族卷、赫哲族卷、达斡尔族卷、锡伯族卷、满族卷、蒙古族卷、藏族卷），北京：中国社会科学出版社1999年版，第359~360页。

## W2598.12.3.1
### 祖母接生

实 例

［彝族（俚颇）］人类婚配之后，女人就怀了孕。十月怀胎九月生，奶奶忙着接婴儿，欢欢喜喜忙开来。

【流传】云南省·（楚雄彝族自治州）·大姚县·昙华山区（昙华乡）

【出处】

（a）陆颇梭颇（毕摩）演唱，夏光辅、诺海阿苏翻译：《俚泼古歌》，见云南省社会科学院楚雄彝族文化研究所编《彝族民间文学》（第二辑），1985年。

（b）陆颇梭颇（毕摩）演唱，夏光辅、诺海阿苏翻译，古梅改写：《赤梅葛——俚泼古歌》，见姚宝瑄主编《中国各民族神话》（羌族、彝族），太原：山西出版传媒集团·书海出版社2014年版，第113页。

## W2598.12.4
### 神圣的接生

【关联】［W2597.6］圣洁的出生（圣诞）

实 例

（参见下级母题实例）

## W2598.12.4.1
### 靠神的力量接生

实 例

[达斡尔族] 巴列沁是接生时的助产者，一般都是妇女担任。接生时也有很少一部分巴列沁是靠敖雷·巴尔肯（汉译为"山神"或"狐仙"）的精灵的。

【流传】（内蒙古自治区、黑龙江省等地）

【出处】

（a）珠荣嘎、满都尔图主编：《达斡尔族社会历史调查》，呼和浩特：内蒙古人民出版社1985年出版，第267页。

（b）《巴列沁》，见吕大吉、何耀华总主编《中国各民族原始宗教资料集成》（鄂伦春族卷、鄂温克族卷、赫哲族卷、达斡尔族卷、锡伯族卷、满族卷、蒙古族卷、藏族卷），北京：中国社会科学出版社1999年版，第359～360页。

## W2598.12.5
### 人为异类接生

实 例

（参见下级母题实例）

## W2598.12.5.1
### 人为狐仙接生

实 例

[达斡尔族] 有个达斡尔族的接生婆去为狐仙的媳妇接生。

【流传】新疆维吾尔自治区

【出处】

（a）内蒙古少数民族社会历史调查组：《新疆达斡尔族情况》，内部资料，1959年，第26～27页。

（b）《"敖雷·巴尔肯"的传说》，见吕大吉、何耀华总主编《中国各民族原始宗教资料集成》（鄂伦春族卷、鄂温克族卷、赫哲族卷、达斡尔族卷、锡伯族卷、满族卷、蒙古族卷、藏族卷），北京：中国社会科学出版社1999年版，第353页。

## W2598.13
### 难产

【关联】[W2584] 长时间的怀孕

实 例

（参见关联项母题实例）

## W2598.13.1
### 怀孕多年不出生

【关联】[W2584] 长时间的怀孕

实 例

（参见关联项母题实例）

## W2598.13.1.1
### 怀孕3年生不出来

【关联】[W2584.7] 怀孕3年

实 例

❶ [黎族] 远古时，哥哥老当和弟弟老定两兄弟。兄弟二人的妻子都怀孕

三年，但还没把小孩生下来，急得他们到处寻方问药。

【流传】海南省五指山一带

【出处】

（a）王国全搜集整理：《土地公与土地婆》，见广东民族学院中文系编《黎族民间故事选》，上海：上海文艺出版社1983年版。

（b）同（a），见姚宝瑄主编《中国各民族神话》（高山族、黎族、畲族），太原：山西出版传媒集团·书海出版社2014年版，第53页。

❷［黎族］以前有两兄弟，哥哥叫老当，弟弟叫老定。两兄弟的妻子都怀孕三年了，但还没把小孩生下来。

【流传】海南省五指山区

【出处】王国全搜集整理：《南瓜的故事》，原载广东民族学院中文系编《黎族民间故事选》，见陶阳、钟秀编《中国神话》（上），北京：商务印书馆2008年版，第374~377页。

## W2598.13.2
### 引产

实例

（参见下级母题实例）

## W2598.13.2.1
### 种的瓜结果时就要分娩

【关联】［W2591.3.1］南瓜结果时分娩

实例

［黎族］远古时，老当和老定两兄弟的妻子怀孕3年不生，一位白发银须的老人告诉他们说："只要在门前种一棵南瓜，等南瓜开花结果了，孩子就生下来了。"果然，南瓜花结果那天，孩子就生了下来。

【流传】海南省五指山一带

【出处】

（a）王国全搜集整理：《土地公与土地婆》，见广东民族学院中文系编《黎族民间故事选》，上海：上海文艺出版社1983年版。

（b）同（a），见姚宝瑄主编《中国各民族神话》（高山族、黎族、畲族），太原：山西出版传媒集团·书海出版社2014年版，第53~54页。

## W2598.13.3
### 剖腹产

实例

［汉族］鲧的肚子被天将用吴刀剖开，里面射出万道金光，接着蹿出一条虬龙，龙背上还骑着一个孩子，这便是禹。

【流传】淮河流域

【出处】常山讲述：《鲧王治水》，原载茆文斗搜集整理《河蚌姑娘》，见陶阳、钟秀编《中国神话》（上），北京：商务印书馆2008年版，第412~418页。

## W2598.13.3.1
### 丈夫剖开妻子的肚子生出孩子

实例

［苗族］怀孕5胎难产，爸爸就要拿刀

开妈妈的肚子时，五个小孩便争先恐后，一个接一个地生出来了。

【流传】海南省·（海口市）·昌江县（昌江黎族自治县）·七差乡·霸王苗村

【出处】蒋明新讲，马仲川采录：《雷公教人传种》，见中国民间文学集成全国编辑委员会编《中国民间故事集成》（海南卷），北京：中国 ISBN 中心 2002 年版，第 12 页。

## W2598.13.4
### 流产

实例

［珞巴族］天和地结婚，地母斯金怀孕，流产出血水。

【流传】博嘎尔部落、崩尼部落

【出处】于乃昌：《珞巴族文学史》，西藏人民出版社、江苏教育出版社 2001 年版，第 139 页。

## W2598.14
### 计划生育

实例

（参见下级母题实例）

## W2598.14.1
### 特定时期计划生育

实例

（参见下级母题实例）

## W2598.14.1.1
### 灾难时计划生育

实例

［回族］洪水时，逃生的船上所有生灵节衣缩食，少吃少喝，再也不能繁衍后代，以免船再增加重量。

【流传】（a）云南省

【出处】

(a) 孔令文、米泽湘搜集整理：《努海船》，见李子贤编《云南少数民族神话选》，昆明：云南人民出版社 1990 年版。

(b) 同（a），见姚宝瑄主编《中国各民族神话》（土族、东乡族、回族、保安族、裕固族、撒拉族），太原：山西出版传媒集团·书海出版社 2014 年版，第 52 页。

## W2598.15
### 出生后回炉

实例

（参见下级母题实例）

## W2598.15.1
### 人出生后怕受罪又回到母体

实例

❶［高山族（泰雅）］一颗千年灵石忽然裂生出两个男的一个女的。其中一个男的认为白天热，又有野兽、蚊子、昆虫会伤害人，不能住，又跑回千年灵石里去了。

【流传】台湾

【出处】陈初得讲,刘秀美采录整理:《泰雅族的起源》,原载金荣华编《台湾泰雅族民间故事》,见陶阳、钟秀编《中国神话》(中),北京:商务印书馆2008年版,第617页。

❷ [苗族](卵生的)姜央(人类祖先名)本来最先最早生,因看到天下没人冷清清,天下还没一个人,姜央又转回去,回头钻进央蛋里。

【流传】原文无流传地,据文本及注释推测该神话流传于贵州省·黔东南苗族侗族自治州·凯里市、台江县等地。

【出处】潘正昌唱,张海平搜集:《浩劫复生·洪水滔天》,见贵州省少数民族古籍整理出版规划小组办公室编,燕宝整理译注《苗族古歌》,贵阳:贵州民族出版社1993年版,第518页。

## W2598.16
### 女子在丈夫外出后生孩子

【关联】

① [W2230] 感生人

② [W2581.1.6] 丈夫死后妻子无夫而孕

③ [W7990] 偷情

实 例

[汉族] 宝山婆在她的丈夫寻找太阳出发后,她生了个孩子。

【流传】浙江省·(丽水市)·松阳县·(后宅村)

【出处】阙土旺讲,蔡维萍记录:《找太阳》(1987.09.21),见姚宝瑄主编《中国各民族神话》(汉族),太原:山西出版传媒集团·书海出版社2014年版,第170~172页。

## W2598.17
### 出生一辈人要向祖灵神龛放特定物

【关联】

① [W2593.5] 婴儿出生后要通报神灵

② [W6680] 生育习俗

实 例

[锡伯族] "希林玛玛"(锡伯语意为"续嗣女祖"),也是保佑家宅平安和人口兴旺的神灵。神偶由小弓箭、牛羊膝拐骨、箭袋、小吊床、铜钱、五颜六色的布条、小鞋等组成。平时装入纸袋里,挂在室内西北墙角。增加一辈人就往希林玛玛上添一个牛羊膝拐骨,表示已繁衍一代,每生一子添一小弓箭,预示他将成为一名射手,每生一女添一布条或小吊床,预示她将来洗涮缝补,勤劳致富,生儿育女,子孙满堂。

【流传】(无考)

【出处】

(a) 佟克力:《锡伯族历史与文化》,乌鲁木齐:新疆人民出版社1989年版,第256~257页。

(b)《希林玛玛》,见昌大吉、何耀华总主编《中国各民族原始宗教资料集成》(鄂伦春族卷、鄂温克族卷、赫哲族卷、达斡尔族卷、锡伯族卷、满族卷、蒙古族卷、藏族卷),北京:中国社会科学出版社 1999 年版，第 398 页。

## W2598.18
### 夜间分娩

**实例**

[土家族] 甫梭和冗妮兄妹成婚，冗妮怀了十二个月，有天夜里解怀了。

【流传】湖南省·（湘西土家族苗族自治州）·永顺（永顺县）、古丈（古丈县）、保靖（保靖县）、龙山（龙山县）沿酉水一带土家族聚居区

【出处】

（a）田德华、向廷龙（巫师）、田光南讲，彭勃、彭继宽、田德风记录，彭勃整理：《齐天大水》（1962.05），见谷德明编《中国少数民族神话》，北京：中国民间文艺出版社 1987 年版。

（b）同（a），见姚宝瑄主编《中国各民族神话》（土家族、毛南族、侗族、瑶族），太原：山西出版传媒集团·书海出版社 2014 年版，第 19 页。

## 2.8.3 人生怪胎
（W2600~W2669）

### ✽ W2600
### 人生怪胎[①]

【汤普森】T550

**实例**

（参见下级母题实例）

## W2601
### 生怪人

【关联】

① [W0860] 怪物

② [W0855] 怪人

③ [W2124.0.1] 造出怪人

④ [W2297.0.3] 最早生的人是怪人

**实例**

（参见下级母题实例）

## W2601.1
### 生四体不分的孩子

**实例**

[苗族（雅雀苗）] 兄妹婚生四体不分的 2 婴。

【流传】（无考）

【出处】[英] S. R. Clarke 采集：《苗族开辟民歌》，Among the Tribesin South-West China，1911。

## W2601.2
### 生男女不分的怪人

【关联】

① [W2753] 人的性别的产生

② [W2797.1] 无性别的人

③ [W2797.2] 两性人

---

① 人生怪胎，该类母题以人的婚生怪胎主体，也包括感生、无原因的生育等情形。生怪胎一般与"人类的产生"母题相关联，通过怪胎的变化会产生人类。

<u>实 例</u>

［苗族］兄妹结婚生男女不分的怪人。
【流传】湘西（湘西土家族苗族自治州）
【出处】《傩神起源歌》，见马昌仪编《中国神话学文论选萃》（上编），北京：中国广播电视出版社1994年版，第377～379页。

## W2601.3
### 生畸形人

【关联】［W2645.1］兄妹婚生畸形人

<u>实 例</u>

（参见关联项母题实例）

## W2601.4
### 生有人模样的东西

<u>实 例</u>

［高山族］（实例待考）

## W2601.5
### 生不像人的孩子

<u>实 例</u>

❶［仡佬族］阿伏和阿兮兄妹成婚，生不像人的孩子。
【流传】贵州省·安顺地区（安顺市）
【出处】《三月三》，见贵州省安顺地区民委编《仡佬族古歌》，贵阳：贵州民族出版社1991年版，第3～5页。

❷［苗族］姑娘妮仰吃了虎肉，生出一个怪头崽。
【流传】广西壮族自治区·（柳州市）·融水县（融水苗族自治县）·滚贝乡
【出处】杨达香讲：《段略和埋耶兄妹》，见中国民间文学集成全国编辑委员会编《中国民间故事集成》（广西卷），北京：中国ISBN中心2001年版，第74～86页。

❸［苗族］相两、相芒兄妹结婚生没耳鼻、嘴巴的圆崽。
【流传】贵州省·黔东南（黔东南苗族侗族自治州）
【出处】《兄妹结婚歌》，见潘定智、杨培德、张寒梅编《苗族古歌》，贵阳：贵州人民出版社1997年版，第104～132页。

## W2601.6
### 生五官不成比例的人

【关联】［W2821］人的面部特征的来历（五官的产生）

<u>实 例</u>

（参见下级母题实例）

## W2601.6.1
### 生的孩子头小眼大

<u>实 例</u>

［哈萨克族］有一对穷夫妻，妻子生下了一个头像灼勺大，眼睛像木碗大的儿子，他们为他起名叫戴尔达什。
【流传】新疆维吾尔自治区
【出处】
(a)《为人民而生的勇士》，见《哈萨克族民间故事选》，上海：上海文艺出版社 1986 年版。

（b）同（a），见姚宝瑄主编《中国各民族神话》（乌孜别克族、哈萨克族、柯尔克孜族、俄罗斯族、维吾尔族、塔吉克族、塔塔尔族、锡伯族），太原：山西出版传媒集团·书海出版社 2014 年版，第 65~66 页。

## W2602
### 生小人

【关联】
① ［W2697.7］生的小人迅速长大
② ［W2811］矮小的人（矮人、小矮人、小人）

【实例】

❶ ［珞巴族］兄妹成为夫妻后生了一个 1 尺高的小人。
【流传】西藏自治区·（林芝地区）·墨脱县
【出处】宾珠讲，于乃昌等整理：《人的诞生》，见《珞巴族民间故事》：http://www.tibet-web.com/old/minjian/ync/gushi/mulu.htm，2003.10.02。

❷ ［珞巴族］兄妹结婚生 1 个小人。
【流传】西藏自治区·（林芝市）·墨脱县
【出处】于乃昌：《人的诞生》，见于乃昌个人网，2003.09.12。

❸ ［苗族］波咪霸（女祖先名）在小腿怀孕，生的人很细小，个个都矮小。
【流传】贵州省·（安顺市）·紫云县（紫云苗族布依族自治县）麻山苗区
【出处】杨再华唱诵，杨正江译：《亚鲁族源》，见中国民间文艺家协会主编《亚鲁王》，北京：中华书局 2011 年版，第 54 页。

## W2602.1
### 生拳头大小的孩子

【实例】
（参见下级母题实例）

## W2602.1.1
### 兄妹婚生拳头大小的孩子

【关联】
① ［W2436］兄妹婚生人
② ［W2645.1］兄妹婚生怪胎

【实例】

［珞巴族］兄妹结婚生拳头大小人。
【流传】西藏自治区
【出处】《人的诞生》，见中国各民族宗教与神话大词典编审委员会编《中国各民族宗教与神话大词典》，北京：学苑出版社 1990 年版，第 391 页。

## W2602.1.2
### 怪胎生拳头大小的孩子

【关联】［W2381.1］怪胎化生人

【实例】

［壮族］布洛陀用手掌劈开地上一个圆圆的怪东西，生出一群拳头般大小的人。
【流传】广西壮族自治区·（百色市）·田阳县
【出处】李世锋：《布洛陀神功缔造人间

天地》，见广西田阳县人民政府网：http：//www. gxty. gov. cn/tykk/ShowArticle. asp？ArticleID = 726，2007.01.22。

## W2602.2
### 生豆子大小的孩子

实 例

[汉族]（实例待考）

## W2602.3
### 生手指大小的孩子（拇指人、拇指姑娘）

实 例

（参见下级母题实例）

## W2602.3.1
### 人与仙女婚生手指大小的孩子

【关联】[W2416.1.5]人与仙女婚生人

实 例

[拉祜族]洪水后，幸存的老三与仙女婚生一个葫芦。老三用大刀砍开了葫芦，果像手指头一样粗一样长的儿女，一个跟一个地从葫芦里跳出来了。

【流传】(a) 云南省·（普洱市）·镇沅县（镇沅彝族哈尼族拉祜族自治县）

【出处】

(a) 乔发讲，郑显文采录：《蜂桶、葫芦传人种》，见中国民间文学集成全国编辑委员会编《中国民间故事集成》（云南卷），北京：中国 ISBN 中心 2003 年版，第 181 页。

(b) 同 (a)，见陶阳、钟秀编《中国神话》（上），北京：商务印书馆 2008 年版，第 369 ~ 373 页。

## W2602.4
### 生比老鼠还小的孩子

【关联】[W2811.6]比老鼠还小的孩子

实 例

[景颇族]生一个比老鼠还小的孩子。

【流传】（无考）

【出处】沙忠伟讲，刘鸿渝整理：《三钱娃》，见中华民族故事大系编委会编《中华民族故事大系》第 10 卷（景颇族、柯尔克孜族、土族），上海：上海文艺出版社 1995 年版，第 156 页。

## W2602.5
### 与生小人有关的其他母题

【关联】[W2811.7]袖珍人

实 例

（参见下级母题实例）

## W2602.5.1
### 生的小人长不大

实 例

（参见下级母题实例）

## W2602.5.1.1
### 以前男人生的小娃长不大

【关联】

① [W2153.5]男人生孩子（男人生人）

## 2.8.3 人生怪胎

② ［W2153.5.5］以前男人生的孩子小

**实例**

［佤族］以前，男人生人。娃娃从男人的膝盖上生下来，可是生出来的娃娃只有蟋蟀那样一点大，而且长也长不大。

【流传】云南省·（普洱市）·西盟县（西盟佤族自治县），（临沧市）·沧源县（沧源佤族自治县）

【出处】隋戛、岩扫、岩瑞等讲述，艾荻、张开达搜集整理：《司岗里》，载《山茶》1988年第1期。

## W2603

### 生巨婴

【关联】
① ［W0660］巨人
② ［W2587.11.4］巨大的胎儿（巨胎）

**实例**

（参见下级母题实例）

## W2603.1

### 特定的人物生巨婴

**实例**

（参见下级母题实例）

## W2603.1.1

### 神孕生巨婴

【关联】［W2131］神生人

**实例**

［壮族］天神母亲刚怀姆洛甲时，腹中一天就胀大半节竹子长。怀到五个月，母腹已胀的像母牛吃饱时的肚子了。怀到八个月时，母腹已隆起像半座小山。怀到十月时，就生了一个巨婴。

【流传】
（a）广西壮族自治区·（百色市）·西林县·那佐乡·那来村
（b）广西壮族自治区

【出处】
（a）黄公受讲，岑护双采录翻译：《巨人夫妻》，中国民间文学集成全国编辑委员会编《中国民间故事集成》（广西卷），北京：中国 ISBN 中心2001年版，第55~60页。
（b）同（a），见陶阳、钟秀编《中国神话》（中），北京：商务印书馆2008年版，第659~667页。

## W2603.1.2

### 神婚生巨婴

【关联】［W2400］神婚生人

**实例**

［羌族］天上的神索依迪和地上的神索依朗相见成婚后生的儿子安耶节毕·托慢姆祖，身长九庹（一种长度单位，指人的左右两臂手肩伸直后的距离），头长九卡（一种长度单位，指手掌五指伸开后，拇指到中指的距离），手掌长九卡，脚板长九卡。

【流传】四川省·阿坝藏族羌族自治州·茂汶羌族自治县（今归属茂县）

【出处】
（a）《开咂酒曲子》，见杨亮才、陶立

璠、邓敏文《中国少数民族文学》（上册），北京：人民出版社1985年版。

（b）《索依迪朗夫妇造人》，原名《人是咋个来的》，郑友富、周贵友讲，王康、龚剑雄、吴文光采录，王康整理，原载西南民族学院图书馆与西南民族学院《羌族文学简史》编写组《羌族民间文学资料集》（一），1987年编，见姚宝瑄主编《中国各民族神话》（羌族、彝族），太原：山西出版传媒集团·书海出版社2014年版，第6页。

## W2603.2
### 生的婴儿又大又重

【实例】

[哈萨克族] 六十岁的老太婆怀胎九个月零九天，生下了一个大头儿子。孩子白白胖胖又大又重，就和别人家两三岁的娃娃一样。

【流传】新疆维吾尔自治区

【出处】哈巴斯讲：《骑黑骏马的肯得克依勇士》，见姚宝瑄主编《中国各民族神话》（乌孜别克族、哈萨克族、柯尔克孜族、俄罗斯族、维吾尔族、塔吉克族、塔塔尔族、锡伯族），太原：山西出版传媒集团·书海出版社2014年版，第107页。

## W2603.3
### 巨婴饭量巨大

【关联】[W2929.6] 饭量巨大的人

【实例】

（参见关联项母题实例）

## W2603.4
### 婴儿身高一丈

【关联】[W2810.2] 身体高大者的具体身高

【实例】

[壮族] 女始祖姆洛甲怀胎，一连生下九个男婴，一个个婴儿身高一丈，虎背熊腰。

【流传】

（a）广西壮族自治区·（百色市）·西林县·那佐乡·那来村

（b）广西壮族自治区

【出处】

（a）黄公受讲，岑护双采录翻译：《巨人夫妻》，中国民间文学集成全国编辑委员会编《中国民间故事集成》（广西卷），北京：中国ISBN中心2001年版，第55~60页。

（b）同（a），见陶阳、钟秀编《中国神话》（中），北京：商务印书馆2008年版，第659~667页。

## W2604
### 生毛孩

【关联】
① [W2347.4.2] 毛孩洗掉毛变成人
② [W2387.2] 人生的毛孩变成人

【实例】

[门巴族] 男孩与天女扎木神结婚，生

许多毛孩。

【流传】西藏自治区

【出处】《三兄弟和扎木深》，见 http://www.ibeology.ac.cn。

## W2604.1
### 生浑身长毛的孩子

实例

（参见下级母题实例）

## W2604.1.1
### 兄妹婚生毛孩

【关联】[W2645.1] 兄妹婚生怪胎

实例

（参见下级母题实例）

## W2604.1.1.1
### 兄妹婚生的前 6 胎都是毛孩

【关联】[W2493.6.3] 婚生的第 7 胎才是正常人

实例

[纳西族（摩梭）] 曹都努依（父系祖先）和泽洪几几咪（母系祖先）是一对兄妹，兄妹通婚后生育了七胎，前六胎都是长满长毛的毛婴。

【流传】云南省·（丽江市·宁蒗彝族自治县）·永宁、前所、左所等地

【出处】《曹都努依·泽洪几几咪》，见杨学政调查整理*《摩梭人祭祖》，原载云南省社会科学院宗教研究所编《宗教调查与研究》，内部编印，1986年，第 195~198 页。

## W2604.1.2
### 人与神或神性人物生毛孩

实例

（参见下级母题实例）

## W2604.1.2.1
### 男子与罗刹女婚生毛孩

实例

[门巴族] 洪水后幸存的男子与罗刹女结婚后，生的孩子浑身都长着毛。

【流传】西藏自治区·（林芝地区）·墨脱县·墨脱区·墨脱村

【出处】拉巴次仁讲，于乃昌等整理：《三兄弟和扎深姆》，见《门巴族民间故事》：http://www.tibet-web.com/old/minjian/ync/gushi/mulu.htm，2003.10.02。

## W2604.2
### 生浑身白毛的孩子

【关联】[W2675.1.2] 生的婴儿长白毛被抛弃

实例

[塔吉克族] 一位名叫萨木的英雄回乡完婚，其妻生浑身白毛的孩子。

【流传】新疆维吾尔自治区

【出处】《鲁斯塔木出世》，见中国各民族宗教与神话大词典编审委员会编《中国各民族宗教与神话大词典》，北京：学苑出版社 1990 年版，第 567 页。

## W2604.3
### 生背上长毛的孩子

实例

[满族] 老太太生了一个背上长毛的孩子。

【流传】（a）黑龙江省·（牡丹江市）·宁安县·江东乡（江南朝鲜族满族乡）·缸窑村

【出处】

（a）关振川讲，傅英仁采录：《沙克沙恩都哩》，见中国民间文学集成全国编辑委员会编《中国民间故事集成》（黑龙江卷），北京：中国 ISBN 中心 2005 年版，第 63~64 页。

（b）《沙克沙恩都哩》，见《满族神话故事》，哈尔滨：北方文艺出版社 1985 年版。

（c）《沙克沙恩都哩》，见满都呼主编《中国阿尔泰语系诸民族神话故事》，北京：民族出版社 1997 年版，第 277~278 页。

## W2604.4
### 生长尾巴的毛孩

【关联】

① [W2862.1.1] 原来的人长有尾巴（人以前有尾巴）

② [W2862.3] 特定的人长尾巴

实例

[羌族] 女首领阿勿巴吉吃火神蒙格西给的果子怀孕，生的男孩浑身长毛，还长着长长的尾巴。

【流传】四川省·（阿坝藏族羌族自治州）·茂县

【出处】

（a）《燃比娃取火》，见茂县文化馆编《羌族民间故事》（三），1982 年 12 月。

（b）同（a），见吕大吉、何耀华总主编《中国各民族原始宗教资料集成》（纳西族卷、羌族卷、独龙族卷、傈僳族卷、怒族卷），北京：中国社会科学出版社 2000 年版，第 580 页。

## W2605
### 生其他体征特殊的人

实例

（参见下级母题实例）

## W2605.1
### 生 1 对连体人

【汤普森】A1225.1

实例

（实例待考）

## W2605.2
### 生横眼人

【关联】

① [W2573.4] 第二代人是横眼人

② [W2574.3] 第三代人是横眼人

③ [W2576.2] 第 36 代人是横眼人

④ [W2829] 横眼人

⑤ [W2829.1] 兄妹婚生横眼人

⑥ [W2829.2] 竖眼人生横眼人

⑦［W2829.3］直眼人变成横眼人

**实例**

❶ ［苗族］波简磅（女性人名）去和乌利（男祖先名）睡，波简磅出怀了。生出人鼻子是竖的，眼睛是横的，种得好庄稼，繁育了后代。

【流传】贵州省·（安顺市）·紫云县（紫云苗族布依族自治县）麻山苗区

【出处】杨再华唱诵，杨正江译：《亚鲁族源》，见中国民间文艺家协会主编《亚鲁王》，北京：中华书局2011年版，第55页。

❷ ［彝族］三个仙女与笃慕（洪水后幸存者，彝族祖先名）婚生子女后，竖眼人成了横眼人。

【流传】云南省·（玉溪市）·新平（新平彝族傣族自治县）

【出处】普学旺搜集翻译：《洪水泛滥史》，见云南省少数民族古籍整理出版规划办公室编《洪水泛滥》，昆明：云南民族出版社1987年版，第69页。

## W2605.3
### 生的孩子有多个器官

【汤普森】［T551.2］生两个头的孩子

**实例**

（实例待考）

## W2605.4
### 生头上长肉角的孩子

**实例**

［羌族］生头上长肉角的孩子。

【流传】四川省·（阿坝藏族羌族自治州）·汶川（汶川县）

【出处】高云安讲，王世云搜集：《尕尕神》，见中华民族故事大系编委会编《中华民族故事大系》第11卷（达斡尔族、仫佬族、羌族），上海：上海文艺出版社1995年版，第712页。

## W2605.5
### 生特殊肤色的孩子

【关联】［W2868］人的肤色

**实例**

［维吾尔族］阿依可孜（人名）临盆分娩，生了一个男孩。孩子的脸色是蓝的，嘴像火一样红，眼睛是粉红色的，头发、眉毛是黑色的。

【流传】新疆维吾尔自治区

【出处】

（a）郑关中翻译整理：《乌古斯》，见《中国少数民族文学作品选》（第二分册），上海：上海文艺出版社1981年版。

（b）同（a），见姚宝瑄主编《中国各民族神话》（乌孜别克族、哈萨克族、柯尔克孜族、俄罗斯族、维吾尔族、塔吉克族、塔塔尔族、锡伯族），太原：山西出版传媒集团·书海出版社2014年版，第243页。

## W2605.6
### 生金发孩子

【关联】［W2852.6］金头发

**实例**

［柯尔克孜族］汗王的老婆吃鸡蛋怀孕，

生了一对双生子。这两个孩子一个头上长着金色的头发，一个头上长着银色的头发，一落地就闪着熠熠的光辉。

【流传】新疆维吾尔自治区

【出处】《卵生子与日月姑娘》，见姚宝瑄主编《中国各民族神话》（乌孜别克族、哈萨克族、柯尔克孜族、俄罗斯族、维吾尔族、塔吉克族、塔塔尔族、锡伯族），太原：山西出版传媒集团·书海出版社2014年版，第150页。

## W2605.7
### 生很丑的孩子

【关联】［W2898.4］丑陋的人

实 例

（参见下级母题实例）

## W2605.7.1
### 兄妹婚生丑孩

【关联】
① ［W2436］兄妹婚生人
② ［W2645.1］兄妹婚生怪胎

实 例

[布依族] 洪水后，幸存的一对兄妹结亲后，生下一个娃娃，很难看。

【流传】贵州省·（黔南布依族苗族自治州）·长顺县·长寨公社（长寨镇）·竹林寨

【出处】陈光前讲，罗文亮搜集：《洪水潮天（二）》，见姚宝瑄主编《中国各民族神话》（布依族、仡佬族、苗族），太原：山西出版传媒集团·书海出版社2014年版，第53页。

## W2606
### 生身体残缺的人[①]

【汤普森】≈T55

【关联】［W2601］生怪娃

实 例

（参见下级母题实例）

## W2606.1
### 生无头无脑的孩子

实 例

[苗族] 兄妹结婚，生无头无脑的娃娃（人种）。

【流传】贵州省·（铜仁市）·松桃（松桃苗族自治县）

【出处】石永魁讲，杨政银、陈茂林搜集整理：《雷公的故事》，见陶立璠、赵桂芳等编《中国少数民族神话汇编》（洪水篇），中央民族学院少数民族古籍整理出版规划领导小组办公室编印（未署出版时间），第64~66页。

## W2606.2
### 生没有四肢的孩子

【汤普森】T551.1

【关联】［W2633］生肉球（肉蛋、肉丸）。

---

① 生身体残缺的人，可参见"造人"母题类型中的"［W2892］造人中产生残疾"的有关内容，但这类母题大多数没有关于处理怪胎后产生人类的母题链。

### 实例

❶ ［苗族（花苗）］兄妹婚生无手足的孩子。

【流传】（无考）

【出处】［英］H. J. Hewi：《花苗故事》，见马昌仪编《中国神话学文论选萃》（上编），北京：中国广播电视出版社1994年版，第389~390页。

❷ ［苗族（黑苗）］兄妹婚生无手足之子。

【流传】贵州省

【出处】《黑苗洪水歌》，见马昌仪编《中国神话学文论选萃》（上编），北京：中国广播电视出版社1994年版，第391~392页。

## W2606.3
### 生独脚的孩子

【汤普森】T551.12

【关联】［W2891.0］独腿人（独脚人）

### 实例

［彝族］洪水后，兄妹结婚生的第一代、第二代人都是独脚人。

【流传】云南省·楚雄州（楚雄彝族自治州）·姚安（姚安县）、大姚（大姚县）

【出处】云南省民族民间文学楚雄调查队搜集整理：《梅葛》，昆明：云南人民出版社1978年版，第18~46页。

## W2606.4
### 生哑巴孩子

【关联】［W2891.4］哑巴的产生

### 实例

（参见下级母题实例）

## W2606.4.1
### 祖先生哑巴孩子

### 实例

［珞巴族］阿巴达尼（人名，人的祖先）的两个儿子都是哑巴。

【流传】西藏自治区·（山南市）·隆子县·（斗玉乡）·斗玉村

【出处】亚松讲，达加翻译，李坚尚等采录：《阿巴达尼和他的孩子》，见中国民间文学集成全国编辑委员会编《中国民间故事集成》（西藏卷），北京：中国ISBN中心2001年版，第20页。

## W2606.4.2
### 婚生哑巴孩子

### 实例

（参见下级母题实例）

## W2606.4.2.1
### 兄妹婚生的全是哑巴儿子

【关联】［W2891.4.3］生的孩子全是哑巴

① ［W2436］兄妹婚生人
② ［W2645.1］兄妹婚生怪胎

### 实例

❶ ［傈僳族］兄妹俩婚生三个儿子。三个孩子十分聪明，不管什么，一学就会，只是三个孩子都不会说话。

【流传】（无考）

【出处】禾青：《盘古造人》，见祝发清、左玉堂、尚仲豪编《傈僳族民间故事选》，上海：上海文艺出版社1985年版，第7~11页。

❷ ［傈僳族］兄妹成婚后，生22个孩子，都不会说话。

【流传】云南省·丽江（丽江市）·宁蒗县（宁蒗彝族自治县）

【出处】《兄妹成婚》，见 http://bbs.e2400.com/showtopic.aspx? topicid, 2008.12.30。

［彝族］独姆兄妹成婚后，一胎生了18对男女，但都是哑巴。

【流传】云南省·（红河哈尼族彝族自治州）·弥勒县（弥勒市）

【出处】石旺讲，戈隆阿弘采录：《独眼人、直眼人和横眼人》注释，见中国民间文学集成全国编辑委员会编《中国民间故事集成》（云南卷），北京：中国ISBN中心2003年版，第215页。

## W2606.4.2.2
### 姐弟婚生 9 个哑巴儿子

实 例

［傈僳族］姐弟婚生9个娃娃，长大后，个个都是哑巴。

【流传】四川省·（凉山彝族自治州）·德昌县

【出处】谷万才讲，李文华等翻译采录：《人类的起源》，见中国民间文学集成全国编辑委员会编《中国民间故事集成》（四川卷·下），北京：中国ISBN中心1998年版，第1432页。

## W2606.4.2.3
### 人与天女婚生 3 个哑巴儿子

【关联】

① ［W2891.4］哑巴

② ［W7267］人与天女婚

实 例

❶ ［纳西族］男祖先利恩若与波白命（天女名）婚后生的三个儿子到了会说话的年龄，一个个却像木头人一样不会哼一声。

【流传】云南省·丽江县（丽江市）

【出处】木丽春采集整理：《迁徙三受阻的传说》，见木丽春编著《纳西族民间故事集》，昆明：云南人民出版社2007年版，第67页。

❷ ［彝族］居木惹略与天女结婚，生3个哑巴儿子。

【流传】四川省·（凉山彝族自治州）·喜德（喜德县）

【出处】《居木惹略》，见白芝（执笔）《凉山彝族民间故事选》（中国民间文学三卷集成·四川喜德卷），成都：四川民族出版社1990年版，第11~20页。

❸ ［彝族］玉皇大帝的女儿与人间的都木惹牛结婚，生3个孩子都是哑巴。

【流传】（无考）

【出处】马海乌利讲：《开天辟地的故事》，见刘魁立主编《玉皇大帝的传说》，北京：中国社会出版社2008年版，第 54~55 页。

## W2606.4.2.4
### 洞生哑巴

【关联】[W2205] 洞生人

实例

[佤族] 刚出洞的人不会说话，都是哑巴。

【流传】云南省·（普洱市）·西盟县（西盟佤族自治县）

【出处】包永红等讲，高登智采录：《佤族姓氏的形成》，见中国民间文学集成全国编辑委员会编《中国民间故事集成》（云南卷），北京：中国 ISBN 中心 2003 年版，第 336 页。

## W2606.4.3
### 生哑巴孩子的原因

【关联】
① [W2891.4.1] 哑巴的产生
② [W2891.4.2] 造人时造出哑巴

实例

（参见下级母题实例）

## W2606.4.3.1
### 生哑巴孩子源于惩罚

实例

[纳西族] 从忍利恩（祖先名）与衬红褒白命（天女名）到天上求婚成功，把衬红褒白命带回人间过日子，不再顾念生身父母（天神阿普），引起天神阿普的愤怒，惩罚他们生哑巴儿子。

【流传】云南省·丽江市

【出处】和志武翻译整理：《人类迁徙记》，原载中共丽江地委宣传部编《纳西族民间故事选》，见陶阳、钟秀编《中国神话》（中），北京：商务印书馆 2008 年版，第 856~876 页。

## W2606.5
### 生瞎眼的孩子

【关联】[W2645.2] 兄妹婚生瞎眼的孩子

实例

[高山族（排湾）] 太阳神的 2 卵化生的 2 个男女互婚，第一胎生之女都是盲目缺鼻。

【流传】（无考）

【出处】《卵生排湾人兄妹始祖》，见中国各民族宗教与神话大词典编审委员会编《中国各民族宗教与神话大词典》，北京：学苑出版社 1990 年版，第 144 页。

## W2606.6
### 生没有眼睛的孩子

【关联】
① [W2824] 人原来没有眼睛
② [W2824.1] 没有眼睛的人

实例

（参见下级母题实例）

## W2606.6.1
### 生没有眼睛的怪胎

【关联】
① [W2600] 人生怪胎

② ［W2632.1.3］生没有眼睛的红肉疙瘩

【实例】

❶ ［侗族］张良、张妹兄妹成婚后，张妹生一个没有眼睛和鼻子像猿猴的女儿。

【流传】广西壮族自治区·（柳州市）·三江县（三江侗族自治县）·独洞乡·牙龙村

【出处】公包芳讲，吴浩采录翻译：《祖先的事》，见中国民间文学集成全国编辑委员会编《中国民间故事集成》（广西卷），北京：中国 ISBN 中心 2001 年版，第 60 页。

❷ ［瑶族］洪水后，伏羲兄妹结婚生下一个没有眼睛，没有耳朵，也没有屁股的像冬瓜的肉团。

【流传】广西壮族自治区·（来宾市）·金秀瑶族自治县

【出处】

（a）巴柏讲，刘保元、苏胜兴搜集整理：《伏羲兄妹的故事》，见苏胜兴、刘保元、韦文俊、王矿新等编《瑶族民间故事选》，上海：上海文艺出版社 1980 年版。

（b）同（a），见姚宝瑄主编《中国各民族神话》（土家族、毛南族、侗族、瑶族），太原：山西出版传媒集团·书海出版社 2014 年版，第 193 页。

❸ ［壮族］伏依兄妹结婚后不久生下一个没有眼、没有嘴、没有手、没有脚的肉团。

【流传】广西壮族自治区红水河流域各县

【出处】蓝鸿恩搜集整理：《布伯的故事》，原载蓝鸿恩编《壮族民间故事选》，见陶阳、钟秀编《中国神话》（上），北京：商务印书馆 2008 年版，第 498~508 页。

## W2606.7
### 生没有鼻子的孩子

【关联】［W2645.3］血缘婚生的没有鼻子的孩子

【实例】

（参见下级母题实例）

## W2606.7.1
### 血缘婚生的没有鼻子的孩子

【实例】

（参见 W2606.6.1 母题实例）

## W2606.8
### 生没有嘴巴的孩子

【汤普森】T551.6

【实例】

［壮族］伏依兄妹结婚后不久生下一个没有眼、没有嘴、没有手、没有脚的肉团。

【流传】广西壮族自治区红水河流域各县

【出处】蓝鸿恩搜集整理：《布伯的故事》，原载蓝鸿恩编《壮族民间故事选》，见陶阳、钟秀编《中国神话》（上），北京：商务印书馆 2008 年版，

## W2606.9
### 生无手足不会哭的孩子

【汤普森】A1225.2

【关联】[W2606.4] 生哑巴孩子

实 例

[苗族（鸦雀苗）] 兄妹婚生2个无手足不会哭的孩子。

【流传】贵州省·贵阳市南部

【出处】《鸦雀苗的洪水故事》，见马昌仪编《中国神话学文论选萃》（上编），北京：中国广播电视出版社1994年版，第392页。

## W2606.10
### 生一个头颅

实 例

[景颇族] 生下一个头颅。

【流传】（无考）

【出处】段胜鸥等整理：《一个头儿》，见中华民族故事大系编委会编《中华民族故事大系》第10卷（景颇族、柯尔克孜族、土族），上海：上海文艺出版社1995年版，第134页。

## W2606.11
### 生一只手

实 例

[纳西族] 生出一只手。

【流传】（无考）

【出处】和时杰整理：《金钟的故事》，见中华民族故事大系编委会编《中华民族故事大系》第9卷（水族、东乡族、纳西族），上海：上海文艺出版社1995年版，第777页。

## W2606.12
### 生没有固态形状的怪胎

实 例

[珞巴族] 生没有固态形状的怪胎。

【流传】西藏自治区·下珞渝（泛指永木河、锡约尔河、巴恰西仁河流域）

【出处】维·埃尔温搜集：《阿普夫尔瓦夫妇和他们的儿子》，见中华民族故事大系编委会编《中华民族故事大系》第16卷（赫哲族、门巴族、珞巴族、基诺族），上海：上海文艺出版社1995年版，第651页。

## W2606.13
### 与生身体残缺的人有关的其他母题

实 例

（参见下级母题实例）

## W2606.13.1
### 生不会走路的孩子

实 例

[彝族] 格兹天神从天上撒下头把雪变成第一代人独脚人。他们独自一个人时不会走路，两个人配合才会走得飞快。

【流传】（云南省·楚雄彝族自治州·姚

安县·官屯乡·马游村，大姚县·昙华乡等）

【出处】

（a）郭天元（马游村）、李申呼颇（昙华乡）、李福玉颇（苴）演唱，郭思九、许明学、龚维顺、张宝省、陈志群、胡炳文等搜集，刘德虎、龚维顺、陈志群、李树荣、郭天元等整理：《梅葛》（第一部"创世"），见云南省民族民间文学楚雄调查队编《梅葛》（1959），昆明：云南人民出版社2009年版。

（b）《打虎开天辟地》，蔷紫据云南省民族民间文学楚雄调查队著《梅葛》（云南人民出版社2009年版）改写，见姚宝瑄主编《中国各民族神话》（羌族、彝族），太原：山西出版传媒集团·书海出版社2014年版，第198页。

## W2606.13.2

### 生没有手臂和眼睛的孩子

实例

[珞巴族]（实例待考）

## W2606.13.3

### 生没鼻子眼睛和手脚的孩子

实例

[仫佬族] 伏羲兄妹婚后，孕生没有眼睛、没有鼻子、没有耳朵、没有手脚的一团肉。

【流传】

（a）广西壮族自治区·（河池市）·罗城县（罗城仫佬族自治县）·四把乡·石门村·冲春屯

（bc）广西壮族自治区·（河池市）·罗城县（罗城仫佬族自治县）·东门（东门镇）、四把（四把乡）

【出处】

（a）包启宽讲，包玉堂采录翻译：《伏羲兄妹》，见中国民间文学集成全国编辑委员会编《中国民间故事集成》（广西卷），北京：中国ISBN中心2001年版，第69页。

（b）包启宽、潘代球讲，包玉堂、谢运源等搜集整理：《伏羲兄妹的传说》，见谷德明编《中国少数民族神话》，北京：中国民间文艺出版社1987年版，第146页。

（c）同（b），见曹廷伟编著《广西民间故事辞典》，南宁：广西教育出版社1993年版，第26页。

## W2606.13.4

### 生无头无脚、无面孔的怪物

实例

[布朗族] 兄妹婚后生下一个无头无脚、无面孔和五官的怪物。

【流传】云南省·（临沧市）·双江县（双江拉祜族佤族布朗族傣族自治县）

【出处】植万七讲，傣春华采录：《兄妹成婚衍人类》，见中国民间文学集成全国编辑委员会编《中国民间故事集成》（云南卷），北京：中国ISBN中心2003年版，第206页。

## W2606.13.5
### 生无头、无手、无脚的怪胎

[傣族] 兄妹成婚生一个无头、无手、无脚，像一个肉冬瓜的怪胎。

【流传】云南省·（文山壮族苗族自治州）·马关县

【出处】《每年尝新米先给狗吃的传说》，见云南省民族学会傣学研究委员会编《马关傣族》，昆明：云南民族出版社 2008 年版，第 257 页。

## W2607
### 生动物特征的人[1]

【关联】
① ［W070.3.1］半人半兽的神
② ［W2168.1］动物生的人有动物特征

实例

（参见下级母题实例）

## W2607.1
### 生长着动物头的孩子
【汤普森】T551.3

实例

（参见下级母题实例）

## W2607.1.1
### 生的孩子长着狗头
【汤普森】T551.3.1

实例

[彝族] 一家人有 1 对儿女，其中一个是狗头人身。

【流传】云南省·（红河哈尼族彝族自治州）·弥勒县（弥勒市）·罗多村

【出处】何奉章讲：《人是怎样来的》，见李德君《彝族阿细人民间文学作品采集实录》，北京：中央民族大学出版社 2009 年版，第 329 页。

## W2607.1.2
### 生的孩子长着鹰头
【汤普森】T551.3.2

实例

（实例待考）

## W2607.1.3
### 生的孩子长着猴头
【汤普森】T551.3.3

实例

（实例待考）

## W2607.1.4
### 生的孩子长着鸡头

实例

[彝族]（实例待考）

---

[1] 生动物特征的人，此处的"生动物"母题与"动物起源"母题中关于某些动物产生的母题具有本质区别，这里的"生动物"母题中所生的动物一般都会变成人类。

## W2607.2
### 生像猴子的孩子

【关联】

① ［W2124.3a.1］造人变成猴子

② ［W2317］猴变成人（猴子变成人）

③ ［W2317.8］猴子进化变成人

④ ［W2572.2］第一代人是猴子

⑤ ［W2617］人生猴

⑥ ［W2805.0.3］最早的人是各种各样的猴子

实例

❶ ［侗族］张良、张妹兄妹结婚生样子像猴的怪女。

【流传】广西壮族自治区·（柳州市）三江县（三江侗族自治县）·独洞乡

【出处】吴浩讲：《祖先的故事》，王宪昭采集，2009年3月。

❷ ［纳西族］天神与地母生猴孩。

【流传】（无考）

【出处】《埃姑命》，见云南省民族事务委员会编《纳西族文化大观》，昆明：云南民族出版社1999年版，第327页。

❸ ［纳西族］仙女柴红吉吉美与雄猴媾合，生下一半像人一半像猴的2男2女，繁衍出永宁纳西族。

【流传】云南省·（丽江市）·（宁蒗彝族自治县）·永宁（永宁乡）

【出处】詹承绪等：《永宁纳西族的阿注婚姻和母系家庭》，上海：上海人民出版社1981年版，第255页。

## W2607.2.1
### 生猿猴一样的孩子

【关联】［W2805.0.2］人最早像猿猴

实例

［侗族］洪水后，张良、张妹兄妹婚后，张妹生一女，没有眼睛和鼻子，样子丑得像猿猴。

【流传】广西壮族自治区·（柳州市）·三江县（三江侗族自治县）·独洞乡·牙龙村

【出处】公包芳讲，吴浩采录翻译：《祖先的事》，见中国民间文学集成全国编辑委员会编《中国民间故事集成》（广西卷），北京：中国ISBN中心2001年版，第60页。

## W2607.2.2
### 竹生的人像猴

【关联】［W2172］竹生人

实例

［彝族］太古时代，兰竹筒中爆出一个人，面貌似猴。

【流传】广西壮族自治区

【出处】＊《竹生人》，见雷金流《广西镇边县的罗罗及其图腾遗迹》，载《公余生活》第3卷第8~9期。

## W2607.2.3
### 生的孩子一半像猴子

实例

（参见下级母题实例）

## W2607.2.3.1
### 公猴与天女婚生的孩子一半像母亲一半像公猴

【实例】

[纳西族] 公猴与波白命（天女名，男祖先利恩若的妻子）婚后生下了一对儿女。两个孩子长得一半像波白命，一半像长臂公猴。

【流传】云南省·丽江县（丽江市）

【出处】木丽春采集整理：《人的头发和腋窝毛的来历》，见木丽春编著《纳西族民间故事集》，昆明：云南人民出版社 2007 年版，第 63 页。

## W2607.3
### 生龙头人身的人

【关联】

① ［W2346.4］龙身人首的龙人演变成人

② ［W2348.2.1］先变成龙人，龙人变成人

【实例】

[土家族] 阴龙生下两个子龙，一个是人头龙身，一个是龙头人身。它们不断生子，子又生孙，慢慢地变成了人形。

【流传】湖北省·（宜昌市）·长阳县（长阳土家族自治县）·贺家坪区·火麦溪村

【出处】郑文仕讲，杜荣东采录：《神龙造天造地造人》，见中国民间文学集成全国编辑委员会编《中国民间故事集成》（湖北卷），北京：中国 ISBN 中心 1999 年版，第 7 页。

## W2607.4
### 生像虫能飞的孩子

【关联】［W2208.7.1.1］水中生的人会飞

【实例】

[彝族] 人从水中生出后，形状似人似雁，可水中飞，可水中游。

【流传】云南省·（楚雄彝族自治州·武定县）·万德（万德镇）

【出处】罗希吾戈翻译：《夷僰榷濮》（六祖史诗），昆明：云南民族出版社 1986 年版，第 22 页。

## W2607.5
### 生带翅膀的孩子

【关联】

① ［W2888.3］长翅膀的人（翼人）

② ［W2888.4］以前的人长有翅膀（人以前有翅膀）

【实例】

（参见下级母题实例）

## W2607.5.1
### 瓜生带翅膀的孩子

【关联】［W2189］瓜生人

【实例】

[傈僳族] 瓜内生出来五个人，其中一个是生翅膀的孩子。

【流传】碧罗雪山（云南省·怒江傈僳

族自治州·贡山独龙族怒族自治县与云南省·迪庆藏族自治州·德钦县交界一带）

【出处】＊《鬼的由来》，原载陶云逵《碧罗雪山之倮倮族》，见国立中央研究院《历史语言研究所集刊》第17本，商务印书馆民国三十七年（1948），第402~403页。

## W2607.5.2
### 人与神女婚生带翅膀的孩子

【关联】［W2416］人与神女婚生人

实 例

［普米族］人与神女结婚，生带翅膀的孩子。

【流传】云南省·丽江地区（丽江市）

【出处】《洪水冲天》，见云南省民族事务委员会编《普米族文化大观》，昆明：云南民族出版社1999年版，第125页。

## W2607.6
### 生长毛的孩子

【汤普森】T551.13

【关联】［W2604］生毛孩

实 例

（参见关联项母题实例）

## W2607.7
### 生长尾巴的人

【关联】［W2604.4］生长尾巴的毛孩

实 例

［汉族］姑娘与一只狗成亲后，生长尾巴的人。

【流传】湖北省·（十堰市）·丹江口市·（六里坪镇）·伍家沟（伍家沟村）

【出处】张孝玲讲：《人和狗成亲》，见中国民间文学集成全国编辑委员会编《中国民间故事集成》（湖北卷），北京：中国ISBN中心1999年版，第16页。

## W2607.8
### 生像草鱼的孩子

实 例

［侗族］（实例待考）

## W2607.9
### 生的孩子一半是人一半是动物

【关联】［W2346.3］半龙半人变成人

实 例

❶［汉族］犬戎是黄帝的子孙，其民人面而犬身。

【流传】（无考）

【出处】马昌仪：《古本山海经图说》，济南：山东画报出版社2001年版，第616页。

❷［苗族］乌基、代基是人首龙身的龙人。

【流传】湖南省·湘西（湘西土家族苗族自治州）

【出处】过竹：《苗族神话研究》，南宁：广西人民出版社1988年版，第223页。

❸［彝族］一家人有1对儿女，其中一个是狗头人身。

【流传】云南省·（红河哈尼族彝族自治州）·弥勒县（弥勒市）·罗多村
【出处】何奉章讲：《人是怎样来的》，见李德君《彝族阿细人民间文学作品采集实录》，北京：中央民族大学出版社2009年版，第329页。

## W2607.9.1
### 生的孩子半人半熊

实例

（参见下级母题实例）

## W2607.9.1.1
### 女子与大熊交配生人熊

实例

［满族］两个女子与大熊交配，生啥也不能做的人熊。

【流传】辽宁省·（鞍山市）·岫岩县（岫岩满族自治县）
【出处】《野女定居》，见马亚川遗稿，黄任远等整理《女真萨满神话》，哈尔滨：黑龙江人民出版社2006年版，第5~8页。

## W2607.9.1.2
### 生人熊合体的人

实例

［达斡尔族］（实例待考）

## W2607.9.2
### 生半人半虎的孩子

实例

［彝族］以前似人似雁的人演化为似人似虎的人，称为人虎。

【流传】云南省·（楚雄彝族自治州·武定县）·万德（万德镇）
【出处】罗希吾戈翻译：《夷㖦榷濮》（六祖史诗），昆明：云南民族出版社1986年版，第22页。

## W2607.9.2.1
### 人与虎婚生半人半虎的孩子

实例

❶［土家族］虎与人结合后生下呈半人半虎形象的"虎儿娃"。
【流传】（无考）
【出处】《虎儿娃》，见中国各民族宗教与神话大词典编审委员会编《中国各民族宗教与神话大词典》，北京：学苑出版社1990年版，第586页。

❷［土家族］人和虎结为夫妇后，生下一个孩子。孩子的脸一半像人，一半像虎。
【流传】湖南省土家族居住地区
【出处】彭迪搜集整理：《虎儿娃》，见姚宝瑄主编《中国各民族神话》（土家族、毛南族、侗族、瑶族），太原：山西出版传媒集团·书海出版社2014年版，第5页。

## W2607.9.3
### 生的孩子半人半猴

【关联】［W2617］人生猴

实例

（参见下级母题实例）

## W2607.9.3.1
### 猴与罗刹女婚生半人半猴的孩子

【关联】［W2411.1］神猴与女妖婚生人

实 例

[藏族] 猴子和罗刹女成亲之后，生下六个似人非人、似猴非猴的儿女。

【流传】西藏自治区

【出处】廖东凡记译：《泽当——西藏猴子变人的地方》，原载吴一虹编《风物传说》，见陶阳、钟秀编《中国神话》（上），北京：商务印书馆 2008 年版，第 361~362 页。

## W2607.9.3.2
### 人与猴婚生半人半猴的孩子

【关联】［W2455］人与猴婚生人

实 例

[纳西族] 仙女柴红吉吉与雄猴媾合，生下一半像人一半像猴的子女。

【流传】云南省·（丽江市·宁蒗彝族自治县）·永宁（永宁乡）

【出处】詹承绪等：《永宁纳西族的阿注婚姻和母系家庭》，上海：上海人民出版社 1981 年版，第 255 页。

## W2607.9.4
### 生的孩子半人半鱼

【汤普森】T551.5

实 例

（实例待考）

## W2607.9.5
### 生人首鸟身的人

【关联】

① ［W2123.7.2］造的人人首鸟身

② ［W2607.5］生带翅膀的孩子

实 例

（参见 W2607.5 母题实例）

## W2607.10
### 人面兽身的人

实 例

（参见下级母题实例）

## W2607.10.1
### 人面兽身头上长角的人

实 例

[汉族] 九黎族的首领蚩尤，手下有八十一个弟兄，长得人面兽身，头上两只角，腿脚像牛蹄，耳鬓如剑戟。

【流传】（无考）

【出处】蔡英生讲，蔡柏顺搜集：*《黄帝战蚩尤》，原载《民间文学》1991 年 8 期，见姚宝瑄主编《中国各民族神话》（汉族），太原：山西出版传媒集团·书海出版社 2014 年版，第 412~415 页。

## W2607.11
### 生牛头虎身熊脚的孩子

实 例

[羌族] 生牛头虎身熊脚的孩子。

【流传】四川省·（阿坝藏族羌族自治州）·汶川（汶川县）

【出处】高云安讲，王世云搜集：《尕尕神》，见中华民族故事大系编委会编《中华民族故事大系》第11卷（达斡尔族、仫佬族、羌族），上海：上海文艺出版社1995年版，第712页。

## W2607.12
### 与生动物特征的人有关的其他母题

【关联】[W2888] 有动物体征的人

实 例

（参见下级母题实例）

## W2607.12.1
### 生蛙人

【关联】[W2898.0a.2] 蛙人

实 例

（参见下级母题实例）

## W2607.12.1.1
### 生像金蛙的孩子

实 例

❶ [朝鲜族] 扶余国国王解夫娄祈祷后，得到像金蛙似的孩子。

【流传】吉林省·延边（延边朝鲜族自治州）；辽宁省·（沈阳市）·苏家屯（苏家屯区）一带

【出处】《高朱蒙神话》，见《后汉书·东夷传》。

❷ [朝鲜族] 夫余王解夫娄老年无子，求神后得到一个形如金蛙的婴儿。

【流传】（无考）

【出处】金净伊译：《解慕漱和柳花》，见《东国李相国集》卷第三《东明王篇》。

## W2608
### 生植物特征的人

【关联】[W2627] 人生植物

实 例

（参见下级母题实例）

## W2608.1
### 生瓜形孩子

实 例

（参见下级母题实例）

## W2608.2
### 生像冬瓜的孩子

实 例

[瑶族] 伏羲兄妹结婚9年生像冬瓜的娃。

【流传】云南省·（红河哈尼族彝族自治州）·河口（河口瑶族自治县），（文山壮族苗族自治州）·富宁（富宁县）

【出处】《伏羲兄妹》，见卓小清《试论瑶族洪水神话》，原载戴庆夏主编《中国民族语言文学研究论集·文学专集》(3)，北京：民族出版社2002年版。

## W2608.3
### 生像瓜的孩子

实例

（参见下级母题实例）

## W2608.3.1
### 生无眼鼻像瓜的怪物

实例

［苗族］姑侄结婚生无眼鼻，形如瓜的怪物。

【流传】（无考）
【出处】《短裙黑苗中的传说》，见马昌仪编《中国神话学文论选萃》（上编），北京：中国广播电视出版社1994年版，第442～443页。

## W2608.3.2
### 兄妹婚生像瓜的孩子

实例

❶［苗族］洪水后，恩和媚亲兄妹成婚。过了两年，生下一个没有四肢的孩子，形状像个瓜。
【流传】贵州省·（黔东南苗族侗族自治州）·黄平县·谷陇区（谷陇镇）
【出处】《人祖的来历》，见姚宝瑄主编《中国各民族神话》（布依族、仡佬族、苗族），太原：山西出版传媒集团·书海出版社2014年版，第233页。

❷［苗族（生苗）］洪水后兄妹婚，生瓜形儿子，用刀剁碎，变成各种人。

【流传】贵州省
【出处】陈国钧：《生苗人的人祖神话》，见徐德莉《抗战时期西南民族神话研究》，载《贵州民族研究》2010年第2期。

## W2608.3.3
### 姐弟婚生像瓜的孩子

实例

［苗族］姐弟婚生一个像瓜类的怪物。
【流传】贵州省·（黔东南苗族侗族自治州）·炉山（今凯里市）、麻江（麻江县）、雷山（雷山县）·丹江（丹江镇），（毕节市·七星关区）·八寨（八寨镇）等地
【出处】《八寨黑苗的传说》，原载吴泽霖《苗族中祖先来历的传说》，见马昌仪编《中国神话学文论选萃》（上编），北京：中国广播电视出版社1994年版，第442页。

## W2609
### 生其他形状的人

实例

（参见下级母题实例）

## W2609.1
### 生像斧子的孩子

实例

［苗族（黑苗）］阿几与妹妹结婚，生像斧子的婴儿。
【流传】贵州省

【出处】［英］S. R. Clarke 采集：《苗族开辟民歌》，Among the Tribes in South-West China，1911。

## W2609.2
### 生像磨刀石的孩子

【关联】［W2639.2］生磨刀石

实 例

［苗族］姐弟结婚，生子如磨刀石。

【流传】湖南省·湘西（湘西土家族苗族自治州）；鄂西南（湖北省西南部）；川东南（四川省东南部）；贵州省·（铜仁市）·松桃（松桃苗族自治县）

【出处】《傩公傩母》，见石宗仁搜集整理《中国苗族古歌》，天津：天津古籍出版社1991年版，第85~122页。

## W2609.2.1
### 兄妹婚生像磨刀石的孩子

实 例

［汉族］伏羲女娲兄妹婚后一年，女娲生下一个像磨刀石的怪物。

【流传】江西省·南昌市

【出处】周仑讲，稚翁搜集整理：《洪水的传说》，原载南昌市民间文学集成编委会编《南昌民间故事集成》，见姚宝瑄主编《中国各民族神话》（汉族），太原：山西出版传媒集团·书海出版社2014年版，第87~89页。

## W2609.3
### 生像磨石的孩子

【关联】［W2639.5］生磨石

实 例

［苗族］兄妹结婚，生像磨岩的儿子。

【流传】湖南省·湘西（湘西土家族苗族自治州）；贵州省·（铜仁市）·松桃（松桃苗族自治县）

【出处】

（a）腾树宽、龙炳文讲，江波整理：《阿陪果本》，见《苗族民间故事选》，上海：上海文艺出版社1983年版。

（b）龙玉六讲：《阿培果木和雷公》，见中国民间文学集成全国编辑委员会编《中国民间故事集成》（湖南卷），北京：中国ISBN中心2002年版，第23~26页。

## W2610
### 生卵

【汤普森】T565

实 例

（参见下级母题实例）

## W2610.0
### 特定的人物生卵

实 例

（参见下级母题实例）

## W2610.0.1
### 神或神性人物生卵

实 例

❶［高山族］太阳神生红、白两个蛋之后，让百步蛇巴乌隆去孵。

【流传】（无考）

【出处】《万物的由来》，见姚宝瑄主编《中国各民族神话》（高山族、黎族、畲族），太原：山西出版传媒集团·书海出版社2014年版，第9页。

❷ [纳西族] 神生的蛋中生人。

【流传】（无考）

【出处】《人类迁徙记》，见谷德明编《中国少数民族神话》，北京：中国民间文艺出版社1987年版，第395～404页。

## W2610.0.1.1
### 神祖生卵

实例

[哈尼族] 神祖莫叶、塔泼生的三个蛋孵出三个能人。

【流传】云南省·（玉溪市）·元江县（元江哈尼族彝族傣族自治县）·咪哩乡、羊岔街乡及因远镇一带

【出处】《能人歌》，见元江县哈尼文化学会、元江县史志编组办公室编《元江哈尼族古歌集》，内部编印，2005年，第55页。

## W2610.0.1.2
### 盘古的妻子生卵

实例

[汉族] 盘古奶生了2个肉蛋。

【流传】河南省·（南阳市）·桐柏（桐柏县），驻马店市）·泌阳（泌阳县）

【出处】梁和平讲，马卉欣记录整理：《百神佑百子》，见桐柏网 http://tongbai.01ny.cn，2005.10.13。

## W2610.0.2
### 人生卵

实例

[高山族] 人生一个蛋。

【流传】（无考）

【出处】田中山讲，何陈搜集：《人生蛋》，见中华民族故事大系编委会编《中华民族故事大系》第8卷（畲族、高山族、拉祜族），上海：上海文艺出版社1995年版，第451～456页。

## W2610.0.2.1
### 卵国的人生卵

实例

[汉族] 有卵民之国，其民皆生卵。

【流传】（无考）

【出处】《山海经·大荒南经》。

## W2610.0.2.2
### 王后生卵

实例

[朝鲜族] 国王含达婆常祈天求子。王后十月怀胎，一朝分娩，生下的竟是一个卵。

【流传】（无考）

【出处】金永奎改写：《昔脱解王神话》，见姚宝瑄主编《中国各民族神话》（满族、赫哲族、朝鲜族），太

原：山西出版传媒集团·书海出版社 2014 年版，第 166~168 页。

## W2610.0.2.3
### 特定的人的妻子生卵

**实例**

［汉族］徐君宫人娠而生卵。

【流传】（无考）

【出处】
(a)《徐偃王志》，见［晋］张华《博物志》卷七。
(b)［晋］干宝：《搜神记》卷十四，钱振民校点，长沙：岳麓书社 1997 年版，第 114 页。

## W2610.0.3
### 动物生卵

【关联】［W2223.2.1］鸟生的卵生人

**实例**

［满族］水中小洲有鸟生蛋，蛋生 6 兄弟。

【流传】（无考）

【出处】富育光：《论萨满教的天穹观》，载《世界宗教研究》1987 年第 4 期。

## W2610.0.4
### 植物生卵

**实例**

（实例待考）

## W2610.0.5
### 无生命物生卵

【关联】［W2227.10.2］地、水、火、风、空中产生的卵生人

**实例**

［藏族］从地、水、火、风、空中产生一卵，后由卵壳、卵清生成白岩石和海螺湖。后来这个卵中生出人。

【流传】（无考）

【出处】大司徒·绛求坚赞著，赞拉、阿旺等译：《朗氏家族史》，拉萨：西藏人民出版社 1989 年版，第 4 页。

## W2610.0.6
### 其他特定的人物生卵

**实例**

（实例待考）

## W2610.1
### 生圆球

【关联】［W2633］生肉球

**实例**

［景颇族］彭干支伦（男）和木占威纯（女）生圆球。

【流传】云南省

【出处】尚正兴整理：《神金木沙阿朗》，见中国各民族宗教与神话大词典编审委员会编《中国各民族宗教与神话大词典》，北京：学苑出版社 1990 年版，第 362 页。

## W2610.2
### 生肉卵

【关联】

① [W2600] 人生怪胎

② [W2633.1] 生肉瘤

③ [W2633.2] 生会旋转的蛋

**实例**

[汉族] 伏羲女娲兄妹结婚后，女娲一胎生下个大肉蛋。

【流传】黑龙江省·（大兴安岭地区）·加格达奇（加格达奇区）

【出处】包忠会讲，杜贵琴采录：《高祖公高祖婆》，见中国民间文学集成全国编辑委员会编《中国民间故事集成》（黑龙江卷），北京：中国 ISBN 中心 2005 年版，第 7 页。

## W2610.3
### 婚生卵

**实例**

（参见下级母题实例）

## W2610.3.1
### 神婚生卵

【关联】[W2400] 神婚生人

**实例**

[苗族] 天神嘎养和嘎交感，怀孕生蛋，蛋中生出人类始祖姜央。

【流传】贵州省·（黔东南苗族侗族自治州）·凯里（凯里市）、丹寨（丹寨县）、麻江（麻江县）

【出处】洋洛译：《说古歌》，见中国作家协会贵州分会等单位编印《民间文学资料》第 6 集。

## W2610.3.2
### 父女婚生卵

【关联】[W2442] 父女婚生人

**实例**

[苗族] 高加良和女儿结婚生出 12 蛋。

【流传】贵州省·（黔东南苗族侗族自治州）·麻江（麻江县）、雷山（雷山县）

【出处】《短裙黑苗中的传说》，见马昌仪编《中国神话学文论选萃》（上编），北京：中国广播电视出版社 1994 年版，第 442~443 页。

## W2610.3.3
### 兄妹婚生卵

【关联】[W7300] 兄妹婚

**实例**

（参见下级母题实例）

## W2610.3.3.1
### 伏羲女娲兄妹婚生卵

【关联】

① [W2022.1.2.1] 最早只有伏羲女娲兄妹

② [W2074.2.1] 伏羲女娲兄妹造人

③ [W2412.6.1] 伏羲女娲兄妹婚生人

**实例**

[汉族] 伏羲女娲兄妹婚生卵，伏羲用

石斧把卵砍开后生出人。

【流传】浙江省·（衢州市）·江山市·凤林镇

【出处】管兰吉讲，杜鹃采录：《孽生禽兽》，见中国民间文学集成全国编辑委员会编《中国民间故事集成》（浙江卷），北京：中国 ISBN 中心 1997 年版，第 49 页。

## W2610.3.4
### 姐弟婚生卵

【关联】

① ［W2441］姐弟婚生人

② ［W2645.2］姐弟婚生怪胎

实 例

［苗族］姐弟婚生下一个肉卵。

【流传】（无考）

【出处】［法］F. M. Savina：《苗族史》，见马昌仪编《中国神话学文论选萃》，北京：中国广播电视出版社 1994 年版，第 387~388 页。

## W2610.3.5
### 人与蛇婚生卵

【关联】［W2468.1］人与蛇婚生人

实 例

［门巴族］（实例待考）

## W2610.3.6
### 人与龙女婚生卵

【关联】［W2227.13.2］人与龙女生的卵生人

实 例

［傣族］龙公主与人结婚，生卵。

【流传】云南省·德宏（德宏傣族景颇族自治州）

【出处】德宏州傣学会：《勐卯弄傣族历史研究》，昆明：云南民族出版社 2005 年版，第 22 页。

## W2610.4
### 与生卵与关的其他母题

实 例

（参见下级母题实例）

## W2610.4.1
### 生发光卵

【关联】［W2227.8.1］发光卵

实 例

［朝鲜族］河伯的女儿柳花感日光怀孕，怀胎满十个月从左胳肢窝下生了一个肉蛋。到了阴天和晚上，这肉蛋还会闪闪发光。

【流传】（无考）

【出处】

(a) 金德顺讲，裴永镇整理：《朱蒙》，见《朝鲜族民间故事讲述家金德顺故事集》，上海：上海文艺出版社 1983 年版。

(b) 同 (a)，见姚宝瑄主编《中国各民族神话》（满族、赫哲族、朝鲜族），太原：山西出版传媒集团·书海出版社 2014 年版，第 170~181 页。

## W2610.4.2
### 人生没耳鼻、嘴巴的圆崽

【关联】［W2633］生肉球

实例

［苗族］相两、相芒兄妹结婚生没耳鼻、嘴巴的圆崽。

【流传】贵州省·黔东南（黔东南苗族侗族自治州）

【出处】《兄妹结婚歌》，见潘定智、杨培德、张寒梅编《苗族古歌》，贵阳：贵州人民出版社1997年版。第104～132页。

## W2610.4.3
### 妻子驱赶走丈夫后生卵

【关联】［W2598.16］女子在丈夫外出后生孩子

实例

［苗族］开天辟地时，一个妻子把丈夫驱走后，生12只蛋，12个蛋生出12个兄弟。

【流传】贵州省·（黔东南苗族侗族自治州）·炉山（今凯里）、麻江（麻江县）·丹江（丹江镇），（毕节市·七星关区）·八寨（八寨镇）等地

【出处】《八寨黑苗的传说》，见吴泽霖《苗族中祖先来历的传说》，见马昌仪编《中国神话学文论选萃》，北京：中国广播电视出版社1994年版，第442页。

## ※ W2611
### 生无生命的人

【关联】［W2970］人的死亡

实例

（参见下级母题实例）

## W2612
### 生死婴（死胎）

实例

［彝族］威志和米义兄妹婚生一个不会哭叫的婴孩，刚把他抱起来就断了气。

【流传】广西壮族自治区·（百色市）·那坡县·城厢镇·达腊村

【出处】梁绍安讲，王光荣采录翻译：《威志和米义兄妹》，见中国民间文学集成全国编辑委员会编《中国民间故事集成》（广西卷），北京：中国ISBN中心2001年版，第63页。

## W2612.1
### 生死胎

【关联】
① ［W2598.13］难产
② ［W2598.13.4］流产

实例

［珞巴族］天和地结婚以后，地母第一次怀孕，但孩子没有生下来就死了。

【流传】西藏自治区

【出处】《博嘎尔部落神话》，见于乃昌《珞巴族神话与生殖崇拜》，见http：//

www.tibet-web.com, 2003.10.06。

## W2612.2
### 最早时生死胎

实例

（参见下级母题实例）

## W2612.2.1
### 最早时的人生一个死一个

实例

[佤族] 妈侬（始祖母，佤族的原初妈妈）开始生的娃娃不会活，生一个死一个。

【流传】云南省·（普洱市）·西盟佤族自治县、澜沧拉祜族自治县等地

【出处】毕登程、隋嘎编著：《司岗里——佤族创世史诗》，昆明：云南出版集团公司·云南人民出版社2009年版，第17页。

## W2612.3
### 异类婚生死胎

【关联】[W7943] 人与异类做夫妻

实例

[古突厥]（实例待考）

## W2612.4
### 血缘婚生死胎

【关联】[W7285] 血缘婚

实例

[门巴族]（实例待考）

## W2612.5
### 不般配婚生死胎

实例

（实例待考）

## W2612.6
### 生男孩是死胎

实例

（实例待考）

## W2612.7
### 特定的神管死胎

实例

[高山族（排湾）] 女神玛久古久古禾管死胎。

【流传】台湾

【出处】《太阳神的后裔》，海云根据曾思奇《高山族古老神话传说中的人物与境域》整理，见姚宝瑄主编《中国各民族神话》（高山族、黎族、畲族），太原：山西出版传媒集团·书海出版社2014年版，第9页。

## W2612.8
### 生不属于本族的孩子将是死胎

实例

（参见下级母题实例）

## W2612.8.1
### 纳西族生的藏族孩子将是死胎

实例

［纳西族（摩梭）］诵经时告诉将生育的女人："潘咪尼直保佑你生孩子，你会生七女三男，有三女一男不是你的，他们是藏族、普米族的，生下来就会回去（夭亡），你就生养四女二男吧，潘咪尼直会保佑他们平安降生。"

【流传】云南省·（丽江市·宁蒗彝族自治县）·永宁（永宁乡）一带

【出处】《潘咪尼直》（祭女性生殖器神）口诵经，见杨学政调查整理＊《摩梭人的性器官崇拜》，云南省社会科学院宗教研究所编《宗教调查与研究》，内部编印，1986 年，第 199～201 页。

## W2613
### 生泥人

实例

［壮族］姆六甲孕生下泥人。

【流传】（无考）

【出处】潘春见：《"花"图腾信仰与姆六甲神话》，载《广西大学学报》1998 年第 1 期。

## W2614
### 生石人

实例

［汉族］雷公用"雷楔子"炸开 1 个女人的肚子，生 500 小石头人。

【流传】云南省·（大理白族自治州）·洱源县

【出处】芮丰等讲：《"雷楔子"炸人种》，见中国民间文学集成全国编辑委员会编《中国民间故事集成》（云南卷），北京：中国 ISBN 中心 2003 年版，第 154～156 页。

## W2614.1
### 女子孕生小石人

实例

（参见下级母题实例）

## W2614.1.1
### 女子孕生 360 个小石人

【关联】［W2718.2］生 360 人

实例

［白族］一个怀孕多年的妇女生 360 个小石人。

【流传】云南省·（大理白族自治州）·洱源县·茈碧乡·官营村

【出处】王承权调查整理：《洱源官营白族离家乡求平安祭》（1988），见吕大吉、何耀华总主编《中国各民族原始宗教资料集成》（彝族卷、白族卷、基诺族卷），北京：中国社会科学出版社 1996 年版，第 729 页。

## W2614.2
### 生像石头的孩子

实例

（参见下级母题实例）

## W2614.2.1
### 首领感生像石头的孩子

【实例】

[壮族] 女人部族的母王迎风受孕生怪胎,头部似个长石条,身体像块磨刀石,没有颈联头,手上没块肉,少了喉管不会哭(壮族认为"喉管"为思维器官,相当于汉族的"心")。

【流传】(无考)

【出处】张声震主编:《壮族麽经布洛陀影印译注》第6卷,南宁:广西民族出版社2003年版,第2085页。

## ✽ W2615
### 人生动物[①]

【汤普森】T554

【关联】[W3019] 人生动物

【实例】

[高山族(阿美)] 拉拉干和拉兹乌兄妹结婚,开始时生的都是动物。

【流传】台湾·花莲县·光复乡·太巴塱

【出处】《高山族各种人的始祖:太巴塱阿美人始祖》,见姚宝瑄主编《中国各民族神话》(高山族、黎族、畲族),太原:山西出版传媒集团·书海出版社2014年版,第14页。

## W2616
### 人生狗

【汤普森】T544.2

【关联】[W3105] 狗的产生

【实例】

[瑶族] 王室内的一个妇仆生一个犬儿,后成盘王。

【流传】广西壮族自治区·(玉林市)·桂平县(桂平市)·紫荆乡

【出处】《瑶族"盘王节"》,见刘经元《民间故事集成》(广西桂平县卷),内部资料,1989年,第7页。

## W2617
### 人生猴

【汤普森】T544.4

【关联】[W3135] 猴子的产生

【实例】

❶ [纳西族(摩梭)] 猴子骗婚天王的三姑娘姆米年扎梅后,生了一个猴儿。

【流传】(a)云南省

【出处】

(a)阿啊打把等讲,杨尔车翻译整理:《锉治路一茞—摩梭人的洪水神话》,载《山茶》1982年第3期。

(b)同(a),见谷德明编《中国少数民族神话》,北京:中国民间文艺出版社1987年版,第445页。

❷ [纳西族] 仙女外出寻找丈夫时,被山中的长臂公猿奸污,生下了小猴子。

---

[①] 人生动物,列入本编目的母题与"动物起源"类型中的"人生动物"母题具有神话叙事语境的明显不同,鉴于表述方面的相似性,除个别特殊的情况外,该类母题一般只在"人生怪胎"母题类型中列出母题编码,在"动物起源"母题类型中只做相应的提示。

【流传】（无考）

【出处】《丛忍利恩解秽经》，见佟德富《中国少数民族原始意识与哲学宇宙观之萌芽》，载《中央民族大学学报》1995年第4期。

## W2617.1
### 人生猕猴

实例

（实例待考）

## W2617.2
### 人生公猴

实例

（参见下级母题实例）

## W2617.2.1
### 始祖人生公猴

【关联】［W2153.5.6.1］男始祖生公猴

实例

［普米族］男始祖生了一只公猴。

【流传】云南省·（丽江市）宁蒗（宁蒗彝族自治县）；四川省·西昌（西昌市），（凉山彝族自治州）·木里（木里藏族自治县）等地普米族地区

【出处】编玛讲，章虹宇整理：《巴弄明和巴弄姆》，见中华民族故事大系编委会编《中华民族故事大系》第14卷（普米族、塔吉克族、怒族、俄罗斯族、鄂温克族），上海：上海文艺出版社1995年版，第38页。

## W2618
### 人生熊

实例

❶［鄂温克族］猎人被一只母熊抓进山洞成婚后，共同生活了几年，生了一只小熊。

【流传】黑龙江省·（齐齐哈尔市）·讷河市

【出处】《鄂温克人的起源》，见谷德明编《中国少数民族神话》，北京：中国民间文艺出版社1987年版，第161页。

❷［撒拉族］猎人与母熊结婚，生一熊崽。

【流传】（无考）

【出处】那木吉拉：《中国阿尔泰语系诸民族神话比较研究》，北京：学习出版社2010年版，第78~79页。

## W2618.1
### 人与母熊生熊孩

【关联】［W2607.9.1］生的孩子半人半熊

实例

❶［鄂温克族］母熊与猎人巴特尔桑结婚，生下一男一女两个熊孩。过了两三年后，这两个熊孩长大成人。

【流传】内蒙古自治区·（呼伦贝尔市）·鄂温克族自治旗·伊敏索木（伊敏苏木乡）

【出处】顺格布讲，朝克搜集整理：《人

2.8.3 人生怪胎 ‖W2618.1 — W2623.1‖ 1011

和熊成亲》，见吕大吉、何耀华总主编《中国各民族原始宗教资料集成》（鄂伦春族卷、鄂温克族卷、赫哲族卷、达斡尔族卷、锡伯族卷、满族卷、蒙古族卷、藏族卷），北京：中国社会科学出版社1999年版，第104页。

❷ [鄂温克族] 猎人与母熊婚后，母熊生了一只小熊。

【流传】（内蒙古自治区、黑龙江省一带）

【出处】涂敖氏讲，隋书金记录整理：《鄂温克人的起源》，见姚宝瑄主编《中国各民族神话》（达斡尔族、鄂伦春族、鄂温克族、蒙古族），太原：山西出版传媒集团·书海出版社2014年版，第121页。

## W2619
### 人生羊

【汤普森】T544.6

【关联】[W3250] 羊的产生

实 例

（实例待考）

## W2620
### 人生猪

【汤普森】≈T554.9

【关联】[W3261] 猪的产生

实 例

（实例待考）

## W2621
### 人生鸟

【汤普森】T544.10

【关联】[W3300] 鸟的产生

实 例

（实例待考）

## W2622
### 人生鱼

【关联】[W3410] 鱼的产生

实 例

（实例待考）

## W2623
### 人生蛙

【汤普森】T544.8

【关联】[W3536] 蛙的产生

实 例

[土族] 一对夫妻生一只巴蛙。

【流传】青海省

【出处】斯仙索讲：《巴蛙莫日特》，见中国民间文艺研究会青海省分会编《土族民间故事选》，北京：中国民间文艺出版社1985年版，第1~9页。

## W2623.1
### 人生青蛙

实 例

❶ [白族] 姜汉（人名）的媳妇生了个小青蛙。

【流传】云南省·（怒江傈僳族自治州）·兰坪（兰坪白族普米族自治县），（大理白族自治州）·剑川（剑川县）

【出处】和建华讲，周天纵搜集：《青蛙讨媳妇》，见中华民族故事大系编委会编《中华民族故事大系》第5卷（瑶族、白族、土家族），上海：上海文艺出版社1995年版，第392页。

❷ [独龙族] 一个女子怀孕后生出一只青蛙。

【流传】云南省

【出处】《姑娘和青蛙》，见中国社会科学院云南少数民族文学研究所等编《云南少数民族文学资料》（第2辑），内部编印，1981年，第160页。

❸ [傈僳族] 老俩口小腿肚蹦出青蛙。

【流传】云南省·（怒江傈僳族自治州）·兰坪（兰坪白族普米族自治县）

【出处】胡贵、朱发德收集整理：《青蛙娶妻》，见本书编写组编《兰坪白族普米族自治县民间文学选集》，内部编印，1988年，第219~221页。

❹ [傈僳族] 无儿无女的老大妈膝盖生出青蛙。

【流传】云南省·（怒江傈僳族自治州）·贡山县（贡山独龙族怒族自治县）

【出处】
(a) 李文华搜集：《青蛙伙子》，见中国少数民族民间文学丛书《傈僳族民间故事选》，上海：上海文艺出版社1982年版，第82~88页。

(b) 同(a)，见中华民族故事大系编委会编《中华民族故事大系》第7卷（黎族、傈僳族、佤族），上海：上海文艺出版社1995年版，第340页。

❺ [门巴族] 一个妇女被石臼砸肿的腿上跳出了一只青蛙。

【流传】
(a) 西藏自治区·（林芝地区）·墨脱县·卡布村。
(b) 西藏自治区·（林芝地区）·墨脱县

【出处】
(a) 达瓦讲，于乃昌等整理：《青蛙求亲》，见《门巴族民间故事》：http://www.tibet-web.com/old/minjian/ync/gushi/mulu.htm, 2003.10.02。

(b) 达瓦讲：《青蛙求亲》，见中国民间文学集成全国编辑委员会编《中国民间故事集成》（西藏卷），北京：中国ISBN中心2001年版，第675~679页。

❻ [普米族] 英雄里格萨因战妖魔而死，天神让他的妻子生冲格萨（青蛙）。

【流传】云南省

【出处】熊农布等讲：《冲格萨》，见刘江华编《中国神话故事》（天、地、人物卷），北京：中国世界语出版社1999年版，第176页。

❼ [瑶族] 兄弟两人中的老二生的第一个小孩是个青蛙仔。

【流传】广西壮族自治区·（河池

市）·巴马县（巴马瑶族自治县）

【出处】蓝友昌讲，罗永文搜集，韦文俊等整理：《青蛙结亲》，见中华民族故事大系编委会编《中华民族故事大系》第5卷（瑶族、白族、土家族），上海：上海文艺出版社1995年版，第43页。

❽ [藏族] 一对夫妻老年生下一只青蛙。

【流传】（无考）

【出处】《青蛙骑手》，见《藏族民间故事选》，上海：上海文艺出版社1980年版，第289页。

## W2623.2

### 人生蛤蟆

实例

❶ [仡佬族] 人婚生蛤蟆。

【流传】贵州省·（遵义市）·道真（道真仡佬族苗族自治县）

【出处】邓润娥讲，刘永书等整理：《蛤蟆娃》，见中华民族故事大系编委会编《中华民族故事大系》第13卷（仡佬族、锡伯族、阿昌族），上海：上海文艺出版社1995年版，第84页。

❷ [汉族] ☆一对老夫妻向神灵祈祷，生1个蛤蟆的儿子。

【流传】山东省·（潍坊市）·青州市

【出处】高树芳讲：《蛙孩》，见中国民间文学集成全国编辑委员会编《中国民间故事集成》（山东卷），北京：中国ISBN中心2007年版，第652~653页。

❸ [汉族] 老婆婆生大青蛤蟆。

【流传】河北省·（沧州市）·献县·古庄

【出处】孙庆芩讲：《蛤蟆姑娘》，见献县民间文学《三套集成》办公室编《中国民间文学集成·献县资料卷》，内部编印，1988年，第5页。

❹ [赫哲族] 生锅盖大的蛤蟆。

【流传】黑龙江省·（佳木斯市）·同江（同江市）

【出处】尤德顺等讲，黄任远整理：《金鲤鱼和黑龙的故事》，见中华民族故事大系编委会编《中华民族故事大系》第16卷（赫哲族、门巴族、珞巴族、基诺族），上海：上海文艺出版社1995年版，第161页。

❺ [壮族] 一对老夫妻，妻子怀孕15年生一只蛤蟆。

【流传】广西壮族自治区·（崇左市）·龙州（龙州县）

【出处】广西龙州县民间故事编辑组：《癞蛤蟆娶员外女》，见《龙州民间故事集》，内部资料。

## W2623.2.1

### 人与神婚生虾蟆

实例

[赫哲族] 木尔哈勤汗（城主）的神女妻子那丹格格婚后怀孕，临盆时用刀剖腹，取出虾蟆（即清洁木神木竹林的化身）、白鼠（即木竹林胞姊的化身）各一。

【流传】（松花江下游地区依兰至抚远一带）

【出处】《木竹林》，见凌纯声《松花江下游的赫哲族》（原1934年南京刊印本），北京：民族出版社2012年版，第561页。

## W2623.3

### 人生蟾蜍

实 例

❶ [黎族] ☆一个母亲生一只蟾蜍。

【流传】海南省·白沙县（白沙黎族自治县）·南开乡

【出处】符德明讲：《蟾蜍求婚》，见中国民间文学集成全国编辑委员会编《中国民间故事集成》（海南卷），北京：中国ISBN中心2002年版，第386~387页。

❷ [京族] 一对老实的夫妇同时梦见一个娃娃投怀中，生一个蟾蜍儿子。

【流传】广西壮族自治区·防城（防城港市）·（东兴市·江平镇）·万尾岛

【出处】苏锡权讲，苏世强等搜集：《蟾蜍将军》，见袁凤辰、苏维光等编《毛南族、京族民间故事选》，上海：上海文艺出版社1987年版，第411页。

❸ [羌族] 两口子生了一个癞疙宝（癞蛤蟆），癞疙宝在门口上打两个滚，把皮皮丢下，上天去了。

【流传】四川省·（阿坝藏族羌族自治州）·茂县·雅都乡·中心村

【出处】泽幼讲，李冀祖采录：《高山平坝的来历》，见中国民间文学集成全国编辑委员会编《中国民间故事集成》（四川卷·下），北京：中国ISBN中心1998年版，第1108页。

❹ [彝族] 一对夫妻生了1个癞蛤蟆儿子。

【流传】云南省·（红河哈尼族彝族自治州）·弥勒县（弥勒市）·罗多村

【出处】何金深讲：《癞蛤蟆儿子》，见李德君《彝族阿细人民间文学作品采集实录》，北京：中央民族大学出版社2009年版，第361~362页。

## W2623.4

### 人生石蛙

实 例

（参见下级母题实例）

## W2623.4.1

### 孤老太太生石蛙

实 例

[纳西族] 一个孤老太婆从小腿肚上生出来一只黑亮亮的小石蛙。

【流传】云南省·丽江县（丽江市）

【出处】木丽春采集整理：《石蛙变将军》，见木丽春编著《纳西族民间故事集》，昆明：云南人民出版社2007年版，第3页。

## W2623.5

### 人生斑蛙

实 例

[纳西族] 酋长的女儿与龙子相爱后，

生下了许多的斑蛇和斑蛙。

【流传】云南省·丽江县（丽江市）

【出处】木丽春采集整理：《木子和酋长的女儿》，见木丽春编著《纳西族民间故事集》，昆明：云南人民出版社2007年版，第44页。

## W2623.6
### 女子从膝盖生蛙

实 例

[傈僳族] 老大妈膝盖生出的青蛙变成小伙。

【流传】云南省·（怒江傈僳族自治州）·贡山县（贡山独龙族怒族自治县）

【出处】李文华搜集：《青蛙伙子》，见中国少数民族民间文学丛书《傈僳族民间故事选》，上海：上海文艺出版社1982年版，第82~88页。

## W2624
### 人生蛇

【汤普森】T554.7

【关联】[W3520] 蛇的产生

实 例

❶ [汉族] 会稽谢祖之妇，初育一男，又生一蛇。

【流传】（无考）

【出处】《太平御览》卷九百五十四，引《幽明录》。

❷ [汉族] 羲女生1条怪蛇。

【流传】浙江省·（嘉兴市）·海盐（海盐县）

【出处】《伏羲王》，载《民间文学论坛》1983年第3期。

❸ [赫哲族] 女子吃野猿肉后生蛇。

【流传】黑龙江省·（佳木斯市）·富锦（富锦市）、同江（同江市），（双鸭山市）·饶河（饶河县）

【出处】毕张氏讲，韩福德整理：《长虫兄妹》，见中华民族故事大系编委会编《中华民族故事大系》第16卷（赫哲族、门巴族、珞巴族、基诺族），上海：上海文艺出版社1995年版，第163页。

## W2624.1
### 人感生蛇

实 例

（参见下级母题实例）

## W2624.1.1
### 人吃特定的肉生蛇

实 例

（实例待考）

## W2624.2
### 婚生蛇

实 例

（参见下级母题实例）

## W2624.2.1
### 兄妹婚生蛇

实 例

[高山族（阿美）] 洪水后，幸存的两个神拉拉干和妹妹拉兹乌成婚后，女神

拉兹乌生下的是一条蛇。

【流传】台湾·花莲县·光复乡·太巴塱

【出处】《高山族各种人的始祖：太巴塱阿美人始祖》，见姚宝瑄主编《中国各民族神话》（高山族、黎族、畲族），太原：山西出版传媒集团·书海出版社2014年版，第14页。

## W2624.2.2
### 老男子与丑女媾生蛇

实例

[珞巴族]（实例待考）

## W2624.3
### 生像蛇的孩子

实例

[珞巴族] 阿巴达尼（祖先名）在途中遇到一条蛇，就娶蛇为妻子。蛇为达尼生了许多孩子，但所有孩子都像蛇，没有一个像人。

【流传】西藏自治区·下珞渝（泛指永木河、锡约尔河、巴恰西仁河流域）

【出处】维·埃尔温采集：《达尼和尼都》，见中华民族故事大系编委会编《中华民族故事大系》第16卷（赫哲族、门巴族、珞巴族、基诺族），上海：上海文艺出版社1995年版，第557页。

## W2624.4
### 特定的部位生蛇

实例

（实例待考）

## W2624.5
### 人生斑蛇

实例

（参见下级母题实例）

## W2624.5.1
### 女子与龙生斑蛇

实例

[纳西族] 酋长的女儿与龙子相爱后，生下了许多斑蛇。

【流传】云南省·丽江县（丽江市）

【出处】木丽春采集整理：《术子和酋长的女儿》，见木丽春编著《纳西族民间故事集》，昆明：云南人民出版社2007年版，第44页。

## W2625
### 人生多种动物

【关联】
① [W6290] 动物图腾
② [W5745] 多民族同源

实例

（参见下级母题实例）

## W2625.1
### 生蜜蜂、岩蜂、燕子

实例

[独龙族] 白发老人把女儿给天上的鬼神盘格蒙做妻子，生蜜蜂、岩蜂、燕子。

【流传】云南省·（怒江傈僳族自治州）·贡山县（贡山独龙族怒族自治县·独龙江乡）·龙元、冷木当、迪政当村

【出处】《木彭九和木尼斤》，见李金明《独龙族文学简史》，昆明：云南民族出版社 2004 年版，第 67~69 页。

## W2625.2
生蛇、蜥蜴、青蛙、乌龟等动物

实 例

（参见下级母题实例）

## W2625.2.1
兄妹婚生蛇、蜥蜴、青蛙、乌龟等动物

【关联】［W2645.1］兄妹婚生怪胎

实 例

［高山族（阿美）］洪水后，兄妹（男女二神生的）子女结婚，生下蛇、蜥蜴、青蛙、乌龟之类的动物。

【流传】台湾太巴塱社

【出处】许世珍：《台湾高山族的始祖创生传说》，载《民族学研究所集刊》1955 年第 2 期。

## W2625.3
生熊、猪、猴、鸡、蛇、蛙

实 例

（参见下级母题实例）

## W2625.3.1
头胎生熊和猪，二胎生猴和鸡，第三胎生蛇和蛙

实 例

［纳西族］人祖从忍利恩与直眼女结婚，连生三胎，头一胎是熊和猪，第二胎是猴和鸡，第三胎是蛇和蛙。

【流传】（a）云南省·丽江县（丽江市）

【出处】

（a）和芳讲，和志武采录：《人类迁徙记》，见中国民间文学集成全国编辑委员会编《中国民间故事集成》（云南卷），北京：中国 ISBN 中心 2003 年版，第 49 页。

（b）和志武翻译整理：《人类迁徙记》，见谷德明编《中国少数民族神话》，北京：中国民间文艺出版社 1987 年版，第 395 页。

## W2625.4
生蛇、蟾、鹰、雕和狗

实 例

［藏族］格萨尔的母亲孕察拉姆生下 1 条黑蛇、1 只黄金蟾、7 个黑铁鹰、1 只人头大雕、1 头红铜色的狗，但很快都不见了。

【流传】西藏自治区

【出处】华甲、王沂暖译：《格萨尔王传贵德分章本》，兰州：甘肃人民出版社 1981 年版，第 16 页。

## W2625.5
### 生龙、蛇、虎、雷

**实例**

[侗族] 男女始祖婚生龙、蛇、虎、雷。

【流传】贵州省·（黔东南苗族侗族自治州）·从江（从江县）、黎平（黎平县）等地

【出处】《侗族祖先哪里来》（序歌），贵阳：贵州人民出版社1981年版。

## W2625.6
### 生蛇、蟹

[高山族（阿美）] 洪水后，神的之女拉拉干与拉兹乌兄妹结婚，先生出蛇、蟹等。

【流传】（无考）

【出处】《太巴朗兄妹始祖》，见中国各民族宗教与神话大词典编审委员会编《中国各民族宗教与神话大词典》，北京：学苑出版社1990年版，第145页。

## W2626
### 人生其他动物

【关联】[W3554.5] 人生龙

**实例**

（参见关联项母题及下级母题实例）

## W2626.1
### 人生雁

【关联】[W2328] 雁变成人

**实例**

[独龙族] 天神莫明更娶神母的女儿生下雁子。后来这些雁子变成了人。

【流传】云南省

【出处】李子贤辑：《念坚与念勒姆》，见中国各民族宗教与神话大词典编审委员会编《中国各民族宗教与神话大词典》，北京：学苑出版社1990年版，第121页。

## W2626.2
### 人生鹤

【汤普森】T544.3

**实例**

[独龙族]（实例待考）

## W2626.3
### 人生鸭子

**实例**

[汉族] 50多岁的老夫妇无儿女，救观音后，生扁嘴鸭子。

【流传】广东省·（惠州市）·惠东县

【出处】刘国友讲：《仙鸭少年》，中国民间文学集成全国编辑委员会编《中国民间故事集成》（广东卷），北京：中国ISBN中心2006年版，第798~800页。

## W2626.4
### 人生贝壳

【关联】[W2167.5] 贝壳生人

**实例**

（实例待考）

## W2626.5
### 人生蚂蚁

实 例

[怒族] 兄妹成婚后第7胎生蚂蚁。
【流传】云南省·（怒江傈僳族自治州）·福贡县·（上帕镇）·木古甲（木古甲村）
【出处】阿都讲：*《兄妹结婚》，见中国民间文学集成全国编辑委员会编《中国民间故事集成》（云南卷），北京：中国ISBN中心2003年版，第186页。

## W2626.6
### 人生龟

【汤普森】T544.5
【关联】[W3506] 龟的产生

实 例

（实例待考）

## W2626.7
### 人生虫

实 例

❶ [畲族] 高辛（人名，皇帝）耳朵痒，怎样也治不好，痒了三年，扒出一条金虫来。
【流传】（无考）
【出处】陈玮君整理：《高辛和龙王》，见谷德明编《中国少数民族神话》，北京：中国民间文艺出版社1987年版，第203页。

❷ [畲族] 古时候，高辛皇帝的刘皇后梦娄金星降凡后，耳中取出一物，如蚕虫，变成龙。
【流传】（无考）
【出处】雷德明、雷可华口述：《龙麒传说》，见石奕龙、张实主编《畲族：福建罗源县八井村调查》，昆明：云南大学出版社2005年版，第344~345页。

## W2626.8
### 人生虎

实 例

[珞巴族] 姑娘刚刚爬上树，忽然感到受孕了，肚子痛如刀绞，下树落地后，就生下一只虎崽。
【流传】西藏自治区
【出处】腊荣老人讲，明珠翻译：《虎哥与人弟》，见姚宝瑄主编《中国各民族神话》（门巴族、珞巴族、怒族、藏族），太原：山西出版传媒集团·书海出版社2014年版，第22页。

## W2626.9
### 人生龙

【关联】[W3582] 龙母（龙的母亲）

实 例

[侗族] 男女始祖生龙、蛇、虎、雷。
【流传】贵州省·（黔东南苗族侗族自治州）·从江（从江县）、黎平（黎平县）等地
【出处】《侗族祖先哪里来》（序歌），贵阳：贵州人民出版社1981年版。

### W2626.9.1
**人生龙骨**

实例

[汉族] 从前，有个叫罗衣的人，周身长的都是龙骨，有当皇帝的命。

【流传】四川省·巴县（今重庆·巴南区）·（长生桥镇）

【出处】李淑惠讲，张启炳记录，金祥度整理：《天狗吃月》（1986.04），见姚宝瑄主编《中国各民族神话》（汉族），太原：山西出版传媒集团·书海出版社2014年版，第233~234页。

### ※ W2627
**人生植物**

【汤普森】T555

实例

（参见下级母题实例）

### W2628
**人生葫芦**

【汤普森】≈T555.2

实例

（参见下级母题实例）

### W2628.1
**人生怪葫芦**

实例

[彝族] 妹妹喝哥哥洗浴的水怀孕九个月，生下一个怪葫芦。

【流传】云南省·楚雄彝族自治州·姚安县、大姚县等彝族地区

【出处】《创世·人类起源》，见云南省民族民间文学楚雄调查队整理编写《梅葛》，昆明：云南人民出版社2009年版，第46页。

### W2628.2
**人生葫芦籽**

实例

（参见下级母题实例）

### W2628.2.1
**始祖婚生葫芦籽**

【关联】[W2187.6.1] 始祖婚生的葫芦籽种出的葫芦生人

实例

[阿昌族] 遮帕麻（男始祖、天公）和遮米麻（女始祖、地母）婚后，过了九年，遮米麻生下了一颗葫芦籽。

【流传】云南省·（德宏傣族景颇族自治州）·梁河县

【出处】赵安贤讲述，杨叶生翻译，智克整理：《遮帕麻与遮米麻》，载《山茶》1981年第2期。

### W2628.2a
**动物生葫芦籽**

实例

（参见下级母题实例）

## W2628.2a.1
### 牛生葫芦籽

【关联】

① [W2161.3] 牛生人
② [W2187.9.1] 母牛生的葫芦籽种出的葫芦生人
③ [W2223.8] 牛生的卵生人

**实例**

❶ [佤族] 洪水后，达惹嘎木（首领名）按天神的吩咐，与小母牛成一家人。不知过了多少日子，小母牛怀孕了，肚子越来越大，生下的既不是人，也不是牛，而是一个拳头大的葫芦籽。

【流传】云南省·（临沧市）·沧源（沧源佤族自治县）一带

【出处】肖二贡讲，学良记录整理：《青蛙大王与母牛》，载《山茶》1985年第6期。

❷ [佤族] 洪水后，只剩善人达姆依和母牛，达姆杀母牛，牛肚中的葫芦籽再生人类。

【流传】云南省

【出处】《论佤族支系"巴饶"的含义及其形成》，载《云南民族大学学报》2004年第5期。

## W2628.3
### 兄妹婚生葫芦

【关联】[W2436] 兄妹婚生人

**实例**

❶ [布朗族] 两兄妹结为夫妻生下一个葫芦。

【流传】云南省·（保山市）·施甸（施甸县）

【出处】

(a)《岩布林嘎·伊梯林嘎》，见中国各民族宗教与神话大词典编审委员会编《中国各民族宗教与神话大词典》，北京：学苑出版社1990年版，第31页。

(b) 云南省民族事务委员会编：《布朗族文化大观》，昆明：云南民族出版社1999年版，第176页。

(c) http://smth.edu.cn，2005.07.16。

❷ [哈尼族] 者比和帕玛兄妹结婚，生葫芦。

【流传】云南省

【出处】中国各民族宗教与神话大词典编审委员会编《中国各民族宗教与神话大词典》，北京：学苑出版社1990年版，第170页。

❸ [彝族] 兄妹结婚，妹妹生葫芦。

【流传】云南省·楚雄州（楚雄彝族自治州）·姚安（姚安县）、大姚（大姚县）

【出处】云南省民族民间文学楚雄调查队搜集整理：《梅葛》，昆明：云南人民出版社1978年版，第18~46页。

## W2628.3.1
### 伏羲兄妹婚生葫芦

【关联】[W2412.5] 伏羲兄妹婚生人

**实例**

[瑶族] 伏羲兄妹婚生葫芦。

【流传】广东省·（韶关市）·乳源县（乳源瑶族自治县）

【出处】赵良保讲，陈松海等采录：《洪水淹天》，见中国民间文学集成全国编辑委员会编《中国民间故事集成》（广东卷），北京：中国ISBN中心2006年版，第7页。

## W2628.4
### 人与仙女婚生葫芦

实例

❶ [拉祜族] 洪水后，幸存的老三与仙女婚生了一个葫芦。

【流传】（a）云南省·（普洱市）·镇沅县（镇沅彝族哈尼族拉祜族自治县）

【出处】
(a) 乔发讲，郑显文采录：《蜂桶、葫芦传人种》，见中国民间文学集成全国编辑委员会编《中国民间故事集成》（云南卷），北京：中国ISBN中心2003年版，第181页。

(b) 同（a），见陶阳、钟秀编《中国神话》（上），北京：商务印书馆2008年版，第369~373页。

❷ [彝族] 天上仙家女下凡与洪水后幸存的玉朴笃慕成婚生两个葫芦。

【流传】四川省（疑为云南省·玉溪市）·峨山（峨山彝族自治县）

【出处】李春富翻译，赵光汉整理：《洪水滔天史》，见云南省少数民族古籍整理出版规划办公室编《洪水泛滥》，昆明：云南民族出版社1987年版，第44~45页。

## W2628.5
### 人感生葫芦

实例

（参见下级母题实例）

## W2628.5.1
### 妹妹感哥哥生葫芦

实例

[彝族] 妹妹喝哥哥的洗澡水怀孕，生下一个大葫芦。

【流传】云南省·楚雄彝族自治州

【出处】罗文荣演唱，李世忠翻译，蕾紫改写：《老人梅葛》附记，见姚宝瑄主编《中国各民族神话》（羌族、彝族），太原：山西出版传媒集团·书海出版社2014年版，第125页。

## W2628.6
### 姑侄婚生葫芦

实例

[瑶族] 莎方三和房十六姑侄结婚不久，莎方三就生下一个葫芦，没有眼睛，没有耳朵，没有鼻子。

【流传】广东省·（清远市）·连南县（连南瑶族自治县）·寨岗镇

【出处】唐罗古三等讲，许文清等采录：《洪水淹天》，见中国民间文学集成全国编辑委员会编《中国民间故事集成》（广东卷），北京：中国ISBN中心 2006 年版，第 8 页。

## W2628.7
### 人与动物婚生葫芦

实例

（参见下级母题实例）

## W2628.7.1
### 人与牛婚生葫芦

实例

❶ [佤族] 洪水后，人类的首领达惹嘎木和唯一的一头小母牛成婚。小母牛怀孕生下一个拳头大的葫芦籽。

【流传】云南省·（临沧市）·沧源县（沧源佤族自治县）

【出处】肖则贡讲，学良采录：《葫芦里出来的人烟》，见中国民间文学集成全国编辑委员会编《中国民间故事集成》（云南卷），北京：中国 ISBN 中心 2003 年版，第 194 页。

❷ [佤族] 人类首领达惹嘎木与小母牛结婚，生一个葫芦。

【流传】云南省

【出处】《青蛙大王与母牛的传说》，见 http://www.nihaoyn.com，2008.09.25。

## W2628.8
### 与人生葫芦有关的其他母题

实例

（参见下级母题实例）

## W2628.8.1
### 人生葫芦是因为洪水时葫芦救了人

实例

[哈尼族] 因为洪水中葫芦救了人类，所以人类生个葫芦。

【流传】云南省·（普洱市）·墨江县（墨江哈尼族自治县）

【出处】
（a）李恒忠讲，李灿伟采录：《兄妹传人》，见中国民间文学集成全国编辑委员会编《中国民间故事集成》（云南卷），北京：中国 ISBN 中心 2003 年版，第 165 页。

（b）李灿伟搜集整理：《兄妹传人种》，见《哈尼族民间故事》，昆明：云南人民出版社 1984 年版。

（c）李灿伟搜集整理：《兄妹传人类》（二），见中华民族故事大系编委会编《中华民族故事大系》第 6 卷（哈尼族、哈萨克族、傣族），上海：上海文艺出版社 1995 年版，第 17~22 页。

## W2628.8.2
### 婚生葫芦瓜

实例

[瑶族] 伏羲姊妹结婚后生葫芦瓜。

【流传】湖南省·（永州市）·江华县（江华瑶族自治县）·中河乡·大坑村

【出处】赵富祥等讲：《人是怎样来的》，见湖南民委民族民间文学整理组编《民族民间文学资料》24集之《瑶族民间传说故事选》，1980年刻印本，第67页。

## W2629
人生瓜

**实例**

（参见下级母题实例）

## W2629.1
人生冬瓜

【关联】
① ［W2608.2］生像冬瓜的孩子
② ［W2632.13.1］生像冬瓜的肉球（肉团）

**实例**

（参见下级母题实例）

## W2629.1.1
日月婚生冬瓜

【关联】［W2487.2］日月婚生人

**实例**

［瑶族］太阳哥哥和月亮妹妹结婚，生下的不是一个娃娃，而是一个大冬瓜。

【流传】（无考）

【出处】
（a）赵老大讲，梅中泉记录整理：《日月成婚》，载《山茶》1983年第3期。
（b）同（a），见姚宝瑄主编《中国各民族神话》（土家族、毛南族、侗族、瑶族），太原：山西出版传媒集团·书海出版社2014年版，第182页。

## W2629.1.2
兄妹婚生冬瓜

【关联】［W2436］兄妹婚生人

**实例**

［瑶族］兄妹成亲，7天7夜后生了一个冬瓜。

【流传】湖南省·（永州市）·江华县（江华瑶族自治县）·大锡公社（大锡乡）

【出处】盘才坤讲：《兄妹成亲》，见湖南民委民族民间文学整理组编《民族民间文学资料》24集之《瑶族民间传说故事选》，1980年刻印本，第69页。

## W2629.1.3
伏羲兄妹婚生冬瓜

【关联】［W2412.5］伏羲兄妹婚生人

**实例**

［瑶族］伏羲兄妹结婚生下一大个冬瓜。

【流传】湖南省·永州（永州市）、郴州（郴州市），（郴州市）·桂东（桂东县）；广东省·（韶关市）·粤北（南雄市、始兴县、仁化县、乐昌市、乳源瑶族自治县、曲江区、翁源县、新丰县、浈江区、武江区等）

【出处】郑德宏、李本高整理译释《盘王大歌》，长沙：岳麓书社1988年版。

## W2629.2
### 人生南瓜
【汤普森】T555.1.1
【关联】［W3888.3］南瓜

实 例

（实例待考）

## W2630
### 人生其他植物

实 例

（参见下级母题实例）

## W2630.1
### 人生葡萄
【关联】［W2354.3］葡萄变成人

实 例

［土家族］罗神爷爷和罗神娘娘成亲后，罗神娘娘生下了一串葡萄。

【流传】四川省（今重庆市）·酉阳（酉阳土家族苗族自治县）

【出处】彭明清讲，何云搜集整理：《孙猴子上天》，见中华民族故事大系编委会编《中华民族故事大系》第5卷（瑶族、白族、土家族），上海：上海文艺出版社1995年版，第653页。

## W2630.1.1
### 兄妹婚生葡萄
【关联】［W2354.3.1］婚生的葡萄变成人

实 例

❶［土家族］罗神爷爷和罗神娘娘兄妹成亲百日后，生下来的不是孩子，而是一串葡萄。

【流传】重庆市·酉阳土家族苗族自治县·老寨（老寨乡）一带

【出处】

（a）《马桑树的变迁和百家姓的由来》，见刘长贵、彭林绪搜集整理《土家族民间故事》，重庆：重庆出版社1986年版。

（b）同（a），见姚宝瑄主编《中国各民族神话》（土家族、毛南族、侗族、瑶族），太原：山西出版传媒集团·书海出版社2014年版，第25页。

❷［土家族］兄妹占卜成亲生一串葡萄。葡萄生出人。

【流传】四川（今重庆市）·酉阳（酉阳土家族苗族自治县）

【出处】何云搜集整理：《孙猴子上天》，见中华民族故事大系编委会编《中华民族故事大系》第5卷（瑶族、白族、土家族），上海：上海文艺出版社1995年版，第651～653页。

## W2630.2
### 人生水果
【汤普森】T555.1
【关联】［W3880］水果的产生

实 例

（实例待考）

## W2630.3
### 人生椰子壳

实例

[黎族] 女子生一个椰子壳。

【流传】海南省·（三亚市）·乐东（乐东黎族自治县）

【出处】黎蔚林讲，李天平等整理：《椰子壳》，见中华民族故事大系编委会编《中华民族故事大系》第7卷（黎族、傈僳族、佤族），上海：上海文艺出版社1995年版，第114页。

## ※ W2631
### 生肉（血）类怪胎

实例

（参见下级母题实例）

## W2632
### 生肉块（生肉疙瘩、生肉坨坨、生肉团）

实例

（参见下级母题实例）

## W2632.0
### 特定的人物生肉块

实例

（参见下级母题实例）

## W2632.0.1
### 神或神性人物生肉块

实例

（实例待考）

## W2632.0.2
### 神或神性人物婚生肉块

实例

（实例待考）

## W2632.0.3
### 兄妹婚生肉块

【关联】[W2436] 兄妹婚生人

实例

❶ [白族] 兄妹成婚生一个肉坨。

【流传】云南省·（大理白族自治州）·洱源县·西山区、炼铁区

【出处】
罗畅贤讲，杨育凡记录：《兄妹成亲和百家姓的由来》，见云南省民间文学集成办公室编《白族神话传说集成》，北京：中国民间文艺出版社1986年版，第32~34页。

❷ [白族] 兄妹结婚1年后生肉团。

【流传】云南省·（大理白族自治州）·洱源县·西山（西山区）

【出处】《兄妹成亲和百家姓的由来》，见中国各民族宗教与神话大词典编审委员会编《中国各民族宗教与神话大词典》，北京：学苑出版社1990年版，第22页。

❸ [布依族] 洪水后，兄妹结婚生肉团。
【流传】贵州省·（黔西南布依族苗族自治州）·册亨县
【出处】《赛胡细妹造人烟》，载《民间文学》1980年第8期。

❹ [侗族] 兄妹结婚生肉陀。
【流传】湖南省·（怀化市）·新晃县（新晃侗族自治县）·李村（李树乡）
【出处】《张良张妹》，见《新晃侗族民间传说故事选》，刻印本，1980年，第1~3页。

❺ [侗族] 兄妹结婚后，三年生肉团。
【流传】（无考）
【出处】
（a）《捉雷公引起的故事》，见中华民族故事大系编委会编《中华民族故事大系》第4卷（朝鲜族、满族、侗族），上海：上海文艺出版社1995年版，第684~690页。
（b）燕宝、张晓编：《贵州神话传说》，贵阳：贵州人民出版社1997年版，第28~32页。

❻ [汉族] 兄妹婚生一个又大又丑的肉疙瘩。
【流传】甘肃省·（陇南市）·徽县·伏镇（伏家镇）
【出处】朱老大讲，陈革宁采录：《伏羲女娲成婚》，见中国民间文学集成全国编辑委员会编《中国民间故事集成》（甘肃卷），北京：中国ISBN中心2001年版，第10页。

❼ [汉族] 兄妹婚后，妹妹生下一个肉疙瘩。
【流传】陕西省·（汉中市）·勉县·长林乡
【出处】朱秀珍讲，马大德采录：《洪水泡天》（1987），见中国民间文学集成全国编辑委员会编《中国民间故事集成》（陕西卷），北京：中国ISBN中心1996年版，第13页。

❽ [拉祜族] 兄妹成婚，生肉坨。
【流传】云南省·（普洱市）·镇沅县（镇沅彝族哈尼族拉祜族自治县）
【出处】何正才等讲：《洪水后幸存的两兄妹》，见中国民间文学集成全国编辑委员会编《中国民间故事集成》（云南卷），北京：中国ISBN中心2003年版，第178~180页。

❾ [拉祜族] 兄妹结婚生肉坨坨。
【流传】云南省
【出处】《传人种》，见云南省民族事务委员会编《拉祜族文化大观》，昆明：云南民族出版社1999年版，第175页。

❿ [黎族] 兄妹结婚生肉团。
【流传】海南省·（三亚市）·乐东县（乐东黎族自治县）昌化江流域
【出处】李露露：《海南黎族古老的水上交通工具》，见 http://www.shezu.net，2004.05.06。

⓫ [黎族] 兄妹同房未婚，生一团肉。
【流传】海南省·琼中县（琼中黎族苗族自治县）五指山一带
【出处】王国金搜集整理：《南瓜的故

事》，见陶立璠、赵桂芳等编《中国少数民族神话汇编》（洪水篇），中央民族学院少数民族古籍整理出版规划领导小组办公室印（未署出版时间）。

⑫ [黎族] 两兄妹结婚，10个月生肉团，砍碎变成人。

【流传】海南省·琼中县（琼中黎族苗族自治县）五指山一带

【出处】马文光、盘启昌等讲，陈葆真、饶明龙等记录，陈葆真、谢盛圻等整理：《螃蟹精》，见谷德明编《中国少数民族神话》，北京：中国民间文艺出版社1987年版，第193~196页。

⑬ [傈僳族] 兄妹成婚，生肉坨。

【流传】四川省·（攀枝花市）·米易县·新山乡

【出处】李金禄讲：*《人类的起源》，见中国民间文学集成全国编辑委员会编《中国民间故事集成》（四川卷·下），北京：中国ISBN中心1998年版，第1434页。

⑭ [苗族] 洪水后，哥哥和妹妹成婚生肉坨。

【流传】四川省·（宜宾市）·珙县

【出处】熊宗华讲：《洪水潮天》，见中国民间文学集成全国编辑委员会编《中国民间故事集成》（四川卷·下），北京：中国ISBN中心1998年版，第1321页。

⑮ [水族] 兄妹婚生下的婴儿是一块肉团。

【流传】云南省·（曲靖市）·富源县·古敢乡

【出处】郎国气讲，要国光等采录：《祖先的来历》，见中国民间文学集成全国编辑委员会编《中国民间故事集成》（云南卷），北京：中国ISBN中心2003年版，第205页。

⑯ [水族] 兄妹成婚生肉坨坨。

【流传】（无考）

【出处】《人类起源》，见范禹主编《水族文学史》，贵阳：贵州人民出版社1987年版，第51页。

⑰ [水族] 兄妹成婚生肉坨坨。

【流传】贵州省·（黔南布依族苗族自治州）·独山（独山县），（黔东南苗族侗族自治州）·榕江（榕江县）

【出处】

（a）潘家云讲，韦荣康、杨元龙搜集整理：《牙线造人的故事》，见燕宝、张晓编《神话传说》，贵阳：贵州人民出版社1997年版，第53~56页。

（b）潘家云等讲，韦荣康等整理：《牙线造人的故事》，见中华民族故事大系编委会编《中华民族故事大系》第9卷（水族、东乡族、纳西族），上海：上海文艺出版社1995年版，第11页。

⑱ [瑶族] 兄妹结婚后生下肉块。

【流传】滇桂边境瑶族

【出处】杨毓骧：《云南少数民族的人类起源神话》，载云南省民族学院民族研究所《民族学报》1981年第1期，第287页。

⑲ [瑶族（青裤瑶）] 兄妹结婚，生肉团。

【流传】贵州省·（黔南布依族苗族自治州）·荔波（荔波县）

【出处】《兄妹结婚》，见中国少数民族神话学学术讨论会论文集《神话新探》，贵阳：贵州人民出版社1986年版，第458~462页。

⑳ [彝族（撒尼）] 兄妹结婚，生肉团。

【流传】云南省

【出处】《阿霹刹、洪水和人的祖先》，载《民间文学》1956年第12期。

㉑ [彝族] 兄妹成婚，生肉坨。

【流传】四川省·（凉山彝族自治州）·木里县（木里藏族自治县）·脚乡

【出处】《兄妹成婚》，见中国民间文学集成全国编辑委员会编《中国民间故事集成》（四川卷·下），北京：中国ISBN中心1998年版，第1485页。

㉒ [藏族] 兄妹成亲，生肉坨子。

【流传】四川省·（绵阳市）·平武县·白马乡

【出处】旭世林讲：《皮绳造人》，见中国民间文学集成全国编辑委员会编《中国民间故事集成》（四川卷·上），北京：中国ISBN中心1998年版，第938页。

## W2632.0.3a

### 盘古兄妹婚生肉块

实 例

（参见下级母题实例）

## W2632.0.3a1

### 盘古兄妹婚生肉疙瘩

实 例

❶ [汉族] 盘古兄妹结为夫妻，盘古奶第一胎和第二胎各生下1个肉疙瘩。

【流传】河南省·（驻马店市）·泌阳县

【出处】《盘古爷繁衍子孙的传说》，盘古文化网，2006.08.27。

❷ [汉族] 盘古和妹妹结婚，怀孕生2个肉疙瘩。

【流传】河南省·济源市·（邵源镇）·邵源村

【出处】冯太花讲：《生百男百女》，见《济源邵源创世神话群》，郑州：河南人民出版社2008年版，第6页。

❸ [汉族] 盘古和妹妹成亲，生2胎都是肉疙瘩。

【流传】河南省·（驻马店市）·泌阳县·陈庄乡

【出处】王礼卿讲：《生百男百女》，见中国民间文学集成全国编辑委员会编《中国民间故事集成》（河南卷），北京：中国ISBN中心2001年版，第6~7页。

## W2632.0.3b

### 伏羲兄妹婚生肉块

实 例

❶ [苗族] 伏羲兄妹结婚生肉块。

【流传】（a）湘西（湘西土家族苗族自

治州)

【出处】

(a) 芮逸夫:《苗族的洪水故事与伏羲女娲的传说》,见马昌仪编《中国神话学文论选萃》(上编),北京:中国广播电视出版社1994年版,第371~374页。

(b) 芮逸夫:《苗族的洪水故事与伏羲女娲的传说》,载《人类学集刊》,1938年第1卷第1期

❷ [瑶族] 伏羲兄妹婚生肉块。

【流传】广西壮族自治区·(金秀瑶族自治县)·大瑶山

【出处】杨成志:《瑶族开天辟地神话》,载《民间文学论坛》1987年第6期。

## W2632.0.3b1
### 伏羲兄妹婚生肉团

实例

❶ [仡佬族] 伏羲兄妹结婚,生肉团。

【流传】贵州省·(安顺市)·平坝(平坝区)·话龙大狗场

【出处】何炳清讲,王尚智、何再康等搜集:《洪水潮天》,见《贵州民间文学资料》第49集,内部编印。

❷ [仡佬族] 伏羲兄妹结婚,生肉团。

【流传】贵州省·六圭河畔,(六盘水市)·水城特区(水城县)·蟠龙(蟠龙镇)

【出处】罗绍光等搜集:《伏羲兄妹制人烟》,见《贵州民间文学资料》第49集,内部编印。

❸ [仡佬族] 伏羲兄妹成婚,生一团肉。

【流传】广西壮族自治区·(河池市)·罗城县(罗城仫佬族自治县)·东门(东门镇)、四把(四把乡)

【出处】包启宽等讲:《伏羲兄妹的传说》,见包玉堂主编《仫佬族民间故事》,桂林:漓江出版社1982年版,第1~4页。

❹ [瑶族] 伏羲兄妹结婚生肉团。

【流传】广西壮族自治区·(来宾市)·金秀县(金秀瑶族自治县)

【出处】巴柏口述,刘保元、苏胜兴搜集整理:《伏羲兄妹的故事》,见《瑶族民间故事选》,上海:上海文艺出版社1980年版。

❺ [瑶族] 伏羲兄妹结婚,生肉团。

【流传】广西壮族自治区·(来宾市)·金秀县(金秀瑶族自治县)

【出处】刘保元等搜集整理:《伏羲兄妹的故事》,见中华民族故事大系编委会编《中华民族故事大系》第5卷(瑶族、白族、土家族),上海:上海文艺出版社1995年版,第21~26页。

## W2632.0.3b2
### 伏羲兄妹婚生肉坨

实例

[汉族] 伏羲兄妹成婚生肉坨。

【流传】四川省·(绵阳市)·三台县·红星乡

【出处】李远成讲:《伏羲兄妹造人》,

见中国民间文学集成全国编辑委员会编《中国民间故事集成》（四川卷·上），北京：中国 ISBN 中心 1998 年版，第 50 页。

## W2632.0.3c
### 伏依兄妹婚生肉团

【实例】

❶ [壮族] 伏依兄妹结婚，生一个肉团团。

【流传】（无考）

【出处】农冠品、曹廷传编：《壮族民间故事选》第 1 集，南宁：广西人民出版社 1982 年版，第 24~25 页。

❷ [壮族] 洪水后，伏依兄妹结婚，生肉团。

【流传】广西壮族自治区红水河流域各县

【出处】

（a）《卜伯的故事》，载《民间文学》1979 年第 10 期。

（b）蓝鸿恩搜集整理：《布伯的故事》，见中华民族故事大系编委会编《中华民族故事大系》第 3 卷（彝族、壮族、布依族），上海：上海文艺出版社 1995 年版，第 373~384 页。

## W2632.0.3d
### 羲妹兄妹婚生肉坨

【实例】

[布依族] 羲妹兄妹结婚，生下 1 个肉坨坨。

【流传】（无考）

【出处】《洪水潮天》，见王清士等《布依族文学史》，贵阳：贵州人民出版社 1983 年版，第 45 页。

## W2632.0.3f
### 姜央兄妹婚生肉疙瘩

【实例】

[苗族] 洪水后，幸存姜央两兄妹。姜央娶妹作妻子，生养个嵬疙瘩儿。

【流传】原文无流传地，据文本及注释推测该神话流传于贵州省·黔东南苗族侗族自治州·凯里市、台江县等地。

【出处】张洪正演唱，张文搜集，燕宝整理译注：《浩劫复生·兄妹结婚》，见贵州省少数民族古籍整理出版规划小组办公室编，燕宝整理译注《苗族古歌》，贵阳：贵州民族出版社 1993 年版，第 620 页。

## W2632.0.3f1
### "央"、"美"兄妹婚生肉团

【实例】

[苗族] "央"、"美"兄妹结婚，生肉团。

【流传】贵州省·（黔东南苗族侗族自治州）·从江县

【出处】国家民委少数民族社会历史调查组编：《从江加勉苗族社会历史调查报告》，1958 年。

### W2632.0.3f2
### 志男志妹兄妹婚生肉疙瘩

实 例

[苗族] 洪水后，志男和志妹兄妹成婚，生肉疙瘩。

【流传】云南省·（文山壮族苗族自治州）·富宁县

【出处】罗正明讲：《谁来造人烟》，见中国民间文学集成全国编辑委员会编《中国民间故事集成》（云南卷），北京：中国 ISBN 中心 2003 年版，第 92~95 页。

### W2632.0.3f3
### 胡秋兄妹婚生肉坨

实 例

[苗族] 胡秋兄妹成婚，生肉坨坨。

【流传】四川省·（凉山彝族自治州）·木里县（木里藏族自治县）·李子坪乡

【出处】陶乔讲：《人的起源》，见中国民间文学集成全国编辑委员会编《中国民间故事集成》（四川卷·下），北京：中国 ISBN 中心 1998 年版，第 1322~1324 页。

### W2632.0.3g
### 丈良丈美兄妹婚生肉团

实 例

[侗族] 丈良、丈美兄妹结婚生肉团。

【流传】贵州省·（黔东南苗族侗族自治州）·黎平县

【出处】《龟婆孵蛋》，载《民间文学》1986 年第 1 期。

### W2632.0.3h
### 其卑里收兄妹婚生肉团

实 例

[哈尼族] 其卑和里收两兄妹结婚过了很长一段时间后，妹妹里收生下了一个肉团子。

【流传】

【出处】张牛朗讲，李期博记录翻译：《葫芦出人种》，原载《哈尼族神话传说集成》，见陶阳、钟秀编《中国神话》（上），北京：商务印书馆 2008 年版，第 496~497 页。

### W2632.0.3i
### 甫梭冗妮兄妹婚生肉疙瘩

实 例

[土家族] 洪水后，甫梭和冗妮兄妹婚生了一个肉疙瘩。

【流传】

（a）湖南省·（湘西土家族苗族自治州）·永顺（永顺县）、古丈（古丈县）、保靖（保靖县）、龙山（龙山县）沿酉水一带

（b）湖南省·（湘西土家族苗族自治州）·龙山县·坡脚

【出处】

（a）彭勃、彭继宽等搜集整理：《齐天大水》，见谷德明编《中国少数民族神话》，北京：中国民间文艺出版社

1987 年版，第 168 页。

（b）向凤阳讲，彭勃搜集翻译整理：《太阳和月亮》，见谷德明编《中国少数民族神话》，北京：中国民间文艺出版社 1987 年版，第 177 页。

## W2632.0.3j
### 刘三妹兄妹婚生肉团

**实例**

[瑶族] 刘三妹兄妹成亲，怀孕几年生大肉团。

【流传】湖南省·（郴州市）·临武县·西山林场

【出处】盘廷远讲：《刘三妹兄妹再造世界》，见中国民间文学集成全国编辑委员会编《中国民间故事集成》（湖南卷），北京：中国 ISBN 中心 2002 年版，第 33~34 页。

## W2632.0.3k
### 热尼搓拉、热娜兄妹婚生肉团

**实例**

[拉祜族] 热尼搓拉、热娜兄妹结婚生肉团。

【流传】云南省

【出处】《传人种》，见中国各民族宗教与神话大词典编审委员会编《中国各民族宗教与神话大词典》，北京：学苑出版社 1990 年版，第 374 页。

## W2632.0.4
### 姐弟婚生肉块

**实例**

[汉族] 姐弟俩成婚，生肉疙瘩。

【流传】宁夏回族自治区·（固原市）·彭阳县·草庙乡

【出处】阎德武讲：《第二代人》，见中国民间文学集成全国编辑委员会编《中国民间故事集成》（宁夏卷），北京：中国 ISBN 中心 1999 年版，第 15 页。

## W2632.0.4a
### 姐弟婚生肉疙瘩

**实例**

❶ [土家族] 姐弟俩结婚，生肉疙瘩。

【流传】湖北省·（宜昌市）·长阳（长阳土家族自治县）·都镇湾（都镇湾镇）·杜家冲

【出处】《洪水泡天》，见白庚胜总主编《中国民间故事全书》（湖北省·长阳卷），北京：知识产权出版社 2007 年版，第 8 页。

❷ [土家族] 姐弟成婚，生肉疙瘩。

【流传】湖北省·（宜昌市）·长阳县（长阳土家族自治县）·龙潭坪乡

【出处】罗青林讲：《姐弟成亲》，见中国民间文学集成全国编辑委员会编《中国民间故事集成》（湖北卷），北京：中国 ISBN 中心 1999 年版，第 12~13 页。

## W2632.0.4b
### 姐弟婚生肉坨

实例

[羌族] 姐弟俩婚生肉坨坨。

【流传】四川省

【出处】《黄水潮天，兄妹成亲》，见西南民族学院语文系民族民间文学组李明等编《羌族文学概况》，1980年。

## W2632.0.4c
### 伏依姐弟婚生肉团

实例

[壮族] 伏依姐弟结婚，生肉团。

【流传】广西壮族自治区·（南宁市）·马山县·加芳乡

【出处】韦公讲：《伏依姐弟》，见中国民间文学集成全国编辑委员会编《中国民间故事集成》（广西卷），北京：中国ISBN中心2001年版，第66～67页。

## W2632.0.5
### 人与动物婚生肉块

实例

（参见下级母题实例）

## W2632.0.5a
### 人与犬婚生肉块

实例

[瑶族] 高辛时，一犬盘瓠娶公主，公主生7块肉。

【流传】（无考）

【出处】[唐]樊绰：《蛮书》卷十，引王通明《广异记》。

## W2632.0.6
### 无生命物婚生肉块

实例

（参见下级母题实例）

## W2632.0.6a
### 日月婚生肉坨

实例

[羌族] 月亮和太阳兄妹成亲，妹妹怀孕生下一块肉坨坨。

【流传】（四川省）

【出处】

(a) 朱文仙讲，倪明高记录整理：《太阳和月亮》，见四川阿坝州文化局主编《羌族民间故事集》，北京：中国民间文艺出版社1988年版。

(b) 同（a），见姚宝瑄主编《中国各民族神话》（羌族、彝族），太原：山西出版传媒集团·书海出版社2014年版，第13页。

## W2632.1
### 生无眼、无鼻、无耳、无手脚的肉块

实例

（参见下级母题实例）

## W2632.1.1
### 生没有五官的肉团

【关联】［W2632.9］生长有五官的肉团

实 例

[布依族] 洪水后，幸存迪进、迪颖两兄妹婚生下了一个没有眼睛，没有鼻子，没有耳朵，也没有嘴巴的肉团团。

【流传】（无考）

【出处】

（a）赵司义讲：《迪进、迪颖造人烟》，见谷德明编《中国少数民族神话选》，西北民族学院研究所编印，内部资料，1983年。

（b）同（a），见陶立璠等编《中国少数民族神话汇编》（洪水篇），中央民族学院少数民族古籍整理出版规划领导小组办公室编印，内部资料，第144页。

（c）同（a），载《布依族民间文学》1982年第1期，

（d）同（a），见姚宝瑄主编《中国各民族神话》（布依族、仡佬族、苗族），太原：山西出版传媒集团·书海出版社2014年版，第63页。

## W2632.1.2
### 生没有嘴的红肉团

实 例

[纳西族] 陆色兄妹（男女神名）婚后，色妹妹生了一团红肉坨。

【流传】云南省·丽江县（丽江市）

【出处】木丽春采集整理：《男女结合生人的故事》，见木丽春编著《纳西族民间故事集》，昆明：云南人民出版社2007年版，第86页。

## W2632.1.3
### 生没有眼睛的红肉疙瘩

实 例

[纳西族] 兄妹婚配后，司巴吉姆妹妹生出了一坨红鲜鲜的肉疙瘩，红肉疙瘩没有眼睛，不会看人。

【流传】云南省·丽江县（丽江市）

【出处】木丽春采集整理：《"抽秽"俗礼的来历》，见木丽春编著《纳西族民间故事集》，昆明：云南人民出版社2007年版，第232页。

## W2632.1.4
### 生无手脚的肉团

实 例

❶ [布依族] 伏羲兄妹成亲半年，就生下个无手无脚的肉坨坨。

【流传】（a）整个布依族地区

【出处】

（a）班琅王、王鲁文、刘阿季讲，汛河记录整理：《洪水滔天》（1955），见陶立璠等编《中国少数民族神话汇编》（洪水篇），中央民族学院少数民族古籍整理出版规划领导小组办公室编印，内部资料，第133～139页。

（b）同（a），见汛河搜集整理《布依族民间故事集》，北京：中国民间文

艺出版社1982年版。

（c）同（a），见姚宝瑄主编《中国各民族神话》（布依族、仡佬族、苗族），太原：山西出版传媒集团·书海出版社2014年版，第71页。

❷ [布依族] 兄妹结婚，生无手无脚的肉坨坨。

【流传】四川省·（凉山彝族自治州）·宁南（宁南县）

【出处】王孝廉：《西南族群的洪水神话与水神信仰》，见《岭云关雪——民族神话学论集》，北京：学苑出版社2002年版，第129~130页。

## W2632.1.5
### 生无头无四肢的肉团

实　例

[苗族] 葫芦兄妹婚后三年，生了一个无头无四肢的肉团子。

【流传】贵州省

【出处】

（a）罗亮臣讲，王春德搜集整理：《阿各林和葫芦兄妹》，见中国作家协会贵阳分会筹委会等编《民间文学资料》第十五集（苗族传说故事），内部资料，1959年。

（b）同（a），见姚宝瑄主编《中国各民族神话》（布依族、仡佬族、苗族），太原：山西出版传媒集团·书海出版社2014年版，第308页。

## W2632.1.6
### 生没有眼睛、鼻子、耳朵和手脚的肉团

实　例

❶ [仫佬族] 伏羲兄妹婚后，孕生没有眼睛、没有鼻子耳朵，也没有手脚的一团肉。

【流传】

（a）广西壮族自治区·（河池市）·罗城县（罗城仫佬族自治县）·四把乡·石门村·冲春屯

（bc）广西壮族自治区·（河池市）·罗城县（罗城仫佬族自治县）·东门（东门镇）、四把（四把乡）

【出处】

（a）包启宽讲，包玉堂采录翻译：《伏羲兄妹》，见中国民间文学集成全国编辑委员会编《中国民间故事集成》（广西卷），北京：中国ISBN中心2001年版，第69页。

（b）包启宽、潘代球讲，包玉堂、谢运源等搜集整理：《伏羲兄妹的传说》，见谷德明编《中国少数民族神话》，北京：中国民间文艺出版社1987年版，第146页。

（c）同（b），见曹廷伟编著《广西民间故事辞典》，南宁：广西教育出版社1993年版，第26页。

❷ [仫佬族] 小兄妹成婚，生无眼、无鼻、无耳、无手脚的肉团。

【流传】广西壮族自治区·（河池市）·罗城县（罗城仫佬族自治县）

【出处】龙殿保等搜集整理：《伏羲兄妹的传说》，见中华民族故事大系编委会编《中华民族故事大系》第 11 卷（达斡尔族、仫佬族、羌族），上海：上海文艺出版社 1995 年版，第 279～285 页。

❸ [仫佬族] 伏羲兄妹婚后生下的没有眼睛、没有鼻子耳朵、没有手脚的一团肉。

【流传】广西壮族自治区·（河池市）·罗城县（罗城仫佬族自治县）·四把乡·石门村冲眷屯

【出处】包启宽讲，包玉堂采录翻译：《伏羲兄妹》（1981），见陶阳、钟秀编《中国神话》（上），北京：商务印书馆 2008 年版，第 472～474 页。

## W2632.2
### 生植物状肉块

实 例

（参见下级母题实例）

## W2632.2.1
### 伏羲兄妹生葫芦状肉团

实 例

[瑶族] 伏羲两兄妹成婚，生葫芦状肉团。

【流传】广东省·（韶关市）·乳源县（乳源瑶族自治县）

【出处】赵良保讲：《洪水淹天》，见中国民间文学集成全国编辑委员会编《中国民间故事集成》（广东卷），北京：中国 ISBN 中心 2006 年版，第 7～8 页。

## W2632.2.2
### 伏羲兄妹婚生冬瓜状肉团

实 例

[瑶族] 洪水后，伏羲兄妹婚生一个像冬瓜般的肉团。

【流传】广西壮族自治区·（来宾市）·金秀县（金秀瑶族自治县）

【出处】巴柏讲，刘保元等搜集整理：《伏羲兄妹的故事》，见中华民族故事大系编委会编《中华民族故事大系》第 5 卷（瑶族、白族、土家族），上海：上海文艺出版社 1995 年版，第 25～26 页。

## W2632.3
### 生磨盘状的肉块

实 例

❶ [京族] 兄妹成婚，生下个没头没头，无手无脚，像团磨石一样的肉球。

【流传】广西壮族自治区

【出处】王孝廉：《岭云关雪——民族神话学论集》，北京：学苑出版社 2002 年版，第 132～133 页。

❷ [瑶族（布努瑶）] 兄剁碎与妹婚生磨石状肉团，变成人。

【流传】广西壮族自治区

【出处】《皇帝与么公》，见中国少数民族神话学学术讨论会论文集《神话新

## W2632.3.1
### 生磨石状肉疙瘩

实 例

❶ [布依族] 盘和古婚后身上就怀了孕，生下一个崽，没头没脚，圆圆的，好似磨石一般。

【流传】贵州省·贵阳市

【出处】荔波、覃子双讲，韦连周记录：《勒戛射日和葫芦救人》，见姚宝瑄主编《中国各民族神话》（布依族、仡佬族、苗族），太原：山西出版传媒集团·书海出版社 2014 年版，第 79 页。

❷ [苗族] 德龙、爸龙两兄妹结婚一年后，生下一个儿子，眼、耳、口、鼻都没有，真像磨岩一样。

【流传】湖南省·湘西一带，贵州省·（铜仁市）·松桃地区（松桃苗族自治县）

【出处】
（a）滕树宽、龙炳文搜集，江波整理：《阿陪果本》，见燕宝编《苗族民间故事选》，上海：上海文艺出版社 1981 年版。
（b）同（a），见姚宝瑄主编《中国各民族神话》（布依族、仡佬族、苗族），太原：山西出版传媒集团·书海出版社 2014 年版，第 155 页。

❸ [水族] 兄妹婚后生下一坨没头没脑、无手无脚、像团磨石一样的肉疙瘩。

【流传】贵州省·（黔南布依族苗族自治州）·三都水族自治县、荔波县、都匀市、独山县，广西壮族自治区·（河池市）·南丹县

【出处】王英、莫妹、蒙蕊、韦新建讲，潘朝霖、王品魁搜集整理：《人类起源》，原载《水族民间故事选》，见陶阳、钟秀编《中国神话》（上），北京：商务印书馆 2008 年版，第 350~356 页。

## W2632.4
### 生闪光的肉块

实 例

（参见下级母题实例）

## W2632.4.1
### 生闪光的肉团

实 例

[哈尼族] 兄妹婚后，妹妹生下了两个闪光的大肉团。

【流传】云南省·（玉溪市）·元江县（元江哈尼族彝族傣族自治县）·咪哩乡、羊岔街乡及因远镇一带

【出处】《人种物种歌》，见元江县哈尼文化学会、元江县史志编组办公室编《元江哈尼族古歌集》，内部编印，2005 年，第 42 页。

## W2632.5
### 生肉胎

实 例

[毛南族] 伏羲女娲兄妹成婚生肉胎。

【流传】广西壮族自治区·河池（河池市）

【出处】《女娲歌》，见蒙国荣等著《毛南族文学史》，南宁：广西人民出版社1992年版，第51~52页。

## W2632.6
### 生肉砖

实例

（参见下级母题实例）

## W2632.6.1
### 生颤动的肉砖

实例

[壮族] 娘侄婚后生出一个中间颤动不停的肉砖。

【流传】云南省·（文山壮族苗族自治州）·西畴县

【出处】陆开富讲：《布洛陀》，见中国民间文学集成全国编辑委员会编《中国民间故事集成》（云南卷），北京：中国ISBN中心2003年版，第86~89页。

## W2632.7
### 生肉疙瘩

实例

（参见下级母题实例）

## W2632.7.1
### 生会吃奶的肉疙瘩

实例

[苗族]（洪水后，只幸存姜央两兄妹），姜央娶妹作妻子，生养个嵬疙瘩儿，圆不留秋像火把，像个裹鱼茅草包，也长嘴巴去吃奶，没生双脚来走路。

【流传】原文无流传地，据文本及注释推测该神话流传于贵州省·黔东南苗族侗族自治州·凯里市、台江县等地。

【出处】张洪正演唱，张文搜集，燕宝整理译注：《浩劫复生·兄妹结婚》，见贵州省少数民族古籍整理出版规划小组办公室编，燕宝整理译注《苗族古歌》，贵阳：贵州民族出版社1993年版，第620页。

## W2632.8
### 生无头的肉团

实例

（参见下级母题实例）

## W2632.8.1
### 伏羲兄妹婚生没有头的肉坨

实例

[布依族] 伏羲兄妹两个结婚了。不久生了一个无头无脑的肉坨坨。

【流传】（无考）

【出处】

(a) 祝登雍讲：《伏羲兄妹》，见谷德明编《中国少数民族神话选》，西北民族学院研究所编印，内部资料，1983年。

(b) 同（a），见姚宝瑄主编《中国各民族神话》（布依族、仡佬族、苗族），太原：山西出版传媒集团·书海出版社 2014 年版, 第 61 页。

## W2632.9
### 生软软的肉团

实例

（参见下级母题实例）

## W2632.9.1
### 兄妹婚生软肉团

实例

[彝族] 兄妹成婚生一个软乎乎的肉团子。

【流传】云南省·昭通市

【出处】陈友才讲, 朱冬才采录：《创世纪》, 见中国民间文学集成全国编辑委员会编《中国民间故事集成》（云南卷）, 北京：中国 ISBN 中心 2003 年版, 第 164 页。

## W2632.10
### 生会动的肉块

实例

（参见下级母题实例）

## W2632.10.1
### 生会跳的肉坨

实例

[纳西族] 陆色兄妹（男女神名）婚生的一团红肉坨没有嘴巴, 不会哭叫, 却会蹦跳。

【流传】云南省·丽江县（丽江市）

【出处】木丽春采集整理：《男女结合生人的故事》, 见木丽春编著《纳西族民间故事集》, 昆明：云南人民出版社 2007 年版, 第 86 页。

## W2632.10.2
### 生会动的肉疙瘩

实例

[土家族] 洪水后, 幸存的甫梭和冘妮兄妹婚生一团血糊糊的肉疙瘩, 没脚没手没嘴巴, 还能在地上滚动。

【流传】湖南省·（湘西土家族苗族自治州）·永顺（永顺县）、古丈（古丈县）、保靖（保靖县）、龙山（龙山县）沿酉水一带土家族聚居区

【出处】

(a) 田德华、向廷龙（巫师）、田光南讲, 彭勃、彭继宽、田德风记录, 彭勃整理：《齐天大水》（1962.05）, 见谷德明编《中国少数民族神话》, 北京：中国民间文艺出版社 1987 年版。

(b) 同 (a), 见姚宝瑄主编《中国各民族神话》（土家族、毛南族、侗族、瑶族）, 太原：山西出版传媒集团·书海出版社 2014 年版, 第 19 页。

## W2632.11
### 生巨大肉块

实例

（参见下级母题实例）

## W2632.11.1
### 生 90 斤重的肉坨

**实 例**

［水族］用斧子砍碎兄妹二人婚生 90 斤重的肉坨，繁衍子孙后代。

【流传】贵州省·（黔南布依族苗族自治州）·独山县、榕江县

【出处】潘家云讲：《牙线造人的故事》，见中国少数民族民间文学丛书《故事大系》之《水族族民间故事选》，上海：上海文艺出版社 1988 年版，第 1~7 页。

## W2632.12
### 生长有五官的肉块

【关联】［W2632.1.1］生没有五官的肉团

**实 例**

［侗族］洪水后幸存的丈良、丈美兄妹开亲不多久，丈美就怀了孕，九个月后生出一个肉团团，完全是个怪样，肉团浑身长着眼、鼻和嘴巴。

【流传】贵州省·（黔东南苗族侗族自治州）·黎平县

【出处】

（a）吴生贤、吴金松讲，杨国仁、涛声搜集整理：《龟婆孵蛋》，载《民间文学》1986 年第 1 期。

（b）同（a），见姚宝瑄主编《中国各民族神话》（土家族、毛南族、侗族、瑶族），太原：山西出版传媒集团·书海出版社 2014 年版，第 104 页。

## W2632.13
### 生像瓜的肉团

【关联】［W2608.3］生像瓜的孩子

**实 例**

（参见下级母题实例）

## W2632.13.1
### 生像冬瓜的肉团

【关联】

① ［W2191］冬瓜生人

② ［W2354.1.2］冬瓜变成人

③ ［W2608.2］生像冬瓜的孩子

④ ［W2608.3.2］兄妹婚生像瓜的孩子

⑤ ［W2629.1］生冬瓜

**实 例**

［侗族］姜良、姜妹兄妹成亲三年，生下一个肉团，无头无脑像个冬瓜。

【流传】贵州省·（黔东南苗族侗族自治州）·天柱县

【出处】

（a）杨引招讲，龙玉龙搜集整理：《捉雷公》，载《南风》1981 年第 2 期。

（b）同（a），见姚宝瑄主编《中国各民族神话》（土家族、毛南族、侗族、瑶族），太原：山西出版传媒集团·书海出版社 2014 年版，第 111 页。

## W2632.13.2
### 伏羲兄妹婚生像冬瓜的肉团

【关联】

① ［W2629.1.3］伏羲兄妹婚生冬瓜

② ［W0682.2］伏羲兄妹婚

【实例】

[瑶族] 洪水后，伏羲兄妹结婚，妹妹生下来的不是小孩，而是一个像冬瓜般的肉团，没有眼睛，没有耳朵，也没有屁股。

【流传】广西壮族自治区·（来宾市）·金秀瑶族自治县

【出处】

（a）巴柏讲，刘保元、苏胜兴搜集整理：《伏羲兄妹的故事》，见苏胜兴、刘保元、韦文俊、王矿新等编《瑶族民间故事选》，上海：上海文艺出版社1980年版。

（b）同（a），见姚宝瑄主编《中国各民族神话》（土家族、毛南族、侗族、瑶族），太原：山西出版传媒集团·书海出版社2014年版，第193页。

## W2632.14
### 与生肉块有关的其他母题

【实例】

（实例待考）

## W2633
### 生肉球（生肉蛋、生肉丸）

【关联】[W2610] 生卵

【实例】

（参见下级母题实例）

## W2633.0
### 特定的人物生肉球

【实例】

（参见下级母题实例）

## W2633.0.1
### 神或神性人物生肉球

【实例】

（参见下级母题实例）

## W2633.0.1a
### 河神之女生肉蛋

【实例】

[朝鲜族] 河伯的女儿感光生下一个足有五升大的肉蛋。

【流传】（无考）

【出处】

（a）《高朱蒙》，见《三国史记》。

（b）《高朱蒙》，见《三国遗事》。

## W2633.0.2
### 婚生肉球

【实例】

❶ [哈尼族] 其早和里收结婚，生肉球。

【流传】云南省·（红河哈尼族彝族自治州）·红河县

【出处】张牛郎讲：《兄妹传人》，见中国民间文学集成全国编辑委员会编《中国民间故事集成》（云南卷），北京：中国ISBN中心2003年版，第168～169页。

❷ [汉族] 从前，男女结婚，生2个肉球。

【流传】江苏省·扬州市

【出处】谢存道等整理：《女娲与伏

羲》，见扬州市民间文学三套集成编委会编《扬州民间故事集》，北京：中国民间文艺出版社1989年版，第5~6页。

## W2633.0.3
### 兄妹婚生肉球

**实例**

（参见下级母题实例）

## W2633.0.3a
### 盘和古兄妹婚生肉球

**实例**

[壮族] 盘兄和古兄妹成婚，生一肉球。
【流传】（无考）
【出处】《盘和古》，见陶立璠等编《中国少数民族神话传说选》，成都：四川民族出版社1985年版，第156~159页。

## W2633.0.3b
### 伏羲兄妹婚生肉球

**实例**

❶ [仫佬族] 伏羲兄妹洪水后结婚，生肉球。
【流传】广西壮族自治区·（河池市）·罗城县（罗城仫佬族自治县）·四把乡
【出处】包启宽讲：《伏羲兄妹》，见中国民间文学集成全国编辑委员会编《中国民间故事集成》（广西卷），北京：中国ISBN中心2001年版，第69页。

❷ [汉族] 洪水后，伏羲女娲兄妹结婚生肉球。
【流传】湖北省·（荆州市）·江陵（江陵县）
【出处】陈建宪：《神话解读》，武汉：湖北教育出版社1997年版，第47~48页。

❸ [土家族] 伏羲兄妹成亲后生了一个大肉球。
【流传】（湖南省·湘西土家族苗族自治州）
【出处】《兄妹开亲》，谷德明据《湘西土家族的文学艺术》整理，见姚宝瑄主编《中国各民族神话》（土家族、毛南族、侗族、瑶族），太原：山西出版传媒集团·书海出版社2014年版，第21页。

❹ [瑶族] 伏羲兄妹结婚，生一个肉球。
【流传】（无考）
【出处】《伏羲兄妹》，见谷德明编《中国少数民族神话》，北京：中国民间文艺出版社1987年版，第137页。

## W2633.0.3c
### 伏羲女娲兄妹婚生肉球

【关联】[W2633.4.4] 伏羲女娲兄妹婚生肉蛋

**实例**

❶ [汉族] 伏羲、女娲兄妹结婚生一个肉球。
【流传】（无考）
【出处】唐升荣等讲：《伏羲和女娲的故

事》，见蔚家麟选编《中国民间故事精选》，武汉：长江文艺出版社2005年版，第6~12页。

❷ [汉族] 伏羲和女娲兄妹结婚，生肉球。

【流传】湖北省·（荆州市）·江陵县

【出处】《女娲配伏羲》，见《湖北省民间故事卷》编辑部编《民间故事集成编辑工作会议资料选编》，1989年。

## W2633.0.3d
### 相两、相芒兄妹婚生肉球

实 例

[苗族] 相两、相芒兄妹结婚，生一个圆肉球。

【流传】贵州省·（黔东南苗族侗族自治州）·丹寨（丹寨县）、台江（台江县）、施秉（施秉县）、凯里（凯里市）等县

【出处】潘光华、苏晓星整理有关内容，见《苗族古歌》，贵阳：贵州人民出版社1960年版。

## W2633.0.4
### 姐弟婚生肉球

实 例

❶ [苗族] 姐弟婚生肉卵。

【流传】（无考）

【出处】[法] F. M. Savina：《苗族史》，见马昌仪编《中国神话学文论选萃》（上编），北京：中国广播电视出版社1994年版，第387~388页。

❷ [土家族] 两姐弟成婚生一坨肉球。

【流传】湖南省·（湘西土家族苗族自治州）·永顺县

【出处】彭武东讲：《罗神公主和乌神娘娘》，见中国民间文学集成全国编辑委员会编《中国民间故事集成》（湖南卷），北京：中国ISBN中心2002年版，第31页。

## W2633.0.5
### 其他特定人物生肉球

实 例

（实例待考）

## W2633.1
### 生肉瘤

实 例

（参见下级母题实例）

## W2633.1.1
### 兄妹婚生肉瘤

实 例

（参见下级母题实例）

## W2633.1.2
### 伏羲兄妹婚生肉瘤

【关联】[W2633.0.3b] 伏羲兄妹婚生肉球

实 例

❶ [瑶族] 伏羲兄妹婚生下一团肉瘤，兄妹伤心地大哭起来。

【流传】（无考）

【出处】

（a）盘国金搜集：《伏羲兄妹》，载《山茶》1982年第1期。

（b）同（a），见姚宝瑄主编《中国各民族神话》（土家族、毛南族、侗族、瑶族），太原：山西出版传媒集团·书海出版社2014年版，第186页。

❷ [瑶族] 伏羲兄妹成婚，5年生一个肉瘤。

【流传】云南省·文山州（文山壮族苗族自治州）

【出处】盘金贤讲：《伏羲兄妹》，见中国民间文学集成全国编辑委员会编《中国民间故事集成》（云南卷），北京：中国ISBN中心2003年版，第201~203页。

❸ [瑶族] 伏羲和一个妹妹结婚，5年生一个肉瘤。

【流传】（无考）

【出处】盘国金整理：《伏羲兄妹》，见刘江华编《中国神话故事》（天、地、人物卷），北京：中国世界语出版社1999年版，第164~167页。

## W2633.1.3
### 王姜兄妹婚生肉瘤

实 例

[布依族] 洪水后，幸存的王姜和妹妹婚生出一块肉瘤。

【流传】（无考）

【出处】

（a）《王姜射日》，见谷德明编《中国少数民族神话选》，西北民族学院研究所编印，内部资料，1983年。

（b）同（a），见姚宝瑄主编《中国各民族神话》（布依族、仡佬族、苗族），太原：山西出版传媒集团·书海出版社2014年版，第58页。

## W2633.2
### 生会旋转的蛋

实 例

[汉族] 伏羲女娲兄妹成亲后，生下一个会旋转的像蛋一样的东西。

【流传】浙江省·（衢州市）·江山市·凤林镇

【出处】管兰吉讲，杜鹃采录：《孳生禽兽》，见中国民间文学集成全国编辑委员会编《中国民间故事集成》（浙江卷），北京：中国ISBN中心1997年版，第49页。

## W2633.3
### 生肉包

实 例

（参见下级母题实例）

## W2633.3.1
### 兄妹婚生肉包

【关联】

① [W2632.0.3] 兄妹婚生肉块

② [W2632.9.1] 兄妹婚生软肉团

③ [W2633.0.3] 兄妹婚生肉球

④ [W2633.1.1] 兄妹婚生肉瘤

【实例】

（参见下级母题实例）

## W2633.3.1a
### 表兄妹婚生肉包

【实例】

[黎族] 1对表兄妹婚后生一个肉包。

【流传】海南省·（三亚市）·保亭县（保亭黎族苗族自治县）·保城镇

【出处】王老黎讲：《三个民族同一源》，见中国民间文学集成全国编辑委员会编《中国民间故事集成》（海南卷），北京：中国ISBN中心2002年版，第9~10页。

## W2633.3.1b
### 伏羲兄妹婚生肉包

【实例】

[苗族] 伏羲兄妹结婚生肉胞。

【流传】湖南省·湘西（湘西土家族苗族自治州）

【出处】《摊公摊母歌》，见马昌仪编《中国神话学文论选萃》（上编），北京：中国广播电视出版社1994年版，第376~377页。

## W2633.3.2
### 感生肉包

【实例】

（参见下级母题实例）

## W2633.3.2a
### 妹妹感哥哥生肉包

【实例】

[黎族] 妹妹荷发感哥哥老先的阳气怀孕三年才分娩，生下一团肉包。

【流传】海南省五指山一带

【出处】

（a）王国全搜集整理：《土地公与土地婆》，见广东民族学院中文系编《黎族民间故事选》，上海：上海文艺出版社1983年版。

（b）同（a），见姚宝瑄主编《中国各民族神话》（高山族、黎族、畲族），太原：山西出版传媒集团·书海出版社2014年版，第56页。

## W2633.3.2b
### 妹妹感表兄生肉包

【实例】

[黎族] 荷发（女子名）感堂兄的阳气怀孕，三年生下一团肉包。

【流传】海南省五指山区

【出处】王国全搜集整理：《南瓜的故事》，原载广东民族学院中文系编《黎族民间故事选》，见陶阳、钟秀编《中国神话》（上），北京：商务印书馆2008年版，第374~377页。

## W2633.3.2c
### 婚后女子感风生肉包

【实例】

❶ [黎族] 老先和荷发兄妹结婚，妹妹

感风生肉团。

【流传】海南省

【出处】《海南三族传说》，见中央民族学院少数民族文艺研究所编《中国民族民间文学》（上），北京：中央民族学院出版社 1987 年版，第 377 页。

❷ [黎族] 兄妹婚后妹妹感风受孕，3 年生一团肉包。

【流传】海南省五指山一带

【出处】王国全搜集整理：《南瓜的故事》，见中华民族故事大系编委会编《中华民族故事大系》第 7 卷（黎族、傈僳族、佤族），上海：上海文艺出版社 1995 年版，第 1～13 页。

## W2633.3.3
### 生没有五官的肉包

实 例

[苗族] 兄妹结婚没好久，就生下一个没有五官四肢的肉包包。

【流传】（无考）

【出处】《雷公和高比》，见陶立璠、李耀宗编《中国少数民族神话传说选》，成都：四川民族出版社 1985 年版，第 143 页。

## W2633.4
### 生肉蛋

实 例

[汉族] 两兄妹成婚生肉蛋。

【流传】鄂西南（湖北省西南部）、鄂西北（湖北省西北部）

【出处】《黑暗传》，见刘守华《〈黑暗传〉与明代通俗小说》，载《郧阳师范高等专科学校学报》2001 年第 4 期。

## W2633.4.1
### 感生肉蛋

实 例

[藏族] 葛姆（女子名，龙女）感梦怀孕，可是产下的不是婴儿，是个圆圆的肉蛋。

【流传】（无考）

【出处】徐国琼搜集整理：《雄师大王格萨尔》，见陶阳、钟秀编《中国神话》（中），北京：商务印书馆 2008 年版，第 702～711 页。

## W2633.4.2
### 感生巨大肉蛋

实 例

[朝鲜族] 河伯的女儿柳花感日光生了一个肉蛋子，足有五升大。

【流传】长白山等地

【出处】金德顺讲，裴永镇记录整理：《东明王的传说》，原载《金德顺故事集》，见陶阳、钟秀编《中国神话》（中），北京：商务印书馆 2008 年版，第 886～897 页。

## W2633.4.3
### 生通红的肉蛋

实 例

[鄂伦春族] 老太太祭敖包怀孕后，生

下来的不是一个孩子，是个肉蛋。肉蛋比天鹅蛋大一点，通红通红的。

【流传】黑龙江省·（大兴安岭地区）·呼玛县·（十八站）

【出处】

（a）孟古古善讲，潭玉昆、李宝玉口译，隋书金记录整理：《吴达内的故事》，见隋书金编《鄂伦春民间故事选》，上海：上海文艺出版社1988年版。

（b）同（a），见姚宝瑄主编《中国各民族神话》（达斡尔族、鄂伦春族、鄂温克族、蒙古族），太原：山西出版传媒集团·书海出版社2014年版，第44页。

## W2633.4.4
### 伏羲女娲兄妹婚生肉蛋

【关联】[W2633.0.3c]伏羲女娲兄妹婚生肉球

实 例

❶ [汉族]天翻地覆后，伏羲女娲兄妹结婚生一个肉滚滚的"子"（蛋）。

【流传】浙江省·（衢州市）·江山市·凤林镇

【出处】管兰吉讲：《挚生禽兽》，见中国民间文学集成全国编辑委员会编《中国民间故事集成》（浙江卷），北京：中国ISBN中心1997年版，第49页。

❷ [汉族]伏羲女娲兄妹二人成婚，生大肉蛋。

【流传】黑龙江省·（大兴安岭地区）·加格达奇（加格达奇区）

【出处】包忠会讲：《高祖公高祖婆》，见中国民间文学集成全国编辑委员会编《中国民间故事集成》（黑龙江卷），北京：中国ISBN中心2005年版，第7~8页。

## W2633.4.5
### 盘哥云囡兄妹婚生肉蛋

实 例

❶ [畲族]盘哥、云囡兄妹结婚，2年后生一个肉蛋。

【流传】（无考）

【出处】蓝石女、钟伟琪等口述，唐宗龙记录：《桐油火和天洪》，见《畲族民间故事》，杭州：浙江人民出版社1979年版。

❷ [畲族]盘哥云囡兄妹成婚，生1个肉蛋蛋。

【流传】（无考）

【出处】马学良、梁庭望、李云忠主编：《中国少数民族文学比较研究》，北京：中央民族大学出版社1997年版，第47页。

## W2633.5
### 生肉丸

实 例

[汉族]姐妹哥（即兄妹）成婚，妹生长长的肉丸。

【流传】浙江省·（温州市）·泰顺县·洲岭乡

【出处】魏潮银讲：《石磨合婚》，见中国民间文学集成全国编辑委员会编《中国民间故事集成》（浙江卷），北京：中国 ISBN 中心 1997 年版，第 42 页。

## W2633.6
### 与生肉球有关的其他母题
实例

（参见下级母题实例）

## W2633.6.1
### 生 1 对肉球
实例

[侗族] 兄妹结婚生一对肉球。

【流传】贵州省·（黔东南苗族侗族自治州）·榕江县·三宝（三宝乡）

【出处】《丈良丈美歌》，见《侗族祖先哪里来》，贵阳：贵州人民出版社 1981 年版。

## W2634
### 生血块（生血球）
实例

（参见下级母题实例）

## W2634.1
### 生血球
实例

（参见下级母题实例）

## W2634.1.1
### 生红血球
实例

[土家族] 两兄妹成亲后生一红血球。

【流传】湖北省·（恩施土家族苗族自治州）·利川市·谋道镇

【出处】朱林山讲：《上天梯》，见中国民间文学集成全国编辑委员会编《中国民间故事集成》（湖北卷），北京：中国 ISBN 中心 1999 年版，第 16~17 页。

## W2634.1.2
### 兄妹婚生血球
实例

[土家族] 布索和雍妮兄妹婚生红血球，布索按照云母婆婆（仙人）教的办法，用刀子把血球切成九九八十一块。

【流传】湖南省·湘西北（湘西土家族苗族自治州北部）；湖北省

【出处】覃仁安搜集整理：《布索和雍妮》，见中华民族故事大系编委会编《中华民族故事大系》第 5 卷（瑶族、白族、土家族），上海：上海文艺出版社 1995 年版，第 649~650 页。

## W2634.1.3
### 姐弟婚生血球
实例

[汉族] 罗神娘与罗神公姐弟婚后生下

一只血球。

【流传】湖南省·（怀化市）·沅陵县

【出处】张氏讲，石如华采录：《铺天大水》，见中国民间文学集成全国编辑委员会编《中国民间故事集成》（湖南卷），北京：中国 ISBN 中心 2002 年版，第 34 页。

## W2634.1.4

### 感生血球

实 例

[藏族] 王妃梦中与美男子交合，生血球。

【流传】（无考）

【出处】李学琴、马中玉翻译整理：《王子茹勒杰复仇记》，见廖东凡主编《神山之祖》，武汉：湖北少年儿童出版社 2001 年版，第 45～47 页。

## W2634.1.5

### 人与犬婚生血球

实 例

❶ [苗族] 神农的七女儿伽价公主与犬婚后两年，公主生下来个大血球。

【流传】贵州省·（铜仁市）·松桃（苗族自治县）；湖南省·湘西（湘西土家族苗族自治州）

【出处】龙炳文搜集，燕宝整理：《神母狗父》，原载燕宝编《苗族民间故事选》，见陶阳、钟秀编《中国神话》（中），北京：商务印书馆 2008 年版，第 553～556 页。

❷ [苗族] 神农将伽价公主嫁给取谷种有功的黄狗翼洛。婚后两年，公主生下来个大血球。

【流传】贵州省·（铜仁市）·松桃地区（松桃苗族自治县）；湖南省·湘西（湘西土家族苗族自治州）苗族居住区一带

【出处】

（a）龙炳文搜集，燕宝整理：《神母狗父》，见燕宝编《苗族民间故事选》，上海：上海文艺出版社 1981 年版。

（b）同（a），见姚宝瑄主编《中国各民族神话》（布依族、仡佬族、苗族），太原：山西出版传媒集团·书海出版社 2014 年版，第 147 页。

（c）同（a），见陶阳、钟秀编《中国神话》，上海：上海文艺出版社 1996 年版，第 277 页。

## W2634.2

### 生血胞

实 例

❶ [汉族] 日月兄妹婚，太阳妹妹生下一个血胞。

【流传】四川省·（攀枝花市）·米易县·黄草乡

【出处】徐钟氏讲，张勇采录：《太阳妹妹和月亮哥哥》，见中国民间文学集成全国编辑委员会编《中国民间故事集成》（四川卷·上），北京：中国 ISBN 中心 1998 年版，第 55 页。

## W2634.2.1
### 生 2 个血胞

实 例

[傈僳族] 兄妹婚后，大约有 12 个月，可是生下来的只有两个血胞。

【流传】原民国时西康省，今四川省·雅安市、甘孜藏族自治州康定县一带

【出处】*《畲祖、麦祖由来》，原载陈宗祥《西康傈僳水田民族之图腾制度》，见《边政公论》第 6 卷第 4 期，民国三十六年（1947），第 55 ~ 56 页。

## W2634.3
### 生血痂

实 例

[汉族] 盘古和盘古姐姐弟成婚，生大血痂。

【流传】江西省·（吉安市）·万安县·潞田乡

【出处】郭隆士讲：*《伏羲和女娲》，见中国民间文学集成全国编辑委员会编《中国民间故事集成》（江西卷），北京：中国 ISBN 中心 2002 年版，第 10 ~ 11 页。

## W2634.4
### 生血块

实 例

[佤族] 兄妹婚后生一个血块。

【流传】云南省阿佤山一带

【出处】《"司岗离"的传说》，见颜其香《中国少数民族风土漫记》，北京：农村读物出版社 2001 年版，第 147 ~ 148 页。

## W2634.5
### 生血水

实 例

[珞巴族] 天郎与地姑娘结婚，头胎生血水。

【流传】西藏自治区

【出处】《天地的子孙》，见高明强编《创世的神话和传说》，上海：上海三联书店 1988 年版，第 30 页。

## W2635
### 生血肉混合物

实 例

（参见下级母题实例）

## W2635.1
### 生血肉

实 例

（参见下级母题实例）

## W2635.1.1
### 婚生一团血肉

实 例

❶ [彝族（撒尼人）] 兄妹两个婚后过了三年，小妹妹怀孕生下来一大团血肉。

【流传】云南省·（昆明市）·路南县

（今石林彝族自治县）

【出处】王伟搜集整理：《阿霹刹、洪水和人的祖先》，原载李德君、陶学良编《彝族民间故事选》，见陶阳、钟秀编《中国神话》（上），北京：商务印书馆2008年版，第518~520页。

❷ [彝族] 三弟和小妹结婚，生一大团血肉。

【流传】云南省·（昆明市）·路南县（今石林彝族自治县）

【出处】《阿霹刹、洪水和人的祖先》，见中华民族故事大系编委会编《中华民族故事大系》第3卷（彝族、壮族、布依族），上海：上海文艺出版社1995年版，第35~37页。

## W2635.2
### 生血肉团团

实 例

[汉族] 伏羲兄妹成婚，生一个血肉团团。

【流传】贵州省·（遵义市）·余庆县·松烟区

【出处】王顺昌讲：《伏羲兄妹造人烟》，见中国民间文学集成全国编辑委员会编《中国民间故事集成》（贵州卷），北京：中国ISBN中心2003年版，第37~38页。

## W2636
### 生肠子

实 例

[藏族] 姐弟结婚，生肠子。

【流传】（无考）

【出处】李魏加讲，王强记录：《洪水》，见陶立璠、赵桂芳等编《中国少数民族神话汇编》（洪水篇），中央民族学院少数民族古籍整理出版规划领导小组办公室印（未署出版时间）。

## W2637
### 生其他肉类怪胎

实 例

（参见下级母题实例）

## W2637.1
### 生肉口袋

【关联】[W2642.1] 生皮口袋

实 例

（参见下级母题实例）

## W2637.1.1
### 人与天女婚生肉口袋

【关联】[W2416.1] 人与天女婚生人

实 例

❶ [彝族] 老三与天神的三女儿结亲，生下3个大肉口袋。

【流传】（无考）

【出处】《葫芦里出来的人》，见云南省民族事务委员会编《彝族文化大观》，昆明：云南民族出版社1999年版，第325页。

❷ [彝族] 洪水后，天神把三女儿嫁给洪水后幸存的老三。不久，三仙女怀孕了，日子一天天过去了，她生下了

个大肉口袋。

【流传】云南省·（曲靖市）·罗平（罗平县），宣威（宣威市）

【出处】

(a) 李育才讲，陶学良记录：《葫芦里出来的人》，载《山茶》1986年第4期。

(b) 同（a），见陶阳、钟秀编《中国神话》（中），北京：商务印书馆2008年版，第911~919页。

## W2637.1.2
### 生内有说话声的肉口袋

【关联】[W2587.6] 孩子在母腹中说话

实例

[彝族] 洪水后幸存的老三与天神的三女儿结婚。不久三仙女生下了个大肉口袋。老三把耳朵凑近肉口袋听听，里面发出很多声音。

【流传】云南省·（曲靖市）·罗平（罗平县），宣威（宣威市）

【出处】

(a) 李育才讲，陶学良记录：《葫芦里出来的人》，载《山茶》1966年第4期。

(b) 同（a），见陶阳、钟秀编《中国神话》（中），北京：商务印书馆2008年版，第911~919页。

## ❋ W2638
### 生无生命物

实例

（参见下级母题实例）

## W2639
### 生石头类物件

【关联】[W2639.2] 生磨刀石

实例

（参见下级母题实例）

## W2639.1
### 生石头

实例

[壮族] 伏羲女娲兄妹婚生石头。

【流传】广西壮族自治区·宜州（宜州市）·矮山（矮山乡）、北牙（北牙瑶族乡）、怀远（怀远镇）一带

【出处】梁俊如讲：《伏羲兄妹》，见张声震总主编，农冠品编注《壮族神话集成》，南宁：广西民族出版社2007年版，第318页。

## W2639.1.1
### 老年男子娶丑女为妻生石头

实例

[珞巴族]（实例待考）

## W2639.1.2
### 生的怪胎变成石头

实例

[瑶族（布努）] 弟弟娶了姐姐，生的小孩不成人仔，有的变成石头。

【流传】广西壮族自治区·（河池市）·都安县（都安瑶族自治县）、

巴马县（巴马瑶族自治县）、南丹县，（百色市）·田东县、平果县等地

【出处】桑布郎等传，蒙凤标（83岁）、罗仁祥（73岁）等唱：《密洛陀》（1983），见蓝怀昌、蓝书京、蒙通顺搜集翻译整理《密洛陀》，北京：中国民间文艺出版社1988年版，第53页。

## W2639.2
### 生磨刀石

实例

[苗族] 兄妹成婚，生磨刀石。

【流传】海南省·（海口市）·昌江县（昌江黎族自治县）·七差乡

【出处】蒋明新讲：《雷公教人传种》，中国民间文学集成全国编辑委员会编《中国民间故事集成》（海南卷），北京：中国ISBN中心2002年版，第12~13页。

## W2639.2.1
### 伏羲女娲兄妹婚生磨刀石

【关联】

① [W2632.0.3e] 伏羲女娲兄妹生肉团

② [W2633.4.4] 伏羲女娲兄妹婚生肉蛋

③ [W2639.3.1] 伏羲女娲兄妹婚生石墩

④ [W2639.5.2] 伏羲女娲兄妹婚生磨石

实例

❶ [汉族] 洪水后，伏羲女娲兄妹结婚，生一块磨刀石。

【流传】江西省·南昌（南昌市）

【出处】周仑讲：《洪水的传说》，见南昌市民间文学集成编委会编《南昌民间故事集成》，1985年。

❷ [汉族] 伏羲女娲兄妹结婚，女娲生下一块磨刀石。

【流传】江西省·南昌市·湾里区·罗亭乡·周半村

【出处】周仑讲，钟丰彩采录：《伏羲和女娲》，见中国民间文学集成全国编辑委员会编《中国民间故事集成》（江西卷），北京：中国ISBN中心2002年版，第9页。

❸ [汉族] 伏羲女娲兄妹婚后一年生了一块磨刀石。

【流传】江西省·南昌市

【出处】

（a）周仑讲，稚翁搜集整理：《洪水的传说》，原载南昌市民间文学集成编委会编《南昌民间故事集成》，见姚宝瑄主编《中国各民族神话》（汉族），太原：山西出版传媒集团·书海出版社2014年版，第87~89页。

（b）同（a），见陶阳、钟秀编《中国神话》（上），北京：商务印书馆2008年版，第475~477页。

## W2639.3
### 生石墩

实例

（参见下级母题实例）

## W2639.3.1
### 伏羲女娲兄妹婚生石墩

实例

［汉族］女娲与伏羲婚后三年生一个有两百只眼睛的石墩子。

【流传】湖北省·（孝感市）·安陆市·烟店镇

【出处】万大江讲：*《女娲配伏羲》，见中国民间文学集成全国编辑委员会编《中国民间故事集成》（湖北卷），北京：中国 ISBN 中心 1999 年版，第 12 页。

## W2639.4
### 生白石

实例

❶［高山族（阿美）］两女一男兄妹结婚生白石。

【流传】台湾马兰社

【出处】

(a) 鹿忆鹿：《台湾原住民与大陆南方民族的洪水神话比较》，载《民间文学论坛》1997 年第 1 期。

(b)《山地人与平地人始祖》，见中国各民族宗教与神话大词典编审委员会编《中国各民族宗教与神话大词典》，北京：学苑出版社 1990 年版，第 145 页。

❷［高山族（阿美）］洪水后神的兄妹幸存，成婚后生白石。

【流传】台湾

【出处】陈国钧：《台湾土著社会始祖传说》，台北：幼狮书店 1964 年版。

❸［高山族］兄妹婚生畸形怪胎，祈请月神禳祓后，生白石。

【流传】（台湾）

【出处】曾思奇、田中山讲：《山地人与平地人的始祖》，见姚宝瑄主编《中国各民族神话》（高山族、黎族、畲族），太原：山西出版传媒集团·书海出版社 2014 年版，第 27 页。

## W2639.5
### 生磨石

实例

［水族］兄妹成婚，生像磨的石子。

【流传】（无考）

【出处】《旭济·开天地造人烟》，见范禹主编《水族文学史》，贵阳：贵州人民出版社 1987 年版，第 51~52 页。

## W2639.5.1
### 盘古兄妹婚生磨石

【关联】［W2633.0.3a］盘和古兄妹婚生肉球

实例

［毛南族］盘是妹，古是兄，盘和古兄妹结婚后二年半才生第一个仔，这个仔是个磨石仔。

【流传】广西壮族自治区·（河池市）·环江毛南族自治县上南（上南乡）、中南（中南乡）、下南（下南乡）·上纳屯

【出处】

（a）蒙贵章讲，蒙国荣、韦志华、谭贻生记录翻译，蒙国荣整理：《天皇到盘、古》（1984.07），见杨光富《回、彝、水、仡佬、毛南、京六族故事选》，南宁：广西人民出版社1988年版。

（b）同（a），见姚宝瑄主编《中国各民族神话》（土家族、毛南族、侗族、瑶族），太原：山西出版传媒集团·书海出版社2014年版，第53页。

## W2639.5.2
### 伏羲女娲兄妹婚生磨石

【关联】［W2639.2.1］伏羲女娲兄妹婚生磨刀石

实例

［布依族］洪水后，天下只剩下伏、羲兄妹二人。兄妹婚生下一个磨石。

【流传】贵州省·（黔南布依族苗族自治州）·罗甸县·罗悃公社（罗悃镇）·洞尚寨

【出处】杨胞建由讲，罗文亮搜集：《洪水潮天（一）》，见姚宝瑄主编《中国各民族神话》（布依族、仡佬族、苗族），太原：山西出版传媒集团·书海出版社2014年版，第51页。

## W2640
### 生绳子类物件

实例

（参见下级母题实例）

## W2640.1
### 生麻绳

实例

［藏族］姊弟结婚，生麻绳。

【流传】（无考）

【出处】扎嘎才礼等讲，小石桥译，谢世廉等搜集：《洪水故事》，见中国民研会四川分会等编《民间文学资料集》。

## W2640.2
### 生皮绳

实例

（参见下级母题实例）

## W2640.2.1
### 兄妹婚生的肉坨中有一卷皮绳

实例

［藏族］兄妹婚生一个肉坨坨，哥哥拿刀划开，里面是一卷皮绳子。

【流传】四川省·（绵阳市）·平武县·白马乡

【出处】旭世休讲，四川大学中文系采风队采录：《皮绳造人》，见中国民间文学集成全国编辑委员会编《中国民间故事集成》（四川卷·下），北京：中国ISBN中心1998年版，第938页。

## W2641
### 生布类物件

实例

（参见下级母题实例）

## W2641.1
### 生缎子

**实例**

[怒族] 兄妹成婚，生的第 1 胎是缎子。

【流传】云南省·（怒江傈僳族自治州）·福贡县·（上帕镇）·木古甲（木古甲村）

【出处】阿都讲：*《兄妹结婚》，见中国民间文学集成全国编辑委员会编《中国民间故事集成》（云南卷），北京：中国 ISBN 中心 2003 年版，第 186 页。

## W2641.2
### 生布匹

**实例**

（参见下级母题实例）

## W2641.2.1
### 生布片

**实例**

[怒族] 兄妹婚后，接连生下六胎，可生出来的不是人，而是布片之类的东西。

【流传】云南省·（怒江傈僳族自治州）·福贡县·（鹿马登乡）·鹿马登村

【出处】(a)《福贡鹿马登村的神话传说》，胡正生搜集、杨如锋整理《鹿马登怒族创世传说》，原载《怒江文史资料》第八辑，1987 年，第 8~11 页。

(b) 同 (a)，见吕大吉、何耀华总主编《中国各民族原始宗教资料集成》（纳西族卷、羌族卷、独龙族卷、傈僳族卷、怒族卷），北京：中国社会科学出版社 2000 年版，第 902~903 页。

## W2641.3
### 生包头

**实例**

[怒族] 兄妹成婚后第 4 胎生的包头，后来变成了包头的民族。

【流传】云南省·（怒江傈僳族自治州）·福贡县·（上帕镇）·木古甲（木古甲村）

【出处】阿都讲：*《兄妹结婚》，见中国民间文学集成全国编辑委员会编《中国民间故事集成》（云南卷），北京：中国 ISBN 中心 2003 年版，第 186 页。

## W2642
### 生其他无生命物

**实例**

（参见下级母题实例）

## W2642.1
### 生皮口袋[①]

【关联】[W2637.1] 生肉口袋

---

[①] 生皮口袋，这里的"皮口袋"只是依据原文本的翻译。疑为在讲述或翻译中将"肉口袋"表述成"皮口袋"。

【实例】

[白族] 女子沙壹骑黄木头，感到怀了身孕，后来一连生下了10个皮口袋。

【流传】云南省·大理（大理白族自治州）

【出处】杨惠讲，杨宪典采录：《九隆神》，见中国民间文学集成全国编辑委员会编《中国民间故事集成》（云南卷），北京：中国 ISBN 中心 2003 年版，第 235 页。

## W2642.1.1
### 兄妹婚生狗皮口袋

【实例】

❶ [白族] 兄妹结婚以后，不上 10 个月，就生下一个狗皮口袋。

【流传】云南省·大理（大理白族自治州）、洱源（洱源县）、剑川（剑川县）

【出处】杨国政讲，杨亮才记录整理：《开天辟地》，见中华民族故事大系编委会编《中华民族故事大系》第 5 卷（瑶族、白族、土家族），上海：上海文艺出版社 1995 年版，第 322 页。

❷ [白族] 兄妹结婚不到十个月，就生下一个狗皮口袋。

【流传】云南省·（大理白族自治州）·洱源县

【出处】杨国政讲，杨亮才记录整理：《天地起源》，见谷德明编《中国少数民族神话》，北京：中国民间文艺出版社 1987 年版，第 293 页。

❸ [白族] 两兄妹赵玉配和邰三妹成婚，生狗皮口袋。

【流传】云南省·（大理白族自治州）·大理（大理市）、洱源（洱源县）等

【出处】李国政讲：《开天辟地》，见中国民间文学集成全国编辑委员会编《中国民间故事集成》（云南卷），北京：中国 ISBN 中心 2003 年版，第 9~13 页。

## W2642.1.2
### 人与天女婚生皮口袋

【关联】［W7267］人与天女婚

【实例】

[彝族] 天女撒赛歇下凡与直眼人小伙成亲后，撒赛歇一阵肚子疼，到了半夜生下一个皮口袋。

【流传】（云南省·楚雄彝族自治州·双柏县，红河哈尼族彝族自治州等地）

【出处】

（a）云南省民族民间文学楚雄、红河调查队搜集，郭思九、陶学良整理：《查姆》，昆明：云南人民出版社 1981 年版。

（b）郭思九、陶学良整理，古梅改写：《彝家的古根》，选自《云南民族文学资料》第七集中的《查姆》上部前三章，见姚宝瑄主编《中国各民族神话》（羌族、彝族），太原：山西出版传媒集团·书海出版社 2014 年版，第 78 页。

## W2642.1.3
### 生会发出声音的皮口袋

【关联】［W2643.5］生会说话的怪胎

### 实例

[彝族] 天女撒赛歇下凡与直眼人小伙成亲后，生下一个皮口袋。皮口袋里居然发出咿咿呀呀声音。

【流传】（云南省·楚雄彝族自治州·双柏县，红河哈尼族彝族自治州等地）

【出处】

（a）云南省民族民间文学楚雄、红河调查队搜集，郭思九、陶学良整理：《查姆》，昆明：云南人民出版社1981年版。

（b）郭思九、陶学良整理，古梅改写：《彝家的古根》，选自《云南民族文学资料》第七集中的《查姆》上部前三章，见姚宝瑄主编《中国各民族神话》（羌族、彝族），太原：山西出版传媒集团·书海出版社2014年版，第78页。

## W2642.2
### 生铜鼓

### 实例

❶ [壮族] 一个男子和一头母虎相处了9年后，老虎怀孕，生铜鼓。

【流传】云南省·（大理白族自治州）·鹤庆县

【出处】王华青等讲，鹤庆县集成办公室采录：《铜鼓老祖包登》，见中国民间文学集成全国编辑委员会编《中国民间故事集成》（云南卷），北京：中国ISBN中心2003年版，第278页。

❷ [壮族] 兄妹婚后生铜鼓。

【流传】（无考）

【出处】刘辉豪：《云南民间故事的生态源流与文化底蕴》，载《民族艺术研究》1999年第3期。

## W2642.3
### 生刀子

### 实例

[怒族] 兄妹成婚后第4胎生的是刀子，变成景颇族。

【流传】云南省·（怒江傈僳族自治州）·福贡县·（上帕镇）·木古甲（木古甲村）

【出处】阿都讲：*《兄妹结婚》，见中国民间文学集成全国编辑委员会编《中国民间故事集成》（云南卷），北京：中国ISBN中心2003年版，第186页。

## W2642.4
### 生背筐

### 实例

[怒族] 兄妹成婚后生的第5胎是背箩，背箩变成独龙族。

【流传】云南省·（怒江傈僳族自治州）·福贡县·（上帕镇）·木古甲（木古甲村）

【出处】阿都讲：*《兄妹结婚》，见中国民间文学集成全国编辑委员会编《中国民间故事集成》（云南卷），北京：中国ISBN中心2003年版，第186页。

## W2642.5
### 生簸箕
实 例

［怒族］兄妹成婚第6胎簸箕变怒族。

【流传】云南省·（怒江傈僳族自治州）·福贡县·（上帕镇）·木古甲（木古甲村）

【出处】阿都讲：*《兄妹结婚》，见中国民间文学集成全国编辑委员会编《中国民间故事集成》（云南卷），北京：中国ISBN中心2003年版，第186页。

## W2642.5.1
### 生的特定的一胎是簸箕
实 例

［怒族］洪水后，幸存的勒阐、齿阐兄妹婚生六胎。其中，第六胎生的是"簸箕"。

【流传】云南省·（怒江傈僳族自治州）·福贡县·（鹿马登乡）·鹿马登村

【出处】
(a)《福贡鹿马登村的神话传说》，胡正生搜集、杨如锋整理：《鹿马登怒族创世传说》，原载《怒江文史资料》第八辑，1987年，第8~11页。
(b) 同(a)，见吕大吉、何耀华总主编《中国各民族原始宗教资料集成》（纳西族卷、羌族卷、独龙族卷、傈僳族卷、怒族卷），北京：中国社会科学出版社2000年版，第902~903页。

## W2642.6
### 生铁块
实 例

（参见下级母题实例）

## W2642.6.1
### 女子摸铁柱后生铁块

【关联】［W2583.0.2］女子感铁柱当天生铁块

实 例

［汉族］楚王的王妃白天摸了一下铁柱子后，生下了一块铁。

【流传】河南·（驻马店市）·汝南县

【出处】刘珊记录整理：《汝南三王墓的传说》，见陶阳、钟秀编《中国神话》（中），北京：商务印书馆2008年版，第712~714页。

## W2642.7
### 生泥巴
实 例

［瑶族（布努）］弟弟娶了姐姐，生的小孩不成人仔。有的变成石头，有的变成泥块。

【流传】广西壮族自治区·（河池市）·都安县（都安瑶族自治县）、巴马县（巴马瑶族自治县）、南丹县，（百色市）·田东县、平果县等地

【出处】桑布郎等传，蒙凤标（83岁）、罗仁祥（73岁）等唱：《密洛陀》（1983），见蓝怀昌、蓝书京、蒙通顺

搜集翻译整理《密洛陀》，北京：中国民间文艺出版社1988年版，第53页。

## W2642.8
### 生石头泥巴

**实例**

（参见下级母题实例）

## W2642.8.1
### 兄妹婚生石头泥巴

**实例**

[瑶族（布努）]密洛陀（万物之母，女始祖，女神）原先让她生的12个男孩和12个女孩相婚配，结果生的是石头泥块。

【流传】广西壮族自治区·（河池市）·都安县（都安瑶族自治县）、巴马县（巴马瑶族自治县）、南丹县，（百色市）·田东县、平果县等地

【出处】桑布郎等传，蒙凤标（83岁）、罗仁祥（73岁）等唱：《密洛陀》（1983），见蓝怀昌、蓝书京、蒙通顺搜集翻译整理《密洛陀》，北京：中国民间文艺出版社1988年版，第303页。

## W2642.9
### 生木棍

【关联】[W2085.1.4] 用木棍造人

**实例**

[景颇族] 鬼婚生大木棒。

【流传】（无考）

【出处】何峨整理：《万物诞生》，见中华民族故事大系编委会编《中华民族故事大系》第10卷（景颇族、柯尔克孜族、土族），上海：上海文艺出版社1995年版，第8页。

## W2643
### 生其他怪胎

【关联】[W0834.1] 人生妖魔

**实例**

（参见下级母题实例）

## W2643.1
### 生鬼怪人

**实例**

[毛南族] 盘古兄妹成婚配，生下一胎鬼怪人。

【流传】广西壮族自治区

【出处】《红筳开坛》，见谭亚洲等《论毛南族的唱师文学》，载《民族文学研究》1997年第4期。

## W2643.2
### 生怪物

**实例**

❶ [高山族（阿美）] 两女一男兄妹结婚，生两个怪物。

【流传】台湾马兰社

【出处】鹿忆鹿：《台湾原住民与大陆南方民族的洪水神话比较》，载《民间文学论坛》1997年第1期。

❷ [壮族] 伏羲兄妹结婚，同住四年，生怪物。
【流传】（无考）
【出处】《壮族麽经布洛陀影印译注》，南宁：广西民族出版社 2004 年版，第 2056~2059 页。

## W2643.3
### 生半人半兽的怪胎
【关联】

① [W0862.2] 怪物是半人半兽
② [W2607.9.1] 生的孩子半人半熊
③ [W2607.9.2] 生的孩子半人半虎
④ [W2607.9.3] 生的孩子半人半猴
⑤ [W2607.9.4] 生的孩子半人半鱼
⑥ [W2607.9.5] 生人首鸟身的人
⑦ [W2607.10] 生人面兽身的人

实 例

（参见关联项母题实例）

## W2643.4
### 生有肢节的东西
实 例

（参见下级母题实例）

## W2643.4.1
### 生有 13 节的怪胎
实 例

[拉祜族] 葫芦生出的一对男女扎迪和娜迪结婚。娜迪生出的孩子不像人，一节一节的共生了十三节。
【流传】云南省·（普洱市）·澜沧县（澜沧拉祜族自治县）
【出处】李云保讲述，扎约采录：《牡帕密帕的故事》，见陶阳、钟秀编《中国神话》（上），北京：商务印书馆 2008 年版，第 129~139 页。

## W2643.5
### 生会说话的怪胎
【关联】

① [W2637.1.2] 生内有说话声的肉口袋
② [W2642.1.3] 生会发出声音的皮口袋

实 例

[彝族] 天女撒赛歇下凡与直眼人小伙婚生的一个皮口袋中发出咿咿呀呀的声音。
【流传】（云南省·楚雄彝族自治州·双柏县，红河哈尼族彝族自治州等地）
【出处】
（a）云南省民族民间文学楚雄、红河调查队搜集，郭思九、陶学良整理：《查姆》，昆明：云南人民出版社 1981 年版。
（b）郭思九、陶学良整理，古梅改写：《彝家的古根》，选自《云南民族文学资料》第七集中的《查姆》上部前三章，见姚宝瑄主编《中国各民族神话》（羌族、彝族），太原：山西出版传媒集团·书海出版社 2014 年版，第 78 页。

## W2643.6
### 每个怪胎中都有两种动物

【关联】［W2615］人生动物

实 例

[纳西族] 从忍利恩（祖先名）与直眼女天女结婚，天女连生三胎：头一胎是熊和猪，第二胎是猴和鸡，第三胎是蛇和蛙。

【流传】云南省·丽江市

【出处】和志武翻译整理：《人类迁徙记》，原载中共丽江地委宣传部编《纳西族民间故事选》，见陶阳、钟秀编《中国神话》（中），北京：商务印书馆2008年版，第856~876页。

## W2643.7
### 生人和动物

【关联】［W2188.8.1］葫芦生人和动物

实 例

（参见关联项母题实例）

## W2643.7.1
### 生人和虎

【关联】［W2733.5］人与虎同源

实 例

[珞巴族] 姑娘刚刚爬上树，忽然感到受孕了，生下一只虎崽，后来又生下一个人。他们就是虎哥和人弟。

【流传】西藏自治区

【出处】腊荣老人讲，明珠翻译：《虎哥与人弟》，见姚宝瑄主编《中国各民族神话》（门巴族、珞巴族、怒族、藏族），太原：山西出版传媒集团·书海出版社2014年版，第22页。

## W2643.8
### 生动植物

实 例

（参见下级母题实例）

## W2643.8.1
### 生蛇、蛙、猴子和松、栗

实 例

[纳西族] 祖先利恩若娶了竖眼美女波吉命。这个养蛊养猫的竖眼天女生了一窝蛇蛙和树松。

【流传】云南省·丽江县（丽江市）

【出处】木丽春采集整理：《魂归情死国的传说》，见木丽春编著《纳西族民间故事集》，昆明：云南人民出版社2007年版，第212页。

## W2643.8.1.1
### 人与天女生一窝蛇、蛙、猴子和松、栗等

实 例

[纳西族] 利恩若和竖眼睛的天女波吉命结为夫妻。波吉命生出的是一窝蛇、蛙、猴子和松、栗等东西。

【流传】云南省·丽江县（丽江市）

【出处】木丽春采集整理：《檐口吃饭的禁忌》，见木丽春编著《纳西族民间故事集》，昆明：云南人民出版社

2007年版，第245页。

## W2643.9
### 生动物和无生命物

实例

（参见下级母题实例）

## W2643.9.1
### 生石头和动物

实例

（参见下级母题实例）

## W2643.9.1.1
### 生石头、青蛙和虫子

实例

[独龙族] 独眼娘生了许多石头、青蛙和虫子，却没有生孩子。

【流传】云南省·（怒江傈僳族自治州）·贡山县（贡山独龙族怒族自治县）·独龙江乡

【出处】孔志清讲，辛一采录：《行米夏朋》，见中国民间文学集成全国编辑委员会编《中国民间故事集成》（云南卷），北京：中国 ISBN 中心 2003 年版，第275页。

## W2643.10
### 生怪胎和正常人

【关联】

① [W2493.6.2] 婚生的第三个孩子才是正常人

② [W2493.6.1] 婚后第二胎开始生正常人

实例

[满族] 婚生4男4女，除第一对是正常人外；第二对是尖嘴，一身羽毛，两只翅膀；第三对只有四只脚，人头，浑身披毛；第四对没手没脚，身长头小。

【流传】黑龙江省·（牡丹江市）·宁安县·江东（江南朝鲜族满族乡）·缸窑村

【出处】关振川讲，傅英仁采录：《佛赫妈妈和乌申阔玛发》，见中国民间文学集成全国编辑委员会编《中国民间故事集成》（黑龙江卷），北京：中国 ISBN 中心 2005 年版，第13页。

## W2643.11
### 生包衣小孩

实例

[毛南族] 洪水后幸存的盘和古兄妹成婚，生了一个包衣小孩。

【流传】（无考）

【出处】

(a) 《盘和古》，见谷德明编《中国少数民族神话选》，西北民族学院研究所编印，1983年。

(b) 同（a），见姚宝瑄主编《中国各民族神话》（土家族、毛南族、侗族、瑶族），太原：山西出版传媒集团·书海出版社 2014 年版，第55页。

## ✱ W2644
### 生怪胎的原因
【关联】

① ［W2418.1］人与神婚生怪胎

② ［W2418.2］人与神性人物婚生怪胎

实　例

（参见下级母题实例）

## W2645
### 血缘婚造成怪胎
【关联】

① ［W6517.4］血缘婚禁忌

② ［W7285］血缘婚

实　例

（参见下级母题实例）

## W2645.1
### 兄妹婚生怪胎
【汤普森】T550.3

【关联】

① ［W2601.1.3］生畸形人

② ［W6517.4.1］兄妹不能结婚

③ ［W7300］兄妹婚

实　例

❶ ［高山族（雅美）］男神生的1男1女相婚，生残疾或畸形人。

【流传】（无考）

【出处】《石生、竹生雅美人始祖》，见中国各民族宗教与神话大词典编审委员会编《中国各民族宗教与神话大词典》，北京：学苑出版社1990年版，第145页。

❷ ［高山族（卑南）］兄妹相婚，生子女皆残疾。

【流传】（无考）

【出处】《石生卑南人始祖》，见中国各民族宗教与神话大词典编审委员会编《中国各民族宗教与神话大词典》，北京：学苑出版社1990年版，第145页。

❸ ［仡佬族］伏羲兄妹结婚，生怪娃娃。

【流传】贵州省·（安顺市）·关岭（关岭布依族苗族自治县）·（关索镇）·龙滩（龙滩村）、（新铺乡）·麻凹（麻凹村）

【出处】詹仰奎、田应昌讲，潘定智搜集：《伏羲兄妹制人烟》，见《贵州民间文学资料》第49集，内部编印。

❹ ［苗族］洪水后，幸存的姜央与妹妹结婚，生肉坨坨。

【流传】（无考）

【出处】《苗族史诗》，见 http//tieba.baidu.com，2008.05.16。

❺ ［苗族］伏羲兄妹结婚，第二年妹妹生怪崽。

【流传】贵州省·（毕节市）·织金县·金龙乡

【出处】陈发贵讲，陈德超、吴勇采录：《伏羲兄妹造人烟》（1987），见燕宝、张晓编《贵州神话传说》，贵阳：贵州人民出版社1997年版，第41~43页。

❻ ［苗族］兄妹成婚后，妹妹生一个肉

团。妹妹看到生的不是娃娃，心生怨气说："我早说过了，兄妹不能成亲，可你听不进去！你看生下来的是什么东西？"

【流传】云南省

【出处】

（a）李应得讲，李应得整理：《洪水滔天的故事》，见李子贤编《云南少数民族神话选》，昆明：云南人民出版社1990年版。

（b）同（a），见姚宝瑄主编《中国各民族神话》（布依族、仡佬族、苗族），太原：山西出版传媒集团·书海出版社2014年版，第250页。

❼ [苗族（花苗）] 兄妹婚生怪胎。

【流传】贵州省

【出处】吴泽霖：《苗族中祖先来历的传说》，见马昌仪编《中国神话学文论选萃》（上编），北京：中国广播电视出版社1994年版，第434~435页。

❽ [畲族] 洪水后，幸存的盘哥、云囡兄妹结婚。妹妹生一个肉蛋。

【流传】（无考）

【出处】

（a）兰石女、钟伟琪、项次欣讲，唐宗龙记录：《桐油火和天洪》，见陶立璠、李耀宗编《中国少数民族神话传说选》，成都：四川民族出版社1985年版。

（b）同（a），见姚宝瑄主编《中国各民族神话》（高山族、黎族、畲族），太原：山西出版传媒集团·书海出版社2014年版，第102页。

❾ [水族] 兄妹婚生怪胎。

【流传】贵州省·（黔南布依族苗族自治州）·三都县（三都水族自治县）

【出处】《古歌》，见王孝廉《岭云关雪——民族神话学论集》，北京：学苑出版社2002年版，第131页。

## W2645.1.1
### 哥哥抢妹妹做妻子生怪胎

【关联】[W7050] 抢婚

实 例

[苗族] 姜央（祖先名）做事实在怪：抢妹仰妮作妻子，生下一个肉团崽。

【流传】原文无流传地，据文本及注释推测该神话流传于贵州省·黔东南苗族侗族自治州·凯里市、台江县等地。

【出处】姜洪魁演唱，杨忠诚搜集，燕宝整理译注：《沿河西迁》，见贵州省少数民族古籍整理出版规划小组办公室编，燕宝整理译注《苗族古歌》，贵阳：贵州民族出版社1993年版，第652页。

## W2645.1.2
### 兄妹婚生畸形人

【汤普森】T550.3

【关联】

[W2601.1.3] 生畸形人

[W7300] 兄妹婚

实 例

❶ [高山族] 兄妹婚生畸形怪胎。

【流传】（台湾）

【出处】曾思奇、田中山讲：《山地人与平地人的始祖》，见姚宝瑄主编《中国各民族神话》（高山族、黎族、畲族），太原：山西出版传媒集团·书海出版社2014年版，第27页。

❷ [高山族（阿美）] 兄拉嘎达干与妹尤嘎索古成婚生畸形怪胎。

【流传】（无考）

【出处】《山地人与平地人始祖》，见中国各民族宗教与神话大词典编审委员会编《中国各民族宗教与神话大词典》，北京：学苑出版社1990年版，第145页。

## W2645.1.3
### 兄妹婚生瞎眼的孩子

实例

[高山族（雅美）] 兄妹自成婚配，结果生下瞎眼的孩子。

【流传】台湾伊摩鲁得社

【出处】

（a）鹿忆鹿：《台湾原住民与大陆南方民族的洪水神话比较》，载《民间文学论坛》1997年第1期。

（b）李卉：《台湾及东南亚的同胞配偶型洪水传说》，载中国民族学会编印《中国民族学报》（台北）1955年第1期。

## W2645.1.4
### 兄妹婚生残疾

实例

❶ [高山族（排湾）] 兄妹结婚，生子女皆有残疾。

【流传】（无考）

【出处】《兄妹婚繁衍排湾人》，见中国各民族宗教与神话大词典编审委员会编《中国各民族宗教与神话大词典》，北京：学苑出版社1990年版，第145页。

❷ [高山族] 兄妹二人结婚后生下残疾子女。

【流传】台湾大鸟万社、枋寮番等

【出处】李卉：《台湾及东南亚的同胞配偶型洪水传说》，载中国民族学会编印《中国民族学报》（台北）1955年第1期。

## W2645.2
### 姐弟婚生怪胎

实例

（参见下级母题实例）

## W2645.2.1
### 姐弟婚生的孩子不成人

实例

[瑶族（布努）] 弟弟娶了姐姐，生的小孩不成人仔。

【流传】广西壮族自治区·（河池市）·都安县（都安瑶族自治县）、巴马县（巴马瑶族自治县）、南丹县，（百色市）·田东县、平果县等地

【出处】桑布郎等传，蒙凤标（83岁）、罗仁祥（73岁）等唱：《密洛陀》（1983），见蓝怀昌、蓝书京、蒙通顺

搜集翻译整理《密洛陀》，北京：中国民间文艺出版社1988年版，第53页。

## W2645.3
### 母子婚生怪胎

【关联】［W2444］母子婚生人

实 例

（实例待考）

## W2645.4
### 其他血缘婚生怪胎

【关联】［W2606.7.1］血缘婚生没有鼻子的孩子

实 例

（实例待考）

## W2646
### 因惩罚生怪胎

实 例

（参见下级母题实例）

## W2646.1
### 因偷情生怪胎

【关联】［W7990］偷情

实 例

［瑶族］姑姑沙房三和侄子盘十六结婚前与一男子偷情有孕，生肉块。

【流传】广东省·（清远市）·连南县（连南瑶族自治县）

【出处】《洪水的传说》，见中国各民族宗教与神话大词典编审委员会编《中国各民族宗教与神话大词典》，北京：学苑出版社1990年版，第654页。

## W2647
### 不敬祖先生怪胎

【关联】［W2657.2］杀牛祭祖后怪胎变成人

实 例

［独龙族］树生的年轻人与独眼姑娘结婚，由于原先不敬祖先，生出的是石头。

【流传】云南省·（怒江傈僳族自治州）·贡山县（贡山独龙族怒族自治县）·独龙江乡

【出处】孙志清讲：《竹米戛朋》，见中国民间文学集成全国编辑委员会编《中国民间故事集成》（云南卷），北京：中国ISBN中心2003年版，第275～278页。

## W2648
### 与生怪胎原因有关的其他母题

实 例

（参见下级母题实例）

## W2648.0
### 因违背忌讳生怪胎

【关联】［W6548.1］犯忌遭受惩罚

实 例

［纳西族］洪水过后，从忍利恩（祖先名）被有一双勾人的媚眼的不善良的

直眼女天女所吸引,违背老人的告诫与她结婚,不久天女怀孕,天女生的不是人。

【流传】云南省·丽江市

【出处】和志武翻译整理:《人类迁徙记》,原载中共丽江地委宣传部编《纳西族民间故事选》,见陶阳、钟秀编《中国神话》(中),北京:商务印书馆2008年版,第856~876页。

## W2648.1
### 天神使生怪胎

实例

[普米族] 英雄里格萨因战妖魔而死,天神让他的妻子生冲格萨(青蛙)。

【流传】云南省

【出处】熊农布等讲:《冲格萨》,见刘江华编《中国神话故事》(天、地、人物卷),北京:中国世界语出版社1999年版,第176页。

## W2648.2
### 吃动物特定肢体生怪胎

实例

(参见下级母题实例)

## W2648.2.1
### 吃牛头虎爪生怪胎

实例

[苗族] 引雄和姑娘妮仰两人约定结婚时造成误会争吵时,理老罚妮仰杀牛,把牛肉挑给引雄,引雄的死虎留给妮仰。结果妮仰吃了牛头,又吃了虎爪,生下一个怪头仔。

【流传】广西壮族自治区·(柳州市)·融水苗族自治县

【出处】

(a) 杨达香讲,梁彬搜集整理:《创世纪》(五、水淹天下,兄妹乘葫),见梁彬、王天若编《苗族民间故事选》,南宁:广西人民出版社1986年版。

(b) 同(a),见姚宝瑄主编《中国各民族神话》(布依族、仡佬族、苗族),太原:山西出版传媒集团·书海出版社2014年版,第196页。

(c) 杨达香讲,梁彬搜集整理:《创世纪》,见谷德明编《中国少数民族神话》,北京:中国民间文艺出版社1987年版,第545页。

## W2648.3
### 娶特定的女子生怪胎

实例

(参见下级母题实例)

## W2648.3.1
### 娶回不该娶的妻子生怪胎

实例

[纳西族] 崇仁丽恩(祖先名)违背阳神老公公的吩咐,不理睬貌丑横眼女,而把美貌的直眼女领回,两个结缘做一家。生出不该生的东西:一胎生下蛇和蛙,一胎生下松和栗,一胎生下猪和熊,一胎生下猴和鸡。

【流传】云南省·丽江(丽江市)

【出处】和芳（东巴）读经，和志武翻译整理：《崇邦统》（人类迁徙记）（1954），见吕大吉、何耀华总主编《中国各民族原始宗教资料集成》（纳西族卷、羌族卷、独龙族卷、傈僳族卷、怒族卷），北京：中国社会科学出版社2000年版，第324页。

## W2648.3.2
### 娶天上的竖眼女子生怪胎

实例

[纳西族] 洪水后大地上只剩下崇忍利恩一个男子，他娶天上的竖眼女子，不能生育正常人。

【流传】云南省·丽江县（丽江市）·（玉龙纳西族自治县）·鸣音地区（鸣音乡）

【出处】和即贵（60岁）讲，李丽芬调查整理：《丽江鸣音地区的"顶天灾"仪式》（1989），见吕大吉、何耀华总主编《中国各民族原始宗教资料集成》（纳西族卷、羌族卷、独龙族卷、傈僳族卷、怒族卷），北京：中国社会科学出版社2000年版，第293页。

## W2648.4
### 特定的男女生怪胎

实例

[苗族] 洪水后，只幸存姜央两兄妹结婚，生养个尴疙瘩儿，圆不留秋像火把。

【流传】原文无流传地，据文本及注释推测该神话流传于贵州省·黔东南苗族侗族自治州·凯里市、台江县等地。

【出处】张洪正演唱，张文搜集，燕宝整理译注：《浩劫复生·兄妹结婚》，见贵州省少数民族古籍整理出版规划小组办公室编，燕宝整理译注《苗族古歌》，贵阳：贵州民族出版社1993年版，第620页。

## W2648.4.1
### 老男人娶丑女生怪胎

【关联】［W2639.1.1］老年男子娶丑女为妻生石头

实例

[珞巴族]（实例待考）

## W2648.5
### 因触犯精怪生怪胎

实例

[羌族] 野仙类似妖怪、精灵。如妇女触犯它，往往生畸形儿或不成人形的肉块。

【流传】四川省·（阿坝藏族羌族自治州）·理县·桃坪乡·增头寨

【出处】
（a）杨茂山（释比，64岁）唱，周巴翻译，钱安靖整理：《中坛经》（1983.10）中说明文字，见钱安靖《羌族和羌语支各居民集团宗教习俗调查报告》，四川大学宗教研究所油印本，1987年12月。

（b）同（a），见吕大吉、何耀华总主编《中国各民族原始宗教资料集成》

（纳西族卷、羌族卷、独龙族卷、傈僳族卷、怒族卷），北京：中国社会科学出版社 2000 年版，第 528 页。

## W2648.6
### 因道德失范生怪胎

【关联】［W2646.1］因偷情生怪胎

实例

（参见关联项及下级母题实例）

## W2648.6.1
### 夫妻不顾念父母生怪胎

实例

[纳西族] 从忍利恩（祖先名）与衬红褒白命（天女名）到天上求婚成功，把衬红褒白命带回人间过日子，不再顾念生身父母（天神阿普），引起天神阿普的愤怒，惩罚他们生哑巴儿子。

【流传】云南省·丽江市

【出处】和志武翻译整理：《人类迁徙记》，原载中共丽江地委宣传部编《纳西族民间故事选》，见陶阳、钟秀编《中国神话》（中），北京：商务印书馆 2008 年版，第 856～876 页。

## W2648.7
### 感生怪胎

【关联】［W2230］感生人

实例

（参见下级母题实例）

## W2648.7.1
### 女子感光生怪胎

【关联】［W2274］感光孕生人

实例

[朝鲜族] 河伯的女儿柳花在扶余国居住时感日光生了一个肉蛋。

【流传】长白山等地

【出处】金德顺讲，裴永镇记录整理：《东明王的传说》，原载《金德顺故事集》，见陶阳、钟秀编《中国神话》（中），北京：商务印书馆 2008 年版，第 886～897 页。

## W2648.8
### 被诅咒生怪胎

【关联】［W9175］诅咒（咒语）

实例

[苗族] 洪水后，南瓜劝幸存的殷略、埋耶兄妹俩结婚时被捶扁，南瓜咒曰："好心来相劝，反说不应当。日后生达略（小男孩），是个溜丢样。若是生妞妞，歪嘴塌鼻梁。"

【流传】广西壮族自治区·（柳州市）·融水苗族自治县

【出处】

(a) 杨达香讲，梁彬搜集整理：《创世纪》（六、再造世人，接烟接烛），见梁彬、王天若编《苗族民间故事选》，南宁：广西人民出版社 1986 年版。

(b) 同 (a)，见姚宝瑄主编《中国各民族神话》（布依族、仡佬族、苗族），太原：山西出版传媒集团·书海出版社 2014 年版，第 215~216 页。

## W2648.9
### 不听老人言生怪胎

**实例**

[纳西族] 人祖从忍利恩违背白发老人的告诫，娶了貌美的直眼女，结果天女生的不是人。

【流传】（a）云南省·丽江县（丽江市）

【出处】

（a）和芳讲，和志武采录：《人类迁徙记》，见中国民间文学集成全国编辑委员会编《中国民间故事集成》（云南卷），北京：中国 ISBN 中心 2003 年版，第 49 页。

（b）和志武翻译整理：《人类迁徙记》，见谷德明编《中国少数民族神话》，北京：中国民间文艺出版社 1987 年版，第 395 页。

## ＊W2649
### 怪胎的处置者（处理怪胎者）

【关联】[W2313] 怪胎变成人

**实例**

（参见下级母题实例）

## W2650
### 神或神性人物处理怪胎

【关联】

① [W2078.1.1] 神或神性人物是造人的帮助者

② [W2286] 神或神性人物作为生人的帮助者

**实例**

（参见下级母题实例）

## W2650.1
### 神处置怪胎

**实例**

（参见下级母题实例）

## W2650.1.1
### 神劈开怪胎

**实例**

（参见 W2650.1.3、W2650.1.5、W2650.1.6 等母题实例）

## W2650.1.2
### 神下凡处置怪胎

**实例**

[彝族] 天女撒赛歇与凡间直眼人小伙婚生下一个皮口袋。众神之王的长子撒赛萨若埃下凡，用一把大剪子把那皮口袋剪成三节。

【流传】（云南省·楚雄彝族自治州·双柏县，红河哈尼族彝族自治州等地）

【出处】

（a）云南省民族民间文学楚雄、红河调查队搜集，郭思九、陶学良整理：《查姆》，昆明：云南人民出版社 1981 年版。

（b）郭思九、陶学良整理，古梅改写：《彝家的古根》，选自《云南民族文学资料》第七集中的《查姆》上部前三章，见姚宝瑄主编《中国各民族神话》（羌族、彝族），太原：山西出版传媒集团·书海出版社 2014 年版，第 78 页。

## W2650.1.3
### 女神处置怪胎

实例

[苗族] 殷略、埋耶兄妹结婚三年生的一团肉坨坨是人种。女神抵力古莫婆婆拿来砧板砍刀，把肉坨切成十二块，分成十二堆，叫殷略拿到六层坡上去撒，拿到六层岭上去分。

【流传】广西壮族自治区·（柳州市）·融水苗族自治县

【出处】

（a）杨达香讲，梁彬搜集整理：《创世纪》（六、再造世人，接烟接烛），见梁彬、王天若编《苗族民间故事选》，南宁：广西人民出版社 1986 年版。

（b）同（a），见姚宝瑄主编《中国各民族神话》（布依族、仡佬族、苗族），太原：山西出版传媒集团·书海出版社 2014 年版，第 219～220 页。

## W2650.1.4
### 神锥开怪胎

实例

[彝族] 妹妹喝哥哥洗浴的水怀孕生下一个怪葫芦。天神用金锥开葫芦，天神用银锥开葫芦。

【流传】云南省·楚雄彝族自治州·姚安县、大姚县等彝族地区

【出处】《创世·人类起源》，见云南省民族民间文学楚雄调查队整理编写《梅葛》，昆明：云南人民出版社 2009 年版，第 48 页。

## W2650.1.5
### 山神奶奶砍碎怪胎

实例

[景颇族] 山神奶奶（bc 说是"老爷爷"）把姐弟生的爱哭的孩子抱到九岔路口用刀劈成 8 块丢在地上，变成了 4 男 4 女。

【流传】云南省

【出处】

（a）岳志明、杨国治翻译整理：《驾驭太阳的母亲》，见谷德明编《中国少数民族神话》，北京：中国民间文艺出版社 1987 年版，第 468 页。

（b）殷江腊讲，永生译，东耳等整理：《人类始祖》，载《山茶》1982 年第 6 期。

（c）同（b），见谷德明编《中国少数民族神话》，北京：中国民间文艺出版社 1987 年版，第 458 页。

## W2650.1.6
### 万能神剖开怪胎

实例

[景颇族] 万能神格莱格桑把彭干支伦（男）和木占威纯（女）生的圆球剖

成两半。

【流传】云南省

【出处】尚正兴整理：《神金木沙阿朗》，见中国各民族宗教与神话大词典编审委员会编《中国各民族宗教与神话大词典》，北京：学苑出版社1990年版，第362页。

## W2650.2
### 雷公处置怪胎

实例

（参见下级母题实例）

## W2650.2.1
### 雷公砍碎怪胎

实例

❶ [布依族] 苏哥细妹婚生一个圆肉团儿。雷公把肉团碾碎，叫苏哥细妹将肉粉撒在大地上，变成人。

【流传】贵州省·（黔西南布依族苗族自治州）·兴仁县·菁脚乡·菁谷村

【出处】杨兴法讲，杨田采录：《细妹苏哥造人烟》，见中国民间文学集成全国编辑委员会编《中国民间故事集成》（贵州卷），北京：中国ISBN中心2003年版，第46页。

❷ [黎族] 雷公砍碎兄妹生的怪胎。

【流传】（无考）

【出处】《人类的起源》，见毛星主编《中国少数民族文学》（中），长沙：湖南人民出版社1983年版，第373~374页。

❸ [壮族] 雷公砍碎盘和古兄妹婚生的肉球。

【流传】（无考）

【出处】《盘和古》，见陶立璠等编《中国少数民族神话传说选》，成都：四川民族出版社1985年版，第156~159页。

## W2650.2.2
### 雷公包裹怪胎

实例

[壮族] 雷公用带子包伏羲女娲兄妹婚生的石头，石头变成人。

【流传】广西壮族自治区·宜州（宜州市）·矮山（矮山乡）、北牙（北牙瑶族乡）、怀远（怀远镇）一带

【出处】梁俊如讲：《伏羲兄妹》，见张声震总主编，农冠品编注《壮族神话集成》，南宁：广西民族出版社2007年版，第318页。

## W2650.3
### 太白金星剁怪胎

实例

[毛南族] 太白金星把伏羲女娲兄妹婚生的肉胎剁成肉块。

【流传】广西壮族自治区·河池（河池市）

【出处】《女娲歌》，见蒙国荣等著《毛南族文学史》，南宁：广西人民出版社1992年版，第51~52页。

## W2650.4
### 其他特定的神或神性人物处理怪胎

实例

(参见下级母题实例)

## W2650.4.1
### 盘古劈怪胎

实例

[瑶族] 盘古下凡劈碎伏羲和妹妹生的肉瘤，变成人。

【流传】（无考）

【出处】盘国金整理：《伏羲兄妹》，见刘江华编《中国神话故事》（天、地、人物卷），北京：中国世界语出版社1999年版，第164~167页。

## W2650.4.2
### 伏羲砸怪胎

实例

[仫佬族] 伏羲用石头砸碎小兄妹婚生的肉团，繁衍人类。

【流传】广西壮族自治区·（河池市）·罗城县（罗城仫佬族自治县）

【出处】龙殿保等搜集整理：《伏羲兄妹的传说》，见中华民族故事大系编委会编《中华民族故事大系》第11卷（达斡尔族、仫佬族、羌族），上海：上海文艺出版社1995年版，第279~285页。

## W2650.4.3
### 玉女劈怪胎

实例

[瑶族] 伏羲兄妹婚生葫芦，九州玉女赶来后用刀把它劈开砍碎，撒遍大地后变成人。

【流传】广东省·（韶关市）·乳源县（乳源瑶族自治县）

【出处】赵良保讲，陈松海等采录：《洪水淹天》，见中国民间文学集成全国编辑委员会编《中国民间故事集成》（广东卷），北京：中国ISBN中心2006年版，第7页。

## W2650.4.4
### 天降的大汉剁碎怪胎

实例

[土家族] 补所和雍民两兄妹成亲，生肉坨，天降的大汉剁碎后成为人。

【流传】四川省（今重庆市）·西阳县（西阳土家族苗族自治县）·可大乡

【出处】徐元科讲：《补所和雍尼》，见中国民间文学集成全国编辑委员会编《中国民间故事集成》（四川卷·下），北京：中国ISBN中心1998年版，第1213~1214页。

## W2650.4.5
### 男始祖手劈怪胎

实例

[壮族] 布洛陀用手掌劈开地上一个圆

圆的怪东西，出现了人。

【流传】广西壮族自治区·（百色市）·田阳县

【出处】李世锋：《布洛陀神功缔造人间天地》，见广西田阳县人民政府网 http://www.gxty.gov.cn/tykk/ShowArticle.asp? ArticleID = 726, 2007.01.22。

## W2651
### 怪胎的父母处理怪胎
实　例

（参见下级母题实例）

## W2651.0
### 生怪胎者的父母处理怪胎
实　例

（参见下级母题实例）

## W2651.0.1
### 生怪胎者的父亲砍碎怪胎
实　例

[布依族] 芭龙、德龙兄妹结婚五年后生肉坨，父亲要兄妹把生的怪胎砍成小块。

【流传】贵州省·（黔南布依族苗族自治州）·都匀（都匀市）

【出处】《阿培哥本和他的儿女》，见中华民族故事大系编委会编《中华民族故事大系》第3卷（彝族、壮族、布依族），上海：上海文艺出版社1995年版，第695~701页。

## W2651.1
### 怪胎的父母切（砍）碎怪胎
实　例

❶ [苗族] 兄妹用刀剖割婚生的肉块抛散后，各地有了人。

【流传】（a）湖南省·湘西（湘西土家族苗族自治州）

【出处】

（a）芮逸夫：《苗族的洪水故事与伏羲女娲的传说》，见马昌仪编《中国神话学文论选萃》（上编），北京：中国广播电视出版社1994年版，第371~374页。

（b）芮逸夫：《苗族的洪水故事与伏羲女娲的传说》，载《人类学集刊》1938年第1卷第1期。

❷ [苗族（鸦雀苗）] 兄妹把婚生的无手足不会哭孩子切块撒后变成人。

【流传】贵州省·贵阳市南部

【出处】《鸦雀苗的洪水故事》，见马昌仪编《中国神话学文论选萃》（上编），北京：中国广播电视出版社1994年版，第392页。

❸ [苗族] 葫芦兄妹婚生肉团子。兄妹二人生气地将它剁成肉酱。

【流传】贵州省

【出处】

（a）罗亮臣讲，王春德搜集整理：《阿各林和葫芦兄妹》，见中国作家协会贵阳分会筹委会等编《民间文学资料》第十五集（苗族传说故事），内部资料，1959年。

(b) 同（a），见姚宝瑄主编《中国各民族神话》（布依族、仡佬族、苗族），太原：山西出版传媒集团·书海出版社2014年版，第308页。

❹ [水族] 兄妹婚生一个肉疙瘩。妹妹用刀把它砍成三截，哥哥用刀把它剁烂。

【流传】贵州省·（黔南布依族苗族自治州）·三都县（三都水族自治县），荔波（荔波县）、都匀（都匀市）、独山（独山县）；广西壮族自治区·（河池市）·南丹（南丹县）等

【出处】王英等讲，潘朝霖等搜集整理：《人类起源》，见谷德明编《中国少数民族神话》，北京：中国民间文艺出版社1987年版，第633页。

❺ [彝族] 夫妻二人把婚生的肉团子一顿乱刀剁成碎块，后来成了一个个活人。

【流传】云南省·昭通市

【出处】陈友才讲，朱冬才采录：《创世纪》，见中国民间文学集成全国编辑委员会编《中国民间故事集成》（云南卷），北京：中国ISBN中心2003年版，第164页。

❻ [壮族] 伏依兄妹用刀把婚生的肉团砍碎，变成了许多人。

【流传】（无考）

【出处】农冠品、曹廷伟编：《壮族民间故事选》第1集，南宁：广西人民出版社1982年版，第24~25页。

## W2651.1.1
### 怪胎的父母用斧子砍碎怪胎

实 例

[纳西族] 陆色兄妹（男女神名）婚后，生一团红肉坨，陆神拿了一把开天斧，色神拿了一把辟地斧，把怪胎劈成碎肉。

【流传】云南省·丽江县（丽江市）

【出处】木丽春采集整理：《男女结合生人的故事》，见木丽春编著《纳西族民间故事集》，昆明：云南人民出版社2007年版，第86页。

## W2651.1.2
### 怪胎的父母用刀砍碎怪胎

实 例

[壮族] 伏依兄妹结婚后，不久就生下一个肉团团。这肉团团没有眼、没有嘴、没有手、没有脚。伏依兄妹便用刀把肉团团砍碎，往山下一撒，就变成了许多人。

【流传】广西壮族自治区红水河流域各县

【出处】蓝鸿恩搜集整理：《布伯的故事》，原载蓝鸿恩编《壮族民间故事选》，见陶阳、钟秀编《中国神话》（上），北京：商务印书馆2008年版，第498~508页。

## W2651.1.3
### 伏羲兄妹剁碎婚生的肉坨

【关联】

① ［W2632.8.1］伏羲兄妹婚生没有头

的肉坨

② ［W2632.13.2］伏羲兄妹婚生像冬瓜的肉团

③ ［W2633.0.3b］伏羲兄妹婚生肉球

④ ［W2633.1.2］伏羲兄妹婚生肉瘤

⑤ ［W2633.3.1b］伏羲兄妹婚生肉包

**实例**

［布依族］伏羲兄妹婚生没有头的肉坨很生气，二人就把肉坨坨砍烂，砍烂了又拿去撒。

【流传】（无考）

【出处】

（a）祝登雍讲：《伏羲兄妹》，见谷德明编《中国少数民族神话选》，西北民族学院研究所编印，内部资料，1983年。

（b）同（a），见姚宝瑄主编《中国各民族神话》（布依族、仡佬族、苗族），太原：山西出版传媒集团·书海出版社2014年版，第61页。

## W2651.2

### 怪胎的父亲处理怪胎

**实例**

❶ ［汉族］罗神娘与罗神公姐弟婚生下一只血球。罗神公拔出刀，砍成了88坨。

【流传】湖南省·（怀化市）·沅陵县

【出处】张氏讲，石如华采录：《铺天大水》，见中国民间文学集成全国编辑委员会编《中国民间故事集成》（湖南卷），北京：中国ISBN中心2002年版，第34页。

❷ ［苗族］伏羲祈祷后剖开与妹妹婚生的肉胞，出现人。

【流传】湖南省·湘西（湘西土家族苗族自治州）

【出处】《摊公摊母歌》，见马昌仪编《中国神话学文论选萃》（上编），北京：中国广播电视出版社1994年版，第376～377页。

## W2651.3

### 怪胎的父亲切（砍）碎怪胎

**实例**

❶ ［汉族］伏羲和女娲结婚生肉球。伏羲砍碎肉球。

【流传】湖北省·（荆州市）·江陵县

【出处】《女娲配伏羲》，见《湖北省民间故事卷》编辑部编《民间故事集成编辑工作会议资料选编》，1989年。

❷ ［苗族］伏羲兄妹结婚生肉胞。伏羲剖开肉胞后，出现人。

【流传】湖南省·湘西（湘西土家族苗族自治州）

【出处】《摊公摊母歌》，见马昌仪编《中国神话学文论选萃》（上编），北京：中国广播电视出版社1994年版，第376～377页。

## W2651.3.1

### 怪胎的父亲用刀劈开怪胎

**实例**

［佤族］人类首领达惹嘎木用长刀劈开他与小母牛婚生的葫芦，从里面陆续

走出人和动物。

【流传】云南省

【出处】《青蛙大王与母牛的传说》，见 http://www.nihaoyn.com，2008.09.25。

## W2651.3.2
### 怪胎的父亲用刀砍碎怪胎

实 例

❶ [布依族] 王姜和妹妹婚生一块肉瘤。王姜用力把肉瘤砍成碎片。

【流传】（无考）

【出处】

（a）《王姜射日》，见谷德明编《中国少数民族神话选》，西北民族学院研究所编印，内部资料，1983年。

（b）同（a），见姚宝瑄主编《中国各民族神话》（布依族、仡佬族、苗族），太原：山西出版传媒集团·书海出版社2014年版，第58页。

❷ [侗族] 姜郎、姜妹兄妹成亲生一个大肉坨坨。姜郎把那个肉坨摆在砧板上，砍做99块。

【流传】湖南省·（怀化市）·新晃县（新晃侗族自治县）·李树乡·茂溪村

【出处】吴贻刚讲，杨顺成等采录：《姜郎姜妹》，见中国民间文学集成全国编辑委员会编《中国民间故事集成》（湖南卷），北京：中国 ISBN 中心2002年版，第28页。

❸ [汉族] 伏羲兄妹成亲百日以后，女娲生下一个肉团。伏羲拿起刀来就一阵乱砍，被砍下来的这些肉陀陀，一个个都就成了人。

【流传】四川省

【出处】李茂生讲，陈钧搜集整理：《伏羲兄妹制人烟》，见姚宝瑄主编《中国各民族神话》（汉族），太原：山西出版传媒集团·书海出版社2014年版，第91~94页。

## W2651.3.3
### 怪胎的父亲用刀剁碎怪胎

实 例

❶ [汉族] 盘古姐与弟弟盘古成婚，姐姐生一块大血痂。弟弟把血痂摔在切菜的丁板上，挥刀乱剁。

【流传】江西省·（吉安市）·万安县·潞田乡·下栋村

【出处】郭隆士讲，钟家柱采录：《伏羲和女娲》，见中国民间文学集成全国编辑委员会编《中国民间故事集成》（江西卷），北京：中国 ISBN 中心2002年版，第11页。

❷ [汉族] 伏羲兄妹结婚生肉团。伏羲用刀砍成肉坨后，变成人。

【流传】四川省·（德阳市）·中江（中江县）

【出处】陈钧搜集整理：《伏羲兄妹制人烟》，载《民间文学》1964年第3期。

❸ [黎族] 兄妹婚生怪胎。哥哥用刀把肉团砍成肉块，兄妹两人把它们抛到山下。

【流传】海南省五指山区

【出处】马文光等讲，陈葆真等记录，

陈葆真等整理：《螃蟹精》，见谷德明编《中国少数民族神话》，北京：中国民间文艺出版社1987年版，第193页。

❹ [苗族] 洪水后，幸存的姜央两兄妹婚生一个肉疙瘩。姜央拿把弯柴刀，一个小小柭木砧，轻轻剁在仓脚下。

【流传】原文无流传地，据文本及注释推测该神话流传于贵州省·黔东南苗族侗族自治州·凯里市、台江县等地。

【出处】张洪正演唱，张文搜集，燕宝整理译注：《浩劫复生·兄妹结婚》，见贵州省少数民族古籍整理出版规划小组办公室编，燕宝整理译注《苗族古歌》，贵阳：贵州民族出版社1993年版，第621页。

❺ [苗族] 姐弟结婚生子如磨刀石。弟弟剁碎生人类。

【流传】湖南省·湘西（湘西土家族苗族自治州）；湖北省西南；四川省东南；贵州省·（铜仁市）·松桃（松桃苗族自治县）

【出处】《傩公傩母》，见石宗仁搜集整理《中国苗族古歌》，天津：天津古籍出版社1991年版，第85～122页。

❻ [苗族] 恩和媚兄妹婚生一个像瓜的孩子。恩一时气愤，拿大刀将这怪孩子砍成许多碎块，撒在四周山上。

【流传】贵州省·（黔东南苗族侗族自治州）·黄平县·谷陇区（谷陇镇）

【出处】《人祖的来历》，见姚宝瑄主编《中国各民族神话》（布依族、仡佬族、苗族），太原：山西出版传媒集团·书海出版社2014年版，第233页。

## W2651.3.4
### 怪胎的父亲用刀分割怪胎

实 例

❶ [羌族] 姐弟婚后姐姐孕生一个肉坨坨。弟弟把肉坨坨拿到门外，割成很多小坨坨，分别挂在不同的树上。

【流传】（无考）

【出处】

(a)《黄水潮天，兄妹成亲》，见西南民族学院语文系民族民间文学组李明等《羌族文学概况》初稿，1980年12月。

(b) 同 (a)，见吕大吉、何耀华总主编《中国各民族原始宗教资料集成》（纳西族卷、羌族卷、独龙族卷、傈僳族卷、怒族卷），北京：中国社会科学出版社2000年版，第577页。

❷ [羌族] 姐弟婚生肉坨坨。弟弟把肉坨坨割成许多小坨坨，挂在各种树上。

【流传】四川省·（阿坝藏族羌族自治州）·汶川县·龙溪公社（龙溪乡）·胜利大队（胜利村）、马登生产队（马登村）

【出处】西南民族学院语文系民族民间文学组：《黄水潮天》，见谷德明编《中国少数民族神话》，北京：中国民间文艺出版社1987年版，第267页。

## W2651.3.5
### 怪胎的父亲用石斧砍开怪胎

> 实 例

［汉族］ 伏羲女娲兄妹婚生卵。伏羲用石斧把卵砍开。

【流传】 浙江省·（衢州市）·江山市·凤林镇

【出处】 管兰吉讲，杜鹃采录：《孽生禽兽》，见中国民间文学集成全国编辑委员会编《中国民间故事集成》（浙江卷），北京：中国 ISBN 中心 1997 年版，第 49 页。

## W2651.3.6
### 怪胎的父亲用剑砍开怪胎

> 实 例

［苗族］ 公主与犬婚生一个大血球。神农（公主的父亲）一剑剖开，里面出来人。

【流传】 贵州省·（铜仁市）·松桃（松桃苗族自治县）；湖南省·湘西（湘西土家族苗族自治州）

【出处】 龙炳文搜集，燕宝整理：《神母》，见谷德明编《中国少数民族神话》，北京：中国民间文艺出版社 1987 年版，第 607 页。

## W2651.3.7
### 怪胎的父亲用草割开怪胎

> 实 例

［汉族］ 伏羲女娲结婚生下个大肉蛋。伏羲顺手掐下一根菅草，把肉蛋割开。

【流传】 河北省·（石家庄市）·新乐市

【出处】 刘戊戌讲，富强采录：《洪水漫世》，见中国民间文学集成全国编辑委员会编《中国民间故事集成》（河北卷），北京：中国 ISBN 中心 2003 年版，第 20 页。

## W2651.3.8
### 怪胎的父亲划开怪胎

［藏族］ 兄妹婚生一个肉坨坨。哥哥拿刀把肉坨坨划开。

【流传】 四川省·（绵阳市）·平武县·白马孝

【出处】 旭世休讲，四川大学中文系采风队采录：《皮绳造人》，见中国民间文学集成全国编辑委员会编《中国民间故事集成》（四川卷·下），北京：中国 ISBN 中心 1998 年版，第 938 页。

## W2651.3.9
### 怪胎的父亲摔碎怪胎

> 实 例

［汉族］ 伏羲与女娲结婚生石墩子。伏羲把它摔破。

【流传】 湖北省·（孝感市）·安陆市·烟店镇

【出处】 万大江讲，蔡建刚采录：《女娲配伏羲》，见中国民间文学集成全国编辑委员会编《中国民间故事集成》

（湖北卷），北京：中国 ISBN 中心 1999 年版，第 10 页。

## W2651.3.10
### 怪胎的父亲砸烂怪胎

【实例】

❶ [仫佬族] 伏羲兄妹婚生一团肉。伏羲生气地用石头把肉团砸烂，撒在大地上。第二天，山沟里、平原上处处冒起炊烟，有了村寨人家。从那时候起，天下又有了人烟。

【流传】（a）广西壮族自治区·（河池市）·罗城县（罗城仫佬族自治县）·四把乡·石门村、冲眷屯

【出处】

（a）包启宽讲，包玉堂采录翻译：《伏羲兄妹》（1981），见中国民间文学集成全国编辑委员会编《中国民间故事集成》（广西卷），北京：中国 ISBN 中心 2001 年版，第 69 页。

（b）同（a），见陶阳、钟秀编《中国神话》（上），北京：商务印书馆 2008 年版，第 472～474 页。

❷ [仫佬族] 伏羲兄妹婚后，孕生一团肉。伏羲气了，用石头把肉团砸烂，撒在大地上。

【流传】广西壮族自治区·（河池市）·罗城县（罗城仫佬族自治县）·东门（东门镇）、四把（四把乡）

【出处】

（a）包启宽、潘代球讲，包玉堂、谢运源等搜集整理：《伏羲兄妹的传说》，见谷德明编《中国少数民族神话》，北京：中国民间文艺出版社 1987 年版，第 146 页。

（b）同（a），见曹廷伟编著《广西民间故事辞典》，南宁：广西教育出版社 1993 年版，第 26 页。

❸ [仫佬族] 伏羲用石头砸碎和妹妹婚生的肉团，天下有了人烟。

【流传】广西壮族自治区·（河池市）·罗城县（罗城仫佬族自治县）

【出处】《伏羲兄妹制人伦》，见黄敏珍《广西罗城县仫佬族与壮族的族群关系研究》，载《广西广播电视大学学报》2006 年第 1 期。

## W2651.4
### 怪胎的名誉父亲处置怪胎

【关联】[W5113.3] 干爹（义父）

【实例】

[瑶族] 姑姑沙房三和侄子盘十六结婚前与一男子偷情有孕，生肉块。盘十六年小无知，刀剁肉团欲食。

【流传】广东省·（清远市）·连南县（连南瑶族自治县）

【出处】《洪水的传说》，见中国各民族宗教与神话大词典编审委员会编《中国各民族宗教与神话大词典》，北京：学苑出版社 1990 年版，第 654 页。

## W2651.5
### 怪胎的母亲处理怪胎

【实例】

❶ [汉族] 兄妹婚生肉疙瘩。妹妹提出

把它剁成一百块。

【流传】甘肃省·（陇南市）·徽县·伏镇（伏家镇）

【出处】朱老大讲，陈革宁采录：《伏羲女娲成婚》，见中国民间文学集成全国编辑委员会编《中国民间故事集成》（甘肃卷），北京：中国 ISBN 中心 2001 年版，第 10 页。

❷ [苗族] 两兄妹成亲后，志妹生肉疙瘩。志妹用刀砍成九九八十一坨。

【流传】云南省·（文山壮族苗族自治州）·富宁县

【出处】罗正明讲，王忠林等采录：《谁来造人烟》，见中国民间文学集成全国编辑委员会编《中国民间故事集成》（云南卷），北京：中国 ISBN 中心 2003 年版，第 92 页。

## W2651.5.1
### 怪胎的母亲打开生出的葫芦

实 例

[哈尼族]（实例待考）

## W2651.5.2
### 怪胎的母亲抛洒切碎的怪胎

实 例

[瑶族]（实例待考）

## W2651.5.3
### 怪胎的母亲刺破怪胎

实 例

❶ [朝鲜族] 河伯的女儿柳花生了一个肉蛋。柳花用宝剑照肉蛋子上一刺，里面冒出一个胖胖的男孩子。

【流传】（无考）

【出处】
(a) 金德顺讲，裴永镇整理：《朱蒙》，见《朝鲜族民间故事讲述家金德顺故事集》，上海：上海文艺出版社 1983 年版。
(b) 同 (a)，见姚宝瑄主编《中国各民族神话》（满族、赫哲族、朝鲜族），太原：山西出版传媒集团·书海出版社 2014 年版，第 170~181 页。

❷ [朝鲜族] 河伯的女儿柳花在扶余国居住时感日光生了一个肉蛋。这个肉蛋子在地上直蹦跳。阿妈妮（妈妈，母亲）想看看这肉蛋子里是个啥怪物，就拿过一把宝剑，照肉蛋子上一拉，里面冒出一个胖胖的男孩子。

【流传】长白山等地

【出处】金德顺讲，裴永镇记录整理：《东明王的传说》，原载《金德顺故事集》，见陶阳、钟秀编《中国神话》（中），北京：商务印书馆 2008 年版，第 886~897 页。

## W2651.6
### 怪胎的父母抛撒怪胎

【关联】[W2667.6] 怪胎被抛弃

实 例

（参见下级母题实例）

## W2651.6.1
### 夫妻抛撒婚生的葡萄

实例

[土家族] 罗神娘娘生一串葡萄。罗神爷爷和罗神娘娘一起把葡萄扔出去，扔一颗出去就变成了一个人。

【流传】四川省（今重庆市）·酉阳（酉阳土家族苗族自治县）

【出处】彭明清讲，何云搜集整理：《孙猴子上天》，见中华民族故事大系编委会编《中华民族故事大系》第5卷（瑶族、白族、土家族），上海：上海文艺出版社1995年版，第652~653页。

## W2652
### 怪胎的其他处置者

实例

（参见下级母题实例）

## W2652.1
### 接生婆处置怪胎

【关联】[W2598.12.1] 接生婆

实例

[汉族] 兄妹婚生怪胎后，接生的仙婆端来一碗水，含一口喷上去，把怪胎切成的100粒肉丸，肉丸变成100个人。

【流传】浙江省·（温州市）·泰顺县·洲岭乡·洲滨村

【出处】魏朝银讲，张之冰采录：《石磨合婚》，见中国民间文学集成全国编辑委员会编《中国民间故事集成》（浙江卷），北京：中国ISBN中心1997年版，第42页。

## W2652.2
### 动物处置怪胎

实例

（参见下级母题实例）

## W2652.2.1
### 乌鸦把剁碎的怪胎撒到各地

实例

❶ [布依族] 王姜和妹妹婚生一块肉瘤。王姜用力把肉瘤砍成碎片。这些碎片化为乌鸦分散天下各地。

【流传】（无考）

【出处】

(a)《王姜射日》，见谷德明编《中国少数民族神话选》，西北民族学院研究所编印，内部资料，1983年。

(b) 同 (a)，见姚宝瑄主编《中国各民族神话》（布依族、仡佬族、苗族），太原：山西出版传媒集团·书海出版社2014年版，第58页。

❷ [毛南族] 盘和古兄妹婚生一个磨石仔。气得他俩拿起刀来就劈，一共砍成三百六十片，然后给乌鸦衔去四周山上到处乱撒。

【流传】广西壮族自治区·（河池市）·环江毛南族自治县上南（上南乡）、中南（中南乡）、下南（下南

乡）·上纳屯

【出处】

（a）蒙贵章讲，蒙国荣、韦志华、谭贻生记录翻译，蒙国荣整理：《天皇到盘古》（1984.07），见杨光富《回、彝、水、仡佬、毛南、京六族故事选》，南宁：广西人民出版社1988年版。

（b）同（a），见姚宝瑄主编《中国各民族神话》（土家族、毛南族、侗族、瑶族），太原：山西出版传媒集团·书海出版社2014年版，第53页。

❸ ［水族］兄妹婚后生肉疙瘩。兄妹把肉疙瘩砍碎后，乌鸦把碎肉渣叼走，撒到满山遍野。

【流传】贵州省·（黔南布依族苗族自治州）·三都（水族自治县）、荔波（荔波县）、都匀（都匀市）、独山（独山县）；广西壮族自治区·（河池市）·南丹县

【出处】王英、莫妹、蒙蕊、韦新建讲，潘朝霖、王品魁搜集整理：《人类起源》，原载《水族民间故事选》，见陶阳、钟秀编《中国神话》（上），北京：商务印书馆2008年版，第350~356页。

## W2652.3

怪胎生母的父亲处置怪胎

（岳父处理怪胎）

【关联】［W2651.0.1］生怪胎者的父亲砍碎怪胎

实例

（参见关联项及下级母题实例）

## W2652.3.1

神农砍开女儿生的怪胎

实例

［苗族］神农的公主与黄狗婚生一个大血球。神农得悉后，怒气冲冲地跑来一剑剖开，从中生出人。

【流传】贵州省·（铜仁市）·松桃地区（松桃苗族自治县）；湖南省湘西苗族居住区一带

【出处】

（a）龙炳文搜集，燕宝整理：《神母狗父》，见燕宝编《苗族民间故事选》，上海：上海文艺出版社1981年版。

（b）同（a），见姚宝瑄主编《中国各民族神话》（布依族、仡佬族、苗族），太原：山西出版传媒集团·书海出版社2014年版，第147页。

（c）同（a），见陶阳、钟秀编《中国神话》（中），北京：商务印书馆2008年版，第553~556页。

## W2652.3a

怪胎生母的母亲处置怪胎

（岳母处理怪胎）

实例

（参见下级母题实例）

## W2652.3a.1

母亲用剑刺开女儿生的怪胎

实例

（实例待考）

## W2652.3b
### 儿子处置母亲生的怪胎

实例

（参见下级母题实例）

## W2652.3b.1
### 儿子把母亲生的怪胎砍碎

实例

[瑶族] 很古时世上没有人。盘母莎方三生下一个肉团。盘王很生气，当晚就把肉团砍成碎块。

【流传】（无考）

【出处】龚政宇搜集：《天上掉下的肉碎》，见姚宝瑄主编《中国各民族神话》（土家族、毛南族、侗族、瑶族），太原：山西出版传媒集团·书海出版社2014年版，第146页。

## W2652.4
### 一个老人处置怪胎

实例

（参见下级母题实例）

## W2652.4.1
### 看守哭闹婴儿（怪胎）的老人砍碎婴儿后变成人

实例

[景颇族] 姐弟俩婚生一个小孩。这个小孩天天哭，而且越哭越厉害。看管小孩的老爷爷怎样哄他都不管用。最后老爷爷骂道："我把你剁碎，把你的肉撒到九岔路上去！"这一来，小孩就果真不哭了。老爷爷真地就把小孩子砍了，把他的肉剁碎，撒到九岔路上。又把他的肚脏洗了煮成稀粥。后来那些肉每一块都变成了一个人。

【流传】（无考）

【出处】殷江腊讲，永生翻译，东耳、永生整理：《人类始祖》，载《山茶》1982年第6期。

## W2652.5
### 射日者处置怪胎

【关联】[W9715～W9764] 射日者

实例

[布依族] 洪水后，盘和古婚生磨石一般的孩子。射日者勒戛很生气，就拿刀子劈砍成一片片的。

【流传】贵州省·贵阳市

【出处】荔波、覃子双讲，韦连周记录：《勒戛射日和葫芦救人》，见姚宝瑄主编《中国各民族神话》（布依族、仡佬族、苗族），太原：山西出版传媒集团·书海出版社2014年版，第79页。

## W2652a
### 怪胎处置的指点者

实例

（参见下级母题实例）

## W2652a.0
### 神或神性人物指点处理怪胎

实 例

（参见下级母题实例）

## W2652a.0.1
### 天神指点处理怪胎

实 例

[羌族] 天神木比塔知道兄妹婚生一块肉坨坨后，让他们将肉坨坨切成小肉块，东南西北各撒一把。

【流传】（四川省）

【出处】

（a）朱文仙讲，倪明高记录整理：《太阳和月亮》，见四川阿坝州文化局主编《羌族民间故事集》，北京：中国民间文艺出版社1988年版。

（b）同（a），见姚宝瑄主编《中国各民族神话》（羌族、彝族），太原：山西出版传媒集团·书海出版社2014年版，第13页。

## W2652a.0.2
### 女神指点处理怪胎

实 例

[土家族] 洪水后，幸存的甫梭和冗妮兄妹婚生一团血糊糊的肉疙瘩。抱起给帕帕嫲妈（女神）看，帕帕嫲妈边看边笑说："这是人种哩！赶快砍起来，砍成肉疙瘩抛出去，误不得时刻哩。"

【流传】湖南省·（湘西土家族苗族自治州）·永顺（永顺县）、古丈（古丈县）、保靖（保靖县）、龙山（龙山县）沿酉水一带土家族聚居区

【出处】

（a）田德华、向廷龙（巫师）、田光南讲，彭勃、彭继宽、田德风记录，彭勃整理：《齐天大水》（1962.05），见谷德明编《中国少数民族神话》，北京：中国民间文艺出版社1987年版，第168页。

（b）同（a），见姚宝瑄主编《中国各民族神话》（土家族、毛南族、侗族、瑶族），太原：山西出版传媒集团·书海出版社2014年版，第19页。

## W2652a.0.3
### 盘古指点处理怪胎

实 例

[瑶族] 伏羲兄妹婚生下一团肉瘤，兄妹伤心地大哭起来。玉皇大帝派了盘古皇下到凡间，告诉兄妹把那肉瘤剁成细末，然后往四面八方撒，就会变成人。

【流传】（无考）

【出处】

（a）盘国金搜集：《伏羲兄妹》，载《山茶》1982年第1期。

（b）同（a），见姚宝瑄主编《中国各民族神话》（土家族、毛南族、侗族、瑶族），太原：山西出版传媒集团·书海出版社2014年版，第186页。

## W2652a.0.4
### 神仙指点处理怪胎

**实例**

[壮族] 兄妹按神仙的吩咐捅开怪胎，变成很多人。

【流传】广西壮族自治区·（南宁市）·隆安（隆安县）·雁江（雁江镇）·六龙（六龙村）

【出处】黄胜熊讲：《洪水淹天》，见张声震总主编，农冠品编注《壮族神话集成》，南宁：广西民族出版社 2007 年版，第 333 页。

## W2652a.1
### 天降的人指点处理怪胎

**实例**

（参见下级母题实例）

## W2652a.1.1
### 天降的大汉指点砍碎怪胎

【关联】[W2394.4.1] 天降的大汉把怪胎变成人

**实例**

[土家族] 兄妹婚生一个肉坨坨。兄妹正痛苦时，天空中掉下一把金刀和一个砧板，空中一个金盔铁甲的红脸大汉让他们把肉坨剁碎。

【流传】四川省（今重庆市）·酉阳县（酉阳土家族苗族自治县）·可大乡·老店村

【出处】徐元科讲，胡长辉等采录：《补所和雍尼》，见中国民间文学集成全国编辑委员会编《中国民间故事集成》（四川卷·下），北京：中国ISBN 中心 1998 年版，第 1213 页。

## W2652a.2
### 天神派人指点处理怪胎

**实例**

（参见下级母题实例）

## W2652a.2.1
### 天神派人指点砍碎怪胎

**实例**

[瑶族] 伏羲兄妹婚生一团肉瘤，玉皇大帝派了盘古皇下到凡间，告诉兄妹把那肉瘤剁成细末。

【流传】（a）云南省·文山州（文山壮族苗族自治州）

【出处】

（a）盘金贤讲，盘国金采录：《伏羲兄妹》，见中国民间文学集成全国编辑委员会编《中国民间故事集成》（云南卷），北京：中国 ISBN 中心 2003 年版，第 201 页。

（b）盘国金搜集：《伏羲兄妹》，载《山茶》1982 年第 1 期。

（c）同（b），见谷德明编《中国少数民族神话》，北京：中国民间文艺出版社 1987 年版，第 136 页。

## W2652a.3
### 祖先指点处理怪胎的方法

**实例**

（参见下级母题实例）

## W2652a.3.1
### 死去的父亲指点处理怪胎的方法

**实 例**

[拉祜族] 洪水后，幸存的老三与仙女婚生一个葫芦。老三死去的阿爸现身，让他用刀砍开葫芦，葫芦中生出他们的儿女。

【流传】（a）云南省·（普洱市）·镇沅县（镇沅彝族哈尼族拉祜族自治县）

【出处】

（a）乔发讲，郑显文采录：《蜂桶、葫芦传人种》，见中国民间文学集成全国编辑委员会编《中国民间故事集成》（云南卷），北京：中国 ISBN 中心 2003 年版，第 181 页。

（b）同上，见陶阳、钟秀编《中国神话》（上），北京：商务印书馆 2008 年版，第 369～373 页。

## W2652a.4
### 岳父指点处理怪胎

【关联】[W6770] 知识的产生

**实 例**

（参见下级母题实例）

## W2652a.4.1
### 岳父变形后指点女婿处理怪胎

**实 例**

[彝族] 洪水后幸存的老三与天神的三女儿结婚。不久三仙女生下了个大肉口袋。老三吓得去禀告白胡子老人（天神的化身）。白胡子老人说："你用刀把肉口袋砍开就行了。"

【流传】云南省·（曲靖市）·罗平（罗平县）、宣威（宣威市）

【出处】

（a）李育才讲，陶学良记录：《葫芦里出来的人》，载《山茶》1966 年第 4 期。

（b）同（a），见陶阳、钟秀编《中国神话》（中），北京：商务印书馆 2008 年版，第 911～919 页。

## W2652a.5
### 生怪胎兄妹的父亲指导处理怪胎

【关联】[W2651.0] 生怪胎者的父母处理怪胎

**实 例**

[苗族] 洪水后，只剩下阿陪果本（人名）的一对儿女哥哥爸龙和妹妹德龙兄妹俩。阿陪果本在天上对德龙说："快与哥哥成亲吧，婚后若是生下磨岩儿，就用刀把磨岩儿砍个稀烂，抛散到四野去。"

【流传】湖南省·湘西（湘西土家族苗族自治州）一带；贵州省·（铜仁市）·松桃地区（松桃苗族自治县）

【出处】

（a）滕树宽、龙炳文搜集，江波整理：《阿陪果本》，见燕宝编《苗族民间故事选》，上海：上海文艺出版社 1981 年版。

（b）同（a），见姚宝瑄主编《中国各

民族神话》（布依族、仡佬族、苗族），太原：山西出版传媒集团·书海出版社 2014 年版，第 155 页。

## W2652a.6
### 老人指点处理怪胎

**实例**

（参见下级母题实例）

## W2652a.6.1
### 白胡子老头指点处理怪胎

**实例**

[鄂伦春族] 老太太祈子生一个肉蛋，不知如何处理时，梦见来了一个白胡子老头告诉她："不要发愁！他是一个聪明勇敢的孩子。你把肉蛋放在仙人柱里不能活，得把他放在一个山包上，有泥土和泉水，他会很快长大，会成为一个英雄。"

【流传】黑龙江省·（大兴安岭地区）·呼玛县·（十八站）

【出处】
（a）孟古古善讲，潭玉昆、李宝玉口译，隋书金记录整理：《吴达内的故事》，见隋书金编《鄂伦春民间故事选》，上海：上海文艺出版社 1988 年版。

（b）同（a），见姚宝瑄主编《中国各民族神话》（达斡尔族、鄂伦春族、鄂温克族、蒙古族），太原：山西出版传媒集团·书海出版社 2014 年版，第 44~45 页。

## W2652a.7
### 动物指点处理怪胎

**实例**

（参见下级母题实例）

## W2652a.7.1
### 乌龟指点处理怪胎

**实例**

❶ [侗族] 姜良、姜妹兄妹成亲三年后，生下一个肉团，无头无脑像个冬瓜。他俩去问乌龟。乌龟说："你们磨好刀子，把它砍开，骨肉分开丢，心肝肚肠分开放，然后会变成人。"

【流传】贵州省

【出处】杨引招讲，龙玉成搜集整理：《捉雷公引起的故事》，原载《侗族民间故事选》，见陶阳、钟秀编《中国神话》（上），北京：商务印书馆 2008 年版，第 465~471 页。

❷ [侗族] 姜良、姜妹兄妹婚生一个肉团，去问乌龟。乌龟告诉他们："磨好刀，把它砍破，骨肉分开丢，心肝肚肠分开放。"

【流传】贵州省·（黔东南苗族侗族自治州）·天柱县

【出处】
（a）杨引招讲，龙玉龙搜集整理：《捉雷公》，载《南风》1981 年第 2 期。

（b）同（a），见姚宝瑄主编《中国各民族神话》（土家族、毛南族、侗族、瑶族），太原：山西出版传媒集团·

## ✳ W2653
### 怪胎变成人的方式

【关联】［W2313.1］嫩树枝使怪胎变成人

**实 例**

（参见关联项及下级母题实例）

## W2654
### 怪胎自然变化为人

**实 例**

❶ ［汉族］伏羲和女娲结婚，生了一个肉球。肉球见风就长，射出 100 个细伢子。

【流传】（无考）

【出处】唐升荣等讲：《伏羲和女娲的故事》，见蔚家麟选编《中国民间故事精选》，武汉：长江文艺出版社 2005 年版，第 6~12 页。

❷ ［汉族］盘古奶生的一个大肉包中蹦出来 99 个女孩。

【流传】河南省·（南阳市）·桐柏县·朱庄乡·官驿村

【出处】雷德坤转述，马卉欣整理：《盘古创世》，见桐柏网 http://tongbai.01ny.cn，2005.10.13。

❸ ［苗族］小弟与同父异母的姐姐撒扬成婚，生的怪物变成人。

【流传】贵州省·（黔东南苗族侗族自治州）·炉山（今凯里）、麻江（麻江县）、（雷山县）·丹江（丹江镇），（毕节市·七星关区）·八寨（八寨镇）等地

【出处】《八寨黑苗的传说》，原载吴泽霖《苗族中祖先来历的传说》，见马昌仪编《中国神话学文论选萃》（上编），北京：中国广播电视出版社 1994 年版，第 442 页。

## W2654.1
### 生的一定数量的肢节变成一定数量的人

【关联】［W2643.4］生有肢节的东西

**实 例**

［拉祜族］葫芦生出的一对男女扎迪和娜迪结婚。娜迪生出的孩子不像人，一节一节的共生了十三节。十三个节子变成十三对孩子。

【流传】云南省·（普洱市）·澜沧县（澜沧拉祜族自治县）

【出处】李云保讲述，扎约采录：《牡帕密帕的故事》，见陶阳、钟秀编《中国神话》（上），北京：商务印书馆 2008 年版，第 129~139 页。

## W2655
### 切（砍、碾、砸）碎怪胎后变成人

【关联】

① ［W2650.1］神处置怪胎
② ［W2650.2］雷公处置怪胎
③ ［W2650.3］太白金星剁怪胎
④ ［W2650.4］其他特定的神或神性人物处置怪胎

⑤ [W2651] 怪胎的父母处理怪胎
⑥ [W2651.3] 怪胎的父亲切（砍）碎怪胎

**实例**

（参见关联项及下级母题实例）

## W2655.1
### 怪胎分成小块后变成人

**实例**

❶ [景颇族] 彭干支伦（男）和木占威纯（女）生的圆球。剖成两半后，一半是德洛公（男性），一半是木干共盆（女性）。
【流传】云南省
【出处】尚正兴整理：《神金木沙阿朗》，见中国各民族宗教与神话大词典编审委员会编《中国各民族宗教与神话大词典》，北京：学苑出版社1990年版，第362页。

❷ [京族] 肉球砍成肉块后变成人。
【流传】广西壮族自治区
【出处】王孝廉：《岭云关雪——民族神话学论集》，北京：学苑出版社2002年版，第132~133页。

❸ [黎族] 荷发（人名）感哥哥老先的阳气孕生下一团肉包。老先就用刀子把肉包分为三份。
【流传】
（a）海南省·（三亚市）·保亭县（保亭黎族苗族自治县）·保城镇
（bc）海南省五指山区
【出处】
（a）王老黎讲，王国全采录：《三个民族同一源》，见中国民间文学集成全国编辑委员会编《中国民间故事集成》（海南卷），北京：中国ISBN中心2002年版，第9页。
（b）王国全搜集整理：《南瓜的故事》，见谷德明编《中国少数民族神话》，北京：中国民间文艺出版社1987年版，第196页。
（c）同（b），见陶阳、钟秀编《中国神话》（上），上海：上海文艺出版社2008年版，第374页。

❹ [水族] 阿虽兄妹婚生的肉团分成小块后，变成人。
【流传】（无考）
【出处】郎国气等讲：《祖先的来历》，见中国民间文学集成全国编辑委员会编《中国民间故事集成》（云南卷），北京：中国ISBN中心2003年版，第205页。

❺ [土家族] 阿可笔、阿大笔姐弟二人成婚，八九个月生一团血肉，分成三块后变成人。
【流传】（无考）
【出处】彭继宽、彭勃搜集，彭勃记录稿整理，彭燕郊发表稿整理：《摆手歌》，载《楚风》1981年第1~2期。

## W2655.2
### 砍（剁、切）碎怪胎变成人

**实例**

❶ [布朗族] 用剑剁细兄妹婚生的怪物，生出千万人。
【流传】云南省·（临沧市）·双江县

（双江拉祜族佤族布朗族傣族自治县）

【出处】植万七讲：《兄妹成婚衍人类》，见中国民间文学集成全国编辑委员会编《中国民间故事集成》（云南卷），北京：中国 ISBN 中心 2003 年版，第 206～207 页。

❷ [布依族] 肉坨坨，砍成碎块，变成了人。

【流传】（无考）

【出处】《洪水潮天》，见王清士等《布依族文学史》，贵阳：贵州人民出版社 1983 年版，第 45 页。

❸ [侗族] 姜良姜妹兄妹结婚生肉团，剁碎后变成人，分出 360 种姓氏。

【流传】（无考）

【出处】《姜良姜妹》，见杨保愿《嘎茫莽道时嘉》（《侗族远祖歌》），北京：中国民间文艺出版社 1986 年版，第 102 页。

❹ [侗族] 剁碎兄妹结婚生的肉团，变成人。

【流传】贵州省·（黔东南苗族侗族自治州）·黎平县

【出处】《龟婆孵蛋》，载《民间文学》1986 年第 1 期。

❺ [侗族] 砍碎肉团后生人烟。

【流传】贵州省·（黔东南苗族侗族自治州）·天柱县

【出处】《捉雷公》，载《南风》1981 年第 2 期。

❻ [仡佬族] 砍碎伏羲兄妹婚生的怪娃娃后，变成人。

【流传】贵州省·（安顺市）·关岭（关岭布依族苗族自治县）·（关索镇）·龙滩（龙滩村）、（新铺乡）·麻凹（麻凹村）

【出处】詹仰奎、田应昌讲，潘定智搜集：《伏羲兄妹制人烟》，见《贵州民间文学资料》第 49 集，内部编印。

❼ [仡佬族] 砍碎伏羲兄妹结婚生的肉团，变成人。

【流传】贵州省·六圭河畔，（六盘水市）·水城特区（水城县）·蟠龙（蟠龙镇）

【出处】罗绍光等搜集：《伏羲兄妹制人烟》，见《贵州民间文学资料》第 49 集，内部编印。

❽ [仡佬族] 把阿伏和阿兮兄妹婚生的不像人的孩子剁成肉块，成为人。

【流传】贵州省·安顺地区（安顺市）

【出处】《三月三》，见贵州省安顺地区民委编《仡佬族古歌》，贵阳：贵州民族出版社 1991 年版，第 3～5 页。

❾ [汉族] 洪水后瓜生的 1 对男女成婚，生肉疙瘩，剁碎剁后变成 100 个人。

【流传】甘肃省·（陇南市）·徽县·伏镇（伏家镇）

【出处】朱老大讲：*《兄妹成婚》，见中国民间文学集成全国编辑委员会编《中国民间故事集成》（甘肃卷），北京：中国 ISBN 中心 2001 年版，第 12～13 页。

❿ [汉族] 姐弟俩婚生的血球砍成肉块后，化成人。

【流传】湖南省·（怀化市）·沅陵县

【出处】张氏讲：《铺天大水》，见中国民间文学集成全国编辑委员会编《中国民间故事集成》（湖南卷），北京：中国 ISBN 中心 2002 年版，第 34～36 页。

⓫ [汉族] 兄妹婚生肉坨坨，哥哥用石头片片做的钝刀去割肉团。

【流传】贵州省·（遵义市）·余庆县·松烟区

【出处】王顺昌讲，杨静采录：《伏羲兄妹造人烟》，见中国民间文学集成全国编辑委员会编《中国民间故事集成》（贵州卷），北京：中国 ISBN 中心 2003 年版，第 37 页。

⓬ [汉族] 砍碎生的肉球，蹦出 50 男 50 女，从此世上有了"百家姓"。

【流传】湖北省·（荆州市）·江陵县

【出处】《女娲配伏羲》，见《湖北省民间故事卷》编辑部编《民间故事集成编辑工作会议资料选编》，1989 年。

⓭ [汉族] 姐弟结婚生的肉疙瘩用刀切碎变成人。

【流传】宁夏回族自治区·（固原市）·彭阳县·草庙乡

【出处】阎德武讲，梁志强采录：《第二代人》，见中国民间文学集成全国编辑委员会编《中国民间故事集成》（宁夏卷），北京：中国 ISBN 中心 1999 年版，第 15 页。

⓮ [汉族] 兄妹切碎混生的肉团，变成 101 人。

【流传】江西省·宜春市·（袁州区）·寨下乡（寨下镇）·台上村

【出处】孙伟宏讲，施绍辉采录：《伏羲和女娲》，见中国民间文学集成全国编辑委员会编《中国民间故事集成》（江西卷），北京：中国 ISBN 中心 2002 年版，第 12 页。

⓯ [拉祜族] 捏碎兄妹成婚生的肉坨，后变成人。

【流传】云南省·（普洱市）·镇沅县（镇沅彝族哈尼族拉祜族自治县）

【出处】何正才等讲：《洪水后幸存的两兄妹》，见中国民间文学集成全国编辑委员会编《中国民间故事集成》（云南卷），北京：中国 ISBN 中心 2003 年版，第 178～180 页。

⓰ [黎族] 兄妹成婚生肉胎，切碎成人。

【流传】海南省·琼中县（琼中黎族苗族自治县）·五指山公社（不详）

【出处】王克福讲：《黎族汉族的来源》，见中国民间文学集成全国编辑委员会编《中国民间故事集成》（海南卷），北京：中国 ISBN 中心 2002 年版，第 11 页。

⓱ [黎族] 母亲纹面与儿子成婚，生肉团，砍碎变成人。

【流传】海南省

【出处】《黥面纹身的来源》，见毛星主编《中国少数民族文学》（中），长沙：湖南人民出版社 1983 年版，第 374～375 页。

⓲ [苗族] 剖开黄狗与公主生的大血球，出现 7 对兄妹。

【流传】贵州省·（铜仁市）·松桃

（松桃苗族自治县）；湖南省·湘西（湘西土家族苗族自治州）

【出处】龙炳文搜集：《神母狗父》，见陶阳、钟秀编《中国神话》，上海：上海文艺出版社1996年版，第277页。

❶❾ [苗族] 公主与犬婚生一个大血球，神农（公主的父亲）一剑剖开，从里面逃出来七个男的代兄代玉（苗族）和七个女的代茶代来（汉族）。

【流传】贵州省·（铜仁市）·松桃（松桃苗族自治县）；湖南省·湘西（湘西土家族苗族自治州）

【出处】龙炳文搜集，燕宝整理：《神母》，见谷德明编《中国少数民族神话》，北京：中国民间文艺出版社1987年版，第607页。

❷⓿ [苗族] 砍碎像磨岩的儿子后，变成人。

【流传】贵州省·（铜仁市）·松桃（松桃苗族自治县）；湖南省·湘西（湘西土家族苗族自治州）

【出处】腾树宽、龙炳文讲，江波整理：《阿陪果本》，见《苗族民间故事选》，上海：上海文艺出版社1983年版。

❷❶ [苗族] "央"、"美"兄妹砍碎他们婚生的肉团后，大地上有了人烟。

【流传】贵州省·（黔东南苗族侗族自治州）·从江县

【出处】国家民委少数民族社会历史调查组编：《从江加勉苗族社会历史调查报告》，1958年。

❷❷ [苗族] 砍碎兄妹成婚生肉疙瘩后，成瑶、苗、彝、壮、汉等族和各种姓氏。

【流传】云南省·（文山壮族苗族自治州）·富宁县

【出处】罗正明讲：《谁来造人烟》，见中国民间文学集成全国编辑委员会编《中国民间故事集成》（云南卷），北京：中国ISBN中心2003年版，第92~95页。

❷❸ [苗族] 切碎姐弟婚生的肉卵后，变成无数人。

【流传】（无考）

【出处】[法] F. M. Savina：《苗族史》，见马昌仪编《中国神话学文论选萃》（上编），北京：中国广播电视出版社1994年版，第387~388页。

❷❹ [苗族（花苗）] 切碎兄妹婚生的无手足的孩子，变成人类。

【流传】（无考）

【出处】[英] H. J. Hewi：《花苗故事》，见马昌仪编《中国神话学文论选萃》（上编），北京：中国广播电视出版社1994年版，第389~390页。

❷❺ [苗族（黑苗）] 阿儿劈碎与妹妹婚生的像斧子的婴儿后，出现人类。

【流传】贵州省

【出处】[英] S. R. Clarke采集：《苗族开辟民歌》，Among the Tribes in South-West China, 1911年。

❷❻ [苗族（雅雀苗）] 切碎四体不分的2个婴儿后变成苗人。

【流传】（无考）

【出处】［英］S. R. Clarke 采集：《苗族开辟民歌》，Among the Tribes in South-West China，1911 年。

㉗ ［苗族］砍碎兄妹婚生的圆肉球后，产生 20 姓。

【流传】贵州省·（黔东南苗族侗族自治州）·丹寨（丹寨县）、台江（台江县）、施秉（施秉县），凯里（凯里市）等

【出处】潘光华、苏晓星整理有关内容，见《苗族古歌》，贵阳：贵州人民出版社 1960 年版。

㉘ ［苗族］砍碎兄妹婚生的无头无脑的娃娃，生出不同姓氏。

【流传】贵州省·（铜仁市）·松桃（松桃苗族自治县）

【出处】石永魁讲，杨政银、陈茂林搜集整理：《雷公的故事》，见陶立璠、赵桂芳等编《中国少数民族神话汇编》（洪水篇），中央民族学院少数民族古籍整理出版规划领导小组办公室印（未署出版时间），第 64~66 页。

㉙ ［苗族］砍碎没鼻子眼睛、没得手脚的怪胎，变成人。

【流传】贵州省·（毕节市）·织金县·金龙乡

【出处】陈发贵讲，陈德超、吴勇采录：《伏羲兄妹造人烟》（1987），见燕宝、张晓编《贵州神话传说》，贵阳：贵州人民出版社 1997 年版，第 41~43 页。

㉚ ［苗族］剁碎妹妹生的肉坨坨，出现各种姓氏。

【流传】四川省·（凉山彝族自治州）·木里县（木里藏族自治县）·李子坪乡

【出处】陶乔讲：《人的起源》，见中国民间文学集成全国编辑委员会编《中国民间故事集成》（四川卷·下），北京：中国 ISBN 中心 1998 年版，第 1322~1324 页。

㉛ ［苗族］砍碎磨石样的儿子后，出现不同姓氏的人。

【流传】湖南省·（湘西土家族苗族自治州）·花垣县·猫儿乡

【出处】龙玉六讲：《阿培果木和雷公》，见中国民间文学集成全国编辑委员会编《中国民间故事集成》（湖南卷），北京：中国 ISBN 中心 2002 年版，第 23~26 页。

㉜ ［苗族］剁碎哥哥和妹妹成婚生的肉坨后，出现人类。

【流传】四川省·（宜宾市）·珙县

【出处】熊宗华讲：《洪水潮天》，见中国民间文学集成全国编辑委员会编《中国民间故事集成》（四川卷·下），北京：中国 ISBN 中心 1998 年版，第 1321 页。

㉝ ［仫佬族］把阿伏和阿兮兄妹婚生的不像人的孩子剁成肉块，成为人。

【流传】贵州省·安顺地区（安顺市）

【出处】《三月三》，见贵州省安顺地区民委编《仡佬族古歌》，贵阳：贵州民族出版社 1991 年版，第 3~5 页。

㉞ ［羌族］伏羲兄妹结婚，生肉坨坨，宰成细块，出现人烟。

【流传】四川省·（阿坝藏族羌族自治州）·汶川县

【出处】《伏羲兄妹治人烟》，见中华民族故事大系编委会编《中华民族故事大系》第11卷（达斡尔族、仫佬族、羌族），上海：上海文艺出版社1995年版，第684~685页。

㉟ [水族] 兄妹成婚生90斤重的肉坨，砍后变成人。

【流传】贵州省·（黔南布依族苗族自治州）·独山（独山县）、榕江（榕江县）

【出处】
（a）韦荣康等搜集整理：《牙线造人的故事》，见中华民族故事大系编委会编《中华民族故事大系》第9卷（水族、东乡族、纳西族），上海：上海文艺出版社1995年版，第5~11页。
（b）潘家云讲：《牙线造人的故事》，见中国少数民族民间文学丛书《水族民间故事选》，上海：上海文艺出版社1988年版，第1~7页。

㊱ [水族] 剁烂兄妹婚生的肉坨坨，变成人类。

【流传】（无考）

【出处】《人类起源》，见范禹主编《水族文学史》，贵阳：贵州人民出版社1987年版，第51页。

㊲ [水族] 剁烂兄妹婚生的像磨的石子，生人烟。

【流传】（无考）

【出处】《旭济·开天地造人烟》，见范禹主编《水族文学史》，贵阳：贵州人民出版社1987年版，第51~52页。

㊳ [水族] 用斧子砍碎兄妹二人婚生90斤重的肉坨，繁衍子孙后代。

【流传】贵州省·（黔南布依族苗族自治州）·独山县、榕江县

【出处】潘家云讲：《牙线造人的故事》，见中国少数民族民间文学丛书《故事大系》之《水族族民间故事选》，上海：上海文艺出版社1988年版，第1~7页。

㊴ [土家族] 姐弟结婚生肉疙瘩，用刀切碎后变成人。

【流传】湖北省·（宜昌市）·长阳（长阳土家族自治县）·都镇湾·杜家冲

【出处】《洪水泡天》，见白庚胜总主编《中国民间故事全书》（湖北省·长阳卷），北京：知识产权出版社2007年版，第8页。

㊵ [土家族] 砍碎姐弟婚生的肉疙瘩，变成许多人。

【流传】湖北省·（宜昌市）·长阳县（长阳土家族自治县）·龙潭坪乡

【出处】罗青林讲：《姐弟成亲》，见中国民间文学集成全国编辑委员会编《中国民间故事集成》（湖北卷），北京：中国ISBN中心1999年版，第12~13页。

㊶ [瑶族] 伏羲兄妹婚生一个冬瓜。切碎冬瓜化为人。

【流传】（无考）

【出处】郑德宏、李本高整理译释：《盘王大歌》，长沙：岳麓书社1988年

㊷ [瑶族] 房十六和莎方三两姑侄结婚，生葫芦，剁碎变成各姓人。

【流传】广东省·（清远市）·连南县（连南瑶族自治县）·寨岗镇

【出处】唐罗古三讲：*《洪水淹天》，见中国民间文学集成全国编辑委员会编《中国民间故事集成》（广东卷），北京：中国ISBN中心2006年版，第8~11页。

㊸ [瑶族] 莎方三与房十六姑侄结婚，生下肉团，剖开后变成人。

【流传】广东省·（清远市）·连南县（连南瑶族自治县）

【出处】《水淹天》，见中国少数民族神话学学术讨论会论文集《神话新探》，贵阳：贵州人民出版社1986年版，第458~462页。

㊹ [瑶族] 按盘古的吩咐，剁碎伏羲兄妹婚生的一个肉瘤，变成人类。

【流传】云南省·文山州（文山壮族苗族自治州）

【出处】盘金贤讲：《伏羲兄妹》，见中国民间文学集成全国编辑委员会编《中国民间故事集成》（云南卷），北京：中国ISBN中心2003年版，第201~203页。

㊺ [瑶族] 剁碎伏羲兄妹结婚生的肉团后，变成人。

【流传】广西壮族自治区·（来宾市）·金秀县（金秀瑶族自治县）

【出处】巴柏口述，刘保元、苏胜兴搜集整理：《伏羲兄妹的故事》，见《瑶族民间故事选》，上海：上海文艺出版社1980年版。

㊻ [彝族（撒尼）] 兄妹结婚生的肉团剁后变成男女。

【流传】云南省

【出处】《阿霹刹、洪水和人的祖先》，载《民间文学》1956年第12期。

㊼ [彝族] 亲兄妹婚生的肉团子，剁碎后变成人。

【流传】云南省·昭通市

【出处】《创世纪》，见中国民间文学集成全国编辑委员会编《中国民间故事集成》（云南卷），北京：中国ISBN中心2003年版第164~165页。

㊽ [藏族] 兄妹婚生的肉坨中有一卷皮绳子。哥哥用刀把皮绳子砍成许多节，乱甩到各处，都变成人。

【流传】四川省·（绵阳市）·平武县·白马乡

【出处】旭世休讲，四川大学中文系采风队采录：《皮绳造人》，见中国民间文学集成全国编辑委员会编《中国民间故事集成》（四川卷·下），北京：中国ISBN中心1998年版，第938页。

㊾ [藏族] 砍碎姊弟婚生的麻绳，变成许多人。

【流传】（无考）

【出处】扎嘎才礼等讲，小石桥译，谢世廉等搜集：《洪水故事》，见中国民研会四川分会等编《民间文学资料集》。

㊿ [藏族] 劈碎姐弟结婚生的肠子，变

成人。

【流传】（无考）

【出处】李魏加讲，王强记录：*《洪水》，见陶立璠、赵桂芳等编《中国少数民族神话汇编》（洪水篇），中央民族学院少数民族古籍整理出版规划领导小组办公室印（未署出版时间）。

(51)〖壮族〗布伯的子女兄妹结婚生肉团，剁碎变成人。

【流传】（无考）

【出处】《布伯》，见梁庭望、农学冠《壮族文学概要》，南宁：广西民族出版社1991年版，第12页。

(52)〖壮族〗砍碎伏依姐弟婚生的肉团，变成许多人。

【流传】广西壮族自治区·（南宁市）·马山县·加芳乡

【出处】韦公讲：《伏依姐弟》，见中国民间文学集成全国编辑委员会编《中国民间故事集成》（广西卷），北京：中国ISBN中心2001年版，第66~67页。

## W2655.2.1

## 用金刀在樟木案板上切碎怪胎变成人

实例

〖土家族〗洪水后，幸存的甫梭和冗妮兄妹婚生一团肉疙瘩。甫梭拿起金刀，把肉团放在樟木案板上，砍成了一百二十块，全都变成人。

【流传】湖南省·（湘西土家族苗族自治州）·永顺（永顺县）、古丈（古丈县）、保靖（保靖县）、龙山（龙山县）沿酉水一带土家族聚居区

【出处】

（a）田德华、向廷龙（巫师）、田光南讲，彭勃、彭继宽、田德风记录，彭勃整理：《齐天大水》（1962.05），见谷德明编《中国少数民族神话》，北京：中国民间文艺出版社1987年版。

（b）同（a），见姚宝瑄主编《中国各民族神话》（土家族、毛南族、侗族、瑶族），太原：山西出版传媒集团·书海出版社2014年版，第19页。

## W2655.3

## 用脚踩烂怪胎变成人

实例

〖瑶族〗刘三妹兄妹婚生大肉团，用脚踩烂撒开后，有了人烟。

【流传】湖南省·（郴州市）·临武县·西山林场

【出处】盘廷远讲：《刘三妹兄妹再造世界》，见中国民间文学集成全国编辑委员会编《中国民间故事集成》（湖南卷），北京：中国ISBN中心2002年版，第33~34页。

## W2655.4

## 用磨碾碎怪胎变成人

实例

〖布依族〗细妹苏哥用磨碾碎婚生的肉团后，全部变成人。

【流传】贵州省·（黔西南布依族苗族自治州）·兴仁县·菁脚乡

【出处】《细妹苏哥造人烟》，中国民间文学集成全国编辑委员会编《中国民间故事集成》（贵州卷），北京：中国ISBN中心2003年版，第46~48页。

## W2655.5
### 砸烂怪胎变成人
**实例**

[仫佬族] 砸烂伏羲兄妹婚生的肉球，后形成村寨人家。

【流传】广西壮族自治区·（河池市）·罗城县（罗城仫佬族自治县）·四把乡

【出处】包启宽讲：《伏羲兄妹》，见中国民间文学集成全国编辑委员会编《中国民间故事集成》（广西卷），北京：中国ISBN中心2001年版，第69页。

## W2655.5.1
### 用石头砸碎怪胎变人
**实例**

[仫佬族] 用石头撞碎伏羲兄妹婚生的一团肉，有了人烟。

【流传】广西壮族自治区·（河池市）·罗城县（罗城仫佬族自治县）·东门、四把一带

【出处】包启宽等讲：《伏羲兄妹的传说》，见包玉堂主编《仫佬族民间故事》，桂林：漓江出版社1982年版，第1~4页。

## W2655.6
### 舂碎怪胎变成人
**实例**

（参见下级母题实例）

## W2655.6.1
### 怪胎舂成面后变成人
**实例**

[布依族] 洪水后，幸存的伏、羲兄妹婚生一个磨石。他们拿碓来舂成面面，抓起面面向四面八方撒去，后来这些面面变成人。

【流传】贵州省·（黔南布依族苗族自治州）·罗甸县·罗悃公社（罗悃镇）·洞尚寨

【出处】杨胞建由讲，罗文亮搜集：《洪水潮天》（一），见姚宝瑄主编《中国各民族神话》（布依族、仡佬族、苗族），太原：山西出版传媒集团·书海出版社2014年版，第51页。

## W2655.7
### 剖开怪胎变成人
**实例**

（参见下级母题实例）

## W2655.7.1
### 用草剖开怪胎生出人
**实例**

[汉族] 伏羲女娲结婚生下个大肉蛋，

伏羲顺手掐下一根菅草，把肉蛋割开，从中生出人。

【流传】河北省·（石家庄市）·新乐市

【出处】刘戊戌讲，富强采录：《洪水漫世》，见中国民间文学集成全国编辑委员会编《中国民间故事集成》（河北卷），北京：中国 ISBN 中心 2003 年版，第 20 页。

## W2655.8

### 割碎怪胎变成人

实例

［羌族］姐弟婚后，姐姐生了个肉坨坨。弟弟让姐姐好生休息，自己把肉坨坨拿出门外，割成很多小坨坨。

【流传】（无考）

【出处】

（a）何天云讲，李明、林忠亮、刘光辉采录，林忠亮整理：《黄水滔天的故事》，见西南民族学院图书馆与西南民族学院《羌族文学简史》编写组《羌族民间文学资料集》（一），1987 年合编。

（b）同（a），见姚宝瑄主编《中国各民族神话》（羌族、彝族），太原：山西出版传媒集团·书海出版社 2014 年版，第 11~12 页。

## W2655.9

### 剪碎怪胎变成人

实例

［土家族］将"补所"与"雍尼"婚生的肉坨坨剪碎，变成人。

【流传】（无考）

【出处】彭继宽等：《土家族文学史》，长沙：湖南文艺出版社 1989 年版，第 53~54 页。

## W2655.9.1

### 用天神的剪刀剪碎怪胎变成人

【关联】［W2659.10］处理怪胎的工具的获得

实例

［土家族］伏羲兄妹成亲后生了一个大肉球，他们用天神给的剪刀把肉球剪碎，扔向四面八方，变成了后来各民族的先祖。

【流传】（湖南省·湘西土家族苗族自治州）

【出处】《兄妹开亲》，谷德明据《湘西土家族的文学艺术》整理，见姚宝瑄主编《中国各民族神话》（土家族、毛南族、侗族、瑶族），太原：山西出版传媒集团·书海出版社 2014 年版，第 21 页。

## W2656

### 火烧怪胎变成人

实例

（参见下级母题实例）

## W2656.1

### 怪胎烧爆变成人

实例

［傈僳族］兄妹婚生的肉坨坨放在火里

烧，烧爆变成人。

【流传】四川省·（攀枝花市）·米易县·新山乡

【出处】李金禄讲，管树华采录：《人类的起源》，见中国民间文学集成全国编辑委员会编《中国民间故事集成》（四川卷·下），北京：中国ISBN中心1998年版，第1432页。

## W2657
### 施巫术使怪胎变成人

【关联】
① ［W2397.2］祭祀神灵后变成人
② ［W2397.10］变成人要举行巫术仪式

实 例

❶ ［独龙族］1女与天上的鬼神婚生蜜蜂、岩蜂、燕子，祭祀神灵后，生的这些动物孩子才变成了人。

【流传】云南省·（怒江傈僳族自治州·贡山独龙族怒族自治县）·独龙江（独龙江乡）·龙元村、冷木当村、迪政当村

【出处】《木彭九和木尼斤》，见李金明《独龙族文学简史》，昆明：云南民族出版社2004年版，第67~69页。

❷ ［珞巴族］兄妹结婚生拳头大小的人，天神施巫术，变成真正的人。

【流传】西藏自治区

【出处】《人的诞生》，见中国各民族宗教与神话大词典编审委员会编《中国各民族宗教与神话大词典》，北京：学苑出版社1990年版，第391页。

❸ ［黎族］荷发（人名）孕生一团肉包。她用一块麻布把肉包包起来，放在神案桌前，经过七天七夜，那团肉包有了生机。

【流传】
（a）海南省·（三亚市）·保亭县（保亭黎族苗族自治县）·保城镇
（bc）海南省五指山区

【出处】
（a）王老黎讲，王国全采录：《三个民族同一源》，见中国民间文学集成全国编辑委员会编《中国民间故事集成》（海南卷），北京：中国ISBN中心2002年版，第9页。
（b）王国全搜集整理：《南瓜的故事》，见谷德明编《中国少数民族神话》，北京：中国民间文艺出版社1987年版，第196页。
（c）同（b），见陶阳、钟秀编《中国神话》（上），上海：上海文艺出版社2008年版，第374页。

## W2657.1
### 神仙念咒语使怪胎变成人

实 例

［彝族］夫妻把婚生的肉团子剁成碎块，抛到四处。神仙念动咒语，那些肉块见风成长，一眨眼工夫就成了一个个活人。

【流传】云南省·昭通市

【出处】陈友才讲，朱冬才采录：《创世纪》，见中国民间文学集成全国编辑委员会编《中国民间故事集成》（云

南卷），北京：中国 ISBN 中心 2003 年版，第 164 页。

## W2657.2
### 杀牛祭祖后怪胎变成人
【关联】［W2647］不敬祖先生怪胎

实 例

❶ [壮族] 结婚的兄妹杀牛祭祖后，生的怪胎长成正常人。
【流传】（无考）
【出处】张声震主编：《布洛陀经诗》，见张声震总主编，农冠品编注《壮族神话集成》，南宁：广西民族出版社 2007 年版，第 113～116 页。

❷ [壮族] 伏羲兄妹婚生怪物，杀牛祭祖宗后怪物变成的后代才不断繁衍。
【流传】（无考）
【出处】《壮族麽经布洛陀影印译注》，南宁：广西民族出版社 2004 年版，第 2056～2059 页。

## W2658
### 特定人物使怪胎变成人

实 例

（参见下级母题实例）

## W2658.1
### 神的作用使怪胎变成人

实 例

❶ [汉族] 玉帝让雷公用"雷楔子"炸开 1 个女人的肚子，生的小石头人繁殖后代。
【流传】云南省·（大理白族自治州）·洱源县
【出处】芮丰等讲：《"雷楔子"炸人种》，见中国民间文学集成全国编辑委员会编《中国民间故事集成》（云南卷），北京：中国 ISBN 中心 2003 年版，第 154～156 页。

❷ [羌族] 兄妹婚生了一块肉坨坨，天帝叫他们把肉坨坨切成小块块，然后变成人。
【流传】四川省·（阿坝藏族羌族自治州）·汶川县·威州乡·牛老寨
【出处】倪明富讲，周辉枝采录：《太阳和月亮》，见中国民间文学集成全国编辑委员会编《中国民间故事集成》（四川卷·下），北京：中国 ISBN 中心 1998 年版，第 1109 页。

## W2658.2
### 动物的作用使怪胎变成人

实 例

（参见下级母题实例）

## W2658.2.1
### 狗使怪胎变成人

实 例

[白族] 母狗舐开兄妹婚生的皮口袋后，里面出来人。
【流传】云南省·大理（大理白族自治州）
【出处】杨惠讲：《九隆种》，见中国民间文学集成全国编辑委员会编《中国

## W2658.2.2
### 鹞鹰使怪胎变成人

实 例

[毛南族]（实例待考）

## W2658.2.3
### 乌鸦的帮助使怪胎变成人

实 例

❶ [黎族] 兄妹两人把婚生的肉团剁碎抛到山下后，一群乌鸦把一些肉块衔上山来，在山上的肉块变成了黎家、苗族。

【流传】海南省五指山区

【出处】马文光等讲，陈葆真等记录，陈葆真等整理：《螃蟹精》，见谷德明编《中国少数民族神话》，北京：中国民间文艺出版社1987年版，第193页。

❷ [毛南族] 盘和古兄妹结婚后用泥捏成人仔，叫乌鸦衔去丢。捏了七七四十九天，乌鸦衔泥人十九年，泥人全都成活。

【流传】广西壮族自治区·（河池市）·环江县（环江毛南族自治县）

【出处】覃启仁等讲述，谭金田、蒋志雨翻译整理：《盘古的传说》，原载袁凤辰等编《毛南族、京族民间故事选》，见陶阳、钟秀编《中国神话》（上），北京：商务印书馆2008年版，

第22~28页。

❸ [瑶族（青裤瑶）] 把兄妹婚生的肉团剁成四块，乌鸦衔放四方后，变成人。

【流传】贵州省·（黔南布依族苗族自治州）·荔波（荔波县）

【出处】《兄妹结婚》，见中国少数民族神话学学术讨论会论文集《神话新探》，贵阳：贵州人民出版社1986年版，第458~462页。

## W2658.2.4
### 老鹰和乌鸦帮助怪胎变成人

实 例

[壮族] 雷公砍碎盘和古兄妹婚生的肉球，派老鹰、乌鸦到处抛撒，这样就有了人烟。

【流传】（无考）

【出处】《盘和古》，见陶立璠等编《中国少数民族神话传说选》，成都：四川民族出版社1985年版，第156~159页。

## W2658.3
### 自然物的作用使怪胎变成人

实 例

（参见下级母题实例）

## W2658.3.1
### 风的作用使怪胎变成人

实 例

[壮族] 天上刮下的风吹爆兄妹婚生的

血球，出现 100 对男女。

【流传】广西壮族自治区·（崇左市）·龙州（龙州县）

【出处】谭世宏讲：《兄妹再造人类》，见张声震总主编，农冠品编注《壮族神话集成》，南宁：广西民族出版社 2007 年版，第 321~322 页。

## W2658.3.2
### 阳光的作用使怪胎变成人

实 例

[瑶族] 伏羲兄妹婚生一个像冬瓜般的肉团。他们把肉团砍碎后放在晒棚上暴晒，变成人。

【流传】广西壮族自治区·（来宾市）·金秀瑶族自治县

【出处】

（a）巴柏讲，刘保元、苏胜兴搜集整理：《伏羲兄妹的故事》，见苏胜兴、刘保元、韦文俊、王矿新等编《瑶族民间故事选》，上海：上海文艺出版社 1980 年版。

（b）同（a），见姚宝瑄主编《中国各民族神话》（土家族、毛南族、侗族、瑶族），太原：山西出版传媒集团·书海出版社 2014 年版，第 193 页。

## W2659
### 与怪胎处置有关的其他母题

【关联】[W2313.1] 嫩树枝使怪胎变成人

实 例

（参见下级母题实例）

## W2659.0
### 处置怪胎的原因

实 例

（参见下级母题实例）

## W2659.0.1
### 因生气处置怪胎

实 例

❶ [布依族] 伏羲兄妹婚生没有头的肉坨很生气，二人就把肉坨坨砍烂，砍烂了又拿去撒。

【流传】（无考）

【出处】

（a）祝登雍讲：《伏羲兄妹》，见谷德明编《中国少数民族神话选》，西北民族学院研究所编印，内部资料，1983 年。

（b）同（a），见姚宝瑄主编《中国各民族神话》（布依族、仡佬族、苗族），太原：山西出版传媒集团·书海出版社 2014 年版，第 61 页。

❷ [水族] 兄妹婚后生肉疙瘩，妹妹气了，用刀把它砍成三截。哥哥恼了，用刀把它剁烂。

【流传】贵州省·（黔南布依族苗族自治州）·三都水族自治县、荔波县、都匀市、独山县；广西壮族自治区·（河池市）·南丹县

【出处】王英、莫妹、蒙蕊、韦新建讲，潘朝霖、王品魁搜集整理：《人类起源》，原载《水族民间故事选》，见陶

阳、钟秀编《中国神话》（上），北京：商务印书馆 2008 年版，第 350 ~ 356 页。

## W2659.0.2
### 因怪胎无法喂养砍碎怪胎

实 例

[侗族] 丈良、丈美兄妹俩婚生浑身长着眼、鼻和嘴巴的怪胎，无法喂奶。两人怀疑怪胎是鬼怪变的，就把肉团剁成碎肉末，丢在大深山里，撒在坡头和坡脚。

【流传】贵州省·（黔东南苗族侗族自治州）·黎平县

【出处】

（a）吴生贤、吴金松讲，杨国仁、涛声搜集整理：《龟婆孵蛋》，载《民间文学》1986 年第 1 期。

（b）同（a），见姚宝瑄主编《中国各民族神话》（土家族、毛南族、侗族、瑶族），太原：山西出版传媒集团·书海出版社 2014 年版，第 104 页。

## W2659.0.3
### 因怪胎难看剁碎怪胎

实 例

[瑶族] 洪水后，伏羲兄妹婚生一个像冬瓜般的肉团。夫妻二人觉得太难看，便把肉团砍碎。

【流传】广西壮族自治区·（来宾市）·金秀瑶族自治县

【出处】

（a）巴柏讲，刘保元、苏胜兴搜集整理：《伏羲兄妹的故事》，见苏胜兴、刘保元、韦文俊、王矿新等编《瑶族民间故事选》，上海：上海文艺出版社 1980 年版。

（b）同（a），见姚宝瑄主编《中国各民族神话》（土家族、毛南族、侗族、瑶族），太原：山西出版传媒集团·书海出版社 2014 年版，第 193 页。

## W2659.0.4
### 因认为怪胎是怪物剁碎怪胎

实 例

[苗族] 兄妹婚生没有五官四肢的肉包后，认为是怪物，就用刀把这小孩砍成一块块肉片，摔向东西南北，树上地下到处都是。

【流传】（无考）

【出处】《雷公和高比》，见陶立璠、李耀宗编《中国少数民族神话传说选》，成都：四川民族出版社 1985 年版，第 143 页。

## W2659.0.5
### 因好奇砍开怪胎

实 例

[瑶族] 太阳哥哥和月亮妹妹婚生下一个大冬瓜。太阳哥哥出于好奇操起菜刀，将冬瓜一剖两半。

【流传】（无考）

【出处】

（a）赵老大讲，梅中泉记录整理：《日月成婚》，载《山茶》1983 年第 3 期。

（b）同（a），见姚宝瑄主编《中国各民族神话》（土家族、毛南族、侗族、瑶族），太原：山西出版传媒集团·书海出版社 2014 年版，第 182 页。

## W2659.1
### 炸开怪胎变成人（炸开怪胎出现人）

【实例】

❶ [汉族] 伏羲女娲兄妹结婚生的肉球，炸开后出现男人和女人。

【流传】湖北省·（荆州市）·江陵县·纪南乡

【出处】杨士景讲：《女娲配伏羲》，见中国民间文学集成全国编辑委员会编《中国民间故事集成》（湖北卷），北京：中国 ISBN 中心 1999 年版，第 10～11 页。

❷ [土家族] 兄妹婚后，妹妹生了一个红血球，红血球飞到天空炸小块块落到地上就变成了人，就是土家人。

【流传】湖北省·（恩施土家族苗族自治州）·利川市·谋道镇

【出处】朱林山等讲，黄汝家采录：《上天梯》，见中国民间文学集成全国编辑委员会编《中国民间故事集成》（湖北卷），北京：中国 ISBN 中心 1999 年版，第 16 页。

## W2659.2
### 怪胎抛掉后变成人

【实例】

❶ [苗族] 兄妹婚生的磨刀石，抛后变成人。

【流传】海南省·（海口市）·昌江县（昌江黎族自治县）·七差乡

【出处】蒋明新讲：《雷公教人传种》，中国民间文学集成全国编辑委员会编《中国民间故事集成》（海南卷），北京：中国 ISBN 中心 2002 年版，第 12～13 页。

❷ [瑶族] 兄妹婚生的冬瓜，破开撒到外面，变成人。

【流传】湖南省·（永州市）·江华县（江华瑶族自治县）·大锡公社（大锡乡）

【出处】盘才坤讲：《兄妹成亲》，见湖南民委民族民间文学整理组编《民族民间文学资料》24 集之《瑶族民间传说故事选》，1980 年刻印本，第 69 页。

❸ [瑶族] 剁碎姑侄婚前姑姑与一男子偷情生肉块后，将肉粒抛撒，肉粒皆变成人。

【流传】广东省·（清远市）·连南县（连南瑶族自治县）

【出处】《洪水的传说》，见中国各民族宗教与神话大词典编审委员会编《中国各民族宗教与神话大词典》，北京：学苑出版社 1990 年版，第 654 页。

## W2659.3
### 怪胎切（砍、割、剁等）成 12 块

【关联】[W2655] 切（砍、碾、砸）碎怪胎后变成人

**实 例**

❶ [苗族] 兄妹成婚生肉陀，砍成12块，变成12人。

【流传】广西壮族自治区·（柳州市）·融水县（融水苗族自治县）·滚贝乡

【出处】杨达香讲：《段略和埋耶兄妹》，见中国民间文学集成全国编辑委员会编《中国民间故事集成》（广西卷），北京：中国ISBN中心2001年版，第74～86页。

❷ [苗族] 把姑侄结婚生的怪物切成12块，成为人类。

【流传】（无考）

【出处】《短裙黑苗中的传说》，见马昌仪编《中国神话学文论选萃》（上编），北京：中国广播电视出版社1994年版，第442～443页。

❸ [苗族] 把兄妹婚生没耳鼻、嘴巴的圆崽剁成12份后，成为人。

【流传】贵州省·黔东南（黔东南苗族侗族自治州）

【出处】《兄妹结婚歌》，见潘定智、杨培德、张寒梅编《苗族古歌》，贵阳：贵州人民出版社1997年版。第104～132页。

## W2659.4
### 怪胎切（砍、割、剁等）成18块

**实 例**

[土家族] 兄妹成婚生肉坨坨，剁成18块，生出土家人祖先。

【流传】湖北省

【出处】全明村搜集整理：《土家人的祖先》，见中华民族故事大系编委会编《中华民族故事大系》第5卷（瑶族、白族、土家族），上海：上海文艺出版社1995年版，第667～668页。

## W2659.4a
### 怪胎切（砍、割、剁等）成88块

**实 例**

[汉族] 婚生的血球砍碎成88块，成为88人。

【流传】湖南省·（怀化市）·沅陵县

【出处】张氏讲：《铺天大水》，见中国民间文学集成全国编辑委员会编《中国民间故事集成》（湖南卷），北京：中国ISBN中心2002年版，第34～36页。

## W2659.4b
### 怪胎切（砍、割、剁等）成99块

**实 例**

❶ [布依族] 伏羲兄妹婚生肉坨坨。他们生气地用柴刀把肉坨坨砍成99块，丢去四道八处。

【流传】（a）整个布依族地区

【出处】

（a）班琅王、王鲁文、刘阿季讲，汛河记录整理：《洪水滔天》（1955），见陶立璠等编《中国少数民族神话汇编》（洪水篇），中央民族学院少数民族古籍整理出版规划领导小组办公室印（内部资料），第 133~139 页。

(b) 同（a），汛河搜集整理：《布依族民间故事集》，中国民间文艺出版社 1982 年版。

(c) 同（a），见姚宝瑄主编《中国各民族神话》（布依族、仡佬族、苗族），太原：山西出版传媒集团·书海出版社 2014 年版，第 71 页。

❷ [侗族] 姜郎、姜妹兄妹成亲生一个大肉坨坨。姜郎把那个肉坨摆在砧板上，砍做 99 块。

【流传】湖南省·（怀化市）·新晃县（新晃侗族自治县）·李树乡·茂溪村

【出处】吴贻刚讲，杨顺成等采录：《姜郎姜妹》，见中国民间文学集成全国编辑委员会编《中国民间故事集成》（湖南卷），北京：中国 ISBN 中心 2002 年版，第 28 页。

❸ [汉族] 盘古和盘古姐姐弟成婚，生的大血痂剁成 99 块，变成 99 人。

【流传】江西省·（吉安市）·万安县·潞田乡

【出处】郭隆士讲：＊《伏羲和女娲》，见中国民间文学集成全国编辑委员会编《中国民间故事集成》（江西卷），北京：中国 ISBN 中心 2002 年版，第 10~11 页。

**W2659.5**

**怪胎切（砍、割、剁等）成 100 块**

【关联】[W6840] 百家姓的产生

**实 例**

❶ [白族] 兄妹婚生的肉坨坨，分成 100 块，变成 100 人。

【流传】云南省·（大理白族自治州）·洱源（洱源县）

【出处】杨育凡记录：《兄妹成亲和百家姓的由来》，见云南省民间文学集成办公室编《白族神话传说集成》，北京：中国民间文艺出版社 1986 年版，第 32~34 页。

❷ [汉族] 洪水后，姐弟婚生一个肉团，切成百块撒到各处。

【流传】广西壮族自治区·（贺州市）·钟山（钟山县）·回龙乡

【出处】董贵清讲，董世松采录：《葫芦姐弟》，见曹廷伟编著《广西民间故事辞典》，南宁：广西教育出版社 1993 年版，第 24 页。

❸ [苗族] 兄妹婚生怪人。用刀分成 100 块，变成人类。

【流传】湖南省·湘西（湘西土家族苗族自治州）

【出处】《傩神起源歌》，见马昌仪编《中国神话学文论选萃》（上编），北京：中国广播电视出版社 1994 年版，第 377~379 页。

❹ [苗族（花苗）] 把兄妹婚生的怪胎宰成 100 块，变成人。

【流传】贵州省

【出处】吴泽霖：《苗族中祖先来历的传说》，见马昌仪编《中国神话学文论选萃》（上编），北京：中国广播电视出版社 1994 年版，第 434~435 页。

（H5）[壮族] 伏羲兄妹婚生的肉团分100块，成为52个男子，48个女子。

【流传】广西壮族自治区·（柳州市）·柳江（柳江区）

【出处】《造人歌》，见张声震总主编，农冠品编注《壮族神话集成》，南宁：广西民族出版社2007年版，第4页。

## W2659.6

### 怪胎砍成108块

**实例**

❶ [布依族] 兄妹结婚生的肉团，砍成108块后变成人及山岭树林。

【流传】贵州省·（黔西南布依族苗族自治州）·册亨县

【出处】《赛胡细妹造人烟》，载《民间文学》1980年第8期。

❷ [布依族] 兄妹把生的肉团砍成108块。

【流传】贵州省·（黔西南布依族苗族自治州）·望谟（望谟县）

【出处】毛星主编：《中国少数民族文学》（中），长沙：湖南人民出版社1983年版，第752~754页。

## W2659.7

### 怪胎切成100多块

**实例**

[布依族] 洪水后，幸存迪进、迪颖兄妹婚生一个肉团团。两兄妹怄气把它砍成一百多块，撒往四面八方。

【流传】（无考）

【出处】
（a）赵司义讲：《迪进、迪颖造人烟》，见谷德明编《中国少数民族神话选》，西北民族学院研究所编印，内部资料，1983年。

（b）同（a），见陶立璠等编《中国少数民族神话汇编》（洪水篇），中央民族学院少数民族古籍整理出版规划领导小组办公室印（内部资料），第144页。

（c）同（a），《布依族民间文学》1982年第1期。

（d）同（a），见姚宝瑄主编《中国各民族神话》（布依族、仡佬族、苗族），太原：山西出版传媒集团·书海出版社2014年版，第63页。

## W2659.7.1

### 怪胎切成120块

**实例**

❶ [土家族] 将甫梭和冗妮兄妹婚生的肉疙瘩砍成120块，分别变成了人。

【流传】湖南省·湘西（湘西土家族苗族自治州）土家族聚居区

【出处】《齐天大水》，见谷德明编《中国少数民族神话》，北京：中国民间文艺出版社1987年版，第168页。

❷ [土家族] 布索和雍妮兄妹成婚生肉坨坨，砍成120块，变成人。

【流传】（无考）

【出处】《梯玛神歌》，见中央民族学院少数民族文艺研究所编《中国民族民间文学》（下），北京：中央民族学院出版社1987年版，第652页。

## W2659.8
### 怪胎切（砍、剁）成其他特定数量的小块

**实 例**

（参见下级母题实例）

## W2659.8.1
### 怪胎切成81块

**实 例**

[土家族] 布索和雍妮兄妹婚生红血球，用刀子把血球切成九九八十一块。然后把这些血块分别和火苗子（旱稻）、细沙子、细泥土撒出去后变成人。

【流传】湖南省西北部；湖北省

【出处】覃仁安搜集整理：《布索和雍妮》，见中华民族故事大系编委会编《中华民族故事大系》第5卷（瑶族、白族、土家族），上海：上海文艺出版社1995年版，第649~650页。

## W2659.8.2
### 怪胎切成101块

**实 例**

[汉族] 员外家的两兄妹成婚，生肉团，破开成101块，变成101人。

【流传】江西省·宜春市·（袁州区）·寨下乡（寨下镇）

【出处】孙伟宏讲：*《伏羲和女娲》，见中国民间文学集成全国编辑委员会编《中国民间故事集成》（江西卷），

北京：中国ISBN中心2002年版，第11~12页。

## W2659.8.3
### 怪胎切成360块

**实 例**

[瑶族] 伏牺兄妹结婚，生冬瓜，砍成360块，都变成人。

【流传】（无考）

【出处】盘绍元、盘土旺演唱，李本贤、郑德宏整理翻译：《发习东奶》（发习东奶，瑶语，很久以前的意思），载《楚风》1982年第2期。

## W2659.8.4
### 怪胎切成999块

**实 例**

[水族] 把兄妹婚生的肉坨坨砍成999块，变成一群人。

【流传】贵州省·（黔南布依族苗族自治州）·独山（独山县），（黔东南苗族侗族自治州）·榕江（榕江县）

【出处】潘家云讲，韦荣康、杨元龙搜集整理：《牙线造人的故事》，见燕宝、张晓编《神话传说》，贵阳：贵州人民出版社1997年版，第53~56页。

## W2659.9
### 怪胎剁成特定样子后变成人

**实 例**

（参见下级母题实例）

## W2659.9.1
### 把怪胎剁成砧板后变成人

*实例*

[苗族]（洪水后，只幸存姜央两兄妹婚生一个肉疙瘩），姜央拿把弯柴刀，一个小小梾木砧，轻轻剁在仓脚下，剁得九个小砧板，撒在九个大山坡，全部变成人。

【流传】原文无流传地，据文本及注释推测该神话流传于贵州省·黔东南苗族侗族自治州·凯里市、台江县等地。

【出处】张洪正演唱，张文搜集，燕宝整理译注：《浩劫复生·兄妹结婚》，见贵州省少数民族古籍整理出版规划小组办公室编，燕宝整理译注《苗族古歌》，贵阳：贵州民族出版社1993年版，第621页。

## W2659.9a
### 怪胎剁碎得到灵魂后变成人

【关联】
① [W2120] 造人得到灵魂后成活
② [W2398.7] 灵魂变成人

*实例*

[侗族] 姜良姜妹兄妹结婚生肉团，剁碎后，因萨天巴赋予他们灵魂而变成人。

【流传】（无考）

【出处】《姜良姜妹》，见杨保愿《嘎茫莽道时嘉》（《侗族远祖歌》），北京：中国民间文艺出版社1986年版，第105页。

## W2659.9b
### 怪胎剁碎通过加工变成人

*实例*

（参见下级母题实例）

## W2659.9b.1
### 怪胎剁碎拌沙子撒出变成人

*实例*

❶ [汉族] 兄妹将妹妹生的肉球剁成碎块，和着沙子往外撒出去，变成人。

【流传】湖南省·（常德市）·石门（石门县）

【出处】覃清贞讲，鲍明清搜集整理：《人是怎么来的》，见中华民族故事大系编委会编《中华民族故事大系》第1卷（汉族、蒙古族、回族），上海：上海文艺出版社1995年版，第13~14页。

❷ [土家族] 把布索、雍妮兄妹婚生的红血球，切成血块和细沙、细泥，成为苗、客家和土家人。

【流传】湖南省西北；湖北省

【出处】覃仁安搜集整理：《布索和雍妮》，见中华民族故事大系编委会编《中华民族故事大系》第5卷（瑶族、白族、土家族），上海：上海文艺出版社1995年版，第641~650页。

## W2659.10
### 处理怪胎的工具的获得

*实例*

（参见下级母题实例）

## W2659.10.1
### 处理怪胎的刀从天而降

**实例**

❶ [汉族] 兄妹婚后，妹妹怀孕生大肉球，妹妹用天上掉下来的金刀将肉球剁成了一百零一块。

【流传】湖南省·（常德市）·石门（石门县）

【出处】覃清贞讲，鲍明清搜集整理：《人是怎么来的》，见中华民族故事大系编委会编《中华民族故事大系》第1卷（汉族、蒙古族、回族），上海：上海文艺出版社1995年版，第13~14页。

❷ [土家族] 姐弟成亲后生下一个肉疙瘩。天上掉下一把刀来，他们用刀把肉疙瘩剁烂。

【流传】湖北省·（宜昌市）·长阳县（长阳土家族自治县）·都镇湾镇·杜家冲村

【出处】孙家香讲：《洪水泡天》，见长阳土家族网 http://www.cy-tujia.com/list_body.php? id, 2005.12.08。

## W2659.11
### 处理怪胎遇阻

**实例**

（实例待考）

## W2659.12
### 处置怪胎变人的后续做法

**实例**

（参见下级母题实例）

## W2659.12.1
### 怪胎砍（剁）碎后用筛子筛后变成人

**实例**

[黎族] 雷公切碎兄妹婚生的1个男孩，用筛子筛后，肉块一下子变成人。

【流传】海南省

【出处】

(a) 云博生搜集：《人类的起源》，见陶阳、钟秀编《中国神话》，上海：上海文艺出版社1996年版，第184页。

(b) 王知会讲：《人类的起源》，见中国民间文学集成全国编辑委员会编《中国民间故事集成》（海南卷），北京：中国ISBN中心2002年版，第4页。

(c)《人类的起源》，见谷德明编《中国少数民族神话》，北京：中国民间文艺出版社1987年版，第184页。

## W2659.12.2
### 切碎怪胎和泥后变人

【关联】[W2659.9b.1] 怪胎剁碎拌沙子撒出变成人

**实例**

（参见关联项母题实例）

## W2659.12.3
### 怪胎中的种子变成人

【关联】[W2667.3.1] 怪胎变成植物种子

### 实例

[瑶族] 太阳哥哥和月亮妹妹婚生下一个大冬瓜。太阳哥哥剖开后只有一粒粒黄色的种子。月亮妹妹将冬瓜子一把把抓起来，往山前屋后撒去，结果变成再生人类的第一代人。

【流传】（无考）

【出处】

（a）赵老大讲，梅中泉记录整理：《日月成婚》，载《山茶》1983年第3期。

（b）同（a），见姚宝瑄主编《中国各民族神话》（土家族、毛南族、侗族、瑶族），太原：山西出版传媒集团·书海出版社2014年版，第182页。

## W2659.13
### 处置怪胎后变成人需要的时间

### 实例

（参见下级母题实例）

## W2659.13.1
### 处置怪胎后第二天变成人

### 实例

❶ [侗族] 姜良、姜妹兄妹把婚生的肉团砍做几大块，骨头丢在田坝，肉丢在河边，心肝丢在岩洞边，肚肠丢在山坡上。第二天全变成人。

【流传】贵州省·（黔东南苗族侗族自治州）·天柱县

【出处】

（a）杨引招讲，龙玉龙搜集整理：《捉雷公》，载《南风》1981年第2期。

（b）同（a），见姚宝瑄主编《中国各民族神话》（土家族、毛南族、侗族、瑶族），太原：山西出版传媒集团·书海出版社2014年版，第111页。

❷ [仫佬族] 伏羲兄妹把婚生一团肉用石头把肉团砸烂，撒在大地上。第二天去看时，山峁里、平原上处处冒起炊烟，有了村寨人家。

【流传】（a）广西壮族自治区·（河池市）·罗城县（罗城仫佬族自治县）·四把乡·石门村、冲眷屯

【出处】

（a）包启宽讲，包玉堂采录翻译：《伏羲兄妹》（1981），见中国民间文学集成全国编辑委员会编《中国民间故事集成》（广西卷），北京：中国 ISBN 中心2001年版，第69页。

（b）同上，见陶阳、钟秀编《中国神话》（上），北京：商务印书馆2008年版，第472～474页。

## W2659.13.2
### 处置怪胎后3天变成人

### 实例

[毛南族] 盘和古兄妹婚生一个包衣小孩。他俩把小孩剁成碎块，让乌鸦、老鹰啄去撒在四方，三天以后，到处都有人了。

【流传】（无考）

【出处】

（a）《盘和古》，见谷德明编《中国少数民族神话选》，西北民族学院研究

所编印，1983 年。

（b）同（a），见姚宝瑄主编《中国各民族神话》（土家族、毛南族、侗族、瑶族），太原：山西出版传媒集团·书海出版社 2014 年版，第 55 页。

## W2659.13.3
### 处置怪胎后数天后变成人

实例

[侗族] 把兄妹生的怪娃砍碎后，第一天有些变化，第二天变成了人形，第三天发出声音，第四天跑满山岭。

【流传】贵州省·（黔东南苗族侗族自治州）·黎平县·岩洞镇

【出处】吴良美讲：《洪水后生人类》，王宪昭采集，2009.08。

## W2659.13.4
### 处置怪胎后 21 天变成人

实例

[布依族] 洪水后，幸存者盘和古婚生磨石一般的孩子。射日者勒戛拿刀子把孩子劈砍成片片。乌鸦拿去丢，过了三朝七天，见到处冒烟，从那时起又有人烟了。

【流传】贵州省·贵阳市

【出处】荔波、覃子双讲，韦连周记录：《勒戛射日和葫芦救人》，见姚宝瑄主编《中国各民族神话》（布依族、仡佬族、苗族），太原：山西出版传媒集团·书海出版社 2014 年版，第 79 页。

## W2659.14
### 错误的处置怪胎方法

【关联】[W2667.9] 怪胎没有变成人

实例

（参见下级母题实例）

## W2659.14.1
### 处置怪胎不能煮

实例

[土家族] 洪水后，幸存的甫梭和冗妮兄妹婚生一团血糊糊的肉疙瘩。抱起给山神爷爷看，山神爷爷说："是羊下货吧？煮起下酒吧。"甫梭和冗妮兄妹认为不可。

【流传】湖南省·（湘西土家族苗族自治州）·永顺（永顺县）、古丈（古丈县）、保靖（保靖县）、龙山（龙山县）沿酉水一带土家族聚居区

【出处】

（a）田德华、向廷龙（巫师）、田光南讲，彭勃、彭继宽、田德风记录，彭勃整理：《齐天大水》（1962.05），见谷德明编《中国少数民族神话》，北京：中国民间文艺出版社 1987 年版。

（b）同（a），见姚宝瑄主编《中国各民族神话》（土家族、毛南族、侗族、瑶族），太原：山西出版传媒集团·书海出版社 2014 年版，第 19 页。

## W2659.14.2
### 处置怪胎不能炒

【实例】

[土家族] 洪水后，幸存的甫梭和冗妮兄妹婚生一团血糊糊的肉疙瘩。抱起给土地公公看，土地公公说："这是牛下货吧？炒起下酒吧。"甫梭和冗妮兄妹认为不可。

【流传】 湖南省·（湘西土家族苗族自治州）·永顺（永顺县）、古丈（古丈县）、保靖（保靖县）、龙山（龙山县）沿酉水一带土家族聚居区

【出处】

（a）田德华、向廷龙（巫师）、田光南讲，彭勃、彭继宽、田德风记录，彭勃整理：《齐天大水》（1962.05），见谷德明编《中国少数民族神话》，北京：中国民间文艺出版社1987年版。

（b）同（a），见姚宝瑄主编《中国各民族神话》（土家族、毛南族、侗族、瑶族），太原：山西出版传媒集团·书海出版社2014年版，第19页。

## ✱ W2660
### 怪胎变成人的地点

【关联】[W2300] 人是变化产生的

【实例】

（参见下级母题实例）

## W2661
### 怪胎撒地上变成人

【关联】

① [W2121.8.1.1] 泥人接触地面成活
② [W2392.4] 接触地面后变成人

【实例】

❶ [布朗族] 兄妹婚生怪胎后，法雅英（神）用自己的剑把怪物剁细撒到地上，大地长出了千千万万个人。

【流传】 云南省·（临沧市）·双江县（双江拉祜族佤族布朗族傣族自治县）

【出处】 植万七讲，俸春华采录：《兄妹成婚衍人类》，见中国民间文学集成全国编辑委员会编《中国民间故事集成》（云南卷），北京：中国ISBN中心2003年版，第206页。

❷ [仫佬族] 伏羲把砸碎的肉团遍撒大地，天下有了人烟。

【流传】 广西壮族自治区·（河池市）·罗城县（罗城仫佬族自治县）

【出处】 《伏羲兄妹制人伦》，见黄敏珍《广西罗城县仫佬族与壮族的族群关系研究》，载《广西广播电视大学学报》2006年第1期。

❸ [畲族] 盘哥、云囡兄妹婚生肉蛋，抛到地上变人。

【流传】（无考）

【出处】 蓝石女、钟伟琪等口述，唐宗龙记录：《桐油火和天洪》，见《畲族民间故事》，杭州：浙江人民出版社1979年版。

## W2661.1
### 怪胎撒野外变成人

实例

（参见下级母题实例）

## W2661.1.1
### 怪胎撒到荒山四野变成人

【关联】［W2121.1］造人放野外成活

实例

❶ ［拉祜族］捏碎兄妹结婚生的肉坨坨后撒到荒山四野，结果变成人群。

【流传】云南省

【出处】《传人种》，见云南省民族事务委员会编《拉祜族文化大观》，昆明：云南民族出版社1999年版，第175页。

❷ ［苗族］洪水后，幸存的哥哥爸龙和妹妹德龙兄妹俩成亲，他们用刀把婚生的磨岩儿砍烂，抛散到四野去后变成人。

【流传】湖南省湘西一带、贵州省·（铜仁市）·松桃地区（松桃苗族自治县）

【出处】

（a）滕树宽、龙炳文搜集，江波整理：《阿陪果本》，见燕宝编《苗族民间故事选》，上海：上海文艺出版社1981年版。

（b）同（a），见姚宝瑄主编《中国各民族神话》（布依族、仡佬族、苗族），太原：山西出版传媒集团·书海出版社2014年版，第155页。

## W2661.1.2
### 怪胎撒到各地变成人

实例

❶ ［布依族］洪水后，幸存的一对兄妹婚生一个很难看的娃娃，他们就把娃娃砍成几块，东一块西一块地丢出去，后来都变成人。

【流传】贵州省·（黔南布依族苗族自治州）·长顺县·长寨公社（长寨镇）·竹林寨

【出处】陈光前讲，罗文亮搜集：《洪水潮天》（二），见姚宝瑄主编《中国各民族神话》（布依族、仡佬族、苗族），太原：山西出版传媒集团·书海出版社2014年版，第53页。

❷ ［布依族］伏羲兄妹把婚生的没有头的肉坨砍成烂肉撒到各处，那些烂肉落在哪里，哪里就升起了烟火，升起烟火的地方，就有了人家。

【流传】（无考）

【出处】

（a）祝登雍讲：《伏羲兄妹》，见谷德明编《中国少数民族神话选》，西北民族学院研究所编印，内部资料，1983年。

（b）同（a），见姚宝瑄主编《中国各民族神话》（布依族、仡佬族、苗族），太原：山西出版传媒集团·书海出版社2014年版，第61页。

## W2661.1.2.1
### 怪胎撒四面八方变成人

实 例

❶ [布依族] 洪水后，幸存的伏、羲兄妹婚生一个磨石，他们把磨石舂成面面，把这些面面撒向四面八方后，全都变成人。

【流传】贵州省·（黔南布依族苗族自治州）·罗甸县·罗悃公社（罗悃镇）·洞尚寨

【出处】杨胞建由讲，罗文亮搜集：《洪水潮天》（一），见姚宝瑄主编《中国各民族神话》（布依族、仡佬族、苗族），太原：山西出版传媒集团·书海出版社2014年版，第51页。

❷ [布依族] 洪水后，幸存的迪进、迪颖兄妹把婚生的肉团团砍成一百多块，撒往四面八方。第二天早上，四面八方就冒起了烟子，人烟就这样造出来了。

【流传】（无考）

【出处】
(a) 赵司义讲：《迪进、迪颖造人烟》，见谷德明编《中国少数民族神话选》，西北民族学院研究所编印，内部资料，1983年。
(b) 同（a），见陶立璠等编《中国少数民族神话汇编》（洪水篇），中央民族学院少数民族古籍整理出版规划领导小组办公室印，内部资料，第144页。
(c) 同（a），《布依族民间文学》1982年第1期。
(d) 同（a），见姚宝瑄主编《中国各民族神话》（布依族、仡佬族、苗族），太原：山西出版传媒集团·书海出版社2014年版，第63页。

## W2661.1.2.2
### 怪胎磨成面撒四面八方变成人

实 例

❶ [布依族] 洪水后，幸存的伏、羲兄妹婚生一个磨石。他们拿碓来舂成面面，抓起面面向四面八方撒去，后来这些面面变成人。

【流传】贵州省·（黔南布依族苗族自治州）·罗甸县·罗悃公社（罗悃镇）·洞尚寨

【出处】杨胞建由讲，罗文亮搜集：《洪水潮天》（一），见姚宝瑄主编《中国各民族神话》（布依族、仡佬族、苗族），太原：山西出版传媒集团·书海出版社2014年版，第51页。

❷ [瑶族] 把伏羲兄妹婚生的一个肉球剁成细末，撒到四面八方，成为人类。

【流传】（无考）

【出处】《伏羲兄妹》，见谷德明编《中国少数民族神话》，北京：中国民间文艺出版社1987年版，第137页。

## W2661.1.2.3
### 怪胎捏碎后撒四面八方变成人

实 例

[拉祜族] 捏碎兄妹结婚生的肉坨坨，

撒到荒山四野，后来变成人群。

【流传】云南省

【出处】《传人种》，见云南省民族事务委员会编《拉祜族文化大观》，昆明：云南民族出版社1999年版，第175页。

## W2661.1.3
**怪胎撒平坝变成人**

【关联】

① ［W2318.14.1］猴子到坝子后变成人

② ［W2392.7.4］特定的坝子是变人的地方

实 例

[汉族] 伏羲兄妹结婚生一个肉坨坨，砍成肉泥后，撒在平坝上的变成了人。

【流传】四川省·（绵阳市）·三台县·红星乡

【出处】李远成讲，李廷勤采录：《伏羲兄妹造人》，见中国民间文学集成全国编辑委员会编《中国民间故事集成》（四川卷·上），北京：中国ISBN中心1998年版，第49页。

## W2662
**怪胎挂在树上变成人**

实 例

❶ [苗族] 兄妹婚生肉包后，用刀把这小孩砍成一块块肉片，摔向东西南北，树上地下到处都是，全都变成人。

【流传】（无考）

【出处】《雷公和高比》，见陶立璠、李耀宗编《中国少数民族神话传说选》，成都：四川民族出版社1985年版，第143页。

❷ [羌族] 姐弟结婚生肉坨。他们把肉坨分成许多份挂在各种树上，树下有了人烟。

【流传】四川省·（阿坝藏族羌族自治州）·汶川县·龙溪（龙溪乡）

【出处】《黄水潮天》，见谷德明编《中国少数民族神话》，北京：中国民间文艺出版社1987年版，第267页。

❸ [土家族] 洪水后，兄妹婚生血坨坨。把血坨坨剁成十八块，用土包住，放在十八根树丫里。七七四十九天后，那些用土包住的血坨坨都在树丫里长成活人。

【流传】湖北省

【出处】王史幺姐讲，全明村搜集整理：《土家人的祖先》，见中华民族故事大系编委会编《中华民族故事大系》第5卷（瑶族、白族、土家族），上海：上海文艺出版社1995年版，第667~668页。

## W2662.1
**怪胎丢树下变成人**

实 例

[傈僳族] 兄妹婚生的血胞，丢在树下，变成了畲祖、麦祖。

【流传】（无考）

【出处】《畲祖、麦祖的由来》，见陈宗

祥《西康傈僳水田民族之图腾制度》，载《边政公论》1947年第6卷第4期。

## W2663
### 怪胎送到天上后变成人

**实例**

（参见下级母题实例）

## W2663.1
### 怪胎剁碎后抛向空中变成人

**实例**

［侗族］剁碎兄妹婚生的肉球，抛向空中之后变成人。

【流传】贵州省·（黔东南苗族侗族自治州）·黎平县

【出处】http://www.dongzu8.com，2007.07.03。

## W2664
### 怪胎放水中变成人

**实例**

［汉族］姐弟俩婚生的肉疙瘩，剖开后放入水中，变成人。

【流传】宁夏回族自治区·（固原市）·彭阳县·草庙乡

【出处】阎德武讲：《第二代人》，见中国民间文学集成全国编辑委员会编《中国民间故事集成》（宁夏卷），北京：中国ISBN中心1999年版，第15页。

## W2665
### 怪胎放山上变成人（怪胎放山间变成人）

**实例**

❶［拉祜族］把兄妹结婚生的肉团丢在山上，变成人。

【流传】云南省

【出处】《传人种》，见中国各民族宗教与神话大词典编审委员会编《中国各民族宗教与神话大词典》，北京：学苑出版社1990年版，第374页。

❷［苗族］兄妹婚生肉坨坨，剁成肉片撒9座山，肉片变成千万百姓。

【流传】（无考）

【出处】《苗族史诗》，见http//tieba.baidu.com，2008.05.16。

## W2665.1
### 怪胎处理后撒到山下变成人

**实例**

❶［汉族］伏羲与女娲结婚生石墩子，伏羲抱起这个怪物摔到山坡下，变成人。

【流传】湖北省·（孝感市）·安陆市·烟店镇

【出处】万大江讲，蔡建刚采录：《女娲配伏羲》，见中国民间文学集成全国编辑委员会编《中国民间故事集成》（湖北卷），北京：中国ISBN中心1999年版，第10页。

❷［壮族］切碎伏依兄妹婚生的肉团，

撒到山下变成许多人。

【流传】广西壮族自治区红水河流域

【出处】蓝鸿恩搜集整理：《布伯的故事》，见中华民族故事大系编委会编《中华民族故事大系》第3卷（彝族、壮族、布依族），上海：上海文艺出版社1995年版，第373~384页。

## W2665.2
### 怪胎弄碎后撒到山下又衔到山上变成人

实 例

[黎族] 兄妹两人把婚生的肉团剁碎抛到山下后，一群乌鸦把一些肉块衔上山来，在山上的肉块变成了黎家、苗族。

【流传】海南省五指山区

【出处】马文光等讲，陈葆真等记录，陈葆真等整理：《螃蟹精》，见谷德明编《中国少数民族神话》，北京：中国民间文艺出版社1987年版，第193页。

## W2665.3
### 怪胎弄碎后撒到荒山变成人

【关联】［W2661.1.1］怪胎撒到荒山四野变成人

实 例

[拉祜族] 兄妹把婚生的饭团似的胎儿捏碎撒到荒山上，变成人。

【流传】云南省·（普洱市）·镇沅县（镇沅彝族哈尼族拉祜族自治县）

【出处】何正才等讲，自力采录：《洪水后幸存的两兄妹》，见中国民间文学集成全国编辑委员会编《中国民间故事集成》（云南卷），北京：中国ISBN中心2003年版，第178页。

## W2665.4
### 怪胎弄碎后撒到山间变成人

实 例

[苗族（黑苗）] 兄妹婚的生无手足之子，割成块散在山间，第二天都变人。

【流传】贵州省

【出处】《黑苗洪水歌》，见马昌仪编《中国神话学文论选萃》（上编），北京：中国广播电视出版社1994年版，第391~392页。

## W2665.5
### 怪胎弄碎后撒到山涧变成人

实 例

[汉族] 伏羲把妹妹女娲生的肉蛋扔进山涧，肉蛋破后里面出来很多男孩和女孩。

【流传】黑龙江省·（大兴安岭地区）·加格达奇（加格达奇区）

【出处】包忠会讲，杜贵琴采录：《高祖公高祖婆》，见中国民间文学集成全国编辑委员会编《中国民间故事集成》（黑龙江卷），北京：中国ISBN中心2005年版，第7页。

## W2666
### 与怪胎变人地点有关的其他母题
【实例】
（参见下级母题实例）

## W2666.1
### 怪胎放特定方位变成人
【实例】
（实例待考）

## W2666.2
### 怪胎放神案前变成人
【实例】

[黎族] 妹妹荷发感哥哥老先的阳气孕生一团肉包。荷发用一块麻布把肉包包起来放在神案桌前，经过七天七夜，那团肉包有了生机。

【流传】海南省五指山一带
【出处】
（a）王国全搜集整理：《土地公与土地婆》，见广东民族学院中文系编《黎族民间故事选》，上海：上海文艺出版社 1983 年版。
（b）同（a），见姚宝瑄主编《中国各民族神话》（高山族、黎族、畲族），太原：山西出版传媒集团·书海出版社 2014 年版，第 56 页。

## W2667
### 与生怪胎有关的其他母题
【汤普森】T569
【实例】
（参见下级母题实例）

## W2667.0
### 特定的生怪胎者
【实例】
（参见下级母题实例）

## W2667.0.1
### 动物生怪胎
【关联】[W2628.2a.1] 牛生葫芦籽
【实例】
（参见关联项母题实例）

## W2667.0.2
### 植物生怪胎
【关联】[W2171] 树生人
【实例】
（参见关联项母题实例）

## W2667.0.3
### 无生命物生怪胎
【关联】[W2210] 石生人
【实例】
（参见关联项母题实例）

## W2667.0.4
### 其他特殊的生怪胎者
【实例】
（实例待考）

## W2667.0a
### 生怪胎的时间

实 例

(参见下级母题实例)

## W2667.0a.1
### 特定的时间生怪胎

实 例

(实例待考)

## W2667.0a.2
### 长时间怀孕生怪胎

实 例

(参见下级母题实例)

## W2667.0a.2.1
### 怀孕3年生怪胎

实 例

❶［苗族］兄妹结婚三年，不生妞妞，不养达略，却生了一团肉坨坨。

【流传】广西壮族自治区·（柳州市）·融水苗族自治县

【出处】

(a) 杨达香讲，梁彬搜集整理：《创世纪》（六、再造世人，接烟接烛），见梁彬、王天若编《苗族民间故事选》，南宁：广西人民出版社1986年版。

(b) 同（a），见姚宝瑄主编《中国各民族神话》（布依族、仡佬族、苗族），太原：山西出版传媒集团·书海出版社2014年版，第219页。

❷［苗族］葫芦兄妹婚后三年，生了一个无头无四肢的肉团子。

【流传】贵州省

【出处】

(a) 罗亮臣讲，王春德搜集整理：《阿各林和葫芦兄妹》，见中国作家协会贵阳分会筹委会等编《民间文学资料》第十五集（苗族传说故事），内部资料，1959年。

(b) 同（a），见姚宝瑄主编《中国各民族神话》（布依族、仡佬族、苗族），太原：山西出版传媒集团·书海出版社2014年版，第308页。

## W2667.0b
### 生怪胎的数量

【关联】［W2700］人产生时的数量

实 例

(参见下级母题实例)

## W2667.0b.1
### 生1个怪胎

实 例

❶［朝鲜族］国王含达婆常祈天求子。王后十月怀胎，一朝分娩，生下的竟是一个卵。

【流传】（无考）

【出处】金永奎改写：《昔脱解王神话》，见姚宝瑄主编《中国各民族神话》（满族、赫哲族、朝鲜族），太原：山西出版传媒集团·书海出版社

❷ [汉族] 姐弟婚生一个肉团。
【流传】广西壮族自治区·（贺州市）·钟山县·回龙乡
【出处】董贵清讲，董世松采录：《葫芦姐弟》，见曹廷伟编著《广西民间故事辞典》，南宁：广西教育出版社1993年版，第24页。

❸ [瑶族] 伏羲兄妹结婚，生一个肉球。
【流传】（无考）
【出处】《伏羲兄妹》，见谷德明编《中国少数民族神话》，北京：中国民间文艺出版社1987年版，第137页。

## W2667.0b.2
### 生 2 个怪胎

实 例

[汉族] 从前，男女结婚，生2个肉球。
【流传】江苏省·扬州市
【出处】谢存道等整理：《女娲与伏羲》，见扬州市民间文学三套集成编委会编《扬州民间故事集》，北京：中国民间文艺出版社1989年版，第5～6页。

## W2667.0b.3
### 生 7 个怪胎

实 例

[藏族] 猕猴与岩罗刹女婚生的7个（或6个）猴雏，逐渐转化为人类。
【流传】（无考）

【出处】
（a）琼珠：《藏族创世神话散论》，载《民族文学研究》1989年第2期。
（b）格明多杰：《藏族神话传说—灵猴繁衍之人种》，见水木清华站 http://smth.edu.cn，2005.03.13。
（c）《西藏王统记》、《吐蕃王统世系明鉴》、《青史》等。

## W2667.0b.4
### 生 9 个怪胎

【关联】[W2606.4.2.2] 姐弟婚生9个哑巴儿子

实 例

（参见关联项母题实例）

## W2667.0b.5
### 生 10 个怪胎

实 例

（参见关联项母题实例）

## W2667.0b.5.1
### 连生 10 个皮口袋

【关联】[W2642.1] 生皮口袋

实 例

[白族] 最早的一个女子名字叫沙壹，感沉木后，一个接一个地生下了10个皮口袋。
【流传】云南省·（保山市）
【出处】《九隆神话》，见云南省民间文学集成办公室编《白族神话传说集成》，北京：中国民间文艺出版社

1986年版，第 66~68 页。

## W2667.0c
### 生怪胎后的反应

实 例

（参见下级母题实例）

## W2667.0c.1
### 生怪胎后生气

实 例

（参见下级母题实例）

## W2667.0c.1.1
### 生怪胎的夫妻非常生气

实 例

[布依族] 伏羲兄妹婚生没有头的肉坨坨很生气，就把肉坨坨砍烂，砍烂了又拿去撒。

【流传】（无考）

【出处】

（a）祝登雍讲：《伏羲兄妹》，见谷德明编《中国少数民族神话选》，西北民族学院研究所编印，内部资料，1983 年。

（b）同（a），见姚宝瑄主编《中国各民族神话》（布依族、仡佬族、苗族），太原：山西出版传媒集团·书海出版社 2014 年版，第 61 页。

## W2667.0c.1.2
### 生怪胎后夫妻怄气

实 例

[布依族] 洪水后，幸存迪进、迪颖兄妹婚生一个肉团团。两兄妹怄气把它砍碎。

【流传】（无考）

【出处】

（a）赵司义讲：《迪进、迪颖造人烟》，见谷德明编《中国少数民族神话选》，西北民族学院研究所编印，内部资料，1983 年。

（b）同（a），见陶立璠等编《中国少数民族神话汇编》（洪水篇），中央民族学院少数民族古籍整理出版规划领导小组办公室印，内部资料，第 144 页。

（c）同（a），《布依族民间文学》1982 年第 1 期。

（d）同（a），见姚宝瑄主编《中国各民族神话》（布依族、仡佬族、苗族），太原：山西出版传媒集团·书海出版社 2014 年版，第 63 页。

## W2667.0c.1.3
### 生怪胎丈夫很生气

实 例

[苗族] 兄妹成婚后，妹妹生一个肉团。哥哥很生气，就用刀将肉团砍成碎块，分别挂在房子四周的树上，不成块的抛上天空，小块的则丢进茅厕。

【流传】云南省

【出处】

（a）李应得讲，李应得整理：《洪水滔天的故事》，见李子贤编《云南少数民族神话选》，昆明：云南人民出版社 1990 年版。

(b) 同（a），见姚宝瑄主编《中国各民族神话》（布依族、仡佬族、苗族），太原：山西出版传媒集团·书海出版社 2014 年版，第 250 页。

## W2667.0c.1.4
### 生怪胎后丈夫气疯

实 例

[彝族] 人与天女婚生一只皮口袋，妻子撒赛媳又羞又气，伤心地哭；丈夫气得不想归家，满山疯跑。

【流传】云南省·（红河哈尼族彝族自治州）·弥勒县（弥勒市）

【出处】石旺讲，戈隆阿弘采录：《独眼人、直眼人和横眼人》，见中国民间文学集成全国编辑委员会编《中国民间故事集成》（云南卷），北京：中国 ISBN 中心 2003 年版，第 215 页。

## W2667.0c.2
### 生怪胎后伤悲

实 例

（参见下级母题实例）

## W2667.0c.2.1
### 女子生怪胎后伤悲

实 例

[彝族] 天女撒赛歇下凡与直眼人小伙成亲后，生下一个皮口袋。天女觉得羞人，不由地失声痛哭，从半夜哭到天亮，越哭越伤心。

【流传】（云南省·楚雄彝族自治州·双柏县，红河哈尼族彝族自治州等地）

【出处】

(a) 云南省民族民间文学楚雄、红河调查队搜集，郭思九、陶学良整理：《查姆》，昆明：云南人民出版社 1981 年版。

(b) 郭思九、陶学良整理，古梅改写：《彝家的古根》，选自《云南民族文学资料》第七集中的《查姆》上部前三章，见姚宝瑄主编《中国各民族神话》（羌族、彝族），太原：山西出版传媒集团·书海出版社 2014 年版，第 78 页。

## W2667.1
### 怪胎的多次变化

实 例

（参见下级母题实例）

## W2667.1.1
### 怪胎先变动物再变人

实 例

[侗族] 把兄妹生的怪娃砍碎后，第一天有些变化，第二天变成了人形，第三天发出声音，第四天跑满山岭。

【流传】贵州省·（黔东南苗族侗族自治州）·黎平县·岩洞镇

【出处】吴良美讲：《洪水后生人类》，王宪昭采集，2009.08。

### W2667.1.1.1
**怪胎先变成猴再变成人**

【关联】

① ［W2317］猴变成人（猴子变成人）

② ［W2398.1.3.1］怪胎化生猴，猴变成人

实 例

［瑶族］切碎兄妹结婚后生的肉块先变成了猴子。猴子后来变成人。

【流传】滇桂边境（云南省、广西壮族自治区接壤地带）

【出处】杨毓骧：《云南少数民族的人类起源神话》，见云南省民族学院民族研究所《民族学报》1981年第1期，第287页。

### W2667.1.2
**怪胎先变植物再变人**

实 例

（参见下级母题实例）

### W2667.1.2.1
**怪胎先变成菜种再变成人**

【关联】［W2355］种子变化为人（种子变成人）

实 例

［瑶族］洪水后，伏羲兄妹结婚，生肉团，剁碎后暴晒，变成芝麻和青菜籽。撒这些种子到平地里，都成了人。

【流传】广西壮族自治区·（来宾市）·金秀县（金秀瑶族自治县）

【出处】巴柏讲，刘保元搜集整理：《伏羲兄妹的故事》，见苏胜兴、刘保元等编《瑶族民间故事选》，上海：上海文艺出版社1980年版，第19页。

### W2667.1.2.2
**怪胎先变成葫芦，葫芦再生人**

【关联】

① ［W2184］葫芦生人

② ［W2187］特定来历的葫芦生人

③ ［W2188.2］生人的葫芦的成长

实 例

［哈尼族］其早和里收结婚，生肉球，剁后有一块长出葫芦树。葫芦树结出的葫芦成熟后生出来许多人。

【流传】云南省·（红河哈尼族彝族自治州）·红河县

【出处】张牛郎讲：《兄妹传人》，见中国民间文学集成全国编辑委员会编《中国民间故事集成》（云南卷），北京：中国ISBN中心2003年版，第168~169页。

### W2667.1.3
**人生的葫芦中生人**

【关联】

① ［W2184］葫芦生人

② ［W2628］人生葫芦

实 例

［哈尼族］怪胎生出的葫芦秧长出一个巨大葫芦。葫芦中生出人类。

【流传】云南省·（红河哈尼族彝族自治州）·红河县

【出处】张牛郎讲，李期博采录：《兄妹传人》，见中国民间文学集成全国编辑委员会编《中国民间故事集成》（云南卷），北京：中国ISBN中心2003年版，第168页。

## W2667.1a
### 怪胎变成多种物
实例

（参见下级母题实例）

## W2667.1a.1
### 怪胎变成村寨和自然物
实例

（参见下级母题实例）

## W2667.1a.1.1
### 怪胎变成村寨、山、树等
实例

[布依族] 兄妹把生肉团砍碎，变成寨子、山、树等。

【流传】贵州省·（黔西南布依族苗族自治州）·望谟（望谟县）

【出处】毛星主编：《中国少数民族文学》（中），长沙：湖南人民出版社1983年版，第752~754页。

## W2667.1a.2
### 怪胎变成动植物
实例

（参见下级母题实例）

## W2667.1a.2.1
### 怪胎变成茅草、树木、禽兽
实例

[哈尼族] 剁后其早和里收婚生的肉球，变成茅草、树木、禽兽，还有一块长出葫芦树。

【流传】云南省·（红河哈尼族彝族自治州）·红河县

【出处】张牛郎讲：《兄妹传人》，见中国民间文学集成全国编辑委员会编《中国民间故事集成》（云南卷），北京：中国ISBN中心2003年版，第168~169页。

## W2667.2
### 怪胎变成动物
【关联】[W3001] 动物的产生
实例

（参见下级母题实例）

## W2667.2.1
### 怪胎变成兽
【关联】[W3102] 兽类的产生
实例

[汉族] 伏羲女娲兄妹婚生肉团，砍碎后，掉在地上的长出了四脚，变成了野兽。落在树上的长出了翼膀，变成了鸟。溅到水里的生出了鳞甲，变成了鱼。

【流传】浙江省·（衢州市）·江山市·凤林镇

【出处】管兰吉讲，杜鹃采录：《孳生禽兽》，见中国民间文学集成全国编辑委员会编《中国民间故事集成》（浙江卷），北京：中国 ISBN 中心 1997 年版，第 49 页。

## W2667.2.2
### 怪胎变成鸟

【关联】

① [W3300] 鸟的产生
② [W3315] 鸟是变化产生的

实 例

（参见 W2667.2.1 母题实例）

## W2667.2.3
### 怪胎变成鱼

【关联】

① [W3410] 鱼的产生
② [W3414] 鱼是变化产生的

实 例

（参见 W2667.2.1；W2667.2.4 母题实例）

## W2667.2.4
### 怪胎变成蟹

实 例

[高山族] 兄妹婚生畸形怪胎，弃之于海，化生为鱼、蟹。

【流传】（台湾）

【出处】曾思奇、田中山讲：《山地人与平地人的始祖》，见姚宝瑄主编《中国各民族神话》（高山族、黎族、畲族），太原：山西出版传媒集团·书海出版社 2014 年版，第 27 页。

## W2667.3
### 怪胎变成植物

实 例

（参见下级母题实例）

## W2667.3.1
### 怪胎变成植物种子

【关联】[W2295.2.1] 植物种子是人种

实 例

（参见下级母题实例）

## W2667.3.2
### 怪胎变成芝麻种子

实 例

❶ [瑶族] 洪水后，伏羲兄妹剁碎婚生一个像冬瓜般的肉团，放在晒棚上暴晒。经过七天七夜的暴晒，砍碎的肉团变成芝麻和青菜籽。

【流传】广西壮族自治区·（来宾市）·金秀瑶族自治县

【出处】

(a) 巴柏讲，刘保元、苏胜兴搜集整理：《伏羲兄妹的故事》，见苏胜兴、刘保元、韦文俊、王矿新等编《瑶族民间故事选》，上海：上海文艺出版社 1980 年版。

(b) 同 (a)，见姚宝瑄主编《中国各民族神话》（土家族、毛南族、侗族、瑶族），太原：山西出版传媒集团·

书海出版社 2014 年版，第 193 页。

❷ [瑶族] 洪水后，伏羲兄妹婚生一个像冬瓜般的肉团，夫妻二人把肉团砍碎，放在晒棚上曝晒，经过七天七夜的曝晒，变成芝麻和青菜籽。

【流传】广西壮族自治区·（来宾市）·金秀县（金秀瑶族自治县）

【出处】巴柏讲，刘保元等搜集整理：《伏羲兄妹的故事》，见中华民族故事大系编委会编《中华民族故事大系》第 5 卷（瑶族、白族、土家族），上海：上海文艺出版社 1995 年版，第 25～26 页。

## W2667.3a
### 怪胎变成无生命物

实例

（参见下级母题实例）

## W2667.3a.1
### 怪胎变成泥巴

实例

[瑶族（布努）] 弟弟娶了姐姐，生的小孩不成人仔。有的变成石头，有的变成泥块。

【流传】广西壮族自治区·（河池市）·都安县（都安瑶族自治县）、巴马县（巴马瑶族自治县）、南丹县，（百色市）·田东县、平果县等地

【出处】桑布郎等传，蒙凤标（83 岁）、罗仁祥（73 岁）等唱：《密洛陀》（1983），见蓝怀昌、蓝书京、蒙通顺搜集翻译整理《密洛陀》，北京：中国民间文艺出版社 1988 年版，第 53 页。

## W2667.4
### 怪胎变成成年人

实例

（参见下级母题实例）

## W2667.4.1
### 怪胎变成青年男女

实例

[彝族（撒尼人）] 兄妹把婚生的一大团血肉剁成好多块，挂在树上，过了几天，那些血肉都变成了青年男子和青年女子，成双成对，有说有笑，在树上吃果子。

【流传】云南省·（昆明市）·路南县（今石林彝族自治县）

【出处】王伟搜集整理：《阿霹刹、洪水和人的祖先》，原载李德君、陶学良编《彝族民间故事选》，见陶阳、钟秀编《中国神话》（上），北京：商务印书馆 2008 年版，第 518～520 页。

## W2667.5
### 怪胎不会被伤害

实例

（参见下级母题实例）

## W2667.5.1
### 怪胎受到动物的保护

【关联】［W2687.0］弃婴受到动物的保护

实 例

（参见关联项母题实例）

## W2667.5.2
### 动物自觉躲让怪胎

实 例

［朝鲜族］河伯的女儿柳花感日光生肉蛋。金蛙王认为不祥，就令手下人把肉蛋子扔进了马圈。群马惊慌地望着肉蛋，没有一个去踩它。

【流传】（无考）

【出处】

（a）金德顺讲，裴永镇整理：《朱蒙》，见《朝鲜族民间故事讲述家金德顺故事集》，上海：上海文艺出版社1983年版。

（b）同（a），见姚宝瑄主编《中国各民族神话》（满族、赫哲族、朝鲜族），太原：山西出版传媒集团·书海出版社2014年版，第170~181页。

## W2667.5.3
### 要弄死怪胎却弄不死

实 例

（参见下级母题实例）

## W2667.5.3.1
### 女子要弄死生的青蛙弄不死

实 例

［门巴族］唐兴嘎布（人名）的老婆生青蛙，他俩想尽各种办法弄死青蛙都没有如愿。从此，青蛙和唐兴嘎布夫妻生活在一起。

【流传】西藏自治区·（林芝地区）·墨脱县·卡布村

【出处】达瓦讲，于乃昌等整理：《青蛙求亲》，见《门巴族民间故事》：http://www.tibet-web.com/old/minjian/ync/gushi/mulu.htm，2003.10.02。

## W2667.6
### 怪胎被抛弃

【关联】

① ［W2670］弃婴（弃儿）
② ［W2674］生的怪物被抛弃

实 例

［朝鲜族］脱解（人名，后来成为国王）因为出生时是一个卵，被弃。

【流传】（无考）

【出处】

（a）《三国遗事》。

（b）金永奎改写：《昔脱解王神话》，见姚宝瑄主编《中国各民族神话》（满族、赫哲族、朝鲜族），太原：山西出版传媒集团·书海出版社2014年版，第166~168页。

## W2667.6.1
### 怪胎被抛弃到动物中

实例

（参见下级母题实例）

## W2667.6.1.1
### 怪胎被抛弃到马圈中

实例

[朝鲜族] 河伯的女儿柳花在扶余国住下，感日光生了一个肉蛋。扶余国国王金蛙王金蛙王认为人生了个肉蛋不是好东西，就令叫手下人把肉蛋子扔进了马圈。这群马都惊慌地望着肉蛋，没有一个去踩它。

【流传】长白山等地

【出处】金德顺讲，裴永镇记录整理：《东明王的传说》，原载《金德顺故事集》，见陶阳、钟秀编《中国神话》（中），北京：商务印书馆2008年版，第886~897页。

## W2667.6.2
### 怪胎被抛弃到海中

实例

[朝鲜族] 王后十月怀胎，生下一个卵。有人说不吉祥。国王做出决定让人做个大柜，里面放大卵、七种宝物及奴婢，载在船上送入大海，任其漂泊。

【流传】（无考）

【出处】金永奎改写：《昔脱解王神话》，见姚宝瑄主编《中国各民族神话》（满族、赫哲族、朝鲜族），太原：山西出版传媒集团·书海出版社2014年版，第166~168页。

## W2667.6.2.1
### 兄妹婚生的葫芦被弃海中

【关联】[W2628.3] 兄妹婚生葫芦

实例

[彝族] 妹妹喝哥哥的洗澡水生下的一个大葫芦。被兄妹一脚踢下江去，直流到海里。

【流传】云南省·楚雄彝族自治州

【出处】罗文荣演唱，李世忠翻译，蔷紫改写：《老人梅葛》附记，见姚宝瑄主编《中国各民族神话》（羌族、彝族），太原：山西出版传媒集团·书海出版社2014年版，第125页。

## W2667.6.3
### 怪胎被抛弃到山林

实例

（参见下级母题实例）

## W2667.6.3.1
### 生的毛孩被抛弃到山林

【关联】[W2604] 生毛孩

实例

[纳西族（摩梭）] 曹都努依（父系祖先）和泽洪几几咪（母系祖先）是一对兄妹，兄妹通婚后生育了七胎。前六胎都是长满长毛的毛婴，他们弃之于山林。

【流传】云南省·（丽江市·宁蒗彝族自治县）·永宁、前所、左所等地

【出处】《曹都努依·泽洪儿儿咪》，见杨学政调查整理＊《摩梭人祭祖》，云南省社会科学院宗教研究所编《宗教调查与研究》，内部编印，1986年，第195～198页。

## W2667.7
### 怪胎失而复得

实例

（参见下级母题实例）

## W2667.7.1
### 怪胎自己回到家中

【关联】［W2688.5］弃婴时中途返回

实例

［汉族］（实例待考）

## W2667.7.2
### 特定人物把抛弃的怪胎交还给生母

实例

（参见下级母题实例）

## W2667.7.2.1
### 国王把抛弃的怪胎交还给生母

实例

［朝鲜族］河伯的女儿柳花在扶余国居住时感日光生了一个肉蛋。国王金蛙王下令抛弃后，动物都不伤害这个肉蛋。金蛙王认为这是个神奇之物，不能伤害，就又把它抱给了肉蛋的阿妈妮（妈妈，母亲）。

【流传】长白山等地

【出处】金德顺讲，裴永镇记录整理：《东明王的传说》，原载《金德顺故事集》，见陶阳、钟秀编《中国神话》（中），北京：商务印书馆2008年版，第886～897页。

## W2667.8
### 怪胎作乱

实例

（参见下级母题实例）

## W2667.8.1
### 怪胎扰乱人类

实例

［纳西族］洪水后大地上只剩下一个男子崇忍利恩，娶天上的竖眼女子，生树、蛙、蛇、虫等奇形怪状的东西。这些怪胎不安于野外山谷，常会来和人类攀亲，纠缠人类，搞得人类不得安宁。

【流传】云南省·丽江县（丽江市）·（玉龙纳西族自治县）·鸣音地区（鸣音乡）

【出处】和即贵（60岁）讲，李丽芬调查整理：《丽江鸣音地区的"顶天灾"仪式》（1989），见吕大吉、何耀华总主编《中国各民族原始宗教资料集成》（纳西族卷、羌族卷、独龙族卷、傈僳族卷、怒族卷），北京：中国社

## W2667.9
### 怪胎没有变成人

【关联】［W2659.14］错误的处置怪胎方法

实例

［傈僳族］姐弟婚头一胎生下个肉坨坨，天管师用长刀砍成碎块，抛后没有变成人。

【流传】四川省·（凉山彝族自治州）·德昌县

【出处】谷万才讲，李文华等翻译采录：《人类的起源》，见中国民间文学集成全国编辑委员会编《中国民间故事集成》（四川卷·下），北京：中国ISBN中心1998年版，第1432页。

# 2.8.4 弃婴（弃儿）
## （W2670～W2689）

## ✿ W2670
### 弃婴（弃儿）

【汤普森】≈T581.2

实例

（参见下级母题实例）

## ✿ W2671
### 弃婴的原因

【关联】［W0587］英雄出生后被抛弃

实例

（参见下级母题实例）

## W2672
### 因无夫而孕抛弃婴儿（因无夫生子弃婴）

【关联】
① ［W2230］感生人
② ［W2581.1］无夫而孕

实例

（参见下级母题实例）

## W2672.1
### 女子把感生的儿子抛弃

【关联】［W2230］感生人

实例

❶ ［白族］一个姑娘见树上结了一个桃子，桃子滑到肚里，从此怀了孕，生一子。女儿怕别人笑话，就把儿子丢进深山。

【流传】云南省·大理（大理白族自治州）

【出处】《龙母》，见文学博客网 http://blog.readnovel.com/article/htm/tid_172268.html，2006.07.16。

❷ ［白族］一个村妇吃桃怀孕生子后，偷偷地把孩子丢在山上茅草丛里。

【流传】云南省·大理（大理白族自治州）

【出处】大理市文化局编：《龙神话传说》，昆明：云南人民出版社1985年版，第87～89页。

2.8.4 弃婴（弃儿） ‖W2672.1.1 — W2673‖ 1135

## W2672.1.1
### 因梦感生的孩子被抛弃

【关联】［W2277.4］梦感（感梦生人）

实例

❶ ［苗族］缟莎（女子名）感梦生一个男孩后，小孩开口就喊"妈妈"。缟莎怕极了，赶紧背着儿子到深箐老林里，找到岩坎一棵岩石榴树，把儿子放在树下就往回走。

【流传】云南省·（昭通市）·昭通、彝良县，（曲靖市）·宣威（宣威市），（昆明市）·寻甸（寻甸回族彝族自治县）；贵州省·（毕节市）·威宁（威宁彝族回族苗族自治县）

【出处】

（a）杨秀、杨芝、张新民、王友清讲，陆兴凤、张绍祥记录整理，里晴、景山校正：《则福老》，见杨光汉主编《云南苗族民间故事集成》，北京：中国民间文艺出版社 1988 年版。

（b）同（a），见姚宝瑄主编《中国各民族神话》（布依族、仡佬族、苗族），太原：山西出版传媒集团·书海出版社 2014 年版，第 295 页。

❷ ［苗族］美丽勤劳健壮的姑娘缟莎在睡梦中感生一子。缟莎怕极了，很快把孩子抛弃了。

【流传】云南省

【出处】杨秀、杨芝、张新民、王友清讲，张绍祥、陆兴凤记录翻译：《则福老》，原载《云南苗族民间故事集成》，见陶阳、钟秀编《中国神话》（下），北京：商务印书馆 2008 年版，第 1428~1435 页。

## W2672.2
### 因无夫生子害羞抛弃婴儿

实例

［羌族］一个女子下山去背水时因踩了一个脚印怀孕生下一个男娃娃。她觉得自己还没有结婚就生了娃娃，很害羞，就把这个男娃娃丢到了牛棚里去了。

【流传】四川省·（阿坝藏族羌族自治州）·松潘县·镇平乡·双泉下村

【出处】王河民讲，吴文光、王康、龚剑雄采录：《人神和"犊疫"王》，原载西南民族学院编印《羌族民间文学资料》，见姚宝瑄主编《中国各民族神话》（羌族、彝族），太原：山西出版传媒集团·书海出版社 2014 年版，第 37 页。

## W2672.3
### 女子未嫁生子抛弃婴儿

实例

［汉族］有女不嫁而生子，弃之山中。

【流传】（无考）

【出处】［晋］干宝：《搜神记》卷十四，钱振民校点，长沙：岳麓书社 1997 年版，第 115 页。

## W2673
### 残疾孩子被弃

【关联】［W2890］身体残缺的人（残

疾者）

实 例

[柯尔克孜族] 古代有个残疾孩子，他自幼瘫痪，被父母弃于荒山野岭。

【流传】（无考）

【出处】张彦平编译：《长鬃卡巴》，见满都呼主编《中国阿尔泰语系诸民族神话故事》，北京：民族出版社1997年版，第91页。

## W2674

生的怪物被抛弃（生的怪胎被抛弃）

【关联】

① ［W2600］人生怪胎
② ［W2643.2］生怪物

实 例

（参见下级母题实例）

## W2674.1

生的怪胎被弃

实 例

[羌族] 抛弃生的怪胎。

【流传】四川省·（阿坝藏族羌族自治州）·汶川（汶川县）

【出处】刘光元讲，罗世泽搜集：《阿巴补摩》，见中华民族故事大系编委会编《中华民族故事大系》第11卷（达斡尔族、仫佬族、羌族），上海：上海文艺出版社1995年版，第690页。

## W2674.1.1

生的肉蛋被弃

【关联】［W2633］生肉球（肉蛋、肉丸）

实 例

[畲族] 盘哥、云囡兄妹婚生肉蛋后，把这个肉蛋抛到地上。

【流传】（无考）

【出处】蓝石女、钟伟琪等口述，唐宗龙记录：《桐油火和天洪》，见《畲族民间故事》，杭州：浙江人民出版社1979年版。

## W2674.1.2

生的不像人的孩子被弃

【关联】［W2601.5］生不像人的孩子

实 例

[壮族] 女人部族的母王生的孩子，头部似个长石条，身体像块磨刀石，没有脖子和喉管，被丢弃在田峒的花草中。

【流传】（无考）

【出处】张声震主编：《壮族麽经布洛陀影印译注》第6卷，南宁：广西民族出版社2003年版，第2085页。

## W2674.2

因害怕抛弃怪胎

实 例

（参见下级母题实例）

## W2674.2.1
### 生怪胎者害怕玷污贞洁抛弃怪胎

**实例**

［朝鲜族］（实例待考）

## W2674.2.2
### 生怪胎者害怕怪胎的样子抛弃怪胎

**实例**

［彝族］妹妹喝哥哥洗浴的水怀孕生下一个怪葫芦。哥哥不在家，妹妹好害怕，就把葫芦丢在河里边。

【流传】云南省·楚雄彝族自治州·姚安县、大姚县等彝族地区

【出处】《创世·人类起源》，见云南省民族民间文学楚雄调查队整理编写《梅葛》，昆明：云南人民出版社2009年版，第46页。

## W2674.3
### 认为怪胎不祥抛弃

**实例**

［朝鲜族］河伯的女儿柳花感日光生肉蛋。金蛙王人为不祥，就令手下人把肉蛋子扔进了马圈。群马惊慌地望着肉蛋，没有一个去踩它。

【流传】（无考）

【出处】
（a）金德顺讲，裴永镇整理：《朱蒙》，见《朝鲜族民间故事讲述家金德顺故事集》，上海：上海文艺出版社1983年版。

（b）同（a），见姚宝瑄主编《中国各民族神话》（满族、赫哲族、朝鲜族），太原：山西出版传媒集团·书海出版社2014年版，第170~181页。

## W2674.4
### 与生怪物被抛弃有关的其他母题

**实例**

（参见下级母题实例）

## W2674.4.1
### 多次生怪胎被连续抛弃

**实例**

［纳西族］从忍利恩（祖先名）与直眼女天女婚后，天女连生三胎怪胎。从忍利恩跑到老人那里去请教。老人说："把熊和猪丢到森林里去！猴和鸡丢到高岩中去！蛇和蛙丢到阴森和潮湿的地方去！"从忍利恩这回不敢违拗，就照着老人的话去做了。

【流传】云南省·丽江市

【出处】和志武翻译整理：《人类迁徙记》，原载中共丽江地委宣传部编《纳西族民间故事选》，见陶阳、钟秀编《中国神话》（中），北京：商务印书馆2008年版，第856~876页。

## W2675
### 与弃婴原因有关的其他母题

**实例**

（参见下级母题实例）

## W2675.1
### 婴儿因面目奇特遭弃

实 例

（参见下级母题实例）

## W2675.1.1
### 生的婴儿长角被抛弃

实 例

[羌族] 女神姜顿（梦感红龙）生娃，娃儿脑壳上长了一对角角。夫妻二人商议把他甩到河头冲走。

【流传】四川省·（阿坝藏族羌族自治州）·汶川县·雁门乡

【出处】刘光元讲，罗世泽采录：《阿巴补摩》，见中国民间文学集成全国编辑委员会编《中国民间故事集成》（四川卷·下），北京：中国ISBN中心1998年版，第1123页。

## W2675.1.2
### 生的婴儿长白毛被抛弃

【关联】[W2604.2] 生浑身白毛的孩子

实 例

[塔吉克族] 英雄之妻生出浑身白毛的孩子，扔到荒山，一只凤凰相救。

【流传】（无考）

【出处】《鲁斯塔木出世》，见中国各民族宗教与神话大词典编审委员会编《中国各民族宗教与神话大词典》，北京：学苑出版社1990年版，第567页。

## W2675.1.3
### 生的婴儿长胡须被抛弃

实 例

[毛南族] 社王的父亲早死，他的母亲一次赶坪回到半路，突然感到肚里怀了孕。社王刚生下来，嘴上就有三撮胡子，爷爷奶奶说他是妖怪，外公外婆也说养不成人。母亲把他丢在路边。

【流传】（无考）
【出处】
（a）《社王》，《中国各民族宗教与神话大词典》，北京：学苑出版社1990年版。

（b）同（a），见姚宝瑄主编《中国各民族神话》（土家族、毛南族、侗族、瑶族），太原：山西出版传媒集团·书海出版社2014年版，第67页。

## W2675.2
### 因父母无力抚养弃婴

实 例

## W2675.2.1
### 生母因忙于劳作弃婴

【汤普森】S140

实 例

❶ [汉族] 神农氏的曾孙女忙着把乳汁遍洒田间未归，终日操劳，她的婴儿只好被弃田头。

【流传】广东省·肇庆市·端州区

【出处】周冠环讲，刘伟坚采录：《神农孙女》，见中国民间文学集成全国编辑委员会编《中国民间故事集成》（广东卷），北京：中国 ISBN 中心 2006 年版，第 12 页。

## W2675.2.2
### 因父母贫穷弃婴

实 例

❶ [傣族] 一个穷人的妻子孩子出世，因穷得无法喂养孩子，就把他抱到深山老林里，让他独个生活。

【流传】云南省·（普洱市）·孟连县（孟连傣族拉祜族佤族自治县）

【出处】波艾猛讲，刀景阳等采录：《火的由来》，见中国民间文学集成全国编辑委员会编《中国民间故事集成》（云南卷），北京：中国 ISBN 中心 2003 年版，第 305 页。

❷ [傣族] 一个穷姑娘感牛生 1 男孩，养不起，送给佛祖。

【流传】云南省

【出处】《苏扎晚那阿銮》，见刀承华《傣族古老文学中的动物图腾崇拜》，载《中央民族大学学报》2009 年第 4 期。

## W2675.2.3
### 因母亲孩子多辛苦弃婴

实 例

[土家族] 年过半百的妻子一胎生下了八个儿子。因儿多母苦，把孩儿们放养在青龙山。

【流传】湖南省·湘西（湘西土家族苗族自治州）·龙山（龙山县）

【出处】覃仁安搜集整理：《八部大王》，见中华民族故事大系编委会编《中华民族故事大系》第 5 卷（瑶族、白族、土家族），上海：上海文艺出版社 1995 年版，第 683~684 页。

## W2675.2.4
### 因父母受羁绊弃婴

实 例

[赫哲族] 安徒（英雄名）从没见面的妹妹佛木兰德都，是父母被人赶走做奴隶时所生，父母只能把她装到皮口袋里，挂在树上扔下逃走了。

【流传】黑龙江省·佳木斯市·同江县·八岔乡

【出处】

（a）吴进才说唱，尤志贤翻译整理：《安徒莫日根》，载中国民间文艺研究会黑龙江分会所编《黑龙江民间文学》1981 年第 2 集。

（b）同（a），见姚宝瑄主编《中国各民族神话》（满族、赫哲族、朝鲜族），太原：山西出版传媒集团·书海出版社 2014 年版，第 134~135 页。

## W2675.3
### 为锻炼孩子而抛弃

实 例

[彝族] 为了使支格阿鲁（文化英雄，b 为"尼支呷洛"）的性格变得坚强勇

敢，母亲就把他放在石缝里，让他自己求生。

【流传】（无考）

【出处】

（a）蒋汉章翻译，李仲舒整理：《创造万物的巨人支格阿鲁》，见陶立璠、李耀宗主编《中国少数民族神话传说选》，成都：四川民族出版社1985年版，第86页。

（b）《创造万物的巨人尼支呷咯》，见谷德明编《中国少数民族神话》，北京：中国民间文艺出版社1987年版，第280页。

## W2675.4

### 孩子被嫉妒者抛弃

实例

[维吾尔族]国王的小老婆生了男孩，遭到国王大老婆的嫉恨，男孩被扔到了湖里。

【流传】（无考）

【出处】

（a）《轻·铁木尔》，见满都呼主编《中国阿尔泰语系诸民族神话故事》，北京：民族出版社1997年版，第51页。

（b）赵永红译：《轻·铁木尔》，见《维吾尔族民间故事》（2），乌鲁木齐：新疆人民出版社1982年版。

## W2675.5

### 特定性别的孩子被抛弃

实例

[彝族]生下的儿女，只留姑娘，不要儿子。

【流传】云南省·（楚雄彝族自治州）·永仁县

【出处】苏绍相等讲，基默热阔采录：《搓日阿补征服女儿国》，见中国民间文学集成全国编辑委员会编《中国民间故事集成》（云南卷），北京：中国ISBN中心2003年版，第353页。

## W2675.5.1

### 生育男孩被抛弃

【关联】[W5928]女儿国

实例

[彝族]（实例待考）

## W2675.6

### 孩子因饭量大被抛弃

【关联】[W2929.6]饭量巨大的人

实例

[珞巴族]（实例待考）

## W2675.7

### 孩子折腾父母被抛弃

实例

[珞巴族]（实例待考）

## W2675.8

### 孩子行为反常被抛弃

实例

（参见下级母题实例）

## W2675.8.1
### 孩子不吃妈妈的奶被抛弃

实例

❶ [彝族] 蒲莫列衣（女子名）生支格阿龙（神人），因为生后第一夜，不肯吃母乳；生后第二夜，不肯同母睡；生后第三夜，不肯穿母衣。说是一个凶煞儿，被母抛到岩下去。

【流传】四川省·凉山（凉山彝族自治州）

【出处】《勒俄特衣》，见冯元蔚、曲比石美整理校订《凉山彝文资料选译》第1集，西南民族学院印刷厂，1978年，第38~46页。

❷ [彝族] 支格阿龙生下来，一年不吃妈妈的奶，被妈妈认为是个怪物，扔到山沟里。

【流传】四川省·（凉山彝族自治州）·昭觉县

【出处】比雀讲，摩依翻译，上元采录：《支格阿龙认母》，见中国民间文学集成全国编辑委员会编《中国民间故事集成》（四川卷·上），北京：中国ISBN中心1998年版，第770页。

## W2675.8.2
### 孩子不同妈妈睡被抛弃

实例

[彝族] 支格阿龙（文化英雄名）出生后，一年不吃妈妈的奶，两年不和妈妈睡在一起，三年不听妈妈的话。妈妈认为他一定是个怪物，不能收留，就把他扔到山沟里去了。

【流传】四川省·凉山州（凉山彝族自治州）

【出处】比雀阿立讲，上元、邹志诚整理：《认妈妈》，节选自《英雄支格阿龙》，原载李德君、陶学良编《彝族民间故事选》，见陶阳、钟秀编《中国神话》（中），北京：商务印书馆2008年版，第675~686页。

## W2675.9
### 生双胞胎要丢弃

【关联】[W2722] 双胞胎（孪生）

实例

[基诺族] 忌生双胞胎，一生下就要丢弃。

【流传】云南省·（西双版纳傣族自治州·景洪市）·基诺山巴亚中寨、戛里果箐

【出处】不拉孜等讲，杜玉亭调查整理：《巴亚寨产妇产期礼俗》（1989），见吕大吉、何耀华总主编《中国各民族原始宗教资料集成》（彝族卷、白族卷、基诺族卷），北京：中国社会科学出版社1996年版，第884页。

## ✽ W2676
### 弃婴被抛地点

【汤普森】≈S142

实例

（参见下级母题实例）

## W2677
### 弃婴被抛水中
实 例

[布依族] 盘古的妻子生一肉团，丢于水中。

【流传】（无考）

【出处】《安王》，见罗漫《再论布依族与上古夏、越文化的可能联系》，载《中南民族学院学报》1995年第3期。

## W2677.1
### 弃婴放船上漂流
实 例

[满族] 仙女佛库伦吞吃神鹊放置的红果，感生一个男孩，弃之于独木船。

【流传】（无考）

【出处】《满洲的起源》，见爱新觉罗·乌拉希春编《满族古神话》，呼和浩特：内蒙古人民出版社1987年版，第15~23页。

## W2678
### 弃婴被抛树林
【汤普森】≈S143

实 例

（参见下级母题实例）

## W2678.1
### 弃婴挂在树枝上
实 例

[蒙古族] 天女与猎人结婚怀孕，感觉非常羞耻，在岸边生一男孩后，把孩子挂在树枝上。

【流传】（无考）

【出处】齐木道吉翻译：《天女之惠》，见谷德明编《中国少数民族神话》，北京：中国民间文艺出版社1987年版，第35~38页。

## W2678.2
### 弃婴放特定的树下
实 例

（参见下级母题实例）

## W2678.2.1
### 弃婴放石榴树下
实 例

[苗族] 姑娘缟莎在睡梦中感生一子，非常害怕，赶紧背着儿子到深箐老林里，找到岩坎一棵岩石榴树，把儿子放在树下就往回走。

【流传】云南省

【出处】杨秀、杨芝、张新民、王友清讲，张绍祥、陆兴凤记录翻译：《则福老》，原载《云南苗族民间故事集成》，见陶阳、钟秀编《中国神话》（下），北京：商务印书馆2008年版，第1428~1435页。

## W2679
### 弃婴被抛荒原（弃婴被抛野外）
【汤普森】≈S144

实 例

[哈萨克族] 乌孙的汗王昆莫刚诞生不

久，因兵荒马乱被丢弃在野外草原上。除了无数只飞鸟嘴里衔着肉喂他外，身边还卧着一只苍狼，白天黑夜地守护着他，给他喂奶。

【流传】（无考）

【出处】《苍狼乳昆莫的故事》，姚宝瑄根据《史记·大宛列传》、《汉书·张骞传》等编写，见姚宝瑄主编《中国各民族神话》（乌孜别克族、哈萨克族、柯尔克孜族、俄罗斯族、维吾尔族、塔吉克族、塔塔尔族、锡伯族），太原：山西出版传媒集团·书海出版社2014年版，第33～34页。

## W2680

### 弃婴被抛山上

【汤普森】 ≈S147

【关联】［W2665.4］怪胎弄碎后撒到山间变成人

实 例

（参见下级母题实例）

## W2680.1

### 弃婴被抛在神山上

实 例

[藏族] 芒东达赞与仙女门尊玛成亲生子后，弃之于神山山顶。

【流传】（无考）

【出处】《朗氏家族，天神的后裔》，见廖东凡主编《神山之祖》，武汉：湖北少年儿童出版社2001年版，第175～180页。

## W2680.2

### 弃婴被抛在深山

实 例

[白族] 女子吃绿桃生下一个儿子，悄悄地把这个娃娃丢到深山里。

【流传】（无考）

【出处】徐嘉瑞搜集整理：《龙母》，见中华民族故事大系编委会编《中华民族故事大系》第5卷（瑶族、白族、土家族），上海：上海文艺出版社1995年版，第445～446页。

## W2680.3

### 弃婴被抛在荒山上

实 例

❶ [白族] 一个姑娘吃桃子而孕，生1子。怕别人笑话，把儿子丢进深山。

【流传】云南省·大理（大理白族自治州）

【出处】《龙母》，见文学博客网：http://blog.readnovel.com/article/htm/tid_172268.html，2006.07.16。

❷ [塔吉克族] 一位名叫萨木的英雄的妻子生浑身白毛的孩子，扔到荒山。

【流传】新疆维吾尔自治区

【出处】《鲁斯塔木出世》，见中国各民族宗教与神话大词典编审委员会编《中国各民族宗教与神话大词典》，北京：学苑出版社1990年版，第567页。

## W2680.4
### 弃婴被抛在山沟

`实  例`

【彝族】支格阿龙生下来，一年不吃妈妈的奶，被妈妈认为是个怪物，扔到山沟里。

【流传】四川省·（凉山彝族自治州）·昭觉县

【出处】比雀讲，摩依翻译，上元采录：《支格阿龙认母》，见中国民间文学集成全国编辑委员会编《中国民间故事集成》（四川卷·上），北京：中国ISBN中心1998年版，第770页。

## W2680.5
### 弃婴被抛特定的山上

`实  例`

（参见下级母题实例）

## W2680.5.1
### 弃婴被抛在青龙山上

`实  例`

[土家族]年过半百的妻子一胎生下了8男1女，放养在青龙山。七天以后，九兄妹都长大成人。

【流传】湖南省·湘西（湘西土家族苗族自治州）·龙山（龙山县）

【出处】覃仁安搜集整理：《八部大王》，见中华民族故事大系编委会编《中华民族故事大系》第5卷（瑶族、白族、土家族），上海：上海文艺出版社1995年版，第683~684页。

## W2681
### 弃婴被放在其他地点

`实  例`

（参见下级母题实例）

## W2681.1
### 弃婴被抛岛上

【汤普森】≈S145

`实  例`

（实例待考）

## W2681.2
### 弃婴被抛树洞

【汤普森】S143.1

`实  例`

（实例待考）

## W2681.3
### 弃婴放在牛（马、猪）圈

【汤普森】S153

`实  例`

[汉族]侍婢感而生子后，徙之马枥中，马复以气嘘之，故不得死。

【流传】（无考）

【出处】[晋]干宝：《搜神记》卷十四，钱振民校点，长沙：岳麓书社1997年版，第114页。

## W2681.4
### 弃婴放在石缝里

实 例

[**彝族**] 支格阿鲁（文化英雄，b 为"尼支呷洛"）出生后，母亲就把他放在石缝里，让他饿了吃石缝里的青苔，渴了喝青苔上的露水。

【流传】（无考）
【出处】
（a）蒋汉章翻译，李仲舒整理：《创造万物的巨人支格阿鲁》，见陶立璠、李耀宗主编《中国少数民族神话传说选》，成都：四川民族出版社 1985 年版，第 86 页。
（b）《创造万物的巨人尼支呷咯》，见谷德明编《中国少数民族神话》，北京：中国民间文艺出版社 1987 年版，第 280 页。

## W2681.5
### 弃婴放在草中

实 例

[**古突厥族（阿史那）**] 突厥者，匈奴之别种，姓阿史那氏。后为邻国所破，尽灭其族。有一儿，年且十岁，兵人乃刖足，断其臂，弃草泽中。

【流传】（无考）
【出处】《北史》卷九十九。

## W2681.6
### 弃婴放在河边

实 例

[**汉族**] 陆羽刚出生被父母弃之河边，后来成为茶神。

【流传】（无考）
【出处】《茶神陆羽》，见王德恒等《造神史话》，天津：百花文艺出版社 2002 年版，第 278 页。

## W2681.7
### 生的怪胎被禁闭家中

实 例

（实例待考）

## W2681.8
### 生的怪胎被抛田中

实 例

[**汉族**] 神农氏的曾孙女把婴儿弃在田头。

【流传】广东省·肇庆市·端州区
【出处】周冠环讲，刘伟坚采录：《神农孙女》，见中国民间文学集成全国编辑委员会编《中国民间故事集成》（广东卷），北京：中国 ISBN 中心 2006 年版，第 12 页。

## W2681.8.1
### 生的怪胎被抛田间草中

【关联】[W2681.5] 弃婴放在草中

实 例

[**壮族**] 女人部族的母王生的孩子，头部似个长石条，身体像块磨刀石，没有脖子和喉管，被丢弃在田峒的花草中。

【流传】（无考）

## ✿ W2682
### 弃婴的获救与抚养（弃婴的命运）

【汤普森】S350

【关联】
① ［W0588］文化英雄的抚养
② ［W2690］人的抚养

实例

（参见下级母题实例）

## ✿ W2683
### 弃婴被救

【汤普森】R131

实例

（参见下级母题实例）

## W2684
### 弃婴被神所救

【汤普森】①R131.11.4；②S353.1

实例

（参见下级母题实例）

## W2684.1
### 天婆抚养弃婴

实例

［彝族］兄妹婚生的婴孩被一只乌鸦带到天上，由天婆养大。

【流传】广西壮族自治区·（百色市）·那坡县·城厢镇·达腊村

【出处】梁绍安讲，王光荣采录翻译：《威志和米义兄妹》，见中国民间文学集成全国编辑委员会编《中国民间故事集成》（广西卷），北京：中国ISBN中心2001年版，第63页。

## W2684.2
### 神鹰抚养弃婴

实例

［满族］洪水后，幸存的一对男女生了一个女儿，被阿布卡赫赫派来的鹰神代敏格格养大，成了世上第一个萨满和人类的始母神。

【流传】（无考）

【出处】郭淑云：《满族鸟崇拜及其对北方民俗的影响》，载《西北民族研究》1996年第2期。

## W2685
### 弃婴被神性人物所救

【汤普森】S353

实例

（参见下级母题实例）

## W2685.1
### 仙人抚养弃婴

实例

［傣族］七八百年前，一公主怀孕，被鹰衔到孟定，放到攀枝花树上，生1男。后来母子被仙人接到地上抚养。

【流传】云南省·临沧地区（临沧市）

（出处在上方）【出处】张声震主编：《壮族麽经布洛陀影印译注》第6卷，南宁：广西民族出版社2003年版，第2085页。

【出处】张元庆整理：《孟定傣族来源的传说》，见云南省编辑组著《临沧地区傣族社会历史调查》，昆明：云南人民出版社1986年版，第113页。

### W2685.1.1
#### 月宫仙子抚养弃婴

实 例

[京族] 月宫仙子收养了一个被弃于大山的婴儿，取名天养。

【流传】广西壮族自治区·防城（防城港市）·（东兴市·江平镇）·京族三岛（万尾、巫头、山心三岛）

【出处】苏锡权等讲，符达升整理：《太阳与月亮》，见曹廷伟编著《广西民间故事辞典》，南宁：广西教育出版社1993年版，第3页。

### W2685.2
#### 天使救助弃婴

【汤普森】①R131.16；②S353.2

实 例

（实例待考）

### W2685.3
#### 佛祖救助弃婴

实 例

[傣族] 一个穷姑娘感牛生1男孩，养不起，送给佛祖抚养。

【流传】云南省

【出处】《苏扎晚那阿銮》，见刀承华《傣族古老文学中的动物图腾崇拜》，载《中央民族大学学报》2009年第4期。

### W2686
#### 弃婴被人所救

实 例

（参见下级母题实例）

### W2686.1
#### 弃婴被母亲秘密抚养

【汤普森】S351

实 例

（实例待考）

### W2686.2
#### 弃婴为老人所救

实 例

[满族] 弃婴爱新觉罗为老人所救。

【流传】（无考）

【出处】《天三女儿》，见爱新觉罗·乌拉希春编《满族古神话》，呼和浩特：内蒙古人民出版社1987年版，第3～9页。

### W2686.3
#### 特定的女人抚养弃婴

实 例

（参见下级母题实例）

### W2686.3.1
#### 老妪抚养弃婴

实 例

[朝鲜族] 脱解（人名。后来成为国王）

出生时是一个卵，被弃。后由柜中脱卵而出，并由一老妪当作儿子来供养。

【流传】（无考）

【出处】

（a）《三国史记》。

（b）金永奎改写：《昔脱解王神话》，见姚宝瑄主编《中国各民族神话》（满族、赫哲族、朝鲜族），太原：山西出版传媒集团·书海出版社 2014 年版，第 166~168 页。

## W2686.4
### 弃婴被母亲重新收养

**实例**

[羌族] 一个女子因踩了一个脚印怀孕生下一男，抛弃后孩子找回家中叫喊"妈妈"。女子发觉这个娃娃很凶（方言，这里指厉害，能干之意），肯定是有来历的，就把他收养了下来，并给他东西吃。

【流传】四川省·（阿坝藏族羌族自治州）·松潘县·镇平乡·双泉下村

【出处】王河民讲，吴文光、王康、龚剑雄采录：《人神和"犊疫"王》，原载西南民族学院编印《羌族民间文学资料》，见姚宝瑄主编《中国各民族神话》（羌族、彝族），太原：山西出版传媒集团·书海出版社 2014 年版，第 37 页。

## W2687
### 弃婴被动物所救（动物抚养弃婴）

【汤普森】S352

【关联】

[W0587.3] 在狼穴发现（文化）英雄

[W2693] 动物抚养人

**实例**

（参见下级母题实例）

## W2687.0
### 弃婴受到动物的保护

【关联】[W2667.5] 怪胎受到动物的保护

**实例**

（参见下级母题实例）

## W2687.0.1
### 弃婴受到飞禽走兽保护

**实例**

❶ [朝鲜族] 河伯的女儿柳花感日光生肉蛋。金蛙王认为不祥，扔进了长白山。山上的飞禽走兽都来保护它，还不准谁伤害它分毫。

【流传】（无考）

【出处】

（a）金德顺讲，裴永镇整理：《朱蒙》，见《朝鲜族民间故事讲述家金德顺故事集》，上海：上海文艺出版社 1983 年版。

（b）同（a），见姚宝瑄主编《中国各民族神话》（满族、赫哲族、朝鲜族），太原：山西出版传媒集团·书海出版社 2014 年版，第 170~181 页。

❷ [朝鲜族] 河伯的女儿柳花在扶余国住下，感日光生了一个肉蛋。扶余国

国王金蛙王认为人生了个肉蛋不是好东西，就令叫手下人把肉蛋扔进了长白山，山上的飞禽走兽都来保护它，还不准谁伤害它分毫。

【流传】长白山等地

【出处】金德顺讲，裴永镇记录整理：《东明王的传说》，原载《金德顺故事集》，见陶阳、钟秀编《中国神话》（中），北京：商务印书馆2008年版，第886~897页。

## W2687.1
### 狗救弃婴

实例

❶ [汉族] 有名鹄苍的犬，猎于水滨，得到被弃的徐君宫人生的卵，并抚养卵孵出的婴儿。

【流传】（无考）

【出处】《徐偃王志》，见［晋］张华《博物志》卷七。

❷ [拉祜族] 天神扎帕派天狗（母狗）下界照看扎依（拉祜族祖先的弃儿），给扎依喂奶。

【流传】（无考）

【出处】扎洛讲，罗长生整理：《天狗救命》，见谷德明编《中国少数民族神话》，北京：中国民间文艺出版社1987年版，第392页。

## W2687.2
### 马牛羊保护弃婴

【汤普森】≈ B535.0.10

实例

（参见下级母题实例）

## W2687.2.1
### 牛羊为弃婴喂奶

实例

[毛南族] 社王（神名）更刚生下来时，母亲把他丢在路边，牛羊给他喂奶；把他丢在森林里，老虎给他喂奶。

【流传】（无考）

【出处】

（a）《社王》，见《中国各民族宗教与神话大词典》，北京：学苑出版社1990年版。

（b）同（a），见姚宝瑄主编《中国各民族神话》（土家族、毛南族、侗族、瑶族），太原：山西出版传媒集团·书海出版社2014年版，第67页。

## W2687.2.2
### 马保护弃婴

实例

[汉族] 侍婢感而生子后，徙之马枥中，马复以气嘘之，故不得死。

【流传】（无考）

【出处】［晋］干宝：《搜神记》卷十四，钱振民校点，长沙：岳麓书社1997年版，第114页。

## W2687.2.3
### 牛保护弃婴

实例

[壮族] 女人部族的母王生的孩子被弃田野之后，黄牛认识王儿，过来保护他。

【流传】（无考）

【出处】张声震主编：《壮族麽经布洛陀影印译注》第6卷，南宁：广西民族出版社2003年版，第2085页。

## W2687.3
### 狼抚养弃婴

实例

[古突厥] 突厥被邻国灭掉时，有十岁小儿被刖足，断臂，弃草泽中。有牝狼以肉饵之。

【流传】（无考）

【出处】

(a)《突厥传》，见《北史》卷九十九。

(b) *《突厥狼始祖传说》，见［唐］令狐德棻等《周书》卷五十《突厥传》，北京：中华书局1971年版，第510页。

(c)《古突厥以狼为始祖》，见满都呼主编《中国阿尔泰语系诸民族神话故事》，北京：民族出版社1997年版，第10页。

## W2687.3.1
### 狼为弃婴哺乳

实例

❶ [哈萨克族] 乌孙的汗王昆莫刚诞生不久，因兵荒马乱被丢弃在野外草原上。除了无数只飞鸟嘴里衔着肉喂他外，身边还卧着一只苍狼，白天黑夜地守护着他，给他喂奶。

【流传】（无考）

【出处】《苍狼乳昆莫的故事》，姚宝瑄

根据《史记·大宛列传》、《汉书·张骞传》等编写，见姚宝瑄主编《中国各民族神话》（乌孜别克族、哈萨克族、柯尔克孜族、俄罗斯族、维吾尔族、塔吉克族、塔塔尔族、锡伯族），太原：山西出版传媒集团·书海出版社2014年版，第33~34页。

❷ [柯尔克孜族] 有个残疾孩子，被父母弃于荒山野岭，一条母狼用自己的乳汁将孩子喂养大。

【流传】（无考）

【出处】张彦平编译：《长鬃卡巴》，见满都呼主编《中国阿尔泰语系诸民族神话故事》，北京：民族出版社1997年版，第91页。

## W2687.4
### 蛇抚养弃婴

实例

❶ [白族] 山上的大蛇每天给被抛弃的小孩喂食。

【流传】云南省·大理（大理白族自治州）

【出处】《龙母》，见文学博客网：http://blog.readnovel.com/article/htm/tid_172268.html，2006.07.16。

❷ [白族] 孩子被母亲丢在山上茅草丛里，旁边有一条大蛇，口里嚼着食物给他喂食。

【流传】云南省·大理（大理白族自治州）

【出处】大理市文化局编：《龙神话传说》，昆明：云南人民出版社1985年版，第87~89页。

## W2687.5
### 鸟抚养弃婴

实 例

[蒙古族] 天女弃儿之后，为了使孩儿不哭，让一只黄色小鸟照顾婴儿。

【流传】（无考）

【出处】齐木道吉翻译：《天女之惠》，见谷德明编《中国少数民族神话》，北京：中国民间文艺出版社1987年版，第35~38页。

## W2687.5.1
### 鸟衔肉喂弃婴

实 例

[哈萨克族] 乌孙的汗王昆莫刚诞生不久，因兵荒马乱被丢弃在野外草原上。有无数只飞鸟嘴里衔着肉，掉到昆莫张开的小嘴里。

【流传】（无考）

【出处】《苍狼乳昆莫的故事》，姚宝瑄根据《史记·大宛列传》、《汉书·张骞传》等编写，见姚宝瑄主编《中国各民族神话》（乌孜别克族、哈萨克族、柯尔克孜族、俄罗斯族、维吾尔族、塔吉克族、塔塔尔族、锡伯族），太原：山西出版传媒集团·书海出版社2014年版，第33~34页。

## W2687.5.2
### 鸟为弃婴遮太阳

实 例

[汉族] 小鸟展开翅膀，为神农氏曾孙女抛弃的孩子挡住太阳。

【流传】广东省·肇庆市·端州区

【出处】周冠环讲，刘伟坚采录：《神农孙女》，见中国民间文学集成全国编辑委员会编《中国民间故事集成》（广东卷），北京：中国ISBN中心2006年版，第12页。

## W2687.5.3
### 鸟为弃婴遮身体

实 例

[壮族] 女人部族的母王生的孩子被弃田野之后，鸟儿纷纷从天飞下，用翅膀来遮盖他。

【流传】（无考）

【出处】张声震主编：《壮族麽经布洛陀影印译注》第6卷，南宁：广西民族出版社2003年版，第2085页。

## W2687.5.4
### 喜鹊保护弃婴

实 例

❶ [朝鲜族] 王后生下一个卵，被置于柜中被抛弃到别国。一个老妪划船至鹊鸣处一看，原来鹊群正站在一个长二十尺、宽十三尺的装有卵的大柜子上保护着弃儿。

【流传】（无考）

【出处】金永奎改写：《昔脱解王神话》，见姚宝瑄主编《中国各民族神话》（满族、赫哲族、朝鲜族），太原：山西出版传媒集团·书海出版社2014年版，第166~168页。

❷ [满族] 老太太生1个背上长毛的孩子，被丈夫扔掉后喜鹊成群结队地护着孩子。

【流传】（a）黑龙江省·（牡丹江市）·宁安县·江东乡（江南朝鲜族满族乡）·缸窑村

【出处】

（a）关振川讲，傅英仁采录：《沙克沙恩都哩》，见中国民间文学集成全国编辑委员会编《中国民间故事集成》（黑龙江卷），北京：中国ISBN中心2005年版，第63~64页。

（b）《沙克沙恩都哩》，见《满族神话故事》，哈尔滨：北方文艺出版社1985年版。

（c）《沙克沙恩都哩》，见满都呼主编《中国阿尔泰语系诸民族神话故事》，北京：民族出版社1997年版，第277~278页。

## W2687.6
### 龙凤抚养弃婴

**实例**

（参见下级母题实例）

## W2687.6.1
### 龙抚养弃婴

**实例**

[土家族] 年过半百的妻子一胎生下了八个儿子后，放养在青龙山。饿了的时候，有青龙喂奶。

【流传】湖南省·湘西（湘西土家族苗族自治州）·龙山（龙山县）

【出处】覃仁安搜集整理：《八部大王》，见中华民族故事大系编委会编《中华民族故事大系》第5卷（瑶族、白族、土家族），上海：上海文艺出版社1995年版，第683~684页。

## W2687.6.2
### 凤凰救（抚养）弃婴

**实例**

[塔吉克族] 浑身白毛的孩子被扔到荒山，在凤凰的养育下，成为塔吉克神话传说中最伟大的英雄。

【流传】新疆维吾尔自治区

【出处】《鲁斯塔木出世》，见中国各民族宗教与神话大词典编审委员会编《中国各民族宗教与神话大词典》，北京：学苑出版社1990年版，第567页。

## W2687.6.3
### 弃婴得到龙的保护

**实例**

[朝鲜族] 王后生下一个卵，被置于柜中，载在船上送入大海，任其漂泊。不知从何方飞来一条赤龙护着载柜之船。

【流传】（无考）

【出处】金永奎改写：《昔脱解王神话》，见姚宝瑄主编《中国各民族神话》（满族、赫哲族、朝鲜族），太原：山西出版传媒集团·书海出版社2014年版，第166~168页。

## W2687.7
狐狸抚养弃婴

实 例

[汉族] 狐狸以乳抚养弃婴。

【流传】（无考）

【出处】［晋］干宝：《搜神记》卷十四，钱振民校点，长沙：岳麓书社1997年版，第115页。

## W2687.8
老虎抚养弃婴

实 例

[汉族] 有女不嫁生子后，弃之山中，有虎为之喂乳。

【流传】（无考）

【出处】［晋］干宝：《搜神记》卷十四，钱振民校点，长沙：岳麓书社1997年版，第115页。

## W2687.9
熊抚养弃婴

实 例

[维吾尔族] 国王的小老婆生的男孩被国王大老婆扔到了湖里，一只熊救起后抚养。

【流传】（无考）

【出处】

（a）《轻·铁木尔》，见满都呼主编《中国阿尔泰语系诸民族神话故事》，北京：民族出版社1997年版，第51页。

(b) 赵永红译：《轻·铁木尔》，见《维吾尔族民间故事》（2），乌鲁木齐：新疆人民出版社1982年版。

## W2687.10
猪抚养弃婴

实 例

(参见下级母题实例)

## W2687.10.1
母猪抚养弃婴

实 例

[珞巴族] 太阳的女儿冬尼海依把自己的孩子托付给一头老母猪抚养。

【流传】西藏自治区

【出处】于乃昌：《珞巴族的原始宗教与文化》，见于乃昌个人网，2003.10.20。

## W2688
与弃婴的抚养或获救有关的其他母题

实 例

(参见下级母题实例)

## W2688.1
植物救助弃婴

【汤普森】［S376］树液喂养弃婴

实 例

(实例待考)

## W2688.1.1
### 弃婴吃果汁长大

实 例

[苗族] 缟莎（女子名）感梦生一个男孩，把他抛弃到深山的一棵岩石榴树下后，小孩靠吃岩石榴汁长大。

【流传】云南省·（昭通市）·昭通、彝良县、（曲靖市）·宣威市，（昆明市）·寻甸（寻甸回族彝族自治县）；贵州省·（毕节市）·威宁（威宁彝族回族苗族自治县）

【出处】
（a）杨秀、杨芝、张新民、王友清讲，陆兴凤、张绍祥记录整理，里晴、景山校正：《则福老》，见杨光汉主编《云南苗族民间故事集成》，北京：中国民间文艺出版社1988年版。
（b）同（a），见姚宝瑄主编《中国各民族神话》（布依族、仡佬族、苗族），太原：山西出版传媒集团·书海出版社2014年版，第295页。

## W2688.2
### 无生命物救助弃婴（无生命物抚养弃婴）

实 例

（参见下级母题实例）

## W2688.2.1
### 彩虹救助弃婴

实 例

[壮族] 女人部族的母王生的孩子被弃田野之后，彩虹认识王儿，用舌头来舔他。

【流传】（无考）

【出处】张声震主编：《壮族麽经布洛陀影印译注》第6卷，南宁：广西民族出版社2003年版，第2085页。

## W2688.2.2
### 岩洞抚养弃婴

实 例

[壮族] 姆洛甲（女始祖）怀了风孕后，生下6男6女，姆洛甲把他们送进岩洞，寄给兰太（娘家，这里指岩洞）抚养管教。

【流传】广西壮族自治区·（河池市）·东兰县·大同乡·和龙村

【出处】覃凤平等，讲覃剑萍采录翻译：《姆洛甲断案》，见中国民间文学集成全国编辑委员会编《中国民间故事集成》（广西卷），北京：中国ISBN中心2001年版，第8页。

## W2688.3
### 弃婴得到多方面抚养

实 例

❶ [布依族] 盘古把妻子生的一肉团，丢于水中，被龙、牛、老妇共同救起。

【流传】（无考）

【出处】《安王》，见罗漫《再论布依族与上古夏、越文化的可能联系》，载《中南民族学院学报》1995年第3期。

❷ [藏族] 被芒东达赞抛弃的儿子有白雾、苍龙、雄狮、鹫鹰等相护。

【流传】（无考）

【出处】《朗氏家族，天神的后裔》，见廖东凡主编《神山之祖》，武汉：湖北少年儿童出版社 2001 年版，第 175～180 页。

## W2688.4
### 弃婴得救的原因

实 例

（参见下级母题实例）

## W2688.4.1
### 弃婴因突然说话得救

实 例

[珞巴族] 阿巴达尼（人名，人的祖先）的两个儿子都是哑巴，阿巴达尼想把他们扔到湖中、丢弃山林时，因为突然会说话，而背回家。

【流传】西藏自治区·（山南市）·隆子县·（斗玉乡）·斗玉村

【出处】亚松讲，达加翻译，李坚尚等采录：《阿巴达尼和他的孩子》，见中国民间文学集成全国编辑委员会编《中国民间故事集成》（西藏卷），北京：中国 ISBN 中心 2001 年版，第 20 页。

## W2688.4.2
### 特定动物把弃婴救活

实 例

[彝族] 两条青龙从腊民河底跑上岸来，用舌头舔死去的弃婴的全身后，死婴复活。

【流传】广西壮族自治区·（百色市）·那坡县·城厢镇·达腊村

【出处】梁绍安讲，王光荣采录翻译：《威志和米义兄妹》，见中国民间文学集成全国编辑委员会编《中国民间故事集成》（广西卷），北京：中国 ISBN 中心 2001 年版，第 63 页。

## W2688.4.3
### 弃婴自然成活

实 例

[壮族] 女人部族的母王把生的怪胎孩子被弃田野，几天过后回去看，发现头颈相连接，手上长了肉，喉管（壮语意为"心"）长出会哭了。

【流传】（无考）

【出处】张声震主编：《壮族麽经布洛陀影印译注》第 6 卷，南宁：广西民族出版社 2003 年版，第 2085 页。

## W2688.5
### 弃婴时中途返回

实 例

（参见下级母题实例）

## W2688.5.1
### 弃婴时想到孩子可爱就带回家

实 例

[珞巴族] 阿巴达尼（人名，人的祖先）的抛弃哑巴儿子的途中，觉得儿子很

可爱，就中途把背回家。

【流传】西藏自治区·（山南市）·隆子县·（斗玉乡）·斗玉村

【出处】亚松讲，达加翻译，李坚尚等采录：《阿巴达尼和他的孩子》，见中国民间文学集成全国编辑委员会编《中国民间故事集成》（西藏卷），北京：中国 ISBN 中心 2001 年版，第 20 页。

## W2688.6
### 弃婴被接到天上

实例

（参见下级母题实例）

## W2688.6.1
### 弃婴接到天宫抚养

【关联】[W2689.4] 弃婴被带到月宫

实例

[毛南族] 天上玉皇得知社王出生后被抛弃大难不死，于是收到天宫抚养。

【流传】（无考）

【出处】

(a)《社王》，见《中国各民族宗教与神话大词典》，北京：学苑出版社 1990 年版。

(b) 同 (a)，见姚宝瑄主编《中国各民族神话》（土家族、毛南族、侗族、瑶族），太原：山西出版传媒集团·书海出版社 2014 年版，第 68 页。

## W2688.7
### 弃婴大难不死

【关联】[W2667.5.3] 要弄死怪胎却弄不死

实例

[毛南族] 社王（神名）更刚生下来时，母亲把他丢在水塘里。水牛喝水把他吞下肚里。牛跑到山上，山主杀牛破肚见有一人仔，额上有"王"字痣，不敢杀害，丢于山上，凤凰展翅给他垫着睡。

【流传】（无考）

【出处】

(a)《社王》，见《中国各民族宗教与神话大词典》，北京：学苑出版社 1990 年版。

(b) 同 (a)，见姚宝瑄主编《中国各民族神话》（土家族、毛南族、侗族、瑶族），太原：山西出版传媒集团·书海出版社 2014 年版，第 67~68 页。

## W2688.8
### 母亲弃婴后回去寻找

实例

[苗族] 缟莎（女子名）感梦生一个男孩后，马上抛弃到深山的一棵岩石榴树下。回到家，缟莎整日想念儿子。过了十三天，又回去找孩子。

【流传】云南省·（昭通市）·昭通、彝良县、（曲靖市）·宣威（宣威市）、（昆明市）·寻甸（寻甸回族彝族自治县）；贵州省·（毕节市）·

威宁（威宁彝族回族苗族自治县）

【出处】

（a）杨秀、杨芝、张新民、王友清讲，陆兴凤、张绍祥记录整理，里晴、景山校正：《则福老》，见杨光汉主编《云南苗族民间故事集成》，北京：中国民间文艺出版社 1988 年版。

（b）同（a），见姚宝瑄主编《中国各民族神话》（布依族、仡佬族、苗族），太原：山西出版传媒集团·书海出版社 2014 年版，第 295 页。

## W2689

### 与弃婴有关的其他母题

【关联】

① ［W2689.7］弃婴成为英雄

② ［W5887.7］弃儿成为国王

③ ［W4387.3］被抛弃的孩子变成雷

④ ［W8992］战争中的弃婴

⑤ ［W9468］弃婴报复父母

实例

（参见下级母题实例）

## W2689.1

### 残忍抛弃婴儿

实例

［维吾尔族］（实例待考）

## W2689.2

### 女儿国里男孩被弃

【关联】

① ［W2675.5］特定性别的孩子被丢弃

② ［W5928］女儿国

实例

［彝族］女儿国里生下的儿女，只留姑娘，不要儿子。

【流传】云南省·（楚雄彝族自治州）·永仁县

【出处】苏绍相等讲，基默热阔采录：《搓日阿补征服女儿国》，见中国民间文学集成全国编辑委员会编《中国民间故事集成》（云南卷），北京：中国 ISBN 中心 2003 年版，第 353 页。

## W2689.3

### 弃婴与动物住在一起

实例

（参见下级母题实例）

## W2689.3.1

### 弃儿与蛇为伴

实例

［彝族］支格阿龙生下来被妈妈扔到山沟里，和蛇住在一起。

【流传】四川省·（凉山彝族自治州）·昭觉县

【出处】比雀讲，摩依翻译，上元采录：《支格阿龙认母》，见中国民间文学集成全国编辑委员会编《中国民间故事集成》（四川卷·上），北京：中国 ISBN 中心 1998 年版，第 770 页。

## W2689.3.2
### 弃婴与动物为伴多年

实例

（参见下级母题实例）

## W2689.3.2.1
### 弃婴与动物为伴3年

【关联】［W2697.2］不寻常的成长

实例

［彝族］支格阿龙（文化英雄名）被妈妈抛弃后，在山沟里天天和蛇住在一起，一住住了三年。

【流传】四川省·凉山州（凉山彝族自治州）

【出处】比雀阿立讲，上元、邹志诚整理：《认妈妈》，节选自《英雄支格阿龙》，原载李德君、陶学良编《彝族民间故事选》，见陶阳、钟秀编《中国神话》（中），北京：商务印书馆2008年版，第675~686页。

## W2689.4
### 弃婴被带到月宫

【关联】
① ［W2688.6］弃婴被接到天上
② ［W2688.6.1］弃婴接到天宫抚养

实例

［京族］一个被弃于大山的婴儿被月宫仙子带进月宫养大成人。

【流传】广西壮族自治区·防城（防城港市）·（东兴市·江平镇）·京族三岛（万尾、巫头、山心三岛）

【出处】苏锡权等讲，符达升整理：《太阳与月亮》，见曹廷伟编著《广西民间故事辞典》，南宁：广西教育出版社1993年版，第3页。

## W2689.5
### 锻炼弃婴的坚强

【关联】［W2675.3］为锻炼孩子而丢弃

实例

［彝族］为了使支格阿鲁的性格变得坚强勇敢，母亲就把他放在石缝里，让他自己求生。

【流传】（无考）

【出处】蒋汉章翻译，李仲舒整理：《创造万物的巨人支格阿鲁》，见陶立璠、李耀宗主编《中国少数民族神话传说选》，成都：四川民族出版社1985年版，第86页。

## W2689.6
### 死婴被弃后复活

【关联】［W9300］复活

实例

❶ ［汉族］姐弟婚生一个肉团切成百块抛弃后，元始天尊命令南极仙翁、灵宝大法师使还魂法将肉块复活成男女。

【流传】广西壮族自治区·（贺州市）·钟山县·回龙乡

【出处】董贵清讲，董世松采录：《葫芦姐弟》，见曹廷伟编著《广西民间故事辞典》，南宁：广西教育出版社

1993 年版，第 24 页。

❷ [彝族] 兄妹婚生死婴，他们把尸体包好放在大树脚下。一群麻雀来把婴孩尸体啄了一遍后，死婴复活。

【流传】广西壮族自治区·（百色市）·那坡县·城厢镇·达腊村

【出处】梁绍安讲，王光荣采录翻译：《威志和米义兄妹》，见中国民间文学集成全国编辑委员会编《中国民间故事集成》（广西卷），北京：中国ISBN 中心 2001 年版，第 63 页。

## W2689.7
### 弃婴成为英雄

【关联】[W0561] 文化英雄的产生

实例

[彝族] 女子感生的支格阿龙生下来后，认为是个怪物，就扔到山沟里。后来支格阿龙成为英雄。

【流传】四川省·（凉山彝族自治州）·昭觉县

【出处】比雀讲，摩依翻译，上元采录：《支格阿龙认母》，见中国民间文学集成全国编辑委员会编《中国民间故事集成》（四川卷·上），北京：中国ISBN 中心 1998 年版，第 770 页。

## W2689.7.1
### 弃婴成王

实例

[布依族] 弃儿长大后成为安王。

【流传】（无考）

【出处】《安王》，见罗漫《再论布依族与上古夏、越文化的可能联系》，载《中南民族学院学报》1995 年第 3 期。

## W2689.8
### 弃婴返回家中（弃婴回家）

【关联】[W2688.5] 弃婴时中途返回

实例

[羌族] 一个女子因踩了一个脚印怀孕生下一男，她害羞把这个男娃娃丢到了牛棚里。过了几天，这娃娃跑了回来，不但没有死，而且长得又黑又壮。

【流传】四川省·（阿坝藏族羌族自治州）·松潘县·镇平乡·双泉下村

【出处】王河民讲，吴文光、王康、龚剑雄采录：《人神和"犊疫"王》，原载西南民族学院编印《羌族民间文学资料》，见姚宝瑄主编《中国各民族神话》（羌族、彝族），太原：山西出版传媒集团·书海出版社 2014 年版，第 37 页。

## W2689.8.1
### 弃婴长大后返回家中（弃婴壮年回家）

实例

（实例待考）

## W2689.8.2
### 弃婴长大后不敢回家

实例

（实例待考）

## W2689.8.3
### 感生的弃婴长大后不让回家

【关联】［W2230］感生人

实例

［苗族］缟莎（女子名）感梦生一个男孩后，马上抛弃到深山的一棵岩石榴树下。13天后找到已经长大的孩子，但还不敢领儿子回家，只好独自回到寨子里。

【流传】云南省·（昭通市）·昭通、彝良县、（曲靖市）·宣威市，（昆明市）·寻甸（寻甸回族彝族自治县）；贵州省·（毕节市）·威宁（威宁彝族回族苗族自治县）

【出处】

（a）杨秀、杨芝、张新民、王友清讲，陆兴凤、张绍祥记录整理，里晴、景山校正：《则福老》，见杨光汉主编《云南苗族民间故事集成》，北京：中国民间文艺出版社1988年版。

（b）同（a），见姚宝瑄主编《中国各民族神话》（布依族、仡佬族、苗族），太原：山西出版传媒集团·书海出版社2014年版，第295页。

## W2689.9
### 弃婴报恩

【关联】［W9425］报恩

实例

（参见下级母题实例）

## W2689.9.1
### 弃婴使父母富裕

实例

（实例待考）

## W2689.9.1.1
### 弃婴给父母送财物

实例

［珞巴族］（实例待考）

## W2689.10
### 婴儿被偷走

实例

（参见下级母题实例）

## W2689.10.1
### 婴儿被鬼偷走

【关联】［W2691.6.2］鬼抚养人

实例

［纳西族］丁巴什罗出生后被山鬼和山妖抱走了。

【流传】云南省·丽江县（丽江市）

【出处】木丽春采集整理：《什罗和古基比法》，见木丽春编著《纳西族民间故事集》，昆明：云南人民出版社2007年版，第355页。

## W2689.10.2
### 婴儿被猴子偷走

实例

（参见下级母题实例）

## W2689.10.2.1
### 始祖生的孩子被猴子偷走

实例

[佤族] 妈侬（始祖母，佤族的原初妈妈）生了个小白人。小白人被黄猴子背走了。

【流传】云南省·（普洱市）·西盟佤族自治县、澜沧拉祜族自治县等地

【出处】毕登程、隋嘎编著：《司岗里——佤族创世史诗》，昆明：云南出版集团公司·云南人民出版社2009年版，第11页。

## W2689.11
### 婴儿丢失

实例

[羌族] 一个女子在山上割草时生一个儿娃子，取名叫"嘎莎"（讲述者认为是羌语译的藏语"格萨尔"）。她把这个娃娃放在一个篓篓里又接着劳动去了。过了一会儿，她回来做饭的时候，发现那个娃娃已经不在了。

【流传】四川省·（阿坝藏族羌族自治州）·松潘县·小姓乡·大耳边村

【出处】林波讲，王康、龚剑雄、吴文光采录，王康、龚剑雄整理：《阿里·嘎莎》，原载西南民族学院编印《羌族民间文学资料》，见姚宝瑄主编《中国各民族神话》（羌族、彝族），太原：山西出版传媒集团·书海出版社2014年版，第26页。

## W2689.11.1
### 走失的孩子

实例

[藏族] 女娲造的娃娃跟白兔到大森林去玩，没有回来，就走失了。

【流传】云南省·迪庆藏族自治州·汤美村

【出处】
(a) 马龙祥、李子贤记录：《女娲娘娘补天》（1960s），见《钟敬文民间文学论集》（上），上海：上海文艺出版社1982年版。
(b) 同(a)，见姚宝瑄主编《中国各民族神话》（门巴族、珞巴族、怒族、藏族），太原：山西出版传媒集团·书海出版社2014年版，第82页。

## W2689.12
### 寻找弃婴

【关联】
① [W9930] 寻找
② [W9939] 寻找其他亲属

实例

（参见下级母题实例）

## W2689.12.1
### 神寻找弃婴

实例

[彝族] 洪水后，作为人种的妹妹喝哥哥洗浴的水怀孕生下一个怪葫芦，丢弃河中。天神知道后，急忙顺着河水

找，找到东洋大海边，发现葫芦漂在水里面。

【流传】云南省·楚雄彝族自治州·姚安县、大姚县等彝族地区

【出处】《创世·人类起源》，见云南省民族民间文学楚雄调查队整理编写《梅葛》，昆明：云南人民出版社2009年版，第46~47页。

## 2.8.5 人的抚养
(W2690 ~ W2699)

### ✳ W2690
**人的抚养**

【汤普森】①T600；②T670

【关联】[W2682] 弃婴的抚养、获救（命运）

实例

（参见下级母题实例）

### W2691
**神或神性人物抚养人类**

【汤普森】T605

实例

[独龙族] 坛嘎朋（人名）是从树桠巴中爆出来后，由神将他养大。

【流传】云南省·（怒江傈僳族自治州）·贡山县（贡山独龙族怒族自治县）·独龙江两岸

【出处】约翰讲，陶学良、陶立璠搜集整理：《坛嘎朋》，见谷德明编《中国少数民族神话》，北京：中国民间文艺出版社1987年版，第523页。

### W2691.1
**神抚养人**

实例

（参见下级母题实例）

### W2691.1.1
**女神抚养人类**

实例

[瑶族（布努）] 密洛陀（女神，又作为万物之母、女始祖）的孙男孙女繁衍出后代，太祖母密洛陀抚育他们。

【流传】广西壮族自治区·（河池市）·都安县（都安瑶族自治县）、巴马县（巴马瑶族自治县）、南丹县，（百色市）·田东县、平果县等地

【出处】桑布郎等传，蒙凤标（83岁）、罗仁祥（73岁）等唱：《密洛陀》(1983)，见蓝怀昌、蓝书京、蒙通顺搜集翻译整理《密洛陀》，北京：中国民间文艺出版社1988年版，第367~368页。

### W2691.1.1.1
**鹰首女神抚养人**

实例

[满族] 天神阿布卡赫赫把洪水后幸存的一对男女生的一个女儿作为将来的人种，让鹰首女神代敏格格偷偷把这

个女婴叼走。鹰首女神又把这个女婴抚养成人。

【流传】（无考）

【出处】《阿布卡赫赫女神创世》，王松根据富育光、孟慧英、王宏刚撰写的《满族宗教与神话》改写，见姚宝瑄主编《中国各民族神话》（满族、赫哲族、朝鲜族），太原：山西出版传媒集团、书海出版社2014年版，第4~14页。

## W2691.1.1.2
特定地方的女神抚养人

实例

[瑶族] 密洛陀（万物之母，女始祖，女神）用蜜蜂类化生出人之后，喂饭不吃，哭个不停。密洛陀到信广通、理广际（地名）那里请来密应归（女神名）。密应归胸前有两个凸奶，能养得小人。小孩们不哭了，小孩们长大了。

【流传】广西壮族自治区·（河池市）·巴马县（巴马瑶族自治县）·东山乡·崣山村

【出处】蒙老三（70岁）讲，蒙灵记录翻译：《密洛陀》（1981），原载南宁师范学院编：《广西少数民族与汉族民歌民间故事》，见陶阳、钟秀编《中国神话》（上），北京：商务印书馆2008年版，第106~109页。

## W2691.1.2
天神抚养人类

实例

[拉祜族] 厄莎（有多种说法，如天神、天帝、创世女神、始祖等）种出的葫芦中生出1对男女，男的叫扎迪，女的叫娜迪。在厄莎的抚养下，扎迪长得结实健壮，娜迪长得苗条秀气。

【流传】云南省·（普洱市）·澜沧县（澜沧拉祜族自治县）

【出处】李云保讲述，扎约采录：《牡帕密帕的故事》，见陶阳、钟秀编《中国神话》（上），北京：商务印书馆2008年版，第129~139页。

## W2691.2
神性人物抚养人

实例

（参见下级母题实例）

## W2691.2.1
仙抚养人

实例

（参见下级母题实例）

## W2691.2.1.1
仙收养人的后代

【汤普森】F311

实例

（实例待考）

## W2691.2.2
天使抚养人

【关联】[W2685.2] 天使救助弃婴

实例

（实例待考）

## W2691.2.3
### 祖先抚养人

**实例**

（参见下级母题实例）

## W2691.2.3.1
### 女始祖抚养人

**实例**

（参见下级母题实例）

## W2691.2.3.1a
### 特定名称的女始祖抚养人

**实例**

❶［哈尼族（爱尼）］女始祖阿戛拉优养了许许多多孩子。

【流传】（无考）

【出处】《人和万物是怎样产生的》，见王亚南《民间口承文化中的社群源流史》，载《民族文学研究》1996年第2期。

❷［瑶族］密洛陀用自己的奶水喂养造出的娃娃。

【流传】广西壮族自治区·（河池市）·巴马县（巴马瑶族自治县）

【出处】

（a）蓝有荣讲，黄书光等搜集：《密洛陀》，见苏胜兴、刘保元等编《瑶族民间故事选》，上海：上海文艺出版社1980年版，第15页。

（b）同（a），见谷德明编《中国少数民族神话》，北京：中国民间文艺出版社1987年版，第123页。

（c）同（a），见陶立璠、赵桂芳等编《中国少数民族神话汇编》（开天辟地篇），中央民族学院少数民族古籍整理出版规划领导小组办公室印（未署时间），第235页。

## W2691.3
### 鬼抚养人

**实例**

❶［独龙族］古老的力者木者时代（即神话中的时代），人和"布兰"（鬼，也可看做是神）杂居在一起，人的孩子由"布兰"带养，"布兰"的孩子由人带养。

【流传】云南省

【出处】肖色顶等讲，孟国才等翻译，李子贤整理：《人与布兰争斗》，见谷德明编《中国少数民族神话》，北京：中国民间文艺出版社1987年版，第534页。

❷［独龙族］在古老的"力者木者"（神话中的时代名称）时代，到处是人，"布兰"（又译"卜郎"，鬼）也很多。那时，人和"布兰"杂居在一起，人的孩子由"布兰"带养，"布兰"的孩子由人带养。

【流传】云南省

【出处】李子贤等搜集整理：《创世纪神话故事六则·人与布兰争斗》，见中国作家协会云南分会编《云南民族民间故事选》，昆明：云南人民出版社1981年版，第586~587页。

## W2691.4
### 宗教人物抚养人

**实例**

（参见下级母题实例）

## W2691.4.1
### 萨满抚养人类

【关联】[W2696.3.1.3] 女萨满用奶抚养人

**实例**

❶ [鄂温克族] 人间的幼男幼女都是吸吮萨满的奶水长大的。

【流传】内蒙古自治区

【出处】杜忠寿讲：《万物起源神话》，见中国民间文学集成全国编辑委员会编《中国民间故事集成》（宁夏卷），北京：中国ISBN中心2007年版，第8页。

❷ [鄂温克族] 一个白发老太太（萨满）用大乳房哺育人类。

【流传】（a）内蒙古自治区·（呼伦贝尔市）·陈巴尔虎旗

【出处】

(a)《人类是怎么来的》，载《黑龙江民间文学》1983年第6期。

(b)《人类是怎么来的》，见满都呼主编《中国阿尔泰语系诸民族神话故事》，北京：民族出版社1997年版，第301页。

## W2691.4.1.1
### 萨满抚养体弱幼儿

**实例**

[鄂温克族] "奥蔑"是鄂温克、达斡尔族萨满通用的名词，指父母将体弱多病的子女委托给萨满或"斡托西"抚养一段时间，其间萨满可以祈求其神灵对这些病弱孩童加以保护，使之健康成长。

【流传】内蒙古自治区·（呼伦贝尔市）·温克族自治旗·巴彦托海镇

【出处】奥云华尔唱述，额尔和木西勒翻译，满都尔图、孟和采集整理：《奥蔑》（1990.10.22）注释，见吕大吉、何耀华总主编《中国各民族原始宗教资料集成》（鄂伦春族卷、鄂温克族卷、赫哲族卷、达斡尔族卷、锡伯族卷、满族卷、蒙古族卷、藏族卷），北京：中国社会科学出版社1999年版，第158页。

## W2691.4.2
### 观音抚养人

【关联】[W0790.4] 观音菩萨

**实例**

[藏族] 观音菩萨转世的男子与女鬼婚生六个儿子。六个儿子婚后分居在雅鲁藏布江边。之后，观世音就用粮食哺育他们。

【流传】（无考）

【出处】

(a)《人的由来》，见谷德明编《中国

少数民族神话选》，西北民族学院研究所编印，内部资料，1983年。
（b）同（a），见姚宝瑄主编《中国各民族神话》（门巴族、珞巴族、怒族、藏族），太原：山西出版传媒集团·书海出版社2014年版，第84~85页。

## W2691.5
### 神性动物抚养人
实例

（参见下级母题实例）

## W2691.5.1
### 神鹰抚养人
实例

[满族] 洪水后，1男1女生的1个女儿，由阿布卡赫赫派的鹰神代敏格格抚养成人。
【流传】东海女真后裔扈伦七姓
【出处】郭淑云：《满族鸟崇拜及其对北方民俗的影响》，载《西北民族研究》1996年第2期。

## W2691.5.2
### 仙鹤抚养人
实例

[侗族] 仙鹤抚育六十姓。
【流传】（无考）
【出处】《姜良姜妹》，见杨保愿《嘎茫莽道时嘉》（《侗族远祖歌》），北京：中国民间文艺出版社1986年版，第109页。

## W2691.6
### 与神或神性人物抚养人类有关的其他母题
实例

（参见下级母题实例）

## W2691.6.1
### 灵魂抚养人
【关联】[W2692.1.2.1]死去母亲的灵魂为孩子喂奶
实例

[珞巴族] 死去妻子的灵魂给孩子喂奶。
【流传】西藏自治区·下珞渝（泛指永木河、锡约尔河、巴恰西仁河流域）
【出处】亚松讲，李坚尚等整理，达公翻译：《阿巴达尼和他的妻子》，见中华民族故事大系编委会编《中华民族故事大系》第16卷（赫哲族、门巴族、珞巴族、基诺族），上海：上海文艺出版社1995年版，第726页。

## W2692
### 人抚养人
实例

（参见下级母题实例）

## W2692.0
### 父母共同抚养
实例

（参见下级母题实例）

## W2692.0.1
### 父母不抚养儿女

【关联】

① ［W2692.1］母亲抚养儿子

② ［W2692.2］父亲抚养儿子

**实例**

[珞巴族] 天和地结婚以后，大地生斯金金巴巴娜达明和金尼麦包一对姐弟。姐弟降生以后，父母亲就再没管他们，没有教他们做什么，也没有教他们该怎样做，他们感到茫然。

【流传】西藏自治区·（林芝市）·米林县·纳玉区

【出处】达牛、东娘、达农讲，于乃昌搜集：《斯金金巴巴娜达明和金尼麦包》，见姚宝瑄主编《中国各民族神话》（门巴族、珞巴族、怒族、藏族），太原：山西出版传媒集团·书海出版社2014年版，第20页。

## W2692.1
### 母亲抚养儿子

**实例**

❶ [哈尼族] 母亲莫依把胸前的七十五只奶撕下分给儿子姑娘，身上留下两只奶，把最小的一男一女喂养。

【流传】云南省·（玉溪市）·元江县（元江哈尼族彝族傣族自治县）·咪哩乡、羊岔街乡及因远镇一带

【出处】《人种物种歌》，见元江县哈尼文化学会、元江县史志编组办公室编《元江哈尼族古歌集》，内部编印，2005年，第43页。

❷ [瑶族] 丈夫布陀西外出不回，密洛陀把三个儿子抚养大。

【流传】广西壮族自治区桂西（主要包括百色、崇左、河池三市所辖的30个市县区）一带

【出处】蓝汉东等搜集整理：《达努节》，见中华民族故事大系编委会编《中华民族故事大系》第5卷（瑶族、白族、土家族），上海：上海文艺出版社1995年版，第15页。

❸ [彝族] 天神之母的蒲依一翘尾巴，生出了人模人样的小男孩，并给他取名叫"更"。蒲依一天到晚抱着孩子，逗他哭，逗他笑，给他吃奶，哄他睡觉，慢慢地小孩长大了。

【流传】云南省·（楚雄彝族自治州）·永仁县

【出处】

（a）曲木阿石等讲，罗有能整理：《更资天神》，见云南省楚雄州文教局、云南省楚雄州民委编《楚雄民间文学资料》，内部资料，1979年。

（b）同（a），见姚宝瑄主编《中国各民族神话》（羌族、彝族），太原：山西出版传媒集团·书海出版社2014年版，第177页。

## W2692.1.1
### 父亲生母亲养

【关联】

① ［W2153.5］男人生孩子（男人生人）

② [W2297.7.1] 父亲尸体产子
③ [W2598.11] 产翁

【实例】

[汉族] 一个叫豹胆的牧童剖开鲧的尸体生出禹时，一个妇女气喘吁吁地手提裙子跑过来。于是鲧尸腹部生出的一个白白胖胖的男孩从鲧腹中蹦了出来，又恰好蹦进了那妇女的怀中。这个妇女就是鲧的妻子脩己娘娘。

【流传】（无考）

【出处】

(a) 钟伟今搜集整理：《禹的诞生》，载《山海经》1981年第4期。

(b) 同(a)，见姚宝瑄主编《中国各民族神话》（汉族），太原：山西出版传媒集团·书海出版社2014年版，第107～110页。

## W2692.1.2
### 死去母亲抚养孩子

【实例】

（参见下级母题实例）

## W2692.1.2.1
### 死去母亲的灵魂为孩子喂奶

【实例】

[珞巴族] 死去妻子的灵魂给孩子喂奶。

【流传】西藏自治区·下珞渝（泛指永木河、锡约尔河、巴恰西仁河流域）

【出处】亚松讲，李坚尚等整理，达公翻译：《阿巴达尼和他的妻子》，见中华民族故事大系编委会编《中华民族故事大系》第16卷（赫哲族、门巴族、珞巴族、基诺族），上海：上海文艺出版社1995年版，第726页。

## W2692.2
### 父亲抚养儿子

【实例】

❶ [白族] 摩妮差（女子名，白王的母亲）感龙生的9个儿子，黄龙见儿子都长大了，也为了减轻摩妮差的负担，把8个儿子接到自己那里抚养。

【流传】云南省·（大理白族自治州）·大理市，（大理白族自治州）·巍山（巍山彝族回族自治县）

【出处】黑明星讲，马福民等搜集整理：《白王的传说》，见中华民族故事大系编委会编《中华民族故事大系》第5卷（瑶族、白族、土家族），上海：上海文艺出版社1995年版，第331～332页。

❷ [彝族] 补莫乃日（龙女）感神龙鹰的血，生了一个不吃不喝的怪人，她就把儿子抱到神龙鹰那里去，儿子才止住哭，并开始食用神龙鹰的食物。

【流传】云南省·（楚雄彝族自治州）·大姚县

【出处】肖开亮讲，李世忠等采录：《阿鲁举热》，见中国民间文学集成全国编辑委员会编《中国民间故事集成》（云南卷），北京：中国ISBN中心2003年版，第341页。

## W2692.2.1
### 妻子死后丈夫抚养儿子

**实 例**

[佤族] 叶勇去世后，达络（叶勇的丈夫）独自回到了勒尔（地名），从此达络一直在勒尔，他在那儿教育娃娃，教娃娃们学做各种事情，做各种建筑和各种田地。

【流传】云南省·（普洱市）·西盟佤族自治县、澜沧拉祜族自治县等地

【出处】毕登程、隋嘎编著：《司岗里——佤族创世史诗》，昆明：云南出版集团公司·云南人民出版社2009年版，第60页。

## W2692.3
### 大孩抚养小孩

**实 例**

[独龙族] 独龙族至今仍有这种习惯，即大人外出干活，家中的婴幼多由较大的孩子照看。

【流传】（无考）

【出处】吕大吉、何耀华总主编：《中国各民族原始宗教资料集成》（纳西族卷、羌族卷、独龙族卷、傈僳族卷、怒族卷），北京：中国社会科学出版社2000年版，第669页。

## W2692.3.1
### 姐姐抚养弟弟

**实 例**

❶ [傈僳族] 从前有姐弟俩，姐叫依妞，弟叫依采。因父母早死，弟弟还小，姐姐承担了抚养弟弟的责任。

【流传】云南省·保山市

【出处】余学珍讲，杨忠实采录：《依采和依妞》，见中国民间文学集成全国编辑委员会编《中国民间故事集成》（云南卷），北京：中国ISBN中心2003年版，第176页。

❷ [瑶族（布努）] 密洛陀（万物之母，女始祖，女神）感风怀孕，先生12个女孩，又生12个男孩。由姐姐照顾弟弟，姐姐背起弟弟，用双手来抱。弟弟不再哭，伏在姐背笑。

【流传】广西壮族自治区·（河池市）·都安县（都安瑶族自治县）、巴马县（巴马瑶族自治县）、南丹县，（百色市）·田东县、平果县等地

【出处】桑布郎等传，蒙凤标（83岁）、罗仁祥（73岁）等唱：《密洛陀》（1983），见蓝怀昌、蓝书京、蒙通顺搜集翻译整理《密洛陀》，北京：中国民间文艺出版社1988年版，第31~32页。

## W2692.4
### 其他特定人物抚养

**实 例**

（参见下级母题实例）

## W2692.4.1
### 母系家族抚养后代

**实 例**

（参见下级母题实例）

## W2692.4.1.1
### 外祖母抚养

实 例

[汉族] 杨二郎是他姥姥王母娘娘抬将（抚养）大的。

【流传】辽宁省·（丹东市）·东沟县（东港市），（大连市）·庄河县（庄河市）一带

【出处】王锦函讲，王荷清记录整理：《杨二郎填海追太阳》，见姚宝瑄主编《中国各民族神话》（汉族），太原：山西出版传媒集团·书海出版社 2014 年版，第 123～130 页。

## W2692.4.1.2
### 娘家抚养孩子

实 例

[壮族] 姆洛甲（女始祖）怀了风孕后，生下 6 男 6 女，姆洛甲把他们送给兰太（娘家）抚养管教。

【流传】广西壮族自治区·（河池市）·东兰县·大同乡·和龙村

【出处】覃凤平等，讲覃剑萍采录翻译：《姆洛甲断案》，见中国民间文学集成全国编辑委员会编《中国民间故事集成》（广西卷），北京：中国 ISBN 中心 2001 年版，第 8 页。

## W2692.4.1.3
### 多个女子共同抚养一个男孩

【关联】[W5298.1] 母系氏族

实 例

[侗族] 四个萨犹（这里应是一种动物名称）孵化萨天巴（蜘蛛，女祖神，创世神）交给的四个卵，只有一个卵孵出男始祖松恩。四个萨犹十分疼爱松恩，总怕他饿着，一会叫他吃蜂儿，一会叫他吃牛奶果。

【流传】广西壮族自治区·（柳州市）·三江（三江侗族自治县），（桂林市）·龙胜（龙胜各族自治县）

【出处】杨卜林喜、杨卜松林、杨明世讲，杨国仁、涛声搜集整理，蒿紫改写：《创世女神萨天巴》，过伟改写自侗族创世史诗《嘎茫莽道时嘉——远祖歌》（未出版稿），见姚宝瑄主编《中国各民族神话》（土家族、毛南族、侗族、瑶族），太原：山西出版传媒集团·书海出版社 2014 年版，第 95 页。

## W2692.4.1.4
### 多个女子共同抚养一个女孩

实 例

[侗族] 四个萨犹（这里应是一种动物名称）孵化萨天巴（蜘蛛，女祖神，创世神）第二次交给的四个卵，一个卵孵出女始祖松桑。四个萨犹十分疼爱她，秋天、冬天给她吃"桑果"（猕猴桃），春天、夏天则让她喝蜜浆。

【流传】广西壮族自治区·（柳州市）·三江（三江侗族自治县），

（桂林市）·龙胜（龙胜各族自治县）

【出处】杨卜林喜、杨卜松林、杨明世讲，杨国仁、涛声搜集整理，蒿紫改写：《创世女神萨天巴》，过伟改写自侗族创世史诗《嘎茫莽道时嘉——远祖歌》（未出版稿），见姚宝瑄主编《中国各民族神话》（土家族、毛南族、侗族、瑶族），太原：山西出版传媒集团·书海出版社 2014 年版，第 96 页。

## W2692.4.2
### 姨娘抚养

**实例**

[汉族] 启的母亲涂山娇被大禹打死后，大禹的儿子启由启的姨娘涂山姚抚养。

【流传】河南省·（郑州市）·登封县（登封市）·芦店镇·景店村

【出处】甄西庚讲，甄秉浩采录：《大禹推山泄洪》，见中国民间文学集成全国编辑委员会编《中国民间故事集成》（河南卷），北京：中国 ISBN 中心 2001 年版，第 53 页。

## W2692.4.3
### 姑妈抚养孤儿

**实例**

[普米族] 姑妈抚养孤儿。

【流传】云南省·（丽江市）·宁蒗（宁蒗彝族自治县）

【出处】熊农布等讲，王震亚整理：《冲格萨》，见中华民族故事大系编委会编《中华民族故事大系》第 14 卷（普米族、塔吉克族、怒族、俄罗斯族、鄂温克族），上海：上海文艺出版社 1995 年版，第 52 页。

## W2692.4.4
### 姐姐生人妹妹喂养（姐姐生妹妹养）

**实例**

[瑶族（布努）] 密洛陀（万物之母，女始祖，女神）生的 12 个女孩中，大姐孕育 12 对男女，五姐闻声赶到，轻轻把婴儿来抱，袒开她肥胀的乳房，给孩子吮吸乳汁。

【流传】广西壮族自治区·（河池市）·都安县（都安瑶族自治县）、巴马县（巴马瑶族自治县）、南丹县，（百色市）·田东县、平果县等地

【出处】桑布郎等传，蒙凤标（83 岁）、罗仁祥（73 岁）等唱：《密洛陀》（1983），见蓝怀昌、蓝书京、蒙通顺搜集翻译整理《密洛陀》，北京：中国民间文艺出版社 1988 年版，第 313 页。

## W2692.4.5
### 婴儿自己养活自己

【关联】[W2598.4.5] 孩子出生后就会自己做事

**实例**

（参见关联项及下级母题实例）

## W2692.4.5.1
### 婴儿出生就会自食

**实例**

[傈僳族] 一个叫 a-yi-pˊa 的天神下凡时带来一粒瓜子，种于田中，结出高约一丈围二丈余的大瓜。天神拔刀割瓜，生出男孩 a-heng-pˊa 和女孩 a-heng-ma。他俩生而能言能走，不哺乳而能自食。

【流传】碧罗雪山（云南省·怒江傈僳族自治州·贡山独龙族怒族自治县与云南省·迪庆藏族自治州·德钦县交界一带）

【出处】《巫师的由来》，见陶云逵《碧罗雪山之傈僳族》，转引自国立中央研究院编《历史语言研究所集刊》第 17 本，商务印书馆民国三十七年（1948），第 403~404 页。

## W2692.4.6
### 女人用肚子孕养造的人

**实例**

[瑶族（布努）] 密洛陀（万物之母，女始祖，女神）生的 12 个女孩造人时，三姐把蜡仔造成二十四个人，一个个装进人缸后，大姐用肚子孕养。

【流传】广西壮族自治区·（河池市）·都安县（都安瑶族自治县）、巴马县（巴马瑶族自治县）、南丹县，（百色市）·田东县、平果县等地

【出处】桑布郎等传，蒙凤标（83 岁）、罗仁祥（73 岁）等唱：《密洛陀》（1983），见蓝怀昌、蓝书京、蒙通顺搜集翻译整理《密洛陀》，北京：中国民间文艺出版社 1988 年版，第 310 页。

## W2692.4.7
### 君王抚养人

**实例**

[朝鲜族] 君王见一巨石笼罩在白云之中，岩石上有 1 男婴，收男婴为养子，故以文为姓氏。

【流传】（无考）

【出处】《南平文氏家谱》，见满都呼主编《中国阿尔泰语系诸民族神话故事》，北京：民族出版社 1997 年版，第 354 页。

## W2693
### 动物抚养人

【汤普森】①B530；②F611.2.1

**实例**

[拉祜族] 动物抚养人。

【流传】云南省·（普洱市）·澜沧（澜沧拉祜族自治县）、孟连（孟连傣族拉祜族佤族自治县）

【出处】扎袜等讲，苏敬梅等搜集，苏敬梅等整理：《牡帕密帕》，见中华民族故事大系编委会编《中华民族故事大系》第 8 卷（畲族、高山族、拉祜族），上海：上海文艺出版社 1995 年版，第 689 页。

## W2693.0
### 兽抚养人

实例

（参见下级母题实例）

## W2693.0.1
### 百兽抚养人

实例

（参见下级母题实例）

## W2693.0.1.1
### 人吃百兽的乳汁长大

实例

[满族] 在天池捕鱼的小阿哥告诉天女说："小时候我是吃百兽的奶长大的。"

【流传】黑龙江省·（哈尔滨市）·双城（双城区）

【出处】

（a）赵焕讲，王宏刚、马亚川、程迅整理：《女真族传说》（1982），见乌丙安、李文刚等编《满族民间故事选》，上海：上海文艺出版社1983年版。

（b）同（a），见姚宝瑄主编《中国各民族神话》（满族、赫哲族、朝鲜族），太原：山西出版传媒集团·书海出版社2014年版，第40~43页。

## W2693.1
### 龙抚养人

【关联】[W2687.6.1] 龙抚养弃婴

实例

[傣族] 神蛋吹落到龙的王国，由龙孵出成了人，因为他的养母是蛇仙，所以叫"达玛吾星哈"。

【流传】云南省·西双版纳（西双版纳傣族自治州）

【出处】龚玉贤等讲，方峰群翻译：《阿銮的由来》，见谷德明编《中国少数民族神话》，北京：中国民间文艺出版社1987年版，第351页。

## W2693.1.1
### 苍龙抚养人

实例

[藏族] 苍龙哺育人子。

【流传】（无考）

【出处】李学琴、鄂玉兰翻译整理：《朗氏家族，天神的后裔》，见廖东凡主编《神山之祖》，武汉：湖北少年儿童出版社2001年版，第175~180页。

## W2693.2
### 狗抚养人

【汤普森】T611.10

实例

（实例待考）

## W2693.3
### 虎抚养人

实例

❶ [拉祜族] 老虎养育人类祖先。

【流传】云南哀牢山一带

【出处】张泽洪：《中国西南少数民族宗教中的虎崇拜研究》，载《中南民族大学学报》2007 年第 6 期。

❷ [汉族] 夏启从石中出生后，没有母奶可食，一只母虎为他喂乳。
【流传】重庆市·南岸区
【出处】《重庆南岸区志·附录》。

❸ [土家族] 一个老妇人生下儿子 3 天后被老虎抚养。
【流传】贵州省·（铜仁市）·江口县
【出处】章海荣：《梵净山神》，贵阳：贵州人民出版社 1997 年版，第 123 页。

## W2693.3.1
### 龙生虎养的人
【关联】[W2167.7] 龙生人

实例

[汉族] ☆楚霸王为龙生虎养。
【流传】湖南省·岳阳市·城陵矶（城陵矶港）
【出处】孙杏生讲：《龙生虎养的楚霸王》，见中国民间文学集成全国编辑委员会编《中国民间故事集成》（湖南卷），北京：中国 ISBN 中心 2002 年版，第 72 页。

## W2693.4
### 鸟抚养人
【汤普森】B535.0.7

实例

[赫哲族] 桦树里生出来的小小子，有鸟给他喂食。
【流传】（无考）
【出处】[俄] 施腾伯格：《关于基利亚克人、奥罗奇人、戈尔德人、涅基达尔人、阿伊努人的著作与资料集》，见喻权中《死亡的超越与转化——赫哲-那乃族初始萨满神话考疑》，载《黑龙江民族丛刊》1998 年第 3 期。

## W2693.4.1
### 百鸟抚养人

实例

[畲族] 凤凰蛋中生出一个娃娃，叫阿郎，百鸟来供养他。
【流传】（无考）
【出处】钟福兴等讲，冬日搜集整理：《畲族祖宗的传说》，见陶立璠、李耀宗编《中国少数民族神话传说选》，成都：四川民族出版社 1985 年版，第 293 页。

## W2693.4.1.1
### 百鸟抚养凤凰生的人
【关联】[W2223.4] 凤凰卵生人

实例

[畲族] 凤凰的卵孵出个娃娃后，百鸟争着要当作自己的孩子，谁也不让谁，最后决定大家一起来供养。
【流传】福建省、浙江省等地
【出处】
（a）《畲族祖宗的传说》，见谷德明编《中国少数民族神话选》，西北民族学院研究所编印，内部资料，1983 年。

（b）同（a），见姚宝瑄主编《中国各民族神话》（高山族、黎族、畲族），太原：山西出版传媒集团·书海出版社2014年版，第89页。

## W2693.4.2
### 特定名称的鸟抚养人
【实例】

［黎族］"维加西拉"鸟把黎族先民的女儿抚养大，所以黎族妇女就仿照这种鸟的翅膀上的花纹纹身。

【流传】海南省

【出处】

（a）邢关英：《论黎族的图腾崇拜——黎族先民的原始宗教研究之一》，载《海南档案》1992年第3期。

（b）邢关英：《黎族》，北京：民族出版社1990年版，第72页。

## W2693.4.2.1
### 天鸟抚养人
【实例】

［黎族］蛇卵孵出一个女孩，天鸟天天叼来树果喂养她。

【流传】海南省·琼中县（琼中黎族苗族自治县）·五指山公社·番龙村（今属五指山市·水满乡·番龙村）

【出处】王克福讲，符策超采录：《黎母的神话》，见中国民间文学集成全国编辑委员会编《中国民间故事集成》（海南卷），北京：中国ISBN中心2002年版，第5页。

## W2693.5
### 动物给人送食物
【汤普森】B531

【实例】

［古突厥］一个被刖足断臂弃草泽中的十岁小儿，有牝狼以肉饵之。

【流传】（无考）

【出处】［唐］令狐德棻等：《周书》卷五十《突厥传》，北京：中华书局1971年版，第510页。

## W2693.6
### 与动物抚养人类有关的其他母题
【关联】

① ［W2687］弃婴被动物所救
② ［W2687.2］牛羊照顾弃婴
③ ［W6290］动物图腾

【实例】

（参见下级母题实例）

## W2693.6.1
### 鹿抚养人
【实例】

（参见下级母题实例）

## W2693.6.1.1
### 母鹿抚养人
【实例】

［柯尔克孜族］古代柯尔克孜人遭遇了一次毁灭性的战争时，只有一男一女

两个小孩幸存。一只母鹿过来将他们带回山里，用自己的奶养育他们。

【流传】新疆维吾尔自治区

【出处】多里昆·吐尔地、阿地力·朱玛吐尔地整理：《鹿妈妈》，见姚宝瑄主编《中国各民族神话》（乌孜别克族、哈萨克族、柯尔克孜族、俄罗斯族、维吾尔族、塔吉克族、塔塔尔族、锡伯族），太原：山西出版传媒集团·书海出版社2014年版，第149页。

## W2693.6.2
### 狼抚养人

实例

[古突厥] 一个被刖足断臂弃草泽中的十岁小儿，牝狼以肉饵之。

【流传】（无考）

【出处】[唐]令狐德棻等：《周书》卷五十《突厥传》，北京：中华书局1971年版，第510页。

## W2693.6.3
### 猪抚养人

【关联】[W2687.10] 猪抚养弃婴

实例

（参见下级母题实例）

## W2693.6.3.1
### 母猪抚养人

【关联】[W2687.10.1] 母猪抚养弃婴

实例

[珞巴族] 太阳的女儿冬尼海依把自己的孩子托付给一头老母猪抚养。

【流传】西藏自治区

【出处】于乃昌：《珞巴族的原始宗教与文化》，见于乃昌个人网，2003.10.20。

## W2693.6.4
### 蛇抚养人

【关联】
① [W2687.4] 蛇抚养弃婴
② [W2693.1] 龙抚养人

实例

[汉族] 伏羲造兄妹俩，交给蛇看管。

【流传】甘肃省·天水市·北道区·利桥乡

【出处】王奠华讲，田良采录：《蛇为啥没有脚》，见中国民间文学集成全国编辑委员会编《中国民间故事集成》（甘肃卷），北京：中国ISBN中心2001年版，第13页。

## W2693.6.5
### 多种动物抚养人

实例

（参见下级母题实例）

## W2693.6.5.1
### 12种动物抚养12对人

实例

[拉祜族] 葫芦生出的一对男女扎迪和娜迪婚生13对孩子。厄莎（有多种说法，如天神、天帝、创世女神、始

祖等）叫来虎、兔、龙、蛇、马、羊、猴、鸡、狗、猪、鼠、牛十二个动物，叫它们各自领去抚养一对。

【流传】云南省·（普洱市）·澜沧县（澜沧拉祜族自治县）

【出处】李云保讲述，扎约采录：《牡帕密帕的故事》，见陶阳、钟秀编《中国神话》（上），北京：商务印书馆 2008 年版，第 129~139 页。

## W2693.6.5.2
### 孩子出生后马鹿、蜜蜂、画眉、蝴蝶去抚养

实　例

［白族］劳谷和劳泰（男女始祖）的孩子生下地后，马鹿跑来给他们喂奶，蜜蜂飞来给他们送蜜，画眉给他们催眠唱歌，蝴蝶为他们跳舞逗乐。

【流传】云南省·大理州（大理白族自治州）

【出处】云南省民间文学集成办公室编：《人类和万物的起源》，见《白族神话传说集成》，北京：中国民间文艺出版社 1986 年版，第 1~10 页。

## W2694
### 植物抚养人

【汤普森】［S376］树液喂养弃儿
【关联】［W2688.1］植物救助弃儿

实　例

（参见下级母题实例）

## W2694.1
### 树抚育人

实　例

（参见下级母题实例）

## W2694.1.1
### 树用液汁抚育婴儿

实　例

❶［蒙古族］一棵大树的瘤洞空里躺着一个婴儿，树的液汁是他的食品。

【流传】（无考）

【出处】《绰罗斯准噶尔的起源》，见贺·宝音巴图《论蒙古族神话〈天女之惠〉的多彩组合美》，载《内蒙古师范大学学报》2003 年第 3 期。

❷［维吾尔族］两棵树中间冒出的大丘裂开后生 5 个男孩，嘴上挂着一根供给所需哺乳的管子。

【流传】（无考）

【出处】

（a）《不可汗》，见满都呼主编《中国阿尔泰语系诸民族神话故事》，北京：民族出版社 1997 年版，第 39 页。

（b）《不可汗》，见［伊朗］志费尼著《世界征服者史》，呼和浩特：内蒙古人民出版社 1981 年版。

## W2694.1.2
### 树用奶汁抚育婴儿

【关联】［W2696.3.1］用奶抚养孩子

> 实 例

❶ [蒙古族] 没有叶子的大树下躺着一个婴儿，树伸出一根管子似的枝条，一直伸到婴儿的嘴里，流出乳白色的奶汁，婴儿吸吮着奶汁，发出"牙牙"的笑声。
【流传】（新疆维吾尔自治区卫拉特蒙古族居住地区）
【出处】那木吉拉、姚宝瑄改写整理：《准噶尔蒙古人的祖先》，见姚宝瑄主编《中国各民族神话》（达斡尔族、鄂伦春族、鄂温克族、蒙古族），太原：山西出版传媒集团·书海出版社 2014 年版，第 137 页。

❷ [蒙古族] 一棵很粗很高、不长叶子的大树下仰面躺着一个婴儿。大树的一根枝条伸展到婴儿的嘴上，木槽里流着乳白色的奶汁，奶汁一滴一滴地滴到婴儿嘴里，婴儿吸着奶汁非常高兴。
【流传】（新疆维吾尔自治区）
【出处】那木吉拉、姚宝瑄根据巴吐尔·吐门的《四个卫拉特的历史》整理编译《错罗斯的传说》，见姚宝瑄主编《中国各民族神话》（达斡尔族、鄂伦春族、鄂温克族、蒙古族），太原：山西出版传媒集团·书海出版社 2014 年版，第 218 页。

## W2695
### 无生命物抚养人

> 实 例

（参见下级母题实例）

## W2695.1
### 石狮抚养孤儿

> 实 例

[汉族] 一对夫妇生一双儿女后死去，这对双胞胎由石狮子抚养。
【流传】山西省·（临汾市）·吉县
【出处】落永恩讲，孙苍梅采录：《人祖山的来历》，见中国民间文学集成全国编辑委员会编《中国民间故事集成》（山西卷），北京：中国 ISBN 中心 1999 年版，第 15 页。

## W2695.2
### 山洞抚养人

> 实 例

[壮族] 姆洛甲（女始祖）怀了风孕后，生下 6 男 6 女，姆洛甲把他们送进岩洞，寄给兰太（娘家，这里指岩洞）抚养管教。
【流传】广西壮族自治区·（河池市）·东兰县·大同乡·和龙村
【出处】覃凤平等，讲覃剑萍采录翻译：《姆洛甲断案》，见中国民间文学集成全国编辑委员会编《中国民间故事集成》（广西卷），北京：中国 ISBN 中心 2001 年版，第 8 页。

## W2696
### 抚养人类的方法

> 实 例

（参见下级母题实例）

## W2696.1
### 抚养孩子方法的获得

实 例

（参见下级母题实例）

## W2696.1.1
### 文化英雄教女人如何养育孩子

【汤普森】 A1357

实 例

（实例待考）

## W2696.1.2
### 小孩吃奶的来历

实 例

[汉族] 因为当时捏好的黄泥人是女娲用奶汁洒过活的，所以后来小孩出世，都要喂奶。

【流传】 浙江省·（衢州市）·江山县（江山市）·凤林镇

【出处】 管兰吉讲，杜鹃采录：《兄妹造人》，见中国民间文学集成全国编辑委员会编《中国民间故事集成》（浙江卷），北京：中国 ISBN 中心 1997 年版，第 40 页。

## W2696.2
### 抚养孩子的奇特方法

实 例

（实例待考）

## W2696.3
### 抚养孩子的食物

实 例

（参见下级母题实例）

## W2696.3.1
### 用奶抚养孩子

【关联】 [W2996.4] 不吃奶的孩子

实 例

[瑶族] 密洛陀（女神名）造的人成活后，密洛陀叫来咪令，咪令的胸前有两坨凸凸，凸凸里流出奶水，咪令用奶水喂人，人仔吃着奶水，才一天天长大。

【流传】 广西壮族自治区·（河池市）·都安瑶族自治县、江水河一带

【出处】 《密洛陀创世》，蓝田根据莎红整理的《密洛陀》和潘泉脉整理的《密洛陀》两部不同版本的长诗《密洛陀》改写，见姚宝瑄主编《中国各民族神话》（土家族、毛南族、侗族、瑶族），太原：山西出版传媒集团·书海出版社 2014 年版，第 176 页。

## W2696.3.1.1
### 用狗奶抚养人

实 例

[白族] 白族的始祖是狗用奶喂大的。

【流传】 云南省·玉溪地区（玉溪市）

【出处】 玉溪地区文化局、民委、群艺馆编印：《玉溪地区民族民间文学集

成·白族卷》，内部编印，1986年，第164页。

## W2696.3.1.2
### 女神用奶抚养人

**实例**

❶ ［瑶族］密洛陀（万物之母，女始祖，女神）造出人后，每天挤奶喂他们。

【流传】广西壮族自治区·（河池市）·大化县（大化瑶族自治县）·七百弄乡

【出处】蓝阿勇（72岁）讲，蒙冠雄采录翻译：《密洛陀》（1982），见中国民间文学集成全国编辑委员会编《中国民间故事集成》（广西卷），北京：中国ISBN中心2001年版，第11~22页。

❷ ［瑶族］密洛陀（女神，女始祖，瑶族最高神）造人时，装在箱子里的蜜蜂变成人。密洛陀用自己的奶水喂他们。

【流传】广西壮族自治区·（河池市）·巴马瑶族自治县

【出处】
（a）蓝有荣讲，黄书光、覃光群搜集，韦编联整理：《密洛陀》，见苏胜兴、刘保元、韦文俊、王矿新等编《瑶族民间故事选》，上海：上海文艺出版社1980年版。
（b）同（a），见姚宝瑄主编《中国各民族神话》（土家族、毛南族、侗族、瑶族），太原：山西出版传媒集团·书海出版社2014年版，第142~143页。

## W2696.3.1.3
### 女萨满用奶抚养人

【关联】［W2691.4］萨满抚养人类

**实例**

［鄂温克族］人间的幼男幼女都是吸吮萨满的奶水长大的。

【流传】内蒙古自治区

【出处】杜忠寿讲：《万物起源神话》，见中国民间文学集成全国编辑委员会编《中国民间故事集成》（宁夏卷），北京：中国ISBN中心2007年版，第8页。

## W2696.3.1.4
### 人类共同的母亲用奶抚养人

**实例**

［鄂温克族］太阳出来的地方住着一个白发苍苍的老太太，用她的大乳房哺育万物，人间的幼儿幼女就是吃她的乳汁长大的。

【流传】（内蒙古自治区、黑龙江省一带）

【出处】阿拉诺海讲，马名超记录整理：《大乳房的老太太》，见姚宝瑄主编《中国各民族神话》（达斡尔族、鄂伦春族、鄂温克族、蒙古族），太原：山西出版传媒集团·书海出版社2014年版，第123页。

## W2696.3.2
### 用树汁抚养孩子

【关联】［W2694.1.1］树用液汁抚育婴儿

实 例

（参见关联项母题实例）

## W2696.3.3
### 用野果喂养孩子

【关联】［W6146.2］人以前吃野果

实 例

❶ ［彝族（阿细）］男神阿热和女神阿咪造的泥人成活。埂子上那草蓬蓬上结出了黄泡果，阿热和阿咪神摘了黄泡果给人吃。

【流传】（a）云南省·红河哈尼族彝族自治州·弥勒县（弥勒市）·（西山镇）

【出处】

(a) 潘正兴等唱述，云南省民族民间文学红河调查队搜集翻译整理：《阿细的先基》，昆明：云南人民出版社1959年版。

(b) 云南省民族民间文学红河调查队搜集整理，古梅改写：《最古的时候》，见姚宝瑄主编《中国各民族神话》（羌族、彝族），太原：山西出版传媒集团·书海出版社2014年版，第142页。

❷ ［藏族］猴子和罗刹女成亲之后，生下六个似人非人、似猴非猴的儿女。他们二人采来山上的红果，捧来峡谷的清泉，喂养自己的儿女。

【流传】西藏自治区

【出处】廖东凡记译：《泽当——西藏猴子变人的地方》，原载吴一虹编《风物传说》，见陶阳、钟秀编《中国神话》（上），北京：商务印书馆2008年版，第361~362页。

## W2696.3.4
### 用水喂养孩子

实 例

（参见下级母题实例）

## W2696.3.4.1
### 巨婴母乳不够喝只好喝泉水

【关联】［W2603.3］巨婴饭量巨大

实 例

［壮族］女始祖姆洛甲出生后，是一个巨婴。母亲的乳汁被她吸干了，只好让她去喝山泉水。

【流传】

(a) 广西壮族自治区·（百色市）·西林县·那佐乡·那来村

(b) 广西壮族自治区

【出处】

(a) 黄公受讲，岑护双采录翻译：《巨人夫妻》，见中国民间文学集成全国编辑委员会编《中国民间故事集成》（广西卷），北京：中国ISBN中心2001年版，第55~60页。

(b) 同(a)，见陶阳、钟秀编《中国神话》（中），北京：商务印书馆

2008年版，第659~667页。

## W2696.3.5
### 用血抚养孩子

**实 例**

（参见下级母题实例）

## W2696.3.5.1
### 孩子以母亲的血为食

**实 例**

【彝族】天神之母的蒲依一翘尾巴，生出了人模人样的小男孩。孩子哭闹不止，神树告诉她："我让你的血流到胸口上。你的心肝吃了你的血，才会不哭不闹变快乐。"

【流传】云南省·（楚雄彝族自治州）·永仁县

【出处】

（a）曲木阿石等讲，罗有能整理：《更资天神》，见云南省楚雄州文教局、云南省楚雄州民委会编《楚雄民间文学资料》，内部资料，1979年。

（b）同（a），见姚宝瑄主编《中国各民族神话》（羌族、彝族），太原：山西出版传媒集团·书海出版社2014年版，第177页。

## W2696.3.6
### 用露水抚养孩子

【关联】

① ［W2118.2］泥人吃露水后成活

② ［W2262.8］喝露水孕生人（接触露水孕生人）

**实 例**

【彝族（阿细）】男神阿热和女神阿咪造的泥人成活。半夜三更时天上降下露水，露水落在叶子上，又一滴一滴从树的叶子上滴下来，又从草的叶子上滴下来，造人的阿热和阿咪就拿了露水去给人喝。

【流传】（a）云南省·红河哈尼族彝族自治州·弥勒县（弥勒市）·（西山镇）

【出处】

（a）潘正兴等唱述，云南省民族民间文学红河调查队搜集翻译整理：《阿细的先基》，昆明：云南人民出版社1959年版。

（b）云南省民族民间文学红河调查队搜集整理，古梅改写：《最古的时候》，见姚宝瑄主编《中国各民族神话》（羌族、彝族），太原：山西出版传媒集团·书海出版社2014年版，第142页。

## W2696.3.7
### 与喂养孩子的食物有关的其他母题

**实 例**

（参见下级母题实例）

## W2696.3.7.1
### 婴儿不吃饭不喝酒

**实 例**

【瑶族】密洛陀（女神名）造的人成活

后，拿饭喂人仔，人仔不吃饭；密洛陀拿酒给人仔喝，人仔不喝酒。

【流传】广西壮族自治区·（河池市）·都安瑶族自治县、江水河一带瑶族地区

【出处】《密洛陀创世》，蓝田根据莎红整理的《密洛陀》和潘泉脉整理的《密洛陀》两部不同版本的长诗《密洛陀》改写，见姚宝瑄主编《中国各民族神话》（土家族、毛南族、侗族、瑶族），太原：山西出版传媒集团·书海出版社2014年版，第176页。

## W2697
与人类抚养有关的其他母题

【关联】[W6159.1.1] 给力的食物

实 例

（参见下级母题实例）

## W2697.1
人类的成长（人的成长）

【汤普森】①A1360；②T610

实 例

（参见下级母题实例）

## W2697.1.1
小孩2个月会笑

实 例

[瑶族] 密洛陀（万物之母，女始祖，女神）造出人后，每天挤奶喂他们，眨眼过了两个月，孩子们咯咯地会笑了。

【流传】广西壮族自治区·（河池市）·大化县（大化瑶族自治县）·七百弄乡

【出处】蓝阿勇（72岁）讲，蒙冠雄采录翻译：《密洛陀》（1982），见中国民间文学集成全国编辑委员会编《中国民间故事集成》（广西卷），北京：中国ISBN中心2001年版，第11~22页。

## W2697.1.2
小孩3个月会翻身

实 例

（实例待考）

## W2697.1.3
小孩6个月会坐

实 例

（参见下级母题实例）

## W2697.1.3.1
小孩180天会坐

实 例

[瑶族] 密洛陀（万物之母，女始祖，女神）造出人后，每天挤奶喂他们，到了一百八十天，孩子们都会坐了。

【流传】广西壮族自治区·（河池市）·大化县（大化瑶族自治县）·七百弄乡

【出处】蓝阿勇（72岁）讲，蒙冠雄采录翻译：《密洛陀》（1982），见中国民间文学集成全国编辑委员会编《中

国民间故事集成》（广西卷），北京：中国 ISBN 中心 2001 年版，第 11~22 页。

## W2697.1.4
### 婴儿 1 岁会走

**实 例**

[瑶族] 密洛陀（万物之母，女始祖，女神）造出人后，每天挤奶喂他们。小孩满了一周岁，他们开始学走了。

【流传】广西壮族自治区·（河池市）·大化县（大化瑶族自治县）·七百弄乡

【出处】蓝阿勇（72 岁）讲，蒙冠雄采录翻译：《密洛陀》（1982），见中国民间文学集成全国编辑委员会编《中国民间故事集成》（广西卷），北京：中国 ISBN 中心 2001 年版，第 11~22 页。

## W2697.1.5
### 神的抚摸使人成长

**实 例**

[维吾尔族] 女天神最早造的人个头比我们现在的人小得多。女天神就用手抚摸着他们，拉扯着让他们长高。很快这些小人都长高长大了，和我们现在的人一样。

【流传】新疆维吾尔自治区·伊犁州（伊犁哈萨克自治州）·察布查尔县（察布查尔锡伯自治县）

【出处】牙库布讲，阿不都拉搜集翻译，姚宝瑄整理：《女天神创世》，见姚宝瑄主编《中国各民族神话》（乌孜别克族、哈萨克族、柯尔克孜族、俄罗斯族、维吾尔族、塔吉克族、塔塔尔族、锡伯族），太原：山西出版传媒集团·书海出版社 2014 年版，第 226 页。

## W2697.1.6
### 人成长的关联物

**实 例**

（参见下级母题实例）

## W2697.1.6.1
### 特定的树叶生长人就生长

【关联】[W9240] 象征物

**实 例**

[哈萨克族] 有一棵象征人类生命的神杨树。当代表某人的树叶生长时，这个人便成长。

【流传】新疆维吾尔自治区

【出处】别克苏勒坦、佟中明整理：《神杨树》，见姚宝瑄主编《中国各民族神话》（乌孜别克族、哈萨克族、柯尔克孜族、俄罗斯族、维吾尔族、塔吉克族、塔塔尔族、锡伯族），太原：山西出版传媒集团·书海出版社 2014 年版，第 43 页。

## W2697.1.6.2
### 人长大后赐给灵魂

【关联】[W0872] 灵魂是给予的

**实 例**

[侗族] 萨天巴（蜘蛛，女祖神，创世

神）交给萨犹（这里应是一种动物名称）的卵孵化出男女始祖。等到他们长大了，萨天巴便赐给松恩和松桑灵魂，又赐给他们智慧和力量。

【流传】广西壮族自治区·（柳州市）·三江（三江侗族自治县），（桂林市）·龙胜（龙胜各族自治县）

【出处】杨卜林喜、杨卜松林、杨明世讲，杨国仁、涛声搜集整理，蒿紫改写：《创世女神萨天巴》，过伟改写自侗族创世史诗《嘎茫莽道时嘉——远祖歌》（未出版稿），见姚宝瑄主编《中国各民族神话》（土家族、毛南族、侗族、瑶族），太原：山西出版传媒集团·书海出版社 2014 年版，第 97 页。

## W2697.1.7
### 人为什么十几年成人

实 例

（参见下级母题实例）

## W2697.1.7.1
### 管人的神仙规定人十几年成人

实 例

[汉族] 管蛇的神仙和管人的神仙在确定生死的时候已经讲好：人生下来要十多年才能长成人。

【流传】湖北省

【出处】冯帮贵、冯德清讲，冯本林搜集整理：《人死蛇蜕皮的来历》，原载《湖北民间传说集》，见陶阳、钟秀编《中国神话》（下），北京：商务印书馆 2008 年版，第 1077 页。

## W2697.1.7.2
### 未满 12 周岁不能算人

实 例

[白族] 未满 12 周岁的孩子，身上无魂，还不能算人。

【流传】湖南省·（张家界市）·桑植县

【出处】詹承绪：《桑植白族的生活习俗和宗教信仰》，见《南方民族的文化习俗》，昆明：云南人民出版社 1991 年版，第 181 页。

## W2697.1.8
### 人的成长与食物有关

实 例

（参见下级母题实例）

## W2697.1.8.1
### 人吃的多长得快

实 例

[独龙族] 有一个叫朋松的人婚后生了 1 子叫阿卡提。这个孩子吃得越多，长得越快；长得越快，吃得越多。

【流传】云南省·（怒江傈僳族自治州）·贡山县（贡山独龙族怒族自治县）·独龙江乡

【出处】阿柏讲·巴子采录：《猎神阿卡提》，见中国民间文学集成全国编辑委员会编《中国民间故事集成》（云南卷），北京：中国 ISBN 中心 2003

年版,第389页。

## W2697.2
### 不寻常的成长
【汤普森】T615

实 例

(参见下级母题实例)

## W2697.2.1
### 人一代比一代高

实 例

[彝族] 祖灵燃烧形成的烟柱和火光一直在变,最后变出个松身愚人。初生的第一代,只有两尺高;到了第二代,便长成与后来的人一样高;到了第三代,便长成松树一样高;第四代都长成山峰一样高;第五代竟长成天一般高。

【流传】(四川省·凉山彝族自治州)

【出处】

(a) 冯元蔚译:《勒俄特依》,成都:四川民族出版社1986年版。

(b) 冯元蔚译,蔷紫改写:《勒俄特依》,见姚宝瑄主编《中国各民族神话》(羌族、彝族),太原:山西出版传媒集团·书海出版社2014年版,第155页。

## W2697.2.2
### 婴儿长成一坨肉

实 例

[彝族] 兄妹婚后三年,生下一婴儿。婴儿渐渐长,长得不像人;婴儿渐渐大,长成一坨肉。

【流传】云南省·(昆明市)·路南(石林彝族自治县)

【出处】李春富翻译,赵光汉整理:《洪水滔天史》,见云南省少数民族古籍整理出版规划办公室编《洪水泛滥》,昆明:云南民族出版社1987年版,第53页。

## W2697.2.3
### 婴儿不吃饭却长得快

实 例

[独龙族] 坛嘎朋(人名)是从树桠巴中爆出来后,什么东西都不吃,却长得飞快。

【流传】云南省·(怒江傈僳族自治州)·贡山(贡山独龙族怒族自治县)·独龙江两岸

【出处】约翰讲,陶学良、陶立璠搜集整理:《坛嘎朋》,见谷德明编《中国少数民族神话》,北京:中国民间文艺出版社1987年版,第523页。

## W2697.3
### 新生儿快速成长(婴儿迅速成长)
【汤普森】T585.1

实 例

[蒙古族] 牧人的妻子怀孕三年生子,这个迟来的小生命,成长起来的速度却是快得叫人难以置信。

【流传】内蒙古自治区

【出处】张然明采录整理：《"查玛"的来历》，见中国民间文学集成全国编辑委员会编《中国民间故事集成》（宁夏卷），北京：中国 ISBN 中心 2007 年版，第 406 页。

## W2697.3.1
### 婴儿落地长大

【关联】［W2598.4.2.1］孩子落地会走

实例

［汉族］大禹刚出生后，便从母亲脩己的怀中挣脱出来，跳到地上。他刚一着地，就立即变成了一个英俊威武的小伙子。

【流传】（无考）

【出处】

（a）钟伟今搜集整理：《禹的诞生》，载《山海经》1981 年第 4 期。

（b）同（a），见姚宝瑄主编《中国各民族神话》（汉族），太原：山西出版传媒集团·书海出版社 2014 年版，第 107～110 页。

## W2697.3.2
### 婴儿 1 天内长大

实例

［蒙古族］神箭手和可汗的女儿生的婴儿才睡过一夜，在一张一岁绵羊的皮子里就放不下了，一头奶牛的牛奶也不够他吃了。

【流传】内蒙古自治区

【出处】

（a）布拉托夫整理：《阿勒坦·沙盖父子战多头恶魔》，见郝苏民、薛守邦译编《布里亚特蒙古民间故事集》，北京：中国民间文艺出版社 1984 年版。

（b）同（a），见姚宝瑄主编《中国各民族神话》（达斡尔族、鄂伦春族、鄂温克族、蒙古族），太原：山西出版传媒集团·书海出版社 2014 年版，第 195 页。

## W2697.3.2.1
### 婴儿 1 个时辰长大

实例

［普米族］纳可穆玛（昆仑山女神）一胎生下了十个娃娃。娃娃一生下地，见风就长，不到一个时辰就变成了十个大人。

【流传】云南省·（丽江市）·宁蒗（宁蒗彝族自治县）；四川省·（凉山彝族自治州）·木里（木里藏族自治县）

【出处】曹匹初讲，章虹宇搜集整理：《石头阿祖和石头子孙》，载《山茶》1986 年第 5 期。

## W2697.3.2.2
### 婴儿早晨出生晚上长大

实例

❶［蒙古族］以前，早晨生下来的孩子，晚上就骑着马接火送火。

【流传】内蒙古自治区

【出处】《麦德尔娘娘开天辟地》，见中国民间文学集成全国编辑委员会编《中国民间故事集成》（宁夏卷），北

❷ [蒙古族] 须弥宝山山洞中住着的人，早晨生下来的孩子，晚上就骑着马接火送火，在须弥山洞中来回奔跑着。

【流传】新疆维吾尔自治区蒙古族居住地区

【出处】

（a）姚宝瑄搜集整理：《麦德尔神女开天辟地》，见姚宝瑄主编《中国各民族神话》（达斡尔族、鄂伦春族、鄂温克族、蒙古族），太原：山西出版传媒集团·书海出版社2014年版，第134页。

（b）姚宝瑄搜集整理：《麦德尔神女开天辟地》，载《民间文学》1986年第3期。

## W2697.3.2.3
### 婴儿1天长成九尺高

实 例

[朝鲜族] 六个黄金卵化为六个童子。过了十多日，他们个个身长九尺，威武非凡。

【流传】（无考）

【出处】金永奎改写：《首露王神话》，见姚宝瑄主编《中国各民族神话》（满族、赫哲族、朝鲜族），太原：山西出版传媒集团·书海出版社2014年版，第168~170页。

## W2697.3.3
### 婴儿数天长大

实 例

❶ [京族] 玉珠中跳出一个小孩，不几天就长成后生。

【流传】广西壮族自治区·防城（防城港市）·（东兴市·江平镇）·万尾岛

【出处】

（a）苏锡权讲，苏维光等搜集：《珠子降龙》，见袁凤辰、苏维光等编《毛南族、京族民间故事选》，上海：上海文艺出版社1987年版，第391页。

（b）同（a），见苏润光等编《京族民间故事选》，北京：中国民间文艺出版社1984年版，第10页。

❷ [满族] 仙女佛库伦吃红果怀孕生子，这孩子生下来就会说话，不一会儿就满地跑，过了不几天，竟和十七八岁的小伙子长得一般高大，一样英俊了。

【流传】辽宁省·（鞍山市）·岫岩县（岫岩满族自治县）

【出处】李成明讲，张其卓、董明搜集整理：《天鹅仙女》，原载张其卓、董明编《满族三老人故事集》，见陶阳、钟秀编《中国神话》（中），北京：商务印书馆2008年版，第590~594页。

## W2697.3.3.1
### 婴儿 3 天长大

实例

❶ [哈尼族] 检收（魔鬼投胎变成的女孩）一生下来就会说话走路，三天就长成了大人。

【流传】云南省·（红河哈尼族彝族自治州）·红河县

【出处】李克郎讲，黄世荣采录：《砍遮天大树》，见中国民间文学集成全国编辑委员会编《中国民间故事集成》（云南卷），北京：中国 ISBN 中心 2003 年版，第 156 页。

❷ [傈僳族] 老夫妻劈开木筒得到 1 个男孩，三天就会自己走路。

【流传】云南省·（怒江傈僳族自治州）·福贡县

【出处】普阿冒讲，木玉璋采录：《木筒里出来的人》，见中国民间文学集成全国编辑委员会编《中国民间故事集成》（云南卷），北京：中国 ISBN 中心 2003 年版，第 248 页。

## W2697.3.3.2
### 婴儿 9 天长大成人

实例

[畲族] 生的孩子 9 天长大成人。

【流传】浙江省·丽水（丽水市）

【出处】唐宗龙等整理：《林神和花神的传说》，见中华民族故事大系编委会编《中华民族故事大系》第 8 卷（畲族、高山族、拉祜族），上海：上海文艺出版社 1995 年版，第 47 页。

## W2697.3.3.3
### 婴儿 13 天长大成人

实例

[苗族] 缟莎（女子名）感梦生一个男孩后，马上抛弃到深山的一棵岩石榴树下。孩子过了十三天，长得有小树一般高。

【流传】云南省·（昭通市）·昭通、彝良县、（曲靖市）·宣威市，（昆明市）·寻甸（寻甸回族彝族自治县）；贵州省·（毕节市）·威宁（威宁彝族回族苗族自治县）

【出处】

（a）杨秀、杨芝、张新民、王友清讲，陆兴凤、张绍祥记录整理，里晴、景山校正：《则福老》，见杨光汉主编《云南苗族民间故事集成》，北京：中国民间文艺出版社 1988 年版。

（b）同（a），见姚宝瑄主编《中国各民族神话》（布依族、仡佬族、苗族），太原：山西出版传媒集团·书海出版社 2014 年版，第 295 页。

## W2697.3.3.4
### 婴儿 1 个月长大

实例

❶ [鄂伦春族] 卵生的小孩一天长一寸，过了三十天三十宿，这个小孩就长到三尺多高了。

【流传】黑龙江省·（大兴安岭地

区）·呼玛县·（十八站）

【出处】

（a）孟古古善讲，潭玉昆、李宝玉口译，隋书金记录整理：《吴达内的故事》，见隋书金编《鄂伦春民间故事选》，上海：上海文艺出版社1988年版。

（b）同（a），见姚宝瑄主编《中国各民族神话》（达斡尔族、鄂伦春族、鄂温克族、蒙古族），太原：山西出版传媒集团·书海出版社2014年版，第45页。

❷ [哈萨克族] 肯得克依（英雄名）生下来后，一天就长一岁。不到一个月，就长成了一个魁梧、英俊的小伙子。

【流传】新疆维吾尔自治区

【出处】哈巴斯讲：《骑黑骏马的肯得克依勇士》，见姚宝瑄主编《中国各民族神话》（乌孜别克族、哈萨克族、柯尔克孜族、俄罗斯族、维吾尔族、塔吉克族、塔塔尔族、锡伯族），太原：山西出版传媒集团·书海出版社2014年版，第107页。

❸ [维吾尔族] 阿依可孜（人名）生一个男孩。四十天之后就长大了，腰像狼腰，脊背像黑貂的一样，胸脯像熊的一样，全身都长着毛。他就是乌古斯可汗。

【流传】新疆维吾尔自治区

【出处】

（a）郑关中翻译整理：《乌古斯》，见《中国少数民族文学作品选》（第二分册），上海：上海文艺出版社1981年版。

（b）同（a），见姚宝瑄主编《中国各民族神话》（乌孜别克族、哈萨克族、柯尔克孜族、俄罗斯族、维吾尔族、塔吉克族、塔塔尔族、锡伯族），太原：山西出版传媒集团·书海出版社2014年版，第244页。

## W2697.3.3.5
### 婴儿40天长大

实 例

[古突厥] 阿依汗眼发异彩生下一个男孩。四十天后，他长大了。他的腿像公牛的腿，腰像狼的腰。

【流传】（无考）

【出处】耿世民译：《乌古斯可汗的传说》，见满都呼主编《中国阿尔泰语系诸民族神话故事》，北京：民族出版社1997年版，第14页。

## W2697.3.4
### 婴儿蒸煮后迅速成长

实 例

（参见下级母题实例）

## W2697.3.4.1
### 婴儿被蒸长成大人

实 例

[纳西族] 丁巴什罗教主出生后被山鬼和山妖在油锅里煮了三天三夜，毫发无损，什罗从油锅里出来，一下长成了大人。

【流传】云南省·丽江县（丽江市）

【出处】木丽春采集整理：《什罗和古基比法》，见木丽春编著《纳西族民间故事集》，昆明：云南人民出版社2007年版，第356页。

## W2697.3.5
### 婴儿跨越式长大

**实例**

（参见下级母题实例）

## W2697.3.5.1
### 婴儿一年长2岁

**实例**

[土家族] 莲花中生的铁塔（人名）果然出息：五岁时就长得有十岁孩子那么大，八岁时能帮助阿爹挖葛、砍柴，十六岁就成了远近闻名的猎手，十八岁出落得像一尊铜打的罗汉、铁铸的金刚。

【流传】（湖南省·湘西土家族苗族自治州·保靖县）

【出处】罗轶整理：《铁塔娶龙女》（原名为《撒珠湖》），见姚宝瑄主编《中国各民族神话》（土家族、毛南族、侗族、瑶族），太原：山西出版传媒集团·书海出版社2014年版，第31~32页。

## W2697.3.5.2
### 婴儿一天长1岁

**实例**

[哈萨克族] 肯得克依（英雄名）生下来后，一天就长一岁。第一天会笑，第二天会走，到第六天，孩子已经什么话都会说，什么事都会做了。

【流传】新疆维吾尔自治区

【出处】哈巴斯讲：《骑黑骏马的肯得克依勇士》，见姚宝瑄主编《中国各民族神话》（乌孜别克族、哈萨克族、柯尔克孜族、俄罗斯族、维吾尔族、塔吉克族、塔塔尔族、锡伯族），太原：山西出版传媒集团·书海出版社2014年版，第107页。

## W2697.3.6
### 婴儿数日会走

**实例**

（参见下级母题实例）

## W2697.3.6.1
### 婴儿一个月会走路

**实例**

[朝鲜族] 卵中生出的高朱蒙，刚满月就会说话、就能走路了。

【流传】（无考）

【出处】

（a）金德顺讲，裴永镇整理：《朱蒙》，见《朝鲜族民间故事讲述家金德顺故事集》，上海：上海文艺出版社1983年版。

（b）同（a），见姚宝瑄主编《中国各民族神话》（满族、赫哲族、朝鲜族），太原：山西出版传媒集团·书海出版社2014年版，第170~181页。

## W2697.3.7
### 婴儿每月一变

实例

[塔吉克族] 公主感太阳神的光生的男儿。小孩出生后，不是一年一年地长，而是一个月一个月地变着模样。

【流传】新疆维吾尔自治区

【出处】麦德力罕搜集，夏羿、朱华翻译整理：《公主堡的传说》，见姚宝瑄主编《中国各民族神话》（乌孜别克族、哈萨克族、柯尔克孜族、俄罗斯族、维吾尔族、塔吉克族、塔塔尔族、锡伯族），太原：山西出版传媒集团·书海出版社2014年版，第279~280页。

## W2697.3.8
### 婴儿出生就有生存能力

【关联】[W2692.4.5] 婴儿自己养活自己

实例

（参见下级母题实例）

## W2697.3.8.1
### 刚出生就会劳动

实例

[苗族]（蝴蝶妈妈生育12个蛋），还有一批姑娘们，她们生在月明夜，一生下地会想算，会用手指来绩麻，会用脚杆织绸缎，缝件衣服给情郎，绣件花衣给姑娘。

【流传】原文无流传地，据文本及注释推测该神话流传于贵州省·黔东南苗族侗族自治州·凯里市、台江县等地。

【出处】耇富演唱，苗丁搜集，燕宝整理译注：《枫木生人·十二个蛋》，见贵州省少数民族古籍整理出版规划小组办公室编，燕宝整理译注《苗族古歌》，贵阳：贵州民族出版社1993年版，第498页。

## W2697.3.8.2
### 婴儿7天能自选住所

实例

[朝鲜族] 脱解（人名，后来成为国王）出生时是一个卵，被弃。脱解开柜而生。七天已经从吐含山察看自己未来居住之地。

【流传】（无考）

【出处】

（a）《三国遗事》。

（b）金永奎改写：《昔脱解王神话》，见姚宝瑄主编《中国各民族神话》（满族、赫哲族、朝鲜族），太原：山西出版传媒集团·书海出版社2014年版，第166~168页。

## W2697.3.9
### 婴儿一年长大

实例

[白族] 劳谷和劳泰（男女始祖）生育的10对儿女，不到一年，就长成了大人。

【流传】云南省·大理州（大理白族自治州）

【出处】云南省民间文学集成办公室编：《人类和万物的起源》，见《白族神话传说集成》，北京：中国民间文艺出版社1986年版，第1~10页。

## W2697.3.9.1
### 婴儿1岁会劳动

【关联】[W2697.3.8.1] 刚出生就会劳动

实例

[彝族] 天女撒赛歇与直眼人婚生的皮口袋中跳出的120只蚂蚱变成120个胖娃娃。娃娃不到一个月就会说话，不到两个月就都会走路，一年便都会扛犁耙干活。

【流传】（云南省·楚雄彝族自治州·双柏县，红河哈尼族彝族自治州等地）

【出处】

（a）云南省民族民间文学楚雄、红河调查队搜集，郭思九、陶学良整理：《查姆》，昆明：云南人民出版社1981年版。

（b）郭思九、陶学良整理，古梅改写：《彝家的古根》，选自《云南民族文学资料》第七集中的《查姆》上部前三章，见姚宝瑄主编《中国各民族神话》（羌族、彝族），太原：山西出版传媒集团·书海出版社2014年版，第78页。

## W2697.3.10
### 婴儿因接触神迅速长大

实例

（参见下级母题实例）

## W2697.3.10.1
### 小女孩被山神娶走一夜成为大姑娘

实例

[怒族] 小女孩被山神娶走后，一夜之间变成一个大姑娘。

【流传】云南省·（怒江傈僳族自治州）·福贡县·果科一带

【出处】吉益山讲，李卫才等采录：《山神娶妻》，见中国民间文学集成全国编辑委员会编《中国民间故事集成》（云南卷），北京：中国ISBN中心2003年版，第269页。

## W2697.3.11
### 婴儿吃仙物迅速长大

实例

[瑶族] 净恩山顶长的山芋头和狗耳叶是仙品，七兄弟吃了后，很快就长大了。

【流传】广东省·（清远市）·连南县（连南瑶族自治县）·寨岗镇

【出处】唐罗古三等讲，许文清等采录：《洪水淹天》，见中国民间文学集成全国编辑委员会编《中国民间故事集成》（广东卷），北京：中国ISBN中心2006年版，第8页。

## W2697.4
### 见风就长的人

**实例**

❶ [白族] 沙堆里生出的神童见风就长。

【流传】云南省·大理（大理白族自治州）·洱海县·沙登村

【出处】《沙漠大王》，见 BBS 水木清华站 http://www.smth.edu.cn，2006.07.21。

❷ [哈尼族] 青蛙的儿子纳得生的女娃见风就长。

【流传】云南省·（普洱市）·墨江县（墨江哈尼族自治县）

【出处】金开兴讲，蓝明红采录：《青蛙造天地》，见中国民间文学集成全国编辑委员会编《中国民间故事集成》（云南卷），北京：中国 ISBN 中心 2003 年版，第 34 页。

❸ [哈尼族] 神鸟的三个蛋孵出的三个人，一见风就长。

【流传】

（a）云南省·（红河哈尼族彝族自治州）·红河县

（b）云南省·（红河哈尼族彝族自治州）·红河（红河县）、绿春（绿春县）、元阳（元阳县），（玉溪市）·元江（元江哈尼族彝族傣族自治县），（普洱市）·墨江（墨江哈尼族自治县）等县

【出处】

（a）鲁然讲，黄世荣采录：《三个神蛋》，见中国民间文学集成全国编辑委员会编《中国民间故事集成》（云南卷），北京：中国 ISBN 中心 2003 年版，第 237 页。

（b）同（a），见《哈尼族神话传说集成》，北京：中国民间文艺出版社 1990 年版。

❹ [汉族] 伏羲和他的妹子生的小孩，见风就长。

【流传】江苏省·（镇江市）·句容县·宝华乡

【出处】唐房玲讲：《伏羲造鱼网》，见中国民间文学集成全国编辑委员会编《中国民间故事集成》（江苏卷），北京：中国 ISBN 中心 1998 年版，第 6~7 页。

❺ [汉族] 葫芦花中爬出的小人人，一落地就随风长大，繁衍出黄坪村的祖先。

【流传】云南省·（大理白族自治州）·鹤庆县·黄坪乡·黄坪村

【出处】唐元清讲，章虹宇采录：《山生葫芦传人种》，见中国民间文学集成全国编辑委员会编《中国民间故事集成》（云南卷），北京：中国 ISBN 中心 2003 年版，第 213 页。

❻ [汉族] 兄妹婚生的 100 个孩子见风就长。

【流传】山西省·（临汾市）·吉县

【出处】落永恩讲，孙苍梅采录：《人祖山的来历》，见中国民间文学集成全国编辑委员会编《中国民间故事集成》（山西卷），北京：中国 ISBN 中

心 1999 年版，第 15 页。

❼ [汉族] 慧娘醒来时，已经分娩了。这婴儿见风就长。

【流传】浙江省·杭州市·拱墅区

【出处】陶金海讲，周樟林记录，申屠奇整理：《寻太阳》，见姚宝瑄主编《中国各民族神话》（汉族），太原：山西出版传媒集团·书海出版社 2014 年版，第 163～170 页。

❽ [羌族] 阿巴木比塔（天神、天帝）把造的九对小木人成活后，见风就长，变成大人，各自奔到漫山遍野，自寻生活去了。

【流传】四川省·（阿坝藏族羌族自治州）·茂县

【出处】

(a) 《羊角花》，见茂县文化馆编《羌族民间故事》（三），1982 年 12 月。

(b) 同（a），见吕大吉、何耀华总主编《中国各民族原始宗教资料集成》（纳西族卷、羌族卷、独龙族卷、傈僳族卷、怒族卷），北京：中国社会科学出版社 2000 年版，第 583 页。

❾ [畲族] 高辛（人名，后来成为皇帝）一生下来，是随风长的，风吹一下，他就长一寸。

【流传】（无考）

【出处】陈玮君整理：《高辛和龙王》，见谷德明编《中国少数民族神话》，北京：中国民间文艺出版社 1987 年版，第 203 页。

❿ [水族] 牙线（女祖先名）剪好的纸人变成无数的男男和女女，一阵风吹过，都长得和牙线一样高大。

【流传】贵州省·（黔南布依族苗族自治州）·三都县（三都水族自治县）·恒丰乡

【出处】韦行公讲，韦荣康采录：《牙线剪纸造人》，见中国民间文学集成全国编辑委员会编《中国民间故事集成》（贵州卷），北京：中国 ISBN 中心 2003 年版，第 12 页。

⓫ [维吾尔族] 两棵树中间冒出的大丘裂开后生 5 个男孩，当风吹拂到孩子身上，他们变得强壮起来，开始走动。

【流传】（无考）

【出处】

(a) 《不可汗》，见满都呼主编《中国阿尔泰语系诸民族神话故事》，北京：民族出版社 1997 年版，第 39 页。

(b) 《不可汗》，见［伊朗］志费尼著《世界征服者史》，呼和浩特：内蒙古人民出版社 1981 年版。

⓬ [维吾尔族] 土丘中生出 5 个孩子，当风吹到孩子们身上以后，他们变得强壮起来，会走路了，他们走出土室。

【流传】新疆维吾尔自治区

【出处】张越改写：《树的儿子》，见姚宝瑄主编《中国各民族神话》（乌孜别克族、哈萨克族、柯尔克孜族、俄罗斯族、维吾尔族、塔吉克族、塔塔尔族、锡伯族），太原：山西出版传媒集团·书海出版社 2014 年版，第 233 页。

## W2697.4.1
### 风吹一下长一寸

**实例**

[畲族] 高辛一生下来，是随风长的。风吹一下，他长一寸；风吹两下，他长两寸。一天就长成了大人。

【流传】福建省·（宁德市）·福安（福安市），（宁德市）·霞浦（霞浦县）；浙江省畲族地区

【出处】

（a）陈玮君记录：《高辛与龙王》，见蒋风等编《畲族民间故事选》，上海：上海文艺出版社1983年版。

（b）陈玮君记录：《高辛造万物》，见姚宝瑄主编《中国各民族神话》（高山族、黎族、畲族），太原：山西出版传媒集团·书海出版社2014年版，第87页。

## W2697.4.2
### 婴儿三阵风后长大

**实例**

（参见下级母题实例）

## W2697.4.2.1
### 婴儿第一阵风后会说话

**实例**

❶ [汉族] 慧娘醒来时，已经分娩了。这婴儿见风就长，经历了三阵风。其中第一阵风吹来，孩子就会说话了。

【流传】浙江省·杭州市·拱墅区

【出处】陶金海讲，周樟林记录，申屠奇整理：《寻太阳》，见姚宝瑄主编《中国各民族神话》（汉族），太原：山西出版传媒集团·书海出版社2014年版，第163~170页。

❷ [汉族] 宝山婆的丈夫寻找太阳出发后，她生了个孩子。孩子一落地，一阵风吹得会说话了。

【流传】浙江省·（丽水市）·松阳县·（后宅村）

【出处】阙土旺讲，蔡维萍记录：《找太阳》（1987.09.21），见姚宝瑄主编《中国各民族神话》（汉族），太原：山西出版传媒集团·书海出版社2014年版，第170~172页。

## W2697.4.2.2
### 婴儿第二阵风后会行走

**实例**

❶ [汉族] 慧娘醒来时，已经分娩了。这婴儿见风就长，经历了三阵风。第一阵风吹来，就会说话；第二阵风吹来，就会跑路。

【流传】浙江省·杭州市·拱墅区

【出处】陶金海讲，周樟林记录，申屠奇整理：《寻太阳》，见姚宝瑄主编《中国各民族神话》（汉族），太原：山西出版传媒集团·书海出版社2014年版，第163~170页。

❷ [汉族] 宝山婆的丈夫寻找太阳出发后，她生了个孩子。孩子一落地，一阵风吹得会说话；再一阵风吹来会走路。

【流传】浙江省·（丽水市）·松阳县·（后宅村）

【出处】阙土旺讲，蔡维萍记录：《找太阳》（1987.09.21），见姚宝瑄主编《中国各民族神话》（汉族），太原：山西出版传媒集团·书海出版社2014年版，第170~172页。

## W2697.4.2.3
### 婴儿三阵风吹后长大

实例

❶ [汉族] 慧娘醒来时，已经分娩了。婴儿见风就长，一阵风吹来，就会说话；二阵风吹来，就会跑路；三阵风吹来，就长成一丈八尺高的彪形大汉。

【流传】浙江省·杭州市·拱墅区

【出处】陶金海讲，周樟林记录，申屠奇整理：《寻太阳》，见姚宝瑄主编《中国各民族神话》（汉族），太原：山西出版传媒集团·书海出版社2014年版，第163~170页。

❷ [汉族] 宝山婆的丈夫寻找太阳出发后，她生了个孩子。孩子一落地，一阵风吹得会说话；再一阵风吹来会走路；第三阵风一吹，就变成个一丈二尺高的男子汉了。

【流传】浙江省·（丽水市）·松阳县·（后宅村）

【出处】阙土旺讲，蔡维萍记录：《找太阳》（1987.09.21），见姚宝瑄主编《中国各民族神话》（汉族），太原：山西出版传媒集团·书海出版社2014年版，第170~172页。

## W2697.4.3
### 婴儿落地后见风就长

实例

[普米族] 纳可穆玛（昆仑山女神）一胎生下了五个姑娘和五个儿子。大姑娘娜卡与大儿子黑咕卡走向东方，姐弟二人结成了夫妻，生下了五个儿女。这五个儿女也像娜卡和黑咕卡一样，落地随风长，转眼就成了大人。

【流传】云南省·（丽江市）·宁蒗（宁蒗彝族自治县）；四川省·（凉山彝族自治州）·木里（木里藏族自治县）

【出处】曹匹初讲，章虹宇搜集整理：《石头阿祖和石头子孙》，载《山茶》1986年第5期。

## W2697.4.4
### 树生的人不吃奶见风就长

实例

（实例待考）

## W2697.5
### 遇土就长的人

实例

[壮族] 鼓中生出的包登（人王之意）一遇到泥土，马上就变成了一个巨人。

【流传】云南省·（大理白族自治州）·鹤庆（鹤庆县）

【出处】王华青等讲，鹤庆县集成办公室采录：《铜鼓老祖包登》，见中国民间文学集成全国编辑委员会编《中国民间故事集成》（云南卷），北京：中国 ISBN 中心 2003 年版，第 278 页。

## W2697.6
### 闻气就长的人

【关联】［W2602］生小人

实　例

## W2697.6.1
### 人与仙女婚生的孩子闻气就长

实　例

（参见下级母题实例）

## W2697.6.1.1
### 葫芦生的孩子闻气就长

实　例

［拉祜族］老三用大刀砍开他与仙女婚生的葫芦，跑出来的许多手指头一样粗一样长的儿女，他们一闻到气就长，一见到风就能跑能跳。

【流传】（a）云南省·（普洱市）·镇沅县（镇沅彝族哈尼族拉祜族自治县）

【出处】

（a）乔发讲，郑显文采录：《蜂桶、葫芦传人种》，见中国民间文学集成全国编辑委员会编《中国民间故事集成》（云南卷），北京：中国 ISBN 中心 2003 年版，第 181 页。

（b）同（a），见陶阳、钟秀编《中国神话》（上），北京：商务印书馆 2008 年版，第 369～373 页。

## W2697.7
### 生的小人迅速长大

实　例

［拉祜族］砍开老三与仙女结婚生的葫芦，许多小人迅速长大。

【流传】云南省·（普洱市）·镇沅县（镇沅彝族哈尼族拉祜族自治县）

【出处】乔发讲：《蜂桶、葫芦传人种》，见中国民间文学集成全国编辑委员会编《中国民间故事集成》（云南卷），北京：中国 ISBN 中心 2003 年版，第 181～183 页。

## W2697.8
### 长不大的人

【关联】［W2602.4.1］生的小人长不大

实　例

［彝族］"更"（天神更资）缠着母亲蒲依要玩伴，蒲依割了一半肝生小男孩，取名"阿尔"。但蒲依只能在浊气上行走，不能升到清气中去，而且无论怎么长也长不高，个头总是只有更的一半高。

【流传】云南省·（楚雄彝族自治州）·永仁县

【出处】

（a）曲木阿石等讲，罗有能整理：《更资天神》，见云南省楚雄州文教局、云南省楚雄州民委会编《楚雄民间文学资料》，内部资料，1979 年。
(b) 同（a），见姚宝瑄主编《中国各民族神话》（羌族、彝族），太原：山西出版传媒集团·书海出版社 2014 年版，第 180 页。

## W2697.8.1
人成长不好的原因

实　例

（参见下级母题实例）

## W2697.8.1.1
兄妹结婚生的孩子成长不好

【关联】［W7300］兄妹婚

实　例

（实例待考）

## W2697.8.1.2
男人生的孩子成长不好

【关联】［W2602.4.1.1］以前男人生的小娃长不大

实　例

[佤族] 以前，男人生人。娃娃从男人的膝盖上生下来，可是生出来的娃娃只有蟋蟀那样一点大，而且长也长不大。

【流传】云南省·（普洱市）·西盟县（西盟佤族自治县），（临沧市）·沧源县（沧源佤族自治县）

【出处】随戛、岩扫、岩瑞等讲述，艾荻、张开达搜集整理：《司岗里》，载《山茶》1988 年第 1 期。

## W2697.9
幼儿长时间不能自立的原因

【汤普森】A1371

实　例

（实例待考）

## W2697.9.1
幼儿的灵魂不牢固不能自立

实　例

（实例待考）

## W2697.10
无私的抚养者

实　例

（实例待考）

## W2697.10.1
为抚养孩子献出生命

实　例

（实例待考）

## W2697.11
抚养人时的干扰者

实　例

（实例待考）

## W2697.12
抚养孩子没有成活

实　例

（参见下级母题实例）

## W2697.12.1
### 以前大多数孩子养不活

【关联】［W2987.0.1.1］夭折

实例

［佤族］佤（男祖先名）和万（女祖先名）的许多娃娃都养不大，男娃娃从老五死到老八，女娃娃从老六死到老七。

【流传】云南省·（普洱市）·西盟佤族自治县、澜沧拉祜族自治县等地

【出处】毕登程、隋嘎编著：《司岗里——佤族创世史诗》，昆明：云南出版集团公司·云南人民出版社 2009 年版，第 48 页。

## W2697.12.2
### 特定食物喂养孩子不成活

实例

（参见下级母题实例）

## W2697.12.2.1
### 喂养婴儿水果不成活

实例

［苗族］波尼珑哈啦丹（女子名）生 70 对儿女，割开皮树取奶汁，包粽粑喂孩子，结果都没活。

【流传】贵州省·（安顺市）·紫云县（紫云苗族布依族自治县）麻山苗区

【出处】杨再华唱诵，杨正江译：《亚鲁族源》，见中国民间文艺家协会主编《亚鲁王》，北京：中华书局 2011 年版，第 37 页。

## W2697.13
### 人帮助异类抚养孩子

实例

（参见下级母题实例）

## W2697.13.1
### 人为鬼养孩子

实例

❶ ［独龙族］以前，卜郎（鬼）的娃娃由人的娃娃带领。

【流传】云南省·（怒江傈僳族自治州）·贡山县（贡山独龙族怒族自治县）·独龙江乡

【出处】约翰讲，孙敏、李昆采录：《创世纪》，见中国民间文学集成全国编辑委员会编《中国民间故事集成》（云南卷），北京：中国 ISBN 中心 2003 年版，第 187 页。

❷ ［珞巴族］人为鬼照料孩子。

【流传】西藏自治区·（林芝市）·米林（米林县）

【出处】亚萨木讲，李坚尚等整理，常胜翻译：《阿巴达尼兄弟和宁崩乌佑》，见中华民族故事大系编委会编《中华民族故事大系》第 16 卷（赫哲族、门巴族、珞巴族、基诺族），上海：上海文艺出版社 1995 年版，第 739 页。

## 2.9 与人的产生相关的母题
（W2700～W2749）

### 2.9.1 人产生的数量[①]
（W2700～W2729）

#### ✱ W2700
**人产生时的数量（人的数量）**

【关联】［W2000］人类的产生（人的产生）

**实例**

（参见下级母题实例）

#### W2700.1
**神或神性人物规定人产生的数量**

【关联】

① ［W2051］神或神性人物造人

② ［W2130］神或神性人物生人

③ ［W2300～W2309］神或神性人物变化为人

④ ［W2400～W2414］神或神性人物婚生人

**实例**

（参见下级母题实例）

#### W2700.1.1
**造人者规定人的数量**

【关联】［W2700.1.3.1］特定名称的造人者规定人的数量

**实例**

［基诺族］丕嫫（造人母亲）定好所生子女的数目。

【流传】云南省

【出处】吕大吉、何耀华总主编《中国各民族原始宗教资料集成》（彝族卷、白族卷、基诺族卷），北京：中国社会科学出版社1996年版，第797页。

#### W2700.1.2
**特定名称的神规定人的数量**

**实例**

（实例待考）

---

① 生人的数量，包括人类起源母题类型体系中所有与"生人"、造人等有关的类型，如包括［W2020.1］自然产生人、［W2030～W2129］造人、［W2130～W2299］生育产生人、［W2300～W2399］变化产生人、［W2400～W2499］婚配产生人、［W2230～W2279］感生人等母题类型。关于人的产生数量，有时这些看似一些毫无意义的数字，在神话表述中具有一定的文化背景或特殊内涵，故作为一类母题列出。这类母题往往与其他类型的母题具有不同层面的联系，通过在此建立一些关联性母题，有利于形成不同类型母题的连接通道，建构出不同母题实例间的链接或拟构神话母题的立体性叙事，但为了避免相似性母题提取的过度表述，本类母题只进行一些经典案例式的母题列举与实例展示，以便为下一级母题细分提供方法论方面的参照。

## W2700.1.3
### 特定名称的神性人物规定人的数量

实 例

[锡伯族]"希林玛玛"（锡伯语意为"续嗣女祖"），是保佑人口兴旺的神灵。

【流传】（无考）

【出处】

（a）佟克力：《锡伯族历史与文化》，乌鲁木齐：新疆人民出版社1989年版，第256~257页。

（b）《希林玛玛》，见吕大吉、何耀华总主编《中国各民族原始宗教资料集成》（鄂伦春族卷、鄂温克族卷、赫哲族卷、达斡尔族卷、锡伯族卷、满族卷、蒙古族卷、藏族卷），北京：中国社会科学出版社1999年版，第398页。

## W2700.1.3.1
### 特定名称的造人者规定人的数量

【关联】[W2062]特定名称的神或神性人物造人

实 例

（参见W2700.1.1母题实例）

## W2700.2
### 人产生数量与特定原因有关

实 例

（参见下级母题实例）

## W2700.2.1
### 得罪神灵人口不多

实 例

（实例待考）

## W2700.2.2
### 血缘婚人口繁衍少

【关联】[W7285]血缘婚

实 例

❶[汉族]伏羲和妹妹成亲后没有后人。

【流传】四川省·都江堰市·天马乡

【出处】夏玉刚讲，兰学尧采录：《伏羲兄妹与石头》，见中国民间文学集成全国编辑委员会编《中国民间故事集成》（四川卷·上），北京：中国ISBN中心1998年版，第54页。

❷[拉祜族]兄妹结婚不能生儿育女。

【流传】（无考）

【出处】《刻木造人》，见云南省民族事务委员会编《拉祜族文化大观》，昆明：云南民族出版社1999年版，第178页。

## W2700.2.3
### 血缘婚人口繁衍多

实 例

[瑶族]兄妹结婚生了6男6女，这6对兄妹互相婚配后，使瑶族兴旺起来。

【流传】广东省·（清远市）·连山县（连山壮族瑶族自治县）·三水公社

(三水镇)

【出处】赵添才讲，陈摩人采录：《太阳与月亮》，见中国民间文学集成全国编辑委员会编《中国民间故事集成》（广东卷），北京：中国 ISBN 中心 2006 年版，第 6 页。

## W2700.2.4
### 族外婚人口繁衍多

【关联】［W7381］族外婚

实 例

❶ ［柯尔克孜族］国为人破后，王女与四十女侍外逃，仅一红狗相随。女郎们也愿意接受与红狗婚配，小天地里人口倍增。

【流传】（无考）

【出处】陈庆隆：《坚昆、黠戛斯与布鲁特考》，载《大陆杂志》（台北）第 51 卷第 5 期，1975 年。

❷ ［黎族］居住在海南岛黎母山上的黎母与外来交趾蛮婚配后，子孙逐渐多起来。

【流传】海南省·琼州（琼州市）

【出处】［清］《古今图书集成职方典》卷一三九二《琼州府》。

❸ ［黎族］雷公用兄妹生的男孩筛出 4 男 4 女，其中 4 男分出族属后与 4 女相配成婚，子子孙孙一代一代地生存下来。

【流传】海南省·琼中县（琼中黎族苗族自治县）·五指山公社·水满村（今五指山市水满乡）

【出处】

（a）王知会讲，云博生采录：《人类的起源》，见中国民间文学集成全国编辑委员会编《中国民间故事集成》（海南卷），北京：中国 ISBN 中心 2002 年版，第 3 页。

（b）云博生搜集：《人类的起源》，见谷德明编《中国少数民族神话》，北京：中国民间文艺出版社 1987 年版，第 185 页。

## W2700.3
### 与人的数量有关的其他母题

实 例

（参见下级母题实例）

## W2700.3.1
### 平原上的人为什么比山里人多

实 例

［瑶族］伏羲兄妹婚生下一团肉瘤，砍成肉末撒到各地时，力气大的伏羲往山下撒，撒的肉末又多又远，所以山下平地的人又多又密；妹妹往山上撒，因她力气小，撒的肉末就少，所以山上的人就很少。

【流传】（无考）

【出处】

（a）盘国金搜集：《伏羲兄妹》，载《山茶》1982 年第 1 期。

（b）同（a），见姚宝瑄主编《中国各民族神话》（土家族、毛南族、侗族、瑶族），太原：山西出版传媒集团·书海出版社 2014 年版，第 186 页。

## W2701
### 产生1人

【关联】
① ［W2021］世上出现第一个人
② ［W2021.2］世上最早只有1个女人（第一个女人）

【实例】

（参见下级母题实例）

## W2701.0
### 天降1人

【关联】［W2025］人从天降（天降人）

【实例】

（参见下级母题实例）

## W2701.0.1
### 天降1女

【实例】

[怒族（斗霍）] 远古时候，蜂与蛇交配生下了"斗霍"的女始祖"茂英充"（"茂"，怒苏语，意为"天"。"茂英充"意为天上掉下来的人）。

【流传】云南省·怒江（怒江傈僳族自治州）·碧江县（碧江县已撤销，现为怒江傈僳族自治州中部）

【出处】
(a) 田家祺等：《碧江县一区九村怒族社会调查》，原载《怒族社会历史调查》，昆明：云南人民出版社1981年版，第37页。
(b) 同（a），见吕大吉、何耀华总主编《中国各民族原始宗教资料集成》（纳西族卷、羌族卷、独龙族卷、傈僳族卷、怒族卷），北京：中国社会科学出版社2000年版，第852页。

## W2701.1
### 造1人

【关联】
① ［W2030］人是造出来的（造人）
② ［W2755.2］世上最早出现（造出）一个女人

【实例】

（参见下级母题实例）

## W2701.1.1
### 造1男

【关联】［W2021.3.0.2］神造第一个男人

【实例】

❶ [独龙族] 天神格孟在门德龙戛用泥造了世上的第一个男人。

【流传】（无考）

【出处】《"格孟"造人》，见彭义良《创世记》，载《民族文化》1987年第1期。

❷ [哈萨克族] 天神安拉创造了第一个男人阿达姆阿塔。

【流传】新疆维吾尔自治区

【出处】《阿达姆阿塔》，斯丝根据别克苏勒坦、佟中明撰写的《哈萨克族宗教与神话》改写，见姚宝瑄主编《中国各民族神话》（乌孜别克族、哈萨克族、柯尔克孜族、俄罗斯族、维吾尔族、塔吉克族、塔塔尔族、锡伯族），太原：山西出版传媒集团·书海出版社2014年版，第27页。

## W2701.1.2
## 造1女

**实例**

（实例待考）

## W2701.2
## 生1人

【关联】

① ［W2188.5.1］葫芦生1人
② ［W2203.2.3］地生1人

**实例**

（参见关联项及下级母题实例）

## W2701.2.1
## 生1男

【关联】

① ［W2177.3.1］榆树洞生1男
② ［W2759.10.1.1］卵生1男
③ ［W2759.2.2］女人头上的血胞生1男
④ ［W2759.7.2］葫芦生1男
⑤ ［W2759.9.1.1］婚生1男
⑥ ［W5298.2］父系氏族

**实例**

（参见下级母题实例）

## W2701.2.1.1
## 女子感生1男

【关联】［W2230］感生人

**实例**

❶ ［傣族］一个女子吃了红牙白象啃过的芒果，怀孕生一个男孩。

【流传】云南省·（临沧市）·耿马（耿马傣族佤族自治县）

【出处】《红牙白象》，见尹绍亭《中国云南耿马傣文古籍编目》，昆明：云南民族出版社2005年版，第249页。

❷ ［满族］老婆婆梦见一只大喜鹊扑进她的怀里，于是生了一个白胖小子。

【流传】（a）黑龙江省·（牡丹江市）·宁安县·江东乡（江南朝鲜族满族乡）·缸窑村

【出处】

（a）关振川讲，傅英仁采录：《沙克沙恩都哩》，见中国民间文学集成全国编辑委员会编《中国民间故事集成》（黑龙江卷），北京：中国ISBN中心2005年版，第63~64页。

（b）《沙克沙恩都哩》，见《满族神话故事》，哈尔滨：北方文艺出版社1985年版。

（c）《沙克沙恩都哩》，见满都呼主编《中国阿尔泰语系诸民族神话故事》，北京：民族出版社1997年版，第277~278页。

## W2701.2.1.2
### 人与天女婚生1男

【关联】

① ［W2416.1 人与天女婚生人

② ［W2416.1.5］人与仙女婚生人

③ ［W2759.9.1.1a］人与仙女婚生1男

④ ［W2759.9.2.1a］人仙婚生1女

实例

［蒙古族］天女跟猎人结合，生1男孩，成为杜尔伯特部、绰罗斯系的祖先。

【流传】（无考）

【出处】齐木道吉译：《天女之惠》，见谷德明编《中国少数民族神话》，北京：中国民间文艺出版社1987年版，第35页。

## W2701.2.1.3
### 兄妹婚生1男

【关联】［W2436］兄妹婚生人

实例

❶ ［高山族（赛夏）］厄帕·那奔与玛雅·那奔兄妹结为夫妻，生1子。

【流传】（台湾）

【出处】《厄帕·那奔兄妹传说》，见中国各民族宗教与神话大词典编审委员会编《中国各民族宗教与神话大词典》，北京：学苑出版社1990年版，第144页。

❷ ［黎族］兄妹婚生1个男孩。

【流传】海南省

【出处】《人类的起源》，见毛星主编《中国少数民族文学》（中），长沙：湖南人民出版社1983年版，第373~374页。

❸ ［黎族］狗变的后生与公主婚生一个男孩，取名亚黎。

【流传】海南省·白沙县（白沙黎族自治县）·细水区·罗任村

【出处】王亚板讲，黄元师采录：《天狗》，见中国民间文学集成全国编辑委员会编《中国民间故事集成》（海南卷），北京：中国ISBN中心2002年版，第18页。

❹ ［壮族］在布越一带，花和姓兄妹结婚生1子，取名黄帝。

【流传】广西壮族自治区·百色（百色市）·（右江区）·达江乡·达金村

【出处】龙明朗讲：《花和姓》，见张声震总主编，农冠品编注《壮族神话集成》，南宁：广西民族出版社2007年版，第348~349页。

## W2701.2.1.4
### 卵生1男

【关联】［W2220］卵生人

实例

［朝鲜族］河伯的女儿生一个大肉蛋。这个肉蛋几天后孵出一个小男孩。

【流传】（无考）

【出处】

(a)《高朱蒙》，见《三国史记》。

(b)《高朱蒙》，见《三国遗事》。

## W2701.2.1.5
**动物生 1 男**

【关联】[W2155] 动物生人

实 例

[土族] 黑骡马生一个肉包，肉包内有一个男娃娃。

【流传】青海省

【出处】李松多讲：《黑马张三哥》，见中国民间文艺研究会青海省分会编《土族民间故事选》，北京：中国民间文艺出版社 1985 年版，第 23～30 页。

## W2701.2.1.6
**植物生 1 男**

【关联】

① [W2170] 植物生人
② [W2177.3.1] 榆树洞生 1 男
③ [W2759.7.2] 葫芦生 1 男
④ [W2759.7.2.1] 葫芦状的植物生 1 男

实 例

(参见关联项母题实例)

## W2701.2.1.7
**无生命物生 1 男**

【关联】[W2200] 无生命物生人

实 例

(实例待考)

## W2701.2.2
**生 1 女**

【关联】

① [W2759.9.2.1] 婚生 1 女
② [W2759.9.2.1a] 人仙婚生 1 女
③ [W2759.9.2.1b] 洪水后 1 对男女婚生 1 女
④ [W2759.9.2.1c] 洪水后兄妹婚生 1 女
⑤ [W2759.10.2.1] 卵生 1 女
⑥ [W2759.11.2.1] 感生 1 女
⑦ [W5298.1] 母系氏族

实 例

(参见下级母题实例)

## W2701.2.2.1
**神婚生 1 女**

【关联】[W2400] 神婚生人

实 例

[德昂族] 宇宙间只有田公和地母，他俩结成了夫妻，生下一个女儿。

【流传】云南省·保山县（保山市）

【出处】李仁光、姚世清讲，杨玉骧搜集整理：《百片树叶百个人》，载《山茶》1985 年第 6 期。

## W2701.2.2.2
**动物生 1 女**

【关联】[W2155] 动物生人

实 例

(实例待考)

## W2701.2.2.3

植物生1女

【关联】

① ［W2170］植物生人

② ［W2177.2.1］水中的树洞生1女

③ ［W2177.4.1］梨树洞中生1女

④ ［W2181.1.2］李树结的李子生1女

⑤ ［W2759.7.3］葫芦生1女

**实例**

（参见下级母题实例）

## W2701.2.2.3a

花生1女

【关联】［W2194］花生人

**实例**

［汉族］三界中最早出现了一朵奇异的鲜花。花开了，花蕊中间却长出一个女人来。

【流传】辽宁省·（大连市）·瓦房店市·炮台镇·长岭村、老染房村一带

【出处】秦淑慧讲，孙波搜集整理：《姝六甲》（1986.03），见姚宝瑄主编《中国各民族神话》（汉族），太原：山西出版传媒集团·书海出版社2014年版，第36~38页。

## W2701.2.2.4

无生命物生1女

【关联】［W2200］无生命物生人

**实例**

［高山族（泰雅）］巨石生1女子。

【流传】台湾

【出处】《女人感风生泰雅人始祖》，见中国各民族宗教与神话大词典编审委员会编《中国各民族宗教与神话大词典》，北京：学苑出版社1990年版，第145页。

## W2701.3

自然出现1人

【关联】［W2020.1］人自然产生（自然产生人）

**实例**

（参见下级母题实例）

## W2701.3.1

自然出现1女

**实例**

［汉族］最早时，世上只有动物。不知怎么出了一个小姑娘，住在山洞里。

【流传】（a）四川省·（绵阳市）·三台县·石安乡

【出处】

（a）叶明胜讲，何金华采录：《人狗配婚》，见中国民间文学集成全国编辑委员会编《中国民间故事集成》（四川卷·上），北京：中国ISBN中心1998年版，第47页。

（b）同（a），陶阳、钟秀编《中国神话》（中），北京：商务印书馆2008年版，第625~626页。

## W2701.4
### 变化出 1 人

【关联】[W2300] 人是变化产生的（变人）

实例

[苗族] 洪水后没有女子，小鸡变成一个姑娘。

【流传】云南省·（曲靖市）·宣威市

【出处】张树成讲：《洪水漫天下》，见中国民间文学集成全国编辑委员会编《中国民间故事集成》（云南卷），北京：中国 ISBN 中心 2003 年版，第 196~200 页。

## W2702
### 产生 2 人

【关联】[W2022] 世上最早有 2 人

实例

（参见下级母题实例）

## W2702.0
### 自然存在 2 人

【关联】[W2020] 人自然存在

实例

（实例待考）

## W2702.0.1
### 自然存在 2 男

实例

（实例待考）

## W2702.0.2
### 自然存在 2 女

实例

（实例待考）

## W2702.0.3
### 自然存在 1 对男女

实例

（实例待考）

## W2702.0.3.1
### 混沌分开后出现伏羲女娲

【关联】

① [W0680.2.1] 伏羲女娲是双胞胎
② [W0680.2.2] 伏羲女娲是兄妹
③ [W2022.1.2.1] 最早只有伏羲女娲兄妹

实例

[汉族] 在很古的时候，世界上没有人。后来混沌分开，不周山下出现一对男女，男的叫伏羲，女的叫女娲。

【流传】江苏省·宿迁市

【出处】刘汉飞讲，刘汉飞记录：《女娲哭天》（1986.10.22），见姚宝瑄主编《中国各民族神话》（汉族），太原：山西出版传媒集团·书海出版社 2014 年版，第 61~62 页。

## W2702.1
### 造 2 人

【关联】[W2030] 人是造出来的（造人）

### 实例

❶ [汉族] 女娲用补天剩下的泥造了 2 个人。

【流传】浙江省·嘉兴（嘉兴市）·海宁（海宁市）

【出处】陈桂珍讲，王雪康采录：《女娲补天造人》，见中国民间文学集成全国编辑委员会编《中国民间故事集成》（浙江卷），北京：中国 ISBN 中心 1997 年版，第 39 页。

❷ [汉族] 盘古王开天地以后，用黄泥捏出 2 个人。

【流传】浙江省·（金华市）·永康县·（芝英镇）·柿后村

【出处】陈望高采录：《盘古造人》，见中国民间文学集成全国编辑委员会编《中国民间故事集成》（浙江卷），北京：中国 ISBN 中心 1997 年版，第 37 页。

❸ [汉族] 盘古王造的 2 个泥人成活后繁衍人类。

【流传】浙江省·（金华市）·永康县·溪岸乡

【出处】陈望高采录：《盘古造人》，见中国民间文学集成全国编辑委员会编《中国民间故事集成》（浙江卷），北京：中国 ISBN 中心 1997 年版，第 37 页。

❹ [彝族] 诺谷（龙的名字）造出两个人。

【流传】云南省·红河（红河哈尼族彝族自治州）·元阳（元阳县）、绿春（绿春县）、石屏（石屏县）等县，（玉溪市）·元江（元江哈尼族彝族傣族自治县），（普洱市）·墨江（墨江哈尼族自治县）等

【出处】龙倮贵搜集整理，黄建明摘录：《祭龙的根由》，见吕大吉、何耀华总主编《中国各民族原始宗教资料集成》（彝族卷、白族卷、基诺族卷），北京：中国社会科学出版社 1996 年版，第 280～281 页。

### W2702.1.1
### 造 2 男

### 实例

（实例待考）

### W2702.1.2
### 造 2 女

### 实例

（实例待考）

### W2702.1.3
### 造 1 对男女

【关联】[W2061.10.1] 鬼造 1 对男女

### 实例

❶ [汉族] 王母造了男女两人，让他俩看管天宫花园。

【流传】浙江省·（台州市）·仙居（仙居县）

【出处】朱世林讲，应秀华采录：《男人有喉突、女人大肚皮》，见中国民间文学集成全国编辑委员会编《中国民间故事集成》（浙江卷），北京：中国

ISBN 中心 1997 年版，第 37 页。

❷ [彝族] 从前，用黄土做成两个人，这两个人结婚后生很多人。

【流传】云南省·（昆明市）·石林彝族自治县·（圭山镇）·亩竹箐村

【出处】李德君采录：《彝族撒尼人民间文学作品采集实录》，北京：中央民族大学出版社 2009 年版，第 501 页。

## W2702.1.3.1
### 天神造出 1 对男女

【关联】[W2053] 天神造人

实 例

[满族] 天神阿布卡恩都里造了一男一女两个人。

【流传】（无考）

【出处】《天神创世》，见姚宝瑄主编《中国各民族神话》（满族、赫哲族、朝鲜族），太原：山西出版传媒集团·书海出版社 2014 年版，第 15～16 页。

## W2702.1.3.2
### 女神造出 1 对男女

【关联】[W2056] 女神造人

实 例

[彝族] 造人女神儿依得罗娃动手造人时，先用泥塑出两个泥人，一个男的和一个女的。

【流传】（云南省·楚雄彝族自治州·双柏县，红河哈尼族彝族自治州等地）

【出处】
（a）云南省民族民间文学楚雄、红河调查队搜集，郭思九、陶学良整理：《查姆》，昆明：云南人民出版社 1981 年版。

（b）郭思九、陶学良整理，古梅改写：《彝家的古根》，选自《云南民族文学资料》第七集中的《查姆》上部前三章，见姚宝瑄主编《中国各民族神话》（羌族、彝族），太原：山西出版传媒集团·书海出版社 2014 年版，第 60 页。

## W2702.1.3.3
### 男神女神造出 1 对男女

【关联】

① [W2052] 神造人

② [W2057.1] 男神女神共同造人

实 例

[彝族（阿细）] 男神阿热和女神阿咪造的一对男女泥人成活，成为世界上第一个男人和第一个女人。

【流传】（a）云南省·红河哈尼族彝族自治州·弥勒县（弥勒市）·（西山镇）

【出处】
（a）潘正兴等唱述，云南省民族民间文学红河调查队搜集翻译整理：《阿细的先基》，昆明：云南人民出版社 1959 年版。

（b）云南省民族民间文学红河调查队搜集整理，古梅改写：《最古的时候》，见姚宝瑄主编《中国各民族神话》

## W2702.1.3.4
### 神造出1对姐弟

实例

［景颇族］北方的诺强（神鬼名）造了一个姐姐和一个弟弟两个人。

【流传】（无考）

【出处】殷江腊讲，永生翻译，东耳、永生整理：《人类始祖》，载《山茶》1982年第6期。

## W2702.1a
### 变成2人

【关联】［W2300］人是变化产生的（变人）

实例

（参见下级母题实例）

## W2702.1a.1
### 变成1对男女

实例

❶［白族］大海水眼洞底漂出一个肉团团。肉团最中心的肉核炸成两半，变成1对男女。

【流传】云南省·（大理白族自治州）·鹤庆（鹤庆县）·城郊

【出处】朱二爷等讲，章虹宇等记录整理：《人类是从哪里来的》，见谷德明编《中国少数民族神话》，北京：中国民间文艺出版社1987年版，第299页。

❷［傣族］大地最初只有2只狮子，1千年后在海边脱壳，变成1男1女。

【流传】（无考）

【出处】王松：《活的历史和死的概念》，见田兵等编《中国少数民族神话论文集》，南宁：广西民族出版社1984年版，第63页。

❸［独龙族］以前没有人，有一个鬼从口中吐出一点血，放在手中，经过团乱后，变成了一男一女。

【流传】云南省·（怒江傈僳族自治州）·贡山县（贡山独龙族怒族自治县）·第四区·第三行政村·巴坡村

【出处】陈燮章等：《贡山县第四区第四行政村巴坡独龙族社会经济调查》，见中国科学院民族研究所云南民族调查组等编印《云南省怒江独龙族社会调查》（七），内部编印，1964年，第234页。

❹［汉族］玉皇大帝的小女儿把自己的心挖出来，用嘴一吹，变成了1对男女。

【流传】江西省·宜春市·（袁州区）·湖田乡·双湖村

【出处】易世才讲，李鉴采录：《玉皇大帝的女儿》，见中国民间文学集成全国编辑委员会编《中国民间故事集成》（江西卷），北京：中国ISBN中心2002年版，第3页。

## W2702.2
### 生 2 人

**实例**

[傈僳族] 天空掉下的两个大葫芦生出 2 个人。

【流传】（无考）

【出处】《岩石月亮》，见孙正国《中国族源性女神母题的文化阐释》，载《思想战线》2003 年第 3 期。

## W2702.2.1
### 生 2 男

**实例**

[珞巴族] 天和地结婚，大地生了两个儿子，哥哥叫阿巴达尼，弟弟叫阿巴达洛。

【流传】西藏自治区·（林芝市）·米林县·纳玉区

【出处】达牛、东娘讲：《阿巴达尼和阿巴达洛》，见姚宝瑄主编《中国各民族神话》（门巴族、珞巴族、怒族、藏族），太原：山西出版传媒集团·书海出版社 2014 年版，第 25 页。

## W2702.2.1.1
### 地生 2 男

【关联】[W2203.2] 地生人

**实例**

[珞巴族] 有兄弟俩，一个叫普苏达东，一个叫罗马达当，都是大地生的孩子。

【流传】西藏自治区·洛渝地区（林芝地区·米林县·纳玉区）

【出处】

(a) 达农讲，于乃昌整理：《普苏达东和罗马达当》（1979.08），见于乃昌《西藏民间故事》（第五集），拉萨：西藏人民出版社 1989 年版。

(b) 同 (a)，见姚宝瑄主编《中国各民族神话》（门巴族、珞巴族、怒族、藏族），太原：山西出版传媒集团·书海出版社 2014 年版，第 28 页。

## W2702.2.2
### 生 2 女

**实例**

[高山族（卑南）] 石生的女子拉宁与鲁凯太南社男子沙卡朗成婚，生洛帕洛帕与扎达 2 个女孩。

【流传】（无考）

【出处】《石生卑南人始祖》，见中国各民族宗教与神话大词典编审委员会编《中国各民族宗教与神话大词典》，北京：学苑出版社 1990 年版，第 145 页。

## W2702.2.3
### 生 1 对男女

【关联】
① [W2181.3.1] 桃核生 1 对男女
② [W2208.7.3.1] 水生 1 对男女

**实例**

❶ [拉祜族] 天下只有一个男人。这个男人跟龙女结婚，龙女生 1 对男女。

【流传】（无考）

【出处】《龙生虎养鹰遮荫》，见云南省民族事务委员会编《拉祜族文化大观》，昆明：云南民族出版社1999年版，第178页。

❷ [苗族] 祖婆祖爷相交生1对男女。

【流传】云南省·（昭通市）·彝良县

【出处】王建英讲：《造天造地》，见中国民间文学集成全国编辑委员会编《中国民间故事集成》（云南卷），北京：中国ISBN中心2003年版，第91页。

## W2702.2.3.1
### 神生1对男女

【关联】[W2131] 神生人

实 例

[高山族（雅美）] 石生的男神右膝生1个男孩，左膝生1个女孩。

【流传】（无考）

【出处】《石生、竹生雅美人始祖》，见中国各民族宗教与神话大词典编审委员会编《中国各民族宗教与神话大词典》，北京：学苑出版社1990年版，第145页。

## W2702.2.3.2
### 盘古生1对男女

【关联】[W2146.1.1] 盘古生人

实 例

[汉族] "彭呼"（盘古）生下了一个胖乎乎的囝和一个细皮白肉的囡。

【流传】（无考）

【出处】姜引军讲，姜曾诰搜集整理：《天地分开出盘古》，见姚宝瑄主编《中国各民族神话》（汉族），太原：山西出版传媒集团·书海出版社2014年版，第15~16页。

## W2702.2.3.3
### 人生1对男女

【关联】[W2150] 人生人

实 例

❶ [汉族] 一夫人怀孕几百年生1双儿女。

【流传】山西省·（临汾市）·吉县

【出处】落永恩讲：《人祖山的来历》，见中国民间文学集成全国编辑委员会编《中国民间故事集成》（山西卷），北京：中国ISBN中心1999年版，第15~17页。

❷ [满族] 怀孕临盆的女真（女子名）水中分娩。她躺在一个巨大的荷叶上，身旁两朵莲花，每朵莲花各托着一个婴儿：是一个男孩和一个女孩。

【流传】黑龙江省

【出处】

(a) 赵书搜集整理：《女真定水》，见乌丙安等编《满族民间故事选》，上海：上海文艺出版社1983年版，第66~76页。

(b) 同（a），见姚宝瑄主编《中国各民族神话》（满族、赫哲族、朝鲜族），太原：山西出版传媒集团·书海出版社2014年版，第50~60页。

## W2702.2.3.4
### 地生 1 对儿女

【关联】［W2203.2］地生人

实 例

[珞巴族] 天和地结婚以后，大地先生了日月和动植物，然后生斯金金巴巴娜达明和金尼麦包一对姐弟。

【流传】西藏自治区·（林芝市）·米林县·纳玉区

【出处】达牛、东娘、达农讲，于乃昌搜集：《斯金金巴巴娜达明和金尼麦包》，见姚宝瑄主编《中国各民族神话》（门巴族、珞巴族、怒族、藏族），太原：山西出版传媒集团·书海出版社 2014 年版，第 20 页。

## W2702.2.3.5
### 石生 1 对男女（山生 1 对男女）

【关联】

① ［W2209.3.1］一座山生男，一座山生女

② ［W2210］石生人

实 例

（参见 W2209.3.1 母题实例）

## W2702.2.3.6
### 瓜生 1 对兄妹

【关联】［W2189］瓜生人

实 例

[傈僳族] 盘古用从灰烬中捡到的南瓜籽种出南瓜。他举刀向南瓜腰部砍去，刀过瓜开，里面走出一对人来，是兄妹俩。

【流传】（无考）

【出处】禾青：《盘古造人》，见祝发清、左玉堂、尚仲豪编《傈僳族民间故事选》，上海：上海文艺出版社 1985 年版，第 7～11 页。

## W2702.2.3.7
### 花生 1 对男女

【关联】［W2194］花生人

实 例

[汉族] 盘古的眼睛变成的大湖中生出的莲叶，结出的两个花骨朵。花朵吸收了日月的精华和天地的灵气，生出一男一女两个娃娃。

【流传】中原一带

【出处】郭云梦搜集：《莲生伏羲女娲》，原载张楚北编《中原神话》，见陶阳、钟秀编《中国神话》（上），北京：商务印书馆 2008 年版，第 359 页。

## W2702.2.3.8
### 葫芦生 1 对男女

【关联】

① ［W2184］葫芦生人

② ［W2188.5.2］葫芦生 2 人

③ ［W2188.6.1］葫芦生男女

④ ［W2759.7.1］葫芦生多对男女

实 例

[彝族] 洪水后，大葫芦掉落在一个山头上，从里面钻出 1 男 1 女两个人。

【流传】云南省·昭通市
【出处】陈友才讲，朱冬才采录：《创世纪》，见中国民间文学集成全国编辑委员会编《中国民间故事集成》（云南卷），北京：中国 ISBN 中心 2003 年版，第 164 页。

## W2702.3
### 婚生 2 人

【关联】［W2400～W2499］ 婚配产生人（婚生人）

实 例

❶［苗族］抱婆抱公相交，生了一个女孩和一个男孩。
【流传】云南省·（昭通市）·彝良县
【出处】王建英讲，杨忠伦采录者：《造天造地》，见中国民间文学集成全国编辑委员会编《中国民间故事集成》（云南卷），北京：中国 ISBN 中心 2003 年版，第 91 页。

❷［锡伯族］放牛娃娶七仙女为妻，生 2 个孩子。
【流传】新疆维吾尔自治区·（伊犁哈萨克自治州）·察布查尔（察布查尔锡伯自治县）
【出处】格吐肯讲：《放牛娃与仙女》，见中国少数民族民间文学丛书《故事大系》系列《锡伯族民间故事选》，上海：上海文艺出版社 1991 年版，第 178～193 页。

## W2702.3.1
### 婚生 2 男

实 例

（参见下级母题实例）

## W2702.3.1.1
### 人与天女婚生 2 男

【关联】［W2416.1］人与天女婚生人

实 例

［珞巴族（博嘎尔部落）］阿巴达尼（人名，人的祖先）娶了太阳的女儿冬尼海依，生 2 子。
【流传】西藏自治区·（林芝市）·米林县
【出处】东娘等讲，于乃昌整理：《阿巴达尼遇难》，见《珞巴族民间故事》，http：//www.tibet-web.com/old/minjian/ync/gushi/mulu.htm，2003.10.02。

## W2702.3.1.2
### 人与仙女婚生 2 男

【关联】［W2416.1.5］人与仙女婚生人

实 例

❶［朝鲜族］牧童和七仙女成亲整整三年零三个月后，七仙女生下了两个又白又俊的胖小子。
【流传】辽宁省·沈阳市郊区
【出处】金德顺讲，裴永镇整理：《牧童和仙女》，原载《金德顺故事集》，见陶阳、钟秀编《中国神话》（中），北京：商务印书馆 2008 年版，第

920~930 页。

❷ [朝鲜族] 牧童与七仙女成亲，生 2 子。

【流传】吉林省长白山一带

【出处】

（a）裴永镇整理：《牧童和仙女》，见蔚家麟选编《中国民间故事精选》，武汉：长江文艺出版社 2005 年版，第 85~94 页。

（b）《牧童和仙女》，见《朝鲜族民间故事讲述家金德顺故事集》，上海：上海文艺出版社 1983 年版，第 24~35 页。

## W2702.3.1.3
### 兄妹婚生 2 男

【关联】[W2436] 兄妹婚生人

实 例

[苗族（鸦雀苗）] 兄妹结婚后生 2 子。

【流传】贵州省·贵阳（贵阳市）南部

【出处】《鸦雀苗的洪水故事》，见马昌仪编《中国神话学文论选萃》（上编），北京：中国广播电视出版社 1994 年版，第 392 页。

## W2702.3.1.4
### 姐弟婚生 2 男

【关联】[W2441] 姐弟婚生人

实 例

[高山族] 为繁育后代，姐弟婚生 2 子。

【流传】台湾平埔巴则海人

【出处】《巴则海人始祖》，见中国各民族宗教与神话大词典编审委员会编《中国各民族宗教与神话大词典》，北京：学苑出版社 1990 年版，第 144 页。

## W2702.3.2
### 婚生 2 女

实 例

（参见下级母题实例）

## W2702.3.2.1
### 人与鸟婚生 2 女

【关联】

① [W2460] 人与鸟婚生人

② [W7460] 人与鸟婚

实 例

[汉族] 男子与女鸟婚生 2 女。

【流传】（无考）

【出处】[北魏] 郦道元：《水经注·江水》。

## W2702.3.3
### 婚生 1 对男女

实 例

[鄂伦春族] 全身是毛的动物（人的初形）全是男性，世上只有一个女性老太婆。其中一个男性与老太婆同居，生 1 男 1 女。

【流传】（无考）

【出处】《鄂伦春族的传说时代》，见吕光天《北方民族原始社会形态研究》，银川：宁夏人民出版社 1981 年版，第 78 页。

## W2702.3.3.1
### 兄妹婚生1对男女

【关联】［W2436］兄妹婚生人

实例

（实例待考）

## W2702.3.3.2
### 神婚生1对男女

【关联】［W2400］神婚生人

实例

[纳西族（摩梭）] 喇神（虎神）与干木女神结成夫妻，10年后干木女神生下了一对儿女。从此，大地上有了人类。

【流传】云南省·（丽江市）·宁蒗县（宁蒗彝族自治县）

【出处】巴采若、桑绒尼搓讲，章虹宇搜集整理：《喇氏族的来源》，载《民间文学》1986年第3期。

## W2702.3.3.3
### 人与天女婚生1对男女

【关联】［W2416.1］人与天女婚生人

实例

[蒙古族] 凡人与天女婚后生1对儿女。

【流传】（无考）

【出处】《宝木勒的传说》，见吕大吉、何耀华主编《中国各民族原始宗教资料集成》（鄂伦春族卷、鄂温克族卷、赫哲族卷、达斡尔族卷、锡伯族卷、满族卷、蒙古族卷、藏族卷），北京：中国社会科学出版社1999年版，第657页。

## W2702.3.3.4
### 人与熊婚生1对男女

【关联】［W2454］人与熊婚生人

实例

[鄂温克族] 母熊与猎人巴特尔桑结婚，生下一男一女两个孩子。

【流传】内蒙古自治区·（呼伦贝尔市）·鄂温克族自治旗·伊敏索木（伊敏苏木乡）

【出处】顺格布讲，朝克搜集整理：《人和熊成亲》，见吕大吉、何耀华总主编《中国各民族原始宗教资料集成》（鄂伦春族卷、鄂温克族卷、赫哲族卷、达斡尔族卷、锡伯族卷、满族卷、蒙古族卷、藏族卷），北京：中国社会科学出版社1999年版，第104页。

## W2702.3.3.5
### 猴与天女婚生1对男女

【关联】

① ［W2317.3.1］神猴与天女婚生的猴变成人

② ［W2607.2.3.1］公猴与天女婚生的孩子一半像母亲一半像公猴

实例

[纳西族] 公猴骗天女波白命做了妻子，生下了一对儿女。

【流传】云南省·丽江县（丽江市）

【出处】木丽春采集整理：《人的头发和

腋窝毛的来历》，见木丽春编著《纳西族民间故事集》，昆明：云南人民出版社 2007 年版。

## W2703
### 产生 3 人
【实例】
（参见关联项母题实例）

## W2703.0
### 造 3 人
【实例】
（实例待考）

## W2703.1
### 生 3 人
【关联】［W2797.3.3.5a］蛋生出 2 男 1 女
【实例】
［纳西族］利恩和仙女结婚后，二胎生了 3 个儿子。
【流传】（无考）
【出处】《人祖利恩》，见谷德明编《中国少数民族神话》，北京：中国民间文艺出版社 1987 年版，第 415 页。

## W2703.1.1
### 石生 3 人
【关联】［W2210］石生人
【实例】
（参见下级母题实例）

## W2703.1.1.1
### 石生 2 男 1 女
【实例】
［高山族（泰雅）］南投县仁爱乡那里有一颗千年灵石，石头忽然裂开了，从里面跑出来三个人，两个男的一个女的。
【流传】台湾
【出处】陈初得讲，刘秀美采录整理：《泰雅族的起源》，原载金荣华编《台湾泰雅族民间故事》，见陶阳、钟秀编《中国神话》（中），北京：商务印书馆 2008 年版，第 617 页。

## W2703.1.2
### 葫芦生 3 女
【关联】［W2188.5.3］葫芦生 3 人
【实例】
（参见关联项母题实例）

## W2703.2
### 婚生 3 人
【关联】［W2400～W2499］婚配产生人（婚生人）
【实例】
（参见下级母题实例）

## W2703.2.1
### 伏羲兄妹婚生 3 人
【关联】［W2412.5］伏羲兄妹婚生人
【实例】
［苗族］（实例待考）

## W2703.2.2
### 婚生 3 男

实 例

（参见下级母题实例）

## W2703.2.2.1
### 神与天女婚生 3 子

【关联】［W2403.2］神与天女婚生人

实 例

［纳西族］开天男神的后代利恩与天女衬红褒白难题成婚后，生 3 子。

【流传】云南省·丽江（丽江市）

【出处】和芳讲：《人类迁徙记》，见中国民间文学集成全国编辑委员会编《中国民间故事集成》（云南卷），北京：中国 ISBN 中心 2003 年版，第 49～60 页。

## W2703.2.2.2
### 人与天女婚生 3 子

【关联】［W2416.1］人与天女婚生人

实 例

❶ [纳西族] 利恩若（男祖先）和波白命（天父的女儿）结婚，生下了三个儿子。

【流传】云南省·丽江县（丽江市）

【出处】木丽春采集整理：《妖女拐骗利恩若》，见木丽春编著《纳西族民间故事集》，昆明：云南人民出版社 2007 年版，第 50 页。

❷ [纳西族] 从忍利恩（祖先名）与衬红褒白命（天女名）婚后一胎生下三个儿子。

【流传】云南省·丽江市

【出处】和志武翻译整理：《人类迁徙记》，原载中共丽江地委宣传部编《纳西族民间故事选》，见陶阳、钟秀编《中国神话》（中），北京：商务印书馆 2008 年版，第 856～876 页。

❸ [彝族] 洪水后，幸存的举木惹牛（人名）与天神恩体古的三女儿成婚，生了三个孩子。

【流传】（无考）

【出处】

（a）阿鲁斯基搜集整理：《举木惹牛》，见谷德明编《中国少数民族神话选》，西北民族学院研究所编印，内部资料，1983 年。

（b）阿鲁斯基搜集整理：《举木惹牛娶天女》，见姚宝瑄主编《中国各民族神话》（羌族、彝族），太原：山西出版传媒集团·书海出版社 2014 年版，第 121 页。

## W2703.2.2.3
### 1 对男女婚生 3 子

实 例

［藏族］洪水后，两座山分别生出一男一女。这一对男女成婚，生下了三个儿子。

【流传】西藏自治区

【出处】

（a）旺秋搜集：《僜人创世神话》，根据中国社科院民族研究所编《僜人社会历史调查》（云南人民出版社1990年版）、西藏民间文艺研究会主办《邦锦梅朵》1984年第8期中的《僜人创世神话》整理。

（b）同（a），见姚宝瑄主编《中国各民族神话》（门巴族、珞巴族、怒族、藏族），太原：山西出版传媒集团·书海出版社2014年版，第89页。

## W2703.2.2.4
### 兄妹婚生3子

【关联】［W2436］兄妹婚生人

实 例

〖傈僳族〗兄妹俩结成夫妻后，生了三个儿子。

【流传】（无考）

【出处】禾青：《盘古造人》，见祝发清、左玉堂、尚仲豪编《傈僳族民间故事选》，上海：上海文艺出版社1985年版，第7～11页。

## W2703.2.3
### 婚生3女

实 例

（实例待考）

## W2703.2.3.1
### 1对夫妻婚生3女

实 例

［汉族］（实例待考）

## W2703.2.4
### 其他特定的婚姻生3人

实 例

（参见下级母题实例）

## W2703.2.4.1
### 蛇与太阳之女婚生1男2女

【关联】［W2413.3］蛇与太阳的女儿婚生人

实 例

［高山族（排湾）］蛇与太阳的女儿结婚，生1男2女。

【流传】台湾

【出处】［日］吉野裕子：《蛇——日本的蛇信仰》，东京：讲谈社1999年版，第189～199页。

## W2703.2.4.2
### 人与雷公的妻子婚生3子

实 例

［苗族］洪水后，幸存的老二体仑米讨要雷公爷梭的老婆，与雷公的老婆婚生3子。

【流传】贵州省·（毕节市）·赫章县·古木乡

【出处】黄三妹讲：《休仑米和爷梭》，见中国民间文学集成全国编辑委员会编《中国民间故事集成》（贵州卷），北京：中国ISBN中心2003年版，第51～54页。

## W2703.2.4.3
### 龙凤婚生3子

【关联】［W2485.6］龙与凤婚生人（龙凤婚生人）

实例

❶［畲族］凤凰蛋中生的阿郎与大海水晶宫中龙王的大女儿媛连结婚，生3个孩子，分别取雷、蓝、钟三姓。这3个男孩分别与媛连的三个侄女婚配，繁衍畲族子孙。

【流传】（无考）

【出处】钟福兴等讲，冬日搜集整理：《畲族祖宗的传说》，见陶立璠、李耀宗编《中国少数民族神话传说选》，成都：四川民族出版社1985年版，第293页。

❷［畲族］凤凰蛋生的阿郎与东海龙女婚生3子。

【流传】闽东（福建省东部）、浙南（浙江省南部）

【出处】http://bbs.uland.com。

## W2703.3
### 感生3人

【关联】［W2230］感生人

实例

［蒙古族］酋长之妻阿阑豁阿感光之后生3个儿子。

【流传】（无考）

【出处】奥其译：《感光即孕》，见《蒙古秘史》。

## W2703.3.1
### 梦感生3男

【关联】［W2277.4］梦感（感梦生人）

实例

［苗族］湘西鸦溪地方，有位处女浣于溪时，见天上阴阳瑞气交流，直射自己怀中。到了晚上她又梦见一个骑白马穿白袍、长雪白头发银白胡须的老翁与一个跨金龙穿百龙袍、携龙头手杖的老妇来到住处，从白发老妇怀里取出三个雪白肥胖的婴孩送给她。过了一年，她一胎生下三个儿子。

【流传】（湖南省·湘西土家族苗族自治州）

【出处】
(a) 石宗仁整理：《白帝天王》，见中国各民族宗教与神话大辞典编审委员会编《中国各民族宗教与神话大辞典》，北京：学苑出版社1990年版。
(b) 同(a)，见姚宝瑄主编《中国各民族神话》（布依族、仡佬族、苗族），太原：山西出版传媒集团·书海出版社2014年版，第318页。

## W2703.4
### 变化出3人

实例

（参见下级母题实例）

## W2703.4.1
### 变化出1男2女

实例

［赫哲族］女子流出的第一滴血变成1

男 2 女。女人开始生孩子，所有的人便这样生了出来。

【流传】（无考）

【出处】洛帕金：《戈尔德人》，见喻权中《死亡的超越与转化——赫哲－那乃族初始萨满神话考疑》，载《黑龙江民族丛刊》1998 年第 3 期。

## W2704
### 产生 4 人

【汤普森】T586.1.1

实例

[彝族] 从前，有三兄弟和一个妹妹兄妹 4 人。

【流传】云南省·（昆明市）·石林彝族自治县·圭山乡（圭山镇）·海宜村

【出处】黄志发讲：《洪水和人类起源神话》，见李德君采录《彝族撒尼人民间文学作品采集实录》，北京：中央民族大学出版社 2009 年版，第 500 页。

## W2704.1
### 天降 4 人

【关联】[W2025] 人从天降（天降人）

实例

[布朗族] 从天上落下兄弟 4 人。

【流传】云南省·（临沧市）·双江县（双江拉祜族佤族布朗族傣族自治县）

【出处】《布朗族文学概况》，见中国社会科学院云南少数民族文学研究所等编《云南少数民族文学资料》（第 1 辑），内部编印，1980 年，第 62 页。

## W2704.2
### 生 4 人

实例

[瑶族] 一个长期不孕的女子梦见房门开后进来四个人，遂怀孕四子。

【流传】广东省·（韶关市）·乳源县（乳源瑶族自治县）·必背镇

【出处】赵良保讲，莫泽坚采录：《春夏秋冬四兄弟》，见中国民间文学集成全国编辑委员会编《中国民间故事集成》（广东卷），北京：中国 ISBN 中心 2006 年版，第 4 页。

## W2704.2.1
### 混沌中生 4 人

【关联】[W2201] 混沌中生人（混沌生人）

实例

[彝族] 以前的天地黑暗混沌，不知过了多少年，出现了四个人——八哥、典尼、支格阿龙和结支夏鲁。

【流传】（无考）

【出处】

(a) 马海鸟黎讲，谷德明整理：《开天辟地》，见谷德明编《中国少数民族神话选》，西北民族学院研究所编印，内部资料，1983 年。

(b) 同 (a)，见姚宝瑄主编《中国各民族神话》（羌族、彝族），太原：山西出版传媒集团·书海出版社 2014 年版，第 116 页。

## W2704.3
### 婚生4人

实例

（参见下级母题实例）

## W2704.3.1
### 婚生4子

实例

（参见下级母题实例）

## W2704.3.1.1
### 人与神婚生4子

【关联】［W2415］人与神婚生人

实例

［哈萨克族］地上的可汗斯都汗和天神的女儿结婚后，共生了四个儿子。

【流传】新疆维吾尔自治区

【出处】姚宝瑄据楚罗舍尼柯夫《哈萨克柯尔克孜史略》编译：《天神的后代》，见姚宝瑄主编《中国各民族神话》（乌孜别克族、哈萨克族、柯尔克孜族、俄罗斯族、维吾尔族、塔吉克族、塔塔尔族、锡伯族），太原：山西出版传媒集团·书海出版社2014年版，第30～31页。

## W2704.3.1.2
### 兄妹婚生4子

【关联】［W2436］兄妹婚生人

实例

❶［布朗族］洪水后，兄妹俩结婚，生下了4个孩子。

【流传】云南省·（西双版纳傣族自治州）·勐海县·布朗山（布朗山乡）

【出处】岩三玛、岩述娜讲，门图采录：《兄妹成婚》，见中国民间文学集成全国编辑委员会编《中国民间故事集成》（云南卷），北京：中国ISBN中心2003年版，第205页。

❷［布朗族］兄妹婚生下4子。

【流传】云南省·（西双版纳傣族自治州）·勐海（勐海县）

【出处】门图搜集整理：《兄妹成婚》，见中华民族故事大系编委会编《中华民族故事大系》第12卷（布朗族、撒拉族、毛南族），上海：上海文艺出版社1995年版，第18～19页。

❸［独龙族］洪水后，兄妹成婚，生2男2女。

【流传】云南省·（怒江傈僳族自治州）·贡山县（贡山独龙族怒族自治县）·独龙江乡

【出处】马巴恰开等讲：《半边刀壳》，见中国民间文学集成全国编辑委员会编《中国民间故事集成》（云南卷），北京：中国ISBN中心2003年版，第80～81页。

## W2704.3.1.3
### 人与犬婚生3男1女

【关联】［W2458］人与犬婚生人（人与狗婚生人）

实例

❶［畲族］龙犬与高辛的三公主结婚，

生 3 男 1 女。

【流传】（无考）

【出处】《狗王哥哥》，见陶阳、牟钟秀著《中国创世神话》，上海：上海人民出版社 2006 年版，第 67 页。

❷ [畲族] 高辛皇后耳中的虫子变成的龙犬与三公主结婚，生 3 男 1 女。

【流传】广东省·（广州市）·增城（增城区）·正果镇

【出处】《狗头王的传说》，载《南方都市报》2006.02.02。

❸ [畲族] 大耳婆耳中生蛋，蛋生龙犬，龙犬娶高辛帝三公主，生 3 男 1 女。

【流传】广东省·潮州市

【出处】雷潮辉讲：《龙犬驸马》，见中国民间文学集成全国编辑委员会编《中国民间故事集成》（广东卷），北京：中国 ISBN 中心 2006 年版，第 13～14 页。

❹ [畲族] 麒麟（龙麟）娶高帝王三公主，生 3 男 1 女。

【流传】广东省·潮州市

【出处】李国俊采录：*《龙犬附马》，见中国民间文学集成全国编辑委员会编《中国民间故事集成》（广东卷），北京：中国 ISBN 中心 2006 年版，第 15～17 页。

## W2705
产生 5 人

实例

（参见下级母题实例）

## W2705.0
天降 5 人

实例

[布朗族] 一天，刮起狂风并下起暴雨，造成天漏后落下人，共落下 4 胎 5 人。

【流传】云南省

【出处】

（a）岩三搜集整理：《人是从天上漏下来的》，见陶阳、牟钟秀著《中国创世神话》，上海：上海人民出版社 2006 年版，第 158 页。

（b）王亚南：《民间口承文化中的社群源流史》，载《民族文学研究》1996 年第 2 期。

## W2705.1
造出 5 人

实例

（参见下级母题实例）

## W2705.1.1
神造 5 人

【关联】［W2052］神造人

实例

（参见下级母题实例）

## W2705.1.1.1
天神用石头造出 5 人

实例

[鄂伦春族] 天神恩都力玛发从天上搬

下五块巨石，刻成五个一模一样的石人，后来全部成活。

【流传】小兴安岭一带鄂伦春猎人中

【出处】马名超、崔焱编写：《人类生死的由来》，见姚宝瑄主编《中国各民族神话》（达斡尔族、鄂伦春族、鄂温克族、蒙古族），太原：山西出版传媒集团·书海出版社2014年版，第22~23页。

## W2705.2
### 生5人

实 例

（参见下级母题实例）

## W2705.2.1
### 植物生5人

【关联】［W2170］植物生人

实 例

（参见下级母题实例）

## W2705.2.1.1
### 树生5人

【关联】［W2171］树生人

实 例

[维吾尔族] 天光降于树，树生的瘿中裂生5人。

【流传】新疆维吾尔自治区

【出处】

（a）黄文弼：《亦都护高昌王世勋碑复原并校记》，见满都呼主编《中国阿尔泰语系诸民族神话故事》，北京：民族出版社1997年版，第38页。

（b）《高昌王世勋之碑》，见虞集《道园学古录》卷二十四。

（c）[伊朗] 志费尼著，何高济译：《世界征服者史》（上），呼和浩特：内蒙古人民出版社1981年版，第63~64页。

## W2705.2.1.2
### 竹生5人

【关联】

① ［W2172］竹生人

② ［W2172.4.6.1］山洪中漂来的竹子生5人

实 例

（参见W2172.4.6.1母题实例）

## W2705.2.2
### 生5男

实 例

❶ [鄂伦春族] 洪水后，姐弟两人结婚生5子。

【流传】（无考）

【出处】《鄂伦春族五姓的由来》，见中国各民族宗教与神话大词典编审委员会编《中国各民族宗教与神话大词典》，北京：学苑出版社1990年版，第131页。

❷ [鄂伦春族] 洪水后，幸存的1个大姑娘和1个小伙子成婚生5子，各自成家立业。

【流传】黑龙江省·黑河市·爱辉区·新生乡

【出处】关吉瑞讲：《五姓的由来》，见中国民间文学集成全国编辑委员会编《中国民间故事集成》（黑龙江卷），北京：中国 ISBN 中心 2005 年版，第 43～45 页。

❸ [哈尼族] 莫佐佐龙兄妹结婚，妹妹全身怀孕生 5 子。

【流传】

（a）云南省·红河州（红河哈尼族彝族自治州）

（b）云南省

【出处】

（a）刘庆元等搜集整理：《兄妹传人类》（一），见中华民族故事大系编委会编《中华民族故事大系》第 6 卷（哈尼族、哈萨克族、傣族），上海：上海文艺出版社 1995 年版，第 14～17 页。

（b）刘庆元整理：《兄妹传人类》，见刘江华编《中国神话故事》（天、地、人物卷），北京：中国世界语出版社 1999 年版，第 161～162 页。

❹ [傈僳族] 洪水后兄妹成亲生了五个儿子。

【流传】（无考）

【出处】*《兄妹成婚》，见《傈僳族简史》编写组编《傈僳族简史》，昆明：云南人民出版社 1983 年版，第 5～7 页。

## W2705.2.3
### 生 5 女

实 例

❶ [白族] 兄妹结婚生 5 个女儿。

【流传】云南省·（怒江傈僳族自治州）·碧江县（1986 年撤销县制，今属福贡县等）·西四二村

【出处】

（a）阿普介爹讲：《氏族的来源》，见谷德明编《中国少数民族神话》，北京：中国民间文艺出版社 1987 年版，第 305 页。

（b）阿普介爹讲，普六介翻译：《氏族来源的传说》（勒墨人），见谷德明编《中国少数民族神话》，北京：中国民间文艺出版社 1987 年版，第 86～88 页。

❷ [白族（勒墨人）] 洪水后，阿布贴和阿约贴兄妹结婚生 5 个女儿。

【流传】云南省·怒江傈僳族自治州

【出处】《氏族来源的传说》，见中国社会科学院云南少数民族文学研究所等编《云南少数民族文学资料》第 1 辑，1980 年，内部编印，第 231 页。

## W2705.3
### 婚生 5 人

实 例

（参见下级母题实例）

## W2705.3.1
### 婚生 5 男

实 例

[鄂伦春族] 洪水后，幸存的大姑娘和小小子结婚生五子。

【流传】大兴安岭一带

【出处】《五姓兄弟的传说》，见隋书今

编《鄂伦春族民间故事选》，哈尔滨：黑龙江人民出版社 1980 年版，第 370~372 页。

## W2705.3.1.1
### 伏哥羲妹婚生 5 子

**实例**

[布依族]（实例待考）

## W2705.3.1.2
### 姐弟婚生 5 子

**实例**

[鄂伦春族] 参见 W2705.2.2 母题实例

## W2705.3.1.3
### 人与猫婚生 5 子

**实例**

[鄂伦春族] 洪水后只幸存一个猎人和小花猫，小花猫与猎人成婚后生五子。

【流传】大兴安岭一带

【出处】《五大姓的来历》，见隋书今编《鄂伦春族民间故事选》，哈尔滨：黑龙江人民出版社 1980 年版，第 368~370 页。

## W2705.3.1.4
### 人与犬婚生 5 子

**实例**

[彝族] 两姊妹和狗成了亲，生了五个儿子。

【流传】云南省·（大理白族自治州）·云龙县

【出处】马继才讲，施连山采录：《狗氏族》，原载《中国民间故事全书》（云南省·云龙卷），见陶阳、钟秀编《中国神话》（中），北京：商务印书馆 2008 年版，第 576~578 页。

## W2705.3.2
### 婚生 5 女

**实例**

（参见下级母题实例）

## W2705.3.2.1
### 兄妹婚生 5 女

**实例**

[白族（勒墨）] 阿布帖与阿约帖（阿布帖和阿约帖，勒墨语对兄和妹的通称）婚后，生下 5 个女儿，却没有一个儿子。

【流传】云南省·大理州（大理白族自治州）

【出处】大理白族自治州《白族民间故事》编辑组编：《白族民间故事》，昆明：云南人民出版社 1982 年版，第 81~88 页。

## W2705.4
### 其他形式产生 5 人

**实例**

（参见下级母题实例）

## W2705.4.1
### 变化出 5 个女人

实 例

（参见下级母题实例）

## W2705.4.1.1
### 最早时野鸡变化成 5 个女人

实 例

[满族] 很古的时候，阿布卡恩都里（天神）从笼子里放出心爱的五只彩色斑斓的乌勒胡玛（野雉）。这五只彩雉从天上降下来变成人类。从此世上头一次产生的人却都是女人，一共五个美女。

【流传】黑龙江省·（黑河市）·爱辉县（爱辉区）·大五家子村

【出处】张石头讲，采集富希陆：《民族起源神话》，原载富希陆《瑷珲祖风遗拾》，见吕大吉、何耀华总主编《中国各民族原始宗教资料集成》（鄂伦春族卷、鄂温克族卷、赫哲族卷、达斡尔族卷、锡伯族卷、满族卷、蒙古族卷、藏族卷），北京：中国社会科学出版社 1999 年版，第 487 页。

## W2706
### 产生 6 人

【汤普森】T586.1.1

实 例

（参见下级母题实例）

## W2706.1
### 造 6 人

实 例

[傣族] 布桑嘎回到天上的神王山，寻找到人种果后，与仙药拌和，捏了 3 对人，都是 1 男 1 女。

【流传】云南省

【出处】史诗《巴塔麻嘎捧尚罗》，见中国各民族宗教与神话大词典编审委员会编《中国各民族宗教与神话大词典》，北京：学苑出版社 1990 年版，第 82 页。

## W2706.2
### 婚生 6 人

实 例

[苗族] 古时候，有一对不知姓名的夫妇，生下了六个子女。

【流传】贵州省·（黔东南苗族侗族自治州）·黄平县·谷陇区（谷陇镇）

【出处】《人祖的来历》，见姚宝瑄主编《中国各民族神话》（布依族、仡佬族、苗族），太原：山西出版传媒集团·书海出版社 2014 年版，第 231 页。

## W2706.2.1
### 婚生 6 男

实 例

（参见下级母题实例）

## W2706.2.1.1
### 人与魔女婚生6子

实例

[藏族] 观音菩萨转世来的男子与久居山中的一位叫扎生魔的女鬼结为夫妻，生育了六个儿子。

【流传】（无考）

【出处】
(a)《人的由来》，见谷德明编《中国少数民族神话选》，西北民族学院研究所编印，内部资料，1983年。
(b) 同(a)，见姚宝瑄主编《中国各民族神话》（门巴族、珞巴族、怒族、藏族），太原：山西出版传媒集团·书海出版社2014年版，第84～85页。

## W2706.2.1.2
### 猴子与魔女婚生6子

【关联】[W2317.8.1] 猴子与魔女婚生的猴子演化成人

实例

[藏族] 猴子与魔女结婚，生6子，后来他们在劳动中创造了人类。

【流传】西藏自治区·拉萨市

【出处】桑杰讲：《藏族的起源》，见中国民间文学集成全国编辑委员会编《中国民间故事集成》（西藏卷），北京：中国ISBN中心2001年版，第3页。

## W2706.2.2
### 婚生3对男女

实例

（参见下级母题实例）

## W2706.2.2.1
### 兄妹婚生3对男女

【关联】[W2436] 兄妹婚生人

实例

[苗族] 召亚与妹妹成婚，生3男3女。

【流传】云南省·（曲靖市）·宣威市

【出处】张树成讲：《洪水漫天下》，见中国民间文学集成全国编辑委员会编《中国民间故事集成》（云南卷），北京：中国ISBN中心2003年版，第196～200页。

## W2706.2.2.2
### 泥巴人夫妻生3对男女

实例

[傣族] 造人者男神布桑戛西和女神雅桑戛赛造的泥巴人夫妇生了六个孩子，三个男，三个女。

【流传】云南省

【出处】《布桑戛西与雅桑戛赛》，原载谷德明编《中国少数民族神话》，见陶阳、钟秀编《中国神话》（上），北京：商务印书馆2008年版，第45～47页。

## W2706.2.2.3
### 人与龙女婚生 3 对男女

【关联】［W2470.1.1］人与龙女婚生人

**实 例**

［藏族］格萨尔与龙女结婚后生 3 男 3 女。

【流传】四川省·（凉山彝族自治州）·木里县（木里藏族自治县）县城

【出处】苏郎讲：*《洪水潮天》，见中国民间文学集成全国编辑委员会编《中国民间故事集成》（四川卷·下），北京：中国ISBN中心 1998 年版，第 940 页。

## W2706.2.3
### 化生 3 对男女

【关联】［W2300］人是变化产生的（变人）

**实 例**

［纳西族］万类生灵里幻化出 3 男 3 女。

【流传】云南省·丽江县（丽江市）

【出处】木丽春采集整理：《男女结合生人的故事》，见木丽春编著《纳西族民间故事集》，昆明：云南人民出版社 2007 年版，第 86 页。

## W2706.2.4
### 卵生 6 人

【关联】［W2220］卵生人

**实 例**

［满族］水中小洲有鸟生蛋，蛋生 6 兄弟。

【流传】（无考）

【出处】富育光：《论萨满教的天穹观》，载《世界宗教研究》1987 年第 4 期。

## W2706.2.4.1
### 鹰卵生 3 对男女

【关联】［W2223.3］鹰卵生人

**实 例**

［纳西族］很古时候，突然有一天，鹰蛋中生出 3 男 3 女。

【流传】云南省·丽江县（丽江市）

【出处】木丽春采集整理：《鹰蛋女寻找火种》，见木丽春编著《纳西族民间故事集》，昆明：云南人民出版社 2007 年版，第 126 页。

## W2707
### 产生 7 人

【汤普森】T586.1.2

**实 例**

（参见下级母题实例）

## W2707.1
### 世上最早有七兄弟

**实 例**

［佤族］（实例待考）

## W2707.2
### 造 7 人

**实 例**

（实例待考）

## W2707.3
### 生7人

实例

(参见下级母题实例)

## W2707.4
### 婚生7人

实例

❶ [高山族（泰雅）] 石中生的男女长大后相婚，生子女7人。

【流传】（无考）

【出处】《鸟推大石生泰雅人始祖》，见中国各民族宗教与神话大词典编审委员会编《中国各民族宗教与神话大词典》，北京：学苑出版社1990年版，第145页。

❷ [基诺族] 玛黑玛妞兄妹成亲，生下了7个儿女。老大被蜂吃了，老二到老七，六个子女中的三个儿子和三个姑娘又分别成了亲，繁衍了人类，形成了基诺族的乌尤、阿哈、阿西三个胞族。

【流传】云南省·（西双版纳傣族自治州）·景洪县（景洪市）

【出处】白桂林等讲，刘怡采录：《阿嫫腰白造天地》，见中国民间文学集成全国编辑委员会编《中国民间故事集成》（云南卷），北京：中国ISBN中心2003年版，第77页。

❸ [怒族] 天神腊普和亚妞兄妹结婚，生7个子女。

【流传】云南省

【出处】

（a）赛阿局讲，光付益翻译，吴广甲记录，陈荣祥整理：《腊普和亚妞》，载《山茶》1983年第3期。

（b）赛阿局讲：《腊普和亚妞》，见中国民间文学集成全国编辑委员会编《中国民间故事集成》（云南卷），北京：中国ISBN中心2003年版，第184~185页。

❹ [土家族] 天上白虎神与人间凡女结婚，生下7个儿女。

【流传】（无考）

【出处】《白虎神》，见中国各民族宗教与神话大词典编审委员会编《中国各民族宗教与神话大词典》，北京：学苑出版社1990年版，第586页。

## W2707.4.1
### 婚生7男

实例

(参见下级母题实例)

## W2707.4.1.1
### 洪水后父女婚生7男

【关联】[W2442] 父女婚生人

实例

[鄂温克族] 洪水后，幸存的一对父女婚生七个儿子。

【流传】嫩江流域

【出处】《父女同婚》，见姚宝瑄主编《中国各民族神话》（达斡尔族、鄂伦春族、鄂温克族、蒙古族），太原：山西出版传媒集团·书海出版社 2014 年版，第 124 页。

## W2707.4.2
### 婚生 7 女

**实 例**

[彝族] 一对男女结婚后生 7 个姑娘。

【流传】（无考）

【出处】《虎氏族》，见云南省民族事务委员会编《彝族族文化大观》，昆明：云南民族出版社 1999 年版，第 325 页。

## W2707.4.2.1
### 兄妹婚生 7 女

**实 例**

❶ [白族] 洪水中幸存的兄妹结婚生 7 女。

【流传】云南省怒江、曲江一带勒墨人

【出处】阿鲁扒讲：《虎氏族的来历》，见云南省民间文学集成办公室《白族神话传说集成》，北京：中国民间文艺出版社 1986 年版，第 43 页。

❷ [白族（勒墨人）] 阿卜弟、阿仪娣兄妹结婚生 7 个女儿。

【流传】云南省·怒江（怒江傈僳族自治州）

【出处】吕大吉、何耀华主编：《中国各民族原始宗教资料集成》（彝族卷、白族卷、基诺族卷），北京：中国社会科学出版社 1999 年版，第 527 页。

❸ [彝族] 洪水后，幸存的一对兄妹婚生下七个姑娘。

【流传】（a）云南省·（楚雄彝族自治州）·大姚县·昙华乡

【出处】

（a）李申呼颇讲，郭恩九采录：《虎氏族》，见中国民间文学集成全国编辑委员会编《中国民间故事集成》（云南卷），北京：中国 ISBN 中心 2003 年版，第 225 页。

（b）同（a），见陶阳、钟秀编《中国神话》（中），北京：商务印书馆 2008 年版，第 570~575 页。

## W2707.4.3
### 兄妹婚生 5 男 2 女

**实 例**

[白族] 兄妹结婚，生 5 男 2 女。

【流传】（无考）

【出处】

（a）罗真堂，罗贵寿（白族）讲，尹国堂翻译，邓承礼搜集：《开天辟地传说》，载《山茶》1981 年第 4 期。

（b）《虎氏族》，见中国各民族宗教与神话大词典编审委员会编《中国各民族宗教与神话大词典》，北京：学苑出版社 1990 年版，第 20 页。

## W2707.5
### 感生 7 人

【关联】[W2230] 感生人

**实 例**

❶ [苗族] 女神吃了一位老人送给她的

红果，遂孕生7个孩子。

【流传】（无考）

【出处】《落天女的子孙》，见刘守华编《中国民间故事精选》，武汉：华中理工大学出版社1993年版，第30~34页。

❷ [瑶族] 一个女人得到仙人的7个仙桃后，生7娃。

【流传】湖南省·（永州市）·江华县（江华瑶族自治县）·大锡公社（大锡乡）

【出处】盘才坤讲：《兄妹成亲》，见湖南民委民族民间文学整理组编《民族民间文学资料》24集之《瑶族民间传说故事选》，1980年刻印本，第69页。

## W2707.6
### 卵生7子

【关联】[W2220] 卵生人

实 例

[朝鲜族] 以前，有一个卵生七子。

【流传】吉林省·（延边朝鲜族自治州）·汪清县、龙井县（龙井市）·仲安乡

【出处】黄玉善讲：《北斗七星》，见本州编《吉林省民间文学集成·延边朝鲜族自治州故事卷》（上），内部资料，1987年，第255页。

## W2708
### 产生8人

实 例

（参见下级母题实例）

## W2708.1
### 生8人

实 例

（参见下级母题实例）

## W2708.1.1
### 树生8人

【关联】[W2171] 树生人

实 例

[彝族] 天神之母蒲依造出的四棵树里发出婴儿的哭声。她撕开四棵树的树干，各跳出1对小人，一共是4男4女。

【流传】云南省·（楚雄彝族自治州）·永仁县

【出处】

（a）曲木阿石等讲，罗有能整理：《更资天神》，见云南省楚雄州文教局、云南省楚雄州民委会编《楚雄民间文学资料》，内部资料，1979年。

（b）同（a），见姚宝瑄主编《中国各民族神话》（羌族、彝族），太原：山西出版传媒集团·书海出版社2014年版，第178页。

## W2708.2
### 变化出8人

实 例

（参见下级母题实例）

## W2708.2.1
### 变化出 4 对男女

实例

[德昂族] 天上下来的 8 个神变成 4 对男女。
【流传】云南省
【出处】陶阳、牟钟秀著：《中国创世神话》，上海：上海人民出版社 2006 年版，第 158 页。

## W2708.3
### 婚生 8 人

实例

（参见下级母题实例）

## W2708.3.1
### 婚生 4 对男女

实例

❶ [傣族] 有 1 男 1 女婚生 4 男 4 女。
【流传】云南省三江并流一带
【出处】《南师巴塔麻竜帕萨傣》，见刀国栋著《傣族历史文化漫谭》，北京：民族出版社 1992 年版，第 1~2 页。

❷ [满族] 佛赫妈妈和乌申阔玛发婚生 4 男 4 女。
【流传】黑龙江省·（牡丹江市）·宁安县（宁安市）·江东（已撤销）·（江南朝鲜族满族乡）·缸窑村
【出处】关振川讲，傅英仁采录：《佛赫妈妈和乌申阔玛发》，见中国民间文学集成全国编辑委员会编《中国民间故事集成》（黑龙江卷），北京：中国ISBN 中心 2005 年版，第 13 页。

❸ [怒族] 大洪水后，只有阿铁（怒族男祖先名）夫妇幸存。他们生了 4 男 4 女。
【流传】云南省·怒江（怒江傈僳族自治州）·碧江县（已撤销，今属福贡县等）·（福贡县匹河怒族乡）·普乐村、果科村
【出处】
(a) 《碧江普乐、果科等村的神话传说》，见云南民族调查组怒江分组《碧江县一区老母登、普乐、知子罗三乡怒族族源和民族关系调查》，原载《怒族社会历史调查》，昆明：云南人民出版社 1981 年版，第 103~104 页。
(b) 同 (a)，见吕大吉、何耀华总主编《中国各民族原始宗教资料集成》（纳西族卷、羌族卷、独龙族卷、傈僳族卷、怒族卷），北京：中国社会科学出版社 2000 年版，第 902 页。

## W2708.3.1.1
### 兄妹婚生 4 对男女

实例

[怒族] 洪水后，幸存的阿铁（人名）兄妹婚生四男四女。
【流传】（无考）
【出处】
(a) 《祖先阿铁》，见毛星主编《中国少数民族文学》，长沙：湖南人民出

版社1983年版。

（b）同（a），见姚宝瑄主编《中国各民族神话》（门巴族、珞巴族、怒族、藏族），太原：山西出版传媒集团·书海出版社2014年版，第60页。

### W2708.3.1.2
### 龙凤胎兄妹婚生4对男女

实例

[佤族]龙凤胎"岗"和"里"两人成婚后，生下了"佤"（哥哥）和"万"（妹妹），"佤"和"万"长大成婚，一口气生下了四男四女。

【流传】云南省·（普洱市）·西盟佤族自治县、澜沧拉祜族自治县等地

【出处】毕登程、隋嘎编著：《司岗里——佤族创世史诗》，昆明：云南出版集团公司·云南人民出版社2009年版，第32~33页。

### W2708.3.1.3
### 树变成的女子婚生4对男女

【关联】[W2351.1]树变化为女子（树变成女子）

实例

[满族]柳树变成的佛赫婚生4对儿女。

【流传】黑龙江省·（牡丹江市）·宁安县·江东（江南朝鲜族满族乡）·缸窑村

【出处】关振川讲，傅英仁采录：《佛赫妈妈和乌申阔玛发》，见中国民间文学集成全国编辑委员会编《中国民间故事集成》（黑龙江卷），北京：中国ISBN中心2005年版，第13页。

### W2708.3.2
### 婚生8男

实例

（参见下级母题实例）

### W2708.3.2.1
### 盘古夫妻生8子

实例

[汉族]盘古兄妹结为夫妻后，生了八个孩子，取名东、南、西、北、东南、西南、西北、东北。

【流传】河南省·（南阳市）·桐柏县

【出处】姚义雨等讲，马卉欣搜集整理：《盘古兄妹》，载《民间文学》1986年第1期。

### W2708.3.3
### 婚生8女

实例

（实例待考）

### W2708.3.4
### 婚生7男1女

实例

[鄂温克族]以前，一对夫妻生了8个孩子，7男1女。这7个男孩变成后来的7个民族。

【流传】内蒙古自治区·（呼伦贝尔市）·额尔古纳旗（额尔古纳市）

【出处】《鄂温克社会历史调查报告》，呼和浩特：内蒙古人民出版社 1986 年版，第 243 页。

## W2709
### 产生 9 人
【汤普森】T586.1.3
【关联】［W2171］树生人

实例

（参见下级母题实例）

## W2709.1
### 造 9 人

实例

（实例待考）

## W2709.2
### 生 9 人

实例

（参见下级母题实例）

## W2709.2.1
### 植物生 9 人

实例

（参见下级母题实例）

## W2709.2.1.1
### 树生 9 人

【关联】［W2171］树生人

实例

［哈萨克族］天神腾格里让 9 个树枝生出 9 个人。

【流传】（无考）

【出处】热依曼：《突厥语民族原始树木崇拜与民族地区生态保护探析》，载《西北民族大学学报》2009 年第 3 期。

## W2709.2.1.2
### 葫芦生 9 人

【关联】［W2184］葫芦生人

实例

［阿昌族］遮帕麻和遮咪麻婚生的葫芦籽种出的葫芦里跳出来 9 个小娃娃。

【流传】（ab）云南省·（德宏傣族景颇族自治州）·梁河县

【出处】

（a）赵安贤讲，杨叶生、智克采录：《遮帕麻与遮米麻》，见中国民间文学集成全国编辑委员会编《中国民间故事集成》（云南卷），北京：中国 ISBN 中心 2003 年版，第 69 页。

（b）赵安贤讲述，杨叶生翻译，智克整理：《遮帕麻与遮米麻》，载《山茶》1981 年第 2 期。

（c）赵安贤讲，舟叶生译，智克整理：《遮帕麻与遮米麻》，见谷德明编《中国少数民族神话》，北京：中国民间文艺出版社 1987 年版，第 490 页。

（d）同（c），见陶立璠、赵桂芳等编《中国少数民族神话汇编》（开天辟地篇），中央民族学院少数民族古籍整理出版规划领导小组办公室印（未署时间），第 330 页。

## W2709.2.2
### 生 9 男

**实 例**

[纳西族] 太阳和月亮刚分家的时辰，有一个阿妈生了九个儿子。

【流传】云南省·丽江县（丽江市）

【出处】木丽春采集整理：《女人披羊皮的来历》，见木丽春编著《纳西族民间故事集》，昆明：云南人民出版社2007年版，第2页。

## W2709.2.2.1
### 始祖生 9 子

【关联】[W2143] 祖先生人

**实 例**

[壮族] 女始祖姆洛甲怀胎，一连生下九个男婴。

【流传】

(a) 广西壮族自治区·（百色市）·西林县·那佐乡·那来村

(b) 广西壮族自治区

【出处】

(a) 黄公受讲，岑护双采录翻译：《巨人夫妻》，见中国民间文学集成全国编辑委员会编《中国民间故事集成》（广西卷），北京：中国 ISBN 中心2001年版，第55~60页。

(b) 黄公受讲，岑护双采录翻译：《巨人夫妻——姆洛甲与布洛陀》，原载中国民间文学集成全国编辑委员会编《中国民间故事集成》（广西卷），北京：中国 ISBN 中心 2001 年版，见陶阳、钟秀编《中国神话》（中），北京：商务印书馆2008年版，第659~667页。

## W2709.2.2.2
### 人一胎生 9 子

【关联】[W2727.3] 九胞胎

**实 例**

[白族] 摩妮差（女子名，白王的母亲）一胎生下了九个儿子。

【流传】云南省·大理（大理白族自治州）·巍山（巍山彝族回族自治县）

【出处】黑明星讲，马福民等搜集整理：《白王的传说》，见中华民族故事大系编委会编《中华民族故事大系》第5卷（瑶族、白族、土家族），上海：上海文艺出版社1995年版，第331页。

## W2709.2.2.3
### 树生 9 子

**实 例**

[哈萨克族] 一棵大树生了9子。

【流传】（无考）

【出处】《新疆社会科学》（哈文版）1992年第4期。

## W2709.2.3
### 生 9 女

**实 例**

[哈尼族] 大神阿匹梅烟生了9天，生出9个姑娘。

【流传】云南省·（红河哈尼族彝族自治州）·元阳（元阳县）·攀枝花（攀枝花区）·洞铺寨

【出处】朱小和讲：《永生不死的姑娘》，见中国民间文学集成全国编辑委员会编《中国民间故事集成》（云南卷），北京：中国ISBN中心2003年版，第130~132页。

## W2709.2.4
### 生8男1女

【关联】［W2797.3.3.6a］感生8男1女

实 例

［参见下级母题实例］

## W2709.2.4.1
### 神生8男1女

【关联】［W2797.3.3］男多女少

实 例

❶［土家族］卵玉娘娘怀孕三年六个月，生下8男1女。

【流传】（无考）

【出处】杨昌鑫：《土家族风俗志》，北京：中央民族学院出版社1989年版，第10~12页。

❷［瑶族］密洛陀（女神名）生的九个孩子中只有一个女孩，那就是老七花密样。

【流传】广西壮族自治区·（河池市）·都安瑶族自治县江水河一带瑶族地区

【出处】《密洛陀创世》，蓝田根据莎红整理的《密洛陀》和潘泉脉整理的《密洛陀》两部不同版本的长诗《密洛陀》改写，见姚宝瑄主编《中国各民族神话》（土家族、毛南族、侗族、瑶族），太原：山西出版传媒集团·书海出版社2014年版，第174页。

## W2709.3
### 婚生9人

【关联】［W2797.3.3.4c］婚生5男4女

实 例

［傈僳族］南瓜中出来的两姐弟成婚，生9人。

【流传】四川省·（凉山彝族自治州）·德昌县

【出处】谷万才讲：《人类的起源》，见中国民间文学集成全国编辑委员会编《中国民间故事集成》（四川卷·下），北京：中国ISBN中心1998年版，第1432~1435页。

## W2709.3.1
### 婚生9男

实 例

（参见下级母题实例）

## W2709.3.1.1
### 人与天女婚生9男

【关联】［W2416.1］人与天女婚生人

**实例**

[羌族] 天女木姐是天神木比塔的三姑娘，与羌族青年斗安珠成婚，生了九弟兄。

【流传】（无考）

【出处】林朝山讲，白明整理：《木姐天女的女儿》，见姚宝瑄主编《中国各民族神话》（羌族、彝族），太原：山西出版传媒集团·书海出版社 2014 年版，第 5 页。

## W2709.3.1.2
### 兄妹婚生 9 男

【关联】[W2436] 兄妹婚生人

**实例**

❶ [仡佬族] 洪水后，幸存的阿仰兄妹结婚，生了 9 个儿子。

【流传】贵州省·（毕节市）·黔西（黔西县）、织金县

【出处】赵云周等九人讲，李道等十人搜集，罗懿群执笔整理：《阿仰兄妹制人烟》，载《南风》1983 年第 3 期。

❷ [仡佬族] 阿仰与妹妹结婚，生了 9 个儿子。

【流传】贵州省·六圭河畔，（六盘水市）·水城特区（水城县）·蟠龙（蟠龙镇）

【出处】

（a）赵银同讲：《阿仰兄妹制人烟》，见中国各民族宗教与神话大词典编审委员会编《中国各民族宗教与神话大词典》，北京：学苑出版社 1990 年版，第 154 页。

（b）《阿仰兄妹制人烟》，见中国民间文学集成全国编辑委员会编《中国民间故事集成》（贵州卷），北京：中国 ISBN 中心 2003 年版，第 54～57 页。

（c）赵云同等讲，罗懿群整理：《阿仰兄妹制人烟》，见刘江华编《中国神话故事》（天、地、人物卷），北京：中国世界语出版社 1999 年版，第 168～175 页。

❸ [拉祜族] 兄妹结婚生 9 子，形成不同民族。

【流传】云南省

【出处】刘辉豪整理：《一娘生九子》，见中国各民族宗教与神话大词典编审委员会编《中国各民族宗教与神话大词典》，北京：学苑出版社 1990 年版，第 375 页。

## W2709.3.2
### 婚生 9 女

**实例**

（实例待考）

## W2709.4
### 感生 9 人

【关联】[W2230] 感生人

**实例**

（参见下级母题实例）

## W2709.4.1
### 感生 9 子

**实例**

❶ [白族] 黄龙潭边，住着一个叫摩妮

蔷的姑娘。黄龙变成年轻男子来同她睡觉，姑娘有了身孕，生下9个儿子。

【流传】云南省·保山县（保山市，古称永昌）·易罗（不详，疑为隆阳区城西南易罗池一带）·丛村（不详）

【出处】

（a）《白王的传说》，见中国各民族宗教与神话大词典编审委员会编《中国各民族宗教与神话大词典》，北京：学苑出版社1990年版，第20页。

（b）《白王》，http://history.1001n.com.cn

❷ ［白族］女子寻夫时，见江中有木，逆流而上，惊迷若梦，见一美男子，乃黄龙所化，夜至房中，因而怀孕，后生9子。

【流传】云南省·金齿·龙泉村（具体归属不详）

【出处】《白国因由》卷一《天生细奴罗主白国》第七。

❸ ［白族］一位姑娘撞到了洪水中的一个柏树根，孕生9子。

【流传】（a）云南省·大理（大理白族自治州）

【出处】

（a）《白王打天下》，见中国社会科学院云南少数民族文学研究所等编《云南少数民族文学资料》第1辑，内部编印，1980年，第232页。

（b）《白王打天下》，见田兵等编《中国少数民族神话论文集》，南宁：广西民族出版社1984年版，第193页。

## W2709.5
## 卵生9人

【关联】［W2220］卵生人

实 例

［苗族］太阳之母孵太古出现的蛋，孵出了9个孩子。

【流传】贵州省

【出处】［俄］李福清：《神话与鬼话——台湾原住民神话故事比较研究》（增订本），北京：社会科学文献出版社2001年版，第96页。

## W2710
## 产生10人

实 例

（参见下级母题实例）

## W2710.1
## 造10人

实 例

（实例待考）

## W2710.2
## 生10人

实 例

（参见下级母题实例）

## W2710.2.1
## 婚生的皮口袋中生10子

【关联】［W2642.1］生皮口袋

> 实 例

[白族] 兄妹婚生的一个狗皮口袋内有10个儿子。
【流传】云南省·（大理白族自治州）·洱源县
【出处】杨国政讲，杨亮才记录整理：《天地起源》，见谷德明编《中国少数民族神话》，北京：中国民间文艺出版社1987年版，第293页。

## W2710.3
### 婚生10人

> 实 例

[鄂温克族] 人世上的第一对夫妻生了10个孩子。
【流传】内蒙古自治区
【出处】白杉整理：《人类和不同种族的起源》，见中国民间文学集成全国编辑委员会编《中国民间故事集成》（宁夏卷），北京：中国ISBN中心2007年版，第18页。

## W2710.3.1
### 婚生10个男女

> 实 例

[汉族] 盘古兄妹二人成亲三十载，生下男女十个人。
【流传】（无考）
【出处】陶阳根据《黑暗传》资料重述：《盘古老祖是龙之子》，见陶阳、钟秀编《中国神话》（中），北京：商务印书馆2008年版，第539~540页。

## W2710.3.1.1
### 兄妹婚30年生下10个男女

> 实 例

[汉族]（实例待考）

## W2710.3.1.2
### 人与猴婚生5对男女

【关联】[W2455] 人与猴婚生人

> 实 例

❶ [鄂伦春族] 老妈妈与一只公猴结为夫妇，生下5对男女。
【流传】（无考）
【出处】*《猴子育人的传说》，见佟德富《中国少数民族原始意识与哲学宇宙观之萌芽》，载《中央民族大学学报》1995年第4期。

❷ [鄂温克族] 老妈妈与一只公猴婚配生5对男女。
【流传】（无考）
【出处】佟德富：《中国少数民族原始意识与哲学宇宙观之萌芽》，载《中央民族大学学报》1995年第4期。

## W2710.3.2
### 婚生10男

> 实 例

（参见下级母题实例）

## W2710.3.2.1
### 姐弟婚生10子

> 实 例

[满族] 姐弟俩成亲后，姐姐生了10个

孩子。

【流传】辽宁省·（鞍山市）·岫岩县（岫岩满族自治县）·城南蓝旗堡子

【出处】

（a）李成明讲，张其卓采录：《人的来历》，见中国民间文学集成全国编辑委员会编《中国民间故事集成》（辽宁卷），北京：中国 ISBN 中心 1994 年版，1994，第 10 页。

（b）《人的来历》，见满都呼主编《中国阿尔泰语系诸民族神话故事》，北京：民族出版社 1997 年版，第 25 页。

## W2710.3.2.2
### 人与狐狸婚生 10 子

【关联】[W2459.1] 人与狐狸婚生人

实 例

[鄂温克族] 狐狸与房主人结婚，生 10 子。

【流传】（无考）

【出处】《鄂温克族社会历史调查报告》，呼和浩特：内蒙古人民出版社 1986 年版，第 243 页。

## W2710.3.2.3
### 星星婚生 10 子

【关联】[W2487.4] 星星婚生人

实 例

[仡佬族] 女星下凡与楼星下凡后成婚，生 10 子。

【流传】贵州省·（遵义市）·遵义县·平正乡

【出处】陈保和讲：《十弟兄》，见中国民间文学集成全国编辑委员会编《中国民间故事集成》（贵州卷），北京：中国 ISBN 中心 2003 年版，第 64~65 页。

## W2710.4
### 卵生 10 人

【关联】[W2759.10.3.1] 卵生 5 对男女

实 例

❶ [畲族] 盘哥、云囡兄妹婚生肉蛋，肉蛋抛到地上后变成 5 男 5 女。

【流传】（无考）

【出处】蓝石女、钟伟琪等口述，唐宗龙记录：《桐油火和天洪》，见《畲族民间故事》，杭州：浙江人民出版社 1979 年版。

❷ [畲族] 兄妹婚生的卵中生出 5 对男女。

【流传】浙江省·丽水（丽水市）

【出处】唐宗龙等整理：《盘石郎》，见中华民族故事大系编委会编《中华民族故事大系》第 8 卷（畲族、高山族、拉祜族），上海：上海文艺出版社 1995 年版，第 94 页。

## W2711
### 人刚产生时数量很少

【关联】[W2728.0] 以前人很少

实 例

❶ [佤族] 人刚从地洞中出来时，数量很少。

【流传】云南省

【出处】潘春辉整理：《我们是怎样生存

到现在的》，见谷德明编《中国少数民族神话》，北京：中国民间文艺出版社1987年版，第382页。

❷ [汉族] 开天辟地以后，世上人口很少。

【流传】上海市·虹口区

【出处】靳立五讲，达庆祺等采录：《玉米为啥叫珍珠米》，见中国民间文学集成全国编辑委员会编《中国民间故事集成》（上海卷），北京：中国ISBN中心2007年版，第557页。

## W2712

### 产生多人①

【汤普森】T586

【关联】[W2310.2] 一人化生多人

实　例

[畲族] 盘古身上的许许多多小虫，经过风吹雨打，变成了千千万万的人。

【流传】畲族地区

【出处】《盘古》，钟后根据畲族蓝国运、蓝国根：《畲族古老神话传说及人物》改写，见姚宝瑄主编《中国各民族神话》（高山族、黎族、畲族），太原：山西出版传媒集团·书海出版社2014年版，第84页。

## W2712.1

### 生多人

【汤普森】T586.1

实　例

[布朗族] 昔有大葫芦，内盛多人。

【流传】云南省

【出处】

（a）袁珂编著：《中国神话传说词典》，上海：上海辞书出版社1985年版，第321页。

（b）中央民族学院少数民族文艺研究所编：《中国民族民间文学》（上），北京：中央民族学院出版社1987年版，第55页。

（c）http：//history.1001n.com.cn，2004.02.29。

## W2712.2

### 生无数人

实　例

（参见下级母题实例）

## W2712.2.1

### 生无数男女

实　例

[高山族（雅美）] 2个女神捡地上的石头挟在腋下，石头中出现了许多男女。

【流传】台湾 Iralai 社

【出处】许世珍：《台湾高山族的始祖创生传说》，载《民族学研究所集刊》

---

① 产生多人，关于人产生的数量在神话叙事中非常复杂，除常见的一些惯用数字之外，其他一些数字难以考察其典型性或文化含义，并且不同的数字又往往与人类产生的不同方式相联系，如"造人"、"生人"、"变化为人"等相联系。本书只选取其中一些具有母题意义的人的产生数量作为示例。

1955 年第 2 期。

## W2712.2.1.1
### 竹子与蛇生无数男女

**实例**

[彝族] 竹子和蛇被太阳晒裂后，分别生出无数的男人和女人。

【流传】（a）云南省·（大理白族自治州）·祥云县

【出处】

（a）鲁文珍讲，鲁顺祥采录：《葫芦里出来的人》（1986），见中国民间文学集成全国编辑委员会编《中国民间故事集成》（云南卷），北京：中国 ISBN 中心 2003 年版，第 162 页。

（b）同（a），见陶阳、钟秀编《中国神话》（上），北京：商务印书馆 2008 年版，第 492~495 页。

## W2712.3
### 造无数人

**实例**

（参见下级母题实例）

## W2712.3.1
### 女娲造无数人

【关联】[W2065] 女娲造人

**实例**

[汉族] 女娲抟黄土作人，剧务，力不暇供，乃引绳于泥中，举以为人。

【流传】（无考）

【出处】《太平御览》卷七十八引《风俗通义》。

## W2712.3.1.1
### 女娲造无数男女

**实例**

（实例待考）

## W2713
### 产生 36 人

**实例**

（参见下级母题实例）

## W2713.1
### 造 36 人

**实例**

[汉族] 女娲用黄泥揉捏了 36 个人。

【流传】浙江省·（金华市）·东阳县（东阳市）

【出处】申屠荷兰讲：《女娲造人》，载《民间文学》1986 年第 11 期。

## W2713.2
### 婚生 36 人

**实例**

[彝族] 仙女六姊妹，与人间的笃慕（祖先名）结成夫妻，婚生一女。女生六子，六子又生六六三十六人。

【流传】云南省·（普洱市）·江城（江城哈尼族彝族自治县）

【出处】白金恒等翻译，白生福等整理：《洪水连天》，见云南省少数民族古籍整理出版规划办公室编《洪水泛滥》，昆明：云南民族出版社1987年版，第36页。

## W2713.2.1
### 兄妹婚生18对男女

**实例**

[汉族] 盘古开天辟地后，伏羲、女娲兄妹婚生18对子女。

【流传】江苏省·常州（常州市）

【出处】杨利慧：《女娲的神话与信仰》，北京：中国社会科学出版社1997年版，第39~40页。

## W2713.3
### 天降18对男女

【关联】[W2025] 人从天降（天降人）

**实例**

[蒙古族] 从天而降18对男女。

【流传】（无考）

【出处】陈岗龙、乌日古木勒：《蒙古民间文学》，银川：宁夏人民出版社2008年版，第44页。

## W2714
### 产生72人

**实例**

[汉族] 12地支按字向前推，生出两口子和72个男女。

【流传】湖北省·丹江口市·（六里坪镇）·狮子沟（狮子沟村）

【出处】葛朝荣讲：《风云雷雨雾的来历》，见中国民间文学集成全国编辑委员会编《中国民间故事集成》（湖北卷），北京：中国ISBN中心1999年版，第25~26页。

## W2714.1
### 天降72人

【关联】[W2025] 人从天降（天降人）

**实例**

（参见下级母题实例）

## W2714.1.1
### 天降36对男女

**实例**

（参见下级母题实例）

## W2714.1.1.1
### 玉皇最早派到地上36对男女

**实例**

[布依族] 玉皇最早派到地上的人有了36对男女。

【流传】贵州省·贵阳市

【出处】陈素兰讲，张羽超等搜集，夏云昆整理：《开天辟地》，见中华民族故事大系编委会编《中华民族故事大系》第3卷（彝族、壮族、布依族），上海：上海文艺出版社1995年版，第688页。

## W2714.2
### 生72人

**实例**

（实例待考）

## W2714.3
### 婚生 72 人

**实 例**

(参见下级母题实例)

## W2714.3.1
### 祖先婚生 72 人

【关联】［W2409］祖先婚生人

**实 例**

［汉族］最早的人是两口子，有儿子女子 72 个。

【流传】湖北省·丹江口市·（六里坪镇）·狮子沟（狮子沟村）

【出处】葛朝荣讲·李征康采录：《风云雷雨雾的来历》，见中国民间文学集成全国编辑委员会编《中国民间故事集成》（湖北卷），北京：中国 ISBN 中心 1999 年版，第 25 页。

## W2714.3.1.1
### 祖先婚生 36 胎 72 人

**实 例**

［回族］人祖阿丹和好娲（b 为"海尔玛"）一共生了 36 胎 72 人。

【流传】（a）黑龙江省·（牡丹江市）·绥芬河市

【出处】
(a) 杨明岱讲，周爱民采录：《阿丹人祖》，见中国民间文学集成全国编辑委员会编《中国民间故事集成》（黑龙江卷），北京：中国 ISBN 中心 2005 年版，第 20 页。

(b)《阿丹和海尔玛》，见谷德明编《中国少数民族神话》，北京：中国民间文艺出版社 1987 年版，第 713 页。

## W2714.4
### 感生 72 人

【关联】［W2230］感生人

**实 例**

(参见下级母题实例)

## W2714.4.1
### 感生 36 对男女

**实 例**

❶ ［白族］植祖（女子名，一个孤老妈妈）感人王公和人王婆的生殖器后，生下了三十六对男女娃娃。

【流传】云南省·（大理白族自治州）·鹤庆县·朵美乡

【出处】鹤庆县民间文学集成办公室编：《石家什》，载《鹤庆民间故事集成》，昆明：云南人民出版社 1989 年版，第 30～32 页。

❷ ［白族］世界上只死不生，只剩下一个孤老妈妈感生 36 对儿女。

【流传】云南省·（大理白族自治州）·鹤庆县·朵美乡·朵美街

【出处】彭独豹讲，鹤庆县集成办公室采录：《石家什》，见中国民间文学集成全国编辑委员会编《中国民间故事集成》（云南卷），北京：中国 ISBN 中心 2003 年版，第 233 页。

## W2715
### 产生 99 人

**实例**

[汉族] 盘古和盘古姐姐弟成婚，生的大血痂剁成 99 块变成了 99 人。

【流传】江西省·（吉安市）·万安县·潞田乡

【出处】郭隆士讲：*《伏羲和女娲》，见中国民间文学集成全国编辑委员会编《中国民间故事集成》（江西卷），北京：中国 ISBN 中心 2002 年版，第 10~11 页。

## W2716
### 产生 100 人

【关联】［W6840］百家姓的产生

**实例**

（参见下级母题实例）

## W2716.1
### 造 100 人

【关联】［W2030］人是造出来的（造人）

**实例**

（参见下级母题实例）

## W2716.1.1
### 女娲造 50 对男女

【关联】［W2065］女娲造人

**实例**

[汉族] 女娲造了 50 对人。

【流传】山西省·（阳泉市）·平定县·（锁簧镇）·东锁簧村

【出处】朱翠兰讲，冯富国采录：《兄妹神婚与东西磨山》，见中国民间文学集成全国编辑委员会编《中国民间故事集成》（山西卷），北京：中国 ISBN 中心 1999 年版，第 12 页。

## W2716.2
### 生 100 人

**实例**

（实例待考）

## W2716.2.1
### 神生 100 人

【关联】［W2131］神生人

**实例**

[哈尼族] 天神塔婆生百人。

【流传】云南省

【出处】刘辉豪等整理：《奥色密色》，载《山茶》1980 年第 3 期。

## W2716.3
### 变成 100 人

**实例**

[白族] 兄妹婚生的肉坨坨，分成 100 块，变成 100 人。

【流传】云南省·（大理白族自治州）·洱源（洱源县）

【出处】杨育凡记录：《兄妹成亲和百家姓的由来》，见云南省民间文学集成办公室编《白族神话传说集成》，北京：中国民间文艺出版社 1986 年版，第 32～34 页。

## W2716.3.1
### 变成 50 对男女

实例

（参见下级母题实例）

## W2716.3.1.1
### 树叶变成 50 对男女

【关联】[W2353] 树叶变化为人（树叶变成人）

实例

[德昂族] 一百片树叶变成一百个人，其中有五十个男人，五十个女人。

【流传】云南省·保山县（保山市）

【出处】李仁光、姚世清讲，杨玉骧搜集整理：《百片树叶百个人》，载《山茶》1985 年第 6 期。

## W2716.4
### 婚生 100 人

实例

（参见下级母题实例）

## W2716.4.1
### 兄妹婚生 100 人

【关联】[W2436] 兄妹婚生人

实例

[汉族] 兄妹婚后，妹妹三天之内生了 100 胎。

【流传】陕西省·（延安市）·延川县

【出处】白平搜集整理：《老君爷留世界》，见延川县民间文学征集办公室编《民间文学选编》，内部编印，1984 年，第 91 页。

## W2716.4.1.1
### 伏羲兄妹婚生 100 人

【关联】
① [W2412.5] 伏羲兄妹婚生人
② [W2703.2.1] 伏羲兄妹婚生 3 人

实例

[汉族] 伏羲和他的妹子生 100 个小孩。

【流传】江苏省·（镇江市）·句容县（句容市）·宝华乡

【出处】唐房玲讲：《伏羲造鱼网》，见中国民间文学集成全国编辑委员会编《中国民间故事集成》（江苏卷），北京：中国 ISBN 中心 1998 年版，第 6～7 页。

## W2716.4.1.2
### 兄妹婚一次生 100 人

实例

[汉族] 一夫人怀孕几百年，生一双儿女。这对儿女成婚，一次生 100 个孩子。

【流传】山西省·（临汾市）·吉县

【出处】落永恩讲：《人祖山的来历》，见中国民间文学集成全国编辑委员会编《中国民间故事集成》（山西卷），北京：中国 ISBN 中心 1999 年版，第 15～17 页。

## W2716.4.2
### 姐弟婚生100人

【关联】［W2441］姐弟婚生人

实例

［汉族］天火油雨毁灭人类后，观音娘娘劝姐弟婚后，生100个孩子。

【流传】浙江省·（杭州市）·淳安县·文昌乡·大坞里村

【出处】罗长珠讲，何如军记录整理：《人的祖宗是两姐弟》，见浙江省淳安县民间文学征集办公室编《中国民间文学集成·浙江省杭州市淳安县故事、歌谣、谚语卷》，内部编印，1988年，第8页。

## W2716.5
### 感生100人

【关联】［W2230］感生人

实例

（实例待考）

## W2716.6
### 卵生100人

【关联】［W2220］卵生人

实例

（参见下级母题实例）

## W2716.6.1
### 婚生的卵生100人

【关联】［W2610.3］婚生卵

实例

（参见下级母题实例）

## W2716.6.1.1
### 伏羲女娲兄妹婚生的卵生100人

【关联】［W2610.3.3.1］伏羲女娲兄妹婚生卵

实例

❶［汉族］伏羲女娲兄妹结婚生一肉球，炸出50对男女。

【流传】湖北省·（荆州市）·江陵县·纪南乡

【出处】杨士景讲：《女娲配伏羲》，见中国民间文学集成全国编辑委员会编《中国民间故事集成》（湖北卷），北京：中国ISBN中心1999年版，第10~11页。

❷［汉族］伏羲女娲婚生大肉蛋，用菅草剖后，蛋中跳出100人。

【流传】河北省·（石家庄市）·新乐县（新乐市）

【出处】刘戊戌讲：《洪水漫世》，见中国民间文学集成全国编辑委员会编《中国民间故事集成》（河北卷），北京：中国ISBN中心2003年版，第20~21页。

## W2716a
### 产生100多人

实例

（参见下级母题实例）

### W2716a.1
### 产生 103 人

实 例

[德昂族] 葫芦口被炸开了，里面的 103 人就走了出来。

【流传】云南省·保山县（保山市）
【出处】李仁光、姚世清讲，杨玉骧搜集整理：《百片树叶百个人》，载《山茶》1985 年第 6 期。

### W2717
### 产生 200 人

实 例

### W2717.1
### 造 200 人

实 例

[汉族] 娘娘捏成 100 对男女。

【流传】山西省·太原市
【出处】李连生讲：《娘娘捏人》，见中国民间文学集成全国编辑委员会编《中国民间故事集成》（山西卷），北京：中国 ISBN 中心 1999 年版，第 7~8 页。

### W2717.2
### 婚生 200 人

实 例

（参见下级母题实例）

### W2717.2.1
### 兄妹婚生 200 人

实 例

[汉族] 盘古和妹妹结婚，生 2 个肉疙瘩，割开后跳出 100 个小姑娘和 100 个胖小子。

【流传】河南省·济源市·邵源村（邵源镇）
【出处】冯太花讲：《生百男百女》，见济源市邵原镇人民政府、济源邵州文化教育研究会编《济源邵原创世神话群》，郑州：河南人民出版社 2008 年版，第 6 页。

### W2717.2.2
### 姐弟婚生 200 人（姐弟婚后造 200 人）

实 例

❶ [汉族] 女娲伏羲姐弟结婚，姐弟捏泥人，女娲捏 100 个女的，弟弟捏 100 男的。

【流传】河南省
【出处】张楚北等搜集整理：《龟为媒》，见张楚北编《中原神话》，郑州：海燕出版社 1988 年版，第 19~20 页。

❷ [汉族] 女娲和她的弟弟成婚，女娲用泥捏 100 女，弟弟捏 100 男，成活后婚配繁衍人类。

【流传】广东省·（江门市）·开平县（开平市）

【出处】黎奕稳讲：《女娲姐弟》，见中国民间文学集成全国编辑委员会编《中国民间故事集成》（广东卷），北京：中国 ISBN 中心 2006 年版，第 6~7 页。

## W2717.3
### 卵生 200 人

实 例

[壮族] 天上刮下的风吹爆兄妹婚生的血球中出现 100 对男女。

【流传】广西壮族自治区·（崇左市）·龙州（龙州市）

【出处】谭世宏讲：《兄妹再造人类》，见张声震总主编，农冠品编注《壮族神话集成》，南宁：广西民族出版社 2007 年版，第 321~322 页。

## W2718
### 产生 360 人

实 例

（参见下级母题实例）

## W2718.1
### 造 360 人

实 例

## W2718.1.1
### 女娲造 360 人

【关联】[W2065] 女娲造人

实 例

[汉族] 女娲一共捏了 360 个泥人。

【流传】
（a）河南省·（驻马店市）·汝南县·老君庙乡·王庄
（b）浙江省·（金华市）·东阳县（东阳市）·青联乡·雅坑村

【出处】
（a）丁李氏讲，丁国运采录：《女娲造人》，见中国民间文学集成全国编辑委员会编《中国民间故事集成》（河南卷），北京：中国 ISBN 中心 2001 年版，第 19 页。
（b）申屠和兰讲，周耀明采录：《女娲造人》，见中国民间文学集成全国编辑委员会编《中国民间故事集成》（浙江卷），北京：中国 ISBN 中心 1997 年版，第 39 页。

## W2718.2
### 生 360 人

实 例

（参见下级母题实例）

## W2718.2.1
### 孕生 360 人

【关联】[W2614.1.1] 女子孕生 360 个小石人

实 例

[白族] 一个怀孕多年的妇女生的 360 个小石人，繁衍人类。

【流传】云南省·（大理白族自治州）·洱源县·茈碧乡·官营村

【出处】王承权调查整理：《洱源官营白族离家乡求平安祭》（1988），见吕大吉、何耀华总主编《中国各民族原始宗教资料集成》（彝族卷、白族卷、基诺族卷），北京：中国社会科学出版社1996年版，第729页。

## W2719
### 产生其他数量的人

实例

（参见下级母题实例）

## W2719.1
### 产生11人

实例

[蒙古族] 霍里土默特（人名）与天空飞来的九个仙女中的九女结婚，过起安宁的日子，生育11个儿子。

【流传】（无考）

【出处】乌恩奇编译：《霍里土默特》，见《蒙古民间故事精粹》（蒙古文），转引自中国民间文学集成全国编辑委员会编《中国民间故事集成》（宁夏卷），北京：中国ISBN中心2007年版，第42页。

## W2719.2
### 产生12人

实例

（参见下级母题实例）

## W2719.2.1
### 婚生6对男女

【关联】[W2727.5.3] 一胎6对男女

实例

[汉族] 盘瓠与一女子婚生6男6女。

【流传】太行山一带

【出处】[南朝] 范晔：《后汉书》卷一一六。

## W2719.2.1.1
### 人与仙女婚生6对男女

【关联】[W2416.1.5] 人与仙女婚生人

实例

[彝族] 三个仙女与笃慕（洪水后幸存者，彝族祖先名）婚后生6对子女。

【流传】云南省·（玉溪市）·新平（新平彝族傣族自治县）

【出处】普学旺搜集翻译：《洪水泛滥史》，见云南省少数民族古籍整理出版规划办公室编《洪水泛滥》，昆明：云南民族出版社1987年版，第68～69页。

## W2719.2.1.2
### 兄妹婚生6对男女

【关联】[W2436] 兄妹婚生人

实例

❶ [高山族（阿美）] 兄妹婚生6男6女，繁衍的各部落中阿美人被系谱化统称"木曰传人"。

【流传】（无考）

【出处】《木曰传人》，见中国各民族宗教与神话大词典编审委员会编《中国各民族宗教与神话大词典》，北京：学苑出版社1990年版，第145页。

❷ [瑶族] 洪水后，兄妹结婚生6男6女。

【流传】广东省·（清远市）·连山县（连山壮族瑶族自治县）·三水公社（三水镇）

【出处】赵添才讲：《太阳与月亮》，见中国民间文学集成全国编辑委员会编《中国民间故事集成》（广东卷），北京：中国ISBN中心2006年版，第6页。

## W2719.2.1.3
### 人与犬婚生6对男女

【关联】[W2458] 人与犬婚生人（人与狗婚生人）

实例

❶ [瑶族] 盘瓠（龙犬）和三公主在南京十宝殿生下六男六女。

【流传】（a）广西壮族自治区·（来宾市）·金秀县（金秀瑶族自治县）·六巷乡·古陈村

【出处】
（a）盘振松、盘日新讲，王矿新、刘保元采录翻译：《盘瓠王》（1979），见中国民间文学集成全国编辑委员会编《中国民间故事集成》（广西卷），北京：中国ISBN中心2001年版，第93页。

（b）同（a），见陶阳、钟秀编《中国神话》（中），北京：商务印书馆2008年版，第541~546页。

❷ [瑶族] 盘护王（龙犬）和公主在南京十宝殿共生了六男六女。

【流传】广西壮族自治区·（来宾市）·金秀瑶族自治县

【出处】
（a）盘日新、盘振松、黄金贵、黄元林、赵成庆讲，王矿新、苏胜兴、刘保元搜集整理：《过山瑶的来历》，见陶立璠、李耀宗编《中国少数民族神话传说选》，成都：四川民族出版社，1985年版。

（b）同（a），见姚宝瑄主编《中国各民族神话》（土家族、毛南族、侗族、瑶族），太原：山西出版传媒集团·书海出版社2014年版，第210页。

❸ [瑶族] 盘瓠（犬）和公主在南京十宝殿共生了六男六女。

【流传】广西壮族自治区·（来宾市）·金秀（金秀瑶族自治县）

【出处】盘日新等讲，王矿新等搜集整理：《盘王的传说》，见中华民族故事大系编委会编《中华民族故事大系》第5卷（瑶族、白族、土家族），上海：上海文艺出版社1995年版，第5~10页。

## W2719.2.1.4
### 女始祖与石头婚生6对男女

【关联】[W2483.1] 人与石婚生人

实例

[纳西族] 女始祖阿斯与洞里酷似男人的石头相亲怀孕，生6男6女。

【流传】（无考）

【出处】《埃姑命》，见云南省民族事务委员会编《纳西族文化大观》，昆明：云南民族出版社 1999 年版，第 327 页。

## W2719.2.2
### 生 12 男

**实 例**

（实例待考）

## W2719.2.3
### 生 12 女

**实 例**

（参见下级母题实例）

## W2719.2.3.1
### 女祖先生 12 女

【关联】［W2143.1］女祖先生人

**实 例**

〖瑶族（布努）〗密洛陀（万物之母，女始祖，女神）生 12 个女孩。

【流传】广西壮族自治区·（河池市）·都安县（都安瑶族自治县）、巴马县（巴马瑶族自治县）、南丹县，（百色市）·田东县、平果县等地

【出处】桑布郎等传，蒙凤标（83 岁）、罗仁祥（73 岁）等唱：《密洛陀》（1983），见蓝怀昌、蓝书京、蒙通顺搜集翻译整理《密洛陀》，北京：中国民间文艺出版社 1988 年版，第 306 页。

## W2719.2.4
### 感生 6 对男女

【关联】［W2230］感生人

**实 例**

〖纳西族（摩梭）〗摩梭人的老祖宗昂姑咪阿斯最早产生，她一胎生下了六个女娃、六个男娃。

【流传】云南省·（丽江市）·宁蒗县（宁蒗彝族自治县）

【出处】桑直若史、益依关若讲，章天钖、章天铭搜集，章虹宇整理：《昂姑咪》，载《山茶》1986 年第 3 期。

## W2719.2.5
### 怪胎化生 12 人

【关联】［W2381.1］怪胎化生人

**实 例**

〖苗族〗兄妹婚生的一团肉坨坨，砍碎分成 12 份，撒到山岭后，经风吹日晒雨淋，变成 12 个人。

【流传】广西壮族自治区·（柳州市）·融水苗族自治县

【出处】

（a）杨达香讲，梁彬搜集整理：《创世纪》（六、再造世人，接烟接烛），见梁彬、王天若编《苗族民间故事选》，南宁：广西人民出版社 1986 年版。

（b）同（a），见姚宝瑄主编《中国各民族神话》（布依族、仡佬族、苗族），太原：山西出版传媒集团·书海出版社 2014 年版，第 220 页。

## W2719.3
### 产生 14 人

**实 例**

（参见下级母题实例）

## W2719.3.1
### 婚生 7 对男女

实 例

（参见下级母题实例）

## W2719.3.1.1
### 兄妹婚生 7 对男女

【关联】［W2436］兄妹婚生人

实 例

❶［怒族］洪水后，幸存的兄妹结为夫妻，生下七男七女。

【流传】（无考）

【出处】

（a）《射太阳月亮》，见毛星主编《中国少数民族文学》，长沙：湖南人民出版社 1983 年。

（b）同（a），见姚宝瑄主编《中国各民族神话》（门巴族、珞巴族、怒族、藏族），太原：山西出版传媒集团·书海出版社 2014 年版，第 60 页。

❷［怒族］洪水后，天上下来的腊普和亚妞兄妹结婚，生育了七个子女。

【流传】云南省

【出处】

（a）赛阿局讲，吴广甲记录，光付益翻译，陈荣祥整理：《腊普和亚妞》，载《山茶》1983 年第 3 期。

（b）同（a），见姚宝瑄主编《中国各民族神话》（门巴族、珞巴族、怒族、藏族），太原：山西出版传媒集团·书海出版社 2014 年版，第 58 页。

❸［彝族］兄妹婚生七对男女配成七家。

【流传】云南省·（昆明市）·路南（石林彝族自治县）

【出处】李春富翻译，赵光汉整理：《洪水滔天史》，见云南省少数民族古籍整理出版规划办公室编《洪水泛滥》，昆明：云南民族出版社 1987 年版，第 54 页。

## W2719.3.1.2
### 人犬婚生 7 对男女

【关联】［W2458］人与犬婚生人（人与狗婚生人）

实 例

（参见 W2719.3.2.1 母题实例）

## W2719.3.2
### 卵生 7 对男女

【关联】［W2220］卵生人

实 例

（参见下级母题实例）

## W2719.3.2.1
### 血球生 7 对男女

【关联】［W2634.1］生血球

实 例

❶［苗族］神农的七女儿伽价公主与黄狗婚生一个大血球，砍碎后从里面跳出来 7 男 7 女。

【流传】贵州省·（铜仁市）·松桃地区（松桃苗族自治县）；湖南省湘西

苗族居住区一带

【出处】

（a）龙炳文搜集，燕宝整理：《神母狗父》，见燕宝编《苗族民间故事选》，上海：上海文艺出版社1981年版。

（b）同（a），见姚宝瑄主编《中国各民族神话》（布依族、仡佬族、苗族），太原：山西出版传媒集团·书海出版社2014年版，第147页。

（c）同（a），见陶阳、钟秀编《中国神话》（中），北京：商务印书馆2008年版，第553~556页。

❷ [苗族] 公主与犬婚生一个大血球，神农（公主的父亲）一剑剖开，从里面逃出来七个男的代兄代玉（苗族）和七个女的代茶代来（汉族）。

【流传】贵州省·（铜仁市）·松桃（松桃苗族自治县）；湖南省·湘西（湘西土家族苗族自治州）

【出处】龙炳文搜集，燕宝整理：《神母》，见谷德明编《中国少数民族神话》，北京：中国民间文艺出版社1987年版，第607页。

## W2719.3.3
### 变成 7 对男女

【关联】[W2313.3.1.1] 婚生的怪胎变成7对男女

实　例

[苗族] 神农的公主与黄狗婚生一个大血球，砍碎后从里面跳出来7男7女。

【流传】贵州省·（铜仁市）·松桃地区（松桃苗族自治县），湖南省·湘西（湘西土家族苗族自治州）苗族居住区一带

【出处】

（a）龙炳文搜集，燕宝整理：《神母狗父》，见燕宝编《苗族民间故事选》，上海：上海文艺出版社1981年版。

（b）同（a），见姚宝瑄主编《中国各民族神话》（布依族、仡佬族、苗族），太原：山西出版传媒集团·书海出版社2014年版，第147页。

## W2719.4
### 产生 16 人

【关联】[W2797.3.3.4e] 感生9男7女

实　例

（参见关联项及下级母题实例）

## W2719.4.1
### 婚生 8 对男女

实　例

（参见下级母题实例）

## W2719.4.1.1
### 动物造的 1 对夫妻婚生 8 对男女

【关联】[W2076] 动物造人

实　例

[布朗族] 动物造出的1男1女结为夫妻，生下8男8女。

【流传】

（a）云南省

(b) 云南省·西双版纳（西双版纳傣族自治州）·勐海县·布朗山乡

【出处】

（a）《岩布林嘎·伊梯林嘎》，见中国各民族宗教与神话大词典编审委员会编《中国各民族宗教与神话大词典》，北京：学苑出版社1990年版，第31页。

（b）《艾布林嘎与依娣林嘎》，见云南省民族事务委员会编《布朗族文化大观》，昆明：云南民族出版社1999年版，第175页。

## W2719.4.2
### 兄妹婚生9男7女

【关联】

① ［W2436］兄妹婚生人
② ［W2797.3.3.4e］婚生9男7女

实例

（参见下级母题实例）

## W2719.4.2.1
### 洪水后兄妹婚生9男7女

【关联】［W2545.1］洪水后幸存的兄妹结婚再生人类

实例

[傈僳族] 洪水后，兄妹婚生下了9个男孩和7个女孩。

【流传】云南省·（怒江傈僳族自治州）·碧江县（已撤销县制，今属福贡县等）·五区二村

【出处】和付生翻译，李汝忠等记录，谷德明整理：《民族的起源》，见谷德明编《中国少数民族神话》，北京：中国民间文艺出版社1987年版，第363页。

## W2719.5
### 产生18人

实例

[哈尼族] 哈尼的先祖塔婆生9对儿女。

【流传】云南省·（红河哈尼族彝族自治州）·元阳县

【出处】

（a）朱小和讲，芦朝贵等整理：《天、地、人的形成》，载《山茶》1983年第4期。

（b）同（a），见谷德明编《中国少数民族神话》，北京：中国民间文艺出版社1987年版，第313页。

（c）朱小和讲，芦朝贵等整理：《天、地、人的传说》，见陶立璠、赵桂芳等编《中国少数民族神话汇编》（开天辟地篇），中央民族学院少数民族古籍整理出版规划领导小组办公室印（未署时间），第261页。

## W2719.5.0
### 造9对人

实例

[羌族] 阿巴木比塔（羌语，天神或天帝）用宝刀刻削杜鹃花的树干造了九对小木人。

【流传】四川省·（阿坝藏族羌族自治州）·茂县

【出处】

（a）《羊角花》，见茂县文化馆编《羌

族民间故事》1982年12月，内部资料（三）。

（b）同（a），见吕大吉、何耀华总主编《中国各民族原始宗教资料集成》（纳西族卷、羌族卷、独龙族卷、傈僳族卷、怒族卷），北京：中国社会科学出版社2000年版，第583页。

## W2719.5.1
### 造9对男女

**实例**

（实例待考）

## W2719.5.2
### 婚生9对男女

**实例**

❶ [鄂伦春族] 山火山洪之后，只剩下一男一女。这对男女婚生兄弟姐妹9对18人。

【流传】库玛尔浅、托浅、多布库尔浅、毕拉尔浅等地

【出处】《九姓人的来历》，见隋书今《鄂伦春族民间故事选》，哈尔滨：黑龙江人民出版社1980年版，第6～7页。

❷ [鄂伦春族] 火灾与山洪之后，幸存的一男一女自然结为夫妻，他们一共生了九个儿子和九个姑娘。

【流传】黑龙江省·（大兴安岭地区）·呼玛县

【出处】

（a）孟古古善、孟英妮彦讲隋军整理：《九姓人的来历》（1959），见隋书金编《鄂伦春族民间故事选》，上海：上海文艺出版社1988年版。

（b）同（a），见姚宝瑄主编《中国各民族神话》（达斡尔族、鄂伦春族、鄂温克族、蒙古族），太原：山西出版传媒集团·书海出版社2014年版，第28～29页。

❸ [鄂伦春族] 人类毁灭后，幸存的1对男女结婚生9子9女。

【流传】黑龙江省·（大兴安岭地区）·呼玛县·十八站（今属塔河县）

【出处】

（a）孟古古善讲：《九姓的来历》，见中国民间文学集成全国编辑委员会编《中国民间故事集成》（黑龙江卷），北京：中国ISBN中心2005年版，第43～45页。

（b）《九姓人的来历》，见满都呼主编《中国阿尔泰语系诸民族神话故事》，北京：民族出版社1997年版，第315页。

❹ [纳西族] 美利东主和初楚金姆婚配为夫妻以后，他们生了9子9女。

【流传】（无考）

【出处】 http//tieba.baidu.com，2005.10.27。

## W2719.5.2.1
### 兄妹婚生9对子女

【关联】[W2436] 兄妹婚生人

**实例**

❶ [独龙族] 洪水后，兄妹婚生9对

男女。

【流传】云南省·（怒江傈僳族自治州）·贡山县（贡山独龙族怒族自治县）·独龙江乡

【出处】约翰讲：《创世纪》，见中国民间文学集成全国编辑委员会编《中国民间故事集成》（云南卷），北京：中国ISBN中心2003年版，第187~189页。

❷ [独龙族] 洪水后，兄妹成婚生9对子女。

【流传】云南省

【出处】陶云达：《几个云南藏缅语系土族的创世故事》，载金陵大学中国文化研究所《边疆研究论文》，第1942~1944页。

❸ [独龙族] 洪水幸存者波和南两兄妹结婚后，生了9男和9女。

【流传】云南省

【出处】当色·顶、孔美金等讲，李子贤等搜集整理：《创世纪神话故事六则·洪水滔天》，见中国作家协会云南分会编《云南民族民间故事选》，昆明：云南人民出版社1981年版，第587~589页。

❹ [独龙族] 洪水后，幸存的兄妹婚生9男9女。

【流传】云南省

【出处】《洪水滔天》，见中国各民族宗教与神话大词典编审委员会编《中国各民族宗教与神话大词典》，北京：学苑出版社1990年版，第122页。

❺ [拉祜族] 兄妹婚生9男9女。

【流传】云南省

【出处】《扎迪娜迪》、《寻找葫芦》、《拉祜族的祖先》，见云南省民族事务委员会编《拉祜族文化大观》，昆明：云南民族出版社1999年版，第178页。

❻ [傈僳族] 洪水后，幸存的兄妹婚生下了9男9女，人类渐渐多起来。

【流传】云南省·（德宏傣族景颇族自治州）·陇川县·邦外公社（陇把镇）

【出处】李有华讲，黄云松等采录：《天地人的来历》，见中国民间文学集成全国编辑委员会编《中国民间故事集成》（云南卷），北京：中国ISBN中心2003年版，第44页。

❼ [怒族] 兄妹结婚，生育9男9女。

【流传】云南省·怒江（怒江傈僳族自治州）·碧江县（已撤销，今属福贡县等）·一区·九村

【出处】

(a)《碧江一区九村的神话》，见田家祺等《碧江县一区九村怒族社会调查》，原载《怒族社会历史调查》，昆明：云南人民出版社1981年版，第39页。

(b) 同(a)，吕大吉、何耀华总主编《中国各民族原始宗教资料集成》（纳西族卷、羌族卷、独龙族卷、傈僳族卷、怒族卷），北京：中国社会科学出版社2000年版，第900~901页。

❽ [怒族] 洪水后，幸存的兄妹婚生九男九女。

【流传】云南省·（怒江傈僳族自治州）·贡山县（贡山独龙族怒族自治县）·一区

【出处】

（a）《贡山地区的神话传说》，见宋恩常等《贡山县一区怒族情况》，原载《怒族社会历史调查》，昆明：云南人民出版社1981年版，第83~83页。

（b）同（a），见吕大吉、何耀华总主编《中国各民族原始宗教资料集成》（纳西族卷、羌族卷、独龙族卷、傈僳族卷、怒族卷），北京：中国社会科学出版社2000年版，第904页。

❾ [怒族（阿龙）] 兄妹成亲后，生了9对儿女。

【流传】云南省·（怒江傈僳族自治州）·贡山县（贡山独龙族怒族自治县）

【出处】赛阿局讲，光付益翻译，吴广甲采录：《腊普和亚姐》附记，见中国民间文学集成全国编辑委员会编《中国民间故事集成》（云南卷），北京：中国ISBN中心2003年版，第184页。

❿ [怒族] 兄妹结婚后生育9子9女。

【流传】云南省·（怒江傈僳族自治州）·贡山县（贡山独龙族怒族自治县）

【出处】

（a）彭兆清提供：《腊普和亚妮》，见攸延春《怒族文学简史》，昆明：云南民族出版社2003年版，第25~27页。

（b）彭兆清搜集整理：《创世纪》，见中华民族故事大系编委会编《中华民族故事大系》第14卷（普米族、塔吉克族、怒族、俄罗斯族、鄂温克族），上海：上海文艺出版社1995年版，第518~522页。

（c）《创世纪》，见http://www.pinsou.com，2008.07.10。

## W2719.5.2.2
### 姐弟婚生9对子女

【关联】[W2441] 姐弟婚生人

实 例

❶ [独龙族] 姐弟结婚之后，生9男9女。

【流传】云南省·（怒江傈僳族自治州）·贡山县（贡山独龙族怒族自治县）

【出处】祝发清等翻译整理：《聪明勇敢的朋更朋》，见中华民族故事大系编委会编《中华民族故事大系》第15卷（德昂族、保安族、裕固族、京族、塔塔尔族、独龙族、鄂伦春族），上海：上海文艺出版社1995年版，第581~595页。

❷ [傈僳族] 依妞和依采姐弟结婚，生9男9女。

【流传】云南省·保山市

【出处】余学珍讲：《依采和依妞》，见中国民间文学集成全国编辑委员会编《中国民间故事集成》（云南卷），北京：中国ISBN中心2003年版，第176~178页。

## W2719.5.2.3
### 葫芦生的男女婚生9对子女
【关联】［W2184］葫芦生人

实例

［傈僳族］两葫芦中生出男人西沙和女人勒沙，二人结婚生9子9女。

【流传】（无考）

【出处】《岩石月亮》，见陶阳、牟钟秀著《中国创世神话》，上海：上海人民出版社2006年版，第59页。

## W2719.6
### 产生19人

实例

（实例待考）

## W2719.7
### 产生20人

实例

［鄂伦春族］天神化育10对男女。

【流传】内蒙古自治区；黑龙江省

【出处】孟古古善讲，谭玉昆翻译，黑龙江少数民族文学艺术调查组搜集，隋军整理：《恩都力创造了鄂伦春人》，见中华民族故事大系编委会编《中华民族故事大系》第15卷（德昂族、保安族、裕固族、京族、塔塔尔族、独龙族、鄂伦春族），上海：上海文艺出版社1995年版，第697页。

## W2719.7.1
### 造20人

实例

（参见下级母题实例）

## W2719.7.1.1
### 天神造10对男女
【关联】［W2053］天神造人

实例

❶［鄂伦春族］恩都力莫里根神用飞禽的骨头和肉造人时，先做了十个男人和十个女人，做成功了。

【流传】（中国东北部地区）

【出处】《恩都力创造了鄂伦春人》，见姚宝瑄主编《中国各民族神话》（达斡尔族、鄂伦春族、鄂温克族、蒙古族），太原：山西出版传媒集团·书海出版社2014年版，第20~21页。

❷［鄂伦春族］天上的恩都力捡来飞禽的骨和肉，做起10男10女。

【流传】内蒙古自治区·（呼伦贝尔市）·鄂伦春自治旗

【出处】德兴德讲，巴图宝音采录：《族源神话》，见中国民间文学集成全国编辑委员会编《中国民间故事集成》（宁夏卷），北京：中国ISBN中心2007年版，第23页。

## W2719.7.1.2
### 盘古爷盘古奶造10对男女
【关联】

①［W2063］盘古造人

② ［W2708.3.2.1］盘古夫妻生 8 子

实 例

［汉族］盘古爷和盘古奶两人捏了 10 对男女。

【流传】河南省·（南阳市）·桐柏县·二郎山乡·田口村

【出处】李新超讲，马卉欣整理：《盘古开天》，见 http://tongbai.01ny.cn（桐柏网）2001.01.26。

## W2719.7.2
### 生 20 人

实 例

（参见下级母题实例）

## W2719.7.2.1
### 两老人生 10 对男女

实 例

［汉族］洪水后，两个老人生了 10 年，共生下 10 对男女。

【流传】湖南省·（岳阳市）·临湘（临湘市）

【出处】李清云讲，李学文采录：《葫芦姐弟》，见中国民间文学集成全国编辑委员会编《中国民间故事集成》（湖北卷），北京：中国 ISBN 中心 1999 年版，第 15 页。

## W2719.7.2.2
### 两姐妹生 10 对男女

实 例

［汉族］洪水后，两姐妹 10 年生下 10 对男女，这 10 对男女相互结婚后世人才不得绝。

【流传】湖北省·（咸宁市）·通城县·北港乡

【出处】李清云讲：*《洪水后再生人类》，见中国民间文学集成全国编辑委员会编《中国民间故事集成》（湖北卷），北京：中国 ISBN 中心 1999 年版，第 15 页。

## W2719.7.3
### 婚生 20 人

实 例

（参见下级母题实例）

## W2719.7.3.1
### 始祖婚生 10 对男女

实 例

［白族］男女始祖婚后一胎生出女儿和儿子各 10 个。

【流传】云南省

【出处】《人类和万物的起源》，见云南省民间文学集成办公室编《白族神话传说集成》，北京：中国民间文艺出版社 1986 年版，第 1~11 页。

## W2719.7.4
### 感生 20 人

实 例

（参见下级母题实例）

## W2719.7.4.1
### 羊感生 10 对男女

实例

[白族] 无人类时，一只黑山羊吃了羊泉边的青草，喝了羊泉水之后，竟一胎生下十对儿女。

【流传】云南省·（大理白族自治州）·鹤庆县

【出处】章虹宇调查整理：《鹤庆朵西薄的法器》，见吕大吉、何耀华总主编《中国各民族原始宗教资料集成》（彝族卷、白族卷、基诺族卷），北京：中国社会科学出版社 1996 年版，第 613 页。

## W2719.8
### 产生 20 多人

实例

（参见下级母题实例）

## W2719.8.1
### 产生 21 人

实例

（参见下级母题实例）

## W2719.8.1.1
### 女祖先生 21 男

实例

❶ [哈尼族] 开天辟地后，哈尼的先祖塔坡生下二十一个儿子。

【流传】云南省·（红河哈尼族彝族自治州）·元阳县·（攀枝花乡·硐蒲寨）

【出处】朱小和讲，卢朝贵搜集整理：《塔坡取种》，载《山茶》1985 年第 1 期。

❷ [哈尼族] 哈尼族祖先塔婆生 21 个儿子。

【流传】（无考）

【出处】《塔婆取种》，见中国各民族宗教与神话大词典编审委员会编《中国各民族宗教与神话大词典》，北京：学苑出版社 1990 年版，第 173 页。

## W2719.8.2
### 产生 22 人

实例

[傈僳族] 兄妹成婚后，生下 22 个孩子。

【流传】云南省·丽江（丽江市）·宁蒗县（宁蒗彝族自治县）

【出处】《兄妹成婚》，见 http：//bbs.e2400.com/showtopic.aspx？topicid，2008.12.30。

## W2719.8.3
### 产生 23 人

实例

（实例待考）

## W2719.8.4
### 产生 24 人

实例

（参见下级母题实例）

## W2719.8.4.1
### 造 24 人

实例

[瑶族（布努）] 密洛陀（万物之母，女始祖，女神）生的 12 个女孩造人时，三姐把蜡仔造成，一共造了 24 个人。

【流传】广西壮族自治区·（河池市）·都安县（都安瑶族自治县）、巴马县（巴马瑶族自治县）、南丹县，（百色市）·田东县、平果县等地

【出处】桑布郎等传，蒙凤标（83 岁）、罗仁祥（73 岁）等唱：《密洛陀》（1983），见蓝怀昌、蓝书京、蒙通顺搜集翻译整理《密洛陀》，北京：中国民间文艺出版社 1988 年版，第 310 页。

## W2719.8.4.2
### 生 24 人

实例

（参见 W2719.8.4.3 母题实例）

## W2719.8.4.3
### 兄妹婚生 12 对男女

实例

[苗族] 剖开兄妹婚生的肉胞，生出 12 对男女。

【流传】湖南省·湘西（湘西土家族苗族自治州）

【出处】《摊公摊母歌》，见马昌仪编《中国神话学文论选萃》（上编），北京：中国广播电视出版社 1994 年版，第 376～377 页。

## W2719.8.4.4
### 孕育 12 对男女

实例

[瑶族（布努）] 密洛陀（万物之母，女始祖，女神）生的 12 个女孩中，三姐造的 24 人被大姐孕育成 12 对男女。

【流传】广西壮族自治区·（河池市）·都安县（都安瑶族自治县）、巴马县（巴马瑶族自治县）、南丹县，（百色市）·田东县、平果县等地

【出处】桑布郎等传，蒙凤标（83 岁）、罗仁祥（73 岁）等唱：《密洛陀》（1983），见蓝怀昌、蓝书京、蒙通顺搜集翻译整理《密洛陀》，北京：中国民间文艺出版社 1988 年版，第 313 页。

## W2719.8.5
### 产生 25 人

实例

（实例待考）

## W2719.8.6
### 产生 26 人

实例

（参见下级母题实例）

### W2719.8.6.1
### 生 26 人

实 例

❶ [拉祜族] 葫芦里出来 1 男 1 女扎迪和娜迪婚生 13 对儿女。

【流传】云南省

【出处】《牡帕密帕》，见张福《从民族学材料寻觅西南民族的远古图腾》，载《云南师范大学学报》1997 年第 1 期。

❷ [拉祜族] 生育 13 对人。

【流传】云南省·（普洱市）·澜沧（澜沧拉祜族自治县）、孟连（孟连傣族拉祜族佤族自治县）

【出处】扎袜等讲，苏敬梅等搜集，苏敬梅等整理：《牡帕密帕》，见中华民族故事大系编委会编《中华民族故事大系》第 8 卷（畲族、高山族、拉祜族），上海：上海文艺出版社 1995 年版，第 691 页。

### W2719.8.6.2
### 化生 13 对人

实 例

[拉祜族] 葫芦生出的一对男女扎迪和娜迪结婚。娜迪生十三个肢节。十三个节子变化成了十三对孩子。

【流传】云南省·（普洱市）·澜沧县（澜沧拉祜族自治县）

【出处】李云保讲述，扎约采录：《牡帕密帕的故事》，见陶阳、钟秀编《中国神话》（上），北京：商务印书馆 2008 年版，第 129～139 页。

### W2719.8.7
### 产生 27 人

实 例

（实例待考）

### W2719.8.8
### 产生 28 人

实 例

（实例待考）

### W2719.8.9
### 产生 29 人

实 例

（实例待考）

### W2719.9
### 产生其他不同数量的人

实 例

（参见下级母题实例）

### W2719.9.1
### 产生 30 人

实 例

[哈萨克族] 人祖和夏娃结婚后，总是生 1 男 1 女双胞胎，一共生了 15 胎，30 个孩子。

【流传】（无考）

【出处】比达克买提·木海、胡扎依尔·萨杜瓦哈斯搜集，安蕾、毕桦翻译：

《婚姻的起源》，见满都呼主编《中国阿尔泰语系诸民族神话故事》，北京：民族出版社1997年版，第70页。

## W2719.9.2
### 产生 40 人
【汤普森】T586.1.5

实 例

[柯尔克孜族] 四十个姑娘饮水而孕，生20男20女，成为柯尔克孜族的祖先。
【流传】（无考）
【出处】居善普·玛玛依唱：《玛纳斯》，见陶阳、钟秀《中国创世神话》，上海：上海人民出版社1993年版，第58页。

## W2719.9.3
### 产生 49 人

实 例

[汉族] 当初女娲造了七七四十九个人。
【流传】浙江省·（杭州市）·建德（建德市）
【出处】方家修讲，刘大中采录：《女娲造人》，见中国民间文学集成全国编辑委员会编《中国民间故事集成》（浙江卷），北京：中国ISBN中心1997年版，第39页。

## W2719.9.4
### 产生 50 人

实 例

[哈萨克族] 人类始祖婚配，前前后后共生了25胎，每胎都是1对男女。
【流传】（a）新疆维吾尔自治区
【出处】
（a） 《造物主创世》，见满都呼主编《中国阿尔泰语系诸民族神话故事》，北京：民族出版社1997年版，第63页。
（b）尼合迈德·蒙加尼搜集，校仲彝翻译整理：《迦萨甘创世》，见谷德明编《中国少数民族神话》，北京：中国民间文艺出版社1987年版，第727页。
（c）尼合迈德·蒙加尼搜集：《迦萨甘创世》，载《新疆民族文学》1982年第2期。

## W2719.9.4.1
### 婚生 25 对男女

实 例

[哈萨克族] 男始祖阿达姆阿塔和女始祖阿达姆阿娜结婚，前前后后共生了二十五胎，每次都是一男一女双胞胎。
【流传】新疆维吾尔自治区
【出处】
（a）尼哈迈提·蒙加尼整理，校仲彝记录整理：《迦萨甘创世》，见《新疆民族神话故事选》，乌鲁木齐：新疆人民出版社1989年版。
（b）同（a），见姚宝瑄主编《中国各民族神话》（乌孜别克族、哈萨克族、柯尔克孜族、俄罗斯族、维吾尔族、塔吉克族、塔塔尔族、锡伯族），太原：山西出版传媒集团·书海出版社

2014年版，第23页。

### W2719.9.4.2
### 婚生 56 人

实例

[回族] 真主用土捏成阿丹圣人和哈娃太太，并赋予他们生命，让他们成为夫妻。后来他们受到魔鬼的诱惑，吃麦果被赶下凡，婚生 56 个孩子。

【流传】青海省·（黄南藏族自治州）·同仁县·隆务镇

【出处】周尚杰讲：《阿丹的诞生》，见中国民间文学集成全国编辑委员会编《中国民间故事集成》（青海卷），北京：中国 ISBN 中心 2007 年版，第 11~13 页。

### W2719.9.4a
### 产生 60 人

实例

（实例待考）

### W2719.9.4b
### 产生 70 人

实例

（实例待考）

### W2719.9.4b.1
### 婚生 77 人

实例

[哈尼族（豪尼）] 塔甫与睦耶兄妹成婚后，生了七十七个小娃。

【流传】云南省·（普洱市）·墨江县（墨江哈尼族自治县）

【出处】

(a) 王定均等讲，明红、蓝珊整理：《豪尼人的祖先》，载《山茶》1986 年第 3 期。

(b) 《豪尼人的祖先》，见王亚南《民间口承文化中的社群源流史》，载《民族文学研究》1996 年第 2 期。

### W2719.9.4b.2
### 感生 77 人

实例

[哈尼族] 世上最早的一个女人塔婆然感风怀孕。肚子里出来的小东西一个个长得十分好看：两只小腿直立立地站着，两只小手含在嘴里，还长着一双亮闪闪的眼睛，数了数一共有七十七个小娃娃。

【流传】云南省·（红河哈尼族彝族自治州）·元阳县

【出处】陈布勤讲，杨万智搜集整理：《始祖塔婆然》，载《山茶》1986 年第 6 期。

### W2719.9.4b.3
### 卵生 77 人

实例

[哈尼族] 兄妹婚生的肉团在地上滚了三转，裂散后跳出七十七个人。

【流传】云南省·（玉溪市）·元江县（元江哈尼族彝族傣族自治县）·咪

哩乡、羊岔街乡及因远镇一带

【出处】《人种物种歌》，见元江县哈尼文化学会、元江县史志编组办公室编《元江哈尼族古歌集》，内部编印，2005 年，第 42 页。

## W2719.9.5
### 产生 80 人

实例

[撒拉族] 阿丹夫妇先后生了 40 胎 80 个儿女，代代往下传，造就了世上的人类。

【流传】（无考）

【出处】大漠、马英生搜集：《生养后人》，见满都呼主编《中国阿尔泰语系诸民族神话故事》，北京：民族出版社 1997 年版，第 99 页。

## W2719.9.5.1
### 产生 88 人

实例

[汉族] 婚生的血球砍碎成 88 块，成为 88 人。

【流传】湖南省·（怀化市）·沅陵县

【出处】张氏讲：《铺天大水》，见中国民间文学集成全国编辑委员会编《中国民间故事集成》（湖南卷），北京：中国 ISBN 中心 2002 年版，第 34~36 页。

## W2719.9.5a
### 产生 90 人

实例

（实例待考）

## W2719.9.6
### 产生 100 人以上

实例

（参见下级母题实例）

## W2719.9.6.1
### 兄妹婚生 106 人

[壮族] 特依和达依兄妹婚生 106 个子女。

【流传】广西壮族自治区·（南宁市）·武鸣县

【出处】覃娅平讲：《卜伯》，见张声震总主编，农冠品编注《壮族神话集成》，南宁：广西民族出版社 2007 年版，第 256~257 页。

## W2719.9.6.2
### 生 120 人

实例

❶ [彝族] 天女撒赛歇与凡间直眼人小伙婚生一个皮口袋。众神之王的长子撒赛萨若埃剪开皮口袋出现 120 只蚂蚱。蚂蚱跳三跳，突然变成 120 个胖娃娃。这些娃娃中 60 个是儿子，60 个是姑娘。

【流传】（云南省·楚雄彝族自治州·双柏县，红河哈尼族彝族自治州等地）

【出处】

（a）云南省民族民间文学楚雄、红河调查队搜集，郭思九、陶学良整理：《查姆》，昆明：云南人民出版社

1981年版。

（b）郭思九、陶学良整理，古梅改写：《彝家的古根》，选自《云南民族文学资料》第七集中的《查姆》上部前三章，见姚宝瑄主编《中国各民族神话》（羌族、彝族），太原：山西出版传媒集团·书海出版社2014年版，第78页。

❷ [彝族] 人与天女婚生一只皮口袋，里面装着120个娃娃。

【流传】云南省·（红河哈尼族彝族自治州）·弥勒县（弥勒市）

【出处】石旺讲，戈隆阿弘采录：《独眼人、直眼人和横眼人》，见中国民间文学集成全国编辑委员会编《中国民间故事集成》（云南卷），北京：中国ISBN中心2003年版，第215页。

## W2719.9.7
### 产生70对男女

实 例

[苗族] 波尼珑哈啦丹（女子名）生70对儿女。

【流传】贵州省·（安顺市）·紫云县（紫云苗族布依族自治县）麻山苗区

【出处】杨再华唱诵，杨正江译：《亚鲁族源》，见中国民间文艺家协会主编《亚鲁王》，北京：中华书局2011年版，第37页。

## W2719.9.7.1
### 婚生72对男女

实 例

[回族] 阿丹夫妇得过光明日子以后，夫妇同宿，连生72胎，每一胎都是1男1女。

【流传】贵州省·（黔西南布依族苗族自治州）·兴仁县

【出处】张正兴讲，张盛昌采录：《阿丹、夏娃造人》，见中国民间文学集成全国编辑委员会编《中国民间故事集成》（贵州卷），北京：中国ISBN中心2003年版，第11页。

## W2719.9.7.2
### 生144人

实 例

[回族] 真主造的阿丹和海尔玛结婚后繁衍144个子女。

【流传】（无考）

【出处】《阿丹和海尔玛》，马奔根据《中国回族民间文学概观》（宁夏大学出版社1984年版）等改写，见姚宝瑄主编《中国各民族神话》（土族、东乡族、回族、保安族、裕固族、撒拉族），太原：山西出版传媒集团·书海出版社2014年版，第50页。

## W2719.9.8
### 产生80对男女

实 例

[撒拉族] 人祖生80对儿女。

【流传】（无考）

【出处】大漠等整理：《天、地、人的诞生》，见中华民族故事大系编委会编《中华民族故事大系》第12卷（布朗族、撒拉族、毛南族），上海：上海文艺出版社1995年版，第264页。

## W2719.9.8a
### 产生129对男女

【实 例】

（参见下级母题实例）

## W2719.9.8a.1
### 姐弟婚生的怪胎化生129对男女

【关联】

① ［W2381.1］怪胎化生人

② ［W2441］姐弟婚生人

③ ［W2645.2］姐弟婚生怪胎

【实 例】

［汉族］姐弟婚生一个肉团切成百块后，复活成为129男和129女。

【流传】广西壮族自治区·（贺州市）·钟山（钟山县）·回龙乡（回龙镇）

【出处】董贵清讲，董世松采录：《葫芦姐弟》，见曹廷伟编著《广西民间故事辞典》，南宁：广西教育出版社1993年版，第24页。

## W2719.9.8b
### 产生500人

【实 例】

［汉族］"人种"的肚子中跳出了500个小人。

【流传】云南省·（大理白族自治州）·洱源县

【出处】芮丰、李泽民讲述，李佩玖采录：《"雷楔子"炸人种》，见中国民间文学集成全国编辑委员会编《中国民间故事集成》（云南卷），北京：中国ISBN中心2003年版，第154页。

## W2719.9.8c
### 产生300对男女

【实 例】

（参见下级母题实例）

## W2719.9.8c.1
### 女娲造300对男女

【关联】［W2065］女娲造人

【实 例】

❶ ［汉族］女娲共造了300个男人和300个女人。

【流传】湖南省·（永州市）·冷水滩市（冷水滩区）

【出处】胡惠青讲，李德位采录：《女娲造人》，见中国民间文学集成全国编辑委员会编《中国民间故事集成》（湖南卷），北京：中国ISBN中心2002年版，第22页。

❷ ［汉族］女娲娘娘用烂泥捏了三百对泥人，泥人全部成活。

【流传】上海市·上海县（闵行区）·华漕乡（华漕镇）·吴家巷（吴家巷村）

【出处】王忠明讲，秦复兴采录：《人是哪里来的》，见中国民间文学集成全国编辑委员会编《中国民间故事集成》（上海卷），北京：中国 ISBN 中心 2007 年版，第 6 页。

### W2719.9.9
### 产生 1000 人

**实例**

（参见下级母题实例）

### W2719.9.9.1
### 造 1000 人

**实例**

[苗族] 阿央与姑娘成亲，用泥捏人，造出 1000 对男女。

【流传】贵州省·（黔东南苗族侗族自治州）·镇远县·金堡乡

【出处】杨世兰讲：《阿央斗天王》，见中国民间文学集成全国编辑委员会编《中国民间故事集成》（贵州卷），北京：中国 ISBN 中心 2003 年版，第 41~42 页。

### W2719.9.9.2
### 生 1000 人

**实例**

[哈尼族] 天神模米生千人。

【流传】云南省

【出处】刘辉豪等整理：《奥色密色》，载《山茶》1980 年第 3 期。

### W2719.9.10
### 产生更多的人

**实例**

### W2719.9.10.1
### 造 3300 人

**实例**

[汉族] 女娲做 3300 个男女。

【流传】湖南省·常德县（常德市）·（鼎城区）·灌溪乡

【出处】唐万顺讲：《女娲补天造人》，见中国民间文学集成全国编辑委员会编《中国民间故事集成》（湖南卷），北京：中国 ISBN 中心 2002 年版，第 21 页。

### W2719.9.10.2
### 生 9998 人

**实例**

[汉族] 盘古开天辟地后，妻子生 9998 个孩子。

【流传】河南省·（焦作市）·武陟县·阳城乡

【出处】李持见讲：《避难创世》，见中国民间文学集成全国编辑委员会编《中国民间故事集成》（河南卷），北京：中国 ISBN 中心 2001 年版，第 10~11 页。

### W2719.9.10.3
### 怪胎化生千万人

**实例**

[布朗族] 兄妹成婚生怪物，剁碎后生出千万人来。

【流传】云南省·（临沧市）·双江县

（双江拉祜族佤族布朗族傣族自治县）

【出处】植万七讲：《兄妹成婚衍人类》，见中国民间文学集成全国编辑委员会编《中国民间故事集成》（云南卷），北京：中国 ISBN 中心 2003 年版，第 206~207 页。

## W2719.9.11
### 产生三代人

实 例

[彝族] 格滋天神来造人时，天上撒下三把雪，落地变成三代人。撒下第一把是第一代，撒下第二把是第二代，撒下第三把是第三代。

【流传】云南省·楚雄彝族自治州·姚安县、大姚县等

【出处】《创世·人类起源》，见云南省民族民间文学楚雄调查队整理编写《梅葛》，昆明：云南人民出版社 2009 年版，第 20 页。

## W2719.9.12
### 生多批人

【关联】[W2123.7.5] 批量造人

实 例

（参见下级母题实例）

## W2719.9.12.1
### 生 9 批男女

实 例

[苗族]（洪水后，只幸存姜央两兄妹婚生一个肉疙瘩），姜央拿把弯柴刀（把怪胎）剁得九个小砧板，撒在九个大山坡，生出九批小女男。

【流传】原文无流传地，据文本及注释推测该神话流传于贵州省·黔东南苗族侗族自治州·凯里市、台江县等地。

【出处】张洪正演唱，张文搜集，燕宝整理译注：《浩劫复生·兄妹结婚》，见贵州省少数民族古籍整理出版规划小组办公室编，燕宝整理译注《苗族古歌》，贵阳：贵州民族出版社 1993 年版，第 621 页。

## ✤ W2720
### 胎生的人数

实 例

（参见下级母题实例）

## W2721
### 单胎

实 例

（参见下级母题实例）

## W2721.1
### 圣人是单胎

【关联】
① [W2926] 圣人
② [W2926.1] 圣人的产生

实 例

[回族] 人祖阿丹和好娃每胎生一男一女，前胎配后胎，后胎配前胎，一直到最后，生了尤素福圣人一个人。

【流传】宁夏回族自治区·（固原

市）·泾源县·惠台乡·暖水村

【出处】郡生财讲，安文斌采录：*《人祖阿丹和好娃》，见中国民间文学集成全国编辑委员会编《中国民间故事集成》（宁夏卷），北京：中国ISBN中心1999年版，第8页。

## W2721.1.1
### 生多胞胎后才生单胎

实例

（参见W2721.1母题实例及下级母题实例）

## W2721.1.1.1
### 生龙凤胎后才生单胎

实例

[佤族] 安木拐（女祖先，人类的圣祖母）生下一对龙凤胎"岗"和"里"。"岗"和"里"两个成婚后，生下了"佤"（哥哥），隔一年他们又生了"万"（妹妹）。

【流传】云南省·（普洱市）·西盟佤族自治县、澜沧拉祜族自治县等地

【出处】毕登程、隋嘎编著：《司岗里——佤族创世史诗》，昆明：云南出版集团公司·云南人民出版社2009年版，第31页。

## W2721.1.1.2
### 最后一胎是单胎

实例

❶ [回族] 阿旦（男天使名，人祖）和韩吾（天女名，人祖）生了七十三胎，只有第七十三胎是个独生子。

【流传】宁夏回族自治区·银川（银川市）

【出处】王甫成讲，谢荣搜集整理：《人祖阿旦》，见中华民族故事大系编委会编《中华民族故事大系》第1卷（汉族、蒙古族、回族），上海：上海文艺出版社1995年版，第746~747页。

❷ [回族] 真主造的阿丹和海尔玛被罚下凡后，海尔玛前七十二胎，每胎都是一男一女。到了七十三胎时，却生下一个独儿子，取名做师习。

【流传】（无考）

【出处】《阿丹和海尔玛》，马奔根据《中国回族民间文学概观》（宁夏大学出版社1984年版）等改写，见姚宝瑄主编《中国各民族神话》（土族、东乡族、回族、保安族、裕固族、撒拉族），太原：山西出版传媒集团·书海出版社2014年版，第49页。

## W2722
### 双胞胎（孪生）

【汤普森】①T587；②T685

【关联】

① [W037] 孪生的神

② [W2587.6.1] 双胞胎在母腹中争吵

实例

[哈萨克族] 腾格里创造的这个世界上，喜与忧是一对孪生的兄弟姐妹。

【流传】（无考）
【出处】苏莱曼·艾卜德海尼讲，穆哈买德克里木·阿布德卡德尔搜集，安蕾、毕桴译：《太阳和大地的爱情》，见满都呼主编《中国阿尔泰语系诸民族神话故事》，北京：民族出版社1997年版，第60页。

## W2722.1

### 以前人生的全是双胞胎

【关联】［W2297.0］最早生人与现在不同

实 例

❶ ［哈尼族］以前，人有两只奶，每次生下一对娃娃。

【流传】云南省·（红河哈尼族彝族自治州）·元阳县

【出处】小和讲，阿罗采录：《侯波与那聋》，见中国民间文学集成全国编辑委员会编《中国民间故事集成》（云南卷），北京：中国ISBN中心2003年版，第40页。

❷ ［回族］阿丹圣人夫妇生了56个孩子，每胎都是一男一女。

【流传】青海省·黄南州（黄南藏族自治州）·同仁县·隆务镇·民主街

【出处】周尚杰（保安族，该文本注明他讲的是回族神话）讲，赵清阳采录：《阿丹的诞生》，见中国民间文学集成全国编辑委员会编《中国民间故事集成》（青海卷），北京：中国ISBN中心2007年版，第11页。

❸ ［回族］人祖阿丹和好娲（b为"海尔玛"）生的都是双胞胎。

【流传】（a）黑龙江省·（牡丹江市）·绥芬河市

【出处】

（a）杨明岱讲，周爱民采录：《阿丹人祖》，见中国民间文学集成全国编辑委员会编《中国民间故事集成》（黑龙江卷），北京：中国ISBN中心2005年版，第20页。

（b）《阿丹和海尔玛》，见谷德明编《中国少数民族神话》，北京：中国民间文艺出版社1987年版，第713页。

❹ ［回族］真主造化第一个阿丹圣人与好娃结婚后，每胎都是生1男1女。

【流传】宁夏回族自治区·（固原市）·泾源县·惠台乡

【出处】鄢生财讲：*《人祖阿丹和好娃》，见中国民间文学集成全国编辑委员会编《中国民间故事集成》（宁夏卷），北京：中国ISBN中心1999年版，第9~10页。

❺ ［回族］阿丹和天女好娃结婚，前72胎都是1男1女。

【流传】宁夏回族自治区贺兰山一带

【出处】《人祖阿丹》，见马广德《回族口头文化览胜》，银川：宁夏人民出版社2009年版，第52页。

## W2722.2

### 特定的神性人物生双胞胎

实 例

（参见下级母题实例）

## W2722.2.1
### 地母生双胞胎

实 例

[汉族] 地母生下一个双胞胎。

【流传】湖南省·常德县（常德市）·（鼎城区）·灌溪乡（灌溪镇）

【出处】唐万顺讲，唐孟元采录：《盘古开天辟地》，见中国民间文学集成全国编辑委员会编《中国民间故事集成》（湖南卷），北京：中国ISBN中心2002年版，第3页。

## W2723.2.2
### 圣人夫妻生龙凤胎

实 例

[回族] 阿丹圣人夫妇生的孩子，每胎都是1男1女。

【流传】青海省·黄南州（黄南藏族自治州）·同仁县·隆务镇·民主街

【出处】周尚杰（保安族，该文本注明他讲的是回族神话）讲，赵清阳采录：《阿丹的诞生》，见中国民间文学集成全国编辑委员会编《中国民间故事集成》（青海卷），北京：中国ISBN中心2007年版，第11页。

## W2723.2.3
### 天使天女婚生龙凤胎

实 例

[回族] 阿旦（男天使名，人祖）和韩吾（天女名，人祖）生了七十三胎，前七十二胎都是一男一女。

【流传】宁夏回族自治区·银川（银川市）

【出处】王甫成讲，谢荣搜集整理：《人祖阿旦》，见中华民族故事大系编委会编《中华民族故事大系》第1卷（汉族、蒙古族、回族），上海：上海文艺出版社1995年版，第746~747页。

## W2722.3
### 人祖生的都是双胞胎

实 例

❶ [哈萨克族] 洪水过后，人都死光了。天神安拉造的人祖阿达姆阿塔和哈瓦娜结为夫妇，他们每年生一对孪生男女。

【流传】新疆维吾尔自治区

【出处】《阿达姆阿塔》，斯丝根据别克苏勒坦、佟中明撰写的《哈萨克族宗教与神话》改写，见姚宝瑄主编《中国各民族神话》（乌孜别克族、哈萨克族、柯尔克孜族、俄罗斯族、维吾尔族、塔吉克族、塔塔尔族、锡伯族），太原：山西出版传媒集团·书海出版社2014年版，第27页。

❷ [哈萨克族] 男女始祖结合以后，生的每一胎都是一男一女双胞胎。

【流传】（a）新疆维吾尔自治区

【出处】

(a)《造物主创世》，见满都呼主编《中国阿尔泰语系诸民族神话故事》，北京：民族出版社1997年版，第63页。

(b) 尼合迈德·蒙加尼搜集，校仲彝翻译整理：《迦萨甘创世》，见谷德明编《中国少数民族神话》，北京：中国民间文艺出版社1987年版，第727页。

(c) 比达克买提·木海等搜集，安蕾、毕桪译：《婚姻的起源》，见满都呼主编《中国阿尔泰语系诸民族神话故事》，北京：民族出版社1997年版，第70页。

❸［哈萨克族］男始祖阿达姆阿塔和女始祖阿达姆阿娜婚生的25胎，都是1男1女的双胞胎。

【流传】新疆维吾尔自治区

【出处】

(a) 尼哈迈提·蒙加尼整理，校仲彝记录整理：《迦萨甘创世》，见《新疆民族神话故事选》，乌鲁木齐：新疆人民出版社1989年版。

(b) 同(a)，见姚宝瑄主编《中国各民族神话》（乌孜别克族、哈萨克族、柯尔克孜族、俄罗斯族、维吾尔族、塔吉克族、塔塔尔族、锡伯族），太原：山西出版传媒集团·书海出版社2014年版，第23页。

❹［撒拉族］阿丹夫妇先后生了40胎，每胎都是1男1女，共生育80个儿女。

【流传】（无考）

【出处】大漠、马英生搜集整理：《生养后人》，见满都呼主编《中国阿尔泰语系诸民族神话故事》，北京：民族出版社1997年版，第99页。

## W2722.4
### 第一对男女婚生双胞胎

实 例

［哈萨克族］阿达姆阿塔和哈瓦娜（天神安拉造的第一对男女）结为夫妇，他们每年生一对孪生男女。

【流传】新疆维吾尔自治区

【出处】《阿达姆阿塔》，斯丝根据别克苏勒坦、佟中明撰写的《哈萨克族宗教与神话》改写，见姚宝瑄主编《中国各民族神话》（乌孜别克族、哈萨克族、柯尔克孜族、俄罗斯族、维吾尔族、塔吉克族、塔塔尔族、锡伯族），太原：山西出版传媒集团·书海出版社2014年版，第27页。

## W2722.5
### 老太太生双胞胎

实 例

［汉族］60岁的老婆婆一胎生下1个男孩和1个女孩。

【流传】河北省·（邢台市）·内邱县·（五郭店乡）·紫草沟村

【出处】赵丙银讲，张少鹏采录：《哥姐庙》，见中国民间文学集成全国编辑委员会编《中国民间故事集成》（河北卷），北京：中国ISBN中心2003年版，第23页。

## W2722.5.1
### 老太太感生双胞胎

【关联】［W2587.2］高龄怀孕

**实例**

[汉族] 老婆子感河里的两个大脚印，生1男1女两个娃娃。

【流传】甘肃省·天水市·北道区·中滩乡

【出处】雷兴旺讲，杨晓学采录：《伏羲女娲成婚》，见中国民间文学集成全国编辑委员会编《中国民间故事集成》（甘肃卷），北京：中国ISBN中心2001年版，第10页。

## W2722.6
### 人与动物婚生双胞胎

**实例**

（参见下级母题实例）

## W2722.6.1
### 公主与公牛婚生双胞胎

**实例**

[蒙古族（布里亚特）] 布丹·哈坦公主与公牛生孪生子成为两个部落的始祖。

【流传】布里亚特部落布拉加特人

【出处】《蒙古族图腾崇拜》，见吕大吉、何耀华主编《中国各民族原始宗教资料集成》（鄂伦春族卷、鄂温克族卷、赫哲族卷、达斡尔族卷、锡伯族卷、满族卷、蒙古族卷、藏族卷），北京：中国社会科学出版社1999年版，第647页。

## W2722.7
### 特定的民族是双胞胎

**实例**

[布朗族] 布朗族和拉祜族是双生子。

【流传】云南省·（临沧市）·双江（双江拉祜族佤族布朗族傣族自治县）

【出处】http://smth.edu.cn，2005.07.16。

## W2723
### 龙凤胎

**实例**

（参见下级母题实例）

## W2723.1
### 人祖生的都是龙凤胎

**实例**

[黎族] 最早的一对夫妻俩生了一对孩子，是1男1女龙凤胎。

【流传】海南省·琼中县（琼中黎族苗族自治县）·五指山公社·番龙村（今属五指山市水满乡番龙村）

【出处】王克福讲，冯秀梅采录：《黎族汉族的来源》，见中国民间文学集成全国编辑委员会编《中国民间故事集成》（海南卷），北京：中国ISBN中心2002年版，第11页。

## W2723.1.1
### 盘古女娲婚生龙凤胎

【关联】[W2412.3] 盘古女娲婚生人

**实 例**

[汉族] 盘古氏和女娲结成夫妻，胎胎都是1男1女的龙凤胎。

【流传】福建省·（龙岩市）·上杭县·（临城镇）·北路村

【出处】谢魏延讲，邱松林采录：《盘古女娲成亲》，见中国民间文学集成全国编辑委员会编《中国民间故事集成》（福建卷），北京：中国ISBN中心1998年版，第5页。

## W2723.1.2
### 伏羲生龙凤胎

【关联】[W2144.2]伏羲生人

**实 例**

[汉族] 伏羲分娩生1男1女双胞胎。

【流传】广西壮族自治区·南宁市·郊亭子一带

【出处】苏保双讲，黄露西记录：《伏羲下凡》，见曹廷伟编著《广西民间故事辞典》，南宁：广西教育出版社1993年版，第24页。

## W2723.2
### 龙凤胎姐弟俩

**实 例**

[佤族] 安木拐（女祖先，人类的圣祖母，诗中又说她是人类的二祖母）在洞中生下一对龙凤胎，"岗"（人名，弟弟）和"里"（人名，姐姐，诗中又说岗和里是兄妹二人）。

【流传】云南省·（普洱市）·西盟佤族自治县、澜沧拉祜族自治县等地

【出处】毕登程、隋嘎编著：《司岗里——佤族创世史诗》，昆明：云南出版集团公司·云南人民出版社2009年版，第31页。

## W2723.3
### 龙凤胎兄妹俩

**实 例**

（实例待考）

## W2723.4
### 长时间孕生龙凤胎

【关联】[W2584]长时间的怀孕

**实 例**

（参见下级母题实例）

## W2723.4.1
### 怀孕10年生龙凤胎

**实 例**

[汉族] 地母怀胎10年生1男1女双胞胎（龙凤胎）。

【流传】湖南省·常德县（常德市）·（鼎城区）·灌溪乡（灌溪镇）

【出处】唐万顺讲，唐孟元采录：《盘古开天辟地》，见中国民间文学集成全国编辑委员会编《中国民间故事集成》（湖南卷），北京：中国ISBN中心2002年版，第3页。

## W2723.4.2
### 怀孕几百年生龙凤胎

**实 例**

[汉族] 一个妇人怀孕几百年生一双儿

女。

【流传】山西省·（临汾市）·吉县

【出处】落永恩讲，孙苍梅采录：《人祖山的来历》，见中国民间文学集成全国编辑委员会编《中国民间故事集成》（山西卷），北京：中国ISBN中心1999年版，第15页。

## W2723.5
## 与生龙凤胎有关的其他母题

实例

（实例待考）

## W2724
## 三胞胎

【汤普森】T687

实例

[汉族] 有户人家，母亲和三个儿子：大龙、二虎、三豹，是三胞胎。

【流传】浙江省·（宁波市）·宁海县

【出处】胡能青讲，胡文态整理：《三胎星》（1985），见姚宝瑄主编《中国各民族神话》（汉族），太原：山西出版传媒集团·书海出版社2014年版，第304页。

## W2724.1
## 一胎生3男

实例

❶ [朝鲜族] 遥远的古代，长白山最深的密林里的黑龙潭边上的村子里，有一个美丽贤惠的媳妇。她一胎生了三个儿子。

【流传】吉林省·（延边朝鲜族自治州）·延吉县（延吉市）

【出处】

（a）朴正姬讲，何鸣雁翻译，金明汉整理：《三胎星》（1962），见《朝鲜民间故事集》，北京：中国民间文艺出版社1984年版。

（b）同（a）见姚宝瑄主编《中国各民族神话》（满族、赫哲族、朝鲜族），太原：山西出版传媒集团·书海出版社2014年版，第181~187页。

❷ [古突厥] 乌古斯可汗与蓝光生的女子和书生的女子分别结婚，两个妻子都是一胎生下3个男孩。

【流传】（无考）

【出处】耿世民译：《乌古斯可汗的传说》，见满都呼主编《中国阿尔泰语系诸民族神话故事》，北京：民族出版社1997年版，第14页。

❸ [傈僳族] 瓜生的 a-heng-p´a 和 a-heng-ma 兄妹二人婚后10个月，一胎产三男。

【流传】碧罗雪山（云南省·怒江傈僳族自治州·贡山独龙族怒族自治县与云南省·迪庆藏族自治州·德钦县交界一带）

【出处】《巫师的由来》，见陶云逵《碧罗雪山之傈僳族》，转引自国立中央研究院《历史语言研究所集刊》第17本，商务印书馆民国三十七年版（1948），第403~404页。

❹ [纳西族] 天女衬红褒白命在人间一

胎生下三个儿子。

【流传】（a）云南省·丽江县（丽江市）

【出处】

(a) 和芳讲，和志武采录：《人类迁徙记》，见中国民间文学集成全国编辑委员会编《中国民间故事集成》（云南卷），北京：中国 ISBN 中心 2003 年版，第 49 页。

(b) 和志武翻译整理：《人类迁徙记》，见谷德明编《中国少数民族神话》，北京：中国民间文艺出版社 1987 年版，第 395 页。

## W2725

四胞胎

【汤普森】 ≈ T686

实 例

❶ [古突厥] 泥师都（人名，突厥之祖先）娶夏神冬神之女，一孕而生四男。

【流传】（无考）

【出处】

(a)《突厥传》，见《周书》卷五十。

(b)《古突厥的来历》，见满都呼主编《中国阿尔泰语系诸民族神话故事》，北京：民族出版社 1997 年版，第 11 页。

❷ [瑶族] 一个妻子求仙后，一连 4 天生了 4 个胖娃娃。

【流传】广东省·（韶关市）·乳源县（乳源瑶族自治县）·必背镇

【出处】赵良保讲，莫泽坚采录：《春夏秋冬四兄弟》，见中国民间文学集成全国编辑委员会编《中国民间故事集

成》（广东卷），北京：中国 ISBN 中心 2006 年版，第 4 页。

## W2726

五胞胎

实 例

[苗族] 老妇人吃仙蕉一胎生下 5 胞胎。

【流传】海南省·（海口市）·昌江县（昌江黎族自治县）·七差乡·霸王苗村

【出处】蒋明新讲，马仲川采录：《雷公教人传种》，见中国民间文学集成全国编辑委员会编《中国民间故事集成》（海南卷），北京：中国 ISBN 中心 2002 年版，第 12 页。

## W2727

一胎生更多的人

实 例

(参见下级母题实例)

## W2727.1

七胞胎

实 例

❶ [傣族] 人类出现的七个兄弟是火神王的七胞胎。

【流传】云南省·（西双版纳傣族自治州）·景洪市

【出处】波岩少讲，岩温扁等翻译：《青年射日》，见中国民间文学集成全国编辑委员会编《中国民间故事集成》（云南卷），北京：中国 ISBN 中心

2003 年版，第 140 页。

❷ [侗族] 50 多岁的大妈吃 7 个桃，一胎生了 7 个孩子。

【流传】湖南省·（怀化市）·新晃县（新晃侗族自治县）·李树乡·茂溪村

【出处】吴贻刚讲，杨顺成等采录：《姜郎姜妹》，见中国民间文学集成全国编辑委员会编《中国民间故事集成》（湖南卷），北京：中国 ISBN 中心 2002 年版，第 28 页。

## W2727.2

### 八胞胎

**实例**

[土家族] 年过半百的妻子吃了一位白发老母给的八颗像桃子一样的果子怀孕，一胎生下了八个儿子。

【流传】湖南省·湘西（湘西土家族苗族自治州）·龙山（龙山县）

【出处】覃仁安搜集整理：《八部大王》，见中华民族故事大系编委会编《中华民族故事大系》第 5 卷（瑶族、白族、土家族），上海：上海文艺出版社 1995 年版，第 683 页。

## W2727.3

### 九胞胎

【关联】[W2709.2.2.2] 人一胎生 9 子

**实例**

[壮族] 姆洛甲（女始祖）吃完仙柑，一连生下 9 个男婴。

【流传】广西壮族自治区·（百色市）·西林县·那佐乡·那来村

【出处】
（a）黄公受讲，岑护双采录翻译：《巨人夫妻》，见中国民间文学集成全国编辑委员会编《中国民间故事集成》（广西卷），北京：中国 ISBN 中心 2001 年版，第 55 页。

（b）同（a），见张声震总主编，农冠品编注《壮族神话集成》，南宁：广西民族出版社 2007 年版，第 31 页。

## W2727.4

### 十胞胎

**实例**

（参见下级母题实例）

## W2727.4.1

### 女神一胎生 10 人

【关联】[W2137] 女神生人

**实例**

（参见 W2727.4.2 母题实例）

## W2727.4.2

### 女神一胎生 5 对男女

**实例**

[普米族] 纳可穆玛（昆仑山女神）一胎生下了五个姑娘和五个儿子。五个姑娘取名叫娜卡、筒巴、尼史、角姑、扯扭；五个儿子取名叫黑咕卡、羊而若、绒布巴、打史、格若。

【流传】云南省·（丽江市）·宁蒗（宁

蒗彝族自治县）；四川省·（凉山彝族自治州）·木里（木里藏族自治县）

【出处】曹匹初讲，章虹宇搜集整理：《石头阿祖和石头子孙》，载《山茶》1986年第5期。

## W2727.5
一胎生 **10** 多人

实 例

（参见下级有关母题实例）

## W2727.5.1
一胎生 **11** 人

【关联】［W2719.1］产生11人

实 例

（实例待考）

## W2727.5.2
一胎生 **12** 人

【关联】［W2719.2］产生12人

实 例

（参见 W2727.5.3、W2727.5.4 母题实例）

## W2727.5.3
一胎生 **6** 对男女

实 例

[纳西族（摩梭）] 摩梭人的老祖宗昂姑咪阿斯最早产生，她亲吻石头而孕。9千年后她一胎生下了六个女娃和六个男娃。

【流传】云南省·（丽江市）·宁蒗县（宁蒗彝族自治县）

【出处】桑直若史、益依关若讲，章天锡、章天铭搜集，章虹宇整理：《昂姑咪》，载《山茶》1986年第3期。

## W2727.5.4
一胎生 **12** 女

实 例

［瑶族（布努）］密洛陀（布努瑶的始祖母，女神）生养十二位女儿，是一胎所生。

【流传】广西壮族自治区·（河池市）·都安（都安瑶族自治县）、巴马（巴马瑶族自治县）、南丹县，（百色市）·田东县、平果县等地

【出处】蓝怀昌、蓝书京、蒙通顺搜集翻译整理：《密洛陀·后记》，北京：中国民间文艺出版社1988年版，第552页。

## W2727.6
一胎生 **20** 人

【关联】［W2719.7.2］生20人

实 例

[白族] 尚无人类时，西山羊泉地方来了一只黑山羊，吃了羊泉边的青草，喝了羊泉水之后，竟一胎生下10对儿女。

【流传】云南省·（大理白族自治州）·鹤庆县

【出处】章虹宇调查整理：《鹤庆朵西薄的法器》，见吕大吉、何耀华总主编《中国各民族原始宗教资料集成》（彝族卷、白族卷、基诺族卷），北京：

中国社会科学出版社 1996 年版，第 613 页。

## W2727.7
### 一胎生 30 人

【关联】［W2719.9.1］产生 30 人

实 例

（实例待考）

## W2727.7.1
### 36 胞胎

实 例

［彝族］独姆兄妹成婚后，一胎生了 18 男 18 女，共 36 个娃娃。

【流传】云南省·（红河哈尼族彝族自治州）·弥勒县（弥勒市）

【出处】石旺讲，戈隆阿弘采录：《独眼人、直眼人和横眼人》，见中国民间文学集成全国编辑委员会编《中国民间故事集成》（云南卷），北京：中国 ISBN 中心 2003 年版，第 215 页。

## W2727.8
### 一胎生几十人

实 例

（实例待考）

## W2727.9
### 一胎生 100 人

【关联】［W2716.2］生 100 人

实 例

［汉族］兄妹结婚，妹妹一胎生了 100 个孩子。

【流传】山西省·（临汾市）·吉县

【出处】落永恩讲，孙苍梅采录：《人祖山的来历》，见中国民间文学集成全国编辑委员会编《中国民间故事集成》（山西卷），北京：中国 ISBN 中心 1999 年版，第 15 页。

## W2727a
### 连生多胎

实 例

（参见下级母题实例）

## W2727a.1
### 连生三胎

实 例

［纳西族］从忍利恩（祖先名）与直眼女天女结婚，天女连生三胎：头一胎是熊和猪，第二胎是猴和鸡，第三胎是蛇和蛙。

【流传】云南省·丽江市

【出处】和志武翻译整理：《人类迁徙记》，原载中共丽江地委宣传部编《纳西族民间故事选》，见陶阳、钟秀编《中国神话》（中），北京：商务印书馆 2008 年版，第 856~876 页。

## W2727a.2
### 连生 25 胎

实 例

［回族］阿丹和海尔玛被真主惩罚下凡后，海尔玛怀了孕，一共怀了七十二

胎，每胎都是一男一女。
【流传】（无考）
【出处】《阿丹和海尔玛》，马奔根据《中国回族民间文学概观》（宁夏大学出版社 1984 年版）等改写，见姚宝瑄主编《中国各民族神话》（土族、东乡族、回族、保安族、裕固族、撒拉族），太原：山西出版传媒集团·书海出版社 2014 年版，第 49 页。

## W2727a.2.1
### 连生 25 胎都是双胞胎

【关联】[W2723] 龙凤胎

实 例

❶ [哈萨克族] 男始祖阿达姆阿塔和女始祖阿达姆阿娜婚后连生的二十五胎，都是一男一女的双胞胎。
【流传】新疆维吾尔自治区
【出处】
（a）尼哈迈提·蒙加尼整理，校仲彝记录整理：《迦萨甘创世》，见《新疆民族神话故事选》，乌鲁木齐：新疆人民出版社 1989 年版。
（b）同（a），见姚宝瑄主编《中国各民族神话》（乌孜别克族、哈萨克族、柯尔克孜族、俄罗斯族、维吾尔族、塔吉克族、塔塔尔族、锡伯族），太原：山西出版传媒集团·书海出版社 2014 年版，第 23 页。

❷ [哈萨克族] 创世主迦萨甘让造的两个人长大后婚配。他们前前后后共生了二十五胎，每次都是一男一女的双胞胎。

【流传】新疆维吾尔自治区
【出处】尼合迈德·蒙加尼搜集，校仲彝翻译整理：《迦萨甘创世》，载《新疆民族文学》1982 年第 2 期。

## W2727a.3
### 连生 72 胎

实 例

[回族] 阿丹夫妇得到光明日子以后，夫妇同宿，连生 72 胎，每胎都是 1 男 1 女。
【流传】贵州省·（黔西南布依族苗族自治州）·兴仁县
【出处】张正兴讲，张盛昌采录：《阿丹、夏娃造人》，见中国民间文学集成全国编辑委员会编《中国民间故事集成》（贵州卷），北京：中国 ISBN 中心 2003 年版，第 11 页。

## W2727a.4
### 每年生一对双胞胎

实 例

[哈萨克族] 洪水过后，人都死光了。天神安拉造的第一对男女阿达姆阿塔和哈瓦娜结为夫妇。每年生一对孪生男女。
【流传】新疆维吾尔自治区
【出处】《阿达姆阿塔》，斯丝根据别克苏勒坦、佟中明撰写的《哈萨克族宗教与神话》改写，见姚宝瑄主编《中国各民族神话》（乌孜别克族、哈萨克族、柯尔克孜族、俄罗斯族、维吾尔族、塔吉克族、塔塔尔族、锡伯族），太原：山西出版传媒集团·书海出版社2014年版，第27页。

### W2727a.5
#### 与生多胎有关的其他母题

实例

（参见下级母题实例）

### W2727a.5.1
#### 共生7胎

实例

[纳西族（摩梭）]曹都努依（父系祖先）和泽洪几几咪（母系祖先）是一对兄妹，兄妹通婚生育了七胎。

【流传】云南省·（丽江市·宁蒗彝族自治县）·永宁（永宁乡）、前所、左所等地

【出处】《曹都努依·泽洪几几咪》，见杨学政调查整理：*《摩梭人祭祖》，云南省社会科学院宗教研究所编《宗教调查与研究》，内部编印，1986年，第195～198页。

### W2728
#### 与人产生数量有关的其他母题

实例

（参见下级母题实例）

### W2728.0
#### 以前人很少

【关联】［W2711］人刚产生时数量很少

实例

[汉族]很久以前，世界上的人是屈指可数的。

【流传】广东省·（肇庆市）·德庆县

【出处】陆旭光搜集整理：《人会死的由来》（《民间文学》编辑部供稿），见陶阳、钟秀编《中国神话》（下），北京：商务印书馆2008年版，第1080～1081页。

### W2728.0.1
#### 孤单的人祖

【关联】［W2044.3］特定的人感到孤独造人

实例

（参见下级母题实例）

### W2728.0.1.1
#### 人祖因孤单而哭泣

实例

[彝族（黑彝）]古时世间人烟稀少，彝族的始祖十分孤单，每当夜幕降临，就因孤单而哭泣。

【流传】云南省·昆明市·西山区·谷律（谷律乡）一带

【出处】何耀华：《彝族的自然崇拜及其特点》，载《思想战线》1982年第6期。

### W2728.1
#### 以前人很多

【关联】

① ［W2022b］世上最早有多人

② ［W2022b.1］世上最早的人子孙很

多

③［W2022b.1.1］世上最早的人因灵魂不离身体繁衍很多

**实例**

❶ [独龙族] 古老的力者木者时代（即神话中的时代），到处是人。

【流传】云南省

【出处】肖色顶等讲，孟国才等翻译，李子贤整理：《人与布兰争斗》，见谷德明编《中国少数民族神话》，北京：中国民间文艺出版社 1987 年版，第 534 页。

❷ [拉祜族] 在遥远的古代，凡间的人多得像蚂蚁。

【流传】云南省·（普洱市）·镇沅县（镇沅彝族哈尼族拉祜族自治县）

【出处】何正才等讲，自力采录：《洪水后幸存的两兄妹》，见中国民间文学集成全国编辑委员会编《中国民间故事集成》（云南卷），北京：中国 ISBN 中心 2003 年版，第 178 页。

❸ [畲族] 以前，地面上已经有了许多人，人跟凤凰山上的花朵朵一样多。

【流传】福建省·福安（福安市）、（宁德市）·霞浦（霞浦县）；浙江省畲族地区

【出处】

（a）陈玮君记录：《高辛与龙王》，见蒋风等编《畲族民间故事选》，上海：上海文艺出版社 1983 年版。

（b）陈玮君记录：《高辛造万物》，见姚宝瑄主编《中国各民族神话》（高山族、黎族、畲族），太原：山西出版传媒集团·书海出版社 2014 年版，第 87 页。

**W2728.1.1**
**以前人满为患**

**实例**

❶ [汉族] 很早以前，生活在地上的人多得几乎没处站了。

【流传】青海省·（海东市）平安县（平安区）·石灰窑乡

【出处】魏永发讲，魏占乾采录：《女娲炼石补天》，见中国民间文学集成全国编辑委员会编《中国民间故事集成》（青海卷），北京：中国 ISBN 中心 2007 年版，第 5 页。

❷ [苗族] 很古的时候，人多得要命，到处都住满人。

【流传】贵州省·（毕节市）·赫章县·古木乡

【出处】黄三妹讲，杨明忠采录：《体仑米和爷梭》，见中国民间文学集成全国编辑委员会编《中国民间故事集成》（贵州卷），北京：中国 ISBN 中心 2003 年版，第 51 页。

❸ [彝族] 很久以前，天下四方，人多得要命

【流传】贵州省·（毕节市）·威宁县（威宁彝族回族苗族自治县）·二塘区·人民乡

【出处】王朝方讲，石磊采录：《笃米》，见中国民间文学集成全国编辑委员会编《中国民间故事集成》（贵州卷），北京：中国 ISBN 中心 2003

年版，第 48 页。

## W2728.1.1.1
### 以前地上人满为患是因为人不会死

【关联】［W2941］人原来不死（以前的人不死）

**实例**

[鄂伦春族] 天神恩都力玛发让造出来的石人都不会死。这样一来，石人越来越多，大地上人满为患。

【流传】小兴安岭一带鄂伦春猎人中

【出处】马名超、崔焱编写：《人类生死的由来》，见姚宝瑄主编《中国各民族神话》（达斡尔族、鄂伦春族、鄂温克族、蒙古族），太原：山西出版传媒集团·书海出版社 2014 年版，第 22~23 页。

## W2728.2
### 人的产生数量源于特定条件

**实例**

[鄂伦春族]（实例待考）

## W2728.3
### 人丁旺盛

**实例**

（参见下级母题实例）

## W2728.3.1
### 人丁旺盛是神保佑的结果

**实例**

[纳西族（摩梭）] 喇氏（虎氏族）的摩梭人人丁兴旺，是喇神（虎神，男始祖）和干木女神（女始祖）的庇佑的结果。

【流传】云南省·（丽江市）·宁蒗县（宁蒗彝族自治县）

【出处】巴采若、桑绒尼搓讲，章虹宇搜集整理：《喇氏族的来源》，载《民间文学》1986 年第 3 期。

## W2728.3.2
### 人逐渐增多

**实例**

[柯尔克孜族] 真主造的人类祖先阿达姆的儿子努赫在世 950 年间，大地上的人类和其他生物开始逐渐增多。

【流传】新疆维吾尔自治区

【出处】
（a）《创世的传说》，见毛星主编《中国少数民族文学》，长沙：湖南人民出版社 1983 年版。

（b）同（a），见姚宝瑄主编《中国各民族神话》（乌孜别克族、哈萨克族、柯尔克孜族、俄罗斯族、维吾尔族、塔吉克族、塔塔尔族、锡伯族），太原：山西出版传媒集团·书海出版社 2014 年版，第 144 页。

## W2728.3.2.1
### 人因长生不老逐渐增多

【关联】［W2951a］长生不老的人

**实例**

[彝族] 一位天神造人后，许人以长生不老。人类因为只生不死，人口便大

大发展起来，平原不够住，就开始向山上开拓。

【流传】（无考）

【出处】《人类和石头的战争》，原载谷德明编《中国少数民族神话选》，见陶阳、钟秀编《中国神话》（下），北京：商务印书馆 2008 年版，第 1084~1085 页。

## 2.9.2 人与异类同源
（W2730 ~ W2739）

### W2730
人与万物同源

实 例

（参见下级母题实例）

### W2730.1
生人时人与万物同源

实 例

（参见下级母题实例）

### W2730.1.1
葫芦生人与万物

实 例

［傣族］布桑该和雅桑该（布桑戛西和雅桑戛赛）夫妇神携带着仙葫芦到地上，葫芦生出人类和万物。

【流传】（a）云南省·（西双版纳傣族自治州）·景洪市

【出处】

（a）波岩扁讲，岩温扁、征鹏翻译：《布桑该雅桑该》，见中国民间文学集成全国编辑委员会编《中国民间故事集成》（云南卷），北京：中国 ISBN 中心 2003 年版，第 85 页。

（b）《布桑戛西与雅桑戛赛》，见谷德明编《中国少数民族神话》，北京：中国民间文艺出版社 1987 年版，第 346 页。

### W2730.1.2
鱼生人与万物

实 例

［哈尼族］一条大鱼生出万物和人。

【流传】云南省

【出处】《那突德取厄玛》，见史军超《哈尼族文化英雄论》，载《民族文学研究》1998 年第 3 期。

### W2730.1.3
铜鼓生人与万物

【关联】［W2214.2］铜鼓生人

实 例

［壮族］兄妹婚后生铜鼓，铜鼓再生人类和万物。

【流传】（无考）

【出处】刘辉豪：《云南民间故事的生态源流与文化底蕴》，载《民族艺术研究》1999 年第 3 期。

## W2730.2
### 造人时人与万物同源

**实例**

[蒙古族] 人类和万物是 99 尊天神的共同创造。

【流传】（无考）

【出处】吴彤：《蒙古族神话传说中的自然题材和观念》，载《内蒙古社会科学》1995 年第 2 期。

## W2730.3
### 婚生人与万物

**实例**

（参见下级母题实例）

## W2730.3.1
### 天地婚生人与万物

**实例**

❶ [珞巴族] 天和地结婚，生许多孩子，包括太阳、月亮、星星、各种动植物和珞巴族祖先阿巴达尼。

【流传】西藏自治区·（林芝市）·米林县

【出处】《天和地》，见中国民间文学集成全国编辑委员会编《中国民间故事集成》（西藏卷），北京：中国 ISBN 中心 2001 年版，第 8 页。

❷ [门巴族] 天和地结婚生了草、树、人和动物。

【流传】西藏自治区·（林芝市）·墨脱县

【出处】益西平措讲：《创世说》，见中国民间文学集成全国编辑委员会编《中国民间故事集成》（西藏卷），北京：中国 ISBN 中心 2001 年版，第 4~6 页。

## W2731
### 人与神同源

**实例**

（参见下级母题实例）

## W2731.1
### 特定人物生神和人

**实例**

（参见下级母题实例）

## W2731.1.1
### 天上的老祖母生神和人

**实例**

[哈尼族] 天上的老祖母生神和人。

【流传】云南省·（红河哈尼族彝族自治州）·元阳县·攀枝花区（攀枝花乡）·洞铺寨，黄草岭区·树皮寨

【出处】《神和人的家谱》，见史军超《哈尼族神话传说中记载的人类第一次脑体劳动大分工》，载《云南民族学院学报》1997 年第 3 期。

## W2731.1.2
### 鱼生神和人

**实例**

❶ [哈尼族] 最早出现的大鱼的脊背里

出来 7 对神和 1 对人。

【流传】云南省

【出处】

（a）朱小和讲，芦朝贵等整理：《天、地、人的形成》，载《山茶》1983 年第 4 期。

（b）同（a），见谷德明编《中国少数民族神话》，北京：中国民间文艺出版社 1987 年版，第 313 页。

（c）朱小和讲，芦朝贵等整理：《天、地、人的传说》，见陶立璠、赵桂芳等编《中国少数民族神话汇编》（开天辟地篇），中央民族学院少数民族古籍整理出版规划领导小组办公室印（未署时间），第 261 页。

❷ [哈尼族] 混沌时，大鱼吞海底明珠，孕 7 对神 1 对人始祖直塔和塔婆。

【流传】云南省

【出处】《大鱼与天地、人类》，见高明强编《创世的神话和传说》，上海三联书店 1988 年版，第 74 页。

### W2731.1.3
### 特定的山生神和人

实 例

[鄂温克族] 拉玛湖湖的周围有很多大山。树不多，山中有猴子，又有鬼，这是"舍卧刻"（管疾病的神，蛇形）的发源地，也是鄂温克人及人类的发源地。

【流传】（内蒙古自治区·呼伦贝尔市·额尔古纳市）

【出处】

（a）《额尔古纳旗使用驯鹿鄂温克人的调查报告》，见内蒙古自治区编辑组《鄂温克族社会历史调查》，呼和浩特：内蒙古人民出版社 1986 年版，第 233 页。

（b）《"舍卧刻"来源的传说》，见吕大吉、何耀华总主编《中国各民族原始宗教资料集成》（鄂伦春族卷、鄂温克族卷、赫哲族卷、达斡尔族卷、锡伯族卷、满族卷、蒙古族卷、藏族卷），北京：中国社会科学出版社 1999 年版，第 112 页。

### W2731.2
### 婚生神和人

实 例

（参见下级母题实例）

### W2731.2.1
### 鸟婚生神和人

实 例

[藏族] 两鸟相配生了白、黑、花三个卵，从这些卵中繁衍出神和人类。

【流传】（无考）

【出处】《黑头矮子的起源》，见林继富《西藏卵生神话源流》，载《西藏研究》2002 年第 4 期。

### W2731.3
### 卵生神和人

实 例

❶ [苗族] 姜炎和雷公是蝴蝶妈妈的 12

个蛋中生出的两兄弟。

【流传】贵州省·（黔东南苗族侗族自治州）·雷山县·桃江（桃江乡）

【出处】杨里当讲：《姜炎斗雷公》，见中国民间文学集成全国编辑委员会编《中国民间故事集成》（贵州卷），北京：中国 ISBN 中心 2003 年版，第 39 ~ 41 页。

❷ [纳西族] 大神变出 1 个白蛋，孵出的白鸡恩余恩玛生 9 对白蛋，孵出神和人。

【流传】（无考）

【出处】《崇般崇笲》，见《纳西东巴古籍译注》（一），昆明：云南民族出版社 1986 年版。

## W2732
### 人与神性人物同源

实 例

（参见下级母题实例）

## W2732.1
### 人与神灵同源

实 例

[珞巴族]（实例待考）

## W2732.2
### 人与鬼同源

【关联】[W2807.2] 以前人鬼同貌

实 例

[哈尼族] 佐罗佐白兄妹成婚，妹妹生下 72 种人和 170 种鬼。

【流传】云南省·红河地区（红河哈尼族彝族自治州）

【出处】史军超：《哈尼族神话传说中记载的人类第一次脑体劳动大分工》，载《云南民族学院学报》1997 年第 3 期。

## W2732.2.1
### 人与鬼同时产生

实 例

❶ [独龙族] 天上的两个鬼的总头目"格孟"和"木佩朋"分别创造了人和鬼。

【流传】云南省·（怒江傈僳族自治州）·贡山县（贡山独龙族怒族自治县）·独龙江公社（独龙江乡）·巴坡村、先久当村

【出处】蔡家麒调查整理：《地上的鬼："卜郎"》（1982），见吕大吉、何耀华总主编《中国各民族原始宗教资料集成》（纳西族卷、羌族卷、独龙族卷、傈僳族卷、怒族卷），北京：中国社会科学出版社 2000 年版，第 619 页。

❷ [傈僳族] 人和鬼神最初是在一个瓜里长出来的。

【流传】云南省·（怒江傈僳族自治州）·贡山（独龙族怒族自治县）

【出处】《创世记》，见吕大吉、何耀华总主编《中国各民族原始宗教资料集成》（纳西族卷、羌族卷、独龙族卷、傈僳族卷、怒族卷），北京：中国社会科学出版社 2000 年版，第 745 页。

## W2732.3
### 人与魔鬼同源
**实例**

（实例待考）

## W2732a
### 人与特定的人同源
**实例**

（参见下级母题实例）

## W2732a.1
### 不同职业的人同源
【关联】［W5082］社会分工

**实例**

（参见下级母题实例）

## W2732a.1.1
### 卵生不同职业者
**实例**

［纳西族］额玉额玛（最初的善神依古阿格变化出的神鸡）生下九对白蛋。除一些变成神外，一对变为能者和智者，一对变为丈量师和营造师，一对变为酋长和目老，一对变为巫师和卜师。

【流传】云南省·丽江（丽江市）

【出处】和芳（东巴）读经，和志武翻译整理：《崇邦统》（人类迁徙记）(1954)，见吕大吉、何耀华总主编《中国各民族原始宗教资料集成》（纳西族卷、羌族卷、独龙族卷、傈僳族卷、怒族卷），北京：中国社会科学出版社2000年版，第321页。

## W2733
### 人与动物同源
【汤普森】① ≈ B633；②T589.7.1

**实例**

❶ ［傣族］布桑该、雅桑该（一对夫妻神）花费一百年的功夫，造人和动物。

【流传】云南省·（西双版纳傣族自治州）·景洪市

【出处】波岩扁讲，岩温扁、征鹏翻译：《布桑该雅桑该》，见中国民间文学集成全国编辑委员会编《中国民间故事集成》（云南卷），北京：中国ISBN中心2003年版，第85页。

❷ ［哈尼族］梅烟恰不单是人的祖先，还是动物的祖先。

【流传】（无考）

【出处】《神和人的谱系》，见中国各民族宗教与神话大词典编审委员会编《中国各民族宗教与神话大词典》，北京：学苑出版社1990年版，第170页。

❸ ［汉族］东山的小伙与西山的姑娘捏泥人和动物等成活。

【流传】北京市·门头沟区

【出处】张广民讲：《兄妹创世》，见中国民间文学集成全国编辑委员会编《中国民间故事集成》（北京卷），北京：中国ISBN中心1999年版，第3页。

❹ [佤族] 洪水后，砍开葫芦生出人和动物。

【流传】云南省

【出处】李子贤：《论佤族神话》，载《思想战线》（云南大学）1987年第6期。

❺ [瑶族] 洪小伙与仙女结婚后撒的种子，变成人和动物。

【流传】广东省·（清远市）·连南县（连南瑶族自治县）

【出处】广西少数民族社会历史调查组等搜集整理：《开天辟地的传说》，见中华民族故事大系编委会编《中华民族故事大系》第5卷（瑶族、白族、土家族），上海：上海文艺出版社1995年版，第27~29页。

❻ [彝族（阿细）] 洪水后幸存的兄妹二人从燕子那里得到瓜子，栽种出的瓜里繁衍出了各种动物和筷子横眼人。

【流传】云南省·红河哈尼族彝族自治州·弥勒县（弥勒市）

【出处】潘正兴等唱述，云南省民族民间文学红河调查队搜集翻译整理：《阿细的先基》，昆明：云南人民出版社1959年版。

❼ [藏族] 一只自然形成的大蛋，蛋黄化为人和各种动物。

【流传】（无考）

【出处】

(a) 贡乔泽登：《藏族神话传说——始祖神话》，见水木清华站 http://smth.edu.cn, 2005.03.13。

(b) 《始祖神话》, http://www.xiaoshuo.com, 2007.04.06。

## W2733.1
### 人与龙同源

实 例

[哈尼族] 始祖塔婆生下了老鹰、老虎和龙王和人。

【流传】云南省

【出处】《哈尼族民间故事选》，上海：上海文艺出版社1989年版。

## W2733.1.1
### 人与龙、蛇同母生

【关联】[W2733.3.2] 人与龙蛇同源

实 例

（参见关联项母题实例）

## W2733.1.2
### 人龙是同父异母兄弟

实 例

[纳西族] 人与术龙本是同父异母的血亲。

【流传】（无考）

【出处】《鹏龙争斗》，见云南省民族事务委员会编《纳西族文化大观》，昆明：云南民族出版社1999年版，第332页。

## W2733.1.3
### 南瓜生人与龙

实 例

[傈僳族] 龙和人曾经是兄弟，曾经住

一室，同是一个南瓜里生出来。

【流传】

【出处】鲁福昌唱，辛一记译整理：《祭龙神调》，载《怒江》1984年第3期。

## W2733.2
### 人与猴同源

实例

[纳西族] 人类出世的时代，好父亲是一个，好母亲是两个，生猴和人两个，猴子和人本是一个宗族的后裔。

【流传】（无考）

【出处】和云章讲：《驮达给金布马超度吊死鬼上卷》，见《东巴经》，丽江市1983年，内部资料。

## W2733.3
### 人蛇同源

实例

[汉族] 有一妇人生一个儿子和一条蛇。

【流传】（无考）

【出处】［晋］干宝：《搜神记》卷十四，钱振民校点，长沙：岳麓书社1997年版，第115页。

## W2733.3.1
### 人与蛇同时产生

实例

[汉族] 古时候，人和蛇同一天来到世上。

【流传】湖北省

【出处】冯帮贵、冯德清讲，冯本林搜集整理：《人死蛇蜕皮的来历》，原载《湖北民间传说集》，见陶阳、钟秀编《中国神话》（下），北京：商务印书馆2008年版，第1077页。

## W2733.3.2
### 人与龙蛇同源

实例

[侗族] 人与龙、蛇等同母生。

【流传】贵州省·（黔东南苗族侗族自治州）·从江（从江县）、榕江（榕江县）、黎平（黎平县）等县

【出处】《洪水滔天》，见《侗族民歌选》，上海：上海文艺出版社1980年版。

## W2733.4
### 人与犬同源（人与狗同源）

实例

[侗族] 四个萨狁（这里应是一种动物名称）孵化萨天巴（蜘蛛，女祖神，创世神）交给的四个卵，孵了三百六十个日夜，一个蛋里出来了始祖松恩，另外三只蛋却跑出三只龙狗（"龙狗"是古代侗族"仡伶"部落的图腾标志）。

【流传】广西壮族自治区·（柳州市）·三江（三江侗族自治县），（桂林市）·龙胜（龙胜各族自治县）

【出处】杨卜林喜、杨卜松林、杨明世讲，杨国仁、涛声搜集整理，蒿紫改写：《创世女神萨天巴》，过伟改写自

侗族创世史诗《嘎茫莽道时嘉——远祖歌》（未出版稿），见姚宝瑄主编《中国各民族神话》（土家族、毛南族、侗族、瑶族），太原：山西出版传媒集团·书海出版社2014年版，第95页。

## W2733.5
### 人与虎同源

实 例

[珞巴族] 姑娘感树生一只虎，后来又生一个男孩。

【流传】西藏自治区

【出处】腊荣老人讲，明珠翻译：《虎哥与人弟》，见姚宝瑄主编《中国各民族神话》（门巴族、珞巴族、怒族、藏族），太原：山西出版传媒集团·书海出版社2014年版，第23页。

## W2733.6
### 人与猿同源

实 例

（参见下级母题实例）

## W2733.6.1
### 一对蛋孵出了猿人和原始人

实 例

[纳西族] 以前，有一对蛋孵出了猿人和原始人。

【流传】云南省·丽江（丽江市）

【出处】和芳讲：《崇搬图》，见《东巴经文资料》（1963~1964），中国社科院图书馆单册复印云南丽江县文化馆资料合订本，第9页。

## W2733.6.2
### 女子与猿猴婚生猿猴和人

实 例

[傈僳族] 一个姑娘与猿猴成婚，生猿猴和人类。

【流传】云南省怒江一带

【出处】杨毓骧：《云南少数民族的人类起源神话》，载云南省民族学院民族研究所《民族学报》1981年第1期，第287页。

## W2733.7
### 人和野生动物同源

实 例

❶ [哈尼族] 先祖梅烟恰长着天地一样广大的肚子，不单是人的先祖，还是三种野物的先祖。

【流传】云南省·（红河哈尼族彝族自治州）·元阳县

【出处】卢朝贵讲，史军超采录：《神和人的家谱》，见中国民间文学集成全国编辑委员会编《中国民间故事集成》（云南卷），北京：中国ISBN中心2003年版，第23页。

❷ [汉族] 盘古把身上的活物子（虫类）甩到地上，变成人和野物（野生动物）。

【流传】四川省（今重庆市）·巴县（巴南区）

【出处】王国珍讲：《盘古开天地》，见中国民间文学集成全国编辑委员会编《中国民间故事集成》（四川卷·上），北京：中国 ISBN 中心 1998 年版，第 21~22 页。

## W2733.7.1
### 人与兽同源

实 例

❶ [侗族] 九个兄弟造人和禽兽。

【流传】贵州省·（黔东南苗族侗族自治州）·从江县·高增（高增乡）

【出处】《古老和盘古》，见中国民间文学集成全国编辑委员会编《中国民间故事集成》（贵州卷），北京：中国 ISBN 中心 2003 年版，第 4 页。

❷ [苗族] 天和地同姓，人和兽同娠。

【流传】广西壮族自治区·（柳州市）·融水苗族自治县

【出处】

(a) 杨达香讲，梁彬搜集整理：《创世纪》（二、捏人捏兽，栽果撒谷），见梁彬、王天若编《苗族民间故事选》，南宁：广西人民出版社 1986 年版。

(b) 同 (a)，见姚宝瑄主编《中国各民族神话》（布依族、仡佬族、苗族），太原：山西出版传媒集团·书海出版社 2014 年版，第 179 页。

## W2733.7.2
### 人与野猪同源

实 例

[哈尼族] 兄妹婚生的葫芦中跳出几十对男女和野猪等的祖先。

【流传】云南省·（普洱市）·墨江县（墨江哈尼族自治县）

【出处】李灿伟搜集整理：《兄妹传人类》（二），见中华民族故事大系编委会编《中华民族故事大系》第 6 卷（哈尼族、哈萨克族、傣族），上海：上海文艺出版社 1995 年版，第 13~18 页。

## W2733.8
### 人与鸟兽同源

实 例

❶ [高山族（泰雅）] 大树生飞鸟走兽及人类兄妹始祖。

【流传】（台湾）

【出处】《树生泰雅人兄妹始祖》，见中国各民族宗教与神话大词典编审委员会编《中国各民族宗教与神话大词典》，北京：学苑出版社 1990 年版，第 145 页。

❷ [哈尼族] 母女俩感风而孕，全身怀孕，生鸟、兽、人。

【流传】云南省·西双版纳（西双版纳傣族自治州）

【出处】《母女俩的传说》，见毛星主编《中国少数民族文学》（下），长沙：湖南人民出版社 1983 年版，第 241~242 页。

❸ [哈尼族] 母女俩感风全身怀孕，只有肚子里怀孕的是人。其他部位生的都是飞禽走兽。

【流传】云南省·西双版纳（西双版纳

傣族自治州）

【出处】

（a）《母女俩的故事》，见中国社会科学院云南少数民族文学研究所等编《云南少数民族文学资料》第2辑，内部编印，1981年，第6页。

（b）《母女俩的传说》，见毛星主编《中国少数民族文学》（下），长沙：湖南人民出版社1983年版，第241~242页。

❹ [哈尼族] 妇人它朋然夏阿玛生下了77种飞禽走兽和人。

【流传】云南省

【出处】毛佑全整理：《它朋然夏阿玛》，见谷德明编《中国少数民族神话》，北京：中国民间文艺出版社1987年版，第325页。

❺ [汉族] 伏羲和女娲兄妹成婚，生的磨刀石，打碎后变成飞禽走兽和人。

【流传】江西省·南昌市·湾里区·罗亭乡

【出处】周仑讲：《伏羲和女娲》，见中国民间文学集成全国编辑委员会编《中国民间故事集成》（江西卷），北京：中国ISBN中心2002年版，第9~10页。

## W2733.9

### 人与虫类同源

实例

[满族]（实例待考）

## W2733.10

### 人与其他特定动物同源

实例

（参见下级母题实例）

## W2733.10.1

### 人与牛同源

实例

[汉族] 天地鸿蒙时代，一个大气球里包着两个人和一头牛。

【流传】河南省·（南阳市）·桐柏县·二郎山乡·田口村

【出处】李新超讲，马卉欣整理：《盘古开天》，见 http://tongbai.01ny.cn （桐柏网）2001.01.26。

## W2733.10.2

### 人与羊同源

实例

[侗族] 四个萨狑（这里应是一种动物名称）第二次孵化萨天巴（蜘蛛，女祖神，创世神）交给的四个卵，过了三百六十天，其中一个卵中孵出女始祖松桑，另外三个蛋壳里跳出三只山羊（古代侗族"仡僚"即山羊，古称"龙羊"，仡佬部落图腾标志之一）。

【流传】广西壮族自治区·（柳州市）·三江（三江侗族自治县），（桂林市）·龙胜（龙胜各族自治县）

【出处】杨卜林喜、杨卜松林、杨明世讲，杨国仁、涛声搜集整理，蒿紫改写：《创世女神萨天巴》，过伟改写自侗族创世史诗《嘎茫莽道时嘉——远祖歌》（未出版稿），见姚宝瑄主编《中国各民族神话》（土家族、毛南族、侗族、瑶族），太原：山西出版传媒集团·书海出版社2014年版，第96页。

## W2733.10.3
### 人与鱼同源

**实例**

[满族] 东海生命之母神都金恩都力每个毛孔都能生出人和鱼。

【流传】（无考）

【出处】

（a）富育光：《萨满教与神话》，沈阳：辽宁大学出版社1990年版，第50页。

（b）《都金恩都力生人》，见吕大吉、何耀华总主编《中国各民族原始宗教资料集成》（鄂伦春族卷、鄂温克族卷、赫哲族卷、达斡尔族卷、锡伯族卷、满族卷、蒙古族卷、藏族卷），北京：中国社会科学出版社1999年版，第485页。

## W2733.11
### 人与多种动物同源

**实例**

❶ [侗族] 萨狖孵蛋，生出男始祖松恩、龙狗、女始祖松桑、龙羊等。

【流传】（无考）

【出处】杨保愿：《嘎茫莽道时嘉》，北京：中国民间文艺出版社1986年版，第29~44页。

❷ [侗族] 兄妹结婚生蛇面郎、龙面郎、虎面郎、猫面郎、雷婆、狐面郎、猪面郎、鸭面郎、鸡面郎、熊婆10个禽兽，和姜良姜妹兄妹2人。

【流传】（无考）

【出处】杨权：《人类的来源》，见黔东南苗族侗族自治州文学艺术研究室编《侗族民间故事集》第1集，内部资料，1982年，第1页。

❸ [哈尼族] 哈尼的先祖塔婆生21个儿子（人和动物）。

【流传】（a）云南省·（红河哈尼族彝族自治州）·元阳县

【出处】

（a）朱小和讲，卢朝贵采录：《塔婆取种》，见中国民间文学集成全国编辑委员会编《中国民间故事集成》（云南卷），北京：中国ISBN中心2003年版，第300页。

（b）朱小和讲，芦朝贵等整理：《天、地、人的形成》，载《山茶》1983年第4期。

（c）同（b），见谷德明编《中国少数民族神话》，北京：中国民间文艺出版社1987年版，第313页。

（d）朱小和讲，芦朝贵等整理：《天、地、人的传说》，见陶立璠、赵桂芳等编《中国少数民族神话汇编》（开天辟地篇），中央民族学院少数民族古籍整理出版规划领导小组办公室印（未署时间），第261页。

❹ [哈尼族] 梅烟恰阿妈（始祖神）生下世上四个种类的祖先。他们分别是人的先祖、有脚会跑的动物的先祖、无脚会爬的种类的先祖和有翅膀会飞的种类的先祖。

【流传】云南省·（红河哈尼族彝族自治州）·元阳县

【出处】

（a）卢朝贵讲，史军超采录：《神和人的家谱》，见中国民间文学集成全国编辑委员会编《中国民间故事集成》（云南卷），北京：中国 ISBN 中心 2003 年版，第 23 页。

（b）朱小和讲，史军超采录：《动植物的家谱》，见中国民间文学集成全国编辑委员会编《中国民间故事集成》（云南卷），北京：中国 ISBN 中心 2003 年版，第 346 页。

❺ [哈尼族] 一个叫塔婆然的妇女感狂风吹而孕，生下老虎、野猪、麻蛇、泥鳅等动物和 77 个小娃娃。

【流传】云南省·（红河哈尼族彝族自治州）·元阳县

【出处】陈布勤讲：《始祖塔婆然》，载《山茶》1986 年第 6 期。

❻ [汉族] 兄妹结婚生的一块磨刀石，打碎后，从昆仑山撒到山下，分别变成飞禽走兽、人和鱼虾。

【流传】江西省·南昌（南昌市）

【出处】周仑讲：《洪水的传说》，见南昌市民间文学集成编委会编《南昌民间故事集成》，内部资料，1985 年。

❼ [汉族] 伏羲女娲兄妹婚生一块磨刀石，打碎后，跌到山上的，变成飞禽走兽，跌到村子里的，变成了人；跌到水里的，变成了鱼虾。

【流传】江西省·南昌市·湾里区·罗亭乡·周半村

【出处】周仑讲，钟丰彩采录：《伏羲和女娲》，见中国民间文学集成全国编辑委员会编《中国民间故事集成》（江西卷），北京：中国 ISBN 中心 2002 年版，第 9 页。

❽ [汉族] 抱罕令严根婢产一龙、一女、一鹅。

【流传】（无考）

【出处】[晋] 干宝：《搜神记》卷七，钱振民校点，长沙：岳麓书社 1997 年版，第 68 页。

❾ [苗族] 大雁生的 12 个蛋，孵出哥哥、弟弟、妹妹和虎、蛇等。

【流传】贵州省·（黔东南苗族侗族自治州）·台江县

【出处】吴晓东：《苗族图腾与神话》，北京：社会科学文献出版社 2002 年版，第 85 页。

❿ [苗族] 高加良和女儿结婚生出的 12 蛋，变成人和动物 12 个兄弟。

【流传】贵州省（黔东南苗族侗族自治州）·麻江（麻江县）、雷山（雷山县）

【出处】《短裙黑苗中的传说》，见马昌仪编《中国神话学论文选萃》（上编），北京：中国广播电视出版社 1999 年版，第 442～443 页。

⓫ [彝族] 玉皇大帝的女儿与人间的都

木惹牛结婚,生3个孩子。老三做了土皇帝,生4子,分家后一个住在山里,变成四只脚的动物;一个住在树林变成猴子、獐子、狐狸等有手和脚的动物;一个到两司两列住,变成蛇、青蛙、水獭的呢个水中动物;一个到川司川尼住,变成陆地上的人。

【流传】(无考)

【出处】马海乌利讲:《开天辟地的故事》,见刘魁立主编《玉皇大帝的传说》,北京:中国社会出版社2008年版,第58页。

## W2733.11.1
### 人与虎、鹰、龙同源

**实 例**

❶ [哈尼族] 人类始祖塔婆生虎、鹰、龙和人。

【流传】(无考)

【出处】《大鱼与天地、人类》,见高明强编《创世的神话和传说》,上海:上海三联书店1988年版,第74页。

❷ [哈尼族] 塔婆浑身怀孕,生虎、鹰、龙和9对人。

【流传】云南省

【出处】朱小和讲:《天、地、人的形成》,载《山茶》1983年第4期。

❸ [哈尼族] 塔婆既是各民族的共祖,又是龙神、鹰神和虎神的母亲。

【流传】云南省

【出处】《塔婆的传说》,见中国各民族宗教与神话大词典编审委员会编《中国各民族宗教与神话大词典》,北京:学苑出版社1990年版,第174页。

## W2733.11.2
### 人与马、牛、羊同源

**实 例**

[纳西族] 蛋中出现马、羊、牛和千千万万个男女。

【流传】云南省·丽江(丽江市)

【出处】和正才讲:《懂述战争》,见《东巴经文资料》(1963~1964),中国社科院图书馆单册复印云南丽江县文化馆资料合订本,第4页。

## W2733.11.3
### 卵生人与各种动物

【关联】

① [W2220] 卵生人
② [W3025] 卵生动物

**实 例**

[藏族] 元始之初自然形成一只大蛋,蛋黄化为人和各种动物。

【流传】(无考)

【出处】贡乔泽登整理:《始祖神话》,见 BBS 水木清华站 http://www.smth.edu.cn 2006.07.20。

## W2733.11.4
### 人与11种动物同源

**实 例**

[苗族] 蝴蝶与水泡婚生的12个蛋,孵出人和11种动物。

【流传】（无考）

【出处】唐春芳、桂舟人搜集，燕宝整理：《苗族古歌》，贵阳：贵州民族出版社1993年版。

## W2733.11.5
### 人与牲畜同源

**实 例**

[苗族] 葫芦兄妹婚生肉团子。兄妹二人将它剁成肉酱，二人将肉酱满山遍野乱撒。第二天，到处都出现了人烟和牲畜。

【流传】贵州省

【出处】

（a）罗亮臣讲，王春德搜集整理：《阿各林和葫芦兄妹》，见中国作家协会贵阳分会筹委会等编《民间文学资料》第十五集《苗族传说故事》，1995年，内部资料。

（b）同（a），见姚宝瑄主编《中国各民族神话》（布依族、仡佬族、苗族），太原：山西出版传媒集团·书海出版社2014年版，第308页。

## W2734
### 人与植物同源

**实 例**

[彝族] 红雪变化成的雪族的子孙十二种，有血的与无血的各六种。其中，六种有血的动物中，人为第六种，人类分布遍天下。

【流传】（四川省·凉山彝族自治州）

【出处】

（a）冯元蔚译：《勒俄特依》，成都：四川民族出版社1986年版。

（b）冯元蔚译，蔷紫改写：《勒俄特依》，见姚宝瑄主编《中国各民族神话》（羌族、彝族），太原：山西出版传媒集团·书海出版社2014年版，第159页。

## W2735
### 人与动植物同源

**实 例**

❶ [哈尼族] 者比和帕玛兄妹婚生的葫芦中生野猪、老熊、老虎、竹子等与人。

【流传】云南省

【出处】中国各民族宗教与神话大词典编审委员会编《中国各民族宗教与神话大词典》，北京：学苑出版社1990年版，第170页。

❷ [哈尼族] 人神烟蝶蝶玛种下她带来的金鱼鳞，长成一棵巨大的茨菇，其上生出人、动物和植物。

【流传】（无考）

【出处】《虎玛达作》，见中国各民族宗教与神话大词典编审委员会编《中国各民族宗教与神话大词典》，北京：学苑出版社1990年版，第172～172页。

❺ [珞巴族] 天地结婚后，生了各种动物、植物和珞巴族的祖先阿巴达尼。

【流传】西藏自治区·（林芝市）·米林县·马尼岗·穷林村

【出处】亚如、亚崩讲，高前译，李紧

尚等搜集整理：《天和地》，见中国民间文学集成全国编辑委员会编《中国民间故事集成》（西藏卷），北京：中国ISBN中心2001年版，第8页。

❻ [门巴族] 天和地也结了婚，生了草、树、人和动物。

【流传】西藏自治区·（林芝市）·墨脱县

【出处】益西平措讲，冀文正采录：《创世说》，见中国民间文学集成全国编辑委员会编《中国民间故事集成》（西藏卷），北京：中国ISBN中心2001年版，第4页。

❼ [蒙古族] 神鸟勒嘎宾嘎的蛋卵破裂，从中生出人类和动植物。

【流传】（无考）

【出处】《嘎勒宾嘎创世》，见[蒙古] Д. 策仁苏德那木编《蒙古神话》（基利尔蒙古文），转引自那木吉拉《中国阿尔泰语系诸民族神话比较研究》，北京：学习出版社2010年版，第28~29页。

❽ [彝族] 支格阿鲁（文化英雄）先后生了12个儿子。大儿说米洛曲，是树子的祖先；二儿黑克扎俄，是蒿枝的祖先；三儿瓦麻色俄，是野葡萄的祖先；四儿眉兹卡且，是牵牛花的祖先；五儿日脚俄洛，是野草的祖先；六儿得乌洛甲，是蕨芨草的祖先；七儿阿脚阿索，是人类的祖先；八儿古，是猿猴的祖先；九儿驼，是熊的祖先；十儿被，是狗的祖先；十一儿慈，是青蛙的祖先；么儿涅，是鸟类

的祖先。

【流传】（无考）

【出处】蒋汉章翻译，李仲舒整理：《创造万物的巨人支格阿鲁》，见陶立璠、李耀宗主编《中国少数民族神话传说选》，成都：四川民族出版社1985年版，第86页。

❾ [彝族] 兄妹结婚后，种的瓜变成人、动物、植物和牲畜。

【流传】（无考）

【出处】《阿细的先基》，见沙马拉毅主编《彝族文学概论》，太原：山西教育出版社2001年版，第33页。

## W2735.1

### 人与鸡、狗等动物和谷物、蔬菜同源

实 例

❶ [汉族] 女娲娘娘在一年的头十天，用泥造人和动植物的顺序是：一鸡、二狗、三羊、四猪、五马、六牛、七人、八谷、九果、十菜。

【流传】河南省·（许昌市）·襄城县·山头店乡·陈庄

【出处】陈明绍讲，陈辉欣采录：《女娲捏人畜》，见中国民间文学集成全国编辑委员会编《中国民间故事集成》（河南卷），北京：中国ISBN中心2001年版，第20页。

❷ [黎族] 葫芦里面装了许多东西，有人、牛、猪、鸡、飞鸟、蛇、娱松（疑为蜈蚣）、谷子等。

【流传】海南省·（三亚市）·乐东县

（乐东黎族自治县）昌化江流域

【出处】《人的由来》，见李露露《海南黎族古老的水上交通工具》，载《中国历史博物馆馆刊》1994年第1期。

❸ [壮族] 盘古用泥造了人、虎、龙、蛇、花、鸟等。

【流传】广西壮族自治区·（柳州市）·柳江（柳江区）·三都乡·板六村

【出处】韦六奶讲：《盘古分食》，见张声震总主编，农冠品编注《壮族神话集成》，南宁：广西民族出版社2007年版，第6页。

## W2735.2

### 人与无血的草木和有血的动物同源

实 例

❶ [彝族] 雪族子孙有十二种，先有草木等无血的植物，后有蛙、蛇、鹰、熊、猴等六种有血的动物。猴子稳芝传阿芝，才出现真正的人。

【流传】（无考）

【出处】马忠民：《关于彝族的一些历史传说和史实》，载《四川及云南昭通地区彝族社会历史调查材料》（二），1963年。

❷ [彝族] 雪族子孙有12种，先有无血的六种为草木，后有有血的6种为蛙、蛇、鹰、熊等动物，其中猴为第5种，人为第6种。

【流传】四川省·凉山（凉山彝族自治州）

【出处】《勒俄特依》，见中央民族学院编《中国少数民族神话汇编》（人类起源编），内部资料。

## W2735.3

### 与人与动植物同源有关的其他母题

实 例

（实例待考）

## W2736

### 人与无生命物同源

实 例

（参见下级母题实例）

## W2736.1

### 人与日月是同母所生

实 例

[珞巴族] 人与日月是同母所生。

【流传】西藏自治区·珞渝（珞渝地区包括上珞渝，泛指古称的白马岗即今林芝市墨脱县、马尼岗、梅楚卡一带，下珞渝则泛指永木河、锡约尔河、巴恰西仁河流域）

【出处】亚崩等讲，刘芳贤等整理，达登翻译：《石金金巴巴娜和石金金耐娜鲁布的传说》，见中华民族故事大系编委会编《中华民族故事大系》第16卷（赫哲族、门巴族、珞巴族、基诺族），上海：上海文艺出版社1995年版，第570页。

## W2736.2
### 人与星星同源

**实例**

[苗族] 人类的女始祖波丽萍和男始祖岳利毕也是星星的始祖。

【流传】（无考）

【出处】王建国讲，陆兴凤翻译：《人类始祖返老还童的故事》，原载《云南苗族民间故事集成》，见陶阳、钟秀编《中国神话》（下），北京：商务印书馆2008年版，第1100~1103页。

## W2737
### 人与其他诸物同源

**实例**

（参见下级母题实例）

## W2737.1
### 人与神和动物同源

**实例**

❶ [侗族] 松桑和松恩靠吸雾露长大，配成了夫妻。结婚后连续生下了龙、虎、雷、蛇等动物和姜良、姜妹两个人，他们共有十二个兄妹。

【流传】贵州省·（黔东南苗族侗族自治州）·黎平县·岩洞镇·四洲萨老街

【出处】吴良民讲：《龟婆孵蛋与人类起源》，王宪昭采集，2009.08。

❷ [侗族] 第六代人宜仙与宜美生六胎，大哥是龙（白鳝鱼），二哥是虎，三哥是蛇，四哥是雷，和姜良姜妹两兄妹。

【流传】（无考）

【出处】《开天辟地》，见杨保愿《嘎茫莽道时嘉》（《侗族远祖歌》），北京：中国民间文艺出版社1986年版，第55~56页。

❸ [侗族] 1女1男相结合后生下7个儿女：龙王公、虎王公、雷王公、猫郎公、蛇郎公、姜良公和姜妹姑娘，人类开始繁衍。

【流传】湖南省

【出处】《松桑和松恩》，见中国各民族宗教与神话大词典编审委员会编《中国各民族宗教与神话大词典》，北京：学苑出版社1990年版，第116页。

❹ [侗族] 四个龟婆，在河边孵的四个蛋中有一个好蛋，孵出女孩松桑，又从水边的好蛋中孵出男孩松恩，配成夫妻，生龙、虎、雷、蛇和姜良、姜妹12兄妹。

【流传】贵州省·（黔东南苗族侗族自治州）·从江县·高增乡

【出处】

（a）《龟婆孵蛋》，见中国民间文学集成全国编辑委员会编《中国民间故事集成》（贵州卷），北京：中国ISBN中心2003年版，第43页。

（b）龙玉成主编：《贵州侗族民间故事选》，成都：西南交通大学出版社1993年版，第9页。

❺ [侗族] 诵藏、诵挹结婚生虎、熊、蛙、龙、雷婆等动物与人类祖先章良、章妹。

【流传】（无考）

【出处】《开天辟地》，见杨权《侗族民间文学史》，北京：中央民族学院出版社1992年版。

❻ [傈僳族] 一个叫 a-yi-pá 的天神下凡时带来一粒瓜子，种于田中，结出高约一丈围二丈余的大瓜。天神俟其长熟后剖开，里面生出灵、狼、蛇三种毒物和一对男女。

【流传】碧罗雪山（云南省·怒江傈僳族自治州·贡山独龙族怒族自治县与云南省·迪庆藏族自治州·德钦县交界一带）

【出处】《巫师的由来》，见陶云逵《碧罗雪山之傈僳族》，转引自国立中央研究院《历史语言研究所集刊》第17本，商务印书馆民国三十七年版（1948），第403~404页。

❼ [苗族] 太古有9个蛋，孵出9个孩子，包括雷，龙，蛇等动物，最后生出的是人。

【流传】贵州省

【出处】

（a）《八寨黑苗的传说》，见马昌仪编《中国神话学文论选萃》（上编），北京：中国广播电视出版社1994年版，第440~441页。

（b）[俄] 李福清：《神话与鬼话——台湾原住民神话故事比较研究》（增订本），北京：社会科学文献出版社2001年版，第96页。

❽ [苗族] 母鹅生12个蛋，孵出雷、龙、熊、虎、兔、狗等动物和"央"、"美"兄妹。

【流传】贵州省·（黔东南苗族侗族自治州）·从江县

【出处】国家民委少数民族社会历史调查组编：《从江加勉苗族社会历史调查报告》，1958年。

❾ [苗族] 继尾鸟孵蝴蝶妈妈生的12个蛋，白的孵出尕哈，黑的是姜央，亮的是雷公，黄的是水龙，花的是老虎，长的是长虫。

【流传】（无考）

【出处】《苗族史诗·十二个蛋》，北京：中国民间文艺出版社1983年版。

❿ [苗族] 天神嘎养和嘎对交感怀孕生蛋，孵出人类始祖姜央和雷公、龙、虎等，有了人类。

【流传】贵州省·（黔东南苗族侗族自治州）·凯里（凯里市）、丹寨（丹寨县）、麻江（麻江县）等

【出处】洋洛译：《说古歌》，见中国作家协会贵州分会等单位编印《民间文学资料》第6集。

⓫ [苗族] 蝴蝶生的12个蛋中孵出护卫神尕哈、人祖姜央、老虎、雷公、水龙和蟒蛇。

【流传】（无考）

【出处】《古枫·蝶母》，见高明强编《创世的神话和传说》，上海：上海三联书店1988年版，第98页。

⓬ [苗族] 姑娘妮仰吃了虎肉，生人和龙、虎、雷公等。

【流传】广西壮族自治区·（柳州市）·融水县（融水苗族自治县）·滚贝乡

【出处】杨达香讲：《段略和埋耶兄

妹》，见中国民间文学集成全国编辑委员会编《中国民间故事集成》（广西卷），北京：中国 ISBN 中心 2001 年版，第 74~86 页。

⑬ [水族] 牙线（仙婆，天神的女儿）生的 12 个仙蛋孵出人、雷、龙、虎、蛇、熊、猴、牛、马、猪、狗、凤凰等 12 种动物。

【流传】贵州省·（黔东南苗族侗族自治州）·榕江县·平永乡

【出处】潘开雄等讲，杨路塔采录：《十二个仙蛋》，见中国民间文学集成全国编辑委员会编《中国民间故事集成》（贵州卷），北京：中国 ISBN 中心 2003 年版，第 10 页。

⑭ [水族] 牙巫生的 12 个仙蛋，孵化出人与雷、龙、虎、蛇、猴、牛、马、狗、凤凰等动物。

【流传】贵州省
【出处】
（a）中国各民族宗教与神话大词典编审委员会编《中国各民族宗教与神话大词典》，北京：学苑出版社 1990 年版，第 555 页。
（b）《十二个仙蛋》，见范禹《水族文学史》，贵阳：贵州人民出版社 1987 年版，第 48 页。

⑮ [壮族] 洞走出来四兄弟，老大雷王（壮语叫 Duz byaj），老二蛟龙（壮语叫 duzngieg），老三老虎（壮语叫 Duz guk），老四布洛陀。

【流传】（无考）
【出处】《布洛陀》，见中国各民族宗教与神话大词典编审委员会编《中国各民族宗教与神话大词典》，北京：学苑出版社 1990 年版，第 783 页。

## W2737.1.1
## 人与雷公、龙、虎同源

实 例

❶ [侗族] 天老母养了五个孩子雷公、老虎、龙王和张良、张妹兄妹 2 人。
【流传】广西壮族自治区·（柳州市）·三江县（三江侗族自治县）·平溪村
【出处】《沸腾酒歌·张良张妹》，见杨通山编《侗族民歌选》，上海：上海文艺出版社 1980 年版。

❷ [苗族] 引雄和妮仰婚后，妮仰吃了牛头和虎爪，生雷公、虎仔、龙仔和一个漂亮姑娘。
【流传】
（a）广西壮族自治区·（柳州市）·融水县（融水苗族自治县）·滚贝乡
（b）广西壮族自治区·（柳州市）·融水县（融水苗族自治县）
【出处】
（a）杨达香讲，梁彬采录翻译：《殷略和埋耶兄妹》，见中国民间文学集成全国编辑委员会编《中国民间故事集成》（广西卷），北京：中国 ISBN 中心 2001 年版，第 74 页。
（b）杨达香讲，梁彬搜集整理：《创世记》，见谷德明编《中国少数民族神话》，北京：中国民间文艺出版社 1987 年版，第 545 页。

❸ [水族] 古老的时候，人和雷公、金龙、老虎是四兄弟。

【流传】（无考）

【出处】吴庭昌讲，立浩等搜集整理：《四兄弟争天下》，见谷德明编《中国少数民族神话》，北京：中国民间文艺出版社1987年版，第647页。

❹ [水族] 伢俣（女神或女性神性人物名）造了雷公、水龙、老虎和人。

【流传】（无考）

【出处】陶阳、牟钟秀著《中国创世神话》，上海：上海人民出版社2006年版，第50页。

❺ [壮族] 从滚动了千万年的石头蛋中爆出雷公、龙王、老虎和始祖布洛陀。

【流传】（无考）

【出处】《布洛陀经传》，见覃圣敏主编《壮泰民族传统文化比较研究》，南宁：广西人民出版社2003年版，第2771页。

## W2737.1.2

### 人与神、老虎、雷公、龙、蛇同源

实 例

[侗族] 四个龟婆孵蛋先后孵出的1男1女松恩和松桑成亲，生下了王龙、王蛇、王虎、王雷、丈良、丈美、王素等十二个兄妹。

【流传】贵州省·（黔东南苗族侗族自治州）·黎平县

【出处】

（a）吴生贤、吴金松讲，杨国仁、涛声搜集整理：《龟婆孵蛋》，载《民间文学》1986年第1期。

（b）同（a），见姚宝瑄主编《中国各民族神话》（土家族、毛南族、侗族、瑶族），太原：山西出版传媒集团·书海出版社2014年版，第101页。

## W2737.1.3

### 人与善神、恶鬼、雷、龙、虎、象、蛇等同源

实 例

[苗族] 妹榜妹留（蝴蝶妈妈）与水泡交配生的十二个蛋里孵化出了姜炎（亦称姜央）兄妹和雷、龙、虎、象、蛇以及各种善神恶鬼等。

【流传】（无考）

【出处】燕宝整理：《妹榜妹留》，见姚宝瑄主编《中国各民族神话》（布依族、仡佬族、苗族），太原：山西出版传媒集团·书海出版社2014年版，第279页。

## W2737.1.4

### 人与雷公、老虎、水牛、大象、蜈蚣、蛇等同源

实 例

[苗族] 枫树生的蝴蝶生12个蛋。鹡宇为蝴蝶孵卵孵12年后，孵出生命。分别生出雷公、人的始祖姜央、老虎、水牛、大象、蜈蚣、蛇等。

【流传】贵州省；云南省苗族地区

【出处】《十二个兄弟争天下》，苗地根据《枫木歌》、《十二个蛋》等文本

改写，见姚宝瑄主编《中国各民族神话》（布依族、仡佬族、苗族），太原：山西出版传媒集团·书海出版社2014年版，第139~140页。

## W2737.2
### 人与神、动植物、无生命物同源

实例

[哈尼族] 古时，白光中生出神、魂、水、树、草和人。

【流传】云南省·（西双版纳傣族自治州）·勐腊县

【出处】李万福讲：《天与地》，载《山茶》1986年第6期。

## W2737.3
### 人与植物、无生命物同源

实例

（参见 W2737.2 母题实例）

## W2737.4
### 人与日月、动植物同源

实例

[珞巴族] 天和地结了婚以后，大地生了很多孩子。天地间的太阳、月亮、星星、树木、花草、鸟兽、虫鱼、人等都是大地生下的孩子。

【流传】西藏自治区·（林芝市）·米林县·纳玉区

【出处】达牛、东娘讲：《阿巴达尼和阿巴达洛》，见姚宝瑄主编《中国各民族神话》（门巴族、珞巴族、怒族、藏族），太原：山西出版传媒集团·书海出版社2014年版，第25页。

## W2738
### 与人与异类同源有关的其他母题

实例

（参见下级母题实例）

## W2738.1
### 人战胜同源的异类

实例

[苗族] 姜炎和雷公是蝴蝶妈妈的12个蛋生出的两兄弟，后来姜炎用智慧赶跑雷公。

【流传】贵州省·（黔东南苗族侗族自治州）·雷山县·桃江（桃江乡）

【出处】杨里当讲：《姜炎斗雷公》，见中国民间文学集成全国编辑委员会编《中国民间故事集成》（贵州卷），北京：中国ISBN中心2003年版，第39~41页。

# 2.9.3 与人的产生有关的其他母题
（W2740~W2749）

## W2740
### 人的产生源于多种形式

实例

（参见下级母题实例）

## W2740.1
### 婚生与造人产生人类

【关联】

① ［W2400～W2499］婚配产生人（婚生人）

② ［W2030～W2129］造人

**实　例**

❶ ［汉族］伏羲、女娲结婚，生的肉球变出100个细伢子。伏羲、女娲捏的100个泥人变成妹子。

【流传】（无考）

【出处】唐升荣等讲：《伏羲和女娲的故事》，见蔚家麟选编《中国民间故事精选》，武汉：长江文艺出版社2005年版，第6～12页。

❷ ［汉族］伏羲兄妹俩成亲，生孩子太慢，用泥做人。

【流传】河南省·（周口市）西华县·聂堆乡

【出处】张慎重讲：《女娲造人》，见中国民间文学集成全国编辑委员会编《中国民间故事集成》（河南卷），北京：中国ISBN中心2001年版，第20页。

❸ ［汉族］东山的小伙与西山的姑娘成婚后，生孩子太少，老天爷教他们捏泥人并成活。

【流传】北京市·门头沟区

【出处】张广民讲：《兄妹创世》，见中国民间文学集成全国编辑委员会编《民间故事集成》（北京卷），北京：中国ISBN中心1999年版，第3页。

## ＊W2741
### 人产生的顺序

**实　例**

（参见下级母题实例）

## W2742
### 先有万物后有人

【关联】［W1500］万物的产生

**实　例**

❶ ［汉族］盘古王开天辟地后，世上有了万物，唯独没有人，于是造人。

【流传】四川省·彭山县·建和乡·纱溪村

【出处】杨连陆讲，杨进莹采录：《残疾人的来历》，见中国民间文学集成全国编辑委员会编《中国民间故事集成》（四川卷·上），北京：中国ISBN中心1998年版，第28页。

❷ ［汉族］盘古开天辟地之后，天下万物齐生，就是没有人。

【流传】江苏省·（徐州市）·新沂市

【出处】徐太凤讲，孟玉红搜集整理：《人的来历和女娲补天》（1986.03.14），见姚宝瑄主编《中国各民族神话》（汉族），太原：山西出版传媒集团·书海出版社2014年版，第58～61页。

❸ ［回族］真主创造天地万物后，造了人。

【流传】宁夏回族自治区·泾源县·爱民清真寺

【出处】马阿訇讲：《真主造人》，见中国民间文学集成全国编辑委员会编《中国民间故事集成》（宁夏卷），北京：中国ISBN中心1999年版，第11页。

❹ [瑶族] 密洛陀（万物之母，女始祖，女神）开了天地，造了万物，觉得世间少了人，于是开始造人。

【流传】广西壮族自治区·（河池市）·大化县（大化瑶族自治县）·七百弄乡

【出处】蓝阿勇（72岁）讲，蒙冠雄采录翻译：《密洛陀》（1982），见中国民间文学集成全国编辑委员会编《中国民间故事集成》（广西卷），北京：中国ISBN中心2001年版，第11~22页。

❺ [彝族] 天地造成了，万物都有了，昼夜也分清了，就是还没有人。于是格兹天神来造人。

【流传】（云南省·楚雄彝族自治州·姚安县·官屯乡·马游村，大姚县·昙华乡等）

【出处】
（a）郭天元（马游村）、李申呼颇（昙华乡）、李福玉颇（苴）演唱，郭思九、许明学、龚维顺、张宝省、陈志群、胡炳文等搜集，刘德虎、龚维顺、陈志群、李树荣、郭天元等整理：《梅葛》（第一部"创世"），见云南省民族民间文学楚雄调查队《梅葛》（1959），昆明：云南人民出版社2009年版。

(b)《打虎开天辟地》，蔷紫据云南省民族民间文学楚雄调查队著《梅葛》（云南人民出版社2009年版）改写，见姚宝瑄主编《中国各民族神话》（羌族、彝族），太原：山西出版传媒集团·书海出版社2014年版，第198页。

## W2742.1
### 先出现月亮、星星、太阳，然后出现人

【关联】
① [W1550] 太阳的产生
② [W1580] 月亮的产生
③ [W1700] 星星的产生

实 例

❶ [哈尼族] 天地混沌时，月亮出来，然后请出星星、太阳，最后人来到世界。

【流传】云南省

【出处】八耶讲：《中国天文学史文集》（二），云南社会科学院1981年编印，第12页。

❷ [汉族] 天上出现日月后，地上长出了树子、花草、庄稼，人、马、牛羊等。

【流传】四川省·（成都市）·金堂县·同兴乡

【出处】蒋婆婆讲，黄在双采录者：《太阳宝和月亮宝》，见中国民间文学集成全国编辑委员会编《中国民间故事集成》（四川卷·上），北京：中国ISBN中心1998年版，第32页。

## W2742.2
### 先出现动植物再出现人类

【关联】［W2735］人与动植物同源

实 例

❶ ［汉族］很古的时候，世界上只有鸟兽鱼虫和花草树木，没有人。于是东山老人与南山小妹造人。

【流传】湖南省·（娄底市）·涟源市

【出处】姚长清讲，姚永放采录：《东山老人与南山小妹造人》，见中国民间文学集成全国编辑委员会编《中国民间故事集成》（湖南卷），北京：中国 ISBN 中心 2002 年版，第 32 页。

❷ ［满族］以前，大地上生有很多树林、花草、动物，后来才出现人。

【流传】黑龙江省·（哈尔滨市）·阿城市（阿勒楚喀）

【出处】穆尔察·晔骏讲，孟慧英采录：《恰喀拉人是怎么来的》，见中国民间文学集成全国编辑委员会编《中国民间故事集成》（黑龙江卷），北京：中国 ISBN 中心 2005 年版，第 20 页。

❸ ［藏族］很早的时候，大地上只有树木、花草、禽兽，后来才有人类。

【流传】四川省·（阿坝藏族羌族自治州）·若尔盖县·向东牧场

【出处】索朗讲，阿强采录：《人类三始祖》，见中国民间文学集成全国编辑委员会编《中国民间故事集成》（四川卷·下），北京：中国 ISBN 中心 1998 年版，第 937 页。

## W2742.3
### 先出现动物再出现人类

【关联】［W2733］人与动物同源

实 例

［汉族］地球形成后，先有动物。一直传到伏羲化辰光，才造出人类。

【流传】江苏省·丹阳市

【出处】徐书明讲：*《绿鸭淘沙造大地》，见中国民间文学集成全国编辑委员会编《中国民间故事集成》（江苏卷），北京：中国 ISBN 中心 1998 年版，第 14 页。

## W2742.3.1
### 前 6 天造动物，第 7 天造出人

实 例

［汉族］女娲娘娘造万物，前 6 天先造出六畜，第 7 天造出人。

【流传】湖北省·孝感市·（孝南区）·朋兴乡·联合村

【出处】杨明春讲，宋虎采录：《女娲造六畜》，见中国民间文学集成全国编辑委员会编《中国民间故事集成》（湖北卷），北京：中国 ISBN 中心 1999 年版，第 9 页。

## W2742.3.2
### 前 6 天放出动物，第 7 天放出人

实 例

［壮族］布洛陀向地上分七天放出不同

动物和人。第一放鸡，第二放狗，第三猪，第四羊，第五水牛，第六马，第七人。

【流传】广西壮族自治区红水河流域

【出处】《布洛陀经诗》，见中国民间文学集成全国编辑委员会编《中国民间故事集成》（广西卷），北京：中国ISBN中心2001年版，第37页。

## W2743
### 与人的产生顺序有关的其他母题

实 例

（参见下级母题实例）

## W2743.1
### 天上先有人类，地上才有人类

【关联】

① ［W2015.1］人最先出现在天上

② ［W2025］人从天降（天降人）

实 例

［独龙族］先在天上出现人类，大地上才有人类。

【流传】云南省

【出处】《木朋九与木尼斤》，见云南省民族事务委员会编《独龙族文化大观》，昆明：云南民族出版社1999年版，第192页。

## ＊W2744
### 男女产生的顺序

【关联】

① ［W2753］人的性别的产生

② ［W2769］男女性别产生的先后

实 例

（参见下级母题实例）

## W2745
### 先有男后有女

【关联】［W2769.2］男女产生有先后

实 例

（参见下级母题实例）

## W2745.1
### 先造男后造女

实 例

## W2745.1.1
### 神先造男后造女

实 例

❶ ［独龙族］两个大神第一个捏出来的是男人，取名叫做普；第二个捏出来的是女人，取名叫做姆。

【流传】（无考）

【出处】《嘎美嘎莎造人》，见谷德明编《中国少数民族神话》，北京：中国民间文艺出版社1987年版，第530页。

❷ ［鄂伦春族］神先造了男人，然后再造女人。

【流传】内蒙古自治区、黑龙江省

【出处】孟古古善讲，谭玉昆翻译，黑龙江少数民族文学艺术调查组搜集，隋军整理：《恩都力创造了鄂伦春人》，见中华民族故事大系编委会编《中华民族故事大系》第15卷（德昂族、保安族、裕固族、京族、塔塔尔族、独龙族、鄂伦春族），上海：上海文艺出版社1995年版，第697页。

## W2745.1.2
### 天神先造男后造女

【关联】［W2053］天神造人

**实例**

［彝族］天上的托罗神和沙罗神两个大神用山脚下的黄土、黑炭、白泥造人。他们先造了男人，造好了男人，再造女人。

【流传】云南省·（红河哈尼族彝族自治州）·弥勒县（弥勒市）、泸西县，（昆明市）·路南县（石林彝族自治县）等地

【出处】毕荣亮讲，光未然采集整理，古梅改写：《创世纪》，见姚宝瑄主编《中国各民族神话》（羌族、彝族），太原：山西出版传媒集团·书海出版社2014年版，第93页。

## W2745.1.3
### 女天神先造男后造女

【关联】［W2053.1.2］女天神造人

**实例**

［维吾尔族］女天神被真主从天上赶到地球上，每天一个人孤独地生活着。日子长了，她觉得很寂寞，就用地上的泥捏了一个人，是个男的。

【流传】新疆维吾尔自治区·伊犁（伊犁哈萨克自治州），新疆维吾尔自治区南疆一带

【出处】阿不都拉搜集翻译，姚宝瑄整理：《女天神创造亚当》，见姚宝瑄主编《中国各民族神话》（乌孜别克族、哈萨克族、柯尔克孜族、俄罗斯族、维吾尔族、塔吉克族、塔塔尔族、锡伯族），太原：山西出版传媒集团·书海出版社2014年版，第223页。

## W2745.1.4
### 夫妻神先造男后造女

【关联】［W2057.2］夫妻神造人

**实例**

❶［独龙族］嘎美、嘎莎两个大神造人时，第一个捏出来的是男人，取名叫做"普"。第二个捏出来的是女人，取名叫做"姆"。

【流传】云南省

【出处】李子贤等搜集整理：《创世纪神话故事六则·嘎美嘎莎造人》，见中国作家协会云南分会编《云南民族民间故事选》，昆明：云南人民出版社1981年版，第582~583页。

❷［独龙族］两个大神用泥土造人时，第一个捏出来的是男人，取名叫做普。第二个捏出来的是女人，取名叫做姆。

【流传】（无考）

【出处】《嘎美嘎莎造人》，原载陶立璠、赵桂芳等编《中国少数民族神话汇编》，见陶阳、钟秀编《中国神话》（下），北京：商务印书馆2008年版，第1082~1083页。

## W2745.1.5

### 真主先造男后造女

【关联】[W2067] 真主造人

实例

❶ [哈萨克族] 天神安拉（真主）先造出的第一个男人阿达姆阿塔，然后用阿达姆阿塔的肋骨创造了一个女人，叫哈瓦娜。

【流传】新疆维吾尔自治区

【出处】《阿达姆阿塔》，斯丝根据别克苏勒坦、佟中明撰写的《哈萨克族宗教与神话》改写，见姚宝瑄主编《中国各民族神话》（乌孜别克族、哈萨克族、柯尔克孜族、俄罗斯族、维吾尔族、塔吉克族、塔塔尔族、锡伯族），太原：山西出版传媒集团·书海出版社 2014 年版，第 27 页。

❷ [回族] 真主造出第一个男人阿丹后，又给阿丹造化了一个配偶。

【流传】（无考）

【出处】《阿丹和海尔玛》，马奔根据《中国回族民间文学概观》（宁夏大学出版社 1984 年版）等改写，见姚宝瑄主编《中国各民族神话》（土族、东乡族、回族、保安族、裕固族、撒拉族），太原：山西出版传媒集团·书海出版社 2014 年版，第 48 页。

## W2745.2

### 先生男后生女

实例

❶ [汉族] 老婆子一胎生 2 个孩子，男的先生下，女的后生下，女的就把男的叫哥哥。

【流传】甘肃省·天水市·北道区·中滩乡

【出处】雷兴旺讲，杨晓学采录：《伏羲女娲成婚》，见中国民间文学集成全国编辑委员会编《中国民间故事集成》（甘肃卷），北京：中国 ISBN 中心 2001 年版，第 10 页。

❷ [傈僳族] 盘古为兄妹生的 3 个儿子找妻子，他发现三颗葫芦子，把葫芦子种在路旁，后来葫芦里面走出三个姑娘来。

【流传】（无考）

【出处】禾青：《盘古造人》，见祝发清、左玉堂、尚仲豪编《傈僳族民间故事选》，上海：上海文艺出版社 1985 年版，第 7~11 页。

## W2745.2.1

### 先卵生男后卵生女

【关联】[W2220] 卵生人

实例

❶ [侗族] 以前没有人。四个龟婆先在寨脚孵了四个蛋。其中只有一个好蛋孵出了一个男孩，叫松恩。然后又去去坡脚孵了四个蛋，其中三个又坏了，剩下了一个好蛋，孵出一个姑娘叫松桑。从此世上有了人类。

【流传】贵州省·（黔东南苗族侗族自治州）·黎平县

【出处】吴生贤、吴金松讲，杨国仁、涛声搜集整理：《龟婆孵蛋》，载《民间文学》1986年第1期。

❷ [侗族] 上古时，没有人类。四个龟婆先在寨脚孵了四个蛋，其中三个坏了，只剩下了一个好蛋，孵出一个男孩叫松恩。龟破又去坡脚孵了四个蛋，其中三个又坏了，剩下了一个好蛋，孵出一个姑娘叫松桑。从此世上有了人类。

【流传】贵州省·（黔东南苗族侗族自治州）·黎平县

【出处】吴生贤、吴金松讲，杨国仁、涛声搜集整理：《龟婆孵蛋》，见姚宝瑄主编《中国各民族神话》（土家族、毛南族、侗族、瑶族），太原：山西出版传媒集团·书海出版社2014年版，第101页。

## W2745.3
### 世上先有父子再有母女

【关联】

① ［W2022.2.2］世上最早有父子2人
② ［W2938.1］先有父子，再有母女，然后有兄弟

实 例

（参见W2938.1母题实例）

## W2746
### 先有女后有男

实 例

❶ [黎族] 以前没有人类。雷公经过海南岛思河一带，觉得是繁殖人种的好地方，就把带来的一颗蛇卵放在此处。卵中出一个女孩子。

【流传】海南省

【出处】广东民族学院中文系采风组搜集整理：《黎母山》，原载《黎族民间故事选》，见陶阳、钟秀编《中国神话》（中），北京：商务印书馆2008年版，第776页。

❷ [苗族] 有了女人，才有男人。

【流传】贵州省·（安顺市）·紫云（紫云苗族布依族自治县）麻山苗区

【出处】杨再华唱诵，杨正江译：《亚鲁族源》，见中国民间文艺家协会主编《亚鲁王》，北京：中华书局2011年版，第57~60页。

## W2746.1
### 先造女后造男

实 例

❶ [汉族] 伏羲造人时，先捏了一个女人。

【流传】甘肃省·天水市·北道区·利桥乡

【出处】王奠华讲，田良采录：《蛇为啥没有脚》，见中国民间文学集成全国编辑委员会编《中国民间故事集成》（甘肃卷），北京：中国ISBN中心2001年版，第13页。

❷ [满族] 最早时，神造的人都是女人。于是女天神阿布卡赫赫就造了敖钦女神，催促她快造男人。

【流传】黑龙江省·黑河地区（黑河市）·孙吴县·（沿江满族达斡尔族乡）·四季屯

【出处】吴纪贤、富希陆讲：《天宫大战——黑水女真人传世神话》（1939，选自富育光、郭淑云整理的手稿），见姚宝瑄主编《中国各民族神话》（满族、赫哲族、朝鲜族），太原：山西出版传媒集团·书海出版社2014年版，第23页。

❸ [瑶族] 务告（女祖先）捏的全是女人。她看到公狗和母狗交配生出小狗，于是开始造男人。
【流传】贵州省·（黔南布依族苗族自治州）·荔波县·洞塘乡
【出处】韦老根讲，全心华等采录：《务告造人》，见中国民间文学集成全国编辑委员会编《中国民间故事集成》（贵州卷），北京：中国ISBN中心2003年版，第13页。

## W2746.1.1
### 女娲先造女后造男
【关联】[W2065] 女娲造人

实 例

[汉族] 女娲先按自己样子用泥捏了女人，后来捏了男人。
【流传】浙江省·（丽水市）·青田（青田县）
【出处】余碎笑讲，陈志望采录：《人是怎样造出来的》，见中国民间文学集成全国编辑委员会编《中国民间故事集成》（浙江卷），北京：中国ISBN中心1997年版，第39页。

## W2746.2
### 先生女后生男

实 例

（参见下级母题实例）

## W2746.2.1
### 兄妹婚第一胎生女儿

实 例

[基诺族] 洪水后幸存的一对兄妹玛黑玛妞成婚后，第一胎生了个女儿。
【流传】云南省·（西双版纳傣族自治州·景洪市）·基诺山（基诺山基诺族乡）·戛里果箐、巴亚新寨、茶叶大地、巴卡寨
【出处】不拉塞等讲，杜玉亭调查整理：《卓巴、牛皮木鼓与寨鬼》（1980～1990），见吕大吉、何耀华总主编《中国各民族原始宗教资料集成》（彝族卷、白族卷、基诺族卷），北京：中国社会科学出版社1996年版，第874页。

## W2746.2.2
### 始祖夫妻先生女后生男

实 例

[白族] 劳谷和劳泰（男女始祖）结成了夫妻，生孩子时先生女、后生男。
【流传】云南省·大理州（大理白族自治州）
【出处】云南省民间文学集成办公室编：《人类和万物的起源》，见《白族神话

传说集成》，北京：中国民间文艺出版社1986年版，第1~10页。

## W2747
### 特定的人物产生的顺序

实 例

（参见下级母题实例）

## W2747.1
### 先有盘古后有老子

【关联】

① ［W0721］盘古的产生
② ［W0789］老子

实 例

［汉族］世上最早出现盘古，然后是老子，后来才有三皇五帝。

【流传】吉林省·（通化市）·集安市

【出处】于连才讲：《先有老子后有天》，见中国民间文学集成全国编辑委员会编《中国民间故事集成》（吉林卷），中国文联出版公司1992年版，第2页。

## W2748
### 与人的产生有关的其他母题

实 例

（参见下级母题实例）

## W2748.0
### 人的繁衍

实 例

（参见下级母题实例）

## W2748.0.1
### 人的繁衍重于一切

实 例

（参见下级母题实例）

## W2748.0.1.1
### 人的繁衍重于生命

实 例

［汉族］（实例待考）

## W2748.0.1.2
### 人的繁衍重于脸面

实 例

［水族］洪水后，白发仙人劝一对幸存的兄妹成亲，见兄妹不同意时，说道："你们要听我劝啊，年轻人！洪水滔天，天下绝了人烟，要想留下人种，就要撕破脸面。"

【流传】贵州省·（黔南布依族苗族自治州）·三都（三都水族自治县）、荔波（荔波县）、都匀（都匀市）、独山（独山县）；广西壮族自治区·（河池市）·南丹县

【出处】王英、莫妹、蒙蕊、韦新建讲，潘朝霖、王品魁搜集整理：《人类起源》，原载《水族民间故事选》，见陶阳、钟秀编《中国神话》（上），北京：商务印书馆2008年版，第350~356页。

## W2748.0.2
### 人学会耕种后开始繁衍
【关联】
① ［W2318.2］猴子学会耕种变成人
② ［W2572.13.3］第一代人不会耕种
③ ［W2980.12］人因不能耕种死亡
④ ［W6040］耕种的产生（农业的产生）

实 例

［苗族］女神竺妞教人种田种地种庄稼，人类才不断繁衍。
【流传】云南省苗族地区
【出处】祝先先讲，燕宝整理，蓝田改写：《竺妞造田地》，见姚宝瑄主编《中国各民族神话》（布依族、仡佬族、苗族），太原：山西出版传媒集团·书海出版社 2014 年版，第 167 页。

## W2748.0.3
### 人口繁衍过剩
【关联】
① ［W2598.14］计划生育
② ［W2728.1］以前人很多

实 例

［彝族］天女撒赛歇与凡间直眼人结婚生一个皮口袋。皮口袋生出 60 对兄妹，配成了 60 家，一家住一处，一处变成一寨。过了九千七百年，世上就已住不下了。
【流传】（云南省·楚雄彝族自治州·双柏县，红河哈尼族彝族自治州等地）
【出处】
（a）云南省民族民间文学楚雄、红河调查队搜集，郭思九、陶学良整理：《查姆》，昆明：云南人民出版社 1981 年版。
（b）郭思九、陶学良整理，古梅改写：《彝家的古根》，选自《云南民族文学资料》第七集中的《查姆》上部前三章，见姚宝瑄主编《中国各民族神话》（羌族、彝族），太原：山西出版传媒集团·书海出版社 2014 年版，第 78~79 页。

## W2748.1
### 按父系顺序排列的人类产生
【关联】
① ［W5298.2］父系氏族
② ［W6866.2］父子联名

实 例

❶ ［汉族］黄帝生苗龙，苗龙生融吾，融吾生弄明，弄明生犬，白犬有牝牡，是为犬戎。
【流传】（无考）
【出处】《山海经·大荒北经》。

❷ ［汉族］帝俊生晏龙，晏龙生司幽，司幽生思士。
【流传】（无考）
【出处】《山海经·大荒东经》郭璞注。

## W2748.2
### 按母系顺序排列的人类产生
【关联】
① ［W5298.1］母系氏族

② ［W6866.1］母子联名

实 例

（实例待考）

## W2748.3
### 人的产生经历许多灾难

【关联】

① ［W2568］多种灾难后再生人类

② ［W8696.1］多种灾难相继发生

实 例

（参见关联项母题实例）

## W2748.4
### 人由 4 种元素构成

【关联】

① ［W2090］用多种材料造人

② ［W2094］用 4 种材料造人

实 例

［哈萨克族］人是由土、水、风、火四元素构成的。

【流传】新疆维吾尔自治区·（伊犁哈萨克自治州）·新源县

【出处】依玛纳勒·萨萨诺夫讲，阿勒木别克·加玛里采录，多里坤·阿米尔等译：《人的来历》，见中国民间文学集成全国编辑委员会编《中国民间故事集成》（新疆卷），北京：中国 ISBN 中心 2008 年版，第 27 页。

## W2748.5
### 人与动物同时产生

【关联】［W2733］人与动物同源

实 例

［汉族］最早时候，有了人，也有了动物。

【流传】上海市·黄浦区·北京东路街道

【出处】姜达礼讲，方卡采录：《伏羲教熟食》，见中国民间文学集成全国编辑委员会编《中国民间故事集成》（上海卷），北京：中国 ISBN 中心 2007 年版，第 16 页。

## W2748.5.1
### 水、木、土变成人和动物

实 例

［蒙古族］世界最早只有水族、土族、木族，到后来变成了虫类、飞禽类、走兽类和人类。

【流传】（无考）

【出处】赵景阳译：《蒙古风俗鉴》第六卷第三七节《自古口头流传的语言》，沈阳：辽宁民族出版社 1986 年版，第 121 页。

## W2748.6
### 裂生

实 例

（参见下级母题实例）

## W2748.6.1
### 神裂生人

实 例

［满族］阿布凯赫赫（第一代天神，天母）用法力治活了洪水后沉睡了几千

个天年的人（神），这个人说他是老三星（大神名，创世神）裂生出来的，阿布凯赫赫说道："裂生在洪劫很早以前有，可我不是，我是制造出来的。"

【流传】（黑龙江）·宁古塔（黑龙江省牡丹江市一带）；（吉林省）长白山地区

【出处】傅英人（疑"人"应为"仁"）讲述，张爱云整理：《阿布凯赫赫创造天地人》，原载《满族萨满神话》，见陶阳、钟秀编《中国神话》（上），北京：商务印书馆 2008 年版，第 140～154 页。

## W2748.7
### 不知来历的人

【关联】

① ［W2028.0］人来源于有名字的地方

② ［W2028.1］人来源于不知名的地方

实 例

［满族］以前长白山一带没有人，不知从哪里来了一个虎背熊腰的小阿哥，整天在白头山天池抓鱼。

【流传】黑龙江省·（哈尔滨市）·双城（双城区）

【出处】

(a) 赵焕讲，王宏刚、马亚川、程迅整理：《女真族传说》（1982），见乌丙安、李文刚等编《满族民间故事选》，上海：上海文艺出版社 1983 年版。

(b) 同 (a)，见姚宝瑄主编《中国各民族神话》（满族、赫哲族、朝鲜族），太原：山西出版传媒集团·书海出版社 2014 年版，第 40～43 页。

## W2748.8
### 拾到孩子（捡到孩子）

【关联】［W2670］弃婴（弃儿）

实 例

［汉族］发现一对已年过半百没有孩子老夫妻，一棵老桑树脖儿上放着一个光肚肚儿的胖娃娃，喜欢得不得了，就抱回了家。

【流传】（无考）

【出处】张曹氏讲，张永林采录：《螺祖养蚕》，载《民间文学》1998 年第 8 期。

## W2748.8.1
### 从特定地点捡到孩子

实 例

（参见下级母题实例）

## W2748.8.1.1
### 从树下捡到孩子

【关联】［W2171］树生人

实 例

［蒙古族］有个猎人进山打猎时，见到一棵又高又粗、没有叶子的大树下躺着一个不满周岁的婴儿。

【流传】（新疆维吾尔自治区卫拉特蒙古族居住地区）

【出处】那木吉拉、姚宝瑄改写整理：《准噶尔蒙古人的祖先》，见姚宝瑄主编《中国各民族神话》（达斡尔族、鄂伦春族、鄂温克族、蒙古族），太原：山西出版传媒集团·书海出版社2014年版，第137页。

## W2748.8.1.2
### 从山洞捡到孩子
【关联】［W2205.2］山洞生人（人从山洞出来）

实　例

[汉族]（实例待考）

## 2.10 人类的特征及相关母题
（W2750~W2929）

### 2.10.1 人的性别特征
（W2750~W2799）

✿ **W2750**
人的特征
实 例
（参见下级母题实例）

**W2751**
人的特征的产生
实 例
（参见下级母题实例）

**W2751.1**
人产生时自然带有现在的特征
【关联】［W2493］婚生正常人
实 例
（参见关联项母题实例）

**W2751.2**
造人者创造人的特征
【关联】
① ［W2102.7.1.1］造人的肢体五官各有参照
② ［W2493.2］设计生出正常人
③ ［W2294］生人后的改造
实 例
（参见关联项母题实例）

✿ **W2752**
人的性别
【关联】［W1530］万物的性别
实 例
（参见下级母题实例）

✻ **W2753**
人的性别的产生
【汤普森】A1313.0.2
实 例
（参见下级母题实例）

**W2754**
原来的人不分男女
【关联】
① ［W2915］混沌人
② ［W2797.2］两性人
③ ［W2797.2.1］原来男女同体
④ ［W2797.2.2］人原来有时变男有时变女
实 例
❶ ［傣族］英叭在地上做了8个人，他

们不知吃穿，不知羞耻，身体连男女也分不出来。

【流传】云南省·西双版纳州（西双版纳傣族自治州）

【出处】岩英祁讲，仓霁华翻译，朱宜初等采录：《英叭开天辟地》，见中国民间文学集成全国编辑委员会编《中国民间故事集成》（云南卷），北京：中国ISBN中心2003年版，第82页。

❷ [德昂族] 人从葫芦里出来时男女不分。

【流传】云南省西部

【出处】毛星主编：《中国少数民族文学》（下），长沙：湖南人民出版社1983年版，第485～486页。

❸ [鄂温克族] 非常遥远的古代，世上只有一个猎人。他不知道什么是男人，什么是女人，独自在一条大河边打猎为生。

【流传】内蒙古自治区

【出处】白杉整理：《人类和不同种族的起源》，见中国民间文学集成全国编辑委员会编《中国民间故事集成》（宁夏卷），北京：中国ISBN中心2007年版，第17页。

❹ [汉族] 当初女娲造人，不分男女，故不会繁衍。

【流传】浙江省·（杭州市）·建德（建德市）

【出处】方家修讲，刘大中采录：《女娲造人》，见中国民间文学集成全国编辑委员会编《中国民间故事集成》（浙江卷），北京：中国ISBN中心1997年版，第39页。

❺ [彝族] 直眼人和横眼人时，不分男和女。

【流传】云南省·（普洱市）·江城（江城哈尼族彝族自治县）

【出处】白金恒等翻译，白生福等整理：《洪水连天》，见云南省少数民族古籍整理出版规划办公室编《洪水泛滥》，昆明：云南民族出版社1987年版，第29页。

## W2754.1

### 以前没有性别观念

实 例

（参见下级母题实例）

## W2754.1.1

### 以前称女性为兄弟

实 例

[满族] 那时男女间的性别只在形体上有差别，在性能和观念上没有区别，所以对女性也称师兄师弟，而不称师姐师妹。

【流传】（黑龙江）·宁古塔（黑龙江省牡丹江市一带）；（吉林省）长白山地区

【出处】傅英人（疑"人"应为"仁"）讲述，张爱云整理：《阿布凯赫赫创造天地人》之注释，原载《满族萨满神话》，见陶阳、钟秀编《中国神话》（上），北京：商务印书馆2008年版，第140～154页。

## W2754.2
### 特定的时代不分男女

实例

（参见下级母题实例）

## W2754.2.1
### 独眼这代人时不分男女

【关联】［W2572.3］第一代人是独眼人

实例

［彝族］第一代人独眼睛人时代，还不会分出男人和女人。

【流传】（云南省·楚雄彝族自治州·双柏县，红河哈尼族彝族自治州等地）

【出处】

（a）云南省民族民间文学楚雄、红河调查队搜集，郭思九、陶学良整理：《查姆》，昆明：云南人民出版社1981年版。

（b）郭思九、陶学良整理，古梅改写：《彝家的古根》，选自《云南民族文学资料》第七集中的《查姆》上部前三章，见姚宝瑄主编《中国各民族神话》（羌族、彝族），太原：山西出版传媒集团·书海出版社2014年版，第65页。

## W2754.2a
### 特定的时代分出男女

实例

［壮族］人皇年间分开男女。

【流传】广西壮族自治区·来宾（来宾市）·（兴宾区）·大湾（大湾镇）、凤凰（凤凰镇）

【出处】韦守仪唱：《历史盘对歌》，见张声震总主编，农冠品编注《壮族神话集成》，南宁：广西民族出版社2007年版，第15页。

## W2754.3
### 天神造人时不分男女

【关联】［W2053］天神造人

实例

［羌族］阿巴木比塔（天神、天帝）造的人开始时与野兽一样，不分男女。

【流传】四川省·（阿坝藏族羌族自治州）·茂县

【出处】

（a）《羊角花》，见茂县文化馆编《羌族民间故事》（三），1982年12月，内部资料。

（b）同（a），见吕大吉、何耀华总主编《中国各民族原始宗教资料集成》（纳西族卷、羌族卷、独龙族卷、傈僳族卷、怒族卷），北京：中国社会科学出版社2000年版，第583页。

## W2755
### 最早只有女人

【汤普森】≈A1275.1

【关联】

① ［W2021.2］世上最早只有1个女人（第一个女人）

② ［W2746］先有女后有男

实例

［白族］在哀牢山下有一个哀牢国，名

虽称为国,可那时天地初分,人迹罕见,那里只住着一个女子,名字叫沙壹。

【流传】云南省·(保山市)

【出处】《九隆神话》,见云南省民间文学集成办公室编《白族神话传说集成》,北京:中国民间文艺出版社1986年版,第66~68页。

## W2755.1
### 产生第一个母亲(人类之母)

【汤普森】A1282

【关联】

① [W068.2] 大母神

② [W2021.2] 世上最早只有1个女人(第一个女人)

实 例

[黎族] 海南岛思河的峒(新中国成立前海南岛黎族原有的政治组织名称,黎族称"贡")上的一座高山上,最早产生的是黎母。

【流传】海南省

【出处】

(a) 广东民族学院中文系七七级采风组搜集整理:《黎母山传说》,见广东民族学院中文系编《黎族民间故事选》,上海:上海文艺出版社1983年版。

(b) 同(a),见姚宝瑄主编《中国各民族神话》(高山族、黎族、畲族),太原:山西出版传媒集团·书海出版社2014年版,第63页。

## W2755.2
### 世上最早出现(造出)一个女人(造第一个女人)

【汤普森】A1275.4

实 例

❶ [哈尼族] 远古时候,天地间只有一个女人。

【流传】云南省

【出处】毛佑全搜集整理:《它朋然夏阿玛》,见谷德明编《中国少数民族神话》,北京:中国民间文艺出版社1987年版,第325页。

❷ [汉族] 世神把泥人埋在土里,过七天就变成活人,是个母的。

【流传】甘肃省·(庆阳市)·宁县·新宁镇·柏庄村

【出处】任孝忠采录:《世神造人》,见中国民间文学集成全国编辑委员会编《中国民间故事集成》(甘肃卷),北京:中国ISBN中心2001年版,第9页。

## W2755.3
### 世上最早出现数个女人

【关联】

① [W2056.2] 女神姐妹造人

② [W2702.0.2] 自然存在2女

实 例

(参见关联项母题实例)

## W2755.4
### 造的人全是女人

【关联】

① [W5298.1] 母系氏族
② [W5928] 女儿国

**实 例**

❶ [满族] 阿布卡赫赫（天母）和卧勒多赫赫（布星女神）两神最先造出来的全是女人。

【流传】 黑龙江省·（黑河市）·瑷珲（今孙吴县）·（沿江满族达斡尔族乡）·四季屯

【出处】 白蒙古讲：《天宫大战》（三胼凌），见王宏刚《满洲萨满教创世神话中的人本主义曙光》，载《西北民族研究》2007年第4期。

❷ [满族] 女天神阿布卡赫赫、女地神巴那姆赫赫和女星神卧勒多赫赫造人时，最先造出来的都是女人。

【流传】 黑龙江省·黑河地区（黑河市）·孙吴县·（沿江满族达斡尔族乡）·四季屯

【出处】 吴纪贤、富希陆讲：《天宫大战——黑水女真人传世神话》（1939，选自富育光、郭淑云整理的手稿），见姚宝瑄主编《中国各民族神话》（满族、赫哲族、朝鲜族），太原：山西出版传媒集团·书海出版社2014年版，第22页。

❸ [瑶族] 务告（女祖先）捏的全是女人。

【流传】 贵州省·（黔南布依族苗族自治州）·荔波县·洞塘乡

【出处】 韦老根讲，全心华等采录：《务告造人》，见中国民间文学集成全国编辑委员会编《中国民间故事集成》（贵州卷），北京：中国ISBN中心2003年版，第13页。

## W2755.5
### 生的全是女孩

**实 例**

❶ [白族] 洪水后，幸存两兄妹成亲，生了5个女儿，一个儿子也没有。

【流传】 云南省·（怒江傈僳族自治州）·碧江（碧江县已撤销，现为怒江傈僳族自治州中部）一带

【出处】 阿普介爹讲，周天纵搜集，普六介翻译：《氏族来源的传说》，见中华民族故事大系编委会编《中华民族故事大系》第5卷（瑶族、白族、土家族），上海：上海文艺出版社1995年版，第323~324页。

❷ [白族] 阿布帖和阿约帖兄妹成亲，生下5个女儿，没有儿子。

【流传】

（a）云南省·（怒江傈僳族自治州）·泸水县

（b）云南省·（怒江傈僳族自治州）·碧江县（碧江县已撤销，现为怒江傈僳族自治州中部）·四区二村

【出处】

（a）阿普介爹讲，普六介译，周天纵采录：《氏族来源》，见中国民间文学集成全国编辑委员会编《中国民间故事

集成》（云南卷），北京：中国 ISBN 中心 2003 年版，第 228 页。
（b）同（a），见谷德明编《中国少数民族神话》，北京：中国民间文艺出版社 1987 年版，第 305 页。

❸ [白族（勒墨）] 洪水后，幸存的兄妹结婚生 7 女。

【流传】云南省怒江、曲江一带

【出处】

（a）阿鲁扒讲：《虎氏族的来历》，见云南省民间文学集成办公室《白族神话传说集成》，北京：中国民间文艺出版社 1986 年版，第 43 页。

（b）《虎氏族》，见中国各民族宗教与神话大词典编审委员会编《中国各民族宗教与神话大词典》，北京：学苑出版社 1990 年版，第 19 页。

❹ [白族（勒墨）] 阿卜弟、阿仪娣兄妹结婚生 7 个女儿。

【流传】云南省·怒江（怒江傈僳族自治州）

【出处】吕大吉、何耀华主编：《中国各民族原始宗教资料集成》（彝族卷、白族卷、基诺族卷），北京：中国社会科学出版社 1999 年版，第 527 页。

## W2756

### 最早只有男人

实 例

❶ [布朗族] 很早天下只有男人，没有女人。

【流传】云南省

【出处】《布朗族的来历》，见谷德明编《中国少数民族神话》，北京：中国民间文艺出版社 1987 年版，第 487 页。

❷ [蒙古族] 煞介土巴佛祖先造 8 个男人，后造 8 个姑娘。

【流传】辽宁省·（朝阳市）·喀左县（喀喇沁左翼蒙古族自治县）·东哨乡·十家子村

【出处】武德胜讲，乌忠恕采录翻译：《太阳和月亮是两口子》，见中国民间文学集成全国编辑委员会编《中国民间故事集成》（辽宁卷），北京：中国 ISBN 中心 1994 年版，第 5~6 页。

❸ [蒙古族] 武当喇嘛先用天上的雨水和地上的泥做男人依德玛，500 年后，又用同法造出女人德德玛。

【流传】吉林省·（松原市）·前郭县（前郭尔罗斯蒙古族自治县）

【出处】宝音特古斯：《武当喇嘛创世》，见中国民间文学集成全国编辑委员会编《中国民间故事集成》（吉林卷），北京：中国文联出版公司 1992 年版，第 3 页。

## W2756.1

### 人的初形全是男性

实 例

[鄂伦春族] 世界最早时，全身是毛的动物（人的初形）全是男性。

【流传】（无考）

【出处】《鄂伦春族的传说时代》，见吕光天《北方民族原始社会形态研究》，银川：宁夏人民出版社 1981 年版，第 78 页。

## W2756.2
### 世上最早出现（造出）一个男人

实 例

[傈僳族] 天神最先试着用泥捏了一个男人。

【流传】云南省·（德宏傣族景颇族自治州）·陇川县·邦外公社（陇把镇）

【出处】李有华讲，黄云松等采录：《天地人的来历》，见中国民间文学集成全国编辑委员会编《中国民间故事集成》（云南卷），北京：中国 ISBN 中心 2003 年版，第 44 页。

## W2756.3
### 最早只造出男人

实 例

[蒙古族] 天神造人时，忘了捏女人。

【流传】（ab）内蒙古自治区·科尔沁地区

【出处】
（a）《天神造人》，见满都呼主编《中国阿尔泰语系诸民族神话故事》，北京：民族出版社 1997 年版，第 154 页。

（b）齐木道吉搜集：《天神造人》，载《民族文艺论丛》1981 年创刊号。

（c）齐木道吉：《母鸡、绵羊》，见谷德明编《中国少数民族神话》，北京：中国民间文艺出版社 1987 年版，第 38 页。

## W2756.4
### 生人时只生男孩

实 例

（参见下级母题实例）

## W2756.4.1
### 葫芦生的全是男人

【关联】[W2184] 葫芦生人

实 例

❶ [德昂族] 洪水退了以后，人从葫芦里面走了出来，只剩下了男人，没有女人。

【流传】
（a）云南省·德宏州（德宏傣族景颇族自治州）

（b）云南省·（德宏傣族景颇族自治州）·潞西县（芒市）·三台山公社（三台山乡）

【出处】
（a）李来岩等讲，李岩牙等翻译，朱宜初采录：《葫芦传人种》，见中国民间文学集成全国编辑委员会编《中国民间故事集成》（云南卷），北京：中国 ISBN 中心 2003 年版，第 208 页。

（b）早腊摆讲，李岩牙翻译，朱宜初整理：《人与葫芦》，见谷德明编《中国少数民族神话》，北京：中国民间文艺出版社 1987 年版，第 513 页。

❷ [佤族] 刚从葫芦里出来的人都是男的，没有女人。

【流传】云南省·（普洱市）·西盟县

(西盟佤族自治县)

【出处】包永红等讲，高登智采录：《佤族姓氏的形成》，见中国民间文学集成全国编辑委员会编《中国民间故事集成》（云南卷），北京：中国ISBN中心2003年版，第336页。

## W2756.4.2
### 连生9个男婴

实 例

[壮族] 女始祖姆洛甲一连生下9个男婴。

【流传】广西壮族自治区·（百色市）·西林县·那佐乡·那来村

【出处】
（a）黄公受讲，岑护双采录翻译：《巨人夫妻》，见中国民间文学集成全国编辑委员会编《中国民间故事集成》（广西卷），北京：中国ISBN中心2001年版，第55页。
（b）同（a），见张声震总主编，农冠品编注《壮族神话集成》，南宁：广西民族出版社2007年版，第31页。

## W2756.5
### 变化出的全是男人

实 例

（参见下级母题实例）

## W2756.5.1
### 婚生的怪胎变成的全是男人

【关联】[W2313] 人的怪胎变成人

实 例

[汉族] 兄妹婚生第一胎切成100粒变成的100个人，都是男人。

【流传】浙江省·（温州市）·泰顺县·洲岭乡·洲滨村

【出处】魏朝银讲，张之冰采录：《石磨合婚》，见中国民间文学集成全国编辑委员会编《中国民间故事集成》（浙江卷），北京：中国ISBN中心1997年版，第42页。

## W2757
### 人类产生时自然分出男女

实 例

❶ [独龙族] 最早出现的生物分出类别后，首先显出1男1女。

【流传】云南省
【出处】
（a）《木彭哥》，见《傈人神话》，见何愈《西南少数民族及其神话》，广州：新世纪出版社1951年版，第61页。
（b）《木彭哥》，见谷德明编《中国少数民族神话》，北京：中国民间文艺出版社1987年版，第529页。

❷ [汉族] 大南瓜炸开，从里面出来东山老人和南山小妹两个人。

【流传】湖南省·（娄底市）·涟源市
【出处】姚长清讲，姚永放采录：《东山老人与南山小妹造人》，见中国民间文学集成全国编辑委员会编《中国民间故事集成》（湖南卷），北京：中国ISBN中心2002年版，第32页。

## W2758
### 造人时分出男女

【关联】［W2745.1］先造男后造女

**实 例**

❶ ［哈萨克族］古时候，有个名叫"神母"的妇女用泥做各种泥塑。有一次，她用泥做了个男孩儿和女孩儿。

【流传】新疆维吾尔自治区·（乌鲁木齐市）·乌鲁木齐县·白杨沟夏牧场

【出处】谢热亚孜旦·马尔萨克讲，尼合买提·蒙加尼采录，杨凌等翻译：《光身祖先》，见中国民间文学集成全国编辑委员会编《中国民间故事集成》（新疆卷），北京：中国 ISBN 中心 2008 年版，第 40 页。

❷ ［汉族］无极老祖的两个徒弟做泥巴娃儿，大徒弟做女的，小徒弟做男的。

【流传】四川省·（德阳市）·绵竹县（绵竹市）·遵道乡

【出处】叶青云讲，王仲齐采录：《无极老祖造人》，见中国民间文学集成全国编辑委员会编《中国民间故事集成》（四川卷·上），北京：中国 IS-BN 中心 1998 年版，第 27 页。

❸ ［维吾尔族］女天神最早造成的泥人成活，有男的，也有女的。

【流传】新疆维吾尔自治区·伊犁州（伊犁哈萨克自治州）·察布查尔县（察布查尔锡伯自治县）

【出处】牙库布讲，阿不都拉搜集翻译，姚宝瑄整理：《女天神创世》，见姚宝瑄主编《中国各民族神话》（乌孜别克族、哈萨克族、柯尔克孜族、俄罗斯族、维吾尔族、塔吉克族、塔塔尔族、锡伯族），太原：山西出版传媒集团·书海出版社 2014 年版，第 226 页。

## W2758.1
### 造出男人

【关联】

① ［W2021.3.0］第一个男人的产生
② ［W2021.3.0.2］神造第一个男人

**实 例**

❶ ［独龙族］天神造出第一个男人。

【流传】（无考）

【出处】屈友诚等搜集，伊里亚讲，李道生整理：《洪水泛滥》，见中华民族故事大系编委会编《中华民族故事大系》第 15 卷（德昂族、保安族、裕固族、京族、塔塔尔族、独龙族、鄂伦春族），上海：上海文艺出版社 1995 年版，第 575 页。

## W2758.1.1
### 天神用泥土捏成男人

【关联】［W2053.6.6］天神用泥土造人

**实 例**

［傈僳族］天神造天地后，用泥捏出 1 个男人。

【流传】云南省·（德宏傣族景颇族自治州）·陇川县·邦外公社（陇把镇）

【出处】李有华讲：《天地人的来历》，

见中国民间文学集成全国编辑委员会编《中国民间故事集成》（云南卷），北京：中国 ISBN 中心 2003 年版，第 44～46 页。

## W2758.2
### 造出女人（造女人）

**实例**

❶ ［汉族］世神按玉皇大帝旨令，从水中爬出浑身长毛的男性怪物身上抽一根肋骨，造成女人。

【流传】甘肃省·（庆阳市）·宁县·新宁镇

【出处】任孝忠讲：《世神造人》，见中国民间文学集成全国编辑委员会编《中国民间故事集成》（甘肃卷），北京：中国 ISBN 中心 2001 年版 2001，第 9～10 页。

❷ ［回族］真主用自己造的阿丹的第三根肋骨做成女人好娃。

【流传】宁夏回族自治区·银川（银川市）

【出处】《人是怎样来的》，见马乐群等《银川民间故事》（上），内部资料，1988 年，第 2～3 页。

❸ ［回族］真主抟土捏造哈娃太太时，差一点不够，就从阿丹圣人的左肋条上挖了一块泥，才把哈娃太太捏成了。

【流传】青海省·黄南州（黄南藏族自治州）·同仁县·隆务镇·民主街

【出处】周尚杰（保安族，该文本注明他讲的是回族神话）讲，赵清阳采录：《阿丹的诞生》，见中国民间文学集成全国编辑委员会编《中国民间故事集成》（青海卷），北京：中国 ISBN 中心 2007 年版，第 11 页。

## W2758.2.1
### 造女人的原因

**实例**

（参见下级母题实例）

## W2758.2.1.1
### 造女人是为了给男人作配偶（为男人的婚配造女人）

【关联】［W7001］婚姻的产生

**实例**

❶ ［哈萨克族］天神安拉见造出的第一个男人阿达姆阿塔无法婚配，又创造了一个女人。

【流传】新疆维吾尔自治区

【出处】《阿达姆阿塔》，斯丝根据别克苏勒坦、佟中明撰写的《哈萨克族宗教与神话》改写，见姚宝瑄主编《中国各民族神话》（乌孜别克族、哈萨克族、柯尔克孜族、俄罗斯族、维吾尔族、塔吉克族、塔塔尔族、锡伯族），太原：山西出版传媒集团·书海出版社 2014 年版，第 27 页。

❷ ［景颇族］八哥（鸟）造一个男人阿丹后，又按照仙女的模样塑造一个女人，取名"爱娃"，让她作为阿丹的配偶，让他们自己婚配繁殖后代。

【流传】云南省·（怒江傈僳族自治

州）·泸水县·片马乡

【出处】枪能讲，苏建华采录：《天下第一个人》，见中国民间文学集成全国编辑委员会编《中国民间故事集成》（云南卷），北京：中国 ISBN 中心 2003 年版，第 66 页。

## W2758.2.1.2
### 根据男子的请求造女人

实 例

［独龙族］天神格孟在门德龙戛造了一个人是男人。这个男人到地上后感到很苦闷，就向天神格闷请求，于是格闷又造出了一个女人。

【流传】（无考）

【出处】《"格孟"造人》，见彭义良《创世记》，载《民族文化》1987 年第 1 期。

## W2758.2.1.3
### 泥人没捏透成为女人

【关联】［W2087］用泥造人（用土造人）

实 例

［独龙族］天神格孟在门德龙戛造了一个人是男人。再造第二个泥人时，捏得很不透，就变成了地上第一个女人。

【流传】（无考）

【出处】《"格孟"造人》，见彭义良《创世记》，载《民族文化》1987 年第 1 期。

## W2758.2.2
### 造女人方法

实 例

（参见下级母题实例）

## W2758.2.2.1
### 用造男人剩下的泥造女人

实 例

［傈僳族］天神用造男人剩下的泥做了一个女人。

【流传】云南省·（德宏傣族景颇族自治州）·陇川县·邦外公社（陇把镇）

【出处】李有华讲，黄云松等采录：《天地人的来历》，见中国民间文学集成全国编辑委员会编《中国民间故事集成》（云南卷），北京：中国 ISBN 中心 2003 年版，第 44 页。

## W2758.2.2.2
### 用男人的肢体造女人

【关联】
① ［W2082.1.2.1］用男人的肋骨造女人
② ［W5028.3］女人服从男人的产生

实 例

（参见 W2082.1.2.1 母题实例）

## W2758.2.2.3
### 用黄土和男人的一个肋骨造出女人

**实 例**

[彝族] 天上的托罗神和沙罗神两个大神先造出男人，然后用黄土捏了身子，造好了眼睛，又从男人的身上，抽出一根肋巴骨，把这根肋巴骨加在女人的肋骨上，女人就造出来了。

【流传】云南省·（红河哈尼族彝族自治州）·弥勒县、泸西县，（昆明市）·路南县（石林彝族自治县）等地

【出处】毕荣亮讲，光未然采集整理，古梅改写：《创世纪》，见姚宝瑄主编《中国各民族神话》（羌族、彝族），太原：山西出版传媒集团·书海出版社2014年版，第93页。

## W2758.3
### 造出男女

**实 例**

（参见下级母题实例）

## W2758.3.1
### 造男女是为了婚配

【关联】［W2758.2.1.1］造女人是为了给男人作配偶（为男人的婚配造女人）

**实 例**

❶ [独龙族] 天上的大神嘎美、嘎莎造人时想到"有男有女才能相配，有男有女才能传后代"，于是造出男女。

【流传】（无考）

【出处】《嘎美嘎莎造人》，原载陶立璠、赵桂芳等编《中国少数民族神话汇编》，见陶阳、钟秀编《中国神话》（下），北京：商务印书馆2008年版，第1082~1083页。

❷ [维吾尔族] 女天神用造出的第一个男人亚当的一根肋骨创造了一个女人，叫做夏娃。他们二人后来结为夫妻。

【流传】新疆维吾尔自治区·伊犁州（伊犁哈萨克自治州），新疆维吾尔自治区南疆一带

【出处】阿不都拉搜集翻译，姚宝瑄整理：《女天神创造亚当》，见姚宝瑄主编《中国各民族神话》（乌孜别克族、哈萨克族、柯尔克孜族、俄罗斯族、维吾尔族、塔吉克族、塔塔尔族、锡伯族），太原：山西出版传媒集团·书海出版社2014年版，第224页。

## W2758.3.2
### 造出1对男女

【关联】
① ［W2061.10.1］鬼造1对男女
② ［W2702.1.3］造1对男女

**实 例**

❶ [布朗族] 两个动物用泥巴造出1男1女。

【流传】云南省

【出处】《岩布林嘎·伊梯林嘎》，见中国各民族宗教与神话大词典编审委员

会编《中国各民族宗教与神话大词典》，北京：学苑出版社 1990 年版，第 31 页。

❷ [独龙族] 格蒙（创造万物之神）用泥巴做成 1 个男人和 1 个女人。

【流传】云南省·（怒江傈僳族自治州）·贡山县（贡山独龙族怒族自治县）·独龙江乡

【出处】约翰讲，孙敏、李昆采录：《创世纪》，见中国民间文学集成全国编辑委员会编《中国民间故事集成》（云南卷），北京：中国 ISBN 中心 2003 年版，第 187 页。

❸ [独龙族] 上天的大神用泥巴团捏出了 1 男 1 女。

【流传】云南省

【出处】《嘎美嘎莎造人》，见中央民族学院少数民族文艺研究所编《中国民族民间文学》（上），北京：中央民族学院出版社 1987 年版，第 161 页。

❹ [独龙族] 天神造出 1 对男女。

【流传】（无考）

【出处】屈友诚等搜集，伊里亚讲，李道生整理：《洪水泛滥》，见中华民族故事大系编委会编《中华民族故事大系》第 15 卷（德昂族、保安族、裕固族、京族、塔塔尔族、独龙族、鄂伦春族），上海：上海文艺出版社 1995 年版，第 575 页。

❺ [汉族] 王母造出男女 2 人。

【流传】浙江省·（台州市）·仙居县

【出处】朱世林讲：《男人有喉突、女人大肚皮》，见中国民间文学集成全国编辑委员会编《中国民间故事集成》（浙江卷），北京：中国 ISBN 中心 1997 年版，第 38 页。

❻ [景颇族] 神鬼诺强造了 1 个姐姐和 1 个弟弟姐弟 2 人。

【流传】云南省

【出处】殷江腊讲，永生翻译，东耳、永生整理：《人类始祖》，载《山茶》1982 年第 6 期。

❼ [满族] 天神阿布卡恩都里造出 1 男 1 女。

【流传】（无考）

【出处】傅英仁讲，余金整理：《天神创世》，见乌丙安《满族民间故事选》，上海：上海文艺出版社 1983 年版，第 1 页。

❽ [蒙古族] 创世神的老母巴巴额吉缝制 2 个皮人。这两个皮人成为 1 男 1 女。

【流传】（无考）

【出处】

（a）布·孟和搜集整理，哈斯翻译：《巴巴额吉造人》，见满都呼主编《中国阿尔泰语系诸民族神话故事》，北京：民族出版社 1997 年版，第 156 页。

（b）布·孟和搜集，哈斯翻译：《巴巴额吉造人》，见《汗腾格里》（托忒文）1988 年第 1 期。

❾ [蒙古族] 武当喇嘛造出 1 男 1 女。

【流传】（无考）

【出处】宝音特古斯讲，苏赫巴鲁等搜集：《人和国家》，载《吉林民间文学》1982 年第 3~4 期。

❿ [蒙古族] 天神用泥土捏 1 男 1 女。

【流传】（无考）

【出处】却拉布吉译：《天神造人》，谷德明编《中国少数民族神话》，北京：中国民间文艺出版社 1987 年版，第 29 页。

⓫ [怒族] 天神用红土沾泥造启沙（男）和勒沙（女）兄妹。

【流传】云南省·（怒江傈僳族自治州）·福贡县·利沙底乡

【出处】颜其香：《中国少数民族风土漫记》，北京：农村读物出版社 2001 年版，第 457~458 页。

⓬ [佤族] 用泥巴捏出 1 男 1 女两兄妹。

【流传】云南省

【出处】《我们是怎样生存到现在的》，见《云南民族民间故事选》，昆明：云南人民出版社 1981 年版，第 413 页。

## W2758.3.2.1
### 神造出 1 对男女

【关联】

① [W2702.1.3.1] 天神造出 1 对男女

② [W2702.1.3.2] 女神造出 1 对男女

③ [W2702.1.3.3] 男神女神造出 1 对男女

④ [W2702.1.3.4] 神造出 1 对姐弟

实 例

❶ [独龙族] 嘎美、嘎莎（神名）用泥土造人时，认为有男有女才能相配，有男有女才能传后代。于是两个大神就捏出了一男和一女。

【流传】云南省

【出处】李子贤等搜集整理：《创世纪神话故事六则·嘎美嘎莎造人》，见中国作家协会云南分会编《云南民族民间故事选》，昆明：云南人民出版社 1981 年版，第 582~583 页。

❷ [独龙族] 两个大神用泥土造人时，捏出了一男和一女。

【流传】（无考）

【出处】《嘎美嘎莎造人》，原载陶立璠、赵桂芳等编《中国少数民族神话汇编》，见陶阳、钟秀编《中国神话》（下），北京：商务印书馆 2008 年版，第 1082~1083 页。

## W2758.3.2.2
### 龙造出 1 对男女

【关联】[W2076.1.1] 龙造人

实 例

[彝族] 诺谷（龙的名字）造出两个人，一个是男人，一个是女人。

【流传】云南省·红河（红河哈尼族彝族自治州）·元阳（元阳县）、绿春（绿春县）、石屏（石屏县），（玉溪市）·元江哈尼族彝族傣族自治县，（普洱市）·墨江（墨江哈尼族自治县）等

【出处】龙倮贵搜集整理，黄建明摘录：《祭龙的根由》，转引自吕大吉、何耀华总主编《中国各民族原始宗教资料集成》（彝族卷、白族卷、基诺族卷），北京：中国社会科学出版社

1996 年版，第 280~281 页。

## W2758.3.3
### 造出多个男女

【关联】［W2712.3.1.1］女娲造无数男女

实 例

❶ ［汉族］天王老子用从腋下抠出三条汗渍捏成大黑、二白 2 个男子和 1 个姑娘姑娘。

【流传】云南省·（大理白族自治州）·鹤庆县

【出处】杨五一、李鸿钧讲：《地母三姑造万物》，见中国民间文学集成全国编辑委员会编《中国民间故事集成》（云南卷），北京：中国 ISBN 中心 2003 年版，第 113 页。

❷ ［满族］佛赫婚生的第 1 对男女是正常的人，这对男女按照自己的模样造出了男男女女。

【流传】黑龙江省·（牡丹江市）·宁安县·江东（江南朝鲜族满族乡）·缸窑村

【出处】关振川讲，傅英仁采录：《佛赫妈妈和乌申阔玛发》，见中国民间文学集成全国编辑委员会编《中国民间故事集成》（黑龙江卷），北京：中国 ISBN 中心 2005 年版，第 12~15 页。

## W2758.3.4
### 造人者造人后分出男女

实 例

（参见下级母题实例）

## W2758.3.4.1
### 女娲造人后分出男女

【关联】［W2065］女娲造人

实 例

［汉族］女娲把那些造出的小人分为男女。

【流传】（a）四川省·（凉山彝族自治州）·德昌县·热和乡·田村

【出处】

（a）刘廷香讲，汤应照采录：《女娲造人》（1986），见中国民间文学集成全国编辑委员会编《中国民间故事集成》（四川卷·上），北京：中国 ISBN 中心 1998 年版，第 27 页。

（b）《女娲创造人类》，原载袁珂编译《中国神话故事》，见陶阳、钟秀编《中国神话》（上），北京：商务印书馆 2008 年版，第 317~319 页。

## W2758.4
### 造出非男非女的人

【关联】
① ［W2754］原来的人不分男女
② ［W2754.3］天神造人时不分男女

实 例

［汉族］当初女娲造人，不分男女，故不会繁衍。

【流传】浙江省·（杭州市）·建德（建德市）

【出处】方家修讲，刘大中采录：《女娲造人》，见中国民间文学集成全国编辑委员会编《中国民间故事集成》

## W2758.5
### 男女分工分别造男女

**【关联】**［W5082］社会分工

**实 例**

（参见下级母题实例）

## W2758.5.1
### 男造男，女造女

**实 例**

［汉族］东山老人用泥捏100男孩，南山小妹捏100女人。

**【流传】**湖南省·（娄底市）·涟源市

**【出处】**姚长清讲：《东山老人与南山小妹造人》，见中国民间文学集成全国编辑委员会编《中国民间故事集成》（湖南卷），北京：中国 ISBN 中心2002年版，第32页。

## W2758.5.1.1
### 男神造男，女神造女

**实 例**

❶［汉族］天下翁和天下婆一对老人用土造人。天下翁捏的是男人，天下婆捏的是女人。

**【流传】**福建省·（宁德市）·周宁县·李墩乡·里东山村

**【出处】**章永红讲，陈风禧搜集整理：《天下翁与天下婆》（1987.08.05），见姚宝瑄主编《中国各民族神话》（汉族），太原：山西出版传媒集团·书海出版社2014年版，第34~35页。

❷［汉族］兄妹两大神，哥造男，妹造女，各造一百为限。

**【流传】**浙江省·丽水（丽水市）

**【出处】**徐三妹讲，唐宗龙采录：《兄妹造人》，见中国民间文学集成全国编辑委员会编《中国民间故事集成》（浙江卷），北京：中国 ISBN 中心1997年版，第41页。

❸［汉族］皇天捏男子，后土捏女子。

**【流传】**福建省·（宁德市）·寿宁县·大安乡·伏际村

**【出处】**吴兰妃讲，刘善林记录：《天地人》（1986.03.17），见姚宝瑄主编《中国各民族神话》（汉族），太原：山西出版传媒集团·书海出版社2014年版，第58~61页。

❹［畲族］皇天爷专门捏男孩，皇天姆专门捏女孩。

**【流传】**福建省·（宁德市）·福鼎县（福鼎市）·桐山（桐山街道办事处）·浮柳村

**【出处】**蓝升兴讲，蓝俊德等采录：《皇天爷和皇天姆造人》，见中国民间文学集成全国编辑委员会编《中国民间故事集成》（福建卷），北京：中国 ISBN 中心1998年版，第6页。

## W2758.5.1.2
### 哥哥造男人，妹妹造女人

**【关联】**［W2074.2］兄妹造人

### 实例

❶ [汉族] 伏羲兄妹造人时，哥哥造男人，妹妹造女人。

【流传】（无考）

【出处】吴别洞讲，邓文康采录：《伏羲兄妹造人》，见陶阳、钟秀编《中国神话》（上），北京：商务印书馆 2008 年版，第 509～512 页。

❷ [汉族] 伏羲兄妹二人，哥哥用泥巴造男，妹妹造女。

【流传】四川省·简阳县·壮溪乡

【出处】吴别洞讲：《伏羲兄妹造人》，见中国民间文学集成全国编辑委员会编《中国民间故事集成》（四川卷·上），北京：中国 ISBN 中心 1998 年版，第 49 页。

❸ [汉族] 青哥和红姐兄妹成婚后，青哥用黄胶泥捏男人，红姐用红胶泥捏女人。

【流传】河北省·（邢台市）·内邱县·（五郭店乡）·紫草沟村

【出处】赵丙银讲：《哥姐庙》，见中国民间文学集成全国编辑委员会编《中国民间故事集成》（河北卷），北京：中国 ISBN 中心 2003 年版，第 23～24 页。

### W2758.5.1.3
### 姐姐造男人，弟弟造女人

【关联】[W2074.3] 姐弟造人

### 实例

❶ [汉族] 女娲与弟弟成亲后，女娲捏 100 个女的，弟弟捏 100 个男的。

【流传】河南省·（信阳市）·信阳县·柳林乡·武胜关村

【出处】丁广友讲，张楚北采录：《姊妹成婚》，见中国民间文学集成全国编辑委员会编《中国民间故事集成》（河南卷），北京：中国 ISBN 中心 2001 年版，第 15 页。

❷ [汉族] 姐弟俩结婚后姐姐用泥捏女人，弟弟捏男人。

【流传】吉林省·（白城市）·大安县·月亮泡镇

【出处】尹德民讲：《姐弟捏泥人》，见大安县民间文学三套集成办公室编《吉林省民间文学集成》（大安县卷），第 1～2 页。

### W2758.5.2
### 男造女，女造男

### 实例

❶ [汉族] 兄妹将妹妹生的肉球剁成碎块，和着沙子往外撒出去，妹妹撒的是男伢儿，哥哥撒的是女伢儿。

【流传】湖南省·（常德市）·石门（石门县）

【出处】覃清贞讲，鲍明清搜集整理：《人是怎么来的》，见中华民族故事大系编委会编《中华民族故事大系》第 1 卷（汉族、蒙古族、回族），上海：上海文艺出版社 1995 年版，第 13～14 页。

❷ [汉族] 兄妹用黄泥巴捏泥人，哥哥捏了一个女孩，妹妹捏了一个男孩。

【流传】四川省·（南充市）·西充

县·双凤镇

【出处】黄光华讲，冯大雍采录：《兄妹造人烟》，见中国民间文学集成全国编辑委员会编《中国民间故事集成》（四川卷·上），北京：中国ISBN中心1998年版，第52页。

## W2758.5.3
### 男人造男人

实例

❶ [汉族] 洪水后，兄妹俩中的哥哥捏的泥人变成男人。

【流传】吉林省·吉林市·龙潭区

【出处】赵清友讲，王洪烈采录：《高公高婆》，见中国民间文学集成全国编辑委员会编《中国民间故事集成》（吉林卷），中国文联出版公司1992年版，第10页。

❷ [汉族] 哥哥伏羲捏出来的都成为男人。

【流传】浙江省·（衢州市）·江山县（江山市）·凤林镇

【出处】管兰吉讲，杜鹃采录：《兄妹造人》，见中国民间文学集成全国编辑委员会编《中国民间故事集成》（浙江卷），北京：中国ISBN中心1997年版，第40页。

## W2758.5.4
### 男人造女人

实例

❶ [汉族] 兄妹用黄泥巴捏泥人时，哥哥捏了一个女孩。

【流传】四川省·（南充市）·西充县·双凤镇

【出处】黄光华讲，冯大雍采录：《兄妹造人烟》，见中国民间文学集成全国编辑委员会编《中国民间故事集成》（四川卷·上），北京：中国ISBN中心1998年版，第52页。

❷ [回族] 阿丹圣人抽自己的肋骨变成1女，起名海娃。

【流传】（无考）

【出处】《阿丹和海娃》，见中央民族学院少数民族文艺研究所编《中国民族民间文学》（上），北京：中央民族学院出版社1987年版，第284页。

## W2758.5.5
### 女人造女人

实例

❶ [汉族] 洪水后，兄妹俩妹妹捏的泥人变成女人。

【流传】吉林省·吉林市·龙潭区

【出处】赵清友讲，王洪烈采录：《高公高婆》，见中国民间文学集成全国编辑委员会编《中国民间故事集成》（吉林卷），中国文联出版公司1992年版，第10页。

❷ [汉族] 女娲到清水塘捏了300个泥人，变成女人。

【流传】湖南省·冷水滩市

【出处】胡惠青讲，李德位采录：《女娲造人》，见中国民间文学集成全国编辑委员会编《中国民间故事集成》

2.10.1 人的性别特征　‖W2758.5.5 — W2758.6.1‖　1341

（湖南卷），北京：中国 ISBN 中心 2002 年版，第 22 页。

❸ [汉族] 女娲捏出来的都是女人。
【流传】浙江省·（衢州市）·江山县（江山市）·凤林镇
【出处】管兰吉讲，杜鹃采录：《兄妹造人》，见中国民间文学集成全国编辑委员会编《中国民间故事集成》（浙江卷），北京：中国 ISBN 中心 1997 年版，第 40 页。

## W2758.5.6
### 女人造男人

实 例

❶ [汉族] 女娲用泥土捏男人。
【流传】湖南省·冷水滩市
【出处】胡惠青讲，李德位采录：《女娲造人》，见中国民间文学集成全国编辑委员会编《中国民间故事集成》（湖南卷），北京：中国 ISBN 中心 2002 年版，第 22 页。

❷ [汉族] 兄妹用黄泥巴捏泥人，妹妹捏了一个男孩。
【流传】四川省·（南充市）·西充县·双凤镇
【出处】黄光华讲，冯大雍采录：《兄妹造人烟》，见中国民间文学集成全国编辑委员会编《中国民间故事集成》（四川卷·上），北京：中国 ISBN 中心 1998 年版，第 52 页。

❸ [维吾尔族] 女天神用泥土捏了一个男人。
【流传】新疆维吾尔自治区

【出处】张越、姚宝瑄译：《女天神创造人类》，见满都呼主编《中国阿尔泰语系诸民族神话故事》，北京：民族出版社 1997 年版，第 31 页。

## W2758.6
### 造人时因材料不同分出男女

【关联】[W2082.1.1] 用男人的肋骨造女人

实 例

[汉族] 成亲后，青哥用黄胶泥捏成男人，红姐用红胶泥捏成女人。
【流传】河北省·（邢台市）·内邱县·（五郭店乡）·紫草沟村
【出处】赵丙银讲，张少鹏采录：《哥姐庙》，见中国民间文学集成全国编辑委员会编《中国民间故事集成》（河北卷），北京：中国 ISBN 中心 2003 年版，第 23 页。

## W2758.6.1
### 用动物造男人，用泥土造女人

实 例

❶ [鄂伦春族] 天神恩都力用鸟兽肉、毛造男人，用泥土造女人。
【流传】黑龙江省·黑河（黑河市）
【出处】《人类为什么分男女》，见中国各民族宗教与神话大词典编审委员会编《中国各民族宗教与神话大词典》，北京：学苑出版社 1990 年版，第 131 页

❷ [鄂伦春族] 天神恩都里用野兽的肉和毛扎成 10 男，用泥做成 10 女。

【流传】黑龙江省·黑河市·新兴乡

【出处】莫庆云讲：《男人和女人》，见中国民间文学集成全国编辑委员会编《中国民间故事集成》（黑龙江卷），北京：中国 ISBN 中心 2005 年版，第 23 页。

❸ [瑶族] 务告（女祖先）开始造的男人，有一条腿是用狗腿接的，很不相称。

【流传】贵州省·（黔南布依族苗族自治州）·荔波县·洞塘乡

【出处】韦老根讲，全心华等采录：《务告造人》，见中国民间文学集成全国编辑委员会编《中国民间故事集成》（贵州卷），北京：中国 ISBN 中心 2003 年版，第 13 页。

## W2758.6.2
### 用火造男人，用水造女人

实 例

[朝鲜族] 盘古取火找水，分别用火和水造出男人和女人。

【流传】（无考）

【出处】
（a）巫歌《创世纪》，见中国各民族宗教与神话大词典编审委员会编《中国各民族宗教与神话大词典》，北京：学苑出版社 1990 年版，第 60 页。
（b）《创世记》，见金东勋《朝鲜族的神话传说》，http://www.chinactwh.com, 2003.09.02。

## W2758.7
### 与造出男女有关的其他母题

【关联】

① [W2771.2.1] 造人时得到辣椒的成为男人

② [W2772.3] 造人时得到杨桃的成为女人

实 例

（参见下级母题实例）

## W2758.7.1
### 受动物的启发造男女

实 例

❶ [汉族] 女娲开始造的人不分男女。她见野兽分雌雄，发得快，想起分出男女。

【流传】浙江省·（杭州市）·建德（建德市）

【出处】方家修讲，刘大中采录：《女娲造人》，见中国民间文学集成全国编辑委员会编《中国民间故事集成》（浙江卷），北京：中国 ISBN 中心 1997 年版，第 39 页。

❷ [汉族] 女娲先按自己样子用泥捏了女人，受动物分雌雄这一现象启发，捏了男人。

【流传】浙江省·（丽水市）·青田（青田县）

【出处】余碎笑讲，陈志望采录：《人是怎样造出来的》，见中国民间文学集成全国编辑委员会编《中国民间故事集成》（浙江卷），北京：中国 ISBN 中心 1997 年版，第 39 页。

## W2758.7.2
### 神用剑劈出男女性别

实 例

❶ [汉族] 天神用宝剑把双性国的人劈成两半，分出男女。

【流传】辽宁省·（沈阳市）·辽中县·于家坊子乡（于家房镇）·插拉村

【出处】任泰芳讲，李明采录：《双性人》，见中国民间文学集成全国编辑委员会编《中国民间故事集成》（辽宁卷），北京：中国 ISBN 中心 1994 年版，第 15 页。

❷ [畲族] 最初人男女同体，被天神劈开后形成男和女。

【流传】福建省·（宁德市）·寿宁县·凤阳乡

【出处】蓝石德讲，郭忠积采录：*《造人》，见中国民间文学集成全国编辑委员会编《中国民间故事集成》（福建卷），北京：中国 ISBN 中心 1998 年版，第 6 页。

## W2758.7.3
### 用特定的泥造出男女

实 例

（参见下级母题实例）

## W2758.7.3.1
### 用黄泥造男人

实 例

[彝族（阿细）] 男神阿热和女神阿咪造人时，称了八钱的白泥，又去称了九钱黄泥，然后用白泥造女人，用黄泥造男人。

【流传】（a）云南省·红河哈尼族彝族自治州·弥勒县（弥勒市）·（西山镇）

【出处】

（a）潘正兴等唱述，云南省民族民间文学红河调查队搜集翻译整理：《阿细的先基》，昆明：云南人民出版社 1959 年版。

（b）云南省民族民间文学红河调查队搜集整理，古梅改写：《最古的时候》，见姚宝瑄主编《中国各民族神话》（羌族、彝族），太原：山西出版传媒集团·书海出版社 2014 年版，第 141 页。

## W2758.7.3.2
### 用白泥造女人

实 例

[彝族（阿细）] 男神阿热和女神阿咪造人时，他们称了八钱的白泥造女人。

【流传】（a）云南省·红河哈尼族彝族自治州·弥勒县（弥勒市）·（西山镇）

【出处】

（a）潘正兴等唱述，云南省民族民间文学红河调查队搜集翻译整理：《阿细的先基》，昆明：云南人民出版社1959年版。

（b）云南省民族民间文学红河调查队搜集整理，古梅改写：《最古的时候》，见姚宝瑄主编《中国各民族神话》（羌族、彝族），太原：山西出版传媒集团·书海出版社2014年版，第141页。

## W2758.7.4
### 在特定地方造男人

实例

（参见下级母题实例）

## W2758.7.4.1
### 在太阳山上造男人

实例

[彝族（阿细）]造人的男神阿热和造人的女神阿咪到太阳下的黄土山上造人。山顶上有一张黄桌子，就在黄桌子上，他们造男人。

【流传】（a）云南省·红河哈尼族彝族自治州·弥勒县（弥勒市）·（西山镇）

【出处】

（a）潘正兴等唱述，云南省民族民间文学红河调查队搜集翻译整理：《阿细的先基》，昆明：云南人民出版社1959年版。

（b）云南省民族民间文学红河调查队搜集整理，古梅改写：《最古的时候》，见姚宝瑄主编《中国各民族神话》（羌族、彝族），太原：山西出版传媒集团·书海出版社2014年版，第141页。

## W2758.7.4.2
### 在月亮山上造女人

实例

[彝族（阿细）]造人的男神阿热和造人的女神阿咪到月亮下的白土山上造人。山顶上摆着一张白桌子，他们就在这白桌子上造女人。

【流传】（a）云南省·红河哈尼族彝族自治州·弥勒县（弥勒市）·（西山镇）

【出处】

（a）潘正兴等唱述，云南省民族民间文学红河调查队搜集翻译整理：《阿细的先基》，昆明：云南人民出版社1959年版。

（b）云南省民族民间文学红河调查队搜集整理，古梅改写：《最古的时候》，见姚宝瑄主编《中国各民族神话》（羌族、彝族），太原：山西出版传媒集团·书海出版社2014年版，第141页。

## W2758.7.5
### 在特定的时间造男女

实例

[汉族]女娲落凡七日，第六天是月日，女娲捏出玉女。

【流传】山西省·（阳泉市）·平定县·（锁簧镇）·东锁簧村

【出处】朱翠兰讲，冯富国采录：《兄妹

神婚与东西磨山》，见中国民间文学集成全国编辑委员会编《中国民间故事集成》（山西卷），北京：中国ISBN中心1999年版，第12页。

## W2759
### 生育出男女（生男女）
【关联】
① ［W2172.6.3］竹生男女
② ［W2188.6.1］葫芦生男女

实 例

（参见关联项及下级母题实例）

## W2759.0
### 生单一性别
实 例

（参见下级母题实例）

## W2759.0.1
### 只生男
【关联】［W2297.0.1］最早生的人都是男人

实 例

（参见关联项母题实例）

## W2759.0.2
### 只生女
【关联】［W2755.5］生的全是女孩

实 例

（参见关联项母题实例）

## W2759.1
### 神或神性人物生男女
【关联】［W2130］神或神性人物生人

实 例

（参见下级母题实例）

## W2759.1.1
### 神生男女
实 例

❶ ［朝鲜族］河伯的女儿柳花在扶余国居住时感日光生的一个肉蛋中冒出一个胖胖的男孩子。
【流传】长白山等地
【出处】金德顺讲，裴永镇记录整理：《东明王的传说》，原载《金德顺故事集》，见陶阳、钟秀编《中国神话》（中），北京：商务印书馆2008年版，第886~897页。

❷ ［汉族］华胥（人神名）生1对男女。生男子为伏羲，生女子为女娲。
【流传】（无考）
【出处】［清］梁玉绳：《汉书人表考》卷二引《春秋世谱》。

## W2759.1.1.1
### 两个男神分别生出男女
实 例

❶ ［高山族（雅美）］两个男神彼此的膝头相互摩擦了一下，结果一个神的右膝生出了一个活蹦乱跳的男孩；另一个神的左膝生下了一个面目清秀的

女孩。

【流传】（无考）

【出处】《神膝相擦生出了人类》，原载陈国强编《高山族神话传说》，见陶阳、钟秀编《中国神话》（上），北京：商务印书馆2008年版，第321页。

❷ [高山族（雅美）] 石生的男神右膝生1个男孩，左膝生1个女孩。

【流传】（无考）

【出处】《石生、竹生雅美人始祖》，见中国各民族宗教与神话大词典编审委员会编《中国各民族宗教与神话大词典》，北京：学苑出版社1990年版，第145页。

## W2759.1.1.2
### 女神生女人

实例

[侗族] 天外住着一只金斑大蜘蛛生下了天地、众神和万物。侗家人又称她做"萨天巴"，意思是生育千个姑妈的神婆。

【流传】广西壮族自治区·（柳州市）·三江（三江侗族自治县），（桂林市）·龙胜（龙胜各族自治县）

【出处】杨卜林喜、杨卜松林、杨明世讲，杨国仁、涛声搜集整理，蒿紫改写：《创世女神萨天巴》，过伟改写自侗族创世史诗《嘎茫莽道时嘉——远祖歌》（未出版稿），见姚宝瑄主编《中国各民族神话》（土家族、毛南族、侗族、瑶族），太原：山西出版传媒集团·书海出版社2014年版，第72页。

## W2759.1.1.3
### 女神割肺生出女儿

实例

[彝族] "更"（天神"更资"）的母亲蒲依拍着胸脯询问心里的丈夫玛支玛珂神树，让他想办法让自己为"更"生个玩伴时，玛支玛珂神树说："心也不能割了，肝也不能割了，我割你的一块肺来试试吧。"接着蒲依一阵昏天黑地的剧痛，她翘了翘尾巴，果真便从肚子里掉出来个女孩。

【流传】云南省·（楚雄彝族自治州）·永仁县

【出处】

（a）曲木阿石等讲，罗有能整理：《更资天神》，见云南省楚雄州文教局、云南省楚雄州民委会编《楚雄民间文学资料》，内部资料，1979年。

（b）同（a），见姚宝瑄主编《中国各民族神话》（羌族、彝族），太原：山西出版传媒集团·书海出版社2014年版，第181页。

## W2759.1.2
### 神性人物生男女

实例

（参见下级母题实例）

## W2759.1.2.1
### 祖先生男女（始祖生男女）

【关联】[W2143] 祖先生人

### 实例

❶ [白族] 劳谷和劳泰（男女始祖）结成了夫妻，一胎生了十个女儿和十个儿子。

【流传】云南省·大理州（大理白族自治州）

【出处】云南省民间文学集成办公室编：《人类和万物的起源》，见《白族神话传说集成》，北京：中国民间文艺出版社1986年版，第1~10页。

❷ [汉族] "彭呼"（盘古）生下了一个胖乎乎的团和一个细皮白肉的囡。

【流传】（无考）

【出处】姜引军讲，姜曾诰搜集整理：《天地分开出盘古》，见姚宝瑄主编《中国各民族神话》（汉族），太原：山西出版传媒集团·书海出版社2014年版，第15~16页。

❸ [纳西族] 女始祖阿斯与洞里酷似男人的石头相亲怀孕，生6男6女。

【流传】（无考）

【出处】《埃姑命》，见云南省民族事务委员会编《纳西族文化大观》，昆明：云南民族出版社1999年版，第327页。

## W2759.2
### 人生男女

【关联】[W2150] 人生人

### 实例

❶ [独龙族] 洪水后，兄妹成婚，生2男2女。

【流传】云南省·（怒江傈僳族自治州）·贡山县（贡山独龙族怒族自治县）·独龙江乡

【出处】马巴恰开等讲：《半边刀壳》，见中国民间文学集成全国编辑委员会编：《中国民间故事集成》（云南卷），北京：中国ISBN中心2003年版，第80~81页。

## W2759.2.1
### 人生1对男女

### 实例

[汉族] 一个夫人怀孕几百年，生了1双儿女。

【流传】山西省·（临汾市）·吉县

【出处】落永恩讲：《人祖山的来历》，见中国民间文学集成全国编辑委员会编《中国民间故事集成》（山西卷），北京：中国ISBN中心1999年版，第15~17页。

## W2759.2.1.1
### 人婚生1对男女

### 实例

[高山族] 洪水后，幸存的兄妹结婚生下1男1女。

【流传】台湾

【出处】

（a）《捣粟的兄妹》，见陈国强编《高山族神话传说》，福州：福建人民出版社1980年版。

（b）同（a），见姚宝瑄主编《中国各民族神话》（高山族、黎族、畲族），太原：山西出版传媒集团·书海出版社 2014 年版，第 32 页。

## W2759.2.2
### 女人头上的血胞生 1 男
【关联】［W2227.11.1］女人身体上的血泡生人

实例

［普米族］妻子被丈夫打的头上的血泡中生 1 个男孩。
【流传】云南省
【出处】《斯端若达祖》，见中央民族学院少数民族文艺研究所编《中国民族民间文学》（上），北京：中央民族学院出版社 1987 年版，第 532 页。

## W2759.3
### 动物生男女

实例

［布朗族］两个动物结婚生出 8 男 8 女。
【流传】云南省·西双版纳（西双版纳傣族自治州）·勐海县·布朗山乡
【出处】《艾布林嘎与依娣林嘎》，见云南省民族事务委员会编《布朗族文化大观》，昆明：云南民族出版社 1999 年版，第 175 页。

## W2759.4
### 男女分别来自于怪胎的两半

实例

［撒拉族］尕娃被大母熊背到洞中，生活在一起，尕娃变得人不是人熊不是熊，大母熊生下尕熊娃，大母熊将熊娃劈为两半，熊娃得了个一半为父，一半为母的厄运。
【流传】（无考）
【出处】韩乙四夫讲，马英兰记录：《尕娃和熊》，见满都呼主编《中国阿尔泰语系诸民族神话故事》，北京：民族出版社 1997 年版，第 110~111 页。

## W2759.5
### 生男为犬，生女为美人
【关联】［W2733.4］人与犬同源（人与狗同源）

实例

［畲族］昔盘瓠与美女婚配，生男为狗，女为美人。
【流传】（无考）
【出处】《山海经·海内北经》卷十二，郭璞注。

## W2759.5.1
### 犬与女子交合，生男为犬 生女为人
【关联】［W2458］人与犬婚生人（人与狗婚生人）

实例

［古突厥］獒犬与年轻女子合，所生男儿均与犬类，所生女子，皆为人形。
【流传】（无考）
【出处】王尧、陈践译注：《敦煌吐蕃文献选》，成都：四川民族出版社 1983 年版，第 164~165 页。

## W2759.6
### 不同的出生位置分别生出男女

**实例**

[高山族（雅美）] 石生的男神生人时，右膝生出的是 1 个男孩，左膝是 1 个女孩。

【流传】（无考）

【出处】《石生、竹生雅美人始祖》，见中国各民族宗教与神话大词典编审委员会编《中国各民族宗教与神话大词典》，北京：学苑出版社 1990 年版，第 145 页。

## W2759.7
### 植物生男女

【关联】

① [W2181.3.1] 桃核生 1 对男女
② [W2702.2.3.6] 瓜生 1 对兄妹
③ [W2702.2.3.7] 花生 1 对男女

**实例**

❶ [汉族] 老两口种的倭瓜中生出 1 对男女。

【流传】甘肃省·（陇南市）·徽县·伏镇（伏家镇）

【出处】朱老大讲：*《兄妹成婚》，见中国民间文学集成全国编辑委员会编《中国民间故事集成》（甘肃卷），北京：中国 ISBN 中心 2001 年版，第 12~13 页。

❷ [苗族] 大桃树的果核中生出 1 男 1 女。

【流传】贵州省·（安顺市）黄果树一带

【出处】朱顺清讲，杨文金采录：《杨亚射日月》，见燕宝、张晓编《神话传说》，贵阳：贵州人民出版社 1997 年版，第 18~19 页。

❸ [佤族] 过去，天地紧挨着，葫芦中生出兄妹二人。

【流传】云南省

【出处】李子贤：《论佤族神话》，载《思想战线》（云南大学）1987 年第 6 期。

❹ [维吾尔族] 库马尔斯（人名）的两滴精液掉在地上，地上长出了植物。植物中长出了 1 男 1 女。男的叫摩西，女的称为摩西娜。

【流传】（无考）

【出处】《库马尔斯》，载《新疆大学学报》1985 年第 2 期。

❺ [维吾尔族] 植物中长出了 1 男 1 女。

【流传】新疆维吾尔自治区

【出处】关纪新主编：《中国少数民族俗文学》，呼和浩特：内蒙古教育出版社 2001 年版，第 71 页。

❻ [藏族] 花中跳出了一个名字叫格拉角小男孩。

【流传】四川省·（阿坝藏族羌族自治州）·若尔盖县·向东牧场

【出处】索朗讲，阿强采录：《人类三始祖》，见中国民间文学集成全国编辑委员会编《中国民间故事集成》（四川卷·下），北京：中国 ISBN 中心

1998年版，第937页。

❼ [壮族] 世界最早产生的花中生出女人姆洛甲。

【流传】广西壮族自治区·（河池市）·大化县（大化瑶族自治县）·都阳镇

【出处】

（a）覃奶讲：《姆洛甲》，见中国民间文学集成全国编辑委员会编《中国民间故事集成》（广西卷），北京：中国ISBN中心2001年版，第3~4页。

（b）蓝鸿恩整理：《神弓宝剑》，北京：中国民间文艺出版社1985年版，第2页。

## W2759.7.1
### 葫芦生1男1女

【关联】

① [W2184] 葫芦生人
② [W2188.5.2] 葫芦生2人
③ [W2188.6.1] 葫芦生男女
④ [W2702.2.3.8] 葫芦生1对男女

实 例

❶ [白族] 山坡上落下的葫芦生出一对兄妹，哥哥"板古"和妹妹"板梅"。

【流传】云南省·（大理白族自治州）·剑川（剑川县）

【出处】李恩发讲，李绍尼整理：《"五百天"神》，见陶立璠、李耀宗编《中国少数民族神话传说选》，成都：四川民族出版社1985年版，第94页。

❷ [拉祜族] 葫芦里爬出1男1女。

【流传】（无考）

【出处】《牡帕密帕》，见刘辉豪整理《牡帕密帕》，昆明：云南人民出版社1979年版。

❸ [黎族] 很久以前一个很大的葫芦瓜生1男1女。

【流传】海南省·琼中县（琼中黎族苗族自治县）·五指山公社·番龙村

【出处】王克福讲，冯秀梅采录：《黎族汉族的来源》，见中国民间文学集成全国编辑委员会编《中国民间故事集成》（海南卷），北京：中国ISBN中心2002年版，第11页。

❹ [傈僳族] 天神从天的裂缝中投下了两个葫芦。一个葫芦里出来一个男人，从另一个葫芦里出来一个女人。男人的名字叫西沙，女人的名字叫勒沙。

【流传】（无考）

【出处】

（a）曹德旺、周忠枢翻译整理：《岩石月亮》，载《山茶》1982年第2期。

（b）同（a），见谷德明编《中国少数民族神话》，北京：中国民间文艺出版社1987年版，第365页。

❺ [彝族] 从葫芦里走出1男1女。

【流传】（无考）

【出处】《虎氏族》，见云南省民族事务委员会编《彝族族文化大观》，昆明：云南民族出版社1999年版，第325页。

## W2759.7.2
### 葫芦生 1 男

实 例

❶ [高山族（布农）] 葫芦中出来 1 个男子。

【流传】台湾

【出处】施始来：《八代湾的神话》，台中：晨星出版社 1992 年版，第 118 页。

❷ [高山族（布农）] 葫芦中生 1 个男子。

【流传】台湾

【出处】[日] 佐山融吉，《生蕃传说集》，杉田重藏书店 1923 年版，第 25 页。

## W2759.7.2.1
### 葫芦状的植物生 1 男

【关联】[W2188.3] 葫芦状的植物生人

实 例

[高山族（排湾）] 葫芦状的植物生 1 个男人。

【流传】台湾

【出处】陈国钧：《台湾土著社会始祖传说》，台北：幼狮出版社 1964 年版，第 61 页。

## W2759.7.3
### 葫芦生 1 女

实 例

[哈尼族] 葫芦里走出 1 个女人。

【流传】云南省·思茅（普洱市）

【出处】《天、地、人和万物的起源》，见中国各民族宗教与神话大词典编审委员会编《中国各民族宗教与神话大词典》，北京：学苑出版社 1990 年版，第 169 页。

## W2759.7.4
### 竹子生男女

【关联】[W2172 竹生人

实 例

[高山族（排湾）] 祖先 Salimudzudo（男）与 Sarumai（女）由竹子出生。

【流传】台湾

【出处】尹建中：《台湾山胞各族传统神话故事与传说文献编纂研究》，台湾"内政部"，1994 年，第 184 页。

## W2759.7.4.1
### 竹生 1 男

实 例

❶ [仡佬族] 竹子里生出 7 寸长的男孩。

【流传】贵州省梵净山一带

【出处】章海荣：《梵净山神》，贵阳：贵州人民出版社 1997 年版，第 124～125 页

❷ [彝族] 河里漂来的一节兰竹筒中出来一个男子。

【流传】滇、桂相连处（云南省与广西壮族自治区接壤地带）

【出处】马学良：《宣威罗族白夷（彝

的丧葬制度》，载《西南边疆》1942年第12期。

**W2759.7.4.2**

**竹生 1 女**

【实例】

[藏族] 斑竹被吹倒后，里面有 1 个女孩。

【流传】（无考）

【出处】潜明兹：《中国古代神话与传说》，北京：商务印书馆 1996 年版，第 35 页。

**W2759.7.5**

**其他特定的植物生男女**

【关联】

[W2194.4.1] 花生男人

[W2194.4.2] 花生女人

【实例】

（参见关联项母题实例）

**W2759.8**

**无生命物生男女**

【关联】[W2200] 无生命物生人

【实例】

（参见下级母题实例）

**W2759.8.1**

**山生男女**

【关联】

① [W2209] 山生人

② [W2209.3.1] 一座山生男，一座山生女

【实例】

[藏族] 洪水消除之后，世界上便再也没有人了。这时，阿真山忽的生下一个女孩，波龙山则生下一个男孩。

【流传】西藏自治区

【出处】

（a）旺秋搜集：《僜人创世神话》，根据中国社科院民族研究所编《僜人社会历史调查》（云南人民出版社 1990 年版）和西藏民间文艺研究会主办《邦锦梅朵》（1984 年第 8 期）中的《僜人创世神话》整理。

（b）同（a），见姚宝瑄主编《中国各民族神话》（门巴族、珞巴族、怒族、藏族），太原：山西出版传媒集团·书海出版社 2014 年版，第 89 页。

**W2759.8.1.1**

**山生男**

【实例】

[维吾尔族] 后丘陵裂开一扇门有五间内室，各坐着 1 个男孩。这些男孩是全能真主赏赐的。

【流传】新疆维吾尔自治区

【出处】《不可汗》，见 [伊朗] 志费尼著《世界征服者史》，呼和浩特：内蒙古人民出版社 1981 年版。

**W2759.8.2**

**水生男女**

【关联】[W2208] 水生人

### 实例

［傣族］洪水后，水中生出 1 对男女。

【流传】（无考）

【出处】李子贤：《试论云南少数民族洪水神话》，见田兵等编《中国少数民族神话论文集》，南宁：广西民族出版社 1984 年版，第 147 页。

## W2759.8.3
### 石生男女

【关联】［W2210］石生人

### 实例

（参见下级母题实例）

## W2759.8.3.1
### 石生 1 对男女

### 实例

❶ ［高山族（泰雅）］石裂生 1 男 1 女。

【流传】（台湾）

【出处】《鸟推大石生泰雅人始祖》，见中国各民族宗教与神话大词典编审委员会编《中国各民族宗教与神话大词典》，北京：学苑出版社 1990 年版，第 145 页。

❷ ［苗族］太古，岩石裂开生 1 男 1 女。

【流传】（无考）

【出处】［日］鸟居龙藏：《苗族调查报告》，见马昌仪编《中国神话学文论选萃》（上编），北京：中国广播电视出版社 1994 年版，第 386~387 页。

## W2759.8.3.2
### 石生 1 男

【关联】［W2210］石生人

### 实例

［瑶族］一对老夫妇老年无子伤心落泪时，山顶滚来的一块圆石，裂开生出个男孩。

【流传】广西壮族自治区

【出处】萧甘牛搜集整理：《龙牙颗颗钉满天》，见曹廷伟编著《广西民间故事辞典》，南宁：广西教育出版社 1993 年版，第 15 页。

## W2759.8.4
### 粪生男女

【关联】［W2216.1］粪便中生人

### 实例

（参见下级母题实例）

## W2759.8.4.1
### 猪粪生女

【关联】［W2216.2］猪粪生人

### 实例

［高山族（泰雅）］两块猪粪生了 2 个女人。

【流传】泰雅人 Sedeq 和 aroko 部落

【出处】［俄］李福清：《神话与鬼话——台湾原住民神话故事比较研究》（增订本），北京：社会科学文献出版社 2001 年版，第 102 页。

## W2759.8.5
### 人造器物生男女

【实 例】

（参见下级母题实例）

## W2759.8.5.1
### 陶锅生女

【关联】［W2211.4］锅生人

【实 例】

❶ [高山族（布农）］土锅中生1个女子。

【流传】（台湾）

【出处】［日］佐山融吉，《生蕃传说集》，杉田重藏书店1923年版，第25页。

❷ [高山族（布农）］太古时，从陶锅里生出来一个女人。

【流传】台湾

【出处】《葫芦的禁忌》，见达西乌拉弯·毕马（田哲益）、达给斯海方岸·娃莉丝（全妙云）著《布农族口传神话传说》，台北：台原出版社1998年版，第103页。

## W2759.8.5.2
### 金盆生男

【关联】［W2211.2］金盆生人

【实 例】

[蒙古族] 一个猎人打猎时拾到一个金盆，金盆里生出3个男孩。

【流传】吉林省·（松原市）·前郭尔罗斯（前郭尔罗斯蒙古族自治县）·库里屯

【出处】《郭尔罗斯始祖传说》，见白庚胜总主编《中国民间故事全书》（吉林省前郭尔罗斯县卷），北京：知识产权出版社2009年版，第12～13页。

## W2759.8.5.3
### 陶壶生男女

【关联】［W2211.5.1］陶壶生人

【实 例】

[高山族（排湾）] 陶壶生的1男1女长大后，女的远走，男的留在原处成为该社的祖先之一。

【流传】台湾

【出处】尹建中：《台湾山胞各族传统神话故事与传说文献编纂研究》，台湾"内政部"，1994年，第185页。

## W2759.8.6
### 其他无生命物生男女

【实 例】

（参见下级母题实例）

## W2759.8.6.1
### 柜生男

【关联】［W2213］柜生人

【实 例】

❶ [朝鲜族] 柜子中生出一个男童。

【流传】（无考）

【出处】辛敬默译：《昔脱解王神话》，见《朝鲜古典文学选集（1）——古代传说传记选》，北京：民族出版社1988年版。

❷［朝鲜族］紫云从天降，云中的黄金柜中有一个童男。

【流传】（无考）

【出处】

（a）《金瘀智神话》，见金富轼《三国史记》。

（b）僧一然：《三国遗事》。

## W2759.9
### 婚生男女

**实例**

［鄂伦春族］雄性猴子与老妈妈同居在一起，老妈妈生下1男1女。

【流传】（无考）

【出处】孟兴全讲，孟淑珍整理：《鄂伦春人是怎么来的》，见黑龙江省民族研究所编《鄂伦春民间文学》，内部编印。

## W2759.9.1
### 婚生男

**实例**

（参见下级母题实例）

## W2759.9.1.1
### 婚生1男

**实例**

❶［黎族］一只狗与皇帝的公主婚生1男。

【流传】海南省·白沙县（白沙黎族自治县）（白沙黎族自治县）·细水区

【出处】王亚板讲：*《母子成婚》，见中国民间文学集成全国编辑委员会编《中国民间故事集成》（海南卷），北京：中国ISBN中心2002年版，第20～21页。

❷［黎族］洪水后，兄妹结婚生1个男孩。

【流传】海南省

【出处】云博生整理：《人类的起源》，见符震等《黎族民间故事》，广州：花城出版社1982年版，第1～3页。

## W2759.9.1.1a
### 人与仙女婚生1男

【关联】［W2416.1.5］人与仙女婚生人

**实例**

❶［蒙古族］国王郭拉斯青和七仙女玛尼相亲相爱，不久就生了一个儿子。

【流传】（无考）

【出处】哈扎搜集，巴音巴图、姚宝瑄记录整理：《郭拉斯青和七仙女》，见姚宝瑄主编《中国各民族神话》（达斡尔族、鄂伦春族、鄂温克族、蒙古族），太原：山西出版传媒集团·书海出版社2014年版，第233页。

❷［锡伯族］一个穷小伙与小仙女成亲，生1男。

【流传】新疆维吾尔自治区·（伊犁哈萨克自治州）·察布查尔（察布查尔锡伯自治县）

【出处】戛尔图讲：《扎鲁山与梅翠》，见关宝学编《锡伯族民间故事集》，沈阳：辽宁民族出版社 2002 年版，第 157 页。

## W2759.9.1.1b
### 传人种的兄妹婚生 1 男

【关联】［W2295.1.3］特定的人物传人种

实例

[高山族（赛夏）] 来人间传人种的厄帕·那奔和妹妹玛雅·那奔结婚后，玛雅生了一个儿子。

【流传】台湾

【出处】《高山族各种人的始祖：厄帕·那奔兄妹传人》，见姚宝瑄主编《中国各民族神话》（高山族、黎族、畲族），太原：山西出版传媒集团·书海出版社 2014 年版，第 12 页。

## W2759.9.1.1c
### 人与天鹅婚生 1 男

【关联】［W2464.1］人与天鹅婚生人

实例

[哈萨克族] 一位将领与白天鹅变成的姑娘结婚后，生了一个男孩。

【流传】新疆维吾尔自治区哈萨克族聚居地

【出处】尼合迈德·蒙加尼讲，校仲彝翻译整理：《哈萨克族源的传说》，原载马昌仪编《中国神话故事》，见陶阳、钟秀编《中国神话》（中），北京：商务印书馆 2008 年版，第 595～596 页。

## W2759.9.1.1d
### 人与鹿婚生 1 男

【关联】［W2432.6］人与鹿变成的女子婚生人

实例

[赫哲族] 猎人与鹿变的姑娘结为夫妻，生 1 男孩。

【流传】（无考）

【出处】《金鹿的传说》，见黄任远《满-通古斯语族民族有关熊、虎、鹿神话比较研究》，载《黑龙江民族丛刊》1996 年第 3 期。

## W2759.9.1.1e
### 人与熊婚生 1 男

【关联】［W2432.7］人与熊变成的女子婚生人

实例

[满族] 一个猎人同变成姑娘的熊结婚生 1 子。

【流传】（无考）

【出处】《三年等于三百年》，见傅英仁口述，张爱云整理《傅英仁满族故事》（上），哈尔滨：黑龙江人民出版社 2006 年版，第 120～122 页。

## W2759.9.1.2
### 婚生多男（含 2 男）

实例

❶ [拉祜族] 兄妹结婚后生育 9 子。

【流传】（无考）

【出处】刘辉豪整理：《一娘生九子》，见中国各民族宗教与神话大词典编审委员会编《中国各民族宗教与神话大词典》，北京：学苑出版社1990年版，第375页。

❷ [纳西族] 开天男神的后代利恩与天女衬红褒自成婚后生3子。

【流传】云南省·丽江（丽江市）

【出处】和芳讲：《人类迁徙记》，见中国民间文学集成全国编辑委员会编《中国民间故事集成》（云南卷），北京：中国ISBN中心2003年版，第49~60页。

## W2759.9.2
### 婚生女

实 例

（参见下级母题实例）

## W2759.9.2.1
### 婚生1女

实 例

（参见下级母题实例）

## W2759.9.2.1a
### 人仙婚生1女

【关联】[W2416.1.5] 人与仙女婚生人

实 例

[苗族] 小伙与天仙婚后，仙女生下一个美丽、机灵的小姑娘。

【流传】广西壮族自治区·（柳州市）·融水苗族自治县·白云乡、香粉乡

【出处】莫总清、梁老岩、贾老绍讲，覃桂清、过伟记录整理：《天上仙女的女儿》（1957）（又名《哈迈》、《哈迈与米加达》），见姚宝瑄主编《中国各民族神话》（布依族、仡佬族、苗族），太原：山西出版传媒集团·书海出版社2014年版，第260页。

## W2759.9.2.1b
### 洪水后1对男女婚生1女

【关联】[W2544] 洪水后婚生人类

实 例

[满族] 洪水后，幸存的一对男女后来成婚生下了一个女儿。

【流传】（无考）

【出处】《阿布卡赫赫女神创世》，王松根据富育光、孟慧英、王宏刚撰写的《满族宗教与神话》改写，见姚宝瑄主编《中国各民族神话》（满族、赫哲族、朝鲜族），太原：山西出版传媒集团·书海出版社2014年版，第4~14页。

## W2759.9.2.1c
### 洪水后兄妹婚生1女

【关联】[W2545.1] 洪水后幸存的兄妹结婚再生人类

实 例

（实例待考）

## W2759.9.2.2
### 婚生多女（含2女）

实 例

[彝族] 兄妹婚生7女。

【流传】云南省·（楚雄彝族自治州）·大姚县

【出处】《虎氏族》，载《山茶》1986年第1期。

## W2759.9.3
### 婚生多对男女

【关联】

① ［W2706.2.2］婚生3对男女
② ［W2706.2.2.1］兄妹婚生3对男女
③ ［W2708.3.1］婚生4对男女
④ ［W2708.3.1.1］兄妹婚生4对男女
⑤ ［W2708.3.1.2］龙凤胎兄妹婚生4对男女
⑥ ［W2708.3.1.3］树变成的女子婚生4对男女
⑦ ［W2710.3.1.2］人与猴婚生5对男女
⑧ ［W2713.2.1］兄妹婚生18对男女
⑨ ［W2719.2.1］婚生6对男女
⑩ ［W2719.2.1.1］人与仙女婚生6对男女
⑪ ［W2719.2.1.2］兄妹婚生6对男女
⑫ ［W2719.2.1.3］人与犬婚生6对男女
⑬ ［W2719.2.1.4］女始祖与石头婚生6对男女
⑭ ［W2719.3.1］婚生7对男女
⑮ ［W2719.3.1.1］兄妹婚生7对男女
⑯ ［W2719.3.1.2］人犬婚生7对男女
⑰ ［W2719.4.1］婚生8对男女
⑱ ［W2719.4.1.1］动物造的1对夫妻婚生8对男女
⑲ ［W2719.5.2］婚生9对男女
⑳ ［W2719.5.2.1］兄妹婚生9对子女
㉑ ［W2719.5.2.2］姐弟婚生9对子女
㉒ ［W2719.5.2.3］葫芦生的男女婚生9对子女
㉓ ［W2719.7.2.1］两老人生10对男女
㉔ ［W2719.7.2.2］两姐妹生10对男女
㉕ ［W2719.7.3.1］始祖生10对男女
㉖ ［W2719.8.4.3］兄妹婚生12对男女
㉗ ［W2719.9.4.1］婚生25对男女
㉘ ［W2719.9.7.1］婚生72对男女

实例

（参见关联项母题实例）

## W2759.10
### 卵生男女

【关联】［W2220］卵生人

实例

❶ ［高山族（鲁凯）］太阳产两个卵，孵化出1对男女，成为部落头目的祖先。

【流传】台湾

【出处】［日］吉野裕子：《蛇——日本的蛇信仰》，东京：讲谈社1999年版，第189~199页。

❷ ［侗族］猿婆孵肉蛋，孵出男始祖松恩，女始祖松桑。

【流传】（无考）

【出处】《嘎茫莽道时嘉》，见陶阳、牟钟秀著《中国创世神话》，上海：上海人民出版社 2006 年版，第 47 页。

## W2759.10.1
### 卵生男

**实例**

[满族] 水中小洲有鸟生蛋，蛋生 6 兄弟。

【流传】（无考）

【出处】富育光：《论萨满教的天穹观》，载《世界宗教研究》1987 年第 4 期。

## W2759.10.1.1
### 卵生 1 男

**实例**

[畲族] 凤凰蛋中生一个男子阿郎。

【流传】（无考）

【出处】钟福兴等讲，冬日搜集整理：《畲族祖宗的传说》，见陶立璠、李耀宗编《中国少数民族神话传说选》，成都：四川民族出版社 1985 年版，第 293 页。

## W2759.10.2
### 卵生女

**实例**

[黎族] 雷公带来的蛇卵中生出一个女孩。

【流传】海南省

【出处】

（a）广东民族学院中文系七七级采风组搜集整理：《黎母山传说》，见广东民族学院中文系编《黎族民间故事选》，上海：上海文艺出版社 1983 年版。

（b）同（a），见姚宝瑄主编《中国各民族神话》（高山族、黎族、畲族），太原：山西出版传媒集团·书海出版社 2014 年版，第 63 页。

## W2759.10.2.1
### 卵生 1 女

**实例**

[纳西族] 山鹰格美厡了一个银亮的白蛋，从这个白蛋的蛋黄中走出了一个美貌如月亮的姑娘。

【流传】云南省·丽江县（丽江市）

【出处】木丽春采集整理：《格古命的故事》，见木丽春编著《纳西族民间故事集》，昆明：云南人民出版社 2007 年版，第 28 页。

## W2759.10.2.2
### 肉蛋孵出女始祖

【关联】[W0645.3] 卵生祖先

**实例**

[黎族] 祖母为蛇卵所化。

【流传】海南省

【出处】马姿燕：《黎族图腾探析》，见《广东民族研究论丛》（1），广州：广东人民出版社 1986 年版，第 104～111 页。

## W2759.10.3
### 卵生多对男女

**实例**

（参见下级母题实例）

### W2759.10.3.1
**卵生 5 对男女**

【关联】

① ［W2220］卵生人

② ［W2710］产生 10 人

**实例**

［畲族］桐油火和天洪之后，幸存的盘哥、云囡兄妹婚生了一个肉蛋。蛋中生出五个男孩和五个女孩。

【流传】（无考）

【出处】

（a）兰石女、钟伟琪、项次欣讲，唐宗龙记录：《桐油火和天洪》，见陶立瑶、李耀宗编《中国少数民族神话传说选》，成都：四川民族出版社 1985 年版。

（b）同（a），见姚宝瑄主编《中国各民族神话》（高山族、黎族、畲族），太原：山西出版传媒集团·书海出版社 2014 年版，第 102 页。

### W2759.11
**感生男女**

【关联】［W2230］感生人

**实例**

（参见下级母题实例）

### W2759.11.1
**感生男**

**实例**

（参见下级母题实例）

### W2759.11.1.1
**感生 1 男**

【关联】［W2701.2.1.1］女子感生 1 男

**实例**

❶ ［独龙族］姑娘喝象脚印中的水，生 1 个儿子。

【流传】云南省

【出处】约翰（独龙族）讲，李凡人、陈凤楼搜集整理：《大象的儿子》，载《山茶》1983 年第 3 期。

❷ ［高山族（鲁凯）］头目长女果莎尤吞食槟榔果，生 1 男孩。

【流传】台湾

【出处】《果莎尤生子》，见中国各民族宗教与神话大词典编审委员会编《中国各民族宗教与神话大词典》，北京：学苑出版社 1990 年版，第 144 页。

❸ ［高山族］少女在河里得到一个木棒，感生 1 个男孩。

【流传】（无考）

【出处】《太阳和月亮》，见谷德明编《中国少数民族神话》，北京：中国民间文艺出版社 1987 年版，第 243 页。

❹ ［珞巴族］天的女儿麦冬海依有一天口干舌燥时喝了几口天河里的水。肚子渐渐地大了起来。不知过了多少日子，生下了 1 个男孩。

【流传】西藏自治区

【出处】达地讲，于乃昌、张力凤、陈理明整理：《麦冬海依》，原载《西藏民间故事——珞巴族、门巴族专辑》，见陶阳、钟秀编《中国神话》（中），北京：商务印书馆2008年版，第646~647页。

## W2759.11.1a
### 天女感生1男

【关联】［W2701.2.1.1］女子感生1男

实例

[满族] 天女三，曰恩古伦，次正古伦，次佛库伦，浴于池。浴毕，季女佛库伦因食神鹊之朱果而孕，遂生产一男。

【流传】（无考）

【出处】《爱新觉罗氏族源神话》，原载《清太祖武皇帝实录》，见吕大吉、何耀华总主编《中国各民族原始宗教资料集成》（鄂伦春族卷、鄂温克族卷、赫哲族卷、达斡尔族卷、锡伯族卷、满族卷、蒙古族卷、藏族卷），北京：中国社会科学出版社1999年版，第488页。

## W2759.11.1b
### 夫妻同感生1男

【关联】［W2276.5］夫妻同时感特殊物生人

实例

[羌族] 索依迪朗（羌语，意为"娘老子"。迪，意为"老汉"，即"父亲"；朗，意为"阿妈"，即"母亲"）吃特定食物后孕生下第1个儿子。

【流传】（无考）

【出处】（a）《索依迪朗：设计造人》，见西南民族学院《羌族文学简史》编写组编《羌族民间文学资料集》（一），内部资料，1987年4月。

（b）同（a），见吕大吉、何耀华总主编《中国各民族原始宗教资料集成》（纳西族卷、羌族卷、独龙族卷、傈僳族卷、怒族卷），北京：中国社会科学出版社2000年版，第578页。

## W2759.11.1c
### 梦感生1男

【关联】［W2277.4］梦感（感梦生人）

实例

[藏族] 好善的嘎桑玛因梦而孕，生1个男孩。

【流传】西藏自治区·拉萨市

【出处】丹增等讲：《金童子和香香嘎拉姑娘》，见贡桑坚参等搜集《西藏民间故事》（4），拉萨：西藏人民出版社1988年版，第6页。

## W2759.11.2
### 感生女

实例

（参见下级母题实例）

## W2759.11.2.1
### 感生1女

实例

❶[傣族] 一女吃了牛王咬过的菠萝，孕生1女。

【流传】云南省·西双版纳（西双版纳

傣族自治州）

**【出处】**

（a）《神牛之女》，见《傣族简史》编写组编《傣族简史》，北京：民族出版社 2009 年版，第 291 页。

（b）《神牛之女》，见岩峰《傣族文学史》，昆明：云南民族出版社 1995 年版，第 104 页。

❷ [侗族] 女子央香梦见怀中飞来一颗星，孕生 1 女。

**【流传】**（无考）

**【出处】** 黄才贵：《女神与泛神——侗族"萨玛"文化研究》，贵阳：贵州人民出版社 2006 年版，第 125 页。

❸ [汉族] 福建古田县陈上元的妻子正在洗衣服，伸手接了一点观音的手指的血，放进口中吞了下去。从此怀了胎，后来生下一个女儿，这就是陈十四。

**【流传】** 浙江省·（丽水市）·青田县·东源镇、船寮镇

**【出处】** 余碎笑讲，叶茂搜集整理：《三块补天石》（1987.07.15），见姚宝瑄主编《中国各民族神话》（汉族），太原：山西出版传媒集团·书海出版社 2014 年版，第 58~60 页。

❹ [傈僳族] 一对年轻夫妻因妻子梦雌猴入怀，生 1 女。

**【流传】** 云南省·怒江州（怒江傈僳族自治州）

**【出处】** 阿普讲：《傈僳族猴氏族》，见中国民间文学集成全国编辑委员会编《中国民间故事集成》（云南卷），北京：中国 ISBN 中心 2003 年版，第 256~258 页。

❺ [苗族] 姑娘妮仰吃了虎肉，生 1 女。

**【流传】** 广西壮族自治区·（柳州市）·融水县（融水苗族自治县）·滚贝乡

**【出处】** 杨达香讲：《段略和埋耶兄妹》，见中国民间文学集成全国编辑委员会编《中国民间故事集成》（广西卷），北京：中国 ISBN 中心 2001 年版，第 74~86 页。

❻ [彝族] 老妇人吃了开白花的青杠子后，孕生 1 女。

**【流传】** 贵州省·（六盘水市）·盘县

**【出处】**《铁树妹》，见高昂《盘县彝族民间文学选》，贵阳：贵州人民出版社 2002 年版，第 15~16 页。

## W2759.12
### 特定天气决定男女性别

实例

（参见下级母题实例）

## W2759.12.1
### 特定的气候生男

实例

（参见下级母题实例）

## W2759.12.1.1
### 山中的气使人多生男

实例

[汉族] 土地各以其类生，是故山气多男。

【流传】（无考）
【出处】《淮南子·地形训》，见［汉］刘安等著，陈广忠译注《淮南子译注》，长春：吉林文史出版社1990年版，第192页。

## W2759.12.1.2
### 风天生男

实 例

［满族］东海生命之母神都金恩都力生出的人，风天生的是男人。

【流传】（无考）
【出处】
（a）富育光：《萨满教与神话》，沈阳：辽宁大学出版社1990年版，第50页。
（b）《都金恩都力生人》，见吕大吉、何耀华总主编《中国各民族原始宗教资料集成》（鄂伦春族卷、鄂温克族卷、赫哲族卷、达斡尔族卷、锡伯族卷、满族卷、蒙古族卷、藏族卷），北京：中国社会科学出版社1999年版，第485页。

## W2759.12.2
### 特定的气候生女

实 例

（参见下级母题实例）

## W2759.12.2.1
### 水中的气使人多生女

实 例

［汉族］土地各以其类生，泽气多女。

【流传】（无考）
【出处】《淮南子·地形训》，见［汉］刘安等著，陈广忠译注《淮南子译注》，长春：吉林文史出版社1990年版，第192页。

## W2759.12.2.2
### 无风的天气生女

实 例

［满族］东海生命之母神都金恩都力生人时，在无风无浪的天气生出来的是女人，所以过去女人多

【流传】（无考）
【出处】
（a）富育光：《萨满教与神话》，沈阳：辽宁大学出版社1990年版，第50页。
（b）《都金恩都力生人》，见吕大吉、何耀华总主编《中国各民族原始宗教资料集成》（鄂伦春族卷、鄂温克族卷、赫哲族卷、达斡尔族卷、锡伯族卷、满族卷、蒙古族卷、藏族卷），北京：中国社会科学出版社1999年版，第485页。

## W2759.13
### 与生男女有关的其他母题

【关联】［W2209.3.1］一座山生男，一座山生女

实 例

［藏族］洪水过后，世上没有了人类。阿真山忽的生下一个女孩，波龙山则生下一个男孩。

【流传】西藏自治区

【出处】

（a）《僜人创世神话》，旺秋根据中国社科院民族研究所编《僜人社会历史调查》（云南人民出版社1990年版）和西藏民间文艺研究会主办《邦锦梅朵》（1984年第8期）中的《僜人创世神话》搜集整理。

（b）同（a），见姚宝瑄主编《中国各民族神话》（门巴族、珞巴族、怒族、藏族），太原：山西出版传媒集团·书海出版社2014年版，第89页。

## W2759.13.1
### 男人撒种种出男人

实例

[瑶族] 洪水后，幸存的小伙子撒的谷种变成了男人。

【流传】广东省·（清远市）·连山壮族瑶族自治县·（三排镇）·油岭寨

【出处】

（a）唐丁、乔二公讲，广西民族调查组搜集，廖国柱整理：《开天辟地的传说》，见苏胜兴、刘保元、韦文俊、王矿新等编《瑶族民间故事选》，上海：上海文艺出版社1980年版。

（b）同（a），见姚宝瑄主编《中国各民族神话》（高山族、黎族、畲族），太原：山西出版传媒集团·书海出版社2014年版，第145页。

## W2759.13.2
### 女人撒种种出女人

实例

[瑶族] 洪水后，水仙姑撒的谷种变成了女人。

【流传】广东省·（清远市）·连山壮族瑶族自治县·（三排镇）·油岭寨

【出处】

（a）唐丁、乔二公讲，广西民族调查组搜集，廖国柱整理：《开天辟地的传说》，见苏胜兴、刘保元、韦文俊、王矿新等编《瑶族民间故事选》，上海：上海文艺出版社1980年版。

（b）同（a），见姚宝瑄主编《中国各民族神话》（土家族、毛南族、侗族、瑶族），太原：山西出版传媒集团·书海出版社2014年版，第145页。

## W2760
### 变形出现男女

【关联】[W2300] 人是变化产生的（变人）

实例

（参见下级母题实例）

## W2760.1
### 神变成男女

【关联】

① [W2302.1.1] 天神变成女人

② [W2303.2] 神下凡变成男人

③ [W2303.3] 神下凡变成女人

### 实例

[德昂族] 天上下来8个神，其中4个变成女人，4个变成男人，成了人类最早的父母。

【流传】云南省

【出处】陶阳、牟钟秀著《中国创世神话》，上海：上海人民出版社2006年版，第158页。

## W2760.1.1
### 天神变成男女

【关联】
① ［W2302.1］天神变成人
② ［W2302.1.1］天神变成女人

### 实例

[傣族] 8个天神中的4个天神变成4个女人。

【流传】云南省

【出处】岩峰、王松：《变扎贡帕》，中国各民族宗教与神话大词典编审委员会编《中国各民族宗教与神话大词典》，北京：学苑出版社1990年版，第82页。

## W2760.1.2
### 男女神的影子化生男人和女人

【关联】［W2304.1］神的影子变成人

### 实例

[苗族] 貌丑的男神敖古在天上追赶美丽的女神敖玉，他们的身影投射到的地方，眨眼间，就显现出女人和男人。

【流传】云南省

【出处】
（a）《造人烟的传说》，杨光汉主编《云南苗族民间故事集成》，北京：中国民间文艺出版社1988年版。
（b）同（a），见姚宝瑄主编《中国各民族神话》（布依族、仡佬族、苗族），太原：山西出版传媒集团·书海出版社2014年版，第288页。

## W2760.2
### 动物变成男女

【关联】［W2315～W2349］动物变化为人

### 实例

（参见下级母题实例）

## W2760.2.1
### 猴子变成人后分出男女

【关联】［W2317］猴变成人（猴子变成人）

### 实例

（参见下级母题实例）

## W2760.2.1.1
### 神规定变成人的猴子在水中仰游者为阴，扑游者为阳

### 实例

[布依族] 祖先翁戛使山岩炸裂变成小猴子，他们生活在江海之中。天上的一位神仙爷爷吩咐道："你们仰游的为阴，扑游的为阳。你们就是人类的

第一代。"这一对猴子变成了人，也分出男和女。

【流传】贵州省布依族地区

【出处】杨正荣、祝登壅讲，岭玉清、汛河搜集整理，古梅改写：《翁戛造万物》，见姚宝瑄主编《中国各民族神话》（布依族、仡佬族、苗族），太原：山西出版传媒集团·书海出版社2014年版，第11页。

## W2760.2.2
### 不同的动物分别变成男女

实例

（参见下级母题实例）

## W2760.2.2.1
### 鱼变女子，鸟变小伙

实例

[德昂族] 龙的传人大鸟变成小伙子，鱼变成龙女。

【流传】云南省·（德宏傣族景颇族自治州）·陇川（陇川县）·章凤（章凤镇）一带

【出处】云南省民族事务委员会编：《德昂族文化大观》，昆明：云南民族出版社1999年版，第119页。

## W2760.2.3
### 动物的不同肢体变成男女

实例

（参见下级母题实例）

## W2760.2.3.1
### 母猪的肝、肺、肠、肚与肉块串成的肉串变成成双成对的男女

实例

[珞巴族]（实例待考）

## W2760.3
### 植物变成男女

【关联】[W2350] 植物变化为人（植物变成人）

实例

❶ [德昂族] 狂风吹落一棵大树的100片树叶变成50个男人和50个女人。

【流传】云南省·保山县（保山市）

【出处】李仁光、姚世清讲述，杨玉骧收集整理：《百片树叶百个人》，载《山茶》1985年第6期。

❷ [德昂族] 狂风吹落一棵大树的100片树叶，其中50片树叶变成50个男人，另外50片变成50个女人。

【流传】云南省·德宏州（德宏傣族景颇族自治州）

【出处】满坎木讲，杨毓骧采录：《人类的起源》，见中国民间文学集成全国编辑委员会编《中国民间故事集成》（云南卷），北京：中国ISBN中心2003年版，第105页。

❸ [德昂族] 小茶树身上的102片茶叶飘出天门，单数叶变成51个小伙子，双数叶化成51的姑娘。

【流传】云南省·德宏州（德宏傣族景

颇族自治州）

【出处】陈志鹏采录：《祖先创世纪》，见中国民间文学集成全国编辑委员会编《中国民间故事集成》（云南卷），北京：中国ISBN中心2003年版，第106页。

❹ ［德昂族］100片树叶变成100人，男女各半。

【流传】（无考）

【出处】《天王与地母》，见中国各民族宗教与神话大词典编审委员会编《中国各民族宗教与神话大词典》，北京：学苑出版社1990年版，第94～95页。

❺ ［德昂族］茶树叶单数变成51个精明强干的小伙子，双数变成了51个美丽的姑娘。

【流传】云南省

【出处】

（a）《藤篾腰箍》、《不献坟的传说》，见云南省民族事务委员会编《德昂族文化大观》，昆明：云南民族出版社1999年版，第120页。

（b）陈志鹏整理：《达古达楞格莱标》，载《山茶》1981年第2期。

❻ ［德昂族］古时，小茶树的102片叶子变为51对男女，茶被视为祖先。

【流传】云南省德昂山一带

【出处】《先祖的传说》，见颜其香《中国少数民族风土漫记》，北京：农村读物出版社2001年版，第196～197页。

❼ ［彝族］9个金果变9个男子，9个银果变9个女子。

【流传】（无考）

【出处】《格兹天神开天辟地》，见云南省民族事务委员会编《彝族族文化大观》，昆明：云南民族出版社1999年版，第319页。

## W2760.4
### 无生命物变成男女

【关联】［W2371.2］眼泪化生人

实例

［汉族］混沌卵中的两种元气各自结成精华，阴气结成的人，身上少了点什么，叫地母，之后又变化出男人。

【流传】浙江省・（温州市）・苍南县・南宋乡

【出处】林道进讲，林子周采录：《天公地母开天地》，见中国民间文学集成全国编辑委员会编《中国民间故事集成》（浙江卷），北京：中国ISBN中心1997年版，第19页。

## W2760.4.1
### 太阳化生为男人与女人

实例

（参见下级母题实例）

## W2760.4.1.1
### 太阳化成的肉核分成的两半分别成为男女

【关联】［W2361.2］太阳的肉核变成人

实例

［白族］大金龙吞掉落到海里的一个太

阳，太阳变成一个肉团后从龙腮中迸出来。未碎的肉核炸开成两半，左边一半变成一个女人，右边一半变成一个男人。

【流传】云南省·大理州（大理白族自治州）

【出处】云南省民间文学集成办公室编：《人类和万物的起源》，见云南省民间文学集成办公室编《白族神话传说集成》，北京：中国民间文艺出版社1986年版，第1~11页。

## W2760.4.2
### 木头人变成女人

实 例

[布朗族]一男子削成的木头人变成女人。

【流传】云南省·西双版纳州（西双版纳傣族自治州）·勐海县

【出处】
（a）《削木成人》，见云南省民族事务委员会编《布朗族文化大观》，昆明：云南民族出版社1999年版，第175页。
（b）中央民族学院少数民族文艺研究所编：《中国民族民间文学》（上），北京：中央民族学院出版社1987年版，第55页。

## W2760.4.3
### 木匣子变成女人

【关联】[W2377.1]木匣变成人

实 例

[高山族（布农）]古时候木匣子变成女人。

【流传】（无考）

【出处】郑恒雄：《从道家的观点看汉族和布农族的变形神话》，载《汉学研究》1990年第8期。

## W2760.4.4
### 藤蒌变成男人

【关联】[W2377.2]藤蒌变成人

实 例

[高山族（布农）]藤蒌变成男人。

【流传】（无考）

【出处】郑恒雄：《从道家的观点看汉族和布农族的变形神话》，载《汉学研究》1990年第8期。

## W2760.4.5
### 天神的两颗眼泪分别变成男女

【关联】[W2368.3.1]神的眼泪变成的雨滴变成人

实 例

[怒族]天神流下了两滴泪水。一滴变成一位男子，另一滴变成一位女子。

【流传】（无考）

【出处】《人的由来》，编者根据叶世富的《怒族民间故事》（云南人民出版社1988年版）重新整理，见吕大吉、何耀华总主编《中国各民族原始宗教资料集成》（纳西族卷、羌族卷、独龙族卷、傈僳族卷、怒族卷），北京：中国社会科学出版社2000年版，第895~896页。

## W2760.5
### 其他变形时出现男女

实 例

[景颇族] 把生的肉团砍成两半，一半是男人，一半是女人。

【流传】（无考）

【出处】何峨整理：《万物诞生》，见中华民族故事大系编委会编《中华民族故事大系》第 10 卷（景颇族、柯尔克孜族、土族），上海：上海文艺出版社 1995 年版，第 10 页。

## W2760.5.1
### 肉核变成男女

实 例

❶ [白族] 太阳变成的肉团，炸开后变成的人成为男女始祖。

【流传】（无考）

【出处】《劳谷与劳泰》，见中国各民族宗教与神话大词典编审委员会编《中国各民族宗教与神话大词典》，北京：学苑出版社 1990 年版，第 12 页。

❷ [白族] 没有撞碎的肉团（肉团为太阳在龙的喉咙中所变）中有个肉核核，最后也炸开，左边一半核先落地，变成了一个女人。

【流传】云南省·（大理白族自治州）·鹤庆县·城郊乡·新民村

【出处】李剑飞讲，李缵绪采录：《人和万物的起源》，见中国民间文学集成全国编辑委员会编《中国民间故事集成》（云南卷），北京：中国 ISBN 中心 2003 年版，第 13 页。

❸ [白族] 大海水眼洞底漂出的肉团团被成肉末、肉丝、肉片，到处飞溅，落在地上的大一点的肉片都变成了人（男女）。

【流传】云南省·（大理白族自治州）·鹤庆县·城郊

【出处】朱二爷等讲，章虹宇等记录整理：《人类是从哪里来的》，见谷德明编《中国少数民族神话》，北京：中国民间文艺出版社 1987 年版，第 299 页。

## W2760.5.1.1
### 水中生的肉核的两半成为最早的 1 对男女

实 例

[白族] 远古时代，从水眼中飘出一个五光十色的大肉团，撞在岸边的崖壁上，肉核变成了一对男女。

【流传】云南省·（大理白族自治州）·鹤庆县

【出处】王承权调查整理：《鹤庆白族奇岩大石祭祀》（1988），见吕大吉、何耀华总主编《中国各民族原始宗教资料集成》（彝族卷、白族卷、基诺族卷），北京：中国社会科学出版社 1996 年版，第 482 页。

## W2760.5.2
### 生育的怪胎变成人时产生男女

实 例

（参见下级母题实例）

## W2760.5.2.1
怪胎变成的人男为苗族，女为汉族

【关联】［W5401］民族的产生

实 例

［苗族］神农的公主与黄狗婚生一个大血球。神农得悉后，怒气冲冲地跑来一剑剖开，从里面跳出来七个男的代兄代玉（苗族）和七个女的代茶代来（汉族）。

【流传】贵州省·（铜仁市）·松桃地区（松桃苗族自治县）；湖南省·湘西（湘西土家族苗族自治州）苗族居住区一带

【出处】
（a）龙炳文搜集，燕宝整理：《神母狗父》，见燕宝编《苗族民间故事选》，上海：上海文艺出版社1981年版。
（b）同（a），见姚宝瑄主编《中国各民族神话》（布依族、仡佬族、苗族），太原：山西出版传媒集团·书海出版社2014年版，第147页。

## ＊W2761
划分男女的方法

实 例

（参见下级母题实例）

## W2762
神划分出男女

实 例

## W2762.1
天神划分出男女

实 例

❶［傣族］天神英叭用汗泥捏人时，分开男女。

【流传】云南省·西双版纳（西双版纳傣族自治州）

【出处】岩莫祁讲：《英叭开天辟地》，见中国民间文学集成全国编辑委员会编《中国民间故事集成》（云南卷），北京：中国ISBN中心2003年版，第82~85页。

❷［汉族］天神黄帝在造人时决定了男女的性别。

【流传】河南省·（南阳市）·桐柏县

【出处】《女娲造人》，见么书仪选注《神话传说三百篇》，大连：大连出版社1999年版，第8~9页。

❸［畲族］最初人男女同体，被天神劈开，分出男和女。

【流传】福建省·（宁德市）·寿宁县·凤阳乡

【出处】蓝石德讲，郭忠积采录：＊《造人》，见中国民间文学集成全国编辑委员会编《中国民间故事集成》（福建卷），北京：中国ISBN中心1998年版，第6页。

## W2762.2
女神划分出男女

实 例

［维吾尔族］女神让成活的泥巴人分出

男女。

【流传】（无考）

【出处】《天神创世》，见阿布都拉等《维吾尔族女天神创世神话试析》，载《民间文学》1985 年第 9 期。

## W2762.3
### 雪山神划分出男女

实 例

[独龙族] 雪山之神卡窝卡蒲洗濯各物，显出鸟、兽、虫、鱼及其性别。

【流传】云南省

【出处】

(a)《木彭哥》，见何愈《西南少数民族及其神话》中的《俅人神话》，广州：新世纪出版社 1951 年版，第 61 页。

(b)《木彭哥》，见谷德明编《中国少数民族神话》，北京：中国民间文艺出版社 1987 年版，第 529 页。

## W2763
### 神性人物划分出男女

实 例

（参见下级母题实例）

## W2763.1
### 祖先划分性别

实 例

（参见下级母题实例）

## W2763.1.1
### 特定祖先时分出男女

实 例

[佤族] 佤、岗、万、里（上面名字均为祖先名）时分男女。

【流传】云南省·（普洱市）·西盟佤族自治县、澜沧拉祜族自治县等地

【出处】毕登程、隋嘎编著：《司岗里——佤族创世史诗》，昆明：云南出版集团公司·云南人民出版社 2009 年版，第 106 页。

## W2763.1.2
### 盘古划分出男女

实 例

[黎族] 盘古开天造人世，人类分开男与女。

【流传】海南省五指山区

【出处】王国全搜集整理：《南瓜的故事》，原载广东民族学院中文系编《黎族民间故事选》，见陶阳、钟秀编《中国神话》（上），北京：商务印书馆 2008 年版，第 374～377 页。

## W2763.1.3
### 黄帝划分出男女

实 例

❶ [汉族] 昔者黄帝治天下，而力牧、太山稽辅之，别男女，异雌雄。

【流传】（无考）

【出处】《淮南子·览冥训》，见［汉］

刘安等著，陈广忠译注《淮南子译注》，长春：吉林文史出版社1990年版，第288页。

❷ [汉族] 天神黄帝在造人时决定分出男女性别。

【流传】河南省·（南阳市）·桐柏县

【出处】《女娲造人》，见么书仪选注《神话传说三百篇》，大连：大连出版社1999年版，第8~9页。

## W2763.2

### 仙人（仙女）划分男女

实例

❶ [傣族] 大葫芦里面走出8个人，仙女将其中的4个变成了女人。

【流传】云南省

【出处】《金葫芦生万物》，见中国各民族宗教与神话大词典编审委员会编《中国各民族宗教与神话大词典》，北京：学苑出版社1990年版，第82页。

❷ [德昂族] 仙人把男女分开。

【流传】云南省西部

【出处】毛星主编：《中国少数民族文学》（下），长沙：湖南人民出版社1983年版，第485~486页。

## W2763.3

### 女娲娘娘划分男女

实例

[汉族] 女娲娘娘为了区分，就把造的人分成男的和女的。

【流传】四川省·（凉山彝族自治州）·德昌县·热和乡·田村

【出处】刘廷香讲，汤应照采录：《女娲造人》，见中国民间文学集成全国编辑委员会编《中国民间故事集成》（四川卷·上），北京：中国ISBN中心1998年版，第27页。

## W2764

### 吃特定的食物分出男女

实例

[傣族] 英叭在地上做了8个人中有2个人吃了树上的果子后，身体也起了变化，分出男和女，配成夫妻。

【流传】云南省·西双版纳州（西双版纳傣族自治州）

【出处】岩英祁讲，仓霁华翻译，朱宜初等采录：《英叭开天辟地》，见中国民间文学集成全国编辑委员会编《中国民间故事集成》（云南卷），北京：中国ISBN中心2003年版，第82页。

## W2765

### 通过称人的重量划分男女

【关联】[W6984] 度量（测量）的产生

实例

（参见下级母题实例）

## W2765.1.1

### 称人的重量时轻的为男，重的为女

实例

[壮族] 布洛陀（又译作"布碌陀"、

"布洛朵"、"抱洛朵"等，壮族文化始祖、英雄、神话中的人王等）叫人来称重量，重的属母，轻的归公。女的有一百五，男的有一百一。所以女人重在下，男人轻应该在上。

【流传】云南省·（文山壮族苗族自治州）·西畴县

【出处】陆开富等讲，王明富采录：《布洛陀》，见中国民间文学集成全国编辑委员会编《中国民间故事集成》（云南卷），北京：中国 ISBN 中心 2003 年版，第 86 页。

## W2766
### 植物使人产生性别
实 例

（参见下级母题实例）

## W2766.1
### 不同颜色的植物生出男女
实 例

（参见下级母题实例）

## W2766.1.1
### 红葫芦籽开的花生男，青葫芦籽开的花生女
实 例

[汉族] 红葫芦籽开的花中爬出的是男人，青葫芦籽开的花中爬出的是女人。

【流传】云南省·（大理白族自治州）·鹤庆县·黄坪乡·黄坪村

【出处】唐元清讲，章虹宇采录：《山生葫芦传人种》，见中国民间文学集成全国编辑委员会编《中国民间故事集成》（云南卷），北京：中国 ISBN 中心 2003 年版，第 213 页。

## W2766.2
### 生育神送不同颜色的花分出男女
实 例

（参见下级母题实例）

## W2766.2.1
### 生育神送白花生男，红花生女
实 例

❶ [壮族] 姆洛甲掌管花山，种许多花。她送白花给人家，便生儿子；她送一朵红花给人家，便生女儿。

【流传】广西壮族自治区·（百色市）·田阳县

【出处】覃鼎琨讲，覃承勤采录翻译：《姆洛甲造三批人》附记，见中国民间文学集成全国编辑委员会编《中国民间故事集成》（广西卷），北京：中国 ISBN 中心 2001 年版，第 4 页。

❷ [壮族] 姆洛甲送红花给人家，便生女儿；送白花则生男。

【流传】广西壮族自治区·（百色市）·田阳县

【出处】*《姆洛甲送子》，见中国民间文学集成全国编辑委员会编《中国民间故事集成》（广西卷），北京：中国 ISBN 中心 2001 年版，第 5 页。

❸ [壮族] 花婆姆洛甲送红花的人家就会生女孩，送白花的人家生男孩。

【流传】广西壮族自治区·（百色市）·田阳县

【出处】黄刹勇讲：《创世女神姆洛甲》，见张声震总主编，农冠品编注《壮族神话集成》，南宁：广西民族出版社2007年版，第21页。

## W2766.3
### 造的人吃不同的植物分出男女

实 例

（参见下级母题实例）

## W2766.3.1
### 造的人吃辣椒、猫豆的成男人，吃杨桃、槟榔的成女人

实 例

[壮族] 姆洛甲造人，成活后，吃辣椒、猫豆的成男人；吃杨桃、槟榔的成女人。

【流传】广西壮族自治区·（河池市）·大化县（大化瑶族自治县）·（羌圩乡）·那康村

【出处】覃鼎琨讲：《造三批人》，见张声震总主编，农冠品编注《壮族神话集成》，南宁：广西民族出版社2007年版，第602页。

## W2766.4
### 造的人得到不同的植物分出男女

实 例

（参见下级母题实例）

## W2766.4.1
### 泥人成活时抢得辣椒的变成男人，抢得杨桃的变成女人

实 例

❶ [壮族] 姆六甲采杨桃、辣椒撒向泥人，抢得杨桃的泥人变成女人，抢得辣椒的泥人变成男人。

【流传】（无考）

【出处】潘春见：《"花"图腾信仰与姆六甲神话》，载《广西大学学报》1998年第1期。

❷ [壮族] 姆六甲造出人后，以辣椒果和杨桃果划分出男女。

【流传】（无考）

【出处】覃圣敏主编：《壮泰民族传统文化比较研究》，南宁：广西人民出版社2003年版，第2770页。

## W2767
### 根据生殖器变化划分出男女

实 例

（参见下级母题实例）

## W2767.1
### 造人时通过加男根和劈缝分出男女

实 例

（参见下级母题实例）

## W2767.1.1
### 女娲造人时通过加男根和劈缝分出男女

【关联】［W2065］女娲造人

实 例

[汉族] 女娲造人后，见野兽分雌雄后发展快，就用加男根和劈缝的方法分出男女，繁衍子孙。

【流传】浙江省·（杭州市）·建德（建德市）

【出处】方家珍讲：《女娲造人》，见中国民间文学集成全国编辑委员会编《中国民间故事集成》（浙江卷），北京：中国 ISBN 中心 1997 年版，第 40 页。

## W2767.2
### 造泥人时去掉部分人的生殖器分出男女

实 例

（参见下级母题实例）

## W2767.2.1
### 凤凰吃掉部分泥人的生殖器分出男女

实 例

[汉族] 老天爷派来的凤凰吃掉泥人的生殖器分出男女。

【流传】河南省·（驻马店市）·汝南县·老君庙乡·王庄

【出处】丁李氏讲，丁国运采录：《女娲造人》，见中国民间文学集成全国编辑委员会编《中国民间故事集成》（河南卷），北京：中国 ISBN 中心 2001 年版，第 19 页。

## W2768
### 与划分男女性别有关的其他母题

实 例

[白族] 没有撞碎的肉团（肉团为太阳在龙的喉咙中所变）中有个肉核核，最后也炸开。右边半个核后着地，变成了一个男人。

【流传】云南省·（大理白族自治州）·鹤庆县·城郊乡·新民村

【出处】李剑飞讲，李缵绪采录：《人和万物的起源》，见中国民间文学集成全国编辑委员会编《中国民间故事集成》（云南卷），北京：中国 ISBN 中心 2003 年版，第 13 页。

## W2768.1
### 胎儿变化性别

【汤普森】T577.1

【关联】［W2580～W2589］怀孕

实 例

（实例待考）

## W2768.2
### 造人时大的成为男人，小的成为女人

实 例

[汉族] 女娲用土捏成一对较大的男女

布（男）和都（女）。

【流传】贵州省·（遵义市）·余庆县

【出处】毛尖美讲：《布、都和火》，见燕宝燕宝、张晓编《贵州神话传说》，贵阳：贵州人民出版社1997年版，第68页。

## W2769

**男女性别产生的先后**

【关联】［W2744］男女产生的顺序

实 例

（参见下级母题实例）

## W2769.1

**男女同时产生**

实 例

［苗族］天和地刚形成的时候，同时生出了一对人类的始祖。女始祖叫做波丽萍，男始祖叫岳利毕。

【流传】云南省

【出处】王建国讲，陆兴凤翻译：《人类始祖返老还童的故事》，原载《云南苗族民间故事集成》，见陶阳、钟秀编《中国神话》（下），北京：商务印书馆2008年版，第1100~1103页。

## W2769.1.1

**造人时男女同时产生**

实 例

（参见下级母题实例）

## W2769.1.1.1

**神同时造出男女**

【关联】［W2052］神造人

实 例

❶［傣族］天神英叭造的2个人配成夫妻，他俩生了1男1女后，又用泥土捏了30对男女，结为30对夫妻。

【流传】云南省·西双版纳州（西双版纳傣族自治州）

【出处】岩英祁讲，仓霁华翻译，朱宜初等采录：《英叭开天辟地》，见中国民间文学集成全国编辑委员会编《中国民间故事集成》（云南卷），北京：中国ISBN中心2003年版，第82页。

❷［独龙族］造物神格蒙用泥做1对男女。

【流传】云南省·（怒江傈僳族自治州）·贡山县（贡山独龙族怒族自治县）·独龙江乡

【出处】约翰讲：《创世纪》，见中国民间文学集成全国编辑委员会编《中国民间故事集成》（云南卷），北京：中国ISBN中心2003年版，第187~189页。

❸［鄂伦春族］天神恩都力造10个男人和10个女人。

【流传】（黑龙江省）

【出处】

(a)《人类为什么分男女》，见中国各民族宗教与神话大词典编审委员会编《中国各民族宗教与神话大词典》，北京：学苑出版社1990年版，第131页。

(b) 莫庆云讲：《男人和女人》，见中国民间文学集成全国编辑委员会编《中国民间故事集成》（黑龙江卷），北京：中国 ISBN 中心 2005 年版，第 23 页。

❹ [纳西族] 米利东阿普是个聪明能干的神。他做了许多木偶，有男有女。

【流传】（a）云南省·丽江县（丽江市）

【出处】

(a) 和芳讲，和志武采录：《人类迁徙记》，见中国民间文学集成全国编辑委员会编《中国民间故事集成》（云南卷），北京：中国 ISBN 中心 2003 年版，第 49 页。

(b) 和志武翻译整理：《人类迁徙记》，见谷德明编《中国少数民族神话》，北京：中国民间文艺出版社 1987 年版，第 395 页。

## W2769.1.1.2
### 盘古同时造出男女

【关联】[W2063] 盘古造人

实 例

❶ [朝鲜族] 盘古氏造出男人和女人。

【流传】（无考）

【出处】巫歌《创世纪》，见中国各民族宗教与神话大词典编审委员会编《中国各民族宗教与神话大词典》，北京：学苑出版社 1990 年版，第 60 页。

❷ [汉族] 盘古用泥捏出男女两人。

【流传】陕西省·（渭南市）·合阳县·东王乡

【出处】张甲民讲：《男人喉咙的疙瘩》，见中国民间文学集成全国编辑委员会编《中国民间故事集成》（陕西卷），北京：中国 ISBN 中心 1996 年版，第 9 页。

❸ [汉族] 盘古造男人和女人。

【流传】山西省·（运城市）·闻喜县·峪堡村

【出处】王有山讲：《盘古出世》，见中国民间文学集成全国编辑委员会编《中国民间故事集成》（山西卷），北京：中国 ISBN 中心 1999 年版，第 3 页。

## W2769.1.1.3
### 女娲同时造出男女

【关联】[W2065] 女娲造人

实 例

❶ [汉族] 女娲用土捏出一对男女。

【流传】贵州省·（遵义市）·余庆县

【出处】毛尖美讲：《布、都和火》，见燕宝、张晓编《贵州神话传说》，贵阳：贵州人民出版社 1997 年版，第 68 页。

❷ [汉族] 女娲补天后，又用泥土做了许多双双对对的男人和女人。

【流传】宁夏回族自治区·（石嘴山市）·平罗县

【出处】郜永山讲：《世上人为啥女人比男人少》，见中国民间文学集成全国编辑委员会编《中国民间故事集成》（宁夏卷），北京：中国 ISBN 中心

❸［汉族］女娲把泥人捏成男的女的，叫他们男女配对。

【流传】河南省·西华县·聂堆乡·思都岗村

【出处】张慎重讲，陈连忠采录：《女娲造人》，见中国民间文学集成全国编辑委员会编《中国民间故事集成》（河南卷），北京：中国 ISBN 中心 2001 年版，第 19 页。

❹［汉族］女娲娘娘用烂泥捏了三百对泥人，男一半，女一半。

【流传】上海市·上海县（闵行区）·华漕乡（华漕镇）·吴家巷（吴家巷村）

【出处】王忠明讲，秦复兴采录：《人是哪里来的》，见中国民间文学集成全国编辑委员会编《中国民间故事集成》（上海卷），北京：中国 ISBN 中心 2007 年版，第 6 页。

## W2769.1.1.4
### 其他特定人物同时造出男女

实 例

（参见下级母题实例）

## W2769.1.1.4a
### 天神夫妻同时造出男女

【关联】［W2053.1.3］天神夫妻造人

实 例

［畲族］皇天爷与皇天姆用五色土造出男女。

【流传】福建省·（宁德市）·福鼎县（福鼎市）·畲乡

【出处】蓝升兴讲：《皇天爷和皇天姆造人》，见中国民间文学集成全国编辑委员会编《中国民间故事集成》（福建卷），北京：中国 ISBN 中心 1998 年版，第 6~7 页。

## W2769.1.1.4b
### 地神公公同时造出男女

【关联】［W2054］地神造人

实 例

［汉族］地神公公做了很多泥人，有男的，有女的，也有老的，有小的。

【流传】上海市·嘉定县（嘉定区）·黄渡乡·杨家村

【出处】金世英讲，徐忠良采录：《人的起源》，见中国民间文学集成全国编辑委员会编《中国民间故事集成》（上海卷），北京：中国 ISBN 中心 2007 年版，第 6 页。

## W2769.1.1.4c
### 造物主同时造出男女

【关联】［W2058］造物主造人（造物神造人）

实 例

［景颇族］能贯娃（造物主、创世神）用泥巴捏了很多很多的小泥人，有男的，也有女的。

【流传】云南省

【出处】岳志明、杨国治翻译整理：《驾驭太阳的母亲》，见谷德明编《中国少数民族神话》，北京：中国民间文艺出版社1987年版，第468页。

## W2769.1.1.4d
人皇同时造出男女

【关联】
① ［W2061.12］人皇造人
② ［W2087.0a.4］人皇用泥造人（人皇用土造人）

实 例

［汉族］人皇氏用泥捏男人和女人。
【流传】宁夏回族自治区·（固原市）·彭阳县·孟原乡·白阳庄村
【出处】高荣贵讲，梁志强采录：《拜天地》见中国民间文学集成全国编辑委员会编《中国民间故事集成》（宁夏卷），北京：中国ISBN中心1999年版，第16页。

## W2769.1.1.4e
无极老祖同时造出男女

【关联】
① ［W2059.3.1］太极和无极造人
② ［W2068.5］无极老祖与徒弟造人

实 例

［汉族］无极老祖的徒弟分别捏出男、女泥巴娃。
【流传】四川省·（德阳市）·绵竹县（绵竹市）·遵道乡（遵道镇）
【出处】叶青云讲：《无极老祖造人》，见中国民间文学集成全国编辑委员会编《中国民间故事集成》（四川卷·上），北京：中国ISBN中心1998年版，第27~28页。

## W2769.1.1.4f
伏羲同时造出男女

【关联】［W2064］伏羲造人

实 例

［汉族］伏羲造兄妹俩。
【流传】甘肃省·天水市·北道区·利桥乡
【出处】王奠华讲，田良采录：《蛇为啥没有脚》，见中国民间文学集成全国编辑委员会编《中国民间故事集成》（甘肃卷），北京：中国ISBN中心2001年版，第13页。

## W2769.1.1.4g
女祖先同时造出男女

【关联】［W2060.1］女祖先造人（女始祖造人）

实 例

［壮族］姆洛甲尿泥捏人后，分开男女。
【流传】广西壮族自治区·（河池市）·大化县（大化瑶族自治县）·都阳镇
【出处】覃奶讲：《姆洛甲》，见中国民间文学集成全国编辑委员会编《中国民间故事集成》（广西卷），北京：中国ISBN中心2001年版，第3~4页。

## W2769.1.2
变成人时男女同时产生

【关联】［W2300］人是变化产生的（变人）

【实例】

（参见下级母题实例）

### W2769.1.2.1
### 神的两滴眼泪同时变成男女

【关联】［W2760.4.5］天神的两颗眼泪分别变成男女

【实例】

［怒族］天神的两滴眼泪，一滴变成一位英俊的男子，另一滴变成一位美丽的女子。

【流传】（无考）

【出处】《人的由来》，编者根据叶世富的《怒族民间故事》（云南人民出版社 1988 年版）重新整理，见吕大吉、何耀华总主编《中国各民族原始宗教资料集成》（纳西族卷、羌族卷、独龙族卷、傈僳族卷、怒族卷），北京：中国社会科学出版社 2000 年版，第 895～896 页。

### W2769.2
### 男女产生有先后

【实例】

（参见下级母题实例）

### W2769.2.1
### 先产生女后产生男

【关联】［W2746］先有女后有男

【实例】

❶［侗族］古时候有四个龟婆孵出 1 个女孩后，又孵出了一个男孩叫松恩。

【流传】贵州省·（黔东南苗族侗族自治州）·从江县·高增乡

【出处】梁普安讲，龙玉成采录：《龟婆孵蛋》，见中国民间文学集成全国编辑委员会编《中国民间故事集成》（贵州卷），北京：中国 ISBN 中心 2003 年版，第 43 页。

❷［汉族］女娲先按自己样子用泥捏了女人，后来捏了男人。

【流传】浙江省·（丽水市）·青田（青田县）

【出处】余碎笑讲，陈志望采录：《人是怎样造出来的》，见中国民间文学集成全国编辑委员会编《中国民间故事集成》（浙江卷），北京：中国 ISBN 中心 1997 年版，第 39 页。

❸［瑶族］务告（女祖先）捏的全是女人。受公狗和母狗交配生出小狗的启发，于是开始造男人。

【流传】贵州省·（黔南布依族苗族自治州）·荔波县·洞塘乡

【出处】韦老根讲，全心华等采录：《务告造人》，见中国民间文学集成全国编辑委员会编《中国民间故事集成》（贵州卷），北京：中国 ISBN 中心 2003 年版，第 13 页。

❹［彝族］龙子传九代，个个都是女，第十代才出现男子。

【流传】四川省·凉山（凉山彝族自治州）

【出处】《俄勒特依》，见王凤春《试论感生神话源于生殖崇拜》，载《松辽学刊》1994 年第 4 期。

## W2769.2.1.1
### 天上先降女再降男

**实例**

【傣族】（实例待考）

## W2769.2.1.2
### 神造的第一个女人生出男人

【汤普森】≈ A1275.4

**实例**

（实例待考）

## W2769.2.2
### 先产生男后产生女

【关联】[W2745] 先有男后有女

**实例**

❶ [汉族] 女娲造的头一个人又长又大，是男人，后来才造出女人。

【流传】浙江省·嘉兴（嘉兴市）·海宁（海宁市）

【出处】陈桂珍讲，王雪康采录：《女娲补天造人》，见中国民间文学集成全国编辑委员会编《中国民间故事集成》（浙江卷），北京：中国ISBN中心1997年版，第39页。

❷ [回族] 安拉用老大亚丹（男子）的肋巴骨造的老二尔洼因为在天国中吃麦果（禁果），下部化作经水，成了第一个女子。

【流传】广西壮族自治区·南宁市

【出处】马傅氏讲，田云青等记录整理：《人祖传说》，见曹廷伟编著《广西民间故事辞典》，南宁：广西教育出版社1993年版，第21页。

## ✻W2770
### 生殖器的来历

【汤普森】A1313

**实例**

（参见下级母题实例）

## W2770.1
### 神为男女安置不同的生殖器

【关联】

① [W2052] 神造人

② [W2493.2.0] 神设计人的样子

**实例**

❶ [满族] 天神的大徒弟为变形而成的佛赫妈妈和乌申阔玛发按上不同的生殖器。

【流传】（无考）

【出处】《佛赫妈妈和乌申阔玛发》，见傅英仁口述，张爱云整理《傅英仁满族故事》（上），哈尔滨：黑龙江人民出版社2006年版，第4页。

❷ [满族] 阿不凯恩都哩的大徒弟昂邦贝子（萨满）为最早出现的两个生灵安上男女生殖器。

【流传】黑龙江省·（牡丹江市）·宁安县·江东（江南朝鲜族满族乡）·缸窑村

【出处】关振川讲，傅英仁采录：《佛赫妈妈和乌申阔玛发》，见中国民间文学集成全国编辑委员会编《中国民间故事集成》（黑龙江卷），北京：中国ISBN中心2005年版，第12页。

## W2770.2
### 精灵给人祖安上性器官

实例

[哈萨克族] 上帝命令两个精灵，从人祖的左肋上拿一根肋骨，从人祖身上的各处取下一些肌肉，造出夏娃，然后给他们俩分别安放上一个不同的性器官。

【流传】（无考）

【出处】波勒泰·比达克买提等搜集，安蕾、毕桪译：《上帝用泥土造人》，见满都呼主编《中国阿尔泰语系诸民族神话故事》，北京：民族出版社1997年版，第67页。

## W2770.3
### 单双数形成性别的不同

实例

（参见下级母题实例）

## W2770.3.1
### 单数为男，双数为女

实例

[德昂族] 小茶树身上的102片茶叶飘出天门，单数叶变成51个小伙子，双数叶化成51的姑娘。

【流传】云南省·德宏州（德宏傣族景颇族自治州）

【出处】陈志鹏采录：《祖先创世纪》，见中国民间文学集成全国编辑委员会编《中国民间故事集成》（云南卷），北京：中国ISBN中心2003年版，第106页。

## W2770.4
### 吃特定的东西形成生殖器

【关联】[W2766.3] 造的人吃不同的植物分出男女

实例

（参见下级母题实例）

## W2770.4.1
### 人吃地上秽食出现男女生殖器

实例

[蒙古族] 早期的人吃了诺固干·诺·卫（意为"青苗"）后，由是常食地上之秽食，乃现男女之性器。

【流传】（无考）

【出处】＊《内部生命之生成》，见满都呼主编《中国阿尔泰语系诸民族神话故事》，北京：民族出版社1997年版，第156页。

## W2770.5
### 与生殖器的来历有关的其他母题

实例

（参见下级母题实例）

## W2770.5.1
### 祖先为人和动物分生殖器

实例

[壮族] 布洛陀为人和大小动物分生殖

器。

【流传】云南省·（文山壮族苗族自治州）·西畴县·兴街镇·下南丘村

【出处】陆开富讲：《分生殖器》，见张声震总主编，农冠品编注《壮族神话集成》，南宁：广西民族出版社2007年版，第42~43页。

## W2770.5.2
### 仿照动物造生殖器

【关联】［W2771.1.1］仿照动物造男性生殖器

实例

（参见关联项母题实例）

## W2771
### 男性生殖器的来历

【汤普森】A1313.1

实例

（参见关联项母题实例）

## W2771.1
### 男性生殖器是造人时特殊材料形成的

实例

❶［汉族］盘古大仙用沙泥造人时，折来一节梧桐树棒子插到三叉骨中间撑住泥人的身子。后来又用两把泥蛋和些细茸茸草夹紧棒子。这说是后来男人的卵子及阴毛。

【流传】新疆维吾尔自治区·（哈密地区）·哈密市·陶家宫乡·沙枣园村

【出处】马耀辉讲，韩爱荣等采录：《人是怎么来的》，见中国民间文学集成全国编辑委员会编《中国民间故事集成》（新疆卷），北京：中国ISBN中心2008年版，第30页。

❷［汉族］女娲用泥土给一部分人下身加了男根，成了男人。

【流传】浙江省·（杭州市）·建德（建德市）

【出处】方家修讲，刘大中采录：《女娲造人》，见中国民间文学集成全国编辑委员会编《中国民间故事集成》（浙江卷），北京：中国ISBN中心1997年版，第39页。

## W2771.1.1
### 仿照动物造男性生殖器

【关联】［W2770.5.2］仿照动物造生殖器

实例

［满族］最早造出的男女相貌相同。女地神巴那姆想起天禽、地兽、土虫，便按照它们的模样造男人。于是男人多一个"索索"（男性生殖器）。

【流传】黑龙江省·黑河地区（黑河市）·孙吴县·（沿江满族达斡尔族乡）·四季屯

【出处】吴纪贤、富希陆讲：《天宫大战——黑水女真人传世神话》（1939，选自富育光、郭淑云整理的手稿），见姚宝瑄主编《中国各民族神话》（满族、赫哲族、朝鲜族），太原：山西出版传媒集团·书海出版社2014

年版，第 23 页。

## W2771.2
### 特定物变成男性生殖器

实例

（参见下级母题实例）

## W2771.2.0
### 男人拿矛作生殖器

实例

[高山族（布农）] 男人拿了矛作生殖器。

【流传】台湾

【出处】郑恒雄：《从道家的观点看汉族和布农族的变形神话》，载《汉学研究》1990 年第 8 期。

## W2771.2.1
### 造人时得到辣椒的成为男孩

【关联】[W2766.4.1] 泥人成活时抢得辣椒的变成男人，抢得杨桃的变成女人

实例

[汉族] 姝六甲（女始祖）用尿泥造的人成活。姝六甲到树林里采集了很多辣椒和洋桃，向这些人投去，他们争先恐后地去抢。结果，抢到辣椒的便是男人。这样，中界大地上有了人类，人也有了男女性别之分。

【流传】辽宁省·（大连市）·瓦房店市·炮台镇、长岭村、老染房村一带

【出处】秦淑慧讲，孙波搜集整理：《姝六甲》（1986.03），见姚宝瑄主编《中国各民族神话》（汉族），太原：山西出版传媒集团·书海出版社 2014 年版，第 36~38 页。

## W2771.2.2
### 造人时得到猫豆的变成男孩

【关联】[W2766.3.1] 造的人吃辣椒、猫豆的成男人，吃杨桃、槟榔的成女人

实例

[壮族] 姆洛甲造出人崽，抢到辣椒和猫豆的就变成男孩；抢到酸杨桃和槟榔的就变成妹崽。

【流传】广西壮族自治区·（河池市）·大化县（大化瑶族自治县）·羌圩乡·那康村

【出处】
（a）覃鼎琨讲，覃承勤采录翻译：《姆洛甲造三批人》，见中国民间文学集成全国编辑委员会编《中国民间故事集成》（广西卷），北京：中国 ISBN 中心 2001 年版，第 4 页。
（b）同（a），见张声震总主编，农冠品编注《壮族神话集成》，南宁：广西民族出版社 2007 年版，第 22 页。

## W2771.2.3
### 泥人身上安的辣椒成为男性生殖器

实例

[汉族] 娲儿公主造人后，太极仙搞了很多山辣椒来，给人安上，成为男性

生殖器。

【流传】辽宁省·阜新市·细河区

【出处】吴振清讲，郝殿玺搜集整理：《人的来历》，原载阜新市细河区民间文学集成编委会编《细河区资料本》，见陶阳、钟秀编《中国神话》（上），北京：商务印书馆 2008 年版，第 3243～26 页。

## W2771.2.4
### 造人时鸟啄的疙瘩成为男性生殖器

实 例

[汉族]（实例待考）

## W2771.2.5
### 男人吃了某种果实变成睾丸

实 例

（实例待考）

## W2771.2.6
### 石头变成男性生殖器

实 例

（参见下级母题实例）

## W2771.2.6.1
### 击到女人身上的石头变成男性生殖器

实 例

[满族] 女天神阿布卡对敖钦女神渐生厌恶之心，一气之下用两大块山石子向她打过去，其中，一块大山尖压在敖钦女神肚下，变成了"索索"（男性生殖器）。

【流传】黑龙江省·黑河地区（黑河市）·孙吴县·（沿江满族达斡尔族乡）·四季屯

【出处】吴纪贤、富希陆讲：《天宫大战——黑水女真人传世神话》（1939，选自富育光、郭淑云整理的手稿），见姚宝瑄主编《中国各民族神话》（满族、赫哲族、朝鲜族），太原：山西出版传媒集团·书海出版社 2014 年版，第 24 页。

## W2771.3
### 把动物的生殖器安在男人身上

【关联】

① ［W2863.8］人和动物交换了尾巴

② ［W2867.2］人与动物交换皮肤

③ ［W2888.4a.1］人与鸟交换后失去了翅膀

④ ［W2896.8.2］人与蛇交换了蜕皮

实 例

（参见下级母题实例）

## W2771.3.1
### 男性生殖器是从熊身上借来的

实 例

❶ [满族] 巴那姆赫赫女神从身边的野熊胯下要了个"索索"（雄性生殖器），给男人的胯下安上了。

【流传】黑龙江省·（黑河市）·瑷珲（今孙吴县）·（沿江满族达斡尔族

乡）·四季屯

【出处】白蒙古讲：《天宫大战》（三胖凌），见王宏刚《满洲萨满教创世神话中的人本主义曙光》，载《西北民族研究》2007年第4期。

❷ [满族] 女地神巴那姆造出的男人与女人相貌相同。她从身边野熊胯下拔下一个"索索"（男性生殖器），安在男人形体的胯下，所以男人的"索索"跟熊的"索索"长短、模样相似，是因为那是从熊身上借来的。

【流传】黑龙江省·黑河地区（黑河市）·孙吴县·（沿江满族达斡尔族乡）·四季屯

【出处】吴纪贤、富希陆讲：《天宫大战——黑水女真人传世神话》（1939，选自富育光、郭淑云整理的手稿），见姚宝瑄主编《中国各民族神话》（满族、赫哲族、朝鲜族），太原：山西出版传媒集团·书海出版社2014年版，第23页。

## W2771.4
### 雷炸后的核变成男性生殖器

实 例

[普米族] 雷炸后的核变成了男性的生殖器。

【流传】云南省·（丽江市）·宁蒗（宁蒗彝族自治县）；四川省·（凉山彝族自治州）·木里（木里藏族自治县）

【出处】草木绒讲，章虹宇整理：《九木鲁》，见中华民族故事大系编委会编《中华民族故事大系》第14卷（普米族、塔吉克族、怒族、俄罗斯族、鄂温克族），上海：上海文艺出版社1995年版，第24页。

## W2771.5
### 与男性生殖器的来历有关的其他母题

实 例

（参见下级母题实例）

## W2771.5.1
### 男性生殖器名称的来历

实 例

（参见下级母题实例）

## W2771.5.1.1
### 男孩生殖器为什么叫"辣椒"

【关联】[W2771.2.1] 造人时得到辣椒的成为男孩

实 例

[汉族] 娲儿公主造人后，太极仙搞了很多山辣椒来，给人安上，对娲儿说："这样才会让他们自己传下去。"一直到现在，我们还管小男孩的生殖器叫辣椒。

【流传】辽宁省·阜新市·细河区

【出处】吴振清讲，郝殿玺搜集整理：《人的来历》，原载阜新市细河区民间文学集成编委会编《细河区资料本》，见陶阳、钟秀编《中国神话》（上），北京：商务印书馆2008年版，第

3243~26 页。

## W2771.5.1.2
### 男孩生殖器为什么叫"鸟"

**实 例**

（实例待考）

## W2771.5.1.3
### 男孩生殖器为什么叫"鸡鸡"

**实 例**

（实例待考）

## W2771.5.1.4
### 男孩生殖器为什么叫"雀雀"

**实 例**

（实例待考）

## W2771.5.2
### 风浪挤出男性生殖器

**实 例**

[满族] 东海生命之母神都金恩都力生人时，风天生的是男人。风浪把人撕扯，使人长得细，同时浪还给人挤出"索索"（满语，男性生殖器）。

【流传】（无考）

【出处】

（a）富育光：《萨满教与神话》，沈阳：辽宁大学出版社 1990 年版，第 50 页。

（b）《都金恩都力生人》，见吕大吉、何耀华总主编《中国各民族原始宗教资料集成》（鄂伦春族卷、鄂温克族卷、赫哲族卷、达斡尔族卷、锡伯族卷、满族卷、蒙古族卷、藏族卷），北京：中国社会科学出版社 1999 年版，第 485 页。

## W2772
### 女性生殖器的来历

【汤普森】A1313.2

**实 例**

（参见下级母题实例）

## W2772.1
### 神造女性生殖器

**实 例**

（参见下级母题实例）

## W2772.1.1
### 女性生殖器是神在女人下身划出的一道沟

**实 例**

[汉族] 大神女娲造人时用劈缝的方法，造出女人。

【流传】浙江省·（杭州市）·建德（建德市）

【出处】方家珍讲：《女娲造人》，见中国民间文学集成全国编辑委员会编《中国民间故事集成》（浙江卷），北京：中国 ISBN 中心 1997 年版，第 40 页。

## W2772.2
### 女人拿磨刀石作生殖器

**实例**

[高山族（布农）] 女人拿来一块磨刀石作为生殖器。

【流传】台湾

【出处】郑恒雄：《从道家的观点看汉族和布农族的变形神话》，载《汉学研究》1990年第8期。

## W2772.3
### 造人时得到杨桃的成为女孩

**实例**

[壮族] 姆洛甲造出人崽。这些人崽中抢到酸杨桃和槟榔的就变成妹崽。

【流传】广西壮族自治区·（河池市）·大化县（大化瑶族自治县）·羌圩乡·那康村

【出处】
(a) 覃鼎琨讲，覃承勤采录翻译：《姆洛甲造三批人》，见中国民间文学集成全国编辑委员会编《中国民间故事集成》（广西卷），北京：中国ISBN中心2001年版，第4页。
(b) 同（a），见张声震总主编，农冠品编注《壮族神话集成》，南宁：广西民族出版社2007年版，第22页。

## W2772.3.1
### 造人时得到洋桃的成为女孩

[关联] [W2766.4.1] 泥人成活时抢得辣椒的变成男人，抢得杨桃的变成女人

**实例**

[汉族] 姝六甲（女始祖）用尿泥造的人成活。姝六甲到树林里采集了很多辣椒和洋桃，向这些人投去，他们争先恐后地去抢。结果，抢到辣椒的便是男人，抢到洋桃的便是女人。这样，中界大地上的人也有了男女性别之分。

【流传】辽宁省·（大连市）·瓦房店市·炮台镇、长岭村、老染房村一带

【出处】秦淑慧讲，孙波搜集整理：《姝六甲》（1986.03），见姚宝瑄主编《中国各民族神话》（汉族），太原：山西出版传媒集团·书海出版社2014年版，第36~38页。

## W2772.4
### 造人时得到槟榔的变成女孩

【关联】[W2766.3.1] 造的人吃辣椒、猫豆的成男人，吃杨桃、槟榔的成女人

**实例**

[壮族] 姆洛甲造人，其中吃杨桃、槟榔的成女人。

【流传】广西壮族自治区·（河池市）·大化县（大化瑶族自治县）·（羌圩乡）·那康村

【出处】覃鼎琨讲：《造三批人》，见张声震总主编，农冠品编注《壮族神话集成》，南宁：广西民族出版社2007年版，第602页。

## W2772.5
### 鸟叼走男人的生殖器变成女人

实例

[汉族] 一只鸟看见女娲造的泥人的两腿当间多了点东西，当成是虫叼吃了。这些人就成了女人。

【流传】
(a) 河南省·（驻马店市）·汝南县·老君庙乡·王庄
(b) 浙江省·（金华市）·东阳县（东阳市）·青联乡·雅坑村

【出处】
(a) 丁李氏讲，丁国运采录：《女娲造人》，见中国民间文学集成全国编辑委员会编《中国民间故事集成》（河南卷），北京：中国 ISBN 中心 2001 年版，第 19 页。
(b) 申屠和兰讲，周耀明采录：《女娲造人》，见中国民间文学集成全国编辑委员会编《中国民间故事集成》（浙江卷），北京：中国 ISBN 中心 1997 年版，第 39 页。

## W2772.6
### 造人时在人的下身劈出一条缝形成女人生殖器

[关联][W2772.1.1] 女性生殖器是神在女人下身划出的一道沟

实例

(参见下级母题实例)

## W2772.6.1
### 女娲造人时用斧子劈出的一条缝形成女人生殖器

【关联】[W2065] 女娲造人

实例

[汉族] 女娲用斧子给造出来的一部分人下身劈出一条缝，这些人就成为女人。

【流传】浙江省·（杭州市）·建德（建德市）

【出处】方家修讲，刘大中采录：《女娲造人》，见中国民间文学集成全国编辑委员会编《中国民间故事集成》（浙江卷），北京：中国 ISBN 中心 1997 年版，第 39 页。

## W2772.7
### 与女性生殖器的来历有关的其他母题

实例

(参见下级母题实例)

## W2772.7.1
### 造人者戳出女人的生殖器

实例

(参见下级母题实例)

## W2772.7.1.1
### 盘古用泥造人时戳出女人的生殖器

【关联】[W2063] 盘古造人

实　例

［汉族］盘古大仙用沙泥造女人时，用大拇指把三叉骨处扎了个窟窿，又找了些细茸小毛毛草小心地栽到周围，说这是后来女人下身的形状。

【流传】新疆维吾尔自治区·（哈密地区）·哈密市·陶家宫乡·沙枣园村

【出处】马耀辉讲，韩爱荣等采录：《人是怎么来的》，见中国民间文学集成全国编辑委员会编《中国民间故事集成》（新疆卷），北京：中国ISBN中心2008年版，第30页。

## W2773
### 生殖器的特征

实　例

（参见下级母题实例）

## W2773.1
### 特殊的阴茎

【汤普森】F547.3

实　例

（参见下级母题实例）

## W2773.1.1
### 巨大的阴茎

【关联】

① ［W2773.3.1］男人的阴茎当桥
② ［W2774.1］人的生殖器的变小

实　例

（参见关联项母题实例）

## W2773.1.2
### 很长的阴茎

实　例

❶ ［汉族］盘古造的男人，吃了壮阳草，阳物一下子长成腰粗十围，长三丈六，走路得缠在腰上。

【流传】新疆维吾尔自治区·（哈密地区）·哈密市·陶家宫乡·沙枣园村

【出处】马耀辉讲，韩爱荣等采录：《人是怎么来的》，见中国民间文学集成全国编辑委员会编《中国民间故事集成》（新疆卷），北京：中国ISBN中心2008年版，第30~31页。

❷ ［汉族］原来人的阴茎很长。

【流传】新疆维吾尔自治区·（哈密地区）·哈密市·陶家宫乡·沙枣园村

【出处】马耀辉讲，韩爱荣等采录：《人是怎么来的》，见中国民间文学集成全国编辑委员会编《中国民间故事集成》（新疆卷），北京：中国ISBN中心2008年版，第31页。

## W2773.2
### 奇特的阴道

【关联】［W2773.3.2］女人的生殖器是岩洞

实　例

（参见关联项及下级母题实例）

## W2773.2.1
### 巨人的阴道

【汤普森】F547.5.2

**实 例**

（实例待考）

## W2773.2.2
### 有牙齿的阴道

【汤普森】F547.5.8

**实 例**

[珞巴族（博嘎尔部落）] 天地婚生的斯金金巴巴娜达明和金尼麦包姐弟俩初次交欢，金尼麦包觉得斯金金巴巴娜达明的下身像有牙齿在咬他似的，疼痛难忍。

【流 传】西藏自治区

【出 处】达牛、东娘、达农讲：《斯金金巴巴娜达明和金尼麦包》，原载《西藏民间故事——珞巴族、门巴族专辑》，见陶阳、钟秀编《中国神话》（中），北京：商务印书馆2008年版，第643~645页。

## W2773.3
### 巨大的生殖器

【关联】
① [W2773.1.1] 巨大的阴茎
② [W6377.4] 生殖器崇拜（性崇拜）

**实 例**

（参见 W2773.1.1 母题实例）

## W2773.3.1
### 男人的阴茎当桥

**实 例**

[鄂温克族]（实例待考）

## W2773.3.2
### 女人生殖器是岩洞

**实 例**

（参见下级母题实例）

## W2773.3.2.1
### 岩洞是女祖先的生殖器

**实 例**

[壮族] 岩洞是花王圣母姆六甲的生殖器。

【流 传】广西壮族自治区·（河池市）·东兰县、武鸣县等

【出 处】覃圣敏主编：《壮泰民族传统文化比较研究》，南宁：广西人民出版社2003年版，第1990页。

## W2773.4
### 与生殖器特征有关的其他母题

**实 例**

（参见下级母题实例）

## W2773.4.1
### 男女生殖器有区别的原因

**实 例**

[哈萨克族] 上帝命令两个精灵给人祖和夏娃分别安放不同的性器官。一个精灵笨手笨脚的，把人祖的性器弄得大而粗糙；另一个精灵很巧，它让夏娃蜷起身，把性器给做得很精细平整。

【流传】（无考）

【出处】波勒泰·比达克买提等搜集，安蕾、毕桪译：《上帝用泥土造人》，见满都呼主编《中国阿尔泰语系诸民族神话故事》，北京：民族出版社1997年版，第67页。

## W2773.4.2
### 男性生殖器形状的来历
实例

（参见下级母题实例）

## W2773.4.2.1
### 男性生殖器大而粗糙的来历
实例

（参见 W2773.4.1 母题实例）

## W2773.4.3
### 女性生殖器形状的来历
实例

（参见下级母题实例）

## W2773.4.3.1
### 女性生殖器精细平整的来历
实例

（参见 W2773.4.1 母题实例）

## W2774
### 生殖器的变化
实例

（参见下级母题实例）

## W2774.1
### 人的生殖器的变小
【关联】［W2773.3］巨大的生殖器
实例

（参见 W2774.2.1 母题实例）

## W2774.2
### 男性生殖器的变化
实例

（参见下级母题实例）

## W2774.2.1
### 男性生殖器变小
实例

［汉族］原来人的阴茎很长，被盘古的助手从根上一刀就剁断了。盘古觉得太可怜，就让两个助手从原来剁下的那一节上切了三寸长的一截接在上面。

【流传】新疆维吾尔自治区·（哈密地区）·哈密市·陶家宫乡·沙枣园村

【出处】马耀辉讲，韩爱荣等采录：《人是怎么来的》，见中国民间文学集成全国编辑委员会编《中国民间故事集成》（新疆卷），北京：中国 ISBN 中心 2008 年版，第 31 页。

## W2774.3
### 女性生殖器的变化
实例

（参见下级母题实例）

## W2774.3.1
### 女性生殖器中的牙齿被弄掉
【汤普森】A1313.3.1
【关联】［W2773.2.2］有牙齿的阴道

实例

［珞巴族］弟弟金尼麦包与姐姐达明相交时，觉得她下处像有牙齿咬他，疼痛难忍。达明就想办法摘掉自己下处的牙齿，骑在一个树干上磨掉了自己下处的牙齿。

【流传】西藏自治区·（林芝市）·米林县·纳玉公社（纳玉区）

【出处】

（a）达牛、东娘、达农讲：《斯金金巴巴娜达明和金尼麦包》，见谷德明编《中国少数民族神话》，北京：中国民间文艺出版社1987年版，第252页。

（b）同（a），见《珞巴族民间故事》：http：//www.tibet-web.com/old/minjian/ync/gushi/mulu.htm，2003.10.02。

## W2774.3.1.1
### 在树干上磨掉阴道中的牙齿

实例

［珞巴族（博嘎尔部落）］斯金金巴巴娜达明和金尼麦包姐弟俩初次交欢，金尼麦包觉得斯金金巴巴娜达明的下身像有牙齿在咬他似的，疼痛难忍。于是姐姐达明就骑在一个倒掉的树干上，磨掉了自己下身的牙齿。

【流传】西藏自治区

【出处】达牛、东娘、达农讲：《斯金金巴巴娜达明和金尼麦包》，原载《西藏民间故事——珞巴族、门巴族专辑》，见陶阳、钟秀编《中国神话》（中），北京：商务印书馆2008年版，第643~645页。

## ✻ W2775
### 男人的其他体征
【关联】
① ［W2150~W2154］人生人
② ［W2153.5］男人生孩子

实例

（参见下级母题实例）

## W2776
### 男人喉头的来历

实例

（参见下级母题实例）

## W2776.1
### 特定物变成男人的喉结

实例

（参见下级母题实例）

## W2776.1.1
### 男子吃果子卡在脖子中形成了喉结

实例

❶ ［汉族］最早有一对男女，男的偷吃果子，女的去抢，男的心里一急，果子在喉咙里卡成了疙瘩。

【流传】陕西省·（渭南市）·合阳县·东王乡·莘野村

【出处】张甲民讲，梁浩秋采录：《男人喉咙的疙瘩》，见中国民间文学集成全国编辑委员会编《中国民间故事集成》（陕西卷），北京：中国ISBN中心1996年版，第9页。

❷ [佤族] 神捏的泥人长大后，听了大蛇的话，摘了果子吃。男孩吃的果子卡在脖子上，变成了男人的喉头。

【流传】（无考）

【出处】《人类的祖先》，见云南省民族事务委员会编《佤族文化大观》，昆明：云南民族出版社1999年版，第162页。

## W2776.1.2

### 男子吃桃子卡在脖子中形成了喉结

*实 例*

❶ [汉族] 盘古让偷吃仙桃的人把桃核留在喉咙里做个印记。

【流传】浙江省·（金华市）·永康县·（芝英镇）·柿后村

【出处】陈望高采录：《盘古造人》，见中国民间文学集成全国编辑委员会编《中国民间故事集成》（浙江卷），北京：中国ISBN中心1997年版，第37页。

❷ [汉族] 天神捏的向东、爱吾男女两人偷吃仙桃，被天神发现，向东桃梗卡在喉中，变成了喉结。

【流传】浙江省·（丽水市）·云和（云和县）

【出处】刘仙明讲，叶俊采录：《男人为何有喉结》，见中国民间文学集成全国编辑委员会编《中国民间故事集成》（浙江卷），北京：中国ISBN中心1997年版，第37页。

❸ [汉族] 天神的1对儿女偷吃仙桃，女童吃得快咽下去了，男童吃得慢，被王母娘娘发现后，桃核就卡在嗓子眼儿，成为喉结。

【流传】天津市·北郊区

【出处】于学萍讲，张义书采录：《男人为嘛有喉结》，见中国民间文学集成全国编辑委员会编《中国民间故事集成》（天津卷），北京：中国ISBN中心2004年版，第6页。

❹ [汉族] 最早的1个男子吃桃时，桃核卡到喉咙形成男人的喉包。

【流传】辽宁省·海城市·南台镇·后柳村

【出处】罗兴朗讲：《喉包》，见鞍山市民间文学集成办公室编《辽宁省民间文学集成》（鞍山市卷），内部资料，1988年，第24页。

❺ [汉族] 天宫后园守护仙桃树的两个生灵偷吃仙桃，其中一个吃仙桃时喉咙里突出一块，成了喉节。据说喉节就是那梗住的仙桃核。

【流传】上海市·虹口区·广中路街道

【出处】刘曼芳讲，吴本雄采录：《喉节与乳房》，见中国民间文学集成全国编辑委员会编《中国民间故事集成》（上海卷），北京：中国ISBN中心2007年版，第8页。

## W2776.1.3
### 男子吃梅子卡在脖子中形成了喉结

实 例

[汉族] 王母造的男女2人偷吃花园的梅子，被王母发现，男的后吃只咽到喉，王母就施法让男人有了喉突。

【流传】浙江省·（台州市）·仙居（仙居县）

【出处】朱世林讲，应秀华采录：《男人有喉突、女人大肚皮》，见中国民间文学集成全国编辑委员会编《中国民间故事集成》（浙江卷），北京：中国ISBN中心1997年版，第37页。

## W2776.1.4
### 男子吃的麦子卡在脖子中形成了喉结

实 例

[哈萨克族] 人祖当初一下子把麦子吞进嘴里，后来又用两个手指掐紧喉咙，从此就在男人脖子上留下喉结。

【流传】（无考）

【出处】波勒泰·比达克买提等搜集，安蕾、毕梓译：《上帝用泥土造人》，见满都呼主编《中国阿尔泰语系诸民族神话故事》，北京：民族出版社1997年版，第67页。

## W2776.2
### 禁果变成男子的喉结

实 例

（参见下级母题实例）

## W2776.2.1
### 男祖先吃的禁果变成喉头

实 例

[回族] 阿旦（男天使名，人祖）偷吃禁果被赶下凡间时，没来得及吞下麦果（禁果），所以喉头就大了一些。

【流传】宁夏回族自治区·银川（银川市）

【出处】王甫成讲，谢荣搜集整理：《人祖阿旦》，见中华民族故事大系编委会编《中华民族故事大系》第1卷（汉族、蒙古族、回族），上海：上海文艺出版社1995年版，第746页。

## W2776.2.2
### 亚当吃禁果麦子变成喉结

实 例

[哈萨克族] 亚当吃了一粒麦子（禁果）准备品尝时被天神发现了，天神掐住了他的脖子，把半粒麦子留在了喉咙。所以，后来男人长喉结就是从那时候留下的。

【流传】新疆维吾尔自治区·（伊犁哈萨克自治州）·新源县

【出处】依玛纳勒·萨萨诺夫讲，阿勒木别克·加玛里采录，多里坤·阿米尔等译：《人的来历》，见中国民间文学集成全国编辑委员会编《中国民间故事集成》（新疆卷），北京：中国ISBN中心2008年版，第27页。

## W2776.2.3
### 阿丹吃禁果麦果变成喉结

实例

❶ [回族] 阿丹正要吃麦果（禁果）时被天仙发现，致使麦果卡在喉咙中，后来形成男人的喉结。

【流传】宁夏回族自治区

【出处】《阿丹和好娃》，见陶阳、钟秀《中国创世神话》，上海：上海人民出版社1993年版，第54页。

❷ [回族] 阿丹违背禁令，吃麦果（禁果）时被天仙卡住脖子，麦果没有吞下，成为后来男子喉咙中的喉结。

【流传】宁夏回族自治区·（固原市）·泾源县·惠台乡·暖水村

【出处】郡生财讲，安文斌采录：*《人祖阿丹和好娃》，见中国民间文学集成全国编辑委员会编《中国民间故事集成》（宁夏卷），北京：中国ISBN中心1999年版，第8页。

❸ [回族] 阿丹刚放进口中要吃麦果（禁果）时，天仙就卡住他的脖子，没有吞下的麦果成为后来男子喉咙中的疙瘩。

【流传】贵州省·（黔西南布依族苗族自治州）·兴仁县

【出处】张正兴讲，张盛昌采录：《阿丹、夏娃造人》，见中国民间文学集成全国编辑委员会编《中国民间故事集成》（贵州卷），北京：中国ISBN中心2003年版，第11页。

❹ [回族] 阿丹刚放进口中要吃麦果（禁果）时，天仙卡住他脖子，没有吞下麦果。因此，后来男子喉咙才有个疙瘩。

【流传】宁夏回族自治区·（中卫市）·海原县·海城镇·周台村

【出处】田富珍讲王红久采录者：《人祖阿丹和好娃》，见中国民间文学集成全国编辑委员会编《中国民间故事集成》（宁夏卷），北京：中国ISBN中心1999年版，第7页。

❺ [回族] 阿丹圣人受魔鬼的引诱吃下一颗"麦果"（禁果），结果卡在喉咙里难以咽下，后来男人就有了喉结。

【流传】（无考）

【出处】《阿丹好娃》，见谷德明编《中国少数民族神话》，北京：中国民间文艺出版社1987年版，第711页。

❻ [回族] 阿丹刚把麦果（禁果）吞进嘴里，忽听真主来了，卡在了嗓子眼儿里，麦果变成喉节，永远作为一个记号。

【流传】黑龙江省·（牡丹江市）·绥芬河市

【出处】杨明岱讲，周爱民采录：《阿丹人祖》，见中国民间文学集成全国编辑委员会编《中国民间故事集成》（黑龙江卷），北京：中国ISBN中心2005年版，第20页。

## W2776.2.4
### 阿丹吃禁果美果变成喉结

实例

[回族] 阿丹圣人受魔鬼的引诱刚吃下

一颗美果（禁果），卡在喉咙里。所以，后来男人有了喉结。

【流传】青海省·黄南州（黄南藏族自治州）·同仁县·隆务镇·民主街

【出处】周尚杰（保安族，该文本注明他讲的是回族神话）讲，赵清阳采录：《阿丹的诞生》，见中国民间文学集成全国编辑委员会编《中国民间故事集成》（青海卷），北京：中国ISBN中心2007年版，第11页。

## W2776.3
### 喉结是被惩罚的结果

实例

[回族] 真主造的男子阿丹偷食麦果（禁果）时还没咽下去，就被真主知道了。真主为了处罚他，让阿丹在嗓子里的麦果变成喉头，露在外面做记号。

【流传】（无考）

【出处】《阿丹和海尔玛》，马奔根据《中国回族民间文学概观》（宁夏大学出版社1984年版）等改写，见姚宝瑄主编《中国各民族神话》（土族、东乡族、回族、保安族、裕固族、撒拉族），太原：山西出版传媒集团·书海出版社2014年版，第48页。

## W2776.3.1
### 男人有喉结是被惩罚的结果

【关联】[W9917] 犯禁忌遭惩罚

实例

[回族] 真主让阿丹和海尔玛去看守天堂时，因他们受诱惑违背禁令偷食禁果，真主惩罚男人让他们都有了喉头。

【流传】（无考）

【出处】《阿丹和海尔玛》，马奔根据《中国回族民间文学概观》（宁夏大学出版社1984年版）等改写，见姚宝瑄主编《中国各民族神话》（土族、东乡族、回族、保安族、裕固族、撒拉族），太原：山西出版传媒集团·书海出版社2014年版，第48页。

## W2776.4
### 男人的喉结是被抠出来的

实例

（参见下级母题实例）

## W2776.4.1
### 天使抠出男人的喉结

实例

[哈萨克族] 精灵天使从人祖的喉咙里把麦子抠出来，结果一半抠出来了，一半就留在喉咙里了。据说男人们的喉结，就是那时天使抠的。

【流传】（无考）

【出处】依曼阿力·萨萨诺甫讲，阿里木别克·加玛力搜集，安蕾、毕桪译：《人类是怎样在大地上繁衍开来的》，见满都呼主编《中国阿尔泰语系诸民族神话故事》，北京：民族出版社1997年版，第66页。

## W2777

### 男人没乳房的原因

实 例

（参见下级母题实例）

## W2777.1

### 男人原来有乳房后来失去了

实 例

（参见下级母题实例）

## W2777.1.1

### 男始祖把乳房变成山后男人就没有了乳房

实 例

❶ [阿昌族] 天公遮帕麻造天地万物时，抓下来了自己的乳房变成两座山。从此以后，男人没有了乳房。

【流传】（云南省·德宏傣族景颇族自治州·梁河县）

【出处】

（a）赵安贤讲，舟叶生译，智克整理：《遮帕麻与遮米麻》，见谷德明编《中国少数民族神话》，北京：中国民间文艺出版社1987年版，第490页。

（b）同（a），见陶立璠、赵桂芳等编《中国少数民族神话汇编》（开天辟地篇），中央民族学院少数民族古籍整理出版规划领导小组办公室印（未署时间），第330页。

❷ [阿昌族] 天公遮帕麻左乳房变太阴山，右变太阳山，定四极，于是男人没有了乳房。

【流传】（云南省·德宏傣族景颇族自治州·梁河县）

【出处】赵安贤讲，杨叶生翻译，智克整理：《遮帕麻与遮米麻》，见梁河县文化馆编《阿昌族民间文学资料》第一辑，内部资料，第4~5页。

❸ [阿昌族] 遮帕麻（男始祖、天公）舍用自己的乳房变成太阳山和太阴山。从此以后，男人没有了乳房。

【流传】云南省·（德宏傣族景颇族自治州）·梁河县

【出处】赵安贤讲述，杨叶生翻译，智克整理：《遮帕麻与遮米麻》，载《山茶》1981年第2期。

❹ [阿昌族] 天公遮帕麻抓下来了自己的乳房变成两座山，从此以后，男人没有了乳房。

【流传】云南省·（德宏傣族景颇族自治州）·梁河县

【出处】赵安贤讲，杨叶生、智克采录：《遮帕麻与遮米麻》，见中国民间文学集成全国编辑委员会编《中国民间故事集成》（云南卷），北京：中国ISBN中心2003年版，第69页。

## W2778

### 男人不再怀孕的原因（男人为什么不生孩子）

【关联】[W2153.5] 男人生孩子

实 例

（参见下级母题实例）

## W2778.1
### 男人生孩子能力的丧失

实 例

（参见下级母题实例）

## W2778.1.1
### 男人们吃化胎药后不再怀孕

实 例

❶ [白族] 因男人们吃过化胎药，从此，就不会再怀孕。

【流传】云南省·（大理白族自治州）·鹤庆县·朵美乡

【出处】鹤庆县民间文学集成办公室编：《石家什》，见《鹤庆民间故事集成》，昆明：云南人民出版社1989年版，第30~32页。

❷ [白族] 植祖（再生人类的老妈妈）看着自己的男娃怀孕受苦，就跟山神要来化胎药让男娃吃。从此，就男人不会再怀孕。

【流传】云南省·（大理白族自治州）·鹤庆县·朵美乡·朵美街

【出处】彭独豹讲，鹤庆县集成办公室采录：《石家什》，见中国民间文学集成全国编辑委员会编《中国民间故事集成》（云南卷），北京：中国ISBN中心2003年版，第233页。

## W2778.2
### 原来男人可以怀孕生育，后来与女人交换

【关联】[W2781] 女人生孩子的来历

实 例

[独龙族] 原来天神让男人怀孕、生孩子，后来换成犯忌的女人生孩子。

【流传】云南省·（怒江傈僳族自治州）·贡山（贡山独龙族怒族自治县）·独龙江两岸

【出处】约翰讲，陶学良、陶立璠搜集整理：《坛嘎朋》，见谷德明编《中国少数民族神话》，北京：中国民间文艺出版社1987年版，第523页。

## W2778.3
### 神把男人生育的事情交给女人

实 例

[佤族] 以前，男人生的只有蟋蟀那么大，莫伟（人神，又译"木依吉"）改成让女人生娃娃。

【流传】云南省·（普洱市）·西盟县（西盟佤族自治县）、沧源县（澜沧拉祜族自治县）

【出处】隋嘎岩妇等讲，艾荻等搜集整理：《司岗里》，见尚仲豪、郭九思等编《佤族民间故事选》，上海：上海文艺出版社1989年版，第1页。

## W2778.3.1
### 男人害怕生人的痛苦，天神把生孩子转给女人

实 例

[白族] 古代男人生娃时大吼大叫，于是天神把生孩子的事转给女人。

【流传】云南省·（大理白族自治

州）·洱源县

【出处】杨茂堂讲：《男人坐月子》，见云南省民间文学集成办公室编《白族神话传说集成》，北京：中国民间文艺出版社1986年版，第49页。

## W2779
### 与男性特征有关的其他母题

【关联】［W2854］男人胡须的来历

实 例

（参见下级母题实例）

## W2779.1
### 男人的膝盖是凉的

实 例

（参见下级母题实例）

## W2779.1.1
### 造人者的粗心使男人膝盖骨发凉

实 例

［达斡尔族］天神恩都日当初造人时粗心，造成男人膝盖骨发凉，女人下身寒大。

【流传】（无考）

【出处】孟志东搜集：《人是恩都日造的》，见满都呼主编《中国阿尔泰语系诸民族神话故事》，北京：民族出版社1997年版，第178页。

## W2779.1.2
### 男人膝盖凉是在冰上滑倒造成的

实 例

［回族］阿旦（男天使名，人祖）被赶下凡间时，曾滑倒在冰川上，所以双膝是冰凉的。

【流传】宁夏回族自治区·银川（银川市）

【出处】王甫成讲，谢荣搜集整理：《人祖阿旦》，见中华民族故事大系编委会编《中华民族故事大系》第1卷（汉族、蒙古族、回族），上海：上海文艺出版社1995年版，第746页。

## W2779.1.3
### 男人膝盖凉是在冰上睡觉造成的

实 例

［土族］以前，天气很冷，到处是冰天雪地，人们常睡在冰上过夜，所以男人的膝盖至今还是冰冷的。

【流传】青海省·黄南州（黄南藏族自治州）·同仁县·年都乎乡·年都乎村

【出处】吉洛讲，赵清阳采录：《狗、猴子和人》，见中国民间文学集成全国编辑委员会编《中国民间故事集成》（青海卷），北京：中国ISBN中心2007年版，第13页。

## W2779.1.4
### 男人膝盖凉是人祖在冰上交欢造成的

【关联】［W2787.15.1］女人的屁股凉是与丈夫冰河过夜的结果

实 例

［回族］阿丹和好娃被赶出伊甸园（b为"天堂"），在冰川上第一次发生欢

合情交，因此女人的屁股和男人的一双膝盖是冰凉的。

【流传】
（a）宁夏回族自治区·海原县·海城镇·周台村
（b）宁夏回族自治区·泾源县·惠台乡·暖水村

【出处】
（a）田富珍讲王红久采录者：《人祖阿丹和好娃》，见中国民间文学集成全国编辑委员会编《中国民间故事集成》（宁夏卷），北京：中国ISBN中心1999年版，第7页。
（b）郡生财讲，安文斌采录：*《人祖阿丹和好娃》，见中国民间文学集成全国编辑委员会编《中国民间故事集成》（宁夏卷），北京：中国ISBN中心1999年版，第8页。

## W2779.1.5
男人膝盖凉是人祖在冰上结婚造成的

实例

[回族] 人祖阿丹和好娃在冰川上结婚，所以女人的屁股和男人的膝盖是凉的。

【流传】宁夏回族自治区·银川（银川市）

【出处】《人是怎样来的》，见马乐群等编《银川民间故事》（上），内部印刷，1988年，第2~3页。

## W2779.2
男人为什么有女人的性格

实例

（参见下级母题实例）

## W2779.2.1
男人有女人的性格是因为造男人时源于女性肢体

实例

[满族] 造人时，由于男人身上有女天神阿布卡赫赫的慈肉和女地神巴那姆赫赫的烈肉，所以男人又有与女人相同的一面：心慈性烈。

【流传】黑龙江省·黑河地区（黑河市）·孙吴县·（沿江满族达斡尔族乡）·四季屯

【出处】吴纪贤、富希陆讲：《天宫大战——黑水女真人传世神话》（1939，选自富育光、郭淑云整理的手稿），见姚宝瑄主编《中国各民族神话》（满族、赫哲族、朝鲜族），太原：山西出版传媒集团·书海出版社2014年版，第23页。

## W2779.3
男人为什么比女人浊

实例

（参见下级母题实例）

## W2779.3.1
因造人材料不同造成男人比女人浊

【关联】[W2758.6.2] 用火造男人，用水造女人

实例

[满族] 女地神巴那姆造男人时，顺手

抓下一把肩胛骨和腋毛造成男人，肩胛骨常被巴那姆赫赫躺压在身下，多染泥土，所以，男人比女人浊泥多，心术也比女人叵测。

【流传】黑龙江省·黑河地区（黑河市）·孙吴县·（沿江满族达斡尔族乡）·四季屯

【出处】吴纪贤、富希陆讲：《天宫大战——黑水女真人传世神话》（1939，选自富育光、郭淑云整理的手稿），见姚宝瑄主编《中国各民族神话》（满族、赫哲族、朝鲜族），太原：山西出版传媒集团·书海出版社2014年版，第23页。

## W2779.4
### 男人为什么硬实

实例

（参见下级母题实例）

## W2779.4.1
### 男人硬实是女娲造人时形成的

【关联】［W2065］女娲造人

实例

［汉族］女娲造的头一个又长又大是男人，所以后世男人长大、硬扎。

【流传】浙江省·嘉兴（嘉兴市）·海宁（海宁市）

【出处】陈桂珍讲，王雪康采录：《女娲补天造人》，见中国民间文学集成全国编辑委员会编《中国民间故事集成》（浙江卷），北京：中国ISBN中心1997年版，第39页。

## W2779.5
### 男人为什么粗壮

实例

（参见下级母题实例）

## W2779.5.1
### 男人粗壮是伏羲造人时形成的

【关联】［W2064］伏羲造人

实例

［汉族］伏羲造男人，比较粗心，捏得快，捏得粗，所以捏出的男人就粗糙、粗笨、粗壮。

【流传】浙江省·（衢州市）·江山县（江山市）·凤林镇

【出处】管兰吉讲，杜鹃采录：《兄妹造人》，见中国民间文学集成全国编辑委员会编《中国民间故事集成》（浙江卷），北京：中国ISBN中心1997年版，第40页。

## W2779.6
### 男孩为什么阳刚

实例

（参见下级母题实例）

## W2779.6.1
### 男孩阳刚是因为他喜欢太阳

实例

［畲族］男孩子喜欢太阳，也像太阳一样明朗刚健。

【流传】（无考）

【出处】陈玮君整理：《高辛和龙王》，见谷德明编《中国少数民族神话》，北京：中国民间文艺出版社1987年版，第203页。

## ✦ W2780
### 女人特殊的性别特征

【汤普森】A1372

实 例

（参见下级母题实例）

## W2781
### 女人生孩子的来历

【关联】

① [W2778.1] 男人生孩子能力的丧失

② [W2778.2] 原来男人可以怀孕生育，后来与女人交换

实 例

（参见下级母题实例）

## W2781.1
### 人神让女人生孩子

【关联】[W2770.1] 神为男女安置不同的生殖器

实 例

[佤族] 最早人神让男人生孩子。后来人神变为让女人生孩子。

【流传】云南省·（普洱市）·西盟县（西盟佤族自治县）、沧源（澜沧拉祜族自治县）

【出处】隋嘎岩扫等讲，艾狄等整理：《司岗里》，见中华民族故事大系编委会编《中华民族故事大系》第7卷（黎族、傈僳族、佤族），上海：上海文艺出版社1995年版，第613页。

## W2781.2
### 土地赋予女人生育能力

【汤普森】A1234.4

实 例

（实例待考）

## W2781.3
### 女人生孩子是对女人的惩罚

实 例

（参见下级母题实例）

## W2781.3.1
### 女人违背禁忌被罚生孩子

实 例

[独龙族] 坛嘎朋天神送给四姑娘（天神的四女儿）和女婿一只竹筒，女儿违犯不让女人打开的忌言，结果把怀孕、生孩子变成了女人的事。

【流传】云南省·（怒江傈僳族自治州）·贡山（贡山独龙族怒族自治县）·独龙江两岸

【出处】约翰讲，陶学良、陶立璠搜集整理：《坛嘎朋》，见谷德明编《中国少数民族神话》，北京：中国民间文艺出版社1987年版，第523页。

## W2781.4
### 女人的发誓导致女人生孩子

**实例**

[哈尼族] 原来哥哥生孩子，与妹妹斗气时，妹妹说"生就生"，于是变成了今天的女人生孩子。

【流传】云南省·（普洱市）·墨江县（墨江哈尼族自治县）

【出处】金开兴讲，蓝明红采录：《青蛙造天地》，见中国民间文学集成全国编辑委员会编《中国民间故事集成》（云南卷），北京：中国 ISBN 中心 2003 年版，第 34 页。

## W2781.5
### 女人怀孕大肚子的来历

**实例**

（参见下级母题实例）

## W2781.5.1
### 女人偷食被惩罚，所以怀孕时肚子变大

**实例**

[汉族] 王母造的男女 2 人偷吃花园的梅子时被王母发现，因为女的贪嘴已咽到肚里，王母就施法让女人怀孕大肚皮。

【流传】浙江省·（台州市）·仙居县（仙居县）

【出处】朱世林讲，应秀华采录：《男人有喉突、女人大肚皮》，见中国民间文学集成全国编辑委员会编《中国民间故事集成》（浙江卷），北京：中国 ISBN 中心 1997 年版，第 37 页。

## W2782
### 女人皮白肉嫩的来历

**实例**

（参见下级母题实例）

## W2782.1
### 女人皮肤白的来历

**实例**

（参见下级母题实例）

## W2782.1.1
### 造人时女人是白泥造的所以皮白肉嫩

【关联】[W2758.7.3.2] 用白泥造女人

**实例**

[汉族] 伏羲女娲造人时，男的是用黄泥造的，所以五大三粗，皮黄脸黑；而女的是白泥造的，所以皮白肉嫩，小巧玲珑。

【流传】江苏省·（淮安市）·涟水县·南集乡·禹庄村

【出处】徐学尧讲，徐省生搜集整理：《世界的由来》（1983），见姚宝瑄主编《中国各民族神话》（汉族），太原：山西出版传媒集团·书海出版社 2014 年版，第 24~28 页。

## W2783
### 女人有乳房的来历
【汤普森】 A1313.4

实 例

（参见下级母题实例）

## W2783.1
### 造女人时造出乳房

实 例

❶ [壮族] 蜥蜴造人时，男的嘴边放胡须，女人胸前放双奶。
【流传】广西壮族自治区红水河流域
【出处】《布洛陀经诗》，见中国民间文学集成全国编辑委员会编《中国民间故事集成》（广西卷），北京：中国ISBN中心2001年版，第37页。

❷ [壮族] 四脚王（会变色的蜥蜴）在女人胸前放双奶。
【流传】（无考）
【出处】张声震主编：《布洛陀经诗》，见张声震总主编，农冠品编注《壮族神话集成》，南宁：广西民族出版社2007年版，第103页。

## W2783.1.1
### 神用泥巴放在女人胸前成为乳房

实 例

[傣族] 布桑戛西和雅桑戛赛（一对夫妻神）造人时，妻子雅桑戛赛顺手从男泥人的手掌心上拿下一团黄泥巴，安在女泥人的胸脯上，做成乳房。
【流传】（无考）
【出处】《布桑戛西与雅桑戛赛》，见谷德明编《中国少数民族神话》，北京：中国民间文艺出版社1987年版，第346页。

## W2783.2
### 特定物变成女人的乳房

实 例

（参见下级母题实例）

## W2783.2.1
### 仙桃变成女人的乳房

实 例

[汉族] 天宫后园守护仙桃树的两个生灵偷吃仙桃，一个嘴巴馋的生灵胸脯鼓起左右两个大块，成了一对乳房。女人的乳房就是那两个仙桃变的。
【流传】上海市·虹口区·广中路街道
【出处】刘曼芳讲，吴本雄采录：《喉节与乳房》，见中国民间文学集成全国编辑委员会编《中国民间故事集成》（上海卷），北京：中国ISBN中心2007年版，第8页。

## W2783.2.2
### 2个果子停在胸部变成乳房

实 例

[佤族] 世上最早造的女人在果园里听了大蛇的诱惑，摘吃了果园里的果子，停在胸部，成了女人的乳房。
【流传】云南省

【出处】

（a）《人类的祖先》，见中国社会科学院云南少数民族文学研究所等编《云南少数民族文学资料》第1辑，内部编印，1980年，第10页。

（b）《人类的祖先》，见云南省民族事务委员会编《佤族文化大观》，昆明：云南民族出版社1999年版，第162页。

## W2783.2.3
### 女人吃的禁果变成乳房

实例

（参见 W2783.2.2 母题实例）

## W2783.2.4
### 葫芦变成女人的乳房

实例

[哈尼族（豪尼）] 灾难之后，地面恢复了原样，兄妹俩避难时骑着的宝葫芦"嘭"的一声，炸成了七十六瓣，碎片飞在阿妹睦耶身上，变成了七十六只奶。

【流传】云南省·（普洱市）·墨江县（墨江哈尼族自治县）

【出处】王定均等讲，明红、蓝珊整理：《豪尼人的祖先》，载《山茶》1986年第3期。

## W2783.3
### 男人在女人胸部抓出乳房

实例

[哈尼族] 哥哥（丈夫）在妹妹的胸前抓了七十七次，结果胸前长出了七十七只奶。

【流传】云南省·（玉溪市）·元江县（元江哈尼族彝族傣族自治县）·咪哩乡、羊岔街乡及因远镇一带

【出处】《人种物种歌》，见元江县哈尼文化学会、元江县史志编组办公室编《元江哈尼族古歌集》，内部编印，2005年，第41页。

## W2783.4
### 婴儿在母亲胸部吸出乳房

实例

（实例待考）

## W2784
### 女人特殊的乳房

【汤普森】F547

实例

（参见下级母题实例）

## W2784.1
### 女人的乳房原来长在额头

【汤普森】A1313.4.1

实例

（实例待考）

## W2784.2
### 女人的乳房很长能放到后背上

实例

[达斡尔族] 以前，女人长着大得能搭

在后背的乳房。

【流传】内蒙古自治区·（呼伦贝尔市）·莫力达瓦（莫力达瓦达斡尔族自治旗）

【出处】努胡迪讲，孟志东搜集，奥登挂整理：《库楚尼莫日根》，见中华民族故事大系编委会编《中华民族故事大系》第11卷（达斡尔族、仫佬族、羌族），上海：上海文艺出版社1995年版，第55页。

## W2784.3
### 女人长有多个乳房

实 例

（参见下级母题实例）

## W2784.3.1
### 女祖先有很多乳房

实 例

[哈尼族] 阿妈祖先鱼身上有77只奶，喂养着77个孩子。

【流传】云南省·（红河哈尼族彝族自治州）·元阳县·树皮寨

【出处】杨批斗讲，史军超采录：《祖先鱼上山》，见中国民间文学集成全国编辑委员会编《中国民间故事集成》（云南卷），北京：中国ISBN中心2003年版，第37页。

## W2784.3.2
### 女人有76个乳房

实 例

[哈尼族（豪尼）] 兄妹俩骑着的宝葫芦炸成了七十六瓣，碎片飞在阿妹睦耶身上，变成了七十六只奶。

【流传】云南省·（普洱市）·墨江县（墨江哈尼族自治县）

【出处】王定均等讲，明红、蓝珊整理：《豪尼人的祖先》，载《山茶》1986年第3期。

## W2784.3.3
### 女人有77个乳房

实 例

（参见W2784.3.1母题实例）

## W2784.4
### 巨大的乳房

【关联】[W2784.2]女人的乳房很长能放到后背上

实 例

❶ [鄂温克族] 生、死、病都是神和鬼给人类造成的。据萨满的说法，太阳出来的地方有一个白发老太太，她有很大的乳房，小孩都是她给的。

【流传】（无考）

【出处】《生的由来》，见中国各民族宗教与神话大词典编审委员会编《中国各民族宗教与神话大词典》，北京：学苑出版社1990年版，第137页。

❷ [鄂温克族] 在太阳出来的地方住着一个白发苍苍的老太太，她有个很大很大的乳房。

【流传】（内蒙古自治区、黑龙江省一带）

【出处】阿拉诺海讲，马名超记录整理：《大乳房的老太太》，见姚宝瑄主编《中国各民族神话》（达斡尔族、鄂伦春族、鄂温克族、蒙古族），太原：山西出版传媒集团·书海出版社2014年版，第123页。

❸ [彝族] 女儿国女人的乳房特别大，她们都把乳头从肩膀上甩过去让孩子吃。

【流传】云南省·（楚雄彝族自治州）·永仁县

【出处】苏绍相等讲，基默热阔采录：《搓日阿补征服女儿国》，见中国民间文学集成全国编辑委员会编《中国民间故事集成》（云南卷），北京：中国ISBN中心2003年版，第353页。

## W2784.5
### 女人乳房的变小

实例

[彝族] 有着巨大乳房的女人国的女人到公房里与捉来的搓日阿补（英雄名）同房后，奶子忽然变得只有碗一样大小了。

【流传】云南省·（楚雄彝族自治州）·永仁县

【出处】苏绍相等讲，基默热阔采录：《搓日阿补征服女儿国》，见中国民间文学集成全国编辑委员会编《中国民间故事集成》（云南卷），北京：中国ISBN中心2003年版，第353页。

## W2784a
### 与乳房有关的其他母题

实例

（参见下级母题实例）

## W2784a.1
### 奶水的来历

实例

（参见下级母题实例）

## W2784a.1.1
### 奶水是女人的血变成的

实例

[彝族] 天神之母的蒲依生一个小男孩，哭闹不止时，神树告诉她："我让你的血流到胸口上。你的心肝（孩子）吃了你的血，才会不哭不闹变快乐。"蒲依依言把胸衣打开，胸前便鼓呀鼓的，鼓起了一对乳房。小男孩吃了蒲依的奶，才安安静静地睡着了。

【流传】云南省·（楚雄彝族自治州）·永仁县

【出处】

(a) 曲木阿石等讲，罗有能整理：《更资天神》，见云南省楚雄州文教局、云南省楚雄州民委会编《楚雄民间文学资料》，内部资料，1979年。

(b) 同(a)，见姚宝瑄主编《中国各民族神话》（羌族、彝族），太原：山西出版传媒集团·书海出版社2014年版，第177页。

## W2784a.2
### 奶为什么甘甜

`实 例`

（实例待考）

## W2785
### 女人月经的来历

【汤普森】A1355

`实 例`

（参见下级母题实例）

## W2785.1
### 月经是被惩罚的结果

【汤普森】A1355.1

`实 例`

［回族］夏娃（bc 为"好娃"）吃了麦果（禁果）后不久，开始出现月经。这是为了消除吃麦果的罪孽。

【流传】

（a）贵州省·（黔西南布依族苗族自治州）·兴仁县

（b）宁夏回族自治区·海原县·海城镇·周台村

（c）宁夏回族自治区·泾源县·惠台乡·暖水村

【出处】

（a）张正兴讲，张盛昌采录：《阿丹、夏娃造人》，见中国民间文学集成全国编辑委员会编《中国民间故事集成》（贵州卷），北京：中国ISBN中心2003年版，第11页。

（b）田富珍讲王红久采录者：《人祖阿丹和好娃》，见中国民间文学集成全国编辑委员会编《中国民间故事集成》（宁夏卷），北京：中国ISBN中心1999年版，第7页。

（c）郡生财讲，安文斌采录：*《人祖阿丹和好娃》，见中国民间文学集成全国编辑委员会编《中国民间故事集成》（宁夏卷），北京：中国ISBN中心1999年版，第8页。

## W2785.1.1
### 月经是对吃禁果的惩罚

【汤普森】A1355.1

【关联】［W6523.1］禁果

`实 例`

❶［回族］麦果（禁果）已经被好娃吃进肚里，所以女人没有喉头，但每月要来一次月经。

【流传】（无考）

【出处】《阿丹好娃》，见谷德明编《中国少数民族神话》，北京：中国民间文艺出版社1987年版，第711页。

❷［回族］好娃因为吃麦果，女人被惩罚出现月经。

【流传】宁夏回族自治区

【出处】《阿丹和好娃》，见陶阳、钟秀《中国创世神话》，上海：上海人民出版社1993年版，第54页。

❸［回族］真主让阿丹和海尔玛去看守天堂时，因他们受诱惑违背禁令偷食禁果，真主惩罚海尔玛，让她遭受月经的痛苦。

【流传】（无考）

【出处】《阿丹和海尔玛》，马奔根据《中国回族民间文学概观》（宁夏大学出版社1984年版）等改写，见姚宝瑄主编《中国各民族神话》（土族、东乡族、回族、保安族、裕固族、撒拉族），太原：山西出版传媒集团·书海出版社2014年版，第48~49页。

### W2785.1.2
### 女始祖吃禁果导致月经

【汤普森】A1355.1

实例

[回族] 女始祖海尔玛在天堂受诱惑违背禁令偷食禁果，麦果化为经血。

【流传】（无考）

【出处】《阿丹和海尔玛》，马奔根据《中国回族民间文学概观》（宁夏大学出版社1984年版）等改写，见姚宝瑄主编《中国各民族神话》（土族、东乡族、回族、保安族、裕固族、撒拉族），太原：山西出版传媒集团·书海出版社2014年版，第48~49页。

### W2785.2
### 特定物化为女人的月经

实例

（参见下级母题实例）

### W2785.2.1
### 真主让麦果化成女人的经血

实例

❶ [回族] 真主让阿丹和海尔玛看麦果园。海尔玛偷摘了一个麦果，她吃下去一半，另一半阿丹还没咽下去，卡在嗓子眼了。真主为了处罚他们，让海尔玛肚子里的麦果化成经血，一月流一次。

【流传】（无考）

【出处】《阿丹和海尔玛》，见谷德明编《中国少数民族神话》，北京：中国民间文艺出版社1987年版，第713页。

❷ [回族] 安拉开始惩罚阿丹和好娲吃禁果。因为好娲听信魔鬼的话，罪重，就让麦果化成经血。

【流传】黑龙江省·（牡丹江市）·绥芬河市

【出处】杨明岱讲，周爱民采录：《阿丹人祖》，见中国民间文学集成全国编辑委员会编《中国民间故事集成》（黑龙江卷），北京：中国ISBN中心2005年版，第20页。

### W2785.3
### 月经为什么每月出现一次

实例

（参见下级母题实例）

### W2785.3.1
### 月经每月出现一次是真主的规定

实例

[回族] 真主为惩罚海尔玛（女祖先名），规定她的经血一月流一次。

【流传】（无考）

【出处】《阿丹和海尔玛》，马奔根据《中

国回族民间文学概观》（宁夏大学出版社1984年版）等改写，见姚宝瑄主编《中国各民族神话》（土族、东乡族、回族、保安族、裕固族、撒拉族），太原：山西出版传媒集团·书海出版社2014年版，第48~49页。

## W2785.3.2
### 月经每月出现一次是因为吃的禁果经30天才能消化

实 例

[回族] 哈娃太太吃下肚去的美果（禁果）30天上才消化，后来妇女们每月来一次月经，就是偷吃了美果的原因。

【流传】青海省·黄南州（黄南藏族自治州）·同仁县·隆务镇·民主街

【出处】周尚杰（保安族，该文本注明他讲的是回族神话）讲，赵清阳采录：《阿丹的诞生》，见中国民间文学集成全国编辑委员会编《中国民间故事集成》（青海卷），北京：中国ISBN中心2007年版，第11页。

## W2785.4
### 女人月经要经历46年

实 例

[回族] 安拉开始惩罚阿丹和好娲吃禁果，就让女人的月经一流四十六年。

【流传】黑龙江省·（牡丹江市）·绥芬河市

【出处】杨明岱讲，周爱民采录：《阿丹人祖》，见中国民间文学集成全国编辑委员会编《中国民间故事集成》（黑龙江卷），北京：中国ISBN中心2005年版，第20页。

## W2786
### 女人为什么没喉头和胡子

实 例

（参见下级母题实例）

## W2786.0
### 女人以前有喉头

实 例

（参见下级母题实例）

## W2786.0.1
### 女人以前的喉结比芒果还大

实 例

[阿昌族] 遮米麻（女始祖、地母）刚诞生的时候，长长的脖子上长着一个比芒果还要大的喉头。

【流传】云南省·（德宏傣族景颇族自治州）·梁河县

【出处】赵安贤讲述，杨叶生翻译，智克整理：《遮帕麻与遮米麻》，载《山茶》1981年第2期。

## W2786.1
### 女人为什么没喉头

实 例

（参见下级母题实例）

## W2786.1.1
### 女始祖摘下喉结后女人就没有了喉结

`实 例`

❶ [阿昌族] 遮米麻（女始祖、地母）刚诞生的时候，脸上长毛，脖子上长着一个比芒果还要大的喉头。她摘下喉头当梭子，拔下脸毛织大地，从此以后，女人没有喉头，也没有了胡须。

【流传】云南省·（德宏傣族景颇族自治州）·梁河县

【出处】赵安贤讲述，杨叶生翻译，智克整理：《遮帕麻与遮米麻》，载《山茶》1981年第2期。

❷ [阿昌族] 地母遮米麻造地，喉头当梭，拔脸毛织大地，于是女人没喉头和胡子。

【流传】（无考）

【出处】赵安贤讲、杨叶生翻译、智克整理：《遮帕麻与遮米麻》，见梁河县文化馆编《阿昌族民间文学资料》（第一辑），内部资料，第4~5页。

❸ [阿昌族] 地母遮米麻刚诞生时，长长的脖子上长着一个比芒果还大的喉头。后来遮米麻摘下喉头当梭子织大地，从此以后，女人没有喉头。

【流传】（a）云南省·（德宏傣族景颇族自治州）·梁河县

【出处】

（a）赵安贤讲，杨叶生智克采录：《遮帕麻与遮米麻》，见中国民间文学集成全国编辑委员会编《中国民间故事集成》（云南卷），北京：中国ISBN中心2003年版，第69页。

（b）赵安贤讲，舟叶生译，智克整理：《遮帕麻与遮米麻》，见谷德明编《中国少数民族神话》，北京：中国民间文艺出版社1987年版，第490页。

（c）同（b），见陶立璠、赵桂芳等编《中国少数民族神话汇编》（开天辟地篇），中央民族学院少数民族古籍整理出版规划领导小组办公室印（未署时间），第330页。

## W2786.2
### 原来女人有胡须

`实 例`

[阿昌族] 地母遮米麻刚诞生的时候，头发和脸毛有八拿长。后来，遮米麻拔下脸毛织大地，从此以后，女人没有了胡须。

【流传】（a）云南省·（德宏傣族景颇族自治州）·梁河县

【出处】

（a）赵安贤讲，杨叶生智克采录：《遮帕麻与遮米麻》，见中国民间文学集成全国编辑委员会编《中国民间故事集成》（云南卷），北京：中国ISBN中心2003年版，第69页。

（b）赵安贤讲，舟叶生译，智克整理：《遮帕麻与遮米麻》，见谷德明编《中国少数民族神话》，北京：中国民间文艺出版社1987年版，第490页。

（c）同（b），见陶立璠、赵桂芳等编

《中国少数民族神话汇编》（开天辟地篇），中央民族学院少数民族古籍整理出版规划领导小组办公室印（未署时间），第330页。

## W2786.3
### 女人为什么没有胡须

实例

（参见下级母题实例）

## W2786.3.1
### 女始祖拔脸毛后女人就失去了胡须

实例

［阿昌族］遮米麻（女始祖、地母）刚诞生的时候，脸上长毛。她摘下喉头当梭子，拔下脸毛织大地以后，就没有了胡须。

【流传】云南省·（德宏傣族景颇族自治州）·梁河县

【出处】赵安贤讲述，杨叶生翻译，智克整理：《遮帕麻与遮米麻》，载《山茶》1981年第2期。

## W2787
### 女人的其他特性

实例

（参见下级母题实例）

## W2787.1
### 女人爱漂亮

实例

［汉族］（实例待考）

## W2787.2
### 女人爱说话

实例

（实例待考）

## W2787.3
### 女人爱跳舞

实例

（实例待考）

## W2787.4
### 女人爱嫉妒

【关联】［W6817］嫉妒

实例

（实例待考）

## W2787.5
### 女人好唠叨的原因

【汤普森】A1372.1

【关联】［W2929.11］长舌妇

实例

（实例待考）

## W2787.6
### 女人温柔的来历

实例

［畲族］女孩子因为喜欢月亮，所以也像月亮一样柔和美丽。

【流传】（无考）

【出处】陈玮君整理：《高辛和龙王》，

见谷德明编《中国少数民族神话》，北京：中国民间文艺出版社1987年版，第203页。

## W2787.7

### 女人小巧的原因

【实例】

❶［哈萨克族］女人（夏娃）苗条纤弱，就因为她的身体是取自另一个身体（人祖）而拼成的。

【流传】（无考）

【出处】波勒泰·比达克买提等搜集，安蕾、毕桴译：《上帝用泥土造人》，见满都呼主编《中国阿尔泰语系诸民族神话故事》，北京：民族出版社1997年版，第67页。

❷［汉族］女娲造人时，先造了一个大的男人，后来造第二个人泥不够，掺点水揉揉，小巧一些。所以后世的女人小巧、柔软。

【流传】浙江省·嘉兴（嘉兴市）·海宁（海宁市）

【出处】陈桂珍讲，王雪康等采录：《女娲补天造人》，见中国民间文学集成全国编辑委员会编《中国民间故事集成》（浙江卷），北京：中国ISBN中心1997年版，第39页。

❸［汉族］女娲造女人，很小心，轻轻揉，细细摸，慢慢捏，所以捏出来的女人是柔嫩、灵巧、纤细一些。

【流传】浙江省·（衢州市）·江山县（江山市）·凤林镇

【出处】管兰吉讲，杜鹃采录：《兄妹造人》，见中国民间文学集成全国编辑委员会编《中国民间故事集成》（浙江卷），北京：中国ISBN中心1997年版，第40页。

## W2787.8

### 女人劲小的原因

【实例】

［汉族］最早有的一对男女，因为果子被男人吃了，女的只吃了点果子汁，所以劲小，又把女人叫水性人。

【流传】陕西省·（渭南市）·合阳县·东王乡·莘野村

【出处】张甲民讲，梁浩秋采录：《男人喉咙的疙瘩》，见中国民间文学集成全国编辑委员会编《中国民间故事集成》（陕西卷），北京：中国ISBN中心1996年版，第9页。

## W2787.9

### 女人会纺纱的原因

【汤普森】A1372.3

【关联】［W6121］纺纱的产生

【实例】

［汉族］女娲补天缝缝补补，细心又耐性，形成了女人缝补的本领。

【流传】浙江省·（金华市）·兰溪市·城关（城关镇）

【出处】王阿英讲，蔡斌采录：《女娲补天》，见中国民间文学集成全国编辑委员会编《中国民间故事集成》（浙江卷），北京：中国ISBN中心1997年版，第16页。

## W2787.9.1
### 女人会纺织源于女娲补天

**实例**

[汉族] 因为女娲会补天，并且细心，所以一直到现在，女人还有缝缝补补的本领。

【流传】浙江省·（金华市）·兰溪市

【出处】王阿英讲，蔡斌搜集整理：《女娲补天空》，见姚宝瑄主编《中国各民族神话》（汉族），太原：山西出版传媒集团·书海出版社2014年版，第44～45页。

## W2787.10
### 女人爱说谎的原因

【汤普森】A1372.5

**实例**

（实例待考）

## W2787.11
### 女人不聪明的原因

【关联】［W2787.16.1］以前女人聪明

**实例**

（参见下级母题实例）

## W2787.11.1
### 女人得到围裙后变傻

**实例**

[彝族] 此前女人比男人聪明，后来有聪明人给女人围了1条围裙，女人就没有男人聪明了。

【流传】（无考）

【出处】《吸烟的传说》，见马学良《云南倮族（白夷）之神话》（续），载《西南边疆》1943年第17期。

## W2787.12
### 女人多变的原因

**实例**

[汉族] 最早有的一对男女，因为果子被男人吃了，女的只吃了点果子汁，所以又叫水性人。

【流传】陕西省·（渭南市）·合阳县·东王乡·莘野村

【出处】张甲民讲，梁浩秋采录：《男人喉咙的疙瘩》，见中国民间文学集成全国编辑委员会编《中国民间故事集成》（陕西卷），北京：中国ISBN中心1996年版，第9页。

## W2787.13
### 女人吸引男人的原因

【汤普森】A1373

**实例**

（实例待考）

## W2787.14
### 女人下身大的原因

【关联】［W2796.3］女人为什么比男人臀部大

**实例**

（参见关联项母题实例）

## W2787.15
### 女人屁股发凉的原因

**实例**

❶ [回族] 阿丹和好娃被真主赶下天堂时，曾在冰河里结合过夜，所以后来男人的膝盖和女人的屁股都是凉的。

【流传】宁夏回族自治区

【出处】《阿丹和好娃》，见陶阳、钟秀《中国创世神话》，上海：上海人民出版社1993年版，第54页。

❷ [土族] 以前，天气很冷，到处是冰天雪地，人们常睡在冰上过夜，所以女人的屁股至今还是冰冷的。

【流传】青海省·黄南州（黄南藏族自治州）·同仁县·年都乎乡·年都乎村

【出处】吉洛讲，赵清阳采录：《狗、猴子和人》，见中国民间文学集成全国编辑委员会编《中国民间故事集成》（青海卷），北京：中国ISBN中心2007年版，第13页。

## W2787.15.1
### 女人的屁股凉是与丈夫冰河过夜的结果

【关联】

① [W2779.1.4] 男人膝盖凉是人祖在冰上交欢造成的

② [W7125.1] 在冰川上成婚

**实例**

❶ [回族] 阿丹和海尔玛被真主惩罚下凡很多年不能相见，后来俩人在冰河重逢并在冰上结合过夜。从此，女人的屁股也是冰凉的，就是这个原因。

【流传】（无考）

【出处】《阿丹和海尔玛》，马奔根据《中国回族民间文学概观》（宁夏大学出版社1984年版）等改写，见姚宝瑄主编《中国各民族神话》（土族、东乡族、回族、保安族、裕固族、撒拉族），太原：山西出版传媒集团·书海出版社2014年版，第49页。

❷ [回族] 阿丹和好娃被赶出伊甸园（b为"天堂"），在冰川上第一次发生欢合情交，因此女人的屁股冰凉。

【流传】

(a) 宁夏回族自治区·海原县·海城镇·周台村

(b) 宁夏回族自治区·泾源县·惠台乡·暖水村

【出处】

(a) 田富珍讲王红久采录者：《人祖阿丹和好娃》，见中国民间文学集成全国编辑委员会编《中国民间故事集成》（宁夏卷），北京：中国ISBN中心1999年版，第7页。

(b) 郡生财讲，安文斌采录：*《人祖阿丹和好娃》，见中国民间文学集成全国编辑委员会编《中国民间故事集成》（宁夏卷），北京：中国ISBN中心1999年版，第8页。

## W2787.16
### 女人聪明能干

【关联】

① [W2787.11.1] 女人得到围裙后

变傻

② ［W2796.7］女人为什么比男人聪明

实例

（参见下级母题实例）

## W2787.16.1
### 以前女人聪明

实例

（参见下级母题实例）

## W2787.16.1a
### 盘古时代女人聪明

【关联】［W2000.1.2.2］盘古时代没有人

实例

［布依族］盘古时代，女子最聪明。

【流传】贵州省·（黔南布依族苗族自治州）·平塘县、罗甸县、惠水县三县交界地区

【出处】杨兴荣、杨再良讲，杨路塔记录整理：《日、月、星》，见姚宝瑄主编《中国各民族神话》（布依族、仡佬族、苗族），太原：山西出版传媒集团·书海出版社2014年版，第76页。

## W2787.17
### 女人细心的来历

实例

（参见下级母题实例）

## W2787.17.1
### 女人心细源于女娲补天

【关联】［W1386.2］女娲补天

实例

［汉族］因为盘古开天辟地粗心，女娲补天细心。所以一直到现在，女的做事比较细心又耐性，而且还有缝缝补补的本领。

【流传】浙江省·（金华市）·兰溪市

【出处】王阿英讲，蔡斌搜集整理：《女娲补天空》，见姚宝瑄主编《中国各民族神话》（汉族），太原：山西出版传媒集团·书海出版社2014年版，第44~45页。

## W2787.18
### 女人心慈性烈

实例

［满族］阿布卡赫赫（天母）和卧勒多赫赫（布星女神）两神用自己身上的慈肉、烈肉造女人，所以女人心慈性烈。

【流传】黑龙江省·（黑河市）·瑷珲（今孙吴县）·（沿江满族达斡尔族乡）·四季屯

【出处】白蒙古讲：《天宫大战》（三胛凌），见王宏刚《满洲萨满教创世神话中的人本主义曙光》，载《西北民族研究》2007年第4期。

## W2788
与女人特征有关的其他母题

**实例**

（参见下级母题实例）

## W2788.1
女人孵卵

【汤普森】F569.1

**实例**

（实例待考）

## ※ W2790
男女特征的区别（男女差异、男女有别）

**实例**

（参见下级母题实例）

## W2791
男女性别差异的原因

【汤普森】A1313.0.2

【关联】[W2786] 女人为什么没喉头和胡子

**实例**

（参见关联项及下级母题实例）

## W2791.1
男女的不同外形的原因

【关联】

① [W2776] 男人喉头的来历

② [W2779.5] 男人为什么粗壮

③ [W2780] 女人特殊的性别特征

**实例**

（参见关联项母题实例）

## W2792
男女不平等的原因

【汤普森】A1618

【关联】[W5009] 人的等级的产生

**实例**

（参见关联项母题实例）

## W2793
男人比女人大

【关联】[W2787.8] 女人劲小的原因

**实例**

（参见下级母题实例）

## W2793.1
人产生时形成男大女小

**实例**

（实例待考）

## W2793.1.1
造人时造的男大女小

**实例**

（实例待考）

## W2793.2
男人为什么比女人力气大

【关联】[W2787.8] 女人劲小的原因

**实例**

（参见下级母题实例）

## W2793.2.1
### 造人时女人淋雨造成女人力气小
**实例**

[汉族]（实例待考）

## W2793.2.2
### 造女人少吹了一口气造成女人力气小
【关联】[W2114]造人经吹气后成活

**实例**

[独龙族] 天神格孟用土造的第一个人是男人，吹了三口气。造的第二个是女人，因为造女人时吹了两口气，所以女人的气力不如男人。

【流传】（无考）

【出处】《"格孟"造人》，见彭义良《创世记》，载《民族文化》1987年第1期。

## W2793.2.3
### 女人纤弱是因为她取自男人的身体
**实例**

[哈萨克族] 女人（夏娃）苗条纤弱，就因为她的身体是取自另一个男人（人祖）的身体而拼成的。

【流传】（无考）

【出处】波勒泰·比达克买提等搜集，安蕾、毕桐译：《上帝用泥土造人》，见满都呼主编《中国阿尔泰语系诸民族神话故事》，北京：民族出版社1997年版，第67页。

## W2793.2.4
### 男人力气大是因为造人时先造的男人
**实例**

[鄂伦春族] 恩都力造人，天神先造男人，后造女人，所以后世的女人都比男人力气小。

【流传】（无考）

【出处】《恩都力造人》，见中国各民族宗教与神话大词典编审委员会编《中国各民族宗教与神话大词典》，北京：学苑出版社1990年版，第131页。

## W2793.2.5
### 女人力气小是因为造女人时加了泥
**实例**

[鄂伦春族] 恩都力莫里根神造男人时用飞禽的骨头和肉，造女人时用泥来补充。所以，女人的力气小，不能干重活。

【流传】（中国东北部地区）

【出处】《恩都力创造了鄂伦春人》，见姚宝瑄主编《中国各民族神话》（达斡尔族、鄂伦春族、鄂温克族、蒙古族），太原：山西出版传媒集团·书海出版社2014年版，第20~21页。

## W2794

### 女人比男人大

**实例**

（参见下级母题实例）

## W2794.1

### 女人力气比男人大

【关联】［W2787.8］女人劲小的原因

**实例**

（参见下级母题实例）

## W2794.1.1

### 女人力气比男人大是因为神给了女人神力

**实例**

［鄂伦春族］天上的恩都力造女人时，用神术给了一点力气，结果变得力大无比，连男人都不是对手。

【流传】内蒙古自治区·（呼伦贝尔市）·鄂伦春自治旗

【出处】德兴德讲，巴图宝音采录：《族源神话》，见中国民间文学集成全国编辑委员会编《中国民间故事集成》（宁夏卷），北京：中国 ISBN 中心 2007 年版，第 23 页。

## W2794.1.2

### 女人吃了特定的东西后比男人力气大

【关联】［W6159.1.1］给力的食物

**实例**

［鄂伦春族］天神恩都哩开始造的女人力气小，天神摘来野果子，给每个女人嘴里都塞了一颗后，女人力气比男人大多了。

【流传】黑龙江省·黑河市·（爱辉区）·新生乡

【出处】莫庆云讲：《男人和女人》，见中国民间文学集成全国编辑委员会编《中国民间故事集成》（黑龙江卷），北京：中国 ISBN 中心 2005 年版，第 23 页。

## W2794.2

### 特定时间女人比男人大

**实例**

（参见下级母题实例）

## W2794.2.1

### 地比天大时，女人比男人大

**实例**

［纳西族］地比天大的时候，女人比男人大。

【流传】云南省·丽江县（丽江市）

【出处】木丽春采集整理：《父亲易位的故事》，见木丽春编著《纳西族民间故事集》，昆明：云南人民出版社 2007 年版，第 14 页。

## W2795

### 男人为什么比女人须发多

**实例**

［满族］造男人时，是肩骨和腋毛合成的，所以男人身上比女人须发髯毛多。

【流传】黑龙江省·（黑河市）·瑷珲（今孙吴县）·（沿江满族达斡尔族乡）·四季屯

【出处】白蒙古讲：《天宫大战》（三胐凌），见王宏刚《满洲萨满教创世神话中的人本主义曙光》，载《西北民族研究》2007年第4期。

## W2796
### 与男女特征区别有关的其他母题

实例

（参见下级母题实例）

## W2796.0
### 男女皮肤为什么不同

【关联】［W2782.1］女人皮肤白的来历

实例

（参见关联项母题实例）

## W2796.0.1
### 男人为什么比女人皮肤粗糙

【关联】［W2773.4.2.1 男性生殖器大而粗糙的来历

实例

（参见关联项母题实例）

## W2796.0.2
### 男人为什么皮黄脸黑

实例

［汉族］因为伏羲女娲造人时，男的是黄泥造的，所以五大三粗，皮黄脸黑。

【流传】江苏省·（淮安市）·涟水县·南集乡·禹庄村

【出处】徐学尧讲，徐省生搜集整理：《世界的由来》（1983），见姚宝瑄主编《中国各民族神话》（汉族），太原：山西出版传媒集团·书海出版社2014年版，第24~28页。

## W2796.1
### 阴盛阳衰

【汤普森】≈L152

实例

［哈尼族］一对老夫妻生8个儿子不成器，只好求天神赐给能干的女儿。

【流传】云南省·（红河哈尼族彝族自治州）·红河县

【出处】李克郎讲：《砍遮天大树》，见中国民间文学集成全国编辑委员会编《中国民间故事集成》（云南卷），北京：中国ISBN中心2003年版，第156~160页。

## W2796.2
### 男人与女人肋骨数量不同

实例

（参见下级母题实例）

## W2796.2.1
### 男人为什么比女人少一根肋骨

实例

❶［哈萨克族］男人左右不平衡，左边

乏力，就因为他左边比右边少了一根肋骨（造夏娃抽取了一根肋骨）。

【流传】（无考）

【出处】波勒泰·比达克买提等搜集，安蕾、毕桴译：《上帝用泥土造人》，见满都呼主编《中国阿尔泰语系诸民族神话故事》，北京：民族出版社1997年版，第67页。

❷ [傈僳族] 天神用泥造女人时，吹多少次气都没有成活。他就从从男人身上取下一根肋骨放在女人身上，女人才渐渐活了起来。

【流传】云南省·（德宏傣族景颇族自治州）·陇川县·邦外公社（陇把镇）

【出处】李有华讲，黄云松等采录：《天地人的来历》，见中国民间文学集成全国编辑委员会编《中国民间故事集成》（云南卷），北京：中国ISBN中心2003年版，第44页。

## W2796.2.2

### 男人九条肋骨，女人七条肋骨

实 例

[傈僳族] 男人有九条肋巴骨，女人有七条肋巴骨。

【流传】云南省·德宏州（德宏傣族景颇族自治州）·盈江县·苏典乡

【出处】

(a) 许鸿宝等：《盈江县苏典傈僳族调查报告》，见《云南少数民族社会历史调查资料汇编》（二），昆明：云南人民出版社1987年版，第68页。

(b) 同（a），见吕大吉、何耀华总主编《中国各民族原始宗教资料集成》（纳西族卷、羌族卷、独龙族卷、傈僳族卷、怒族卷），北京：中国社会科学出版社2000年版，第804页。

## W2796.3

### 女人为什么比男人臀部大

【汤普森】≈ A1319.4

实 例

[达斡尔族] 天神恩都日当初造人时粗心，造成男人膝盖骨发凉，女人下身寒大。

【流传】（无考）

【出处】孟志东搜集：《人是恩都日造的》，见满都呼主编《中国阿尔泰语系诸民族神话故事》，北京：民族出版社1997年版，第178页。

## W2796.3.1

### 女人下肢宽大是造人时形成的

实 例

[达斡尔族] 天神用泥造人时，把泥人摆在又冷又潮湿的地方，放的时候，男的泥人是屈膝而跪的姿势，女的泥人是盘腿而坐的姿势。所以，女人的下肢普遍宽大。

【流传】（无考）

【出处】《天神捏人》，见姚宝瑄主编《中国各民族神话》（达斡尔族、鄂伦春族、鄂温克族、蒙古族），太原：山西出版传媒集团·书海出版社2014年版，第4～5页。

## W2796.4
### 男人为什么比女人粗心

【关联】［W2787.17］女人细心的来历

**实例**

（参见下级母题实例）

## W2796.4.1
### 男人粗心源于盘古粗心

**实例**

［汉族］因为盘古开天辟地粗心，女娲补天细心。所以一直到现在，男的做事往往都比较粗心，差不多都要女的帮一手。

【流传】浙江省·（金华市）·兰溪市

【出处】王阿英讲，蔡斌搜集整理：《女娲补天空》，见姚宝瑄主编《中国各民族神话》（汉族），太原：山西出版传媒集团·书海出版社2014年版，第44～45页。

## W2796.5
### 女人为什么比男人优秀

【汤普森】A1376

【关联】［W2787.16］女人聪明能干

**实例**

（参见下级母题实例）

## W2796.5.1
### 女人为什么比男人能干

**实例**

（实例待考）

## W2796.5.1a
### 山洞生人时女人比男人能干

【关联】［W2205.2］山洞生人（人从山洞出来）

**实例**

［佤族］人刚出生出司岗里的时候，女人仍然比男人能干。

【流传】云南省·（普洱市）·西盟佤族自治县、澜沧拉祜族自治县等地

【出处】毕登程、隋嘎编著：《司岗里——佤族创世史诗》，昆明：云南出版集团公司·云南人民出版社2009年版，第68页。

## W2796.5.2
### 男子懒惰，女子勤劳

**实例**

（参见下级母题实例）

## W2796.5.2a
### 天神造的男子懒惰，女子勤劳

**实例**

［彝族］格兹天神造天的五个儿子玩性很大，边赌边玩；格兹天神造地的四个姑娘却非常勤劳。

【流传】（云南省·楚雄彝族自治州·姚安县·官屯乡·马游村，大姚县·昙华乡等）

【出处】

(a) 郭天元（马游村）、李申呼颇（昙华乡）、李福玉颇（苴）演唱，郭思

九、许明学、龚维顺、张宝省、陈志群、胡炳文等搜集，刘德虎、龚维顺、陈志群、李树荣、郭天元等整理：《梅葛》（第一部"创世"），见云南省民族民间文学楚雄调查队《梅葛》（1959），昆明：云南人民出版社2009年版。

（b）《打虎开天辟地》，蔷紫据云南省民族民间文学楚雄调查队著《梅葛》（云南人民出版社2009年版）改写，见姚宝瑄主编《中国各民族神话》（羌族、彝族），太原：山西出版传媒集团·书海出版社2014年版，第191页。

## W2796.6

### 女人为什么是丈夫的主人

【汤普森】A1557

【关联】[W5204.3] 女人服从男人的来历

实 例

❶ [满族] 因为孩子是女人生的，所以什么事都是佛赫（最早出现的女人）说了算。

【流传】黑龙江省·（牡丹江市）·宁安县·江东（江南朝鲜族满族乡）·缸窑村

【出处】关振川讲，傅英仁采录：《佛赫妈妈和乌申阔玛发》，见中国民间文学集成全国编辑委员会编《中国民间故事集成》（黑龙江卷），北京：中国ISBN中心2005年版，第13页。

❷ [满族] 洪水后，佛赫妈妈和乌申阔玛发结婚，因为女人生孩子，所以什么事都是佛赫说了算。

【流传】（无考）

【出处】《佛赫妈妈和乌申阔玛发》，见傅英仁口述，张爱云整理《傅英仁满族故事》（上），哈尔滨：黑龙江人民出版社2006年版，第4页。

## W2796.7

### 女人为什么比男人聪明（女人比男人聪明）

【关联】[W2787.16] 女人聪明能干

实 例

（参见下级母题实例）

## W2796.7.1

### 以前女人比男人聪明

【关联】[W2787.16.1] 以前女人聪明

实 例

[布依族] 以前，女子最聪明，哥哥去找来九十九件东西，都不能发出光亮，妹妹找来九样东西，却能成功取火。

【流传】贵州省·（黔南布依族苗族自治州）·平塘县、罗甸县、惠水县三县交界地区

【出处】杨兴荣、杨再良讲，杨路塔搜集整理：《日、月、星》，载《山茶》1987年第2期。

## W2796.7.2

### 女人出生就比男人聪明

实 例

[怒族] 茂英充（女始祖）娶很多男

人，生下的女孩子一个比一个漂亮、聪明；但男孩子就一个比一个愚笨。

【流传】云南省·（怒江傈僳族自治州）·福贡县·匹河乡

【出处】企扒冲讲，李卫才采录：《女始祖》，见中国民间文学集成全国编辑委员会编《中国民间故事集成》（云南卷），北京：中国 ISBN 中心 2003 年版，第 268 页。

## W2796.7.3
### 女人比男人聪明是因为造女人时肋骨上多放了一些泥

【关联】［W2793.2.5］男人比女人力气大是因为造女人时加了泥

实　例

❶ ［独龙族］嘎美、嘎莎两个大神用泥土造出一对男女"普"和"姆"。在他俩中，"姆"最聪明、最能干。这是因为嘎美和嘎莎在捏她的时候，在她的肋巴骨上多放了些泥土的缘故。

【流传】云南省

【出处】李子贤等搜集整理：《创世纪神话故事六则·嘎美嘎莎造人》，见中国作家协会云南分会编《云南民族民间故事选》，昆明：云南人民出版社 1981 年版，第 582~583 页。

❷ ［独龙族］两个大神用泥土造一男和一女。男人取名叫做普，女人取名叫做姆。姆最聪明、最能干。这是因为嘎美和嘎莎在捏她的时候，在她的肋巴骨上多放了些泥土的缘故。

【流传】（无考）

【出处】《嘎美嘎莎造人》，原载陶立璠、赵桂芳等编《中国少数民族神话汇编》，见陶阳、钟秀编《中国神话》（下），北京：商务印书馆 2008 年版，第 1082~1083 页。

❸ ［独龙族］天神嘎姆和嘎莎造人时，在女人肋巴骨上多放了一些泥巴，所以女人聪明能干一些。

【流传】（a）云南省

【出处】

（a）＊《嘎姆嘎莎造人》，见中国社会科学院云南少数民族文学研究所等编《云南少数民族文学资料》第 2 辑，内部编印，1981 年，第 139 页。

（b）《嘎美嘎莎造人》，见谷德明编《中国少数民族神话》，北京：中国民间文艺出版社 1987 年版，第 530 页。

## W2796.7.4
### 女人比男人聪明是因为女人比男人多一根肋骨

【关联】［W2796.2.1］男人为什么比女人少一根肋骨

实　例

［傈僳族］由于男人身上比女人少了一根肋骨，所以女人总是比男人聪明些。

【流传】云南省·（德宏傣族景颇族自治州）·陇川县·邦外公社（陇把镇）

【出处】李有华讲，黄云松等采录：《天地人的来历》，见中国民间文学集成全国编辑委员会编《中国民间故事集

## W2796.8
### 女人为什么比男人坏
【汤普森】A1371

实例

［哈尼族］（实例待考）

## W2796.9
### 女人为什么比男人下身寒气大

实例

［达斡尔族］天神捏人放在阴湿地面，男跪女坐，因此，男子膝骨发凉，女子下半身寒气大。

【流传】（无考）

【出处】满都尔图：《达斡尔族》，北京：民族出版社1991年版，第104页。

## W2796.10
### 男女死后灵魂到不同地方

【关联】［W0910］灵魂的归宿

实例

［怒族］男人有九个魂、女人有七个魂，男人死后魂归九重天，女人死后魂入七层地。

【流传】云南省·怒江（怒江傈僳族自治州）·碧江县（已撤销，现为怒江傈僳族自治州中部）

【出处】

（a）宝山屹搜集整理：《怒族祭祀歌》，见碧江县政协文史资料编写组编《碧江文史资料选集》，内部资料，1987年，第103~107页。

（b）同（a），见吕大吉、何耀华总主编《中国各民族原始宗教资料集成》（纳西族卷、羌族卷、独龙族卷、傈僳族卷、怒族卷），北京：中国社会科学出版社2000年版，第876~877页。

## W2796.11
### 男壮女柔的来历

【关联】
① ［W2779.5］男人为什么粗壮
② ［W2787.6］女人温柔的来历

实例

（参见下级母题实例）

## W2796.11.1
### 男壮女柔是因为男女的灵魂数量不同

【关联】［W0914.1.4.1］男九魂，女七魂

实例

［基诺族］男九魂，女七魂，生儿壮如龙竹笋，生女嫩如黄竹笋。

【流传】云南省·（西双版纳傣族自治州·景洪市）·基诺山（基诺山基诺族乡）·巴亚中寨、亚诺寨

【出处】沙车等讲，杜玉亭调查整理：《天鬼与雷鬼》（1979~1990），见吕大吉、何耀华总主编《中国各民族原始宗教资料集成》（彝族卷、白族卷、

基诺族卷），北京：中国社会科学出版社 1996 年版，第 945 页。

## W2796.12
### 男上女下的来历

实 例

（参见下级母题实例）

## W2796.12.1
### 男上女下是因为男人是天之子，女人是地之女

实 例

[纳西族] 男人是天的儿子，皇族的种子，也是从天上往地下播的种子；女人是地的女儿，她生来是接受天上滴落露珠的谷种，也是朝天躺着接受天露的种子。

【流传】云南省·丽江县（丽江市）

【出处】木丽春采集整理：《迁徙三受阻的传说》，见木丽春编著《纳西族民间故事集》，昆明：云南人民出版社 2007 年版，第 66 页。

## W2796.13
### 男女爱好不同

实 例

（参见下级母题实例）

## W2796.13.1
### 男耕女织

【关联】[W2787.9] 女人会纺纱的原因

实 例

[彝族] 天女撒赛歇与直眼人婚生 60 对儿女。儿子大了爱玩泥巴，姑娘大了爱去采花；儿子上山开垦地，姑娘则下到河边种桑麻。

【流传】（云南省·楚雄彝族自治州·双柏县，红河哈尼族彝族自治州等地）

【出处】

（a）云南省民族民间文学楚雄、红河调查队搜集，郭思九、陶学良整理：《查姆》，昆明：云南人民出版社 1981 年版。

（b）郭思九、陶学良整理，古梅改写：《彝家的古根》，选自《云南民族文学资料》第七集中的《查姆》上部前三章，见姚宝瑄主编《中国各民族神话》（羌族、彝族），太原：山西出版传媒集团·书海出版社 2014 年版，第 78 页。

## W2796.13.2
### 男人为什么善狩猎

实 例

（参见下级母题实例）

## W2796.13.2a
### 男人善狩猎是因为天神赐给他们弓箭

实 例

[鄂伦春族] 男人向天神求助，天神便赐予他们弓矢，所以，男人善于射猎。

【流传】（中国东北部地区）

【出处】《恩都力创造了鄂伦春人》，见姚宝瑄主编《中国各民族神话》（达

斡尔族、鄂伦春族、鄂温克族、蒙古族），太原：山西出版传媒集团·书海出版社2014年版，第20~21页。

## W2796.14
### 男人的膝盖为什么比女人凉

【关联】

① [W2847.3.2] 人的膝盖发凉的来历
② [W2779.1] 男人的膝盖是凉的

【实例】

（参见下级母题实例）

## W2796.14.1
### 男人膝盖凉是造人时形成的

【实例】

[达斡尔族] 天神用泥造人时，把泥人摆在又冷又潮湿的地方，放的时候，男的泥人是屈膝而跪的姿势，女的泥人是盘腿而坐的姿势。所以，男人的膝盖骨都是冷的。

【流传】（无考）

【出处】《天神捏人》，见姚宝瑄主编《中国各民族神话》（达斡尔族、鄂伦春族、鄂温克族、蒙古族），太原：山西出版传媒集团·书海出版社2014年版，第4~5页。

## W2796.15
### 女人比男人美丽

【关联】

① [W2898.3.2] 美女
② [W2898.4.1] 丑男

【实例】

（参见下级母题实例）

## W2796.15.1
### 女人美丽是因为造人时让女人吃了野果

【实例】

[鄂伦春族] 天神恩都力造女人时，摘来野果，往每个女人的嘴里塞了一个。因此，女人便生得比男人美貌而聪慧。

【流传】（中国东北部地区）

【出处】《恩都力创造了鄂伦春人》，见姚宝瑄主编《中国各民族神话》（达斡尔族、鄂伦春族、鄂温克族、蒙古族），太原：山西出版传媒集团·书海出版社2014年版，第20~21页。

## W2797
### 与性别有关的其他母题

【关联】

① [W6377.4] 生殖器崇拜（性崇拜）
② [W6460.4] 割礼
③ [W6513] 性禁忌
④ [W6697.1] 自诩性能力强的习俗
⑤ [W7156] 性交的来历

【实例】

（参见下级母题实例）

## W2797.1
### 无性别的人

【关联】[W2754] 原来的人不分男女

## W2797.1.1
### 无性别的人的产生
【汤普森】 A1313.0.1
【关联】［W2754.2］特定的时代不分男女

实 例

（参见关联项母题实例）

## W2797.2
### 两性人

实 例

［汉族］盘古的身子变成男女同体的双性人，自己能生孩子。他的子孙后代越来越多。
【流传】辽宁省·（沈阳市）·辽中县·于家坊子乡（于家房镇）·插拉村
【出处】任泰芳讲，李明采录：《双性人》，见中国民间文学集成全国编辑委员会编《中国民间故事集成》（辽宁卷），北京：中国 ISBN 中心 1994 年版，第 15 页。

## W2797.2.1
### 原来男女同体
【关联】［W2885］连体人

实 例

❶［汉族］有人一身而有男女二体，尤好淫。
【流传】（无考）
【出处】《男女二体》，见［晋］干宝《新辑搜神记》卷十四，李剑国辑校，北京：中华书局 2007 年版，第 237 页。

❷［畲族］最初的人男女同体。
【流传】福建省·（宁德市）·寿宁县·凤阳乡
【出处】蓝石德讲，郭忠积采录：*《造人》，见中国民间文学集成全国编辑委员会编《中国民间故事集成》（福建卷），北京：中国 ISBN 中心 1998 年版，第 6 页。

## W2797.2.2
### 人原来有时变男有时变女
【关联】［W2768.1］胎儿变化性别

实 例

❶［哈尼族］德摩诗匹（人的先祖）是可以做男人可以做女人的人。
【流传】云南省·（红河哈尼族彝族自治州）·元阳县
【出处】朱小和讲，史军超采录：《动植物的家谱》，见中国民间文学集成全国编辑委员会编《中国民间故事集成》（云南卷），北京：中国 ISBN 中心 2003 年版，第 346 页。

❷［满族］从远方来的第一代生下来的人，有时变男，有时变女。
【流传】黑龙江省·牡丹江市·（阳明区）·铁岭河（铁岭河镇）
【出处】郭鹤令讲：《鄂多玛发》，见中国民间文学集成全国编辑委员会编

《中国民间故事集成》（黑龙江卷），北京：中国 ISBN 中心 2005 年版，第 46~50 页。

## W2797.3
### 男女比例

【实例】

（参见下级母题实例）

## W2797.3.1
### 男女同样多

【关联】

① ［W2759.7.1］葫芦生多对男女

② ［W2759.9.3］婚生多对男女

③ ［W2759.10.3］卵生多对男女

【实例】

（参见关联项母题实例）

## W2797.3.2
### 男少女多

【关联】［W2703.2.4.1］蛇与太阳之女婚生 1 男 2 女

【实例】

［鄂伦春族］最早的人都是雄性的，只有一个年龄较大的雌性人。

【流传】（无考）

【出处】

（a）孟兴全讲：《鄂伦春人是怎么来的》，见满都呼主编《中国阿尔泰语系诸民族神话故事》，北京：民族出版社 1997 年版，第 319 页。

（b）《鄂伦春族的传说时代》，见吕光天《北方民族原始社会形态研究》，银川：宁夏人民出版社 1981 年版，第 78 页。

## W2797.3.2.1
### 造出的人男少女多

【关联】［W2030］人是造出来的（造人）

【实例】

［汉族］兄妹造人时，哥哥按约定造 100 个男人；妹妹造腻了，用绳子沾泥浆甩，甩出的女人比男人多。

【流传】浙江省·丽水（丽水市）

【出处】徐三妹讲，唐宗龙采录：《兄妹造人》，见中国民间文学集成全国编辑委员会编《中国民间故事集成》（浙江卷），北京：中国 ISBN 中心 1997 年版，第 41 页。

## W2797.3.2.2
### 血变成 1 男 2 女

【实例】

［赫哲族］女子流出的第 1 滴血变成 1 男 2 女。女人开始生孩子，所有的人便这样生了出来。

【流传】（无考）

【出处】洛帕金：《戈尔德人》，见喻权中《死亡的超越与转化——赫哲-那乃族初始萨满神话考疑》，载《黑龙江民族丛刊》1998 年第 3 期。

## W2797.3.2.3
### 人婚生7男9女

实例

[傈僳族] 洪水后，幸存的"杞濮约耶"夫妇生下7男9女。

【流传】云南省·（楚雄彝族自治州）·元谋地区（元谋县）·姜驿乡

【出处】张桥贵：《武定、元谋地区婚仪中的祭神》（1988），见吕大吉、何耀华总主编《中国各民族原始宗教资料集成》（纳西族卷、羌族卷、独龙族卷、傈僳族卷、怒族卷），北京：中国社会科学出版社2000年版，第796页。

## W2797.3.2.4
### 人婚生9男12女

实例

[彝族]（实例待考）

## W2797.3.2.5
### 女神让妇女生的男少女多

实例

[纳西族] 乍科乍阿吉山是女山，山里住着一位女山神，她使附近村寨的纳西族妇女多生女孩，少生男孩。

【流传】四川省·（凉山彝族自治州）·木里县（木里藏族自治县）·俄亚乡

【出处】刘龙初调查整理：*《祭山神》，见《四川省纳西族社会历史调查》，成都：四川省社会科学院出版社1987年版，第118页。

## W2797.3.2.6
### 男少女多与生女人时天气好有关

【关联】

① [W2759.12.1] 特定的气候生男
② [W2759.12.2] 特定的气候生女

实例

[满族] 东海生命之母神都金恩都力生出的人中，风天生出的是男人，无风无浪天气生出来的是女人。因无风天较多，所以过去女人多。

【流传】（无考）

【出处】

（a）富育光：《萨满教与神话》，沈阳：辽宁大学出版社1990年版，第50页。

（b）《都金恩都力生人》，见吕大吉、何耀华总主编《中国各民族原始宗教资料集成》（鄂伦春族卷、鄂温克族卷、赫哲族卷、达斡尔族卷、锡伯族卷、满族卷、蒙古族卷、藏族卷），北京：中国社会科学出版社1999年版，第485页。

## W2797.3.3
### 男多女少

实例

（参见下级母题实例）

## W2797.3.3.1
### 自然出现人时男多女少

实例

（参见下级母题实例）

## W2797.3.3.1a
### 最早有众男性和一个年长的女人

实例

[鄂伦春族] 全身是毛的动物（人的初形）全是男性，世上只有一个女性老太婆。

【流传】（无考）

【出处】《鄂伦春族的传说时代》，见吕光天《北方民族原始社会形态研究》，银川：宁夏人民出版社 1981 年版，第 78 页。

## W2797.3.3.2
### 造人时造成男多女少

【关联】[W2030] 人是造出来的（造人）

实例

（参见下级母题实例）

## W2797.3.3.2a
### 最高神造 7 男 1 女

实例

[蒙古族] 最高神乌尔根最早创造了 7 男 1 女。

【流传】（无考）

【出处】[日] 大林太良等：《世界神话事典》，第 442～445 页，见陈岗龙、乌日古木勒《蒙古民间文学》，银川：宁夏人民出版社 2008 年版，第 47 页。

## W2797.3.3.2b
### 造人时少造了一个女孩

实例

[汉族] 女娲娘娘把泥巴拿来捏成些娃儿，捏一个活一个，捏了好多，只是少捏了个女娃儿。这样一来就男多女少了。

【流传】四川省·巴县（今重庆市·巴南区）

【出处】钟丽碧讲，罗桂英记录，金祥度搜集整理：《女娲创世》（1988.04），见姚宝瑄主编《中国各民族神话》（汉族），太原：山西出版传媒集团·书海出版社 2014 年版，第 30～31 页。

## W2797.3.3.2c
### 造人时造 100 男 99 女

实例

[汉族] 无极老祖的大徒弟做了 99 个女人，小徒弟做了 100 个男人。

【流传】四川省·（德阳市）·绵竹县（绵竹市）·遵道乡

【出处】叶青云讲，王仲齐采录：《无极老祖造人》，见中国民间文学集成全国编辑委员会编《中国民间故事集成》（四川卷·上），北京：中国IS-

BN 中心 1998 年版，第 27 页。

## W2797.3.3.2d
### 造人时死亡了 1 个女人造成男多女少

**实例**

① [汉族] 伏羲兄妹各拿了 7 个人芽子到凡间去种时，妹妹把女人的头刨掉了一些。所以，世上的女人就比男人少。

【流传】宁夏回族自治区·（石嘴山市）·惠农县（惠农区）·庙台乡

【出处】李生枝讲，艾天恩采录：《世上人为啥女人比男人少》，见中国民间文学集成全国编辑委员会编《中国民间故事集成》（宁夏卷），北京：中国 ISBN 中心 1999 年版，第 14 页。

② [汉族] 女娲造人时本来男女成双成对，结果把女人的头刨掉了一个。所以，世上的女人比男人少。

【流传】宁夏回族自治区·（石嘴山市）·平罗县

【出处】邸永山讲：《世上人为啥女人比男人少》附记，见中国民间文学集成全国编辑委员会编《中国民间故事集成》（宁夏卷），北京：中国 ISBN 中心 1999 年版，第 14 页。

## W2797.3.3.3
### 变化产生人造成男多女少

**实例**

（参见下级母题实例）

## W2797.3.3.3a
### 变化成 52 男 48 女

**实例**

[壮族] 伏羲兄妹婚生的肉团分 100 块，成为 52 个男子和 48 个女子。

【流传】广西壮族自治区·（柳州市）·柳江（柳江区）

【出处】《造人歌》，见张声震总主编，农冠品编注《壮族神话集成》，南宁：广西民族出版社 2007 年版，第 4 页。

## W2797.3.3.4
### 婚生人时造成男多女少

【关联】[W2400～W2499] 婚配产生人（婚生人）

**实例**

[汉族] 兄妹婚生第一胎生出的世上男多女少。

【流传】浙江省·（温州市）·泰顺县·洲岭乡·洲滨村

【出处】魏朝银讲，张之冰采录：《石磨合婚》，见中国民间文学集成全国编辑委员会编《中国民间故事集成》（浙江卷），北京：中国 ISBN 中心 1997 年版，第 42 页。

## W2797.3.3.4a
### 一对夫妇生 7 男 1 女

**实例**

[鄂温克族] 以前，一对夫妻生了 8 个孩子，7 男 1 女。

【流传】（无考）

【出处】《鄂温克社会历史调查报告》，呼和浩特：内蒙古人民出版社1986年版，第243页。

## W2797.3.3.4b
### 婚生3男1女

实例

[畲族] 龙犬与高辛的三公主结婚，生3男1女。

【流传】（无考）

【出处】

（a）《狗王哥哥》，见陶阳、牟钟秀著《中国创世神话》，上海：上海人民出版社2006年版，第67页。

（b）《狗头王的传说》，载《南方都市报》2006.02.02。

## W2797.3.3.4c
### 婚生5男4女

实例

[畲族] 兄妹俩结婚生下了5男4女。

【流传】浙江省·（丽水市）·景宁县（景宁畲族自治县）·（东坑镇）·大张坑村

【出处】雷正发讲，萧坚采录：《火烧天》，见中国民间文学集成全国编辑委员会编《中国民间故事集成》（浙江卷），北京：中国 ISBN 中心1997年版，第45页。

## W2797.3.3.4d
### 婚生9男4女

实例

[彝族] 老虎变成人跟七妹成亲后，生下九个儿子和四个姑娘。

【流传】（a）云南省·（楚雄彝族自治州）·大姚县·昙华乡

【出处】

（a）李申呼颇讲，郭恩九采录：《虎氏族》，见中国民间文学集成全国编辑委员会编《中国民间故事集成》（云南卷），北京：中国 ISBN 中心2003年版，第225页。

（b）同（a），见陶阳、钟秀编《中国神话》（中），北京：商务印书馆2008年版，第570~575页。

## W2797.3.3.4e
### 婚生9男7女

实例

❶ [怒族] 洪水后，兄妹俩婚生九个男孩、七个女孩。

【流传】云南省·怒江（怒江傈僳族自治州）·碧江县（已撤销，现为怒江傈僳族自治州中部）·（福贡县·匹河怒族乡）·普乐村

【出处】

（a）《碧江普乐村鸡氏族的神话传说》，见宝山屹搜集整理《碧江怒族虎、鹿子、峰、鸡氏族的族源传说》，原载碧江县政协文史资料编写组编印《碧江文史资料选辑》，1987年，第53~

64 页。

（b）同（a），见吕大吉、何耀华总主编《中国各民族原始宗教资料集成》（纳西族卷、羌族卷、独龙族卷、傈僳族卷、怒族卷），北京：中国社会科学出版社 2000 年版，第 901～902 页。

❷ ［怒族］ 洪水后，幸存的一对兄妹成婚，阿哥生九个儿子，阿妹生七个女子。

【流传】 云南省·怒江州（怒江傈僳族自治州）

【出处】
（a）《创世歌》，叶世富：《论怒族宗教与文学》，载云南省民族理论研究会怒江州会分筹备组编《怒江民族研究》，1985 年创刊号，第 41～42 页。

（b）同（a），见吕大吉、何耀华总主编《中国各民族原始宗教资料集成》（纳西族卷、羌族卷、独龙族卷、傈僳族卷、怒族卷），北京：中国社会科学出版社 2000 年版，第 896～899 页。

❸ ［怒族］ 灾难后幸存的两兄妹婚生九男七女。

【流传】 云南省·（怒江傈僳族自治州）·福贡县·（上帕镇）·木古甲村

【出处】
（a）《福贡木古甲村的神话传说》，见王荣才等《福贡县一区木古甲怒族社会调查》，原载《怒族社会历史调查》，昆明：云南人民出版社 1981 年版，第 68 页。

（b）同（a），见吕大吉、何耀华总主编《中国各民族原始宗教资料集成》（纳西族卷、羌族卷、独龙族卷、傈僳族卷、怒族卷），北京：中国社会科学出版社 2000 年版，第 902 页。

## W2797.3.3.4f
### 婚生 51 男 49 女

实 例

❶ ［汉族］ 兄妹结婚后，妹妹生下 100 个孩子，有 51 个男孩和 49 个女孩。

【流传】 山西省·（临汾市）·吉县

【出处】 落永恩讲，孙苍梅采录：《人祖山的来历》，见中国民间文学集成全国编辑委员会编《中国民间故事集成》（山西卷），北京：中国 ISBN 中心 1999 年版，第 15 页。

❷ ［汉族］ 伏羲兄妹婚生 51 男 49 女，出现了男人打单身汉的情况。

【流传】 四川省·（成都市）·双流县·永兴镇

【出处】 郭顺红讲：《伏羲与兄妹与猿猴》，见中国民间文学集成全国编辑委员会编《中国民间故事集成》（四川卷·上），北京：中国 ISBN 中心 1998 年版，第 53 页。

## W2797.3.3.5
### 卵生人时造成男多女少

【关联】 ［W2220］ 卵生人

实 例

（参见下级母题实例）

## W2797.3.3.5a
### 蛋生出2男1女

实例

[高山族（排湾）]（实例待考）

## W2797.3.3.5b
### 卵生出100男99女

实例

[汉族] 用刀割开男女结婚生的2个肉球，出现了100个男人和99个女人。

【流传】江苏省·扬州（扬州市）

【出处】谢存道等整理：《女娲与伏羲》，见扬州市民间文学三套集成编委会编《扬州民间故事集》，北京：中国民间文艺出版社1989年版，第5～6页。

## W2797.3.3.6
### 感生人时造成男多女少

【关联】[W2230] 感生人

实例

（参见下级母题实例）

## W2797.3.3.6a
### 感生8男1女

实例

[土家族] 卵玉娘娘感应怀孕三年六个月，生下8男1女。

【流传】（无考）

【出处】杨昌鑫：《土家族风俗志》，北京：中央民族学院出版社1989年版，第10～12页。

## W2797.3.3.6b
### 感生9男7女

实例

[纳西族] 最早蛋生的女子格古命因抱着石柱睡觉怀孕，一胎生下了九男七女。

【流传】云南省·丽江县（丽江市）

【出处】木丽春采集整理：《格古命的故事》，见木丽春编著《纳西族民间故事集》，昆明：云南人民出版社2007年版，第28～29页。

## W2797.3.3.7
### 男神使人生男多生女少

实例

[纳西族] 陆祖五岩子山上住着一位男山神，它保佑附近村寨的纳西族妇女多生男孩，少生女孩。

【流传】四川省·（凉山彝族自治州）·木里县（木里藏族自治县）·俄亚乡

【出处】刘龙初调查整理：＊《祭山神》，见《四川省纳西族社会历史调查》，成都：四川省社会科学院出版社1987年版，第118页。

## W2797.4
### 男人疼爱女人的原因

实例

[回族] 男人疼爱女人，因为女人身上

有男人的一块肉。

【流传】青海省·黄南州（黄南藏族自治州）·同仁县·隆务镇·民主街

【出处】周尚杰（保安族，该文本注明他讲的是回族神话）讲，赵清阳采录：《阿丹的诞生》，见中国民间文学集成全国编辑委员会编《中国民间故事集成》（青海卷），北京：中国ISBN中心2007年版，第11页。

## W2797.5
### 男人喜欢女人的原因

【关联】［W7131］性爱的产生

实例

[哈萨克族] 男人喜欢女人，同床共枕时他们结合得像个整体一样，就因为他们是出自一个躯体（夏娃取自人祖躯体）。

【流传】（无考）

【出处】波勒泰·比达克买提等搜集，安蕾、毕桴译：《上帝用泥土造人》，见满都呼主编《中国阿尔泰语系诸民族神话故事》，北京：民族出版社1997年版，第67页。

## W2797.6
### 性功能的产生

【汤普森】A1350

【关联】［W7131］性爱的产生

实例

（参见关联项母题实例）

## W2797.6.1
### 生孩子的起源

【汤普森】A1351

【关联】

① ［W2130～W2299］生育产生人

② ［W2153.5］男人生孩子（男人生人）

③ ［W2781］女人生孩子的来历

实例

（参见关联项母题实例）

## W2797.7
### 以前男女都有乳房

【关联】

① ［W2777］男人没乳房的原因

② ［W2783］女人乳房的来历

实例

[傈僳族] 以前，地上的人类，不管男人女人，都有两个大乳房。

【流传】云南省·（大理白族自治州）·鹤庆县·朵美（朵美乡）

【出处】唐三妹讲，鹤庆县集成办公室采录：《山神岩桑》，见中国民间文学集成全国编辑委员会编《中国民间故事集成》（云南卷），北京：中国ISBN中心2003年版，第364页。

## W2797.8
### 男女性别互变

实例

[汉族] 阎王爷让灾难已满的夫妻托生

回到阳间。但夫妻两个调了性别，原来的丈夫变成女人，妻子变成男人。

【流传】黑龙江省·（哈尔滨市）·宾县

【出处】李沛春讲，苏凤爵整理：《游阴》，见黑龙江省宾县民间文学集成编委会编《宾县民间故事集成》，内部编印，1988年，第291页。

## W2797.8.1
### 男人变成女人

【关联】
① ［W2580～W2589］怀孕
② ［W2586.2.2］男人变女人生孩子

实例

［佤族］一次岩佤（人名、族名）砍金竹，不小心被竹叶划破胯子，两股间流了不少的血，从那以后有的男人就变成了女人。

【流传】云南省·（普洱市）·西盟县（西盟佤族自治县）

【出处】包永红等讲，高登智采录：《佤族姓氏的形成》，见中国民间文学集成全国编辑委员会编《中国民间故事集成》（云南卷），北京：中国ISBN中心2003年版，第336页。

## W2797.8.2
### 女人变成男人

【关联】
① ［W2771.2.6.1］击到女人身上的石头变成男性生殖器
② ［W9530～W9559］人的变形

实例

（参见W2771.2.6.1母题实例）

## W2797.9
### 人对性别的无知

【汤普森】J1745

【关联】［W2754.1］以前没有性别观念

实例

（参见关联项母题实例）

## W2797.10
### 男女的不同对待（男女地位不同）

【关联】［W5009］人的等级的产生

实例

（参见下级母题实例）

## W2797.10.1
### 重女轻男

实例

❶ ［哈尼族］一对老夫妻生8个儿子不成器，求天神得1女。

【流传】云南省·（红河哈尼族彝族自治州）·红河县

【出处】李克郎讲：《砍遮天大树》，见中国民间文学集成全国编辑委员会编《中国民间故事集成》（云南卷），北京：中国ISBN中心2003年版，第156～160页。

❷ ［彝族］木古搓日（人名）感风生的儿子搓日阿补，认为自己没有福气生姑娘。

【流传】云南省·（楚雄彝族自治州）·永仁县

【出处】苏绍相等讲，基默热阔采录：《搓日阿补征服女儿国》，见中国民间文学集成全国编辑委员会编《中国民间故事集成》（云南卷），北京：中国 ISBN 中心 2003 年版，第 353 页。

## W2797.10.2
### 重男轻女

实 例

[汉族]（实例待考）

## W2797.10.3
### 处理男女事物方法不同

实 例

（参见下级母题实例）

## W2797.10.3.1
### 物品分配男多于女

【关联】[W5220.2] 分家时财产的分配

实 例

[傈僳族] 死者停放好后，要由寡妇为死者作"双皮杂家"，即替死者煮饭。煮饭时，死者是妇女抓七把米，男的抓九把，一定要正抓反放。

【流传】云南省·（怒江傈僳族自治州）·（原碧江县五区）·卡石、色得（色德乡）·洼底村

【出处】

(a) 董抱朴等：《碧江县五区卡石、色得洼底村傈僳族社会经济调查》，见《傈僳族社会历史调查》，昆明：云南人民出版社 1981 年版，第 103~104 页。

(b) 同(a)，见吕大吉、何耀华总主编《中国各民族原始宗教资料集成》（纳西族卷、羌族卷、独龙族卷、傈僳族卷、怒族卷），北京：中国社会科学出版社 2000 年版，第 803 页。

## W2797.10.3.2
### 处理男女事物男左女右

【关联】[W6550] 习俗

实 例

[傈僳族] 死者停放好后，要杀一口猪，由比扒（巫师）祷告，杀猪时将猪血涂在两把刀子上，由两人手执刀子绕死者房屋走三圈，同时大声吼叫。叫喊时，刀子亦随之挥舞。绕房屋三圈后，死者是妇女则将猪的右耳割下放在死者脚前，男的割猪左耳。

【流传】云南省·（怒江傈僳族自治州）·（原碧江县五区）·卡石、色得（色德乡）·洼底村

【出处】

(a) 董抱朴等：《碧江县五区卡石、色得洼底村傈僳族社会经济调查》，参见《傈僳族社会历史调查》，昆明：云南人民出版社 1981 年版，第 103~104 页。

(b) 同(a)，见吕大吉、何耀华总主编《中国各民族原始宗教资料集成》（纳西族卷、羌族卷、独龙族卷、傈

傈僳族卷、怒族卷），北京：中国社会科学出版社2000年版，第803页。

### W2797.10.3.3
### 男女要分食

【关联】［W6513］性禁忌

实 例

[鄂伦春族] 熊是鄂伦春人的图腾。猎人猎到熊带回家后宰杀分食时，人们要准备两个吊锅，男女分开，分别煮肉。

【流传】（无考）

【出处】关小云：《鄂伦春族风俗概览》，黑龙江省民族研究所编印，见吕大吉、何耀华总主编《中国各民族原始宗教资料集成》（鄂伦春族卷、鄂温克族卷、赫哲族卷、达斡尔族卷、锡伯族卷、满族卷、蒙古族卷、藏族卷），北京：中国社会科学出版社1999年版，第20页。

### W2797.10.4
### 男人头上有神灵

【关联】［W095］神的居所

实 例

[鄂温克族] 绝对禁止女人摸男人的头，认为男人头上有神灵。

【流传】（无考）

【出处】汪丽珍整理：《妇女方面的禁忌》，见吕大吉、何耀华总主编《中国各民族原始宗教资料集成》（鄂伦春族卷、鄂温克族卷、赫哲族卷、达斡尔族卷、锡伯族卷、满族卷、蒙古族卷、藏族卷），北京：中国社会科学出版社1999年版，第170页。

### W2797.11
### 男女的代称

【关联】［W9996］替代物

实 例

[彝族] 彝族的"青桐树"指儿子，"玛樱花"指姑娘。

【流传】云南省·（红河哈尼族彝族自治州）·弥勒县（弥勒市）

【出处】石旺讲，戈隆阿弘采录：《独眼人、直眼人和横眼人》，见中国民间文学集成全国编辑委员会编《中国民间故事集成》（云南卷），北京：中国ISBN中心2003年版，第215页。

## 2.10.2 人的体征
（W2800 ~ W2899）

### W2800 人的体征的来历（人的体征的安排）

【汤普森】A1310

实 例

（参见下级母题实例）

### W2800.1
### 人的身体各部位是安排的结果

【汤普森】A1310.2

实 例

[德昂族] 雷神给天上掉下的人装眼睛、

鼻子，风神开耳朵、头发等，成为最早的人。

【流传】云南省·德宏州（德宏傣族景颇族自治州）

【出处】陈志鹏采录：《祖先创世纪》，见中国民间文学集成全国编辑委员会编《中国民间故事集成》（云南卷），北京：中国 ISBN 中心 2003 年版，第 106～112 页。

## W2800.1.1
### 人现在的体型是一对夫妻设计出来的

【关联】[W2493.2] 设计生出正常人

实　例

[羌族] 索依迪朗（夫妻神）生的前两个儿子身材身体都太大，慢慢设计修改出正常的孩子。

【流传】四川省·（阿坝藏族羌族自治州）·茂县·太平乡·牛尾巴村

【出处】郑友富讲，王康男采录：《索依迪朗造人》，见中国民间文学集成全国编辑委员会编《中国民间故事集成》（四川卷·下），北京：中国 ISBN 中心 1998 年版，第 1118 页。

## W2800.2
### 人的形体源于天数

实　例

[汉族] 人之形体化为天数而成。

【流传】（无考）

【出处】[汉] 董仲舒：《春秋繁露》，《北京图书馆古籍珍本丛刊》卷二，北京：书目文献出版社 1988 年版，第 566 页。

## W2800.3
### 与人的体征的安排有关的其他母题

实　例

（参见下级母题实例）

## W2800.3.1
### 人换模样

实　例

[汉族] 仙女用水一抹，使两个人立即换了模样。

【流传】陕西省·（渭南市）·华县·毕家乡

【出处】吴老耕讲，孙文华搜集整理：《三仙女治渔霸》，见华县民间故事集成编委会编《中国民间文学集成陕西卷·华县民间故事集成》，内部编印，1988 年，第 10 页。

## W2800.3.2
### 人的美丑的安排

【关联】
① [W2898.3] 漂亮的人
② [W2898.4] 丑陋的人
③ [W2997.3] 吃特定的食物（果实）后知道美丑

实　例

（参见下级母题实例）

### **W2800.3.2.1**
人的美丑与造人技术有关

【关联】

① ［W2898.3.0.1］造人手法精湛后造的人变漂亮

② ［W2898.4.0.1］刚开始造人时造人不精形成丑人

实 例

[汉族] 娲儿公主和太极（仙名）、无极（仙名）造人。有的地区的人长得不怎么好看，那是先做的泥人，因为一开始手艺还不精，长得好看的人是后做的。

【流传】辽宁省·阜新市·细河区

【出处】吴振清讲，郝殿玺搜集整理：《人的来历》，原载阜新市细河区民间文学集成编委会编《细河区资料本》，见陶阳、钟秀编《中国神话》（上），北京：商务印书馆2008年版，第324～326页。

### ✸ **W2801**
人早期的体征

实 例

（参见下级母题实例）

### **W2802**
以前的人长着古怪的相貌

实 例

（参见下级母题实例）

### **W2802.1**
人最早时像怪物

【关联】［W0860］怪物

实 例

[汉族] 女娲炼石补天以后，从水中爬出一只浑身长毛，面貌难看的怪物。怪物就是世上第一个人。

【流传】甘肃省·（庆阳市）·宁县·新宁镇·柏庄村

【出处】任孝忠采录：《世神造人》，见中国民间文学集成全国编辑委员会编《中国民间故事集成》（甘肃卷），北京：中国 ISBN 中心2001年版，第9页。

### **W2802.2**
人以前不是人样

实 例

❶ [哈尼族] 哈尼的祖先在最古最老的时候还不是人样。

【流传】云南省·（红河哈尼族彝族自治州）·元阳县·（黄草岭乡）·树皮寨（树皮村）

【出处】杨批斗讲，史军超采录：《祖先鱼上山》，见中国民间文学集成全国编辑委员会编《中国民间故事集成》（云南卷），北京：中国 ISBN 中心2003年版，第37页。

❷ [彝族] 天地形成以后，人开始产生，开始人不像人，鸟不像鸟；三代后，人不像人，人像野兽；野兽三代

后，人才像人样。

【流传】贵州省·毕节（毕节市）

【出处】贵州省毕节地区民族事务委员会编，陈长友主编：《物始纪略》（第二集），成都：四川民族出版社1991年版，第83页。

## W2802.3
### 人以前的模样与现在不同

【关联】[W2811.1] 人原来身体矮小

实 例

[哈尼族] 以前，人的模样不是现在这样子。

【流传】云南省·（红河哈尼族彝族自治州）·金平县（金平苗族瑶族傣族自治县）

【出处】批则讲，杨万智搜集整理：《地下人》，载《山茶》1986年第6期。

## W2802.4
### 人以前身体巨大

【关联】
① [W0660] 巨人
② [W2810.1] 人原来身体很高
③ [W2895.1a] 人以前身体高大现在变矮小

实 例

[白族] 古代的人个子大，吃得多、气力大，能背山填海。

【流传】云南省·（大理白族自治州）·祥云县·格子乡·大石板村

【出处】田怀清调查整理：《祥云格子白族祭锅墙石祈丰收》(1983)，见吕大吉、何耀华总主编《中国各民族原始宗教资料集成》（彝族卷、白族卷、基诺族卷），北京：中国社会科学出版社1996年版，第702页。

## W2802.5
### 人以前身体矮小

【关联】[W2811] 矮小的人（矮人、小矮人、小人、侏儒）

实 例

(参见下级母题实例)

## W2802.5.1
### 最早的人很小

实 例

❶ [维吾尔族] 女天神最早造成的泥人成活，但个头比我们现在的人小得多。

【流传】新疆维吾尔自治区·伊犁州（伊犁哈萨克自治州）·察布查尔县（察布查尔锡伯自治县）

【出处】牙库布讲，阿不都拉搜集翻译，姚宝瑄整理：《女天神创世》，见姚宝瑄主编《中国各民族神话》（乌孜别克族、哈萨克族、柯尔克孜族、俄罗斯族、维吾尔族、塔吉克族、塔塔尔族、锡伯族），太原：山西出版传媒集团·书海出版社2014年版，第226页。

❷ [藏族（白马）] 以前地上没有人，天老爷先派来了身材很小的"一寸人"。

‖ W2802.5.1 — W2803.0 ‖   2.10.2.   人的体征

【流传】四川省

【出处】

（a）扎嘎梳（疑为"扎嘎才礼"）、小石桥、顶牵讲，谢世廉、周盖华、妆志成、周贡中搜集：《老天爷派来三代人》，见中国民间文艺研究会四川分会编《四川白马藏族民间文学资料集》，本书编委会编印，1982年。

（b）同（a），见姚宝瑄主编《中国各民族神话》（门巴族、珞巴族、怒族、藏族），太原：山西出版传媒集团·书海出版社2014年版，第86页。

## W2802.5.2
### 人以前只有几寸高

实例

[汉族] 很久以前的人，只有几寸高，顶多没超过一尺的。

【流传】河南省·（开封市）·杞县

【出处】王怀聚讲，王宪明搜集整理：《杞人忧天》，见姚宝瑄主编《中国各民族神话》（汉族），太原：山西出版传媒集团·书海出版社2014年版，第75~77页。

## W2803
### 以前的人会发光

【汤普森】①A1281.4；②F574

【关联】

① [W2227.8] 发光的卵生人

② [W9094.5] 魔物发光

实例

❶ [蒙古族] 原来世上没有日月星辰时，人会自己发光。

【流传】吉林省·（松原市）·前郭尔罗斯（前郭尔罗斯蒙古族自治县）·乌兰敖都乡

【出处】《武当喇嘛创世》，见白庚胜总主编《中国民间故事全书》（吉林省前郭尔罗斯县卷），北京：知识产权出版社2009年版，第4页。

❷ [蒙古族] 以前，天上还没有太阳、月亮、星星，人无论走路还是干活，都靠自身发光。

【流传】内蒙古自治区·哲里木盟（通辽市）·（科尔沁左翼后旗）·甘旗卡镇

【出处】哈拉巴拉讲，徐少义采录：《扎萨喇嘛》，见中国民间文学集成全国编辑委员会编《中国民间故事集成》（宁夏卷），北京：中国ISBN中心2007年版，第6页。

❸ [藏族] 很早以前，世界黑暗的时候，人很神圣，身上能自然发光。

【流传】青海省·黄南州（黄南藏族自治州）·同仁县

【出处】娘先讲，赵清阳采录：《从前天空无太阳》，见中国民间文学集成全国编辑委员会编《中国民间故事集成》（青海卷），北京：中国ISBN中心2007年版，第6页。

## W2803.0
### 发特定的光的人

实例

（参见下级母题实例）

## W2803.0.1
### 发红光的人

**实例**

[塔吉克族] 一座红色的宫宇里面坐着一个浑身赤锦、红光闪耀的姑娘。

【流传】新疆维吾尔自治区

【出处】艾布力·艾山汗、西仁·库尔班搜集，夏羿、朱华翻译整理：《玉枝金花》，见姚宝瑄主编《中国各民族神话》（乌孜别克族、哈萨克族、柯尔克孜族、俄罗斯族、维吾尔族、塔吉克族、塔塔尔族、锡伯族），太原：山西出版传媒集团·书海出版社2014年版，第291页。

## W2803.1
### 人吃孔雀的头后浑身发光

**实例**

[傣族] 流浪王子吃了孔雀的头后浑身发光。

【流传】云南省·德宏（德宏傣族景颇族自治州）

【出处】《两个王子的故事》，见刀承华《傣族古老文学中的动物图腾崇拜》，载《中央民族大学学报》2009年第4期。

## W2803.2
### 人身上的光的消失

**实例**

[蒙古族] 在多西先德王的时候，人身上的光消失。

【流传】吉林省·（松原市）·前郭尔罗斯内蒙古自治县·乌兰敖都乡

【出处】宝音特古斯讲：《日月和昼夜》，见本县编《吉林省民间文学集成·前郭尔罗斯卷》，内部资料，1988年，第3页。

## W2803.3
### 人着急时头上发光

**实例**

[汉族] 高辛氏养了两个儿子。这两个人很古怪，力气很大，一急起来，头上会发光。

【流传】浙江省·（温州市）·永嘉县·瓯北各地

【出处】金学益讲，金崇柳记录整理：《参商二星》（1985.05），见姚宝瑄主编《中国各民族神话》（汉族），太原：山西出版传媒集团·书海出版社2014年版，第305页。

## W2804
### 最早出现的人不完美

【汤普森】A1225

**实例**

（参见下级母题实例）

## W2804.1
### 人刚产生时面貌模糊

【关联】[W2898.9.1] 洗澡后显出人的面貌

> 实 例

[佤族] 人从司岗出来时，身上灰普普的，面貌模糊不清。

【流传】 云南省·（普洱市）·西盟县（西盟佤族自治县），（临沧市）·沧源县（沧源佤族自治县）

【出处】 随戛、岩扫、岩瑞等讲述，艾荻、张开达搜集整理：《司岗里》，载《山茶》1988 年第 1 期。

## W2804.2
### 最早的人没有五官和内脏

【关联】［W2632.1.1］生没有五官的肉团

> 实 例

[羌族] 天上的神索依迪和地上的神索依朗第三次生的儿子，体形基本满意，但人的身坯还不好看，因为还没有五官和内脏。

【流传】 四川省·阿坝藏族羌族自治州·茂汶羌族自治县（今归属茂县）

【出处】
(a)《开咂酒曲子》，见杨亮才、陶立璠、邓敏文编《中国少数民族文学》（上册），北京：人民出版社 1985 年版。
(b)《索依迪朗夫妇造人》，原名《人是咋个来的》，郑友富、周贵友讲，王康、龚剑雄、吴文光采录，王康整理，原载西南民族学院图书馆与西南民族学院《羌族文学简史》编写组《羌族民间文学资料集》（一），1987 年编，见姚宝瑄主编《中国各民族神话》（羌族、彝族），太原：山西出版传媒集团·书海出版社 2014 年版，第 7 页。

## W2805
### 以前的人像动物

> 实 例

❶ [鄂伦春族] 最早时，山里头的人都像动物。

【流传】（无考）

【出处】 孟兴全讲：《鄂伦春人是怎么来的》，见满都呼主编《中国阿尔泰语系诸民族神话故事》，北京：民族出版社 1997 年版，第 319 页。

❷ [哈尼族] 最早诞生在水中像螺蛳、蜗牛、蜂群、蚂蚁的人种，后来发展成人类。

【流传】 云南省红河南岸哀牢山区

【出处】 史军超搜集整理：《哈尼阿培聪坡坡》第一章，昆明：云南民族出版社 1986 年版。

❸ [彝族] 人类从冰雪里诞生以后，到第九代阿略居日虽然长得已经像人，但不会说话，叫声像猿。

【流传】 四川省·（凉山彝族自治州）·喜德（喜德县）

【出处】 俫木和铁讲，白芝搜集：《天地万物的起源》，见白芝（执笔）《中国民间文学三套集成四川喜德卷·凉山彝族民间故事选》，成都：四川民族出版社 1990 年版，第 1 页。

❹ [彝族] 有青兽焉，状如虎，名曰罗罗。

【流传】（无考）

【出处】《山海经·海外北经》。

❺ ［藏族］远古的时候，人和其他动物一样，全身都长满了毛。

【流传】四川省·（阿坝藏族羌族自治州）·金川县（原靖化县）·卡拉足乡

【出处】倪泽射讲，谢启丰采录：《人为啥比其他动物聪明》，见中国民间文学集成全国编辑委员会编《中国民间故事集成》（四川卷·下），北京：中国ISBN中心1998年版，第943页。

## W2805.0

### 人以前像猴

【关联】［W2607.2］生像猴子的孩子

实例

（参见下级母题实例）

## W2805.0.1

### 人最早是猿人

实例

［羌族］在远古，人还是猿人。

【流传】四川省·（阿坝藏族羌族自治州）·茂县

【出处】《燃比娃取火》，见茂县文化馆编《羌族民间故事》（三），1982年12月，转引自吕大吉、何耀华总主编《中国各民族原始宗教资料集成》（纳西族卷、羌族卷、独龙族卷、傈僳族卷、怒族卷），北京：中国社会科学出版社2000年版，第579页。

## W2805.0.2

### 人最早像猿猴

实例

［高山族（布农）］很古的时候，人的身上长毛，还长着一条长尾巴，活像个大猿猴。

【流传】（无考）

【出处】竹山定讲，陈妹萍搜集整理：《人为什么没有尾巴》，见姚宝瑄主编《中国各民族神话》（高山族、黎族、畲族），太原：山西出版传媒集团·书海出版社2014年版，第7页。

## W2805.0.3

### 最早的人是各种各样的猴子

实例

［珞巴族］（实例待考）

## W2805.1

### 人以前像乌龟

实例

［土家族］人原先有尾巴，样子和乌龟一样。

【流传】湖北省·（宜昌市）·长阳县（长阳土家族自治县）·都镇湾镇·杜家冲村

【出处】孙家香讲：《人原先有尾巴》，见长阳土家族网 http：//www.cy-tujia.com/list_body.php？id，2005.12.10。

## W2805.2
### 人以前像螺蛳
实例

［哈尼族］最早的人种诞生在水中，有的像螺蛳。
【流传】云南省红河南岸哀牢山区
【出处】史军超搜集整理：《哈尼阿培聪坡坡》第一章，昆明：云南民族出版社1986年版。

## W2805.3
### 人以前像蜗牛
实例

［哈尼族］最早的人种诞生在水中，有的像蜗牛。
【流传】云南省红河南岸哀牢山区
【出处】史军超搜集整理：《哈尼阿培聪坡坡》第一章，昆明：云南民族出版社1986年版。

## W2805.4
### 人以前像蜂群
实例

［哈尼族］最早的人种诞生在水中，有的像蜂群。
【流传】云南省红河南岸哀牢山区
【出处】史军超搜集整理：《哈尼阿培聪坡坡》第一章，昆明：云南民族出版社1986年版。

## W2805.5
### 人以前像蚂蚁
实例

［哈尼族］最早的人种诞生在水中，有的走路像蚂蚁。
【流传】云南省红河南岸哀牢山区
【出处】史军超搜集整理：《哈尼阿培聪坡坡》第一章，昆明：云南民族出版社1986年版。

## W2805.6
### 与人像动物有关的其他母题
实例

（参见下级母题实例）

## W2805.6.1
### 人以前像动物一样敏捷
实例

［彝族］蒙山老玃不死，久则生尾，食人食，不认子女，好山畏家，健走如兽，土人谓之秋狐。
【流传】（无考）
【出处】《腾越州志》，转引自吕大吉、何耀华总主编《中国各民族原始宗教资料集成》（彝族卷、白族卷、基诺族卷），北京：中国社会科学出版社1996年版，第144页。

## W2806
### 以前的人像植物
【关联】［W2170］植物生人

> 实 例

（参见下级母题实例）

## W2806.1
### 最早的人像大冬瓜

【关联】

① ［W2191］冬瓜生人
② ［W2354.1.2］冬瓜变成人
③ ［W2608.2］生像冬瓜的孩子
④ ［W2629.1］生冬瓜
⑤ ［W2629.1.1］日月婚生冬瓜
⑥ ［W2629.1.2］兄妹婚生冬瓜
⑦ ［W2629.1.3］伏羲兄妹婚生冬瓜

> 实 例

［景颇族］最早生出的人像大冬瓜。

【流传】（无考）
【出处】何峨整理：《万物诞生》，见中华民族故事大系编委会编《中华民族故事大系》第 10 卷（景颇族、柯尔克孜族、土族），上海：上海文艺出版社 1995 年版，第 10 页。

## W2806.2
### 最早的人像枯树

> 实 例

［彝族］祖灵燃烧形成的烟柱和火光一直在变，最后变成松身愚人。这种人头上住着喜鹊，腰间住着蜜蜂，鼻孔里住着蓬间雀，腋下住着松鼠，肚脐里住着地麻雀，膝腋下住着斑鸠，脚心还住着蚂蚁，就像一棵枯树，还是不能成人，不能变成人类的祖先。

【流传】（四川省·凉山彝族自治州）
【出处】
（a）冯元蔚译：《勒俄特依》，成都：四川民族出版社 1986 年版。
（b）冯元蔚译，蔷紫改写：《勒俄特依》，见姚宝瑄主编《中国各民族神话》（羌族、彝族），太原：山西出版传媒集团·书海出版社 2014 年版，第 155 页。

## W2807
### 与人的早期体征有关的其他母题

【关联】

> 实 例

［苗族］宇宙分上中下三层。天上的世界，人的身体像囵箩，个子像竹竿，叫做"竹竿人"。地上的世界人的个子像扁担，叫做"扁担人"。地下的世界的人的身体像手臂，叫做"棒头人"。

【流传】贵州省中西部地区
【出处】祝先先讲，燕宝整理：《棒头人》，见燕宝编《苗族民间故事选》，上海：上海文艺出版社 1981 年版，第 32 页。

## W2807.1
### 以前人是天神的模样

> 实 例

（参见下级母题实例）

## W2807.1.1
### 神把天神模样的人送到了地上
【关联】［W2025］人从天降（天降人）

实例

［蒙古族］天上的诸神把天神模样的人送到了地上。从此，在地上便有了人类。

【流传】（无考）

【出处】《天地起源》，齐木道吉译自日本学者中田千亩著《蒙古神话》，原载谷德明编《中国少数民族神话》，见陶阳、钟秀编《中国神话》（上），北京：商务印书馆 2008 年版，第 29～30 页。

## W2807.2
### 以前人鬼同貌
【关联】［W2732.2］人与鬼同源

实例

［怒族］（实例待考）

## W2807.3
### 以前的人是金身

实例

［彝族］以前谷窝一带（现在昆明北郊）的人都是金身。

【流传】云南省·（楚雄彝族自治州·武定县）·万德（万德镇）

【出处】罗希吾戈翻译：《夷僰榷濮》（六祖史诗），昆明：云南民族出版社 1986 年版，第 14 页。

## W2807.4
### 以前的人能变色
【汤普森】F1082

实例

（实例待考）

## W2807.5
### 最早的人有正常的身体
【关联】
① ［W2124.6］造人时间不足没变成正常人
② ［W2390.3］不正常的人演化为正常人
③ ［W2493］婚生正常人
④ ［W2493.2］设计生出正常人
⑤ ［W2493.3］交换结婚后生正常人
⑥ ［W2493.4］祭祀后生正常人
⑦ ［W2493.7］生正常人的条件

实例

［珞巴族］天神古如仁布钦使小人变成今天的样子。

【流传】西藏自治区·（林芝市）·墨脱县

【出处】于乃昌：《人的诞生》，见于乃昌个人网，2003.09.12。

## W2807.6
### 以前的人不能站立

实例

（参见下级母题实例）

## W2807.6.1
### 人最早是躺着的

**实例**

[回族] 真主用五种颜色的五方土和泥捏造了一个大人。这人是躺着的。真主规定：不让他自己起来。

**【流传】**（无考）

**【出处】**《阿丹和海尔玛》，马奔根据《中国回族民间文学概观》（宁夏大学出版社 1984 年版）等改写，见姚宝瑄主编《中国各民族神话》（土族、东乡族、回族、保安族、裕固族、撒拉族），太原：山西出版传媒集团·书海出版社 2014 年版，第 48 页。

## W2807.7
### 最早的人是影子

**实例**

（参见下级母题实例）

## W2807.7.1
### 神最早造出的两兄妹是形影

**【关联】**

① [W2304.1] 神的影子变成人
② [W2916] 无影子的人
③ [W2924.7.2] 隐形人

**实例**

[彝族] 神造出的兄妹二人，最初不过是一个形影。

**【流传】**（无考）

**【出处】** 柯象峰：《猡猡文字之初步研究》，见吕大吉、何耀华总主编《中国各民族原始宗教资料集成》（彝族卷、白族卷、基诺族卷），北京：中国社会科学出版社 1996 年版，第 274 ~ 275 页。

## W2807.8
### 人早期体征与现在不同

**【关联】**

① [W2297.0] 最早生人与现在不同
② [W2802.3] 人以前的模样与现在不同

**实例**

（参见关联项及下级母题实例）

## W2807.8.1
### 以前人能返老还童

**【关联】** [W2968.4] 人的返老还童

**实例**

❶ [黎族] 在远古以前，大地上的人不会死，老了又可慢慢变年轻。

**【流传】** 海南省

**【出处】** 符亚时讲：《伟代造动物》，见姚宝瑄主编《中国各民族神话》（高山族、黎族、畲族），太原：山西出版传媒集团·书海出版社 2014 年版，第 51 页。

❷ [苗族] 天和地刚形成的时候，人类的始祖能返老还童。

**【流传】** 云南省

**【出处】** 王建国讲，陆兴凤翻译：《人类始祖返老还童的故事》，原载《云南苗族民间故事集成》，见陶阳、钟秀编《中国神话》（下），北京：商务印书馆2008年版，第1100~1103页。

### W2807.8.2
以前的人能死后复活

【关联】［W9303］人的复活

实例

（实例待考）

### W2807.8.3
以前的人不会生病

【关联】

① ［W2941］人原来不死（以前的人不死）

② ［W8640］瘟疫的产生（疾病的产生）

实例

（参见关联项母题实例）

### W2807.8.4
以前的人手像棕扇，脚像芭蕉叶

【关联】［W2843］手掌

实例

［哈尼族］以前的人（祖先）有手也有脚，手是棕扇样，脚像芭蕉叶。

【流传】云南省·（红河哈尼族彝族自治州）·元阳县·树皮寨

【出处】杨批斗讲，史军超采录：《祖先鱼上山》，见中国民间文学集成全国编辑委员会编《中国民间故事集成》（云南卷），北京：中国ISBN中心2003年版，第37页。

### W2807.8.5
以前的人皮肤光滑

【关联】［W2866］人的皮肤

实例

［哈尼族］以前的人（祖先）身子滑滑的，像青苔一样滑，像金银一样亮。

【流传】云南省·（红河哈尼族彝族自治州）·元阳县·树皮寨

【出处】杨批斗讲，史军超采录：《祖先鱼上山》，见中国民间文学集成全国编辑委员会编《中国民间故事集成》（云南卷），北京：中国ISBN中心2003年版，第37页。

### ✳ W2808
人的高矮（人的身高）

实例

（参见下级母题实例）

### W2809
人的高矮的原因

实例

（参见下级母题实例）

### W2809.1
人的高矮源于造人的大小

【关联】［W2123.2.1］造的人有大有小

实例

❶ ［汉族］兄妹切碎婚生的肉团，变成

人，因肉团裂开时大小不均，长短不一，所以人就有高有矮，有胖有瘦。

【流传】江西省·宜春市·（袁州区）·寨下乡（寨下镇）·台上村

【出处】孙伟宏讲，施绍辉采录：《伏羲和女娲》，见中国民间文学集成全国编辑委员会编《中国民间故事集成》（江西卷），北京：中国ISBN中心2002年版，第12页。

❷ [汉族] 地上的人是女娲用泥巴捏的，有的人矮些，本领也小得多。

【流传】湖北省·（黄冈市）·浠水县·清泉镇·关山村

【出处】廖康成讲，詹承宗采录：《天父地母》，见中国民间文学集成全国编辑委员会编《中国民间故事集成》（湖北卷），北京：中国ISBN中心1999年版，第6页。

## W2809.1.1
### 女娲造人甩出的泥点子的大小形成人的大小

【关联】[W2065] 女娲造人

实 例

[汉族] 女娲甩出的泥点子有大有小，有薄有厚，所以造出的人，有个子大的，有个子小的。

【流传】河北省·（保定市）·涿州市、高碑店（高碑店市）

【出处】《女娲造人》，见中国民间文学集成全国编辑委员会编《中国民间故事集成》（河北卷），北京：中国ISBN中心2003年版，第8页。

## W2809.1.2
### 人有高矮是因为造人时的材料有长有短

实 例

（参见下级母题实例）

## W2809.1.2a
### 人有高矮是因为造木人时的树干有长有短

实 例

[布依族] 第一个神用神斧劈树干造人成功后，他举起斧头，不停手地砍，接连造出了成千上万的人。为什么现在的人有高有矮？就是因为神当初造人用的树木有长有短。

【流传】（无考）

【出处】罗仁山讲：《人和动物是怎么产生的》，见姚宝瑄主编《中国各民族神话》（布依族、仡佬族、苗族），太原：山西出版传媒集团·书海出版社2014年版，第21页。

## W2809.2
### 祈愿造成人的高矮变化

实 例

[彝族] 搓日阿补（英雄名）的妻子原来很高大，他想道："要是她的个儿没有么高就好了！"从此女人的个头就变得矮小了。

【流传】云南省·（楚雄彝族自治州）·永仁县

【出处】苏绍相等讲，基默热阔采录：《搓日阿补征服女儿国》，见中国民间文学集成全国编辑委员会编《中国民间故事集成》（云南卷），北京：中国ISBN中心2003年版，第353页。

## W2809.3
### 神说错话造成人的高矮不同
【关联】［W9953.1.1］传错话

实例

［羌族］一位妈妈把把儿子吩咐的话说反了，变成现在的"人要有高矮，指拇要有长短。"

【流传】四川省·（阿坝藏族羌族自治州）·茂县·雅都乡·中心村

【出处】泽幼讲，李冀祖采录：《高山平坝的来历》，见中国民间文学集成全国编辑委员会编《中国民间故事集成》（四川卷·下），北京：中国ISBN中心1998年版，第1108页。

## W2809a
### 人的正常身高

实例

（参见下级母题实例）

## W2809a.1
### 人经过修改后有了正常身高
【关联】［W2493.2］设计生出正常人

实例

（参见关联项母题实例）

## W2809a.2
### 到特定时代人才长成现在的身高
【关联】［W2810.4.2］特定时代的人很高

实例

［汉族］以前很只有几寸高，一直到周朝，中天镇才改名叫杞国。老百姓的身材都长高了，也会盖房子、建造宫殿了，日子也安稳多了。

【流传】河南省·（开封市）·杞县

【出处】王怀聚讲，王宪明搜集整理：《杞人忧天》，见姚宝瑄主编《中国各民族神话》（汉族），太原：山西出版传媒集团·书海出版社2014年版，第75~77页。

## W2810
### 身体高大的人
【汤普森】F531
【关联】［W0660］巨人

实例

（参见下级母题实例）

## W2810.0
### 身体变高大的原因

实例

（参见下级母题实例）

## W2810.0.1
### 神洒圣水让人变高大

实例

［珞巴族］天神古如仁布钦（又有文本

说，他是藏传佛教中的大师和高僧）感到兄妹婚生的人太小，就洒下圣水，小人顿时长得像一棵大树。

【流传】西藏自治区·（林芝市）·墨脱县

【出处】宾珠讲，于乃昌等整理：《人的诞生》，见《珞巴族民间故事》：http://www.tibet-web.com/old/minjian/ync/gushi/mulu.htm，2003.10.02。

## W2810.0.2
### 人通过特定植物变高大

实 例

[佤族] 人从司岗出来时，老四跑去抱住了一棵大车树，所以老四又高又大。

【流传】云南省·（普洱市）·西盟县（西盟佤族自治县），（临沧市）·沧源县（沧源佤族自治县）

【出处】隋嘎岩妇等讲，艾荻等搜集整理：《司岗里》，见尚仲豪、郭九思等编《佤族民间故事选》，上海：上海文艺出版社1989年版，第1页。

## W2810.1
### 人原来身体很高

【汤普森】A1301

实 例

❶ [汉族] 中天镇有4个孩子，个个身高三丈，随便到天上去。

【流传】河南·（开封市）·杞县·柿园乡·黑木村

【出处】尹守礼讲，王怀聚采录：《女娲炼石补天》，见中国民间文学集成全国编辑委员会编《中国民间故事集成》（河南卷），北京：中国ISBN中心2001年版，第17页。

❷ [藏族] 以前的人身体很高大。后来不知什么原因，人的身体慢慢变小了。

【流传】青海省·黄南州（黄南藏族自治州）·同仁县

【出处】娘先讲，赵清阳采录：《从前天空无太阳》，见中国民间文学集成全国编辑委员会编《中国民间故事集成》（青海卷），北京：中国ISBN中心2007年版，第6页。

## W2810.2
### 身体很高大的人的具体身高

【汤普森】①F531.2；②F533

实 例

（参见下级母题实例）

## W2810.2.1
### 人身高八尺

实 例

[藏族（白马）] "立目人"死绝后，天老爷又派下来"八尺人"。八尺人身高力大，食量很大。种的庄稼不够吃。开始他还能捕野兽、禽鸟和采野果、野菜添着吃；后来这些都吃光了，八尺人没有充足的食物，也逐渐灭亡了。

【流传】四川省

【出处】扎嘎才礼、小石桥、顶专讲述，

谢世廉、周益华、姜志成、周贤中搜集：《天、地、人的起源》，原载中国民间文艺研究会四川分会《四川白马藏族民间文学资料集》，见陶阳、钟秀编《中国神话》（上），北京：商务印书馆2008年版，第35～37页。

## W2810.2.2
### 人身高九尺九寸九分

【实例】

［布依族］有个名叫力戛的后生，长得浓眉大眼，腰粗臂圆，身长九尺九寸九分，力气很大，九十九条犀牛都比不上他。

【流传】各地布依族地区

【出处】王燕、春甫、班告爷讲，汛河记录整理：《力戛创世》，见姚宝瑄主编《中国各民族神话》（布依族、仡佬族、苗族），太原：山西出版传媒集团·书海出版社2014年版，第4页。

## W2810.2.3
### 人身高一丈三尺

【关联】［W2573.12.1］第二代人一丈三尺

【实例】

［彝族］格兹天神造出的第二代人，身高有一丈三尺。

【流传】（云南省·楚雄彝族自治州·姚安县·官屯乡·马游村，大姚县·昙华乡等）

【出处】
（a）郭天元（马游村）、李申呼颇（昙华乡）、李福玉颇（苴）演唱，郭思九、许明学、龚维顺、张宝省、陈志群、胡炳文等搜集，刘德虎、龚维顺、陈志群、李树荣、郭天元等整理：《梅葛》（第一部"创世"），见云南省民族民间文学楚雄调查队《梅葛》（1959），昆明：云南人民出版社2009年版。

（b）《打虎开天辟地》，蔷紫据云南省民族民间文学楚雄调查队著《梅葛》（云南人民出版社2009年版）改写，见姚宝瑄主编《中国各民族神话》（羌族、彝族），太原：山西出版传媒集团·书海出版社2014年版，第198页。

## W2810.3
### 人高如大树

【关联】［W2806.2］最早的人像枯树

【实例】

（参见关联项母题实例）

## W2810.4
### 特定的人又高又大

【实例】

（参见下级母题实例）

## W2810.4.1
### 特定地方的人很高

【实例】

［汉族］扫帚星的老家那里的人，个子有一丈多高，手膀子足有脚盆那么粗。

【流传】江苏省·（南通市）·如东县

【出处】管永达讲，曾国成记录：《扫帚星的来历》，见姚宝瑄主编《中国各民族神话》（汉族），太原：山西出版传媒集团·书海出版社 2014 年版，第 336~338 页。

## W2810.4.2
### 特定时代的人很高

【关联】
① ［W2573.12.1］第二代人很高
② ［W2574.4.1］第三代人很高

实 例

（参见关联项母题实例）

## W2811
### 矮小的人（矮人、小矮人、小人、侏儒）

【汤普森】①F451；②F535

【关联】
① ［W7394.3］矮人成婚
② ［W7394.4］人与矮人婚

实 例

（参见下级母题实例）

## W2811.1
### 矮人源于特定地方

【关联】［W2025.4.3］天上下来的小人

实 例

（参见关联项母题实例）

## W2811.2
### 矮人的产生

【汤普森】F451.1

实 例

（参见下级母题实例）

## W2811.2.1
### 造出矮人

【关联】［W2030］人是造出来的（造人）

实 例

❶ ［水族］牙线（女神或女性神性人物名）剪纸造出第一批矮人。

【流传】贵州省·（黔南布依族苗族自治州）·独山（独山县）、榕江（榕江县）一带

【出处】韦荣康等搜集整理：《牙线造人的故事》，见中华民族故事大系编委会编《中华民族故事大系》第 9 卷（水族、东乡族、纳西族），上海：上海文艺出版社 1995 年版，第 5~14 页。

❷ ［维吾尔族］一对无儿无女的老夫妻包的饺子变成一个比大拇指大不了许多的小孩子，按妈妈的吩咐去给地里的爸爸送饭，因为个子实在矮小，跳不过沟去。

【流传】新疆维吾尔自治区

【出处】

（a）图热合满托夫讲，新疆文联组织翻译整理：《饺子英雄》，见刘发俊编

《维吾尔族民间故事选》，上海：上海文艺出版社1980年版。
(b) 同（a），见姚宝瑄主编《中国各民族神话》（乌孜别克族、哈萨克族、柯尔克孜族、俄罗斯族、维吾尔族、塔吉克族、塔塔尔族、锡伯族），太原：山西出版传媒集团·书海出版社2014年版，第261~263页。

## W2811.2.2
### 人自然变矮小

实例

[藏族] 以前的人身体很高大。后来不知什么原因，人的身体慢慢变小了。

【流传】青海省·黄南州（黄南藏族自治州）·同仁县
【出处】娘先讲，赵清阳采录：《从前天空无太阳》，见中国民间文学集成全国编辑委员会编《中国民间故事集成》（青海卷），北京：中国ISBN中心2007年版，第6页。

## W2811.2.3
### 造人时因提前打开造成小人

实例

[水族]（实例待考）

## W2811.2.4
### 矮人婚生矮人

实例

[高山族（赛夏）] 有个矮人也看上了已经订婚的女孩，趁别人不注意时用各种方法诱惑她，后来他们两人生了很多孩子，个子都矮矮的，就是今天赛夏族的祖先。

【流传】台湾·桃竹苗地区
【出处】邱致达讲，范昆松口译，许端容采录：《赛夏族矮灵祭的由来》，原载金荣华主编《台湾桃竹苗地区民间故事》，见陶阳、钟秀编《中国神话》（下），北京：商务印书馆2008年版，第1474页。

## W2811.3
### 特殊部落的小矮人

【汤普森】F535
【关联】[W5927] 小人国

实例

[汉族] 池阳有小人，长一尺余。

【流传】（无考）
【出处】《池阳小人》，见[晋]干宝《新辑搜神记》卷十六，李剑国辑校，北京：中华书局2007年版，第272页。

## W2811.4
### 身不盈尺的人

实例

[蒙古族] 最早的人身高不足一尺。

【流传】内蒙古自治区
【出处】《麦德尔娘娘开天辟地》，见中国民间文学集成全国编辑委员会编《中国民间故事集成》（宁夏卷），北京：中国ISBN中心2007年版，第3页。

## W2811.4.1
### 1寸长的人

【实例】

[藏族（白马）] 最早的人是天老爷先派来的"一寸人"。一寸人长得太小，老鹰要叼他，乌鸦要啄他，土耗子要咬他，连小蚂蚁也要欺侮他。一寸人实在太软弱，庄稼也种不出来，后来慢慢就死绝了。

【流传】四川省

【出处】扎嘎才礼、小石桥、顶专讲述，谢世廉、周益华、姜志成、周贤中搜集：《天、地、人的起源》，原载中国民间文艺研究会四川分会《四川白马藏族民间文学资料集》，见陶阳、钟秀编《中国神话》（上），北京：商务印书馆2008年版，第35～37页。

## W2811.4.2
### 3寸长的人

【实例】

[汉族]（实例待考）

## W2811.4.3
### 不足半尺的人

【实例】

[蒙古族] 一场大洪水过后，最高的须弥宝山的山顶旁有一个山洞，洞中住着一些人。这些人不足半尺高。

❶【流传】新疆维吾尔自治区蒙古族居住地区

【出处】姚宝瑄搜集整理：《麦德尔神女开天辟地》，见姚宝瑄主编《中国各民族神话》（达斡尔族、鄂伦春族、鄂温克族、蒙古族），太原：山西出版传媒集团·书海出版社2014年版，第134页。

❷[蒙古族] 须弥宝山山顶旁的一个山洞住着一些人。这些人不足半尺高。

【流传】新疆蒙古族居住地区

【出处】姚宝瑄搜集整理：《麦德尔神女开天辟地》，载《民间文学》1986年第3期

## W2811.4.4
### 5寸长的人

【关联】[W2572.11.2] 第一代人5寸

【实例】

（参见关联项母题实例）

## W2811.4.5
### 1尺长的人

【实例】

[珞巴族] 兄妹成为夫妻后生了一个1尺高的小人。

【流传】西藏自治区·（林芝地区）·墨脱县

【出处】宾珠讲，于乃昌等整理：《人的诞生》，见《珞巴族民间故事》，http://www.tibet-web.com/old/minjian/ync/gushi/mulu.htm, 2003.10.02。

## W2811.5
枣核大小的孩子

**实例**

[汉族]（实例待考）

## W2811.6
比老鼠还小的孩子

**实例**

[景颇族] 女子生了一个比老鼠还小的孩子。

【流传】（无考）

【出处】沙忠伟讲，刘鸿渝整理：《三钱娃》，见中华民族故事大系编委会编《中华民族故事大系》第 10 卷（景颇族、柯尔克孜族、土族），上海：上海文艺出版社 1995 年版，第 156 页。

## W2811.7
袖珍人

**实例**

[蒙古族]（实例待考）

## W2811.8
小矮人的特征

**实例**

（参见下级母题实例）

## W2811.8.1
小矮人力气小

**实例**

[傈僳族] 洪荒之世的小矮人，气力很小，所以不能有开发创造之功。

【流传】碧罗雪山（云南省·怒江傈僳族自治州·贡山独龙族怒族自治县与云南省·迪庆藏族自治州·德钦县交界一带）

【出处】《巫师的由来》，见陶云逵《碧罗雪山之傈僳族》，原载国立中央研究院《历史语言研究所集刊》第 17 本，商务印书馆民国三十七年版（1948），第 403~404 页。

## W2811.8.2
小矮人力气大

**实例**

（实例待考）

## W2811.8.3
小矮人很聪明

【关联】

① [W2925] 智者
② [W2925.2] 最小的孩子聪明

**实例**

[高山族（赛夏）] 以前有一个矮人头脑很聪明。

【流传】台湾·桃竹苗地区

【出处】邱致达讲，范昆松口译，许端容采录：《赛夏族矮灵祭的由来》，原载金荣华主编《台湾桃竹苗地区民间故事》，见陶阳、钟秀编《中国神话》（下），北京：商务印书馆 2008 年版，第 1474 页。

### W2811.9
#### 小矮人的用具

实 例

（参见下级母题实例）

### W2811.9.1
#### 小矮人的小餐具

实 例

[傈僳族] 洪荒之世的第一个时代名为 chu-fulja，人身仅五寸许，所用的器皿，都细小，锅如鸡蛋壳，碗如栗壳。

【流传】碧罗雪山（云南省·怒江傈僳族自治州·贡山独龙族怒族自治县与云南省·迪庆藏族自治州·德钦县交界一带）

【出处】《巫师的由来》，见陶云逵《碧罗雪山之傈僳族》，原载国立中央研究院《历史语言研究所集刊》第17本，商务印书馆民国三十七年版（1948），第403~404页。

### W2811.10
#### 与矮小的人有关的其他母题

实 例

（参见下级母题实例）

### W2811.10.1
#### 小人办大事

实 例

（实例待考）

### W2811.10.2
#### 头大身子小的侏儒

实 例

[蒙古族] 为王爷的儿子当德巴特尔放马的老汉是一个侏儒，他的脑袋像牛头那样大，身子只有胳膊肘那样短。

【流传】内蒙古自治区·（巴彦淖尔市）·乌拉特中旗

【出处】
（a）额尔登达来讲，巴彦尔翻译，赵永晖、陈代明搜集整理：《英雄当德巴特尔》，载《民间文学》1984年第11期。
（b）同（a），见姚宝瑄主编《中国各民族神话》（达翰尔族、鄂伦春族、鄂温克族、蒙古族），太原：山西出版传媒集团·书海出版社2014年版，第169页。

### ✻ W2812
#### 人的胖瘦

实 例

[汉族] 女娲甩出的泥点子有大有小，有薄有厚，所以造出的人有胖的也有瘦的。

【流传】河北省·（保定市）·涿州市、高碑店（高碑店市）

【出处】《女娲造人》，见中国民间文学集成全国编辑委员会编《中国民间故事集成》（河北卷），北京：中国ISBN中心2003年版，第8页。

## W2812a
### 人的肌肉

实例

（参见下级母题实例）

## W2812a.1
### 人的肌肉的产生

实例

（参见下级母题实例）

## W2812a.1.1
### 造人时泥土做肌肉

【关联】［W2087］用泥造人（用土造人）

实例

［土家族］女娘依罗娘用葫芦做脑壳，竹子做骨架，泥土做肌肉，树叶做肝肺，豇豆做肠子，茅草做汗毛，造出人。

【流传】四川省（今重庆市）·秀山县（秀山土家族苗族自治县）·海洋乡

【出处】彭国然讲：《依罗娘娘造人》，见中国民间文学集成全国编辑委员会编《中国民间故事集成》（四川卷·下），北京：中国 ISBN 中心 1998 年版，第 1211 页。

## W2812a.1.2
### 造人时用萝卜做肉

实例

［土家族］依罗娘娘造人时，用萝卜做肉。

【流传】湖南省·湘西（湘西土家族苗族自治州）·酉水（酉水河一带）

【出处】向廷龙讲，彭勃搜集翻译整理：《依罗娘娘造人》，原载谷德明编《中国少数民族神话》，见陶阳、钟秀编《中国神话》（上），北京：商务印书馆 2008 年版，第 313 页。

## W2812a.1.3
### 雪变成肌肉

【关联】［W2368.5］雪变成人

实例

［彝族］天降红雪后，人神俄惹结志做了九次黑白醮（即打清醮，一种巫术仪式，可求吉除秽），结果红雪结成的冰块便变成人的骨，下的雪变成了人的肉。

【流传】（四川省·凉山彝族自治州）

【出处】

（a）冯元蔚译：《勒俄特依》，成都：四川民族出版社 1986 年版。

（b）冯元蔚译，蔷紫改写：《勒俄特依》，见姚宝瑄主编《中国各民族神话》（羌族、彝族），太原：山西出版传媒集团·书海出版社 2014 年版，第 157 页。

## W2812a.2
### 肌肉是穿上的肉衣裳

实例

［哈尼族］最高的神王阿匹梅烟女神生九个姑娘，并给她们取了名字。其

中，第九个姑娘叫"永生不死的米鲁人姑娘"，穿的是肉衣裳。

【流传】云南省·（红河哈尼族彝族自治州·元阳县·攀枝花乡·硐蒲寨）

【出处】朱小和讲，史军超搜集整理：《永生不死的姑娘》，原载《哈尼族神话传说集成》，见陶阳、钟秀编《中国神话》（下），北京：商务印书馆2008年版，第1095~1099页。

## W2813
胖人

实 例

（参见下级母题实例）

## W2813.1
胖人的来历

实 例

（参见下级母题实例）

## W2813.1.1
造人时形成胖人

实 例

[汉族] 女娲甩出的泥点子有大有小，有薄有厚，大而厚者造出的是胖子。

【流传】河北省·（保定市）·涿州市、高碑店（高碑店市）

【出处】《女娲造人》，见中国民间文学集成全国编辑委员会编《中国民间故事集成》（河北卷），北京：中国ISBN中心2003年版，第8页。

## W2813.2
胖人为什么呼吸困难

实 例

（实例待考）

## W2814
瘦人

实 例

（参见下级母题实例）

## W2814.1
瘦人的来历

实 例

（参见下级母题实例）

## W2814.1.1
造人时形成瘦人

实 例

[汉族] 女娲甩出的泥点子有大有小，有薄有厚，小而薄的泥点子成为后来的瘦人。

【流传】河北省·（保定市）·涿州市、高碑店（高碑店市）

【出处】《女娲造人》，见中国民间文学集成全国编辑委员会编《中国民间故事集成》（河北卷），北京：中国ISBN中心2003年版，第8页。

## ＊W2815
人的头

实 例

（参见下级母题实例）

## W2816
### 人的头的产生
实例

（参见下级母题实例）

## W2816.1
### 造人时葫芦做脑壳
实例

[土家族] 依罗娘娘造人时，用葫芦做脑壳，通了七个眼眼。

【流传】湖南省·湘西（湘西土家族苗族自治州）·酉水（酉水河一带）

【出处】向廷龙讲，彭勃搜集翻译整理：《依罗娘娘造人》，原载谷德明编《中国少数民族神话》，见陶阳、钟秀编《中国神话》（上），北京：商务印书馆2008年版，第313页。

## W2816.2
### 用劈开的树干造出人的头
实例

[布依族] 第一个神用神斧劈树干造人造出四肢后，又把树干颠倒过来，几斧头就把人的脑袋砍了出来。

【流传】（无考）

【出处】罗仁山讲：《人和动物是怎么产生的》，见姚宝瑄主编《中国各民族神话》（布依族、仡佬族、苗族），太原：山西出版传媒集团·书海出版社2014年版，第21页。

## W2816.3
### 造人时把头做成梨状
实例

[瑶族] 密洛陀（女神名）用蜂泥造人时，捏成梨子形状做人头。

【流传】广西壮族自治区·（河池市）·都安瑶族自治县、江水河一带瑶族地区

【出处】《密洛陀创世》，蓝田根据莎红整理的《密洛陀》和潘泉脉整理的《密洛陀》两部不同版本的长诗《密洛陀》改写，见姚宝瑄主编《中国各民族神话》（土家族、毛南族、侗族、瑶族），太原：山西出版传媒集团·书海出版社2014年版，第175页。

## W2817
### 人长着动物的头
【关联】

① [W0630] 半神半人
② [W2607.1] 生长着动物头的孩子
③ [W2607.1.1] 生的孩子长着狗头
④ [W2607.1.2] 生的孩子长着鹰头
⑤ [W2607.1.3] 生的孩子长着猴头
⑥ [W2607.1.4] 生的孩子长着鸡头

实例

（参见关联项母题实例）

## W2817.1
### 人长着猫的头
【汤普森】B29.4.1

## 实 例

（实例待考）

## W2818
### 长着多个头的人
【汤普森】 F511.02
【关联】［W5936.6］多头国

实 例

（参见关联项母题实例）

## W2819
### 与头部有关的其他母题
【关联】［W2924.4］头会飞的人

实 例

（参见下级母题实例）

## W2819.1
### 长着金属头的人
【汤普森】 F511.0.3.1
【关联】［W0672.2.1］蚩尤铜头铁臂

实 例

（实例待考）

## W2819.2
### 人有一头多身

实 例

［汉族］（实例待考）

## W2819.3
### 人后脑勺凹下去的来历

实 例

［藏族］格萨尔抬头时，脑壳被箭头戳了一个槽槽，所以现在人的后脑勺是凹下去的。

【流传】四川省·（凉山彝族自治州）·木里县（木里藏族自治县）县城

【出处】苏郎讲，李锦川采录：《洪水潮天》，见中国民间文学集成全国编辑委员会编《中国民间故事集成》（四川卷·下），北京：中国 ISBN 中心1998 年版，第 938 页。

## W2819.3.1
### 人的脑壳为什么有道缝印

实 例

［瑶族（布努）］密洛陀（万物之母，女始祖，女神）生的 12 个女孩造人时，三姐用花蜡捏人，人头捏来两半分，两半捏好又合拢。衔接地方用线补，合拢地方用针缝。用线补的地方不开裂，用针缝的地方无破痕。今天人头骨壳有缝印，缘由就是这儿来。

【流传】广西壮族自治区·（河池市）·都安（都安瑶族自治县）、巴马（巴马瑶族自治县）、南丹县，（百色市）·田东县、平果县等地

【出处】桑布郎等传，蒙凤标（83 岁）、罗仁祥（73 岁）等唱：《密洛陀》（1983），见蓝怀昌、蓝书京、蒙通顺搜集翻译整理《密洛陀》，北京：中国民间文艺出版社 1988 年版，第 309 页。

## W2819.4
### 为什么人的脖颈是凹的
实例

（参见下级母题实例）

## W2819.4.1
### 挖掉脖子一圈肉后脖子有了凹陷
实例

❶［仡佬族］老岩鹰背着困在山崖上的阿仰兄妹往地面飞时，岩鹰饿了，阿仰只好割身上的肉来给岩鹰吃。阿仰顺着脖颈割了一圈，所以从那以后，人们的脖颈就成了凹凹。

【流传】贵州省·（毕节市）·黔西（黔西县）、织金县

【出处】赵云周等九人讲，李道等十人搜集，罗懿群执笔整理：《阿仰兄妹制人烟》，载《南风》1983年第3期。

❷［仡佬族］为让岩鹰背下悬崖，阿仰（洪水后的幸存者之一）顺着脖颈割了一圈，从那以后，人们的脖颈就成了凹凹。

【流传】贵州省·（毕节市）·黔西县·（沙井苗族彝族仡佬族乡）·羊耳公社（羊耳村）·松河大队（松河村）

【出处】赵银周等讲，李道等采录：《阿仰兄妹制人烟》，见中国民间文学集成全国编辑委员会编《中国民间故事集成》（贵州卷），北京：中国ISBN中心2003年版，第54页。

## W2819.5
### 长着独角的人
实例

［珞巴族］（实例待考）

## W2819.6
### 人的角的丢失
【关联】［W2888.1］长角的人
实例

［汉族］原先所有的人跟伏羲一样，头上都长有两只角，后来消失了。

【流传】河南省·（驻马店市）·确山县·盘龙镇·靖宇村

【出处】杨永兴讲，杨建军采录：《伏羲奏本去人角》，见中国民间文学集成全国编辑委员会编《中国民间故事集成》（河南卷），北京：中国ISBN中心2001年版，第26页。

## W2819.6.1
### 神把人的角去掉
实例

［汉族］老天爷传圣旨，把人头上的角都去掉了。

【流传】河南省·（驻马店市）·确山县·盘龙镇·靖宇村

【出处】杨永兴讲，杨建军采录：《伏羲奏本去人角》，见中国民间文学集成全国编辑委员会编《中国民间故事集成》（河南卷），北京：中国ISBN中

心 2001 年版，第 26 页。

### W2819.7
### 大头的人

实 例

（参见下级母题实例）

### W2819.7.1
### 大头儿子

实 例

［哈萨克族］六十岁的老太婆怀胎九个月零九天，生下了一个又大又重的大头儿子。

【流传】新疆维吾尔自治区

【出处】哈巴斯讲：《骑黑骏马的肯得克依勇士》，见姚宝瑄主编《中国各民族神话》（乌孜别克族、哈萨克族、柯尔克孜族、俄罗斯族、维吾尔族、塔吉克族、塔塔尔族、锡伯族），太原：山西出版传媒集团·书海出版社 2014 年版，第 107 页。

### W2819.8
### 小头的人

实 例

（实例待考）

### ✴ W2820
### 人的面部

实 例

（参见下级母题实例）

### W2821
### 人的面部特征的来历（五官的产生）

【汤普森】A1316

【关联】［W2897.2.1］洗浴后五官发生变化

实 例

（参见下级母题实例）

### W2821.0
### 面部特征自然形成

实 例

（参见下级母题实例）

### W2821.0.1
### 混沌人生出五官肢体

实 例

［藏族］一位没有五官和肢体但有思维的能力的混沌人，生出五官。

【流传】（无考）

【出处】贡乔泽登整理：《始祖神话》，见 BBS 水木清华站 http://www.smth.edu.cn 2006.07.20。

### W2821.1
### 人的面孔是神赋予的

实 例

（参见下级母题实例）

## W2821.1.1
### 画神抽出一张面孔给新生儿

【关联】［W2821.4.1］生育前祭画神孩子可得到好的面孔

实例

［傣族］人出生后的面孔是由天上的画神多兰嘎画出来的。

【流传】云南省·西双版纳（西双版纳傣族自治州）

【出处】陈贵培整理：《画神多兰嘎》，原载贾芝、孙剑冰编《中国民间故事选》，见陶阳、钟秀编《中国神话》（下），北京：商务印书馆 2008 年版，第 1086~1088 页。

## W2821.1.2
### 神给每人一副面孔

实例

［彝族］神造出的兄妹二人，最初不过是一个形影，克兹（造人的神）给每人一副面孔。

【流传】（无考）

【出处】柯象峰：《猡猡文字之初步研究》，见吕大吉、何耀华总主编《中国各民族原始宗教资料集成》（彝族卷、白族卷、基诺族卷），北京：中国社会科学出版社 1996 年版，第 274~275 页。

## W2821.2
### 神设计人的五官

【关联】［W2493.2.0］神设计人的样子

实例

（参见关联项母题实例）

## W2821.3
### 造人者设计人的五官

实例

（参见下级母题实例）

## W2821.3.1
### 父母设计胎儿的五官

实例

［羌族］索依迪朗（羌语，"父亲"和"母亲"）孕生的前两个儿子体型太大，不满意，决心修改。第三个儿子体格合适。人的体格定型了，但没有五官内脏。索依迪朗商量决定：以后身怀有孕时，胎儿先生头发，后生眉毛，然后再生眼、耳、鼻、舌、嘴、心肺和肠肚等。

【流传】（无考）

【出处】

(a)《索依迪朗：设计造人》，见西南民族学院《羌族文学简史》编写组编《羌族民间文学资料集》（一），1987 年 4 月。

(b) 同 (a)，见吕大吉、何耀华总主编《中国各民族原始宗教资料集成》（纳西族卷、羌族卷、独龙族卷、傈僳族卷、怒族卷），北京：中国社会科学出版社 2000 年版，第 578 页。

## W2821.4
### 与人的面部来历有关的其他母题

实例

（参见下级母题实例）

## W2821.4.1
### 生育前祭画神孩子可得到好的面孔

实例

[傣族] 人出生后的面孔是由天上的画神多兰嘎画出来的。但自私的多兰嘎神，却把画在彩缎上最好看的脸型藏了起来，所以有许多傣族的母亲在她怀孕的时候，总要带着鲜花来赕多兰嘎神，祈求他把那些藏起来的彩缎上的美人脸型，赐给自己将要生下来的孩子。

【流传】云南省·西双版纳（西双版纳傣族自治州）

【出处】陈贵培整理：《画神多兰嘎》，原载贾芝、孙剑冰编《中国民间故事选》，见陶阳、钟秀编《中国神话》（下），北京：商务印书馆2008年版，第1086～1088页。

## W2821.4.2
### 长着特殊五官的人

实例

[维吾尔族] 阿依可孜（人名）临盆分娩，生了一个男孩，孩子的脸色是蓝的，嘴像火一样红，眼睛是粉红色的，头发、眉毛是黑色的。

【流传】新疆维吾尔自治区

【出处】

（a）郑关中翻译整理：《乌古斯》，见《中国少数民族文学作品选》（第二分册），上海：上海文艺出版社1981年版。

（b）同（a），见姚宝瑄主编《中国各民族神话》（乌孜别克族、哈萨克族、柯尔克孜族、俄罗斯族、维吾尔族、塔吉克族、塔塔尔族、锡伯族），太原：山西出版传媒集团·书海出版社2014年版，第243页。

## W2821.4.3
### 仙人使人的面部发生改变

实例

[德昂族] 仙翁使年轻人的脸庞发生变化。

【流传】（无考）

【出处】《套姑娘》，见高明强编《创世的神话和传说》，上海：上海三联书店1988年版，第86页。

## W2822
### 与人的面部特征有关的其他母题

实例

（参见下级母题实例）

## W2822.0
### 人有不同面孔的来历

实例

（参见下级母题实例）

## W2822.0.1
### 人的面孔是由画神画出的

实例

[傣族] 画匠多兰嘎被死神带到天上后，天神英叭让他留在天上做画神。他便一直坐在生神的身旁，只要生神把生命送到人间的时候，多兰嘎便从自己宝座下堆着的一大堆布面的、纸的、绸缎的脸型画像里，随手抽一张交给降生到人间来的生命，作为这个人的脸孔。

【流传】云南省·西双版纳（西双版纳傣族自治州）

【出处】陈贵培整理：《画神多兰嘎》，原载贾芝、孙剑冰编《中国民间故事选》，见陶阳、钟秀编《中国神话》（下），北京：商务印书馆2008年版，第1086~1088页。

## W2822.1
### 有不平常面部的人

【汤普森】F511.1

【关联】[W0560~W0770]神性人物

实例

（实例待考）

## W2822.2
### 双面人（两面人）

【汤普森】①A1316.0.1；②F511.1.1

实例

[高山族（布农）] 从前有个双面人，前后各有一个脸，心地很善良，人也很难将他杀死。

【流传】台湾·南投乡（南投县）

【出处】《双面人的故事》，见达西乌拉弯·毕马（田哲益）、达给斯海方岸·娃莉丝（全妙云）著《布农族口传神话传说》，台北：台原出版社1998年版，第33页。

## W2822.2.1
### 半红半白脸的人

实例

[赫哲族] 安徒（英雄名）看见前面有座房子，走进去一看，炕上坐着一位半红半白脸的姑娘。

【流传】黑龙江省·佳木斯市·同江县·八岔乡

【出处】

（a）吴进才说唱，尤志贤翻译整理：《安徒莫日根》，载中国民间文艺研究会黑龙江分会所编《黑龙江民间文学》1981年第2集。

（b）同（a），见姚宝瑄主编《中国各民族神话》（满族、赫哲族、朝鲜族），太原：山西出版传媒集团·书海出版社2014年版，第130页。

## W2822.3
### 三张脸的人

【汤普森】F511.1.2

实例

（实例待考）

## W2822.4
### 原来人的脸朝天

实 例

［傈僳族］（实例待考）

## W2822.5
### 麻脸者

【关联】［W2606］生身体残缺的人

实 例

（参见下级母题实例）

## W2822.5.1
### 人的麻脸是鸟啄的

实 例

［汉族］（实例待考）

## W2822.5.2
### 人的麻脸是造人时被鸡啄的

实 例

［汉族］在女娲捏泥造人的时候，有虫子爬在人身上，鸡去捉虫，一叨把人叨出了麻子脸和疤癞眼儿，结果造成后世的人产生麻脸。

【流传】辽宁省·大连市沿海渔民中

【出处】刘则亭讲，邵秀荣搜集整理：《女娲补天》，见姚宝瑄主编《中国各民族神话》（汉族），太原：山西出版传媒集团·书海出版社 2014 年版，第 55~57 页。

## W2822.5.3
### 麻脸是造人时被雨砸造成的（雨点变成麻脸）

实 例

❶［汉族］伏羲女娲用泥造人时，泥人捏好了，要晒干。有时遇上雨，抢收时难免损坏。据说，麻脸是被雷雨"铎"的。

【流传】江苏省·（淮安市）·涟水县·南集乡·禹庄村

【出处】徐学尧讲，徐省生搜集整理：《世界的由来》（1983），见姚宝瑄主编《中国各民族神话》（汉族），太原：山西出版传媒集团·书海出版社 2014 年版，第 24~28 页。

❷［汉族］姐弟造泥人时，有的被雨点把脸上打成些小窝窝，后来人类就出现了麻子。

【流传】湖北省·当阳市·育溪镇·春河村

【出处】徐复生讲，李幸文采录：《葫芦姐弟》，见中国民间文学集成全国编辑委员会编《中国民间故事集成》（湖北卷），北京：中国 ISBN 中心 1999 年版，第 13 页。

## W2822.6
### 以前人脸上有毛

实 例

（参见下级母题实例）

## W2822.6.1
### 以前人脸上的毛八掌长

实 例

[阿昌族] 遮米麻（女始祖、地母）刚诞生的时候，裸露着身体，头发和脸毛有八掌长。

【流传】云南省·（德宏傣族景颇族自治州）·梁河县

【出处】赵安贤讲述，杨叶生翻译，智克整理：《遮帕麻与遮米麻》，载《山茶》1981年第2期。

## W2822.7
### 面孔是人的精神

实 例

[彝族] 神造出的兄妹二人，最初不过是一个形影，后来克兹（造人的神）赐给每人一副面孔，面孔就是人的精神。

【流传】（无考）

【出处】柯象峰：《猓猓文字之初步研究》，见吕大吉、何耀华总主编《中国各民族原始宗教资料集成》（彝族卷、白族卷、基诺族卷），北京：中国社会科学出版社1996年版，第274~275页。

## W2822.8
### 脸的颜色

实 例

（参见下级母题实例）

## W2822.8.1
### 黄脸

实 例

[汉族]（实例待考）

## W2822.8.2
### 红脸

实 例

[蒙古族] 乌恩（英雄名）弯下身刚要捧水喝时，突然水面上映出一个长着三只眼的红脸大汉。

【流传】（无考）

【出处】

（a）赛野搜集整理：《乌恩射太阳》，见谷德明编《中国少数民族神话选》，西北民族学院研究所编印，内部资料，1983年。

（b）赛野搜集整理：《乌恩战妖龙》，见姚宝瑄主编《中国各民族神话》（达斡尔族、鄂伦春族、鄂温克族、蒙古族），太原：山西出版传媒集团·书海出版社2014年版，第184页。

## W2822.8.3
### 蓝脸

实 例

[维吾尔族] 阿依可孜（人名）临盆分娩，生了一个男孩，这个孩子的脸色是蓝的。

【流传】新疆维吾尔自治区

【出处】

(a) 郑关中翻译整理:《乌古斯》,见《中国少数民族文学作品选》(第二分册),上海:上海文艺出版社1981年版。

(b) 同(a),见姚宝瑄主编《中国各民族神话》(乌孜别克族、哈萨克族、柯尔克孜族、俄罗斯族、维吾尔族、塔吉克族、塔塔尔族、锡伯族),太原:山西出版传媒集团·书海出版社2014年版,第243页。

## W2822.8.4
黑脸

【关联】[W2796.0.2] 男人为什么皮黄脸黑

实 例

(实例待考)

## W2822.8.5
紫红脸

实 例

[白族] 很久以前,东山的紫土青石山上长出一蓬瓜,结了一个紫红的瓜,大瓜成熟后从瓜中走出一个脸色紫红的小伙子。

【流传】云南省·(大理白族自治州)·剑川县

【出处】云南省民间文学集成办公室编:《东瓜佬与西瓜姥》,见《白族神话传说集成》,北京:中国民间文艺出版社1986年版,第19~20页。

## W2822.9
有的人为什么面部清秀

实 例

[藏族] 5只鸟生5个蛋。第三个蛋派往琼结,琼结人清秀由此来。

【流传】西藏自治区·山南地区·错那县

【出处】《五个蛋派用场》,见中国民间文学集成全国编辑委员会、中国歌谣集成西藏卷编辑委员会编《中国歌谣集·西藏卷》,中国ISBN中心1995年版,第74页。

## ❋ W2823
人的眼睛

实 例

(参见下级母题实例)

## W2824
人原来没有眼睛

【汤普森】A1316.3.3

实 例

(参见下级母题实例)

## W2824.1
没有眼睛的人

【汤普森】F512.5

实 例

❶ [侗族] 张良、张妹兄妹婚后,张妹生一个没有眼睛和鼻子像猿猴的

女儿。

【流传】广西壮族自治区·（柳州市）·三江县（三江侗族自治县）·独洞乡·牙龙村

【出处】公包芳讲，吴浩采录翻译：《祖先的事》，见中国民间文学集成全国编辑委员会编《中国民间故事集成》（广西卷），北京：中国 ISBN 中心 2001 年版，第 60 页。

❷ [傈僳族] 盘古种出的南瓜生兄妹俩。兄妹俩没有眼睛。

【流传】（无考）

【出处】禾青：《盘古造人》，见祝发清、左玉堂、尚仲豪编《傈僳族民间故事选》，上海：上海文艺出版社 1985 年版，第 7~11 页。

## W2825

### 人的眼睛的来历

【汤普森】A1316.3

实 例

（参见下级母题实例）

## W2825.1

### 神让人长出眼睛

实 例

（参见下级母题实例）

## W2825.1.1

### 人的眼睛像太阳是神的决定

实 例

[羌族] 天上的神索依迪和地上的神依朗生育人类时商定：人的眼睛要学着太阳的样子去长。

【流传】四川省·阿坝藏族羌族自治州·茂汶羌族自治县（今归属茂县）

【出处】

（a）《开呃酒曲子》，见杨亮才、陶立璠、邓敏文编《中国少数民族文学》（上册），北京：人民出版社 1985 年版。

（b）《索依迪朗夫妇造人》，原名《人是咋个来的》，郑友富、周贵友讲，王康、龚剑雄、吴文光采录，王康整理，原载西南民族学院图书馆与西南民族学院《羌族文学简史》编写组《羌族民间文学资料集》（一），1987 年，见姚宝瑄主编《中国各民族神话》（羌族、彝族），太原：山西出版传媒集团·书海出版社 2014 年版，第 7 页。

## W2825.2

### 眼睛是造出来的

实 例

❶ [德昂族] 电婆在最早出现的一个人脸上凿开两个洞，装上两小粒火，成为眼睛。

【流传】云南省·德宏州（德宏傣族景颇族自治州）

【出处】陈志鹏采录：《祖先创世纪》，见中国民间文学集成全国编辑委员会编《中国民间故事集成》（云南卷），北京：中国 ISBN 中心 2003 年版，第 106 页。

❷ [汉族] 天神上骈负责造出人的眼睛。

【流传】河南省·（南阳市）·桐柏县

【出处】《女娲造人》，见么书仪选注《神话传说三百篇》，大连：大连出版社1999年版，第8~9页。

## W2825.2.1
### 星星做人的眼睛

实 例

[彝族] 人神俄惹结志做了九次黑白醮（即打清醮，一种巫术仪式，可求吉除祟），用红雪造人时，用星星做了人的眼睛。

【流传】（四川省·凉山彝族自治州）

【出处】

(a) 冯元蔚译：《勒俄特依》，成都：四川民族出版社1986年版。

(b) 冯元蔚译，蔷紫改写：《勒俄特依》，见姚宝瑄主编《中国各民族神话》（羌族、彝族），太原：山西出版传媒集团·书海出版社2014年版，第157页。

## W2825.2.2
### 用黑炭和白泥造人的眼睛

实 例

[彝族] 天上的托罗神和沙罗神两个大神用山脚下的黄土、黑炭、白泥造人。托罗神和沙罗神先拿了黄土捏成了人的身子，再用黑炭和白泥，造成了人的眼睛。

【流传】云南省·（红河哈尼族彝族自治州）·弥勒县（弥勒市）、泸西县，（昆明市）·路南县（石林彝族自治县）等地

【出处】毕荣亮讲，光未然采集整理，古梅改写：《创世纪》，见姚宝瑄主编《中国各民族神话》（羌族、彝族），太原：山西出版传媒集团·书海出版社2014年版，第93页。

## W2825.3
### 人吃果子变成眼

实 例

[汉族]（实例待考）

## W2825.4
### 眼珠是特殊的东西变的

【汤普森】≈A1319.7

实 例

（参见 W2825.3 母题实例）

## W2825.5
### 靠意识长出眼睛

实 例

[藏族] 一位没有五官和肢体但有思维的能力的混沌人，他想要有一双看大地的眼睛时，一对眼睛便生成了。

【流传】（无考）

【出处】贡乔泽登整理：《始祖神话》，见 BBS 水木清华站 http://www.smth.edu.cn 2006.07.20。

## W2825.6
### 与眼睛的来历有关的其他母题

**实例**

（参见下级母题实例）

## W2825.6.1
### 眼珠（眼球）

**实例**

（参见 W2825.6.2 母题实例）

## W2825.6.2
### 用星星做眼珠

**实例**

[彝族] 天上降下的三场红雪变化成人与动植物时，用星星做眼珠，变成血族的种类。

【流传】四川省·凉山（凉山彝族自治州）

【出处】《勒俄特衣》，见冯元蔚、曲比石美整理校订《凉山彝文资料选译》第 1 集，西南民族学院内部编印，1978 年，第 29~35 页。

## W2826
### 人的眼睛的特征

【关联】[W2832.2] 祖先有 4 只眼睛

**实例**

（参见下级母题实例）

## W2826.1
### 人以前的眼是白色的，黑夜也能看到东西

**实例**

[壮族] 以前人的眼是白色的，黑夜也能看到东西。后来天神用墨笔点出黑眼珠，变得夜间无法看东西了。

【流传】广西壮族自治区·（百色市）·靖西（靖西市）·（南坡乡）·汤洞（汤洞村）

【出处】李国栋整理：《眼睛的传说》，见张声震总主编，农冠品编注《壮族神话集成》，南宁：广西民族出版社 2007 年版，第 385 页。

## W2826.2
### 眼能视物的来历

**实例**

[珞巴族] 水使人的眼睛能看到东西。

【流传】西藏自治区·下珞渝（泛指永木河、锡约尔河、巴恰西仁河流域）

【出处】维·埃尔温搜集：《德日雅木拉》，见中华民族故事大系编委会编《中华民族故事大系》第 16 卷（赫哲族、门巴族、珞巴族、基诺族），上海：上海文艺出版社 1995 年版，第 395 页。

## W2826.3
### 人为什么眼睛发亮

**实例**

❶ [珞巴族] 人有了能发光的眼睛。

【流传】西藏自治区·下珞渝（泛指永木河、锡约尔河、巴恰西仁河流域）

【出处】维·埃尔温搜集：《波隆索波》，见中华民族故事大系编委会编《中华民族故事大系》第 16 卷（赫哲族、门巴族、珞巴族、基诺族），上海：上海文艺出版社 1995 年版，第 426 页。

❷ [羌族] 索依迪朗（夫妻神）最后设计生出正常的孩子。他们决定，人的眼睛要学着太阳的样子长。

【流传】四川省·（阿坝藏族羌族自治州）·茂县·太平乡·牛尾巴村

【出处】郑友富讲，王康男采录：《索依迪朗造人》，见中国民间文学集成全国编辑委员会编《中国民间故事集成》（四川卷·下），北京：中国ISBN 中心 1998 年版，第 1118 页。

## W2826.4
### 人睡觉闭眼的来历

**实 例**

[壮族] 人睡觉闭眼是因为玉帝抚摸过眼皮的缘故。

【流传】广西壮族自治区·（柳州市）·柳江县（柳江区）

【出处】韦汉良讲：《灶王十二兄弟》，见张声震总主编，农冠品编注《壮族神话集成》，南宁：广西民族出版社 2007 年版，第 455 页。

## W2826.4.1
### 以前人的眼睛不会闭合

**实 例**

[彝族]（实例待考）

## W2826.5
### 人的眼睛为什么是圆的

**实 例**

（参见下级母题实例）

## W2826.5.1
### 孕生人时规定人的眼睛是圆的

**实 例**

[羌族] 索依迪朗（羌语，意为"娘老子"。迪，意为"老汉"，即"父亲"；朗，意为"阿妈"，即"母亲"）孕生人时商议规定了五官内脏须按照一定的样子长。其中规定，人的眼睛须像太阳。

【流传】（无考）

【出处】
(a)《索依迪朗：设计造人》，见西南民族学院《羌族文学简史》编写组编《羌族民间文学资料集》（一），1987 年 4 月。

(b) 同 (a)，见吕大吉、何耀华总主编《中国各民族原始宗教资料集成》（纳西族卷、羌族卷、独龙族卷、傈僳族卷、怒族卷），北京：中国社会科学出版社 2000 年版，第 578 页。

## W2826.6
### 人的眼睛为什么长额头上

**实 例**

（参见下级母题实例）

## W2826.6.1
### 眼睛从头顶搬到额头上

【关联】
① ［W2572.9］第一代人眼睛长在头顶
② ［W2833.1］人的眼睛长在头顶上

实 例

［傈僳族］以前，人的眼睛长在头顶上。盘古听见人的埋怨，让头顶上的眼睛搬了家，长到额头上来了。

【流传】（无考）

【出处】禾青：《盘古造人》，见祝发清、左玉堂、尚仲豪编《傈僳族民间故事选》，上海：上海文艺出版社1985年版，第7~11页。

## W2827
### 长着特殊眼睛的人

【汤普森】①F512；②F541

【关联】［W0560~W0770］神性人物

实 例

（参见下级母题实例）

## W2827.1
### 长着方形眼睛的人

实 例

［汉族］老聃所会五老（五方之精）瞳子皆方。

【流传】（无考）

【出处】《周灵王》，见［晋］王嘉撰，［梁］萧绮录，齐治平校注《拾遗记》卷三，北京：中华书局1981年版，第79页。

## W2827.2
### 长着两个瞳孔的人

实 例

［汉族］（实例待考）

## W2828
### 独眼人

【汤普森】F512.1

【关联】［W2572.3］第一代人是独眼人

实 例

❶［汉族］西北方曰一目，曰沙所。

【流传】（无考）

【出处】《淮南子·地形训》，见［汉］刘安等著，陈广忠译注《淮南子译注》，长春：吉林文史出版社1990年版。

❷［仫佬族］伏羲有2个哥哥，其中一个是独眼。

【流传】广西壮族自治区·（河池市）·罗城（罗城仫佬族自治县）

【出处】龙殿保等搜集整理：《伏羲兄妹的传说》，中华民族故事大系编委会编《中华民族故事大系》第11卷（达斡尔族、仫佬族、羌族），上海：上海文艺出版社1995年版，第279~285页。

❸［蒙古族］都哇锁豁儿（人名）的额头正中长了一只独眼，能望见三程远的地方。

【流传】（无考）

## 【出处】

（a）奥其翻译：《感光即孕》，见谷德明编《中国少数民族神话》，北京：中国民间文艺出版社 1987 年版，第 58～61 页。

（b）《阿兰豁阿五箭训子》，见《蒙古秘史》，北京：新华出版社 2006 年版。

❹ [彝族] 东海龙王的姑娘赛依列造的第一代人只有一只眼睛，眼睛生长在脑门心上。

【流传】云南省·（红河哈尼族彝族自治州）·弥勒县（弥勒市）

【出处】石旺讲，戈隆阿弘采录：《独眼人、直眼人和横眼人》，见中国民间文学集成全国编辑委员会编《中国民间故事集成》（云南卷），北京：中国 ISBN 中心 2003 年版，第 215 页。

❺ [彝族] 从前，人很多。那时人只有一只眼。

【流传】云南省·（昆明市）·石林彝族自治县·（长湖镇）·蓑衣北村（蓑衣山村）

【出处】李开福讲：《洪水和人类起源神话》，见李德君采录《彝族撒尼人民间文学作品采集实录》，北京：中央民族大学出版社 2009 年版，第 501 页。

❻ [彝族] 独眼人形状虽像人，叫声似猴音，树叶当衣穿，野果当饭吃。

【流传】（无考）

【出处】《勒俄特依》，见王松《论神话及其他》，昆明：云南民族出版社 2006 年版，第 20 页。

❼ [彝族] 远古时候，昏暗过去后，光明已降临。独眼睛时代，从此就开始。

【流传】云南省·楚雄（楚雄彝族自治州）

【出处】李忠祥等翻译：《洪水泛滥》，见云南省少数民族古籍整理出版规划办公室编《洪水泛滥》，昆明：云南民族出版社 1987 年版，第 1 页。

## W2828.1

### 独眼人的产生

【关联】

① ［W2318.13.1］猴子变成独眼人

② ［W2572.3.1］龙女造第一代人独眼人

**实 例**

（参见关联项母题和下级母题实例）

## W2828.1.1

### 天地生独眼人

【关联】［W2203］天地生人

**实 例**

[彝族] 第一代人类独眼人"拉爹"是天与地生的儿女。

【流传】（云南省·楚雄彝族自治州·双柏县，红河哈尼族彝族自治州等地）

【出处】

（a）云南省民族民间文学楚雄、红河调查队搜集，郭思九、陶学良整理：《查姆》，昆明：云南人民出版社 1981 年版。

（b）郭思九、陶学良整理，古梅改写：

《彝家的古根》，选自《云南民族文学资料》第七集中的《查姆》上部前三章，见姚宝瑄主编《中国各民族神话》（羌族、彝族），太原：山西出版传媒集团·书海出版社 2014 年版，第 61 页。

## W2828.1.2
### 神造独眼人

**实例**

【彝族】造人女神儿依得罗娃亲手捏了一男一女两个泥人。开始时男人 8 只眼，男人女人又有多只手脚。众神之王不满意，让一对男女最后只留下那一只不会眨眼的独眼睛。

【流传】（云南省·楚雄彝族自治州·双柏县，红河哈尼族彝族自治州等地）

【出处】

（a）云南省民族民间文学楚雄、红河调查队搜集，郭思九、陶学良整理：《查姆》，昆明：云南人民出版社 1981 年版。

（b）郭思九、陶学良整理，古梅改写：《彝家的古根》，选自《云南民族文学资料》第七集中的《查姆》上部前三章，见姚宝瑄主编《中国各民族神话》（羌族、彝族），太原：山西出版传媒集团·书海出版社 2014 年版，第 61 页。

## W2828.1.3
### 猴变独眼人

**实例**

【彝族】（实例待考）

## W2828.1.4
### 人婚生独眼人

**实例**

【彝族】鸟生的人相配生出的后代只有一只眼睛，叫独眼人。

【流传】贵州省西部；云南省东北部；四川省西南部彝族地区

【出处】阿危·热默讲，阿乍·莴芝整理：《人祖的由来》，见姚宝瑄主编《中国各民族神话》（羌族、彝族），太原：山西出版传媒集团·书海出版社 2014 年版，第 185 页。

## W2828.1.5
### 鸟婚生独眼人

【关联】［W2485.3］鸟婚生人

**实例**

【彝族】从天边飞来一对银雀，这对银雀叫哎（雄鸟）和哺（雌鸟），哎与哺相配就有了人类。人相配生出的后代只有一只眼睛，叫独眼人。

【流传】贵州省西部；云南省东北部；四川省西南部彝族地区

【出处】阿危·热默讲，阿乍·莴芝整理：《人祖的由来》，见姚宝瑄主编《中国各民族神话》（羌族、彝族），太原：山西出版传媒集团·书海出版社 2014 年版，第 185 页。

## W2828.2
### 独眼人的特征

【关联】［W2754.2.1］独眼这代人时不

分男女

**实例**

（参见关联项母题和下级母题实例）

## W2828.2.1
### 独眼人的眼长在脑眉上

**实例**

❶ ［彝族］人类最早的先驱只有一只眼睛，长在脑眉上。

【流传】云南省·楚雄（楚雄彝族自治州）

【出处】李忠祥等翻译：《洪水泛滥》，见云南省少数民族古籍整理出版规划办公室编《洪水泛滥》，昆明：云南民族出版社1987年版，第1页。

❷ ［彝族］人类最早的一代人是独眼睛人。他们只有一只眼，独眼生在脑门心。

【流传】（云南省·楚雄彝族自治州·双柏县，红河哈尼族彝族自治州等地）

【出处】

（a）云南省民族民间文学楚雄、红河调查队搜集，郭思九、陶学良整理：《查姆》，昆明：云南人民出版社1981年版。

（b）郭思九、陶学良整理，古梅改写：《彝家的古根》，选自《云南民族文学资料》第七集中的《查姆》上部前三章，见姚宝瑄主编《中国各民族神话》（羌族、彝族），太原：山西出版传媒集团·书海出版社2014年版，第60页。

## W2828.2.2
### 独眼人不会用火

**实例**

［彝族］独眼睛这一代人开始时没有找到火种，也不知道什么是生的什么是熟的，他们冷水拌野果，食物尽生吞。

【流传】（云南省·楚雄彝族自治州·双柏县，红河哈尼族彝族自治州等地）

【出处】

（a）云南省民族民间文学楚雄、红河调查队搜集，郭思九、陶学良整理：《查姆》，昆明：云南人民出版社1981年版。

（b）郭思九、陶学良整理，古梅改写：《彝家的古根》，选自《云南民族文学资料》第七集中的《查姆》上部前三章，见姚宝瑄主编《中国各民族神话》（羌族、彝族），太原：山西出版传媒集团·书海出版社2014年版，第62页。

## W2828.2.3
### 独眼人是哑巴

【关联】［W2891.4］哑巴

**实例**

［彝族］造人女神儿依得罗娃造出的第一代独眼人，不会说话。

【流传】（云南省·楚雄彝族自治州·双柏县，红河哈尼族彝族自治州等地）

【出处】

（a）云南省民族民间文学楚雄、红河调

查队搜集，郭思九、陶学良整理：《查姆》，昆明：云南人民出版社1981年版。

（b）郭思九、陶学良整理，古梅改写：《彝家的古根》，选自《云南民族文学资料》第七集中的《查姆》上部前三章，见姚宝瑄主编《中国各民族神话》（羌族、彝族），太原：山西出版传媒集团·书海出版社2014年版，第61页。

## W2828.3
### 与独眼人有关的其他母题

【关联】

① ［W2295.4.7.2］独眼人换成横眼人
② ［W2504.1］独眼人时代的人被毁灭后再生
③ ［W2572.3］第一代人是独眼人
④ ［W2574.3.2］第三代人是独眼人
⑤ ［W2831.3.2］独眼人变直眼人

实例

（参见关联项母题和下级母题实例）

## W2828.3.1
### 独眼姑娘

实例

［独龙族］（实例待考）

## W2828.3.2
### 独眼人的名字

实例

［彝族］独眼睛时代，是人类最早的那一代，他们的名字叫拉爹。

【流传】（云南省·楚雄彝族自治州·双柏县，红河哈尼族彝族自治州等地）

【出处】

（a）云南省民族民间文学楚雄、红河调查队搜集，郭思九、陶学良整理：《查姆》，昆明：云南人民出版社1981年版。

（b）郭思九、陶学良整理，古梅改写：《彝家的古根》，选自《云南民族文学资料》第七集中的《查姆》上部前三章，见姚宝瑄主编《中国各民族神话》（羌族、彝族），太原：山西出版传媒集团·书海出版社2014年版，第60页。

## W2828.3.3
### 独眼人时代动物欺负人

实例

［彝族］第一代人独眼睛人时代，马用蹄乱踢人，牛用角乱顶人，鸡的嘴乱啄人，到处都乱纷纷。

【流传】（云南省·楚雄彝族自治州·双柏县，红河哈尼族彝族自治州等地）

【出处】

（a）云南省民族民间文学楚雄、红河调查队搜集，郭思九、陶学良整理：《查姆》，昆明：云南人民出版社1981年版。

（b）郭思九、陶学良整理，古梅改写：《彝家的古根》，选自《云南民族文学资料》第七集中的《查姆》上部前三章，见姚宝瑄主编《中国各民族神

话》（羌族、彝族），太原：山西出版传媒集团·书海出版社2014年版，第65页。

## W2828.3.4
### 独眼人时代秩序混乱

【实例】

[彝族] 第一代人独眼人，不讲道理，不分长幼老小，儿子不养爹妈，爹妈也不管儿孙，饿了就彼此撕抢，就吵嘴打架，纠纷不断。

【流传】（云南省·楚雄彝族自治州·双柏县，红河哈尼族彝族自治州等地）

【出处】

（a）云南省民族民间文学楚雄、红河调查队搜集，郭思九、陶学良整理：《查姆》，昆明：云南人民出版社1981年版。

（b）郭思九、陶学良整理，古梅改写：《彝家的古根》，选自《云南民族文学资料》第七集中的《查姆》上部前三章，见姚宝瑄主编《中国各民族神话》（羌族、彝族），太原：山西出版传媒集团·书海出版社2014年版，第66页。

## W2828.3.5
### 独眼人时发明火

【关联】［W6932］火是发明的（火的发明）

【实例】

[彝族] 独眼人的时代，有一个独眼人，用石头去敲硬果，突然迸溅出火的星星，火星恰好落在了干了的树叶上，很快就烧起野火。

【流传】（云南省·楚雄彝族自治州·双柏县，红河哈尼族彝族自治州等地）

【出处】

（a）云南省民族民间文学楚雄、红河调查队搜集，郭思九、陶学良整理：《查姆》，昆明：云南人民出版社1981年版。

（b）郭思九、陶学良整理，古梅改写：《彝家的古根》，选自《云南民族文学资料》第七集中的《查姆》上部前三章，见姚宝瑄主编《中国各民族神话》（羌族、彝族），太原：山西出版传媒集团·书海出版社2014年版，第63页。

## W2828.3.6
### 独眼人与独眼猴不分

【关联】

① ［W2317］猴变成人（猴子变成人）
② ［W2733.2］人与猴同源

【实例】

[彝族] 第一代人独眼睛人时代，猴子和人分不清，猴子生儿子，也是独眼睛；猴子摘野果，丢给猴儿吃，人也摘野果，丢给孩儿吃。

【流传】（云南省·楚雄彝族自治州·双柏县，红河哈尼族彝族自治州等地）

【出处】

（a）云南省民族民间文学楚雄、红河调查队搜集，郭思九、陶学良整理：《查姆》，昆明：云南人民出版社

1981 年版。

（b）郭思九、陶学良整理，古梅改写：《彝家的古根》，选自《云南民族文学资料》第七集中的《查姆》上部前三章，见姚宝瑄主编《中国各民族神话》（羌族、彝族），太原：山西出版传媒集团·书海出版社 2014 年版，第 62 页。

## W2828.3.7
### 独眼人不会耕种

【关联】［W6040］耕种的产生（农业的产生）

实例

[彝族] 独眼睛这一代人，不知道种粮食。没有粮食，人类无法繁衍，也很难长久地生存。

【流传】（云南省·楚雄彝族自治州·双柏县，红河哈尼族彝族自治州等地）

【出处】

（a）云南省民族民间文学楚雄、红河调查队搜集，郭思九、陶学良整理：《查姆》，昆明：云南人民出版社 1981 年版。

（b）郭思九、陶学良整理，古梅改写：《彝家的古根》，选自《云南民族文学资料》第七集中的《查姆》上部前三章，见姚宝瑄主编《中国各民族神话》（羌族、彝族），太原：山西出版传媒集团·书海出版社 2014 年版，第 63 页。

## W2829
### 横眼人

【关联】

① ［W2573.4］第二代人是横眼人
② ［W2574.3］第三代人是横眼人
③ ［W2576.1］第 36 代人是横眼人

实例

❶ [苗族] 董冬穹（男性人名，祖先）造人已是横眼睛的岁月。

【流传】贵州省·（安顺市）·紫云（紫云苗族布依族自治县）麻山苗区

【出处】杨再华唱诵，杨正江译：《亚鲁族源》，见中国民间文艺家协会主编《亚鲁王》，北京：中华书局 2011 年版。

❷ [彝族] 兄妹婚生七对男女配成七家。一支成汉族，其他各支分别成为撒尼、阿细、黑彝、阿哲、白彝撒梅（以上均为彝族支系名）等。人类这时起，成了横眼人。

【流传】云南省·（昆明市）·路南（石林彝族自治县）

【出处】李春富翻译，赵光汉整理：《洪水滔天史》，见云南省少数民族古籍整理出版规划办公室编《洪水泛滥》，昆明：云南民族出版社 1987 年版，第 54 页。

## W2829.0
### 特定物生横眼人

实例

（参见下级母题实例）

## W2829.0.1
### 瓜生筷子横眼人

【关联】［W2829.4.2］筷子横眼人

实例

［彝族（阿细）］洪水后幸存的兄妹二人从燕子那里得到瓜子，栽种出的瓜里繁衍出了各种动物和筷子横眼人。

【流传】云南省·红河哈尼族彝族自治州·弥勒县（弥勒市）

【出处】潘正兴等唱述，云南省民族民间文学红河调查队搜集翻译整理：《阿细的先基》，昆明：云南人民出版社1959年版。

## W2829.1
### 兄妹婚生横眼人

【关联】［W2436］兄妹婚生人

实例

❶［哈尼族］直眼人时，水淹人类，莫佐佐龙和莫佐佐梭兄妹成婚繁衍出横眼人。

【流传】云南省

【出处】刘庆元整理：《兄妹传人类》，见刘江华编《中国神话故事》（天、地、人物卷），北京：中国世界语出版社1999年版，第161~162页。

❷［彝族］兄妹结婚生36个横眼人。

【流传】云南省·楚雄州（楚雄彝族自治州）

【出处】左玉堂：《楚雄彝族文学简史》，北京：中国民间文艺出版社1986年版，第69~71页。

❸［彝族］洪水后，兄妹占卜成婚，生下现在的横眼睛人。

【流传】云南省·红河州（红河哈尼族彝族自治州）·弥勒县（弥勒市）

【出处】云南省民族民间文学红河调查队搜集翻译整理：《阿细的先基》，北京：人民文学出版社1959年版。

## W2829.2
### 竖眼人生横眼人

实例

［彝族］从天边飞来一对银雀，这对银雀叫哎（雄鸟）和哺（雌鸟），哎与哺相配就有了人类。人相配生第一代独眼人，独眼人生下了竖眼人，竖眼人生下横眼人。

【流传】贵州省西部、云南省东北部、四川省西南部彝族地区

【出处】阿危·热默讲，阿乍·芮芝整理：《人祖的由来》，见姚宝瑄主编《中国各民族神话》（羌族、彝族），太原：山西出版传媒集团·书海出版社2014年版，第185页。

## W2829.2.1
### 竖眼人变成横眼人

【关联】［W2830］竖眼人

实例

［彝族］洪水后兄妹婚再生人类生出的竖眼人变成横眼人。

【流传】云南省·元江（元江哈尼族彝

族傣族自治县）红河谷两岸的彝族村寨

【出处】白仲和搜集整理：《兄妹夫妻》，见彝学网：http://222.210.17.136/mzwz/index.htm，2006.10.25。

## W2829.3
### 直眼人变成横眼人

【关联】［W2831］直眼人

实例

[彝族（阿细）] 人类进入到了蚂蚱直眼人时代，因山羊和水牛顶架而引起山火，把蚂蚱直眼人烧死了，人类只剩下两人，这两人生育后代便进入了蟋蟀横眼人时代。

【流传】云南省·红河哈尼族彝族自治州·弥勒县（弥勒市）

【出处】潘正兴等唱述，云南省民族民间文学红河调查队搜集翻译整理：《阿细的先基》，昆明：云南人民出版社1959年版。

## W2829.3.1
### 泼水使直眼人变成横眼人

实例

[彝族] 天神向洪水后幸存的直眼人老三的身上泼上瓢清水，结果直眼睛变成了横眼睛。

【流传】云南省·（曲靖市）·罗平（罗平县）、宣威（宣威市）

【出处】
(a) 李育才讲，陶学良记录：《葫芦里出来的人》，载《山茶》1966年第4期。

(b) 同 (a)，见陶阳、钟秀编《中国神话》（中），北京：商务印书馆2008年版，第911~919页。

## W2829.4
### 与横眼人有关的其他母题

实例

（参见下级母题实例）

## W2829.4.1
### 蟋蟀横眼人

【关联】［W2573.12.4］第二代人是蟋蟀

实例

[彝族（阿细）] 人类进入到了蚂蚱直眼人时代，后来蚂蚱直眼人烧死，人类只剩下两人，从此进入了蟋蟀横眼人时代。

【流传】云南省·红河哈尼族彝族自治州·弥勒县（弥勒市）

【出处】潘正兴等唱述，云南省民族民间文学红河调查队搜集翻译整理：《阿细的先基》，昆明：云南人民出版社1959年版。

## W2829.4.2
### 筷子横眼人

【关联】［W2829.0.1］瓜生筷子横眼人

实例

（参见关联项母题实例）

## W2829.4.3
### 用刀划成横眼人

实例

[傈僳族] 盘古种出南瓜生没有眼睛的兄妹俩。盘古用刀在兄妹俩的额下轻轻地划了两划，成为横眼人。

【流传】（无考）

【出处】禾青：《盘古造人》，见祝发清、左玉堂、尚仲豪编《傈僳族民间故事选》，上海：上海文艺出版社1985年版，第7~11页。

## W2829.4.4
### 横眼人是真正的人

【关联】
① [W2123.0.1] 第二代才造出真正的人
② [W2573.4] 第二代人是横眼人

实例

[彝族] 世上最早有三代人，一代是直眼人，一代是圆眼人，还有一代是横眼人。横眼人才是真正的人。

【流传】云南省·楚雄彝族自治州

【出处】罗文荣演唱，李世忠翻译，蔷紫改写：《老人梅葛》，见姚宝瑄主编《中国各民族神话》（羌族、彝族），太原：山西出版传媒集团·书海出版社2014年版，第125页。

## W2830
### 竖眼人

【关联】[W2318.13.2] 猴子变成竖眼人

实例

❶ [苗族] 觥斗曦（男性人名，祖先）造人。造出的人的眼睛是竖立的。

【流传】（无考）

【出处】杨再华唱诵，杨正江译：《亚鲁族源》，见中国民间文艺家协会主编《亚鲁王》，北京：中华书局2011年版，第33页。

❷ [彝族] 一世希则依至六世笃阿慕，三十六代都是竖眼人。

【流传】云南省·（玉溪市）·新平（新平彝族傣族自治县）

【出处】普学旺搜集翻译：《洪水泛滥史》，见云南省少数民族古籍整理出版规划办公室编《洪水泛滥》，昆明：云南民族出版社1987年版，第56~57页。

## W2830.0
### 以前的人是竖眼人

实例

[傈僳族] 以前，人的眼睛不是横着生，而是竖着长。

【流传】（无考）

【出处】禾青：《盘古造人》，见祝发清、左玉堂、尚仲豪编《傈僳族民间故事选》，上海：上海文艺出版社1985年版，第7~11页。

## W2830.1
### 竖眼人的产生

实例

（参见下级母题实例）

## W2830.1.1
### 独眼人生竖眼人

【关联】［W2828］独眼人

实 例

[彝族] 从天边飞来一对银雀，这对银雀叫哎（雄鸟）和哺（雌鸟），哎与哺相配就有了人类。人相配生第一代独眼人，独眼人生下了竖眼人。

【流传】贵州省西部；云南省东北部；四川省西南部彝族地区

【出处】阿危·热默讲，阿乍·芮芝整理：《人祖的由来》，见姚宝瑄主编《中国各民族神话》（羌族、彝族），太原：山西出版传媒集团·书海出版社2014年版，第185页。

## W2830.1.2
### 斜眼人生竖眼人

【关联】［W2834.1］斜眼人

实 例

[彝族] 斜眼人出现后，天覆又地转，过了九十代，世间的人类才成了竖眼人。

【流传】云南省·（昆明市）·路南（石林彝族自治县）

【出处】李春富翻译，赵光汉整理：《洪水滔天史》，见云南省少数民族古籍整理出版规划办公室编《洪水泛滥》，昆明：云南民族出版社1987年版，第46页。

## W2830.1.3
### 猴变成竖眼人

【关联】［W2317］猴变成人（猴子变成人）

实 例

[彝族]（实例待考）

## W2830.1.4
### 兄妹婚生竖眼人

【关联】［W2436］兄妹婚生人

实 例

[彝族] 洪水后兄妹婚再生人类。他们先生出竖眼人，后来竖眼人变成横眼人。

【流传】云南省·元江红河谷两岸的彝族村寨

【出处】白仲和搜集整理：《兄妹夫妻》，见彝学网：http://222.210.17.136/mzwz/index.htm，2006.10.25。

## W2830.2
### 竖眼人貌美

实 例

[纳西族] 天女波白命和波吉命两姐妹，姐姐波吉命有一张月亮般漂亮的脸庞，脸庞上有一双竖生着的眼睛。

【流传】云南省·丽江县（丽江市）

【出处】木丽春采集整理：《檐口吃饭的禁忌》，见木丽春编著《纳西族民间故事集》，昆明：云南人民出版社2007年版，第244页。

## W2830.2.1
### 竖眼人比横眼人漂亮

实例

❶ [纳西族] 天父阿普的大姑娘叫波白命，小姑娘叫波吉命。波白命长有一对横生的眼睛，横眼女长得憨厚，心地善良；小姑娘波吉命长有一对竖生的眼睛，竖生的眼睛会说没有声音的话，长得俊俏，心地愚憨。

【流传】云南省·丽江县（丽江市）

【出处】木丽春采集整理：《斗本的来历》（斗本，即祛灾仪式），见木丽春编著《纳西族民间故事集》，昆明：云南人民出版社2007年版，第253~254页。

❷ [纳西族] 洪水后大地上只剩下了崇忍利恩一人，受天神的指点，见到了两个女子（即衬红保白和她的姐姐）。这两个女子，一个竖眼、一个横眼。利恩追求美貌，娶回了竖眼女。

【流传】云南省·丽江县（丽江市）·（玉龙纳西族自治县）·鸣音地区（鸣音乡）

【出处】和即贵（60岁）讲，李丽芬调查整理：《丽江鸣音地区的"顶天灾"仪式》（1989），见吕大吉、何耀华总主编《中国各民族原始宗教资料集成》（纳西族卷、羌族卷、独龙族卷、傈僳族卷、怒族卷），北京：中国社会科学出版社2000年版，第293页。

## W2830.3
### 竖眼人即立目人

实例

（实例待考）

## W2830.3.1
### 天老爷派来立目人

实例

[藏族（白马）] 最早派来的"一寸人"死绝后，天老爷又派来了"立目人"。

【流传】四川省

【出处】扎嘎才礼、小石桥、顶专讲述，谢世廉、周益华、姜志成、周贤中搜集：《天、地、人的起源》，原载中国民间文艺研究会四川分会编《四川白马藏族民间文学资料集》，见陶阳、钟秀编《中国神话》（上），北京：商务印书馆2008年版，第35~37页。

## W2830.4
### 竖眼女人

实例

[纳西族] 利恩若（男子名）和貌美的竖眼睛的天女波吉命结为夫妻。

【流传】云南省·丽江县（丽江市）

【出处】木丽春采集整理：《檐口吃饭的禁忌》，见木丽春编著《纳西族民间故事集》，昆明：云南人民出版社2007年版，第245页。

## W2830.5
### 立目人好吃懒做

**实例**

[藏族（白马）] 最早派来的立目人很懒怠，不会种庄稼，又不学，天天坐起来就吃喝。

【流传】四川省

【出处】扎嘎才礼、小石桥、顶专讲述，谢世廉、周益华、姜志成、周贤中搜集：《天、地、人的起源》，原载中国民间文艺研究会四川分会《四川白马藏族民间文学资料集》，见陶阳、钟秀编《中国神话》（上），北京：商务印书馆2008年版，第35~37页。

## W2831
### 直眼人

【关联】[W2572.6] 第一代人是直眼人

**实例**

[彝族] 直眼人鼻子剪刀样，下巴鸡蛋圆，嘴唇像鹦哥。

【流传】（无考）

【出处】《勒俄特依》，见王松《论神话及其他》，昆明：云南民族出版社2006年版，第20页。

## W2831.1
### 生育直眼人

**实例**

（实例待考）

## W2831.2
### 天神派来直眼人

**实例**

[藏族]（实例待考）

## W2831.3
### 直眼人是演变而来的

**实例**

（参见下级母题实例）

## W2831.3.1
### 人由蚂蚱瞎子发展到蚂蚁直眼人

【关联】[W2834.6.5] 蚂蚁瞎子时代的人

**实例**

[彝族（阿细）] 人类进入到了蚂蚱直眼人时代，因山羊和水牛顶架而引起山火，把蚂蚱直眼人烧死了，人类只剩下两人，便进入到了蟋蟀横眼人时代。

【流传】云南省·红河哈尼族彝族自治州·弥勒县（弥勒市）

【出处】潘正兴等唱述，云南省民族民间文学红河调查队搜集翻译整理：《阿细的先基》，昆明：云南人民出版社1959年版。

## W2831.3.2
### 独眼人变成直眼人

**实例**

❶ [彝族] 仙女从天上舀来飘水，叫独

眼做活人拿去洗身子。最后独眼变成了直眼人。

【流传】云南省·（红河哈尼族彝族自治州）·弥勒县（弥勒市）

【出处】石旺讲，戈隆阿弘采录：《独眼人、直眼人和横眼人》，见中国民间文学集成全国编辑委员会编《中国民间故事集成》（云南卷），北京：中国ISBN中心2003年版，第215页。

❷ [彝族] 独眼人拿来水王罗塔纪姑娘给他的天水，洗他肮脏透顶的身子，顿时满身的污垢全部洗干净。独眼人立刻变成了直眼人。

【流传】（云南省·楚雄彝族自治州·双柏县，红河哈尼族彝族自治州等地）

【出处】
（a）云南省民族民间文学楚雄、红河调查队搜集，郭思九、陶学良整理：《查姆》，昆明：云南人民出版社1981年版。
（b）郭思九、陶学良整理，古梅改写：《彝家的古根》，选自《云南民族文学资料》第七集中的《查姆》上部前三章，见姚宝瑄主编《中国各民族神话》（羌族、彝族），太原：山西出版传媒集团·书海出版社2014年版，第74页。

## W2831.4
### 直眼人的种类

实例

（参见下级母题实例）

## W2831.4.1
### 蚂蚁直眼人

实例

[彝族]（实例待考）

## W2831.4.2
### 蚂蚱直眼人

实例

[彝族] 很早时候，人的长相很不好看，个子还可以看得过去，就是两只眼睛朝顶上直生着。这就是被称为蚂蚱直眼睛时代的人。

【流传】云南省·（曲靖市）·罗平（罗平县）、宣威（宣威市）

【出处】
（a）李育才讲，陶学良记录：《葫芦里出来的人》，载《山茶》1966年第4期。
（b）同（a），见陶阳、钟秀编《中国神话》（中），北京：商务印书馆2008年版，第911~919页。

## W2831.4.2a
### 瞎眼人变成蚂蚱直眼人

实例

[彝族（阿细）] 天空出了七个太阳，把蚂蚁瞎眼人晒死了，只剩下迟多阿力列和迟多阿力勒，从此人类进入到了蚂蚱直眼人时代。

【流传】云南省·红河哈尼族彝族自治州·弥勒县（弥勒市）

【出处】潘正兴等唱述，云南省民族民间文学红河调查队搜集翻译整理：《阿细的先基》，昆明：云南人民出版社 1959 年版。

## W2831.5
### 与直眼人有关的其他母题

【关联】［W2829.3］直眼人变成横眼人

实 例

（参见下级母题实例）

## W2831.5.1
### 直眼人被洪水淹死

实 例

[彝族] 天神放水洗大地，淹死直眼人这一代人后重新造人。

【流传】云南省·（红河哈尼族彝族自治州）·弥勒县（弥勒市）

【出处】石旺讲，戈隆阿弘采录：《独眼人、直眼人和横眼人》，见中国民间文学集成全国编辑委员会编《中国民间故事集成》（云南卷），北京：中国ISBN 中心 2003 年版，第 215 页。

## W2831.5.2
### 直眼人眼睛长在头顶上

实 例

[彝族] 格兹天神撒下了第三把雪变成的第三代人直眼人有两只眼睛，两只眼睛都生在头顶上。

【流传】（云南省·楚雄彝族自治州·姚安县·官屯乡·马游村，大姚县·昙华乡等）

【出处】

（a）郭天元（马游村）、李申呼颇（昙华乡）、李福玉颇（苴）演唱，郭思九、许明学、龚维顺、张宝省、陈志群、胡炳文等搜集，刘德虎、龚维顺、陈志群、李树荣、郭天元等整理：《梅葛》（第一部"创世"），见云南省民族民间文学楚雄调查队《梅葛》（1959），昆明：云南人民出版社 2009 年版。

（b）《打虎开天辟地》，蔷紫据云南省民族民间文学楚雄调查队著《梅葛》（云南人民出版社 2009 年版）改写，见姚宝瑄主编《中国各民族神话》（羌族、彝族），太原：山西出版传媒集团·书海出版社 2014 年版，第 199 页。

## W2831.5.2a
### 直眼人两只直眼朝上生

实 例

[彝族] 第二代人是名字叫"拉拖"的直眼人。他们有两只直眼睛，两只直眼朝上生。

【流传】（云南省·楚雄彝族自治州·双柏县，红河哈尼族彝族自治州等地）

【出处】

（a）云南省民族民间文学楚雄、红河调查队搜集，郭思九、陶学良整理：《查姆》，昆明：云南人民出版社 1981 年版。

（b）郭思九、陶学良整理，古梅改写：

《彝家的古根》，选自《云南民族文学资料》第七集中的《查姆》上部前三章，见姚宝瑄主编《中国各民族神话》（羌族、彝族），太原：山西出版传媒集团·书海出版社 2014 年版，第 68 页。

## W2831.5.3
### 直眼人鼻子像剪刀

**实 例**

[彝族] 直眼人的模样不一般，鼻子就像把剪刀。

【流传】（云南省·楚雄彝族自治州·双柏县，红河哈尼族彝族自治州等地）

【出处】

（a）云南省民族民间文学楚雄、红河调查队搜集，郭思九、陶学良整理：《查姆》，昆明：云南人民出版社 1981 年版。

（b）郭思九、陶学良整理，古梅改写：《彝家的古根》，选自《云南民族文学资料》第七集中的《查姆》上部前三章，见姚宝瑄主编《中国各民族神话》（羌族、彝族），太原：山西出版传媒集团·书海出版社 2014 年版，第 74 页。

## W2831.5.4
### 直眼人尖嘴唇

**实 例**

[彝族] 独眼人变成的直眼人鼻子就像把剪刀，下巴却像鸡蛋一般圆，嘴唇就像鹦哥一般尖。

【流传】（云南省·楚雄彝族自治州·双柏县，红河哈尼族彝族自治州等地）

【出处】

（a）云南省民族民间文学楚雄、红河调查队搜集，郭思九、陶学良整理：《查姆》，昆明：云南人民出版社 1981 年版。

（b）郭思九、陶学良整理，古梅改写：《彝家的古根》，选自《云南民族文学资料》第七集中的《查姆》上部前三章，见姚宝瑄主编《中国各民族神话》（羌族、彝族），太原：山西出版传媒集团·书海出版社 2014 年版，第 74 页。

## W2831.5.5
### 直眼人圆嘴巴

**实 例**

[彝族] 独眼人变成的直眼人鼻子就像把剪刀，下巴却像鸡蛋一般圆。

【流传】（云南省·楚雄彝族自治州·双柏县，红河哈尼族彝族自治州等地）

【出处】

（a）云南省民族民间文学楚雄、红河调查队搜集，郭思九、陶学良整理：《查姆》，昆明：云南人民出版社 1981 年版。

（b）郭思九、陶学良整理，古梅改写：《彝家的古根》，选自《云南民族文学资料》第七集中的《查姆》上部前三章，见姚宝瑄主编《中国各民族神话》（羌族、彝族），太原：山西出版传媒集团·书海出版社 2014 年版，第 74 页。

## W2831.5.6
### 直眼人不懂道理

**实例**

[彝族] 直眼人这一代，不懂得道理，经常吵嘴打架。各顾各，不关心他人死活，也不管自己的爹妈。爹妈死后抛尸了事。

【流传】（云南省·楚雄彝族自治州·双柏县，红河哈尼族彝族自治州等地）

【出处】

（a）云南省民族民间文学楚雄、红河调查队搜集，郭思九、陶学良整理：《查姆》，昆明：云南人民出版社1981年版。

（b）郭思九、陶学良整理，古梅改写：《彝家的古根》，选自《云南民族文学资料》第七集中的《查姆》上部前三章，见姚宝瑄主编《中国各民族神话》（羌族、彝族），太原：山西出版传媒集团·书海出版社2014年版，第79页。

## W2831.5.7
### 直眼人心不好

**实例**

[彝族] 世上最早有直眼人、圆眼人、横眼人三代人，直眼人的心不好，圆眼人的心也很坏。他们收了庄稼，却用谷子磨成粉拿去糊墙，又拿了荞面拌牛粪去糊打谷场。

【流传】云南省·楚雄彝族自治州

【出处】罗文荣演唱，李世忠翻译，蔷紫改写：《老人梅葛》，见姚宝瑄主编《中国各民族神话》（羌族、彝族），太原：山西出版传媒集团·书海出版社2014年版，第125页。

[彝族] 众神之王涅依俸佐颇的次子捏依撒萨歇到人间查看直眼人的良心，结果四方四十大户都是良心又黑又毒，恶狠狠地对涅依撒萨歇说："莫说人血不给你，人尿也不给你，你的龙马死了，也跟我没有关系。"

【流传】（云南省·楚雄彝族自治州·双柏县，红河哈尼族彝族自治州等地）

【出处】

（a）云南省民族民间文学楚雄、红河调查队搜集，郭思九、陶学良整理：《查姆》，昆明：云南人民出版社1981年版。

（b）郭思九、陶学良整理，古梅改写：《彝家的古根》，选自《云南民族文学资料》第七集中的《查姆》上部前三章，见姚宝瑄主编《中国各民族神话》（羌族、彝族），太原：山西出版传媒集团·书海出版社2014年版，第80页。

## W2831.5.8
### 直眼人会耕田

**实例**

[彝族] 观音造出天地，变出种子。盘田种地的，还有直眼人。世上有三代人，一代是直眼人，一代是圆眼人，还有一代是横眼人。

【流传】云南省·楚雄彝族自治州

【出处】罗文荣演唱,李世忠翻译,蔷紫改写:《老人梅葛》,见姚宝瑄主编《中国各民族神话》(羌族、彝族),太原:山西出版传媒集团·书海出版社 2014 年版,第 125 页。

## W2832
### 长着多只眼睛的人
【汤普森】F512.2

实例

[侗族] 英雄甫刚雅常从巨蟒腹中剖出三目怪人。

【流传】(无考)

【出处】《甫刚雅常》,见杨保愿《嘎茫莽道时嘉》(《侗族远祖歌》),北京:中国民间文艺出版社 1986 年版,第 180 页。

## W2832.1
### 3 只眼的人

实例

(参见下级母题实例)

## W2832.1.1
### 人原来有 3 只眼睛

实例

[汉族] (实例待考)

## W2832.1.2
### 3 只眼的红脸大汉

实例

[蒙古族] 乌恩(英雄名)弯下身刚要捧水喝时,突然水面上映出一个长着三只眼的红脸大汉。

【流传】(无考)

【出处】

(a) 赛野搜集整理:《乌恩射太阳》,见谷德明编《中国少数民族神话选》,西北民族学院研究所编印,内部资料,1983 年。

(b) 赛野搜集整理:《乌恩战妖龙》,见姚宝瑄主编《中国各民族神话》(达斡尔族、鄂伦春族、鄂温克族、蒙古族),太原:山西出版传媒集团·书海出版社 2014 年版,第 184 页。

## W2832.2
### 4 只眼的人

实例

(参见下级母题实例)

## W2832.2.1
### 人原来有 4 只眼睛

实例

[珞巴族] 人以前有 4 只眼。

【流传】西藏自治区·(林芝市)·米林(米林县)

【出处】达鸟英布讲,李坚尚等整理,高前翻译:《阿巴达尼和基波斗智》,见中华民族故事大系编委会编《中华民族故事大系》第 16 卷(赫哲族、门巴族、珞巴族、基诺族),上海:上海文艺出版社 1995 年版,第 734 页。

## W2832.2.2
### 祖先有 4 只眼睛

**实例**

❶ [珞巴族（博嘎尔部落）] 阿巴达尼（祖先名）有四只眼睛，一双长在前额，一双长在脑后，脑后的那两只眼睛是用来对付妖魔的。

【流传】西藏自治区·（林芝市）·米林县

【出处】东娘等讲，于乃昌整理：《阿巴达尼遇难》，见《珞巴族民间故事》，http://www.tibet-web.com/old/minjian/ync/gushi/mulu.htm，2003.10.02。

❷ [珞巴族] 阿巴达尼（祖先名），原来有四只眼睛。其中脑后的两只眼睛是用来对付妖魔的。魔鬼用计策让他从空中摔了下来，脑后的两只眼睛甩到很远很远的草丛里去了。

【流传】西藏自治区·林芝市·米林县

【出处】东娘、达农讲，于乃昌整理：《阿巴达尼遇难》，见姚宝瑄主编《中国各民族神话》（门巴族、珞巴族、怒族、藏族），太原：山西出版传媒集团·书海出版社 2014 年版，第 37 页。

## W2832.3
### 最早造出的人 8 只眼睛

**实例**

[彝族] 造人女神儿依得罗娃造出的男的泥人有八只眼睛，九只耳朵；女的泥人有四只手和两只脚。

【流传】（云南省·楚雄彝族自治州·双柏县，红河哈尼族彝族自治州等地）

【出处】

（a）云南省民族民间文学楚雄、红河调查队搜集，郭思九、陶学良整理：《查姆》，昆明：云南人民出版社 1981 年版。

（b）郭思九、陶学良整理，古梅改写：《彝家的古根》，选自《云南民族文学资料》第七集中的《查姆》上部前三章，见姚宝瑄主编《中国各民族神话》（羌族、彝族），太原：山西出版传媒集团·书海出版社 2014 年版，第 61 页。

## W2833
### 眼睛的特殊位置

**实例**

（参见下级母题实例）

## W2833.1
### 人的眼睛长在头顶上

【关联】

① [W2828.2.1] 独眼人的眼长在脑眉上

② [W2831.5.2] 直眼人的眼长在头顶上

**实例**

❶ [傈僳族] 远古时代，人眼长在头顶。

【流传】（a）四川省·（凉山彝族自治州）·德昌（德昌县）

【出处】

（a）李国才讲，禾青整理：《盘古造人》，见中华民族故事大系编委会编《中华民族故事大系》第 7 卷（黎族、傈僳族、佤族），上海：上海文艺出版社 1995 年版，第 265 页。

（b）禾青：《盘古造人》，见祝发清、左玉堂、尚仲豪编《傈僳族民间故事选》，上海：上海文艺出版社 1985 年版，第 7~11 页。

❷ [彝族] 人类最早的先驱只有一只眼睛，长在脑眉上。

【流传】云南省·楚雄（楚雄彝族自治州）

【出处】李忠祥等翻译：《洪水泛滥》，见云南省少数民族古籍整理出版规划办公室编《洪水泛滥》，昆明：云南民族出版社 1987 年版，第 1 页。

## W2833.2

### 人的眼睛长在脑后

【汤普森】F512.4

实 例

[珞巴族] 阿巴达尼（祖先名），原来有四只眼睛。其中脑后的两只眼睛是用来对付妖魔的。魔鬼用计策让他从空中摔了下来，脑后的两只眼睛甩到很远很远的草丛里去了。

【流传】西藏自治区·林芝市·米林县

【出处】东娘、达农讲，于乃昌整理：《阿巴达尼遇难》，见姚宝瑄主编《中国各民族神话》（门巴族、珞巴族、怒族、藏族），太原：山西出版传媒集团·书海出版社 2014 年版，第 37 页。

## W2833.3

### 眼睛长在鼻梁上的人

实 例

[彝族] 独眼人的眼长在鼻梁上。

【流传】云南省·（普洱市）·江城（江城哈尼族彝族自治县）

【出处】白金恒等翻译，白生福等整理：《洪水连天》，见云南省少数民族古籍整理出版规划办公室编《洪水泛滥》，昆明：云南民族出版社 1987 年版，第 28~29 页。

## W2833.4

### 人的眼睛长在膝盖上

实 例

[高山族（排湾）] 精灵与卵婚生的一对子女兄妹成亲，生下的子女，眼睛长在膝盖上。

【流传】台湾

【出处】《高山族各种人的始祖：排湾人的来历》，见姚宝瑄主编《中国各民族神话》（高山族、黎族、畲族），太原：山西出版传媒集团·书海出版社 2014 年版，第 14 页。

## W2833.5

### 人的眼睛长在脚趾上

实 例

[高山族（排湾）] 精灵与卵成婚之后，生子女两人，他们的眼睛长在脚拇趾上。

【流传】台湾

【出处】《高山族各种人的始祖：排湾人的来历》，见姚宝瑄主编《中国各民族神话》（高山族、黎族、畲族），太原：山西出版传媒集团·书海出版社 2014 年版，第 14 页。

## W2833a
### 眼睛的演化

实 例

（参见下级母题实例）

## W2833a.1
### 眼睛长在膝盖的人生眼长在脸上的人

实 例

[高山族（排湾）] 眼睛是长在膝盖上的兄妹成亲，子女的眼睛才长在脸上，这才是排湾人的祖先

【流传】台湾

【出处】《高山族各种人的始祖：排湾人的来历》，见姚宝瑄主编《中国各民族神话》（高山族、黎族、畲族），太原：山西出版传媒集团·书海出版社 2014 年版，第 14~15 页。

## W2833a.2
### 人由 4 只眼变成两只眼

【关联】[W2832.2] 祖先有 4 只眼睛

实 例

[珞巴族] 阿巴达尼（祖先名），原来有四只眼睛。其中脑后的两只眼睛是用来对付妖魔的。魔鬼用计策让他从空中摔了下来，丢掉了脑后的两只眼睛。

【流传】西藏自治区·林芝市·米林县

【出处】东娘、达农讲，于乃昌整理：《阿巴达尼遇难》，见姚宝瑄主编《中国各民族神话》（门巴族、珞巴族、怒族、藏族），太原：山西出版传媒集团·书海出版社 2014 年版，第 37 页。

## W2834
### 与人的眼睛有关的其他母题

【关联】
① [W2922] 眼力很好的人（千里眼）
② [W9029.1] 魔眼视千里（千里眼）

实 例

（参见下级母题实例）

## W2834.0
### 圆眼人

实 例

[彝族] 世上最早有三代人，一代是直眼人，一代是圆眼人，一代是横眼人。

【流传】云南省·楚雄彝族自治州

【出处】罗文荣演唱，李世忠翻译，蔷紫改写：《老人梅葛》，见姚宝瑄主编《中国各民族神话》（羌族、彝族），太原：山西出版传媒集团·书海出版社 2014 年版，第 125 页。

## W2834.0.1
圆眼人心不好

实例

[彝族] 世上最早有直眼人、圆眼人、横眼人三代人。直眼人的心不好，圆眼人的心也很坏。

【流传】云南省·楚雄彝族自治州

【出处】罗文荣演唱，李世忠翻译，蕾紫改写：《老人梅葛》，见姚宝瑄主编《中国各民族神话》（羌族、彝族），太原：山西出版传媒集团·书海出版社 2014 年版，第 125 页。

## W2834.1
斜眼人

实例

[彝族] 远古的时候，人是斜眼人。斜眼这朝人，不兴祭祖先。

【流传】云南省·（昆明市）·路南（石林彝族自治县）

【出处】李春富翻译，赵光汉整理：《洪水滔天史》，见云南省少数民族古籍整理出版规划办公室编《洪水泛滥》，昆明：云南民族出版社 1987 年版，第 46 页。

## W2834.2
以乳为目的人

【汤普森】F511.0.1.1

【关联】[W0560] 文化英雄

实例

[汉族]（实例待考）

## W2834.3
人的视觉的产生

【汤普森】≈ A1344

实例

（实例待考）

## W2834.4
火眼金睛

实例

（实例待考）

## W2834.5
能看到妖魔的眼睛

实例

[珞巴族] 魔鬼惧怕阿巴达尼（祖先名），因为他有四只眼睛，一双长在前额，一双长在脑后，脑后的那两只眼睛是用来对付妖魔的。

【流传】西藏自治区·林芝市·米林县

【出处】东娘、达农讲，于乃昌整理：《阿巴达尼遇难》，见姚宝瑄主编《中国各民族神话》（门巴族、珞巴族、怒族、藏族），太原：山西出版传媒集团·书海出版社 2014 年版，第 36 页。

## W2834.6
眼睛的颜色

实例

（参见下级母题实例）

## W2834.6.1

黑色的眼珠

实 例

（实例待考）

## W2834.6.2

红色的眼睛

实 例

（实例待考）

## W2834.6.3

粉红色的眼睛

实 例

［维吾尔族］阿依可孜（人名）临盆分娩，生了一个男孩。孩子的眼睛是粉红色的。

【流传】新疆维吾尔自治区

【出处】

（a）郑关中翻译整理：《乌古斯》，见《中国少数民族文学作品选》（第二分册），上海：上海文艺出版社 1981 年版。

（b）同（a），见姚宝瑄主编《中国各民族神话》（乌孜别克族、哈萨克族、柯尔克孜族、俄罗斯族、维吾尔族、塔吉克族、塔塔尔族、锡伯族），太原：山西出版传媒集团·书海出版社 2014 年版，第 243 页。

## W2834.6.4

绿色的眼睛

实 例

［汉族］（实例待考）

## W2834.6.5

蚂蚁瞎子时代的人

【关联】［W2831.4.1］蚂蚁直眼人

实 例

［彝族（阿细）］男神阿热和女神阿咪造的一对男女阿达米和野娃生的儿女很多。天下四个方向，处处都住满了人。这是蚂蚁瞎子时代的人。

【流传】（a）云南省·红河哈尼族彝族自治州·弥勒县（弥勒市）·（西山镇）

【出处】

（a）潘正兴等唱述，云南省民族民间文学红河调查队搜集翻译整理：《阿细的先基》，昆明：云南人民出版社 1959 年版。

（b）云南省民族民间文学红河调查队搜集整理，古梅改写：《最古的时候》，见姚宝瑄主编《中国各民族神话》（羌族、彝族），太原：山西出版传媒集团·书海出版社 2014 年版，第 142 页。

## W2834.7

迷人的眼睛

实 例

（参见下级母题实例）

## W2834.7.1
### 勾人的媚眼

【关联】［W2898.3.2b.1］媚眼勾人的女子心不善

实 例

［纳西族］直眼天女不善良，却有一双勾人的媚眼。

【流传】（a）云南省·丽江县（丽江市）

【出处】

（a）和芳讲，和志武采录：《人类迁徙记》，见中国民间文学集成全国编辑委员会编《中国民间故事集成》（云南卷），北京：中国 ISBN 中心 2003 年版，第 49 页。

（b）和志武翻译整理：《人类迁徙记》，见谷德明编《中国少数民族神话》，北京：中国民间文艺出版社 1987 年版，第 395 页。

## W2835
### 人的嘴

实 例

（参见下级母题实例）

## W2835.1
### 人的嘴巴的来历

实 例

（实例待考）

## W2835.2
### 长着不平常的嘴的人

【汤普森】①F513；②F544

【关联】［W0560～W0770］神性人物

实 例

（参见下级母题实例）

## W2835.2.1
### 长着火一样红的嘴

实 例

［维吾尔族］阿依可孜（人名）临盆分娩，生了一个男孩，孩子的嘴像火一样红。

【流传】新疆维吾尔自治区

【出处】

（a）郑关中翻译整理：《乌古斯》，见《中国少数民族文学作品选》（第二分册），上海：上海文艺出版社 1981 年版。

（b）同（a），见姚宝瑄主编《中国各民族神话》（乌孜别克族、哈萨克族、柯尔克孜族、俄罗斯族、维吾尔族、塔吉克族、塔塔尔族、锡伯族），太原：山西出版传媒集团·书海出版社 2014 年版，第 243 页。

## W2835.3
### 与人的嘴有关的其他母题

【关联】［W2831.5.5］直眼人圆嘴巴

实 例

（参见关联项母题实例）

## W2836

### 人的舌头

实 例

（参见下级母题实例）

### W2836.1

### 人的舌头的产生

【汤普森】A1316.5

实 例

（实例待考）

### W2836.2

### 人的舌头为什么是红色的

实 例

［羌族］索依迪朗（夫妻神）最后设计生出正常的孩子。他们决定，人的舌头要学着石岩中间夹的红石头的样子长。

【流传】四川省·（阿坝藏族羌族自治州）·茂县·太平乡·牛尾巴村

【出处】郑友富讲，王康男采录：《索依迪朗造人》，见中国民间文学集成全国编辑委员会编《中国民间故事集成》（四川卷·下），北京：中国ISBN中心1998年版，第1118页。

### W2836.2.1

### 孕生人时规定人的舌头是红色的

实 例

（参见下级母题实例）

### W2836.2.1.1

### 孕生人时父母商定孩子的舌头为红色

实 例

［羌族］索依迪朗（羌语，意为"娘老子"。迪，意为"老汉"，即"父亲"；朗，意为"阿妈"，即"母亲"）孕生人时商议规定了五官内脏须按照一定的样子长。其中规定，人的舌头犹如石岩中夹的红石头。

【流传】（无考）

【出处】

（a）《索依迪朗：设计造人》，见西南民族学院《羌族文学简史》编写组编《羌族民间文学资料集》（一），1987年4月。

（b）同（a），见吕大吉、何耀华总主编《中国各民族原始宗教资料集成》（纳西族卷、羌族卷、独龙族卷、傈僳族卷、怒族卷），北京：中国社会科学出版社2000年版，第578页。

### W2836.2.2

### 人的舌头像红石头是神的决定

实 例

［羌族］天上的神索依迪和地上的神索依朗生育人类时商定：人的舌头要学着石岩中间夹的红石头的样子去长。

【流传】四川省·阿坝藏族羌族自治州·茂汶羌族自治县（今属茂县）

【出处】

（a）《开咂酒曲子》，见杨亮才、陶立璠、邓敏文编《中国少数民族文学》（上册），北京：人民出版社1985年版。
(b)《索依迪朗夫妇造人》，原名《人是咋个来的》，郑友富、周贵友讲，王康、龚剑雄、吴文光采录，王康整理，原载西南民族学院图书馆与西南民族学院《羌族文学简史》编写组《羌族民间文学资料集》（一），1987年，见姚宝瑄主编《中国各民族神话》（羌族、彝族），太原：山西出版传媒集团·书海出版社2014年版，第7页。

## W2836.3
### 与人的舌头有关的其他母题
实例

（实例待考）

## W2837
### 人的牙齿
实例

（参见下级母题实例）

## W2837.1
### 人的牙齿的产生
【汤普森】A1316.6
实例

（实例待考）

## W2837.2
### 人为什么牙齿是白色的
实例

（参见下级母题实例）

## W2837.2.1
### 人的牙齿为什么像白石
实例

[羌族] 索依迪朗（夫妻神）最后设计生出正常的孩子。他们决定，牙齿要学着悬岩上的一排白石头的样子长。

【流传】四川省·（阿坝藏族羌族自治州）·茂县·太平乡·牛尾巴村

【出处】郑友富讲，王康男采录：《索依迪朗造人》，见中国民间文学集成全国编辑委员会编《中国民间故事集成》（四川卷·下），北京：中国ISBN中心1998年版，第1118页。

## W2837.2.1.1
### 孕生人时规定人的牙齿像白石
实例

❶ [羌族] 索依迪朗（羌语，意为"娘老子"。迪，意为"老汉"，即"父亲"；朗，意为"阿妈"，即"母亲"）孕生人时商议规定了五官内脏须按照一定的样子长。其中规定，人的牙齿如悬岩上的一排白石。

【流传】（无考）

【出处】

(a)《索依迪朗：设计造人》，见西南民族学院《羌族文学简史》编写组编《羌族民间文学资料集》（一），1987年4月。
(b) 同 (a)，见吕大吉、何耀华总主编《中国各民族原始宗教资料集成》（纳西族卷、羌族卷、独龙族卷、傈

❷ [羌族] 天上的神索依迪和地上的神索依朗生育人类时商定：人的牙齿要学着悬岩上的一排白石头的样子去长。

【流传】四川省·阿坝藏族羌族自治州·茂汶羌族自治县（今属茂县）

【出处】

（a）《开咂酒曲子》，见杨亮才、陶立璠、邓敏文编《中国少数民族文学》（上册），北京：人民出版社1985年版。

（b）《索依迪朗夫妇造人》，原名《人是咋个来的》，郑友富、周贵友讲，王康、龚剑雄、吴文光采录，王康整理，原载西南民族学院图书馆与西南民族学院《羌族文学简史》编写组《羌族民间文学资料集》（一），1987年，见姚宝瑄主编《中国各民族神话》（羌族、彝族），太原：山西出版传媒集团·书海出版社2014年版，第7页。

## W2837.3
与人的牙齿有关的其他母题

实 例

（参见下级母题实例）

## W2837.3.1
用牙齿计算年龄

【关联】[W4698.1]时间的计算

实 例

[哈尼族] 寨子里缺了十七颗牙齿的老阿波把年轻人叫拢来，让大家把天补起来。

【流传】云南省·红河哈尼族彝族自治州·元阳县

【出处】朱小和讲，史军超搜集整理：《补天的兄妹俩》，原载《哈尼族神话传说集成》，见陶阳、钟秀编《中国神话》（中），北京：商务印书馆2008年版，第777~778页。

## W2837.3.2
金牙齿

【关联】[W2598.8.1]孩子出生时长有金牙齿

实 例

（参见关联项母题实例）

## W2838
人的耳朵

实 例

（参见关联项母题实例）

## W2838.1
人的耳朵的来历

【汤普森】A1316.4

实 例

（参见关联项母题实例）

## W2838.1.1
神让人长出耳朵

实 例

[汉族] 天神上骈负责造出人的耳朵。

【流传】河南省·（南阳市）·桐柏县

【出处】《女娲造人》，见么书仪选注《神话传说三百篇》，大连：大连出版社1999年版，第8~9页。

## W2838.1.2
### 神或神性人物给人造耳朵

实例

（参见W2838.1.1母题实例）

## W2838.1.2.1
### 风神给人造耳朵

实例

[德昂族] 风神在最早出现的一个人的头两边撕开两道口子，吹开小洞，形成耳朵。

【流传】云南省·德宏州（德宏傣族景颇族自治州）

【出处】陈志鹏采录：《祖先创世纪》，见中国民间文学集成全国编辑委员会编《中国民间故事集成》（云南卷），北京：中国ISBN中心2003年版，第106页。

## W2838.1.2.2
### 女娲给人造耳朵

【关联】[W2065]女娲造人

实例

[壮族] 女娲用泥造人时耳朵总掉，就用一根小树棍把两只耳朵扎牢。

【流传】广西壮族自治区·（来宾市）·象州（象州县）·罗秀乡

【出处】苏国才讲：《女娲补天》，见张声震总主编，农冠品编注《壮族神话集成》，南宁：广西民族出版社2007年版，第319页。

## W2838.1.3
### 靠意识长出耳朵

实例

[藏族] 一位没有五官和肢体但有思维的能力的混沌人，他想要有听见声音的耳朵，于是一双耳朵便生成了。

【流传】（无考）

【出处】贡乔泽登整理：《始祖神话》，见BBS水木清华站http://www.smth.edu.cn 2006.07.20。

## W2838.1.4
### 特定物变成人的耳朵

实例

（参见下级母题实例）

## W2838.1.4.1
### 锁变成耳朵

实例

❶ [傈僳族] 盘古种出的南瓜生兄妹俩。盘古认为人的头皮与脸要连在一起。于是找来两把锁，在兄妹俩脸孔的两边各锁上一把。从此，头皮与脸再也分不开了，这两把锁就成了两只耳朵。

【流传】（无考）

【出处】禾青：《盘古造人》，见祝发

清、左玉堂、尚仲豪编《傈僳族民间故事选》，上海：上海文艺出版社1985年版，第7~11页。

❷ [傈僳族] 锁面孔的锁变成耳朵。

【流传】四川省·（凉山彝族自治州）·德昌（德昌县）

【出处】李国才讲，禾青整理：《盘古造人》，见中华民族故事大系编委会编《中华民族故事大系》第7卷（黎族、傈僳族、佤族），上海：上海文艺出版社1995年版，第266页。

## W2838.1.4.2
### 木耳变成了人的耳朵

【关联】［W2838.5.2］人的耳朵为什么像木耳

实 例

（参见关联项母题实例）

## W2838.1.5
### 耳朵的产生是为了听到神的声音

实 例

（实例待考）

## W2838.1.6
### 耳朵的产生是为了美观

实 例

[汉族]（实例待考）

## W2838.2
### 有不平常耳朵的人

【汤普森】①F511.2；②F542

【关联】［W0560~W0770］神性人物

实 例

（参见下级母题实例）

## W2838.2.1
### 大耳人

实 例

[毛南族] 大耳人帮助降妖。

【流传】广西壮族自治区·（河池市）·环江（环江毛南族自治县）、南丹（南丹县）

【出处】谭丰豪讲，韦志彪整理：《毛人传奇》，见中华民族故事大系编委会编《中华民族故事大系》第12卷（布朗族、撒拉族、毛南族），上海：上海文艺出版社1995年版，第664页。

## W2838.2.1.1
### 大耳婆

实 例

[畲族] 高辛帝宫有个左耳奇大的大耳婆。

【流传】广东省·潮州市·（潮安区）·文祠镇·李工坑村

【出处】雷潮辉讲，蔡泽民采录：《龙犬驸马》，见中国民间文学集成全国编辑委员会编《中国民间故事集成》（广东卷），北京：中国ISBN中心2006年版，第13页。

## W2838.3
### 人长着动物耳朵

实例

（实例待考）

## W2838.3.1
### 人长着猫的耳朵是特殊的东西变的

【汤普森】F511.2.2.1

实例

（实例待考）

## W2838.4
### 耳朵里长耳垢的原因

【汤普森】A1319.3

实例

（实例待考）

## W2838.5
### 与人的耳朵有关的其他母题

实例

（参见下级母题实例）

## W2838.5.1
### 耳朵为什么不平

实例

[普米族] 魔王把老三吐出来，但大耳朵没有了，青蛙把一些碎肉凑合起来，拼成两只小耳朵给他贴上。所以，现在人的耳朵凸凹不平。

【流传】（无考）

【出处】

（a）马六斤等讲，季志超米记录整理：《洪水滔天》，载《山茶》1983年第3期。

（b）同（a），见谷德明编《中国少数民族神话》，北京：中国民间文艺出版社1987年版，第503页。

## W2838.5.2
### 人的耳朵为什么像木耳

实例

[羌族] 索依迪朗（夫妻神）最后设计生出正常的孩子。他们决定，人的耳朵要学着树子上的木耳的样子长。

【流传】四川省·（阿坝藏族羌族自治州）·茂县·太平乡·牛尾巴村

【出处】郑友富讲，王康男采录：《索依迪朗造人》，见中国民间文学集成全国编辑委员会编《中国民间故事集成》（四川卷·下），北京：中国ISBN中心1998年版，第1118页。

## W2838.5.2.1
### 孕生人时规定人的耳朵像木耳

实例

❶ [羌族] 索依迪朗（羌语，意为"娘老子"。迪，意为"老汉"，即"父亲"；朗，意为"阿妈"，即"母亲"）孕生人时商议规定了五官内脏须按照一定的样子长。其中规定，人的耳朵像树上长的木耳。

【流传】（无考）

【出处】

（a）《索依迪朗：设计造人》，见西南民族学院《羌族文学简史》编写组编《羌族民间文学资料集》（一），1987年4月。

（b）同（a），见吕大吉、何耀华总主编《中国各民族原始宗教资料集成》（纳西族卷、羌族卷、独龙族卷、傈僳族卷、怒族卷），北京：中国社会科学出版社2000年版，第578页。

❷ [羌族] 天上的神索依迪和地上的神索依朗生育人类时商定：人的耳朵要学着树上的木耳的样子去长。

【流传】四川省·阿坝藏族羌族自治州·茂汶羌族自治县（今属茂县）

【出处】

（a）《开咂酒曲子》，见杨亮才、陶立璠、邓敏文编《中国少数民族文学》（上册），北京：人民出版社1985年版。

（b）《索依迪朗夫妇造人》，原名《人是咋个来的》，郑友富、周贵友讲，王康、龚剑雄、吴文光采录，王康整理，原载西南民族学院图书馆与西南民族学院《羌族文学简史》编写组编《羌族民间文学资料集》（一），1987年，见姚宝瑄主编《中国各民族神话》（羌族、彝族），太原：山西出版传媒集团·书海出版社2014年版，第7页。

## W2839

### 人的鼻子

【汤普森】A1316.1

实 例

（参见下级母题实例）

## W2839.1

### 人的鼻子的来历

实 例

（参见下级母题实例）

## W2839.1.1

### 神让人长出鼻子

实 例

（实例待考）

## W2839.1.2

### 神给人造鼻子

实 例

[德昂族] 雷神给最早出现的一个人塑了鼻子。

【流传】云南省·德宏州（德宏傣族景颇族自治州）

【出处】陈志鹏采录：《祖先创世纪》，见中国民间文学集成全国编辑委员会编《中国民间故事集成》（云南卷），北京：中国ISBN中心2003年版，第106页。

## W2839.2

### 人的鼻子形状的原因

【汤普森】A1316.1.1

实 例

（参见下级母题实例）

## W2839.2.1
### 人的鼻梁为什么高

**实例**

❶ [羌族] 索依迪朗（羌语，意为"娘老子"。迪，意为"老汉"，即"父亲"；朗，意为"阿妈"，即"母亲"）孕生人时商议规定了五官内脏须按照一定的样子长。其中规定，人的鼻须像山梁。

【流传】（无考）

【出处】

(a)《索依迪朗：设计造人》，见西南民族学院《羌族文学简史》编写组编《羌族民间文学资料集》（一），1987年4月。

(b) 同（a），见吕大吉、何耀华总主编《中国各民族原始宗教资料集成》（纳西族卷、羌族卷、独龙族卷、傈僳族卷、怒族卷），北京：中国社会科学出版社2000年版，第578页。

❷ [羌族] 索依迪朗（夫妻神）最后设计生出正常的孩子。他们决定，人的鼻子要学着山梁的样子长。

【流传】四川省·（阿坝藏族羌族自治州）·茂县·太平乡·牛尾巴村

【出处】郑友富讲，王康男采录：《索依迪朗造人》，见中国民间文学集成全国编辑委员会编《中国民间故事集成》（四川卷·下），北京：中国ISBN中心1998年版，第1118页。

## W2839.2.1.1
### 人的鼻子像山梁是神的决定

**实例**

[羌族] 天上的神索依迪和地上的神索依朗生育人类时商定：人的鼻子要学着山梁子的样子去长。

【流传】四川省·阿坝藏族羌族自治州·茂汶羌族自治县

【出处】

(a)《开咂酒曲子》，见杨亮才、陶立璠、邓敏文编《中国少数民族文学》（上册），北京：人民出版社1985年版。

(b)《索依迪朗夫妇造人》，原名《人是咋个来的》，郑友富、周贵友讲，王康、龚剑雄、吴文光采录，王康整理，原载西南民族学院图书馆与西南民族学院《羌族文学简史》编写组《羌族民间文学资料集》（一），1987年，见姚宝瑄主编《中国各民族神话》（羌族、彝族），太原：山西出版传媒集团·书海出版社2014年版，第7页。

## W2839.2.2
### 鼻子是特殊的东西变的

**实例**

（实例待考）

## W2839.2.3
### 人的鼻子为什么像三角

**实例**

[汉族]（实例待考）

## W2839.3
### 鼻毛的来历

实 例

[苗族] 以前，人的两个鼻孔没有细毛，靠嗅觉打猎使动物面临灭绝，一个神仙从身上拔出一撮细毛，吹进了猎人们的鼻子里。从此，人们的鼻孔长了细毛，再也嗅不到禽兽的气味了。

【流 传】海南省·（海口市·屯昌县）·黄岭农场

【出 处】赵志刚讲，桂云峰采录：《人的鼻孔为什么长毛》，见中国民间文学集成全国编辑委员会编《中国民间故事集成》（海南卷），北京：中国ISBN中心2002年版，第15页。

## W2839.4
### 以前人的鼻子很灵

实 例

[苗族] 以前，人的两个鼻孔又大又深，没有细毛，嗅觉也特别灵。

【流 传】海南省·（海口市·屯昌县）·黄岭农场

【出 处】赵志刚讲，桂云峰采录：《人的鼻孔为什么长毛》，见中国民间文学集成全国编辑委员会编《中国民间故事集成》（海南卷），北京：中国ISBN中心2002年版，第15页。

## W2839.5
### 与人的鼻子有关的其他母题

实 例

（参见下级母题实例）

## W2839.5.1
### 长着不平常鼻子的人

【汤普森】①F514；②F543

【关联】[W2831.5.3]直眼人鼻子像剪刀

实 例

（实例待考）

## W2839.5.2
### 长着鸟鼻子的人

【汤普森】F514.2

实 例

（实例待考）

## W2839.5.3
### 人的鼻孔为什么朝下

实 例

（实例待考）

## W2839.5.4
### 鼻子为什么有嗅觉

【关联】[W2839.4]以前人的鼻子很灵

实 例

[汉族]（实例待考）

## ✽ W2840
### 人的四肢
**实例**

（参见下级母题实例）

## W2841
### 四肢的产生
【汤普森】A1311

**实例**

（参见下级母题实例）

## W2841.1
### 混沌人生出四肢
【关联】［W2915］混沌人

**实例**

［藏族］混沌人生出五官和肢体。
【流传】（无考）
【出处】《始祖神话》，http://www.xiaoshuo.com，2007.04.06。

## W2841.2
### 猴子给了人手足
【汤普森】≈A1225.2.1

**实例**

（实例待考）

## W2841.3
### 人受袭击长出四肢

**实例**

（参见下级母题实例）

## W2841.3.1
### 像爬虫的人受袭击长出四肢

**实例**

［汉族］女娲娘娘是一个人头蛇身的大爬虫。爬虫行动慢，经常遇到袭击，于是就长出四条长腿，跑得快，跳得高，行走如飞。
【流传】湖北省·（荆门市）·京山县
【出处】程正福讲，高式儒采录：《人是泥巴捏的》，原载《京山民间故事》，见陶阳、钟秀编《中国神话》（上），北京：商务印书馆2008年版，第323页。

## W2841.4
### 神造人的四肢

**实例**

［汉族］天神桑林专管造出人的手足四脚。
【流传】河南省·（南阳市）·桐柏县
【出处】《女娲造人》，见么书仪选注《神话传说三百篇》，大连：大连出版社1999年版，第8~9页。

## W2842
### 手
**实例**

（参见下级母题实例）

## W2842.1
### 神赋予人的手

实例

（参见下级母题实例）

## W2842.1.1
### 神给每人两只手

实例

[彝族] 神造出的兄妹二人，最初不过是一个形影，克兹（造人的神）赐给每人两只手。

【流传】（无考）

【出处】柯象峰：《猡猡文字之初步研究》，见吕大吉、何耀华总主编《中国各民族原始宗教资料集成》（彝族卷、白族卷、基诺族卷），北京：中国社会科学出版社1996年版，第274~275页。

## W2842.2
### 人手是变化产生的

实例

（参见下级母题实例）

## W2842.2.1
### 因为要摘果实前肢变成手

实例

[汉族] 最早时，女娲是爬虫，后来长出四肢。因为树上挂满很多好吃的果实采不到口，河中很多鱼虾捞不到手，她又把前腿变成了双手，这样不论做什么事情都很方便了。

【流传】湖北省·（荆门市）·京山县

【出处】程正福讲，高式儒采录：《人是泥巴捏的》，原载《京山民间故事》，见陶阳、钟秀编《中国神话》（上），北京：商务印书馆2008年版，第323页。

## W2842.2.2
### 祖先鱼的鳍演化成四肢

【关联】[W2332] 鱼变成人

实例

[哈尼族] 祖先鱼来到地上棕扇脚变成爪爪，后来爪爪变成人脚，手也变成人手了，会拿吃的喝的了。

【流传】云南省·（红河哈尼族彝族自治州）·元阳县·树皮寨

【出处】杨批斗讲，史军超采录：《祖先鱼上山》，见中国民间文学集成全国编辑委员会编《中国民间故事集成》（云南卷），北京：中国ISBN中心2003年版，第37页。

## W2842.3
### 与手有关的其他母题

实例

（参见下级母题实例）

## W2842.3.1
### 长着不平常手的人（长着不平常手臂的人）

【汤普森】①F515；②F516；③F522

【关联】[W2883] 长臂人

实 例

[羌族] 木姐珠和热比娃结婚生3子。二儿子叫长手杆，能抓住天上的云朵。

【流传】四川省·（阿坝藏族羌族自治州）·理县·蒲溪乡

【出处】王久清讲，韩香芝翻译，周巴采录：《木姐珠与高山海子》，见中国民间文学集成全国编辑委员会编《中国民间故事集成》（四川卷·下），北京：中国 ISBN 中心 1998 年版，第1117 页。

## W2843
### 手掌

实 例

（参见下级母题实例）

## W2843.1
### 手掌像雪花状的来历

实 例

[彝族] 12 种生物是从红雪里生出来的，所以他们都有着雪的特征，手掌都像雪花的形状，有掌和指。

【流传】四川省·（凉山彝族自治州）·喜德县·城郊

【出处】倮木和铁讲，白芝采录：《雪子十二支》，见中国民间文学集成全国编辑委员会编《中国民间故事集成》（四川卷·上），北京：中国 ISBN 中心 1998 年版，第 753 页。

## W2843.2
### 手纹的来历

实 例

[哈尼族] 光滑的手掌有了掌纹，是收割庄稼时留下的伤疤。

【流传】云南省·（玉溪市）·元江县（元江哈尼族彝族傣族自治县）·羊街乡、那诺乡及因远镇清水河流城一带

【出处】《砍树除魔歌》，见元江县哈尼文化学会、元江县史志编组办公室编《元江哈尼族古歌集》，内部编印，2005 年，第 74 页。

## W2844
### 手指

实 例

（参见下级母题实例）

## W2844.1
### 手板开裂变成五指

实 例

[壮族] 姆洛甲搬动石山，用脚拱土，用手扒泥，搞得脚板开裂变成五趾，手板开裂变成五指。

【流传】广西壮族自治区·（河池市）·大化县（大化瑶族自治县）·羌圩乡

【出处】覃卜兵讲，覃承勤采录翻译：《姆洛甲造红水河》，见中国民间文学集成全国编辑委员会编《中国民间故

事集成》（广西卷），北京：中国 ISBN 中心 2001 年版，第 7 页。

## W2844.2
### 人原来的手指一样长

**实例**

[普米族] 人原来的五个手指都是一样长。

【流传】 云南省·（丽江市）·宁蒗（宁蒗彝族自治县）

【出处】 贺兴泽等整理：《帕米查列》，见中华民族故事大系编委会编《中华民族故事大系》第 14 卷（普米族、塔吉克族、怒族、俄罗斯族、鄂温克族），上海：上海文艺出版社 1995 年版，第 18 页。

## W2844.3
### 手的五指长短不一的来历

**实例**

（参见 W2844.5；W2844.6；W2844.7 母题实例）

## W2844.4
### 神的意愿产生人的五指

**实例**

[汉族]（实例待考）

## W2844.5
### 说错话造成五指长短不一

【关联】 [W9953.1.1] 传错话

**实例**

[羌族] 一位妈妈把儿子吩咐的话说反了，变成现在的人的指拇有长短。

【流传】 四川省·（阿坝藏族羌族自治州）·茂县·雅都乡·中心村

【出处】 泽幼讲，李冀祖采录：《高山平坝的来历》，见中国民间文学集成全国编辑委员会编《中国民间故事集成》（四川卷·下），北京：中国 ISBN 中心 1998 年版，第 1108 页。

## W2844.6
### 魔鬼嚼烂人的手脚使指头产生长短

**实例**

[普米族] 青蛙让女魔王把他的外甥老三吐了出来，但手脚被嚼烂，手指脚趾长短不一，所以，现在人的手脚指头有长短。

【流传】（无考）

【出处】

（a）马六斤等讲，季志超米记录整理：《洪水滔天》，载《山茶》1983 年第 3 期。

（b）同（a），见谷德明编《中国少数民族神话》，北京：中国民间文艺出版社 1987 年版，第 503 页。

## W2844.7
### 仙女把人的手指修剪出长短

**实例**

[普米族] 仙女把人的手指修剪的出现长短。

【流传】 云南省·（丽江市）·宁蒗（宁蒗彝族自治县）

【出处】贺兴泽等整理：《帕米查列》，见中华民族故事大系编委会编《中华民族故事大系》第14卷（普米族、塔吉克族、怒族、俄罗斯族、鄂温克族），上海：上海文艺出版社1995年版，第18页。

## W2844.8
### 金手

实例

[珞巴族] 神奇的金手。

【流传】西藏自治区·上珞渝（泛指古称的白马岗即今林芝市墨脱县、马尼岗、梅楚卡一带）

【出处】呷穷等讲，刘芳贤等整理，卓嘎翻译：《金手与小狗》，见中华民族故事大系编委会编《中华民族故事大系》第16卷（赫哲族、门巴族、珞巴族、基诺族），上海：上海文艺出版社1995年版，第663页。

## W2844a
### 手臂

实例

（参见下级母题实例）

## W2844a.1
### 手臂是用劈开的树干造出来的

实例

[布依族] 第一个神用神斧劈树干造人时，对着树干没裂开的下半截，一边砍一斧，于是就有了人的双臂。

【流传】（无考）

【出处】罗仁山讲：《人和动物是怎么产生的》，见姚宝瑄主编《中国各民族神话》（布依族、仡佬族、苗族），太原：山西出版传媒集团·书海出版社2014年版，第21页。

## W2845
### 腿

实例

（参见下级母题实例）

## W2845.0
### 腿的产生

实例

（参见下级母题实例）

## W2845.0.1
### 劈树干造出人的双腿

实例

[布依族] 第一个神用神斧劈树干造人时，第一斧砍下去，树干裂开一条缝，那分开的两半就变成了人的脚杆。

【流传】（无考）

【出处】罗仁山讲：《人和动物是怎么产生的》，见姚宝瑄主编《中国各民族神话》（布依族、仡佬族、苗族），太原：山西出版传媒集团·书海出版社2014年版，第21页。

## W2845.1
### 人的腿为什么是直的

实例

(参见下级母题实例)

## W2845.1.1
### 小腿原来是直的

实例

[羌族] 以前，人的小腿是直的。

【流传】四川省·（阿坝藏族羌族自治州）·茂汶（茂汶羌族自治县，今属茂县）

【出处】郑友富等讲，王康等搜集：《人是咋个来的》，见中华民族故事大系编委会编《中华民族故事大系》第11卷（达斡尔族、仫佬族、羌族），上海：上海文艺出版社1995年版，第639页。

## W2845.1.2
### 孕生人时规定人的腿是直的

实例

❶ [羌族] 索依迪朗（羌语，意为"娘老子"。迪，意为"老汉"，即"父亲"；朗，意为"阿妈"，即"母亲"）孕生人时商议规定了五官内脏须按照一定的样子长。其中规定，人的大腿犹如磨刀石，小腿像直棒。

【流传】（无考）

【出处】

(a)《索依迪朗：设计造人》，见西南民族学院《羌族文学简史》编写组编《羌族民间文学资料集》（一），1987年4月。

(b) 同(a)，见吕大吉、何耀华总主编《中国各民族原始宗教资料集成》（纳西族卷、羌族卷、独龙族卷、傈僳族卷、怒族卷），北京：中国社会科学出版社2000年版，第578页。

❷ [羌族] 索依迪朗（夫妻神）最后设计生出正常的孩子。他们决定，人的小腿要学着直棒棒的样子长。

【流传】四川省·（阿坝藏族羌族自治州）·茂县·太平乡·牛尾巴村

【出处】郑友富讲，王康男采录：《索依迪朗造人》，见中国民间文学集成全国编辑委员会编《中国民间故事集成》（四川卷·下），北京：中国ISBN中心1998年版，第1118页。

## W2845.1.3
### 人的小腿像棒棒是神的决定

实例

[羌族] 天上的神索依迪和地上的神索依朗生育人类时商定：人的小腿要学着直棒棒的样子去长。

【流传】四川省·阿坝藏族羌族自治州·茂汶羌族自治县（今属茂县）

【出处】

(a)《开咂酒曲子》，见杨亮才、陶立璠、邓敏文编《中国少数民族文学》（上册），北京：人民出版社1985年版。

(b)《索依迪朗夫妇造人》，原名《人是咋个来的》，郑友富、周贵友讲，王康、龚剑雄、吴文光采录，王康整理，原载西南民族学院图书馆与西南民族学院《羌族文学简史》编写组《羌族民间文学资料集》（一），1987年，见姚宝瑄主编《中国各民族神话》（羌族、彝族），太原：山西出版传媒集团·书海出版社2014年版，第7页。

## W2845.2
### 人的腿肚的来历

实 例

［白族］观音给每个人的脚上粘上了两团稀泥巴，泥巴变成了人们膝盖下面的两团腿肚包。

【流传】云南省·（大理白族自治州）·云龙县

【出处】李月繁讲，杨松泉等采录：《狩猎神》，见中国民间文学集成全国编辑委员会编《中国民间故事集成》（云南卷），北京：中国ISBN中心2003年版，第315页。

## W2845.3
### 人的小腿肌肉的来历

【关联】［W2904.1.1］人的小腿有了肌肉后就跑不快了

实 例

（参见下级母题实例）

## W2845.3.1
### 小腿上的肉是神绑上的肌肉

实 例

［汉族］（实例待考）

## W2845.3.2
### 人的小腿上的肌肉是神绑上的沙袋变成的

实 例

❶ ［羌族］索依迪朗（夫妻神）造出的第一个完整的人跑得太快，索依迪朗就在人的小腿上捆了一个沙袋。沙袋后来就变成了小腿上的肌肉。

【流传】四川省·（阿坝藏族羌族自治州）·茂县·太平乡·牛尾巴村

【出处】郑友富讲，王康男采录：《索依迪朗造人》，见中国民间文学集成全国编辑委员会编《中国民间故事集成》（四川卷·下），北京：中国ISBN中心1998年版，第1118页。

❷ ［羌族］人的小腿原来很直，没有肌肉，跑起来飞快，可以追上獐子和野鸡。造人的索依迪和索依朗二神担心人会把野兽都抓绝，就给人的小腿上捆上一个沙袋。这个沙袋后来就变成了人小腿上的肌肉。

【流传】四川省·阿坝藏族羌族自治州·茂汶羌族自治县（今属茂县）

【出处】

（a）《开咂酒曲子》，见杨亮才、陶立璠、邓敏文编《中国少数民族文学》（上册），北京：人民出版社1985年版。

（b）《索依迪朗夫妇造人》，原名《人是咋个来的》，郑友富、周贵友讲，王康、龚剑雄、吴文光采录，王康整理，原载西南民族学院图书馆与西南民族学院《羌族文学简史》编写组《羌族民间文学资料集》（一），1987年，见姚宝瑄主编《中国各民族神话》（羌族、彝族），太原：山西出版传媒集团·书海出版社 2014 年版，第 8 页。

## W2845.4
### 人的大腿像磨刀石

实例

（参见下级母题实例）

## W2845.4.1
### 人的大腿像磨刀石是神的决定

实例

[羌族] 天上的神索依迪和地上的神索依朗生育人类时商定：人的大腿要学着磨刀石的样子去长。

【流传】四川省·阿坝藏族羌族自治州·茂汶羌族自治县（今属茂县）

【出处】
(a)《开唨酒曲子》，见杨亮才、陶立璠、邓敏文编《中国少数民族文学》（上册），北京：人民出版社 1985 年版。

(b)《索依迪朗夫妇造人》，原名《人是咋个来的》，郑友富、周贵友讲，王康、龚剑雄、吴文光采录，王康整理，原载西南民族学院图书馆与西南民族学院《羌族文学简史》编写组《羌族民间文学资料集》（一），1987年，见姚宝瑄主编《中国各民族神话》（羌族、彝族），太原：山西出版传媒集团·书海出版社 2014 年版，第 7 页。

## W2846
### 脚

【关联】
① [W2891.0] 独腿人（独脚人）
② [W2881] 长腿人

实例

（参见下级母题实例）

## W2846.0
### 脚是变化产生的

实例

（参见下级母题实例）

## W2846.0.1
### 下身分岔形成双脚

实例

[汉族] 盘古原来像面大鼓，在最后一万年，他用积起来的气力站起来了，不料下面有不坚实的地方，滑了一下，下身分成两岔，便成了双脚。

【流传】浙江省·（丽水市）·景宁县（景宁畲族自治县）·（鹤溪镇）

【出处】潘德超讲，沈毅搜集整理：《盘扁和盘古》，见姚宝瑄主编《中国各民族神话》（汉族），太原：山西出版传媒集团·书海出版社 2014 年版，第 10~11 页。

## W2846.1
### 靠意识长出脚

实例

[藏族] 一位没有五官和肢体但有思维的能力的混沌人，他想要有站立和行走的双脚时，两只脚便长出来了。

【流传】（无考）

【出处】贡乔泽登整理：《始祖神话》，见BBS 水木清华站 http://www.smth.edu.cn 2006.07.20。

## W2846.2
### 脚掌的来历

实例

[彝族] 独眼做活人用仙女从天上舀来的水洗脚，裂缝洗后合拢形成脚掌。

【流传】云南省·（红河哈尼族彝族自治州）·弥勒县（弥勒市）

【出处】石旺讲，戈隆阿弘采录：《独眼人、直眼人和横眼人》，见中国民间文学集成全国编辑委员会编《中国民间故事集成》（云南卷），北京：中国 ISBN 中心 2003 年版，第 215 页。

## W2846.3
### 人的脚掌有凹的原因

实例

（参见下级母题实例）

## W2846.3.1
### 人的脚心少一块肉是最早的人抠掉的

实例

[回族] 真主用泥造的阿丹因为站立起来后，脑骨中的灵气跑了出来。他急忙用左手去抠右脚心的泥，又用右手去抠左脚心的泥，忙把泥往脑壳上一捂，才把脑壳上的裂缝糊住了，这才保住了剩下的灵气。但人的脚心都缺了一块肉，有了个窝窝。

【流传】（无考）

【出处】《阿丹和海尔玛》，马奔根据《中国回族民间文学概观》（宁夏大学出版社 1984 年版）等改写，见姚宝瑄主编《中国各民族神话》（土族、东乡族、回族、保安族、裕固族、撒拉族），太原：山西出版传媒集团·书海出版社 2014 年版，第 48 页。

## W2846.3.2
### 人的脚掌有凹是被抓下一块造成的

实例

[珞巴族] 人的脚掌有凹，是因为被饿鬼抓下一块造成的。

【流传】西藏自治区·（林芝市）·米林（米林县）

【出处】达让讲，李坚尚等整理，高前翻译：《宁崩乌佑与东金、东英》，见中华民族故事大系编委会编《中华民族故事大系》第 16 卷（赫哲族、门巴族、珞巴族、基诺族），上海：上海文艺出版社 1995 年版，第 660 页。

## W2846.4
### 人的脚板扁平的来历

**实例**

（参见下级母题实例）

## W2846.4.1
### 人的脚板扁平是神的决定

**实例**

［羌族］天上的神索依迪和地上的神索依朗生育人类时商定：人的脚板要学着黄泥巴块块的样子去长。

【流传】四川省·阿坝藏族羌族自治州·茂汶羌族自治县（今属茂县）

【出处】
（a）《开呃酒曲子》，见杨亮才、陶立璠、邓敏文编《中国少数民族文学》（上册），北京：人民出版社 1985 年版。

（b）《索依迪朗夫妇造人》，原名《人是咋个来的》，郑友富、周贵友讲，王康、龚剑雄、吴文光采录，王康整理，原载西南民族学院图书馆与西南民族学院《羌族文学简史》编写组《羌族民间文学资料集》（一），1987年，见姚宝瑄主编《中国各民族神话》（羌族、彝族），太原：山西出版传媒集团·书海出版社 2014 年版，第 7 页。

## W2846.4.2
### 脚像扁担的来历

**实例**

［瑶族］密洛陀（女神名）用蜂泥造人时，捏成梨子形状做人头，捏个芭蕉形状做人身，捏双扁担形状做人脚。

【流传】广西壮族自治区·（河池市）·都安瑶族自治县、江水河一带瑶族地区

【出处】《密洛陀创世》，蓝田根据莎红整理的《密洛陀》和潘泉脉整理的《密洛陀》两部不同版本的长诗《密洛陀》改写，见姚宝瑄主编《中国各民族神话》（土家族、毛南族、侗族、瑶族），太原：山西出版传媒集团·书海出版社 2014 年版，第 175 页。

## W2846.4.3
### 人的脚板为什么像泥板

**实例**

❶［羌族］索依迪朗（羌语，意为"娘老子"。迪，意为"老汉"，即"父亲"；朗，意为"阿妈"，即"母亲"）孕生人时商议规定了五官内脏须按照一定的样子长。其中规定，人的脚板要像黄泥块那样。

【流传】（无考）

【出处】
（a）《索依迪朗：设计造人》，见西南民族学院《羌族文学简史》编写组编《羌族民间文学资料集》（一），1987年 4 月。

(b) 同（a），见吕大吉、何耀华总主编《中国各民族原始宗教资料集成》（纳西族卷、羌族卷、独龙族卷、傈僳族卷、怒族卷），北京：中国社会科学出版社2000年版，第578页。

❷ [羌族] 索依迪朗（夫妻神）最后设计生出正常的孩子。他们决定，人的脚板要学着黄泥巴块块的样子长。

【流传】四川省·（阿坝藏族羌族自治州）·茂县·太平乡·牛尾巴村

【出处】郑友富讲，王康男采录：《索依迪朗造人》，见中国民间文学集成全国编辑委员会编《中国民间故事集成》（四川卷·下），北京：中国ISBN中心1998年版，第1118页。

## W2846.5
长着多只脚的人

实 例

（参见下级母题实例）

## W2846.5.1
多足者走得快

实 例

[满族] 水泡聚成的大球生的六个宁姑（巨人）。六个巨人有四十八只脚，所以走得快，什么地方都能去。

【流传】（无考）

【出处】
(a) 富育光：《萨满教与神话》，沈阳：辽宁大学出版社1990年版，第50~51页。

(b)《水生人》，见吕大吉、何耀华总主编《中国各民族原始宗教资料集成》（鄂伦春族卷、鄂温克族卷、赫哲族卷、达斡尔族卷、锡伯族卷、满族卷、蒙古族卷、藏族卷），北京：中国社会科学出版社1999年版，第486页。

## W2846.6
人的手脚长得不大的来历

实 例

（实例待考）

## W2846.6.1
人的手脚长得不大是因为祖先用布带裹手脚造成的

实 例

[珞巴族]（实例待考）

## W2847
与人的四肢有关的其他母题

实 例

（参见下级母题实例）

## W2847.1
人原来没有膝盖

实 例

❶ [鄂伦春族] 天神恩都力造的十男十女两条腿都没有膝盖。

【流传】内蒙古自治区·（呼伦贝尔市）·鄂伦春自治旗

【出处】德兴德讲，巴图宝音采录：《族源神话》，见中国民间文学集成全国编辑委员会编《中国民间故事集成》（宁夏卷），北京：中国ISBN中心2007年版，第23页。

❷［汉族］最早的人没有膝盖骨，像一个怪物。

【流传】甘肃省·（庆阳市）·宁县·新宁镇·柏庄村

【出处】任孝忠采录：《世神造人》，见中国民间文学集成全国编辑委员会编《中国民间故事集成》（甘肃卷），北京：中国ISBN中心2001年版，第9页。

❸［汉族］古时候，人的腿上并没有膝盖骨。

【流传】宁夏回族自治区·（吴忠市）·同心县·张家塬乡·江家塬村

【出处】陈芳蕊讲，张兆鹏采录：《膝盖骨》，见中国民间文学集成全国编辑委员会编《中国民间故事集成》（宁夏卷），北京：中国ISBN中心1999年版，第19页。

## W2847.2
### 膝盖的产生
【汤普森】A1312.1

实例

（参见下级母题实例）

## W2847.2.1
### 膝盖是为了防止人跑得太快
【关联】

①［W2904］人原来跑得很快

②［W2904.1］人不能跑快的原因

实例

❶［鄂温克族］以前，人没有膝盖骨，前后都能飞跑，什么野兽都逃不脱人的猎捕，后来加了膝盖骨就跑不快了。

【流传】内蒙古自治区·（呼伦贝尔市）·鄂温克自治旗·乌兰托海队

【出处】哈日诺亥讲，杜·道尔基口译，白杉记录整理：《人和野兽是怎么分开的》，见中国民间文学集成全国编辑委员会编《中国民间故事集成》（宁夏卷），北京：中国ISBN中心2007年版，第19页。

❷［汉族］为人做膝盖让他们的飞跑的速度减慢。

【流传】

（a）陕西省·（榆林市）·子洲县·何家集乡·阳坪村

（b）吉林省·（通化市）·柳河县·柳河镇

【出处】

（a）乔文秀讲，张喜臻采录：《人的膝盖是泥捏的》，见中国民间文学集成全国编辑委员会编《中国民间故事集成》（陕西卷），北京：中国ISBN中心1996年版，第10页。

（b）潘竹松讲，张月照采录：《人的膝盖》，见中国民间文学集成全国编辑委员会编《中国民间故事集成》（吉林卷），中国文联出版公司1992年版，第13页。

## W2847.2.2
### 人吃盐以后才开始长膝盖

【关联】
① ［W2347.1.3］动物吃盐后变成人
② ［W2859.5］人吃盐后体毛退掉

实例

❶ ［鄂伦春族］人有了盐吃以后，才开始长膝盖。

【流传】（无考）

【出处】《鄂伦春族的传说时代》，见吕光天《北方民族原始社会形态研究》，银川：宁夏人民出版社 1981 年版，第 76 页。

❷ ［鄂伦春族］恩都力为了制服他造出的人的飞跑的双腿，赏给他们食盐吃，慢慢生长出膝盖骨。

【流传】内蒙古自治区·（呼伦贝尔市）·鄂伦春自治旗

【出处】德兴德讲，巴图宝音采录：《族源神话》，见中国民间文学集成全国编辑委员会编《中国民间故事集成》（宁夏卷），北京：中国 ISBN 中心 2007 年版，第 24 页。

## W2847.2.3
### 膝盖是压在腿上的小石磨

实例

［汉族］因为人跑得太快，玉皇大帝给他们一个小石磨压在腿上，人便有了膝盖。

【流传】吉林省·（通化市）·柳河县（柳河市）·柳河镇

【出处】潘竹松讲，张月照采录：《人的膝盖》，见中国民间文学集成全国编辑委员会编《中国民间故事集成》（吉林卷），中国文联出版公司 1992 年版，第 13 页。

## W2847.2.4
### 膝盖是糊在腿上的泥巴

实例

（参见下级母题实例）

## W2847.2.4a
### 膝盖是老君爷糊在腿上的泥巴

实例

［汉族］老君爷为避免速度飞快的人把飞禽走兽吃尽灭绝，就和了一块胶泥，捏了些圆盖盖，做成人的膝盖。

【流传】陕西省·（榆林市）·子洲县·何家集乡·阳坪村

【出处】乔文秀讲，张喜臻采录：《人的膝盖是泥捏的》，见中国民间文学集成全国编辑委员会编《中国民间故事集成》（陕西卷），北京：中国 ISBN 中心 1996 年版，第 10 页。

## W2847.2.4b
### 膝盖是世神扣在腿上的两只泥碗

实例

［汉族］世神拿出两只泥碗扣在人的膝盖上，变成膝盖骨。

【流传】甘肃省·（庆阳市）·宁县·

新宁镇·柏庄村

【出处】任孝忠采录:《世神造人》,见中国民间文学集成全国编辑委员会编《中国民间故事集成》(甘肃卷),北京:中国 ISBN 中心 2001 年版,第 9 页。

## W2847.2.4c
### 膝盖是山神打在腿上的黄泥巴

实 例

[汉族] 山神爷顺手抓起一把黄泥巴向人们打去,这块泥就变成了人的膝盖骨。

【流传】宁夏回族自治区·(吴忠市)·同心县·张家塬乡·江家塬村

【出处】陈芳蕊讲,张兆鹏采录:《膝盖骨》,见中国民间文学集成全国编辑委员会编《中国民间故事集成》(宁夏卷),北京:中国 ISBN 中心 1999 年版,第 19 页。

## W2847.2.5
### 膝盖是神放在膝部的扁骨头

实 例

[鄂温克族] 天神把一小块扁骨头扔进人的膝部,就成了膝盖骨。

【流传】内蒙古自治区·(呼伦贝尔市)·鄂温克自治旗·乌兰托海队

【出处】哈日诺亥讲,杜·道尔基口译,白杉记录整理:《人和野兽是怎么分开的》,见中国民间文学集成全国编辑委员会编《中国民间故事集成》(宁夏卷),北京:中国 ISBN 中心 2007 年版,第 19 页。

## W2847.3
### 膝盖的特征

实 例

(参见下级母题实例)

## W2847.3.1
### 人的膝盖向后长

【汤普森】①F517.1.5;②F548.1

实 例

[傈僳族](实例待考)

## W2847.3.2
### 人的膝盖为什么凉

【关联】
① [W2779.1] 男人的膝盖是凉的
② [W2779.1.1] 造人者的粗心使男人膝盖骨发凉
③ [W2779.1.2] 男人膝盖凉是在冰上滑倒造成的
④ [W2779.1.3] 男人膝盖凉是在冰上睡觉造成的
⑤ [W2779.1.4] 男人膝盖凉是人祖在冰上交欢造成的
⑥ [W2779.1.5] 男人膝盖凉是人祖在冰上结婚造成的

实 例

[回族] 阿丹和海尔玛被真主惩罚下凡很多年不能相见,后来俩人在冰河重逢并在冰上结合过夜。从此,男人的膝盖是冰凉的,就是这个原因。

【流传】（无考）

【出处】《阿丹和海尔玛》，马奔根据《中国回族民间文学概观》（宁夏大学出版社1984年版）等改写，见姚宝瑄主编《中国各民族神话》（土族、东乡族、回族、保安族、裕固族、撒拉族），太原：山西出版传媒集团·书海出版社2014年版，第49页。

## W2847.3.2a
### 人的膝盖骨像石头

实例

（参见下级母题实例）

## W2847.3.2a.1
### 人的膝盖骨像石头是神的决定

实例

〖羌族〗天上的神索依迪和地上的神索依朗生育人类时商定：人的膝盖骨要学着歇气坪上的石头的样子去长。

【流传】四川省·阿坝藏族羌族自治州·茂汶羌族自治县（今属茂县）

【出处】

（a）《开咂酒曲子》，见杨亮才、陶立璠、邓敏文编《中国少数民族文学》（上册），北京：人民出版社1985年版。

（b）《索依迪朗夫妇造人》，原名《人是咋个来的》，郑友富、周贵友讲，王康、龚剑雄、吴文光采录，王康整理，原载西南民族学院图书馆与西南民族学院《羌族文学简史》编写组《羌族民间文学资料集》（一），1987年，见姚宝瑄主编《中国各民族神话》（羌族、彝族），太原：山西出版传媒集团·书海出版社2014年版，第7页。

## W2847.4
### 大腿与膝盖结合处两旁有凹陷的来历

实例

（参见下级母题实例）

## W2847.4.1
### 大腿与膝盖结合处两旁有凹陷是鹰啄食造成的

实例

〖白族〗人们站起时，大腿与膝盖结合处两旁都有小坎子，就是那次给老鹰啄吃后留下的痕迹。

【流传】云南省怒江、俅江两岸

【出处】张旭：《白族的原始图腾虎与金鸡》，见《大理白族史探索》，昆明：云南人民出版社1990年版，第59~65页。

## W2847.5
### 人的腋窝的来历

实例

（参见下级母题实例）

## W2847.5.1
### 挖掉人腋下两块肉后形成腋窝

实例

〖仡佬族〗老岩鹰背着困在山崖上的阿

仰兄妹往地面飞时，岩鹰饿了，阿仰只好割身上的肉来给岩鹰吃。阿仰顺着脖颈割了一圈，又割了两个脚孔、两个手杆弯、两个磕膝弯的肉喂岩鹰。从那以后，人们的脖颈就成了凹凹，胛下就有了窝窝，手杆弯和磕膝弯的肉也比别处的少了。

【流传】贵州省·（毕节市）·黔西（黔西县）、织金县

【出处】赵云周等九人讲，李道等十人搜集，罗懿群执笔整理：《阿仰兄妹制人烟》，载《南风》1983 年第 3 期。

## W2847.5.2
### 鸟叼去人腋下的肉形成腋窝

实例

[苗族] 祖先榜香猷为了救画眉鸟，让大鹏叼去腋下两块肉。从此，人的腋下就不再长肉了，光生些毛。

【流传】贵州省·（黔东南苗族侗族自治州）·丹寨（丹寨县）·排调（排调镇）

【出处】王启荣讲，潘明修采录：《榜香猷》，见中国民间文学集成全国编辑委员会编《中国民间故事集成》（贵州卷），北京：中国 ISBN 中心 2003 年版，第 79 页。

## W2847.5.3
### 腋窝的肉比别处肉少的原因

实例

[仡佬族] 为让岩鹰背下悬崖，阿仰（洪水后的幸存者之一）割了两个髂膝弯（夹肢孔）的肉，从此，髂膝弯的肉也比别处的肉少了。

【流传】贵州省·（毕节市）·黔西县·（沙井苗族彝族仡佬族乡）·羊耳公社（羊耳村）·松河大队（松河村）

【出处】赵银周等讲，李道等采录：《阿仰兄妹制人烟》，见中国民间文学集成全国编辑委员会编《中国民间故事集成》（贵州卷），北京：中国 ISBN 中心 2003 年版，第 54 页。

## W2847.6
### 长着许多手臂的人

【汤普森】F516.2

【关联】
① [W2842.3.1] 长着不平常手的人（长着不平常手臂的人）
② [W2844a] 手臂

实例

[汉族]（实例待考）

## W2847.6.1
### 三头六臂的人

实例

[汉族]（实例待考）

## W2847.7
### 长着不平常腿的人

【汤普森】①F517；②F548

【关联】[W2924.6] 奔跑很快的人（飞

毛腿、神腿）

实例

（参见关联项母题实例）

## W2847.8
### 人的指甲的产生

【汤普森】A1311.3

实例

（实例待考）

## W2847.9
### 四肢很长的人

【关联】
① ［W2840］人的四肢
② ［W2881］长腿人
③ ［W2882］长脚人
④ ［W2883］长臂人

实例

［苗族］有个甫方老公公和妞香老婆婆，两人都是好心肠，都是九节高脚杆，都是十节手臂长。

【流传】原文无流传地，据文本及注释推测该神话流传于贵州省·黔东南苗族侗族自治州·凯里市、台江县等地。

【出处】张启庭、张荣光、张正玉、张启德演唱，张明搜集，燕宝整理译注：《创造宇宙·开天辟地》，见贵州省少数民族古籍整理出版规划小组办公室编，燕宝整理译注《苗族古歌》，贵阳：贵州民族出版社1993年版，第34页。

## W2847.9.1
### 以前人的手臂很长

实例

（实例待考）

## W2848
### 人的躯体的其他部位

实例

（参见下级母题实例）

## W2848.0
### 人的背部

实例

（参见下级母题实例）

## W2848.0.1
### 人的背为什么弯曲

实例

（参见下级母题实例）

## W2848.0.1.1
### 罗锅是被挤压造成的

实例

［汉族］伏羲女娲用泥造人时，泥人捏好了，要晒干。有时遇上雨，抢收时难免损坏。据说，缺膀少腿的是被探木推掉的，瞎眼是被扫竹枝戳的，麻脸是被雷雨"铎"的，身上有黑痣是因为泥胎上沾上了沙子，弓腰蛇背和瘫子是在囤子底下压的。

【流传】江苏省·（淮安市）·涟水县·南集乡·禹庄村

【出处】徐学尧讲，徐省生搜集整理：《世界的由来》（1983），见姚宝瑄主编《中国各民族神话》（汉族），太原：山西出版传媒集团·书海出版社2014年版，第24~28页。

## W2848.0.1.2
### 神导致人的驼背

实例

[纳西族] 术神灵专门庇护家人的兴旺发达，由于主人的一次不慎，把术神烫伤了，于是这一家每代人都要出一个瘸腿汉，或是驼背汉。原因是他家的术神灵落下了残疾，家人像术神灵，这样，主人也落了残疾。

【流传】云南省·丽江县（丽江市）

【出处】木丽春采集整理：《术神灵像主人的故事》，见木丽春编著《纳西族民间故事集》，昆明：云南人民出版社2007年版，第103页。

## W2848.0.2
### 人后背为什么有沟

实例

❶ [土家族] 洪水后，兄妹婚生血坨坨，把血坨坨剁碎后用土包住放在树丫里，后来在树丫里长成了活人。因为他们是靠在树丫里长成人的，所以人的背后都有一条槽。

【流传】湖北省

【出处】王史幺姐讲，全明村搜集整理：《土家人的祖先》，见中华民族故事大系编委会编《中华民族故事大系》第5卷（瑶族、白族、土家族），上海：上海文艺出版社1995年版，第667~668页。

❷ [土家族] 兄妹婚生的血坨坨，用土包住后在树丫里成活，人是靠着树丫长大的，所以背上有一道槽。

【流传】湖北省

【出处】史幺姐讲，全明村搜集整理：《土家人的祖先》，见归秀文编《土家族民间故事选》，上海：上海文艺出版社1989年版，第27页。

## W2848.1
### 人的肩膀

实例

（参见下级母题实例）

## W2848.1.1
### 人的肩膀倾斜的来历

实例

（参见下级母题实例）

## W2848.1.1.1
### 孕生人时规定人的肩膀倾斜

实例

❶ [羌族] 索依迪朗（羌语，意为"娘老子"。迪，意为"老汉"，即"父亲"；朗，意为"阿妈"，即"母亲"）孕生人时商议规定了五官内脏须按照一定的样子长。其中规定，人

的肩膀须像山坡样。

【流传】（无考）

【出处】

（a）《索依迪朗：设计造人》，见西南民族学院《羌族文学简史》编写组编《羌族民间文学资料集》（一），1987年4月。

（b）同（a），见吕大吉、何耀华总主编《中国各民族原始宗教资料集成》（纳西族卷、羌族卷、独龙族卷、傈僳族卷、怒族卷），北京：中国社会科学出版社2000年版，第578页。

❷ [羌族] 索依迪朗（夫妻神）最后设计生出正常的孩子。他们决定，以后娃娃的肩膀要学着山坡的样子长。

【流传】四川省·（阿坝藏族羌族自治州）·茂县·太平乡·牛尾巴村

【出处】郑友富讲，王康男采录：《索依迪朗造人》，见中国民间文学集成全国编辑委员会编《中国民间故事集成》（四川卷·下），北京：中国ISBN中心1998年版，第1118页。

## W2848.1.1.2

### 神决定人的肩膀是斜的

实 例

[羌族] 天上的神索依迪和地上的神索依朗生育人类时商定：人的肩膀要学山坡的样子去长。

【流传】四川省·阿坝藏族羌族自治州·茂汶羌族自治县（今属茂县）

【出处】

（a）《开咂酒曲子》，见杨亮才、陶立璠、邓敏文编《中国少数民族文学》（上册），北京：人民出版社1985年版。

（b）《索依迪朗夫妇造人》，原名《人是咋个来的》，郑友富、周贵友讲，王康、龚剑雄、吴文光采录，王康整理，原载西南民族学院图书馆与西南民族学院《羌族文学简史》编写组《羌族民间文学资料集》（一），1987年，见姚宝瑄主编《中国各民族神话》（羌族、彝族），太原：山西出版传媒集团·书海出版社2014年版，第7页。

## W2848.1.2

### 男人的肩膀左高右低的来历

实 例

（参见下级母题实例）

## W2848.1.2.1

### 男人被抽了一根右肋骨造成肩膀左高右低

【关联】

① [W2082.1.2.2] 用男人祖一根肋骨和一些肌肉造女人

② [W2796.2.1] 男人为什么比女人少一根肋骨

③ [W2796.7.2] 女人比男人聪明是因为女人比男人多一根肋骨

实 例

[汉族] 世神从世上第一个男人身上抽下一根右肋骨，因此男人左肩显高，右肩略低。

【流传】甘肃省·（庆阳市）·宁县·新宁镇·柏庄村

【出处】任孝忠采录：《世神造人》，见中国民间文学集成全国编辑委员会编《中国民间故事集成》（甘肃卷），北京：中国 ISBN 中心 2001 年版，第 9 页。

## W2848.2
### 人的骨骼

【汤普森】A1312

【关联】[W2796.2] 男人与女人肋骨数量不同

实例

[塔吉克族] 安拉让众天使造泥人后，用天堂中圣火的热力赋予人以周身的温热，使成形的泥土成了人身上的肌肉、骨骼。

【流传】新疆维吾尔自治区·（喀什地区）·塔什库尔干塔吉克自治县·瓦尔西代乡

【出处】马达里汗讲，西仁·库尔班等采录翻译：《人类的来历》，见中国民间文学集成全国编辑委员会编《中国民间故事集成》（新疆卷），北京：中国 ISBN 中心 2008 年版，第 34～35 页。

## W2848.2.0
### 人的骨架的来历

实例

（参见下级母题实例）

## W2848.2.0.1
### 造人时用竹竿做骨架

实例

[土家族] 依罗娘娘造人时，用竹竿做骨架。

【流传】湖南省·湘西（湘西土家族苗族自治州）·酉水（酉水河一带）

【出处】向廷龙讲，彭勃搜集翻译整理：《依罗娘娘造人》，原载谷德明编《中国少数民族神话》，见陶阳、钟秀编《中国神话》（上），北京：商务印书馆 2008 年版，第 313 页。

## W2848.2.1
### 人的脊椎骨的来历

实例

[土家族] 最早的人耕田时，把鞭竿往地上一放，人朝上头一靠睡着了，醒来时背心当中挺了一条鞭竿印，就是现在的背脊骨。

【流传】湖北省·（宜昌市）·长阳县（长阳土家族自治县）·都镇湾镇·杜家冲村

【出处】孙家香讲：《瘪古是盘古的妈》，见长阳土家族网，http://www.cy-tujia.com/list_body.php? id, 2005.12.08。

## W2848.2.2
### 人最初的胫骨和肘骨是单层的

实例

（参见下级母题实例）

## W2848.2.2.1
### 人的胫骨和肘骨切断弄成双层

实 例

[蒙古族] 人类归初诞生时，胫骨和肘骨是单层的，后来切断弄成双层。

【流传】青海省·海西蒙古族藏族自治州·格尔木市·乌图美仁乡

【出处】那文讲：《人的胫骨和肘骨》，见中国民间文学集成全国编辑委员会编《中国民间故事集成》（青海卷），北京：中国 ISBN 中心 2007 年版，第 20 页。

## W2848.2.3
### 人的脊梁骨的来历

实 例

（实例待考）

## W2848.2.4
### 人的肋骨的来历

实 例

（参见下级母题实例）

## W2848.2.4.1
### 肋骨是造人者的手掌印

实 例

[鄂伦春族] 天神恩都力玛发造的石人成活后，恩都力又在每个石人的腰间各击了两巴掌，因而每人的腰间都留下了手掌印，这就是人的肋骨。

【流传】小兴安岭一带鄂伦春猎人中

【出处】马名超、崔焱编写：《人类生死的由来》，见姚宝瑄主编《中国各民族神话》（达斡尔族、鄂伦春族、鄂温克族、蒙古族），太原：山西出版传媒集团·书海出版社 2014 年版，第 22~23 页。

## W2848.2.4.2
### 人肋骨弯曲的原因

[汤普森] A1312.2

实 例

（实例待考）

## W848.2.5
### 人的骨头的数量

实 例

（参见下级母题实例）

## W2848.2.5.1
### 人的骨骼男 361 块，女 360 块

【关联】[W2796.2] 男人与女人肋骨数量不同

实 例

[彝族] 男人的身体是 361 块骨头所组成的，他的头骨是分成两块的；女人的身体是 360 块骨头所组成的，她的头骨是分成四块的。

【流传】（无考）

【出处】柯象峰：《猡猡文字之初步研究》，见吕大吉、何耀华总主编《中国各民族原始宗教资料集成》（彝族卷、白族卷、基诺族卷），北京：中国社会科学出版社 1996 年版，第

274~275 页。

## W2848.2.6
### 人的骨头的重量

实 例

[彝族]（实例待考）

## W2848.2.7
### 与人的骨骼有关的其他母题

实 例

（参见下级母题实例）

## W2848.2.7.1
### 冰块变成人的骨骼

实 例

[彝族] 天降红雪。人神俄惹结志又做了九次黑白醮（即打清醮，一种巫术仪式，可求吉除秽），红雪便结成冰，冰块便变成人的骨。

【流传】（四川省·凉山彝族自治州）

【出处】

（a）冯元蔚译：《勒俄特依》，成都：四川民族出版社1986年版。

（b）冯元蔚译，蔷紫改写：《勒俄特依》，见姚宝瑄主编《中国各民族神话》（羌族、彝族），太原：山西出版传媒集团·书海出版社2014年版，第157页。

## W2848.3
### 人的关节

实 例

（参见下级母题实例）

## W2848.3.1
### 人的关节的来历

实 例

[壮族] 伏羲、知妹兄妹婚生成千上万没关节的子女，气的二人用竹竿向人群横扫，这些人脚骨折断，形成了关节。

【流传】广西壮族自治区·来宾（来宾市）

【出处】韦瑞禧讲：《卜伯与雷王》，见张声震总主编，农冠品编注《壮族神话集成》，南宁：广西民族出版社2007年版，第263页。

## W2848.4
### 人的腰

实 例

（参见下级母题实例）

## W2848.4.1
### 有的人为什么腰细

实 例

（实例待考）

## W2848.4.2
### 有的人为什么腰粗

实 例

（参见下级母题实例）

## W2848.4.2.1
### 有的女人腰粗是神的旨意

实例

[纳西族] 永宁坝的格姆女山（汉称狮子山）雄伟而秀丽，且面向永宁坝，因而永宁坝的摩梭人身材窈窕修长，容貌美丽，这是格姆女山神显灵的结果；而格姆山背朝泸沽湖畔的左所区，因而左所地方的摩梭妇女腰粗臀肥，这也是格姆女山神显灵的原因。

【流传】云南省·（丽江市·宁蒗彝族自治县）·永宁（永宁乡）

【出处】杨学政调查整理：*《祭山神》，见云南省社会科学院宗教研究所编《宗教调查与研究》，内部编印，1986年，第176~177页。

## ✤ W2850
### 人的毛发

实例

（参见下级母题实例）

## W2851
### 人以前全身是毛

【关联】[W2604] 生毛孩

实例

❶ [鄂伦春族] 恩都力（天神）造的十男十女不知穿衣，全身毛茸茸的。

【流传】内蒙古自治区·（呼伦贝尔市）·鄂伦春自治旗

【出处】德兴德讲，巴图宝音采录：《族源神话》，见中国民间文学集成全国编辑委员会编《中国民间故事集成》（宁夏卷），北京：中国ISBN中心2007年版，第23页。

❷ [鄂温克族] 以前，人全身长着毛。

【流传】内蒙古自治区·（呼伦贝尔市）·鄂温克自治旗·乌兰托海队

【出处】哈日诺亥讲，杜·道尔基口译，白杉记录整理：《人和野兽是怎么分开的》，见中国民间文学集成全国编辑委员会编《中国民间故事集成》（宁夏卷），北京：中国ISBN中心2007年版，第19页。

❸ [高山族（布农）] 很古的时候，人的身上有许多的毛。

【流传】（无考）

【出处】竹山定讲，陈妹萍搜集整理：《人为什么没有尾巴》，见姚宝瑄主编《中国各民族神话》（高山族、黎族、畲族），太原：山西出版传媒集团·书海出版社2014年版，第7页。

❹ [哈尼族] 以前，人们满身都是黑毛。

【流传】云南省·（红河哈尼族彝族自治州）·元阳县

【出处】小和讲，阿罗采录：《红石和黑石的岩洞》，见中国民间文学集成全国编辑委员会编《中国民间故事集成》（云南卷），北京：中国ISBN中心2003年版，第241页。

❺ [汉族] 很早以前，人浑身长满了毛。

【流传】内蒙古自治区·（呼伦贝尔

市)·扎兰屯市

【出处】双宝讲，陈国良采录：《火和盐》，见中国民间文学集成全国编辑委员会编《中国民间故事集成》（宁夏卷），北京：中国 ISBN 中心 2007 年版，第 464 页。

❻ [纳西族] 人叫本茨汝，跟动物住在一起，身上长有很多毛。

【流传】云南省·丽江县（丽江市）

【出处】李福光讲，牛耕勤采录：《人为什么有智慧》，见中国民间文学集成全国编辑委员会编《中国民间故事集成》（云南卷），北京：中国 ISBN 中心 2003 年版，第 287 页。

## W2851.1
### 人以前像野兽全身是毛

实 例

[羌族] 阿巴木比塔（天神、天帝）造的人生长得很快，他们和野兽一样，身上长着长毛。

【流传】四川省·（阿坝藏族羌族自治州）·茂县

【出处】
(a)《羊角花》，见茂县文化馆编《羌族民间故事》（三），内部资料，1982 年 12 月。
(b) 同 (a)，见吕大吉、何耀华总主编《中国各民族原始宗教资料集成》（纳西族卷、羌族卷、独龙族卷、傈僳族卷、怒族卷），北京：中国社会科学出版社 2000 年版，第 583 页。

## W2851.2
### 神刚造出的人全身是毛

【关联】[W2052] 神造人

实 例

[鄂伦春族] 恩都力莫里根神创造的鄂伦春人，开始时全身是毛。

【流传】（中国东北部地区）

【出处】《恩都力创造了鄂伦春人》，见姚宝瑄主编《中国各民族神话》（达斡尔族、鄂伦春族、鄂温克族、蒙古族），太原：山西出版传媒集团·书海出版社 2014 年版，第 20~21 页。

## W2851.3
### 人在特定时代全身是毛

实 例

(参见下级母题实例)

## W2851.3.1
### 远古时，人全身是毛

实 例

❶ [达斡尔族] 达斡尔人远古时代全身是毛。

【流传】（无考）

【出处】《人类的起源》，见满都呼主编《中国阿尔泰语系诸民族神话故事》，北京：民族出版社 1997 年版，第 178 页。

❷ [鄂伦春族] 远古时候，人类浑身都是毛。

【流传】（中国东北部地区）

【出处】马名超、崔焱编写：《人身上不生毛的缘起》，见姚宝瑄主编《中国各民族神话》（达斡尔族、鄂伦春族、鄂温克族、蒙古族），太原：山西出版传媒集团·书海出版社2014年版，第23页。

❸ [藏族] 远古的时候，人和其他动物一样，全身都长满了毛。

【流传】四川省·（阿坝藏族羌族自治州）·金川县（原靖化县）·卡拉足乡

【出处】倪泽射讲，谢启丰采录：《人为啥比其他动物聪明》，见中国民间文学集成全国编辑委员会编《中国民间故事集成》（四川卷·下），北京：中国ISBN中心1998年版，第943页。

## W2851.3.2
### 洪水与火山爆发时期，人全身是毛

实例

[鄂伦春族] 洪水与火山爆发的时期，人浑身是毛，与动物没有区别。

【流传】（无考）

【出处】《鄂伦春族的传说时代》，见吕光天《北方民族原始社会形态研究》，银川：宁夏人民出版社1981年版，第75页。

## W2852
### 人的头发

实例

（参见下级母题实例）

## W2852.0
### 人以前没有头发

实例

（实例待考）

## W2852.1
### 人的头发的来历

实例

（参见W2852.2、W2852.3母题实例）

## W2852.2
### 神让人长出头发

实例

[鄂伦春族] 恩都力（天神）看到造的人没有头发不受看，又用仙术让他们长出了头发。

【流传】内蒙古自治区·（呼伦贝尔市）·鄂伦春自治旗

【出处】德兴德讲，巴图宝音采录：《族源神话》，见中国民间文学集成全国编辑委员会编《中国民间故事集成》（宁夏卷），北京：中国ISBN中心2007年版，第24页。

## W2852.3
### 风神给人画出头发

实例

[德昂族] 风神给最早出现的一个人画了眉毛和头发。

【流传】云南省·德宏州（德宏傣族景

颇族自治州）

【出处】陈志鹏采录：《祖先创世纪》，见中国民间文学集成全国编辑委员会编《中国民间故事集成》（云南卷），北京：中国 ISBN 中心 2003 年版，第 106 页。

## W2852.4
### 人的头发的保留

实例

［蒙古族］天神让狗舔被魔鬼弄脏的泥人，没舔到的地方留下了人们今天的头发和腋毛，所以人身上其他地方就没有毛了。

【流传】（无考）

【出处】

（a）却拉布吉译：《天神造人》，见谷德明编《中国少数民族神话》，北京：中国民间文艺出版社 1987 年版，第 29~31 页。

（b）［蒙古］斯仁·索德那木编：《蒙古民间故事集》，乌兰巴托斯拉夫，1979 年。

## W2852.5
### 人以前浑身有毛，后来只剩头发等没被退（烧、烫、拔等）掉

【关联】

① ［W2317.7.1］猴子退毛变成人
② ［W2859.9］人身上的毛是被水烫掉的

实例

［达斡尔族］达斡尔人远古与动物相同，搬到河沿吃盐，身上的毛发逐渐减少，只剩下头上等少数毛发。

【流传】（无考）

【出处】《人类的起源》，见《达斡尔族社会历史调查材料》，内部编印。

## W2852.5.1
### 人以前浑身有毛，退毛时违背禁忌保留下现在的头发

实例

❶ ［汉族］姑娘和黄狗成了亲。后来黄狗通过在锅中蒸变人时，姑娘违背禁忌看见的头上那一块毛，再也褪不脱了。那块毛，就是人们现在脑瓜顶上的头发。

【流传】（a）四川省·（绵阳市）·三台县·石安乡

【出处】

（a）叶明胜讲，何金华采录：《人狗配婚》，见中国民间文学集成全国编辑委员会编《中国民间故事集成》（四川卷·上），北京：中国 ISBN 中心 1998 年版，第 47 页。

（b）陶阳、钟秀编《中国神话》（中），北京：商务印书馆 2008 年版，第 625~626 页。

## W2852.5.2
### 人以前浑身有毛，头上的毛没被烧掉成为现在的头发

实例

［土家族］人在砍火田时，人身上着了火，人用双手把脑壳捧起，把胳肢窝

和胯缝夹起,这几个地方没烧到,毛还在。

【流传】 湖北省·(宜昌市)·长阳县(长阳土家族自治县)·都镇湾镇·杜家冲村

【出处】 孙家香讲:《人原先有尾巴》,见长阳土家族网 http://www.cy-tujia.com/list_body.php? id, 2005. 12. 10。

## W2852.5.3

### 人以前浑身有毛,头上的毛没被野兽拔掉成为现在的头发

实 例

[藏族] 黑头野兽被其他动物拔掉身上的毛时,用手捂着自己的头。因此现在人类身上就剩下头上这么一点儿毛了。

【流传】 西藏自治区·(林芝市)·波密县·旭木新村

【出处】 曲嘎讲,大丹增翻译,扎西罗布采录:《人身上为什么没有毛》,见中国民间文学集成全国编辑委员会编《中国民间故事集成》(西藏卷),北京:中国 ISBN 中心 2001 年版,第 9 页。

## W2852.5.4

### 人以前浑身有毛,头上的毛没被狗舔掉成为现在的头发

实 例

[蒙古族] 天神让狗舔被魔鬼弄脏的泥人,没舔到的地方成为头发和腋毛,身上其他地方就没有毛了。

【流传】(无考)

【出处】

(a) 却拉布吉译:《天神造人》,见谷德明编《中国少数民族神话》,北京:中国民间文艺出版社 1987 年版,第 29~31 页。

(b) [蒙古] 斯仁·索德那木编:《蒙古民间故事集》,乌兰巴托斯拉夫,1979 年。

## W2852.5.5

### 人以前浑身有毛,头上的毛没被药水洗掉成为现在的头发

实 例

[门巴族] 洪水后,人神结婚生毛孩。天神用药草洗去人身上白毛,毛孩怕水烫,保留了头发和腋毛、阴毛。

【流传】 西藏自治区

【出处】 《三兄弟和扎木深》,见 http://www.tibetology.ac.cn。

## W2852.5.6

### 人以前浑身有毛,头上的毛没被热水烫掉成为现在的头发

实 例

[门巴族] 男子与罗刹女结婚生毛孩。他们用窝麻的叶子水给孩子们洗澡,洗去身上的毛。因为孩子们怕热水烫,都把头伸进洞里,所以留下了现在的头发。

【流传】 西藏自治区·(林芝市)·墨脱县·墨脱区·墨脱村

【出处】拉巴次仁讲，于乃昌等整理：《三兄弟和扎深姆》，见《门巴族民间故事》：http://www.tibet-web.com/old/minjian/ync/gushi/mulu.htm，2003.10.02。

## W2852.6
### 金头发

【关联】［W2605.6］生金发孩子

实 例

［柯尔克孜族］（实例待考）

## W2852.7
### 头发的特征

实 例

（参见下级母题实例）

## W2852.7.1
### 头发为什么茂密

实 例

［羌族］索依迪朗（羌语，意为"娘老子"。迪，意为"老汉"，即"父亲"；朗，意为"阿妈"，即"母亲"）孕生人时商议规定了五官内脏须按照一定的样子长。其中规定，人的头发要像森林。

【流传】（无考）

【出处】

（a）《索依迪朗：设计造人》，见西南民族学院《羌族文学简史》编写组编《羌族民间文学资料集》（一），1987年4月。

(b) 同（a），见吕大吉、何耀华总主编《中国各民族原始宗教资料集成》（纳西族卷、羌族卷、独龙族卷、傈僳族卷、怒族卷），北京：中国社会科学出版社2000年版，第578页。

## W2852.7.2
### 人的头发像森林是神的决定

实 例

❶［羌族］天上的神索依迪和地上的神索依朗生育人类时商定：人的头发要学着森林的样子去长。

【流传】四川省·阿坝藏族羌族自治州·茂汶羌族自治县（今属茂县）

【出处】

（a）《开咂酒曲子》，见杨亮才、陶立璠、邓敏文编《中国少数民族文学》（上册），北京：人民出版社1985年版。

（b）《索依迪朗夫妇造人》，原名《人是咋个来的》，郑友富、周贵友讲，王康、龚剑雄、吴文光采录，王康整理，原载西南民族学院图书馆与西南民族学院《羌族文学简史》编写组《羌族民间文学资料集》（一），1987年，见姚宝瑄主编《中国各民族神话》（羌族、彝族），太原：山西出版传媒集团·书海出版社2014年版，第7页。

❷［羌族］索依迪朗（夫妻神）最后设计生出正常的孩子。他们决定，人的头发要学着森林的样子长。

【流传】四川省·（阿坝藏族羌族自治

州）·茂县·太平乡·牛尾巴村

【出处】郑友富讲，王康男采录：《索依迪朗造人》，见中国民间文学集成全国编辑委员会编《中国民间故事集成》（四川卷·下），北京：中国ISBN中心1998年版，第1118页。

## W2853

### 人的腋毛

实 例

（参见下级母题实例）

## W2853.1

### 人的腋毛的来历

实 例

❶ ［蒙古族］猫没有舔净天神造的泥人腋下和下身的脏毛，后来人的腋下和下身就留下了一些毛。

【流传】（无考）

【出处】满都呼译：《为什么狗有毛而人无毛》，见满都呼主编《中国阿尔泰语系诸民族神话故事》，北京：民族出版社1997年版，第155页。

❷ ［门巴族］男子与罗刹女结婚生毛孩，他们用窝麻的叶子水给孩子们洗澡，洗去身上的毛。因为孩子们怕热水烫，夹紧了双臂，所以留下了腋毛。

【流传】西藏自治区·（林芝市）·墨脱县·墨脱区·墨脱村

【出处】拉巴次仁讲，于乃昌等整理：《三兄弟和扎深姆》，见《门巴族民间故事》：http://www.tibet-web.com/old/minjian/ync/gushi/mulu.htm，2003.10.02。

❸ ［藏族］莲花生大师把哈拉（旱獭）的大拇指肉放入人的腋窝，所以人的胳肢窝里今天还长着一撮汗毛，而哈拉胳肢窝里不长毛，因为那是当初交换的人肉。

【流传】青海省·黄南州（黄南藏族自治州）·同仁县

【出处】加毛泽讲，仁青侃卓等采录：《哈拉射日》，见中国民间文学集成全国编辑委员会编《中国民间故事集成》（青海卷），北京：中国ISBN中心2007年版，第8页。

❹ ［藏族］人独吞了观音送给所有动物的食物（智慧），被动物追赶拔毛时，腋下因胳膊夹得太紧，有少许的毛没被拔去，至今也还保留着。

【流传】四川省·（阿坝藏族羌族自治州）·金川县（原靖化县）·卡拉足乡

【出处】倪泽射讲，谢启丰采录：《人为啥比其他动物聪明》，见中国民间文学集成全国编辑委员会编《中国民间故事集成》（四川卷·下），北京：中国ISBN中心1998年版，第943页。

## W2853.1.1

### 人把草夹在腋窝成为腋毛

实 例

［羌族］人把草夹在腋窝里变成了后来的腋毛。

【流传】四川省·（阿坝藏族羌族自治州）·茂县

【出处】何定光等讲：《老子和鲁班的故事》，见中华民族故事大系编委会编《中华民族故事大系》第11卷（达斡尔族、仫佬族、羌族），上海：上海文艺出版社1995年版，第733页。

### W2853.2
### 人的腋毛为什么黑色

实 例

（实例待考）

### W2853.3
### 人的腋毛的保留

实 例

（参见下级母题实例）

### W2853.3.1
### 猴子腋窝没烫掉的毛成为人的腋毛

实 例

［纳西族］波白命（天女名，男祖先利恩若的妻子）与公猴婚生的一对猴儿猴女毛被沸水烫光，只留下了头发和腋窝毛。

【流传】云南省·丽江县（丽江市）

【出处】木丽春采集整理：《人的头发和腋窝毛的来历》，见木丽春编著《纳西族民间故事集》，昆明：云南人民出版社2007年版，第64页。

### W2854
### 胡须

实 例

（参见下级母题实例）

### W2854.1
### 造人时造出胡须

实 例

（参见下级母题实例）

### W2854.1.1
### 造人时插上的龙须草成为人的胡须

实 例

［壮族］布洛陀造的泥人没有胡须，他就找来龙须草种上成为胡须。

【流传】广西壮族自治区

【出处】黄诚专：《布洛陀的传说》，见http://hongdou.gxnews.com.cn，2008.04.08。

### W2854.2
### 为区分男女产生胡须

实 例

（参见下级母题实例）

### W2854.2.1
### 为区别男女为男人放胡须

实 例

［壮族］始祖布洛陀为了区分男女就给

男人放上胡须。

【流传】广西壮族自治区·（百色市）·平果县

【出处】李山讲：《布洛陀造人》，王宪昭采集，2009年12月。

## W2854.2.2
### 为区别男女去掉女人的胡须

【关联】［W2786.2］原来女人有胡须

实 例

（实例待考）

## W2854.3
### 男人胡须的来历

【汤普森】A1315.3

【关联】

① ［W2786.2］原来女人有胡须

② ［W2854.2.1］为区别男女为男人放胡须

实 例

［壮族］布洛陀造的泥人没有头发、胡须，就找来龙须草给男人做胡须。

【流传】广西壮族自治区

【出处】黄诚专：《布洛陀的传说》，见http://hongdou.gxnews.com.cn，2008.04.08。

## W2854.3.1
### 神造男人时加入腋毛成为男人的胡须

实 例

［满族］女地神巴那姆造人时，不耐烦地顺手抓下一把肩胛骨和腋毛，合着姐妹的慈肉、烈肉，搓成了一个男人，所以男人比女人身强力壮，须发髯毛也多。

【流传】黑龙江省·黑河地区（黑河市）·孙吴县·（沿江满族达斡尔族乡）·四季屯

【出处】吴纪贤、富希陆讲：《天宫大战——黑水女真人传世神话》（1939，选自富育光、郭淑云整理的手稿），见姚宝瑄主编《中国各民族神话》（满族、赫哲族、朝鲜族），太原：山西出版传媒集团·书海出版社2014年版，第23页。

## W2855
### 睫毛

实 例

（参见下级母题实例）

## W2855.1
### 睫毛的来历

【汤普森】A1315.6

实 例

（实例待考）

## W2856
### 眉毛

实 例

（参见下级母题实例）

## W2856.1
### 眉毛的来历

实例

[羌族] 索依迪朗（夫妻神）最后设计生出正常的孩子。他们决定，人的眉毛要学着地边上的草丛丛的样子长。

【流传】四川省·（阿坝藏族羌族自治州）·茂县·太平乡·牛尾巴村

【出处】郑友富讲，王康男采录：《索依迪朗造人》，见中国民间文学集成全国编辑委员会编《中国民间故事集成》（四川卷·下），北京：中国ISBN中心1998年版，第1118页。

## W2856.2
### 人的眉毛为什么像草

实例

[羌族] 索依迪朗（羌语，意为"娘老子"。迪，意为"老汉"，即"父亲"；朗，意为"阿妈"，即"母亲"）孕生人时商议规定了五官内脏须按照一定的样子长。其中规定，人的眉毛如地边草丛。

【流传】（无考）

【出处】
(a)《索依迪朗：设计造人》，见西南民族学院《羌族文学简史》编写组编《羌族民间文学资料集》（一），1987年4月。
(b) 同 (a)，见吕大吉、何耀华总主编《中国各民族原始宗教资料集成》（纳西族卷、羌族卷、独龙族卷、傈僳族卷、怒族卷），北京：中国社会科学出版社2000年版，第578页。

## W2856.2.1
### 人的眉毛像草丛是神的决定

实例

[羌族] 天上的神索依迪和地上的神索依朗生育人类时商定：人的眉毛要学着地边的草丛丛的样子去长。

【流传】四川省·阿坝藏族羌族自治州·茂汶羌族自治县（今属茂县）

【出处】
(a)《开咂酒曲子》，见杨亮才、陶立璠、邓敏文编《中国少数民族文学》（上册），北京：人民出版社1985年版。
(b)《索依迪朗夫妇造人》，原名《人是咋个来的》，郑友富、周贵友讲，王康、龚剑雄、吴文光采录，王康整理，原载西南民族学院图书馆与西南民族学院《羌族文学简史》编写组《羌族民间文学资料集》（一），1987年，见姚宝瑄主编《中国各民族神话》（羌族、彝族），太原：山西出版传媒集团·书海出版社2014年版，第7页。

## W2856.3
### 眉毛是黑色的

实例

[维吾尔族] 阿依可孜（人名）临盆分娩，生了一个男孩，孩子的头发、眉毛是黑色的。

【流传】新疆维吾尔自治区

【出处】

（a）郑关中翻译整理：《乌古斯》，见《中国少数民族文学作品选》（第二分册），上海：上海文艺出版社1981年版。

（b）同（a），见姚宝瑄主编《中国各民族神话》（乌孜别克族、哈萨克族、柯尔克孜族、俄罗斯族、维吾尔族、塔吉克族、塔塔尔族、锡伯族），太原：山西出版传媒集团·书海出版社2014年版，第243页。

## W2857
### 汗毛

实 例

（参见下级母题实例）

## W2857.1
### 汗毛的来历

实 例

（参见下级母题实例）

## W2857.1.1
### 造人时茅草做汗毛

实 例

［土家族］女神依罗娘娘做人。她砍来茅草做汗毛。

【流传】四川省（今重庆市）·秀山县（秀山土家族苗族自治县）·海洋乡

【出处】彭国然讲，李绍明采录：《依罗娘娘造人》，见中国民间文学集成全国编辑委员会编《中国民间故事集成》（四川卷·下），北京：中国ISBN中心1998年版，第1211页。

## W2857.2
### 汗毛为什么细小

实 例

（实例待考）

## W2857.3
### 汗

实 例

（参见下级母题实例）

## W2857.3.1
### 汗有臭味

实 例

［傈僳族］死人泥巴味臭，活人汗味臭。

【流传】云南省·（昆明市）·禄劝县（禄劝彝族苗族自治县）·屏山镇

【出处】杨毓骧调查整理：《亡魂指路经》（1989），见吕大吉、何耀华总主编《中国各民族原始宗教资料集成》（纳西族卷、羌族卷、独龙族卷、傈僳族卷、怒族卷），北京：中国社会科学出版社2000年版，第813页。

## W2857a
### 私处的毛

实 例

（参见下级母题实例）

## W2857a.1
### 人的私处为什么有毛

实例

（参见下级母题实例）

## W2857a.1.1
### 人的私处有毛是因为没有被烫掉

实例

[鄂伦春族] 以前，人浑身长毛，不奔跑就难忍。于是，天神恩都力嘴里含着滚烫的天水，朝人喷去，烫掉身上的毛。只有没有喷着天水的胳肢窝和下处，绒毛还残留至今。

【流传】（中国东北部地区）

【出处】马名超、崔焱编写：《人身上不生毛的缘起》，见姚宝瑄主编《中国各民族神话》（达斡尔族、鄂伦春族、鄂温克族、蒙古族），太原：山西出版传媒集团·书海出版社2014年版，第23页。

## W2858
### 人身上不长毛的来历

实例

（参见下级母题实例）

## W2858.1
### 人身上不长毛是神的规定

实例

[汉族]（实例待考）

## W2858.2
### 人身上不长毛是为了显示人与兽类的区别

实例

（实例待考）

## W2858.3
### 人身上的毛被动物舔掉后不再生长

实例

[蒙古族] 天神让猫把沾污人身上被玷污的脏毛舔掉，由此，人的身上不再长毛了。

【流传】（无考）

【出处】满都呼译：《为什么狗有毛而人无毛》，见满都呼主编《中国阿尔泰语系诸民族神话故事》，北京：民族出版社1997年版，第155页。

## W2859
### 体毛脱落的原因

【关联】[W2852.5] 人以前浑身有毛，后来只剩头发等没被退（烧、烫、拔等）掉

实例

（参见下级母题实例）

## W2859.1
### 人身上的毛是退掉的

实例

（实例待考）

## W2859.2

### 人身上的毛是自然退掉的

实 例

（实例待考）

## W2859.3

### 人使用火后身上的毛退掉

【关联】

① ［W2852.5.2］人以前浑身有毛，头上的毛没被烧掉成为现在的头发

② ［W2859.8］人身上的毛是烧掉的

实 例

（参见关联项母题实例）

## W2859.4

### 人学会劳动后身上的毛退掉

实 例

（实例待考）

## W2859.5

### 人吃盐后体毛退掉

实 例

❶ ［鄂伦春族］毛人吃盐后，毛脱落变成现在样子。

【流传】（无考）

【出处】《毛人与盐》，见高明强编《创世的神话和传说》，上海：上海三联书店1988年版，第13页。

❷ ［哈尼族］人开始吃咸盐之后，身上的黑毛也掉了许多，只剩下头上的头发。

【流传】云南省·（红河哈尼族彝族自治州）·元阳县

【出处】小和讲，阿罗采录：《红石和黑石的岩洞》，见中国民间文学集成全国编辑委员会编《中国民间故事集成》（云南卷），北京：中国ISBN中心2003年版，第241页。

❸ ［汉族］人们吃了盐以后，身上的毛渐渐褪了下去。

【流传】内蒙古自治区·（呼伦贝尔市）·扎兰屯市

【出处】双宝讲，陈国良采录：《火和盐》，见中国民间文学集成全国编辑委员会编《中国民间故事集成》（宁夏卷），北京：中国ISBN中心2007年版，第464页。

❹ ［汉族］原来的人长有毛和尾巴，一个叫神农的人发现吃海盐可以脱毛，人类才变成今天的样子。

【流传】广西壮族自治区·桂东南（包括玉林、贵港、桂平、平南、北流、容县、博白、陆川等县市）

【出处】黎静芳等讲，陈玉昆等搜集整理：《伏羲祖的传说》，见曹廷伟编著《广西民间故事辞典》，南宁：广西教育出版社1993年版，第25页。

## W2859.6

### 天神用药草洗去人身上的毛

【关联】 ［W2852.5.5］人以前浑身有毛，头上的毛没被药水洗掉成为现在的头发

【实例】

（参见关联项母题实例）

## W2859.7
### 神用天水将人的绒毛烫掉

【实例】

[鄂伦春族] 恩都力口含滚烫天水将绒毛烫掉，露出白净皮肤。

【流传】（无考）

【出处】《人身不生毛的缘起》，见中国各民族宗教与神话大词典编审委员会编《中国各民族宗教与神话大词典》，北京：学苑出版社 1990 年版，第 131 页。

## W2859.8
### 人身上的毛是烧掉的

【实例】

❶ [纳西族（摩梭）] 天王三女儿姆米年札梅与英雄锉治路结婚后，受骗而与猴子结合生子，到丈夫回来时，羞而烧掉猴的体毛。

【流传】云南省·（丽江市）·宁蒗县（宁蒗彝族自治县）

【出处】
（a）《锉治路一苴》，载《山茶》1982 年第 3 期。
（b）《锉治路一苴——摩梭人的洪水故事》，见《中国少数民族神话选》，西北民族研究所编印，1983 年，第 492～493 页。

❷ [土家族] 原来的人身上的毛，烧火田时，把毛烧了。

【流传】湖北省·（宜昌市）·长阳县（长阳土家族自治县）·都镇湾镇·杜家冲村

【出处】孙家香讲：《瘪古是盘古的妈》，见长阳土家族网 http://www.cy-tujia.com/list_body.php?id, 2005.12.08。

❸ [土家族] 人烧火田时烧掉了身上的毛。

【流传】湖北省·（宜昌市）·长阳（长阳土家族自治县·都镇湾镇）·椿树坪村

【出处】《瘪古是盘古的妈》，见白庚胜总主编《中国民间故事全书》（湖北省·长阳卷），北京：知识产权出版社 2007 年版，第 4 页。

## W2859.8.1
### 人身上没毛是被火烧掉的

【关联】[W2859.3] 人使用火后身上的毛退掉

【实例】

[羌族] 长着毛和尾巴的燃比娃（人名）到天上取火时，全身被烧焦的黑皮全部被水泡脱了，完全变成一个健壮美丽的小伙子。

【流传】四川省·（阿坝藏族羌族自治州）·茂县

【出处】
（a）《燃比娃取火》，见茂县文化馆《羌族民间故事》（三），内部资料，1982 年 12 月。

(b) 同（a），见吕大吉、何耀华总主编《中国各民族原始宗教资料集成》（纳西族卷、羌族卷、独龙族卷、傈僳族卷、怒族卷），北京：中国社会科学出版社2000年版，第581页。

### W2859.8.2
**人身上没毛是被太阳烤掉的**

实例

（实例待考）

### W2859.9
**人身上的毛是被水烫掉的**

【关联】［W2852.5.6］人以前浑身有毛，头上的毛没被热水烫掉成为现在的头发

实例

［鄂伦春族］恩都力（天神）为了使造的人与野兽有所区别，就用开水把他们身上的毛全部给烫掉了，只侥幸剩下了腋窝和嘴边的毛。

【流传】内蒙古自治区·（呼伦贝尔市）·鄂伦春自治旗

【出处】德兴德讲，巴图宝音采录：《族源神话》，见中国民间文学集成全国编辑委员会编《中国民间故事集成》（宁夏卷），北京：中国ISBN中心2007年版，第24页。

### W2859.9.1
**人的体毛被天神用水烫掉**

实例

［鄂伦春族］以前，人浑身长毛，不奔跑就难忍。于是，天神恩都力嘴里含着滚烫的天水，朝人的脸上、身上、脚上猛地一喷，人身上的绒毛便都被烫掉了，这才露出白净的皮肤。

【流传】（中国东北部地区）

【出处】马名超、崔焱编写：《人身上不生毛的缘起》，见姚宝瑄主编《中国各民族神话》（达斡尔族、鄂伦春族、鄂温克族、蒙古族），太原：山西出版传媒集团·书海出版社2014年版，第23页。

### W2859.10
**人身上的毛是被动物拔掉的**

实例

（参见下级母题实例）

### W2859.10.1
**人身上的毛是被野兽拔掉的**

【关联】［W2852.5.3］人以前浑身有毛，头上的毛没被野兽拔掉成为现在的头发

实例

（参见关联项母题实例）

### W2859.10.2
**人身上没毛是被动物舔掉的**

【关联】［W2852.5.4］人以前浑身有毛，头上的毛没被狗舔掉成为现在的头发

实例

（参见关联项母题实例）

## W2859.11
### 人身上的毛是摩擦掉的

实例

[高山族（布农）] 人以前身上长毛，很瘙痒，便用长指甲去抓，用身子去擦石头。一天天，一月月，身上的毛越抓越稀，越擦越少，干活也轻松了。

【流传】（无考）

【出处】竹山定讲，陈妹萍搜集整理：《人为什么没有尾巴》，见姚宝瑄主编《中国各民族神话》（高山族、黎族、畲族），太原：山西出版传媒集团·书海出版社2014年版，第7~8页。

## W2860
### 与人的毛发有关的其他母题

实例

（参见下级母题实例）

## W2860.1
### 长着不平常毛发的人

【汤普森】①F555；②F521.1

实例

[汉族] 毛民之国在其北。为人身生毛。

【流传】（无考）

【出处】《山海经·海内北经》。

## ✳ W2861
### 人的尾巴

【汤普森】F518

实例

（参见下级母题实例）

## W2862
### 人的尾巴的产生

实例

（参见下级母题实例）

## W2862.1
### 人的尾巴自然存在

实例

（参见下级母题实例）

## W2862.1.1
### 原来的人长有尾巴（人以前有尾巴）

实例

[土家族] 人原先长着和乌龟一样的尾巴。

【流传】湖北省·（宜昌市）·长阳县（长阳土家族自治县）·都镇湾镇·杜家冲村

【出处】孙家香讲：《人原先有尾巴》，见长阳土家族网 http://www.cy-tujia.com/list_body.php? id, 2005.12.10。

## W2862.2
### 特定时代的人长尾巴

实例

❶ [高山族（布农）] 很古的时候，人的身上长毛，还长着一条长尾巴。

【流传】（无考）

【出处】竹山定讲，陈妹萍搜集整理：《人为什么没有尾巴》，见姚宝瑄主编《中国各民族神话》（高山族、黎族、畲族），太原：山西出版传媒集团·书海出版社2014年版，第7页。

❷ [畲族] 千万年千万年前，地上的人有尾巴。

【流传】福建省·（宁德市）·福鼎县（福鼎市）·前岐镇·罗唇村

【出处】李圣回讲，蓝振河采录：《太阳和月亮》，见中国民间文学集成全国编辑委员会编《中国民间故事集成》（福建卷），北京：中国ISBN中心1998年版，第11页。

## W2862.2.1
### 盘古时人长尾巴

实例

[汉族] 盘古开天地的时候，人都生有一条长尾巴。

【流传】福建省·（宁德市）·周宁县·礼门乡·洋中村

【出处】李有灿讲，魏日树记录整理：《人的尾巴和日头》（1987.04.04），见姚宝瑄主编《中国各民族神话》（汉族），太原：山西出版传媒集团·书海出版社2014年版，第151~152页。

## W2862.2.2
### 人到一定年龄长尾巴

实例

（参见W2862.2.3母题实例）

## W2862.2.3
### 人300岁后长尾巴

【关联】[W2951] 长寿的人（寿星）

实例

[彝族] 元时，罗武蛮罗㑩百岁廷弱，子孙以毡裹送之深菁，300岁后生出尾巴。

【流传】（无考）

【出处】《古今图书集成》，见吕大吉、何耀华总主编《中国各民族原始宗教资料集成》（彝族卷、白族卷、基诺族卷），北京：中国社会科学出版社1996年版，第144页。

## W2862.2.4
### 人老而不死长出尾巴

实例

[彝族] 蒙山老爨不死，久则生尾。

【流传】（无考）

【出处】《腾越州志》，见吕大吉、何耀华总主编《中国各民族原始宗教资料集成》（彝族卷、白族卷、基诺族卷），北京：中国社会科学出版社1996年版，第144页。

## W2862.3
### 特定的人长尾巴

实例

[彝族] 元时，罗武蛮罗㑩百岁廷弱的子孙在深菁中，300岁后生出尾巴长三寸。

【流传】（无考）

【出处】《古今图书集成》，见吕大吉、何耀华总主编《中国各民族原始宗教资料集成》（彝族卷、白族卷、基诺族卷），北京：中国社会科学出版社1996年版，第144页。

## W2862.3.1
### 祖先长着尾巴

实 例

❶ [汉族] 老祖宗起初全有尾巴。

【流传】江苏省·（苏州市）·太仓市·东郊

【出处】尹培民讲，陈有觉采录：《斩掉尾巴》，见中国民间文学集成全国编辑委员会编《中国民间故事集成》（江苏卷），北京：中国ISBN中心1998年版，第17页。

❷ [汉族] 远古时候，人的祖宗头都长着毛草葺的长尾巴。

【流传】福建省·（宁德市）·寿宁县·大安乡·鳌阳镇

【出处】吴兰妃讲，刘善林记录整理：《射日》（1987.05.08），见姚宝瑄主编《中国各民族神话》（汉族），太原：山西出版传媒集团·书海出版社2014年版，第150~151页。

## W2862.3.2
### 地底下的人长尾巴

【关联】[W2997.0b] 下界的人（地下的人）

实 例

[高山族（布农）]（实例待考）

## W2862.4
### 人长尾巴有特定原因

实 例

（参见下级母题实例）

## W2862.4.1
### 人与犬结婚生长尾巴的后代

【关联】

① [W2458] 人与犬婚生人（人与狗婚生人）

② [W6291] 狗图腾

实 例

❶ [汉族] 天火后，姑娘与狗子成亲，生的孩子虽说是人，却长着长长的尾巴。

【流传】湖北省·（十堰市）·丹江口市·（六里坪镇）·伍家沟村

【出处】张孝玲讲，李征康采录：《人和狗成亲》，见中国民间文学集成全国编辑委员会编《中国民间故事集成》（湖北卷），北京：中国ISBN中心1999年版，第16页。

❷ [汉族] 出世的人屁股上多了一条尾巴，是因为油火烧天后人犬婚再生人类的结果。

【流传】

(a) 江西省·（抚州市）·南丰县

(b) 福建省·（南平市）·光泽县·崇仁乡·洋塘村

【出处】

(a) 李爱容讲，储小萍采录：《油火烧

天》，见中国民间文学集成全国编辑委员会编《中国民间故事集成》（江西卷），北京：中国 ISBN 中心 2002 年版，第 8 页。

（b）黄进方讲，何宏采录：《油火烧天下》，见中国民间文学集成全国编辑委员会编《中国民间故事集成》（福建卷），北京：中国 ISBN 中心 1998 年版，第 7 页。

❸ [汉族] 姑娘跟狗做夫妻，因狗有尾巴，当时生出的人也有尾巴。

【流传】浙江省·舟山市·定海区·岑港镇·舌次村

【出处】陈如福讲，于海辰采录：《人狗成亲》，见中国民间文学集成全国编辑委员会编《中国民间故事集成》（浙江卷），北京：中国 ISBN 中心 1997 年版，第 47 页。

## W2862.4.2
### 人屁股上插的东西变成尾巴

实 例

[满族] 人的尾巴是僧格恩都哩粘到人的屁股后面的智慧树枝。

【流传】黑龙江省·牡丹江市·（西安区）·温春乡（温春镇）

【出处】梅崇阿讲，傅英仁采录：《人的尾巴》，见中国民间文学集成全国编辑委员会编《中国民间故事集成》（黑龙江卷），北京：中国 ISBN 中心 2005 年版，第 23 页。

## W2862a
### 人的尾巴的特征

实 例

（参见下级母题实例）

## W2862a.1
### 人的尾巴的大小

实 例

（参见下级母题实例）

## W2862a.1.1
### 人的尾巴 3 寸

实 例

[彝族] 元时，罗武蛮罗倮百岁廷弱的子孙在深箐中，300 岁后生出尾巴长三寸。

【流传】（无考）

【出处】《古今图书集成》，见吕大吉、何耀华总主编《中国各民族原始宗教资料集成》（彝族卷、白族卷、基诺族卷），北京：中国社会科学出版社 1996 年版，第 144 页。

## W2862a.1.2
### 人长着宽大的尾巴

实 例

[哈尼族] 以前的人（祖先）生着宽大的尾巴。

【流传】云南省·（红河哈尼族彝族自治州）·元阳县·（黄草岭区）·树

皮寨

【出处】杨批斗讲，史军超采录：《祖先鱼上山》，见中国民间文学集成全国编辑委员会编《中国民间故事集成》（云南卷），北京：中国 ISBN 中心 2003 年版，第 37 页。

## W2862a.1.3
### 人的尾巴比老虎尾巴还大

实 例

[纳西族] 以前，人类的尾巴比老虎尾巴还粗还长。

【流传】云南省·丽江县（丽江市）

【出处】木丽春采集整理：《火葬场叫蛇脱皮灶的来由》，见木丽春编著《纳西族民间故事集》，昆明：云南人民出版社 2007 年版，第 40 页。

## W2862a.2
### 人的尾巴的颜色

实 例

（参见下级母题实例）

## W2862a.2.1
### 人长着白色尾巴

实 例

[汉族] 人的屁股上长着一根长长的白色尾巴。

【流传】

(a) 浙江省·（宁波市）·鄞县（鄞州区）·云龙镇·甲村

(b) 浙江省·（杭州市）·淳安县·王阜乡

【出处】

(a) 王茂裕讲，王文华采录：《天神割尾巴》，见中国民间文学集成全国编辑委员会编《中国民间故事集成》（浙江卷），北京：中国 ISBN 中心 1997 年版，第 41 页。

(b) 王金苟讲，王召里采录：《天神割尾巴》，见中国民间文学集成全国编辑委员会编《中国民间故事集成》（浙江卷），北京：中国 ISBN 中心 1997 年版，第 41 页。

## W2862a.3
### 人的尾巴是智慧之源

实 例

（参见 W2862.4.2 母题实例）

## W2863
### 人的尾巴的消失

【汤普森】A1319.2

实 例

（参见下级母题实例）

## W2863.0
### 人的尾巴自然消失

实 例

[珞巴族] 起初，人还有点尾巴，但是越来越短，到后来就一点尾巴也不剩了。

【流传】西藏自治区·（林芝地区）·米林县

【出处】东娘讲，于乃昌整理：《猴子变

人》，原载于乃昌编《西藏民间故事——珞巴族、门巴族专辑》，见陶阳、钟秀编《中国神话》（上），北京：商务印书馆2008年版，第363页。

## W2863.0.1
### 猴子变成人后尾巴自然消失

【关联】［W2317］猴变成人（猴子变成人）

实 例

［珞巴族］猴子变成人后，起初还有点尾巴，但是越来越短，到后来就一点尾巴也不剩了。

【流传】西藏自治区·（林芝市）·米林县（采集于西藏自治区·林芝地区·米林县）

【出处】

（a）东娘讲，于乃昌整理：《猴子变人》（1979.07），见于乃昌《西藏民间故事》（第五集），拉萨：西藏人民出版社1989年版。

（b）东娘讲，于乃昌整理：《猴子敲石得火》（1979.07），见姚宝瑄主编《中国各民族神话》（门巴族、珞巴族、怒族、藏族），太原：山西出版传媒集团·书海出版社2014年版，第29页。

## W2863.1
### 人的尾巴被割掉

【汤普森】A1319.2

实 例

（参见下级母题实例）

## W2863.1.1
### 天神割掉人的尾巴

实 例

❶［汉族］人原来都有尾巴。人的尾巴是天神割掉的，现在还留着一个尾巴桩。

【流传】浙江省·（杭州市）·淳安县·王阜乡·王阜村

【出处】王金苟讲，王召里记录整理：《天神割尾巴》，见淳安县民间文学征集办公室编《中国民间文学集成·淳安县故事、歌谣、谚语卷》，内部编印，1988年，第10页。

❷［汉族］人的尾巴是被天神割掉的。

【流传】浙江省·（杭州市）·淳安县·王阜乡

【出处】王金苟讲，王召里采录：《天神割尾巴》，见中国民间文学集成全国编辑委员会编《中国民间故事集成》（浙江卷），北京：中国ISBN中心1997年版，第41页。

❸［汉族］天帝偷偷把人的尾巴统给斩落。

【流传】浙江省·舟山市·定海区·岑港镇·舌次村

【出处】陈如福讲，于海辰采录：《人狗成亲》，见中国民间文学集成全国编辑委员会编《中国民间故事集成》（浙江卷），北京：中国ISBN中心1997年版，第47页。

## W2863.1.2
### 玉皇大帝割掉人的尾巴

**实例**

[汉族] 人原来都有尾巴。人的尾巴是玉皇大帝命天神给割掉的，现在还留着一个尾巴桩。

【流传】浙江省·（杭州市）·淳安县·唐村乡·青春村

【出处】徐明火讲，徐浩记录整理：《人的尾巴》，见淳安县民间文学征集办公室编《中国民间文学集成·淳安县故事、歌谣、谚语卷》，内部编印，1988年，第12页。

## W2863.1.3
### 阎王割掉人的尾巴

**实例**

[汉族] 鬼魂投人生时，阎罗王把尾巴斩脱。

【流传】江苏省·（苏州市）·太仓市·东郊

【出处】尹培民讲，陈有觉采录：《斩掉尾巴》，见中国民间文学集成全国编辑委员会编《中国民间故事集成》（江苏卷），北京：中国ISBN中心1998年版，第17页。

## W2863.1.4
### 天兵天将砍掉人的尾巴

**实例**

[汉族] 玉帝派出成千上万天兵天将下凡，割掉每个人身上的尾巴。

【流传】浙江省·（宁波市）·鄞县（鄞州区）·云龙镇·甲村

【出处】王茂裕讲，王文华采录：《天神割尾巴》，见中国民间文学集成全国编辑委员会编《中国民间故事集成》（浙江卷），北京：中国ISBN中心1997年版，第41页。

## W2863.1.5
### 首领砍掉人屁股上的尾巴

**实例**

[佤族] 人类首领达惹嘎木劈开里面盛着人的大葫芦时，因为人向前一挤，屁股上的尾巴被砍掉了。从此，人类再也没有了尾巴。

【流传】云南省·（临沧市）·沧源县（沧源佤族自治县）

【出处】肖则贡讲，学良采录：《葫芦里出来的人烟》，见中国民间文学集成全国编辑委员会编《中国民间故事集成》（云南卷），北京：中国ISBN中心2003年版，第194页。

## W2863.2
### 人的尾巴被咬掉

**实例**

（参见下级母题实例）

## W2863.2.1
### 人的尾巴被动物咬掉

**实例**

（参见W2863.2.2母题实例）

## W2863.2.2
### 人的尾巴被蚂蚁吃掉

**实 例**

❶ [汉族] 人的祖宗头都长着长尾巴。他在大树下长睡，醒来后一摸后庭，长尾巴没了，结果时让白蚁群给啃掉了。

【流传】福建省·（宁德市）·寿宁县·大安乡·鳌阳镇

【出处】吴兰妃讲，刘善林记录整理：《射日》（1987.05.08），见姚宝瑄主编《中国各民族神话》（汉族），太原：山西出版传媒集团·书海出版社2014年版，第150~151页。

❷ [汉族] 人睡觉时，尾巴被白蚁吃尽了。从此，人就没有尾巴了。

【流传】福建省·（宁德市）·周宁县·礼门乡·洋中村

【出处】李有灿讲，魏日树记录整理：《人的尾巴和日头》（1987.04.04），见姚宝瑄主编《中国各民族神话》（汉族），太原：山西出版传媒集团·书海出版社2014年版，第151~152页。

❸ [畲族] 以前人有尾巴，睡着后尾巴给白蚁食净光净光了。从此，人就没尾巴。

【流传】福建省·（宁德市）·福鼎县（福鼎市）·前岐镇·罗唇村

【出处】李圣回讲，蓝振河采录：《太阳和月亮》，见中国民间文学集成全国编辑委员会编《中国民间故事集成》（福建卷），北京：中国ISBN中心1998年版，第11页。

## W2863.3
### 人的尾巴被烧掉

【关联】[W2859.8] 人身上的毛是烧掉的

**实 例**

（实例待考）

## W2863.4
### 人的尾巴被磨掉

【关联】[W2859.11] 人身上的毛是摩擦掉的

**实 例**

[汉族] 长着长长的尾巴的人天天要做这做那，年代久了，尾巴慢慢磨掉。

【流传】湖北省·（十堰市）·丹江口市·（六里坪镇）·伍家沟村

【出处】张孝玲讲，李征康采录：《人和狗成亲》，见中国民间文学集成全国编辑委员会编《中国民间故事集成》（湖北卷），北京：中国ISBN中心1999年版，第16页。

## W2863.5
### 人的尾巴是被轧掉的

**实 例**

❶ [羌族] 取天火的热比娃（浑身长毛的猴娃）盗天火时，两扇城门把他的尾巴给轧掉了，从此人类才没有尾巴的。

【流传】四川省·（阿坝藏族羌族自治州）·汶川县·雁门乡·萝卜寨

【出处】苟椿茂讲，罗世泽采录：《热比娃取火》，见中国民间文学集成全国编辑委员会编《中国民间故事集成》（四川卷·下），北京：中国ISBN中心1998年版，第1125页。

❷ [羌族] 人的尾巴是被轧掉的。

【流传】四川省·（阿坝藏族羌族自治州）·汶川（汶川县）

【出处】罗世泽搜集：《燃比娃取火》，见中华民族故事大系编委会编《中华民族故事大系》第11卷（达斡尔族、仫佬族、羌族），上海：上海文艺出版社1995年版，第666页。

## W2863.6
### 人吃某物后尾巴消失

实　例

（参见下级母题实例）

## W2863.6.1
### 人吃粮食后尾巴消失

【关联】[W2318.5.2] 猴子吃粮食后变成人

实　例

[藏族] 众猴吃那些不用耕种的野生谷物之后，毛变短了，尾巴也慢慢消失了。

【流传】藏族地区（西藏自治区）

【出处】《猕猴与岩魔女同居》，见姚宝瑄主编《中国各民族神话》（门巴族、珞巴族、怒族、藏族），太原：山西

出版传媒集团·书海出版社2014年版，第86页。

## W2863.7
### 人喝特殊的水尾巴消失

实　例

[汉族] 玉帝下旨让四海龙王下了一场大雨，天下的人吃了这场雨的水，三天后尾巴全部脱落。

【流传】浙江省·（丽水市）·缙云县·城南乡·金坑村

【出处】沈洪发讲，樊应龙记录：《尾巴龙收》（即人的尾巴骨），见缙云县民间文学征集办公室编《中国民间文学集成·缙云县故事、歌谣、谚语卷》，内部编印，1988年，第7页。

## W2863.8
### 人和动物交换了尾巴

【关联】[W2867.2] 人与动物交换皮肤

实　例

❶ [土家族] 以前人有尾巴，猴子没得尾巴。观音娘娘让人把尾巴交换给了猴子。

【流传】湖北省·（宜昌市）·长阳县（长阳土家族自治县）·都镇湾镇·杜家冲村

【出处】孙家香讲：《人原先有尾巴》，见长阳土家族网 http://www.cy-tujia.com/list_body.php?id，2005.12.10。

❷ [土家族] 人原先有尾巴，猴子没尾

巴，观音娘娘让两者做了交换。

【流传】湖北省·（宜昌市）·长阳（长阳土家族自治县）·（都镇湾镇）·椿树坪（椿树坪村）

【出处】《人原先有尾巴》，见白庚胜总主编《中国民间故事全书》（湖北省·长阳卷），北京：知识产权出版社2007年版，第10页。

## W2863.9
### 人的尾巴被夹掉

实 例

（参见下级母题实例）

## W2863.9.1
### 关门时尾巴被夹掉

【关联】［W2863.5］人的尾巴被轧掉

实 例

［羌族］长着尾巴的燃比娃（人名）到天上取火出天城的门时，两扇城门将他的尾巴给轧掉了。从此人类才没有尾巴的。

【流传】四川省·（阿坝藏族羌族自治州）·茂县

【出处】

（a）《燃比娃取火》，见茂县文化馆《羌族民间故事》（三），1982年12月。

（b）同（a），见吕大吉、何耀华总主编《中国各民族原始宗教资料集成》（纳西族卷、羌族卷、独龙族卷、傈僳族卷、怒族卷），北京：中国社会科学出版社2000年版，第582页。

## W2863.10
### 人的尾巴被摔掉

实 例

［高山族（布农）］有个老祖先上树采果子时摔落在地上，尾巴折断了。有人见断了尾巴好处很多，也有的故意从树上摔下来把尾巴跌断，于是慢慢地人就没有了尾巴。

【流传】（无考）

【出处】竹山定讲，陈妹萍搜集整理：《人为什么没有尾巴》，见姚宝瑄主编《中国各民族神话》（高山族、黎族、畲族），太原：山西出版传媒集团·书海出版社2014年版，第8页。

## W2863.11
### 人的尾巴躲藏起来

实 例

（参见下级母题实例）

## W2863.11.1
### 人的尾巴躲潜到脊骨里

实 例

［纳西族］人以前有尾巴。人学蛇蜕皮蜕到尾巴时非常痛苦，尾巴像受了惊骇的泥鳅一样，咪溜一声长尾巴钻进人的脊髓里躲藏起来，人的尾巴躲潜到脊骨里去了。

【流传】云南省·丽江县（丽江市）

【出处】木丽春采集整理：《火葬场叫蛇脱皮灶的来由》，见木丽春编著《纳西族民间故事集》，昆明：云南人民出版社 2007 年版，第 40 页。

## W2863.12
### 人的尾巴被化掉

实例

（参见下级母题实例）

## W2863.12.1
### 神仙作法化掉人的尾巴

实例

［汉族］神仙作法帮人化掉了屁股上的一条尾巴。

【流传】江西省·（抚州市）·南丰县

【出处】李爱容讲，储小萍采录：《油火烧天》，见中国民间文学集成全国编辑委员会编《中国民间故事集成》（江西卷），北京：中国 ISBN 中心 2002 年版，第 8 页。

## W2864
### 人的尾巴的作用

【关联】

① ［W9221.1］人通过尾巴的颜色预知生死

② ［W9221.2］人通过尾巴的颜色预知疾病

实例

（参见下级母题实例）

## W2864.1
### 人的尾巴可以预知死亡

【关联】［W9221.1］人通过尾巴的颜色预知生死

实例

［汉族］以前人的尾巴变色可以预知死亡。

【流传】浙江省·（杭州市）·淳安县·王阜乡

【出处】王金苟讲，王召里采录：《天神割尾巴》，见中国民间文学集成全国编辑委员会编《中国民间故事集成》（浙江卷），北京：中国 ISBN 中心 1997 年版，第 41 页。

## W2864.2
### 尾巴用来驱蚊

实例

［藏族］人在牛屁股上栽了一根刷把式的尾巴，专门给人赶蚊子用。

【流传】四川省白马藏区

【出处】扎嘎才札等讲，谢世廉等搜集：《创世传说》，见陶立璠、赵桂芳等编《中国少数民族神话汇编》（开天辟地篇），中央民族学院少数民族古籍整理出版规划领导小组办公室印（未署时间），第 1 页。

## W2865
### 与人的尾巴有关的其他母题

实例

（参见下级母题实例）

## W2865.1

### 人的尾尖骨（人的尾巴桩）

**实例**

[汉族] 小孩出世屁股上都有一个尖尖尾骨，是因为天狗配凡女的缘故。

【流传】福建省·（南平市）·光泽县·崇仁乡·洋塘

【出处】黄进方讲，何宏采录：《油火烧天下》，见中国民间文学集成全国编辑委员会编《中国民间故事集成》（福建卷），北京：中国 ISBN 中心 1998 年版，第 7 页。

## W2865.1.1

### 尾巴桩是剪掉尾巴留下的痕迹

**实例**

[汉族] 人的屁股缝上边的尾巴桩是原来的尾巴被天神剪掉时留下的痕迹。

【流传】浙江省·（杭州市）·淳安县·王阜乡

【出处】王金苟讲，王召里采录：《天神割尾巴》，见中国民间文学集成全国编辑委员会编《中国民间故事集成》（浙江卷），北京：中国 ISBN 中心 1997 年版，第 41 页。

## W2865.1.2

### 人的尾巴桩是砍掉尾巴时留下的痕迹

**实例**

[佤族] 达惹嘎木（首领名）与小母牛婚生的葫芦籽种出的大葫芦，里面有各种人和动物，达惹嘎木砍开葫芦时，首先受伤的是人，人向前一挤，屁股上的尾巴被砍掉了。从此，人再也没有尾巴，只有一点桩桩了。

【流传】云南省·（临沧市）·沧源县（沧源佤族自治县）

【出处】肖二贡讲，学良记录整理：《青蛙大王与母牛》，载《山茶》1985 年第 6 期。

## ✴ W2866

### 人的皮肤

**实例**

（参见下级母题实例）

## W2867

### 人的皮肤的产生

【汤普森】A1319.14

**实例**

（参见下级母题实例）

## W2867.1

### 人的皮肤是穿的衣服

【汤普森】A1310.3

**实例**

（实例待考）

## W2867.2

### 人与动物交换皮肤

【汤普森】A1281.2.1

**实例**

（实例待考）

## W2868

人的肤色

实例

（参见下级母题实例）

## W2868.0

人的肤色是生育时形成的

【关联】［W2605.5］生特殊肤色的孩子

实例

（参见下级母题实例）

## W2868.0.1

女始祖生各种肤色的人

实例

［佤族］（实例待考）

## W2868.0.2

彩蛋生人形成人的肤色

【关联】［W2227.7.3］彩卵生人

实例

［藏族］神鸟生的神蛋里孕育人类。人类由五个彩蛋分别变成了红、黄、白、黑各种人。

【流传】云南省·迪庆（迪庆藏族自治州）

【出处】才旦旺堆搜集，蓄紫整理：《神蛋创世纪》，见姚宝瑄主编《中国各民族神话》（门巴族、珞巴族、怒族、藏族），太原：山西出版传媒集团·书海出版社2014年版，第77页。

## W2868.0.3

瓜生不同肤色的人

实例

［傈僳族］瓜内生出来五个人，三个白的，一个黑的，一个生翅膀的。

【流传】碧罗雪山（云南省·怒江傈僳族自治州·贡山独龙族怒族自治县与云南省·迪庆藏族自治州·德钦县交界一带）

【出处】*《鬼的由来》，原载陶云逵《碧罗雪山之傈僳族》，见国立中央研究院编《历史语言研究所集刊》第17本，商务印书馆民国三十七年版（1948），第402～403页。

## W2868.1

人的肤色是造人时形成的

实例

（参见下级母题实例）

## W2868.1.1

人的肤色与造人材料的颜色有关

【关联】［W2080］造人的材料

实例

［汉族］皇天、后土公婆俩依各自的模样用泥巴捏人仔。因为土有棕、白、黄、黑，所以人仔便分棕、白、黄、黑皮色。

【流传】福建省·（宁德市）·寿宁县·大安乡·伏际村

【出处】吴兰妃讲，刘善林记录：《天地

人》（1986.03.17），见姚宝瑄主编《中国各民族神话》（汉族），太原：山西出版传媒集团·书海出版社2014年版，第58~61页。

## W2868.1.2
### 人的肤色源于造人的土的颜色
【关联】
① ［W2087］用泥造人（用土造人）
② ［W2087.4］用各种颜色的土造人
③ ［W2087.5］用多种泥造人
④ ［W2087.6］用五色土造人

实 例

❶ ［汉族］天下翁和天下婆一对老人用土造人。那土有黄色的、白色的、黑色的，这就捏成了皮肤颜色不同的人了。
【流传】福建省·（宁德市）·周宁县·李墩乡·里东山村
【出处】章永红讲，陈风禧搜集整理：《天下翁与天下婆》（1987.08.05），见姚宝瑄主编《中国各民族神话》（汉族），太原：山西出版传媒集团·书海出版社2014年版，第34~35页。

❷ ［汉族］因女娲用地上的黄土、白土、黑土造人，所以有黄人，有白人，也有黑人。
【流传】上海市·黄浦区
【出处】曹鸿翔讲，方卡采录：《女娲娘娘造人》，见中国民间文学集成全国编辑委员会编《中国民间故事集成》（上海卷），北京：中国ISBN中心2007年版，第5页。

❸ ［汉族］女娲造人时用不同颜色的泥，所以肤色有黄有白有黑，也有黄白黑混杂不清的各色人种。
【流传】陕西省·（榆林市）·绥德县·城关镇
【出处】马世厚讲，刘汉腾采录：《女娲造就人世》，见中国民间文学集成全国编辑委员会编《中国民间故事集成》（陕西卷），北京：中国ISBN中心1996年版，第5页。

## W2868.1.3
### 用五色土造人形成五种肤色的人
【关联】［W2087.6］用五色土造人

实 例

❶ ［回族］仙人们强行取走了大地上的五色土，在天堂造成红、黄、蓝、黑、白五种人，所以现在世上有五种肤色的人。
【流传】青海省·黄南州（黄南藏族自治州）·同仁县·隆务镇·民主街
【出处】周尚杰（保安族，该文本注明他讲的是回族神话）讲，赵清阳采录：《阿丹的诞生》，见中国民间文学集成全国编辑委员会编《中国民间故事集成》（青海卷），北京：中国ISBN中心2007年版，第11页。

❷ ［畲族］皇天爷和皇天姆用地上的五色土筛出人，黄土筛出黄种人，黑土筛出黑种人，白土筛出白种人，还有棕色、红色人。
【流传】福建省·（宁德市）·福鼎县

（福鼎市）·桐山（桐山镇）·浮柳村

【出处】蓝升兴讲，蓝俊德等采录：《皇天爷和皇天姆造人》，见中国民间文学集成全国编辑委员会编《中国民间故事集成》（福建卷），北京：中国ISBN中心1998年版，第6页。

## W2868.1a

### 人的肤色是特定物染出来的

【关联】［W6279.2］染料

实·例

[汉族] 老天爷要毁掉人类，地上的人四散逃跑，有些人挨上了石膏，就染成白色；有些人染上动物的血迹，头发、皮肤都染成红色；有些人挨着草灰的，就染成黑色。

【流传】山西省·太原市

【出处】李连生讲，张余采录：《娘娘捏人》，见中国民间文学集成全国编辑委员会编《中国民间故事集成》（山西卷），北京：中国ISBN中心1999年版，第7页。

## W2868.2

### 自然出现各色人种

实·例

[汉族] 女娲造人时出现各色人种。

【流传】陕西省·（榆林市）·绥德县·辛店乡

【出处】马世厚讲：《女娲造就人世》，见中国民间文学集成全国编辑委员会编《中国民间故事集成》（陕西卷），北京：中国ISBN中心1996年版，第5~6页。

## W2868.2.1

### 人出现棕、白、黄、黑皮色

实·例

[汉族] 皇天、后土公婆俩依各自的模样用泥巴捏人仔时，棕、白、黄、黑色的土，分别造出棕、白、黄、黑皮色的人。

【流传】福建省·（宁德市）·寿宁县·大安乡·伏际村

【出处】吴兰妃讲，刘善林记录：《天地人》（1986.03.17），见姚宝瑄主编《中国各民族神话》（汉族），太原：山西出版传媒集团·书海出版社2014年版，第58~61页。

## W2868.3

### 黑色皮肤的来历（黑种人的产生、黑人的产生）

【汤普森】A1614.8

实·例

（参见下级母题实例）

## W2868.3.1

### 从石头里生出时形成黑皮肤

【关联】［W2210］石生人

实·例

[高山族（鲁凯）] 皮肤为什么黑黑的？因为我们是从石头里生出来的。

【流传】台湾

【出处】勒楞讲述，杜玉英口译：《人类的诞生》，原载金荣华主编《台湾鲁凯族口头文学》，见陶阳、钟秀编《中国神话》（上），北京：商务印书馆 2008 年版，第 349 页。

## W2868.3.2
### 女始祖生黑孩
【关联】［W2143.1］女祖先生人

实例

[佤族] 妈依（始祖母，佤族的原初妈妈）第二胎生下来一个黑宝宝。

【流传】云南省·（普洱市）·西盟佤族自治县、澜沧拉祜族自治县等地

【出处】毕登程、隋嘎编著：《司岗里——佤族创世史诗》，昆明：云南出版集团公司·云南人民出版社 2009 年版，第 12 页。

## W2868.3.3
### 造人时用黑土造出黑种人
【关联】［W2868.1.2］人的肤色源于造人的土的颜色

实例

（参见关联项母题实例）

## W2868.3.4
### 造人时烧焦的泥人成为黑人
【关联】［W2107.6］用火烧制泥人

实例

❶ [高山族（泰雅）] 神用泥土捏成人形后，放进火里去烧。第一次烧制的时候神忘了时间，因此烧焦了，成为黑人。

【流传】台湾·桃竹苗地区

【出处】陈光松讲，许端容采录整理：《各色人种的由来》，原载金荣华编《台湾桃竹苗地区民间故事》，见陶阳、钟秀编《中国神话》（上），北京：商务印书馆 2008 年版，第 316 页。

❷ [畲族] 上帝捏泥人烤烧成人，第一次烧焦了，就是黑人。

【流传】福建省·（泉州市）·石狮市

【出处】王荣发讲，王人秋采录：*《造人》，见中国民间文学集成全国编辑委员会编《中国民间故事集成》（福建卷），北京：中国 ISBN 中心 1998 年版，第 6 页。

## W2868.4
### 白色皮肤的来历（白种人的产生、白人的产生）

实例

（参见下级母题实例）

## W2868.4.1
### 造人时用白土造出白皮肤的人
【关联】［W2868.1.2］人的肤色源于造人的土的颜色

实例

（参见关联项母题实例）

## W2868.4.2

### 特定植物中生出白皮肤

【关联】［W5573.1］傣族祖先出生时抱住一棵芭蕉树，所以肤色白嫩。

实 例

[高山族（鲁凯）] 平地人的皮肤怎么会白白的？因为他们是从竹子里生出来的。

【流传】台湾

【出处】勒楞讲述，杜玉英口译：《人类的诞生》，原载金荣华主编《台湾鲁凯族口头文学》，见陶阳、钟秀编《中国神话》（上），北京：商务印书馆2008年版，第349页。

## W2868.4.3

### 日照少造成人的白皮肤

实 例

[基诺族] 玛黑和玛妞兄妹俩种出一个大葫芦中生出傣族。因为他一出来就跑到芭蕉林里面去了，因为很少晒太阳，所以傣族的肤色是白的。

【流传】（a）云南省·（西双版纳傣族自治州）·景洪县（景洪市）

【出处】

（a）沙车讲，禹尺采录：《敬献祖先的来历》，见中国民间文学集成全国编辑委员会编《中国民间故事集成》（云南卷），北京：中国 ISBN 中心 2003 年版，第189页。

（b）同（a），见陶阳、钟秀编《中国神话》（中），北京：商务印书馆 2008 年版，第 603 页。

（c）沙车讲，仲录整理：《祭祖的由来》，见谷德明编《中国少数民族神话》，北京：中国民间文艺出版社 1987 年版，第 536 页。

## W2868.4.4

### 造泥人烤烧轻微造成白皮肤

实 例

❶ [高山族（泰雅）] 神用泥土做了一个人再烧，因为怕又烧焦了，时间还不够就拿了出来，结果太生，颜色太白，那就是白人。

【流传】台湾·桃竹苗地区

【出处】陈光松讲，许端容采录整理：《各色人种的由来》，原载金荣华编《台湾桃竹苗地区民间故事》，见陶阳、钟秀编《中国神话》（上），北京：商务印书馆 2008 年版，第 316 页。

❷ [畲族] 上帝捏泥人烤烧成人，第二次稍微烤一下，是为白人。

【流传】福建省·（泉州市）·石狮市

【出处】王荣发讲，王人秋采录：*《造人》，见中国民间文学集成全国编辑委员会编《中国民间故事集成》（福建卷），北京：中国 ISBN 中心 1998 年版，第 6 页。

## W2868.4.5

### 感黑人的唾液生白人

【关联】［W2263.3］接触唾液孕生人

实 例

[佤族] 妈侬（始祖母，佤族的原初妈

妈）吃达能（大力神，肤色很黑）的唾沫，后来果然生了个小白人。

【流传】云南省·（普洱市）·西盟佤族自治县、澜沧拉祜族自治县等地

【出处】毕登程、隋嘎编著：《司岗里——佤族创世史诗》，昆明：云南出版集团公司·云南人民出版社2009年版，第11页。

## W2868.4.6
### 白瓜生脸色粉白的女人

实 例

［白族］很久以前，西山的白土麻布石山上长出一蓬瓜，瓜藤也是白的，结了一个白色的瓜。不知过了多少年月，白瓜中走出一个脸色粉白的小姑娘。

【流传】云南省·（大理白族自治州）·剑川县

【出处】云南省民间文学集成办公室编：《东瓜佬与西瓜姥》，见《白族神话传说集成》，北京：中国民间文艺出版社1986年版，第19~20页。

## W2868.5
### 黄色皮肤的来历（黄种人的产生）

实 例

（参见下级母题实例）

## W2868.5.1
### 造人时用黄土造出黄皮肤的人

【关联】［W2868.1.2］人的肤色源于造人的土的颜色

实 例

［汉族］人是黄泥捏的，所以我们人的皮肤是黄的，称为黄种人。

【流传】浙江省·（衢州市）·江山县（江山市）·凤林镇

【出处】管兰吉讲，杜鹃采录：《兄妹造人》，见中国民间文学集成全国编辑委员会编《中国民间故事集成》（浙江卷），北京：中国ISBN中心1997年版，第40页。

## W2868.5.2
### 造人烤烧时变为黄人

【关联】［W2107.6］用火烧制泥人

实 例

［畲族］上帝捏泥人烤烧成人，第三次烧一周，成为黄人。

【流传】福建省·（泉州市）·石狮市

【出处】王荣发讲，王人秋采录：*《造人》，见中国民间文学集成全国编辑委员会编《中国民间故事集成》（福建卷），北京：中国ISBN中心1998年版，第6页。

## W2868.5.3
### 烧熟的泥人成为黄种人

【关联】［W2107.6］用火烧制泥人

实 例

［高山族（泰雅）］神又做了一个泥人，放进火里烧时，他全神贯注看着时间，完全熟了就拿出来，这就是我们

黄种人。

【流传】台湾·桃竹苗地区

【出处】陈光松讲，许端容采录整理：《各色人种的由来》，原载金荣华编《台湾桃竹苗地区民间故事》，见陶阳、钟秀编《中国神话》（上），北京：商务印书馆2008年版，第316页。

## W2868.5.4
金色黄种人

实例

[佤族] 妈侬（始祖母，佤族的原初妈妈）第一胎生了个小白人，第二胎生下来一个黑宝宝，第三胎生下来是个金色的黄种人。

【流传】云南省·（普洱市）·西盟佤族自治县、澜沧拉祜族自治县等地

【出处】毕登程、隋嘎编著：《司岗里——佤族创世史诗》，昆明：云南出版集团公司·云南人民出版社2009年版，第11~12页。

## W2868.6
红色皮肤的来历（红色人种的产生）

实例

（参见下级母题实例）

## W2868.6.1
造人时用红土造出红皮肤的人

【关联】[W2868.1.2] 人的肤色源于造人的土的颜色

实例

（参见关联项母题实例）

## W2868.7
棕色皮肤的来历（棕色人种的产生）

实例

（参见下级母题实例）

## W2868.7.1
造人时用棕色土造出棕色皮肤的人

实例

[畲族] 皇天爷和皇天姆用地上的五色土筛出人，其中棕色土筛出棕色人。

【流传】福建省·（宁德市）·福鼎县（福鼎市）·桐山（桐山镇）·浮柳村

【出处】蓝升兴讲，蓝俊德等采录：《皇天爷和皇天姆造人》，见中国民间文学集成全国编辑委员会编《中国民间故事集成》（福建卷），北京：中国ISBN中心1998年版，第6页。

## W2868.8
与人的肤色有关的其他母题

实例

（参见下级母题实例）

## W2868.8.1
### 地上人是小红米色人

实 例

〖佤族〗佤族传说人类分为三层。其中地上人有两种颜色，其中一种是小红米色。

【流传】云南省·（普洱市）·西盟佤族自治县、澜沧拉祜族自治县等地

【出处】毕登程、隋嘎编著：《司岗里——佤族创世史诗》，昆明：云南出版集团公司·云南人民出版社2009年版，第99页。

## W2868.8.2
### 地上人是椿树色人

实 例

〖佤族〗佤族传说人类分为三层。其中地上人有两种颜色，一种是小红米色，另一种是椿树色。

【流传】云南省·（普洱市）·西盟佤族自治县、澜沧拉祜族自治县等地

【出处】毕登程、隋嘎编著：《司岗里——佤族创世史诗》，昆明：云南出版集团公司·云南人民出版社2009年版，第99页。

## W2869
### 与人的皮肤有关的其他母题

【关联】［W2807.4］以前的人能变色

实 例

（参见下级母题实例）

## W2869.1
### 不平常的肤色的人[①]

【汤普森】① F527；② F527.1；③F527.5

实 例

（实例待考）

## W2869.2
### 人长皱纹的原因

实 例

〖汉族〗（实例待考）

## ✻ W2870
### 人的五脏六腑

实 例

（参见下级母题实例）

## W2871
### 五脏六腑的来历

实 例

（参见下级母题实例）

## W2871.1
### 神生人时规定五脏六腑的形状

实 例

〖羌族〗神生人时规定五脏六腑的形状。

---

[①] 不平常的肤色的人，在神话语境下，这类母题虽然与人的肤色有关，但本质上与今天所说的人类的5大类不同，在神话中是作为特殊体征的人出现的。

【流传】四川省·（阿坝藏族羌族自治州）·茂汶（茂汶羌族自治县，今归属茂县）

【出处】郑友富等讲，王康等搜集：《人是咋个来的》，见中华民族故事大系编委会编《中华民族故事大系》第11卷（达斡尔族、仫佬族、羌族），上海：上海文艺出版社1995年版，第639页。

## W2872

### 心脏

实例

（参见下级母题实例）

## W2872.0

### 心脏的产生

实例

（参见下级母题实例）

## W2872.0.1

### 心脏是造人时放进人体内的红果

实例

[满族] 人的心脏是天神阿不凯恩都哩造人时，在每个人肚子里放入的一枚红果。

【流传】（无考）

【出处】《托阿恩都哩》，原载傅英仁编《满族神话故事》，见陶阳、钟秀编《中国神话》（下），北京：商务印书馆2008年版，第1136~1141页。

## W2872.1

### 心脏的形状

实例

（参见下级母题实例）

## W2872.1.1

### 心脏像心形

实例

（参见W2872.1.2母题实例）

## W2872.1.2

### 人的心脏为什么像桃子

实例

[羌族] 索依迪朗（羌语，意为"娘老子"。迪，意为"老汉"，即"父亲"；朗，意为"阿妈"，即"母亲"）孕生人时商议规定了五官内脏须按照一定的样子长。其中规定，人的心脏如桃状。

【流传】（无考）

【出处】

（a）《索依迪朗：设计造人》，见西南民族学院《羌族文学简史》编写组编《羌族民间文学资料集》（一），1987年4月。

（b）同（a），见吕大吉、何耀华总主编《中国各民族原始宗教资料集成》（纳西族卷、羌族卷、独龙族卷、傈僳族卷、怒族卷），北京：中国社会科学出版社2000年版，第578页。

## W2872.1.2a
### 孕生人时父母商定孩子的心脏像桃子

实 例

[羌族] 天上的神索依迪和地上的神索依朗生育人类时商定：人的心脏要学着桃子的样子去长。

【流传】四川省·阿坝藏族羌族自治州·茂汶羌族自治县（今属茂县）

【出处】

(a)《开咂酒曲子》，见杨亮才、陶立璠、邓敏文编《中国少数民族文学》（上册），北京：人民出版社1985年版。

(b)《索依迪朗夫妇造人》，原名《人是咋个来的》，郑友富、周贵友讲，王康、龚剑雄、吴文光采录，王康整理，原载西南民族学院图书馆与西南民族学院《羌族文学简史》编写组《羌族民间文学资料集》（一），1987年，见姚宝瑄主编《中国各民族神话》（羌族、彝族），太原：山西出版传媒集团·书海出版社2014年版，第7页。

## W2872.1.3
### 人的心脏为什么斜长

实 例

[回族] 易卜利斯（恶魔）钻到天仙造的泥人的肚子里，忘了出来的路径，就在泥人肚子里乱转乱碰，一下撞斜了人的心。所以后来的人心都斜着。

【流传】宁夏回族自治区·（固原市）·西吉县·田坪乡

【出处】马金刚讲，马宏武采录：*《真主造人》，见中国民间文学集成全国编辑委员会编《中国民间故事集成》（宁夏卷），北京：中国ISBN中心1999年版，第9页。

## W2872.2
### 心可以留在家里

实 例

（参见下级母题实例）

## W2872.2.1
### 外出时心脏保存在家中

实 例

[珞巴族] 猴子的奶奶百内亚美双目失明。每当它的孩子们外出的时候，它怕孩子们有闪失，就让孩子们把自己的心整整齐齐地挂在板壁上。孩儿们回家后，再让孩儿们再把心吞到肚子里去。

【流传】西藏自治区·（林芝市）·米林县·纳玉区

【出处】

(a) 东娘讲：《阿巴达尼向猴子报仇》，见于乃昌《西藏民间故事》（第五集），拉萨：西藏人民出版社1989年版。

(b) 同(a)，见姚宝瑄主编《中国各民族神话》（门巴族、珞巴族、怒族、藏族），太原：山西出版传媒集团·

书海出版社 2014 年版，第 43 页。

## W2872.3
### 不死的心脏

**实例**

[珞巴族] 赛迪波特有一个不死的心脏。

【流传】西藏自治区·下珞渝（泛指永木河、锡约尔河、巴恰西仁河流域）

【出处】维·埃尔温搜集：《赛迪波特的心脏》，见中华民族故事大系编委会编《中华民族故事大系》第 16 卷（赫哲族、门巴族、珞巴族、基诺族），上海：上海文艺出版社 1995 年版，第 425 页。

## W2872.3.1
### 人死后心脏跳动

**实例**

[裕固族] 贡尔建（女子名）决心救活哥哥。喜鹊飞来对贡尔建说："我将你哥哥的心肺保存了十多年，现在还在跳动。"

【流传】甘肃省

【出处】

（a）白斯坦、贺西玉等讲，才让丹珍整理：《贡尔建和央珂萨》，载《陇苗》1982 年第 6 期。

（b）同（a），见姚宝瑄主编《中国各民族神话》（土族、东乡族、回族、保安族、裕固族、撒拉族），太原：山西出版传媒集团·书海出版社 2014 年版，第 115 页。

## W2873
### 肝脏

【汤普森】A1319.5

**实例**

（参见下级母题实例）

## W2873.1
### 造人时用荷叶做肝

**实例**

[土家族] 依罗娘娘造人时，用荷叶做肝肺。

【流传】湖南省·湘西（湘西土家族苗族自治州）·酉水

【出处】向廷龙讲，彭勃搜集翻译整理：《依罗娘娘造人》，原载谷德明编《中国少数民族神话》，见陶阳、钟秀编《中国神话》（上），北京：商务印书馆 2008 年版，第 313 页。

## W2873.2
### 造人时树叶做肝

**实例**

（实例待考）

## W2874
### 肺

**实例**

（参见下级母题实例）

## W2874.1
### 肺的产生

实 例

（参见下级母题实例）

## W2874.1.1
### 造人时用荷叶做肺

实 例

〖土家族〗依罗娘娘造人时，用荷叶做肝肺。

【流传】湖南省·湘西（湘西土家族苗族自治州）·酉水（酉水河一带）

【出处】向廷龙讲，彭勃搜集翻译整理：《依罗娘娘造人》，原载谷德明编《中国少数民族神话》，见陶阳、钟秀编《中国神话》（上），北京：商务印书馆2008年版，第313页。

## W2874.1.2
### 造人时用树叶做肺

实 例

（实例待考）

## W2874.2
### 肺的特征

实 例

（实例待考）

## W2874.3
### 与肺有关的其他母题

实 例

（实例待考）

## W2874.3.1
### 人为什么呼吸

【关联】［W2114.1.1］神给予呼吸后造的人成活

实 例

〖彝族〗天上降下的三场红雪变化成人与动植物时，吃风来做气。

【流传】四川省·凉山（凉山彝族自治州）

【出处】《勒俄特衣》，见冯元蔚、曲比石美整理校订《凉山彝文资料选译》第1集，西南民族学院内部编印，1978年，第29~35页。

## W2874.3.2
### 神创造人的气管

实 例

〖高山族（排湾）〗最高神巴拉洛扬令妹妹拉拉摩干女神创造人的气管。

【流传】台湾

【出处】《太阳神的后裔》，海云根据曾思奇《高山族古老神话传说中的人物与境域》整理，见姚宝瑄主编《中国各民族神话》（高山族、黎族、畲族），太原：山西出版传媒集团·书海出版社2014年版，第9页。

## W2874.3.3
### 造的人经过一定时间后会呼吸

实 例

〖彝族（阿细）〗男神阿热和女神阿咪造

出的泥人不会呼吸。他们就每天看一次，一天就变一次；两天看两次，两天便变两次；一天一天地看，便一天一天地变。足足看了十二天，第十二天时，泥人的嘴巴有气了。

【流传】（a）云南省·红河哈尼族彝族自治州·弥勒县（弥勒市）·（西山镇）

【出处】

（a）潘正兴等唱述，云南省民族民间文学红河调查队搜集翻译整理：《阿细的先基》，昆明：云南人民出版社1959年版。

（b）云南省民族民间文学红河调查队搜集整理，古梅改写：《最古的时候》，见姚宝瑄主编《中国各民族神话》（羌族、彝族），太原：山西出版传媒集团·书海出版社2014年版，第141页。

## W2874.3.4
### 风变成人的呼吸

实 例

[彝族] 天降红雪后，人神俄惹结志又做了九次黑白醮（即打清醮，一种巫术仪式，可求吉除秽），红雪便结成冰，冰块便变成人的骨，下的雪变成了人的肉，吹风来做成了人的气。

【流传】（四川省·凉山彝族自治州）

【出处】

（a）冯元蔚译：《勒俄特依》，成都：四川民族出版社1986年版。

（b）冯元蔚译，蓄紫改写：《勒俄特依》，见姚宝瑄主编《中国各民族神话》（羌族、彝族），太原：山西出版传媒集团·书海出版社2014年版，第157页。

## W2875
### 人的肠子

实 例

（参见下级母题实例）

## W2875.1
### 肠子的产生

实 例

（参见下级母题实例）

## W2875.1.1
### 造人时用豇豆做肠

实 例

[土家族] 依罗娘娘造人时，用豇豆做肠子。

【流传】湖南省·湘西（湘西土家族苗族自治州）·酉水（酉水河一带）

【出处】向廷龙讲，彭勃搜集翻译整理：《依罗娘娘造人》，原载谷德明编《中国少数民族神话》，见陶阳、钟秀编《中国神话》（上），北京：商务印书馆2008年版，第313页。

## W2875.1.2
### 用通心草接成人的肠子

实 例

[壮族] 布洛陀造人时用通心草接成人的肠子。

【流传】广西壮族自治区
【出处】黄诚专：《布洛陀的传说》，见 http://hongdou.gxnews.com.cn，2008.04.08。

## W2875.2
### 人的肠子的形状的来历
实例

（参见下级母题实例）

## W2875.2.1
### 人的肠子为什么长是神的决定
实例

❶ [羌族] 天上的神索依迪和地上的神索依朗生育人类时商定：人的肠肠肚肚要学着癞疙宝（蛤蟆）下的卵条条的样子去长。
【流传】四川省·阿坝藏族羌族自治州·茂汶羌族自治县（今属茂县）
【出处】
（a）《开咂酒曲子》，见杨亮才、陶立璠、邓敏文编《中国少数民族文学》（上册），北京：人民出版社1985年版。
（b）《索依迪朗夫妇造人》，原名《人是咋个来的》，郑友富、周贵友讲，王康、龚剑雄、吴文光采录，王康整理，原载西南民族学院图书馆与西南民族学院《羌族文学简史》编写组《羌族民间文学资料集》（一），1987年，见姚宝瑄主编《中国各民族神话》（羌族、彝族），太原：山西出版传媒集团·书海出版社2014年版，第7页。

❷ [羌族] 索依迪朗（夫妻神）最后设计生出正常的孩子。他们决定，人的肠肠肚肚要学着癞疙宝下的蛋样子长。
【流传】四川省·（阿坝藏族羌族自治州）·茂县·太平乡·牛尾巴村
【出处】郑友富讲，王康男采录：《索依迪朗造人》，见中国民间文学集成全国编辑委员会编《中国民间故事集成》（四川卷·下），北京：中国ISBN中心1998年版，第1118页。

## W2876
### 与人的五脏六腑有关的其他母题
实例

（参见下级母题实例）

## W2876.1
### 胸前为什么有毛
实例

（实例待考）

## W2876.1.1
### 胸毛是用猴子的毛皮在胸前擦出来的
实例

[珞巴族]（实例待考）

## W2876.2
### 大肚之人（腹能容物）
实例

[瑶族（布努）] 密洛陀（万物之母，女

始祖，女神）生的12个女孩造人时，大姐造人缸，要把蜡人缸里养。造了十二口缸，因大姐肚子大，把缸腹中藏。

【流传】广西壮族自治区·（河池市）·都安（都安瑶族自治县）、巴马（巴马瑶族自治县）、南丹县，（百色市）·田东县、平果县等地

【出处】桑布郎等传，蒙凤标（83岁）、罗仁祥（73岁）等唱：《密洛陀》（1983），见蓝怀昌、蓝书京、蒙通顺搜集翻译整理《密洛陀》，北京：中国民间文艺出版社1988年版，第307页。

## W2877

人的肚脐

实 例

（参见下级母题实例）

## W2877.1

造人时造出人的肚脐

【关联】［W2108］造人的过程

实 例

［土家族］女神依罗娘娘做人。她心很细，连肚上的肚脐都没有忘记。

【流传】四川省（今重庆市）·秀山县（秀山土家族苗族自治县）·海洋乡

【出处】彭国然讲，李绍明采录：《依罗娘娘造人》，见中国民间文学集成全国编辑委员会编《中国民间故事集成》（四川卷·下），北京：中国ISBN中心1998年版，第1211页。

## W2877.1.1

造泥人时剜出肚脐

【关联】

① ［W2087］用泥造人（用土造人）

② ［W2109.2.1］造人时肚脐屁眼都不能忘记

实 例

❶ ［哈萨克族］迦萨甘用黄泥捏了一对空心小泥人。小泥人晾干以后，迦萨甘在他们的肚子上剜了个肚脐窝。

【流传】新疆维吾尔自治区

【出处】

（a）尼哈迈提·蒙加尼整理，校仲彝记录整理：《迦萨甘创世》，见《新疆民族神话故事选》，乌鲁木齐：新疆人民出版社1989年版。

（b）同（a），见姚宝瑄主编《中国各民族神话》（乌孜别克族、哈萨克族、柯尔克孜族、俄罗斯族、维吾尔族、塔吉克族、塔塔尔族、锡伯族），太原：山西出版传媒集团·书海出版社2014年版，第23页。

❷ ［回族］真主用手戳用泥造的人肚子，形成了肚脐眼。

【流传】宁夏回族自治区·银川（银川市）

【出处】《人是怎样来的》，见马乐群等《银川民间故事》（上），内部印刷，1988年，第1~2页。

## W2877.1.2
### 人害怕用肚皮做鼓自己捅出肚脐

**实例**

[汉族] 人怕被雷公捉去做鼓皮，就在肚子上捅出个眼儿，后来，人身上就都留下个肚脐眼儿。

【流传】天津市·河东区

【出处】高振环讲，王维刚采录：《人为嘛穿上了衣裳》，见中国民间文学集成全国编辑委员会编《中国民间故事集成》（天津卷），北京：中国ISBN中心2004年版，第7页。

## W2877.2
### 天仙剜出人的肚脐

【关联】［W2059.2］天仙造人

**实例**

[回族] 天仙看见恶魔向他捏的泥人身上吐的一口唾沫，就用指甲把那一团唾沫连泥一起剜掉了，所以，现在人肚脐眼地方少一点肉，那就是天仙剜唾沫时剜掉的。

【流传】宁夏回族自治区·（固原市）·西吉县·田坪乡

【出处】马金刚讲，马宏武采录：*《真主造人》，见中国民间文学集成全国编辑委员会编《中国民间故事集成》（宁夏卷），北京：中国ISBN中心1999年版，第9页。

## W2877.3
### 脐带

**实例**

（参见下级母题实例）

## W2877.3.1
### 割脐带

【关联】［W6680］生育习俗

**实例**

[苗族]（蝴蝶妈妈生育12个蛋，孵出12种人和动物），姜央生了要割脐，老虎生了要割脐，水龙生了要割脐，蛇生下了要割脐。

【流传】原文无流传地，据文本及注释推测该神话流传于贵州省·黔东南苗族侗族自治州·凯里市、台江县等地。

【出处】耆富演唱，苗丁搜集，燕宝整理译注：《枫木生人·十二个蛋》，见贵州省少数民族古籍整理出版规划小组办公室编，燕宝整理译注《苗族古歌》，贵阳：贵州民族出版社1993年版，第498~499页。

## W2877.3.1.1
### 割脐带的工具

**实例**

❶ [苗族] 阿娲（人名）出生要割脐，阿今（人名）出生要割脐，拿什么来割脐呢？用竹片来割脐带，割得整整齐齐的，割得伤口鲜鲜的，鲜亮像只油蛇螂。

【流传】原文无流传地，据文本及注释推测该神话流传于贵州省·黔东南苗族侗族自治州·凯里市、台江县等地。

【出处】张启庭、张荣光、张正玉、张启德演唱，张明搜集，燕宝整理译注：《创造宇宙·运金运银》，见贵州省少数民族古籍整理出版规划小组办公室编，燕宝整理译注《苗族古歌》，贵阳：贵州民族出版社1993年版，第105~106页。

❷［苗族］（蝴蝶妈妈生育12个蛋，孵出12种人和动物，出生后要割脐带，其中）姜央（人类祖先名）生了竹片割，老虎生了芭茅割，水龙生了生铜割，雷公生了石块割，蛇生下了山岭割，割的整齐又干净。

【流传】原文无流传地，据文本及注释推测该神话流传于贵州省·黔东南苗族侗族自治州·凯里市、台江县等地。

【出处】奇富演唱，苗丁搜集，燕宝整理译注：《枫木生人·十二个蛋》，见贵州省少数民族古籍整理出版规划小组办公室编，燕宝整理译注《苗族古歌》，贵阳：贵州民族出版社1993年版，第499页。

## W2877.3.2
### 脐带的放置

实例

（实例待考）

## W2877.4
### 肚脐为什么没有用处

实例

［鄂伦春族］天神恩都力玛发造的石人开始时不会动，不会呼吸，没有嗅觉。抚摸后有了表情、呼吸、嗅觉和四肢运动。但肚脐没有摸着，所以人的肚脐至今没有用处。

【流传】小兴安岭一带鄂伦春猎人中

【出处】马名超、崔焱编写：《人类生死的由来》，见姚宝瑄主编《中国各民族神话》（达斡尔族、鄂伦春族、鄂温克族、蒙古族），太原：山西出版传媒集团·书海出版社2014年版，第22~23页。

## W2878
### 人的体液与排泄物

实例

（参见下级母题实例）

## W2878.1
### 尿

实例

（实例待考）

## W2878.1.1
### 尿的来历

【汤普森】A1317

实例

（实例待考）

## W2878.1.2
### 尿为什么骚气

实 例

[汉族]（实例待考）

## W2878.2
### 粪便

实 例

（参见下级母题实例）

## W2878.2.1
### 粪便的来历

【汤普森】A1317

实 例

（实例待考）

## W2878.2.2
### 粪便为什么臭

实 例

（实例待考）

## W2878.3
### 人的血液

实 例

（参见下级母题实例）

## W2878.3.0
### 人的血液的来历

【汤普森】A1319.6

实 例

[塔吉克族] 安拉让众天使造泥人后，取天堂的湖水为人造了血液。

【流传】新疆维吾尔自治区·（喀什地区）·塔什库尔干塔吉克自治县·瓦尔西代乡

【出处】马达里汗讲，西仁·库尔班等采录翻译：《人类的来历》，见中国民间文学集成全国编辑委员会编《中国民间故事集成》（新疆卷），北京：中国ISBN中心2008年版，第34页。

## W2878.3.0.1
### 造人时吹气产生血液

实 例

[独龙族] 天上的大神嘎美、嘎莎用泥土造一对男女。这两个人的身上没有血液，也不会呼吸。嘎美和嘎莎就往他俩身上吹了一口气，顿时他俩身上有了血液，也会呼吸了。

【流传】（无考）

【出处】《嘎美嘎莎造人》，原载陶立璠、赵桂芳等编《中国少数民族神话汇编》，见陶阳、钟秀编《中国神话》（下），北京：商务印书馆2008年版，第1082~1083页。

## W2878.3.0.2
### 雨水成为人的血液

实 例

❶ [彝族] 天上降下的三场红雪变化成为人时，吃风来做气，下雨来做血。

【流传】凉山（凉山彝族自治州）一带

【出处】《勒俄特衣》，见冯元蔚、曲比石美整理校订《凉山彝文资料选译》第1集，西南民族学院内部编印，1978年，第29~35页。

❷ [彝族] 人神俄惹结志做了九次黑白醮（即打清醮，一种巫术仪式，可求吉除秽），用红雪造人时，下的雨变成了人的血。

【流传】（四川省·凉山彝族自治州）

【出处】

(a) 冯元蔚译：《勒俄特依》，成都：四川民族出版社1986年版。

(b) 冯元蔚译，蔷紫改写：《勒俄特依》，见姚宝瑄主编《中国各民族神话》（羌族、彝族），太原：山西出版传媒集团·书海出版社2014年版，第157页。

## W2878.3.1
### 血为什么是红色的

实 例

（实例待考）

## W2878.3.2
### 白色的血

【关联】[W9957] 灵异（怪异）

实 例

（参见下级母题实例）

## W2878.3.2.1
### 特定人物的血是白色的

实 例

[汉族] 大禹杀防风氏时，防风氏的头颈里喷出来的不是红血而是白血。

【流传】（无考）

【出处】唐君山讲，钟伟今、俞武龙采录：《防风之死》，原载钟伟今等编《防风氏资料汇编》，见陶阳、钟秀编《中国神话》（上），北京：商务印书馆2008年版，第449~450页。

## W2878.4
### 人的汗液的来历

【汤普森】A1319.8

【关联】[W2857.3] 汗

实 例

（参见关联项母题实例）

## W2879
### 人的其他体征的来历

实 例

（参见下级母题实例）

## W2879.1
### 人身上能搓下来污物的原因

实 例

（参见下级母题实例）

## W2879.1.1
### 人为什么身上会搓掉泥

实 例

（参见下级母题实例）

## W2879.1.1.1
## 人身上产生泥垢是因为人是用泥造的

【关联】［W2087］用土（泥）造人

*实 例*

❶ ［达斡尔族］现在的人出汗的时候搓搓身子，能搓出泥垢来，是恩都日当初捏泥造人留下的遗迹。

【流传】内蒙古自治区·（呼伦贝尔市）·莫力达瓦旗（莫力达瓦达斡尔族自治旗）

【出处】孟志东搜集：《人是恩都日造的》，见满都呼主编《中国阿尔泰语系诸民族神话故事》，北京：民族出版社1997年版，第178页。

❷ ［达斡尔族］天神用泥土捏造人类，所以人出汗的时候，往身上一搓，就搓出泥垢。

【流传】（无考）

【出处】《天神捏人》，见姚宝瑄主编《中国各民族神话》（达斡尔族、鄂伦春族、鄂温克族、蒙古族），太原：山西出版传媒集团·书海出版社2014年版，第4～5页。

❸ ［汉族］因为人是女娲娘娘用土做的，所以不论如何洗澡，抹灰，每次洗，每次抹，都有泥灰洗掉。

【流传】湖北省·（荆门市）·京山县

【出处】程正福讲，高式儒采录：《人是泥巴捏的》，原载《京山民间故事》，见陶阳、钟秀编《中国神话》（上），北京：商务印书馆2008年版，第323

页。

❹ ［汉族］人是泥做的，所以一出汗，身上会搓出泥来。

【流传】吉林省·吉林市·龙潭区

【出处】赵清友讲，王洪烈采录：《高公高婆》，见中国民间文学集成全国编辑委员会编《中国民间故事集成》（吉林卷），中国文联出版公司1992年版，第10页。

❺ ［汉族］因为人是黄胶泥捏的，所以搓搓身上，总是有泥灰。

【流传】

（a）河南省·（驻马店市）·汝南县·老君庙乡·王庄

（b）河南省·（周口市）·西华县·聂堆乡·思都岗村

（c）浙江省·（金华市）·东阳县（东阳市）·青联乡·雅坑村

【出处】

（a）丁李氏讲，丁国运采录：《女娲造人》，见中国民间文学集成全国编辑委员会编《中国民间故事集成》（河南卷），北京：中国ISBN中心2001年版，第19页。

（b）张慎重讲，陈连忠采录：《女娲造人》，见中国民间文学集成全国编辑委员会编《中国民间故事集成》（河南卷），北京：中国ISBN中心2001年版，第19页。

（c）申屠和兰讲，周耀明采录：《女娲造人》，见中国民间文学集成全国编辑委员会编《中国民间故事集成》（浙江卷），北京：中国ISBN中心

1997年版,第39页。

❻ [汉族]因为人都是泥巴捏的,所以现在人身上的灰尘总是洗不净。

【流传】河南省·(驻马店市)·泌阳县

【出处】《盘古捏泥人的传说》,见 http://club.chinaren.com/bbs/index,2007.06.17。

## W2879.1.1.2
### 人身上产生泥垢因为人是泥胎

实例

[汉族]因为伏羲女娲造的人是泥胎子,所以直到今天仍旧改变不了,天天洗脸,周周洗澡,还是有泥有灰,永远洗不完。

【流传】江苏省·(淮安市)·涟水县·南集乡·禹庄村

【出处】徐学尧讲,徐省生搜集整理:《世界的由来》(1983),见姚宝瑄主编《中国各民族神话》(汉族),太原:山西出版传媒集团·书海出版社2014年版,第24~28页。

## W2879.1.1.3
### 人身上会搓掉泥是因为人是土虫变的

【关联】[W2336]虫子变成人

实例

[汉族]由于人是土虫变的,所以身上会有泥皴。

【流传】天津市·河西区

【出处】黄老太太讲,李昶采录:《土虫变人》,见中国民间文学集成全国编辑委员会编《中国民间故事集成》(天津卷),北京:中国 ISBN 中心2004年版,第5页。

## W2879.1.2
### 人身上会掉屑皮

实例

(参见下级母题实例)

## W2879.1.2.1
### 人身上掉皮屑是用灰造人的缘故

【关联】[W2087]用土造人(用泥造人)

实例

❶ [蒙古族 [b 标为藏族]]人搔痒时,身上会掉下屑皮来,因为我们的祖先是灰灰做成的。

【流传】
(a)四川省·(凉山彝族自治州)·木里藏族自治县
(b)四川省

【出处】(a)扎西玛讲,何杜基译,李述唐采录:《鲁俄俄》,见中国民间文学集成全国编辑委员会编《中国民间故事集成》(四川卷·下),北京:中国 ISBN 中心1998年版,第1481~1484页。

(b)同(a),见陶阳、钟秀编《中国神话》(中),北京:商务印书馆2008年版,第637~642页。

❷ ［蒙古族］人搔痒时身上会掉下皮屑来，因为我们的祖先是用灰灰做成的娃娃。

【流传】四川省与云南省交界处的泸沽湖一带

【出处】

（a）扎西玛、何杜基讲，李述唐搜集整理：《鲁俄俄》，载中国民间文艺家协会《民间文学》1987年第7期。

（b）同（a），见姚宝瑄主编《中国各民族神话》（达斡尔族、鄂伦春族、鄂温克族、蒙古族），太原：山西出版传媒集团·书海出版社2014年版，第148页。

❸ ［蒙古族］因为我们的祖先是灰灰做成的娃娃，所以我们搔痒时，身上会掉下屑皮来。

【流传】（无考）

【出处】《鲁俄俄》，见满都呼主编《中国阿尔泰语系诸民族神话故事》，北京：民族出版社1997年版，第158页。

❹ ［藏族］人的祖先是泥巴灰灰变成的，所以，现在的人在身上一抠就会掉皮屑灰灰。

【流传】四川省·（凉山彝族自治州）·木里县（木里藏族自治县）·桃坝乡

【出处】扎西仁青讲，偏初次尔翻译，刘先进等采录：《洪水潮天》，见中国民间文学集成全国编辑委员会编《中国民间故事集成》（四川卷·下），北京：中国 ISBN 中心1998年版，第938页。

## W2879.2

### 人身上的油腻的来历

实 例

［壮族］人身上的油腻是就用泥造人类的结果。

【流传】广西壮族自治区·（崇左市）·天等县·上映乡

【出处】许承武讲：《人体油腻子的来由》，见张声震总主编，农冠品编注《壮族神话集成》，南宁：广西民族出版社2007年版，第385页。

## W2879.3

### 人的屁股有青色的来历

实 例

［汉族］人投胎时，尾巴全被斩掉血淋淋的很难看，判官就对准人的屁股踢了一脚止住血，从此屁股上留下了一摊青色印记。

【流传】江苏省·（苏州市）·太仓市·东郊

【出处】尹培民讲，陈有觉采录：《斩掉尾巴》，见中国民间文学集成全国编辑委员会编《中国民间故事集成》（江苏卷），北京：中国 ISBN 中心1998年版，第17页。

## W2879.4

### 人的味道

【关联】［W2987.8.1］死者与活人的味道不同

实 例

（参见下级母题实例）

### W2879.4.1
人的味道的产生

实 例

（实例待考）

#### W2879.4.1.1
神赋予人特定的体味

实 例

（实例待考）

### W2879.4.2
人的特定体味

实 例

（参见下级母题实例）

#### W2879.4.2.1
身上有香味的人

实 例

[畲族] 凤凰的卵生出的娃娃身上的那股香气把百鸟也吸引过来了。

【流传】福建省；浙江省等

【出处】
（a）《畲族祖宗的传说》，见谷德明编《中国少数民族神话选》，西北民族学院研究所编印，内部资料，1983年。
（b）同（a），见姚宝瑄主编《中国各民族神话》（高山族、黎族、畲族），太原：山西出版传媒集团·书海出版社2014年版，第89页。

### W2879.4.3
人的臭气的来历

实 例

（参见下级母题实例）

#### W2879.4.3.1
人吃五谷杂粮产生臭气

实 例

[汉族] 以前，地下的人每天吃了饭，可以顺着天梯到天上玩。时间长了，天上的人总觉得地下的人不干净，尤其是吃了五谷杂粮、牛马羊肉，身上的臭气很叫人讨厌。

【流传】湖北省·（荆门市）·京山县一带

【出处】冯家才讲，冯本林搜集整理：《天是怎样变高的》，原载中国民间文艺研究会湖北分会编《湖北民间故事传说集》，见姚宝瑄主编《中国各民族神话》（汉族），太原：山西出版传媒集团·书海出版社2014年版，第71~72页。

### W2879.4.4
与人的体味有关的其他母题

实 例

（参见下级母题实例）

## W2879.4.4.1
### 神闻出人味

【关联】［W9951］秘密

实 例

［羌族］天神木比塔在会见诸神时，闻到了凡人气味。木比塔发现三女儿木姐珠带来一个凡人，勃然大怒。

【流传】（ab）四川省·（阿坝藏族自治州）·茂汶县（茂汶羌族自治县，已撤销，今属茂县）

【出处】
（a）袁祯祺讲，向世茂、郑文泽搜集整理：《斗安珠和木姐珠》，载《民间文学》1984年第4期。
（b）同（a），见陶阳、钟秀编《中国神话》（中），北京：商务印书馆2008年版，第877~885页。

## W2879.4.4.2
### 活人有汗味

【关联】［W2857.3.1］汗有臭味

实 例

［傈僳族］死人有土味，活人有汗味。

【流传】云南省·（楚雄彝族自治州）·武定县、元谋县

【出处】张桥贵调查整理：《武定、元谋地区的灵魂观念》（1988），见吕大吉、何耀华总主编《中国各民族原始宗教资料集成》（纳西族卷、羌族卷、独龙族卷、傈僳族卷、怒族卷），北京：中国社会科学出版社2000年版，第722页。

## W2879.4.4.3
### 死人有土味

实 例

［傈僳族］死人有土味，活人有汗味，死人守着土，活人看着家。

【流传】云南省·（楚雄彝族自治州）·武定县、元谋县

【出处】张桥贵调查整理：《武定、元谋地区的灵魂观念》（1988），见吕大吉、何耀华总主编《中国各民族原始宗教资料集成》（纳西族卷、羌族卷、独龙族卷、傈僳族卷、怒族卷），北京：中国社会科学出版社2000年版，第722页。

## ✽ W2880
### 体征异常的人

【汤普森】①F500；②F610

【关联】［W2996］奇特的人（特殊的人）

实 例

（参见关联项及下级母题实例）

## W2881
### 长腿人

【汤普森】F517.0.1

实 例

❶［毛南族］长腿人帮助降妖。

【流传】广西壮族自治区·（河池市）·环江县（环江毛南族自治县）、南丹（南丹县）

【出处】谭丰豪讲，韦志彪整理：《毛人传奇》，见中华民族故事大系编委会编《中华民族故事大系》第 12 卷（布朗族、撒拉族、毛南族），上海：上海文艺出版社 1995 年版，第 664 页。

❷［羌族］木姐珠和热比娃结婚生 3 子。三儿子叫长脚杆，一抬腿就能登上最高的山顶雪龙包。

【流传】四川省·（阿坝藏族羌族自治州）·理县·蒲溪乡

【出处】王久清讲，韩香芝翻译，周巴采录：《木姐珠与高山海子》，见中国民间文学集成全国编辑委员会编《中国民间故事集成》（四川卷·下），北京：中国 ISBN 中心 1998 年版，第 1117 页。

## W2881.1
### 众兄弟中一个是长腿人

实例

［侗族］从前，有四兄弟各有一套本事，并各如其名。其中，老二叫长脚杆。

【流传】贵州省·（黔东南苗族侗族自治州）·天柱县

【出处】
（a）杨引招讲，龙玉龙搜集整理：《捉雷公》，载《南风》1981 年第 2 期。
（b）同（a），见姚宝瑄主编《中国各民族神话》（土家族、毛南族、侗族、瑶族），太原：山西出版传媒集团·书海出版社 2014 年版，第 105 页。

## W2882
### 长脚人

【关联】［W2924.6］奔跑很快的人（飞毛腿、神腿）

实例

［羌族］长脚人一步能登山。

【流传】四川省·（阿坝藏族羌族自治州）·理县

【出处】王久清等讲，周巴等搜集，韩香芝翻译：《洪水潮天》，见中华民族故事大系编委会编《中华民族故事大系》第 11 卷（达斡尔族、仫佬族、羌族），上海：上海文艺出版社 1995 年版，第 681 页。

## W2883
### 长臂人

【汤普森】F516.3

【关联】［W2842.3.1］长着不平常手的人（长着不平常手臂的人）

实例

［蒙古族］人类归初诞生时，腿和手臂都很长。

【流传】青海省·海西蒙古族藏族自治州·格尔木市·乌图美仁乡

【出处】那文讲：《人的胫骨和肘骨》，见中国民间文学集成全国编辑委员会编《中国民间故事集成》（青海卷），北京：中国 ISBN 中心 2007 年版，第 20 页。

## W2883.1
### 长臂人能抓天上的云

**实例**

[羌族] 长臂人能抓天上的云。

【流传】四川省·（阿坝藏族羌族自治州）·理县

【出处】王久清等讲，周巴等搜集，韩香芝翻译：《洪水潮天》，见中华民族故事大系编委会编《中华民族故事大系》第11卷（达斡尔族、仫佬族、羌族），上海：上海文艺出版社1995年版，第681页。

## W2883.2
### 众兄弟中的一个是长臂人

**实例**

[侗族] 从前，有四兄弟各有一套本事，并各如其名。其中，老大叫长手杆。

【流传】贵州省·（黔东南苗族侗族自治州）·天柱县

【出处】
（a）杨引招讲，龙玉龙搜集整理：《捉雷公》，载《南风》1981年第2期。
（b）同（a），见姚宝瑄主编《中国各民族神话》（土家族、毛南族、侗族、瑶族），太原：山西出版传媒集团·书海出版社2014年版，第105页。

## W2884
### 无臂人

【汤普森】F516.1

【关联】[W2606.2] 生没有四肢的孩子

**实例**

❶ [苗族（花苗）] 兄妹婚生无手足的孩子。

【流传】（无考）

【出处】[英] H. J. Hewi：《花苗故事》，见马昌仪编《中国神话学文论选萃》（上编），北京：中国广播电视出版社1994年版，第389~390页。

❷ [苗族（黑苗）] 兄妹婚生无手足之子。

【流传】贵州省

【出处】《黑苗洪水歌》，见马昌仪编《中国神话学文论选萃》（上编），北京：中国广播电视出版社1994年版，第391~392页。

## W2885
### 连体人

【汤普森】F523

**实例**

（参见下级母题实例）

## W2885.1
### 兄妹连体

**实例**

[白族] 洪水后，因为老鼠咬开了装着避难兄妹的金鼓，两兄妹出来后，他们的身子却连在一起不能分开。

【流传】云南省·（大理白族自治州）·大理县（大理市）、洱源县、剑川县

【出处】杨国政讲述,杨亮才记录:《盘古开天辟地》,原载李缵绪主编《白族神话传说集成》,见陶阳、钟秀编《中国神话》(上),北京:商务印书馆2008年版,第13~18页。

## W2886
### 多体人
【汤普森】F524

实例

(参见下级母题实例)

## W2886.1
### 有三个身体的人
【汤普森】F524.1

实例

(实例待考)

## W2887
### 合体人
【汤普森】F526

【关联】[W2885] 连体人

实例

(参见下级母题实例)

## W2887.1
### 合体兄妹

实例

[白族] 洪水时,躲在金鼓里的两兄妹生在了一起,不能分开。

【流传】云南省·(大理白族自治州)·洱源县

【出处】杨国政讲,杨亮才记录整理:《天地起源》,见谷德明编《中国少数民族神话》,北京:中国民间文艺出版社1987年版,第293页。

## W2888
### 有动物体征的人[①]

实例

(参见下级母题实例)

## W2888.1
### 长角的人
【汤普森】F511.3

实例

❶ [汉族] 原先所有的人跟伏羲一样,头上都长有两只角。

【流传】河南省·(驻马店市)·确山县·盘龙镇·靖宇村

【出处】杨永兴讲,杨建军采录:《伏羲奏本去人角》,见中国民间文学集成全国编辑委员会编《中国民间故事集成》(河南卷),北京:中国ISBN中心2001年版,第26页。

❷ [苗族] 觥斗曦(男性人名,祖先)

---

[①] 有动物体征的人,这种情况在神话叙事中一般属于神性人物中的"半神半人",如"人面蛇身"、"牛头人身"等,只有个别情况属于一般的人所具有的动物体征。此类母题只列举人类最早产生时有动物体征,但本质上属于人的一些母题,其他相似母题如"半神半人"等母题不在此处另行编码,具体情况与表述参见"[W0630~W0639] 半神半人与合体神"以及相关实例。

在人头上造角。

【流传】贵州省·（安顺市）·紫云（紫云苗族布依族自治县）麻山苗区

【出处】杨再华唱诵，杨正江译：《亚鲁族源》，见中国民间文艺家协会主编《亚鲁王》，北京：中华书局2011年版，第33页。

❸ [纳西族] 男人头上原来有银角。

【流传】云南省

【出处】戈阿干著：《查热丽恩》，北京：民族出版社1983年版，第2页。

## W2888.2

### 鸟人

【汤普森】B50

实 例

[侗族] 湘（湖南省）、桂（广西壮族自治区）、黔（贵州省）一带的侗族称祖先是鸟人。

【流传】（湖南、广西、贵州等）

【出处】陈勤建：《中国鸟文化》，上海：学林出版社1996年版，第31页。

## W2888.3

### 长翅膀的人（翼人）

【汤普森】F522

【关联】[W2888.5] 羽人

实 例

[彝族] 阿鲁举热（英雄，龙女感鹰生的儿子）长着翅膀。

【流传】云南省·（楚雄彝族自治州）·大姚县

【出处】肖开亮讲，李世忠等采录：《阿鲁举热》，见中国民间文学集成全国编辑委员会编《中国民间故事集成》（云南卷），北京：中国ISBN中心2003年版，第341页。

## W2888.3.1

### 人长着两只翅膀

实 例

（实例待考）

## W2888.3.2

### 人以前长着六只翅膀（六只翅膀的人）

实 例

[汉族] 人类的第三代首领人皇的每次出巡都是坐着飞车，驾车人有六只翅膀，腾云驾雾，快如闪电。

【流传】江苏省·（淮安市）·涟水县·南集乡·禹庄村

【出处】徐学尧讲，徐省生搜集整理：《世界的由来》（1983），见姚宝瑄主编《中国各民族神话》（汉族），太原：山西出版传媒集团·书海出版社2014年版，第24~28页。

## W2888.3.3

### 以前的人长有翅膀（人以前有翅膀）

实 例

❶ [景颇族] 最古的时候，人身上长着

一对翅膀。

【流传】云南省·（德宏傣族景颇族自治州）·潞西县（芒市）

【出处】李勒干等讲，何峨采录：《找火》，见中国民间文学集成全国编辑委员会编《中国民间故事集成》（云南卷），北京：中国 ISBN 中心 2003 年版，第 332 页。

❷ [景颇族] 人以前长有翅膀。

【流传】（无考）

【出处】何峨整理：《找物的传说》，见中华民族故事大系编委会编《中华民族故事大系》第 10 卷（景颇族、柯尔克孜族、土族），上海：上海文艺出版社 1995 年版，第 60 页。

❸ [拉祜族] 以前人有翅膀。

【流传】云南省·（普洱市）·澜沧（澜沧拉祜族自治县）、孟连（孟连傣族拉祜族佤族自治县）

【出处】扎袜等讲，苏敬梅等搜集，苏敬梅等整理：《牡帕密帕》，见中华民族故事大系编委会编《中华民族故事大系》第 8 卷（畲族、高山族、拉祜族），上海：上海文艺出版社 1995 年版，第 690 页。

❹ [拉祜族] 以前，飞鼠没有翅膀，人有翅膀。

【流传】云南省·（普洱市）·澜沧县（澜沧拉祜族自治县）

【出处】李云保讲述，扎约采录：《牡帕密帕的故事》，见陶阳、钟秀编《中国神话》（上），北京：商务印书馆 2008 年版，第 129~139 页。

## W2888.4
### 人的翅膀的来历

实 例

（参见下级母题实例）

## W2888.4.1
### 人洗浴后长出翅膀

实 例

[汉族] 嫦娥脱去衣服，坐在用石香灰泡的水里洗了澡，觉得浑身发爽发轻，肩头上长出两个翅膀来。

【流传】辽宁省·沈阳市东北一带

【出处】李凤春讲，张相承、王辉记录整理：《嫦娥奔月》，见姚宝瑄主编《中国各民族神话》（汉族），太原：山西出版传媒集团·书海出版社 2014 年版，第 242~244 页。

## W2888.4.2
### 人喝神水后长出翅膀

实 例

[满族] 多龙（女酋长名）为了能飞到长白山学习箭术，和都隆阿老人寻找喝了能长翅膀的神泉水。多龙喝了神泉水后，长出两只大翅飞到长白山。

【流传】（无考）

【出处】富育光、孟慧英、王宏刚整理：《多龙格格》，见姚宝瑄主编《中国各民族神话》（满族、赫哲族、朝鲜族），太原：山西出版传媒集团·书海出版社 2014 年版，第 99~100 页。

## W2888.4a
### 人的翅膀的失去

**实 例**

（参见下级母题实例）

## W2888.4a.1
### 人与鸟交换后失去了翅膀

**实 例**

[傣族（布角人）] 一位猎人从一只有火的飞罗（鸟名）的身旁飞过，飞罗诉说了无翅膀的苦恼时，猎人就提出用翅膀换它的火。飞罗听后，非常高兴，很乐意地和猎人做了交换。

【流传】云南省·（西双版纳傣族自治州）·勐腊县·布角寨

【出处】寸继光采录：《火的神话》，原载云南大学中文系八二级《民俗、民间文学调查》，见陶阳、钟秀编《中国神话》（下），北京：商务印书馆2008年版，第1116页。

## W2888.4a.2
### 人与飞鼠交换后失去了翅膀

**实 例**

[拉祜族] 以前，飞鼠没有翅膀，人有翅膀，人想要飞鼠的火，飞鼠想要人的翅膀，交换后人就没有了翅膀。

【流传】云南省·（普洱市）·澜沧县（澜沧拉祜族自治县）

【出处】李云保讲述，扎约采录：《牡帕密帕的故事》，见陶阳、钟秀编《中国神话》（上），北京：商务印书馆2008年版，第129～139页。

## W2888.5
### 羽人

【汤普森】F521.2

**实 例**

（实例待考）

## W2888.6
### 长羽毛的人（羽人）

**实 例**

❶ [汉族] 羽民国在其东南，其为人长头，身生羽。

【流传】（无考）

【出处】《山海经·海外南经》。

❷ [汉族] 有勃鞮之国，人皆衣羽毛，无翼而飞。

【流传】（无考）

【出处】《颛顼》，见[晋]王嘉撰，[梁]萧绮录，齐治平校注《拾遗记》卷一，北京：中华书局1981年版，第17页。

## W2888.7
### 似猴的人

【关联】

① [W2607.2] 生像猴子的孩子
② [W2805.0] 人以前像猴

**实 例**

[彝族] 太古时，一个兰竹筒中爆出一个似猴的人。

【流传】广西壮族自治区彝族地区

【出处】何耀华：《彝族的图腾崇拜》，见《中国西南民族学论集》，昆明：云南人民出版社 1988 年版，第 437 页。

## W2888.8
### 形状像狗的人

【关联】［W2607.1.1］生的孩子长着狗头

实 例

（参见关联项母题实例）

## W2888.9
### 像青蛙的人（像蛙的人）

【关联】

① ［W2607.12.1］生蛙人

② ［W2607.12.1.1］生像金蛙的孩子

③ ［W2898.0a.2］蛙人

实 例

［朝鲜族］国王翻开石头，发现石头底下有个小男孩，长得像个金色的青蛙。

【流传】（无考）

【出处】

(a) 金德顺讲，裴永镇整理：《朱蒙》，见《朝鲜族民间故事讲述家金德顺故事集》，上海：上海文艺出版社 1983 年版。

(b) 同 (a)，见姚宝瑄主编《中国各民族神话》（满族、赫哲族、朝鲜族），太原：山西出版传媒集团·书海出版社 2014 年版，第 170～181 页。

［朝鲜族］国王叫人把大石头翻开一看，发现石头底下有个小男孩，长得像个金色的青蛙。

【流传】长白山等地

【出处】金德顺讲，裴永镇记录整理：《东明王的传说》，原载《金德顺故事集》，见陶阳、钟秀编《中国神话》（中），北京：商务印书馆 2008 年版，第 886～897 页。

## W2889
### 其他怪异体征的人

【汤普森】F529

【关联】［W2834.2］以乳为目的人

实 例

（参见下级母题实例）

## W2889.0
### 金属之身的人

【汤普森】F521.3

实 例

（参见 W2889.1 母题实例）

## W2889.1
### 金身

【关联】［W2807.3］以前的人是金身

实 例

（参见下级母题实例）

## W2889.1.1
### 在金水湖能炼成金身

实 例

[汉族] 钟郎（人名）去找火要有战胜火龙的本领。他听从路上遇见的老爷爷的吩咐，在滚烫的金水湖里浸上一日一夜，炼成了金身子，有了金身子就能降服住火龙。

【流传】浙江省

【出处】唐宗龙讲，陈玮君整理：《金水湖和银水湖》，见姚宝瑄主编《中国各民族神话》（汉族），太原：山西出版传媒集团·书海出版社 2014 年版，第 214~220 页。

## W2889.2
### 银身

实例

（参见下级母题实例）

## W2889.2.1
### 在银水湖能炼成银身

实例

[汉族] 银水湖里的银水很冷，人如果能在银水湖里面浸过一日一夜，便能炼成银身子。有了银身子就能降服住水鹰。

【流传】浙江省

【出处】唐宗龙讲，陈玮君整理：《金水湖和银水湖》，见姚宝瑄主编《中国各民族神话》（汉族），太原：山西出版传媒集团·书海出版社 2014 年版，第 214~220 页。

## W2889.3
### 身体怪异者遭迫害

【关联】[W2674] 生的怪物被抛弃

实例

[满族] 突忽烈玛发原是东海上伦部落小伙子，因生下来时身上长鳞片和鸭爪，族人怪异，要害死他，他只好躲在水里，深夜才回家吃饭。

【流传】（无考）

【出处】富育光、孟慧英、王宏刚整理：《突忽烈玛发》，见姚宝瑄主编《中国各民族神话》（满族、赫哲族、朝鲜族），太原：山西出版传媒集团·书海出版社 2014 年版，第 89 页。

## ✲ W2890
### 身体残缺的人（残疾者）

【汤普森】S160

【关联】[W2892] 造人中产生残疾

实例

（参见下级母题实例）

## W2891
### 身体残缺者的产生

【汤普森】A1338

【关联】
① [W2606] 生身体残缺的人
② [W2822.5] 麻脸者

实例

（参见下级母题实例）

## W2891.0
### 独腿人（独脚人）
【汤普森】F517.0.2
【关联】［W2572.10］第一代人是独脚人

实 例

（参见下级母题实例）

## W2891.0.1
### 独腿人的产生

实 例

（实例待考）

## W2891.0.2
### 独脚人的产生
【关联】［W2572.10］第一代人是独脚人

实 例

❶ [彝族] 天神造出第一批人。这一批人都是独脚人。

【流传】（无考）

【出处】《拉天缩地》，见高明强编《创世的神话和传说》，上海：上海三联书店1988年版，第33页。

❷ [彝族] 格滋天神从天上撒下的第一把雪头变成第一代人。这代人是独脚人。

【流传】云南省·楚雄彝族自治州·姚安县、大姚县等彝族地区

【出处】《创世·人类起源》，见云南省民族民间文学楚雄调查队整理编写《梅葛》，昆明：云南人民出版社2009年版，第20~21页。

## W2891.0.3
### 人类前两代是独脚人
【关联】
① ［W2572］第一代人
② ［W2573］第二代人

实 例

[彝族] 洪水后，兄妹结婚生的第一代、第二代人都是独脚人。

【流传】云南省·楚雄州（楚雄彝族自治州）·姚安（姚安县）、大姚（大姚县）

【出处】云南省民族民间文学楚雄调查队搜集整理：《梅葛》，昆明：云南人民出版社1978年版，第18~46页。

## W2891.0.4
### 独脚人是第一代人
【关联】
① ［W2572］第一代人
② ［W2572.10］第一代人是独脚人

实 例

[彝族] 格兹天神来造人时，从天上撒下了三把雪，头把雪变成的第一代人是独脚人。

【流传】（云南省·楚雄彝族自治州·姚安县·官屯乡·马游村，大姚县·昙华乡等）

【出处】

（a）郭天元（马游村）、李申呼颇（昙华乡）、李福玉颇（苴）演唱，郭思

九、许明学、龚维顺、张宝省、陈志群、胡炳文等搜集，刘德虎、龚维顺、陈志群、李树荣、郭天元等整理：《梅葛》（第一部"创世"），见云南省民族民间文学楚雄调查队《梅葛》（1959），昆明：云南人民出版社2009年版。

（b）《打虎开天辟地》，蔷紫据云南省民族民间文学楚雄调查队著《梅葛》（云南人民出版社2009年版）改写，见姚宝瑄主编《中国各民族神话》（羌族、彝族），太原：山西出版传媒集团·书海出版社2014年版，第198页。

## W2891.0.5
### 独脚人食泥沙
【关联】［W6146］人的特定食物

实 例

［彝族］格兹天神从天上撒下头把雪变成第一代人独脚人，他们只会吃泥土，用沙子当菜下饭。

【流传】（云南省·楚雄彝族自治州·姚安县·官屯乡·马游村，大姚县·昙华乡等）

【出处】

（a）郭天元（马游村）、李申呼颇（昙华乡）、李福玉颇（苴）演唱，郭思九、许明学、龚维顺、张宝省、陈志群、胡炳文等搜集，刘德虎、龚维顺、陈志群、李树荣、郭天元等整理：《梅葛》（第一部"创世"），见云南省民族民间文学楚雄调查队《梅葛》（1959），昆明：云南人民出版社2009年版。

（b）《打虎开天辟地》，蔷紫据云南省民族民间文学楚雄调查队著《梅葛》（云南人民出版社2009年版）改写，见姚宝瑄主编《中国各民族神话》（羌族、彝族），太原：山西出版传媒集团·书海出版社2014年版，第198页。

## W2891.0.6
### 独脚人1尺2寸
【关联】
① ［W2572.11.1］第一代人1尺2寸
② ［W2811］矮小的人（矮人、小矮人、小人、侏儒）

实 例

［彝族］格兹天神从天上撒下头把雪变成的是独脚人，他的高度，只有一尺二寸。

【流传】（云南省·楚雄彝族自治州·姚安县·官屯乡·马游村，大姚县·昙华乡等）

【出处】

（a）郭天元（马游村）、李申呼颇（昙华乡）、李福玉颇（苴）演唱，郭思九、许明学、龚维顺、张宝省、陈志群、胡炳文等搜集，刘德虎、龚维顺、陈志群、李树荣、郭天元等整理：《梅葛》（第一部"创世"），见云南省民族民间文学楚雄调查队《梅葛》（1959），昆明：云南人民出版社2009年版。

(b)《打虎开天辟地》,蔷紫据云南省民族民间文学楚雄调查队著《梅葛》(云南人民出版社 2009 年版)改写,见姚宝瑄主编《中国各民族神话》(羌族、彝族),太原:山西出版传媒集团·书海出版社 2014 年版,第 198 页。

## W2891.0.7

### 独脚人两个人互相搂着脖子走得飞快

【关联】[W2924.6] 奔跑很快的人(飞毛腿、神腿)

实 例

[彝族] 格兹天神从天上撒下头把雪变成第一代人独脚人。他们独自一个人不会走路,要两个人互相搂着脖子,就能走得飞快。

【流传】(云南省·楚雄彝族自治州·姚安县·官屯乡·马游村,大姚县·昙华乡等)

【出处】

(a)郭天元(马游村)、李申呼颇(昙华乡)、李福玉颇(苴)演唱,郭思九、许明学、龚维顺、张宝省、陈志群、胡炳文等搜集,刘德虎、龚维顺、陈志群、李树荣、郭天元等整理:《梅葛》(第一部"创世"),见云南省民族民间文学楚雄调查队《梅葛》(1959),昆明:云南人民出版社 2009 年版。

(b)《打虎开天辟地》,蔷紫据云南省民族民间文学楚雄调查队著《梅葛》(云南人民出版社 2009 年版)改写,见姚宝瑄主编《中国各民族神话》(羌族、彝族),太原:山西出版传媒集团·书海出版社 2014 年版,第 198 页。

## W2891.0a

### 无腿人

实 例

(参见下级母题实例)

## W2891.0a.1

### 有的人无腿是造人时断掉的结果

【关联】[W2892] 造人中产生残疾

实 例

[汉族] 伏羲女娲用泥造人时,泥人捏好了,要晒干。有时遇上雨,抢收时难免损坏。据说,缺膀少腿的是被探木推掉的。

【流传】江苏省·(淮安市)·涟水县·南集乡·禹庄村

【出处】徐学尧讲,徐省生搜集整理:《世界的由来》(1983),见姚宝瑄主编《中国各民族神话》(汉族),太原:山西出版传媒集团·书海出版社 2014 年版,第 24~28 页。

## W2891.1

### 跛足者(瘸脚、瘸子)

实 例

(参见下级母题实例)

## W2891.1.1
### 跛足者的产生

【汤普森】A1338.1

实例

❶ [汉族] 兄妹俩捏的泥人被雨淋，断了腿儿的就成了瘸子。

【流传】吉林省·吉林市·龙潭区

【出处】赵清友讲，王洪烈采录：《高公高婆》，见中国民间文学集成全国编辑委员会编《中国民间故事集成》（吉林卷），北京：中国文联出版公司1992年版，第10页。

❷ [仫佬族] 伏羲有两兄，其中一个是跛脚。

【流传】广西壮族自治区·（河池市）·罗城（罗城仫佬族自治县）

【出处】龙殿保等搜集整理：《伏羲兄妹的传说》，见中华民族故事大系编委会编《中华民族故事大系》第11卷（达斡尔族、仫佬族、羌族），上海：上海文艺出版社1995年版，第279~285页。

## W2891.1.2
### 致伤家神导致主人跛足

【关联】
① [W9908] 不敬神被惩罚
② [W9908.2] 亵渎神圣之所被惩罚

实例

[纳西族] 术神灵庇护家人的兴旺发达，由于主人的一次不慎，把术神烫伤了。从这以后，这一家每代人都要出一个瘸脚汉。

【流传】云南省·丽江县（丽江市）

【出处】木丽春采集整理：《术神灵像主人的故事》，见木丽春编著《纳西族民间故事集》，昆明：云南人民出版社2007年版，第103页。

## W2891.1.3
### 造的泥人弄断腿形成瘸子

【关联】[W2892] 造人中产生残疾

实例

[达斡尔族] 天神用泥捏人后遇到下雨，天神就用耙子把泥人往一起耙，不慎把有些泥人的腿弄断了，这就是人类出现瘸子的原因。

【流传】（无考）

【出处】《天神捏人》，见姚宝瑄主编《中国各民族神话》（达斡尔族、鄂伦春族、鄂温克族、蒙古族），太原：山西出版传媒集团·书海出版社2014年版，第4~5页。

## W2891.2
### 盲人（瞎子、眼瞎者）

实例

（参见下级母题实例）

## W2891.2.1
### 盲人的产生

【汤普森】A1339.1

【关联】[W2892.5] 眼瞎是造人时受损

‖ W2891.2.1 — W2891.2.2a ‖　2.10.2.　人的体征

造成的

【实例】

（参见下级母题实例）

### W2891.2.1a
造泥人时被戳破眼的成为瞎子

【关联】［W2087］用泥造人（用土造人）

【实例】

［汉族］伏羲女娲用泥造人时，泥人捏好了，要晒干。有时遇上雨，抢收时难免损坏。据说，瞎眼是被扫竹枝戳的。

【流传】江苏省·（淮安市）·涟水县·南集乡·禹庄村

【出处】徐学尧讲，徐省生搜集整理：《世界的由来》（1983），见姚宝瑄主编《中国各民族神话》（汉族），太原：山西出版传媒集团·书海出版社2014年版，第24~28页。

### W2891.2.1b
造泥人时受损成为瞎子

【关联】［W2087］用泥造人（用土造人）

【实例】

［达斡尔族］天神用泥捏人后遇到下雨，天神就用耙子把泥人往一起耙，不慎把一些泥人的眼睛弄坏了。这就成为后来的瞎子。

【流传】（无考）

【出处】《天神捏人》，见姚宝瑄主编《中国各民族神话》（达斡尔族、鄂伦春族、鄂温克族、蒙古族），太原：山西出版传媒集团·书海出版社2014年版，第4~5页。

### W2891.2.1c
造的泥人眼睛被雨淋成为瞎子

【关联】［W2892.1］造人时淋雨出现残疾

【实例】

❶［汉族］兄妹俩捏的泥人被雨淋，眼睛模糊的成了瞎子。

【流传】吉林省·吉林市·龙潭区

【出处】赵清友讲，王洪烈采录：《高公高婆》，见中国民间文学集成全国编辑委员会编《中国民间故事集成》（吉林卷），中国文联出版公司1992年版，第10页。

❷［汉族］女娲造的泥人被雨淋了，有的就成了瞎子。

【流传】河北省·（保定市）·涿州市、高碑店（高碑店市）

【出处】《女娲造人》，见中国民间文学集成全国编辑委员会编《中国民间故事集成》（河北卷），北京：中国ISBN中心2003年版，第8页。

### W2891.2.2
盲人特征的来历

【实例】

（实例待考）

### W2891.2.2a
盲人为什么耳朵灵

【实例】

［汉族］（实例待考）

## W2891.2.3
### 与盲人有关的其他母题

实例

（实例待考）

## W2891.3
### 聋子

实例

（参见下级母题实例）

## W2891.3.1
### 聋子的产生

实例

[汉族] 兄妹俩捏的泥人被雨淋，耳朵眼儿弥上的成了聋子。
【流传】吉林省·吉林市·龙潭区
【出处】赵清友讲，王洪烈采录：《高公高婆》，见中国民间文学集成全国编辑委员会编《中国民间故事集成》（吉林卷），北京：中国文联出版公司1992年版，第10页。

## W2891.4
### 哑巴

实例

[彝族（俚颇）] 天神种出的人是万物之灵，可是有一种人不会说话，那就是哑巴，是有缺陷的人。
【流传】云南省·（楚雄彝族自治州）·大姚县·昙华山区（昙华乡）

【出处】
(a) 陆颇梭颇（毕摩）演唱，夏光辅、诺海阿苏翻译：《俚泼古歌》，见云南省社会科学院楚雄彝族文化研究所编《彝族民间文学》（第二辑），1985年。
(b) 陆颇梭颇（毕摩）演唱，夏光辅、诺海阿苏翻译，古梅改写：《赤梅葛——俚泼古歌》，见姚宝瑄主编《中国各民族神话》（羌族、彝族），太原：山西出版传媒集团·书海出版社2014年版，第101~102页。

## W2891.4.1
### 哑巴的产生

【关联】[W2606.4] 生哑巴孩子

实例

[佤族] 人刚来到世间时，不会说话。
【流传】(a) 云南省·（临沧市）·沧源县（沧源佤族自治县）

【出处】
(a) 白老大讲，张云采录：《兄妹神》，见中国民间文学集成全国编辑委员会编《中国民间故事集成》（云南卷），北京：中国ISBN中心2003年版，第334页。
(b) 潘春辉整理：《我们是怎样生存到现在的》，见谷德明编《中国少数民族神话》，北京：中国民间文艺出版社1987年版，第382页。

## W2891.4.2
### 造人时造出哑巴

**实例**

[纳西族] 崇顶吕英英用杜鹃木制成六个木偶人，放在挖好之地坑。造成的人原说会走动，只是扭一扭；原说会讲话，只会缩喉头；有手只摇晃，有嘴只歪歪，不会说句话！做不成人种。

【流传】云南省·（丽江市·宁蒗彝族自治县）·永宁（永宁乡）一带

【出处】阿窝都之诵，陈福全调查记录，和志武翻译整理：《崇顶吕英英·泽亨金金米》（祭天神和祖先）（1962，1989），见吕大吉、何耀华总主编《中国各民族原始宗教资料集成》（纳西族卷、羌族卷、独龙族卷、傈僳族卷、怒族卷），北京：中国社会科学出版社2000年版，第228页。

## W2891.4.3
### 生的孩子全是哑巴

**实例**

❶ [仡佬族] 阿仰兄妹婚生9个儿子，都不会说话。

【流传】贵州省·（毕节市）·黔西县·（沙井苗族彝族仡佬族乡）·羊耳公社（羊耳村）、松河大队（松河村）

【出处】赵银周等讲，李道等采录：《阿仰兄妹制人烟》，见中国民间文学集成全国编辑委员会编《中国民间故事集成》（贵州卷），北京：中国ISBN中心2003年版，第54页。

❷ [仡佬族] 洪水后，幸存的阿仰兄妹婚生的九个儿子都不会说话。

【流传】贵州省·（毕节市）·黔西（黔西县）、织金县

【出处】赵云周等九人讲，李道等十人搜集，罗懿群执笔整理：《阿仰兄妹制人烟》，载《南风》1983年第3期。

❸ [彝族] 洪水后幸存的老三与天神的三女儿结婚。三仙女孕生的怪胎砍碎变成的四个男娃娃和四个女娃娃都不会讲话。

【流传】云南省·（曲靖市）·罗平（罗平县）、宣威（宣威市）

【出处】

（a）李育才讲，陶学良记录：《葫芦里出来的人》，载《山茶》1966年第4期。

（b）同（a），见陶阳、钟秀编《中国神话》（中），北京：商务印书馆2008年版，第911~919页。

❹ [彝族] 伍午（人名）与天神恩梯古兹的三女儿婚后过了三年，生了三个男孩，但都不会说话。

【流传】四川省·凉山州（凉山彝族自治州）

【出处】沈伍己讲，邹志诚记录整理：《洪水潮天的故事》，原载李德君、陶学良编《彝族民间故事选》，见陶阳、钟秀编《中国神话》（上），北京：商务印书馆2008年版，第451~464页。

❺ [彝族] 洪水后，幸存的举木惹牛（人名）与天神恩体古的三女儿成婚，生的三个孩子都不会说话。

【流传】（无考）

【出处】

（a）阿鲁斯基搜集整理：《举木惹牛》，见谷德明编《中国少数民族神话选》，西北民族学院研究所编印，内部资料，1983年。

（b）阿鲁斯基搜集整理：《举木惹牛娶天女》，见姚宝瑄主编《中国各民族神话》（羌族、彝族），太原：山西出版传媒集团·书海出版社2014年版，第121页。

## W2891.4.4
### 怪胎化生哑巴

【关联】[W2381.1] 怪胎化生人

实 例

❶ [苗族] 葫芦兄妹婚生肉团子。兄妹二人将它剁成肉酱抛撒后变成的那些人，个个像哑巴一样，谁也不会说话。

【流传】贵州省

【出处】

（a）罗亮臣讲，王春德搜集整理：《阿各林和葫芦兄妹》，见中国作家协会贵阳分会筹委会等编《民间文学资料》第十五集《苗族传说故事》，内部资料，1959年。

（b）同（a），见姚宝瑄主编《中国各民族神话》（布依族、仡佬族、苗族），太原：山西出版传媒集团·书海出版社2014年版，第308页。

❷ [苗族] 兄妹婚生的怪胎变成12个人，但他们有嘴不会讲，两耳听不闻。

【流传】广西壮族自治区·（柳州市）·融水苗族自治县

【出处】

（a）杨达香讲，梁彬搜集整理：《创世纪》（六、再造世人，接烟接烛），见梁彬、王天若编《苗族民间故事选》，南宁：广西人民出版社1986年版。

（b）同（a），见姚宝瑄主编《中国各民族神话》（布依族、仡佬族、苗族），太原：山西出版传媒集团·书海出版社2014年版，第220页。

## W2891.4.5
### 喝哑水的人变成哑巴

【关联】[W1897.3] 哑水

实 例

[汉族] 有的人喝了一口哑巴水，所以人里头也就有了少数哑巴。

【流传】江苏省·（南京市）·江浦县（已撤销）·城东乡（已撤销，今属浦口区珠江镇）

【出处】邵家应讲，吴明立采录：《哑巴水和说话水》，见中国民间文学集成全国编辑委员会编《中国民间故事集成》（江苏卷），北京：中国ISBN中心1998年版，第18页。

## W2891.4.6
### 哑巴学会说话

**实例**

❶ [傈僳族] 姐弟婚生9个哑巴孩子，夫妻用烧红的竹子打娃儿，他们开始说话。

【流传】四川省·（凉山彝族自治州）·德昌县

【出处】谷万才讲，李文华等翻译采录：《人类的起源》，见中国民间文学集成全国编辑委员会编《中国民间故事集成》（四川卷·下），北京：中国ISBN中心1998年版，第1432页。

❷ [彝族] 居木惹略与天女结婚，生3个哑巴儿子，后来学会说话。

【流传】四川省·（凉山彝族自治州）·喜德（喜德县）

【出处】《居木惹略》，见白芝（执笔）《凉山彝族民间故事选》（中国民间文学三套集成四川喜德卷），成都：四川民族出版社1990年版，第11~20页。

❸ [彝族] 玉皇大帝的女儿与人间的都木惹牛结婚，生3个哑巴孩子，后来学会说话。

【流传】（无考）

【出处】马海乌利讲：《开天辟地的故事》，见刘魁立主编《玉皇大帝的传说》，北京：中国社会出版社2008年版，第54~55页。

## W2891.4.6a
### 哑巴突然说话

**实例**

[珞巴族] 阿巴达尼（人名，人的祖先）的两个儿子都是哑巴，阿巴达尼想把他们扔到湖中和丢弃山林时，因为突然会说话，而背回家。

【流传】西藏自治区·（山南市）·隆子县·（斗玉乡）·斗玉村

【出处】亚松讲，达加翻译，李坚尚等采录：《阿巴达尼和他的孩子》，见中国民间文学集成全国编辑委员会编《中国民间故事集成》（西藏卷），北京：中国ISBN中心2001年版，第20页。

## W2891.5
### 其他身体残缺者的产生

**实例**

（参见下级母题实例）

## W2891.5.1
### 没有鼻子的人

**实例**

[蒙古族] 郭拉斯青（勇敢的猎人，国王）争战归来时，遇到了一个头发长在眼眉骨上、没有鼻子的小孩儿。

【流传】（无考）

【出处】哈扎搜集，巴音巴图、姚宝瑄记录整理：《郭拉斯青和七仙女》，见姚宝瑄主编《中国各民族神话》（达斡尔族、鄂伦春族、鄂温克族、蒙古族)，太原：山西出版传媒集团·书海出版社2014年版，第227~228页。

## W2892
### 造人中产生残疾[①]

【关联】［W2030］人是造出来的（造人）

实 例

（参见下级母题实例）

## W2892.1
### 造人时淋雨出现残疾

【关联】［W2891.2.1c］造的泥人眼睛被雨淋成为瞎子

实 例

❶ [汉族] 女娲娘娘晒造出的泥人时遇雨，拿过竹扫帚去扫，结果扫进来的泥人有的断脱手，有的缺了腿，后来世界上就有了不少残疾人。

【流传】上海市·上海县（闵行区）·华漕乡（华漕镇）·吴家巷（吴家巷村）

【出处】王忠明讲，秦复兴采录：《人是哪里来的》，见中国民间文学集成全国编辑委员会编《中国民间故事集成》（上海卷），北京：中国ISBN中心2007年版，第6页。

❷ [汉族] 地神造的泥人淋雨后，出现手脚残缺、瞎子、聋子和有麻子的人。

【流传】上海市·嘉定县（嘉定区）·黄渡乡·杨家村

【出处】金世英讲，徐忠良采录：《人的起源》，见中国民间文学集成全国编辑委员会编《中国民间故事集成》（上海卷），北京：中国ISBN中心2007年版，第7页。

❸ [汉族] 盘古捏的泥人因淋雨出现残疾。

【流传】河南省·（驻马店市）·泌阳县

【出处】《盘古捏泥人的传说》，见李同春编《中国民间故事集成·河南泌阳卷》，内部资料，第26~27页。

❹ [汉族] 盘古王用泥造人时下雨，他把泥人扫在一起后，有的缺了手，有的少了腿。此后，世上就有了残疾人。

【流传】四川省·（眉山市）·彭山县（彭山区）·建和乡·纱溪村

【出处】杨连陆讲，杨进莹采录：《残疾人的来历》，见中国民间文学集成全国编辑委员会编《中国民间故事集成》（四川卷·上），北京：中国ISBN中心1998年版，第28页。

❺ [汉族] 盘古用血和泥捏的人，下雨时淋雨出现残疾人。

【流传】山西省·（运城市）·闻喜县·峪堡村

【出处】王有山讲：《盘古出世》，见中

---

① 造人中产生残疾，该母题一般出现在关于造人的神话叙事中。

国民间文学集成全国编辑委员会编《中国民间故事集成》（山西卷），北京：中国 ISBN 中心 1999 年版，第 3 页。

❻ [汉族] 夫妻捏泥人时，因下雨泥人淋雨出现残疾。

【流传】山西省·临汾市·（浮山县）·东张乡

【出处】张子安讲：*《姐弟成婚》，见中国民间文学集成全国编辑委员会编《中国民间故事集成》（山西卷），北京：中国 ISBN 中心 1999 年版，第 14～15 页。

❼ [汉族] 姐弟成婚后日夜赶做泥人，下雨时淋雨出现残疾。

【流传】湖北省·（宜昌市）·当阳市·育溪春镇

【出处】徐复生讲：《葫芦姐弟》，见中国民间文学集成全国编辑委员会编《中国民间故事集成》（湖北卷），北京：中国 ISBN 中心 1999 年版，第 13～14 页。

❽ [满族] 很久以前，天塌地陷之后，鄂云和兜姐弟俩结为夫妻，鄂云格格生 10 个孩子，又捏出几百个泥人，下大雨时有些泥人被雨冲坏，因此出现残疾人。

【流传】（无考）

【出处】李成明讲，张其卓、董明整理：《人的来历》，见中国民间文艺研究会辽宁分会编《满族三老人故事集》，沈阳：春风文艺出版社 1984 年版，第 3～6 页。

## W2892.2
### 造人时碰撞造成残疾

实 例

❶ [达斡尔族] 天神用泥造人时，男的屈膝而跪，女的盘腿坐着，因此，男人的膝盖骨都发凉，女人的下肢则普遍寒大。泥人捏完后，天神用耙子把泥人耙在一起，有的弄坏腿、眼，所以人间出现瘸子和瞎子。

【流传】（无考）

【出处】白亨安：《人类起源神话》，见中国各民族宗教与神话大词典编审委员会编《中国各民族宗教与神话大词典》，北京：学苑出版社 1990 年版，第 72～73 页。

❷ [汉族] 兄妹用黄泥捏人，碰坏的部分泥人成为残疾人。

【流传】辽宁省·（本溪市）·桓仁县

【出处】陈建宪：《神话解读》，武汉：湖北教育出版社 1997 年版，第 44～45 页。

❸ [汉族] 伏羲女娲用泥造人时，泥人捏好了，要晒干。有时遇上雨，要抢收旋囤子，泥人难免损坏，这就造成一些人身体残缺现象。

【流传】江苏省·（淮安市）·涟水县·南集乡·禹庄村

【出处】徐学尧讲，徐省生搜集整理：《世界的由来》（1983），见姚宝瑄主编《中国各民族神话》（汉族），太原：山西出版传媒集团·书海出版社 2014 年版，第 24～28 页。

## W2892.3
### 没造好的人逃走成为残疾人
实例

[汉族]（实例待考）

## W2892.4
### 造人时受损造成肢体残缺
【关联】[W2891.2.1b] 造泥人时眼睛受损成为瞎子

实例

（参见关联项母题实例）

## W2892.5
### 与造人时形成残疾有关的其他母题
实例

（参见下级母题实例）

## W2892.5.1
### 造人时特定人物的破坏造成残疾
【关联】[W2128.1] 造人中的干扰

实例

[蒙古族] 天神用泥造人时，魔鬼让狗、猫弄脏泥人，使人出现缺陷。
【流传】（无考）
【出处】
(a) 却拉布吉译：《天神造人》，见谷德明编《中国少数民族神话》，北京：中国民间文艺出版社 1987 年版，第 29~31 页。

(b) [蒙古] 斯仁·索德那木编：《蒙古民间故事集》，乌兰巴托斯拉夫，1979 年。

## W2893
### 与残疾者有关的其他母题
实例

（参见下级母题实例）

## W2893.1
### 残疾人不会传宗接代
实例

[满族] 天宫大战后，只留下残疾人。他们不会传宗接代。
【流传】黑龙江省·（牡丹江市）·宁安县
【出处】关振川讲：《阿不凯恩都里》，见中国民间文学集成全国编辑委员会编《中国民间故事集成》（黑龙江卷），北京：中国 ISBN 中心 2005 年版，第 17~19 页。

## W2893.2
### 残疾是从天梯上摔下来形成的
实例

[苗族] 残疾是从天梯上摔下来形成的。
【流传】贵州省东南地区
【出处】梅桃讲，今旦整理：《天上人间》，见中华民族故事大系编委会编《中华民族故事大系》第 2 卷（藏族、维吾尔族、苗族），上海：上海文艺出版社 1995 年版，第 721 页。

## W2893.3
特定的婚姻造成残疾

实例

（参见下级母题实例）

## W2893.3.1
兄妹婚生子女皆有残疾

【关联】
① ［W2645.1.2］兄妹婚生畸形人
② ［W2645.1.3］兄妹婚生瞎眼的孩子
③ ［W2927.2.2.1］兄妹婚生傻儿子

实例

（参见关联项母题实例）

## ※ W2894
人的体征的变化

实例

（参见下级母题实例）

## W2895
人的体型的变化

实例

（参见下级母题实例）

## W2895.1
人的体型的变小

实例

（参见下级母题实例）

## W2895.1.1
人以前身体高大现在变矮小

【关联】［W2811.2.2］人自然变矮小

实例

（参见关联项母题实例）

## W2895.1.2
把人的体型改小

实例

[羌族] 索依迪朗（羌语，意为"娘老子"。迪，意为"老汉"，即"父亲"；朗，意为"阿妈"，即"母亲"）吃特定食物后孕生下第一个儿子，体格太大了，样子显得很难看，也不便给他这样高大的人修房子。索依迪朗认为，人不能像这个样子，于是决定再生一个儿子，并对人的体格作了一些更改。

【流传】（无考）

【出处】
（a）《索依迪朗：设计造人》，见西南民族学院《羌族文学简史》编写组编《羌族民间文学资料集》（一），1987年4月。
（b）同（a），见吕大吉、何耀华总主编《中国各民族原始宗教资料集成》（纳西族卷、羌族卷、独龙族卷、傈僳族卷、怒族卷），北京：中国社会科学出版社2000年版，第578页。

## W2895.2
人的体型的变大

实例

（参见下级母题实例）

## W2895.2.1
人以前身体矮小现在变大

实例

（实例待考）

## W2895.2.2
### 人遭受打击变大

**实例**

[赫哲族] 安徒（英雄名）进了霍通（城池），发现一家的小孩子越哄哭得越厉害。安徒生气地要打那孩子。这时小孩跳到地上跟安徒打起来。安徒越打，小孩子变得越大。

【流传】黑龙江省・佳木斯市・同江县・八岔乡

【出处】

（a）吴进才说唱，尤志贤翻译整理：《安徒莫日根》，载中国民间文艺研究会黑龙江分会所编《黑龙江民间文学》1981年第2集。

（b）同（a），见姚宝瑄主编《中国各民族神话》（满族、赫哲族、朝鲜族），太原：山西出版传媒集团・书海出版社2014年版，第147页。

## W2895.2.3
### 人进出葫芦后体型变大

**实例**

[彝族] 洪水后，逃生的独姆兄妹从葫芦里出来都变了样，小个子变成了大个子，矮个子变成了高个子，扁鼻子变成了高鼻子，直眼睛变成横眼睛。

【流传】云南省・（红河哈尼族彝族自治州）・弥勒县（弥勒市）

【出处】石旺讲，戈隆阿弘采录：《独眼人、直眼人和横眼人》，见中国民间文学集成全国编辑委员会编《中国民间故事集成》（云南卷），北京：中国ISBN中心2003年版，第215页。

## W2895.3
### 修改人的体型

【关联】

① [W2493.2] 设计生出正常人
② [W2895.1.2] 把人的体型改小

**实例**

（参见关联项母题实例）

## W2896
### 人蜕皮（人脱皮）

**实例**

[汉族] 以前的人到了一定的时间就要脱皮脱壳。

【流传】

（a）四川省・巴县（今重庆市・巴南区）

（b）四川省・（德阳市）・中江县・商唐乡

（c）福建省・（三明市）・宁化县・城关（城关镇）

（d）江西省・（抚州市）・南城县

【出处】

（a）罗桂英讲，金祥度采录：《人和龙》，见中国民间文学集成全国编辑委员会编《中国民间故事集成》（四川卷・上），北京：中国ISBN中心1998年版，第46页。

（b）黄仙花讲，吴超采录：《人和龙》，见中国民间文学集成全国编辑委员会编《中国民间故事集成》（四川卷・

上），北京：中国 ISBN 中心 1998 年版，第 46 页。

（c）薛其康讲，张锡电采录：《人死蛇蜕壳》，见中国民间文学集成全国编辑委员会编《中国民间故事集成》（山西卷），北京：中国 ISBN 中心 1999 年版，第 10 页。

（d）刘翠娥讲，尹永丰采录：《人死蛇蜕皮的由来》，见中国民间文学集成全国编辑委员会编《中国民间故事集成》（江西卷），北京：中国 ISBN 中心 2002 年版，第 16 页。

## W2896.0

### 人蜕皮的来历

【实例】

（参见下级母题实例）

## W2896.0.1

### 人接触会蜕皮的树学会蜕皮

【实例】

［高山族（赛夏）］有一种树会脱皮。以前有一个赛夏人跑去抱这种树，所以也跟着脱皮。

【流传】台湾

【出处】豆秋菊讲，王俊胜、李佳芳采录：《会脱皮的人》，原载金荣华编《台湾赛夏族民间故事》，见陶阳、钟秀编《中国神话》（下），北京：商务印书馆 2008 年版，第 1093 页。

## W2896.0.2

### 神传授人蜕皮方法

【实例】

［纳西族］分居到陆地上的人，陆和色（神名）偷偷地授给了脱皮的秘法。

【流传】云南省·丽江县（丽江市）

【出处】木丽春采集整理：《人脱皮的故事》，见木丽春编著《纳西族民间故事集》，昆明：云南人民出版社 2007 年版，第 10 页。

## W2896.0.3

### 人向蛇学会蜕皮

【实例】

［纳西族］人类羡慕蛇具有脱掉老皮换上新的年轻皮的本领，于是效仿小蛇学会脱皮。

【流传】云南省·丽江县（丽江市）

【出处】木丽春采集整理：《火葬场叫蛇脱皮灶的来由》，见木丽春编著《纳西族民间故事集》，昆明：云南人民出版社 2007 年版，第 40 页。

## W2896.1

### 以前人蜕皮可长生不老

【关联】［W2940］人的寿命

【实例】

❶［纳西族］因为陆和色（神名）授给了人脱皮的秘法，老的皮子脱去了，人又变成年轻人了，人有了长生不老的秘法。

【流传】云南省·丽江县（丽江市）

【出处】木丽春采集整理：《人脱皮的故事》，见木丽春编著《纳西族民间故事集》，昆明：云南人民出版社2007年版，第10页。

❷[普米族] 以前人蜕皮可长生不老。

【流传】云南省·（怒江傈僳族自治州）·兰坪白族普米族自治县

【出处】杨玉东讲，黄金妹整理：《人换蛇皮》，见中华民族故事大系编委会编《中华民族故事大系》第14卷（普米族、塔吉克族、怒族、俄罗斯族、鄂温克族），上海：上海文艺出版社1995年版，第217页。

## W2896.1.1

### 人通过蜕皮不死

【关联】[W2941] 人原来不死（以前的人不死）

实 例

[高山族（赛夏）] 人每脱皮一次就会长大一些，而且脱了皮，人也就不会死了。

【流传】台湾

【出处】豆秋菊讲，王俊胜、李佳芳采录：《会脱皮的人》，原载金荣华编《台湾赛夏族民间故事》，见陶阳、钟秀编《中国神话》（下），北京：商务印书馆2008年版，第1093页。

## W2896.2

### 人蜕皮变年轻

【关联】[W2960.2] 人的皮被蛇偷去后不再变年轻

实 例

❶[苗族] 人是用泥巴捏成的，只要把老皮蜕去就会变年轻，永远活在大地上。

【流传】云南省·（曲靖市）·宣威县

【出处】苏正学讲，张绍祥采录：《人蜕皮》，见中国民间文学集成全国编辑委员会编《中国民间故事集成》（云南卷），北京：中国ISBN中心2003年版，第282页。

❷[彝族] 人老了之后，可以通过晒太阳脱皮后就变年轻。

【流传】云南省·（红河哈尼族彝族自治州）·弥勒县（弥勒市）·龙新寨

【出处】石树新讲：《人蜕皮的传说》，见李德君《彝族阿细人民间文学作品采集实录》，北京：中央民族大学出版社2009年版，第329页。

## W2896.2.1

### 人蜕皮可以使40多岁变成十七八岁

实 例

[汉族] 人四十多岁脱壳后，又像一个十七八岁的年轻小伙子了。

【流传】四川省·巴县（今重庆市·巴南区）

【出处】罗桂英讲，金祥度采录：《人和龙》，见中国民间文学集成全国编辑委员会编《中国民间故事集成》（四川卷·上），北京：中国ISBN中心1998年版，第46页。

## W2896.3
### 人通过晒太阳脱皮

**实例**

［彝族］人老了，通过晒太阳脱皮后就会变年轻。

【流传】云南省·（红河哈尼族彝族自治州）·弥勒县（弥勒市）·龙新寨

【出处】石树新讲：《人蜕皮的传说》，见李德君《彝族阿细人民间文学作品采集实录》，北京：中央民族大学出版社2009年版，第329页。

## W2896.4
### 人通过浸泡蜕皮

**实例**

（参见下级母题实例）

## W2896.4.1
### 人通过在油缸中浸泡蜕皮

**实例**

［汉族］人脱皮要经过痛苦的磨难，把自己放在一个盛满青油的大瓦缸里浸，才能把皮脱掉。

【流传】江西省·（抚州市）·南城县

【出处】刘翠娥讲，尹永丰采录：《人死蛇蜕皮的由来》，见中国民间文学集成全国编辑委员会编《中国民间故事集成》（江西卷），北京：中国ISBN中心2002年版，第16页。

## W2896.5
### 人蜕皮的时间

**实例**

（参见下级母题实例）

## W2896.5.1
### 人40多岁蜕皮

**实例**

［汉族］以前的人只要活到四十多岁，就平白无故地发起烧来。烧得人事不省，不吃不喝，光是昏睡，一睡就是七七四十九天。等他醒过来后，就要脱壳，脱下一张人皮后，又像一个十七八岁的年轻小伙子。

【流传】四川省

【出处】罗桂英讲，金祥度、李子硕搜集整理：《人脱壳到蛇脱皮》，原载《四川神话选》，见陶阳、钟秀编《中国神话》（下），北京：商务印书馆2008年版，第1089页。

## W2896.5.2
### 人60岁时蜕皮

【关联】［W2954.1］人的寿命60岁

**实例**

［汉族］管蛇的神仙和管人的神仙在确定生死的时候讲好：人到了六十岁就转一次节，蜕一次皮，又回到年轻的年岁。

【流传】湖北省

【出处】冯帮贵、冯德清讲，冯本林搜

集整理:《人死蛇蜕皮的来历》,原载《湖北民间传说集》,见陶阳、钟秀编《中国神话》(下),北京:商务印书馆2008年版,第1077页。

## W2896.6
### 人几年蜕一次皮

**实例**

(参见下级母题实例)

## W2896.6.1
### 人1年蜕一次皮

**实例**

[高山族(赛夏)](实例待考)

## W2896.6.2
### 人3年蜕一次皮

**实例**

[普米族] 人每隔三年就会脱一次皮。

【流传】云南省·(怒江傈僳族自治州)·兰坪县(兰坪白族普米族自治县)

【出处】杨玉东讲,黄金妹整理:《人换蛇皮》,见中华民族故事大系编委会编《中华民族故事大系》第14卷(普米族、塔吉克族、怒族、俄罗斯族、鄂温克族),上海:上海文艺出版社1995年版,第217页。

## W2896.7
### 人几十年蜕一次皮

**实例**

(参见下级母题实例)

## W2896.7.1
### 人30年蜕一次皮

**实例**

[纳西族] 人每隔三十年脱一次皮,老的皮子脱去后,人又变成年轻人。

【流传】云南省·丽江县(丽江市)

【出处】木丽春采集整理:《人脱皮的故事》,见木丽春编著《纳西族民间故事集》,昆明:云南人民出版社2007年版,第10页。

## W2896.7.2
### 人60年蜕一次皮

【关联】[W2896.5.2] 人60岁时蜕皮

**实例**

[汉族] 从前的人,每隔六十年要脱一次皮。

【流传】江西省·南昌市·湾里区

【出处】钟丰采采录:《人死蛇蜕皮》,见中国民间文学集成全国编辑委员会编《中国民间故事集成》(江西卷),北京:中国ISBN中心2002年版,第16页。

## W2896.8
### 人不再蜕皮(人不再蜕皮的原因)

**实例**

(参见下级母题实例)

## W2896.8.1
### 神答应了人不再蜕皮的请求

【实例】

❶ [汉族] 有一个老太婆,每天拜天地拜菩萨,求神灵保佑她不脱皮。神答应了她的请求。

【流传】江西省·南昌市·湾里区

【出处】钟丰采采录:《人死蛇蜕皮》,见中国民间文学集成全国编辑委员会编《中国民间故事集成》(江西卷),北京:中国ISBN中心2002年版,第16页。

❷ [苗族] 以前的人通过脱皮长生不老。有一位妇女蜕皮的时候,流血很多,感到很疼痛,正在她叹息叫苦的时候,天上的老爷爷来到人间。她请求:"天上老爷爷,我蜕皮实在是受不了。我情愿死掉,要蜕皮我就不想活了。"天上老爷爷答应了她的请求。人从此不再蜕皮。

【流传】云南省

【出处】王建国讲,陆兴凤翻译:《人为何会生会死》,原载《云南苗族民间故事集成》,见陶阳、钟秀编《中国神话》(下),北京:商务印书馆2008年版,第1078~1079页。

## W2896.8.2
### 人与蛇交换了蜕皮

【关联】
① [W2867.2] 人与动物交换皮肤
② [W2977.2] 人把蜕皮的能力与蛇交换后产生死亡

【实例】

[汉族] 原来管蛇的神仙和管人的神仙确定:蛇只能活十年;人六十岁时转一次节,蜕一次皮,变年轻。结果死蛇很多,烂臭熏人,人之间也结怨成仇。两个神仙这才又把人和蛇对换了一下,因为人有同伙放埋尸体。蛇则每年蜕一次皮。

【流传】湖北省

【出处】冯帮贵、冯德清讲,冯本林搜集整理:《人死蛇蜕皮的来历》,原载《湖北民间传说集》,见陶阳、钟秀编《中国神话》(下),北京:商务印书馆2008年版,第1077页。

## W2896.8.3
### 人会生育后不再蜕皮(死亡代替了蜕皮)

【关联】[W2580.2.6] 神让人用生育代替了蜕皮

【实例】

[苗族] 以前的人通过脱皮长生不老。天上老爷爷答应一个妇女不再想蜕皮的请求时,说道:"人活在世上,哪个都有生老病死,就不消蜕皮了!不过你得生儿育女,繁衍人烟!"

【流传】云南省

【出处】王建国讲,陆兴凤翻译:《人为何会生会死》,原载《云南苗族民间故事集成》,见陶阳、钟秀编《中国神话》(下),北京:商务印书馆2008年版,第1078~1079页。

## W2896.8.4
### 人自愿放弃蜕皮

**实例**

[高山族（赛夏）] 人实在受不了脱皮时的痛苦，宁愿老死，也不愿再脱皮。

【流传】台湾

【出处】豆秋菊讲，王俊胜、李佳芳采录：《会脱皮的人》，原载金荣华编《台湾赛夏族民间故事》，见陶阳、钟秀编《中国神话》（下），北京：商务印书馆2008年版，第1093页。

## W2896.8.5
### 人怕痛苦不再蜕皮

**实例**

[汉族] 老人要脱皮时，不愿受那般痛苦，从此就不再脱皮。

【流传】江西省·（抚州市）·南城县

【出处】刘翠娥讲，尹永丰采录：《人死蛇蜕皮的由来》，见中国民间文学集成全国编辑委员会编《中国民间故事集成》（江西卷），北京：中国ISBN中心2002年版，第16页。

## W2896.9
### 与人蜕皮有关的其他母题

**实例**

（参见下级母题实例）

## W2896.9.0
### 人在特定时辰蜕皮

**实例**

[羌族] 有个女人生了个蛤蟆投胎的女儿。这女儿每到一定时辰，就要脱下癞蛤蟆皮皮，换上好看的衣服，然后到天上去。

【流传】（无考）

【出处】
(a)《山沟平坝的形成》，见杨亮才、陶立璠、邓敏文著《中国少数民族文学》（上册），北京：人民出版社1985年版。
(b) 林忠亮：《试析羌族的古老神话》，载《西南民族学院学报》1981第2期。
(c) 同(a)，见姚宝瑄主编《中国各民族神话》（羌族、彝族），太原：山西出版传媒集团·书海出版社2014年版，第4页。
(d) 同(b)，见姚宝瑄主编《中国各民族神话》（羌族、彝族），太原：山西出版传媒集团·书海出版社2014年版，第18页。

## W2896.9.1
### 人脱皮要用49天

**实例**

❶ [汉族] 人脱皮要经过七七四十九天才能把皮脱下。

【流传】江西省·（抚州市）·南城县

【出处】刘翠娥讲，尹永丰采录：《人死蛇蜕皮的由来》，见中国民间文学集成全国编辑委员会编《中国民间故事集成》（江西卷），北京：中国ISBN中心2002年版，第16页。

❷ [汉族] 人脱壳的时候就开始发烧，睡在岩洞洞头，不吃不喝地烧了四十九天。

【流传】四川省

【出处】罗桂英讲，金祥度、李子硕搜集整理：《人脱壳到蛇脱皮》，原载《四川神话选》，见陶阳、钟秀编《中国神话》（下），北京：商务印书馆2008年版，第1089页。

## W2896.9.2
### 人脱皮要用49天到81天

实例

[汉族] 人每年要蜕皮，蜕皮时要发大昏，疼痛难忍，少则要四十九天，多则要八十一天。

【流传】（a）四川省·（德阳市）·中江县·商唐乡

【出处】

（a）黄仙花讲，吴超采录：《人和龙》（1986），见中国民间文学集成全国编辑委员会编《中国民间故事集成》（四川卷·上），北京：中国ISBN中心1998年版，第46页。

（b）同（a），见陶阳、钟秀编《中国神话》（下），北京：商务印书馆2008年版，第1091~1092页。

## W2896.9.3
### 人脱皮要用3年

实例

[苗族] 一个妇女蜕皮时，拼命用力蜕，流血如注，疼痛得大颗大颗的汗珠从头上冒出，三年没有完成。

【流传】云南省

【出处】王建国讲，陆兴凤翻译：《人为何会生会死》，原载《云南苗族民间故事集成》，见陶阳、钟秀编《中国神话》（下），北京：商务印书馆2008年版，第1078~1079页。

## W2896.9.4
### 人蜕皮很痛苦

【关联】

① [W2987.1.1] 人认为蜕皮很麻烦愿意死去

② [W2896.9.1] 人脱皮要用七七四十九天

③ [W2896.9.2] 人脱皮要用49到81天

④ [W2896.9.3] 人脱皮要用3年

实例

❶ [纳西族] 一到三十年脱一次皮的那一天，人就呻吟着，疼痛得在地上扭曲又打滚，疼痛得连手指也抠进石头里，鲜血染红了石头。

【流传】云南省·丽江县（丽江市）

【出处】木丽春采集整理：《人脱皮的故事》，见木丽春编著《纳西族民间故事集》，昆明：云南人民出版社2007

❷ [高山族（赛夏）] 人脱皮时会感到很痛苦。
【流传】台湾
【出处】豆秋菊讲，王俊胜、李佳芳采录：《会脱皮的人》，原载金荣华编《台湾赛夏族民间故事》，见陶阳、钟秀编《中国神话》（下），北京：商务印书馆 2008 年版，第 1093 页。

## W2896.9.5
### 以前人的皮肤可以揭下来

实 例

[傈僳族] 以前，人的头皮是活动的，可以揭下来。当头发里生虱子时，常常要把头皮揭下来，放在膝盖上捉头发里的虱子。
【流传】（无考）
【出处】禾青：《盘古造人》，见祝发清、左玉堂、尚仲豪编《傈僳族民间故事选》，上海：上海文艺出版社 1985 年版，第 7~11 页。

## W2896.9.6
### 人蜕的皮被烧掉

实 例

[羌族] 有个女人生了个蛤蟆投胎的女儿，她趁女儿脱下癞蛤蟆皮上天去的时候，就悄悄把癞蛤蟆皮丢进火里烧了。
【流传】（无考）
【出处】

(a)《山沟平坝的形成》，见杨亮才、陶立璠、邓敏文著《中国少数民族文学》（上册），北京：人民出版社 1985 年版。

(b) 林忠亮：《试析羌族的古老神话》，载《西南民族学院学报》1981 第 2 期。

(c) 同（a），见姚宝瑄主编《中国各民族神话》（羌族、彝族），太原：山西出版传媒集团·书海出版社 2014 年版，第 4 页。

(d)《山沟、平坝的形成》，见姚宝瑄主编《中国各民族神话》（羌族、彝族），太原：山西出版传媒集团·书海出版社 2014 年版，第 18 页。

## W2897
### 与人的体征变化有关的其他母题

【关联】
[W2819.6.1] 神把人的角去掉
[W2848.2.2.1] 人的胫骨和肘骨切断弄成双层

实 例

（参见下级母题实例）

## W2897.1
### 经历灾难产生体征变化

实 例

[彝族] 洪水后，逃生的独姆兄妹从葫芦里出来都变了样，小个子变成了大个子，矮个子变成了高个子，扁鼻子变成了高鼻子，直眼睛变成横眼睛。
【流传】云南省·（红河哈尼族彝族自

治州）·弥勒县（弥勒市）

【出处】石旺讲，戈隆阿弘采录：《独眼人、直眼人和横眼人》，见中国民间文学集成全国编辑委员会编《中国民间故事集成》（云南卷），北京：中国ISBN 中心 2003 年版，第 215 页。

## W2897.2
### 洗浴产生体征变化

【关联】［W2888.4.1］人洗浴后长出翅膀

实例

（参见下级母题实例）

## W2897.2.1
### 洗浴后五官发生变化

【关联】［W2821］人的面部特征的来历（五官的产生）

实例

［朝鲜族］一只鸡龙从左胁生童女，姿色艳丽，天下无双。但她的嘴唇像个鸡嘴似的很不雅观。这时，有位老妪带她到月城之北川中，给她沐浴，于是她的嘴一下子被拨落了。

【流传】（无考）

【出处】金永奎改写：《赫居世神话》，见姚宝瑄主编《中国各民族神话》（满族、赫哲族、朝鲜族），太原：山西出版传媒集团·书海出版社 2014 年版，第 165~166 页。

## W2897.3
### 在洞中发生了体征变化

实例

［鄂温克族］（实例待考）

## W2897.4
### 人的体征变化与婚姻有关

实例

（参见下级母题实例）

## W2897.4.1
### 人没能与星星结婚产生美丑

实例

［独龙族］猎人没能和星星姑娘结婚，所以后来有的人长得美，有的丑。

【流传】云南省

【出处】《星星姑娘》，见中国社会科学院云南少数民族文学研究所等编《云南少数民族文学资料》第 2 辑，内部编印，1981 年，第 159 页。

## W2897.5
### 人与动物结婚体形被同化

【关联】［W7401］人与动物婚

实例

（参见下级母题实例）

## W2897.5.1
### 人与熊婚后变成熊样

【关联】［W7454］人与熊婚

实例

［撒拉族］尕娃与大母熊在洞中结为两口子后，慢慢地变样了，身上长满了黑毛，走路也是一步摇三步，看着人不是人，熊不是熊。

【流传】（无考）

【出处】韩乙四夫讲，马英兰记录：《孕娃和熊》，见满都呼主编《中国阿尔泰语系诸民族神话故事》，北京：民族出版社1997年版，第110页。

## W2898
### 与人的体征有关的其他母题

实例

（参见下级母题实例）

## W2898.0
### 体征不凡者

实例

（参见下级母题实例）

## W2898.0.1
### 大力士

【关联】

① ［W0660］巨人

② ［W2929.12.1］野人是大力士

实例

（参见下级母题实例）

## W2898.0.1.1
### 力大无穷的人（大力士力大如牛）

实例

❶ ［苗族］很久以前，世间有个人名叫高比，力大无比。

【流传】（无考）

【出处】《雷公和高比》，见陶立璠、李耀宗编《中国少数民族神话传说选》，成都：四川民族出版社1985年版，第137页。

❷ ［纳西族］阿土摔翻了一个力大如牛的对手，赢得了九山十八寨称誉的大力士，就在这次的摔跤比赛场上，阿土也收获了爱情。

【流传】云南省·丽江县（丽江市）

【出处】木丽春采集整理：《百鸟衣》，见木丽春编著《纳西族民间故事集》，昆明：云南人民出版社2007年版，第214页。

❸ ［畲族］老婆婆的大儿子，一个小指头就能拆开打架的大犍牛。

【流传】浙江省

【出处】

(a) 王国全搜集整理：《天眼重开》，见谷德明编《中国少数民族神话》，北京：中国民间文艺出版社1987年版，第209~224页。

(b) 同(a)，见姚宝瑄主编《中国各民族神话》（高山族、黎族、畲族），太原：山西出版传媒集团·书海出版社2014年版，第118页。

## W2898.0.1.1a
### 大力士比99条犀牛的力气还大

实例

［布依族］有个后生名叫力夔，长得浓眉大眼，腰粗臂圆，身长九尺九寸九分，力气很大，九十九条犀牛都比不上他。

【流传】贵州省

【出处】王燕、春甫、班告爷等讲，汛河搜集整理：《力戛撑天》，原载陶立璠、李耀宗编《中国少数民族神话传说选》，见陶阳、钟秀编《中国神话》（中），北京：商务印书馆2008年版，第773~775页。

## W2898.0.1.1b
### 大力少年

实 例

[蒙古族] 乌恩（人名）长到十岁时饭量已经超过了大人，一巴掌就能打倒一头犍牛。

【流传】（无考）

【出处】

（a）赛野搜集整理：《乌恩射太阳》，见谷德明编《中国少数民族神话选》，西北民族学院研究所编印，内部资料，1983年。

（b）赛野搜集整理：《乌恩战妖龙》，见姚宝瑄主编《中国各民族神话》（达斡尔族、鄂伦春族、鄂温克族、蒙古族），太原：山西出版传媒集团·书海出版社2014年版，第179~180页。

## W2898.0.1.2
### 有神力的人

【关联】[W2598.2] 特殊出生的孩子有神力

实 例

❶ [苗族] 很久以前，世间有个人名叫阿陪果本，有顶天立地的力气。

【流传】湖南省湘西一带、贵州省·（铜仁市）·松桃地区（松桃苗族自治县）

【出处】

（a）滕树宽、龙炳文搜集，江波整理：《阿陪果本》，见燕宝编《苗族民间故事选》，上海：上海文艺出版社1981年版。

（b）同（a），见姚宝瑄主编《中国各民族神话》（布依族、仡佬族、苗族），太原：山西出版传媒集团·书海出版社2014年版，第149页。

❷ [维吾尔族] 古代龟兹国有个国王名叫阿主儿，他力气大到能够降伏凶恶的龙。

【流传】新疆维吾尔自治区

【出处】傅光宇改写：《龟兹王降龙》，见姚宝瑄主编《中国各民族神话》（乌孜别克族、哈萨克族、柯尔克孜族、俄罗斯族、维吾尔族、塔吉克族、塔塔尔族、锡伯族），太原：山西出版传媒集团·书海出版社2014年版，第236页。

## W2898.0.1.3
### 脚力很大的人

实 例

[畲族] 老婆婆的二儿子，只用一个脚趾头就能踢坍一个山峰。

【流传】浙江省

【出处】（a）王国全搜集整理：《天眼重开》，见谷德明编《中国少数民族神话》，北京：中国民间文艺出版社1987年版，第209～224页。

（b）同（a），见姚宝瑄主编《中国各民族神话》（高山族、黎族、畲族），太原：山西出版传媒集团·书海出版社2014年版，第118页。

## W2898.0.1.4
### 大力士的饭量

【关联】［W0663.1］巨人饭量巨大

实 例

［布依族］有个后生名叫力戛，是个大力士。他吃了三石三斗三升糯米饭，喝了三缸三壶三碗糯米酒，伸了个懒腰，周身筋骨绷得"格格"响。

【流传】贵州省

【出处】王燕、春甫、班告爷等讲，汛河搜集整理：《力戛撑天》，原载陶立璠、李耀宗编《中国少数民族神话传说选》，见陶阳、钟秀编《中国神话》（中），北京：商务印书馆2008年版，第773～775页。

## W2898.0.1.5
### 大力士施展力气

【关联】［W9631］体力比赛（力量比赛）

实 例

［布依族］大力士力戛狠狠地吸了一口气，榕树叶子、木棉树叶子、茶花、夹竹桃都被他吸进肚子里。他眼睛鼓得像海碗大，浑身筋骨鼓得像楠竹那么粗。

【流传】贵州省

【出处】王燕、春甫、班告爷等讲，汛河搜集整理：《力戛撑天》，原载陶立璠、李耀宗编《中国少数民族神话传说选》，见陶阳、钟秀编《中国神话》（中），北京：商务印书馆2008年版，第773～775页。

## W2898.0.2
### 善吹者

实 例

（参见下级母题实例）

## W2898.0.2.1
### 吹气成风的人

【关联】［W4265］风的产生

实 例

［畲族］老婆婆的三儿子，吹一口风，就能移走九座大山。

【流传】浙江省

【出处】

（a）王国全搜集整理：《天眼重开》，见谷德明编《中国少数民族神话》，北京：中国民间文艺出版社1987年版，第209～224页。

（b）同（a），见姚宝瑄主编《中国各民族神话》（高山族、黎族、畲族），太原：山西出版传媒集团·书海出版社2014年版，第118页。

## W2898.0a
### 特定体征的人

实 例

（参见下级母题实例）

## W2898.0a.1
### 龙人

实例

[苗族] 盘古开天时，出现了龙身人首的乌基和代基。这种龙人演变成人。

【流传】湖南省·湘西（湘西土家族苗族自治州）

【出处】《龙人》，见石宗仁整理《苗族史诗》。

## W2898.0a.2
### 蛙人

【关联】[W2607.12.1] 生蛙人

实例

[朝鲜族] 夫馀王解夫娄老年无子，求神得一个形如金蛙的婴儿。

【流传】（无考）

【出处】金净伊译：《解慕漱和柳花》，见《东国李相国集》卷第三《东明王篇》。

## W2898.0a.3
### 虎人（人虎）

【关联】[W2607.9.2] 生的孩子半人半虎

实例

[彝族] 以前似人似雁的人演化为似人似虎的人，称为人虎。

【流传】云南省·（楚雄彝族自治州·武定县）·万德（万德镇）

【出处】罗希吾戈翻译：《夷僰榷濮》（六祖史诗），昆明：云南民族出版社1986年版，第22页。

## W2898.0a.4
### 蛇人

实例

[侗族] 有"蛇种"人。

【流传】贵州省·（黔东南苗族侗族自治州）·榕江（榕江县）·车江（车江乡）

【出处】黄才贵：《女神与泛神——侗族"萨玛"文化研究》，贵阳：贵州人民出版社2006年版，第223页。

## W2898.1
### 健康的人

【关联】[W2493.8.1] 生的孩子又白又胖

实例

（参见下级母题实例）

## W2898.1.1
### 健康是神佑的结果

实例

[鄂温克族] "奥蔑"是鄂温克、达斡尔族萨满通用的名词，指父母将体弱多病的子女委托给萨满或"斡托西"抚养一段时间，其间萨满可以祈求其神灵加以保护，使之健康成长。

【流传】内蒙古自治区·（呼伦贝尔市）·温克族自治旗·巴彦托海镇

【出处】奥云华尔唱述，额尔和木西勒翻译，满都尔图、孟和采集整理：

《奥蓑》（1990.10.22）注释，见吕大吉、何耀华总主编《中国各民族原始宗教资料集成》（鄂伦春族卷、鄂温克族卷、赫哲族卷、达斡尔族卷、锡伯族卷、满族卷、蒙古族卷、藏族卷），北京：中国社会科学出版社1999年版，第158页。

## W2898.1.2
### 健康是魂不离身的结果

【关联】［W0915］灵魂的功能

实 例

［白族］健康人是三魂七魄集于一身，病人则魂魄走散或丢失。

【流传】云南省

【出处】吕大吉、何耀华总主编《中国各民族原始宗教资料集成》（彝族卷、白族卷、基诺族卷），北京：中国社会科学出版社1996年版，第400页。

## W2898.1.3
### 特殊出生的人是健康的人

实 例

（参见下级母题实例）

## W2898.1.3.1
### 卵生健康的人

【关联】［W2220］卵生人

实 例

［侗族］萨犹（这里应是一种动物名称）孵萨天巴（蜘蛛，女祖神，创世神）交给的卵，孵出的始祖松恩在晨光中降生，白皮嫩肉肥又胖。两只小手长十指，一双眸子闪闪亮。

【流传】广西壮族自治区·（柳州市）·三江（三江侗族自治县），（桂林市）·龙胜（龙胜各族自治县）

【出处】杨卜林喜、杨卜松林、杨明世讲，杨国仁、涛声搜集整理，蒿紫改写：《创世女神萨天巴》，过伟改写自侗族创世史诗《嘎茫莽道时嘉——远祖歌》（未出版稿），见姚宝瑄主编《中国各民族神话》（土家族、毛南族、侗族、瑶族），太原：山西出版传媒集团·书海出版社2014年版，第95页。

## W2898.1.4
### 宗教人物可以使人健康

实 例

（参见下级母题实例）

## W2898.1.4.1
### 萨满使幼儿健康

【关联】［W2898.1.1］健康是神佑的结果

实 例

（参见关联项母题实例）

## W2898.2
### 羸弱的人

实 例

（实例待考）

## W2898.3
漂亮的人

实例

（参见下级母题实例）

## W2898.3.0
漂亮的人的来历

实例

（参见下级母题实例）

## W2898.3.0.1
造人手法精湛后造的人变漂亮

【关联】［W2100］造人的方法

实例

［汉族］娲儿公主和太极（仙名）、无极（仙名）造人。先做的泥人因为手艺还不精，面目丑陋，长得好看的人是后做的。

【流传】辽宁省·阜新市·细河区

【出处】吴振清讲，郝殿玺搜集整理：《人的来历》，原载阜新市细河区民间文学集成编委会编《细河区资料本》，见陶阳、钟秀编《中国神话》（上），北京：商务印书馆 2008 年版，第 3243～26 页。

## W2898.3.0.2
变化出漂亮的人

【关联】［W2300］人是变化产生的（变人）

实例

［高山族（布农）］粪丸子变成了两个年轻漂亮的男女。

【流传】台湾卓万社

【出处】《高山族各种人的始祖：那勒哈勒虫屎与洞穴结合生男女》，见姚宝瑄主编《中国各民族神话》（高山族、黎族、畲族），太原：山西出版传媒集团·书海出版社 2014 年版，第 11 页。

## W2898.3.1
美男

实例

［白族］女子寻夫时，见江中有木，逆流而上，惊迷若梦，见一美男子。

【流传】云南省·金齿·龙泉村（具体归属不详）

【出处】《白国因由》卷一《天生细奴罗主白国》第七。

## W2898.3.2
美女

实例

［纳西族］山鹰蛋的蛋黄变成一个美貌如月亮的姑娘。

【流传】云南省·丽江县（丽江市）

【出处】木丽春采集整理：《格古命的故事》，见木丽春编著《纳西族民间故事集》，昆明：云南人民出版社 2007 年版，第 28 页。

## W2898.3.2.1
貌美心善的姑娘

实例

［俄罗斯族］荞麦姑娘依然是耀眼的，

她不仅美丽而且善良，而且还有一颗金子般的心。

【流传】新疆维吾尔自治区

【出处】佚名整理：《荞麦姑娘》，见姚宝瑄主编《中国各民族神话》（乌孜别克族、哈萨克族、柯尔克孜族、俄罗斯族、维吾尔族、塔吉克族、塔塔尔族、锡伯族），太原：山西出版传媒集团·书海出版社2014年版，第214页。

## W2898.3.2.2
### 美女胜过天仙（美女赛天仙）

实例

[朝鲜族] 一天，天神解慕漱巡视到鸭绿江边看见碧绿的江水上有三个漂亮的姑娘。发现这三个姑娘哪一个都比天上的仙女漂亮。

【流传】长白山等地

【出处】金德顺讲，裴永镇记录整理：《东明王的传说》，原载《金德顺故事集》，见陶阳、钟秀编《中国神话》（中），北京：商务印书馆2008年版，第886~897页。

## W2898.3.2.3
### 美女胜过鲜花

实例

[蒙古族] 三公主到了十七岁，美貌胜过了草原上所有的鲜花。

【流传】辽宁省·朝阳市·喀喇沁左翼蒙古族自治县·东哨乡·东哨（东哨村）

【出处】王天彬讲，琴音记录整理：《月亮公主》（1983年初冬），见姚宝瑄主编《中国各民族神话》（达斡尔族、鄂伦春族、鄂温克族、蒙古族），太原：山西出版传媒集团·书海出版社2014年版，第153页。

## W2898.3.2.4
### 美女的手如白葱

实例

[苗族] 补天补地的仙女长得年轻、漂亮又灵巧，一双手白生生的，白得像剥开的蒜头，像扯开衣的白葱根。

【流传】云南省·文山（文山壮族苗族自治州）一带

【出处】邓光北、闪永仙说唱，项保昌、刘德荣搜集：《开天补天，辟地补地》，见姚宝瑄主编《中国各民族神话》（布依族、仡佬族、苗族），太原：山西出版传媒集团·书海出版社2014年版，第126页。

## W2898.3.2.5
### 美女羞花闭月

实例

[苗族] 伽价公主是神农的七个女儿中最美的一个，鸟见翅儿软，兽见腿无力，比花花褪色，赛月月无光。

【流传】贵州省·（铜仁市）·松桃地区（松桃苗族自治县）；湖南省·湘西（湘西土家族苗族自治州）苗族居住区一带

【出处】

(a) 龙炳文搜集，燕宝整理：《神母狗

父》，见燕宝编《苗族民间故事选》，上海：上海文艺出版社 1981 年版。

（b）同（a），见姚宝瑄主编《中国各民族神话》（布依族、仡佬族、苗族），太原：山西出版传媒集团·书海出版社 2014 年版，第 146 页。

## W2898.3.2.6
### 美女羞花落雁

**实例**

[蒙古族] 湖边的森林中突然出现了一个美丽的姑娘，太阳、月亮都比不上她。

【流传】新疆维吾尔自治区卫拉特蒙古族地区

【出处】

（a）姚宝瑄记录整理：《天女的恩惠》，见张越、姚宝瑄编《新疆民族神话故事选》，乌鲁木齐：新疆人民出版社 1989 年版。

（b）姚宝瑄记录整理：《杜尔伯特部落的来源》，见姚宝瑄主编《中国各民族神话》（达斡尔族、鄂伦春族、鄂温克族、蒙古族），太原：山西出版传媒集团·书海出版社 2014 年版，第 136 页。

## W2898.3.2a
### 神给予女子美貌

**实例**

（参见下级母题实例）

## W2898.3.2a.1
### 女子貌美是神佑的结果

**实例**

❶ [纳西族] 永宁坝的格姆女山（汉称狮子山）雄伟而秀丽，且面向永宁坝，因而永宁坝的摩梭人身材窈窕修长，容貌美丽，这是格姆女山神显灵的结果。

【流传】云南省·（丽江市·宁蒗彝族自治县）·永宁（永宁乡）

【出处】杨学政调查整理：*《祭山神》，见云南省社会科学院宗教研究所编《宗教调查与研究》，内部编印，1986 年，第 176～177 页。

❷ [藏族] 拉萨女子之所以聪明伶俐，婀娜苗条，全是因为白拉姆女神的保佑。

【流传】西藏自治区·拉萨市·南郊·次却林乡

【出处】廖东凡搜集：《白拉姆女神和赤尊赞》，原载《西藏民间故事选》，见陶阳、钟秀编《中国神话》（中），北京：商务印书馆 2008 年版，第 953～955 页。

## W2898.3.2b
### 貌美的人心不善

**实例**

（参见下级母题实例）

## W2898.3.2b.1
### 媚眼勾人的女子心不善

【关联】[W2834.7.1] 勾人的媚眼

### 实例

[纳西族] 横眼天女善良，容貌却不好看。直眼天女不善良，却有一双勾人的媚眼。

【流传】（a）云南省·丽江县（丽江市）

【出处】

(a) 和芳讲，和志武采录：《人类迁徙记》，见中国民间文学集成全国编辑委员会编《中国民间故事集成》（云南卷），北京：中国ISBN中心2003年版，第49页。

(b) 和志武翻译整理：《人类迁徙记》，见谷德明编《中国少数民族神话》，北京：中国民间文艺出版社1987年版，第395页。

## W2898.4
### 丑陋的人
【汤普森】F576

### 实例
（参见下级母题实例）

## W2898.4.0
### 丑人的来历

### 实例
（参见下级母题实例）

## W2898.4.0.1
### 刚开始造人时造人不精形成丑人

### 实例

[汉族] 娲儿公主和太极（仙名）、无极（仙名）造人。有的地区的人长得不怎么好看，那是先做的泥人，因为一开始手艺还不精。

【流传】辽宁省·阜新市·细河区

【出处】吴振清讲，郝殿玺搜集整理：《人的来历》，原载阜新市细河区民间文学集成编委会编《细河区资料本》，见陶阳、钟秀编《中国神话》（上），北京：商务印书馆2008年版，第324~326页。

## W2898.4.1
### 丑男

### 实例

[苗族] 天上的大神生老派女神敖玉和男神敖古，下到凡间成亲繁衍人烟。敖玉见敖古长相难看，心中不悦，虽同他到凡间很久了，一直都没有和他成亲。

【流传】云南省

【出处】

(a)《造人烟的传说》，见杨光汉主编《云南苗族民间故事集成》，北京：中国民间文艺出版社1988年版。

(b) 同（a），见姚宝瑄主编《中国各民族神话》（布依族、仡佬族、苗族），太原：山西出版传媒集团·书海出版社2014年版，第287页。

## W2898.4.2
### 丑女

### 实例
（参见下级母题实例）

## W2898.4.2.1
### 癞蛤蟆投胎为丑女

【关联】［W9375］投胎

**实例**

[羌族] 从前，有个女人生了个女儿，是癞蛤蟆神投胎来的，长得非常难看。

【流传】（无考）

【出处】

(a)《山沟平坝的形成》，见杨亮才、陶立璠、邓敏文著《中国少数民族文学》（上册），北京：人民出版社1985年版。

(b) 林忠亮：《试析羌族的古老神话》，载《西南民族学院学报》1981第2期。

(c) 同（a），见姚宝瑄主编《中国各民族神话》（羌族、彝族），太原：山西出版传媒集团·书海出版社2014年版，第4页。

(d) 同（b），见姚宝瑄主编《中国各民族神话》（羌族、彝族），太原：山西出版传媒集团·书海出版社2014年版，第18页。

## W2898.4.2.2
### 身小畸异的丑女

**实例**

[高山族（赛夏）] 太古时，氏族的头人生下一个女儿，相貌十分丑陋，身小畸异。

【流传】台湾

【出处】《高山族各种人的始祖：犬生赛夏人始祖》，见姚宝瑄主编《中国各民族神话》（高山族、黎族、畲族），太原：山西出版传媒集团·书海出版社2014年版，第11~12页。

## W2898.4.2.3
### 有名字的丑女

**实例**

[汉族]（黄帝的第四个妃子）嫫母"锤额顣頞，形麁色黑"，乃"黄帝时极丑女也"。意思说她额如纺锤，塌鼻紧蹙，体肥如箱，貌黑似漆。

【流传】（无考）

【出处】［唐］《琱玉集·丑人篇》。

## W2898.4.2.4
### 丑姑娘有美的原形

**实例**

[赫哲族] 一位秃头姑娘，秃头只不过是外表，原形却非常美丽。

【流传】（松花江下游地区依兰至抚远一带）

【出处】《满斗》，见凌纯声《松花江下游的赫哲族》（原1934年南京刊印本），北京：民族出版社2012年版，第783页。

## W2898.4.2.5
### 动物都不想看到的丑女

**实例**

[蒙古族] 脱斡邻勒罕没有儿子，只有两个公主。两个公主生来就是瘸腿，丑得连夜鹰在黑夜里都不敢睁眼瞅她们一眼。

【流传】辽宁省·朝阳市·喀喇沁左翼蒙古族自治县·东哨乡·东哨（东哨村）

【出处】王天彬讲，琴音记录整理：《月亮公主》（1983年初冬），见姚宝瑄主编《中国各民族神话》（达斡尔族、鄂伦春族、鄂温克族、蒙古族），太原：山西出版传媒集团·书海出版社2014年版，第152页。

## W2898.4.3
貌丑心不丑

实 例

[纳西族] 横眼天女善良，容貌却不好看。直眼天女不善良，却有一双勾人的媚眼

【流传】（a）云南省·丽江县（丽江市）

【出处】

(a) 和芳讲，和志武采录：《人类迁徙记》，见中国民间文学集成全国编辑委员会编《中国民间故事集成》（云南卷），北京：中国ISBN中心2003年版，第49页。

(b) 和志武翻译整理：《人类迁徙记》，见谷德明编《中国少数民族神话》，北京：中国民间文艺出版社1987年版，第395页。

## W2898.5
只有一半身体的人

实 例

（实例待考）

## W2898.5.1
只有一只眼、一个鼻孔、半边嘴、一条胳膊、一个乳房和一条腿的老太婆

实 例

[珞巴族]（实例待考）

## W2898.6
人的体征决定人的其他方面

实 例

（参见下级母题实例）

## W2898.6.1
人的体征决定人的命运

【关联】[W9481] 命运的产生

实 例

（实例待考）

## W2898.6.1.1
头上有反骨的人

【关联】[W9198.3.1] 面相

实 例

（实例待考）

## W2898.6.2
人的体征决定人的性格

实 例

（参见下级母题实例）

## W2898.6.2.1
### 面貌决定人的性格

【关联】［W2822］与人的面部特征有关的其他母题

实 例

［汉族］逢蒙（神射手羿的徒弟，曾暗中试图射杀羿）这人是蛇身、猿臂，猫弓、猴立，鸭行而虎扑，甚少人心，终非善类。

【流传】浙江省

【出处】陈伟君记录整理：《奔月》，见姚宝瑄主编《中国各民族神话》（汉族），太原：山西出版传媒集团·书海出版社2014年版，第251~262页。

## W2898.7
### 凡人

实 例

（参见下级母题实例）

## W2898.7.1
### 凡人比天上的人力气小

【关联】［W2015.3.1］天上的人

实 例

［汉族］凡间的人力气小，用铁耙掘田很慢很吃力

【流传】（无考）

【出处】

(a) 孙长生讲，钟伟今搜集整理：《白龙和灰牛》，载《民间文学》1980年第5期。

(b) 孙长生讲，钟伟今搜集整理：《天虫》，见姚宝瑄主编《中国各民族神话》（汉族），太原：山西出版传媒集团·书海出版社2014年版，第352~356页。

## W2898.8
### 身体上的标记

实 例

（参见下级母题实例）

## W2898.8.1
### 胎记

实 例

（参见下级母题实例）

## W2898.8.1.1
### 小孩屁股有绿印的来历

实 例

［拉祜族］洪水后，幸存的老三与仙女婚生许多儿女，把他们赶出家门自谋出路。孩子出世后屁股上有一个绿印记，据说就是老三和仙女用藤棍打出来的。

【流传】(a) 云南省·（普洱市）·镇沅县（镇沅彝族哈尼族拉祜族自治县）

【出处】

(a) 乔发讲，郑显文采录：《蜂桶、葫芦传人种》，见中国民间文学集成全国编辑委员会编《中国民间故事集成》（云南卷），北京：中国ISBN中

心 2003 年版，第 181 页。

（b）同（a），见陶阳、钟秀编《中国神话》（上），北京：商务印书馆 2008 年版，第 369～373 页。

## W2898.8.1.2
### 腰上的短命胎记

**实 例**

[纳西族] 善神米利东主和老伴茨爪金媭有个能干儿子叫阿璐。阿璐的腰杆上有三个短命记。

【流传】云南省·丽江地区（丽江市）

【出处】李即善翻译，杨世光整理：《东术争战记》，原载中共丽江地委宣传部编《纳西族民间故事选》，见陶阳、钟秀编《中国神话》（中），北京：商务印书馆 2008 年版，第 726～735 页。

## W2898.8.2
### 痣

**实 例**

（参见下级母题实例）

## W2898.8.2.1
### 痣是造人时沾上的沙子造成的

**实 例**

[汉族] 伏羲女娲用泥造人时，泥人捏好了，要晒干。有时遇上雨，抢收时难免损坏。据说，身上有黑痣是因为泥胎上沾上了沙子造成的。

【流传】江苏省·（淮安市）·涟水县·南集乡·禹庄村

【出处】徐学尧讲，徐省生搜集整理：《世界的由来》（1983），见姚宝瑄主编《中国各民族神话》（汉族），太原：山西出版传媒集团·书海出版社 2014 年版，第 24～28 页。

## W2898.8.2.2
### 黑痣的数量

**实 例**

[锡伯族] 为汉王朝屡建战功的大将军范明友脚上有三个黑点儿，是命里注定的官星。

【流传】内蒙古自治区；中国东北地区

【出处】吴竹芳讲，吴长春整理：《喜利妈妈》，见姚宝瑄主编《中国各民族神话》（乌孜别克族、哈萨克族、柯尔克孜族、俄罗斯族、维吾尔族、塔吉克族、塔塔尔族、锡伯族），太原：山西出版传媒集团·书海出版社 2014 年版，第 327 页。

## W2898.8.3
### 身上的旋纹

**实 例**

（参见下级母题实例）

## W2898.8.3.1
### 头旋（鬼旋）

**实 例**

[纳西族] 善神米利东主和老伴茨爪金媭有个能干儿子叫阿璐。儿子头上有三个鬼旋。

【流传】云南省·丽江地区（丽江市）
【出处】李即善翻译，杨世光整理：《东术争战记》，原载中共丽江地委宣传部编《纳西族民间故事选》，见陶阳、钟秀编《中国神话》（中），北京：商务印书馆 2008 年版，第 726～735 页。

## W2898.8.3.2
掌纹（鬼纹）

实例

[纳西族] 善神米利东主和老伴茨爪金媄有个能干儿子叫阿璐。儿子手掌心有三道鬼纹。

【流传】云南省·丽江地区（丽江市）
【出处】李即善翻译，杨世光整理：《东术争战记》，原载中共丽江地委宣传部编《纳西族民间故事选》，见陶阳、钟秀编《中国神话》（中），北京：商务印书馆 2008 年版，第 726～735 页。

## W2898.9
人的体征的显现

实例

（参见下级母题实例）

## W2898.9.1
洗澡后显出人的面貌

实例

[佤族] 人从司岗出来时，身上灰普普的，面貌模糊不清。莫伟（传说中的人神，旧译"木依吉"、"慕依吉"等）吩咐妈农（人类第一个母亲）带他们去洗澡。妈农领着人来到阿龙黑木洗澡以后，人的面貌就看得清楚了。

【流传】云南省·（普洱市）·西盟县（西盟佤族自治县），（临沧市）·沧源县（沧源佤族自治县）
【出处】随戛、岩扫、岩瑞等讲述，艾荻、张开达搜集整理：《司岗里》，载《山茶》1988 年第 1 期。

## W2898.10
相貌相同的人

实例

（参见下级母题实例）

## W2898.10.1
生相貌相同的孩子

实例

[鄂伦春族] 姐弟两人结婚生 5 子，相貌皆同。

【流传】（无考）
【出处】《鄂伦春族五姓的由来》，见中国各民族宗教与神话大词典编审委员会编《中国各民族宗教与神话大词典》，北京：学苑出版社 1990 年版，第 131 页。

## W2898.10.2
男女同形

【关联】[W2791.1] 男女的不同外形的原因

**实例**

（参见下级母题实例）

### W2898.10.2.1
**最早造出的男女相貌相同**

**实例**

[满族] 女神造出女人后，女地神巴那姆又造出男人。天神阿布卡赫赫发现造好的男人与女人都一样。

【流传】黑龙江省·黑河地区（黑河市）·孙吴县·（沿江满族达斡尔族乡）·四季屯

【出处】吴纪贤、富希陆讲：《天宫大战——黑水女真人传世神话》（1939，选自富育光、郭淑云整理的手稿），见姚宝瑄主编《中国各民族神话》（满族、赫哲族、朝鲜族），太原：山西出版传媒集团·书海出版社2014年版，第23页。

### W2898.10.3
**造的人与造人者相貌相同**

**实例**

[傈僳族] 神匠往山中削木偶，使之能行动，能言语，能饮食，且能生育，和自己的形状一样。

【流传】碧罗雪山（云南省·怒江傈僳族自治州·贡山独龙族怒族自治县与云南省·迪庆藏族自治州·德钦县交界一带）

【出处】*《神匠造人》，原载陶云逵《碧罗雪山之傈僳族》，见立中央研究院编《历史语言研究所集刊》第17本，商务印书馆民国三十七年版（1948），第404页。

### W2898.10.4
**似人非人的人**

**实例**

（参见下级母题实例）

### W2898.10.4.1
**最早变出的人似人非人**

**实例**

[彝族] 祖灵燃烧形成的烟柱和火光一直在变，最后变出松身愚人。松身愚人有一点像人，却又不像人。

【流传】（四川省·凉山彝族自治州）

【出处】
(a) 冯元蔚译：《勒俄特依》，成都：四川民族出版社1986年版。

(b) 冯元蔚译，蔷紫改写：《勒俄特依》，见姚宝瑄主编《中国各民族神话》（羌族、彝族），太原：山西出版传媒集团·书海出版社2014年版，第155页。

## 2.10.3 人的其他特征
（W2900~W2914）

### ＊W2900
**人的最初特征**

【关联】[W6702] 人最早不会说话

> 实 例

（参见下级母题实例）

## W2901
### 最早时人鬼神不分

【关联】［W6182］人神杂居（人鬼杂居）

> 实 例

（参见关联项母题实例）

## W2902
### 人在最初时是不完善的

【汤普森】A1225

【关联】

① ［W2828］独眼人
② ［W2831］直眼人
③ ［W2829.4.1］蟋蟀横眼人
④ ［W2829.4.2］筷子横眼人

> 实 例

（参见关联项母题实例）

## W2903
### 人最早会飞

【关联】

① ［W2888.3］长翅膀的人（翼人）
② ［W2888.5］羽人

> 实 例

❶ ［傣族（布角人）］以前时候，人像鸟一样会飞，想到哪里就到哪里。

【流传】云南省·（西双版纳傣族自治州）·勐腊县·布角寨

【出处】寸继光采录：《火的神话》，原载云南大学中文系八二级《民俗、民间文学调查》，见陶阳、钟秀编《中国神话》（下），北京：商务印书馆2008年版，第1116页。

❷ ［汉族］以前洱源县罴谷山上的石洞里住着一伙人，会从地上飞到天上。

【流传】云南省·（大理白族自治州）·洱源县

【出处】芮丰、李泽民讲述，李佩玖采录：《"雷楔子"炸人种》，见中国民间文学集成全国编辑委员会编《中国民间故事集成》（云南卷），北京：中国ISBN中心2003年版，第154页。

❸ ［汉族］开初，世上的人力气大，还能跑能飞，速度很快。

【流传】陕西省·（榆林市）·子洲县·何家集乡·阳坪村

【出处】乔文秀讲，张喜臻采录：《人的膝盖是泥捏的》，见中国民间文学集成全国编辑委员会编《中国民间故事集成》（陕西卷），北京：中国ISBN中心1996年版，第10页。

❹ ［蒙古族］人其行也，不以足践地，翱翔于空中焉。

【流传】（无考）

【出处】＊《内部生命之生成》，见满都呼主编《中国阿尔泰语系诸民族神话故事》，北京：民族出版社1997年版，第156页。

## W2903.1
### 特殊孕生的孩子会飞

> 实 例

［土家族］"春巴妈帕"感虫而孕，所生

孩子像虫子能飞，曾与巴子共居，繁衍子孙成了土家人。
【流传】（无考）
【出处】游俊：《土家族祖先崇拜略论》，载《世界宗教研究》2000年第4期。

## W2903.2
### 人借助特定物飞翔
实 例

（参见下级母题实例）

## W2903.2.1
### 人穿特定衣服后会飞
【关联】［W6134.3］羽衣
实 例

［傣族］孔雀国位于茫茫森林边缘，每个人都有一件孔雀羽衣，穿在身上便可以飞。
【流传】云南省
【出处】《孔雀公主和傣族王子》，见文学博客网：http://blog.readnovel.com/article/htm/tid_172268.html, 2006.07.16。

## W2903.2.2
### 人插上特定的羽毛会飞
实 例

［汉族］大鹏金翅鸟拔掉自己两根羽毛交给鲧，如果把两根羽毛插到脚上，一边插一根，就可以像大鹏一样腾空飞翔。
【流传】淮河流域
【出处】常山讲述：《鲧王治水》，原载茆文斗搜集整理《河蚌姑娘》，见陶阳、钟秀编《中国神话》（上），北京：商务印书馆2008年版，第412~418页。

## W2903.2.3
### 人插翅能飞
【关联】［W2888.4］人的翅膀的来历
实 例

［汉族］鲧把大鹏的两根羽毛插到脚上，一边插一根，就可以像大鹏一样腾空飞翔了。
【流传】淮河流域
【出处】常山讲：《鲧王治水》，原载茆文斗搜集整理《河蚌姑娘》，见姚宝瑄主编《中国各民族神话》（汉族），太原：山西出版传媒集团·书海出版社2014年版，第100~106页。

## W2903.2.4
### 助人飞行的翅膀
实 例

［白族］肉核姑娘（女首领，由太阳的肉核变成）下决心要为人类找到食粮，于是从天上撕下了一朵彩云，剪成一对翅膀，嵌在肋下边，辞别亲人，飞向了天涯海角。
【流传】云南省·（大理白族自治州）·鹤庆县·城郊（城郊乡）、西山区
【出处】朱二爷、徐元讲，章虹宇、傅光宇整理：《人类是从哪里来的》，见

谷德明编《中国少数民族神话》，北京：中国民间文艺出版社1987年版，第299~302页。

## W2903.2.5
### 人向动物借翅膀后飞行

**实例**

[满族] 日吉纳（满语，杜鹃花）姑娘为寻找灭火的神，向一只白天鹅寻求帮助，天鹅便把自己的翅膀借给了日吉纳。姑娘有了翅膀，便向天庭飞去。

【流传】吉林省

【出处】

（a）佟畹、曾层搜集整理：《日吉纳姑娘》，见乌丙安、李文刚等编《满族民间故事选》，上海：上海文艺出版社1983年版。

（b）同（a），见姚宝瑄主编《中国各民族神话》（满族、赫哲族、朝鲜族），太原：山西出版传媒集团·书海出版社2014年版，第91~95页。

## W2903.2.6
### 人借助气飞翔

**实例**

[赫哲族] 萨满吹气，把小伙乌沙哈特吹到天河。

【流传】（a）黑龙江省·（佳木斯市）·同江市·八岔乡（八岔赫哲族乡）

【出处】

（a）吴连贵讲，黄任远等搜集整理：

《天河》，见中国民间文学集成全国编辑委员会编《中国民间故事集成》（黑龙江卷），北京：中国ISBN中心2005年版，第29页。

（b）满都呼主编《中国阿尔泰语系诸民族神话故事》，北京：民族出版社1997年版，第340页。

（c）《天河》，载《黑龙江民间文学》1983年第5期。

## W2903.2.7
### 人抓着树枝飞翔

**实例**

[赫哲族] 儿媳妇伯雅木奇格受婆婆欺负，抓着柳枝飞入月亮。

【流传】（无考）

【出处】尤卢氏、韩福德讲，马名超整理：《月亮》，见满都呼主编《中国阿尔泰语系诸民族神话故事》，北京：民族出版社1997年版，第338页。

## W2903.3
### 人服用药物后会飞

**实例**

❶ [汉族] 嫦娥怕后羿造反，吃掉羿的9粒仙丹，飞向孤独的月宫。

【流传】浙江省·（温州市）·洞头县·洞头乡

【出处】吴艺讲，叶永福采录：《嫦娥奔月》，见中国民间文学集成全国编辑委员会编《中国民间故事集成》（浙江卷），北京：中国ISBN中心1997年版，第29页。

❷ [汉族] 王得药，涂足，则飞天地万里之外。
【流传】（无考）
【出处】《周》，见［晋］王嘉撰，［梁］萧绮录，齐治平校注《拾遗记》卷二，北京：中华书局1981年版，第54页。

## W2903.4
### 人食特定的动物后会飞

实 例

（参见下级母题实例）

## W2903.4.1
### 人食龙眼后会飞

实 例

[汉族] 夫妻二人挖了两条龙的两眼，吃后会飞。
【流传】河北省·廊坊市·周各庄（周各庄新区）
【出处】王万永讲，李宝才采录：《找日头》，见中国民间文学集成全国编辑委员会编《中国民间故事集成》（河北卷），北京：中国ISBN中心2003年版，第9页。

## W2903.5
### 人食特定的植物后会飞

实 例

（参见下级母题实例）

## W2903.5.1
### 人食不死草会飞

【关联】［W0935］不死草

实 例

[哈尼族] 麂子衔着的不死草正好掉在阿爹尸体的嘴里，阿爹活转过来，含着不死草不知飞到什么地方去了。
【流传】（无考）
【出处】黄则恩讲，杨胜能搜集整理：《不死草》，原载《哈尼族神话传说集成》，见陶阳、钟秀编《中国神话》（下），北京：商务印书馆2008年版，第1063～1065页。

## W2903.5.2
### 人食车马芝草能飞

实 例

[汉族] 车马芝生于名山之中，此尧时七车马化为之。能得食之，乘云而行，上有云气覆之。
【流传】（无考）
【出处】［宋］李昉、扈蒙等编撰：《太平御览》卷九八六引《仙人采芝图》。

## W2903.5.3
### 人食灵芝草能飞

实 例

[汉族] 嫦娥吃了灵芝草，飘飞到月亮里去了。
【流传】四川省·巴县（今重庆市·巴南区）·五布乡·瓦窑村

【出处】王庭光讲，梁昌明采录：《嫦娥奔月》，见中国民间文学集成全国编辑委员会编《中国民间故事集成》（四川卷·上），北京：中国 ISBN 中心 1998 年版，第 88 页。

## W2903.5.4
### 人食红果后会飞

实例

［汉族］杨二郎射日路上吃了两颗红果后，又吃了一颗果子。这最后的一颗果子刚下肚，他便觉得身轻如云，举步可飞。

【流传】江苏省·（徐州市）·新沂市
【出处】叶炳南讲，张希贤整理：《追赶太阳》，见姚宝瑄主编《中国各民族神话》（汉族），太原：山西出版传媒集团·书海出版社 2014 年版，第 121～123 页。

## W2903.6
### 人吃其他特定物后会飞

实例

（实例待考）

## W2903.7
### 人飞行能力的失去

实例

（参见下级母题实例）

## W2903.7.1
### 人吃特定物失去飞的能力

实例

［蒙古族］早期的人吃了噶扎伦·托逊（意为"地油"）后，失去会飞的能力。

【流传】（无考）
【出处】*《内部生命之生成》，见满都呼主编《中国阿尔泰语系诸民族神话故事》，北京：民族出版社 1997 年版，第 156 页。

## W2903.8
### 与人会飞有关的其他母题

实例

（参见下级母题实例）

## W2903.8.1
### 以前的人像鸟

【关联】［W2888.2］鸟人

实例

［傣族（布角人）］以前时候，人像鸟一样会飞，想到哪里就到哪里。

【流传】云南省·（西双版纳傣族自治州）·勐腊县·布角寨
【出处】寸继光采录：《火的神话》，原载云南大学中文系八二级《民俗、民间文学调查》，见陶阳、钟秀编《中国神话》（下），北京：商务印书馆 2008 年版，第 1116 页。

## W2903.8.2
### 特定的会飞的人
【关联】
① [W2888.3] 长翅膀的人（翼人）
② [W2888.5] 羽人

实　例

[汉族] 华胥氏之国里的人能够走进水里不怕水淹，跳进火里不怕火烧，在天空中往来如履平地。

【流传】（无考）

【出处】《伏羲攀登天梯》，原载袁珂编译《中国神话故事》，见陶阳、钟秀编《中国神话》（上），北京：商务印书馆2008年版，第181～183页。

## W2903.8.3
### 天上的女人飞到人间
【关联】[W0224] 天女下凡

实　例

[德昂族] 以前，一个女人从天上飞下来，帮男人做饭、做菜，想走时就飞走。

【流传】云南省·德宏州（德宏傣族景颇族自治州）

【出处】李来岩等讲，李岩牙等翻译，朱宜初采录：《葫芦传人种》，见中国民间文学集成全国编辑委员会编《中国民间故事集成》（云南卷），北京：中国ISBN中心2003年版，第208页。

## W2903.8.4
### 人飞上天
【关联】[W1426] 人上天

实　例

[满族] 地球上一场大火后，通古斯人只剩一个男孩带一女孩飞上了天。

【流传】（原西伯利亚一带）

【出处】富育光：《满族灵禽崇拜祭俗与神话探考》，见《富育光民俗文化论集》，长春：吉林大学出版社2005年版。

## W2903.8.5
### 神被人拉手后失去上天的能力

实　例

[畲族] 神被人拉手后失去上天的能力。

【流传】浙江省·丽水（丽水市）

【出处】唐宗龙等整理：《雾神的传说》，见中华民族故事大系编委会编《中华民族故事大系》第8卷（畲族、高山族、拉祜族），上海：上海文艺出版社1995年版，第37页。

## W2904
### 以前的人跑得很快

实　例

[汉族] 以前，人特别能跑，大小动物都能撵上。

【流传】吉林省·（通化市）·柳河县（柳河市）·柳河镇

【出处】潘竹松讲，张月照采录：《人的膝盖》，见中国民间文学集成全国编辑委员会编《中国民间故事集成》（吉林卷），北京：中国文联出版公司1992年版，第13页。

## W2904.0
### 以前的人因特殊的腿部特征跑得很快

【实例】

（参见下级母题实例）

## W2904.0.1
### 以前的人因小腿没有肌肉跑得很快

【关联】

① ［W2845.3］人的小腿肌肉的来历

② ［W2845.3.1］小腿上的肉是神绑上的肌肉

③ ［W2845.3.2］人的小腿上的肌肉是神绑上的沙袋变成的

【实例】

［羌族］人的小腿原来很直，没有现在的那块肌肉，所以，跑起来飞快，可以追上獐子和野鸡。

【流传】四川省·阿坝藏族羌族自治州·茂汶羌族自治县（今属茂县）

【出处】

(a)《开咂酒曲子》，见杨亮才、陶立璠、邓敏文编《中国少数民族文学》（上册），北京：人民出版社1985年版。

(b)《索依迪朗夫妇造人》，原名《人是咋个来的》，郑友富、周贵友讲，王康、龚剑雄、吴文光采录，王康整理，原载西南民族学院图书馆与西南民族学院《羌族文学简史》编写组《羌族民间文学资料集》（一），1987年，见姚宝瑄主编《中国各民族神话》（羌族、彝族），太原：山西出版传媒集团·书海出版社2014年版，第7~8页。

## W2904.0.2
### 以前的人因没有膝盖跑得很快

【关联】

① ［W2847.1］人原来没有膝盖

② ［W2847.2.1］膝盖是为了防止人跑得太快

【实例】

❶ ［鄂伦春族］恩都力（天神）造的十男十女两条腿因为没有膝盖，跑得贼快。

【流传】内蒙古自治区·（呼伦贝尔市）·鄂伦春自治旗

【出处】德兴德讲，巴图宝音采录：《族源神话》，见中国民间文学集成全国编辑委员会编《中国民间故事集成》（宁夏卷），北京：中国ISBN中心2007年版，第23页。

❷ ［汉族］古时候，人的腿上并没有膝盖骨，跑得很快。

【流传】宁夏回族自治区·（吴忠市）·同心县·张家塬乡·江家塬村

【出处】陈芳蕊讲，张兆鹏采录：《膝盖骨》，见中国民间文学集成全国编辑委员会编《中国民间故事集成》（宁夏卷），北京：中国ISBN中心1999

❸ [汉族] 最早的人没有膝盖骨，是一个怪物奔跑如飞。

【流传】甘肃省·（庆阳市）·宁县·新宁镇·柏庄村

【出处】任孝忠采录：《世神造人》，见中国民间文学集成全国编辑委员会编《中国民间故事集成》（甘肃卷），北京：中国ISBN中心2001年版，第9页。

## W2904.0.3

### 以前的人因小腿是直的跑得很快

【关联】[W2845.1.1] 小腿原来是直的

实 例

[羌族] 人的小腿原来很直，没有现在那么一块肉，跑得很快，可以追上獐子和野鸡。

【流传】（无考）

【出处】

(a)《索依迪朗：设计造人》，见西南民族学院《羌族文学简史》编写组编《羌族民间文学资料集》（一），1987年4月。

(b) 同(a)，见吕大吉、何耀华总主编《中国各民族原始宗教资料集成》（纳西族卷、羌族卷、独龙族卷、傈僳族卷、怒族卷），北京：中国社会科学出版社2000年版，第578页。

## W2904.1

### 人不能跑快的原因

实 例

（参见下级母题实例）

## W2904.1.1

### 人的小腿有了肌肉后就跑不快了

【关联】[W2845.3] 人的小腿肌肉的来历

实 例

❶ [白族] 人因为有了观音给加上的腿肚包，就跑不快了。

【流传】云南省·（大理白族自治州）·云龙县

【出处】李月繁讲，杨松泉等采录：《狩猎神》，见中国民间文学集成全国编辑委员会编《中国民间故事集成》（云南卷），北京：中国ISBN中心2003年版，第315页。

❷ [羌族] 人以前跑得很快。索依迪朗（羌语，意为"娘老子"。迪，意为"老汉"，即"父亲"；朗，意为"阿妈"，即"母亲"）看到有些担心，怕人这样去追野兽会把野兽追绝，于是就在人的小腿上捆一个沙袋，这个沙袋后来就变成了人小腿上的肌肉，之后再也跑不到原来那样快了。

【流传】（无考）

【出处】

(a)《索依迪朗：设计造人》，见西南民族学院《羌族文学简史》编写组编《羌族民间文学资料集》（一），1987年4月。

(b) 同(a)，见吕大吉、何耀华总主编《中国各民族原始宗教资料集成》（纳西族卷、羌族卷、独龙族卷、傈僳族卷、怒族卷），北京：中国社会

❸ [羌族] 人的小腿原来很直，没有肌肉，跑起来飞快，可以追上獐子和野鸡。造人的索依迪和索依朗二神担心人会把野兽都抓绝，就给人的小腿上捆上一个沙袋。这个沙袋后来就变成了人小腿上的肌肉。这样，人就再也跑不到原来那么快了。

【流传】四川省·阿坝藏族羌族自治州·茂汶羌族自治县（今属茂县）

【出处】

(a)《开咂酒曲子》，见杨亮才、陶立璠、邓敏文编《中国少数民族文学》（上册），北京：人民出版社1985年版。

(b)《索依迪朗夫妇造人》，原名《人是咋个来的》，郑友富、周贵友讲，王康、龚剑雄、吴文光采录，王康整理，原载西南民族学院图书馆与西南民族学院《羌族文学简史》编写组《羌族民间文学资料集》（一），1987年，见姚宝瑄主编《中国各民族神话》（羌族、彝族），太原：山西出版传媒集团·书海出版社2014年版，第8页。

❹ [羌族] 索依迪朗（夫妻神）造出的第一个完整的人跑得太快，索依迪朗就在人的小腿上捆了一块沙袋，沙袋变成肌肉后人再也跑不到原来那么快了。

【流传】四川省·（阿坝藏族羌族自治州）·茂县·太平乡·牛尾巴村

【出处】郑友富讲，王康男采录：《索依迪朗造人》，见中国民间文学集成全国编辑委员会编《中国民间故事集成》（四川卷·下），北京：中国ISBN中心1998年版，第1118页。

## W2904.1.2
### 人有了膝盖后就跑不快了

【关联】[W2847.2.1] 膝盖是为了防止人跑得太快

实 例

❶ [鄂温克族] 以前，人没有膝盖骨，前后都能飞跑，什么野兽都逃不脱人的猎捕，后来加了膝盖骨就跑不快了。

【流传】内蒙古自治区·（呼伦贝尔市）·鄂温克自治旗·乌兰托海队

【出处】哈日诺亥讲，杜·道尔基口译，白杉记录整理：《人和野兽是怎么分开的》，见中国民间文学集成全国编辑委员会编《中国民间故事集成》（宁夏卷），北京：中国ISBN中心2007年版，第19页。

❷ [汉族] 为人做膝盖让他们的飞跑的速度减慢。

【流传】

(a) 陕西省·（榆林市）·子洲县·何家集乡·阳坪村

(b) 吉林省·（通化市）·柳河县·柳河镇

【出处】

(a) 乔文秀讲，张喜臻采录：《人的膝盖是泥捏的》，见中国民间文学集成全国编辑委员会编《中国民间故事集成》（陕西卷），北京：中国 ISBN 中心 1996 年版，第 10 页。
(b) 潘竹松讲，张月照采录：《人的膝盖》，见中国民间文学集成全国编辑委员会编《中国民间故事集成》（吉林卷），中国文联出版公司 1992 年版，第 13 页。

## W2905
### 以前的人很懒

【关联】
① ［W2929.10］懒人
② ［W7031.4］懒惰的妻子

**实 例**

［景颇族］以前的人很懒。

【流传】（无考）

【出处】何峨整理：《万物诞生》，见中华民族故事大系编委会编《中华民族故事大系》第 10 卷（景颇族、柯尔克孜族、土族），上海：上海文艺出版社 1995 年版，第 11 页。

## W2905.1
### 人的懒惰性格的原因
【汤普森】A1377

**实 例**

（实例待考）

## W2905.2
### 以前的人只知道吃睡

**实 例**

［彝族］格滋天神造出第三代人。他们人心不好，不耕田不种地，不薅草不拔草。白天睡在田边，夜晚睡在地角，一天到晚，吃饭睡觉，睡觉吃饭。

【流传】云南省·楚雄彝族自治州·姚安县、大姚县等彝族地区

【出处】《创世·人类起源》，见云南省民族民间文学楚雄调查队整理编写《梅葛》，昆明：云南人民出版社 2009 年版，第 24 页。

## W2905.2.1
### 以前的人因懒惰毁灭

【关联】
① ［W2985.1.3］懒人被晒死
② ［W8690］人类的毁灭

**实 例**

（参见 W2985.1.3 母题实例）

## W2905.2.2
### 以前的人因好吃懒做毁灭

【关联】［W2830.5］立目人好吃懒做

**实 例**

［藏族］天老爷派来的第二代人懒怠，不会种庄稼，又不学，天天坐起吃喝，身边能吃的东西都吃光了，渐渐饿死了。

【流传】四川省白马藏族

【出处】
(a) 扎嘎梳（疑为"扎嘎才礼"）、小石桥、顶牵讲，谢世廉、周盖华、妆志成、周贡中搜集：《老天爷派来三代人》，见中国民间文艺研究会四川

分会编《四川白马藏族民间文学资料集》，本书编委会内部编印，1982年。

(b) 同（a），见姚宝瑄主编《中国各民族神话》（门巴族、珞巴族、怒族、藏族），太原：山西出版传媒集团·书海出版社2014年版，第86页。

## W2905a
### 以前的人很勤劳

实 例

[布依族] 古时候，普天下的人都很勤快，天天拾粪壅庄稼。

【流传】（无考）

【出处】

(a) 赵司义讲：《迪进、迪颖造人烟》，见谷德明编《中国少数民族神话选》，西北民族学院研究所编印，内部资料，1983年。

(b) 同（a），见陶立璠等编《中国少数民族神话汇编》（洪水篇），中央民族学院少数民族古籍整理出版规划领导小组办公室印（内部资料），第144页。

(c) 同（a），载《布依族民间文学》1982年第1期。

(d) 同（a），见姚宝瑄主编《中国各民族神话》（布依族、仡佬族、苗族），太原：山西出版传媒集团·书海出版社2014年版，第62页。

## W2906
### 与人最初特征有关的其他母题

实 例

（参见下级母题实例）

## W2906.0
### 最初的人样子不定

实 例

[高山族（卑南）]（实例待考）

## W2906.1
### 以前人处于旋转状态

实 例

[普米族] 以前，天地一刻不停地旋转，人类和万物也随天地一刻不停地旋转。

【流传】（无考）

【出处】若扯绒布讲：《天阳老祖和地阴阿斯》，见章虹宇《普米族的"八卦图"》，载《云南民族学院学报》1995年第2期。

## W2906.2
### 人以前都是野人

实 例

❶ [羌族] 人以前都是野人。

【流传】四川省·（阿坝藏族羌族自治州）·汶川（汶川县）

【出处】罗世泽搜集：《燃比娃取火》，见中华民族故事大系编委会编《中华民族故事大系》第11卷（达斡尔族、仫佬族、羌族），上海：上海文艺出版社1995年版，第661页。

❷ [藏族] 古时候，这世界上没有所谓的人类，在密密麻麻的原始森林中居住着各种野兽。

【流传】西藏自治区·（林芝市）·波密县·旭木新村

【出处】曲嘎讲，大丹增翻译，扎西罗布采录：《人身上为什么没有毛》，见中国民间文学集成全国编辑委员会编《中国民间故事集成》（西藏卷），北京：中国 ISBN 中心 2001 年版，第 9 页。

## W2906.3
### 人以前可以上天入海

实例

（参见下级母题实例）

## W2906.3.1
### 人以前可以上天

【关联】[W1426] 人上天

实例

[汉族] 从前，有个叫罗衣的人经常上天去耍。

【流传】四川省·巴县（重庆·巴南区）·（长生桥镇）

【出处】李淑惠讲，张启炳记录，金祥度整理：《天狗吃月》（1986.04），见姚宝瑄主编《中国各民族神话》（汉族），太原：山西出版传媒集团·书海出版社 2014 年版，第 233～234 页。

## W2906.4
### 人以前好斗

【关联】[W8900] 人之间的争战

实例

[鄂伦春族] 远古时候，人类跟野兽一样，善于在山野上奔跑，整天与野兽搏斗、厮杀。

【流传】（中国东北部地区）

【出处】马名超、崔焱编写：《人身上不生毛的缘起》，见姚宝瑄主编《中国各民族神话》（达斡尔族、鄂伦春族、鄂温克族、蒙古族），太原：山西出版传媒集团·书海出版社 2014 年版，第 23 页。

## ✻ W2907
### 人的性格特征

【关联】

[W6805] 优秀品质

[W6811] 不良品质

实例

（参见下级母题实例）

## W2908
### 人有不同性格的原因

【关联】

① [W9060] 魔物（法）改变人的性情

② [W9060.2] 魔物（法）使人变得友好

③ [W9060.3] 魔物（法）使女人变得专横

④ [W9060.4] 魔物（法）使人神采飞扬

⑤ [W9060.6] 魔物（法）使人宁静

实例

[汉族] 兄妹婚后捏泥人，泥人晾干成活，有的好，有的赖。

【流传】黑龙江省·（哈尔滨市）·呼

兰县·呼兰镇·齐堡村

【出处】徐和讲，染秋采录：《高祖公高祖婆》，见中国民间文学集成全国编辑委员会编《中国民间故事集成》（黑龙江卷），北京：中国ISBN中心2005年版，第8页。

## W2908.0
### 人的性格自然产生

**实 例**

[土家族] 凡间世上有了人以后，人多了，什么人都有了，有好人、有恶人、有狠人，好像一棵树上的果子，酸的甜的都有。

【流传】湖南省·（湘西土家族苗族自治州）·永顺（永顺县）、古丈（古丈县）、保靖（保靖县）、龙山（龙山县）沿酉水一带土家族聚居区

【出处】
(a) 田德华、向廷龙（巫师）、田光南讲，彭勃、彭继宽、田德风记录，彭勃整理：《齐天大水》（1962.05），见谷德明编《中国少数民族神话》，北京：中国民间文艺出版社1987年版。
(b) 同（a），见姚宝瑄主编《中国各民族神话》（土家族、毛南族、侗族、瑶族），太原：山西出版传媒集团·书海出版社2014年版，第11页。

## W2908.1
### 人的性格出生时形成

**实 例**

[拉祜族] 父母生三子，老大老二心肠狠毒，好吃懒做，老三天天上山砍树挖地，不得清闲。

【流传】云南省·（普洱市）·镇沅县（镇沅彝族哈尼族拉祜族自治县）

【出处】乔发讲，郑显文采录：《蜂桶、葫芦传人种》，见中国民间文学集成全国编辑委员会编《中国民间故事集成》（云南卷），北京：中国ISBN中心2003年版，第181页。

## W2908.2
### 不同的造人者形成了人的不同性格

**实 例**

（参见下级母题实例）

## W2908.2.1
### 神造人时造出不同性格

【关联】[W2052] 神造人

**实 例**

[汉族] 盘古爷捏泥人时，捏得有好有赖，所以世上的人有聪明、痴傻之分。

【流传】河北省·（沧州市）·青县·（盘古乡）·大盘古村

【出处】王锡英讲，王汝芳采录：《盘古造人》，见中国民间文学集成全国编辑委员会编《中国民间故事集成》（河北卷），北京：中国ISBN中心2003年版，第4页。

## W2908.2.2
### 不同的神制造不同性格

实 例

[汉族] 娲儿公主和太极（仙名）、无极（仙名）造人时，由于不是一个人做的，人就有着不同的性格和品质。

【流传】辽宁省·阜新市·细河区

【出处】吴振清讲，郝殿玺搜集整理：《人的来历》，原载阜新市细河区民间文学集成编委会编《细河区资料本》，见陶阳、钟秀编《中国神话》（上），北京：商务印书馆2008年版，第3243~26页。

## W2908.3
### 人的性格源于天

【关联】［W9482］命运天定（天命）

实 例

[汉族] 性者，所受于天也。

【流传】（无考）

【出处】《淮南子·缪称训》，见［汉］刘安等著，陈广忠译注《淮南子译注》，长春：吉林文史出版社1990年版，第471页。

## W2908.4
### 人的性格源于遗传

实 例

（参见下级母题实例）

## W2908.4.1
### 人的性格源于始祖

实 例

[汉族] 因为盘古粗心，女娲细心，所以一直到现在，男的做事往往都比较粗心，差不多都要女的帮一手。女的做事比较细心又耐性，而且还有缝缝补补的本领。

【流传】浙江省·兰溪市

【出处】王阿英讲，蔡斌搜集整理：《女娲补天空》，见姚宝瑄主编《中国各民族神话》（汉族），太原：山西出版传媒集团·书海出版社2014年版，第44~45页。

## W2908.4.2
### 人的性格源于父母

实 例

[藏族] 猴和山崖女妖结合，生下了4个儿子。由此四子形成藏人四大氏族。这四大氏族后裔承袭了父亲猴子的聪明和善良，以及母亲的强悍性格。

【流传】（无考）

【出处】贡乔泽登整理：《始祖神话》，见BBS水木清华站 http://www.smth.edu.cn 2006.07.20。

## W2908.5
### 人有好坏之别的原因

实 例

（参见下级母题实例）

## W2908.5.1
### 生母造成人的好坏

实例

[珞巴族] 身上一半好一半坏的女人生的孩子有好有坏。

【流传】西藏自治区·下珞渝（泛指永木河、锡约尔河、巴恰西仁河流域）

【出处】维·埃尔温搜集：《阿普夫尔瓦夫妇和他们的儿子》，见中华民族故事大系编委会编《中华民族故事大系》第16卷（赫哲族、门巴族、珞巴族、基诺族），上海：上海文艺出版社1995年版，第654页。

## W2908.6
### 人有机灵和迟钝之别的原因

【关联】[W9060.1] 魔物（法）使人变愚蠢

实例

（参见下级母题实例）

## W2908.6.1
### 因造人方法不同造成人的机灵和迟钝

实例

[独龙族] 嘎美、嘎莎两个大神用泥土造出一对男女"普"和"姆"。造的"姆"最聪明、最能干，是因为嘎美和嘎莎在捏她的时候，在她的肋巴骨上多放了些泥土的缘故。

【流传】云南省

【出处】李子贤等搜集整理：《创世纪神话故事六则·嘎美嘎莎造人》，见中国作家协会云南分会编《云南民族民间故事选》，昆明：云南人民出版社1981年版，第582~583页。

## W2908.6.2
### 用特定物使聪明人变迟钝

实例

[彝族] 以前的女人比男人聪明，后来给女人围了1条围裙，结果女人就变得没有男人聪明了。

【流传】（无考）

【出处】《吸烟的传说》，见马学良《云南罗族（白夷）之神话》（续），载《西南边疆》1943年第17期。

## W2910
### 人的勇敢性格的来历

【汤普森】A1381

实例

（参见下级母题实例）

## W2910.1
### 人食动物内脏变勇敢

【汤普森】①D1358.1；②D1358.1.1

实例

[哈尼族] 查牛（天地神专养的神牛）的胆汁做成世上的勇气。

【流传】

(a) 云南省·（红河哈尼族彝族自治州）·元阳县

(b) 云南省·（红河哈尼族彝族自治州）·元阳（元阳县）、红河（红河县）、绿春（绿春县）、金平（金平苗族瑶族傣族自治县）等县

【出处】

(a) 朱小和讲，史军超采录：《查牛补天地》，见中国民间文学集成全国编辑委员会编《中国民间故事集成》（云南卷），北京：中国 ISBN 中心 2003 年版，第 29 页。

(b) 同 (a)，见《哈尼族神话传说集成》，北京：中国民间文艺出版社 1990 年版。

## W2910.2
### 魔石使人变勇敢

【汤普森】D1358

【关联】［W9002］魔法的作用

实 例

（实例待考）

## W2910.3
### 酒使人变勇敢

【关联】［W6155］酒

实 例

（实例待考）

## W2911
### 人的其他性格的来历

实 例

（参见下级母题实例）

## W2911.1
### 人的友善之心的来历

实 例

（参见下级母题实例）

## W2911.1.1
### 人性善

实 例

［纳西族］善神说："凡间的人都是行善事慈悲的。"

【流传】云南省·丽江县（丽江市）

【出处】木丽春采集整理：《五月五的传说》，见木丽春编著《纳西族民间故事集》，昆明：云南人民出版社 2007 年版，第 251 页。

## W2911.2
### 人的仇恨的来历

【汤普森】A1388

实 例

（实例待考）

## W2911.3
### 人的邪恶的来历

【汤普森】A1384

实 例

（参见下级母题实例）

## W2911.3.1
### 人受妖魔诱惑变邪恶

【实例】

（实例待考）

## W2911.3.2
### 人得到动物的心后变邪恶

【实例】

[汉族] 元始天尊到人间把狼的心给了一个种地的人，把人的心给了狗，从此那个种地的人就有了恶心。

【流传】陕西省·（汉中市）·南郑县·山口乡、红光乡

【出处】王明锐讲，伯和搜集整理：《人魂》，见南郑县民间故事集成编委会编《中国民间故事集成陕西卷·南郑县故事集成》，内部编印，1988年，第6页。

## W2911.3.3
### 人多了就会产生邪恶

【实例】

[独龙族] 人繁殖多了，所以变坏。

【流传】（无考）

【出处】屈友诚等搜集，伊里亚讲，李道生整理：《洪水泛滥》，见中华民族故事大系编委会编《中华民族故事大系》第15卷（德昂族、保安族、裕固族、京族、塔塔尔族、独龙族、鄂伦春族），上海：上海文艺出版社1995年版，第577页。

## W2911.3.4
### 祖传的邪恶

【实例】

[朝鲜族] 两对夫妻（木道令与老妪的亲生女，邪恶男子与老妪的养女）都成为人类的始祖。

【流传】吉林省·（吉林市）·磐石市·（吉昌镇）·烧锅朝鲜族村

【出处】尹龙鲁讲：《洪水神话》，见瞿健文、崔明龙主编《朝鲜族：吉林磐石市烧锅朝鲜族村调查》，昆明：云南大学出版社2004年版，第265~267页。

## W2911.3.5
### 妖魔投胎的人邪恶

【关联】[W9375] 投胎

【实例】

[哈尼族] 检收（魔鬼投胎变成的女孩）一顿要吃三只鸡，喝九筒酒，不得吃不得喝，就骂父母，就打八个哥哥。

【流传】云南省·（红河哈尼族彝族自治州）·红河县

【出处】李克郎讲，黄世荣采录：《砍遮天大树》，见中国民间文学集成全国编辑委员会编《中国民间故事集成》（云南卷），北京：中国ISBN中心2003年版，第156页。

## W2911.3.6
### 人性恶

【实例】

[纳西族] 善神说："凡间的人都是行善

事慈悲的。"另一个恶神却说："几间的人一个个都是作恶多端的。"

【流传】云南省·丽江县（丽江市）

【出处】木丽春采集整理：《五月五的传说》，见木丽春编著《纳西族民间故事集》，昆明：云南人民出版社2007年版，第251页。

## W2911.4
### 人的烦恼的产生

【汤普森】A1330

实例

（参见下级母题实例）

## W2911.4.1
### 神把烦恼带给人

实例

[汉族] 以前地上很悠闲。天上的一个官给天上的人讲故事时，地下的人到天上玩也围过去去听。人除了身上的臭气外，还多嘴多舌，惹恼天上的人。天上的官人就派了其他神仙把害虫、害兽，烦恼和病疫全传到了人间。

【流传】湖北省·（荆门市）·京山县

【出处】冯家才讲，冯本林搜集整理：《天是怎样变高的》，原载中国民间文艺研究会湖北分会编《湖北民间故事传说集》，见姚宝瑄主编《中国各民族神话》（汉族），太原：山西出版传媒集团·书海出版社2014年版，第71~72页。

## W2911.5
### 人的嫉妒与自私的产生

【汤普森】A1375

【关联】

① [W2787.4] 女人爱嫉妒

② [W6817] 嫉妒

实例

（参见关联项母题实例）

## W2911.6
### 人的奉承的产生

【汤普森】A1384

实例

（实例待考）

## W2911.7
### 人的孝心的来历

【关联】[W2912.3.1] 通过观察动物改变了不孝的习性

实例

（参见下级母题实例）

## W2911.7.1
### 尧立孝慈仁爱

实例

（实例待考）

## W2911.7.2
### 听老人话的人

实例

[鄂伦春族] 一个小伙赡养林中遇到的

一个老太太。老太太在他家中养病享福,有一天老太太让他卖掉家中仅有的两匹马和所有东西。小伙不顾妻子的反对,都照吩咐去做了。

【流传】内蒙古自治区·(呼伦贝尔市)·鄂伦春族自治旗

【出处】

(a) 德兴德讲,巴图宝音记录整理:《大水的故事》(1980),见隋书金编《鄂伦春族民间故事选》,上海:上海文艺出版社 1988 年版。

(b) 同(a),见姚宝瑄主编《中国各民族神话》(达斡尔族、鄂伦春族、鄂温克族、蒙古族),太原:山西出版传媒集团·书海出版社 2014 年版,第 25~28 页。

## W2911.8
### 人的同情心的产生

【关联】[W7620.4] 最小的女儿有同情心嫁给动物

实 例

(实例待考)

## W2911.9
### 愚昧和迷惑的产生

【关联】[W2908.6] 人有机灵和迟钝之别的原因

实 例

[藏族] 木、火、土、铁、水 5 种本原物质中产生出一个发亮的卵和一个黑色的卵。黑卵于黑暗中爆炸,黑光上升便产生了愚昧和迷惑。

【流传】西藏自治区

【出处】《什巴卓浦》,见林继富《西藏卵生神话源流》,载《西藏研究》2002 年第 4 期。

## W2911.10
### 迟钝和疯狂的产生

【关联】

① [W2908.6.1] 因造人方法不同造成人的机灵和迟钝

② [W2908.6.2] 用特定物使聪明人变迟钝

实 例

[藏族] 木、火、土、铁、水 5 种本原物质中产生出一个发亮的卵和一个黑色的卵。黑卵于黑暗中爆炸,黑光下射则产生了迟钝和疯狂。

【流传】西藏自治区

【出处】《什巴卓浦》,见林继富《西藏卵生神话源流》,载《西藏研究》2002 年第 4 期。

## W2911.11
### 调皮

实 例

(参见下级母题实例)

## W2911.11.1
### 调皮的女孩

实 例

[汉族] 很古以前,天上七女星中的七星女非常调皮。

【流传】江苏省·盐城地区（盐城市）
【出处】赵殿龙讲，施广开记录：《七女星为何六颗星》（1987.08.10），见姚宝瑄主编《中国各民族神话》（汉族），太原：山西出版传媒集团·书海出版社2014年版，第298页。

## W2911.12
### 活泼

实 例

（实例待考）

## W2911.13
### 软弱

实 例

（参见下级母题实例）

## W2911.13.1
### 心软的人

实 例

[鄂伦春族] 小伙捕到一条奇怪的会哭泣的鱼，看到它很可怜，就把它放走了。

【流传】（无考）
【出处】
（a）内蒙古自治区编委会：《鄂伦春族社会历史调查》（第一集），呼和浩特：内蒙古人民出版社1984年版，第163页。
（b）《娘娘神的传说》，见吕大吉、何耀华总主编《中国各民族原始宗教资料集成》（鄂伦春族卷、鄂温克族卷、赫哲族卷、达斡尔族卷、锡伯族卷、满族卷、蒙古族卷、藏族卷），北京：中国社会科学出版社1999年版，第28~29页。

## W2911.14
### 怪脾气

实 例

（参见下级母题实例）

## W2911.14.1
### 服软不服硬的脾气

实 例

[苗族] 有个姓张的老人生就一股犟脾气，服软不服硬，怕善不怕恶。

【流传】贵州省
【出处】野萍搜集，潘华光整理：《火烧恶龙窝》，见姚宝瑄主编《中国各民族神话》（布依族、仡佬族、苗族），太原：山西出版传媒集团·书海出版社2014年版，第310页。

## W2911a
### 人的七情六欲

实 例

（参见下级母题实例）

## W2911a.1
### 喜（高兴）

实 例

（参见下级母题实例）

## W2911a.1.1
### 人会笑的来历
【汤普森】A1399.1

实例

（实例待考）

## W2911a.1.2
### 神赋予人笑的能力

实例

（实例待考）

## W2911a.1.3
### 傻笑

实例

（实例待考）

## W2911a.1.4
### 高兴难眠

实例

[汉族] 李老君暗恋女娲。他见女娲笑眯眯地向她点头，心头高兴得很，回去一连九天都没有睡好瞌睡。

【流传】四川省·巴县（今重庆市·巴南区）

【出处】杜志榜讲，李子硕搜集整理：《巴子石的来历》（1988.05），见姚宝瑄主编《中国各民族神话》（汉族），太原：山西出版传媒集团·书海出版社2014年版，第47～51页。

## W2911a.2
### 怒

实例

（参见下级母题实例）

## W2911a.2.1
### 因对方不顺从自己恼羞成怒

实例

[苗族] 神农为取得谷种，张榜说："谁能去西方恩国取得谷种，就将女儿伽价公主许配给他。"宫中的御狗翼洛取来稻谷种，神农想赖婚，当问翼洛是不是想升官发财选宫女为妻时，翼洛头不点，尾不摇。神农大怒，要杀翼洛。

【流传】贵州省·（铜仁市）·松桃地区（松桃苗族自治县）；湖南省·湘西（湘西土家族苗族自治州）苗族居住区一带

【出处】

（a）龙炳文搜集，燕宝整理：《神母狗父》，见燕宝编《苗族民间故事选》，上海：上海文艺出版社1981年版。

（b）同（a），见姚宝瑄主编《中国各民族神话》（布依族、仡佬族、苗族），太原：山西出版传媒集团·书海出版社2014年版，第146～147页。

## W2911a.3
### 哀

实例

（参见下级母题实例）

## W2911a.3.1
### 人会哭的来历
实例

（实例待考）

## W2911a.3.2
### 人生来会哭
【关联】［W2494.1］婚生爱哭的孩子

实例

（参见关联项母题实例）

## W2911a.3.3
### 人哭时为什么流泪
实例

（实例待考）

## W2911a.4
### 惧
实例

（实例待考）

## W2911a.4.1
### 人的恐惧心的来历
【汤普森】A1382

实例

（实例待考）

## W2911a.5
### 爱
【关联】［W7132］爱的产生

实例

（参见关联项母题实例）

## W2911a.6
### 恶
【关联】［W2929.5］坏人（恶毒的人、恶人）

实例

（参见关联项及下级母题实例）

## W2911a.6.1
### 人的憎恶之心的产生
【汤普森】A1388

【关联】［W2929.5.2］恶人是从阴间逃出的饿鬼

实例

（实例待考）

## W2911a.7
### 欲
【关联】
① ［W2929.4］贪婪的人
② ［W7145］情欲（性欲）

实例

（参见关联项母题实例）

## W2911a.8
### 悲
实例

（参见下级母题实例）

## W2911a.8.1
### 乐极生悲
实例

［**布依族**］布杰（布依族祖先之一）从

天神那里得到了超度死者的铜鼓，高高兴兴地走出南天门。因过于高兴，脚下绊着南天门门槛，一跟斗摔到地下跌死了，铜鼓也被摔了个洞。

【流传】贵州省·（黔西南布依族苗族自治州）·望谟县、册亨县、安龙县一带

【出处】

（a）韦朝路、覃玉竹讲，汛河搜集整理：《铜鼓的来历》，见贵州省民族事务委员会编《民间文学资料》第四十四集（布依族神话传说故事寓言童话），内部资料，1980年。

（b）同（a），见姚宝瑄主编《中国各民族神话》（布依族、仡佬族、苗族），太原：山西出版传媒集团·书海出版社2014年版，第96页。

## W2912

### 与人的性格有关的其他母题

实例

（参见下级母题实例）

## W2912.0

### 人的灵性的获得

实例

（参见下级母题实例）

## W2912.0.1

### 人吃仙桃获得灵性

实例

[汉族] 盘古造的泥人食了仙桃就有了灵性，变成人。

【流传】浙江省·（金华市）·永康县·（芝英镇）·柿后村

【出处】陈望高采录：《盘古造人》，见中国民间文学集成全国编辑委员会编《中国民间故事集成》（浙江卷），北京：中国ISBN中心1997年版，第37页。

## W2912.0.2

### 人喝特定的水获得灵性

实例

[彝族] 人无意中喝了天神的智水，变得更加聪明了。

【流传】四川省·（凉山彝族自治州）·甘洛县·玉田呷日乡

【出处】厅木铁钉讲，沙光荣采录：《智水和哑水》，见中国民间文学集成全国编辑委员会编《中国民间故事集成》（四川卷·上），北京：中国ISBN中心1998年版，第754页。

## W2912.0.3

### 造人时吹气获得灵性

【关联】［W2997.10.1］造人时吹气成为人的灵气

实例

[汉族] 女娲第七天用泥巴造人，捏成后吐唾沫吹口气，所以，人就有了灵气，称为万物之灵。

【流传】湖北省·孝感市·（孝南区）·朋兴乡·联合村

【出处】杨明春讲，宋虎采录：《女娲造六畜》，见中国民间文学集成全国编

辑委员会编《中国民间故事集成》（湖北卷），北京：中国 ISBN 中心 1999 年版，第 9 页。

## W2912.1
### 人比鬼聪明

实 例

[独龙族] 以前人比鬼聪明。一次，小孩听见鬼模仿他的妈妈叫门。小孩就让鬼把手从门洞里伸进来看看是不是妈妈。鬼伸进了一只毛茸茸的爪子，小孩机灵地拿起砍刀，咔嚓一下把鬼的爪子砍断了。

【流传】（无考）

【出处】蔡家麒：《独龙族社会历史综合考察报告》，载中国西南民族研究学会、云南省民族研究所编印《民族调查研究》1983 年第 1 期。

## W2912.2
### 人比动物聪明的原因

实 例

[藏族] 猫从观音菩萨那里得到"智慧"以后，首先想到好朋友——人。因为只有人吃了智慧，所以比动物聪明。

【流传】四川省·（阿坝藏族羌族自治州）·金川县（原靖化县）·卡拉足乡

【出处】倪泽射讲，谢启丰采录：《人为啥比其他动物聪明》，见中国民间文学集成全国编辑委员会编《中国民间故事集成》（四川卷·下），北京：中国 ISBN 中心 1998 年版，第 943 页。

## W2912.3
### 人的性格的改变

实 例

（参见下级母题实例）

## W2912.3.1
### 通过观察动物改变了不孝的习性

【关联】[W2911.7] 人的孝心的来历

实 例

[纳西族（摩梭）] 不孝的儿子看到母乌鸦衔食喂小乌鸦的情形，知道阿妈养儿育女的艰难，知道了孝敬阿妈。

【流传】云南省·丽江县（丽江市）（根据篇名，推断可能流传地为四川省·凉山彝族自治州·木里藏族自治县）

【出处】木丽春采集整理：《木里摩挲祭祖的故事》，见木丽春编著《纳西族民间故事集》，昆明：云南人民出版社 2007 年版，第 88~89 页。

## W2913
### 与人的特征有关的其他母题

【关联】[W0914.1.3] 人有 3 个灵魂

实 例

（参见下级母题实例）

## W2913.0
### 人为什么与动物有不同的特征

【关联】
① [W2315] 哺乳动物变成人
② [W2324] 鸟类动物变成人

③ [W2331] 水中动物变成人
④ [W2340] 两栖或爬行动物变成人
⑤ [W2317.8] 猴子进化变成人
⑥ [W2390.1] 动物演化成人（动物演变成人）

**实 例**

（参见关联项母题实例）

## W2913.1
### 人的睡眠

【关联】[W2826.4] 人睡觉闭眼的来历

**实 例**

（参见下级母题实例）

## W2913.1.1
### 人睡眠是让灵魂玩耍

**实 例**

（参见下级母题实例）

## W2913.1.1.1
### 人睡眠时灵魂离开身体

**实 例**

[赫哲族] 赫哲人认为人有三个灵魂，其中，第二个灵魂叫做"哈尼"（ha-ni），它能暂时离开肉体，并且能到远的地方去。人在睡觉的时候，它能到别的地方，能和别的灵魂或神发生关系，好像人在醒的时候的思想，所以有人给它一个名词，叫做"思想的灵魂"。

【流传】（松花江下游地区依兰至抚远一带）

【出处】

（a）凌纯声：《松花江下游的赫哲族》（原1934年南京刊印本），北京：民族出版社2012年版，第115页。

（b）孟慧英：《赫哲族卷·绪论》，见吕大吉、何耀华总主编《中国各民族原始宗教资料集成》（鄂伦春族卷、鄂温克族卷、赫哲族卷、达斡尔族卷、锡伯族卷、满族卷、蒙古族卷、藏族卷），北京：中国社会科学出版社1999年版，第193页。

## W2913.1.2
### 以前人睡得很长

**实 例**

（参见下级母题实例）

## W2913.1.2.1
### 人以前长睡不醒

【关联】[W2573.13.4] 第二代人嗜睡

**实 例**

❶ [汉族] 盘古开天地时的人，一下困去，也要很久很久才能醒来。

【流传】福建省·（宁德市）·周宁县·礼门乡·洋中村

【出处】李有灿讲，魏日树记录整理：《人的尾巴和日头》（1987.04.04），见姚宝瑄主编《中国各民族神话》（汉族），太原：山西出版传媒集团·书海出版社2014年版，第151~152页。

❷ [彝族] 以前，九天算一天，七夜算一夜。人们睡一觉，头发成了雀窝，

因为人一睡就不会醒。

【流传】云南省·楚雄彝族自治州

【出处】罗文荣演唱，李世忠翻译，蔷紫改写：《老人梅葛》，见姚宝瑄主编《中国各民族神话》（羌族、彝族），太原：山西出版传媒集团·书海出版社2014年版，第124页。

## W2913.1.2.2
### 人以前一睡几百年

实 例

[彝族] 格滋天神造出的第二代人，因天上有九个太阳和九个月亮，白天太阳晒，晚上月亮照，做着活计瞌睡来，一睡睡了几百年。

【流传】云南省·楚雄彝族自治州·姚安县、大姚县等彝族地区

【出处】《创世·人类起源》，见云南省民族民间文学楚雄调查队整理编写《梅葛》，昆明：云南人民出版社2009年版，第22页。

## W2913.1.2.3
### 人一睡数月

实 例

[苗族] 召采（人名）睡了一觉，一直睡了九个月。他一觉醒来，看见野竹根和地毛衣牵藤盖满了自己的身体。

【流传】云南东部［云南省·昭通（昭通市）、曲靖（曲靖市）、文山（文山壮族苗族自治州）、红河（红河哈尼族彝族自治州）、楚雄（楚雄彝族自治州）等地州］

【出处】马兴才讲，杨忠伦记录翻译：《召采与卯蚩彩娥翠》，原载《云南苗族民间文学集成》，见陶阳、钟秀编《中国神话》（中），北京：商务印书馆2008年版，第1037~1053页。

## W2913.1.3
### 人的睡眠是为了做梦

【汤普森】A1399.2

【关联】[W9290] 梦的产生

实 例

（实例待考）

## W2913.1.4
### 人以前冬眠

【关联】[W3067.3] 动物冬眠

实 例

[鄂伦春族] 恩都力莫里根神创造的鄂伦春人，开始时到冬天就冬眠，等到春天来了才醒过来。

【流传】（中国东北部地区）

【出处】《恩都力创造了鄂伦春人》，见姚宝瑄主编《中国各民族神话》（达斡尔族、鄂伦春族、鄂温克族、蒙古族），太原：山西出版传媒集团·书海出版社2014年版，第20~21页。

## W2913.1.4.1
### 人学会用火后不再冬眠

实 例

[鄂伦春族] 鄂伦春人有了火，冬天照样可以活动，因此就不用冬眠了。

【流传】（中国东北部地区）

【出处】《恩都力创造了鄂伦春人》，见姚宝瑄主编《中国各民族神话》（达斡尔族、鄂伦春族、鄂温克族、蒙古族），太原：山西出版传媒集团·书海出版社2014年版，第20~21页。

## W2913.1.5
### 人以前睡无定时

实例

（参见下级母题实例）

## W2913.1.5.1
### 远古时因不知年月睡无定时

实例

［布依族］远古时，人睡觉不分白天和夜晚，累了就睡。

【流传】贵州省·（黔西南布依族苗族自治州）·望谟县、贞丰县，（安顺市）·关岭（关岭布依族苗族自治县）、紫云（紫云苗族布依族自治县）、镇宁（镇宁布依族苗族自治县）一带

【出处】伍也香、韦少云、蒙远平唱，立浩、汛河搜集整理，古梅改写：《翁戛分年月》，见姚宝瑄主编《中国各民族神话》（布依族、仡佬族、苗族），太原：山西出版传媒集团·书海出版社2014年版，第46页。

## W2913.2
### 人为什么会行走

实例

（参见下级母题实例）

## W2913.2.1
### 人以前行走困难

实例

［傈僳族］人们走起路来非常困难，只好你拉着我，我搀着你，一步一步地向前移动。

【流传】（无考）

【出处】禾青：《盘古造人》，见祝发清、左玉堂、尚仲豪编《傈僳族民间故事选》，上海：上海文艺出版社1985年版，第7~11页。

## W2913.2.2
### 神或神性人物赋予人行走的能力

实例

（参见下级母题实例）

## W2913.2.2.1
### 真主赋予人行走的能力

【关联】

① ［W2067］真主造人

② ［W2785.3.1］月经每月出现一次是真主的规定

实例

［塔吉克族］安拉赋予人以行动能力。

【流传】新疆维吾尔自治区·（喀什地区）·塔什库尔干塔吉克自治县·瓦尔西代乡

【出处】马达里汗讲，西仁·库尔班等采录翻译：《人类的来历》，见中国民间文学集成全国编辑委员会编《中国

民间故事集成》（新疆卷），北京：中国 ISBN 中心 2008 年版，第 35 页。

## W2913.2.3
### 改变人的膝盖骨后能够行走

【关联】［W2847.2］膝盖的产生

实例

（参见下级母题实例）

## W2913.2.3.1
### 神把人的膝盖骨从后拧到前面人开始会行走

【关联】［W2847.3.1］人的膝盖向后长

实例

［鄂温克族］天神把人的膝盖骨从后头拧到前头，人便能挺身直立行走了。

【流传】内蒙古自治区

【出处】

（a）乌云达赉整理：《熊，原本是人》，见满都呼主编《中国阿尔泰语系诸民族神话故事》，北京：民族出版社 1997 年版，第 306 页。

（b）《熊，原本是人》，见内蒙古自治区鄂温克族研究会编《鄂温克族研究文集》第二辑（上），内部编印。

## W2913.2.4
### 人有了骨头后会行走

【关联】［W2848.2］人的骨骼

实例

（参见下级母题实例）

## W2913.2.4.1
### 神造人时加进骨头人才会行走

【关联】［W2084.2.4.1］神用飞禽的骨头和肉造人

实例

［鄂伦春族］"恩都日"神开始时用肉和泥拌在一起造的人不会走路，加入骨头后才会行走。

【流传】（无考）

【出处】孟兴全讲：《鄂伦春人是怎么来的》，见满都呼主编《中国阿尔泰语系诸民族神话故事》，北京：民族出版社 1997 年版，第 319 页。

## W2913.2.5
### 以前两人配合才能行走

【关联】［W2891.0.7］独脚人两个人互相搂着脖子走得飞快

实例

［彝族］天神造的第一代人独脚人，只有一尺二寸长。他们独自一人不会走，两人手搂脖子快如飞。

【流传】云南省·楚雄彝族自治州·姚安县、大姚县等彝族地区

【出处】《创世·人类起源》，见云南省民族民间文学楚雄调查队整理编写《梅葛》，昆明：云南人民出版社 2009 年版，第 20～21 页。

## W2913.3
### 人为什么大便

实例

［塔吉克族］以前，人生活在天堂，因

吃了天堂禁食的麦粒不得不解大便。

【流传】新疆维吾尔自治区·（喀什地区）·塔什库尔干塔吉克自治县·提孜那甫乡

【出处】马达里汗讲，西仁·库尔班等采录翻译：《人怎么离开天堂的》，见中国民间文学集成全国编辑委员会编《中国民间故事集成》（新疆卷），北京：中国ISBN中心2008年版，第29页。

## W2913.4
### 人的肉体为什么不能离开大地

【关联】[W2903] 人最早会飞

实例

[景颇族] 太阳神对吉露（人名，人类中年龄很老的人）说："人的肉体不能离开大地。"

【流传】云南省·（德宏傣族景颇族自治州）·陇川县

【出处】孔勒锐等讲，何峨采录：《吉露归天》，见中国民间文学集成全国编辑委员会编《中国民间故事集成》（云南卷），北京：中国ISBN中心2003年版，第391页。

## W2913.5
### 人既不能上天堂也不能下地狱

【汤普森】Q563

【关联】

① [W2987.6] 人死后要到阴间（人死后进地府）

② [W2987.6.6] 人死后灵魂到另一个世界

③ [W2987.7] 人死后升天

实例

（实例待考）

## W2913.6
### 人以前不讲卫生

实例

[纳西族] 祖父那一代，不会养育动，动头屙狗屎，动身不洁净；祖母那一代，不会养育生，生手扒鸡屎，生身不卫生。（这里的"动"指"动神"，此神是世界万物之源。）

【流传】云南省·丽江县（丽江市）

【出处】《思巴金补和思巴金母传略》，原载和士诚讲，和志武调查整理《关于动神和生神》（1989），见吕大吉、何耀华总主编《中国各民族原始宗教资料集成》（纳西族卷、羌族卷、独龙族卷、傈僳族卷、怒族卷），北京：中国社会科学出版社2000年版，第82页。

## W2913.7
### 人的惧怕物

【关联】

① [W2911a.4] 惧

② [W2911a.4.1] 人的恐惧心的来历

实例

（参见下级母题实例）

## W2913.7.1
### 人怕晒

实例

[彝族] 格兹天神造出的第一代人独脚人，月亮照着才能活得下去，太阳晒

着活不下去。

【流传】（云南省·楚雄彝族自治州·姚安县·官屯乡·马游村，大姚县·昙华乡等）

【出处】

（a）郭天元（马游村）、李申呼颇（昙华乡）、李福玉颇（苴）演唱，郭思九、许明学、龚维顺、张宝省、陈志群、胡炳文等搜集，刘德虎、龚维顺、陈志群、李树荣、郭天元等整理：《梅葛》（第一部"创世"），见云南省民族民间文学楚雄调查队《梅葛》（1959），昆明：云南人民出版社2009年版。

（b）《打虎开天辟地》，蔷紫据云南省民族民间文学楚雄调查队著《梅葛》（云南人民出版社2009年版）改写，见姚宝瑄主编《中国各民族神话》（羌族、彝族），太原：山西出版传媒集团·书海出版社2014年版，第198页。

## W2913.7.2

人为什么怕火

实 例

（实例待考）

## W2913.7.3

人为什么怕特定动物

实 例

（参见下级母题实例）

## W2913.7.3.1

人为什么怕蛇

实 例

[藏族] 女土司的女儿美梅错与仇家的儿子文顿巴相爱。后来美梅错在文顿巴火葬时跳火殉情，烧成一堆白灰。女土司发狠说："死也不能让你们在一块儿！"便向文顿巴的家人"文顿巴生时怕什么？"答说："怕蛇。"女土司就让手下捉来蛇和青蛙，照土司的吩咐放在骨灰上，只见有些骨灰见了蛇便往一边退，有些骨灰见了青蛙便往一旁躲，避开蛇的是文顿巴的骨灰，躲着青蛙的是美梅错的骨灰。于是两个人的骨灰被女土司分开。

【流传】西藏自治区

【出处】白桂花讲，佟锦华搜集整理：《茶和盐的故事》，原载《西藏民间故事选》，见陶阳、钟秀编《中国神话》（中），北京：商务印书馆2008年版，第931~941页。

## W2913.7.3.2

人为什么怕蛙

实 例

（参见 W2913.7.3.1 母题实例）

## W2913.8

人的演进

实 例

（参见下级母题实例）

## W2913.8.1

后代的能力超过长辈

实 例

（实例待考）

## W2913.8.1.1
儿子的能力超过父亲

实例

［珞巴族］（实例待考）

## W2913.8.2
人为什么不能变成神

【关联】［W044］特定的人变成神

实例

（实例待考）

## W2913.8.2.1
人修炼不够不能成为神

实例

（实例待考）

## W2913.8.3
人的力量

实例

（参见下级母题实例）

## W2913.8.3.1
吸纳食物增神力

实例

［布依族］力戞（人名，大力士）撑天时，狠狠地吸了口气，榕树叶子、木棉树叶子、茶花、夹竹桃都吸进肚子里。他眼睛鼓得如海碗大，浑身筋骨鼓胀得，像楠竹那么粗。

【流传】各地布依族地区

【出处】王燕、春甫、班告爷讲，汛河记录整理：《力戞创世》，见姚宝瑄主编《中国各民族神话》（布依族、仡佬族、苗族），太原：山西出版传媒集团·书海出版社2014年版，第5页。

# 2.10.4 特定特征的人
（W2915～W2929）

## W2915
混沌人

实例

（参见下级母题实例）

## W2915.1
卵生混沌人[①]

【关联】［W2601.1］生四体不分的孩子

实例

❶［藏族］蛋中生成了一位没有五官和肢体的混沌人。

【流传】（无考）

【出处】贡乔泽登整理：《始祖神话》，见BBS水木清华站 http://www.smth.edu.cn 2006.07.20。

❷［藏族］自然形成的一只大蛋化生出18只蛋，其中第二只蛋中生混沌人。

---

[①] 卵生混沌人，此母题所生的混沌人与"生怪胎母题"不同，表现在这里所生的混沌人本身就是人的一种形态，不像"生怪胎母题"中的怪胎要通过处理后才能变成人。

【流传】（无考）
【出处】《始祖神话》，见 http://www.xiaoshuo.com，2007.04.06。

## W2915.2
### 混沌人没有五官和肢体却有思维的能力

实 例

[藏族] 蛋中生成了一位没有五官和肢体的混沌人，但他有思维的能力。
【流传】（无考）
【出处】贡乔泽登整理：《始祖神话》，见 BBS 水木清华站 http://www.smth.edu.cn 2006.07.20。

## W2916
### 无影子的人

实 例

[汉族] 有勃鞮之国，人日中无影。
【流传】
【出处】《颛顼》，见 [晋] 王嘉撰，[梁] 萧绮录，齐治平校注《拾遗记》卷一，北京：中华书局1981年版，第17页。

## ✻ W2917
### 有特殊能力的人（能人）

实 例

[纳西族] 额玉额玛（最初的善神依古阿格变化出的第二代神）生下九对白蛋，其中一对变为能者和智者。
【流传】云南省·丽江（丽江市）
【出处】和芳（东巴）读经，和志武翻译整理：《崇邦统》（人类迁徙记）（1954），见吕大吉、何耀华总主编《中国各民族原始宗教资料集成》（纳西族卷、羌族卷、独龙族卷、傈僳族卷、怒族卷），北京：中国社会科学出版社2000年版，第321页。

## W2918
### 人与生俱来的特殊本领

实 例

❶ [汉族] 寡妇有两个儿子，雷龙是千里眼，雷虎是顺风耳。
【流传】浙江省·（丽水市）·缙云县·兆岸乡·兆岸村
【出处】朱有兴讲，陈凡升记录：《雷龙雷虎》，见缙云县民间文学征集办公室编《中国民间文学集成浙江省卷·缙云县故事、歌谣、谚语卷》，内部编印，1988年，第9页。

❷ [黎族] 老农妇生了三个儿子，老大是顺风耳，老二是千里眼，老三是大力士。
【流传】海南省·（三亚市）·乐东县（乐东黎族自治县）·尖峰镇·登司村
【出处】邢国精讲，陈葆真等采录：《雷公为什么在天上叫》，见中国民间文学集成全国编辑委员会编《中国民间故事集成》（海南卷），北京：中国ISBN中心2002年版，第23页。

❸ [苗族] 老妇人吃仙蕉生的5个儿子，老大八节脚，老二看八方，老三耳听九洲，老四死脾气，老五百兽

通。

【流传】海南省·（海口市）·昌江县（昌江黎族自治县）·七差乡·霸王苗村

【出处】蒋明新讲，马仲川采录：《雷公教人传种》，见中国民间文学集成全国编辑委员会编《中国民间故事集成》（海南卷），北京：中国ISBN中心2002年版，第12页。

❹ [土家族] 一母生下5个儿子，个个都是狠人，老大叫气力大哥，老二叫蛮力二哥，老三叫铁汉三哥，老四叫铜汉四哥，老五叫沙卡五哥。

【流传】湖南省·（湘西土家族苗族自治州）·永顺（永顺县）、古丈（古丈县）、保靖（保靖县）、龙山（龙山县）沿酉水一带

【出处】彭勃、彭继宽等搜集整理：《齐天大水》，见谷德明编《中国少数民族神话》，北京：中国民间文艺出版社1987年版，第168页。

## W2919
### 神造出人的特殊本领

实 例

[回族] 安拉用五色土造特殊本领的人阿丹。

【流传】黑龙江省·（牡丹江市）·绥芬河市

【出处】杨明岱讲：《阿丹人祖》，见中国民间文学集成全国编辑委员会编《中国民间故事集成》（黑龙江卷），北京：中国ISBN中心2005年版，第20~22页。

## W2920
### 人吃特殊的物质后获得非凡本领

【关联】[W2912.0.1] 人吃仙桃获得灵性

实 例

[鄂温克族] 猎人舔蛇经过的青石获得听懂动物语言的能力。

【流传】（无考）

【出处】《火神节》，见汪立珍《鄂温克族神话研究》，北京：中央民族大学出版社2006年版，第25页。

## W2921
### 语言能人

【关联】[W6712] 语言的差异

实 例

（参见下级母题实例）

## W2921.1
### 懂各民族语言文字的人

【关联】[W6714] 原来各民族说同样的语言

实 例

[维吾尔族] 两棵树下的土丘感光生出的5个孩子中，最小的一个叫不可的斤，才智出众，又懂得各族的语言文字。

【流传】新疆维吾尔自治区

【出处】张越改写：《树的儿子》，见姚宝瑄主编《中国各民族神话》（乌孜

别克族、哈萨克族、柯尔克孜族、俄罗斯族、维吾尔族、塔吉克族、塔塔尔族、锡伯族），太原：山西出版传媒集团·书海出版社 2014 年版，第 233 页。

## W2921.2
### 懂动物语言的人

**实例**

（参见下级母题实例）

## W2921.2.1
### 懂兽语的人

**实例**

❶ [鄂温克族] 人喝宝水后能听懂动物话。
【流传】（无考）
【出处】仁钦扎布讲，吕绍华整理：《樵夫和蟒蛇》，见中华民族故事大系编委会编《中华民族故事大系》第 14 卷（普米族、塔吉克族、怒族、俄罗斯族、鄂温克族），上海：上海文艺出版社 1995 年版，第 961 页。

❷ [藏族] 懂兽语的人。
【流传】（无考）
【出处】陈拓整理：《懂禽言兽语的牧童》，见中华民族故事大系编委会编《中华民族故事大系》第 2 卷（藏族、维吾尔族、苗族），上海：上海文艺出版社 1995 年版，第 126 页。

## W2921.2.2
### 懂鸟语龙音的人

**实例**

[白族] 哀牢国只住着一个女子沙壹，她会鸟语，识龙音。
【流传】云南省·大理（大理白族自治州）
【出处】杨惠讲，杨宪典采录：《九隆神》，见中国民间文学集成全国编辑委员会编《中国民间故事集成》（云南卷），北京：中国 ISBN 中心 2003 年版，第 235 页。

## W2921.2.3
### 懂鸟语的人

**实例**

❶ [藏族] 九兄弟中最小的弟弟听得懂鸟语，能够帮着收拾猎得的野兽。
【流传】（无考）
【出处】
（a）任称尔甲讲，萧崇素搜集整理：《种子的起源》，见谷德明编《中国少数民族神话选》，西北民族学院研究所编印，内部资料，1983 年。
（b）同（a），见姚宝瑄主编《中国各民族神话》（门巴族、珞巴族、怒族、藏族），太原：山西出版传媒集团·书海出版社 2014 年版，第 99 页。

❷ [藏族] 从前，人们靠着天天出外打猎为生。某个地方有九兄弟，他们结队到深山里去打猎。他们最小的弟弟

听得懂鸟语，能够帮着收拾猎得的野兽。

【流传】四川藏族聚居地区

【出处】

（a）任称尔甲讲，萧崇素搜集整理：《种子的起源》，载《民间文学》1961年第2期。

（b）同（a），见陶阳、钟秀编《中国神话》（中），北京：商务印书馆2008年版，第898~910页。

❸ [藏族] 以前有九兄弟打猎为生，他们最小的弟弟，能听得懂鸟语。

【流传】（无考）

【出处】米亚罗讲，萧崇素搜集整理：《种子的起源》，见谷德明编《中国少数民族神话》，北京：中国民间文艺出版社1987年版，第685页。

## W2922

### 眼力很好的人（千里眼）

实例

[汉族] 造字的苍颉头大如斗，身高二丈有余，长了四只眼睛。老百姓都叫他"千里眼"。

【流传】宁夏回族自治区·（固原市）·彭阳县·刘原乡·刘原村

【出处】刘铭讲，梁志强采录：《苍颉造字》，见中国民间文学集成全国编辑委员会编《中国民间故事集成》（宁夏卷），北京：中国ISBN中心1999年版，第24页。

## W2922.1

### 千里眼的来历

实例

（参见下级母题实例）

## W2922.1.1

### 天生千里眼

实例

（参见W2922.3.2母题实例）

## W2922.1.2

### 造出千里眼

实例

[彝族] 造人女神儿依得罗娃亲手捏了一男一女两个泥人。她还给男人塑了一只特殊的眼睛，这只眼睛不眨，也看得又宽又深邃。

【流传】（云南省·楚雄彝族自治州·双柏县，红河哈尼族彝族自治州等地）

【出处】

（a）云南省民族民间文学楚雄、红河调查队搜集，郭思九、陶学良整理：《查姆》，昆明：云南人民出版社1981年版。

（b）郭思九、陶学良整理，古梅改写：《彝家的古根》，选自《云南民族文学资料》第七集中的《查姆》上部前三章，见姚宝瑄主编《中国各民族神话》（羌族、彝族），太原：山西出版传媒集团·书海出版社2014年版，第61页。

## W2922.1.3
### 千里眼是练成的（练成千里眼）

**实例**

[朝鲜族] 三兄弟中的老二外出学艺10年，练就一只好眼睛，只要他闭上左眼，右眼就能把九万里以内的一切东西看得清清楚楚。

【流传】吉林省·（延边朝鲜族自治州）·延吉县（延吉市）

【出处】

（a）朴正姬讲，何鸣雁翻译，金明汉整理：《三胎星》（1962），见《朝鲜民间故事集》，北京：中国民间文艺出版社1984年版。

（b）同（a）见姚宝瑄主编《中国各民族神话》（满族、赫哲族、朝鲜族），太原：山西出版传媒集团·书海出版社2014年版，第181～187页。

## W2922.2
### 千里眼的特点

**实例**

（参见下级母题实例）

## W2922.2.1
### 千里眼能看十万八千里

**实例**

[汉族] 三胞胎兄弟都有本事。其中老二二虎闭上左眼，右眼可以看十万八千里。

【流传】浙江省·（宁波市）·宁海县

【出处】胡能青讲，胡文态整理：《三胎星》（1985），见姚宝瑄主编《中国各民族神话》（汉族），太原：山西出版传媒集团·书海出版社2014年版，第304页。

## W2922.2.2
### 千里眼能看穿天上最厚的阴云

**实例**

[蒙古族] 青年猎手哈良练得胆大又机灵，腿跑起来比梅花鹿还快，他的眼睛亮得能看穿天上最厚的阴云。

【流传】辽宁省·朝阳市·喀喇沁左翼蒙古族自治县·东哨乡·东哨（东哨村）

【出处】王天彬讲，琴音记录整理：《月亮公主》（1983年初冬），见姚宝瑄主编《中国各民族神话》（达斡尔族、鄂伦春族、鄂温克族、蒙古族），太原：山西出版传媒集团·书海出版社2014年版，第157页。

## W2922.3
### 与千里眼有关的其他母题

**实例**

（参见下级母题实例）

## W2922.3.1
### 穿山眼（透视眼）

**实例**

❶ [保安族] 有个叫大河家的小山村中，居住的三邻舍有三个当家的，他

们各有一套神奇的本领，其中，西家二哥，是个"穿山眼"，不管眼前隔着万重山，只要眼睛一瞅，山背后梅花鹿怎样喝水，都看得一清二楚。

【流传】（无考）

【出处】

（a）乔维森、野枫记录整理：《三邻舍》，见《中国少数民族文学作品选》（第二分册），上海：上海文艺出版社1981年版。

（b）同（a），见姚宝瑄主编《中国各民族神话》（土族、东乡族、回族、保安族、裕固族、撒拉族），太原：山西出版传媒集团·书海出版社2014年版，第72页。

❷ [保安族] 以前有三邻舍，西家二哥是个"穿山眼"。

【流传】甘肃省·临夏回族自治州

【出处】乔维森、野枫搜集整理：《三邻舍》，见满都呼主编《中国阿尔泰语系诸民族神话故事》，北京：民族出版社1997年版，第229~233页。

## W2922.3.2

### 特定的儿子是千里眼

实 例

❶ [侗族] 从前，有兄弟四人，其中，老三叫顺风耳，老四叫千里眼。正像他们的名字一样，每人都有一套本事。

【流传】贵州省

【出处】杨引招讲，龙玉成搜集整理：《捉雷公引起的故事》，原载《侗族民间故事选》，见陶阳、钟秀编《中国神话》（上），北京：商务印书馆2008年版，第465~471页。

❷ [侗族] 从前，有四兄弟各有一套本事。其中，老四是个千里眼。

【流传】贵州省·（黔东南苗族侗族自治州）·天柱县

【出处】

（a）杨引招讲，龙玉龙搜集整理：《捉雷公》，载《南风》1981年第2期。

（b）同（a），见姚宝瑄主编《中国各民族神话》（土家族、毛南族、侗族、瑶族），太原：山西出版传媒集团·书海出版社2014年版，第105页。

❸ [汉族] 从前，有一家哥儿十个，老大叫千里眼。

【流传】辽宁省·（营口市）·盖县

【出处】翟升云讲，阎艳霞记录：《十兄弟撑天》，见姚宝瑄主编《中国各民族神话》（汉族），太原：山西出版传媒集团·书海出版社2014年版，第74~75页。

## W2923

### 听力很远的人（顺风耳、千里耳）

实 例

❶ [保安族] 以前有三邻舍，东家大哥是个"风里耳"。

【流传】甘肃省·临夏回族自治州

【出处】乔维森、野枫搜集整理：《三邻舍》，见满都呼主编《中国阿尔泰语系诸民族神话故事》，北京：民族出版社1997年版，第229~233页。

❷ [保安族] 有个叫大河家的小山村的三邻舍有三个当家的，各有一套神奇的本领，其中，东家大哥是个"风里耳"，风吹草动，远远近近的声音，只要顺风一听，都瞒不过他的耳朵。

【流传】（无考）

【出处】

（a）乔维森、野枫记录整理：《三邻舍》，见《中国少数民族文学作品选》（第二分册），上海：上海文艺出版社1981年版。

（b）同（a），见姚宝瑄主编《中国各民族神话》（土族、东乡族、回族、保安族、裕固族、撒拉族），太原：山西出版传媒集团·书海出版社2014年版，第72页。

❸ [侗族] 从前，有四兄弟各有一套本事。其中，老三叫顺风耳。

【流传】贵州省·（黔东南苗族侗族自治州）·天柱县

【出处】

（a）杨引招讲，龙玉龙搜集整理：《捉雷公》，载《南风》1981年第2期。

（b）同（a），见姚宝瑄主编《中国各民族神话》（土家族、毛南族、侗族、瑶族），太原：山西出版传媒集团·书海出版社2014年版，第105页。

❹ [羌族] 木姐珠和热比娃结婚生3子。大儿子叫长耳朵，能听到天上和地下的各种动静。

【流传】四川省·（阿坝藏族羌族自治州）·理县·蒲溪乡

【出处】王久清讲，韩香芝翻译，周巴采录：《木姐珠与高山海子》，见中国民间文学集成全国编辑委员会编《中国民间故事集成》（四川卷·下），北京：中国ISBN中心1998年版，第1117页。

❺ [彝族] 造人女神儿依得罗娃亲手捏了一男一女两个泥人。男人塑了八只眼睛，八只眼睛都能看见万山；又塑了九只耳朵，九只耳朵能听见远方的声音。

【流传】（云南省·楚雄彝族自治州·双柏县，红河哈尼族彝族自治州等地）

【出处】

（a）云南省民族民间文学楚雄、红河调查队搜集，郭思九、陶学良整理：《查姆》，昆明：云南人民出版社1981年版。

（b）郭思九、陶学良整理，古梅改写：《彝家的古根》，选自《云南民族文学资料》第七集中的《查姆》上部前三章，见姚宝瑄主编《中国各民族神话》（羌族、彝族），太原：山西出版传媒集团·书海出版社2014年版，第61页。

## W2923.1

### 千里耳能听到千里之外的声音

实 例

[羌族] 穷小伙子到远方取宝剑的路上，碰到一个人，他最大的本事是能听到千里之外的声音。

【流传】四川省·（阿坝藏族羌族自治州）·松潘县·小姓乡·大耳边村

【出处】林波讲，吴文光、王康、龚剑雄采录，王康、吴文光整理：《取宝剑》，原载西南民族学院编印《羌族民间文学资料》，见姚宝瑄主编《中国各民族神话》（羌族、彝族），太原：山西出版传媒集团·书海出版社2014年版，第44页。

## W2923.2
### 顺风耳窃听秘密

【关联】［W9951.3.1］偷听获得秘密

实 例

［侗族］顺风耳把听到的灶神到天上禀报给天王老子的话，告诉了弟兄们。

【流传】贵州省·（黔东南苗族侗族自治州）·天柱县

【出处】

（a）杨引招讲，龙玉龙搜集整理：《捉雷公》，载《南风》1981年第2期。

（b）同（a），见姚宝瑄主编《中国各民族神话》（土家族、毛南族、侗族、瑶族），太原：山西出版传媒集团·书海出版社2014年版，第105页。

## W2924
### 其他有特殊能力的人

实 例

（参见下级母题实例）

## W2924.0
### 万能人

【关联】

① ［W0497.3］万能神

② ［W6007.2.3］非凡的技能的获得

实 例

［保安族］以前有三邻舍，北家三哥是个"万能手"。

【流传】甘肃省·临夏回族自治州

【出处】乔维森、野枫搜集整理：《三邻舍》，见满都呼主编《中国阿尔泰语系诸民族神话故事》，北京：民族出版社1997年版，第229~233页。

## W2924.1
### 能造山治水的人

【关联】［W4976.1］治水者

实 例

❶ ［汉族］大禹带着大家治水，把地上的汪洋大水分成了江河湖泊。

【流传】浙江省·丽水市·城关镇

【出处】吴玉生讲，唐宗龙采录：《禹土封巨灵神》，见中国民间文学集成全国编辑委员会编《中国民间故事集成》（浙江卷），北京：中国ISBN中心1997年版，第64页。

❷ ［瑶族］密洛陀造了造山治水的人。

【流传】广西壮族自治区·（河池市）·巴马县（巴马瑶族自治县）·东山乡

【出处】蒙老三讲：《密洛陀》，见中国民间文学集成全国编辑委员会编《中国民间故事集成》（广西卷），北京：中国ISBN中心2001年版，第22~24页。

## W2924.2
### 能补天的人

【关联】[W1386] 补天者

**实例**

[瑶族] 密洛陀造了补天的人。

【流传】广西壮族自治区·（河池市）·巴马县（巴马瑶族自治县）·东山乡

【出处】蒙老三讲：《密洛陀》，见中国民间文学集成全国编辑委员会编《中国民间故事集成》（广西卷），北京：中国 ISBN 中心 2001 年版，第 22~24 页。

## W2924.3
### 能开地的人

**实例**

[瑶族] 密洛陀造了开地的人。

【流传】广西壮族自治区·（河池市）·巴马县（巴马瑶族自治县）·东山乡

【出处】蒙老三讲：《密洛陀》，见中国民间文学集成全国编辑委员会编《中国民间故事集成》（广西卷），北京：中国 ISBN 中心 2001 年版，第 22~24 页。

## W2924.4
### 头会飞的人

【关联】[W2815] 人的头

**实例**

[汉族] 岭南溪洞中往往有飞头者，故有飞头獠子之号。

【流传】（无考）

【出处】《境异》，见[唐]段成式《酉阳杂俎》前集卷四。

## W2924.5
### 嗅觉很灵的人

【关联】[W2839.5.4] 鼻子为什么有嗅觉

**实例**

（实例待考）

## W2924.6
### 奔跑很快的人（飞毛腿、神腿）

【汤普森】F681

【关联】
① [W2924.11] 能在水上行走的人
② [W2924.12] 飞檐走壁的人
③ [W2924.12a] 用背行走的人

**实例**

（参见下级母题实例）

## W2924.6.1
### 飞毛腿一天走别人一个月的路

**实例**

[傣族] 公主嫁给孤儿时带来的一千个小伙子中，有一个神腿，他走路像飞一样快，常人走一月的路程，他只要一天就可走完。

【流传】（无考）

【出处】贺荣芝讲，汪宝兴采录：《酸鱼罐》，原载卢正佳、缪力主编《中国民间故事精品库》，见陶阳、钟秀编《中国神话》（下），北京：商务印书馆 2008 年版，第 1418～1427 页。

## W2924.7
### 会变形的人①

【关联】［W9530］人的变形

实　例

❶ ［哈尼族］一个哥哥领着三姊妹过活，三姊妹偷偷嫁给毛虫、豹子和猴子三种动物，哥哥杀死三个动物妹夫，妹妹们却分别变成了毛虫、豹子和猴子。

【流传】（无考）

【出处】《出嫁的三姊妹》，见中国各民族宗教与神话大词典编审委员会编《中国各民族宗教与神话大词典》，北京：学苑出版社 1990 年版，第 171 页。

❷ ［哈尼族］一个叫阿夺的小伙子，因违背预言者的吩咐，告诉人们要遭灾难的秘密，化为清风。

【流传】（无考）

【出处】陈振中整理：《阿夺化清风》，见刘城淮主编《世界神话集（1）·自然神话》，长沙：湖南大学出版社 1999 年版，第 80 页。

❸ ［汉族］有扶娄之国，其人善能机巧变化，易形改服，大则兴云起雾，小则入于纤毫之中。

【流传】（无考）

【出处】《周》，见［晋］王嘉撰，［梁］萧绮录，齐治平校注《拾遗记》卷二，北京：中华书局 1981 年版，第 53 页。

❹ ［拉祜族（拉祜西）］人老则化为虎。

【流传】云南省·（普洱市）·澜沧（澜沧拉祜族自治县）

【出处】张泽洪：《中国西南少数民族宗教中的虎崇拜研究》，载《中南民族大学学报》2007 年第 6 期。

❺ ［纳西族］丽江之白沙里夷人木都牟地者，性刚勇，偶抱愤事，卧于磐石之上，须臾变为虎。

【流传】（无考）

【出处】［清］曹树翘：《滇南杂志》卷二十二，见王锡祺《小方壶斋舆地丛钞》第七帙第 3 册，上海著易堂排印本，第 206 页。

❻ ［彝族］女人变石头（阿么特硌）。

【流传】（无考）

【出处】钟仕民：《彝族母石崇拜及其神话传说》，昆明：云南人民出版社 1993 年版，第 3 页。

❼ ［彝族］罗罗，云南蛮人，呼虎为罗罗，老则化为虎。

【流传】（无考）

【出处】［明］陈继儒：《虎荟》卷三。

❽ ［彝族］三个姑娘变三座山峰。

---

① 人的变形，此类母题涉及的对象非常宽泛，如人变成"花鸟鱼虫"等各种各样的动物，如果一一列举并没有典型意义和价值。这里只列举人变形的基本类型，如"人变动物"、"人变植物"、"人变自然物"等，具体考察其中的细微差别时，可参照"［W9500～W9599］变形与化生"相关母题与实例。

【流传】云南省·楚雄地区（楚雄彝族自治州）

【出处】《三女找太阳》，见谷德明编《中国少数民族神话》，北京：中国民间文艺出版社1987年版，第276页。

❾ [藏族] 很久以前，有祖先四兄弟分家。三哥跑到山上去了，因为没人管，最后变成了一只老虎。

【流传】西藏自治区

【出处】旺秋采录：《僜人祖先的来历》，见中国民间文学集成全国编辑委员会编《中国民间故事集成》（西藏卷），北京：中国ISBN中心2001年版，第16页。

❿ [藏族] 国王的儿子阿初到蛇王喀不勒那里盗粮食种籽，被蛇王变成了黄毛狗。

【流传】（无考）

【出处】《狗皮王子》，见谷德明编《中国少数民族神话》，北京：中国民间文艺出版社1987年版，第673~684页。

⓫ [藏族] 一个人登上被洪水围绕的喜马拉雅山上，他使洪水退后，变成了一只猕猴。

【流传】西藏西南部地区

【出处】《人的由来》，见谷德明编《中国少数民族神话》，北京：中国民间文艺出版社1987年版，第672页。

## W2924.7.1
### 以前人会变形

实 例

[哈尼族]（以前的人会变成各种各样的东西。

【流传】云南省·（红河哈尼族彝族自治州）·金平县（金平苗族瑶族傣族自治县）

【出处】批则讲，杨万智搜集整理：《地下人》，载《山茶》1986年第6期。

## W2924.7.2
### 隐形人

实 例

[汉族]（实例待考）

## W2924.8
### 能上天入地的人

【关联】[W1426] 人上天

实 例

[珞巴族] 在德根地区出了一对智勇双全的兄弟。他们很有本领，能上天入地。

【流传】西藏自治区珞巴族德根等部落

【出处】

（a）达得讲，刘芳贤、李坚尚搜集整理：《智勇双全的两兄弟》，载《民间文学》1985年第8期。

（b）同（a），见姚宝瑄主编《中国各民族神话》（门巴族、珞巴族、怒族、藏族），太原：山西出版传媒集团·书海出版社2014年版，第45页。

## W2924.8.1
### 腾云驾雾的人

【关联】[W0922.4] 神马腾云驾雾

**实 例**

[汉族] 有女，常履风云，游于伊、洛。

【流传】（无考）

【出处】《高辛》，见［晋］王嘉撰，［梁］萧绮录，齐治平校注《拾遗记》卷一，北京：中华书局 1981 年版，第 18 页。

## W2924.9
强壮的人

**实 例**

（参见下级母题实例）

## W2924.9.1
异常强壮的人

【汤普森】①F600；②≈F610.6

【关联】［W2898.0.1］大力士

**实 例**

（参见关联项母题实例）

## W2924.9.2
人使用火后变强壮

【关联】［W6932］火是发明的（火的发明）

**实 例**

[布依族] 盘古的女儿找到火后，人间有了光明，后来又有了熟食，人们也渐渐变得健壮起来。

【流传】贵州省·（黔南布依族苗族自治州）·平塘县、罗甸县、惠水县三县交界地区

【出处】杨兴荣、杨再良讲，杨路塔记录整理：《日、月、星》，见姚宝瑄主编《中国各民族神话》（布依族、仡佬族、苗族），太原：山西出版传媒集团·书海出版社 2014 年版，第 77 页。

## W2924.9.3
女强人（女汉子）

【汤普森】F565.2

**实 例**

（实例待考）

## W2924.10
善射的人

【关联】

①［W9735］没有名字的人射日

②［W9741.2］神射手（神箭手）

③［W9750］有名字的射日（月）者

**实 例**

❶ [朝鲜族] 弃儿朱蒙出生后，七岁能自做弓矢，百发百中。

【流传】（无考）

【出处】

(a)《高朱蒙》，见《三国史记》。

(b)《高朱蒙》，见《三国遗事》。

❷ [汉族] 今夫善射者，羿仲不能为逄蒙。

【流传】（无考）

【出处】《淮南子·俶真训》，见［汉］刘安等著，陈广忠译注《淮南子译注》，长春：吉林文史出版社 1990 年版，第 72 页。

❸［赫哲族］猎人与鹿生的男孩,长大后成了出色的猎手。

【流传】（无考）

【出处】《金鹿的传说》,见黄任远《满－通古斯语族民族有关熊、虎、鹿神话比较研究》,载《黑龙江民族丛刊》1996年第3期。

## W2924.11
### 能在水上行走的人

【关联】［W6210］人的行走

实 例

［汉族］长人高三四丈,如海,如履平地。

【流传】浙江省

【出处】《长人国》,见洪适《夷坚乙志》卷八。

## W2924.12
### 飞檐走壁的人

【关联】［W6210］人的行走

实 例

［汉族］蚩尤的头跟铜铸一样硬,平时用石头当饭吃,还能在空中飞腾,在悬崖峭壁上行走就跟平地一样。

【流传】陕西省·（延安市）·黄陵县

【出处】郭诚整理：《黄帝战蚩尤》,原载黄陵县文化馆编《轩辕黄帝传说故事》,见陶阳、钟秀编《中国神话》（中）,北京：商务印书馆2008年版,第787~792页。

## W2924.12a
### 用背行走的人

实 例

［哈尼族］人神玛窝（第一个男人）走路不用脚,而是用背走路。

【流传】云南省·（红河哈尼族彝族自治州）·元阳县

【出处】卢朝贵讲,史军超采录：《神和人的家谱》,见中国民间文学集成全国编辑委员会编《中国民间故事集成》（云南卷）,北京：中国ISBN中心2003年版,第23页。

## W2924.13
### 能发出特殊的声音的人
### （善啸者）

【关联】［W4575］声音的产生

实 例

［彝族］（实例待考）

## W2924.14
### 能通鬼神的人

【关联】［W9146.8］萨满的本领

实 例

［赫哲族］"弗力兰"不能治病,也不能跳神,所以不能算是萨满。但是能代人向神讲话,为许愿者向神请求推迟还愿日期。

【流传】（黑龙江省）

【出处】

(a)《民族问题五种丛书》黑龙江省编

辑组:《赫哲族社会历史调查》,牡丹江:黑龙江朝鲜民族出版社1987年版,第120页。

(b)《弗力兰的职责(二)》,见吕大吉、何耀华总主编《中国各民族原始宗教资料集成》(鄂伦春族卷、鄂温克族卷、赫哲族卷、达斡尔族卷、锡伯族卷、满族卷、蒙古族卷、藏族卷),北京:中国社会科学出版社1999年版,第244页。

## W2924.14.1
### 能给鬼传话的人

实例

[哈尼族] 人群里挑选出聪明的摩启(哈尼语,即贝玛)做中介人,把人的想法转告给鬼,把鬼的要求传达给人。

【流传】(无考)

【出处】毛里仰讲,毛佑全等搜集整理:《人鬼分家》,见谷德明编《中国少数民族神话》,北京:中国民间文艺出版社1987年版,第329页。

## W2924.15
### 能管理神的人

实例

(参见下级母题实例)

## W2924.15.1
### 老人做了雷神的首领

实例

❶ [布依族] 老者(伏、羲兄妹的爹)斗败雷公,雷公求饶,老者就住在天上当雷公的首领。

【流传】贵州省·(黔南布依族苗族自治州)·罗甸县·罗悃公社(罗悃镇)·洞尚寨

【出处】杨胞建由讲,罗文亮搜集:《洪水潮天(一)》,见姚宝瑄主编《中国各民族神话》(布依族、仡佬族、苗族),太原:山西出版传媒集团·书海出版社2014年版,第51页。

❷ [布依族] 人间的老者见大雨从天而降,立即拿起大钳顺着通天树爬到天上。在天池边抓住雷公,就要拿大钳夹他的卵蛋,雷公忙哀求饶命,请他当雷的头子。老者见下界的人都淹死了,就同意了。

【流传】贵州省·(黔南布依族苗族自治州)·望谟县·油亭公社(郊纳乡油亭村)·拉怀大队(拉怀寨)

【出处】罗老文讲,祖岱年搜集:《洪水潮天(三)》,见姚宝瑄主编《中国各民族神话》(布依族、仡佬族、苗族),太原:山西出版传媒集团·书海出版社2014年版,第54~55页。

## W2925
### 智者

【汤普森】①J191;②J1100;③≈X910

实例

❶ [哈尼族] 阿龙、阿翁和阿社弟兄三人,老二阿翁靠机智战胜龙王,救出哥哥和弟弟。

【流传】云南省·(红河哈尼族彝族自

2.10.4 特定特征的人 ‖ W2925 — W2925.2 ‖ 1675

治州）·红河县

【出处】李书周讲，李期博等采录：《起死回生药》，见中国民间文学集成全国编辑委员会编《中国民间故事集成》（云南卷），北京：中国 ISBN 中心 2003 年版，第 326 页。

❷ ［蒙古族］在远古时代，世界上有三个奇功异能的智者。

【流传】青海省·海西（海西蒙古族藏族自治州）

【出处】乌吉热讲，道荣嘎搜集，安柯钦夫翻译：《青海湖的传说》，见中华民族故事大系编委会编《中华民族故事大系》第 1 卷（汉族、蒙古族、回族），上海：上海文艺出版社 1995 年版，第 496 页。

## W2925.1
智者的产生

实 例

（参见下级母题实例）

## W2925.1.1
上帝造智者

【关联】［W2061.1］上帝造人

实 例

［哈萨克族］为了管理生灵，上帝觉得应该创造出一个智者。

【流传】（无考）

【出处】波勒泰·比达克买提等搜集，安蕾、毕栒译：《上帝用泥土造人》，见满都呼主编《中国阿尔泰语系诸民族神话故事》，北京：民族出版社 1997 年版，第 67 页。

## W2925.1.2
卵生智者

【关联】［W2220］卵生人

实 例

（参见下级母题实例）

## W2925.1.2.1
神的卵生智者

【关联】
① ［W2221］神的卵生人
② ［W2221.1］神蛋生人

实 例

［纳西族］额玉额玛（最初的善神依古阿格变化出的第二代神）生下九对白蛋，其中有一对变为能者和智者。

【流传】云南省·丽江（丽江市）

【出处】和芳（东巴）读经，和志武翻译整理：《崇邦统》（人类迁徙记）（1954），见吕大吉、何耀华总主编《中国各民族原始宗教资料集成》（纳西族卷、羌族卷、独龙族卷、傈僳族卷、怒族卷），北京：中国社会科学出版社 2000 年版，第 321 页。

## W2925.2
最小的孩子聪明

【关联】［W5074.1］兄弟中年龄最小的成为首领

**实例**

[仡佬族] 一家接到天上的仡佬族的 8 个小孩中，男孩老七叫阿力，女孩老八叫达勒。兄妹俩特别聪明伶俐。

【流传】（无考）

【出处】高兴文讲，刘文澜搜集，张德昌等整理：《阿力和达勒》，见谷德明编《中国少数民族神话》，北京：中国民间文艺出版社 1987 年版，第 664 页。

## W2925.2.1
### 众子女中最小的儿女最聪明

**实例**

[仡佬族] 一家仡佬族生的 8 个小孩中，男孩老七阿力和女孩老八达勒兄妹俩特别聪明伶俐。

【流传】（无考）

【出处】高兴文讲，刘文澜搜集，张德昌等整理：《阿力和达勒》，见谷德明编《中国少数民族神话》，北京：中国民间文艺出版社 1987 年版，第 664 页。

## W2925.3
### 最小的女儿最聪明

【汤普森】L61

**实例**

（实例待考）

## W2925.4
### 老人是智者

【关联】[W6004] 特定的人传授文化

**实例**

（参见下级母题实例）

## W2925.4.1
### 智慧老人

**实例**

❶ [东乡族] 在森林的那边，隐居着一位学问高深的老人。人们有了疑难的问题，就去请求老人帮助。

【流传】（无考）

【出处】

（a）赵燕翼搜集整理：《米拉尕黑与海迪娅》，见郝苏民、马自祥编《东乡族民间故事集》，北京：中国民间文艺出版社 1981 年版。

（b）同（a），见姚宝瑄主编《中国各民族神话》（土族、东乡族、回族、保安族、裕固族、撒拉族），太原：山西出版传媒集团·书海出版社 2014 年版，第 24 页。

❷ [维吾尔族] 火焰山上的一个山洞中住着一位远近闻名的智慧老人。

【流传】新疆维吾尔自治区

【出处】阿孜古丽翻译，伏特加·司马义·铁木尔记录整理：《高昌汗国的传说》，见姚宝瑄主编《中国各民族神话》（乌孜别克族、哈萨克族、柯尔克孜族、俄罗斯族、维吾尔族、塔吉克族、塔塔尔族、锡伯族），太原：山西出版传媒集团·书海出版社 2014 年版，第 234 页。

## W2925.5
### 穷人是智者

实例

（参见下级母题实例）

## W2925.5.1
### 穷女婿是智者

【关联】［W7033］女婿

实例

［纳西族］穷女婿捉弄死嫌贫爱富的岳父，并用计谋多次整治了尤鲁瓦死神派遣去捉他的鬼差。

【流传】云南省·丽江县（丽江市）

【出处】木丽春采集整理：《死神尤鲁瓦的出世》，见木丽春编著《纳西族民间故事集》，昆明：云南人民出版社2007年版，第170~171页。

## W2926
### 圣人

实例

❶［回族］上古时候，天上有个圣人名叫阿丹，他老婆名叫夏娃。

【流传】贵州省·（黔西南布依族苗族自治州）·兴仁县

【出处】张正兴讲，张盛昌采录：《阿丹、夏娃造人》，见中国民间文学集成全国编辑委员会编《中国民间故事集成》（贵州卷），北京：中国ISBN中心2003年版，第11页。

❷［回族］真主又将哈娃给阿丹圣人配成妻子，所以又称她为哈娃太太。

【流传】青海省·黄南州（黄南藏族自治州）·同仁县·隆务镇·民主街

【出处】周尚杰（保安族，该文本注明他讲的是回族神话）讲，赵清阳采录：《阿丹的诞生》，见中国民间文学集成全国编辑委员会编《中国民间故事集成》（青海卷），北京：中国ISBN中心2007年版，第11页。

## W2926.1
### 圣人的产生

【关联】

① ［W2598.1.1］圣人不一般的出生
② ［W2597.1.1.1］圣人出生时天上出现五星
③ ［W2721.1］圣人是单胎

实例

（参见关联项及下级母题实例）

## W2926.1.1
### 感生圣人

【关联】［W2230］感生人

实例

❶［汉族］圣人孔子为其母感天而生。

【流传】（无考）

【出处】《周灵王》，见［晋］王嘉撰，［梁］萧绮录，齐治平校注《拾遗记》卷三，北京：中华书局1981年版，第70页。

❷［汉族］孔子的父亲叔梁纥，先娶施氏，生9女而无子，娶妾生跛子，后

娶颜氏，到尼丘山祈祷，山神出迎，生孔子。

【流传】山东省·（济宁市）·曲阜（曲阜市）

【出处】《圣人诞生》，见孟昭正编《孔子故里的传说》，济南：山东文艺出版社1987年版，第1~3页。

## W2926.1.2
### 气与神合生圣人

【关联】
① ［W2207］气生人
② ［W2131］神生人

实例

[彝族] 气与神合产圣人。

【流传】云南省·（大理白族自治州）·巍山县（巍山彝族回族自治县）·五印乡·岩子脚郎马鹿村

【出处】王丽珠搜集：《无上虚空地母养生保命真经》，见吕大吉、何耀华总主编《中国各民族原始宗教资料集成》（彝族卷、白族卷、基诺族卷），北京：中国社会科学出版社1996年版，第63~64页。

## W2926.2
### 圣人的特征

实例

[汉族]（实例待考）

## W2926.3
### 与圣人有关的其他母题

【关联】
① ［W2083.1.2］用圣人的唾液造人
② ［W2147.1］圣人生人
③ ［W2723.2.2］圣人夫妻生龙凤胎

实例

（参见关联项母题及下级实例）

## W2926.3.1
### 男圣人

实例

（实例待考）

## W2926.3.2
### 女圣人

实例

[汉族]（实例待考）

## W2926a
### 贤人

实例

（参见下级母题实例）

## W2926a.0
### 贤人的产生

实例

（参见下级母题实例）

## W2926a.0.1
### 乾坤卦结合生贤人

【关联】［W2297.4.2.1］乾坤卦结合生人

实例

[彝族] 哎哺（指乾坤二卦的卦名）相结合，降生了贤人希弥遮。

【流传】贵州省·（毕节市）·威宁（威宁彝族回族苗族自治县）、赫章县一带

【出处】罗正清翻译，为未刊稿，黄建明摘录：《弥神与觉神》，见吕大吉、何耀华总主编《中国各民族原始宗教资料集成》（彝族卷、白族卷、基诺族卷），北京：中国社会科学出版社1996年版，第280页。

## W2926a.1
### 男贤人

实例

（实例待考）

## W2926a.2
### 女贤人

实例

[纳西族] 窝英都奴被崇拜为七个贤能女子之一，在祖先崇拜仪式中缅怀她英勇杀死专门吃人的猛鬼的业绩。

【流传】（无考）

【出处】《猛厄绪》，见吕大吉、何耀华总主编《中国各民族原始宗教资料集成》（纳西族卷、羌族卷、独龙族卷、傈僳族卷、怒族卷），北京：中国社会科学出版社2000年版，第344页。

## W2926b
### 老人（长者）

【关联】[W2949.0] 人以前能活百岁（百岁老人）

实例

（参见下级母题实例）

## W2926b.1
### 老人有特定能力

【关联】
① [W6376.2.1] 老人崇拜
② [W6779.1] 从老人那里获得智慧

实例

[独龙族] 丧葬期间吃酒过程中，要不间断地分给死者一份，同时村中老人也另外做些食物给死者家送来，据说以长者出面赠礼，可以把那些游离于屋内外的鬼魂，一一撵到死者的坟地里去。

【流传】（无考）

【出处】《独龙族简史》编写组编：《独龙族简史》，昆明：云南人民出版社1986年版，第111~112页。

## W2926b.2
### 老人有特殊外貌

实例

（参见下级母题实例）

## W2926b.2.1
### 白胡子老人

实例

[纳西族] 洪水过后，从忍利恩（祖先名）向一个白天有火烟的地方走去，有一个老人接待了他。那个老人胡子很长，如同麻束，而且白得像雪一样。

【流传】云南省·丽江市

【出处】和志武翻译整理：《人类迁徙记》，原载中共丽江地委宣传部编《纳西族民间故事选》，见陶阳、钟秀编《中国神话》（中），北京：商务印书馆2008年版，第856~876页。

## W2926b.2.2
### 绿胡子老头

实　例

［汉族］一座山上的松树上面住着一个绿胡子老头儿，他有三件宝。

【流传】辽宁省·（沈阳市）·新民县北部农村

【出处】刘赵氏讲，刘秀岩搜集整理：《补天的故事》，见姚宝瑄主编《中国各民族神话》（汉族），太原：山西出版传媒集团·书海出版社2014年版，第63~65页。

## W2926c
### 童孩

实　例

（参见下级母题实例）

## W2926c.1
### 不可轻视的童孩（人小鬼大）

【关联】
① ［W2811.10.1］小人办大事
② ［W2965］人童年时的特征

实　例

［赫哲族］安徒（英雄名）进了霍通（城池），发现一家的小孩子越哄哭得越厉害。安徒生气地要打那孩子。结果打得很费力气。

【流传】黑龙江省·佳木斯市·同江县·八岔乡（八岔赫哲族乡）

【出处】
（a）吴进才说唱，尤志贤翻译整理：《安徒莫日根》，载中国民间文艺研究会黑龙江分会所编《黑龙江民间文学》，1981年第2集。
（b）同（a），见姚宝瑄主编《中国各民族神话》（满族、赫哲族、朝鲜族），太原：山西出版传媒集团·书海出版社2014年版，第147页。

## W2927
### 傻子

【汤普森】J1700

实　例

（参见下级母题实例）

## W2927.1
### 以前的人很傻

实　例

❶［汉族］以前的人很傻，不知道美丑、香臭和苦甜。

【流传】陕西省·（汉中市）·南郑县·山口乡、红光乡

【出处】王明锐讲，伯和搜集整理：《人魂》，见南郑县民间故事集成编委会编《中国民间故事集成陕西卷·南郑县故事集成》，内部编印，1988年，第6页。

❷ [土家族] 起初的人和撞膀（傻子）一样。

【流传】湖北省·（宜昌市）·长阳县（长阳土家族自治县）·都镇湾镇·杜家冲村

【出处】孙家香讲：《瘪古是盘古的妈》，见长阳土家族网 http://www.cy-tujia.com/list_body.php? id，2005.12.08。

## W2927.1.1
### 以前的男人很傻

【关联】[W2796.7.1] 以前女人比男人聪明

实 例

（参见下级母题实例）

## W2927.1.1.1
### 傻男人变聪明

实 例

[怒族] 原来男人很傻。茂英充（女始祖）娶男人时，都要用烧红了的栗炭烫男人的手，知道把手缩回去的才能被娶作丈夫。这样过了不知多少代，男人们才慢慢变得聪明起来。

【流传】云南省·（怒江傈僳族自治州）·福贡县·匹河乡

【出处】企扒冲讲，李卫才采录：《女始祖》，见中国民间文学集成全国编辑委员会编《中国民间故事集成》（云南卷），北京：中国 ISBN 中心 2003 年版，第 268 页。

## W2927.2
### 傻子的来历

实 例

（参见下级母题实例）

## W2927.2.1
### 造人时忘了给智慧造成傻子

【关联】[W6777] 智慧的获得

实 例

[满族] 阿不凯恩都哩造人时，忘了给他们智慧，所以后来出现傻子。

【流传】黑龙江省·牡丹江市·（西安区）·温春乡（温春镇）

【出处】梅崇阿讲，傅英仁采录：《人的尾巴》，见中国民间文学集成全国编辑委员会编《中国民间故事集成》（黑龙江卷），北京：中国 ISBN 中心 2005 年版，第 23 页。

## W2927.2.2
### 造人时被淋成傻子

【关联】[W2892.1] 造人时淋雨出现残疾

实 例

[汉族] 女娲造的泥人被雨淋了，有的就变成傻子、呆子。

【流传】河北省·（保定市）·涿州市、高碑店（高碑店市）

【出处】《女娲造人》，见中国民间文学集成全国编辑委员会编《中国民间故事集成》（河北卷），北京：中国 IS-

BN中心2003年版,第8页。

## W2927.3
### 与傻子有关的其他母题
**实例**

(参见下级母题实例)

## W2927.2.1
### 做傻事的女人
**实例**

[侗族]（实例待考）

## W2927.2.2
### 傻儿子
**实例**

(参见下级母题实例)

## W2927.2.2.1
### 兄妹婚生傻儿子
【关联】[W2893.3.1]兄妹婚生子女皆有残疾

**实例**

[仡佬族]洪水后,幸存的阿仰兄妹婚生的九个儿子不但都不会说话,还不会找吃,不会找喝。

【流传】贵州省·（毕节市）·黔西（黔西县）、织金县

【出处】赵云周等九人讲,李道等十人搜集,罗懿群执笔整理:《阿仰兄妹制人烟》,载《南风》1983年第3期。

## W2927.2.2.2
### 生的两个孩子一个聪明一个傻
【关联】[W2908.1]人的性格出生时形成

**实例**

[珞巴族]（实例待考）

## W2927a
### 笨人
**实例**

(参见下级母题实例)

## W2927a.1
### 笨人的产生
**实例**

(实例待考)

## W2927a.2
### 笨人的行为
**实例**

(参见下级母题实例)

## W2927a.2.1
### 笨人干巧事
**实例**

[珞巴族]兄弟各自种了一块田地。哥哥虽不如弟弟聪明,但田地种得很好;而弟弟田里的庄稼总是枯黄枯黄的。

【流传】西藏自治区·（林芝市）·墨脱县（搜集地点为西藏自治区·林芝

市·墨脱县·达木乡·卡布村）

【出处】达娃讲，于乃昌、张力凤、陈理明整理：《阿巴达尼取五谷种》（1986.08），见姚宝瑄主编《中国各民族神话》（门巴族、珞巴族、怒族、藏族），太原：山西出版传媒集团·书海出版社2014年版，第31页。

## W2927a.3
与笨人有关的奇特母题

实 例

（实例待考）

## W2928
处女

【汤普森】T301

【关联】［W2151］处女生人

实 例

（参见关联项母题实例）

## W2928.1
处女情怀

实 例

（实例待考）

## W2929
其他特定特征的人

实 例

（参见下级母题实例）

## W2929.0
特定特征的男女

实 例

（参见下级母题实例）

## W2929.0.1
不平凡的男人

实 例

（实例待考）

## W2929.0.2
不平凡的女人（奇女子）

实 例

（参见下级母题实例）

## W2929.0.2.1
不平凡的女人法力无边

实 例

［汉族］金雀神（人名）虽是女人，但法力无边，完全能与扫帚星相敌。

【流传】江苏省·（南通市）·如东县

【出处】管永达讲，曾国成记录：《扫帚星的来历》，见姚宝瑄主编《中国各民族神话》（汉族），太原：山西出版传媒集团·书海出版社2014年版，第336~338页。

## W2929.0.2.2
乳房巨大的女人

【关联】［W2784.4］巨大的乳房

【实例】

[满族] 柳树变成的女人的两个大乳房比一般女性大几十倍。

【流传】（黑龙江省）·宁古塔（黑龙江省牡丹江市一带，今属宁安县），（吉林省）·长白山地区

【出处】傅英人（疑"人"应为"仁"）讲述，张爱云整理：《阿布凯赫赫创造天地人》，原载《满族萨满神话》，见陶阳、钟秀编《中国神话》（上），北京：商务印书馆2008年版，第140～154页。

## W2929.0.3
### 懦夫

【关联】

① [W2911.13] 软弱
② [W2898.2] 羸弱的人

【实例】

（参见关联项母题实例）

## W2929.0.4
### 青涩男（惧内者）

【实例】

[满族] 从一大片五色彩云中飞下九个天女，到长白天池边游玩，钻到水里去打闹嬉戏，把在这里捕鱼为生的小阿哥吓得躲进山洞里，整整一天没出来。以后，这九个天女常常到天池洗澡，小阿哥总是躲在山洞里不出来。

【流传】黑龙江省·（哈尔滨市）·双城（双城区）一带

【出处】

(a) 赵焕讲，王宏刚、马亚川、程迅整理：《女真族传说》（1982），见乌丙安、李文刚等编《满族民间故事选》，上海：上海文艺出版社1983年版。

(b) 同(a)，见姚宝瑄主编《中国各民族神话》（满族、赫哲族、朝鲜族），太原：山西出版传媒集团·书海出版社2014年版，第40～43页。

## W2929.1
### 虚荣的人

【实例】

（实例待考）

## W2929.1.1
### 吹牛的人

【实例】

（实例待考）

## W2929.2
### 自负的人

【实例】

（实例待考）

## W2929.3
### 胆小鬼

【实例】

[哈尼族] 人类原是住在地下，胆子小。

【流传】云南省·（红河哈尼族彝族自治州）·金平县（金平苗族瑶族傣族

自治县）

【出处】《地下人》，载《山茶》1986 年第 6 期。

## W2929.4
### 贪婪的人

【关联】［W2911a.7］欲

**实 例**

（实例待考）

## W2929.5
### 坏人（恶毒的人、恶人）

【关联】

① ［W5096.1］恶毒的祖父
② ［W5104.2］恶毒的父母
③ ［W5121.3］恶毒的孩子
④ ［W5178.1］恶毒的兄弟

**实 例**

[锡伯族] 人们生儿育女，认为都是星辰的化身，故锡伯族民间称恶人为"恶星"。

【流传】（无考）

【出处】

(a) 佟克力：《锡伯族历史与文化》，乌鲁木齐：新疆人民出版社 1989 年版，第 178~179 页。

(b) 《星辰崇拜》，见吕大吉、何耀华总主编《中国各民族原始宗教资料集成》（鄂伦春族卷、鄂温克族卷、赫哲族卷、达斡尔族卷、锡伯族卷、满族卷、蒙古族卷、藏族卷），北京：中国社会科学出版社 1999 年版，第 396 页。

## W2929.5.0
### 坏人的产生

**实 例**

（参见下级母题实例）

## W2929.5.0.1
### 妖魔变成坏人

【关联】［W0830］妖魔

**实 例**

[满族] 恶神耶鲁里不甘心在暗界里过日子，就和一伙妖魔化装成苦难人，混入到各个部落中，因为混在平民中的恶魔没有抓尽，所以，人间至今还有坏人。

【流传】（无考）

【出处】《阿布卡赫赫女神创世》，王松根据富育光、孟慧英、王宏刚撰写的《满族宗教与神话》改写，见姚宝瑄主编《中国各民族神话》（满族、赫哲族、朝鲜族），太原：山西出版传媒集团·书海出版社 2014 年版，第 4~14 页。

## W2929.5.0.2
### 人受妖魔诱惑变坏

【关联】［W2911.3.1］人受妖魔诱惑变邪恶

**实 例**

[维吾尔族] 人受到妖魔的挑拨离间后，人与人开始有了嫉妒、仇恨，而后又挑起战争，互相打仗，抢夺牲口、财产、女人和小孩。

【流传】新疆维吾尔自治区·伊犁州（伊犁哈萨克自治州）·察布查尔（察布查尔锡伯自治县）

【出处】牙库布讲，阿不都拉搜集翻译，姚宝瑄整理：《女天神创世》，见姚宝瑄主编《中国各民族神话》（乌孜别克族、哈萨克族、柯尔克孜族、俄罗斯族、维吾尔族、塔吉克族、塔塔尔族、锡伯族），太原：山西出版传媒集团·书海出版社2014年版，第227~228页。

## W2929.5.0.3
### 坏的造人者造出坏人

【关联】[W2050] 造人者

实例

[汉族] 娲儿公主和太极（仙名）、无极（仙名）造人时，不同的造人者形成人的不同性格和品质，坏人就是奸诈的无极做的泥人变成的。

【流传】辽宁省·阜新市·细河区

【出处】吴振清讲，郝殿玺搜集整理：《人的来历》，原载阜新市细河区民间文学集成编委会编《细河区资料本》，见陶阳、钟秀编《中国神话》（上），北京：商务印书馆2008年版，第324~326页。

## W2929.5.1
### 恶毒的女人

【汤普森】F582

实例

（参见关联项母题实例）

## W2929.5.2
### 恶人是从阴间逃出的饿鬼

【关联】[W2027] 人从地下来

实例

[汉族] 头殿阎君秦广不敢明目张胆地给舅爷"开后门"，只好将他弄回地狱里去关监。但是他不关地狱的门，不上锁，想让他的舅爷自己跑掉。结果因为不锁门，那八百万饿鬼都逃跑出来了，到处抢着投生，阳间的恶人越来越多了。

【流传】四川省

【出处】魏显德讲，张紫军记录，夔一卒整理：《头殿阎君"开后门"》，原载《中国民间故事集成》（四川卷），见陶阳、钟秀编《中国神话》（下），北京：商务印书馆2008年版。

## W2929.5.3
### 现在的恶人是第四代人

【关联】[W2575] 第四代人

实例

[藏族] 天老爷派到地上的"一寸人"、"立眼人"、"八尺人"三代人都灭绝。天老爷没有办法，最后才派来了我们现在的"人"。

【流传】四川省白马藏族

【出处】

（a）扎嘎梳（疑为"扎嘎才礼"）、小石桥、顶牵讲，谢世廉、周盖华、妆志成、周贡中搜集：《老天爷派来三代人》，见中国民间文艺研究会四川分会编《四川白马藏族民间文学资料集》，内部资料，1982年。

(b) 同 (a)，见姚宝瑄主编《中国各民族神话》（门巴族、珞巴族、怒族、藏族），太原：山西出版传媒集团·书海出版社2014年版，第86页。

## W2929.5a
善人（好人）

实 例

（参见下级母题实例）

## W2929.5a.1
菩萨人

【关联】［W0790］菩萨

实 例

[羌族（纳木依人、柏木依人）]山神的菩萨人（当地称为"甲俄"）平时负责保管自古相传的祭山用的神箭、神刀、牛角等法事工具，也参与生产劳动。

【流传】四川省·（凉山彝族自治州）·冕宁县·锣锅底区

【出处】何耀华：《川西南纳木依人和柏木依人的宗教信仰述略》，见吕大吉、何耀华总主编《中国各民族原始宗教资料集成》（纳西族卷、羌族卷、独龙族卷、傈僳族卷、怒族卷），北京：中国社会科学出版社2000年版，第553~554页。

## W2929.5a.2
好男人

【关联】［W7027.1］忠实的丈夫

实 例

（实例待考）

## W2929.5b
完美的人

实 例

（参见下级母题实例）

## W2929.5b.1
完美的男人

实 例

[东乡族]村里住着一个名叫米拉尕黑的年轻猎手。论气力，米拉尕黑能和野熊摔跤；论人才，米拉尕黑像天神一般英俊；论性情，米拉尕黑像姑娘一样温柔可爱。

【流传】（无考）

【出处】

(a) 赵燕翼搜集整理：《米拉尕黑与海迪娅》，见郝苏民、马自祥编《东乡族民间故事集》，北京：中国民间文艺出版社1981年版。

(b) 同 (a)，见姚宝瑄主编《中国各民族神话》（土族、东乡族、回族、保安族、裕固族、撒拉族），太原：山西出版传媒集团·书海出版社2014年版，第22页。

## W2929.6
能吃能喝的人

实 例

（参见下级母题实例）

## W2929.6.1
### 饭量巨大的人

【关联】［W2574.5］第三代人饭量很大

实 例

［蒙古族］王爷的儿子当德巴特尔一口气吃掉22个脑袋的蟒古斯才吃得下去的东西。

【流传】内蒙古自治区·（巴彦淖尔市）·乌拉特中旗

【出处】

（a）额尔登达来讲，巴彦尔翻译，赵永晖、陈代明搜集整理：《英雄当德巴特尔》，载《民间文学》1984年第11期。

（b）同（a），见姚宝瑄主编《中国各民族神话》（达斡尔族、鄂伦春族、鄂温克族、蒙古族），太原：山西出版传媒集团·书海出版社2014年版，第170页。

## W2929.6.1.1
### 一餐能吃掉一头牛的人

实 例

［汉族］（实例待考）

## W2929.6.1.2
### 少年的饭量超成人

实 例

［蒙古族］乌恩长到十岁时饭量已经超过了大人，一顿就能吃掉半只羊。

【流传】（无考）

【出处】

（a）赛野搜集整理：《乌恩射太阳》，见谷德明编《中国少数民族神话选》，西北民族学院研究所编印，内部资料，1983年。

（b）赛野搜集整理：《乌恩战妖龙》，见姚宝瑄主编《中国各民族神话》（达斡尔族、鄂伦春族、鄂温克族、蒙古族），太原：山西出版传媒集团·书海出版社2014年版，第179～180页。

## W2929.6.2
### 善饮者

实 例

（参见下级母题实例）

## W2929.6.2.1
### 能喝干河水的人

实 例

［羌族］穷小伙子到远方取宝剑的路上，碰到一个人。这个人最大的本事是能把河水喝干。

【流传】四川省·（阿坝藏族羌族自治州）·松潘县·小姓乡·大耳边村

【出处】林波讲，吴文光、王康、龚剑雄采录，王康、吴文光整理：《取宝剑》，原载西南民族学院编印《羌族民间文学资料》，见姚宝瑄主编《中国各民族神话》（羌族、彝族），太原：山西出版传媒集团·书海出版社2014年版，第46页。

## W2929.7
### 爱捉弄人的人

实 例

［珞巴族］（实例待考）

## W2929.8
### 小人（奸佞之人）

【实例】

（参见下级母题实例）

## W2929.8.1
### 无能的小人

【实例】

（参见下级母题实例）

## W2929.8.1.1
### 小人被动物欺负

【实例】

[藏族] 以前地上没有人，天老爷先派来了"一寸人"。一寸人长得太小了。老鹰要叼他，乌鸦要啄他，土耗子要咬他，连小蚂蚁也要欺侮他。

【流传】四川省白马藏族

【出处】

（a）扎嘎梳（疑为"扎嘎才礼"）、小石桥、顶牵讲，谢世廉、周盖华、妆志成、周贡中搜集：《老天爷派来三代人》，见中国民间文艺研究会四川分会编《四川白马藏族民间文学资料集》，内部资料，1982年。

（b）同（a），见姚宝瑄主编《中国各民族神话》（门巴族、珞巴族、怒族、藏族），太原：山西出版传媒集团·书海出版社2014年版，第86页。

## W2929.9
### 食人者

【关联】

① [W0839.5.1] 吃人的妖魔
② [W5381.1] 食人族
③ [W6592] 食人习俗

【实例】

（参见下级母题实例）

## W2929.9.1
### 偷吃人的女子

【关联】[W0865.3] 狼外婆

【实例】

[基诺族] 小伙与姑娘结婚生子。丈夫夜里偷听时，听到姑娘吃胎儿骨头的咯吱声。此时小伙确知姑娘是食人者，立即思考逃脱的方法。

【流传】云南省·（西双版纳傣族自治州·景洪市）·基诺山（基诺山基诺族乡）·戛里果箐

【出处】沙车·科卜洛氏等讲，杜玉亭调查整理：《食人者与石头鬼》（1990），见吕大吉、何耀华总主编《中国各民族原始宗教资料集成》（彝族卷、白族卷、基诺族卷），北京：中国社会科学出版社1996年版，第940页。

## W2929.10
### 懒人

【关联】

① [W2574.6.2] 第三代人很懒
② [W2985.1.3] 懒人被晒死

③ [W2905.2.1] 以前的人因懒惰毁灭

【实例】

（参见下级母题实例）

## W2929.10.1
### 懒汉

【关联】［W6812］懒惰

【实例】

[畲族] 兄妹俩成亲生5男4女，前4对分别成婚，而五弟太懒成为今天的讨饭人。

【流传】浙江省·（丽水市）·景宁县（景宁畲族自治县）·大张坑村

【出处】雷正发讲：《火烧天》，见中国民间文学集成全国编辑委员会编《中国民间故事集成》（浙江卷），北京：中国ISBN中心1997年版，第45～46页。

## W2929.10.1.1
### 天生懒汉

【实例】

[维吾尔族] 从前有个懒汉又懒又馋，不爱干活，不盖房子，连个住的地方都没有，还光爱占便宜。

【流传】新疆维吾尔自治区

【出处】姚宝瑄整理，阿不都拉搜集翻译：《流星的来历》，见姚宝瑄主编《中国各民族神话》（乌孜别克族、哈萨克族、柯尔克孜族、俄罗斯族、维吾尔族、塔吉克族、塔塔尔族、锡伯族），太原：山西出版传媒集团·书海出版社2014年版，第230页。

## W2929.10.2
### 好逸恶劳的女人

【实例】

[满族] 天上的5只野鸡落到地上变成5个美女，但她们谁也不愿意呆在地上生活，都想回到阿不卡恩都里（天神）那里过舒适日子。

【流传】黑龙江省·（黑河市）·爱辉县（爱辉区）·大五家子村

【出处】张石头讲，采集富希陆：《民族起源神话》，原载富希陆《瑷珲祖风遗拾》，见吕大吉、何耀华总主编《中国各民族原始宗教资料集成》（鄂伦春族卷、鄂温克族卷、赫哲族卷、达斡尔族卷、锡伯族卷、满族卷、蒙古族卷、藏族卷），北京：中国社会科学出版社1999年版，第487页。

## W2929.11
### 长舌妇

【实例】

[达斡尔族、鄂伦春族、鄂温克族、满族] 萨满到阴间招魂，看见一个妇女的舌头上穿着一个铁圈由两个人拉着。萨满问原因时，那两个人说："这个女人在阳间净爱说别人的坏话，总是损人利己，所以得这么治她！"

【流传】（无考）

【出处】

(a) 内蒙古自治区编委会：《鄂伦春族社会历史调查》（第二集），呼和浩特：内蒙古人民出版社1985年版，第 261~263 页。

(b)《萨满的传说之四》，见吕大吉、何耀华总主编《中国各民族原始宗教资料集成》（鄂伦春族卷、鄂温克族卷、赫哲族卷、达斡尔族卷、锡伯族卷、满族卷、蒙古族卷、藏族卷），北京：中国社会科学出版社1999年版，第48~50页。

## W2929.11.1
### 搬弄是非的老太婆

**实例**

[彝族] 天神恩梯古兹嫁女儿，陪嫁各样东西，但女儿又偷偷拿了无根菜（高山上长的一种圆萝卜）种。一个老太婆悄悄把这事告诉了恩梯古兹。又一天，那个老太婆又对恩梯古兹说："你女儿把麻偷下去种了，长得活像杉树林一样。"

【流传】四川省·凉山州（凉山彝族自治州）

【出处】沈伍己讲，邹志诚记录整理：《洪水潮天的故事》，原载李德君、陶学良编《彝族民间故事选》，见陶阳、钟秀编《中国神话》（上），北京：商务印书馆2008年版，第451~464页。

## W2929.12
### 野人

【关联】[W2906.2] 人以前都是野人

**实例**

（参见下级母题实例）

## W2929.12.1
### 野人是大力士

【关联】[W2898.0.1] 大力士

**实例**

[哈尼族] 俄浦普罗是个离群野居的"野人"，也是个大力士。他住在很远很远一座高山上的一个大岩洞里。

【流传】云南省·（红河哈尼族彝族自治州）·金平县（金平苗族瑶族傣族自治县）

【出处】李干正讲，周智霆采录：《公鸡请太阳》，见中国民间文学集成全国编辑委员会编《中国民间故事集成》（云南卷），北京：中国ISBN中心2003年版，第124页。

## W2929.13
### 不守信的人

**实例**

（参见下级母题实例）

## W2929.13.1
### 不守信的女人

**实例**

（参见下级母题实例）

## W2929.13.1.1
### 违背誓言的女人

**实例**

[布依族] 伏羲妹妹是个刁舌鬼。她哄

过了太白金星,到了凡间后,她又违背誓言,不愿意与伏羲哥哥结婚了。

【流传】(无考)

【出处】

(a) 祝登雍讲:《伏羲兄妹》,见谷德明编《中国少数民族神话选》,西北民族学院研究所编印,内部资料,1983年。

(b) 同(a),见姚宝瑄主编《中国各民族神话》(布依族、仡佬族、苗族),太原:山西出版传媒集团·书海出版社2014年版,第60页。

## 2.11 与人相关的其他母题
（W2930～2999）

### 2.11.1 人的关系
（W2930～W2939）

**W2930**

**人的亲缘的确立**

【关联】

① ［W5003］社会秩序的建立
② ［W5083］亲属关系

实 例

（参见下级母题实例）

**W2930.1**

**生育确定的亲缘关系**

实 例

❶ ［纳西族］人与龙是同父异母兄弟。
【流传】（无考）
【出处】赵净修整理：《大鹏斗孽龙》，见中华民族故事大系编委会编《中华民族故事大系》第9卷（水族、东乡族、纳西族），上海：上海文艺出版社1995年版，第715页。

❷ ［纳西族］人和龙是同父异母的兄弟。
【流传】云南省
【出处】《人与龙》，见中国社会科学院云南少数民族文学研究所等编《云南少数民族文学资料》第2辑，内部编印，1981年，第32页。

❸ ［壮族］罕王和祖王是两兄弟，罕王大妈生，被认为命运烂贱；祖王小妈生，被视为心肝宝贝。
【流传】广西壮族自治区·（河池市）·东兰县·中山乡·江平村
【出处】黄汉琼唱：《喻世歌》，见张声震总主编，农冠品编注《壮族神话集成》，南宁：广西民族出版社2007年版，第135页。

❹ ［壮族］天下有两兄弟，哥哥是前娘生的，弟弟是后母生的。
【流传】云南省·文山（文山壮族苗族自治州）·西洒区·下新民村
【出处】王廷松讲：《素弘和汉弘》（素弘、汉弘，壮语都指"王"、"皇帝"等意思），见张声震总主编，农冠品编注《壮族神话集成》，南宁：广西民族出版社2007年版，第306页。

**W2930.2**

**人与动物有亲缘关系**

【关联】

① ［W2188.8.1］葫芦生人和动物
② ［W2643.7］生人和动物
③ ［W2733］人与动物同源

> 实 例

❶ [鄂伦春族] 祖先与熊是亲属。
【流传】黑龙江省
【出处】内蒙古东北少数民族社会历史调查组搜集，张凤铸等整理：《熊的传说》，见中华民族故事大系编委会编《中华民族故事大系》第 15 卷（德昂族、保安族、裕固族、京族、塔塔尔族、独龙族、鄂伦春族），上海：上海文艺出版社 1995 年版，第 700 页。

❷ [水族] 牙线（仙婆，天神的女儿）生的仙蛋孵出人、雷、龙等 12 种动物长大后，个个争当大哥。因为人最先长出牙齿，大家都没得话说，人就当了大哥。
【流传】贵州省·（黔东南苗族侗族自治州）·榕江县·平永乡
【出处】潘开雄等讲，杨路塔采录：《十二个仙蛋》，见中国民间文学集成全国编辑委员会编《中国民间故事集成》（贵州卷），北京：中国 ISBN 中心 2003 年版，第 10 页。

## W2931
人的非血缘亲属

> 实 例

（参见下级母题实例）

## W2931.1
特殊来历的人结拜为兄弟（姐妹）

【关联】[W5172.2] 结拜的兄弟

> 实 例

（参见下级母题实例）

## W2931.1.1
同一来历的男女兄妹相称

> 实 例

[仡佬族] 一女子与从竹筒里生的男孩兄妹相称。
【流传】梵净山一带
【出处】章海荣：《梵净山神》，贵阳：贵州人民出版社 1997 年版，第 124～125 页。

## W2931.1.2
不同来历的人结为兄弟

> 实 例

❶ [撒拉族] 马生的阿腾其根麻斯睦与阿格西旦其根木尼古（树木的儿子"木尼古"）、达西旦其根达西达古（石头的儿子"达西达古"）三人结拜为兄弟。
【流传】（无考）
【出处】《阿腾其根麻斯睦》，见中国各民族宗教与神话大词典编审委员会编《中国各民族宗教与神话大词典》，北京：学苑出版社 1990 年版，第 535 页。

❷ [裕固族] 马生的小男孩马三哥与树中蹦出的人、石头里蹦出的人，结为兄弟。
【流传】甘肃省
【出处】郭西功、安秀珍讲，钟进文搜集翻译：《树大石二马三哥》，见满都呼主编《中国阿尔泰语系诸民族神话故事》，北京：民族出版社1997年版，第128~133页。

## W2931.1.3
### 同年生人结为兄弟

**实例**

[苗族] 很古以前，世间有个人名叫阿陪果本，有顶天立地的力气。他和天上的雷公打老庚（同年生的人结成兄弟）。

【流传】湖南省·（湘西土家族苗族自治州）·花垣县·猫儿乡

【出处】龙玉六讲，滕树宽等采录：《阿陪果本和雷公》，见中国民间文学集成全国编辑委员会编《中国民间故事集成》（湖南卷），北京：中国ISBN中心2002年版，第23页。

## W2931.2
### 人与动物结拜成亲属

**实例**

[哈尼族] 阿皮的儿子死后，把岩桑上的一只小白猴做了自己的儿子。

【流传】（a）云南省·（红河哈尼族彝族自治州）·元阳县

【出处】

(a) 朱小和讲，李永万翻译，红芒等整理：《英雄玛麦的传说》，见哈尼太龙网，http://hanitalan.yxtc.net/hnwx_mjgs_1.htm，2009.02.13。

(b) 朱小和讲，李永万翻译，红芒等整理：《英雄玛麦》，载《山茶》1982年第2期。

(c) 同(b)，见谷德明编《中国少数民族神话》，北京：中国民间文艺出版社1987年版，第317页。

## W2931a
### 人的非人类亲属

**实例**

（参见下级母题实例）

## W2931a.1
### 人与太阳是亲戚

**实例**

[景颇族] 人类跟太阳有亲戚关系，经常到太阳人居住的地方参加太阳葬礼。

【流传】云南省

【出处】刘扬武搜集整理：《死的来历》，原载李子贤编《云南少数民族神话选》，见陶阳、钟秀编《中国神话》（下），北京：商务印书馆2008年版，第1075~1076页。

## ＊W2932
### 人的朋友

【关联】[W9980] 朋友

**实例**

（参见下级母题实例）

## W2933
### 人与神是朋友

**实例**

[白族] 猎手和山神是朋友，一直和山

神在山上生活。

【流传】云南省·（大理白族自治州）·洱源县

【出处】孙生红讲，寿桃采录：《狩猎神》，见中国民间文学集成全国编辑委员会编《中国民间故事集成》（云南卷），北京：中国ISBN中心2003年版，第316页。

## W2933.1
### 神是一个人的特殊的朋友

【汤普森】A185.6

实 例

（实例待考）

## W2933.2
### 人与雷神是朋友

实 例

［黎族］七指岭脚下的寨子里有个名叫打占的青年为人正直，不但在世上有很多朋友，天上的雷公也和他结交。

【流传】海南省·（三亚市）·保亭县（保亭黎族苗族自治县）

【出处】

（a）广东民族学院中文系七七级采风组采集，陈永平整理：《雷公根》，见广东民族学院中文系编《黎族民间故事选》，上海：上海文艺出版社1983年版。

（b）同（a），见姚宝瑄主编《中国各民族神话》（高山族、黎族、畲族），太原：山西出版传媒集团·书海出版社2014年版，第66页。

## W2933a
### 人与特定的人是朋友

实 例

（参见下级母题实例）

## W2933a.1
### 人与地下的人是朋友

实 例

（参见下级母题实例）

## W2933a.1.1
### 地上与地下的人互通有无

【关联】［W2997.0b］下界的人（地下的人）

实 例

［高山族］地下的居民常常通过隧道到地上来买东西，地上地下的老百姓，关系很密切。

【流传】台湾

【出处】《蜜蜂与地震》，原载陈国强编：《高山族神话传说》，见陶阳、钟秀编《中国神话》（上），北京：商务印书馆2008年版，第201页。

## W2934
### 人与动物是朋友

实 例

（参见下级母题实例）

## W2934.1
### 人和禽兽是朋友

**实 例**

❶ [达斡尔族] 以前，禽兽和人类是好朋友。他们互相爱护，互相帮助。

【流传】（a）内蒙古自治区·（呼伦贝尔市）·莫力达瓦旗（莫力达瓦达斡尔族自治旗）

【出处】

(a) 奇克热讲，萨音塔娜采录：《天为什么下雨降雪》，见中国民间文学集成全国编辑委员会编《中国民间故事集成》（宁夏卷），北京：中国 ISBN 中心 2007 年版，第 8 页。

(b) 奇克热讲：《天为什么下雨降雪》，见萨音塔娜编《达斡尔民间故事选》，呼和浩特：内蒙古人民出版社 1987 年版。

❷ [傣族] 一个孩子被抛弃到深山老林，里飞禽走兽成了他的伙伴。

【流传】云南省·（普洱市）·孟连县（孟连傣族拉祜族佤族自治县）

【出处】波艾猛讲，刀景阳等采录：《火的由来》，见中国民间文学集成全国编辑委员会编《中国民间故事集成》（云南卷），北京：中国 ISBN 中心 2003 年版，第 305 页。

❸ [汉族] 古代人类和禽兽互相帮助，结成亲友。

【流传】四川省·（德阳市）·中江县·商唐乡

【出处】黄仙花讲，吴超采录：《人和龙》，见中国民间文学集成全国编辑委员会编《中国民间故事集成》（四川卷·上），北京：中国 ISBN 中心 1998 年版，第 46 页。

## W2934.1.1
### 人与野兽是朋友

**实 例**

[彝族] 第一代人独眼人时代，人和野兽混在一起，人在野兽里面找朋友。

【流传】（云南省·楚雄彝族自治州·双柏县，红河哈尼族彝族自治州等地）

【出处】

(a) 云南省民族民间文学楚雄、红河调查队搜集，郭思九、陶学良整理：《查姆》，昆明：云南人民出版社 1981 年版。

(b) 郭思九、陶学良整理，古梅改写：《彝家的古根》，选自《云南民族文学资料》第七集中的《查姆》上部前三章，见姚宝瑄主编《中国各民族神话》（羌族、彝族），太原：山西出版传媒集团·书海出版社 2014 年版，第 62 页。

## W2934.1.2
### 独眼人与野兽是朋友

**实 例**

[彝族] 第一代人独眼人和野兽混在一起，他们在野兽里找朋友。

【流传】（云南省·楚雄彝族自治州·双柏县，红河哈尼族彝族自治州等地）

【出处】

(a) 云南省民族民间文学楚雄、红河调

查队搜集，郭思九、陶学良整理：《查姆》，昆明：云南人民出版社1981年版。

（b）郭思九、陶学良整理，古梅改写：《彝家的古根》，选自《云南民族文学资料》第七集中的《查姆》上部前三章，见姚宝瑄主编《中国各民族神话》（羌族、彝族），太原：山西出版传媒集团·书海出版社2014年版，第62页。

## W2934.2
### 人和狗是朋友
【汤普森】A2493.4
【关联】
① ［W3130.1］狗要服从人
② ［W3130.2］狗是人的仆人

**实 例**

（参见关联项母题实例）

## W2934.3
### 人和猫是朋友
【关联】［W3199.4.1］猫和人是朋友

**实 例**

［藏族］猫和人是好朋友。人找到食物，总要分给猫一些，猫也常跟人在一起。
【流传】四川省·（阿坝藏族羌族自治州）·金川县（原靖化县）·卡拉足乡
【出处】倪泽射讲，谢启丰采录：《人为啥比其他动物聪明》，见中国民间文学集成全国编辑委员会编《中国民间故事集成》（四川卷·下），北京：中国ISBN中心1998年版，第943页。

## W2934.4
### 人与龙是朋友

**实 例**

［傈僳族］龙王的公子穿着破破烂烂的衣裳考验斯尼冉（木筒生的男子），认为他心地善良，于是做了朋友。
【流传】云南省·（怒江傈僳族自治州）·福贡县
【出处】普阿冒讲，木玉璋采录：《木筒里出来的人》，见中国民间文学集成全国编辑委员会编《中国民间故事集成》（云南卷），北京：中国ISBN中心2003年版，第248页。

## W2934.5
### 人和蛇是朋友

**实 例**

［汉族］以前，人和蛇是一对好朋友，同甘共苦，生活得很愉快。
【流传】广东省·（肇庆市）·德庆县
【出处】陆旭光搜集整理：《人会死的由来》（《民间文学》编辑部供稿），见陶阳、钟秀编《中国神话》（下），北京：商务印书馆2008年版，第1080~1081页。

## W2934.6
### 人与青蛙是朋友

**实 例**

［傈僳族］弟弟放牧时经常喂一只青蛙，

和青蛙成了亲密的朋友。

【流传】云南省·保山市

【出处】余学珍讲，杨忠实采录：《依采和依妞》，见中国民间文学集成全国编辑委员会编《中国民间故事集成》（云南卷），北京：中国 ISBN 中心 2003 年版，第 176 页。

## W2934.6.1
### 人与蛤蟆是朋友

实 例

[东乡族] 尤素福（孤儿名）救了苍鹰叼吃的小蛤蟆后，精心喂养和护理，蛤蟆越长越大，他们就成了好朋友。

【流传】（无考）

【出处】

（a）马如基搜集整理：《蛤蟆灵丹》，见郝苏民、马自祥编《东乡族民间故事集》，北京：中国民间文艺出版社 1981 年版。

（b）赵燕翼搜集整理：《马如基》，见姚宝瑄主编《中国各民族神话》（土族、东乡族、回族、保安族、裕固族、撒拉族），太原：山西出版传媒集团·书海出版社 2014 年版，第 37 页。

## W2934.7
### 人与鸟是朋友

实 例

（参见下级母题实例）

## W2934.7.1
### 人与喜鹊是朋友

实 例

[满族] 喜鹊不畏牺牲救了为人类盗取天火的托阿（到天上管火的人）。从此，人和鸟就结成了生死之交。

【流传】（无考）

【出处】《托阿恩都哩》，原载傅英仁编《满族神话故事》，见陶阳、钟秀编《中国神话》（下），北京：商务印书馆 2008 年版，第 1136～1141 页。

## W2934.8
### 人与牛是朋友

实 例

[汉族] 女娲造了人和水牛，所以牛与人成了朋友。

【流传】河南省

【出处】金河讲：《女娲造水牛》，见张楚北编《中原神话》，郑州：海燕出版社 1988 年版，第 35 页。

## W2934.9
### 人与马是朋友

实 例

[蒙古族]（实例待考）

## W2934.10
### 人与兔子是朋友

实 例

❶ [藏族] 女娲领着成活的泥巴娃娃在

森林里转。看到白兔、蜜蜂，告诉他，这是朋友，可以跟它们玩

【流传】云南省·迪庆藏族自治州·汤美村

【出处】

（a）马龙祥、李子贤记录：《女娲娘娘补天》（1960s），见《钟敬文民间文学论集》（上），上海：上海文艺出版社1982年版。

（b）同（a），见姚宝瑄主编《中国各民族神话》（门巴族、珞巴族、怒族、藏族），太原：山西出版传媒集团·书海出版社2014年版，第81页。

❷〖藏族〗女娲带着造出的孩子们走进森林，当见到白兔、蜜蜂时，女娲告诉孩子们，这是朋友，可以跟它们玩。

【流传】云南省·迪庆藏族自治州

【出处】马龙祥、李子贤搜集整理：《女娲娘娘》，载《民间文学》1985年第4期。

## W2934.11

### 人与其他特定动物是朋友

实例

（参见下级母题实例）

## W2934.11.1

### 人与耗子成为朋友（人与鼠是朋友）

实例

〖朝鲜族〗牧童从小很穷，可是有只大耗子不嫌弃他，时常出来和他做伴。小牧童也很喜欢它，有啥好东西，不忘给耗子吃，也不忘给耗子喝。一来二去的，牧童和耗子结下了友情。早晨牧童去放牧，耗子远远地去送他；晚上牧童回家来，耗子又早早地去迎他，他们一天不见都想得慌。

【流传】辽宁省·沈阳市郊区

【出处】金德顺讲，裴永镇整理：《牧童和仙女》，原载《金德顺故事集》，见陶阳、钟秀编《中国神话》（中），北京：商务印书馆2008年版，第920~930页。

## W2934.12

### 人与多种动物是朋友

实例

（参见下级母题实例）

## W2934.12.1

### 人与老鼠、牛、虎、兔、龙、蛇、马、羊、猴、鸡、乌鸦和青蛙12种动物是朋友

实例

〖彝族〗洪水后，幸存的居木伍午（人名）见水里漂来了老鼠、牛、虎、兔、龙、蛇、马、羊、猴、鸡、乌鸦和青蛙十二种动物，就把它们捞起来，做他的朋友。

【流传】四川省·凉山州（凉山彝族自治州）

【出处】沈伍己讲，邹志诚记录整理：

《洪水潮天的故事》，原载李德君、陶学良编《彝族民间故事选》，见陶阳、钟秀编《中国神话》（上），北京：商务印书馆 2008 年版，第 451~464 页。

## W2934.12a
人与龙王、老虎是朋友

【关联】［W2935.2.1］人与雷神、龙、虎交朋友

实 例

（参见关联项母题实例）

## W2934.13
动物不会成为人的知心朋友

实 例

（参见下级母题实例）

## W2934.13.1
动物没有灵性不会成为人的知心朋友

实 例

［彝族］更（即天神"更资"）用浊气造出的动物虽然有鼻子有眼，也能说话唱歌，但必须四脚落地走，而且浑身长毛，没有人的灵性，只能凑热闹，不会成为人的知心朋友。

【流传】云南省·（楚雄彝族自治州）·永仁县

【出处】

（a）曲木阿石等讲，罗有能整理：《更资天神》，见云南省楚雄州文教局、云南省楚雄州民委会编：《楚雄民间文学资料》，内部资料，1979 年。

（b）同（a），见姚宝瑄主编《中国各民族神话》（羌族、彝族），太原：山西出版传媒集团·书海出版社 2014 年版，第 183 页。

## W2935
与人的朋友有关的其他母题

实 例

（参见下级母题实例）

## W2935.1
人与植物是朋友

实 例

（参见下级母题实例）

## W2935.1.1
人和树是朋友

实 例

［傈僳族］以前，人和树是很相好的朋友。树经常来到人的家里说情谈爱，弹唱作乐，每天玩到下午，离开人家的时候，树就留下一些干枝干叶。人们不必找柴、背柴，过着无忧无虑的安乐生活。

【流传】云南省·（怒江傈僳族自治州）·福贡县

【出处】都玛恒讲，和四海采录：《天地分开》（1988），见中国民间文学集成全国编辑委员会编《中国民间故事集成》（云南卷），北京：中国 ISBN 中心 2003 年版，第 161 页。

## W2935.2
### 人与神、动物等是朋友

**实例**

［苗族］阿各林（人名）与雷神、龙王和老虎是朋友。

【流传】贵州省中部

【出处】苏晓星整理：《阿各林》，见燕宝编《苗族民间故事选》，上海：上海文艺出版社1981年版，第6页。

## W2935.2.1
### 人与雷神、龙、虎是朋友

**实例**

［苗族］有一个名叫阿各林的人，计策多端，他能与天上的雷神做朋友，也能和地上的龙王、老虎和蟒蛇做朋友。

【流传】贵州省

【出处】

(a) 罗亮臣讲，王春德搜集整理：《阿各林和葫芦兄妹》，见中国作家协会贵阳分会筹委会等编《民间文学资料》第十五集（苗族传说故事），内部资料，1959年。

(b) 同（a），见姚宝瑄主编《中国各民族神话》（布依族、仡佬族、苗族），太原：山西出版传媒集团·书海出版社2014年版，第302~303页。

## W2935.3
### 人的伙伴

**实例**

（参见下级母题实例）

## W2935.3.1
### 人没有伙伴

**实例**

［纳西族］洪水过后，从忍利恩（祖先名）身穿毛布衣裳，背着皮制的箭囊，把桑木大弓当作手杖，嘴里唱着歌，但是没有人应和，只有山鸣谷应是他的伴侣。

【流传】云南省·丽江市

【出处】和志武翻译整理：《人类迁徙记》，原载中共丽江地委宣传部编《纳西族民间故事选》，见陶阳、钟秀编《中国神话》（中），北京：商务印书馆2008年版，第856~876页。

## W2936
### 人的敌人

【关联】［W8940］人的矛盾的产生

**实例**

（参见下级母题实例）

## W2936.1
### 人与神或神性人物是敌人

【关联】

① ［W0126］恶神

② ［W8820］人神之争

**实例**

（实例待考）

## W2936.1.1
### 人得罪了神

【汤普森】Q221

【关联】

① ［W8010］灾难的原因

② ［W8156］人与神性人物的矛盾引发洪水

实 例

（参见关联项母题实例）

## W2936.1.2
### 鬼是人的敌人

实 例

［独龙族］以前，天下人和鬼住在一起，这些鬼非常可恶，成天和人们作对。

【流传】（无考）

【出处】彭义良：《创世记》，载《民族文化》1987年第1期。

## W2936.1.3
### 妖魔是人的敌人

实 例

❶ ［满族］先人们狩猎于黑龙江北宁涉里山。山里住着仇家大部落，人称"巴柱"魔怪。

【流传】（黑龙江省·黑河市·孙吴县）

【出处】《雪祭神谕》（1939），见郭淑云《满族萨满教雪祭探析——兼论原始萨满教的社会功能》，载《内蒙古社会科学》1992年第5期。

❷ ［蒙古族］妖魔鬼怪世世代代和蒙古人作对，蒙古人恨透了它们。

【流传】新疆维吾尔自治区·伊犁哈萨克自治州

【出处】阿不都拉搜集翻译，姚宝瑄整理：《长翅膀的神马》，见姚宝瑄主编《中国各民族神话》（达斡尔族、鄂伦春族、鄂温克族、蒙古族），太原：山西出版传媒集团·书海出版社2014年版，第219页。

❸ ［维吾尔族］昆虫对人怀恨在心，就变成了妖魔鬼怪，专门和人作对。

【流传】新疆维吾尔自治区·伊犁州（伊犁哈萨克自治州）·察布查尔县（察布查尔锡伯自治县）

【出处】牙库布讲，阿不都拉搜集翻译，姚宝瑄整理：《女天神创世》，见姚宝瑄主编《中国各民族神话》（乌孜别克族、哈萨克族、柯尔克孜族、俄罗斯族、维吾尔族、塔吉克族、塔塔尔族、锡伯族），太原：山西出版传媒集团·书海出版社2014年版，第227页。

## W2936.2
### 兄弟之间的矛盾

【关联】

① ［W5171］兄弟

② ［W8935.3］兄弟相残

实 例

［普米族］穷姐姐向富妹妹借粮钱遭拒。

【流传】（无考）

【出处】《穷姐姐与富妹妹》，见刘红《云南民族民间故事的"手足"伦理》，载《云南民族大学学报》2010年第2期。

## W2936.2.1
### 分财产不均形成矛盾

【关联】

① ［W5220.2］分家时财产的分配

② ［W8942］人因争财产生矛盾

实 例

［苗族（黑苗）］太古时，哥哥阿福和弟弟阿几兄弟二人因为分财产不均，发生矛盾。

【流传】贵州省

【出处】［英］S. R. Clarke 采集：《苗族开辟民歌》，Among the Tribes in South-West China, 1911。

## W2936.3
### 人与动物是敌人

实 例

（参见下级母题实例）

## W2936.3.1
### 人与兽是敌人

【关联】

① ［W2934.1.1］人与野兽是朋友

② ［W8690.3.1］野兽吃人类

实 例

❶ ［满族］刚有人类时，谁也不知吃肉，人和各种动物和睦相处，有些地方人和动物通婚，后来人开始吃地上动物，形成人兽为敌的今天这个样子。

【流传】黑龙江省·（牡丹江市）·宁安县·宁安镇

【出处】关振川讲，傅英仁采录：《阿不凯恩都哩创世》，见中国民间文学集成全国编辑委员会编《中国民间故事集成》（黑龙江卷），北京：中国 ISBN 中心 2005 年版，第 17～18 页。

❷ ［藏族］女娲领着成活的泥巴娃娃在森林里转时告诉孩子，老虎、豹子是凶恶的敌人，不能跟它玩

【流传】云南省·迪庆藏族自治州·汤美村

【出处】

（a）马龙祥、李子贤记录：《女娲娘娘补天》（1960s），见《钟敬文民间文学论集》（上），上海：上海文艺出版社 1982 年版。

（b）同（a），见姚宝瑄主编《中国各民族神话》（门巴族、珞巴族、怒族、藏族），太原：山西出版传媒集团·书海出版社 2014 年版，第 81～82 页。

## W2936.3.2
### 人与蛇是敌人

【汤普森】A2585.1

【关联】［W2934.5］人和蛇是朋友

实 例

［彝族］（实例待考）

## W2936.3.3
### 人与老虎是敌人

【关联】［W2934.12a］人与龙王、老虎是朋友

**实例**

[藏族] 女娲带着造出的孩子们走进森林，当遇到老虎、豹子时，告诉孩子们说，这是凶恶的敌人，不能跟它们在一起。

【流传】云南省·迪庆藏族自治州

【出处】马龙祥、李子贤搜集整理：《女娲娘娘》，载《民间文学》1985年第4期。

## W2937
### 人的关系的改变

**实例**

（参见下级母题实例）

## W2937.1
### 人与神关系的改善

**实例**

[纳西族] 猎人的儿子高楞趣与山神的女儿斯汝命结婚，使双方父亲由仇人变成亲家。

【流传】云南省

【出处】阿更讲：《高楞趣斯汝命》，见谷德明编《中国少数民族神话》，北京：中国民间文艺出版社1987年版，第422页。

## W2938
### 与人的关系有关的其他母题

**实例**

（参见下级母题实例）

## W2938.1
先有父子，再有母女，然后有兄弟

【关联】
① [W2022.2.2] 世上最早有父子2人
② [W2745.3] 世上先有父子再有母女
③ [W5085] 家庭（家族）

**实例**

[哈尼族] 世上最早的人种是父子俩，后来的人种是母女俩，第三种人种是兄弟俩。

【流传】云南省

【出处】《哈尼阿培聪坡坡》，见中国各民族宗教与神话大词典编审委员会编《中国各民族宗教与神话大词典》，北京：学苑出版社1990年版，第174页。

## W2938.2
### 天人关系

**实例**

（实例待考）

## W2938.2.1
### 天人相合（天人合一）

**实例**

[汉族、蒙古族]（实例待考）

## W2938.2.2
### 天有九重，人有九窍

**实例**

[汉族]（实例待考）

## W2938.3
### 人的守护者

【关联】[W0442] 人类保护神

实　例

[哈尼族] 大神阿匹梅烟是人的守护者,专防野物把人头咬掉。

【流传】云南省·（红河哈尼族彝族自治州）·元阳县

【出处】朱小和讲,史军超采录：《动植物的家谱》,见中国民间文学集成全国编辑委员会编《中国民间故事集成》（云南卷）,北京：中国ISBN中心2003年版,第346页。

## W2938.3.1
### 狗和猫是人的守护者

【关联】
① [W2934.2] 人和狗是朋友
② [W2934.3] 人和猫是朋友
③ [W3126] 狗看门的来历
④ [W3126.1] 女始祖规定狗为人看门
⑤ [W3126.2] 神造的狗作为看门者

实　例

[蒙古族] 天神担心魔鬼吃掉造的泥人,特意请狗和猫来守护。

【流传】（无考）
【出处】
(a) 却拉布吉译：《天神造人》,见谷德明编《中国少数民族神话》,北京：中国民间文艺出版社1987年版,第29~31页。
(b) [蒙古] 斯仁·索德那木编：《蒙古民间故事集》乌兰巴托斯拉夫,1979年。

# 2.11.2　人的寿命与死亡
（W2940~W2989）

## ✿ W2940
### 人的寿命

实　例

（参见下级母题实例）

## W2941
### 人原来不死（以前的人不死）

实　例

❶ [独龙族] 以前,人生下来后也不会死,就像蛇那样长生不老。

【流传】云南省
【出处】李子贤等搜集整理：《创世纪神话故事六则·嘎美嘎莎造人》,见中国作家协会云南分会编《云南民族民间故事选》,昆明：云南人民出版社1981年版,第582~583页。

❷ [独龙族] 以前,人生下来后不会死,像蛇那样长生不老。

【流传】（无考）
【出处】《嘎美嘎莎造人》,原载陶立璠、赵桂芳等编《中国少数民族神话汇编》,见陶阳、钟秀编《中国神话》（下）,北京：商务印书馆2008年版,第 1082~1083 页。

❸ [汉族] 原来的人是不死的。

【流传】

（a）四川省·巴县（今重庆市·巴南区）

（b）四川省·（德阳市）·中江县·商唐乡

（c）江西省·南昌市·湾里区

【出处】

（a）罗桂英讲，金祥度采录：《人和龙》，见中国民间文学集成全国编辑委员会编《中国民间故事集成》（四川卷·上），北京：中国 ISBN 中心 1998 年版，第 46 页。

（b）黄仙花讲，吴超采录：《人和龙》，见中国民间文学集成全国编辑委员会编《中国民间故事集成》（四川卷·上），北京：中国 ISBN 中心 1998 年版，第 46 页。

（c）刘钟丰采采录：《人死蛇蜕皮》，见中国民间文学集成全国编辑委员会编《中国民间故事集成》（江西卷），北京：中国 ISBN 中心 2002 年版，第 16 页。

❹ [汉族] 原来的人是不死的。

【流传】四川省

【出处】罗桂英讲，金祥度、李子硕搜集整理：《人脱壳到蛇脱皮》，原载《四川神话选》，见陶阳、钟秀编《中国神话》（下），北京：商务印书馆 2008 年版，第 1089 页。

❺ [黎族] 在远古以前，大地上的情况和现在不同，那时人是不会死的。

【流传】海南省

【出处】符亚时讲：《伟代造动物》，见姚宝瑄主编《中国各民族神话》（高山族、黎族、畲族），太原：山西出版传媒集团·书海出版社 2014 年版，第 51 页。

❻ [黎族] 在远古以前，人是不会死的。

【流传】海南省

【出处】

（a）符亚时口述：《伟代造动物》，见谷德明编《中国少数民族神话》，北京：中国民间文艺出版社 1987 年版，第 200 页。

（b）同（a），见广东民族学院中文系编《黎族民间故事选》，上海：上海文艺出版社 1982 年版，第 10 页。

❼ [珞巴族] 人原来不死。

【流传】西藏自治区·下珞渝（泛指永木河、锡约尔河、巴恰西仁河流域）

【出处】维·埃尔温搜集：《人原是不死的》，见中华民族故事大系编委会编《中华民族故事大系》第 16 卷（赫哲族、门巴族、珞巴族、基诺族），上海：上海文艺出版社 1995 年版，第 493 页。

❽ [纳西族（摩梭）] 人和万物没有寿限，到处是老人老事物。

【流传】云南省·宁蒗（宁蒗彝族自治县·永宁乡）·泥鳅沟中村

【出处】"达巴"翁争讲，农布翻译，邓启耀整理：《天鹅之死》，见民俗学博客网，http://www.chinafolklore.org/

blog/? uid‑199‑action‑viewspace‑itemid‑3390，2009.09.07

❾ [彝族] 从前，人不会死。

【流传】云南省·（红河哈尼族彝族自治州）·弥勒县（弥勒市）·龙新寨

【出处】石树新讲：《人蜕皮的传说》，见李德君《彝族阿细人民间文学作品采集实录》，北京：中央民族大学出版社2009年版，第329页。

## W2941.1

### 特殊地方有不死的人

实例

❶ [哈尼族] 德摩诗匹（人的先祖）生下不死的姑娘摩侬。

【流传】云南省·（红河哈尼族彝族自治州）·元阳县

【出处】朱小和讲，史军超采录：《动植物的家谱》，见中国民间文学集成全国编辑委员会编《中国民间故事集成》（云南卷），北京：中国ISBN中心2003年版，第346页。

❷ [哈尼族] 摩咪（天神）为了不再发生天翻地覆，在"欧次阿咳"（哈尼语，即容易堵水的口子）地方留下了3个长生不死的人。

【流传】云南省·（红河哈尼族彝族自治州）·红河县

【出处】李七周讲，李期博采录：《喝水石》，见中国民间文学集成全国编辑委员会编《中国民间故事集成》（云南卷），北京：中国ISBN中心2003年版，第170页。

❸ [汉族] 不死民在其东，其为人黑色，寿而不死。

【流传】（无考）

【出处】《山海经·海外南经》。

## W2941.1.1

### 以前地上的人不死

实例

[景颇族] 从前，地上的人不会死，只有天上的太阳人才会死。

【流传】云南省

【出处】刘扬武搜集整理：《死的来历》，原载李子贤编《云南少数民族神话选》，见陶阳、钟秀编《中国神话》（下），北京：商务印书馆2008年版，第1075～1076页。

## W2941.2

### 造出的第一批人不死

【关联】

① [W2985.1.1] 第一代人被晒死

② [W2502] 第一代人被毁灭后再生

③ [W2572] 第一代人

实例

[独龙族] 嘎美和嘎莎（神名）造第一代人。这一代人生下来后不会死，就像蛇那样长生不老。

【流传】（无考）

【出处】《嘎美嘎莎造人》，见谷德明编《中国少数民族神话》，北京：中国民间文艺出版社1987年版，第530页。

## W2941.3
### 没分清年月时人不会死

【关联】[W4635] 时间的产生

实 例

[哈尼族] 以前，年月时间没有分清楚，人也不会死，野物也不会死，样样不会死。

【流传】云南省·（红河哈尼族彝族自治州）·元阳县·黄草岭区·树皮寨

【出处】

(a) 杨批斗讲，史军超采录：《年月树》，见中国民间文学集成全国编辑委员会编《中国民间故事集成》（云南卷），北京：中国 ISBN 中心 2003 年版，第 289 页。

(b) 同（a）《哈尼族神话传说集成》，北京：中国民间文艺出版社 1990 年版。

## W2941.4
### 以前人只有生没有死

【关联】
① [W2970] 人的死亡
② [W2951a] 长生不老的人

实 例

❶ [鄂伦春族] 天神恩都力玛发造人后，人只有生而无死亡，出现人满之患。

【流传】小兴安岭一带

【出处】《人类生死的由来》，见中国各民族宗教与神话大词典编审委员会编《中国各民族宗教与神话大词典》，北京：学苑出版社 1990 年版，第 131 页。

❷ [汉族] 以前，龙在百年之内就要死去，而人却长生不老。

【流传】(a) 四川省·（德阳市）·中江县·商唐乡

【出处】

(a) 黄仙花讲，吴超采录：《人和龙》(1986)，见中国民间文学集成全国编辑委员会编《中国民间故事集成》（四川卷·上），北京：中国 ISBN 中心 1998 年版，第 46 页。

(b) 同 (a)，见陶阳、钟秀编《中国神话》（下），北京：商务印书馆 2008 年版，第 1091~1092 页。

## W2941.5
### 特定的人不死

实 例

（参见下级母题实例）

## W2941.5.1
### 9 个不死的姑娘

实 例

[哈尼族] 最高的神王阿匹梅烟生的第九个姑娘是"永生不死的米鲁人姑娘"。

【流传】云南省·（红河哈尼族彝族自治州）·元阳（元阳县）·攀枝花（攀枝花乡）·洞铺寨

【出处】朱小和讲，史军超采录：《永生不死的姑娘》，见中国民间文学集成全国编辑委员会编《中国民间故事集成》（云南卷），北京：中国 ISBN 中心 2003 年版，第 130 页。

## W2941.5.2
### 造的石人不会死

【关联】

① ［W2089.7.2］用石头造出石人

② ［W2364.1］石人变成人

③ ［W2996.3］会长的石人

实 例

❶ ［鄂伦春族］天神恩都力玛发开始造的石人不会死，地上人满为患。被天神打死后，改用泥土重新造人。

【流传】小兴安岭一带鄂伦春猎人中

【出处】

（a）马名超、崔焱编写：《人类生死的由来》，见姚宝瑄主编《中国各民族神话》（达斡尔族、鄂伦春族、鄂温克族、蒙古族），太原：山西出版传媒集团·书海出版社 2014 年版，第 22～23 页。

（b）《人类生死的由来》，见中国各民族宗教与神话大词典编审委员会编《中国各民族宗教与神话大词典》，北京：学苑出版社 1990 年版，第 131 页。

## W2941.6
### 以前人不死的原因

实 例

（参见下级母题实例）

## W2941.6.1
### 以前的人通过蜕皮不死

【关联】［W2896.1］以前人蜕皮可长生不老

实 例

［苗族］人的祖先每蜕一次皮人就会年轻一些。人就靠蜕皮来永葆青春，长生不老。

【流传】云南省

【出处】王建国讲，陆兴凤翻译：《人为何会生会死》，原载《云南苗族民间故事集成》，见陶阳、钟秀编《中国神话》（下），北京：商务印书馆 2008 年版，第 1078～1079 页。

## W2941.6.2
### 以前的人因不会得病不死

【关联】

① ［W2986.9］人病死（疾病使人死亡）

② ［W8640］瘟疫的产生（疾病的产生）

实 例

［景颇族］遥远的年代，人没有疾病，世上不知道什么叫做"死"。

【流传】云南省·（德宏傣族景颇族自治州）·陇川县

【出处】孔勒锐等讲，何峨采录：《吉露归天》，见中国民间文学集成全国编辑委员会编《中国民间故事集成》（云南卷），北京：中国 ISBN 中心 2003 年版，第 391 页。

## W2941.6.3
### 以前人不死是因为寿限定的长

【关联】［W2942］人的寿命的制定

实 例

［苗族］觚斗曦（男性人名，祖先）造人时，定下九百岁人为老年，他们活着的不会死。

【流传】贵州省·（安顺市）·紫云（紫云苗族布依族自治县）麻山苗区

【出处】杨再华唱诵，杨正江译：《亚鲁族源》，见中国民间文艺家协会主编《亚鲁王》，北京：中华书局 2011 年版，第 33 页。

## W2941.6.4
### 人因注入永恒的生命不死

实 例

［塔吉克族］安拉最初造人时，将生命一下子永久性地注入人体。因为这一原因，人类便长生不老。

【流传】新疆维吾尔自治区·（喀什地区）·塔什库尔干塔吉克自治县·瓦尔西代乡

【出处】马达里汗讲，西仁·库尔班等采录翻译：《人类的来历》，见中国民间文学集成全国编辑委员会编《中国民间故事集成》（新疆卷），北京：中国 ISBN 中心 2008 年版，第 35 页。

## ＊W2942
### 人的寿命的制定

【汤普森】A1320

实 例

（参见下级母题实例）

## W2943
### 神或神性人物规定人的寿命

【关联】［W2974.2］天神撒生死的种子

实 例

（参见下级母题实例）

## W2943.0
### 神规定人的寿命

实 例

（参见下级母题实例）

## W2943.0.1
### 天神规定人的寿命

实 例

［彝族］天神怕人多了会上山触犯石头，就限制了人的寿命。

【流传】云南省·路南（石林彝族自治县）·圭山（圭山镇）

【出处】

（a）王伟收集：＊《天神创世》，见谷德明编《中国少数民族神话》，北京：中国民间文艺出版社 1987 年版，第 309~310 页。

（b）同上，见吕大吉、何耀华总主编《中国各民族原始宗教资料集成》（彝族卷、白族卷、基诺族卷），北京：中国社会科学出版社 1996 年版，第 25 页

## W2943.0.2
### 太阳神规定人的寿命

【关联】［W0271］太阳神（日神）

实 例

［景颇族］人类的生命（寿命）是天上的太阳人规定。

【流传】云南省

【出处】刘扬武搜集整理：《死的来历》，原载李子贤编《云南少数民族神话选》，见陶阳、钟秀编《中国神话》（下），北京：商务印书馆 2008 年版，第 1075~1076 页。

## W2943.1
### 玉帝规定人的寿限

【关联】［W0777］玉皇大帝

实 例

❶［汉族］人的阳寿是玉帝封定的。

【流传】宁夏回族自治区·（固原市）·彭阳县·古城乡·高庄村

【出处】晁登平讲，高万伟采录：《寿命》，见中国民间文学集成全国编辑委员会编《中国民间故事集成》（宁夏卷），北京：中国 ISBN 中心 1999 年版，第 17 页。

❷［汉族］以前人的寿命很短，玉帝降旨，让人脱皮掉尾来延长生命。

【流传】陕西省·（汉中市）·南郑县·周家坪镇

【出处】徐汉莉讲，王红萍搜集整理：《人脱尾巴》，见南郑县民间故事集成编委会编《中国民间故事集成陕西卷·南郑县故事集成》，内部编印，1988 年，第 5 页。

❸［汉族］从前地上的一切都没有寿命，都是玉皇大帝后来给的。

【流传】河北省农村

【出处】丁会字讲：《任何动物寿命的故事》，见任丘市三套集成办公室编《中国民间故事集成·任丘市资料卷》，内部编印，1985 年，第 356 页。

❹［汉族］玉皇大帝为人和动物定寿限。

【流传】江苏省·（南京市）·江宁县

【出处】＊《玉皇大帝定寿限》，见中国民间文学集成全国编辑委员会编《中国民间故事集成》（江苏卷），北京：中国 ISBN 中心 1998 年版，第 16 页。

## W2943.2
### 女神规定人的寿命

实 例

❶［纳西族（摩梭）］女神规定人的寿限。

【流传】云南省·（丽江市·宁蒗彝族自治县）泸沽湖一带

【出处】《女神定寿限》，见高明强编《创世的神话和传说》，上海：上海三联书店 1988 年版，第 92 页。

❷［藏族］五位女神的首领是扎西次仁玛，她掌管人间的福禄寿辰。

【流传】西藏自治区珠穆朗玛峰地区

【出处】谢继胜整理：《载世巨象》，见

BBS 水木清华站，http：//www. smth. edu. cn 2006.07.20。

## W2943.3
### 真主规定人的寿命
【关联】［W2580.2.3］真主决定人的生育

实 例

[塔吉克族] 以前的人类长生不老，欺压地上的各种生物，甚至不知足，做一些违背安拉意志的事。于是，安拉把永远赋予人的生命取出，暂时寄于人体，期限一到，就要取走。

【流传】新疆维吾尔自治区·（喀什地区）·塔什库尔干塔吉克自治县·瓦尔西代乡

【出处】马达里汗讲，西仁·库尔班等采录翻译：《人类的来历》，见中国民间文学集成全国编辑委员会编《中国民间故事集成》（新疆卷），北京：中国 ISBN 中心 2008 年版，第 35 页。

## W2943.4
### 阎王规定人的寿命
【关联】［W0242］阎王

实 例

[鄂温克族] 尼桑萨满到阎罗殿向阎王要回死去的人的65年阳寿。

【流传】内蒙古自治区·（呼伦贝尔市）·鄂温克自治旗

【出处】鲁勒利那讲，郭永明翻译：《尼桑萨满》，见中国民间文学集成全国编辑委员会编《中国民间故事集成》（宁夏卷），北京：中国 ISBN 中心 2007 年版，第 29~30 页。

## W2943.5
### 其他特定的神或神性人物规定人的寿命

实 例

[高山族（排湾）] 最高神巴拉洛扬令妹妹拉拉摩干女神主管人类的寿命。

【流传】台湾排湾人地区

【出处】《太阳神的后裔》，海云根据曾思奇《高山族古老神话传说中的人物与境域》整理，见姚宝瑄主编《中国各民族神话》（高山族、黎族、畲族），太原：山西出版传媒集团·书海出版社 2014 年版，第 9 页。

## W2943.5.1
### 东岳大帝主管人的寿命
【关联】［W0241.1］冥神东岳大帝

实 例

[汉族] 郑财主只因为吃了半只鸡就被卡死了，觉得寿命太短很冤枉，于是他的鬼魂去找主管生死的东岳大帝申冤。

【流传】山东省·泰安市徂徕山一带

【出处】程会金讲，张纯岭记录整理：《东岳大帝评理阎王殿》，原载张纯岭编《徂徕山传奇》，见陶阳、钟秀编《中国神话》（下），北京：商务印书馆 2008 年版，第 1291~1295 页。

## W2943.5.2
### 祖先规定人的寿命

**实例**

[苗族] 觥斗曦（男性人名，祖先）造人时，约定九十岁人是青年。

【流传】贵州省·（安顺市）·紫云（紫云苗族布依族自治县）麻山苗区

【出处】杨再华唱诵，杨正江译：《亚鲁族源》，见中国民间文艺家协会主编《亚鲁王》，北京：中华书局 2011 年版，第 33 页。

## W2944
### 造人者规定人的寿命

**实例**

（参见下级母题实例）

## W2944.1
### 女娲规定人的寿命

【关联】
① [W2065] 女娲造人
② [W2144.3] 女娲生人

**实例**

[汉族] 各种动物都要靠女娲来定寿限。

【流传】江苏省·（盐城市）·滨海县·界牌乡

【出处】李维波讲，刘胜松采录：《女娲定寿限》，见中国民间文学集成全国编辑委员会编《中国民间故事集成》（江苏卷），北京：中国 ISBN 中心 1998 年版，第 16 页。

## W2945
### 星宿决定人的生死（寿命）

【关联】[W1735.2] 北斗星主死

**实例**

（参见下级母题实例）

## W2945.1
### 南斗星给人寿命

【关联】
① [W1738.1] 南斗星主生
② [W1738.2] 南斗星主死

**实例**

❶ [鄂温克族] 南斗星给人寿数。

【流传】内蒙古自治区·（呼伦贝尔市）·阿荣旗·查巴奇乡（查巴奇鄂温克族乡）

【出处】

（a）《阿荣旗查巴奇乡鄂温克族调查报告》，见内蒙古自治区编辑组《鄂温克族社会历史调查》，呼和浩特：内蒙古人民出版社 1986 年版，第 113 页。

（b）《生命的来源》，见吕大吉、何耀华总主编《中国各民族原始宗教资料集成》（鄂伦春族卷、鄂温克族卷、赫哲族卷、达斡尔族卷、锡伯族卷、满族卷、蒙古族卷、藏族卷），北京：中国社会科学出版社 1999 年版，第 108 页。

❷ [鄂温克族] 南斗星赐给人寿数

【流传】

（ab）嫩江流域鄂温克族聚居村屯
（d）内蒙古自治区
【出处】
（a）杜忠寿：《开天辟地的传说》，见《鄂温克族民间故事选》，上海：上海文艺出版社1989年版。
（b）满都呼主编《中国阿尔泰语系诸民族神话故事》，北京：民族出版社1997年版，第298页。
（c）《北斗星神和南斗星神》，见中国各民族宗教与神话大词典编审委员会编《中国各民族宗教与神话大词典》，北京：学苑出版社1990年版，第136页。
（d）杜忠寿讲：《万物起源神话》，见中国民间文学集成全国编辑委员会编《中国民间故事集成》（宁夏卷），北京：中国ISBN中心2007年版，第8页。

❸ [汉族] 南斗星君掌管人寿。
【流传】（无考）
【出处】《掌管人寿的南斗星君》，见王德恒等《造神史话》，天津：百花文艺出版社2002年版，第105页。

## W2945.2
### 北斗星给人寿命
【关联】【W1731】北斗星（北斗七星）

实 例

❶ [鄂温克族] 北斗星是主管人长寿的星星。
【流传】内蒙古自治区·（呼伦贝尔市）·鄂温克旗（鄂温克族自治旗）·南屯（巴彦托海镇的旧称）
【出处】端德格玛讲：《北斗星》，见吕大吉、何耀华主编《中国各民族原始宗教资料集成》（鄂伦春族卷、鄂温克族卷、赫哲族卷、达斡尔族卷、锡伯族卷、满族卷、蒙古族卷、藏族卷），北京：中国社会科学出版社1999年版，第95页。

❷ [柯尔克孜族] 北斗七星是吉星，它降福于人类，并使人长寿。
【流传】（无考）
【出处】张彦平编译：《北斗星是吉星》，见满都呼主编《中国阿尔泰语系诸民族神话故事》，北京：民族出版社1997年版，第83页。

## W2946
### 特定事件决定人的寿命

实 例

（参见下级母题实例）

## W2946.1
### 性交改变了人的寿命
【关联】[W7156] 性交

实 例

[彝族] 原来女儿国的女人只会死不会老，女人到一定年龄就会变年轻。自从与捉来的搓日阿补（英雄名）同房后，一下子变得像人间一样有老有少了。
【流传】云南省·（楚雄彝族自治州）·永仁县

【出处】苏绍相等讲，基默热阔采录：《搓日阿补征服女儿国》，见中国民间文学集成全国编辑委员会编《中国民间故事集成》（云南卷），北京：中国ISBN中心2003年版，第353页。

## W2947
### 与人的寿命的制定有关的其他母题

实例

[蒙古族] 世界6种生灵因神变而来，故寿数无算。

【流传】（无考）

【出处】萨囊彻辰：《新译校注〈蒙古源流〉》，呼和浩特：内蒙古人民出版社1987年版，第6页。

## W2947.0
### 人的寿限

实例

（参见下级母题实例）

## W2947.0.1
### 人不能违背寿限

实例

[鄂伦春族] 一个女人的寿路还没到，她就上吊了，所以在阴间会有一帮人你推我搡地打她。

【流传】黑龙江省

【出处】莫庆云讲，白水夫采录：《萨满过阴》，原载《中国民间故事集成》（黑龙江卷），见陶阳、钟秀编《中国神话》（下），北京：商务印书馆2008年版，第1347~1351页。

## W2947.1
### 定错人寿

实例

（参见下级母题实例）

## W2947.1.1
### 拱粪虫定错人的寿限

实例

[壮族] 拱粪虫应传错话定错人的寿命。

【流传】广西壮族自治区·（崇左市）·宁明（宁明县）·明江镇·利江村、那谋屯

【出处】陈碧瑶讲：《拱粪虫定错人寿》，见张声震总主编，农冠品编注《壮族神话集成》，南宁：广西民族出版社2007年版，第322页。

## W2947.2
### 神生的姑娘嫁给人后人有了寿命

【关联】[W7260] 人神婚

实例

[哈尼族] 第一代神王阿匹梅烟女神生九个姑娘，他的儿子第二代神王烟沙把第九个妹子米鲁人姑娘嫁给人，说道："你不嫁，早上生出来的儿子，不到晚上就断气了，晚上生出的姑娘，不到天亮就死了，你不嫁，最老的寨子也见不到老人，最热闹的公房也见不着小伙子和姑娘。"

【流传】云南省·（红河哈尼族彝族自治州·元阳县·攀枝花乡·硐蒲寨）

【出处】朱小和讲，史军超搜集整理：《永生不死的姑娘》，原载《哈尼族神话传说集成》，见陶阳、钟秀编《中国神话》（下），北京：商务印书馆2008年版，第1095~1099页。

## W2948
**人最初的寿命很短（短命鬼）**

【汤普森】A1325

实例

[哈尼族] 远古时，天神造万物。人有了，但人命不长。

【流传】云南省·（红河哈尼族彝族自治州·元阳县·攀枝花乡·硐蒲寨）

【出处】朱小和讲，史军超搜集整理：《永生不死的姑娘》，原载《哈尼族神话传说集成》，见陶阳、钟秀编《中国神话》（下），北京：商务印书馆2008年版，第1095~1099页。

## W2948.1
**人最初生活不好寿命很短**

实例

[汉族] 以前，黄帝岭一带山穷地薄，种一葫芦打两瓢。人们缺吃少穿，三天两头害病，所以寿限不长。

【流传】中原一带

【出处】

（a）贾同然、程建军搜集，程建军整理：《黄帝岭》，见张楚北编《中原神话》，郑州：海燕出版社1988年版。

（b）贾同然、程建军搜集，程建军整理：《黄帝炼丹》，见姚宝瑄主编《中国各民族神话》（汉族），太原：山西出版传媒集团·书海出版社2014年版，第400~401页。

## W2948.2
**人最初的寿命是13岁**

实例

[纳西族（摩梭）] 摩梭人的祖先曹直鲁耶因为贪睡，从天神那里只得到13岁寿命。

【流传】云南省·宁蒗（宁蒗彝族自治县）·泥鳅沟中村

【出处】"达巴"翁争讲，农布翻译，邓启耀整理：《天鹅之死》，见民俗学博客网：http://www.chinafolklore.org/blog/? uid–199–action–viewspace–itemid–3390，2009.09.07。

## W2948.3
**人最初的寿命是20岁**

实例

❶ [汉族] 玉帝给人最初的阳寿是20年。

【流传】宁夏回族自治区·（固原市）·彭阳县·古城乡·高庄村

【出处】晁登平讲，高万伟采录：《寿命》，见中国民间文学集成全国编辑委员会编《中国民间故事集成》（宁夏卷），北京：中国ISBN中心1999年版，第17页。

❷ [汉族] 人原来分到的岁数是 20 岁。

【流传】江苏省·（盐城市）·滨海县·界牌乡

【出处】李维波讲，刘胜松采录：《女娲定寿限》，见中国民间文学集成全国编辑委员会编《中国民间故事集成》（江苏卷），北京：中国 ISBN 中心 1998 年版，第 16 页。

❸ [维吾尔族] 人和动物商量怎样分配寿命时，人当时得到的寿命是 20 岁。

【流传】（无考）

【出处】

（a）《人的寿命》，见满都呼主编《中国阿尔泰语系诸民族神话故事》，北京：民族出版社 1997 年版，第 32 页。

（b）凯赛尔·库尔班译：《人的寿命》，载《源泉》（维吾尔文）1995 年第 3 期。

## W2948.4

### 人最初的寿命是 30 岁

实 例

[汉族] 以前的人不懂得用药医病，生了毛病只好听天由命，所以寿命短，活到三十岁已经算长寿了。

【流传】上海市·虹口区·广中路街道

【出处】刘曼芳讲，吴本雄采录：《神农尝百草》，见中国民间文学集成全国编辑委员会编《中国民间故事集成》（上海卷），北京：中国 ISBN 中心 2007 年版，第 18 页。

## W2949

### 人最早时寿命长

【汤普森】A1323

实 例

（参见下级母题实例）

## W2949.0

### 人以前能活百岁（百岁老人）

【关联】[W2926b] 老人（长者）

实 例

[汉族] 盘古奶生的 99 个妮百年不老。

【流传】河南省·（南阳市）·桐柏县·朱庄乡·官驿村

【出处】雷德坤转述，马卉欣整理：《盘古创世》，见桐柏网，http://tongbai.01ny.cn，2005.10.13。

## W2949.1

### 人以前能活数百岁

实 例

（参见下级母题实例）

## W2949.1.1

### 人以前能活二三百岁

实 例

[鄂温克族] 一两千年以前，人的寿命都很长，至少能活二三百岁。

【流传】内蒙古自治区·（呼伦贝尔市）·陈巴尔虎旗

【出处】阿列克塞等讲，马名超采录：

《羊尾巴堵嘴的传说》，见中国民间文学集成全国编辑委员会编《中国民间故事集成》（宁夏卷），北京：中国ISBN中心2007年版，第421页。

## W2949.1.2
### 人以前能活300岁

实例

［汉族］卢扶国，人皆寿三百岁。

【流传】（无考）

【出处】《燕昭王》，见［晋］王嘉撰，［梁］萧绮录，齐治平校注《拾遗记》卷四，北京：中华书局1981年版，第95页。

## W2949.2
### 人以前能活千岁

实例

❶［汉族］有勃鞮之国，人寿千岁。

【流传】（无考）

【出处】《颛顼》，见［晋］王嘉撰，［梁］萧绮录，齐治平校注《拾遗记》卷一，北京：中华书局1981年版，第17页。

## W2949.3
### 人以前能活万岁

【关联】［W0726.1.3］盘古活了1万2千岁

实例

（参见下级母题实例）

## W2949.3.1
### 人以前能活千万岁

实例

［苗族］人以前能活千万岁。

【流传】贵州省西部

【出处】杨兴义、杨武秀讲，燕宝整理：《神医侍奉司懿》，见中华民族故事大系编委会编《中华民族故事大系》第2卷（藏族、维吾尔族、苗族），上海：上海文艺出版社1995年版，第655页。

## ※W2950
### 长寿（延寿）

【汤普森】 ① D1855； ② D1857； ③D1890

实例

（参见下级母题实例）

## W2951
### 长寿的人

【汤普森】F571

【关联】［W2952.9］寿星

实例

［景颇族］很古的时候，有个吉露老人，说他的岁数比古树还老。

【流传】云南省·（德宏傣族景颇族自治州）·陇川县

【出处】孔勒锐等讲，何峨采录：《吉露归天》，见中国民间文学集成全国编辑委员会编《中国民间故事集成》

## W2951.1
### 长寿的男人

实例

[汉族] 彭祖活到800多岁。

【流传】辽宁省·鞍山市·海城市

【出处】汪波讲：《彭祖赌妻》，见本市编《辽宁省民间文学集成·鞍山市卷》，内部资料，1988年，第14页。

## W2951.2
### 长寿的女人

【汤普森】D1857.1

实例

（实例待考）

## W2951.3
### 人活100岁

【关联】[W2949.0] 人以前能活百岁（百岁老人）

实例

（实例待考）

## W2951.3.1
### 人与龙交换寿命后变成活百岁

实例

[汉族] 以前，龙在百年之内就要死去，而人却长生不老。人觉得能像龙那样没有蜕皮的痛苦，哪怕享百年之福就死去也好。龙也非常羡慕人的长生不老。于是，人和龙商量，打个对调，龙蜕皮长生不老，人享百年之福。

【流传】（a）四川省·（德阳市）·中江县·商唐乡

【出处】

(a) 黄仙花讲，吴超采录：《人和龙》（1986），见中国民间文学集成全国编辑委员会编《中国民间故事集成》（四川卷·上），北京：中国 ISBN 中心1998年版，第46页。

(b) 同 (a)，见陶阳、钟秀编《中国神话》（下），北京：商务印书馆2008年版，第1091~1092页。

## W2951.4
### 人活120岁

实例

（实例待考）

## W2951.5
### 人活180岁

实例

[汉族] 只有那个一百八十岁的老公公才知道太阳为什么消失。

【流传】浙江省·杭州市·拱墅区

【出处】陶金海讲，周樟林记录，申屠奇整理：《寻太阳》，见姚宝瑄主编《中国各民族神话》（汉族），太原：山西出版传媒集团·书海出版社2014年版，第163~170页。

## W2951.6
### 人活 300 岁

实 例

［彝族］元时，罗武蛮罗僳百岁廷弱，子孙以毡裹送之深菁，相传三百岁。

【流传】（无考）

【出处】《古今图书集成》，见吕大吉、何耀华总主编《中国各民族原始宗教资料集成》（彝族卷、白族卷、基诺族卷），北京：中国社会科学出版社1996年版，第144页。

## W2951.7
### 人活 950 岁

实 例

［柯尔克孜族］真主造的人类祖先阿达姆的儿子叫努赫。努赫活了九百五十年。

【流传】新疆维吾尔自治区

【出处】
（a）《创世的传说》，见毛星主编《中国少数民族文学》，长沙：湖南人民出版社1983年版。
（b）同（a），见姚宝瑄主编《中国各民族神话》（乌孜别克族、哈萨克族、柯尔克孜族、俄罗斯族、维吾尔族、塔吉克族、塔塔尔族、锡伯族），太原：山西出版传媒集团·书海出版社2014年版，第144页。

## W2951.8
### 人活千岁

实 例

［苗族］以前，人都能活到几千岁几百岁。

【流传】贵州省西部

【出处】杨兴义、杨武秀讲，燕宝整理：《神医侍司懿》，原载燕宝编《苗族民间故事选》，见陶阳、钟秀编《中国神话》（下），北京：商务印书馆2008年版，第1072~1074页。

## W2951.9
### 人活 1 千多岁

实 例

（参见下级母题实例）

## W2951.9.1
### 人活 1908 岁

实 例

［朝鲜族］神与熊女婚生王俭，称为坛君。坛君一共活了一千九百零八岁。

【流传】（无考）

【出处】李政文翻译，谷德明整理：《天王与熊女婚配》，原载谷德明编《中国少数民族神话选》，西北民族学院研究所编印，内部资料，1983年，王松选编时润色，见姚宝瑄主编《中国各民族神话》（满族、赫哲族、朝鲜族），太原：山西出版传媒集团·书海出版社2014年版，第154~155页。

## W2951.9.2
### 人活9999岁

**实例**

❶ [**布依族**] 盘古王的一对儿女兄妹俩活到九千九百九十九岁才死。

【流传】贵州省·平塘、罗甸、惠水三县交界地区

【出处】杨兴荣、杨再良讲，杨路塔搜集整理：《日、月、星》，载《山茶》1987年第2期。

❷ [**布依族**] 盘古王有一对儿女，兄妹俩活到九千九百九十九岁。

【流传】贵州省·（黔南布依族苗族自治州）·平塘县、罗甸县、惠水县三县交界地区

【出处】杨兴荣、杨再良讲，杨路塔记录整理：《日、月、星》，见姚宝瑄主编《中国各民族神话》（布依族、仡佬族、苗族），太原：山西出版传媒集团·书海出版社2014年版，第77页。

## W2951.10
### 人活万岁

**实例**

（参见下级母题实例）

## W2951.10.1
### 人活7万9千岁

**实例**

[**苗族**] 世上的第一个人榜香尤吃了天上的仙果，活了7万9千岁。

【流传】贵州省·（黔东南苗族侗族自治州·凯里市）·黄平县（原名旧州）·红梅乡·波洞村

【出处】张其富讲，杨付昌等采录：《榜香尤》，见中国民间文学集成全国编辑委员会编《中国民间故事集成》（贵州卷），北京：中国ISBN中心2003年版，第78页。

## W2951.11
### 与长寿的人有关的其他母题

**实例**

（参见下级母题实例）

## W2951.11.1
### 特定国度的人长寿

【关联】[W5936] 其他特定的国家

**实例**

[**汉族**] 华胥氏之国里的人寿命都很长。

【流传】（无考）

【出处】《伏羲攀登天梯》，原载袁珂编译《中国神话故事》，见陶阳、钟秀编《中国神话》（上），北京：商务印书馆2008年版，第181~183页。

## W2951a
### 长生不老的人

【关联】

① [W0951] 不死药（长生不老药）

② [W2941] 人原来不死（以前的人不死）

> 实 例

（参见 W2941 母题实例）

## W2952
### 与长寿有关的其他母题
【关联】[W0952] 长生不老药

> 实 例

（参见下级母题实例）

## W2952.1
### 永葆青春
【汤普森】D1883

> 实 例

（参见下级母题实例）

## W2952.1.1
### 喝特定的水能永葆青春
【关联】[W2952.3] 喝特定的水可以长寿

> 实 例

[景颇族] 吉露老人的头发白了三次，又变黑了三次；牙齿掉了九次，又长出了九次。
【流传】云南省·（德宏傣族景颇族自治州）·陇川县
【出处】孔勒锐等讲，何峨采录：《吉露归天》，见中国民间文学集成全国编辑委员会编《中国民间故事集成》（云南卷），北京：中国 ISBN 中心 2003 年版，第 391 页。

## W2952.2
### 吃特定的食物后长寿
【关联】[W0952.6.1] 能使人长生的食物

> 实 例

[汉族] 人们吃了"嘉谷"，不但能充饥，还能长寿不老。
【流传】山西省·（长治市）·潞城县
【出处】王来虎讲，申双鱼采录：《神农种谷》，见中国民间文学集成全国编辑委员会编《中国民间故事集成》（山西卷），北京：中国 ISBN 中心 1999 年版，第 19 页。

## W2952.2.1
### 吃茶后长生不老
【关联】[W0952.1.4] 茶是长生不老药

> 实 例

[汉族] 阿祥（人名，英雄）吃了恋人碧螺姑娘的茶之后变得长生不老了。
【流传】（无考）
【出处】
（a）《碧螺春》，载《民间文学》1979 年第 9 期。
（b）同（a），见姚宝瑄主编《中国各民族神话》（汉族），太原：山西出版传媒集团·书海出版社 2014 年版，第 364~370 页。

## W2952.2.2
### 吃仙果后长寿

> 实 例

[苗族] 榜香猷（世上的第一个人）扯

动通天藤，骗吃了天上的仙果，活了7万9千岁。

【流传】贵州省·（黔东南苗族侗族自治州·凯里市）·黄平县（原名旧州）·红梅乡·波洞村

【出处】张其富讲，杨付昌等采录：《榜香猷》，见中国民间文学集成全国编辑委员会编《中国民间故事集成》（贵州卷），北京：中国ISBN中心2003年版，第78页。

## W2952.3
### 喝特定的水可以长寿

实 例

（参见下级母题实例）

## W2952.3.1
### 喝天河水可以长寿

【关联】[W1780]天河（银河）

实 例

[蒙古族] 喝99回天河水可以长生不老。

【流传】吉林省·（松原市）·前郭尔罗斯内蒙古自治县·乌兰敖都乡

【出处】宝音特古斯讲：《日蚀与月蚀》，见本县编《吉林省民间文学集成·前郭尔罗斯卷》，内部资料，1988年，第1~2页。

## W2952.3.2
### 喝圣水可以长寿

实 例

[蒙古族] 一位高僧炼出了能使人类长生不老，使四季如春夏的圣水。

【流传】（无考）

【出处】布·孟和记录整理，满都呼翻译：《日食和月食的由来》，见满都呼主编《中国阿尔泰语系诸民族神话故事》，北京：民族出版社1997年版，第168页。

## W2952.3.3
### 喝玉液仙水可以长寿

实 例

[汉族] 王母娘娘的玉液仙水能使人长寿。

【流传】重庆市

【出处】熊笃、程世波：《巴渝神话传说》，重庆：重庆出版社2004年版，第63页。

## W2952.3.4
### 喝永生甘露可以长寿

实 例

[蒙古族] 天神让造出的泥人喝了永生的甘露后，人长寿。

【流传】（无考）

【出处】

(a) 却拉布吉译：《天神造人》，见谷德明编《中国少数民族神话》，北京：中国民间文艺出版社1987年版，第29~31页。

(b) [蒙古] 斯仁·索德那木编：《蒙古民间故事集》，乌兰巴托斯拉夫，1979年。

## W2952.3.5
### 喝够一定数量的特定的水长生不老

**实例**

❶ [蒙古族] 天河水最长，谁要是喝了九十九回就可以长生不老。

【流传】吉林省·（松原市）·前郭尔罗斯蒙古族自治县·乌兰敖都（乌兰敖都乡）

【出处】白音特古斯讲，苏赫巴鲁整理：《日食和月食的由来》，见姚宝瑄主编《中国各民族神话》（达斡尔族、鄂伦春族、鄂温克族、蒙古族），太原：山西出版传媒集团·书海出版社 2014 年版，第 150 页。

❷ [蒙古族] 喝上九十九回天河水，就可以长生不死。

【流传】（a）吉林省·（松原市）·前郭县（前郭尔罗斯蒙古族自治县）·乌兰敖都乡

【出处】
(a) 白音特古斯讲，苏赫巴鲁搜集整理：《日蚀和月蚀》，见中国民间文学集成全国编辑委员会编《中国民间故事集成》（吉林卷），北京：中国文联出版公司 1992 年版，第 9 页。

(b)《日食和月食的传说》，见满都呼主编《中国阿尔泰语系诸民族神话故事》，北京：民族出版社 1997 年版，第 166 页。

(c)《日食和月食的传说》，载《民间文学》1980 年第 11 期。

## W2952.4
### 诵经可以长寿

【关联】[W6468.10] 诵经

**实例**

[彝族] 笔摩比恩阿子给人念经，从此人也能长寿了。

【流传】（无考）

【出处】
(a) 蒋汉章翻译，李仲舒整理：《创造万物的巨人支格阿鲁》，见陶立璠、李耀宗主编《中国少数民族神话传说选》，成都：四川民族出版社 1985 年版，第 86 页。

(b)《创造万物的巨人尼支呷咯》，见谷德明编《中国少数民族神话》，北京：中国民间文艺出版社 1987 年版，第 280 页。

## W2952.5
### 食气长寿

**实例**

[汉族] 食气者神明而长寿。

【流传】（无考）

【出处】《变化》，见[晋]干宝《新辑搜神记》卷十六，李剑国辑校，北京：中华书局 2007 年版，第 257 页。

## W2952.6
### 善者延寿

【关联】[W9401] 善有善报

**实例**

（实例待考）

## W2952.7
### 修德可以延寿

【关联】

① ［W2968.0］人的寿命与阴德有关

② ［W9402］行（劝）善得好报

③ ［W9403］虔诚得好报

④ ［W9404］仁慈得好报

⑤ ［W9405］礼让得好报

**实例**

❶ ［彝族］直到今日，人类多数只有六十岁，寿命比较长的是修德所致的。

【流传】（无考）

【出处】柯象峰：《猡猡文字之初步研究》，见吕大吉、何耀华总主编《中国各民族原始宗教资料集成》（彝族卷、白族卷、基诺族卷），北京：中国社会科学出版社1996年版，第274~275页。

❷ ［汉族］郑财主只吃了半只鸡就被卡死了，觉得很冤。他的鬼魂找到东岳大帝申冤时，东岳大帝说："不是我不公，是你不积阴德，所以折你的阳寿。"

【流传】山东省·泰安市徂徕山一带

【出处】程会金讲，张纯岭记录整理：《东岳大帝评理阎王殿》，原载张纯岭编《徂徕山传奇》，见陶阳、钟秀编《中国神话》（下），北京：商务印书馆2008年版，第1291~1295页。

## W2952.8
### 通过让众人踩踏某物延寿

【关联】［W9152］巫术的作用

**实例**

（参见下级母题实例）

## W2952.8.1
### 让众人踩踏长命桥延寿

**实例**

［傈僳族］为婴儿从路上拦到干爹后，家人就将预先准备好的呈扁状樱桃树的长命桥搭在沟或河上，让千人踩万人踏。踩去邪气迎来福禄，踏尽病灾延年益寿。

【流传】云南省·（保山市）·龙陵县火山一带

【出处】

（a）雷华：《傈僳族拦干爹拾趣》，载《保山民族研究》1988年第2期。

（b）同（a），见吕大吉、何耀华总主编《中国各民族原始宗教资料集成》（纳西族卷、羌族卷、独龙族卷、傈僳族卷、怒族卷），北京：中国社会科学出版社2000年版，第795页。

## W2952.9
### 寿星

【关联】［W2951］长寿的人

**实例**

（参见下级母题实例）

## W2952.9.1
### 寿星为什么光脑门

**实例**

〖哈尼族〗葫芦生人时，其卑和里收两兄妹用刀砍开了葫芦口，不小心还削去了一个人的头皮，这就是脑门光亮的寿星头的由来。

【流传】（无考）

【出处】张牛朗讲，李期博记录翻译：《葫芦出人种》，原载《哈尼族神话传说集成》，见陶阳、钟秀编《中国神话》（上），北京：商务印书馆2008年版，第496~497页。

## W2952.10
### 长寿者牙齿掉了九次

**实例**

〖景颇族〗吉露老人的牙齿掉了九次，又长出了九次。

【流传】云南省·（德宏傣族景颇族自治州）·陇川县

【出处】孔勒锐等讲，何峨采录：《吉露归天》，见中国民间文学集成全国编辑委员会编《中国民间故事集成》（云南卷），北京：中国ISBN中心2003年版，第391页。

## W2952.11
### 长寿者头发白了三次，又变黑了三次

**实例**

〖景颇族〗吉露老人的头发白了三次，又变黑了三次。

【流传】云南省·（德宏傣族景颇族自治州）·陇川县

【出处】孔勒锐等讲，何峨采录：《吉露归天》，见中国民间文学集成全国编辑委员会编《中国民间故事集成》（云南卷），北京：中国ISBN中心2003年版，第391页。

## W2952.12
### 借寿

**实例**

（参见下级母题实例）

## W2952.12.1
### 父亲向儿子借寿

**实例**

〖汉族〗（实例待考）

## W2952.12.2
### 相同生辰的人才可以借寿

**实例**

〖汉族〗（实例待考）

## W2952.12.3
### 通过巫术借寿

**实例**

〖汉族〗（实例待考）

## W2952.13
### 长生不老的人惹人烦

【关联】［W2728.1.1.1］以前地上人满

为患是因为人不会死

实例

（参见关联项母题实例）

## ＊W2953
### 人的寿命变化

实例

（参见下级母题实例）

## W2954
### 人本来该有的寿命（人的正常寿命）

【关联】

① ［W2948］人最初的寿命很短（短命鬼）

② ［W2949］人最早时寿命长

实例

（参见关联项及下级母题实例）

## W2954.1
### 人的寿命60岁

实例

［纳西族（摩梭）］狗与人换了寿岁后，人的寿命成为60岁。

【流传】云南省·宁蒗（宁蒗彝族自治县）·（永宁乡）·泥鳅沟中村

【出处】"达巴"翁争讲，农布翻译，邓启耀整理：《天鹅之死》，见民俗学博客网 http://www.chinafolklore.org/blog/?uid-199-action-viewspace-itemid-3390，2009.09.07。

## W2954.1.1
### 人的六十花甲的来历

实例

［汉族］管蛇的神仙和管人的神仙在确定生死的时候已经讲好：蛇只能活十年；人到了六十岁就转一次节，蜕一次皮，又回到年轻的年岁。这样就定了甲子乙丑等六十花甲。

【流传】湖北省

【出处】冯帮贵、冯德清讲，冯本林搜集整理：《人死蛇蜕皮的来历》，原载《湖北民间传说集》，见陶阳、钟秀编《中国神话》（下），北京：商务印书馆2008年版，第1077页。

## W2954.2
### 人的寿命70岁

实例

［维吾尔族］人与动物开始分配寿命时，人只有20岁，后来马、狗、猴、猫等把得到的一些寿命给了人，人的寿命才达到了70岁。

【流传】（无考）

【出处】《人的寿命》，见满都呼主编《中国阿尔泰语系诸民族神话故事》，北京：民族出版社1997年版，第32页。

## W2954.2.1
### 好人的寿命为73或84岁

实例

［汉族］（实例待考）

## W2954.3
### 人的寿命是 80 岁
**实例**

〖汉族〗（实例待考）

## W2954.4
### 人的寿命几十年
**实例**

（参见下级母题实例）

## W2954.4.1
### 女娲造的人几十年后死亡
**实例**

〖汉族〗娲儿公主造的泥人成活后过了数十年，人都相继死去，又只剩下娲儿一个了。

【流传】辽宁省·阜新市·细河区

【出处】吴振清讲，郝殿玺搜集整理：《人的来历》，原载阜新市细河区民间文学集成编委会编《细河区资料本》，见陶阳、钟秀编《中国神话》（上），北京：商务印书馆 2008 年版，第 324～326 页。

## W2955
### 人为什么会变老
【汤普森】A2861

**实例**

（实例待考）

## W2956
### 人的寿命的增加（延寿）
【关联】[W9057] 魔物（法）使人长寿

**实例**

〖汉族〗以前人的寿命很短，玉帝降旨，让人脱皮掉尾来延长生命。

【流传】陕西省·（汉中市）·南郑县·周家坪镇

【出处】徐汉莉讲，王红萍搜集整理：《人脱尾巴》，见南郑县民间故事集成编委会编《中国民间故事集成陕西卷·南郑县故事集成》，内部编印，1988 年，第 5 页。

## W2956.1
### 人通过脱皮掉尾延长寿命
【关联】

① [W2896] 人蜕皮

② [W2896.2] 人蜕皮变年轻

③ [W2957.3] 人不再蜕皮后寿命变短

**实例**

（参见关联项及下级母题实例）

## W2956.1.1
### 人脱去衣服延长寿命
【关联】[W2896.2] 人蜕皮变年轻

**实例**

〖彝族〗一个叫斯里的老人看见一条龙脱壳而出，他也扒去衣服，变成了年轻人。

【流传】四川省·（乐山市）·峨边县

（峨边彝族自治县）·河西区

【出处】司徒波尔采录：《寻天地相连的地方》，见中国民间文学集成全国编辑委员会编《中国民间故事集成》（四川卷·上），北京：中国ISBN中心1998年版，第779页。

## W2956.2
### 向神求长寿

【关联】［W6506.2.3］祈神避祸

实例

（参见 W2956.3；W2956.6 母题实例）

## W2956.3
### 向龙王求长寿

实例

［纳西族］每年阴历正月初一，村里每户的一个男子鸡鸣即起，于四点至五点期间去村里最近的小溪边去安抚"吕母"或"纳高"（龙王），向它们求长寿，求"尼"与"窝"（福泽）等。

【流传】云南省

【出处】［美籍奥地利人］约瑟夫·洛克：《纳西—英语百科词典》，见吕大吉、何耀华总主编《中国各民族原始宗教资料集成》（纳西族卷、羌族卷、独龙族卷、傈僳族卷、怒族卷），北京：中国社会科学出版社2000年版，第74页。

## W2956.4
### 吃特定物增加寿命

【关联】［W2952.12］吃特定物可以长寿

实例

（参见关联项母题实例）

## W2956.5
### 通过巫术延寿

实例

（参见下级母题实例）

## W2956.5.1
### 萨满招魂延寿

实例

❶［赫哲族］一新萨满到阴间招魂时，让鬼头为还阳者增加了三十岁寿命。

【流传】（松花江下游地区依兰至抚远一带）

【出处】《一新萨满》，见凌纯声《松花江下游的赫哲族》（原1934年南京刊印本），北京：民族出版社2012年版，第936页。

❷［满族］尼山萨满降神作法，到阴间与阎罗王的舅舅蒙古勒代计价还价，为死去的色尔古代费扬古争取了寿限。

【流传】（黑龙江、松花江、嫩江、乌苏里江、牡丹江流域等）

【出处】《尼山萨满》，据赵展《尼山萨满》、金启琮《满族的历史与生活》整理，见吕大吉、何耀华总主编《中国各民族原始宗教资料集成》（鄂伦春族卷、鄂温克族卷、赫哲族卷、达斡尔族卷、锡伯族卷、满族卷、蒙古

## W2956.5.2
### 通过转嫁自身污物延寿

【关联】［W9240］象征物

实　例

［达斡尔族］萨满托庆嘎把身上的污物转嫁给河里的大鲤鱼，增加了自己的寿命。

【流传】（内蒙古自治区·呼伦贝尔市·鄂温克族自治旗·巴彦托海镇）

【出处】
（a）珠荣嘎、额尔登泰、满都尔图调查编著：《巴彦托海索木达斡尔族情况——达斡尔族调查材料之二》，全国人民代表大会民族委员会办公室1958年编印，第53页。
（b）《托庆嘎的传说》，见吕大吉、何耀华总主编《中国各民族原始宗教资料集成》（鄂伦春族卷、鄂温克族卷、赫哲族卷、达斡尔族卷、锡伯族卷、满族卷、蒙古族卷、藏族卷），北京：中国社会科学出版社1999年版，第330页。

## W2956.6
### 阎王给人增加寿命

【关联】［W2943.4］阎王规定人的寿命

实　例

［鄂伦春族］萨满求阎王爷为早逝的善良小伙子增加寿命时，阎王答应让他再活个十年二十年。

【流传】黑龙江省

【出处】莫庆云讲，白水夫采录：《萨满过阴》，原载《中国民间故事集成》（黑龙江卷），见陶阳、钟秀编《中国神话》（下），北京：商务印书馆2008年版，第1347~1351页。

## W2956.7
### 通过阴魂还阳增加寿命

实　例

（参见下级母题实例）

## W2956.7.1
### 地狱小鬼让灵魂还阳为人增寿

实　例

［鄂伦春族］萨满是阎王爷的熟人。萨满为早逝的善良小伙子求情说："你就行行好，让他把两个老人发送完，再活个十年二十年吧。"阎王爷听了点点头，让随身的小鬼把小伙子的魂灵拿来交给了萨满。于是早逝的小伙子还阳，又活了一二十年。

【流传】黑龙江省

【出处】莫庆云讲，白水夫采录：《萨满过阴》，原载《中国民间故事集成》（黑龙江卷），见陶阳、钟秀编《中国神话》（下），北京：商务印书馆2008年版，第1347~1351页。

## W2957
### 人的寿命的变短

实　例

（参见下级母题实例）

## W2957.1
### 人把原来的长寿命丢失后变成现在的寿命

实 例

[汉族]（实例待考）

## W2957.2
### 人因为中了魔鬼的邪气寿命变短

实 例

[蒙古族] 人因为中了魔鬼的邪气，人的生命从长生不老缩短了许多年。

【流传】（无考）

【出处】

（a）却拉布吉译：《天神造人》，见谷德明编《中国少数民族神话》，北京：中国民间文艺出版社1987年版，第29~31页。

（b）[蒙古]斯仁·索德那木编：《蒙古民间故事集》，乌兰巴托斯拉夫，1979年。

## W2957.3
### 人不再蜕皮后寿命变短

【关联】

① [W2896] 人蜕皮

② [W2956.1] 人通过脱皮掉尾延长寿命。

实 例

[苗族] 一个妇女难以忍受蜕皮的痛苦，向天上老爷爷请求不再蜕皮时，得到应许。从此，世间的人就不蜕皮了，但会生育和死亡，寿命也缩短了。

【流传】云南省

【出处】王建国讲，陆兴凤翻译：《人为何会生会死》，原载《云南苗族民间故事集成》，见陶阳、钟秀编《中国神话》（下），北京：商务印书馆2008年版，第1078~1079页。

## W2957.4
### 人因害病寿命变短

实 例

[汉族] 以前，黄帝岭一带山穷地薄，种一棵葫芦打两瓢。人们缺吃少穿不说，还三天两头害病，寿限不长。

【流传】中原一带

【出处】

（a）贾同然、程建军搜集，程建军整理：《黄帝岭》，见张楚北编《中原神话》，郑州：海燕出版社1988年版。

（b）贾同然、程建军搜集，程建军整理：《黄帝炼丹》，见姚宝瑄主编《中国各民族神话》（汉族），太原：山西出版传媒集团·书海出版社2014年版，第400~401页。

## W2957.5
### 特定人物把人的寿命变短

实 例

（参见下级母题实例）

## W2957.5.1
### 盘古认为人的寿命不能太长把人的寿命变短

**实例**

[土家族] 原来的人活一百二十岁。盘古认为，山中常有千年树，世上难百岁人。以后的人就难活到那么大的岁数了。

**【流传】**

（a）湖北省·（宜昌市）·长阳县（长阳土家族自治县）·都镇湾镇·杜家冲村

（b）湖北省·（宜昌市）·长阳（长阳土家族自治县）·都镇湾镇）·椿树坪（椿树坪村）

**【出处】**

（a）孙家香讲：《瘪古是盘古的妈》，见长阳土家族网，http://www.cy-tujia.com/list_body.php? id, 2005.12.08。

（b）《瘪古是盘古的妈》，见白庚胜总主编《中国民间故事全书》（湖北·长阳卷），北京：知识产权出版社2007年版，第4页。

## W2958
### 人与动物交换调整寿限

**【汤普森】** ①A1321；②≈B592

**【关联】**

① [W1537] 万物的寿命

② [W2951.3.1] 人与龙交换寿命后变成活百岁

③ [W3090] 动物的寿命

**实例**

（参见下级母题实例）

## W2958.1
### 人与犬交换寿命

**实例**

❶ [纳西族（摩梭）] 最初狗从天神得到60岁的寿命，而人只有13岁，后来经过商量，狗与人换了寿岁。

**【流传】** 云南省·宁蒗（宁蒗彝族自治县·永宁乡）·泥鳅沟中村

**【出处】** "达巴"翁争讲，农布翻译，邓启耀整理：《天鹅之死》，见民俗学博客网：http://www.chinafolklore.org/blog/? uid-199-action-viewspace-itemid-3390，2009.09.07。

❷ [怒族] 原来狗的寿命是100岁，人13岁，后来二者交换了寿命。

**【流传】** （无考）

**【出处】** 师蒂：《神话与法制——西南民族法文化研究》，昆明：云南教育出版社1992年版，第90页。

## W2958.2
### 人与蛇交换寿命

**【关联】** [W3527] 蛇为什么蜕皮

**实例**

[汉族] 马、牛、羊、狗、鸡等动物把自己的一些阳寿给了人。

**【流传】** 宁夏回族自治区·（固原市）·彭阳县·古城乡·高庄村

【出处】晁登平讲，高万伟采录：《寿命》，见中国民间文学集成全国编辑委员会编《中国民间故事集成》（宁夏卷），北京：中国 ISBN 中心 1999 年版，第 17 页。

## W2959
### 人从多种动物那里得到不同的寿命

实例

❶ [汉族] 根据动物的要求，女娲把牛、马、鸡、狗等原来的不同的寿命均给人，人成为 70 岁。

【流传】江苏省·（盐城市）·滨海县·界牌乡（界牌镇）

【出处】李维波讲，刘胜松采录：《女娲定寿限》，见中国民间文学集成全国编辑委员会编《中国民间故事集成》（江苏卷），北京：中国 ISBN 中心 1998 年版，第 16 页。

❷ [维吾尔族] 以前人和动物聚在一起，人得到的寿命是二十岁，马的这二十岁给了人狗、猴、猫的十岁分别给了人。人到七十岁了，人也就活到头了。

【流传】（无考）

【出处】凯赛尔·库尔班译：《人的寿命》，载《源泉》（维吾尔文）1995 年第 3 期。

## W2959.1
### 动物把自己的一部分寿命交给人

【关联】[W3092.2] 有的动物为什么寿命短

实例

（参见关联项母题实例）

## W2959.2
### 人得到鸡的一部分寿命

实例

（参见 W2959 母题实例）

## W2960
### 与人的寿命变化有关的其他母题

【关联】[W2896.2] 人蜕皮变年轻

实例

（参见下级母题实例）

## W2960.1
### 人以药擦身变年轻

【关联】[W2897.2] 洗浴产生体征变化

实例

[彝族] 洪水后，幸存者笃慕以药擦身变年青。

【流传】云南省·（玉溪市）·新平县（新平彝族傣族自治县）

【出处】《洪水泛滥》，昆明：云南教育出版社 1987 年版，第 56～69 页。

## W2960.2
### 祈祷神灵后变年轻

【关联】[W2956.2] 向神求长寿

实例

（参见关联项母题实例）

## W2960.3
### 人的皮被蛇偷去后不再变年轻

【实例】

[彝族] 人的皮被蛇偷去后就不会再变年轻了，于是人恨蛇。

【流传】云南省·（红河哈尼族彝族自治州）·弥勒县（弥勒市·新哨镇·布龙村）·龙新寨

【出处】石树新讲：《人蜕皮的传说》，见李德君《彝族阿细人民间文学作品采集实录》，北京：中央民族大学出版社 2009 年版，第 329 页。

## W2960.4
### 阴间判官可更改人的寿命

【关联】

① ［W2956.6］阎王给人增加寿命

② ［W2956.7］通过阴魂还阳增加寿命

【实例】

[达斡尔族、鄂伦春族、鄂温克族、满族] 女萨满到阴间为暴病的小伙色勒古甸片郭招魂，把他吊了上来，挟着就往回跑。阎王爷的一个判官紧紧追赶，说："他的命数已经到头，不能回到阳间！"萨满就好言相求，判官说："那就让他活到三十岁吧！"

【流传】（无考）

【出处】

（a）内蒙古自治区编委会：《鄂伦春族社会历史调查》（第二集），呼和浩特：内蒙古人民出版社 1985 年版，第 261～263 页。

（b）《萨满的传说之四》，见吕大吉、何耀华总主编《中国各民族原始宗教资料集成》（鄂伦春族卷、鄂温克族卷、赫哲族卷、达斡尔族卷、锡伯族卷、满族卷、蒙古族卷、藏族卷），北京：中国社会科学出版社 1999 年版，第 48～50 页。

## W2961
### 人的寿命的重新获得

【关联】

① ［W1897.8］生命之水

② ［W9300］复活

【实例】

（参见关联项及下级母题实例）

## W2961.1
### 人蜕皮获得新的寿命（生命）

【关联】［W2896］人蜕皮

【实例】

（实例待考）

## W2962
### 人的寿命为什么是有限的

【关联】［W2942］人的寿命的制定

【实例】

[鄂伦春族] 天神恩都力玛发造的不死的石人被毁灭，改为泥土造人，泥造的人不坚硬，出现到一定年龄时死亡。

【流传】小兴安岭一带鄂伦春族猎民

【出处】《人类生死的由来》，见中国各民族宗教与神话大词典编审委员会编《中国各民族宗教与神话大词典》，北京：学苑出版社1990年版，第131页。

## W2962.1
### 天神造人时被鬼尿玷污，所以人的寿命变成有限的

**实 例**

[蒙古族] 人本该生命长久，因为天神造人时被鬼尿玷污，所以人的寿命变成有限了。

【流传】（无考）

【出处】满都呼译：《为什么狗有毛而人无毛》，见满都呼主编《中国阿尔泰语系诸民族神话故事》，北京：民族出版社1997年版，第155页。

## W2963
### 人变衰老

【关联】[W9058]魔物（法）使人变衰老

**实 例**

（参见下级母题实例）

## W2963.1
### 人迅速变老

**实 例**

（参见下级母题实例）

## W2963.1.1
### 特定物使人迅速变老

**实 例**

（实例待考）

## W2963.1.2
### 人一天内变老

**实 例**

[汉族] 海中有银山，生树，名女树。天明时皆生婴儿，日出能行，至食时皆成少年，日中壮盛，日昃衰老，日没死。

【流传】（无考）

【出处】《旧小说·戊集二·笔尘》"海中银山"条。

## W2963.1.2.1
### 最早的人一天内变老

**实 例**

❶ [苗族] 人的女始祖波丽萍和男始祖岳利毕，每天天刚亮的时候，他俩都是奶娃娃，到了吃早饭的时候，他们长大了，长成了小娃崽、小姑娘，吃中饭的时候，他们成了青年，太阳偏西他们就渐渐变老了，天黑时他俩都变成了白发苍苍的老人。

【流传】云南省

【出处】王建国讲，陆兴凤翻译：《人类始祖返老还童的故事》，原载《云南苗族民间故事集成》，见陶阳、钟秀编《中国神话》（下），北京：商务印书馆2008年版，第1100~1103页。

❷ [苗族] 天地刚形成时，有一对夫妇波里毕和爷里毕（b为波丽萍和岳利华），他们在一天之内能变小，也能变大，更能变老。

【流传】

(a) 贵州省·（毕节市）·咸宁县（威宁彝族回族苗族自治县）·龙街（龙街镇）

(b) 云南省·（昭通市）·彝良县

【出处】

(a) 韩庆安记录者：《波里毕和爷里毕》，见中国民间文学集成全国编辑委员会编《中国民间故事集成》（贵州卷），北京：中国 ISBN 中心 2003 年版，第 14 页。

(b) 王建国讲，陆兴凤翻译，杨光汉采录：《人类始祖返老还童》，见中国民间文学集成全国编辑委员会编《中国民间故事集成》（云南卷），北京：中国 ISBN 中心 2003 年版，第 280 页。

## W2963.1.3
### 人一夜变老

实 例

（参见下级母题实例）

## W2963.1.3.1
### 人上天后一夜变老

【关联】[W1426] 人上天

实 例

[汉族] 月姐（女子名）带着织出的大大的、圆圆的东西，被大风刮到天上，这时一下变成了一座透明的宫殿，她也变成一个银发老人。

【流传】江苏省·（徐州市）·新沂市

【出处】孙仰之讲，纪昌敬记录整理：《月亮和星星》，见姚宝瑄主编《中国各民族神话》（汉族），太原：山西出版传媒集团·书海出版社 2014 年版，第 221~223 页。

## W2963.2
### 人老后会变成奇怪的人

【关联】[W2996] 奇特的人（特殊的人）

实 例

[哈尼族] 世人只老不会死，老到动不得，就变成一些奇怪的人。

【流传】云南省·（红河哈尼族彝族自治州）·元阳县·黄草岭区·树皮寨

【出处】

(a) 杨批斗讲，史军超采录：《年月树》，见中国民间文学集成全国编辑委员会编《中国民间故事集成》（云南卷），北京：中国 ISBN 中心 2003 年版，第 289 页。

(b) 同 (a)《哈尼族神话传说集成》，北京：中国民间文艺出版社 1990 年版。

## W2963.3
### 自然老去（不可抗拒的衰老）

实 例

（参见下级母题实例）

## W2963.3.1
### 小伙变成老头

实 例

（参见下级母题实例）

## W2963.3.1.1
### 征途中小伙变成了白发老头

**实例**

[壮族]（实例待考）

## W2963.3.2
### 处女变成老太婆

**实例**

（参见下级母题实例）

## W2963.3.2.1
### 岁月让处女变成老太婆

【关联】［W2928］处女

**实例**

[纳西族] 很古的时候，在高山白泡林的深处，搭着一座鸡窝似的木楞房。这座没有一丝泄漏阳光的屋里，住着一个老处女，后来她变成了佝偻腰梁的老太婆。

【流传】云南省·丽江县（丽江市）

【出处】木丽春采集整理：《晚上不兴绩麻的故事》，见木丽春编著《纳西族民间故事集》，昆明：云南人民出版社2007年版，第238页。

## ✽ W2964
### 人的各年龄段特征的来历

**实例**

（参见下级母题实例）

## W2965
### 人童年时的特征

**实例**

（参见下级母题实例）

## W2965.1
### 人童年时玩耍

**实例**

（参见下级母题实例）

## W2965.1.1
### 婴儿在树上玩耍

**实例**

[彝族] 天神之母的蒲依生男孩，取名叫"更"。更看到宇宙只有云和气，很无聊。蒲依就从自己的体内抽起两股浊气，做成两棵杉树和两棵松树，更一天到晚就在四棵树上爬上爬下地玩。

【流传】云南省·（楚雄彝族自治州）·永仁县

【出处】
(a) 曲木阿石等讲，罗有能整理：《更资天神》，见云南省楚雄州文教局、云南省楚雄州民委会编《楚雄民间文学资料》，内部资料，1979年。

(b) 同(a)，见姚宝瑄主编《中国各民族神话》（羌族、彝族），太原：山西出版传媒集团·书海出版社2014年版，第178页。

## W2966
### 人青年时的特征
实例

（参见下级母题实例）

## W2966.1
### 人20岁时的生活
实例

[维吾尔族] 人与动物开始分配寿命时，人只有20岁，后来马、狗、猴、猫等把得到的一些寿命给了人，所以，人在20岁以后步入马的年龄，人就得像马一样辛勤地劳做。

【流传】（无考）

【出处】

（a）《人的寿命》，见满都呼主编《中国阿尔泰语系诸民族神话故事》，北京：民族出版社1997年版，第32页。

（b）凯赛尔·库尔班译：《人的寿命》，载《源泉》（维吾尔文）1995年第3期。

## W2966.2
### 人20到30岁时的生活
实例

（实例待考）

## W2966.2.1
### 人20到30岁时要像驴的生活
实例

[汉族]（实例待考）

## W2966.2.2
### 人20到30岁时要像猪的生活
实例

[汉族]（实例待考）

## W2967
### 人其他年龄阶段的特征
实例

（参见下级母题实例）

## W2967.1
### 人到40到50岁时的生活
实例

[维吾尔族] 人与动物开始分配寿命时，人只有20岁，后来马、狗、猴、猫等把得到的一些寿命给了人，所以，人在40岁以后进入狗的年龄，就像狗似的总那么乱吼乱叫着去支使孩子。

【流传】（无考）

【出处】

（a）《人的寿命》，见满都呼主编《中国阿尔泰语系诸民族神话故事》，北京：民族出版社1997年版，第32页。

（b）凯赛尔·库尔班译：《人的寿命》，载《源泉》（维吾尔文）1995年第3期。

## W2967.2
### 人到50岁时的生活
**实例**

（实例待考）

## W2967.2.1
### 人50岁要像狗一样看门
**实例**

（实例待考）

## W2967.3
### 人到60岁时的生活
**实例**

（实例待考）

## W2967.3.1
### 60岁睡不着觉的原因
**实例**

[汉族]（实例待考）

## W2967.4
### 人到70岁时的生活
**实例**

（实例待考）

## W2967.4.1
### 人70岁要像猫一样爱吃东西
**实例**

[汉族]（实例待考）

## W2967.5
### 人到70岁以后的样子
**实例**

（实例待考）

## W2967.6
### 人到80岁时生活
**实例**

（实例待考）

## W2968
### 与人的寿命有关的其他母题
【关联】
① ［W0951］不死药（长生不老药）
② ［W1235.1.1］使人返老还童的土地
③ ［W1897.7.1］使人返老还童的水
④ ［W1972.1.1］使人返老还童的泉
⑤ ［W9056］魔物（法）使人返老还童
⑥ ［W9087.2］关联生死的叶子
⑦ ［W9285.1］预言长寿
⑧ ［W9303］人的复活
⑨ ［W9692.2］生命树

**实例**

（参见下级母题实例）

## W2968.0
### 人的寿命与阴德有关
【关联】［W2952.7］修德可以延寿

**实例**

[汉族]郑财主只吃了半只鸡就被卡死了，

他的鬼魂向东岳大帝伸冤，说东岳大帝不公。东岳大帝说："不是我不公，是你不积阴德，所以折你的阳寿。"

【流传】山东省·泰安市徂徕山一带

【出处】程会金讲，张纯岭记录整理：《东岳大帝评理阎王殿》，原载张纯岭编《徂徕山传奇》，见陶阳、钟秀编《中国神话》（下），北京：商务印书馆 2008 年版，第 1291~1295 页。

## W2968.1
### 以前人鬼寿命相同

【关联】［W6182］人神杂居（人鬼杂居）

实 例

［景颇族］以前人鬼寿命相同。

【流传】（无考）

【出处】何峨整理：《万物诞生》，见中华民族故事大系编委会编《中华民族故事大系》第 10 卷（景颇族、柯尔克孜族、土族），上海：上海文艺出版社 1995 年版，第 10 页。

## W2968.2
### 人的生命的获得

实 例

（参见下级母题实例）

## W2968.2.0
### 神赋予人生命

实 例

［独龙族］人的生命是天上格孟（天鬼的总头目，有的译为"天神"）给的。

【流传】（无考）

【出处】蔡家麒：《独龙族》，见杨知勇、秦家华、李子贤编《云南少数民族生葬志》，昆明：云南民族出版社 1988 年版，第 326~327 页

## W2968.2.0.1
### 山神爷给人生命

【关联】［W0391］山神

实 例

［彝族］彝家命是山神爷给的。

【流传】云南省·（红河哈尼族彝族自治州）·红河县、元阳县

【出处】龙保贵搜集整理，黄建明摘录：《祭山经》，见吕大吉、何耀华总主编《中国各民族原始宗教资料集成》（彝族卷、白族卷、基诺族卷），北京：中国社会科学出版社 1996 年版，第 87 页。

## W2968.2.0.2
### 东海女神给人生命

【关联】［W0413.1.1］东海女神

实 例

［满族］人的生命是东海女神送来的。

【流传】（无考）

【出处】《海祭》，富育光据《东海沉冤录》、《清光绪十六年扈伦七姓满族海祭神谕》翻译整理，见吕大吉、何耀华总主编《中国各民族原始宗教资料集成》（鄂伦春族卷、鄂温克族卷、赫哲族卷、达斡尔族卷、锡伯族卷、满族卷、蒙古族卷、藏族卷），北京：

中国社会科学出版社1999年版，第523页。

## W2968.2.1
### 神和鬼给人的生命

实例

[鄂温克族] 人的生命是神和鬼给的。

【流传】内蒙古自治区·（呼伦贝尔市）·阿荣旗·巴旗乡（查巴奇乡）

【出处】《生命的来源》，见吕大吉、何耀华总主编《中国各民族原始宗教资料集成》（鄂伦春族卷、鄂温克族卷、赫哲族卷、达斡尔族卷、锡伯族卷、满族卷、蒙古族卷、藏族卷），北京：中国社会科学出版社1999年版，第107~108页。

## W2968.2.2
### 生育神给人生命

实例

[汉族]（实例待考）

## W2968.2.3
### 创世主给人生命

【关联】[W1504.2] 创世神造万物（创世主造万物）

实例

（参见下级母题实例）

## W2968.2.3.1
### 创世主给泥人生命

【关联】[W2110] 造人成活

实例

[哈萨克族]（创世主）迦萨甘造泥人，并给予生命。这就开始有了人类。

【流传】（新疆维吾尔自治区）

【出处】阿吾里汗·哈里、刘兆云等记录整理：《迦萨甘造人》，见姚宝瑄主编《中国各民族神话》（乌孜别克族、哈萨克族、柯尔克孜族、俄罗斯族、维吾尔族、塔吉克族、塔塔尔族、锡伯族），太原：山西出版传媒集团·书海出版社2014年版，第26页。

## W2968.2.4
### 真主赋予人生命

【关联】

① [W2114.2.5] 真主造人吹气后成活

② [W2114.3] 真主吹气后造的人成活

③ [W2114.5.2] 真主吹灵气使造的人成活

④ [W2120.2.2] 真主给泥人灵魂后泥人成活

⑤ [W2580.2.3] 真主决定人的生育

⑥ [W2913.2.2.1] 真主赋予人行走的能力

⑦ [W2943.3] 真主规定人的寿命

实例

[回族] 真主给泥人赋予了活生生的生命，让他活起来，给他起名叫阿丹圣人。

【流传】青海省·黄南州（黄南藏族自治州）·同仁县·隆务镇·民主街

【出处】周尚杰（保安族，该文本注明他讲的是回族神话）讲，赵清阳采录：《阿丹的诞生》，见中国民间文学集成全国编辑委员会编《中国民间故事集成》（青海卷），北京：中国ISBN中心2007年版，第11页。

## W2968.2.5
### 人的生死的管理者
【关联】
① ［W2945］星宿决定人的生死（寿命）
② ［W2974.1］神或神性人物规定人的生老病死

**实 例**

（参见关联项母题实例）

## W2968.3
### 人的生命与某种物相关
**实 例**

（参见下级母题实例）

## W2968.3.1
### 人的生命与特定的树相关
**实 例**

（实例待考）

## W2968.3.1.1
### 落叶松与人的生命力相关
**实 例**

［蒙古族］（实例待考）

## W2968.3.2
### 特定树叶代表人的生命
**实 例**

（参见下级母题实例）

## W2968.3.2.1
### 生命树的每片叶子代表一个人的生命
【关联】［W2987.5.5］人死就有一片叶枯萎

**实 例**

❶［哈萨克族］有一棵象征人类生命的神杨树，它的一片树叶代表一个人的生命。

【流传】新疆维吾尔自治区
【出处】别克苏勒坦、佟中明整理：《神杨树》，见姚宝瑄主编《中国各民族神话》（乌孜别克族、哈萨克族、柯尔克孜族、俄罗斯族、维吾尔族、塔吉克族、塔塔尔族、锡伯族），太原：山西出版传媒集团·书海出版社2014年版，第43页。

❷［哈萨克族］上帝在创造世界万物的同时，给人类种植了一棵生命树。这棵树冠上的叶子的数目同人类相等，每一片叶子便是一个人的生命。若诞生一人，就长出一片新叶，若死去一人，他的那片叶子便会坠落。

【流传】（无考）
【出处】木塔里甫、吾云：《史诗中的神树母题》，载《民族文学研究》1997

年第 2 期。

**W2968. 3. 3**

**人的生命源于特定的泉**

实 例

［**达斡尔族**］人的生命滋生在“奥蔑·额倭”的生命之泉里。

【**流传**】(内蒙古、黑龙江等地)

【**出处**】

(a) 奥登挂:《达斡尔族古代的萨满教信仰》，载《北方民族》1991 年第 2 期。

(b)《生命的海泉》，见吕大吉、何耀华总主编《中国各民族原始宗教资料集成》(鄂伦春族卷、鄂温克族卷、赫哲族卷、达斡尔族卷、锡伯族卷、满族卷、蒙古族卷、藏族卷)，北京：中国社会科学出版社 1999 年版，第 299 页。

**W2968. 4**

**人的返老还童**

【**汤普森**】D1881

【**关联**】

① ［W2500］人类再生

② ［W2807. 8. 1］以前人能返老还童

③ ［W2896. 2］人蜕皮变年轻

实 例

［**黎族**］在远古以前，人老了又可慢慢变成年轻。

【**流传**】海南省

【**出处**】

(a) 符亚时口述:《伟代造动物》，见谷德明编《中国少数民族神话》，北京：中国民间文艺出版社 1987 年版，第 200 页。

(b) 见广东民族学院中文系编《黎族民间故事选》，上海：上海文艺出版社 1982 年版，第 10 页。

**W2968. 4. 1**

**非凡的人使人返老还童**

【**汤普森**】D1882

实 例

(实例待考)

**W2968. 4. 2**

**动物使人返老还童**

【**汤普森**】B594

实 例

(实例待考)

**W2968. 4. 3**

**植物使人返老还童**

【**汤普森**】D1338. 2

实 例

(参见下级母题实例)

**W2968. 4. 3. 1**

**植物的液汁使人返老还童**

【**汤普森**】D1338. 2. 1

【**关联**】［W2952. 2. 1］吃茶后长生不老

实 例

(参见关联项母题实例)

## W2968.4.3.2
### 特定的果子使人返老还童

【汤普森】D1338.3.3

【关联】[W2952.2.2] 吃仙果后长寿

实 例

（参见关联项母题实例）

## W2968.4.3a
### 特定的食物可以使人返老还童

实 例

（参见下级母题实例）

## W2968.4.3a.1
### 酸鱼使人返老还童

实 例

[傣族] 老国王抓起远方客人进奉的酸鱼一尝，味道清香可口，霎时，年逾古稀的老国王变成了一个十七八岁的英俊小伙，跟他继承王位时一样英俊。老王后也尝一点，瞬间也变成了一个十五六岁的漂亮少女，跟她与国王结婚时一样美丽。

【流传】（无考）

【出处】贺荣芝讲，汪宝兴采录：《酸鱼罐》，原载卢正佳、缪力主编《中国民间故事精品库》，见陶阳、钟秀编《中国神话》（下），北京：商务印书馆2008年版，第1418~1427页。

## W2968.4.4
### 其他特定的物使人返老还童

实 例

（实例待考）

## W2968.4.5
### 祖先能返老还童数次

实 例

（参见下级母题实例）

## W2968.4.5.1
### 祖先返老还童4次

【关联】[W2941] 人原来不死（以前的人不死）

实 例

[景颇族] 人祖彭干支伦和木占外顺，返老还童四次。

【流传】云南省·（德宏傣族景颇族自治州）·盈江县·卡场公社（卡场镇）·乌帕大队（乌帕村）

【出处】贡退干唱：《穆脑斋瓦》，见中国社会科学院云南少数民族文学研究所等编《云南少数民族文学资料》第1辑，内部编印，1980年，第123页。

## W2968.5
### 人有老少的来历

实 例

（参见下级母题实例）

## W2968.5.1
结婚使人有了老少

【关联】［W2946.1］性交改变了人的寿命

实 例

（参见关联项母题实例）

## ✿ W2970
人的死亡

实 例

❶ ［白族］大地上的人死一个，就少一个，只剩下一个孤老妈妈。

【流传】云南省·（大理白族自治州）·鹤庆县·朵美乡·朵美街

【出处】彭独豹讲，鹤庆县集成办公室采录：《石家什》，见中国民间文学集成全国编辑委员会编《中国民间故事集成》（云南卷），北京：中国 ISBN 中心 2003 年版，第 233 页。

❷ ［彝族］女儿国的人只会死，不会老，因此每个活着的人，都好像十七八岁的大姑娘。

【流传】云南省·（楚雄彝族自治州）·永仁县

【出处】苏绍相等讲，基默热阔采录：《搓日阿补征服女儿国》，见中国民间文学集成全国编辑委员会编《中国民间故事集成》（云南卷），北京：中国 ISBN 中心 2003 年版，第 353 页。

## W2971
以前没有死亡

实 例

（参见下级母题实例）

## W2971.1
以前人长生不死

【关联】［W2941］人原来不死

实 例

（参见关联项母题实例）

## W2972
人死亡的产生

【汤普森】A1335

实 例

（参见下级母题实例）

## ✶ W2973
人死亡的原因

【汤普森】A1326

实 例

（参见下级母题实例）

## W2973a
人自然死亡

实 例

［普米族］古时候，世上人死光。

【流传】云南省·（怒江傈僳族自治州）·兰坪县（兰坪白族普米族自治县）

【出处】熊美珍讲：《月亮妹》，见中国民间文学集成全国编辑委员会编《中国民间故事集成》（云南卷），北京：中国 ISBN 中心 2003 年版，第 134～135 页。

## W2974
### 特定的人物规定人的死亡

实例

（参见下级母题实例）

## W2974.1
### 神或神性人物规定人的生老病死

【关联】
① ［W0335.8］雷神主死亡
② ［W8640］瘟疫的产生（疾病的产生）

实例

（参见下级母题实例）

## W2974.1.1
### 神和鬼造成人的生老病死

【关联】
① ［W0483］瘟神（疾病神、病魔）
② ［W2943.4］阎王规定人的寿命

实例

（参见关联项母题实例）

## W2974.1.2
### 神规定人的生老病死

【关联】［W2943.0］神规定人的寿命

实例

（参见下级母题实例）

## W2974.1.2a
### 神的旨意产生人的死亡

实例

［苗族］以前的人通过脱皮长生不老。天上老爷爷答应一个妇女不再想蜕皮的请求时，规定人都有生老病死。

【流传】云南省

【出处】王建国讲，陆兴凤翻译：《人为何会生会死》，原载《云南苗族民间故事集成》，见陶阳、钟秀编《中国神话》（下），北京：商务印书馆 2008 年版，第 1078～1079 页。

## W2974.1.2b
### 天神安排人的生老病死

实例

❶ ［普米族］天神撒生死的种子。

【流传】云南省·（丽江市）·宁蒗（宁蒗彝族自治县），（怒江傈僳族自治州）·兰坪县（兰坪白族普米族自治县）；四川省·（凉山彝族自治州）·盐源（盐源县）、木里（木里藏族自治县）等

【出处】王震亚整理：《开天辟地》，见中华民族故事大系编委会编《中华民族故事大系》第 14 卷（普米族、塔吉克族、怒族、俄罗斯族、鄂温克族），上海：上海文艺出版社 1995 年版，第 5 页。

❷ ［彝族］因为人与石头战争，天神让石头不能乱动，人类有生有死。

【流传】（无考）

## W2974.1.3
### 鬼掌管人的生老病死

实 例

❶ [独龙族] 众鬼的总头目"格孟"主宰着所有人畜的生和死。

【流传】（无考）

【出处】吕大吉、何耀华总主编《中国各民族原始宗教资料集成》（纳西族卷、羌族卷、独龙族卷、傈僳族卷、怒族卷），北京：中国社会科学出版社2000年版，第612页。

❷ [彝族] 人的生、老、病、死是由人死后的三个灵魂变成的鬼掌握的。

【流传】四川省·凉山（凉山彝族自治州）一带

【出处】吕大吉、何耀华总主编《中国各民族原始宗教资料集成》（彝族卷、白族卷、基诺族卷），北京：中国社会科学出版社1996年版，第109页。

❸ [彝族] 鬼充斥于冥冥之中，成为人类生病以至死亡的总根源。

【流传】四川省·凉山（凉山彝族自治州）

【出处】胡庆钧：《凉山彝族奴隶制社会形态》，北京：中国社会科学出版社1985年版，第402~403页。

## W2974.1.4
### 恶神制造死亡

【关联】[W0126] 恶神

实 例

[哈萨克族] 人间的死亡是恶神造成的。

【流传】新疆维吾尔自治区

【出处】尼哈迈提·蒙加尼搜集，校仲彝翻译整理《神与灵魂》，见姚宝瑄主编《中国各民族神话》（乌孜别克族、哈萨克族、柯尔克孜族、俄罗斯族、维吾尔族、塔吉克族、塔塔尔族、锡伯族），太原：山西出版传媒集团·书海出版社2014年版，第31~32页。

## W2974.1.5
### 风伯、雨师、云师主管人的生死

实 例

[朝鲜族] 天王恒雄（其他文本写为桓雄）派风伯、雨师、云师主管人们的生老病死。

【流传】（无考）

【出处】李政文翻译，谷德明整理：《天王与熊女婚配》，原载谷德明编著《中国少数民族神话选》，西北民族学院研究所编印，内部资料，1983年，王松选编时润色，见姚宝瑄主编《中国各民族神话》（满族、赫哲族、朝鲜族），太原：山西出版传媒集团·书海出版社2014年版，第154~155页。

## W2974.1.6
### 雷神主生死

【关联】［W0335.8］雷神主死亡

实 例

［彝族］当地彝族认为雷神主死亡。

【流传】云南省·（普洱市）·景东县（景东彝族自治县）

【出处】何耀华：《彝族的自然崇拜及其特点》，载《思想战线》1982年第6期。

## W2974.1.7
### 祖先规定人的生死

实 例

［基诺族］人的生死和灾福都由丕嫫（最早的女始祖神）决定的。

【流传】云南省·（西双版纳傣族自治州·景洪市）·基诺山（基诺山基诺族乡）·巴亚中寨、戛里果等

【出处】不拉塞等讲，杜玉亭调查整理：《巫师求丕嫫赐名的仪式》（1980），见吕大吉、何耀华总主编《中国各民族原始宗教资料集成》（彝族卷、白族卷、基诺族卷），北京：中国社会科学出版社1996年版，第887页。

## W2974.1.8
### 阴间一个老太太管生死

实 例

［鄂伦春族］萨满到阴间为小伙子招魂，即将返回时碰见一个面相挺和善的白头发老太太，萨满把小伙子的魂灵拿在手上，对他说："这个老太太是专门管人生的。你要给她磕个头致谢。"

【流传】黑龙江省

【出处】莫庆云讲，白水夫采录：《萨满过阴》，原载《中国民间故事集成》（黑龙江卷），见陶阳、钟秀编《中国神话》（下），北京：商务印书馆2008年版，第1347~1351页。

## W2974.1.9
### 玉皇玉母规定人有死亡

【关联】

① ［W0777］玉皇大帝

② ［W0780.1.2］玉皇大帝的妻子是王母娘娘

实 例

［苗族］药匠侍司懿向太上老君求死回生之药时，玉皇玉母不准传授，还说："世间的人都要死的，假如他们永生不死，就会打上天来。"

【流传】贵州省西部

【出处】杨兴义、杨武秀讲，燕宝整理：《神医侍司懿》，原载燕宝编《苗族民间故事选》，见陶阳、钟秀编《中国神话》（下），北京：商务印书馆2008年版，第1072~1074页。

## W2974.2
### 天神撒生死的种子

【关联】［W2974.1.2b］天神安排人的生老病死

实 例

（参见下级母题实例）

## W2974.2.1
### 天王撒死亡的种子

【关联】［W0204］天帝（天王、天皇、天君）

实 例

［彝族］天王撒下死种籽。死种撒出去，会让的就能活在世上，不会让的就死亡。

【流传】云南省·楚雄彝族自治州·姚安县、大姚县等彝族地区

【出处】《丧葬·死亡》，见云南省民族民间文学楚雄调查队整理编写《梅葛》，昆明：云南人民出版社2009年版，第216页。

## W2974.3
### 祖先生出"死"后出现死亡

【关联】［W2974.1.7］祖先规定人的生死

实 例

［独龙族］以前，生下来后不会死。第一个会死的人名叫布和男。

【流传】（无考）

【出处】《嘎美嘎莎造人》，见谷德明编《中国少数民族神话》，北京：中国民间文艺出版社1987年版，第530页。

## W2974.4
### 天定生死（生死在天）

【关联】

① ［W9480］命运

② ［W9482］命运天定（天命）

实 例

❶ ［羌族］须知生死皆天降，不可改变不可免。

【流传】四川省·（阿坝藏族羌族自治州）·汶川县·绵池乡·沟头寨

【出处】王治国（释比，64岁）唱，汪有伦翻译，钱安靖整理：《上坛经》（1983.11～1984.11），见钱安靖《羌族和羌语支各居民集团宗教习俗调查报告》，四川大学宗教研究所油印本，1987年12月，转引自吕大吉、何耀华总主编《中国各民族原始宗教资料集成》（纳西族卷、羌族卷、独龙族卷、傈僳族卷、怒族卷），北京：中国社会科学出版社2000年版，第542页。

❷ ［汉族］人的生死阴间早在生死簿上写好了，不得改变。

【流传】江苏省·盐城市

【出处】陆彪讲，胡永林、丁俊生、胡明斋搜集：《阎王也喜欢拍马》，原载《大丰县民间故事集》，见陶阳、钟秀编《中国神话》（下），北京：商务印书馆2008年版，第1327～1329页。

## W2975
### 人失去灵魂后死亡（人丢魂而死）

【关联】

① ［W0870］灵魂（鬼）

② ［W0916.11］灵魂的丢失（离去）

实 例

（参见下级母题实例）

## W2975.1
### 人失掉全部灵魂后死亡

【关联】［W0914.1］人有多个灵魂

实例

［独龙族］人死后，人的九个魂会一齐消失，但人会变成另一种精灵—"阿细"（亡魂）。

【流传】云南省

【出处】洪俊：《独龙族的原始习俗与文化》，见云南省编辑组编《云南少数民族社会历史调查资料汇编》（一），昆明：云南人民出版社1986年版，第215页。

## W2975.1.1
### 人失掉3个灵魂后死亡

【关联】［W0914.1.3］人有3个灵魂

实例

［彝族］人死是他的三个灵魂离开他的身体的表现。

【流传】四川省·凉山彝族自治州·昭觉县·城南乡，美姑县·巴普乡

【出处】吕大吉、何耀华总主编《中国各民族原始宗教资料集成》（彝族卷、白族卷、基诺族卷），北京：中国社会科学出版社1996年版，第109页。

## W2975.2
### 灵魂离开身体造成死亡

实例

❶ ［怒族（若柔人）］人得病是灵魂丢失造成的。如果不把魂魄招回来，此人不久就会死去。

【流传】云南省

【出处】

（a）龚友德等：《"若柔"人的原始宗教》，见中国哲学史学会云南分会编《云南少数民族哲学思想史论文选集》第二集，1984年，第225页。

（b）同（a），见吕大吉、何耀华总主编《中国各民族原始宗教资料集成》（纳西族卷、羌族卷、独龙族卷、傈僳族卷、怒族卷），北京：中国社会科学出版社2000年版，第844页。

❷ ［怒族］人患病是因为鬼扣留了人的魂，如果灵魂始终不能魂归病体，病人就会死亡。

【流传】云南省·怒江（怒江傈僳族自治州）·碧江县（已撤销，现为怒江傈僳族自治州中部）

【出处】何叔涛调查整理：《灵魂与肉体》（1988），见吕大吉、何耀华总主编《中国各民族原始宗教资料集成》（纳西族卷、羌族卷、独龙族卷、傈僳族卷、怒族卷），北京：中国社会科学出版社2000年版，第844页。

## W2975.2.1
### 鬼使人的灵魂离开身体造成死亡

【关联】［W2974.1.3］鬼掌管人的生老病死

实例

［彝族］鬼使活人的灵魂永远离开身体，人间因此才出现了死人的现象。

【流传】四川省·凉山（凉山彝族自治州）

【出处】何耀华调查整理：＊《人为什么死亡》，见吕大吉、何耀华总主编《中国各民族原始宗教资料集成》（彝族卷、白族卷、基诺族卷），北京：中国社会科学出版社1996年版，第109页。

## W2975.2.2
### 人被勾魂后死亡

实例

[白族] 人死是魂魄被勾魂鬼或别的鬼拉到阴曹地府去了，回不到活人身上，活人就断气而亡。

【流传】云南省·（大理白族自治州）·鹤庆县·云鹤镇、辛屯乡

【出处】王承权等调查整理：《鹤庆白族的鬼魂观念》，见吕大吉、何耀华总主编《中国各民族原始宗教资料集成》（彝族卷、白族卷、基诺族卷），北京：中国社会科学出版社1996年版，第403页。

## W2975.2.3
### 人的灵魂被捉后死亡

实例

[满族] 人之罹病者，即灵魂出游时，为魔鬼所捕获，久不释，则其人必死。

【流传】（吉林省）

【出处】《灵魂出游》，原载《中华民国全国省区全志》第二卷《吉林省志》，见吕大吉、何耀华总主编《中国各民族原始宗教资料集成》（鄂伦春族卷、鄂温克族卷、赫哲族卷、达斡尔族卷、锡伯族卷、满族卷、蒙古族卷、藏族卷），北京：中国社会科学出版社1999年版，第478页。

## W2975.2.4
### 人死亡是因为灵魂到了阴间

【关联】

① [W2987.6.2] 死灵魂到地狱（人死灵魂到阴间）

② [W2987.6.3] 不同的人到阴间各有归宿

实例

[达斡尔族、鄂伦春族、鄂温克族、满族] 萨满见病人昏迷不醒，只剩下一口气儿，说："这个人的灵魂已经到了阎王爷那里，我得到阴间去一趟，把他的魂儿领回来，需要三天的时间。"

【流传】（无考）

【出处】

(a) 内蒙古自治区编委会：《鄂伦春族社会历史调查》第二集，呼和浩特：内蒙古人民出版社1985年版，第261~263页。

(b) 《萨满的传说之四》，见吕大吉、何耀华总主编《中国各民族原始宗教资料集成》（鄂伦春族卷、鄂温克族卷、赫哲族卷、达斡尔族卷、锡伯族卷、满族卷、蒙古族卷、藏族卷），北京：中国社会科学出版社1999年

## W2975.3
### 灵魂被弄死后死亡

实例

[独龙族] 人的死亡是因为"格孟"（鬼王）把他的"卜拉"（灵魂）收回去，或者被地上的各种鬼弄死、吃掉，这个人的灵魂的结果。

【流传】云南省·（怒江傈僳族自治州）·贡山县（贡山独龙族怒族自治县）·独龙江公社（独龙江乡）·拉佩村

【出处】蔡家麒调查整理：《生命之魂"卜拉"》（1982），见吕大吉、何耀华总主编《中国各民族原始宗教资料集成》（纳西族卷、羌族卷、独龙族卷、傈僳族卷、怒族卷），北京：中国社会科学出版社2000年版，第616页。

## W2975.4
### 与丢魂而死有关的其他母题

实例

（参见下级母题实例）

## W2975.4.1
### 灵魂死后过一段时间人才死亡

实例

[独龙族] 人的死亡总是其"卜拉"（灵魂）先死，经一段不长的时间，本人才死亡。

【流传】云南省·（怒江傈僳族自治州）·贡山县（贡山独龙族怒族自治县）·独龙江公社（独龙江乡）·拉佩村

【出处】蔡家麒调查整理：《生命之魂"卜拉"》（1982），见吕大吉、何耀华总主编《中国各民族原始宗教资料集成》（纳西族卷、羌族卷、独龙族卷、傈僳族卷、怒族卷），北京：中国社会科学出版社2000年版，第617页。

## W2975a
### 人失去心死亡

实例

（参见下级母题实例）

## W2975a.1
### 因没有找到存放的心而死亡

【关联】[W2872.2] 心可以留在家里

实例

[珞巴族] 猴子们回家后，找不到自己存放在家中的心，一个个都倒在地上死了。

【流传】西藏自治区·（林芝市）·米林县·纳玉区

【出处】
（a）东娘讲：《阿巴达尼向猴子报仇》，见于乃昌《西藏民间故事》第五集，拉萨：西藏人民出版社1989年版。
（b）同（a），见姚宝瑄主编《中国各民族神话》（门巴族、珞巴族、怒族、藏族），太原：山西出版传媒集团·

书海出版社 2014 年版，第 43 页。

## W2976
### 特定的语言导致人的死亡

【关联】

① ［W2980.5］咒语产生死亡

② ［W9119.1］魔力的语言

实例

（参见下级母题实例）

## W2976.1
### 因为传错了话造成死亡

【汤普森】A1335.1

【关联】

① ［W2987.0.2.1］年轻人会死是因为听错了神说的话

② ［W9953.1.1］传错话

实例

❶ ［独龙族］毒鬼伞八掌假传天神的旨令，从此人有了生死。

【流传】云南省·（怒江傈僳族自治州）·贡山县（贡山独龙族怒族自治县）·独龙江两岸

【出处】约翰讲，陶学良、陶立璠搜集整理：《坛嘎朋》，见谷德明编《中国少数民族神话》，北京：中国民间文艺出版社 1987 年版，第 523 页。

❷ ［珞巴族］鸟错传了话使人死不能复生。

【流传】西藏自治区·（林芝地区）·米林（米林县）

【出处】亚萨木讲，李坚尚等整理，常胜翻译：《阿巴达尼和亚洛比列》，见中华民族故事大系编委会编《中华民族故事大系》第 16 卷（赫哲族、门巴族、珞巴族、基诺族），上海：上海文艺出版社 1995 年版，第 769 页。

## W2976.2
### 因说反口令造成死亡

【关联】［W9517.4］说反话被变形

实例

（实例待考）

## W2976.2.1
### 鸟把"人老脱壳、蛇老死亡"的口令说反产生死亡

实例

［汉族］（实例待考）

## W2977
### 人不再蜕皮后产生死亡

【关联】［W2896］人蜕皮（人脱皮）

实例

❶ ［高山族（赛夏）］人实在受不了脱皮时的痛苦，宁愿老死，也不愿再脱皮，于是人就因为不再脱皮而自然地老死了。

【流传】台湾

【出处】豆秋菊讲，王俊胜、李佳芳采录：《会脱皮的人》，原载金荣华编《台湾赛夏族民间故事》，见陶阳、钟秀编《中国神话》（下），北京：商务印书馆 2008 年版，第 1093 页。

❷ [汉族] 以前，人老后通过蜕皮变年轻。天上的神仙看见人脱皮实在遭孽，就跑到玉皇大帝那里帮人求情。天神答应后，人有了死亡。

【流传】四川省

【出处】罗桂英讲，金祥度、李子硕搜集整理：《人脱壳到蛇脱皮》，原载《四川神话选》，见陶阳、钟秀编《中国神话》（下），北京：商务印书馆2008年版，第1089页。

## W2977.1

### 人换新皮肤后产生死亡

【汤普森】A1335.4

实　例

（实例待考）

## W2977.2

### 人把蜕皮的能力与蛇交换后产生死亡

【关联】［W2896.8.2］人与蛇交换了蜕皮

实　例

❶ [汉族] 原来人会脱壳不会死，与蛇交换后，人就会死了。

【流传】
(a) 四川省·巴县（今重庆市·巴南区）
(b) 四川省·（德阳市）·中江县·商唐乡
(c) 福建省·（三明市）·宁化县·城关

【出处】
(a) 罗桂英讲，金祥度采录：《人和龙》，见中国民间文学集成全国编辑委员会编《中国民间故事集成》（四川卷·上），北京：中国 ISBN 中心1998年版，第46页。
(b) 黄仙花讲，吴超采录：《人和龙》，见中国民间文学集成全国编辑委员会编《中国民间故事集成》（四川卷·上），北京：中国 ISBN 中心1998年版，第46页。
(c) 薛其康讲，张锡电采录：《人死蛇蜕壳》，见中国民间文学集成全国编辑委员会编《中国民间故事集成》（山西卷），北京：中国 ISBN 中心1999年版，第10页。

❷ [苗族] 蛇来替人蜕皮，人来替蛇死。

【流传】云南省·（曲靖市）·宣威县

【出处】苏正学讲，张绍祥采录：《人蜕皮》，见中国民间文学集成全国编辑委员会编《中国民间故事集成》（云南卷），北京：中国 ISBN 中心2003年版，第282页。

## W2977.2.1

### 人把长生不老的蜕皮秘法给了蛇族弟弟后产生死亡

实　例

[纳西族] 人把长生不老的脱皮秘法送给了蛇族弟弟，人类失去了长生不老的脱皮秘法后，开始一代接一代死亡。

【流传】云南省·丽江县（丽江市）

【出处】木丽春采集整理：《人脱皮的故事》，见木丽春编著《纳西族民间故

## W2977.3
### 人自愿不蜕皮后产生死亡

实例

（参见下级母题实例）

## W2977.3.1
### 一个女人自愿不再蜕皮后产生死亡

实例

[汉族] 以前人和蛇是朋友。他们都会蜕皮变年轻。一次，老妇人对蛇说："我很痛，不脱皮了。我宁肯老到白头，到时候死就死吧！"从此，人到老了，就一定会死。

【流传】广东省·（肇庆市）·德庆县

【出处】陆旭光搜集整理：《人会死的由来》（《民间文学》编辑部供稿），见陶阳、钟秀编《中国神话》（下），北京：商务印书馆 2008 年版，第 1080~1081 页。

## W2978
### 人的死亡是对不敬神的惩罚

【汤普森】A1335.6

【关联】[W6511] 神的禁忌

实例

（实例待考）

## W2979
### 因为地上人太多产生死亡

【汤普森】A1335.8

【关联】

① [W2518.1] 因为以前人多神毁灭人类

② [W2728.1.1.1] 以前地上人满为患是因为人不会死

实例

（参见 W2518.1 母题实例）

## W2980
### 与死亡原因有关的其他母题

【关联】

[W8690.4.1] 大地站起来把人摔死

[W8690] 人类的毁灭。

实例

（参见下级母题实例）

## W2980.0
### 人的祖先偶然死亡后开始出现死亡

实例

❶ [独龙族] 以前人不会死。则从"布"和"男"（男女祖先名）死了以后，人就会死了。

【流传】云南省

【出处】李子贤等搜集整理：《创世纪神话故事六则·嘎美嘎莎造人》，见中国作家协会云南分会编《云南民族民间故事选》，昆明：云南人民出版社 1981 年版，第 582~583 页。

❷ [傈僳族] 人的祖先是猿猴，本来不会病，不会死。后因母猿去找松柴，被鹦鹉啄下的松球打死了。从此，人们才会病，才会死。

【流传】云南省

【出处】
（a）《停灵挽歌》，见祝发清等《云南少数民族生葬志》，昆明：云南民族出版社1988年版，第172～179页。

（b）同（a），见吕大吉、何耀华总主编《中国各民族原始宗教资料集成》（纳西族卷、羌族卷、独龙族卷、傈僳族卷、怒族卷），北京：中国社会科学出版社2000年版，第813～814页。

## W2980.1
### 出现第一个会死的人后人开始死亡

实 例

❶ [独龙族] 人以前不会死。不知过了多少年，出现了第一个死的人名叫布和男。自从布和男死了以后，人就会死了。

【流传】（无考）

【出处】《嘎美嘎莎造人》，原载陶立璠、赵桂芳等编《中国少数民族神话汇编》，见陶阳、钟秀编《中国神话》（下），北京：商务印书馆2008年版，第1082～1083页。

❷ [珞巴族] 自从太阳晒死了人祖的儿子后，人就产生了死亡。

【流传】西藏自治区·下珞渝（泛指永木河、锡约尔河、巴恰西仁河流域）

【出处】维·埃尔温搜集：《达木和太阳》，见中华民族故事大系编委会编《中华民族故事大系》第16卷（赫哲族、门巴族、珞巴族、基诺族），上海：上海文艺出版社1995年版，第413页。

## W2980.2
### 人吃特定食物开始死亡

【关联】[W8697.2] 食物中毒

实 例

（参见下级母题实例）

## W2980.2.1
### 人吃禁果后开始有死亡

【关联】[W2025.4.1] 人吃禁果被赶下天堂

实 例

[怒族] 鬼栽的大树的果子不能吃。阿铁的妻子伊娃吃果实后死掉。

【流传】云南省

【出处】《祖先阿铁》，见中国社会科学院云南少数民族文学研究所等编《云南少数民族文学资料》第2辑，内部编印，1981年，第124页。

## W2980.2.2
### 人吃鬼的食物产生死亡

实 例

❶ [怒族] 怒族最早的祖先阿铁的妻子伊娃偷偷地吃了鬼栽的树结的籽之后，死了。

【流传】云南省·怒江（怒江傈僳族自治州）·碧江县（已撤销）·（福贡县·匹河怒族乡）普乐村、果科村

【出处】

(a)《碧江普乐、果科等村的神话传说》，见云南民族调查组怒江分组编《碧江县一区老母登、普乐、知子罗三乡怒族族源和民族关系调查》，原载《怒族社会历史调查》，昆明：云南人民出版社1981年版，第103~104页。

(b) 同（a），见吕大吉、何耀华总主编《中国各民族原始宗教资料集成》（纳西族卷、羌族卷、独龙族卷、傈僳族卷、怒族卷），北京：中国社会科学出版社2000年版，第902页。

❷［怒族］住在丽江的阿铁（人名）与妻子伊娃的门前一棵大树，人们说树是鬼栽的，果子不能吃。阿铁夫妇不相信，吃了果子，妻子伊娃死了。

【流传】（无考）

【出处】

(a)《祖先阿铁》，见毛星主编《中国少数民族文学》，长沙：湖南人民出版社1983年。

(b) 同（a），见姚宝瑄主编《中国各民族神话》（门巴族、珞巴族、怒族、藏族），太原：山西出版传媒集团·书海出版社2014年版，第60页。

## W2980.2.3
### 因暴食死亡

实例

（实例待考）

## W2980.3
### 人吃特定的死物后开始死亡

实例

（参见下级母题实例）

## W2980.3.1
### 人吃天上扔下的死尸后开始死亡

实例

［珞巴族］人吃了天上扔下的死尸之后，开始有了死亡。

【流传】西藏自治区·下珞渝（泛指永木河、锡约尔河、巴恰西仁河流域）

【出处】维·埃尔温搜集：《人原是不死的》，见中华民族故事大系编委会编《中华民族故事大系》第16卷（赫哲族、门巴族、珞巴族、基诺族），上海：上海文艺出版社1995年版，第494页。

## W2980.4
### 人厌倦生活（不愿意受苦）请求后获准死亡

【汤普森】A1335.9

【关联】［W2986.4］自杀

实例

［苗族］以前，人老蜕皮就变年轻，但人觉得模样比过去难看，比过去难受。人人都说死了也比活着好受，都只盼望早早死掉。神答应了人的请求后，人开始死亡。

【流传】云南省·（曲靖市）·宣威县

【出处】苏正学讲，张绍祥采录：《人蜕皮》，见中国民间文学集成全国编辑委员会编《中国民间故事集成》（云南卷），北京：中国 ISBN 中心 2003 年版，第 282 页。

## W2980.5
### 人因咒语产生死亡

【关联】［W2976］特定的语言导致人的死亡

*实 例*

❶ ［鄂伦春族］有一个新出师的萨满同老萨满到太阳初升的地方取金子，结果新萨满被太阳晒化了，变成了一堆肥肉，还淌着油。老萨满用手沾了一点尝了尝感到味道很香，说道："人肉很好吃的，怪不得神最喜欢，我看，以后人还得要死！"经她这么一说，果然死的人多起来，年年都要死很多人。

【流传】（无考）
【出处】
(a) 内蒙古自治区编委会编：《鄂伦春族社会历史调查》第二集，呼和浩特：内蒙古人民出版社 1985 年版，第 261 页。
(b)《萨满的传说之三》，见吕大吉、何耀华总主编《中国各民族原始宗教资料集成》（鄂伦春族卷、鄂温克族卷、赫哲族卷、达斡尔族卷、锡伯族卷、满族卷、蒙古族卷、藏族卷），北京：中国社会科学出版社 1999 年版，第 47 页。

❷ ［傈僳族］猴人念咒语说；"树不倒没有地方再生；人不死地上容纳不下。"从此地上的人开始有生有死。

【流传】(a) 云南省·（怒江傈僳族自治州）·泸水县
【出处】
(a) 胡贵讲，刘辉豪采录：《木布帕造天地人》，见中国民间文学集成全国编辑委员会编《中国民间故事集成》（云南卷），北京：中国 ISBN 中心 2003 年版，第 42 页。
(b) 刘辉豪、胡贵搜集整理：《天、地、人的形成》，见谷德明编《中国少数民族神话》，北京：中国民间文艺出版社 1987 年版，第 370 页。

## W2980.6
### 鬼神把死的绳子放到人间后人开始死亡

*实 例*

［景颇族］太阳神发现地上的人活厌烦了，想死后灵魂升天，就让鬼神把死的绳子放下去，从此人有了死亡。

【流传】云南省·（德宏傣族景颇族自治州）·陇川县
【出处】孔勒锐等讲，何峨采录：《吉露归天》，见中国民间文学集成全国编辑委员会编《中国民间故事集成》（云南卷），北京：中国 ISBN 中心 2003 年版，第 391 页。

## W2980.7
### 人死是因为太阳每天都要吃人

**实例**

[珞巴族] 地上的人死是因为太阳吃人。

【流传】西藏自治区·尼米金

【出处】达大讲，李坚尚等整理，达嘎翻译：《太阳和公鸡》，见中华民族故事大系编委会编《中华民族故事大系》第16卷（赫哲族、门巴族、珞巴族、基诺族），上海：上海文艺出版社1995年版，第526页。

## W2980.8
### 自从太阳吃了人祖的儿子后产生了死亡

**实例**

（实例待考）

## W2980.9
### 猜谜赌死后产生死亡

【关联】[W9630.3] 猜谜

**实例**

[珞巴族]（实例待考）

## W2980.10
### 因为人想到死而产生死亡

【关联】[W9296] 梦的实现

**实例**

[景颇族] 以前的人不会死。太阳人认为，人类可能想到生死了，那就满足他们。于是人类有了死亡。

【流传】云南省

【出处】刘扬武搜集整理：《死的来历》，原载李子贤编《云南少数民族神话选》，见陶阳、钟秀编《中国神话》（下），北京：商务印书馆2008年版，第1075~1076页。

## W2980.11
### 有了哭声后人开始死亡

**实例**

[珞巴族] 人间产生哭声后，人就开始死亡。

【流传】西藏自治区·珞渝（包括上珞渝，泛指古称的白马岗即今林芝市墨脱县、马尼岗、梅楚卡一带，下珞渝则泛指永木河、锡约尔河、巴恰西仁河流域）

【出处】达塔讲，刘芳贤等整理，达贡翻译：《人为什么会死》，见中华民族故事大系编委会编《中华民族故事大系》第16卷（赫哲族、门巴族、珞巴族、基诺族），上海：上海文艺出版社1995年版，第490页。

## W2980.12
### 人因不能耕种死亡

【关联】[W2984] 人被饿死

**实例**

[藏族] 天老爷最早往地上派来的身材很小的"一寸人"，实在太软弱了，庄稼也种不出来，后来慢慢就死绝了。

【流传】四川省白马藏族

【出处】

（a）扎嘎梳（疑为"扎嘎才礼"）、小石桥、顶牵讲、谢世廉、周盖华、妆志成、周贡中搜集：《老天爷派来三代人》，见中国民间文艺研究会四川分会编《四川白马藏族民间文学资料集》，内部资料，1982年。

（b）同（a），见姚宝瑄主编《中国各民族神话》（门巴族、珞巴族、怒族、藏族），太原：山西出版传媒集团·书海出版社2014年版，第86页。

## W2980.13
### 人受伤死亡

实 例

（参见下级母题实例）

## W2980.13.1
### 伤及人的特殊部位会死亡

实 例

[鄂温克族] 很早以前，杜拉尔氏族有个女萨满。她的两个儿媳因为她年老无用想要杀死她，但怎样也杀不死。老萨满说："你们真想杀我，就割断我小手指头吧。"结果儿媳割下她的小手指头后，她真的死了。

【流传】（内蒙古自治区·呼伦贝尔市·陈巴尔虎旗·莫尔格河一带）

【出处】

（a）《陈巴尔虎旗莫尔格河鄂温克族社会历史调查报告》，见内蒙古自治区编辑组《鄂温克族社会历史调查》，呼和浩特：内蒙古人民出版社1986年版，第340页。

（b）《"舍卧刻"传说及神偶》，见吕大吉、何耀华总主编《中国各民族原始宗教资料集成》（鄂伦春族卷、鄂温克族卷、赫哲族卷、达斡尔族卷、锡伯族卷、满族卷、蒙古族卷、藏族卷），北京：中国社会科学出版社1999年版，第116～117页。

## W2980.14
### 自然界变化造成死亡

实 例

（参见下级母题实例）

## W2980.14.1
### 大地变化造成死亡

【关联】[W8690.4.1] 大地站起来把人摔死

实 例

[珞巴族] 大地站起来走动时把人摔死。

【流传】西藏自治区·下珞渝（泛指永木河、锡约尔河、巴恰西仁河流域）

【出处】维·埃尔温搜集：《库朱木·禅图》，见中华民族故事大系编委会编《中华民族故事大系》第16卷（赫哲族、门巴族、珞巴族、基诺族），上海：上海文艺出版社1995年版，第400页。

## ＊W2981
### 人的死亡的形式

实 例

（参见下级母题实例）

## W2982
### 人被杀死

实例

[珞巴族] 人被多次杀死。

【流传】西藏自治区·下珞渝（泛指永木河、锡约尔河、巴恰西仁河流域）

【出处】维·埃尔温搜集：《奥辛和阿瓦》，见中华民族故事大系编委会编《中华民族故事大系》第16卷（赫哲族、门巴族、珞巴族、基诺族），上海：上海文艺出版社1995年版，第676页。

## W2982.1
### 拔掉特定的草人才被杀死

实例

[白族]（实例待考）

## W2982.2
### 人不知情被杀

【汤普森】N320

【关联】[W9953] 失误

实例

（实例待考）

## W2982.3
### 饥荒时杀死老人

【汤普森】S110.1

【关联】
① [W2984] 人被饿死
② [W8689.1] 饥饿

实例

（实例待考）

## W2983
### 人自然死亡（人正常死亡）

实例

（参见下级母题实例）

## W2983.1
### 人因衰老死亡

实例

（实例待考）

## W2983.2
### 人头发白时就会死亡

实例

（参见下级母题实例）

## W2983.2.1
### 人头发白时就会死亡是神的规定

实例

[景颇族] 太阳神看见尖宗（人名）为死去的儿子气得死去活来，想了想回答："从今天起，老到白发苍苍才死。"

【流传】云南省

【出处】刘扬武搜集整理：《死的来历》，原载李子贤编《云南少数民族神话选》，见陶阳、钟秀编《中国神话》（下），北京：商务印书馆2008年版，第1075~1076页。

## W2983.3

### 人不到百岁就死

【关联】

① ［W2948］人最初的寿命很短（短命鬼）

② ［W2949.0］人以前能活百岁（百岁老人）

实　例

[汉族] 盘古的八个儿子出生不到一百年，就相继死去了。

【流传】河南省·（南阳市）·桐柏县

【出处】姚义雨等讲，马卉欣搜集整理：《盘古兄妹》，载《民间文学》1986年第1期。

## W2984

### 人被饿死

实　例

[汉族] 以前，人太多，好多人饿死了。

【流传】湖北省·（十堰市）·丹江口市·（六里坪镇）·伍家沟村

【出处】张孝玲讲，李征康采录：《人和狗成亲》，见中国民间文学集成全国编辑委员会编《中国民间故事集成》（湖北卷），北京：中国ISBN中心1999年版，第16页。

## W2984.1

### 人因饭量太大饿死

实　例

[藏族] 天老爷派到地上的"八尺人"身高力大，食量大得吓人。他们种庄稼，三年的收成还不够一年吃。开始他们还能捕野兽、禽鸟，采野果、野菜吃，后来这些都吃光了，最后也逐渐灭亡了。

【流传】四川省白马藏族

【出处】

(a) 扎嘎梳（疑为"扎嘎才礼"）、小石桥、顶牵讲，谢世廉、周盖华、妆志成、周贡中搜集：《老天爷派来三代人》，见中国民间文艺研究会四川分会编《四川白马藏族民间文学资料集》，本书编委会1982年编印。

(b) 同（a），见姚宝瑄主编《中国各民族神话》（门巴族、珞巴族、怒族、藏族），太原：山西出版传媒集团·书海出版社2014年版，第86页。

## W2984.2

### 婴儿因没有吃到奶死亡

【关联】［W2987.0.1.1］夭折

实　例

（参见下级母题实例）

## W2984.2.1

### 生多个婴儿因少一只奶没吃到奶的婴儿死亡

实　例

[哈尼族（豪尼）] 塔甫与睦耶兄妹成婚后，生了七十七个小娃，睦耶只有七十六只奶，一个小娃缺奶水，得了一种叫切疯的病，死了。

【流传】云南省·（普洱市）·墨江县

(墨江哈尼族自治县)

【出处】王定均等讲，明红、蓝珊整理：《豪尼人的祖先》，载《山茶》1986年第3期。

## W2985
### 人被晒死

【关联】［W2913.7.1］人怕晒

实 例

❶ ［汉族］天上12个太阳轮番曝晒，人被晒死。

【流传】北京市·密云县

【出处】王贵讲，秋实采录：《郎神担山捉太阳》，见中国民间文学集成全国编辑委员会编《中国民间故事集成》（北京卷），北京：中国ISBN中心1998年版，第6页。

❷ ［彝族］第一代、第二代独脚人都被太阳晒死。

【流传】云南省·楚雄州（楚雄彝族自治州）·姚安（姚安县）、大姚（大姚县）

【出处】云南省民族民间文学楚雄调查队搜集整理：《梅葛》，昆明：云南人民出版社1978年版，第18~46页。

## W2985.1
### 特定的人被晒死

实 例

(参见下级母题实例)

## W2985.1.1
### 第一代人被晒死

【关联】
① ［W2295.4.7.1］通过毁灭人类换人种
② ［W2572］第一代人

实 例

❶ ［彝族］天神造的第一代人独脚人被太阳晒死。

【流传】云南省·楚雄彝族自治州·姚安县、大姚县等彝族地区

【出处】《创世·人类起源》，见云南省民族民间文学楚雄调查队整理编写《梅葛》，昆明：云南人民出版社2009年版，第20~21页。

❷ ［彝族］格兹天神造出的第一代人独脚人，都被太阳晒死了。

【流传】（云南省·楚雄彝族自治州·姚安县·官屯乡·马游村，大姚县·昙华乡等）

【出处】

(a) 郭天元（马游村）、李申呼颇（昙华乡）、李福玉颇（苴）演唱，郭思九、许明学、龚维顺、张宝省、陈志群、胡炳文等搜集，刘德虎、龚维顺、陈志群、李树荣、郭天元等整理：《梅葛》（第一部"创世"），见云南省民族民间文学楚雄调查队《梅葛》（1959），昆明：云南人民出版社2009年版。

(b) 《打虎开天辟地》，蔷紫据云南省民族民间文学楚雄调查队著《梅葛》

（云南人民出版社 2009 年版）改写，见姚宝瑄主编《中国各民族神话》（羌族、彝族），太原：山西出版传媒集团·书海出版社 2014 年版，第 198 页。

❸ [彝族] 天旱三年，江河干涸，大地开裂，草木枯萎，玉石俱焚，第一代人独眼人被晒死。

【流传】（云南省·楚雄彝族自治州·双柏县，红河哈尼族彝族自治州等地）

【出处】

（a）云南省民族民间文学楚雄、红河调查队搜集，郭思九、陶学良整理：《查姆》，昆明：云南人民出版社 1981 年版。

（b）郭思九、陶学良整理，古梅改写：《彝家的古根》，选自《云南民族文学资料》第七集中的《查姆》上部前三章，见姚宝瑄主编《中国各民族神话》（羌族、彝族），太原：山西出版传媒集团·书海出版社 2014 年版，第 70 页。

## W2985.1.2
### 第二代人被晒死

【关联】[W2573] 第二代人

实 例

[彝族] 格滋天神造出的第二代人，因天上有九个太阳和九个月亮，这代人活不下去，这代人也晒死了。

【流传】云南省·楚雄彝族自治州·姚安县、大姚县等彝族地区

【出处】《创世·人类起源》，见云南省民族民间文学楚雄调查队整理编写《梅葛》，昆明：云南人民出版社 2009 年版，第 22 页。

## W2985.1.3
### 懒人被晒死

【关联】[W2929.10] 懒人

实 例

[傈僳族] 盘古发现人们很懒，就在天上挂了七个太阳，七个月亮，晒死懒惰的人类。

【流传】（无考）

【出处】禾青：《盘古造人》，见祝发清、左玉堂、尚仲豪编《傈僳族民间故事选》，上海：上海文艺出版社 1985 年版，第 7~11 页。

## W2986
### 人死亡的其他形式

实 例

（参见下级母题实例）

## W2986.1
### 人被冻死

【关联】[W8667] 寒冷

实 例

❶ [汉族] 以前，人太多，好多人被冻死。

【流传】湖北省·（十堰市）·丹江口市·（六里坪镇）·伍家沟村

【出处】张孝玲讲，李征康采录：《人和狗成亲》，见中国民间文学集成全国

编辑委员会编《中国民间故事集成》（湖北卷），北京：中国 ISBN 中心 1999 年版，第 16 页。

❷ [土家族] 下雪将人类冻死。
【流传】湖北省·（恩施土家族苗族自治州）·利川市·谋道镇
【出处】朱林山讲：《上天梯》，见中国民间文学集成全国编辑委员会编《中国民间故事集成》（湖北卷），北京：中国 ISBN 中心 1999 年版，第 16～17 页。

## W2986.2
### 洪水时人被淹死
【关联】[W8400] 洪水幸存者

实例

[布依族] 洪水时，凡人全被淹死。
【流传】（无考）
【出处】《赛胡细妹造人烟》，见中国各民族宗教与神话大词典编审委员会编《中国各民族宗教与神话大词典》，北京：学苑出版社 1990 年版，第 44 页。

## W2986.3
### 人在偶然事件中死亡
【汤普森】N330

实例

（实例待考）

## W2986.4
### 自杀

实例

（参见下级母题实例）

## W2986.4.1
### 自己被自造物害死

实例

[珞巴族] 古时候，普苏达东和罗马达当兄弟俩发明了铁箭镞。他们下河里喝水时，河里有很多箭镞，被他们喝进肚子里，于是死掉了。
【流传】西藏洛渝地区（采集于西藏自治区·林芝地区·米林县·纳玉区）
【出处】
（a）达农讲，于乃昌整理：《普苏达东和罗马达当》（1979.08），见于乃昌《西藏民间故事》第五集，拉萨：西藏人民出版社 1989 年版。
（b）同（a），见姚宝瑄主编《中国各民族神话》（门巴族、珞巴族、怒族、藏族），太原：山西出版传媒集团·书海出版社 2014 年版，第 29 页。

## W2986.4.2
### 剖腹自杀

实例

[汉族]（实例待考）

## W2986.4.3
### 老人体力衰竭时要自杀
【汤普森】P674

实例

（实例待考）

## W2986.5
### 人被动物吃掉
**实例**

（参见下级母题实例）

## W2986.5.1
### 人被蜂和苍蝇吃掉
**实例**

[基诺族] 一对兄妹成婚后第一胎生了个女儿，在他们去地里劳动时，女儿被大头蜂和苍蝇吃得只剩下一架骨骸。

【流传】云南省·（西双版纳傣族自治州·景洪市）·基诺山（基诺族乡）·戛里果箐、巴亚新寨、茶叶大地、巴卡寨

【出处】不拉塞等讲，杜玉亭调查整理：《卓巴、牛皮木鼓与寨鬼》（1980~1990），见吕大吉、何耀华总主编《中国各民族原始宗教资料集成》（彝族卷、白族卷、基诺族卷），北京：中国社会科学出版社1996年版，第874页。

## W2986.5.2
### 人被鹰吃掉
**实例**

[壮族] 恶鹰飞下来吃掉了不少人。

【流传】广西壮族自治区·右江、红河一带

【出处】周朝珍口述，何承文整理：《布洛陀》，原载蓝鸿恩编《壮族民间故事选》，见陶阳、钟秀编《中国神话》（上），北京：商务印书馆2008年版，第67~86页。

## W2986.6
### 人被妖魔吃掉
【关联】[W0839.2.2] 妖魔吃人

**实例**

（参见下级母题实例）

## W2986.6.1
### 人被妖婆吃掉
**实例**

[苗族] 则福老（神人名）四处行医。这一天他来到一个寨子，全寨静悄悄的，空无一人。则福老知道是妖婆把全寨人吃光了。

【流传】云南省

【出处】杨秀、杨芝、张新民、王友清讲，张绍祥、陆兴风记录翻译：《则福老》，原载《云南苗族民间故事集成》，见陶阳、钟秀编《中国神话》（下），北京：商务印书馆2008年版，第1428~1435页。

## W2986.7
### 人被鬼吃掉
**实例**

[独龙族] 以前，人与鬼杂居。鬼生性凶残、贪婪和愚蠢，不断地吸人血、吃人肉，繁殖也快，地上的人却逐渐减少。

【流传】云南省·（怒江傈僳族自治州）·贡山县（贡山独龙族怒族自治县）·独龙江公社（独龙江乡）·巴坡村、先久当村

【出处】蔡家麒调查整理：《地上的鬼："卜郎"》（1982），见吕大吉、何耀华总主编《中国各民族原始宗教资料集成》（纳西族卷、羌族卷、独龙族卷、傈僳族卷、怒族卷），北京：中国社会科学出版社 2000 年版，第 619 页。

## W2986.8
### 人被气死

实 例

（参见下级母题实例）

## W2986.8.1
### 儿子不认母母亲气死

实 例

[景颇族] 洪水后，姐弟俩婚生一个小孩剁碎后变成很多人。这些小孩不认母亲，跑到遥远的世界各地。姐姐失去了孩子，心里很难过，终于活活气死了。

【流传】（无考）

【出处】殷江腊讲，永生翻译，东耳、永生整理：《人类始祖》，载《山茶》1982 年第 6 期。

## W2986.9
### 人病死（疾病使人死亡）

实 例

❶ [哈尼族（豪尼）] 塔甫与睦耶兄妹成婚后，生了七十七个小娃，其中一个小娃因缺奶水，得了一种叫切疯的病，死了。

【流传】云南省·（普洱市）·墨江县（墨江哈尼族自治县）

【出处】王定均等讲，明红、蓝珊整理：《豪尼人的祖先》，载《山茶》1986 年第 3 期。

❷ [拉祜族] 很古的时候，哀牢山上有一对苦聪老人，因病相继死去了，留下三个纳热卡热（拉祜语，儿子）。

【流传】（a）云南省·（普洱市）·镇沅县（镇沅彝族哈尼族拉祜族自治县）

【出处】

（a）乔发讲，郑显文采录：《蜂桶、葫芦传人种》，见中国民间文学集成全国编辑委员会编《中国民间故事集成》（云南卷），北京：中国 ISBN 中心 2003 年版，第 181 页。

（b）同（a），见陶阳、钟秀编《中国神话》（上），北京：商务印书馆 2008 年版，第 369~373 页。

❸ [傈僳族] 人死后，首先请巫师或头人卜卦，看死者是死于哪一种病魔。

【流传】云南省·（怒江傈僳族自治州）·福贡地区（福贡县）

【出处】

（a）张祖武：《福贡傈僳族的风俗习惯》，原载怒江州政协文史资料研究组编《怒江文史资料选辑》第 2 辑，1984 年，第 131~132 页。

（b）同（a），见吕大吉、何耀华总主

## 2.11.2 人的寿命与死亡 ‖ W2986.9 — W2986.11.1‖

编《中国各民族原始宗教资料集成》（纳西族卷、羌族卷、独龙族卷、傈僳族卷、怒族卷），北京：中国社会科学出版社2000年版，第801页。

❹ [满族] 疾病开始在地上国蔓延，成千上万的人被瘟疫夺去了生命。后来连送葬的人也没有了，人类眼见要灭绝了。

【流传】（无考）

【出处】傅英仁、余金讲述整理：《耶路里》，见姚宝瑄主编《中国各民族神话》（满族、赫哲族、朝鲜族），太原：山西出版传媒集团·书海出版社2014年版，第86~88页。

### W2986.10
**人累死**

实 例

❶ [鄂伦春族] 老夫妻的两个儿子都是因为跟老猎人学打猎累死的。

【流传】内蒙古自治区·（呼伦贝尔市）·鄂伦春自治旗·古里（古里乡）

【出处】黄玉玲讲：《尼顺萨满》，见中国民间文学集成全国编辑委员会编《中国民间故事集成》（黑龙江卷），北京：中国ISBN中心2005年版，第83页。

❷ [满族] 阿布凯赫赫（第一代天神，天母）在第二小劫以前用七彩神土造的人，在和敖钦大神造地时都累死了。

【流传】（黑龙江省）·宁古塔（黑龙江省牡丹江市一带）；（吉林省）·长白山地区

【出处】傅英人（疑"人"应为"仁"）讲述，张爱云整理：《阿布凯赫赫创造天地人》，原载《满族萨满神话》，见陶阳、钟秀编《中国神话》（上），北京：商务印书馆2008年版，第140~154页。

### W2986.11
**死亡是特定物作祟的结果**

实 例

（参见下级母题实例）

### W2986.11.1
**雕作祟使人死亡**

实 例

[赫哲族] 冰上溜冰玩耍时，一个孩子突然摔伤死亡，是大雕作祟的结果。

【流传】（黑龙江省）

【出处】

(a)《民族问题五种丛书》黑龙江省编辑组：《赫哲族社会历史调查》，牡丹江：黑龙江朝鲜民族出版社1987年版，第176页。

(b)《萨满神灵斗法（一）》，见吕大吉、何耀华总主编《中国各民族原始宗教资料集成》（鄂伦春族卷、鄂温克族卷、赫哲族卷、达斡尔族卷、锡伯族卷、满族卷、蒙古族卷、藏族卷），北京：中国社会科学出版社1999年版，第272页。

## W2987
### 与人的死亡有关的其他母题

【关联】

① [W0246.2] 冥神是死亡引导者
② [W0886.3] 人死魂出窍
③ [W1719.5] 人死后变星星
④ [W1897.9.1] 死亡之水
⑤ [W8690] 人类的毁灭

实例

（参见下级母题实例）

## W2987.0
### 非正常死亡

实例

（参见下级母题实例）

## W2987.0.1
### 夭折

实例

（参见下级母题实例）

## W2987.0.1.1
### 满月内死亡

实例

[基诺族] 满月之前死活不明，或尚处在人鬼之间，不能在人之列。

【流传】云南省·（西双版纳傣族自治州·景洪市）·基诺山（基诺山基诺族乡）·司土寨

【出处】不拉车等讲，杜玉亭调查整理：《司土寨的满月礼俗》（1989），见吕大吉、何耀华总主编《中国各民族原始宗教资料集成》（彝族卷、白族卷、基诺族卷），北京：中国社会科学出版社1996年版，第892页。

## W2987.0.1.2
### 小孩死亡后灵魂会升天

【关联】[W2987.7] 人死后升天

实例

[鄂温克族] 小孩死后，他的灵魂不去成人灵魂的世界，而是飞到"玛姆"（上天的意思）那里去。

【流传】（内蒙古自治区·呼伦贝尔市·额尔古纳市）

【出处】

（a）《额尔古纳旗使用驯鹿鄂温克人的调查报告》，见内蒙古自治区编辑组《鄂温克族社会历史调查》，呼和浩特：内蒙古人民出版社1986年版，第230页。

（b）《灵魂不灭》，见吕大吉、何耀华总主编《中国各民族原始宗教资料集成》（鄂伦春族卷、鄂温克族卷、赫哲族卷、达斡尔族卷、锡伯族卷、满族卷、蒙古族卷、藏族卷），北京：中国社会科学出版社1999年版，第108页。

## W2987.0.2
### 年轻人死亡

实例

（实例待考）

## W2987.0.2.1
### 年轻人会死是因为听错了神说的话

【关联】［W2976.1］因为传错了话造成死亡

实 例

［景颇族］人没有听清太阳神说"从今天起，老到白发苍苍才死"的话，所以年轻的姑娘、小伙子，连刚出生的娃娃都有了死。

【流传】云南省

【出处】刘扬武搜集整理：《死的来历》，原载李子贤编《云南少数民族神话选》，见陶阳、钟秀编《中国神话》（下），北京：商务印书馆2008年版，第1075～1076页。

## W2987.0.3
### 凶死

实 例

（参见下级母题实例）

## W2987.0.3.1
### 恶鬼使人凶死

实 例

［基诺族］水里溺死者，树上吊死者，被野兽咬死者，被枪打死者，病死在半路者，死在它乡者，未满月而夭折者等，都被认为是凶死，死因是恶鬼造成的。

【流传】云南省·（西双版纳傣族自治州·景洪市）·基诺山（基诺山基诺族乡）·巴亚中寨、夏里果箐

【出处】不拉塞等讲，杜玉亭调查整理：《墓地与善恶死亡观念》（1979～1990），见吕大吉、何耀华总主编《中国各民族原始宗教资料集成》（彝族卷、白族卷、基诺族卷），北京：中国社会科学出版社1996年版，第918页。

## W2987.0.3.2
### 吊死

实 例

［彝族］吊死、淹死、摔死等就是人变的鬼在找替身。

【流传】四川省·凉山（凉山彝族自治州）

【出处】本书编写组编：《凉山彝族自治州概况》，成都：四川民族出版社1985年版，第32～33页。

## W2987.0.3.3
### 淹死

【关联】［W8489］洪水丧生者

实 例

（参见关联项母题实例）

## W2987.0.3.4
### 摔死

实 例

［珞巴族］大地站起来走动时把人摔死。

【流传】西藏自治区·下珞渝（泛指永木河、锡约尔河、巴恰西仁河流域）

【出处】维·埃尔温搜集：《库朱木·禅图》，见中华民族故事大系编委会编《中华民族故事大系》第 16 卷（赫哲族、门巴族、珞巴族、基诺族），上海：上海文艺出版社 1995 年版，第 400 页。

## W2987.0.3.5
### 死在他乡

实例

[基诺族] 恶鬼使人死在它乡。这样的死被认为是凶死。

【流传】云南省·（西双版纳傣族自治州·景洪市）·基诺山（基诺山基诺族乡）·巴亚中寨、戛里果箐

【出处】不拉塞等讲，杜玉亭调查整理：《墓地与善恶死亡观念》（1979~1990），见吕大吉、何耀华总主编《中国各民族原始宗教资料集成》（彝族卷、白族卷、基诺族卷），北京：中国社会科学出版社 1996 年版，第 918 页。

## W2987.0.3.6
### 凶死者的灵魂受折磨

实例

[鄂温克族] 缢死的、枪杀的、难产死去的、被熊咬死的人，死后的灵魂都到不了那个美好的世界。

【流传】（内蒙古自治区·呼伦贝尔市·额尔古纳市）

【出处】
（a）《额尔古纳旗使用驯鹿鄂温克人的调查报告》，见内蒙古自治区编辑组《鄂温克族社会历史调查》，呼和浩特：内蒙古人民出版社 1986 年版，第 230 页。

（b）《灵魂不灭》，见吕大吉、何耀华总主编《中国各民族原始宗教资料集成》（鄂伦春族卷、鄂温克族卷、赫哲族卷、达斡尔族卷、锡伯族卷、满族卷、蒙古族卷、藏族卷），北京：中国社会科学出版社 1999 年版，第 108 页。

## W2987.0.4
### 暴死

实例

（实例待考）

## W2987.1
### 人愿意死的原因（向往死亡）

【关联】[W2987.10.6] 人死后会幸福

实例

（参见下级母题实例）

## W2987.1.1
### 人认为蜕皮很麻烦愿意死亡

【关联】[W2896.8] 人不再蜕皮（人不再蜕皮的原因）

实例

[高山族（赛夏）] 人实在受不了脱皮时的痛苦和麻烦，宁愿死去，也不愿再脱皮。

【流传】台湾

【出处】豆秋菊讲，王俊胜、李佳芳采

录：《会脱皮的人》，原载金荣华编《台湾赛夏族民间故事》，见陶阳、钟秀编《中国神话》（下），北京：商务印书馆2008年版，第1093页。

### W2987.1.2
### 人看到死亡很好愿意死亡

**实例**

[纳西族] 祖古和开美（相爱男女的名字）看见死亡不是伤心悲伤的事情，他们禁不住羡慕欢乐的死了

【流传】云南省·丽江县（丽江市）

【出处】木丽春采集整理：《寻找玉龙第三国》，见木丽春编著《纳西族民间故事集》，昆明：云南人民出版社2007年版，第197页。

### W2987.1.3
### 殉死

【关联】[W7980] 殉情

**实例**

（参见下级母题实例）

### W2987.1.3.1
### 为亲人殉死

**实例**

[柯尔克孜族] 在克什米尔地方都信佛教。只有一个人信仰伊斯兰教。他生下两个孩子，男孩满素尔和女孩阿娜尔。满素尔被汗王绞死后，阿娜尔把刀子刺进自己的肚里，人们没来得及夺过她手中的刀子，她就悲愤地死去了。

【流传】新疆维吾尔自治区

【出处】陶阳据新疆维吾尔自治区《玛纳斯》工作组1961年11月居素甫·玛玛依唱本重述：《柯尔克孜的来历》（1961.11），见陶阳、钟秀编《中国神话》（中），北京：商务印书馆2008年版，第620~624页。

### W2987.2
### 快乐的死亡

**实例**

[景颇族] 吉露老人无痛无忧地死后，全寨子的小伙子欢快地擂响木鼓，姑娘翩翩起舞，一齐庆贺吉露离开苦难的人间，祝愿他到幸福的太阳宫。

【流传】云南省·（德宏傣族景颇族自治州）·陇川县

【出处】孔勒锐等讲，何峨采录：《吉露归天》，见中国民间文学集成全国编辑委员会编《中国民间故事集成》（云南卷），北京：中国 ISBN 中心2003年版，第391页。

### W2987.3
### 死亡之吻

【汤普森】E217

**实例**

（实例待考）

### W2987.4
### 同时死亡

**实例**

（参见下级母题实例）

## W2987.4.1
### 两人以同样的方式死去

**实例**

[鄂伦春族]（实例待考）

## W2987.4.2
### 男女同时死亡

【关联】
① [W2987.1.3] 殉死
② [W7980] 殉情

**实例**

[纳西族] 情死树上殉情的青年男女，在一个时辰内会同时落气，那是他们的灵魂在冥冥中帮助殉情人走进天国的缘故。

【流传】云南省·丽江县（丽江市）

【出处】木丽春采集整理：《火把节殉情的传说》，见木丽春编著《纳西族民间故事集》，昆明：云南人民出版社2007年版，第195页。

## W2987.5
### 人死亡的征兆

【关联】[W9237] 死亡的征兆

**实例**

（参见下级母题实例）

## W2987.5.1
### 预告死亡方式

【关联】[W9250] 预言

**实例**

[基诺族]（实例待考）

## W2987.5.2
### 人的尾巴变化是死亡的征兆

**实例**

（参见下级母题实例）

## W2987.5.2.1
### 人的尾巴干缩预示死亡

**实例**

[羌族] 葛人的骨骸粗硬，眉骨凸起，额亦凸起，齿大如拇指．头盖骨甚厚，头颈甚短，发黑，粗如马鬃，目向上，不能平视，平视则须埋头，纵目，有尾，尾干缩则知死日将至。

【流传】（无考）

【出处】胡鉴民：《羌族的信仰与习为》，原载《边疆研究论丛》，1941年，见吕大吉、何耀华总主编《中国各民族原始宗教资料集成》（纳西族卷、羌族卷、独龙族卷、傈僳族卷、怒族卷），北京：中国社会科学出版社2000年版，第466页。

## W2987.5.2.2
### 人的尾巴发黄预示死亡

**实例**

❶ [汉族] 人的十节白色尾巴全部变成黄色后，这个人就要死。

【流传】浙江省·（宁波市）·鄞县（鄞州区）·云龙镇·甲村

【出处】王茂裕讲，王文华采录：《天神割尾巴》，见中国民间文学集成全国

❷ [汉族] 以前的人都有尾巴，上面长着头发一样的乌毛，一旦变黄，就要死去。

【流传】浙江省·（丽水市）·缙云县·城南乡·金坑村

【出处】沈洪发讲，樊应龙记录：《尾巴龙收》（即人的尾巴骨），见缙云县民间文学征集办公室编《中国民间文学集成·缙云县故事、歌谣、谚语卷》，内部编印，1988年，第7页。

## W2987.5.3
### 人的角变硬是死亡的征兆

实例

[汉族] 以前，人头上长角，通过手掐自己的角是否变硬，判断死期。

【流传】河南省·（驻马店市）·确山县·盘龙镇·靖宇村

【出处】杨永兴讲，杨建军采录：《伏羲奏本去人角》，见中国民间文学集成全国编辑委员会编《中国民间故事集成》（河南卷），北京：中国 ISBN 中心 2001 年版，第 26 页。

## W2987.5.4
### 书中记载着人的死亡

实例

[哈萨克族] 江德巴特尔（英雄名）死去后，他的第一个朋友通过天象知道有人死亡，马上找到第二个会看书的朋友，只见书上写着："友人江德巴特尔于某月某日某时被一名头上生角，臀部围毡，乌鸦嘴、黑脚板的女妖杀死。"

【流传】新疆维吾尔自治区

【出处】

（a）师忠孝翻译：《飞汗的儿子》，见《哈萨克族民间故事选》，上海：上海文艺出版社 1986 年版。

（b）《江德巴特尔》，见姚宝瑄主编《中国各民族神话》（乌孜别克族、哈萨克族、柯尔克孜族、俄罗斯族、维吾尔族、塔吉克族、塔塔尔族、锡伯族），太原：山西出版传媒集团·书海出版社 2014 年版，第 99 页。

## W2987.5.5
### 人死就有一片叶枯萎

【关联】[W2968.3.2.1] 生命树的每片叶子代表一个人的生命

实例

[哈萨克族] 生命树的叶子是人的灵魂。有人死去，一片叶子便枯萎掉落。

【流传】新疆维吾尔自治区

【出处】尼哈迈提·蒙加尼搜集，校仲彝翻译整理《神与灵魂》，见姚宝瑄主编《中国各民族神话》（乌孜别克族、哈萨克族、柯尔克孜族、俄罗斯族、维吾尔族、塔吉克族、塔塔尔族、锡伯族），太原：山西出版传媒集团·书海出版社 2014 年版，第 31~32 页。

## W2987.6
## 人死后要到阴间（人死后进地府）

【关联】

① ［W1078］下界

② ［W2975.2.4］人死亡是因为灵魂到了阴间

实　例

❶ ［达斡尔族］人死亡时，灵魂便离开其肉体到"伊尔木汗"（阴间世界），等待转生再世。

【流传】（内蒙古自治区·呼伦贝尔市·陈巴尔虎旗）

【出处】

（a）满都尔图：《达斡尔鄂温克蒙古（陈巴尔虎）鄂伦春族萨满教调查》，中国社会科学院民族研究所民族学研究室，1992年，内部资料，第9页。

（b）《人的灵魂》，见吕大吉、何耀华总主编《中国各民族原始宗教资料集成》（鄂伦春族卷、鄂温克族卷、赫哲族卷、达斡尔族卷、锡伯族卷、满族卷、蒙古族卷、藏族卷），北京：中国社会科学出版社1999年版，第298页。

❷ ［鄂伦春族］成人的灵魂有三个，一个在阿玛胡妈妈那里，两个附身，一个人到死后才能从中层世界到下层世界，走向阴间。

【流传】黑龙江省·大兴安岭地区

【出处】

（a）《阴间世界》，见吕大吉、何耀华总主编《中国各民族原始宗教资料集成》（鄂伦春族卷、鄂温克族卷、赫哲族卷、达斡尔族卷、锡伯族卷、满族卷、蒙古族卷、藏族卷），北京：中国社会科学出版社1999年版，第24页。

（b）孟秀春调查整理：《灵魂观》，见吕大吉、何耀华总主编《中国各民族原始宗教资料集成》（鄂伦春族卷、鄂温克族卷、赫哲族卷、达斡尔族卷、锡伯族卷、满族卷、蒙古族卷、藏族卷），北京：中国社会科学出版社1999年版，第24页。

❸ ［汉族］人死后要到阴间。

【流传】吉林省·（吉林市）·永吉县·土城子乡·聂司马屯汉军旗

【出处】常恕春抄录：《雷神》，见吉林省艺术研究所等编《坛续与神本》，内部编印，1985年，第146页。

❹ ［汉族］很久以前，丰都城里住着姓黄的两母子，母亲叫黄李氏，儿子名叫黄长云。黄长云出生不到半岁，父亲一命呜呼，丢下孤儿寡母人了地府。

【流传】四川省

【出处】杨正喜讲，高应平记录：《报恩殿》，原载《中国民间故事集成》（四川卷），见陶阳、钟秀编《中国神话》（下），北京：商务印书馆2008年版，第1320~1322页。

❺ ［锡伯族］人死后要进阴间。

【流传】（无考）

【出处】

（a）佟克力：《锡伯族历史与文化》，乌

鲁木齐：新疆人民出版社1989年版，第247页。
(b)《灵魂观念》，见吕大吉、何耀华总主编《中国各民族原始宗教资料集成》（鄂伦春族卷、鄂温克族卷、赫哲族卷、达斡尔族卷、锡伯族卷、满族卷、蒙古族卷、藏族卷），北京：中国社会科学出版社1999年版，第390页。

## W2987.6.1
### 人死后为什么要到地狱（人死后要到地府）

实 例

（参见下级母题实例）

## W2987.6.1.1
### 人死后见阎王

【关联】[W0242] 阎王

实 例

[鄂伦春族] 人死后要到"阎门坎"（阎王爷）那里去。

【流传】（无考）

【出处】
(a) 内蒙古自治区编委会：《鄂伦春族社会历史调查》第一集，呼和浩特：内蒙古人民出版社1984年版，第52~53页。
(b)《阴间世界》，见吕大吉、何耀华总主编《中国各民族原始宗教资料集成》（鄂伦春族卷、鄂温克族卷、赫哲族卷、达斡尔族卷、锡伯族卷、满族卷、蒙古族卷、藏族卷），北京：中国社会科学出版社1999年版，第24页。

## W2987.6.1.2
### 人死后去12层海中的地府

实 例

[布依族] 从前，布依族的老人死了，总是上不到十二层天去成仙，而是下到十二层海的地府里去。

【流传】贵州省·（黔西南布依族苗族自治州）·望谟县、册亨县、安龙县一带

【出处】
(a) 韦朝路、覃玉竹讲，汛河搜集整理：《铜鼓的来历》，见贵州省民族事务委员会编《民间文学资料》第四十四集（布依族神话传说故事寓言童话），内部资料，1980年。
(b) 同(a)，见姚宝瑄主编《中国各民族神话》（布依族、仫佬族、苗族），太原：山西出版传媒集团·书海出版社2014年版，第94页。

## W2987.6.2
### 人死灵魂到地狱（人死灵魂到阴间）

【关联】
① [W0910] 灵魂的归宿
② [W1079] 下界（地狱、阴间）的产生

实 例

[傈僳族] 死者的灵魂，要到"地土面也卡"（即十八层地狱）。

【流传】云南省·（昆明市）·禄劝县（禄劝彝族苗族自治县）·屏山镇

【出处】杨毓骧调查整理：《亡魂指路经》（1989），见吕大吉、何耀华总主编《中国各民族原始宗教资料集成》（纳西族卷、羌族卷、独龙族卷、傈僳族卷、怒族卷），北京：中国社会科学出版社2000年版，第811~812页。

## W2987.6.2.1
### 人死后灵魂去阴间时神鹰引路

实例

[赫哲族] 将死者的灵魂送往阴间时，神鹰领路，萨满护送。

【流传】（黑龙江省）

【出处】

（a）中国各民族宗教与神话大词典编审委员会编：《中国各民族宗教与神话大词典》，北京：学苑出版社1990年版，第310~311页。

（b）《撂挡子》，见吕大吉、何耀华总主编《中国各民族原始宗教资料集成》（鄂伦春族卷、鄂温克族卷、赫哲族卷、达斡尔族卷、锡伯族卷、满族卷、蒙古族卷、藏族卷），北京：中国社会科学出版社1999年版，第200页。

## W2987.6.3
### 不同的人到阴间各有归宿

【关联】[W1080.6] 各层地狱的特征

实例

（参见关联项母题实例）

## W2987.6.4
### 人死后灵魂回到祖先故地

实例

❶ [傈僳族] 生活在岩门的傈僳族认为，死后要"交魂"到丽江，人在岩门生活了一世不过是鸟栖槐树，死者只不过在这里走了很少一部分路程，未来是回到老家丽江，因为到那里会生活得更好更美。

【流传】四川省·（攀枝花市）·盐边县·岩门公社（岩门乡）

【出处】

（a）《四川盐边地区葬祭》，见李永宪等《盐边县岩门公社傈僳族调查报告》，原载中国西南民族研究学会编印《雅砻江下游考察报告》，内部编印，1983年，第204页。

（b）同（a），见吕大吉、何耀华总主编《中国各民族原始宗教资料集成》（纳西族卷、羌族卷、独龙族卷、傈僳族卷、怒族卷），北京：中国社会科学出版社2000年版，第809页。

❷ [傈僳族] 人死后，要请巫师为亡魂念唱指示去向的词调，好让他们尽快同活人分离，去往祖先们亡灵的栖息地。

【流传】云南省·怒江州（怒江傈僳族自治州）

【出处】祝发清调查整理：《亡魂指路词》（1990），见吕大吉、何耀华总主编《中国各民族原始宗教资料集成》（纳西族卷、羌族卷、独龙族卷、傈傈僳族卷、怒族卷），北京：中国社会科学出版社 2000 年版，第 810 页。

## W2987.6.4.1
### 人死后魂去西南方

实 例

[赫哲族] 武步奇五被踢死后，他的灵魂飘飘荡荡往西南方向走去。

【流传】（松花江下游地区依兰至抚远一带）

【出处】《武步奇五》，见凌纯声《松花江下游的赫哲族》（原 1934 年南京刊印本），北京：民族出版社 2012 年版，第 799 页。

## W2987.6.4.2
### 人死后灵魂回东海故土

实 例

[满族] 因为人的生命是东海女神送来的，所以人死后其灵魂仍要回到东海女神统属的海宫中去。

【流传】（无考）

【出处】《海祭》，富育光据《东海沉冤录》、《清光绪十六年扈伦七姓满族海祭神谕》翻译整理，见吕大吉、何耀华总主编《中国各民族原始宗教资料集成》（鄂伦春族卷、鄂温克族卷、赫哲族卷、达斡尔族卷、锡伯族卷、满族卷、蒙古族卷、藏族卷），北京：中国社会科学出版社 1999 年版，第 523 页。

## W2987.6.5
### 人死后到一个特定地点

实 例

（参见下级母题实例）

## W2987.6.5.1
### 人死后要到幽都

实 例

[汉族] 人是会死的。死了以后，就得到地下的幽都去。

【流传】（无考）

【出处】袁珂重述：《射日奔月》，原载袁珂《神异篇》，见陶阳、钟秀编《中国神话》（上），北京：商务印书馆 2008 年版，第 279~288 页。

## W2987.6.5.2
### 人死后要到酆都（人死要到丰都）

实 例

[满族] 尼山萨满到阴间为死者招魂的归途中，遇到了亡夫。亡夫对她提出了复活的要求，要挟中纠缠不休，尼山萨满作法将其抛到酆都城。

【流传】（黑龙江、松花江、嫩江、乌苏里江、牡丹江流域等）

【出处】《尼山萨满》，据赵展《尼山萨满》、金启孮《满族的历史与生活》整理，见吕大吉、何耀华总主编《中国各民族原始宗教资料集成》（鄂伦春族卷、鄂温克族卷、赫哲族卷、达

## W2987.6.5.3
### 人死后要到东岳泰山

实例

[汉族]（实例待考）

## W2987.6.6
### 人死后灵魂到另一个世界

实例

❶[鄂温克族] 人死后灵魂并没有死，只是离开这个世界到另一个世界去了。

【流传】（内蒙古自治区·呼伦贝尔市·额尔古纳市）

【出处】

（a）《额尔古纳旗使用驯鹿鄂温克人的调查报告》，见内蒙古自治区编辑组《鄂温克族社会历史调查》，呼和浩特：内蒙古人民出版社1986年版，第230页。

（b）《灵魂不灭》，见吕大吉、何耀华总主编《中国各民族原始宗教资料集成》（鄂伦春族卷、鄂温克族卷、赫哲族卷、达斡尔族卷、锡伯族卷、满族卷、蒙古族卷、藏族卷），北京：中国社会科学出版社1999年版，第108页。

❷[哈萨克族] 人死了之后，他的灵魂在另一个世界仍然存在。

【流传】新疆维吾尔自治区

【出处】尼哈迈提·蒙加尼搜集，校仲彝翻译整理《神与灵魂》，见姚宝瑄主编《中国各民族神话》（乌孜别克族、哈萨克族、柯尔克孜族、俄罗斯族、维吾尔族、塔吉克族、塔塔尔族、锡伯族），太原：山西出版传媒集团·书海出版社2014年版，第31～32页。

## W2987.7
### 人死后升天

【关联】

① [W0910.1] 灵魂回到天堂
② [W1071] 上界（天堂）
③ [W1073.1] 上界（天堂）是极乐世界

实例

[高山族] 人死后他们会"升天"。

【流传】（无考）

【出处】陈炜萍搜集整理：《天体的传说》，见陶阳、钟秀编《中国神话》（上），北京：商务印书馆2008年版，第219～221页。

## W2987.7.1
### 人死后魂上天

实例

[白族]（实例待考）

## W2987.7.2
### 人死后乘云上天

实例

[苗族] 神人则福老一生救人治病，年

老了。则福老临终时，堆集云层，把黑云团黄云团堆好后，当做神马骑着上了天。

【流传】云南省·（昭通市）·昭通、彝良县，（曲靖市）·宣威（宣威市），（昆明市）·寻甸（回族彝族自治县）；贵州省·（毕节市）·威宁（威宁彝族回族苗族自治县）

【出处】
（a）杨秀、杨芝、张新民、王友清讲，陆兴凤、张绍祥记录整理，里晴、景山校正：《则福老》，见杨光汉主编《云南苗族民间故事集成》，北京：中国民间文艺出版社1988年版。
（b）同（a），见姚宝瑄主编《中国各民族神话》（布依族、仡佬族、苗族），太原：山西出版传媒集团·书海出版社2014年版，第302页。

## W2987.7.3
### 人死后化为星辰

【关联】［W1719］人变成星星

实例

［鄂伦春族］鄂伦春人认为太阳至圣和灵魂不灭，人死后是被召化为星辰，成为太阳的侍卫。

【流传】（无考）

【出处】［日］永田珍馨：《满洲鄂伦春族》第一编《使马鄂伦春族》，第76页，见吕大吉、何耀华总主编《中国各民族原始宗教资料集成》（鄂伦春族卷、鄂温克族卷、赫哲族卷、达斡尔族卷、锡伯族卷、满族卷、蒙古族卷、藏族卷），北京：中国社会科学出版社1999年版，第15页。

## W2987.7.4
### 人死后进入天国的路有很多关口

实例

［彝族］人死后有一条进入"天国"的路，这条路上存在着许多的关口。

【流传】贵州省

【出处】《天路指明经》，见吕大吉、何耀华总主编《中国各民族原始宗教资料集成》（彝族卷、白族卷、基诺族卷），北京：中国社会科学出版社1996年版，第35页。

## W2987.8
### 死者与活人的区别

实例

（参见下级母题实例）

## W2987.8.1
### 死者与活人的味道不同

【关联】［W2879.4］人的味道

实例

（参见下级母题实例）

## W2987.8.1.1
### 死人泥巴味臭，活人汗味臭

【关联】［W2879.4.4.2］活人有汗味

实例

［傈僳族］死人泥巴味臭，活人汗味臭。

【流传】云南省·（昆明市）·禄劝县（禄劝彝族苗族自治县）·屏山镇

【出处】杨毓骧调查整理：《亡魂指路经》（1989），见吕大吉、何耀华总主编《中国各民族原始宗教资料集成》（纳西族卷、羌族卷、独龙族卷、傈僳族卷、怒族卷），北京：中国社会科学出版社2000年版，第813页。

## W2987.8.2
### 生死不同路

实 例

[彝族（腊罗、摩察、纳苏、给尼、葛泼）]（实例待考）

## W2987.9
### 死亡的标志

实 例

（参见下级母题实例）

## W2987.9.1
### 头上长草是死亡的标志

【关联】[W9248.2.1] 标志物

实 例

[赫哲族] 两个壮年人被安徒（英雄名）骂得受不住了，就你踢我打地把安徒打得昏过去了。安徒迷迷糊糊不知道自己是活着还是死了，忽然摸到自己头上长了青草，这才知道自己是死了，因为只有死人头上才长青草。

【流传】黑龙江省·佳木斯市·同江县·八岔乡（八岔赫哲族乡）

【出处】
（a）吴进才说唱，尤志贤翻译整理：《安徒莫日根》，载中国民间文艺研究会黑龙江分会所编《黑龙江民间文学》1981年第2集。

（b）同（a），见姚宝瑄主编《中国各民族神话》（满族、赫哲族、朝鲜族），太原：山西出版传媒集团·书海出版社2014年版，第143页。

## W2987.9.2
### 死亡的判断

实 例

（参见下级母题实例）

## W2987.9.2.1
### 身轻时表示死亡

实 例

[赫哲族] 人死后的灵魂坐于草杆上，觉已身轻，方知是死。

【流传】（松花江下游地区依兰至抚远一带）

【出处】
（a）凌纯声：《松花江下游的赫哲族》（原1934年南京刊印本），北京：民族出版社2012年版，第115页。

（b）《人的三个灵魂》，见吕大吉、何耀华总主编《中国各民族原始宗教资料集成》（鄂伦春族卷、鄂温克族卷、赫哲族卷、达斡尔族卷、锡伯族卷、满族卷、蒙古族卷、藏族卷），北京：中国社会科学出版社1999年版，第

## W2987.10
### 死亡的结果

实例

（参见下级母题实例）

## W2987.10.1
### 世上死的只剩 1 个女人

【关联】［W8086］灾难幸存者

实例

（参见下级母题实例）

## W2987.10.1.1
### 世上死的只剩 1 个老太太

实例

❶［白族］大地上的人死一个，就少一个。天长日久，大地上的人类快绝种了，只剩下一个孤老妈妈。

【流传】云南省·（大理白族自治州）·鹤庆县·朵美乡

【出处】鹤庆县民间文学集成办公室编：《石家什》，载《鹤庆民间故事集成》，昆明：云南人民出版社 1989 年版，第 30～32 页。

❷［白族］人以前只死不生。天长日久，大地上的人类快绝种了，只剩下植祖一个孤老妈妈。

【流传】云南省·（大理白族自治州）·鹤庆县

【出处】彭独豹、杨凤魁讲，章天柱、曹溪涌记录：《石傢什》，原载《中国民间故事全书》（云南省·鹤庆卷），见陶阳、钟秀编《中国神话》（下），北京：商务印书馆 2008 年版，第 1490～1492 页。

## W2987.10.2
### 世上的人全部死亡

实例

（参见下级母题实例）

## W2987.10.2.1
### 以前人只死不生

【关联】［W2987.11］人只会死不会老

实例

［白族］古老时代，人类没有生育能力。大地上的人死一个，就少一个。

【流传】云南省·（大理白族自治州）·鹤庆县

【出处】彭独豹、杨凤魁讲，章天柱、曹溪涌记录：《石傢什》，原载《中国民间故事全书》（云南省·鹤庆卷），见陶阳、钟秀编《中国神话》（下），北京：商务印书馆 2008 年版，第 1490～1492 页。

## W2987.10.3
### 人死灵魂不死

【关联】［W0888］灵魂不死

实例

［纳西族］儿女们知道母亲死后，母亲的灵魂还活着。

【流传】云南省·丽江县（丽江市）

【出处】木丽春采集整理：《丧葬来历的传说》，见木丽春编著《纳西族民间故事集》，昆明：云南人民出版社2007年版，第72页。

## W2987.10.4
### 人死后成为祖先

【关联】［W0642］祖先的产生

实 例

（参见下级母题实例）

## W2987.10.4.1
### 人死后成为本家族祖先

实 例

［白族（那马）］人死之后，会成为本家族的共同祖先，要埋在一起，享受本家族后人的共同祭祀。

【流传】云南省·（怒江傈僳族自治州）·兰坪县（兰坪白族普米族自治），（迪庆藏族自治州）·维西县（维西傈僳族自治县）

【出处】詹承绪等调查整理：《那马人风俗习惯的几个专题调查》，见吕大吉、何耀华总主编《中国各民族原始宗教资料集成》（彝族卷、白族卷、基诺族卷），北京：中国社会科学出版社1996年版，第554页。

## W2987.10.5
### 半死不活的人

实 例

［彝族］祖灵燃烧形成的烟柱和火光一直在变，最后变成的松身愚人，身长闪悠悠，行动慢腾腾，走路摇晃晃，呼吸气杳奄，似死又非死。

【流传】（四川省·凉山彝族自治州）

【出处】

（a）冯元蔚译：《勒俄特依》，成都：四川民族出版社1986年版。

（b）冯元蔚译，蔷紫改写：《勒俄特依》，见姚宝瑄主编《中国各民族神话》（羌族、彝族），太原：山西出版传媒集团·书海出版社2014年版，第155页。

## W2987.10.6
### 人死后会幸福

实 例

［鄂温克族］人生在世就像过路一样，时间不长，真正幸福的生活是在死后的另一个世界里。

【流传】内蒙古自治区·（呼伦贝尔市）·阿荣旗·查巴奇乡（查巴奇鄂温克族乡）

【出处】

（a）《阿荣旗查巴奇乡鄂温克族调查报告》，见内蒙古自治区编辑组《鄂温克族社会历史调查》，呼和浩特：内蒙古人民出版社1986年版，第113页。

（b）《灵魂在阴间的生活》，见吕大吉、何耀华总主编《中国各民族原始宗教资料集成》（鄂伦春族卷、鄂温克族卷、赫哲族卷、达斡尔族卷、锡伯族卷、满族卷、蒙古族卷、藏族卷），

## W2987.10.6.1
### 孝顺者死后幸福

【关联】［W9401］善有善报

实 例

［鄂温克族］生前对老人尽孝的人，死后可以过幸福生活。

【流传】内蒙古自治区·（呼伦贝尔市）·阿荣旗·查巴奇乡（查巴奇鄂温克族乡）

【出处】

（a）《阿荣旗查巴奇乡鄂温克族调查报告》，见内蒙古自治区编辑组《鄂温克族社会历史调查》，呼和浩特：内蒙古人民出版社1986年版，第113页。

（b）《灵魂在阴间的生活》，见吕大吉、何耀华总主编《中国各民族原始宗教资料集成》（鄂伦春族卷、鄂温克族卷、赫哲族卷、达斡尔族卷、锡伯族卷、满族卷、蒙古族卷、藏族卷），北京：中国社会科学出版社1999年版，第108页。

## W2987.10a
### 尸体

实 例

（参见下级母题实例）

## W2987.10a.1
### 尸体化解

实 例

［朝鲜族］赫居世王即位六十一年后，有一日忽然升上了天。等到七日后，遗体一分为五，散落于地。

【流传】（无考）

【出处】金永奎改写：《赫居世神话》，见姚宝瑄主编《中国各民族神话》（满族、赫哲族、朝鲜族），太原：山西出版传媒集团·书海出版社2014年版，第165~166页。

## W2987.11
### 人只会死不会老

【关联】［W2987.10.2.1］以前人只死不生

实 例

（实例待考）

## W2987.12
### 生死之门

实 例

（参见下级母题实例）

## W2987.12.1
### 死亡之门

实 例

［纳西族］人类生了还有死，人死后会出现把尸体抛到河里的野蛮事情。于

是色阿主想帮助人类把敞开的死门关闭，让人类长生不老。

【流传】云南省·丽江县（丽江市）

【出处】木丽春采集整理：《关闭死门的故事》，见木丽春编著《纳西族民间故事集》，昆明：云南人民出版社2007年版，第84页。

## W2987.13
### 人死可以再生

【关联】［W9300］复活

实 例

（参见下级母题实例）

## W2987.13.1
### 人死到阴间再生

【关联】［W2987.6.1］人死后要到地狱（人死后要到地府）

实 例

［傈僳族］死者可以再生。他们在阴间如同在阳间一样要生活，要睡觉，要有房子，有睡位。

【流传】四川省·（攀枝花市）·盐边县·岩门公社（岩门乡）

【出处】

（a）《四川盐边地区葬祭》，见李永宪等《盐边县岩门公社傈僳族调查报告》，原载中国西南民族研究学会编印《雅砻江下游考察报告》，内部编印，1983年，第204页。

（b）同（a），见吕大吉、何耀华总主编《中国各民族原始宗教资料集成》（纳西族卷、羌族卷、独龙族卷、傈僳族卷、怒族卷），北京：中国社会科学出版社2000年版，第809页。

## W2987.14
### 人的死亡命中注定

【关联】

① ［W2974.4］天定生死

② ［W9480］命运

实 例

❶ ［鄂温克族］人如果是吊在树上死的，就要把那根树枝砍断，将另一物在此挂起来（羊羔或鸟雀），认为是命运注定吊死的，为不违反天意，故挂一个有生命的东西。

【流传】（无考）

【出处】

（a）乌热尔图主编：《鄂温克风情》（宗教篇），海拉尔：内蒙古文化出版社1993年版，第127页。

（b）《守灵和集体的墓地》，见吕大吉、何耀华总主编《中国各民族原始宗教资料集成》（鄂伦春族卷、鄂温克族卷、赫哲族卷、达斡尔族卷、锡伯族卷、满族卷、蒙古族卷、藏族卷），北京：中国社会科学出版社1999年版，第167页。

❷ ［汉族］人的生死阴间早在生死簿上决定的。

【流传】江苏省·盐城市

【出处】陆彪讲，胡永林、丁俊生、胡明斋搜集：《阎王也喜欢拍马》，原载《大丰县民间故事集》，见陶阳、钟秀编《中国神话》（下），北京：商务印书馆 2008 年版，第 1327～1329 页。

## W2987.14.1
### 生死簿

【关联】［W0242］阎王

实 例

（参见下级母题实例）

## W2987.14.1.1
### 小鬼管着生死簿

实 例

［鄂伦春族］萨满让雷神下去，把夹着生死簿的小鬼带上来，赶着云彩跑出阎王爷住的大院。

【流传】黑龙江省

【出处】莫庆云讲，白水夫采录：《萨满过阴》，原载《中国民间故事集成》（黑龙江卷），见陶阳、钟秀编《中国神话》（下），北京：商务印书馆 2008 年版，第 1347～1351 页。

## W2987.15
### 特定的死亡

实 例

（参见下级母题实例）

## W2987.15.1
### 第一胎死亡

【关联】
① ［W2987.0.1］夭折

② ［W7084］试婚
③ ［W6652］初夜权

实 例

［基诺族］洪水后幸存的一对兄妹成婚后第一胎生了个女儿，结果被大头蜂和苍蝇吃掉。

【流传】云南省·（西双版纳傣族自治州·景洪市）·基诺山（基诺族乡）戛里果箐、巴亚新寨、茶叶大地、巴卡寨

【出处】不拉塞等讲，杜玉亭调查整理：《卓巴、牛皮木鼓与寨鬼》（1980～1990），见吕大吉、何耀华总主编《中国各民族原始宗教资料集成》（彝族卷、白族卷、基诺族卷），北京：中国社会科学出版社 1996 年版，第 874 页。

## W2987.16
### 死亡时要有特定仪式

【关联】
① ［W6660］葬俗
② ［W6666］葬礼仪式

实 例

（参见下级母题实例）

## W2987.16.1
### 巫师祈祷后让鹰啄眼死亡

实 例

［基诺族］全村人的舅舅阿得告诉人们说："你们要让我死，必须请两个巫师来祈祷，让两只老鹰来啄我的双

眼。"

【流传】云南省·（西双版纳傣族自治州·景洪市）·基诺山（基诺山基诺族乡）·巴卡寨

【出处】不勒杰等讲，杜玉亭调查整理：《大青树鬼和坍方鬼的来历》(1979)，见吕大吉、何耀华总主编《中国各民族原始宗教资料集成》（彝族卷、白族卷、基诺族卷），北京：中国社会科学出版社1996年版，第942页。

## W2987.17
### 人死后向天神通报

【关联】［W2598.17］出生后向神汇报

实 例

（参见下级母题实例）

## W2987.17.1
### 人死后敲鼓向天神通报

【关联】［W6467.2.1］木鼓是通天神器

实 例

［布依族］布依族老人死了，就敲三声铜鼓，天神就晓得凡间死了人。

【流传】贵州省·（黔西南布依族苗族自治州）·望谟县、册亨县、安龙县一带

【出处】

(a) 韦朝路、覃玉竹讲，汛河搜集整理：《铜鼓的来历》，见贵州省民族事务委员会编《民间文学资料》第四十四集《布依族神话传说故事寓言童话》，内部资料，1980年。

(b) 同(a)，见姚宝瑄主编《中国各

民族神话》（布依族、仡佬族、苗族），太原：山西出版传媒集团·书海出版社2014年版，第96页。

# 2.11.3 与人相关的其他母题
（W2990～2999）

## ※ W2990
### 人的种类

实 例

（参见下级母题实例）

## W2991
### 人有3种

实 例

［汉族］世上人分三种，手捏的是好人，桃枝甩的是残缺人，猩猩变成的是坏人。

【流传】浙江省·（丽水市）·青田（青田县）

【出处】余碎笑讲，陈志望采录：《人是怎样造出来的》，见中国民间文学集成全国编辑委员会编《中国民间故事集成》（浙江卷），北京：中国ISBN中心1997年版，第39页。

## W2991.1
### 生3种人

【关联】［W2130～W2299］生育产生人

（生人）

实例

（实例待考）

## W2991.2
### 宇宙分上中下3层，每层各有一种人

实例

[苗族] 宇宙之间分上、中、下三层。每层各有一种人，各是一个世界。

【流传】贵州省中西部

【出处】

（a）祝先先讲，燕宝整理：《棒头人》，见燕宝编《苗族民间故事选》，上海：上海文艺出版社1981年版。

（b）同（a），见姚宝瑄主编《中国各民族神话》（布依族、仡佬族、苗族），太原：山西出版传媒集团·书海出版社2014年版，第156页。

## W2991.3
### 人分天上、地上和地下3种人

实例

（参见下级母题实例）

## W2991.3.1
### 天上、地上和地下3种人体征各不相同

实例

[佤族] 佤族传说人类分为三层：天上人，是白色人；地上人，是小红米色、椿树色；地下人，是黑色人。天上人，佤族又叫他们白天人，地下人佤族又叫他们为夜间人。

【流传】云南省·（普洱市）·西盟佤族自治县、澜沧拉祜族自治县等地

【出处】毕登程、隋嘎编著：《司岗里——佤族创世史诗》，昆明：云南出版集团公司·云南人民出版社2009年版，第99页。

## W2992
### 人有9种

实例

[汉族] 女娲造了"九种"人，人间就留下"一娘养九种"的说法。

【流传】陕西省·（榆林市）·绥德县·城关镇

【出处】马世厚讲，刘汉腾采录：《女娲造就人世》，见中国民间文学集成全国编辑委员会编《中国民间故事集成》（陕西卷），北京：中国ISBN中心1996年版，第5页。

## W2993
### 人有72种

实例

❶ [哈尼族] 洪水后，塔婆和哥哥兄妹结婚，生育72种人。

【流传】云南省

【出处】《塔婆的传说》，见中国各民族宗教与神话大词典编审委员会编《中国各民族宗教与神话大词典》，北京：学苑出版社1990年版，第174页。

❷ [哈尼族] 佐罗佐白兄妹成婚，妹妹生下72种人。
【流传】云南省·红河地区（红河哈尼族彝族自治州）
【出处】史军超：《哈尼族神话传说中记载的人类第一次脑体劳动大分工》，载《云南民族学院学报》1997年第3期。

## W2994
### 人有360种

实例

❶ [毛南族] 盘哥和古妹兄妹结婚，用黄泥、白泥、红泥和各种各样泥土捏成的人仔，就成了三百六十行各种各样的人，一代一代传到现在。
【流传】
（a）广西壮族自治区·（河池市）·环江县（环江毛南族自治县）·下南乡·下南村·松现屯
（b）广西壮族自治区·（河池市）·环江县（环江毛南族自治县）·上（上南乡）、中（中南乡）、下南地区（下南乡）
【出处】
（a）覃启仁讲，蒋志雨采录翻译：《盘哥古妹》，见中国民间文学集成全国编辑委员会编《中国民间故事集成》（广西卷），北京：中国ISBN中心2001年版，第70页。
（b）谭金田等翻译整理：《盘兄和古妹》，见谷德明编《中国少数民族神话》，北京：中国民间文艺出版社1987年版，第153页。

❷ [壮族] 人分为360种。
【流传】广西壮族自治区·右江、红水河一带
【出处】周朝珍讲，何承文整理：《布罗陀》，见中华民族故事大系编委会编《中华民族故事大系》第3卷（彝族、壮族、布依族），上海：上海文艺出版社1995年版，第357页。

## W2994.1
### 以前人分360种

实例

[壮族] 以前，人有三百六十种，有善有恶，有穷有富，有聪明的，也有蠢笨的。
【流传】广西壮族自治区·右江、红河一带
【出处】周朝珍口述，何承文整理：《布洛陀》，原载蓝鸿恩编《壮族民间故事选》，见陶阳、钟秀编《中国神话》（上），北京：商务印书馆2008年版，第67~86页。

## W2995
### 与人的种类有关其他母题

实例

（参见下级母题实例）

## W2995.0
### 天地间只有一种人

实例

[独龙族] 天上和地上都只有一种人。

【流传】云南省

【出处】李子贤：《独龙族文学概况》，见中国社会科学院云南少数民族文学研究所等编《云南少数民族文学资料》第2辑，内部编印，1981年，第138页。

## W2995.1
### 世界各色人种的来历

实例

（参见下级母题实例）

## W2995.1.1
### 人演化成各色人种

【关联】［W2868］人的肤色

实例

❶［满族］天神砍天上最大的树，把它接到了地边上，让人们沿着树枝树杈发展，于是有了世界上各色各样的人种。

【流传】（无考）

【出处】乌丙安：《满族神话探索——天地层、地震鱼、世界树》，见袁珂主编《中国神话》，北京：中国民间文艺出版社1987年版，第41页。

❷［满族］地上的人越来越多，住不下了。天神阿布卡恩都里就把天上的一棵最粗大的树砍倒了，接在土地的边缘上，人类从此沿着树的枝丫发展下去。所以，世界上才有了各色各样的人种。

【流传】（无考）

【出处】《天神创世》，见姚宝瑄主编《中国各民族神话》（满族、赫哲族、朝鲜族），太原：山西出版传媒集团·书海出版社2014年版，第15~16页。

## W2995.2
### 兄妹生育77种人

实例

［哈尼族］佐罗佐白兄妹结婚，生出77种人。

【流传】云南省

【出处】《俄妥努筑与仲墨依》，见中国各民族宗教与神话大词典编审委员会编《中国各民族宗教与神话大词典》，北京：学苑出版社1990年版，第170页。

## W2995.3
### 用各种泥土捏成各种人

【关联】［W2087］用泥造人（用土造人）

实例

［壮族］盘和古兄妹结婚，用黄泥、白泥、红泥等捏出各种人，传到现在。

【流传】（无考）

【出处】《盘古的传说》，见刘江华编《中国神话故事》（天、地、人物卷），北京：中国世界语出版社1999年版，第131页。

## W2995.4
### 土人

实例

［汉族］（实例待考）

## W2995.5
### 扁担人

【关联】［W2997.4.2］人被称为扁担人

实例

（参见下级母题实例）

## W2995.5.1
### 地上的人像扁担

实例

[苗族] 宇宙分的三界中，地上的世界，就是我们这些人，身子像碓杆，个子像扁担。

【流传】贵州省中西部

【出处】

（a）祝先先讲，燕宝整理：《棒头人》，见燕宝编《苗族民间故事选》，上海：上海文艺出版社1981年版。

（b）同（a），见姚宝瑄主编《中国各民族神话》（布依族、仡佬族、苗族），太原：山西出版传媒集团·书海出版社2014年版，第156页。

## W2995.6
### 竹竿人

实例

[苗族] 因天上的人们的身子像囤箩，个子像竹竿，就叫做"竹竿人"。

【流传】贵州省中西部

【出处】

（a）祝先先讲，燕宝整理：《棒头人》，见燕宝编《苗族民间故事选》，上海：上海文艺出版社1981年版。

（b）同（a），见姚宝瑄主编《中国各民族神话》（布依族、仡佬族、苗族），太原：山西出版传媒集团·书海出版社2014年版，第156页。

## W2996
### 奇特的人（特殊的人）

实例

（参见下级母题实例）

## W2996.1
### 相貌奇特的女子

【关联】［W2929.0.2］不平凡的女人（奇女子）

实例

（参见关联项母题实例）

## W2996.1.1
### 长有特殊鼻子的女子

实例

（实例待考）

## W2996.1.1.1
### 鼻翼上有木塞的女子

【关联】［W2839.5.1］长着不平常鼻子的人

实例

[珞巴族]（实例待考）

## W2996.2
### 会说话的石人

【关联】

① [W2364.1] 石人成变人

② [W2614] 生石人

**实例**

[傈僳族] 会说话的石人。

【流传】云南省·（怒江傈僳族自治州）·泸水（泸水县）

【出处】祝秀仙讲，祝发清等整理：《石人的传说》，见中华民族故事大系编委会编《中华民族故事大系》第7卷（黎族、傈僳族、佤族），上海：上海文艺出版社1995年版，第453页。

## W2996.3
### 会长的石人

**实例**

[汉族] 姐弟俩每天拿吃的东西喂石头娃娃，石头娃娃慢慢地长大了。

【流传】宁夏回族自治区·（固原市）·彭阳县·草庙乡

【出处】阎德武讲，梁志强采录：《第二代人》，见中国民间文学集成全国编辑委员会编《中国民间故事集成》（宁夏卷），北京：中国ISBN中心1999年版，第15页。

## W2996.4
### 不吃奶的孩子

【关联】[W2696.3.1] 用奶抚养孩子

**实例**

（参见下级母题实例）

## W2996.4.1
### 婴儿只吃酒肉不吃奶

**实例**

[维吾尔族] 阿依可孜（人名）生一个男孩。孩子只吮吸了一次母亲的初乳，就再也不吃奶了，只要上好的肉、饭食、酒浆吃，开始会说话了。

【流传】新疆维吾尔自治区

【出处】

(a) 郑关中翻译整理：《乌古斯》，见《中国少数民族文学作品选》（第二分册），上海：上海文艺出版社1981年版。

(b) 同(a)，见姚宝瑄主编《中国各民族神话》（乌孜别克族、哈萨克族、柯尔克孜族、俄罗斯族、维吾尔族、塔吉克族、塔塔尔族、锡伯族），太原：山西出版传媒集团·书海出版社2014年版，第243~244页。

## W2996.5
### 不怕火烧的人

【关联】[W2913.7.2] 人为什么怕火

**实例**

[汉族] 华胥氏之国里的人能够走进水里不怕水淹，跳进火里不怕火烧。

【流传】（无考）

【出处】《伏羲攀登天梯》，原载袁珂编译《中国神话故事》，见陶阳、钟秀编《中国神话》（上），北京：商务印书馆 2008 年版，第 181~183 页。

## W2996.6
### 介于动物、神和人之间的人

实例

[佤族]"能"既是有骨头动物的神，又是抬天的大力神，他介于动物、神和人之间。

【流传】云南省·（普洱市）·西盟佤族自治县、澜沧拉祜族自治县等地

【出处】毕登程、隋嘎编著：《司岗里——佤族创世史诗》，昆明：云南出版集团公司·云南人民出版社 2009 年版，第 1 页。

## W2996.7
### 奇人

【关联】［W2996］奇特的人（特殊的人）

实例

（参见关联项及下级母题实例）

## W2996.7.1
### 未卜先知者

【关联】［W9251］预言者

实例

[赫哲族] 紫热格尼妈妈本非凡人，在山上修炼，能未卜先知。

【流传】（松花江下游地区依兰至抚远一带）

【出处】《杜步秀》，见凌纯声《松花江下游的赫哲族》（原 1934 年南京刊印本），北京：民族出版社 2012 年版，第 636 页。

## W2996.8
### 超人

【关联】［W2123.7.3］造出超强的人

实例

（参见关联项母题实例）

## W2997
### 与人相关的其他母题

【关联】
① ［W0914.1］人有多个灵魂
② ［W6007.1.1］人为了生存必须劳作

实例

## W2997.0
### 天上的人

【关联】
① ［W2025］人从天降（天降人）
② ［W2898.7.1］凡人比天上的人力气小

实例

（参见下级母题实例）

## W2997.0.1
### 天上的人生活幸福

【关联】［W1793.3］天堂很美好

实例

[彝族] 很久以前，传说天上的人过着

美好的生活。

【流传】广西壮族自治区·那坡县·城厢镇·达腊村

【出处】梁绍安讲，王光荣采录翻译：《威志和米义兄妹》，见中国民间文学集成全国编辑委员会编《中国民间故事集成》（广西卷），北京：中国ISBN中心2001年版，第63页。

## W2997.0.2
### 人回到天上

【关联】［W1426］人上天

实例

［珞巴族］人从天上掉到地上。后来大地遭受到强烈的地震，有的人过不下去了，又飞回天上。

【流传】西藏自治区

【出处】腊荣老人讲，明珠翻译：《虎哥与人弟》，见姚宝瑄主编《中国各民族神话》（门巴族、珞巴族、怒族、藏族），太原：山西出版传媒集团·书海出版社2014年版，第22页。

## W2997.0.2.1
### 人喜欢住天上

实例

［布依族］以前，凡人不爱住人间，喜欢搬到天上去居住。

【流传】贵州省布依族地区

【出处】杨正荣、祝登塞讲，岭玉清、汛河搜集整理，古梅改写：《翁戛造万物》，见姚宝瑄主编《中国各民族神话》（布依族、仡佬族、苗族），太原：山西出版传媒集团·书海出版社2014年版，第11页。

## W2997.0.3
### 人被留在天上

实例

［回族］真主造的阿丹和海尔玛被罚下凡后，生育三十六对男女婚配成亲，而最后生的一个取名做"师习"的独儿子孤单一人。他到天去讨真主的旨意时，真主却把他留在天上了。

【流传】（无考）

【出处】《阿丹和海尔玛》，马奔根据《中国回族民间文学概观》（宁夏大学出版社1984年版）等改写，见姚宝瑄主编《中国各民族神话》（土族、东乡族、回族、保安族、裕固族、撒拉族），太原：山西出版传媒集团·书海出版社2014年版，第49页。

## W2997.0.4
### 天上的老太婆

实例

［汉族］从前，天上有个九十多岁的老太婆。

【流传】浙江省·（台州市）·仙居县

【出处】顾碧芬讲，应洪川记录：《太阳、月亮和风的来历》，见姚宝瑄主编《中国各民族神话》（汉族），太原：山西出版传媒集团·书海出版社2014年版，第220~221页。

## W2997.0.5
### 天上的人与凡人体征相同

【关联】[W2995.0] 天地间只有一种人

实例

[汉族] 天上的人和地上的人相差不大，天上的人特别喜欢安静，也很好客，不管人间哪个去，他们全真心真意地款待。

【流传】江苏省·（宿迁市）·泗阳县

【出处】房右居讲，蒋光祥搜集整理：《天上、人间、地下》（1986.10.10），见姚宝瑄主编《中国各民族神话》（汉族），太原：山西出版传媒集团·书海出版社 2014 年版，第 40~41 页。

## W2997.0.5.1
### 天上的人与地上的人相貌相同

实例

[汉族] 古时候的天没有这么高。天上也有人，和地下的人相貌一样，男耕女织。

【流传】湖北省·（荆门市）·京山县一带

【出处】冯家才讲，冯本林搜集整理：《天是怎样变高的》，原载中国民间文艺研究会湖北分会编《湖北民间故事传说集》，见姚宝瑄主编《中国各民族神话》（汉族），太原：山西出版传媒集团·书海出版社 2014 年版，第 71~72 页。

## W2997.0.5.2
### 天上的人长得像竹竿

【关联】[W2995.6] 竹竿人

实例

[苗族] 天上的世界，人们的身子像囤箩，个子像竹竿。

【流传】贵州省中西部

【出处】
（a）祝先先讲，燕宝整理：《棒头人》，见燕宝编《苗族民间故事选》，上海：上海文艺出版社 1981 年版。
（b）同（a），见姚宝瑄主编《中国各民族神话》（布依族、仡佬族、苗族），太原：山西出版传媒集团·书海出版社 2014 年版，第 156 页。

## W2997.0.6
### 天上的人下凡

【关联】
① [W0106] 神下凡
② [W2015.3.2] 人天上生地上养
③ [W2153.1] 天上的人下凡生育人

实例

（参见下级母题实例）

## W2997.0.6.1
### 天上的人因好奇下凡

实例

[苗族] 天上的人听蝉唱得很好听，又听说人间比天上还好，于是决定一起下凡去看看。

【流传】贵州省·（黔东南苗族侗族自治州）·榕江县、凯里县（凯里市）

【出处】江开银讲，杨元龙、杨方明记录整理：《芦笙》，原载黔东南苗族侗族自治州文学艺术研究室编《苗族民间故事集》，见陶阳、钟秀编《中国神话》（下），北京：商务印书馆 2008 年版，第 1278～1280 页。

## W2997.0.6.2
### 人以前住天上

【关联】［W2025］人从天降

实例

［苗族］古时候，天上住着雷公和尖子（一般译为"姜央"，人名），他俩本是天神造就。

【流传】贵州省·（黔东南苗族侗族自治州）·黄平县

【出处】

（a）潘垢九讲，刘必强搜集整理：《鸡、鸭、鹅的由来》，载《民间文学》1986 年第 1 期。

（b）同（a），见姚宝瑄主编《中国各民族神话》（布依族、仡佬族、苗族），太原：山西出版传媒集团·书海出版社 2014 年版，第 235 页。

## W2997.0.6.3
### 天上的人躲灾下凡

【关联】［W8065］灾难的逃避（避难）

实例

［蒙古族］布谷鸟是天上国王的小儿子，因为有一次把祭奠用的盘子摔坏了，天王处罚他，他就从天上跑出来，躲到人间。

【流传】（无考）

【出处】那木吉拉翻译，姚宝瑄整理：《三个姑娘和天王的儿子》，见姚宝瑄主编《中国各民族神话》（达斡尔族、鄂伦春族、鄂温克族、蒙古族），太原：山西出版传媒集团·书海出版社 2014 年版，第 241 页。

## W2997.0.7
### 天上的人是白色人

【关联】［W2997.0］天上的人

实例

（参见下级母题实例）

## W2997.0.7.1
### 天上的人称"白天人"

实例

［佤族］佤族传说人类分为三层。其中，佤族称天上人为"白天人"。

【流传】云南省·（普洱市）·西盟佤族自治县、澜沧拉祜族自治县等地

【出处】毕登程、隋嘎编著：《司岗里——佤族创世史诗》，昆明：云南出版集团公司·云南人民出版社 2009 年版，第 99 页。

## W2997.0.8
### 天上的人穿白衣

实例

［高山族］天上的人穿着白衣白袍。

【流传】（无考）

【出处】陈炜萍搜集整理：《天上、人间、地下》，原载《高山族民间故事选》，见陶阳、钟秀编《中国神话》（上），北京：商务印书馆2008年版，第184~186页。

## W2997.0.9
### 天上的人身体高大

【关联】

① ［W0660］巨人

② ［W2810.1］人原来身体很高

实例

［鄂温克族］天上的人，个儿很大，心非常好，不说谎，不打骂别人，不做坏事。

【流传】（内蒙古自治区·呼伦贝尔市·额尔古纳旗）使用驯鹿鄂温克人

【出处】

（a）《额尔古纳旗使用驯鹿鄂温克人的调查报告》，见内蒙古自治区编辑组《鄂温克族社会历史调查》，呼和浩特：内蒙古人民出版社1986年版，第238页。

（b）《天地神鬼》，见吕大吉、何耀华总主编《中国各民族原始宗教资料集成》（鄂伦春族卷、鄂温克族卷、赫哲族卷、达斡尔族卷、锡伯族卷、满族卷、蒙古族卷、藏族卷），北京：中国社会科学出版社1999年版，第93页。

## W2997.0.10
### 天上的人生怪胎

【关联】［W2600］人生怪胎

实例

（参见下级母题实例）

## W2997.0.10.1
### 天上生的怪胎撒到地上变成人

实例

［瑶族］天上的盘母莎方三生下一个肉团，盘王生气地把肉团砍成碎块，然后从天上撒向大地，变成地上现在的人。

【流传】（无考）

【出处】龚政宇搜集：《天上掉下的肉碎》，见姚宝瑄主编《中国各民族神话》（土家族、毛南族、侗族、瑶族），太原：山西出版传媒集团·书海出版社2014年版，第146页。

## W2997.0a
### 上界的人

【关联】［W1071］上界（天堂）

实例

［独龙族］嘎木（人名）上天后，因天梯被蚂蚁咬断而留在天上。

【流传】（a）云南省·（怒江傈僳族自治州）·贡山县（贡山独龙族怒族自治县）·独龙江乡

【出处】

（a）孔志清、伊里亚讲，巴子采录：《天地是怎么分开的》，见中国民间文学集成全国编辑委员会编《中国民间故事集成》（云南卷），北京：中国ISBN中心2003年版，第81页。

（b）同（a），见陶立璠、赵桂芳等编《中国少数民族神话汇编》（开天辟地篇），中央民族学院少数民族古籍整理出版规划领导小组办公室印（未署时间），第379页。

## W2997.0b
### 下界的人（地下的人）

【关联】［W1078］下界

实 例

## W2997.0b.1
### 下界的人又小又矮

【关联】［W2811］矮小的人（矮人、小矮人、小人、侏儒）

实 例

［白族］人掉入井中后，到了另一个光明世界，这里的人都是又小又矮。

【流传】云南省怒江、俅江两岸

【出处】张旭：《白族的原始图腾虎与金鸡》，见《大理白族史探索》，昆明：云南人民出版社1990年版，第59～65页。

## W2997.0b.1.1
### 下界的人很矮

实 例

❶［高山族］下界的人很矮。
【流传】（无考）

【出处】陈炜萍整理：《天上、人间、地下》，见中华民族故事大系编委会编《中华民族故事大系》第8卷（畲族、高山族、拉祜族），上海：上海文艺出版社1995年版，第410页。

❷［苗族］地下世界的棒头人很矮小，房子是用蒿枝轩盖的，像鸡笼子那么大。
【流传】贵州省中西部
【出处】

（a）祝先先讲，燕宝整理：《棒头人》，见燕宝编《苗族民间故事选》，上海：上海文艺出版社1981年版。

（b）同（a），见姚宝瑄主编《中国各民族神话》（布依族、仡佬族、苗族），太原：山西出版传媒集团·书海出版社2014年版，第157页。

## W2997.0b.1.2
### 地下的人很矮

实 例

［高山族］地下的人都是矮人。到地下就像进了"小人国"。
【流传】（无考）
【出处】陈炜萍搜集整理：《天上、人间、地下》，原载《高山族民间故事选》，见陶阳、钟秀编《中国神话》（上），北京：商务印书馆2008年版，第184～186页。

## W2997.0b.1.3
### 地下的人只有一般人的小腿高

实 例

［汉族］地下的人们很矮，只有我们地

上人的小腿肚子高。

【流传】江苏省·（宿迁市）·泗阳县

【出处】房右居讲，蒋光祥搜集整理：《天上、人间、地下》（1986.10.10），见姚宝瑄主编《中国各民族神话》（汉族），太原：山西出版传媒集团·书海出版社 2014 年版，第 40 ~ 41 页。

## W2997.0b.2
### 地下的人比地上的人自由

**实例**

［苗族］地下的人比地上的人自由。

【流传】贵州省中西部

【出处】祝先先讲，燕宝整理：《棒头人》，见中华民族故事大系编委会编《中华民族故事大系》第 2 卷（藏族、维吾尔族、苗族），上海：上海文艺出版社 1995 年版，第 662 页。

## W2997.0b.3
### 下界的人凶猛

**实例**

（实例待考）

## W2997.0b.3.1
### 地上的人如果统治不好，地底的人就会升起来代替

**实例**

（实例待考）

## W2997.0b.4
### 地下人是"夜间人"

**实例**

［佤族］佤族传说人类分为三层。其中，地下人佤族又叫他们为夜间人。

【流传】云南省·（普洱市）·西盟佤族自治县、澜沧拉祜族自治县等地

【出处】毕登程、隋嘎编著：《司岗里——佤族创世史诗》，昆明：云南出版集团公司·云南人民出版社 2009 年版，第 99 页。

## W2997.0b.4.1
### 地下人是"黑色人"

**实例**

［佤族］（实例待考）

## W2997.0b.5
### 地下的人很勤劳

【关联】［W2929.10］懒人

**实例**

［高山族］当地面上的人挖井挖得很深的时候，就会听到地下的人大喊："不能挖了，不能挖了！已经挖到我们的屋顶了！"地下的人很勤劳，他们都穿着黑衣黑裤，养了很多很多的牛来耕地。

【流传】（无考）

【出处】陈炜萍搜集整理：《天上、人间、地下》，原载《高山族民间故事选》，见陶阳、钟秀编《中国神话》

## W2997.0b.6
### 地下的人也像人间一样过节日
【关联】［W6600～W6629］节日习俗

实例

［苗族］地下的棒头人世界，也像地上的扁担人世界一样。那里也兴过苗年节，也有跳花场。每年春秋时节，也兴踩歌踏月。

【流传】贵州省中西部

【出处】

（a）祝先先讲，燕宝整理：《棒头人》，见燕宝编《苗族民间故事选》，上海：上海文艺出版社1981年版。

（b）同（a），见姚宝瑄主编《中国各民族神话》（布依族、仡佬族、苗族），太原：山西出版传媒集团·书海出版社2014年版，第160页。

## W2997.0b.7
### 地下的人有特殊本领

实例

（参见下级母题实例）

## W2997.0b.7.1
### 地下的人懂医术
【关联】［W6230～W6249］医药（医术）

实例

［苗族］地上的一个樵夫砍柴时掉到地下世界。地下的棒头人很小，最懂得医药，他们给樵夫吃药包扎，一会儿就全好了。

【流传】贵州省中西部

【出处】

（a）祝先先讲，燕宝整理：《棒头人》，见燕宝编《苗族民间故事选》，上海：上海文艺出版社1981年版。

（b）同（a），见姚宝瑄主编《中国各民族神话》（布依族、仡佬族、苗族），太原：山西出版传媒集团·书海出版社2014年版，第157页。

## W2997.0b.8
### 地下的人像棒头

实例

［苗族］宇宙分为天上、地上和地下三个世界。地下的世界的人的身子像手杆，个子像捶草的棒头，就叫"棒头人"。

【流传】贵州省中西部

【出处】

（a）祝先先讲，燕宝整理：《棒头人》，见燕宝编《苗族民间故事选》，上海：上海文艺出版社1981年版。

（b）同（a），见姚宝瑄主编《中国各民族神话》（布依族、仡佬族、苗族），太原：山西出版传媒集团·书海出版社2014年版，第156页。

## W2997.0b.9
### 地下的人是鬼
【关联】［W0875.1.1］人死后变成鬼

**实例**

（参见下级母题实例）

### W2997.0b.9.1
### 地下的人是无恶不作的鬼

【关联】［W0902］恶灵（恶鬼）

**实例**

［鄂温克族］地下的人，个儿非常小，像猴一样，心非常坏，无恶不做，故可称为鬼。

【流传】（内蒙古自治区·呼伦贝尔市·额尔古纳旗）使用驯鹿鄂温克人

【出处】

（a）《额尔古纳旗使用驯鹿鄂温克人的调查报告》，见内蒙古自治区编辑组《鄂温克族社会历史调查》，呼和浩特：内蒙古人民出版社1986年版，第238页。

（b）《天地神鬼》，见吕大吉、何耀华总主编《中国各民族原始宗教资料集成》（鄂伦春族卷、鄂温克族卷、赫哲族卷、达斡尔族卷、锡伯族卷、满族卷、蒙古族卷、藏族卷），北京：中国社会科学出版社1999年版，第93页。

### W2997.0c
### 另一个世界的人

【关联】［W2987.6.6］人死后灵魂到另一个世界

**实例**

（参见关联项母题实例）

### W2997.0d
### 太阳人

【关联】［W0271］太阳神（日神）

**实例**

（参见下级母题实例）

### W2997.0d.1
### 天上的太阳人

【关联】［W2997.0］天上的人

**实例**

（实例待考）

### W2997.0d.2
### 以前太阳人会死

【关联】［W2941.5］特定的人不死

**实例**

［景颇族］从前，地上的人不会死，只有天上的太阳人才会死。

【流传】云南省

【出处】刘扬武搜集整理：《死的来历》，原载李子贤编《云南少数民族神话选》，见陶阳、钟秀编《中国神话》（下），北京：商务印书馆2008年版，第1075~1076页。

### W2997.1
### 人生活在完美的世界

【汤普森】A1101.1

**实例**

［彝族］很久以前，传说天上的人能过

上美好的生活。

【流传】广西壮族自治区·那坡县·城厢镇·达腊村

【出处】梁绍安讲，王光荣采录翻译：《威志和米义兄妹》，见中国民间文学集成全国编辑委员会编《中国民间故事集成》（广西卷），北京：中国ISBN中心2001年版，第63页。

## W2997.2
### 以前的人幸福

实例

[汉族] 女娲创造了人类之后，许多年来平静无事，人类一直过着快乐幸福的日子。

【流传】（无考）

【出处】《女娲补天》，原载袁珂编译《中国神话故事》，见陶阳、钟秀编《中国神话》（上），北京：商务印书馆2008年版，第391~393页。

## W2997.2.1
### 人的幸福的获得

实例

（参见下级母题实例）

## W2997.2.1.1
### 神给人间带去幸福

实例

[门巴族] 天上的神仙旺秋钦布让儿子到人间，为人类带去幸福。

【流传】西藏自治区·（林芝市）·墨脱县·加热沙区

【出处】伊西平措讲，于乃昌等整理：《房脊神》，见《门巴族民间故事》：http://www.tibet-web.com/:old/minjian/ync/gushi/mulu.htm, 2003.10.02。

## W2997.3
### 吃特定的食物（果实）后知道美丑

实例

（实例待考）

## W2997.4
### 人的其他名称

实例

（参见下级母题实例）

## W2997.4.1
### 人被称为虫

实例

（参见下级母题实例）

## W2997.4.1.1
### 人被仙女称为黑头扁角虫

实例

[达斡尔族] 人被仙女称为黑头扁角虫。

【流传】内蒙古自治区·（呼伦贝尔市）·莫力达瓦（莫力达瓦达斡尔族自治旗）

【出处】鄂忠良讲，孟志东整理：《姐弟俩》，见中华民族故事大系编委会编

《中华民族故事大系》第11卷（达斡尔族、仫佬族、羌族），上海：上海文艺出版社1995年版，第141页。

## W2997.4.2
### 人被称为扁担人

【关联】［W2995.5］扁担人

实例

（参见下级母题实例）

## W2997.4.2.1
### 地上的人叫扁担人

实例

［苗族］宇宙分的三界中，地上的世界，就是我们这些人，身子像碓杆，个子像扁担，就叫做"扁担人"。

【流传】贵州省中西部

【出处】
（a）祝先先讲，燕宝整理：《棒头人》，见燕宝编《苗族民间故事选》，上海：上海文艺出版社1981年版。
（b）同（a），见姚宝瑄主编《中国各民族神话》（布依族、仫佬族、苗族），太原：山西出版传媒集团·书海出版社2014年版，第156页。

## W2997.4a
### 人被称为"人"的时间

实例

（参见下级母题实例）

## W2997.4a.1
### 婴儿掉脐带后才能称为"人"

实例

［基诺族］婴儿脐蒂落后才能称为人。

【流传】云南省·（西双版纳傣族自治州·景洪市）·基诺山（基诺山基诺族乡）·巴卡寨三队

【出处】沙都等讲，杜玉亭调查整理：《巴卡寨产妇产期礼俗》（1980～1989），见吕大吉、何耀华总主编《中国各民族原始宗教资料集成》（彝族卷、白族卷、基诺族卷），北京：中国社会科学出版社1996年版，第886页。

## W2997.4a.2
### 婴儿满月后才能称为"人"

【关联】［W2987.0.1.1］满月内死亡

实例

［基诺族］满月后的婴儿才能称为人（基诺语称为"册饶"）。

【流传】云南省·（西双版纳傣族自治州·景洪市）·基诺山（基诺山基诺族乡）·司土寨

【出处】不拉车等讲，杜玉亭调查整理：《司土寨的满月礼俗》（1989），见吕大吉、何耀华总主编《中国各民族原始宗教资料集成》（彝族卷、白族卷、基诺族卷），北京：中国社会科学出版社1996年版，第892页。

## W2997.5
### 孩子的获得

【关联】［W2580.2］生育能力的获得

实 例

（参见下级母题实例）

## W2997.5.0
### 特定的神或神性人物送子

实 例

（参见下级母题实例）

## W2997.5.0.1
### 祖先神送子

【关联】［W2282.3］向祖先祈子

实 例

［满族］为孩子举行家祭"跳喜神"时，祭祀祖先神，以谢祖送子之恩。

【流传】（无考）

【出处】《跳喜神》，付英仁满族调查材料，见吕大吉、何耀华总主编《中国各民族原始宗教资料集成》（鄂伦春族卷、鄂温克族卷、赫哲族卷、达斡尔族卷、锡伯族卷、满族卷、蒙古族卷、藏族卷），北京：中国社会科学出版社1999年版，第537~538页。

## W2997.5.0.2
### 观音送子

【关联】
① ［W0790.4］观音菩萨
② ［W2281.6］祈祷菩萨生子（向菩萨祈子）

实 例

（实例待考）

## W2997.5.0.3
### 送子娘娘送子

实 例

［汉族］（实例待考）

## W2997.5.1
### 天鹅送子

实 例

［畲族］天鹅为人送子。

【流传】浙江省·丽水（丽水市）

【出处】唐宗龙搜集，陈玮君整理：《蛇师雷七》，见中华民族故事大系编委会编《中华民族故事大系》第8卷（畲族、高山族、拉祜族），上海：上海文艺出版社1995年版，第163页。

## W2997.5.2
### 梦中得子成真

【关联】［W2277.4］梦感

实 例

［独龙族］梦中得子，后来果然得了孩子。

【流传】云南省·怒江（怒江傈僳族自治州）

【出处】杨子安搜集，伊里亚讲，陈凤楼整理：《杏堂工普》，见中华民族故事大系编委会编《中华民族故事大系》第15卷（德昂族、保安族、裕固族、京族、塔塔尔族、独龙族、鄂伦春族），上海：上海文艺出版社1995年版，第642页。

## W2997.5.3
### 捡到的动物变成孩子

【关联】

① ［W2315～W2349］动物变化为人

② ［W2748.8］拾到孩子（捡到孩子）

③ ［W9500］变形

实 例

[蒙古族] 一对相依为命无儿无女的老夫妻，捡到一只冻僵了的青蛙，带回家后将青蛙放在地毯上，盖上被子。第二天变成一个白胖白胖的小男孩。

【流传】（无考）

【出处】都·罗拉搜集，那木吉拉、姚宝瑄记录整理：《青蛙儿子》，见姚宝瑄主编《中国各民族神话》（达斡尔族、鄂伦春族、鄂温克族、蒙古族），太原：山西出版传媒集团·书海出版社2014年版，第233页。

## W2997.6
### 人的迁徙

【关联】［W5298.4］氏族的迁徙

实 例

[满族] 郭合乐哈拉（满语，郭姓氏族）的祖先不是本地人，他们住在西北很远很远的地方。

【流传】黑龙江省·牡丹江市·（阳明区）·铁岭河（铁岭河镇）

【出处】郭鹤令讲，傅英仁采录：《鄂多玛发》，见中国民间文学集成全国编辑委员会编《中国民间故事集成》（黑龙江卷），北京：中国ISBN中心2005年版，第46～48页。

## W2997.6.1
### 人的迁徙原因

实 例

❶ [汉族] 兄妹造的人太多了，他们找两兄妹要吃要穿要住处。两兄妹就让他们各自四海为家。

【流传】四川省·（南充市）·西充县·双凤镇

【出处】黄光华讲，冯大雍采录：《兄妹造人烟》，见中国民间文学集成全国编辑委员会编《中国民间故事集成》（四川卷·上），北京：中国ISBN中心1998年版，第52页。

❷ [怒族] 洪水后，仍经常发生水灾害，兄妹俩从海边，逃到横断山脉。

【流传】云南省·（怒江傈僳族自治州）·碧江县（1986年撤销县制，归入福贡县等）

【出处】宝山屹搜集整理：《碧江怒族虎、麂子、蜂、鸡氏族的族源传说》，见碧江县政协文史资料编写组编《碧江县文史料选集》，内部编印，1987年，第53～64页。

❸ [彝族] 因为月亮上的羊子一个个死去，人们就要面临饥荒的灾难。于是，人们纷纷迁到地上。

【流传】四川省·攀枝花市·仁和区·啊喇乡

【出处】李如珍讲，罗有金采录：《哥哥

留在月亮上》，见中国民间文学集成全国编辑委员会编《中国民间故事集成》（四川卷·上），北京：中国ISBN中心1998年版，第752页。

### W2997.6.2
### 人从天上迁徙到地上

【关联】［W2025］人从天降（天降人）

实 例

❶ ［珞巴族］列德罗登（人的始祖母）牵着牛、马和羊从天上移居到地上。

【流传】珞巴族崩如部落

【出处】阿岗讲，于乃昌整理：《列德罗登》，见《珞巴族民间故事》：http://www.tibet-web.com/old/minjian/ync/gushi/mulu.htm, 2003.10.02。

❷ ［纳西族］崇仁利恩和衬红褒白命令人类从天上迁到地上。

【流传】云南省·丽江（丽江市）

【出处】和芳讲：《崇仁利恩解秽经》，见《东巴经文资料》（1963～1964），中国社科院图书馆单册复印云南丽江县文化馆资料合订本，第1页。

### W2997.6.3
### 人从月亮迁徙到地上

【关联】［W2025.3.1］月亮让一个女子从天而降

实 例

［彝族］人因为饥饿，从月亮上纷纷迁到地上。

【流传】四川省·攀枝花市·仁和区·

啊喇乡

【出处】李如珍讲，罗有金采录：《哥哥留在月亮上》，见中国民间文学集成全国编辑委员会编《中国民间故事集成》（四川卷·上），北京：中国ISBN中心1998年版，第752页。

### W2997.6.4
### 人从山丘搬到平地居住

【关联】［W6189］人的居所的变化

实 例

［汉族］以前，人从山丘搬到平地上住。

【流传】（无考）

【出处】《风俗通义·山泽第十》引《尚书》，见［东汉］应劭著，赵泓译注《风俗通义全译》，贵阳：贵州人民出版社1998年版，第386页。

### W2997.6a
### 人的境遇

实 例

（参见下级母题实例）

### W2997.6a.1
### 特定境遇的人

实 例

（参见下级母题实例）

### W2997.6a.1.1
### 受排挤的人

实 例

［鄂伦春族］七八个人自愿结成一个狩

猎组去打猎，几天后猎获很多野兽，但其中的一个人一无所获，因此被排挤出狩猎组，无奈他只好单干，但他仍然什么也没有猎获到。

【流传】（无考）

【出处】

（a）内蒙古自治区编委会编：《鄂伦春族社会历史调查》第一集，呼和浩特：内蒙古人民出版社1984年版，第50页。

（b）《山神的传说》，见吕大吉、何耀华总主编《中国各民族原始宗教资料集成》（鄂伦春族卷、鄂温克族卷、赫哲族卷、达斡尔族卷、锡伯族卷、满族卷、蒙古族卷、藏族卷），北京：中国社会科学出版社1999年版，第18页。

## W2997.7
### 每个人在天上都有对应的的一颗星

【关联】

① ［W1719.5］人死后变成星星
② ［W2987.7.3］人死后化为星辰

实 例

［达斡尔族］每个人在天上都有自己的一颗星。

【流传】（无考）

【出处】吕大吉、何耀华总主编：《中国各民族原始宗教资料集成》（鄂伦春族卷、鄂温克族卷、赫哲族卷、达斡尔族卷、锡伯族卷、满族卷、蒙古族卷、藏族卷），北京：中国社会科学出版社1999年版，第293页。

## W2997.8
### 重新做人

【关联】［W2528.3］人回炉再生

实 例

（参见下级母题实例）

## W2997.8.1
### 通过复生重新做人

【关联】

① ［W2961］人的寿命的重新获得
② ［W9303］人的复活

实 例

［苗族］召采（人名）的妻子卯蛊彩娥翠被三只老虎抢走后，与老虎结婚生子。后来召采杀死老虎找回妻子。回家途中经过一个大湾子。妻子说："过去我去你家的时候，就像这天、这地一样清澈透亮。现在跟你回去就像老母猪滚过的泥塘浑浑噩噩，我是回不去的。这里是个好地方，又有遍地的毛狗苔。你把那棵大树砍来，做成一个槽子（棺材）挖一个坑，把我埋在这里。你再去砍两棵嫩竹插在我的坟上。你挖毛狗苔吃，守着我。等到我过去弹奏的口弦铮铮有声，坟上的嫩竹转绿成活时，你刨开我的坟，我再跟你回去见爹妈。"

【流传】云南东部（云南省·昭通市、曲靖市、文山壮族苗族自治州、红河哈尼族彝族自治州、楚雄彝族自治州等地市州）

【出处】马兴才讲，杨忠伦记录翻译：

《召采与卯蛊彩娥翠》，原载《云南苗族民间文学集成》，见陶阳、钟秀编《中国神话》（中），北京：商务印书馆 2008 年版，第 1037~1053 页。

## W2997.9
### 人是万物之灵

【关联】[W4627.3] 人主宰世间万物

实 例

（参见下级母题实例）

## W2997.9.1
### 人是万物之灵是因为人有灵气

【关联】

① [W2114.5] 吹灵气使造的人成活
② [W2114.5.1] 天神吹灵气使造的人成活
③ [W2114.5.1.1] 天神夫妻吹灵气使造的人成活
④ [W2114.5.2] 真主吹灵气使造的人成活
⑤ [W2153.5.9] 男人用灵气孕育人
⑥ [W2194.1.1] 莲花吸收日月精华天地灵气后生人

实 例

[汉族] 人是第七天用泥巴拌水捏出来的。捏成后，女娲娘娘又吐唾沫吹口气，所以，人就有了灵气，称之为万物之灵。

【流传】湖北省·孝感市

【出处】杨明春讲，宋虎搜集整理：《女娲造六畜》，载《民间文学》1986 年第 1 期。

## W2997.9.2
### 人会说话成为万物之灵

【关联】[W6701] 语言的产生

实 例

[彝族（俚颇）] 天神种出了人。人会说话，为万物之灵。

【流传】云南省·（楚雄彝族自治州）·大姚县·昙华山区（昙华乡）

【出处】

（a）陆颇梭颇（毕摩）演唱，夏光辅、诺海阿苏翻译：《俚泼古歌》，见云南省社会科学院楚雄彝族文化研究所编《彝族民间文学》第二辑，1985 年。

（b）陆颇梭颇（毕摩）演唱，夏光辅、诺海阿苏翻译，古梅改写：《赤梅葛——俚泼古歌》，见姚宝瑄主编《中国各民族神话》（羌族、彝族），太原：山西出版传媒集团·书海出版社 2014 年版，第 101 页

## W2997.10
### 人的灵气

实 例

[汉族] 女娲造人，吹气后有了灵气，被称为万物之灵。

【流传】湖北省

【出处】杨明春讲，宋虎搜集整理：《女娲造六畜》，见姚宝瑄主编《中国各民族神话》（汉族），太原：山西出版传媒集团·书海出版社 2014 年版，第 33~34 页。

## W2997.10.1
造人者吹气成为人的灵气

【关联】

① ［W2114.5］吹灵气使造的人成活

② ［W2912.0.3］造人时吹气获得灵性

实 例

（参见 W2997.9.1，W2997.10 母题实例）

# 附录 1

# 中国人类起源神话母题检索表

## 2.1 人类产生概说
【W2000～W2019】

### 2.1.1 人产生的原因
【W2000～W2009】

✿ W2000　人类的产生（人的产生）　【1】

W2000.1　以前没有人类　【1】

W2000.1.1　天地混沌时没有人

W2000.1.2　远古时代没有人

W2000.1.2.1　洪荒时代没有人

W2000.1.2.2　盘古时代没有人

W2000.1.2.3　上古时没有人

W2000.1.2.4　天地初分时没有人

W2000.1.2.5　洪水前没有人

W2000.1.3　以前特定的地方没有人

W2000.1.3.1　以前特定的岛上没有人

W2000.1.3.2　以前特定的山上没有人

W2000.1.3.3　以前特定的坝子没有人

W2000.1.4　以前有万物没有人

W2000.1.5　以前有动植物没有人

W2001　人类的产生没有原因　【8】

✴ W2002　人类产生有特定的原因　【8】

W2003　人的产生与神有关　【8】

W2003.1　人的产生源于神的意志　【9】

W2004　人的产生与世界变化有关　【9】

W2005　人的产生与特定的需要有关　【9】

W2006　人类产生的其他特定原因　【9】

W2007　与人类产生原因有关的其他母题　【9】

| | | | | | | |
|---|---|---|---|---|---|---|
| W2007.1 | 人的产生与天气有关 | 【9】 | | W2011.3.4.1 | 开天辟地后8个月形成人 | |
| W2007.2 | 人的产生源于神的争斗 | 【10】 | | W2011.3.4.2 | 开天辟地后9个月形成人 | |
| | | | | W2011.3.5 | 开天辟地后产生特定的人 | |
| | | | | W2011.3.5.1 | 开天辟地后产生伏羲姊妹 | |

## 2.1.2 人产生的时间
【W2010～W2014】

| | | |
|---|---|---|
| ✵ W2010 | 人产生的时间 | 【10】 |
| W2010.1 | 最早产生的人（最早的人） | 【10】 |
| W2010.1.1 | 原始人 | |
| W2010.1.1.1 | 卵生原始人 | |
| W2011 | 远古时产生人 | 【11】 |
| W2011.1 | 太古时代产生人 | 【11】 |
| W2011.1.1 | 洪荒时代产生人 | |
| W2011.1.1.1 | 洪荒时代天降人 | |
| W2011.2 | 天地形成时产生人 | 【11】 |
| W2011.2.1 | 天地分开时天上掉下人 | |
| W2011.3 | 天地形成以后产生人（天地分开后产生人） | 【12】 |
| W2011.3.0 | 天地形成后自然产生人 | |
| W2011.3.0.1 | 盘古开天辟地后产生人 | |
| W2011.3.1 | 天产生后产生人 | |
| W2011.3.1.1 | 盘古开天后产生人 | |
| W2011.3.2 | 地产生后产生人 | |
| W2011.3.2.1 | 动物造地后产生人 | |
| W2011.3.2.2 | 地产生后特定时间产生人 | |
| W2011.3.3 | 开天辟地后生人 | |
| W2011.3.3.1 | 开天辟地后始祖生人 | |
| W2011.3.3.2 | 开天辟地后生怪人 | |
| W2011.3.4 | 开天辟地特定时间后产生人 | |
| W2012 | 大灾难之前产生人 | 【15】 |
| W2012.1 | 大洪水前产生人 | 【15】 |
| W2012.2 | 与大灾难之前产生人有关的其他母题 | 【15】 |
| W2012a | 大灾难之后产生人 | 【15】 |
| W2012a.1 | 大洪水后产生人 | 【15】 |
| W2013 | 人有特定产生时间 | 【16】 |
| W2013.1 | 亿万年前产生人 | 【16】 |
| W2013.2 | 数万年前产生人 | 【16】 |
| W2013.2.1 | 数万年前产生伏羲兄妹 | |
| W2013.3 | 神产生1万年后产生人 | 【16】 |
| W2013.4 | 特定人物出现时产生人 | 【16】 |
| W2013.4.1 | 伏羲时代产生人 | |
| W2013.5 | 正月初七产生人 | 【17】 |
| W2013.6 | 龙日产生人 | 【17】 |
| W2013.7 | 特定事件时产生人 | 【17】 |
| W2013.7.1 | 补天补地后产生人 | |
| W2013.7.1.1 | 女娲补天后产生人 | |
| W2013.7.1.2 | 仙女补天补地后产生人 | |
| W2013.7.2 | 伏羲化辰光时产生人 | |
| **W2014** | **与人产生的时间** | |

|  |  |  |
|---|---|---|
|  | 有关的其他母题 | 【18】 |
| W2014.1 | 特定的神管着人产生的时间 | 【18】 |
| W2014.2 | 射日后人类开始繁衍 | 【18】 |
| W2014.2.1 | 人祖射日后人类开始繁衍 |  |

### 2.1.3 人产生的地点
【W2015～W2019】

|  |  |  |
|---|---|---|
| **W2015** | 人产生在天上 | 【19】 |
| W2015.1 | 人最先出现在天上 | 【19】 |
| W2015.2 | 人产生在空气中 | 【19】 |
| W2015.3 | 与人产生在天上有关的其他母题 | 【19】 |
| W2015.3.1 | 人产生在天上的特定地方 |  |
| W2015.3.2 | 人天上生地上养 |  |
| **W2016** | 人产生在地上 | 【20】 |
| W2016.1 | 人产生在山上 | 【20】 |
| W2016.1.1 | 人产生在山洞中 |  |
| W2016.2 | 人产生在水中 | 【21】 |
| W2016.2.1 | 人产生在特定的湖中 |  |
| **W2017** | 人产生于其他某个特定的地点 | 【21】 |
| W2017.1 | 人类从冰雪里诞生 | 【21】 |
| W2017.2 | 人产生在植物中 | 【21】 |
| **W2018** | 与人的产生地点有关的其他母题 | 【22】 |
| W2018.1 | 人产生地点的选择 | 【22】 |
| W2018.2 | 人产生地点的变化 | 【22】 |
| W2018.2.1 | 人从天上迁到地上繁衍 |  |

## 2.2 人自然存在或来源于某个地方
【W2020～W2029】

### 2.2.1 人自然存在
【W2020～W2024】

|  |  |  |
|---|---|---|
| **W2020** | 人自然存在 | 【23】 |
| W2020.1 | 人自然产生（自然产生人） | 【23】 |
| W2020.1.1 | 天地产生时自然产生人类 |  |
| W2020.1.2 | 太古时自然产生人类 |  |
| W2020.2 | 混沌初开时自然出现人 | 【24】 |
| W2020.2.1 | 开辟天地后自然产生人 |  |
| W2020.2.2 | 混沌分开后特定的地方出现人 |  |
| W2020.2.2.1 | 混沌分开后不周山下出现人 |  |
| **W2021** | 世上出现的第一个人 | 【25】 |
| W2021.1 | 世上最早只有1个老人 | 【26】 |
| W2021.2 | 世上最早只有1个女人（第一个女人） | 【26】 |
| W2021.2.1 | 第一个女人的产生 |  |
| W2021.2.1.0 | 自然存在第一个女人 |  |
| W2021.2.1.1 | 天降第一个女人 |  |
| W2021.2.1.2 | 神婚生第一个女人 |  |
| W2021.2.1.3 | 神造第一个女人 |  |
| W2021.2.1.4 | 世上最早出现的是 |  |

|  |  |  |  |
|---|---|---|---|
|  | 地母的女儿 |  | 阿塔 |
| W2021.2.2 | 第一个女人的特征 | W2021.3.4 | 与第一个男人有关的其他母题 |
| W2021.2.2.1 | 第一个女人是肉核 |  |  |
| W2021.2.3 | 第一个女人的名字 | W2021.3.4.1 | 孤独的男人 |
| W2021.2.3.1 | 第一个女人是女娲（女娲是第一个女人） | W2021.3.4.2 | 第一个男人是男性怪物 |
|  |  | **W2021.4** | **与世上出现的第一个人有关的其他母题** 【35】 |
| W2021.2.3.2 | 第一个女人是夏娃 |  |  |
| W2021.2.3.3 | 第一个女人是阿娲阿娜 | W2021.4.1 | 骨头棒子是世上最早的人 |
| W2021.2.3.4 | 第一个女人是黎母 | W2021.4.2 | 天地生的第一个人是榜香猷 |
| W2021.2.3.5 | 第一个女人是塔婆然 |  |  |
| W2021.2.3.6 | 第一个女人是姆六甲 | W2021.4.3 | 世上第一个人有特定住所 |
| W2021.2.3.7 | 其他有名字的第一个女人 | W2021.4.3.1 | 世上第一个人住在天上 |
| W2021.2.4 | 与第一个女人有关的其他母题 | **W2022** | **世上最早有2人** 【36】 |
|  |  | **W2022.1** | **世上最早有1男1女（第1对男女）** 【36】 |
| W2021.2.4.1 | 孤独的女人 |  |  |
| W2021.2.4.2 | 第一个女人生人 |  |  |
| W2021.2.4.3 | 世界最早只有一个1女人和动物 | W2022.1.0 | 最早1对男女的产生 |
|  |  | W2022.1.0.1 | 天降最早1对男女 |
| W2021.2.4.4 | 灾难后再生的第一个女人 | W2022.1.0.2 | 最早变化出1对男女 |
|  |  | W2022.1.1 | 世上最早只有1对夫妻 |
| **W2021.3** | **世上最早只有1个男人** 【31】 |  |  |
|  |  | W2022.1.1.1 | 世上最早只有1对人祖 |
| W2021.3.0 | 第一个男人的产生 |  |  |
| W2021.3.0.1 | 天降第一个男人 | W2022.1.1.2 | 最早的混沌中只有1对夫妻 |
| W2021.3.0.2 | 神造第一个男人 |  |  |
| W2021.3.0.3 | 神生第一个男人 | W2022.1.1.3 | 最早1对夫妻是田公和地母 |
| W2021.3.1 | 第一个男人是盘古 |  |  |
| W2021.3.1.1 | 天地生的第一个人是盘古 | W2022.1.1.4 | 世上最早只有1对老夫妻 |
|  |  | W2022.1.2 | 世上最早只有兄妹2人 |
| W2021.3.1.2 | 混沌生的第一个人是盘古 |  |  |
|  |  | W2022.1.2.1 | 最早只有伏羲女娲兄妹 |
| W2021.3.2 | 第一个男人是亚当 |  |  |
| W2021.3.3 | 其他有名字的第一个男人 | W2022.1.2.2 | 世上最早有伏羲兄妹 |
| W2021.3.3.1 | 第一个男人阿达姆 |  |  |

| 编号 | 母题 | 页 |
|---|---|---|
| | 2 人 | |
| W2022.1.2.3 | 人类再生时最早的兄妹 2 人 | |
| W2022.1.3 | 世上最早有姐弟 2 人 | |
| W2022.1.4 | 世上最早有父女 2 人 | |
| W2022.1.5 | 世上最早有男女两位老人 | |
| W2022.1.6 | 世上最早有一对有名字的男女 | |
| W2022.1.6.1 | 第 1 对男女是羲男和羲女 | |
| W2022.1.6.2 | 第 1 对男女是亚当和夏娃 | |
| W2022.1.6.3 | 第 1 对男女是阿娲阿塔和阿娲阿娜 | |
| **W2022.2** | **世上最早有 2 男** | 【41】 |
| W2022.2.1 | 世上最早只有兄弟 2 人 | |
| W2022.2.2 | 世上最早有父子 2 人 | |
| W2022.2.3 | 世上最早有其他特定的两个人 | |
| W2022.2.3.1 | 最早有 2 个男始祖 | |
| W2022.2.3.2 | 世上最早只有盘古和三皇五帝两人 | |
| **W2022a** | **世上最早有 3 人** | 【42】 |
| W2022a.1 | 世上最早有一对夫妻和 1 个女儿 | 【42】 |
| **W2022b** | **世上最早有多人** | 【42】 |
| W2022b.1 | 世上最早的人子孙很多 | 【43】 |
| W2022b.1.1 | 世上最早的人因灵魂不离身体繁衍很多 | |
| **W2023** | **与人的自然存在有关的其他母题** | 【43】 |
| W2023.1 | 人自然产生的情形 | 【43】 |
| W2023.2 | 世上最早只有 4 人 | 【43】 |
| W2023.3 | 世上最早有一家人 | 【43】 |
| W2023.4 | 世上最早有 2 家人 | 【43】 |

## 2.2.2 人源于某个地方
【W2025～W2029】

| 编号 | 母题 | 页 |
|---|---|---|
| **W2025** | **人从天降（天降人）** | 【44】 |
| W2025.1 | 天漏后落下人 | 【45】 |
| W2025.2 | 人从太阳那里来 | 【45】 |
| W2025.3 | 人从月亮中来 | 【45】 |
| W2025.3.1 | 月亮让一个女子从天而降 | |
| W2025.3.2 | 人从月亮重返大地 | |
| **W2025.4** | **与人从天降有关的其他母题** | 【46】 |
| W2025.4.0 | 人从天上被逐到地上 | |
| W2025.4.0.1 | 天上的人违反禁忌被罚到地上 | |
| W2025.4.0.2 | 神造的男女犯忌被罚到地上 | |
| W2025.4.1 | 人吃禁果被赶下天堂 | |
| W2025.4.2 | 天降女祖先 | |
| W2025.4.3 | 天上下来的小人 | |
| W2025.4.4 | 特定人物让人降到地上 | |
| W2025.4.4.1 | 天神从天缝中降下第一个女人 | |
| W2025.4.4.2 | 文化始祖让人降到地上 | |
| W2025.4.4.3 | 神把人从天上骗到地上 | |
| W2025.4.5 | 特定的人物从天降 | |
| W2025.4.5.1 | 太阳的儿女从天降 | |
| W2025.4.5.2 | 天降众兄弟 | |

| | | | | | |
|---|---|---|---|---|---|
| W2025.4.5.3 | 天降1对母子 | | W2028.4.1 | 人从特定的山上来 | |
| W2025.4.6 | 为看管万物天降人 | | W2029 | 与人源于某地有关的其他母题 | 【55】 |
| W2025.4.7 | 神从天上派人到人间 | | W2029.1 | 人从宇宙中来 | 【55】 |
| W2025.4.7.1 | 老天爷派人到人间 | | W2029.2 | 人自然降生 | 【55】 |
| W2025.4.7.2 | 天神从天上派人到人间 | | W2029.3 | 人是动物从某个地方带来的 | 【55】 |
| W2025.4.8 | 天地分离造成天降人 | | W2029.3.1 | 人是鸟从某个地方叼来的 | |
| W2025.4.9 | 人从光中降落人间 | | | | |
| W2025.4.10 | 天补好后才能降生 | | | | |
| W2025.4.11 | 天降的特定物中生人 | | | | |
| W2025.4.11.1 | 天降的蜂筒生人 | | | | |
| W2025.4.11.2 | 天降的棉团生人 | | | | |
| W2025.4.12 | 天上先降动物后降人 | | | | |

## 2.3 造人
【W2030 ~ W2129】

| | | |
|---|---|---|
| W2026 | 人从神界到人间 | 【52】 |
| W2027 | 人从地下来 | 【52】 |

### 2.3.1 造人的时间
【W2030 ~ W2039】

| | | | | | |
|---|---|---|---|---|---|
| W2027.1 | 人从地面中出现 | 【53】 | ✿ W2030 | 人是造出来的（造人） | 【56】 |
| W2027.2 | 人从下界来 | 【53】 | ✲ W2031 | 造人的时间 | 【56】 |
| W2027.3 | 人从井里来（人从井边来） | 【53】 | W2032 | 很早以前造人 | 【56】 |
| W2027.4 | 与人从地下来有关的其他母题 | 【53】 | W2033 | 混沌之后造人 | 【56】 |
| W2027.4.1 | 人通过特定渠道从地下来到地上 | | W2034 | 开天辟地时造人 | 【56】 |
| W2027.4.1.1 | 人通过隧道从地下来到地上 | | W2034.1 | 开天辟地时天神造人 | 【57】 |
| W2027.4.2 | 人从地下的岩石层来到地上 | | W2034.1.1 | 开天辟地时天神用泥造人 | |
| W2028 | 人从其他地方来 | 【54】 | W2034.2 | 开天时造人 | 【57】 |
| W2028.0 | 人来源于有名字的地方 | 【54】 | W2035 | 开天辟地后造人 | 【57】 |
| W2028.0.1 | 人来源于一个叫"阿鲁妈哈"的地方 | | W2035.1 | 天地形成后造人 | 【59】 |
| W2028.1 | 人来源于不知名的地方 | 【54】 | W2035.2 | 造出天地之后造人 | 【59】 |
| | | | W2035.2.1 | 造出天地之后女娲造人 | |
| W2028.2 | 人从远方来 | 【54】 | W2035.3 | 开天辟地后神造人 | 【60】 |
| W2028.3 | 人从海的对岸来 | 【55】 | W2035.3.1 | 开天辟地后天神造人 | |
| W2028.4 | 人从山上来 | 【55】 | W2036 | 特定的年代造人 | 【60】 |
| | | | W2036.1 | 伏羲时代造人 | 【60】 |

| | | |
|---|---|---|
| W2036.2 | 太昊时代造人 | 【60】 |
| W2037 | 特定时间造人 | 【60】 |
| W2037.1 | 几万年前造人 | 【61】 |
| W2037.2 | 特定年份造人 | 【61】 |
| W2037.2.1 | 寅年造人 | |
| W2037.3 | 特定日子造人 | 【61】 |
| W2037.3.1 | 戌日造人 | |
| W2038 | 特定事件后造人 | 【62】 |
| W2038.1 | 结婚后开始造人 | 【62】 |
| W2038.2 | 大灾难后造人 | 【62】 |
| W2038.2.1 | 烈日洪水后造人 | |
| W2038.3 | 盘古死后造人 | 【62】 |
| W2038.3.1 | 盘古死后许多万年造人 | |
| W2038.3.2 | 盘古死后女娲造人 | |
| W2038.3.3 | 盘古死后伏羲兄妹造人 | |
| W2039 | 与造人时间有关的其他母题 | 【63】 |
| W2039.0 | 产生万物后造人 | 【63】 |
| W2039.0.1 | 产生万物后神造人 | |
| W2039.0.2 | 产生天地日月和草木后造人 | |
| W2039.1 | 日月刚刚形成时造人 | 【64】 |
| W2039.2 | 世界出现光时造人 | 【65】 |
| W2039.3 | 大海变小泊时造人 | 【65】 |
| W2039.4 | 树木花草发芽时造人 | 【65】 |
| W2039.5 | 第7天时造出人 | 【65】 |
| W2039.5.1 | 前6天造动物，第7天造出人 | |
| W2039.5.1.1 | 女娲前6天造动物，第7天造出人 | |
| W2039.6 | 特定的时间造人 | 【66】 |
| W2039.6.1 | 年月日与时辰属性相同时造人 | |
| W2039.6.1.1 | 年月日与时辰都属虎时造人 | |

### 2.3.2 造人的原因
【W2040 ~ W2049】

| | | |
|---|---|---|
| ✿ W2040 | 造人的原因 | 【66】 |
| W2041 | 无目的的造人 | 【67】 |
| W2041.1 | 无意中造人 | 【67】 |
| W2041.1.1 | 造人者闲着没事造人 | |
| W2042 | 为管理世界造人 | 【67】 |
| W2042.0 | 神为管理世界造人 | 【68】 |
| W2042.0.1 | 天神为管理世界造人 | |
| W2042.1 | 为管理天地造人 | 【68】 |
| W2042.1.1 | 为管理大地造人 | |
| W2042.1a | 为管理万物造人 | 【69】 |
| W2042.1a.1 | 创世神为管理万物造人 | |
| W2042.2 | 为看管某个处所造人 | 【69】 |
| W2042.2.1 | 为看管4个方位造人 | |
| W2042.2.2 | 为看管花园造人 | |
| W2042.2.2.1 | 为看管天宫的花园造人 | |
| W2042.2.2.2 | 为看管桃园造人 | |
| W2042.2a | 为管理动植物造人 | 【70】 |
| W2042.3 | 为管理动物造人 | 【70】 |
| W2042.3.1 | 为管理六畜造人 | |
| W2042a | 因为地上缺少生机造人 | 【71】 |
| W2042a.1 | 因为地上没有人造人 | 【71】 |
| W2042a.1.1 | 因为地上有万物没有人造人 | |
| W2042a.1.2 | 因为地上只有动物没有人造人 | |
| W2042a.1.3 | 因有的地方没有人造人 | |
| W2042a.2 | 担心大地苍凉造人 | 【72】 |

|  |  |  |
|---|---|---|
| W2042a.2.1 | 为让地上热闹造人 | |
| W2042a.2.1.1 | 地神为让地上热闹造人 | |
| **W2043** | **因原来的人灭绝造人** | 【73】 |
| W2043.1 | 因灾难后人类被毁灭造人 | 【73】 |
| W2043.2 | 因婚生的人死掉造人 | 【73】 |
| W2043.3 | 因原来的人死亡造人 | 【74】 |
| W2043.3.1 | 生育的孩子死后造人 | |
| W2043.3.1.1 | 盘古夫妻的全部儿子死后造人 | |
| **W2044** | **为消除孤独造人（因孤独造人）** | 【74】 |
| W2044.1 | 神感到孤独造人 | 【74】 |
| W2044.1.1 | 神感到寂寞造人 | |
| W2044.1.1.1 | 女天神感到寂寞造人 | |
| W2044.1.1.2 | 妈妈神感到寂寞造人 | |
| W2044.1.2 | 神因为没有玩伴造人 | |
| W2044.1.2.1 | 天神下凡因为没有玩伴造人 | |
| W2044.2 | 创世者感到孤独造人 | 【76】 |
| W2044.2.1 | 创世的夫妻神感到孤独造人 | |
| W2044.3 | 特定的人感到孤独造人 | 【76】 |
| W2044.3.1 | 最早出现的人感到孤独造人 | |
| W2044.3.2 | 灾难后幸存的人感到孤独造人 | |
| W2044.3.3 | 盘古感到孤独造人 | |
| W2044.3.4 | 伏羲女娲感到孤独造人 | |
| W2044.3.5 | 女娲感到孤独造人 | |
| W2044.4 | 其他特定的人物感到孤独造人 | 【78】 |
| **W2045** | **因特定人物的指令造人** | 【79】 |
| W2045.1 | 玉帝下旨意造人 | 【79】 |
| W2045.1.1 | 玉帝下旨女娲造人 | |
| W2045.2 | 天神下旨造人 | 【79】 |
| **W2046** | **因繁衍人类的需要造人** | 【80】 |
| W2046.1 | 因婚后不能生育造人 | 【80】 |
| W2046.1.1 | 兄妹婚不能生育造人 | |
| W2046.1.1.1 | 盘和古兄妹婚不能生育造人 | |
| W2046.1.1.2 | 伏羲女娲兄妹婚不能生育造人 | |
| W2046.1.2 | 姐弟婚不能生育造人 | |
| W2046.1.3 | 因夫妻年龄悬殊不能生育造人 | |
| W2046.2 | 因婚后没有生育造人 | 【81】 |
| W2046.2.1 | 兄妹因婚后没有生育造人 | |
| W2046.3 | 因结婚后生人太慢造人 | 【82】 |
| W2046.3.1 | 兄妹婚后嫌生人太慢造人 | |
| W2046.3.1.1 | 盘古兄妹婚后嫌生人太慢造人 | |
| W2046.3.1.2 | 伏羲女娲兄妹婚后嫌生人太慢造人 | |
| W2046.4 | 因生的人有残疾造人 | 【83】 |
| W2046.5 | 为接人间烟火造人 | 【83】 |
| W2046.6 | 因年老不能生育造人 | 【83】 |
| W2046.6.1 | 女始祖因年龄大不能生育造人 | |
| **W2047** | **与造人原因有关的其他母题** | 【84】 |
| W2047.1 | 因没有配偶造人 | 【84】 |
| W2047.1.1 | 男子造出自己的妻子 | |
| W2047.2 | 为了让人修整大地 | |

|  |  |  |  |  |  |
|---|---|---|---|---|---|
|  | 造人 | 【84】 | W2053.5 | 天神造人不成功 | 【91】 |
| W2047.3 | 为了帮自己干活造人 | 【85】 | W2053.5.1 | 天神多次造人不成功 |  |
| W2047.3.1 | 神为了让人代替自己劳作造人 |  | W2053.6 | 与天神造人有关的其他母题 | 【91】 |
| W2047.3.2 | 喇嘛为了让人代替自己劳作造人 |  | W2053.6.1 | 天神派的神造人 |  |
|  |  |  | W2053.6.2 | 特定名称的天神造人 |  |
| W2047.4 | 因地上缺少有智慧的生命造人 | 【85】 | W2053.6.3 | 不知名的天神造人 |  |
|  |  |  | W2053.6.4 | 天老爷造人 |  |
| W2047.4.1 | 因地上的动物不会说话造人 |  | W2053.6.5 | 天神用石头造人 |  |
|  |  |  | W2053.6.6 | 天神用泥土造人 |  |
| W2047.5 | 怕人类灭绝造人 | 【86】 | W2054 | 地神造人 | 【93】 |
| W2047.6 | 被惩罚下凡造人 | 【86】 | W2054.1 | 特定名称的地神造人 | 【93】 |
| W2047.6.1 | 女娲被罚下凡造人 |  | W2055 | 男神造人 | 【94】 |
| W2047.7 | 受某种启发造人 | 【86】 | W2056 | 女神造人 | 【94】 |
| W2047.7.1 | 受影子的启发造人 |  | W2056.0 | 创世女神造人 | 【94】 |
| W2047.7.1.1 | 看到自己水中的影子想到造人 |  | W2056.1 | 神的女儿造人 | 【94】 |
|  |  |  | W2056.2 | 女神姐妹造人 | 【95】 |
| W2047.8 | 因天神看到地上有兽无人造人 | 【87】 | W2056.3 | 老妈妈神造人 | 【95】 |
|  |  |  | W2056.3.1 | 老妈妈神刻木造人 |  |
|  |  |  | W2056.4 | 妈祖造人 | 【95】 |
| **2.3.3 造人者** |  |  | W2056.5 | 其他特定女神造人 | 【96】 |
| **【W2050~W2079】** |  |  | W2056.6 | 女神被派遣造人 | 【96】 |
|  |  |  | W2056.6.1 | 神王派造人女神造人 |  |
| ✿ W2050 | 造人者 | 【87】 | W2057 | 众神共同造人 | 【97】 |
| ✱ W2051 | 神或神性人物造人 | 【87】 | W2057.1 | 男神女神共同造人 | 【98】 |
| W2052 | 神造人 | 【87】 | W2057.2 | 夫妻神造人 | 【98】 |
| W2052.1 | 大神造人 | 【87】 | W2057.3 | 天神和地神造人 | 【99】 |
| W2052.2 | 最高神造人 | 【88】 | W2057.4 | 母子神造人 | 【99】 |
| W2053 | 天神造人 | 【88】 | W2057.4.1 | 创世神母子造人 |  |
| W2053.1 | 男女天神造人 | 【89】 | W2057.5 | 雷公风神共同造人 | 【99】 |
| W2053.1.1 | 男天神造人 |  | W2057.6 | 兄妹神造人 | 【99】 |
| W2053.1.2 | 女天神造人 |  | W2058 | 造物主造人（造物神造人） | 【100】 |
| W2053.1.3 | 天神夫妻造人 |  |  |  |  |
| W2053.2 | 众天神造人 | 【90】 | W2058.1 | 创世神造人 | 【100】 |
| W2053.3 | 天神下凡后造人 | 【90】 | W2058.2 | 创世者造人 | 【101】 |
| W2053.4 | 天神与弟子造人 | 【90】 | W2058.2.1 | 天神让创世者造人 |  |

| | | | | | | |
|---|---|---|---|---|---|---|
| W2058.3 | 创世主造人 | 【101】 | | W2061.5 | 独身神造人 | 【108】 |
| W2059 | 神仙造人 | 【102】 | | W2061.6 | 神匠造人 | 【109】 |
| W2059.1 | 仙造人 | 【102】 | | W2061.7 | 天管师造人 | 【109】 |
| W2059.2 | 天仙造人 | 【102】 | | W2061.8 | 文化英雄造人 | 【109】 |
| W2059.2.1 | 真主让天仙造人 | | | W2061.9 | 巨人造人 | 【109】 |
| W2059.3 | 多个仙人造人 | 【103】 | | W2061.9.1 | 巨人分开天地后造人 | |
| W2059.3.1 | 太极和无极造人 | | | W2061.10 | 鬼造人 | 【110】 |
| W2060 | 祖先造人（始祖造人） | 【103】 | | W2061.10.1 | 鬼造1对男女 | |
| | | | | W2061.10.2 | 鬼神造人的生命 | |
| W2060.1 | 女祖先造人（女始祖造人） | 【104】 | | W2061.11 | 妖造人 | 【110】 |
| | | | | W2061.12 | 人皇造人 | 【111】 |
| W2060.1.1 | 特定名称的女祖先造人 | | | W2061.13 | 神性的兄妹造人 | 【111】 |
| | | | | W2061.14 | 萨满造人 | 【111】 |
| W2060.1.2 | 女祖先的女儿造人 | | | W2061.15 | 娘娘造人 | 【111】 |
| W2060.2 | 男祖先造人（男始祖造人） | 【104】 | | W2061.15.1 | 女娲娘娘造人 | |
| | | | | W2061.15.2 | 依罗娘娘造人 | |
| W2060.3 | 祖先神造人（始祖神造人） | 【105】 | | W2061.16 | 皇天后土造人 | 【112】 |
| | | | | W2061.16.1 | 皇天后土用泥造人 | |
| W2060.4 | 男女祖先共同造人（男女始祖造人） | 【105】 | | W2061.17 | 金童玉女造人 | 【113】 |
| | | | | W2061.17.1 | 金童玉女用黏土造人 | |
| W2060.4.1 | 人祖爷和人祖奶姐弟俩造人 | | | W2061.18 | 人王公人王婆造人 | 【113】 |
| | | | | W2061.18.1 | 天下翁天下婆造人 | |
| W2060.4.2 | 始祖遮帕麻和遮米麻造人 | | | W2061.19 | 世神下凡造人 | 【114】 |
| | | | | W2061.20 | 特定方位的神造人 | 【114】 |
| W2061 | 其他神或神性人物造人 | 【105】 | | W2061.20.1 | 北方神造人 | |
| | | | | ✵W2062 | 特定名称的神或神性人物造人 | 【114】 |
| W2061.0 | 天女造人 | 【105】 | | | | |
| W2061.0.1 | 天神的第九个女儿造人 | | | W2063 | 盘古造人 | 【114】 |
| | | | | W2063.1 | 盘古兄妹造人 | 【115】 |
| W2061.1 | 上帝造人 | 【106】 | | W2063.1.1 | 盘古兄妹婚后造人 | |
| W2061.2 | 人神造人 | 【106】 | | W2063.1.2 | 盘古与天女婚后造人 | |
| W2061.2.1 | 天神派人神造人 | | | W2064 | 伏羲造人 | 【116】 |
| W2061.3 | 万能神造人 | 【107】 | | W2064.1 | 伏羲兄妹造人 | 【117】 |
| W2061.4 | 玉皇大帝造人 | 【107】 | | W2064.2 | 伏羲女娲造人 | 【118】 |
| W2061.4.1 | 天王造人 | | | W2065 | 女娲造人 | 【118】 |
| W2061.4.2 | 天皇造人 | | | W2065.1 | 女娲补天之后造人 | 【121】 |

W2065.1.1 女娲捏出泥人
W2065.1.2 女娲甩出泥人
**W2066 佛祖造人 【122】**
**W2066.1 佛师造人 【122】**
**W2066.2 喇嘛造人 【123】**
**W2066.3 观音娘娘造人 【123】**
**W2067 真主造人 【123】**
**W2067.1 真主派天神造人 【124】**
W2067.1.1 真主派女天神造人
**W2067.2 真主的侍从造人 【124】**
**W2067.3 真主派天使造人 【124】**
**W2067.4 真主造人类祖先 【125】**
W2067.4.1 真主造人祖亚当夏娃
W2067.4.2 真主造人类之父
**W2067.5 真主用土造人 【126】**
W2067.5.1 真主用土造亚当
**W2067.6 真主用肋骨造人 【126】**
W2067.6.1 真主用肋骨造夏娃
**W2068 其他特定名称的神或神性人物造人 【127】**
**W2068.1 王母造人 【127】**
**W2068.2 黄帝造人 【128】**
**W2068.3 老子造人 【128】**
**W2068.4 洪钧老祖造人 【128】**
**W2068.5 无极老祖与徒弟造人 【128】**
**W2068.6 密洛陀造人 【128】**
**W2068.7 姆六甲造人 【129】**
**W2069 与神或神性人物造人有关的其他母题 【129】**
**W2069.1 龙女造人 【129】**
W2069.1.1 东海龙王的女儿造人
**W2069.2 合作造人 【129】**
W2069.2.1 神合作造人
W2069.2.1.1 女神姐妹合作造人
W2069.2.2 祖先合作造人
W2069.2.2.1 伏羲女娲一起造人
W2069.2.2.2 盘和古夫妻造人
W2069.2.3 神和神仙造人
W2069.2.3.1 天神和神仙下凡造人
**W2069.3 银男和金女造人 【130】**
W2069.3.1 银男和金女造人不成功
**W2069.4 不同类的神或神性人物共同造人 【131】**
W2069.4.1 天神和萨满造人
W2069.4.2 盘古和天女造人
W2069.4.3 女娲和众神造人
W2069.4.4 神仙和人造人
W2069.4.5 龙女和人造人
**✻W2070 人造人 【132】**
**W2071 世上最早出现的一个人造人 【132】**
**W2072 男子造人（男人造人） 【132】**
**W2072.1 洪水后幸存的男子造人 【132】**
**W2072.2 最早兄弟二人中的弟弟造人 【133】**
**W2072.3 九个兄弟造人 【133】**
**W2072.4 其他特定来历的男子造人 【133】**
W2072.4.1 木筒生的男人造人
**W2073 女子造人（女人造人） 【133】**
**W2073.1 一个女子造人 【133】**
**W2073.2 始祖生的女儿造人 【134】**
W2073.2.1 始祖生的12个女儿造人
**W2074 2个人造人 【134】**
**W2074.1 夫妻造人 【134】**
W2074.1.1 一对夫妻造人

| | | | | | | |
|---|---|---|---|---|---|---|
| W2074.1.2 | 多对夫妻造人 | | | W2078.1.1 | 神或神性人物是造人的帮助者 | |
| **W2074.2** | 兄妹造人 | 【134】 | | W2078.1.1.1 | 造人时天神是帮助者 | |
| W2074.2.1 | 伏羲女娲兄妹造人 | | | W2078.1.1.2 | 造人时王母娘娘是帮助者 | |
| W2074.2.2 | 阿根和阿莲兄妹造人 | | | W2078.1.1.3 | 造人时观音是帮助者 | |
| **W2074.3** | 姐弟造人 | 【135】 | | W2078.1.1.4 | 造人时天使是帮助者 | |
| **W2074.4** | 母子造人 | 【136】 | | W2078.1.1.5 | 造人时女娲是帮助者 | |
| **W2075** | 其他特定的人造人 | 【136】 | | W2078.1.1.6 | 造人时萨满是帮助者 | |
| **W2075.1** | 鲁班造人 | 【136】 | | W2078.1.2 | 动物是造人的帮助者 | |
| **W2075.2** | 恶人造人 | 【137】 | | W2078.1.2.1 | 燕子是造人的帮助者 | |
| **W2075a** | 与人造人有关的其他母题 | 【137】 | | W2078.1.2.2 | 乌鸦是造人的帮助者 | |
| **W2075a.1** | 特定的时代人会造人 | 【137】 | | W2078.1.2.3 | 蜜蜂是造人的帮助者 | |
| W2075a.1.1 | 在22到24个小劫时人会造人 | | | W2078.1.3 | 造人时的其他帮助者 | |
| | | | | **W2078.2** | 造人的破坏者 | 【143】 |
| **W2076** | 动物造人 | 【137】 | | W2078.2.1 | 魔鬼破坏造人（魔鬼是造人破坏者） | |
| **W2076.1** | 超自然的动物创造人 | 【137】 | | W2078.2.2 | 管雨者浇坏泥人 | |
| W2076.1.1 | 龙造人 | | | **W2078.3** | 不同造人者合作造人 | 【143】 |
| **W2076.2** | 鸟造人 | 【138】 | | W2078.3.1 | 神仙和人造人 | |
| **W2076.3** | 蜥蜴造人 | 【138】 | | **W2078.4** | 造人者造人的条件 | 【144】 |
| **W2076.4** | 蜘蛛造人 | 【138】 | | W2078.4.1 | 武当喇嘛1500岁时开始造人 | |
| **W2076.5** | 其他动物造人 | 【139】 | | | | |
| W2076.5.1 | 甲虫造人 | | | ## 2.3.4 造人的材料 | | |
| **W2076.6** | 其他与动物造人有关的母题 | 【139】 | | 【W2080~W2099】 | | |
| W2076.6.1 | 两个动物造人 | | | ✱ **W2080** | 造人的材料 | 【144】 |
| W2076.6.2 | 动物造人的成活 | | | **W2081** | 用身体造人 | 【144】 |
| W2076.6.2.1 | 动物造的人吹气后成活 | | | **W2081.1** | 用神的身体造人 | 【144】 |
| **W2077** | 其他造人者 | 【140】 | | W2081.1.1 | 造人者（神等）用自己的身体造人 | |
| **W2077.1** | 植物造人 | 【140】 | | **W2081.2** | 用人的身体造人 | 【144】 |
| **W2077.2** | 无生命物造人 | 【140】 | | W2081.2.1 | 用洪水后的幸存者造人 | |
| W2077.2.1 | 日月造人 | | | W2081.2.1.1 | 神用洪水后的幸存者 | |
| **W2078** | 与造人者有关的其他母题 | 【140】 | | | | |
| **W2078.1** | 造人的帮助者 | 【140】 | | | | |

|   |   |   |
|---|---|---|
|   | 造人 |   |
| W2081.2.2 | 哥哥用妹妹的尸体造人 |   |
| W2081.2.3 | 用婚生的怪娃造人 |   |
| **W2082** | **用特定的肢体造人** | 【147】 |
| W2082.1 | 用肋骨造人 | 【147】 |
| W2082.1.1 | 用自己的肋骨造人 |   |
| W2082.1.1.1 | 造人者用自己的肋骨造人 |   |
| W2082.1.2 | 用肋骨造女人 |   |
| W2082.1.2.1 | 用男人的肋骨造女人 |   |
| W2082.1.2.2 | 用男人祖一根肋骨和一些肌肉造女人 |   |
| W2082.1.2.3 | 用其他特定的肋骨造女人 |   |
| W2082.2 | 用皮肉造人 | 【150】 |
| W2082.3 | 用肠子造人 | 【150】 |
| W2082.4 | 用生殖器造人 | 【150】 |
| W2082.4.1 | 用文化英雄的生殖器造人 |   |
| W2082.5 | 用亲属的尸体造人 | 【150】 |
| W2082.6 | 切碎生育的怪胎造人 | 【150】 |
| **W2083** | **用人或动物等的体液、排泄物等造人** | 【151】 |
| W2083.1 | 用唾液造人 | 【151】 |
| W2083.1.1 | 创世者用唾液造人 |   |
| W2083.1.2 | 用圣人的唾液造人 |   |
| W2083.2 | 用汗水造人 | 【151】 |
| W2083.2.1 | 创世者用汗水造人 |   |
| W2083.3 | 用汗渍（体垢）造人 | 【151】 |
| W2083.3.1 | 创世者用汗垢造人 |   |
| W2083.4 | 用血造人 | 【152】 |
| W2083.4.1 | 用血泥造人 |   |
| W2083.5 | 用指甲等造人 | 【152】 |
| W2083.5.1 | 创世者用指甲等造人 |   |
| W2083.6 | 用皮屑造人 | 【152】 |
| W2083.7 | 用胎盘造人 | 【152】 |
| W2083.8 | 用粪便造人 | 【152】 |
| W2083.8.1 | 用鸡屎造人 |   |
| W2083.8.2 | 用牛粪造人 |   |
| W2083.9 | 用蜂蜡造人 | 【153】 |
| W2083.9.1 | 用多种蜂蜡混合造人 |   |
| W2083.9.1.1 | 用蜜蜂、古蜂、黄蜂、马蜂的蜡和蜜汁造人 |   |
| W2083.9.2 | 用蜂泥造人 |   |
| W2083.9.2.1 | 用蜂蛹、黄蜡做的蜂泥造人 |   |
| **W2084** | **动物作为造人材料** | 【154】 |
| W2084.1 | 用鸟造人 | 【154】 |
| W2084.2 | 用动物的肢体造人 | 【154】 |
| W2084.2.1 | 用动物骨骼造人 |   |
| W2084.2.1.1 | 用兽骨造人 |   |
| W2084.2.2 | 用狗尾巴造女人 |   |
| W2084.2.3 | 用羊皮缝制皮人 |   |
| W2084.2.4 | 用飞禽的骨头和肉造人 |   |
| W2084.2.4.1 | 神用飞禽的骨头和肉造人 |   |
| W2084.3 | 用动物的卵造人 | 【155】 |
| W2084.3.1 | 用蜂蛋和蝶蛋造人 |   |
| W2084.4 | 与用动物造人有关的其他母题 | 【156】 |
| **W2085** | **植物作为造人材料** | 【156】 |
| W2085.1 | 用树木造人 | 【156】 |
| W2085.1.1 | 刻木造人 |   |
| W2085.1.1.1 | 木头刻人成活 |   |
| W2085.1.2 | 用树枝造人 |   |
| W2085.1.3 | 用树皮造人 |   |
| W2085.1.3.1 | 用桦树皮造人 |   |
| W2085.1.4 | 用木棍造人 |   |

| | | | | | | |
|---|---|---|---|---|---|---|
| W2085.1.5 | 用特定的树木造人（用特定的木头造人） | | W2087.0b | 宗教神或神性人物造人 | 【166】 |
| W2085.1.5.1 | 用竹子造人 | | W2087.0b.1 | 上帝用泥造人（上帝用土造人） | |
| W2085.1.6 | 用树干造人 | | W2087.0b.2 | 造物主用泥造人（造物主用土造人） | |
| W2085.1.6.1 | 用杜鹃花的树干造人 | | W2087.0b.3 | 佛祖用泥造人 | |
| **W2085.2** | **用花造人** | 【159】 | W2087.0b.4 | 真主用泥造人 | |
| W2085.2.1 | 用花种花粉造人 | | **W2087.0c** | **1对男女用泥造人（1对男女用土造人）** | 【167】 |
| **W2085.3** | **用草造人** | 【160】 | W2087.0c.1 | 天下翁和天下婆用土造人 | |
| **W2085.4** | **用蔬菜类造人** | 【160】 | W2087.0c.2 | 1对兄妹用泥造人 | |
| **W2085.5** | **用水果造人** | 【161】 | W2087.0c.3 | 1对姐弟用泥造人 | |
| **W2085.6** | **用作物造人** | 【161】 | W2087.0c.4 | 1对夫妻用泥造人 | |
| W2085.6.1 | 用作物种子造人 | | **W2087.0d** | **其他特定人物用泥造人** | 【168】 |
| W2085.6.2 | 用棉花造人 | | W2087.0d.1 | 盘古用泥造人 | |
| **W2085.7** | **用多种植物造人** | 【161】 | W2087.0d.2 | 女娲用泥造人（女娲用土造人） | |
| **W2085.8** | **与用植物造人有关的其他母题** | 【162】 | W2087.0d.3 | 依罗娘娘用泥造人 | |
| W2085.8.1 | 葫芦做人的脑壳 | | **W2087.1** | **用补天剩下的泥造人** | 【169】 |
| W2085.8.2 | 叶子做人的内脏 | | **W2087.2** | **用黄泥造人（用黄土造人）** | 【170】 |
| **W2086** | **无生命物作为造人材料** | 【163】 | W2087.2.0 | 神用黄泥造人 | |
| **W2087** | **用泥造人（用土造人）** | 【163】 | W2087.2.1 | 用黄胶泥造人 | |
| **W2087.0** | **神用泥造人（神用土造人）** | 【163】 | W2087.2.2 | 玛祖用黄泥造人（妈祖用黄泥造人） | |
| W2087.0.1 | 天神用泥造人（天神用土造人） | | W2087.2.3 | 创世主用黄泥造人 | |
| W2087.0.2 | 特定名称的神用土造人 | | W2087.2.4 | 姆六甲用黄泥造人 | |
| **W2087.0a** | **神性人物造人** | 【165】 | W2087.2.5 | 盘古用黄泥造人（盘古用黄土造人） | |
| W2087.0a.1 | 祖先用泥造人（祖先用土造人） | | W2087.2.6 | 伏羲和女娲一起用黄土造人 | |
| W2087.0a.2 | 巨人用泥造人（巨人用土造人） | | W2087.2.7 | 伏羲用黄泥造人（伏羲用黄土造人） | |
| W2087.0a.3 | 神仙用泥造人（神仙用土造人） | | W2087.2.8 | 女娲用黄泥造人（女 | |
| W2087.0a.4 | 人皇用泥造人（人皇用土造人） | | | | |

## 2.3 造人

|  |  |  |
|---|---|---|
| | 娲用黄土造人) | |
| W2087.2.9 | 人王公婆用黄泥造人 | |
| W2087.2.10 | 高氏兄妹用黄泥造人 | |
| W2087.3 | 用红土泥造人 | 【174】 |
| W2087.3a | 用白泥造人 | 【174】 |
| W2087.3a.1 | 神用白泥造人 | |
| W2087.4 | 用各种颜色的土造人 | 【175】 |
| W2087.5 | 用多种泥造人 | 【175】 |
| W2087.6 | 用五色土造人 | 【175】 |
| W2087.6.1 | 真主用五色土造人 | |
| W2087.7 | 用净土造人 | 【176】 |
| W2087.8 | 用泥垢造人 | 【176】 |
| W2087.9 | 用黏土造人 | 【177】 |
| W2087.10 | 用五方土造人 | 【177】 |
| W2087.10.1 | 真主用五方土造人 | |
| W2087.11 | 用神土造人 | 【178】 |
| W2087.11.1 | 用七彩神土造人 | |
| W2087.12 | 用山上的土造人 | 【178】 |
| W2087.12.1 | 夫妻神用山上的土造人 | |
| W2087.13 | 用烂泥造人 | 【178】 |
| W2088 | 与用泥造人有关的其他母题 | 【179】 |
| W2088.1 | 造人的泥土的获得 | 【179】 |
| W2088.1.0 | 从身上搓出泥造人 | |
| W2088.1.1 | 从岩石上搓出泥土造人 | |
| W2088.1.2 | 潜水获得造人的泥土 | |
| W2088.1.3 | 从动物处获得造人的泥土 | |
| W2088.1.4 | 偷泥造人 | |
| W2088.1.5 | 借土造人（借泥造人） | |
| W2088.1.6 | 通过帮助得到造人的泥土 | |
| W2088.2 | 泥土是造人的辅料 | 【182】 |
| W2088.3 | 用汗泥造人 | 【182】 |
| W2088.4 | 用泥沙砾石造人 | 【182】 |
| W2088.4.1 | 用泥沙造人 | |
| W2088.5 | 用身上的泥造人 | 【182】 |
| W2088.6 | 用香灰造人 | 【183】 |
| W2088.7 | 用尿泥造人 | 【183】 |
| W2088.7.1 | 女始祖用尿泥造人 | |
| W2089 | 用其他无生命物造人 | 【183】 |
| W2089.1 | 用食物造人 | 【183】 |
| W2089.1.1 | 用面造人 | |
| W2089.2 | 用板子造人 | 【184】 |
| W2089.3 | 用水造人 | 【184】 |
| W2089.4 | 用海里的泡沫造人 | 【184】 |
| W2089.5 | 用雪造人 | 【184】 |
| W2089.5.1 | 天神用雪造人 | |
| W2089.6 | 用金属造人 | 【185】 |
| W2089.6.1 | 始祖用铜造出小铜人 | |
| W2089.6.2 | 始祖用锌造出小锌人 | |
| W2089.6.3 | 用铁造人变成小铁人 | |
| W2089.7 | 用石头造人 | 【186】 |
| W2089.7.1 | 石头刻人成活（刻石造人成活） | |
| W2089.7.2 | 用石头造出石人 | |
| W2089.7.3 | 用天上的石头造人 | |
| W2089.8 | 用沙造人 | 【187】 |
| W2089.9 | 用灰造人 | 【187】 |
| W2089.9.1 | 神用灰造人 | |
| W2089.9.2 | 人用灰造人 | |
| W2089.10 | 用光造人 | 【188】 |
| W2089.11 | 与用无生命物造人有关的其他母题 | 【188】 |
| *W2090 | 用多种材料造人 | 【188】 |
| W2091 | 混合不同物质造人 | 【188】 |
| W2092 | 用2种材料造人 | 【188】 |
| W2092.1 | 用怪胎和泥巴造人 | 【189】 |
| W2092.2 | 用金土和银水造人 | 【189】 |

|  |  |  |
|---|---|---|
| W2092.3 | 用黄土和人的肋骨造人 | 【189】 |
| W2092.4 | 用人种的瓜果与仙药造人 | 【189】 |
| W2092.5 | 用人参果与仙药造人 | 【190】 |
| W2092.6 | 用银水与金土造人 | 【190】 |
| W2092.7 | 用黏土和芦苇造人 | 【190】 |
| W2092.8 | 用兽皮和泥土造人 | 【190】 |
| W2092.8.1 | 用羊皮缝的皮人装泥土造人 | |
| W2092.9 | 用光和泥造人 | 【190】 |
| W2092.9.1 | 上帝用光和泥造人 | |
| W2092.10 | 用香灰和泥团造人 | 【191】 |
| W2092.11 | 用肉和泥造人 | 【191】 |
| W2092.12 | 用肉和毛造人 | 【191】 |
| W2093 | 用3种材料造人 | 【191】 |
| W2093.1 | 用飞禽走兽的骨、肉和泥土造人 | 【191】 |
| W2093.2 | 用仙土、神水与人的身体造人 | 【192】 |
| W2093.3 | 用2种植物与泥造人 | 【192】 |
| W2093.3.1 | 用梨树、柳树和天泥造人 | |
| W2093.4 | 用灵魂、血与气造人 | 【192】 |
| W2093.5 | 用黄土、黑炭、白泥造人 | 【193】 |
| W2093.6 | 用香灰、泥土和肋骨造人 | 【193】 |
| W2094 | 用4种材料造人 | 【193】 |
| W2094.1 | 用土、水、火和风造人 | 【193】 |
| W2095 | 用5种材料造人 | 【193】 |
| W2095.1 | 用5种植物造人 | 【194】 |
| W2095.1.1 | 用竹竿、荷叶、豇豆、萝卜、葫芦造人 | |
| W2095.2 | 用5种元素造人 | 【194】 |
| W2095.2.1 | 用金木水火土元素造人 | |
| W2095.2.2 | 用5种金属造人 | |
| W2096 | 用更多数量的材料造人 | 【194】 |
| W2096.1 | 用水和五样土造人 | 【194】 |
| W2096.1.1 | 用香水和红、黄、兰、白、黑五样土造人 | |
| W2096.2 | 用蜜柚、冬瓜、筷子等造人 | 【195】 |
| W2096.3 | 用动物卵、黄泥、米汤、露水等造人 | 【195】 |
| W2097 | 不成功的造人材料 | 【195】 |
| W2097.1 | 用泥造人没有成功（用泥造人不成功） | 【195】 |
| W2097.1.1 | 用白泥造人没成功 | |
| W2097.1.1.1 | 用白泥造人成为怪人 | |
| W2097.1.2 | 用泥巴造人变成器物 | |
| W2097.1.2.1 | 用泥巴造人变成水缸 | |
| W2097.1.3 | 用泥巴造人不会走 | |
| W2097.1.3.1 | 祖先用泥巴造人不会走 | |
| W2097.2 | 用石头造人没有成功（用石头造人不成功） | 【197】 |
| W2097.2.1 | 女神用石头造人不成功 | |
| W2097.2.2 | 特定人物用石头造人不成功 | |
| W2097.2.2.1 | 张古老用石头造人不成功 | |
| W2097.3 | 用金属造人没有成功（用金属造人不成功） | 【198】 |

W2097.3.1 用金银造人没有成功

W2097.3.2 用铁造人没有成功

W2097.3.2.1 用铁做骨头造人没有成功

**W2097.4 用植物造人不成功（用特定植物造人不成功）【199】**

W2097.4.0 用木头造人不成功

W2097.4.1 用特定树木造人不成功

W2097.4.1.1 用杜鹃树木造人不成功

W2097.4.1.2 用杉树造人不成功

W2097.4.1.3 用竹子造人不成功

W2097.4.2 用芭蕉造人不成功

W2097.4.2.1 用芭蕉叶造人不成功

W2097.4.3 用瓜、薯造人不成功

**W2097.5 用黄油造出的人融化【200】**

**W2097.6 其他不成功的造人材料【200】**

W2097.6.1 用石头和铁造人不成功

W2097.6.2 用云彩造人不成功

W2097.6.2.1 用黄云和红云造人不成功

**W2098 与造人材料有关的其他母题【201】**

**W2098.1 造人材料在特定的地方【201】**

W2098.1.1 造人的泥土在神龟的肚子底下

W2098.1.2 造人的土源于岩石

**W2098.2 造人材料的获取【202】**

**W2098.3 用感生的特定物造人【202】**

W2098.3.1 用感风的尿泥造人

**W2098.4 造男女的材料不同【203】**

W2098.4.1 造男人用骨肉，造女人用泥

## 2.3.5 造人方法与过程

## 【W2100～W2109】

**※W2100 造人的方法【203】**

**W2101 造人方法的获得【203】**

**W2101.1 造人者偶然会造人【203】**

**W2101.2 特定的人物传授造人方法【203】**

W2101.2.1 特定的神传授造人方法

W2101.2.1.1 老天爷传授造人方法

W2101.2.1.2 神女传授造人方法

W2101.2.2 特定的神性人物传授造人方法

W2101.2.2.1 道人传授造人方法

**W2101.3 获得造人方法的其他途径【204】**

W2101.3.1 商议造人方法

W2101.3.1.1 众神研讨造人方法

**W2102 造人的参照【205】**

**W2102.1 仿照神的样子造人【205】**

W2102.1.1 仿照天神的样子造人

W2102.1.2 仿照男神女神的样子造人

**W2102.2 仿照造人者的样子造人【206】**

W2102.2.1 造人者按照自己的样子造人

W2102.2.1.1 神按照自己的样子造人

W2102.2.1.2 天公地母按照自己的样子造人

W2102.2.1.3 祖先按照自己的样子造人

| | | | | | | |
|---|---|---|---|---|---|---|
| W2102.2.1.4 | 盘古按照自己的样子造人 | | W2102.5 | 仿照自然物的构造造人 | 【213】 |
| W2102.2.1.5 | 女娲按照自己的样子造人 | | W2102.6 | 按照想象的样子造人 | 【213】 |
| W2102.2.1.6 | 特定的人按照自己的样子造人 | | W2102.7 | 造人时的局部参照 | 【214】 |
| W2102.2.2 | 造人者参照自己的影子造人 | | W2102.7.1 | 造人的各个部位分别参照不同对象 | |
| W2102.2.2.1 | 女娲仿照水中自己的影子造人 | | W2102.7.1.1 | 造人的肢体五官各有参照 | |
| W2102.2.2.2 | 天使仿照水中人的影子造人 | | **W2103** | **和泥造人** | **【214】** |
| **W2102.3** | **仿照别人的样子造人** | **【210】** | W2103.1 | 用水和泥造人 | 【214】 |
| | | | W2103.1.1 | 用清水和土造人 | |
| W2102.3.1 | 男女造人时以对方为参照造人 | | W2103.1.1.1 | 伏羲女娲用清水和土造人 | |
| W2102.3.1.1 | 配偶神分别对照对方的样子造出男女 | | W2103.2 | 用汗和泥造人 | 【215】 |
| W2102.3.2 | 女子仿照特定的男子造人 | | W2103.3 | 用尿和泥造人 | 【215】 |
| | | | W2103.4 | 用血和泥造人 | 【216】 |
| W2102.3.2.1 | 女娲仿照哥哥伏羲的样子造人 | | W2103.5 | 用特定的水和泥造人 | 【216】 |
| W2102.3.2.2 | 女娲仿照伏羲神农的样子造人 | | W2103.5.1 | 雨水和泥造人 | |
| | | | W2103.5.2 | 用天河水和黄土造人 | |
| W2102.3.3 | 男人仿照特定的女人造人 | | W2103.5.3 | 用海水和泥造人 | |
| | | | W2103.5.4 | 用银水和金土造人 | |
| W2102.3.3.1 | 盘古仿照盘古奶造人 | | W2103.5.5 | 用神水和仙土造人 | |
| W2102.3.3.2 | 人仿照天女造人 | | W2103.6 | 蘸泥造人 | 【217】 |
| W2102.3.4 | 仿照多个人的样子造人 | | W2103.6.1 | 用绳蘸泥造人 | |
| | | | W2103.6.1.1 | 女娲用绳甩泥造人 | |
| **W2102.4** | **仿照动植物的样子造人** | **【212】** | W2103.6.1.2 | 伏羲用绳甩泥造人 | |
| | | | W2103.6.2 | 用树枝蘸泥造人 | |
| W2102.4.1 | 仿照动物的样子造人 | | W2103.6.2.1 | 女娲用柳枝蘸泥造人 | |
| W2102.4.1.1 | 仿照飞禽走兽造四肢 | | W2103.6.2.2 | 女娲用桃枝蘸泥造人 | |
| W2102.4.2 | 仿照植物的样子造人 | | W2103.6.3 | 用藤条蘸泥造人 | |
| W2102.4.2.1 | 仿照蜜柚造人头 | | W2103.6.3.1 | 女娲用藤条蘸泥造人 | |
| W2102.4.2.2 | 仿照冬瓜造人身 | | W2103.7 | 揉泥巴造人 | 【219】 |
| | | | **W2104** | **通过手工制作造人** | **【219】** |
| | | | W2104.1 | 刻石造人 | 【219】 |
| | | | W2104.2 | 削木造人 | 【220】 |
| | | | W2104.3 | 剪纸造人 | 【220】 |

| | | |
|---|---|---|
| W2104.4 | 缝制物装泥造人 | 【220】 |
| W2105 | 用特定的器物造人 | 【221】 |
| W2105.1 | 用炼丹炉造人 | 【221】 |
| W2105.2 | 用宝瓶造人 | 【221】 |
| W2106 | 用魔法造人 | 【221】 |
| W2106.1 | 造人时念咒语 | 【222】 |
| W2106.1.1 | 女神造人时念咒语 | |
| W2107 | 与造人方法有关的其他母题 | 【222】 |
| W2107.1 | 先成亲后造人 | 【222】 |
| W2107.2 | 造人前祭神 | 【223】 |
| W2107.2.1 | 造人前祭天神 | |
| W2107.3 | 凭意念造出人 | 【223】 |
| W2107.4 | 从万物中洗出人类 | 【223】 |
| W2107.4.1 | 雪水洗涤出人 | |
| W2107.5 | 造特定器官后产生人 | 【224】 |
| W2107.6 | 用火烧制泥人 | 【224】 |
| W2107.6.1 | 在窑中烧制泥人 | |
| W2107.6.1.1 | 巨人在窑中烧制泥人 | |
| W2107.7 | 男女造法不同 | 【225】 |
| W2108 | 造人的过程 | 【225】 |
| W2108.1 | 造人一次性完成 | 【225】 |
| W2108.2 | 造人有复杂过程 | 【225】 |
| W2108.2.1 | 造人有3道工序 | |
| W2108.2.2 | 造人有8道工序 | |
| W2108.2.3 | 造人过程的分工 | |
| W2108.3 | 造人环节的顺序（造人程序） | 【226】 |
| W2108.3.1 | 造人先造肝脏再造全身 | |
| W2108.3.2 | 造人先造心 | |
| W2108.3.3 | 造人先造四肢再造五官 | |
| W2109 | 与造人过程有关的其他母题 | 【227】 |
| W2109.1 | 造人过程被打乱 | 【227】 |
| W2109.2 | 造人过程注意到微小细节 | 【227】 |
| W2109.2.1 | 造人时肚脐屁眼都不能忘记 | |

## 2.3.6 造人的成活与结果
【W2110~W2124】

| | | |
|---|---|---|
| ✿ W2110 | 造人成活 | 【227】 |
| ✤ W2111 | 造人成活的条件 | 【228】 |
| W2112 | 造人自然成活 | 【228】 |
| W2112.1 | 造一个人活一个 | 【228】 |
| W2112.1.1 | 女娲造人捏一个活一个 | |
| W2113 | 造人经特定的意念或力量成活 | 【228】 |
| W2113.1 | 造人经神或神性人物的意念或力量成活 | 【228】 |
| W2113.1.1 | 女娲用神力使造的人成活 | |
| W2113.1.2 | 造人者发指令后造的人成活 | |
| W2114 | 造人经吹气后成活 | 【229】 |
| W2114.1 | 神吹气后造的人成活 | 【230】 |
| W2114.1.1 | 天神吹气后造的人成活 | |
| W2114.1.2 | 创世神吹气后造的人成活 | |
| W2114.1.3 | 男神女神吹气后造的人成活 | |
| W2114.1.4 | 神给予呼吸后造的人成活 | |
| W2114.1.4.1 | 神吹气后产生血液使造的人成活 | |

| | | | | | |
|---|---|---|---|---|---|
| **W2114.2** | 造人者吹气后造的人成活 【231】 | | | 人成活 | |
| | | | W2114.4.6 | 造的人得仙气后成活 | |
| W2114.2.1 | 神造人吹气后成活 | | **W2114.5** | 吹灵气使造的人成活 【237】 | |
| W2114.2.2 | 天神造人吹气后成活 | | W2114.5.1 | 天神吹灵气使造的人成活 | |
| W2114.2.3 | 盘古造人吹气后成活 | | | | |
| W2114.2.3.1 | 盘古兄妹造人吹气后成活 | | W2114.5.1.1 | 天神夫妻吹灵气使造的人成活 | |
| W2114.2.3.2 | 盘古与天女造人吹气后成活 | | W2114.5.2 | 真主吹灵气使造的人成活 | |
| W2114.2.4 | 女娲造人吹气后成活 | | **W2114.6** | 吹阴阳之气使造的人成活 【238】 | |
| W2114.2.5 | 真主造人吹气后成活 | | | | |
| W2114.2.6 | 造人的老夫妻吹气后造的人成活 | | **W2114.7** | 与造人时吹气有关的其他母题 【238】 | |
| W2114.2.7 | 人为自己造的人吹气后成活 | | W2114.7.1 | 扎孔后吹气使造的人成活 | |
| W2114.2.7.1 | 一个男人为自己造的人吹气后成活 | | W2114.7.2 | 造的人吹三口气成活 | |
| | | | W2114.7.2.1 | 每天向造的人吹三口气成活 | |
| **W2114.3** | 真主吹气后造的人成活 【234】 | | W2114.7.3 | 向泥人腹中充气成活 | |
| W2114.3.1 | 真主为天神造的人吹气后成活 | | W2114.7.3.1 | 造人者向泥人腹中充气成活 | |
| W2114.3.2 | 真主为天使造的人吹气后成活 | | W2114.7.4 | 造人者不经意吹气后造的人成活 | |
| **W2114.4** | 吹仙气使造的人成活 【235】 | | W2114.7.4.1 | 女娲造人后不经意吹气泥人成活 | |
| W2114.4.1 | 神吹仙气使造的人成活 | | W2114.7.5 | 造人时吹气没有成活 | |
| W2114.4.1.1 | 神吹仙气使树干造的人成活 | | **W2114a** | 造人经吹风后成活 【240】 | |
| W2114.4.2 | 女娲吹仙气使造的人成活 | | W2114a.1 | 造的石人风吹后成活【240】 | |
| W2114.4.3 | 人皇吹仙气使造的人成活 | | W2114a.2 | 风吹进泥人口中成活【240】 | |
| W2114.4.4 | 无极老祖吹仙气使造的人成活 | | **W2115** | 造人经抚摸后成活 【240】 | |
| W2114.4.5 | 其他特定人物吹仙气使造的人成活 | | W2115.1 | 造人经神的抚摸后成活 【241】 | |
| W2114.4.5.1 | 造人者吹仙气使造的 | | W2115.2 | 造人经敲打后成活 【241】 | |
| | | | W2115.2.1 | 造人经造人者敲打后成活 | |

| W2116 | 造人经法术的力量成活 【241】 | W2120.0.1 | 最早造出的人没有灵魂 |
|---|---|---|---|
| W2116.1 | 造的人经念咒吹气成活 【241】 | W2120.0.1.1 | 最早造出的泥人没有灵魂 |
| W2116.2 | 对泥人又喊又跳后成活 【242】 | W2120.0.2 | 把灵魂吹进泥人体内后成活 |
| W2117 | 造人干燥后成活 【242】 | W2120.1 | 空心泥人得到灵魂后成活 【249】 |
| W2117.1 | 泥人风吹干后成活 【242】 | W2120.2 | 特定的人物给泥人灵魂后泥人成活 【249】 |
| W2117.2 | 泥人经火烤风吹后成活 【243】 | W2120.2.1 | 造物主给泥人灵魂后泥人成活 |
| W2117.2.1 | 泥人用火烧干后成活 | W2120.2.2 | 真主给泥人灵魂后泥人成活 |
| W2117.3 | 造的人晒后成活（造人晒干成活） 【243】 | W2121 | 造人放特定地点后成活 【249】 |
| W2117.3.1 | 泥人经太阳晒后成活 | W2121.1 | 造人放野外成活 【250】 |
| W2117.3.2 | 木头人经太阳晒后成活 | W2121.1.1 | 泥人放野外成活 |
| W2117.3.3 | 造的人晒特定时间后成活 | W2121.2 | 造人放口中后成活 【250】 |
| W2117.3.3.1 | 泥人经太阳晒7天成活 | W2121.2.1 | 造人放鱼嘴里后成活 |
| W2117.4 | 泥人放进窑中烧后成活 【245】 | W2121.3 | 造的人放葫芦中成活 【250】 |
| W2118 | 造人进食后成活 【246】 | W2121.4 | 造人放罐中成活 【250】 |
| W2118.0 | 泥人进食后成活 【246】 | W2121.4.1 | 造人放石罐中成活 |
| W2118.1 | 神用粮食喂泥人后成活 【246】 | W2121.5 | 造人放洞中成活 【251】 |
| W2118.2 | 泥人吃露水后成活 【246】 | W2121.5.1 | 造人放到山洞后成活 |
| W2118.3 | 生命水使泥人成活 【247】 | W2121.5.2 | 造人放石洞中成活 |
| W2119 | 造人经洗礼后成活 【247】 | W2121.6 | 造人放箱子后成活 【251】 |
| W2119.1 | 泥人经洗礼后成活 【247】 | W2121.7 | 造人放进缸中成活 【252】 |
| W2119.1.1 | 泥人经日光和风雨洗礼成活（泥人经日光和风雨作用成活） | W2121.7.1 | 造人放瓦缸中成活 |
| W2120 | 造人得到灵魂后成活 【248】 | W2121.8 | 造人放地上成活 【252】 |
| W2120.0 | 泥人得到灵魂后成活 【248】 | W2121.8.1 | 泥人放地上成活 |
|  |  | W2121.8.1.1 | 泥人接触地面成活 |
|  |  | W2121.8.1.2 | 女娲造泥人放地上成活 |
|  |  | W2121.8.2 | 泥人埋在土里成活 |
|  |  | W2121.8.2.1 | 泥人埋在土里7天后成活 |

| | | | | | | |
|---|---|---|---|---|---|---|
| W2121.9 | 造人放坑里成活 | 【254】 | | W2122.9.1.1 | 男性造人者的摆弄使泥人成活 | |
| W2121.9.1 | 造的木头人放坑里成活 | | | W2122.9.2 | 泥人受刺激后成活 | |
| W2121.9.2 | 造的木头人放坑里没有成人 | | | W2122.9.2.1 | 泥人受昆虫刺激后成活 | |
| W2121.10 | 造人放神前成活 | 【254】 | | W2122.10 | 造的人经母腹孕养成活 | 【259】 |
| W2121.10.1 | 造人放神母那里成活 | | | W2122.10.1 | 妹妹造的人经姐姐的肚子孕养成活 | |
| W2122 | 造人成活的其他条件 | 【255】 | | W2122.11 | 造的人经洒奶水成活 | 【260】 |
| W2122.1 | 造人受日月之精后成活 | 【255】 | | W2122.11.1 | 泥人洒奶水后成活 | |
| W2122.1.1 | 泥人受日月精华成活 | | | W2122.11.1.1 | 女娲用奶汁洒泥人后泥人成活 | |
| W2122.1.1.1 | 泥人受100天日月精华成活 | | | W2122.12 | 造的人听到音乐成活 | 【260】 |
| W2122.2 | 泥人用草盖起来后成活 | 【255】 | | W2122.12.1 | 泥人听到歌声后成活 | |
| W2122.3 | 泥人身上滴血后成活 | 【256】 | | W2123 | 造人结果 | 【260】 |
| W2122.3.1 | 造人者把中指的血洒到泥人身上后成活 | | | W2123.0 | 造出真正的人 | 【260】 |
| W2122.4 | 借助于男人使女人成活 | 【256】 | | W2123.0.1 | 第二代才造出真正的人 | |
| W2122.5 | 泥人被昆虫推动后成活 | 【257】 | | W2123.1 | 造人成活的时间 | 【261】 |
| W2122.6 | 造人滴水后成活 | 【257】 | | W2123.1.0 | 造人经3天成活 | |
| W2122.6.1 | 泥人淋雨后成活 | | | W2123.1.1 | 造人经10天成活 | |
| W2122.6.1.1 | 泥人淋仙水后成活 | | | W2123.1.1a | 造人经12天成活 | |
| W2122.6.2 | 神往造的人身上滴水后成活 | | | W2123.1.1a.1 | 泥人经12天成活 | |
| W2122.7 | 造的人经过几次变化成活 | 【258】 | | W2123.1.2 | 造人经49天成活 | |
| W2122.8 | 造的人肚里放进神果成活 | 【258】 | | W2123.1.2.1 | 泥人经49天成活 | |
| W2122.8.1 | 天神往造的人肚里放进神果后成活 | | | W2123.1.3 | 造人经81天成活 | |
| W2122.9 | 造人经摆弄成活 | 【258】 | | W2123.1.3.1 | 泥人经81天成活 | |
| W2122.9.1 | 造人者的摆弄使泥人成活 | | | W2123.1.4 | 造人经9个月成活 | |
| | | | | W2123.1.4.1 | 造的人经270天成活 | |
| | | | | W2123.1.5 | 造人经1年成活 | |
| | | | | W2123.1.5.1 | 造人经360天成活 | |
| | | | | W2123.1.6 | 造人经数年成活 | |
| | | | | W2123.1.6.1 | 泥人经19年成活 | |
| | | | | W2123.2 | 造出不同类型的人 | 【265】 |
| | | | | W2123.2.1 | 造的人有大有小 | |
| | | | | W2123.2.2 | 造的人有生有熟 | |

| | | | | | | |
|---|---|---|---|---|---|---|
| W2123.2.3 | 造出 9 种人 | | W2124.3a.2 | 造人变成虫子 | | |
| **W2123.3** | 造的动物变成人 | 【266】 | W2124.3a.2.1 | 用叶子造人造出蝗虫 | | |
| W2123.3.1 | 造的猕猴变成人 | | **W2124.3b** | 造人变成器物 | 【273】 | |
| **W2123.4** | 天神造的人下凡 | 【266】 | W2124.3b.1 | 造人变成水缸 | | |
| **W2123.5** | 造的人与真人的区别 | | W2124.3b.1.1 | 用泥土造人变成水缸 | | |
| | 是鼻尖不冒汗 | 【267】 | W2124.3b.2 | 造人变成罐子 | | |
| **W2123.6** | 造的人不听使唤 | 【267】 | W2124.3b.2.1 | 用泥土造人变成罐子 | | |
| **W2123.7** | 与造人结果有关的 | | **W2124.3c** | 造人变成食物 | 【274】 | |
| | 其他母题 | 【267】 | W2124.3c.1 | 造人造成了酒 | | |
| W2123.7.1 | 造的人像百步蛇 | | W2124.3c.1.1 | 蒸米造的人变成酒 | | |
| W2123.7.2 | 造的人人首鸟身 | | **W2124.4** | 剪纸造人失败 | 【275】 | |
| W2123.7.3 | 造出超强的人 | | **W2124.5** | 违背禁忌造人失败 | 【275】 | |
| W2123.7.3.1 | 造出视听超强的人 | | W2124.5.1 | 违背时间禁忌造人没 | | |
| W2123.7.4 | 造的人会动不会说话 | | | 有形成完人 | | |
| W2123.7.5 | 批量造人 | | W2124.5.2 | 违背看的禁忌木人没 | | |
| W2123.7.6 | 最早造出的人与现在 | | | 有成活 | | |
| | 人不同 | | **W2124.6** | 造人时间不足没变成 | | |
| W2123.7.7 | 造的人逃走 | | | 正常人 | 【276】 | |
| **W2124** | **造人不成功** | 【270】 | **W2124.7** | 造人没有屁股眼不能 | | |
| **W2124.0** | 造出特殊的人 | 【270】 | | 成活（造的人不能 | | |
| W2124.0.1 | 造出怪人 | | | 排泄没成活） | 【277】 | |
| **W2124.1** | 造人经历了多次不 | | **W2124.8** | 造人没有肚脐不能 | | |
| | 成功的尝试 | 【270】 | | 成活 | 【278】 | |
| W2124.1.0 | 开始时造人不成功 | | | | | |
| W2124.1.0.1 | 开始时因缺少原料 | | | | | |
| | 造人不成功 | | | | | |
| W2124.1.1 | 造到第三个人时才成 | | | | | |
| | 功 | | | | | |
| W2124.1.2 | 造的人从第四个开始 | | | | | |
| | 才成功 | | | | | |
| **W2124.2** | 造的泥人不成活 | 【271】 | | | | |
| W2124.2.1 | 造的泥人不会眨眼 | | | | | |
| W2124.2.2 | 造的泥人不会呼吸 | | | | | |
| **W2124.3** | 造人变成鬼 | 【272】 | | | | |
| W2124.3.1 | 造人变成恶鬼 | | | | | |
| **W2124.3a** | 造人变成动物 | 【273】 | | | | |
| W2124.3a.1 | 造人变成猴子 | | | | | |

## 2.3.7 与造人有关的其他母题 【W2125～W2129】

| | | |
|---|---|---|
| **W2125** | **造人使用的时间** 【278】 | |
| **W2125.1** | 造人需要特定的天数【278】 | |
| W2125.1.0 | 造人用 3 天 | |
| W2125.1.0.1 | 造人用 3 天 3 夜 | |
| W2125.1.1 | 造人用 7 天 | |
| W2125.1.2 | 造人用 49 天 | |
| **W2125.2** | 造人需要特定的月数【279】 | |
| W2125.2.1 | 造人用 7 个月时间 | |
| W2125.2.2 | 造人用 9 个月时间 | |
| **W2125.3** | 造人需要若干年 | 【280】 |

| | | | | | | |
|---|---|---|---|---|---|---|
| W2125.3.1 | 造人用19年 | | | W2127.1.2 | 第2次造人成功 | |
| W2125.3.2 | 造人用80年 | | | W2127.2 | 经历了3次造人 | 【285】 |
| **W2125.4** | **造人用其他特定的时间** | 【280】 | | W2127.3 | 经历了4次造人 | 【286】 |
| **W2125.5** | **与造人使用的时间有关的其他母题** | 【280】 | | **W2128** | **与造人有关的其他母题** | 【286】 |
| W2125.5.1 | 造特定的人需要的时间 | | | W2128.0 | 造人准备（造人前的准备） | 【286】 |
| W2125.5.1.1 | 造男人用的时间 | | | W2128.0.1 | 造人前要先造庄稼 | |
| W2125.5.1.2 | 造女人用的时间 | | | W2128.0.2 | 造人前先造地 | |
| W2125.5.2 | 每次造人相隔一千万年 | | | W2128.0.2.1 | 天神造人前先造地 | |
| | | | | W2128.0.2a | 造人前先治理日月 | |
| **W2126** | **造人的地点** | 【281】 | | W2128.0.2a.1 | 天神造人前先治理日月 | |
| W2126.1 | 在天上造人 | 【281】 | | W2128.0.3 | 造人前要先造房子 | |
| W2126.2 | 在世界各处造人 | 【281】 | | W2128.0.4 | 造人前先选地点 | |
| W2126.2.1 | 在山上造人 | | | W2128.0.5 | 造人前先吹气 | |
| W2126.3 | 在炼丹炉中造人 | 【282】 | | W2128.0.5.1 | 造人前先吹3口气 | |
| W2126.4 | 在器物中造人 | 【282】 | | W2128.0.6 | 先射日后造人 | |
| W2126.4.1 | 在海上的石罐中造人 | | | W2128.0.7 | 造人前先分出万物的雌雄 | |
| W2126.4.2 | 在缸中造人 | | | W2128.0.8 | 造人前咨询 | |
| W2126.4.2.1 | 在瓦缸中造人 | | | W2128.0.8.1 | 造人前求教神婆 | |
| W2126.5 | 在卵中造人 | 【282】 | | W2128.0.9 | 先消灭野兽后造人 | |
| W2126.6 | 在其他特定地点造人 | 【283】 | | W2128.0.9.1 | 先杀光老虎再造人 | |
| W2126.6.1 | 在河边造人 | | | **W2128.1** | **造人中的干扰** | 【290】 |
| W2126.6.1.1 | 在河边的平原上造人 | | | W2128.1.1 | 特定的神干扰造人 | |
| W2126.6.2 | 在有太阳的地方造人 | | | W2128.1.1.1 | 玉皇大帝干扰造人 | |
| W2126.6.2.1 | 在太阳升起的地方造人 | | | **W2128.2** | **总结造人经验** | 【290】 |
| W2126.6.2.2 | 在太阳底下造人 | | | W2128.2.1 | 总结前辈造人经验 | |
| W2126.6.3 | 在一个知名地点造人 | | | **W2128.3** | **重新造人（第二次造人）** | 【290】 |
| W2126.6.3.1 | 在姆逮义陇嘎（神话中的地名）造人 | | | W2128.3.1 | 天神重新造人（天神第二次造人） | |
| **W2127** | **造人的次数** | 【284】 | | W2128.3.2 | 用泥土代替石头重新造人 | |
| **W2127.1** | **两次造人** | 【284】 | | | | |
| W2127.1.1 | 上帝两次造人 | | | | | |
| W2127.1.1.1 | 上帝用光和泥两次造人 | | | | | |

## 2.4 生育产生人（生人）
【W2130～W2299】

### 2.4.1 神或神性人物生人
【W2130～W2149】

| | | |
|---|---|---|
| ✿ W2130 | 神或神性人物生人 | 【292】 |
| ✣ W2131 | 神生人 | 【292】 |
| W2132 | 神生人类最早的父母 | 【292】 |
| W2133 | 天神生人 | 【292】 |
| W2133.1 | 天神的儿女生人 | 【293】 |
| W2133.2 | 特定的天神下凡生人 | 【293】 |
| W2133.3 | 天母生人 | 【293】 |
| W2133.4 | 天上的祖母生人 | 【294】 |
| W2133.5 | 天女生人 | 【294】 |
| W2134 | 地母生人 | 【294】 |
| W2135 | 世界之母生人 | 【294】 |
| W2136 | 水神生人 | 【295】 |
| W2137 | 女神生人 | 【295】 |
| W2137.1 | 始母神生人 | 【295】 |
| W2137.1.1 | 第一个女神生人 | |
| W2137.2 | 东海生命母神生人 | 【296】 |
| W2137.2.1 | 东海生命母神从毛孔生人 | |
| W2137.3 | 神女生人 | 【296】 |
| W2138 | 男神生人 | 【296】 |
| W2138.1 | 男神死后生人 | 【296】 |
| W2138.2 | 特定来历的男神生人 | 【297】 |
| W2138.2.1 | 石生的男神生人 | |
| W2138.2.2 | 竹生的男神生人 | |
| W2139 | 其他神生人 | 【297】 |
| W2139.1 | 特定名称的神生人 | 【297】 |
| W2139.1.1 | 古神松土生人 | |
| W2139.1.2 | 天坤神生人 | |
| W2139.2 | 全能神生人 | 【298】 |
| W2139.3 | 太阳神生人 | 【298】 |
| W2139.3a | 火神生人 | 【298】 |
| W2139.4 | 山神生人 | 【299】 |
| W2139.5 | 树神生人 | 【299】 |
| W2139.6 | 夫妻神生人 | 【299】 |
| W2139.6.1 | 天上的夫妻神生人 | |
| ✣ W2140 | 神性人物生人 | 【299】 |
| W2141 | 创世者生人 | 【299】 |
| W2142 | 仙生人 | 【300】 |
| W2142.1 | 仙女生人 | 【300】 |
| W2143 | 祖先生人 | 【300】 |
| W2143.1 | 女祖先生人 | 【300】 |
| W2143.2 | 始祖母生人 | 【300】 |
| W2144 | 文化英雄生人 | 【300】 |
| W2144.1 | 盘古生人 | 【301】 |
| W2144.1.1 | 盘古的儿孙生人 | |
| W2144.1.2 | 张古王和盘古老生人 | |
| W2144.1.3 | 古老和盘古生人 | |
| W2144.2 | 伏羲生人 | 【302】 |
| W2144.2.1 | 伏羲生女娲 | |
| W2144.3 | 女娲生人 | 【302】 |
| W2144.4 | 华胥生人 | 【302】 |
| W2144.4.1 | 华胥生女娲 | |
| W2144.5 | 其他文化英雄生人 | 【302】 |
| W2144.5.1 | 鲧生禹 | |
| W2145 | 怪物生人 | 【303】 |
| W2146 | 其他神性人物生人 | 【303】 |
| W2146.1 | 特定名称的神性人物生人 | 【303】 |
| W2146.1.1 | 姆六甲生人 | |
| W2146.2 | 二神合生人 | 【303】 |

| W2147 | 与神或神性人物生人有关的其他母题 【303】 | W2153.5.3 | 男人从肛门中生人 |
|---|---|---|---|
| W2147.1 | 圣人生人 【303】 | W2153.5.4 | 男人从腹中生人 |
| W2147.2 | 人产生于神的意念 【304】 | W2153.5.5 | 以前男人生的孩子小 |
| W2147.3 | 神的特定肢体变成人生出 【304】 | W2153.5.5.1 | 以前男人生的孩子只有蟋蟀大小 |
| W2147.3.1 | 神的一半心变成人生出 | W2153.5.6 | 男人生异类 |
| W2147.3.2 | 神的一半肝变成人生出 | W2153.5.6.1 | 男始祖生公猴 |
|  |  | W2153.5.7 | 原来男人怀孕充满痛苦 |

## 2.4.2 人生人
【W2150 ~ W2154】

| W2153.5.7.1 | 男人怀孕因生不出而痛苦 |
|---|---|
| W2153.5.8 | 父亲生子 |
| W2153.5.9 | 男人用灵气孕育人 |
| W2153.5.10 | 特殊来历的男子生人 |
| W2153.5.10.1 | 树干化为男子身躯生人 |

| ✽ W2150 | 人生人 【305】 |
|---|---|
| W2150.1 | 以前的人不生育 【305】 |
| W2150.1.1 | 以前人因为会造人不生育 |
| W2150.1.2 | 以前人因为会变化不生育 |
| W2151 | 第一个母亲生人 【306】 |
| W2152 | 处女生人 【306】 |
| W2152.1 | 处女感梦生人 【306】 |
| W2153 | 特殊的人生人 【307】 |
| W2153.1 | 天上的人下凡生育人 【307】 |
| W2153.2 | 仙体凡人生人 【307】 |
| W2153.3 | 动物生的人生人 【307】 |
| W2153.4 | 变化出的人生人 【307】 |
| W2153.5 | 男人生孩子（男人生人） 【308】 |
| W2153.5.1 | 神让男人生孩子 |
| W2153.5.1.1 | 神因失误让男人生孩子 |
| W2153.5.2 | 以前男人从膝盖怀孕生娃娃 |

| W2154 | 与人生人有关的其他母题 【311】 |
|---|---|
| W2154.0 | 生人的成活 【311】 |
| W2154.0.1 | 有了房子生的孩子才成活 |
| W2154.0.1.1 | 始祖学会做房子后生的孩子才成活 |
| W2154.1 | 女人的血胞生人 【312】 |
| W2154.2 | 两性人生人 【312】 |
| W2154.3 | 兄弟中的最小者传人类 【312】 |
| W2154.4 | 年老生子 【312】 |
| W2154.5 | 死后生子 【313】 |
| W2154.6 | 特定氏族传人类 【313】 |
| W2154.7 | 胎盘 【313】 |
| W2154.7.1 | 胎盘是婴儿的伙伴 |
| W2154.7.2 | 胎盘的处置 |
| W2154.7.2.1 | 胎盘要埋在猪厩里 |
| W2154.7.2.2 | 胎盘要埋在父母睡觉的地方 |

## 2.4.3 动物生人
### 【W2155～W2169】

| | | |
|---|---|---|
| ✿ W2155 | 动物生人 | 【314】 |
| ✽ W2156 | 哺乳动物生人 | 【314】 |
| W2157 | 狗生人 | 【314】 |
| W2158 | 猴生人 | 【314】 |
| W2158.1 | 猕猴生人 | 【315】 |
| W2159 | 虎生人 | 【315】 |
| W2160 | 狼生人 | 【316】 |
| W2161 | 其他哺乳动物生人 | 【316】 |
| W2161.1 | 熊生人 | 【316】 |
| W2161.2 | 鹿生人 | 【316】 |
| W2161.3 | 牛生人 | 【317】 |
| W2161.4 | 马生人 | 【317】 |
| W2161.4.1 | 白骡马生人 | |
| W2161.4.2 | 黑骡马生人 | |
| W2161.4.3 | 母马误吞红布后生人 | |
| W2161.5 | 猪生人 | 【318】 |
| W2161.6 | 狮生人 | 【318】 |
| ✽ W2162 | 鸟类动物生人 | 【318】 |
| W2163 | 鸟生人 | 【319】 |
| W2163.1 | 玄鸟生人 | 【319】 |
| W2164 | 鹰生人 | 【319】 |
| W2165 | 其他鸟生人 | 【319】 |
| W2165.1 | 天鹅生人 | 【319】 |
| W2165.2 | 燕子生人 | 【319】 |
| W2165.3 | 凤凰生人 | 【320】 |
| W2165.4 | 鸭生人 | 【320】 |
| W2165.5 | 乌鸦生人 | 【320】 |
| W2166 | 鱼生人 | 【320】 |
| W2166.1 | 人是鱼的后代 | 【320】 |
| W2166.2 | 鱼的脊背生人 | 【321】 |
| W2166.3 | 特定的鱼生人 | 【321】 |
| W2166.3.1 | 金鱼生人 | |
| W2167 | 其他动物生人 | 【321】 |
| W2167.1 | 虫生人 | 【321】 |
| W2167.2 | 蛇生人 | 【321】 |
| W2167.2.1 | 蛇生女人 | |
| W2167.2.2 | 蛇裂开肚子生人 | |
| W2167.3 | 蜥蜴生人 | 【322】 |
| W2167.4 | 蛙生人 | 【322】 |
| W2167.5 | 贝壳生人 | 【322】 |
| W2167.6 | 螺生人 | 【322】 |
| W2167.7 | 龙生人 | 【322】 |
| W2167.7.1 | 人是龙的子孙 | |
| W2167.7.2 | 阴龙生人 | |
| W2167.7.3 | 鸡龙生人 | |
| W2167.7.4 | 九龙圣母生人 | |
| W2167.7.5 | 青龙生人 | |
| W2167.7.6 | 与龙生人有关的其他母题 | |
| W2167.7.6.1 | 龙死后生人 | |
| W2167.7.6.2 | 龙的后代生人 | |
| W2168 | 与动物生人有关的其他母题 | 【324】 |
| W2168.1 | 动物生的人有动物特征 | 【324】 |
| W2168.2 | 动物的窝中生人 | 【324】 |
| W2168.2.1 | 蜂窝中生人 | |
| W2168.3 | 动物的特定肢体生人 | 【325】 |
| W2168.3.1 | 象牙生人 | |
| W2168.3.2 | 牛角生人 | |

## 2.4.4 植物生人
### 【W2170～W2199】

| | | |
|---|---|---|
| ✽ W2170 | 植物生人 | 【325】 |
| W2171 | 树生人 | 【325】 |

| | | | | | |
|---|---|---|---|---|---|
| W2171.1 | 梨树生人 | 【326】 | | 5人 | |
| W2171.2 | 桑树生人 | 【327】 | W2172.5 | 竹生人的情形 | 【334】 |
| W2171.3 | 杨树生人 | 【327】 | W2172.5.0 | 破竹生人 | |
| W2171.3.1 | 白杨树生人 | | W2172.5.0.1 | 女子破竹生人 | |
| W2171.4 | 榕树生人 | 【327】 | W2172.5.1 | 竹子裂后生人 | |
| W2171.5 | 柳树生人 | 【327】 | W2172.5.1.1 | 竹子晒裂后生人 | |
| W2171.5.1 | 神树生的柳树生人 | | W2172.5.1.2 | 竹子炸裂后生人 | |
| W2171.5.2 | 婚生的柳树生人 | | W2172.5.1.3 | 竹子敲裂后生人 | |
| W2171.5.2.1 | 玲珑树与猫头鹰婚生的柳树生人 | | W2172.5.1.4 | 竹子被雷劈后生人 | |
| | | | W2172.6 | 与竹生人有关的其他母题 | 【335】 |
| W2171.6 | 松树生人 | 【328】 | W2172.6.1 | 竹节中生人 | |
| W2171.7 | 桦树生人 | 【328】 | W2172.6.1.1 | 水中漂来的竹节生人 | |
| W2171.8 | 梭罗树生人 | 【329】 | W2172.6.2 | 竹筒生人 | |
| W2171.8.1 | 神种的梭罗树生人 | | W2172.6.2.1 | 兰竹筒生人 | |
| W2171.9 | 马桑树生人 | 【329】 | W2172.6.3 | 竹生男女 | |
| W2171.10 | 榆树生人 | 【329】 | W2172.6.3.1 | 竹生男人 | |
| W2171.11 | 枣树生人 | 【330】 | W2172.6.3.2 | 竹生女人 | |
| W2171.12 | 其他的树生人 | 【330】 | ＊W2173 | 树的特定部位生人 | 【336】 |
| W2171.12.1 | 枫树生人 | | | | |
| W2171.12.1.1 | 枫树生人类的母亲 | | W2174 | 树根生人 | 【336】 |
| W2171.12.2 | 不长叶子的树生人 | | W2175 | 树芽生人 | 【336】 |
| W2171.12.3 | 女树生人 | | W2176 | 树叶生人 | 【337】 |
| W2171.12.4 | 特定来历的树生人 | | W2176.1 | 柳叶生人 | 【337】 |
| W2171.12.4.1 | 人婚生的树生人 | | W2176.1.1 | 水生的柳叶生人 | |
| W2171.12.4.2 | 银山生的树生人 | | W2176.1.2 | 神腰间的柳叶生人 | |
| W2172 | 竹生人 | 【331】 | W2177 | 树洞生人 | 【338】 |
| W2172.1 | 斑竹生人 | 【332】 | W2177.1 | 母亲变成的树洞生人 | 【338】 |
| W2172.2 | 楠竹生人 | 【332】 | W2177.2 | 水中的树洞生人 | 【338】 |
| W2172.3 | 兰竹生人 | 【332】 | W2177.2.1 | 水中的树洞生1女 | |
| W2172.4 | 特定来历的竹生人 | 【332】 | W2177.3 | 榆树洞生人 | 【339】 |
| W2172.4.1 | 女神手里的竹子生人 | | W2177.3.1 | 榆树洞生1男 | |
| W2172.4.2 | 神种的竹子生人 | | W2177.4 | 梨树洞中生人 | 【339】 |
| W2172.4.3 | 天神扔的竹竿生人 | | W2177.4.1 | 梨树洞中生1女 | |
| W2172.4.4 | 河里漂的竹筒生人 | | W2178 | 树桠生人 | 【339】 |
| W2172.4.5 | 海里面的竹子生人 | | W2179 | 树枝生人 | 【339】 |
| W2172.4.6 | 山洪中的竹子生人 | | | | |
| W2172.4.6.1 | 山洪中漂来的竹子生 | | | | |

| 编号 | 名称 | 页码 | 编号 | 名称 | 页码 |
|---|---|---|---|---|---|
| W2180 | 树的其他特定部位生人 | 【340】 | W2186 | 特定形状的葫芦生人 | 【348】 |
| W2180.1 | 树瘤生人 | 【340】 | W2186.1 | 大葫芦生人 | 【348】 |
| W2180.1.1 | 树感光结瘤生人 | | W2186.2 | 长葫芦生人 | 【348】 |
| W2180.2 | 树心生人 | 【340】 | W2186.3 | 金葫芦生人 | 【348】 |
| W2181 | 树的果实生人 | 【341】 | W2186.4 | 葫芦花中生人 | 【348】 |
| W2181.1 | 李子生人 | 【341】 | W2186.5 | 葫芦瓜生人 | 【348】 |
| W2181.1.1 | 祈子后李树结的李子生人 | | W2186.6 | 肉葫芦中孕育人 | 【349】 |
| W2181.1.2 | 李树结的李子生1女 | | W2187 | 特定来历的葫芦生人 | 【349】 |
| W2181.2 | 橘子生人（桔子生人） | 【341】 | W2187.1 | 天降的葫芦生人 | 【349】 |
| W2181.3 | 桃核生人 | 【341】 | W2187.1.1 | 天神从天上放下的葫芦生人 | |
| W2181.3.1 | 桃核生1对男女 | | W2187.2 | 特定人物送的葫芦籽种出的葫芦生人 | 【350】 |
| W2181.4 | 其他树的果实生人 | 【342】 | W2187.2.1 | 神授葫芦籽种出的葫芦生人 | |
| W2182 | 与树生人有关的其他母题 | 【342】 | W2187.2.2 | 燕子送葫芦籽种出的葫芦生人 | |
| W2182.0 | 特定来历的树生人 | 【342】 | W2187.3 | 释迦牟尼给的葫芦生人 | 【350】 |
| W2182.0.1 | 神造的树生人 | | W2187.4 | 特定地方生出的葫芦生人 | 【350】 |
| W2182.1 | 树被砍（劈）开后生人 | 【342】 | W2187.4.1 | 海里出现的葫芦生人 | |
| W2182.1.1 | 树被砍开后生人 | | W2187.4.2 | 牛腹中得到的葫芦籽种出的葫芦生人 | |
| W2182.1.1.1 | 祖先砍开树后树生人 | | W2187.5 | 神或神性人物种的葫芦生人 | 【351】 |
| W2182.1.2 | 大树被惊雷劈开后生人 | | W2187.5.1 | 天神种的葫芦生人 | |
| W2182.1.3 | 树倒后生人 | | W2187.5.2 | 天王种的葫芦生人 | |
| W2182.1.3.1 | 树被射倒后生人 | | W2187.5.3 | 创世女神种的葫芦生人 | |
| W2182.2 | 射树生人 | 【343】 | W2187.5.4 | 伏羲女娲种的葫芦生人 | |
| W2182.3 | 树感光生人 | 【344】 | W2187.5.5 | 其他名称的神或神性人物种的葫芦生人 | |
| W2182.4 | 木头生人 | 【344】 | W2187.6 | 神或神性人物婚生的 | |
| W2182.4.1 | 砍开木头生人 | | | | |
| W2182.4.2 | 香木生人 | | | | |
| W2182.5 | 树变化后生人 | 【345】 | | | |
| W2182.6 | 人从树下出来 | 【345】 | | | |
| ✿W2183 | 瓜果花草生人 | 【345】 | | | |
| ✿W2184 | 葫芦生人 | 【345】 | | | |
| W2185 | 祖先出自葫芦 | 【347】 | | | |

|  |  |  |  |
|---|---|---|---|
|  | 葫芦生人 【352】 | W2188.2 | 人 |
| W2187.6.1 | 始祖婚生的葫芦籽种出的葫芦生人 | W2188.2 | 生人的葫芦的成长 【357】 |
| W2187.6.2 | 天公地母婚生的葫芦籽种出的葫芦生人 | W2188.2.1 | 生人的葫芦18年长成 |
|  |  | W2188.2.2 | 生人的葫芦30年长成 |
|  |  | W2188.3 | 葫芦状的物件生人 【358】 |
| W2187.6.3 | 人神婚生的葫芦生人 | W2188.3.1 | 葫芦状的植物生人 |
| W2187.7 | 人婚生的葫芦生人 【353】 | W2188.4 | 特定方式打开葫芦后生人 【358】 |
| W2187.7.1 | 兄妹婚生的葫芦生人 | W2188.4.1 | 烙开葫芦生出人 |
| W2187.8 | 兄妹婚后种的葫芦生人 【354】 | W2188.4.2 | 劈开葫芦生出人 |
|  |  | W2188.4.3 | 啄开葫芦生出人 |
| W2187.8.1 | 伏羲女娲兄妹种的葫芦生人 | W2188.5 | 葫芦生特定数量的人【359】 |
| W2187.9 | 动物生的葫芦生人 【355】 | W2188.5.1 | 葫芦生1人 |
| W2187.9.1 | 母牛生的葫芦籽种出的葫芦生人 | W2188.5.2 | 葫芦生2人 |
|  |  | W2188.5.3 | 葫芦生3人 |
| W2187.9.2 | 动物卵生的葫芦生人 | W2188.5.4 | 葫芦生9种人 |
| W2187.10 | 异类婚生的葫芦生人【355】 | W2188.5.5 | 葫芦生9个人 |
| W2187.10.1 | 神与母牛交配生的葫芦生人 | W2188.5.6 | 葫芦生许多人 |
|  |  | W2188.5.7 | 葫芦生所有民族 |
| W2187.10.2 | 人与母牛交配生的葫芦生人 | W2188.6 | 葫芦生特定性别的人【360】 |
|  |  | W2188.6.1 | 葫芦生男女 |
| W2187.11 | 杀动物得到的葫芦生人 【356】 | W2188.6.2 | 葫芦生男人 |
|  |  | W2188.6.3 | 葫芦生女人 |
| W2187.11.1 | 杀牛得到的葫芦生人 | W2188.7 | 葫芦生特定体征的人【362】 |
|  |  | W2188.7.1 | 葫芦生巨大的人 |
| W2187.12 | 种在特定地方的葫芦生人 【356】 | W2188.8 | 葫芦生人和其他物类【362】 |
|  |  | W2188.8.1 | 葫芦生人和动物 |
| W2187.12.1 | 种在特定的山上的葫芦生人 | ✻ W2189 | 瓜生人 【362】 |
|  |  | W2190 | 南瓜生人 【363】 |
| W2187.13 | 气生的葫芦生人 【356】 | W2190.1 | 盘古种的南瓜生人 【363】 |
| W2187.13.1 | 清气浊气生成的葫芦生人 | W2190.2 | 兄妹种的南瓜生人 【363】 |
|  |  | W2190.3 | 兄弟种的南瓜生人 【364】 |
| W2187.14 | 生人葫芦非同凡响 【357】 | W2190.3.1 | 兄弟俩种的南瓜生人 |
| W2188 | 与葫芦生人有关的其他母题 【357】 | W2190.4 | 老人种的南瓜生人 【364】 |
|  |  | W2190.4.1 | 俩老人种的南瓜生人 |
| W2188.1 | 葫芦变形后生人 【357】 | W2191 | 冬瓜生人 【364】 |
| W2188.1.1 | 葫芦变山洞后山洞生 | W2192 | 其他瓜生人 【364】 |

| | | | | | | |
|---|---|---|---|---|---|---|
| W2192.1 | 倭瓜生人 | 【365】 | | W2197.1 | 谷物生人 | 【369】 |
| W2192.2 | 甜瓜生人 | 【365】 | | W2197.2 | 草丛中生人 | 【369】 |
| W2192.3 | 红瓜生人 | 【365】 | | W2197.3 | 刺丛中生人 | 【369】 |
| W2193 | 与瓜生人有关的其他母题 | 【365】 | | W2197.4 | 金果生人 | 【370】 |
| | | | | W2197.4.1 | 天降的金果生人 | |
| W2193.1 | 人种的瓜生人 | 【365】 | | | | |
| W2193.2 | 瓜壳生人 | 【365】 | | **2.4.5 无生命物生人** | | |
| W2193.3 | 天神带来的瓜生人 | 【366】 | | 【W2200～W2219】 | | |
| W2193.4 | 动物送来的瓜生人 | 【366】 | | | | |
| W2193.4.1 | 燕子送来瓜籽种出的瓜生人 | | | ＊W2200 | 无生命物生人 | 【370】 |
| | | | | W2201 | 混沌中生人（混沌生人） | 【370】 |
| W2194 | 花生人 | 【366】 | | W2201.1 | 天地混沌中生人 | 【370】 |
| W2194.1 | 莲花生人（荷花生人） | 【366】 | | W2201.1.1 | 风吹开天地混沌后生人 | |
| W2194.1.1 | 莲花吸收日月精华天地灵气后生人 | | | W2201.2 | 混沌中生特定的人 | 【371】 |
| W2194.2 | 百合花生人 | 【367】 | | W2201.2.1 | 混沌中生盘古夫妻 | |
| W2194.2.1 | 天降的百合花生人 | | | W2201.2.2 | 混沌中生4个有名字的人 | |
| W2194.3 | 其他特定的花生人 | 【367】 | | | | |
| W2194.4 | 与花生人有关的其他母题 | 【367】 | | W2201.3 | 混沌中生多人 | 【371】 |
| | | | | W2201.3.1 | 混沌中生百姓 | |
| W2194.4.1 | 花生男人 | | | W2202 | 人生于无 | 【371】 |
| W2194.4.2 | 花生女人 | | | W2203 | 天地生人 | 【371】 |
| W2194.4.2.1 | 花生女祖先 | | | W2203.1 | 天生人 | 【372】 |
| W2195 | 水果生人 | 【368】 | | W2203.2 | 地生人 | 【372】 |
| W2195.1 | 苹果生人 | 【368】 | | W2203.2.1 | 土生人 | |
| W2195.2 | 香蕉生人 | 【368】 | | W2203.2.1.1 | 山洞中的土生人 | |
| W2195.3 | 桃生人 | 【368】 | | W2203.2.2 | 地下钻出人 | |
| W2195.4 | 其他水果生人 | 【368】 | | W2203.2.2.1 | 地下的人变成水泡从地下钻出来 | |
| W2196 | 蔬菜生人 | 【368】 | | | | |
| W2196.1 | 菜叶生人 | 【369】 | | W2203.2.3 | 地生1人 | |
| W2196a | 其他植物的果实生人 | 【369】 | | W2203.2.3.1 | 地生一个有名字的人 | |
| | | | | W2203.2.4 | 地生2人 | |
| W2196a.1 | 莲蓬生人 | 【369】 | | W2203.2.4.1 | 地生2兄弟 | |
| W2197 | 与植物生人有关的其他母题 | 【369】 | | W2203.2.4.2 | 地生1对男女 | |
| | | | | W2203.2.4.3 | 地生2个有名字的人 | |

| | | | | | | |
|---|---|---|---|---|---|---|
| W2203.2.5 | 地生多人 | | | W2208.4.2 | 雾化生的海生人 | |
| W2203.2.5.1 | 地生1万8千人 | | | W2208.5 | 汗水生人 | 【380】 |
| **W2204** | **日月星辰生人** | 【374】 | | W2208.6 | 其他特定的水（液体）生人 | 【380】 |
| **W2204.1** | **太阳生人** | 【374】 | | W2208.6.1 | 泉生人 | |
| W2204.1.1 | 人是太阳的外孙 | | | W2208.6.2 | 男女精气凝成的水生人 | |
| W2204.1.2 | 大地与太阳婚后太阳生人 | | | W2208.7 | 与水生人有关的其他母题 | 【381】 |
| **W2204.2** | **星星生人** | 【375】 | | W2208.7.1 | 水中生怪人 | |
| W2204.2.1 | 星星家族繁衍人类 | | | W2208.7.1.1 | 水中生的人会飞 | |
| **W2205** | **洞生人** | 【375】 | | W2208.7.2 | 水生特定的人 | |
| **W2205.1** | **石洞生人（人从石洞出来）** | 【376】 | | W2208.7.3 | 水生一定数量的人 | |
| W2205.1.1 | 石洞被啄开后生人 | | | W2208.7.3.1 | 水生1对男女 | |
| W2205.1.1.1 | 鸟啄开石洞后石洞生人 | | | W2208.7.4 | 水中生的特定物成为人 | |
| **W2205.2** | **山洞生人（人从山洞出来）** | 【376】 | | W2208.7.4.1 | 水眼中生出的肉团变成人 | |
| W2205.2.1 | 特定的山洞生人 | | | **W2209** | **山生人** | 【382】 |
| **W2205.3** | **地洞生人（人从地洞生）** | 【377】 | | **W2209.0** | **特定的山生人** | 【382】 |
| **W2205.4** | **圣洞生人（人从圣洞生）** | 【377】 | | **W2209.1** | **山丘生人** | 【383】 |
| **W2205.5** | **与洞生人有关的其他母题** | 【377】 | | **W2209.2** | **山沟生人** | 【383】 |
| **W2206** | **风生人** | 【377】 | | **W2209.3** | **不同的山生不同的人** | 【383】 |
| **W2207** | **气生人** | 【377】 | | W2209.3.1 | 一座山生男，一座山生女 | |
| W2207.1 | 气爆炸生人 | 【378】 | | **W2210** | **石生人** | 【383】 |
| W2207.2 | 阴阳元气孕生人 | 【378】 | | **W2210.0** | **灵石生人** | 【385】 |
| **W2208** | **水生人** | 【378】 | | W2210.0.1 | 千年灵石生人 | |
| W2208.1 | 水中自然产生人 | 【378】 | | **W2210.1** | **白石生人** | 【385】 |
| W2208.2 | 雪生人 | 【378】 | | **W2210.2** | **特定来历的石头生人** | 【386】 |
| W2208.2.1 | 红雪生人 | | | W2210.2.1 | 女神手里的石头生人 | |
| W2208.2.2 | 白雪生人 | | | W2210.2.2 | 女神放在腋下的石头生人 | |
| W2208.3 | 湖生人 | 【379】 | | W2210.2.3 | 人化成的石头生人 | |
| W2208.4 | 海生人 | 【379】 | | W2210.2.3.1 | 人生的石头生人 | |
| W2208.4.1 | 海的泡沫生人 | | | W2210.2.3.2 | 人婚生的石头生人 | |
| | | | | W2210.2.4 | 天神扔的石头生人 | |

| | | | | | |
|---|---|---|---|---|---|
| W2210.2.5 | 天上掉下的石头生人 | | W2213.2 | 土中挖出的柜子生人【394】 |
| W2210.2.6 | 其他特定的石头生人 | | W2214 | 鼓生人 【394】 |
| W2210.2.6.1 | 五彩石生人 | | W2214.1 | 特定来历的鼓生人 【394】 |
| W2210.2.6.1.1 | 五彩鹅卵石生人 | | W2214.1.1 | 观音的金鼓生人 |
| W2210.2.6.2 | 特定的山上的石头生人 | | W2214.2 | 铜鼓生人 【395】 |
| W2210.2.6.2.1 | 七重山上的石头生人 | | W2214.2.1 | 铜鼓生女人 |
| W2210.2.6.3 | 树根环绕的石头生人 | | W2214.2.1.1 | 铜鼓生第一个女人 |
| W2210.2.6.4 | 巨石生人 | | W2214.2.2 | 人与虎婚虎生的铜鼓生人 |
| W2210.2.6.4.1 | 高入云端的巨石生人 | | | |
| **W2210.3** | **与石生人有关的其他母题** 【389】 | | W2215 | 光生人 【395】 |
| | | | W2215.1 | 白光生人 【396】 |
| W2210.3.1 | 石室生人 | | W2215.2 | 黑光生人 【396】 |
| W2210.3.2 | 石缝生人 | | W2215.3 | 红光生人 【396】 |
| W2210.3.3 | 石裂生人 | | W2215.4 | 蓝光生人 【396】 |
| W2210.3.3.1 | 巨石遇水裂开生人 | | W2216 | 排泄物中生人 【396】 |
| W2210.3.3.2 | 石炸开生人 | | W2216.1 | 粪便中生人 【396】 |
| W2210.3.4 | 两石相撞生人 | | W2216.2 | 猪粪生人 【397】 |
| W2210.3.4.1 | 绿石与红石相撞生人 | | W2217 | 其他无生命物生人 【397】 |
| W2210.3.5 | 射石生人 | | W2217.1 | 人是太阳的儿子 【397】 |
| W2210.3.6 | 石头下面生人 | | W2217.2 | 冰中炸出人 【397】 |
| W2210.3.6.1 | 翻开石头后生人 | | W2217.2.1 | 冰中炸出女祖先 |
| W2210.3.7 | 石生特定的人 | | W2217.3 | 木筒生人 【397】 |
| W2210.3.7.1 | 石生祖先 | | W2217.4 | 靴子生人 【398】 |
| W2210.3.8 | 石生的异类变成人 | | 2217.5 | 沙堆生人 【398】 |
| W2210.3.8.1 | 石生的猴类变成人 | | W2217.6 | 不知名的无生命物生人 【398】 |
| **W2211** | **器皿生人** 【392】 | | | |
| W2211.1 | 金器生人 【392】 | | **W2218** | **与无生命物生人有关的其他母题** 【398】 |
| W2211.2 | 金盆生人 【392】 | | | |
| W2211.3 | 罐子生人 【392】 | | W2218.1 | 特定的地方生人 【398】 |
| W2211.4 | 锅生人 【392】 | | W2218.1.1 | 特定的地名处生人 |
| W2211.5 | 壶生人 【393】 | | W2218.1.2 | 特定的土丘生人 |
| W2211.5.1 | 陶壶生人 | | W2218.2 | 多种物质共同生人 【399】 |
| W2211.5.2 | 壶状的物生人 | | W2218.2.1 | 树与土生人 |
| W2211.6 | 其他器皿生人 【393】 | | W2218.2.2 | 树与石共同生人 |
| **W2212** | **袋子生人** 【393】 | | | |
| **W2213** | **柜生人** 【394】 | | | |
| W2213.1 | 水中漂浮的柜子生人【394】 | | | |

## 2.4.6 卵生人
【W2220～W2229】

| | | |
|---|---|---|
| ✻ **W2220** | **卵生人** | 【399】 |
| **W2220.1** | **卵生人类** | 【400】 |
| W2220.1.1 | 太古时卵生人 | |
| **W2220.2** | **卵生特定性别的人** | 【400】 |
| **W2220.3** | **卵生文化英雄** | 【400】 |
| **W2220.4** | **卵生特殊身份的人** | 【400】 |
| W2220.4.1 | 卵生人祖 | |
| W2220.4.2 | 卵生能人 | |
| W2220.4.3 | 卵生不同身份者 | |
| **W2221** | **神的卵生人** | 【401】 |
| **W2221.1** | **神蛋生人** | 【401】 |
| W2221.1.1 | 树生的神蛋生人 | |
| **W2221.2** | **太阳神生的卵生人** | 【402】 |
| **W2221.3** | **天神生的卵生人** | 【402】 |
| **W2221.4** | **天女生的卵生人** | 【402】 |
| **W2221.5** | **动物神生的卵生人** | 【402】 |
| W2221.5.1 | 龙女的卵生人 | |
| W2221.5.2 | 神鸟的卵生人 | |
| W2221.5.3 | 神鸡的卵生人 | |
| W2221.5.4 | 神鹰的卵生人 | |
| **W2221.6** | **与神卵生人有关的其他母题** | 【404】 |
| W2221.6.1 | 神的特定部位变的卵生人 | |
| W2221.6.2 | 仙蛋生人 | |
| W2221.6.3 | 神带来的卵生人 | |
| W2221.6.3.1 | 创世神交给的卵生人 | |
| W2221.6.4 | 神婚生的卵生人 | |
| W2221.6.4.1 | 女神与太阳神婚生卵 | |
| W2221.6.4.2 | 女神与风神婚生的卵生人 | |
| W2221.6.5 | 玉帝的妈生的卵生人 | |
| W2221.6.6 | 神祖生的卵生人 | |
| W2221.6.7 | 神鸟生的卵生人 | |
| **W2222** | **人的卵生人** | 【406】 |
| **W2222.1** | **特定的人生的卵生人** | 【406】 |
| W2222.1.1 | 老人生的卵生人 | |
| W2222.1.1.1 | 老太太生的肉蛋生人 | |
| W2222.1.2 | 特定的人生的特定的卵生人 | |
| W2222.1.2.1 | 寡妇生的玉珠生人 | |
| W2222.1.3 | 男人的卵生人 | |
| W2222.1.3.1 | 父亲的卵生儿子 | |
| **W2222.2** | **特定人物婚生的卵生人** | 【407】 |
| W2222.2.1 | 兄妹婚生的卵生人 | |
| W2222.2.2 | 父女婚生的卵生人 | |
| **W2223** | **动物卵生人** | 【408】 |
| **W2223.0** | **龙蛋生人** | 【408】 |
| W2223.0.1 | 天上的龙蛋生人 | |
| W2223.0.1.1 | 天上的第二个龙蛋孵出女人 | |
| **W2223.1** | **蛇卵生人** | 【409】 |
| W2223.1.1 | 雷公带来的蛇卵生人 | |
| **W2223.2** | **鸟卵生人** | 【410】 |
| W2223.2.1 | 鸟生的卵生人 | |
| W2223.2.1.1 | 两鸟相配生的卵生人 | |
| **W2223.3** | **鹰卵生人** | 【410】 |
| **W2223.4** | **凤凰卵生人** | 【410】 |
| W2223.4.1 | 金凤凰的卵生人 | |
| W2223.4.1.1 | 凤凰卵孵出1男 | |
| W2223.4.2 | 巨大的凤凰卵生人 | |
| W2223.4.2.1 | 斗大的凤凰卵生人 | |
| **W2223.5** | **鹅卵生人** | 【411】 |
| **W2223.6** | **雁的卵生人** | 【412】 |
| **W2223.7** | **蝴蝶的卵生人** | 【412】 |
| W2223.7.1 | 蝴蝶卵中生第一个人 | |
| W2223.7.2 | 树生的蝴蝶的卵生人 | |
| W2223.7.2.1 | 枫树生的蝴蝶的卵生 | |

|  |  |  |  |  |  |
|---|---|---|---|---|---|
|  | 人 |  | W2227.3 | 混沌凝成的蛋生人 | 【417】 |
| W2223.7.3 | 蝴蝶婚生的卵生人 |  | W2227.4 | 天降的卵生人 | 【418】 |
| W2223.7.3.1 | 蝴蝶与水泡婚生的卵生人 |  | W2227.4.1 | 天降的玉色大蛋生人 |  |
|  |  |  | W2227.4.2 | 天降的黄金卵生人 |  |
| W2223.8 | 牛生的卵生人 | 【413】 | W2227.5 | 肉卵生人 | 【418】 |
| W2223.9 | 鸡蛋生人 | 【413】 | W2227.5.1 | 人生的肉卵生人 |  |
| W2223.10 | 鱼卵生人 | 【413】 | W2227.5.1.1 | 人感光生的肉卵生人 |  |
| W2223.11 | 其他动物的卵生人 | 【413】 | W2227.5.1.2 | 人祈子生的肉卵生人 |  |
| W2223.11.1 | 海螺的卵生人 |  | W2227.5.2 | 人变成的卵生人 |  |
| W2224 | 植物的卵生人 | 【414】 | W2227.5.3 | 身上长出的肉卵生人 |  |
| W2224.1 | 树生的卵生人 | 【414】 | W2227.5.3.1 | 男子身上生的肉瘤生人 |  |
| W2224.2 | 花生的卵生人 | 【414】 |  |  |  |
| W2225 | 无生命物的卵生人 | 【414】 | W2227.5.3.2 | 女子身上生的肉瘤生人 |  |
| W2225.1 | 天地生的卵生人 | 【414】 | W2227.5.3.3 | 女子身上肉痣变成的卵生人 |  |
| W2225.2 | 太阳生的卵生人 | 【414】 |  |  |  |
| W2225.3 | 山洞生的卵生人 | 【415】 | W2227.6 | 天地卵生人 | 【420】 |
| W2225.4 | 石卵生人 | 【415】 | W2227.6.1 | 天地卵长大后生人 |  |
| W2225.4.1 | 石卵生始祖布洛陀 |  | W2227.6.1.1 | 天地卵中的盘古长大后生出 |  |
| W2225.5 | 玉卵生人 | 【415】 |  |  |  |
| W2225.6 | 陶壶生的卵生人 | 【415】 | W2227.7 | 某种颜色的卵生人 | 【421】 |
| W2225.6.1 | 陶壶感太阳生的卵生人 |  | W2227.7.1 | 紫色的卵生人（紫卵生人） |  |
| W2225.6.2 | 陶壶与太阳婚生的卵生人 |  | W2227.7.2 | 红色的卵生人（红卵生人） |  |
|  |  |  | W2227.7.3 | 彩色的卵生人（彩卵生人） |  |
| W2225.7 | 金卵生人（金蛋生人） | 【416】 |  |  |  |
| W2226 | 卵的特殊部分生人 | 【416】 | W2227.7.3.1 | 五彩卵生人 |  |
|  |  |  | W2227.8 | 发光的卵生人 | 【422】 |
| W2226.1 | 蛋黄生人 | 【416】 | W2227.8.1 | 发光卵 |  |
| W2227 | 其他特定来历的卵生人 | 【417】 | W2227.8.1.1 | 女子生的卵阴天和晚上会发光 |  |
| W2227.1 | 自然形成的卵生人 | 【417】 | W2227.9 | 石洞中的卵生人 | 【422】 |
| W2227.1.1 | 五种本源物质形成的卵生人 |  | W2227.10 | 特定物质化生的卵生人 | 【422】 |
| W2227.2 | 燕子衔的卵生人 | 【417】 | W2227.10.1 | 金、木、水、火、土之精华聚成的卵生人 |  |

| | | | | | |
|---|---|---|---|---|---|
| W2227.10.2 | 地、水、火、风、空中产生的卵生人 | | | 卵生人 | |
| W2227.11 | **血泡生人** | 【423】 | W2228.6 | **动物孵卵生人** | 【428】 |
| W2227.11.1 | 女人身体上的血泡生人 | | W2228.6.1 | 龙孵卵生人 | |
| | | | W2228.6.2 | 猿孵卵生人 | |
| W2227.11.2 | 太阳怀孕的血泡生人 | | W2228.6.3 | 龟孵卵生人 | |
| W2227.12 | **肉泡生人** | 【423】 | W2228.6.3.1 | 龟婆孵卵生人 | |
| W2227.12.1 | 老太太头上的肉泡生人 | | W2228.6.4 | 鸡孵卵生人 | |
| | | | W2228.6.5 | 蛇孵卵生人 | |
| W2227.13 | **两物相配生的卵生人** | 【423】 | W2228.6.5.1 | 百步蛇孵卵生人 | |
| W2227.13.1 | 天神婚生的卵生人 | | W2228.6.6 | 牛孵卵生人 | |
| W2227.13.2 | 人与龙女生的卵生人 | | W2228.6.7 | 其他动物孵卵生人 | |
| W2227.14 | **神生的卵生人** | 【424】 | W2228.6.7.1 | 马孵蛋生人 | |
| W2227.15 | **水中生的卵生人** | 【424】 | W2228.6.7.2 | 鹞孵蛋生人 | |
| W2227.15.1 | 泉水中生成的卵生人 | | W2228.6.7.3 | 继尾鸟孵蛋生人 | |
| W2227.16 | **水中漂来的卵生人** | 【424】 | W2228.6.8 | 自己的卵需要其他动物去孵 | |
| W2227.16.1 | 水中漂来的柜子中的卵生人 | | W2228.6.8.1 | 太阳的卵让蛇去孵 | |
| | | | W2228.6.8.2 | 鸡孵鸭卵 | |
| W2228 | **卵生人的条件** | 【425】 | W2228.6.8.3 | 鱼孵马卵 | |
| W2228.1 | 好卵生出人 | 【425】 | W2228.7 | **卵放柜中生人** | 【432】 |
| W2228.2 | **日月孵卵生人** | 【425】 | W2228.8 | **多种动物促成卵生人** | 【432】 |
| W2228.2.1 | 太阳孵卵生人 | | W2228.9 | **卵炸开后生人** | 【432】 |
| W2228.2.2 | 太阳之母孵卵生人 | | W2228.10 | **卵放海中孵化为人** | 【433】 |
| W2228.2.3 | 卵经光露滋润生人 | | W2228.11 | **卵放热炕头上孵出人** | 【433】 |
| W2228.2.3.1 | 卵经光露滋润1个月后生人 | | W2228.12 | **卵的孵化的特定时间** | 【433】 |
| | | | W2228.12.0 | 卵经过30天孵化生人（孵卵30天） | |
| W2228.3 | **天地孵卵生人** | 【426】 | W2228.12.1 | 卵经过49天孵化生人（孵卵49天） | |
| W2228.3.1 | 天地孵神卵生人 | | | | |
| W2228.3.2 | 天孵卵生人 | | W2228.12.2 | 卵经过99天孵化生人（孵卵99天） | |
| W2228.3.3 | 地孵卵生人 | | | | |
| W2228.3.3.1 | 地孵天降的卵生人 | | W2228.12.2a | 卵经过360天孵化生人（孵卵360天） | |
| W2228.3.4 | 天地孵卵3年生人 | | | | |
| W2228.4 | **神孵卵生人** | 【428】 | W2228.12.3 | 卵经过9999天孵化生人（孵卵9999天） | |
| W2228.4.1 | 神鸟孵卵生人 | | | | |
| W2228.5 | **人孵卵生人** | 【428】 | W2228.12.4 | 卵经过3年孵化（孵卵3年） | |
| W2228.5.1 | 灾难幸存者孵卵生人 | | | | |
| W2228.5.1.1 | 洪水后一个幸存者孵 | | | | |

| | | | | | | |
|---|---|---|---|---|---|---|
| W2228.12.5 | 卵经过12年孵化（孵卵12年） | | | | 生长 | 【440】 |
| W2228.12.6 | 卵经过很长时间孵化（孵卵需要很长时间） | | | ## 2.4.7　感生人 | | |
| | | | | 【W2230～W2279】 | | |
| W2228.13 | 与孵卵有关的其他母题 | 【435】 | | ✿ W2230 | 感生人 | 【441】 |
| W2228.13.1 | 通过吞入腹中孵卵 | | | W2231 | 感神孕生人 | 【441】 |
| W2228.13.1.1 | 猴吞鹰卵孵出人 | | | W2231.1 | 梦感天神生人 | 【441】 |
| W2228.13.2 | 寻找孵卵者 | | | W2231.1a | 感特定的神生人 | 【441】 |
| W2228.13.2.1 | 生卵者不会孵卵 | | | W2231.1a.1 | 感太阳神生人 | |
| W2228.13.3 | 辛苦的孵卵者 | | | W2231.1a.1.1 | 感太阳神之子生人 | |
| W2228.13.4 | 孵卵前的准备 | | | W2231.1a.2 | 感雷神生人 | |
| W2228.13.4.1 | 孵卵前要铺窝 | | | W2231.1a.3 | 感山神生人 | |
| W2228.13.5 | 艰难的孵卵过程 | | | W2231.2 | 接触神的身体孕生人 | 【442】 |
| W2228.13.5.1 | 孵卵时不吃不喝 | | | W2231.3 | 感神的残余物孕生人 | 【442】 |
| W2229 | 与卵生人有关的其他母题 | 【438】 | | W2231.4 | 与感神孕生人有关的其他母题 | 【442】 |
| W2229.0 | 孵卵不成功（孵卵失败） | 【438】 | | W2231.4.1 | 感似神似人的人生人 | |
| W2229.0.1 | 动物孵神蛋不成功 | | | W2232 | 感神性人物孕生人 | 【443】 |
| W2229.0.2 | 神孵神蛋不成功 | | | W2232.1 | 踏巨人足印孕生人 | 【443】 |
| W2229.0.3 | 特定的时间孵卵不成功 | | | W2232.1.1 | 踏特定巨人的脚印怀孕 | |
| W2229.0.3.1 | 孵卵6年没有孵出任何东西 | | | W2232.1.1.1 | 华胥踏巨人防风的脚印怀孕 | |
| W2229.1 | 无名的卵生人 | 【439】 | | W2232.1.2 | 踏特定地点的巨人脚印怀孕 | |
| W2229.2 | 神生女性的卵 | 【439】 | | W2232.1.2.1 | 女子踏河中巨人脚印怀孕 | |
| W2229.3 | 不同颜色的卵孵出不同的物种 | 【440】 | | W2232.1.2.2 | 女子踏池边巨人脚印怀孕 | |
| W2229.4 | 不同颜色的蛋孵出不同的人 | 【440】 | | W2232.1.2.3 | 女子踏雷泽中的巨人脚印怀孕 | |
| W2229.4.1 | 白蛋、红蛋、花蛋分别孵出头人、铁匠和毕摩 | | | W2232.1.2.4 | 女子踏窑洞外巨人脚印怀孕 | |
| W2229.5 | 卵生者的外貌与孵卵者相同 | 【440】 | | W2232.2 | 感巨人的唾液孕生人 | 【444】 |
| W2229.6 | 孵出人的卵会自己 | | | | | |

## 2.4 生育产生人（生人） 中国人类起源神话母题检索表

|  |  |  |
|---|---|---|
| W2232.3 | 与感神性人物孕生人有关的其他母题 | 【445】 |
| W2232.3.1 | 女子感龙形沉木孕生人 | |
| W2232.3.2 | 女子梦中被巨人摸头孕生人 | |
| W2233 | 感人孕生人 | 【445】 |
| W2233.1 | 偶然接触男人孕生人 | 【445】 |
| W2233.2 | 感人的阳气孕生人 | 【445】 |
| W2233.2.1 | 妻子感丈夫的阳气孕生人 | |
| W2233.2.2 | 妹妹感哥哥的阳气孕生人 | |
| W2233.2.3 | 女儿国的女子感外来男子的阳气孕生人 | |
| W2233.3 | 梦感男子孕生人 | 【446】 |
| W2233.3.1 | 梦到特殊的男子孕生人 | |
| W2233.4 | 吃人的某些部位孕生人 | 【447】 |
| W2233.5 | 感人的残余物孕生人 | 【447】 |
| W2233.6 | 与感人孕生人有关的其他母题 | 【447】 |
| W2233.6.1 | 梦见来人孕生人 | |
| W2233.6.1.1 | 梦见来4人孕生4子 | |
| W2233.6.2 | 不知是感神还是人后生人 | |
| ＊W2234 | 感动物孕生人 | 【448】 |
| W2235 | 感牛孕生人 | 【448】 |
| W2235.1 | 喝牛的尿孕生人 | 【448】 |
| W2235.2 | 吃牛吃剩的东西孕生人 | 【448】 |
| W2235.2.1 | 女子吃牛吃剩的椰子孕生人 | |
| W2235.2.2 | 女子吃牛吃剩的菠萝孕生人 | |
| W2236 | 感虎孕生人 | 【449】 |
| W2236.1 | 梦与虎交而孕 | 【449】 |
| W2236.2 | 吃虎肉孕生人 | 【449】 |
| W2236.3 | 喝虎尿孕生人 | 【449】 |
| W2237 | 感象孕生人 | 【449】 |
| W2237.1 | 喝象脚印中的水孕生人 | 【449】 |
| W2237.2 | 喝象的尿孕生人 | 【450】 |
| W2237.2.1 | 喝神象的尿孕生人 | |
| W2237.2.2 | 寡妇喝象的尿孕生人 | |
| W2237.2.3 | 老姑娘喝公象的尿孕生人 | |
| W2237.2.4 | 女子误喝象的尿孕生人 | |
| W2238 | 感猴孕生人 | 【450】 |
| W2238.1 | 梦猴孕生人 | 【451】 |
| W2239 | 感狗孕生人 | 【451】 |
| W2240 | 感鸟孕生人 | 【451】 |
| W2240.1 | 吃鸟孕生人 | 【451】 |
| W2240.2 | 吃与鸟有关的物孕生人 | 【451】 |
| W2240.2.1 | 吃鸟衔来的红果孕生人 | |
| W2241 | 感鹰孕生人 | 【452】 |
| W2241.1 | 感鹰血孕生人 | 【452】 |
| W2241.1.1 | 女子感神鹰血后生人 | |
| W2241.1.2 | 女子感龙鹰血后生人 | |
| W2241.1.3 | 女子感岩鹰血后生人 | |
| W2241.1.4 | 女子裙子上滴鹰血后生人 | |
| W2241.1.5 | 梦鹰入怀孕生人 | |
| W2242 | 感喜鹊孕生人 | 【453】 |
| W2242.1 | 老太太感喜鹊孕生人 | 【453】 |
| W2243 | 感鱼孕生人 | 【454】 |
| W2243.1 | 吃鱼孕生人 | 【454】 |
| W2244 | 感昆虫孕生人 | 【454】 |
| W2244.1 | 吃（误饮）昆虫孕 | |

| | | | | | | |
|---|---|---|---|---|---|---|
| | | 生人 | 【454】 | | 孕生人 | 【458】 |
| W2245 | | 感蛇孕生人 | 【454】 | W2249.4 | 感动物的卵孕生人 | 【458】 |
| W2245.1 | | 梦与蛇交孕生人 | 【454】 | W2249.5 | 吃动物的卵孕生人 | 【458】 |
| W2245.2 | | 女子被蛇缠身后孕生人 | 【454】 | W2249.6 | 吃鸟卵孕生人 | 【458】 |
| W2245.3 | | 女子与蛇亲热后孕生人 | 【454】 | W2249.6.1 | 吃玄鸟卵孕生人 | |
| | | | | W2249.6.2 | 吃特定来历的卵孕生人 | |
| W2246 | | 感蛙孕生人 | 【454】 | W2249.7 | 感动物孕生该动物 | 【459】 |
| W2246.1 | | 摸青蛙孕生人 | 【455】 | W2249.7.1 | 感青蛙孕生青蛙 | |
| W2246.2 | | 与蛙亲热孕生人 | 【455】 | W2249.8 | 感动物的口中物孕生人 | 【459】 |
| W2247 | | 感龙孕生人 | 【455】 | W2249.8.1 | 吃鸟衔来的东西孕生人 | |
| W2247.1 | | 感神龙孕生人 | 【455】 | | | |
| W2247.2 | | 感雷龙孕生人 | 【455】 | ✻ W2250 | 感植物孕生人 | 【460】 |
| W2247.3 | | 感金龙孕生人 | 【455】 | W2251 | 感树孕生人 | 【460】 |
| W2247.4 | | 吞龙蛋孕生人 | 【456】 | W2251.1 | 感神树孕生人 | 【460】 |
| W2247.4.1 | | 吃黄龙蛋孕生人 | | W2251.1.1 | 梦感神树孕生人 | |
| W2247.4.2 | | 女娲吃龙蛋孕生人 | | W2251.2 | 接触特殊的树孕生人 | 【460】 |
| W2247.5 | | 梦龙孕生人 | 【456】 | W2251.3 | 感柏树根孕生人 | 【461】 |
| W2247.6 | | 感红龙孕生人 | 【456】 | W2251.4 | 女子爬树孕生人 | 【461】 |
| W2247.6.1 | | 梦红龙缠身孕生人 | | W2252 | 感花孕生人 | 【461】 |
| W2247.7 | | 感白龙孕生人 | 【456】 | W2252.1 | 闻花孕生人 | 【461】 |
| W2247.7.1 | | 女神感白龙孕生人 | | W2252.2 | 吃花孕生人 | 【461】 |
| W2247.8 | | 感黄龙孕生人 | 【457】 | W2252.2.1 | 吃红花孕生人 | |
| W2248 | | 感其他动物孕生人 | 【457】 | W2252.2.2 | 吃仙花孕生人 | |
| | | | | W2252.2.3 | 吃特定的花孕生人 | |
| W2248.1 | | 感燕子孕生人 | 【457】 | W2253 | 感草孕生人 | 【462】 |
| W2248.1.1 | | 感燕子的卵孕生人 | | W2253.1 | 食仙草孕生人 | 【462】 |
| W2248.2 | | 感蝴蝶孕生人 | 【457】 | W2254 | 吃水果孕生人 | 【462】 |
| W2248.3 | | 感虫孕生人 | 【457】 | W2254.1 | 吃桃孕生人 | 【462】 |
| W2248.3.1 | | 神感虫而孕 | | W2254.1.1 | 吃仙桃孕生人 | |
| W2249 | | 与感动物生人有关的其他母题 | 【457】 | W2254.1.2 | 吃红桃孕生人 | |
| | | | | W2254.1.3 | 吃绿桃孕生人 | |
| W2249.1 | | 吃动物孕生人 | 【458】 | W2254.1.4 | 吃像桃的果子孕生人 | |
| W2249.2 | | 感动物的残余物（肢体）孕生人 | 【458】 | | | |
| W2249.3 | | 感动物吃剩的残余物 | | W2254.1.5 | 吃丈夫的桃孕生人 | |

| | | | | | |
|---|---|---|---|---|---|
| W2254.1.6 | 吃仙婆送来的桃孕生人 | | W2257.1.1 | 吃白菜孕生人 | |
| W2254.1.7 | 吃喜鹊送来的桃孕生人 | | W2258 | 与感植物生人有关的其他母题 | 【471】 |
| W2254.1.8 | 龙母吃桃孕生人 | | W2258.1 | 吃植物的特定部位孕生人 | 【471】 |
| W2254.1.9 | 老太太吃桃孕生人 | | W2258.1.1 | 吃植物的根孕生人 | |
| W2254.2 | 吃苹果孕生人 | 【465】 | W2258.1.2 | 吃植物的叶孕生人 | |
| W2254.3 | 吃红果孕生人 | 【465】 | ＊W2260 | 感无生命物孕生人 | 【471】 |
| W2254.3.1 | 女神吃红果孕生人 | | W2261 | 感石孕生人 | 【472】 |
| W2254.3.2 | 天女吃红果孕生人（仙女吃红果生人） | | W2261.1 | 感石子孕生人 | 【472】 |
| W2254.3.3 | 女子吃天神给的红果孕生人 | | W2261.2 | 坐石孕生人 | 【472】 |
| W2254.4 | 吃梨孕生人 | 【467】 | W2261.3 | 梦石孕生人 | 【472】 |
| W2254.5 | 吃枣孕生人 | 【467】 | W2261.4 | 吃石孕生人 | 【472】 |
| W2254.6 | 吃杏孕生人 | 【467】 | W2261.4.1 | 吃特定名称的石头孕生人 | |
| W2254.7 | 吃石榴孕生人 | 【467】 | W2261.5 | 与感石孕生人有关的其他母题 | 【473】 |
| W2254.8 | 吃杨梅孕生人 | 【468】 | W2261.5.1 | 女子打赌篮子套在石上孕生人 | |
| W2254.9 | 吃菠萝孕生人 | 【468】 | W2261.5.2 | 感石的精气孕生人 | |
| W2254.10 | 吃椰子孕生人 | 【468】 | W2261.5.3 | 摸石洞孕生人 | |
| W2254.11 | 吃槟榔孕生人 | 【468】 | W2262 | 感水孕生人 | 【473】 |
| W2254.12 | 吃芭蕉孕生人 | 【469】 | W2262.1 | 接触水孕生人 | 【473】 |
| W2254.13 | 与吃水果孕生人有关的其他母题 | 【469】 | W2262.1.1 | 女子喝水孕生人 | |
| W2254.13.1 | 吃神鸦衔来的果子孕生人 | | W2262.1.2 | 女儿国女子入水则孕 | |
| W2255 | 感瓜孕生人 | 【469】 | W2262.2 | 感水井孕生人 | 【474】 |
| W2255.1 | 吃瓜孕生人 | 【469】 | W2262.3 | 窥视神井孕生人 | 【474】 |
| W2256 | 感作物孕生人 | 【469】 | W2262.4 | 水中洗浴孕生人 | 【474】 |
| W2256.1 | 吃豆子孕生人 | 【469】 | W2262.4.1 | 男女同浴孕生人 | |
| W2256.1.1 | 吃豌豆孕生人 | | W2262.5 | 在特殊的水中洗澡孕生人 | 【475】 |
| W2256.1.2 | 吃黄豆孕生人 | | W2262.5.1 | 在男子浸染过的水中洗浴孕生人 | |
| W2256.2 | 吃种子孕生人 | 【470】 | W2262.5.2 | 在特定人物浸染过的 | |
| W2256.3 | 吃荞麦孕生人 | 【470】 | | | |
| W2256.4 | 吃薏苡孕生人 | 【471】 | | | |
| W2257 | 感蔬菜孕生人 | 【471】 | | | |
| W2257.1 | 吃蔬菜孕生人 | 【471】 | | | |

|  |  |  |
|---|---|---|
| | 水中洗浴孕生人 | |
| W2262.6 | 喝特定的水孕生人 | 【475】 |
| W2262.6.1 | 喝生育神水孕生人 | |
| W2262.6.2 | 喝水中的泡沫怀孕 | |
| W2262.6.3 | 喝天河水生人 | |
| W2262.7 | 感海水孕生人 | 【476】 |
| W2262.7.1 | 喝海水孕生人 | |
| W2262.7.2 | 接触海水孕生人 | |
| W2262.8 | 喝露水孕生人（接触露水孕生人） | 【476】 |
| W2262.8.1 | 女子露水擦头孕生人 | |
| W2262.9 | 喝骨灰水孕生人 | 【477】 |
| W2262.9.1 | 喝男子的骨灰水怀孕 | |
| W2262.9.2 | 喝圣人的骨灰水怀孕 | |
| W2262.10 | 感应男子洗浴的水孕生人 | 【478】 |
| W2262.10.1 | 妹妹喝哥哥洗浴的水孕生人 | |
| W2263 | 感某种液体孕生人 | 【478】 |
| W2263.1 | 喝尿孕生人 | 【478】 |
| W2263.2 | 接触精液孕生人 | 【478】 |
| W2263.3 | 接触唾液孕生人 | 【479】 |
| W2263.3.1 | 女始祖感唾沫生人 | |
| W2263.4 | 接触血液孕生人（感血孕生人） | 【479】 |
| W2263.4.1 | 感观音的血孕生人 | |
| W2263.5 | 人的经血感猴尿孕生人 | 【480】 |
| W2264 | 感木头孕生人 | 【480】 |
| W2264.1 | 感龙化作的木头孕生人 | 【480】 |
| W2264.2 | 感水中沉木生人 | 【480】 |
| W2264.3 | 感木棍生人 | 【480】 |
| W2264.3.1 | 女子把在河中捡到木棍放到床下生子 | |
| W2264.4 | 特定的人感木生人 | 【481】 |
| W2264.4.1 | 王妃感木生人 | |
| W2264.4.2 | 白姐感木生人 | |
| W2264.4.3 | 沙壹感木生人（沙壹感木生人） | |
| W2265 | 感柱子孕生人 | 【482】 |
| W2265.1 | 感石柱生人 | 【482】 |
| W2266 | 摸洞孕生人 | 【482】 |
| W2267 | 感其他无生命物生人 | 【482】 |
| W2267.1 | 感珠孕生人 | 【482】 |
| W2267.1.1 | 感神珠孕生人 | |
| W2267.1.2 | 感夜明珠孕生人 | |
| W2267.2 | 吃某些特殊食物孕生人 | 【483】 |
| W2267.2.1 | 吃肉孕生人 | |
| W2267.3 | 接触骨灰水孕生人 | 【484】 |
| W2268 | 与感无生命物生人有关的其他母题 | 【484】 |
| ＊W2269 | 感自然现象孕生人 | 【484】 |
| W2270 | 感天孕生人 | 【484】 |
| W2271 | 感太阳孕生人 | 【484】 |
| W2271.1 | 吞食太阳孕生人 | 【485】 |
| W2271.1.1 | 梦吞食太阳孕生人 | |
| W2271.2 | 感太阳中来的人孕生人 | 【485】 |
| W2272 | 感月亮孕生人 | 【485】 |
| W2272.1 | 感月精孕生人 | 【485】 |
| W2272.2 | 望月孕生人 | 【485】 |
| W2273 | 感星孕生人 | 【485】 |
| W2273.1 | 感流星生人 | 【485】 |
| W2273.2 | 感北斗星生人 | 【485】 |
| W2273.3 | 梦星入怀生人 | 【486】 |
| W2274 | 感光孕生人 | 【486】 |
| W2274.1 | 感日光孕生人 | 【486】 |
| W2274.1.1 | 感光中出现的男子 | |

| | | | | | | |
|---|---|---|---|---|---|---|
| | | 生人 | | W2276 | 感其他特殊物生人 | |
| W2274.1.2 | | 感天光孕生人 | | | | 【494】 |
| W2274.2 | | 感月光孕生人 | 【487】 | W2276.0 | 感神给的物生人 | 【494】 |
| W2274.3 | | 感瑶光生人 | 【487】 | W2276.0.1 | 吃神给的果实孕生人 | |
| W2274.4 | | 感白光生人 | 【487】 | W2276.1 | 感卵孕生人 | 【495】 |
| W2274.4.1 | | 感雷电中的白光生人 | | W2276.1.1 | 感特定的卵孕生人 | |
| W2274.5 | | 感黄狗似的光生人 | 【488】 | W2276.1.1.1 | 吃鸡蛋孕生人 | |
| W2274.6 | | 感人形的光孕生人 | 【488】 | W2276.1.1.2 | 吃肉球孕生人 | |
| W2274.7 | | 感龙的光孕生人 | 【488】 | W2276.2 | 感生殖器孕生人 | 【496】 |
| W2274.8 | | 感异性的光孕生人 | 【489】 | W2276.2.1 | 感祖先的生殖器生人 | |
| W2274.9 | | 感特定人物发出的光孕生人 | 【489】 | W2276.2.2 | 感生殖器状物怀孕 | |
| W2274.9.1 | | 感观音的光孕生人 | | W2276.3 | 感魔物孕生人 | 【496】 |
| | | | | W2276.3.1 | 不孕者感魔力怀孕 | |
| W2275 | | 感其他自然现象生人 | 【489】 | W2276.4 | 感特定痕迹孕生人 | 【497】 |
| W2275.1 | | 感风孕生人 | 【489】 | W2276.4.1 | 感脚印孕生人 | |
| W2275.1.1 | | 感凉风孕生人 | | W2276.4.1.1 | 感雷神的脚印孕生人 | |
| W2275.1.2 | | 感春风孕生人 | | W2276.4.1.2 | 感巨人脚印孕生人 | |
| W2275.1.3 | | 感南风孕生人 | | W2276.5 | 夫妻同时感特殊物生人 | 【497】 |
| W2275.1.4 | | 感山风孕生人 | | W2276.5.1 | 男神女神同时吃特定东西孕生人 | |
| W2275.1.5 | | 感龙吹的风孕生人 | | W2276.5.2 | 丈夫梦武士时妻子梦感白光生男子 | |
| W2275.1.6 | | 感狂风孕生人 | | W2276.6 | 感某种化身孕生人 | 【498】 |
| W2275.1.7 | | 始祖天门口挡风孕生人 | | W2276.6.1 | 感龙的化身生人 | |
| W2275.1.8 | | 睡觉时感风孕生人 | | W2276.7 | 感魂孕生人 | 【499】 |
| W2275.1.9 | | 休息时感风孕生人 | | W2276.7.1 | 感丈夫的阴魂孕生人 | |
| W2275.1.10 | | 特定人物感风孕生人 | | W2276.8 | 感特定的地点孕生人 | 【499】 |
| W2275.2 | | 感气孕生人 | 【492】 | W2276.8.1 | 感特定的井孕生人 | |
| W2275.2.0 | | 感阴阳之气生人 | | W2276.8.1.1 | 女子从龙葵花井上跨过怀孕 | |
| W2275.2.1 | | 感阳气孕生人 | | | | |
| W2275.2.2 | | 感精气孕生人 | | W2277 | 感生的方式（感生的媒介） | 【499】 |
| W2275.2.3 | | 感天降的气孕生人 | | W2277.1 | 通过接触感生 | 【499】 |
| W2275.3 | | 感火孕生人 | 【493】 | W2277.2 | 通过吃（喝）感生 | 【500】 |
| W2275.4 | | 感雷生人 | 【493】 | W2277.2.1 | 通过吃瓜子感生 | |
| W2275.5 | | 感雨孕生人 | 【494】 | | | |
| W2275.6 | | 感虹孕生人 | 【494】 | | | |

|  |  |  |
|---|---|---|
| W2277.2.1.1 | 通过吃神泉泡过的瓜子感生 | |
| W2277.2.2 | 吃的数量等于生的数量 | |
| W2277.2.2.1 | 吃7个桃生7子 | |
| **W2277.3** | 通过窥视感生 | 【501】 |
| **W2277.4** | 梦感（感梦生人） | 【501】 |
| W2277.4.1 | 梦感神生人 | |
| W2277.4.1.1 | 老夫妻梦感神树生人 | |
| W2277.4.2 | 梦中与男子交合生人 | |
| W2277.4.2.1 | 女子梦与石头人结婚生人 | |
| W2277.4.2.2 | 女子梦与天神结婚生人 | |
| W2277.4.3 | 梦感动物生人 | |
| W2277.4.3.1 | 梦龙生人 | |
| W2277.4.3.1a | 神女梦红龙生人 | |
| W2277.4.3.2 | 梦感喜鹊生人 | |
| W2277.4.4 | 梦感植物生人 | |
| W2277.4.4.1 | 梦感树生人 | |
| W2277.4.5 | 梦感无生命物生人 | |
| W2277.4.5.1 | 梦感星生人 | |
| W2277.4.5.2 | 梦感白光生人 | |
| W2277.4.5.3 | 梦感月亮生人 | |
| W2277.4.6 | 梦中饮食生人（梦中吃特定食物生人） | |
| W2277.4.6.1 | 女子梦吞夜明珠生人 | |
| W2277.4.6.2 | 女子梦吃馒头生人 | |
| W2277.4.7 | 特定地点梦感生人 | |
| W2277.4.7.1 | 庙中梦娃生子 | |
| W2277.4.8 | 与梦感生人有关的其他母题 | |
| W2277.4.8.1 | 梦特定物进入体内生人 | |
| **W2277.5** | 通过身体特殊部位感生 | 【505】 |
| W2277.5.1 | 通过肚脐感生 | |
| **W2277.6** | 通过衣服感生 | 【505】 |
| W2277.6.1 | 通过裙子感生 | |
| **W2277.7** | 通过动物感生 | 【506】 |
| **W2277.8** | 通过植物感生 | 【506】 |
| **W2277.9** | 通过水感生 | 【506】 |
| W2277.9.1 | 洗浴时感孕 | |
| **W2277.10** | 与感生媒介有关的其他母题 | 【506】 |
| **W2277a** | 感生的时间 | 【507】 |
| W2277a.1 | 在特定的时间感应怀孕 | 【507】 |
| W2277a.1.1 | 女子劳作时感生怀孕 | |
| W2277a.1.2 | 女子在婚前感生怀孕 | |
| W2277a.1.3 | 女子在婚后感生怀孕 | |
| **W2278** | 感生的地点 | 【507】 |
| W2278.1 | 祈祷处感生 | 【507】 |
| W2278.2 | 在大泽感生 | 【508】 |
| W2278.2.1 | 在大泽之陂感生 | |
| W2278.2.2 | 在雷泽感生 | |
| W2278.3 | 在水中感生 | 【508】 |
| W2278.3.1 | 在河水中感生（在池水中感生） | |
| W2278.3.2 | 在湖水中感生 | |
| W2278.3.2.1 | 在长白山湖水中感生 | |
| W2278.3.3 | 在水边感生 | |
| W2278.3.3.1 | 在河边感生 | |
| W2278.4 | 在山顶感生 | 【509】 |
| W2278.5 | 在石缝中感生 | 【509】 |
| W2278.6 | 树下休息时感生 | 【510】 |
| W2278.7 | 在床上感生 | 【510】 |
| W2278.7.1 | 感应物放在床下后感生 | |
| W2278.8 | 其他特定的感生地点 | 【510】 |
| W2278.8.1 | 在特定的地方感生 | |
| W2278.8.1.1 | 在华阳感生 | |
| **W2279** | 与感生人有关的其他母题 | 【510】 |
| W2279.0 | 多次感应后怀孕 | 【511】 |

| | | | | | | |
|---|---|---|---|---|---|---|
| W2279.0.1 | 多次相同感应孕生人 | | | W2279.5.1 | 食桃子和桃花孕生人 | |
| W2279.0.1.1 | 每月相同的时辰感水9个月怀孕 | | | W2279.5.2 | 感雷与光孕生人 | |
| W2279.0.2 | 感气又感梦后孕生人 | | | W2279.5.3 | 感脚印和彩虹生人 | |
| **W2279.0a** | **多人同时感生人** | 【511】 | | W2279.5.4 | 感血和云孕生人 | |
| W2279.0a.1 | 母女同时感生人 | | | W2279.5.4.1 | 感神鹰血和云中水生人 | |
| W2279.0a.2 | 2个女子同时感生人 | | | **W2279.6** | **感生不成功** | 【517】 |
| W2279.0a.2.1 | 姐妹同时感生人 | | | **W2279.7** | **感生方法的获得** | 【518】 |
| **W2279.1** | **神感生人** | 【512】 | | W2279.7.1 | 神树告诉人感生的办法 | |
| W2279.1.1 | 男女天神交感生人 | | | W2279.7.2 | 真主安排感生 | |
| W2279.1.2 | 神吃红果生人 | | | **W2279.8** | **感生的促成者** | 【518】 |
| W2279.1.3 | 神感风神生人 | | | W2279.8.1 | 神促成感生 | |
| W2279.1.3.1 | 女神感风神生人 | | | W2279.8.2 | 仙人促成感生 | |
| W2279.1.4 | 神感虫生人 | | | W2279.8.2.1 | 仙婆送桃促成感生 | |
| **W2279.1a** | **神性人物感生人** | 【513】 | | W2279.8.3 | 异性的帮助促成感生 | |
| W2279.1a.1 | 神婆感白龙生人 | | | W2279.8.4 | 动物的帮助促成感生 | |
| **W2279.2** | **动物感生人** | 【513】 | | W2279.8.5 | 鸟送感应物促成感生 | |
| W2279.2.1 | 蛇感人生人 | | | W2279.8.6 | 神投放感应物促成感生 | |
| W2279.2.2 | 龙感生人 | | | | | |
| W2279.2.2.1 | 龙感太阳生人 | | | | | |
| W2279.2.3 | 龙母感桃生人 | | | | | |
| W2279.2.4 | 鱼感生人 | | | | | |
| W2279.2.4.1 | 鱼感明珠生人 | | | | | |
| W2279.2.5 | 凤凰感生人 | | | | | |
| W2279.2.5.1 | 凤凰食玛瑙生人 | | | | | |
| W2279.2.6 | 羊感生人 | | | | | |
| W2279.2.6.1 | 羊喝泉水生人 | | | | | |
| **W2279.3** | **植物感生人** | 【515】 | | | | |
| W2279.3.1 | 树感天光生人 | | | | | |
| **W2279.4** | **无生命物感生人** | 【515】 | | | | |
| W2279.4.1 | 山感光生人 | | | | | |
| W2279.4.1.1 | 土山感光生人 | | | | | |
| W2279.4.2 | 石感血生人 | | | | | |
| W2279.4.3 | 气感植物生人 | | | | | |
| W2279.4.4 | 男女分别往石缝小便生人 | | | | | |
| **W2279.5** | **感多种物质孕生人** | 【517】 | | | | |

## 2.4.8 与生育产生人有关的其他母题（与生人有关的其他母题）【W2280~W2299】

| | | |
|---|---|---|
| ✻ **W2280** | **祈祷生人（祈祷生子、祈子）** | 【520】 |
| **W2281** | **祈祷神生子（向神祈子）** | 【520】 |
| **W2281.1** | **求神孕生子** | 【520】 |
| W2281.1.1 | 当事人亲自祈神得子 | |
| W2281.1.2 | 通过其他人祈神得子 | |
| **W2281.2** | **求天神得子（向天神** | |

## 2.4 生育产生人（生人）

| | | |
|---|---|---|
| | 祈子） | 【521】 |
| W2281.2.1 | 夫妻给老天爷磕头后生子 | |
| W2281.3 | 求生育神生子（向生育神祈子） | 【522】 |
| W2281.3.1 | 求生殖母神送子 | |
| W2281.4 | 祈祷神树生子（向树神祈子） | 【522】 |
| W2281.5 | 祈祷佛生子（向佛祈子） | 【522】 |
| W2281.5.1 | 供佛后生子 | |
| W2281.5.2 | 感化佛后生子 | |
| W2281.6 | 祈祷菩萨生子（向菩萨祈子） | 【523】 |
| W2281.7 | 求娘娘神生子（向娘娘神祈子） | 【523】 |
| W2281.7.1 | 求送子娘娘神生子（向送子娘娘神祈子） | |
| W2281.8 | 求崖神生子（向崖神祈子） | 【523】 |
| W2281.9 | 求瘟神生子（向瘟神祈子） | 【524】 |
| W2281.10 | 祈祷祖神生子（向祖神祈子） | 【524】 |
| W2281.10.1 | 老夫妻在祖宗神龛前祈祷生子 | |
| **W2282** | **祈祷其他特定的神或神性人物生子** | 【524】 |
| W2282.1 | 向真主祈子 | 【525】 |
| W2282.2 | 向老天爷磕头生子 | 【525】 |
| W2282.3 | 向祖先祈子 | 【525】 |
| W2282.3.1 | 向男女祖先祈子 | |
| W2282.3.2 | 向代表祖神的金竹祈子 | |
| W2282.4 | 向神马祈子 | 【526】 |
| W2282.4.1 | 向象征神马的白石马祈子 | |
| W2283 | 祈祷特定的物生子 | 【526】 |
| W2283.1 | 祈祷天地得子（向天地祈子） | 【526】 |
| W2283.1.1 | 祈天得子（向天祈子） | |
| W2283.2 | 祈祷山川得子（拜山祈子） | 【527】 |
| W2283.2.1 | 拜大山祈子 | |
| W2283.2.2 | 祈祷特定名称的山生子 | |
| W2283.3 | 拜庙得子 | 【528】 |
| W2283.3.1 | 拜娘娘庙得子 | |
| W2283.4 | 祈树得子 | 【528】 |
| W2283.4.1 | 祈庙前的特定的树得子 | |
| W2283.5 | 向生殖器象征物祈子 | 【529】 |
| W2283.5.1 | 女子向石祖祈子 | |
| W2283.6 | 祈祷星辰得子 | 【529】 |
| W2283.6.1 | 祈北斗星得子 | |
| W2283.7 | 祈敖包得子（祭敖包祈子） | 【530】 |
| W2283.8 | 祈特定动物得子（祭动物祈子） | 【530】 |
| W2283.8.1 | 祈龙得子 | |
| **W2284** | **与祈祷生人有关的其他母题** | 【530】 |
| W2284.0 | 祈子的原因 | 【531】 |
| W2284.0.1 | 因老来无子祈子 | |
| W2284.0.2 | 因原来的孩子不成器祈子 | |
| W2284.1 | 许愿生子 | 【531】 |
| W2284.2 | 祈祷后剖卵生子 | 【531】 |
| W2284.3 | 动物帮助祈祷生子 | 【531】 |
| W2284.4 | 接触式祈子 | 【532】 |
| W2284.4.1 | 喝特定的水祈子 | |
| W2284.4.2 | 接触石祖祈子 | |
| W2284.4.3 | 男性通过接触女性生 | |

| | | | | | | |
|---|---|---|---|---|---|---|
| | | 殖器状物祈子 | | W2287 | | 人作为生人时的帮助者【537】 |
| W2284.4.4 | | 女性通过接触男性生殖器状物祈子 | | W2287.1 | | 母性在生人时的作用【537】 |
| **W2284.5** | | **通过巫术祈子** 【533】 | | W2287.2 | | 人击鼓生人 【537】 |
| W2284.5.1 | | 通过巫师作法生子 | | **W2288** | | **动物作为生人时的帮助者** 【537】 |
| **W2284.6** | | **委托特定的人祈子** 【533】 | | W2288.1 | | 老鼠是生人时的帮助者 【537】 |
| W2284.6.1 | | 请萨满祈子 | | W2288.1.1 | | 老鼠咬开装着人的器物 |
| **W2284.7** | | **长时间祈子** 【533】 | | W2288.2 | | 鸟是生人时的帮助者【538】 |
| W2284.7.1 | | 祈子7年生子 | | W2288.2.1 | | 鸟凿开装着人的葫芦 |
| **W2284.8** | | **特定时间向特定物祈子** 【534】 | | W2288.3 | | 天鹅是生人时的帮助者 【538】 |
| W2284.8.1 | | 腊月二十七向北斗星祈子 | | W2288.3.1 | | 天鹅啄开装着人的葫芦 |
| **W2284.9** | | **特定的祈子者** 【534】 | | W2288.4 | | 乌鸦是生人时的帮助者 【539】 |
| W2284.9.1 | | 婆家为媳妇祈子 | | W2288.4.1 | | 乌鸦吞吐怪胎的碎肉产生人 |
| ✽ **W2285** | | **生人的帮助者** 【534】 | | W2288.5 | | 鹰是生人时的帮助者 【540】 |
| **W2286** | | **神或神性人物作为生人的帮助者** 【535】 | | W2288.5.1 | | 鹞鹰是生人时的帮助者 |
| W2286.1 | | 女神作为生人时的帮助者 【535】 | | W2288.6 | | 狗是生人时的帮助者 【540】 |
| W2286.2 | | 人神作为生人时的帮助者 【535】 | | W2288.6.1 | | 狗舔开装着人的口袋生人 |
| W2286.3 | | 雷公作为生人时的帮助者 【535】 | | W2288.7 | | 鹿是生人时的帮助者【540】 |
| W2286.4 | | 祖先作为生人时的帮助者 【535】 | | W2288.7.1 | | 母鹿是生人时的帮助者 |
| W2286.5 | | 其他神或神性人物作为生人的帮助者 【536】 | | W2288.8 | | 多种动物是生人时的帮助者 【540】 |
| W2286.5.1 | | 天王作为生人的帮助者 | | W2288.8.1 | | 鹰、乌鸦等帮助撒人种 |
| W2286.5.2 | | 盘古作为生人的帮助者 | | **W2289** | | **植物作为生人时的** |
| W2286.5.3 | | 佛祖作为生人的帮助者 | | | | |
| W2286.5.4 | | 天管师作为生人的帮助者 | | | | |
| W2286.5.5 | | 鸿均老祖作为生人的帮助者 | | | | |

|  |  |  |  |  |  |
|---|---|---|---|---|---|
|  | 帮助者 | 【541】 |  | 断改进 |  |
| W2289.1 | 树是生人的帮助者 | 【541】 | W2295 | 人种 | 【545】 |
| W2289.2 | 草是生人的帮助者 | 【541】 | W2295.1 | 人种的产生 | 【545】 |
| W2290 | 无生命物作为生人时的帮助者 | 【541】 | W2295.1.0 | 人种自然存在 |  |
|  |  |  | W2295.1.1 | 神留下人种 |  |
| W2290.1 | 太阳是生人时的帮助者 | 【541】 | W2295.1.1.1 | 天神留下人种 |  |
|  |  |  | W2295.1.1.2 | 女神到大地上做人种 |  |
| W2290.2 | 石头是生人时的帮助者 | 【541】 | W2295.1.1.3 | 一对夫妻神下凡做人种 |  |
| W2291 | 与生人的帮助者有关的其他母题 | 【542】 | W2295.1.2 | 神选派人种 |  |
|  |  |  | W2295.1.2.1 | 神派特定的人做人种 |  |
| W2291.1 | 刺激特定物后该物生人 | 【542】 | W2295.1.2.2 | 神选善良的人做人种 |  |
|  |  |  | W2295.1.2.3 | 神选灾后幸存者做人种 |  |
| W2291.1.1 | 向葫芦撒尿后葫芦生人 |  | W2295.1.3 | 特定的人物传人种 |  |
| W2292 | 生人的特定地点 | 【542】 | W2295.1.3.1 | 天上来的人传人种 |  |
| W2292.1 | 在岩石上生人 | 【542】 | W2295.1.3.2 | 龙王给人间人种 |  |
| W2292.2 | 在特定的山上生人 | 【542】 | W2295.1.3.3 | 用女人做人种 |  |
| W2292.3 | 在洞中生人 | 【542】 | W2295.1.3.4 | 女人传人种 |  |
| W2292.3.1 | 在岩洞中生人 |  | W2295.1.3.5 | 灾难幸存者做人种 |  |
| W2292.3.2 | 特定的人在洞中生人 |  | W2295.1.4 | 造人种 |  |
| W2292.3.2.1 | 始祖在洞中生人 |  | W2295.1.4.1 | 天神造人种 |  |
| W2292.4 | 把某物投放到地上生人 | 【543】 | W2295.1.4.2 | 女神造人种 |  |
|  |  |  | W2295.1.4.3 | 夫妻神造人种 |  |
| W2293 | 化合型孕生人 | 【543】 | W2295.1.4.4 | 女娲造人种 |  |
| W2293.1 | 血水与海水孕生人 | 【543】 | W2295.1.4.5 | 用灵光造人做人种 |  |
| W2293.2 | 水与土孕生人类 | 【544】 | W2295.1.4.6 | 用蜂蜡造人做人种 |  |
| W2294 | 生人后的改造 | 【544】 | W2295.1.4.7 | 砍碎特定的人做人种 |  |
| W2294.1 | 生怪胎后改造为人 | 【544】 |  |  |  |
| W2294a | 生人前对人的改造 | 【544】 | W2295.1.5 | 生育人种 |  |
|  |  |  | W2295.1.5.1 | 神生育人种 |  |
| W2294a.1 | 生育前修改孩子的体征 | 【544】 | W2295.1.5.2 | 天帝的母亲孕育人种 |  |
| W2294a.2 | 生育前对胎儿不断改进 | 【545】 | W2295.1.5.3 | 鬼生育人种 |  |
|  |  |  | W2295.1.5.4 | 兄妹婚生的怪胎做人种 |  |
| W2294a.2.1 | 天神对前两胎不满不 |  |  |  |  |

| | | | | |
|---|---|---|---|---|
| W2295.1.5.5 | 把姐弟生的孩子砍碎后做人种 | W2295.4.7.0 | 换人种的原因 |
| W2295.1.5.6 | 生的怪胎是人种 | W2295.4.7.0a | 因人心不好换人种 |
| W2295.1.5.7 | 生的怪胎剁成的肉渣变成人种 | W2295.4.7.1 | 通过毁灭人类换人种 |
| | | W2295.4.7.1a | 通过洪水毁灭人类换人种 |
| W2295.1.5.8 | 卵生人种 | W2295.4.7.2 | 独眼人换成横眼人 |
| W2295.1.6 | 灾难后留下的人种 | W2295.4.7.3 | 神换人种 |
| W2295.1.6.1 | 洪水中留下人种 | W2295.4.8 | 传人种 |
| W2295.1.6.2 | 洪水后龙王给人种 | W2295.4.8.1 | 特定族群向四方传人种 |
| W2295.1.6.3 | 天塌地陷后幸存的1对男女做人种 | W2295.4.9 | 人种改造为人 |
| | | W2295.4.9.1 | 把鬼生的人种改造为人 |
| W2295.1.7 | 心善的人做人种 | | |
| **W2295.2** | **特定的人种** 【553】 | W2295.4.10 | 人种的灭绝（绝种） |
| W2295.2.1 | 植物种子是人种 | W2295.4.10.1 | 人因不敬神绝种 |
| W2295.2.1.1 | 葫芦籽是人种 | **W2296** | **不成功的生人** 【562】 |
| W2295.2.1.2 | 谷种是人种 | W2296.1 | 人祖娶貌美女子不能生人 【562】 |
| W2295.2.2 | 特定的卵是人种 | | |
| W2295.2.2.1 | 蛇卵是人种 | **W2297** | **与生人有关的其他母题** 【562】 |
| W2295.2.3 | 特定鬼神的子孙是人种 | | |
| W2295.2.3.1 | 天地鬼的子孙是人种 | W2297.0 | 最早生人与现在不同 【562】 |
| W2295.2.4 | 最早的人种是父子俩 | W2297.0.1 | 最早生的人都是男人 |
| W2295.2.5 | 第二代人种是母女俩 | W2297.0.2 | 最早生的人都是女人 |
| W2295.2.6 | 第三代人种是兄弟俩 | W2297.0.3 | 最早生的人是怪人 |
| W2295.2.7 | 蛋核是人种 | W2297.1 | 多次连续性的生人 【563】 |
| **W2295.3** | **人种的保存** 【555】 | W2297.1.1 | 虎生鼓，鼓生人 |
| W2295.3.1 | 人种在葫芦中 | W2297.2 | 有辈次的生人 【563】 |
| **W2295.4** | **与人种有关的其他母题** 【556】 | W2297.3 | 女人生孩子后有了人类 【563】 |
| W2295.4.1 | 种人 | W2297.4 | 物体相互作用生人 【564】 |
| W2295.4.1.1 | 伏羲兄妹种人 | W2297.4.1 | 两男神摩擦膝盖生人 |
| W2295.4.2 | 人是种出来的 | W2297.4.2 | 阴阳结合生人 |
| W2295.4.3 | 在山上播撒人种 | W2297.4.2.1 | 乾坤卦结合生人 |
| W2295.4.4 | 天神撒人种 | **W2297.5** | **通过抽象规则生出人** 【565】 |
| W2295.4.5 | 男人种出男人 | W2297.5.1 | 通过地支推算生出人 |
| W2295.4.6 | 女人种出女人 | **W2297.6** | **通过其他特定行为** |
| W2295.4.7 | 换人种 | | |

| | 生人 | 【565】 |
|---|---|---|
| W2297.6.1 | 通过架桥孕生人 | |
| W2297.6.1.1 | 特定时间架桥孕生人 | |
| W2297.6.2 | 吃催生药生人 | |
| **W2297.7** | **尸体生人** | 【566】 |
| W2297.7.1 | 父亲的尸体孕生儿子 | |
| **W2297.8** | **与生人有关的征象** | 【566】 |
| W2297.8.1 | 人开花后生育 | |
| W2297.8.2 | 人出生时天上降下一颗星 | |
| **W2297.9** | 女子生的人是自己的心肝变成的 | 【567】 |
| **W2297.10** | 生的孩子的处理 | 【567】 |
| W2297.10.1 | 把生的孩子一分为二父母各半 | |

## 2.5 变化产生人（变人）【W2300～W2399】

### 2.5.1 神或神性人物变化为人【W2300～W2309】

| | | |
|---|---|---|
| ✿ **W2300** | 人是变化产生的（变人） | 【569】 |
| ✲ **W2301** | 神变成人 | 【569】 |
| **W2302** | 特定的神变成人 | 【569】 |
| W2302.1 | 天神变成人 | 【569】 |
| W2302.1.1 | 天神变成女人 | |
| W2302.1.2 | 天神吃土后变成人 | |
| W2302.2 | 地神变成人 | 【570】 |
| W2302.3 | 山神变成人 | 【570】 |
| W2302.3.1 | 一对山神夫妻变成人 | |
| W2302.4 | 火神变成人 | 【570】 |
| W2302.4.1 | 火神商伯变成人 | |
| **W2303** | **神下凡变成人** | 【571】 |

| W2303.1 | 天神下凡投胎为人 | 【571】 |
|---|---|---|
| W2303.2 | 神下凡变成男人 | 【571】 |
| W2303.3 | 神下凡变成女人 | 【571】 |
| **W2304** | 与神变成人有关的其他母题 | 【572】 |
| W2304.1 | 神的影子变成人 | 【572】 |
| W2304.1.1 | 神的身影投射到地上成为人 | |
| W2304.2 | 神的肢体或排泄物变成人 | 【572】 |
| W2304.2.1 | 神的毛发化为人 | |
| W2304.2.2 | 神的唾液化为人 | |
| W2304.2.3 | 神的肉瘤变成人 | |
| W2304.2.4 | 神割肉变成人 | |
| W2304.3 | 以前神能变成人 | 【573】 |
| W2304.4 | 神垂死化生人 | 【574】 |
| ✲ **W2305** | 神性人物变成人 | 【574】 |
| **W2306** | 仙人变成人 | 【574】 |
| **W2307** | 宗教人物变成人 | 【574】 |
| W2307.1 | 罗刹女变成人 | 【574】 |
| **W2308** | 魔鬼变成人 | 【574】 |
| W2308.1 | 鬼变成人 | 【575】 |
| W2308.2 | 妖怪变成人（怪物变成人） | 【575】 |
| W2308.2.1 | 精怪变成人 | |
| **W2309** | 与神性人物变成人有关的其他母题 | 【575】 |
| W2309.0 | 鬼神变成人 | 【575】 |
| W2309.0.1 | 以前鬼神能变成人 | |
| W2309.1 | 仙女的经血化生人 | 【576】 |
| W2309.2 | 天上的生灵下凡变成人 | 【576】 |
| W2309.3 | 天女的心变成人 | 【576】 |
| W2309.4 | 神性人物垂死化生人 | 【576】 |
| W2309.4.1 | 盘古垂死化生人 | |
| W2309.5 | 神性人物的肢体化 | |

| | | | | | |
|---|---|---|---|---|---|
| | 生人 | 【577】 | W2314.1.2.1 | 男女的气息化生人 | |
| W2309.5.1 | 盘古的脏腑化生人 | | W2314.2 | 杀死的人的肢体变成人 | 【581】 |
| | | | W2314.2.1 | 小孩被砍碎后变成很多人 | |

## 2.5.2 人变化为人
【W2310 ~ W2314】

| | | | | | |
|---|---|---|---|---|---|
| | | | W2314.2.1.1 | 杀死自己的孩子繁衍人类 | |
| W2310 | 人变成其他人 | 【577】 | W2314.2.2 | 人劈为两半，其中一半变成人 | |
| W2310.1 | 天上的人变成地上的人 | 【577】 | W2314.3 | 人的排泄物化生人 | 【583】 |
| W2310.2 | 一人化生多人 | 【577】 | W2314.3.1 | 女子流血变成人 | |
| W2310.2.1 | 首领变成众人 | | | | |
| W2310.2.1.1 | 怪胎化生的头人变成千百人 | | | | |

## 2.5.3 动物变化为人
【W2315 ~ W2349】

| | | | | | |
|---|---|---|---|---|---|
| W2311 | 特定的人的变成人 | 【578】 | ✽ W2315 | 哺乳动物变成人 | 【583】 |
| W2311.1 | 人的部分肢体化成人 | 【578】 | W2316 | 狗变成人（犬变成人） | 【584】 |
| W2312 | 动物体征的人变成人 | 【578】 | W2317 | 猴变成人（猴子变成人） | 【584】 |
| W2312.1 | 人熊变成人 | 【578】 | W2317.1 | 猴子去（砍）掉尾巴后变成人 | 【585】 |
| W2312.1.1 | 人熊劈开后的一半变成人 | | W2317.1.1 | 猴子的尾巴变短后成人 | |
| W2312.2 | 人猴变成人 | 【579】 | W2317.2 | 死猴变成人 | 【585】 |
| W2313 | 人的怪胎变成人 | 【579】 | W2317.3 | 婚生的猴子变成人 | 【585】 |
| W2313.1 | 嫩树枝使怪胎变成人 | 【580】 | W2317.3.1 | 神猴与天女婚生的猴变成人 | |
| W2313.2 | 10个月孕生的怪胎变成人 | 【580】 | W2317.3.2 | 人与天女婚生的猴变成人 | |
| W2313.3 | 怪胎变成特定的人 | 【580】 | W2317.3.3 | 罗刹女与猴婚生的猴变成人 | |
| W2313.3.1 | 怪胎变成男女 | | | | |
| W2313.3.1.1 | 婚生的怪胎变成7对男女 | | W2317.3.4 | 狗与猴婚生的猴变成人 | |
| W2314 | 与人变化为人有关的其他母题 | 【581】 | W2317.4 | 神造的猴变成人 | 【586】 |
| W2314.1 | 人化生人 | 【581】 | W2317.4.1 | 天神造的猴子变成人 | |
| W2314.1.1 | 人的精气化生人 | | | | |
| W2314.1.2 | 人的气息化生人 | | | | |

|  |  |  |  |  |  |
|---|---|---|---|---|---|
| W2317.5 | 猴子破戒变成人 | 【587】 | W2318.5.2 | 猴子吃粮食后变成人 | |
| W2317.6 | 一部分猴子变成人 | 【587】 | W2318.5.3 | 猴子吃仙丹变成人 | |
| W2317.7 | 猴子不长毛变成人 | 【588】 | W2318.6 | 猴子会说话后变成人 | 【593】 |
| W2317.7.1 | 猴子退毛变成人 | | W2318.6.1 | 猕猴会说话后变成人 | |
| W2317.7.2 | 人与天生的猴子退毛变成人 | | W2318.7 | 猴子听经书变成人 | 【594】 |
| W2317.7.3 | 猴子烧掉毛变成人 | | W2318.7.1 | 听话的猴子变成人 | |
| W2317.8 | 猴子进化变成人 | 【589】 | W2318.8 | 猩猩变成人 | 【594】 |
| W2317.8.1 | 猴子与魔女婚生的猴子演化成人 | | W2318.9 | 猢狲变成人 | 【594】 |
| W2317.8.2 | 猴子长时间进化变成人 | | W2318.10 | 特定类型的猴子变成人 | 【594】 |
| W2317.8.3 | 猴子逐渐有了人的特征 | | W2318.10.1 | 猕猴变成人 | |
| | | | W2318.10.2 | 短尾巴猴变成人 | |
| | | | W2318.10.3 | 短尾猴不长毛变成人 | |
| | | | W2318.10.4 | 红毛短尾猴变成人 | |
| W2317.9 | 猴子改变容貌变成人 | 【590】 | W2318.10.5 | 石猴变成人 | |
| W2317.9.1 | 猴捂住脸后变成人 | | W2318.10.6 | 白猴变成人 | |
| W2317.10 | 其他特定来历的猴子变成人 | 【590】 | W2318.11 | 猿变成人 | 【596】 |
| | | | W2318.12 | 人变成的猴子重新变成人 | 【596】 |
| W2318 | 与猴变成人有关的其他母题 | 【590】 | W2318.12.1 | 地下的人钻出地面先变成猴子然后变成人 | |
| W2318.0 | 猴的特定后代变成人 | 【590】 | W2318.13 | 猴子变成特定的人 | 【597】 |
| W2318.0.1 | 猴的第9代变成人 | | W2318.13.1 | 猴子变成独眼人 | |
| W2318.1 | 神把猴子变成人 | 【590】 | W2318.13.2 | 猴子变成竖眼人 | |
| W2318.1a | 猴子靠自己变成人 | 【591】 | W2318.13.3 | 猴子变成特定的祖先 | |
| W2318.2 | 猴子学会耕种变成人 | 【591】 | W2318.14 | 猴子在特定地方变成人 | 【597】 |
| W2318.2.1 | 神教猴子耕作后猴子变成人 | | W2318.14.1 | 猴子到坝子后变成人 | |
| W2318.2.2 | 猴学会种五谷后变成人 | | W2319 | 狼变成人 | 【598】 |
| W2318.3 | 猴子发明火变成人 | 【591】 | W2320 | 鹿变成人 | 【598】 |
| W2318.3.1 | 会敲击取火的猴子变成人 | | W2320.1 | 鹿变成女人 | 【598】 |
| W2318.4 | 猴子因为经常站立变成人 | 【592】 | W2321 | 牛变成人 | 【598】 |
| | | | W2321.1 | 牛生的牛变成人 | 【599】 |
| W2318.5 | 猴子吃特定物后变成人 | 【592】 | W2321.1.1 | 天降的母牛生的小牛变成人 | |
| W2318.5.1 | 猴子吃熟食变成人 | | W2321.2 | 人变成牛重新变成人 | 【599】 |

‖ 2.5 变化产生人（变人）‖

| | | |
|---|---|---|
| W2322 | 熊变成人 | 【599】 |
| W2322.1 | 熊孩变成人 | 【600】 |
| W2323 | 其他哺乳动物变成人 | 【600】 |
| W2323.1 | 虎变成人 | 【600】 |
| W2323.1.1 | 人变的虎重新变成人 | |
| W2323.2 | 羊变成人 | 【600】 |
| W2323.2.1 | 绵羊变成女人 | |
| W2323.3 | 狮子变成人 | 【601】 |
| W2323.4 | 胡獾变成人 | 【601】 |
| W2323.5 | 象变成人 | 【601】 |
| W2323.6 | 猪变成人 | 【601】 |
| W2323.7 | 鼠变成人 | 【601】 |
| W2323.8 | 狐狸变成人 | 【602】 |
| W2323.9 | 獐子变成人 | 【602】 |
| W2323.9.1 | 白獐子变成人 | |
| W2323.10 | 野兽变成人 | 【602】 |
| W2323.10.1 | 以前野兽能变成人 | |
| W2323.10.2 | 黑头野兽变成人 | |
| W2323.11 | 多种动物同时变成人 | 【603】 |
| W2323.11.1 | 熊、虎、鹿同时变成人 | |
| ✻W2324 | 鸟类动物变成人 | 【603】 |
| W2325 | 鸟变成人 | 【603】 |
| W2325.1 | 鸟化为人 | 【603】 |
| W2326 | 鸡变成人 | 【603】 |
| W2326.1 | 母鸡变成女人 | 【604】 |
| W2326.2 | 天降的野雉变成人 | 【604】 |
| W2326.3 | 天鸡变成人 | 【604】 |
| W2327 | 天鹅变成人 | 【604】 |
| W2328 | 雁变成人 | 【605】 |
| W2329 | 鹰变成人 | 【605】 |
| W2330 | 其他鸟变成人 | 【605】 |
| W2330.1 | 乌鸦变成人 | 【605】 |
| W2330.1.1 | 怪胎化成的乌鸦变成人 | |
| ✻W2331 | 水中动物变成人 | 【606】 |
| W2332 | 鱼变成人 | 【606】 |
| W2333 | 虾变成人 | 【606】 |
| W2334 | 其他水中动物变成人 | 【606】 |
| ✻W2335 | 昆虫变成人 | 【606】 |
| W2336 | 虫子变成人 | 【607】 |
| W2336.1 | 不知名的虫化生人 | 【607】 |
| W2336.2 | 特定来历的虫子变成人 | 【607】 |
| W2336.2.1 | 盘古身上的虫子变成人 | |
| W2336.2.2 | 朽木中的虫子变成人 | |
| W2336.2.3 | 天降的虫子变成人 | |
| W2337 | 特定名称的虫子变成人 | 【608】 |
| W2337.1 | 蜘蛛变成人 | 【608】 |
| W2337.2 | 蜜蜂变成人 | 【608】 |
| W2337.2.1 | 树枝与蜂窝装进箱子后变成人 | |
| W2337.2.2 | 蜜蜂炼成人 | |
| W2337.3 | 虱子变成人 | 【609】 |
| W2337.3.1 | 盘古身上的虱子变成黎民百姓 | |
| W2337.4 | 蚂蚁变成人 | 【610】 |
| W2337.4.1 | 以前蚂蚁能变成人 | |
| W2337.5 | 蚂蚱变成人 | 【610】 |
| W2337.5.1 | 怪胎生的蚂蚱变成人 | |
| W2337.6 | 其他特定名称的虫子变成人 | 【611】 |
| W2338 | 昆虫变成人的条件 | 【611】 |
| W2338.1 | 虫感风化人 | 【611】 |
| W2338.2 | 虫子经风吹雨打变成人 | 【611】 |
| W2339 | 与昆虫变成人有 | |

|  |  |  |  |  |  |
|---|---|---|---|---|---|
|  |  | 关的其他母题 【611】 | W2345.1.1 | 山神的儿子蜈蚣变 |  |
| W2339.1 |  | 以前虫能变成人 【611】 |  | 成人 |  |
| W2339.2 |  | 虫子的粪变成人 【612】 | W2346 | 龙变成人 | 【618】 |
| ✣ W2340 |  | 两栖或爬行动物 | W2346.1 | 龙变化成人 | 【618】 |
|  |  | 变成人 【612】 | W2346.2 | 龙太子变成人 | 【619】 |
| W2341 |  | 蛇变成人 【612】 | W2346.3 | 半龙半人变成人 | 【619】 |
| W2341.1 |  | 蛇化生人 【612】 | W2346.4 | 龙身人首的龙人 |  |
| W2341.2 |  | 蛇卵化生人 【612】 |  | 演变成人 | 【619】 |
| W2341.3 |  | 蛇先变虫后再变人 【613】 | W2346.5 | 毒龙变成人 | 【619】 |
| W2341.4 |  | 蛇卵变成人 【613】 | W2346.6 | 火龙变成人 | 【619】 |
| W2341.5 |  | 蛇女变成人 【613】 | W2346.7 | 海里的龙族演变成人 | 【619】 |
| W2341.6 |  | 与蛇变成人有关的 | W2346.8 | 与龙变成人有关的 |  |
|  |  | 其他母题 【613】 |  | 其他母题 | 【620】 |
| W2341.6.1 |  | 怪物变成的蛇变成人 | W2346.8.1 | 龙族两兄妹变成人 |  |
| W2341.6.2 |  | 蛇变成小伙（蛇郎） | W2346.8.2 | 龙没有完全变成人 |  |
| W2342 |  | 蚯蚓变成人 【614】 | W2346.8.2.1 | 龙变成人头龙身的人 |  |
| W2343 |  | 蛙变成人 【614】 | W2347 | 动物变成人的方法 |  |
| W2343.1 |  | 青蛙变成人 【614】 |  |  | 【620】 |
| W2343.1.1 |  | 捡到的青蛙变成孩子 | W2347.1 | 动物吃特殊的食物后 |  |
| W2343.1.2 |  | 青蛙脱皮变成人 |  | 变成人 | 【620】 |
| W2343.1.3 |  | 青蛙食仙草后变成人 | W2347.1.1 | 动物吃知识肉后变 |  |
| W2343.1.4 |  | 泪水使青蛙变人 |  | 成人 |  |
| W2343.2 |  | 人生的青蛙变成人 【615】 | W2347.1.1.1 | 野兽吃知识肉后变 |  |
| W2343.3 |  | 蟾蜍变成人 【616】 |  | 成人 |  |
| W2343.4 |  | 蛤蟆王变成人 【616】 | W2347.1.2 | 动物吃五谷后变成人 |  |
| W2343.4.1 |  | 蛤蟆王变成老人 | W2347.1.3 | 动物吃盐后变成人 |  |
| W2343.5 |  | 蛤蟆变成人 【616】 | W2347.2 | 动物获得文化后 |  |
| W2343.5.1 |  | 人生的蛤蟆变成人 |  | 变成人 | 【621】 |
| W2343.5.2 |  | 癞蛤蟆变成人 | W2347.2.1 | 动物通过劳动变成人 |  |
| W2343.6 |  | 巴蛙变成人 【617】 | W2347.3 | 动物通过自身努力 |  |
| W2343.7 |  | 黑青蛙变成人 【617】 |  | 变成人 | 【622】 |
| W2343.7.1 |  | 黑青蛙变成女子 | W2347.3.1 | 猴子听话变成人 |  |
| W2344 |  | 蜥蜴变成人 【618】 | W2347.3.2 | 熊通过遵守禁忌变 |  |
| W2345 |  | 其他两栖或爬行 |  | 成人 |  |
|  |  | 动物变成人 【618】 | W2347.3.3 | 虫子站立后变成人 |  |
| W2345.1 |  | 蜈蚣变成人 【618】 | W2347.3.3.1 | 虫子受刺激站立后 |  |
|  |  |  |  | 变成人 |  |

| | | | | | |
|---|---|---|---|---|---|
| W2347.4 | 动物掉毛后变成人 | 【623】 | W2348.5.1 | 猪肉变成人 | |
| W2347.4.1 | 野兽被拔毛变成人 | | W2348.5.1.1 | 母猪肉变成男女 | |
| W2347.4.2 | 毛孩洗掉毛变成人 | | W2348.5.2 | 熊的一半变成人 | |
| W2347.4.3 | 猴子退掉毛变成人 | | W2348.5.3 | 犀牛的脑浆化生人 | |
| W2347.5 | 动物失去尾巴变成人 | 【624】 | W2348.5.3.1 | 神把犀牛的脑浆变成人 | |
| W2347.5.1 | 猴子失去尾巴变成人 | | W2348.6 | 动物中聪明的变成人 | 【629】 |
| W2347.6 | 动物被热蒸后变成人 | 【624】 | W2348.6.1 | 聪明的动物装上灵魂变成人 | |
| W2347.6.1 | 犬被蒸后变成人 | | W2348.7 | 卵变成人 | 【630】 |
| W2347.6.1.1 | 犬蒸7天7夜能变成人 | | W2348.7.1 | 蛋黄变成人 | |
| W2347.7 | 与动物变成人的方法有关的其他母题 | 【625】 | W2348.7.1.1 | 鹰蛋的蛋黄变成女子 | |

## 2.5.4 植物变化为人
【W2350～W2359】

| | | |
|---|---|---|
| W2347.7.1 | 动物被尿冲后变成人 | |
| W2347.7.2 | 动物变瘦后变成人 | |
| W2347.7.2.1 | 天神把瘦的动物变成人 | |
| ✳ W2350 | 植物变化为人（植物变成人） | 【630】 |
| W2348 | 与动物变成人有关的其他母题 | 【626】 |
| W2351 | 树木变化为人 | 【631】 |
| W2348.1 | 人生的动物变成人 | 【626】 |
| W2351.1 | 树变化为女子（树变成女人） | 【631】 |
| W2348.1.1 | 人生的蛤蟆变成小伙 | |
| W2348.1.2 | 人的肿块中生的青蛙变成人 | |
| W2351.1.1 | 柳树变成女子 | |
| W2351.2 | 树变化为男子（树变成男人） | 【631】 |
| W2348.2 | 动物多次变形成为人 | 【626】 |
| W2348.2.1 | 先变成龙人，龙人变成人 | |
| W2351.3 | 树干变化为男人（树干变成男人） | 【631】 |
| W2348.2.2 | 大蛇变成小虫，小虫变成人 | |
| W2351.4 | 树枝变成人 | 【632】 |
| W2351.4.1 | 柳枝变成人 | |
| W2348.2.3 | 蛤蟆先变成猴子，猴子变成人 | |
| W2351.5 | 鬼栽的树变成人 | 【632】 |
| W2351.6 | 特定名称的树变成人 | 【632】 |
| W2348.3 | 多种动物同时变成人 | 【627】 |
| W2351.6.1 | 柳树变成人 | |
| W2348.4 | 多种动物变成不同的人 | 【627】 |
| W2352 | 树的果实变化为人（树的果实变成人） | 【633】 |
| W2348.4.1 | 蜜蜂、猴子、熊、老鼠、蛇、鸟等变成人 | |
| W2352.1 | 枫树果变成人 | 【633】 |
| W2348.5 | 动物的肢体（其他体内物）变成人 | 【627】 |
| W2352.2 | 桃变化为人 | |

| | | | | | | |
|---|---|---|---|---|---|---|
| | （桃变成人） | 【634】 | | W2357.1 | 桃花变成人 | 【640】 |
| W2352.2.1 | 桃片变成人 | | | W2358 | 草变化为人 | |
| W2352.3 | 李子变化为人 | | | | （草变成人） | 【640】 |
| | （李子变成人） | 【634】 | | W2359 | 与植物变化为人 | |
| W2352.4 | 树籽化生人 | 【634】 | | | 有关的其他母题 | 【640】 |
| W2352.4.1 | 黑树籽化生女人 | | | W2359.1 | 地瓜变化为人 | |
| W2352.5 | 木头变成人 | 【634】 | | | （地瓜变成人） | 【640】 |
| W2353 | 树叶变化为人 | | | W2359.2 | 植物经多次变化为人 | 【641】 |
| | （树叶变成人） | 【635】 | | W2359.3 | 变成人的植物的来历 | 【641】 |
| W2353.1 | 茶树叶变化为人 | 【635】 | | W2359.3.1 | 人生的植物变化为人 | |
| W2353.2 | 枫树叶变化为人 | 【635】 | | W2359.4 | 植物变成人的条件 | 【641】 |
| W2353.3 | 百片树叶变成百人 | 【636】 | | W2359.4.1 | 通过意念植物变成人 | |
| W2354 | 瓜果变化为人 | | | W2359.4.1.1 | 按神的意念树叶变化 | |
| | （瓜果变成人） | 【636】 | | | 为人 | |
| W2354.1 | 瓜变化为人 | 【636】 | | W2359.4.2 | 通过吹气植物变成人 | |
| W2354.1.1 | 气葫芦变成人 | | | W2359.4.2.1 | 羊角花枝吹气后变成人 | |
| W2354.1.2 | 冬瓜变成人 | | | W2359.4.3 | 植物通过修炼变成人 | |
| W2354.2 | 瓜切后变成人 | 【636】 | | W2359.4.3.1 | 柳枝修炼变成人 | |
| W2354.2.1 | 瓜切四瓣变成人 | | | W2359.4.4 | 植物位置变化后变成人 | |
| W2354.3 | 葡萄变成人 | 【637】 | | W2359.4.4.1 | 树叶落地变成人 | |
| W2354.3.1 | 婚生的葡萄变成人 | | | W2359.5 | 植物没有变成人 | 【643】 |
| W2355 | 种子变化为人 | | | W2359.6 | 植物变成的人被毁灭 | 【643】 |
| | （种子变成人） | 【637】 | | W2359.6.1 | 植物变成的人被风吹 | |
| W2355.1 | 葫芦籽变化为人 | | | | 到天上 | |
| | （葫芦籽变成人） | 【638】 | | | | |
| W2355.2 | 芝麻种变化为人 | | | ### 2.5.5　自然物或无生命物变化产生人【W2360～W2379】 | | |
| | （芝麻种变成人） | 【638】 | | | | |
| W2355.2.1 | 剁碎的怪胎变成的 | | | ✲W2360 | 自然物变化为人 | |
| | 芝麻籽撒后变成人 | | | | （自然物变成人） | 【643】 |
| W2355.3 | 冬瓜籽变成人 | 【639】 | | W2361 | 太阳变成人 | 【643】 |
| W2356 | 谷物变化为人 | 【639】 | | W2361.1 | 太阳化生人 | 【644】 |
| W2356.1 | 谷种变成人 | 【639】 | | W2361.2 | 太阳的肉核变成人 | 【644】 |
| W2356.1.1 | 女神撒的谷种变成 | | | W2361.3 | 太阳的肉末变成人 | 【644】 |
| | 女人 | | | W2362 | 月亮变成人 | 【645】 |
| W2357 | 花变化为人 | | | W2363 | 星星变成人 | 【645】 |
| | （花变成人） | 【640】 | | | | |

## ‖ 2.5 变化产生人（变人）‖

| | | |
|---|---|---|
| W2363.1 | 星星家族到地上变成人类的始祖 | 【645】 |
| W2363.2 | 特定的星星变成人 | 【645】 |
| W2363.2.1 | 北斗星化身人 | |
| **W2364** | **石头变成人** | **【646】** |
| W2364.1 | 石人变成人 | 【646】 |
| W2364.2 | 鹅卵石变成人 | 【646】 |
| W2364.2.1 | 特定地点的鹅卵石变成人 | |
| **W2365** | **土化生人** | **【647】** |
| W2365.1 | 泥巴变成人 | 【647】 |
| W2365.1.1 | 神吐出的泥巴变成人 | |
| **W2366** | **水化生人** | **【647】** |
| **W2367** | **气化生人** | **【648】** |
| W2367.1 | 水火土风的精气化为人 | 【648】 |
| W2367.2 | 土与水气化生人 | 【648】 |
| W2367.3 | 冲和之气化生人 | 【648】 |
| W2367.4 | 元气凝结化生人 | 【648】 |
| W2367.5 | 多种气化生人 | 【649】 |
| W2367.5.1 | 玄气、元气、始气化生人 | |
| **W2368** | **其他自然物化为人** | **【649】** |
| W2368.1 | 火焰凝结为人 | 【649】 |
| W2368.1.1 | 祖灵烧的烟火变成人 | |
| W2368.2 | 多种无生命物变化为人 | 【649】 |
| W2368.3 | 雨滴变成人 | 【650】 |
| W2368.3.1 | 神的眼泪变成的雨滴变成人 | |
| W2368.4 | 露珠变成人 | 【650】 |
| W2368.5 | 雪变成人 | 【650】 |
| W2368.5.1 | 红雪变成人 | |
| W2368.6 | 光变成人 | 【651】 |
| W2368.6.1 | 日月的灵光变成人 | |
| ✻ **W2369** | **无生命物变化为人** | **【651】** |
| W2370 | 特定器物化生人 | 【651】 |
| W2370.1 | 宝物化生人 | 【651】 |
| W2371 | 排泄物化生人 | 【652】 |
| W2371.1 | 粪化生人 | 【652】 |
| W2371.1.1 | 粪球变成人 | |
| W2371.1.2 | 狗粪变成人 | |
| W2371.2 | 眼泪化生人 | 【652】 |
| W2371.3 | 唾液化生人 | 【653】 |
| W2371.3.1 | 神的唾液化生人 | |
| W2371.3.2 | 萨满的唾液化生人 | |
| W2371.4 | 鼻涕化生人 | 【653】 |
| W2371.4.1 | 鼻涕中的泥点子变成人 | |
| W2372 | 其他无生命物变化为人 | 【654】 |
| ✻ **W2373** | **人造物变成人** | **【654】** |
| W2374 | 雕塑物变成人 | 【654】 |
| W2375 | 泥人变成人 | 【655】 |
| W2376 | 绳子变成人 | 【655】 |
| W2377 | 与人造物变成人有关的其他母题 | 【655】 |
| W2377.1 | 木匣变成人 | 【655】 |
| W2377.2 | 藤蒌变成人 | 【655】 |
| W2377.3 | 饺子变成人 | 【656】 |
| W2377.3.1 | 老夫妻包的饺子变成孩子 | |
| W2377.4 | 草人变成人 | 【656】 |
| W2377.4.1 | 草人燃烧变成人 | |
| W2377.5 | 面人变成人 | 【656】 |
| W2378 | 其他自然物或无生命物变化产生人 | 【657】 |
| W2378.1 | 声音化生人 | 【657】 |
| W2378.1.1 | 声音化生为男女 | |

## 2.5.6 怪胎、怪物或肢体变化产生人【W2380～W2389】

| 编号 | 名称 | 页码 |
|---|---|---|
| ✽ W2380 | 怪胎、怪物或神、动物等的肢体变化为人 | 【657】 |
| W2381 | 怪胎变化为人 | 【657】 |
| W2381.1 | 怪胎化生人 | 【658】 |
| W2382 | 怪物变化为人 | 【658】 |
| W2382.1 | 最早出现的怪物变化为人 | 【658】 |
| W2382.2 | 与怪物变化为人有关的其他母题 | 【658】 |
| ✽ W2383 | 特定的肢体变化为人 | 【658】 |
| W2384 | 人的肢体变成人 | 【658】 |
| W2384.1 | 人的肢体切（砍）碎后变成人 | 【658】 |
| W2384.2 | 乳房变成人 | 【659】 |
| W2384.2.1 | 丈夫割下妻子的乳房变成女婴 | |
| W2384.3 | 婚生1子后碎尸化生人类 | 【659】 |
| W2384.4 | 婚生2子后碎尸化生人类 | 【659】 |
| W2385 | 内脏变成人 | 【659】 |
| W2385.1 | 心脏变成人 | 【659】 |
| W2385.1.1 | 天女的心脏变成人 | |
| W2385.2 | 肠变成人 | 【660】 |
| W2385.2.1 | 神人的肠子变成人 | |
| W2385.2.2 | 人的肠子化生为人 | |
| W2385.3 | 肝变成人 | 【660】 |
| W2386 | 肉变化成人（肉化生人） | 【661】 |
| W2386.1 | 肉块变成人（肉块化生人） | 【661】 |
| W2386.1.1 | 人与天女婚生的肉块变成人 | |
| W2386.1.2 | 娘侄婚生的肉块变成人 | |
| W2386.1.3 | 兄妹婚生的肉块变成人 | |
| W2386.1.4 | 人与犬婚生的肉块变成人 | |
| W2386.2 | 肉球变成人（肉球化生人） | 【663】 |
| W2386.3 | 肉团变成人 | 【663】 |
| W2386.3.1 | 海中生的肉团变人 | |
| W2386.3.2 | 太阳生的肉团变成人 | |
| W2386.4 | 肉核变成人 | 【664】 |
| W2386.5 | 血肉化生人 | 【664】 |
| W2386.5.1 | 人的血肉化生人 | |
| W2386.5.2 | 肉雨化生人 | |
| W2386.5.3 | 人肉化生人 | |
| W2386.6 | 肉化生人的条件 | 【665】 |
| W2386.6.1 | 人的皮肉在水中化生人 | |
| W2387 | 与肢体变化为人有关的其他母题 | 【665】 |
| W2387.1 | 人熊的一半变成人 | 【665】 |
| W2387.2 | 人生的毛孩变成人 | 【666】 |
| W2387.3 | 子宫变成人 | 【666】 |
| W2387.4 | 骨头变成人 | 【666】 |
| W2387.5 | 脑变成人 | 【666】 |
| W2387.6 | 人的毛发化为人 | 【667】 |
| W2388 | 与怪胎、怪物或肢体化生人有关的其他母题 | 【667】 |
| W2388.1 | 卵化生人 | 【667】 |

W2378.1.1.1 母子的声音化生为男女

| | | | | | | |
|---|---|---|---|---|---|---|
| W2388.1.1 | 黄金卵化生人 | | | 时间 | 【673】 |
| W2388.1.2 | 太阳的卵孵化生人 | | W2391.1.1 | 经万年化生人 | |
| W2388.1.3 | 海螺卵化生人 | | W2391.1.2 | 999年化生为人 | |
| W2388.1.4 | 蛋核变成人 | | W2391.2 | 变化成人需要特定的 | |
| W2388.1.5 | 蛋黄化为人 | | | 时间 | 【673】 |
| W2388.1.6 | 肉瘤化人 | | W2391.2.1 | 变成人需要较短时间 | |
| W2388.1.7 | 鹰卵化生人 | | W2391.2.1.1 | 特定的动物变成人需 | |
| W2388.2 | 血化生人 | | | 要7天 | |
| | （血变成人） | 【669】 | W2391.2.1.2 | 无生命物化生人用了 | |
| W2388.2.1 | 血水化生人 | | | 9天 | |
| W2388.2.2 | 人的血化生人 | | W2391.2.2 | 9个月变成人 | |
| W2388.2.2.1 | 女子流的血变成人 | | W2391.2.2.1 | 蜡造的人9个月变成人 | |
| W2388.2.3 | 经血化生人 | | W2391.2.2.2 | 蜂窝9个月变成人 | |
| W2388.2.3.1 | 经血感尿化生人 | | W2391.2.3 | 10个月变成人 | |
| W2388.2.4 | 鬼血变成人 | | W2391.3 | 与变成人时间有关的 | |
| W2388.2.5 | 血团变成人 | | | 其他母题 | 【675】 |
| W2388.2.6 | 心血化生人 | | W2392 | 变成人的地点 | 【675】 |
| W2388.2.6.1 | 男人的心血化生1子 | | W2392.1 | 在泥中变成人 | 【675】 |
| W2388.3 | 心肝变化为人 | 【671】 | W2392.2 | 在卵中变成人 | 【675】 |
| W2388.3.1 | 女神的心肝变化为人 | | W2392.3 | 放入洞中变成人 | 【675】 |
| | | | W2392.3.1 | 粪球放洞穴变成人 | |
| | | | W2392.4 | 接触地面后变成人 | 【676】 |
| | | | W2392.5 | 投放到水中变成人 | 【676】 |

## 2.5.7 与变化产生人有关的其他母题【W2390～W2399】

| | | | | | |
|---|---|---|---|---|---|
| | | | W2392.5.1 | 把肢体投入海中化生 | |
| W2390 | 演化生成人 | 【672】 | | 人 | |
| W2390.1 | 动物演化成人（动物 | | W2392.5.2 | 把肉块投入河中化生 | |
| | 演变成人） | 【672】 | | 人 | |
| W2390.1.1 | 猿演化成人 | | W2392.6 | 落到树根上变成人 | 【677】 |
| W2390.1.2 | 猴子演化成人 | | W2392.6.1 | 露水落到树根上变 | |
| W2390.1.2.1 | 猴子演化为人没有 | | | 成人 | |
| | 成功 | | W2392.7 | 其他特殊的地点 | |
| W2390.2 | 按时间演进产生人 | 【672】 | | 变成人 | 【677】 |
| W2390.3 | 不正常的人演化成 | | W2392.7.1 | 放入柜子中变成人 | |
| | 正常人 | 【673】 | W2392.7.2 | 放入缸中变成人 | |
| W2391 | 变成人的时间 | 【673】 | W2392.7.3 | 怪胎砍碎后落到村 | |
| W2391.1 | 变化成人需要漫长的 | | | 子的变成人 | |
| | | | W2392.7.4 | 特定的坝子是变人的 | |

|  |  |  |  |
|---|---|---|---|
|  | 地方 | W2397.5.1 | 吃酒使狗变成人 |
| W2392.7.4.1 | 特定的坝子是猴子变成人的地方 | W2397.5.2 | 吃仙丹使猴子变成人 |
| ✤ W2393 | 变化成人的条件【678】 | W2397.6 | 神使尸体化生人【683】 |
| W2394 | 神或神性人物在变人中的作用【678】 | W2397.7 | 天气作用下化生人【683】 |
|  |  | W2397.8 | 感风化生人【684】 |
| W2394.1 | 天神把动物变成人【678】 | W2397.9 | 特定气候下化生人【684】 |
| W2394.1.1 | 天神把飞禽走兽变成人 | W2397.9.1 | 雪结冰成骨头，下雪成肌肉 |
| W2394.1.2 | 天神把牛变成人 | W2397.10 | 变成人要举行巫术仪式【684】 |
| W2394.1.3 | 天神把猴子变成人 |  |  |
| W2394.2 | 智慧女神的作用变成人【679】 | W2398 | 与变化产生人有关的其他母题【684】 |
| W2394.3 | 受宗教人物的命令变成人【680】 | W2398.0 | 早期的人只能化生【684】 |
|  |  | W2398.0.1 | 早期的人不能胎生只能化生 |
| W2394.3.1 | 受佛祖的命令变成人 | W2398.1 | 多次变化产生人【685】 |
| W2394.3.2 | 受法师的命令变成人 | W2398.1.1 | 化生人经过多次变化 |
| W2394.4 | 其他神或神性人物在变人中的作用【680】 | W2398.1.1.1 | 太阳化生的肉团成为肉末后化生人 |
| W2394.4.1 | 天降的大汉把怪胎变成人 | W2398.1.1.2 | 山变龙，龙滴血，血聚天精地灵化生人 |
| W2395 | 动物在变人中的作用【680】 | W2398.1.1.3 | 无中化生气，气化生玉女，玉女化生人 |
| W2395.1 | 经昆虫的叮咬变成人【681】 | W2398.1.2 | 动物多次变化成为人 |
| W2395.2 | 经猴子的咀嚼化生人【681】 | W2398.1.2.1 | 水中生物变青蛙，青蛙变猴子，猴子成人 |
| W2395.3 | 经燕子的叼衔化生人【681】 |  |  |
| W2396 | 其他特定人物在变人中的作用【681】 | W2398.1.3 | 其他情况的多次变化产生人 |
|  |  | W2398.1.3.1 | 怪胎化生猴，猴变成人 |
| W2396.1 | 蜘蛛在变人中的作用【681】 | W2398.1.3.2 | 怪胎变成植物种，种子变成人 |
| W2397 | 与变人条件有关的其他母题【682】 |  |  |
|  |  | W2398.2 | 人的退化【686】 |
| W2397.1 | 吹气后变成人【682】 | W2398.3 | 两物结合化生人【686】 |
| W2397.2 | 祭祀神灵后变成人【682】 | W2398.3.1 | 血与石结合化生人 |
| W2397.3 | 祈祷后化生人【682】 | W2398.3.2 | 肉与沙石结合化生人 |
| W2397.4 | 用魔法变成人【682】 | W2398.4 | 多物结合化生为人【687】 |
| W2397.5 | 吃特定的食物变成人【683】 |  |  |

| | | | | | |
|---|---|---|---|---|---|
| W2398.4.1 | 血水、天精与地灵结合化生为人 | | | | 生人 |
| W2398.5 | 无形化生为人 | 【687】 | W2403.3 | 日月神的子女婚生人 | 【692】 |
| W2398.6 | 天数化生人 | 【687】 | W2403.3.1 | 太阳神的儿子与月亮神的女儿婚生人 | |
| W2398.7 | 灵魂变成人 | 【687】 | W2404 | 神与异类婚生人 | 【693】 |
| W2398.8 | 变成人时失败（变人不成功） | 【688】 | W2404.1 | 神与猴婚生人 | 【693】 |
| W2398.8.1 | 违背禁忌变人失败 | | W2404.1.1 | 天神与猕猴婚生人 | |
| W2398.8.2 | 变人时的禁忌 | | W2404.2 | 神与鱼婚生人 | 【693】 |
| W2398.8.3 | 火没有变成人 | | W2404.3 | 神与牛婚生人 | 【693】 |
| W2398.9 | 幻化为人 | 【689】 | W2404.4 | 神与虎婚生人 | 【693】 |
| W2398.9.1 | 生灵幻化为人 | | W2404.4.1 | 女山神与神虎婚生人 | |
| W2398.9.1.1 | 地上的万类生灵幻化为人 | | W2404.5 | 女神与石人婚生人 | 【694】 |
| | | | W2404.6 | 神与蛇婚生人 | 【694】 |
| | | | W2404.6.1 | 太阳神女与蛇婚生人 | |

## 2.6 婚配产生人（婚生人）
【W2400～W2499】

### 2.6.1 神或神性人物婚生人
【W2400～W2414】

| | | |
|---|---|---|
| ✱ W2400 | 神婚生人 | 【690】 |
| W2401 | 天神婚生人 | 【690】 |
| W2401.1 | 天神兄妹婚生人 | 【691】 |
| W2402 | 对偶神婚生人 | 【691】 |
| W2402a | 神的血缘婚生人 | 【691】 |
| W2403 | 神的子女婚生人 | 【691】 |
| W2403.1 | 太阳神的独子和龙女婚生人 | 【691】 |
| W2403.2 | 神与天女婚生人 | 【692】 |
| W2403.2.1 | 天神之子与天女婚生人 | |
| W2403.2.2 | 神人与天女婚生人 | |
| W2403.2.3 | 天神的后代与天女婚 | |

| | | |
|---|---|---|
| W2405 | 有名字的神婚生人 | 【694】 |
| W2405.1 | 天公与地母婚生人（天公地母婚生人） | 【694】 |
| W2405.1.1 | 天王与地母婚生人 | |
| W2405.2 | 田公地母婚生人 | 【695】 |
| W2405.3 | 风神与雷神婚生人 | 【695】 |
| W2405.4 | 其他特定名字的神婚生人 | 【695】 |
| W2405.4.1 | 盘皇神与天仙婚生人 | |
| W2405.4.2 | 罗神爷爷和罗神娘婚生人 | |
| W2406 | 与神婚生人有关的其他母题 | 【696】 |
| W2406.1 | 神投胎的男女婚生人 | 【696】 |
| W2406.2 | 神下凡婚生人类 | 【697】 |
| W2406.2.1 | 1对男女神下凡婚生人类 | |
| W2406.3 | 神与动物婚生人 | 【697】 |
| W2406.3.1 | 神与狗婚生人 | |
| W2406.3.2 | 神与熊婚生人 | |
| W2406.4 | 神与无生命物婚生人 | 【698】 |

| W2406.4.1 | 女神与石头婚生人 | | W2412.0 | 盘古结婚生人 | 【703】 |
|---|---|---|---|---|---|
| W2406.5 | 特定来历的神婚生人【699】 | | W2412.1 | 盘古兄妹结婚生人 | 【703】 |
| W2406.5.1 | 竹生的神婚生人 | | W2412.2 | 盘和古婚生人 | 【703】 |
| ✱W2407 | 神性人物婚生人 【699】 | | W2412.3 | 盘古女娲婚生人 | 【704】 |
| W2408 | 神仙（仙）婚生人 【699】 | | W2412.4 | 盘古与天女婚生人 | 【704】 |
| | | | W2412.4.1 | 盘古与九天女婚生人 | |
| W2408.1 | 仙女与雨神婚生人【699】 | | W2412.5 | 伏羲兄妹婚生人 | 【704】 |
| W2408.2 | 天降的神仙婚生人【699】 | | W2412.6 | 伏羲女娲婚生人 | 【705】 |
| W2409 | 祖先婚生人 【700】 | | W2412.6.1 | 伏羲女娲兄妹婚生人 | |
| W2409.1 | 世公世婆婚生人 【700】 | | W2412.6.2 | 人面蛇身的伏羲女娲婚生人 | |
| W2410 | 神性人物与异类婚生人 【700】 | | W2412.7 | 亚当、夏娃婚生人 | 【706】 |
| W2410.0 | 天女与猴婚生人 【700】 | | W2413 | 与神性人物婚生人有关的其他母题 【706】 |
| W2410.1 | 天女与狗婚生人 【700】 | | W2413.1 | 天神的侍女与神猴婚生人 | 【706】 |
| W2410.1.1 | 天女与天狗婚生人 | | | | |
| W2410.1.2 | 天皇的女儿与天狗生人 | | W2413.2 | 妖魔与猴婚生人 | 【706】 |
| W2410.2 | 天女与喜鹊婚生人【701】 | | W2413.2.1 | 罗刹女与猕猴婚生人 | |
| W2410.3 | 神性人物与龙女婚生人 【701】 | | W2413.2.2 | 魔女与猴婚生人 | |
| | | | W2413.2.3 | 女鬼与猴婚生人 | |
| W2410.3.1 | 祖先与龙女婚生人 | | W2413.2.4 | 岩妖与公猴婚生人 | |
| W2410.3.2 | 鬼的儿子与龙女婚生人 | | W2413.2.5 | 妖怪与猴婚生人 | |
| | | | W2413.3 | 蛇与太阳的女儿婚生人 | 【708】 |
| W2410.3.3 | 仙人与龙女婚生人 | | | | |
| W2410.3.4 | 太阳神的后代与龙女婚生人 | | **2.6.2 人与神或神性人物婚生人【W2415～W2419】** |
| W2410.3.5 | 凤凰的儿子与龙女婚生人 | | ✱W2415 | 人与神婚生人 | 【708】 |
| W2410.3.6 | 格萨尔与龙女婚生人 | | W2415.1 | 人与动物神生人 | 【708】 |
| W2410.3.7 | 天与龙女婚生人 | | W2415.1.1 | 人与神鸟婚生人类 | |
| W2411 | 神性动物婚生人 【702】 | | W2415.1.2 | 女祖先与牦牛山神婚生人 | |
| W2411.1 | 神猴与女妖婚生人 【702】 | | | | |
| W2411.1.1 | 神变的猕猴与岩精婚生人 | | W2415.2 | 人与雷神婚生人 | 【708】 |
| W2412 | 有名字的神性人物婚生人 【703】 | | W2415.3 | 变化产生的人与神婚生人 | 【709】 |

| | | |
|---|---|---|
| W2415.4 | 人与女神婚生人 | 【709】 |
| W2415.4.1 | 人与下凡的女神婚生人 | |
| **W2416** | 人与神女婚生人 | 【709】 |
| W2416.1 | 人与天女婚生人 | 【710】 |
| W2416.1.1 | 人祖与天女婚生人 | |
| W2416.1.2 | 猎人与天女婚生人 | |
| W2416.1.3 | 灾难幸存的人与天女婚生人 | |
| W2416.1.4 | 特定名字的人与天女婚生人 | |
| W2416.1.5 | 人与仙女婚生人 | |
| W2416.1.6 | 人与太阳的女儿婚生人 | |
| W2416.1.7 | 树生的人与天女婚生人 | |
| W2416.2 | 人与织女婚生人 | 【712】 |
| W2416.2a | 人与螺女婚生人 | 【712】 |
| W2416.3 | 人与鬼女婚生人 | 【712】 |
| W2416.3.1 | 猎人与女鬼婚生人 | |
| W2416.4 | 外地的男子与女神婚生人 | 【713】 |
| W2416.5 | 特定的人与神女婚生人 | 【713】 |
| W2416.5.1 | 猎人与女猎神婚生人 | |
| W2416.5.2 | 男子与雷女婚生人 | |
| W2416.5.3 | 特定的人与仙女婚生人 | |
| **W2417** | 女子与神或神性人物婚生人 | 【715】 |
| W2417.1 | 女子与太阳神婚生人 | 【715】 |
| W2417.2 | 女子与神性人物婚生人 | 【715】 |
| W2417.2.1 | 伏羲姐妹与天上来的哥哥婚生人 | |
| **W2418** | 与神或神性人物婚生人有关的其他母题 | 【715】 |
| W2418.1 | 人与神婚生怪胎 | 【715】 |
| W2418.2 | 人与神性人物婚生怪胎 | 【716】 |

## 2.6.3 人的婚生人
【W2420～W2449】

| | | |
|---|---|---|
| ✳ W2420 | 人正常婚生人 | 【716】 |
| W2421 | 年龄相当的婚生人 | 【716】 |
| W2422 | 相差年龄大的男女婚生人 | 【716】 |
| W2423 | 不同地区的男女婚生人 | 【717】 |
| W2423.1 | 天上的男子与地上的女子婚生人 | 【717】 |
| W2423.2 | 不同寨子的男女婚生人 | 【717】 |
| W2424 | 不同族群的男女婚生人 | 【718】 |
| W2425 | 与正常婚生人有关的其他母题 | 【718】 |
| W2425.1 | 男女始祖婚生人类 | 【718】 |
| W2425.1.1 | 有名字的男女始祖婚生人类 | |
| W2425.2 | 首领与特定女子婚生人 | 【720】 |
| W2425.3 | 特定名字的男女婚生人 | 【720】 |
| W2425.4 | 创世神让男女婚生人 | 【720】 |
| ✳ W2426 | 特殊来历的人婚生人 | 【720】 |
| W2427 | 天降的男女婚生人 | 【721】 |

| | | | | | |
|---|---|---|---|---|---|
| W2427.1 | 男子与天上来的女子婚生人 【721】 | | | 生人 | 【727】 |
| | | | W2430.1 | 神变成的男女婚生人 | 【727】 |
| W2428 | 造出的男女婚生人 【721】 | | W2430.2 | 化生的男女婚生人 | 【727】 |
| | | | W2430.2.1 | 混沌中化生的男女生人 | |
| W2428.1 | 神或神性人物造的男女婚生人 【722】 | | W2430.2.2 | 血化生的男女婚生人 | |
| W2428.1.1 | 天神造的男女婚生人 | | W2430.3 | 树叶变成的男女婚生人 | 【728】 |
| W2428.1.2 | 喇嘛造的男女婚生人 | | | | |
| W2428.1.3 | 真主造的男女婚生人 | | W2430.4 | 猴子变成的男女婚生人 | 【729】 |
| W2428.1.4 | 神仙造的男女婚生人 | | | | |
| W2428.1.5 | 女娲造的男女婚生人 | | W2430.5 | 虫子变成的男女婚生人 | 【729】 |
| W2428.1.6 | 女祖先造的男女婚生人 | | | | |
| | | | W2431 | 相同来源的男女婚生人 | 【729】 |
| W2428.2 | 男人与自己造的女人婚生人 【724】 | | W2431.1 | 同母生的男女婚生人 | 【729】 |
| W2428.2.1 | 男子与自己做的灰姑娘婚生人 | | W2431.1.1 | 人与公猴婚生的男女婚生人 | |
| W2428.2.2 | 男子与刻木造出的姑娘婚生人 | | W2431.2 | 石生的男女婚生人 | 【730】 |
| | | | W2432 | 不同来源的男女婚生人 | 【730】 |
| W2428.3 | 男子与别人造的女子婚生人 【724】 | | W2432.1 | 女子与虎生的男子婚生人 | 【730】 |
| W2428.3.1 | 男子与母亲造的女子婚生人 | | W2432.2 | 葫芦生的女子与石生的男子婚生人 | 【731】 |
| W2428.4 | 动物造的女子婚生人 【725】 | | W2432.3 | 瓜生的人与葫芦生的人婚生人 | 【731】 |
| W2429 | 特定物质生育的人婚生人 【725】 | | W2432.4 | 葫芦生的男子与陶锅生的女子婚生人 | 【731】 |
| W2429.1 | 水中生的男女婚生人 【725】 | | | | |
| W2429.2 | 卵化生的男女婚生人 【725】 | | W2432.5 | 两座山生的男女生人 | 【732】 |
| W2429.3 | 感生的男女婚生人 【726】 | | | | |
| W2429.3.1 | 感龙而生的男女婚生人 | | W2432.6 | 人与鹿变成的女子婚生人 | 【732】 |
| W2429.4 | 葫芦生的男女婚生人 【726】 | | W2432.7 | 人与熊变成的女子婚生人 | 【732】 |
| W2429.5 | 石头与竹子生的男女婚生人 【727】 | | W2432.8 | 人与虎变的男子生人 | 【732】 |
| W2429.6 | 植物生的男女婚生人 【727】 | | | | |
| W2430 | 变化出的男女婚 | | | | |

| | | | | | | |
|---|---|---|---|---|---|---|
| W2432.9 | 人与龙变的男子婚生人 | 【733】 | | W2439.4.2 | 南瓜生的兄妹婚生人 | |
| W2432.10 | 人与蛙变的男子婚生人 | 【733】 | | W2439.5 | 龙族变成的两兄妹婚生人 | 【741】 |
| W2432.11 | 人与树生的人婚生人 | 【733】 | | W2440 | 与兄妹婚生人有关的其他母题 | 【741】 |
| W2432.11.1 | 人与竹生的男子婚生人 | | | W2440.1 | 特定名称的兄妹婚生人 | 【742】 |
| W2432.12 | 人与石生的人婚生人 | 【733】 | | W2440.2 | 创世的兄妹婚生人 | 【744】 |
| W2432.13 | 天上的人与地上的人婚生人 | 【734】 | | W2440.3 | 两个孤儿兄妹婚生人 | 【744】 |
| W2433 | 其他特殊来历的人婚生人 | 【734】 | | W2440.4 | 神在灾难中保留的兄妹婚生人 | 【744】 |
| W2433.1 | 造的男人与动物变成的女人婚生人 | 【734】 | | W2440.5 | 表兄妹婚生人 | 【745】 |
| W2433.2 | 变成的女人与造的男人婚生人 | 【734】 | | W2440.6 | 兄妹未婚而孕生人 | 【745】 |
| W2433.2.1 | 柳树变成的女人与造出的男人婚生人 | | | W2440.6.1 | 堂兄妹未同床而孕生人 | |
| W2433.3 | 植物变成的人与无生命物变成的人婚生人 | 【735】 | | W2441 | 姐弟婚生人 | 【745】 |
| W2433.3.1 | 柳树变成的人和石矸变成的人婚生人 | | | W2441.1 | 弟弟与同父异母的姐姐婚生人 | 【746】 |
| ✿ W2435 | 人的血缘婚生人 | 【735】 | | W2441.2 | 瓜生的姐弟婚生人 | 【746】 |
| ❋ W2436 | 兄妹婚生人 | 【735】 | | W2441.3 | 同父母的男女（1对或多个）婚生人 | 【747】 |
| W2437 | 同胞兄妹婚生人 | 【738】 | | W2441.4 | 与姐弟婚生人有关的其他母题 | 【747】 |
| W2437.1 | 双胞胎兄妹婚生人 | 【738】 | | W2442 | 父女婚生人 | 【747】 |
| W2438 | 多胞胎兄妹婚生人 | 【738】 | | W2442.1 | 父女神婚生人 | 【747】 |
| | | | | W2442.1.1 | 无头神父女婚生人 | |
| W2439 | 特殊来历的兄妹婚生人 | 【740】 | | W2443 | 女子与长辈婚生人 | 【747】 |
| W2439.1 | 从天上返回的兄妹婚生人 | 【740】 | | W2444 | 母子婚生人 | 【747】 |
| W2439.2 | 造出的兄妹婚生人 | 【740】 | | W2444.1 | 母亲改变容貌后与儿子婚生人 | 【748】 |
| W2439.3 | 神生的兄妹婚生人 | 【741】 | | W2445 | 娘侄婚生人 | 【748】 |
| W2439.4 | 植物生的兄妹婚生人 | 【741】 | | W2446 | 叔侄婚生人 | 【749】 |
| W2439.4.1 | 树生的兄妹婚生人 | | | W2447 | 姑侄婚生人 | 【749】 |
| | | | | W2448 | 与人的血缘婚有关的其他母题 | 【749】 |

| | | | | | | |
|---|---|---|---|---|---|---|
| W2448.1 | 爷孙婚生人 | 【749】 | | W2455.1 | 人与公猴婚生人 | 【755】 |
| W2448.2 | 不纯正的血缘婚生人 | 【749】 | | W2455.1.1 | 老妈妈与公猴同居生人 | |
| W2448.2.1 | 姑侄血缘婚生人前姑姑曾偷情 | | | W2455.1.2 | 老太婆与神仙变的公猴婚生人 | |
| W2449 | 与人婚生人有关的其他母题 | 【750】 | | W2455.1.3 | 女子与长臂公猴婚生人 | |
| W2449.1 | 同性婚生人 | 【750】 | | W2455.2 | 人与母猴婚生人 | 【756】 |
| W2449.1.1 | 两男交合生人 | | | W2455.3 | 人与猿婚生人 | 【756】 |
| W2449.1.2 | 女性相互婚配生人 | | | W2455.4 | 人与猕猴婚生人 | 【757】 |
| W2449.2 | 龙的传人婚生人 | 【750】 | | W2455.5 | 与人猴婚生人有关的其他母题 | 【757】 |
| W2449.3 | 混沌人与女子婚生人 | 【750】 | | W2456 | 人与鹿婚生人 | 【757】 |
| W2449.4 | 食肉女子与龙变的人婚生人 | 【750】 | | W2456.1 | 猎手与梅花鹿婚生人 | 【757】 |
| W2449.5 | 男子与怪人婚生人 | 【751】 | | W2456.2 | 人与母鹿婚生人 | 【758】 |
| W2449.5.1 | 人与熊人婚生人 | | | W2456.3 | 人与母麂婚生人 | 【758】 |

## 2.6.4 人与动物婚生人
【W2450～W2474】

| | | | | | | |
|---|---|---|---|---|---|---|
| | | | | W2457 | 人与牛婚生人 | 【758】 |
| ✿ W2450 | 人与动物婚生人 | 【751】 | | W2457.1 | 人与母牛婚生人 | 【758】 |
| ✱ W2451 | 人与哺乳动物婚生人 | 【751】 | | W2457.2 | 女祖先与牦牛婚生人 | 【759】 |
| W2452 | 人与虎婚生人 | 【752】 | | W2457.3 | 女巫与牡牛相交生人 | 【759】 |
| W2452.1 | 女子与虎婚生子 | 【752】 | | W2458 | 人与犬婚生人（人与狗婚生人） | 【759】 |
| W2452.1.1 | 虎变成人与女子婚生人 | | | W2458.1 | 公主与犬婚生人 | 【760】 |
| W2452.2 | 男子与虎婚生子 | 【753】 | | W2458.1.1 | 皇帝的女儿与犬婚生人 | |
| W2453 | 人与狼婚生人 | 【753】 | | W2458.1.2 | 皇帝的三女儿与犬婚生人 | |
| W2453.1 | 人与母狼婚生人 | 【753】 | | W2458.2 | 女子与黄狗婚生人 | 【762】 |
| W2454 | 人与熊婚生人 | 【754】 | | W2458.3 | 女子与龙犬婚生人 | 【762】 |
| W2454.1 | 女子与大公熊婚生人 | 【754】 | | W2458.3.1 | 公主与龙犬婚生人 | |
| W2454.2 | 猎手与母熊婚生人 | 【754】 | | W2458.4 | 投胎形成的人犬婚生人 | 【764】 |
| W2454.2.1 | 有名字的猎手与母熊婚生人 | | | W2458.5 | 两姊妹与狗婚生人 | 【764】 |
| W2455 | 人与猴婚生人 | 【755】 | | W2459 | 人与其他哺乳动物婚生人 | 【764】 |
| | | | | W2459.1 | 人与狐狸婚生人 | 【764】 |

| | | | | | | |
|---|---|---|---|---|---|---|
| W2459.2 | 人与羊婚生人 | 【765】 | | W2467.1.1 | 女子与青蛙王子婚生人 | |
| W2459.3 | 人与鼠婚生人 | 【765】 | | W2467.1.2 | 公主与青蛙婚生人 | |
| W2459.4 | 人与猫婚生人 | 【765】 | | W2468 | 人与爬行动物婚生人 | 【770】 |
| W2459.4.1 | 男子与猫婚生人 | | | W2468.1 | 人与蛇婚生人 | 【770】 |
| W2459.5 | 人与兔婚生人 | 【765】 | | W2468.1.1 | 女子与蛇婚生人 | |
| W2459.5.1 | 人与兔变成的女子婚生人 | | | W2468.1.1.1 | 幺女与蛇婚生人 | |
| ※ W2460 | 人与鸟婚生人 | 【766】 | | W2468.1.2 | 女子与蛇郎婚生人 | |
| W2461 | 人与鸡婚生人 | 【766】 | | W2468.1.3 | 人与蛇女婚生人 | |
| W2462 | 人与凤婚生人 | 【766】 | | W2468.1.3.1 | 男子与蛇卵生的女子婚生人 | |
| W2463 | 人与鹰婚生人 | 【766】 | | W2468.1.4 | 人与特殊的蛇婚生人 | |
| W2463.1 | 女人与鹰婚生人类 | 【766】 | | W2468.1.4.1 | 人与长辫子的蛇婚生人 | |
| W2463.2 | 首领与鹰婚生人 | 【767】 | | W2468.1.4.2 | 两角蛇与萨满姑娘婚生人 | |
| W2464 | 人与其他鸟婚生人 | 【767】 | | W2468.1.4.3 | 女子与会说话的蛇婚生人 | |
| W2464.1 | 人与天鹅婚生人 | 【767】 | | W2468.1.4.4 | 女子与百步蛇婚生人 | |
| W2464.1.1 | 人与天鹅变成的女子婚生人 | | | W2468.1.5 | 与人蛇婚生人有关的其他母题 | |
| W2464.2 | 女祖先与猫头鹰婚生人 | 【767】 | | W2468.2 | 人与龟婚生人 | 【772】 |
| W2464.3 | 人与白水鸟交配生人 | 【768】 | | W2468.3 | 人与其他爬行动物婚生人 | 【772】 |
| W2465 | 人与水中动物婚生人 | 【768】 | | W2469 | 人与其他特定动物婚生人 | 【773】 |
| W2465.1 | 人与鱼婚生人 | 【768】 | | W2470 | 人与想象中的动物婚生人（人与神话动物婚生人） | 【773】 |
| W2465.1.1 | 女祖先与鱼婚生人 | | | W2470.1 | 人与龙婚生人 | 【773】 |
| W2465.1.2 | 人与鲶鱼婚生人 | | | W2470.1.1 | 人与龙女婚生人 | |
| W2465.2 | 人与其他水中动物婚生人 | 【768】 | | W2470.1.1.1 | 帝王与龙女婚生人 | |
| W2466 | 人与昆虫婚生人 | 【768】 | | W2470.1.1.2 | 凤凰卵生的男子与龙女婚生人 | |
| W2466.1 | 人与蜂婚生人 | 【768】 | | W2470.1.1.3 | 造的人与龙女婚生 | |
| W2466.2 | 人与蚂蚁婚生人 | 【769】 | | | | |
| W2466.2.1 | 土王与蚁大姐婚生人 | | | | | |
| W2466.3 | 人与其他昆虫婚生人 | 【769】 | | | | |
| W2467 | 人与两栖类动物婚生人 | 【769】 | | | | |
| W2467.1 | 人与青蛙婚生人 | 【769】 | | | | |

人
W2470.1.1a 人与龙女的化身婚生人
W2470.1.1a.1 孤儿与龙女化身的蚌婚生人
W2470.1.1a.2 男子与龙女化身的蛇婚生人
W2470.1.1a.3 男子与龙女化身的鲤鱼婚生人
W2470.1.2 女子与龙婚生人
W2470.1.3 与人龙婚有关的其他母题
W2470.1.3.1 龙的传人与龙女婚生人
W2470.1.3.2 女子与赤龙婚生人
W2470.1.3.3 孤儿与龙女婚生人
W2470.1.3.4 人与龙交配人丁兴旺
**W2470.2** 人与麒麟婚生人 【776】
W2470.2.1 女子与蛋生的麒麟婚生人
**W2470.3** 人与其他想象中的动物婚生人 【776】
**W2471** 人与多种动物婚生人 【776】
**W2472** 与人与动物婚生人有关的其他母题 【777】
**W2472.1** 人与动物婚没有生育 【777】

## 2.6.5 人与植物婚生人【W2475 ~ W2479】

＊**W2475** 人与树婚生人 【777】
**W2476** 人与柳枝婚生人 【777】
**W2477** 人与桦树婚生人 【778】
**W2478** 人与花草婚生人 【778】
**W2479** 与人与植物婚生人有关的其他母题 【778】
**W2479.1** 人与树洞生的姑娘婚生人 【778】

## 2.6.6 人与无生命物婚生人【W2480 ~ W2484】

**W2480** 人与太阳婚生人 【778】
**W2480.1** 花生的男子与太阳姑娘婚生人 【779】
**W2480.2** 人与男太阳婚生人 【779】
**W2480.3** 人与女太阳婚生人 【779】
**W2481** 人与月亮婚生人 【779】
**W2481.1** 人与月亮姑娘婚生人 【779】
**W2481.2** 人与月亮小伙婚生人 【779】
**W2482** 人与星星婚生人 【779】
**W2482.1** 祖先（男）与星星（女）婚生人 【780】
**W2483** 与人与无生命物婚生人有关的其他母题 【780】
**W2483.1** 人与石婚生人 【780】
W2483.1.1 女子与石头婚生人

## 2.6.7 其他特殊的婚生人【W2485 ~ W2489】

**W2485** 动物与动物婚生人 【780】
**W2485.0** 神性动物婚生人 【781】
W2485.0.1 神猴婚生人
**W2485.1** 哺乳动物婚生人 【781】
W2485.1.1 猴与猴婚生人
W2485.1.1.1 猕猴与猩猩婚生人
W2485.1.2 狼与鹿婚生人
W2485.1.3 虎与熊婚生人

| | | |
|---|---|---|
| W2485.1.3a | 熊与熊婚生人 | |
| W2485.1.4 | 狗与猴婚生人 | |
| W2485.1.5 | 犬与母狼婚生人 | |
| W2485.1.5.1 | 犬与母狼婚生人不成活 | |
| **W2485.2** | **爬行动物婚生人** | 【782】 |
| **W2485.3** | **鸟婚生人** | 【782】 |
| W2485.3.1 | 银雀相配生人 | |
| **W2485.4** | **水中动物婚生人** | 【783】 |
| W2485.4.1 | 龙婚生人 | |
| **W2485.5** | **昆虫婚生人** | 【783】 |
| **W2485.6** | **龙与凤婚生人（龙凤婚生人）** | 【783】 |
| W2485.6.1 | 凤凰之子与龙女生人 | |
| **W2485.7** | **多种动物婚生人** | 【784】 |
| W2485.7.1 | 蜂与蛇、虎交配生人 | |
| **W2485.8** | **动物与其他物婚生人** | 【784】 |
| W2485.8.1 | 蝴蝶与水泡婚生人 | |
| **W2485.9** | **动物与植物婚生人** | 【785】 |
| W2485.9.1 | 鸟与树婚生人 | |
| **W2486** | **植物与植物婚生人** | 【785】 |
| W2486.1 | 树与树婚生人 | 【785】 |
| W2486.2 | 树与藤婚生人 | 【785】 |
| W2486.3 | 瓜婚生人 | 【785】 |
| W2486.3.1 | 东瓜小伙与西瓜姑娘婚生人 | |
| W2486.4 | 芦苇婚生人 | 【786】 |
| W2486.5 | 植物与无生命物婚生人 | 【786】 |
| W2486.5.1 | 松树与白石婚生人 | |
| **W2487** | **无生命物相配生人** | 【786】 |
| W2487.1 | 天地婚生人 | 【786】 |
| W2487.1.1 | 天父地母婚生人 | |
| W2487.2 | 日月婚生人 | 【788】 |
| W2487.3 | 地和太阳婚生人 | 【789】 |
| W2487.4 | 星星婚生人 | 【789】 |
| W2487.4.1 | 星星变成人和动物后婚生人 | |
| W2487.4.1.1 | 女星变成女子与楼星变成的狗婚生人 | |
| W2487.5 | 两座山婚生人 | 【790】 |
| W2487.6 | 石头与石头相碰生人 | 【790】 |
| W2487.7 | 山与河婚生人 | 【790】 |
| W2487.8 | 山与水婚生人 | 【790】 |
| **W2488** | **其他特殊的婚生人** | 【790】 |
| W2488.1 | 灵魂与泥人婚生人 | 【791】 |
| W2488.2 | 神生的卵与精灵婚生人 | 【791】 |
| W2488.3 | 女性的蛋与男性的灵魂婚生人 | 【791】 |
| W2488.4 | 造的木偶与猿猴婚生人 | 【791】 |

## 2.6.8 与婚生人有关的其他母题【W2490～W2499】

| | | |
|---|---|---|
| **W2490** | **婚生人的时间** | 【792】 |
| W2490.1 | 灾难后开始婚生人 | 【792】 |
| W2490.2 | 人鬼分开后婚生人类 | 【792】 |
| **W2491** | **婚生人的特殊地点** | 【792】 |
| W2491.1 | 在动物居所婚生人 | 【792】 |
| W2491.1.1 | 猪圈中婚生人 | |
| W2491.2 | 山顶上婚生人 | 【792】 |
| W2491.3 | 冰山上婚生人 | 【793】 |
| **W2492** | **婚生人的条件** | 【793】 |
| W2492.1 | 男方更名后始能生人 | 【793】 |

|  |  |  |
|---|---|---|
| **W2493** | **婚生正常人** | 【793】 |
| W2493.1 | 特定婚姻生正常人 | 【793】 |
| W2493.1.1 | 兄妹婚生正常人 | |
| W2493.1.1.1 | 第三代时兄妹婚生正常人 | |
| W2493.1.1.2 | 灾难后兄妹婚生正常人 | |
| W2493.2 | 设计生出正常人 | 【794】 |
| W2493.2.0 | 神设计人的样子 | |
| W2493.2.0.1 | 神生育人时设计出人的样子 | |
| W2493.2.1 | 孩子的样子是父母神设计的 | |
| W2493.2.1.1 | 一对夫妻设计孩子的样子 | |
| W2493.2.2 | 设计的第三个孩子形体正常 | |
| W2493.3 | 交换结婚后生正常人 | 【796】 |
| W2493.4 | 祭祀后生正常人 | 【796】 |
| W2493.4.1 | 祭祀祖先后生正常人 | |
| W2493.5 | 婚生几对男女，只有第一对是正常人 | 【797】 |
| W2493.6 | 婚生的特定胎次成为正常人 | 【797】 |
| W2493.6.1 | 婚后第二胎开始生正常人 | |
| W2493.6.2 | 婚生的第三个孩子才是正常人 | |
| W2493.6.2.1 | 神对三次生的人进行改进变成正常人 | |
| W2493.6.3 | 婚生的第7胎才是正常人 | |
| W2493.7 | 生正常人的条件 | 【798】 |
| W2493.8 | 与生正常人有关的其他母题 | 【798】 |
| W2493.8.1 | 生的孩子又白又胖 | |
| W2493.8.2 | 生的孩子五官端正 | |
| **W2494** | **生不正常的人** | 【799】 |
| W2494.1 | 婚生爱哭的孩子 | 【799】 |
| W2494.2 | 婚生的几对孩子相貌古怪 | 【799】 |
| **W2495** | **结婚不生育** | 【799】 |
| W2495.0 | 结婚不生育的原因 | 【799】 |
| W2495.0.1 | 特定人物使结婚不生育 | |
| W2495.0.2 | 妻子失去灵魂导致不生育 | |
| W2495.0.2.1 | 妻子的灵魂随了鬼魂后不会生育 | |
| W2495.1 | 人与神婚未生育 | 【800】 |
| W2495.1.1 | 人与天女婚不生育 | |
| W2495.1.2 | 天神与人间凡女结婚不孕 | |
| W2495.1.3 | 天神之子与人间凡女结婚不孕 | |
| W2495.2 | 兄妹婚不能生育 | 【801】 |
| W2495.3 | 外甥婚后不育，是因为得罪了舅父 | 【801】 |
| W2495.4 | 人与虫婚不生育 | 【801】 |
| W2495.5 | 毒妇不生育 | 【802】 |
| W2495.5.1 | 仙婆使毒妇不会生息 | |
| W2495.6 | 残疾者婚后不生育 | 【802】 |
| W2495.7 | 与结婚不生育有关的其他母题 | 【802】 |
| W2495.7.1 | 婚后不生育被咒骂 | |
| W2495.7.1.1 | 女儿不生育被娘骂 | |
| W2495.7.2 | 婚后不生育没地位 | |
| W2495.7.2.1 | 女人因不生育被丈夫看不起 | |
| W2495.7.3 | 夫妻因不生育相互埋怨 | |
| **W2496** | **与婚生人有关的其他母题** | 【803】 |

| | | | | | | |
|---|---|---|---|---|---|---|
| W2496.1 | 人婚生人、人与动物婚生人同时存在 | 【803】 | | W2502.8 | 第一代人被洪水毁掉 | 【809】 |
| W2496.2 | 婚生的人有母无父 | 【803】 | | W2502.9 | 第一代人死光后人类再生 | 【809】 |
| W2496.3 | 多次婚姻后生人 | 【804】 | | W2502.9.1 | 第一代人因生活艰难死光后人类再生 | |
| W2496.4 | 婚生人与造人同时进行 | 【804】 | | W2503 | 第二代人被毁灭后再生 | 【809】 |
| W2496.5 | 婚生人后的后续事情 | 【804】 | | W2503.1 | 第二代人不纯真被毁掉 | 【809】 |
| W2496.5.1 | 男子结婚生子后寻找父亲 | | | W2503.2 | 神毁掉前两代人再造人类 | 【809】 |

## 2.7 人类再生
【W2500～W2579】

### 2.7.1 人类再生概说
【W2500～W2529】

| | | | | | | |
|---|---|---|---|---|---|---|
| ✿ W2500 | 人类再生 | 【806】 | | W2503.3 | 第二代人不善良被毁掉 | 【810】 |
| ✲ W2501 | 人类再生的原因 | 【806】 | | W2503.4 | 第二代人身体不够硬朗被毁掉 | 【810】 |
| W2502 | 第一代人被毁灭后再生 | 【806】 | | W2503.5 | 第二代人坐吃山空被毁掉 | 【810】 |
| W2502.1 | 神毁灭第一代人再造人类 | 【806】 | | W2503.6 | 第二代人被毁掉的其他原因 | 【810】 |
| W2502.2 | 第一代人造孽被毁掉 | 【806】 | | W2503.7 | 第二代人被毁掉的方式 | 【810】 |
| W2502.2.1 | 第一代人因吃人被毁掉 | | | W2503.7.1 | 第二代人被洪水淹死 | |
| W2502.3 | 第一代人是小人被毁掉 | 【807】 | | W2503.7.2 | 第二代人被火烧死 | |
| W2502.4 | 第一代人不中用被毁掉 | 【807】 | | W2504 | 其他特定时代的人被毁灭后再生 | 【811】 |
| W2502.5 | 第一代人心不好被毁掉 | 【808】 | | W2504.1 | 第三代人被毁灭后再生 | 【811】 |
| W2502.6 | 第一代人种"污垢泥人"被大火灭绝 | 【808】 | | W2504.2 | 独眼人时代的人被毁灭后再生 | 【812】 |
| W2502.7 | 第一代人被风毁掉 | 【808】 | | W2505 | 灾难后人类再生 | 【812】 |
| | | | | W2506 | 人全死光是人类再生的原因 | 【812】 |
| | | | | W2507 | 洪水是人类再生的原因 | 【812】 |
| | | | | W2508 | 地震是人类再生的原因 | 【813】 |

## 2.7 人类再生

|  |  |  |
|---|---|---|
| W2509 | 天塌地陷是人类再生的原因 | 【813】 |
| W2510 | 旱灾是人类再生的原因 | 【813】 |
| W2511 | 火灾是人类再生的原因 | 【813】 |
| W2512 | 瘟疫是人类再生的原因 | 【813】 |
| W2513 | 疾病是人类再生的原因 | 【814】 |
| W2514 | 特殊的天气是人类再生的原因 | 【814】 |
| W2514.1 | 风毁灭人类 | 【814】 |
| W2514.2 | 大雪毁灭人类 | 【814】 |
| W2514.3 | 寒冷毁灭人类 | 【814】 |
| W2515 | 神或神性人物是人类再生的原因 | 【814】 |
| W2515.0 | 神毁灭人类后人类再生 | 【814】 |
| W2515.0.1 | 天神毁灭人类后人类再生 | |
| W2515.0.2 | 天神吃掉人类后人类再生 | |
| W2515.0.3 | 神把人类打死后人类再生 | |
| W2515.0.4 | 雷神毁灭人类后人类再生 | |
| W2515.1 | 盘古毁灭人类后人类再生 | 【815】 |
| W2515.1.1 | 盘古毁灭前2代懒人 | |
| W2515.2 | 观音毁灭人类后人类再生 | 【816】 |
| W2515.2.1 | 观音毁灭良心不好的人后人类再生 | |
| W2515.3 | 妖魔毁灭人类后人类再生 | 【816】 |
| W2516 | 动物是人类再生的原因 | 【816】 |
| W2516.1 | 首次造的人被动物吃掉后再生 | 【816】 |
| W2516.1.1 | 首次造的人被鸡、鹰咬死 | |
| W2516.1.2 | 首次造的小人被仙人放出的动物吃掉 | |
| W2516.2 | 人被动物吃掉后再生 | 【817】 |
| W2516.2.1 | 人被蜂吃掉后再生 | |
| W2516.2.2 | 人被豹子吃掉后再生 | |
| W2517 | 战争是人类再生的原因 | 【817】 |
| W2518 | 与人类再生原因有关的其他母题 | 【817】 |
| W2518.1 | 因为以前人多神毁灭人类 | 【818】 |
| W2518.2 | 为消灭魔鬼毁灭人类 | 【818】 |
| ✽W2520 | 人类再生的方式 | 【818】 |
| W2521 | 人自然再生 | 【818】 |
| W2522 | 幸存的残疾人再生人类 | 【819】 |
| W2523 | 通过造人再生人类 | 【819】 |
| W2523.1 | 灾难后再造人 | 【819】 |
| W2524 | 通过生育再生人类 | 【819】 |
| W2524.1 | 人类毁灭后神性人物生育人类 | 【819】 |
| W2524.2 | 人类毁灭后葫芦生育人类 | 【820】 |
| W2524.3 | 人类毁灭后其他特定人物生育人类 | 【820】 |
| W2524.3.1 | 人类毁灭后一个老妈妈生育人类 | |
| W2524.3.2 | 人类毁灭后人与神生 | |

|  |  |  |  |
|---|---|---|---|
|  | 育人类 | W2530.2 | 洪水后人自然产生一定数量的人 【824】 |
| W2524.3.3 | 人类毁灭后1对兄妹生育人类 | W2530.2.1 | 洪水后人自然产生2人 |
| **W2525** | **通过婚姻再生人类** 【821】 | W2530.2.1.1 | 洪水后人自然产生兄妹2人 |
| W2525.1 | 人类毁灭后结婚再生人类 【821】 | W2530.2.1.2 | 洪水后人自然产生始祖2人 |
| W2525.2 | 人类毁灭后通过血缘婚再生人类 【821】 | W2530.2.2 | 洪水后人自然产生一些人 |
| W2525.3 | 人类毁灭后兄妹婚再生人类 【821】 | ✻ **W2531** | **洪水后再造人类** 【825】 |
| W2525.4 | 人类毁灭后姐弟婚再生人类 【822】 | **W2532** | **洪水后神或神性人物再造人** 【825】 |
| W2525.5 | 人类毁灭后其他特定的婚姻再生人类 【822】 | W2532.1 | 洪水后神再造人 【825】 |
| **W2526** | **通过变化再生人类** 【822】 | W2532.2 | 洪水后神性人物再造人 【825】 |
|  |  | W2532.2.1 | 洪水后女娲造人 |
| **W2527** | **与人类再生方式有关的其他母题** 【822】 | **W2533** | **洪水后人再造人类** 【826】 |
| W2527.1 | 人类再生方式的获得 【822】 | W2533.1 | 洪水后幸存的男人造人 【826】 |
| **W2528** | **与人类再生相关的其他母题** 【822】 | W2533.2 | 洪水后幸存的兄妹造人 【826】 |
| W2528.1 | 世界再次混沌后再生人类 【823】 | W2533.2.1 | 洪水后幸存的盘和古兄妹造人 |
| W2528.2 | 人死后心再化生为人 【823】 | W2533.2.2 | 洪水后幸存的伏羲兄妹造人 |
| W2528.3 | 人回炉再生 【823】 | W2533.3 | 洪水后幸存的姐弟造人 【827】 |
| **2.7.2 洪水后人类再生** **【W2530～W2559】** |  | W2533.4 | 洪水后幸存的1对男女造人 【827】 |
|  |  | **W2534** | **与洪水后再造人类有关的其他母题** 【827】 |
| **W2530** | **洪水后自然出现人** 【823】 | W2534.1 | 洪水后人与神共同造人类 【827】 |
| W2530.1 | 洪水后人重新从某个地方出来 【824】 |  |  |
| W2530.1.1 | 洪水后人从天上来 | ✻ **W2535** | **洪水后通过生育** |
| W2530.1.2 | 洪水后人从地下来 |  |  |

|  |  |  |  |  |  |
|---|---|---|---|---|---|
|  | 再生人类 | 【827】 | W2540.3 | 洪水后瓜中再生人类 | 【833】 |
| W2536 | 洪水后神的子女 |  | W2541 | 洪水后无生命物 |  |
|  | 再生人类 | 【828】 |  | 再生人类 | 【833】 |
| W2537 | 洪水后幸存的人 |  | W2541.1 | 洪水后石头再生人类 | 【833】 |
|  | 再生人类 | 【828】 | W2541.2 | 洪水后鼓再生人类 | 【833】 |
| W2537.1 | 洪水后特定容器中 |  | W2542 | 洪水后感生再生 |  |
|  | 保留的人再生人类 | 【828】 |  | 人类 | 【833】 |
| W2537.1.1 | 洪水后木箱中保留的 |  | W2543 | 与洪水后再生人类 |  |
|  | 人再生人类 |  |  | 有关的其他母题 | 【834】 |
| W2537.1.2 | 洪水后葫芦中保留的 |  | W2543.1 | 洪水后祖先繁衍人类 | 【834】 |
|  | 人再生人类 |  | W2543.2 | 洪水后动植物繁衍 |  |
| W2537.2 | 洪水后幸存的特定 |  |  | 人类 | 【834】 |
|  | 女子再生人类 | 【829】 | W2543.3 | 洪水后特定物变化出 |  |
| W2537.3 | 洪水后幸存的男子 |  |  | 人类 | 【834】 |
|  | 再生人类 | 【829】 | ✲ W2544 | 洪水后婚生人类 | 【834】 |
| W2538 | 洪水后保留的 |  | W2544a | 洪水后神婚再生 |  |
|  | 人种再生人类 | 【829】 |  | 人类 | 【834】 |
| W2538.1 | 神在洪水前保留人种 | 【830】 | W2544a.1 | 洪水后1对兄妹神婚 |  |
| W2539 | 洪水后动物再生 |  |  | 再生人类 | 【834】 |
|  | 人类 | 【830】 | W2545 | 洪水后兄妹（姐弟） |  |
| W2539.1 | 洪水后蛇再生人类 | 【830】 |  | 婚再生人类 | 【835】 |
| W2539.1.1 | 洪水后蛇被晒裂再生 |  | W2545.1 | 洪水后幸存的兄妹 |  |
|  | 人类 |  |  | 结婚再生人类 | 【835】 |
| W2540 | 洪水后植物再生 |  | W2545.1.1 | 洪水后无名字的兄妹 |  |
|  | 人类 | 【830】 |  | 结婚再生人类 |  |
| W2540.1 | 洪水后葫芦再生 |  | W2545.1.2 | 洪水后有名字的兄妹 |  |
|  | 人类 | 【831】 |  | 结婚再生人类 |  |
| W2540.1.1 | 洪水后婚生的葫芦再 |  | W2545.1.3 | 洪水后老三与妹妹结 |  |
|  | 生人类 |  |  | 婚再生人类 |  |
| W2540.1.2 | 洪水后牛腹中的葫 |  | W2545.1.4 | 洪水后生存的几对兄 |  |
|  | 芦再生人类 |  |  | 妹结婚再生人类 |  |
| W2540.1.3 | 洪水中的金葫芦再生 |  | W2545.1.5 | 洪水后生存的1对好 |  |
|  | 人类 |  |  | 心的兄妹结婚再生人类 |  |
| W2540.2 | 洪水后竹子再生人类 | 【832】 | W2545.2 | 洪水后幸存的姐弟结婚 |  |
| W2540.2.1 | 洪水后竹子被晒裂 |  |  | 再生人类 | 【847】 |
|  | 人类 |  | W2545.2.1 | 洪水后无名字的姐弟 |  |

|  |  |  |
|---|---|---|
| | 结婚再生人类 | |
| W2545.2.2 | 洪水后有名字的姐弟结婚再生人类 | |
| W2545.3 | 洪水后兄妹下凡结婚再生人类 | 【849】 |
| W2545.3.1 | 洪水后天神派兄妹下凡结婚再生人类 | |
| W2545.4 | 洪水后表兄妹结婚再生人类 | 【849】 |
| W2545.5 | 洪水后神生的1对兄妹再生人类 | 【850】 |
| W2546 | 洪水后母子婚再生人类 | 【850】 |
| W2547 | 洪水后其他血缘婚再生人类 | 【850】 |
| W2547.1 | 洪水后姑侄婚再生人类 | 【850】 |
| W2548 | 洪水后神与动物婚再生人类 | 【850】 |
| W2549 | 洪水后人与化生（造）的女子婚再生人类 | 【851】 |
| W2549.1 | 洪水后人与树枝化生的女子婚再生人类 | 【851】 |
| W2550 | 洪水后人与神女婚再生人类 | 【851】 |
| W2550.1 | 洪水后人与天女婚再生人类 | 【852】 |
| W2550.2 | 洪水后人与仙女婚再生人类 | 【852】 |
| W2550.3 | 洪水后人与神的妻子婚再生人类 | 【852】 |
| W2550.3.1 | 洪水后人与雷公的老婆婚再生人类 | |
| W2551 | 洪水后人与龙婚再生人类 | 【853】 |
| W2551.1 | 洪水后人与龙女婚再生人类 | 【853】 |
| W2552 | 洪水后人与动物婚再生人类 | 【853】 |
| W2552.1 | 洪水后人与哺乳动物婚再生人类 | 【853】 |
| W2552.1.1 | 洪水后人与猴婚再生人类 | |
| W2552.1.2 | 洪水后人与猿婚再生人类 | |
| W2552.1.3 | 洪水后人与牛婚再生人类 | |
| W2552.1.4 | 洪水后人与狗婚再生人类 | |
| W2552.2 | 洪水后人与鸟婚生人 | 【854】 |
| W2552.2.1 | 洪水后女人与鹰婚生人 | |
| W2552.3 | 洪水后人与水中动物婚生人 | 【855】 |
| W2552.4 | 洪水后人与两栖或爬行动物婚生人 | 【855】 |
| W2552.4.1 | 洪水后人与蛇婚生人 | |
| W2552.5 | 洪水后人与昆虫婚生人 | 【855】 |
| W2552.6 | 洪水后人与其他动物婚生人 | 【855】 |
| W2553 | 洪水后动物婚再生人类 | 【855】 |
| W2553.1 | 洪水后同类动物婚再生人类 | 【856】 |
| W2553.2 | 洪水后异类动物婚再生人类 | 【856】 |
| W2553.2.1 | 洪水后青蛙与母牛婚再生人类 | |
| W2554 | 洪水后动物与其他物婚再生人类 | 【856】 |

| | | | | | |
|---|---|---|---|---|---|
| W2554.1 | 洪水后动物与妖(鬼)婚再生人类 【856】 | | | 有关的其他母题 【860】 | |
| W2555 | 洪水后无生命物婚再生人类 【856】 | | W2557.1 | 洪水后婚生人并造人 【860】 | |
| W2555.1 | 洪水后日月婚再生人类 【856】 | | W2557.2 | 洪水后通过特定的仪式再生人类 【860】 | |
| W2556 | 洪水后其他特定的婚再生人类 【856】 | | W2557.2.1 | 洪水后杀牛祭祀后再生人类 | |
| W2556.1 | 洪水后幸存的1对男女婚再生人类 【856】 | | W2557.3 | 洪水后种人 【860】 | |
| W2556.1.1 | 洪水后幸存的1对夫妇再生人类 | | W2557.3.1 | 洪水后用谷种种人 | |
| W2556.1.2 | 洪水后幸存的1对恋人再生人类 | | W2557.3.1.1 | 洪水后仙姑用谷种种人 | |

## 2.7.3 其他特定灾难后人类再生 【W2560~W2569】

| | | |
|---|---|---|
| W2556.1.3 | 洪水后神救的1对男女再生人类 | |
| W2556.1.4 | 洪水后男子与他所救的女子再生人类 | |
| W2560 | 天塌地陷后再生人类 【861】 |
| W2560.1 | 天塌地陷后再造人类 【861】 |
| W2556.2 | 洪水后人仙婚再生人类 【858】 |
| W2560.2 | 天塌地陷后结婚生人类 【862】 |
| W2556.3 | 洪水后造的人结婚再生人类 【858】 |
| W2560.3 | 天塌地陷后结婚先生人再造人类 【862】 |
| W2556.3.1 | 洪水后神造的男女婚生人类 |
| W2561 | 天塌后再生人类 【863】 |
| W2561.1 | 天塌后逃生的姐弟再生人类 【863】 |
| W2556.4 | 洪水后幸存的一家人再生人类 【859】 |
| W2562 | 地震后再生人类 【863】 |
| W2562.1 | 地震后幸存的人造人类 【863】 |
| W2556.5 | 洪水后天上的人与地上的人结婚再生人类 【859】 |
| W2563 | 世界大火后人类再生 【863】 |
| W2556.6 | 洪水后2个生灵结婚再生人类 【859】 |
| W2563.1 | 火灾后婚生人类 【863】 |
| W2556.7 | 洪水后2男与1女婚再生人类 【860】 |
| W2563.1.1 | 天火后兄妹婚再生人类 |
| W2563.1.2 | 天火后姐弟婚再生人类 |
| W2556.8 | 洪水后1男与2女婚再生人类 【860】 |
| W2563.1.3 | 大火后兄妹婚再生人类 |
| W2557 | 与洪水后再生人类 | | | |

| | | | | | | |
|---|---|---|---|---|---|---|
| W2563.1.4 | 大火后1对男女婚再生人类 | | W2568.8 | 地震、洪水后再生人类 | 【868】 |
| W2563.1.5 | 山火后兄妹婚再生人类 | | W2568.9 | 瘟疫、洪水后再生人类 | 【868】 |
| W2563.1.6 | 火灾后人与狗婚再生人类 | | W2569 | 其他灾难后再生人类 | 【869】 |
| W2563.1.7 | 火灾后其他形式的婚姻再生人类 | | | | |

### 2.7.4 与人类再生相关的其他母题
【W2570 ~ W2579】

| | | |
|---|---|---|
| W2564 | 战争后人类再生 | 【865】 |
| W2565 | 瘟疫后人类再生 | 【866】 |
| W2565.1 | 瘟疫后人与神婚再生人类 | 【866】 |
| W2565.1.1 | 发生黄疸后天女与人再生人类 | |
| W2566 | 旱灾后人类再生 | 【866】 |
| W2567 | 天寒地冻后人类再生 | 【866】 |
| W2567.1 | 严寒后人类再生 | 【866】 |
| W2567.2 | 冻灾后的幸存者结婚再生人类 | 【866】 |
| W2568 | 多种灾难后再生人类 | 【867】 |
| W2568.1 | 天塌地陷与洪水后再生人类 | 【867】 |
| W2568.2 | 干旱与洪水后再生人类 | 【867】 |
| W2568.3 | 大火与洪水后人类再生人类 | 【867】 |
| W2568.4 | 大火（山火、天火）与洪水后再生人类 | 【867】 |
| W2568.5 | 洪水、大火与第二次洪水后再生人类 | 【868】 |
| W2568.6 | 寒风、热风和稀泥水毁灭人类后再生人类 | 【868】 |
| W2568.7 | 风灾、火灾与洪灾后再生人类 | 【868】 |

| | | |
|---|---|---|
| W2570 | 人类再生的次数 | 【869】 |
| W2570.1 | 地上的人换了多茬 | 【869】 |
| W2570.2 | 人类经历3次繁衍 | 【869】 |
| W2570.3 | 人类经历4次繁衍 | 【870】 |
| W2570.4 | 现在的人类是第二代人 | 【870】 |
| ✽W2571 | 繁衍不同代的人 | 【870】 |
| W2572 | 第一代人 | 【871】 |
| W2572.1 | 第一代人的产生 | 【871】 |
| W2572.1.0 | 天神造第一代人 | |
| W2572.1.1 | 第一把雪变成第一代人 | |
| W2572.1.2 | 日月星辰生第一代人 | |
| W2572.1.3 | 男神女神的影子变成第一代人 | |
| W2572.1.4 | 男神女神下凡婚生第一代人 | |
| W2572.1.5 | 2个人种神婚生第一代人 | |
| W2572.1.6 | 女娲造第一代人 | |
| W2572.1.7 | 龙女造第一代人 | |
| W2572.2 | 第一代人是猴子 | 【873】 |
| W2572.2.1 | 第一代人是海中生的猴子 | |
| W2572.2.2 | 第一代人是岩石变成 | |

|  |  |  |  |  |  |
|---|---|---|---|---|---|
|  | 的猴子 |  | W2573.1 | 第二代人的产生 | 【883】 |
| **W2572.3** | 第一代人是独眼人 | 【874】 | W2573.1.1 | 天神造第二代人 |  |
| W2572.3.1 | 龙女造第一代人独眼人 |  | W2573.1.2 | 人皇造第二代人 |  |
|  |  |  | W2573.1.3 | 神女生第二代人 |  |
| **W2572.4** | 第一代人是竖眼人 | 【875】 | W2573.1.4 | 女娲造的男女婚生第二代人 |  |
| **W2572.5** | 第一代人是"一寸人" | 【875】 | W2573.1.5 | 人与天女婚生第二代人 |  |
| **W2572.6** | 第一代人是直眼人 | 【875】 | W2573.1.6 | 第二把雪变成第二代人 |  |
| **W2572.7** | 第一代人是瞎子人 | 【876】 |  |  |  |
| **W2572.8** | 第一代人脸朝着天 | 【876】 | W2573.1.7 | 桃花变成第二代人 |  |
| **W2572.9** | 第一代人眼睛长在头顶 | 【876】 | **W2573.2** | 第二代人是竖眼人和横眼人 | 【885】 |
| **W2572.10** | 第一代人是独脚人 | 【876】 | **W2573.3** | 第二代人是竖眼人 | 【885】 |
| W2572.10.1 | 第一代人独脚人不会走路 |  | **W2573.4** | 第二代人是横眼人 | 【886】 |
|  |  |  | **W2573.5** | 第二代人是直眼人 | 【886】 |
| **W2572.11** | 第一代人是小人（第一代人是矮人） | 【878】 | **W2573.6** | 第二代人是立目人 | 【887】 |
| W2572.11.1 | 第一代人1尺2寸 |  | W2573.6.1 | 第二代人眼睛长在膝盖上 |  |
| W2572.11.2 | 第一代人5寸 |  | **W2573.7** | 第二代人是横耳朵人 | 【887】 |
| W2572.11.3 | 第一代人2尺 |  | **W2573.8** | 第二代人种有数张脸 | 【888】 |
| **W2572.13** | 第一代人的其他特殊特征 | 【879】 | **W2573.9** | 第二代人膝盖朝后 | 【888】 |
| W2572.13.1 | 第一代生的人有时变男，有时变女 |  | **W2573.10** | 第二代人是独脚人 | 【888】 |
|  |  |  | **W2573.11** | 第二代人非常懒怠 | 【888】 |
| W2572.13.2 | 第一代人是蚂蚱 |  | **W2573.12** | 第二代人有其他特殊特征 | 【888】 |
| W2572.13.3 | 第一代人不会耕种 |  | W2573.12.1 | 第二代人很高 |  |
| W2572.13.4 | 第一代人草木为食 |  | W2573.12.2 | 第二代人1丈3尺 |  |
| W2572.13.5 | 第一代人树叶为衣 |  | W2573.12.3 | 第二代人身高正常 |  |
| W2572.13.6 | 第一代人没有嗅觉 |  | W2573.12.4 | 第二代人是蟋蟀 |  |
| W2572.13.7 | 第一代人情感怪异 |  | **W2573.13** | 与第二代人有关的其他母题 | 【889】 |
| W2572.13.8 | 第一代人识兽性 |  |  |  |  |
| W2572.13.9 | 第一代人像野兽 |  | W2573.13.1 | 第二代人不纯真 |  |
| W2572.13.10 | 第一代人与猴不分 |  | W2573.13.2 | 第二代人全部被火烧死 |  |
| W2572.13.11 | 第一代人会用石器 |  |  |  |  |
| W2572.13.12 | 第一代人住在森林 |  | W2573.13.3 | 第二代人皮厚 |  |
| W2572.13.13 | 第一代人怕光 |  | W2573.13.4 | 第二代人嗜睡 |  |
| **W2573** | **第二代人** | 【883】 |  |  |  |

| | | | | | | |
|---|---|---|---|---|---|---|
| W2573.13.4a | 第二代人一觉百年 | | W2576 | 其他特定时代的人 | | |
| W2574 | 第三代人 | 【890】 | | | | 【897】 |
| W2574.0 | 第三代人的产生 | 【890】 | W2576.1 | 前36代人是竖眼人 | | 【897】 |
| W2574.0.1 | 天神造第三代人 | | W2576.2 | 第36代人是横眼人 | | 【897】 |
| W2574.0.2 | 始祖造第三代人 | | W2576a | 与各代人产生 | | |
| W2574.0.3 | 人皇生第三代人 | | | 有关的其他母题 | | 【898】 |
| W2574.0.4 | 星宿下凡变成第三代人 | | W2576a.1 | 几代人同时产生 | | 【898】 |
| | | | W2576a.1.1 | 前三代人同时产生 | | |
| W2574.0.5 | 声音化成第三代人 | | W2576a.2 | 人类灾难前是不 | | |
| W2574.0.6 | 雪变成第三代人 | | | 正常的人 | | 【898】 |
| W2574.1 | 到第三代人时生 | | W2576a.2.1 | 洪水前是独脚人和独 | | |
| | 正常人 | 【892】 | | 眼人 | | |
| W2574.2 | 第三代人是葫芦人 | 【892】 | W2576a.3 | 最早时代的人以 | | |
| W2574.3 | 第三代人是横眼人 | 【893】 | | 动物命名 | | 【899】 |
| W2574.3.1 | 第三代人是直眼人 | | W2577 | 人类的延续 | | 【899】 |
| W2574.3.2 | 第三代人是独眼人 | | W2577.1 | 灾难后大多数存活 | | 【899】 |
| W2574.4 | 第三代人的身高 | 【894】 | W2577.2 | 特定的氏族繁衍人类 | | 【899】 |
| W2574.4.1 | 第三代人很高 | | W2577.2.1 | 现在的人由4个氏族 | | |
| W2574.4.2 | 第三代人是"八尺 | | | 传下来 | | |
| | 人" | | W2577.3 | 人的换代 | | 【899】 |
| W2574.5 | 第三代人饭量很大 | 【895】 | W2577.4 | 灾难后人类延续 | | 【899】 |
| W2574.6 | 第三代人有其他特殊 | | W2577.4.1 | 洪水后人类延续至今 | | |
| | 特征 | 【895】 | W2578 | 与人类再生有关 | | |
| W2574.6.1 | 第三代人是四只眼的 | | | 的其他母题 | | 【900】 |
| | 竖眼人 | | W2578.1 | 人类经历数次兴衰 | | 【900】 |
| W2574.6.2 | 第三代人很懒 | | W2578.2 | 人死后复活再生人类 | | 【900】 |
| W2574.7 | 与第三代人有关的 | | | | | |
| | 其他母题 | 【895】 | | | | |
| W2574.7.1 | 第三代人会用火 | | ## 2.8 怀孕与生育 | | | |
| W2574.7.2 | 第三代人心不好 | | 【W2580 ~ W2699】 | | | |
| W2575 | 第四代人 | 【896】 | | | | |
| W2575.0 | 第四代人的产生 | 【896】 | ### 2.8.1 怀孕 | | | |
| W2575.0.1 | 天老爷派来第四代人 | | 【W2580 ~ W2589】 | | | |
| W2575.0.2 | 兄妹婚生第四代人 | | | | | |
| W2575.1 | 现在的人是第四代人 | 【897】 | ✱ W2580 | 怀孕 | | 【901】 |
| W2575.2 | 第四代人是巨人 | 【897】 | W2580.1 | 以前的人不怀孕 | | 【901】 |

| | | | | |
|---|---|---|---|---|
| W2580.1.1 | 早期因没有女人不会怀孕 | W2580.2.11.1 | 感生能力的失去 | |
| W2580.1.1.1 | 早期的人因不婚配不怀孕 | **W2581** | **神奇的怀孕** | 【906】 |
| | | W2581.1 | 女子无夫而孕 | 【906】 |
| W2580.1.2 | 以前的人没有生育能力 | W2581.1.1 | 因感应某物无夫而孕 | |
| | | W2581.1.2 | 在特定处所无夫而孕 | |
| **W2580.2** | **生育能力的获得** | 【902】 | W2581.1.3 | 在特定地方的女人无夫而孕 |
| W2580.2.0 | 神赐予人生育能力 | W2581.1.3.1 | 女儿国的女子无夫而孕 | |
| W2580.2.0.1 | 神规定人的生育 | | | |
| W2580.2.1 | 供奉神获得生育能力 | W2581.1.4 | 特定的途中无夫而孕 | |
| W2580.2.2 | 造人者教人生育 | W2581.1.5 | 根据意愿无夫而孕 | |
| W2580.2.2.1 | 造人的天神教人生育 | W2581.1.5.1 | 女子思夫而孕 | |
| W2580.2.3 | 真主决定人的生育 | W2581.1.6 | 丈夫死后妻子无夫而孕 | |
| W2580.2.4 | 始祖去掉变化特征后获得生育能力 | W2581.2 | 自然孕生人 | 【908】 |
| W2580.2.5 | 人应许了神的条件后开始生孩子 | W2581.2.1 | 神自然怀孕人 | |
| | | W2581.2.2 | 混沌中孕生人 | |
| W2580.2.5.1 | 人为了年轻答应了神提出的人生孩子的条件 | W2581.2.3 | 男人自然孕生人 | |
| | | W2581.2.4 | 女人自然孕生人 | |
| | | W2581.3 | 通过魔咒怀孕 | 【909】 |
| W2580.2.6 | 神让人用生育代替了蜕皮 | W2581.4 | 年龄老时怀孕 | 【909】 |
| | | W2581.5 | 神奇怀孕的其他母题 | 【910】 |
| W2580.2.6.1 | 神让一个女人不再蜕皮后人开始生育 | W2581.5.1 | 神赐孕 | |
| | | W2581.5.2 | 天神赐孕 | |
| W2580.2.7 | 生育能力源于自然物的赋予 | W2581.5.3 | 其他特定的名称的神或神性人物赐孕 | |
| W2580.2.7.1 | 北斗星赋予人的生育能力 | W2581.5.3.1 | 生育女神赐孕 | |
| | | W2581.5.3.2 | 太白老君赐孕 | |
| W2580.2.8 | 生育能力是萨满赋予的 | W2581.5.3.3 | 七星神赐孕 | |
| | | W2581.5.4 | 两女子同居怀孕 | |
| W2580.2.9 | 祭敦包怀孕 | W2581.6 | 男女共同怀孕 | 【911】 |
| W2580.2.9.1 | 老太太祭敦包怀孕 | **W2582** | **正常的怀孕时间** | 【911】 |
| W2580.2.10 | 生育能力源于发誓 | W2582.1 | 怀孕10个月 | 【911】 |
| W2580.2.10.1 | 人因犯错发誓用生育惩罚自己 | W2582.1.1 | 十月怀胎的来历 | |
| | | W2582.1.1.1 | 管人的神规定怀胎十月 | |
| W2580.2.11 | 与生育能力的获得有关的其他母题 | W2582.1.2 | 蛋怀生命10个月 | |

| | | | | | |
|---|---|---|---|---|---|
| W2582.2 | 怀孕 9 个月 | 【913】 | W2584.7 | 怀孕 3 年 | 【918】 |
| W2582.2.1 | 怀孕 9 个月零 9 天 | | W2584.7.0 | 怀孕 810 天 | |
| W2582.2.2 | 怀孕 9 个月零 10 天 | | W2584.7.1 | 怀孕 999 天 | |
| W2582.2.3 | 怀孕 9 个月零 13 天 | | W2584.7.1a | 怀孕 3 年零 3 个月 | |
| **W2583** | **较短时间的怀孕** | 【914】 | W2584.7.1a.1 | 仙女怀孕 3 年零 3 个月 | |
| W2583.0 | 怀孕 1 天 | 【914】 | W2584.7.2 | 怀孕 3 年零 6 个月 | |
| W2583.0.1 | 女子感龙鹰后 1 天生子 | | W2584.7.3 | 怀孕 3 年零 7 个月 | |
| W2583.0.2 | 女子感铁柱当天生铁块 | | W2584.7.4 | 与怀孕 3 年有关的其他母题 | |
| W2583.1 | 怀孕数日 | 【914】 | W2584.7.4.1 | 结婚后 3 年生人 | |
| W2583.1.1 | 怀孕 7 天 7 夜 | | W2584.7.4.2 | 怀孕 3 年成死胎 | |
| W2583.2 | 怀孕 1 个月 | 【914】 | W2584.7.4.3 | 怀孕时江水绿了三回又泛黄三次 | |
| W2583.3 | 怀孕 2 个月 | 【915】 | | | |
| W2583.4 | 怀孕 100 天 | 【915】 | W2584.7.4.4 | 怀孕时月亮变化 36 次 | |
| W2583.4.1 | 婚后百日生人 | | | | |
| W2583.4.1.1 | 兄妹婚后 100 天生孩子 | | W2584.7.4.5 | 婚后（同房）3 年生人 | |
| W2583.4.1.2 | 伏羲兄妹婚后百日生一个怪胎 | | W2584.7.4.6 | 怀孕 3 年孩子生不出 | |
| W2583.5 | 怀孕 4 个月 | 【915】 | W2584.8 | 怀孕 4 年 | 【924】 |
| W2583.6 | 怀孕 6 个月 | 【916】 | W2584.9 | 怀孕 5 年 | 【924】 |
| W2583.6.1 | 怀孕半年 | | W2584.10 | 怀孕 7 年 | 【924】 |
| W2583.7 | 怀孕 7 个月 | 【916】 | W2584.10.1 | 婚后 7 年孕生人 | |
| **W2584** | **长时间的怀孕** | 【916】 | W2584.11 | 怀孕 9 年 | 【925】 |
| W2584.1 | 怀孕 12 个月 | 【916】 | W2584.11.1 | 婚后 9 年怀孕 | |
| W2584.1.1 | 怀孕 1 年（怀孕 360 天） | | W2584.11.2 | 婚后 9 年零 9 个月生人 | |
| W2584.1.2 | 兄妹婚怀孕 12 个月生人 | | W2584.12 | 怀孕 10 年 | 【926】 |
| | | | W2584.13 | 其他长时间的怀孕 | 【926】 |
| W2584.2 | 怀孕 14 个月 | 【917】 | W2584.13.0 | 怀孕多年 | |
| W2584.3 | 怀孕 15 个月 | 【917】 | W2584.13.1 | 怀孕 12 年 | |
| W2584.4 | 怀孕 16 个月 | 【917】 | W2584.13.2 | 怀孕 13 年 | |
| W2584.5 | 怀孕其他特定的月份 | 【918】 | W2584.13.3 | 怀孕 15 年 | |
| W2584.5.1 | 怀孕 27 个月 | | W2584.13.4 | 怀孕 18 年 | |
| W2584.5.2 | 怀孕 49 个月 | | W2584.13.5 | 怀孕 36 年 | |
| W2584.6 | 怀孕 2 年 | 【918】 | W2584.13.6 | 怀孕 72 年 | |
| | | | W2584.13.6a | 怀孕几十年 | |

| | | | | | | |
|---|---|---|---|---|---|---|
| W2584.13.6a.1 | 怀孕80年 | | W2587.1 | 男女魂合生子 | 【934】 |
| W2584.13.6a.2 | 怀孕82年 | | W2587.2 | 高龄怀孕 | 【934】 |
| W2584.13.7 | 怀孕100年 | | W2587.2.1 | 60岁的女人怀孕 | |
| W2584.13.7a | 怀孕数百年 | | W2587.3 | 女子偷情怀孕 | 【934】 |
| W2584.13.8 | 怀孕1千年 | | W2587.3.1 | 因幽会怀孕 | |
| W2584.13.8.1 | 怀孕1千多年 | | W2587.3.1.1 | 山神雨神幽会怀孕 | |
| W2584.13.9 | 怀孕3千年 | | W2587.4 | 祈子后怀孕 | 【935】 |
| W2584.13.9.1 | 女神怀孕3千年 | | W2587.5 | 特殊物质使女子怀孕 | 【935】 |
| W2584.13.10 | 怀孕9千年 | | W2587.5.1 | 蜂蜡使人怀孕 | |
| W2584.13.11 | 怀孕9千9百年 | | W2587.5.2 | 风使女子怀孕 | |
| W2584.13.12 | 怀孕数千年 | | W2587.6 | 孩子在母腹中说话 | 【936】 |
| W2584.13.13 | 怀孕数万年 | | W2587.6.1 | 双胞胎在母腹中争吵 | |
| W2584.13.14 | 与长时间怀孕有关的其他母题 | | W2587.6.2 | 人在葫芦中未生出前说话 | |
| W2584.13.14.1 | 因长时间怀孕孩子在母腹中变成老人 | | W2587.6.3 | 孩子在母腹中问外面的事情 | |
| **W2585** | **怀孕时间不确定** | 【930】 | W2587.6.4 | 孩子在母腹中学会说话 | |
| W2585.1 | 怀孕六七个月 | 【930】 | W2587.6.5 | 出生前孩子在母腹中说话 | |
| W2585.2 | 怀孕两三年 | 【930】 | W2587.6.5.1 | 出生前一天孩子在母腹向母亲提要求 | |
| W2585.3 | 怀孕几年 | 【930】 | | | |
| W2585.4 | 怀孕几百年 | 【931】 | W2587.7 | 借腹生人 | 【937】 |
| **W2586** | **特殊的怀孕形式** | 【931】 | W2587.7.1 | 胎儿转到另一个母亲腹中 | |
| W2586.1 | 全身怀孕 | 【931】 | W2587.7.2 | 人借动物的肚子怀孕 | |
| W2586.1.1 | 女祖先浑身怀孕 | | **W2587.8** | **不能生育的原因** | 【938】 |
| W2586.1.2 | 兄妹婚后全身怀孕 | | W2587.8.1 | 年老不能生育 | |
| W2586.1.3 | 母女全身怀孕 | | W2587.8.1.1 | 年老时才结婚不能生育 | |
| W2586.1.3.1 | 母女感风全身怀孕 | | W2587.8.2 | 不祭天不能生育 | |
| W2586.1.4 | 女子全身怀孕 | | W2587.8.3 | 阴阳错位不生育 | |
| W2586.1.4.1 | 2女感风全身怀孕 | | W2587.8.3.1 | 天地阴阳错位不生育 | |
| W2586.2 | 男人怀孕 | 【932】 | W2587.8.3.2 | 夫妻阴阳错位不生育 | |
| W2586.2.1 | 男人从小腿怀孕生人 | | W2587.8.4 | 因偷盗不生育 | |
| W2586.2.2 | 男人变女人生孩子 | | W2587.8.4.1 | 因偷了娘家的东西不能生育 | |
| W2586.2.3 | 男人怀孕3年 | | | | |
| **W2587** | **与怀孕有关的其他母题** | 【933】 | | | |
| W2587.0 | 怀的孩子有异常体征 | 【933】 | | | |
| W2587.0.1 | 孩子在母腹中长胡须 | | | | |

| | | | | | | |
|---|---|---|---|---|---|---|
| W2587.9 | 怀孕的烦恼 | 【939】 | | W2591.3 | 以植物为标志的出生时间 | 【944】 |
| W2587.9.1 | 怀孕很痛苦 | | | W2591.3.1 | 南瓜结果时分娩 | |
| W2587.9.1.1 | 孕妇腹胀如山 | | | W2592 | 出生的地点 | 【944】 |
| W2587.9.2 | 姐弟婚后姐姐因怀孕寻死 | | | W2592.1 | 人生在树上（树上分娩） | 【945】 |
| W2587.10 | 特定人物怀孕 | 【940】 | | W2592.2 | 人生在卵中（卵中分娩） | 【945】 |
| W2587.10.1 | 几个妻子只有一个怀孕 | | | W2592.3 | 人生在洞中（洞中分娩） | 【945】 |
| W2587.10.2 | 第一个怀孕的女人 | | | W2592.4 | 人生在水中（水中分娩） | 【945】 |
| W2587.10.2.1 | 神的意愿产生第一个怀孕的女人 | | | W2592.5 | 人只能在地上生（地上分娩） | 【946】 |
| W2587.11 | 胎儿 | 【941】 | | W2593 | 出生的准备与情形 | 【946】 |
| W2587.11.1 | 胎儿的发育 | | | W2593.1 | 出生的防护 | 【946】 |
| W2587.11.1.1 | 胎儿先生头发 | | | W2593.2 | 出生躲避恶魔 | 【946】 |
| W2587.11.2 | 胎儿的性别 | | | W2593.3 | 雷击后才分娩 | 【946】 |
| W2587.11.3 | 胎儿化为血水 | | | W2593.3.1 | 雷击孕妇腹部后分娩 | |
| W2587.11.3.1 | 男人的胎儿化为血水 | | | W2593.4 | 通过向某物撒尿帮助分娩 | 【947】 |
| W2587.11.4 | 巨大的胎儿（巨胎） | | | W2593.5 | 婴儿出生要通报神灵 | 【947】 |
| W2587.11.4.1 | 像山一样的胎儿 | | | W2593.5.1 | 婴儿出生要通报祖先神 | |
| W2587.11.5 | 胎儿迅速成长 | | | W2593.5.2 | 婴儿出生要通报去世的父母 | |
| W2587.11.5.1 | 胎儿一天就长半截竹子长 | | | W2593.5.3 | 婴儿出生要通报寨神 | |
| W2587.12 | 孕妇被掠 | 【943】 | | W2593.6 | 预产期 | 【948】 |
| W2587.12.1 | 怀孕的女子被掠到他处 | | | W2593.6.1 | 预产期13天 | |

## 2.8.2 出生与特殊的出生
【W2590 ~ W2599】

| | | |
|---|---|---|
| ✿ W2590 | 出生（分娩） | 【943】 |
| W2591 | 出生时间的确定 | 【943】 |
| W2591.1 | 特定的时辰出生 | 【943】 |
| W2591.2 | 特定事件决定降生时间 | 【944】 |
| W2591.2.1 | 孕期最后三个月赐灵魂才能降生 | |

| | | |
|---|---|---|
| ✱ W2594 | 特殊的出生 | 【948】 |
| W2595 | 从人的五官中出生 | 【948】 |
| W2595.1 | 从头上生人 | 【948】 |
| W2595.2 | 从口中生人 | 【948】 |
| W2595.3 | 从眼睛中生人 | 【948】 |

## 2.8 怀孕与生育

|  |  |  |
|---|---|---|
| W2596 | 从人的其他特定部位出生 | 【948】 |
| W2596.1 | 从肋骨生人 | 【949】 |
| W2596.2 | 从两肋生人 | 【949】 |
| W2596.2.1 | 人从左肋出生 | |
| W2596.2.2 | 人从右肋出生 | |
| W2596.3 | 从肋腔生人 | 【949】 |
| W2596.4 | 从肚子（腹部）生人 | 【950】 |
| W2596.4.1 | 炸开女人肚子生人 | |
| W2596.4.2 | 从肚子里喷出人 | |
| W2596.4.3 | 肚脐中生人 | |
| W2596.5 | 从胸中生人 | 【950】 |
| W2596.6 | 从腋窝生人 | 【950】 |
| W2596.6.1 | 从左腋生人 | |
| W2596.6.1.1 | 孩子要求从母亲左腋出生 | |
| W2596.6.2 | 特定的人从腋窝生孩子 | |
| W2596.6.2.1 | 姆六甲从腋窝生孩子 | |
| W2596.6.3 | 特定的人从腋窝出生 | |
| W2596.6.3.1 | 老子从母亲的腋窝出生 | |
| W2596.7 | 从乳头生人 | 【952】 |
| W2596.8 | 从毛孔中生人 | 【952】 |
| W2596.8.1 | 女神从毛孔中生人 | |
| W2596.9 | 从伤口中生人 | 【953】 |
| W2596.10 | 从背中生人 | 【953】 |
| W2596.11 | 从手脚中生人 | 【953】 |
| W2596.11.1 | 从手（脚）指尖出生 | |
| W2596.11.1.1 | 从大拇指生人 | |
| W2596.11.1.2 | 从脚丫指生人 | |
| W2596.11.2 | 手臂中生人 | |
| W2596.11.2.1 | 手臂中生彝族 | |
| W2596.11.3 | 男人脚中生人 | |
| W2596.12 | 从胳膊生人 | 【954】 |
| W2596.13 | 从腿肚中生人 | 【954】 |
| W2596.13.1 | 女子从腿上生人 | |
| W2596.13.1.1 | 女祖先从小腿生人 | |
| W2596.13.1.2 | 女子腿生的青蛙变成人 | |
| W2596.13.2 | 男人从腿上生人 | |
| W2596.14 | 从膝盖生人 | 【955】 |
| W2596.14.1 | 男神的两膝生人 | |
| W2596.14.1.1 | 两个男神同居后两膝生人 | |
| W2596.14.2 | 女人从膝盖生人 | |
| W2596.14.2.1 | 老太太从膝盖生的青蛙变成人 | |
| W2596.14.3 | 特定来历的人从膝盖生人 | |
| W2596.14.3.1 | 石生的人膝盖生人 | |
| W2596.14.3.2 | 竹生的人膝盖生人 | |
| W2596.14.4 | 不同膝盖生不同性别的人 | |
| W2596.14.4.1 | 右膝生男，左膝生女 | |
| W2596.15 | 从骨头中生人 | 【957】 |
| W2596.15.1 | 从头颅出生 | |
| W2596.15.2 | 从髀骨中生人 | |
| W2596.15.2.1 | 髀骨中生苗族 | |
| W2596.16 | 从头发中生人 | 【958】 |
| W2596.17 | 不同的身体部位生不同的人 | 【958】 |
| W2596.18 | 从分泌物中出生 | 【958】 |
| W2596.19 | 从肛门中生人 | 【958】 |
| W2597 | 出生时特殊的情形 | 【959】 |
| W2597.0 | 出生时有异兆 | 【959】 |
| W2597.0.1 | 出生时天有异兆 | |
| W2597.0.1.1 | 出生时天地震动 | |
| W2597.0.2 | 惊雷一声孩子出生 | |
| W2597.1 | 出生时有祥兆 | 【959】 |
| W2597.1.1 | 出生时出现吉星祥云 | |
| W2597.1.1.1 | 圣人出生时出现五星 | |
| W2597.1.2 | 出生时出现彩虹 | |

| | | | | | | |
|---|---|---|---|---|---|---|
| W2597.2 | 出生时出现光芒 | [960] | | W2598.4.4.1 | 孩子出生第3天会说话 | |
| W2597.2.1 | 出生时出现红光 | | | W2598.4.4.2 | 孩子出生第7天会说话 | |
| W2597.2.2 | 出生时婴儿周身发光 | | | W2598.4.4.3 | 孩子出生1个月会说话 | |
| W2597.3 | 出生时有特定声音 | [961] | | W2598.4.5 | 孩子出生后就会自己做事 | |
| W2597.3.1 | 出生时出现音乐 | | | W2598.4.5.1 | 孩子出生后就会生火 | |
| W2597.4 | 出生时婴儿有特殊形态 | [961] | | W2598.4.6 | 孩子出生后就有多种能力 | |
| W2597.4.1 | 人背靠背出生 | | | W2598.4.6.1 | 孩子出生后就会走、说、唱、跳 | |
| W2597.4.1.1 | 人背靠背连体出生 | | | W2598.5 | 出生的征兆 | [968] |
| W2597.5 | 孩子出生时为什么要用手臂夹一夹 | [961] | | W2598.5.1 | 特定的树叶发芽表示人出生 | |
| W2597.5.1 | 孩子出生时用手臂夹一夹是为防止孩子长得太大 | | | W2598.6 | 人对出生方式的选择 | [969] |
| | | | | W2598.6.1 | 人不愿意出生 | |
| W2597.6 | 圣洁的出生（圣诞） | [961] | | W2598.6.1.1 | 腹中的儿子要等3年才出生 | |
| W2598 | 与出生有关的其他母题 | [962] | | W2598.7 | 孩子自己出生 | [969] |
| W2598.1 | 特定人物的特殊出生 | [962] | | W2598.7.1 | 卵中的人自己破卵而出 | |
| W2598.1.1 | 圣人不一般的出生 | | | W2598.7.1.1 | 天地卵中的盘古自己破卵而出 | |
| W2598.2 | 特殊出生的孩子有神力 | [962] | | W2598.7.2 | 婴儿咬断脐带自己出生 | |
| W2598.3 | 人出生时为什么先生头 | [962] | | W2598.8 | 孩子出生时有奇特特征 | [970] |
| W2598.4 | 新生儿早熟（婴儿早熟） | [962] | | W2598.8.1 | 孩子出生时长有金牙齿 | |
| W2598.4.1 | 孩子出生时长满牙齿 | | | W2598.9 | 生人时有伴随物 | [970] |
| W2598.4.2 | 孩子一生下来就会走路 | | | W2598.10 | 出生的帮助者 | [970] |
| W2598.4.2.1 | 孩子落地会走 | | | W2598.10.1 | 动物是生育的帮助者 | |
| W2598.4.2.2 | 人从葫芦中生出就会走 | | | W2598.10.2 | 植物是生育的帮助者 | |
| W2598.4.2.3 | 孩子出生第7天会走路 | | | W2598.10.2.1 | 葫芦是生人的帮助者 | |
| W2598.4.2.4 | 孩子出生1个月会跑 | | | W2598.10.2.2 | 特定的草是生人的帮 | |
| W2598.4.2.5 | 孩子出生2个月会跑 | | | | | |
| W2598.4.3 | 孩子出生就会跑 | | | | | |
| W2598.4.4 | 孩子出生就会说话 | | | | | |

| | | | | | | |
|---|---|---|---|---|---|---|
| | 助者 | | W2601 | 生怪人 | 【977】 |
| W2598.11 | 产翁 | 【971】 | W2601.1 | 生四体不分的孩子 | 【977】 |
| W2598.12 | 接生 | 【971】 | W2601.2 | 生男女不分的怪人 | 【977】 |
| W2598.12.1 | 接生婆 | | W2601.3 | 生畸形人 | 【978】 |
| W2598.12.1.1 | 神做接生婆 | | W2601.4 | 生有人模样的东西 | 【978】 |
| W2598.12.2 | 巫师接生 | | W2601.5 | 生不像人的孩子 | 【978】 |
| W2598.12.3 | 老年妇女接生 | | W2601.6 | 生五官不成比例的人 | 【978】 |
| W2598.12.3.1 | 祖母接生 | | W2601.6.1 | 生的孩子头小眼大 | |
| W2598.12.4 | 神圣的接生 | | W2602 | 生小人 | 【979】 |
| W2598.12.4.1 | 靠神的力量接生 | | W2602.1 | 生拳头大小的孩子 | 【979】 |
| W2598.12.5 | 人为异类接生 | | W2602.1.1 | 兄妹婚生拳头大小的孩子 | |
| W2598.12.5.1 | 人为狐仙接生 | | W2602.1.2 | 怪胎生拳头大小的孩子 | |
| W2598.13 | 难产 | 【973】 | W2602.2 | 生豆子大小的孩子 | 【980】 |
| W2598.13.1 | 怀孕多年不出生 | | W2602.3 | 生手指大小的孩子（拇指人、拇指姑娘） | 【980】 |
| W2598.13.1.1 | 怀孕3年生不出来 | | W2602.3.1 | 人与仙女婚生手指大小的孩子 | |
| W2598.13.2 | 引产 | | W2602.4 | 生比老鼠还小的孩子 | 【980】 |
| W2598.13.2.1 | 种的瓜结果时就要分娩 | | W2602.5 | 与生小人有关的其他母题 | 【980】 |
| W2598.13.3 | 剖腹产 | | W2602.5.1 | 生的小人长不大 | |
| W2598.13.3.1 | 丈夫剖开妻子的肚子生出孩子 | | W2602.5.1.1 | 以前男人生的小娃长不大 | |
| W2598.13.4 | 流产 | | W2603 | 生巨婴 | 【981】 |
| W2598.14 | 计划生育 | 【975】 | W2603.1 | 特定的人物生巨婴 | 【981】 |
| W2598.14.1 | 特定时期计划生育 | | W2603.1.1 | 神孕生巨婴 | |
| W2598.14.1.1 | 灾难时计划生育 | | W2603.1.2 | 神婚生巨婴 | |
| W2598.15 | 出生后回炉 | 【975】 | W2603.2 | 生的婴儿又大又重 | 【982】 |
| W2598.15.1 | 人出生后怕受罪又回到母体 | | W2603.3 | 巨婴饭量巨大 | 【982】 |
| W2598.16 | 女子在丈夫外出后生孩子 | 【976】 | W2603.4 | 婴儿身高一丈 | 【982】 |
| W2598.17 | 出生一辈人要向祖灵神龛放特定物 | 【976】 | W2604 | 生毛孩 | 【982】 |
| W2598.18 | 夜间分娩 | 【977】 | W2604.1 | 生浑身长毛的孩子 | 【983】 |
| | | | W2604.1.1 | 兄妹婚生毛孩 | |
| | **2.8.3 人生怪胎**【W2600~W2669】 | | W2604.1.1.1 | 兄妹婚生的前6胎都 | |
| ✤ W2600 | 人生怪胎 | 【977】 | | | |

| | | |
|---|---|---|
| | 是毛孩 | |
| W2604.1.2 | 人与神或神性人物生毛孩 | |
| W2604.1.2.1 | 男子与罗刹女婚生毛孩 | |
| W2604.2 | 生浑身白毛的孩子 | 【983】 |
| W2604.3 | 生背上长毛的孩子 | 【984】 |
| W2604.4 | 生长尾巴的毛孩 | 【984】 |
| **W2605** | **生其他体征特殊的人** | **【984】** |
| W2605.1 | 生1对连体人 | 【984】 |
| W2605.2 | 生横眼人 | 【984】 |
| W2605.3 | 生的孩子有多个器官 | 【985】 |
| W2605.4 | 生头上长肉角的孩子 | 【985】 |
| W2605.5 | 生特殊肤色的孩子 | 【985】 |
| W2605.6 | 生金发孩子 | 【985】 |
| W2605.7 | 生很丑的孩子 | 【986】 |
| W2605.7.1 | 兄妹婚生丑孩 | |
| **W2606** | **生身体残缺的人** | **【986】** |
| W2606.1 | 生无头无脑的孩子 | 【986】 |
| W2606.2 | 生没有四肢的孩子 | 【986】 |
| W2606.3 | 生独脚的孩子 | 【987】 |
| W2606.4 | 生哑巴孩子 | 【987】 |
| W2606.4.1 | 祖先生哑巴孩子 | |
| W2606.4.2 | 婚生哑巴孩子 | |
| W2606.4.2.1 | 兄妹婚生的全是哑巴儿子 | |
| W2606.4.2.2 | 姐弟婚生9个哑巴儿子 | |
| W2606.4.2.3 | 人与天女婚生3个哑巴儿子 | |
| W2606.4.2.4 | 洞生哑巴 | |
| W2606.4.3 | 生哑巴孩子的原因 | |
| W2606.4.3.1 | 生哑巴孩子源于惩罚 | |
| W2606.5 | 生瞎眼的孩子 | 【989】 |
| W2606.6 | 生没有眼睛的孩子 | 【989】 |
| W2606.6.1 | 生没有眼睛的怪胎 | |
| W2606.7 | 生没有鼻子的孩子 | |
| W2606.7.1 | 血缘婚生的没有鼻子的孩子 | |
| W2606.8 | 生没有嘴巴的孩子 | 【990】 |
| W2606.9 | 生无手足不会哭的孩子 | 【991】 |
| W2606.10 | 生一个头颅 | 【991】 |
| W2606.11 | 生一只手 | 【991】 |
| W2606.12 | 生没有固态形状的怪胎 | 【991】 |
| W2606.13 | 与生身体残缺的人有关的其他母题 | 【991】 |
| W2606.13.1 | 生不会走路的孩子 | |
| W2606.13.2 | 生没有手臂和眼睛的孩子 | |
| W2606.13.3 | 生没鼻子眼睛和手脚的孩子 | |
| W2606.13.4 | 生无头无脚、无面孔的怪物 | |
| W2606.13.5 | 生无头、无手、无脚的怪胎 | |
| **W2607** | **生动物特征的人** | **【993】** |
| W2607.1 | 生长着动物头的孩子 | 【993】 |
| W2607.1.1 | 生的孩子长着狗头 | |
| W2607.1.2 | 生的孩子长着鹰头 | |
| W2607.1.3 | 生的孩子长着猴头 | |
| W2607.1.4 | 生的孩子长着鸡头 | |
| **W2607.2** | **生像猴子的孩子** | **【994】** |
| W2607.2.1 | 生猿猴一样的孩子 | |
| W2607.2.2 | 竹生的人像猴 | |
| W2607.2.3 | 生的孩子一半像猴子 | |
| W2607.2.3.1 | 公猴与天女婚生的孩子一半像母亲一半像公猴 | |
| W2607.3 | 生龙头人身的人 | 【995】 |
| W2607.4 | 生像虫能飞的孩子 | 【995】 |
| W2607.5 | 生带翅膀的孩子 | 【995】 |

## 2.8 怀孕与生育

|  |  |  |
|---|---|---|
| W2607.5.1 | 瓜生带翅膀的孩子 | |
| W2607.5.2 | 人与神女婚生带翅膀的孩子 | |
| **W2607.6** | **生长毛的孩子** | 【996】 |
| **W2607.7** | **生长尾巴的人** | 【996】 |
| **W2607.8** | **生像草鱼的孩子** | 【996】 |
| **W2607.9** | **生的孩子一半是人一半是动物** | 【996】 |
| W2607.9.1 | 生的孩子半人半熊 | |
| W2607.9.1.1 | 女子与大熊交配生人熊 | |
| W2607.9.1.2 | 生人熊合体的人 | |
| W2607.9.2 | 生半人半虎的孩子 | |
| W2607.9.2.1 | 人与虎婚生半人半虎的孩子 | |
| W2607.9.3 | 生的孩子半人半猴 | |
| W2607.9.3.1 | 猴与罗刹女生半人半猴的孩子 | |
| W2607.9.4 | 生的孩子半人半鱼 | |
| W2607.9.5 | 生人首鸟身的人 | |
| **W2607.10** | **生人面兽身的人** | 【998】 |
| W2607.10.1 | 人面兽身头上长角的人 | |
| **W2607.11** | **生牛头虎身熊脚的孩子** | 【998】 |
| **W2607.12** | **与生动物特征的人有关的其他母题** | 【999】 |
| W2607.12.1 | 生蛙人 | |
| W2607.12.1.1 | 生像金蛙的孩子 | |
| **W2608** | **生植物特征的人** | 【999】 |
| **W2608.1** | **生瓜形孩子** | 【999】 |
| **W2608.2** | **生像冬瓜的孩子** | 【999】 |
| **W2608.3** | **生像瓜的孩子** | 【1000】 |
| W2608.3.1 | 生无眼鼻像瓜的怪物 | |
| W2608.3.2 | 兄妹婚生像瓜的孩子 | |
| W2608.3.3 | 姐弟婚生像瓜的孩子 | |
| **W2609** | **生其他形状的人** | 【1000】 |
| W2609.1 | 生像斧子的孩子 | 【1000】 |
| W2609.2 | 生像磨刀石的孩子 | 【1001】 |
| W2609.2.1 | 兄妹婚生像磨刀石的孩子 | |
| W2609.3 | 生像磨石的孩子 | 【1001】 |
| **W2610** | **生卵** | 【1001】 |
| W2610.0 | 特定的人物生卵 | 【1001】 |
| W2610.0.1 | 神或神性人物生卵 | |
| W2610.0.1.1 | 神祖生卵 | |
| W2610.0.1.2 | 盘古的妻子生卵 | |
| W2610.0.2 | 人生卵 | |
| W2610.0.2.1 | 卵国的人生卵 | |
| W2610.0.2.2 | 王后生卵 | |
| W2610.0.2.3 | 特定的人的妻子生卵 | |
| W2610.0.3 | 动物生卵 | |
| W2610.0.4 | 植物生卵 | |
| W2610.0.5 | 无生命物生卵 | |
| W2610.0.6 | 其他特定的人物生卵 | |
| W2610.1 | 生圆球 | 【1003】 |
| W2610.2 | 生肉卵 | 【1004】 |
| W2610.3 | 婚生卵 | 【1004】 |
| W2610.3.1 | 神婚生卵 | |
| W2610.3.2 | 父女婚生卵 | |
| W2610.3.3 | 兄妹婚生卵 | |
| W2610.3.3.1 | 伏羲女娲兄妹婚生卵 | |
| W2610.3.4 | 姐弟婚生卵 | |
| W2610.3.5 | 人与蛇生卵 | |
| W2610.3.6 | 人与龙女婚生卵 | |
| W2610.4 | 与生卵与关的其他母题 | 【1005】 |
| W2610.4.1 | 生发光卵 | |
| W2610.4.2 | 人生没耳鼻、嘴巴的圆崽 | |
| W2610.4.3 | 妻子驱赶走丈夫后生卵 | |
| **✻ W2611** | **生无生命的人** | 【1006】 |
| **W2612** | **生死婴（死胎）** | 【1006】 |

| | | | | | | |
|---|---|---|---|---|---|---|
| W2612.1 | 生死胎 | 【1006】 | | W2623.2.1 | 人与神婚生虾蟆 | |
| W2612.2 | 最早时生死胎 | 【1007】 | | W2623.3 | 人生蟾蜍 | 【1014】 |
| W2612.2.1 | 最早时的人生一个死一个 | | | W2623.4 | 人生石蛙 | 【1014】 |
| | | | | W2623.4.1 | 孤老太太生石蛙 | |
| W2612.3 | 异类婚生死胎 | 【1007】 | | W2623.5 | 人生斑蛙 | 【1014】 |
| W2612.4 | 血缘婚生死胎 | 【1007】 | | W2623.6 | 女子从膝盖生蛙 | 【1015】 |
| W2612.5 | 不般配婚生死胎 | 【1007】 | | W2624 | 人生蛇 | 【1015】 |
| W2612.6 | 生男孩是死胎 | 【1007】 | | W2624.1 | 人感生蛇 | 【1015】 |
| W2612.7 | 特定的神管死胎 | 【1007】 | | W2624.1.1 | 人吃特定的肉生蛇 | |
| W2612.8 | 生不属于本族的孩子将是死胎 | 【1007】 | | W2624.2 | 婚生蛇 | 【1015】 |
| | | | | W2624.2.1 | 兄妹婚生蛇 | |
| W2612.8.1 | 纳西族生的藏族孩子将是死胎 | | | W2624.2.2 | 老男子与丑女婚生蛇 | |
| | | | | W2624.3 | 生像蛇的孩子 | 【1016】 |
| W2613 | 生泥人 | 【1008】 | | W2624.4 | 特定的部位生蛇 | 【1016】 |
| W2614 | 生石人 | 【1008】 | | W2624.5 | 人生斑蛇 | 【1016】 |
| W2614.1 | 女子孕生小石人 | 【1008】 | | W2624.5.1 | 女子与龙生斑蛇 | |
| W2614.1.1 | 女子孕生360个小石人 | | | W2625 | 人生多种动物 | 【1016】 |
| | | | | W2625.1 | 生蜜蜂、岩蜂、燕子 | 【1016】 |
| W2614.2 | 生像石头的孩子 | 【1008】 | | W2625.2 | 生蛇、蜥蜴、青蛙、乌龟等动物 | 【1017】 |
| W2614.2.1 | 首领感生像石头的孩子 | | | W2625.2.1 | 兄妹婚生蛇、蜥蜴、青蛙、乌龟等动物 | |
| ✻W2615 | 人生动物 | 【1009】 | | W2625.3 | 生熊、猪、猴、鸡、蛇、蛙 | 【1017】 |
| W2616 | 人生狗 | 【1009】 | | | | |
| W2617 | 人生猴 | 【1009】 | | W2625.3.1 | 头胎生熊和猪，二胎生猴和鸡，第三胎生蛇和蛙 | |
| W2617.1 | 人生猕猴 | 【1010】 | | | | |
| W2617.2 | 人生公猴 | 【1010】 | | | | |
| W2617.2.1 | 始祖人生公猴 | | | W2625.4 | 生蛇、蟾、鹰、雕和狗 | 【1017】 |
| W2618 | 人生熊 | 【1010】 | | | | |
| W2618.1 | 人与母熊生熊孩 | 【1010】 | | W2625.5 | 生龙、蛇、虎、雷 | 【1018】 |
| W2619 | 人生羊 | 【1011】 | | W2625.6 | 生蛇、蟹 | 【1018】 |
| W2620 | 人生猪 | 【1011】 | | W2626 | 人生其他动物 | 【1018】 |
| W2621 | 人生鸟 | 【1011】 | | W2626.1 | 人生雁 | 【1018】 |
| W2622 | 人生鱼 | 【1011】 | | W2626.2 | 人生鹤 | 【1018】 |
| W2623 | 人生蛙 | 【1011】 | | W2626.3 | 人生鸭子 | 【1018】 |
| W2623.1 | 人生青蛙 | 【1011】 | | W2626.4 | 人生贝壳 | 【1018】 |
| W2623.2 | 人生蛤蟆 | 【1013】 | | W2626.5 | 人生蚂蚁 | 【1019】 |

| | | | | | | |
|---|---|---|---|---|---|---|
| W2626.6 | 人生龟 | 【1019】 | | | 怪胎 | 【1026】 |
| W2626.7 | 人生虫 | 【1019】 | W2632 | | 生肉块（生肉疙 | |
| W2626.8 | 人生虎 | 【1019】 | | | 瘩、生肉坨坨、 | |
| W2626.9 | 人生龙 | 【1019】 | | | 生肉团） | 【1026】 |
| W2626.9.1 | 人生龙骨 | | W2632.0 | | 特定的人物生肉块 | 【1026】 |
| ✤ W2627 | 人生植物 | 【1020】 | W2632.0.1 | | 神或神性人物生肉块 | |
| W2628 | 人生葫芦 | 【1020】 | W2632.0.2 | | 神或神性人物婚生肉 | |
| W2628.1 | 人生怪葫芦 | 【1020】 | | | 块 | |
| W2628.2 | 人生葫芦籽 | 【1020】 | W2632.0.3 | | 兄妹婚生肉块 | |
| W2628.2.1 | 始祖婚生葫芦籽 | | W2632.0.3a | | 盘古兄妹婚生肉块 | |
| W2628.2a | 动物生葫芦籽 | 【1020】 | W2632.0.3a1 | | 盘古兄妹婚生肉疙瘩 | |
| W2628.2a.1 | 牛生葫芦籽 | | W2632.0.3b | | 伏羲兄妹婚生肉块 | |
| W2628.3 | 兄妹婚生葫芦 | 【1021】 | W2632.0.3b1 | | 伏羲兄妹婚生肉团 | |
| W2628.3.1 | 伏羲兄妹婚生葫芦 | | W2632.0.3b2 | | 伏羲兄妹婚生肉坨 | |
| W2628.4 | 人与仙女婚生葫芦 | 【1022】 | W2632.0.3c | | 伏依兄妹婚生肉团 | |
| W2628.5 | 人感生葫芦 | 【1022】 | W2632.0.3d | | 羲妹兄妹婚生肉坨 | |
| W2628.5.1 | 妹妹感哥哥生葫芦 | | W2632.0.3e | | 伏羲女娲兄妹婚生肉 | |
| W2628.6 | 姑侄婚生葫芦 | 【1022】 | | | 团 | |
| W2628.7 | 人与动物婚生葫芦 | 【1023】 | W2632.0.3f | | 姜央兄妹婚生肉疙瘩 | |
| W2628.7.1 | 人与牛婚生葫芦 | | W2632.0.3f1 | | "央"、"美"兄妹婚 | |
| W2628.8 | 与人生葫芦有关的其 | | | | 生肉团 | |
| | 他母题 | 【1023】 | W2632.0.3f2 | | 志男志妹兄妹婚生肉 | |
| W2628.8.1 | 人生葫芦是因为洪水 | | | | 疙瘩 | |
| | 时葫芦救了人 | | W2632.0.3f3 | | 胡秋兄妹婚生肉坨 | |
| W2628.8.2 | 婚生葫芦瓜 | | W2632.0.3g | | 丈良丈美兄妹婚生肉 | |
| W2629 | 人生瓜 | 【1024】 | | | 团 | |
| W2629.1 | 人生冬瓜 | 【1024】 | W2632.0.3h | | 其卑里收兄妹婚生肉 | |
| W2629.1.1 | 日月婚生冬瓜 | | | | 团 | |
| W2629.1.2 | 兄妹婚生冬瓜 | | W2632.0.3i | | 甫梭冗妮兄妹婚生肉 | |
| W2629.1.3 | 伏羲兄妹婚生冬瓜 | | | | 疙瘩 | |
| W2629.2 | 人生南瓜 | 【1025】 | W2632.0.3j | | 刘三妹兄妹婚生肉团 | |
| W2630 | 人生其他植物 | 【1025】 | W2632.0.3k | | 热尼搓拉、热娜兄妹 | |
| W2630.1 | 人生葡萄 | 【1025】 | | | 婚生肉团 | |
| W2630.1.1 | 兄妹婚生葡萄 | | W2632.0.4 | | 姐弟婚生肉块 | |
| W2630.2 | 人生水果 | 【1025】 | W2632.0.4a | | 姐弟婚生肉疙瘩 | |
| W2630.3 | 人生椰子壳 | 【1026】 | W2632.0.4b | | 姐弟婚生肉坨 | |
| ✤ W2631 | 生肉（血）类 | | W2632.0.4c | | 伏依姐弟婚生肉团 | |

| | | | | | |
|---|---|---|---|---|---|
| W2632.0.5 | 人与动物婚生肉块 | | W2632.11.1 | 生90斤重的肉坨 | |
| W2632.0.5a | 人与犬婚生肉块 | | W2632.12 | 生长有五官的肉块 | 【1041】 |
| W2632.0.6 | 无生命物婚生肉块 | | W2632.13 | 生像瓜的肉团 | 【1041】 |
| W2632.0.6a | 日月婚生肉坨 | | W2632.13.1 | 生像冬瓜的肉团 | |
| **W2632.1** | **生无眼、无鼻、无耳、无手脚的肉块** | **【1034】** | W2632.13.2 | 伏羲兄妹婚生像冬瓜的肉团 | |
| W2632.1.1 | 生没有五官的肉团 | | W2632.14 | 与生肉块有关的其他母题 | 【1042】 |
| W2632.1.2 | 生没有嘴的红肉团 | | **W2633** | **生肉球（生肉蛋、生肉丸）** | **【1042】** |
| W2632.1.3 | 生没有眼睛的红肉疙瘩 | | **W2633.0** | **特定的人物生肉球** | **【1042】** |
| W2632.1.4 | 生无手脚的肉团 | | W2633.0.1 | 神或神性人物生肉球 | |
| W2632.1.5 | 生无头无四肢的肉团 | | W2633.0.1a | 河神之女生肉蛋 | |
| W2632.1.6 | 生没有眼睛、鼻子、耳朵和手脚的肉团 | | W2633.0.2 | 婚生肉球 | |
| **W2632.2** | **生植物状肉块** | **【1037】** | W2633.0.3 | 兄妹婚生肉球 | |
| W2632.2.1 | 伏羲兄妹生葫芦状肉团 | | W2633.0.3a | 盘和古兄妹婚生肉球 | |
| W2632.2.2 | 伏羲兄妹婚生冬瓜状肉团 | | W2633.0.3b | 伏羲兄妹婚生肉球 | |
| **W2632.3** | **生磨盘状的肉块** | **【1037】** | W2633.0.3c | 伏羲女娲兄妹婚生肉球 | |
| W2632.3.1 | 生磨石状肉疙瘩 | | W2633.0.3d | 相两、相芒兄妹婚生肉球 | |
| **W2632.4** | **生闪光的肉块** | **【1038】** | | | |
| W2632.4.1 | 生闪光的肉团 | | W2633.0.4 | 姐弟婚生肉球 | |
| **W2632.5** | **生肉胎** | **【1038】** | W2633.0.5 | 其他特定人物生肉球 | |
| **W2632.6** | **生肉砖** | **【1039】** | **W2633.1** | **生肉瘤** | **【1044】** |
| W2632.6.1 | 生颤动的肉砖 | | W2633.1.1 | 兄妹婚生肉瘤 | |
| **W2632.7** | **生肉疙瘩** | **【1039】** | W2633.1.2 | 伏羲兄妹婚生肉瘤 | |
| W2632.7.1 | 生会吃奶的肉疙瘩 | | W2633.1.3 | 王姜兄妹婚生肉瘤 | |
| **W2632.8** | **生无头的肉块** | **【1039】** | **W2633.2** | **生会旋转的蛋** | **【1045】** |
| W2632.8.1 | 伏羲兄妹婚生没有头的肉坨 | | **W2633.3** | **生肉包** | **【1045】** |
| | | | W2633.3.1 | 兄妹婚生肉包 | |
| **W2632.9** | **生软软的肉团** | **【1040】** | W2633.3.1a | 表兄妹婚生肉包 | |
| W2632.9.1 | 兄妹婚生软肉团 | | W2633.3.1b | 伏羲兄妹婚生肉包 | |
| **W2632.10** | **生会动的肉块** | **【1040】** | W2633.3.2 | 感生肉包 | |
| W2632.10.1 | 生会跳的肉坨 | | W2633.3.2a | 妹妹感哥哥生肉包 | |
| W2632.10.2 | 生会动的肉疙瘩 | | W2633.3.2b | 妹妹感表兄生肉包 | |
| **W2632.11** | **生巨大肉块** | **【1040】** | W2633.3.2c | 婚后女子感风生肉包 | |
| | | | W2633.3.3 | 生没有五官的肉包 | |
| | | | **W2633.4** | **生肉蛋** | **【1047】** |

## 2.8 怀孕与生育

| | | | | | | |
|---|---|---|---|---|---|---|
| W2633.4.1 | 感生肉蛋 | | | W2639 | 生石头类物件 | 【1053】 |
| W2633.4.2 | 感生巨大肉蛋 | | | W2639.1 | 生石头 | 【1053】 |
| W2633.4.3 | 生通红的肉蛋 | | | W2639.1.1 | 老年男子娶丑女为妻生石头 | |
| W2633.4.4 | 伏羲女娲兄妹婚生肉蛋 | | | W2639.1.2 | 生的怪胎变成石头 | |
| W2633.4.5 | 盘哥云囡兄妹婚生肉蛋 | | | W2639.2 | 生磨刀石 | 【1054】 |
| | | | | W2639.2.1 | 伏羲女娲兄妹婚生磨刀石 | |
| W2633.5 | 生肉丸 | 【1048】 | | W2639.3 | 生石墩 | 【1054】 |
| W2633.6 | 与生肉球有关的其他母题 | 【1049】 | | W2639.3.1 | 伏羲女娲兄妹婚生石墩 | |
| W2633.6.1 | 生1对肉球 | | | W2639.4 | 生白石 | 【1055】 |
| **W2634** | **生血块（生血球）** | 【1049】 | | W2639.5 | 生磨石 | 【1055】 |
| W2634.1 | 生血球 | 【1049】 | | W2639.5.1 | 盘古兄妹婚生磨石 | |
| W2634.1.1 | 生红血球 | | | W2639.5.2 | 伏羲女娲兄妹婚生磨石 | |
| W2634.1.2 | 兄妹婚生血球 | | | **W2640** | **生绳子类物件** | 【1056】 |
| W2634.1.3 | 姐弟婚生血球 | | | W2640.1 | 生麻绳 | 【1056】 |
| W2634.1.4 | 感生血球 | | | W2640.2 | 生皮绳 | 【1056】 |
| W2634.1.5 | 人与犬婚生血球 | | | W2640.2.1 | 兄妹婚生的肉坨中有一卷皮绳 | |
| W2634.2 | 生血胞 | 【1050】 | | | | |
| W2634.2.1 | 生2个血胞 | | | **W2641** | **生布类物件** | 【1056】 |
| W2634.3 | 生血痂 | 【1051】 | | W2641.1 | 生缎子 | 【1057】 |
| W2634.4 | 生血块 | 【1051】 | | W2641.2 | 生布匹 | 【1057】 |
| W2634.5 | 生血水 | 【1051】 | | W2641.2.1 | 生布片 | |
| **W2635** | **生血肉混合物** | 【1051】 | | W2641.3 | 生包头 | 【1057】 |
| W2635.1 | 生血肉 | 【1051】 | | **W2642** | **生其他无生命物** | 【1057】 |
| W2635.1.1 | 婚生一团血肉 | | | W2642.1 | 生皮口袋 | 【1057】 |
| W2635.2 | 生血肉团团 | 【1052】 | | W2642.1.1 | 兄妹婚生狗皮口袋 | |
| **W2636** | **生肠子** | 【1052】 | | W2642.1.2 | 人与天女婚生皮口袋 | |
| **W2637** | **生其他肉类怪胎** | 【1052】 | | W2642.1.3 | 生会发出声音的皮口袋 | |
| W2637.1 | 生肉口袋 | 【1052】 | | | | |
| W2637.1.1 | 人与天女婚生肉口袋 | | | W2642.2 | 生铜鼓 | 【1059】 |
| W2637.1.2 | 生内有说话声的肉口袋 | | | W2642.3 | 生刀子 | 【1059】 |
| | | | | W2642.4 | 生背篓 | 【1059】 |
| ✤ **W2638** | **生无生命物** | 【1053】 | | W2642.5 | 生簸箕 | 【1060】 |

| | | | | | | |
|---|---|---|---|---|---|---|
| W2642.5.1 | 生的特定的一胎是簸箕 | | | W2645.2 | 姐弟婚生怪胎 | 【1067】 |
| W2642.6 | 生铁块 | 【1060】 | | W2645.2.1 | 姐弟婚生的孩子不成人 | |
| W2642.6.1 | 女子摸铁柱后生铁块 | | | W2645.3 | 母子婚生怪胎 | 【1068】 |
| W2642.7 | 生泥巴 | 【1060】 | | W2645.4 | 其他血缘婚生怪胎 | 【1068】 |
| W2642.8 | 生石头泥巴 | 【1061】 | | W2646 | 因惩罚生怪胎 | 【1068】 |
| W2642.8.1 | 兄妹婚生石头泥巴 | | | W2646.1 | 因偷情生怪胎 | 【1068】 |
| W2642.9 | 生木棍 | 【1061】 | | W2647 | 不敬祖先生怪胎 | 【1068】 |
| W2643 | 生其他怪胎 | 【1061】 | | W2648 | 与生怪胎原因有关的其他母题 | 【1068】 |
| W2643.1 | 生鬼怪人 | 【1061】 | | W2648.0 | 因违背忌讳生怪胎 | 【1068】 |
| W2643.2 | 生怪物 | 【1061】 | | W2648.1 | 天神使生怪胎 | 【1069】 |
| W2643.3 | 生半人半兽的怪胎 | 【1062】 | | W2648.2 | 吃动物特定肢体生怪胎 | 【1069】 |
| W2643.4 | 生有肢节的东西 | 【1062】 | | W2648.2.1 | 吃牛头虎爪生怪胎 | |
| W2643.4.1 | 生有13节的怪胎 | | | W2648.3 | 娶特定的女子生怪胎 | 【1069】 |
| W2643.5 | 生会说话的怪胎 | 【1062】 | | W2648.3.1 | 娶回不该娶的妻子生怪胎 | |
| W2643.6 | 每个怪胎中都有两种动物 | 【1063】 | | W2648.3.2 | 娶天上的竖眼女子生怪胎 | |
| W2643.7 | 生人和动物 | 【1063】 | | W2648.4 | 特定的男女生怪胎 | 【1070】 |
| W2643.7.1 | 生人和虎 | | | W2648.4.1 | 老男人娶丑女生怪胎 | |
| W2643.8 | 生动植物 | 【1063】 | | W2648.5 | 因触犯精怪生怪胎 | 【1070】 |
| W2643.8.1 | 生蛇、蛙、猴子和松、栗 | | | W2648.6 | 因道德失范生怪胎 | 【1071】 |
| W2643.8.1.1 | 人与天女生一窝蛇、蛙、猴子、松、栗等 | | | W2648.6.1 | 夫妻不顾念父母生怪胎 | |
| W2643.9 | 生动物和无生命物 | 【1064】 | | W2648.7 | 感生怪胎 | 【1071】 |
| W2643.9.1 | 生石头和动物 | | | W2648.7.1 | 女子感光生怪胎 | |
| W2643.9.1.1 | 生石头、青蛙和虫子 | | | W2648.8 | 被诅咒生怪胎 | 【1071】 |
| W2643.10 | 生怪胎和正常人 | 【1064】 | | W2648.9 | 不听老人言生怪胎 | 【1072】 |
| W2643.11 | 生包衣小孩 | 【1064】 | | ✻ W2649 | 怪胎的处置者（处理怪胎者） | 【1072】 |
| ✻ W2644 | 生怪胎的原因 | 【1065】 | | W2650 | 神或神性人物处理怪胎 | 【1072】 |
| W2645 | 血缘婚造成怪胎 | 【1065】 | | W2650.1 | 神处置怪胎 | 【1072】 |
| W2645.1 | 兄妹婚生怪胎 | 【1065】 | | | | |
| W2645.1.1 | 哥哥抢妹妹做妻子生怪胎 | | | | | |
| W2645.1.2 | 兄妹婚生畸形人 | | | | | |
| W2645.1.3 | 兄妹婚生瞎眼的孩子 | | | | | |
| W2645.1.4 | 兄妹婚生残疾 | | | | | |

## 2.8 怀孕与生育

| | | |
|---|---|---|
| W2650.1.1 | 神劈开怪胎 | |
| W2650.1.2 | 神下凡处置怪胎 | |
| W2650.1.3 | 女神处置怪胎 | |
| W2650.1.4 | 神锥开怪胎 | |
| W2650.1.5 | 山神奶奶砍碎怪胎 | |
| W2650.1.6 | 万能神剖开怪胎 | |
| **W2650.2** | **雷公处置怪胎** | 【1074】 |
| W2650.2.1 | 雷公砍碎怪胎 | |
| W2650.2.2 | 雷公包裹怪胎 | |
| **W2650.3** | **太白金星剁怪胎** | 【1074】 |
| W2650.4 | 其他特定的神或神性人物处理怪胎 | 【1075】 |
| W2650.4.1 | 盘古劈怪胎 | |
| W2650.4.2 | 伏羲砸怪胎 | |
| W2650.4.3 | 玉女劈怪胎 | |
| W2650.4.4 | 天降的大汉剁碎怪胎 | |
| W2650.4.5 | 男始祖手劈怪胎 | |
| **W2651** | **怪胎的父母处理怪胎** | 【1076】 |
| W2651.0 | 生怪胎者的父母处理怪胎 | 【1076】 |
| W2651.0.1 | 生怪胎者的父亲砍碎怪胎 | |
| W2651.1 | 怪胎的父母切（砍）碎怪胎 | 【1076】 |
| W2651.1.1 | 怪胎的父母用斧子砍碎怪胎 | |
| W2651.1.2 | 怪胎的父母用刀砍碎怪胎 | |
| W2651.1.3 | 伏羲兄妹剁碎婚生的肉坨 | |
| **W2651.2** | **怪胎的父亲处理怪胎** | 【1078】 |
| W2651.3 | 怪胎的父亲切（砍）碎怪胎 | 【1078】 |
| W2651.3.1 | 怪胎的父亲用刀劈开怪胎 | |
| W2651.3.2 | 怪胎的父亲用刀砍碎怪胎 | |
| W2651.3.3 | 怪胎的父亲用刀剁碎怪胎 | |
| W2651.3.4 | 怪胎的父亲用刀分割怪胎 | |
| W2651.3.5 | 怪胎的父亲用斧子砍开怪胎 | |
| W2651.3.6 | 怪胎的父亲用剑砍开怪胎 | |
| W2651.3.7 | 怪胎的父亲用草割开怪胎 | |
| W2651.3.8 | 怪胎的父亲划开怪胎 | |
| W2651.3.9 | 怪胎的父亲摔碎怪胎 | |
| W2651.3.10 | 怪胎的父亲砸烂怪胎 | |
| W2651.4 | 怪胎的名誉父亲处置怪胎 | 【1082】 |
| W2651.5 | 怪胎的母亲处理怪胎 | 【1082】 |
| W2651.5.1 | 怪胎的母亲打开生出的葫芦 | |
| W2651.5.2 | 怪胎的母亲抛洒切碎的怪胎 | |
| W2651.5.3 | 怪胎的母亲刺破怪胎 | |
| W2651.6 | 怪胎的父母抛撒怪胎 | 【1083】 |
| W2651.6.1 | 夫妻抛撒婚生的葡萄 | |
| **W2652** | **怪胎的其他处置者** | 【1084】 |
| W2652.1 | 接生婆处置怪胎 | 【1084】 |
| W2652.2 | 动物处置怪胎 | 【1084】 |
| W2652.2.1 | 乌鸦把剁碎的怪胎撒到各地 | |
| W2652.3 | 怪胎生母的父亲处置怪胎（岳父处理怪胎） | 【1085】 |
| W2652.3.1 | 神农砍开女儿生的怪 | |

| | | | | | | |
|---|---|---|---|---|---|---|
| | | 胎 | | | 婿处理怪胎 | |
| W2652.3a | 怪胎生母的母亲处置怪胎（岳母处理怪胎） | 【1085】 | W2652a.5 | 生怪胎兄妹的父亲指导处理怪胎 | 【1089】 |
| | | | W2652a.6 | 老人指点处理怪胎 | 【1090】 |
| W2652.3a.1 | 母亲用剑刺开女儿生的怪胎 | | W2652a.6.1 | 白胡子老头指点处理怪胎 | |
| W2652.3b | 儿子处置母亲生的怪胎 | 【1086】 | W2652a.7 | 动物指点处理怪胎 | 【1090】 |
| | | | W2652a.7.1 | 乌龟指点处理怪胎 | |
| W2652.3b.1 | 儿子把母亲生的怪胎砍碎 | | ✻ W2653 | 怪胎变成人的方式 | 【1091】 |
| W2652.4 | 一个老人处置怪胎 | 【1086】 | W2654 | 怪胎自然变化为人 | 【1091】 |
| W2652.4.1 | 看守哭闹婴儿（怪胎）的老人砍碎婴儿后变成人 | | W2654.1 | 生的一定数量的肢节变成一定数量的人 | 【1091】 |
| W2652.5 | 射日者处置怪胎 | 【1086】 | W2655 | 切（砍、碾、砸）碎怪胎后变成人 | 【1091】 |
| W2652a | 怪胎处置的指点者 | 【1086】 | W2655.1 | 怪胎分成小块后变成人 | 【1092】 |
| W2652a.0 | 神或神性人物指点处理怪胎 | 【1087】 | W2655.2 | 砍（剁、切）碎怪胎变成人 | 【1092】 |
| W2652a.0.1 | 天神指点处理怪胎 | | W2655.2.1 | 用金刀在樟木案板上切碎怪胎变成人 | |
| W2652a.0.2 | 女神指点处理怪胎 | | | | |
| W2652a.0.3 | 盘古指点处理怪胎 | | W2655.3 | 用脚踩烂怪胎变成人 | 【1099】 |
| W2652a.0.4 | 神仙指点处理怪胎 | | | | |
| W2652a.1 | 天降的人指点处理怪胎 | 【1088】 | W2655.4 | 用磨碾碎怪胎变成人 | 【1099】 |
| W2652a.1.1 | 天降的大汉指点砍碎怪胎 | | W2655.5 | 砸烂怪胎变成人 | 【1100】 |
| | | | W2655.5.1 | 用石头砸碎怪胎变人 | |
| W2652a.2 | 天神派人指点处理怪胎 | 【1088】 | W2655.6 | 舂碎怪胎变成人 | 【1100】 |
| W2652a.2.1 | 天神派人指点砍碎怪胎 | | W2655.6.1 | 怪胎舂成面后变成人 | |
| W2652a.3 | 祖先指点处理怪胎的方法 | 【1088】 | W2655.7 | 剖开怪胎变成人 | 【1100】 |
| | | | W2655.7.1 | 用草剖开怪胎变出人 | |
| W2652a.3.1 | 死去的父亲指点处理怪胎的方法 | | W2655.8 | 割碎怪胎变成人 | 【1101】 |
| | | | W2655.9 | 剪碎怪胎变成人 | 【1101】 |
| W2652a.4 | 岳父指点处理怪胎 | 【1089】 | W2655.9.1 | 用天神的剪刀剪碎怪胎变成人 | |
| W2652a.4.1 | 岳父变形后指点女 | | | | |

| | | | | | |
|---|---|---|---|---|---|
| W2656 | 火烧怪胎变成人【1101】 | | W2659.1 | 炸开怪胎变成人（炸开怪胎出现人）【1107】 |
| W2656.1 | 怪胎烧爆变成人【1101】 | | W2659.2 | 怪胎抛掉后变成人【1107】 |
| W2657 | 施巫术使怪胎变成人【1102】 | | W2659.3 | 怪胎切（砍、割、剁等）成12块【1107】 |
| W2657.1 | 神仙念咒语使怪胎变成人【1102】 | | W2659.4 | 怪胎切（砍、割、剁等）成18块【1108】 |
| W2657.2 | 杀牛祭祖后怪胎变成人【1103】 | | W2659.4a | 怪胎切（砍、割、剁等）成88块【1108】 |
| W2658 | 特定人物使怪胎变成人【1103】 | | W2659.4b | 怪胎切（砍、割、剁等）成99块【1108】 |
| W2658.1 | 神的作用使怪胎变成人【1103】 | | W2659.5 | 怪胎切（砍、割、剁等）成100块【1109】 |
| W2658.2 | 动物的作用使怪胎变成人【1103】 | | W2659.6 | 怪胎砌成108块【1110】 |
| W2658.2.1 | 狗使怪胎变成人 | | W2659.7 | 怪胎切成100多块【1110】 |
| W2658.2.2 | 鹞鹰使怪胎变成人 | | W2659.7.1 | 怪胎切成120块 |
| W2658.2.3 | 乌鸦的帮助使怪胎变成人 | | W2659.8 | 怪胎切（砍、剁）成其他特定数量的小块【1111】 |
| W2658.2.4 | 老鹰和乌鸦帮助怪胎变成人 | | W2659.8.1 | 怪胎切成81块 |
| | | | W2659.8.2 | 怪胎切成101块 |
| W2658.3 | 自然物的作用使怪胎变成人【1104】 | | W2659.8.3 | 怪胎切成360块 |
| | | | W2659.8.4 | 怪胎切成999块 |
| W2658.3.1 | 风的作用使怪胎变成人 | | W2659.9 | 怪胎剁成特定样子后变成人【1111】 |
| W2658.3.2 | 阳光的作用使怪胎变成人 | | W2659.9.1 | 把怪胎剁成砧板后变成人 |
| W2659 | 与怪胎处置有关的其他母题【1105】 | | W2659.9a | 怪胎剁碎得到灵魂后变成人【1112】 |
| W2659.0 | 处置怪胎的原因【1105】 | | W2659.9b | 怪胎剁碎通过加工变成人【1112】 |
| W2659.0.1 | 因生气处置怪胎 | | W2659.9b.1 | 怪胎剁碎拌沙子撒出变成人 |
| W2659.0.2 | 因怪胎无法喂养砍碎怪胎 | | W2659.10 | 处理怪胎的工具的获得【1112】 |
| W2659.0.3 | 因怪胎难看剁碎怪胎 | | W2659.10.1 | 处理怪胎的刀从天而降 |
| W2659.0.4 | 因认为怪胎是怪物剁碎怪胎 | | | |
| W2659.0.5 | 因好奇砍开怪胎 | | | |

| | | | | | |
|---|---|---|---|---|---|
| W2659.11 | 处理怪胎遇阻 | 【1113】 | | 变成人 | 【1119】 |
| W2659.12 | 处置怪胎变人的后续做法 | 【1113】 | W2662.1 | 怪胎丢树下变成人 | 【1119】 |
| | | | W2663 | 怪胎送到天上后变成人 | 【1120】 |
| W2659.12.1 | 怪胎砍（剁）碎后用筛子筛后变成人 | | W2663.1 | 怪胎剁碎后抛向空中变成人 | 【1120】 |
| W2659.12.2 | 切碎怪胎和泥后变人 | | W2664 | 怪胎放水中变成人 | 【1120】 |
| W2659.12.3 | 怪胎中的种子变成人 | | W2665 | 怪胎放山上变成人（怪胎放山间变成人） | 【1120】 |
| W2659.13 | 处置怪胎后变成人需要的时间 | 【1114】 | W2665.1 | 怪胎弄碎后撒到山下变成人 | 【1120】 |
| W2659.13.1 | 处置怪胎后第二天变成人 | | W2665.2 | 怪胎弄碎后撒到山下又衔到山上变成人 | 【1121】 |
| W2659.13.2 | 处置怪胎后3天变成人 | | W2665.3 | 怪胎弄碎后撒到荒山变成人 | 【1121】 |
| W2659.13.3 | 处置怪胎后数天后变成人 | | W2665.4 | 怪胎弄碎后撒到山间变成人 | 【1121】 |
| W2659.13.4 | 处置怪胎后21天变成人 | | W2665.5 | 怪胎弄碎后撒到山涧变成人 | 【1121】 |
| W2659.14 | 错误的处置怪胎方法 | 【1115】 | W2666 | 与怪胎变人地点有关的其他母题 | 【1122】 |
| W2659.14.1 | 处置怪胎不能煮 | | W2666.1 | 怪胎放特定方位变成人 | 【1122】 |
| W2659.14.2 | 处置怪胎不能炒 | | W2666.2 | 怪胎放神案前变成人 | 【1122】 |
| ✽W2660 | 怪胎变成人的地点 | 【1116】 | W2667 | 与生怪胎有关的其他母题 | 【1122】 |
| W2661 | 怪胎撒地上变成人 | 【1116】 | W2667.0 | 特定的生怪胎者 | 【1122】 |
| W2661.1 | 怪胎撒野外变成人 | 【1117】 | W2667.0.1 | 动物生怪胎 | |
| W2661.1.1 | 怪胎撒到荒山四野变成人 | | W2667.0.2 | 植物生怪胎 | |
| W2661.1.2 | 怪胎撒到各地变成人 | | W2667.0.3 | 无生命物生怪胎 | |
| W2661.1.2.1 | 怪胎撒四面八方变成人 | | W2667.0.4 | 其他特殊的生怪胎者 | |
| W2661.1.2.2 | 怪胎磨成面撒四面八方变成人 | | W2667.0a | 生怪胎的时间 | 【1123】 |
| W2661.1.2.3 | 怪胎捏碎后撒四面八方变成人 | | W2667.0a.1 | 特定的时间生怪胎 | |
| W2661.1.3 | 怪胎撒平坝变成人 | | | | |
| W2662 | 怪胎挂在树上 | | | | |

|  |  |  |
|---|---|---|
| W2667.0a.2 | 长时间怀孕生怪胎 | |
| W2667.0a.2.1 | 怀孕3年生怪胎 | |
| **W2667.0b** | **生怪胎的数量** | 【1123】 |
| W2667.0b.1 | 生1个怪胎 | |
| W2667.0b.2 | 生2个怪胎 | |
| W2667.0b.3 | 生7个怪胎 | |
| W2667.0b.4 | 生9个怪胎 | |
| W2667.0b.5 | 生10个怪胎 | |
| W2667.0b.5.1 | 连生10个皮口袋 | |
| **W2667.0c** | **生怪胎后的反应** | 【1125】 |
| W2667.0c.1 | 生怪胎后生气 | |
| W2667.0c.1.1 | 生怪胎的夫妻非常生气 | |
| W2667.0c.1.2 | 生怪胎后夫妻怄气 | |
| W2667.0c.1.3 | 生怪胎丈夫很生气 | |
| W2667.0c.1.4 | 生怪胎后丈夫气疯 | |
| W2667.0c.2 | 生怪胎后伤悲 | |
| W2667.0c.2.1 | 女子生怪胎后伤悲 | |
| **W2667.1** | **怪胎的多次变化** | 【1126】 |
| W2667.1.1 | 怪胎先变动物再变人 | |
| W2667.1.1.1 | 怪胎先变成猴再变成人 | |
| W2667.1.2 | 怪胎先变植物再变人 | |
| W2667.1.2.1 | 怪胎先变成菜种再变成人 | |
| W2667.1.2.2 | 怪胎先变成葫芦，葫芦再生人 | |
| W2667.1.3 | 人生的葫芦生人 | |
| **W2667.1a** | **怪胎变成多种物** | 【1128】 |
| W2667.1a.1 | 怪胎变成村寨和自然物 | |
| W2667.1a.1.1 | 怪胎变成村寨、山、树等 | |
| W2667.1a.2 | 怪胎变成动植物 | |
| W2667.1a.2.1 | 怪胎变成茅草、树木、禽兽 | |
| **W2667.2** | **怪胎变成动物** | 【1128】 |
| W2667.2.1 | 怪胎变成兽 | |
| W2667.2.2 | 怪胎变成鸟 | |
| W2667.2.3 | 怪胎变成鱼 | |
| W2667.2.4 | 怪胎变成蟹 | |
| **W2667.3** | **怪胎变成植物** | 【1129】 |
| W2667.3.1 | 怪胎变成植物种子 | |
| W2667.3.2 | 怪胎变成芝麻种子 | |
| **W2667.3a** | **怪胎变成无生命物** | 【1130】 |
| W2667.3a.1 | 怪胎变成泥巴 | |
| **W2667.4** | **怪胎变成成年人** | 【1130】 |
| W2667.4.1 | 怪胎变成青年男女 | |
| **W2667.5** | **怪胎不会被伤害** | 【1130】 |
| W2667.5.1 | 怪胎受到动物的保护 | |
| W2667.5.2 | 动物自觉躲让怪胎 | |
| W2667.5.3 | 要弄死怪胎却弄不死 | |
| W2667.5.3.1 | 女子要弄死生的青蛙弄不死 | |
| **W2667.6** | **怪胎被抛弃** | 【1131】 |
| W2667.6.1 | 怪胎被抛弃到动物中 | |
| W2667.6.1.1 | 怪胎被抛弃到马圈中 | |
| W2667.6.2 | 怪胎被抛弃到海中 | |
| W2667.6.2.1 | 兄妹婚生的葫芦被弃海中 | |
| W2667.6.3 | 怪胎被抛弃到山林 | |
| W2667.6.3.1 | 生的毛孩被抛弃到山林 | |
| **W2667.7** | **怪胎失而复得** | 【1133】 |
| W2667.7.1 | 怪胎自己回到家中 | |
| W2667.7.2 | 特定人物把抛弃的怪胎交还给生母 | |
| W2667.7.2.1 | 国王把抛弃的怪胎交还给生母 | |
| **W2667.8** | **怪胎作乱** | 【1133】 |
| W2667.8.1 | 怪胎扰乱人类 | |
| **W2667.9** | **怪胎没有变成人** | 【1134】 |

## 2.8.4 弃婴（弃儿）
【W2670 ~ W2689】

| | | |
|---|---|---|
| ✿ W2670 | 弃婴（弃儿） | 【1134】 |
| ✹ W2671 | 弃婴的原因 | 【1134】 |
| W2672 | 因无夫而孕抛弃婴儿（因无夫生子弃婴） | 【1134】 |
| W2672.1 | 女子把感生的儿子抛弃 | 【1134】 |
| W2672.1.1 | 因梦感生的孩子被抛弃 | |
| W2672.2 | 因无夫生子害羞抛弃婴儿 | 【1135】 |
| W2672.3 | 女子未嫁生子抛弃婴儿 | 【1135】 |
| W2673 | 残疾孩子被弃 | 【1135】 |
| W2674 | 生的怪物被抛弃（生的怪胎被抛弃） | 【1136】 |
| W2674.1 | 生的怪胎被弃 | 【1136】 |
| W2674.1.1 | 生的肉蛋被弃 | |
| W2674.1.2 | 生的不像人的孩子被弃 | |
| W2674.2 | 因害怕抛弃怪胎 | 【1136】 |
| W2674.2.1 | 生怪胎者害怕玷污贞洁抛弃怪胎 | |
| W2674.2.2 | 生怪胎者害怕怪胎的样子抛弃怪胎 | |
| W2674.3 | 认为怪胎不祥抛弃 | 【1137】 |
| W2674.4 | 与生怪物被抛弃有关的其他母题 | 【1137】 |
| W2674.4.1 | 多次生怪胎被连续抛弃 | |
| W2675 | 与弃婴原因有关的其他母题 | 【1137】 |
| W2675.1 | 婴儿因面目奇特遭弃 | 【1138】 |
| W2675.1.1 | 生的婴儿长角被抛弃 | |
| W2675.1.2 | 生的婴儿长白毛被抛弃 | |
| W2675.1.3 | 生的婴儿长胡须被抛弃 | |
| W2675.2 | 因父母无力抚养弃婴 | 【1138】 |
| W2675.2.1 | 生母因忙于劳作弃婴 | |
| W2675.2.2 | 因父母贫穷弃婴 | |
| W2675.2.3 | 因母亲孩子多辛苦弃婴 | |
| W2675.2.4 | 因父母受羁绊弃婴 | |
| W2675.3 | 为锻炼孩子而抛弃 | 【1139】 |
| W2675.4 | 孩子被嫉妒者抛弃 | 【1140】 |
| W2675.5 | 特定性别的孩子被抛弃 | 【1140】 |
| W2675.5.1 | 生育男孩被弃 | |
| W2675.6 | 孩子因饭量大被抛弃 | 【1140】 |
| W2675.7 | 孩子折腾父母被抛弃 | 【1140】 |
| W2675.8 | 孩子行为反常被抛弃 | 【1140】 |
| W2675.8.1 | 孩子不吃妈妈的奶被抛弃 | |
| W2675.8.2 | 孩子不同妈妈睡被抛弃 | |
| W2675.9 | 生双胞胎要丢弃 | 【1141】 |
| ✹ W2676 | 弃婴被抛地点 | 【1141】 |
| W2677 | 弃婴被抛水中 | 【1142】 |
| W2677.1 | 弃婴放船上漂流 | 【1142】 |
| W2678 | 弃婴被抛树林 | 【1142】 |
| W2678.1 | 弃婴挂在树枝上 | 【1142】 |
| W2678.2 | 弃婴放特定的树下 | 【1142】 |

| | | | | | | |
|---|---|---|---|---|---|---|
| W2678.2.1 | 弃婴放石榴树下 | | W2685.1.1 | 月宫仙子抚养弃婴 | | |
| **W2679** | **弃婴被抛荒原** | | W2685.2 | 天使救助弃婴 | 【1147】 | |
| | （弃婴被抛野外） | | W2685.3 | 佛祖救助弃婴 | 【1147】 | |
| | | 【1142】 | W2686 | 弃婴被人所救 | 【1147】 | |
| W2680 | 弃婴被抛山上 | 【1143】 | W2686.1 | 弃婴被母亲秘密抚养 | 【1147】 | |
| W2680.1 | 弃婴被抛在神山上 | 【1143】 | W2686.2 | 弃婴为老人所救 | 【1147】 | |
| W2680.2 | 弃婴被抛在深山 | 【1143】 | W2686.3 | 特定的女人抚养弃婴 | 【1147】 | |
| W2680.3 | 弃婴被抛在荒山上 | 【1143】 | W2686.3.1 | 老妪抚养弃婴 | | |
| W2680.4 | 弃婴被抛在山沟 | 【1144】 | W2686.4 | 弃婴被母亲重新收养 | 【1148】 | |
| W2680.5 | 弃婴被抛特定的山上 | 【1144】 | W2687 | 弃婴被动物所救（动物抚养弃婴） | 【1148】 | |
| W2680.5.1 | 弃婴被抛在青龙山上 | | W2687.0 | 弃婴受到动物的保护 | 【1148】 | |
| W2681 | 弃婴被放在其他地点 | 【1144】 | W2687.0.1 | 弃婴受到飞禽走兽保护 | | |
| W2681.1 | 弃婴被抛岛上 | 【1144】 | W2687.1 | 狗救弃婴 | 【1149】 | |
| W2681.2 | 弃婴被抛树洞 | 【1144】 | W2687.2 | 马牛羊保护弃婴 | 【1149】 | |
| W2681.3 | 弃婴放在牛（马、猪）圈 | 【1144】 | W2687.2.1 | 牛羊为弃婴喂奶 | | |
| W2681.4 | 弃婴放在石缝里 | 【1145】 | W2687.2.2 | 马保护弃婴 | | |
| W2681.5 | 弃婴放在草中 | 【1145】 | W2687.2.3 | 牛保护弃婴 | | |
| W2681.6 | 弃婴放在河边 | 【1145】 | W2687.3 | 狼抚养弃婴 | 【1150】 | |
| W2681.7 | 生的怪胎被禁闭家中 | 【1145】 | W2687.3.1 | 狼为弃婴哺乳 | | |
| W2681.8 | 生的怪胎被抛田中 | 【1145】 | W2687.4 | 蛇抚养弃婴 | 【1150】 | |
| W2681.8.1 | 生的怪胎被抛田间草中 | | W2687.5 | 鸟抚养弃婴 | 【1151】 | |
| ✿ **W2682** | **弃婴的获救与抚养（弃婴的命运）** | 【1146】 | W2687.5.1 | 鸟衔肉喂弃婴 | | |
| | | | W2687.5.2 | 鸟为弃婴遮太阳 | | |
| ✱ **W2683** | **弃婴被救** | 【1146】 | W2687.5.3 | 鸟为弃婴遮身体 | | |
| W2684 | 弃婴被神所救 | 【1146】 | W2687.5.4 | 喜鹊保护弃婴 | | |
| W2684.1 | 天婆抚养弃婴 | 【1146】 | W2687.6 | 龙凤抚养弃婴 | 【1152】 | |
| W2684.2 | 神鹰抚养弃婴 | 【1146】 | W2687.6.1 | 龙抚养弃婴 | | |
| W2685 | 弃婴被神性人物所救 | 【1146】 | W2687.6.2 | 凤凰救（抚养）弃婴 | | |
| | | | W2687.6.3 | 弃婴得到龙的保护 | | |
| W2685.1 | 仙人抚养弃婴 | 【1146】 | W2687.7 | 狐狸抚养弃婴 | 【1153】 | |

| | | | | | | |
|---|---|---|---|---|---|---|
| W2687.8 | 老虎抚养弃婴 | 【1153】 | | W2689.3.2.1 | 弃婴与动物为伴3年 | |
| W2687.9 | 熊抚养弃婴 | 【1153】 | | W2689.4 | 弃婴被带到月宫 | 【1158】 |
| W2687.10 | 猪抚养弃婴 | 【1153】 | | W2689.5 | 锻炼弃婴的坚强 | 【1158】 |
| W2687.10.1 | 母猪抚养弃婴 | | | W2689.6 | 死婴被弃后复活 | 【1158】 |
| W2688 | 与弃婴的抚养或获救有关的其他母题 | 【1153】 | | W2689.7 | 弃婴成为英雄 | 【1159】 |
| | | | | W2689.7.1 | 弃婴成王 | |
| | | | | W2689.8 | 弃婴返回家中（弃婴回家） | 【1159】 |
| W2688.1 | 植物救助弃婴 | 【1153】 | | | | |
| W2688.1.1 | 弃婴吃果汁长大 | | | W2689.8.1 | 弃婴长大后返回家中（弃婴壮年回家） | |
| W2688.2 | 无生命物救助弃婴（无生命物抚养弃婴） | 【1154】 | | W2689.8.2 | 弃婴长大后不敢回家 | |
| | | | | W2689.8.3 | 感生的弃婴长大后不让回家 | |
| W2688.2.1 | 彩虹救助弃婴 | | | W2689.9 | 弃婴报恩 | 【1160】 |
| W2688.2.2 | 岩洞抚养弃婴 | | | W2689.9.1 | 弃婴使父母富裕 | |
| W2688.3 | 弃婴得到多方面抚养 | 【1154】 | | W2689.9.1.1 | 弃婴给父母送财物 | |
| W2688.4 | 弃婴得救的原因 | 【1155】 | | W2689.10 | 婴儿被偷走 | 【1160】 |
| W2688.4.1 | 弃婴因突然说话得救 | | | W2689.10.1 | 婴儿被鬼偷走 | |
| W2688.4.2 | 特定动物把弃婴救活 | | | W2689.10.2 | 婴儿被猴子偷走 | |
| W2688.4.3 | 弃婴自然成活 | | | W2689.10.2.1 | 始祖生的孩子被猴子偷走 | |
| W2688.5 | 弃婴时中途返回 | 【1155】 | | W2689.11 | 婴儿丢失 | 【1161】 |
| W2688.5.1 | 弃婴时想到孩子可爱就带回家 | | | W2689.11.1 | 走失的孩子 | |
| | | | | W2689.12 | 寻找弃婴 | 【1161】 |
| W2688.6 | 弃婴被接到天上 | 【1156】 | | W2689.12.1 | 神寻找弃婴 | |
| W2688.6.1 | 弃婴接到天宫抚养 | | | | | |
| W2688.7 | 弃婴大难不死 | 【1156】 | | | | |
| W2688.8 | 母亲弃婴后回去寻找 | 【1156】 | | | | |

## 2.8.5 人的抚养
【W2690～W2699】

| | | |
|---|---|---|
| W2689 | 与弃婴有关的其他母题 | 【1157】 |
| W2689.1 | 残忍抛弃婴儿 | 【1157】 |
| W2689.2 | 女儿国里男孩被弃 | 【1157】 |
| W2689.3 | 弃婴与动物住在一起 | 【1157】 |
| W2689.3.1 | 弃婴与蛇为伴 | |
| W2689.3.2 | 弃婴与动物为伴多年 | |

| | | |
|---|---|---|
| ＊W2690 | 人的抚养 | 【1162】 |
| W2691 | 神或神性人物抚养人类 | 【1162】 |
| W2691.1 | 神抚养人 | 【1162】 |
| W2691.1.1 | 女神抚养人类 | |
| W2691.1.1.1 | 鹰首女神抚养人 | |
| W2691.1.1.2 | 特定地方的女神抚 | |

|  |  |  |  |
|---|---|---|---|
|  | 养人 | W2692.4.1.1 | 外祖母抚养人 |
| W2691.1.2 | 天神抚养人类 | W2692.4.1.2 | 娘家抚养孩子 |
| **W2691.2** | **神性人物抚养人** 【1163】 | W2692.4.1.3 | 多个女子共同抚养一个男孩 |
| W2691.2.1 | 仙抚养人 |  |  |
| W2691.2.1.1 | 仙收养人的后代 | W2692.4.1.4 | 多个女子共同抚养一个女孩 |
| W2691.2.2 | 天使抚养人 |  |  |
| W2691.2.3 | 祖先抚养人 | W2692.4.2 | 姨娘抚养 |
| W2691.2.3.1 | 女始祖抚养人 | W2692.4.3 | 姑妈抚养孤儿 |
| W2691.2.3.1a | 特定名称的女始祖抚养人 | W2692.4.4 | 姐姐生人妹妹喂养（姐姐生妹妹养） |
| **W2691.3** | **鬼抚养人** 【1164】 | W2692.4.5 | 婴儿自己养活自己 |
| **W2691.4** | **宗教人物抚养人** 【1165】 | W2692.4.5.1 | 婴儿出生就会自食 |
| W2691.4.1 | 萨满抚养人类 | W2692.4.6 | 女人用肚子孕养造的人 |
| W2691.4.1.1 | 萨满抚养体弱幼儿 |  |  |
| W2691.4.2 | 观音抚养人 | W2692.4.7 | 君王抚养人 |
| **W2691.5** | **神性动物抚养人** 【1166】 | **W2693** | **动物抚养人** 【1172】 |
| W2691.5.1 | 神鹰抚养人 | **W2693.0** | **兽抚养人** 【1173】 |
| W2691.5.2 | 仙鹤抚养人 | W2693.0.1 | 百兽抚养人 |
| **W2691.6** | **与神或神性人物抚养人类有关的其他母题** 【1166】 | W2693.0.1.1 | 人吃百兽的乳汁长大 |
|  |  | **W2693.1** | **龙抚养人** 【1173】 |
|  |  | W2693.1.1 | 苍龙抚养人 |
| W2691.6.1 | 灵魂抚养人 | **W2693.2** | **狗抚养人** 【1173】 |
| **W2692** | **人抚养人** 【1166】 | **W2693.3** | **虎抚养人** 【1173】 |
| **W2692.0** | **父母共同抚养** 【1166】 | W2693.3.1 | 龙生虎养的人 |
| W2692.0.1 | 父母不抚养儿女 | **W2693.4** | **鸟抚养人** 【1174】 |
| **W2692.1** | **母亲抚养儿子** 【1167】 | W2693.4.1 | 百鸟抚养人 |
| W2692.1.1 | 父亲生母亲养 | W2693.4.1.1 | 百鸟抚养凤凰生的人 |
| W2692.1.2 | 死去母亲抚养孩子 | W2693.4.2 | 特定名称的鸟抚养人 |
| W2692.1.2.1 | 死去母亲的灵魂为孩子喂奶 | W2693.4.2.1 | 天鸟抚养人 |
|  |  | **W2693.5** | **动物给人送食物** 【1175】 |
| **W2692.2** | **父亲抚养儿子** 【1168】 | **W2693.6** | **与动物抚养人类有关的其他母题** 【1175】 |
| W2692.2.1 | 妻子死后丈夫抚养儿子 |  |  |
|  |  | W2693.6.1 | 鹿抚养人 |
| **W2692.3** | **大孩抚养小孩** 【1169】 | W2693.6.1.1 | 母鹿抚养人 |
| W2692.3.1 | 姐姐抚养弟弟 | W2693.6.2 | 狼抚养人 |
| **W2692.4** | **其他特定人物抚养** 【1169】 | W2693.6.3 | 猪抚养人 |
| W2692.4.1 | 母系家族抚养后代 | W2693.6.3.1 | 母猪抚养人 |

| | | | | | |
|---|---|---|---|---|---|
| W2693.6.4 | 蛇抚养人 | | W2696.3.6 | 用露水抚养孩子 | |
| W2693.6.5 | 多种动物抚养人 | | W2696.3.7 | 与喂养孩子的食物有关的其他母题 | |
| W2693.6.5.1 | 12种动物抚养12对人 | | W2696.3.7.1 | 婴儿不吃饭不喝酒 | |
| W2693.6.5.2 | 孩子出生后马鹿、蜜蜂、画眉、蝴蝶去抚养 | | **W2697** | **与人类抚养有关的其他母题** | **【1183】** |
| **W2694** | **植物抚养人** | **【1177】** | W2697.1 | 人类的成长（人的成长） | 【1183】 |
| W2694.1 | 树抚育人 | 【1177】 | W2697.1.1 | 小孩2个月会笑 | |
| W2694.1.1 | 树用液汁抚育婴儿 | | W2697.1.2 | 小孩3个月会翻身 | |
| W2694.1.2 | 树用奶汁抚育婴儿 | | W2697.1.3 | 小孩6个月会坐 | |
| **W2695** | **无生命物抚养人** | **【1178】** | W2697.1.3.1 | 小孩180天会坐 | |
| W2695.1 | 石狮抚养孤儿 | 【1178】 | W2697.1.4 | 婴儿1岁会走 | |
| W2695.2 | 山洞抚养人 | 【1178】 | W2697.1.5 | 神的抚摸使人成长 | |
| **W2696** | **抚养人类的方法** | **【1178】** | W2697.1.6 | 人成长的关联物 | |
| W2696.1 | 抚养孩子方法的获得 | 【1179】 | W2697.1.6.1 | 特定的树叶生长人就生长 | |
| W2696.1.1 | 文化英雄教女人如何养育孩子 | | W2697.1.6.2 | 人长大后赐给灵魂 | |
| W2696.1.2 | 小孩吃奶的来历 | | W2697.1.7 | 人为什么十几年成人 | |
| W2696.2 | 抚养孩子的奇特方法 | 【1179】 | W2697.1.7.1 | 管人的神仙规定人十几年成人 | |
| W2696.3 | 抚养孩子的食物 | 【1179】 | W2697.1.7.2 | 未满12周岁不能算人 | |
| W2696.3.1 | 用奶抚养孩子 | | W2697.1.8 | 人的成长与食物有关 | |
| W2696.3.1.1 | 用狗奶抚养人 | | W2697.1.8.1 | 人吃的多长得快 | |
| W2696.3.1.2 | 女神用奶抚养人 | | **W2697.2** | **不寻常的成长** | **【1186】** |
| W2696.3.1.3 | 女萨满用奶抚养人 | | W2697.2.1 | 人一代比一代高 | |
| W2696.3.1.4 | 人类共同的母亲用奶抚养人 | | W2697.2.2 | 婴儿长成一坨肉 | |
| | | | W2697.2.3 | 婴儿不吃饭却长得快 | |
| W2696.3.2 | 用树汁抚养孩子 | | **W2697.3** | **新生儿快速成长（婴儿迅速成长）** | **【1186】** |
| W2696.3.3 | 用野果喂养孩子 | | W2697.3.1 | 婴儿落地长大 | |
| W2696.3.4 | 用水喂养孩子 | | W2697.3.2 | 婴儿1天内长大 | |
| W2696.3.4.1 | 巨婴母乳不够喝只好喝泉水 | | W2697.3.2.1 | 婴儿1个时辰长大 | |
| | | | W2697.3.2.2 | 婴儿早晨出生晚上长大 | |
| W2696.3.5 | 用血抚养孩子 | | W2697.3.2.3 | 婴儿1天长成九尺高 | |
| W2696.3.5.1 | 孩子以母亲的血为食 | | W2697.3.3 | 婴儿数天长大 | |

| | | |
|---|---|---|
| W2697.3.3.1 | 婴儿3天长大 | |
| W2697.3.3.2 | 婴儿9天长大成人 | |
| W2697.3.3.3 | 婴儿13天长大成人 | |
| W2697.3.3.4 | 婴儿1个月长大 | |
| W2697.3.3.5 | 婴儿40天长大 | |
| W2697.3.4 | 婴儿蒸煮后迅速成长 | |
| W2697.3.4.1 | 婴儿被蒸长成大人 | |
| W2697.3.5 | 婴儿跨越式长大 | |
| W2697.3.5.1 | 婴儿一年长2岁 | |
| W2697.3.5.2 | 婴儿一天长1岁 | |
| W2697.3.6 | 婴儿数日会走 | |
| W2697.3.6.1 | 婴儿一个月会走路 | |
| W2697.3.7 | 婴儿每月一变 | |
| W2697.3.8 | 婴儿出生就有生存能力 | |
| W2697.3.8.1 | 刚出生就会劳动 | |
| W2697.3.8.2 | 婴儿7天能自选住所 | |
| W2697.3.9 | 婴儿一年长大 | |
| W2697.3.9.1 | 婴儿1岁会劳动 | |
| W2697.3.10 | 婴儿因接触神迅速长大 | |
| W2697.3.10.1 | 小女孩被山神娶走一夜成为大姑娘 | |
| W2697.3.11 | 婴儿吃仙物迅速长大 | |
| **W2697.4** | **见风就长的人** | 【1194】 |
| W2697.4.1 | 风吹一下长一寸 | |
| W2697.4.2 | 婴儿三阵风后长大 | |
| W2697.4.2.1 | 婴儿第一阵风后会说话 | |
| W2697.4.2.2 | 婴儿第二阵风后会行走 | |
| W2697.4.2.3 | 婴儿三阵风吹后长大 | |
| W2697.4.3 | 婴儿落地后见风就长 | |
| W2697.4.4 | 树生的人不吃奶见风就长 | |
| **W2697.5** | **遇土就长的人** | 【1197】 |
| W2697.6 | 闻气就长的人 | 【1198】 |
| W2697.6.1 | 人与仙女婚生的孩子闻气就长 | |
| W2697.6.1.1 | 葫芦生的孩子闻气就长 | |
| **W2697.7** | **生的小人迅速长大** | 【1198】 |
| **W2697.8** | **长不大的人** | 【1198】 |
| W2697.8.1 | 人成长不好的原因 | |
| W2697.8.1.1 | 兄妹结婚生的孩子成长不好 | |
| W2697.8.1.2 | 男人生的孩子成长不好 | |
| **W2697.9** | **幼儿长时间不能自立的原因** | 【1199】 |
| W2697.9.1 | 幼儿的灵魂不牢固不能自立 | |
| **W2697.10** | **无私的抚养者** | 【1199】 |
| W2697.10.1 | 为抚养孩子献出生命 | |
| **W2697.11** | **抚养人时的干扰者** | 【1199】 |
| **W2697.12** | **抚养孩子没有成活** | 【1199】 |
| W2697.12.1 | 以前大多数孩子养不活 | |
| W2697.12.2 | 特定食物喂养孩子不成活 | |
| W2697.12.2.1 | 喂养婴儿水果不成活 | |
| **W2697.13** | **人帮助异类抚养孩子** | 【1200】 |
| W2697.13.1 | 人为鬼养孩子 | |

## 2.9 与人的产生相关的母题
【W2700～W2749】

### 2.9.1 人产生的数量
【W2700～W2729】

✽ **W2700** 人产生时的数量

## 2.9 与人的产生相关的母题 中国人类起源神话母题检索表

| | （人的数量） | 【1201】 | W2701.2.2.2 | 动物生 1 女 | |
|---|---|---|---|---|---|
| W2700.1 | 神或神性人物规定人产生的数量 | 【1201】 | W2701.2.2.3 | 植物生 1 女 | |
| | | | W2701.2.2.3a | 花生 1 女 | |
| W2700.1.1 | 造人者规定人的数量 | | W2701.2.2.4 | 无生命物生 1 女 | |
| W2700.1.2 | 特定名称的神规定人的数量 | | W2701.3 | 自然出现 1 人 | 【1208】 |
| | | | W2701.3.1 | 自然出现 1 女 | |
| W2700.1.3 | 特定名称的神性人物规定人的数量 | | W2701.4 | 变化出 1 人 | 【1209】 |
| | | | W2702 | 产生 2 人 | 【1209】 |
| W2700.1.3.1 | 特定名称的造人者规定人的数量 | | W2702.0 | 自然存在 2 人 | 【1209】 |
| | | | W2702.0.1 | 自然存在 2 男 | |
| W2700.2 | 人产生数量与特定原因有关 | 【1202】 | W2702.0.2 | 自然存在 2 女 | |
| | | | W2702.0.3 | 自然存在 1 对男女 | |
| W2700.2.1 | 得罪神灵人口不多 | | W2702.0.3.1 | 混沌分开后出现伏羲女娲 | |
| W2700.2.2 | 血缘婚人口繁衍少 | | | | |
| W2700.2.3 | 血缘婚人口繁衍多 | | W2702.1 | 造 2 人 | 【1209】 |
| W2700.2.4 | 族外婚人口繁衍多 | | W2702.1.1 | 造 2 男 | |
| W2700.3 | 与人的数量有关的其他母题 | 【1203】 | W2702.1.2 | 造 2 女 | |
| | | | W2702.1.3 | 造 1 对男女 | |
| W2700.3.1 | 平原上的人为什么比山里人多 | | W2702.1.3.1 | 天神造出 1 对男女 | |
| | | | W2702.1.3.2 | 女神造出 1 对男女 | |
| W2701 | 产生 1 人 | 【1204】 | W2702.1.3.3 | 男神女神造出 1 对男女 | |
| W2701.0 | 天降 1 人 | 【1204】 | | | |
| W2701.0.1 | 天降 1 女 | | W2702.1.3.4 | 神造出 1 对姐弟 | |
| W2701.1 | 造 1 人 | 【1204】 | W2702.1a | 变成 2 人 | 【1212】 |
| W2701.1.1 | 造 1 男 | | W2702.1a.1 | 变成 1 对男女 | |
| W2701.1.2 | 造 1 女 | | W2702.2 | 生 2 人 | 【1213】 |
| W2701.2 | 生 1 人 | 【1205】 | W2702.2.1 | 生 2 男 | |
| W2701.2.1 | 生 1 男 | | W2702.2.1.1 | 地生 2 男 | |
| W2701.2.1.1 | 女子感生 1 男 | | W2702.2.2 | 生 2 女 | |
| W2701.2.1.2 | 人与天女婚生 1 男 | | W2702.2.3 | 生 1 对男女 | |
| W2701.2.1.3 | 兄妹婚生 1 男 | | W2702.2.3.1 | 神生 1 对男女 | |
| W2701.2.1.4 | 卵生 1 男 | | W2702.2.3.2 | 盘古生 1 对男女 | |
| W2701.2.1.5 | 动物生 1 男 | | W2702.2.3.3 | 人生 1 对儿女 | |
| W2701.2.1.6 | 植物生 1 男 | | W2702.2.3.4 | 地生 1 对儿女 | |
| W2701.2.1.7 | 无生命物生 1 男 | | W2702.2.3.5 | 石生 1 对男女（山生 1 对男女） | |
| W2701.2.2 | 生 1 女 | | | | |
| W2701.2.2.1 | 神婚生 1 女 | | W2702.2.3.6 | 瓜生 1 对兄妹 | |

| | | | | | |
|---|---|---|---|---|---|
| W2702.2.3.7 | 花生1对男女 | | W2703.2.4.2 | 人与雷公的妻子婚生3子 | |
| W2702.2.3.8 | 葫芦生1对男女 | | W2703.2.4.3 | 龙凤婚生3子 | |
| **W2702.3** | **婚生2人** | 【1216】 | **W2703.3** | **感生3人** | 【1222】 |
| W2702.3.1 | 婚生2男 | | W2703.3.1 | 梦感生3男 | |
| W2702.3.1.1 | 人与天女婚生2男 | | **W2703.4** | **变化出3人** | 【1222】 |
| W2702.3.1.2 | 人与仙女婚生2男 | | W2703.4.1 | 变化出1男2女 | |
| W2702.3.1.3 | 兄妹婚生2男 | | **W2704** | **产生4人** | 【1223】 |
| W2702.3.1.4 | 姐弟婚生2男 | | **W2704.1** | **天降4人** | 【1223】 |
| W2702.3.2 | 婚生2女 | | **W2704.2** | **生4人** | 【1223】 |
| W2702.3.2.1 | 人与鸟婚生2女 | | W2704.2.1 | 混沌中生4人 | |
| W2702.3.3 | 婚生1对男女 | | **W2704.3** | **婚生4人** | 【1224】 |
| W2702.3.3.1 | 兄妹婚生1对男女 | | W2704.3.1 | 婚生4子 | |
| W2702.3.3.2 | 神婚生1对男女 | | W2704.3.1.1 | 人与神婚生4子 | |
| W2702.3.3.3 | 人与天女婚生1对男女 | | W2704.3.1.2 | 兄妹婚生4子 | |
| W2702.3.3.4 | 人与熊婚生1对男女 | | W2704.3.1.3 | 人与犬婚生3男1女 | |
| W2702.3.3.5 | 猴与天女婚生1对男女 | | **W2705** | **产生5人** | 【1225】 |
| **W2703** | **产生3人** | 【1219】 | **W2705.0** | **天降5人** | 【1225】 |
| **W2703.0** | **造3人** | 【1219】 | **W2705.1** | **造5人** | 【1225】 |
| **W2703.1** | **生3人** | 【1219】 | W2705.1.1 | 神造5人 | |
| W2703.1.1 | 石生3人 | | W2705.1.1.1 | 天神用石头造出5人 | |
| W2703.1.1.1 | 石生2男1女 | | **W2705.2** | **生5人** | 【1226】 |
| W2703.1.2 | 葫芦生3女 | | W2705.2.1 | 植物生5人 | |
| **W2703.2** | **婚生3人** | 【1219】 | W2705.2.1.1 | 树生5人 | |
| W2703.2.1 | 伏羲兄妹婚生3人 | | W2705.2.1.2 | 竹生5人 | |
| W2703.2.2 | 婚生3男 | | W2705.2.2 | 生5男 | |
| W2703.2.2.1 | 神与天女婚生3子 | | W2705.2.3 | 生5女 | |
| W2703.2.2.2 | 人与天女婚生3子 | | **W2705.3** | **婚生5人** | 【1227】 |
| W2703.2.2.3 | 1对男女婚生3子 | | W2705.3.1 | 婚生5男 | |
| W2703.2.2.4 | 兄妹婚生3子 | | W2705.3.1.1 | 伏哥羲妹婚生5子 | |
| W2703.2.3 | 婚生3女 | | W2705.3.1.2 | 姐弟婚生5子 | |
| W2703.2.3.1 | 1对夫妻婚生3女 | | W2705.3.1.3 | 人与猫婚生5子 | |
| W2703.2.4 | 其他特定的婚姻生3人 | | W2705.3.1.4 | 人与犬婚生5子 | |
| | | | W2705.3.2 | 婚生5女 | |
| W2703.2.4.1 | 蛇与太阳之女婚生1男2女 | | W2705.3.2.1 | 兄妹婚生5女 | |
| | | | **W2705.4** | **其他形式产生5人** | 【1228】 |
| | | | W2705.4.1 | 变化出5个女人 | |

| | | | | | |
|---|---|---|---|---|---|
| W2705.4.1.1 | 最早时野鸡变化成5个女人 | | W2708.3.1.2 | 龙凤胎兄妹婚生4对男女 | |
| **W2706** | **产生6人** | 【1229】 | W2708.3.1.3 | 树变成的女子婚生4对男女 | |
| W2706.1 | 造6人 | 【1229】 | W2708.3.2 | 婚生8男 | |
| W2706.2 | 婚生6人 | 【1229】 | W2708.3.2.1 | 盘古夫妻生8子 | |
| W2706.2.1 | 婚生6男 | | W2708.3.3 | 婚生8女 | |
| W2706.2.1.1 | 人与魔女婚生6子 | | W2708.3.4 | 婚生7男1女 | |
| W2706.2.1.2 | 猴子与魔女婚生6子 | | **W2709** | **产生9人** | 【1237】 |
| W2706.2.2 | 婚生3对男女 | | W2709.1 | 造9人 | 【1237】 |
| W2706.2.2.1 | 兄妹婚生3对男女 | | W2709.2 | 生9人 | 【1237】 |
| W2706.2.2.2 | 泥巴人夫妻生3对男女 | | W2709.2.1 | 植物生9人 | |
| W2706.2.2.3 | 人与龙女婚生3对男女 | | W2709.2.1.1 | 树生9人 | |
| W2706.2.3 | 化生3对男女 | | W2709.2.1.2 | 葫芦生9人 | |
| W2706.2.4 | 卵生6人 | | W2709.2.2 | 生9男 | |
| W2706.2.4.1 | 鹰卵生3对男女 | | W2709.2.2.1 | 始祖生9子 | |
| **W2707** | **产生7人** | 【1231】 | W2709.2.2.2 | 人一胎生9子 | |
| W2707.1 | 世上最早有七兄弟 | 【1231】 | W2709.2.2.3 | 树生9子 | |
| W2707.2 | 造7人 | 【1231】 | W2709.2.3 | 生9女 | |
| W2707.3 | 生7人 | 【1232】 | W2709.2.4 | 生8男1女 | |
| W2707.4 | 婚生7人 | 【1232】 | W2709.2.4.1 | 神生8男1女 | |
| W2707.4.1 | 婚生7男 | | W2709.3 | 婚生9人 | 【1239】 |
| W2707.4.1.1 | 洪水后父女婚生7男 | | W2709.3.1 | 婚生9男 | |
| W2707.4.2 | 婚生7女 | | W2709.3.1.1 | 人与天女婚生9男 | |
| W2707.4.2.1 | 兄妹婚生7女 | | W2709.3.1.2 | 兄妹婚生9男 | |
| W2707.4.3 | 兄妹婚生5男2女 | | W2709.3.2 | 婚生9女 | |
| W2707.5 | 感生7人 | 【1233】 | W2709.4 | 感生9人 | 【1240】 |
| W2707.6 | 卵生7子 | 【1234】 | W2709.4.1 | 感生9子 | |
| **W2708** | **产生8人** | 【1234】 | W2709.5 | 卵生9人 | 【1241】 |
| W2708.1 | 生8人 | 【1234】 | **W2710** | **产生10人** | 【1241】 |
| W2708.1.1 | 树生8人 | | W2710.1 | 造10人 | 【1241】 |
| W2708.2 | 变化出8人 | 【1234】 | W2710.2 | 生10人 | 【1241】 |
| W2708.2.1 | 变化出4对男女 | | W2710.2.1 | 婚生的皮口袋中生10子 | |
| W2708.3 | 婚生8人 | 【1235】 | W2710.3 | 婚生10人 | 【1242】 |
| W2708.3.1 | 婚生4对男女 | | W2710.3.1 | 婚生男女10人 | |
| W2708.3.1.1 | 兄妹婚生4对男女 | | W2710.3.1.1 | 兄妹婚30年生下 | |

|  |  |  |  |  |  |
|---|---|---|---|---|---|
|  | 10个男女 |  | W2716.1.1 | 女娲造50对男女 |  |
| W2710.3.1.2 | 人与猴婚生5对男女 |  | **W2716.2** | 生100人 | 【1248】 |
| W2710.3.2 | 婚生10男 |  | W2716.2.1 | 神生100人 |  |
| W2710.3.2.1 | 姐弟婚生10子 |  | **W2716.3** | 变成100人 | 【1248】 |
| W2710.3.2.2 | 人与狐狸婚生10子 |  | W2716.3.1 | 变成50对男女 |  |
| W2710.3.2.3 | 星星婚生10子 |  | W2716.3.1.1 | 树叶变成50对男女 |  |
| **W2710.4** | 卵生10人 | 【1243】 | **W2716.4** | 婚生100人 | 【1249】 |
| **W2711** | 人刚产生时数量很少 | 【1243】 | W2716.4.1 | 兄妹婚生100人 |  |
|  |  |  | W2716.4.1.1 | 伏羲兄妹婚生100人 |  |
| **W2712** | 产生多人 | 【1244】 | W2716.4.1.2 | 兄妹婚一次生100人 |  |
| **W2712.1** | 生多人 | 【1244】 | W2716.4.2 | 姐弟婚生100人 |  |
| **W2712.2** | 生无数人 | 【1244】 | **W2716.5** | 感生100人 | 【1250】 |
| W2712.2.1 | 生无数男女 |  | **W2716.6** | 卵生100人 | 【1250】 |
| W2712.2.1.1 | 竹子与蛇生无数男女 |  | W2716.6.1 | 婚生的卵生100人 |  |
| **W2712.3** | 造无数人 | 【1245】 | W2716.6.1.1 | 伏羲女娲兄妹婚生的卵生100人 |  |
| W2712.3.1 | 女娲造无数人 |  |  |  |  |
| W2712.3.1.1 | 女娲造无数男女 |  | **W2716a** | 产生100多人 | 【1250】 |
| **W2713** | 产生36人 | 【1245】 | **W2716a.1** | 产生103人 | 【1251】 |
| **W2713.1** | 造36人 | 【1245】 | **W2717** | 产生200人 | 【1251】 |
| **W2713.2** | 婚生36人 | 【1245】 | **W2717.1** | 造200人 | 【1251】 |
| W2713.2.1 | 兄妹婚生18对男女 |  | **W2717.2** | 婚生200人 | 【1251】 |
| **W2713.3** | 天降18对男女 | 【1246】 | W2717.2.1 | 兄妹婚生200人 |  |
| **W2714** | 产生72人 | 【1246】 | W2717.2.2 | 姐弟婚生200人（姐弟婚后造200人） |  |
| **W2714.1** | 天降72人 | 【1246】 |  |  |  |
| W2714.1.1 | 天降36对男女 |  | **W2717.3** | 卵生200人 | 【1252】 |
| W2714.1.1.1 | 玉皇最早派到地上36对男女 |  | **W2718** | 产生360人 | 【1252】 |
|  |  |  | **W2718.1** | 造360人 | 【1252】 |
| **W2714.2** | 生72人 | 【1246】 | W2718.1.1 | 女娲造360人 |  |
| **W2714.3** | 婚生72人 | 【1247】 | **W2718.2** | 生360人 | 【1252】 |
| W2714.3.1 | 祖先婚生72人 |  | W2718.2.1 | 孕生360人 |  |
| W2714.3.1.1 | 祖先婚生36胎72人 |  | **W2719** | 产生其他数量的人 | 【1253】 |
| **W2714.4** | 感生72人 | 【1247】 |  |  |  |
| W2714.4.1 | 感生36对男女 |  | **W2719.1** | 产生11人 | 【1253】 |
| **W2715** | 产生99人 | 【1248】 | **W2719.2** | 产生12人 | 【1253】 |
| **W2716** | 产生100人 | 【1248】 | W2719.2.1 | 婚生6对男女 |  |
| **W2716.1** | 造100人 | 【1248】 | W2719.2.1.1 | 人与仙女婚生6对男 |  |

| | | | | | | |
|---|---|---|---|---|---|---|
| | | 女 | | | | 对男女 |
| W2719.2.1.2 | | 兄妹婚生6对男女 | | W2719.7.2 | | 生20人 |
| W2719.2.1.3 | | 人与犬婚生6对男女 | | W2719.7.2.1 | | 两老人生10对男女 |
| W2719.2.1.4 | | 女始祖与石头婚生6对男女 | | W2719.7.2.2 | | 两姐妹生10对男女 |
| W2719.2.2 | | 生12男 | | W2719.7.3 | | 婚生20人 |
| W2719.2.3 | | 生12女 | | W2719.7.3.1 | | 始祖婚生10对男女 |
| W2719.2.3.1 | | 女祖先生12女 | | W2719.7.4 | | 感生20人 |
| W2719.2.4 | | 感生6对男女 | | W2719.7.4.1 | | 羊感生10对男女 |
| W2719.2.5 | | 怪胎化生12人 | | **W2719.8** | | **产生20多人** 【1264】 |
| **W2719.3** | | **产生14人** 【1255】 | | W2719.8.1 | | 产生21人 |
| W2719.3.1 | | 婚生7对男女 | | W2719.8.1.1 | | 女祖先生21男 |
| W2719.3.1.1 | | 兄妹婚生7对男女 | | W2719.8.2 | | 产生22人 |
| W2719.3.1.2 | | 人犬婚生7对男女 | | W2719.8.3 | | 产生23人 |
| W2719.3.2 | | 卵生7对男女 | | W2719.8.4 | | 产生24人 |
| W2719.3.2.1 | | 血球生7对男女 | | W2719.8.4.1 | | 造24人 |
| W2719.3.3 | | 变成7对男女 | | W2719.8.4.2 | | 生24人 |
| **W2719.4** | | **产生16人** 【1257】 | | W2719.8.4.3 | | 兄妹婚生12对男女 |
| W2719.4.1 | | 婚生8对男女 | | W2719.8.4.4 | | 孕育12对男女 |
| W2719.4.1.1 | | 动物造的1对夫妻婚生8对男女 | | W2719.8.5 | | 产生25人 |
| W2719.4.2 | | 兄妹婚生9男7女 | | W2719.8.6 | | 产生26人 |
| W2719.4.2.1 | | 洪水后兄妹婚生9男7女 | | W2719.8.6.1 | | 生26人 |
| | | | | W2719.8.6.2 | | 化生13对人 |
| **W2719.5** | | **产生18人** 【1258】 | | W2719.8.7 | | 产生27人 |
| W2719.5.0 | | 造9对人 | | W2719.8.8 | | 产生28人 |
| W2719.5.1 | | 造9对男女 | | W2719.8.9 | | 产生29人 |
| W2719.5.2 | | 婚生9对男女 | | **W2719.9** | | **产生其他不同数量的人** 【1266】 |
| W2719.5.2.1 | | 兄妹婚生9对子女 | | W2719.9.1 | | 产生30人 |
| W2719.5.2.2 | | 姐弟婚生9对子女 | | W2719.9.2 | | 产生40人 |
| W2719.5.2.3 | | 葫芦生的男女婚生9对子女 | | W2719.9.3 | | 产生49人 |
| | | | | W2719.9.4 | | 产生50人 |
| **W2719.6** | | **产生19人** 【1262】 | | W2719.9.4.1 | | 婚生25对男女 |
| **W2719.7** | | **产生20人** 【1262】 | | W2719.9.4.2 | | 婚生56人 |
| W2719.7.1 | | 造20人 | | W2719.9.4a | | 产生60人 |
| W2719.7.1.1 | | 天神造10对男女 | | W2719.9.4b | | 产生70人 |
| W2719.7.1.2 | | 盘古爷盘古奶造10对男女 | | W2719.9.4b.1 | | 婚生77人 |
| | | | | W2719.9.4b.2 | | 感生77人 |

## 2.9 与人的产生相关的母题

|  |  |  |
|---|---|---|
| W2719.9.4b.3 | 卵生77人 | |
| W2719.9.5 | 产生80人 | |
| W2719.9.5.1 | 产生88人 | |
| W2719.9.5a | 产生90人 | |
| W2719.9.6 | 产生100人以上 | |
| W2719.9.6.1 | 兄妹婚生106人 | |
| W2719.9.6.2 | 生120人 | |
| W2719.9.7 | 产生70对男女 | |
| W2719.9.7.1 | 婚生72对男女 | |
| W2719.9.7.2 | 婚生144人 | |
| W2719.9.8 | 产生80对男女 | |
| W2719.9.8a | 产生129对男女 | |
| W2719.9.8a.1 | 姐弟婚生的怪胎化生129对男女 | |
| W2719.9.8b | 产生500人 | |
| W2719.9.8c | 产生300对男女 | |
| W2719.9.8c.1 | 女娲造300对男女 | |
| W2719.9.9 | 产生1000人 | |
| W2719.9.9.1 | 造1000人 | |
| W2719.9.9.2 | 生1000人 | |
| W2719.9.10 | 产生更多的人 | |
| W2719.9.10.1 | 造3300人 | |
| W2719.9.10.2 | 生9998人 | |
| W2719.9.10.3 | 怪胎化生千万人 | |
| W2719.9.11 | 产生三代人 | |
| W2719.9.12 | 生多批人 | |
| W2719.9.12.1 | 生9批男女 | |
| ✽ W2720 | 胎生的人数 | 【1273】 |
| W2721 | 单胎 | 【1273】 |
| W2721.1 | 圣人是单胎 | 【1273】 |
| W2721.1.1 | 生多胞胎后才生单胎 | |
| W2721.1.1.1 | 生龙凤胎后才生单胎 | |
| W2721.1.1.2 | 最后一胎是单胎 | |
| W2722 | 双胞胎（孪生） | 【1274】 |
| W2722.1 | 以前人生的全是双胞胎 | 【1275】 |
| W2722.2 | 特定的神性人物生双胞胎 | 【1275】 |
| W2722.2.1 | 地母生双胞胎 | |
| W2723.2.2 | 圣人夫妻生龙凤胎 | |
| W2723.2.3 | 天使天女婚生龙凤胎 | |
| W2722.3 | 人祖生的都是双胞胎 | 【1276】 |
| W2722.4 | 第一对男女婚生双胞胎 | 【1277】 |
| W2722.5 | 老太太生双胞胎 | 【1277】 |
| W2722.5.1 | 老太太感生双胞胎 | |
| W2722.6 | 人与动物婚生双胞胎 | 【1278】 |
| W2722.6.1 | 公主与公牛婚生双胞胎 | |
| W2722.7 | 特定的民族是双胞胎 | 【1278】 |
| W2723 | 龙凤胎 | 【1278】 |
| W2723.1 | 人祖生的都是龙凤胎 | 【1278】 |
| W2723.1.1 | 盘古女娲婚生龙凤胎 | |
| W2723.1.2 | 伏羲生龙凤胎 | |
| W2723.2 | 龙凤胎姐弟俩 | 【1279】 |
| W2723.3 | 龙凤胎兄妹俩 | 【1279】 |
| W2723.4 | 长时间孕生龙凤胎 | 【1279】 |
| W2723.4.1 | 怀孕10年生龙凤胎 | |
| W2723.4.2 | 怀孕几百年生龙凤胎 | |
| W2723.5 | 与生龙凤胎有关的其他母题 | 【1280】 |
| W2724 | 三胞胎 | 【1280】 |
| W2724.1 | 一胎生3男 | 【1280】 |
| W2725 | 四胞胎 | 【1281】 |
| W2726 | 五胞胎 | 【1281】 |
| W2727 | 一胎生更多的人 | 【1281】 |

| | | | | | | |
|---|---|---|---|---|---|---|
| W2727.1 | 七胞胎 | 【1281】 | | W2728.2 | 人的产生数量源于 | |
| W2727.2 | 八胞胎 | 【1282】 | | | 特定条件 | 【1288】 |
| W2727.3 | 九胞胎 | 【1282】 | | W2728.3 | 人丁旺盛 | 【1288】 |
| W2727.4 | 十胞胎 | 【1282】 | | W2728.3.1 | 人丁旺盛是神保佑的 | |
| W2727.4.1 | 女神一胎生10人 | | | | 结果 | |
| W2727.4.2 | 女神一胎生5对男女 | | | W2728.3.2 | 人逐渐增多 | |
| W2727.5 | 一胎生10多人 | 【1283】 | | W2728.3.2.1 | 人因长生不老逐渐增多 | |
| W2727.5.1 | 一胎生11人 | | | | | |
| W2727.5.2 | 一胎生12人 | | | | | |
| W2727.5.3 | 一胎生6对男女 | | | | | |
| W2727.5.4 | 一胎生12女 | | | | | |

## 2.9.2 人与异类同源
【W2730～W2739】

| | | |
|---|---|---|
| W2727.6 | 一胎生20人 | 【1283】 |
| W2727.7 | 一胎生30人 | 【1284】 |
| W2727.7.1 | 36胞胎 | |
| W2727.8 | 一胎生几十人 | 【1284】 |
| W2727.9 | 一胎生100人 | 【1284】 |
| **W2727a** | **连生多胎** | 【1284】 |
| W2727a.1 | 连生三胎 | 【1284】 |
| W2727a.2 | 连生25胎 | 【1284】 |
| W2727a.2.1 | 连生25胎都是双胞胎 | |
| W2727a.3 | 生72胎 | 【1285】 |
| W2727a.4 | 每年生一对双胞胎 | 【1285】 |
| W2727a.5 | 与生多胎有关的其他母题 | 【1286】 |
| W2727a.5.1 | 共生7胎 | |
| **W2728** | **与人产生数量有关的其他母题** | 【1286】 |
| W2728.0 | 以前人很少 | 【1286】 |
| W2728.0.1 | 孤单的人祖 | |
| W2728.0.1.1 | 人祖因孤单而哭泣 | |
| W2728.1 | 以前人很多 | 【1286】 |
| W2728.1.1 | 以前人满为患 | |
| W2728.1.1.1 | 以前地上人满为患是因为人不会死 | |

| | | |
|---|---|---|
| W2730 | 人与万物同源 | 【1289】 |
| W2730.1 | 生人时人与万物同源 | 【1289】 |
| W2730.1.1 | 葫芦生人与万物 | |
| W2730.1.2 | 鱼生人与万物 | |
| W2730.1.3 | 铜鼓生人与万物 | |
| W2730.2 | 造人时人与万物同源 | 【1290】 |
| W2730.3 | 婚生人与万物 | 【1290】 |
| W2730.3.1 | 天地婚生人与万物 | |
| **W2731** | **人与神同源** | 【1290】 |
| W2731.1 | 特定人物生神和人 | 【1290】 |
| W2731.1.1 | 天上的老祖母生神和人 | |
| W2731.1.2 | 鱼生神和人 | |
| W2731.1.3 | 特定的山生神和人 | |
| W2731.2 | 婚生神和人 | 【1291】 |
| W2731.2.1 | 鸟婚生神和人 | |
| W2731.3 | 卵生神和人 | 【1291】 |
| **W2732** | **人与神性人物同源** | 【1292】 |
| W2732.1 | 人与神灵同源 | 【1292】 |
| W2732.2 | 人与鬼同源 | 【1292】 |
| W2732.2.1 | 人与鬼同时产生 | |

## 2.9 与人的产生相关的母题

|  |  |  |
|---|---|---|
| W2732.3 | 人与魔鬼同源 | 【1293】 |
| W2732a | 人与特定的人同源 | 【1293】 |
| W2732a.1 | 不同职业的人同源 | 【1293】 |
| W2732a.1.1 | 卵生不同职业者 | |
| W2733 | 人与动物同源 | 【1293】 |
| W2733.1 | 人与龙同源 | 【1294】 |
| W2733.1.1 | 人与龙、蛇同母生 | |
| W2733.1.2 | 人龙是同父异母兄弟 | |
| W2733.1.3 | 南瓜生人与龙 | |
| W2733.2 | 人与猴同源 | 【1295】 |
| W2733.3 | 人蛇同源 | 【1295】 |
| W2733.3.1 | 人与蛇同时产生 | |
| W2733.3.2 | 人与龙蛇同源 | |
| W2733.4 | 人与犬同源（人与狗同源） | 【1295】 |
| W2733.5 | 人与虎同源 | 【1296】 |
| W2733.6 | 人与猿同源 | 【1296】 |
| W2733.6.1 | 一对蛋孵出了猿人和原始人 | |
| W27336.2 | 女子与猿猴婚生猿猴和人 | |
| W2733.7 | 人和野生动物同源 | 【1296】 |
| W2733.7.1 | 人与兽同源 | |
| W2733.7.2 | 人与野猪同源 | |
| W2733.8 | 人与鸟兽同源 | 【1297】 |
| W2733.9 | 人与虫类同源 | 【1298】 |
| W2733.10 | 人与其他特定动物同源 | 【1298】 |
| W2733.10.1 | 人与牛同源 | |
| W2733.10.2 | 人与羊同源 | |
| W2733.10.3 | 人与鱼同源 | |
| W2733.11 | 人与多种动物同源 | 【1299】 |
| W2733.11.1 | 人与虎、鹰、龙同源 | |
| W2733.11.2 | 人与马、牛、羊同源 | |
| W2733.11.3 | 卵生人与各种动物 | |
| W2733.11.4 | 人与11种动物同源 | |
| W2733.11.5 | 人与牲畜同源 | |
| W2734 | 人与植物同源 | 【1302】 |
| W2735 | 人与动植物同源 | 【1302】 |
| W2735.1 | 人与鸡、狗等动物和谷物、蔬菜同源 | 【1303】 |
| W2735.2 | 人与无血的草木和有血的动物同源 | 【1304】 |
| W2735.3 | 与人与动植物同源有关的其他母题 | 【1304】 |
| W2736 | 人与无生命物同源 | 【1304】 |
| W2736.1 | 人与日月同源 | 【1304】 |
| W2736.2 | 人与星星同源 | 【1305】 |
| W2737 | 人与其他诸物同源 | 【1305】 |
| W2737.1 | 人与神和动物同源 | 【1305】 |
| W2737.1.1 | 人与雷公、龙、虎同源 | |
| W2737.1.2 | 人与神、老虎、雷公、龙、蛇同源 | |
| W2737.1.3 | 人与善神、恶鬼、雷、龙、虎、象、蛇等同源 | |
| W2737.1.4 | 人与雷公、老虎、水牛、大象、蜈蚣、蛇等同源 | |
| W2737.2 | 人与神、动植物、无生命物同源 | 【1309】 |
| W2737.3 | 人与植物、无生命物同源 | 【1309】 |
| W2737.4 | 人与日月、动植物同源 | 【1309】 |
| W2738 | 人与异类同源有关的其他母题 | 【1309】 |
| W2738.1 | 人战胜同源的异类 | 【1309】 |

## 2.9.3 与人的产生有关的其他母题
【W2740～W2749】

| | | |
|---|---|---|
| W2740 | 人的产生源于多种形式 | 【1309】 |
| W2740.1 | 婚生与造人产生人类 | 【1310】 |
| ✳ W2741 | 人产生的顺序 | 【1310】 |
| W2742 | 先有万物后有人 | 【1310】 |
| W2742.1 | 先出现月亮、星星、太阳，然后出现人 | 【1311】 |
| W2742.2 | 先出现动植物再出现人类 | 【1312】 |
| W2742.3 | 先出现动物再出现人类 | 【1312】 |
| W2742.3.1 | 前6天造动物，第7天造出人 | |
| W2742.3.2 | 前6天放出动物，第7天放出人 | |
| W2743 | 与人的产生顺序有关的其他母题 | 【1313】 |
| W2743.1 | 天上先有人类，地上才有人类 | 【1313】 |
| ✳ W2744 | 男人女人产生顺序 | 【1313】 |
| W2745 | 先有男后有女 | 【1313】 |
| W2745.1 | 先造男后造女 | 【1313】 |
| W2745.1.1 | 神先造男后造女 | |
| W2745.1.2 | 天神先造男后造女 | |
| W2745.1.3 | 女天神先造男后造女 | |
| W2745.1.4 | 夫妻神先造男后造女 | |
| W2745.1.5 | 真主先造男后造女 | |
| W2745.2 | 先生男后生女 | 【1315】 |
| W2745.2.1 | 先卵生男后卵生女 | |
| W2745.3 | 世上先有父子 | |
| | 再有母女 | 【1316】 |
| W2746 | 先有女后有男 | 【1316】 |
| W2746.1 | 先造女后造男 | 【1316】 |
| W2746.1.1 | 女娲先造女后造男 | |
| W2746.2 | 先生女后生男 | 【1317】 |
| W2746.2.1 | 兄妹婚第一胎生女儿 | |
| W2746.2.2 | 始祖夫妻先生女后生男 | |
| W2747 | 特定的人物产生的顺序 | 【1318】 |
| W2747.1 | 先有盘古后有老子 | 【1318】 |
| W2748 | 与人的产生有关的其他母题 | 【1318】 |
| W2748.0 | 人的繁衍 | 【1318】 |
| W2748.0.1 | 人的繁衍重于一切 | |
| W2748.0.1.1 | 人的繁衍重于生命 | |
| W2748.0.1.2 | 人的繁衍重于脸面 | |
| W2748.0.2 | 人学会耕种后开始繁衍 | |
| W2748.0.3 | 人口繁衍过剩 | |
| W2748.1 | 按父系顺序排列的人类产生 | 【1319】 |
| W2748.2 | 按母系顺序排列的人类产生 | 【1319】 |
| W2748.3 | 人的产生经历许多灾难 | 【1320】 |
| W2748.4 | 人由4种元素构成 | 【1320】 |
| W2748.5 | 人与动物同时产生 | 【1320】 |
| W2748.5.1 | 水、木、土变成人和动物 | |
| W2748.6 | 裂生 | 【1320】 |
| W2748.6.1 | 神裂生人 | |
| W2748.7 | 不知来历的人 | 【1321】 |
| W2748.8 | 拾到孩子（捡到孩子） | 【1321】 |
| W2748.8.1 | 从特定地点捡到孩子 | |

| | | |
|---|---|---|
| W2748.8.1.1 | 从树下捡到孩子 | |
| W2748.8.1.2 | 从山洞捡到孩子 | |

## 2.10 人类的特征及相关母题
【W2750 ~ W2929】

### 2.10.1 人的性别特征
【W2750 ~ W2799】

| | | |
|---|---|---|
| ✿ W2750 | 人的特征 | 【1323】 |
| W2751 | 人的特征的产生 | 【1323】 |
| W2751.1 | 人产生时自然带有现在的特征 | 【1323】 |
| W2751.2 | 造人者创造人的特征 | 【1323】 |
| ✿ W2752 | 人的性别 | 【1323】 |
| ✤ W2753 | 人的性别的产生 | 【1323】 |
| W2754 | 原来的人不分男女 | 【1323】 |
| W2754.1 | 以前没有性别观念 | 【1324】 |
| W2754.1.1 | 以前称女性为兄弟 | |
| W2754.2 | 特定的时代不分男女 | 【1325】 |
| W2754.2.1 | 独眼这代人时不分男女 | |
| W2754.2a | 特定的时代分出男女 | 【1325】 |
| W2754.3 | 天神造人时不分男女 | 【1325】 |
| W2755 | 最早只有女人 | 【1325】 |
| W2755.1 | 产生第一个母亲（人类之母） | 【1326】 |
| W2755.2 | 世上最早出现（造出）一个女人（造第一个女人） | 【1326】 |
| W2755.3 | 世上最早出现数个女人 | 【1326】 |
| W2755.4 | 造的人全是女人 | 【1327】 |
| W2755.5 | 生的人全是女孩 | 【1327】 |
| W2756 | 最早只有男人 | 【1328】 |
| W2756.1 | 人的初形全是男性 | 【1328】 |
| W2756.2 | 世上最早出现（造出）一个男人 | 【1329】 |
| W2756.3 | 最早只造出男人 | 【1329】 |
| W2756.4 | 生人时只生男孩 | 【1329】 |
| W2756.4.1 | 葫芦生的全是男人 | |
| W2756.4.2 | 连生9个男婴 | |
| W2756.5 | 变化出的全是男人 | 【1330】 |
| W2756.5.1 | 婚生的怪胎变成的全是男人 | |
| W2757 | 人类产生时自然分出男女 | 【1330】 |
| W2758 | 造人时分出男女 | 【1331】 |
| W2758.1 | 造出男人 | 【1331】 |
| W2758.1.1 | 天神用泥土捏成男人 | |
| W2758.2 | 造出女人（造女人） | 【1332】 |
| W2758.2.1 | 造女人的原因 | |
| W2758.2.1.1 | 造女人是为了给男人作配偶（为男人的婚配造女人） | |
| W2758.2.1.2 | 根据男子的请求造女人 | |
| W2758.2.1.3 | 泥人没捏透成为女人 | |
| W2758.2.2 | 造女人方法 | |
| W2758.2.2.1 | 用造男人剩下的泥造女人 | |
| W2758.2.2.2 | 用男人的肢体造女人 | |
| W2758.2.2.3 | 用黄土和男人的一个肋骨造出女人 | |

| | | | | | | |
|---|---|---|---|---|---|---|
| **W2758.3** | 造出男女 | 【1334】 | | W2758.7.4.1 | 在太阳山上造男人 | |
| W2758.3.1 | 造男女是为了婚配 | | | W2758.7.4.2 | 在月亮山上造女人 | |
| W2758.3.2 | 造出1对男女 | | | W2758.7.5 | 在特定的时间造男女 | |
| W2758.3.2.1 | 神造出1对男女 | | | **W2759** | 生育出男女 | |
| W2758.3.2.2 | 龙造出1对男女 | | | | （生男女） | 【1345】 |
| W2758.3.3 | 造出多个男女 | | | **W2759.0** | 生单一性别 | 【1345】 |
| W2758.3.4 | 造人者造人后分出男女 | | | W2759.0.1 | 只生男 | |
| | | | | W2759.0.2 | 只生女 | |
| W2758.3.4.1 | 女娲造人后分出男女 | | | **W2759.1** | 神或神性人物生男女 | 【1345】 |
| **W2758.4** | 造出非男非女的人 | 【1337】 | | W2759.1.1 | 神生男女 | |
| **W2758.5** | 男女分工分别造男女 | 【1338】 | | W2759.1.1.1 | 两个男神分别生出男女 | |
| W2758.5.1 | 男造男，女造女 | | | W2759.1.1.2 | 女神生女人 | |
| W2758.5.1.1 | 男神造男，女神造女 | | | W2759.1.1.3 | 女神割肺生出女儿 | |
| W2758.5.1.2 | 哥哥造男人，妹妹造女人 | | | W2759.1.2 | 神性人物生男女 | |
| W2758.5.1.3 | 姐姐造男人，弟弟造女人 | | | W2759.1.2.1 | 祖先生男女（始祖生男女） | |
| W2758.5.2 | 男造女，女造男 | | | **W2759.2** | 人生男女 | 【1347】 |
| W2758.5.3 | 男人造男人 | | | W2759.2.1 | 人生1对男女 | |
| W2758.5.4 | 男人造女人 | | | W2759.2.1.1 | 人婚生1对男女 | |
| W2758.5.5 | 女人造女人 | | | W2759.2.2 | 女人头上的血胞生1男 | |
| W2758.5.6 | 女人造男人 | | | | | |
| **W2758.6** | 造人时因材料不同分出男女 | 【1341】 | | **W2759.3** | 动物生男女 | 【1348】 |
| | | | | **W2759.4** | 男女分别来自于怪胎的两半 | 【1348】 |
| W2758.6.1 | 用动物造男人，用泥土造女人 | | | **W2759.5** | 生男为犬，生女为美人 | 【1348】 |
| W2758.6.2 | 用火造男人，用水造女人 | | | W2759.5.1 | 犬与女子交合，生男为犬生女为人 | |
| **W2758.7** | 与造出男女相关的其他母题 | 【1342】 | | **W2759.6** | 不同的出生位置分别生出男女 | 【1349】 |
| W2758.7.1 | 受动物的启发造男女 | | | **W2759.7** | 植物生男女 | 【1349】 |
| W2758.7.2 | 神用剑劈出男女性别 | | | W2759.7.1 | 葫芦生1男1女 | |
| W2758.7.3 | 用特定的泥造出男女 | | | W2759.7.2 | 葫芦生1男 | |
| W2758.7.3.1 | 用黄泥造男人 | | | W2759.7.2.1 | 葫芦状的植物生1男 | |
| W2758.7.3.2 | 用白泥造女人 | | | W2759.7.3 | 葫芦生1女 | |
| W2758.7.4 | 在特定地方造男人 | | | | | |

| | | | | | |
|---|---|---|---|---|---|
| W2759.7.4 | 竹子生男女 | | W2759.9.3 | 婚生多对男女 | |
| W2759.7.4.1 | 竹生1男 | | **W2759.10** | **卵生男女** | 【1358】 |
| W2759.7.4.2 | 竹生1女 | | W2759.10.1 | 卵生男 | |
| W2759.7.5 | 其他特定的植物生男女 | | W2759.10.1.1 | 卵生1男 | |
| | | | W2759.10.2 | 卵生女 | |
| **W2759.8** | **无生命物生男女** | 【1352】 | W2759.10.2.1 | 卵生1女 | |
| W2759.8.1 | 山生男女 | | W2759.10.2.2 | 肉蛋孵出女始祖 | |
| W2759.8.1.1 | 山生男 | | W2759.10.3 | 卵生多对男女 | |
| W2759.8.2 | 水生男女 | | W2759.10.3.1 | 卵生5对男女 | |
| W2759.8.3 | 石生男女 | | **W2759.11** | **感生男女** | 【1360】 |
| W2759.8.3.1 | 石生1对男女 | | W2759.11.1 | 感生男 | |
| W2759.8.3.2 | 石生1男 | | W2759.11.1.1 | 感生1男 | |
| W2759.8.4 | 粪生男女 | | W2759.11.1a | 天女感生1男 | |
| W2759.8.4.1 | 猪粪生女 | | W2759.11.1b | 夫妻同感生1男 | |
| W2759.8.5 | 人造器物生男女 | | W2759.11.1c | 梦感生1男 | |
| W2759.8.5.1 | 陶锅生女 | | W2759.11.2 | 感生女 | |
| W2759.8.5.2 | 金盆生男 | | W2759.11.2.1 | 感生1女 | |
| W2759.8.5.3 | 陶壶生男女 | | **W2759.12** | **特定天气决定男女性别** | 【1362】 |
| W2759.8.6 | 其他无生命物生男女 | | W2759.12.1 | 特定的气候生男 | |
| W2759.8.6.1 | 柜生男 | | W2759.12.1.1 | 山中的气使人多生男 | |
| **W2759.9** | **婚生男女** | 【1355】 | W2759.12.1.2 | 风天生男人 | |
| W2759.9.1 | 婚生男 | | W2759.12.2 | 特定的气候生女 | |
| W2759.9.1.1 | 婚生1男 | | W2759.12.2.1 | 水中的气使人多生女 | |
| W2759.9.1.1a | 人与仙女婚生1男 | | W2759.12.2.2 | 无风的天气生女 | |
| W2759.9.1.1b | 传人种的兄妹婚生1男 | | **W2759.13** | **与生男女有关的其他母题** | 【1363】 |
| W2759.9.1.1c | 人与天鹅婚生1男 | | W2759.13.1 | 男人撒种种出男人 | |
| W2759.9.1.1d | 人与鹿婚生1男 | | W2759.13.2 | 女人撒种种出女人 | |
| W2759.9.1.1e | 人与熊婚生1男 | | **W2760** | **变形出现男女** | 【1364】 |
| W2759.9.1.2 | 婚生多男（含2男） | | **W2760.1** | **神变成男女** | 【1364】 |
| W2759.9.2 | 婚生女 | | W2760.1.1 | 天神变成男女 | |
| W2759.9.2.1 | 婚生1女 | | W2760.1.2 | 男女神的影子化生男人和女人 | |
| W2759.9.2.1a | 人仙婚生1女 | | | | |
| W2759.9.2.1b | 洪水后1对男女婚生1女 | | **W2760.2** | **动物变成男女** | 【1365】 |
| W2759.9.2.1c | 洪水后兄妹婚生1女 | | W2760.2.1 | 猴子变成人后分出男女 | |
| W2759.9.2.2 | 婚生多女（含2女） | | | | |

| | | |
|---|---|---|
| W2760.2.1.1 | 神规定变成人的猴子在水中仰游者为阴,扑游者为阳 | |
| W2760.2.2 | 不同的动物分别变成男女 | |
| W2760.2.2.1 | 鱼变女子,鸟变小伙 | |
| W2760.2.3 | 动物的不同肢体变成男女 | |
| W2760.2.3.1 | 母猪的肝、肺、肠、肚与肉块串成的肉串变成成双成对的男女 | |
| W2760.3 | 植物变成男女 | 【1366】 |
| W2760.4 | 无生命物变成男女 | 【1367】 |
| W2760.4.1 | 太阳化生为男人与女人 | |
| W2760.4.1.1 | 太阳化成的肉核分成的两半分别成为男女 | |
| W2760.4.2 | 木头人变成女人 | |
| W2760.4.3 | 木匣子变成女人 | |
| W2760.4.4 | 藤蒌变成男人 | |
| W2760.4.5 | 天神的两颗眼泪分别变成男女 | |
| W2760.5 | 其他变形时出现男女 | 【1369】 |
| W2760.5.1 | 肉核变成男女 | |
| W2760.5.1.1 | 水中生的肉核的两半成为最早的1对男女 | |
| W2760.5.2 | 生育的怪胎变成人时产生男女 | |
| W2760.5.2.1 | 怪胎变成的人男为苗族,女为汉族 | |
| ✻ W2761 | 划分男女的方法 | 【1370】 |
| W2762 | 神划分出男女 | 【1370】 |
| W2762.1 | 天神划分出男女 | 【1370】 |
| W2762.2 | 女神划分出男女 | 【1370】 |
| W2762.3 | 雪山神划分出男女 | 【1371】 |
| W2763 | 神性人物划分出男女 | 【1371】 |
| W2763.1 | 祖先划分性别 | 【1371】 |
| W2763.1.1 | 特定祖先时分出男女 | |
| W2763.1.2 | 盘古划分出男女 | |
| W2763.1.3 | 黄帝划分出男女 | |
| W2763.2 | 仙人(仙女)划分男女 | 【1372】 |
| W2763.3 | 女娲娘娘划分男女 | 【1372】 |
| W2764 | 吃特定的食物分出男女 | 【1372】 |
| W2765 | 通过称人的重量,划分男女 | 【1372】 |
| W2765.1.1 | 称人的重量时轻的为男,重的为女 | |
| W2766 | 植物使人产生性别 | 【1373】 |
| W2766.1 | 不同颜色的植物生出男女 | 【1373】 |
| W2766.1.1 | 红葫芦籽开的花生男,青葫芦籽开的花生女 | |
| W2766.2 | 生育神送不同颜色的花分出男女 | 【1373】 |
| W2766.2.1 | 生育神送白花生男,红花生女 | |
| W2766.3 | 造的人吃不同的植物分出男女 | 【1374】 |
| W2766.3.1 | 造的人吃辣椒、猫豆的成男人,吃杨桃、槟榔的成女人 | |
| W2766.4 | 造的人得到不同的植物分出男女 | 【1374】 |
| W2766.4.1 | 泥人成活时抢得辣椒的变成男人,抢得杨桃的变成女人 | |
| W2767 | 根据生殖器变化划分出男女 | 【1374】 |

| | | | | | |
|---|---|---|---|---|---|
| W2767.1 | 造人时通过加男根和劈缝分出男女 【1374】 | | W2769.2.1 | 先产女后产生男 | |
| W2767.1.1 | 女娲造人时通过加男根和劈缝分出男女 | | W2769.2.1.1 | 天上先降女再降男 | |
| | | | W2769.2.1.2 | 神造的第一个女人生出男人 | |
| W2767.2 | 造泥人时去掉部分人的生殖器分出男女 【1375】 | | W2769.2.2 | 先产男后产生女 | |
| W2767.2.1 | 凤凰吃掉部分泥人的生殖器分出男女 | | **✻ W2770** | **生殖器的来历** 【1381】 | |
| | | | W2770.1 | 神为男女安置不同的生殖器 【1381】 | |
| **W2768** | **与划分男女性别有关的其他母题**【1375】 | | W2770.2 | 精灵给人祖安上性器官 【1382】 | |
| W2768.1 | 胎儿变化性别 【1375】 | | W2770.3 | 单双数形成性别的不同 【1382】 | |
| W2768.2 | 造人时大的成为男人，小的成为女人 【1375】 | | W2770.3.1 | 单数为男，双数为女 | |
| | | | W2770.4 | 吃特定的东西形成生殖器 【1382】 | |
| **W2769** | **男女性别产生的先后** 【1376】 | | W2770.4.1 | 人吃地上秽食出现男女生殖器 | |
| W2769.1 | 男女同时产生 【1376】 | | W2770.5 | 与生殖器的来历有关的其他母题 【1382】 | |
| W2769.1.1 | 造人时男女同时产生 | | W2770.5.1 | 祖先为人和动物分生殖器 | |
| W2769.1.1.1 | 神同时造出男女 | | W2770.5.2 | 仿照动物造生殖器 | |
| W2769.1.1.2 | 盘古同时造出男女 | | | | |
| W2769.1.1.3 | 女娲同时造出男女 | | **W2771** | **男性生殖器的来历** 【1383】 | |
| W2769.1.1.4 | 其他特定人物同时造出男女 | | W2771.1 | 男性生殖器是造人时特殊材料形成的 【1383】 | |
| W2769.1.1.4a | 天神夫妻同时造出男女 | | W2771.1.1 | 仿照动物造男性生殖器 | |
| W2769.1.1.4b | 地神公公同时造出男女 | | W2771.2 | 特定物变成男性生殖器 【1384】 | |
| W2769.1.1.4c | 造物主同时造出男女 | | W2771.2.0 | 男人拿矛作生殖器 | |
| W2769.1.1.4d | 人皇同时造出男女 | | W2771.2.1 | 造人时得到辣椒的成为男孩 | |
| W2769.1.1.4e | 无极老祖同时造出男女 | | W2771.2.2 | 造人时得到猫豆的就变成男孩 | |
| W2769.1.1.4f | 伏羲同时造出男女 | | W2771.2.3 | 泥人身上安的辣椒成为男性生殖器 | |
| W2769.1.1.4g | 女祖先同时造出男女 | | | | |
| W2769.1.2 | 变成人时男女同时产生 | | W2771.2.4 | 造人时鸟啄的疙瘩成 | |
| W2769.1.2.1 | 神的两滴眼泪同时变成男女 | | | | |
| **W2769.2** | **男女产生有先后** 【1380】 | | | | |

| | | | | |
|---|---|---|---|---|
| | | 为男性生殖器 | | 变成女孩【1388】 |
| W2771.2.5 | | 男人吃了某种果实变成睾丸 | W2772.5 | 鸟叼走男人的生殖器变成女人【1389】 |
| W2771.2.6 | | 石头变成男性生殖器 | W2772.6 | 造人时在人的下身劈出一条缝形成女人生殖器【1389】 |
| W2771.2.6.1 | | 击到女人身上的石头变成男性生殖器 | W2772.6.1 | 女娲造人时用斧子劈出的一条缝形成女人生殖器 |
| W2771.3 | | 把动物的生殖器安在男人身上【1385】 | | |
| W2771.3.1 | | 男性生殖器是从熊身上借来的 | W2772.7 | 与女性生殖器的来历有关的其他母题【1389】 |
| W2771.4 | | 雷炸后的核变成男性生殖器【1386】 | W2772.7.1 | 造人者戳出女人的生殖器 |
| W2771.5 | | 与男性生殖器有关的其他母题【1386】 | W2772.7.1.1 | 盘古用泥造人时戳出女人的生殖器 |
| W2771.5.1 | | 男性生殖器名称的来历 | W2773 | 生殖器的特征【1390】 |
| W2771.5.1.1 | | 男孩生殖器为什么叫"辣椒" | W2773.1 | 特殊的阴茎【1390】 |
| | | | W2773.1.1 | 巨大的阴茎 |
| W2771.5.1.2 | | 男孩生殖器为什么叫"鸟" | W2773.1.2 | 很长的阴茎 |
| | | | W2773.2 | 奇特的阴道【1390】 |
| W2771.5.1.3 | | 男孩生殖器为什么叫"鸡鸡" | W2773.2.1 | 巨人的阴道 |
| | | | W2773.2.2 | 有牙齿的阴道 |
| W2771.5.1.4 | | 男孩生殖器为什么叫"雀雀" | W2773.3 | 巨大的生殖器【1391】 |
| | | | W2773.3.1 | 男人的阴茎当桥 |
| W2771.5.2 | | 风浪挤出男性生殖器 | W2773.3.2 | 女人的生殖器是岩洞 |
| W2772 | | 女性生殖器的来历【1387】 | W2773.2.2.1 | 岩洞是女祖先的生殖器 |
| W2772.1 | | 神造女性生殖器【1387】 | W2773.4 | 与生殖器特征有关的其他母题【1391】 |
| W2772.1.1 | | 女性生殖器是神在女人下身划出的一道沟 | W2773.4.1 | 男女生殖器有区别的原因 |
| W2772.2 | | 女人拿磨刀石作生殖器【1388】 | W2773.4.2 | 男性生殖器形状的来历 |
| W2772.3 | | 造人时得到杨桃的成为女孩【1388】 | W2773.4.2.1 | 男性生殖器大而粗糙的来历 |
| W2772.3.1 | | 造人时得到洋桃的成为女孩 | | |
| W2772.4 | | 造人时得到槟榔的 | W2773.4.3 | 女性生殖器形状的 |

| | 来历 | | | 结果 | |
|---|---|---|---|---|---|
| W2773.4.3.1 | 女性生殖器精细平整的来历 | | W2776.4 | 男人的喉结是被抠出来的 | 【1397】 |
| **W2774** | **生殖器的变化** | 【1392】 | W2776.4.1 | 天使抠出男人的喉结 | |
| W2774.1 | 人的生殖器的变小 | 【1392】 | **W2777** | **男人没有乳房的来历** | 【1398】 |
| W2774.2 | 男性生殖器的变化 | 【1392】 | | | |
| W2774.2.1 | 男性生殖器变小 | | W2777.1 | 男人原来有乳房后来失去了 | 【1398】 |
| W2774.3 | 女性生殖器的变化 | 【1392】 | | | |
| W2774.3.1 | 女性生殖器中的牙齿被弄掉 | | W2777.1.1 | 男始祖把乳房变成山后男人就没有了乳房 | |
| W2774.3.1.1 | 在树干上磨掉阴道中的牙齿 | | **W2778** | **男人不再怀孕的原因（男人为什么不生孩子）** | 【1398】 |
| ✽ **W2775** | **男人的其他体征** | 【1393】 | | | |
| **W2776** | **男人喉头的来历** | 【1393】 | | | |
| W2776.1 | 特定物变成男人的喉结 | 【1393】 | W2778.1 | 男人生孩子能力的丧失 | 【1399】 |
| W2776.1.1 | 男子吃果子卡在脖子中形成了喉结 | | W2778.1.1 | 男人们吃化胎药后不再怀孕 | |
| W2776.1.2 | 男子吃桃子卡在脖子中形成了喉结 | | W2778.2 | 原来男人可以怀孕生育，后来与女人交换 | 【1399】 |
| W2776.1.3 | 男子吃梅子卡在脖子中形成了喉结 | | W2778.3 | 神把男人生育的事情交给女人 | 【1399】 |
| W2776.1.4 | 男子吃的麦子卡在脖子中形成了喉结 | | W2778.3.1 | 男人害怕生人的痛苦，天神把生孩子转给女人 | |
| W2776.2 | 禁果变成男子的喉结 | 【1395】 | **W2779** | **与男性特征有关的其他母题** | 【1400】 |
| W2776.2.1 | 男祖先吃的禁果变成喉结 | | W2779.1 | 男人的膝盖是凉的 | 【1400】 |
| W2776.2.2 | 亚当吃禁果麦子变成喉结 | | W2779.1.1 | 造人者的粗心使男人膝盖骨发凉 | |
| W2776.2.3 | 阿丹吃禁果麦果变成喉结 | | W2779.1.2 | 男人膝盖凉是在冰上滑倒造成的 | |
| W2776.2.4 | 阿丹吃禁果美果变成喉结 | | W2779.1.3 | 男人膝盖凉是在冰上睡觉造成的 | |
| W2776.3 | 喉结是被惩罚的结果 | 【1397】 | W2779.1.4 | 男人膝盖凉是人祖在冰上交欢造成的 | |
| W2776.3.1 | 男人有喉结是被惩罚的 | | W2779.1.5 | 男人膝盖凉是人祖在 | |

|| 2.10 人类的特征及相关母题 ||　中国人类起源神话母题检索表

| | | |
|---|---|---|
| | 冰上结婚造成的 | |
| W2779.2 | 男人为什么有女人的性格 | 【1401】 |
| W2779.2.1 | 男人有女人的性格是因为造男人时源于女性肢体 | |
| W2779.3 | 男人为什么比女人浊 | 【1401】 |
| W2779.3.1 | 因造人材料不同造成男人比女人浊 | |
| W2779.4 | 男人为什么硬实 | 【1402】 |
| W2779.4.1 | 男人硬实是女娲造人时形成的 | |
| W2779.5 | 男人为什么粗壮 | 【1402】 |
| W2779.5.1 | 男人粗壮是伏羲造人时形成的 | |
| W2779.6 | 男孩为什么阳刚 | 【1402】 |
| W2779.6.1 | 男孩阳刚是因为他喜欢太阳 | |
| ✱W2780 | 女人特殊的性别特征 | 【1403】 |
| W2781 | 女人生孩子的来历 | 【1403】 |
| W2781.1 | 人神让女人生孩子 | 【1403】 |
| W2781.2 | 土地赋予女人生育能力 | 【1403】 |
| W2781.3 | 女人生孩子是对女人的惩罚 | 【1403】 |
| W2781.3.1 | 女人违背禁忌被罚生孩子 | |
| W2781.4 | 女人的发誓导致女人生孩子 | 【1404】 |
| W2781.5 | 女人怀孕大肚子的来历 | 【1404】 |
| W2781.5.1 | 女人偷食被惩罚，所以怀孕时肚子变大 | |
| W2782 | 女人皮白肉嫩的来历 | 【1404】 |
| W2782.1 | 女人皮肤白的来历 | 【1404】 |
| W2782.1.1 | 造人时女人是白泥造的所以皮白肉嫩 | |
| W2783 | 女人有乳房的来历 | 【1405】 |
| W2783.1 | 造女人时造出乳房 | 【1405】 |
| W2783.1.1 | 神用泥巴放在女人胸前成为乳房 | |
| W2783.2 | 特定物变成女人的乳房 | 【1405】 |
| W2783.2.1 | 仙桃变成女人的乳房 | |
| W2783.2.2 | 2个果子停在胸部变成乳房 | |
| W2783.2.3 | 女人吃的禁果变成乳房 | |
| W2783.2.4 | 葫芦变成女人的乳房 | |
| W2783.3 | 男人在女人胸部抓出乳房 | 【1406】 |
| W2783.4 | 婴儿在母亲胸部吸出乳房 | 【1406】 |
| W2784 | 女人特殊的乳房 | 【1406】 |
| W2784.1 | 女人的乳房原来长在额头 | 【1406】 |
| W2784.2 | 女人的乳房很长能放到后背上 | 【1406】 |
| W2784.3 | 女人长有多个乳房 | 【1407】 |
| W2784.3.1 | 女祖先有很多乳房 | |
| W2784.3.2 | 女人有76个乳房 | |
| W2784.3.3 | 女人有77个乳房 | |
| W2784.4 | 巨大的乳房 | 【1407】 |
| W2784.5 | 女人乳房的变小 | 【1408】 |
| W2784a | 与乳房有关的其他母题 | 【1408】 |
| W2784a.1 | 奶水的来历 | 【1408】 |
| W2784a.1.1 | 奶水是女人的血变 | |

| | | | | | |
|---|---|---|---|---|---|
| | | 成的 | | W2787.1 | 女人爱漂亮 【1413】 |
| W2784a.2 | | 奶为什么甘甜 【1409】 | | W2787.2 | 女人爱说话 【1413】 |
| W2785 | | 女人月经的来历【1409】 | | W2787.3 | 女人爱跳舞 【1413】 |
| W2785.1 | | 月经是被惩罚的结果 【1409】 | | W2787.4 | 女人爱嫉妒 【1413】 |
| | | | | W2787.5 | 女人好唠叨的原因 【1413】 |
| W2785.1.1 | | 月经是对吃禁果的惩罚 | | W2787.6 | 女人温柔的来历 【1413】 |
| | | | | W2787.7 | 女人小巧的原因 【1414】 |
| W2785.1.2 | | 女始祖吃禁果导致月经 | | W2787.8 | 女人劲小的原因 【1414】 |
| | | | | W2787.9 | 女人会纺纱的原因 【1414】 |
| W2785.2 | | 特定物化为女人的月经 【1410】 | | W2787.9.1 | 女人会纺织源于女娲补天 |
| W2785.2.1 | | 真主让麦果化成女人的经血 | | W2787.10 | 女人爱说谎的原因 【1415】 |
| | | | | W2787.11 | 女人不聪明的原因 【1415】 |
| W2785.3 | | 月经为什么每月出现一次 【1410】 | | W2787.11.1 | 女人得到围裙后变傻 |
| | | | | W2787.12 | 女人多变的原因 【1415】 |
| W2785.3.1 | | 月经每月出现一次是真主的规定 | | W2787.13 | 女人吸引男人的原因 【1415】 |
| W2785.3.2 | | 月经每月出现一次是因为吃的禁果经30天才能消化 | | W2787.14 | 女人下身大的原因 【1415】 |
| | | | | W2787.15 | 女人屁股发凉的原因 【1416】 |
| W2785.4 | | 女人月经要经历46年 【1411】 | | W2787.15.1 | 女人的屁股凉是与丈夫冰河过夜的结果 |
| W2786 | | 女人为什么没喉头和胡子 【1411】 | | W2787.16 | 女人聪明能干 【1416】 |
| | | | | W2787.16.1 | 以前女人聪明 |
| W2786.0 | | 女人以前有喉头 【1411】 | | W2787.16.1a | 盘古时代女人聪明 |
| W2786.0.1 | | 女人以前的喉结比芒果还大 | | W2787.17 | 女人细心的来历 【1417】 |
| W2786.1 | | 女人为什么没有喉头 【1411】 | | W2787.17.1 | 女人心细源于女娲补天 |
| W2786.1.1 | | 女始祖摘下喉结后女人就没有了喉结 | | W2787.18 | 女人心慈性烈 【1417】 |
| | | | | W2788 | 与女人特征有关的其他母题 【1418】 |
| W2786.2 | | 原来女人有胡须 【1412】 | | W2788.1 | 女人孵卵 【1418】 |
| W2786.3 | | 女人为什么没有胡须 【1413】 | | ✻W2790 | 男女特征的区别（男女差异、男女有别） 【1418】 |
| W2786.3.1 | | 女始祖拔脸毛后女人就失去了胡须 | | | |
| W2787 | | 女人的其他特性【1413】 | | W2791 | 男女性别差异的 |

|  |  |  |  |  |  |
|---|---|---|---|---|---|
|  |  | 原因 | 【1418】 |  | 不同 | 【1421】 |
| W2791.1 |  | 男女的不同外形的 |  | W2796.0.1 | 男人为什么比女人皮 |
|  |  | 原因 | 【1418】 |  | 肤粗糙 |
| W2792 |  | 男女不平等的 |  | W2796.0.2 | 男人为什么皮黄脸黑 |
|  |  | 原因 | 【1418】 | W2796.1 | 阴盛阳衰 | 【1421】 |
| W2793 |  | 男人比女人大 | 【1418】 | W2796.2 | 男人与女人肋骨数量 |
| W2793.1 |  | 人产生时形成男大 |  |  | 不同 | 【1421】 |
|  |  | 女小 | 【1418】 | W2796.2.1 | 男人为什么比女人 |
| W2793.1.1 |  | 造人时造的男大女小 |  |  | 少一根肋骨 |
| W2793.2 |  | 男人为什么比女人 |  | W2796.2.2 | 男人九条肋骨，女 |
|  |  | 力气大 | 【1418】 |  | 人七条肋骨 |
| W2793.2.1 |  | 造人时女人淋雨造成 |  | W2796.3 | 女人为什么比男人 |
|  |  | 女人力气小 |  |  | 臀部大 | 【1422】 |
| W2793.2.2 |  | 造女人少吹了一口气 |  | W2796.3.1 | 女人下肢宽大是造 |
|  |  | 造成女人力气小 |  |  | 人时形成的 |
| W2793.2.3 |  | 女人纤弱是因为她取 |  | W2796.4 | 男人为什么比女人 |
|  |  | 自男人的身体 |  |  | 粗心 | 【1423】 |
| W2793.2.4 |  | 男人力气大是因为造 |  | W2796.4.1 | 男人粗心源于盘古粗 |
|  |  | 人时先造的男人 |  |  | 心 |
| W2793.2.5 |  | 女人力气小是因为造 |  | W2796.5 | 女人为什么比男人 |
|  |  | 女人时加了泥 |  |  | 优秀 | 【1423】 |
| W2794 |  | 女人比男人大 | 【1420】 | W2796.5.1 | 女人为什么比男人 |
| W2794.1 |  | 女人力气比男人大 | 【1420】 |  | 能干 |
| W2794.1.1 |  | 女人力气比男人大是 |  | W2796.5.1a | 山洞生人时女人比 |
|  |  | 因为神给了女人神力 |  |  | 男人能干 |
| W2794.1.2 |  | 女人吃了特定的东西 |  | W2796.5.2 | 男子懒惰，女子勤劳 |
|  |  | 后比男人力气大 |  | W2796.5.2a | 天神造的男子懒惰， |
| W2794.2 |  | 特定时间女人比男 |  |  | 女子勤劳 |
|  |  | 人大 | 【1420】 | W2796.6 | 女人为什么是丈夫的 |
| W2794.2.1 |  | 地比天大时，女人比 |  |  | 主人 | 【1424】 |
|  |  | 男人大 |  | W2796.7 | 女人为什么比男人 |
| W2795 |  | 男人为什么比女人 |  |  | 聪明（女人比男人 |
|  |  | 须发多 | 【1420】 |  | 聪明） | 【1424】 |
| W2796 |  | 与男女特征区别 |  | W2796.7.1 | 以前女人比男人聪明 |
|  |  | 有关的其他母题 | 【1421】 | W2796.7.2 | 女人出生就比男人聪 |
| W2796.0 |  | 男女皮肤为什么 |  |  | 明 |
|  |  |  |  | W2796.7.3 | 女人比男人聪明是因 |

| | | | | | |
|---|---|---|---|---|---|
| | | 为造女人时肋骨上多放了一些泥 | | 变女 | |
| W2796.7.4 | 女人比男人聪明是因为女人比男人多一根肋骨 | | W2797.3 | 男女比例 | 【1430】 |
| | | | W2797.3.1 | 男女同样多 | |
| W2796.8 | 女人为什么比男人坏 | 【1426】 | W2797.3.2 | 男少女多 | |
| | | | W2797.3.2.1 | 造出的人男少女多 | |
| W2796.9 | 女人为什么比男人下身寒气大 | 【1426】 | W2797.3.2.2 | 血变成1男2女 | |
| | | | W2797.3.2.3 | 人婚生7男9女 | |
| W2796.10 | 男女死后灵魂到不同地方 | 【1426】 | W2797.3.2.4 | 人婚生9男12女 | |
| | | | W2797.3.2.5 | 女神让妇女生的男少女多 | |
| W2796.11 | 男壮女柔的来历 | 【1426】 | W2797.3.2.6 | 男少女多与生女人时天气好有关 | |
| W2796.11.1 | 男壮女柔是因为男女的灵魂数量不同 | | W2797.3.3 | 男多女少 | |
| W2796.12 | 男上女下的来历 | 【1427】 | W2797.3.3.1 | 自然出现人时男多女少 | |
| W2796.12.1 | 男上女下是因为男人是天之子，女人是地之女 | | W2797.3.3.1a | 最早有众男性和一个年长的女人 | |
| W2796.13 | 男女爱好不同 | 【1427】 | W2797.3.3.2 | 造人时造成男多女少 | |
| W2796.13.1 | 男耕女织 | | W2797.3.3.2a | 最高神造7男1女 | |
| W2796.13.2 | 男人为什么善狩猎 | | W2797.3.3.2b | 造人时少造了一个女孩 | |
| W2796.13.2a | 男人善狩猎是因为天神赐给他们弓箭 | | W2797.3.3.2c | 造人时造100男99女 | |
| W2796.14 | 男人的膝盖为什么比女人凉 | 【1428】 | W2797.3.3.2d | 造人时死亡了1个女人造成男多女少 | |
| W2796.14.1 | 男人膝盖凉是造人时形成的 | | W2797.3.3.3 | 变化产生人造成男多女少 | |
| W2796.15 | 女人比男人美丽 | 【1428】 | W2797.3.3.3a | 变化成52男48女 | |
| W2796.15.1 | 女人美丽是因为造人时让女人吃了野果 | | W2797.3.3.4 | 婚生人时造成男多女少 | |
| W2797 | 与性别有关的其他母题 | 【1428】 | W2797.3.3.4a | 一对夫妇生7男1女 | |
| | | | W2797.3.3.4b | 婚生3男1女 | |
| W2797.1 | 无性别的人 | 【1428】 | W2797.3.3.4c | 婚生5男4女 | |
| W2797.1.1 | 无性别的人的产生 | | W2797.3.3.4d | 婚生9男4女 | |
| W2797.2 | 两性人 | 【1429】 | W2797.3.3.4e | 婚生9男7女 | |
| W2797.2.1 | 原来男女同体 | | W2797.3.3.4f | 婚生51男49女 | |
| W2797.2.2 | 人原来有时变男有时 | | W2797.3.3.5 | 卵生人时造成男多女少 | |

| | | |
|---|---|---|
| W2797.3.3.5a | 蛋生出 2 男 1 女 | |
| W2797.3.3.5b | 卵生出 100 男 99 女 | |
| W2797.3.3.6 | 感生人时造成男多女少 | |
| W2797.3.3.6a | 感生 8 男 1 女 | |
| W2797.3.3.6b | 感生 9 男 7 女 | |
| W2797.3.3.7 | 男神使人生男多生女少 | |
| **W2797.4** | 男人疼爱女人的原因 | 【1436】 |
| **W2797.5** | 男人喜欢女人的原因 | 【1437】 |
| **W2797.6** | 性功能的产生 | 【1437】 |
| W2797.6.1 | 生孩子的起源 | |
| **W2797.7** | 以前男女都有乳房 | 【1437】 |
| **W2797.8** | 男女性别互变 | 【1437】 |
| W2797.8.1 | 男人变成女人 | |
| W2797.8.2 | 女人变成男人 | |
| **W2797.9** | 人对性别的无知 | 【1438】 |
| **W2797.10** | 男女的不同对待（男女地位不同） | 【1438】 |
| W2797.10.1 | 重女轻男 | |
| W2797.10.2 | 重男轻女 | |
| W2797.10.3 | 处理男女事物方法不同 | |
| W2797.10.3.1 | 物品分配男多于女 | |
| W2797.10.3.2 | 处理男女事物男左女右 | |
| W2797.10.3.3 | 男女要分食 | |
| W2797.10.4 | 男人头上有神灵 | |
| **W2797.11** | 男女的代称 | 【1440】 |

## 2.10.2 人的体征
【W2800 ~ W2899】

| | | |
|---|---|---|
| **W2800** | 人的体征的来历（人的体征的安排） | 【1440】 |
| W2800.1 | 人的身体各部位是安排的结果 | 【1440】 |
| W2800.1.1 | 人现在的体型是一对夫妻设计出来的 | |
| W2800.2 | 人的形体源于天数 | 【1441】 |
| W2800.3 | 与人的体征的安排有关的其他母题 | 【1441】 |
| W2800.3.1 | 人换模样 | |
| W2800.3.2 | 人的美丑的安排 | |
| W2800.3.2.1 | 人的美丑与造人技术有关 | |
| ***W2801** | 人早期的体征 | 【1442】 |
| **W2802** | 以前的人长着古怪的相貌 | 【1442】 |
| W2802.1 | 人最早时像怪物 | 【1442】 |
| W2802.2 | 人以前不是人样 | 【1442】 |
| W2802.3 | 人以前的模样与现在不同 | 【1443】 |
| W2802.4 | 人以前身体巨大 | 【1443】 |
| W2802.5 | 人以前身体矮小 | 【1443】 |
| W2802.5.1 | 最早的人很小 | |
| W2802.5.2 | 人以前只有几寸高 | |
| **W2803** | 以前的人会发光 | 【1444】 |
| W2803.0 | 发特定的光的人 | 【1444】 |
| W2803.0.1 | 发红光的人 | |
| W2803.1 | 人吃孔雀的头后浑身发光 | 【1445】 |
| W2803.2 | 人身上的光的消失 | 【1445】 |
| W2803.3 | 人着急时头上发光 | 【1445】 |
| **W2804** | 最早出现的人不完美 | 【1445】 |
| W2804.1 | 人刚产生时面貌模糊 | 【1445】 |
| W2804.2 | 最早的人没有五官和内脏 | 【1446】 |
| **W2805** | 以前的人像动物 | 【1446】 |

| | | | | | | |
|---|---|---|---|---|---|---|
| **W2805.0** | 人以前像猴 | 【1447】 | | W2807.8.3 | 以前的人不会生病 | |
| W2805.0.1 | 人最早是猿人 | | | W2807.8.4 | 以前的人手像棕扇， | |
| W2805.0.2 | 人最早像猿猴 | | | | 脚像芭蕉叶 | |
| W2805.0.3 | 最早的人是各种各样 | | | W2807.8.5 | 以前的人皮肤光滑 | |
| | 的猴子 | | | ＊**W2808** | **人的高矮（人的** | |
| W2805.1 | 人以前像乌龟 | 【1447】 | | | **身高）** | 【1452】 |
| W2805.2 | 人以前像螺蛳 | 【1448】 | | **W2809** | **人的高矮的原因** | 【1452】 |
| W2805.3 | 人以前像蜗牛 | 【1448】 | | W2809.1 | 人的高矮源于造人的 | |
| W2805.4 | 人以前像蜂群 | 【1448】 | | | 大小 | 【1452】 |
| W2805.5 | 人以前像蚂蚁 | 【1448】 | | W2809.1.1 | 女娲造人甩出的泥点 | |
| W2805.6 | 与人像动物有关的 | | | | 子的大小形成人的大 | |
| | 其他母题 | 【1448】 | | | 小 | |
| W2805.6.1 | 人以前像动物一样 | | | W2809.1.2 | 人有高矮是因为造人 | |
| | 敏捷 | | | | 时的材料有长有短 | |
| **W2806** | **以前的人像植物** | 【1448】 | | W2809.1.2a | 人有高矮是因为造木 | |
| W2806.1 | 最早的人像大冬瓜 | 【1449】 | | | 人时的树干有长有短 | |
| W2806.2 | 最早的人像枯树 | 【1449】 | | W2809.2 | 祈愿造成人的高矮 | |
| **W2807** | **与人的早期体征** | | | | 变化 | 【1453】 |
| | **有关的其他母题** | 【1449】 | | W2809.3 | 神说错话造成人的 | |
| W2807.1 | 以前人是天神的模样 | | | | 高矮不同 | 【1454】 |
| | | 【1449】 | | **W2809a** | **人的正常身高** | 【1454】 |
| W2807.1.1 | 神把天神模样的人 | | | W2809a.1 | 人经过修改后有了 | |
| | 送到了地上 | | | | 正常身高 | 【1454】 |
| W2807.2 | 以前人鬼同貌 | 【1450】 | | W2809a.2 | 到特定时代人才长成 | |
| W2807.3 | 以前的人是金身 | 【1450】 | | | 现在的身高 | 【1454】 |
| W2807.4 | 以前的人能变色 | 【1450】 | | **W2810** | **身体高大的人** | 【1454】 |
| W2807.5 | 最早的人有正常的 | | | W2810.0 | 身体变高大的原因 | 【1454】 |
| | 身体 | 【1450】 | | W2810.0.1 | 神洒圣水让人变高大 | |
| W2807.6 | 以前的人不能站立 | 【1450】 | | W2810.0.2 | 人通过特定植物变高 | |
| W2807.6.1 | 人最早是躺着的 | | | | 大 | |
| W2807.7 | 最早的人是影子 | 【1451】 | | W2810.1 | 人原来身体很高 | 【1455】 |
| W2807.7.1 | 神最早造出的两兄妹 | | | W2810.2 | 身体高大者的具体 | |
| | 是形影 | | | | 身高 | 【1455】 |
| W2807.8 | 人早期体征与现在 | | | W2810.2.1 | 人身高八尺 | |
| | 不同 | 【1451】 | | W2810.2.2 | 人身高九尺九寸九分 | |
| W2807.8.1 | 以前的人能返老还童 | | | W2810.2.3 | 人身高1丈3尺 | |
| W2807.8.2 | 以前的人能死后复活 | | | | | |

|| 2.10 人类的特征及相关母题 ||　中国人类起源神话母题检索表

| | | | | | | |
|---|---|---|---|---|---|---|
| W2810.3 | 人高如大树 | 【1456】 | | W2812a.1.1 | 造人时泥土做肌肉 | |
| W2810.4 | 特定的人又高又大 | 【1456】 | | W2812a.1.2 | 造人时用萝卜做肉 | |
| W2810.4.1 | 特定地方的人很高 | | | W2812a.1.3 | 雪变成肌肉 | |
| W2810.4.2 | 特定时代的人很高 | | | W2812a.2 | 肌肉是穿上的肉衣裳 | 【1462】 |
| W2811 | 矮小的人（矮人、小矮人、小人、侏儒） | 【1457】 | | W2813 | 胖人 | 【1463】 |
| | | | | W2813.1 | 胖人的来历 | 【1463】 |
| W2811.1 | 矮人源于特定地方 | 【1457】 | | W2813.1.1 | 造人时形成胖人 | |
| W2811.2 | 矮人的产生 | 【1457】 | | W2813.2 | 胖人为什么呼吸困难 | 【1463】 |
| W2811.2.1 | 造出矮人 | | | W2814 | 瘦人 | 【1463】 |
| W2811.2.2 | 人自然变矮小 | | | W2814.1 | 瘦人的来历 | 【1463】 |
| W2811.2.3 | 造人时因提前打开造成小人 | | | W2814.1.1 | 造人时形成瘦人 | |
| W2811.2.4 | 矮人婚生矮人 | | | ✽W2815 | 人的头 | 【1463】 |
| W2811.3 | 特殊部落的小矮人 | 【1458】 | | W2816 | 人的头的产生 | 【1464】 |
| W2811.4 | 身不盈尺的人 | 【1458】 | | W2816.1 | 造人时葫芦做脑壳 | 【1464】 |
| W2811.4.1 | 1寸长的人 | | | W2816.2 | 用劈开的树干造出人的头 | 【1464】 |
| W2811.4.2 | 3寸长的人 | | | W2816.3 | 造人时把头做成梨状 | 【1464】 |
| W2811.4.3 | 不足半尺的人 | | | W2817 | 人长着动物的头 | 【1464】 |
| W2811.4.4 | 5寸长的人 | | | W2817.1 | 人长着猫的头 | 【1464】 |
| W2811.4.5 | 1尺长的人 | | | W2818 | 长着多个头的人 | 【1465】 |
| W2811.5 | 枣核大小的孩子 | 【1460】 | | W2819 | 与头部有关的其他母题 | 【1465】 |
| W2811.6 | 比老鼠还小的孩子 | 【1460】 | | W2819.1 | 长着金属头的人 | 【1465】 |
| W2811.7 | 袖珍人 | 【1460】 | | W2819.2 | 人有一头多身 | 【1465】 |
| W2811.8 | 小矮人的特征 | 【1460】 | | W2819.3 | 人后脑勺凹下去的来历 | 【1465】 |
| W2811.8.1 | 小矮人力气小 | | | W2819.3.1 | 人的脑壳为什么有道缝印 | |
| W2811.8.2 | 小矮人力气大 | | | | | |
| W2811.8.3 | 小矮人很聪明 | | | W2819.4 | 为什么人的脖颈是凹的 | 【1466】 |
| W2811.9 | 小矮人的用具 | 【1461】 | | | | |
| W2811.9.1 | 小矮人的小餐具 | | | W2819.4.1 | 挖掉脖子一圈肉后脖子有了凹陷 | |
| W2811.10 | 与矮小的人有关的其他母题 | 【1461】 | | | | |
| W2811.10.1 | 小人办大事 | | | W2819.5 | 长着独角的人 | 【1466】 |
| W2811.10.2 | 头大身子小的侏儒 | | | | | |
| ✽W2812 | 人的胖瘦 | 【1461】 | | | | |
| W2812a | 人的肌肉 | 【1462】 | | | | |
| W2812a.1 | 人的肌肉的产生 | 【1462】 | | | | |

|  |  |  |  |  |  |
|---|---|---|---|---|---|
| W2819.6 | 人的角的丢失 | 【1466】 | W2822.2.1 | 半红半白脸的人 | |
| W2819.6.1 | 神把人的角去掉 | | W2822.3 | 三张脸的人 | 【1470】 |
| W2819.7 | 大头的人 | 【1467】 | W2822.4 | 原来人的脸朝天 | 【1471】 |
| W2819.7.1 | 大头儿子 | | W2822.5 | 麻脸者 | 【1471】 |
| W2819.8 | 小头的人 | 【1467】 | W2822.5.1 | 人的麻脸是鸟啄的 | |
| ✻W2820 | 人的面部 | 【1467】 | W2822.5.2 | 人的麻脸是造人时被鸡啄的 | |
| W2821 | 人的面部特征的来历（五官的产生） | 【1467】 | W2822.5.3 | 麻脸是造人时被雨砸造成的（雨点变成麻脸） | |
| W2821.0 | 面部特征自然形成 | 【1467】 | W2822.6 | 以前人脸上有毛 | 【1471】 |
| W2821.0.1 | 混沌人生出五官肢体 | | W2822.6.1 | 以前人脸上的毛八掌长 | |
| W2821.1 | 人的面孔是神赋予的 | 【1467】 | W2822.7 | 面孔是人的精神 | 【1472】 |
| W2821.1.1 | 画神抽出一张面孔给新生儿 | | W2822.8 | 脸的颜色 | 【1472】 |
| W2821.1.2 | 神给每人一副面孔 | | W2822.8.1 | 黄脸 | |
| W2821.2 | 神设计人的五官 | 【1468】 | W2822.8.2 | 红脸 | |
| | | | W2822.8.3 | 蓝脸 | |
| W2821.3 | 造人者设计人的五官 | 【1468】 | W2822.8.4 | 黑脸 | |
| W2821.3.1 | 父母设计胎儿的五官 | | W2822.8.5 | 紫红脸 | |
| W2821.4 | 与人的面部来历有关的其他母题 | 【1469】 | W2822.9 | 有的人为什么面部清秀 | 【1473】 |
| W2821.4.1 | 生育前祭画神孩子可得到好的面孔 | | ✻W2823 | 人的眼睛 | 【1473】 |
| | | | W2824 | 人原来没有眼睛 | 【1473】 |
| W2821.4.2 | 长着特殊五官的人 | | W2824.1 | 没有眼睛的人 | 【1473】 |
| W2821.4.3 | 仙人使人的面部发生改变 | | W2825 | 人的眼睛的来历 | 【1474】 |
| | | | W2825.1 | 神让人长出眼睛 | 【1474】 |
| W2822 | 与人的面部特征有关的其他母题 | 【1469】 | W2825.1.1 | 人的眼睛像太阳是神的决定 | |
| W2822.0 | 人有不同面孔的来历 | 【1469】 | W2825.2 | 眼睛是造出来的 | 【1474】 |
| | | | W2825.2.1 | 星星做人的眼睛 | |
| W2822.0.1 | 人的面孔是由画神画出的 | | W2825.2.2 | 用黑炭和白泥造人的眼睛 | |
| W2822.1 | 有不平常面部的人 | 【1470】 | W2825.3 | 人吃果子变成眼 | 【1475】 |
| W2822.2 | 双面人（两面人） | 【1470】 | W2825.4 | 眼珠是特殊的东西变的 | 【1475】 |
| | | | W2825.5 | 靠意识长出眼睛 | 【1475】 |

| | | | | | | |
|---|---|---|---|---|---|---|
| W2825.6 | 与眼睛的来历有关的其他母题 | 【1476】 | | W2828.3.1 | 其他母题 独眼姑娘 | 【1482】 |
| W2825.6.1 | 眼珠（眼球） | | | W2828.3.2 | 独眼人的名字 | |
| W2825.6.2 | 用星星做眼珠 | | | W2828.3.3 | 独眼人时代动物欺负人 | |
| **W2826** | **人的眼睛的特征** | 【1476】 | | W2828.3.4 | 独眼人时代秩序混乱 | |
| W2826.1 | 人以前的眼是白色的，黑夜也能看到东西 | 【1476】 | | W2828.3.5 | 独眼人时发明火 | |
| W2826.2 | 眼能视物的来历 | 【1476】 | | W2828.3.6 | 独眼人与独眼猴不分 | |
| W2826.3 | 人为什么眼睛发亮 | 【1476】 | | W2828.3.7 | 独眼人不会耕种 | |
| W2826.4 | 人睡觉闭眼的来历 | 【1477】 | | **W2829** | **横眼人** | 【1484】 |
| W2826.4.1 | 以前人的眼睛不会闭合 | | | W2829.0 | 特定物生横眼人 | 【1484】 |
| W2826.5 | 人的眼睛为什么是圆的 | 【1477】 | | W2829.0.1 | 瓜生筷子横眼人 | |
| | | | | W2829.1 | 兄妹婚生横眼人 | 【1485】 |
| W2826.5.1 | 孕生人时规定人的眼睛是圆的 | | | W2829.2 | 竖眼人生横眼人 | 【1485】 |
| | | | | W2829.2.1 | 竖眼人变成横眼人 | |
| W2826.6 | 人的眼睛为什么长额头上 | 【1477】 | | W2829.3 | 直眼人变成横眼人 | 【1486】 |
| | | | | W2829.3.1 | 泼水使直眼人变成横眼人 | |
| W2826.6.1 | 眼睛从头顶搬到额头上 | | | W2829.4 | 与横眼人有关的其他母题 | 【1486】 |
| **W2827** | **长着特殊眼睛的人** | 【1478】 | | W2829.4.1 | 蟋蟀横眼人 | |
| W2827.1 | 长着方形眼睛的人 | 【1478】 | | W2829.4.2 | 筷子横眼人 | |
| W2827.2 | 长着两个瞳孔的人 | 【1478】 | | W2829.4.3 | 用刀划成横眼人 | |
| **W2828** | **独眼人** | 【1478】 | | W2829.4.4 | 横眼人是真正的人 | |
| W2828.1 | 独眼人的产生 | 【1479】 | | **W2830** | **竖眼人** | 【1487】 |
| W2828.1.1 | 天地生独眼人 | | | W2830.0 | 以前的人是竖眼人 | 【1487】 |
| W2828.1.2 | 神造独眼人 | | | W2830.1 | 竖眼人的产生 | 【1487】 |
| W2828.1.3 | 猴变独眼人 | | | W2830.1.1 | 独眼人生竖眼人 | |
| W2828.1.4 | 人婚生独眼人 | | | W2830.1.2 | 斜眼人生竖眼人 | |
| W2828.1.5 | 鸟婚生独眼人 | | | W2830.1.3 | 猴变成竖眼人 | |
| W2828.2 | 独眼人的特征 | 【1480】 | | W2830.1.4 | 兄妹婚生竖眼人 | |
| W2828.2.1 | 独眼人的眼长在脑眉上 | | | W2830.2 | 竖眼人貌美 | 【1488】 |
| | | | | W2830.2.1 | 竖眼人比横眼人漂亮 | |
| W2828.2.2 | 独眼人不会用火 | | | W2830.3 | 竖眼人即立目人 | 【1489】 |
| W2828.2.3 | 独眼人是哑巴 | | | W2830.3.1 | 天老爷派来立目人 | |
| W2828.3 | 与独眼人有关的 | | | W2830.4 | 竖眼女人 | 【1489】 |
| | | | | W2830.5 | 立目人好吃懒做 | 【1490】 |

| | | | | | | |
|---|---|---|---|---|---|---|
| W2831 | 直眼人 | 【1490】 | | W2833.1 | 人的眼睛长在头顶上 | 【1496】 |
| W2831.1 | 生育直眼人 | 【1490】 | | W2833.2 | 人的眼睛长在脑后 | 【1497】 |
| W2831.2 | 天神派来直眼人 | 【1490】 | | W2833.3 | 人的眼睛长在鼻梁上 | 【1497】 |
| W2831.3 | 直眼人是演变而来的 | 【1490】 | | W2833.4 | 人的眼睛长在膝盖上 | 【1497】 |
| W2831.3.1 | 人由蚂蚱瞎子发展到蚂蚁直眼人 | | | W2833.5 | 人的眼睛长在脚趾上 | 【1497】 |
| W2831.3.2 | 独眼人变成直眼人 | | | W2833a | 眼睛的演化 | 【1498】 |
| W2831.4 | 直眼人的种类 | 【1491】 | | W2833a.1 | 眼睛长在膝盖的人生眼长在脸上的人 | 【1498】 |
| W2831.4.1 | 蚂蚁直眼人 | | | | | |
| W2831.4.2 | 蚂蚱直眼人 | | | W2833a.2 | 人由4只眼变成两只眼 | 【1498】 |
| W2831.4.2a | 瞎眼人变成蚂蚱直眼人 | | | W2834 | 与人的眼睛有关的其他母题 | 【1498】 |
| W2831.5 | 与直眼人有关的其他母题 | 【1492】 | | W2834.0 | 圆眼人 | 【1498】 |
| W2831.5.1 | 直眼人被洪水淹死 | | | W2834.0.1 | 圆眼人心不好 | |
| W2831.5.2 | 直眼人眼睛长在头顶上 | | | W2834.1 | 斜眼人 | 【1499】 |
| W2831.5.2a | 直眼人两只直眼朝上生 | | | W2834.2 | 以乳为目的人 | 【1499】 |
| W2831.5.3 | 直眼人鼻子像剪刀 | | | W2834.3 | 人的视觉的产生 | 【1499】 |
| W2831.5.4 | 直眼人尖嘴唇 | | | W2834.4 | 火眼金睛 | 【1499】 |
| W2831.5.5 | 直眼人圆嘴巴 | | | W2834.5 | 能看到妖魔的眼睛 | 【1499】 |
| W2831.5.6 | 直眼人不懂道理 | | | W2834.6 | 眼睛的颜色 | 【1499】 |
| W2831.5.7 | 直眼人心不好 | | | W2834.6.1 | 黑色的眼珠 | |
| W2831.5.8 | 直眼人会耕田 | | | W2834.6.2 | 红色的眼睛 | |
| W2832 | 长着多只眼睛的人 | 【1495】 | | W2834.6.3 | 粉红色的眼睛 | |
| W2832.1 | 3只眼的人 | 【1495】 | | W2834.6.4 | 绿色的眼睛 | |
| W2832.1.1 | 人原来有3只眼睛 | | | W2834.6.5 | 蚂蚁瞎子时代的人 | |
| W2832.1.2 | 3只眼的红脸大汉 | | | W2834.7 | 迷人的眼睛 | 【1500】 |
| W2832.2 | 4只眼的人 | 【1495】 | | W2834.7.1 | 勾人的媚眼 | |
| W2832.2.1 | 人原来有4只眼睛 | | | W2835 | 人的嘴 | 【1501】 |
| W2832.2.2 | 祖先有4只眼睛 | | | W2835.1 | 人的嘴巴的来历 | 【1501】 |
| W2832.3 | 最早造出的人8只眼睛 | 【1496】 | | W2835.2 | 长着不平常的嘴的人 | 【1501】 |
| W2833 | 眼睛的特殊位置 | 【1496】 | | W2835.2.1 | 长着火一样红的嘴 | |

| | | | | | | |
|---|---|---|---|---|---|---|
| W2835.3 | 与人的嘴有关的其他母题 | 【1501】 | | W2838.1.5 | 耳朵的产生是为了听到神的声音 | |
| W2836 | 人的舌头 | 【1502】 | | W2838.1.6 | 耳朵的产生是为了美观 | |
| W2836.1 | 人的舌头的产生 | 【1502】 | | W2838.2 | 有不平常耳朵的人 | 【1506】 |
| W2836.2 | 人的舌头为什么是红色的 | 【1502】 | | W2838.2.1 | 大耳人 | |
| W2836.2.1 | 孕生人时规定人的舌头是红色的 | | | W2838.2.1.1 | 大耳婆 | |
| W2836.2.1.1 | 孕生人时父母商定孩子的舌头为红色 | | | W2838.3 | 人长着动物耳朵 | 【1507】 |
| W2836.2.2 | 人的舌头像红石头是神的决定 | | | W2838.3.1 | 人长着猫的耳朵是特殊的东西变的 | |
| W2836.3 | 与人的舌头有关的其他母题 | 【1503】 | | W2838.4 | 耳朵里长耳垢的原因 | 【1507】 |
| W2837 | 人的牙齿 | 【1503】 | | W2838.5 | 与人的耳朵有关的其他母题 | 【1507】 |
| W2837.1 | 人的牙齿的产生 | 【1503】 | | W2838.5.1 | 耳朵为什么不平 | |
| W2837.2 | 人为什么牙齿是白色的 | 【1503】 | | W2838.5.2 | 人的耳朵为什么像木耳 | |
| W2837.2.1 | 人的牙齿为什么像白石 | | | W2838.5.2.1 | 孕生人时规定人的耳朵像木耳 | |
| W2837.2.1.1 | 孕生人时规定人的牙齿像白石 | | | W2839 | 人的鼻子 | 【1508】 |
| W2837.3 | 与人的牙齿有关的其他母题 | 【1504】 | | W2839.1 | 人的鼻子的来历 | 【1508】 |
| W2837.3.1 | 用牙齿计算年龄 | | | W2839.1.1 | 神让人长出鼻子 | |
| W2837.3.2 | 金牙齿 | | | W2839.1.2 | 神给人造鼻子 | |
| W2838 | 人的耳朵 | 【1504】 | | W2839.2 | 人的鼻子形状的原因 | 【1508】 |
| W2838.1 | 人的耳朵的来历 | 【1504】 | | W2839.2.1 | 人的鼻梁为什么高 | |
| W2838.1.1 | 神让人长出耳朵 | | | W2839.2.1.1 | 人的鼻子像山梁是神的决定 | |
| W2838.1.2 | 神或神性人物给人造耳朵 | | | W2839.2.2 | 鼻子是特殊的东西变的 | |
| W2838.1.2.1 | 风神给人造耳朵 | | | W2839.2.3 | 人的鼻子为什么像三角 | |
| W2838.1.2.2 | 女娲给人造耳朵 | | | W2839.3 | 鼻毛的来历 | 【1510】 |
| W2838.1.3 | 靠意识长出耳朵 | | | W2839.4 | 以前人的鼻子很灵 | 【1510】 |
| W2838.1.4 | 特定物变成人的耳朵 | | | W2839.5 | 与人的鼻子有关的其他母题 | 【1510】 |
| W2838.1.4.1 | 锁变成耳朵 | | | W2839.5.1 | 长着不平常鼻子的人 | |
| W2838.1.4.2 | 木耳变成了人的耳朵 | | | | | |

| | | | | | | |
|---|---|---|---|---|---|---|
| W2839.5.2 | 长着鸟鼻子的人 | | | | 不一 | 【1514】 |
| W2839.5.3 | 人的鼻孔为什么朝下 | | W2844.6 | 魔鬼嚼烂人的手脚使 | |
| W2839.5.4 | 鼻子为什么有嗅觉 | | | 指头产生长短 | 【1514】 |
| ✲ W2840 | 人的四肢 | 【1511】 | W2844.7 | 仙女把人的手指修剪 | |
| W2841 | 四肢的产生 | 【1511】 | | 出长短 | 【1514】 |
| W2841.1 | 混沌人生出四肢 | 【1511】 | W2844.8 | 金手 | 【1515】 |
| W2841.2 | 猴子给了人手足 | 【1511】 | W2844a | 手臂 | 【1515】 |
| W2841.3 | 人受袭击长出四肢 | 【1511】 | W2844a.1 | 手臂是用劈开的树干 | |
| W2841.3.1 | 像爬虫的人受袭击长 | | | 造出来的 | 【1515】 |
| | 出四肢 | | W2845 | 腿 | 【1515】 |
| W2841.4 | 神造人的四肢 | 【1511】 | W2845.0 | 腿的产生 | 【1515】 |
| W2842 | 手 | 【1511】 | W2845.0.1 | 劈树干造出人的双腿 | |
| W2842.1 | 神赋予人的手 | 【1512】 | W2845.1 | 人的腿为什么是 | |
| W2842.1.1 | 神给每人两只手 | | | 直的 | 【1516】 |
| W2842.2 | 人手是变化产生的 | 【1512】 | W2845.1.1 | 小腿原来是直的 | |
| W2842.2.1 | 因为要摘果实前肢变 | | W2845.1.2 | 孕生人时规定人的腿 | |
| | 成手 | | | 是直的 | |
| W2842.2.2 | 祖先鱼的鳍演化成四肢 | | W2845.1.3 | 人的小腿像棒棒是神 | |
| W2842.3 | 与手有关的其他 | | | 的决定 | |
| | 母题 | 【1512】 | W2845.2 | 人的腿肚的来历 | 【1517】 |
| W2842.3.1 | 长着不平常手的人 | | W2845.3 | 人的小腿肌肉的 | |
| | （长着不平常手臂 | | | 来历 | 【1517】 |
| | 的人） | | W2845.3.1 | 小腿上的肉是神绑上 | |
| W2843 | 手掌 | 【1513】 | | 的肌肉 | |
| W2843.1 | 手掌像雪花状的来历 | | W2845.3.2 | 人的小腿上的肌肉是 | |
| | | 【1513】 | | 神绑上的沙袋变成的 | |
| W2843.2 | 手纹的来历 | 【1513】 | W2845.4 | 人的大腿像磨刀石 | 【1518】 |
| W2844 | 手指 | 【1513】 | W2845.4.1 | 人的大腿像磨刀石 | |
| W2844.1 | 手板开裂变成五指 | 【1513】 | | 是神的决定 | |
| W2844.2 | 人原来的手指一 | | W2846 | 脚 | 【1518】 |
| | 样长 | 【1514】 | W2846.0 | 脚是变化产生的 | 【1518】 |
| W2844.3 | 手的五指长短不一的 | | W2846.0.1 | 下身分岔形成双脚 | |
| | 来历 | 【1514】 | W2846.1 | 靠意识长出脚 | 【1519】 |
| W2844.4 | 神的意愿产生人的 | | W2846.2 | 脚掌的来历 | 【1519】 |
| | 五指 | 【1514】 | W2846.3 | 人的脚掌有凹的 | |
| W2844.5 | 说错话造成五指长短 | | | 原因 | 【1519】 |
| | | | W2846.3.1 | 人的脚心少一块肉是 | |

| | | |
|---|---|---|
| | 最早的人抠掉的 | |
| W2846.3.2 | 人的脚掌有凹是被抓下一块造成的 | |
| **W2846.4** | **人的脚板扁平的来历** | 【1520】 |
| W2846.4.1 | 人的脚板扁平是神的决定 | |
| W2846.4.2 | 脚像扁担的来历 | |
| W2846.4.3 | 人的脚板为什么像泥板 | |
| **W2846.5** | **长着多只脚的人** | 【1521】 |
| W2846.5.1 | 多足者走得快 | |
| **W2846.6** | **人的手脚长得不大的来历** | 【1521】 |
| W2846.6.1 | 人的手脚长得不大是因为祖先用布带裹手脚造成的 | |
| **W2847** | **与人的四肢有关的其他母题** | 【1521】 |
| W2847.1 | 人原来没有膝盖 | 【1521】 |
| W2847.2 | 膝盖的产生 | 【1522】 |
| W2847.2.1 | 膝盖是为了防止人跑得太快 | |
| W2847.2.2 | 人吃盐以后才开始长膝盖 | |
| W2847.2.3 | 膝盖是压在腿上的小石磨 | |
| W2847.2.4 | 膝盖是神糊在腿上的泥巴 | |
| W2847.2.4a | 膝盖是老君爷糊在腿上的泥巴 | |
| W2847.2.4b | 膝盖是世神扣在腿上的两只泥碗 | |
| W2847.2.4c | 膝盖是山神打在腿上的黄泥巴 | |
| W2847.2.5 | 膝盖是神放在膝部的扁骨头 | |

| | | |
|---|---|---|
| **W2847.3** | **膝盖的特征** | 【1524】 |
| W2847.3.1 | 人的膝盖向后长 | |
| W2847.3.2 | 人的膝盖为什么发凉 | |
| W2847.3.2a | 人的膝盖骨像石头 | |
| W2847.3.2a.1 | 人的膝盖骨像石头是神的决定 | |
| **W2847.4** | **大腿与膝盖结合处两旁有凹陷的来历** | 【1525】 |
| W2847.4.1 | 大腿与膝盖结合处两旁有凹陷是鹰啄食造成的 | |
| **W2847.5** | **人的腋窝的来历** | 【1525】 |
| W2847.5.1 | 挖掉人腋下两块肉后形成腋窝 | |
| W2847.5.2 | 鸟叼去人腋下的肉形成腋窝 | |
| W2847.5.3 | 腋窝的肉比别处肉少的原因 | |
| **W2847.6** | **长着许多手臂的人** | 【1526】 |
| W2847.6.1 | 三头六臂的人 | |
| **W2847.7** | **长着不平常腿的人** | 【1526】 |
| **W2847.8** | **人的指甲的产生** | 【1527】 |
| **W2847.9** | **四肢很长的人** | 【1527】 |
| W2847.9.1 | 以前人的手臂很长 | |
| **W2848** | **人的躯体的其他部位** | 【1527】 |
| **W2848.0** | **人的背部** | 【1527】 |
| W2848.0.1 | 人的背为什么弯曲 | |
| W2848.0.1.1 | 罗锅是被挤压造成的 | |
| W2848.0.1.2 | 神导致人的驼背 | |
| W2848.0.2 | 人后背为什么有沟 | |
| **W2848.1** | **人的肩膀** | 【1528】 |
| W2848.1.1 | 人的肩膀倾斜的来历 | |
| W2848.1.1.1 | 孕生人时规定人的肩膀倾斜 | |
| W2848.1.1.2 | 神决定人的肩膀是斜的 | |

| | | | | | |
|---|---|---|---|---|---|
| W2848.1.2 | 男人的肩膀左高右低的来历 | | | | 是毛 【1534】 |
| W2848.1.2.1 | 男人被抽了一根右肋骨造成肩膀左高右低 | | W2851.3 | 人在特定时代全身是毛 | 【1534】 |
| | | | W2851.3.1 | 远古时，人全身是毛 | |
| | | | W2851.3.2 | 洪水与火山爆发时期，人全身是毛 | |
| **W2848.2** | **人的骨骼** | 【1530】 | | | |
| W2848.2.0 | 人的骨架的来历 | | **W2852** | **人的头发** | 【1535】 |
| W2848.2.0.1 | 造人时用竹竿做骨架 | | W2852.0 | 人以前没有头发 | 【1535】 |
| W2848.2.1 | 人的脊椎骨的来历 | | W2852.1 | 人的头发的来历 | 【1535】 |
| W2848.2.2 | 人最初的胫骨和肘骨是单层的 | | W2852.2 | 神让人长出头发 | 【1535】 |
| | | | W2852.3 | 风神给人画出头发 | 【1535】 |
| W2848.2.2.1 | 人的胫骨和肘骨切断弄成双层 | | W2852.4 | 人的头发的保留 | 【1536】 |
| W2848.2.3 | 人的脊梁骨的来历 | | W2852.5 | 人以前浑身有毛，后来只剩头发等没被退（烧、烫、拔等）掉 | 【1536】 |
| W2848.2.4 | 人的肋骨的来历 | | | | |
| W2848.2.4.1 | 肋骨是造人者的手掌印 | | | | |
| W2848.2.4.2 | 人肋骨弯曲的原因 | | W2852.5.1 | 人以前浑身有毛，退毛时违背禁忌保留下现在的头发 | |
| W2848.2.5 | 人的骨头的数量 | | | | |
| W2848.2.5.1 | 人的骨骼男361块，女360块 | | W2852.5.2 | 人以前浑身有毛，头上的毛没被烧掉成为现在的头发 | |
| W2848.2.6 | 人的骨头的重量 | | | | |
| W2848.2.7 | 与人的骨骼有关的其他母题 | | W2852.5.3 | 人以前浑身有毛，头上的毛没被野兽拔掉成为现在的头发 | |
| W2848.2.7.1 | 冰块变成人的骨骼 | | | | |
| **W2848.3** | **人的关节** | 【1532】 | W2852.5.4 | 人以前浑身有毛，头上的毛没被狗舔掉成为现在的头发 | |
| W2848.3.1 | 人的关节的来历 | | | | |
| **W2848.4** | **人的腰** | 【1532】 | | | |
| W2848.4.1 | 有的人为什么腰细 | | W2852.5.5 | 人以前浑身有毛，头上的毛没被药水洗掉成为现在的头发 | |
| W2848.4.2 | 有的人为什么腰粗 | | | | |
| W2848.4.2.1 | 有的女人腰粗是神的旨意 | | W2852.5.6 | 人以前浑身有毛，头上的毛没被热水烫掉成为现在的头发 | |
| ＊**W2850** | **人的毛发** | 【1533】 | | | |
| **W2851** | **人以前全身是毛** | 【1533】 | W2852.6 | 金头发 | 【1538】 |
| W2851.1 | 人以前像野兽全身是毛 | 【1534】 | W2852.7 | 头发的特征 | 【1538】 |
| W2851.2 | 神刚造出的人全身 | | W2852.7.1 | 头发为什么茂密 | |

| | | | | | | |
|---|---|---|---|---|---|---|
| W2852.7.2 | 人的头发像森林是神的决定 | | W2857.2 | 汗毛为什么细小 | 【1543】 |
| | | | W2857.3 | 汗 | 【1543】 |
| **W2853** | **人的腋毛** | 【1539】 | W2857.3.1 | 汗有臭味 | |
| W2853.1 | 人的腋毛的来历 | 【1539】 | **W2857a** | **私处的毛** | 【1543】 |
| W2853.1.1 | 人把草夹在腋窝成为腋毛 | | W2857a.1 | 人的私处为什么有毛 | 【1544】 |
| W2853.2 | 人的腋毛为什么黑色 | 【1540】 | W2857a.1.1 | 人的私处有毛是因为没有被烫掉 | |
| W2853.3 | 人的腋毛的保留 | 【1540】 | **W2858** | **人身上不长毛的来历** | 【1544】 |
| W2853.3.1 | 猴子腋窝没烫掉的毛成为人的腋毛 | | W2858.1 | 人身上不长毛是神的规定 | 【1544】 |
| **W2854** | **胡须** | 【1540】 | W2858.2 | 人身上不长毛是为了显示人与兽类的区别 | 【1544】 |
| W2854.1 | 造人时造出胡须 | 【1540】 | | | |
| W2854.1.1 | 造人时插上的龙须草成为人的胡须 | | W2858.3 | 人身上的毛被动物舔掉后不再生长 | 【1544】 |
| W2854.2 | 为区分男女产生胡须 | 【1540】 | **W2859** | **体毛脱落的原因** | 【1544】 |
| W2854.2.1 | 为区别男女为男人放胡须 | | W2859.1 | 人身上的毛是退掉的 | 【1544】 |
| W2854.2.2 | 为区别男女去掉女人的胡须 | | W2859.2 | 人身上的毛是自然退掉的 | 【1545】 |
| W2854.3 | 男人胡须的来历 | 【1541】 | W2859.3 | 人使用火后身上的毛退掉 | 【1545】 |
| W2854.3.1 | 神造男人时加入腋毛成为男人的胡须 | | W2859.4 | 人学会劳动后身上的毛退掉 | 【1545】 |
| **W2855** | **睫毛** | 【1541】 | W2859.5 | 人吃盐后体毛退掉 | 【1545】 |
| W2855.1 | 睫毛的来历 | 【1541】 | W2859.6 | 天神用药草洗去人身上的毛 | 【1545】 |
| **W2856** | **眉毛** | 【1541】 | | | |
| W2856.1 | 眉毛的来历 | 【1542】 | W2859.7 | 神用天水将人的绒毛烫掉 | 【1546】 |
| W2856.2 | 人的眉毛为什么像草 | 【1542】 | W2859.8 | 人身上的毛是烧掉的 | 【1546】 |
| W2856.2.1 | 人的眉毛像草丛是神的决定 | | W2859.8.1 | 人身上没毛是被火烧掉的 | |
| W2856.3 | 眉毛是黑色的 | 【1542】 | | | |
| **W2857** | **汗毛** | 【1543】 | W2859.8.2 | 人身上没毛是被太阳烤掉的 | |
| W2857.1 | 汗毛的来历 | 【1543】 | | | |
| W2857.1.1 | 造人时茅草做汗毛 | | | | |

| | | | | | | |
|---|---|---|---|---|---|---|
| W2859.9 | 人身上的毛是被水烫掉的 【1547】 | | W2862a.1 | 人的尾巴的大小 | 【1551】 | |
| W2859.9.1 | 人的体毛被天神用水烫掉 | | W2862a.1.1 | 人的尾巴3寸 | | |
| | | | W2862a.1.2 | 人长着宽大的尾巴 | | |
| W2859.10 | 人身上的毛是被动物拔掉的 【1547】 | | W2862a.1.3 | 人的尾巴比老虎尾巴还大 | | |
| W2859.10.1 | 人身上的毛是被野兽拔掉的 | | W2862a.2 | 人的尾巴的颜色 | 【1552】 | |
| | | | W2862a.2.1 | 人长着白色尾巴 | | |
| W2859.10.2 | 人身上没毛是被动物舔掉的 | | W2862a.3 | 人的尾巴是智慧之源 | 【1552】 | |
| W2859.11 | 人身上的毛是摩擦掉的 【1548】 | | W2863 | 人的尾巴的消失 【1552】 | | |
| | | | W2863.0 | 人的尾巴自然消失 【1552】 | | |
| W2860 | 与人的毛发有关的其他母题 【1548】 | | W2863.0.1 | 猴子变成人后尾巴自然消失 | | |
| W2860.1 | 长着不平常毛发的人 【1548】 | | W2863.1 | 人的尾巴被割掉 | 【1553】 | |
| | | | W2863.1.1 | 天神割掉人的尾巴 | | |
| ✤ W2861 | 人的尾巴 【1548】 | | W2863.1.2 | 玉皇大帝割掉人的尾巴 | | |
| W2862 | 人的尾巴的产生【1548】 | | W2863.1.3 | 阎王割掉人的尾巴 | | |
| W2862.1 | 人的尾巴自然存在 【1548】 | | W2863.1.4 | 天兵天将砍掉人的尾巴 | | |
| W2862.1.1 | 原来的人长有尾巴（人以前有尾巴） | | W2863.1.5 | 首领砍掉人屁股上的尾巴 | | |
| W2862.2 | 特定时代的人长尾巴 【1548】 | | W2863.2 | 人的尾巴被咬掉 | 【1554】 | |
| W2862.2.1 | 盘古时人长尾巴 | | W2863.2.1 | 人的尾巴被动物咬掉 | | |
| W2862.2.2 | 人到一定年龄长尾巴 | | W2863.2.2 | 人的尾巴被蚂蚁吃掉 | | |
| W2862.2.3 | 人300岁后长尾巴 | | W2863.3 | 人的尾巴被烧掉 | 【1555】 | |
| W2862.2.4 | 人老而不死长出尾巴 | | W2863.4 | 人的尾巴被磨掉 | 【1555】 | |
| W2862.3 | 特定的人长尾巴 【1549】 | | W2863.5 | 人的尾巴被轧掉 | 【1555】 | |
| W2862.3.1 | 祖先长着尾巴 | | W2863.6 | 人吃某物后尾巴消失 | 【1556】 | |
| W2862.3.2 | 地底下的人长尾巴 | | W2863.6.1 | 人吃粮食后尾巴消失 | | |
| W2862.4 | 人长尾巴有特定原因 【1550】 | | W2863.7 | 人喝特殊的水尾巴消失 | 【1556】 | |
| W2862.4.1 | 人与犬结婚生长尾巴的后代 | | W2863.8 | 人和动物交换了尾巴 | 【1556】 | |
| W2862.4.2 | 人屁股上插的东西变成尾巴 | | W2863.9 | 人的尾巴被夹掉 | 【1557】 | |
| W2862a | 人的尾巴的特征【1551】 | | W2863.9.1 | 关门时尾巴被夹掉 | | |

| | | | | | | |
|---|---|---|---|---|---|---|
| W2863.10 | 人的尾巴被摔掉 | 【1557】 | | W2868.1.3 | 用五色土造人形成五种肤色的人 | |
| W2863.11 | 人的尾巴躲藏起来 | 【1557】 | | W2868.1a | 人的肤色是特定物染出来的 | 【1562】 |
| W2863.11.1 | 人的尾巴躲潜到脊骨里 | | | W2868.2 | 自然出现各色人种 | 【1562】 |
| W2863.12 | 人的尾巴被化掉 | 【1558】 | | W2868.2.1 | 人出现棕、白、黄、黑皮色 | |
| W2863.12.1 | 神仙作法化掉人的尾巴 | | | W2868.3 | 黑色皮肤的来历（黑种人的产生、黑人的产生） | 【1562】 |
| **W2864** | **人的尾巴的作用** | 【1558】 | | W2868.3.1 | 从石头里生出时形成黑皮肤 | |
| W2864.1 | 人的尾巴可以预知死亡 | 【1558】 | | W2868.3.2 | 女始祖生黑孩 | |
| W2864.2 | 尾巴用来驱蚊 | 【1558】 | | W2868.3.3 | 造人时用黑土造出黑种人 | |
| **W2865** | **与人的尾巴有关的其他母题** | 【1558】 | | W2868.3.4 | 造人时烧焦的泥人成为黑人 | |
| W2865.1 | 人的尾尖骨（人的尾巴桩） | 【1559】 | | **W2868.4** | **白色皮肤的来历（白种人的产生、白人的产生）** | 【1563】 |
| W2865.1.1 | 尾巴桩是剪掉尾巴留下的痕迹 | | | W2868.4.1 | 造人时用白土造出白皮肤的人 | |
| W2865.1.2 | 人的尾巴桩是砍掉尾巴时留下的痕迹 | | | W2868.4.2 | 特定植物中生出白皮肤 | |
| ✽ **W2866** | **人的皮肤** | 【1559】 | | W2868.4.3 | 日照少造成人的白皮肤 | |
| **W2867** | **人的皮肤的产生** | 【1559】 | | W2868.4.4 | 造泥人烤烧轻微造成白皮肤 | |
| W2867.1 | 人的皮肤是穿的衣服 | 【1559】 | | W2868.4.5 | 感黑人的唾液生白人 | |
| W2867.2 | 人与动物交换皮肤 | 【1559】 | | W2868.4.6 | 白瓜生脸色粉白的女人 | |
| **W2868** | **人的肤色** | 【1560】 | | **W2868.5** | **黄色皮肤的来历（黄种人的产生）** | 【1565】 |
| W2868.0 | 人的肤色是生育时形成的 | 【1560】 | | W2868.5.1 | 造人时用黄土造出黄皮肤的人 | |
| W2868.0.1 | 女始祖生各种肤色的人 | | | W2868.5.2 | 造人烤烧时变为黄人 | |
| W2868.0.2 | 彩蛋生人形成人的肤色 | | | W2868.5.3 | 烧熟的泥人成为黄 | |
| W2868.0.3 | 瓜生不同肤色的人 | | | | | |
| **W2868.1** | **人的肤色是造人时形成的** | 【1560】 | | | | |
| W2868.1.1 | 人的肤色与造人材料的颜色有关 | | | | | |
| W2868.1.2 | 人的肤色源于造人的土的颜色 | | | | | |

| | | | | | |
|---|---|---|---|---|---|
| | | 种人 | W2872.3 | 不死的心脏 | 【1570】 |
| W2868.5.4 | | 金色黄种人 | W2872.3.1 | 人死后心脏跳动 | |
| **W2868.6** | | 红色皮肤的来历 | **W2873** | 肝脏 | 【1570】 |
| | | （红色人种的产生）【1566】 | W2873.1 | 造人时用荷叶做肝 | 【1570】 |
| W2868.6.1 | | 造人时用红土造出 | W2873.2 | 造人时树叶做肝 | 【1570】 |
| | | 红皮肤的人 | **W2874** | 肺 | 【1570】 |
| **W2868.7** | | 棕色皮肤的来历 | W2874.1 | 肺的产生 | 【1571】 |
| | | （棕色人种的产生）【1566】 | W2874.1.1 | 造人时用荷叶做肺 | |
| W2868.7.1 | | 造人时用棕色土造出 | W2874.1.2 | 造人时用树叶做肺 | |
| | | 棕色皮肤的人 | W2874.2 | 肺的特征 | 【1571】 |
| **W2868.8** | | 与人的肤色有关的 | W2874.3 | 与肺有关的其他 | |
| | | 其他母题 【1566】 | | 母题 | 【1571】 |
| W2868.8.1 | | 地上人是小红米色人 | W2874.3.1 | 人为什么呼吸 | |
| W2868.8.2 | | 地上人是椿树色人 | W2874.3.2 | 神创造人的气管 | |
| **W2869** | | 与人的皮肤有关的 | W2874.3.3 | 造的人经过一定时间 | |
| | | 其他母题 【1567】 | | 后会呼吸 | |
| W2869.1 | | 不平常的肤色的人 【1567】 | W2874.3.4 | 风变成人的呼吸 | |
| W2869.2 | | 人长皱纹的原因 【1567】 | **W2875** | 人的肠子 | 【1572】 |
| ✤ **W2870** | | 人的五脏六腑 【1567】 | W2875.1 | 肠子的产生 | 【1572】 |
| **W2871** | | 五脏六腑的来历【1567】 | W2875.1.1 | 造人时豇豆做肠 | |
| W2871.1 | | 神生人时规定五脏 | W2875.1.2 | 用通心草接成人的 | |
| | | 六腑的形状 【1567】 | | 肠子 | |
| **W2872** | | 心脏 【1568】 | W2875.2 | 人的肠子的形状的 | |
| W2872.0 | | 心脏的产生 【1568】 | | 来历 | 【1573】 |
| W2872.0.1 | | 心脏是造人时放进人 | W2875.2.1 | 人的肠子为什么长是 | |
| | | 体内的红果 | | 神的决定 | |
| W2872.1 | | 心脏的形状 【1568】 | **W2876** | 与人的五脏六腑 | |
| W2872.1.1 | | 心脏像心形 | | 有关的其他母题【1573】 | |
| W2872.1.2 | | 人的心脏为什么像 | W2876.1 | 胸前为什么有毛 | 【1573】 |
| | | 桃子 | W2876.1.1 | 胸毛是用猴子的毛皮 | |
| W2872.1.2a | | 孕生人时父母商定 | | 在胸前擦出来的 | |
| | | 孩子的心脏像桃子 | W2876.2 | 大肚之人（腹能 | |
| W2872.1.3 | | 人的心脏为什么斜长 | | 容物） | 【1573】 |
| W2872.2 | | 心可以留在家里 【1569】 | **W2877** | 人的肚脐 | 【1574】 |
| W2872.2.1 | | 外出时心脏保存在 | W2877.1 | 造人时造出人的 | |
| | | 家中 | | 肚脐 | 【1574】 |

| | | | | | | |
|---|---|---|---|---|---|---|
| W2877.1.1 | 造泥人时剜出肚脐 | | | | 为人是土虫变的 | |
| W2877.1.2 | 人害怕用肚皮做鼓自己捅出肚脐 | | | W2879.1.2 | 人身上会掉皮屑 | |
| | | | | W2879.1.2.1 | 人身上掉皮屑是用灰造人的缘故 | |
| W2877.2 | 天仙剜出人的肚脐 | 【1575】 | | W2879.2 | 人身上的油腻的来历 | 【1581】 |
| W2877.3 | 脐带 | 【1575】 | | | | |
| W2877.3.1 | 割脐带 | | | W2879.3 | 人的屁股有青色的来历 | 【1581】 |
| W2877.3.1.1 | 割脐带的工具 | | | | | |
| W2877.3.2 | 脐带的放置 | | | W2879.4 | 人的味道 | 【1581】 |
| W2877.4 | 肚脐为什么没有用处 | 【1576】 | | W2879.4.1 | 人的味道的产生 | |
| | | | | W2879.4.1.1 | 神赋予人特定的体味 | |
| W2878 | 人的体液与排泄物 | 【1576】 | | W2879.4.2 | 人的特定体味 | |
| | | | | W2879.4.2.1 | 身上有香味的人 | |
| W2878.1 | 尿 | 【1576】 | | W2879.4.3 | 人的臭气的来历 | |
| W2878.1.1 | 尿的来历 | | | W2879.4.3.1 | 人吃五谷杂粮产生臭气 | |
| W2878.1.2 | 尿为什么骚气 | | | | | |
| W2878.2 | 粪便 | 【1577】 | | W2879.4.4 | 与人的体味有关的其他母题 | |
| W2878.2.1 | 粪便的来历 | | | | | |
| W2878.2.2 | 粪便为什么臭 | | | W2879.4.4.1 | 神闻出人味 | |
| W2878.3 | 人的血液 | 【1577】 | | W2879.4.4.2 | 活人有汗味 | |
| W2878.3.0 | 人的血液的来历 | | | W2879.4.4.3 | 死人有土味 | |
| W2878.3.0.1 | 造人时吹气产生血液 | | | ＊W2880 | 体征异常的人 | 【1583】 |
| W2878.3.0.2 | 雨水成为人的血液 | | | W2881 | 长腿人 | 【1583】 |
| W2878.3.1 | 血为什么是红色的 | | | W2881.1 | 众兄弟中一个是长腿人 | 【1584】 |
| W2878.3.2 | 白色的血 | | | W2882 | 长脚人 | 【1584】 |
| W2878.3.2.1 | 特定人物的血是白色的 | | | W2883 | 长臂人 | 【1584】 |
| | | | | W2883.1 | 长臂人能抓天上的云 | 【1585】 |
| W2878.4 | 人的汗液的来历 | 【1578】 | | | | |
| W2879 | 人的其他体征的来历 | 【1578】 | | W2883.2 | 众兄弟中的一个是长臂人 | 【1585】 |
| | | | | W2884 | 无臂人 | 【1585】 |
| W2879.1 | 人身上能搓下来污物的原因 | 【1578】 | | W2885 | 连体人 | 【1585】 |
| | | | | W2885.1 | 兄妹连体 | 【1585】 |
| W2879.1.1 | 人为什么身上会搓掉泥 | | | W2886 | 多体人 | 【1586】 |
| W2879.1.1.1 | 人身上产生泥垢是因为人是用泥造的 | | | W2886.1 | 有三个身体的人 | 【1586】 |
| W2879.1.1.2 | 人身上产生泥垢因为人是泥胎 | | | | | |
| W2879.1.1.3 | 人身上会掉泥是因 | | | | | |

| | | | | | | |
|---|---|---|---|---|---|---|
| W2887 | 合体人 | 【1586】 | | W2891 | 身体残缺者的产生 | 【1591】 |
| W2887.1 | 合体兄妹 | 【1586】 | | W2891.0 | 独腿人（独脚人） | 【1592】 |
| W2888 | 有动物体征的人 | 【1586】 | | W2891.0.1 | 独腿人的产生 | |
| W2888.1 | 长角的人 | 【1586】 | | W2891.0.2 | 独脚人的产生 | |
| W2888.2 | 鸟人 | 【1587】 | | W2891.0.3 | 人类前两代是独脚人 | |
| W2888.3 | 长翅膀的人（翼人） | 【1587】 | | W2891.0.4 | 独脚人是第一代人 | |
| W2888.3.1 | 人长着两只翅膀 | | | W2891.0.5 | 独脚人食泥沙 | |
| W2888.3.2 | 人长着六只翅膀（六只翅膀的人） | | | W2891.0.6 | 独脚人1尺2寸 | |
| W2888.3.3 | 以前的人长有翅膀（人以前有翅膀） | | | W2891.0.7 | 独脚人两个人互相搂着脖子走得飞快 | |
| W2888.4 | 人的翅膀的来历 | 【1588】 | | W2891.0a | 无腿人 | 【1594】 |
| W2888.4.1 | 人洗浴后长出翅膀 | | | W2891.0a.1 | 有的人无腿是造人时断掉的结果 | |
| W2888.4.2 | 人喝神水后长出翅膀 | | | W2891.1 | 跛足者（瘸脚、瘸子） | 【1594】 |
| W2888.4a | 人的翅膀的失去 | 【1589】 | | W2891.1.1 | 跛足者的产生 | |
| W2888.4a.1 | 人与鸟交换后失去了翅膀 | | | W2891.1.2 | 致伤家神导致主人跛足 | |
| W2888.4a.2 | 人与飞鼠交换后失去了翅膀 | | | W2891.1.3 | 造的泥人弄断腿形成瘸子 | |
| W2888.5 | 羽人 | 【1589】 | | W2891.2 | 盲人（瞎子、眼瞎者） | 【1595】 |
| W2888.6 | 长羽毛的人 | 【1589】 | | W2891.2.1 | 盲人的产生 | |
| W2888.7 | 似猴的人 | 【1589】 | | W2891.2.1a | 造泥人时被戳破眼的成为瞎子 | |
| W2888.8 | 形状像狗的人 | 【1590】 | | W2891.2.1b | 造泥人时眼睛受损成为瞎子 | |
| W2888.9 | 像青蛙的人（像蛙的人） | 【1590】 | | W2891.2.1c | 造的泥人眼睛被雨淋成为瞎子 | |
| W2889 | 其他怪异体征的人 | 【1590】 | | W2891.2.2 | 盲人特征的来历 | |
| W2889.0 | 金属之身的人 | 【1590】 | | W2891.2.2a | 盲人为什么耳朵灵 | |
| W2889.1 | 金身 | 【1590】 | | W2891.2.3 | 与盲人有关的其他母题 | |
| W2889.1.1 | 在金水湖能炼成金身 | | | W2891.3 | 聋子 | 【1597】 |
| W2889.2 | 银身 | 【1591】 | | W2891.3.1 | 聋子的产生 | |
| W2889.2.1 | 在银水湖能炼成银身 | | | W2891.4 | 哑巴 | 【1597】 |
| W2889.3 | 身体怪异者遭迫害 | 【1591】 | | | | |
| ✤ W2890 | 身体残缺的人（残疾者） | 【1591】 | | | | |

| | | | | | |
|---|---|---|---|---|---|
| W2891.4.1 | 哑巴的产生 | | W2895.1.1 | 人以前身体高大现在变矮小 | |
| W2891.4.2 | 造人时造出哑巴 | | W2895.1.2 | 把人的体型改小 | |
| W2891.4.3 | 生的孩子全是哑巴 | | **W2895.2** | **人的体型的变大** | **【1604】** |
| W2891.4.4 | 怪胎化生哑巴 | | W2895.2.1 | 人以前身体矮小现在变大 | |
| W2891.4.5 | 喝哑水的人变成哑巴 | | W2895.2.2 | 人遭受打击变大 | |
| W2891.4.6 | 哑巴学会说话 | | W2895.2.3 | 人进出葫芦后体型变大 | |
| W2891.4.6a | 哑巴突然说话 | | | | |
| **W2891.5** | **其他身体残缺者的产生** | **【1600】** | W2895.3 | 修改人的体型 | 【1605】 |
| W2891.5.1 | 没有鼻子的人 | | **W2896** | **人蜕皮（人脱皮）** | **【1605】** |
| **W2892** | **造人中产生残疾** | **【1601】** | W2896.0 | 人蜕皮的来历 | 【1606】 |
| W2892.1 | 造人时淋雨出现残疾 | 【1601】 | W2896.0.1 | 人接触会蜕皮的树学会蜕皮 | |
| W2892.2 | 造人时碰撞造成残疾 | 【1602】 | W2896.0.2 | 神传授人蜕皮方法 | |
| W2892.3 | 没造好的人逃走成为残疾人 | 【1603】 | W2896.0.3 | 人向蛇学会蜕皮 | |
| W2892.4 | 造人时受损造成肢体残缺 | 【1603】 | **W2896.1** | **人蜕皮可长生不老** | **【1606】** |
| W2892.5 | 与造人时形成残疾有关的其他母题 | 【1603】 | W2896.1.1 | 人通过蜕皮不死 | |
| W2892.5.1 | 造人时特定人物的破坏造成残疾 | | **W2896.2** | **人蜕皮变年轻** | **【1607】** |
| **W2893** | **与残疾者有关的其他母题** | **【1603】** | W2896.2.1 | 人蜕皮可以使40多岁变成十七八岁 | |
| W2893.1 | 残疾人不会传宗接代 | 【1603】 | W2896.3 | 人通过晒太阳脱皮 | 【1608】 |
| W2893.2 | 残疾是从天梯上摔下来形成的 | 【1603】 | W2896.4 | 人通过浸泡蜕皮 | 【1608】 |
| W2893.3 | 特定的婚姻造成残疾 | 【1604】 | W2896.4.1 | 人通过在油缸中浸泡蜕皮 | |
| W2893.3.1 | 兄妹婚生子女皆有残疾 | | W2896.5 | 人蜕皮的时间 | 【1608】 |
| | | | W2896.5.1 | 人40多岁蜕皮 | |
| | | | W2896.5.2 | 人60岁时蜕皮 | |
| ✳ **W2894** | **人的体征的变化** | **【1604】** | W2896.6 | 人几年蜕一次皮 | 【1609】 |
| **W2895** | **人的体型的变化** | **【1604】** | W2896.6.1 | 人1年蜕一次皮 | |
| W2895.1 | 人的体型的变小 | 【1604】 | W2896.6.2 | 人3年蜕一次皮 | |
| | | | **W2896.7** | **人几十年蜕一次皮** | **【1609】** |
| | | | W2896.7.1 | 人30年蜕一次皮 | |
| | | | W2896.7.2 | 人60年蜕一次皮 | |
| | | | **W2896.8** | **人不再蜕皮（人不再蜕皮的原因）** | **【1609】** |

| | | | | | |
|---|---|---|---|---|---|
| W2896.8.1 | 神答应了人不再蜕皮的请求 | | W2898.0.1 | 大力士 | |
| W2896.8.2 | 人与蛇交换了蜕皮 | | W2898.0.1.1 | 力大无穷的人（大力士力大如牛） | |
| W2896.8.3 | 人会生育后不再蜕皮（死亡代替了蜕皮） | | W2898.0.1.1a | 大力士比99条犀牛的力气还大 | |
| W2896.8.4 | 人自愿放弃蜕皮 | | W2898.0.1.1b | 大力少年 | |
| W2896.8.5 | 人怕痛苦不再蜕皮 | | W2898.0.1.2 | 有神力的人 | |
| **W2896.9** | **与人蜕皮有关的其他母题** 【1611】 | | W2898.0.1.3 | 脚力很大的人 | |
| | | | W2898.0.1.4 | 大力士的饭量 | |
| W2896.9.0 | 人在特定时辰蜕皮 | | W2898.0.1.5 | 大力士施展力气 | |
| W2896.9.1 | 人脱皮要用49天 | | W2898.0.2 | 善吹者 | |
| W2896.9.2 | 人脱皮要用49到81天 | | W2898.0.2.1 | 吹气成风的人 | |
| | | | **W2898.0a** | **特定体征的人** 【1617】 | |
| W2896.9.3 | 人脱皮要用3年 | | W2898.0a.1 | 龙人 | |
| W2896.9.4 | 人蜕皮很痛苦 | | W2898.0a.2 | 蛙人 | |
| W2896.9.5 | 以前人的皮肤可以揭下来 | | W2898.0a.3 | 虎人（人虎） | |
| | | | W2898.0a.4 | 蛇人 | |
| W2896.9.6 | 人蜕的皮被烧掉 | | **W2898.1** | **健康的人** 【1618】 | |
| **W2897** | **与人的体征变化有关的其他母题** 【1613】 | | W2898.1.1 | 健康是神佑的结果 | |
| | | | W2898.1.2 | 健康是魂不离身的结果 | |
| **W2897.1** | 经历灾难产生体征变化 【1613】 | | W2898.1.3 | 特殊出生的人是健康的人 | |
| **W2897.2** | 洗浴产生体征变化 【1614】 | | | | |
| W2897.2.1 | 洗浴后五官发生变化 | | W2898.1.3.1 | 卵生健康的人 | |
| **W2897.3** | 在洞中发生了体征变化 【1614】 | | W2898.1.4 | 宗教人物可以使人健康 | |
| | | | W2898.1.4.1 | 萨满使幼儿健康 | |
| **W2897.4** | 人的体征变化与婚姻有关 【1614】 | | **W2898.2** | **羸弱的人** 【1619】 | |
| | | | **W2898.3** | **漂亮的人** 【1620】 | |
| W2897.4.1 | 人没能与星星结婚产生美丑 | | W2898.3.0 | 漂亮的人的来历 | |
| **W2897.5** | 人与动物结婚体形被同化 【1614】 | | W2898.3.0.1 | 造人手法精湛后造的人变漂亮 | |
| W2897.5.1 | 人与熊婚后变成熊样 【1614】 | | W2898.3.0.2 | 变化出漂亮的人 | |
| | | | W2898.3.1 | 美男 | |
| **W2898** | **与人的体征有关的其他母题** 【1615】 | | W2898.3.2 | 美女 | |
| | | | W2898.3.2.1 | 貌美心善的姑娘 | |
| **W2898.0** | **体征不凡者** 【1615】 | | W2898.3.2.2 | 美女胜过天仙 | |

|  |  |  |
|---|---|---|
|  | （美女赛天仙） |  |
| W2898.3.2.3 | 美女胜过鲜花 |  |
| W2898.3.2.4 | 美女的手如白葱 |  |
| W2898.3.2.5 | 美女羞花闭月 |  |
| W2898.3.2.6 | 美女羞花落雁 |  |
| W2898.3.2a | 神给予女子美貌 |  |
| W2898.3.2a.1 | 女子貌美是神佑的结果 |  |
| W2898.3.2b | 貌美的人心不善 |  |
| W2898.3.2b.1 | 媚眼勾人的女子心不善 |  |
| **W2898.4** | **丑陋的人** | 【1623】 |
| W2898.4.0 | 丑人的来历 |  |
| W2898.4.0.1 | 刚开始造人时手艺不精形成丑人 |  |
| W2898.4.1 | 丑男 |  |
| W2898.4.2 | 丑女 |  |
| W2898.4.2.1 | 癞蛤蟆投胎为丑女 |  |
| W2898.4.2.2 | 身小畸异的丑女 |  |
| W2898.4.2.3 | 有名字的丑女 |  |
| W2898.4.2.4 | 丑姑娘有美的原形 |  |
| W2898.4.2.5 | 动物都不想看到的丑女 |  |
| W2898.4.3 | 貌丑心不丑 |  |
| **W2898.5** | **只有一半身体的人** | 【1625】 |
| W2898.5.1 | 只有一只眼睛、一个鼻孔、半边嘴、一条胳膊、一个乳房和一条腿的老太婆 |  |
| **W2898.6** | **人的体征决定人的其他方面** | 【1625】 |
| W2898.6.1 | 人的体征决定人的命运 |  |
| W2898.6.1.1 | 头上有反骨的人 |  |
| W2898.6.2 | 人的体征决定人的性格 |  |
| W2898.6.2.1 | 面貌决定人的性格 |  |

|  |  |  |
|---|---|---|
| **W2898.7** | **凡人** | 【1626】 |
| W2898.7.1 | 凡人比天上的人力气小 |  |
| **W2898.8** | **身体上的标记** | 【1626】 |
| W2898.8.1 | 胎记 |  |
| W2898.8.1.1 | 小孩屁股有绿印的来历 |  |
| W2898.8.1.2 | 腰上的短命胎记 |  |
| W2898.8.2 | 痣 |  |
| W2898.8.2.1 | 痣是造人时沾上的沙子造成的 |  |
| W2898.8.2.2 | 黑痣的数量 |  |
| W2898.8.3 | 身上的旋纹 |  |
| W2898.8.3.1 | 头旋（鬼旋） |  |
| W2898.8.3.2 | 掌纹（鬼纹） |  |
| **W2898.9** | **人的体征的显现** | 【1628】 |
| W2898.9.1 | 洗澡后显出人的面貌 |  |
| **W2898.10** | **相貌相同的人** | 【1628】 |
| W2898.10.1 | 生相貌相同的孩子 |  |
| W2898.10.2 | 男女同形 |  |
| W2898.10.2.1 | 最早造出的男女相貌相同 |  |
| W2898.10.3 | 造的人与造人者相貌相同 |  |
| W2898.10.4 | 似人非人的人 |  |
| W2898.10.4.1 | 最早变出的人似人非人 |  |

## 2.10.3 人的其他特征
【W2900～W2914】

|  |  |  |
|---|---|---|
| ✽ **W2900** | 人的最初特征 | 【1629】 |
| **W2901** | 最早时人鬼神不分 | 【1630】 |
| **W2902** | 人在最初时是不完善的 | 【1630】 |
| **W2903** | 人最早会飞 | 【1630】 |

## 2.10 人类的特征及相关母题

|  |  |  |
|---|---|---|
| W2903.1 | 特殊孕生的孩子会飞 | 【1630】 |
| W2903.2 | 人借助特定物飞翔 | 【1631】 |
| W2903.2.1 | 人穿特定衣服后会飞 | |
| W2903.2.2 | 人插上特定的羽毛会飞 | |
| W2903.2.3 | 人插翅能飞 | |
| W2903.2.4 | 助人飞行的翅膀 | |
| W2903.2.5 | 人向动物借翅膀后飞行 | |
| W2903.2.6 | 人借助气飞翔 | |
| W2903.2.7 | 人抓着树枝飞翔 | |
| W2903.3 | 人使用药物后会飞 | 【1632】 |
| W2903.4 | 人食特定的动物后会飞 | 【1633】 |
| W2903.4.1 | 人食龙眼后会飞 | |
| W2903.5 | 人食特定的植物后会飞 | 【1633】 |
| W2903.5.1 | 人食不死草会飞 | |
| W2903.5.2 | 人食车马芝草能飞 | |
| W2903.5.3 | 人食灵芝草能飞 | |
| W2903.5.4 | 人食红果后会飞 | |
| W2903.6 | 人吃其他特定物后会飞 | 【1634】 |
| W2903.7 | 人飞行能力的失去 | 【1634】 |
| W2903.7.1 | 人吃特定物失去飞的能力 | |
| W2903.8 | 与人会飞有关的其他母题 | 【1634】 |
| W2903.8.1 | 以前的人像鸟 | |
| W2903.8.2 | 特定的会飞的人 | |
| W2903.8.3 | 天上的女人飞到人间 | |
| W2903.8.4 | 人飞上天 | |
| W2903.8.5 | 神被人拉手后失去上天的能力 | |
| W2904 | 以前的人跑得很快 | 【1635】 |
| W2904.0 | 以前的人因特殊的腿部特征跑得很快 | 【1636】 |
| W2904.0.1 | 以前的人因小腿没有肌肉跑得很快 | |
| W2904.0.2 | 以前的人因没有膝盖跑得很快 | |
| W2904.0.3 | 以前的人因小腿是直的跑得很快 | |
| W2904.1 | 人不能跑快的原因 | 【1637】 |
| W2904.1.1 | 人的小腿有了肌肉后就跑不快了 | |
| W2904.1.2 | 人有了膝盖后就跑不快了 | |
| W2905 | 以前的人很懒 | 【1639】 |
| W2905.1 | 人的懒惰性格的原因 | 【1639】 |
| W2905.2 | 以前的人只知道吃睡 | 【1639】 |
| W2905.2.1 | 以前的人因懒惰毁灭 | |
| W2905.2.2 | 以前的人因好吃懒做毁灭 | |
| W2905a | 以前的人很勤劳 | 【1640】 |
| W2906 | 与人最初特征有关的其他母题 | 【1640】 |
| W2906.0 | 最初的人样子不定 | 【1640】 |
| W2906.1 | 以前人处于旋转状态 | 【1640】 |
| W2906.2 | 人以前都是野人 | 【1640】 |
| W2906.3 | 人以前可以上天入海 | 【1641】 |
| W2906.3.1 | 人以前可以上天 | |
| W2906.4 | 人以前好斗 | 【1641】 |
| ✻W2907 | 人的性格特征 | 【1641】 |
| W2908 | 人有不同性格的原因 | 【1641】 |
| W2908.0 | 人的性格自然产生 | 【1642】 |

| | | | | | |
|---|---|---|---|---|---|
| **W2908.1** | 人的性格出生时形成 【1642】 | | W2911.3.3 | 人多了就会产生邪恶 | |
| **W2908.2** | 不同的造人者形成了人的不同性格 【1642】 | | W2911.3.4 | 祖传的邪恶 | |
| | | | W2911.3.5 | 妖魔投胎的人邪恶 | |
| W2908.2.1 | 神造人时造出不同性格 | | W2911.3.6 | 人性恶 | |
| W2908.2.2 | 不同的神制造不同性格 | | **W2911.4** | 人的烦恼的产生 | 【1647】 |
| | | | W2911.4.1 | 神把烦恼带给人 | |
| **W2908.3** | 人的性格源于天 【1643】 | | **W2911.5** | 人的嫉妒与自私的产生 | 【1647】 |
| **W2908.4** | 人的性格源于遗传 【1643】 | | **W2911.6** | 人的奉承的产生 | 【1647】 |
| W2908.4.1 | 人的性格源于始祖 | | **W2911.7** | 人的孝心的来历 | 【1647】 |
| W2908.4.2 | 人的性格源于父母 | | W2911.7.1 | 尧立孝慈仁爱 | |
| **W2908.5** | 人有好坏之别的原因 【1643】 | | W2911.7.2 | 听老人话的人 | |
| W2908.5.1 | 生母造成人的好坏 | | **W2911.8** | 人的同情心的产生 | 【1648】 |
| **W2908.6** | 人有机灵和迟钝之别的原因 【1644】 | | **W2911.9** | 愚昧和迷惑的产生 | 【1648】 |
| | | | **W2911.10** | 迟钝和疯狂的产生 | 【1648】 |
| W2908.6.1 | 因造人方法不同造成人的机灵和迟钝 | | **W2911.11** | 调皮 | 【1648】 |
| W2908.6.2 | 用特定物使聪明人变迟钝 | | W2911.11.1 | 调皮的女孩 | |
| | | | **W2911.12** | 活泼 | 【1649】 |
| **W2910** | 人的勇敢性格的来历 【1644】 | | **W2911.13** | 软弱 | 【1649】 |
| | | | W2911.13.1 | 心软的人 | |
| W2910.1 | 人食动物内脏变勇敢 【1644】 | | **W2911.14** | 怪脾气 | 【1649】 |
| W2910.2 | 魔石使人变勇敢 【1645】 | | W2911.14.1 | 服软不服硬的脾气 | |
| W2910.3 | 酒使人变勇敢 【1645】 | | **W2911a** | 人的七情六欲 | 【1649】 |
| **W2911** | 人的其他性格的来历 【1645】 | | **W2911a.1** | 喜（高兴） | 【1649】 |
| | | | W2911a.1.1 | 人会笑的来历 | |
| W2911.1 | 人的友善之心的来历 【1645】 | | W2911a.1.2 | 神赋予人笑的能力 | |
| | | | W2911a.1.3 | 傻笑 | |
| W2911.1.1 | 人性善 | | W2911a.1.4 | 高兴难眠 | |
| **W2911.2** | 人的仇恨的来历 【1645】 | | **W2911a.2** | 怒 | 【1650】 |
| **W2911.3** | 人的邪恶的来历 【1645】 | | W2911a.2.1 | 因对方不顺从自己恼羞成怒 | |
| W2911.3.1 | 人受妖魔诱惑变邪恶 | | **W2911a.3** | 哀 | 【1650】 |
| W2911.3.2 | 人得到动物的心后变邪恶 | | W2911a.3.1 | 人会哭的来历 | |
| | | | W2911a.3.2 | 人生来会哭 | |
| | | | W2911a.3.3 | 人哭时为什么流泪 | |
| | | | **W2911a.4** | 惧 | 【1651】 |
| | | | W2911a.4.1 | 人的恐惧心的来历 | |

| | | | | | | |
|---|---|---|---|---|---|---|
| W2911a.5 | 爱 | 【1651】 | | W2913.1.5 | 人以前睡无定时 | |
| W2911a.6 | 恶 | 【1651】 | | W2913.1.5.1 | 远古时因不知年月睡无定时 | |
| W2911a.6.1 | 人的憎恶之心的产生 | | | | | |
| W2911a.7 | 欲 | 【1651】 | | W2913.2 | 人为什么会行走 | 【1656】 |
| W2911a.8 | 悲 | 【1651】 | | W2913.2.1 | 人以前行走困难 | |
| W2911a.8.1 | 乐极生悲 | | | W2913.2.2 | 神或神性人物赋予人行走的能力 | |
| W2912 | 与人的性格有关的其他母题 | 【1652】 | | W2913.2.2.1 | 真主赋予人行走的能力 | |
| W2912.0 | 人的灵性的获得 | 【1652】 | | W2913.2.3 | 改变人的膝盖骨后能够行走 | |
| W2912.0.1 | 人吃仙桃获得灵性 | | | W2913.2.3.1 | 神把人的膝盖骨从后拧到前面人开始会行走 | |
| W2912.0.2 | 人喝特定的水获得灵性 | | | W2913.2.4 | 人有了骨头后会行走 | |
| W2912.0.3 | 造人时吹气获得灵性 | | | W2913.2.4.1 | 神造人时加进骨头人才会行走 | |
| W2912.1 | 人比鬼聪明 | 【1653】 | | W2913.2.5 | 以前两人配合才能行走 | |
| W2912.2 | 人比动物聪明的原因 | 【1653】 | | W2913.3 | 人为什么大便 | 【1657】 |
| W2912.3 | 人的性格的改变 | 【1653】 | | W2913.4 | 人的肉体为什么不能离开大地 | 【1658】 |
| W2912.3.1 | 通过观察动物改变了不孝的习性 | | | W2913.5 | 人既不能上天堂也不能下地狱 | 【1658】 |
| W2913 | 与人的特征有关的其他母题 | 【1653】 | | W2913.6 | 以前人不讲卫生 | 【1658】 |
| W2913.0 | 人为什么与动物有不同的特征 | 【1653】 | | W2913.7 | 人的惧怕物 | 【1658】 |
| W2913.1 | 人的睡眠 | 【1654】 | | W2913.7.1 | 人怕晒 | |
| W2913.1.1 | 人睡眠是让灵魂玩耍 | | | W2913.7.2 | 人为什么怕火 | |
| W2913.1.1.1 | 人睡眠时灵魂离开身体 | | | W2913.7.3 | 人为什么怕特定动物 | |
| W2913.1.2 | 人睡得很长（人长时间睡眠） | | | W2913.7.3.1 | 人为什么怕蛇 | |
| W2913.1.2.1 | 人以前长睡不醒 | | | W2913.7.3.2 | 人为什么怕蛙 | |
| W2913.1.2.2 | 人以前一睡几百年 | | | W2913.8 | 人的演进 | 【1659】 |
| W2913.1.2.3 | 人一睡数月 | | | W2913.8.1 | 后代的能力超过长辈 | |
| W2913.1.3 | 人的睡眠是为了做梦 | | | W2913.8.1.1 | 儿子的能力超过父亲 | |
| W2913.1.4 | 以前人冬眠 | | | W2913.8.2 | 人为什么不能变成神 | |
| W2913.1.4.1 | 人学会用火后不再冬眠 | | | W2913.8.2.1 | 人修炼不够不能成为神 | |
| | | | | W2913.8.3 | 人的力量 | |

W2913.8.3.1　吸纳食物增神力

## 2.10.4　特定特征的人
【W2915～W2929】

| | | |
|---|---|---|
| W2915 | 混沌人 | 【1660】 |
| W2915.1 | 卵生混沌人 | 【1660】 |
| W2915.2 | 混沌人没有五官和肢体却有思维的能力 | 【1661】 |
| W2916 | 无影子的人 | 【1661】 |
| ✳ W2917 | 有特殊能力的人（能人） | 【1661】 |
| W2918 | 人与生俱来的特殊本领 | 【1661】 |
| W2919 | 神造出人的特殊本领 | 【1662】 |
| W2920 | 人吃特殊的物质后获得非凡本领 | 【1662】 |
| W2921 | 语言能人 | 【1662】 |
| W2921.1 | 懂各民族语言文字的人 | 【1662】 |
| W2921.2 | 懂动物语言的人 | 【1663】 |
| W2921.2.1 | 懂兽语的人 | |
| W2921.2.2 | 懂鸟语龙音的人 | |
| W2921.2.3 | 懂鸟语的人 | |
| W2922 | 眼力很好的人（千里眼） | 【1664】 |
| W2922.1 | 千里眼的来历 | 【1664】 |
| W2922.1.1 | 天生千里眼 | |
| W2922.1.2 | 造出千里眼 | |
| W2922.1.3 | 千里眼是练成的（练成千里眼） | |
| W2922.2 | 千里眼的特点 | 【1665】 |
| W2922.2.1 | 千里眼能看十万八千里 | |
| W2922.2.2 | 千里眼能看穿天上最厚的阴云 | |
| W2922.3 | 与千里眼有关的其他母题 | 【1665】 |
| W2922.3.1 | 穿山眼（透视眼） | |
| W2922.3.2 | 特定的儿子是千里眼 | |
| W2923 | 听力很远的人（顺风耳、千里耳） | 【1666】 |
| W2923.1 | 千里耳能听到千里之外的声音 | 【1667】 |
| W2923.2 | 顺风耳窃听秘密 | 【1668】 |
| W2924 | 其他有特殊能力的人 | 【1668】 |
| W2924.0 | 万能人 | 【1668】 |
| W2924.1 | 能造山治水的人 | 【1668】 |
| W2924.2 | 能补天的人 | 【1669】 |
| W2924.3 | 能开地的人 | 【1669】 |
| W2924.4 | 头会飞的人 | 【1669】 |
| W2924.5 | 嗅觉很灵的人 | 【1669】 |
| W2924.6 | 奔跑很快的人（飞毛腿、神腿） | 【1669】 |
| W2924.6.1 | 飞毛腿一天走别人一个月的路 | |
| W2924.7 | 会变形的人 | 【1670】 |
| W2924.7.1 | 以前人会变形 | |
| W2924.7.2 | 隐形人 | |
| W2924.8 | 能上天入地的人 | 【1671】 |
| W2924.8.1 | 腾云驾雾的人 | |
| W2924.9 | 强壮的人 | 【1672】 |
| W2924.9.1 | 异常强壮的人 | |
| W2924.9.2 | 人使用火后变强壮 | |
| W2924.9.3 | 女强人（女汉子） | |
| W2924.10 | 善射的人 | 【1672】 |
| W2924.11 | 能在水上行走的人 | 【1673】 |

| | | | | | | |
|---|---|---|---|---|---|---|
| W2924.12 | 飞檐走壁的人 | 【1673】 | | W2926b.1 | 老人有特定能力 | 【1679】 |
| W2924.12a | 用背行走的人 | 【1673】 | | W2926b.2 | 老人有特殊外貌 | 【1679】 |
| W2924.13 | 能发出特殊的 | | | W2926b.2.1 | 白胡子老人 | |
| | 声音的人 | | | W2926b.2.2 | 绿胡子老头 | |
| | （善啸者） | 【1673】 | | W2926c | 童孩 | 【1680】 |
| W2924.14 | 能通鬼神的人 | 【1673】 | | W2926c.1 | 不可轻视的童孩 | |
| W2924.14.1 | 能给鬼传话的人 | | | | （人小鬼大） | 【1680】 |
| W2924.15 | 能管理神的人 | 【1674】 | | W2927 | 傻子 | 【1680】 |
| W2924.15.1 | 老人做了雷神的首领 | | | W2927.1 | 以前的人很傻 | 【1680】 |
| W2925 | 智者 | 【1674】 | | W2927.1.1 | 以前的男人很傻 | |
| W2925.1 | 智者的产生 | 【1675】 | | W2927.1.1.1 | 傻男人变聪明 | |
| W2925.1.1 | 上帝造智者 | | | W2927.2 | 傻子的来历 | 【1681】 |
| W2925.1.2 | 卵生智者 | | | W2927.2.1 | 造人时忘了给智慧造成 | |
| W2925.1.2.1 | 神的卵生智者 | | | | 傻子 | |
| W2925.2 | 最小的孩子聪明 | 【1675】 | | W2927.2.2 | 造人时被淋成傻子 | |
| W2925.2.1 | 众子女中最小的儿女 | | | W2927.3 | 与傻子有关的其他 | |
| | 最聪明 | | | | 母题 | 【1682】 |
| W2925.3 | 最小的女儿最聪明 | 【1676】 | | W2927.3.1 | 做傻事的女人 | |
| W2925.4 | 老人是智者 | 【1676】 | | W2927.3.2 | 傻儿子 | |
| W2925.4.1 | 智慧老人 | | | W2927.3.2.1 | 兄妹婚生傻儿子 | |
| W2925.5 | 穷人是智者 | 【1677】 | | W2927.3.2.2 | 生的两个孩子一个 | |
| W2925.5.1 | 穷女婿是智者 | | | | 聪明一个傻 | |
| W2926 | 圣人 | 【1677】 | | W2927a | 笨人 | 【1682】 |
| W2926.1 | 圣人的产生 | 【1677】 | | W2927a.1 | 笨人的产生 | 【1682】 |
| W2926.1.1 | 感生圣人 | | | W2927a.2 | 笨人的行为 | 【1682】 |
| W2926.1.2 | 气与神合生圣人 | | | W2927a.2.1 | 笨人干巧事 | |
| W2926.2 | 圣人的特征 | 【1678】 | | W2927a.3 | 与笨人有关的 | |
| W2926.3 | 与圣人有关的 | | | | 其他母题 | 【1683】 |
| | 其他母题 | 【1678】 | | W2928 | 处女 | 【1683】 |
| W2926.3.1 | 男圣人 | | | W2928.1 | 处女情怀 | 【1683】 |
| W2926.3.2 | 女圣人 | | | W2929 | 其他特定特征 | |
| W2926a | 贤人 | 【1678】 | | | 的人 | 【1683】 |
| W2926a.0 | 贤人的产生 | 【1678】 | | W2929.0 | 特定特征的男女 | 【1683】 |
| W2926a.0.1 | 乾坤卦结合生贤人 | | | W2929.0.1 | 不平凡的男人 | |
| W2926a.1 | 男贤人 | 【1679】 | | W2929.0.2 | 不平凡的女人（奇 | |
| W2926a.2 | 女贤人 | 【1679】 | | | 女子） | |
| W2926b | 老人（长者） | 【1679】 | | | | |

| | | | | | | |
|---|---|---|---|---|---|---|
| W2929.0.2.1 | 不平凡的女人法力无边 | | W2929.9 | 食人者 | 【1689】 |
| W2929.0.2.2 | 乳房巨大的女人 | | W2929.9.1 | 偷吃人的女子 | |
| W2929.0.3 | 懦夫 | | W2929.10 | 懒人 | 【1689】 |
| W2929.0.4 | 青涩男（惧内者） | | W2929.10.1 | 懒汉 | |
| **W2929.1** | **虚荣的人** | **【1684】** | W2929.10.1.1 | 天生懒汉 | |
| W2929.1.1 | 吹牛的人 | | W2929.10.2 | 好逸恶劳的女人 | |
| **W2929.2** | **自负的人** | **【1684】** | **W2929.11** | **长舌妇** | **【1690】** |
| **W2929.3** | **胆小鬼** | **【1684】** | W2929.11.1 | 搬弄是非的老太婆 | |
| **W2929.4** | **贪婪的人** | **【1685】** | **W2929.12** | **野人** | **【1691】** |
| **W2929.5** | **坏人（恶毒的人、恶人）** | **【1685】** | W2929.12.1 | 野人是大力士 | |
| W2929.5.0 | 坏人的产生 | | **W2929.13** | **不守信的人** | **【1691】** |
| W2929.5.0.1 | 妖魔变成坏人 | | W2929.13.1 | 不守信的女人 | |
| W2929.5.0.2 | 人受妖魔诱惑变坏 | | W2929.13.1.1 | 违背誓言的女人 | |
| W2929.5.0.3 | 坏的造人者造出坏人 | | | | |
| W2929.5.1 | 恶毒的女人 | | | | |
| W2929.5.2 | 恶人是从阴间逃出的饿鬼 | | | | |
| W2929.5.3 | 现在的恶人是第四代人 | | | | |

# 2.11 与人相关的其他母题
【W2930~2999】

## 2.11.1 人的关系
【W2930~W2939】

| | | |
|---|---|---|
| **W2929.5a** | **善人（好人）** | **【1687】** |
| W2929.5a.1 | 菩萨人 | |
| W2929.5a.2 | 好男人 | |
| **W2929.5b** | **完美的人** | **【1687】** |
| W2929.5b.1 | 完美的男人 | |
| **W2929.6** | **能吃能喝的人** | **【1687】** |
| W2929.6.1 | 饭量巨大的人 | |
| W2929.6.1.1 | 一餐能吃掉一头牛的人 | |
| W2929.6.1.2 | 少年的饭量超成人 | |
| W2929.6.2 | 善饮者 | |
| W2929.6.2.1 | 能喝干河水的人 | |
| **W2929.7** | **爱捉弄人的人** | **【1688】** |
| **W2929.8** | **小人（奸佞之人）** | **【1689】** |
| W2929.8.1 | 无能的小人 | |
| W2929.8.1.1 | 小人被动物欺负 | |

| | | |
|---|---|---|
| **W2930** | **人的亲缘的确立** | **【1693】** |
| W2930.1 | 生育确定的亲缘关系 | 【1693】 |
| W2930.2 | 人与动物有亲缘关系 | 【1693】 |
| **W2931** | **人的非血缘亲属** | **【1694】** |
| W2931.1 | 特殊来历的人结拜为兄弟（姐妹） | 【1694】 |
| W2931.1.1 | 同一来历的男女兄妹相称 | |
| W2931.1.2 | 不同来历的人结为兄弟 | |
| W2931.1.3 | 同年生人结为兄弟 | |
| **W2931.2** | **人与动物结拜成** | |

## 2.11 与人相关的其他母题

|  |  |  |
|---|---|---|
| | 亲属 | 【1695】 |
| W2931a | 人的非人类亲属 | 【1695】 |
| W2931a.1 | 人与太阳是亲戚 | 【1695】 |
| ✽W2932 | 人的朋友 | 【1695】 |
| W2933 | 人与神是朋友 | 【1695】 |
| W2933.1 | 神是一个人的特殊的朋友 | 【1696】 |
| W2933.2 | 人与雷神是朋友 | 【1696】 |
| W2933a | 人与特定的人是朋友 | 【1696】 |
| W2933a.1 | 人与地下的人是朋友 | 【1696】 |
| W2933a.1.1 | 地上与地下的人互通有无 | |
| W2934 | 人与动物是朋友 | 【1696】 |
| W2934.1 | 人和禽兽是朋友 | 【1697】 |
| W2934.1.1 | 人与野兽是朋友 | |
| W2934.1.2 | 独眼人与野兽是朋友 | |
| W2934.2 | 人和狗是朋友 | 【1698】 |
| W2934.3 | 人和猫是朋友 | 【1698】 |
| W2934.4 | 人与龙是朋友 | 【1698】 |
| W2934.5 | 人和蛇是朋友 | 【1698】 |
| W2934.6 | 人与青蛙是朋友 | 【1698】 |
| W2934.6.1 | 人与蛤蟆是朋友 | |
| W2934.7 | 人与鸟是朋友 | 【1699】 |
| W2934.7.1 | 人与喜鹊是朋友 | |
| W2934.8 | 人与牛是朋友 | 【1699】 |
| W2934.9 | 人与马是朋友 | 【1699】 |
| W2934.10 | 人与兔子是朋友 | 【1699】 |
| W2934.11 | 人与其他特定动物是朋友 | 【1700】 |
| W2934.11.1 | 人与耗子成为朋友（人与鼠是朋友） | |
| W2934.12 | 人与多种动物是朋友 | 【1700】 |
| W2934.12.1 | 人与老鼠、牛、虎、兔、龙、蛇、马、羊、猴、鸡、乌鸦和青蛙12种动物是朋友 | |
| W2934.12a | 人与龙王、老虎是朋友 | 【1701】 |
| W2934.13 | 动物不会成为人的知心朋友 | 【1701】 |
| W2934.13.1 | 动物没有灵性不会成为人的知心朋友 | |
| W2935 | 与人的朋友有关的其他母题 | 【1701】 |
| W2935.1 | 人与植物是朋友 | 【1701】 |
| W2935.1.1 | 人和树是朋友 | |
| W2935.2 | 人与神、动物等是朋友 | 【1702】 |
| W2935.2.1 | 人与雷神、龙、虎是朋友 | |
| W2935.3 | 人的伙伴 | 【1702】 |
| W2935.3.1 | 人没有伙伴 | |
| W2936 | 人的敌人 | 【1702】 |
| W2936.1 | 人与神或神性人物是敌人 | 【1702】 |
| W2936.1.1 | 人得罪了神 | |
| W2936.1.2 | 鬼是人的敌人 | |
| W2936.1.3 | 妖魔是人的敌人 | |
| W2936.2 | 兄弟之间的矛盾 | 【1703】 |
| W2936.2.1 | 分财产不均形成矛盾 | |
| W2936.3 | 人与动物是敌人 | 【1704】 |
| W2936.3.1 | 人与兽是敌人 | |
| W2936.3.2 | 人与蛇是敌人 | |
| W2936.3.3 | 人与虎是敌人 | |
| W2937 | 人的关系的改变 | 【1705】 |
| W2937.1 | 人与神关系的改善 | 【1705】 |
| W2938 | 与人的关系有关的 | |

|  |  |  |  |  |  |
|---|---|---|---|---|---|
|  | 其他母题 | 【1705】 | W2941.6.4 | 人因注入永恒的生命不死 |  |
| W2938.1 | 先有父子，再有母女，然后有兄弟 | 【1705】 | ✽W2942 | 人的寿命的制定 | 【1711】 |
| W2938.2 | 天人关系 | 【1705】 | W2943 | 神或神性人物规定人的寿命 | 【1711】 |
| W2938.2.1 | 天人相合（天人合一） |  | W2943.0 | 神规定人的寿命 | 【1711】 |
| W2938.2.2 | 天有九重，人有九窍 |  | W2943.0.1 | 天神规定人的寿命 |  |
| W2938.3 | 人的守护者 | 【1706】 | W2943.0.2 | 太阳神规定人的寿命 |  |
| W2938.3.1 | 狗和猫是人的守护者 |  | W2943.1 | 玉帝规定人的寿限 | 【1712】 |
|  |  |  | W2943.2 | 女神规定人的寿命 | 【1712】 |
|  | **2.11.2 人的寿命与死亡** |  | W2943.3 | 真主规定人的寿命 | 【1713】 |
|  | 【W2940～W2989】 |  | W2943.4 | 阎王规定人的寿命 | 【1713】 |
|  |  |  | W2943.5 | 其他特定的神主管人的寿命 | 【1713】 |
| ✿W2940 | 人的寿命 | 【1706】 | W2943.5.1 | 东岳大帝主管人的寿命 |  |
| W2941 | 人原来不死（以前的人不死） | 【1706】 | W2943.5.2 | 祖先规定人的寿命 |  |
| W2941.1 | 特殊地方有不死的人 | 【1708】 | W2944 | 造人者规定人的寿命 | 【1714】 |
| W2941.1.1 | 以前地上的人不死 |  | W2944.1 | 女娲规定人的寿命 | 【1714】 |
| W2941.2 | 造出的第一批人不死 | 【1708】 | W2945 | 星宿决定人的生死（寿命） | 【1714】 |
| W2941.3 | 没分清年月时人兽不会死 | 【1709】 | W2945.1 | 南斗星给人寿命 | 【1714】 |
| W2941.4 | 以前人只有生没有死 | 【1709】 | W2945.2 | 北斗星给人寿命 | 【1715】 |
| W2941.5 | 特定的人不死 | 【1709】 | W2946 | 特定事件决定人的寿命 | 【1715】 |
| W2941.5.1 | 9个不死的姑娘 |  | W2946.1 | 性交改变了人的寿命 | 【1715】 |
| W2941.5.2 | 造的石人不会死 |  |  |  |  |
| W2941.6 | 以前人不死的原因 | 【1710】 | W2947 | 与人的寿命的制定有关的其他母题 | 【1716】 |
| W2941.6.1 | 以前的人通过蜕皮不死 |  | W2947.0 | 人的寿限 | 【1716】 |
| W2941.6.2 | 以前的人因不会得病不死 |  | W2947.0.1 | 人不能违背寿限 |  |
|  |  |  | W2947.1 | 定错人寿 | 【1716】 |
|  |  |  | W2947.1.1 | 拱粪虫定错人的寿限 |  |
| W2941.6.3 | 以前人不死是因为寿限定的长 |  | W2947.2 | 神生的姑娘嫁给人后人有了寿命 | 【1716】 |

## 2.11 与人相关的其他母题

|  |  |  |
|---|---|---|
| W2948 | 人最初的寿命很短（短命鬼） | 【1717】 |
| W2948.1 | 人最初生活不好寿命很短 | 【1717】 |
| W2948.2 | 人最初的寿命是13岁 | 【1717】 |
| W2948.3 | 人最初的寿命是20岁 | 【1717】 |
| W2948.4 | 人最初的寿命是30岁 | 【1718】 |
| W2949 | 人最早时寿命长 | 【1718】 |
| W2949.0 | 人以前能活百岁（百岁老人） | 【1718】 |
| W2949.1 | 人以前能活数百岁 | 【1718】 |
| W2949.1.1 | 人以前能活二三百岁 | |
| W2949.1.2 | 人以前能活三百岁 | |
| W2949.2 | 人以前能活千岁 | 【1719】 |
| W2949.3 | 人以前能活万岁 | 【1719】 |
| W2949.3.1 | 人以前能活千万岁 | |
| *W2950 | 长寿 | 【1719】 |
| W2951 | 长寿的人 | 【1719】 |
| W2951.1 | 长寿的男人 | 【1720】 |
| W2951.2 | 长寿的女人 | 【1720】 |
| W2951.3 | 人活100岁 | 【1720】 |
| W2951.3.1 | 人与龙交换寿命后变成活百岁 | |
| W2951.4 | 人活120岁 | 【1720】 |
| W2951.5 | 人活180岁 | 【1720】 |
| W2951.6 | 人活300岁 | 【1721】 |
| W2951.7 | 人活950岁 | 【1721】 |
| W2951.8 | 人活千岁 | 【1721】 |
| W2951.9 | 人活1千多岁 | 【1721】 |
| W2951.9.1 | 人活1908岁 | |
| W2951.9.2 | 活9999岁 | |
| W2951.10 | 人活万岁 | 【1722】 |
| W2951.10.1 | 人活7万9千岁 | |
| W2951.11 | 与长寿的人有关的其他母题 | 【1722】 |
| W2951.11.1 | 特定国度的人长寿 | |
| W2951a | 长生不老的人 | 【1722】 |
| W2952 | 与长寿有关的其他母题 | 【1723】 |
| W2952.1 | 永葆青春 | 【1723】 |
| W2952.1.1 | 喝特定的水能永葆青春 | |
| W2952.2 | 吃特定的食物后长寿 | 【1723】 |
| W2952.2.1 | 吃茶后长生不老 | |
| W2952.2.2 | 吃仙果后长寿 | |
| W2952.3 | 喝特定的水可以长寿 | 【1724】 |
| W2952.3.1 | 喝天河水可以长寿 | |
| W2952.3.2 | 喝圣水可以长寿 | |
| W2952.3.3 | 喝玉液仙水可以长寿 | |
| W2952.3.4 | 喝永生甘露可以长寿 | |
| W2952.3.5 | 喝够一定数量的特定的水长生不老 | |
| W2952.4 | 诵经可以长寿 | 【1725】 |
| W2952.5 | 食气长寿 | 【1725】 |
| W2952.6 | 善者延寿 | 【1725】 |
| W2952.7 | 修德可以延寿 | 【1726】 |
| W2952.8 | 通过让众人踩踏某物延寿 | 【1726】 |
| W2952.8.1 | 让众人踩踏长命桥延寿 | |
| W2952.9 | 寿星 | 【1726】 |
| W2952.9.1 | 寿星为什么光脑门 | |
| W2952.10 | 长寿者牙齿掉了九次 | 【1727】 |
| W2952.11 | 长寿者头发白了三次，又变黑了三次 | 【1727】 |
| W2952.12 | 借寿 | 【1727】 |
| W2952.12.1 | 父亲向儿子借寿 | |

| | | | | | |
|---|---|---|---|---|---|
| W2952.12.2 | 相同生辰的人才可以借寿 | | W2957 | 人的寿命的变短【1731】 | |
| W2952.12.3 | 通过巫术借寿 | | W2957.1 | 人把原来的长寿命丢失后变成现在的寿命 | 【1732】 |
| W2952.13 | 长生不老的人惹人烦 | 【1727】 | W2957.2 | 人因为中了魔鬼的邪气寿命变短 | 【1732】 |
| ※ W2953 | 人的寿命变化 | 【1728】 | W2957.3 | 人不再蜕皮后寿命变短 | 【1732】 |
| W2954 | 人本来该有的寿命（人的正常寿命） | 【1728】 | W2957.4 | 人因害病寿命变短 | 【1732】 |
| W2954.1 | 人的寿命60岁 | 【1728】 | W2957.5 | 特定人物把人的寿命变短 | 【1732】 |
| W2954.1.1 | 人的六十花甲的来历 | | W2957.5.1 | 盘古认为人的寿命不能太长把人的寿命变短 | |
| W2954.2 | 人的寿命70岁 | 【1728】 | | | |
| W2954.2.1 | 好人的寿命为73或84岁 | | W2958 | 人与动物交换调整寿限 | 【1733】 |
| W2954.3 | 人的寿命是80岁 | 【1729】 | W2958.1 | 人与犬交换寿命 | 【1733】 |
| W2954.4 | 人的寿命几十年 | 【1729】 | W2958.2 | 人与蛇交换寿命 | 【1733】 |
| W2954.4.1 | 女娲造的人几十年后死亡 | | W2959 | 人从多种动物那里得到不同的寿命 | 【1734】 |
| W2955 | 人为什么会变老 | 【1729】 | W2959.1 | 动物把自己的一部分寿命交给人 | 【1734】 |
| W2956 | 人的寿命的增加（延寿） | 【1729】 | W2959.2 | 人得到鸡的一部分寿命 | 【1734】 |
| W2956.1 | 人通过脱皮掉尾延长寿命 | 【1729】 | W2960 | 与人的寿命变化有关的其他母题 | 【1734】 |
| W2956.1.1 | 人脱去衣服延长寿命 | | W2960.1 | 人以药擦身变年轻 | 【1734】 |
| W2956.2 | 向神求长寿 | 【1730】 | W2960.2 | 祈祷神灵后变年轻 | 【1734】 |
| W2956.3 | 向龙王求长寿 | 【1730】 | W2960.3 | 人的皮被蛇偷去后不再变年轻 | 【1735】 |
| W2956.4 | 吃特定物增加寿命 | 【1730】 | | | |
| W2956.5 | 通过巫术延寿 | 【1730】 | W2960.4 | 阴间判官可更改人的寿命 | 【1735】 |
| W2956.5.1 | 萨满招魂延寿 | | | | |
| W2956.5.2 | 通过转嫁自身污物延寿 | | W2961 | 人的寿命的重新获得 | 【1735】 |
| W2956.6 | 阎王给人增加寿命 | 【1731】 | W2961.1 | 人蜕皮获得新的寿命（生命） | 【1735】 |
| W2956.7 | 通过阴魂还阳增加寿命 | 【1731】 | | | |
| W2956.7.1 | 地狱小鬼让灵魂还阳为人增寿 | | | | |

| | | | | | |
|---|---|---|---|---|---|
| W2962 | 人的寿命为什么是有限的 【1735】 | | | 特征 【1739】 | |
| W2962.1 | 天神造人时被鬼尿玷污，所以人的寿命变成有限的 【1736】 | | W2967.1 | 人40~50岁时的生活 【1739】 | |
| | | | W2967.2 | 人到50岁时的生活 【1740】 | |
| W2963 | 人变衰老 【1736】 | | W2967.2.1 | 人50岁要像狗一样看门 | |
| W2963.1 | 人迅速变老 【1736】 | | W2967.3 | 人到60岁时的生活 【1740】 | |
| W2963.1.1 | 特定物使人迅速变老 | | W2967.3.1 | 60岁睡不着觉的原因 | |
| W2963.1.2 | 人一天内变老 | | W2967.4 | 人到70岁时的生活 【1740】 | |
| W2963.1.2.1 | 最早的人一天内变老 | | W2967.4.1 | 人70岁要像猫一样爱吃东西 | |
| W2963.1.3 | 人一夜变老 | | | | |
| W2963.1.3.1 | 人上天后一夜变老 | | W2967.5 | 人到70岁以后的样子 【1740】 | |
| W2963.2 | 人老后会变成奇怪的人 【1737】 | | W2967.6 | 人到80岁时生活 【1740】 | |
| W2963.3 | 自然老去（不可抗拒的衰老）【1737】 | | W2968 | 与人的寿命有关的其他母题 【1740】 | |
| W2963.3.1 | 小伙变成老头 | | W2968.0 | 人的寿命与阴德有关 【1740】 | |
| W2963.3.1.1 | 征途中小伙变成了白发老头 | | W2968.1 | 以前人鬼寿命相同 【1741】 | |
| W2963.3.2 | 处女变成老太婆 | | W2968.2 | 人的生命的获得 【1741】 | |
| W2963.3.2.1 | 岁月让处女变成老太婆 | | W2968.2.0 | 神赋予人生命 | |
| | | | W2968.2.0.1 | 山神爷给人生命 | |
| ✱W2964 | 人的各年龄段特征的来历 【1738】 | | W2968.2.0.2 | 东海女神给人生命 | |
| | | | W2968.2.1 | 神和鬼给人生命 | |
| W2965 | 人童年时的特征 【1738】 | | W2968.2.2 | 生育神给人生命 | |
| W2965.1 | 人童年时玩耍 【1738】 | | W2968.2.3 | 创世主给人生命 | |
| W2965.1.1 | 婴儿在树上玩耍 | | W2968.2.3.1 | 创世主给泥人生命 | |
| W2966 | 人青年时的特征 【1739】 | | W2968.2.4 | 真主给人生命 | |
| W2966.1 | 人20岁时的生活 【1739】 | | W2968.2.5 | 人的生死的管理者 | |
| W2966.2 | 人20至30岁时的生活 【1739】 | | W2968.3 | 人的生命与某种物相关 【1743】 | |
| W2966.2.1 | 人20到30岁时要像驴的生活 | | W2968.3.1 | 人的生命与特定的树相关 | |
| W2966.2.2 | 人20到30岁时要像猪的生活 | | W2968.3.1.1 | 落叶松与人的生命力相关 | |
| W2967 | 人其他年龄阶段的 | | W2968.3.2 | 特定树叶代表人的生命 | |

| | | | | | |
|---|---|---|---|---|---|
| W2968.3.2.1 | 生命树的每片叶子代表一个人的生命 | | | | 死亡 |
| W2968.3.3 | 人的生命源于特定的泉 | | W2974.1.2b | 天神安排人的生老病死 | |
| **W2968.4** | **人的返老还童** | 【1744】 | W2974.1.3 | 鬼掌管人的生老病死 | |
| W2968.4.1 | 非凡的人使人返老还童 | | W2974.1.4 | 恶神制造死亡 | |
| W2968.4.2 | 动物使人返老还童 | | W2974.1.5 | 风伯、雨师、云师主管人的生死 | |
| W2968.4.3 | 植物使人返老还童 | | W2974.1.6 | 雷神主生死 | |
| W2968.4.3.1 | 植物的液汁使人返老还童 | | W2974.1.7 | 祖先规定人的生死 | |
| W2968.4.3.2 | 特定的果子使人返老还童 | | W2974.1.8 | 阴间一个老太太管生死 | |
| W2968.4.3a | 特定的食物可以使人返老还童 | | W2974.1.9 | 玉皇玉母规定人有死亡 | |
| W2968.4.3a.1 | 酸鱼使人返老还童 | | **W2974.2** | **天神撒生死的种子** | 【1749】 |
| W2968.4.4 | 其他特定的物使人返老还童 | | W2974.2.1 | 天王撒死亡的种子 | |
| W2968.4.5 | 祖先能返老还童数次 | | **W2974.3** | **祖先生出"死"后出现死亡** | 【1750】 |
| W2968.4.5.1 | 祖先返老还童4次 | | **W2974.4** | **天定生死（生死在天）** | 【1750】 |
| **W2968.5** | **人有老少的来历** | 【1745】 | **W2975** | **人失去灵魂后死亡（人丢魂而死）** | 【1750】 |
| W2968.5.1 | 结婚使人有了老少 | | W2975.1 | 人失掉全部灵魂后死亡 | 【1751】 |
| ✿ **W2970** | **人的死亡** | 【1746】 | W2975.1.1 | 人失掉3个灵魂后死亡 | |
| **W2971** | **以前没有死亡** | 【1746】 | **W2975.2** | **灵魂离开身体造成死亡** | 【1751】 |
| W2971.1 | 以前人长生不死 | 【1746】 | W2975.2.1 | 鬼使人的灵魂离开身体造成死亡 | |
| **W2972** | **人死亡的产生** | 【1746】 | W2975.2.2 | 人被勾魂后死亡 | |
| ✤ **W2973** | **人死亡的原因** | 【1746】 | W2975.2.3 | 人的灵魂被捉后死亡 | |
| **W2973a** | **人自然死亡** | 【1746】 | W2975.2.4 | 人死亡是因为灵魂到了阴间 | |
| **W2974** | **特定的人物规定人的死亡** | 【1747】 | **W2975.3** | **灵魂被弄死后死亡** | 【1753】 |
| **W2974.1** | **神或神性人物规定人的生老病死** | 【1747】 | **W2975.4** | **与丢魂而死有关的其他母题** | 【1753】 |
| W2974.1.1 | 神和鬼造成人的老病死 | | | | |
| W2974.1.2 | 神规定人的生老病死 | | | | |
| W2974.1.2a | 神的旨意产生人的 | | | | |

| | | | | |
|---|---|---|---|---|
| W2975.4.1 | 灵魂死后过一段时间人才死亡 | | 后人开始死亡 | 【1757】 |
| | | W2980.2 | 人吃特定食物开始死亡 | 【1757】 |
| **W2975a** | **人失去心死亡** 【1753】 | W2980.2.1 | 人吃禁果后开始有死亡 | |
| W2975a.1 | 因没有找到存放的心而死亡 【1753】 | W2980.2.2 | 人吃鬼的食物产生死亡 | |
| **W2976** | **特定的语言导致人的死亡** 【1754】 | W2980.2.3 | 因暴食死亡 | |
| W2976.1 | 因为传错了话造成死亡 【1754】 | W2980.3 | 人吃特定的死物后开始死亡 | 【1758】 |
| W2976.2 | 因说反口令造成死亡 【1754】 | W2980.3.1 | 人吃天上扔下的死尸后开始死亡 | |
| W2976.2.1 | 鸟把"人老脱壳、蛇老死亡"的口令说反产生死亡 | W2980.4 | 人厌倦生活（不愿意受苦）请求后获准死亡 | 【1758】 |
| **W2977** | **人不再蜕皮后产生死亡** 【1754】 | W2980.5 | 人因咒语产生死亡 | 【1759】 |
| W2977.1 | 人换新皮肤后产生死亡 【1755】 | W2980.6 | 鬼神把死的绳子放到人间后人开始死亡 | 【1759】 |
| W2977.2 | 人把蜕皮的能力与蛇交换后产生死亡 【1755】 | W2980.7 | 人死是因为太阳每天都要吃人 | 【1760】 |
| W2977.2.1 | 人把长生不老的蜕皮秘法给了蛇族弟弟后产生死亡 | W2980.8 | 自从太阳吃了人祖的儿子后产生了死亡 | 【1760】 |
| W2977.3 | 人自愿不蜕皮后产生死亡 【1756】 | W2980.9 | 猜谜赌死后产生死亡 | 【1760】 |
| W2977.3.1 | 一个女人自愿不再蜕皮后产生死亡 | W2980.10 | 因为人想到死而产生死亡 | 【1760】 |
| **W2978** | **人的死亡是对不敬神的惩罚** 【1756】 | W2980.11 | 有了哭声后人开始死亡 | 【1760】 |
| **W2979** | **因为地上人太多产生死亡** 【1756】 | W2980.12 | 人因不能耕种死亡 | 【1760】 |
| | | W2980.13 | 人受伤死亡 | 【1761】 |
| **W2980** | **与死亡原因有关的其他母题** 【1756】 | W2980.13.1 | 伤及人的特殊部位会死亡 | |
| W2980.0 | 人的祖先偶然死亡后开始出现死亡 【1756】 | W2980.14 | 自然界变化造成死亡 | 【1761】 |
| W2980.1 | 出现第一个会死的人 | W2980.14.1 | 大地变化造成死亡 | |
| | | ✤ **W2981** | **人的死亡的形式** 【1761】 |
| | | **W2982** | **人被杀死** 【1762】 |

|| 2.11 与人相关的其他母题 ||　中国人类起源神话母题检索表

|  |  |  |
|---|---|---|
| W2982.1 | 拔掉特定的草人才被杀死 | 【1762】 |
| W2982.2 | 人不知情被杀 | 【1762】 |
| W2982.3 | 饥荒时杀死老人 | 【1762】 |
| **W2983** | **人自然死亡（人正常死亡）** | 【1762】 |
| W2983.1 | 人因衰老死亡 | 【1762】 |
| W2983.2 | 人头发白时就会死亡 | 【1762】 |
| W2983.2.1 | 人头发白时就会死亡是神的规定 | |
| W2983.3 | 人不到百岁就死 | 【1763】 |
| **W2984** | **人被饿死** | 【1763】 |
| W2984.1 | 人因饭量太大饿死 | 【1763】 |
| W2984.2 | 婴儿因没有吃到奶死亡 | 【1763】 |
| W2984.2.1 | 生多个婴儿因少一只奶没吃到奶的婴儿死亡 | |
| **W2985** | **人被晒死** | 【1764】 |
| W2985.1 | 特定的人被晒死 | 【1764】 |
| W2985.1.1 | 第一代人被晒死 | |
| W2985.1.2 | 第二代人被晒死 | |
| W2985.1.3 | 懒人被晒死 | |
| **W2986** | **人死亡的其他形式** | 【1765】 |
| W2986.1 | 人被冻死 | 【1765】 |
| W2986.2 | 洪水时人被淹死 | 【1766】 |
| W2986.3 | 人在偶然事件中死亡 | 【1766】 |
| W2986.4 | 自杀 | 【1766】 |
| W2986.4.1 | 自己被自造物害死 | |
| W2986.4.2 | 剖腹自杀 | |
| W2986.4.3 | 老人体力衰竭时要自杀 | |
| W2986.5 | 人被动物吃掉 | 【1767】 |
| W2986.5.1 | 人被蜂和苍蝇吃掉 | |
| W2986.5.2 | 人被鹰吃掉 | |
| W2986.6 | 人被妖魔吃掉 | 【1767】 |
| W2986.6.1 | 人被妖婆吃掉 | |
| W2986.7 | 人被鬼吃掉 | 【1767】 |
| W2986.8 | 人被气死 | 【1768】 |
| W2986.8.1 | 儿子不认母母亲气死 | |
| W2986.9 | 人病死（疾病使人死亡） | 【1768】 |
| W2986.10 | 人累死 | 【1769】 |
| W2986.11 | 死亡是特定物作祟的结果 | 【1769】 |
| W2986.11.1 | 雕作祟使人死亡 | |
| **W2987** | **与人的死亡有关的其他母题** | 【1770】 |
| W2987.0 | 非正常死亡 | 【1770】 |
| W2987.0.1 | 夭折 | |
| W2987.0.1.1 | 满月内死亡 | |
| W2987.0.1.2 | 小孩死亡后灵魂会升天 | |
| W2987.0.2 | 年轻人死亡 | |
| W2987.0.2.1 | 年轻人会死是因为听错了神说的话 | |
| W2987.0.3 | 凶死 | |
| W2987.0.3.1 | 恶鬼使人凶死 | |
| W2987.0.3.2 | 吊死 | |
| W2987.0.3.3 | 淹死 | |
| W2987.0.3.4 | 摔死 | |
| W2987.0.3.5 | 死在他乡 | |
| W2987.0.3.6 | 凶死者的灵魂受折磨 | |
| W2987.0.4 | 暴死 | |
| **W2987.1** | **人愿意死的原因（向往死亡）** | 【1772】 |
| W2987.1.1 | 人认为蜕皮很麻烦愿意死亡 | |
| W2987.1.2 | 人看到死亡很好愿 | |

| | | | | | |
|---|---|---|---|---|---|
| | | 意死亡 | W2987.6.4.2 | | 人死后灵魂回东海 |
| W2987.1.3 | | 殉死 | | | 故土 |
| W2987.1.3.1 | | 为亲人殉死 | W2987.6.5 | | 人死后到一个特定 |
| **W2987.2** | | **快乐的死亡** 【1773】 | | | 地点 |
| **W2987.3** | | **死亡之吻** 【1773】 | W2987.6.5.1 | | 人死后要到幽都 |
| **W2987.4** | | **同时死亡** 【1773】 | W2987.6.5.2 | | 人死后要到酆都 |
| W2987.4.1 | | 两人以同样的方式死去 | | | （人死要到丰都） |
| W2987.4.2 | | 男女同时死亡 | W2987.6.5.3 | | 人死后要到东岳泰山 |
| **W2987.5** | | **人死亡的征兆** 【1774】 | W2987.6.6 | | 人死后灵魂到另一个世界 |
| W2987.5.1 | | 预告死亡方式 | **W2987.7** | | **人死后升天** 【1780】 |
| W2987.5.2 | | 人的尾巴变化是死亡的征兆 | W2987.7.1 | | 人死后魂上天 |
| | | | W2987.7.2 | | 人死后乘云上天 |
| W2987.5.2.1 | | 人的尾巴干缩预示死亡 | W2987.7.3 | | 人死后化为星辰 |
| | | | W2987.7.4 | | 人死后进入天国的路有很多关口 |
| W2987.5.2.2 | | 人的尾巴发黄预示死亡 | **W2987.8** | | **死者与活人的区别** 【1781】 |
| W2987.5.3 | | 人的角变硬是死亡的征兆 | W2987.8.1 | | 死者与活人的味道不同 |
| W2987.5.4 | | 书中记载着人的死亡 | W2987.8.1.1 | | 死人泥巴味臭，活人汗味臭 |
| W2987.5.5 | | 人死就有一片叶枯萎 | W2987.8.2 | | 生死不同路 |
| **W2987.6** | | **人死后要到阴间** | **W2987.9** | | **死亡的标志** 【1782】 |
| | | （人死后进地府）【1776】 | W2987.9.1 | | 头上长草是死亡的标志 |
| W2987.6.1 | | 人死后要到地狱（人死后要到地府） | W2987.9.2 | | 死亡的判断 |
| W2987.6.1.1 | | 人死后见阎王 | W2987.9.2.1 | | 身轻时表示死亡 |
| W2987.6.1.2 | | 人死后去12层海中的地府 | **W2987.10** | | **死亡的结果** 【1783】 |
| W2987.6.2 | | 人死灵魂到地狱（人死灵魂到阴间） | W2987.10.1 | | 世上死的只剩1个女人 |
| W2987.6.2.1 | | 人死后灵魂去阴间时神鹰引路 | W2987.10.1.1 | | 世上死的只剩1个老太太 |
| W2987.6.3 | | 不同的人到阴间各有归宿 | W2987.10.2 | | 世上的人全部死亡 |
| | | | W2987.10.2.1 | | 以前人只死不生 |
| W2987.6.4 | | 人死后灵魂回到祖先故地 | W2987.10.3 | | 人死灵魂不死 |
| | | | W2987.10.4 | | 人死后成为祖先 |
| W2987.6.4.1 | | 人死后魂去西南方 | W2987.10.4.1 | | 人死后成为本家族 |

|  |  |  |  |  |  |
|---|---|---|---|---|---|
|  | 祖先 |  | W2992 | 人有9种 | 【1789】 |
| W2987.10.5 | 半死不活的人 |  | W2993 | 人有72种 | 【1789】 |
| W2987.10.6 | 人死后会幸福 |  | W2994 | 人有360种 | 【1790】 |
| W2987.10.6.1 | 孝顺者死后幸福 |  | W2994.1 | 以前人分360种 | 【1790】 |
| **W2987.10a** | 尸体 | 【1785】 | **W2995** | 与人的种类有关 |  |
| W2987.10a.1 | 尸体化解 |  |  | 其他母题 | 【1790】 |
| **W2987.11** | 人只会死不会老 | 【1785】 | W2995.0 | 天地间只有一种人 | 【1790】 |
| **W2987.12** | 生死之门 | 【1785】 | W2995.1 | 世界各色人种的 |  |
| W2987.12.1 | 死亡之门 |  |  | 来历 | 【1791】 |
| **W2987.13** | 人死可以再生 | 【1786】 | W2995.1.1 | 人演化成各色人种 |  |
| W2987.13.1 | 人死到阴间再生 |  | W2995.2 | 兄妹生育77种人 | 【1791】 |
| **W2987.14** | 人的死亡命中注定 | 【1786】 | W2995.3 | 用各种泥土捏成 |  |
| W2987.14.1 | 生死簿 |  |  | 各种人 | 【1791】 |
| W2987.14.1.1 | 小鬼管着生死簿 |  | W2995.4 | 土人 | 【1791】 |
| **W2987.15** | 特定的死亡 | 【1787】 | W2995.5 | 扁担人 | 【1792】 |
| W2987.15.1 | 第一胎死亡 |  | W2995.5.1 | 地上的人像扁担 |  |
| **W2987.16** | 死亡时要有特定 |  | W2995.6 | 竹竿人 | 【1792】 |
|  | 仪式 | 【1787】 | **W2996** | 奇特的人 |  |
| W2987.16.1 | 巫师祈祷后让鹰啄眼 |  |  | （特殊的人） | 【1792】 |
|  | 死亡 |  | W2996.1 | 相貌奇特的女子 | 【1792】 |
| **W2987.17** | 人死后向天神通报 | 【1788】 | W2996.1.1 | 长有特殊鼻子的女子 |  |
| W2987.17.1 | 人死后敲鼓向天神 |  | W2996.1.1.1 | 鼻翼上有木塞的女子 |  |
|  | 通报 |  | W2996.2 | 会说话的石人 | 【1793】 |
|  |  |  | W2996.3 | 会长的石人 | 【1793】 |
| **2.11.3 与人有关的其他母题** |  |  | W2996.4 | 不吃奶的孩子 | 【1793】 |
| **【W2990～2999】** |  |  | W2996.4.1 | 婴儿只吃酒肉不吃奶 |  |
|  |  |  | W2996.5 | 不怕火烧的人 | 【1793】 |
| ✽ **W2990** | 人的种类 | 【1788】 | W2996.6 | 介于动物、神和 |  |
| **W2991** | 人分3种 | 【1788】 |  | 人之间的人 | 【1794】 |
| W2991.1 | 生3种人 | 【1788】 | W2996.7 | 奇人 | 【1794】 |
| W2991.2 | 宇宙分上中下3层， |  | W2996.7.1 | 未卜先知者 |  |
|  | 每层各有一种人 | 【1789】 | W2996.8 | 超人 | 【1794】 |
| W2991.3 | 人分天上、地上和 |  | **W2997** | 与人相关的其他 |  |
|  | 地下3种人 | 【1789】 |  | 母题 | 【1794】 |
| W2991.3.1 | 天上、地上和地下3 |  | W2997.0 | 天上的人 | 【1794】 |
|  | 种人体征各不相同 |  | W2997.0.1 | 天上的人生活幸福 |  |

| | | | | |
|---|---|---|---|---|
| W2997.0.2 | 人回到天上 | | W2997.0b.6 | 地下的人也像人间一样过节日 |
| W2997.0.2.1 | 人喜欢住天上 | | W2997.0b.7 | 地下的人有特殊本领 |
| W2997.0.3 | 人被留在天上 | | W2997.0b.7.1 | 地下的人懂医术 |
| W2997.0.4 | 天上的老太婆 | | W2997.0b.8 | 地下的人像棒头 |
| W2997.0.5 | 天上的人与凡人体征相同 | | W2997.0b.9 | 地下的人是鬼 |
| W2997.0.5.1 | 天上的人与地上的人相貌相同 | | W2997.0b.9.1 | 地下的人是无恶不作的鬼 |
| W2997.0.5.2 | 天上的人长得像竹竿 | | **W2997.0c** | 另一个世界的人 【1802】 |
| W2997.0.6 | 天上的人下凡 | | **W2997.0d** | 太阳人 【1802】 |
| W2997.0.6.1 | 天上的人因好奇下凡 | | W2997.0d.1 | 天上的太阳人 |
| W2997.0.6.2 | 人以前住天上 | | W2997.0d.2 | 以前太阳人会死 |
| W2997.0.6.3 | 天上的人躲灾下凡 | | **W2997.1** | 人生活在完美的世界 【1802】 |
| W2997.0.7 | 天上的人是白色人 | | **W2997.2** | 以前的人幸福 【1803】 |
| W2997.0.7.1 | 天上的人称"白天人" | | W2997.2.1 | 人的幸福的获得 |
| W2997.0.8 | 天上的人穿白衣 | | W2997.2.1.1 | 神给人间带去幸福 |
| W2997.0.9 | 天上的人身体高大 | | **W2997.3** | 吃特定的食物（果实）后知道美丑 【1803】 |
| W2997.0.10 | 天上的人生怪胎 | | **W2997.4** | 人的其他名称 【1803】 |
| W2997.0.10.1 | 天上生的怪胎撒到地上变成人 | | W2997.4.1 | 人被称为虫 |
| **W2997.0a** | 上界的人 【1798】 | | W2997.4.1.1 | 人被仙女称为黑头扁角虫 |
| **W2997.0b** | 下界的人（地下的人） 【1799】 | | W2997.4.2 | 人被称为扁担人 |
| W2997.0b.1 | 下界的人又小又矮 | | W2997.4.2.1 | 地上的人叫扁担人 |
| W2997.0b.1.1 | 下界的人很矮 | | **W2997.4a** | 人被称为"人"的时间 【1804】 |
| W2997.0b.1.2 | 地下的人很矮 | | W2997.4a.1 | 婴儿掉脐带后才能称为"人" |
| W2997.0b.1.3 | 地下的人只有一般人的小腿高 | | W2997.4a.2 | 婴儿满月后才能称为"人" |
| W2997.0b.2 | 地下的人比地上的人自由 | | **W2997.5** | 孩子的获得 【1805】 |
| W2997.0b.3 | 下界的人凶猛 | | W2997.5.0 | 特定的神或神性人物送子 |
| W2997.0b.3.1 | 地上的人如果统治不好，地底的人就会升起来代替 | | W2997.5.0.1 | 祖先神送子 |
| W2997.0b.4 | 地下人是"夜间人" | | W2997.5.0.2 | 观音送子 |
| W2997.0b.4.1 | 地下人是"黑色人" | | W2997.5.0.3 | 送子娘娘送子 |
| W2997.0b.5 | 地下的人很勤劳 | | | |

| | | | |
|---|---|---|---|
| W2997.5.1 | 天鹅送子 | **W2997.7** | 每个人在天上都有自己的一颗星 【1808】 |
| W2997.5.2 | 梦中得子成真 | **W2997.8** | 重新做人 【1808】 |
| W2997.5.3 | 捡到的动物变成孩子 | W2997.8.1 | 通过复生重新做人 |
| **W2997.6** | 人的迁徙 【1806】 | **W2997.9** | 人是万物之灵 【1809】 |
| W2997.6.1 | 人的迁徙原因 | W2997.9.1 | 人是万物之灵是因为人有灵气 |
| W2997.6.2 | 人从天上迁徙到地上 | W2997.9.2 | 人会说话成为万物之灵 |
| W2997.6.3 | 人从月亮迁徙到地上 | | |
| W2997.6.4 | 人从山丘搬到平地居住 | | |
| **W2997.6a** | 人的境遇 【1807】 | **W2997.10** | 人的灵气 【1809】 |
| W2997.6a.1 | 特定境遇的人 | W2997.10.1 | 造人者吹气成为人的灵气 |
| W2997.6a.1.1 | 受排挤的人 | | |

# 附录 2

# 中国神话母题 W 编目 10 大类型简目[①]

## 0 神与神性人物
## （代码 W00 ~ W0999）

**0.1 神的概述（W00 ~ W0179）**

0.1.1 神的产生（W00 ~ W059）

0.1.2 神的特征（W060 ~ W089）

0.1.3 神的生活（W090 ~ W0119）

0.1.4 神的地位与性质（W0120 ~ W0129）

0.1.5 神的能力（W0130 ~ W0134）

0.1.6 神的工具与武器（W0135 ~ W0139）

0.1.7 神的关系（W0140 ~ W0174）

0.1.8 神的寿命与死亡（W0175 ~ W0179）

**0.2 与方位相关的神（W0180 ~ W0269）**

0.2.1 天神（W0180 ~ W0229）

0.2.2 地神（W0230 ~ W0239）

0.2.3 冥神（W0240 ~ W0249）

0.2.4 其他方位神（W0250 ~ W0269）

**0.3 与自然现象（物）有关的神（W0270 ~ W0419）**

0.3.1 日月星辰神（W0270 ~ W0289）

0.3.2 与天气有关的神（W0290 ~ W0389）

0.3.3 与自然物有关的神（W0390 ~ W0419）

**0.4 与职能、行业相关的神（W0420 ~ W0499）**

0.4.1 创造神与破坏神（W0420 ~ W0429）

0.4.2 与管理或保护有关的神（W0430 ~

---

① 本简目中只列举了中国神话母题 W 编目 10 大类型中主要的母题类型。借此可以帮助读者了解"中国神话人类起源母题（代码 W2000 ~ W2999）"之外其他 9 个神话母题类型及编目范围，以便于关联母题及母题实例的查找和对叙事结构的总体认知。该 10 种类型的三级母题详目常见《中国神话母题 W 编目》（中国社会科学出版社 2013 年版）。该编目母题三个层级的母题数量总数为 33469 个，其中，一级母题 3398 个，二级母题 13832，三级母题 15468 个。其中人类起源神话母题总数为 3357 个，包括一级母题 421 个，二级母题 1488，三级母题 1448 个。在此后的 10 大类型的"实例与索引"创作过程中，对原来《中国神话母题 W 编目》（2013 年版）进行了全面修订，增加为 4 个母题层级，母题总数量近 10 万个，其中在《中国人类起源神话母题实例与索引》（2016 版）中，人类起源神话母题总数量为 8560 个。

W0449）

0.4.3 与功能或行业有关的神（W0450～W0499）

**0.5 与具体的物相关的神（W0500～W0559）**

0.5.1 动物神（W0500～W0539）

0.5.2 植物神（W0540～W0549）

0.5.3 无生命物神（W0550～W0599）

**0.6 神性人物（W0560～W0769）**

0.6.1 文化英雄（W0560～W0629）

0.6.2 半神半人与合体神（W0630～W0639）

0.6.3 祖先（祖先神、始祖神）（W0640～W0659）

0.6.4 巨人（W0660～W0669）

0.6.5 常见的典型神性人物（W0670～W0769）

**0.7 与宗教相关的神或神性人物（W0770～W0829）**

0.7.1 常见民间宗教神或神性人物（W0770～W0784）

0.7.2 一般宗教中的神或神性人物（W0785～W0799）

0.7.3 仙人（神仙）（W0800～W0829）

**0.8 妖魔与怪物（W0830～W0919）**

0.8.1 妖魔（W0830～W0854）

0.8.2 怪人、怪物（W0855～W0869）

0.8.3 灵魂（鬼）（W0870～W0919）

**0.9 神或神性人物的其他母题（W0920～W0999）**

0.9.1 神物（W0920～W0969）

0.9.2 与神或神性人物有关的其他母题（W0970～W0999）

# 1 世界与自然物（代码 W1000～W1999）

1.1 **世界（宇宙）起源概说（W1000～W1099）**

1.1.1 世界的产生（W1000～W1009）

1.1.2 世界的创造与创世者（W1010～W1034）

1.1.3 世界最早的情形（W1035～W1059）

1.1.4 世界的特征（W1060～W1069）

1.1.5 三界及相关母题（W1070～W1089）

1.1.6 与世界有关的其他母题（W1090～W1099）

**1.2 天地（W1090～W1099）**

1.2.1 天地的产生与特征（W1100～W1129）

1.2.2 天的产生与特征（W1130～W1169）

1.2.3 地的产生与特征（W1170～W1269）

1.2.4 天地的合离与支撑（W1270～W1359）

1.2.5 天地的修整（W1360～W1399）

1.2.6 天地通（W1400～W1424）

1.2.7 天梯与其他上天工具（W1425～W1489）

1.2.8 与天地有关的其他母题（W1490～W1499）

**1.3 万物（W1500～W1539）**

1.3.1 万物的产生（W1500～W1529）

1.3.2 万物的特征（W1530～W1534）

1.3.3 与万物有关的母题（W1535～W1539）

**1.4 日月（W1540～W1699）**

1.4.1 日月的产生（W1540～W1599）

1.4.2 日月的特征（W1600～W1629）

1.4.3 日月的数量（W1630～W1669）

1.4.4 日月的关系（W1670～W1689）

1.4.5 与日月相关的其他母题（W1690～W1699）

**1.5 星辰（W1700～W1779）**

1.5.1 星星的产生（W1700～W1729）

1.5.2 特定星星的产生（W1730～W1754）

1.5.3 星星的特征（W1755～W1769）

1.5.4 与星星有关的其他母题（W1770～W1779）

**1.6 天上其他诸物（W1780～W1799）**

1.6.1 天河（银河）（W1780～W1789）

1.6.2 天宫与天堂（W1790～W1794）

1.6.3 天上其他诸物（W1795～W1799）

**1.7 山石（W1800～W1869）**

1.7.1 山的产生（W1800～W1824）

1.7.2 山的特征（W1825～W1834）

1.7.3 与山相关的其他母题（W1835～W1854）

1.7.4 石头（岩石）（W1855～W1869）

**1.8 江河湖海（水）（W1870～W1979）**

1.8.1 水的概说（W1870～W1899）

1.8.2 江河湖海（W1900～W1964）

1.8.3 其他一些常见的水体（W1965～W1979）

**1.9 其他物质与生物（W1980～W1999）**

1.9.1 金属（W1980～W1984）

1.9.2 矿物（W1985～W1989）

1.9.3 生命（生物）（W1990～W1999）

# 2 人与人类
## （代码 W2000～W2999）

**2.1 人类产生概说（W2000～W2019）**

2.1.1 人产生的原因（W2000～W2009）

2.1.2 人产生的时间（W2010～W2014）

2.1.3 人产生的地点（W2015～W2019）

**2.2 人自然存在或来源于某个地方（W2020～W2029）**

2.2.1 人自然存在（W2020～W2024）

2.2.2 人源于某个地方（W2025～W2029）

**2.3 造人（W2030～W2129）**

2.3.1 造人的时间（W2030～W2039）

2.3.2 造人的原因（W2040～W2049）

2.3.3 造人者（W2050～W2079）

2.3.4 造人的材料（W2080～W2099）

2.3.5 造人的方法（W2100～W2109）

2.3.6 造人的结果（W2110～W2124）

2.3.7 与造人有关的其他母题（W2125～W2129）

**2.4 生育产生人（W2130～W2299）**

2.4.1 神或神性人物生人（W2130～W2149）

2.4.2 人生人（W2150～W2154）

2.4.3 动物生人（W2155～W2169）

2.4.4 植物生人（W2170～W2199）

2.4.5 无生命物生人（W2200～W2219）

2.4.6 卵生人（W2220～W2229）

2.4.7 感生人（W2230～W2279）

2.4.8 与生人有关的其他母题（W2280～

W2299）

## 2.5 变化产生人（W2300～W2399）

2.5.1 神或神性人物变化为人（W2300～W2309）

2.5.2 人变化为人（W2310～W2314）

2.5.3 动物变化为人（W2315～W2349）

2.5.4 植物变化为人（W2350～W2359）

2.5.5 自然物与无生命物变化生人（W2360～W2379）

2.5.6 怪胎、怪物或肢体变化生人（W2380～W2389）

2.5.7 与变化产生人有关的其他母题（W2390～W2399）

## 2.6 婚配产生人（W2400～W2499）

2.6.1 神或神性人物婚生人（W2400～W2414）

2.6.2 人与神或神性人物婚生人（W2415～W2419）

2.6.3 人的婚生人（W2420～W2449）

2.6.4 人与动物婚生人（W2450～W2474）

2.6.5 人与植物的婚生人（W2475～W2479）

2.6.6 人与无生命物的婚生人（W2480～W2484）

2.6.7 其他特殊的婚生人（W2485～W2489）

2.6.8 与婚生人有关的其他母题（W2490～W2499）

## 2.7 人类再生（W2500～W2579）

2.7.1 人类再生概说（W2500～W2529）

2.7.2 洪水后人类再生（W2530～W2559）

2.7.3 其他灾难后人类再生（W2560～W2569）

2.7.4 与人类再生相关的其他母题（W2570～W2579）

## 2.8 怀孕与生育（W2580～W2699）

2.8.1 怀孕（W2580～W2589）

2.8.2 生育与特殊的出生（W2590～W2599）

2.8.3 人生怪胎（W2600～W2669）

2.8.4 弃婴（弃儿）（W2670～W2689）

2.8.5 人的抚养（W2690～W2699）

## 2.9 与人的产生相关的母题（W2700～W2749）

2.9.1 人产生的数量（W2700～W2729）

2.9.2 人与异类的同源（W2730～W2739）

2.9.3 与人的产生有关的其他母题（W2740～W2749）

## 2.10 人类的特征及相关母题（W2750～W2929）

2.10.1 人的性别特征（W2750～W2799）

2.10.2 人的体征（W2800～W2899）

2.10.3 人的其他特征（W2900～W2914）

2.10.4 特定特征的人（W2915～W2929）

## 2.11 与人相关的其他母题（W2930～2999）

2.11.1 人的关系（W2930～W2939）

2.11.2 人的寿命与死亡（W2940～W2989）

2.11.3 与人相关的其他母题（W2990～W2999）

# 3 动物与植物（代码 W3000～W3999）

## 3.1 动物概说（W3000～W3099）

3.1.1 动物的产生（W3000～W3034）

3.1.2 动物的特征（W3035～W3064）

3.1.3 动物的生活与习性（W3065～W3069）

3.1.4 其他特定性质的动物（W3070～

W3079）

3.1.5 与动物有关的其他母题（W3080~W3099）

## 3.2 哺乳动物（W3100~W3299）

3.2.1 哺乳动物概说（W3100~W3104）

3.2.2 常见哺乳动物（W3105~W3274）

3.2.3 一般哺乳动物（W3275~W3299）

## 3.3 鸟类动物（W3300~W3399）

3.3.1 鸟类概说（W3300~W3329）

3.3.2 常见的鸟（W3330~W3384）

3.3.3 一般鸟类（W3385~W3399）

3.4 水中动物（W3400~W3449）

3.4.1 水中动物概说（W3400~W3409）

3.4.2 鱼、虾、蟹（W3410~W3439）

3.4.3 其他水中动物（W3440~W3449）

## 3.5 昆虫（W3450~W3499）

3.5.1 昆虫概说（W3450~W3459）

3.5.2 常见的昆虫（W3460~W3479）

3.5.3 一般昆虫（W3480~W3499）

## 3.6 两栖、爬行与其他动物（W3500~W3599）

3.6.1 两栖与爬行类动物概说（W3500~W3504）

3.6.2 常见的两栖与爬行类动物（W3505~W3549）

3.6.3 龙、凤类动物（W3550~W3594）

3.6.4 其他一些难以分类的动物（W3595~W3599）

## 3.7 植物概说（W3600~W3699）

3.7.1 植物的产生（W3600~W3639）

3.7.2 植物的特征及成因（W3640~W3684）

3.7.3 与植物相关的其他母题（W3685~W3699）

## 3.8 各类植物（W3700~W3899）

3.8.1 树木概说及常见的树木（W3700~W3799）

3.8.2 花草概说及常见的花草（W3800~W3839）

3.8.3 作物概说及常见的作物（W3840~W3879）

3.8.4 果蔬概说及常见的果蔬（W3880~W3899）

## 3.9 与植物相关的其他母题（W3900~3999）

3.9.1 种子（粮种）概说（W3900~W3949）

3.9.2 种子的获取（盗取）（W3950~W3999）

# 4 自然现象与自然秩序（代码 W4000~W4999）

## 4.1 自然现象概说（W4000~W4099）

4.1.1 一般自然现象（W4000~W4079）

4.1.2 神奇的自然现象（W4080~W4099）

## 4.2 与日月有关的自然现象（W4100~W4249）

4.2.1 与太阳相关的现象（W4100~W4124）

4.2.2 与月亮相关的现象（W4125~W4199）

4.2.3 与星星有关的现象（W4200~W4209）

4.2.4 日食月食与其他母题（W4210~W4249）

## 4.3 天气与其他自然现象（W4250~W4619）

4.3.1 天气现象概说（W4250~W4259）
4.3.2 风雨（W4260~W4374）
4.3.3 雷电（W4375~W4439）
4.3.4 云霞霓虹（W4440~W4509）
4.3.5 雪霜雾露等（W4510~W4559）
4.3.6 与天气相关的其他母题（W4560~W4569）
4.3.7 无具体形态的现象（W4570~W4619）

## 4.4 秩序与自然秩序概说（W4620~W4769）

4.4.1 秩序概说（W4620~W4634）
4.4.2 时间秩序（W4635~W4699）
4.4.3 空间秩序（W4700~W4754）
4.4.4 抽象的秩序（W4755~W4769）

## 4.5 季节（W4770~W4849）

4.5.1 季节的来历（W4770~W4799）
4.5.2 季节的管理（W4800~W4809）
4.5.3 二十四节气（W4810~W4839）
4.5.4 与季节有关的其他母题（W4840~W4849）

## 4.6 天体的秩序（W4850~W4969）

4.6.1 天地的秩序与管理（W4850~W4869）
4.6.2 日月的秩序（W4870~W4959）
4.6.3 与天体运行和秩序有关的其他母题（W4960~W4969）

## 4.7 与自然秩序有关的其他母题（W4970~W4999）

4.7.1 山川河流等的秩序与管理（W4970~W4979）
4.7.2 动物的秩序与管理（W4980~W4989）
4.7.3 植物的秩序与管理（W4990~W4999）

# 5 社会组织与社会秩序（代码 W5000~W5999）

## 5.1 社会秩序概说（W5000~W5084）

5.1.1 社会秩序的建立（W5000~W5029）
5.1.2 首领与首领的产生（W5030~W5074）
5.1.3 与社会秩序有关的其他母题（W5075~W5084）

## 5.2 家庭、村庄（W5085~W5249）

5.2.1 家庭的产生（W5085~W5094）
5.2.2 家庭与社会关系成员（W5095~W5199）
5.2.3 与家庭相关的其他母题（W5200~W5229）
5.2.4 村寨与城池（W5230~W5249）

## 5.3 氏族、部落（W5250~W5399）

5.3.1 氏族（W5250~W5299）
5.3.2 部落（W5300~W5359）
5.3.3 泛指的族体及有关母题（W5360~W5399）

## 5.4 民族（W5400~W5829）

5.4.1 民族的产生（W5400~W5459）
5.4.2 民族的识别（W5460~W5489）
5.4.3 民族的特征（W5490~W5539）
5.4.4 特定民族的产生与特征（W5540~W5729）
5.4.5 与民族有关的其他母题（W5730~W5829）

## 5.5 国家（W5830～W5959）

5.5.1 国家的产生（W5830～W5859）

5.5.2 国王与臣民（W5860～W5899）

5.5.3 与国家有关的其他母题（W5900～W5959）

## 5.6 与社会秩序相关的其他母题（W5960～W5999）

5.6.1 神界与动物界秩序（W5960～W5974）

5.6.2 契约与誓约（W5975～W5984）

5.6.3 律法与规则（W5985～W5999）

# 6 有形文化与无形文化（代码 W6000～W6999）

## 6.1 与生产有关的文化（W6000～W6109）

6.1.1 文化概说（W6000～W6009）

6.1.2 采集与渔猎（W6010～W6039）

6.1.3 耕种与饲养（W6040～W6074）

6.1.4 生产者与生产工具（W6075～W6099）

6.1.5 与生产相关的其他母题（W6100～W6109）

## 6.2 与生活有关的文化（W6110～W6279）

6.2.1. 服饰（W6110～W6139）

6.2.2 饮食（W6140～W6159）

6.2.3 人的居所（W6160～W6209）

6.2.4 人的行走（出行）（W6210～W6229）

6.2.5 医药（医术）（W6230～W6249）

6.2.6 特定生活用品（器物）（W6250～W6279）

## 6.3 图腾与崇拜（W6280～W6449）

6.3.1 图腾概说（W6280～W6289）

6.3.2 常见的图腾类型（W6290～W6349）

6.3.3 与图腾有关的其他母题（W6250～W6359）

6.3.4 崇拜的产生（W6360～W6369）

6.3.5 常见的崇拜物（W6370～W6439）

6.3.6 与崇拜有关的其他母题（W6440～W6449）

## 6.4 宗教信仰与禁忌（W6450～W6549）

6.4.1 宗教概说（W6450～W6469）

6.4.2 祭祀（W6470～W6509）

6.4.3 禁忌（W6510～W6549）

## 6.5 习俗（W6550～W6699）

6.5.1 习俗的产生（W6550～W6559）

6.5.2 生产习俗（W6560～W6579）

6.5.3 生活习俗（W6580～W6599）

6.5.4 节日习俗（W6600～W6629）

6.5.5 婚葬习俗（W6630～W6679）

6.5.6 生育习俗（W6680～W6689）

6.5.7 与习俗相关的其他母题（W6690～W6699）

## 6.6 常见的其他文化现象（W6700～W6899）

6.6.1 语言、文字与文学（W6700～W6769）

6.6.2 知识、智慧（W6770～W6799）

6.6.3 道德（W6800～W6819）

6.6.4 姓氏与姓名（W6820～W6899）

## 6.7 与文化、文明有关的其他母题（W6900～W6999）

6.7.1 音乐、体育等其他艺术（W6900～

W6909）

6.7.2　火的获取（W6910～W6969）

6.7.3　其他发明或与文化相关的母题（W6970～W6999）

# 7　婚姻与性爱
## （代码 W7000～W7999）

7.1　**婚姻概说**（W7000～W7129）

7.1.1　婚姻的产生（W7000～W7019）

7.1.2　婚姻中的人物（W7020～W7049）

7.1.3　婚姻中的事件（W7050～W7099）

7.1.4　与婚姻有关的其他母题（W7100～W7129）

7.2　**性爱**（W7130～W7199）

7.2.1　性爱的产生（W7130～W7169）

7.2.2　性爱的特征与类型（W7170～W7184）

7.2.3　与性爱有关的其他母题（W7185～W7199）

7.3　**神或神性人物之间的婚姻**（W7200～W7259）

7.3.1　神的婚姻（W7200～W7239）

7.3.2　神性人物的婚姻（W7240～W7254）

7.3.3　与神或神性人物婚姻有关的其他母题（W7255～W7259）

7.4　**人的婚姻**（W7260～W7399）

7.4.1　人与神或神性人物的婚姻（W7260～W7284）

7.4.2　血缘婚、人的异辈血缘婚（W7285～W7299）

7.4.3　人的同辈血缘婚（W7300～W7359）

7.4.4　正常男女婚（W7360～W7379）

7.4.5　群体间的婚姻（W7380～W7389）

7.4.6　与人的婚姻相关的其他母题（W7390～W7399）

7.5　**其他特殊的婚母题**（W7400～W7539）

7.5.1　人与动物的婚配（W7400～W7489）

7.5.2　人与植物的婚配（W7490～W7499）

7.5.3　人与自然物、无生命物的婚配（W7500～W7509）

7.5.4　动物之间的婚配（W7510～W7529）

7.5.5　与婚配有关的其他母题（W7530～W7539）

7.6　**婚配的条件与实现**（W7540～W7699）

7.6.1　与指令、裁决有关的婚姻（W7540～W7559）

7.6.2　与媒人、劝说有关的婚姻（W7560～W7599）

7.6.3　与求婚（求爱）、巧遇有关的婚姻（W7600～W7659）

7.6.4　与命运、机缘有关的婚姻（W7660～W7669）

7.6.5　与婚姻的条件与形成有关的其他母题（W7670～W7699）

7.7　**婚姻难题考验或验证天意**（W7700～W7899）

7.7.1　婚姻难题考验（W7700～W7739）

7.7.2　婚前出难题者（W7740～W7759）

7.7.3　婚前难题的形式（W7760～W7819）

7.7.4　婚前难题的解决（W7820～W7859）

7.7.5　婚前占卜或询问（W7860～W7889）

7.7.6　与婚姻难题有关的其他母题（W7890～W7899）

### 7.8 与婚姻、性爱有关的其他母题（W7900～W7999）

7.8.1 婚中的变形（W7900～W7909）

7.8.2 婚后的情形（W7910～W7939）

7.8.3 婚姻、性爱的其他母题（W7940～W7999）

# 8 灾难与争战
（代码 W8000～W8999）

### 8.1 灾难概说（W8000～W8099）

8.1.1 灾难的时间（W8000～W8004）

8.1.2 灾难的地点（W8005～W8009）

8.1.3 灾难的原因（W8010～W8029）

8.1.4 灾难的预言与征兆（W8030～W8059）

8.1.5 灾难制造者（W8060～W8064）

8.1.6 躲避灾难（W8065～W8079）

8.1.7 灾难幸存与丧生（W8080～W8094）

8.1.8 灾难的消除与结果（W8095～W8099）

### 8.2 洪水（W8100～W8549）

8.2.1 洪水时间、地点（W8100～W8114）

8.2.2 洪水原因（W8115～W8199）

8.2.3 洪水预言（W8200～W8269）

8.2.4 洪水制造者（W8270～W8289）

8.2.5 洪水的情形（W8290～W8299）

8.2.6 避水方式与工具（W8300～W8399）

8.2.7 洪水幸存者与丧生者（W8400～W8499）

8.2.8 洪水的消除（W8500～W8539）

8.2.9 与洪水相关的其他母题（W8540～W8549）

### 8.3 常见的灾难（W8550～W8699）

8.3.1 地震（W8550～W8569）

8.3.2 天塌地陷（W8570～W8589）

8.3.3 城陷为湖（陆地陷海、陆沉）（W8590～W8599）

8.3.4 旱灾（W8600～W8619）

8.3.5 火灾（W8620～W8639）

8.3.6 瘟疫、疾病（W8640～W8659）

8.3.7 黑暗、寒冷（W8660～W8669）

8.3.8 世界末日（W8670～W8674）

8.3.9 与灾难有关的其他母题（W8675～W8699）

### 8.4 争战概说（W8700～W8789）

8.4.1 争战的时间与原因（W8700～W8719）

8.4.2 争战预言与准备（W8720～W8729）

8.4.3 军队与战士（W8730～W8739）

8.4.4 武器（W8740～W8754）

8.4.5 争战的手段（W8755～W8769）

8.4.6 争战中的帮助者（W8770～W8779）

8.4.7 争战的结果（W8780～W8789）

### 8.5 与神或神性人物有关的争战（W8790～W8899）

8.5.1 神的战争（W8790～W8799）

8.5.2 神性人物间的争斗（W8800～W8819）

8.5.3 人与神、神性人物之争（W8820～W8829）

8.5.4 斗妖魔（W8830～W8869）

8.5.5 斗雷公（W8870～W8879）

8.5.6 斗龙（W8880～W8894）

8.5.7 与神或神性人物之争有关的其他母题（W8895～W8899）

### 8.6 人之间的争战（矛盾）（W8900～W8949）

8.6.1 人的群体间的争战（W8900～W8919）

8.6.2 家庭内部之争（残杀）（W8920～

W8939)

8.6.3 与人的矛盾有关的其他母题（W8940~W8949）

**8.7 与争战有关的其他母题（W8950~W8999）**

8.7.1 与动植物、无生命物有关的争战（矛盾）（W8950~W8959）

8.7.2 争吵与纠纷（W8960~W8969）

8.7.3 抓捕与关押（W8970~W8979）

8.7.4 营救与逃脱（W8980~W8989）

8.7.5 与争战有关的其他母题（W8990~W8999）

# 9 其他母题（代码 W9000~W9999）

**9.1 魔法与巫术（W9000~W9199）**

9.1.1 魔法（W9000~W9014）

9.1.2 魔物（W9015~W9099）

9.1.3 魔力（W9100~W9119）

9.1.4 巫师（W9120~W9149）

9.1.5 巫术、咒语（W9150~W9189）

9.1.6 占卜（W9190~W9199）

**9.2 征兆与预言（W9200~W9299）**

9.2.1 征兆（W9200~W9239）

9.2.2 象征（W9240~W9249）

9.2.3 预言（W9250~W9289）

9.2.4 梦（W9290~W9299）

**9.3 复活与转世（W9300~W9399）**

9.3.1 复活（再生）（W9300~W9349）

9.3.2 转世、投胎（W9350~W9379）

9.3.3 复原（W9380~W9399）

**9.4 因果与命运（W9400~W9499）**

9.4.1 因果报应（W9400~W9424）

9.4.2 报恩与报复（W9425~W9479）

9.4.3 命运（W9480~W9499）

**9.5 变形与化生（W9500~W9599）**

9.5.1 变形概说（W9500~W9524）

9.5.2 神与神性人物的变形（W9525~W9529）

9.5.3 人的变形（W9530~W9559）

9.5.4 动植物的变形（W9560~W9574）

9.5.5 自然物、无生命物的变形（W9575~W9579）

9.5.6 与变形有关的其他母题（W9580~W9589）

9.5.7 与化生有关母题（W9590~W9599）

**9.6 考验与欺骗（W9600~W9649）**

9.6.1 考验（W9600~W9619）

9.6.2 竞赛（比赛）（W9620~W9634）

9.6.3 欺骗（W9635~W9649）

**9.7 宝物（W9650~W9699）**

9.7.1 宝物概说（W9650~W9669）

9.7.2 器物工具类宝物（W9670~W9689）

9.7.3 动植物类宝物（W9690~W9694）

9.7.4 其他宝物（W9695~W9699）

**9.8 射日月与救日月（W9700~W9899）**

9.8.1 射日（月）的原因与时间（W9700~W9714）

9.8.2 射日者（W9715~W9764）

9.8.3 射日（月）的过程（W9765~W9789）

9.8.4 射日（月）的结果（W9790~W9799）

9.8.5 找日月（W9800~W9854）

9.8.6 救日月（W9855~W9864）

9.8.7 与射日月有关的其他母题（W9865~W9899）

## 9.9 其他典型事件母题（W9900~W9999）

9.9.1 奖励与惩罚（W9900~W9929）

9.9.2 寻找与巧遇（W9930~W9949）

9.9.3 其他典型事件（W9950~W9959）

9.9.4 特定风物的来历（W9960~W9979）

9.9.5 其他难以归类的母题（W9980~W9999）